企业集成运营管理

ENTERPRISE INTEGRATED OPERATION MANAGEMENT

冷绍升 ◎ 著 [上册]

经济管理出版社
ECONOMY & MANAGEMENT PUBLISHING HOUSE

图书在版编目（CIP）数据

企业集成运营管理/冷绍升著．—北京：经济管理出版社，2021.3（2025.9重印）
ISBN 978 - 7 - 5096 - 7837 - 4

Ⅰ．①企…　Ⅱ．①冷…　Ⅲ．①企业经营管理—研究　Ⅳ．①F272.3

中国版本图书馆 CIP 数据核字（2021）第 046914 号

组稿编辑：杜　菲
责任编辑：杜　菲
责任印制：黄章平
责任校对：董杉珊　陈　颖

出版发行：经济管理出版社
　　　　　（北京市海淀区北蜂窝 8 号中雅大厦 A 座 11 层　100038）
网　　　址：www. E - mp. com. cn
电　　　话：（010）51915602
印　　　刷：北京虎彩文化传播有限公司
经　　　销：新华书店
开　　　本：787mm×1092mm/16
印　　　张：75
字　　　数：1828 千字
版　　　次：2021 年 3 月第 1 版　　2025 年 9 月第 5 次印刷
书　　　号：ISBN 978 - 7 - 5096 - 7837 - 4
定　　　价：298.00 元（上、下册）

自　序

　　我的教学与科研活动从早期产业经济下企业生产管理阶段开始，经历了成为独立学科的企业生产管理阶段，直到当今的企业运营管理学科阶段，已有30多年了。30多年来，企业运营管理学科变化呈现不均匀的变化态势，由一开始的渐进式变化，到如今碎片式的巨大变化，对这门学科由渐进式影响到快速的重大影响，而这种跌宕起伏只有经历了且对这些变化观察始终细致入微的学科探索者，才能够"品味"其对企业运营管理学科所带来的影响之大、影响之深、影响之远、影响之广，促进这些变化的动力源自企业运营管理实践。企业运营管理实践的日新月异对企业运营管理学科发展提出了巨大的挑战。

　　面对企业运营管理学科如此巨大的变化和挑战，亟须对企业运营管理学科进行深入和广泛的研究，研究的选择很多，研究视角的选择无法避免。百年大计，教育为本，企业运营管理学科研究选择教育视角，以期未来对我国企业运营管理理论和实践的建设能涌现出更多的探索者，使我国企业运营管理实践活动的基础更牢靠。企业运营管理学科的教学与科研活动分为学科教学活动、学科教学法科研活动、学科内容的科研活动、与学科内容相关的科研活动、科研活动。在这些活动中，学科内容的科研活动是促进学科发展的实体内容部分，这一部分科研活动需要系统地进行学科各部分和整体研究，形成反映学科发展的系统性全面的研究内容。没有学科内容的科研活动作为基础及内容创新，学科教学活动就失去了进行思辨性思维、创造性思维、实践性思维、未来自我学习特性学习的空间，进而失去了学科教学创新的空间；学科教学法科研活动就失去了依靠的基础及进行教学法创新的意义和价值；与学科内容相关的科研活动失去了可靠的基础。因而学科内容科研活动是企业运营管理学科教学与研究活动得以进展的基础。但这样对学科如此重要的研究视角对研究者而言，所取得的个人利益和研究者个人的付出匹配度是企业运营管理学科教学与科研活动中最小的，因为必须按照企业运营管理学科内容进行研究，内容极强的刚性使研究内容的局限性最强，涉及的学科教学与科研活动人员众多，涉及的频率最大，时间跨度最长，而创新空间又最小。这是企业运营管理学科教学与科研活动中研究的"红海"，无法与所取得的个人利益和研究者个人的付出匹配度最高的科研活动巨大的创新空间的"蓝海"研究相比，学科教学活动、学科教学法科研活动、学科内容的科研活动、与学科内容相关的科研活动对学科有着直接重要的支撑，科研活动对其他领域有着重大的贡献，但对学科的贡献微乎其微。学科面对的对象是高校的本科生、研究生，是企业运营管理学科本科生和研究生学科的学习与科研活动的根本，学科内容的科研活动研究的深入与否对研究生学科的学习与科研活动有着重大和根本性的影响。由此确定本书教育视角具体体现为以企业运营管理学科内容的科研活动为研究主体，以本科生和研究生教学与学科科研活动为对象，面对企业运营管理学科如此巨大的变化，需要进行企业运营管理学科的系统性研究。

在企业运营管理学科由生产管理到运营管理转变的过程中，不仅是学科本身内容的变化，也伴随学科属性的改变。生产管理以制造活动为基本活动，而制造活动相对稳定，以制造活动为基本活动的生产管理更注重学科的科学属性，学科的内容更多地注重科学理论和方法。运营管理加入了服务活动，与制造活动相比，服务活动更加灵活，需要注重行为。服务活动与制造活动有着本质的不同，服务活动的加入使企业运营管理除需要注重学科的科学属性外，还需要注重学科的行为属性。企业运营管理活动的扩展使需要高校运营管理教学和科研活动从致力于科学属性研究调整为注重行为属性研究，这种研究属性的实质性扩充，对奋斗在高校本科、研究生的企业运营管理学科教学和与教学相关的科研活动早已习惯科学属性的研究者具有很大的挑战。且企业面临的环境不断变化，顾客的需求已由单一需求变成差异化需求，需要针对这种变化进行拓展属性下的企业运营管理学科研究。

企业运营管理教育视角的研究决定着不能只对学科的某一部分进行研究，需要进行全面的系统研究。在我30多年的高校教学和研究活动中，为工商管理专业的本科生开设了生产管理、运营管理、管理学、财务管理课程，为企业管理研究生开设了管理思想史、管理理论、生产管理理论与实务课程，为 MBA 开设企业运营管理课程。其中管理学、管理思想史、管理理论课程为教育视角的企业运营管理研究活动的深入开展奠定了基础，财务管理课程为企业运营管理的目标的确定提供了融合的空间。为展开广泛的企业运营管理研究，我还查阅国内外有关运营管理的前沿研究文献，如管理领域、经济领域、工程领域和众多相关领域的前沿研究文献，使这些领域的理论和方法能够为系统的企业运营管理研究奠定基础。为使系统的企业运营管理研究落到实处，在30余年企业运营管理教学和科研活动的基础上，有针对性地进行各种研究工作。一是将所进行的研究与科研项目结合起来。围绕着企业运营管理前沿的研究主题，有针对性地进行项目选择，尽力使项目的研究题目能够成为企业运营管理研究内容的组成部分，将本书研究内容与科研项目有机结合，促进研究的深入进行。二是通过对企业调研，将系统的研究成果在实践中加以验证。2001 年我开始了 ERP、CIMS 信息系统的调研活动，也由此开启了系统的企业运营管理研究的实践调研活动。30 余年来，几乎每年都采取一定方式对企业进行调研，这些调研很好地衔接了系统的企业运营管理实践研究活动，使系统企业运营管理研究具有实践的可行性空间。三是通过所带研究生课题的针对性选择，对企业运营管理的重要理论通过实践得以确认和实施。对所带研究生尤其是在职研究生的论文题目的选择进行引导，使其尽量选择与本书研究内容有关的主题，将这些主题通过真实的企业进行研究，从理论和实践上进行论证和梳理。

四是将我国知名企业成熟的管理理论和实践方法与系统企业运营管理研究相结合，使系统企业运营管理研究能够反映我国企业运营管理的特色，具有我国企业特色的企业运营管理。通过以上举措，将系统企业运营管理研究成果凝结为企业集成运营管理，将《企业集成运营管理》作为本书的书名。

在30多年持续改进的高校企业运营管理学科教学和科研活动中，使自身深刻认识到面对巨大改变的企业运营管理学科，要使学生能够系统地进行企业运营管理学习，必须以书面形式展现企业运营管理发展的研究成果，学生才具有系统学习的基础，老师才具有进行系统讲授的根本条件，才具有了针对不同层面的学生进行全面系统的思辨性思维、创造性思维、实践性思维、未来自我学习教学的保证。为使企业运营管理教学活动全面展开，多年的教学与科研活动使我认识到只有将系统企业运营管理研究与本科生、研究生的企业运营管理教学、企业运营管理教学方法融合起来，才能真正将本科生、研究生的企业运营管理学习和研究活动落到实处。为此，本书融入以学生为主体和以成果为导向的前沿教学方法，论述了企业运营管理学科属性，针对这种属性的学科，明确了不同层面学生学习企业运营管理需具备的能力，同时按照前沿的教学要求，将企业运营管理学学科知识进行分类，由此确定不同层面的学生需要具备的知识学习的教学目标，按照以成果为导向的教学要求将这些教学目标与具体的成果相联系，不同层面的教学目标和成果反映了不同层面学生学习的特性，为完成企业运营管理知识的教学目标和进行以成果为导向的教学打下明确的基础。同时为了将企业运营管理的教学充分展开，教学设计中融入了其他教学目标，这些教学目标的融入保证了知识学习教学目标的完成，从学生对企业运营管理教学活动的组织到学生能够进行自我学习，在拓展学生视野的同时，使学生具备了更深入和更广泛的知识学习和落实的能力，将企业运营管理研究与教学融合起来。

尽管自身从企业运营管理理论到实践的各方面不断下大气力去体验，不断地学习、不断地体会，使自身对企业运营管理的研究有了更深的感悟，理论研究和理解视野更加宽阔，并体验到研究的快乐，有了更加深入进行企业运营管理研究的动力。同时也深深地感到在广博和发展速度飞快的企业运营管理学科面前，个人的力量渺小，所需要深入研究的问题还有很多，但为了本科生、研究生的系统学习能有一定参考，愿本书作为学生学习的一块砖、一片瓦，为学生学习和激起同仁研究企业运营管理学科的热情尽一点微薄之力，本书的研究也就达到目的了。由于水平有限，书中不足之处难免，恳请读者不吝赐教。

目　录

上　册

下 册

第一章

企业集成运营管理总论

第一节　企业运营管理学科属性与源泉

一、企业运营管理学科概念与属性

（一）企业运营管理学科概念

学科本质集中体现为学科的核心内容和教学核心任务（王喜斌，2018）。企业运营管理学科是指能够反映企业运营管理学科本质，体现企业运营管理核心内容和教学任务的独立知识体系。企业运营管理学科的根本是其核心内容，而企业运营管理教学任务是将核心内容得以落实的核心途径。因而，企业运营管理学科的核心内容和企业运营管理教学是紧密联系在一起的。

理解学科首先需要理解学科结构，只有理解了学科结构才能够理解学科的内在本质。学科结构由学科内在的不同部分组成，这些组成部分相互独立，每一个部分完成学科特有的核心内容，由此完成整个学科的核心内容。反映学科结构组成部分，一般通过学科层级来体现。学科层级通过从属关系来表示，通过不同层级学科的从属关系来反映不同层级的学科独立内容。我国的学科中一开始并没有管理学科，只有经济学科，随着学科认识的不断提高，现今已将管理作为独立学科。管理是使目前的事情得以完成的方式，是使机构能够产生结果的特殊工具、特殊职能和特殊手段（德鲁克，1999）。可见管理作为独立的学科存在是十分必要的。我国的高等教育就是通过学科层级的从属关系来体现学科结构，将学科分为四级。第一级是学科的门类级，是从整体上进行的学科分类，通过学科门类名称来表现。我国将学科门类归集为哲学、经济学、法学、教育学、文学、历史学、理学、工学、农学、医学、军事学、管理学、艺术学、交叉学科14类。第二级是学科门类下的从属部分，反映学科门类的组成，通过一级学科名称来表现。例如，管理学学科门类由工商管理，农林经济管理，公共管理，图书馆、情报与档案管理4个一级学科组成。第三级是一级学科下的组成部分，是从专业上进行的学科分类，是二级学科，通过学科专业名称来表现。例如，工商管理一级学科就由企业管理、会计学、旅游管理、技术经济与管理组成。第四级是二级学科下的组成部分，是从专业方向上进行的学科分类，通过学科专业方向名称来表现。例如，企业管理专业就由企业战略管理、企业财务管理、企业运营管理、企业人力资源管理等专业方向组成。企业运营管理属于管理学学科门类下的工商管理一级学科，是工商管理一级学科中企业管理专业的专业方向之一，是管理学门类的第四级学科。

无论是学科门类还是一级学科、二级学科、三级学科，都是从学科的视角进行划分。针对学科视角，存在着非学科科研视角、非学科实践视角、非学科运作视角。非学科运作存在于学科的核心内容和教学核心任务之外（阎福安等，2008）。非学科科研视角可以从不同领域等视角进行科研活动，这些科研活动从不同领域等视角开始，又归集于不同领域等视角，而不是按照学科的要求进行科研活动的开启、运转、结束。非学科实践视角具有具体运作特性，这种特性通过学科视角引导其活动，但非学科实践视角不是按照学科的要求进行科研活动的开启、运转、结束。非学科运作视角是与学科运作并存的运作视角，非学科运作视角不是按照学科的要求进行科研活动的开启、运转、结束。非学科科研视角、非学科实践视角、非学科运作视角与学科视角有着本质的不同，企业运营管理属于学科，需要按照学科的要求进行运作。

学科活动包括学科的科研活动、教学活动。学科的科研活动围绕着学科进行，可以围绕着学科的核心内容，也可以进行学科的非核心活动。学科的教学活动不但需要围绕着学科的核心内容，还需要进行系统的核心内容的教学活动。学科的中心是核心内容的教学活动。学科的科研活动与非学科的科研活动不同。非学科的科研活动按照非学科的归集途径进行科研活动，而不去考虑学科本身的要求，与学科内容没有直接的联系；学科的科研活动围绕着学科内容本身进行，其科研活动是为了系统地推进学科的核心内容而进行的。进行学科的科研活动是为了得出新颖的学科内容，为学科的教学打下基础。要将学科内容落到实处，不但需要有创新的学科内容，还需要教学核心任务能够反映学科的核心内容。学科的核心内容和教学核心任务相辅相成。管理学科活动包括管理学科的科研活动、教学活动，需要管理学科围绕核心内容进行科研活动、教学活动。管理的教育应当普及，管理应成为教育的一部分，在高等学校中应快速发展起来（法约尔，1998）。

（二）企业运营管理学科属性

1. 方向性

企业运营管理学科方向性指企业运营管理学科理论和方法对企业运营管理实践活动具有指导作用，企业运营管理实践活动按照企业运营管理学科理论和方法的方向性指导，进行企业运营管理实践活动。这里的指导作用是直接对企业运营管理实践发挥的作用，需要按照企业运营管理学科的从属特性进行逐层的指导。按照企业运营管理学科属性，企业运营管理实践活动需要接受企业运营管理学科理论和方法的指导；企业管理学科属于工商管理学科，因而企业运营管理实践活动不能违背工商管理学科理论和方法指导；工商管理学科属于管理学科，因而企业运营管理实践活动不能违背管理学科理论和方法指导。这样就建立了企业运营管理实践活动方向性指导的层级，企业运营管理实践活动按照不同层级属性的指导进行运作。

2. 独立性

企业运营管理学科独立性是指企业运营管理学科与其他学科相比，有着独立的边界，并且按照独立边界的要求，有着独立的内容。每一层级学科的独立边界和独立内容使不同层级学科有了根本的区别。我国从学科类别的哲学、经济学、法学、教育学、文学、历史学、理学、工学、农学、医学、军事学、管理学、艺术学、交叉学科 14 个学科门类到一级学科、二级学科、三级学科，每一级学科独立边界和独立内容，形成了不同的学科。管理学学科门类有独立边界和独立内容，与哲学、经济学、法学学科门类有着根本的不同；管理学学科门类下的工商管理，农林经济管理，公共管理，图书馆、情报与档案管理 4 个一级学科各自有独立边界和独立内容，使这 4 个一级学科有着根本的不同；工商管理一级学科下的企业管理、会计学、旅游管理、技术经济与管理 4 个二级学科各自有独立边界和独立内容，使这 4 个二级学科有着根本的不同；企业管理专业下的企业战略管理、企业财务管理、企业运营管理、企业人力资源管理等专业方向各自有独立边界和独立内容，使这些专业方向有着根本的不同。因而，企业运营管理学有着独立的边界和内容组成。企业集成运营管理学科的内容包括企业基本运营管理模式、企业集成新产品开发与设计、企业集成运营管理流程设计、企业集成选址与布置、企业集成运营计划、企业集成运营组织与控制、企业集成标准体系与质量管理、企业集成价值链管理流程工作设计、企业集成设备与工装管理。这里的企业项目管理属于特殊业务管理部分，其余部分属于企业运营管理的常设内容。

3. 集中性

企业运营管理学科的集中性是指企业运营管理学科内容集中通过企业运营管理学科理论、方法和实践来体现。学科需要展现知识，而知识的揭示需要通过理论、方法和实践来体现。理论、方法和实践是体现管理学科的主要载体，也是管理学科惯用的体现方式。通过这种方式既能够揭示管理学科的规律，也能够提供实现这些规律的手段，将学科充分展示。企业运营管理学科符合管理学科这种揭示方式，通过企业运营管理学科理论、方法和实践来集中体现企业运营管理学科内容，将企业运营管理学科全面展示。

4. 系统性

企业运营管理学科系统性是指企业运营管理学科内容的整体和局部的系统性。学科整体系统性需要学科内容从整体上由一系列相互联系的反映整体运作的部分构成，这些部分按照系统运作的要求建立与学科整体的耦合关系，形成学科整体系统。学科局部系统性需要学科内容从局部上由一系列相互联系的反映整体运作的部分构成，这些部分按照系统运作的要求建立与学科局部的耦合关系，形成学科局部系统。企业集成运营管理学科由企业基本运营管理模式、企业集成新产品开发与设计、企业集成运营管理流程设计、企业集成选址与布置、企业集成运营计划、企业集成运营组织与控制、企业集成标准体系与质量管理、企业集成价值链管理流程工作设计、企业集成设备与工装管理组成，建立与企业运营管理学科整体的耦合关系，从而形成企业运营管理学科整体系统；这些部分各自内部又由不同的部分组成，按照系统运作的要求建立与学科局部的耦合关系，形成学科局部系统。

5. 核心性

企业运营管理学科的核心性是指企业运营管理学科整体和局部核心主流内容。学科整体核心性需要学科内容能够反映学科整体运作，是学科整体运作主流内容，形成学科整体核心内容。学科局部核心性需要学科的内容能够反映学科局部运作，是学科局部运作的主流内容，形成学科局部核心内容。企业集成运营管理学科的企业基本运营管理模式、企业集成新产品开发与设计、企业集成运营管理流程设计、企业集成选址与布置、企业集成运营计划、企业集成运营组织与控制是企业运营管理学科的主流内容，反映企业运营管理学科整体运作，构成企业运营管理学科整体核心内容；企业集成标准体系与质量管理、企业集成价值链管理流程工作设计、企业集成设备与工装管理是企业运营管理学科的主流内容，反映企业运营管理学科局部运作，构成企业运营管理学科局部核心内容。

6. 传授性

学科是知识生产与传播的单位（李海龙，2018）。企业运营管理学科的传授性是指企业运营管理学科内容能够传递给学生，使学生掌握学科内容。企业运营管理学科的传授性是企业运营管理学科概念的真实体现。学科传授的内容不是凭空产生的，需要通过学科研究活动产生。学科的研究活动与非学科的研究活动不同，学科的研究活动有着独立的边界、内容和学科要求。因此，企业运营管理学科需要按照企业运营管理学科独立的边界、内容和学科要求进行内容的研究，这样就具有了企业运营管理学科传授性的基础。有了这样的基础，按照传授性的要求，体现企业运营管理学科的内容，才能够将企业运营管理学科传授下去。

7. 层次性

企业运营管理学科层次性是指企业运营管理学科由不同层次的内容组成，这些不同层次的内容共同构成了企业运营管理学科。企业运营管理学科分为战略层面、战术层面、作业层面的内容。企业运营管理学科战略层面的内容对企业运营管理学科的战术层面、作业层面运作进行指导，使战术层面、作业层面按照战略层面的要求进行运作。企业运营管理学科战术层面、作业层面的内容反映企业日常运营管理学科运作，是企业运营管理学科的主体内容。由于企业运营管理学科更侧重日常运作，因而与其他学科相比，战术层面、作业层面的运作就更为重要。要将企业运营管理学科日常运作落到实处，就需要企业运营管理学科注重企业战术层面、作业层面；需要区分不同类型企业的特性和不同企业特性下的战术层面、作业层面运作。只有注重不同企业的特性，使每类企业能够按照其特性的要求进行战术层面、作业层面运作，才能够真正将企业运营管理学科落到实处。

8. 融合性

企业运营管理学科融合性是指企业运营管理学科由科学性与行为特性、制造活动与服务活动、有形产品与制造活动、有形和无形产品与服务活动、员工行为与顾客行为融合的特性。企业运营管理学科科学性主要体现为数理特性、工程特性等，这一特性需要由定量方式来实现；企业运营管理学科行为特性主要体现为顾客、员工的行为特性，这一特性需要通过顾客、员工个体行为的分析来实现。企业制造活动是按照企业制造特性的要求进行的活动；企业服务活动是按照企业服务特性的要求进行的活动。企业运营管理学科科学性和行为特性是完全不同的两种领域特性，企业制造活动和企业服务活动也是完全不同的活动，企业运营管理学科需要将科学性与行为特性、制造活动与服务活动、有形产品与制造活动、有形和无形产品与服务活动、员工行为与顾客行为按照学科要求进行融合，使企业运营管理学科成为融科学性与行为特性、制造活动与服务活动、有形产品与制造活动、有形和无形产品与服务活动、员工行为与顾客行为于一体的学科。

9. 具体性

企业运营管理学科具体性是指企业运营管理学科针对不同特性的具体组织和具体活动进行运作。企业运营管理学科需要针对不同组织进行，这些组织不是一般意义上的组织，而是实际运作的组织。实际运作的组织也会随着环境、自身发展等各种因素的改变而发展。组织从整体上划分可分为营利性组织和非营利性组织。企业运营管理学科是针对营利性组织进行运作的，而不同企业又有着各种不同的特性。这就需要企业运营管理学科理解不同企业具体运作特性，根据这些企业具体特性进行企业运营管理学科组织特性运作。不同特性企业有着不同的企业具体运作活动，这些具体活动是企业运营管理学科直接运作的对象，需要企业运营管理学科理解不同特性的各种具体活动，根据这些企业活动进行企业运营管理学科具体活动特性运作。

（三）企业运营管理学科教学与科研活动

企业运营管理学科教学与科研活动分为学科教学活动、学科教学法科研活动、学科内容的科研活动、与学科内容相关的科研活动、科研活动。学科教学活动是教师针对本科生、研究生进行企业运营管理课程学习的教授活动；学科教学法科研活动是教师针对本科生、研究生进行企业运营管理课程学习的教学法研究活动；学科内容的科研活动是教师针对本科生、研究生进行企业运营管理课程学习的内容研究活动；与学科内容相关的科研活动是教师针对本科生、研究生进行企业运营管理课程学习内容部分相关的研究活动；科研活动是教师针对本科生、研究生进行企业运营管理课程学习和研究无关的但对非企业运营管理学科教学与科研活动有共享的科研活动。

学科内容的科研活动是促进企业运营管理学科发展的实体内容部分，这一部分的科研活动需要系统地进行学科各部分和整体研究，形成反映学科发展的系统性和全面性研究内容。没有学科内容的科研活动作为基础，没有这部分内容创新，企业运营管理学科教学活动就失去了基础，学生失去了进行思辨性学习的空间，进而失去了学科教学创新的空间，学科教学法科研活动也就失去了依靠的基础，失去了进行教学法创新的意义和价值，与学科内容相关的科研活动失去了可靠的基础。

企业运营管理学科教学活动是与学科内容的科研活动并列的独立的教学活动，是将学科内容的科研活动进行展示的活动。与学科内容的科研活动不同，企业运营管理学科教学活动直接面对学生，教师除需要掌握学科内容的科研活动所研究的企业运营管理内容，针对学生的各种行为，采取独到的适合学生知识和心理需要的教学活动，是将学科教学法科研活动、学科内容的科研活动、与学科内容相关的科研活动研究成果的综合展示。教学活动需要通过教师的课堂管理实现，课堂管理属于教师促进积极的、协作和任务导向的行为及处理不良行为和破坏行为的方式（安德森，2018）。企业运营管理学科教学活动是企业运营管理学科教学与研究活动实际操作的活动，是企业运营管理学科教学和科研活动的综合运作。企业运营管理学科的教学是在教师与学生具体的教学环境中运用学科教学法科研活动、学科内容的科研活动、与学科内容相关的科研活动所取得的成果，进行企业运营管理知识传授和取得学习与教学成果的过程（柯维和查克劳，2019）。教学是复杂的，需要一定的培训（芬克，2006）。

企业运营管理学科教学法科研活动对企业运营管理学科教学活动起着关键的推动作用。近年来，国内外有关学科教学法科研活动成为高校研讨的热点，这些研究对教学的各方面进行了深入研究，极大地推动了教学活动质量的提升。学科教学法科研活动也需要从企业运营管理学科出发，确立企业运营管理学科的学习目的，创设学习目标，分析学生特点，编写测验，选择教学材料，开发课堂活动，选择教学媒体，实施并修改课堂教学，从而真正促进企业运营管理学科教学水平的提升（卡尔－切尔曼，2018）。

与学科内容相关的科研活动对企业运营管理学科教学起着部分支撑作用，这部分研究能够对企业运营管理学部分内容进行深入的研究，对学科教学活动、学科内容的科研活动有着重要的推动作用。科研活动对非企业运营管理学科教学与科研活动有着重要贡献，也是高校所承担的非学科责任所要求的。

二、企业运营管理学科理论和方法源泉

（一）管理理论与方法、管理学

理论是对规律的发现，而方法是人脑根据理论进行的发明（孙奎贞，1988）。理论与方法是学科内容不同侧面的体现，二者构成学科的内容。管理学科中通过管理理论

与方法、管理学来体现管理学科内容，但二者对管理学科内容的体现不同。

1. 管理理论与方法和管理学的区别

（1）管理理论与方法是管理学学科门类内容的全面体现，管理学是管理学学科门类的系统体现，管理理论与方法是管理学的基础。从学科的角度来考察，不论管理理论与方法还是管理学都属于最顶层的管理学科的内容，都是针对管理学学科门类展开的。管理理论与方法和管理学是对管理学学科门类内容两种不同的表现方式。管理理论与方法是最原始的反映管理学学科门类知识一贯的直接载体，伴随管理学学科门类知识产生、发展而一直沿用的表现方式，能够全面地反映管理学学科门类知识的内容。管理学则需要对管理学学科门类的管理理论与方法所展示的全面内容进行一定删减，按照组织需要的原则，系统地展示管理学学科门类知识。因而，管理学中的管理知识源于管理理论与方法，管理理论与方法是管理学的基础。

（2）管理理论与方法比管理学中的理论和方法范围更广。管理理论由中外各种管理理论组成，形成丛林之势（唐蕾，2011）。从涉及的领域来看，管理理论与方法涉及微观领域、中观领域和宏观领域；而管理学就目前而言，能够成熟地展示管理学内容的一般只是微观领域，对于中观领域和宏观领域还没有形成系统的展示内容。从涉及领域运作范围来看，管理理论与方法涉及领域的范围更加广泛，管理学将管理理论与方法涉及领域的范围一部分进行运用，范围比管理理论与方法窄。从与其他学科相互联系角度来看，管理理论与方法与每一级学科联系的范围比管理学范围要广，管理学只是采用了管理理论与方法和每一级学科部分联系。

（3）管理理论与方法比管理学中的理论和方法更深。管理理论与方法在揭示管理学学科门类内容时是按照管理知识原始存在的具体性特征进行揭示的，这种揭示将管理知识研究主体的具体运作特性和运作方式、研究环境、研究者的研究习惯、研究成果揭示的具体时代特征、研究者的性格、研究者性别等诸多对管理知识研究有着具体影响的因素考虑其中。这种方式研究出来的管理理论与方法和管理学相比体现更深入。管理学更多的是将具体体现的管理理论与方法的共同部分和具体部分的某一方面进行展示，无法全面地展示管理知识本身的具体特性，也无法体现管理理论与方法的深度。

（4）管理理论与方法是连续时间维度的所有管理理论与方法，而管理学是间断时间维度的部分管理理论与方法。管理理论与方法相对于管理学科门类内容而言，是以理论和方法本身的内容而不是纯粹按照当前的需要进行展示，这种展现方式能够将所揭示管理知识按照时间的先后连续起来，形成不间断的管理理论与方法。但管理学对管理学科门类内容是以当前的需要进行展示，这就会忽略时间因素，形成只针对需要而没有考虑时间因素的知识揭示。因而，管理学的内容针对管理理论与方法而言，从时间维度来考虑的时间是间断的。

（5）管理理论与方法涵盖不同领域的组织和层面，而管理学通过不同组织和层面实现。管理理论和方法涵盖微观、中观和宏观不同领域的组织和同一领域组织中的战略层面、战术层面、作业层面，这种涵盖没有进行领域和层面的划分，而是将这些组织在一起。管理学主要针对微观的营利性组织、微观非营利组织进行，使得管理学需要针对管理理论和方法涵盖不同领域的组织和层面中的理论和方法进行选择，围绕着微观的营利性组织、微观非营利组织特性进行内容展示。

（6）管理理论与方法的传授性弱于管理学。学科的重要属性就是传授性。管理理论和方法是将原有的内容进行展示，忠于管理理论与方法内容的本身，没有按照传授性进行内容的展示。而管理学则按照传授性要求，系统进行管理学内容的展示，强化管理学传授性。

2. 管理理论与方法对管理学的作用

（1）管理理论与方法是管理学的源泉。管理学门类进行传授性运作时，由于管理学传授性大于管理理论与方法，因而一般采用管理学来进行管理知识的传授。但管理学毕竟只是管理理论与方法的部分体现，这就需要管理学能够随时关注管理理论与方法的发展动态，将管理理论与方法中有用的部分随时吸收到管理学中，真正地将管理理论与方法视为管理学的源泉。

（2）管理理论与方法指引管理学内容形成和发展。管理学只是将管理理论与方法系统地引入学科中，这种引入按照学科传授性的需要进行。但对管理学总的和细致的指导却是通过管理理论与方法进行的。管理学需要随时明确管理理论与方法指引作用，尤其是细致的指引作用，持续地根据管理理论与方法发展对管理学进行指引。

（3）管理学需要从框架出发来体现管理理论与方法，目的是体现学科的传授性。和管理理论与方法不同，管理学更注重管理学科门类的传授性。这就需要管理学引入管理理论与方法的内容时，在保留管理理论与方法内容的前提下，按照管理学科门类的传授性规律对这些内容进行一定的调整，使管理学既能够反映管理理论与方法的内容，又能够充分体现管理学科门类的传授性要求，使管理学的传授能够达到提高学生既定能力的要求。

（二）管理理论与方法、管理学、企业运营管理学科与企业运营管理实践活动

1. 管理理论与方法指导企业运营管理学科内容和企业运营管理实践活动

任何一种管理理论与方法的提出，最终目的都是应用于实践，否则该理论就失去了生命力（袁安府，2008）。由于管理理论与方法有着细致和具体的内容展示，而企业运营管理学科内容和企业运营管理实践活动又是非常具体的学科和学科下的活动，这就决定了管理理论与方法能够直接指导企业运营管理学科内容和企业运营管理实践活动；需要企业运营管理学科和企业运营管理实践活动进行细致的运作时能够随时接受管理理论与方法的指导，按照管理理论与方法的要求进行企业运营管理学科和企业运营管理实践活动细致运作。

2. 管理学系统性指导企业运营管理学科、企业运营管理实践活动

由于管理学有着系统的内容展示，而企业运营管理学科内容和企业运营管理实践活动运作时需要从整体和局部进行系统的运作，需要管理学能够系统指导企业运营管

理学科内容和企业运营管理实践活动。当企业运营管理学科和企业运营管理实践活动进行系统的运作时能够随时接受管理学的指导，按照管理学系统运作的要求进行企业运营管理学科和企业运营管理实践活动系统运作。

3. 企业运营管理学科直接系统地指导企业运营管理实践活动

与管理学不同，企业运营管理学科与企业运营管理实践活动是同一级学科的两个部分，企业运营管理学科是同级学科的理论和方法的系统体现，企业运营管理实践活动是同级学科的实践活动的体现，因而企业运营管理学科是直接指导企业运营管理实践活动的学科。这就需要企业运营管理学科能够系统指导企业运营管理实践活动。当企业运营管理实践活动进行系统的运作时能够随时接受企业运营管理学科的指导，按照企业运营管理学科系统运作的要求进行企业运营管理实践活动系统运作。

4. 企业运营管理学科反作用于管理理论与方法、管理学

企业运营管理学科需要接受管理理论与方法、管理学的具体和系统的指导。但企业运营管理学科自身也在不断地发展，形成企业运营管理学科特有的规律和方法。这些规律和方法中展现其具体特性运作的部分能够对管理理论与方法进行反作用，使管理理论与方法借鉴这些理论和方法，更加充实管理理论和方法；这些规律和方法中展现其系统特性运作的部分能够对管理学进行反作用，使管理学借鉴这些理论和方法，从而更加充实。

5. 企业运营管理实践活动反作用于企业运营管理学科

企业运营管理学科理论和方法指导着企业运营管理实践活动，但企业运营管理实践活动并不是被动地而是能动地接受企业运营管理学科的指导。企业运营管理实践活动在按照企业运营管理学科理论和方法的指导进行运作的同时，也能够根据企业的特性、企业运作的实际创造性地进行实践活动。这些创造性的实践活动可以通过概括和抽象形成新的企业运营管理学科理论和方法，从而丰富企业运营管理学科内容。企业运营管理实践活动又可以通过这些新的理论和方法指导实践活动，使企业运营管理实践活动促进企业运营管理学科的发展。

6. 企业运营管理实践活动反作用于管理理论与方法、管理学

管理是一种实践（德鲁克，2007）。这种实践活动对管理理论与方法、管理学产生重要作用。可从企业运营管理实践活动概括出新的企业运营管理学科的理论和方法，根据管理理论与方法、管理学的内容要求进行凝练，提出新的管理理论与方法、管理学。这些新的管理理论与方法、管理学又会指导管理学科门类、管理一级学科、管理二级学科、管理三级学科的方法，从而促进管理学科的发展。

7. 其他职能管理学科、其他非管理学科对企业运营管理学科作用

企业运营管理学科与企业战略、人力资源管理、财务管理、营销管理这些企业管理二级学科下的其他职能管理学科相联系；与工学、法学、教育学、文学、理学、艺术学等这些学科门类和这些学科下的一级学科、二级学科、三级学科相联系。这就需要企业运营管理学科能够明确按照自身的边界和内容发展的同时，也能够针对与这些

其他职能管理学科、其他非管理学科的联系部分进行借鉴，使企业运营管理学科理论和内容更加充实和完善。

三、成果导向的不同类型学生学习

本书理论、方法、实践等各个方面都是全方位按照企业运营管理学科视角要求进行研究，对企业运营管理作为工商管理本科专业、企业管理硕士专业、MBA 工商管理专业、企业管理博士专业的核心课程的系统研究性学习给予重要支撑，提供给这些学生各类学习特性的空间，从教学方面有效地支撑不同层面的工商管理专业的建设，这也是本书进行研究的主要目的。但学生背景不同，学习层次不同，需要达到的目的也会有很大的区别。

企业集成运营管理成果导向的不同类型学生教学是以企业集成运营管理理论和实践知识为基础进行教学的。按照学科教学视角知识分类，企业集成运营管理理论和实践知识分为企业集成运营管理理论和实践事实性知识、概念性知识、程序性知识和元认知知识。企业集成运营管理理论和实践事实性知识是企业集成运营管理理论和实践的分离的、孤立的片断形式的知识，包括术语知识、具体细节和要素知识。企业集成运营管理理论和实践术语知识是关于企业集成运营管理理论和实践的言语和非言语的特殊标记与符号的知识；企业集成运营管理理论和实践具体细节和要素知识是关于企业集成运营管理理论和实践事实与其他细节的知识。

企业集成运营管理理论和实践概念性知识是企业集成运营管理理论和实践的更为复杂的结构性知识，包括分类和类别知识、原理和通则知识、典型理论和模型与结构知识。企业集成运营管理理论和实践分类和类别知识是企业集成运营管理理论和实践族类、类别、具体类别和排列、组合的知识；企业集成运营管理理论和实践原理与通则知识是企业集成运营管理理论和实践现象的观察结果予以概括的抽象知识；企业集成运营管理理论和实践典型理论和实践、模型和结构知识是企业集成运营管理理论和实践用于描述、理解、观察结果和预测现象的各种范式、认识论、典型理论和实践、模型。

企业集成运营管理理论和实践程序性知识是企业集成运营管理理论和实践运作程序知识，通常由一系列步骤构成，包括各类程序知识、技能和算法知识、技术和方法知识、程序准则知识。企业集成运营管理理论和实践各类程序知识是企业集成运营管理运作中的各类程序知识；企业集成运营管理理论和实践技能与算法知识是企业集成运营管理运作中技能和算法程序；企业集成运营管理理论和实践技术与方法知识是企业集成运营管理运作中技术和方法程序知识；企业集成运营管理理论和实践程序准则知识是企业集成运营管理运作中程序准则知识。

企业集成运营管理理论和实践元认知知识是企业集成运营管理理论和实践的一般认识知识和关于自我认识的意识和知识，包括策略性知识、认知任务知识、关于自我知识。企业集成运营管理理论和实践策略性知识是关于企业集成运营管理学习、思维和解决问题的一般策略知识；企业集成运营管理理论和实践认知任务知识是企业集成运营管理情境性知识和条件性知识；企业集成运营管理理论和实践关于自我知识是企业集成运营管理关于自我认知和学习的强项和弱项、关于自我动机信念、关于自我知识准确性知识。

结合企业集成运营管理特性和实际，企业集成运营管理理论和实践知识分为企业集成运营管理理论和实践基础知识、前沿知识、探索性知识。企业集成运营管理理论和实践基础知识是企业集成运营管理知识的基础，是学习企业集成运营管理的基本知识；前沿知识是企业集成运营管理知识的先进性体现，是学习企业集成运营管理广度和深度要求的知识；探索性知识是企业集成运营管理知识的探索性体现，是学习企业集成运营管理创新的知识。企业集成运营管理理论和实践基础知识是前沿知识和探索性知识基础，前沿知识是基础知识引入先进性知识指南，探索性知识是基础知识和前沿知识迈向创新知识的引导。企业集成运营管理理论和实践基础知识包括基础理论知识、基础理论应用知识、基础方法知识、基础方法应用知识、基础实践知识、基础设计实践知识、基础操作实践知识；前沿知识包括前沿理论知识、前沿理论应用知识、前沿方法知识、前沿方法应用知识、前沿实践知识、前沿设计实践知识、前沿操作实践知识；探索性知识包括探索性理论知识、探索性理论应用知识、探索性方法知识、探索性方法应用知识、探索性实践知识、探索性设计实践知识、探索性操作实践知识。

企业集成运营管理理论和实践知识是通过一定的知识成果形式来体现的，这些知识成果形式包括企业集成运营管理的图、表、录像、VR、实物、抖音、作业、描述性短文、推理性短文、分析性短文、计算性短文、信息平台、信息系统、论文、分析报告、实证报告、数据报告、短篇案例、长篇案例、制度文件、程序文件、规范文件、操作文件、标准体系、作业、现场智能设备操作演示、信息系统操作演示、信息平台操作演示、可视化过程、仿真、员工规范演示、员工动作演示、较深层次论文、较深层次分析报告、较深层次实证报告、较深层次数据报告、深层次的论文、深层次分析报告、深层次实证报告、深层次数据报告。

企业运营管理的系统研究性学习是与前沿的以学生为主体的教学方法相匹配的，只有采用这样的教学方法，本书以企业运营管理学科视角所进行的研究才能够发挥最大的效用，这种方法需要以成果为导向，选择评价方法，事先知道学生的学习情况，根据学生的实际进行教学策略选择。

随着企业集成运营管理教学目标的确立，进行企业运营管理教学需要按照以学生为主体的成果导向性教学设计进行教学。成果导向教育简称OBE，是由美国学者威廉·斯派迪于1981年创建的。OBE教育理念以学生为中心、以学习产出为导向，教学活动围绕学生预期的学习成果展开和实施（朱静和周恩德，2020）。OBE广泛运用于国内外各层次的教学活动中，已逐渐走向成熟。企业集成运营管理教学也采用成果导向这一先进的教育理念进行教学设计。进行企业集成运营管理成果导向教学设计需要紧紧围绕教学目标和学习成果进行，预期的学习成果就成为教学设计拉动的起点，需要按照预期的学习成果对整个教学环节进行拉动。OBE 教育理念需要根据预期学习成果来对教学进行反向设计，以加深教师和学生对整个教学过程的反思和分析，使学生产生对学习过程更深刻的认识（周洪波，2017）。OBE 教育理念具体运作中成果导向主要体现为各种能力目标，这样成果导向的能力目标就与企业集成运营管理教学目标融合起来，能力目标成为教学目标的主体体现。

不同层面的学生进行企业集成运营管理学习过程中，企业集成运营管理教学目标的确立在教学过程中处于核心地位，需要根据不同层面的学生掌握的企业集成运营管理知识类型确定教学目标。修订版《布卢姆教学目标分类学》将知识分为事实性知识、概念性知识、程序性知识、元认知知识（吴树芳，2018）。可以依据布卢姆教育目标分类将企业集成运营管理知识分为这四个部分，针对这四个部分需要制定企业集成运营管理教学目标。认知领域教育目标分为记忆能力、理解能力、应用能力、分析能力、评价能力和创新能力六个层次（于明含，2019）。根据学生学习特性还需要增加表现能力，根据企业集成运营管理的分类维度，按照布卢姆的认知分类维度和学生学习特性，确定企业集成运营管理记忆能力、理解能力、表现能力、运用能力、分析能力、评价能力和创新能力是教学目标主体体现。由此确定工商管理本科专业、企业管理硕士专业、MBA 工商管理专业、企业管理博士专业的企业集成运营管理教学目标是企业集成运营管理理论知识学习能力目标、企业集成运营管理理论实践知识学习能力目标、企业集成运营管理理论和实践知识运作目标与职业素养。

企业集成运营管理理论和实践知识记忆能力是对企业运营管理理论和实践的事实性知识、概念性知识、程序性知识、元认知知识的记忆能力，包括识别能力、回忆能力、联想能力。识别能力是从企业集成运营管理理论和实践知识长时记忆中提取相关知识，寻找预备呈现信息相同或者相似信息，与被呈现的信息进行比较，识别被呈现信息是否是新信息的能力；回忆能力是从企业集成运营管理理论和实践知识长时记忆中提取相关知识，将这些信息调入所需要记忆中的能力；联想能力是对企业集成运营管理理论和实践知识扩大或者组合记忆的能力，记忆储藏了联想的宝贵积蓄（马宏斌，2004）。针对企业集成运营管理理论和实践知识教学内容，需要学生具有识别能力、回忆能力、联想能力，只有具备这些能力，才能够将企业集成运营管理理论和实践知识更牢固地储蓄在记忆中，为理解能力、表现能力、应用能力、分析能力、评价能力和创新能力运作打下牢固的基础。

企业集成运营管理理论和实践知识理解能力是以企业运营管理理论和实践概念性知识为基础，将新知识与已有的知识之间建立联系和进行整合的能力，包括解释能力、举例能力、分类能力、总结能力、推断能力、比较能力和说明能力。解释能力是将企业运营管理理论和实践知识从一种形式转变为另一种形式进行释义和描述的能力；举例能力是列举企业运营管理理论和实践知识一般概念或者原理的具体例子的能力；分类能力是进行企业运营管理理论和实践知识分类的能力；总结能力是概括企业运营管理理论和实践知识信息主题的能力；推断能力是能够发现企业运营管理理论和实践知识例子之间的相互联系，抽象出能够解释例子概念和原理的能力；比较能力是进行企业运营管理理论和实践知识相同点与不同点比较的能力；说明能力是针对企业运营管理理论和实践知识构建与运用模型的能力。学生针对企业运营管理理论和实践概念性知识，需要具备理解知识的能力，这是企业运营管理学科教学中学生需要具备的最基本能力。学员需要根据概念性知识特性，深入理解概念性知识内涵，掌握概念性知识运用范围，能够将概念性理论知识与实际知识结合起来，实现对企业运营管理理论和实践概念性知识的吸收和获取，从而具备概念性知识的理解能力。教师可以通过对学生学习过程中提出挑战性的问题来促进理解（威金斯和麦克泰，2018）。

企业集成运营管理理论和实践知识表现能力是对企业集成运营管理理论和实践知识反应、梳理和表述的能力，包括反应能力、梳理能力、记录能力和表述能力。反应能力是能够对企业集成运营管理理论和实践知识快速反应的能力；梳理能力是针对企业集成运营管理理论和实践知识进行梳理的能力；记录能力是对企业集成运营管理理论和实践知识能够快速准确记录的能力；表述能力是对企业集成运营管理理论和实践知识能够准确进行口语和书面表述的能力。学员需要具备企业集成运营管理理论和实践知识速记的能力，通过一定的速记方法，练就速记能力。只有具备了速记能力，才能够将 PPT 上显示出来的和没有显示出来的内容记录下来。学员需要具备口头专业表述能力，即按照企业运营管理学科要求的专业的口头表述能力。除具备一般的口头表述能力所应具有的要件外，更需要具有符合企业运营管理学科要求的口头专业表述能力。学员明确传授中所提出的口头专业表述的要求，寻求满足要求的企业集成运营管理理论和实践知识，按照专业规范的术语，通过一定逻辑表现方式有层次、有重点地表述出来。学员需要具备书面专业表述能力，与口头专业表述能力不同，书面专业表述能力一般不需要进行现场表述。这种书面专业表述能力除需要具备一般的写作能力所应具有的要件外，更需要具有符合企业运营管理学科要求的书面专业表述能力。学员能够明确书面专业表述的国家标准，明确所在高校的具体书面专业表述标准，将书面专业表述的国家标准和具体的标准进行对比，理解每一条书面专业表述具体标准的具体要求，将已经按照企业运营管理学科要求整理出来的体现一定层次、重点、逻辑联系的内容，按照每一具体标准的要求书面表述出来。要提高企业运营管理学科口语和书面语的专业表述能力就需要提高企业运营管理学科思维能力。口语和书面语言是思维的主要工具和载体，是思维的主要表现形式（蒋尊国，2014）。学生思维能力是学员理解能力的集中体现，只有提高理解能力，才能够提高企业运营管理学科理论思维能力，也才具备口头和书面的专业表述能力展示的基础。

企业集成运营管理理论和实践知识运用能力是运用企业集成运营管理理论和实践程序性知识，解决企业集成运营管理理论和实践问题的能力，包括执行能力和实施能力。执行能力是根据固定程序性知识进行运作，得到预期答案的能力；实施能力是根据不固定程序性知识进行运作，得到答案的能力。企业运营管理学科教学时，随时需要面对企业运营管理理论和实践中的问题，针对这些问题，教师需要让学生运用逻辑方法进行问题分析，提高解决问题的能力（马扎诺，2018）。学生需要将看起来没有联系实际上存在内在联系的事物通过归纳和演绎联系起来，这样就具备了解决问题的基础（科斯塔和卡利克，2018）。

企业集成运营管理理论和实践知识分析能力是分析企业集成运营管理理论和实践知识组成部分之间关系的能力，包括区别能力、组织能力和归因能力。区别能力是根据相关性和重要性将企业集成运营管理理论和实践知识总体结构区别分类的能力；组织能力是进行企业集成运营管理理论和实践知识信息建立系统的、内在一致联系的能力；归因能力是能够判断企业集成运营管理理论和实践知识交流背后的观点、倾向、价值观、意图的能力。

企业集成运营管理理论和实践知识评价能力是基于准则和标准作出判断的能力，包括检查能力和评论能力。检查能力是检查企业集成运营管理流程、产品是否合格的能力；评论能力是基于标准对企业集成运营管理流程、产品进行评价的能力。

企业集成运营管理理论和实践知识创造能力是将要素组成内在一致整体或者功能性整体的能力，包括产生能力、计划能力、生成能力和融合能力。产生能力是针对企业集成运营管理表征问题提出满足特定准则假设或者解决方案的能力；计划能力是针对满足特定准则假设或者解决方案提出解决办法的能力；生成能力是解决特定的、满足一定具体要求问题的能力；融合能力是融合不同类别的企业集成运营管理理论和实践知识的能力。

工商管理本科专业是以制造类企业、一般服务企业、新兴服务企业、一般纯服务企业为主体的学习目标，围绕四类企业集成模块单元流水线延迟策略和强化延迟策略、后拉动流程、后拉动价值、智能运作的基本模块单元流程、供应链、流程空间、辅助要素、支撑要素、核心要素、信息要素、管理、体系、模式、策略的内容确定学习目标。具体目标为记忆能力中的四类企业集成运营管理的事实性知识、概念性知识、程序性知识、元认知知识的识别能力和回忆能力目标，这一目标体现的成果能力目标为企业集成运营管理理论和实践知识基本的基础知识、前沿知识、探索性知识成果识别能力和回忆能力目标；四类企业集成运营管理理解能力中的解释能力、举例能力、分类能力、总结能力、推断能力、比较能力、说明能力是以概念性知识理解能力为目标，这一目标体现的成果为基本的基础知识、前沿知识、探索性知识成果理解能力目标；四类企业集成运营管理表现能力中的反应能力、梳理能力、记录能力和表述能力是以事实性知识、概念性知识、程序性知识、元认知知识表现能力为目标，这一目标体现的成果表现能力为基本的基础知识、前沿知识、探索性知识成果表现能力目标；四类企业集成运营管理运用能力中的执行能力和实施能力是以程序性知识能力为目标，这一目标体现的成果能力为基本的基础知识、前沿知识、探索性知识成果运用能力；四类企业集成运营管理分析能力中的区别能力、组织能力、归因能力是以概念性知识能力为目标，这一目标体现的成果能力为基本的基础知识、前沿知识、探索性知识成果分析能力；四类企业集成运营管理评价能力中的检查能力和评论能力是以概念性知识、程序性知识能力为目标，这一目标体现的成果能力为基本的基础知识、前沿知识、探索性知识成果评价能力；四类企业集成运营管理创造能力中的产生能力、计划能力、生成能力、融合能力是以概念性知识能力为目标，这一目标体现的成果能力为基本的前沿知识、探索性知识成果创造能力。

企业管理硕士专业是以制造类企业为主、纯服务类企业为辅的学习目标，围绕这两类企业集成模块单元流水线延迟策略和强化延迟策略、后拉动流程、后拉动价值、智能运作的基本模块单元流程、供应链或者服务链流程、流程空间、辅助要素、支撑要素、核心要素、信息要素、管理、体系、模式、策略和顾客接触模块单元流水线的顾客接触、员工与顾客服务互动、员工与顾客价值共创、顾客服务体验、顾客服务满意、服务补救的服务特性的运作内容确定学习目标。具体目标为制造类和纯服务类企业集成运营管理理解能力中的解释能力、举例能力、分类能力、总结能力、推断能力、比较能力、说明的概念性知识能力目标，这一目标体现的成果理解能力为较高层次基础知识、前沿知识、探索性知识成果理解能力；两类企业集成运营管理表现能力中的反应能力、梳理能力、记录能力和表述能力是以事实性知识、概念性知识、程序性知识、元认知知识表现能力为目标，这一目标体现的成果表现能力为较高层次基础知识、前沿知识、探索性知识成果表现能力目标；两类企业集成运营管理运用能力中的执行能力和实施能力是以程序性知识能力为目标，这一目标体现的成果能力为较高层次基础知识、前沿知识、探索性知识成果能力；两类企业集成运营管理分析能力中的区别能力、组织能力、归因能力是以概念性知识、程序性知识能力为目标，这一目标体现的成果分析能力为较高层次基础知识、前沿知识、探索性知识成果分析能力；两类企业集成运营管理评价能力中的检查能力和评论能力是以概念性知识、程序性知识能力为目标，这一目标体现的成果评价能力为较高层次基础知识、前沿知识、探索性知识成果评价能力；两类企业集成运营管理创造能力中的产生能力、计划能力、生成能力、融合能力是以概念性知识、程序性知识能力为目标，这一目标体现的成果创造能力为较高层次前沿知识、探索性知识成果创造能力。

MBA 工商管理专业是以制造类企业、服务类企业、纯服务类企业为主体的学习目标，围绕这三类企业集成模块单元流水线延迟策略和强化延迟策略、后拉动流程、后拉动价值、智能运作的基本模块单元流程、供应链或者服务链流程、流程空间、辅助要素、支撑要素、核心要素、信息要素、管理、体系、模式、策略和顾客接触、员工与顾客服务互动、员工与顾客价值共创、顾客服务体验、顾客服务满意、服务补救的服务特性的运作内容确定学习目标。具体目标为主记忆能力中的识别能力和回忆能力的三类企业集成运营管理事实性知识、概念性知识、程序性知识、元认知知识记忆能力目标，这一目标体现的成果记忆能力为专业性的基础知识、前沿知识、探索性知识成果记忆能力；三类企业集成运营管理理解能力中的解释能力、举例能力、分类能力、总结能力、推断能力、比较能力、说明能力是以概念性知识理解能力为目标，这一目标体现的成果理解能力为专业性的基础知识、前沿知识、探索性知识成果理解能力；

三类企业集成运营管理表现能力中的反应能力、梳理能力、记录能力和表述能力是以事实性知识、概念性知识、程序性知识、元认知知识表现能力为目标，这一目标体现的成果为专业性的基础知识、前沿知识、探索性知识成果表现能力目标；三类企业集成运营管理运用能力中的执行能力和实施能力是以程序性知识运用能力为目标，这一目标体现的成果运用能力为专业性的基础知识、前沿知识、探索性知识成果运用能力；三类企业集成运营管理分析能力中的区别能力、组织能力、归因能力是以概念性知识、程序性知识分析能力为目标，这一目标体现的成果为专业性的基础知识、前沿知识、探索性知识成果分析能力；三类企业集成运营管理评价能力中的检查能力和评论能力是以概念性知识、程序性知识评价能力为目标，这一目标体现的成果评价能力为专业性的基础知识、前沿知识、探索性知识成果评价能力；三类企业集成运营管理创造能力中的产生能力、计划能力、生成能力、融合能力是以概念性知识、程序性知识创造能力为目标，这一目标体现的成果创造能力为专业性的前沿知识、探索性知识成果创造能力。

企业管理博士专业为制造类企业、服务类企业、纯服务类企业比较的学习目标，围绕这三类企业集成模块单元流水线延迟策略和强化延迟策略、后拉动流程、后拉动价值、智能运作的基本模块单元流程、供应链或者服务链流程、流程空间、辅助要素、支撑要素、核心要素、信息要素、管理、体系、模式、策略和顾客接触模块单元流水线的顾客接触、员工与顾客服务互动、员工与顾客价值共创、顾客服务体验、顾客服务满意、服务补救的服务特性的运作内容确定学习目标。三类企业集成运营管理分析能力中的区别能力、组织能力、归因能力是以程序性知识、元认知知识分析能力为目标，这一目标体现的成果分析能力为高层次前沿知识、探索性知识成果分析能力；三类企业集成运营管理评价能力中的检查能力和评论能力是以程序性知识、元认知知识评价能力为目标，这一目标体现的成果评价能力为高层次前沿知识、探索性知识成果评价能力；三类企业集成运营管理创造能力中的产生能力、计划能力、生成能力、融合能力是以程序性知识、元认知知识创造能力为目标，这一目标体现的成果为高层次前沿知识、探索性知识成果创造能力。

企业集成运营管理理论和实践知识运作目标主要是针对企业集成运营管理的事实性知识、概念性知识、程序性知识、元认知知识来进行的，但作为企业集成运营管理教学设计是教学过程的整体运作过程，其中的小组讨论、小组演示、小组辩论、组织讨论和课后的小组完成作业、小组实训、小组调研、组织调研的这些教学活动也是教学的重要组成部分，但这部分知识需要通过小组、组织和不同的环境来完成，在完成企业集成运营管理学习目标的过程中，为了使学习目标能够顺利进行，需要学生具有团队的计划能力、组织能力、领导能力、控制能力，使企业集成运营管理学习过程能够在计划、组织、领导、控制的范围内进行；需要学生组成学习团队，按照团队的要求进行学生之间、学生与环境之间的互动，需要学生具有协作能力；要求学生能够了解他人，更能够通过团队的运作来了解自己，能够培养自身的职业素养，需要学生具有了解他人和自己的能力。学生不仅需要进行理论学习，而且需要具有沟通能力，能够将这些理论运用于他们的生活和与他人的交流中（黄力远，2011）。除了进行知识的学习，还需要能够不断从广阔的范围内拓展企业集成运营管理知识，将现有的我国著名企业的做法凝练成知识融入企业集成运营管理中，将我国企业更好发展的探索性内容融入其中，使学生的学习从更高的层次上与我国企业成长相联系，与我国企业的发展相联系。使学生开阔了视野的同时，也能够更加激发学生学习企业集成运营管理的热情、兴趣，具有致力于发展我国企业的良好的价值观，极大地提高学生学习企业集成运营管理的动力，需要学生具有拓宽视野的能力。探索性企业运营管理知识的加入，对学生提出了更高的要求，需要学生进行探索，成为自主学习者，养成探索能力和高效学习的能力。为此，除围绕企业运营管理学习目标进行学习外，还需要在整个教学过程中确定其他学习目标，保证企业运营管理学习目标得以实现的同时使学生能够更全面地发展。学生在企业集成运营管理理论和实践知识学习中，需要不断提高对自身的要求，使自身具备良好的职业素养。

　　综上，不同层次的学生企业集成运营管理学习目标不同，预期成果不同，与学习目标、预期成果对应的企业集成运营管理成果的形式也不同。工商管理本科专业需要具备企业集成运营管理的图、表、录像、VR、实物、抖音、作业这些基本的成果形式；工商管理本科专业、MBA 工商管理专业、企业管理硕士专业需要具备企业集成运营管理的描述性短文、推理性短文、分析性短文、计算性短文、信息平台、信息系统、论文、分析报告、实证报告、数据报告这些基本的成果形式；MBA 工商管理专业需要具备企业集成运营管理的短篇案例、长篇案例、制度文件、程序文件、规范文件、操作文件、技术标准、质量标准、管理标准、工作标准、作业、现场智能设备操作演示、信息系统操作演示、信息平台操作演示、可视化过程、仿真、员工规范演示、员工动作演示这些基本的成果形式；企业管理硕士专业需要具备企业集成运营管理的较深层次的论文、分析报告、实证报告、数据报告这些基本的成果形式；企业管理博士专业需要具备企业集成运营管理的较深层次的论文、分析报告、实证报告、数据报告和深层次的论文、分析报告、实证报告、数据报告这些基本的成果形式。

　　不同层次的企业集成运营管理教学内容侧重不同，工商管理本科专业、企业管理硕士专业、MBA 工商管理专业、企业管理博士专业教学内容包括企业集成运营管理总论、企业集成新产品开发与设计、企业集成运营管理流程设计、企业集成选址与布置、企业集成运营计划与控制、企业集成运营组织；企业管理硕士专业和企业管理博士专业教学内容还需包括企业集成运营标准体系与质量管理、企业集成运营流程工作设计；企业管理博士专业教学内容还需包括企业集成设备与工装管理。不同层面的教学方式不同，工商管理本科专业、MBA 工商管理专业采用系统教学方式，MBA 工商管理专业需要结合企业实践进行教学；企业管理硕士专业采用系统和专题的教学方式；企业管理博士专业采用专题教学方式。

　　学生的这些能力是需要通过企业运营管理学科课堂教学加以展示的，教师需要进行场景的设计，将学生带入进行各种能力提高的环境，更需要对学生能力发挥的程度进行评估（安德森，2009）。就学生和教师而言，把评估看作学习，使企业运营管理学科学习中对学科的教学最具有教育意义和促进作用（斯托尔和芬克，2010）。

第二节　企业集成运营管理概念与研究对象

一、企业运营管理与集成运营管理概念

对企业运营管理概念理解需要以企业运营管理学科为视角，从系统角度和流程动态运作方面加以理解。从实践来看，沃尔玛基于系统的运营能力巩固了提前期短、产品和服务范围广、按需定制和快速开发产品的这些竞争优势，实现运营能力到整个运营系统设计；海尔和戴尔从企业创立之初至今，始终注重流程动态运作，将流程动态运作作为企业运作轴心。沃尔玛的系统和海尔、戴尔的流程动态运作，这些要素都促使企业运作成功，是理解企业运营管理概念的要点。从理论来看，系统论是理解事物动态的主体理论，企业运营管理概念的理解需要通过系统论进行阐述。

（一）企业运营活动形成与发展

和其他与企业活动有着直接联系的学科一样，企业运营管理学科也与特定的活动相联系，这一活动就是企业运营活动。企业运营管理中的运营活动有着明确的边界，企业运营管理的开展需要界定企业运营活动。企业运营活动与企业营销活动不同，营销活动是企业终端的活动，资本循环理论中的企业终端售卖活动就是营销活动，但企业运营活动不是终端活动，这一活动一般处于企业活动的中间，起着中介作用，牵引着上下游，使企业完成所有的活动。更为重要的是企业运营活动是反映企业特性的活动，这一特性能够将运营活动与其他活动区别开来。一般将这一特定运营活动用企业基本运营活动来称谓。在企业运营管理的发展过程中，运营活动的发展是企业运营管理学科发展的重要部分。企业运营活动形成和发展阶段包括运营活动中观萌芽阶段、运营活动微观启示阶段、运营活动初期形成阶段、运营活动相似拓展阶段、融入不同类型企业服务活动阶段、运营活动上下游延伸阶段、顾客接触的企业服务活动诞生阶段。

运营活动中观萌芽阶段是产业经济下运营活动的体现，这一阶段经济活动更多地集中于产业活动，产业活动的重点是企业活动的聚集，而不是具体的企业活动。这一阶段虽然也进行企业活动的研究，但重点是企业活动的聚集，中心是在产业部分，因而这一阶段无法集中于具体企业活动开展研究，但无疑已开始有了企业活动，对企业

活动研究有萌芽作用。

运营活动微观启示阶段摆脱了运营活动中观萌芽阶段，将注意力集中于产业的状态，开始了企业活动的研究，但当时的企业类型众多，企业类型界定等都处于进一步研究状态，这一阶段出现了许多企业活动，这些企业活动没有进行明确的归类，无法确定运营活动，但这一阶段引出了微观范围内的企业活动，对企业运营活动的研究起到了微观启示作用。

运营活动初期形成阶段已从众多的企业活动中提炼出生产活动这一基本运营活动，虽然这一阶段没有对运营活动进行明确的定义，但这一阶段的运营活动已将基本运营活动实际上按照制造活动来展开，这样企业运营活动就有了制造活动这一处于中心的基本活动，不但能够反映制造企业制造特性，还能够对上下游的采购、销售活动起着中介作用，因而这一阶段的制造活动完全具备了运营活动特性，制造活动成为运营活动也标志着此阶段具有运营活动属性的初期运营活动已经构成，为企业生产管理成为独立学科奠定了运营活动基础。

运营活动相似拓展阶段将具有运营活动中介作用和反映企业特性的采掘活动、建筑活动拓展到与制造活动一样的基本运营活动，将采掘活动、建筑活动按照与制造活动相似的方式进行基本运营活动运作，由此将企业基本运营活动拓展到了采掘活动、建筑活动这些类似的运营活动，使企业基本运营活动的范围更宽，作用更大。

融入不同类型企业服务活动阶段是对基本运营活动进行扩展的重要阶段，这一阶段与制造活动一样，都是将进行科学属性追求的有形产品和无形产品基本服务活动归入企业基本运营活动中，这些有形产品和无形产品基本服务活动具有基本运营活动中介作用，能够反映企业特性，重要的是和制造活动一样都进行科学属性的追求，虽然是服务活动，但与制造活动类似。这一阶段将基本运营活动由制造活动、与制造活动类似的基本活动拓展到与制造活动都是追求科学属性的有形产品和无形产品的基本服务活动，这使企业基本运营活动的范围得到很大的提升，作用也更大。

运营活动上下游延伸阶段以基本运营活动的制造活动、与制造活动类似基本活动、有形产品和无形产品基本服务活动为中心，进行这些基本运营活动上下游延伸，保证了有形产品和无形产品的实现，实现了以基本运营活动为中心的供应链或者服务链运作。

顾客接触的企业服务活动诞生阶段使真正体现服务特性的服务活动进入运营活动领域，这一服务活动对企业运营活动的改变是根本性的和巨大的。

（二）企业运营系统动态运作

1. 系统进行企业运营活动探讨

系统概念早在20世纪80年代就进入我国，系统的基本活动是输入、转化、输出活动，这里的活动不仅是为了描述企业运营活动，更重要的在于企业运营活动本身就是系统运作。生产是一切社会组织将输入转化、增值为输出的活动（陈荣秋，2016）。企业运营系统活动是制造活动与服务活动的总称。不论是企业制造活动还是服务活动都是系统运动，都需要体现出输入、转化、输出的系统运作活动。企业基本运营活动可以通过输入、转化、输出的系统运作方式加以描述，企业基本运营活动系统运作过程如图1-2-1所示。

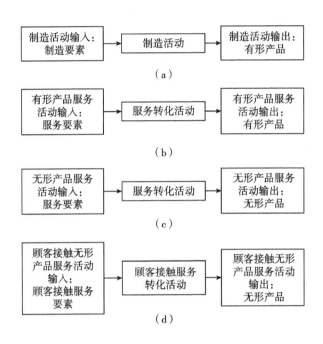

图1-2-1　企业基本运营活动系统运作过程

（1）企业基本运营活动系统运作过程中的基本运营活动包括四种典型的基本运营活动，这四种典型的基本运营活动是从企业运营活动形成与发展过程和结合现实的企业特性概括出来的。制造活动是从运营活动中观萌芽阶段、运营活动微观启示阶段、运营活动初期形成阶段、运营活动相似拓展阶段和制造企业特性中概括出来的；有形产品服务转化活动和无形产品服务转化活动是从融入不同类型企业服务活动阶段和不同类型服务企业特性概括出来的；顾客接触服务转化活动是从顾客接触的企业服务活动诞生阶段和顾客接触服务企业特性概括出来的。四种典型的企业运营活动学科属性分为两类，制造活动、有形产品服务转化活动、无形产品服务转化活动主要体现为科学属性；顾客接触服务转化活动主要体现为科学属性与行为属性并存。

（2）企业运营管理学科中的制造活动是运营活动的起源活动，是国内外运营活动的起点。自从科学管理理论与方法诞生以来，企业运营管理学科中的制造活动就是运营活动的主体活动，形成了最初的以制造活动为主体活动的企业生产管理这一企业运营管理学科的初期表现形式。

服务活动是新兴活动。根据活动的性质和特点的不同，经济学家将经济发展过程划分为前工业社会、工业社会和后工业社会三个阶段。在前工业社会，人们主要从事农业和采掘业，利用体力、兽力和简单的工具，以家庭为基本单位进行生产，劳动生产率低下，受自然条件影响较大。在工业社会，人们主要从事制造业，利用机器和动力，以工厂为单位进行生产，劳动生产率较高。在后工业社会，人们主要从事服务业，利用知识、智慧和创造力，以信息技术为依托，通过不同的社会组织，为顾客提供各种各样的服务。

近年来，服务业发展越来越快，美国由 20 世纪初的服务人数占就业人口的 40% 上升到 20 世纪末的 80%。从长远来看，大多数劳动力从事服务业而不是农业或制造业（Chase & Apte，2007）。李克强总理在全球服务论坛北京峰会上指出，服务业不仅日益成为促进世界经济复苏、引领转型发展的新引擎、新方向，也是中国经济长期持续健康发展和优化升级的新引擎、新动力。当今从国际范围和中国的外部环境上看，服务业的发展已具有良好的环境。

服务活动的兴起，给企业运营管理学科带来前所未有的改变，使企业运营管理学科由一开始以制造活动为主体的企业生产管理学科变成制造活动与服务活动并存的运营管理学科。这一以原来科学属性为中心的企业运营管理学科到当今以科学和行为属性同为中心的企业运营管理学科的改变是一种根本性的改变，对企业运营管理学科的内容产生重大影响。

（3）制造活动、有形产品服务转化活动、无形产品服务转化活动、顾客接触服务转化活动都是由各种要素融合起来形成的活动，这些要素是制造活动或者服务活动得以运作所需要的基础。系统输入是系统运作的开始活动，这一活动需要系统运作要素的输入，才能进行系统运作。制造活动或者服务活动作为系统运作，其输入活动是制造活动或者服务活动进行的起始活动，是为运营转化活动进行准备的活动，需要输入各种要素。

制造活动输入要素为制造要素，包括人力、物力、财力、信息、技术、能源；有形产品服务转化活动、无形产品服务转化活动、顾客接触服务转化活动输入要素为服务要素，包括人力、物力、财力、信息、技术、能源。输入要素有水平要求，它直接影响转化和输出运作。无论制造活动输入的人力、物力、财力、信息、技术、能源要素，还是服务活动输入的人力、物力、财力、信息、技术、能源要素，都有水平要求，对转化和输出运作产生直接影响。

人力要素对制造活动、有形产品服务转化活动、无形产品服务转化活动、顾客接触服务转化活动的运作起着重要作用。企业运营管理系统属于人造系统，制造活动、有形产品服务转化活动、无形产品服务转化活动、顾客接触服务转化活动是这一系统的基本活动，人力要素又是这一系统的最大变数。日本学者曾经提出人造系统的运作如果不考虑变数，计算得越科学就离科学越远了，这里的变数就是人的因素变动对人造系统产生的重要影响。制造活动或者服务活动中的人力要素活动是首先需要考虑的要素。运营管理系统的人力资源构成了具有独特性的最复杂的社会系统（Mikhaylov et al. ，2014）。

财力一般是企业运营管理系统运作的支撑要素，通过财力要素的支撑，使运营管理系统正常运作。但这里的财力要素不但是支撑要素，更是与基本运营流程、供应链或者服务链流程连接成为企业运营管理系统运作框架支撑的价值链流程。价值链是财务前沿运作的体现，是将企业流程进行价值体现的一种运作方式，需要将财务链条化才能够进行流程的运作，实现价值链与基本运营流程、供应链或者服务链的融合，形成以制造活动、有形产品服务转化活动、无形产品服务转化活动、顾客接触服务转化活动为基本的价值链流程。

信息是整体框架，由 MBE（Model – Based Enterprise）、ERP（Enterprise Resource Planning）、MES（Manufacturing Execution Systems）构成。MBE 是对 CIMS 的进一步创新，CIMS（Computer Integrated Manufacturing Systerms）是计算机集成制造系统，MBE 是智能制造系统。随着智能制造由德国、欧盟、美国、日本引领在全世界范围内的兴起，中国也提出制造强国战略，将引入和开拓智能制造。智能制造的开展使原有的企业 CIMS、ERP、MES 信息系统改为 MBE、ERP、MES 信息系统。

MBE、ERP、MES 信息系统的运作需要开放的信息技术，需要融合云计算、大数据技术的信息集成技术。智能制造的开展，不但使原有的企业 CIMS、ERP、MES 信息系统改为 MBE、ERP、MES 信息系统，还需要运用开放的云计算、大数据技术的信息集成技术，使企业运作更加智能。大数据被视为商业和管理领域的一次革命，对各种当代管理主题都有影响。它因对企业运作的巨大改变而引起全世界的极大关注（Fiorini et al. ，2018）。云制造作为一种新的面向服务的制造模式在过去 10 年中受到了行业和研究人员越来越多的关注。它可以可视化各种企业资源，并构建一个大型共享资源池，促进企业制造和服务活动有效进行。

制造活动、有形产品服务转化活动、无形产品服务转化活动、顾客接触服务转化活动虽然都是要素投入，但制造活动、有形产品服务转化活动、无形产品服务转化活动更多地侧重在比例关系上，而顾客接触服务转化活动除需要按照比例关系进行服务外，还注重非比例关系，就是需要注重顾客和人员的行为关系。顾客接触服务转化活动运作需要对人类相互作用的基本行为科学原理有着高度认识（Cook et al. ，2002）。

（4）从输出的角度，制造活动、有形产品服务转化活动输出为有形产品；无形产品服务转化活动、顾客接触服务转化活动输出为无形产品的服务输出。运营输出活动是运营转化活动的结果。有形产品是能看得见、摸得着的具体有形物品，如汽车、电视、机床、食品。无形产品是无形的，如产品服务结果、人才服务结果、金融服务结果、各类技术咨询方案、邮政服务结果、水暖服务结果、交易方案、生理治疗结果、心理治疗结果、开发研究成果。对无形产品的研究没有有形产品深入，这与无形产品的特性有关。实际上无形产品是看不见、摸不着，但不是不可理解的。

（5）制造活动、有形产品服务转化活动、无形产品服务转化活动、顾客接触服务转化活动是反映企业特性的根本性活动，也是企业的基本活动。这些基本运营活动包括人员转化活动、人员和设备转化活动、设备转化活动。人员转化活动是企业运营转化活动体现为人员进行运作的转化活动；人员和设备转化活动是企业运营转化活动体现为人员和设备进行运作的转化活动；设备转化活动是企业运营转化活动体现为设备进行运作的转化活动。设备的智能运作已成为当今企业活动运作的趋势，运用设备代替人员运作，进行设备智能运作是企业运营转化活动的基本组成部分。制造活动、有形产品服务转化活动、无形产品服务转化活动、顾客接触服务转化活动都可以采用这三种运营转化活动方式。

制造活动的转化活动是物理性转化、化学性转化、生物性转化。物理性转化是指通过物质形态的转化和组合成为新产品的活动，如汽车、电视机；化学性转化是指通过化学反应成为新产品的活动，如汽车的轮胎制造；生物性转化是指通过生物变化成为新产品的活动，如生物种植、生物制药。

有形产品服务转化活动、无形产品服务转化活动、顾客接触服务转化活动是地点和场所转化、资金转化、信息转化、能源转化、技术转化、交易的活动。地点转化包括产品、在产品、各类人员地点的转换，如人才交流中心；资金转化如金融服务。有形产品服务转化活动、无形产品服务转化活动与制造活动类似，转化与输出不是同时产生的；顾客接触服务转化活动的转化与输出是同时产生的，服务活动是员工与顾客直接接触的服务活动。

顾客接触服务转化活动进行运作时，顾客接触服务环境，员工、设备、电子设备直接面对顾客，需要员工从顾客的心理和行为出发，建立良好的服务氛围，与顾客进行服务互动，员工与顾客价值共创，进行细致的员工服务、设备服务、电子服务，顾客具有优质服务体验，使顾客对服务满意，若出现服务不到位的情况，就需要进行服务补救。由于顾客接触的服务员工、设备、电子设备直接与众多的顾客接触，直接影响企业的效益，顾客接触的员工服务是服务活动研究的重点。顾客接触服务是区别服务与其他运营活动的最本质部分，即便是最轻微的顾客接触服务也将彻底改变运营活动（史戈，2015）。

（6）企业运营活动的本质是为了价值增值。不论制造系统还是服务系统都在创造价值。运营系统中的制造与服务运营系统都是为了价值增值而进行其活动的。这里需要对马克思的劳动价值理论进行进一步扩大，不仅仅是制造活动创造价值，服务活动同样创造价值。今天实际上已经将非生产性活动列入创造价值的范畴，这一过程已经成为既定的事实。创造价值的起点是外部顾客。顾客包括内部顾客和外部顾客，外部顾客是企业创造价值的起点，也是创造价值的源泉。价值增值体现为在满足顾客价值的基础上实现企业自身的价值。竞争优势归根结底来源于企业为顾客创造的超过竞争对手的价值（王卷卷和郭思智，2010）。

2. 企业基本运营活动纵向和横向展开

企业制造活动横向展开体现为供应链；有形产品服务转化活动、无形产品服务转化活动、顾客接触服务转化活动横向展开体现为服务链。对制造企业拓展供应链包括开发与设计、采购、制造、仓储、销售。对服务企业拓展的服务链包括无形产品开发与设计流程、服务转化和销售流程、自身运作服务流程、销售完成流程。企业流程的横向展开不仅仅是理论上的概括，也是现实企业运作的真实写照。

纵向展开制造活动体现为制造工艺过程。纵向展开这一过程对制造而言是直接的制造过程，表现为制造工艺，制造工艺由一系列具有前后联系的制造作业构成，通过这些制造作业完成有形产品的制造过程。纵向展开有形产品服务转化活动、无形产品服务转化活动体现为有形产品和无形产品服务转化作业，服务转化作业由一系列具有前后联系的服务转化作业构成，通过这些服务转化作业完成有形产品和无形产品的服务转化过程。纵向展开顾客接触服务转化活动体现为顾客接触的服务作业过程，服务作业过程由一系列具有前后联系的服务作业构成，顾客接触服务环境，建立良好的服务氛围，由员工与顾客互动进行启动和运作，经过员工、设备、电子设备一系列细致的服务作业过程，顾客在这一服务过程中持续地进行服务体验，进行服务补救，达到满意的服务转化流程。

纵向展开反映制造活动、有形产品服务转化活动、无形产品服务转化活动、顾客接触服务转化活动的基本过程。对制造过程包括化工、冶金企业等不同类型的制造活动，此过程成为与其他制造活动区别的标志；对有形产品服务转化过程、无形产品服务转化过程、顾客接触服务转化过程包括金融服务等不同类型的有形产品服务转化活动、无形产品服务转化活动、顾客接触服务转化活动，此过程成为服务活动之间相互区别的标志。

企业制造或者服务活动可以横向、纵向展开，进一步延伸，再制造与再服务就是这种延伸的主要体现。再制造与再服务，指有形产品和无形产品的制造和服务中，已经消费了的有形产品和无形产品组成部分能够重新回到制造和服务过程中的制造与服务。再制造与再服务是典型的绿色运营。再生产是世界各国都致力进行的，是解决资源紧缺和治理环境的一项根本性措施。

再制造与再服务需要从横向和纵向展开。横向展开为再制造与再服务的供应链和服务链。再制造供应链是由开发与设计商、供应商、制造商、分销商和顾客连接起来的整体；再制造供应链包括了开发与设计、原材料供应、制造加工、分销直到顾客的所有节点的综合，形成再制造供应链网络结构；制造活动可以用于有形产品再制造和有形资源的再利用。再服务服务链是由服务供应商、服务运营商和顾客连接起来的整体；再服务服务链包括服务开发与设计、服务供应、服务运营直到顾客的所有节点的综合，形成再服务服务链网络结构。有形产品服务转化活动可以根据有形产品的类型，用于有形产品再制造和有形资源的再利用；无形产品服务转化活动用于有形资源的再利用；顾客接触服务转化活动用于有形资源的再利用。纵向展开为再制造与再服务的工艺过程。纵向展开为再制造与再服务的工艺过程需要具有再制造与再服务工艺，能够进行再制造和再服务。

对制造企业而言，销售产品的维修是指已销售的产品顾客运用过程中出现问题的维修过程。对服务企业而言，销售产品的维护是指已销售的产品顾客运用中的跟踪过程。企业制造活动、有形产品服务转化活动的横向展开需要注重销售有形产品的维修和维护，以使横向展开得以顺利运作。销售产品的维修和维护是供应链的延续。无论制造企业还是服务企业都需要重视这一过程。

3. 企业集成制造与服务活动

企业制造与服务活动集成化需要体现企业集成战略，将这一战略具体到制造与服务活动中来。这就需要对制造与服务流程进行通用模块单元部分的效率化运作、专用模块单元部分的差异化运作，实现制造与服务活动的顾客差异化需求和企业效率化运作融合，同时将精益运营、智能运营各种先进的运营方式融入制造与服务活动中，形成企业集成制造与服务活动。顾客接触的服务活动也是在员工针对顾客进行服务的过程中以企业集成战略为指导，进行通用模块单元部分的效率化运作、专用模块单元部分的差异化运作，同时将精益服务、智能服务各种先进的服务方式融入顾客接触服务活动中，形成企业集成服务活动。

系统论中的企业运营活动由输入、转化、输出活动构成，转化是企业运营活动的基本活动，是企业得以区分的重要标志，是产品得以实现的根本活动。企业集成制造与服务活动需要通过企业制造与服务转化活动来实现，形成企业集成基本制造与服务活动，企业的集成活动运作都需要围绕着企业集成基本制造与服务活动进行运作。

企业供应链或者服务链流程要体现集成特性，就要围绕企业集成基本制造与服务流程进行企业供应链或者服务链流程运作，使企业集成制造与服务流程有了中心运作的集成流程。企业供应链或者服务链流程自身还需要进行集成运作，使企业供应链或者服务链流程围绕企业集成基本制造与服务流程运作的同时也能够完成自身的企业集成战略运作。企业供应链或者服务链流程通过以企业集成基本制造与服务流程为中心和自身体现企业集成战略运作，形成企业集成供应链或者服务链流程。

4. 企业分类

企业区分与制造流程和服务流程之间不具有对称关系，不能仅仅根据制造流程和服务流程进行企业区分。运营管理是针对企业进行的，但在上文的理解中，没有直接从不同类型的企业出发，而是从企业最基本的制造与服务流程出发进行，因为这是进行企业区分的基本部分。但仅仅从制造与服务活动进行区分是不够的。虽然制造活动与服务流程是企业的基本活动，但企业区分与制造活动和服务流程之间是不对称的。为了完整地进行企业区分，需要进行区分基础的选择。

（1）区分基础的选择。转化活动是系统运作的基本活动，也是区分不同类型系统的主要活动。制造活动或者服务活动的转化活动是制造活动或者服务活动的基本活动，是区分制造与服务活动、不同类型的制造活动、不同类型的服务活动的基础。不同转化活动确立了制造基本活动、服务基本活动，从而明确区分制造活动和服务活动、不同类型的制造活动、不同类型的服务活动，为企业区分奠定了活动基础。制造基本活动可以按照不同运作的制造基本活动进行不同类型制造活动的区分，服务活动除按照不同运作的服务基本活动进行不同类型服务活动的区分外，更重要的是需要考虑服务中的行为因素，从顾客服务角度进一步进行服务活动的区分，从而能够从更深入的服务基本活动出发，为企业区分打下基础。

系统的产出是系统运作成果的体现，也是区分不同类型系统的主要标志。制造活动或者服务活动产出也是进行企业区分的基础。有形产品是制造活动产出，无形产品是服务活动产出，企业之间的区分除基本活动外，还需要通过有形产品和无形产品进行区分。

系统的输入、转化、输出是系统的整体运作，也是区分不同类型系统的基础。制造活动或者服务活动的整体活动体现为供应链或者服务链，企业整体运作不同，供应链或者服务链运作就不同，供应链或者服务链也是区分不同类型企业的基础。

我国对制造企业和服务企业有着基本的划分，这些划分也是进行企业区分的依据，需要基本符合这样的划分类型，使企业类型的划分能够与我国现实的企业运作接轨。

（2）企业类型划分。根据企业区分依据，可将企业划分为制造类企业、服务类企业、纯服务类企业、混合类企业。制造类企业的基本活动是制造活动，制造活动产出是有形产品，整体活动是供应链；服务类企业的基本活动是服务活动，服务活动产出是有形产品，整体活动是服务链；纯服务类企业的基本活动是服务活动，服务活动产出是无形产品，整体活动是服务链；混合类企业有可能是基本活动的制造活动或者服务活动混合，产出是有形产品和无形产品混合，整体活动是供应链或者服务链混合。

（3）制造类企业。分为制造企业和新兴制造企业。新兴制造企业包括一般新兴制造企业和设计性新兴制造企业。制造企业的基本流程是有形产品的制造流程，供应链流程包括有形产品开发与设计流程、采购流程、制造流程、仓储流程、销售流程。这类制造企业的具体类型包括农副食品加工，食品制造，饮料制造，烟草制品，纺织业和纺织服装，鞋帽制造，皮革、毛皮、羽毛（绒）及其制品，木材加工及木、竹、藤、棕、草制品，家具制造，造纸机纸制品，印刷业和记录媒介的复制，文化用品制造，石油加工、炼焦及核燃料加工，化学原料及化学制品制造，医药制造，化学纤维制造，橡胶制品，塑料制品，非金属矿物制品、黑色金属冶炼及压延加工，有色金属冶炼及压延加工，金属制品，通用设备制造，专用设备制造，交通运输设备制造，电气机械及器材制造，通信设备、计算机及其他电子设备制造，仪器仪表及文化、办公用机械制造，工艺品及其他制造，废弃资源和废弃材料回收加工业的制造流程的制造企业。原材料采掘，电力、蒸汽、热水生产，建筑企业属于广义的制造企业。

一般新兴制造企业的基本流程是有形产品的制造流程，供应链流程包括采购流程、制造流程、仓储流程，供应链中缺少设计流程、销售流程。设计性新兴制造企业基本流程是有形产品的制造流程，供应链流程包括有形产品开发与设计流程、采购流程、制造流程、仓储流程，供应链流程中缺少销售流程。

（4）服务类企业。分为制造性服务企业和一般服务企业。制造性服务企业包括一般制造性服务企业和简单加工制造性服务企业。一般制造性服务企业的基本流程是有形产品制造性服务转化流程，服务链流程包括有形产品采购流程、制造性服务转化流程、销售流程。简单加工制造性服务企业的基本流程是有形产品简单加工制造性服务转化流程，服务链流程包括有形产品采购流程、简单加工制造性服务转化流程、销售流程。一般服务企业基本流程是有形产品服务转化流程，服务链流程包括采购流程、有形产品服务转化流程、销售流程。

（5）纯服务类企业。分为新兴服务企业和纯服务企业。新兴服务企业分为有形产品新兴服务企业、无形产品新兴服务企业、有形产品与无形产品新兴服务企业；纯服务企业分为中间性纯服务企业和一般纯服务企业。有形产品新兴服务企业的基本流程是有形产品设计服务转化流程，服务链流程包括有形产品设计服务转化流程、服务销售流程。无形产品新兴服务企业的基本流程是无形产品设计服务转化流程，服务链流程包括无形产品设计服务转化流程、服务销售流程。有形产品与无形产品新兴服务企业的基本流程是有形产品与无形产品设计服务转化流程，服务链流程包括有形产品与无形产品设计服务转化流程、服务销售流程。中间性纯服务企业的基本流程是中间性服务转化和销售流程，服务链流程包括中间性转化和销售流程、销售流程后续流程。一般纯服务企业的基本流程是服务转化和服务销售流程，服务链流程包括无形产品开发与设计流程、服务转化和销售流程、自身运作服务流程、销售完成流程。与其他企业分类的最大不同是一般纯服务企业是顾客接触的服务企业，顾客接触服务环境，员工与顾客直接接触，员工从顾客的心理和行为出发建立良好的服务氛围，面对顾客进行服务及服务补救，顾客具有良好的服务体验。

（6）混合类企业。这是一种新的类型，可以是上述不同类型企业的混合，这种混合跨越了企业类型的界限，成为新的企业类型。也可以根据企业新开展的业务，与上述类型的企业相混合，成为新类型的企业。但不论如何混合，对混合企业而言，都有基本运营活动，也有着与基本运营活动相互联系的供应链或者是服务链，成为具有企业基本运营活动和供应链或者服务链的企业。

（三）企业集成运营管理

1. 企业集成运营管理理念

企业集成运营管理理念是以顾客内生中心引领变量为引导的企业集成运营管理，构建顾客内生中心引领理念；构建企业集成战略和精益智能运作，形成企业集成战略和精益智能运作理念；将企业集成战略和精益智能运作融入企业集成运营管理核心能力、企业集成团队协作、企业集成文化中，构建以企业集成战略和精益智能运作为中心的企业集成运营管理核心能力理念、企业集成团队协作理念、企业集成文化理念，这些理念引领企业集成运营管理活动，使企业集成运营管理按照这些理念的引导方向运作。顾客内生中心引领理念是企业集成战略和精益智能运作理念的基础，没有这一理念，无法形成企业集成战略和精益智能运作理念；企业集成战略和精益智能运作理念是企业集成运营管理核心能力理念、企业集成团队协作理念、企业集成文化理念的中心，需要按照企业集成战略和精益智能运作要求，进行企业集成运营管理核心能力理念、企业集成团队协作理念、企业集成文化理念运作。顾客接触企业集成运营管理理念是以企业集成战略和精益智能运作理念为中心，充分考虑员工与顾客直接接触特性，员工从顾客的心理和行为出发，随时根据顾客需求进行员工细致服务，具备瞬时优质服务理念。

企业集成运营管理理念经历了不同的时期。早期的企业运营管理理念是提高企业效率。在这一理念指引下，企业运营管理的运作只注重企业内部的运作，关注企业内部效率是否有所提高，忽略了顾客需求，使企业运营管理效率与企业效益脱离，造成企业高效率但低效益的局面。随之企业运营管理理念发展为满足顾客需求，将企业运营管理与顾客相联系，使企业运营管理效率与企业效益相一致。但由于这一时期更注重的是满足顾客短期需求和一般需求，注重的只是满足而没有明确时间、数量、质量界定，使顾客流失，造成企业效益不佳。

顾客内生中心引领理念将顾客作为引导性的内生中心变量，融入企业集成运营管理中，将顾客作为企业集成运营流程的起点引导性变量引导企业集成运营管理流程从始至终的运作，使顾客这一引导变量成为方向性的引导变量。企业集成运营管理基于顾客的理念需要，企业从整体到局部都能够将这一理念贯彻始终，局部还需将这一方向性的引导变量详细地引入运作中，明确运作的具体细节和步骤，使这一理念能够贯彻始终。与企业效率引领理念不同，顾客内生中心引领理念改变了效率理念只是从自身而不顾顾客需求的方向，将理念引向顾客需求，通过顾客需求引导企业集成运营管理；改变了效率理念的效率只是自身效率而不顾顾客需求满足效率的理念，通过高效率满足顾客需求，促进企业集成运营管理运作。

顾客内生中心引领理念需要企业能够适时满足顾客需求，就是能够根据顾客的需求，在顾客所需要的时间、数量、质量上满足顾客需求。满足顾客需求需要改变对需求的时间、数量、质量没有明确界定的做法，需要企业运营管理这一操作性强的学科来实际完成顾客对时间、数量、质量完整要求。企业适时满足顾客需求不仅是对原有的企业运营管理操作的改变，更是对企业原有满足顾客需求观念的改变，使企业树立适时满足顾客的理念。基于顾客的理念要求企业集成运营管理流程以顾客价值作为起点，进行企业集成战略和精益智能运作。接触顾客内生中心引领理念要求顾客接触服务流程运作中始终以顾客价值为起点，员工从顾客的心理和行为出发，以顾客满意为驱动，进行员工与顾客接触、设备与顾客接触、电子设备与顾客接触的服务流程运作。

顾客内生中心引领理念需要延伸至企业内部顾客。随着当今企业组织结构的发展，内部市场制、网络制组织结构已成为企业今后组织结构运作的趋势。在这一趋势下，外部顾客需求直接延伸至企业内部的需求链，使企业的内部运作与满足企业顾客需求运作一致，这样企业运营运作的各部分就形成了顾客与顾客之间的满足关系，按照顾客需求满足来进行企业内部运作。而企业内部的这种顾客链运作，需要长期满足顾客需求理念的引导来进行企业运营管理的运作。在企业运营管理运作中，要完成外部和内部顾客的需求，需要一线的组织和员工进行运作。这就需要企业将这些组织和员工当成顾客来对待，为企业长期满足顾客需求打下基础。企业通过创造满足员工需要的工作来吸引、发展、激励和保持高质量员工，这是将员工当成顾客的哲学，也是一种工作符合员工需要的战略（姜鹏飞，2014）。

企业集成战略和精益智能运作理念是企业进行运营管理的战略指引，更多地需要从战略的角度来理解。企业处于竞争战略时期，原有的企业差异化战略和成本领先战略在企业运营管理的具体运作中已不仅仅是一种战略指导，成为企业运营管理运作的惯性理念引领，起到了实际价值观理念的作用。企业面对顾客的需求采用企业差异化战略理念，以损失效率为代价进行企业运营管理运作；或者采用成本领先战略理念，虽然取得了效率领先，但却无法满足顾客差异化需求。

企业集成战略和精益智能运作理念是将大规模生产的效率和顾客差异需求融合起来的战略理念。大规模定制是一种生产战略，专注于广泛提供个性化产品和服务（Fogliatto et al.，2012）。这一理念要求运作中按照模块单元的延迟和强化策略进行运作，顾客接触的服务流程需要在顾客接触中进行模块单元的延迟和强化策略运作，将企业集成战略落到实处。同时，还需要将后拉动流程、后拉动价值的精益运作融入其中，顾客接触的服务流程还需要按照顾客对服务的要求进行后拉动流程、后拉动价值，将企业延迟和强化延迟策略的运作加以延伸，重要的是通过智能运作，支持高灵活大规模产品的个性化（Rennung & Luminosu，2016）。这样的理念从根本上将原本无法融合的企业差异化战略和成本领先战略融合起来，能从根本上解决差异化战略和成本领先战略固有的矛盾。企业运营管理需要从企业差异化战略理念或者成本领先战略理念中摆脱出来，确立企业集成战略理念，并将这一理念真正运用到企业运营管理运作中。要求以顾客价值为起点，员工从顾客的心理和行为出发，建立良好的服务氛围，员工与顾客之间进行互动，进行价值共创，进行细致的员工服务、设备服务、电子服务，顾客体验优质服务，使顾客对服务满意。

企业集成运营管理核心能力理念是以企业集成运营管理流程延迟和强化延迟策略、后拉动流程、后拉动价值、智能运作理念为中心，企业建立能够反映基于产品族的顾客差异性深度需求、广度需求和趋势性智能需求的企业产品种类、产品品种、产品型号、产品规格的产品的构建和实现能力理念，是进行企业集成开发与设计流程核心能力、企业集成基本运营流程核心能力运作理念，是进行企业集成运营流程计划、组织、控制、创新核心管理能力理念，是进行企业集成开发与设计、运营流程、流程管理的核心能力的融合理念。运营流程核心能力包括顾客接触的服务流程核心能力，这一核心能力是员工与顾客接触过程中的服务流程核心能力。

企业集成团队协作理念是以企业集成运营管理流程延迟和强化延迟策略、后拉动流程、后拉动价值、智能运作理念为中心，不同于群体规范的运作，企业集成团队能够根据企业集成运营流程中获得的更多、更有效的信息，把互补的经验和技能带到一起，进行团队成员间的协作，提高决策的速度和准确性，使得团队成员之间在更大的范围内进行企业运营流程协作运作。与群体规范不同，企业集成团队按照企业集成运营流程目标和任务要求及逆行能够运作，通过团队成员间的共同协作使团队绩效远远大于团队成员个人绩效之和。企业集成协作理念需要团队具有共同的目标，使团队成员具有强烈的归属感，能够进行很好的协作。顾客接触企业集成协作理念是员工与顾客接触中团队的成员之间的协作能力，这一协作能力的完成不仅涉及成员之间，还涉及顾客通过成员之间的协作感受，顾客的这种感受直接影响服务体验及服务满意度。

企业集成文化理念是以企业集成运营管理流程延迟和强化延迟策略、后拉动流程、后拉动价值、智能运作的理念为中心的企业宗旨、企业愿景、企业价值观的集合。这一企业文化需要未来企业经过长期集成运营管理实践活动形成，每一个成员都能够深刻理解和体会，并将系统运用到企业中的长久企业集成文化。与企业运营管理文化运作不同，企业集成文化是企业宗旨、企业愿景、价值观念在当今和未来越来越严峻的顾客差异化市场环境的条件下，企业艰难运作的持久奋斗观念体现；是企业局部组织中团队成员协作的一致运作体现；是企业运营管理活动中的每一个成员扎实运作的体现。企业集成文化运作是长久将顾客需求作为企业运营管理运作的内生引导变量运作，而不是将顾客需求仅仅作为外生引导变量，使企业集成运营管理运作围绕着顾客需求进行。企业集成文化需要企业能根据自身特性和实际，建立企业集成运营管理框架和具体实施内容，以充分体现企业自主性和创业精神。企业集成文化需要企业每一个成员成为企业集成文化的执行者和创造者，创造性地进行企业集成运营管理运作，使企业每一个成员都能成为企业集成运营管理运作的设计者，通过每一个成员运作实现企业价值增值。企业集成文化在企业集成新产品开发与设计、企业集成运营管理流程设计、企业集成运营流程选址与布置、企业集成运营流程计划、企业集成运营流程组织、企业集成运营管理标准体系、企业集成运营流程工作设计、企业集成运营流程设备运作中得以完整体现。顾客接触企业宗旨、企业愿景、企业价值观是员工在与顾客接触过程中，需要将企业宗旨、企业愿景、企业价值观融入实际的服务中，让顾客深刻地感受企业集成管理文化理念。

制造类企业、服务类企业、纯服务类企业都需要具备企业集成运营管理理念，一般纯服务企业需要员工与顾客在接触中实现企业集成运营管理理念。

2. 企业集成运营管理

企业集成运营管理是针对企业集成运营流程进行企业集成计划、集成组织、集成领导、集成控制与集成创新管理，构建企业集成运营管理核心能力，进行企业集成运营流程的集成管理运作。企业集成运营管理的基本是企业管理，企业管理包括计划、组织、领导、控制和创新。尽管管理理论中所提出的管理内容多种多样，但管理理论和管理学针对企业运营系统所提出的管理主要是管理职能。管理职能由法国的管理学家亨利·法约尔提出，这一理论至今是国内外管理学的基本内容，也是企业运营系统管理的主要内容。管理的职能就是管理的功能，从本质上探讨管理内容，其突出特征是实用性。因而，企业运营系统的管理内容为管理职能。管理职能是指计划、组织、领导、控制与创新管理职能，这些职能是进行企业运营系统的管理基础。管理职能中的计划、组织、领导、控制职能是一般企业进行运营系统管理时常常运用的管理职能，管理职能中的创新职能经历了从无到有再到开始运用的过程，是企业运营系统运用的前沿管理职能。

管理活动是一种系统运作的过程，需要按照系统的输入、转化、输出的过程进行运作，管理活动体现为系统的输入、转化、输出活动。计划活动输入：计划要素→计划活动→目标。组织活动输入：组织要素→组织活动→组织协调。领导活动输入：领导要素→领导活动→文化引领与运作支撑。控制活动输入：控制要素→控制活动→目标执行与调整。创新活动输入：创新要素→创新活动→创新成果。管理中的计划、组织、领导、控制和创新的每一项管理职能的运作都需要一定的投入，与企业运营活动一样，也需要人力、设备、财力、信息的投入，有这些投入才能够开启管理活动。管理活动需要通过管理的转化活动来实现，这些活动是管理的基本活动，是管理活动之间相互区别的活动。管理活动也具有管理成果，这些管理成果是管理转化活动的体现。

企业运营活动和企业管理活动有着本质的不同，企业运营活动是反映企业业务的活动，企业管理活动是反映企业管理的活动。企业运营活动和企业管理活动都需要通过流程来体现具体运作。企业运营活动有着自身的流程，这一流程反映企业的运营业务，是企业运营活动的流程化体现。企业基本运营活动有着反映其活动的基本运营流程，企业整体运营活动有反映其整体活动的供应链或者服务链的流程。同样，企业集成基本运营活动有着反映其集成活动的集成基本运营流程，企业集成整体运营活动有反映其集成整体活动的集成供应链或者服务链的流程。企业管理有着管理自身的流程，计划、组织、领导、控制和创新职能本身就能够形成特有的流程。企业集成管理有着集成管理自身的流程，集成计划、集成组织、集成领导、集成控制和集成创新职能本身就能够形成特有的流程。企业集成运营管理是针对企业集成运营流程的集成计划、集成组织、集成领导、集成控制和集成创新。只有将企业集成运营流程和企业集成管理流程融合起来，才能有效地进行企业集成运营管理流程。需要将企业集成基本运营流程、企业集成供应链或者服务链流程与集成计划、集成组织、集成领导、集成控制和集成创新职能流程融合起来，才能够形成企业集成运营管理流程，也才能进行企业集成运营管理流程运作。顾客接触服务流程与其他制造流程、服务流程不同，顾客接触服务流程是员工与顾客接触的服务流程，随时都能够面对顾客。顾客接触服务管理流程是针对员工与顾客接触的服务流程所进行的集成计划、集成组织、集成领导、集成控制和集成创新，与其他制造、服务管理流程不同，需要随时考虑顾客的感受。

企业集成运营流程和集成管理流程是顾客需求驱动的，员工创造了顾客需求，顾客需求和员工合一，顾客需求驱动企业集成运营流程和管理流程，员工进行企业集成运营流程和集成管理流程的聚集与分散，成为顾客需求的创造者。通过顾客需求的创造使员工具有创造力，进行资源的自组织。管理流程能够按照模块单元的要求进行强化延迟策略的运作，这一运作属于管理的强化延迟策略运作，通过模块单元运作加以实现。管理活动自身就构成流程，能够以顾客价值为起点进行后拉动流程、后拉动价值的精益运作，实现管理的精益运作，将管理的强化延迟策略加以延伸。管理流程也能够进行智能运作，以此促进管理强化延迟策略运作和精益运作。顾客接触企业集成运营流程和集成管理流程需要融入顾客接触特性，进行服务管理流程的强化延迟策略、后拉动流程、后拉动价值、智能运作。

　　企业运营管理核心能力体现在企业产品开发与设计管理核心能力、企业产品实现管理核心能力、顾客接触企业服务实现管理核心能力。企业产品开发与设计管理核心能力是指企业根据顾客需求，与顾客互动，与顾客共同进行价值创造，构建企业产品开发与设计管理核心流程、核心技术，将产品的核心技术反映到产品中，开发与设计核心产品，形成企业产品开发与设计管理核心能力。企业产品实现核心管理能力是指企业构建产品实现核心流程、核心技术，实现企业产品开发与设计的产品，形成企业产品实现管理核心能力。顾客接触企业服务实现管理核心能力通过员工与顾客互动、员工细致的服务，使顾客具有优质服务体验，进而对服务满意，由此构建企业服务实现核心管理核心能力。企业集成运营管理核心能力包括企业集成产品开发与设计管理核心能力和企业集成产品实现管理核心能力。企业集成产品开发与设计管理核心能力是指产品开发与设计在企业集成战略引导下，适时紧跟顾客差异需求端口，运用当今智能产品开发与设计技术，构建企业产品开发与设计管理集成核心流程、集成核心技术，迅速地将产品的集成核心技术反映到产品中，开发与设计核心产品，形成企业集成产品开发与设计管理核心能力。企业集成产品实现管理核心能力是指产品实现在企业集成战略引导下，运用适时和智能产品实现流程，构建产品实现集成核心运营管理流程、集成核心技术，迅速地实现企业集成产品开发与设计的产品，形成企业集成产品实现管理核心能力。顾客接触企业服务实现管理核心能力需要进行企业集成服务管理流程延迟和强化延迟策略、后拉动流程、后拉动价值、智能运作，通过员工与顾客互动、员工细致的服务，使顾客具有优质服务体验，进而对服务满意，由此构建企业集成服务实现核心管理能力。企业产品开发与设计管理核心能力和企业产品实现管理核心能力的对象聚集度低、对象范围窄、对象验证效果弱，单向效率运作，要素、管理流程没有集成，产品开发与设计管理核心能力和企业产品实现管理核心能力耦合效率低，与市场需求耦合效率低，无法形成强大的企业产品开发与设计管理核心能力和企业产品实现管理核心能力。企业集成产品开发与设计管理能力和企业集成产品实现管理核心能力对象聚集度高、对象范围宽、对象验证效果强，双向运作，企业集成战略下的要素、管理流程集成，集成产品开发与设计能力和企业集成产品实现管理核心能力耦合效率高，与市场需求耦合效率高，形成强大的企业集成产品开发与设计管理核心能力和企业集成产品实现管理核心能力。

　　无论是企业产品开发与设计管理核心能力、企业产品实现管理核心能力、顾客接触企业服务实现管理核心能力，还是企业集成产品开发与设计管理核心能力、企业集成产品实现管理核心能力、顾客接触企业集成服务实现管理核心能力都是企业经过长期培育和积淀所形成的能力，这一能力不仅通过核心要素或者集成核心要素、核心运营管理流程或者集成核心流程、核心产品或者集成核心产品逐层进行，还会随着企业内外环境的变化不断强化，形成企业独特的不会轻易被模仿的核心能力或者集成核心能力。但企业集成产品开发与设计核心能力、企业集成产品实现核心能力、顾客接触企业集成服务实现管理核心能力比企业产品开发与设计核心能力、企业产品实现核心能力、顾客接触企业服务实现管理核心能力培育的效率要求更高、积淀要求更厚、环境适应的能力更强，对顾客需要的反应更及时，尤其是差异需求和反映产品发展趋势的智能产品，使顾客不断得到满足。

制造类企业、服务类企业、纯服务类企业需要构建企业集成产品开发与设计管理核心能力、企业集成产品实现管理核心能力、一般纯服务企业构建顾客接触企业集成服务实现管理核心能力。

3. 持续改进是企业集成运营管理的基本活动

持续改进是企业运营管理活动的更高目标，是对企业运营活动和企业运营管理活动持续的改进。企业运营活动和企业运营管理活动都有其独立的内容，二者相互独立又相互联系，是持续改进对象。企业集成运营活动和企业集成运营管理活动也都有其独立的内容，二者相互独立又相互联系，成为企业集成管理中的持续改进对象。

企业运营活动和企业运营管理活动改进是针对企业基本运营活动和企业供应链和服务链活动，针对企业计划、组织、领导、控制和创新管理活动的运作效率进行的改进，使企业能够取得更大的效益。企业集成运营活动和企业集成运营管理活动改进是针对企业集成基本运营活动和企业集成供应链和服务链活动，针对企业集成计划、集成组织、集成领导、集成控制和集成创新管理活动的运作效率和差异化需求融合进行的改进，使企业集成战略得以实现，使企业取得更大的价值。企业运营活动和企业运营管理活动的改进是单向的，企业集成运营活动和企业集成运营管理活动改进是双向的。顾客接触企业集成服务活动和企业集成服务管理活动的改进除需要进行企业集成运营活动和企业集成运营管理活动改进外，还需要针对员工与顾客的接触实际，员工从顾客的心理和行为出发，建立良好的服务氛围，进行员工与顾客互动、员工细致服务的改进。

制造类企业、服务类企业、纯服务类企业进行企业集成运营活动和企业集成运营管理活动改进，一般纯服务企业需要针对员工与顾客接触实际进行企业集成服务活动和企业集成服务管理活动改进。

（四）企业集成运营管理结构

1. 企业集成运营管理结构组成要素

（1）企业集成运营管理对象。其对象是有形产品和无形产品，是顾客需求的直接体现。企业运营管理系统结构一般不将对象作为其中的要素，而是更多地侧重对对象的运作而形成的要素。对于将对象作为要素的企业运营管理系统结构，由于企业产品开发与设计核心能力的对象聚集度低、对象范围窄、对象验证效果弱、单向效率运作，无法真正建立与市场需求耦合强度大的内在联系。这样，企业运营管理系统结构中的对象不能反映顾客对企业所需要的有形产品和无形产品。企业集成运营管理系统结构建立了与市场需求耦合强度大的内在联系，能迅速地将顾客需求体现为有形产品和无形产品，准确地对有形产品和无形产品进行开发和设计，常态性地不断满足顾客差异和趋势性的智能有形产品和无形产品需求。

制造类企业、服务类企业的对象是有形产品，通常在企业集成运营管理流程中运用；纯服务类企业的对象是无形产品，通常在企业集成服务管理流程中运用。

（2）企业集成运营管理系统结构化要素。

1）企业集成运营技术要素。企业运营管理中的运营技术包括运营预测技术、运营基础技术、运营应用技术。运营预测技术是运营其他技术展开的前提。预测技术的运用可以为企业明确目标，为其他技术提供方向性的指导。运营预测技术朝着主体化和简约化发展趋势进行。运营基础技术是企业运作的基本要素，这一要素体现在产品中，是产品技术水平高低的直接反映。运营应用技术体现在基本运营流程中，是企业基本运营流程技术水平高低的直接反映。企业运营应用技术体现在企业基本运营流程和供应链或者服务链流程中，促进企业运营流程运作。企业集成运营管理的集成技术智能运作体现在运营预测技术、运营智能基础技术、运营智能应用技术中。运营预测技术、运营智能基础技术、运营智能应用技术不但体现在产品中，还体现在企业集成基本运营流程和集成供应链或者服务链流程中，促进产品更加智能化，使企业集成基本运营流程和集成供应链或者服务链流程智能运作，集成流程效率更高。顾客接触服务智能应用技术需要针对员工给顾客服务的作业进行开发。当技术趋于一致时，其他技术也就显示其重要性了，这些技术之间是互补的。当今的信息技术已成为拓展企业发展空间的关键技术。

2）企业集成运营设施要素。企业运营管理运营设施要素包括运营设施规模、运营设施空间位置、运营设施空间结构。企业集成运营管理运营设施要素包括集成运营设施规模、集成运营设施空间位置、集成运营设施空间结构。运营设施规模或者集成运营设施规模是企业运营管理或者企业集成运营管理的运营空间规模或者集成运营空间规模的基础，企业运作或者集成运作都需要一定的运营空间规模或者集成运营空间规模，运营设施或者集成运营设施规模中的设施是以基础设施形式来体现的。运营设施空间或者集成运营设施空间位置需要通过选址来进行，企业集成运营管理中的集成运营设施空间位置选址需要能够考虑企业集成运作的要求，集成运营设施空间位置中的设施是以基础设施形式来体现的。运营设施空间结构或者集成运营设施空间结构是通过企业运营管理或者企业集成运营管理中的运营设施布置或者集成运营设施布置得以实现，运营设施空间结构或者集成运营设施空间结构中的运营设施是以运营设备形式来体现的。企业集成运营管理中的集成运营设施空间布置需要按照企业集成战略下的运营模块单元、精益运营、智能运营的要求进行布置。顾客接触企业集成运营设施布置要考虑顾客接触的因素，进行美观布置。

企业运营设施规模或者企业集成运营设施规模、运营设施空间位置或者集成运营设施空间位置、运营设施空间结构或者集成运营设施空间结构是企业基本运营流程、企业供应链或者服务链流程、企业集成基本运营流程、企业集成供应链或者服务链流程得以实现的空间基础；运营设施空间结构或者集成运营设施空间结构中的运营设备是运营流程或者集成运营流程得以实现的基础，每一个运营流程或者集成运营流程的运作都需要通过运营设备的运作得以实现。

3）企业模块品目、模块单元额度和集成能源要素。物料和能源是企业运营管理系统或者企业集成运营管理系统的物质基础，其中物料是企业运营活动中产品的物质基础，而能源是企业设施中设备运作的物质基础。企业基本运营流程、企业供应链或者服务链流程中的物料以原材料、在产品的形式存在，按照运营流程的要求进行原材料、在产品运作；企业集成基本运营流程、企业集成供应链或者服务链流程中的物料以模块品目的形式存在，按照企业集成运营流程要求进行运作。模块单元额度是无形产品在模块单元中进行运作的方式，这种方式使无形产品的运作能够通过模块单元额度的方式进行。

4）企业集成运营信息要素。运营信息是企业运营管理或者企业集成运营管理的基本要素。企业运营管理中的运营信息要素是沟通传递的手段和信息系统，使企业运营管理运作通过运营信息得以实现，使运营信息成为 CIMS、ERP、MES 运营信息系统。企业集成运营管理除将运营信息视为沟通传递的手段和运营信息系统外，还将智能运营引入运营信息系统中来，将云计算、大数据信息技术融入信息系统，使信息系统成为 MBE、ERP、MES 开放运营智能信息系统。同时将 MBE、ERP、MES 运营智能信息系统作为企业运营活动运作的框架进行企业信息运作。

运营信息或者集成运营信息要素促进企业基本运营流程和供应链或者服务链流程、企业基本运营管理流程和供应链或者服务链管理流程、企业集成基本运营流程和集成供应链或者服务链流程、企业集成基本运营管理流程和集成供应链或者服务链管理流程的运作。

制造类企业集成运营管理系统通过构建制造基础技术、制造应用技术、制造智能技术进行制造设施规模、制造设施空间位置、制造设施空间结构设计，通过制造物料和能源运用促进企业集成基本运营流程和集成供应链或者服务链流程运作。通过 MBE、ERP、MES 开放制造智能信息系统运用，促进企业集成基本制造流程和集成供应链流程、企业集成基本制造管理流程和集成供应链管理流程的运作。服务类企业通过构建服务应用技术、服务智能技术进行服务设施规模、服务设施空间位置、服务设施空间结构设计，通过服务物料和能源运用促进企业集成基本服务流程和集成服务链流程运作。通过 MBE、ERP、MES 开放服务智能信息系统运用，促进企业集成基本服务流程和集成服务链流程、企业集成基本服务管理流程和集成服务链管理流程的运作。纯服务类企业通过构建服务基础技术、服务应用技术、服务智能技术进行服务设施规模、服务设施空间位置、服务设施空间结构设计，通过能源运用促进企业集成基本服务流程和集成服务链流程运作。通过 MBE、ERP、MES 开放服务智能信息系统运用，促进企业集成基本服务流程和集成服务链流程、企业集成基本服务管理流程和集成服务链管理流程的运作。

（3）企业集成运营管理系统集成非结构化要素。这是支持运营管理活动的主体要素，包括运营员工、运营计划、运营组织和运营控制。

1）企业集成运营管理人员要素。企业运营员工是企业运营管理或者企业集成运营管理的人员基础，是这两类管理成为人造系统的根本性要素。企业运营管理中的运营员工需要按照企业基本运营流程和供应链或者服务链流程、企业基本运营管理流程和供应链或者服务链管理流程的要求进行运作；企业集成运营管理中的集成人员需要按照企业集成基本运营流程和集成供应链或者服务链流程、企业集成基本运营管理流程和集成供应链或者服务链管理流程运作的要求进行运作，从而实现企业集成运营管理流程运作。顾客接触服务企业员工需要具备心理和行为分析的能力及与顾客互动的能力。

2）企业集成管理要素。企业集成管理通过企业集成计划、集成组织、集成领导、集成控制、集成创新来实现，这些集成管理职能形成集成管理流程，进行集成管理运作。企业集成计划通过集成综合计划、集成主计划、集成物料需求计划、集成作业计划进行企业集成计划运作；企业集成组织通过团队组织进行企业集成组织；企业集成控制通过对计划目标的控制实现企业集成控制；企业集成领导通过对企业文化的引领和支撑实现企业集成领导；企业集成创新通过集成计划、集成组织、集成领导、集成控制进行重新融合、集成创新。

企业集成运营管理通过企业集成运营计划、集成运营组织、集成运营领导、集成运营控制、集成运营创新来实现，这些集成运营管理职能形成集成运营管理流程，进行集成运营管理运作。企业集成计划通过企业集成运营计划、企业集成综合运营计划、企业集成主运营计划、企业集成模块品目需求计划、企业集成运营作业计划完成企业集成计划运作；企业集成组织通过模块单元中的团队组织，进行企业集成基本运营流程组织；企业集成控制通过对集成运营计划目标的控制实现企业集成运营控制；企业集成领导通过对企业文化的引领和集成运营管理支撑实现企业集成运营领导；企业集成创新通过集成运营计划、集成运营组织、集成运营领导、集成运营控制进行重新融合、集成运营创新。

企业集成运营管理可以通过人员管理活动、人员与设备管理运作、设备管理运作体现。通过企业集成运营管理转化要素将企业集成运营管理转化流程形式化，使企业集成运营管理转化流程有了具体的静态表现形式。

（4）企业集成运营管理系统综合要素。企业集成运营管理系统包括企业集成运营质量要素、企业集成运营转化要素、企业集成核心运营管理能力要素和企业集成运营价值管理要素。

1）企业集成运营质量要素。企业运营产品、服务质量或者集成运营产品、服务质量是企业运营管理或者企业集成运营管理的基本要素。企业运营管理中的运营质量要素需要按照企业基本运营流程和供应链或者服务链流程、企业基本运营管理流程和供应链或者服务链管理流程的要求进行运作；企业集成运营管理中的集成运营质量要素需要按照企业集成基本运营流程和集成供应链或者服务链流程、企业集成基本运营管理流程和集成供应链或者服务链管理流程运作的要求进行运作。

2）企业集成运营转化要素。企业集成运营转化要素是企业集成运营转化流程的静态体现，是对人员转化活动、人员与设备转化运作、设备转化运作的体现。通过企业集成运营转化要素将企业集成运营转化流程形式化，使企业集成运营转化流程有了具体的静态表现形式。

3）企业集成核心运营管理能力要素。企业集成核心运营管理能力是企业基本运营流程和供应链或者服务链流程、企业基本运营管理流程和供应链或者服务链管理流程综合运作的体现；企业集成核心运营管理能力是企业集成基本运营流程和集成供应链或者服务链流程、企业集成基本运营管理流程和集成供应链或者服务链管理流程综合运作的体现；顾客接触企业集成核心服务管理能力是企业集成服务流程和集成服务链流程、企业集成基本服务管理流程和服务链管理流程综合运作的体现。强大的企业核心运营管理能力或者企业集成核心运营管理能力是企业运营流程、企业运营管理流程、企业集成运营流程、企业集成运营管理流程、顾客接触企业集成运营流程、顾客接触企业集成服务管理流程顺利运作的基础。

4）企业集成运营价值管理要素。企业集成运营价值管理要素是企业集成运营管理的目标要素。企业集成运营价值管理通过正向价值管理活动和负向降低的价值管理活动来实现，目的是实现价值增值。

制造类企业、服务类企业、纯服务类企业、一般纯服务企业按照企业集成基本运营流程和集成供应链或者服务链流程、企业集成基本运营管理流程和集成供应链或者服务链管理流程、顾客接触企业集成服务管理流程和顾客接触集成服务链管理流程运作的要求进行制造或者服务质量运作，形成企业集成制造或者服务核心运营管理能力，进行正向价值管理活动和负向降低的价值管理活动。

2. 企业集成运营管理结构联系

企业运营管理结构由对象层、基础层、单一表现层、单一能力层、综合表现层、综合能力层、目标层构成，这些层次彼此联系、共同作用，构成企业集成运营管理结构联系，完成企业集成运营管理流程运作。

对象层是企业对象要素的体现，是企业集成运营管理流程的运作对象；基础层是运营管理技术要素、运营管理设施要素、原材料和能源要素、运营管理信息要素、运营管理人员要素、运营管理质量要素的结构化要素、非结构化要素、综合要素的体现；单一表现层由企业集成运营表现、集成管理表现来体现；单一能力层由与企业集成运营表现对应的企业集成运营能力、与管理表现对应的企业集成管理能力来体现；综合表现层由企业集成运营管理来体现；综合能力层由与企业集成运营管理对应的企业集成运营管理能力来体现；目标层由企业集成价值管理来体现。

企业集成运营管理结构联系通过不同层次间要素的联系来体现结构本质。对象层的产品或者集成产品是基础层、单一表现层、单一能力层、综合表现层、综合能力层、目标层得以运作的对象，这样结构化要素、非结构化要素和综合要素都需要围绕着产品或者集成产品进行运作。基础层是单一表现层、单一能力层、综合表现层、综合能力层、目标层的基础，这些层次是在基础层的基础上形成的，只有具备了这样的基础，单一表现层、单一能力层、综合表现层、综合能力层、目标层才具有了运作的能量。单一表现层是单一能力层得以开展的体现，综合表现层是综合能力层得以开展的表现，只有确定了能动和科学的单一表现层和综合表现层，单一能力层和综合能力层才具有了能力空间。单一能力层和综合能力层是企业集成运营管理流程运作所需要的能力，企业只有具备了运营管理能力，才具有实现价值创造的条件，才能够进行价值创造。目标层是基础层、单一表现层、单一能力层、综合表现层、综合能力层的目标，是这些层次运作的方向指南。

企业运营管理是制造与服务活动管理的总称，指通过制造与服务活动的计划、组织、控制和创新管理职能，将制造、服务活动与管理流程化和系统化，构建企业运营管理能力，充分满足顾客需要，使制造与服务活动价值增值的过程管理。

企业集成运营管理的概念是在企业运营管理概念的基础上形成的。企业集成运营管理是指在企业集成战略引领下，企业集成运营管理结构要素融入制造与服务活动中进行制造与服务流程延迟策略、精益、智能运作，将制造与服务活动集成化，形成集成制造与服务流程，通过集成流程的集成计划、集成组织、集成领导、集成控制和集成创新管理职能，形成企业集成运营管理核心能力，使顾客差异化战略和价值领先战略融合起来，构建企业集成运营管理流程，顾客接触中的员工能够与顾客深入互动，进行细致服务，让顾客具有优质服务体验，使顾客满意服务，实现企业集成运营管理流程价值增值。

制造类企业、服务类企业、纯服务类企业具有企业集成运营管理结构组成要素和联系。

二、企业集成运营管理研究对象

每一门学科都有其特定的研究对象，没有特定研究对象的学科就不能称其为独立学科。研究企业运营管理学科对象需从企业运营管理实际出发，进行理论高度的概括、抽象、总结，稳定正确地引导企业运营管理实践活动。

学科中存在着本质的特定联系方式，它通过相应的关系来直接体现。企业运营管理学科研究对象是此学科得以确立的根本，应以其关系的探讨为出发点，确立企业运营管理学科对象。近年来，国内外管理学家针对企业运营管理中关系的研究，盛行几种企业运营管理学科研究对象的说法：

社会对象说：认为企业运营管理学科研究对象为社会企业关系。它是在企业作为共同协作的团体来完成有目的的活动过程中形成的。在这种关系中企业发挥着社会单位作用，企业运营管理通过对这些社会关系的协调来提高管理效益。

技术对象说：认为企业运营管理学科研究对象为技术性企业关系。它指企业中由于有各种各样的设备、技术及其集合，是企业生产经营活动得以进行的必备条件，因此将企业运营管理中的关系视为技术性关系。这种观点迎合了企业中的技术人员。

法律对象说：认为企业运营管理学科研究对象为法律性企业关系。它指企业从组建到运作是在一定的法律环境中进行，都必须遵循一定的法律、法规而存在，因此将企业运营管理中的关系归结为法律关系。

经济对象说：认为企业运营管理学科研究对象为企业经济性关系。它指企业从事的是经济活动，是企业的最根本活动，因此企业运营管理中的关系就是这种根本关系。此说在当今的企业运营管理学中影响最大。

从以上种种探讨企业运营管理学科研究对象的说法来看，每一种关系都是从不同角度进行的探讨，对企业生产经营活动有着直接影响，这些影响因素有的针对企业本源活动，有的针对企业经营必备条件。诚然，当前的企业运营管理活动内容更丰富，与上述影响因素间的联系更加密切、交叉性更强。但上述说法仍显不足，都没有充分地从企业运营管理本身进行其对象的抽象、归结与概括，需要从企业运营管理关系本身出发探讨企业运营管理学科的研究对象。

企业运营活动和运营活动的管理活动是企业得以实现顾客需求的根本活动，从企业运营管理关系本身出发，就需要对企业运营活动和运营活动的管理活动进行企业运营管理学科研究对象的探讨。企业在进行企业运营活动和运营活动的管理活动时直接体现为两个部分的组合，即运营管理活动主体与运营管理活动客体。运营管理活动主体必须是人，而运营管理活动客体可以是人，也可以是财、物、信息等。这种运营管理活动主体与运营管理活动客体形成的活动关系就是我们所探讨的企业运营管理中本源的运营管理关系，它与社会关系、技术性关系、法律性关系、经济性关系不同。社会对象说把企业运营活动和运营活动的管理活动与社会活动混为一体，将企业运营管理活动的范围扩大了，把企业运营管理活动与其他组成社会活动的部分相等同，未突出企业运营管理活动的特性。技术对象说虽然从企业运营管理活动中的要素出发，但却将企业中包括人、财、物、信息、技术等多种要素的活动缩小，仅考虑技术因素，造成对企业由各种要素组合形成复杂运营管理活动理解得简单化、单一化。法律对象说在探讨企业性质的科斯学说启示下，成为当前探讨企业运营管理学科研究对象的重要流派。但毕竟企业运营管理活动不能简单地等同于法律活动，其中既包括比例关系也包括非比例关系，既包括企业内部关系也包括企业外部关系，而这些关系不是法律关系所能圈定的。

企业经济关系与企业运营管理关系既有区别又有联系。二者运作的主体均为企业，企业是其经济关系与运营管理关系的出发点和终结点。企业经济关系与企业运营管理关系所包含的企业运作与发展的原则都体现为效益原则。企业在进行运营管理活动时，二者均以效益最大化为目标，并采用相同或相似的手段与方法进行具体运作。但企业经济关系与运营管理关系毕竟不同，企业经济关系更多地从渊源角度探讨企业，而企业运营管理关系则从操作角度探讨企业。当前存在着认为这类操作性强的学科层次低的观点，把企业运营管理只理解为对理论学科的一种补充，实际上这种观点对企业运营管理学科而言并不成立。企业运营管理关系本身就是一种再造生产力，是一种组合之后集合生产力的综合体现，对这种集合生产力的探讨需其自身理论与实践紧密相连，这已在日本"二战"后成功地进行企业运营管理取得巨大效益的过程中得以验证。

可见，企业中的运营管理关系是与企业中其他各类关系并列的单独存在的关系。这种关系运行的能量是企业的人、财、物、信息等，是企业运营管理关系得以形成的基本要素，是进行启动和运转的根本条件。这些要素通过相互间的配比发挥作用，使运营管理关系体现为一定质量与数量的要素间的有序运作。

企业运营管理关系运作需要一定的方向指导，即企业运营管理关系的本源原则，它是企业作为一种经济组织形成和发展过程中必然的内在利益表现。任何组织都是在一定生产力水平基础上、在一定生产关系和社会分工条件下形成的。原始社会生产力水平低下，形成了氏族公社或部落；奴隶社会生产力水平进一步发展，形成了庄园和作坊组织；封建社会则形成了封建家庭和手工业作坊，这些组织的产生都与当时的生产力水平和生产关系息息相关。到了资本主义社会，生产力水平更高，社会分工进一步精细，使每一个组织的运作都必须依赖于其他组织，并通过交换关系来实现。交换关系要顺利实现就必须承认每个交易者为商人，所进行交易的产品为商品，其关系实质以彼此承认对方的利益为前提，即便存在暂时的让渡行为，也是为今后获取更大利益或保持利益的长久发展而存在的。进行商品交易的组织即为企业，它是商品经济发展到一定阶段的产物。企业为使内在利益最大化，必须对其运营活动进行计划、组织、领导、控制、创新，可以说自从企业诞生的那一刻起，企业运营管理活动就始终围绕这一本源内在利益来进行。只有贯彻效益原则，企业运营管理活动才能有针对性地有序运作，才能使企业不断壮大。

综上，企业运营管理学科的研究对象为企业运营管理活动中所形成的以效益原则为本的运营管理活动主体与运营管理活动客体间的关系及其发展变化规律。运营管理活动主体在企业中处于管理者的地位，运营管理活动客体在企业中则处于被管理的地位，主体与客体之间所形成的关系为排列关系，而非组合关系。运营管理活动主体可以是各种身材、各种模样、各种肤色和不同性别的人，他们在不同类型的企业中履行着自己的职责，也可以是不同类型的组织。但任何一个运营管理活动主体进行运营管理活动时，其运营管理活动的方法、风格、艺术等各方面均受其内在素质及其他因素的影响，不可能出现两个相同的运营管理活动主体。运营管理活动客体可以是人、组织，也可以是流程、各种要素以多种方式存在处于客体地位的事物。同时，在这种关系中既有比例关系，也有非比例关系。比例关系是指按资源配置原则将企业中的各项资源按一定比例进行配置，使企业取得最佳效益。非比例关系是指人的行为关系总和，很难通过一定的量度来测定，但它却直接影响企业运营管理效果及其比例关系的顺利运作。如何将比例关系与非比例关系有机地结合起来，是企业运营管理学科所必须解决的基本关系问题。运营管理活动主体与客体的关系又具体体现为运营管理活动主体与运营管理活动主体、运营管理活动主客体与运营管理活动客体、运营管理活动主体与运营管理活动客体、运营管理活动客体与运营管理活动主体的关系，企业运营管理学科就是针对这些具体关系进行相应的规律总结。

随着当今企业内外环境的变化，企业运营管理关系呈现内部之间关系、内部与外部之间关系的强度更强。具体体现为运营管理活动主体、运营管理活动客体所呈现的形式更加多样，运营管理活动主体与运营管理活动主体、运营管理活动主客体与运营管理活动客体、运营管理活动主体与运营管理活动客体、运营管理活动客体与运营管理活动主体的关系呈现更多交叉的复杂关系。这一背景下的企业运营管理关系只是通过比例、非比例关系展示已远远不够，需要通过集成这些前沿的企业运营管理关系体现方式才能够应对交叉的复杂企业运营管理关系。

制造类企业对象是以企业制造管理关系为基本的企业服务管理关系并存的企业制造与服务管理关系。服务类企业、纯服务类企业的研究对象是企业服务管理关系。

第三节　企业集成运营管理系统功能、特点和目标

一、企业集成运营管理功能

（一）产品功能

企业集成运营管理的功能是从理解顾客需求开始。顾客需求虽然有各种表达方式，但无论顾客什么需求，最终都可以集中通过产品功能反映，包括有形产品和无形产品。通过产品功能来体现顾客需求的方式是一种追求从根本上反映顾客需求的方式。产品功能如下：

1. 品种款式功能

品种款式是指顾客对有形产品和无形产品的系列宽度和深度方面的要求。对有形产品而言，系列宽度和深度主要反映在产品的不同种类、不同规格和不同型号上，这些产品反映了顾客表现在产品方面的多样性需求和差异需求。对无形产品而言，系列宽度和深度主要反映在无形产品的不同种类、不同品种表现形式上，这些无形产品反映了顾客表现在无形产品方面的多样性需求和差异需求。对集成有形产品和无形产品

而言，智能有形产品和无形产品反映顾客更深层次的差异需求；企业通过对集成有形产品和无形产品的集成流程管理运作，使顾客在系列宽度和深度上得到更大程度的满足。

产品品种款式需要体现顾客不同形式需求，是顾客需求的集中体现。产品品种款式是顾客需求产品功能视角的直接体现，是顾客需求的最直接和最本质的功能性体现。产品品种款式的划分是一系列划分的过程，通过一系列的划分明确顾客需求。产品品种款式的系列划分包括产品域类、产品类别、产品族、产品种类、产品品种、产品型号、产品规格，通过这一系列的划分反映出顾客的需求。产品域类表示不同领域顾客需求的产品区别特性，是产品最源头的产品区别划分，体现了顾客需求最源头的划分，也是体现顾客需求的产品区别划分中最广泛的区别划分，其他产品区别划分都从属于这一区别划分。一般情况下，产品域类能够将不同领域产品进行区别，但也有区域间交叉的部分，对交叉的这一部分需要按照域类特性和产品特性进行区分，从而将交叉的部分明确归属于不同的区域，保证产品域类的领域划分的独立从属特性。同时对于不能够或者很难进行领域区分的区域划分部分，作为区域划分中的具有交叉部分的独立区域进行，与其他非独立区分一样，具有区域区分的独立从属联系。非交叉领域和交叉领域的产品领域划分将顾客需求源头全面反映出来，是顾客需求最原本的来源。

产品类别从属于产品域类，是产品域类下的从产品类别出发进行产品划分的具体体现，是将顾客需求体现的产品进行类别上的划分，是顾客需求从产品域类到产品类别更明确的划分，比产品域类的顾客需求的辨析度更强。产品类别一般从属非交叉领域的产品域类，也可以从属交叉领域的产品域类，但不论属于非交叉领域还是交叉领域的产品域类，产品类别独立运作的特性都比产品域类强，这一划分的强度将产品从类别上进行了有效的划分，使产品划分的独立性加强。这种划分有利于有效区分产品，使产品类别运作的特性增强，具有比产品域类的产品更明确的产品功能和结构。

产品族从属产品类别，是从产品类别下的同一产品特性出发进行产品划分的具体体现，是将顾客需求通过同类特性体现的产品划分，是顾客需求从产品类别到产品族更明确的划分，比产品类别的顾客需求的辨析度更强，产品划分的独立性也更强。通过产品族的划分，将产品划分为不同的族类，同一族类的产品是进行集成运作的最源头的产品划分单元，这一划分使众多产品能够进行集成运作，为企业集成运营管理的集成运作提供了空间。

产品种类从属产品族，是同一产品族下的不同产品种类划分；产品品种从属产品种类，是同一产品品种下的不同产品品种的划分；产品型号从属产品品种，是同一产品品种下的不同产品型号的划分；产品规格从属产品型号，是同一产品型号下的不同产品规格的划分，是产品划分的最小单元。从产品种类、产品品种、产品型号到产品规格，进一步体现顾客需求具体化，顾客需求的辨析度越来越强，产品划分的独立性越来越强，对顾客需求的描述越来越细致，使顾客需求的替代性越来越弱。

通过产品划分将顾客需求细致地描述出来，这些划分反映了顾客需求的差异性、惯性、智能特性。顾客需求的差异性是对产品差异特性的反映，体现为顾客需求的深度和广度，差异性广度需求反映需求差异的范围；差异性深度反映需求的个性程度。差异性广度需求、差异性深度需求是反映顾客不同需求的视角，差异性广度需求表明需求的范围，广度越宽，需求范围就越广，反映顾客需求范围也就越广；差异性深度需求表明需求个性的程度，深度越深，需求深度就越强，反映顾客需求个性也就越强。差异性广度需求、差异性深度需求相互联系，差异性广度需求越广，范围越宽，涵盖的差异性深度需求就越深；差异性深度需求越深，与此有关的差异性广度需求越广。顾客需求惯性反映出顾客需求运作的习惯特性，是从顾客自身需要出发的特性，是对产品操作方面的惯性操作的体现。顾客需求智能特性是对产品智能运作的反映，是产品能够进一步进行运作的特性，是对智能运作的体现。

从产品域类、产品类别、产品族、产品种类、产品品种、产品型号到产品规格，差异性广度需求体现得越充分，越具体，越能够描述差异性广度需求，体现具体的产品种类、产品品种下的一定产品型号和产品规格范围就越宽；差异性深度越深，需求的体现越细致，体现具体的产品种类、产品品种下的一定产品型号和产品规格个性就越强；需求惯性越强，需求惯性运作的体现越具体，对具体的产品种类、产品品种下的一定产品型号和产品规格惯性功能要求就越强，需求智能运作要求也就越广泛，产品系列划分都需要体现智能运作要求。由此，将产品划分与需求特性全面和细致地联系起来。

有形产品能够按照产品域类、产品类别、产品族、产品种类、产品品种、产品型号、产品规格系列进行产品划分，以体现顾客对有形产品的需求；无形产品也可以按照产品系列划分进行无形产品的划分，以体现顾客对无形产品的需求。

2. 质量功能

质量功能是指顾客对有形产品和无形产品的功能和外观方面的质量要求。无论顾客需要有形产品还是无形产品，达到既定功能的要求都是质量的基本要求。在外观方面，有形产品和无形产品的表现有所不同，达到既定外观的要求是质量的基本辅助要求。有形产品和无形产品质量都可以通过所要达到的能反映既定功能的指标来体现，这些指标可以通过既定功能所要达到的标准和容差来反映质量实现的程度。达到的标准越高，质量既定功能就越好；容差越小，质量功能也越好。

围绕着品种款式产品功能，质量功能需要体现具体的产品种类、产品品种下的一定产品型号和产品规格所需要的产品质量，这种质量功能的要求很具体，需要体现详细的质量功能的各项要求。这些详细的产品质量可以划归为产品域类、产品类别、产品族下的产品质量，形成系列的产品划分的质量表现，体现顾客对产品质量功能方面的具体需求。

3. 数量功能

数量功能是指顾客对有形产品和无形产品的数量方面的要求。顾客所需要的有形产品和无形产品都有数量方面的要求，但数量的表现形式有所不同。有形产品的数量可以通过有形产品的个数来体现，个数越多数量越多。有形产品的数量可以通过无形产品的额度来体现，额度越多数量越多。

围绕着品种款式产品功能，数量功能需要体现具体的产品种类、产品品种下的一定产品型号和产品规格所需要的产品数量，这种数量的要求更具体，需要体现详细的数量功能的范围。这些详细的产品数量可以划归为产品域类、产品类别、产品族下的产品数量，形成系列的产品划分的数量表现，体现顾客对产品数量功能方面的具体需求。

4. 交货期功能

交货期功能是指顾客对有形产品和无形产品交货时间方面的要求。顾客所需要的有形产品和无形产品都有交货期方面的要求，有形产品和无形产品交货期方面要求的表现形式一样，都是通过年、月、日来反映交货期要求。无论有形产品还是无形产品交货期的长短与产品实现复杂程度都有着内在联系。产品越复杂，交货期越长；产品越简单，交货期越短。

围绕着品种款式产品功能，交货期功能需要体现具体的产品种类、产品品种下的一定产品型号和产品规格所需要的产品交货期，这种交货期的要求更具体，需要体现详细的交货期功能的时间要求。这些详细的产品交货期可以划归为产品域类、产品类别、产品族下的产品交货期，形成系列的产品划分的交货期表现，体现顾客对产品交货期功能方面的具体需求。

5. 价格功能

价格功能是指顾客对有形产品和无形产品价格方面的要求。无论顾客对有形产品还是对无形产品都有价格方面的要求。有形产品和无形产品价格功能与品种款式功能、质量功能、数量功能、交货期功能、服务功能有着内在联系。有形产品和无形产品品种款式差异性越强、质量越好、数量越少、交货期越短、服务越好，有形产品和无形产品价格越高；有形产品和无形产品品种款式差异性越弱、质量越差、数量越多、交货期越长、服务越差，有形产品和无形产品价格越低。

围绕着品种款式产品功能，价格功能需要体现具体的产品种类、产品品种下的一定产品型号和产品规格所需要的产品价格，这种价格的要求很具体，需要体现详细的价格功能的要求。这些详细的产品价格可以划归为产品域类、产品类别、产品族下的产品价格，形成系列的产品划分的价格表现，体现顾客对产品价格功能方面的具体需求。

6. 服务功能

服务功能是指顾客对有形产品和无形产品需求的过程中所需的服务要求。无论顾客对有形产品还是对无形产品需求，需求过程中都伴随服务的需求。服务需求也是顾客的基本需求。服务有着不同的种类，不同种类服务的要求也有所不同。越好的服务，服务功能实现程度越好；越差的服务，服务功能实现程度就越差。服务功能是顾客接触时的员工针对顾客进行的服务。

服务功能与有形和无形产品一样，是顾客接触过程中体现出来的，包括服务环境服务、服务氛围服务、员工与顾客互动服务、员工细致服务、顾客服务体验服务的服务样式功能、服务质量功能、服务数量功能、服务瞬时功能、顾客感知功能、服务价格功能。服务样式功能体现了服务环境服务、服务氛围服务、员工与顾客互动服务、员工细致服务、顾客服务体验服务的广度和深度要求，广度给出了服务深度越深，差异的个性服务特性就越充分的结论。服务质量功能是服务环境服务、服务氛围服务、员工与顾客互动服务、员工细致服务、顾客服务体验服务的所达到顾客满意程度。服务数量功能是服务环境服务、服务氛围服务、员工与顾客互动服务、员工细致服务、顾客服务体验服务的量度。服务瞬时功能是服务环境服务、服务氛围服务、员工与顾客互动服务、员工细致服务、顾客服务体验服务的瞬间服务的要求。顾客感知功能是服务环境服务、服务氛围服务、员工与顾客互动服务、员工细致服务、顾客服务体验服务、服务氛围的顾客感知功能。服务价格功能是服务环境服务、服务氛围服务、员工与顾客互动服务、员工细致服务、顾客服务体验服务时顾客所要求的价格。

制造类企业、服务类企业、纯服务类企业、一般纯服务企业都需要面对有形产品和无形产品的品种款式功能、质量功能、数量功能、交货期功能、价格功能的顾客需求。一般纯服务企业服务具有服务样式功能、服务质量功能、服务数量功能、服务瞬时功能、顾客感知功能、服务价格功能。

（二）企业集成运营管理功能

1. 创新功能

创新功能指企业运营管理系统满足顾客有形产品、无形产品和集成制造管理流程、集成服务管理流程、顾客接触集成服务管理流程的创新程度。有形产品、无形产品创新是中心，集成制造管理流程、集成服务管理流程创新是围绕顾客有形产品、无形产品创新而进行的创新。顾客接触集成服务管理流程是围绕无形产品、服务流程本身进行的创新，服务流程创新是服务环境服务、服务氛围服务、员工与顾客互动服务、员工细致服务、设备细致服务、电子细致服务、顾客服务体验服务的创新。创新功能是在当今顾客差异化需求情况下运营系统中的根本功能，企业只有创新才能不断开发新产品和新运营流程，才能满足顾客个性及服务需求。有形产品、无形产品是顾客需求的集中体现；集成制造管理流程、集成服务管理流程则是实现有形产品、无形产品的直接唯一途径，围绕有形产品、无形产品进行运作；顾客接触集成服务管理流程是员工与顾客接触的顾客满意服务运作流程。没有集成制造管理流程、集成服务管理流程这一途径，企业有形产品、无形产品无法实现，因而体现顾客需求的有形产品、无形产品和体现为了满足顾客需求的集成制造管理流程、集成服务管理流程之间有着不可分割的内在联系。没有顾客接触集成服务管理流程这一途径，顾客对服务的需求无法实现，因而顾客服务需求和体现为了满足顾客服务需求的顾客接触集成服务管理流程之间有着不可分割的内在联系。创新功能需要进行有形产品、无形产品和服务流程的服务环境服务、服务氛围服务、员工与顾客互动服务、员工细致服务、设备细致服务、电子细致服务、顾客服务体验服务创新，使顾客产品和服务需求得到更大程度的满足。当今竞争激烈的市场，企业正在努力通过提供个性化产品和服务，实现更高的用户黏性，增加企业价值（Zheng et al.，2018）。同时也需要围绕有形产品、无形产品、服务进行集成制造管理流程、集成服务管理流程、顾客接触集成服务管理流程创新，使运营管理流程创新能够有效保证有形产品、无形产品、服务流程创新，给企业创造更大的价值。创新功能越强，新产品创新程度就越强，围绕新产品的新运营管理流程的创新程度也越强，顾客接触集成服务管理流程创新程度随之越强。

运营管理系统的创新功能是为了满足具体的产品种类、产品品种下的一定产品型号和产品规格所体现出来的顾客需求的深度，体现对顾客的差异性需求的深度满足，通过产品体现顾客需求的个性。运营管理系统的创新功能对顾客需求的满足是今后趋势性的满足特性，是最根本的满足顾客需求的功能。顾客接触集成服务管理流程创新为了满足顾客服务需求的深度，体现对顾客的差异性服务需求的深度满足，通过服务流程的服务环境服务、服务氛围服务、员工与顾客互动服务、员工细致服务、设备细致服务、电子细致服务、顾客服务体验服务体现顾客需求的个性。需要从顾客心理和行为出发进行顾客接触集成服务管理流程创新，顾客接触集成服务管理流程创新程度越强对顾客感知功能的满足就越强。

2. 弹性功能

弹性功能指企业运营管理满足顾客有形产品、无形产品和集成制造管理流程、集成服务管理流程、顾客接触集成服务管理流程的弹性幅度的程度。顾客有形产品、无形产品弹性是中心，服务管理流程、制造管理流程弹性是围绕顾客有形产品、无形产品而进行的弹性。顾客接触集成服务管理流程是围绕无形产品、服务流程本身进行的弹性，服务流程弹性是服务环境服务、服务氛围服务、员工与顾客互动服务、员工细致服务、设备细致服务、电子细致服务、顾客服务体验服务的弹性。弹性功能需要企业运营管理对有形产品、无形产品设计中的弹性幅度要求；需要服务管理流程、制造管理流程弹性幅度围绕有形产品、无形产品的弹性幅度要求，从而实现有形产品、无形产品弹性幅度；需要通过服务流程的服务环境服务、服务氛围服务、员工与顾客互动服务、员工细致服务、设备细致服务、电子细致服务、顾客服务体验服务的弹性运作，使服务需求得到更大程度的满足。弹性功能越强，满足顾客需求的有形产品、无形产品、服务弹性幅度越大；围绕着有形产品、无形产品、服务集成制造管理流程、集成服务管理流程、顾客接触集成服务管理流程弹性幅度越大，就越能够满足顾客需求的弹性幅度。

运营管理系统的弹性功能是为了满足具体的产品种类、产品品种下的一定产品型号和产品规格所体现出来的顾客需求的广度，体现对顾客的差异性需求的广度满足，通过产品体现顾客需求的广度。运营管理系统的弹性功能对顾客需求的满足具有广泛性，是最基本的满足顾客需求的功能。顾客接触集成服务管理流程弹性为了满足顾客服务需求的广度，体现对顾客服务需求广度满足，通过服务流程的服务环境服务、服务氛围服务、员工与顾客互动服务、员工细致服务、设备细致服务、电子细致服务、顾客服务体验服务，满足顾客服务的弹性服务需求。需要从顾客心理和行为出发，进行顾客接触集成服务管理流程弹性功能运作，顾客接触集成服务管理流程弹性功能越强对顾客感知功能的满足就越强。

3. 继承性功能

继承性功能指企业运营管理满足顾客有形产品、无形产品、集成制造管理流程、集成服务管理流程、顾客接触集成服务管理流程的已有的习惯性的功能继承的程度。顾客有形产品、无形产品继承性是中心，服务管理流程、制造管理流程继承性是围绕顾客有形产品、无形产品创新而进行的继承性。顾客接触集成服务管理流程是围绕无形产品、服务流程本身进行的继承性，服务流程继承性是服务环境服务、服务氛围服务、员工与顾客互动服务、员工细致服务、设备细致服务、电子细致服务、顾客服务体验服务的继承性。顾客都有习惯性需求，这就需要有形产品、无形产品、服务需要按照这一要求进行设计，满足顾客的习惯性需要。顾客都有习惯性需求需要通过集成制造管理流程、集成服务管理流程、顾客接触集成服务管理流程来实现，为顾客和流程自身习惯性需求，集成制造管理流程、集成服务管理流程、顾客接触集成服务管理流程需要运作中能够体现这一需求。继承性功能越强，满足顾客的习惯性需要强度就越强，为满足顾客的习惯性需要的集成制造管理流程、集成服务管理流程、顾客接触集成服务管理流程习惯性运作也就越强，集成制造管理流程、集成服务管理流程、顾客接触集成服务管理流程自身习惯性运作随之越强。

运营管理系统的继承性功能是为了满足具体的产品种类、产品品种下的一定产品型号和产品规格所体现出来的顾客需求的惯性，体现对顾客的惯性需求的满足，通过产品体现顾客需求的惯性。运营管理系统的弹性功能对顾客需求的满足具有亲和性，是按照顾客的习惯来满足顾客需求的功能。顾客接触集成服务管理流程继承性为了满足顾客服务需求的惯性，体现对顾客服务需求惯性满足，通过服务流程的服务环境服务、服务氛围服务、员工与顾客互动服务、员工细致服务、设备细致服务、电子细致服务、顾客服务体验服务，满足顾客服务的惯性服务需求。需要从顾客心理和行为出发进行顾客接触集成服务管理流程继承性功能运作，顾客接触集成服务管理流程继承性功能越强对顾客感知功能的满足就越强。

4. 质量功能

质量功能指企业运营管理满足顾客有形产品、无形产品、集成制造管理流程、集成服务管理流程、顾客接触集成服务管理流程的质量的保证程度。顾客有形产品、无形产品质量是中心，服务管理流程、制造管理流程质量是围绕顾客有形产品、无形产品创新而进行的质量。顾客接触集成服务管理流程是围绕无形产品、服务流程本身进行的质量运作，服务流程质量是服务环境服务、服务氛围服务、员工与顾客互动服务、员工细致服务、设备细致服务、电子细致服务、顾客服务体验服务的质量。有形产品、无形产品、服务质量功能通过产品、服务功能来体现。质量是决定人类满意度的关键因素（Rajab et al.，2012）。服务的质量功能可通过满意度指数来衡量。满意度指数于1989年在瑞典建立，1994年在美国建立，是专门测定企业顾客满意度的指数。企业可以结合客户满意度进行测算，旨在提高服务质量（Singh et al.，2018）。有形产品、无形产品功能通过集成制造管理流程、集成服务管理流程来体现，用以保障有形产品、无形产品质量；满意度通过顾客接触集成服务管理流程来体现，用以保障服务质量功能。质量功能越强，有形产品、无形产品、服务质量越有保障；服务管理流程、制造质量管理流程对服务质量的保证就越强。

运营管理系统的质量功能是为了满足具体的产品种类、产品品种下的一定产品型号和产品规格所体现出来的顾客需求的质量满足和服务满足的功能，体现对顾客的差异性需求的质量和服务满足，通过产品和服务体现顾客需求的质量要求。运营管理系统的质量功能是满足顾客差异性需求深度和广度的前提，是满足顾客惯性运作和智能运作的前提，是运营管理系统的创新功能、弹性功能、继承性功能得以运作的基础。顾客接触集成服务管理流程质量为了满足顾客服务需求的质量，体现对顾客服务需求质量满足，通过服务流程的服务环境服务、服务氛围服务、员工与顾客互动服务、员工细致服务、设备细致服务、电子细致服务、顾客服务体验服务满足顾客服务质量需求。服务质量功能是服务创新功能、弹性功能、继承性功能的基础。需要从顾客心理和行为出发进行顾客接触集成服务管理流程质量功能运作，顾客接触集成服务管理流程创新质量功能越强对顾客感知功能的满足就越强。

5. 按期交货和瞬时服务功能

按期交货功能指企业运营管理是否及时满足顾客的有形产品、无形产品、集成制造管理流程、集成服务管理流程、顾客接触集成服务管理流程的能力。瞬时服务功能指顾客接触集成服务管理流程瞬时满足顾客服务需求的能力。顾客有形产品、无形产品按期交货是中心，服务管理流程、制造管理流程按期交货是围绕顾客有形产品、无形产品创新而进行的按期交货。顾客接触集成服务管理流程是围绕无形产品、服务流程本身进行的瞬时服务，瞬时服务是服务环境服务、服务氛围服务、员工与顾客互动服务、员工细致服务、设备细致服务、电子细致服务、顾客服务体验服务的瞬时服务。按期交货功能需要企业运营管理系统及时地进行顾客需求的有形产品、无形产品设计，通过集成制造管理流程、集成服务管理流程实现及时满足顾客需求；通过顾客接触集成服务管理流程瞬时满足顾客服务需求。按期交货和瞬时服务功能能够实现取决于有形产品、无形产品、服务设计的及时程度，取决于集成制造管理流程、集成服务管理流程、顾客接触集成服务管理流程对有形产品、无形产品、服务实现的及时程度，取决于有形产品、无形产品、服务设计与集成制造管理流程、集成服务管理流程、顾客接触集成服务管理流程衔接的及时程度。按期交货和瞬时服务功能越强，有形产品、无形产品、服务设计速度越快，集成制造管理流程、集成服务管理流程、顾客接触集成服务管理流程实现有形产品、无形产品、服务的速度也越快，有形产品、无形产品、服务设计与集成制造管理流程、集成服务管理流程、顾客接触集成服务管理流程衔接速度随之越快。

运营管理系统的按期交货功能是为了满足具体的产品种类、产品品种下的一定产品型号和产品规格所体现出来的顾客需求的时间要求，体现对顾客的差异性需求的按期交货满足，通过产品体现及时满足顾客需求。运营管理系统的按期交货功能是运营管理系统的创新功能、弹性功能、继承性功能、质量功能得以圆满完成的功能。顾客接触集成服务管理流程瞬时服务为了满足顾客瞬时服务需求，体现对顾客瞬时服务需求满足，通过服务流程的服务环境服务、服务氛围服务、员工与顾客互动服务、员工细致服务、设备细致服务、电子细致服务、顾客服务体验服务满足顾客服务的瞬时服务需求。需要从顾客心理和行为出发，进行顾客接触集成服务管理流程瞬时服务功能运作，顾客接触集成服务管理流程瞬时服务功能越强对顾客感知功能的满足就越强。

6. 价值创造功能

（1）顾客价值创造功能。这是运营管理运作需要实现的价值部分，如果这部分价值不能实现，满足顾客就是空话。

$$从顾客角度来看的价值 = \frac{有形产品、无形产品、服务的功能}{顾客支付价格}$$

从上述公式中能够看出，提高顾客价值的途径包括以下两点：一是从创新功能、质量功能、弹性功能、继承性功能、按期交货和瞬时服务功能出发，创造顾客需要的功能的价值活动。直接创造价值和满足个性需求是企业运营管理系统的发展趋势。二是从顾客支付价格出发，创造顾客同一功能下价格降低的价值活动。这两类顾客价值创造功能通过有形产品、无形产品、服务设计和集成制造管理流程、集成服务管理流程、顾客接触集成服务管理流程来实现。顾客接触集成服务管理流程的顾客价值通过服务环境服务、服务氛围服务、员工与顾客互动服务、员工细致服务、顾客服务体验服务来实现。

（2）企业价值创造功能。企业运营管理运作的成果需要给企业带来价值，实现企业价值。互为促进体现为只有满足顾客需求，实现了顾客价值创造，才具有了企业价值创造实现的基础，才能够实现企业价值创造。企业通过满足顾客需求和个性需求，消除浪费，实现自身价值。企业通过满足顾客需求实现企业价值，通过满足个性需求实现更多的企业价值，这是正向的企业价值创造途径；企业通过消除浪费是负向的企业价值创造途径。企业价值创造功能通过有形产品、无形产品、服务设计和集成制造管理流程、集成服务管理流程、顾客接触集成服务管理流程来实现。顾客接触集成服务管理流程企业价值通过服务环境服务、服务氛围服务、员工与顾客互动服务、员工细致服务、顾客服务体验服务来实现。

运营管理系统的价值增值功能是为了满足具体的产品种类、产品品种下的一定产品型号和产品规格、服务中所体现出来的满足顾客价格需求后的企业价值增值，通过对产品和服务价格的满足来实现企业价值增值。运营管理系统的价值增值功能是在运营管理系统的创新功能、弹性功能、继承性功能、质量功能、按期交货和瞬时服务功能完成后体现出来的功能，是对这些功能运作效益衡量的功能。

企业运营管理需要通过体现有形产品、无形产品设计的企业产品开发与设计核心能力和体现集成制造管理流程、集成服务管理流程、顾客接触集成服务管理流程运作的企业产品实现核心能力的运作，来实现企业运营管理系统的创新功能、质量功能、弹性功能、继承性功能、按期交货和瞬时服务功能、价值创造功能。

企业集成运营管理需要通过体现集成有形产品、无形产品、服务设计的企业集成产品开发与设计核心能力和体现集成服务管理流程、集成制造管理流程运作的企业集成产品实现核心能力的运作，来实现企业集成运营管理系统的创新功能、质量功能、弹性功能、继承性功能、按期交货和瞬时服务功能、价值创造功能。

制造类企业具有有形产品集成制造管理流程的创新功能、弹性功能、继承性功能、质量功能、按期交货功能、价值创造功能；服务类企业具有有形产品集成服务管理流程的创新功能、弹性功能、继承性功能、质量功能、按期交货功能、价值创造功能；纯服务类企业、一般纯服务企业具有有形产品、无形产品、集成服务管理流程的创新功能、弹性功能、继承性功能、质量功能、按期交货功能、价值创造功能；一般纯服务企业具有顾客接触集成服务管理流程的创新功能、弹性功能、继承性功能、服务质量功能、瞬时服务功能、价值创造功能。

（三）企业集成运营管理功能的关系

企业集成运营管理的功能是分层次的。第一层次功能由外部环境决定，包括创新功能、弹性功能、继承性功能。这些功能主要由外部需求决定。第二层次功能由自身集成运营系统决定，包括质量功能、按期交货和瞬时服务功能。第三层次功能是指价值创造功能。企业集成运营管理功能运作最终是为了满足顾客价值和企业价值。第一层次功能决定第二层次功能的运作方向。第二层次功能是第一层次功能得以实现的保障。第三层次功能是企业集成运营管理功能的运作目标。

企业运营管理与企业集成运营管理功能的一致运作是一样的。这里的一致包括：不同层次间的功能一致和同一层次内的功能一致。不同层次间的功能一致包括第一层次创新功能、弹性功能、继承性功能与第二层次质量功能、按期交货功能间，第一层次创新功能、弹性功能、继承性功能与第三层次价值创造功能间，第二层次质量功能、按期交货功能和第三层次价值创造功能间，第一层次创新功能、弹性功能、继承性功能与第二层次质量功能、按期交货功能和第三层次价值创造功能间的一致。同一层次内的功能一致包括第一层次创新功能、弹性功能、继承性功能内一致，第二层次质量功能、按期交货功能内一致。

企业运营管理与企业集成运营管理功能间存在一致性，只是企业运营管理功能是基于功能的，因而不一致是内在，属于相悖。企业集成运营管理功能虽然也基于功能，但由于集成运营管理形成了内在的解决不一致的根基，因而集成运营管理不一致不属于相悖，是可以从根本上进行调解的。

企业运营管理功能相悖包括：不同层次间的功能相悖和同一层次内的功能相悖。不同层次间的功能相悖包括第一层次创新功能、弹性功能、继承性功能与第二层次质量功能、按期交货功能间，第一层次创新功能、弹性功能、继承性功能与第三层次价值创造功能间，第二层次质量功能、按期交货功能和第三层次价值创造功能间，第一层次创新功能、弹性功能、继承性功能与第二层次质量功能、按期交货功能和第三层次价值创造功能间的相悖。同一层次内的功能相悖包括第一层次创新功能、弹性功能、继承性功能内相悖，第二层次质量功能、按期交货功能内相悖。

企业集成运营管理功能的不一致包括：不同层次间的功能不一致和同一层次内的功能不一致。不同层次间的功能不一致包括第一层次创新功能、弹性功能、继承性功能与第二层次质量功能、按期交货功能间，第一层次创新功能、弹性功能、继承性功能与第三层次价值创造功能间，第二层次质量功能、按期交货功能和第三层次价值创造功能间，第一层次创新功能、弹性功能、继承性功能与第二层次质量功能、按期交货功能和第三层次价值创造功能间的不一致。同一层次内的功能不一致包括第一层次创新功能、弹性功能、继承性功能内不一致，第二层次质量功能、按期交货功能内不一致。

企业集成运营管理功能的一致和不一致是通过围绕有形产品和无形产品进行运作的企业集成基本运营流程和集成供应链或者服务链流程来体现。与企业集成运营管理功能相比，顾客接触企业集成服务管理功能的一致和不一致是通过围绕无形产品进行运作的顾客接触企业集成服务管理流程和集成服务链流程来体现，同时通过围绕顾客进行运作的顾客接触企业集成服务管理流程来体现，而顾客接触企业集成服务管理流程运作不仅包括产品还包括顾客，需要从顾客的心理和行为出发进行运作，加上企业集成服务管理流程瞬时性使企业集成服务管理功能的关系复杂，企业集成服务管理功能的一致性难度加大，不一致的解决难度也加大。

制造类企业、服务类企业和纯服务类企业集成运营管理功能分为三个层次，功能关系有一致和不一致。一般纯服务企业集成服务管理功能分为三个层次，功能关系有一致和不一致，但与制造类企业、服务类企业和纯服务类企业集成运营管理功能相比，功能的关系更为复杂，运作难度更大。

二、企业运营活动特点

制造类活动、服务活动、纯服务活动、顾客接触纯服务活动特点如下：

无形纯服务活动和顾客接触纯服务活动无形性，制造活动、服务活动、有形纯服务活动有形性。无形纯服务活动和顾客接触纯服务活动的无形性针对无形产品的纯服务活动。无形纯服务活动和顾客接触纯服务活动对无形产品进行运作，没有具体形态，如管理咨询等。制造活动、服务活动、有形纯服务活动的有形性针对有形产品的制造活动、服务活动、有形纯服务活动。制造活动、服务活动、有形纯服务活动对有形产品进行运作，有具体形态，如计算机、电视机、手机等的制造活动、服务活动、有形纯服务活动都通过一系列的具体的实物形态体现出来。

顾客接触纯服务活动与顾客消费不可分性，制造活动、服务活动、纯服务活动与顾客消费可分性。顾客接触纯服务活动与顾客消费不可分性针对纯服务活动与顾客消费之间时间、地点联系，顾客接触纯服务活动与顾客消费在时间、地点上不可分，顾客接触纯服务活动只有顾客到达指定地点时才开始进行服务，顾客接触纯服务活动进行的同时服务活动就消费掉了。制造活动、服务活动、纯服务活动与顾客消费可分性针对制造活动、服务活动、纯服务活动与顾客消费之间时间、地点联系，制造活动、服务活动、纯服务活动与顾客消费时间、地点上可分性，制造活动、服务活动、纯服务活动与顾客消费可以不同时间、地点进行，可以分开。

纯服务活动和顾客接触纯服务活动不可储存性，制造活动、服务活动可储存性。纯服务活动和顾客接触纯服务活动针对无形产品的不可储存性，纯服务活动中的无形产品不能储存，不需要具备与储存相关的设施。制造活动、服务活动针对有形产品的可储存性，而制造活动、服务活动中的有形产品能储存，需要具备与储存相关的设施。

顾客接触纯服务活动与顾客个体面对面接触，制造类活动、服务活动、纯服务活动不与顾客个体面对面接触。顾客接触纯服务活动进行运作时需要与顾客个体面对面接触。制造类活动、服务活动、纯服务活动进行运作时不需要与顾客个体面对面接触。

顾客接触纯服务活动需要从顾客心理和行为出发、需要考虑顾客个体感知，制造类活动、服务活动、纯服务活动不需要从顾客心理和行为出发、不需要考虑顾客个体感知。顾客接触纯服务活动运作时，需要从顾客心理和行为出发，考虑顾客个体感知和服务体验，感知服务满意程度。制造类活动、服务活动、纯服务活动不需要从顾客心理和行为出发、不需要考虑顾客个体感知。

顾客接触纯服务活动异质性，无形纯服务活动中间性，制造类活动、服务活动、有形纯服务活动同质性。顾客接触纯服务活动异质性是针对无形产品无形性、与顾客个体面对面接触、从顾客心理和行为出发所带来的顾客接触纯服务活动差异性要求，无形性、与顾客个体面对面接触、从顾客心理和行为出发和多重作用，顾客接触纯服务活动特殊性强度大，顾客接触纯服务活动具有异质性。顾客接触纯服务活动具有异质性的特点，需要顾客接触纯服务活动运作中反映出差异（Srihadi et al.，2015）。无形纯服务活动有无形性，又有一般要求，具有中间性。制造类活动、服务活动、有形纯服务活动针对有形产品所带来的制造和服务活动一般要求，不需要考虑无形性和顾客参与差异性，制造类活动、服务活动、有形纯服务活动具有同质性。

纯服务活动和顾客接触纯服务活动无主权特性，制造活动、服务活动有主权特性。纯服务活动和顾客接触纯服务活动没有有形的载体从纯服务活动和顾客接触纯服务活动至顾客之间的转移，无法体现物权转移，具有无主权特性。制造和服务活动针对有形产品进行制造和服务活动，制造活动、服务活动中有有形的载体，有形的载体在制造活动、服务活动至顾客之间的转移，体现物权转移，具有主权特性。

制造类企业制造活动、服务类企业服务活动具有有形性、活动与顾客消费可分性、可储存性、不与顾客个体面对面接触、不从顾客心理和行为出发、同质性、有主权特性。有形产品新兴服务企业、有形产品与无形产品新兴服务企业有形产品部分具有有形性、活动与顾客消费可分性、不可储存性、不与顾客个体面对面接触、不从顾客心理和行为出发、同质性、无主权特性。有形产品与无形产品新兴服务企业无形产品部分、无形产品新兴服务企业、中间性纯服务企业的服务活动具有无形性、活动与顾客消费可分性、不可储存性、不与顾客个体面对面接触、不从顾客心理和行为出发、中间性、无主权特性。一般纯服务企业服务活动具有无形性、活动与顾客消费不可分性、不可储存性、与顾客个体面对面接触、从顾客心理和行为出发、异质性、无主权特性。

三、企业集成运营管理目标基础

（一）企业集成运营管理目标衡量需要融入价值链流程

企业运营管理目标是提高生产率，从运营管理学科的起始阶段发展至今，这一目标从来没有变化。虽然在目标评价方式和结构上有所变化，由企业运营系统的内部目标如早期的福特汽车生产线就是一种典型的追求内部目标的做法，到后来将内部目标与外部目标结合起来，都体现在生产率这一目标的提高上，因而可以说直到今天，企业运营管理目标也没有根本性的变化。

近来盛行的平衡计分卡方法，对以生产率为目标的企业运营管理进行了一定程度的补充，第一次将目标提升到了价值的高度，但也只是如何创造和提升价值，没有对生产率目标进行更改，没有阐述价值的衡量及其方式，更多的是扩展了生产率实现范围，扩大了生产率实现的理论基础，因而从整体上看仍然停留在生产率目标的范围。

当今企业运营管理环境的变化需要企业运营管理目标进行根本性的变化，以适应外部环境的变化。企业集成运营管理目标适应了这一改变，企业运营管理目标为价值增值。这一目标需要融入价值链流程，价值链流程是企业集成运营管理的框架，主要体现在：

1. 企业价值链流程是企业集成运营管理的中心

企业价值链流程指企业价值活动主体以价值增值为核心，按照价值链和流程构建要求，将主体运营的各个价值链条活动通过流程动态连接起来，形成一体化的价值链流程活动。

企业价值链流程首先表现为价值链。价值链中，企业各项活动之间都通过价值活动密切联系，只有这种有联系的价值活动，才能具有价值链表现的基础，构成价值链的链条，使企业各种活动结合在一起。价值链中的每项活动都能给企业带来价值，这种价值通过企业中各种必要劳动形成，是企业满足市场需求所必不可少的，企业通过这些劳动将其价值凝结到商品中，形成价值增值。价值链中的价值活动不仅包括企业内部价值活动，还包括企业外部价值活动，企业中的内外价值活动集合成一体，共同组成价值活动。

企业价值链流程体现其流程性质。流程指为完成某一目标而进行的一系列逻辑相关活动的有序集合。流程存在是为了达到一定目标，完成不同阶段工作的人必须围绕着同一个目标把所有活动联系起来，而不是独立完成，只关注自己的任务，不管目标的完成情况，是任何其他活动所无法相比的。流程中各项活动各有特点，不允许随意安排，越规范的流程越具有严密的结构，按一定顺序进行，在相互联系的约束下向前移动，所有步骤必须按照能够产生预期结果的顺序执行。流程是企业实现目标的基本手段，是物流、资金流、信息流的集合，企业的资源、环境和技术都通过流程来产生作用，流程中存在的问题是各种矛盾的集中表现，企业任何方面的缺陷或因素之间的不协调都将体现为流程的低效，解决流程问题即能够综合地解决问题。流程具有明确的目标，但达到同一个目标往往存在若干条途径，而非只有一路可循，流程有着广阔的空间。

企业价值链流程是价值链与流程的有机结合。价值链流程中有明确的目标，为价值增值。这一目标的确定是基于价值增值业务成为今后企业发展趋势和基于价值链流程的与国内外市场直接联系、创造效益、标准体系的动态一体化的特征综合得出。在当今国内外市场经济条件下，由于价值增值目标在综合复杂环境中、各种新型代理关系中、分析模型与体系中、方法论要求、分析体系要素、与企业集成运营管理的有机融合等多方面，价值增值目标都比利润目标更适合，价值增值目标比利润目标更能反映企业目标的追求，因此将价值增值目标确定为企业集成运营管理目标。在价值链流程中，价值链表示的价值活动与流程活动相一致，即企业中的价值流、物流、信息流的总体和结构的一致性，这种一致性是指符合价值链流程目标的一致运作，是基于一致目标的价值链流程的系统要求进行的。在符合价值链流程总体与结构一致的前提下，价值流、物流、信息流可按自身的特点进行设计、运营，从而对价值链流程起到更大的推动作用。在价值链流程中，价值增值活动的顺序与流程顺序一致，两种活动互相协调发展，体现商品的价值和使用价值属性，将这两种属性有机结合，既完成价值增值的目标，又能够对商品的使用价值进行控制，为满足顾客需求打下坚实的基础。

2. 企业集成运营管理的价值链流程架构

企业集成运营管理内外的共同作用形成内外于一体的价值链流程。企业集成运营管理价值链流程的目标为企业价值增值，其运营符合企业集成运营管理活动要求，且价值链流程自身运营过程中体现连续性、系统性、层次性特征，使价值链流程运营中能够从总体来实现价值增值的目标，各部分成为价值增值目标实现的有机体，促进价值增值目标的实现，因而就形成了有整体性和结构性特征的价值链流程。价值链流程由纵向价值链流程和横向价值链流程相互作用，共同构成企业集成运营管理价值链流程。顾客价值是价值链流程价值来源，直接影响企业价值，顾客既是对企业价值增值目标有着直接重要影响的主体，也是企业增值目标的外在承受主体，需要明确顾客对价值链流程产生的影响，这种影响主要体现在顾客价值部分。顾客价值是由顾客而不是由企业决定的，是顾客对所获得的感知利益与因获得和享用该产品或服务而付出的感知代价之间的权衡。顾客价值的驱动因素主要包括感知利得和感知利失两大类。其中，感知利得是在产品购买和使用中产品的物理属性、服务属性、可获得的技术支持等；感知利失包括顾客在购买前、中和后的一连串期间里所面临的全部成本，如购买价格、获得成本、运输、安装、订购、维护修理以及采购失败或质量不尽如人意的风险。当今国内外市场的变化和顾客需求的个性化、层次性、动态性、多样性，促使企业可以通过增加顾客感知利得或减少感知利失来实现顾客价值的提升，为提高企业价值增值目标打下基础。

纵向价值链流程反映了企业集成运营管理与外界、企业集成运营管理内部不同层次所形成的价值链流程。这一流程源于外界活动对企业集成运营管理的作用，市场、各种环境共同作用于企业集成运营管理，将这些影响作用体现在对价值增值活动的作用中，使企业集成运营管理通过与国内外同类型企业的比较，确定企业集成运营管理的优势增值目标，将这一目标作用于企业集成运营管理内部，企业集成运营管理内部根据这一目标，作用于企业集成运营管理不同层次的价值链流程活动，使企业集成运营管理不同层次的价值链流程活动和企业外部的影响活动相互影响、相互作用、相互促进，将价值链流程从企业集成运营管理与外部的联系、企业集成运营管理整体到企业集成运营管理各层次进行有效运营。纵向价值链流程突出了与顾客直接联系，使得企业能够直接与顾客联系后确立其运营团队，进行独立运营。国内外的独立经营体和细胞运营体都采用了这一原理进行运作。

横向价值链流程反映了企业集成运营管理同一层次内、企业集成运营管理的外部活动间所形成的价值链流程。企业集成运营管理自身有战略层价值链流程、战术层价值链流程、作业层价值链流程，战略层价值链流程活动主要受到市场各种外部因素、企业集成运营管理支撑活动、企业管理与企业战略的影响，确定战略层价值链流程的价值增值目标，按战略层目标要求展开运营；战术层价值链流程活动是企业日常主体的价值链流程活动，是将供应商、经销商等供应链连为一体的通道，按战术层目标进行运营；作业层价值链流程属企业集成运营管理模式最基层的价值链流程活动，进行具体、细节的价值链流程活动。横向价值链流程一般需要根据企业的供应链来形成价值链流程，这样才能够将企业的实体运作基础与价值链结合起来形成价值链流程。

纵横价值链流程的交错指纵向价值链流程与横向价值链流程不是孤立运营的，二者相互联系、相互作用，交叉形成企业集成运营管理价值链流程。纵横交错的价值链流程进行着横向价值链流程间、纵向价值链流程间、纵横价值链流程间的相互作用。横向价值链流程间的作用反映在战略层、战术层、作业层的价值链流程活动间的影响；纵向价值链流程间的作用反映在企业集成运营管理外部、企业集成运营管理自身的相互影响；纵横交错的价值链流程间的作用主要反映在企业纵向价值链流程与横向价值链流程相互作用，即纵向的企业集成运营管理外部、企业集成运营管理各层次的价值链流程间的相互作用与横向的企业集成运营管理外部各种活动之间、企业集成运营管理同一层次的价值链流程的相互作用并存，共同构成价值链流程的总体。纵向和横向价值链流程只有都成为顾客需求的制造者和服务者，以制造和服务为中心，才能够将横向价值链流程真正结合起来。

3. 企业价值链流程将企业集成运营管理中的不同活动统一起来，实现企业集成运营管理的不同运营要求

价值链流程的融入将集成运营管理的不同职能活动间有了统一的价值活动口径和价值增值目标，使集成运营管理中的各种职能活动有机联系起来，一致运营，共同完成集成运营管理的运营目标；价值链流程将企业集成运营管理中的价值属性活动和使用价值属性活动联系起来，使集成运营管理在完成其中心的价值活动的同时，完成其使用价值活动；价值链流程将各种不同的管理活动联系起来，使集成运营管理运营中既有使集成运营管理实现的管理创新活动，也有使集成运营管理能够按既定的目标实现的管理控制活动，这些不同的管理活动共同进行，一致运营；价值链流程将集成运营管理不同层次间的活动联系起来，将集成运营管理的各个部分、各个方面、各个环节、各种要素综合体现出来，使集成运营管理的日常运营部分能够体现出一定的包容关系，将集成运营管理活动具体体现为低层次的集成运营管理活动，将集成运营管理落到实处。

企业价值链流程的构建是指以企业价值增值为目标，以企业流程为改造对象，对现存的企业流程进行根本性的思考和分析，通过对企业流程的构成要素进行重新组合，产生更有价值的结果，以此实现企业流程彻底的重新设计，从而获得企业绩效的巨大改善。价值链流程需要按照流程的要求进行构建，按照流程的链式要求将各类活动有效分类，形成有利于企业高效运营的一体化流程。对企业而言，进行流程建设要改变其以部门职能管理为主的局面，将职能管理变为流程管理。流程管理以流程为主，强调以流程为导向的组织模式重组，以追求企业组织的简单化和高效化，职能管理重视部门管理，关注部门的职能完成程度；流程管理为反向过程，即以价值增值目标为结果，倒推其过程，使企业关注的重点首先就是结果和产生结果的过程，职能管理为顺向管理，其信息流向与物流流向一致，无法针对结果进行运营，降低结果的实现程度；流程管理关注时间，以时间为尺度进行，注重过程效率，职能管理以主管领导的工作为主，加大主管领导的工作量，导致整体效率低下；流程管理关注连续性，将所有业务、管理活动都视为一个流程，注重连续性，职能管理是分离的，不能实现本质上连续化的工作；流程管理强调重新思考流程的目的，价值链流程中的流程构建一定是以价值增值为目标，进行流程的构建，一定是再造的流程，流程管理的所有部门都是流程的一部分，职能管理是重新划分部门，职能的重新调整，人员的简单增减；流程管理强调运用信息工具的重要性，使信息工具能成为提高效率的载体，通过信息工具不断提高流程运行速度。

企业价值链流程中的流程构建需着眼于企业的流程对企业价值贡献的大小，任何一个对企业的产品或服务没有贡献的流程都是不增值的流程，企业应对不提供或不接

受信息的活动、产生超过现时需要的活动、由于流程断裂而产生的协调活动进行改进，创造能使价值增值的流程。流程构建要以流程为中心，使企业的基本组成单位是不同的流程，不存在刚性的部门，甚至流程本身也不是刚性的，而是随着市场的变化可以随时增减改变，每个流程都由专门的流程主持人负责控制，由各类专业人员组成的团队负责实施，流程成为一种可以真实地观察、控制、协调和创造价值的过程，流程本身变得紧凑，任务之间不再有冲突和拖延。流程构建需以人为本，将流程作为一个团队进行建设，使企业里每个人都关心整个流程的运转情况，大家协调一致，使企业高效运转。

企业价值链流程要实现增值目标除需采用一定的价值链模式和进行流程构建外，还应进一步深化这一过程，将价值链流程落实到企业最基本的流程单元和个人，只有这样才能使价值链流程目标的实现具有现实基础。流程中的基本单元可按流程的作业分工进行，形成能够相对独立运营的由一定人员组成的单元，它是流程中的最小团队，是基于流程需要产生的。对流程单元和个人，企业需要根据构建流程的需要，建立流程单元，根据流程单元的需要充实人员，使流程单元和人员成为价值链流程的有机组成部分。将价值链流程的财务运作落实到流程单元和个人，通过流程单元和个人的价值创造来进行其收益分配，使流程单元与个人的价值创造与所得紧密结合，实现价值链流程从总体到部分的全方位运营。

4. 企业价值链流程需要遵循价值链要求，确定价值链模式，形成价值链的核算方式

当今国内外价值链模式有成本价值链模式、利润价值链模式、现金流量价值链模式。成本价值链模式、利润价值链模式属于一类模式，都是将成本与收入配比形成的模式。成本价值链模式中企业收入为常量，模式主要对成本进行分析；利润价值链模式中成本与收入都为变量，分析二者产生的利润。在成本价值链模式中，需确定价值链由哪些具体的价值活动构成，注重那些对企业经济活动影响重大的活动，对所代表成本比重大或增长速度较快的活动单列，成本动因相同的活动归为一类，竞争对手以不同方式进行的活动单列，具有创造产品差异化巨大潜力的活动单列。将经营成本、收入及资产分配给相应的价值活动。企业每项价值活动的成本可以划分为外购经营投入成本、人力资源成本和资产，而外购经营投入成本和人力资源成本之和又构成了营业成本。外购经营投入成本包括为制造而投入的原材料、储备物资和其他低值易耗品的成本。人力资源成本是指企业为获得或重置人力资源而发生的货币性和非货币性成本，包括人力资源取得成本、人力资源发展成本、人力资源保持成本、人力资源离职成本。资产指资本化的费用开支，包括固定资产、无形资产、递延资产和其他长期资产。在成本管理中，企业必须将这些营业成本和资产分摊到价值链的各项价值活动中去，目的是产生一个用来反映企业成本分布的价值链，比较各价值活动的成本分布比例，找出可以改善成本的源泉。企业需识别各活动的成本动因，在确定企业价值链后，通过价值链分析可以找出各价值活动所占总成本的比例和增长趋势以及创造利润的新

增长点，识别成本的主要成分和那些占有较小比例而增长速度较快、最终可能改变成本结构的价值活动，列出各价值活动的成本驱动因素及相互关系。企业是环境的产物，企业外部环境和内部环境中的诸多因素对企业的价值行为产生影响，进而影响企业成本，通过对市场和产业等企业外部因素、竞争对手和企业内部因素进行分析，找出企业动因是结构性动因还是执行性动因，从中发现能从根本上降低成本水平的途径。可见，通过进行价值链成本的分析可以确定各价值活动间的相互关系。在价值链系统中寻找降低价值活动成本的信息、机会和方法，寻求成本优势的战略途径，形成持久性的成本优势。价值链成本模式更多地将视角集中于价值增值中使价值减值的部分，从价值链来看是需要控制的部分，从流程来看也与反映使用价值产品质量控制职能相一致，这有利于控制职能的规划与作用的发挥，控制的协调成本低，容易开发。但这一模式只适合于其产品的价值动因主要为成本的企业或降低成本为企业的主要目标，显然这种运作适用企业的范围有限，企业集成运营管理模式更多的是既需要降低成本，又需要创造价值，是这一模式所无法包含的。

企业利润价值链模式与成本价值链模式有类似之处，不同之处在于利润价值链模式将成本与收入联系在一起，不仅分析成本，还需分析成本与收入配比后的利润，通过利润分析确定企业的战略，保持企业的优势。但利润价值链模式有其自身的不足，利润自身无法与现金流量相比，主要体现在现金流量通过短期和长期筹资方式进行资金的筹集，对流动资产和固定资产进行投资，选聘企业所需要的人员，进行企业生产与经营活动，流动资产通过原材料、在产品、产成品将其价值凝结到销售商品中，固定资产通过折旧将其价值凝结在商品中，人员通过自身劳动将其价值凝结到商品中，经过商品销售，企业实现现金的流入，整个过程中的现金流量能够以其自身和转化形式反映企业短期和长期运营过程；企业的现金流入与现金流出有时间上的差别，表明企业经过一定时间后能够收回现金，对这一差别可以通过不考虑货币时间价值的投资回收期法和考虑货币时间价值的投资回收期法来表现回收速度的快与慢，且现金流量可综合反映企业运营情况，运用现金流量可综合地评价企业资金运作水平；现金流入与流出存在数量上的差别，可通过现金流入与流出体系进行评价，而现行的效益指标体系是收入与成本配比体系，这就需要将现金流入与流出配比体系转化为收入与成本配比体系，这一体系已实现整体转化和结构的转化，表明现金流量可综合地评价企业效益；财务分析模型中货币时间价值是企业运营的价值增值，运用财务分析模型分析时，资本成本表明企业筹集资金过程中所需付出的成本可运用资本成本对现金流量进行调整，风险能够通过资本资产定价模型与报酬联系在一起，通过报酬率对现金流量进行调整，使货币时间价值、资本成本、风险针对现金流量运作，现金流量是财务管理中的最基本的要素，现金流量是企业分析的目的所在，在分析模型中处于中心地位；资产的本质特征为未来的经济利益，现金流量反映了现金流入与流出的总和，综合反映了未来的经济利益者这一计量属性的本质；现金流量具有资产中最强的流动性，其分析的敏感度是资产中最强的。可见，利润价值链模式不能将其与货币时间价值、资本成本、风险联系在一起，不能通过建立整体财务管理模型来进行利润分析，而现金流量可以通过风险折现法和确定等值法两类模型，将现金流量与货币时间价值、资本成本、风险紧密联系在一起，充分反映财务分析的四大要素，将财务分析落到实处。因此，现金流量价值链模式是所应追求的目标模式。

（二）价值链流程特点

1. 价值链的特点

价值链流程是价值链与流程的融合，理解价值链流程首先需要理解价值链。将企业互不相同又相互联系的创造价值活动，按照价值活动的先后排列联系起来成为价值链。价值链特点如下：

（1）价值链活动是价值活动。企业运营活动分为价值活动和使用价值活动，价值活动是以货币为载体的活动，使用价值活动是以实体为载体的活动。价值链是互不相同又相互联系的创造价值活动的运作。与使用价值活动的具体形态不同，价值链活动能够将体现为不同具体形态的活动凝结为统一的货币活动，这样就为统一地进行目标的确定和衡量打下基础。

（2）价值链是价值活动链接的集合。价值链中的价值活动不是分散的价值活动，而是价值活动按照先后排列联系起来的集合。价值链从整体上构成完整的价值链，从结构上每一个完整的价值链又由有着先后顺序的每一个价值链作业组成。每一个价值链作业按照先后顺序构成了价值链整体。价值链管理的精髓在于用"链"的观点来看待企业的一切现实的和潜在的价值增值活动（王淑君，2008）。与一般的价值活动不同，价值链需要将价值活动形成链来进行价值活动，改变了企业运营活动与价值活动分离状态，使企业运营活动有了与价值活动直接融合的基础。

（3）价值链活动目标是价值增值。价值链从事着整体和局部的价值活动，不论整体价值链活动还是局部价值链活动，其目标都是价值增值。价值增值需要保证价值链活动的整体增值，在保证价值链活动的整体增值的前提下，需要组成价值链活动的各部分价值链作业价值增值。

（4）信息活动成为信息价值链。随着信息时代的发展，给价值链活动带来根本性的影响。价值链由单一的实体价值链发展到虚拟价值链。虚拟价值链由信息构成价值链，与实体价值链一起共同发挥价值链的作用。信息已不是简单的沟通媒介，而是成为与企业组织结构一样的框架性要素，而信息活动成为信息价值链也为这种信息框架的内在联系建立了基础。信息价值链分为整体信息价值链和部分信息价值链。

（5）价值链活动起点是顾客价值。价值链的价值活动遵从与顾客作为价值链价值来源的准则，从满足顾客价值出发，构成一系列的价值活动链，使价值链的活动始终围绕满足顾客的价值要求来进行。这就使价值链的活动有了源头，运作的目标更加明确。满足顾客需求需要满足顾客的价值需求，价值需求是顾客实际需求的凝练，顾客需求最终体现为价值需求，因而成为价值链活动起点。

（6）价值链活动按照现金流入增加和现金流出减少来体现价值增值。价值链活动的价值增值具体体现为两个方面：一是正向的价值增值，通常通过现金流入的增加来反映；二是负向的价值增值，通常通过现金流出的减少来体现。现金流入增加和现金流出减少体现为价值链活动运作中的两个方向，企业可以按照这两个方向进行价值链活动增值努力。通过现金流量来进行价值链增值活动的反映，也体现了对现金流入与现金流出配比体系的运用，是前沿的进行价值活动运作的表现方式。

2. 企业运营流程特点

企业价值链流程中的企业流程是价值链流程基础，企业价值链流程中的企业运营流程特点如下：

（1）企业运营流程是使用价值活动。企业运营活动通过实体运作来进行，这种实体运作就是使用价值活动。企业运营流程的使用价值活动无论是有形产品还是无形产品都有具体的产品要求，都按照具有实体形态的产品来进行运作。使用价值活动不可能像价值活动一样抽去产品的实际形态，只是统一地从价值活动来反映，而是需要真实地反映产品的运作状态。使用价值活动的企业运营流程具体运作中体现为企业基本运营流程、企业供应链或者服务链这两类基础流程来进行，通过这两类基础流程完成企业使用价值活动运作。

（2）企业运营流程是使用价值活动链接的集合。企业运营流程的使用价值活动通过具体的线体来完成运作。这些线体虽然需要根据流程特性的不同而不同，但每一个线体的运作都需要按照工艺要求的顺序来进行，而这一顺序虽然可以调整，但却有着基本的逻辑和实际顺序，这些顺序将线体链接成为前后紧密联系的链，有序地进行企业运营流程运作。企业运营流程的使用价值活动链接集合具体运作体现为企业基本运营流程链接集合、企业供应链或者服务链链接集合这两类基础流程链接集合来进行的，通过这两类基础流程链接集合完成企业使用价值活动链接集合运作。

（3）企业运营流程目标是使用价值质量保证。企业运营流程的中心是产品质量。企业运营流程围绕着这一中心进行运作，按照所需要达到的产品质量目标进行企业运营流程运作。企业运营流程的质量保证通过企业基本运营流程链接集合、企业供应链或者服务链链接集合这两类基础流程链接集合来完成。

（4）企业运营流程起点是体现顾客需求的有形产品和无形产品。企业运营流程需要反映顾客的真实需求，而顾客需求集中体现为有形产品和无形产品。企业明确顾客所需要的有形产品和无形产品，按照顾客的需求进行有形产品和无形产品的运营活动。企业基本运营流程链接集合、企业供应链或者服务链链接集合这两类基础流程链接集合起点是体现顾客需求的有形产品和无形产品。

（5）信息活动成为信息使用价值链。与价值链中的信息成为虚拟的信息价值链一样，信息活动成为信息使用价值链。信息对使用价值链活动带来根本性的影响。使用价值链已经由单一的实体价值链发展到虚拟使用价值链。虚拟使用价值链由信息构成使用价值链，与实体价值链一起共同发挥着使用价值链的作用。信息已经成为信息使用价值链。信息使用价值链分为整体信息使用价值链、部分信息使用价值链。

（6）使用价值链活动按照企业运营流程的要求来体现使用价值链运作效率。使用价值链活动改变了只是从产出来看待使用价值链运作效率的做法，从使用价值链运作的整体流程来看待使用价值链运作效率。使用价值链活动从顾客需求的有形产品和无形产品出发，通过企业基本运营流程链接集合、企业供应链或者服务链链接集合这两类基础流程链接集合来进行效率运作。

3. 价值链流程特点

价值链流程是价值链与流程的融合，形成企业集成运营管理运作的中心框架。价值链流程特点如下：

（1）价值链流程是价值活动、使用价值活动的融合。由于价值活动能够将体现为不同具体形态的活动凝结为统一的货币活动，通过价值活动就能够进行不同价值链流程的统一衡量，而使用价值活动是以实体为载体的活动，使用价值活动能真实反映价值链流程具体运作。因而价值链流程以价值活动为目标和衡量主体，使用价值活动为具体运作主体，二者相互联系、相互依存。价值链流程具体运作是通过企业基本运营价值链流程、企业供应链价值链流程或者服务链价值链流程这两类基础价值链流程来进行的，通过这两类基础价值链流程完成企业价值链流程运作。

（2）价值链流程是价值活动链接、使用价值活动链接的集合。鉴于目标和衡量主体的价值活动是有序的活动，这一顺序是依照使用价值活动来建立的。这就要求价值链流程中的每一个价值活动都需要按照使用价值活动的具体线体的顺序进行运作，依据不同线体的工艺要求的顺序来进行，从而建立价值链流程中价值链的基本逻辑顺序。这样价值链流程中的价值链和运营流程就融合在一起，使价值链流程的价值活动链接、使用价值活动链接的集合得以实现。价值链流程具体运作是通过企业基本运营价值链流程链接集合、企业供应链或者服务链价值链流程集合这两类基础价值链流程链接集合来进行的，通过这两类基础价值链流程链接集合完成企业价值活动、使用价值活动链接集合运作。

（3）价值链流程目标是价值增值。价值链目标是价值增值，使用价值链目标是使用价值质量保证，价值链流程目标需要以价值活动为目标和衡量主体进行确定，价值链流程目标是价值增值。价值链流程目标分为企业整体价值链流程目标、企业部分价值链流程目标，企业部分价值链流程目标集合构成企业整体价值链流程目标；价值链流程目标分为企业内部价值链流程目标、企业外部价值链流程目标，企业内部、外部价值链流程目标集合构成企业整体价值链流程目标。价值链流程需要以产品质量保证为前提进行企业基本运营价值链流程、企业供应链或者服务链价值链流程的质量运作，确保价值链流程目标实现。

（4）信息活动成为信息价值链流程。价值链的虚拟价值链和实用价值链的信息使用价值链融合起来成为信息价值链流程。信息整体价值链流程中的虚拟价值链、信息使用价值链共同发挥着信息整体价值链流程的作用。信息价值链流程分为部分信息价值链流程、整体信息价值链流程，与企业基本运营价值链流程、企业供应链价值链流程或者服务链价值链流程这两类基础价值链流程共同作用，形成信息价值链流程、运营价值链流程的融合。

（5）价值链流程起点是顾客需求。价值链的起点是体现顾客需求的顾客价值，运营流程的起点是体现顾客需求的有形产品和无形产品，价值链流程的起点将体现顾客需求的顾客价值和体现顾客需求的有形产品和无形产品融合起来。价值链流程运作需要满足顾客价值和有形产品和无形产品，使顾客价值得到满足的同时得到所需要的有形产品和无形产品。价值链流程需要以顾客价值满足为目标，以有形产品和无形产品满足为前提，进行价值链流程运作。

（6）价值链流程需要价值链增值和流程效率融合。价值链流程需要以价值链增值为目标，以流程效率进行价值链流程运作。价值链流程需要从正向、负向两个方面进行价值增值，是企业现金流入增加和现金流出减少，体现价值链流程增值。价值链流程还需要从使用价值链运作的流程使运作效率提高，通过企业基本运营流程链接集合、企业供应链或者服务链链接集合这两类基础流程链接集合使流程运作效率提高。

（三）企业运营管理目标和企业集成运营管理目标的区别

企业运营管理的提高生产率目标和企业集成运营管理的价值增值目标的区别主要体现在：

1. 目标的基础不同

企业运营管理的提高生产率目标的基础是企业运营流程，企业集成运营管理的价值增值目标的基础是价值链流程。价值链流程是价值链和流程双向运作，进行着价值链的价值活动和流程的使用价值活动；企业运营流程是单向运作，进行着企业运营流程运作。价值链流程以价值增值为目标，以产品质量保证为前提，两种目标相互依存；企业运营流程的目标是单一的生产效率提高。

2. 与顾客联系程度不同

企业运营管理的提高生产率目标侧重企业运营系统内部流程运作，随着环境的变化，仅仅侧重内部变化的目标已无法适应当前的变化，需要考虑顾客需求的变化，而企业集成运营管理的价值增值目标则将企业运营系统内外活动联系在一起，从体现顾客需求的价值活动出发，将外部的顾客需求和企业运作统一起来，实现价值增值。

3. 提高生产率目标方式不同

（1）企业运营管理的提高生产率目标基本不考虑代理关系，只是从运营活动本身出发进行目标测定。就运营系统本身而言，其运作已发生变化，需求不仅指顾客，还有相关方的利益需求，实际上这就是一种代理关系由单一的运营系统利益方到运营系统多种利益方的过渡。现实中已无法从单一的运营系统利益方出发确定运营系统的目标，更何况运营系统本身的利益方和企业的各种利益方需要融合，这也是当今运营系统的发展所要求的。而企业集成运营管理目标本身就是从各种代理关系出发进行的，这一目标使各种代理关系得以有机融合。

（2）企业运营管理的提高生产率目标只是从生产效率本身进行测算，而企业集成运营管理的价值增值目标以现金流量为中心，将货币时间价值、资本成本、风险因素统一考虑其中，更能体现目标中运作的测算中心和测算须考虑的要素，比生产率目标考虑得更全和更能把握住价值测算中心为现金流量。企业生产率为目标一般只能进行内部成本分析，只有以价值为目标才能进行各种要素于一体的价值分析。

（3）企业运营管理的提高生产率目标虽然已在不同的环节进行测算，但这些环节没有建立有机联系。企业集成运营管理的价值增值目标不仅考虑了市场因素、产业、各种支撑活动对企业运营活动的影响，还考虑了企业管理、企业战略、企业内部因素对企业运营活动的影响，形成纵横相连的共同作用的价值链流程，建立企业集成运营管理的价值增值目标与各类影响的有机联系。

（4）企业运营管理的提高生产率目标只是单纯地进行企业信息运作，信息主要起到沟通的作用。企业集成运营管理的价值增值目标则关系虚拟价值链和信息使用价值链，需要虚拟价值链和信息使用价值链融合起来，通过信息平台完成企业集成运营流程运作。无论从整体还是从部分，企业运营管理的提高生产率目标涉及的信息运作无法成为信息链，这样也就无法与价值链、使用价值链形成内在联系。而虚拟价值链和信息使用价值链能够有效地和企业基本运营价值链流程链接集合、企业供应链或者服务链价值链流程集合这两类基础价值链流程链接集合联系起来，形成内在联系的运作。

制造类企业需要构建企业制造价值链流程、企业供应链价值链流程，服务类企业、纯服务类企业构建企业服务转化价值链流程、企业服务链价值链流程。

四、企业集成运营管理目标衡量

（一）企业集成运营管理目标衡量基础与测算公式设计思路

1. 企业集成运营管理目标衡量基础

需要进行企业集成运营管理目标衡量的企业目标和由此展开的具体目标，与运营目标、质量目标不同，企业集成运营管理目标衡量的企业目标和分目标属于价值目标。价值目标的展开按照现行的财务管理学科、管理会计学科、成本会计学科分为多种方式，这些方式在财务管理学科、管理会计学科、成本会计学科中都起到重要的作用，这些展开方式也对应着不同的财务基础。企业集成运营管理目标衡量基础的确定需要借鉴财务学科的知识，但确定基础主要是从前沿的企业运营管理的理论和实际出发。运营流程是企业集成运营管理目标衡量的根本性基础，因为运营流程是能够将顾客需求成为内生变量的直接基础，是进行顾客所需要的有形产品、无形产品、服务需求满足的直接产生和完成的运作体，离开了运营流程，都会将顾客需求转化为间接满足，从而构成间接满足的各种交易成本产生，成为降低满足顾客需求效率和效益的根源。财务学科也证实了这一问题，通过作业成本法、价值链各种方法以运营流程为基础进行运算，将企业集成运营管理目标衡量基础指向运营流程。由此，确定企业运营流程是企业集成运营管理目标衡量的基础。

企业运营流程作为企业集成运营管理目标衡量的基础需要真实地面对各种运营环境和顾客需求的实际，进行具体化。现实各种运营环境的改变和顾客需求差异化程度的加深，使企业运营流程运作无法满足变化，需要企业运营流程能够根据企业运营环境和实际改变进行重新构建。为了能动地适应各种运营环境和顾客需求的改变，企业运营流程运作以企业集成战略指引，进行精益和智能运作，在具体运作中体现为企业延迟策略和强化延迟策略、后拉动流程、后拉动价值、智能运作，运作中需要进行各种管理，由此将企业运营流程具体为企业集成运营管理流程。

后拉动价值与企业集成运营管理目标衡量完全一致，是企业集成运营管理目标衡量在精益方面的深入。二者都以企业集成运营管理流程为衡量基础，进行企业集成运营管理目标衡量，采用的都是相同的企业集成运营管理目标衡量模式。企业集成运营管理目标衡量是将动态的流程进行衡量，衡量的对象具有动态性。而后拉动价值的企业集成运营管理目标衡量不但衡量的对象具有动态性，后拉动价值运用精益运作将衡量的本身联系成动态的链条，将只是停留在静态价值链与动态运营流程结合进一步深入动态价值链与动态运营流程融合，从根本上推动了财务学科的价值链由静态到动态的转变，推动了价值链与运营流程实现了真正的融合成价值链流程，推动了企业集成运营管理目标衡量真正的动态运作。

企业集成运营管理目标衡量不是凭空实现的，需要与组织融合在一起。这一前沿的后拉动价值的企业集成运营管理目标衡量需要具有前沿的组织与之相配。从企业组织整体而言，需要具备与企业集成运营管理流程为主体相配的组织结构，按照流程的要求确定整体的组织结构。在相配的整体组织结构的基础上，需要具有真正的流程组织按照企业集成运营管理流程要求，以企业集成基本运营流程为中心，确定各种团队组织，将企业集成运营管理目标衡量落实到团队和团队中的成员，实现和完成企业集成运营管理目标衡量，根据衡量的目标进行企业集成运营管理流程运作。

2. 企业基本运营流程运营管理目标衡量测算公式设计思路

（1）采用流程运营管理目标衡量设计思路。波特和众多的会计专家将流程与价值活动联系起来，将每一个流程都作为价值创造的环节，进行价值创造流程的价值分析。在现有的会计中，企业流程价值分析都是作为存货来对待的，流程通过存货体现，而存货是作为生产成本进行核算的。因此，现行的会计是将每一个流程作为成本的环节来对待。成本环节和价值创造环节的区别在于，成本环节强调付出的成本，价值创造环节强调取得的价值。从测算公式来看，成本环节只有现金流出；价值创造环节不仅有现金流出，还有现金流入，通过现金流出和现金流出得出的净现金流量体现创造的价值。

（2）采用战略管理会计和战略成本管理的结合模式。将流程与价值联系形成价值链是战略管理会计所进行的研究，由此可以将流程作为价值创造作业进行价值分析。

要将价值分析落到实处就需要将价值形成部分的现金流入和现金流出落实下去，这是战略成本管理所研究的。这一研究将存货的成本环节转化为价值创造环节。由于存货的成本环节没有与流程直接联系，而价值分析直接与流程联系，这是战略管理会计所进行的研究。这一研究将流程与成本直接联系起来。通过价值分析、成本流程价值创造环节、成本与流程直接联系，形成价值分析、价值核算的价值流分析。

（二）企业基本运营管理流程目标测算

1. 企业基本运营管理流程目标测算公式

企业基本运营管理流程目标反映了企业基本运营管理流程价值增值的能力，通过企业基本运营管理流程价值、企业基本运营管理流程作业价值、企业基本运营管理流程价值增值效率、企业基本运营管理流程设备增值效率四个指标来反映。四个指标的值越大，反映企业基本运营管理流程价值能力、企业基本运营管理流程作业价值能力、企业基本运营管理流程价值增值效率能力、企业基本运营管理流程设备价值增值效率能力越强，企业基本运营管理流程目标实现价值增值的强度也就越强。企业基本运营管理流程目标测算公式用于企业基本运营管理流程团队和员工的价值测算。企业基本运营管理流程目标测算公式如下：

$$Z_j = S_j - C_j \tag{1-3-1}$$

式中，Z_j 表示企业基本运营管理流程价值，S_j 表示企业基本运营管理流程价值的现金流入，C_j 表示企业基本运营管理流程价值的现金流出。

$$Z_j = \sum_{i=1}^{m} Z_{ji} \tag{1-3-2}$$

$$S_j = \sum_{i=1}^{m} S_{ji} \tag{1-3-3}$$

$$C_j = \sum_{i=1}^{m} C_{ji} \tag{1-3-4}$$

$$Z_{ji} = S_{ji} - C_{ji} \tag{1-3-5}$$

式中，Z_{ji} 表示企业基本运营管理流程第 i 作业价值，S_{ji} 表示企业基本运营管理流程第 i 作业价值的现金流入，C_{ji} 表示企业基本运营管理流程第 i 作业价值的现金流出。

$$X_j = \frac{S_j - C_j}{C_j} \tag{1-3-6}$$

$$X_{ji} = \frac{S_{ji} - C_{ji}}{C_{ji}} \tag{1-3-7}$$

$$X_{jb} = \frac{S_j - C_j}{B_j} \tag{1-3-8}$$

$$X_{jbi} = \frac{S_{ji} - C_{ji}}{B_{ji}} \tag{1-3-9}$$

式中，X_j 表示企业基本运营流程价值增值效率，X_{ji} 表示企业基本运营流程第 i 作业价值增值效率，X_{jb}表示企业基本运营流程设备价值增值效率。X_{jbi}表示企业基本运营流程第i作业设备价值增值效率。

2. 企业基本运营管理流程运营管理目标衡量测算公式运用范围

企业基本运营流程目标衡量是针对延迟和强化延迟策略、后拉动流程、后拉动价值、智能运作的企业集成基本运营流程来进行衡量的。衡量中企业集成基本运营流程分为集成作业流程、集成多作业流程、集成整体基本运营流程进行衡量。集成作业流程目标衡量是最基本的衡量，集成作业流程需要进一步细分，针对每一个细分的作业进行衡量，每一个细分作业衡量中均采用细分作业价值衡量、细分作业设备价值增值效率衡量，将这些衡量综合于集成作业流程中，完成集成作业流程目标衡量。集成多作业流程目标衡量需要将集成多作业流程分解为集成作业流程，针对每一个集成作业流程进行衡量，每一个集成作业流程衡量中均采用集成作业流程价值衡量、集成作业流程设备价值增值效率衡量，将这些衡量综合于集成多作业流程中，完成集成多作业流程目标衡量。集成整体基本运营流程目标衡量需要将集成整体基本运营流程分解为集成多作业流程，针对每一个集成多作业流程进行衡量，每一个集成多作业流程衡量中均采用集成多作业流程价值衡量、集成多作业流程设备价值增值效率衡量，将这些衡量综合于集成整体基本运营流程中，完成集成整体基本运营流程目标衡量。由此完成企业基本运营流程目标衡量。

顾客接触企业集成服务流程目标衡量是围绕无形产品和服务，进行延迟和强化延迟策略、后拉动流程、后拉动价值、智能运作的企业集成服务流程衡量。围绕无形产品，衡量中企业集成服务流程分为集成服务作业流程、集成服务多作业流程、集成整体服务流程进行衡量；将集成服务作业流程分为细分服务作业，将集成服务多作业流程分为集成服务作业流程，将集成整体服务流程分为集成服务多作业流程，逐层采用细分服务作业、集成服务作业流程、集成多作业流程价值衡量、设备价值增值效率衡量，将这些衡量综合于集成服务作业流程、集成服务多作业流程、集成整体服务流程中，完成集成服务作业流程目标衡量、集成服务多作业流程目标衡量、集成整体服务流程目标衡量。围绕无形产品进行服务流程价值衡量的同时，还需要围绕顾客，针对顾客接触服务作业流程、服务多作业流程、服务整体基本运营流程，采用顾客接触服务价值衡量，用以衡量顾客接触服务流程所提供服务环境、服务氛围，衡量顾客接触服务流程是否从员工、从顾客的心理和行为出发，进行员工与顾客互动服务、员工细致服务、设备细致服务、电子细致服务，使顾客具有优质服务体验，最终达到顾客服务满意，完成服务流程服务目标价值衡量。将围绕无形产品和顾客进行价值衡量综合融入顾客接触服务作业流程、服务多作业流程、服务整体基本运营流程，完成无形产品和顾客的集成服务作业流程目标衡量、集成服务多作业流程目标衡量、集成整体服务流程目标衡量。由此完成顾客接触企业集成服务流程目标衡量。

企业集成运营管理目标衡量是针对延迟和强化延迟策略、后拉动流程、后拉动价值、智能运作的企业集成运营管理流程来进行衡量的。企业集成运营计划流程采用价值衡量，完成企业集成运营计划流程目标衡量；企业集成运营组织流程采用价值衡量，完成企业集成运营组织流程目标衡量；企业集成运营领导流程采用价值衡量，完成企业集成运营领导流程目标衡量；企业集成运营控制流程采用价值衡量，完成企业集成运营控制流程目标衡量；企业集成运营创新流程采用价值衡量，完成企业集成运营创新流程目标衡量。将企业集成运营计划流程目标衡量、运营组织流程目标衡量、运营领导流程目标衡量、运营控制流程目标衡量、运营创新流程目标衡量融入企业集成管理衡量中，完成企业集成管理目标衡量。由此完成企业集成运营管理目标衡量。

围绕企业集成运营管理流程延迟和强化延迟策略、后拉动流程、后拉动价值、智能运作，进行企业集成运营管理流程中的共同要素流程企业集成物流目标衡量、信息流目标衡量。企业集成物流目标衡量需要将物流流程分为内部物流流程和外部物流流程，内部物流流程目标衡量对每一个细分的内部物流作业进行衡量，每一个细分内部物流作业衡量中均采用细分内部物流作业价值衡量，将这些衡量综合于内部物流流程中，完成内部物流流程目标衡量；外部物流流程目标衡量对每一个细分的外部物流作业进行衡量，每一个细分的外部物流作业衡量中均采用细分外部物流作业价值衡量，将这些衡量综合于外部物流流程中，完成外部物流流程目标衡量；将内部物流流程目标衡量和外部物流流程目标衡量融入企业集成管理衡量中，完成内部物流流程和外部物流流程目标衡量。企业集成信息流目标衡量需要将信息流流程分为基层信息流流程、中层信息流流程、高层信息流流程，基层信息流流程目标衡量对每一个基层信息流流程作业进行衡量，每一个基层信息流流程作业衡量中均采用基层信息流流程作业价值衡量，将这些衡量综合于基层信息流流程中，完成基层信息流流程目标衡量；中层信息流流程目标衡量对每一个细分的外部物流作业进行衡量，每一个中层信息流流程作业衡量中均采用中层信息流流程作业价值衡量，将这些衡量综合于中层信息流流程中，完成中层信息流流程目标衡量；高层信息流流程目标衡量对每一个基层信息流流程作业进行衡量，每一个高层信息流流程作业衡量中均采用高层信息流流程作业价值衡量，将这些衡量综合于高层信息流流程中，完成高层信息流流程目标衡量；将基层信息流流程目标衡量、中层信息流流程目标衡量、高层信息流流程目标衡量融入企业集成信息流目标衡量中，完成企业集成信息流目标衡量。由此完成企业集成物流目标衡量、信息流目标衡量。

企业集成设备运营流程目标衡量是针对延迟和强化延迟策略、后拉动流程、后拉动价值、智能运作的企业集成设备运营流程来进行衡量的。衡量中企业集成设备运营流程分为集成设备运营作业流程、集成设备整体运营作业流程进行衡量。集成设备运营作业流程目标衡量是最基本的衡量，集成设备运营作业流程需要进一步细分，针对每一个细分集成设备运营作业流程作业进行衡量，每一个细分集成设备运营作业流程作业衡量中均采用细分集成设备运营作业流程作业价值衡量、细分集成设备运营作业流程作业设备价值增值效率衡量，将这些衡量综合于集成设备运营作业流程中，完成集成设备运营作业流程目标衡量。集成设备整体运营作业流程目标衡量需要将集成设备整体运营作业流程分解为集成设备运营作业流程，针对每一个集成设备运营作业流程进行衡量，每一个集成设备运营作业流程衡量中均采用集成设备运营作业流程价值衡量、集成设备运营作业流程设备价值增值效率衡量，将这些衡量综合于集成设备整体运营作业流程中，完成集成设备整体运营作业流程目标衡量。由此完成企业集成设备运营流程目标衡量。

企业集成运营设备维护、维修流程目标衡量是针对延迟和强化延迟策略、后拉动流程、后拉动价值、智能运作的企业集成运营设备维护、维修流程来进行衡量的。衡量中企业集成运营设备维护、维修流程分为集成运营设备维护、维修作业流程和集成整体运营设备维护、维修作业流程进行衡量。集成运营设备维护、维修作业流程目标衡量是最基本的衡量，集成运营设备维护、维修作业流程需要进一步细分，针对每一个细分集成运营设备维护、维修作业流程作业进行衡量，每一个细分集成运营设备维护、维修作业流程作业衡量中均采用细分集成运营设备维护、维修作业流程作业价值衡量和细分集成运营设备维护、维修作业流程作业设备价值增值效率衡量，将这些衡量综合于集成运营设备维护、维修作业流程中，完成集成运营设备维护、维修作业流程目标衡量。集成整体运营设备维护、维修作业流程目标衡量对每一个集成运营设备维护、维修作业流程进行衡量，每一个集成运营设备维护、维修作业流程衡量中均采用集成运营设备维护、维修作业流程价值衡量和集成运营设备维护、维修作业流程设备价值增值效率衡量，将这些衡量综合于集成整体运营设备维护、维修作业流程中，完成集成整体运营设备维护、维修作业流程目标衡量。由此完成企业集成运营设备维护、维修流程目标衡量。

企业集成运营人才链流程目标衡量是针对延迟和强化延迟策略、后拉动流程、后拉动价值、智能运作的企业集成运营人才链流程进行衡量的。衡量中企业集成运营人才链流程分为集成运营人才规划流程、运营人才测算流程、运营人才评价流程、运营人才精益配置流程，采用运营人才规划流程、运营人才测算流程、运营人才评价流程、运营人才精益配置流程价值衡量。完成运营人才规划流程目标衡量、运营人才测算流程目标衡量、运营人才评价流程目标衡量、运营人才精益配置流程目标衡量，将运营人才规划流程目标衡量、运营人才测算流程目标衡量、运营人才评价流程目标衡量、运营人才精益配置流程目标衡量融入企业集成运营人才链流程，完成企业集成运营人才链流程目标衡量。

制造类企业、服务类企业进行企业基本运营流程目标衡量、运营管理目标衡量、物流目标衡量、信息流目标衡量、设备运营流程目标衡量、运营设备维护、维修流程目标衡量、运营人才链流程目标衡量。纯服务类企业服务流程目标衡量，服务管理目标衡量，信息流目标衡量，设备服务流程目标衡量，服务设备维护、维修流程目标衡量，服务人才链流程目标衡量。一般纯服务企业进行顾客接触企业集成服务流程目标衡量，服务管理目标衡量，信息流目标衡量，设备服务流程目标衡量，服务设备维护、维修流程目标衡量，服务人才链流程目标衡量。

（三）企业外部运营管理流程目标衡量

1. 企业外部运营管理流程目标衡量

企业外部运营管理流程目标反映了企业外部运营管理流程价值增值的能力，通过企业外部运营管理流程价值、企业外部运营管理流程作业价值、企业外部运营管理流程价值增值效率、企业外部运营管理流程设备增值效率四个指标来反映。四个指标的值越大，反映企业外部运营管理流程价值能力、企业外部运营管理流程作业价值能力、企业外部运营管理流程价值增值效率能力、企业外部运营管理流程设备价值增值效率能力越强，企业外部运营管理流程目标实现价值增值的强度也就越强。企业外部运营管理流程目标测算公式用于企业外部运营管理流程团队和员工的价值测算。

2. 企业外部运营管理流程目标测算公式

$$Z_w = S_w - C_w \qquad (1-3-10)$$

式中，Z_w 表示企业外部运营管理流程价值，S_w 表示企业外部运营管理流程价值的现金流入，C_w 表示企业外部运营管理流程价值的现金流出。

$$Z_w = \sum_{i=1}^{n} Z_{wi} \qquad (1-3-11)$$

$$S_w = \sum_{i=1}^{n} S_{wi} \qquad (1-3-12)$$

$$C_w = \sum_{i=1}^{n} C_{wi} \qquad (1-3-13)$$

$$Z_{wi} = S_{wi} - C_{wi} \qquad (1-3-14)$$

式中，Z_{wi} 表示企业外部运营管理流程第 i 作业价值，S_{wi} 表示企业外部运营管理流程第 i 作业价值的现金流入，C_{wi} 表示企业外部运营管理流程第 i 作业价值的现金流出。

$$X_w = \frac{S_w - C_w}{C_w} \qquad (1-3-15)$$

$$X_{wi} = \frac{S_{wi} - C_{wi}}{C_{wi}} \qquad (1-3-16)$$

$$X_{wb} = \frac{S_w - C_w}{B_w} \qquad (1-3-17)$$

$$X_{wbi} = \frac{S_{wi} - C_{wi}}{B_{wi}} \qquad (1-3-18)$$

式中，X_w 表示企业外部运营管理流程价值增值效率，X_{wi} 表示企业外部运营管理流程第 i 作业价值增值效率，X_{wb} 表示企业外部运营管理流程设备价值增值效率。X_{wbi} 表示企业外部运营管理流程第 i 作业设备价值增值效率。

3. 企业外部管理流程运营管理目标衡量测算公式运用范围

制造企业的仓储管理流程、新兴制造企业仓储管理流程、制造性服务企业仓储管理流程、一般纯服务企业自身运作服务管理流程，运用企业外部运营管理流程价值、企业外部运营管理流程作业价值、企业外部运营管理流程价值增值效率、企业外部运营管理流程设备价值增值效率四个指标进行企业运营管理流程目标的测定。

制造企业的采购管理流程、销售管理流程，制造性服务企业采购管理流程、销售管理流程，有形产品新兴服务企业、无形产品新兴服务企业、有形产品和无形产品新兴服务企业销售管理流程，一般服务企业采购管理流程、销售管理流程，可以运用企业外部运营管理流程价值、企业外部运营管理流程作业价值、企业外部运营管理流程价值增值效率三个指标进行企业运营管理流程目标的测定。

（四）企业整体运营管理流程目标衡量

1. 企业整体运营管理流程目标衡量

企业整体运营管理流程目标反映了企业整体运营流程价值增值的能力，通过企业整体运营管理流程价值、企业整体运营管理流程价值增值效率、企业整体运营管理流程设备增值效率三个指标来反映。三个指标的值越大，反映企业整体运营管理流程价值能力、企业整体运营管理流程价值增值效率能力、企业整体运营管理流程设备价值增值效率能力越强，企业基本运营管理流程目标实现价值增值的强度也就越强。

2. 企业整体运营管理流程价值测算公式

$$Z_z = Z_j + Z_w \tag{1-3-19}$$

$$X_z = \frac{S_j + S_w - C_j - C_w}{C_j + C_w} \tag{1-3-20}$$

$$X_{zb} = \frac{S_j + S_w - C_j - C_w}{B_j + B_w} \tag{1-3-21}$$

式中，Z_z 表示企业整体运营管理流程价值，X_z 表示企业整体运营管理流程价值增值效率，X_{zb} 表示企业整体运营管理流程设备增值效率。

3. 企业整体运营管理流程运营管理目标衡量测算公式运用范围

制造类企业供应链、服务类企业和纯服务类企业服务链运用企业整体运营管理流程价值、企业整体运营管理流程价值增值效率、企业整体运营管理流程设备增值效率三个指标来反映企业整体运营管理流程运营管理目标。

［示例］

例如，L公司G通用模块的成型制造作业需要完成模块品目成型制造。G通用模块成型制造作业完成后能取得的收益为1000万元。由于作业中进行智能制造，G通用模块的成型制造作业能够快速地满足顾客需求，减少库存和时间，平均增值100万元。G通用模块成型制造作业节约资源，减少了资源的浪费约50万元。G通用模块的成型制造作业公司为其提供了570万元的资源，由于存放材料需要50万元仓储费。期初设备为30万元、期末设备为40万元，计算L公司G通用模块的成型制造环节为企业创造的价值、创造的价值、设备创造价值效率。假设计算中涉及的部分都以现金流量模式进行测算。

（1）$Z_{ji} = S_{ji} - C_{ji} = 430$

（2）$Z_{ji} = 530$

（3）$X_{ji} = \dfrac{S_{ji} - C_{ji}}{C_{ji}} = 0.93$

（4）$X_{jbi} = \dfrac{S_{ji} - C_{ji}}{B_{ji}} = 15.14$

第四节　学科视角下企业运营管理形成与发展

一、学科视角下企业运营管理的演进阶段

纵观国内外企业运营管理发展的轨迹，可将学科视角下企业运营管理的演进划分为三个阶段。

（一）传统企业运营管理阶段

这一阶段以生产活动为对象，企业运营活动只有单一的生产活动，将传统运营管理阶段的生产活动、管理、要素结合起来，形成企业运营管理活动。传统阶段是企业运营管理基本活动形成阶段，这些基本活动是学科视角下企业运营管理形成的基础。传统阶段的生产活动包括研发活动、设计活动、各种具体生产活动、仓储活动、内部物流活动。传统阶段的管理活动包括计划、组织、控制活动。传统阶段的要素包括人力、物力、财力、技术。要素是生产和管理活动得以进行的动力和资源保证，没有这些要素，生产和管理活动将无法进行。

传统阶段企业运营管理的基本内容包括生产战略、产品开发与设计、设施选址与布置、生产组织、生产计划、生产作业计划与控制、工作设计、库存管理、质量管理、项目管理、设备与工装管理。这些内容是传统阶段学科视角下企业运营管理的基本组成部分。

传统阶段借鉴了一些管理理论、典型活动和方法，将它们融入企业运营管理活动中，使学科视角下企业运营管理有了基本的根基。传统阶段以提高生产率为企业运营管理目标，进行企业运营管理运作。

传统阶段的学科视角下企业运营管理把管理的重点放在效率和质量上，借鉴的管理理论、典型活动和方法对传统阶段的基本运作进行了支撑。但这一阶段的企业运营管理还属于封闭的内部运作，仍然以部门为主体进行运作，忽略员工的行为表现，与

市场和顾客的联系薄弱，部门与活动之间、活动与活动之间相互脱节，员工消极怠工，影响了企业效益的实现。这里仅以对运营管理有着重要影响的活动算起，有些虽然也很著名，但对运营管理没有起到重要作用，或者对其他学科起到重要作用的都不在此列示。这里对运营管理起着重要影响的划时代的管理与实践活动主要为古典管理理论与实践部分。

1. 泰罗的科学管理

从系统的角度考察，管理理论的起点是泰罗的管理理论，其中心是提高生产率，泰罗是整个管理学界对运营管理影响最大最全的管理学者。提高生产率是泰罗科学管理研究的中心，至今仍为运营管理的目标，今天运营管理虽然有一些变化，但仍然沿用的是泰罗的内部提高生产率的目标，而这一目标决定着运营管理的整体目标和体系。提高生产率作为企业运营管理目标属于企业运营管理总论部分。泰罗的科学管理是围绕生产率最大化的综合科学（Uddin & Hossain，2015）。

时间研究、定额、计件工资这些标准运作是新型运营管理的基础。时间研究、人工定额、物质消耗定额、计件工资都是标准对基本的部分，如果连这些都没有搞清楚，标准是无法进行运作的。当今的运营管理标准有十分重要的地位，是实现新型运营管理的基础。所以时间研究、人工定额、物质消耗定额、计件工资对企业而言是最基本的要求。时间研究、人工定额、物质消耗定额、计件工资属于企业运营管理的工作设计部分。

成本控制原来不属于运营管理，但新型的运营管理以价值增值为目标，成本控制就是负向实现价值的途径。泰罗的成本控制当时已成体系，对今天的成本控制有着重要影响。价值增值有两个部分：一是正向的创造价值部分，二是负向的成本减少部分。成本控制作为企业运营管理目标体现属于企业运营管理总论部分。

提高生产率是企业运营管理的目标，是制造类企业、服务类企业、纯服务类企业运营管理总论的内容；时间研究、定额、计件工资是企业运营管理和企业集成运营管理理论的基础，是制造类企业、服务类企业、纯服务类企业工作设计或者集成工作设计的内容；成本控制是企业集成运营管理的理论基础，是制造类企业、服务类企业、纯服务类企业集成运营管理总论的内容。

2. 吉尔·布雷斯夫妇的动作研究

吉尔·布雷斯夫妇从事动作研究，这一研究将工人操作的动作进行分解，对动作需要的时间和动作的疲劳程度进行研究，并将动作划分为不同的类型和级别，对动作设计产生重要影响。吉尔·布雷斯夫妇发明了17种基本动作，美国工程师学会增加了寻找这一动作，成为18种基本动作，即动素。分析每一个动作都从这18种动素出发，对动作进行改进，得出正确的动作。减少动作浪费的分析基础，就是动作分析，属于企业运营管理的工作设计部分。

动作研究是企业运营管理和企业集成运营管理的理论基础，是制造类企业、服务类企业、纯服务类企业工作设计或者集成工作设计的内容。

3. 甘特的甘特图

项目管理是运营管理的组成部分。与企业运营管理的其他内容不同，项目管理具有起始点，企业运营管理理论和方法都需要按照项目管理的这一特殊要求进行项目运营运作，它是企业运营管理的独有内容。甘特发明了甘特图，甘特图运用于项目计划中，甘特图将时间和任务结合起来形成独有的项目计划方式，对项目运营计划产生重要影响。甘特图仍然是现在流行的管理工具，尽管可以追溯到一个世纪以前，但项目的主要应用中显示重要的有效手段信息。计算虽然提供更强大的建模技术，但甘特图仍然找到了一个提供易于使用界面的角色，允许用户定义问题以便更好地理解并接受解决方案（Wilson，2003）。

甘特的甘特图是企业运营管理和企业集成运营管理的理论基础，是制造类企业、服务类企业、纯服务类企业项目管理或者集成项目管理的内容。

4. 法约尔的管理职能

法约尔著名的理论是管理职能，是指计划、组织、指挥、协调、控制。管理学借鉴法约尔的管理职能理论，到后期，管理职能发展成为计划、组织、领导、控制与创新。管理职能理论从根本上进行了管理本质的探讨，且管理职能又很容易运用到组织中去，无论对企业运营管理还是对企业其他职能管理都起着重要的作用。

计划、领导、控制管理职能是企业运营管理的理论基础，是制造类企业、服务类企业、纯服务类企业的企业运营计划、企业运营控制、质量管理的内容；计划、组织、领导、控制与创新是企业集成运营管理的理论基础，是制造类企业、服务类企业、纯服务类企业的企业集成运营计划、企业集成运营控制、企业集成运营控制、企业集成质量管理的内容。

5. 休哈特、戴明、朱兰质量管理

休哈特提出抽样检验，运营管理中的工作设计和质量管理等方面直接运用到抽样检验。戴明的质量管理十四原则从确定改善产品和服务的目标到依靠统计数据进行质量管理。朱兰质量改进十步骤从确立改进目标开始，实现目标并进行确认。今天戴明和朱兰的质量管理思想仍然有着影响，而休哈特更多地对统计中的抽样理论产生影响。

休哈特、戴明、朱兰质量管理是企业运营管理和企业集成运营管理的理论基础，是制造类企业、服务类企业、纯服务类企业质量管理或者集成质量管理的内容。

6. 哈里斯 EOQ 模型

哈里斯 EOQ 模型对库存管理产生重要影响，今天众多的运营管理书中，此模型仍然是基础篇。这一模型是在承认库存的前提下进行运用。不论理论还是实践，一直致力于将库存视为零，虽然现实中成为零的可能性很小，作为这一模型是以库存存在为基础进行推导的，有一定的局限，但对当时的均衡生产起到重要作用。

哈里斯 EOQ 模型是企业运营管理和企业集成运营管理的理论基础，是制造类企业、服务类企业、纯服务类企业库存管理或者集成库存管理的内容。

7. 福特生产线

福特生产线布置方法。对运营管理的组织部分产生影响，第一次提出了大规模的流水线，将机器和操作工人按照详细的计划进行排列，每一个工人指派高度专业化的工作，生产严格按照计划进行，是提高生产率实践活动的典型代表。

福特生产线是企业运营管理和企业集成运营管理的实践基础，是制造类企业、服务类企业、纯服务类企业布置或者集成布置与集成运营流程组织的内容。

8. 运筹方法

运筹方法是进行企业运营管理运作的基本定量方法。运筹方法中的规划方法、仿真方法、排队方法、决策方法对运营管理中的运营计划、运营控制产生影响。计划问题的优化解、库存模型、质量管理、厂址选择、设备维修等方面均需要采用运筹方法进行解决。

运筹方法是企业运营管理和企业集成运营管理的方法基础，是制造类企业、服务类企业、纯服务类企业选址或者集成选址、库存管理或者集成库存管理、运营计划或者集成运营计划、质量管理或者集成质量管理、设备管理或者集成设备管理的内容。

（二）综合运营管理阶段

与传统阶段相比，综合运营管理阶段已经将生产活动扩展为流程和供应链活动，在供应链中明确企业的主体活动为对象，更加注重信息要素，将管理本身视为管理流程，由此形成综合阶段的企业运营管理活动。

综合阶段学科视角下企业运营管理内容除包含传统阶段内容外，更加注重流程和供应链管理，注重先进生产方式对企业的作用，使供应链管理和先进生产方式成为企业运营管理的组成部分。

综合阶段对传统阶段的不足进行了改进，注重不同利益主体的供应链运作，从行为、系统、各种先进方法多个角度全面考虑企业运营管理活动的运作。但这一阶段的企业运营管理还没有将企业运营活动扩展开来，运作中仍然出现各类不协调的状况，运作深度还远远不够。

1. 霍桑试验

由霍桑试验产生了行为理论。美国哈佛大学教授梅奥主持的长达8年之久的生产率影响因素试验的两项成果对运营管理产生影响。人的行为对生产率产生直接影响，此部分对工作设计部分产生影响，工作的设计中尽量采用丰富的工作，以减少工人的疲劳感觉。非正式团队对运营管理产生影响，此部分对质量管理中的团队质量管理小组产生影响。霍桑实验是在社会科学中研究工作行为的典范基础。霍桑实验越来越受到重视，成为实验室的实验替代品（Hansson & Wigblad，2006）。

霍桑试验是企业运营管理和企业集成运营管理的理论基础，是制造类企业、服务类企业、纯服务类企业工作设计或者集成工作设计的内容。

2. 系统流派对运营管理的影响

卡斯特的系统理论对运营管理产生影响，将运营活动作为系统的输入—转化—输出来看待，使运营管理能够站在系统高度来理解。这一系统理论对企业运营管理产生重要影响。

哈里斯 EOQ 模型是企业运营管理和企业集成运营管理的理论基础，是制造类企业、服务类企业库存管理或者集成库存管理的内容。

3. 准时生产制

日本丰田公司从 20 世纪 50 年代开始经过 30 年的研究形成了准时生产方式，其核心是不断消除浪费，不断提高产品质量。这一生产方式的采用，使大量质优价廉的汽车进入美国市场，成为强有力的竞争武器。20 世纪 90 年代这一生产方式演变成精细生产，成为更具有效益的生产方式。在生产流程下游的顾客有需求时供应正确数量的正确东西，材料的补充应该由消费量决定，这是准时生产的基本原则（莱克，2013）。

准时生产制是企业运营管理和企业集成运营管理的理论基础，是制造类企业、服务类企业、纯服务类企业先进运营方式。

4. 全面质量管理

20 世纪 80 年代末提出了全面质量管理，将企业的质量管理由单一的管理推广到全企业、全过程、全部人员的质量管理，且将这一管理通过质量管理体系进行运作，将质量管理的范围扩大到更广阔的领域，对产品质量更具保证。全国质量管理可以帮助企业获得更多收益，它与员工高度相关，可以实现高产品质量，是取得竞争力的有力工具（Iqbal & Asrarul – Haq，2018）。

全面质量管理是企业运营管理和企业集成运营管理的理论基础，是制造类企业、服务类企业、纯服务类企业质量管理或者集成质量管理的内容。

5. 供应商管理库存和联合库存管理

供应商管理库存是制造商和供应商之间进行合作，以双方都是最低成本为目标，由供应商管理库存。供应商管理库存打破了传统的各自为政的库存管理方式，体现了供应链管理优化的思想。

联合库存管理强调供应商、制造商、销售商之间的共同协作，联合进行库存管理。联合库存管理解决了由于各节点企业相互独立库存运作模式导致需求放大的现象，因而提高了供应链的同步运作。

供应商管理库存和联合库存管理是企业运营管理和企业集成运营管理的理论基础，是制造类企业、服务类企业、纯服务类企业库存管理或者集成库存管理的内容。

6. 合作计划

合作计划由沃尔玛与其供应商 Warner Lambert、世界上最大的企业管理软件商 SAP 等五家企业进行的合作计划的研究，目的就是实现零售企业和制造企业的合作，合理预测顾客需求。零售企业和制造企业交换顾客需求信息，零售企业根据销售数据、因果关系信息、已计划的顾客需求信息进行销售的预测，零售企业和制造企业提出分时间段的实际需求，将顾客需求转换为已承诺的订单。合作计划改变了企业运营计划只是由制造企业单独运作的局面，使计划能够更准确地反映顾客需求。

合作计划是企业运营管理和企业集成运营管理的理论基础，是制造类企业、服务类企业、纯服务类企业运营计划或者集成运营计划的内容。

7. 服务管理概念

格朗鲁斯和阿尔布里奇的服务管理的含义十分明确，提出将顾客感知服务质量作为企业经营管理的第一驱动力的服务管理概念。

服务管理将企业的外部效率置于重要地位，强调用户如何看待核心产品和企业总的表现，而不是企业的内部效率、规模经济和成本降低。这体现了用户驱动、质量导向、长期导向、员工导向等的结合。服务管理认为竞争优势和利润是通过市场导向实现的，降低用户流失率对利润的影响，是成本努力难以达到的。服务管理重视用户满意度和改善用户感知质量，认为用户忠诚是成功服务管理的里程碑。强调用户关注，认为质量是用户评价的，需要研究用户感知质量。服务管理的长期观点对营销有重要影响，关系营销得到人们的认可。长期导向与企业界的发展趋势吻合，在很多产业，无论国际还是国内经营都出现了大量的伙伴关系、网络和战略联盟。营销努力被看作是对用户的投资而不是短期费用。可以通过组织理论和人力资源管理领域，服务管理的视角产生许多新的概念和方法。服务价值的创造始于服务人员动机，服务价值产生于服务人员与顾客的互动过程之中（格默尔等，2017）。服务管理强调员工，服务管理关注员工的发展和员工对企业目标和战略的投入。

服务管理概念是企业运营管理和企业集成运营管理的基础，是制造类企业、服务类企业、纯服务类企业运营管理总论或者集成运营管理总论的内容。

8. 全员生产维护

全员生产维护（Total Productive Maintenance，TPM）最早起源于美国，20 世纪 50 年代由日本企业引入并改进后取得了巨大成功，是全员生产维护的简称，它以追求设备的最高效率为目标。TPM 强调全效率、全系统、全员参加，追求设备管理的"零故障、零浪费、零事故"。TPM 为国内外企业所追求和学习。

TPM 是企业运营管理和企业集成运营管理的理论基础，是制造类企业、服务类企业、纯服务类企业设备管理或者集成设备管理的内容。

（三）现代运营管理阶段

与综合阶段相比，现代运营管理阶段已经将制造活动扩展为企业运营活动，明确供应链和服务链，更加注重各类要素的绿色运作，注重创新管理职能。

现代阶段学科视角下企业运营管理的内容除包含综合阶段的内容外，更加注重服务活动，服务活动的特殊性质决定了其活动有别于制造活动，需要将综合阶段各部分内容加入服务活动；更加注重先进生产方式研发，使新的先进生产方式成为企业运营管理的组成部分。

现代阶段对综合阶段的不足进行了改进，考虑了服务活动，更注重先进运营方式的运用，但依然面临各种挑战。

1. 数理流派对运营管理的影响

方法论包括老三论和新三论。老三论指系统论、控制论和信息论；新三论指耗散结构理论、协同理论和突变理论。老三论研究时假设研究对象处于理想状态，所以老三论一定对其研究的部分需要进一步地落到实处。老三论的研究需要两个过程：一是按照假设的研究过程，二是将研究落到实处。新三论直接面对研究对象，只是在局部个别的部分进行。在明确方法论的基础上，需要采用大类方法。大类方法包括经济方法、管理方法、数理方法、信息方法、系统方法。采用了大类方法后，需要采用具体方法。具体方法包括经济方法、管理方法、数理方法、信息方法、系统方法中的具体方法。数理流派对运营管理的影响对企业运营管理的各部分的量化运作产生重要影响。

数理流派是企业运营管理和企业集成运营管理的方法基础，是制造类企业、服务类企业、纯服务类企业产品设计或者集成产品设计、运营管理流程设计或者集成运营管理流程设计、运营管理选址与布置或者集成选址与布置、运营计划或者集成运营计划、运营组织或者集成运营组织、运营控制或者集成运营控制、工作设计或者集成工作设计、质量管理或者集成质量与标准化管理、设备管理或者集成设备管理的内容。

2. 服务质量

服务管理的核心是服务质量。国外对服务质量广泛而深入地研究始于 20 世纪 80 年代初。北欧学者首先对服务质量的内涵的性质等进行了开拓性的研究；美国营销科学院也同时开始资助了一项为期 10 年的服务质量专项研究；欧美不少高校相继成立了服务质量研究机构；一些颇具影响的研究成果相继问世；这一切促进了服务管理学科体系的完善和发展。在众多的研究成果中，有代表性的是芬兰学者格朗鲁斯发表的《从科学管理到服务管理：服务竞争时代的管理视角》一文，根据认知心理学的基本理论提出了顾客感知服务质量的概念，论证了服务质量从本质上讲是一种感知，是由顾客的服务期望与其接受的服务经历比较的结果。服务质量的高低取决于顾客的感知，其最终评价者是顾客而不是企业。服务质量既是服务本身的特性与特征的总和，也是顾客感知的反应。对服务质量重要的是顾客如何理解，而不是企业对服务质量如何诠释（丁宁，2018）。

技术质量是指服务过程的产出，即顾客从服务过程中所得到的东西。技术质量是服务质量的基础。职能质量是指服务推广的过程中顾客所感受的服务人员在履行职责时的行为、态度、穿着、仪表等给顾客带来的利益和享受。职能质量完全取决于顾客的主观感受，难以进行客观的评价。技术质量与职能质量构成了感知服务质量的基本内容。形象质量是指消费者企业在社会公众心目中形成的总体印象。它包括企业的整体形象和企业所在地区的形象两个层次。企业形象通过视觉识别、理念识别、行为识别等系统多层次地体现。顾客可从企业的资源、组织结构、市场运作、企业行为方式等多个侧面认识企业形象。企业形象质量是顾客感知服务质量的过滤器。企业拥有良好的形象质量，些许失误会赢得顾客的谅解；失误频繁发生，则必然会破坏企业形象；倘若企业形象不佳，则企业任何细微的失误都会给顾客造成很坏的印象。真实瞬间则是服务过程中顾客与企业进行服务接触的过程。这个过程是一个特定的时间和地点，这是企业向顾客展示自己服务质量的时机。真实瞬间是服务质量展示的有限时机。一旦时机过去，服务交易结束，企业也就无法改变顾客对服务质量的感知；如果在这一瞬间服务质量出了问题也无法补救。真实瞬间是服务质量构成的特殊因素，这是有形产品质量所不包含的因素。服务生产和传送过程应计划周密，执行有序，防止棘手的"真实的瞬间"出现。如果出现失控状况并任其发展，出现质量问题的危险性就会大大增加。一旦真实的瞬间失控，服务质量就会退回到一种原始状态。服务过程的职能质量更是深受其害，进一步影响质量。

服务质量管理是企业运营管理和企业集成运营管理的理论基础，是服务类企业、纯服务类企业质量管理或者集成质量管理的内容。

3. 服务利润链

服务利润链是表明利润、顾客、员工、企业四者之间关系并由若干链环组成的链。这一概念是1994年由詹姆斯·赫斯克特等5位哈佛商学院教授组成的服务管理课题组提出"服务价值链"模型时才提出的。这项历经20多年、追踪考察了上千家服务企业的研究试图从理论上揭示服务企业的利润是由什么决定的。他们认为：服务利润链可以形象地理解为一条将盈利能力、客户忠诚度、员工满意度和忠诚度与生产力之间联系起来的纽带，它是一条循环作用的闭合链，其中每一个环节的实施质量都将直接影响其后的环节，最终目标是使企业盈利。服务利润链告诉我们，利润是由客户的忠诚度决定的，忠诚的客户（也是老客户）给企业带来超常的利润空间；客户忠诚度是靠客户满意度取得的，企业提供的服务价值（服务内容加过程）决定了客户满意度；而企业内部员工的满意度和忠诚度决定了服务价值。简言之，客户的满意度最终由员工的满意度决定。

服务利润链作用服务利润链明确指出了顾客忠诚与企业盈利能力间的相关关系。这一认识有助于营销者将营销管理的重点从追求市场份额的规模转移到追求市场份额的质量上来，真正树立优质服务的经营理念。顾客价值方式为营销者指出了实现顾客满意、培育顾客忠诚的途径。服务企业提高顾客满意度可以从两个方面入手：一方面通过改进服务，提升企业形象来提高服务的总价值；另一方面通过降低生产与销售成本，减少顾客购买服务的时间、精力与体力消耗，降低顾客的货币与非货币成本。服务利润链提出了"公司内部服务质量"的概念，它表明服务企业若要更好地为外部顾客服务，必须明确为"内部顾客"——公司所有内部员工服务的重要性。为此，服务企业必须设计有效的报酬和激励制度，并为员工创造良好的工作环境，尽可能地满足内部顾客的内、外在需求。

服务利润链是企业运营管理和企业集成运营管理的理论基础，是服务类企业、纯服务类企业运营管理流程设计或者集成运营管理流程设计的内容。

4. 精益服务

精益服务通过提高服务价值、服务质量和效率降低了服务的时间、空间和劳动成本，增强协作和技能提高。无形价值则体现为更好地理解消费者的需求和行为，以及服务团队成员之间的协同配合程度和技能的提高。

精益服务主要包括满足顾客需求，杜绝浪费，降低成本，提升员工技能，有效传递服务，改善顾客关系，精益服务的服务确定价值、确定服务价值链、让服务流动起来、提供顾客驱动型服务、追求完美基本原则，精益服务把改进的重点放在了服务流程、服务界面、员工管理等方面，精益服务跨职能团队根据顾客的需求来提供个性化服务。精益思想的核心在于创造顾客价值（王潇和王迎军，2014）。

精益服务是企业运营管理和企业集成运营管理的理论基础，是服务类企业、纯服务类企业先进生产方式或者集成管理总论、集成布置、集成计划、集成组织、集成控制、集成质量管理、集成设备管理的内容。

5. 标准化服务与个性化服务

标准化服务是满足顾客基本、共同、必需、重复需求的服务，是能够通过制定程序和规范进行的服务（李虹和杨柳，2014）。标准化服务能够提高劳动效率，降低成本，增加效益。与标准化不同，个性化服务是针对顾客个性需求的服务（甘绮翠，2011）。个性化服务需要员工针对顾客的心理和行为分析进行服务。对顾客进行个性化服务会使顾客增强自豪感和满足感，有利于培养顾客忠诚度；会更主动地进行服务，展现员工的细致服务，提高企业竞争力；会提高服务质量，树立企业的良好形象。标准化服务能够进行服务要素的拆分、重组，将顾客个性化需求融入其中，实现基于标准化服务的个性化服务，避免盲目追求个性化服务，给员工服务带来混乱，影响企业效益；能够避免固守服务标准，将服务僵化，无法满足顾客的服务需求。基于标准化服务的个性化服务为企业集成战略的运用提供了支撑。

6. 过度服务

过度服务是员工提供不为顾客所接受的服务项目、内容和方式的服务，无论主观还是客观原因，这种服务都不会被顾客所接受，是干扰顾客的服务行为。过度服务分为客观过度服务和主观过度服务。客观过度服务是指这种服务不是出于员工本身的意愿，而是企业服务流程规定提供的服务项目不能为顾客所接受，这些服务项目不能考虑顾客的自尊、情绪、个人癖好、即时需要；是由于员工对于一些服务提供了过度重视礼节、服务内容烦琐、服务过于豪华的服务内容，这时顾客感受企业体贴入微的服务的同时，也会带来个人空间受到监控的不自由感觉；由于服务设施远超出企业自身的定位和服务等级，过于豪华和铺张，引起顾客接受服务的不适感觉。主观过度服务是由服务员工自身的原因引起的，对顾客过度推销、不切实际的奉承，造成顾客心理不适的感觉。服务本质从感知服务曲线可知，同一快乐服务不断重复，则会带来服务快乐的递减，过度服务有可能带给顾客不多的快乐因素，都会随着员工进行过度服务的不断过度重复，而使快乐因素不断消失；过度服务表现出夸张的方式，没有考虑服务的度，过度渲染会使顾客产生厌烦情绪；过度服务没有考虑顾客的心理，无法确定顾客真正的服务需求，不能提供顾客喜欢的服务。过度服务的本质是服务能力不足，无法根据顾客服务需求，提供合适的服务。避免过度服务为企业集成运营流程精益运作负向减少目标打下基础。

7. 先进运作方式

约束理论以企业整体运作为对象，从制约整体运作的约束入手，通过解决约束问题来解决整体问题。约束理论认为任何系统至少存在一个约束，任何企业都可视为一个系统，要提高系统的产出，必须打破系统的约束，克服约束提高了企业达成目标的速度。

敏捷制造是基于全球性竞争的加剧使企业依靠自己的资源进行自我调整的速度赶不上市场变化速度的环境下提出的。通过采用虚拟企业和动态联盟，将目标定为在大量个人市场上，用合作加强竞争，组合不同的组织形式，充分发挥人和信息的作用，实现敏捷制造。

柔性制造与刚性制造不同，是一种将共性与个性结合成为一体的制造方式。这种制造方式能够将不同的工艺共同组合在一起，使产品能够在一个制造单元中制造出来，摆脱了不同工作地制造产品的分散的制造方式。

六西格玛质量管理是一种改善产品质量的运作方式。六西格玛质量管理通过定义、定量、分析、改善和控制的过程实现企业质量管理，使质量管理达到六西格玛的要求，企业产品质量的出错率不超过 3.4%。与一般的质量管理不同，一般的质量管理注重产品质量检验，而六西格玛质量管理更注重体现六西格玛的针对企业流程进行设计和改善的运作方式，使企业进行六西格玛质量流程运作。

先进运作方式是企业运营管理和企业集成运营管理的理论基础，是制造类企业、服务类企业、纯服务类企业运营管理流程设计或者集成运营管理流程设计、运营组织或者集成运营组织、质量管理或者集成质量与标准化管理的内容。

二、学科视角下企业运营管理面临挑战

当今随着国内外市场变化越来越快，企业自身运作要求越来越高，学科视角下企业运营管理面临各种各样的挑战。

顾客差异需求程度的日益增强使企业追求效益的难度越来越大，企业运营管理处于无法兼顾差异需求与效益的两难境地。企业运营管理演进至今，顾客差异需求与企业效益一直存在着内在矛盾。这一矛盾主要体现在顾客差异需求程度越高，企业运营活动的效益就越低；反之，企业运营效益越高，企业差异化需求满足程度就越低。不同企业的特性不同，管理方式不同，矛盾表现程度也不同，但无论这一矛盾的表现是否明显，矛盾始终存在，没有从根本上进行解决，学科视角下企业运营管理需直面这一根本性矛盾。

当今企业运营管理实体运作方式与价值运作分属不同轨道，企业运营管理演进至今一直进行着实体运作，使两种运作不融合，不符合市场运作的要求。企业运营管理实体运作以实用价值为对象，当今企业运作中以实用价值为主体，形成企业内部运作。市场运作中的价值运作是将企业内外运作联系起来统一运作的媒介，以使用价值为主体的内部运作与市场以价值为媒介的运作截然分开。学科视角下企业运营管理既要考

虑使用价值运作，更需要考虑价值运作，通过价值运作，将使用价值运作和价值运作、企业内外运作融合起来，以满足市场运作要求。

信息作为促进交流的工具，运用的广度和深度与日俱增，企业运营管理演进至今一直将信息作为交流的工具来进行运作，无法真正发挥信息的作用。信息作为交流的工具是信息最原始也最基本的功能，企业运营管理按照这一基本功能，将信息作为企业运作的要素投入企业运营系统中，更多地侧重交流的流畅与迅捷方面。而当今以企业组织结构为基础进行企业运营管理整体框架的运作已无法适应企业内外对信息的广度和深度的需要，使仅将信息作为要素的企业运营管理适应力下降。信息已不仅仅作为要素，而是框架，这才是信息运作所需要的，将这种信息框架体现的是对学科视角下企业运营管理的现实要求。

制造与服务活动都是企业运营活动的基本活动，企业运营管理演进至今从只包括制造活动到将服务活动作为运营的基本活动，虽然有了两类活动，但仍停留在侧重制造活动或者将两类活动不能统一融入企业运营活动的状况，这与企业内外将制造与服务活动统一运作的要求不符。从演进过程来看，制造与服务活动是两类不同的活动，制造活动已经形成了与企业运营管理具体内容的统一运作，而明确将服务活动作为企业运营活动是企业运营管理发展到现代阶段才有的，因而还没有实现企业服务活动与企业运营管理具体内容的统一。将企业制造活动和服务活动统一于企业运营管理的具体内容中，是对学科视角下的企业运营管理的基本要求。

企业运营管理演进至今已有多种源自美国、日本的先进运营方式包括其中，但这些先进的运营方式在企业运营管理具体内容中只是以与其他内容相独立的方式存在，没有真正地融入企业运营管理中，也无法发挥其作用。企业先进运营方式是企业运营管理的重要组成部分，对企业的效率性运作起着重要的作用。独立运作的方式无法与具体内容融合起来，使这些先进的运营方式只是停留在形式上，其作用完全受到限制。将先进运营方式从整体和结构上融入企业运营管理中，是学科视角下企业运营管理内在运作的需要。

企业绿色运作是当今低碳运作的基本方式。绿色运作可以节约资源，预防环境污染，所以应倡导企业员工健康工作。企业运营管理演进至今虽然涉及绿色运作，但更多是从形式上，而没有真正地将绿色运作融入企业运营管理的各部分具体内容中，无法发挥绿色运作的作用。企业绿色运作需要从整体和结构上融入企业运营管理中，这是低碳运作环境对学科视角下企业运营管理的要求。

制造类企业、服务类企业、纯服务类企业都面临着这些挑战。

三、现代运营管理阶段企业运营管理发展趋势

（一）集成信息系统和信息平台运作的企业集成运营管理运作

企业运营信息系统由 ERP、MES、CIMS 三部分组成，随着智能运营的发展，企业

开始进行运营智能信息系统的运作。企业运营管理系统中的信息系统由 ERP、MES、CIMS 局部运作开始，逐步加入智能信息运作。

企业集成运营信息系统由 ERP、MES、CIMS 整体融合运作开始，面对智能信息运作，CIMS 将被 MBE 所取代，形成新的由 ERP、MES、MBE 组成的体现信息整体运作的企业集成运营信息系统。随着 MBE 的融入，企业集成运营信息系统中融入围绕 MBD 的设计和信息物理系统，围绕 MBD（Model – Based Definition）这一中心设计的同时依托于传感器、工业软件、网络信息、人机交互方式，实现人、设备、产品制造要素和资源的相互识别、实时连通、有效交流，从而促进制造业研发、生产、管理、服务与互联网紧密连接，推动生产方式定向化、柔性化、绿色化、网络化发展，不断充实、提升企业运营全球竞争优势。同时将云计算、大数据融入，充实企业集成运营信息系统。每天云计算对信息量都在增长信息系统提供基础信息运作方式（Dorian & Gaspar, 2018）。大数据分析可作为获得竞争力的手段优势。大数据分析可用的结构化和非结构化数据建立大数据的分析，所容信息数量和种类更多、速度更快（Boone & Skipper, 2017）。进行信息集成运作的同时，将信息集成运作与企业集成运营管理运作融合起来，将构成"互联网＋"、云计算、大数据融入的 ERP、MES、MBE 构成的与企业集成运营管理系统从整体上相互融合的企业集成运营信息系统。

企业 ERP、MES、MBE 通过构建企业信息平台，将企业集成 ERP、MES、MBE 融合成为信息平台，进行信息系统的运作。

（二）以供应链为基础、价值链流程为框架的企业集成运营管理运作

企业运营管理以供应链为框架，以使用价值运作为主体，围绕产品质量进行供应链运作。供应链为框架的企业运营管理系统的运作从产品设计到流程运作是以使用价值质量为目标的基本运营管理流程和供应链或者服务链的运作。企业集成运营管理则以供应链为基础、价值链流程为框架进行运作。将价值和使用价值运作融合起来，以价值增值为目标、以产品质量为前提进行供应链与价值链集成运作。价值链流程为框架的企业运营管理系统的运作从产品设计到流程运作是以价值增值为目标的基本运营管理价值链流程和供应链或者服务链价值链流程的运作。

（三）以企业集成战略为引导的企业集成运营管理运作

企业运营管理运作是以企业竞争战略为引导进行的运作。由于企业运营管理系统自身的局限性，当按照顾客差异化战略要求进行运作时，需要突出创新功能，由此引出与弹性功能、继承性功能同一层次功能运作相悖，与第二层次质量功能、按期交货功能间和第三层次价值创造功能间功能运作相悖；当按照成本领先战略要求进行运作时，需要突出价值创造功能，由此引出与第一层次创新功能、弹性功能、继承性功能间和第二层次质量功能、按期交货功能间运作相悖，从根本上影响企业运营管理系统运作。在企业集成战略的引导下，企业集成运营管理的第一层次创新功能、弹性功能、

继承性功能，第二层次质量功能、按期交货功能，第三层次价值创造功能之间和第一层次、第二层次功能内形成有效融合，从根本上促进企业集成运营管理系统运作。

（四）制造与服务融合的企业集成运营管理运作

企业运营管理无论是生产管理下的企业生产活动，还是成为运营管理下的制造与服务活动，或者是以制造活动为主体将制造与服务活动分离，企业运营管理发展至今，始终没有将制造和服务活动融合。企业运营管理只是进行有形产品设计和制造流程设计，只是将有形产品和制造流程结合；或者只是进行有形产品设计和制造流程、服务流程分离设计，无法将服务流程与产品设计联系。这种产品、流程分离加上运营计划、运营组织、运营控制、工作设计、质量管理本身将制造与服务活动分离，使企业运营管理系统中的制造与服务完全处于隔离状态。企业集成运营管理将有形产品和无形产品设计与制造流程设计、服务流程设计融合，使企业集成运营管理具有制造流程、服务流程基础，再加上集成运营计划、集成运营组织、集成运营控制、集成工作设计、集成运营质量与标准化管理、集成设备管理本身将制造与服务活动融合，使企业集成运营管理系统中的制造与服务相融合。

（五）以企业集成运营管理核心能力为根本进行的企业集成运营管理运作

构建企业运营管理核心能力或者企业集成运营管理核心能力是每一个企业进行运营管理或者集成运营管理的战略选择。企业运营管理核心能力体现在企业产品开发与设计管理核心能力和企业产品实现管理核心能力，企业从核心运营管理流程、核心技术、核心产品实现出发，通过不断的努力实现企业运营管理核心能力，具备赢得竞争战略的能力。企业核心能力是帮助公司获得超额利润的能力，这是独一无二的。企业集成运营管理核心能力包括企业集成产品开发与设计管理核心能力及企业集成产品实现管理核心能力。企业通过构建企业集成战略，从集成核心运营管理流程、集成核心技术、集成核心产品实现出发，实现企业集成运营管理核心能力，从而实现企业集成战略。

（六）绿色运营的企业集成运营管理运作

绿色运营是当今企业运营管理或者企业集成运营管理运作的基本界定条件。无论是企业运营管理还是企业集成运营管理都需要注重企业给外部环境带来的影响，注重企业运用更少的资源实现更高的目标。绿色运作是企业运作的趋势，是企业取得更多竞争优势的发展方向。企业绿色运作是对企业可持续绩效产生积极影响的方式，为企业增添了巨大价值（Zaid et al.，2018）。绿色运营通过核心流程、核心技术、核心产品的企业运营管理核心能力实现的程度和强度比企业集成战略引导下的集成核心流程、集成核心技术、集成核心产品的企业集成运营管理核心能力实现的程度和强度要低。

（七）全球化运营的企业集成运营管理运作

全球化运营是企业运作的必然走势，企业无论怎样进行运作，都需要站在全球化运营这一高度来考虑。通过核心流程、核心技术、核心产品的企业运营管理核心能力实现全球化运营的程度比企业集成战略引导下的集成核心流程、集成核心技术、集成核心产品的企业集成运营管理核心能力实现程度低。

制造类企业、服务类企业、纯服务类企业进行集成信息系统运作、供应链为基础价值链、流程为框架、企业集成战略为引导、制造与服务融合、以企业集成运营管理核心能力为根本进行、绿色运营、全球化运营的企业集成运营管理运作。

四、现代运营管理阶段集成顾客运营管理理论

（一）企业集成顾客价值理论

顾客价值是指潜在顾客对企业提供的有形和无形产品或服务能提供的整体利益和整体相关成本评价之间的差异。整体顾客利益是顾客从企业提供的有形和无形产品或服务中，从功能性和心理性上所期望获得的整体利益的认知货币价值，包括从有形和无形产品功能、品牌、人员、形象等方面所取得的收益；整体顾客成本是顾客从企业提供的有形和无形产品或服务中，评估、获得、使用和处理有形和无形产品或服务时发生的整体认知成本支出，包括货币成本、时间成本、精力成本和心理成本。顾客价值分为有形和无形产品的顾客价值和服务顾客价值，产品顾客价值通过有形和无形产品对顾客的满足，使顾客满意度实现，实现体现产品顾客价值；服务顾客价值通过员工、设备、电子设备与顾客接触中提供细致服务，使顾客对服务满意，使服务顾客满意度实现，实现体现服务顾客价值。

顾客价值由生理价值和心理价值组成，生理价值可以通过有形和无形产品的理化功能进行衡量，而心理价值是从心理感受的情感状态，不能用自然指标进行直接度量。从企业提供的有形和无形产品中体现生理价值和心理价值；从服务中体现心理价值。顾客价值需要从顾客行为的视角进行确认，有形和无形产品的功能需要按照消费者的行为意愿进行功能的改变，提升顾客满意度，提高产品顾客价值；顾客接触的服务活动直接与顾客进行接触，接触中服务的品牌，服务的有效技术的采用，尤其是与顾客直接接触的员工、设备、电子设备，需要从顾客的心理和行为出发，考虑顾客接触的服务环境，建立良好的服务氛围，员工、设备、电子设备与顾客进行深入的互动，这样员工、设备、电子设备细致的服务及员工和企业的良好形象都会给顾客带来良好的体验，从而进行价值共创，提升顾客满意度及服务顾客价值。

企业集成顾客价值是企业顾客价值融入企业集成战略、精益运作、智能运作中，构成企业集成的顾客价值，企业集成顾客价值成为企业集成运营模块单元价值链管理流程延迟和强化延迟策略、后拉动流程、后拉动价值、智能运作的顾客价值基础。企

业集成战略中的价值领先战略将企业效率化运作的边界由成本领先扩展到价值领先，无论是有形和无形产品顾客价值还是服务顾客价值，都是满足顾客产品和服务需求的产品和服务顾客价值进行的效率化运作，尤其是顾客接触的员工服务活动，需要员工从顾客心理和行为深入分析进行服务顾客价值创造的效率化运作，价值领先战略和产品与服务顾客价值的边界是一致的；差异化战略是基于顾客差异产品和服务需求的战略，满足顾客差异产品和服务需求就是顾客价值所追求的，无论是有形和无形产品顾客价值还是服务顾客价值，都是直接满足顾客产品和服务需求的产品与服务顾客的价值运作，顾客接触的员工、设备、电子设备服务活动是以顾客心理和行为深入分析为基点直接进行服务顾客价值创造的运作，差异化战略和产品与服务顾客价值达到了一致。由此，顾客价值融入了企业集成战略中，顾客价值是企业集成战略的基础和前提，企业集成战略有了运作的基础和前提。

以顾客需求为起点进行的后拉动流程运作是精益运作的核心，这一核心在运作中以有形和无形产品后拉动流程进行运作，这种运作是为了适时满足顾客产品需求，为了实现有形和无形产品的顾客价值，精益运作真正体现了产品顾客价值，产品顾客价值具体体现为精益运作中的正向满足顾客产品需求价值和减少负向的过度运营量、顾客等待、不必要的运营、不良产品、库存、动作浪费、搬运、人力损失，将产品顾客价值与精益运作融合；顾客接触的服务以顾客规模为起点进行的后拉动流程运作是精益服务运作的核心，这一核心在运作中是以顾客规模后拉动流程进行运作，这种服务运作是通过员工细致服务满足顾客服务需求，使顾客实现满意度的要求，从而实现服务的顾客价值，精益运作真正体现了服务顾客价值，服务顾客价值具体体现为精益运作中的正向满足顾客服务价值和减少负向的过度服务、顾客等待、不必要的运营、不良产品、减少人力损失，将服务顾客价值与精益运作融合起来。这种融合使精益运作过程中的后价值拉动具有了顾客价值通过产品顾客价值和服务顾客价值的起点，根据这一起点进行后价值拉动运作。由此，产品顾客价值和服务顾客价值与精益运作融合，产品和服务顾客价值成为后价值拉动运作的起点。

智能运作从智能角度促进企业集成战略、精益运作与产品和服务顾客价值融合，从价值领先战略的效率化运作到差异化战略的顾客差异需求满足运作融合的促进，从而快速促进产品与服务顾客价值与企业集成战略融合。从智能角度促进了以顾客需求为起点进行的后拉动流程运作，实现有形和无形产品的顾客价值，将产品顾客价值融入精益运作中；从智能角度促进了以顾客规模为起点进行员工、设备、电子设备服务流程的后拉动流程运作，实现服务的顾客价值，将服务顾客价值融入精益运作中，从而迅速促进了产品和服务顾客价值与精益运作的融合，将智能运作通过企业集成战略、精益运作与顾客价值融合，使产品与服务顾客价值成为智能运作动力。

（二）企业集成顾客满意理论

顾客满意是顾客对有形和无形产品或服务的可感知效果与其期望值相比较所形成

愉悦或失望的感觉状态。顾客满意是从状态的角度进行定义，是对有形和无形产品和服务体验后的一种感知效果，是顾客的一种认知状态（王志兴和李铁治，2009）。顾客满意是有形和无形产品和服务体验后的一种评价，是对消费体验一致或者不一致的评价。企业给顾客提供的有形和无形产品和服务不仅使顾客获得满意感，还可以挖掘有价值的有形和无形产品和服务来满足顾客，使顾客能够长期得到企业的有形和无形产品和服务，获取长期价值。顾客满意分为有形和无形产品顾客满意和服务顾客满意，有形和无形产品顾客满意是通过给顾客提供符合顾客要求的有形和无形产品使顾客满意；服务顾客满意是顾客接触的服务过程中，顾客接触服务环境，建立良好的服务氛围，员工需要从顾客心理和行为出发，员工、设备、电子设备与顾客接触中提供给顾客细致的服务使顾客满意。

企业集成顾客满意是顾客将满意融入企业集成战略、精益运作、智能运作之中，构成企业集成顾客满意，企业集成顾客满意成为企业集成运营模块单元价值链管理流程延迟和强化延迟策略、后拉动流程、后拉动价值、智能运作的顾客满意基础。企业集成战略中的价值领先战略将企业效率化运作的边界由成本领先扩展到价值领先，将满足顾客产品和服务放在首位，使顾客首先得到产品和服务满足，尤其是员工、设备、电子设备与顾客接触的服务活动，需要员工从顾客心理和行为深入分析，进行效率化的服务活动使顾客对服务满意。价值领先战略和产品与服务顾客满意相一致。差异化战略是基于顾客差异产品和服务需求的战略，满足顾客差异产品和服务需求是顾客所追求的。员工、设备、电子设备与顾客接触的服务活动中，需要员工从顾客心理和行为深入分析，进行细致的服务活动，使顾客对员工服务满意，将差异化战略和产品与服务顾客满意达成一致。由此，顾客满意融入企业集成战略中，产品和服务顾客满意是企业集成战略运作的结果。

精益运作中的后拉动流程运作是以适时满足顾客需求为起点进行拉动，这一核心在运作中是以满足顾客有形和无形产品的需求进行后拉动流程运作，适时满足顾客产品需求，将产品顾客满意融入精益运作中。顾客接触服务以适时满足顾客服务需求的顾客规模为起点进行拉动，这一核心在运作中是以员工的细致服务来满足顾客服务需求进行后拉动流程运作，顾客接触服务环境，建立良好的服务氛围，员工、设备、电子设备服务运作适时满足顾客服务需求，员工、设备、电子设备进行周到细致的服务，将服务顾客满意融入精益运作中。

智能运作从智能角度促进企业集成战略、精益运作与产品和服务顾客满意融合，将价值领先战略的效率化运作和差异化战略的顾客差异产品与服务需求满足运作融合，快速促进产品和服务顾客满意与企业集成战略融合。从智能角度促进以顾客产品需求为起点进行的后拉动流程运作，实现顾客对有形和无形产品的满足，将产品顾客满意融入精益运作中。从智能角度促进以顾客规模为起点进行员工、设备、电子设备细致服务的后拉动流程运作，实现员工、设备、电子设备对顾客优质服务，将服务顾客满意融入精益运作中，迅速促进顾客满意与精益运作的融合，将智能运作通过企业集成战略、精益运作与产品和服务顾客满意融合在一起。

（三）企业集成与顾客价值共创理论

企业与顾客价值共创是指顾客进行企业产品和服务价值共创，从而实现企业与顾客价值共创（楼芸和丁剑潮，2020）。企业与顾客价值共创分为产品价值共创和服务价值共创。产品价值共创主要体现在产品研发与设计、基本运营过程、采购过程中，顾客针对自身需求，寻求满足自身要求的有形产品和无形产品，与企业一同进行有形和无形产品价值共创。服务价值共创是指员工与顾客接触的服务运作中，顾客接触服务环境，建立良好的服务氛围，顾客与员工、设备、电子设备共同进行服务活动的互动，进行服务活动的体验，顾客提出符合自身需要的服务，与员工、设备、电子设备一同进行价值创造。

企业集成与顾客价值共创是指企业与顾客价值共创融入企业集成战略、精益运作、智能运作之中，进行企业集成与顾客价值共创。企业集成与顾客价值共创成为企业集成运营模块单元价值链管理流程延迟和强化延迟策略、后拉动流程、后拉动价值、智能运作与顾客价值共创的基础。企业集成战略中价值领先战略的效率化运作是为顾客价值能快速实现进行的效率性运作，这一运作只有将顾客融入其中，顾客才能得到所需要的有形和无形产品，企业才能与顾客一同进行效率性的产品价值创造。与顾客价值共创是企业集成战略中的价值领先战略运作的前提，企业进行价值领先战略运作需要与顾客共创价值。差异化战略是基于顾客产品差异需求的战略，这一运作只有将顾客需求融入其中，顾客才能得到顾客差异需求的有形和无形产品，企业才能与顾客一同进行差异产品需求满足的价值创造。与顾客价值共创是企业集成战略运作中的差异化战略运作的前提，企业进行差异化战略运作需要与顾客一起共创价值。顾客接触的员工服务活动中，顾客心理和行为随时展示给员工，只有顾客融入服务过程中，员工、设备、电子设备服务才具有针对性，员工、设备、电子设备才能进行细致的服务，顾客才能得到所需要的服务，企业才能与顾客一同进行效率性的服务价值创造，进行差异服务需求满足的服务价值创造。与顾客价值共创是企业集成战略运作中的价值领先战略和差异化战略运作的前提，顾客接触企业进行价值领先战略和差异化战略运作需要与顾客一起共创价值。

精益运作中的后拉动流程运作是以适时满足顾客需求为起点进行拉动，这一运作以满足顾客有形和无形产品需求为核心，只有顾客融入其中，与顾客一同进行产品价值共创，才能真正适时满足顾客产品需求，将与顾客产品价值共创融入精益运作中。顾客接触的服务以适时满足顾客服务需求的顾客规模为起点进行拉动，这一运作以员工、设备、电子设备的细致服务满足顾客服务需求为核心，但顾客心理和行为随时改变，只有将顾客需求融入其中，与顾客一同进行服务价值共创，员工、设备、电子设备才能适时满足顾客服务需求，进行周到细致的服务，将与顾客服务价值共创融入精益运作中。

智能运作从智能角度促进企业集成战略、精益运作与产品和与顾客共创价值融合，将价值领先战略的效率化运作和差异化战略的顾客差异产品与服务需求满足运作融合，快速促进产品和服务顾客满意与企业集成战略融合。从智能角度促进了以顾客产品需求为起点进行的后拉动流程运作，只有顾客需求融入其中，才能实现顾客对有形和无形产品需求的满足，将产品顾客满意融入精益运作中；从智能角度促进了以顾客规模为起点进行员工细致服务的后拉动流程运作，只有顾客需求融入其中，才能实现顾客对员工、设备、电子设备服务需求的满足，将服务顾客满意融入精益运作中，迅速促进顾客满意与精益运作的融合，将智能运作通过企业集成战略、精益运作，与产品和服务顾客满意融合在一起。

（四）企业集成顾客体验理论

顾客体验是指顾客对所取得的有形和无形产品、服务的感受，是顾客面对有形和无形产品、服务的刺激下，顾客的感官、直觉、情绪、情感等感性因素和智力、思考等理性因素作用下，顾客心理、情绪达到一定水平时，顾客意识中所产生的感觉和感受的综合体验。顾客体验针对不同的顾客体验会有所不同，顾客体验有着很强的顾客个体差异性；顾客体验有积极体验和消极体验，这些体验构成顾客体验。

顾客体验的内容包括感官体验、认知体验、情感体验、亲历体验和心灵体验（王鉴忠和盖玉妍，2020）。感官体验通过生理上感官的刺激，形成视觉、听觉、触觉、味觉和嗅觉的体验，对顾客而言感官体验是最直接刺激下的体验，顾客很容易留下深刻的印象；认知体验是顾客面对有形和无形产品、服务时新的感知。记忆、想象的激活，根据顾客自身感知体验，取得了对产品和服务的思考、分析、评价，感知情感体验是顾客面对有形和无形产品、服务时，会产生令顾客愉悦、让顾客欣赏到产品和服务美感和让顾客产生失望、忧伤、无奈的感受。亲历体验是顾客寻求有形和无形产品、服务需求满足时，体验到有形和无形产品转化过程，体验到服务过程，顾客通过自己的亲历行为所感受到的体验，使顾客对有形和无形产品、服务的转化过程具有身临其境之感。心灵体验是顾客面对有形和无形产品、服务的更高境界的体验，这一体验不是借助理性的认知和推理，而是顾客的亲身感受。顾客体验分为产品顾客体验和服务顾客体验，产品顾客体验是顾客面对有形和无形产品的体验；服务顾客体验是顾客面对服务的体验。与产品顾客体验相比，服务顾客体验面对的心理因素更多，产生的感受个性化更强。

企业集成顾客体验是顾客体验融入企业集成战略、精益运作、智能运作中，构成企业集成顾客体验，使企业集成顾客体验成为企业集成运营模块单元价值链管理流程延迟和强化延迟策略、后拉动流程、后拉动价值、智能运作的顾客体验基础。企业集成战略中的价值领先战略将企业效率化运作的边界由成本领先扩展到价值领先，将满足顾客产品和服务放在首位，进行产品和服务顾客满足体验，将顾客所需产品和服务落到实处，使顾客得到产品和服务满足。尤其是员工与顾客接触的服务活动，服务活动与顾客体验都关联到广泛的心理因素和行为因素，需要通过顾客体验，服务和顾客的心理因素和行为因素才能联系起来，员工才能从顾客心理和行为深入分析中进行效率化的服务活动，使顾客对服务满意，使产品和服务顾客体验融入企业集成战略中的价值领先战略。差异化战略是基于顾客差异产品和服务需求的战略，满足顾客差异产品和服务需求是顾客所追求的，只有进行产品和服务顾客体验，满足顾客产品和服务差异需求才能落到实处，才能使顾客得到产品和服务差异需求满足，尤其是员工、设备、电子设备与顾客接触的服务活动，需要通过顾客体验，服务和顾客的心理因素和行为因素才能联系起来，员工才能从顾客心理和行为深入分析出发，进行细致的服务活动，使顾客对员工服务满意，使产品和服务顾客体验融入企业集成战略中差异化战略。由此，产品和服务顾客体验融入了企业集成战略中。

精益运作中的后拉动流程运作以适时满足顾客需求为起点进行拉动，这一运作以满足顾客有形和无形产品的需求为核心，融入产品需求顾客体验，使拉动的需求成为真正的顾客产品需求，适时满足顾客产品需求，将产品顾客体验融入精益运作中。顾客接触的服务以适时满足顾客服务需求的顾客规模为起点进行拉动，这一运作以员工、设备、电子设备的细致服务满足顾客服务需求为核心，融入服务需求顾客体验，使拉动的需求成为真正的顾客服务需求，使员工、设备、电子设备服务运作适时满足顾客服务需求，员工、设备、电子设备进行周到细致的服务，将服务顾客体验融入精益运作中。

智能运作从智能角度促进企业集成战略、精益运作与产品和服务顾客体验融合，将价值领先战略的效率化运作和差异化战略的顾客差异产品与服务需求满足运作融合，融入产品和服务顾客体验，确定真正的顾客产品和服务需求，快速促进产品和服务顾客体验与企业集成战略融合。从智能角度促进了以顾客产品需求为起点进行的后拉动流程运作，融入产品顾客体验，确定真正的顾客产品需求，实现顾客对有形和无形产品的满足，将产品顾客体验融入精益运作中。从智能角度促进了以顾客规模为起点进行员工细致服务的后拉动流程运作，融入服务顾客体验，确定真正的顾客服务需求，实现顾客对员工服务需求的满足，将服务顾客体验融入精益运作中，迅速促进顾客体验与精益运作的融合，将智能运作通过企业集成战略、精益运作，与产品和服务顾客体验融合在一起。

（五）企业集成顾客服务互动理论

顾客服务互动是指顾客接触的服务过程中处于服务者位置的员工、设备、电子设备和处于被服务者位置的顾客通过员工发起互动，顾客接受互动，形成员工、设备、电子设备与顾客的互动，员工、设备、电子设备与顾客进行交流，员工、设备、电子设备通过互动了解顾客需求，顾客通过互动向员工提出诉求，通过互动员工感知顾客对员工的反馈，形成员工对顾客的认识的自我意识。顾客接触的顾客服务互动中员工通过互动，释放给顾客外在的刺激，影响顾客的意识和心理，顾客面对互动刺激形成一种有意识或者无意识的心理情感和认知状态的外在反应，有了这种外在的心理意识的反应，随着互动的深入，顾客态度的内在反应逐渐显现，形成员工对顾客感知的基础。顾客接触顾客服务互动是与顾客共创价值、顾客体验、顾客满意的心理和行为基础。

企业集成顾客服务互动是指顾客接触的服务中，顾客服务互动融入企业集成战略、精益运作、智能运作之中，构成企业集成顾客服务互动，使企业集成顾客服务互动成为企业集成运营模块单元价值链管理流程延迟和强化延迟策略、后拉动流程、后拉动价值、智能运作的顾客服务互动基础。企业集成战略中的价值领先战略将服务效率化运作的边界由成本领先扩展到价值领先，将满足顾客服务放在首位，员工、设备、电子设备与顾客接触的服务活动中，只有进行顾客服务互动，才具有了解顾客的窗口，服务和顾客的广泛和深入心理因素和行为因素才能联系起来，员工、设备、电子设备才具有了与顾客共创价值、顾客体验、顾客满意的基础，从顾客心理和行为深入分析，进行效率化的服务活动，使顾客对服务满意，使顾客服务互动融入企业集成战略中价值领先战略。差异化战略是顾客接触的服务中基于顾客差异服务需求的战略，满足顾客差异服务需求是顾客所追求的，只有进行顾客服务互动，才具有了解顾客的窗口，从广泛和深入心理因素和行为因素中满足顾客服务差异需求，使顾客服务互动融入企业集成战略中差异化战略。由此，顾客服务互动融入了企业集成战略中。

顾客接触的精益服务以适时满足顾客服务需求的顾客规模为起点进行拉动，这一运作以员工的细致服务满足顾客服务需求为核心，只有融入顾客服务互动，拉动的需求成为真正的顾客服务需求基础，才能进行员工、设备、电子设备服务运作，适时满足顾客服务需求，员工进行周到细致的服务，将顾客服务互动融入精益运作中。

智能运作从智能角度促进企业集成战略、精益运作与顾客接触的顾客服务互动融合，将价值领先战略的效率化运作和差异化战略的顾客差异服务需求满足运作融合，融入顾客服务互动，确定真正的顾客服务需求，快速促进顾客服务互动与企业集成战略融合。从智能角度促进了以顾客规模为起点进行员工、设备、电子设备细致服务的后拉动流程运作，融入顾客服务互动，确定真正的顾客服务需求，实现顾客对员工、设备、电子设备服务需求的满足，将顾客服务互动融入精益运作中，迅速促进顾客服务互动与精益运作的融合，将智能运作通过企业集成战略、精益运作，与顾客服务互动融合在一起。

（六）企业集成服务剧场理论

服务剧场理论是由罗格夫和菲斯克于 1993 年提出的，服务与舞台表演有相近之处，可以将服务按照舞台表演的要素进行服务要素构建。与舞台表演要素一致，舞台表演要素由演员、观众、表演、场景构成，服务要素由员工、顾客、服务、服务场景构成。服务员工是服务运作中的一线服务人员。员工为进行优质服务需要注重穿着、梳妆打扮与仪态；注重服务人员进行服务时所表现出来的行为、态度；注重提高服务人员进行服务时的专业技术与能力；注重服务人员给予顾客服务承诺后所进行的服务行为。顾客是服务接触过程中接受服务的，顾客要有配合服务人员一同参与服务过程的态度；顾客要有配合服务人员一同参与服务过程的行为；同一服务场所中的顾客之间有相互接触情况。员工、设备、电子设备服务过程中，员工与顾客之间进行互动。服务中员工需要明确员工服务品质与价格；明确顾客获得服务的速度和等候时间；明确服务过程品质与结果表现；明确服务标准，按照标准服务。服务场景是员工和顾客服务的实体场景。需要注重服务场景中的摆设和装饰品，营造服务气氛；注重服务场所的空间设计，明确服务线体、顾客与服务人员位置；注重服务场所的清洁、整齐。服务剧场理论为员工进行服务提供了综合架构，为员工进行服务流程运作打下基础。

企业集成战略中的价值领先战略将服务效率化运作的边界由成本领先扩展到价值领先，差异化战略是顾客接触的服务中满足顾客差异服务需求的战略，顾客接触价值领先战略服务效率化运作和满足顾客服务差异需求需要员工进行服务剧场运作，使顾客差异服务需求得到满足，将顾客接触服务剧场融入企业集成战略中。顾客接触的精益服务以适时满足顾客服务需求的顾客规模为起点进行拉动，需要员工通过服务剧场的服务运作，进行员工服务运作适时满足顾客服务需求，将服务剧场融入精益运作中。智能运作快速促进服务剧场融入企业集成战略和精益运作中。由此，将顾客接触服务的服务剧场融入企业集成战略、精益运作、智能运作之中，构成企业集成服务剧场，使企业集成服务剧场成为企业集成运营模块单元价值链管理流程延迟和强化延迟策略、后拉动流程、后拉动价值、智能运作的服务剧场基础。

（七）企业集成服务接触理论

服务接触是指顾客与员工、服务设施、服务环境、服务氛围发生的交互行为，顾客在服务接触过程中进行服务互动，形成服务体验，感知服务质量。服务区域按照服务提供过程分为服务接触区域、内部支持区域和外部协调区域，服务接触区域是服务接触的产生和运作区域，在这一区域进行顾客与员工、服务设施、服务环境、服务氛围发生的交互行为。服务接触区域内，服务接触受到服务环境、服务氛围的影响，在服务环境、服务氛围的影响中，服务接触通过服务接触点进行运作。服务接触点包括技术接触点、物理实体接触点、人际接触点、隐性接触点。服务接触需要明确这些接触点，针对这些服务接触点进行服务互动分析，识别关键的服务接触点，分析顾客服务体验，确认顾客对服务的满意程度，从而实现全方位顾客接触中服务互动、服务体验、感知服务质量分析。

企业集成战略中的价值领先战略将服务效率化运作的边界由成本领先扩展到价值领先，差异化战略是顾客接触的服务中满足顾客差异服务需求的战略，顾客接触价值领先战略服务效率化运作和满足顾客服务差异需求需要员工、设备、电子设备进行全方位服务接触运作，使顾客差异服务需求得到满足，将服务接触融入企业集成战略中。顾客接触精益服务以适时满足顾客服务需求的顾客规模为起点进行拉动，需要员工、设备、电子设备通过全方位服务接触的服务运作，进行员工、设备、电子设备服务运作，适时满足顾客服务需求，将服务接触融入精益运作中。智能运作快速促进服务接触融入企业集成战略和精益运作中。由此，通过服务接触融入企业集成战略、精益运作、智能运作之中，构成企业集成服务接触，使企业集成服务接触成为企业集成运营模块单元价值链管理流程延迟和强化延迟策略、后拉动流程、后拉动价值、智能运作的服务接触基础。

（八）企业集成服务补救理论

服务补救是指对服务过失的全方位补救，以维护与顾客良好的关系，不断完善服务。从服务过失各种表现入手，进行深层次的过失分析，为服务补救打下基础。服务过失补救不仅包括已出现服务过失的补救，还包括对未来有可能出现过失的补救。服务补救不仅针对顾客进行补救，更需要通过过失使员工能主动进行补救，达到员工满意。顾客与企业的关系是不断发展的过程，服务过失补救是其中的重要组成部分，需要通过补救进一步巩固这种关系。服务补救是对顾客服务的检验，需要不断完善服务，保证对顾客的优质服务。服务补救分为内部补救和外部补救，内部补救能使员工从外部补救的情绪中恢复过来，使员工更有信心。外部补救使顾客达到满意。

服务补救分为基于归因理论的服务补救、基于公平理论的服务补救和基于期望理论的服务补救。基于归因理论的服务补救将服务失败的原因从归属性、稳定性、可控性进行找寻。归属性确定服务失败原因属于顾客还是员工，是确定服务失败稳定性、可控性的基础；稳定性确定服务失败是经常发生还是偶尔发生；可控性确定服务失败发生的原因是否是企业可以控制的。基于公平理论的服务补救顾客从结果、程序、交互三个方面公平地进行服务失败的判断。结果公平指顾客对可感知服务结果的公平性判断，确定服务失败后对顾客进行补救的结果是否抵消了服务失败给顾客造成的损失；程序公平指顾客对服务补救过程公平性的判断，确定服务补救过程是否及时、灵敏与方便；交互公平指服务补救过程中顾客对于自己对待方式公平的感知，确定服务补救员工的形象、态度、服务主动性、服务努力程度。基于期望理论的服务补救用来弥补顾客对服务质量的感知与对服务质量期望之间的负向差距，服务失败的顾客对服务补救有心理预期，确定服务补救能否达到顾客的心理期望水平，从而明确顾客对服务补救是否满意。基于归因理论、基于公平理论和基于期望理论的服务补救之间相互联系，当服务失败后，顾客首先从归属、可控、稳定三个属性进行服务失败原因判定，之后从结果、程序和交互三个方面进行服务补救公平判断，由此确定服务补救的感知和期望的判断基础，最后确定服务补救的结果。

服务补救中需要针对服务补救过程对员工进行授权，这是服务补救是否成功的重要环节，因为只有一线员工最了解服务失败的情况，也最能采取有效的措施进行补救。服务补救需要采取一定的策略：对服务失败后顾客的忠诚度还很高，但服务失误比较严重的情况，应采取降低服务失误程度，着重弥补服务失败带来的负面影响，维护顾客对企业的忠诚度；对服务失败后顾客的忠诚度很高，服务失败问题不严重的情况，应采用维护服务水平策略；对服务失败后，顾客的忠诚度较低，服务失误很严重的情况，应该采取降低服务失败严重程度，发展顾客对企业的忠诚度策略。服务补救需要采取补救程序，这些程序包括确认服务失败的原因，解决出现的问题，进行服务过失分析，确定服务补救改进措施。

企业集成战略中的价值领先战略将服务效率化运作的边界由成本领先扩展到价值领先，差异化战略是顾客接触的服务中满足顾客差异服务需求的战略，顾客接触价值领先战略服务效率化运作和满足顾客服务差异需求需要服务补救运作，使服务失败后的顾客差异服务需求得到满足，将顾客接触服务补救融入企业集成战略中。顾客接触的精益服务以适时满足顾客服务需求的顾客规模为起点进行拉动，需要员工通过服务补救的服务运作，进行员工服务运作适时满足顾客服务需求，将服务补救融入精益运作中。智能运作快速促进服务补救融入企业集成战略和精益运作中。由此，将顾客接触服务的服务补救融入企业集成战略、精益运作、智能运作中，构成企业集成服务补救，使企业集成服务补救成为企业集成运营模块单元价值链管理流程延迟和强化延迟策略、后拉动流程、后拉动价值、智能运作的服务补救基础。

（九）服务场景理论

美国记者罗伯特·斯考博与谢尔·伊斯雷尔将网络运作下的电子服务场景归结为服务设备、服务大数据、服务交互平台、服务传感器和服务定位系统，这些电子服务场景是顾客服务技术接触的服务运作内在因素，直接关系到电子服务运作。这些内在因素将顾客接触的人员服务转变为电子服务，开启了顾客接触服务的新运作方式。

服务设备是智能手机和各种终端设备的总称，这些设备为电子服务开启了网络服务运作，成为电子服务的基本要素。服务大数据为电子服务场景大数据运作背景下信息化服务的工具和方法。电子服务的大数据处处可见、时时可见，电子服务运作中充满了大数据信息，大数据在电子服务中占据重要的位置，这些信息包括顾客进行服务网络浏览所产生的痕迹和信息、顾客网络上的服务交易信息、基于信息内容生成的顾客标签信息，这些顾客数据资料庞大，构建顾客信息形象具体。顾客背景、需求、交易内容各不相同，需要通过大数据推出无形产品、服务差异化运作，进行精准无形产品、服务定位，精准的个性化推送无形产品和服务，保证数据信息的准确性，更加符合顾客无形产品和服务需求。服务大数据通过服务交互媒体进行运作，服务交互平台是服务场景进行无形产品、服务交易、信息传播的服务信息平台，这一平台是电子服务场景运作的体现，通过这一服务信息平台完成电子服务。服务传感器是感知顾客位置信息的工具，服务传感器将服务设备通过网络实现数据的交流和沟通，服务传感器具有视听和感知系统，能够精准地捕捉到顾客服务周围环境的变化，可以预测顾客的信息，给顾客推送其所需要的无形产品和服务。服务定位系统是与服务场景直接相关的技术，通过这一技术确定服务空间位置信息、所处的人文环境和周围事物的关系。

（十）服务知识图谱理论

服务知识图谱是多种服务知识表示形式，以图谱化的形式展示的服务知识组织和服务知识网络。服务知识图谱是以服务知识描述、服务知识组织和建设为核心，涵盖服务知识建模、服务知识构建、服务知识分析，将服务知识进行运用。服务知识图谱可以通过服务实体、属性、关系、服务知识数据、服务知识信息形式来体现，用来构建顾客多样的无形产品和服务需求特征，根据服务实际，进行服务知识图谱调整和形式的拓展，确定不同服务场景下的服务知识基本信息。

服务知识图谱可以运用实体链接技术，通过服务实体与实体之间的相互联系，建立服务链接关系。这种链接关系能进行服务实体识别，从文本中识别顾客各种信息；进行服务实体消歧，利用服务实体名称存在的上下文，分析出服务实体出现位置的概率。可以运用服务关系抽取技术，运用 LDA 主题模型抽取方法，对服务文本数据进行标签化；进行基于服务关系的抽取，将服务实体的关系进行分类，从而构建服务知识图谱，抽取出服务实体之间的关系。服务关系抽取效果将直接影响知识图谱构建的质量和效果。可以运用服务知识推理技术，发现服务实体之间的关联关系，从已有服务知识中去探索尚未发现的隐含服务知识。运用知识表示技术，进行知识图谱的表示和存储。

服务知识图谱是以结构化的形式描述服务实体与属性之间的关联关系，从而将服务信息表达成清晰服务认知形式，为服务知识组织和管理海量信息提供了新的能力，知识图谱通过构建服务本体的形式将信息资源进行重新组织和编排，为服务语义检索带来了新的契机，同时在智能问答中显示出极强的能力，因此服务知识图谱已经成为推动服务知识驱动和智能应用的关键基础。知识图谱与大数据和监督学习、无监督学习、半监督学习、深度学习、集成学习、强化学习融合起来，形成服务知识图谱的智能视觉运作、智能听觉运作、智能嗅觉运作、智能语言运作、智能动作运作。

服务知识图谱是融合服务认知计算、服务知识表示和服务推理、信息检索与提取以及监督学习、无监督学习、半监督学习、深度学习、集成学习、强化学习和自然语言处理等方向多学科交叉融合的服务知识技术，服务知识图谱是将服务知识集成到计算机系统，通过服务认知计算完成只有特定领域的专家才能完成的专业性复杂服务任务。服务知识图谱从大数据中提取出服务知识信息，建立服务知识系统，提供更为优质的服务知识服务，能从顾客心理、行为、价值观、态度改变的服务感知中，提取感知变化的结果，提供顾客所感兴趣的服务知识内容，培养顾客的黏性，改进顾客的服务体验，使顾客满足服务体验。

（十一）服务知识超网络理论

服务知识超网络源于服务超网络和服务知识网络。美国科学家 Nagurney 从网络视角出发，认为服务超网络是由多个服务网络组成的网络。服务超网络是由不同的服务网络所组成的极其复杂的网络，不同的网络节点之间存在着同质性和关联性，相交或嵌套在一起构成服务超网络。服务知识网络是服务知识管理的重要范式，从服务信息技术和服务信息系统的视角和服务知识网络、服务知识发现和服务知识挖掘出发，将服务知识发现向服务知识传播、吸纳、共享和创造等管理活动转移，完成服务知识管理。

服务知识超网络最早由 Hearn 和 Scott 于 1998 年提出，由服务知识元网络、服务物质载体网络和服务人员网络构成。服务知识元通过服务网络中的节点进行连接，各个节点之间的连线代表服务物质载体之间存在的关系，人员与节点和连线之间的关联关系属于人员网络。服务知识超网络的构建以知识为核心，通过服务知识载体和服务知识人员之间的相互作用和相互联系，形成服务知识超网络。服务知识超网络是未来技术服务网络运作的趋势，运用服务知识超网络的分析和管理方法进行服务知识资源分析和管理，能更好地确定服务知识超网络中服务知识体系的组成要素、各个要素之间的关系，从而使服务知识超网络的服务知识资源得到有效利用。

（十二）服务关键时刻理论

服务关键时刻理论由瑞典学者诺斯曼于 1984 年提出。服务关键时刻是指顾客与企业的各种资源发生接触的那一刻。顾客对服务质量的感知主要取决于由关键时刻构成的服务体验记忆。服务接触时就形成了顾客与企业接触的真实瞬间，这些真实瞬间是服务关键时刻确定范围的基础，服务关键时刻在服务真实瞬间中形成。

诺贝尔奖得主心理学家 Daniel Kahneman 在 2002 年经过对服务真实瞬间和服务关键时刻的深入研究，得出顾客对服务体验的记忆由高峰时与结束时的感觉决定，就是峰终定律。峰终定律通过对基于顾客的潜意识总结体验的特点，得出顾客对服务体验之后，所能记住的只是在峰时与终时的体验，而在过程中好与不好体验的比重、好与不好体验的时间长短对记忆影响不大。高峰时与结束时为顾客体验服务形成记忆的关键时刻。关键时刻理论启示企业进行服务时，需要注重服务的关键时刻，为顾客留下愉悦的服务体验。员工应了解顾客的性格特征和心理需求，提供针对性的服务，掌握有效的服务技巧，提高关键时刻服务水平。

第五节　企业集成运营管理模式

一、企业集成运营管理原理

面对各种挑战，学科视角下企业运营管理首先需要从原理上进行创新，这是最根本也是最基本的创新。企业集成运营管理原理主要体现如下：

（一）相异融合原理

企业集成运营管理的相异融合原理是针对企业运营管理系统功能相悖这一根本性冲突的内在矛盾进行解决所体现的原理。企业集成运营管理通过企业集成战略，将原本矛盾的功能尤其是企业运营管理演进至今从没有调和的矛盾功能融合，形成一致性的运作。企业运营管理系统功能包括第一层次的创新、弹性、继承性的功能，第二层次的质量、按期交货的功能，第三层次的价值功能。第一层次功能由顾客差异需求决定，决定着功能运作方向；第二层次功能是第一层次和第三层次功能实现的基础；第三层次功能是企业运作的目标，通过各层次功能运作实现。相异融合将第一层次、第二层次内部相互矛盾的功能，将第一层次、第二层次、第三层次间矛盾的功能相融合，从本质上解决了根本性功能相悖问题。相异融合原理最重要的体现是通过企业集成战略，将顾客差异需求和企业运作效益这一企业集成运营管理运作的两端矛盾融合起来，使顾客差异需求与效益的两难境地有了根本性的解决方式。相异融合原理以企业集成战略为指导，为学科视角下企业集成运营管理运作指明了方向。

相异融合原理将不同层次功能内部和不同层次功能间无论矛盾大小都进行统一运作，使企业集成运营管理有了根本性的融合运作基础，是企业集成运营管理最根本创新的原理，协同原理、相似原理、重用原理都以此为基础。

企业运营管理由于自身没有解决企业运营管理系统功能相悖的基础，只能采用竞争战略。具体体现为采用顾客差异化战略，虽然体现了顾客差异化需求，却无法体现运营过程的效率，满足顾客差异化需求的代价很大，顾客无法接受这一代价，造成满足顾客差异需求的实际效果差；采用成本领先战略，虽然使得运营过程效率提高，满足顾客差异化需求的代价小，但满足的不是顾客真正的需求，顾客同样无法接受，也造成满足顾客差异需求的实际效果差。尽管可以采取一些方法提高满足顾客差异需求的实际效果，但这些方法不能有效改变自然形成的企业运营管理系统功能相悖状况，这是由企业运营管理自身运作所决定的，是企业运营管理的根本性缺陷。

（二）协同原理

企业集成运营管理的协同原理是指企业集成运营流程中所体现的协同一致运作。企业集成运营管理协同包括独立协同和关联协同。独立协同是同一事物内的各部分与企业运营流程的协同，关联协同是企业运营流程中的不同事物之间的协同，独立协同和关联协同都有企业运营流程的协同基础。独立协同包括价值链自身、模块单元自身、企业基本运营流程和供应链或者服务链流程自身协同。价值链、模块单元分别与企业基本运营流程和供应链或者服务链流程协同。结构化要素、非结构化要素、综合要素分别与企业基本运营流程和供应链或者服务链流程的协同。智能运营、精益运作、敏捷制造、约束理论、信息运作分别与企业基本运营流程和供应链或者服务链流程的协同。关联协同包括价值链自身、模块单元；结构化要素、非结构化要素、综合要素，智能运营、精益运作、敏捷制造、约束理论、信息运作，这些部分的组合与企业基本运营流程和供应链或者服务链流程的协同，最终形成的整体协同是价值链自身、模块单元，结构化要素、非结构化要素、综合要素、智能运营、精益运作、敏捷制造、约束理论、信息运作与企业基本运营流程和供应链或者服务链流程的协同。企业集成战略追求以更低的成本满足越来越多的顾客需求，特别是基于大规模生产技术，实现生产力和效率的提高（Yao & Xu，2018）。精益哲学选择必须尽可能地减少浪费，IT工具能管理更多的信息，增加灵活性、功能和特性。这两类工具在概念上和应用上是互补的，IT工具是一种更高层次的规划系统工具，精益生产实践与具体运营活动相关（Antonio & Chiabert，2017）。约束理论将流程视为同一链的环，而不是认为它们是独立的彼此。随着技术的发展和竞争对手不断增加，约束理论可以与其他理论相结合，促进企业竞争能力提高（Simsit & Gunay，2014）。敏捷制造已经发展成为一种革命性的制造和组装方式（Potdar & Routroy，2018）。制造（AM）已经赢得了组织的巨大纪念，以消除市场快速变化，缩短产品生命周期，改变客户需求和过时技术所带来的不确定性（Potdar & Routroy，2017）。

协同原理使企业集成运营管理系统进行各种具体运作时具有协同性，是当今企业集成运营管理中实体运作和价值运作融合的基础，使企业制造活动和服务活动统一于企业集成运营管理的具体内容中，使先进运营方式、绿色运营从整体和结构上融入企业集成运营管理中。协同原理是从运作上对相异融合原理的补充，使相异融合的范围更宽，深度更深。

企业运营管理致力于追求企业基本运营流程、供应链和服务链流程协同；追求结构化要素、非结构化要素协同；追求精益运作、敏捷制造、约束理论协同。但这一协同没有明确界定独立协同和关联协同，没有确定独立协同和关联协同共同的企业运营流程基础，没有实现企业集成战略的具体运作基础，没有进行协同的框架中心，没有将不同事物之间的协同联系起来，更没有从根本上融合的基础，使企业运营管理停留于形式，无法深入。

（三）相似原理

企业集成运营管理的相似原理指企业集成运营管理系统具体进行多样化运作时，通过寻求运作中的相似性，取得效率运作的方式。这一原理更多地运用于作业层面，在满足顾客差异需求的前提下，进行效率化的相似运作。通过相似运作，可以把过去不同的运作进行相似归类，减少内部多样化，提高运作效率。企业集成运营管理的相似原理以企业集成战略为指导，以流程相似为主线，将结构相似和流程相似融合进行运作，实现企业集成战略。

企业集成运营管理的相似原理使相异融合原理、协同原理具体运作时具有类型化特点，这种类型化运作将相似性的规律融入其中，强化了相异融合和协同的实现度，使其运作更具可行性。

企业运营管理的相似性或者进行结构相似运作性，或者进行流程相似性运作，相似性的运作单一，且没有能进行融合的基础原理指导，相似度的实现程度弱，满足顾客需求的支撑度弱。

（四）重用原理

企业集成运营管理的重用原理指企业集成运营管理系统进行具体作业运作时，将体现规模化效率运作的运营单元重新运用，减少了作业环节和作业时间，使具体作业进行效率运作。

企业集成运营管理的重用原理需要结合相异融合原理、协同原理的运用才具有意义。只有相异融合原理、协同原理的运用才能将顾客差异需求与效率运作融合和协同，才具有了这一融合和协同下的重用原理的运用，才使重用原理与顾客需求联系起来，其原理也才具有意义。

企业运营管理虽然有些运营流程能够重用，但这样的重用是一种静态重用，是顾客需求没有变化、运营流程没有变化的重用，一旦顾客需求变化、运营流程变化，这种重用将无法进行。因而，企业运营管理中的重用原理无法真正用来满足顾客需求。

（五）整体原理

企业集成运营管理的整体原理指企业运营管理运作时需要建立整体架构、整体耦合联系，实现整体系统的运作。企业运营管理需要按照整体原理的要求，通过整体系统、子系统的方式建立整体架构，明确整体耦合联系，通过采用输入、转化、输出的系统运作方式进行整体架构、整体耦合的动态运作。

整体原理将上述原理用于整体性的运作中，建立这些原理之间的整体联系，使企业集成运营管理运作在充分发挥灵活性的同时更加有序，更能展示企业集成运营管理规律性运作。

企业运营管理没有从根本上形成功能一致的基础，没有进行企业基本运营流程、供应链或者服务链的全方位融合，没有结构和流程融合的相似性，运作没有动态的重用基础，因而企业运营管理部分之间的联系是隔离的。这种隔离状态失去了建立内在联系的基础，运用整体原理只能从布局或者形式上实现联系，从而只能形成形式上的整体联系。

制造类企业、服务类企业、纯服务类企业进行企业集成运营管理都需要运用企业集成运营管理原理。

二、企业信息集成运营管理模式

企业集成运营管理模式是对企业运营管理的整体概括，通过模式实现企业运营管理的整体运作，企业集成运营管理模式是学科视角下企业运营管理整体变革的体现。

企业集成运营管理模式由企业具体集成运营管理模式和企业信息集成运营管理模式构成（冷绍升，2014）。与当今企业运营管理模式不同，企业集成运营管理模式将信息作为一种框架，与具体集成运营管理模式并列存在，两种模式相互融合为一体，共同作用，构建企业集成运营管理模式。企业运营管理演进至今，各类企业运营管理模式都是以管理理论中的组织结构为基础，企业集成运营管理模式中的信息集成运营管理模式是对这一基础的根本性改变，由原来的以组织结构为基础改变为以组织结构和信息结构并存为基础，是对学科视角下企业运营管理整体框架的变革。进行企业信息集成运营管理模式和具体集成运营管理模式运作，使企业集成战略实现具备了企业集成运营管理模式基础和综合实现的基础。

（一）企业信息集成运营模式组成

企业信息集成运营模式由集成 ERP、集成 MES、集成 MBE 构成，这是整体信息模式。当今随着信息技术的发展，大数据和云计算在集成 ERP、集成 MES、集成 MBE 构成的整体信息模式中得以体现，使得集成 ERP、集成 MES、集成 MBE 运作的信息范围更宽、信息运作更加深入。

1. 企业集成 ERP 内容包括集成财务管理系统、集成人力资源管理系统、集成采购管理系统、集成制造或者服务转化管理系统、集成仓储管理系统、集成销售管理系统、集成后勤管理系统

集成 ERP 以计划为主线，以集成制造或者服务转化管理系统为主体，将每一个系统连接起来，成为整体的集成 ERP。同时，与计划直接联系的每一个集成 ERP 的系统都有除计划为主线外特有的内容，还有辅助流程运作特有的系统内容。集成 ERP 的内容不仅是计划内容的体现，还包括部分非计划内容，这些内容都是为了企业集成运营模块价值链流程、集成供应链或者集成服务链的价值链流程运作而存在。

企业运营管理没有将信息视为框架来理解，无法形成与企业具体集成运营管理模式并行的企业信息集成运营管理模式，只是将信息作为沟通的媒介。企业运营管理信息运作下的 ERP 主要针对企业运营流程、供应链或者服务链运作进行。内容包括财务管理系统、人力资源管理系统、采购管理系统、制造或者服务转化管理系统、仓储管理系统、销售管理系统、后勤管理系统。这种 ERP 信息框架没有与企业集成运营模块价值链流程、集成供应链或者集成服务链模块价值链流程相联系，无法体现协同运作的企业集成战略引导下的计划信息运作。

企业集成 ERP 主要针对企业集成运营模块价值链流程、集成供应链或者集成服务链模块价值链流程进行运作。内容包括集成财务管理系统、集成人力资源管理系统、集成采购管理系统、集成制造或者服务转化管理系统、集成仓储管理系统、集成销售管理系统、集成后勤管理系统。集成 ERP 中集成制造或者服务转化管理系统是企业集成基本运营模块价值链流程计划的反映，是协同运作下的企业集成战略的直接体现。集成采购管理系统、集成仓储管理系统、集成销售管理系统的采购模块价值链流程、

仓储模块价值链流程、销售模块价值链流程需要围绕着协同运作下的企业集成基本运营模块价值链流程的企业集成战略要求进行计划，还需要根据自身的要求进行运作，使自身协同运作下的企业集成战略计划得以体现。集成财务管理系统需要体现企业集成基本运营模块价值链流程、供应链或者服务链的价值链流程中价值链的运作。集成人力资源管理系统、集成后勤管理系统都需要围绕着企业集成基本运营模块价值链流程、供应链或者服务链的价值链流程进行运作，同时进行自身协同运作下的企业集成战略运作。

企业集成制造或者服务转化管理系统是集成ERP主系统，是集成制造或者服务转化模块价值链流程计划运作的体现，集成ERP的其他系统围绕着这一系统进行运作。集成制造或者服务转化管理系统包括集成综合运营计划、集成主运营计划、集成模块品目需求计划、集成能力需求计划、集成运营作业计划。集成综合运营计划是以产品为对象的计划，也是集成主运营计划、集成模块品目需求计划、集成能力需求计划、集成运营作业计划的起点计划。集成主运营计划需要将产品转化为模块品目，按照集成制造或者服务转化价值链流程的要求确定模块品目的集成主运营计划。集成能力需求计划需要根据企业的能力，对模块品目的集成主运营计划的能力可行性进行验证，经过验证确定可行的模块品目的集成主运营计划；集成模块品目需求计划则根据能力可行的模块品目的集成主运营计划确定集成模块品目需求计划集成运营作业计划需要确定模块品目的具体运作计划。集成综合运营计划、集成主运营计划、集成模块品目需求计划、集成能力需求计划、集成运营作业计划是企业集成制造或者服务转化模块价值链流程的协同下的企业集成战略运作计划的直接体现。

企业集成销售管理系统是企业集成基本运营模块价值链流程计划运作的起点，通过集成销售管理系统明确集成制造或者服务转化管理系统计划中的顾客需求量或者需求额。集成销售管理系统包括销售计划、销售市场拓展、顾客关系管理三部分，销售计划是主体，销售市场拓展、顾客关系管理是销售计划有效运作的基础。销售市场拓展使销售计划中销售量、销售额增加，而顾客需求量或者需求额增加。顾客关系管理使原有的销售量、销售额得以维持和增加，使原有顾客需求量或者需求额得以维持和增加。销售计划需要对销售市场进行分析，在分析的基础上进行销售量或者销售额的预测，得出销售计划中的销售量或者销售额，并根据销售订单不断地对销售量或者销售额加以修正，使销售计划越来越接近销售实际，使顾客需求量或者需求额越来越准确，为集成制造或者服务转化管理系统计划打下基础。集成销售管理系统除了按照协同下的集成制造或者服务转化管理系统集成战略要求运作外，集成销售管理系统的销售计划、销售市场拓展、顾客关系管理三部分还需要自身按照协同下的企业集成战略要求进行运作，使集成销售管理系统的运作效率更高。

企业集成采购管理系统是企业集成基本运营模块价值链流程计划模块品目运作的起点，通过集成采购管理系统明确集成制造或者服务转化管理系统计划中的模块品目需求量。集成采购管理系统包括采购计划、采购市场拓展、供应商关系管理三部分，采购计划是主体，采购市场拓展、供应商关系管理是采购计划有效运作的基础。采购市场拓展使采购计划中模块品目选择范围更广、性价比更高。供应商关系管理使原有的采购渠道得以维持，使原有性价比高的采购渠道能够有效运用。采购计划需要按照企业集成基本运营模块价值链流程计划模块品目运作要求，对采购市场进行分析，在分析的基础上采购所需的模块品目数量，为集成制造或者服务转化管理系统计划打下基础。集成采购管理系统除了按照集成制造或者服务转化管理系统协同下的集成战略要求运作外，集成采购管理系统的采购计划、采购市场拓展、供应商关系管理三部分还需要自身按照协同下的企业集成战略要求进行运作，使集成采购管理系统的运作效率更高。

企业集成仓储管理系统能够促进企业集成基本运营、采购和销售模块价值链流程均衡运作。集成仓储管理系统包括线上暂缓区模块品目储存、仓库模块品目和产品储存。线上暂缓区模块品目储存是为企业集成基本模块价值链流程均衡运作。仓库模块品目和产品储存是为企业集成基本运营模块价值链流程均衡运作，为加强企业集成基本运营和采购模块价值链流程联系、为加强企业集成基本运营和销售模块价值链流程联系进行运作。线上暂缓区模块品目需要进行短暂的存储，需要符合基本的搬运和短暂存储要求，需要按照企业集成基本模块价值链流程协同下企业集成战略要求进行运作。仓库模块品目和产品储存是集成仓储管理系统运作的主体，包括仓库模块品目和产品入库、存储、出库管理。仓库模块品目和产品的入库、存储、出库存储除按照集成制造或者服务转化管理系统协同下的集成战略要求运作外，还需要自身按照协同下的企业集成战略要求进行运作，使仓库模块品目和产品存储的运作效率更高。

企业集成财务管理系统、集成人力资源管理系统、集成后勤管理系统都需要围绕企业集成基本运营模块价值链流程、供应链或者服务链的价值链流程进行运作。集成财务管理系统包括企业集成基本运营模块价值链流程、供应链或者服务链的价值链流程的价值链确定、价值核算、双向价值管理。集成人力资源管理系统包括企业集成基本运营模块价值链流程、供应链或者服务链的价值链流程的人事管理、人力资源计划、岗位工作分析与说明、员工招聘、培训、绩效评估、报酬管理、人力资源测评。集成后勤管理系统包括企业集成基本运营模块价值链流程、供应链或者服务链的价值链流程的人员住宿、餐饮、劳保等。集成财务管理系统的价值链确定、价值核算、双向价值管理，集成人力资源管理的人事管理、人力资源计划、岗位工作分析与说明、员工招聘、培训、绩效评估、报酬管理、人力资源测评，集成后勤管理系统的人员住宿、餐饮、劳保等除了围绕着企业集成基本运营模块价值链流程、供应链或者服务链价值链模块价值链流程进行协同下的企业集成战略运作外，还需要自身进行协同下的企业集成战略运作。

与集成 MES、集成 MBE 相比，企业集成 ERP 是以计划为主线。集成 ERP 中的主系统是集成制造或者服务转化管理系统，这一系统的内容由集成综合运营计划、集成主运营计划、集成模块品目需求计划、集成能力需求计划构成，这些计划成为集成采购管理系统、集成仓储管理系统、集成销售管理系统联系的主线，通过计划主线将这些系统与集成制造或者服务转化管理系统内在联系在一起。企业集成 ERP 是按照供应链或者服务链流程进行设计。ERP 的发展创造了管理供应链的机会，实现供应链高水平的整合，提高内部和外部业务网络的通信，并加强决策过程（Helo & Suorsa，2014）。企业集成 ERP 有保障系统。集成财务管理系统、集成人力资源管理系统、集成后勤管理系统是企业集成 ERP 保障系统，为集成采购管理系统、集成制造或者服务转化管理系统、集成仓储管理系统、集成销售管理系统运作提供有力保障。

顾客接触服务 ERP 与一般的 ERP 相同部分是具有集成财务管理系统、集成人力资源管理系统、集成服务转化和销售管理系统、集成自身运作服务管理系统、集成销售完成管理系统、集成后勤管理系统。集成服务转化和销售管理系统中具有企业集成综合服务计划、企业集成主服务计划、企业集成服务作业计划，反映顾客接触服务流程的无形产品的模块单元额度、规模的计划。顾客接触服务 ERP 与一般的 ERP 有很大的不同，需要将服务场景理论、服务知识图谱理论、服务知识超网络理论融入其中进行确定顾客接触服务 ERP 中企业集成顾客接触服务作业服务计划。

顾客接触服务 ERP 中企业集成顾客接触服务作业服务计划包括场内员工服务的员工服务样式、员工服务质量、员工服务数量、员工服务瞬时时间、员工服务顾客感知满足度、员工服务价值和场内员工服务环境、服务氛围顾客感知满足度。确定场内设备服务的设备服务样式、设备服务质量、设备服务数量、设备服务瞬时时间、设备服务顾客感知满足度、设备服务价值和场内设备服务环境、服务氛围顾客感知满足度。确定场外设备服务的设备服务样式、设备服务质量、设备服务数量、设备服务瞬时时间、设备服务顾客感知满足度、设备服务价值和场外服务环境顾客感知满足度。确定场外电子服务的电子服务样式、电子服务质量、电子服务数量、电子服务瞬时时间、电子服务顾客感知满足度、电子服务价值和场外服务环境的顾客感知满足度。

制造类企业集成 ERP 包括集成财务管理系统、集成人力资源管理系统、集成采购管理系统、集成制造管理系统、集成仓储管理系统、集成后勤管理系统，制造类企业中的制造企业除此之外还包括集成销售管理系统。服务类企业集成 ERP 包括集成财务管理系统、集成人力资源管理系统、集成仓储管理系统、集成销售管理系统、集成后勤管理系统。纯服务类企业集成 ERP 包括集成财务管理系统、集成人力资源管理系统、集成后勤管理系统，新兴服务企业包括集成服务销售系统，中间性纯服务企业包括集成服务转化和服务销售系统，一般纯服务企业包括集成服务转化和销售管理系统、集成自身运作服务管理系统、集成销售完成管理系统。一般纯服务企业还包括场内员工服务、场内设备服务、场外设备服务、场外电子服务的顾客接触服务 ERP 中企业集成顾客接触服务作业服务计划。

2. 企业集成 MBE 内容包括基于模型定义设计 MBD、基于模型的系统工程 MBSE、基于模型的信息物理系统 CPS（Cyber – Physical System）、基于模型的维护与维修 MBMS（Model – Based Maintenance Systems）、基于模型的供应链或者服务链运作

企业集成 MBE 是针对企业集成运营模块价值链流程、企业集成供应链和服务模块

价值链流程运作对象进行设计的，从而使企业运营模块价值链流程和企业集成 ERP、企业集成 MES 有了运作的实体。

　　企业运营管理系统的产品设计通过 CIMS 进行运作，这种设计没有充分体现产品的智能特性，更没有体现智能性产品设计，没有有效的验证，没有针对运营模块价值链流程进行产品设计，无法体现企业协同的企业集成战略下的设计信息运作。企业集成 MBE 是针对企业集成运营模块价值链流程、企业集成供应链和服务模块价值链流程对象设计，通过基于模型定义设计 MBD 充分体现产品的智能特性和智能性产品设计；通过基于模型的系统工程 MBSE 进行有效的验证；通过基于模型的信息物理系统 MBM、基于模型的维护 MBMS 将 MBD 直接融入模块价值链流程，充分体现了企业协同的集成战略引导下的设计信息运作。

　　企业集成 MBE 将基于模型定义设计 MBD 的内容集中在一起。MBD 是有形产品和无形产品结构的具体体现，有了具体的有形产品和无形产品结构，企业集成运营模块价值链流程、企业集成供应链和服务模块价值链流程才具有运作对象，才能针对对象进行运作。有形和无形产品的模型信息、尺寸和公差信息、有关的工艺描述信息、属性信息、管理信息都集中于产品的三维模型中。传统的由三维实体模型来描述几何信息，用二维工程图纸来定义尺寸、公差信息和工艺信息。三维模型是运营过程的唯一依据，传统的以工程图纸为主，以三维实体模型为辅。无形产品通过不同的维度体现基于模型定义设计 MBD 运作。

　　基于模型的系统工程 MBSE 包括系统中的产品需求、设计、分析、验证、确认和价值定位。系统工程 MBSE 是正式的建模应用程序，用以支持概念设计阶段。通过 MB-SE 运作，将基于模型定义设计 MBD 可行性进行验证，将验证的 MBD 作为企业集成运营模块价值链流程、企业集成供应链和服务模块价值链流程的对象。

　　信息物理系统是相互作用的物理输入与输出元素构成的信息系统，由传感器、控制器、计算部件、通信网络组成。信息物理系统将设备与设备、设备与人联系在一起，智能进行运营流程运作。基于模型的信息物理系统 MBM 包括基于模型的信息物理系统工艺规划设计、优化和管理，基于模型的信息物理系统工装设计，基于模型的信息物理系统质量管理，将这些设计提供给运营现场。基于模型的信息物理系统 MBM 成果包括基于模型的信息物理系统三维工艺、基于模型的信息物理系统智能控制程序、基于模型的信息物理系统三维电子作业指导书、基于模型的信息物理系统仿真。基于模型的信息物理系统三维电子作业指导书是连接虚拟和生产现场的关键环节，与 MES 联系在一起。基于模型的维护 MBMS 将基于模型的技术扩展到产品生命周期中的维修阶段。基于模型的供应链或者服务链将基于模型的信息物理系统 MBM 运作扩展到供应链或者服务链流程运作。

　　与集成 MES、集成 ERP 相比，集成 MBE 是集成 ERP 和集成 MES 无法取代的。MBE 属于设计模块价值链流程。MBE 中心是 MBD 的有形产品和无形产品结构设计，围绕 MBD 进行基于模型系统工程 MBSE 的验证，同时通过基于模型的数字化制造

MBM、基于模型的维护 MBMS 将 MBD 落到实处。MBE 确立了企业集成运营模块价值链流程和企业集成供应链和服务模块价值链流程运作对象，这样运营模块价值链流程运作才有了实体基础，才能针对 MBD 进行运营模块价值链流程运作。

顾客接触服务集成 MBE 需要融入服务知识图谱理论、服务知识超网络理论，进行场内员工服务、场内设备服务、场外设备服务、场外电子服务 CPS 流程设计，顾客接触 CPS 流程设计需要考虑服务样式、服务质量、服务数量、服务瞬时时间、顾客感知满足度、服务价值和服务环境、服务氛围顾客感知满足度这些因素。

制造类企业中制造企业、设计性新兴制造企业集成 MBE 包括基于有形产品模型定义设计 MBD、基于模型的系统工程 MBSE、基于模型的数字化制造 MBM、基于模型的维护 MBMS、基于模型的供应链运作。一般新兴制造企业集成 MBE 包括基于模型的数字化制造 MBM、基于模型的维护 MBMS、基于模型的供应链运作。服务类企业中制造性服务企业集成 MBE 包括基于有形产品模型定义设计 MBD、基于模型的系统工程 MB-SE、基于模型的数字化服务 MBM、基于模型的维护 MBMS、基于模型的服务链运作。一般服务企业集成 MBE 包括基于模型的数字化服务 MBM、基于模型的维护 MBMS、基于模型服务链运作。纯服务类企业中新兴服务企业、一般纯服务企业集成 MBE 包括基于有形产品模型定义设计 MBD、基于模型的系统工程 MBSE、基于模型的数字化服务 MBM、基于模型的维护 MBMS、基于模型服务链运作。中间性服务企业集成 MBE 包括基于模型的数字化服务 MBM、基于模型的维护 MBMS、基于模型服务链运作。一般纯服务企业顾客接触服务集成 MBE 需要融入服务知识图谱理论、服务知识超网络理论，进行场内员工服务、场内设备服务、场外设备服务、场外电子服务 CPS 流程设计。

3. 企业集成 MES 内容

企业集成 MES 内容包括企业集成运营作业计划、企业集成顾客接触服务作业服务计划、企业集成基本运营流程 MBD 运作、企业集成基本运营流程资源管理、企业集成基本运营流程调度、企业集成基本运营流程执行、企业集成基本运营流程跟踪、企业集成运营流程质量管理、企业集成运营流程价值管理、企业集成运营流程信息管理、企业集成基本运营流程效果评价、企业集成基本运营流程反馈与调整、企业集成基本运营流程维护管理。MES 监督过程控制系统，决定产品遵循的路线，决定何时何地开始进行产品操作，MES 必须处理所有可能的问题，其中一些问题会扰乱制造业务运作（Valckenaers，2005）。

企业运营管理的制造执行系统是通过 MES 来进行的，MES 没有进行智能与精益协同运作，没有针对运营模块价值链流程进行运作，无法体现企业协同的企业集成战略下的执行系统信息运作。企业集成 MBE 是针对企业集成运营模块价值链流程、企业集成供应链和服务模块价值链流程进行运作，将智能与精益协同运作，充分体现了企业协同的集成战略引导下的执行系统信息运作。

企业集成运营作业计划是企业集成 MES 中心，接收来自集成主运营计划信息，进行集成主运营计划的模块品目计划运作。企业集成运营作业计划以企业集成基本运营模块价值链流程为主，编制模块品目的企业集成运营作业计划，使集成主运营计划中的模块品目能够按照企业集成运营作业计划要求的时间、作业点、具体作业进行计划，完成企业集成运营作业计划制定。企业集成顾客接触服务作业服务计划是与企业集成运营作业计划并列的计划，通过顾客接触企业集成 MES 中心，接收场内员工服务、场内设备服务、场外设备服务、场外电子服务的服务样式、服务质量、服务数量、服务瞬时时间、顾客感知满足度、服务价值和服务环境、服务氛围顾客感知满足度的信息。

企业集成基本运营流程 MBD 运作是企业集成运营作业计划的对象，企业集成 MES 运作中需要将 MBD 按照企业集成基本运营流程运作的要求，构建 MBD 的模块品目结构，使模块单元的运作具有实体基础。这样，企业集成基本运营流程 MBD 运作就能按照企业集成基本运营模块价值链流程要求进行运作。企业集成基本运营流程 MBD 运作需要选择符合企业集成运营作业计划的时间、作业点、具体作业要求的模块品目，企业集成运营作业计划就有了具体运作对象。企业还需要注重集成供应链或者服务链流程的 MBD 运作，按照 MBD 的模块品目结构，进行集成供应链或者服务链流程运作。企业集成基本运营流程 MBD 运作是针对有形产品和无形产品的，顾客接触服务流程需要确定场内员工服务、场内设备服务、场外设备服务、场外电子服务的服务样式、服务质量、顾客感知满足度、服务环境、服务氛围，为顾客接触服务流程运作中的顾客服务满足打下基础。

企业集成基本运营流程资源管理是企业集成运营作业计划的资源保障。主要的资源包括人员、模块品目、设备、工具、能源，将这些资源结合起来进行企业集成运营流程各作业的运作，完成模块品目运营。企业集成运营流程资源需要具备完成企业集成运营作业计划运作的基本水平要求，企业集成运营流程资源管理才能根据企业集成运营作业计划的时间、作业点、具体作业要求，选择人员、模块品目、设备、工具、能源，从而确定企业集成运营作业计划的资源基础。企业需要注重集成供应链或者服务链流程运作对资源的要求，有效进行集成供应链或者服务链流程运作资源管理。顾客接触服务流程的场内员工服务、场内设备服务、场外设备服务、场外电子服务需要依据服务场景确定服务人员、服务设备、服务网络、服务传感器、服务信息平台各种资源。

企业集成基本运营流程调度是企业集成运营作业计划运作保障。企业集成运营作业计划运作时需要企业集成运营流程的作业和作业中的资源保证，具备进行作业计划执行基础。企业集成运营流程调度需要针对企业集成运营作业计划的时间、作业点、具体作业要求，进行企业集成运营流程的作业和作业中人员、模块品目、设备、工具、能源的调度，使企业集成运营作业计划运作有了完成的具体作业和具体作业资源，将企业集成运营作业计划落实到企业集成运营流程中具体的作业、具体的资源、完成的时间、完成作业地，企业集成运营作业计划运作落到实处。企业需要注重集成供应链或者服务链流程运作调度，有效进行集成供应链或者服务链流程调度。顾客接触服务流程需要确定场内员工服务、场内设备服务、场外设备服务、场外电子服务所需的服务人员、服务设备、服务网络、服务传感器、服务信息平台各种资源，有效进行服务资源调度。

企业集成基本运营流程执行是企业集成运营作业计划的执行。企业集成基本运营流程需要模块单元按照精益运营为主的要求进行企业集成基本运营流程的安排，使企业集成基本运营流程成为精益运营流程。企业集成基本运营流程需要模块单元进行信息物理系统的运作，实现不同设备之间的互联互通、模块品目与设备之间的互联互通，实现智能运作。企业集成运营作业计划中的体现作业地、完成时间、具体资源的具体作业需要按照企业集成运营流程中作业指导的要求，进行每一次作业，进行企业集成运营作业计划的模块品目运营。企业集成基本运营流程执行中，需要关注企业仓模块价值链流程运作，进行模块品目入库、存储、出库的运作，进行仓模块价值链流程中存储作业的模块品目运作。需要关注集成供应链或者服务链流程中的模块品目运作，注重集成供应链或者服务链流程执行。企业集成顾客接触服务作业服务计划按照场内员工服务、场内设备服务、场外设备服务、场外电子服务的服务样式、服务质量、服务数量、服务瞬时时间、顾客感知满足度、服务价值和服务环境、服务氛围顾客感知满足度进行执行。

企业集成基本运营流程跟踪是对企业集成战略下的精益和智能基本运营流程进行跟踪。需要对企业集成基本运营流程中的模块品目、运营流程要素、运营流程节点进行跟踪，查验企业集成基本运营流程执行是否顺利，模块品目、集成基本运营流程要素、集成基本运营流程节点是否都按照企业集成基本运营流程执行的要求进行运作。需要关注集成供应链或者服务链模块价值链流程中的模块品目、集成供应链或者服务链流程要素、集成供应链或者服务链流程节点运作是否顺利。对于出现的问题，能够及时报警，进行解决。对顾客接触服务流程的场内员工服务、场内设备服务、场外设备服务、场外电子服务的服务样式、服务质量、服务数量、服务瞬时时间、顾客感知满足度、服务价值和服务环境、服务氛围顾客感知满足度方面进行跟踪。

企业集成运营流程质量管理是对企业集成基本运营流程和集成供应链或者服务链流程中的模块品目、产品、服务的质量管理。企业需要按照既定标准要求，进行企业集成基本运营流程和集成供应链或者服务链流程中模块品目、产品、服务的质量运作，使模块品目、产品、服务能始终符合质量要求。

企业集成运营流程价值管理是企业集成基本运营流程和集成供应链或者服务链流程运作能取得既定的价值，使企业不断增值。企业集成基本运营流程和集成供应链或者服务链流程中的每一次作业都能按照价值目标进行运作，取得企业整体和局部的价值增值。

企业集成运营流程信息管理对企业集成基本运营流程和集成供应链或者服务链流程的各种信息进行收集、处理、运作，使企业集成运营流程信息畅通。企业需要收集、处理、运作信息包括企业集成运营流程时间和状态的信息、模块品目和产品的信息、作业地信息、具体资源运用信息、质量信息、价值信息。可见企业集成运营流程信息管理是企业集成基本运营流程和集成供应链或者服务链流程运作信息的全方位的反映，通过企业集成运营流程信息管理促进企业集成基本运营流程和集成供应链或者服务链流程运作。

企业集成基本运营流程效果评价是对企业集成基本运营流程运作中的创新功能、弹性功能、继承性功能、质量功能、按期交货功能、价值创造功能完成的情况进行评价，从而对企业集成基本运营流程运作和有关的集成供应链或者服务链流程运作效果进行界定，提出企业集成基本运营流程运作和有关的集成供应链或者服务链流程运作中需要改进的方面。需要对顾客接触服务流程的场内员工服务、场内设备服务、场外设备服务、场外电子服务的服务样式、服务质量、服务数量、服务瞬时时间、顾客感知满足度、服务价值和服务环境、服务氛围顾客感知满足度方面进行评价。

企业集成基本运营流程反馈与调整是将企业集成基本运营流程效果评价提出的改进方面进行反馈，以企业集成基本运营流程为主体，进行集成基本运营流程运作和有关的集成供应链或者服务链流程运作的调整，使企业集成基本运营流程运作最终能够实现创新功能、弹性功能、继承性功能、质量功能、按期交货功能、价值创造功能的要求。对顾客接触服务流程的场内员工服务、场内设备服务、场外设备服务、场外电子服务的服务样式、服务质量、服务数量、服务瞬时时间、顾客感知满足度、服务价值和服务环境、服务氛围顾客感知满足度方面进行反馈，根据反馈情况进行调整。

企业集成基本运营流程维护管理是指对企业集成基本运营流程中的设备和工具进行维护，使设备和工具能始终按照企业集成基本运营流程的要求进行运作，不断促进企业基本运营流程完成既定功能，实现预定的价值目标。

制造类企业需要进行企业集成制造作业计划、企业集成基本制造流程 MBD 运作、企业集成基本制造流程资源管理、企业集成基本制造流程调度、企业集成基本制造流程执行、企业集成基本制造流程跟踪、企业集成制造流程质量管理、企业集成制造流程价值管理、企业集成制造流程信息管理、企业集成基本制造流程效果评价、企业集成基本制造流程反馈与调整、企业集成基本制造流程维护管理的集成 MES 运作。服务类企业、纯服务类企业需要进行企业集成服务作业计划、企业集成基本服务流程 MBD 运作、企业集成基本服务流程资源管理、企业集成基本服务流程调度、企业集成基本服务流程执行、企业集成基本服务流程跟踪、企业集成服务流程质量管理、企业集成服务流程价值管理、企业集成服务流程信息管理、企业集成基本服务流程效果评价、企业集成基本服务流程反馈与调整、企业集成基本服务流程维护管理的集成 MES 运作。一般纯服务企业进行顾客接触服务流程场内员工服务、场内设备服务、场外设备服务、场外电子服务的服务样式、服务质量、服务数量、服务瞬时时间、顾客感知满足度、服务价值和服务环境、服务氛围顾客感知满足度执行、跟踪、评价、反馈与调整的集成 MES 运作。

4. 云计算与大数据融入企业集成 ERP、MBE、MES

企业运营管理没有完全展开云计算与大数据的运用，没有将云计算与大数据完整融入 ERP、MBE、MES 中，没有从根本上将云计算与大数据融入企业集成基本运营流程和集成供应链或者服务链流程中，因而无法体现企业集成运营管理运作。

企业集成云计算与大数据是一种非常有前景的计算趋势，它们将计算任务分布在企业集成运营流程中 ERP、MBE、MES 信息系统的大量计算机构成的资源池上，进行大数据计算，使企业集成 ERP、MBE、MES 信息系统能够根据需要获取计算能力、存储空间和信息服务，真正形成广义的融入企业集成云计算与大数据的企业集成 ERP、MBE、MES 信息系统。云计算可以访问共享的计算资源池，以按需或按使用付费的方式运用（Subramanian & Jeyaraj，2018）。

企业集成云计算分为企业集成基础设施云计算、企业集成平台云计算、企业集成软件云计算。云平台的典型功能是多客户、可扩展性、可用性、集成开发环境，支持不同的编程语言（Dehmer & Niemann，2018）。企业集成基础设施云计算通过网络传输的计算资源、存储和网络结构的集成环境进行企业集成 ERP、MBE、MES 信息系统云计算。企业无须购买硬件，而是租赁云计算提供商的基础设施，如服务器和虚拟机、存储空间、网络和操作系统，进行企业集成 ERP、MBE、MES 信息系统运作。企业集成运营流程基础设施云计算更多的是进行云计算共享资源的运用。

企业集成平台云计算是云服务提供商将软件开发环境部署在网络上，提供按需付费模式，企业集成 ERP、MBE、MES 信息系统利用云服务提供商提供的开发平台和开发环境，控制自己部署的应用程序，并托管环境配置。企业集成平台云计算能够让企业快速地进行企业集成 ERP、MBE、MES 信息系统云计算，避免将精力过多地用在服务器、存储空间、网络和数据库的设置或管理方面。与企业集成云计算相比，企业集成平台云计算用于特定问题的云计算，因而与企业特性和实际联系的程度更高。

企业集成软件云计算是通过网络交付的应用程序服务，云服务提供商托管并管理软件应用程序和基础结构，负责软件升级和安全修补等维护工作，企业可以通过任何设备借助互联网直接连接到应用程序，进行企业集成 ERP、MBE、MES 信息系统云计算。与企业集成云计算、企业集成平台云计算相比，企业集成软件云计算用于专门用途的云计算，因而与企业特性和实际联系的程度最高。

与 ERP、MBE、MES 信息系统运作相比，企业集成云计算特点如下：

（1）超大规模信息量。ERP、MBE、MES 信息系统运作是以个体企业的信息为主体进行信息系统的运作；企业集成云计算是以众多企业的信息为主体进行信息系统的运作，信息量巨大。ERP、MBE、MES 信息系统需要针对自身企业进行信息计算，企业集成云计算需要针对超大规模信息量进行云计算。

（2）虚拟化。ERP、MBE、MES 信息系统对企业运用信息系统的运行位置、终端有要求，资源需要具体的实体承载才能进行信息系统的运作。企业集成云计算企业可以选择任何位置，使用多种终端，资源来自云而不需要固定有形的实体，只需要计算机、手机就可以进行信息系统的运作。

（3）高可靠性。ERP、MBE、MES 信息系统多用数据的原本，容错性差，计算节点同构性差、互换性差，造成信息运作可靠性差。企业集成云计算信息系统多用数据的副本，容错性强，计算节点同构性强、互换性强，使信息运作可靠性强。

（4）运用廉价。ERP、MBE、MES 信息系统进行强大计算需要完善信息系统本身或者购买具有计算功能的信息系统融入其中，无论是完善信息系统本身或者购买具有计算功能的信息系统都需要花费大量资金。企业集成云计算可以使用极其廉价的节点构成云，云的自动化管理将成本大幅降低，使企业能够廉价运用。

企业集成大数据技术包括企业集成数据采集与预处理、企业集成数据存储和管理、企业集成数据处理和分析。企业集成数据采集与预处理需要将企业集成运营流程中 ERP、MBE、MES 信息系统中分布的、异构数据源中的数据抽取到临时中间层后进行清洗、转换、集成，最后加载在数据仓库或者数据集市中，成为企业集成运营流程中 ERP、MBE、MES 信息系统数据分析和数据挖掘的基础。企业集成数据存储和管理需要利用企业集成运营流程中 ERP、MBE、MES 信息系统中分布式文件系统、数据仓库、关系数据库、云数据库，实现对结构化、半结构化、非结构化大量数据的存储和管理。企业集成数据处理和分析需要利用企业集成运营流程中 ERP、MBE、MES 信息系统中分布式并行编程模型和计算框架，结合机器学习和数据挖掘算法，实现对大量数据的处理和分析；对分析结果进行可视化呈现，使数据更好理解、更好分析。传统的数据技术和平台效率较低、响应速度慢、缺乏可扩展性、性能少（Oussous & Benjelloun，2018）。

与 ERP、MBE、MES 信息系统运作相比，企业集成大数据特点如下：

（1）数据量大。ERP、MBE、MES 信息系统运作是以个体企业的信息为主体进行信息系统运作；企业集成大数据是以众多关联信息为基础进行信息系统运作，信息量巨大。ERP、MBE、MES 信息系统只需要针对自身企业进行信息计算，企业集成大数据需要针对关联的大规模信息量进行运作。

（2）数据类型繁多。ERP、MBE、MES 信息系统运作是以结构化信息为主体进行信息系统运作；企业集成大数据主要是以非结构化信息为主体进行信息系统运作。非结构化信息种类繁多，企业集成大数据运作需要面对种类繁多的数据进行运作。

（3）处理速度快。ERP、MBE、MES 信息系统信息产生速度慢，信息分析与处理慢；企业集成大数据产生速度快，信息分析与处理也快。只有快速地进行信息处理，才能够有效地进行企业集成大数据运作。

（4）价值密度高。ERP、MBE、MES 信息系统面对大数据时，进行数据分析能力弱，使有用的信息沉积于大量数据之中，价值密度远远低于传统的信息数据运作。企业集成大数据既需要面对大数据的环境，同时能够充分运用数据挖掘技术，进行数据的有效分析，加上速度快，价值密度高于 ERP、MBE、MES 信息系统面对大数据时的密度。

企业集成运营管理流程运作既需要大数据，也需要小数据。小数据是描述和管理集成运营管理流程大数据的数据属性的数据，由集成运营管理流程元数据和主数据组成。集成运营管理流程元数据是用于描述数据资源基本信息的结构化数据，是大数据的数据属性的数据，是对集成运营管理流程数据库定义、结构、类型、操作、管理内容的描述；是描述大数据中的行为和过程的数据，是从集成运营管理流程大数据中概括、分析、提取的数据；是大数据中所包含的主体和客体的一般属性的规定数据。主数据是指满足集成运营管理流程大数据业务实体状态属性的基础信息，是产品、模块品目、模块单元流程、要素流程的主数据，与交易数据不同，主数据相对不变，交易数据随时改变。集成运营管理流程小数据是理解和分析大数据的核心属性的有效手段，可以通过小数据去认识集成运营管理流程大数据系统中的基本特征。

制造类企业、服务类企业、纯服务类企业需要建立制造企业集成 ERP、MBE、MES 信息系统或者服务企业集成 ERP、MBE、MES 信息系统，进行计算、存储和信息服务，真正形成广义的融入企业集成云计算与大数据的企业集成 ERP、MBE、MES 信息系统。

(二) 企业信息集成模式的相互联系

1. 企业集成 ERP、企业集成 MBE、企业集成 MES、企业集成云计算、企业集成大数据整体层面

企业运营管理有关信息整体层面只是明确了 ERP 计划层面和 MES 的执行层面，没有从企业集成 ERP、企业集成 MBE、企业集成 MES、企业集成云计算、企业集成大数据整体上确立层面的关系。

企业信息集成运营管理模式的信息整体层面体现为从上而下的企业集成信息计划层面和企业集成信息执行层面。从运作关系而言，企业集成信息计划层面高于企业集成信息执行层面，企业集成信息执行层面保障企业集成信息计划层面的执行。处于计划层面的集成信息系统进行计划层面信息运作，一般为时期信息；运作处于执行层面的集成信息系统进行执行层面信息运作，一般为时点信息运作。企业集成时点信息通过一段时间的汇集成为企业集成时期信息。可见，企业集成时点信息是企业集成时期信息的基础。

企业集成 ERP 是处于计划层面的企业集成信息系统；MBD 的企业集成 MBE 是处于计划层面的企业集成信息系统；信息物理系统的企业集成 MBE 是处于执行层面的企业集成信息系统；企业集成 MES 是处于执行层面企业集成信息系统。企业集成云计算、企业集成大数据是处于计划层面和执行层面信息系统，从计划层面融入企业集成 ERP 和 MBD 的企业集成 MBE，进行信息运作；从执行层面融入信息物理系统的企业集成 MBE 和企业集成 MES，进行信息运作。企业集成 ERP 和 MBD 的企业集成 MBE 是处于计划层面的企业集成信息系统，高于信息物理系统的企业集成 MBE 和企业集成 MES，企业集成 MES 和信息物理系统的企业集成 MBE 保障企业集成 ERP 和企业集成 MBE 执行。企业集成云计算、企业集成大数据促进不同层面的企业集成 ERP、MBD 的企业集成 MBE、信息物理系统的企业集成 MBE、企业集成 MES 的运作。企业集成 ERP 和

MBD 的企业集成 MBE 是时期信息运作，信息物理系统的企业集成 MBE 和企业集成 MES 是时点信息运作，信息物理系统的企业集成 MBE 和企业集成 MES 信息是企业集成 ERP 和企业集成 MBE 信息基础。企业集成云计算、企业集成大数据按照时期信息要求促进企业集成 ERP 和 MBD 的企业集成 MBE 信息运作；按照时点信息要求促进信息物理系统的企业集成 MBE 和企业集成 MES 信息运作。

2. 企业集成 ERP、企业集成 MBE、企业集成 MES、企业集成云计算、企业集成大数据局部层面

企业集成 ERP 由企业集成表示层、企业集成业务层、企业集成数据层构成。企业集成表示层完成企业集成 ERP 应用系统与企业的交互，通过统一的界面对象，访问应用服务器中的业务对象。企业集成业务层是企业集成 ERP 最复杂的部分，需要进行实体数据描述，通过业务活动及其行为可以改变实体的状态，把这些改变实体状态的业务活动进行抽象化，进行数据处理。由此为企业集成表示层提供了业务对象，为企业集成数据层提供了数据基础。企业集成数据层完成数据的存储和管理。

企业集成 MES 由企业集成对象层、企业集成操作层、企业集成基层信息采集层构成。企业集成对象层确定企业集成 MES 应用系统与企业的交互，通过企业集成 MES 界面，访问企业集成 MES 应用服务器中的企业对象。企业集成操作层指导企业集成基层信息采集层的信息采集，根据所采集的信息进行数据处理，从而形成各类企业集成 MES 所需的信息，完成数据的存储和管理。企业集成基层信息采集层需要建立与一线业务运作信息连接的系统，按照企业集成操作层要求，进行一线业务运作信息的采集。

企业集成 MBE 包括 MBD 的企业集成 MBE 和信息物理系统的企业集成 MBE。MBD 的企业集成 MBE 由企业集成系统层、企业集成运作层、企业集成中心层、企业集成数据层构成。企业集成系统层确定 MBD 的企业集成 MBE 应用系统与企业的交互，通过 MBD 的企业集成 MBE 界面，访问 MBD 的企业集成 MBE 应用服务器中的企业对象。企业集成运作层需要将 MBD 进行数据化抽象进行，MBD 数据处理，建立各类 MBD 的数据信息，进行 MBD 验证，完成 MBD 模型的描述。企业集成中心层需要根据企业特性和实际，建立 MBD 模型，针对企业进行完备的 MBD 模型输出，使企业有明确的 MBD 模型。企业集成数据层进行 MBD 有关信息存储和管理。

信息物理系统的企业集成 MBE 包括企业集成连接层、企业集成转换层、企业集成网络层、企业集成认知层、企业集成配置层。企业集成连接层通过传感器、控制器和信息系统连接，将信息物理系统的企业集成 MBE 与一线运作的设备、一线流程、其他信息系统连接起来，从而能够获得设备、企业流程、其他信息系统的信息。企业集成转换层通过采用一定的方法，进行设备、企业流程、其他信息系统的信息处理，取得所需要的信息。企业集成网络层起着中央信息连接的作用。信息从某一设备、某一企业流程、某一其他信息系统的信息向网络推送。在搜集信息后，分析技术设备的能力，了解设备当前的性能，预测设备未来的运作能力。企业集成认知层将所获的信息和设

备当前的性能、设备未来的运作能力正确地展示给专家，进行准确的决策。企业集成配置层接受来自于网络空间对物理空间的反馈，其作用是监督和控制，让设备自配置和自适应。

企业集成云计算包括企业集成物力资源层、企业集成资源池层、企业集成管理中间件层、企业集成构建层。企业集成物力资源层需要具备计算机、存储器、网络设施、数据库和软件，使企业集成云计算具备运作的物质基础。企业集成资源池层将大量相同类型的资源构成同构或者接近同构的数据资源池。构建资源池更多的是物理资源的集成和管理工作。企业集成管理中间件层是对企业集成云计算所提供的资源进行管理，对众多的应用任务进行调度，使资源能够高效、安全地进行运作。企业集成构建层将云计算能力封装成标准的 Web Services 服务，包括服务接口、服务注册、服务查找、服务访问和服务工作流。企业集成管理中间件层和企业集成构建层是企业集成云计算中最重要的部分。

企业集成大数据包括企业集成数据准备层、企业集成数据存储与管理层、企业集成计算处理层、企业集成数据分析层、企业集成知识展现层。企业集成数据准备层需要对不同格式、不同类型的大数据，按照规范的要求对数据进行清洗和整理，使数据便于分析和储存。企业集成数据存储与管理层需要以极低的成本进行数据储存，适应多样化的非结构化的数据格式要求进行管理，使数据格式具有扩展性。企业集成计算处理层需要根据数据的类型和分析目标，采用适当的算法模型，快速处理数据。处理海量的大数据需要采用分布式计算。企业集成数据分析层需要从纷繁复杂的数据中发现规律并提取新的知识，既要根据先验知识建立模型，还要建立智能数据挖掘技术，进行数据分析。企业集成知识展现层根据顾客的需要将知识直观地反映给顾客，进行智能可视化展示形式的研究，运用顾客容易接受的可视化形式。

3. 企业集成 ERP、企业集成 MBE、企业集成 MES、企业集成云计算、企业集成大数据联系

计划层面的企业集成信息系统将信息传递给执行层面企业集成信息系统，执行层面企业集成信息系统按照计划层面的企业集成信息系统要求进行信息运作。根据执行层面企业集成信息系统运作的情况，随时将信息反馈给计划层面的企业集成信息系统，进行信息调整。企业集成 ERP 通过其企业集成表示层，建立与企业集成 MES 的联系；企业集成 MES 通过其企业集成对象层建立与企业集成 ERP 的联系，打通企业集成 ERP 与企业集成 MES 的信息联系通道。企业集成 ERP 的企业集成业务层对企业集成 MES 的企业集成操作层发送执行信息，企业集成操作层按照所发信息的要求执行信息。企业集成 MES 的企业集成基层信息采集层将所执行的信息采集出来，反馈给企业集成业务层，企业集成业务层根据执行情况，调整执行信息，将调整信息发送给企业集成操作层，进行信息执行，使企业集成业务层与企业集成操作层之间形成循环信息运作。循环中信息按照企业集成操作层、企业集成数据层的要求进行存储和管理，完成企业集成 ERP、企业集成 MES 信息运作。

MBD 的企业集成 MBE 通过其企业集成系统层，建立与信息物理系统的企业集成 MBE 的联系；信息物理系统的企业集成 MBE 通过其企业集成连接层建立与 MBD 的企业集成 MBE 联系，打通 MBD 的企业集成 MBE 与信息物理系统的企业集成 MBE 的信息联系通道。MBD 的企业集成 MBE 的企业集成运作层和企业集成中心层对信息物理系统的企业集成 MBE 的企业集成转换层发送执行信息，确定设备和企业流程的信息；信息物理系统的企业集成 MBE 的企业集成网络层得出设备的当前和今后的能力；信息物理系统的企业集成 MBE 的企业集成认知层对设备运用和企业流程确定进行决策；信息物理系统的企业集成 MBE 的企业集成配置层按照决策的要求，进行设备配置，从而实现智能流程。MBD 的企业集成 MBE 的企业集成数据层进行有关信息存储与管理。

执行层面和辅助层面的企业集成信息系统，从不同方面展示同一层面和同一内容时，企业集成信息系统之间有着内在联系，需要将这些集成信息系统融合，共同形成执行层面和辅助层面的集成信息系统。企业集成 MES 和信息物理系统的企业集成 MBE 属于执行层面的集成信息系统，有着内在联系，需要融合。企业集成 MES 通过其企业集成对象层、企业集成基层信息采集层，建立与信息物理系统的企业集成 MBE 的联系；MBD 的企业集成 MBE 通过其企业集成系统层建立与企业集成对象层联系，打通企业集成 MES 和信息物理系统的信息联系通道。企业集成 MES 的企业集成操作层与信息物理系统的企业集成 MBE 的企业集成转换层相联系，进行信息处理，确定设备和企业流程的信息；与信息物理系统的企业集成 MBE 的企业集成网络层相联系，得出设备当前和今后的能力；与信息物理系统的企业集成 MBE 的企业集成认知层相联系，进行设备运用和企业流程确定进行决策；与信息物理系统的企业集成 MBE 的企业集成配置层相联系，进行设备配置，从而实现智能流程。企业集成 MES 的企业集成操作层进行有关信息存储与管理。

企业集成云计算和企业集成大数据属于辅助层面的集成信息系统，有着内在联系，需要融合起来。企业集成云计算通过其企业集成物力资源层、企业集成资源池层、企业集成构建层，建立与企业集成大数据的联系；企业集成大数据通过其企业集成数据准备层建立与企业集成对象层联系，打通企业集成云计算和企业集成大数据的信息联系通道。企业集成云计算的企业集成管理中间件层与企业集成大数据的企业集成计算处理层、企业集成数据分析层相联系，快速处理数据，建立智能数据挖掘技术，进行数据分析，对众多的应用任务进行调度，使资源能够高效、安全运作；与企业集成大数据的企业集成知识展现层相联系，进行智能可视化展示。企业集成云计算的企业集成物力资源层、企业集成资源池层和企业集成数据存储与管理层相联系，进行信息存储与管理。

辅助层面的集成信息系统可以同时作用于计划层面和执行层面的集成信息系统，融入计划层面和执行层面的集成信息系统。企业集成云计算和企业集成大数据的辅助层面的集成信息系统需要融入计划层面的企业集成 ERP 和 MBD 的企业集成 MBE 集成信息系统。企业集成云计算通过其企业集成物力资源层、企业集成资源池层、企业集成构建层，企业集成大数据通过其企业集成数据准备层，企业集成 ERP 通过其企业集成表示层，MBD 的企业集成 MBE 通过其企业集成系统层建立企业集成云计算、企业集成大数据对企业集成 ERP、MBD 的企业集成 MBE 的辅助信息通道。企业集成云计算的企业集成管理中间件层、企业集成大数据的企业集成计算处理层、企业集成数据分析层与企业集成 ERP 的企业集成业务层、MBD 的企业集成 MBE 的企业集成运作层、企业集成中心层相联系，辅助企业集成 ERP 和 MBD 的企业集成 MBE，进行数据处理、数据分析，形成企业集成 ERP 计划和 MBD 模型。企业集成云计算的企业集成物力资源层和企业集成资源池层，企业集成大数据的企业集成数据存储与管理层，企业集成 ERP 的企业集成数据层，MBD 的企业集成 MBE 的企业集成数据层之间相互联系，进行信息存储与管理。云 ERP 平台使企业客户可以选择 Web 服务并定制独特的 ERP 系统以满足特定需求。云 ERP 旨在为企业用户提供通过多个供应商租用整个 ERP 服务的灵活性（Chen，2015）。ERP 和大数据结合在一起，形成一个强大的技术平台（Elragal，2014）。

企业集成云计算和企业集成大数据辅助层面的集成信息系统需要融入执行层面的企业集成 MES 和信息物理系统的企业集成 MBE 集成信息系统。企业集成云计算通过其企业集成物力资源层、企业集成资源池层、企业集成构建层，企业集成大数据通过其企业集成数据准备层，企业集成 MES 通过其企业集成对象层，信息物理系统的企业集成 MBE 通过其企业集成连接层建立企业集成云计算、企业集成大数据对企业集成 MBE、信息物理系统的企业集成 MBE 的辅助信息通道。企业集成云计算的企业集成管理中间件层、企业集成大数据的企业集成计算处理层、企业集成数据分析层与企业集成 MES 的企业集成操作层，与信息物理系统的企业集成 MBE 的企业集成转换层、企业集成网络层、企业集成认知层、企业集成配置层相联系，辅助企业集成 MBE 和信息物理系统的企业集成 MBE 进行数据处理、数据分析。企业集成云计算的企业集成物力资源层、企业集成资源池层，企业集成大数据的企业集成数据存储与管理层，企业集成 MES 的企业集成操作层之间相互联系，进行信息存储与管理。信息物理系统会促进大数据研究的发展。一个信息物理系统中使用的某些大数据技术可以在另一个信息物理系统中重复使用，并制定一个概念框架，概述所有审查过的关键大数据技术（Mouzhi Ge，2018）。虽然大数据、信息物理系统和云计算是三种独立发展的方法，它们随着时间的推移相互联系之处越来越多（Kobusińska & Leung，2018）。

制造类企业、服务类企业、纯服务类企业的企业集成 ERP、企业集成 MBE、企业集成 MES、企业集成云计算、企业集成大数据都由不同的层面构成，建立计划层面与执行层面、执行层面内和辅助层面内、辅助层面与计划层面、辅助层面与执行层面的企业集成信息系统的内在联系。

（三）企业集成运营管理信息平台

企业集成运营管理通过平台进行运作，平台信息运作是趋势性信息运作，企业集成运营管理通过构建信息平台，实现全方位的企业集成运营管理信息运作。企业集成运营管理信息平台能够带动不同企业向企业集成运营管理运作（吕文晶和陈劲，2019）。企业集成运营管理平台由集成 MBE、集成 ERP、集成 MES 三个平台组成，如图 1 – 5 – 1 所示：

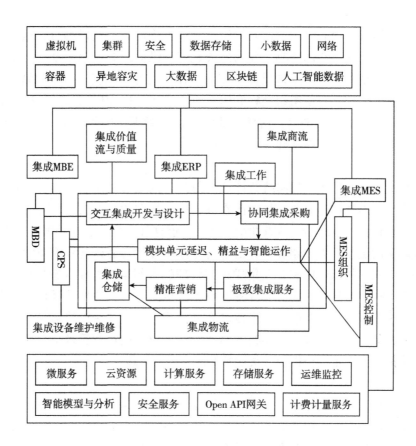

图 1 – 5 – 1　企业集成运营管理平台结构

企业集成运营管理信息平台具有以下特性：

1. 核心性

企业集成运营管理信息平台以企业集成基本运营管理活动的集成战略为核心进行运作。围绕着模块单元延迟、精益和智能运作这一核心，进行信息技术基础、信息云、不同层次信息、各类价值链流程融合的企业集成运营管理全面的信息运作。通过这样的运作将企业集成战略迅速地通过信息运作得以落实和实现，将企业价值领先战略和顾客差异化需求战略通过信息运作有效融合起来，使企业集成战略落到实处。

2. 框架性

企业运作中的框架一般是以组织结构为基础进行构建的。随着信息运作的逐渐深入，信息运作不仅具有媒介的属性，这一属性也随之扩展，具有与组织结构一样的架构特性。这一特性需要信息运作从企业集成管理运作的整体和结构上进行构建，从具有架构特性的信息系统出发，进行信息架构的构建。MES、MBE、ERP 是架构性的信息系统，具有信息系统架构特性，构建以 MES、MBE、ERP 为基础的信息平台，是企业集成运营管理信息架构的完整体现。

3. 纵向知识支撑性

企业集成运营管理的纵向运作是组织结构运作中的有机组成部分，这一组成部分随着企业组织结构的不断创新有了新的发展趋势。纵向组织结构中金字塔结构的根本性改变，使组织结构的纵向支撑成为必需的运作，成为团队组织运作的纵向支撑。通过企业集成运营管理平台使组织结构和团队有了支撑，以 MES、MBE、ERP 为基础的信息平台是以知识运作的平台，这样企业集成运营管理中的团队有了纵向知识支撑，使团队运作有了现实的支撑基础。

4. 网络性

企业集成运营管理运作的网络特性从内封闭的网络特性走向了内外相连的网络特性。内封闭的网络特性将企业运作封闭在项目中，按照项目的内部循环进行初始结合点运作，这种运作具有原始的节点性结合特性，但这种运作无法与顾客的需求相联系，无法形成动态的运作。当今顾客差异需求对企业集成运营管理运作有着直接作用，顾客差异需求带来的外部运作和企业集成运营管理的内部运作形成常态的动态运作，以 MES、MBE、ERP 为基础的信息平台将以顾客差异需求为主的外部运作与企业集成运营管理价值链流程的各环节融合，形成动态的网络运作，这一网络运作的有效运作通过以 MES、MBE、ERP 为基础的信息平台进行。企业集成运营管理信息平台与顾客是互通的，中间具有多重合作机制（吴画斌和陈正融，2019）。

5. 集成特性

企业集成运营管理信息平台需要为不同企业的各种信息系统、各种编程语言编写的系统提供运作方案。企业集成 ERP、企业集成 MBE、企业集成 MES、企业集成云计算、企业集成大数据运作中存在着不同企业的各种信息系统、各种编程语言编写的情况，需要企业集成管理信息平台能够支撑不同企业的各种信息系统、各种编程语言编写的信息运作，使不同企业的各种信息、各种编程语言编写融合起来进行运作。同时由于不同区域的企业信息系统的运作，需要企业集成运营管理信息平台支撑不同区域的企业运作。信息系统的开放性指信息系统把新系统加入原系统中而不影响原系统的运作。由于新系统加入原系统，需要新系统和原系统集成起来进行信息运作。

6. 交互性

企业集成运营管理信息平台从交互的视角出发进行运作，形成人与产品或者服务进行平台互动的特性。顾客的需求具有行为特性和动态特性，企业集成运营管理需要面对这样的特性进行运作，需要进行动态的又能够随时体现顾客需求的运作，要求企业集成运营管理运作随时与顾客产生联系，动态地了解顾客需求，企业集成运营管理信息平台能起到这样的作用，构成顾客与平台间的互动。

7. 敏捷性

企业集成运营管理信息平台采用各种信息并行性运作，打破了顺序性的信息运作方式，使信息平台的各种运作能够在同一时间进行。采用各种虚拟性运作方式，使信息在很短的时间内进行运作。以敏捷运作为视角，进行信息系统的重构，使信息系统的运作快捷。进行信息系统的可重用性运作，可以节约时间，快速进行信息系统运作。这些并行性、虚拟性、重构性、重用性的运作提升了企业集成运营管理信息平台的时间效率，实现敏捷运作。

8. 融合性

以企业集成基本运营价值链流程为中心的供应链或者服务链价值链流程、辅助价值链流程、支撑价值链流程、核心运作价值链流程、管理运作价值链流程的每一类价值链流程都具有其特性，这些特性反映了这些价值链流程运作的实际。企业集成运营管理信息平台按照这些价值链流程的特性，进行平台的构建和运作，使企业集成运营管理平台能够充分体现这些价值链流程特性，与这些价值链流程有机融合起来。

企业集成运营管理平台信息技术基础通过企业集成运营管理信息虚拟机、集群、网络、容器、异地容灾的构建，进行信息平台的安全运作，采用企业集成运营管理大数据、小数据、区块链、人工智能数据进行企业集成运营管理流程分析，进行数据存储，使信息平台具备技术基础。企业集成运营管理平台云信息技术基础通过企业集成运营管理信息 Open API 网关、云资源构建，进行平台信息安全运作，建立智能模型，进行企业集成运营管理数据分析，实现计算服务、微服务、计费计量服务、存储服务，进而进行信息平台运维监控。

企业集成运营管理平台超越了员工的边界，将创造出的顾客需求与团队和团队的成员直接联系在一起。针对顾客需求，这种直接联系能够针对顾客个性化、碎片化、不断变化的需求，迅速地进行反应，快速地将顾客需求与能够设计和实现顾客需求的团队和团队的成员联系在一起，与顾客进行互动，充分了解顾客需求，使平台、团队、成员进行市场化的运作。作为开放性的平台，团队能够在更广阔的范围内寻找设计和实现顾客需求所需要的各种资源，根据建立平台与团队的服务与被服务的关系，由顾客需求直接驱动资源配置机制，在更广阔的范围使顾客直接参与运营流程运作，满足顾客的需求。

以企业集成运营管理信息平台与企业集成基本运营价值链流程为中心的供应链或者服务链价值链流程、辅助价值链流程、支撑价值链流程、核心运作价值链流程、管理运作价值链流程相融合，构建以流程为基础的企业集成运营管理信息平台。以企业集成运营管理信息平台与企业集成基本运营价值链流程为中心的企业集成开发与设计价值链流程、企业集成采购价值链流程、企业集成仓储价值链流程、企业集成销售价值链流程相融合，与物流价值链流程、商流价值链流程、服务价值链流程相融合，与企业集成人力资源运作价值链流程、设备维护与维修价值链流程相融合，与价值运作价值链流程、质量运作价值链流程相融合，与计划、组织领导、控制、创新价值链流程相融合，进行企业集成运营管理信息平台运作。企业集成 MES 信息平台、企业集成 MBE 信息平台、企业集成 ERP 信息平台与这些价值链流程相融合，共同构成企业集成运营管理信息平台。

企业集成 MES 信息平台以价值运作价值链流程的价值增值为目标，以质量运作价值链流程的质量目标为保障，进行企业集成基本运营价值链流程的模块单元、精益和智能融合信息运作。围绕企业集成基本运营价值链流程，进行企业集成采购价值链流程的延迟策略、精益、智能融合运作，形成协同集成采购价值链流程信息运作；进行企业集成仓储价值链流程的延迟策略、精益、智能融合运作，形成集成仓储价值链流程信息运作；进行企业集成销售价值链流程精益和智能运作，形成精准集成销售价值链流程信息运作。针对企业集成基本运营价值链流程，进行物流价值链流程延迟策略、精益、智能融合运作，保障企业集成基本运营价值链流程的物流及时到位；进行企业内外的商流价值链流程精益和智能运作，保障企业集成基本运营价值链流程的价值及时运作。针对企业集成基本运营价值链流程，进行以人力资源为本的运作，使企业集成基本运营价值链流程具有活力；进行设备维护与维修价值链流程设备间的互联运作，使企业集成基本运营价值链流程具有智能运作的基础。针对企业集成基本运营价值链流程，进行作业计划价值链流程运作，完成企业集成作业计划；进行组织价值链流程运作，有效进行企业集成基本运营价值链流程组织；进行领导、控制、创新价值链流程运作，有效地进行企业集成基本运营价值链流程领导、控制和创新。企业集成 MES 信息平台需要融入场内员工服务、场内设备服务、场外设备服务、场外电子服务的服务样式、服务质量、服务数量、服务瞬时时间、顾客感知满足度、服务价值和服务环境、服务氛围顾客感知满足度方面的内容，进行企业集成顾客接触服务作业服务计划执行、跟踪、评价、反馈与调整。

企业集成 MBE 信息平台以价值运作价值链流程的价值增值为目标，以 MBD 设计为质量目标保障，进行平台与顾客的互动，深入挖掘顾客需求，进行深入的系统工程 MBSE 的顾客需求验证，形成交互的集成开发与设计价值链流程信息运作；进行模块品目的 MBD 设计，使企业集成基本运营价值链流程能够进行模块单元信息运作；进行 CPS 的企业集成运营价值链流程设计，实现设备与设备的智能运作；进行企业集成基本运营价值链流程设计，使设计的产品 MBD 能够按照延迟策略、精益、智能的集成基本运营价值链流程运作要求实现信息运作；进行企业集成采购价值链流程、企业集成仓储价值链流程、企业集成销售价值链流程设计，使供应链或者服务链价值链流程能够按照延迟策略、精益、智能运作的要求进行信息运作；进行质量运作价值链流程设计，将质量运作落到实处；进行设备维护与维修价值链流程设计，实现设备维护与维修价值链流程延迟策略、精益、智能信息运作；进行服务价值链流程设计，实现精准服务信息运作。

企业集成 ERP 信息平台针对企业集成基本运营价值链流程进行企业集成综合运营

计划、企业集成主运营计划、企业集成模块品目需求计划、企业集成运营作业计划的编制和实施，围绕这些计划展开企业集成采购价值链流程、企业集成仓储价值链流程、企业集成销售价值链流程的信息运作，使计划通过供应链或者服务链价值链管理流程实现；进行人力资源运作价值链流程的设计，使企业集成基本运营价值链流程运作得以保障；进行价值运作价值链流程设计，使价值运作价值链流程能够有效地进行，价值增值目标得以实现。企业集成 ERP 信息平台需要融入场内员工服务、场内设备服务、场外设备服务、场外电子服务的服务样式、服务质量、服务数量、服务瞬时时间、顾客感知满足度、服务价值和服务环境、服务氛围顾客感知满足度的企业集成顾客接触服务作业服务计划。进行企业集成服务作业服务计划运作。

　　制造类企业、服务类企业、纯服务类企业都需要建立企业集成运营管理信息平台。一般纯服务企业集成 MES、ERP、MBE 信息平台需要融入场内员工服务、场内设备服务、场外设备服务、场外电子服务的服务样式、服务质量、服务数量、服务瞬时时间、顾客感知满足度、服务价值和服务环境、服务氛围顾客感知满足度的企业集成顾客接触服务作业服务计划和顾客接触服务流程。

三、企业具体集成运营管理系统模式

　　企业具体运营管理系统模式、企业具体集成运营管理系统模式如图 1 - 5 - 2、图 1 - 5 - 3 所示：

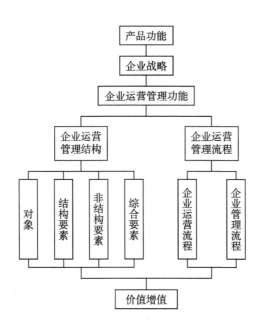

图 1 - 5 - 2　企业具体运营管理模式

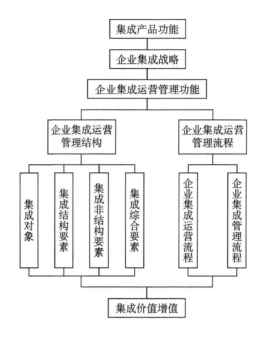

图 1-5-3 企业具体集成运营管理模式

（一）确定产品、服务功能

顾客需求可以综合概括为产品功能，确定顾客需求就是确定产品功能。企业运营管理根据顾客需求确定产品功能，顾客需求需要从全球化的角度进行观察，顾客对产品的需求可通过产品功能表现。顾客需求有有形产品和无形产品需求，可以概括为品种款式功能、质量功能、数量功能、交货期功能、服务功能、价格功能需求。顾客接触顾客服务需求可以综合概括为服务功能，即服务样式功能、服务质量功能、服务数量功能、服务瞬时功能、顾客感知功能、服务价格功能。

满足顾客需求通过满足产品、顾客接触服务的功能来体现，具体体现时需要达到一定的标准，这些标准分为满足顾客的标准和立足市场标准。满足顾客的标准指用户满意愉快标准，达到此标准不但能够使顾客得到满足，而且使顾客高兴和快乐，达到满意的程度。立足市场标准指允许企业产品参与竞争的资格标准。达到这一标准，企业就能进入市场参与竞争，是企业进入市场参与竞争的准入证。立足市场标准是前提条件，只有具备了这一前提，企业才能向赢得订货满意标准拓展。

不同时期的标准体现不同。20世纪70年代之前，国际范围内以美国汽车为主，美国汽车更多地赢得订单，70年代后日本企业进入世界汽车市场时改变了赢得订单方式，市场从以价格为主导因素变成以质量和可靠性为主导因素。美国汽车在产品质量上不敌日本汽车而失去很多订单。80年代后期，福特公司、通用汽车公司和克莱斯勒提高了产品质量，重新进入市场。顾客时刻监督产品质量和可靠性，不断地重新评估顶级企业在市场中的资格。当今，顾客需求差异化越来越大，顾客知道他们需要什么样的汽车，且希望买到最优性价比产品。顾客接触服务使服务成为运营管理的重要的运营活动后，对服务的需求成为一种趋势性的需求，顾客不仅仅满足于产品，对服务的要求也越来越高。

企业集成运营管理与企业运营管理一样也需要确定产品和顾客接触服务功能，与企业运营管理不同，企业集成运营管理需要针对产品和顾客接触服务本身的智能特性进行研发，还需要将产品和顾客接触服务与企业集成运营管理相关联，使智能产品和顾客接触服务不仅停留在想象阶段，同时也能实现智能产品和智能顾客接触服务，因而企业集成运营管理确定产品功能体现为集成产品和顾客接触服务功能。

确定产品和顾客接触服务功能需要确定真正的顾客，只有明确真正的顾客，才能确定顾客的需求体现。顾客需求通过品种款式功能、质量功能、数量功能、交货期功能、价格功能和服务样式功能、服务质量功能、服务数量功能、服务瞬时功能、顾客感知功能、服务价格功能来体现，这些功能需要按照顾客所需要的价值体现出来，没有按照顾客需求体现的顾客需求是泛性的，而顾客的需求是具体的和富有特性的，需要根据具体的个性需要来体现。

制造类企业、服务类企业、纯服务类企业都需要确定产品和顾客接触服务功能。

(二) 企业集成战略

产品和顾客接触服务功能确定后，为了满足顾客所需要的产品和顾客接触服务，实现这些产品和顾客接触服务功能，需要企业从整体和结构方面进行满足。整体满足是从企业战略出发进行的满足，企业采取的战略不同，顾客得到满足的效果从根本上有所不同。

企业集成战略源于大规模定制。1970 年，预言家托夫勒就在其《未来的冲击》一书中曾经提到过大规模定制生产，书中首次提出了一种以接近标准化大批量生产的成本和时间，提供满足客户特定需求产品和服务的生产方式设想。戴维斯 1987 年所著的《未来的理想》一书中也曾对大规模定制生产进行过简要的说明。1993 年 Pine 对大规模定制的内容进行了完整的描述，他认为大规模定制是以大规模生产的成本和速度，提供定制的个性化产品及服务。

这些概念虽然在表述上各不相同，但却有相当大的一致性，可以将其概括为：第一，大规模定制具有大规模生产的优点，即成本低、效率高等；第二，大规模定制的目标是满足客户的个性化需求，即定制，其产品和顾客接触服务具有个性化和多样化的特点。总之，大规模定制在某种程度上可以看成是大规模生产和单件定制生产的完美结合。它巧妙地将个性化与标准化结合起来，使顾客获得个性化的产品及服务时，仅需支付近似大规模生产提供的产品及服务所需的费用。

企业集成战略在大规模定制的基础上形成。企业集成战略将成本领先战略和差异化战略有机融合起来，成为一体战略。这一战略需要战略、策略和作业的各个层次和各个方面的一体运作，需要各部分的协同，构成集成战略。

企业集成战略将企业价值领先战略和企业顾客需求差异化战略融于一体，通过企业运营流程组成部分的集成和重构，对集成和重构的运营流程进行集成计划、集成组织集成领导、集成控制和集成创新，形成企业集成流程和集成管理流程核心能力，不断强化集成战略融合强度，进行企业集成战略前后向一体运作，实现企业价值增值。

企业集成战略源于企业竞争战略，企业竞争战略包括成本领先战略、差异化战略、集中化战略。成本领先战略利用规模效益，有效地降低企业成本，使企业具有低的成本，提升企业利润空间，从而具备竞争能力的竞争战略。成本领先战略对企业而言是一种持续运作战略，企业通过低成本获得持久性的竞争优势。成本领先战略最大优势是低成本，给行业的潜在进入者设置障碍，使那些不具备成本优势的企业很难进入此行业，能减少竞争对手数量；可以增强企业与顾客、供应商双赢空间，降低对顾客和供应商价格方面带来的影响；能够降低替代品的威胁，与替代品竞争中处于有利地位。然而成本领先战略的最大劣势就是战略运用会影响产品和服务质量，降低对顾客需求的满足。由此会加剧同类企业的效仿，使企业具有的成本优势不复存在，且如果企业在同行业中实力较弱，不具备进行规模效益运作。差异化战略是指企业为满足顾客的差异需求，为顾客提供有别于其他企业的产品或服务，从而获得竞争优势的竞争战略。差异化战略最大优势是与其他企业相比，由于具有独到产品或服务，这样具有价格优势，会直接增加企业价值；使顾客能够感受到企业的独到产品或服务，有利于培养顾客对企业的忠诚度；忠诚度会给行业的潜在进入者设置障碍，使那些不具备对企业忠诚度的企业很难进入此行业，能降低竞争对手数量；为竞争者和替代品进入设置障碍，降低竞争者和替代品的威胁。然而差异化战略的最大劣势就是没有形成规模效益，成本偏高。由此带来企业的成本过高，若价格与竞争对手相差过大时，顾客难以接受这种差异化所带来的价格，使企业难以增值。由于会受到其他企业模仿，这种差异化带来的优势，难以在较长时间内得以保持。集中化战略是针对特定顾客分别所采用的成本领先战略或者差异化战略，这一战略只是将成本领先战略或者差异化战略分别独立采用，仍然具有成本领先战略或者差异化战略优势和劣势。因而，企业竞争战略的三种战略实际上主要体现为成本领先战略或者差异化战略的优势和劣势，分别对成本领先战略或者差异化战略实施，为成本领先战略或者差异化战略带来优势的同时必然带来相应的劣势，这是竞争战略中成本领先战略或者差异化战略分别独立运作的必然结果。

企业集成战略运作要比企业竞争战略面临的市场竞争强度更强，顾客差异化需求的体现越来越强烈，给企业运营管理带来的压力也越来越大。从企业运营管理出发，迫切需要能将成本领先战略和差异化战略有一定的结合空间，而这一结合空间多年来一直没有出现，直到运营管理中的大规模定制的出现。企业运营管理中的大规模定制是将规模效益和差异需求进行了一定的结合，从而在一定程度上有了成本领先战略和差异化战略结合的空间。但大规模定制并没有给出操作层面的范式，使大规模定制在具体实施中没有规范的体现方式，难以落实，难以掌控，很容易流于形式。企业集成战略明确给出企业集成战略得以落实的具体运作范式，从价值的视角而不是只从成本的视角出发进行企业集成战略的运作，将成本的视角转为更注重直接满足顾客需求的正向价位增值视角和降低成本的负向视角，由价值领先战略替换成本领先战略，使价值领先战略不但能够完全发挥成本领先战略功能，比成本领先战略更多发挥直接满足顾客需求的增值正向视角的功能，由此构建了更广阔的企业集成战略运作的视野和能够进行具体运作的实现企业集成战略的方式，从而构成了企业集成战略。由此，形成企业价值领先战略和企业顾客需求差异化战略融合。企业集成战略具备直接满足顾客需求的增值正向视角优势，充分发挥直接满足顾客需求作用；具备成本领先战略的规模效益优势，充分发挥规模效益、防止潜在进入者设置障碍进入、增强双赢空间、降低替代品的威胁的作用；具备差异化战略所带来的差异满足顾客优势，充分发挥价格优势、增强顾客对企业的忠诚度、防止潜在进入者进入、增强竞争者和替代品进入设置障碍的作用。同时企业集成战略将成本领先战略的顾客差异满足劣势和差异化战略所带来的规模效益劣势从根本上进行了改变。

企业集成战略中的企业运营流程组成部分的集成和重构体现了企业竞争战略理论发展，企业竞争战略理论除上述基本内容外，这一战略也有了长足的发展。发展中的竞争战略理论强调环境的迅速变换，任何企业试图只依靠市场力量和资源优势而长期享有竞争优势都是不可能的，只有不断创新才能保持持久的领先，需要企业进行集成和重构，只有这样的企业运营管理才有具备动态能力的组织，才有可能建立长久的竞争优势。竞争战略理论进一步强调集成和重构需要着重关注核心部分的优势，需要关注由此确立的每一部分都能够发挥作用的整体优势。企业集成战略中集成和重构针对企业运营流程，围绕企业价值领先战略和企业顾客需求差异化战略融合展开，构建通用模块单元、链接模块单元、专用模块单元和体现这些模块单元不同层次的具体模块单元、联合模块单元、模块组模块单元、总作业模块单元运营流程运作，将体现企业价值领先战略模块单元运营流程运作和体现顾客需求差异化战略模块单元运营流程运作融入模块单元运营流程运作中，构成企业集成战略运作的根本。精益运作的融入进一步强化顾客需求差异化战略运作，智能运作强化企业价值领先战略模块单元运营流程运作，与企业模块单元运营流程融合在一起，构成企业模块单元运营流程运作。企业集成计划可以根据企业模块单元运营流程运作、精益运营流程运作、智能运营流程运作进行企业集成模块单元运营流程计划运作，从而实现企业集成模块单元运营流程计划运作；运用计划使企业模块单元流程运作、精益流程运作、智能流程运作强化，从而实现企业集成模块单元运营流程计划强化运作。针对企业模块单元运营流程运作、精益运营流程运作、智能运营流程运作的计划运作和强化运作，进行企业集成组织领导、控制和创新，实现企业集成模块单元运营流程管理运作。通过企业模块单元运营流程运作和企业模块单元运营管理流程运作，实现了企业集成和重构，将企业竞争战略的发展落到实处。

企业集成战略中的企业集成运营管理流程核心能力源于以汉默尔、普拉哈拉德、斯多克、伊万斯等为代表的核心能力，指出核心能力是企业可持续竞争优势与企业发展的源泉，成为企业竞争战略的焦点，企业只有具备核心能力，才能取得持久的领先地位。从长期看，企业集成运营管理流程核心能力需要企业比竞争对手以更低成本和更快速度进行顾客需求的满足，同时实现自身的效益运作，要求企业改变现有的流程运作方式，构建企业集成运营管理流程核心能力，否则核心能力无法持久。企业模块单元运营流程集成战略运作、精益运营流程运作、智能运营流程运作构成的企业集成运营管理流程的运作是企业集成运营管理流程核心能力构建的中心，根据这一中心可以构建企业集成运营流程和集成运营管理流程核心能力。企业集成运营流程核心能力从企业集成运营流程出发，构建体现集成战略运作、精益运营流程运作、智能运营流程运作的企业集成运营流程方面的核心能力；企业集成运营管理流程核心能力从企业集成运营管理流程出发，构建体现集成战略运作、精益运营流程运作、智能运营流程运作的企业集成运营管理流程方面核心能力。企业集成运营流程方面核心能力和企业集成运营管理流程方面核心能力共同构成体现集成战略运作、精益运营流程运作、智能运营流程运作的企业集成运营管理流程核心能力。

企业集成战略中的不断强化集成战略融合强度源于企业竞争战略引导，由于资源异质性表明具有优势要素的企业会获得竞争优势，而要长久保持这种优势，需要企业运营管理具有高强度的运作。企业运用企业集成战略和没有运用集成战略，会给企业运营管理带来不同强度的运作，采用企业集成战略的企业运营管理运作的强度高于没有采用企业集成战略的企业运营管理运作的强度。一同采用企业集成战略的企业集成运营管理运作强度也不相同，采用企业集成战略深度深的，企业集成运营管理运作强度就大；采用企业集成战略深度浅的，企业集成运营管理运作强度就小。企业集成运营管理运作强度大的，企业竞争优势就大。企业发展的趋势需要按照企业集成战略的深度运作进行，只有这样企业才具备很强的竞争力。

企业集成战略中的前后向一体运作与纵向一体化战略相联系。企业纵向一体化战略是指将企业活动范围向后扩展到供应商或者向前扩展到最终产品的最终用户，能够与企业集成基本运营流程外的其他运营流程结合起来，进行共同的运作，实现企业价值增值。企业通用模块单元、链接模块单元、专用模块单元和体现这些模块单元不同层次的具体模块单元、联合模块单元、模块组模块单元、总作业模块单元运营流程运作是企业集成基本运营流程运作，需要与供应链或者服务链的其他运营流程融合进行运作。运作中需要围绕企业集成基本运营流程进行运作，按照企业集成基本运营流程的模块单元运营流程、精益运营流程、智能运营流程运作的要求，进行供应链或者服务链运作，实现企业集成战略中的前后向一体运作与纵向一体化战略联系。

企业集成战略作为一种现代运营战略，将定制产品的生产问题通过产品结构重组和过程重组转化为或部分转化为批量生产问题，从而以大规模生产的成本和速度，为单个客户或小批量多品种市场定制任意数量的产品。与其他生产战略相比，它有其自身的特点。

（1）企业集成战略以顾客需求为导向。在传统的大量生产方式中，是先生产而后销售，因而大量生产是一种推式的生产模式。而在企业集成战略中，企业仍以顾客提出的定制化需求为起点，企业集成战略在客户订单分离点之前的生产经营活动是根据预测进行的，是一个推的过程；在客户订单分离点之后的生产经营活动需要根据客户订单的实际要求而定，是一个拉的过程。

（2）企业集成战略以现代信息技术和弹性制造技术为骨干。企业集成战略必须对顾客的需求做出实时响应，因此需要现代信息技术作为基础架构。互联网与电子商务的迅速发展，使企业能够实时获取顾客的订单；弹性制造系统则确保企业能迅速生产出高质量的定制化产品。

（3）企业集成战略以模块化设计和标准化零组件为基础。企业集成战略产品开发的一个重要目标就是以尽可能少的技术多样性去实现尽可能多的功能多样性。因此，企业集成战略要求在设计过程中充分地考虑如何在产品的整个研制过程中利用标准化技术、模块化设计技术、成组技术、并行工程等现代设计技术，通过产品结构重构，最有效地重用现有设计资源和制造资源，从而可以减少产品内部多样化，进行模块品目运作，大大缩短产品的交货期和减少产品的定制成本。

（4）企业集成战略以快速及时反应为基本要求。在传统的大量生产方式中，企业与顾客是一对多的关系，企业以不变应万变。而在大规模定制中，企业与顾客是一对一、面对面的关系，企业所面临的是千变万化的需求，企业必须快速满足不同顾客的需求。因此，企业集成战略必须由快速反应的虚拟组织组成，这种快速反应不仅展现在弹性的生产设备与多能的员工，并且具体表现在组织结构的扁平化上。

（5）企业集成战略以竞争的供应链管理为手段。在未来市场经济中，竞争不再单纯是企业与企业之间的竞争，而是供应链与供应链间的竞争。企业集成战略需要与其供货商建立起竞争与合作的关系，共同满足顾客的需求。只有这样，企业集成战略才能取得长足稳定的发展。

（6）企业集成战略进行多角度集成。企业集成战略跨越集成视角，不仅进行某一视角的集成，而且进行多视角的集成。将模块、价值链、流程集成起来，形成模块价值链流程；将大规模定制、精益运营、绿色运营集成起来，形成协同运作；将大规模运作的各种先进的手段与差异化需求的各种运作方式集成起来，形成融合运作；将各类具体集成管理模式集成起来，形成企业集成运营管理模式。

企业集成战略的作用如下：

（1）企业集成战略将顾客与企业运营集成起来。企业集成战略强调一方面借助现代信息技术和互联网，使企业与消费者之间的沟通更为便捷，企业可以更及时和更准确地了解消费者的需求，从而按照每个消费者的特殊要求提供个性化的产品和服务；另一方面企业依托先进的大规模定制系统，实现了个性化产品大规模和高效率的生产和服务，为消费者得到满足自己需要的个性化产品提供了保障。例如海尔推出的定制冰箱洗衣机，可以根据消费者提出的设计要求来生产组装，消费者可以选择所需的外观、容量和内置进行制造，以满足消费者的个性化需求。

（2）企业集成战略为客户需求提供快速响应。企业集成战略能够使生产与服务快速响应，销售与生产、设计、配送等各个环节的衔接更加紧密，企业借助电子商务、虚拟现实技术手段，高效地与消费者进行交互式沟通，大大缩短了顾客响应的周期。例如国际上服装店能够用电子测量仪量体，并将顾客选定的款式传送到生产车间，激光仪控制裁剪和缝制，用较少的时间就能让顾客穿上定做的新衣，缩短顾客需求的响应周期。

（3）企业集成战略节约成本。传统意义上的单件生产，增加了生产过程的复杂性，使成本上升。企业集成战略采用大规模生产，实现了规模经济，加上大规模定制系统的高效率，使定制产品的生产成本几乎与大规模生产的产品成本相等。信息技术的快速发展，使企业和消费者之间的沟通方式和沟通效果得到有效改善，企业可以按照消费者的要求进行加工组装，很大程度上消除生产不足，使企业实现以需定产成为可能。这不仅能加快企业资金的周转速度，避免了大规模生产带来的产品滞销问题，也降低企业的总体运营成本。

（4）企业集成战略的高效沟通使企业与顾客之间的联系更加紧密。顾客可以直接参与产品、顾客接触服务的设计，企业根据顾客的需求，迅速地生产顾客所需要的产品、顾客接触服务，迅速适应市场、技术、标准和潮流等方面的变化，从而加速产品、顾客接触服务的升级换代，延长产品的生命周期。企业还可根据顾客的意见直接改进产品、顾客接触服务，有效避免技术创新和产品、顾客接触服务开发的盲目性，有利于企业获取创新优势，实现核心竞争力。

（5）企业集成战略在满足顾客的个性化需求的同时，也使企业摆脱生产的盲目性，不仅可以减少企业的库存，而且可以极大地缩短从产品构思到生产再到顾客手中的时间，一定程度上解决了供给与需求在总量和结构上的矛盾，整个社会的资本和劳动力资源将会得到更好的配置，有效避免资源的闲置和浪费，增加公众和社会的利益，提高社会资源的配置效率。

（6）企业集成战略使企业运作协调。企业集成战略是一种全局性的战略，是融合各种因素进行的集成战略。企业集成战略是战略、策略和作业融合，是价值领先战略和差异化战略融合，是延迟策略和强化延迟策略、后拉动流程、后拉动价值、智能运作融合。企业集成战略融入企业集成运营管理模式、企业集成新产品开发与设计、企业集成运营管理流程设计、企业集成选址与布置、企业集成运营计划、企业集成运营组织与控制、企业集成运营管理标准体系与质量管理、企业集成运营价值链管理流程工作设计、企业集成设备与工装管理、企业集成采购与库存管理的企业集成运营管理的学科内容中，引领学科内容运作。

制造类企业、服务类企业、纯服务类企业的企业集成管理运作都需要在企业集成战略引导下进行运作。

（三）企业集成运营管理功能

企业运营管理功能是指按照企业竞争战略的要求，满足顾客产品和顾客接触服务功能的需求。由于企业竞争战略下企业运营管理的不足，无法同时进行顾客差异化和成本领先的融合满足，因而企业运营管理进行顾客需求满足时，需要对顾客差异化战略和成本领先战略进行选择，或者以顾客差异化战略为主体进行满足，或者以成本领先战略为主体进行满足。确定了以顾客差异化战略为主体，需要在品种款式功能、服务功能方面有所侧重，质量功能、数量功能、交货期功能、价格功能都无法放在与品种款式功能、服务功能同样重要的地位；确定了以成本领先战略为主体，就需要在价格功能、数量功能、交货期功能、质量功能方面有所侧重，品种款式功能、服务功能都无法放在与价格功能、数量功能、交货期功能、质量功能同样重要的地位。这样满足顾客的功能方面就存在固有缺陷。

企业集成运营管理指按企业集成战略要求，同时将第一层次功能、第二层次功能和目标功能进行运作的系统，即由外部环境决定的功能，由运营系统自身决定的功能和目标功能均能按企业集成战略要求进行运作，实现企业集成战略，需要从全球化视角来确定运营系统的各项功能的层次和水平，无论哪项功能都应体现绿色运营。

企业运营系统功能运作具体体现为由外部环境决定的第一层次功能、由自身运营系统决定的第二层次功能和由内外共同决定的目标功能。

由外部环境决定第一层次功能，包括创新功能、弹性功能、继承性功能。创新功能将使运营系统实现产品和服务的创新，弹性功能将使运营系统产品和服务的范围更宽，继承性功能将使运营系统产品和服务的延续性更强。三者在运营系统中的作用各不相同，相互联系，使运营系统大规模定制的规模效率和差异化需求相融合。不论制造企业还是服务企业通过此方面融合的不同重点和融合的不同程度，确定自身的核心竞争力。创新、弹性、继承性方面都应考虑绿色运营。企业集成运营系统需要创新功能、弹性功能、继承性功能集成，共同完成企业运营系统第一层次功能运作。

由自身运营系统决定第二层次功能，包括质量功能、按期交货功能。此部分按照第一层次功能要求，体现企业运营系统大规模定制的规模效率和差异化需求的融合程度，通过融合的不同重点和融合的不同程度，来确定自身的核心竞争力。质量和按期交货功能应考虑绿色运营。企业集成运营系统需要质量功能、按期交货功能集成，共同完成企业运营系统第二层次功能运作。

由内外因素共同决定的目标功能是价值链流程功能。此部分是上述两个方面共同作用的结果，通过价值链流程运作目标、价值链流程运作框架、价值链流程运作通道体现。企业集成运营系统需要价值链与流程的集成，完成价值链流程功能运作。

企业集成运营系统围绕着价值链流程运作目标，融合第一层次功能、第二层次功能，进行价值链流程的集成运作。企业集成运营系统需要第一层次功能、第二层次功能、价值链流程功能集成，共同完成企业集成运营系统功能运作。

顾客接触企业集成服务管理流程运作不仅包括产品还包括顾客，需要从顾客的心理和行为出发进行运作，且企业集成服务管理流程瞬时性使企业集成服务管理功能的关系复杂，企业集成服务管理功能的一致性难度加大，需要从顾客的心理和行为出发，进行服务样式功能、服务质量功能、服务数量功能、服务瞬时功能、顾客感知功能、服务价格功能一致运作。

制造类企业、服务类企业、纯服务类企业的集成管理运作都能够从根本上解决功能融合矛盾。

（四）企业集成运营管理结构

企业运营管理结构是企业运营管理流程静态的综合体现，由要素体现和整体体现组成。要素体现反映企业运营管理流程要素的运作，通过对象层、基础层的结构化要素、综合要素的质量要素、非结构化要素体现，反映这些要素对应的企业运营管理流程中运作的静态体现。整体体现反映出企业运营管理流程运作，通过综合层的运营管理核心能力、目标层的价值效率来体现。企业运营管理核心能力从企业管理活动和企业运营活动出发，将核心能力划分为企业管理核心能力和企业运营核心能力，从产品的开发和实现出发，将核心能力划分为企业产品开发与设计管理核心能力和企业产品实现管理核心能力。企业管理核心能力和企业运营核心能力是企业管理流程和企业运营流程运作的综合静态体现；企业产品开发与设计管理核心能力和企业产品实现管理核心能力是企业产品开发与设计管理流程和企业供应链或者服务链管理运作的综合静态体现。目标层的效率通过企业管理核心能力和企业运营核心能力、企业产品开发与设计管理核心能力和企业产品实现管理核心能力的运作来实现，是企业运营管理流程运作成果的综合体现。

企业集成运营管理结构是企业集成运营管理流程静态的综合体现，由集成要素体现和整体体现组成。集成要素体现反映企业集成运营管理流程要素的运作，通过集成对象层、基础层的集成结构化要素、集成综合要素的集成质量要素、集成非结构化要素体现，反映这些要素对应的企业集成运营管理流程中运作的静态体现。整体体现反映出企业集成运营管理流程运作，通过综合层的集成运营管理核心能力、目标层的集成价值管理体现。企业集成运营管理核心能力从企业集成管理活动和企业集成运营活动出发，将核心能力划分为企业集成管理核心能力和企业集成运营核心能力，从集成产品的开发和实现划分为企业集成产品开发与设计管理核心能力和企业集成产品实现管理核心能力。企业集成管理核心能力和企业集成运营核心能力分别从企业集成管理活动和企业集成运营活动提升两种活动的能力，没有将两种集成活动融合起来，是从单一活动进行的集成核心能力运作，有助于单一集成活动能力的培养，但其综合性弱。企业集成产品开发与设计管理核心能力和企业集成产品实现管理核心能力将企业集成管理活动和企业集成运营活动融合，从企业集成基本运营管理活动扩展到企业集成供应链或者服务链运营管理活动，综合进行集成核心能力运作。企业集成产品开发与设计管理核心能力针对企业集成开发与设计管理活动建立的核心能力,企业集成产品实现管理核心能力针对企业集成基本运营管理活动和企业集成供应链或者服务链管理活动构建。企业集成管理核心能力和企业集成运营核心能力是企业集成管理流程和企业集成运营流程运作的综合静态体现;企业集成产品开发与设计管理核心能力和企业集成产品实现管理核心能力是企业集成产品开发与设计管理流程和企业集成供应链或者服务链管理运作的综合静态体现。目标层的集成价值管理通过企业集成管理核心能力和企业集成运营核心能力、企业集成产品开发与设计管理核心能力和企业集成产品实现管理核心能力的运作来实现,是企业集成运营管理流程运作成果的综合体现。

从企业集成运营管理结构联系来看,企业集成核心运营管理能力是企业集成运营管理结构集中体现,是企业集成运营管理流程运作价值增值的关键,因而构建和提升企业集成核心运营管理能力就成为从静态角度使企业集成运营管理流程运作价值增值关键的铺垫基础。构建和提升企业集成核心运营管理能力包括:

1. 企业集成核心运营管理能力基础建立

企业运营管理从企业运营管理结构化要素的运营技术要素、运营设施要素、原材料和能源要素、运营信息要素出发,不断提升企业运营管理结构化要素水平,为企业核心运营管理能力提升奠定基础;从企业运营管理系统集成非结构化要素的运营人员要素、运营计划要素、运营组织要素、运营控制要素出发,不断提升企业运营管理非结构化要素水平,为企业核心运营管理能力提升奠定基础;从企业运营管理综合要素的运营质量要素出发,不断提升企业运营管理综合要素水平,为企业核心运营管理能力提升奠定基础。

企业集成运营管理需要从企业集成运营管理结构的集成对象、集成结构化要素的集成运营技术要素出发,提升企业集成产品开发与设计技术和企业集成产品实现技术,为企业集成核心运营管理能力提升奠定基础。从集成运营设施要素出发,进行符合企业集成运营管理流程运作规模和结构的选址,进行企业集成运营管理流程布置,为企业集成核心运营管理能力提升奠定基础;从模块品目和集成能源要素出发,按照企业集成运营管理流程要求进行模块品目运作,按照绿色运作的要求进行能源运作,为企业集成核心运营管理能力提升奠定基础;从集成运营信息要素出发,构建整体集成ERP、集成MES、集成MBE,将集成运营计算和集成大数据融入其中,为企业集成核心运营管理能力提升奠定基础。

企业集成运营管理从企业集成运营管理结构的非结构化要素的集成运营人员要素出发,提升人员在企业集成运营管理流程中运作的水平,为企业集成核心运营管理能力提升奠定基础;从集成运营计划要素出发,进行企业集成综合运营计划、企业集成主运营计划、企业集成模块品目需求计划、企业集成运营作业计划的运作,为企业集成核心运营管理能力提升奠定基础;从集成运营组织要素出发,进行企业集成运营管理流程的合理调度,为企业集成核心运营管理能力提升奠定基础;从集成运营控制要素,进行企业集成运营管理流程有效控制,为企业集成核心运营管理能力提升奠定基础。企业集成运营管理从企业集成运营管理综合要素的集成运营质量要素出发，把握住集成质量管理的关键环节，为企业核心运营管理能力提升奠定基础。

2. 企业集成核心运营管理能力构建

企业运营管理从企业管理活动出发，进行企业计划、组织、控制管理职能的建设，构建企业管理核心能力；从企业运营活动出发，构建企业运营核心能力。将企业管理核心能力和企业运营核心能力运用到企业运营管理活动中，促进企业运营管理活动顺利进行。企业集成运营管理从企业集成管理活动出发，进行企业集成计划、集成组织、集成控制管理职能的建设，构建企业集成管理核心能力；从企业集成运营活动出发，构建企业集成运营核心能力。将企业集成管理核心能力和企业集成运营核心能力运用到企业集成运营管理活动中，促进企业集成运营管理活动有效进行。

企业运营管理从产品开发和设计管理流程出发，构建企业产品开发与设计管理核心能力；从企业产品实现管理流程出发，构建企业产品实现管理核心能力。将企业产品开发与设计管理核心能力和企业产品实现管理核心能力运用到产品开发与设计管理流程和产品实现管理流程中，促进产品开发与设计管理流程和产品实现管理流程顺利进行。企业集成运营管理从集成产品开发和设计管理流程出发，构建企业集成产品开发与设计管理核心能力；从企业集成产品实现管理流程出发，构建企业集成产品实现管理核心能力。将企业集成产品开发与设计管理核心能力和企业集成产品实现管理核心能力运用到集成产品开发与设计管理流程和集成产品实现管理流程中，促进集成产品开发与设计管理流程和集成产品实现管理流程有效进行。

制造类企业、服务类企业、纯服务类企业集成管理运作都需要通过企业集成核心运营管理能力基础建立和企业集成核心运营管理能力构建来建立企业集成管理核心能力和企业集成运营核心能力、企业集成产品开发与设计管理核心能力和企业集成产品实现管理核心能力。

（五）企业集成运营管理流程

1. 企业集成运营管理流程组成

企业运营管理流程或者企业集成运营管理流程是运营流程或者集成运营流程和管理自身流程或者集成管理自身流程的融合。企业运营流程或者企业集成运营流程从整体上讲是供应链流程和服务链流程或者集成供应链流程和服务链流程，从基本活动上讲是基本运营流程或者集成基本运营流程。管理自身流程是计划、组织、领导、控制流程，集成管理自身流程是集成计划、集成组织、集成领导、集成控制流程。

企业运营管理流程或者集成运营管理流程从整体而言，分为供应链管理流程、服务链管理流程或者集成供应链管理流程、集成服务链管理流程。供应链管理流程是供应链流程和管理自身流程融合；服务链管理流程是服务链流程和管理自身流程融合。集成供应链管理流程是集成供应链流程和集成管理自身流程融合；集成服务链管理流程是集成服务链流程和集成管理自身流程融合。

制造类企业集成整体运营管理流程是集成供应链管理流程，集成基本的运营管理流程是集成制造管理流程。服务类企业集成整体运营管理流程是集成服务链管理流程，集成基本的运营管理流程是集成服务转化流程。

2. 企业集成运营管理流程是对集成运营管理结构的运用

（1）企业集成运营流程是对集成运营管理结构中集成非管理要素的运用。企业围绕顾客需要的有形产品和无形产品对象，通过人员、运营技术、运营设施、运营信息、物料这些非管理要素投入，形成供应链业务流程和基本业务流程。供应链业务或者服务链流程和基本业务流程运用运营管理系统要素，具备了运营流程运作能力。

企业围绕着顾客需要的有形产品和无形产品集成对象，通过集成人员、集成运营技术、集成运营设施、集成运营信息、集成物料这些非管理要素投入，形成集成供应链业务流程和集成基本业务流程。集成供应链业务或者集成服务链流程和集成基本业务流程运用集成运营管理系统要素，具备了集成运营流程核心能力。

（2）企业集成运营管理流程是对集成运营管理系统结构中集成管理与集成非管理要素的运用。企业运营管理活动围绕着顾客需要的有形产品和无形产品，通过运营技术、运营设施、运营信息、制造性企业物料、人员、运营计划、运营组织、领导与控制这些管理和非管理要素投入，形成供应链或者服务链管理流程和基本运营管理流程。供应链或者服务链管理流程和基本运营管理流程通过管理和非管理要素的运用，具备运营管理系统运作的运营流程管理能力，实现价值管理的价值增值目标。

企业集成运营管理活动围绕着顾客需要的有形产品和无形产品集成对象，通过集成运营技术、集成运营设施、集成运营信息、集成物料、集成人员、集成运营计划、集成运营组织、集成控制这些管理和非管理要素投入，形成集成供应链或者集成服务链管理流程和集成基本运营管理流程。集成供应链或者集成服务链管理流程和集成基本运营管理流程通过集成管理和集成非管理要素运用，具备集成运营管理运作的运营流程管理核心能力，实现价值管理的价值增值目标。

（3）企业集成运营管理流程与节点。企业运营管理流程由运营流程、运营流程节点构成，运营流程、运营流程节点融合形成运营管理流程。运营管理流程由运营流程、运营流程节点这两部分构成。企业集成运营管理流程由集成运营流程、集成运营流程节点构成，集成运营流程节点形成集成管理流程，集成运营流程、集成管理流程融合形成运营管理流程。企业集成运营流程、集成运营流程节点融合成企业集成基本运营管理流程；企业集成供应链或者集成服务链流程和集成供应链或者集成服务链流程节点融合而成企业集成供应链或者集成服务链管理流程。

企业运营流程或者集成运营流程节点通过企业运营管理系统结构要素或者企业集成运营管理系统结构要素体现。企业运营管理系统中的对象要素、结构化要素、非结构化要素、综合要素形成了基本的运营流程节点和供应链或者服务链流程节点。企业集成运营管理系统中的集成对象要素、集成结构化要素、集成非结构化要素、集成综合要素形成集成基本的运营流程节点和集成供应链或者服务链流程节点。

制造类企业、服务类企业、纯服务类企业由集成运营流程和集成运营流程节点融合构成集成运营管理流程,集成运营流程节点是运营管理结构要素体现。

3. 企业集成基本运营流程

企业基本运营流程由每一类企业按照其特性所体现的由每一次作业构成的基本运营流程。企业集成基本运营流程按照企业集成战略的要求,构建运营具体模块单元、运营联合模块单元、运营模块组模块单元、运营总作业模块单元的运营流程。这一流程需要将精益运营理论和智能运营融入其中,形成适时智能运营具体模块单元、适时智能运营联合模块单元、适时智能运营模块组模块单元、适时智能运营总作业模块单元的运营流程。

制造类企业需要按照企业集成战略要求,构建适时智能制造具体模块单元、适时智能制造联合模块单元、适时智能制造模块组模块单元、适时智能制造总作业模块单元的流程。服务类企业、纯服务类企业构建适时智能服务具体模块单元、适时智能服务联合模块单元、适时智能服务模块组模块单元、适时智能服务总作业模块单元的流程。服务类企业与纯服务类企业对企业集成基本运营流程中所包含的模块单元层次体现不同,需要结合这些企业的特性进行构建。

4. 企业集成运营管理流程运作方式

企业运营管理流程或者企业集成运营管理流程运作过程中与企业运营管理结构或者企业集成运营管理结构有着内在的联系,企业运营管理结构或者企业集成运营管理结构的关键是企业运营管理核心能力或者企业集成运营管理核心能力,根据不同的企业运营管理核心能力或者企业集成运营管理核心能力体现方式,形成不同的企业运营管理流程或者企业集成运营管理流程运作方式,企业运营管理流程或者企业集成运营管理流程运作方式包括:

(1)层次性运作。就是企业运营管理流程或者企业集成运营管理流程先进行企业运营管理结构或者企业集成运营管理结构的基础层要素运作,再进行综合层企业运营管理核心能力或者企业集成运营管理核心能力运作。这种运作将基础层和综合层企业运营管理流程或者企业集成运营管理流程运作分为两个层次,先进行基础层运作是为了综合层的企业运营管理核心能力或者企业集成运营管理核心能力奠定基础,具备一定基础后,进行企业运营管理核心能力或者企业集成运营管理核心能力运作。

这种运作的方式属于一般运作方式。优点是立足基础,是一种稳定的企业运营管理流程或者企业集成运营管理流程运作方式。缺点是运作的速度慢。总体来说企业一般需要采用这种方式,以便打好坚实的基础。

(2)同时运作。就是企业运营管理流程或者企业集成运营管理流程将企业运营管理结构或者企业集成运营管理结构的基础层要素和综合层要素企业运营管理核心能力或者企业集成运营管理核心能力同时运作。这种运作未将基础层和综合层企业运营管理流程或者企业集成运营管理流程运作分层次进行,为的是能够直接参与竞争,取得竞争先发优势。

这种运作的优点是能够直接参与竞争，争取先发优势，是一种快速的企业运营管理流程或者企业集成运营管理流程运作方式。缺点是运作的基础不牢，争取先发优势不好落实。

制造类企业集成制造管理流程运作方式和服务类企业、纯服务类企业集成服务管理流程运作方式都可以采用层次性运作和同时运作方式。

5. 企业集成运营管理流程协同运作

企业集成运营管理流程需要通过企业集成战略引导下的模块单元进行，模块单元的运作需要与企业集成运营管理流程协同。企业集成战略引导下的模块单元运作是企业集成运营管理流程运作的基础，企业集成运营管理流程各方面的运作都是以模块单元运作为起点进行，企业集成运营管理流程运作过程中始终以模块单元为基本方式进行运作。企业集成运营管理流程需要将企业集成战略下的模块单元通过企业集成策略进行运作，将模块单元运作处处体现企业集成战略，使企业集成战略下的模块单元成为企业集成运营管理流程的通常运作方式。

企业集成运营管理流程需要融入集成供应链或者服务链，集成供应链或者服务链的运作需要与企业集成运营管理流程协同。集成供应链或者服务链是企业集成运营管理流程的实体线，是企业集成运营管理流程具体运作的主线。从企业运作的角度来看，集成供应链或者服务链的发展经历了单一环节与作业发展阶段和集成供应链或者服务链联系阶段。单一环节与作业发展阶段将集成供应链或者服务链的各部分单独运作，这种运作将本来有着联系的集成供应链或者服务链分散，不能形成集成供应链或者服务链的联系，对企业效益有着直接的影响。集成供应链或者服务链联系阶段就是将集成供应链或者服务链的各部分联系起来，形成一体化运作。这部分包括联系运作和一体化运作。集成供应链或者服务链的联系运作更多的是从某一方面和形式上进行联系，这种联系只是对集成供应链或者服务链的部分结构产生影响；集成供应链或者服务链一体化是从整体上进行的运作，是集成供应链或者服务链从结构的各个部分和整体上联系为一体的运作，是集成供应链或者服务链的系统化的运作。

企业集成运营管理流程需要融入企业集成价值链流程，企业集成价值链流程需要与企业集成运营管理流程协同。企业集成价值链流程与企业集成运营管理流程相互联系，企业集成价值链流程是主体和中心。企业集成运营管理流程运作与企业集成价值链流程相互联系，将企业集成运营管理流程的功能任务体现到企业集成价值链流程中，充分反映企业集成价值链流程的中心地位，企业集成运营管理流程的各类运作都需要围绕企业集成价值链流程进行。

企业集成运营管理流程需要融入精益运营，精益运营需要与企业集成运营管理流程协同。精益运营提出多方面的精益运营原则，企业运营中过量运营、物流损耗、库存过剩、过程控制、动作分析、产品缺陷以及员工创造力忽视方面都需要利用精益运营方式解决浪费和消耗问题。精益运营需要关注整体流程，从而提高整体效益而非局部效益；注重低库存、高效流程与高品质的稳定平衡；高效流程需要将流程中无效时间尽可能压缩以快速满足客户需求，将精益引入各环节而保证高品质生产；以客户需求为导向拉动生产，并不断提高客户满意度；尊重员工的智慧与能力，鼓励工作创新，并进行有效的团队工作。将精益理念引入供应链或者服务链，使供应链或者服务链受益。

企业集成运营管理流程需要融入智能运营，智能运营需要与企业集成运营管理流程协同。这就需要企业集成运营管理流程中的基本运营管理流程和集成供应链或者服务链管理流程都需要融入智能运营，使企业集成运营流程中的设备与设备、设备与人都能够形成智能运作。

企业集成运营管理流程需要融入绿色运营，绿色运营需要与企业集成运营管理流程协同。绿色运营是当今企业运作的基本要求，这一运作是企业集成运营管理流程运作的约束因素。绿色因素要求企业集成运营管理流程运作过程中，能够充分考虑绿色运作的因素，使企业集成运营管理流程的运作能够健康进行，能够符合企业员工、资源有效利用、环境少污染或者没有污染的运作，促使企业长远发展。

制造类企业、服务类企业、纯服务类企业都需要进行模块单元的运作、集成供应链或者服务链、集成价值链流程、精益运营、智能运营、绿色运营与企业集成制造运营管理流程或者企业集成服务运营管理流程协同。

（六）企业集成价值创造

企业集成价值创造需要通过企业集成运营价值链流程进行运作。具体来看，需要通过企业集成基本价值链流程和企业集成供应链或者服务链价值链流程进行价值运作。从运作中确定企业基本运营管理流程、企业外部运营管理流程、企业整体运营管理流程的价值。

制造类企业、服务类企业、纯服务类企业都需要通过企业集成制造价值链流程或者企业集成服务价值链流程，确定企业价值。

四、企业具体集成运营管理模式与企业信息集成运营管理模式融合

1. 企业集成基本运营管理流程与企业集成 ERP、企业集成 MBE、企业集成 MES、企业集成云计算、企业集成大数据整体层面联系

企业运营管理信息整体层面只是明确了 ERP 计划层面、MES 执行层面、企业运营流程基层层面，没有从企业集成 ERP、企业集成 MBE、企业集成 MES、企业集成云计算、企业集成大数据整体上确立层面的关系。

企业集成运营管理模式的信息整体层面体现为从上而下的企业集成信息计划层面、企业集成信息执行层面、企业集成基本运营管理流程基层层面。从运作关系而言，企业集成信息计划层面高于企业集成信息执行层面，企业集成信息执行层面保障企业集成信息计划层面的执行，企业集成基本运营管理流程是企业集成信息计划层面和企业集成信息执行层面运作的源泉。

企业集成 ERP 与 MBD 的企业集成 MBE 是处于计划层面的企业集成信息系统；信息物理系统的企业集成 MBE 和企业集成 MES 是处于执行层面企业集成信息系统；企业集成基本运营管理流程是处于基层层面的基本运营管理流程；企业集成云计算、企业集成大数据是处于计划层面和执行层面信息系统。从计划层面融入企业集成 ERP、MBD 的企业集成 MBE，进行信息运作；从执行层面融入信息物理系统的企业集成 MBE、企业集成 MES 进行信息运作。融入企业集成云计算、企业集成大数据的企业集成 ERP 与 MBD 的企业集成 MBE 需要从计划层面反映企业集成基本运营管理流程运作；融入企业集成云计算、企业集成大数据的信息物理系统的企业集成 MBE 和企业集成 MES 需要从执行层面反映企业集成基本运营管理流程运作。

2. 企业集成基本运营管理流程与融入企业集成云计算、企业集成大数据的企业集成 ERP、MBD 的企业集成 MBE 联系

企业集成基本运营管理流程与融入企业集成云计算、企业集成大数据的企业集成 ERP、MBD 的企业集成 MBE 联系是企业集成基本运营管理流程基层层面与融入企业集成云计算、企业集成大数据的企业集成 ERP、MBD 的企业集成 MBE 计划层面的联系。与企业集成基本运营管理流程与执行层面的企业集成信息系统的联系相比，这种联系总括性更强。企业集成云计算、企业集成大数据需要融入企业集成 ERP、MBD 的企业集成 MBE，辅助企业集成 ERP、MBD 的企业集成 MBE 有效运作，从而形成企业集成基本运营管理流程与企业集成 ERP、MBD 的企业集成 MBE 中的企业集成云计算、企业集成大数据的联系。

企业集成基本运营管理流程是融入基本运营流程节点的集成基本运营流程的适时智能运营具体模块单元、适时智能运营联合模块单元、适时智能运营模块组模块单元、适时智能运营总作业模块单元的流程。企业集成 ERP 中的集成制造或者服务转化管理系统从企业集成综合运营计划、企业集成主运营计划、企业集成模块品目需求计划、企业集成运营作业计划出发，针对集成基本运营流程，通过与企业集成运营管理结构中计划节点联系，形成集成制造或者服务转化管理系统与企业集成基本运营管理流程的集成计划的联系。企业集成 ERP 中的集成采购管理系统、集成销售管理系统、集成仓储管理系统从集成采购管理、集成仓储管理、集成销售管理出发，针对集成供应链或者服务链流程，通过与企业集成运营管理结构中计划主要节点联系，形成集成采购管理系统、集成仓储管理系统、集成销售管理系统与企业集成运营管理流程中的集成供应链或者服务链流程集成计划的联系。企业集成 ERP 中的集成财务管理系统、集成人力资源管理系统、集成后勤管理系统从集成财务管理、集成人力资源管理、集成后勤管理出发，针对集成基本运营流程的集成财务管理保障、集成人力资源管理保障、集成后勤管理保障，通过与企业集成运营管理结构中集成运营价值管理节点、集成运营人员节点联系，形成集成财务管理系统、集成人力资源管理系统、集成后勤管理系统与企业集成基本运营管理流程的集成运营价值管理、集成运营人员保障的联系。

企业集成 MBE 中的基于模型定义设计 MBD 和基于模型的系统工程 MBSE 从产品

MBD 模型设计和验证出发，针对集成基本运营管理流程中的产品，通过与企业集成运营管理结构中集成对象节点联系，形成基于模型定义设计 MBD 和基于模型的系统工程 MBSE 与企业集成运营管理流程中集成对象的联系。

3. 企业集成基本运营管理流程与融入企业集成云计算、企业集成大数据的信息物理系统的企业集成 MBE、企业集成 MES 联系

企业集成基本运营管理流程与融入企业集成云计算和企业集成大数据的信息物理系统的企业集成 MBE 和企业集成 MES 联系是企业集成基本运营管理流程基层层面与融入企业集成云计算和企业集成大数据的信息物理系统的企业集成 MBE 和企业集成 MES 执行层面的联系。与企业集成基本运营管理流程与执行层面的企业集成信息系统的联系相比，这种联系操作性更强。企业集成云计算、企业集成大数据需要融入信息物理系统的企业集成 MBE 和企业集成 MES，辅助信息物理系统的企业集成 MBE 和企业集成 MES 有效运作，从而形成企业集成基本运营管理流程与信息物理系统的企业集成 MBE 和企业集成 MES 中的企业集成云计算和企业集成大数据的联系。

企业集成 MBE 中的基于模型的信息物理系统 MBM 从基于模型的信息物理系统 MBM 出发，针对企业集成基本运营流程，通过与集成基本运营流程联系，形成基于模型的信息物理系统 MBM 与企业集成基本运营管理流程中企业集成基本运营流程的联系。企业集成 MBE 中的基于模型的维护 MBS 从基于模型的维护 MBS 出发，针对企业集成基本运营流程，通过与企业集成运营管理结构中集成运营设施节点联系，形成基于模型的维护 MBS 与企业集成基本运营管理流程中的集成运营设施的联系。企业集成 MBE 中的基于模型的供应链或者服务链从基于模型的供应链或者服务链出发，针对集成供应链或者服务链流程，通过基于模型的供应链或者服务链与集成供应链或者服务链流程联系，形成基于模型的供应链或者服务链与企业集成运营管理流程中集成供应链或者服务链流程的联系。

企业集成 MES 中的企业集成基本运营流程 MBD 运作从 MBD 运作出发，针对企业集成基本运营流程，通过与企业集成运营管理结构中集成对象节点联系，形成企业集成基本运营流程 MBD 运作与企业集成运营管理流程集成对象的联系。企业集成 MES 中的企业集成基本运营流程资源管理、企业集成基本运营流程维护管理、企业集成运营流程信息管理从集成资源管理、集成维护管理、集成信息管理出发，针对企业集成基本运营流程，通过与企业集成运营管理结构中集成人员、模块品目和集成能源、集成运营设施、集成运营信息节点联系，形成企业集成基本运营流程资源管理、企业集成基本运营流程维护管理、企业集成运营流程信息管理与企业集成基本运营管理流程中集成人员、模块品目和集成能源、集成运营设施、集成运营信息的联系。企业集成 MES 中的企业集成运营作业计划、企业集成基本运营流程调度、企业集成基本运营流程跟踪、企业集成基本运营流程效果评价、企业集成基本运营流程反馈与调整从集成运营作业计划、集成基本运营流程调度、集成基本运营流程跟踪、集成基本运营流程效果评价、集成基本运营流程反馈与调整出发，针对企业集成基本运营流程，通过与

企业集成运营管理结构中集成运营计划、集成运营组织、集成运营控制节点联系，形成企业集成运营作业计划、企业集成基本运营流程调度、企业集成基本运营流程跟踪、企业集成基本运营流程效果评价、企业集成基本运营流程反馈和调整与企业集成基本运营管理流程集成运营计划、集成运营组织、集成运营控制的联系。企业集成 MES 中的企业集成运营流程质量管理从集成运营流程质量管理出发，针对企业集成基本运营流程，通过与企业集成运营管理结构中集成运营质量节点联系，形成企业集成运营流程质量管理与企业集成基本运营管理流程集成运营质量的联系。企业集成 MES 中的企业集成基本运营流程执行从集成基本运营流程执行出发，针对企业集成基本运营流程，通过与企业集成基本运营流程联系，形成企业集成基本运营流程与企业集成基本运营管理流程中企业集成基本运营流程的联系。企业集成 MES 中的企业集成运营流程价值管理从集成运营流程价值管理出发，针对企业集成基本运营流程，通过与企业集成运营管理结构中集成运营价值管理节点联系，形成企业集成运营流程价值管理与企业集成基本运营管理流程中集成运营价值管理的联系。

制造类企业具有企业集成基本制造管理流程与企业集成 ERP、企业集成 MBE、企业集成 MES、企业集成云计算、企业集成大数据整体层面的联系；需要确定企业集成基本制造管理流程与融入企业集成云计算、企业集成大数据的企业集成 ERP、MBD 的企业集成 MBE 的联系；确定企业集成基本制造管理流程与融入企业集成云计算、企业集成大数据的信息物理系统的企业集成 MBE、企业集成 MES 的联系。服务类企业、纯服务类企业具有企业集成基本服务管理流程与企业集成 ERP、企业集成 MBE、企业集成 MES、企业集成云计算、企业集成大数据整体层面的联系；需要确定企业集成基本服务管理流程与融入企业集成云计算、企业集成大数据的企业集成 ERP、MBD 的企业集成 MBE 的联系；确定企业集成基本服务管理流程与融入企业集成云计算、企业集成大数据的信息物理系统的企业集成 MBE、企业集成 MES 的联系。

第二章

企业集成新产品开发与设计

第一节　企业集成新产品开发与设计模型与实现

一、企业集成新产品开发与设计特点

与企业运营管理的新产品开发与设计相比，企业集成新产品设计具有以下特点：

（一）顾客驱动的企业集成新产品开发与设计顶层运作

由于顾客的需求和想法不断改变，企业需要持续地往市场输入新产品（雅各布斯和蔡斯，2016）。对有形产品和无形产品的企业集成新产品开发与设计是对顾客需求的设计，顾客需求新产品开发与设计是一种顶层开发与设计，对顾客需求的新产品开发与设计决定着顾客需求的实现，引导企业集成输入、转化、输出流程的运作。企业集成新产品开发与设计需要以顾客需求为起始点和中心进行，开发和设计顾客需求，与顾客之间形成互动，顾客对所设计的新产品和活动进行体验，企业将体现使命、愿景、价值观的品牌引入互动和体验中，进行整体企业集成新产品开发与设计。

（二）企业集成战略直接体现在企业集成产品开发与设计中

企业集成新产品开发与设计以企业集成战略为指导进行模块单元运作，从产品族出发进行开发与设计，没有按照企业运营管理中新产品开发与设计的产品构成进行，而是按照模块品目构成进行。由此，产品族和产品的模块品目构成成为企业集成战略指导下的模块单元运作基础。将企业集成战略指导下的模块单元具体化，就构成企业集成战略指导的企业集成延迟策略融入的模块单元运作，完整反映了企业集成新产品开发与设计对企业集成战略的体现。

（三）企业集成新产品开发与设计体现了精益运作

企业集成新产品开发与设计过程和新产品实现过程都是按照顾客的需求进行新产品开发与设计和实现，均是将顾客需求端作为企业集成新产品开发与设计过程和新产品实现过程的首端来进行，均体现精益运作。企业集成新产品开发与设计过程是新产品实现的基础，企业集成新产品开发与设计过程首先需要进行精益运作，将顾客的需求在企业集成新产品开发与设计端实现，将这种开发与设计体现到新产品实现的精益运作过程中。可见，企业集成新产品开发与设计过程和新产品实现过程的精益运作是一致的，满足顾客需要的具体运作中，需要不断地解决出现的问题，使企业集成新产品开发与设计过程和新产品实现过程的精益运作统一进行。企业越来越多地采用精益产品开发与设计，这将促进企业经济效益的提高（Souza & Dekkers，2020）。

（四）企业集成新产品开发与设计体现智能运作

企业集成新产品设计围绕着 MBD 模型进行智能设计，通过企业集成 MBE 中的基于模型定义设计 MBD 信息系统进行开发与设计。MBD 模型智能设计完全按照智能运作的要求构建新产品的 MBD 模型，将智能产品与企业集成运营管理流程直接联系，使智能产品开发与设计不能只停留在集成开发与设计阶段，还与集成实现直接联系。开发与设计的新产品需要通过反映智能开发与设计的基于模型的系统工程 MBSE 进行验证，使集成新产品开发与设计可行。通过集成云计算和集成大数据辅助，进行基于模型辅助 MBD 模型智能开发与设计，体现企业集成新产品开发与设计智能运作。

（五）企业集成新产品开发与设计以价值链流程为中心框架

价值链流程是企业集成运营管理流程的中心框架，在集成新产品设计管理流程中，价值链流程仍是中心框架。企业集成新产品开发与设计通过价值链流程，实现与企业供应链或者服务链管理流程的其他流程的衔接。同时，价值链流程承担企业集成新产品开发与设计流程价值创造的流程选择、价值创造目标的确定、价值创造大小的确定多种任务，使价值链流程真正成为企业集成新产品开发与设计运作的框架。

（六）企业集成新产品开发与设计需要综合考虑集成供应链或者集成服务链和绿色运作的影响

集成供应链或者集成服务链作为价值链流程的重要组成部分进行运作，集成供应链或者集成服务链是实现新产品设计的必经环节，是重要的企业集成新产品实现环节，企业集成新产品设计需要从集成供应链或者集成服务链角度进行运作。集成新产品设计同样需要考虑绿色运作因素，绿色因素对新产品设计有着重要影响，需要将绿色运作作为企业集成新产品设计的必要约束条件进行运作。

（七）企业集成新产品开发与设计的管理核心能力是企业集成新产品开发与设计管理的核心

企业集成运营管理流程运作中，企业集成新产品运营管理核心能力主要包括企业集成新产品开发与设计管理核心能力和企业集成新产品运营管理实现核心能力，这两种集成能力是企业集成运营管理流程核心运作的基础。企业集成新产品开发与设计流程中重点是构建企业集成新产品开发与设计管理核心能力，为此，需要从企业集成新产品开发与设计核心要素、核心流程、核心新产品出发，构建企业集成新产品开发与设计管理核心能力。

二、企业集成新产品开发与设计概念

企业集成新产品指集成有形产品和无形产品形成和集成有形产品和无形产品功能方面有改进的产品。这一改进集中体现在集成新产品开发与设计中。集成新产品开发与设计包括集成有形产品和无形产品的集成设计构思、集成应用技术、集成运营工艺、集成功能的设计内容，其中有形产品和无形产品的集成设计构思、集成应用技术、集成运营工艺设计属于集成产品形成阶段，集成有形产品和无形产品的功能属于集成产品功能阶段。

企业集成新产品的开发与设计通过企业集成 MBE 的基于模型定义设计 MBD 信息平台实现。这一平台以有形产品和无形产品为对象，通过计算机的界面，衔接平台内外和人、机接口，实现信息流通，得到基于模型定义设计 MBD、基于模型的系统工程 MBSE、基于模型的信息物理系统基本运营流程 MBM、基于模型的维护与维修 MBS、基于模型的供应链或者服务链的所需信息，完成企业集成 MBE 的基于模型定义设计 MBD 信息平台运作。

（一）集成新产品开发与设计构思

集成新产品设计构思由集成有形和无形新产品设计的创意或者视角与需要明确基于模型定义设计 MBD 的几何模型或者模型、组成部分与联系组成。通过确定新产品开发与设计创意，将开发与设计创意体现为模型，完成新产品开发与设计构思。基于模型定义设计 MBD 的几何模型或者模型是有形和无形新产品设计创意或者视角的集中体现，是有形和无形新产品设计构思的实体构成。通过 MBD 模型完整表达产品定义，实现模型三维设计（赵钢等，2019）。

1. 集成新产品开发与设计创意

集成新产品开发与设计创意是对新产品开发与设计的需求而不是产品本身，有利于更广范围的新产品开发与设计。将需求从顾客具体产品中抽象出来，识别需求，而非收集顾客反馈。洞察顾客创新是企业的工作而不是顾客的工作。新产品开发与设计是以顾客为中心，具体运作中需要避免以顾客为中心的一个误区，是管理者想当然，往往以为自己很懂顾客，或者把自己当顾客，更多的情况下，实际上离顾客很远。新产品的普遍性越广，企业管理者越容易自以为是，把自己当顾客。真正的好产品是让顾客用得自然，而不是管理者觉得很好。自然的资源迎合顾客的需求，而不是让顾客符合自己的需要。

新产品开发与设计最重要的切入点是人，需要洞察人的需求，理解人的情感。开发与设计是方法，更是思维。从人出发定义产品，从人的特性和喜好出发进行新产品开发与设计。

集成新产品开发与设计创意可以以新产品的款式、弹性、继承性、新产品和服务质量、交货期、价格六项功能为目标功能展开顾客需求，从产品族来展开顾客需求，而不是仅定义在产品上。集成有形新产品设计创意具体，集成无形新产品设计创意抽象。集成有形新产品设计创意是指从集成有形新产品功能、使用方式、集成新产品感官方式、集成新产品使用范围、集成新产品材料、不同的配方、集成新产品内在运作这些方面进行的创意。集成无形新产品设计创意是指从信息类集成新产品的功能、各类信息要素、信息要素综合、集成新产品整体运作方式、集成新产品使用范围、集成新产品内在运作，非信息类新产品的各类要素、要素综合、集成新产品使用方式、集成新产品使用范围、集成新产品内在运作方面选取的视角。

企业运营管理的新产品设计创意是从单一产品出发进行创意设计，只是从新产品本身的功能出发进行设计，这一创意设计通过单独设计软件 CAD 来实现，与企业运营流程直接联系或者没有直接联系，体现的是企业竞争战略。与企业运营管理的新产品设计创意不同，企业集成运营管理的集成新产品设计创意需要从产品族出发形成创意，关注新产品的智能特性，将新产品由零部件组成转化为由模块品目组成，创意需要通过企业 MBE 的基于模型定义设计 MBD 信息智能平台实现，体现集成新产品的智能设计，且创意与集成运营流程直接联系，体现企业集成战略的运作。企业集成运营管理的集成新产品设计创意无论从集成新产品本身还是从集成创意过程，都体现出集成特性。

制造企业、设计性新兴制造企业、一般制造性服务企业、简单加工制造性服务企业、有形新产品新兴服务企业、有形和无形新产品新兴服务企业需要构建集成有形新产品的设计创意。无形新产品新兴服务企业、一般纯服务企业需要构建集成无形新产品的设计创意。一般新兴制造企业、一般服务企业、中间性纯服务企业不需要进行集成新产品设计创意的构建。

2. 集成新产品设计模型 MBD 构成

集成新产品设计模型 MBD 构建通过企业集成 MBE 中的基于模型定义设计 MBD 信息系统来实现。概念和概念的初始版本已经开发了逻辑数据模型，但定义和数据模型不断得到改进、扩展和修订（Quix & Jarke，2014）。

（1）集成新产品设计模型 MBD 选择。集成有形新产品设计模型 MBD 包括集成有形新产品几何模型、集成有形新产品原理模型、集成有形新产品几何模型和原理模型。

集成有形新产品几何模型由具有几何形状的物料通过物理转化成具有几何形状的集成有形新产品表现模型。集成有形新产品原理模型由各部分物料通过化学转化成新产品的集成有形新产品表现模型。集成有形新产品几何模型和原理模型由具有几何形状的物料和物料通过物理和化学转化成具有几何形状的集成有形产品和集成有形新产品的综合表现模型。与有形新产品设计模型一样，模块品目具有几何模型、原理模型。

集成无形新产品原理模型包括集成无形新产品信息原理模型和集成无形新产品非信息原理模型。集成无形新产品信息原理模型由集成无形新产品各信息部分通过信息程序转化成具有一定信息功能集成无形新产品的表现模型。集成无形新产品非信息原理模型由集成无形新产品各非信息部分通过服务转化成具有一定功能集成无形产品的表现模型。无形新产品的运作中没有模块品目，按照模块单元进行运作，模块单元的运作与集成无形新产品信息原理模型和集成无形新产品非信息原理模型有着对应的关系。

（2）集成新产品设计模型 MBD 内容。集成有形新产品几何模型系统和容差设计包括零件几何形状、功能系统和容差设计，部件几何形状、功能系统和容差设计，集成新产品几何形状、功能系统和容差设计。模块品目内容与有形新产品一样，包括几何形状、功能系统和容差设计。集成有形新产品几何形状系统和容差包括有形新产品需要达到的几何形状标准，允许的容差有多大。集成有形新产品几何形状系统能描述出新产品的标准形状。几何形状系统允许的容差包括形状容差、定向容差、定位容差、位置容差、跳动容差。形状容差包括直线是否直，曲线是否符合曲线的弧度要求，平面是否平，曲面是否光滑；定向容差包括两个平面或者两条直线的偏离平面或者直线偏离的平行度、两个平面或者两条直线的偏离 90 度平面或者直线偏离的垂直度、两个平面或者两条直线的倾斜平面或者直线倾斜度；定位容差包括是否同轴的同轴度、中心平面和中心线是否对称的对称度；位置容差包括位置变动多少的位置度；跳动容差测定要素绕轴转一周和连续运转给定方向上测得的最大和最小读数差。原材料、零件、部件的功能系统和容差设计，需要给出原材料、零件、部件达到标准的功能。这些功能的容差包括化学成分容差，材料的抗拉、抗压、抗弯、抗剪的强度容差，材料变形后的能力塑性容差，材料是否坚硬的硬度容差，材料是否疲劳的疲劳度容差，材料是否有韧性的韧度容差，材料的切削性、可煅性、可铸性、可焊性容差。这些容差都可以通过设备去检测。

集成有形新产品原理模型系统和容差设计包括原料或者中间品和原料或者中间品外在、性能系统和容差设计，产品外在、功能系统和容差设计。模块品目内容与有形产品一样，包括外在、功能系统和容差设计。颜色容差包括是总色差 ΔE、是偏向白还是偏向黑的明度色差 ΔL、是偏向红还是偏向绿的红/绿色差 Δa、是偏向黄还是偏向蓝的黄/蓝色差 Δb，这些色差可以通过色差仪自动监测。

集成无形新产品信息原理模型系统和容差设计包括软件模块功能系统和容差设计，软件模块组成，模块间的关系和容差设计。软件数据结构功能系统和容差设计需将模型转换成数据结构的定义。软件接口功能系统和容差设计需明确软件和操作系统间、软件和人之间如何通信。模块系统、软件数据结构系统、软件接口综合功能系统和容差设计需要进行综合设计。模块单元进行集成无形产品运作时，模块单元运作包含无形新产品信息原理模型系统和容差设计。

集成无形新产品信息原理模型系统和容差设计需要考虑软件信息系统能否支撑不同区域的企业运作的分布性系统设计和容差，软件信息系统能否为不同企业的各种平台、各种编程语言编写的系统提供运作方案的异构性系统设计和容差，软件信息系统能否对企业运营系统流程、企业运营系统功能、企业运营系统组织这些需要重构的部分提供信息支撑重构性系统设计和容差，软件信息系统能否以能够重用的软件为基础进行信息运作可重用性系统设计和容差，软件信息系统能否把新系统加入原系统中而不影响原系统的运作开放性系统设计和容差，软件信息系统能否根据不同企业的规模和特性进行可扩展性系统设计和容差。模块单元进行集成无形新产品运作时，模块单元运作包含无形新产品信息原理模型系统和容差设计。

集成无形新产品非信息原理模型系统和容差设计包括集成新无形产品要素系统和要素功能容差设计、集成无形新产品部分联系功能系统和容差设计、集成无形新产品整体联系功能系统和容差设计。集成无形新产品非信息原理模型系统和容差设计从功能实现的效率、顾客满意程度等方面进行容差的衡量。

（3）集成新产品设计模型 MBD 表现形式。集成有形新产品几何模型系统、容差和参数设计可以通过机械制图、一般制图来表现；集成有形新产品原理模型系统、容差和参数设计可以通过一般制图来表现；集成有形新产品几何模型和有形新产品原理模型系统、容差和参数设计可以通过仿真体现；集成无形新产品信息和非信息原理模型系统和容差设计可以通过一般制图来表现，可以通过仿真体现。模块品目和模块单元的运作具有集成新产品设计模型 MBD 表现形式。

（4）集成新产品设计模型 MBD 运营管理系统功能要求和价值体现。集成有形新产品几何模型设计中零件的外观、材质、尺寸容差、功能，部件的外观、尺寸容差、联系的紧致性、功能，产品的外观、尺寸容差、联系的紧致性、功能，这些方面需要符合运营管理系统的创新、弹性、继承性、质量功能要求。集成有形新产品原理模型中原料的外观、材质、功能，产品的外观、功能，这些方面需要符合运营管理系统功能的要求。模块品目运作具有集成产品设计模型 MBD 运营管理系统功能。

集成无形新产品信息原理模型设计中软件模块功能、软件数据结构功能、软件接口功能这些信息运作功能需要符合运营管理系统功能有序运作需求。集成无形新产品非信息原理模型设计中集成无形新产品要素功能、集成无形新产品部分联系功能、集成无形产品整体联系功能的运作功能，这些运营管理系统功能需要符合有序运作要求。模块单元运作具有集成新产品设计模型 MBD 运营管理系统功能需要符合有序运作要求。

集成有形和无形新产品设计模型 MBD 价值体现为单位集成有形和无形新产品设计

模型 MBD 给企业带来的价值。模块品目和模块单元运作具有集成新产品设计模型 MBD 运营管理价值体现。集成新产品 MBD 模型的端到端开发与设计能够贯穿整个企业集成供应链或者服务链价值链流程（西门子工业软件公司，2016）。

制造企业、设计性新兴制造企业、一般制造性服务企业、简单加工制造性服务企业、有形产品新兴服务企业、有形和无形新产品新兴服务企业需要构建集成有形新产品几何模型、集成有形新产品原理模型、集成有形新产品几何模型和原理模型，需要进行集成有形新产品模型系统和容差设计，需要通过机械制图、一般制图、仿真来表现模型，需要确定集成新产品设计模型 MBD 的制造或者服务管理系统功能和价值的实现程度。无形新产品新兴服务企业、一般纯服务企业需要构建无形新产品信息原理模型和无形产品非信息原理模型，需要进行集成无形新产品模型系统和容差设计，需要通过一般制图、仿真来表现模型，需要确定集成产品设计模型 MBD 的服务管理系统功能和价值的实现程度。一般新兴制造企业、一般服务企业、中间性纯服务企业虽然不进行集成新产品设计，但需要了解模型系统设计和容差，需要了解模型的表现形式，需要理解制造或者服务管理系统功能和价值的实现程度。

3. 集成新产品开发与设计 MBD 实现信息平台设计

企业集成新产品开发与设计是围绕企业集成开发与设计流程的企业集成基本运营流程、供应链或者服务链流程、辅助流程、支撑流程、核心流程、管理流程共同运作的结果，没有这些流程的支撑，企业集成开发与设计流程无法从整体上完成运作。企业集成开发与设计流程与这些流程的融合是迅速的网络式融合，需要完全打破现有的组织壁垒，企业集成信息平台是有效的选择。企业集成运营管理信息平台的企业集成 MBE 平台能够完成这一运作。

企业集成 MBE 中的基于模型定义设计 MBD 信息平台融入了云计算信息平台和大数据信息平台。云计算信息平台进行计算资源管理、存储资源管理和网络资源管理运作。计算资源管理可以规划和管理大量虚拟机，企业可以获得按需提供的计算资源，开发者可以通过 API 创建云应用，企业可以通过 Web 访问这些资源。计算资源管理通过云计算架构的控制器进行所有计算活动运作处理，是平台的管理者，管理着云计算信息平台的计算资源、网络、授权和扩展需求，运用 API 支持虚拟机管理程序交互。存储资源管理为云计算信息平台提供所需对象的存储资源。存储资源管理允许对文件进行存储和检索，通过分布式存储节点，提供分布式和一致的数十亿虚拟对象存储，具有内置冗余、容错管理、存档、流媒体的高度扩展功能。存储资源管理提供虚拟磁盘镜像的目录和存储仓库，提供对虚拟机镜像的存储和检索，进行多个镜像中心数据管理。网络资源管理针对虚拟设备和虚拟网络采用提供了插件式、可扩展、API 驱动型的网络及 IP 管理，在接口设备之间提供网络连接，支持更多的网络技术的开展。网络资源管理可以进行身份验证和授权，提供特定的云计算信息平台服务项目。网络资源管理可以进行演示，促进使用企业更快地运用云计算信息平台。云计算信息平台运用可以促进信息运作的精简和敏捷（顾炯炯，2016）。

　　大数据信息平台进行配置和管理工具、数据仓库、数据流处理、数据挖掘库、资源调度和管理框架、分布式计算框架、分布式文件系统、分布式数据库、分布式协作服务、日志收集、数据库交换的运作。配置和管理工具是一种基于 Web 的工具，支持大数据信息平台的安装、部署、配置和管理（林子雨，2017）。数据仓库用于对大数据信息平台数据集进行数据整理、特殊查询和分析存储。数据流简化了大数据信息平台工作任务，提供了一种接近结构化查询语言的接口。数据挖掘库提供了可扩展的机器学习领域经典算法的实现方式，帮助人员更加快速地创建智能程序。资源调度和管理框架将资源管理、任务调度和任务监控进行拆分，分别交给不同的新的组件去处理，避免主要组件承接过多的功能，提升大数据信息平台运行效率和稳定性。分布式计算框架是一种编程模型，用于大规模数据集的并行运算，将复杂的用于大规模数据集群上的并行计算过程高度地抽象到两个函数 Map 和 Reduce 上，允许企业在不了解分布式系统底层细节的情况下，在计算机上并行运用程序，完成大数据处理。分布式文件系统能够进行超大数据处理、流式处理，将硬件出现故障作为一种常态来考虑，在硬件出现故障时，仍然能够保障文件系统的可用性和稳定性。分布式数据库提供高可靠性、高性能、可伸缩、实时读写、分布式的列式数据库，具有良好的扩展能力，可以通过不断地增加廉价服务器来增强存储能力。分布式协作服务是高效可靠的协同运作系统，可以进行统一命名服务、状态同步服务、集群管理、分布式应用配置项管理。日志收集提供高可用的、高可靠的、分布式的大量日志采集、聚合和传输，可以根据企业需要定制日志，根据企业情况简单处理数据。数据库交换运作用于大数据信息平台数据库之间的数据交换，改进数据的操作性，使数据库进行数据交换更加方便和快捷。

　　融入云计算信息平台和大数据信息平台的基于模型定义设计 MBD 信息平台可以进行如下运作：

　　（1）设计标注。以产品族为基础进行标注，进行产品种类、产品品种、产品型号、产品规格的产品的设计标注，模块品目一样具有标注。基于模型定义设计 MBD 信息平台自动搜寻、显示和系统运用的系统设计规格需要体现不同级别的标准，不同级别的标准下有不同规格的有形产品和无形产品的系统和容差要求。美国的标准、日本的标准、欧盟的标准、中国的标准、地方的标准、厂家的标准都有不同级别。系统设计的规格针对有形产品、无形产品模型进行。设计注释以类型、方法和参数的可处理形式记录设计决策。

　　（2）自动地搜寻、显示和系统运用设计的层级。设计层级以产品族为基础进行层级设计，进行产品种类、产品品种、产品型号、产品规格的产品层级设计，模块品目和无形产品一样具有层级。基于模型定义设计 MBD 信息平台建模层级包括标准级表示、简化级表示、扩展级表示。标准级表示对识别功能目的所需的产品规格特征和设计细节进行建模或显示。简化级表示只有系统组成部分需要建模或显示。扩展级表示所有的组成、模型特征的建模或显示都应能表现其完整的细节。

　　（3）自动地搜寻、借鉴和系统运用设计模型。设计模型以产品族为基础进行模型设计，进行产品种类、产品品种、产品型号、产品规格的产品的设计模型，模块品目和无形产品一样具有模型。基于模型定义设计 MBD 信息平台提供重用库功能。重用库能够将各种标准件库、用户自定义特征库、符号库无缝集成在 NX 界面中，具有很好的开放性和可维护性，方便用户使用和维护，最终形成企业的各种重用库。

对于相似产品的建模，设计师能够借鉴已有的产品修改来完成产品设计，这将大幅提升设计效率。基于模型定义设计 MBD 信息平台提供一个不需要编程、可视化的界面让顾客理解设计者的意图，包装出一定的界面，实现典型产品的快速重用，大幅减少产品修改所需时间，提高三维设计效率。

（4）自动地搜寻、显示和系统进行三维设计。三维设计以产品族为基础进行三维设计，进行产品种类、产品品种、产品型号、产品规格的产品的三维设计，模块品目和无形产品一样具有三维设计。基于模型定义设计 MBD 信息平台通过三维注释与实体的相应部分建立关联关系，设计人员可以把三维注释直接附在模型上，表明设计意图。全面的工具套件，可保证 MBD 模型定义过程流畅，简单化的创建、放置和编辑，便于 MBD 模型的快速定义和数据有序管理。

（5）自如地运用和创造设计模型。基于模型定义设计 MBD 信息平台 MBD 定义过程中，随着工程师和设计人员在基于模型定义设计 MBD 信息平台不断向实体模型添加信息，这些主体模型越来越智能化，远远超出模型的单纯表示，可明确嵌入设计意图，避免因依赖人为推理产生的风险。

（6）设计模型顾客理解的简化。基于模型定义设计 MBD 信息平台同步建模技术实现 CAD 模型来源的无关性。同步建模技术使得用户可以读入任何来源的 CAD 模型，且能识别、编辑修改几何特征，还能够对特征进行再参数化，实现 CAD 软件的真正无关性，读入的 CAD 模型就像是 NX 自己创建的几何模型。利用特征定义、几何特征抑制、中曲面提取和装配等强大的模型抽象工具直接处理几何模型，极大简化了前处理的工作量。无形产品与有形产品设计一样，需要增强顾客的理解。

（7）设计模型的顾客定制。基于模型定义设计 MBD 信息平台具有强大的客户化定制功能，进行二次开发工具的 NX Open 运作，进行功能顾客化定制。设计构思扩展部分需要给出有关产品的工艺描述信息、属性信息、管理信息，将这些信息都集中于产品的三维模型中。

制造企业、设计性新兴制造企业、一般制造性服务企业、简单加工制造性服务企业、有形产品新兴服务企业、有形产品和无形产品新兴服务企业可以通过基于模型定义设计 MBD 信息平台进行集成有形新产品设计。无形产品新兴服务企业、一般纯服务企业可以通过基于模型定义设计 MBD 信息平台进行集成无形新产品设计。一般新兴制造企业、一般服务企业、中间性纯服务企业可以通过基于模型定义设计 MBD 信息平台了解集成有形产品和集成无形新产品设计。

（二）应用技术

应用技术包括应用技术原理和基于模型 MBD 的系统工程 MBSE。

1. 应用技术原理

应用技术原理包括有形新产品应用技术原理和无形新产品设计原理。有形新产品应用技术原理如机械原理，流体力学原理，制冷原理，热力学原理和菜品中的煎、炒、烹、炸、烤、焖、涮、煮、炝、炖的原理。有形新产品的应用设计原理需明确具体到某一种或某一类的新产品形成基本原理。无形新产品应用设计原理主要指设计原则、设计规则。理财产品设计中运用了稳定投资组合原则，这一原则主要保证理财收益的稳定，收益较低，风险较小。运用以收益投资组合为主的原则，这一原则理财收益不稳定，收益较高，风险较大。模块品目一样具有应用技术原理。

2. 基于模型 MBD 的系统工程 MBSE

在明确了新产品的 MBD 和应用技术原理的基础上，需要对模型 MBD 进行全方位的验证，以确定模型 MBD 的可行性，需要进行基于模型 MBD 的系统工程 MBSE 运作。模块品目同样进行基于模型 MBD 的系统工程 MBSE 的运作。

（1）需求驱动的新产品定义。顾客需求的确定是一个反复进行的过程，会出现顾客需求定位偏差的情况，需要不断地与顾客进行互动，确定真实的顾客，这样才具有了解顾客需求的前提。有了真实的顾客需要，还需要结合顾客需求的实际，按照顾客需求的具体要求，将这些需求反映在新产品的功能上来。

将顾客的需求概括为集成新产品功能，顾客需求可以转化为集成有形新产品和集成无形新产品的品种款式、质量、数量、交货期、服务、价格六项产品功能。将集成新产品功能转化为运营管理系统功能，需要将六项新产品功能转化为创新功能、质量功能、弹性功能、继承性功能、按期交货功能、价值创造功能六项运营管理系统功能，以反映企业对顾客满足的程度。

（2）将需求表现为模型 MBD。通过反映运营管理系统功能的指标，进行模型 MBD 设计。集成有形产品模型包括集成有形新产品几何模型、集成有形新产品原理模型；集成无形新产品原理模型包括集成无形新产品信息原理模型、集成无形新产品非信息原理模型。模块品目同样表现为模型 MBD。

通过需求进行集成新产品系统和容差设计。集成有形产品几何模型系统和容差设计包括零件几何形状和容差设计、部件几何联系和容差设计、产品几何联系和容差设计。集成有形新产品原理模型系统和容差设计包括原料和原料容差设计、集成新产品和新产品容差设计。集成无形新产品信息原理模型系统和容差设计包括软件模块系统和容差设计，软件数据结构系统和容差设计，软件接口系统和容差设计，模块系统、软件数据结构系统、软件接口综合系统和容差设计。集成无形产品非信息原理模型系统和容差设计包括集成无形新产品要素系统和要素容差设计、集成无形新产品要素部分联系系统和容差设计、集成无形新产品要素整体联系系统和容差设计。

（3）进行系统仿真和分析。系统仿真是通过系统模型的试验，研究已经存在或者正在设计的产品或者系统过程（党宏社，2018）。基于模型的系统工程 MBSE 虚拟系统仿真和分析使产品团队可利用模型进行系统优化设计，评估范围更广的设计方案，减少对原模型的依赖，减少后期返工的时间和成本损失。

有形新产品通过基于模型定义设计 MBD 信息平台实现仿真。基于模型定义设计 MBD 信息平台 CAE 与 CAD 完全集成于基于模型定义设计 MBD 信息平台中，适合新产品设计与工艺设计工程师、专业 CAE 分析师的分析。新产品设计与工艺设计工程师通常只是对零件进行常规强度、刚度、模态、机构运动仿真和常规的热分析；专业 CAE 分析师主要针对复杂模型进行结构、非线性、振动噪声、流体、热、机构运动、烧蚀气化、刚—柔联合仿真、疲劳耐久性、拓扑优化、几何优化、形态优化的分析。无形产品中的信息模型仿真主要对软件系统设计运用进行仿真。无形新产品中的非信息模型仿真主要进行模型系统设计运作的可能的概率分析。模块品目同样需要进行仿真和分析。

1）企业集成运营管理仿真。企业集成运营管理仿真运用相似原理，以企业集成运营管理的系统模型为基础，进行系统原型的测量、系统模型的建立、仿真模型的计算，实现对企业集成运营管理仿真。企业集成运营管理基本仿真包括企业运营管理对象和企业运营管理流程仿真。企业集成运营管理仿真可拓展到企业集成模块单元流程、供应链或者服务链流程、延迟运作、精益运作、智能运作、流程空间、辅助要素、支撑要素、核心要素、信息要素、管理、体系、模式、策略、方案各方面的主体、特性、因素、指标的仿真。顾客接触场内员工服务流程、场内设备服务流程、场外设备服务流程、场外电子服务流程的模块单元流水线需要在此基础上考虑员工、设备、电子设备与顾客接触，员工设备、设备、电子设备与顾客服务互动，员工与顾客价值共创，顾客服务体验、顾客满意、服务补救的服务特性进行仿真。

企业集成运营管理系统原型是客观存在的，在企业集成运营管理系统原型无法进行实验的情况下，企业集成运营管理仿真非常必要，企业集成运营管理仿真是对企业集成运营管理研究方法的有效补充。企业集成运营管理仿真根据相似原理，运用特性相似、参数相似、运作条件相似、边界条件相似、变量变化趋势相似、过程运作相似、感觉相似的原理，建立企业集成运营管理系统原型与仿真模型的联系，进行企业集成运营管理仿真。企业运营管理对象是指有形新产品、无形新产品、模块品目，对企业运营管理对象的仿真主要从有形新产品、无形新产品、模块品目的功能出发进行仿真。企业运营管理流程仿真是对企业集成运营管理过程的仿真，这一仿真关系到企业集成运营管理过程要素、过程运作特性、过程运作的体现、过程运作的功能，对企业运营管理流程仿真比对象仿真更为复杂。

企业集成运营管理仿真需要借助计算机进行，从而形成模拟机仿真系统、数字计算机仿真系统、混合仿真系统、微处理机阵列仿真系统。模拟机仿真系统运用电子模拟计算机进行仿真，运用基础是具有深度负反馈的直流放大器，函数以电压形式出现，放大器可以对电压进行增减。模拟机仿真系统具有一定的运算速度，但仿真精度较低。与模拟机仿真系统相比，数字计算机仿真系统仿真精度高，对特殊作业环节容易处理，便于进行仿真采样和逻辑判断，运用方便。但数字计算机仿真系统的反应速度较低。

混合仿真系统将模拟机仿真系统、数字计算机仿真系统混合起来，便于进行实时仿真。多微处理机仿真系统运用多个微处理机进行并行运作的仿真，比单台数字计算机仿真系统运作速度要快。近年来，系统仿真也有了长足发展，可以进行感知仿真，这一仿真运用计算机动画技术、计算机视觉技术、人工智能技术、多媒体技术、模式识别技术、自动控制技术、传感技术，主控机构进行建模、学习、规划和计算，实现感知仿真。仿真设备学习对仿真有着重要影响，通过仿真设备进行有监督的学习、无监督的学习、集成学习和强化学习，使系统仿真运用范围更广，对企业集成运营管理仿真有着重要的影响。

企业集成运营管理仿真可以运用 SIMULINK 仿真方式。SIMULINK 仿真可以进行企业运营管理对象和企业运营管理流程的仿真，可以进行连续、离散和两者混合的线性和非线性系统仿真。SIMULINK 仿真具有仿真与连接功能，可以利用鼠标器在模型窗口上画出所需的企业集成运营管理仿真模型，运用 SIMULINK 仿真提供的功能，直接进行企业集成运营管理仿真。用方框图进行企业集成运营管理仿真建模，能够直观、方便和灵活地建模。建模具有递阶结构，用户在建模时可以从上到下或从下到上的结构建模，建模完成后，可以从整个系统到子系统进行查看，观察模型的各个细节。可以通过 Simulation 的菜单方式，直接点击建模，也可以运用命令窗口键入命令进行仿真建模，直接进行察看仿真结果；具有丰富的子模型库，可以为企业集成运营管理仿真提供广泛的帮助。

企业集成运营管理仿真首先需要建立企业运营管理对象和流程原型模型。进行企业集成运营管理系统原型描述，明确已知因素，提出需要解决的问题和要测算的参数，创建企业运营管理对象和流程原型模型。企业集成运营管理所建原型模型包括机理原型模型、统计原型模型、混合原型模型。机理原型模型是根据企业运营管理对象和企业运营管理流程特性，通过对企业运营管理对象和流程运作机理分析，根据对象和流程运作规律，确定企业运营管理对象和流程原型模型的结构、参数。统计模型采用归纳法，根据企业运营管理对象和流程大量实测数据，用统计的规律估计企业运营管理对象和流程原型模型。混合原型模型是逻辑推理和实验观测数据的统计分析相结合，由逻辑推理企业运营管理对象和流程原型模型结构，参数由实验观测数据的统计分析得出。

企业运营管理对象和流程原型模型运用数学模型表示时，包括常微分方程模型、传递函数模型、状态空间模型、零和极点增益模型、频率响应数据模型。常微分方程模型可以用来表示企业运营管理对象和流程，对于线性定常系统，可以用常系数线性微分方程来表示。传递函数模型用来表示企业集成运营管理对象和流程输入量和输出量之间的关系，传递函数也只和企业集成运营管理对象和流程本身的结构、特性、参数有关，与输入量的变化无关，用于研究企业集成运营管理对象和流程线性系统性能和动态响应。状态空间模型能够确定企业集成运营管理对象和流程内部变量的状态，这一变量是企业集成运营管理对象和流程的输入量、输出量、内部变量。零和极点增益模型通过对企业集成运营管理对象和流程传递函数分子和分母多项式进行分解，求得企业集成运营管理对象和流程零点、极点。频率响应数据模型是企业集成运营管理对象和流程传递函数频率点响应所采用的模型。企业运营管理对象和流程原型模型数学表示需要运用企业运营管理对象和流程仿真模型的格式来表现。

企业运营管理对象和流程 SISO 连续系统进行拉普拉斯变换，可以表现为传递函数模型；SISO 离散系统进行 Z 变换，可以表现为传递函数模型。需要将原型传递函数模型表现为仿真模型调用格式。SISO 连续系统原型传递函数模型公式、仿真传递函数模型调用格式如式（2-1-1）和式（2-1-2）所示，SISO 离散系统原型传递函数模型公式、仿真传递函数模型调用格式如式（2-1-3）和式（2-1-4）所示：

$$G(s) = \frac{B(s)}{A(s)} = \frac{b_m s^m + b_{m-1} s^{m-1} + \cdots + b_1 s + b_0}{a_n s^n + a_{n-1} s^{n-1} + \cdots + a_1 s + a_0} \tag{2-1-1}$$

$$sys = \mathrm{tf}(num,\ den) \tag{2-1-2}$$

式中，$num = [b_m,\ b_{m-1},\ \cdots,\ b_0]$ 为仿真传递函数分子向量；$den = [a_n,\ a_{n-1},\ \cdots,\ a_0]$ 为仿真传递函数分母向量。

$$G(z) = \frac{Y(z)}{U(z)} = \frac{f_m z^m + f_{m-1} z^{m-1} + \cdots + f_1 z + f_0}{g_n z^n + g_{n-1} z^{n-1} + \cdots + g_1 z + g_0} \tag{2-1-3}$$

$$sys = \mathrm{tf}(num,\ den,\ T_s) \tag{2-1-4}$$

式中，$num = [f_m,\ f_{m-1},\ \cdots,\ f_0]$ 为仿真传递函数分子向量；$den = [g_n,\ g_{n-1},\ \cdots,\ g_0]$ 为仿真传递函数分母向量。

企业运营管理对象和流程原型状态函数模型，需要将原型状态函数模型表现为仿真模型调用格式。连续系统原型状态函数模型公式、仿真状态函数模型调用格式如式（2-1-5）和式（2-1-6）所示，离散系统原型状态函数模型公式、仿真状态函数模型调用格式如式（2-1-7）和式（2-1-8）所示：

$$\begin{cases} \dot{x} = Ax + By \\ y = Cx + Du \end{cases} \tag{2-1-5}$$

$$sys = \mathrm{ss}(A,\ B,\ C,\ D) \tag{2-1-6}$$

$$\begin{cases} X(k+1) = FX(k) + GU(k) \\ Y(k+1) = CX(k+1) + DU(k+1) \end{cases} \tag{2-1-7}$$

$$sys = \mathrm{ss}(F,\ G,\ C,\ D,\ T_s) \tag{2-1-8}$$

企业运营管理对象和流程 SISO 系统原型零和极点增益函数模型，需要将原型零和极点增益函数模型表现为仿真模型调用格式。连续系统原型零和极点增益函数模型公式、仿真零和极点增益函数模型调用格式如式（2-1-9）和式（2-1-10）所示，离散系统仿真零和极点增益函数模型调用格式如式（2-1-11）所示：

$$G(s) = k \frac{(s - z_1)(s - z_2) \cdots (s - z_m)}{(s - p_1)(s - p_2) \cdots (s - p_n)} \tag{2-1-9}$$

$$sys = \mathrm{zpk}(z,\ p,\ k) \tag{2-1-10}$$

$$sys = \text{zpk}(z, \ p, \ k, \ T_s) \tag{2-1-11}$$

企业运营管理对象和流程仿真频率响应数据函数模型调用格式如式（2-1-12）所示：

$$G = \text{fred}(resp, \ freq) \tag{2-1-12}$$

式中，$resp = [g_1, \ g_2, \ \cdots, \ g_n]$ 为频率响应输入，$freq = [\omega_1, \ \omega_2, \ \cdots, \ \omega_n]$ 为频率输入。

企业集成运营管理原型模型到仿真时，需要进行模型的转化。由于企业运营管理对象和流程特性不同，不同条件下的表现不同，需要企业运营管理对象和流程仿真模型的转化。

tf 函数用于连续系统状态空间模型，连续系统零和极点增益模型转为传递函数模型；zpk 函数用于传递函数模型，连续系统状态空间模型转为连续系统零和极点增益模型；ss 函数用于连续系统零和极点增益模型，传递函数模型转为连续系统状态空间模型；fred 函数用于连续系统零和极点增益模型，传递函数模型、连续系统状态空间模型转为频率响应数据模型；tf 函数转换格式、zpk 函数转换格式、ss 函数转换格式、fred 函数转换格式如下所示：

$$m = \text{tf}(sys) \tag{2-1-13}$$

$$m = \text{zpk}(sys) \tag{2-1-14}$$

$$m = \text{ss}(sys) \tag{2-1-15}$$

$$m = \text{fred}(sys, \ freq, \ units, \ units) \tag{2-1-16}$$

$$[r, \ p, \ k] = \text{residue}(num, \ den) \tag{2-1-17}$$

可以从 SIMULINK 的模型库中选用合适的仿真模型，以减少模型构建的时间，提高模型构建效率。SIMULINK 的模型库中选用合适的仿真模型包括信号源模块组、连续模块组、离散模块组、查表模块组、用户自定义函数模块组、数学运算模块组、非线性模块组、信号与系统模块组。信号源模块组中，Clock 模块用于计时，效果直观（李献等，2017）；Digital Clock 模块用于离散系统计时；Constant 模块用于表示常数输入；Band - Limited White Noise 模块用于产生服从正态分布的随机数；Chirp Signal 模块用于产生频率随时间线性增加的正弦信号；Sine Wave 模块用于产生正弦波；Pulse Cenerator 模块用于产生等间隔的脉冲波形；Random Number 模块用于产生服从正态分布的随机信号；Step 模块用于产生阶跃信号；Uniform Random Number 模块用于产生整个制定时间内均匀分布的随机信号。连续模块组中，Derivative 模块用于表示微分环节；Integrator 模块用于表示积分环节；Transfer Fcn 模块用于表示传递函数；Transport Delay 模块用于表示延时系统输入；Zero - Pole 模块用于表示以拉普拉斯算子 s 为变量的零点、极点和增益的系统；State - Space 模块用于表示一个控制系统的状态空间。离散模块组中，Discrete Transfer Fcn 模块用于表示离散系统传递函数；Discrete Filter 模块用于表示描述数字滤波器；Unit Delay 模块用于表示时间离散算子；Memory 模块用于表示对前一个集成部内的输入进行采样保持；Discrete Zero - Pole 模块用于表示离散零极点传递函数；Discrete State – Space 模块用于表示离散系统；Zero – Order Hold 模块用于表示制定采样率的采样与保持函数操作。查表模块组中，1 – D lookup Table 模块可实现对单路输入信号的查表和线性插值；2 – D lookup Fcn 模块根据给定二维平面网络上的高度值，把输入的两个变量经过查找表、插值、计算出模块的输入值，并返回改值。用户自定义函数模块组中，Fcn 模块用于实现系统的数学表达式快捷计算；MATLAB Fcn 模块用于用户快速定义自己的函数；S – Function 模块用于编写 M 文件。数学运算模块组，Abs 模块用于绝对值计算；Add 模块用于加减计算；Divide 模块用于乘除计算；Dot Product 模块用于点乘运算；Gain 模块用于对输入的矢量或标量乘以放大增益倍数；Complex to Magnitude – Angle 模块接受双精度复信号；Magnitude – Angle to Complex 模块输出信号为双精度复信号。非线性模块组中，Backlash 模块实现输入和输出同步；Coulomb 和 Viscous Friction 模块用于建立库仑力和黏滞力模型；Dead Zone 模块制定截止区上下限值；Quantizer 模块是量化输入模块；Rate Limiter 模块限定模块信号的一阶导数，以使输出端的变化不超过制定界限；Saturation 模块用于对输入信号的上下限进行界定。信号与系统模块组中，Bus Selector 模块接受来自 Mux 或者其他 Bus Selector 模块的信号；Bus Creator 模块的输入信号可以是矢量或者标量；Mux 模块将多个输入行合成一个输入行；Demux 模块将一个输入信号分为多个输出；Data Store Memory 模块定义共享数据存储区；Data Store Read 模块从定义共享数据存储区读取数值；Data Store Write 模块定义共享数据存储区，将输入的数据源写入数值；Enable 模块只有当数据大于零时，才能运作；Ground 模块用于链接那些输入端口末与其他模块组相连的模块。控制系统仿真主要通过子模块库来体现（石良臣，2014）。

企业运营管理仿真需要分析企业运营管理对象和企业运营管理流程的组成，确定组成子系统和这些子系统的联系方式，这些子系统通过一定的联系方式连接起来，构成完整的企业运营管理对象和流程的仿真系统。企业运营管理仿真子系统的联系方式包括串联、并联、反馈、扩展方式。SISO 系统串联调用格式、MIMO 系统串联调用格式、SISO 系统并联调用格式、MIMO 系统并联调用格式、反馈调用格式、扩展方式调用格式如下所示：

$$sys = series(sys1, sys2) \tag{2-1-18}$$

$$sys = series(sys1, sys2, outpus1, inputs2) \tag{2-1-19}$$

$$sys = parallel(sys1, sys2) \tag{2-1-20}$$

$$sys = parallel(sys1, sys2, IN1, IN2, OUT1, OUT2) \tag{2-1-21}$$

$$[num, den] = feedback(num1, dn1, num2, den2, sign) \tag{2-1-22}$$

$$sys = append(sys1, sys2, \cdots) \tag{2-1-23}$$

SIMULINK 通过光标的拖动，形成企业运营管理对象和流程的仿真模块之间的连线，通过连线将不同的仿真模块联系起来。运用光标进行折线操作，形成不同仿真模块间连线的折线，这些折线将仿真模块联系起来。运用添加、修改、移动、复制文本注释，进行仿真模块文字的添加、修改、移动、复制。这样就能够将不同的模块联系起来。

　　SIMULINK 进行企业运营管理对象和流程仿真时，需要进行仿真参数设置，参数的设置直接影响仿真所用的时间和仿真结果的合理性。参数设置可以通过 SIMULINK 进行参数选择，包括企业运营管理对象和流程仿真开始时间、结束时间、最小步长、最大积分步长、容许误差、仿真方法的选择。SIMULINK 仿真需要打开 SIMULINK 的模型库，建立企业运营管理对象和流程仿真模型，确定子系统输入模块和输出模块，创建子系统。建立对象和流程使能子系统，进行对象和流程输入信息的确立，控制对象和流程输入信息运作。建立对象和流程触发子系统，进行对象和流程输出信息的确立，控制对象和流程输出信息运作。建立对象和流程使能和触发子系统，进行对象和流程输入和输出信息的确立，控制对象和流程输入和输出信息运作。建立企业运营管理对象和流程封装子系统，确定赋值参数变量名，在封装对话框中确定参数，设定封装模块的名字和外观，进行输入变量的提示和输出文本类型的描述。子系统运作完成后，进行仿真。

　　企业运营管理对象和流程仿真时，会受到随机因素的影响，如果采用随机数进行仿真，可将每次运行作为采样，使每次运行有效。如果每次运行都使用了不同的随机数，需要进行企业运营管理对象和流程仿真结果比较，具有满意的可信赖度，就说明企业运营管理对象和流程仿真结果合理，可以结束仿真；不具有可信赖度，还需要重复进行企业运营管理对象和流程仿真。

　　需要对企业集成运营管理仿真结果进行分析。当仿真出现衰减变化、单调变化时，仿真结果最后趋于稳定的状态时，仿真的动态趋势是稳定的。当初始条件给定后进行各种信号的作用，当时间趋于无穷大时，初始的仿真与最后的仿真结果呈现稳定的差距时，仿真结果是稳定的。

　　2）企业集成运营管理粒子群算法。企业运营管理对象和企业运营管理流程进行优化测算时，可以采用粒子群算法。粒子群算法是由 E – berhart 与 Kennedy 发明的全局优化进化算法，是一种仿生优化算法。这一方法源于人工生命和进化计算两个方面，通过动物种群和人类行为机理，采用计算机模拟计算方式，进行多次反复测算，通过粒子群体体现出来的行为，得出全局的最优解。企业集成运营管理粒子群算法可以运用于企业集成模块单元流程、供应链或者服务链流程、延迟运作、精益运作、智能运作、流程空间、辅助要素、支撑要素、核心要素、信息要素、管理、体系、模式、策略、方案各方面的主体、特性、因素、指标的粒子群优化和评价。顾客接触模块单元流水线需要在此基础上考虑顾客接触、员工与顾客服务互动、员工与顾客价值共创、顾客服务体验、顾客满意、服务补救的服务特性进行粒子群优化和评价。

　　粒子群算法运用企业运营管理对象和流程中的群体中个体之间的竞争与协作，实现种群的优化，企业运营管理对象和流程的种群的每一个体都进行独立运作，对象和流程中的种群行为不会因为部分粒子的行为而产生显著的改变。对象和流程中的每一粒子的信息都是局部的，但这些粒子之间具有共享机制，将局部信息整合起来，保证了整体信息的有效性，且这些信息具有学习和记忆功能。对象和流程中每一粒子的运作方式是清晰而简洁的，不需要运用过于复杂的规则就能进行每一粒子运作的表达，这些粒子面对环境的改变，能主动地进行调整，迅速地适应变化的环境。粒子群算法简单快捷、所需参数少，是求解一些实际优化问题的重要选择（刘旭，2018）。

企业运营管理对象和流程优化过程中，粒子群算法初始化为一群随机粒子，这些粒子需要进行不断的迭代，求得最优解。粒子群的每一次迭代需要按照两类极值的要求更新粒子自身。一类极值是粒子自身找到的极值，这类极值属于粒子自身个体极值；一类极值是整个种群找到的极值，这类极值属于整个种群的极值。

企业运营管理对象和流程 L 维搜索空间，第 i 粒子表现为 L 维向量 $X_i = (x_{i1}, x_{i2}, \cdots, x_{iL})$，第 i 粒子运作速度为 L 维向量 $V_i = (v_{i1}, v_{i2}, \cdots, v_{iL})$，第 i 粒子搜索到的最优位置的个体极值为 $q_z = (q_{i1}, q_{i2}, \cdots, q_{iL})$，整个粒子群搜索到的整体极值为 $p_z = (p_{i1}, p_{i2}, \cdots, p_{iL})$，第 i 粒子进行速度和位置的更新公式如下所示：

$$v_{id} = wv_{id} + c_1 r_1 (q_{id} - x_{id}) + c_2 r_2 (q_{pd} - x_{id}) \tag{2-1-24}$$

$$x'_{id} = x_{id} + v_{id} \tag{2-1-25}$$

速度公式的第一部分为惯性部分，反映了企业运营管理对象和流程优化中的粒子运动的习惯，会按照自身运作的习惯惯性进行运作。第二部分是认知部分，反映了粒子对自身运作的记忆，粒子会按照记忆中最好的位置进行运作趋向。第三部分是社会部分，反映了粒子间协同合作和知识共享的群体历史经验，粒子具有了向粒子群的最佳位置进行运作的趋向。

运用粒子群算法进行企业运营管理对象和流程优化中需要确定必要的参数值。需要确定粒子群算法的种子数 r，种子数可以随机产生，也可以按照初始的确定的种子数，种子数的需要覆盖目标函数的范围。需要确定粒子群群体的大小 m，群体中所含粒子的数量，需要考虑变量的多少，变量较少时，一般为 $30 \sim 100$；变量较多时，可以取 100 以上。由于粒子群算法是依靠群体之间的合作和竞争来实现的，因此群体数量不能过小（肖飚，2019）。需要确定最大迭代次数 $\max\_d$，最大迭代次数是按照最小误差进行确定的，最大迭代次数是企业运营管理对象和流程仿真完成的条件。需要确定加速度权重系数 r_1、r_2，权重系数一般在 $[0, 1]$ 随机产生。粒子范围 $[-x_{\min}, x_{\max}]$。粒子最大速度 $v_{\max}$ 决定了粒子一次飞行中的最大距离，如果 $v_{\max}$ 过大，可能是够粒子飞过最优解；如果 $V_{\max}$ 过小，粒子只能在局部进行搜索，得到的是局部最优值。通常设定 $v_{d\max} = kx_{d\max}$。需要确定惯性权重 w，使粒子保持惯性，具有扩展搜索空间趋势的能力，取值范围为 $[0.2, 1.2]$。早期实验将 w 固定为 1，固定权重确定方式没有动态惯性权重确定方式的效果好。动态惯性权重能够获得比固定值更为优越的搜索效果，使算法在全局搜索前期具有较高的搜索能力，以寻找合适的种子。动态权重可以采用 $w = w_{\max} - (w_{\max} - w_{\min})/\max\_d$ 公式确定。需要确定加速系数 c_1、c_2，低值允许粒子被拉回前可以在目标区域外运作，高值则导致粒子冲向目标区域或者越过目标区域，取值范围为

[0，4]，一般取 2 左右的值。粒子群算法针对不同问题对全局搜索能力和局部搜索能力要求不同，需要能够进行二者之间的平衡关系调整（颜帅等，2019）。

运用粒子群算法进行企业运营管理对象和流程优化中惯性权重 w 是最重要的参数。这一参数可以采用自适应权重法、随机权重法、线性递减权重法。自适应权重法可以依据早期收敛程度和适应值进行调整，确定的惯性权重 w 的公式如下所示：

$$w = w - (w - w_{\min}) \left| \frac{f_i - f'_{av}}{f_m - f'_{av}} \right| \tag{2-1-26}$$

$$w = 1.5 - \frac{1}{1 + k_1 \exp(-k_2 \Delta)} \tag{2-1-27}$$

式中，f_i 为粒子适应值，f_m 为最优粒子适应度，粒子的平局适应值 $f_{av} = \frac{1}{n} \sum_{i=1}^{n} f_i$，粒子 $\Delta = |f_m - f'_{av}|$。

当 f_i 优于 f'_{av} 时，采用式（2-1-26）；当 f_i 优于 f'_{av} 时，小于 $f_{\max}$，惯性权重不变；当 f_i 小于 f'_{av} 时，采用式（2-1-27）。

采用上述算法确定惯性权重时，当算法停止时，如果粒子的分布分散，则 Δ 比较大，惯性权重 w 变小，此时粒子群算法的局部搜索能力加强，使得粒子群趋于收敛；如果粒子群分布聚集，则 Δ 比较小，惯性权重 w 变大，使得粒子具有较强的搜索能力，能够有能力跳出局部最优的区域。

自适应权重法可以依据全局最优点的距离进行调整，确定的惯性权重 w 的公式如下所示：

$$w = \begin{cases} w_{\min} - \dfrac{(w_{\max} - w_{\min})(f - f_m)}{f_{av} - f_{\min}} \\ w_{\max} \end{cases} \tag{2-1-28}$$

惯性权重会随着目标函数的改变而改变。当粒子目标值分散时，减小惯性权重；当粒子目标值一致时，增加惯性权重。

随机权重法确定的惯性权重 w 的公式如下所示：

$$\begin{cases} w = u + \sigma N(0, 1) \\ u = u_{\min} + (u_{\max} - u_{\min}) \text{rand}(0, 1) \end{cases} \tag{2-1-29}$$

随机权重法的惯性权重确定将粒子起步阶段就接近最好点，随机产生的惯性权重具有相对较小的值，由此可以加速粒子群算法的收敛速度。能改变惯性权重惯性递减造成的算法不能收敛到最好的点。

线性递减权重法确定的惯性权重 w 的公式如下所示：

$$w = w_{\max} - \frac{t(w_{\max} - w_{\min})}{t_{\max}} \tag{2-1-30}$$

线性递减权重法的惯性权重的确定能够改变早熟或者容易在全局最优解附近产生正当运作的现象。

自适应权重法、随机权重法、线性递减权重法计算惯性权重的粒子更新速度和位置公式如下所示：

$$v_{ij}(t+1) = wv_{ij}(t) + c_1 r_1 [q_{ij} - x_{ij}(t)] + c_2 r_2 [q_{pj} - x_{ij}(t)] \qquad (2-1-31)$$

$$x_{ij}(t+1) = x_{ij}(t) + v_{ij}(t+1) \qquad (2-1-32)$$

运用粒子群算法进行企业运营管理对象和流程优化，确定初始粒子群群体的规模、每一粒子的位置和速度。确定每个粒子的适应度值。进行每个粒子的适应度值和个体极值的比较，如果适应度值大于个体极值，用适应度值替换个体极值。对每个粒子用适应度值和全局极值进行比较，如果适应度值大于全局极值，用适应度值替换全局极值。粒子群算法运用 $v_{id} = wv_{id} + c_1 r_1 (q_{id} - x_{id}) + c_2 r_2 (q_{pd} - x_{id})$ 和 $x'_{id} = x_{id} + v_{id}$ 更新粒子的速度和位置，自适应权重法、随机权重法、线性递减权重法运用 $x_{ij}(t+1) = x_{ij}(t) + v_{ij}(t+1)$ 和 $v_{ij}(t+1) = wv_{ij}(t) + c_1 r_1 [q_{ij} - x_{ij}(t)] + c_2 r_2 [q_{pj} - x_{ij}(t)]$ 更新粒子的速度和位置。自适应权重法运用 $w = w - (w - w_{\min}) \left| \dfrac{f_i - f'_{av}}{f_m - f'_{av}} \right|$ 或者 $w = 1.5 - \dfrac{1}{1 + k_1 \exp(-k_2 \Delta)}$ 或者

$$w = \begin{cases} w_{\min} - \dfrac{(w_{\max} - w_{\min})(f - f_m)}{f_{av} - f_{\min}} \\ w_{\max} \end{cases}$$ 进行权重更新；随机权重法需要运用惯性权重的公式

$$\begin{cases} w = u + \sigma N(0, 1) \\ u = u_{\min} + (u_{\max} - u_{\min}) \text{rand}(0, 1) \end{cases}$$ 进行权重更新；线性递减权重法运用惯性权重的公式

$$w = w_{\max} - \dfrac{t(w_{\max} - w_{\min})}{t_{\max}}$$ 进行权重更新。如果满足最大迭代次数的条件则完成算法。

F 公司对企业集成制造流程采用 PID 控制，通过这一控制反映控制的规律为比例控制、积分控制和微分控制。F 公司采用这一控制方式的主要原因是简洁和方便，加上控制系统的稳定性好，控制过程可靠。按照 PID 控制规律，可将控制通过传递函数形式来体现。传递函数如下所示：

$$G(s) = \frac{U(s)}{E(s)} = k_p \left(1 + \frac{1}{k_i s} + k_d s\right) \qquad (2-1-33)$$

采用 PID 控制对 $G(s) = \dfrac{300}{s^2 + 40s}$ 控制对象进行控制，提出进行优化控制的参数。

进行控制的过程中采用与粒子群算法结合的控制方式进行控制。粒子群算法运用广泛，对运用 PID 进行控制的参数优化具有较好的收敛性。通过运用粒子群算法，产生粒子群，通过对粒子群的与比例控制、积分控制和微分控制的结合，回归到粒子群的完成条件，由此确定优化的参数。

运用仿真对 F 公司集成制造流程的传递函数模型公式，确定仿真传递函数模型调用格式。SIMULINK 的模型库中选用合适的模块组，确定组成子系统和这些子系统的联系方式，这些子系统通过一定的联系方式连接起来。通过连线将不同的仿真模块联系起来，运用添加文本注释，进行仿真模块文字的添加，将不同的模块联系起来，构建 F 公司制造管理对象和流程的仿真模型。如图 2-1-1 所示：

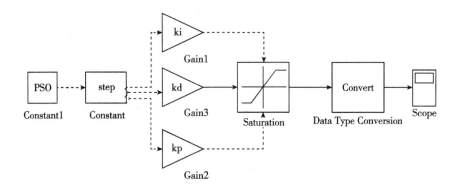

图 2 - 1 - 1　F 公司集成制造流程 PID 控制仿真模型

　　运用粒子群算法确定初始参数值。惯性权重为 0.7，加速系数 1 为 2.2，加速系数 2 为 2.2，粒子群规模 m 为 110，最大迭代次数为 110，最小适应值为 0.05，粒子最大速度为 1，最小速度为 -1，三类粒子的上限为 [60, 60, 60]，下限为 [0, 0, 0]。由此初始化条件，运用粒子群算法产生粒子群，将产生的粒子群与企业集成制造流程 PID 控制联系起来，明确控制对象，PID 控制仿真对产生的粒子依次赋值给 k_p、k_i、k_d，运行控制系统模型，能够输出的性能指标反馈给粒子群算法，完成控制。得出的控制结果 k_p、k_i、k_d 优化曲线、最优个体适应值、PSO 优化阶跃响应输出曲线、PSO 优化阶跃响应输出误差曲线如图 2 - 1 - 2、图 2 - 1 - 3、图 2 - 1 - 4、图 2 - 1 - 5 所示：由此确定优化参数值 $k_p = 60$、$k_i = 25.26$、$k_d = 0.5986$。

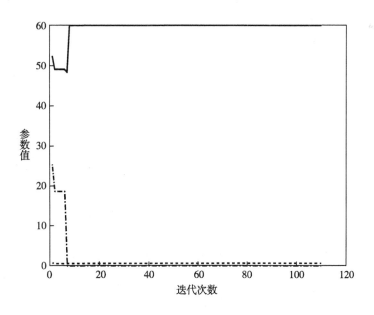

图 2 - 1 - 2　k_p、k_i、k_d 优化曲线

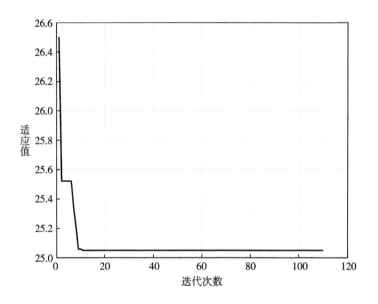

图 2 - 1 - 3　最优个体适应值

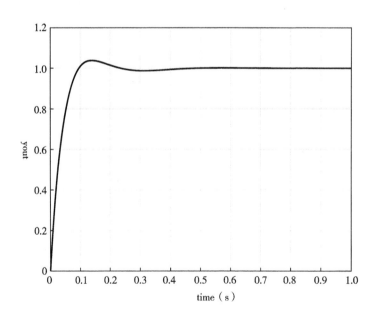

图 2 - 1 - 4　PSO 优化阶跃响应输出曲线

　　从图 2 - 1 - 3 最优个体适应值、图 2 - 1 - 4 PSO 优化阶跃响应输出曲线、图 2 - 1 - 5 PSO 优化阶跃响应输出误差曲线分析来看，仿真的动态趋势是稳定的，仿真结果是稳定的。

　　（4）试验。企业集成运营管理试验是为验证有形和无形产品功能、企业集成运营管理流程效果的活动。有形和无形产品模型系统设计可以通过试验或者其他方式进行

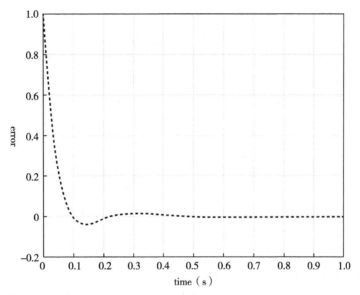

图 2 - 1 - 5 PSO 优化阶跃响应输出误差曲线

产品各项功能的验证，通过预先的营销方式确定产品的效益情况。可以通过有形和无形产品模型系统设计的企业集成运营流程试验或者其他方式对企业集成运营管理流程实现有形和无形产品功能的情况进行验证，确定科学的企业集成运营管理流程。

（5）接口验证。需要进行基于有形产品模型 MBD 的制造接口、基于有形产品模型 MBD 的维护接口、基于有形产品模型 MBD 的供应链接口验证。模块品目同样具有企业模块单元流程接口，需要进行验证。

制造企业、设计性新兴制造企业、一般制造性服务企业、简单加工制造性服务企业、有形产品新兴服务企业、有形产品和无形产品新兴服务企业需要进行有形产品应用技术原理和基于模型 MBD 的系统工程 MBSE 运作。无形产品新兴服务企业、一般纯服务企业需要进行无形产品应用技术原理和基于模型 MBD 的系统工程 MBSE 运作。一般新兴制造企业、一般服务企业、中间性纯服务企业需要了解有形产品和无形产品应用技术原理和基于模型 MBD 的系统工程 MBSE 运作原理。

（三）企业集成运营管理流程数据

1. 企业集成运营管理流程数据分类

企业集成运营管理流程运作中涉及多方面的数据。产品有关的数据和企业集成运营管理流程的数据不仅可以通过试验取得，还可以通过各种方式取得。获取产品有关的数据和企业集成运营管理流程数据十分重要，同样对这些数据的运用也十分重要。

企业集成运营管理流程数据可以从不同方面进行分类。从数据的特性可以将数据分为横截面数据、时间序列数据、面板数据和纵向数据。横截面数据是在同一时间，由不同统计单位相同统计指标组成的数据列，是按照统计单位排列的数据。时间序列数据是在不同时间上收集到的数据，用于所描述现象随时间变化的情况，是按时间顺序排列的数据。这类数据反映某一事物、现象等随时间的变化状态或程度。面板数据是指在时间序列上取多个截面，在这些截面上同时选取样本观测值所构成的样本数据。纵向数据是合并数据中一类特殊的数据，即同一个横截面单位。按照数据的计量层次，可以将统计数据分为定类数据、定序数据、定距数据与定比数据。定类数据是数据的最底层，按照类别属性进行分类，各类别之间是平等并列关系，不带数量信息，且不能在各类别间进行排序的数据。定序数据是数据的中间级别，不仅可以将数据分成不同的类别，而且各类别之间还可以通过排序来比较优劣数据。定距数据是具有一定单位的实际测量值，不仅可以知道两个变量之间存在差异，还可以通过加减法运算准确地计算出各变量之间的实际差距是多少数据。定比数据是数据的最高等级，表现形式同定距数据一样，均为实际的测量值数据。按来源分类数据分为原始数据、间接数据。原始数据是通过直接的调查获得的数据。间接数据是别人调查的数据进行加工和汇总数据。试验数据和调查问卷数据都是原始数据。

企业集成运营管理流程分析过程中常常涉及缺失和异常数据的情况。出现这类数据的原因：一是受企业集成运营管理设备的功能、精度、使用多方面的影响，无法取得应有的数据或者数据异常的情况；二是企业集成运营管理过程中，由于工作粗心或者顾客随意回答，造成数据缺失或者明显不符合逻辑；三是企业集成运营管理数据采集过程中，无法得到回答或者采集的数据异常。

企业集成运营管理流程缺失或者异常数据按照数据本身的性质分为完全随机缺失或者异常数据、随机缺失或者异常数据、非随机缺失或者异常数据。完全随机缺失或者异常数据缺失或者异常与已观测到的数据和未观测到的数据无关（武松和潘发明，2014）；随机缺失或者异常数据与已观测到的数据有关，而与未观测到的数据无关；非随机缺失或者异常数据与未观测到的数据有关。按照缺失或者异常变量个数分为单变量缺失或者异常数据、多变量缺失或者异常数据。单变量缺失或者异常数据只有一个变量含有缺失值或者异常值；多变量缺失或者异常数据至少有两个变量存在缺失值或者异常值。

2. 企业集成运营管理流程异常数据鉴别方法

（1）图形观察法。这是运用连续的具有样本点描述的分布图进行异常数据判断的方法。具有样本点连续分布图能够看出数据的趋势，按照这一趋势具有突出变化的样本点数据就是异常数据。分析出异常数据后需要根据异常数据发生的情况进行说明，得出异常数据产生的原因。F公司销售额数据如表 2-1-1 所示：

表 2-1-1 F公司销售额　　　　　　　　　　单位：万元

2018 年	7 月	8 月	9 月	10 月	11 月	12 月
销售额	4730	4790	4880	4760	4840	5020
2019 年	1 月	2 月	3 月	4 月	5 月	6 月
销售额	5300	6280	5190	5070	4900	4860

销售额分布如图 2 - 1 - 6 所示。

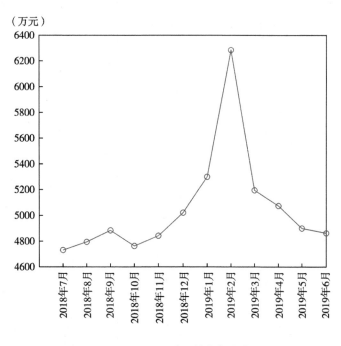

图 2 - 1 - 6　F 公司销售额分布

（2）统计滤波法。这是将样本数据以滤波的形式展示出来，运用公式进行异常数据判断的方法。与图形观察法不同，统计滤波法侧重于数据的波动范围的判断，根据数据的波动是否超过范围来断定异常数据。超过范围的数据为异常数据。分析出异常数据后需要根据异常数据发生的情况进行说明，得出异常数据产生的原因。统计滤波法分析数据异常需要采用的公式如下：

设样本 $X = [x_1, x_2, \cdots, x_n]$，样本均值与方差公式如下所示：

$$\bar{x} = \frac{1}{n} \sum_{i=1}^{n} x_i \tag{2-1-34}$$

$$s = \sqrt{\frac{1}{n-1} \sum_{i=1}^{n} (x_i - \bar{x})^2} \tag{2-1-35}$$

式中，$\bar{x}$ 为样本均值，s 为样本方差。

样本均值与方差公式如下所示：

$$y_u = \bar{x} + ks \tag{2-1-36}$$
$$y_d = \bar{x} - ks \tag{2-1-37}$$

式中，y_u 为上限，y_d 为下限。

K 值如表 2 - 1 - 2 所示：

表 2 - 1 - 2   K 值

样本容量 n	$p_1 = 0.95$		$p_1 = 0.99$	
	$p_2 = 0.99$	$p_2 = 0.999$	$p_2 = 0.99$	$p_2 = 0.999$
10	4.43	5.58	8.59	7.13
15	3.88	4.95	3.8	5.88
20	3.61	4.61	3.16	5.31
25	3.46	4.41	3.9	4.99
30	3.35	4.28	3.73	4.77
35	3.27	4.18	3.61	4.61
40	3.21	4.1	3.52	4.49
45	3.16	4.04	3.44	4.4
50	3.13	3.99	3.38	4.32
60	3.07	3.92	3.29	4.21
70	3.02	3.86	3.22	4.12
80	2.99	3.81	3.17	4.05
90	2.96	3.78	3.13	4
100	2.93	3.74	3.1	3.93
∞	2.58	3.29	2.58	3.29

根据上下限确定异常值，确定横坐标和纵坐标，确定每一个坐标点，连接各点形成分布图，形成统计滤波图。分析异常数据原因。

H 公司销售额数据如表 2 - 1 - 3 所示：

表 2 - 1 - 3   H 公司销售额 　　　　　　　　　单位：万元

序数	销售额									
1 ~ 10	21	24	24	19	24	22	24	26	23	21
11 ~ 20	27	22	23	20	24	22	24	22	26	25
21 ~ 30	20	24	24	31	22	27	23	26	25	35
31 ~ 40	27	22	26	24	18	26	27	24	20	21
41 ~ 50	22	14	21	22	27	26	25	24	24	25
51 ~ 60	24	28	24	25	26	23	24	25	22	21

$\overline{x} = 23.78$，$s = 2.94$，$y_u = 32.81$，$y_d = 14.75$。

异常是序号 30 的 35 数据，序号 42 的 14 数据。

（3）拉依达准则法。这是根据残差进行判断的。残差是表明样本数据与均值之间的差。这一差距越大，距离均值就越远，异常值的可能性就越大。残差 ε_k 符合下式的就是异常数据。残差判断公式如下所示：

$$\varepsilon_k = |x_k - \bar{x}| > 3\sigma \tag{2-1-38}$$

式中，σ 为标准差。

运用表 2 - 1 - 3 H 公司销售额数据进行分析如下：

$\bar{x} = 23.78$，$3\sigma = 8.82$，这样 $|x_k - 23.78| > 8.82$。

$x_k > 32.6$ 或者 $x_k < 14.96$。

异常是序号 30 的 35 数据。

3. 企业集成运营管理流程缺失或者异常数据处理

（1）缺失或者异常数据剔除法。剔除法就是在保证企业集成运营管理流程符合要求的基础上，剔除那些不能正常反映企业集成运营管理流程的异常值或者缺失值（高霞和李瑞俊，2019）。这是企业集成运营管理流程缺失或者异常数据处理方法中最简单的方法。如果缺失或者异常数据值所占的比率小，且不会影响企业集成运营管理流程，可以采用剔除法。但这一方法有很大的局限性，由于这种方法是以减少样本数量来换取信息的完备，造成资源浪费，为了能更全面地进行分析，需要对企业集成运营管理流程缺失和异常数据进行改进和弥补，以保证信息的完备性。

（2）缺失和异常数据拉平法。企业集成运营管理流程缺失或者异常数据，是由于一些原因，使数据下降或者上升，无法与其他期数据一致，需要进行处理，使数据符合趋势预测要求。F 公司的原销售资料如表 2 - 1 - 4 所示：

表 2 - 1 - 4　F 公司的原销售资料

时期	1	2	3	4	5	6	7	8	9	10
销售价格（万元）	0.22	0.24	0.27	0.32	0.48	0.53	0.58	0.81	0.73	0.77
销量（个）	0.53	0.52	0.64	1.39	0.79	0.78	0.99	2.71	1.29	1.27

第 1、第 2、第 3、第 4 期由于季节性原因，价格下降，每一期加价 0.2 万元，成为表 2 - 1 - 4 F 公司的原销售资料。

（3）缺失或者异常数据加权法。缺失或者异常数据将企业集成运营管理流程缺失或者异常数据单元的权数分解到非缺失单元上。企业集成运营管理流程缺失或者异常数据单元由于数据的缺失或者异常，造成对企业集成运营管理流程运作的影响，需要对这些缺失或者异常数据进行处理。这部分进行处理的基础就是按调查单位被抽中的概率的倒数作为权数调整的基础，将这些权数分解到企业集成运营管理流程非缺失或者异常的单元中，会对降低缺失或者异常数据带来的影响。

（4）缺失或者异常数据插补法。

1）缺失或者异常数据均值插补法。这是将企业集成运营管理流程缺失或者异常数据进行改进，去除影响缺失或者异常数据的主要因素带来的影响，使缺失或者异常数据能够按照企业集成运营管理流程的要求进行改进；对企业集成运营管理流程缺失或者异常数据进行弥补，使企业集成运营管理流程数据更加完备。

缺失或者异常数据均值插补法可以采用剔除缺失或者异常数据样本数据的平均值，采用缺失或者异常数据相邻点的平均值，采用缺失或者异常数据邻近点的中位数，采用缺失或者异常数据前后数据的插值数据，采用缺失或者异常数据邻近点的趋势数据，从而改进和弥补缺失数据或者异常数据。

对于因果关系建立模型，当 x 和 y 是线性关系时，异常数据或者缺失数据采用公式如式（2-1-39）所示；当 x 和 y 是非线性关系时，异常数据或者缺失数据采用公式如式（2-1-40）所示：

$$y'_k = \frac{y_n x_n + y_m x_m}{2x_k} \tag{2-1-39}$$

$$y'_k = \frac{\sqrt{y_n x_n y_m x_m}}{x_k} \tag{2-1-40}$$

式中，y'_k 为经缺失或者异常数据改进后的数据及弥补缺失或者异常数据，x_n、x_m 是与经缺失或者异常数据改进后的数据或者弥补缺失数据的自变量 x_k 相差最小的变量，$x_n \leq x_k \leq x_m$。F 公司的销售资料如表 2-1-5 所示：

表 2-1-5 F 公司的销售资料

时期	1	2	3	4	5	6	7	8	9	10
销售价格（万元）	0.42	0.44	0.47	0.52	0.48	0.53	0.58	0.81	0.73	0.77
销量（个）	0.53	0.52	0.64	1.39	0.79	0.78	0.99	2.71	1.29	1.27

$r = 0.81$，$y'_4 = 0.65$，$y'_8 = 0.94$，$r = 0.86$。

2）缺失或者异常数据热卡插补法。这是指企业集成运营管理流程运作中用已有数据替代缺失或者异常数据，根据获取插补值的方法不同，又可以将热卡插补法分为随机热卡插补法、分层热卡插补法、序贯热卡插补法、冷卡插补法。

随机热卡插补法通过对企业集成运营管理流程运作中的未缺失或者未异常单元进行又放回的随机抽样来获得缺失单元或者异常单元的插补值，采用该方法得到的插补结果的均值是无偏总体均值。分层热卡插补利用辅助变量将企业集成运营管理流程运作进行分层，然后在每一层内进行热卡插补，使缺失值或者异常值和插补值有更多的相似性，提高准确率。序贯热卡插补对企业集成运营管理流程数据进行分层，在每一层中按照选定的某一个辅助变量进行排序，找到满足所设定距离函数的值达到最小的单元值作为插补值。冷卡插补法采用企业集成运营管理流程相似值对缺失或者异常单元进行插补，得到与企业集成运营管理流程方差一致的估计量。

3）缺失或者异常数据多重插补法。这是对企业集成运营管理流程每个缺失值进行插补，从而得到完整的数据集，进行完全数据分析，得出分析结果，做出统计推断。多重插补方法能更好地体现缺失或者异常数据的不确定性；保持企业集成运营管理流程单元之间的关系；能提供不确定性结果估计的大量信息。缺失或者异常数据多重插补法针对企业集成运营管理流程连续变量采取倾向得分法，针对离散型变量采取回归预测法，针对任意缺失或者异常数据采取马尔科夫链蒙特卡罗方法。倾向得分法是指分配一个条件概率给观测协变量，观测值缺失或者异常的概率用目标变量缺失或者异常值产生的倾向得分来表示，用倾向得分对观测值进行分组，应用近似贝叶斯自助法插补每一组数据。回归预测法是对带有缺失值或者异常值的任一变量，以无缺失值或者异常值的与缺失数据相关的变量作为辅助变量，建立回归模型，根据得到的模型插补缺失值或者异常，完成对有缺失或者异常的每个变量的多重插补。马尔科夫链蒙特卡罗方法从条件分布中选取数据来插补缺失值或者异常值。

4）缺失或者异常数据机器学习插补法。包括自组织映射插补法和支持向量机插补法（邓建新，2019）。自组织映射插补法是芬兰的 Kohonen 于 1981 年提出的，由输出层的若干个神经元按 2D 网格排成神经元矩阵且与输入层的所有神经元连接的神经网络模型，神经元与神经元之间的连线代表权重。支持向量机插补法是 Cortes 和 Vapnik 于 1995 年提出的，是一种能将高维非线性不可分数据映射到更高维达到线性可分的机器学习算法。缺失或者异常数据机器学习插补法进行缺失或者异常数据的插补。

4. 企业集成运营管理流程数据运用

企业集成运营管理流程数据运用需要针对模型选择体现关系和变量的变化进行数据的运用，数据的运用与模型需要解决问题所体现的管理和这一关系下模型的变量变化有着直接的联系。模型要解决问题所体现的关系各不相同，有因果关系、相关关系、相似关系各种关系，每一种关系对数据都有要求，这些要求有些是显性的，有些是隐性的，但无论显性还是隐性都需要对数据的选择和运用有明确的要求。模型关系所体现的变量之间的变化也不相同，变量之间的变化包括独立变化和相互联系的变化，不同的变化对数据的选择和运用有明确的要求。

企业集成运营管理流程的模型因果关系和模型变量之间的变化的数据选择与运用时需要进行多次测量和不同变量的多次测量，这对数据的范围有着直接的要求。而横截面数据无法达到这一要求。纵向数据、面板数据、试验数据适合这一范围，这些数据通过设计可以实现模型因果关系和模型变量之间变化的测试。

5. 企业集成运营管理流程数据取得样本和程序

企业集成运营管理流程数据取得通过样本和程序进行，需要合适的样本和程序。样本和程序的选择重点考虑的是符合所研究问题的要求，需要从问题要求本身出发，设计企业集成运营管理流程数据的取得样本和程序，样本和程序与所研究的问题相匹配。需要注重样本对象的选择是否符合要求，是否符合科学的设计要求，不符合设计要求的样本不能够作为样本。样本和程序的选择需要着重场景的选择，明确是开放的场景，还是封闭的场景，开放的场景更适合研究问题的要求。一般需要将场景在一段时间内进行样本和程序的运作，通过不同时点按照同一程序采集不同时点的样本。样本选择中常常会出现从便捷的角度去选择，固然便捷是选择样本需要考虑的，但这一便捷应当是基于被研究者的便捷而不是基于研究者。

6. 企业集成运营管理流程数据适合的构念、测量方法和偏差

企业集成运营管理流程数据测量与构念有着直接的联系，构念是模型构建的基础。构念需要从测量方面出发，促进模型的构建可行性，使模型的运作能够有效运用。构念需要明确构念的定义和边界，映射其与现有构念的关联，避免形似实异，需要明确构念测量的范围和标准。

企业集成运营管理流程数据测量需要有关人员进行有效的组织和管理人员的配合，需要以数据的测量为主进行组织的构建，这类组织需要对数据能够进行合理的测量，需要人员配合进行合理的处理。

企业集成运营管理流程数据测量长度是需要关注的。为提高测量的效率缩短测量周期，可以采取提供多个样本和背景，每一个样本都具有有效的证据，当需要取消样本时，可以从这些有效的样本中提取。可以采取在一个子样本或完全不同的样本中包含两个测量样本，能够明确两个测量样本之间的高收敛有效性，这样就能具有一定的替代性。可以包含其他几个关键变量，能够证明新测量样本与其他相似和不同样本的构念相关，可以从中提取样本。

企业集成运营管理流程数据测量时常常出现借鉴相似或者相同测量的做法，这些操作需要从构念出发，必须确定新构念的唯一性、与借鉴构念的关系以及其可操作化的有效性，只有这样才具有借鉴的可能性。

企业集成运营管理流程数据测量需要降低共同方法偏差。造成共同方法偏差的因素来源于同一数据来源或评分者的一致性动机、虚假相关、社会称许性、默认、各种情感和情绪，源于样本涉及的社会称许性、复杂性或模糊性、量表格式、消极用语，来源于启动效应样本嵌套、语境诱发情绪、量表长度、混合不同构念，源于样本测量的测量环境导致的时间、地点、测量媒介。共同方法偏差的控制包括程序控制和统计控制（汤丹丹和温忠麟，2020）。通过程序控制，识别预测与效标变量在测量上的共同之处，通过研究设计消除、减少这种影响。通过统计控制的偏相关法、潜在误差变量控制法、多质多法模型、相关独特性模型、直接乘积模型完成统计检验，对测量数据量表进行统计，使偏差带来的数据差尽量缩小。

（四）基于模型 MBD 的智能融入的企业集成运营流程

基于模型 MBD 的智能融入的企业集成运营流程反映了基于顾客需求驱动的运营流程，这些运营流程需要与顾客需求驱动的过程中，随时按照顾客需求的变化，基于模型 MBD 也随之改变。将顾客需求改变融入企业集成运营流程中。

1. 基于模型 MBD 的智能融入的企业集成运营流程构成

（1）智能融入的企业集成运营流程。企业集成运营流程是企业集成战略在流程的直接体现。企业集成运营流程由具体模块单元运营流程、联合模块单元运营流程、模块组模块单元运营流程、总作业模块单元运营流程组成，通过这些集成运营流程的通

用性运作和专用性运作，形成企业集成运营流程运作。企业集成运营流程通用性运作反映了企业的效率运作，企业集成运营流程专用性运作反映了顾客差异需求满足的运作，将通用性运作和专用性运作融入企业集成运营流程，形成价值领先战略和顾客差异化战略在企业集成运营流程融合，使企业集成战略运作得以具体实现。通过信息物理系统，将智能融入企业集成运营流程，智能融入的企业集成运营流程包括智能具体模块单元运营流程、智能联合模块单元运营流程、智能模块组模块单元运营流程、智能总作业模块单元运营流程。信息物理系统技术的发展增加了产品设计需求（Zhang，2017）。智能融入的企业集成运营流程依据不同企业类型有所改变，运作中结合不同企业类型将其具体体现出来。智能融入的企业集成运营流程运作的对象是模块品目或者模块单元。

制造类企业智能融入的集成制造流程由智能具体模块单元制造流程、智能联合模块单元制造流程、智能模块组模块单元制造流程、智能总作业模块单元制造流程组成。智能具体模块单元制造流程包括智能具体通用模块单元制造流程，智能具体专用模块单元制造流程，智能具体链接模块单元制造流程；智能联合模块单元制造流程包括智能联合通用模块单元制造流程，智能联合专用模块单元制造流程，与智能联合通用模块单元制造流程、专用模块单元制造流程相连的智能联合链接模块单元制造流程；智能模块组模块单元制造流程包括智能模块组通用模块单元制造流程，智能模块组专用模块单元制造流程，与智能模块组通用模块单元制造流程、专用模块单元制造流程相连的智能模块组链接模块单元制造流程；智能总作业模块单元制造流程包括智能总作业通用模块单元制造流程，智能总作业专用模块单元制造流程，与模块组通用模块单元制造流程、专用模块单元制造流程相连的智能总作业链接模块单元制造流程。

制造性服务企业智能融入的集成服务流程由智能具体模块单元服务流程、智能联合模块单元服务流程、智能模块组模块单元服务流程组成。智能具体模块单元服务流程包括智能具体通用模块单元服务流程，智能具体专用模块单元服务流程，智能具体链接模块单元服务流程；智能联合模块单元服务流程包括智能联合通用模块单元服务流程，智能联合专用模块单元服务流程，与智能联合通用模块单元服务流程、专用模块单元服务流程相连的智能联合链接模块单元服务流程；智能模块组模块单元服务流程包括智能模块组通用模块单元服务流程，智能模块组专用模块单元服务流程，与智能模块组通用模块单元服务流程、专用模块单元服务流程相连的智能模块组链接模块单元服务流程。

一般服务企业和纯服务企业智能融入的集成服务流程由智能具体模块单元服务流程、智能联合模块单元服务流程组成。为制造企业服务的一般服务企业智能融入的集成服务流程由智能具体模块单元服务流程、智能联合模块单元服务流程、智能模块组和总作业模块单元服务流程组成。智能具体模块单元服务流程包括智能具体通用模块单元服务流程，智能具体专用模块单元服务流程，智能具体链接模块单元服务流程；智能联合模块单元服务流程包括智能联合通用模块单元服务流程，智能联合专用模块单元服务流程，与智能联合通用模块单元流程、专用模块单元流程相连的智能联合链接模块单元流程；智能模块组和总作业模块单元服务流程包括智能模块组和总作业通用模块单元服务流程，智能模块组和总作业专用模块单元服务流程，与智能模块组和总作业通用模块单元服务流程、专用模块单元服务流程相连的智能模块组和总作业链接模块单元服务流程。一般服务企业和纯服务企业智能具体模块单元服务流程包括智能具体通用模块单元服务流程，智能具体专用模块单元服务流程；智能联合模块单元服务流程包括智能联合通用模块单元服务流程，智能联合专用模块单元服务流程。

（2）基于模型定义设计 MBD 信息平台自动提供智能融入的企业集成运营流程的主流流程和辅助流程。企业集成运营流程运作通过反映其基本集成运营流程和反映其辅助集成运营流程的共同运作完成。企业集成基本运营流程反映企业的基本运作，是企业之间有着本质区别的根本性集成运作流程，MBD 技术的应用能够为企业集成运营流程提供信息技术支持（许增辉等，2020）。根据三维实体模型表达的产品定义信息，企业集成运营流程接收和构建运营流程参数资源库（杨海龙和左颖萍，2019）。企业集成辅助运营流程反映对企业集成基本运营流程辅助作用，通过对企业集成基本运营流程辅助，与企业集成基本运营流程一起完成集成流程运作。模型 MBD 通过基于模型定义设计 MBD 信息平台自动提供智能融入的企业集成基本运营流程、智能融入的企业集成基本运营流程中的具体集成作业流程，提供工装运作、质量检测这些辅助智能融入的集成辅助流程。

制造企业、设计性新兴制造企业基于模型定义设计 MBD 信息平台自动提供智能融入的企业集成制造流程、企业集成制造作业流程和工装运作、质量检测集成辅助流程。制造性服务企业、新兴服务企业、一般纯服务企业基于模型定义设计 MBD 信息平台自动提供智能融入的企业集成服务流程、企业集成服务作业流程和工装运作、质量检测集成辅助流程。

（3）智能融入的企业集成运营流程是非设计 MBD 企业集成运营流程。非设计 MBD 企业不需要进行 MBD 设计，但需要企业集成运营流程完成其运作。非设计 MBD 企业集成运营流程包括反映其基本集成运营流程和反映其辅助集成运营流程，共同运作来完成企业集成运营流程运作。非设计 MBD 企业需要更加注重智能融入的企业集成运营流程构建。企业集成基本运营流程反映企业的基本运作，是企业之间有着本质区别的根本性的集成运作流程。与基于模型定义设计 MBD 信息平台就能够自动提供企业集成运营流程不同，非设计 MBD 企业通过企业集成 MBE 的信息物理系统信息平台自动提供智能融入的企业集成基本运营流程、智能融入的企业集成基本运营流程中的具体集成作业流程，提供工装运作、质量检测这些辅助智能融入的集成辅助流程。

一般新兴制造企业通过企业集成 MBE 的信息物理系统信息平台自动提供智能融入的企业集成制造流程、智能融入的集成制造作业流程，提供工装运作、质量检测这些辅助智能融入的集成辅助流程。一般服务企业、中间性纯服务企业通过企业集成 MBE 的信息物理系统信息平台自动提供智能融入的企业集成服务流程、集成服务作业流程，提供工装运作、质量检测这些辅助智能融入的集成辅助流程。

2. 基于模型 MBD 的模块品目或者要件组成和接口

（1）基于模型 MBD 的模块品目或者要件组成。基于模型 MBD 由原材料、零部件构成，这种构成体现的是产品本身的组成。基于模型 MBD 需要与企业集成运营流程直接联系，将基于模型 MBD 组成按照企业集成运营流程要求进行构建，使基于模型 MBD 不能只停留在产品集成设计上，还要与集成产品实现直接联系，从而将企业集成战略具体落实。模型 MBD 按照企业集成运营流程要求构建，需要直接与模块单元的运作相联系，通过模块品目实现 MBD 产品组成到基于模型 MBD 的模块品目组成的转变。

基于模型 MBD 的模块品目由智能具体模块单元模块品目、智能联合模块单元模块品目、智能模块组模块单元模块品目、智能总作业模块单元模块品目构成。基于模型 MBD 的模块品目依据不同企业类型构成有所改变，需要结合具体类型企业体现基于模型 MBD 的模块品目构成。

制造类企业基于模型 MBD 的模块品目由智能具体模块单元制造模块品目、智能联合模块单元制造模块品目、智能模块组模块单元制造模块品目、智能总作业模块单元制造模块品目组成。智能具体模块单元制造模块品目包括智能具体通用模块单元制造模块品目，智能具体专用模块单元制造模块品目，智能具体链接模块单元制造模块品目；智能联合模块单元制造模块品目包括智能联合通用模块单元制造模块品目，智能联合专用模块单元制造模块品目，与智能联合通用模块单元、专用模块单元相连的智能联合链接模块单元制造模块品目；智能模块组模块单元制造模块品目包括智能模块组通用模块单元制造模块品目，智能模块组专用模块单元制造模块品目，与智能模块组通用模块单元、专用模块单元相连的智能模块组链接模块单元制造模块品目；智能总作业模块单元制造模块品目包括智能总作业通用模块单元制造模块品目，智能总作业专用模块单元制造模块品目，与模块组通用模块单元、专用模块单元相连的智能总作业链接模块单元制造模块品目。

制造性服务企业基于模型 MBD 的模块品目由智能具体模块单元服务模块品目、智能联合模块单元服务模块品目、智能模块组模块单元服务模块品目组成。智能具体模块单元服务模块品目包括智能具体通用模块单元服务模块品目，智能具体专用模块单元服务模块品目，智能具体链接模块单元服务模块品目；智能联合模块单元服务模块品目包括智能联合通用模块单元服务模块品目，智能联合专用模块单元服务模块品目，与智能联合通用模块单元、专用模块单元相连的智能联合链接模块单元服务模块品目；智能模块组模块单元服务模块品目包括智能模块组通用模块单元服务模块品目，智能模块组专用模块单元服务模块品目，与智能模块组通用模块单元、专用模块单元相连的智能模块组链接模块单元服务模块品目。

一般服务企业基于模型 MBD 的模块品目由智能具体模块单元服务模块品目、智能联合模块单元服务模块品目。为制造企业服务的一般服务企业基于模型 MBD 的服务模块品目由智能具体模块单元服务模块品目、智能联合模块单元服务模块品目、智能模块组和总作业模块单元服务模块品目组成。智能具体模块单元服务模块品目包括智能具体通用模块单元服务模块品目，智能具体专用模块单元服务模块品目，智能具体链接模块单元服务模块品目；智能联合模块单元服务模块品目包括智能联合通用模块单元服务模块品目，智能联合专用模块单元服务模块品目，与智能联合通用模块单元、专用模块单元相连的智能联合链接模块单元服务模块品目；智能模块组和总作业模块单元服务流程包括智能模块组和总作业通用模块单元服务流程，智能模块组和总作业专用模块单元服务模块品目，与智能模块组和总作业通用模块单元服务模块品目、专用模块单元服务流程相连的智能模块组和总作业链接模块单元服务模块品目。一般服务企业智能具体模块单元模块品目包括智能具体通用模块单元服务模块品目，智能具体专用模块单元模块品目；智能联合模块单元模块品目包括智能联合通用模块单元服务模块品目，智能联合专用模块单元服务模块品目。

纯服务企业智能具体模块单元服务要件包括智能具体通用模块单元服务模块和软件数据结构、要素和部分联系功能，智能具体专用模块单元服务模块和软件数据结构、要素和部分联系功能；智能联合模块单元服务要件包括智能联合通用模块单元服务软件接口综合功能、整体联系功能，智能联合专用模块单元服务软件接口综合功能、整体联系功能。

（2）智能融入的企业集成运营流程是模型 MBD 的接口。模型 MBD 中系和容差设计包括具体模块单元模块品目或者要素、联合模块单元模块品目或者要素结构、模块组模块单元模块品目、总作业模块单元模块品目的系统和容差设计，由此形成智能融入的企业集成运营流程与模块单元模块品目或者要素结构的接口，需要企业集成运营流程按照模块单元模块品目或者要素结构系统和容差设计进行运作。智能融入的企业集成运营流程与模块单元模块品目或者要素结构的接口依据企业类型不同而体现不同。

制造类企业将智能具体模块单元制造流程与具体模块单元制造模块品目接口展开，按照具体模块单元制造模块品目系统设计和容差设计要求，进行智能具体模块单元制造流程的具体模块单元制造模块品目相运作；将智能联合模块单元制造流程与联合模块单元制造模块品目展开，按照联合模块单元制造模块品目系统设计和容差设计要求，进行智能联合模块单元制造流程的联合模块单元制造模块品目运作；将智能模块组模块单元制造流程与智能模块组模块单元制造模块品目接口展开，按照智能模块组模块单元制造模块品目系统设计和容差设计要求，进行智能模块组模块单元制造流程的智能模块组模块单元制造模块品目运作；将智能总作业模块单元制造流程与智能总作业模块单元制造模块品目接口展开，按照智能总作业模块单元制造模块品目系统设计和容差设计要求，进行智能总作业模块单元制造流程的智能总作业模块单元制造模块品目运作。

制造性服务企业将智能具体模块单元服务流程与具体模块单元服务模块品目接口展开，按照具体模块单元服务模块品目系统设计和容差设计要求，进行智能具体模块单元服务流程的具体模块单元服务模块品目相运作；将智能联合模块单元服务流程与联合模块单元服务模块品目展开，按照联合模块单元服务模块品目系统设计和容差设计要求，进行智能联合模块单元服务流程的联合模块单元服务模块品目运作；将智能模块组模块单元服务流程与智能模块组模块单元服务模块品目接口展开，按照智能模块组模块单元服务模块品目系统设计和容差设计要求，进行智能模块组模块单元服务流程的智能模块组模块单元服务模块品目运作。

为制造企业服务的一般服务企业将智能具体模块单元服务流程与具体模块单元服务模块品目接口展开，按照具体模块单元服务模块品目系统设计和容差设计要求，进行智能具体模块单元服务流程的具体模块单元服务模块品目相运作；将智能联合模块单元服务流程与联合模块单元服务模块品目展开，按照联合模块单元服务模块品目系统设计和容差设计要求，进行智能联合模块单元服务流程的联合模块单元服务模块品目运作；将智能模块组和总作业模块单元服务流程与智能模块组和总作业模块单元服务模块品目接口展开，按照智能模块组和总作业模块单元服务模块品目系统设计和容差设计要求，进行智能模块组和总作业模块单元服务流程的智能模块组模块单元服务模块品目运作。

一般服务企业将智能具体模块单元服务流程与具体模块单元服务模块品目接口展开，按照具体模块单元服务模块品目系统设计和容差设计要求，进行智能具体模块单元服务流程的具体模块单元服务模块品目相运作；将智能联合模块单元服务流程与联合模块单元服务模块品目展开，按照联合模块单元服务模块品目系统设计和容差设计要求，进行智能联合模块单元服务流程的联合模块单元服务模块品目运作。

纯服务企业将智能具体模块单元服务流程与具体模块单元服务模块和软件数据结构、要素和部分联系功能接口展开，按照具体模块单元服务模块和软件数据结构、要素和部分联系功能系统设计和容差设计要求，进行智能具体模块单元服务流程的具体模块单元服务模块和软件数据结构、要素和部分联系功能运作；将智能联合模块单元服务流程与联合模块单元服务软件接口综合功能、整体联系功能展开，按照联合模块单元服务软件接口综合功能、整体联系功能系统设计和容差设计要求，进行智能联合模块单元服务流程的联合模块单元服务软件接口综合功能、整体联系功能运作。

3. 基于模型 MBD 的企业智能融入的集成运营维护和维修流程

（1）企业智能融入的集成运营维护和维修流程。企业集成运营维护和维修流程是企业集成战略在运营维护和维修流程的直接体现。企业智能融入的集成运营维护和维修流程由智能具体模块运营维护和维修单元流程、智能联合模块运营维护和维修单元流程组成。智能具体模块运营维护和维修单元流程包括智能具体通用模块运营维护和维修单元流程，智能具体专用模块运营维护和维修单元流程；智能联合模块运营维护和维修单元流程包括智能联合通用模块运营维护和维修单元流程，智能联合专用模块运营维护和维修单元流程。

（2）基于模型 MBD 智能融入的运营维护和维修模块品目。基于模型 MBD 的智能融入运营维护和维修模块品目按照企业智能融入的集成运营维护和维修流程运作的要求进行运作。基于模型 MBD 智能融入的运营维护和维修模块品目由智能具体模块运营维护和维修单元模块品目、智能联合模块运营维护和维修单元模块品目组成。智能具体模块运营维护和维修单元模块品目包括智能具体通用模块运营维护和维修单元模块品目，智能具体专用模块运营维护和维修单元模块品目；智能联合模块运营维护和维修单元模块品目包括智能联合通用模块运营维护和维修单元模块品目，智能联合专用模块运营维护和维修单元模块品目。

（3）基于模型定义设计 MBD 信息平台自动提供企业智能融入的集成运营维护和维修流程和模块品目。基于模型定义设计 MBD 信息平台能够根据不同的基于模型定义设计 MBD，自动提供企业智能融入的集成运营维护和维修流程，提供智能融入的运营维护和维修模块品目，从而建立基于模型定义设计 MBD 与智能融入的集成运营维护和维修流程、运营维护和维修模块品目的内在联系，从而为实现企业智能融入的集成运营维护和维修流程打下基础。

制造类企业、服务类企业、纯服务类企业都需要构建企业智能融入的集成运营维护和维修流程，需要确定基于模型 MBD 智能融入的运营维护和维修模块品目，需要基于模型定义设计 MBD 信息平台自动提供企业智能融入的集成运营维护和维修流程和模块品目。

4. 基于模型的 MBD 的企业智能融入的集成供应链或者服务链流程

（1）企业智能融入的集成供应链或者服务链流程。企业智能融入的集成供应链或者服务链流程是企业集成战略在集成供应链或者服务链流程的直接体现，围绕企业集成基本运营流程的各层运营模块单元进行运作。需要按照各层运营模块单元流程要求进行运作，同时结合集成供应链或者服务链流程本身的需要进行企业集成战略下的各层运营模块单元流程运作，由此形成集成供应链或者服务链的每一个流程都能够融入智能的集成供应链或者服务链流程。企业智能融入的集成供应链或者服务链流程根据不同类型的企业会有不同体现。

企业智能融入的制造企业集成供应链流程包括有形产品智能集成开发与设计流程、智能集成采购流程、智能集成制造流程、智能集成仓储流程、智能集成销售流程。一般新兴制造企业智能融入的集成供应链流程包括智能集成采购流程、智能集成制造流程、智能集成仓储流程。设计性新兴制造企业智能融入的集成供应链流程包括有形产品智能集成开发与设计流程、智能集成采购流程、智能集成制造流程、智能集成仓储流程。

制造性服务企业智能融入的集成服务链流程包括有形产品智能集成开发与设计流程、智能集成采购流程、智能集成服务流程、智能集成仓储流程、智能集成销售流程。一般服务企业智能融入的集成服务链流程包括智能集成采购流程、智能集成服务转化流程、智能集成销售流程。

新兴服务企业智能融入的集成服务链流程包括智能集成服务投入流程、智能集成服务转化流程、智能集成服务销售流程。一般纯服务企业智能融入的集成服务链流程包括无形产品智能集成开发与设计流程、智能集成服务投入流程、智能集成服务转化和销售流程、自身运作服务流程。中间性纯服务企业智能融入的集成服务链流程包括智能集成服务投入流程、智能集成中间性转化和销售流程。

（2）基于模型的 MBD 的企业智能融入的集成供应链或者服务链模块品目或者要件。基于模型的 MBD 的企业智能融入的集成供应链或者服务链模块品目或者要件按照企业集成基本运营流程模块品目或者要件进行归类和运作。具体体现在智能具体模块单元模块品目或者要件、智能联合模块单元模块品目或者要件、智能模块组模块单元模块品目、智能总作业模块单元模块品目构成和运作。基于模型的 MBD 的企业智能融入的集成供应链或者服务链模块品目依据不同企业类型构成有所改变，需要结合具体类型企业体现基于模型 MBD 的模块品目或者要件构成。

（3）基于模型定义设计 MBD 信息平台自动提供企业智能融入的集成供应链或者服务链流程和接口。基于模型定义设计 MBD 信息平台能够根据不同的基于模型定义设计 MBD，自动提供企业智能融入的集成供应链或者服务链流程，提供智能融入的集成供应链或者服务链模块品目或者要件，提供智能融入的集成供应链或者服务链流程接口，建立基于模型定义设计 MBD 与智能融入的集成供应链或者服务链流程、智能融入的集成供应链或者服务链模块品目或者要件、智能融入的集成供应链或者服务链流程接口的内在联系，为实现企业智能融入的集成供应链或者服务链流程打下基础。

制造性服务企业将智能具体模块单元服务流程与具体模块单元服务模块品目接口展开，按照具体模块单元服务模块品目系统设计和容差设计要求，进行智能具体模块单元服务流程的具体模块单元服务模块品目相运作。

制造企业将有形产品智能集成的开发与设计流程、采购流程、制造流程、仓储流程、销售流程与具体模块单元、联合模块单元、模块组模块单元、总作业模块单元智能制造模块品目接口展开，按照这些制造模块品目系统设计和容差设计要求，进行智能集成开发与设计流程、采购流程、制造流程、仓储流程、销售流程的具体模块单元、联合模块单元、模块组模块单元、总作业模块单元智能制造模块品目运作。一般新兴制造企业将智能集成的采购流程、制造流程、仓储流程与具体模块单元、联合模块单元、模块组模块单元、总作业模块单元智能制造模块品目接口展开，按照这些制造模块品目系统设计和容差设计要求，进行智能集成的采购流程、制造流程、仓储流程的具体模块单元、联合模块单元、模块组模块单元、总作业模块单元智能制造模块品目运作。设计性新兴制造企业将智能集成的开发与设计流程、采购流程、制造流程、仓储流程与具体模块单元、联合模块单元、模块组模块单元、总作业模块单元智能制造模块品目接口展开，按照这些制造模块品目系统设计和容差设计要求，进行智能集成的开发与设计流程、采购流程、制造流程、仓储流程的具体模块单元、联合模块单元、模块组模块单元、总作业模块单元智能制造模块品目运作。

制造性服务企业将有形产品智能集成的开发与设计流程、采购流程、服务流程、仓储流程、销售流程与具体模块单元、联合模块单元、模块组模块单元智能服务模块品目接口展开，按照这些服务模块品目系统设计和容差设计要求，进行智能集成的开发与设计流程、采购流程、服务流程、仓储流程、销售流程的具体模块单元、联合模块单元、模块组模块单元智能服务模块品目运作。

为制造企业服务的一般服务企业将智能集成的采购流程、服务流程、销售流程与具体模块单元、联合模块单元、模块组和总作业模块单元智能服务模块品目接口展开，按照这些服务模块品目系统设计和容差设计要求，进行智能集成的采购流程、服务流程、销售流程的具体模块单元、联合模块单元、模块组和总作业模块单元智能服务模块品目运作。

一般服务企业将智能集成的采购流程、服务流程、销售流程与具体模块单元、联合模块单元智能服务模块品目接口展开，按照这些服务模块品目系统设计和容差设计要求，进行智能集成的采购流程、服务流程、销售流程的具体模块单元、联合模块单元智能服务模块品目运作。

新兴服务企业将智能集成的服务投入流程、服务转化流程、服务销售流程与具体模块单元、联合模块单元智能服务模块和软件数据结构、要素和部分联系功能、综合功能、整体联系接口展开，按照这些服务模块和软件数据结构、要素和部分联系功能、综合功能、整体联系系统设计和容差设计要求，进行智能集成的投入流程、服务转化流程、服务销售流程的模块和软件数据结构、要素和部分联系功能、综合功能、整体联系运作。

一般纯服务企业将无形产品智能集成的开发与设计流程、服务投入流程、服务转化和销售流程、自身运作服务流程与智能服务要素和部分联系功能、整体联系接口展开，按照这些服务要素和部分联系功能、整体联系系统设计和容差设计要求，进行无形产品智能集成的开发与设计流程、服务投入流程、服务转化和销售流程、自身运作服务流程的要素和部分联系功能、整体联系运作。中间性纯服务企业将智能集成服务的投入流程、中间性转化和销售流程、自身运作服务流程与智能服务要素和部分联系功能、整体联系接口展开，按照这些服务要素和部分联系功能、整体联系系统设计和容差设计要求，进行智能集成服务投入流程、智能集成中间性转化和销售流程的要素和部分联系功能、整体联系运作。

（五）新产品功能

新产品功能是基于顾客需求的新产品开发与设计的结果，新产品功能可以在顾客需求的驱动下进行一定的改进，集成新产品开发与设计为了提高产品功能。一般新产品功能改进与形成过程改进一致，出现形成过程改进与新产品功能改进不一致时，以新产品功能为主。作为企业而言，创造企业价值是企业的目标，企业在创造企业价值目标指引下，不允许出现集成新产品开发与设计形成过程没有取得新产品功能改进成果的状况，企业集成新产品开发与设计的目的是改进集成新产品功能。

基于模型定义设计 MBD 信息平台自动提供集成新产品开发与设计的改进集成新产品功能，针对集成新产品开发与设计前后的功能进行对比，明确集成新产品开发与设计过程是否必要，提高企业集成新产品开发与设计效率。

制造企业、设计性新兴制造企业、制造性服务企业、新兴服务企业、一般纯服务企业都需要集成新产品开发与设计前后的功能进行对比，明确集成新产品开发与设计过程是否必要，由此决定集成新产品开发与设计流程。一般新兴制造企业、一般服务企业、中间性纯服务企业需要了解集成新产品功能。

（六）大数据计算与基于模型定义 MBD

基于模型定义 MBD 需要融入批数据处理系统 Hadoop、实时数据处理系统 Storm。批数据处理系统针对基于模型定义 MBD 开发与设计过程中的大规模静态数据高吞吐量的批处理系统；实时数据处理系统是对于基于模型定义 MBD 开发与设计过程中的持续不断的数据进行的处理系统。批数据处理系统具有高效、可靠、可扩展等优点，能够运用于基于模型定义 MBD 运作（朱洁和罗华霖，2018）。来自于爬虫数据、传感数据、日志数据的 MBD 开发与设计批数据，用探针将批数据收集，通过批数据简化环境子系统对数据的简化，进入到批数据处理系统的重要组成部分分布式计算框架子系统进行数据处理。批数据处理系统包括分布式计算框架 MapReduce、分布式文件子系统 HDFS、分布式数据库子系统 HBase、数据仓库子系统 Hive、数据简化环境子系统 Pig、数据挖掘库子系统 Mahout。MapReduce 是进行大数据处理的分布式软件架构（王鹏等，2018）；HDFS 是以流的形式访问数据分布式文件系统，具有高的吞吐量，能够在低性能的硬件系统上进行运行的处理超大数据集程序（陆红，2017）；HBase 是在 HDFS 基础之上的高可靠性、以列方式存在的、可伸缩分布式数据库存储系统，通过 MapReduce 完成 HBase 的数据操作；数据挖掘库 Mahout 提供机器学习的职能算法实现。

MapReduce 分布式数据仓库 Hive 和分布式数据库 HBase 负责对基于模型定义 MBD 运作大数据的存储，对有关数据文件进行分割，划分为多个基于模型定义 MBD 数据片段，分配到集群中的各个节点上，Master 将基于模型定义 MBD 数据分解为各个 Map 和 Reduce 任务，Map 读取基于模型定义 MBD 对应的数据片段，将获取到的中间结果进行缓存并写入存储器，将存储数据的位置发回主控程序，将位置信息转发给 Reduce 工作机，Reduce 工作机将生成的 Key 与 Value 列表值发送给用户的 Reduce 函数，将结果输出并存储。由此，结合 MBD 平台，准确分析顾客需求的特征和具体需求的表现，分析顾客需求的集成有形产品几何模型、集成有形产品原理模型、集成无形产品信息原理模型、集成无形产品非信息原理模型、模块品目模型，进行有形产品、无形产品、模块品目系统和容差设计，进行大数据下的仿真和分析、试验、接口联系，完成 MBSE，设计受欢迎的顾客所需的有形产品、无形产品、模块品目。

实时数据处理系统 Storm 将来自于爬虫数据、传感数据、日志数据的 MBD 开发与设计实时数据尤其是反映顾客需求的实时数据，用数据探针将实时数据收集，广泛收集 MBD 开发与设计实时数据，为准确进行 MBD 开发与设计打下基础；通过原数据流组件 Sport 将收集到的实时数据转换为实时数据处理系统 Storm 所需要的 MBD 开发与设计实时数据，这些数据提供了进行顾客需求的 MBD 开发与设计实时数据的范围；通过接收 MBD 开发与设计实时数据的处理组件 Bolt，执行实时数据过滤、函数操作、合并、写数据，将各种分析方法融入 Bolt 之中，进行顾客需求的集成有形产品几何模型、集成有形产品原理模型、集成无形产品信息原理模型、集成无形产品非信息原理模型的分析，进行有形产品、无形产品、模块品目系统和容差的分析；结合 MBD 平台仿真和分析、试验 MBSE 分析，进行 Nimbus 的 MBD 开发与设计分配任务；通过 Supervisor 启动，进行实时具体处理组件 Worker 的基于模型定义 MBD 模型和系统设计的具体运作，完成有形产品、无形产品、模块品目实时 MBD 开发与设计，实现实时大数据计算与基于模型定义 MBD 融合，为企业集成运营管理流程的延迟策略和强化延迟策略、后拉动流程、拉动价值、智能运作打下基础。

批数据处理系统 Hadoop、实时数据处理系统 Storm 进行 MBD 开发与设计大数据运作时，可以将 Hadoop 的数据挖掘库子系统 Mahout、Storm 的处理组件 Bolt 中融入批、实时的 MBD 开发与设计的监督学习算法、无监督学习算法、半监督学习算法、集成学习算法、深度学习算法、强化学习算法，进行批数据处理系统 Hadoop、实时数据处理系统 Storm 智能 MBD 开发与设计大数据的视觉运作、智能听觉运作、智能嗅觉运作、智能语言运作、智能动作运作。大数据计算与基于模型定义 MBD 融合如图 2 - 1 - 7 所示：

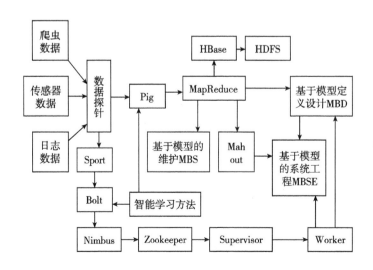

图 2 - 1 - 7　大数据计算与基于模型定义 MBD 融合

第二节　企业集成新产品的分类和设计应考虑的因素

一、企业集成新产品的分类

（一）按创新改进程度

按照顾客需求驱动的改进程度分为实质性改变和非实质性改变，这两种改变都属于集成新产品改进的范畴，随着集成产品创新级别的增加，改进程度也将由非实质性改变到实质性改变转化。

1. 集成全新产品

集成全新产品要实现集成产品的集成设计构思、集成应用技术、集成工艺、集成功能方面的实质性改变。集成全新产品需要通过基于模型定义设计 MBD 信息平台实现集成全新产品设计。

2. 集成仿制新产品

集成仿制新产品只是集成工艺方面有变化，集成构思、集成应用技术、集成功能没有变化。集成仿制新产品需要通过基于模型定义设计 MBD 信息平台实现集成仿制新产品设计。

3. 集成换代新产品

集成换代新产品的集成设计构思、集成应用技术、集成工艺、集成功能的范围有变化。集成换代新产品需要通过基于模型定义设计 MBD 信息平台实现集成换代新产品设计。

4. 集成改进新产品

集成改进新产品的集成设计构思、集成功能有变化，集成应用技术、集成工艺没有变化。集成改进新产品需要通过基于模型定义设计 MBD 信息平台实现集成改进新产品设计。

制造企业、设计性新兴制造企业、制造性服务企业、新兴服务企业、一般纯服务企业都进行着集成全新产品、集成仿制新产品、集成换代新产品、集成改进新产品的集成开发与设计。

（二）按照区域创新改进程度

顾客需求驱动的按照区域创新改进程度可将集成新产品划分如下：

1. 地区集成新产品

地区集成新产品是地区内集成开发与设计的集成新产品，包括地区集成全新产品、地区集成仿制新产品、地区集成换代新产品、地区集成改进新产品。地区集成新产品需要通过基于模型定义设计 MBD 信息平台实现地区集成新产品设计。

2. 国内集成新产品

国内集成新产品是国内集成开发与设计的集成新产品，包括国内集成全新产品、国内集成仿制新产品、国内集成换代新产品、国内集成改进新产品。国内集成新产品需要通过基于模型定义设计 MBD 信息平台实现国内集成新产品设计。

3. 国际集成新产品

国际集成新产品是国际集成开发与设计的集成新产品，包括国际集成全新产品、国际集成仿制新产品、国际集成换代新产品、国际集成改进新产品。国际集成新产品需要通过基于模型定义设计 MBD 信息平台实现国际集成新产品设计。

制造企业、设计性新兴制造企业、制造性服务企业、新兴服务企业、一般纯服务企业都进行着地区集成新产品、国内集成新产品、国际集成新产品的开发与设计。

二、企业集成新产品开发与设计应考虑的因素

集成新产品开发与设计应从全球化的视角考虑下面的因素，围绕绿色设计进行集成新产品设计。

（一）顾客需求驱动因素

这一因素是决定新产品开发与设计的内在核心因素。顾客驱动的企业集成开发与设计是顶层运作，这一设计直接决定企业集成开发与设计流程、基本运营流程、供应链或者服务链流程、辅助流程、支撑流程、核心流程、管理流程的运作。企业集成开发与设计需要以顾客需求为起始点和中心进行，开发和设计顾客需求，与顾客之间形成互动，顾客对所设计的产品和活动进行体验，企业将体现使命、愿景、价值观的品牌引入互动和体验之中，进行整体企业集成新产品开发与设计。

（二）竞争因素

竞争因素是长期存在的因素，既需要研究对手在集成新产品开发与设计方面的优势，也需要企业明确自身在集成新产品开发与设计方面的优势。进行竞争对手和企业自身集成新产品开发与设计的优劣势比较，考虑如何发挥企业自身的优势，如何缩小自身的弱势，建立企业自身在集成新产品开发与设计方面的特色，确立竞争优势。企业进行竞争因素的考虑，不仅从集成新产品开发与设计方面，还需要从集成新产品本身进行研究。增强型产品可提供超出核心和预期产品的功能和情感价值，帮助企业从竞争对手中脱颖而出，提高市场表现。

制造企业、设计性新兴制造企业、制造性服务企业、新兴服务企业、一般纯服务

企业进行集成新产品开发与设计过程中，都需要考虑竞争因素。

（三）关键技术和掌握关键技术的人员

企业集成新产品开发与设计中新产品开发与设计技术是决定新产品层级的关键因素，这一关键因素决定着新产品的品级和与此相关各种运作，关注和不断获得新产品开发与设计技术是企业集成新产品开发与设计的关键选择。关键技术由人员进行开发，对企业而言寻找掌握集成新产品开发与设计关键技术的人员成为企业重要任务。

集成新产品开发与设计关键技术的人员需求一般采用内部员工提升、合作伙伴、人脉网络的途径进行寻求。内部员工提升是企业一般的做法，但随着竞争的加剧，对集成新产品开发与设计关键技术人员需求越来越强烈，仅仅依靠内部员工提升无法达到关键技术要求，而且过程缓慢，会延误企业集成新产品开发与设计进程，迅速获得集成新产品开发与设计关键技术人员，合作伙伴、人脉网络就显得尤为重要。企业需要对这两类寻求集成新产品开发与设计关键技术人员的途径进行培育，不仅采用一般的培育途径，还需要从更适合的方式和更广泛的途径范围进行培育，只有这样，企业需要集成新产品开发与设计关键技术人员时，合作伙伴、人脉网络的途径才能够发挥重要作用，企业需要时才能够寻求所需要的关键技术人员。人脉网络途径的人才成本最低廉，用好了价值却非同小可，一杯咖啡，吸收全宇宙能量（吴建国，2019）。

（四）面向集成运营流程的集成新产品开发与设计

企业运营管理是面向可制造和可装配的新产品开发与设计。面向可制造和可装配设计是企业运营管理的重要环节，其出发点是新产品开发与设计不能只是停留在设计阶段，需要面对制造和装配进行，不仅需要实物的功能性开发与设计，还需要这些功能能够实现开发与设计。面向可制造和可装配的新产品开发与设计强调与可制造和可装配联系，提高新产品实现的可能性和效率。

面向集成运营流程的集成新产品开发与设计需要将集成新产品开发与设计与体现企业集成战略的集成运营流程中的模块单元运营流程运作联系起来，按照集成运营流程中的模块单元运营流程运作的要求，进行集成新产品开发与设计；需要将开发与设计与体现精益运作的模块单元精益运营流程运作联系起来，按照模块单元精益运营流程运作的要求，进行集成新产品开发与设计；需要将开发与设计与体现智能运作的模块单元智能运营流程运作联系起来，按照模块单元智能运营流程运作的要求，进行集成新产品开发与设计。

面向集成运营流程的集成新产品开发与设计的主体是面向集成基本运营流程，同时需要面向集成供应链或者服务链流程进行集成新产品开发与设计。集成新产品开发与设计围绕集成基本运营流程，进行符合模块单元精益智能基本运营流程要求的集成新产品开发与设计。集成新产品开发与设计需要集成供应链或者服务链流程以模块单元精益智能基本运营流程为基础进行运作，与模块单元精益智能基本运营流程紧密联系，集成新产品开发与设计需要根据这些联系的要求进行运作。

集成新产品开发与设计自身就是企业集成战略引导下的模块单元集成运作过程。这一过程直接体现企业集成战略在集成新产品开发与设计流程中的作用，需采用模块单元的运作方式进行集成新产品开发与设计流程运作；直接体现精益与智能的运作，需按照精益与智能的运作要求，进行集成新产品开发与设计流程运作。

制造企业、设计性新兴制造企业集成新产品开发与设计需要面向集成制造流程，以集成供应链流程围绕的模块单元精益智能基本制造流程为中心，进行集成新产品开发与设计模块单元集成运作流程运作。

制造性服务企业、新兴服务企业、一般纯服务企业需要面向集成制造流程，以集成服务链流程围绕的模块单元精益智能基本服务流程为中心，进行集成新产品开发与设计模块单元集成运作流程运作。

（五）绿色因素

集成新产品开发与设计需要考虑绿色因素主要是指环境因素。环境因素包括外部环境因素和内部环境因素。外部环境因素主要考虑新产品对环境的影响因素，主要是指对外部环境污染方面的影响因素。内部环境因素要考虑到对新产品使用对象的安全、健康的影响，考虑新产品自身的资源节约，新产品形成过程中对制造者或者转化者安全、健康的影响。集成新产品开发与设计中环境因素考虑需要多方面的措施。科学发现的新技术是集成新产品开发与设计过程中考虑环境因素的重要举措（Zhu，2017）。企业需要积极确定其产品融入环境程度或接受的情况，进行一些敏感性分析和探索环境融入新产品与环境非融入产品之间存在竞争的情景。现有的证据表明消费者愿意为绿色新产品支付更多的费用（Wei，2018）。

集成新产品开发与设计需要体现环境因素如下：

1. 尽可能少地开发与设计

尽可能少的设计是集成新产品开发与设计从顾客方便和新产品简便视角出发进行集成新产品开发与设计。从顾客方便视角出发，需要集成新产品开发与设计以能够使顾客用较少的操作达到所用的目的，以方便顾客运用。从新产品简便视角出发，需要集成新产品开发与设计以较少的设计赢得更多，将精力集中在关键的东西上，不需给产品佩戴上华而不实的多余东西。杰出工业设计奖由美国工业设计协会颁发的年度工业设计大奖，为国际上顶级的工业设计奖之一，每年受到国际设计界的瞩目。意大利Besign Centinuum 设计室内环境控制传感器获得金奖。有精确度的温度感应、快捷的反应时间、简单的用户操作界面、安装简便、向下兼容等特点，模拟的转盘控制器比键盘式控制器更加简便，这也是它在众多竞争者中有优势特点。极高耐用性和改良后的时间反应是成功关键。

2. 回收性

回收性是集成新产品开发与设计的产品可回收、易回收，在加工过程中对环境产生较小污染，在新产品使用中对环境破坏小，污染小的低能耗材料。在设计时应首选环境兼容性好的材料以及零部件，避免选用有毒有害有辐射的材料。材料用后易于再利用回收和降解，以提高资源利用率。绿色设计通常考虑采用自然朴素的材料，或高科技材料，以及创造性利用废弃材料，以法国著名设计师菲利普·斯塔克设计的电视为代表，设计的电视机采用高密度纤维模压成型机壳，这是一种可回收的材料，与过去不能回收的材料不相同，而电视机全世界人民都在看，这一影响有多大。对寿命终止新产品回收的研究主要集中在再利用，再制造或者产品使用后回收（Badurdeen & Aydin，2018）。具有高材料回收潜力的产品开发是一种有助于保护自然资源的方法（Aguiar & Oliveira，2018）。

3. 绿色包装

绿色包装需要集成新产品开发与设计体现适度包装，在符合有形产品要求的用少的材料进行包装。包装设计一般遵循适度包装、自然包装的原则，绿色包装是指在满足保护、存储、销售、提供信息功能的条件下，尽量减少包装材料，使用可回收、可重复利用和再循环使用、易于降解对人体无毒无害的绿色材料，尽量使用天然材料，让人们感觉熟悉、亲切，以获得来自自然、贴近自然、回归自然的感觉，同时也是解决白色垃圾塑料包装问题的有效方式之一。

制造企业、设计性新兴制造企业、制造性服务企业、新兴服务企业、一般纯服务企业进行集成新产品开发与设计需要考虑绿色因素。

（六）价值因素

集成新产品开发与设计价值因素是指企业进行集成新产品开发与设计需要创造价值。这里的创造价值包括为企业直接创造价值和为企业间接创造价值。

为企业直接创造价值。从顾客角度为顾客直接创造价值，需要集成新产品开发与设计的有形和无形新产品能为顾客和企业直接创造价值，一般有形和无形新产品能为顾客和企业直接创造价值需要更多地从功能角度出发直接创造价值。需要企业从有形和无形新产品功能角度出发，为顾客设计更多的有形和无形新产品功能，为企业创造价值。

为企业间接创造价值。从顾客减少付出间接创造价值的角度，顾客需要同类型同级别的产品能够少付出得到更多的价值。为此，企业需要减少成本，设计使顾客需要同类型同级别的新产品能够少付出得到更多的价值，从而为企业间接创造价值。

集成新产品开发与设计本身也需要价值创造。企业需要考虑设计本身的价值创造，需要将集成开发与设计与市场接轨，减少设计本身环节的支出。

制造企业、设计性新兴制造企业、制造性服务企业、新兴服务企业、一般纯服务企业进行集成新产品开发与设计都需要考虑价值因素。

（七）标准化因素

企业集成运营管理的标准化因素在企业集成新产品开发与设计过程中通过企业集

成新产品开发与设计标准体系来实现。企业集成新产品开发与设计标准体系是企业集成运营管理的基础，是影响集成新产品开发与设计的重要因素，每一个产品运作都需要通过标准体系进行。通过企业标准体系的建立，将企业集成新产品开发与设计运作围绕标准体系进行，使企业集成运营管理有了相似、重用、融合的基础。企业集成新产品开发与设计标准运作可以通过企业集成新产品开发与设计标准体系实现。

企业集成新产品开发与设计标准体系需要从集成设计构思、集成应用技术、集成运营工艺、集成功能的新产品形成部分和新产品功能部分出发，进行企业集成新产品开发与设计，标准体系构建标准体系运作是企业集成新产品开发与设计的基本要求。集成设计构思需要通过标准体系设计对企业集成新产品开发与设计对象的所采用构思进行规范选择，通过标准体系明确集成新产品 MBD 模型和确定集成新产品系统和容差；集成应用技术需要通过标准体系的对象所采用的集成技术类别、集成技术的功能、集成技术的结构进行阐述，明确集成技术对设计对象的作用；集成运营工艺需要通过标准体系明确企业集成开发与设计新产品实现的集成运营流程，将企业集成运营流程按照标准体系的要求进行运作，使企业集成新产品开发与设计的新产品有了融入标准体系的集成运营流程实现基础。

企业集成新产品开发与设计标准体系需要体现从集成产品的功能到企业集成运营管理系统功能的转变。集成新产品的功能和企业集成运营管理系统功能是两部分独立的功能，体现顾客的差异需求和企业集成运营管理系统对顾客需求的反映。通过企业集成新产品开发与设计标准体系，建立顾客需求和企业集成运营管理系统之间的联系，明确企业集成新产品开发与设计对象功能的标准和企业集成运营管理系统功能的标准，将这两部分对应起来，确立企业集成运营管理系统对顾客需求反映的标准化程度。

企业集成新产品开发与设计标准体系由集成开发与设计结构式标准体系和集成开发与设计过程式标准体系构成。集成开发与设计结构式标准体系是集成开发与设计过程式标准体系的体系化体现；集成开发与设计过程式标准体系是集成开发与设计标准体系的价值链流程活动的体现，反映标准体系的动态化和过程化特性。集成开发与设计标准体系需要通过集成开发与设计结构式标准体系和集成开发与设计过程式标准体系体现，是企业日常标准体系运作的主体部分，其运作的中心是集成开发与设计过程式标准体系，集成开发与设计过程式标准体系由一定形式的集成开发与设计结构式标准体系来反映和体现。企业集成开发与设计标准体系需要在集成设计构思、集成应用技术、集成运营工艺、集成功能方面进行集成开发与设计结构式标准体系和集成开发与设计过程式标准体系构建，以达成企业集成开发与设计标准体系构建要求。

制造企业、设计性新兴制造企业、制造性服务企业、新兴服务企业、一般纯服务企业进行集成新产品开发与设计都需要考虑标准化因素。

（八）文化因素

集成新产品开发与设计需要体现文化因素。文化因素是指集成新产品开发与设计中需要考虑顾客从文化和习惯方面对新产品功能、新产品外观、新产品操作方面的需求，按照顾客的文化和习惯进行产品设计。不同国家、不同地区都有不同的文化和习惯，这些文化与习惯长期积累形成，集成新产品开发与设计过程中需要符合这些文化与习惯。

制造企业、设计性新兴制造企业、制造性服务企业、新兴服务企业、一般纯服务企业进行集成新产品开发与设计都需要考虑文化因素。

三、企业集成新产品开发与设计共创方式

（一）企业集成新产品开发与设计共创方式含义

企业集成新产品开发与设计经历了给顾客新产品开发与设计、为顾客新产品开发与设计、和顾客一同新产品开发与设计三个阶段。给顾客新产品开发与设计是企业从自身情况出发进行开发与设计，考虑的本体是企业自身。这种方式的新产品开发与设计无法理解顾客需求。为顾客新产品开发与设计是从自身对顾客的理解进行新产品开发与设计，考虑的本体虽然比给顾客新产品开发与设计要更接近顾客，但还是从自身对顾客的理解出发进行，本体依然是企业，这与顾客本身的需求理解存有内在差异。和顾客一同新产品开发与设计是以顾客为中心，按照顾客本身的需求进行新产品开发与设计。这种新产品开发与设计的本体是顾客本身，与给顾客新产品开发与设计、为顾客新产品开发与设计有着本质的不同。

企业集成新产品开发与设计共创方式将不同背景的人员集中起来，每类人员都会站在自己的立场上提出自己的见解，分享跨界观点，共同解决问题，提出多思维的各种各样的方案。共创需要考虑企业集成战略、企业现状、现有的组织运作、已尝试过的失败方法、对目标顾客的理解、每个人的方案，借鉴 MBSE 系统工程的方法，顾客需求的新产品重新定义，运用创新领导力实施共创过程。

企业集成新产品开发与设计共创方式需要物理空间和心理空间。物理空间需要共创者们进入这一空间时，能够打开心理想象思维，不再被传统格子的空间所束缚，层级关系被放下，具有耳目一新的创作空间。心理空间需要不同的团队尝试与以往不同的运作方式，每一个人都需要接受现状，进行智慧叠加，看能否结出智慧之果。待目标确认后，具有可行性，每个人员进行各自的运作。戴上帽子成为创新的一员，这些自己动手制作的帽子不论色彩、功能和造型都具有创造力。轻松愉快的环境下，每一个成员进行着自己的想象。创意中，对这些不影响成果的失败快快到来，成为成功的积累。

（二）企业集成新产品开发与设计共创方法

疯狂发想法是给出和以往不同具有挑战的新有形产品、新无形产品、新顾客接触服务的开发与设计想法，这一想法包括核心洞察和基础假设。这种假设需要共创者不受限制，引导共创者能够从不同的视角去思考，考虑各种极端的情况。进行多轮尝试，

确保每个成员的思路被打开，进行假设思考，再假设再思考，进行反复交替。分享所有成员的新有形产品、新无形产品、新顾客接触服务的开发与设计创新概念，将所有的新有形产品、新无形产品、新顾客接触服务的开发与设计概念按照时间进行排序，从中选出最有趣、最疯狂、最特别的点子。

头脑风暴图是将具有挑战性的想法写下来，采取不同的新有形产品、新无形产品、新顾客接触服务的开发与设计方法去思考。采用替代法，将现有新有形产品、新无形产品、新顾客接触服务的开发与设计组成方案元素进行拆分，思考其中的一部分是否可以进行替代。采用组合法，考虑其他资源是否可以与现在的新有形产品、新无形产品、新顾客接触服务开发与设计资源进行组合。采用借鉴法，借鉴新有形产品、新无形产品、新顾客接触服务的开发与设计其他方案的可取之处。采用改进法，将现有的新有形产品、新无形产品、新顾客接触服务的开发与设计方案进行更新。采用拓展法，将现有新有形产品、新无形产品、新顾客接触服务的开发与设计的方案拓展为多个可能方案。采用转换法，放弃现在新有形产品、新无形产品、新顾客接触服务的开发与设计的一些目标，转换思路。采用消除法，消除新有形产品、新无形产品、新顾客接触服务的开发与设计方案中的单一因素。采用逆向法，突破新有形产品、新无形产品、新顾客接触服务的开发与设计固有思维，采用逆向思考。采用重组法，将现有新有形产品、新无形产品、新顾客接触服务的开发与设计方案中的要素进行重新排列组合。从所有的解决方案中获得灵感。

635头脑风暴法是德国学者鲁尔巴赫提出的，针对多人争着发言易使新有形产品、新无形产品、新顾客接触服务的开发与设计点子遗漏的缺点而创立。参加者为6人，但不局限于6人。每个人面前放了2张假设卡，卡片平均区隔为3部分，每部分可以提供3个方案，每张卡片可以提供9个方案。每5分钟每个人产生3个设想，半小时产生108个设想。整理新产品开发与设计设想，找出可行设想。

世界咖啡是一种跨界方法，不同专业背景、不同职务、不同流程的一群人，进行意见碰撞，激发意想不到新有形产品、新无形产品、新顾客接触服务的开发与设计创新思路的方法。将共创者分为3个小组。每个小组留下两个人，一个人负责讲述小组的新产品开发与设计创新概念，另一人员负责记录其他人的反馈。剩余成员移动到其他小组进行反馈。10分钟时间里3分钟讲述，7分钟反馈。所有的成员回到自己的小组，分享其他组给予的反馈，进行概念更新。几轮后所有的小组进行会谈。得到新有形产品、新无形产品、新顾客接触服务的开发与设计创新思路。

DVF筛选法是确定新有形产品、新无形产品、新顾客接触服务的开发与设计顾客的合意性，确定创新概念是否是顾客真正需要的，是否解决了顾客的痛点，现行的方案是什么，新概念的优势是什么。确定商业的可行性，方案是否盈利，顾客是否愿意花钱，顾客想通过什么渠道取得这个方案，这个方案为什么顾客会频繁使用，这个方案为什么值得顾客推广，这个方案竞争对手能否复制。确定技术可行性，哪些概念对技术是有挑战的，哪些概念具有风险，是否契合了企业品牌。选择重要程度高又能够预估效果的概念。

（三）企业集成新产品开发与设计共创方式组织

1. 企业集成新产品开发与设计共创虚拟组织和虚拟信息技术

（1）企业集成新产品开发与设计共创虚拟组织。企业集成新产品开发与设计共创是根据集成新产品开发与设计需要，围绕集成新产品开发与设计，由各独立单位形成企业集成新产品开发与设计虚拟组织，组织中的人员进行合作，使企业集成新产品开发与设计顺利运作。企业集成新产品开发与设计虚拟组织需要通过与各独立单位协商，形成开发协议，充分利用各单位的资源进行开发合作；通过网络信息系统，将不同的地区和不同国家各独立单位联系起来，有效进行资源整合，提高开发水平和竞争能力；通过各独立单位资源的互补性，使企业集成新产品开发与设计虚拟组织具有整体优势；通过组织扁平化，改变传统等级链的信息沟通方式，加速信息传递和沟通。由此，企业集成新产品开发与设计虚拟组织具有了敏捷运作能力，能迅速地对市场出现的新产品开发机会做出反应，拥有整合优势，扩充企业集成新产品开发与设计的广度和深度，进行集成新产品创新。企业集成新产品开发与设计虚拟组织与企业集成新产品开发与设计方式有一定的内在联系，科技协作企业集成新产品开发与设计方式、技术引进企业集成新产品开发与设计方式、自行研制与引进相结合企业集成新产品开发与设计方式都可以采用企业集成新产品开发与设计虚拟组织进行集成新产品开发与设计。企业集成新产品开发与设计虚拟组织进行集成开发与设计时，需要建立符合自身特性的组织，一般分为具有集成开发与设计优势的企业集成新产品开发与设计虚拟组织和具有协调优势的企业集成新产品开发与设计虚拟组织。

具有集成开发与设计优势的企业集成新产品开发与设计虚拟组织由于具有集成开发与设计优势，拥有企业集成新产品开发与设计虚拟组织运作的主导地位，是企业集成新产品开发与设计虚拟组织进行运作的引领者。这类企业集成新产品开发与设计虚拟组织可以利用自身的集成开发与设计优势迅捷地寻找市场机会，朝着有利于自身的集成开发与设计优势的市场方向发展，根据企业集成开发与设计对资源的需要，筛选合作单位，负责企业集成新产品开发与设计虚拟组织的构建，制定企业集成新产品开发与设计虚拟组织的运作规则，明确企业集成新产品开发与设计虚拟组织中各独立单位关于集成的研发范围和重点。具有集成开发与设计优势的企业集成新产品开发与设计虚拟组织能够充分发挥集成开发与设计优势，明确自身对企业有利的集成开发与设计范围，合作单位承担其余的集成开发与设计内容，各司其职，通过共同集成开发与设计巩固自身的核心集成研发与设计优势，提升企业集成开发与设计竞争力；能够起主导作用，处理合作单位之间不同的技术标准、集成系统结构要素、集成非结构要素、集成综合要素带来的风险，有效地掌控集成开发与设计进程，促进集成开发与设计成功。具有集成开发与设计优势的企业集成新产品开发与设计虚拟组织组建速度快，整合效果好，始终统一运作；通过合作单位承担非主体的集成开发与设计内容，能够有效管理，提高管理效率，降低开发成本。

具有协调优势的企业集成新产品开发与设计虚拟组织没有集成开发与设计优势，不能拥有企业集成新产品开发与设计虚拟组织运作的主导地位，但具有协调的优势。这种企业集成新产品开发与设计虚拟组织可以利用自身的协调优势及时寻找市场机会，根据企业集成开发与设计时间性要求，进行合作单位的寻求，共同运作企业集成新产品开发与设计虚拟组织，形成企业集成新产品开发与设计虚拟组织运作的机制，明确企业集成新产品开发与设计虚拟组织中各独立单位关于集成设计构思、集成应用技术、集成运营工艺、集成功能的集成开发与设计范围和重点。具有协调优势的企业集成新产品开发与设计虚拟组织能够充分发挥协调优势，将具有不同资源的合作单位协调起来，形成平衡的合作关系；能够针对时间要求强、跨学科多、技术难度大的集成产品进行开发与设计，有利于先进集成产品的开发与设计；需要成立由合作单位组成的协调委员会，应对多方面的管理协调工作，减少内耗成本，形成协作单位相对独立运作的机制。具有协调优势的企业集成新产品开发与设计虚拟组织由于各合作单位只进行各自擅长项目的集成研发与设计，不仅可以提升企业的集成研发与设计能力，还可以扩展企业集成研发与设计能力的作用，提高企业规模经济性，形成整体优化的集成效应；具有协调优势的企业集成新产品开发与设计虚拟组织只对各合作单位所擅长技术增值环节投入，不进行其他环节投资，可以节约合作伙伴单位的资源，整合社会资源；具有协调优势的企业集成新产品开发与设计虚拟组织充分利用各合作单位的核心集成开发与设计能力，使集成开发与设计更具优势，企业价值链更具价值创造能力。通过具有协调优势的企业集成新产品开发与设计虚拟组织向市场提供更多的机会，使企业价值链整体价值最大化的同时，也为顾客创造最大价值，从而增强企业集成开发与设计竞争力，形成了更具竞争力的虚拟价值链。

（2）企业集成新产品开发与设计共创虚拟信息技术。企业集成新产品开发与设计共创虚拟信息技术主要用于企业集成新产品开发与设计数据中心的虚拟。与企业运营管理数据中心相比，企业集成新产品开发与设计虚拟信息技术运用，使虚拟数据中心能够进行数据扁平运作，能够将不同的资源通过虚拟方式整合起来进行运用，使企业集成新产品开发与设计的数据来源更加广泛，数据分析的基础更加牢靠，数据整理、分析和存储的速度更快。企业集成新产品开发与设计的数据中心虚拟运作通过企业集成新产品开发与设计服务器虚拟化、企业集成新产品开发与设计存储虚拟化、企业集成新产品开发与设计网络虚拟化、企业集成新产品开发与设计桌面虚拟化进行虚拟运作。

企业集成新产品开发与设计服务器虚拟化包括寄居虚拟化、裸机虚拟化。寄居虚拟化通过在企业集成新产品开发与设计主机操作系统上安装虚拟机监控器来实现，需要企业集成新产品开发与设计主机操作系统负责在多个虚拟服务器之间分配硬件资源，虚拟服务器必须使用同一操作系统。寄居虚拟化灵活性较差，但本机速度性能比较高，且使用单一标准操作系统，比异构环境容易管理。裸机虚拟化通过在企业集成新产品开发与设计服务器硬件设备中安装虚拟机监控器形成的虚拟操作系统来接受虚拟机需求指令，进行模拟运作，将执行结果返还给客户指定的虚拟系统。裸机虚拟化实现企业集成新产品开发与设计过程中不同虚拟机运行的保护与切换，虚拟多个硬件系统，保证各个虚拟系统的有效隔离。裸机虚拟化会出现自陷，需要通过完全虚拟化技术和半虚拟化技术来解决，使虚拟化运作顺利进行。企业集成新产品开发与设计服务器虚拟化底层通过 CPU 虚拟化、内存虚拟化、I/O 设备虚拟化来实现。CPU 虚拟化的企业集成新产品开发与设计每个客户操作系统可以使用一个或者多个虚拟 CPU，各个操作系统之间虚拟 CPU 相互隔离、独立运作。内存虚拟化将企业集成新产品开发与设计物理内存统一管理，包装成多个虚拟物理内存提供给若干个虚拟机使用，每个虚拟机具有独立的内存空间。I/O 设备虚拟化将企业集成新产品开发与设计真实设备统一管理，包装成多个虚拟设备提供给若干个虚拟机使用，响应每个虚拟机设备的访问需求。

　　企业集成新产品开发与设计存储虚拟化是将企业集成新产品开发与设计存储网络中各个分散且异构的存储设备映射成统一的逻辑存储空间，逻辑存储空间可以跨多个存储子系统，将逻辑存储空间的访问接口提供给应用系统。企业集成新产品开发与设计存储虚拟化通过基于主机的虚拟化、基于存储设备的虚拟化、基于网络存储虚拟化实现。基于主机的虚拟化是企业集成新产品开发与设计虚拟机为物理卷映射到逻辑卷提供一个虚拟层，虚拟机完成数据存储共享、存储资源管理、数据复制和迁移、集群系统远程备份及数据恢复。基于主机的虚拟化不需要任何硬件，虚拟化层作为扩展的驱动模块，以软件的形式嵌入操作系统中，使各种设备有效连接。基于主机的虚拟化是一种性价比较高的方法，但可扩展性差，不支持异构平台。基于存储设备的虚拟化是在企业集成新产品开发与设计存储磁盘、适配器或者控制器上实现虚拟化运作。基于存储设备的虚拟化对系统性能影响比较小，容易管理，但对异构的存储系统效果不好。基于网络存储虚拟化是通过企业集成新产品开发与设计网络设备实现虚拟化。基于网络存储虚拟化易使用，设备便宜，但若主机故障或者主机配置不合适，可能导致访问不被保护的数据。

　　企业集成新产品开发与设计网络虚拟化包括核心层网络虚拟化、接入层网络虚拟化、虚拟机网络虚拟化。核心层网络虚拟化是企业集成新产品开发与设计数据中心核心网络设备虚拟化，使核心层网络具备超大规模的数据交换能力和足够的接入能力，简化设备管理，提高资源利用率，提高交换系统的灵活性和扩展性，为资源的灵活调度和动态伸缩提供支撑。接入层网络虚拟化可以实现企业集成新产品开发与设计数据中心接入层分级设计，支持数据中心各种灵活的部署方式和新的以太网技术。虚拟机网络虚拟化包括物理网卡虚拟化和虚拟网络交换机。物理网卡虚拟化将一个网卡上虚拟出多个逻辑独立的网卡，使每一个网卡具有独立的网址。虚拟网络交换机提供多个网卡的互联，方便不同网卡连接到不同的端口。

　　企业集成新产品开发与设计桌面虚拟化利用虚拟技术，将用户桌面的企业集成新产品开发与设计的镜像文件和数据存放到数据中心，终端用户通过虚拟显示协议访问桌面系统，镜像文件和数据在数据中心进行托管和统一管理。桌面虚拟化允许一台物力硬件安装多个操作系统，可以降低采购成本和运作维护成本，很大程度地提高计算机的安全性和硬件利用率。

制造企业、设计性新兴制造企业、制造性服务企业、新兴服务企业、一般纯服务企业可以通过企业集成新产品开发与设计虚拟组织、企业集成新产品开发与设计虚拟信息技术进行企业集成新产品开发与设计虚拟运作。

2. 企业集成新产品并行工程开发与设计共创和信息并行技术共创

（1）企业集成新产品并行工程开发与设计共创。企业集成新产品并行工程开发与设计共创是将企业销售模块价值链流程活动、仓储模块价值链流程活动、制造模块价值链流程活动、开发模块价值链流程活动、设计模块价值链流程活动、采购模块价值链流程活动并行集成起来进行集成研发与设计。独立企业集成新产品开发与设计方式、科技协作企业集成新产品开发与设计方式、技术引进企业集成新产品开发与设计方式、自行研制与引进相结合企业集成新产品开发与设计方式都可以进行企业集成新产品并行工程开发与设计。

企业集成新产品并行工程开发与设计共创是对集成产品及其相关过程进行并行设计的系统化运作方式。采取这种方式的目的是使开发者们开始就考虑集成产品开发与设计的所有关键因素，根据企业集成设计构思、集成应用技术、集成运营工艺、集成功能这些因素进行并行集成开发与设计。企业集成新产品并行工程开发与设计打破集成开发与设计过程的前后顺序关系，集成开发与设计人员、运营过程、维修、销售、市场营销人员等组成一个多专业开发组协同工作。这种方式的信息流动是双向或多向，而不是单向流动，使集成开发与设计过程纵横交错，使产品设计阶段尽可能消除不必要的重复劳动，缩短开发周期，提高创新效率。

企业集成新产品并行工程开发与设计共创重视用户的要求，全面考虑整个集成产品运作，对集成产品开发与设计过程进行管理。企业集成新产品并行工程开发与设计新产品时，集成新产品开发与设计团队协同工作，同时进行集成新产品开发与设计的各个方面，职责和权利共享，运营活动和其他职能活动成员不会等到集成新产品开发与设计完成才参与进来，而是一直和集成新产品开发与设计师紧密配合完成集成新产品开发与设计和过程处理，增强集成新产品开发与设计的可运营性，降低成本。为了更好地转化新产品、销售新产品、配送新产品及售后服务，企业集成新产品并行工程开发与设计全面考虑集成新产品开发与设计、制造、销售、服务等信息需求。

企业集成新产品并行工程开发与设计共创强调集成产品开发与设计与运营工艺工程设计、运营技术准备、采购、运营等各种活动并行交叉进行。企业集成新产品并行工程开发与设计强调各种活动并行交叉，不能违反集成新产品开发与设计过程必要的规律，不能取消或超越任何一个必经的阶段，而是企业集成新产品并行工程开发与设计在企业集成新产品开发与设计活动中应充分考虑整个产品的各个子模块，找出它们之间的规律，尽量并行交叉进行。并行设计，利用计算机仿真技术等系列工具，有序地进行产品开发，使各种不同阶段的问题综合解决。

（2）企业集成新产品开发与设计的信息并行技术共创。企业集成新产品开发与设计的信息并行技术共创主要体现在分布式编程，用来改变通过 CPU 性能改观来提升程序运行性能的做法，使分布式程序能够运行在企业集成新产品开发与设计大规模计算机集群上，集群中包括大量廉价服务器，可以并行执行大规模数据处理任务，从而获得海量的计算能力。

制造企业、设计性新兴制造企业、制造性服务企业、新兴服务企业、一般纯服务企业可以通过企业集成新产品并行工程开发与设计、企业集成新产品开发与设计的信息并行技术进行企业集成新产品开发与设计的并行运作。

3. 企业集成新产品开发与设计共创团队

企业集成新产品开发与设计共创团队是知识过程团队，对于集成新产品开发与设计工作的稳定进行有着重要作用。运用这些组织时，需要结合各自的特性进行运作。集成新产品开发与设计过程团队适合纯技术的研发工作，对于企业时间紧、项目重要的研发项目，主要进行集成新产品研发与设计工作的本身，运用这种组织更能反映集成新产品研发与设计的特性。集成新产品开发与设计水平型团队适合需要统一运作的集成新产品开发与设计工作，对于企业需要平衡各方面的关系，需要统一运作的集成新产品开发与设计项目，主要进行协调工作的本身，运用这种组织更能反映协调的特性。集成新产品开发与设计知识过程团队适合于前沿的集成新产品开发与设计工作，对于企业及时需要的前沿研发项目，主要进行前沿研发工作的本身，运用这种组织不但能够进行研发工作，还能够有研究的支撑，更能反映前沿研发的特性。企业集成新产品开发与设计共创团队成员是企业自身团队的成员和外部成员，这些成员包括顾客、专业人员、专家教授、意见领袖、艺术家。顾客是企业集成开发与设计需要满足的对象；专业人员是对产品设计具有实际操作能力的人员；专家教授是对此领域具有专业才能的人员；意见领袖核心顾客，对企业集成开发与设计有着重要影响；艺术家是不按常理出牌的人员，可能会带来偶然的创意。

制造企业、设计性新兴制造企业、制造性服务企业、新兴服务企业、一般纯服务企业可以进行企业集成新产品开发与设计团队构建，使企业集成新产品开发与设计具有组织基础。

第三节　企业集成新产品开发与设计流程

一、企业集成新产品开发与设计流程构成

企业集成开发与设计流程的延迟策略和强化延迟策略运作具体体现为以有形和无

形产品、有形和无形产品组成部分、模块品目的 MBD、系统、容差的实体设计目标为导向，以基于模型的系统工程 MBSE、基于模型的信息物理系统制造流程 MBM、基于模型的维护与维修 MBS、基于模型的供应链或者服务链流程的流程设计目标为导向，以基于模型的信息物理系统顾客接触服务流程 MBM 的顾客接触服务流程设计为导向，进行集成新产品开发与设计流程模块单元运作。企业集成开发与设计流程包括具体通用模块单元、具体专用模块单元、具体模块单元、联合通用模块单元、联合专用模块单元、联合模块单元的运作。企业集成新产品开发与设计模块单元以顾客驱动为引导，与顾客共同进行实体设计和服务流程设计，从而共创价值。进行顾客接触服务流程设计中，以服务样式功能、服务质量功能、服务数量功能、服务瞬时功能、顾客感知功能、服务价格功能为依据，进行顾客接触场内员工服务流程、场内设备服务流程、场外设备服务流程、场外点子服务流程设计，使顾客接触服务流程进行员工、设备、电子设备与顾客互动，进行员工、设备、电子设备细致服务，顾客得到优质服务体验。由此，实体设计、流程设计、顾客接触服务流程设计按照企业集成开发与设计模块单元延迟策略和强化延迟策略要求展开和进行运作。

企业集成开发与设计模块单元的顾客驱动表现为同一层次的模块单元运作顺序为专用模块单元、通用模块单元，不同层次模块单元的运作顺序为联合模块单元、具体模块单元。顾客驱动的作业流程的延迟策略和强化延迟策略运作先由联合模块单元的专用模块单元进行延迟策略和强化延迟策略驱动，经过联合模块单元的通用模块单元模块组模块单元，经过具体模块单元的专用模块单元延迟直到具体模块单元的通用模块单元。顾客驱动的作业时间的延迟策略运作对联合模块单元、具体模块单元中的通用模块单元提前运作，体现专用模块单元的延迟策略运作。

企业集成开发与设计模块单元精益运作具体体现为后拉动运作需要按照顾客需求的拉动集成开发与设计模块单元流程运作来体现，以有形和无形产品、模块品目的 MBD 模型、系统和容差实体设计目标为导向，以基于模型的系统工程 MBSE、基于模型的信息物理系统制造流程 MBM、基于模型的维护与维修 MBS、基于模型的供应链或者服务链流程的流程设计目标为导向，以基于模型的信息物理系统顾客接触服务流程 MBM 的顾客接触服务流程设计为导向，进行模块单元后拉动流程运作、后拉动价值运作。顾客需求拉动的模块单元运作体现为同一层次的模块单元后拉动顺序为专用模块单元、通用模块单元，不同层次模块单元的后拉动顺序为联合模块单元、具体模块单元。进行企业集成新产品开发与设计模块单元单一流流程运作，具体运作时采用一般单一流流程、交叉单一流流程，是一种反映后可拉动流程和后拉动价值运作的开发与设计基本单元，具有自我灵活性强和适应性强的特性，能够根据顾客需求的改变迅速改变模块单元。

企业集成新产品开发与设计模块单元融入智能链接运营流程、智能分析运营流程、智能网络运营流程、智能认知运营流程、智能配置与执行运营流程设计，融入设备监督学习、设备无监督学习、设备半监督学习、设备深度学习、设备集成学习到设备强化学习，使集成新产品开发与设计模块单元进行智能视觉运作、智能听觉运作、智能嗅觉运作、智能语言运作、智能动作运作。通过 MBD 信息平台来实现企业集成开发与设计模块单元延迟策略和强化延迟策略、后拉动流程运作、后拉动价值、智能运作。

二、企业集成新产品开发与设计创意形成和体现

（一）企业集成新产品开发与设计创意源泉与开发

企业集成新产品开发与设计从创意开始，创意分为有形产品创意和无形产品创意。有形产品创意源泉来自于有形产品功能、有形产品使用方式、有形产品感官方式、有形产品使用范围、有形产品材料、有形产品不同的配方、有形产品内在运作这些创意或者视角；无形产品创意源泉来自于信息类无形产品的功能、无形产品各类信息要素、无形产品信息要素综合、无形产品整体运作方式、无形产品使用范围、无形产品内在运作，非信息类无形产品的各类要素、无形产品要素综合、无形产品使用方式、无形产品使用范围、无形产品内在运作。

企业集成新产品开发与设计创意或来源于企业自身，或来源于供应链或者服务链中人员，包括顾客、企业自身、供应商、经销商、员工、维护修理人员、竞争对手，或来源于其他人员和其他途径。一种常见的方法是通过包括来自外部的资源、现有的或新的合作伙伴、供应商和带来资源的客户以富有成效的方式开发与设计新产品（Henneberg & Gruber，2013）。

企业集成新产品开发与设计创意分析的一般程序是进行详细的顾客需求调研和分析基础上形成创意。企业可以通过自身对顾客需求的界定，直接形成创意。按照创意分析的一般程序进行市场调研，能深入地了解顾客需求，但这种调研花费的成本较大，且顾客需求的随意性对调研的结果产生影响。直接形成创意通过自身对顾客需求的理解获取顾客需求信息，以替代或补充标准的顾客需求调研方法。可以根据实际销售情况获取顾客需求信息，然后迅速调整企业集成新产品开发与设计的产品结构，而企业自身又有企业集成新产品开发与设计速度和柔性运作保证，因而这种调研的方式的成果显著。直接形成创意从顾客需求研究出发，认为顾客行为是最大变数，因为很多时候顾客对自身需求没有明确目标，目标经常变化；从企业而言，了解顾客难度大、成本高，对新产品更是如此，这样的双方行为决定了顾客需求经常出错，成本大是一方面，更重要的是经常出错对企业是无法容忍的，解决的方法是有目的地直接形成创意。

顾客画像方法最早由交互设计之父艾兰·库珀提出，艾兰·库珀认为顾客画像是真实顾客的虚拟体现，是建立真实数据基础之上的目标顾客模型。企业有形产品、无形产品、顾客接触服务开发与设计可以运用顾客画像方法反映顾客需求。顾客画像针对有形产品、无形产品、顾客接触服务的顾客需求进行开发与设计，使有形产品、无形产品、顾客接触服务具备具体的形象化特征。顾客画像方法运用顾客标签来表达有形产品、无形产品、顾客接触服务的顾客基本属性、行为倾向、兴趣偏好的特征标识；

顾客数据的实时跟进，使顾客标签需要根据动态的数据进行更新，以保持顾客画像的完整性和准确性。

运用顾客画像方法进行有形产品、无形产品、顾客接触服务开发与设计步骤包括：

（1）顾客有形产品、无形产品、顾客接触服务数据的收集。这是顾客画像方法的基础，顾客有形产品、无形产品、顾客接触服务数据越全面、越准确，顾客画像的描述就越接近于真实顾客。收集有形产品、无形产品、顾客接触服务不同状态下的数据；收集移动互联网、物联网、大数据不同来源的有形产品、无形产品、顾客接触服务数据；收集有形产品、无形产品、顾客接触服务多描述性数据；收集不同类型和不同特征有形产品、无形产品、顾客接触服务数据高维异构数据。通过多种特征类型的数据从多个维度对顾客进行刻画（高广尚，2019）。这些有形产品、无形产品、顾客接触服务数据中包括显性行为数据、隐性行为数据、顾客信息数据、顾客交易数据、顾客感知数据。只有这样收集有形产品、无形产品、顾客接触服务数据，数据才能够全面。顾客有形产品、无形产品、顾客接触服务数据的收集可以采用数据收集程序、数据收集软件、深度访谈方法进行。通过这样的有形产品、无形产品、顾客接触服务数据收集既能够收集到顾客共性数据，也可以收集到反映顾客个性的数据。用户画像构建时是以用户兴趣、偏好等用户数据为基础的（徐芳和应洁茹，2020）。

（2）顾客有形产品、无形产品、顾客接触服务数据挖掘与过滤。顾客数据挖掘及过滤是顾客画像方法的核心。顾客画像可以通过收集到的数据，挖掘顾客数据之间的关系。可以采用聚类分析方法，对有形产品、无形产品、顾客接触服务特性的个体进行分类，将有形产品、无形产品、顾客接触服务数据分成外部差异性大但群组内部相似度高的群组。采用 K – means 聚类方法以明确区分有形产品、无形产品、顾客接触服务特性；采用模糊聚类分析方法使有形产品、无形产品、顾客接触服务每个样本以一定的隶属度属于某个聚类，能更准确地描述出样本的真实分布，获得更好的聚类效果；采用 FCM 算法可以快捷处理有形产品、无形产品、顾客接触服务大数据集，得到最优聚类效果。可以采用数据挖掘方法从大量的有形产品、无形产品、顾客接触服务数据中筛选隐藏数据，发掘了表面上复杂无序信息的联系，揭示有形产品、无形产品、顾客接触服务特性规律。

（3）顾客有形产品、无形产品、顾客接触服务标签的提取及重组。顾客标签是反映具体顾客需求的表现形式，顾客标签的提取与重组是顾客画像方法的结果，直接影响顾客画像结果准确性。顾客有形产品标签由具体顾客 + 有形产品具体的品种款式功能、质量功能、数量功能、交货期功能、价格功能构成；顾客无形产品标签由具体顾客 + 无形产品具体的品种款式功能、质量功能、数量功能、交货期功能、价格功能构成；顾客接触服务标签由具体顾客 + 场内员工和设备服务、场外设备和电子服务的具体服务样式功能、服务质量功能、服务数量功能、服务瞬时功能、顾客感知功能、服务价格功能构成。

根据顾客有形产品、无形产品、顾客接触服务数据挖掘与过滤分析，进行顾客有形产品、无形产品、顾客接触服务标签的提取及重组。顾客标签是对目标顾客的有形产品、无形产品、顾客接触服务特性的体现，顾客有形产品、无形产品的标签提取与重组就是提取具体的品种款式功能、质量功能、数量功能、交货期功能、价格功能和产品功能重组；顾客接触服务标签提取就是提取具体的场内员工和设备服务、场外设备和电子服务的具体服务样式功能、服务质量功能、服务数量功能、服务瞬时功能、顾客感知功能、服务价格功能和服务功能重组。由此得到具体顾客的有形产品、无形产品的品种款式功能、质量功能、数量功能、交货期功能、价格功能特性，得到顾客接触服务的场内员工和设备服务、场外设备和电子服务的具体服务样式功能、服务质量功能、服务数量功能、服务瞬时功能、顾客感知功能、服务价格功能和服务功能特性。这样企业开发与设计有形产品、无形产品、顾客接触服务就有了依据。

门径管理是企业集成开发与设计的方法，这一方法在20世纪80年代由加拿大教授罗勃特·库珀率先提出，通过库珀和其他学者共同研究，成为较为成熟的方法。门径管理理论的核心是门径，将企业集成开发与设计分为不同的阶段，每一个阶段通过门径联系起来，这些过程能够进行运作的前提是门径需要进行检验，符合要求才能够进行下一阶段的流程。

门径管理的中心是门径的确立，门径确立原则是从顾客需求出发进行确定。企业集成开发与设计的门径确立满足顾客需求的有形产品、无形产品的 MBD 和系统、容差设计，这一门径是顾客需求的有形产品、无形产品门径；需要设计延迟策略和强化延迟策略、后拉动流程、后拉动价值、智能运作的实现有形产品和无形产品的企业集成运营管理流程门径设计；需要设计顾客接触服务流程，按照顾客接触场内员工服务、场内设备服务、场外设备服务、场外电子服务流程的顾客接触要求，达到员工、设备、电子设备与顾客互动，达到员工、设备、电子设备细致服务，达到顾客优质服务体验的门径设计。这些设计都是企业集成开发与设计需要符合顾客需求的门径设计。企业集成开发与设计自身的门径设计需要价值流设备，这是企业集成开发与设计流程价值设计门径；企业集成开发与设计自身的延迟策略和强化延迟策略、后拉动流程、后拉动价值、智能运作设计，这是流程自身的门径设计。将这些门径运用到企业集成开发与设计流程之中，形成门径约束的企业集成开发与设计流程。

企业集成开发与设计门径管理优势包括：将门径管理和风险管理结合起来，按照风险管理要求进行价值创造，将集成开发与设计的每一段流程都有关卡作为决策点，对关卡进行分析和评价，根据门径进行筛选，淘汰风险高的部分，使企业资源充分运用到顾客需求的有形产品、无形产品和实现、顾客接触服务流程；门径管理按照企业集成开发与设计对象和自身的企业集成战略要求进行运作，使企业集成运营流程延迟策略和强化延迟策略、后拉动流程、后拉动价值、智能运作落实下来；按照一体的有形产品、无形产品和实现、顾客接触服务流程进行企业集成开发与设计门径管理运作，提高企业集成开发与设计整体质量运作；缩短了开发周期，使企业集成开发与设计流程高效运作。门径管理不是企业集成开发与设计流程自身团队就能够进行的，需要企业集成基本运营流程团队、辅助团队、支撑团队、核心团队、管理团队多类型团队的进入，形成多团队综合优势，促进企业集成开发与设计流程的全面进行。

创意的形成需要从顾客开始进行。典型顾客是虚拟的，但它背后的动机和需求是真实的。典型顾客越具体、特征越详细，终极顾客的形象就会越清晰、越真实。典型顾客可以进行数据分析和属性排序，从顾客画像的数据中提取产品使用频率、使用强度、市场规模、年收入等数据，将其余顾客相关的因素整合、排序。重点关注顾客行为习惯背后的目的和动机。定义典型顾客，借助研究中观察的数据，补充和合成典型顾客。典型用户应当有用户身份，关注用户行为习惯，最重要的是顾客想要的产品或者服务达到什么目的。创建档案，档案包括姓名、文化背景、对产品或者服务的需求与期望、使用产品或者服务主要目标、能力和经验、对产品或者服务使用习惯的看法。

同理心地图在准备打造新产品时需要对顾客的一些信息包括需求、心理、行为与期望进行同理分析，使产品符合顾客需求。同理心地图通过多维度所想、所感、所听、所看、所说，描述更加生动的顾客形象，便于跨领域团队建立对目标顾客的同理心，从中得到意想不到的观察。同理心地图包括顾客的想法或者感觉、顾客听到了什么、顾客看到了什么、顾客说了什么、顾客的烦恼与痛苦、顾客真正想要的东西与价值。同理心地图和典型顾客可以搭配使用。

影子计划伴随着顾客进行观察，是对顾客的结构化观察，通过顾客使用默写产品时的情绪、肢体语言、节奏、行为模式和时间信息来全面了解顾客。AEIOU 使用 A 活动、E 环境、I 互动、O 物品、U 用户进行顾客活动描述。

基于模型定义设计 MBD 信息平台可以促进创意方式的开展，迅速形成企业集成新产品开发与设计创意。基于模型定义设计 MBD 信息平台能真实地进行顾客需求相关信息的采集，对顾客上网过程中浏览数据的类别、上网时间段分布、顾客在网上公开的个人信息等数据进行收集，这样对顾客随时产生数据都能够进行收集，收集的数据非常广。针对这些线上数据的集合，对数据库中现有数据进行加工和信息分析，迅速得出顾客需求。

制造企业、设计性新兴制造企业、制造性服务企业、新兴服务企业、一般纯服务企业进行企业集成新产品开发与设计时都需要创意的开发。

（二）企业集成新产品开发与设计创意通过基于模型定义设计 MBD 来表现

企业集成新产品开发与设计通过基于模型定义设计 MBD 信息平台体现产品具体表现形式。基于模型定义设计 MBD 信息平台智能进行产品设计模型 MBD 选择、系统和容差设计。成功产品设计的关键是更好地了解客户需求，并有效地将客户需求转换为设计参数。随着客户需求多样化的趋势、新产品的快速推出，以及缩短的交货时间，有越来越多的需求需要加快从客户需求映射到设计参数（Wang，2018）。

制造企业、设计性新兴制造企业、一般制造性服务企业、简单加工制造性服务企业、有形产品新兴服务企业、有形产品和无形产品新兴服务企业产品设计 MBD 实现信息平台智能采用有形产品几何模型、有形产品原理模型来进行有形产品几何设计；进行有形产品几何模型系统和容差的零件几何形状和容差设计、部件几何联系和容差设计、产品几何联系和容差设计，进行有形产品原理模型系统和容差的原料或者中间品和原料或者中间品容差设计、产品和产品容差设计。

无形产品新兴服务企业产品设计 MBD 实现信息平台智能采用无形产品信息原理模型进行无形产品设计；进行无形产品信息原理模型系统和容差的软件模块系统和容差设计、软件数据结构系统和容差设计、软件接口系统和容差设计、模块与软件数据结构和软件接口综合系统和容差设计。

无形产品新兴服务企业、一般纯服务企业产品设计 MBD 实现信息平台智能采用无形产品非信息原理模型进行无形产品设计；进行无形产品非信息原理模型系统和容差的无形产品要素系统和要素容差设计、无形产品部分联系系统和容差设计、无形产品整体联系系统和容差设计。

三、企业集成新产品开发与设计基于模型定义设计 MBD 筛选

（一）选择出可行性较高基于模型定义设计 MBD

1. 基于模型定义设计 MBD 是否符合企业集成战略要求

企业集成新产品开发与设计基于模型定义设计 MBD 需要按照基本运营过程的企业集成战略要求进行运作，需要体现适时智能运营具体模块单元、适时智能运营联合模块单元、适时智能运营模块组模块单元、适时智能运营总作业模块单元的流程运作。

制造企业、设计性新兴制造企业基于模型定义设计 MBD 需要按照企业集成战略的要求，体现适时智能制造具体模块单元、适时智能制造联合模块单元、适时智能制造模块组模块单元、适时智能制造总作业模块单元的流程运作。制造性服务企业、新兴服务企业、一般纯服务企业基于模型定义设计 MBD 需要按照企业集成战略的要求，体现适时智能服务具体模块单元、适时智能服务联合模块单元、适时智能服务模块组模块单元、适时智能服务总作业模块单元的流程运作。

2. 基于模型定义设计 MBD 是否符合集成产品设计及实现的要求

企业集成新产品开发与设计基于模型定义设计 MBD 无论是有形产品还是无形产品，新产品设计中的系统和容差设计是按照顾客的需求进行设计，从而体现了企业运营管理系统的创新、弹性、继承性、质量、价值方面功能对顾客需求满足的程度。由此需要企业的开发与设计人员能够与顾客交流，明确顾客的真实需求，将顾客的需求落实到产品设计中的系统和容差设计中来。

企业集成新产品开发与设计基于模型定义设计 MBD 需要符合可视化要求。基于模型定义设计 MBD 信息平台将产品的数据输入工程师设计好的系统中，得出图形化的结果以供设计师参考。这种图形需要具有能完全体现基于模型定义设计 MBD 特征的可视化形式。

按照满足顾客需求的新产品的系统和容差设计进行基本运营活动，实现有形和无形新产品运作，将企业运营管理系统的创新、弹性、继承性、质量、按期交货、价值方面功能落到实处；由此需要企业的开发与设计人员能够与运营基本流程人员交流，明确有形产品和无形产品设计能够通过运营活动进行运作。

精益开发与设计需要及时反映出顾客的需求，按照顾客的情趣进行开发与设计，按照顾客的需求进行新产品的迭代，使开发与设计的新产品完全符合顾客的需求，完全按照顾客的需求进行开发与设计。

制造企业、设计性新兴制造企业、制造性服务企业、新兴服务企业、一般纯服务企业基于模型定义设计 MBD 按照集成产品设计及实现的要求进行运作。

（二）企业集成新产品开发与设计创意通过基于模型定义设计 MBD 的 MBSE 验证

企业集成新产品开发与设计基于模型定义设计 MBD 符合可行性要求后就需要进行 MBSE 的验证。需要从需求驱动的产品定义出发，将顾客需求转化为集成有形新产品和集成无形新产品的功能，再将集成新产品功能转化为运营管理系统功能，反映企业对顾客满足的程度。根据已有的企业集成新产品开发与设计基于模型定义设计 MBD 进行仿真和分析，将 CAE 与 CAD 完全集成于基于模型定义设计 MBD 信息平台中，进行仿真验证，使有形新产品和集成无形新产品符合验证要求。针对有形和无形新产品模型系统设计进行试验，使有形和无形新产品符合试验要求。

制造企业、设计性新兴制造企业、制造性服务企业、新兴服务企业、一般纯服务企业基于模型定义设计 MBD 都需要通过 MBSE 验证。

四、企业集成运营模块品目结构和运营模块单元开发与设计

（一）企业集成运营模块品目结构

企业集成运营模块品目结构是企业进行集成运营流程运作中，需要建立以模块品目为基础的结构，以这一结构为基础，展开企业集成运营流程的运作。企业集成运营模块品目结构特点如下：

1. 企业集成运营模块品目结构是实体构成的反映

企业集成运营模块品目结构是按照实体构成的要求体现，需要按照实体构成隶属性要求构建。实体构成的基本体现是隶属关系的唯一性要求，这一要求使模块品目结构与实体构成之间有了明确的运作联系，使模块品目结构能够按照这一明确的构成要求进行运作。模块品目结构通过分层来体现不同级别的模块品目的运作，模块品目结构分层能将模块品目结构的体现更加全面。无论模块品目结构的复杂与否，模块品目结构的唯一隶属性和分层运作都能够促使模块品目结构流畅地进行运作。

与企业集成新产品结构类似，企业集成运营模块品目具有几何和原理模型和模型的设计。企业集成新产品开发与设计模块品目几何模型具有几何形状，通过企业集成

基本运营流程的物理转化成为具有几何形状的集成模块品目表现模型。集成有形产品原理模型通过企业集成基本运营流程的化学转化成为模块品目的集成模块品目表现模型。集成模块品目几何模型系统和容差设计包括模块品目几何形状、功能系统和容差设计。集成模块品目原理模型系统和容差设计包括模块品目外在、性能系统和容差设计。

2. 企业集成运营模块品目结构按照模块单元运作要求构成

企业集成运营模块品目结构依据企业集成运营流程模块单元运作要求构建。企业集成运营流程模块单元为运营具体模块单元、运营联合模块单元、运营模块组模块单元、运营总作业模块单元，企业集成运营模块品目结构需要按照这些模块单元的要求进行模块品目结构构建，形成模块品目清单。企业集成运营模块品目结构包括运营具体模块单元模块品目结构、运营联合模块单元模块品目结构、运营模块组模块单元模块品目结构、运营总作业模块单元模块品目结构。企业集成运营模块品目结构表明总模块品目结构由哪些子项模块品目结构组成，总模块品目结构与子项模块品目结构的隶属关系，总模块品目结构中模块品目数量与子项模块品目结构中模块品目数量；运营具体模块单元模块品目结构表明运营具体模块单元模块品目结构由哪些模块品目组成，运营具体模块单元模块品目结构中模块品目隶属关系，运营具体模块单元模块品目数量；运营联合模块单元模块品目结构表明运营联合模块单元模块品目结构由哪些模块品目组成，运营联合模块单元模块品目结构中模块品目隶属关系，运营联合模块单元模块品目数量；运营模块组模块单元模块品目结构表明运营模块组模块单元模块品目结构由哪些模块品目组成，运营模块组模块单元模块品目结构中模块品目隶属关系，运营模块组模块单元模块品目数量；运营总作业模块单元模块品目结构表明运营总作业模块单元模块品目结构由哪些子项模块品目组成，运营总作业模块单元模块品目结构中模块品目隶属关系，运营总作业模块单元模块品目数量。

3. 企业集成运营模块品目结构最终的归结点是产品

企业集成运营模块品目结构依据企业集成运营流程模块单元构建，需要按照模块单元运作最终归结点的要求体现到产品构成中去。企业集成运营模块品目结构需要在模块单元运作基础上，按照产品构成的要求，建立模块品目结构与新产品构成的内在联系，形成产品唯一隶属性和分层运作的模块品目结构。

4. 企业集成运营模块品目是企业集成计划的直接对象

企业集成计划针对企业集成运营流程的具体组成部分进行运作，需要进行企业集成运营模块品目企业集成计划运作。只有这样，企业集成计划才能够真正符合企业集成运营流程运作的要求，才能将企业集成计划落到实处。

企业集成运营模块品目结构需要在模型定义设计 MBD 信息平台完成，通过这一平台将建立的模块品目结构按照企业集成新产品开发与设计模块品目结构、运营具体模块单元模块品目结构、运营联合模块单元模块品目结构、运营模块组模块单元模块品目结构、运营总作业模块单元模块品目结构的方式展开，明确模块品目结构中组成部分的联系和模块品目的数量。

制造企业、设计性新兴制造企业、制造性服务企业进行企业集成新产品开发与设计时，需要建立企业集成运营模块品目结构，通过模型定义设计 MBD 信息平台完成模块品目结构构建和展示。

（二）企业集成运营模块单元开发与设计

企业集成运营模块在流程中一般以模块单元来进行运作，模块单元是可组合成系统、具有某种功能和接口结构、典型的独立单元，模块单元是流程运作的最基本单元。

1. 企业集成运营模块单元运作是企业集成运营流程的体现

企业集成运营模块单元是依据企业集成运营流程来建立的，包括企业运营具体模块单元、企业运营联合模块单元、企业运营模块组模块单元、企业运营总作业模块单元。企业集成运营流程是企业集成转化过程，是反映企业特性和实际的集成基本运营流程，企业特性和实际不同，其集成运营流程也不同。通过模块单元反映企业集成基本运营流程是将企业集成转化过程模块化运作的体现。与一般企业基本运营流程不同，模块单元运作需要将企业集成基本运营流程按照模块单元运作的要求，重新进行集成基本运营流程划分，形成模块单元运作的企业集成基本运营流程，构成企业集成运营流程的基本运作单元。顾客接触的模块单元设计是按照顾客接触场内员工服务、场内设备服务、场外设备服务、场外电子服务流程的模块单元进行开发与设计。

2. 企业集成运营模块单元要体现企业集成战略和协同运作

企业集成运营模块单元组成制造或者服务流程的运作单元。模块单元中的通用部分体现企业集成战略中的价值战略，模块单元中的专用部分体现为顾客差异化战略，模块单元中的链接部分将体现不同战略的模块链接起来，形成企业集成运营流程。企业集成运营流程中最基本的是企业集成基本运营流程。企业集成基本运营流程包括企业运营具体模块单元集成基本运营流程、企业运营联合模块单元集成基本运营流程、企业运营模块组模块单元集成基本运营流程、企业运营总作业模块单元集成基本运营流程。将精益和智能运作融入企业集成基本运营流程，从而形成企业精益智能运营具体模块单元集成基本运营流程、企业精益智能运营联合模块单元集成基本运营流程、企业精益智能运营模块组模块单元集成基本运营流程、企业精益智能运营总作业模块单元集成基本运营流程。基于模块化的制造方法特别流程模块化可以提高大规模定制能力，是大规模定制强大的推动者（Modrak & Soltysova，2018）。满足各种微结构的需求建立了模块化智能装配系统，解决了当组装对象改变时可扩展性差、缺乏灵活性和响应性的问题，这在智能组装系统中是普遍存在的（Shao，2018）。顾客接触的模块单元设计按照顾客接触场内员工服务、场内设备服务、场外设备服务、场外电子服务流程的模块单元运作，体现企业集成战略和协同运作。

3. 企业集成运营模块单元运作的终点是产品

企业集成运营模块单元的集成基本运营流程运作以产品为终点。模块单元按照企业运营具体模块单元集成基本运营流程、企业运营联合模块单元集成基本运营流程、企业运营模块组模块单元集成基本运营流程、企业运营总作业模块单元集成基本运营流程。这些企业集成基本运营流程开始进行模块品目运作，最终形成新产品。企业集成供应链或者服务链围绕模块品目和新产品运作。

4. 企业集成运营模块单元按照企业集成原理进行运作

企业集成运营模块单元的集成基本运营流程运作过程中，需要按照相似原理、重用原理、系统整体进行运作。需要从模块单元的集成基本运营流程的空间布置和连续运作中，找寻模块单元的集成基本运营流程相似部分，将相似的部分进行聚类，形成相似聚类的运作；需要对模块单元的集成基本运营流程进行重组，使模块单元的通用部分、专用部分、链接部分能够进行动态的组合，动态进行运作；需要将模块单元的集成基本运营流程作为一个整体系统的运作过程，进行模块单元的整体运作。顾客接触的模块单元设计是按照顾客接触场内员工服务、场内设备服务、场外设备服务、场外电子服务流程的模块单元运作，体现企业集成原理。

企业集成运营模块单元开发与设计通过企业智能集成运营流程 MBE 信息平台构建，企业智能集成运营流程信息平台需要建立企业运营具体模块单元、企业运营联合模块单元、企业运营模块组模块单元、企业运营总作业模块单元，通过平台展示出来。

制造企业、设计性新兴制造企业、制造性服务企业、新兴服务企业、一般纯服务企业都需要进行企业集成运营模块单元构建，通过企业智能集成运营流程 MBE 信息平台建立和展示。

（三）企业集成运营模块品目结构和模块单元集成开发与设计步骤

1. 企业集成运营模块品目结构构建

企业集成运营模块品目结构和单元集成开发与设计首先需要进行企业模块品目构建，完成模块品目结构构建，形成模块品目清单。企业集成运营模块品目结构包括运营具体模块单元模块品目结构、运营联合模块单元模块品目结构、运营模块组模块单元模块品目结构、运营总作业模块单元模块品目结构，使模块单元具备运作的基础。

企业集成运营模块品目结构需要通过模型定义设计 MBD 信息平台构建和展示，通过模型定义设计 MBD 信息平台展示企业集成新产品开发与设计模块品目结构、运营具体模块单元模块品目结构、运营联合模块单元模块品目结构、运营模块组模块单元模块品目结构、运营总作业模块单元模块品目结构中组成部分的联系，模块品目的数量。

2. 企业集成运营模块单元的模块品目型谱制定

企业集成运营模块单元的模块品目运作以产品族为出发点进行运作，产品族是企业集成新产品开发与设计对象。模块单元的模块品目型谱需要明确产品族的类别范围，需要明确一定的产品族类别范围下的模块品目类别范围。模块品目类别范围一般以产品族下的高层级模块品目类别作为范围确定的基础。因而，企业集成运营模块单元的模块品目型谱制定实际上是确定产品族和高层级模块品目类别范围。产品族和高层级模块品目类别范围越宽，模块单元的模块品目型谱就越宽，反之亦然。一般越宽的模块单元的模块品目型谱对应的模块单元运作的基础就越厚实。

企业需要构建企业集成 MBE 信息平台、基于模型定义设计 MBD 信息平台、企业智能集成运营流程 MBE 信息平台。建立基于模型定义设计 MBD 信息平台、企业智能集成运营流程 MBE 信息平台之间的联系，在企业智能集成运营流程 MBE 信息平台中确认企业集成运营模块单元的模块品目型谱。

3. 企业集成运营模块单元和模块品目密度确定

企业集成运营模块单元和模块品目密度是同一层模块单元和模块单元内模块品目的数量。企业集成运营模块单元密度包括模块单元密度、模块单元通用部分密度、模块单元专用部分密度、模块单元链接部分密度。企业集成新产品开发与设计模块品目密度包括模块单元模块品目密度、模块单元通用部分模块品目密度、模块单元专用部分模块品目密度、模块单元链接部分模块品目密度。同一层模块单元和模块单元内模块品目的数量越大，模块单元和模块品目密度就越大。企业集成运营模块单元和模块品目密度越大，运作效率越高，但模块单元和模块品目运作控制难度就越大；企业集成运营模块单元和模块品目密度越小，运作效率越低，但模块单元和模块品目运作控制难度就越小。企业集成新产品开发与设计应选择合适的模块单元和模块品目密度。

企业需要通过企业智能集成运营流程 MBE 信息平台确认企业集成运营模块单元和模块品目密度，由此密度确定出企业模块单元的层次和同一层次模块单元的模块品目数量。

4. 企业集成运营再运营模块单元

企业集成运营再运营模块单元是指企业再运营时需要按照模块单元运作的要求进行，使再运营具备与企业集成基本运营流程融入的模块单元条件，为进入企业集成基本运营流程打下基础。将在运营融入企业集成基本运营流程时，需要按照原有的企业集成基本运营流程确定的模块单元的模块品目型谱和模块单元和模块品目密度进行再运营模块单元运作，使再运营模块单元成为企业集成基本运营流程模块单元的一部分。

企业需要通过企业智能集成运营流程 MBE 信息平台确认企业集成新产品开发与设计再运营模块单元，明确与企业集成新产品开发与设计再运营模块单元接口的企业集成基本运营流程模块单元，建立企业集成新产品开发与设计再运营模块单元与企业集成基本运营流程模块单元的联系。

5. 企业集成供应链或者服务链开发与设计

企业集成供应链或者服务链需要按照企业集成基本运营流程模块单元的运作要求进行运作，围绕企业运营具体模块单元、企业运营联合模块单元、企业运营模块组模块单元、企业运营总作业模块单元进行集成供应链或者服务链运作。

企业需要通过企业智能集成运营流程 MBE 信息平台确认企业集成新产品开发与设计集成供应链或者服务链，明确企业集成供应链或者服务链与企业集成基本运营流程联系。

6. 企业集成运营模块单元延迟策略

企业延迟策略需要在企业竞争战略理论强调的企业运营管理流程集成和重构中体现出来。对构建通用模块单元、链接模块单元、专用模块单元和体现这些模块单元不同层次的具体模块单元、联合模块单元、模块组模块单元、总作业模块单元运营流程进行延迟策略运作，通过专用模块单元运营流程的延迟运作实现延迟策略。企业模块单元运营流程的延迟运作属于作业延迟，需要对不同层次的通用模块单元、链接模块单元、专用模块单元运营流程进行设计时，体现专用模块单元运营流程的延迟作业运作，实现模块单元运营流程延迟策略运作，可见模块单元运营流程的延迟运作是延迟策略运作的根本。精益运作、智能运作按照模块单元延迟运作的要求，进行延迟策略的精益和智能运作。企业集成计划可以根据企业模块单元运营流程运作、精益运营流程运作、智能运营流程运作进行企业集成模块单元流程延迟策略运作计划，实现企业集成模块单元运营流程延迟策略的计划运作运用计划进行企业模块单元运营流程时间延迟的延迟策略运作强化和精益运营流程运作、智能运营流程运作进行时间延迟策略的强化运作，实现企业集成模块单元运营流程时间延迟策略计划强化运作。企业模块单元运营流程的时间延迟策略计划运作属于时间延迟，是不同层次的通用模块单元、链接模块单元、专用模块单元运营流程进行时间延迟策略计划强化运作。针对企业模块单元流程运作、精益流程运作、智能流程运作的延迟策略计划运作和延迟策略强化运作，进行企业集成组织、控制和创新，实现企业集成模块单元运营管理流程延迟策略运作。通过企业模块单元运营流程延迟策略运作和企业模块单元运营管理流程延迟策略运作，实现企业集成和重构运营流程的延迟策略运作，将企业竞争战略的发展落实到运营延迟策略运作之中。

企业集成运营流程核心能力从企业集成运营流程延迟策略运作出发，构建具有延迟策略运作视角的企业集成运营流程核心能力。企业集成运营管理流程核心能力从企业集成运营管理流程延迟策略强化运作出发，构建具有延迟策略强化运作视角的企业集成运营管理流程核心能力，由此构建了具有延迟策略运作和强化运作视角的企业集成运营管理流程核心能力。企业模块单元运营流程延迟策略运作和企业模块单元运营管理流程延迟策略运作对企业运营管理强度有直接的影响，延迟策略运作强度越强，企业运营管理强度就越强。企业集成运营流程核心能力将企业集成运营流程延迟策略运作与企业前后向一体运作与纵向一体化相联系，围绕企业集成基本运营管理流程延迟策略运作，进行供应链或者服务链的延迟策略运作。

企业需要通过企业智能集成运营流程 MBE 信息平台确认企业运营具体模块单元、企业运营联合模块单元、企业运营模块组模块单元、企业运营总作业模块单元中延迟策略实施部分，使延迟策略能够得以运用。

制造企业、设计性新兴制造企业、制造性服务企业需要进行企业集成运营模块品目和单元集成开发与设计步骤的运作。新兴服务企业、一般纯服务企业需要进行企业集成运营模块单元集成开发与设计步骤的运作，需要通过模型定义设计 MBD 信息平台建立模块品目结构，通过企业智能集成运营流程 MBE 信息平台进行企业集成运营模块单元集成开发与设计。

五、企业集成新产品开发与设计模块单元配置

企业集成新产品开发与设计模块单元配置以模块单元为基础，以模块单元和模块品目的各种电子资料为基层支持，以模块品目清单为组织核心，把定义最终产品的所有工程数据和文档联系起来，对模块单元运作及其相互之间的联系进行维护和管理。

企业集成新产品开发与设计模块单元配置是为了使模块单元能更快速、有效、准确和动态地运作。企业集成新产品开发与设计模块单元配置功能如下：

（1）维护企业模块单元运作是标准化基础上的运用，是一种前沿的运作方法。对于模块单元，在已有功能扩展或增添新功能时，要尽量使模块单元之间的接口标准化，最好使模块单元的接口保持不变；对新增的模块单元，则应尽可能地使接口简单、规范。模块单元建立后不能自动维护，需要模块单元配置中进行维护。企业模块单元配置需要注重集成，维护集成是企业模块单元配置的重要任务。

（2）建立和维护企业模块单元配置模型。企业模块单元配置模型是新产品配置的模板，用客户的需求信息在企业模块单元配置模型实体中就是客户化地定制新产品。因此，在模块单元平台的基础上，可以创建不同产品族的模块单元配置模型。顾客的差异需求，需要企业模块单元配置模型功能扩展，需要对企业模块单元配置模型进行维护。根据当今企业信息系统运作的实际，可以选择采用适合信息系统运作的基础模型，以利于建立和维护企业模块单元配置模型。

（3）建立和维护企业模块单元运作配置规则。企业模块单元运作配置规则是模块对象的知识表示，是模块单元需要遵守的规则。企业模块单元配置规则需要简便和易行，有利于企业模块单元运作配置顺利运作。

（4）建立和维护企业模块单元版本管理。企业模块单元运作过程中，为了及时描述企业模块单元运作状况，准确进行企业集成模块运作分析，需要将企业模块单元运作的各种情况记录下来，建立和维护企业模块单元运作版本管理，进行有效的企业模块单元运作管理。

（5）建立和维护企业模块单元设计过程管理。企业模块单元主要进行价值链流程运作，需要企业模块单元设计采用过程管理。企业模块单元运作设计过程管理既有利于细致的企业模块单元设计，促进企业模块单元设计顺利运作，也有利于与价值链流程运作协同。

企业模块单元运作配置中可以运用集合方法、数学模型方法、基于逻辑方法、基于约束的配置方法，建立起模块单元与模块品目之间的关系，形成模块品目结构。但这些方法缺点在于很难求解，企业每一个员工不可能有那么高深的数学知识或者编程水平，且要时刻通过人工计算，这对企业而言不现实；与模块品目 BOM 联系不够，模块品目 BOM 是整个企业运营管理中运作的计划基础，如果没有它，等于没有现在的企

业集成主运营计划、企业集成物料需求计划、企业集成资源计划，企业集成计划难以实行。由此需要采用产品族的模块品目 BOM 方法。配置中根据顾客的不同需要，可进行三层次的配置。

第一层次，按模块单元模块品目 BOM 的企业模块单元运作配置设计。按模块单元模块品目 BOM 的模块单元配置设计以模块单元模块品目 BOM 为基础，客户任意指定或从可选项中选择组成产品模块单元的子模块单元所对应的参数，然后根据每个子模块单元中所提供的有关参数得到所需要的模块单元，得到最终的模块单元运作模块品目 BOM。

第二层次，按模块单元功能的模块单元配置设计。在这种设计方式下，系统辅助客户输入具体的参数值及选择所需要的模块单元的子功能，在模块单元配置知识库的支持下，使模块单元模块品目 BOM 生成，客户可以浏览该模块单元的模块品目 BOM 及相关属性。

第三层次，按模块单元模块品目 BOM 与功能相结合的模块单元运作配置设计。这是以顾客为主题的配置，企业需要着重考虑这一点。

经过模块单元配置后需要明确价值流，精益实施团队对企业新产品模块化设计流程进行全面调查，由负责人负责对团队成员进行分工，明确所涉及的关键利益方。收集企业数据，记录当前状态新产品模块运作开发的价值流，整理、分析数据，绘制信息流。

模块单元配置部分需要进行企业集成运营技术、企业集成运营设施、企业集成人员运作、企业集成运营计划、企业集成组织、企业集成运营能力、企业集成价值管理的企业集成产品与运营系统管理流程的企业集成结构化要素、企业集成非结构化要素、企业集成综合要素综合融合，需要进行 MBE、MES、ERP 的相关部分衔接。

企业需要通过企业智能集成运营流程 MBE 信息平台展示企业集成新产品开发与设计模块单元配置和配置方法，使企业能够智能地进行企业集成新产品开发与设计模块单元配置，智能地运用配置方法。

制造企业、设计性新兴制造企业、制造性服务企业集成新产品开发与设计模块单元配置以模块单元和模块品目为基础进行配置，采用配置方法按模块单元模块品目 BOM 要求进行方法选择。新兴服务企业、一般纯服务企业集成新产品开发与设计模块单元配置以模块单元为基础进行配置，采用配置方法按模块单元要求进行方法选择。制造企业、设计性新兴制造企业、制造性服务企业、新兴服务企业、一般纯服务企业需要通过企业智能集成运营流程 MBE 信息平台展示企业集成新产品开发与设计模块单元配置和配置方法。

六、企业集成新产品开发与设计评价

（一）企业集成新产品开发与设计评价方法种类

企业集成新产品开发与设计评价方法包括因素评价法、模块评价法、经济评价法。

运用这些方法进行企业集成新产品开发与设计的评价。

1. 因素评价法

现行的因素评价法从新产品的市场前景和企业的内部运作方面出发进行评价，这种评价能对产品所带来的基本效益和运作的可行性方面进行评价，属于一般意义上新产品开发的基本评价。因素评价法是这几种方法中评价范围最广的方法，能够根据评价要求进行扩展。但现行的因素评价法只进行一般意义的评价，没有结合企业集成开发与设计，可以将现行因素评价法扩展，以实现企业集成新产品开发与设计评价。

现行的因素评价法的扩展从因素出发进行。将因素由一般因素扩展到企业集成开发与设计因素。如将新产品制造或者服务的技术因素、新产品制造销售因素或者服务推销因素、新产品制造因素或者服务转化因素这些因素扩展到模型 MBD 因素、制造或者服务模块单元运作因素、制造或者服务价值链流程因素、制造或者服务绿色运作因素。扩展因素评价法通过上述因素的扩展反映企业集成新产品开发与设计评价。

扩展因素评价法通过建立因素评价表进行评价。扩展因素评价法根据扩展因素评价表，构建不同的方法进行评价，这些方法需要通过计算评价总分实现。扩展因素评价法包括扩展因素期望评价法、扩展因素加乘评价法、扩展因素综合评价法、扩展因素平均综合评价法和扩展因素相乘评价法。扩展因素期望评价法将每个因素出现的概率考虑其中，使方法对同一因素影响的考虑更全面；扩展因素加乘评价法将因素进行一定程度的加总，进行加总因素相乘，使方法对因素影响的不同类别和影响程度进行考虑；扩展因素综合评价法将每个因素进行加总，使方法能够直接考虑各因素的影响；扩展因素平均综合评价法考虑了各种因素的平均影响；扩展因素相乘评价法将每个因素的影响扩大，用来区分因素影响程度。

影响因素容易区分时，采用平稳的评价法，一般为加法评价法；对影响因素不容易区分时，采用非平稳的评价法，一般为乘法评价法；对影响因素变化大时，采用一定的平均手段，进行处理后再采用上述方法。处理平均的方法主要包括一般平均、加权平均、移动平均的方法。

扩展因素评价法将方案的每一项因素的分值合并，为企业集成新产品开发与设计的每一个方案计算出总评价值，选择评分值最高的为所选企业集成新产品开发与设计方案。

制造企业、设计性新兴制造企业、制造性服务企业、新兴服务企业、一般纯服务企业可以运用扩展因素评价法进行企业集成新产品开发与设计评价。

2. 模块评价法

模块评价法主要针对采用模块运作和效果进行评价，通过构建数学模型进行评价。模块评价法评价的中心明确，围绕模块运作进行。模块评价法不仅是一种评价方法也是一种运作方法。

模块评价法通过模块运作效果指数、模块运作影响指数和模块运作价值指数来反映模块运作效果。模块运作效果指数反映顾客满意效果；模块运作影响指数反映模块内在运作的一致影响，由此确立通用模块；模块运作价值指数反映模块运作的价值创造成果。

模块评价法通过模块运作效果指数、模块运作影响指数和模块运作价值指数合并，计算出模块运作指数，确立指数大的为模块运作方式。

制造企业、设计性新兴制造企业、制造性服务企业、新兴服务企业、一般纯服务企业可以运用模块评价法进行企业集成新产品开发与设计评价。

3. 经济评价法

经济评价法包括盈亏平衡法、净现金流量法、实物期权法和索别尔曼法。经济评价法用于企业集成新产品开发与设计评价时，每一种方法侧重点不同，都能从不同的视角进行企业集成新产品开发与设计评价。经济评价法是比较成熟的方法，由于每一种方法都有不同侧重点，每一种方法揭示出来的结论也有其局限性，而每一种经济评价法扩展的可能性不大，可以通过将每一种经济评价法结合起来，共同进行企业集成新产品开发与设计评价，这样的综合使经济评价法得以扩展。

盈亏平衡法利用盈亏平衡公式计算出盈亏平衡点，表明企业盈亏平衡的销量或者销售额，是企业集成新产品开发与设计需要保证的基本销量或者基本销售额，企业只有超过盈亏平衡的基本销量或者基本销售额才能够获得利润，超过越多获得利润就越多。

净现金流量法需要计算净现值、报酬率和投资回收期，表明企业进行企业集成新产品开发与设计能够从经济上取得的效益通过这些指标反映出来，净现值反映效益的绝对量的大小，报酬率反映效益的比率大小，投资回收期反映需要多长时间的运作能够收回期初投资。实物期权法需要计算全部价值，表明企业进行企业集成新产品开发与设计时更需要注重长远效益，通过长远期权的运作，反映长远的价值。索别尔曼模式需要计算新产品价值，从产品周期与开发期的关系的角度，进行企业集成新产品开发与设计的价值计算，表明企业集成新产品开发与设计周期的效益。

经济评价法计算出盈亏平衡点销量或者销售额、净现值、报酬率、投资回收期、企业价值、新产品价值；进行临界分析，得出盈亏平衡销量、净现值、报酬率、投资回收期、企业价值、新产品价值临界值分析，从企业集成新产品开发与设计的各个视角得出分析值。方法之间彼此互相补充，全面反映企业集成新产品开发与设计方案情况，将这些结果综合起来，成为方案选择的依据。

制造企业、设计性新兴制造企业、制造性服务企业、新兴服务企业、一般纯服务企业可以运用经济评价法进行企业集成新产品开发与设计评价。

4. 企业集成新产品开发与设计评价的模型定义设计 MBD 信息平台

企业集成新产品开发与设计评价需要在模型定义设计 MBD 信息平台完成，通过这一平台将因素评价法、经济评价法、模块评价法融入其中，使模型定义设计 MBD 信息平台能运用扩展因素期望评价法、扩展因素加乘评价法、扩展因素综合评价法、扩展因素平均综合评价法和扩展因素相乘评价法的这些因素评价法进行企业集成新产品开发与设计评价；能够运用模块评价法得出模块单元运作指数，进行企业集成新产品开发与设计评价；能够运用盈亏平衡法、净现金流量法、实物期权法、索别尔曼法这些经济评价法得出盈亏平衡点销量、盈亏平衡点销售额、净现值、报酬率和投资回收期、企业价值、新产品价值，进行企业集成新产品开发与设计评价。

制造企业、设计性新兴制造企业、制造性服务企业、新兴服务企业、一般纯服务企业需要通过模型定义设计 MBD 信息平台，运用因素评价法、经济评价法、模块评价法，进行企业集成新产品开发与设计评价。

（二）企业集成新产品开发与设计评价方法企业运用步骤

采用企业集成新产品开发与设计评价方法进行评价的步骤如下：

1. 建立企业集成新产品开发与设计评价方法结构

（1）因素评价法明确各种方法评价因素和建立因素评价法评价结构。

1）因素评价法明确各种方法评价因素。扩展因素评价法需要明确评价因素，包括新产品制造或者服务的技术因素、新产品制造销售因素或者服务推销因素、新产品制造因素或者服务转化因素、新产品制造或者服务的财务因素、新产品制造原材料因素或者服务物质因素、新产品制造或者服务的质量因素、新产品制造或者服务的组织因素、制造或者服务运营系统功能因素、模型 MBD 因素、制造或者服务模块单元运作因素、制造或者服务价值链流程因素、制造或者服务绿色运作因素、制造或者服务信息化因素、制造或者服务精益化运作因素、制造或者服务与企业集成运营管理模式联系因素。

其中新产品制造技术因素主要包括应用技术的水平、工艺技术的水平、管理技术水平，服务技术因素主要包括服务技术的水平、管理技术水平。新产品销售的前景包括产品销量水平、产品价格水平、经销商销售能力，服务推销的前景包括服务推销水平、服务价格水平。新产品制造因素包括设备水平、工艺流程、厂址与布置水平，服务转化因素包括服务设施水平、服务包、服务选址与布置水平。新产品制造或者服务的财务因素包括产品制造或者服务的资金支撑程度。新产品制造原材料因素原材料价格与质量、供应商供应能力，服务有关的材料要素包括价格与质量、提供材料要素的能力。

扩展因素评价法通过上述因素反映产品开发与设计中的市场效益因素、企业内在运作因素、集成运作因素和协同运作因素。

2）因素评价法建立因素评价法评价结构。扩展因素评价法通过建立因素评价表进行评价。表由横向和纵向构成。纵向需要列出各评价因素，横向进行各因素的评价。如表 2 - 3 - 1 所示。

扩展因素评价法根据扩展因素评价表，构建不同的方法进行评价，这些方法需要通过计算评价总分实现。扩展因素评价法包括扩展因素期望评价法、扩展因素加乘评价法、扩展因素综合评价法、扩展因素平均综合评价法和扩展因素相乘评价法。扩展

表 2 - 3 - 1　扩展因素评价表

评估因素	权数	优		良		中		差		劣		期望值	评分
		P	V	P	V	P	V	P	V	P	V		
技术因素													
销售因素													
转化因素													
财务因素													
物质因素													
质量因素													
组织因素													
功能因素													
模块因素													
价值链流程因素													
绿色因素													
信息因素													
精益因素													
联系因素													

因素期望评价法将每个因素出现的概率考虑其中，使方法对同一因素影响的考虑更全面；扩展因素加乘评价法将因素进行一定程度的加总，进行加总因素相乘，使方法对因素影响的不同类别和影响程度进行考虑；扩展因素综合评价法将每个因素进行加总，使方法能够直接考虑各因素的影响；扩展因素平均综合评价法考虑各种因素的平均影响；扩展因素相乘评价法将每个因素的影响扩大，用来区分因素影响程度。

扩展因素期望评价法评价公式如下所示：

$$M_c = \sum_{l=1}^{n} w_l \sum_{i=1}^{m} p_{li} v_{li} \qquad (2-3-1)$$

式中，M_c 为扩展因素期望评价法总分；w_l 为扩展因素期望评价法第 l 项因素权数；p_{li} 为扩展因素期望评价法第 l 项因素第 i 部分概率；v_{li} 为扩展因素期望评价法第 l 项因素第 i 部分分数。

扩展因素加乘评价法评价公式如下所示：

$$M_d = v_j \sum_{i=1}^{n} m_n \qquad (2-3-2)$$

$$v_j = \sum_{l=1}^{q} v_l \qquad (2-3-3)$$

式中，M_d 为扩展因素加乘评价法总分；v_j 为扩展因素加乘评价法第 j 项合计因素；m_n 为扩展因素加乘评价法第 n 项相乘权数；v_l 为扩展因素加乘评价法第 l 项因素。

扩展因素综合评价法评价公式如下所示：

$$M_z = \sum_{i=1}^{n} m_n \qquad\qquad (2-3-4)$$

式中，M_z 为扩展因素综合评价法总分；m_n 为扩展因素综合评价法第 n 项因素。

扩展因素平均综合评价法评价公式如下所示：

$$M_v = \sum_{l=1}^{m} \frac{\sum_{i=1}^{t} m_{li}}{t} \qquad\qquad (2-3-5)$$

式中，M_v 为扩展因素平均综合评价法总分；m_{li} 为扩展因素平均综合评价法第 l 个第 i 项因素。

扩展因素相乘评价法评价公式如下所示：

$$M_x = m_1 \times m_2 \times \cdots \times m_n \qquad\qquad (2-3-6)$$

式中，M_x 为扩展因素相乘评价法总分；m_n 为扩展因素相乘评价法第 n 项因素。

（2）建立模块评价法评价结构。模块评价方法需要理解模块单元的运作，在此基础上进行方法设计。企业集成基本运营流程是由通用模块单元、专用模块单元以及配置规则构成，通用模块单元与专用模块单元在一定的配置规则规定下，进行组合运作，不同的组合完成不同的企业集成基本运营流程的转化运作。

通用模块单元可以减少运营成本和制造复杂性以及产品重新设计的困难，专用模块可以实现产品的多样化以满足用户个性化的需求。因此，在进行模块单元规划的时候，必须选择合适的通用模块单元、专用模块单元组合，使产品具有合理变化的柔性，既能提供更多的产品以满足定制化的需求，又能把因此而可能增加的成本和运营复杂性控制在企业可接受的范围以内。

在设计理论中，产品可用功能域中的一组功能要求和物理域中的一组设计参数来表示。模块是大规模定制产品的构成单元，满足产品功能要求中的某个或某部分，实现设计参数中的某个或某部分，即一个模块是对满足特定功能要求组合（FR）的特定技术解决方案集（DP）的物理实现。

不同的模块单元满足不同的功能组合，实现不同的技术解决方案集。设计理论中的 FR 到 DP 的映射关系通过设计方程 $\{FR\} = [A]\{DP\}$ 来表示，式中 $[A]$ 为设计矩阵。设计方程如下所示：

$$\begin{Bmatrix} FR_{S1} \\ FR_{S2} \\ \vdots \\ FR_{Sn} \end{Bmatrix} = \begin{bmatrix} A^1 & 0 & \cdots & 0 \\ 0 & A^2 & \cdots & 0 \\ \vdots & \vdots & \ddots & \vdots \\ 0 & 0 & \cdots & A^n \end{bmatrix} \begin{Bmatrix} DP_{S1} \\ DP_{S2} \\ \vdots \\ DP_{Sn} \end{Bmatrix} \qquad (2-3-7)$$

通过设计矩阵，FR 映射到 DP，从而 FR 和 DP 规定了模块单元，即模块要实现 DP 内的所有 DP，以满足 FR 内的所有 FR。设计矩阵表示的 n 种映射进行模块单元规定，规定了产品族结构规划的 n 个模块单元。可以把产品族结构规划中的模块单元库表示为：$M = \{M \{FR\} = [A]\{DP\}\}$。通用模块单元的 FR 和 DP 都是确定的，即通用模块单元所满足的功能及功能的要求以及实现功能的技术方案都是确定的；专用模块则通过提供可选择的 DP 满足不同的 FR，即专用模块满足的功能或功能的要求以及实现功能的技术方案是可变的。需要模型的建立从功能到参数再到成本，进行全方位的过程化设计。将大规模定制中的两个最重要的部分，反映大规模的成本和反映定制的效果融合在一起。

根据上述原理建立方法模型如下所示：

$$C_i = w_1 EI_i + w_2 CY_i + w_3 CC_i \tag{2-3-8}$$

式中，C_i 为模块单元运作指数，EI_i 为模块单元运作效果指数，C_i 为模块单元运作影响指数，CC_i 为模块单元运作价值指数，w_1、w_2、w_3 分别为模块单元运作效果指数、模块单元运作影响指数、模块运作价值指数权重。C_i 模块单元运作指数越高，模块单元运作的效果就越好。

模块单元库可以把产品族结构规划中的模块库表示为：$M = \{M_1, M_2, \cdots, M_n\}$，对于通用模块单元的 FR 和 DP 都是确定的，即通用模块单元所满足的功能及功能的要求以及实现功能的技术方案都是确定的；专用模块单元则通过提供可选择的 DP 满足不同的 FR，即专用模块满足的功能或功能的要求以及实现功能的技术方案是可变的。

1）模块单元运作效果指数（EI_i）。用来表示满足顾客需求的程度。用功能 F 来满足顾客的需求，定制效果通过 F 功能矩阵展示。F 功能矩阵通过横向和纵向 F 功能、矩阵中的数值反映。横向和纵向 F 功能体现 m 类模块、n 项功能；矩阵中的数值用功能比较值来反映。m 类模块的 m 部分体现在 F 项功能下角标第一项；n 项功能的 n 部分体现在 F 项功能下角标第二项，功能比较值居于 F 功能矩阵的中间。运用 F 功能矩阵能充分反映企业集成新产品开发与设计中的对顾客需求满足情况，是进行模块单元运作效果指数分析的基础。

$$F \text{ 定制效果矩阵}$$

	F_{11}	$\cdots$	F_{1n}	F_{21}	$\cdots$	F_{2n}	$\cdots$	F_{m1}	$\cdots$	F_{mn}
F_{11}	m	m	m	a_{1121}	$\cdots$	a_{112n}	$\cdots$	a_{11m1}	$\cdots$	a_{11mn}
$\vdots$	m	m	m	$\vdots$	$\cdots$	$\vdots$	$\cdots$	$\vdots$	$\cdots$	$\vdots$
F_{1n}	m	m	m	a_{1n21}	$\cdots$	a_{1n2n}	$\cdots$	a_{1nm1}	$\cdots$	a_{1nmn}
F_{21}	a_{2111}	$\cdots$	a_{211n}	m	m	m	$\cdots$	a_{21m1}	$\cdots$	a_{21mn}
$\vdots$	$\vdots$	$\cdots$	$\vdots$	m	m	m	$\cdots$	$\vdots$	$\cdots$	$\vdots$
F_{2n}	a_{2n11}	$\cdots$	a_{2n1n}	m	m	m	$\cdots$	a_{2nm1}	$\cdots$	a_{2nmn}
$\vdots$	$\vdots$	$\cdots$	$\vdots$	$\vdots$	$\cdots$	$\vdots$	$\vdots$	$\cdots$	$\vdots$	
F_{m1}	a_{m111}	$\cdots$	a_{m11n}	a_{m121}	$\cdots$	a_{m12n}	$\cdots$	m	m	m
$\vdots$	$\vdots$	$\cdots$	$\vdots$	$\vdots$	$\cdots$	$\vdots$	$\cdots$	m	m	m
F_{mn}	a_{mn11}	$\cdots$	a_{mn1n}	a_{mn21}	$\cdots$	a_{mn2n}	$\cdots$	m	m	m

运用 F 功能矩阵构建模块单元运作效果指数 EI_i。模块单元运作效果指数越大，满足程度就越强。模块单元运作效果指数通过功能矩阵反映。矩阵中通过不同类模块单元之间功能的比较形成功能矩阵，从而体现不同模块单元的定制效果。模块单元运作效果指数 EI_i 计算公式如下所示：

$$EI_i = \frac{1}{u_L} \sum_{k=1}^{u_L} \left[\frac{1}{\sum\limits_{j=1}^{n} u_j} \sum_{j=1}^{n} F_{ikj} \right] \tag{2-3-9}$$

式中，u_L 为功能数；u_j 为行的个数；F_{ikj} 中 i 是模块数，k 为 u_L 范围，j 为列的个数。

2）模块单元运作影响指数（C_i）。用来表示模块单元通用运作的程度。用参数 D 来表示模块单元通用运作，运作程度通过 D 参数矩阵来展示。D 参数矩阵通过横向和纵向 D 参数类型、矩阵中的数值反映。横向和纵向 D 参数类型体现 m 类模块、n 项 D 参数；矩阵中的数值用 D 参数比较值来反映。m 类模块的 m 部分体现在 D 参数下角标第一项；n 项参数的 n 部分体现在 D 参数下角标第二项，功能比较值居于 D 参数矩阵的中间。运用 D 参数矩阵能充分反映企业集成新产品开发与设计中的模块单元通用程度情况，是进行模块单元运作影响指数分析的基础。

	D_{11}	$\cdots$	D_{1n}	D_{21}	$\cdots$	D_{2n}	$\cdots$	D_{m1}	$\cdots$	D_{mn}
D_{11}	m	m	m	d_{1121}	$\cdots$	d_{112n}	$\cdots$	d_{11m1}	$\cdots$	d_{11mn}
$\vdots$	m	m	m	$\vdots$	$\vdots$	$\vdots$	$\cdots$	$\vdots$	$\cdots$	$\vdots$
D_{1n}	m	m	m	d_{1n21}	$\cdots$	d_{1n2n}	$\cdots$	d_{1nm1}	$\cdots$	d_{1nmn}
D_{21}	d_{2111}	$\cdots$	d_{211n}	m	m	m	$\cdots$	d_{21m1}	$\cdots$	d_{21mn}
$\vdots$	$\vdots$	$\vdots$	$\vdots$	m	m	m	$\cdots$	$\vdots$	$\cdots$	$\vdots$
D_{2n}	d_{2n11}	$\cdots$	d_{2n1n}	m	m	m	$\cdots$	d_{2nm1}	$\cdots$	d_{2nmn}
$\vdots$	$\vdots$	$\vdots$	$\vdots$	$\vdots$	$\vdots$	$\vdots$	$\cdots$	$\vdots$	$\cdots$	$\vdots$
D_{m1}	d_{m111}	$\cdots$	d_{m11n}	d_{m121}	$\cdots$	d_{m12n}	$\cdots$	m	m	m
$\vdots$	$\vdots$	$\cdots$	$\vdots$	$\vdots$	$\vdots$	$\vdots$	$\cdots$	m	m	m
D_{mn}	d_{mn11}	$\cdots$	d_{mn1n}	d_{mn21}	$\cdots$	d_{mn2n}	$\cdots$	m	m	m

运用 D 参数矩阵模块单元运作影响指数 C_i。模块单元运作影响指数越大，共同运作程度就越强，就需要成为通用模块单元。模块单元运作影响指数通过参数矩阵反映。矩阵中通过不同类模块单元之间参数的比较形成参数矩阵，从而体现不同模块单元的共同运作效果。模块单元运作影响指数 C_i 通过输入影响指数和输出影响指数的比较得出。模块单元运作影响指数 C_i 计算公式如下所示：

$$输入影响指数 \ R_i = \frac{\sum\limits_{k=1}^{v_L} \sum\limits_{j=1}^{n} D_{ikj}}{\sum\limits_{k=1}^{v_L} \sum\limits_{j=1}^{n} \sum\limits_{i=1}^{D_i} D_{ikj}} \tag{2-3-10}$$

$$输出影响指数\ S_j = \frac{\sum\limits_{k=1}^{v_L} \sum\limits_{i=1}^{n} D_{jki}}{\sum\limits_{k=1}^{v_L} \sum\limits_{i=1}^{n} \sum\limits_{j=1}^{D_i} D_{jki}} \qquad (2-3-11)$$

$$模块单元运作影响指数\ C_i = \frac{R_i}{R_i + S_i} \qquad (2-3-12)$$

式中，C_i 为第 i 模块运作影响指数；v_L 为参数；D_{ikj} 中 j 为参数列数，i 为参数行数。

3）模块运作价值指数（CC_i）。用来反映模块单元创造价值的程度。模块运作价值指数 CC_i 越高，创造的价值就越多。模块运作价值指数 CC_i 计算公式如下所示：

$$CC_i = 1 - \left[\frac{C_{DT_i}}{C_{DT_{max}}} \left(1 - \frac{C_{TM_i}}{C_{DM_i}} \right) \right] \qquad (2-3-13)$$

式中，CC_i 为模块运作价值指数；C_{TM_i} 为模块 i 的通用化成本；C_{DT_i} 为模块 i 的定制化成本。

计算模块 i 的通用和定制差成本 C_{DT_i} 和模块 i 的最大通用和定制差成本 $C_{DT_{max}}$ 计算公式如下所示：

$$C_{DT_i} = C_{DM_i} - C_{TM_i} \qquad (2-3-14)$$
$$C_{DT_{max}} = \max_i \{ C_{DT_i} \} \qquad (2-3-15)$$

4）模块单元运作指数权重。w_i（$i=1，2，3$），w_1、w_2、w_3 分别为模块单元运作效果指数、模块单元运作影响指数、模块运作价值指数权重。权重通过权重矩阵体现，是计算权重大小的基础。

权重矩阵

$$B = \begin{bmatrix} b_{11} & b_{12} & b_{13} \\ b_{21} & b_{22} & b_{23} \\ b_{31} & b_{32} & b_{33} \end{bmatrix}$$

运用权重矩阵计算 w_i。w_i 越高，表明指数重要程度越高。w_i 计算公式如下所示：

$$w_i = \frac{\sqrt[n]{\prod\limits_{j=1}^{n} b_{ij}}}{\sum\limits_{i=1}^{n} \sqrt[n]{\prod\limits_{j=1}^{n} b_{ij}}} \qquad (2-3-16)$$

（3）建立经济评价方法评价结构。扩展的经济评价法包括盈亏平衡法、净现金流量法、实物期权法和索别尔曼法。

1）盈亏平衡法。利用盈亏平衡公式计算出盈亏平衡点，表明企业盈亏平衡的销量，是企业产品开发与设计需要保证的基本量，企业只有超过盈亏平衡的销量才能够获得利润，超过越多获得利润就越多。盈亏平衡销量的计算公式如下所示：

$$Q_{yk} = \frac{C}{P - V_D} \qquad (2-3-17)$$

式中，Q_{yk} 为盈亏平衡点销量；C 为固定成本；P 为单位售价；V_D 为单位变动成本。

盈亏平衡销售额计算公式如下所示：

$$S_{yk} = \frac{C}{MV} \tag{2-3-18}$$

式中，S_{yk} 为盈亏平衡点销售额；MV 为边际贡献率。

边际贡献率计算公式如下所示：

$$MV = \frac{P - V_D}{P} \times 100\% \tag{2-3-19}$$

2）净现金流量法。需要计算净现值、报酬率和投资回收期，表明企业进行产品开发与设计能够从经济上取得的效益通过这些指标反映出来，净现值反映效益的绝对量上的大小，报酬率反映效益的比率大小，投资回收期反映需要多长时间的运作能够收回期初投资。评价公式如下所示：

$$NPV = \sum_{t=1}^{n} \frac{F}{(1+r)^t} \tag{2-3-20}$$

式中，NPV 为每年净现值；F 为每年现金流量；r 为折现率。

每年现金流量计算公式如下所示：

$$F = S - C_f - C_U \tag{2-3-21}$$

式中，S 为每年收入；C_f 为每年付现成本；C_U 为每年所得税。

$$F = X + L \tag{2-3-22}$$

式中，X 为每年税后净利；L 为每年折旧。

企业净现值计算公式如下所示：

$$CNPV = \sum_{t=1}^{n} \frac{F}{(1+r)^t} + \frac{C}{(1+r)^n} - F_0 \tag{2-3-23}$$

式中，$CNPV$ 为企业净现值；C 为残值；F_0 为期初投资。

投资回收期计算公式如下所示：

$$T = \frac{F_0}{F} \tag{2-3-24}$$

式中，T 为投资回收期；F 为每年净现金流量；F_0 为期初投资。

3）实物期权法。需要计算全部价值，表明企业进行产品开发与设计时更需要注重长远的效益，通过长远期权的运作，反映长远的价值。全部价值计算公式如下所示：

$$NPV_T = NPV_1 + NPV_2 \tag{2-3-25}$$

式中，NPV_T 为企业价值；NPV_1 为内在价值；NPV_2 为实物期权价值。

内在价值计算公式如下所示：

$$NPV_1 = \sum_{t=1}^{n} \frac{F}{(1+r)^n} \tag{2-3-26}$$

式中，F 为每年净现金流量。

实物期权价值计算公式如下所示：

$$C_0 = S_0[N(d_1)] - Xe^{-rt}[N(d_2)] \qquad (2-3-27)$$

式中，C_0 为实物期权价格；$N(d_1)$ 为 d_1 对应概率；S_0 为当前价格；$N(d_2)$ 为 d_2 对应概率；X 为期权执行价格；e 为自然对数底数；r 为无风险利率；t 为期权到期日前时间。

d_1 与 d_2 公式如下所示：

$$d_1 = \frac{\ln\left(\dfrac{S_0}{X}\right) + \left(r + \dfrac{\sigma^2}{2}\right)t}{\sigma\sqrt{t}} \qquad (2-3-28)$$

式中，σ 为标准差。

$$d_2 = d_1 - \sigma\sqrt{t} \qquad (2-3-29)$$

实物期权价值如下所示：

$$NPV_2 = C_0 \times Q(1-T) \qquad (2-3-30)$$

4）索别尔曼法。需要计算新产品价值，从产品周期与开发期的关系的角度，进行产品设计项目新产品价值计算，表明产品开发与设计周期的效益。评价公式如下所示：

$$E = P[T + \overline{T}(1 - t/\overline{t})] - C[t + \overline{t}(1 - T/\overline{T})] \qquad (2-3-31)$$

式中，E 为新产品价值；P 为新产品平均估算净利润；T 为预计产品生命周期；$\overline{T}$ 为平均产品生命周期；C 为新产品平均估算开发费；t 为新产品开发估算时间；$\overline{t}$ 为新产品开发平均时间。

5）临界分析。盈亏平衡法通过盈亏临界点作业率计算进行临界分析。盈亏临界点作业率计算公式如下所示：

$$Z_{yk} = \frac{Q_{yk}}{Q} \qquad (2-3-32)$$

式中，Z_{yk} 为盈亏临界点作业率；Q 为实际销量。

净现金流量法中净现值、报酬率和投资回收期通过销售收入、付现成本分析临界值；索别尔曼法的新产品价值通过新产品平均估算净利润、新产品平均估算开发费用、新产品开发估算时间分析临界值。

2. 进行各种方法评价运作

G 公司设计新产品。G 公司从市场前景、工艺流程、供应、建设条件、环境、工厂组织出发，进行产品设计。新产品开发期为 3 年，共运作 17 年。项目期初投资 4832 万元。产品单价 0.165 万元/吨，这一价格为当前价格，执行价格为 0.17 万元/吨，期权到期日前的时间为 2 年，无风险资本成本为 8%，单位变动成本为 0.12 万元/吨。每年销售 50000 吨，包括折旧的年固定成本 1000 万元。所得税率 24%，资本成本为 12%，前三年的报酬率按此折现率折现。同行业的此类产品的开发期为 5 年，产品使用期 15 年。新产品族结构规划中的模块库为：模块 $M = \{M_1, M_2, M_3\}$，功能组合 $F = \{F_1, F_2\}$，设计参数 $D = \{D_1, D_2\}$，任意 $M_i = \{F_{i1}, F_{i2}; D_{i1}, D_{i2}\}$，$CTM_1 = 300$，$CTM_2 = 200$，$CTM_3 = 150$，$CDM_1 = 400$，$CDM_2 = 250$，$CDM_3 = 180$。$F$ 定制效果矩阵、D 参数矩阵、判断矩阵如下：

<table>
<tr><td colspan="7" align="center">F 定制效果矩阵</td></tr>
<tr><td></td><td>F_{11}</td><td>F_{12}</td><td>F_{21}</td><td>F_{22}</td><td>F_{31}</td><td>F_{32}</td></tr>
<tr><td>F_{11}</td><td></td><td>1</td><td>1</td><td>0</td><td>1</td><td></td></tr>
<tr><td>F_{12}</td><td></td><td></td><td>1</td><td>1</td><td>0</td><td>1</td></tr>
<tr><td>F_{21}</td><td>0</td><td>0</td><td></td><td>0</td><td>0</td><td></td></tr>
<tr><td>F_{22}</td><td>0</td><td>0</td><td></td><td></td><td>0</td><td>0</td></tr>
<tr><td>F_{31}</td><td>1</td><td>1</td><td>1</td><td>1</td><td></td><td></td></tr>
<tr><td>F_{32}</td><td>0</td><td>0</td><td>1</td><td>1</td><td></td><td></td></tr>
</table>

<table>
<tr><td colspan="7" align="center">D 参数矩阵</td></tr>
<tr><td></td><td>D_{11}</td><td>D_{12}</td><td>D_{21}</td><td>D_{22}</td><td>D_{31}</td><td>D_{32}</td></tr>
<tr><td>D_{11}</td><td></td><td></td><td>3</td><td>1</td><td>3</td><td>6</td></tr>
<tr><td>D_{12}</td><td></td><td></td><td>3</td><td>3</td><td>1</td><td>1</td></tr>
<tr><td>D_{21}</td><td>1</td><td>1</td><td></td><td></td><td>3</td><td>3</td></tr>
<tr><td>D_{22}</td><td>1</td><td>3</td><td></td><td></td><td>6</td><td>3</td></tr>
<tr><td>D_{31}</td><td>6</td><td>6</td><td>9</td><td>3</td><td></td><td></td></tr>
<tr><td>D_{32}</td><td>6</td><td>9</td><td>6</td><td>3</td><td></td><td></td></tr>
</table>

判断矩阵

$$\begin{bmatrix} 1 & 2 & 4 \\ 1/2 & 1 & 6 \\ 1/4 & 1/6 & 1 \end{bmatrix}$$

评价方法临界值如表 2 - 3 - 2 所示。

表 2 - 3 - 2　评价方法临界值

方法		临界值
扩展因素评价法	扩展因素期望评价法	20
	扩展因素加乘评价法	260
	扩展因素综合评价法	18
	扩展因素平均综合评价法	8
	扩展因素相乘评价法	2300
模块评价法		0.5
经济评价法	临界点作业率	50%

投资报酬率概率分布如表 2 - 3 - 3 所示。

表 2 - 3 - 3　投资报酬率概率分布

市场需求类型	各类需求发生概率	投资报酬率（%）
旺盛	0.3	31
正常	0.4	24
低迷	0.3	19

（1）扩展因素评价法。在进行评价时，可以按照表的要求，采用专家评价法对每一项因素的权数进行打分，将专家的打分平均形成权数。还需要通过专家评价法，得

出每个评价因素优、良、中、差、劣的概率和分值，得出期望值。影响因素容易区分时，采用平稳的评价方法，一般为加法评价法；影响因素不容易区分时，采用非平稳的评价方法，一般为乘法评价法；影响因素变化大时，采用一定的平均手段，进行处理后再采用上述方法。处理平均的方法主要包括一般平均、加权平均、移动平均的方法。

1）扩展因素期望评价法。运用扩展因素期望评价法公式 $M_c = \sum_{l=1}^{n} w_l \sum_{i=1}^{m} p_{li} v_{li}$ 先计算 $\sum_{i=1}^{m} p_{li} v_{li}$，再计算 $w_l \sum_{i=1}^{m} p_{li} v_{li}$，得出如表 2 - 3 - 4 所示的扩展因素期望评价。

表 2 - 3 - 4　扩展因素期望评价

评估因素	权数	优		良		中		差		劣		期望值	评分
		P	V	P	V	P	V	P	V	P	V		
市场前景	1	0.01	1	0.2	1.6	0.5	3	0.2	0.8			1.99	1.99
工艺流程	1	0.1	1	0.2	1.6	0.4	2.4	0.2	0.4	0.1	0.2	1.48	1.48
供应	3	0.3	3	0.4	3.2	0.2	1.2	0.1	0.4			2.46	7.38
建设条件	2	0.5	5	0.4	3.2	0.1	0.6					3.84	7.68
环境	2			0.2	1.6	0.5	3	0.3	1.2			2.18	4.36
工厂组织	1			0.2	1.6	0.5	3	0.3	0.8			2.06	2.06

2）扩展因素加乘评价法。运用扩展因素加乘评价法评价公式 $v_j = \sum_{l=1}^{q} v_l$，得出如表 2 - 3 - 5 所示的扩展因素加乘评价。

表 2 - 3 - 5　扩展因素加乘评价

评估因素	评估因素合并	评估标准	评估分	评估分合并
市场前景	市场	5、4、3、2	4	4
工艺流程	内部运作	5、4、3、2	3	3 + 4
供应		5、4、3、2	4	
建设条件	建设与组织	5、4、3、2	5	5 + 3 + 4
环境		5、4、3、2	3	
工厂组织		5、4、3、2	4	

3）扩展因素综合评价法。运用扩展因素综合评价公式 $M_z = \sum_{i=1}^{n} m_n$，先计算每一项的评估分，得出如表 2 - 3 - 6 所示的扩展因素综合评价。

表2-3-6　扩展因素综合评价

评估因素	评估标准	评估分
市场前景	5、4、3、2	4
工艺流程	5、4、3、2	3
供应	5、4、3、2	4
建设条件	5、4、3、2	5
环境	5、4、3、2	3
工厂组织	5、4、3、2	4

4）扩展因素平均综合评价法。运用扩展因素平均综合评价法评价公式 $M_v = \sum_{l=1}^{m} \dfrac{\sum_{i=1}^{t} m_{li}}{t}$，先计算 $\dfrac{\sum_{i=1}^{t} m_{li}}{t}$，得出如表2-3-7所示的扩展因素平均综合评价。

表2-3-7　扩展因素平均综合评价

评估因素	评估因素合并	评估标准	评估分	评估分平均
市场前景	市场	5、4、3、2	4	4
工艺流程	内部运作	5、4、3、2	3	(3+4) /2
供应		5、4、3、2	4	
建设条件	建设与组织	5、4、3、2	5	(5+3+4) /3
环境		5、4、3、2	3	
工厂组织		5、4、3、2	4	

5）扩展因素相乘评价法。运用扩展因素相乘评价法评价公式 $M_x = m_1 \times m_2 \times \cdots \times m_n$，先计算每一项评估分，得出如表2-3-8所示的扩展因素相乘评价。

表2-3-8　扩展因素相乘评价

评估因素	评估标准	评估分
市场前景	5、4、3、2	4
工艺流程	5、4、3、2	3
供应	5、4、3、2	4
建设条件	5、4、3、2	5
环境	5、4、3、2	3
工厂组织	5、4、3、2	4

（2）模块评价法。

1）模块运作效果指数（EI_i）。运用 EI_i 公式和 G 公司 F 定制效果矩阵资料，计算模块运作效果指数 EI_i 如下：

$$EI_1 = \frac{1}{u_L}\sum_{k=1}^{u_L}\left[\frac{1}{\sum_{j=1}^{n}u_j}\sum_{j=1}^{n}F_{1kj}\right] = \frac{1}{2}\sum_{k=1}^{2}\left[\frac{\sum_{j=1}^{4}F_{1kj}}{\sum_{j=1}^{4}u_j}\right] = 0.75$$

同理计算 $EI_2 = 0$，$EI_3 = 0.75$。

2）模块运作影响指数（C_i）。运用 C_i 公式和 G 公司的 D 参数矩阵矩阵资料，计算模块运作影响指数 C_i 如下：

$$R_1 = \frac{\sum_{k=1}^{v_L}\sum_{j=1}^{n}D_{1kj}}{\sum_{k=1}^{v_L}\sum_{j=1}^{n}\sum_{i=1}^{D_i}D_{ikj}} = \frac{\sum_{k=1}^{2}\sum_{j=1}^{4}D_{1kj}}{\sum_{k=1}^{2}\sum_{j=1}^{4}\sum_{i=1}^{3}D_{ikj}} = \frac{21}{90}$$

同理计算 $R_2 = \frac{21}{90}$，$R_3 = \frac{48}{90}$。

$$S_1 = \frac{\sum_{k=1}^{v_L}\sum_{i=1}^{n}D_{1ki}}{\sum_{k=1}^{v_L}\sum_{i=1}^{n}\sum_{j=1}^{D_i}D_{jki}} = \frac{\sum_{k=1}^{2}\sum_{i=1}^{4}D_{1ki}}{\sum_{k=1}^{2}\sum_{i=1}^{4}\sum_{j=1}^{3}D_{jki}}$$

同理计算 $S_2 = \frac{31}{90}$，$S_3 = \frac{26}{90}$。

$$C_1 = \frac{R_1}{R_1 + S_1} = 0.39$$

同理计算 $C_2 = 0.4$，$C_3 = 0.65$。

3）模块运作价值指数（CC_i）。先运用计算模块 i 的通用和定制差成本 C_{DT_i} 和模块 i 的最大通用和定制差成本 $C_{DT_{max}}$ 计算公式，计算 C_{DT_i} 和 $C_{DT_{max}}$。

$$C_{DT_1} = C_{DM_1} - C_{TM_1} = 100$$

同理计算 $C_{DT_2} = 50$、$C_{DT_3} = 30$。

$$C_{DT_{max}} = \max_i\{C_{DT_i}\} = \max_i\{C_{DT_1}, C_{DT_2}, C_{DT_3}\} = 100$$

$$CC_1 = 1 - \left[\frac{C_{DT_1}}{C_{DT_{max}}}\left[1 - \frac{C_{TM_1}}{C_{DM_1}}\right]\right] = 0.75$$

同理计算 $CC_2 = 0.9$、$CC_3 = 0.95$。

4）测算指数比重。运用比较矩阵资料和权重 w_i 公式计算。

$$w_1 = \frac{\sqrt[3]{\prod_{j=1}^{3}b_{1j}}}{\sum_{i=1}^{3}\sqrt[3]{\prod_{j=1}^{3}b_{ij}}} = \frac{\sqrt[3]{\prod_{j=1}^{3}b_{1j}}}{\sqrt[3]{\prod_{j=1}^{3}b_{1j}} + \sqrt[3]{\prod_{j=1}^{3}b_{2j}} + \sqrt[3]{\prod_{j=1}^{3}b_{3j}}} = 0.53$$

同理计算 $w_2 = 0.38$、$w_3 = 0.09$。

（3）扩展经济评价法。

1）计算平衡点。运用盈亏平衡法的盈亏平衡点销量公式和盈亏平衡点销售额公式，计算盈亏平衡点销量公式和盈亏平衡点销售额。

$$Q_{yk} = \frac{C}{P - V_D} = 22222.22 \text{（吨）}$$

$$S_{yk} = \frac{C}{MV} = 3666.67 \text{（万元）}$$

2）运用每年净现金流量公式，计算每年净现金流量。

$$F = S - C_f - C_U = X + L = 1234 \text{（万元）}$$

通过计算得出如表 2-3-9 所示的每年净现金流量。

表 2-3-9 每年净现金流量

	1	2	...	17
销售收入	8250	8250	...	8250
付现变动成本	6000	6000	...	6000
付现固定成本	716	716	...	716
折旧	284	284	...	284
税前净利	1250	1250	...	1250
所得税	300	300	...	300
税后净利	950	950	...	950
净现金流量	1234	1234	...	1234

运用净现值公式，计算净现值：

$$CNPV = \sum_{t=1}^{17} \frac{F}{(1 + 12\%)^t} - F_0 = 3953.59 \text{（万元）}$$

计算年金现值系数，得出报酬率：

$$PVIFA_{12\%,17} = \frac{F_0}{F} = 3.9157$$

运用投资回收期公式，计算投资回收期：

$$T = \frac{F_0}{F} = 3.92 \text{（年）}$$

3）运用索别尔曼模式，计算新产品价值。

$$E = P[T + \overline{T}(1 - t/\overline{t})] - C[t + \overline{t}(1 - T/\overline{T})] = 173716 \text{（万元）}$$

4）计算实物期权价值。运用实物期权价值计算公式计算实物期权价值：

$$d_1 = \frac{\ln(\frac{S_0}{X}) + (r + \frac{\sigma^2}{2})t}{\sigma\sqrt{t}} = 2.02$$

$$d_2 = d_1 - \sigma \sqrt{t} = 1.8276$$

$$C_0 = S_0 [N(d_1)] - Xe^{-n}[N(d_2)] = 0.021$$

$$NPV_2 = C_0 \times Q(1 - T) = 798$$

3. 确立评价结果

（1）扩展因素评价法。

1）扩展因素期望评价法。运用扩展因素期望评价法评价公式，计算得分：

$$M_c = \sum_{l=1}^{n} w_l \sum_{i=1}^{m} p_{li} v_{li} = 24.95$$

2）扩展因素加乘评价法。运用扩展因素加乘评价法评价公式，计算得分：

$$M_d = v_j \sum_{i=1}^{n} m_n = 336$$

3）扩展因素综合评价法。运用扩展因素综合评价法评价公式，计算得分：

$$M_z = \sum_{i=1}^{n} m_n = 23$$

4）扩展因素平均综合评价法。运用扩展因素平均综合评价法评价公式，计算得分：

$$M_v = \sum_{l=1}^{m} \frac{\sum_{i=1}^{t} m_{li}}{t} = 11.5$$

5）扩展因素相乘评价法。运用扩展因素相乘评价法评价公式，计算得分：

$$M_x = m_1 \times m_2 \times \cdots \times m_n = 2880$$

（2）模块评价法计算模块运作定制效果指数。

$$Q_1 = w_1 EI_1 + w_2 C_1 + w_3 CC_1 = 0.61$$

$$Q_2 = w_1 EI_2 + w_2 C_2 + w_3 CC_2 = 0.23$$

$$Q_3 = w_1 EI_3 + w_2 C_3 + w_3 CC_3 = 0.73$$

（3）扩展经济因素评价法。运用盈亏平衡法计算盈亏临界点作业率：

$$Z_{yk} = \frac{Q_{yk}}{Q} = 44.44\%$$

运用净现金流量法和投资回收期法计算临界值如表 2 - 3 - 10 所示。

表 2 - 3 - 10 经济评价法临界值

方法	指标	临界值
盈亏平衡法	盈亏平衡点销量	22222（吨）
	盈亏平衡点销售额	3666.67（万元）
净现金流量法	销售量	33762.89（吨）
	销售收入	5570.88（万元）
	报酬率	12（%）
投资回收期法	投资回收期	7.12（年）

运用实物期权法计算企业价值：

$$NPV_T = NPV_1 + NPV_2 = 5003.59$$

4. 得出评价结果

（1）扩展因素评价法。

1）扩展因素期望评价法。G 公司的界限分为 20，方案为 26.45 达到界限分要求，G 公司可以考虑这一新产品的方案。

2）扩展因素加乘评价法。G 公司的界限分为 260，方案为 336 达到界限分要求，G 公司可以考虑这一新产品的方案。

3）扩展因素综合评价法。G 公司的界限分为 18，方案为 23 达到界限分要求，G 公司可以考虑这一新产品的方案。

4）扩展因素平均综合评价法。G 公司的界限分为 8，方案为 11.5 达到界限分要求，G 公司可以考虑这一新产品的方案。

5）扩展因素相乘评价法。G 公司的界限分为 2300，方案为 2880 达到界限分要求，G 公司可以考虑这一新产品的方案。

（2）模块评价法。模块评价法需要达到界限分的基础上，进行总分比较，分数越大的方案越好。

G 公司界限分为 0.5，Q_1 和 Q_3 方案为 0.61、0.73，Q_3 方案为最佳。

（3）扩展经济因素评价法。通过计算得到如表 2-3-11 所示的经济评价法预期值。

表 2-3-11 经济评价法预期值

方法	指标	预期值
盈亏平衡法	盈亏平衡点销量	22222（吨）
	盈亏平衡点销售额	3666.67（万元）
	盈亏临界点作业率	44.44（%）
净现金流量法	净现值	3953.59（万元）
	报酬率	24.96（%）
投资回收期法	投资回收期	3.92（年）
索别尔曼法	新产品价值	173716（万元）
实物期权法	企业价值	4751.59（万元）

企业预期销售的 50000 吨大于盈亏平衡点销量 22222 吨，企业处于盈利区域；企业净现值 3953.59 万元大于零，从净现值角度方案可选择；企业报酬率 24.96%，大于资本成本 12%，从报酬率角度方案可选择；企业投资回收期 3.92 年，低于临界值 7.12 年，从投资回收期角度方案可选择；企业新产品价值 173716 万元大于零，从企业新产品价值角度方案可选择；企业价值 4751.59 万元大于 3953.59 万元，从企业价值角度方

案可选择；盈亏临界点作业率44.44%，低于临界值50%，需要进一步提高。

七、企业集成新产品开发与设计试销与商业投产

企业进行企业集成新产品开发与设计评价后，就可以对评价良好的已选择的企业集成新产品进行试销与商业投产。对试销结果可以采用净现值公式 $CNPV = \sum\limits_{t=1}^{17} \dfrac{F}{(1 + 12\%)^t} - F_0$、索别尔曼新产品价值公式 $E = P[T + \overline{T}(1 - t/\overline{t})] - C[t + \overline{t}(1 - T/\overline{T})]$、采用实物期权法的企业价值公式 $NPV_T = NPV_1 + NPV_2$ 进行评价，结果良好的进入商业投产。

商业投产时，企业需要进行投产时间的选择，选择恰当的时间，抓住新产品上市机会；需要选择投入的区域，选择合适的区域，进行针对性投入；需要选择明确的销售对象，选择需要的新产品的顾客，满足顾客需求；还需要企业投产过程中，具备良好的服务，促进新产品投产的顺利进行。

企业集成新产品开发与设计试销与商业投产过程需要通过模型定义设计 MBD 信息平台展示，使模型定义设计 MBD 信息平台及时进行企业集成新产品开发与设计试销结果的评价，及时反馈投产时间、区域、对象、服务的情况，对出现的问题及时采取措施，促进模型定义设计 MBD 信息平台顺利运作。

制造企业、设计性新兴制造企业、制造性服务企业、新兴服务企业、一般纯服务企业需要通过模型定义设计 MBD 信息平台，进行企业集成新产品开发与设计试销与商业投产。

第四节　企业集成新产品设计方法

一、企业集成新产品健全设计方法

（一）企业集成有形新产品健全设计方法

企业运营管理的新产品设计主要体现在产品的结构设计方面，是从损失函数的偏差出发，重点在于找寻新产品的尺寸和形状外部方面的偏差，进行纠正偏差的新产品设计。因此，企业运营管理的新产品设计更多的是基于形式上的，对企业新产品的质量保证方面和企业集成战略实现方面的设计存有明显的不足。

企业集成运营管理的企业集成有形新产品健全设计方法的健全性主要体现在：一是企业集成有形新产品设计需要从集成产品的各个组成部分和集成新产品的整体进行

系统设计，根据顾客需求和集成新产品实现的可能进行各个组成部分和集成新产品的整体的容差设计，完整表达了顾客所需要集成新产品的全貌和结构；二是与一般的新产品设计不同，企业集成有形新产品设计运用田口方法，进行集成新产品的参数设计，使顾客所需要的集成新产品具有质量保证；三是企业集成有形新产品设计不但进行集成产品各个组成部分和整体系统和容差设计，还进行模块品目的系统和容差设计，使企业集成有形新产品设计与企业集成基本运营过程相联系，为实现企业集成战略打下基础。

企业集成有形新产品和模块品目健全设计包括系统、容差、参数设计三个方面，系统、容差是最基础的。进行企业集成有形新产品和模块品目健全设计时，需要选择合理的模型，根据模型进行系统和容差设计。企业集成有形新产品健全设计时，需要对有形新产品几何模型、集成有形新产品原理模型、集成有形新产品几何模型和原理模型的新产品模型进行选择。集成有形新产品几何模型通过物理转化成为具有几何形状的集成有形新产品表现模型；集成有形新产品原理模型通过化学转化成为集成有形新产品表现模型；集成有形新产品几何模型和原理模型通过物理和化学转化成为具有几何形状的集成有形新产品和集成有形新产品综合的表现模型。准确地选择有形新产品几何模型后，需要对零件几何形状、功能系统和容差，对部件几何形状、功能系统和容差进行设计，对集成新产品几何形状、功能系统和容差进行设计。准确选择有形新产品原理模型后，需要对原料或者中间品和原料或者中间品外在、性能系统和容差，对几何和原理性有形新产品外在、功能系统和容差进行设计。

企业集成有形模块品目健全设计时，需要根据企业集成运营流程的模块单元运作要求，对有形模块品目几何模型、集成有形模块品目原理模型、集成有形模块品目几何模型和原理模型的产品模型进行选择。集成有形模块品目几何模型通过物理转化成为具有几何形状的集成有形模块品目表现模型；集成有形模块品目原理模型通过化学转化成为集成有形模块品目模块品目表现模型；集成有形模块品目几何模型和原理模型通过物理和化学转化成为具有几何形状的集成有形模块品目和集成有形模块品目综合的表现模型。准确选择有形模块品目几何模型后，需要对模块品目几何形状、功能系统和容差进行设计。准确选择有形模块产品原理模型后，需要对模块品目外在、性能系统和容差，对产品外在、功能系统和容差进行设计。

企业集成有形新产品健全设计运用田口方法进行参数设计。田口方法用低成本的零部件组成可靠性强的优质新产品，充分体现系统整体大于结构之和的思想，保留系统和容差设计，加入参数设计，形成系统、参数和容差设计方式，参数设计是田口设计方法的中心体现。田口方法从损失函数的方差入手，进行参数设计，充分考虑集成新产品的内在运作规律，通过集成新产品制造中的波动性测算，进行集成新产品设计。

集成新产品的功能波动程度是衡量产品内在质量的根本性体现，只有减少波动，才能从根本上提高集成新产品的质量。弊害项目是指生产中对工人有危害的项目，如污染、噪声和安全的项目，主要指绿色制造项目，减少弊害项目就是进行绿色制造。

使用费用是指制造成本。田口损失 = 功能波动损失 + 弊害项目损失 + 使用费用损失。田口方法通过降低产品质量波动，使更多集成新产品质量符合要求，减少波动方面的损失，在集成新产品质量波动范围内，有效运用功能等级低但符合要求的材料，减少集成新产品使用费用，为原材料在运营过程中的充分利用创造了有利条件，使原来传统设计中不能使用的原材料得以使用，节约了资源，实现绿色运作。

田口方法的参数设计通过调整可控因素，寻找一组最佳的设计参数组合，减少噪声因素对产品质量性能的干扰，达到提高新产品质量的目的。参数设计需要确立试验目标，按照试验目标的要求，明确试验属性；进行多因素选优，确定因素，进行正交试验。

根据所计算的偏差平方和，进行方差和纯波动的计算，明确参数的贡献率，确立影响质量波动的参数的显著性。根据参数对质量影响的大小，进行参数的重新设计，使参数的级差最小，信噪比最优，确立产品质量最优的参数组合。

田口方法通过系统、容差和参数设计，实现对集成新产品质量功能的稳健设计。这一设计要成为企业集成新产品健全设计方法，需要将这一方法过程化运作。需要明确新产品设计流程中各活动间的时序和逻辑关系，以附加记录的形式实现，结合模块单元价值链流程、资源、数据、组织信息，进行方法的过程运作。

将参数设计和企业集成基本运营流程过程相结合，使企业集成新产品健全设计方法中融入模块单元运作，进行模块品目系统设计、模块品目参数设计、模块品目容差设计；融入价值链流程，体现价值增值；融入企业集成战略，使集成战略和延迟策略通过方法与模块类型结合起来，进行企业集成战略和策略的运作。可见，企业集成新产品健全设计方法的运用使企业集成运营管理系统的创新功能、弹性功能、继承性功能、质量交货功能、按期交货功能、价值链流程功能的功能更为强大；使企业结构化要素、企业非结构化要素、企业综合要素结合强度更强，更能有效提升企业集成新产品开发与设计核心能力和企业集成新产品实现核心能力，促进企业集成新产品开发与设计流程的有效运作。

制造企业、设计性新兴制造企业、制造性服务企业采用企业集成有形新产品健全设计方法进行集成有形新产品设计。

企业集成有形新产品健全参数设计步骤如下：

1. 企业集成有形新产品健全参数设计望目特性选择

企业集成有形新产品健全参数设计是从损失函数建立信噪比出发进行。围绕信噪比进行企业集成有形新产品健全参数设计，需要明确通过信噪比进行分析的参数目标，根据参数目标的实现需要确定信噪比的特性，为企业集成有形新产品健全参数设计确定运作前提。信噪比的特性分为望目特性、望小特性和望大特性。望目特性是企业集成有形新产品健全参数设计紧紧围绕参数目标进行；望小特性是企业集成有形新产品健全参数设计的信噪比的特性侧重于信噪比数值的趋向，信噪比数值越小越好；望大特性是企业集成有形新产品健全参数设计的信噪比的特性侧重于信噪比数值的趋向，信噪比数值越大越好。企业集成有形新产品健全参数设计针对参数目标进行特性选择，由此选择望目特性。

针对几何和原理性有形产品、模块品目和对应的零件几何形状、功能系统，部件几何形状、功能系统，集成产品几何形状、功能系统，原料或者中间品和原料或者中间品外在、性能系统，产品外在、功能系统，模块品目几何形状、功能系统，模块品目外在、性能系统，企业集成有形新产品健全参数设计时，需要针对参数目标进行特性选择，由此选择望目特性。

2. 企业集成有形新产品健全参数设计可控参数和误差水平制定

企业集成有形新产品健全参数设计进行望目特性选择之后，需要确定信噪比分析中的可控因素和误差水平。田口方法中可以人为控制的参数称为可控参数，可控参数因新产品类型的不同特性有所不同，通过参数设计得到的最佳方案是可控参数最佳水平的组合。进行可控参数的数量选择，误差水平数一般选取3水平。试验次数会因水平数的增加而迅速增加，当试验费用昂贵不宜多做试验时，可选2水平。误差水平的一般设计是以中心值为中心。如3水平的第1水平＝中心值－容差、第2水平＝中心值、第3水平＝中心值＋容差。3水平误差水平是对有形产品从负误差到正常再至误差全方位的考察，是探索误差规律的系统性运作。实际设计时要考虑到误差影响的实际情况，有些影响属于不规律的影响，需要结合实际情况进行。需要指出的是误差水平的具体确定不是运用数学方法所能解决的，是由试验者根据专业知识和生产经验来确定的。

有形几何和原理性有形新产品、模块品目和对应的零件几何形状、功能系统，部件几何形状、功能系统，集成新产品几何形状、功能系统，原料或者中间品和原料或者中间品外在、性能系统，产品外在、功能系统，模块品目几何形状、功能系统，模块品目外在、性能系统，进行企业集成有形新产品健全参数设计可控参数确定时具有与模型和系统对应的特征，需要结合这些模型和系统的特性确定控制参数，使这些控制参数符合模型和系统的特性。根据确定的可控参数，确定3水平误差水平，以全面和系统地反映产品的运作。以F公司为例，确定企业集成有形新产品健全参数设计的可控参数和误差水平，如表2－4－1所示。

表2－4－1　F公司新产品的可控参数和误差水平

可控因素	水平	1	2	3
A	3	A－容差	A	A＋容差
B	3	B－容差	B	B＋容差
C	3	C－容差	C	C＋容差
D	3	D－容差	D	D＋容差

3. 企业集成有形新产品健全参数设计试验

企业集成有形新产品健全参数设计选择可控参数和误差水平后，需要通过试验来测算信噪比。企业集成有形新产品健全参数设计试验一般采用没有交互作用的正交试验，这是进行参数设计的重要工具。正交试验能够使因子水平在每一类试验中出现次数相同，这样就能够均匀地进行不同水平试验，以全面反映不同水平下的有形产品的运作；正交试验任意两列的同行数字看成一个数对，一切可能的数对重复次数相同，系统反映有形新产品运作。正交试验 $L_n(m^k)k$ 为正交试验列数，m 为正交试验水平，n 为正交试验次数。一般 m 为质数，$n = m^k$，所有因素试验数为 $n \times k$。2 水平的试验有 $L_8(2^7)$、$L_{16}(2^{15})$，3 水平的试验有 $L_9(3^4)$、$L_{29}(3^{13})$、$L_{81}(3^{40})$。

零件几何形状、功能系统，部件几何形状、功能系统，集成产品几何形状、功能系统，原料或者中间品和原料或者中间品外在、性能系统，产品外在、功能系统，模块品目几何形状、功能系统，模块品目外在、性能系统，企业集成有形新产品健全参数设计时，需要进行没有交互作用的正交试验。对 F 公司进行 $L_9(3^4)$ 试验。

4. 企业集成有形新产品健全参数设计信噪比计算

（1）进行可靠性评分。企业集成有形新产品健全参数设计信噪比计算前，需要进行可靠性评分。可靠性是通过试验，对 3 水平下的有形新产品的运作状态做出的评价。可靠性评价是信噪比分析的基础，信噪比分析是建立在损失函数基础之上的，由此损失函数的趋向越小越好，与损失函数的趋向一致，可靠性评价趋向越小越好。

零件几何形状、功能系统，部件几何形状、功能系统，集成新产品几何形状、功能系统，原料或者中间品和原料或者中间品外在、性能系统，产品外在、功能系统，模块品目几何形状、功能系统，模块品目外在、性能系统进行 3 水平下的可靠性评分均须采用越小越好的可靠性评价趋向。F 公司可靠性评价如表 2 - 4 - 2 所示：

表 2 - 4 - 2 F 公司可靠性评价

试验序号	A	B	C	D	M_1	M_2	M_3
1	1	1	1	1	5	4	5
2	1	2	2	2	6	5	4
3	1	3	3	3	6	7	5
4	2	1	2	3	5	3	3
5	2	2	3	1	9	10	9
6	2	3	1	2	6	5	5
7	3	1	3	2	5	7	4
8	3	2	1	3	9	9	9
9	3	3	2	1	9	9	8

（2）计算信噪比。进行有形新产品的可靠性评价后，可以根据可靠性评价数据，进行信噪比分析。零件几何形状、功能系统，部件几何形状、功能系统，集成新产品几何形状、功能系统，原料或者中间品和原料或者中间品外在、性能系统，新产品外

在、功能系统，模块品目几何形状、功能系统，模块品目外在、性能系统为此需要建立信噪比分析公式，计算公式如下所示：

$$\eta = -10\lg\left(\frac{\sum_{i=1}^{n}(y_i - m)^2}{n}\right) = -10\lg\left(\frac{\sum_{i=1}^{n} y_i^2}{n}\right) \qquad (2-4-1)$$

式中，η 为信噪比；$(y_i - m)^2$ 为损失函数。

由此按照 3 水平的试验，与可靠性评价相联系，建立信噪比计算公式如下所示：

$$\eta_i = -10\lg \frac{1}{n}(M_{i1}^2 + M_{i2}^2 + M_{i3}^2) \qquad (2-4-2)$$

根据 F 公司可靠性评价，进行信噪比计算。

$$\eta_1 = -10\lg \frac{1}{n}(M_{11}^2 + M_{12}^2 + M_{13}^2) = -13.42$$

同理，计算 $\eta_2 = -14.08$，$\eta_3 = -15.65$，$\eta_4 = -11.55$，$\eta_5 = -19.41$，$\eta_6 = -14.58$，$\eta_7 = -14.77$，$\eta_8 = -18.77$，$\eta_9 = -18.77$。

（3）根据信噪比选择参数。信噪比越大，表明有形新产品运作状态越好。零件几何形状、功能系统，部件几何形状、功能系统，集成新产品几何形状、功能系统，原料或者中间品和原料或者中间品外在、性能系统，新产品外在、功能系统，模块品目几何形状、功能系统，模块品目外在、性能系统需要选择信噪比最大的参数。

对 F 公司的信噪比进行分析，选择 $\eta_4 = -11.55$ 信噪比最大，选择相应的参数为 $A_2B_1C_2D_3$。

5. 企业集成有形新产品健全参数设计级差和偏差分析

企业集成有形新产品健全参数设计进行了参数选择后，需要进一步对所选择的参数进行验证，以明确所选的参数是否需要进行调整。零件几何形状、功能系统，部件几何形状、功能系统，集成新产品几何形状、功能系统，原料或者中间品和原料或者中间品外在、性能系统，新产品外在、功能系统，模块品目几何形状、功能系统需要进行级差和偏差分析，以便检验所选参数的效果。

根据三水平的正交试验，建立信噪比总和和部分之和公式，如下所示：

$$T = \sum_{i=1}^{9} \eta_i \qquad (2-4-3)$$

$$T_{LR} = \sum_{i=1}^{3} \eta_{LRi} \qquad (2-4-4)$$

式中，L 代表参数，R 代表误差水平。

根据所确定的信噪比之和信息，确定信噪比级差，建立信噪比级差公式和信噪比偏差平方和公式，如下所示：

$$T_{L\Delta} = T_{L\max} - T_{L\min} \qquad (2-4-5)$$

$$S_L = \frac{1}{3}(T_{L1}^2 + T_{L2}^2 + T_{L3}^2) - \frac{T^2}{9} \qquad (2-4-6)$$

F 公司的参数包括 A、B、C、D，误差水平包括 1、2、3。

$$T = \sum_{i=1}^{9} \eta_i = 141$$

$$T_{A1} = \sum_{i=1}^{3} \eta_{A1i} = 43.15$$

同理，计算 A、B、C、D 的 1、2、3 误差水平的信噪比部分和：

$$T_{A\Delta} = T_{A\max} - T_{A\min} = 9.16$$

同理，计算 B、C、D 的级差：

$$S_A = \frac{1}{3}(T_{A1}^2 + T_{A2}^2 + T_{A3}^2) - \frac{T^2}{9} = 15.15$$

同理，计算 B、C、D 的偏差平方和。由此得到 F 公司级差与偏差平方和如表 2 - 4 - 3 所示。

表 2 - 4 - 3　F 公司级差与偏差平方和

参数	1	2	3	级差	偏差平方和
A	43.15	45.54	52.31	9.16	15.05
B	39.74	52.26	49.00	12.52	28.13
C	46.77	44.40	49.83	5.43	4.94
D	51.60	43.43	45.97	8.17	11.66

根据表 2 - 4 - 3 F 公司级差与偏差平方和的级差与偏差计算，能够得出级差与偏差一致，A、B、D 因素显著，参数不用调整。而 C 不显著，需要调整。调整一般按照信噪比高的原则进行调整，C 调整为 1。由此得出参数为 $A_2 B_1 C_1 D_3$。

（二）企业集成无形新产品系统性设计方法

企业集成无形新产品系统性设计方法是借鉴了企业集成有形新产品健全设计方法来进行构建的。其内容包括：

1. 企业集成无形新产品系统设计

与企业集成有形新产品一样，企业集成无形新产品具有模型和与模型对应的系统，具备了进行企业集成无形新产品系统设计的基本要素。企业集成无形新产品系统设计需要针对集成无形新产品信息原理模型和集成无形新产品非信息原理模型，将集成无形新产品各信息部分通过信息程序转化成为具有一定信息功能的无形产品信息原理模型，将集成无形新产品各非信息部分通过服务转化成为具有一定功能的集成无形新产品非信息原理模型，进行集成无形新产品信息原理系统和集成无形产品非信息原理系统设计。企业集成无形新产品系统设计具体体现为无形新产品设计、软件模块功能系统设计、软件模块组成设计、模块间的关系设计；体现为软件数据结构功能系统设计；体现为软件接口功能系统设计；体现为模块系统、软件数据结构系统、软件接口综合功能系统设计；体现为集成无形产品要素系统设计、集成无形产品部分联系功能系统设计、集成无形产品整体联系功能系统设计。

2. 企业集成无形新产品容差设计

与企业集成有形新产品容差的双向表现不同，企业集成无形新产品容差具有单向表现，使企业集成无形新产品容差具有自身的特性。企业集成无形新产品容差设计具体体现为信息和非信息无形新产品容差设计、软件模块功能系统容差设计，软件数据结构功能系统容差设计，软件接口功能系统容差设计，模块系统、软件数据结构系统、软件接口综合功能系统容差设计，集成无形新产品要素系统容差和集成无形新产品部分联系功能系统容差设计、集成无形新产品整体联系功能系统容差设计。

3. 企业集成无形新产品参数设计

与企业集成有形新产品一样，企业集成无形新产品设计中也存在着影响产品设计的可控因素，只是没有像企业集成有形新产品参数设计那么明确。企业集成无形新产品参数时，需要明确影响企业集成无形新产品运作的可控因素，从这些因素出发，找出影响企业集成无形新产品运作的关键可控因素，采取必要的设计方法，确定合理的企业集成无形新产品设计方式。

新兴服务企业、一般纯服务企业采用企业集成无形新产品系统性设计方法进行企业集成无形新产品设计。

二、企业集成新产品质量功能设计方法

（一）企业集成有形新产品质量功能设计方法

企业集成有形新产品质量功能设计方法通过构建体现企业集成有形新产品质量功能设计框架的质量屋实现方法运作。要反映顾客动态需求，从整体上进行企业集成有形新产品质量功能设计，需要构建质量屋，以明确企业集成有形新产品质量功能设计各部分的内在联系。

1. 企业集成有形新产品设计质量屋顾客需求确定

企业运营管理的质量屋是从一般的顾客需求出发进行新产品设计。这种设计只考虑了顾客的一般需求，没有考虑顾客需求的动态性，使设计不能全面反映顾客需求；这种设计只是从顾客需求出发，没有将顾客需求落实到新产品上，使顾客需求的辨识和实现程度受到影响；设计没有考虑与企业集成基本运营流程的接口，使设计无法反映企业集成战略运作。企业集成有形新产品质量功能设计方法需要从顾客动态需求出发，将需求落到新产品和模块品目上，促进顾客需求的辨识，与企业集成战略建立内在联系。为此，需要对企业运营管理的质量屋进行改进。

企业集成有形新产品质量功能设计将顾客动态需求区分为相似性需求和差异性需求，以反映顾客需求的动态性。相似性需求主要指构成产品族的各个部分从结构、功能等不同侧面或者综合起来所体现的类似性。当前企业的产品族设计，主要是基于相

似性的考虑，对于差异性的研究相对较少，而差异性对于产品族来说是区分不同族内成员以及对不同顾客需求响应的重要特性。企业集成有形新产品质量功能设计需要综合考虑顾客相似性和差异性需求。

顾客需求是动态的。顾客需求的动态变化主要包括随时间推移而产生的变化和在某一个时间点上的变化，这些变化影响产品的构成和性能。传统的质量功能设计是针对静态的顾客需求进行应用，缺少对需求变化响应的分析和规划。企业集成有形新产品质量功能设计需要应用动态质量功能设计方法，使所设计的企业集成有形产品族具有更好的适应性。

顾客需求最终体现在有形新产品和模块品目上。具体体现在零件几何形状、功能系统，部件几何形状、功能系统，集成新产品几何形状、功能系统，原料或者中间品和原料或者中间品外在、性能系统，产品外在、功能系统，模块品目几何形状、功能系统，模块品目外在、性能系统。这些有形新产品和模块品目将顾客需求集中反映出来，将顾客需求与企业集成运营管理系统联系起来，使顾客需求更容易让企业辨识，更快实现顾客的需求。

企业集成有形新产品设计质量屋的顾客需求部分反映三个层面：一是反映顾客在产品方面的需求，用来从整体上体现顾客需求；二是反映顾客在零件、部件、原材料、中间品方面的需求，用来从结构上体现顾客需求；三是反映顾客在模块品目方面的需求，这一需求不但从结构上反映顾客需求，还能从与企业集成基本运营流程联系上反映顾客需求。企业集成有形新产品设计质量屋需要将顾客需求用几何和原理模型概括有形新产品、零件、部件、原材料、中间品、模块品目，于质量屋的左列列出；需要将体现一般需求的几何和原理模型的有形新产品、零件、部件、原材料、中间品、模块品目列在左列上方，将体现差异需求几何和原理模型的有形新产品、零件、部件、原材料、中间品、模块品目紧接着一般需求列在左列下方，以体现企业集成战略中的差异化需求。对体现一般需求和差异需求的几何和原理模型的有形新产品、零件、部件、原材料、中间品、模块品目进行总体的权重分析，明确顾客需求的几何和原理模型的有形新产品、零件、部件、原材料、中间品、模块品目的权重，将权重紧接着顾客需求列出。

2. 企业集成有形新产品设计质量屋顾客需求与工程指标关系确定

企业集成有形新产品设计质量屋内在联系是指企业集成几何和原理模型的有形新产品、零件、部件、原材料、中间品、模块品目的顾客需求与保证质量的工程指标之间的联系。质量屋框架具体运作中，需要实现顾客需求与保证质量的工程指标的联系，完成企业集成有形新产品设计质量屋内在联系。企业集成有形新产品设计质量屋中的顾客需求与保证质量的工程指标之间的映射是企业集成有形新产品设计的核心和基础。质量屋方法广泛用于许多行业的新产品设计，可以将客户需求转化为技术特征，简单而且有效（Kraslawski，2015）。

企业集成有形新产品设计质量屋需要进行保证顾客需求质量的技术分析，得出解决需求的工程指标，于质量屋的上方横向列出。这里的指标有解决几何和原理模型的有形新产品、零件、部件、原材料、中间品、模块品目的一般需求质量保证的工程指标，还有解决几何和原理性有形产品、零件、部件、原材料、中间品、模块品目特殊需求质量保证的工程指标，建立顾客需求与质量保证的工程指标的关系，列于质量屋中间。企业集成有形新产品设计质量屋建立顾客需求与质量保证的工程指标关系后，需要建立质量保证的工程指标间的关系，列于质量屋的上方，通过屋顶表示。

制造企业、设计性新兴制造企业、制造性服务企业采用企业集成有形新产品质量功能设计方法进行企业集成有形新产品设计。

F公司建立顾客需求与工程指标的关系、工程指标关系如表2-4-4、表2-4-5和图2-4-1所示。

表2-4-4　F公司建立顾客需求与工程指标的关系

顾客需求	权重	技术1	技术2	技术3	技术4	技术5	技术6
零件1	0.26	9	3				
零件2	0.13					6	9
零件3	0.14		1	6	3		
零件4	0.08	6		9	1	3	
零件5	0.16	9	9				
零件6	0.07			6		9	3

表2-4-5　F公司工程指标关系

	技术1	技术2	技术3	技术4	技术5	技术6
技术1	9			6		
技术2		9			-3	
技术3			9	-3		
技术4	6		-3	9		
技术5		-3			9	3
技术6					3	9

3. 企业集成有形新产品质量功能设计建模

运用目标约束方法实施企业集成有形新产品质量功能设计框架。确定各种顾客需求的可能变化和解决相应问题所采取的技术手段。可以将这种变化划分为外部变化和内部变化或者可预测的变化和不可预测的变化等，每一类顾客需求的变化都会引致设计人员采用相应的设计技术，这些技术要求为问题的解决提供了思路，同时也为问题的求解提供了多目标的约束条件。顾客需求的变化和技术手段之间并不一定是一一对应的，提高产品质量的要求涉及新产品功能和要素。因此，对于企业集成产品族的设计必须综合考虑各方面的约束。

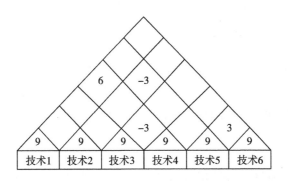

图 2 – 4 – 1　F 公司工程指标关系

运用目标约束方法可以通过动态需求分析，推导动态需求和目标约束，是实现相对模糊的需求和为加速新产品定制而采取的动态需求的方法。目标约束方法改变过去面向企业集成有形产品族范围内模块之间的关联设计方式和很难将其分配到各个具体的功能模块情况，提高大批量定制设计的合理性及速度。

目标约束方法重点区分受影响的几何和原理模型的有形新产品、零件、部件、原材料、中间品、模块品目，选取敏感的几何和原理模型的有形新产品、零件、部件、原材料、中间品、模块品目作为重点考虑对象。面向企业集成有形新产品质量功能设计过程通过动态质量功能设计方法将用户的定制需求以设计指标的形式反映到几何和原理模型的有形新产品、零件、部件、原材料、中间品、模块品目上，实现初步设计，将产品的设计方法作为目标的约束问题，以期综合实现企业集成有形新产品质量功能设计过程。

目标约束方法通过以下步骤实现企业集成产品质量功能设计框架：

（1）构建企业集成有形新产品质量功能的顾客需求矩阵。顾客需求矩阵反映几何和原理模型的有形新产品、零件、部件、原材料、中间品、模块品目的顾客需求量化特征，通过量化体现几何和原理模型的有形新产品、零件、部件、原材料、中间品、模块品目的顾客需求。建立顾客需求矩阵如下所示：

$$G = \begin{vmatrix} g_{11} & g_{12} & \cdots & g_{1p} \\ g_{21} & \cdots & \cdots & g_{2p} \\ \vdots & \ddots & \ddots & \vdots \\ g_{p1} & \cdots & \cdots & g_{pp} \end{vmatrix} \qquad (2-4-7)$$

（2）构建企业集成有形新产品质量功能的技术特征自相关矩阵。保证质量功能的技术特征自相关矩阵反映技术特征之间的关联关系，提供解决企业集成有形新产品质量功能设计的技术基础。建立自相关矩阵如下所示：

$$H = \begin{vmatrix} h_{11} & h_{12} & \cdots & h_{1p} \\ h_{21} & \cdots & \cdots & h_{2p} \\ \vdots & \ddots & \ddots & \vdots \\ h_{p1} & \cdots & \cdots & h_{pp} \end{vmatrix} \qquad (2-4-8)$$

（3）构建企业集成有形新产品质量功能目标模型。目标模型是根据企业效用函数建立的，企业集成有形新产品质量功能效用函数最终体现为满足顾客需求效用的提高。以质量功能效用为目标的效用函数，将目标函数与效用函数建立起相关关系。

建立目标模型如下所示：

$$\max(\min)Z = F(X) \qquad (2-4-9)$$

式中，Z 为体现质量功能效用的目标。$F(X)$ 为与各目标函数相关的效用函数。效用函数体现了企业集成有形新产品质量功能设计效果。

$F(X)$ 表达式如下所示：

$$F(X) = c_1 x_1 + \cdots + c_n x_n \qquad (2-4-10)$$

$F(X)$ 受约束条件的限制，表达式如下所示：

（4）建立约束模型。要实现预定企业集成有形新产品质量功能效用，$F(X)$ 受约束条件的限制，需要建立约束模型，模型如下所示：

$$C(X) \leq (\geq) Q \qquad (2-4-11)$$

式中，$C(X)$ 为约束函数，Q 为约束值。

具体体现如下所示：

$$C_i(x_1, x_2, \cdots, x_n) \leq (\geq) q_i (i = 1, 2, \cdots, m) \qquad (2-4-12)$$

（5）明确顾客需求、技术特性与约束条件之间的联系。企业集成有形新产品质量功能效用 $F(X)$，是在反映了几何和原理模型的有形产品、零件、部件、原材料、中间品、模块品目的顾客需求量化特征、技术特征自相关和约束条件基础上形成，顾客需求、技术特性与约束条件在企业集成有形新产品质量功能效用 $F(X)$ 中反映，由此形成内在联系。将这种内在联系通过模型来展示，如下所示：

$$C = G \times H = \begin{vmatrix} g_{11} & g_{12} & \cdots & g_{1p} \\ g_{21} & \cdots & \cdots & g_{2p} \\ \vdots & \ddots & \ddots & \vdots \\ g_{p1} & \cdots & \cdots & g_{pp} \end{vmatrix} \times \begin{vmatrix} h_{11} & h_{12} & \cdots & h_{1p} \\ h_{21} & \cdots & \cdots & h_{2p} \\ \vdots & \ddots & \ddots & \vdots \\ h_{p1} & \cdots & \cdots & h_{pp} \end{vmatrix} \qquad (2-4-13)$$

围绕企业集成有形新产品质量功能目标模型，通过构建企业集成有形新产品质量功能的顾客需求矩阵、技术特征自相关矩阵、约束条件，得出企业集成有形新产品质量功能的最佳效用。

F 公司通过技术 1、技术 2、技术 3、技术 4、技术 5、技术 6 进行企业集成有形新零件 1、零件 2、零件 3、零件 4、零件 5、零件 6 新零件设计。假设这些技术分别为变量 x_1、x_2、x_3、x_4、x_5、x_6，这些变量所用的资源受到约束，约束条件为 $x_1 + x_2 \leq 5$、$3x_2 + x_3 + x_4 \leq 16$、$x_5 + x_6 \leq 15$、$x_1 + x_4 \leq 8$、$x_3 + x_5 \leq 12$、$x_1 + x_6 \leq 9$，确定这些约束条件

下的 F 公司集成有形新零件质量功能最佳效用目标值。

根据 F 公司数据建立 F 公司集成有形新零件质量功能顾客需求矩阵、F 公司集成有形新零件质量功能技术特征自相关矩阵如下：

$$G = \begin{vmatrix} 9 & 3 & 0 & 0 & 0 & 0 \\ 0 & 0 & 0 & 0 & 6 & 9 \\ 0 & 1 & 6 & 3 & 0 & 0 \\ 6 & 0 & 9 & 1 & 3 & 0 \\ 9 & 9 & 0 & 0 & 0 & 0 \\ 0 & 0 & 6 & 0 & 9 & 3 \end{vmatrix}$$

$$H = \begin{vmatrix} 9 & 0 & 0 & 6 & 0 & 0 \\ 0 & 9 & 0 & 0 & -3 & 0 \\ 0 & 0 & 9 & -3 & 0 & 0 \\ 6 & 0 & -3 & 9 & 0 & 0 \\ 0 & -3 & 0 & 0 & 9 & 3 \\ 0 & 0 & 0 & 0 & 3 & 9 \end{vmatrix}$$

根据公司集成有形新零件质量功能顾客需求矩阵、F 公司集成有形新零件质量功能归一化技术特征自相关矩阵，确定目标模型系数如下：

$$C = G \times H = \begin{vmatrix} 9 & 3 & 0 & 0 & 0 & 0 \\ 0 & 0 & 0 & 0 & 6 & 9 \\ 0 & 1 & 6 & 3 & 0 & 0 \\ 6 & 0 & 9 & 1 & 3 & 0 \\ 9 & 9 & 0 & 0 & 0 & 0 \\ 0 & 0 & 6 & 0 & 9 & 3 \end{vmatrix} \times \begin{vmatrix} 1 & 0 & 0 & 0.67 & 0 & 0 \\ 0 & 1 & 0 & 0 & -0.33 & 0 \\ 0 & 0 & 1 & -0.33 & 0 & 0 \\ 0.67 & 0 & -0.33 & 1 & 0 & 0 \\ 0 & -0.33 & 0 & 0 & 1 & 0.33 \\ 0 & 0 & 0 & 0 & 0.33 & 1 \end{vmatrix}$$

$C = (3.05, 1.95, 1.39, 3.53, 3.51, 2.31)$

确定 F 公司集成有形新零件质量功能最佳效用目标模型如下：

$\max z = 3.05x_1 + 1.95x_2 + 1.39x_3 + 3.53x_4 + 3.51x_5 + 2.31x_6$

s. t. $\begin{cases} x_1 + x_2 \leqslant 5 \\ 3x_2 + x_3 + x_4 \leqslant 16 \\ x_5 + x_6 \leqslant 15 \\ x_1 + x_4 \leqslant 8 \\ x_3 + x_5 \leqslant 12 \\ x_1 + x_6 \leqslant 9 \\ x_1, x_2, x_3, x_4, x_5, x_6 \geqslant 0 \end{cases}$

建立初始基可行解如表 2 - 4 - 6 所示：

解得 $x_1 = 2.67$、$x_2 = 2.33$、$x_3 = 6.33$、$x_4 = 5.67$、$x_5 = 8.67$、$x_6 = 3.33$，F 公司集成有形新零件质量功能最佳效用目标值为 76.62。

表 2 - 4 - 6 初始基可行解

	c_j		3.05	1.95	1.39	3.53	3.51	2.31	0	0	0	0	0	0
C_B	X	b	x_1	x_2	x_3	x_4	x_5	x_6	x_7	x_8	x_9	x_{10}	x_{11}	x_{12}
0	x_7	5	1	1	0	0	0	0	1	0	0	0	0	0
0	x_8	16	0	3	1	1	0	0	0	1	0	0	0	0
0	x_9	15	0	0	0	0	1	1	0	0	1	0	0	0
0	x_{10}	8	0	1	0	1	0	0	0	0	0	1	0	0
0	x_{11}	12	0	0	1	0	1	0	0	0	0	0	1	0
0	x_{12}	9	1	0	0	0	0	1	0	0	0	0	0	1
	$c_j - z_j$		3.05	1.95	1.39	3.53	3.51	2.31	0	0	0	0	0	0

根据资料绘出 F 公司集成有形新零件设计质量屋如图 2 - 4 - 2 所示：

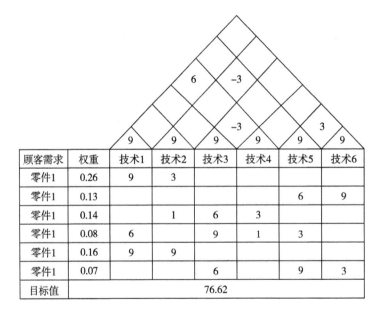

图 2 - 4 - 2 F 公司集成有形新零件设计质量屋

（二）企业集成无形新产品质量功能设计方法

企业集成无形新产品质量功能设计方法通过构建体现企业集成无形新产品质量功能设计框架的质量屋实现方法运作。

1. 企业集成无形新产品设计质量屋的顾客需求确定

企业集成无形新产品设计质量屋的顾客需求确定时，需要充分分析企业集成无形新产品信息原理和企业集成无形新产品非信息原理的顾客一般和个性需求。顾客一般和个性需求体现在信息和非信息的无形新产品、软件模块功能系统、软件数据结构功能系统、软件接口功能系统、要素系统、部分联系功能系统、整体联系功能系统，使企业集成无形新产品设计质量屋的顾客需求能够具体体现。

企业集成无形新产品设计质量屋需要将顾客需求通过信息和非信息的无形新产品、软件模块功能系统、软件数据结构功能系统、软件接口功能系统、要素系统、部分联系功能系统、整体联系功能系统体现，于质量屋的左列列出。需要对需求进行总体的权重分析，明确无形新产品、软件模块功能系统、软件数据结构功能系统、软件接口功能系统、要素系统、部分联系功能系统、整体联系功能系统的权重，将权重紧接着顾客需求列出。

2. 企业集成无形新产品设计质量屋顾客需求与技术或者方法关系确定

企业集成无形新产品设计质量屋的企业集成无形产品信息原理和企业集成无形新产品非信息原理的顾客需求与企业集成无形新产品质量保证的技术或者方法之间存有内在联系。需要实现企业集成无形新产品顾客需求与保证质量的技术或者方法的联系，实现企业集成无形新产品设计质量屋内在联系。

企业集成无形新产品设计质量屋需要进行保证顾客需求质量的技术分析，得出解决需求的技术或者方法，于质量屋的上方横向列出。这里的指标有解决信息和非信息无形新产品、软件模块功能系统、软件数据结构功能系统、软件接口功能系统、要素系统、部分联系功能系统、整体联系功能系统的一般和特殊需求质量保证的工程指标，建立顾客需求与保证质量的技术或者方法的关系，列于质量屋中间。根据企业集成无形新产品设计质量屋顾客需求，建立能够反映无形新产品、软件模块功能系统、软件数据结构功能系统、软件接口功能系统、要素系统、部分联系功能系统、整体联系功能系统的企业集成无形新产品信息原理和企业集成无形新产品非信息原理的顾客一般和个性需求的企业集成无形新产品质量功能顾客需求矩阵。如下所示：

$$
G_W = \begin{vmatrix} g_{W11} & g_{W12} & \cdots & g_{W1p} \\ g_{W21} & \cdots & \cdots & g_{W2p} \\ \vdots & \ddots & \ddots & \vdots \\ g_{Wp1} & \cdots & \cdots & g_{Wpp} \end{vmatrix} \qquad (2-4-14)
$$

企业集成无形新产品设计质量屋建立顾客需求与保证质量的技术或者方法关系后，需要建立保证质量的技术或者方法间的关系，列于质量屋的上方，通过屋顶表示。保证质量的技术或者方法间的关系通过企业集成无形新产品质量功能技术或者方法特征的自相关矩阵体现。保证质量的技术或者方法特征的自相关矩阵反映技术或者方法特征之间的关联关系，提供解决企业集成无形新产品质量功能设计的技术或者方法基础。建立自相关矩阵如下所示：

$$
H_W = \begin{vmatrix} h_{W11} & h_{W12} & \cdots & h_{W1p} \\ h_{W21} & \cdots & \cdots & h_{W2p} \\ \vdots & \ddots & \ddots & \vdots \\ h_{Wp1} & \cdots & \cdots & h_{Wpp} \end{vmatrix} \qquad (2-4-15)
$$

3. 企业集成无形新产品质量功能设计建模

运用目标约束方法进行企业集成无形新产品质量功能设计建模，构建信息和非信息无形产品、软件模块功能系统、软件数据结构功能系统、软件接口功能系统、要素系统、部分联系功能系统、整体联系功能系统的企业集成无形新产品质量功能目标模型。目标模型根据企业效用函数建立，企业集成无形新产品质量功能效用函数最终体现为满足顾客需求效用的提高。以质量功能效用为目标的效用函数，将目标函数与效用函数建立起相关关系。建立目标模型如下所示：

$$\max(\min)Z_W = W(X) \tag{2-4-16}$$

式中，Z_W 为体现无形新产品质量功能效用的目标。$W(X)$ 为与各目标函数相关的效用函数。效用函数体现了企业集成无形新产品质量功能设计效果。$W(X)$ 表达式如下所示：

$$W(X) = c_{W1}x_1 + \cdots + c_{Wn}x_n \tag{2-4-17}$$

要实现预定企业集成无形新产品质量功能效用，$W(X)$ 受约束条件的限制，需要建立约束模型。

模型如下所示：

$$C_W(X) \leqslant (\geqslant) Q_W \tag{2-4-18}$$

式中，$C_W(X)$ 为约束函数，Q_W 为约束值。

具体体现如下所示：

$$C_{Wi}(x_1, x_2, \cdots, x_n) \leqslant (\geqslant) q_{Wi}(i=1, 2, \cdots, m) \tag{2-4-19}$$

建立无形新产品顾客需求、技术或者方法与约束条件内在联系。将这种内在联系通过模型来展示，如下所示：

$$C_W = G_W \times H_W = \begin{vmatrix} g_{W11} & g_{W12} & \cdots & g_{W1p} \\ g_{W21} & \cdots & \cdots & g_{W2p} \\ \vdots & \ddots & \ddots & \vdots \\ g_{Wp1} & \cdots & \cdots & g_{Wpp} \end{vmatrix} \times \begin{vmatrix} h_{W11} & h_{W12} & \cdots & h_{W1p} \\ h_{W21} & \cdots & \cdots & h_{W2p} \\ \vdots & \ddots & \ddots & \vdots \\ h_{Wp1} & \cdots & \cdots & h_{Wpp} \end{vmatrix} \tag{2-4-20}$$

这样围绕企业集成无形新产品质量功能目标模型，通过构建信息和非信息无形新产品、软件模块功能系统、软件数据结构功能系统、软件接口功能系统、要素系统、部分联系功能系统、整体联系功能系统的企业集成无形新产品质量功能顾客需求矩阵、技术或者方法自相关矩阵、约束条件，得出企业集成无形新产品质量功能的最佳效用。由此得出目标值，建立企业集成无形新产品质量屋。

新兴服务企业、一般纯服务企业运用企业集成无形新产品质量功能设计方法进行企业集成无形新产品设计。

三、企业集成新产品 TRIZ 设计方法

（一）企业集成有形新产品 TRIZ 设计方法

企业集成有形新产品 TRIZ 设计方法虽然建立了几何和原理性有形新产品、零件、

部件、原材料、中间品、模块品目的需求与技术之间的联系，但技术能否实现，企业有形新产品质量功能设计方法没有办法解决。这一问题的解决需要通过企业集成有形新产品 TRIZ 设计方法来实现。TRIZ 理论由苏联发明家阿奇舒勒发明。创造性问题解决可以通过 TRIZ 理论进行（Benmoussa，2017）。

1. 企业集成有形新产品 TRIZ 设计矛盾矩阵

TRIZ 的理论由技术之间的矛盾展开。技术之间问题主要通过矛盾来体现。技术之间的矛盾包括技术矛盾和物理矛盾。技术矛盾体现为一个子系统中引入一种有用性能后，导致另一个子系统产生一种有害性能，或增强已存在的有害性能；一个系统有害性能导致另一个系统有用性能的变化；一个系统有用性能增强或者有害性能降低，使另一个系统变得更加复杂。物理矛盾体现为子系统中有害性能降低的同时导致该子系统有用性能的降低；子系统中有用性能增强的同时导致该子系统有害性能的增强。

阿奇舒勒通过对大量的专利文献分析，总结可用来描述工程领域中绝大多数技术矛盾的 39 个通用技术参数，将一个具体的实际问题转化并表达为标准的 TRIZ 问题。通过横向 39 个期望改善的技术参数和纵向 39 个恶化的几何和原理性有形产品、零件、部件、原材料、中间品、模块品目技术参数构成的矛盾矩阵来体现技术之间的技术矛盾和物理矛盾。

39 个通用技术参数包括物理及几何参数、技术负向参数、技术正向参数。物理及几何参数包括运动物体的重量、静止物体的重量、运动物体的长度、静止物体的长度、运动物体的面积、静止物体的面积、运动物体的体积、静止物体的体积、速度、力、应力或压强形状、温度、光照度、功率；技术负向参数包括运动物体作用时间、静止物体作用时间、运动物体的能量、静止物体的能量、能量损失、物质损失、信息损失、时间损失、物质的量、物体外部有害因素作用的敏感性、物体产生的有害因素；技术正向参数包括稳定性、强度、可靠性、测试精度、制造精度、可制造性、操作流程的方便性、可维修性、适应性及多用性、装置的复杂性、监控和测试的困难程度、自动化程度、生产率。

美国科技人员引入 TRIZ 设计方法，对 1500 万件专利进行分析、研究、总结、提炼和定义后，确立新的矛盾矩阵。该矩阵增加了 9 个通用工程参数（见表 2 - 4 - 7），参数由 39 个增加至 48 个（见表 2 - 4 - 8）。

表 2 - 4 - 7　阿奇舒勒矛盾矩阵

恶化 改善	1	2	3	…	38	39
1	+	-	15，8， 29，34		26，35， 18，19	35，3， 24，37
2	-	+	-		2，26，35	1，28， 15，35

续表

改善 \ 恶化	1	2	3	...	38	39
3	8, 15, 29, 34	−	+		17, 24, 26, 16	14, 4, 28, 29
⋮						
38	28, 26, 18, 35	28, 26, 35, 10	14, 13, 17, 28		+	5, 12, 35, 26
39	35, 26, 24, 37	28, 27, 15, 3	18, 4, 28, 38		5, 12, 35, 26	+

表 2 − 4 − 8　美国矛盾矩阵

改善 \ 恶化	1	2	...	47	48
1	35, 28, 31, 8, 2, 3, 10	3, 19, 35, 40, 1, 26, 2		26, 28, 32, 5, 20, 36, 32, 37	28, 26, 35, 10, 2, 37
2	35, 3, 40, 2, 31, 1, 26	35, 31, 3, 13, 17, 2, 40, 28		17, 25, 37, 32, 28, 15, 18	26, 28, 18, 37, 4, 3
⋮					
47	28, 26, 13, 5, 3, 8, 35, 24	28, 26, 1, 13, 3, 35, 6, 24		28, 32, 26, 3, 24, 37, 10, 1	28, 26, 32, 24, 3, 13, 37, 10, 18
48	35, 26, 32, 1, 12, 8, 25	26, 25, 1, 35, 8, 12, 10		26, 28, 24, 10, 13, 1	28, 24, 10, 37, 26, 3, 32

　　美国 TRIZ 理论的 48 个参数按照物理及几何参数、技术负向参数、技术正向参数三类参数进行设计。物理及几何参数保留原有 15 个参数的基础上，增加美观参数。技术负向参数保留原有 11 个参数的基础上，增加噪声、有害的副作用、易受伤性参数。技术正向参数保留原有 13 个参数的基础上，增加信息数量、运行效率、兼容性、安全性参数，将阿奇舒勒 39 个参数中的控制和测量的复杂性分为控制的复杂性和测量的难度两个参数。通过横向 48 个期望改善的技术参数和纵向 48 个恶化的几何和原理模型的有形新产品、零件、部件、原材料、中间品、模块品目技术参数构成的矛盾矩阵来体现技术之间的技术矛盾和物理矛盾。为了获得竞争力，公司需要生产新产品或消除现有的矛盾状态。在这种情况下，TRIZ 方法是管理者或发明者使用的有效科学方法（Ekmekci & Koksal，2015）。

阿奇舒勒矛盾矩阵由纵横 39 个参数组成 1521 个矛盾方格，1521 个矛盾方格从整体上展示技术之间的矛盾，包括技术矛盾和物理矛盾。加号方格处于相同参数的交叉点，系统矛盾由一个因素导致，属于物理矛盾。非加号部分由不同因素导致，属于技术矛盾。技术矛盾包括有数字的技术矛盾和减号技术矛盾。数字的技术矛盾表明这类技术矛盾有明确的解决原理，减号方格表示暂时没有找到合适的发明原理解决这些技术矛盾。

美国矛盾矩阵由纵横 48 个参数组成 2304 个矛盾方格，这 2304 个矛盾方格从整体上展示技术之间的矛盾，包括技术矛盾和物理矛盾。与阿奇舒勒矛盾矩阵相同的是处于相同参数的交叉点矛盾方格表示物理矛盾，非交叉点矛盾方格表示技术矛盾。与阿奇舒勒矛盾矩阵不同的是美国矛盾矩阵无论物理矛盾还是技术矛盾都有明确的数字，都能够体现明确的解决原理。

企业集成有形新产品 TRIZ 设计过程中，需要将几何和原理模型的有形新产品、零件、部件、原材料、中间品、模块品目技术之间的矛盾通过阿奇舒勒矛盾矩阵或者美国矛盾矩阵来展示，由此具备解决这些矛盾的基础。

2. 企业集成有形新产品 TRIZ 设计技术矛盾的解决

阿奇舒勒矛盾矩阵和美国矛盾矩阵中的矛盾通过 40 条发明原理解决。阿奇舒勒对大量发明专利进行深入的统计和分析后，发现虽然不同的专利解决不同领域的问题，但他们所用的方法却是相同的。通过这些方法的归纳总结，最终找出 40 条发明原理。

40 条发明原理包括分割原理、抽取原理、局部质量改善原理、非对称性原理、组合原理、多样性原理、嵌套原理、质量补偿原理、预先反作用原理、预先作用原理、预先防范原理、等势原理、反向作用原理、曲面化原理、动态化原理、部分超越原理、维数变化原理、机械振动原理、周期性作用原理、有效作用的连续性原理、快速原理、变害为利原理、反馈原理、中介物原理、自服务原理、复制原理、廉价替代品原理、机械系统替代原理、气压与液压结构原理、柔性壳体或薄膜原理、多孔材料原理、改变颜色原理、同质性原理、抛弃与再生原理、参数变化原理、相变原理、热膨胀原理、加速氧化原理、惰性环境原理、复合材料原理。

40 条发明原理通过矛盾矩阵中的具有几何和原理模型有形新产品、零件、部件、原材料、中间品、模块品目技术之间矛盾格体现。矛盾格中明确标注需要解决这类矛盾的发明原理，通过这些发明原理解决矛盾格的矛盾。这些矛盾格中的发明原理可以用于直接解决几何和原理模型的有形产品、零件、部件、原材料、中间品、模块品目技术之间的技术矛盾。无论是阿奇舒勒矛盾矩阵还是美国矛盾矩阵中的技术矛盾都可以通过矛盾格中的发明原理直接进行解决。

阿奇舒勒矛盾矩阵与美国矛盾矩阵不同体现在：美国矛盾矩阵中的所有技术矛盾都可以通过方格中明确的发明原理来解决，而阿奇舒勒矛盾矩阵中只有有明确原理的部分能够解决，而减号部分暂时没有明确的解决原理；美国矛盾矩阵由于考虑的因素更多，因素之间受到的影响就更为广泛，一般情况下，每一格技术矛盾方格中所体现的发明原理比阿奇舒勒矛盾矩阵更多。

【开口扳手设计实例】

F 制造公司制造开口扳手。用于扭开六角螺母的开口扳手由于螺母的受力集中到两条棱边，容易使螺母变形，造成以后使用开口扳手拧开和拧紧螺母时的困难。新的开口扳手的设计需要克服这一缺陷。

这是一个扳手对六角螺母产生的有害因素和扳手需要精度制造的技术矛盾。F 制造公司运用阿奇舒勒矛盾矩阵得出这一技术矛盾表现为物体产生的有害因素（31）和制造精度（29）的矛盾。运用阿奇舒勒矛盾矩阵中的发明原理，查出发明原理为不对称（4）、维数变化（17）、抛弃与修复（34）、复制（26）原理。运用维数变化（17）和不对称（4），就可以使开口扳手工作面的一些点能与螺母侧面接触，而不是只与棱边接触问题就可以得到解决，由此解决技术矛盾。

3. 企业集成有形新产品 TRIZ 设计物理矛盾解决

物理矛盾解决的核心是实现矛盾双方的分离。分离通过分离原理体现。分离原理包括空间分离原理、时间分离原理、条件分离原理、整体与部分分离原理。

空间分离原理是将几何和原理模型的有形新产品、零件、部件、原材料、中间品、模块品目技术之间的矛盾的双方在不同的空间分离，以降低解决问题的难度。当矛盾的双方在某一空间出现一方时，空间分离是可能的。时间分离原理将矛盾的双方在不同的时间分离，以降低解决问题的难度。当矛盾的双方在某一时间出现一方时，时间分离是可能的。条件分离原理将矛盾的双方在不同的条件下分离，以降低解决问题的难度。当矛盾的双方在某一条件下出现一方时，条件分离是可能的。整体与部分分离原理将矛盾的双方在不同层次分离，以降低解决问题的难度。当矛盾的双方在某一系统层次出现一方时，整体与部分分离是可能的。

物理矛盾运用分离原理之后，需要进一步运用 40 个发明原理，更好地解决几何和原理模型的有形新产品、零件、部件、原材料、中间品、模块品目技术之间的物理矛盾。不同的分离原理与发明原理有着一定的对应关系。

空间分离原理与分割原理、抽取原理、局部质量改善原理、非对称性原理、嵌套原理、反向作用原理、维数变化原理、中介物原理、复制原理、柔性壳体或薄膜原理对应；时间分离原理与预先反作用原理、预先作用原理、预先防范原理、动态化原理、部分超越原理、机械振动原理、周期性作用原理、有效作用的连续性原理、快速原理、气压与液压结构原理、抛弃与再生原理、热膨胀原理对应；条件分离原理与分割原理、组合原理、多样性原理、嵌套原理、质量补偿原理、反向作用原理、曲面化原理、变害为利原理、中介物原理、自服务原理、廉价替代品原理、同质性原理、参数变化原理对应；整体与部分分离原理与等势原理、机械系统替代原理、多孔材料原理、改变颜色原理、参数变化原理、相变原理、加速氧化原理、惰性环境原理、复合材料原理对应。

根据四个分离原理和对应的发明原理的运用来解决物理矛盾。

【火炬燃烧系统设计实例】

F 制造公司制造火炬。奥运会中火炬传递是一个重要的环节，要求火炬不能熄灭。但 25 届雅典奥运会中就出现了火炬熄灭的情况。对于一般的火炬而言，要保证火炬不灭，才能保证各种极端的情况下火炬不至于熄灭。这就要求气体燃料足够多，燃室中产生的热量足够大才能保证各种情况下的火炬燃烧。这样燃烧系统所占的体积很大，相应火炬的重量也会增加。但对于奥运会进行火炬传递手来讲，无论是从安全还是从方便的角度都不希望火炬体积过大、重量过重。

这一矛盾是物理矛盾。表现为火炬持续燃烧的体积要大，重量要重和火炬传递手安全和方便要求的体积要小，重量要轻的物理矛盾。F 制造公司针对这一矛盾的解决可以运用空间分离原理，将整个燃烧系统分为预燃室和主燃室。当稳压阀打开后，燃气以气体形式从燃罐里出来，然后经过稳压阀。气体从稳压阀出来后，一路进入预燃室，一路进入主燃室。预燃室只有较小的稳定火焰，保证特殊情况发生能继续燃烧；主燃室主要是通常的燃烧大的火焰。由此解决物理矛盾。

4. 企业集成有形新产品 TRIZ 设计物—场分析方法

对几何和原理模型的有形新产品、零件、部件、原材料、中间品、模块品目技术之间的物理矛盾没有办法通过分离原理和发明原理解决，可以通过物—场分析方法解决几何和原理模型的有形新产品、零件、部件、原材料、中间品、模块品目技术之间的物理矛盾。

物—场分析方法将技术系统的功能看作是由两个物质和一个场组成的，物质 S_1、S_2 表示技术系统的对象。S_2 为主动元件，起工具作用；S_1 为被动元件，承担被操作、被改变、被作用的角色。场 F 用于表示技术系统的物体，S_1、S_2 之间相互作用所必需的能量，通常称为场。物—场分析方法通过物—场模型来进行。物—场模型类型包括：

（1）有效完整物—场模型。模型有有效完整功能，三要素都有，能量都有效，可实现设计愿望（见图 2 - 4 - 3）。

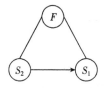

图 2 - 4 - 3　有效完整物—场模型

（2）不完整物—场模型。模型中要素不齐全，需要增加要素实现有效完整功能。

（3）效应不足的物—场模型。三要素都有，但 S_2 对 S_1 产生的作用不足，不能实现预期功能，需要加强 S_1、S_2 之间相互作用。

（4）有害物—场模型。三要素均存在，但出现与预期相冲突的效应，设计过程中一定要消除此类有害效应。

对不完整物—场模型、效应不足的物—场模型、有害物—场模型需要通过不同的方式进行完善，构造有效完整物—场模型。

（1）不完整物—场模型完善。对不完整物—场模型中所缺失的元素，通过补齐所缺失的元素，构造有效完整物—场模型（见图2-4-4）。

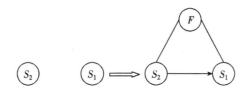

图 2 - 4 - 4　不完整物—场模型

（2）有害物—场模型完善。对有害物—场模型完善可以采取两种方式进行：一是加入第三种物质 S_3 来阻止有害作用；二是另引入一个要素 F_2 来消除此类有害效应（见图2-4-5）。

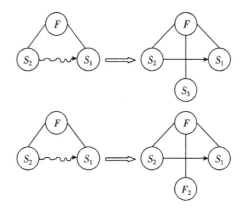

图 2 - 4 - 5　有害物—场模型

（3）效应不足的物—场模型完善。对效应不足的物—场模型完善可以采取三种方式：一是引入 F_2 代替 F，以达到系统所需要的效应；二是增加一个要素 F_2，以强化有用效应；三是引入 S_3、F_2，以提高有用效应（见图2-4-6）。

F 制造公司制造降落伞。人从空中落到地上需要一定的器械帮助。如果人没有器械的帮助，由于重力的作用，人就会以重力加速度加速运动，当到达地面时速度很快，会与地面发生激烈的碰撞，将对人造成巨大的伤害。降落伞的发明就解决了这一问题，利用空气阻力，减缓下降速度，使人安全降落到地面，消除重力场带来的伤害。

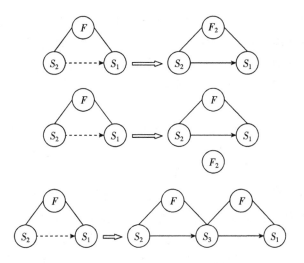

图 2 - 4 - 6　效应不足的物—场模型

这是一个需要器械将人从高空需要落到地上但器械又不能让人受伤的物理矛盾。这里矛盾明显的有重力、地面、人的物—场模型。F 制造公司通过引入 F_2 来实现减缓下降速度，使人安全降落到地面。从而建立了完整的物—场模型（见图 2 - 4 - 7）。

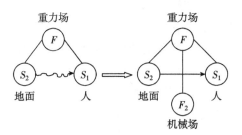

图 2 - 4 - 7　F 制造公司的物—场模型

阿奇舒勒针对物—场存在的矛盾采用 76 个标准解进行解答。通过五级层次的改进进行改变。TRIZ 方法可以拓展为验证纠正永久性行为的新方法（Tiuc & Qraghici，2016）。TRIZ 提供非常强大的工具，用于在通用级别上开发流程改进选项而无需具体关于应该改进的过程的技术知识。TRIZ 拓展研究中，尤其是理想最终结果的概念，以及进化规律构成一个概念这个框架可以有效地运用系统的方式确定改进方案（Fresner，2010）。

第一级不改变或仅少量改变系统。这一级包括 13 个标准解。内容包括改进具有非完整功能的系统和消除或抵消有害效应两个部分。改进具有非完整功能的系统构建完整系统三要素，并使其有效；建立内部复杂的物—场模型；建立外部复杂的物—场模型；建立引入环境的物—场模型；建立引入环境和添加物的物—场模型；通过增加一个附加物，并在之后除去来控制微小量；可将强度足够大的一个场施加到另一元件上，或者可连接到另一物质上发挥作用；引入保护物质。消除或抵消有害效应引入保护外部物质来消除有害效应；通过改进现有物质来消除有害效应；消除场的有害作用来消除有害关系；增加场 F 使之抵消 F 的影响，或者得到一附加的有用效应；关闭磁性而产生有害效应。

第二级改变系统。这一级包括 23 个标准解，内容包括变换到复杂的物—场模型、加强物—场模型、改变频率、建立铁—场模型。复杂的物—场模型包括串联的物—场模型、并联的物—场模型。加强物—场模型对可控性差的场，用更易控场来代替；将 S_2 由宏观变为微观；使用多孔的或具有毛细孔的材料；使系统更具柔性或适应性，通常方式是由刚性变为一个铰接，或成为连续柔性系统；运用结构化场；将单一物质或不可控物质变成确定空间结构的非单一物质，这种变化可以是永久的或临时的。改变频率使 F 与 S_1 或 S_2 的自然频率匹配或不匹配；匹配 F 或者 F_2 频率；两个不相容或独立的动作可相继完成。建立铁—场模型增加铁磁材料和磁场；利用铁磁材料与磁场，增加场的可控性；利用磁流体；利用含有磁粒子或液体的毛细结构；利用附加场，使非磁场体永久或临时具有磁性；将铁磁物质引入环境中；利用自然现象，使物体失去磁性；利用动态，可变成自调整的磁场；加铁磁粒子改变材料结构，施加磁场移动粒子，使非结构化系统变为结构化系统；与 F 场的自然频率相匹配；用电流产生磁场并代替磁粒子；利用此性质与其他方法一起使用。

第三级传递系统。这部分包括 6 个标准解。内容包括传递到双系统或多系统和传递到微观水平；传递到双系统或多系统产生双系统或多系统；改进双系统或多系统中的连接；在系统之间增加新的功能；双系统及多系统的简化；利用整体与部分之间的相反特性，将信息传递到微观水平来控制。

第四级检测系统。这一级包括 17 个标准解。内容包括间接法、将零件或场引入已存在的系统中、加强测量系统、测量铁磁场。间接法替代系统中的检测与测量，使之不再需要；测量复制品；利用两个检测量代替一个连续检测量。将零件或场引入已存在的系统中增加单一或两个物—场系统，改变或加强该场，使它具有容易检测的参数；测量一引入的附加物；在环境中增加而对系统产生一个场，检测此场对系统的影响；分解环境中已存在的物质，并测量产生的效应。加强测量系统利用自然现象；测量系统或要素激发的固有频率来确定系统变化；测量与已知特性相联系的物体的固有频率。测量铁磁场增加铁磁物质或磁场以便测量；增加磁场粒子成为铁磁粒子以便测量；添加铁磁粒子到系统中去；假如系统中不允许增加铁磁物质，则将其加到环境中；测量与磁性有关现象，测量系统的改进方向；若单系统精度不够，可用双系统或多系统；代替直接测量，可测量时间或空间的一阶或二阶导数。

第五级简化改进系统。这一级包括 17 个标准解。内容包括引入物质、使用场、状态传递、应用自然现象、产生高等或低等结构水平的物质。引入物质构建间接方法；将要素分为更小的单元；附加物用完后自动消除；假如环境不允许大量使用某种材料，则使用对环境无影响的东西。使用场使用一种场来产生另一种场；利用环境中已存在的场；使用属于场资源的物质。状态传递包括替代状态；双态；利用转换中的伴随现象；传递到双态；利用元件或物质间的作用使其更有效。应用自然现象自控制传递；接近状态转换点部分加强输出场。产生高等或低等结构水平的物质通过分解获得物质粒子；通过结合获得物质；用次高一级的物质状态替代。

【减少单层玻璃破损量实例】

F 制造公司加工薄玻璃。公司原来采用每一个薄玻璃单独加工方式，但这样的加工方式是玻璃受损很大。公司现运用创新方法，将薄玻璃需要将玻璃堆成块加工，这样加工比单一薄玻璃加工的损失小。

这是一个薄玻璃本身加工就容易损坏但却需要加工成所需要薄玻璃的物理矛盾。F 制造公司采用 76 个标准解的传递到双系统或多系统加工这样的原理进行加工，引入胶水这样的内部介质，将薄玻璃粘贴在一起，形成块，进行加工，从而解决物理矛盾。

（二）企业集成无形新产品 TRIZ 设计方法

虽然有 TRIZ 方法应用于无形产品的探讨，但还没有形成稳定和完整的理论和方法。企业集成无形新产品 TRIZ 设计方法可以借鉴企业集成有形新产品 TRIZ 设计方法进行。

1. 企业集成无形新产品 TRIZ 设计矛盾矩阵

企业集成无形新产品 TRIZ 设计的信息无形产品、软件模块功能系统、软件数据结构功能系统、软件接口功能系统的设计，可以进行适当调整，运用阿奇舒勒 39 个通用技术参数构成的矛盾矩阵体现技术之间的技术矛盾和物理矛盾；可以进行适当调整，运用美国 48 个通用技术参数构成的矛盾矩阵体现技术之间的技术矛盾和物理矛盾。

企业集成无形新产品 TRIZ 设计中非信息无形产品、要素系统、部分联系功能系统、整体联系功能系统的设计，可以借鉴阿奇舒勒 39 个通用技术参数和美国 48 个通用技术参数构成的矛盾矩阵的做法，根据非信息无形产品、要素系统、部分联系功能系统、整体联系功能系统特性，构建技术或者方法参数来体现技术或者方法矛盾。

2. 企业集成无形新产品 TRIZ 设计技术或者方法矛盾的解决

企业集成无形新产品 TRIZ 设计中信息无形产品、软件模块功能系统、软件数据结构功能系统、软件接口功能系统可以调整地运用 40 条发明原理解决的矛盾。经过调整的 40 条发明原理通过矛盾矩阵中的信息无形产品、软件模块功能系统、软件数据结构功能系统、软件接口功能系统的技术之间矛盾格体现。经过调整的矛盾格明确地标注需要解决这类矛盾的发明原理，通过这些发明原理解决矛盾格的矛盾。这些矛盾格中的发明原理可以用于信息无形产品、软件模块功能系统、软件数据结构功能系统、软件接口功能系统技术之间的技术矛盾。无论是阿奇舒勒经过调整的矛盾矩阵还是美国经过调整的矛盾矩阵中的技术矛盾都可以通过矛盾格中的发明原理直接进行解决。

企业集成无形新产品 TRIZ 设计中非信息无形新产品、要素系统、部分联系功能系统、整体联系功能系统的设计，可以借鉴 40 条发明原理的做法，根据非信息无形新产品、要素系统、部分联系功能系统、整体联系功能系统特性，构建技术或者方法原理体现技术或者方法矛盾。

3. 企业集成无形新产品 TRIZ 设计分离原理与物—场分析方法

企业集成无形新产品 TRIZ 设计中信息无形产品、软件模块功能系统、软件数据结构功能系统、软件接口功能系统可以调整地运用分离原理解决矛盾，使技术矛盾的双方分离，通过运用分离原理解决矛盾。对没有办法通过分离原理解决的矛盾可以通过经调整功能的物—场分析方法解决技术矛盾，调整地运用 76 个标准解，调整地进行第一级不改变或仅少量改变系统、第二级改变系统、第三级传递系统、第四级检测系统、第五级简化改进系统的技术矛盾解决。

企业集成无形新产品 TRIZ 设计中非信息无形新产品、要素系统、部分联系功能系统、整体联系功能系统可以借鉴分离原理与物—场分析方法，根据非信息无形新产品、要素系统、部分联系功能系统、整体联系功能系统特性，重新界定和构建分离原理与物—场分析，解决技术或者方法矛盾。

第三章

企业集成运营管理流程设计

第一节　企业集成运营流程构成

一、企业集成运营流程的特点

与企业运营流程相比，企业集成运营流程具有以下特点：

（一）企业集成运营流程的设计以顾客需求驱动为基础进行

流程设计应以满足顾客需求为第一原则（马风才，2019）。顾客需求驱动在企业集成运营各类流程中的体现各不相同，有些根据顾客需求驱动进行全方位调整，有些根据顾客需求驱动进行局部调整，实现以顾客需求驱动为准的流程运作。

（二）企业集成运营流程集中体现企业集成战略

企业集成运营流程中的企业集成基本运营流程通过模块单元流程的运作实现企业集成基本运营流程运作。企业集成基本运营流程中的通用模块单元流程运作反映企业集成战略的价值领先战略，专用模块单元流程运作反映企业集成战略的顾客差异化需求战略，价值领先战略和顾客差异化需求战略共同通过模块单元流程运作融合体现企业集成战略。企业集成运营流程中的企业集成供应链或者服务链流程需要围绕企业集成基本运营流程的模块单元流程进行运作。无论企业集成基本运营流程自身运作，还是企业集成供应链或者服务链流程运作，企业集成基本运营流程的模块单元运作都成为流程运作中心，企业集成基本运营流程是企业集成战略运作的集中体现。企业集成运营流程中的企业集成供应链或者服务链流程，除了围绕企业集成基本运营流程的模块单元运作之外，自身通过通用和专用模块单元的运作体现企业集成战略运作，将企业集成战略融入企业集成供应链或者服务链流程自身运作之中。

（三）企业集成运营流程是价值链融入其中的运作

企业集成运营流程按照价值链的要求进行集成运营流程构建，形成企业集成运营价值链流程，企业集成运营价值链流程一改企业运营流程以效率为目标的运作机制，以企业价值增值为目标进行企业集成运营流程运作。与企业运营流程运作不同，融入价值链的企业集成运营流程不是将流程的每一部分作为损耗的部分，而是将企业集成运营流程每一部分作为价值创造的作业，形成从局部到整体的融入价值链的企业整体集成运营流程。从企业集成运营流程的各环节进行价值运作，实现价值增值（赵美丽，2017）。具体运作中，企业运营局部和整体流程的运作按照使用价值的要求进行运作，融入价值链的企业集成局部和整体运营流程体现使用价值的要求基础上，按照价值增值的要求进行运作。

（四）企业集成运营流程是精益运作融入其中的流程

精益运作已经成为企业适时满足顾客需求运作方式，这一方式能通过适时运作将企业运营流程转变成直接满足顾客需求的流程。精益运作的范围由过去的精益生产流程扩大到精益服务流程，涵盖企业集成运营流程，使企业集成运营流程融入精益运作有了坚实的基础。与企业集成运营流程一样，精益运作融入企业集成运营流程是企业集成基本运营流程的精益运作中心，企业集成供应链或者服务链流程围绕这一中心进行运作。这样企业集成运营流程的模块单元运作与精益运作就有了相同的中心和相同基础流程，具备直接融合的基础。企业集成运营流程是精益运作需要以模块单元运作为基础，根据模块单元运作特性，将精益运作融入其中。以模块单元运作为基础，融入精益运作的企业集成运营流程，能发挥精益运作直接满足顾客需求的特性，促进企业集成战略的顾客差异化需求战略实现，能发挥精益运作降低各种浪费的特性，促进企业集成战略的价值领先战略实现，最终促进企业集成战略的实现。

（五）企业集成运营流程是智能运作融入其中的流程

与企业运营流程没有融入或者没有完全融入智能运作不同，企业集成运营流程是融入 MBD 的企业集成 MBE、信息物理系统的企业集成 MBE、企业集成大数据、企业集成云计算的运作。企业智能运作融入企业集成基本运营流程和企业集成供应链或者服务链流程之中，对企业集成运营流程的每一部分和整体起着重要的作用。智能运作将会提升以模块单元运作为基础的融入精益运作的企业集成运营流程对顾客差异需求的辨识和满足的速度，快速促进企业集成战略的顾客差异化需求战略实现，提升以模块单元作为基础的融入精益运作的企业集成运营流程自身的运作效率，快速促进企业集成战略的价值领先战略实现，最终快速促进企业集成战略的实现。

（六）企业集成运营流程是绿色运作融入其中的流程

当今绿色运作已经成为企业集成运营流程必须考虑的主题，企业集成运营流程需要考虑环境污染、需要考虑再运营流程、需要考虑企业集成运营流程自身的绿色运作。绿色运作从短期企业集成运营流程运作来看，已成为制约企业集成运营流程的重要因素，企业一开始进行绿色运作会使企业集成运营流程受到各种约束，但从长远来看，从全球的发展来看，企业集成运营流程融入绿色运作是企业运作的趋势，企业集成运营流程真实地将绿色运作作为企业发展的动力而不是单纯的约束，企业集成运营流程融入绿色运作越好，发展的潜力就会越大，与企业集成运营流程中的模块单元、精益、智能融入的程度就会越深，企业的长远发展就会越顺利。

（七）企业集成基本运营管理流程核心能力是准确、快速、高效益实现顾客差异性深度需求、广度需求和趋势性智能需求的模块品目和产品的能力

企业具体模块单元、联合模块单元、模块组模块单元、总作业模块单元和通用模块单元、链接模块单元、专用模块单元的各类流水线围绕模块品目、产品 MBD 进行延迟策略运作、精益运作、智能运作，进行企业集成运营流程计划、组织、控制和创新的核心管理能力，运作构建企业集成基本运营管理流程核心能力，快速高效益实现反映顾客差异性深度需求、广度需求和趋势性智能需求，实现价值创造。

制造类企业、服务类企业、纯服务类企业具有企业集成运营流程的特点。

二、企业集成运营流程构成

企业类型不同，其特性不同，所对应的企业集成运营流程也不相同。无论任何企业的集成运营流程，都需要从基本运营流程构成和集成特性出发进行探讨。企业集成运营流程需要从基本运营流程构成出发，确定运营流程的组成部分，这是不同类型企业和不同企业特性运营流程组成的基本确定方式，反映不同类型企业运营流程的结构，是企业集成运营流程的基础部分，由企业运营投入流程、运营产出流程、运营转化流程、物流与商流这些基本部分组成。企业集成运营流程还需要在基础部分的基础上，将集成特性反映出来，确定企业集成运营流程。企业集成运营流程的集成特性部分由价值链、模块单元运作、精益运作、智能运作构成。企业集成运营流程中的基础部分和集成特性部分融合起来，形成企业集成运营流程。与企业基本运营流程的输入、转化、输出流程不同，输入与输出是为企业基本运营流程准备和运作成果体现，围绕企业基本运营流程进行运作，而企业集成运营流程构成是从整体流程视角出发的企业集成运营流程构成，是企业整体流程运作的体现，是由不同流程构成的，完成着不同流程的任务。企业集成运营流程构建的目标是以提供创新、弹性、继承性、质量、按期交货、有价值的有形产品和无形产品为中心，进行具有创新、弹性、继承性、质量、按期交货、有价值企业集成运营流程的构建。

（一）企业集成运营流程的运营投入流程

企业集成运营流程的运营投入流程的展开按照价值增值目标进行，价值增值目标

是以顾客价值为引领来进行运作。满足顾客需求是企业集成运营投入流程、转化流程、产出流程运作的指引。企业集成运营流程的展开是以顾客需求的契约为表现形式展开，体现顾客需求的方方面面。契约式的需求与团队、团队中的成员直接联系，形成契约式的需求与团队、团队中的成员合一。顾客需求的契约是通过人员的创造形成，通过团队和团队成员的运作来完成。通过这种合一完成价值增值目标，满足顾客需求。

企业集成运营流程的运营投入流程是指企业运营投入的作业活动。这一活动需要体现出企业运营流程投入运作特性，按照要求进行运营投入活动的运营流程运作。这一过程需要反映企业运营投入的基本活动特征，成为供应链活动或者服务链活动的运营投入流程的有机组成部分，由此区别供应链活动或者服务链其他活动。每一个企业类型不同，特性不同，所具有的运营投入流程也不相同。企业运营投入流程分为企业有形产品的运营投入流程和企业无形产品的运营投入流程。企业有形产品的运营投入流程包括有形产品开发与设计流程、有形产品采购流程，企业无形产品的运营投入流程包括无形产品开发与设计流程。

企业运营投入流程功能是企业运营流程运作基本要求的集中反映，是进行企业运营投入流程运作和完成企业运营投入流程运作所必需的。企业运营投入流程针对不同类型的企业有不同的体现，无论哪种类型企业的运营投入流程都有投入运营流程自身特有的功能，这些功能是不同特性企业运营投入流程的本质运作的反映，这些功能完成企业运营投入流程的运作。

企业运营投入流程分整体运营投入流程、局部运营投入流程、作业运营投入流程。整体运营投入流程由一系列相互联系的局部运营投入流程组成，这些局部运营投入流程之间具有内在的逻辑关系和运作的顺序，局部运营投入流程按照先后、并行、交叉顺序进行运作，构成整体运营投入流程。局部运营投入流程由一系列相互联系的作业运营投入流程组成，这些作业运营投入流程之间具有内在的逻辑关系和运作的顺序，作业运营投入流程按照先后、并行、交叉顺序进行运作，构成局部运营投入流程。作业运营投入流程由一系列相互联系的运营投入作业组成，这些运营投入作业之间具有内在的逻辑关系和运作的顺序，运营投入作业按照先后、并行、交叉顺序进行运作，构成作业运营投入流程。整体运营投入流程、局部运营投入流程、作业运营投入流程都有先后、并行、交叉顺序调整的弹性，有时间调整的弹性，有空间调整的弹性，有与运营转化流程、运营输出流程衔接调整的弹性，有与管理流程衔接调整的弹性，有与流程辅助要素、支撑要素、核心要素衔接调整的弹性，有与团队、成员衔接调整的弹性。企业运营投入流程调整的弹性越强，体现企业集成战略的企业运营投入流程的融合空间就越大，落实和实现力度就越强。

有形产品或者无形产品开发与设计流程功能包括有形产品或者无形产品设计功能、有形产品或者无形产品设计实现功能、有形产品或者无形产品设计完成功能、有形产品或者无形产品设计维护功能。有形产品或者无形产品设计功能指能够根据顾客的需求智能设计出符合 MBD 产品结构和容差要求的产品。有形产品或者无形产品设计实现功能是转化流程按照符合 MBD 结构和容差设计的产品进行运作，转化为符合 MBD 设计结构和容差要求的产品。有形产品或者无形产品设计功能需通过供应链或者服务链流程按照符合 MBD 结构和容差设计的产品从顾客需求至顾客手中实现。有形产品或者无形产品设计维护功能是按照符合 MBD 结构和容差设计的产品对产品进行集成维护和维修。

有形产品采购或者有形产品和无形产品服务投入流程功能是指通过交易，企业有形产品采购或者有形产品和无形产品服务投入流程团队进行与供应商的交易和其他交易，取得符合运营转化流程 MBD 产品组成的要素和容差设计要求的投入要素，完成交易功能；按照运营转化流程对有形产品采购或者有形产品和无形产品服务投入流程投入要素的能力和水平的要求，进行运营投入流程输入要素的投入，完成运营投入流程的输入功能。

企业集成运营流程的运营投入流程对其运作对象有着基本要求，这些基本要求是进行运营投入流程运作的基本前提。运营投入流程中需要明确企业运作对象的模型，这些模型包括基于模型 MBD 的有形产品几何模型、有形产品原理模型、有形产品几何模型和原理模型，基于模型 MBD 的无形产品非信息原理模型。确定模型的基础上，需要明确对象所需要达到的基本要求，这些要求体现在形状、系统和容差方面。

有形产品要求包括：几何模型的产品、具体模块单元模块品目、联合模块单元模块品目、模块组模块单元模块品目、总作业模块单元模块品目的形状、系统和容差，原理模型的产品、具体模块单元模块品目、联合模块单元模块品目、模块组模块单元模块品目、总作业模块单元模块品目的形状、系统和容差。无形产品要求包括：无形产品非信息原理模型的无形产品、要素、部分联系功能、整体联系功能的系统与容差；无形产品信息原理模型的无形产品、软件模块、软件数据结构、软件接口的系统与容差。

企业集成运营流程的开发与设计流程需要根据顾客需求驱动进行围绕企业集成基本运营流程的供应链或服务链流程、辅助流程、支撑流程、核心流程、管理流程、信息平台流程的设计。运用企业集成 MBE 信息平台，进行企业集成基本运营流程的设计需要顾客需求驱动下的具体模块单元、联合模块单元、模块组模块单元、总作业模块单元的不同层次模块单元流程设计，进行同一层次的通用模块单元、链接模块单元、专用模块单元流程设计，反映延迟策略的运作。企业集成基本运营流程进行模块单元后拉动的信息流与作业流的设计，进行模块单元单一流流程设计，实现由顾客需求驱动的后拉动作业的单一流流程运作，将顾客需求直接融入流程之中，成为流程的引领，与运用企业集成 MBE 信息平台相融合。运用企业集成 MBE 信息平台的 CPS 信息平台，进行企业集成基本运营流程的模块单元智能设计，确认设备之间的智能流程，明确智能运作和人员运作的范围，将智能运作与人员运作融合起来。运用企业集成 MBE 信息平台，将企业集成基本运营流程的模块单元流程、后拉动单一流流程、智能流程融合起来，实现企业集成运营管理流程的延迟策略、顾客需求拉动、设备智能运作。围绕顾客需求驱动的企业集成运营管理流程的延迟策略、顾客需求拉动、设备智能运作，进行采购流程设计，进行辅助流程设计，进行支撑流程设计，进行核心流程设计，进行管理流程设计，实现企业集成运营管理流程的延迟策略、顾客需求拉动、设备智能运作。

企业集成运营流程的开发与设计流程是顾客需求和员工合一的首要流程，这一流程由顾客需求驱动，由员工创造，与顾客需求互动，顾客体验，创造的需求决定企业集成运营流程的开发与设计流程开启与运作，需要企业集成运营流程围绕顾客需求的产品模型和系统设计进行运作，由顾客体验到集成运营流程对顾客的满足。开发与设计流程针对顾客需求的改变随时进行有形产品和无形产品 MBD 模型、形状、系统、容差或者要素、部分联系功能、整体联系功能的系统或者软件模块、软件数据结构、软件接口的系统与容差的调整，真正体现出顾客的需求。开发与设计流程对顾客需求进行调整的弹性是运营流程中调整余地最大的，这一流程对顾客需求体现得是否充分直接影响到对顾客需求满足的程度，需要动态体现顾客需求。企业集成运营流程的运营采购投入流程是通过转化流程的顾客需求和员工合一的流程，这一流程的调整有一定余地，是随着运营转化流程的调整进行调整，这一流程对顾客需求体现得是否充分直接影响到对顾客需求满足的程度，需要动态体现顾客需求。

企业集成运营流程的开发与设计流程需要对顾客接触的服务转化流程进行设计。需要对顾客的服务需求进行识别，进行洞察，抽象出顾客真正的服务需求。顾客服务需求是以顾客为中心，最重要的切入点是人，洞察人的服务需求，理解人的情感。通过顾客画像、典型顾客、同理心地图和影子计划，采用顾客、专业人士、专家教授、核心用户、艺术家的共创方式，真正确定顾客服务需求，进行服务转化流程设计。

企业集成运营流程的运营投入流程通过企业集成运营管理信息平台、团队、团队成员进行运作。运营投入流程展开和运作是以运营投入流程契约式顾客需求的创造为起点进行，契约式顾客需求需要运营投入流程人员创造。运营投入流程人员是创造运营投入流程契约式需求的主体，运营投入流程团队是进行契约式需求主体，运营投入流程团队成员是进行契约式需求实现的具体承担者。将创造的运营投入流程契约式顾客需求与运营投入流程团队和团队成员合一，实现企业集成运营流程的运营投入流程契约式顾客需求运作。

制造企业、设计性新兴制造企业、一般制造性服务企业、简单加工制造性服务企业运营投入流程体现为有形产品开发与设计流程、有形产品采购流程。制造企业、设计性新兴制造企业、一般制造性服务企业、简单加工制造性服务企业有形产品开发与设计流程需要完成有形产品设计功能、有形产品设计实现功能、有形产品设计完成功能、有形产品设计维护功能；有形产品采购流程需要完成交易功能和投入流程的输入功能。一般新兴制造企业和一般服务企业运营投入流程体现为有形产品采购流程。一般新兴制造企业和一般服务企业有形产品采购流程需要完成交易功能的输入功能。其中制造企业、设计性新兴制造企业、一般制造性服务企业、简单加工制造性服务企业都需要明确基于模型 MBD 的有形产品几何模型、有形产品原理模型、有形产品几何模型和原理模型，制造企业、设计性新兴制造企业需要明确几何模型的产品、具体模块单元模块品目、联合模块单元模块品目、模块组模块单元模块品目、总作业模块单元模块品目的形状、系统和容差，原理模型的产品、具体模块单元模块品目、联合模块单元模块品目、模块组模块单元模块品目、总作业模块单元模块品目的形状、系统和容差。一般制造性服务企业、简单加工制造性服务企业需要明确几何模型的产品、具体模块单元模块品目、联合模块单元模块品目、模块组模块单元模块品目的形状、系统和容差，原理模型的产品、具体模块单元模块品目、联合模块单元模块品目、模块组模块单元模块品目的形状、系统和容差。

一般纯服务企业运营投入流程体现为无形产品开发与设计流程。一般纯服务企业无形产品开发与设计流程需要完成无形产品设计功能、无形产品设计实现功能、无形产品设计完成功能、无形产品设计维护功能。一般纯服务企业需要确定无形产品非信息原理模型的无形产品、要素、部分联系功能、整体联系功能的系统与容差。

（二）企业集成运营流程的运营产出流程

企业集成运营流程的运营产出流程是指企业运营投入的作业活动。这一活动需要体现出企业运营流程产出运作特性，按照要求进行运营产出活动的运营流程运作。这一过程需要反映企业运营产出的基本活动特征，成为供应链活动或者服务链活动产出的运营流程的有机组成部分，以区别供应链活动或者服务链其他活动。每一个企业的特性不同，所具有的产出运作过程也不相同。企业运营产出流程分为企业有形产品的运营产出流程和企业无形产品的运营产出流程。企业有形产品的运营产出流程包括有形产品仓储流程、有形产品销售流程，企业无形产品的运营产出流程包括无形产品销售流程、无形产品企业自身运作流程。这些企业集成运营流程的运营产出流程都是显性流程。

企业运营产出流程分整体运营产出流程、局部运营产出流程、作业运营产出流程。整体运营产出流程由一系列相互联系的局部运营产出流程组成，这些局部运营产出流程之间具有内在的逻辑关系和运作的顺序，局部运营投入流程按照先后、并行、交叉顺序进行运作，构成整体运营产出流程。局部运营产出流程是由一系列相互联系的作业运营产出流程组成，这些作业运营产出流程之间具有内在的逻辑关系和运作的顺序，作业运营产出流程按照先后、并行、交叉顺序进行运作，构成局部运营产出流程。作业运营产出流程是由一系列相互联系的运营产出作业组成，这些运营产出作业之间具有内在的逻辑关系和运作的顺序，运营产出作业按照先后、并行、交叉顺序进行运作，构成作业运营产出流程。整体运营产出流程、局部运营产出流程、作业运营产出流程都有先后、并行、交叉顺序调整的弹性，有时间调整的弹性，有空间调整的弹性，有与运营转化流程、运营输入流程衔接调整的弹性，有与管理流程衔接调整的弹性，有与流程辅助要素、支撑要素、核心要素衔接调整的弹性，有与团队、成员衔接调整的弹性。企业运营产出流程调整的弹性越强，体现企业集成战略的企业运营投入流程的融合空间就越大，落实和实现力度就越强。

有形产品仓储流程、有形产品销售流程、无形产品销售流程、无形产品企业自身运作流程这些企业集成运营流程的运营产出流程都具有既定的功能。有形产品仓储流程功能是指以原材料、在产品和产成品形式存在的有形产品需要进行仓储的库存存储功能，是一种暂存功能。这一功能之所以称为暂存功能是因为库存为零或者接近于零是每一个企业努力的目标，由此存储产品就成为一种暂存功能。有形产品销售流程、无形产品销售流程功能是指无论有形产品还是无形产品，进行销售流程运作时，都需要完成销售实现的销售交易功能。无形产品企业自身运作流程功能是无形产品企业自身运作时，需要完成企业自身运作交易功能。无形产品进行服务转化和销售流程运作时面对面服务接触顾客服务流程、电话服务接触顾客服务流程、网络服务接触顾客服务流程和设备服务接触顾客服务流程需要完成服务和销售交易功能。

企业集成运营流程的运营产出流程需要最终产出是符合要求的有形产品和无形产品。需要产出模型选择准确的产品，准确确定基于模型 MBD 的有形产品几何模型、有形产品原理模型、有形产品几何模型和原理模型，准确确定基于模型 MBD 的无形产品信息原理模型和无形产品非信息原理模型。需要产出达到要求的产品和模块品目，包括达到几何模型的产品、具体模块单元模块品目、联合模块单元模块品目、模块组模块单元模块品目、总作业模块单元模块品目的形状、系统和容差的要求，达到原理模型的产品、具体模块单元模块品目、联合模块单元模块品目、模块组模块单元模块品目、总作业模块单元模块品目的形状、系统和容差要求，达到无形产品信息原理模型的无形产品、软件模块、软件数据结构、软件接口的系统与容差要求，达到无形产品非信息原理模型的无形产品、要素、部分联系功能、整体联系功能的系统与容差要求。

企业集成运营流程的运营产出流程是顾客需求和员工合一成果的流程，这一流程通过有形产品和无形产品体现，这些有形产品和无形产品是经过顾客需求驱动、员工创造、与顾客需求互动和体验的顾客需求的体现。运营产出流程对顾客需求进行调整的弹性是运营流程中调整余地最小的，运营产出流程需要针对顾客需求的改变进行有形产品和无形产品 MBD 模型、形状、系统、容差或者要素、部分联系功能、整体联系功能的系统或者软件模块、软件数据结构、软件接口的系统与容差的调整和延伸满足的调整，真正体现顾客的需求。运营产出流程调整一般是局部的和辅助性的调整，延伸满足的调整是运营产出流程需要关注的，需要对顾客完成有形产品或者无形产品的销售的后续流程有关部分，进行符合顾客需求实际的调整。这一流程对顾客需求体现得是否充分，对顾客需求延伸的体现是否充分直接影响到对顾客需求满足的程度，需要动态体现顾客需求和延伸需求。

企业集成运营流程的运营产出流程通过企业集成运营管理信息平台、团队、团队成员进行运作。运营产出流程展开和运作是以运营投入流程契约式顾客需求的创造为起点进行的，契约式顾客需求需要运营产出流程人员创造。运营产出流程人员是创造运营产出流程契约式需求的主体，运营产出流程团队是进行契约式的需求主体，运营产出流程团队成员是进行契约式的需求实现的具体承担者。将创造的运营产出流程契约式顾客需求与运营投入流程团队和团队成员合一，实现企业集成运营流程的运营产出流程契约式顾客需求运作。

制造企业运营产出流程体现为有形产品的仓储流程、销售流程，需完成库存存储功能、销售交易功能。设计性新兴制造企业、一般新兴制造企业运营产出流程体现为有形产品的仓储流程，需完成库存存储功能。一般制造性服务企业、简单加工制造性服务企业运营产出流程体现为有形产品仓储流程、销售流程，需完成库存存储功能、销售交易功能。一般服务企业运营产出流程体现为有形产品销售流程，需完成销售交易功能。有形产品新兴服务企业、无形产品新兴服务企业、有形产品和无形产品新兴服务企业、中间性纯服务企业运营产出流程体现为销售流程，需完成销售交易功能。一般纯服务企业运营产出流程体现为无形产品企业自身运作流程，需完成企业自身运作交易功能。

（三）企业集成运营流程的运营转化流程

1. 企业集成运营流程的运营转化流程特性、分类与功能

企业集成运营流程的运营转化流程是指企业运营转化的作业活动。这一活动需要体现出企业运营流程转化运作特性，按照要求进行运营转化活动的运营流程运作。这一过程需要反映企业运营转化的基本活动特征，成为供应链活动或者服务链活动投入的运营流程的有机组成部分，以区别供应链活动或者服务链其他活动。每一个企业的特性不同，所具有的转化运作过程也不同。企业运营转化流程分为有形产品制造流程、有形产品服务转化流程、有形和无形产品设计性服务转化流程、无形产品服务转化流程、无形产品服务转化和销售流程。这些运营转化流程都是显性运营转化流程。

企业运营转化流程是连接企业运营输入流程和企业运营输出流程的桥梁，没有这一桥梁，企业无法实现运营活动，因而这一活动也是反映企业特性的活动。企业运营转化流程分整体运营转化流程、局部运营转化流程、作业运营转化流程。整体运营转化流程是由一系列相互联系的局部运营转化流程组成，这些局部运营转化流程之间具有内在的逻辑关系和运作的顺序，局部运营转化流程按照先后、并行、交叉顺序进行运作，构成整体运营转化流程。局部运营转化流程是由一系列相互联系的作业运营转化流程组成，这些作业运营转化流程之间具有内在的逻辑关系和运作的顺序，作业运营转化流程按照先后、并行、交叉顺序进行运作，构成局部运营转化流程。作业运营转化流程是由一系列相互联系的运营转化作业组成，这些运营转化作业之间具有内在的逻辑关系和运作的顺序，运营转化作业按照先后、并行、交叉顺序进行运作，构成作业运营转化流程。整体运营转化流程、局部运营转化流程、作业运营转化流程都有先后、并行、交叉顺序调整的弹性，有时间调整的弹性，有空间调整的弹性，有与运营输入流程、运营输出流程衔接调整的弹性，有与管理流程衔接调整的弹性，有与流

程辅助要素、支撑要素、核心要素衔接调整的弹性,有与团队、成员衔接调整的弹性。企业运营投入流程调整的弹性越强,体现企业集成战略的企业运营转化流程的融合空间就越大,落实和实现力度就越强。

企业集成运营流程的运营转化流程包括连续运营转化流程、连续和离散运营转化流程、离散运营转化流程。从连续运营转化流程、连续和离散运营转化流程到离散运营转化流程,流程自身的紧致性越来越弱,安全性的要求越来越弱,弹性的调整余地越来越强。企业集成运营流程的运营转化流程有形产品单件运营流程、成批运营流程和大量运营流程。单件运营流程品种多,易引进新产品、通用设备,存货多,操作者技术水平要求高。单件运营特点是适应市场差异需求,但制造效率低。成批运营流程品种较多、较易引进新产品,大多数通用设备,存货较多,操作者技术水平要求较高。成批运营的特点介于单件运营和大量运营之间。大量运营流程品种少、不易引进新产品、专用设备,存货少,操作者技术水平要求低。大量运营特点是难以满足市场差异需求,但运营效率高。

每一类企业集成运营流程的运营转化流程都有其特定功能。有形产品制造流程具有有形产品制造功能;有形产品服务转化流程具有有形产品服务转化功能;有形和无形产品设计性服务转化流程具有有形和无形产品设计性服务转化功能;无形产品服务转化流程具有无形产品服务转化功能;无形产品服务转化和销售流程具有无形产品服务转化和销售功能。

企业集成运营流程的运营转化流程需要进行符合要求的有形产品、无形产品、模块品目运作。需要转化模型选择准确的产品,准确确定基于模型 MBD 的有形产品几何模型、有形产品原理模型、有形产品几何模型和原理模型,准确确定基于模型 MBD 的无形产品信息原理模型和无形产品非信息原理模型。需要转化符合要求的产品和模块品目,包括符合几何模型的产品、具体模块单元模块品目、联合模块单元模块品目、模块组模块单元模块品目、总作业模块单元模块品目的形状、系统和容差的要求,符合原理模型的产品、具体模块单元模块品目、联合模块单元模块品目、模块组模块单元模块品目、总作业模块单元模块品目的形状、系统和容差要求,符合无形产品信息原理模型的无形产品、软件模块、软件数据结构、软件接口的系统与容差要求,符合无形产品非信息原理模型的无形产品、要素、部分联系功能、整体联系功能的系统与容差要求。

企业集成运营管理流程的基本运营流程、供应链或者服务链流程、辅助流程、支撑流程、核心流程、管理流程、信息平台流程的从头至尾运作中都体现着顾客需求驱动和顾客需求的体验。对流程驱动和体验都需要企业以使命、愿景、价值观为轴心,通过品牌来展示顾客需求的驱动和体验。有顾客接触的服务流程的顾客体验是众多流程中最为明显的,服务转化与销售流程的顾客体验是服务流程中最显著的。

有形产品服务转化流程是有形产品物理运作的服务转化流程,服务转化流程运作都以有形产品为载体进行运作。有形和无形产品设计性服务转化流程没有有形产品物理运作，只是针对有形和无形产品进行设计性的服务转化运作。无形产品服务转化流程是针对无形产品进行的服务转化运作。无形产品服务转化和销售流程是针对无形产品进行的服务转化和销售运作。

2. 顾客接触服务转化和销售流程分类

顾客接触服务转化和销售流程是顾客服务流程，顾客服务流程服务设计的最大意义在于设计师与客户的关系从相互防备转换为相互促进，就可以汇聚于一个通道，其爆发出的合力足以突破双方预想的结果，最终得到最优解的影响远远超过了一系列商业利润和盈亏账目的底线（邹游，2010）。服务流程设计需要顾客与企业共创进行服务流程设计。服务流程设计中，企业作为设计的引导者与最主要的共创者一起进行服务流程设计（丁熊，2019）。

顾客接触服务转化和销售流程需要具体接触点，从场外服务和场内服务出发，将服务接触点分为技术接触点、物理实体接触点、人际接触点、隐性接触点。其中，技术接触点包括设备接触点、电子技术接触点，物理实体接触点主要是环境接触点，人际接触点是员工与顾客接触点，隐性接触点是服务氛围接触点。这些接触点有的直接成为服务顾客的流程，有的成为影响服务顾客的因素。结合场外服务和场内服务，将顾客接触服务转化和销售流程分为顾客接触场内员工服务流程、顾客接触场内设备服务流程、顾客接触场外设备服务流程、顾客接触电子服务流程。

顾客接触场内员工服务流程是指顾客与企业员工的直接接触顾客服务流程，是在服务现场对顾客本人的身体或者精神发生服务行为，使顾客身体面貌、精神状态或者地理位置发生变化。顾客接触场内员工服务流程中影响顾客感知和服务质量的因素最多，也最复杂。这些影响因素不仅包括一线员工的语言和行为，服务人员的态度、着装、服务场所的环境以及用于提供服务的设备、服务氛围等因素都会对感知服务质量产生重要影响。顾客接触场内员工服务流程更需要注重职能质量、形象质量和瞬间服务，使顾客有良好的服务体验。顾客接触场内设备服务流程是指顾客与服务企业通过设备进行接触顾客服务流程，顾客从设备中接受服务，需要融入服务场景理论、服务知识图谱理论，进行设备服务。由于是场内设备服务流程，这种流程与服务环境、服务氛围相联系。顾客接触场内设备服务流程需要注重服务技术质量，强化设备的建设。顾客接触场外设备服务流程是指顾客与服务企业通过设备进行接触顾客服务流程，需要融入服务场景理论、服务知识图谱理论，顾客从设备中接受服务。由于是场外设备服务流程，这种流程与服务环境相联系。顾客接触场外设备服务流程需要注重服务技术质量，强化设备的建设。顾客接触电子服务流程需通过网络现代服务技术和服务设施进行电子服务，需要融入服务场景理论、服务知识图谱理论、服务知识超网络理论，进行电子服务网络构建，进行电子服务。顾客接触电子服务流程需要注重服务技术质量，强化设备的软件和硬件的建设。

顾客接触服务转化和销售流程中运作的主体不同，场内员工服务流程运作主体是服务员工，辅助主体是服务设备，服务员工通过自身运作和服务设备操作进行顾客服务；场内设备服务流程运作主体是服务设备，辅助主体是服务员工，服务设备通过自身运作和服务员工辅助进行顾客服务运作；场外设备服务流程运作主体是服务设备，服务设备通过自身运作进行顾客服务；电子服务流程运作主体是服务网络，服务网络通过自身运作进行顾客服务。顾客接触服务转化和销售流程中运作的安全性要求不同，从场内员工服务流程、场内设备服务流程、场外设备服务流程到电子服务流程，安全性的要求越来越强。顾客接触服务转化和销售流程中运作的业务范围不同，从场内员工服务流程、场内设备服务流程、电子服务流程到场外设备服务流程，业务范围越来越窄。顾客接触服务转化和销售流程中顾客心理和行为体会不同，从场内员工服务流程、场内设备服务流程、电子服务流程到场外设备服务流程，与顾客接触越来越间接，心理和行为分析间隔越来越大，心理和行为分析越来越弱。顾客接触服务转化和销售流程中智能衔接不同，从场内员工服务流程、场内设备服务流程、电子服务流程到场外设备服务流程，与顾客接触越来越间接，员工衔接越来越弱，智能衔接越来越弱。顾客接触服务转化和销售流程中智能强度不同，场内员工服务流程、场内设备服务流程、电子服务流程所进行的智能流程构建和设备学习强度一致，智能强度一致；场外设备服务流程构建和设备学习强度要弱，智能强度要弱。顾客接触服务转化和销售流程中，调整的弹性不同，从场内员工服务流程、场内设备服务流程、电子服务流程到场外设备服务流程，进行调整弹性的因素越来越弱，调整弹性越来越弱，对企业集成战略的支撑越来越弱。

顾客接触场内员工服务流程、顾客接触场内设备服务流程、顾客接触场外设备服务流程、顾客接触电子服务流程分为生产线法、自助服务法、个体关注法三种。生产线法服务流程同生产流程类似，这种流程的中心是产品而不是服务，服务采用的是简单的标准化的流程，顾客在这种流程中主要是为了取得所需要的产品。自助服务法服务流程是将服务移交给顾客的方法（顾客进行自助服务，掌控着服务过程），这种服务流程的顾客是服务活动的主体，而不是员工对顾客的服务，个体关注法服务流程是员工对顾客进行服务的流程，这种服务流程是针对顾客的个性服务而不是将服务移交给顾客，员工需要对顾客进行细致的分析，对顾客进行周到的服务。生产线法、自助服务法、个体关注法三种服务流程代表着不同类型的服务流程，最能够体现员工服务本质的是个体关注法服务流程，生产线法、自助服务法是特殊服务情形的服务流程。

3. 顾客接触服务转化和销售流程顾客服务细化

顾客接触场内员工服务流程、顾客接触场内设备服务流程、顾客接触场外设备服务流程、顾客接触电子服务流程是核心服务、便利服务、支持服务的过程。核心服务是顾客所接受到关键服务，是体现无形产品服务转化和销售流程的最基本功能，能满足顾客最基本的需求。便利服务是方便核心服务所使用的服务。支持服务是为增加企业服务价值，使自身在竞争对手中取得优势的服务。从核心服务、便利服务到支持服务，企业服务优势逐渐增大，满足顾客强度逐渐增强，对服务内部因素和外部环境的要求也越来越高。

顾客接触场内员工服务流程、顾客接触场内设备服务流程、顾客接触场外设备服务流程、顾客接触电子服务流程核心服务、便利服务可以细化为信息服务、订单处理、账单服务、付账服务。进行服务时顾客需要产品的销售地点、服务时间、价格、使用说明、销售和使用的条件、注意事项、使用提示、变更通知、顾客最大化享用服务、完成服务记录的各种服务信息，企业需要通过一线员工告知、打印通知单、产品宣传手册和说明书、录像带、公司网站信息告知的各种方式，准确、及时提供服务信息。订单处理需要企业接受顾客服务申请，下订单，订单通知，通过人工、电话、电子邮件、网站多种方式进行预订，付款。订单处理过程中应提供礼貌、快捷、准确的服务，运用技术手段进行订单处理，最大程度减少顾客和企业时间和精力的投入。账单服务提供给顾客准确的口头账单、打印账单、自助账单，明确顾客的各项消费和总额。付款服务能够使顾客安心、便利地通过直接支付、顾客账户中扣除方式进行付款，能够正确引导顾客付款。无形产品服务转化和销售流程支持服务包括咨询服务、接待服务、保管服务和特殊服务。咨询服务需要与顾客深入地交谈提供量身定制的服务。最简单的形式是对顾客提出的要求有针对性地提出解决问题的方案。专业咨询服务更为细致，需要服务人员帮助顾客了解自身情况，让顾客自身决定解决方案，是对顾客很有价值的服务。更加专业的咨询服务是向顾客提供管理或者技术咨询服务，针对顾客情况提出方案。接待服务无论对待新顾客还是老顾客都需要营造一种愉快的氛围，确保员工以迎接宾客的方式接待顾客，对待顾客殷勤有礼，关注顾客需求。接待顾客是面对面顾客服务中体现最为充分的，对顾客满意度有着重要影响。保管服务需要对顾客衣物保管，行李的托运、流转和储存，贵重物品保管，这些服务对顾客非常方便。特殊服务属于对顾客照顾儿童、饮食、医疗、宗教、顾客投诉、赔偿等特殊的部分要求的服务，需要能够针对问题，进行有效服务（洛夫洛克和沃茨，2016）。

顾客接触场内员工服务流程、顾客接触场内设备服务流程、顾客接触场外设备服务流程、顾客接触电子服务流程是支持性设施、辅助物品、显性服务、隐性服务融合的过程。支持性设施是进行服务时的必备资源；辅助物品是顾客购买或者自带的服务物品；显性服务是顾客用感官能够感觉到的服务；隐性服务是顾客能够体会到的精神层面的服务。进行服务时无论是对顾客而言能够直接感受到服务资源和显性服务，还是顾客能够体会到的隐性服务都直接影响到顾客对企业的满意程度，都需要企业关注。

顾客接触场内员工服务流程、顾客接触场内设备服务流程、顾客接触场外设备服务流程、顾客接触电子服务流程是与顾客接触程度的反映，服务中是否与顾客接触是服务的核心环节。顾客服务流程的服务接触是指顾客与服务企业的员工或者有形媒介要素发生直接接触和交互作用的过程。服务接触时，从消费者的角度来看，当消费者与服务企业员工或者有形媒介接触时，所感受的是最生动的服务体验（菲茨西斯蒙，1998）；服务接触时，服务提供和消费同时进行，同时结束，服务接触具有同步性；服务接触时，服务是瞬时进行的，不能返工，过程不能逆转；服务接触时，顾客的反应会影响整个服务流程，影响顾客对服务的满意度，影响其对服务质量的评价，影响顾客的满意度或者在此购买或者使用服务产品的意向。服务接触是客户与服务提供者之间产生的互动行为，是客户体验的真实瞬间（郑杰，2008）。

顾客接触场内员工服务流程、顾客接触场内设备服务流程、顾客接触场外设备服务流程、顾客接触电子服务流程中根据顾客接触的不同类型进行不同服务传递系统运作。服务传递系统由服务传递端、服务接收端、服务传递程序、服务传递资源四部分组成，服务传递系统包括顾客与员工服务传递系统、企业内前台与后台的服务传递系统，企业内前台与后台的服务传递是为顾客与员工服务传递服务的。企业进行服务传递系统的设计需要对顾客与员工服务传递系统、企业内前台与后台的服务传递系统、顾客与员工服务传递系统与企业内前台和后台的服务传递系统，相互联系传递的方式、传递程度、传递沟通、传递的信息运作、员工传递服务规范、传递资源的辅助进行确定。企业服务流程由众多的顾客与员工服务传递系统、企业内前台与后台的服务传递系统构成（谢礼珊等，2016）。

4. 顾客接触服务转化和销售流程顾客服务关键时刻

顾客接触场内员工服务流程、顾客接触场内设备服务流程、顾客接触场外设备服务流程、顾客接触电子服务流程运作中，出现不同的关键时刻，包括服务起始关键时刻、服务运作关键时刻。服务起始关键时刻是顾客与企业初次接触时刻，包括顾客与服务环境初始接触关键时刻、顾客与服务氛围初始接触关键时刻、员工与顾客初始接触关键时刻、设备与顾客初始接触关键时刻、电子设备与顾客初始接触关键时刻。

服务运作关键时刻包括是否接受服务关键时刻、服务价值判断关键时刻、服务反馈关键时刻、是否再次接受服务关键时刻、服务问题关键时刻。是否接受服务关键时刻是每一位顾客下决心接受或者不接受服务的关键时刻，这一时刻决定着企业服务是否存在，是企业服务流程得以开展的前提。服务价值判断关键时刻是每一位顾客在接受服务前后都要对自己所做出的接受服务决定进行价值判断，以检验接受服务决策是否正确，直接影响到是否接受服务的关键时刻决定。服务反馈关键时刻是顾客会与他人分享服务经历的时刻，这一时刻会出现不好的服务经历传播速度和范围远比好的服务要快和要广，直接严重影响到顾客本人和其他顾客服务。是否再次接受服务关键时刻是顾客决定再次接受服务的关键时刻，是以前接受服务令人愉快的服务经历，使顾客会潜意识地做出下次再次接受服务的决定。服务问题关键时刻是企业进行顾客服务时出现问题，服务信誉严重受损，需要有关人员及时采取恰当的补救措施，挽回不良影响。

5. 顾客接触服务转化和销售流程顾客服务需求确定

顾客接触场内员工服务流程、场内设备服务流程、场外设备服务流程、场外电子服务流程是无形产品和员工、设备、电子服务运作的融合，这些服务流程围绕无形产品运作的同时，还需要围绕员工、设备、电子服务进行运作。服务流程围绕无形产品运作需表现无形产品运作的流程；而服务流程围绕员工、设备、电子服务运作的流程，需要关注顾客感受。各种顾客接触服务流程与顾客有着接触，顾客对接触有直接的感受，这一感受集中于员工、设备、电子服务，这一感受会随着顾客接触员工、设备、电子服务的不同而不同。顾客对顾客接触服务转化和销售流程中的员工、设备、电子服务是有需求的，这一服务需求首先需要通过服务设计来实现。由此，顾客接触服务转化和销售流程设计需要在顾客接触服务流程中感受无形产品，更需要针对员工、设备、电子服务进行顾客接触服务转化和销售流程设计。

顾客接触企业集成服务转化和销售流程的延迟策略和强化延迟策略、后拉动流程、后拉动价值、智能运作是融无形产品和服务于一体，体现员工、设备、电子服务的顾客接触服务流程是在企业集成服务流程延迟策略和强化延迟策略、后拉动流程、后拉动价值、智能运作指引下进行运作。需要顾客接触服务流程进行延迟策略和强化延迟策略、后拉动流程、后拉动价值。智能运作中，针对员工、设备、电子服务进行顾客接触服务转化和销售流程设计。

员工、设备、电子服务的顾客接触服务流程设计需要以顾客服务需求为中心，而不是以流程本身需求为中心。以流程本身需求为中心和以顾客服务需求为中心的区别体现为：以顾客服务需求为中心是按照顾客服务需求进行运作，以流程本身需求为中心是按照流程本身进行运作，以流程本身需求为中心与顾客服务需求相脱离；以顾客服务需求为中心是将设计完全按照顾客服务需求为起点进行设计，以流程本身需求为中心设计则不是以顾客服务需求为起点进行设计，偏离顾客服务需求；以顾客服务需求为中心是将顾客当成顾客进行设计，仅仅围绕顾客本体进行设计，以顾客服务需求为中心是将企业当成顾客，没有围绕顾客本体进行设计。

顾客接触服务流程中顾客服务需求的确认需要企业能够洞察顾客服务需求，确认顾客服务需求的信息层面，需要更多地从这些信息的背后对顾客服务需求的理解；需要按照技术接触点、物理实体接触点、人际接触点、隐性接触点与顾客的接触，考虑各种不同接触的特性和实际，确认顾客需求；考虑顾客服务需求背后的仪式感的顾客感受，更加明确顾客心理的各种需求；需要根据顾客服务需求系统地梳理服务流程和接触点，才能将顾客服务需求融入顾客接触服务流程中，为真正实现顾客服务需求打下基础；需要从顾客接触的全面细节中提供顾客服务的完整体验，将顾客完整体验融入顾客服务流程中，使顾客服务流程更加全面；需要识别个性的顾客需求，使顾客接触服务流程运作更具价值。

顾客接触服务转化和销售流程中，服务需求的确认除了可以采用顾客画像方法外，还可以采用典型顾客方法、同理心地图方法、影子计划方法进行确认。这些方法的运用需要注重顾客接触的这一特性，从技术接触点、物理实体接触点、人际接触点、隐性接触点出发进行，这些接触点对顾客有着影响。在考虑顾客接触基础上，更重要的是注重整个服务流程中服务的动态接触，这类接触更能够体现核心服务，注重服务互动、细致服务、顾客服务体验中的顾客服务需求。

典型顾客方法是顾客画像方法深入进行的成果，是顾客画像方法的延伸。典型顾客方法是针对顾客服务需求背后的目的、动机、行为、价值观、生活方式的深入分析，是对顾客和服务需求真实、清晰的描述。典型顾客方法运作时，先将顾客画像方法有关顾客接触场内员工服务流程、场内设备服务流程、场外设备服务流程、场外电子服务流程的员工服务、设备服务、电子服务的服务频率、服务强度、服务规模、顾客收入这些相关因素进行整合和排序，针对反映服务规律的代表顾客和重点顾客，采用田野调查法进行调查。服务需求田野调查法是经过服务调研专门训练的调研者通过体验与观察，从顾客中获取第一手资料的过程（范正勇，2007）。服务需求田野调查法经过田野调查的长期实践中，形成了许多行之有效的具体方法（李月英，2007）。可以采用体验和观察法、深度访谈法了解顾客对服务的需求。根据田野调查法中观察到的服务需求细节，补充和合成典型顾客。每一位典型顾客需要明确顾客身份，确定顾客的行为习惯、顾客的生活习惯，最重要的是顾客服务需求的目的，得出每一位代表顾客和重点顾客的场内和场外员工服务、设备服务、电子服务的服务种类，得出服务种类下的服务互动、细致服务、顾客服务体验中顾客要求的服务样式、服务质量、服务数量、服务瞬时时间、服务顾客感知满足度、服务价值和场内员工服务环境、服务氛围顾客感知满足度的服务满足重点和程度。

同理心地图方法需要进行顾客接触服务流程对顾客服务需求确认。确认服务需求时，需要了解顾客的需求、心理、行为、期待一切信息，这样才具备符合确认顾客服务需求条件。同理心地图通过顾客所想、所感、所听、所看、所说描绘生动的顾客服务需求，建立顾客同理心地图。同理心地图可以和典型顾客搭配运用，补充典型顾客确认的环节，更准确地了解顾客的服务需求。拥有普遍同理心的公司甚至可以在公司运转不畅的情况下也能保证服务的质量（帕特奈克，2010）。

对顾客运用同理心地图进行分析，需要与顾客进行换位思考，站在顾客的位置上进行考虑，换位思考，与顾客感同身受，才能挖掘到顾客的真实需求（邹韬，2015）。同理心还需要员工通过对自己心的认知，将自己的心比作对方的心，感受顾客的情绪和情感，体会和了解顾客。员工进行顾客需求同理心认知时包括可评估高的认知和可评估低的认知，可评估高的认知员工可以通过感官直接感知顾客服务需求，而可评估低的认知仅仅依靠感官而没有任何辅助分析，难以感知服务顾客需求。对可评估低的认知需要考虑世界观、人生观、价值观、知识层次、经历阅历、兴趣爱好等各种顾客特性的因素，员工需要不断拓展自己的视野，将顾客的这些特性影响体现在自身感受的认知和分析范围里，进行不同的顾客服务需求的特性分析，扩大认知和分析的范围。进行顾客服务需求的认知和分析时，具体的场景对顾客服务需求的表现有着重要的作用，会有不同场景下的不同体现。顾客服务需求的特性因素的影响和不同场景下的体现之间具有内在的联系，场景能更丰富地体现不同特性的影响，需要员工能面对不同的场景，不断丰富场景的范围。顾客服务需求的不同特性和不同场景都需要运用同理心进行理解和分析，同理心是理解顾客服务需求的不同特性和不同场景的基础。同理心地图运用时，需要具备顾客服务需求的不同特性和不同场景理解的基础，这样才能够有效地运用同理心地图，设计符合顾客服务需求的顾客接触服务流程。

同理心地图方法运用时可以运用典型顾客信息，得出同理心地图。局部同理心地图包括具体顾客场内和场外员工服务、设备服务、电子服务中的顾客对服务想法和感觉、顾客所看到服务、顾客对服务的行为、顾客所听到的服务，这些感觉中顾客需求服务的痛点和爽点。在同理心不同的接触点就会有对应的局部同理心地图，这些接触点与对应的同理心地图相结合，构成整体的同理心地图。

6. 顾客接触服务转化和销售流程顾客服务体验

顾客接触场内员工服务流程、顾客接触场内设备服务流程、顾客接触场外设备服务流程、顾客接触电子服务流程需要注重顾客体验。顾客体验是一种主观的，顾客围绕服务过程中建立的感受，从顾客视角出发的，真正的以顾客服务为中心，进行基于顾客服务需求的服务过程调整。顾客的体验来自于用户的视、听、触、闻、味，通过赋予顾客不同的感官体验，服务带给顾客更加丰富的体验。顾客对服务体验是立体的，每一种感官都能够体验到其中的一部分，设计这些体验时需要考虑的是究竟让顾客体验的是服务的特性，还是服务背后的形象，还是两者兼而有之。顾客体验已成为企业获得竞争优势的关键（李震和李锋，2020）。

顾客接触场内员工服务流程、顾客接触场内设备服务流程、顾客接触场外设备服务流程、顾客接触电子服务流程中顾客通过感官感知服务，通过触点向顾客传达服务理念。在顾客接受服务的过程中，顾客会与整个服务系统发生许多联系，每一次接触都对顾客心中服务形象的建立和完善有重要作用。服务物理实体触点包括实体菜单、家具、门店、产品，可以通过固定的标准去衡量，维护成本低，但变更和替换成本高，服务物理实体触点重点突出服务价值。服务技术触点包括背景音乐、APP、H5、AR、VR、AI有很多的可能性，体验的感受和标准不容易统一，服务技术触点迭代简单，成本比物理实体触点低，引发深度互动。人际触点更灵活，能动性更强，传播服务文化。隐性触点隐性体现员工服务凝聚力。每一类触点都能够找到物理实体线索、技术线索、角色线索、行为线索，物理线索和角色线索是实体的、是显性的，直接参与体验之中，能够转化潜在顾客，吸引目标顾客；技术线索将顾客从线下带进线上，顾客进行内容的分享与传播，顾客之间能够进行相互交流，是保持品牌黏性的基础。行为线索是员工进行服务行为的基础。服务需要设计触点，使顾客对服务有好的体验。

顾客接触场内员工服务流程、顾客接触场内设备服务流程、顾客接触场外设备服务流程、顾客接触电子服务流程中的服务不是服务的某一时刻，而是首尾相连的整个服务流程。顾客对服务的体验相当于服务旅程，服务旅程分为大旅程和小旅程。大旅程需要展示顾客服务体验的整体流程，小服务旅程需要展示细节的服务流程，细化服务触点。

顾客接触场内员工服务流程、顾客接触场内设备服务流程、顾客接触场外设备服务流程、顾客接触电子服务流程中的顾客体验有痒点、痛点、爽点。顾客体验痒点是满足顾客服务的理想体验；痛点是遭遇服务不良体验产生负面情绪的体验；爽点是顾客服务需求被满足产生的正面情绪。痒点总是能撩起顾客向往服务的心理，顾客想象成为幻想服务的自我；痛点是对顾客带来的感受具有巨大的落差，使顾客痛在心里，不需要解决；爽点不仅满足顾客的服务需求，而是超出了顾客服务需求。并不是所有的服务痛点都具有明显的价值，有价值的痛点可以帮助企业从根本上确立商业模式，从根本上塑造品牌（刘毅，2015）；爽点和痒点能够帮助企业塑造品牌。顾客体验对顾客情绪、顾客满意度带来重要影响（Qixon & Thompson，2019）。顾客进行服务体验时，不同的服务形式、流程和内容会激起顾客不同的情绪，这些情绪是主观、感性、带有复杂情绪的，可以通过服务对顾客情绪进行引导。

顾客接触场内员工服务流程、顾客接触场内设备服务流程、顾客接触场外设备服务流程、顾客接触电子服务流程中，运用顾客旅程图描述典型顾客从最初了解服务到顾客场景、顾客服务体验的完整流程，用于帮助服务设计者拆解顾客服务需求，思考和评估每个服务接触点经历的事情和情感，进行视觉化表达，方便团队内部交流和达成共识，分析当前需要，改进服务流程。顾客旅程图主要用于创新服务，以及通过设计提升服务水平（李飞，2019）。可以在顾客服务画像、典型顾客的基础上，运用顾客旅程图。顾客认知最重要的是让顾客的每一个行动都与一个服务期望相关联（林曦，2020）。顾客旅程图包括顾客接触场内员工服务流程、顾客接触场内设备服务流程、顾客接触场外设备服务流程、顾客接触电子服务流程中有先后顺序的服务活动过程、顾客进入的各种服务活动和顾客动作、顾客物理实体接触点、顾客技术接触点、顾客人际接触点、顾客隐性接触点、顾客体验好的服务、顾客体验不好的服务，这些要素的灵活运用构成顾客旅程图。顾客旅程图运用时需要确定典型顾客特征，找到典型顾客行为的起点和终点，将典型顾客在整个服务流程中的所有行为，按照时间顺序贯穿起来。在每一个被筛选出来的顾客行为的下方标出爽点、痛点、需求以及接触点。寻找服务旅程中重要的接触点以及这些接触点的顾客体验。对顾客每一个关键接触点的情感进行打分，根据情感曲线找寻服务机会。

顾客旅程图可以运用场景卡描述服务流程中不断重复出现的问题，从场景中洞察，获得未来的机会。确认需要展开分析的重要接触点，思考该接触点上可能发生的场景，包括人物、时间、地点和事件，确定服务起因、经过、高潮和结尾，从中得出具有复性的服务流程。分析现有服务流程对顾客的收益点和痛点，提出改进措施。顾客旅程图运用中，运用服务供给地图，分析可提供给顾客的服务，通过可视化的方式展示可提供的服务。梳理服务流程为顾客带来的价值，呈现每一个关键接触点的具体服务内容，将顾客旅程图和服务供给地图融合起来，形成完整的服务流程。

7. 顾客接触服务转化和销售流程系统

顾客接触场内员工服务流程、顾客接触场内设备服务流程、顾客接触场外设备服务流程、顾客接触电子服务流程中的服务体验由前台体验、中台和后台组织进行。前台是距离顾客最近的地方，中台是为前台提供专业化的共享平台，后台提供基础设施建设。前台进行顾客的体验，中后台才是造成前台差异的原因。员工体验才能支撑顾客体验，员工对企业所提供的所有支持和服务系统的感受和评估是最直接的、员工体验较好的企业，员工更乐意，能更发自内心地提供好的服务，好的服务提升顾客满意度、提升顾客忠诚度，使员工的体验重点在于企业使命、愿景、价值观的体验，将这种体验传递给顾客。运用服务缺口工具明确顾客对服务的期待和实际收到的服务之间的差距，需要确定由于不清楚顾客需求而导致提供的服务无法满足顾客需求的服务缺口；确定管理者将顾客需求和期望转化为设计标准转化时的缺口；确定传递服务表现和所设定传递标准差距的缺口；确定服务表现没有符合承诺的对顾客宣传沟通存在差距的缺口；确定顾客事前期待的服务与体验后的服务有差距的缺口。企业通过对服务内容和顾客体验的全面的了解，通过对有关人员的访谈、观察和自己亲身体验，获得服务的评价信息；通过座谈的形式列举和筛选服务问题；将所余的问题针对服务缺口进行分析和检查；提出改进服务缺口的措施，将这些措施运用到服务的前台、中台和后台中。运用利益相关地图梳理服务的前台、中台和后台运作中的利益相关者的关系，将这些利益相关者的利益综合起来，提供服务问题的解决方案时就能够全面利用资源。需要列出所有的利益相关者，进行观察、访谈，确定这些利益相关者的利益；将所有相关利益者的兴趣、动机各种信息列示出来，确定之间的相互联系，进一步将潜在的关系人挖掘出来；运用同心圆，分内部和外部，将这些关系列入和定位，通过突出的展示，明确利益相关者的关系，由此确定服务的前台、中台和后台运作中这些利益关系的体现形式。

8. 顾客接触服务转化和销售流程顾客服务迭代

顾客服务需求的差异化越来越强烈，顾客服务变化越来越快，要使提供的服务能够符合顾客服务需求，需要通过服务迭代来体现，使顾客接触场内员工服务流程、顾客接触场内设备服务流程、顾客接触场外设备服务流程、顾客接触电子服务流程中，服务的迭代增加了顾客体验，可以采用不同的方法进行迭代（王公为，2019）。故事板方法以用户为中心创建服务场景的故事板，可以帮助设计者挖掘和预测顾客对于服务的感受和体验（彭玲，2017）。运用故事板方法将目标顾客作为故事板的主要角色，定义服务的核心场景，确定顾客在不同场景中的目标、场景篇幅和主题，然后思考还会有哪些场景，从空间、人到物件进行绘制，添加一些辅助元素，形成故事板。故事板需要故事的讲解，配合讲解形成简洁的故事板。故事板就是顾客接触场内员工服务流程、顾客接触场内设备服务流程、顾客接触场外设备服务流程、顾客接触电子服务流程、顾客进入的各种服务活动和顾客动作、顾客物理实体接触点、顾客技术接触点、顾客人际接触点、顾客隐性接触点、顾客体验好的服务、顾客体验不好的服务这些要素的顾客旅程图的简洁版。桌上演练方法是将服务中的概念呈现在桌面上，选定环境、参照顾客画像、搭建空间场景和接触点，为每一个角色配备一个形象，用制作好的人物和道具演练服务，演得越逼真，越有创新的机会。桌上演练方法就是服务供给图方法的简洁版。运用数字模型方法，回顾服务流程的服务形式，明确每个服务步骤需要达成的目标，定义顾客完成目标需要的每一步动作，绘制在不同步骤顾客看到的真实数字界面，进行拍照、绘制界面，对交互流程和逻辑进行说明和测试。通过观察和记录顾客与这些界面交互来测试数字模型，迅速调整内容，进行服务迭代。

企业集成运营流程的运营转化流程是企业基本运营流程，由自身的各种作业构成基本运营流程，同时基本运营流程也是反映企业特性的运营流程，与企业集成运营流程的运营投入流程、产出流程有内在联系，企业特性的运营流程的不同作业环节与运营投入流程、产出流程形成交叉作业，由此形成企业基本运营流程与供应链或者服务链流程交叉流程。企业集成运营流程的运营转化流程运作需要基本运营流程自身进行基本运营流程的运作，同时还需要注重与供应链或者服务链流程交叉流程，这样才能完全进行企业集成运营流程的运营转化流程。企业集成运营流程的运营转化流程运作是以基本运营流程运作为主体，以供应链或者服务链交叉流程的接口为链接，进行运营转化流程运作。

企业集成运营流程的运营转化流程是完成顾客需求和员工合一的基本流程，这一流程实现顾客需求驱动、由员工创造、与顾客需求互动和体验的顾客需要（林志贤，2017）。运营投入流程对顾客需求进行调整的弹性虽然没有运营投入流程大，但也具有较大的调整弹性，是针对顾客需求的改变而随时进行有形产品和无形产品 MBD 模型、形状、系统、容差或者要素、部分联系功能、整体联系功能的系统或者软件模块、软件数据结构、软件接口的系统与容差的调整，从而真正体现出顾客的需求。为使顾客需求能够得到充分满足，需要运营投入流程和运营转化流程衔接紧密，相互联系相互作用，共同根据顾客需求进行运作。这一流程对顾客需求体现得是否充分直接影响顾客需求满足实现的程度，需要动态按照顾客需求展开运营转化流程。

企业集成运营流程的运营转化流程通过企业集成运营管理信息平台、团队、团队成员进行运作。运营转化流程展开和运作是以运营转化流程契约式顾客需求的创造为起点进行的，契约式顾客需求需要运营转化流程人员创造。运营投入流程人员是创造运营转化流程契约式需求的主体，运营转化流程团队是进行契约式的需求主体，运营转化流程团队成员是进行契约式的需求实现的具体承担者。将创造的运营转化流程契约式顾客需求与运营转化流程团队和团队成员合一，进行企业集成运营流程的运营转化流程契约式顾客需求实现运作（王钦，2016）。

制造类企业、服务类企业、纯服务类企业集成运营流程是基本运营流程，反映企业特性，具有特定功能。一般纯服务企业需要确认顾客接触服务转化和销售流程顾客服务需求、顾客服务体验、服务系统、顾客服务迭代。

（四）企业集成基本运营流程的模块单元、精益运作、智能运作

企业集成基本运营流程是由企业自身运营转化流程和与供应链或者服务链交叉接口流程构成。企业集成基本运营流程的模块单元运作是企业集成战略的直接体现。通过模块单元通用部分的运作体现企业集成基本运营流程的价值领先战略，通过模块单元专用部分的运作体现企业集成运营流程的顾客差异需求战略，将模块单元通用部分和模块单元专用部分融合于具体模块单元、联合模块单元、模块组模块单元、总作业

模块单元的企业集成基本运营流程之中，从而实现企业集成战略。企业集成供应链或者服务链流程围绕着企业集成基本运营流程模块单元进行运作，同时自身运作也体现出企业集成战略，使企业集成供应链或者服务链流程实现企业集成战略。

企业集成模块单元结构影响因素包括顾客需求差异化程度、顾客需求与基本运营流程耦合、规模、企业特性活动、流程类型、产业特性、企业实际影响，影响程度不同形成的企业集成模块单元结构也不同。顾客需求差异化程度、顾客需求与基本运营流程耦合是企业集成模块单元结构的直接影响因素，影响着模块单元层次、模块单元流程复杂程度、模块单元间和内部作业协同程度、模块单元接口衔接程度。企业规模直接影响到模块单元层次、模块单元流程多少、模块单元接口衔接程度。企业特性活动为有形产品的制造活动、有形产品服务活动、无形产品服务活动；企业流程类型为连续性流程、离散流程；产业特性为企业特性活动、流程类型的不同产业特性的企业活动。企业特性活动、流程类型、产业特性对企业集成模块单元结构的模块单元层次、模块单元内的类型、模块单元流程复杂程度、模块单元间和内部作业协同程度、模块单元接口衔接程度带来直接影响。企业实际不同对企业集成模块单元结构的模块单元层次、模块单元内的类型、模块单元流程多少、模块单元流程复杂程度、模块单元间和内部作业协同程度、模块单元接口衔接程度带来直接影响。

企业集成战略具体体现为企业集成基本运营流程的模块单元的延迟策略和强化延迟策略的运作，具体体现延迟策略和强化延迟策略的模块品目经营目标为导向进行模块单元运作。顾客接触模块单元运作是以体现延迟策略和强化延迟策略的模块单元额度经营目标、模块单元规模经营目标为导向进行模块单元运作，充分体现顾客接触模块单元经营目标的特性。通过不同层次的模块单元中的专用模块单元的延迟策略和强化延迟策略体现企业集成战略运作。模块单元的延迟策略和强化延迟策略运作是基于顾客需求的驱动进行运作，需要按照顾客驱动的要求进行运作。模块单元的顾客驱动表现为同一层次的模块单元运作顺序为专用模块单元、链接模块单元、通用模块单元，不同层次模块单元的运作顺序为总作业模块单元、模块组模块单元、联合模块单元、具体模块单元。顾客驱动的作业流程的延迟策略和强化延迟策略运作先由总作业模块单元的专用模块单元进行延迟策略和强化延迟策略驱动，经过总作业模块单元的链接模块单元、通用模块单元模块组模块单元，经过模块组模块单元的专用模块单元延迟、链接模块单元、通用模块单元，经过联合模块单元的专用模块单元延迟、链接模块单元、通用模块单元，经过具体模块单元的专用模块单元延迟、链接模块单元，直到具体模块单元的通用模块单元；顾客驱动的作业时间的延迟策略运作对总作业模块单元、模块组模块单元、联合模块单元、具体模块单元中的通用模块单元提前运作，体现专用模块单元的延迟策略运作。顾客驱动的作业流程的延迟策略运作是作业流程的运作，通过企业集成运营流程的延迟策略和强化延迟策略体现；顾客驱动的作业时间的延迟策略和强化延迟策略运作是作业时间的运作，通过企业集成管理延迟策略和强化延迟策略的运作。通过顾客驱动的作业流程的延迟策略和强化延迟策略运作和顾客驱动的作业时间的延迟策略和强化延迟策略运作构成企业集成模块单元的延迟策略和强化延迟策略运作。企业延迟策略和强化延迟策略可以通过延迟时间来表现，企业集成运营管理流程的延迟策略和强化延迟策略时间，由企业集成运营流程延迟策略、强化延迟策略时间、企业集成管理延迟策略和强化延迟策略时间构成，通过时间来体现企业集成延迟策略和强化延迟策略运作。

企业模块单元延迟策略和强化延迟策略的运作充分地运用相异融合原理，将通用模块单元的效率运作和专用模块单元的差异化需求满足的运作融合，使企业集成运营管理系统的第一层次创新功能、弹性功能、继承性功能，第二层次质量功能、按期交货功能，第三层次价值创造功能能够实现不同层次功能之间和同层次功能之间根本的融合。企业具体模块单元、联合模块单元、模块组模块单元、总作业模块单元的不同层次模块单元之间，同一层次内的通用模块单元、链接模块单元、专用模块单元之间需要充分运用协同运作原理，使模块单元的运作有机融合成为一体。企业具体模块单元、联合模块单元、模块组模块单元、总作业模块单元的通用模块单元、链接模块单元需要充分运用重用原理，在企业集成运营活动运作过程中不断重用，以最大限度地体现效率运作；还需要依据相似原理，确定通用模块单元、链接模块单元，进行模块单元的相似运作。

企业集成供应链或者服务链流程需要围绕企业集成模块单元的延迟策略和强化延迟策略进行运作，以体现延迟策略和强化延迟策略的模块品目经营目标、模块单元额度经营目标、模块单元规模经营目标为导向进行集成供应链或者服务链运作，集成供应链或者服务链自身也需要按照延迟策略和强化延迟策略的要求进行自身运作。企业集成设备维护和维修按照延迟策略和强化延迟策略的要求进行运作。企业集成管理需要围绕企业集成模块单元的延迟策略和强化延迟策略进行运作，对集成供应链或者服务链进行延迟策略和强化延迟策略运作，对企业集成设备前维护和维修进行延迟策略和强化延迟策略运作，企业集成管理自身需要按照延迟策略和强化延迟策略的运作，进行企业集成管理延迟策略和强化延迟策略运作。企业模块单元的延迟策略和强化延迟策略运作，为企业集成战略的实现打下企业集成基本运营流程的根本性功能性基础，打下集成供应链或者服务链流程根本性功能性接口基础，打下企业集成设备维护和维修的流程根本性功能拓展基础。

企业延迟策略和强化延迟策略的运作通过团队和团队中的员工进行，团队和团队中的员工需要承担体现延迟策略和强化延迟策略的模块品目经营目标，顾客接触团队和团队中的员工需要承担体现延迟策略和强化延迟策略的模块单元额度经营目标、模块单元规模经营目标。这种延迟策略和强化延迟策略体现需要团队所负责的企业集成运营管理流程进行延迟策略和强化延迟策略运作，体现为团队中的员工所负责企业集成运营管理流程的延迟策略和强化延迟策略运作，团队和团队中的员工成为企业集成运营管理流程延迟策略和强化延迟策略运作的主体。企业集成运营管理流程的延迟策略和强化延迟策略时间公式如下所示：

$$T_{jz} = t_{jg} + t_{jc} \tag{3-1-1}$$

式中，T_{jz}表示企业集成运营管理流程的延迟策略和强化延迟策略时间，t_{jg}表示企业集成运营流程延迟策略和强化延迟策略时间，t_{jc}表示企业集成管理延迟策略和强化延迟策略时间。

企业集成运营管理流程的延迟策略和强化延迟策略运作可以通过图来表示，表现企业集成运营管理流程的延迟策略和强化延迟策略运作通过顾客驱动体现，通过不同层次模块单元中的专用模块单元实现。企业集成运营管理流程的延迟策略和强化延迟策略运作如图3-1-1所示：

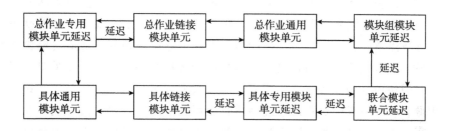

图3-1-1 企业集成运营管理流程的延迟策略和强化延迟策略运作

企业进行模块单元延迟策略和强化延迟策略运作流程设计后，需要进行企业集成精益运营流程的设计，企业集成精益运营流程的设计需要在企业集成模块单元流程的基础上进行。企业集成运营流程精益运作具体体现为后拉动运作需要按照顾客需求的拉动企业集成运营流程运作来体现，具体通过模块品目经营目标进行模块单元后拉动流程运作，通过模块单元额度经营目标、模块单元规模经营目标进行顾客接触模块单元后拉动流程运作，通过顾客满意服务目标进行顾客接触模块单元后拉动服务流程运作；顾客需求拉动的模块单元运作体现为同一层次的模块单元后拉动顺序为专用模块单元、链接模块单元、通用模块单元，不同层次模块单元的后拉动顺序为总作业模块单元、模块组模块单元、联合模块单元、具体模块单元。顾客需求后拉动的作业流程运作先由顾客需求拉动总作业模块单元的专用模块单元，由总作业模块单元的专用模块单元进行拉动，经过总作业模块单元的链接模块单元、通用模块单元模块组模块单元，经过模块组模块单元的专用模块单元、链接模块单元、通用模块单元，经过联合模块单元的专用模块单元、链接模块单元、通用模块单元，经过具体模块单元的专用模块单元、链接模块单元，直到具体模块单元的通用模块单元的后拉动运作。后拉动体现为信息运作，企业集成运营流程的运作仍然按照流程的作业顺序进行运作。拉动中，前道作业模块品目会对后道作业更多的模块品目进行拉动，从不同层次和同一层次的模块单元进行模块品目的拉动，实现顾客需求对企业集成运营流程的拉动。企业集成模块单元的后拉动运作是按照不同层次和相同层次模块单元的单一流后拉动进行运作，形成同层次和相同层次模块单元单一流后拉动运作。

精益顾客接触场内员工服务流程、场内设备服务流程、场外设备服务流程、场外电子服务流程由顾客服务满意后拉动，由顾客服务满意后拉动价值，员工、设备、电子设备与顾客进行服务互动，需要员工对顾客心理和行为进行深层次的分析，员工与顾客进行持续过程的对话用来加深互动，员工与顾客进行双方主动互动，员工随时关注顾客的言行，双方拥有互相倾听的意愿，顾客与员工、设备、电子设备互动中会不断学习新的知识，员工获得一手的、动态的顾客信息，顾客不断地更新产品的差异需求和服务差异需求，更新产品的差异需求对模块单元额度和规模后拉动起到更为精确的作用，随着顾客服务需求的更新，需要员工、设备、电子设备对顾客的服务需要进行随时的判断，明确顾客的服务需求，达成顾客服务需求诉求和企业确认顾客服务相一致，精确进行顾客服务满意后拉动，以此为基础进行员工、设备、电子设备与顾客进行顾客服务满意服务价值共创，进行顾客服务满意拉动顾客接触适时模块单元流水线员工服务流程运作，进行顾客服务满意拉动顾客接触的单一流、交叉单一流、替换单一流适时模块单元流水线员工、设备、电子设备服务流程运作，员工、设备、电子设备采用顾客服务满意拉动的顾客接触适时通用和专用模块单元流水线，针对顾客服务动作进行员工、设备、电子设备服务顾客流程运作，进行顾客服务满意拉动顾客接触中的服务环境、前后台、关键模块单元流水线作业环节、关键通用和专用模块单元流水线作业的员工、设备、电子设备服务剧场的细致服务运作，进行大气的服务空间布置、整齐和舒适的座椅摆放、清晰信息标识、表明服务特色的企业形象 Logo、合适的灯光、美观的颜色搭配、去除噪声服务环境设计，进行顾客服务满意拉动顾客接触的服务看板、服务可视化运作，进行顾客服务满意拉动员工、设备、电子设备服务顾客的多能运作，对出现的服务质量问题，能够及时补救，进行顾客服务满意拉动精益服务质量运作，员工、设备、电子设备服务时需要具备和充分展示体现企业宗旨和愿景的价值观，员工具有良好的服务态度，根据顾客的想法进行主动服务，采用服务动作针对顾客进行通用和专用模块单元流水线员工服务，员工与顾客对话、眼神、面部表情、员工姿态、穿着形象在符合职业的要求基础上能够根据不同的顾客有不同的体现，需要具有适合顾客良好的企业和员工营造的服务氛围，需要设备、电子设备达到智能要求。由此，员工通过对顾客服务中的得体对话、关注眼神、微笑面部表情、优雅姿态、职业穿着形象和大气的服务空间布置、整齐和舒适的座椅摆放、清晰信息标识、表明服务特色的企业形象 Logo、合适的灯光、美观的颜色搭配、去除噪声的服务环境，给顾客提供美好的意识刺激，给顾客留下愉悦、兴奋和满意感觉；员工通过对顾客心理和行为的深入分析，员工随时关注顾客的言行，双方互相倾听的意愿，顾客与员工、设备、电子设备互动中会不断学习新的对自身有用的知识，展示标杆式优质服务，使顾客感受到员工、设备、电子设备的服务深度和企业服务品牌；通过带给顾客超值无形产品和服务，引导顾客对员工服务的深入思考，使顾客体验到顾客与企业和员工的长期友好的关系；通过服务人员提供无形产品和服务过程中的广博的知识，使顾客体会到知识广泛的服务过程，丰富顾客生活；员工通过展示体现企业宗旨和愿景的价值观，将员工对顾客的服务过程置于企业文化环境中，激发顾客的认同感和个人情感；针对服务起始关键时刻和服务运作关键时刻，进行有重点的员工、设备、电子设备细致的服务，使整个顾客服务满意拉动顾客接触的员工服务过程顾客具有良好的服务体验，以达到顾客服务满意拉动顾客满意要求。

　　企业集成供应链或者服务链流程需要围绕企业集成模块单元的单一流后拉动进行运作，集成供应链或者服务链围绕模块品目经营目标、模块单元额度经营目标、模块单元规模经营目标进行运作，集成供应链或者服务链自身需要按照后拉动的要求进行自身运作。企业集成设备维护和维修按照后拉动的要求进行运作，使企业设备维护和维修的以顾客需求拉动的设备维护和维修成果成为拉动的起点。企业集成管理需要围绕企业集成模块单元的后拉动进行运作，对集成供应链或者服务链进行后拉动运作，对企业集成设备前维护和维修进行后拉动运作，企业集成管理自身需要按照后拉动运作进行企业集成管理后拉动运作，使顾客需求为企业集成管理的后拉动运作的起点。企业后拉动的运作通过团队和团队中的员工进行，需要团队所负责的企业集成运营管理流程进行后拉动运作，需要团队中的员工所负责的企业集成运营管理流程进行后拉动运作，团队和团队中的员工成为企业集成运营管理流程后拉动运作的主体。后拉动企业集成模块单元模块品目计算公式如下所示：

$$G_{jz} = g_{j1} + g_{j2} + \cdots + g_{jn} \tag{3-1-2}$$

　　式中，G_{jz}为后道作业的模块品目数量，g_{jn}为前道作业的模块品目数量。

　　企业集成运营流程的后拉动运作可以通过图来表示，表现企业集成运营流程的后拉动运作是通过顾客需求拉动体现，通过不同层次和同一层次模块单元后拉动实现。企业集成运营流程的后拉动运作如图3-1-2所示：

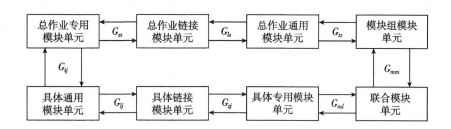

图3-1-2　企业集成运营流程的后拉动运作

　　企业集成运营流程的运作始终围绕价值增值进行运作，模块单元围绕精益运作中的正向满足顾客产品需求价值目标和减少负向的过度运营量、顾客等待、不必要的运营、不良产品、库存、动作浪费、搬运、人力损失的价值目标进行精益运作。顾客接触场内员工服务流程、场内设备服务流程、场外设备服务流程、场外电子服务流程模块单元围绕精益运作中的正向满足顾客产品需求和满足服务需求的价值目标和减少负向的过度服务量、顾客等待、不必要的服务、不良无形产品、人力损失的价值目标进行精益服务运作，满足顾客差异产品和服务需求，保证优质服务，使顾客满意。企业与顾客共同创造价值，价值的部分由顾客进行支付，需要对顾客所支付的价值作为企业集成运营流程拉动的起点。企业集成运营流程以价值增值为拉动，进行每一个作业流程的价值测算，以价值增值为基本要求，进行价值拉动。企业价值拉动需要保证每一个模块单元的价值进行预算能够取得价值增值，以此进行价值拉动。企业集成运营流程价值拉动通过不同层次的模块单元中的专用模块单元的价值拉动体现。模块单元的价值拉动表现为同一层次的模块单元价值拉动运作顺序为专用模块单元、链接模块单元、通用模块单元，不同层次模块单元的价值拉动运作顺序为总作业模块单元、模块组模块单元、联合模块单元、具体模块单元。顾客价值拉动的运作先由总作业模块单元的专用模块单元进行价值拉动，经过总作业模块单元的链接模块单元、通用模块单元、模块组模块单元价值拉动，经过模块组模块单元的专用模块单元、链接模块单元、通用模块单元价值拉动，经过联合模块单元的专用模块单元延迟、链接模块单元、通用模块单元价值拉动，经过具体模块单元的专用模块单元延迟、链接模块单元价值拉动，直到具体模块单元的通用模块单元的价值拉动。价值拉动通过损失来进行，这些损失将不同层次和同一层次的模块单元联系，成为拉动的中介。这些损失包括业务损失、存货损失、质量损失、交货损失、损失增值。业务损失是没有达到以企业能够满足顾客需求的创新、弹性、继承性要求为基础的损失；存货损失是以过多存货形成损失为基础；质量损失是产品的质量没有达到要求的损失；交货损失是没有按期交货的损失；损失增值是这些损失部分的减少带来的增值。这些损失与企业集成模块单元自身的现金流入和现金流出一同构成企业集成模块单元价值测算的部分，根据这些部分进行模块单元价值测算。通过损失建立起模块单元的价值后拉动运作，通过损失、现金流入、现金流出测算出模块单元的价值，从而形成价值拉动的模块单元运作。可以将损失、损失增值、现金流入、现金流出编制成价值后拉动现金流量表作为价值拉动和模块单元价值测算的基本表式，价值后拉动现金流量表将不同层次和同一层次模块单元的价值拉动部分包括其中，将模块单元的现金流入和现金流出包括其中，使价值后拉动的测算可行。

企业集成供应链或者服务链流程需要围绕企业集成模块单元的价值拉动进行运作，集成供应链或者服务链自身需要按照价值拉动的要求进行自身运作。企业集成设备维护和维修按照价值拉动的要求进行运作。企业集成管理需要围绕企业集成模块单元的价值拉动进行运作，对集成供应链或者服务链进行价值拉动运作，对企业集成设备前维护和维修进行价值拉动运作，企业集成管理自身需要按照企业与顾客共创价值进行价值拉动，构建企业集成管理价值拉动运作。企业价值后拉动的运作通过团队和团队中的员工进行，这种价值后拉动需要团队所负责的企业集成运营管理流程进行价值后拉动运作，需要团队中的员工所负责的企业集成运营管理流程进行价值后拉动运作，团队和团队中的员工成为企业集成运营管理流程价值后拉动运作的主体。企业集成运营流程价值拉动公式如下所示：

$$Z_{jz} = S_{jg} - C_{jg} \qquad\qquad (3-1-3)$$

式中，Z_{jz} 为模块单元价值，S_{jg} 为模块单元现金流入和损失增值，C_{jg} 为模块单元的现金流出和损失。

企业集成运营管理流程的价值拉动运作可以通过图来表示，表现企业集成运营管理流程的价值拉动运作通过价值体现，通过不同层次和同一层次模块单元价值拉动实现。企业集成运营管理流程的价值拉动如图 3-1-3 所示。

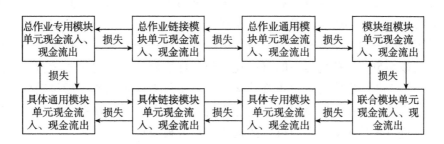

图 3-1-3 企业集成运营管理流程的价值拉动

企业集成后拉动作业和后拉动价值运作通过总模块单元、不同层次模块单元、同一层次模块单元单一流和均衡流程进行运作。单一流流程是一种反映企业后拉动作业和后拉动价值运作的细胞系性质的流程运作单元，具有自我灵活性强和适应性强的特性，能够根据顾客需求的改变迅速做出改变的企业模块单元运作的最小流程单元。均衡流程是一种反映后拉动作业和后拉动价值运作的结构稳定的流程，这种稳定性会使企业运营流程和管理运作高效率。单一流流程和均衡流程的融合使企业集成后可拉动作业和后拉动价值运作既能够反映顾客差异需求，又能够高效运作。总模块单元根据不同的总模块单元，形成不同的总模块单元单一流流程和均衡流程；不同层次模块单元根据企业具体模块单元、联合模块单元、模块组模块单元、总作业模块单元的不同，形成不同层次模块单元单一流流程和均衡流程；同一层次模块单元根据通用模块单元、链接模块单元、专用模块单元不同形成通用模块单元、链接模块单元、专用模块单元单一流流程和均衡流程，形成同一层次模块单元层单一流流程和均衡流程模块单元。精益顾客接触的场内员工服务流程、场内设备服务流程、场外设备服务流程、场外电子服务流程采用顾客接触的单一流、交叉单一流、替换单一流适时模块单元流程进行运作。交叉单一流是同一员工同一作业地作业交叉进行的单一流；替换单一流是同一员工同一作业地作业替换进行的单一流。

企业集成后拉动作业和后拉动价值运作是在团队和员工、设备、电子设备多能协同运作、看板运作、可视化运作、精益质量运作中完成。企业模块单元的团队和员工、设备、电子设备的运作和看板运作、可视化运作、精益质量运作需要员工完成不同层次模块单元之间、同一层次模块单元之间、模块单元的单一流程之间、同一模块单元单一流流程的不同作业之间运作；团队和员工、设备、电子设备的协同运作和看板运作、可视化运作、精益质量运作需要员工完成后拉动作业和后拉动价值运作；团队和员工、设备、电子设备协同运作和看板运作、可视化运作、精益质量运作需要员工完成延迟策略、后拉动作业和后拉动价值运作。需要团队和员工、设备、电子设备按照U形布置，进行团队和团队、员工和员工间的协同运作，进行设备、电子设备与设备、电子设备协同运作。需要团队首先具有协同的组织基础，团队依据企业宗旨、愿景、价值观进行运作，团队中的员工、设备、电子设备彼此协作，员工、设备、电子设备进行多能培养，使员工、设备、电子设备具备协同运作的基础。需要针对模块单元的运作设置各种看板，形成模块单元各种流程中的看板运作，促进模块单元的集成运营流程的延迟策略、后拉动作业和后拉动价值看板运作；需要针对模块单元的运作进行观测，形成模块单元各种流程中的可视化运作，促进模块单元的集成运营流程的延迟策略、后拉动作业和后拉动价值可视化运作；需要针对延迟策略、后拉动作业和后拉动价值的模块单元的单一流流程运作进行精益质量运作，进行精益质量检测和控制设备的配置，进行精益质量运作的机制的培养，形成模块单元的集成运营流程的延迟策略、后拉动作业和后拉动价值质量运作。企业集成运营流程精益运作为企业集成战略实现打下了根本性功能延续精益运作基础。

企业集成运营流程进行延迟策略、后拉动作业和后拉动价值运作流程设计后，需要进行企业集成CPS运营流程设计，企业集成CPS运营流程设计以企业集成模块单元运作、企业集成精益运营流程运作为基础，进行CPS运营流程设计。企业集成CPS运营流程是后拉动作业和后拉动价值的企业具体模块单元、联合模块单元、模块组模块单元、总作业模块单元的通用模块单元、链接模块单元的实体空间运作，设备、工装、团队和员工、运营环境运作规律以信息物理空间的信息、感知、分析、记忆、优化、决策、协作、执行方式展示出来。

企业集成CPS运营流程按照运作功能需要设计企业集成模块单元CPS链接运营流程、CPS分析运营流程、CPS网络运营流程、CPS认知运营流程、CPS配置与执行运营流程。企业集成模块单元CPS链接运营流程需要确定企业集成模块单元的数据采集设备、传感器、缓存器，建立企业集成模块单元的自感知、应激式自适应数据采集管理与控制的技术，建立数据库、数据环网、自意识传感、数据传输、信息编码技术；以企业集成模块单元任务为导向，针对模块单元不同运营任务、操作方式、运营环境进行数据采集；以企业集成模块单元活动目标为导向，有针对性地进行数据采集，使采集数据按照目标的要求自动实现；以设备运作为导向，针对设备运作的各种情况，进行数据采集。企业集成模块单元CPS分析运营流程需要建立企业集成模块单元的自记忆、自适应优先级排序、智能动态链接索引技术，建立专家知识信息处理、聚类分析、关联分析技术，建立数据压缩、信息编码、智能数据重构技术；从企业集成模块单元的数据提取特征进行记忆，运用特征算法和规则工具库，进行状态和语义的对应分析；运用导向的存储方式，选择与企业集成模块单元活动相关的信息；采用聚类算法，记忆企业集成模块单元的聚类过程；采用关联性算法工具，形成企业集成模块单元活动映射关系；进行自适应特征提取，使新的记忆更加明确。

企业集成模块单元 CPS 网络运营流程需要建立企业集成模块单元的智能网络空间知识发现、多空间建模、预测技术，建立信息融合、机器学习技术，建立模式识别、状态评估技术；针对企业集成模块单元的设备、运营环境、团队和员工运营活动的大数据进行数据存储、空间建模、模型分析、数据挖掘，进行模块单元运作的评估、预测、优化、协同，获得模块单元运作信息和知识，实现与模块单元运作融合和交互的空间。企业集成模块单元 CPS 认知运营流程需要建立企业模块单元的网络虚拟模型、运算环境和平台、仿真、决策关联分析技术，建立参数优化算法、复杂系统优化算法技术，建立底层编程语言、信息可视化技术；将机器信号转化的信息面向企业模块单元的不同需求，进行多元化数据动态关联、评估和预测，形成对企业模块单元的设备、运营环境、团队和人员活动的趋势的认知；对数字信息和多维信息多活动综合分析，多维度和多尺度动态优化，团队和员工活动目标优化进行自决策。企业集成 CPS 配置与执行运营流程需要建立自免疫、自重构、信息平台技术，建立自恢复系统、控制优化、状态切换、动态排程技术；将决策信息转化为企业集成模块单元的控制逻辑，实现决策到控制器的直接链接，形成自配置和自执行。

企业集成 CPS 链接、分析、网络、认知、配置与执行运营流程可以对企业集成模块单元时间维度、状态维度、集群维度多个维度进行比较。经过这样的比较，能使企业集成模块单元总结规律性的运作和各种所需要的因果联系得以确定；能对企业集成模块单元信息进行关联，对信息进行管理和启发式联想，提高企业集成模块单元管理和调用信息效率；能够预测企业模块单元设备、运营环境、团队和员工活动的趋势，提前进行管理；能够对广泛来源的数据用一种逻辑方式形成知识模型，形成企业集成模块单元设备、运营环境、团队和员工活动比较基础；能够基于企业集成模块单元比较和相关性分析，挖掘设备、运营环境、团队和员工活动显性和隐性关系，更好地进行决策；能够以企业集成模块单元结果和过程为参考，寻找设备、运营环境、团队和员工活动出现问题的根本原因和避免问题途径。

企业集成 CPS 链接、分析、网络、认知、配置与执行运营流程具有自省性功能，面对企业集成模块单元的不可见问题进行预测，建立分析方法和手段，提前进行调整；具有设备 EQ 功能，依据不同团队和不同的任务建立设备的状态特征模型，通过大规模的竞争环境的学习，使设备具有快速的学习知识积累速度，进行设备个体的运作，当设备出现问题时，其他设备能够协同运作；具有新知识获取功能，建立比较性学习、竞争性学习、逻辑学习机制，不断更新知识；具有可持续性的提高特性，通过各种自身能力的提高，不断面对挑战，不断增强能力，不断解决问题，不断取得效益。

进行设备监督学习、设备无监督学习、设备半监督学习、设备深度学习、设备集成学习到设备强化学习。构建感知机算法、k 近邻算法、朴素贝叶斯算法、决策树算法、Logistic 回归与最大熵模型算法、支持向量机算法等设备监督学习算法；构建层次聚类算法、k 均值聚类算法、高斯混合模型算法、主成分分析算法、潜在语义分析算法等设备无监督学习算法；构建生成式算法、半监督支持向量机算法、半监督算法、分枝算法的设备半监督学习算法；构建马尔可夫决策算法、动态规划算法、蒙特卡罗算法、时序差分算法设备强化学习算法。建立企业集成运营管理模块单元 CPS 链接管理流程、CPS 分析管理流程、CPS 网络管理流程、CPS 认知管理流程、CPS 配置与执行管理流程的设备智能视觉运作、智能听觉运作、智能嗅觉运作、智能语言运作、智能动作运作。

企业集成运营流程智能运作存在于各种企业集成运营流程中，需要通过企业集成信息平台和 CPS 企业集成运营流程的运作实现。企业集成 CPS 运营流程是智能运作的基础，需要通过设备智能运作体现，通过传感器、控制器将设备联系起来，进行设备与设备的智能运作，使设备的运作与信息系统连接起来，进行设备的企业集成运营流程的智能运作。企业集成 MBE 的 MBD 信息平台是企业集成运营流程智能运作的重要组成部分，通过模型选择、系统设计、流程设计，实现智能运作。其他的企业集成信息平台越来越多朝着智能运作的方向发展。企业集成 CPS 运营流程通过基本运营流程展开，通过不同层次和同一层次模块单元的智能运作体现。企业集成 CPS 运作需要促进顾客需求驱动的模块单元运营流程的延迟策略运作、后拉动运作、后拉动价值运作，从总作业模块单元专用模块单元、链接模块单元、通用模块单元模块组模块单元，经过模块组模块单元专用模块单元、链接模块单元、通用模块单元，经过联合模块单元专用模块单元、链接模块单元、通用模块单元，经过具体模块单元的专用模块单元、链接模块单元，直到具体模块单元的通用模块单元进行企业集成 CPS 的延迟策略运作、后拉动运作、后拉动价值运作，使延迟策略运作、后拉动运作、后拉动价值运作高效运作。

企业集成供应链或者服务链流程需要围绕企业集成模块单元的 CPS 进行运作，集成供应链或者服务链自身需要按照 CPS 的要求进行自身运作。企业集成设备维护和维修按照 CPS 的要求进行运作。企业集成管理需要围绕企业集成模块单元的 CPS 进行运作，对集成供应链或者服务链进行 CPS 运作，对企业集成设备前维护和维修进行 CPS 运作，企业集成管理自身需要按照 CPS 的运作进行企业集成管理 CPS 运作。企业集成运营流程智能运作为企业集成战略实现打下根本性功能延续智能运作基础。

企业集成 CPS 的运作通过团队和团队中的员工进行，这种 CPS 运作体现需要团队所负责的企业集成运营管理流程进行 CPS 运作，体现为团队中的员工所负责企业集成运营管理流程的 CPS 运作，团队和团队中的员工成为企业集成运营管理流程 CPS 运作的主体。企业集成 CPS 运营流程智能运作是以设备为基础，这些设备运作需要员工针对设备运作的环节进行衔接，体现设备的智能运作和员工的衔接。企业集成 CPS 运营流程智能运作可以通过智能运作的设备和员工来体现，公式如下所示：

$$H_{jz} = Q_{jg} + R_{jg} \qquad\qquad (3-1-4)$$

式中，H_{jz} 为企业集成 CPS 运营流程设备和员工数量，Q_{jg} 为企业集成 CPS 运营流程设备数量，R_{jg} 为企业集成 CPS 运营流程员工数量。

企业集成运营流程是企业模块单元延迟策略和强化延迟策略运作、精益运作、智能运作的融合。企业集成运营流程运作进行企业模块单元的延迟策略和强化延迟策略运作，将企业集成战略通过企业模块单元的运作具体体现在企业集成运营流程之中。企业模块单元的延迟策略和强化延迟策略运作需要以顾客需求为界限进行运作，需要将这一界限融入企业集成运营流程之中，作为内生变量进行运作。企业集成运营流程运作的后拉动流程为企业模块单元的延迟策略和强化延迟策略的顾客需求内生变量提供了通道，将延迟策略和强化延迟策略运作完全按照顾客需求进行企业集成运营流程拉动，实现以顾客需求为拉动的企业模块单元的延迟策略和强化延迟策略运作。企业集成运营流程的后拉动流程为企业模块单元的延迟策略和强化延迟策略运作提供有效的补充，促进相异融合原理的有效实施，使精益运作成为企业模块单元相异融合原理的延伸，同时精益运作需要运用协同原理，与企业模块单元延迟策略运作有效协同。企业集成运营流程精益运作运用协同原理，后拉动流程与企业模块单元运作的不同层次和同一层次模块单元协同运作，形成后拉动流程的企业模块单元运作；单一流运营流程与企业模块单元运作协同，形成单一流运营流程的企业模块单元运作；均衡流程与企业模块单元运作协同，形成均衡流程的企业模块单元运作。后拉动流程、单一流运营流程与通用模块单元的重用运作协同，将企业集成模块单元的重用原理与协同原理融合，形成后拉动流程、单一流运营流程的通用模块单元的重用运作；后拉动流程、单一流运营流程与通用模块单元的相似运作协同，将企业集成模块单元的相似原理与协同原理融合，形成后拉动流程、单一流运营流程通用模块单元的相似运作。运用整体系统原理、协同原理，将后拉动流程、单一流运营流程、均衡流程的企业集成模块单元的延迟运作策略、不同层次和同一层次模块单元协同运作、通用模块单元的重用运作、通用模块单元的相似运作与后拉动价值、看板运作、可视化运作协同起来，形成企业模块单元延迟策略和强化延迟策略运作、精益运作融合。

企业集成 CPS 链接、分析、网络、认知、配置与执行运营流程与企业集成模块单元的延迟策略和强化延迟策略、不同层次和同一层次模块单元协同运作、通用模块单元的重用运作、通用模块单元的相似运作相协同，将相异融合原理、协同原理、重用原理、相似原理融合起来，形成 CPS 链接、分析、网络、认知、配置与执行的企业集成模块单元的延迟策略和强化延迟策略、不同层次和同一层次模块单元协同运作、通用模块单元的重用运作、通用模块单元的相似运作。企业集成 CPS 链接、分析、网络、认知、配置与执行运营流程与后拉动流程、后拉动价值、单一流运营流程、均衡流程、看板运作、可视化运作、员工多能协同运作，形成 CPS 链接、分析、网络、认知、配置与执行后拉动流程、后拉动价值、单一流运营流程、均衡流程、看板运作、可视化运作、员工多能的协同运作。将企业集成 CPS 链接、分析、网络、认知、配置与执行运营流程与企业集成运营流程模块单元延迟策略和强化延迟策略运作、精益运作融合，形成 CPS 链接、分析、网络、认知、配置与执行的后拉动流程、后拉动价值、单一流运营流程、均衡流程、看板运作、可视化运作、员工多能协同运作的企业集成模块单元的延迟运作策略、不同层次和同一层次模块单元协同运作、通用模块单元的重用运作、通用模块单元的相似运作。

企业集成运营流程融合运作表现为延迟策略和强化延迟策略、后拉动流程、后拉动价值、CPS 智能运作起点都为顾客需求驱动，都是针对模块品目或者模块单元的运作展开。融合有着一致的运作顺序，先由总作业模块单元专用模块单元、链接模块单元、通用模块单元模块组模块单元，经过模块组模块单元专用模块单元、链接模块单元、通用模块单元，经过联合模块单元的专用模块单元、链接模块单元、通用模块单元，经过具体模块单元专用模块单元、链接模块单元，直到具体模块单元的通用模块单元的顺序进行延迟策略和强化延迟策略、后拉动流程、后拉动价值、CPS 智能运作。融合需要从模块单元运作的作业、延迟的时间、后拉动流程信息运作、后拉动价值信息运作、智能设备运作方面进行融合，明确模块单元的单一流流程，明确这些融合的作业地，明确模块品目或者模块单元运作时间，明确模块单元作业信息，明确模块单元价值核算，明确模块单元设备，明确模块单元团队和员工的责任，将这些部分融合形成企业集成运营管理流程的运作，通过延迟策略和强化延迟策略运作、精益运作、智能运作，实现企业集成战略。

企业集成供应链或者服务链流程需要围绕着企业集成模块单元的融合进行运作，集成供应链或者服务链自身需要按照融合的要求进行自身运作。企业集成设备维护和维修按照融合的要求进行运作。企业集成管理需要围绕企业集成模块单元的融合进行运作，对集成供应链或者服务链进行融合运作，对企业集成设备前维护和维修进行融合运作，企业集成管理自身需要按照融合的运作进行企业集成管理融合运作。企业融合的运作通过团队和团队中的员工进行，这种融合需要团队所负责的企业集成运营管理流程进行融合运作，需要团队中的员工所负责企业集成运营管理流程的融合运作，团队和团队中的员工成为企业集成运营管理流程融合运作的主体。通过企业集成供应链或者服务链流程运作保证企业集成战略的实现。

企业集成运营流程的延迟策略和强化延迟策略、后拉动流程、后拉动价值、CPS 智能运作完成顾客需求和员工合一的集成运营流程运作。延迟策略和强化延迟策略、后拉动流程、后拉动价值、CPS 智能运作针对顾客需求进行调整，真正体现出顾客的需求。这一流程对顾客需求体现得是否充分直接影响到顾客需求满足实现的程度，需要动态按照顾客需求展开延迟策略、后拉动流程、后拉动价值、CPS 智能运作。

企业集成运营流程的延迟策略和强化延迟策略、后拉动流程、后拉动价值、CPS 智能运作通过企业集成运营管理信息平台、团队、团队成员进行运作。延迟策略和强化延迟策略、后拉动流程、后拉动价值、CPS 智能运作是以延迟策略和强化延迟策略、后拉动流程、后拉动价值、CPS 智能运作契约式顾客需求的创造为起点进行，契约式顾客需求需要延迟策略、后拉动流程、后拉动价值、CPS 智能运作的人员创造。延迟策略和强化延迟策略、后拉动流程、后拉动价值、CPS 智能运作人员是创造延迟策略、后拉动流程、后拉动价值、CPS 智能运作的需求的主体，延迟策略和强化延迟策略、后拉动流程、后拉动价值、CPS 智能运作团队是进行契约式的需求主体，延迟策略和强化延迟策略、后拉动流程、后拉动价值、CPS 智能运作成员是进行契约式需求实现的具体承担者。将创造的延迟策略和强化延迟策略、后拉动流程、后拉动价值、CPS 智能运作契约式顾客需求与延迟策略和强化延迟策略、后拉动流程、后拉动价值、CPS 智能运作团队和团队成员合一，进行企业集成运营流程的延迟策略和强化延迟策略、后拉动流程、后拉动价值、CPS 智能运作契约式顾客需求实现运作。

制造类企业具体模块单元、联合模块单元、模块组模块单元、总作业模块单元和通用模块单元、链接模块单元、专用模块单元进行延迟策略和强化延迟策略、后拉动流程、后拉动价值、智能运作。制造性服务企业具体模块单元、联合模块单元、模块组模块单元和通用模块单元、链接模块单元、专用模块单元进行延迟策略和强化延迟策略、后拉动流程、后拉动价值、智能运作。一般服务企业、纯服务类企业具体模块单元、联合模块单元和通用模块单元、专用模块单元进行延迟策略和强化延迟策略、后拉动流程、后拉动价值、智能运作。一般纯服务企业顾客接触场内员工服务流程、场内设备服务流程、场外设备服务流程、场外电子服务流程具体模块单元、联合模块单元和通用模块单元、专用模块单元进行延迟策略和强化延迟策略、后拉动流程、后拉动价值、智能运作，确定顾客接触服务流程顾客服务需求、顾客服务体验、服务系统、顾客服务迭代。

（五）企业集成运营流程的物流、商流

企业集成运营流程的物流、商流是企业集成模块单元运作的辅助部分，没有商流、物流，企业集成模块单元无法运作。这一活动需要体现企业集成模块单元运作特性，按照企业集成模块单元运作要求进行运作，以区别不同类型企业集成模块单元运作商流、物流的不同，反映企业集成模块单元运作特性的商流、物流的运作。

企业集成运营流程的物流是指物体流动，包括外部物流、内部物流。内部物流包括线下物流、线上物流。外部物流包括采购有关的物流、销售有关的物流。企业内部物流是模块品目物流，外部物流是模块品目和产品物流。企业集成运营流程内部物流是不同层次模块单元根据企业具体模块单元、联合模块单元、模块组模块单元、总作业模块单元间的物流和同一层次模块单元根据通用模块单元、链接模块单元、专用模块单元内的物流。企业集成运营流程的商流包括企业外部交易商流、企业内交易商流，企业外部交易商流包括投入流程商流、产出流程商流，企业内交易商流是企业具体模块单元、联合模块单元、模块组模块单元、总作业模块单元的通用模块单元、链接模块单元、专用模块单元作业之间的商流。企业集成运营流程的物流功能是指物资流转功能，商流功能是指外部、内部交易功能。

企业集成运营流程内部物流需要体现不同层次和同一层次企业集成模块单元的延迟运作策略对内部物流的要求，与企业集成模块单元协同运作；需要体现后拉动流程、单一流运营流程、均衡流程对内部物流的要求，与后拉动流程、单一流运营流程、均衡流程协同运作。

企业集成运营流程内交易商流需要体现企业集成模块单元后拉动价值对内交易商流要求，与后拉动价值协同运作。企业集成运营流程外部物流、内部物流和企业外部交易商流、企业内交易商流都需要进行看板运作、可视化运作，以明确外部物流、内部物流、外部交易商流、内交易商流的状态。企业集成运营流程外部物流、内部物流和企业外部交易商流、企业内交易商流需要与 CPS 链接、分析、网络、认知、配置与执行相联系，促进物流和商流智能运作。通过企业集成运营流程延迟运作策略、精益运作、智能运作的物流和商流运作，为企业集成战略的实现打下物流、商流基础。

企业集成运营流程的物流、商流运营转化流程完成顾客需求和员工合一的辅助流程运作，这一流程辅助顾客需求驱动、由员工创造、与顾客需求互动和体验的顾客需要的实现。物流、商流具有对顾客需求进行调整的弹性，针对顾客需求的改变而随时进行物流、商流方式的改变，真正体现出顾客的需求。这一流程对顾客需求体现得是否充分直接影响到顾客需求满足实现的程度，需要动态按照顾客需求展开物流、商流流程。

企业集成运营流程的物流、商流通过企业集成运营管理信息平台、团队、团队成员进行运作。物流、商流展开和运作是以物流、商流契约式顾客需求的创造为起点进行的，契约式顾客需求需要物流、商流人员创造。物流、商流人员是创造物流、商流契约式的需求的主体，物流、商流团队是进行契约式的需求主体，物流、商流团队成员是进行契约式的需求实现的具体承担者。将创造的物流、商流契约式顾客需求与物流、商流团队和团队成员合一，实现企业集成运营流程的物流、商流契约式顾客需求运作。

制造类企业、服务类企业具有企业集成运营流程的物流和商流，需要完成物资流转功能和内部交易功能。纯服务类企业具有企业集成运营流程的商流，需要完成内部交易功能。

（六）企业集成团队和人员、企业集成设备维护与维修流程

企业集成人员流程需要按照总模块单元、不同层次的企业具体模块单元、联合模块单元、模块组模块单元、总作业模块单元和同一层次的通用模块单元、链接模块单元、专用模块单元的延迟策略运作的操作规范要求进行运作；要求按照模块单元后拉动流程、后拉动价值的单一流流程、均衡流程的团队和人员多能化协同的操作规范要求进行运作。企业集成团队和人员需要具备企业宗旨、愿景、价值观；员工需要按照团队的效能、团队情绪智力、团队承诺进行运作。需要员工与 CPS 智能流程相衔接，促进智能流程的运作。将延迟策略、精益运作融入企业集成团队和人员流程中，形成企业集成团队和人员延迟策略、精益运作流程。对顾客接触的员工需要从顾客的心理和行为出发，与顾客互动，致力于顾客良好的服务体验，进行有价值的服务。通过企业集成运营流程延迟策略、精益运作的企业集成团队和人员流程协同运作，为企业集

成战略实现打下企业集成团队和人员流程基础。

设备维护流程需要按照后拉动流程、单一流流程、均衡流程的总模块单元、不同层次的企业具体模块单元、联合模块单元、模块组模块单元、总作业模块单元和同一层次的通用模块单元、链接模块单元、专用模块单元的延迟策略运作要求进行运作；设备维修需要按照后拉动流程、单一流流程、均衡流程的模块单元的延迟策略运作要求进行运作。设备维护与维修流程模块化有助于运作灵活性、可重用性（Wenyan Song，2015）。设备维护与维修流程需要按照CPS链接、分析、网络、认知、配置与执行运作要求进行运作，形成设备维护与维修流程智能运作。将延迟策略、精益运作、智能运作融入设备维护与维修流程中，形成设备维护与维修延迟策略、精益运作、智能运作流程。通过企业集成运营流程延迟策略、精益运作、智能的设备维护与维修流程运作，为企业集成战略实现打下企业集成设备维护与维修流程基础。

企业集成团队和人员流程、设备维护与维修流程完成顾客需求和员工合一的支撑流程运作，这一流程是将顾客需求驱动、由员工创造、与顾客需求互动和体验的顾客需要进行支撑实现。人员流程、设备维护与维修流程配合企业集成运营管理各类流程，针对顾客需求进行调整，真正体现出顾客的需求。这一流程对顾客需求体现得是否充分直接影响到顾客需求满足实现的程度，需要动态按照顾客需求展开人员流程、设备维护与维修流程。

企业集成人员流程、设备维护与维修流程通过企业集成运营管理信息平台、团队、团队成员进行运作。人员流程、设备维护与维修流程展开和运作是以人员流程、设备维护与维修流程契约式顾客需求的创造为起点进行的，契约式顾客需求需要人员流程、设备维护与维修流程人员创造。人员流程、设备维护与维修流程人员是创造人员流程、设备维护与维修流程契约式的需求的主体，人员流程、设备维护与维修流程团队是进行契约式的需求主体，人员流程、设备维护与维修流程团队成员是进行契约式的需求实现的具体承担者。将创造的人员流程、设备维护与维修流程契约式顾客需求与人员流程、设备维护与维修流程团队和团队成员合一，进行企业集成人员流程、设备维护与维修流程契约式顾客需求实现运作。

制造类企业、服务类企业、纯服务类企业具备集成团队和人员，进行设备维护与维修流程运作。

（七）企业集成运营流程的质量流程、价值链

企业集成运营流程的质量流程通过企业集成质量策划、企业集成质量支持、企业集成运营管理流程质量运作、企业集成质量控制进行企业集成运营流程的质量运作，实现企业集成质量流程全面运作。

企业集成运营流程的价值链源于顾客价值，这些运作需要以顾客价值为目标进行运作。顾客价值从顾客需求开始，只有顾客需求满足了，顾客价值才得以实现，顾客价值实现多少取决于顾客需求的满足状况，顾客价值的实现过程就是顾客需求的满足过程。满足顾客通过有形产品和无形产品来进行，对企业而言，通过运营活动实现。企业运营活动中的作业通过各种价值活动，完成价值提供与传递过程，提高这些活动的效率，不断满足顾客，与顾客的消费过程紧密联系在一起，事前、事中、事后满足顾客需求。只有这样，才能够满足顾客，实现企业运营价值链流程运作，直至最终实现顾客价值。

要满足顾客需求，进行企业运营价值链流程运作，需要明确顾客价值的驱动因素。顾客价值实现过程中驱动因素包括产品价值、服务价值和顾客成本。驱动因素由价值链中的各种价值活动承担，每一个活动环节驱动着不同的顾客价值，目的是满足顾客需求，传递顾客价值。

传统的企业流程侧重价值活动和环节自身的附加价值和盈利能力，忽略了这些附加价值的来源始于顾客需求，价值的实现来自顾客需求的满足。企业集成运营流程的价值链重视对顾客价值的分析，将这种分析体现到企业运营流程运作中。顾客价值的分析使企业运营流程的价值链运作更加关注顾客的需求和利益，以更少的投入和成本为顾客提供更多的价值，提高顾客满意度和忠诚度，为企业运营流程价值链运作带来更多的收入和利润，满足企业运营流程价值链运作的利益分享。顾客价值的分析是以企业运营流程价值链运作贡献为基础，为企业运营流程价值链运作利益的合理分配提供科学依据。

企业集成运营流程的价值链是指从顾客价值驱动因素分析开始，确定顾客价值，将这一价值体现到企业集成运营流程的价值作业活动中。这一过程需要反映企业集成运营流程的价值链的基本活动特征，能够区别价值链各环节，明确各环节的价值增值活动。对这些价值活动能够通过现金流量进行核算，得出企业运营流程各环节总的和结构价值。

价值链的运作需要与供应链或者服务链融合才能形成价值链的链条。由于当今的会计运作开始由自身运作向业务运作融合方向进展，变动成本法向作业成本法的改变就是由自身运作向业务运作融合方向进展的典型代表。价值链的运作需要找出业务运作的链条，这样才能具有价值链的基础，而供应链或者服务链就是业务的链条，因而价值链的运作需要与供应链或者服务链融合。

现存供应链或者服务链的价值核算和价值运作按照原材料、在产品、产成品的库存作为成本的单向运作方式进行。这种运作方式将供应链或者服务链及其内部的流程作为成本环节而不是价值创造环节。价值创造环节需要供应链或者服务链及其内部的流程作为现金流入、现金流出双向的运作进行，价值链与供应链或者服务链融合正好符合这一要求。

企业整体价值链流程是指企业供应链或者服务链按照价值链流程双向运作要求，构建以供应链或者服务链为基础的整体价值链流程。企业结构价值链流程是指企业供应链或者服务链内的各种作业流程按照价值链流程双向运作要求，构建以供应链或者服务链内的各种作业流程为基础的结构价值链流程。价值链流程功能是指价值创造功能和质量保证功能。质量保证功能是基础，价值创造功能是目标和方向。

企业集成运营管理团队的每一个成员成为经济独立的单元。每一位员工都有一张利润表，这张表将总资产量化分解到每一个员工身上，员工由此给企业和顾客创造价值，将每一位员工创造的价值与企业分享，使每一位员工成为价值创造的本体。这种价值创造是员工决策的体现，通过财务共享中心，利用信息化手段，将财务的职能实现流程信息化管理，财务人员与业务人员一起分析未来、一起创造价值。

企业集成运营流程的质量流程、价值链是完成顾客需求和员工合一的核心流程，这一流程实现顾客需求驱动、由员工创造、与顾客需求互动和体验的顾客需要核心运作。质量流程、价值链针对顾客需求进行调整，真正体现出顾客的需求。这一流程对顾客需求体现得是否充分直接影响顾客需求满足实现的程度，需要动态按照顾客需求展开质量流程、价值链。

企业集成运营流程的质量流程、价值链通过企业集成运营管理信息平台、团队、团队成员进行运作。质量流程、价值链展开和运作是以质量流程、价值链契约式顾客需求的创造为起点进行的，契约式顾客需求需要质量流程、价值链人员创造。质量流程、价值链人员是创造质量流程、价值链契约式的需求的主体，质量流程、价值链团队是进行契约式的需求主体，质量流程、价值链团队成员是进行契约式的需求实现的具体承担者。将创造的质量流程、价值链契约式顾客需求与质量流程、价值链团队和团队成员合一，进行企业集成运营流程的质量流程、价值链契约式顾客需求实现运作。

企业集成运营流程的质量流程、价值链需要按照后拉动流程、后拉动价值、单一流流程、均衡流程的总模块单元、不同层次的企业具体模块单元、联合模块单元、模块组模块单元、总作业模块单元和同一层次的通用模块单元、链接模块单元、专用模块单元的延迟策略运作、智能运作要求进行运作，体现企业集成模块单元延迟策略、精益运作、智能运作中的质量流程、价值链运作，为企业集成战略实现打下企业集成运营流程的质量流程、价值链基础。

制造类企业、服务类企业、纯服务类企业都具有质量流程，将企业集成运营流程中融入价值链，形成企业集成运营价值链流程。

三、企业集成运营流程的管理

企业集成运营流程管理构建的目标是以提供创新、弹性、继承性、质量、按期交货、有价值的有形产品和无形产品为中心，进行具有创新、弹性、继承性、质量、按期交货、有价值企业集成运营流程管理构建。

（一）企业集成计划

企业集成计划是针对模块品目或者模块单元额度企业集成计划体现。企业集成计划通过对总模块单元、不同层次的企业具体模块单元、联合模块单元、模块组模块单元、总作业模块单元和同一层次的通用模块单元、链接模块单元、专用模块单元延迟策略和强化延迟策略运作的模块品目或者模块单元额度的集成计划，将企业集成战略通过集成计划体现；通过对不同层次和同一层次模块单元单一流的后拉动运作的模块品目或者模块单元额度的集成计划，将企业集成战略通过精益运作的集成计划体现；通过对不同层次和同一层次模块单元 CPS 链接、分析、网络、认知、配置与执行运作的模块品目或者模块单元额度的集成计划，将企业集成战略通过智能运作的集成计划体现出来；将延迟策略和强化延迟策略运作、单一流的后拉动运作和 CPS 链接、分析、网络、认知、配置与执行运作融合起来的模块品目或者模块单元额度的集成计划体现企业集成计划运作。通过对模块单元的延迟策略、精益、智能运作的模块品目或者模块单元额度的企业集成综合运营计划、企业集成主运营计划、企业集成模块品目需求计划、企业集成运营作业计划实现企业集成计划运作，为实现企业集成战略打下企业集成计划基础。

（二）企业集成组织

企业集成组织通过团队和员工运作实现企业集成计划的运作。企业需要按照企业集成运营流程构建团队，按照经济性运作的要求进行团队运作，使团队成为企业集成计划实施的有力支撑。企业集成运营作业计划通过企业集成组织，将需要完成的延迟策略和强化延迟策略运作、单一流的后拉动运作和 CPS 链接、分析、网络、认知、配置与执行运作融合起来的模块品目或者模块单元额度配置给团队和员工，通过团队和员工计划任务实现企业集成运营作业计划。可见，企业集成组织是将模块单元的延迟策略和强化延迟策略、精益、智能运作的模块品目或者模块单元额度的企业集成运营作业计划具体化，是企业集成运营计划实施的接续环节，是从组织方面落实企业集成战略实施，是企业集成运营流程延迟策略和强化延迟策略运作、精益运作、智能运作在组织方面的延续，为企业集成战略实现打下企业集成组织基础。

（三）企业集成控制、领导与创新

企业集成控制需要团队和员工按照延迟策略和强化延迟策略运作、单一流的后拉动运作和 CPS 链接、分析、网络、认知、配置与执行运作融合起来的模块品目或者模块单元额度配置执行，根据标准体系中的各种标准，对模块品目或者模块单元额度配置执行情况进行跟踪，对模块品目或者模块单元额度配置运作情况进行评价，确定团队和员工目标完成程度，与企业集成运营作业计划目标对比，寻找出问题，采取措施，进行各种调整，确保企业集成运营作业计划实施。企业集成控制是从控制方面落实企业集成战略实施，是企业集成运营流程延迟策略运作和强化延迟策略、精益运作、智能运作在控制方面的延续，为企业集成战略实现打下企业集成控制基础。

企业集成运营作业计划从计划、组织、控制过程中需要领导能够进行企业使命、愿景、价值观的引领，需要进行有效支撑，使企业集成运营作业计划、组织、控制按照企业运营目标运作的要求进行。企业集成领导是从领导方面落实企业集成战略实施，是企业集成运营流程延迟策略和强化延迟策略运作、精益运作、智能运作在领导方面的延续，为企业集成战略实现打下企业集成领导基础。

　　企业集成运营作业计划从计划、组织、领导、控制执行过程中企业内部运作和企业外部运作都会有不同的改变，仅仅采用历史性的做法和单一的企业集成计划、组织、领导、控制往往不能有效地进行企业集成运营作业计划，需要将反映运营目标的延迟策略和强化延迟策略运作、单一流的后拉动运作和 CPS 链接、分析、网络、认知、配置与执行运作融合起来的模块品目或者模块单元额度落到实处，需要根据外部环境的不断变化，进行企业集成计划、组织、领导、控制的重新融合，构建创新管理职能，能动地完成企业运营目标。企业集成创新是从创新方面落实企业集成战略实施，是企业集成运营流程延迟策略和强化延迟策略运作、精益运作、智能运作在创新方面的延续，为企业集成战略实现打下企业集成创新基础。

（四）企业集成管理运作

　　企业集成管理运作能够体现企业集成战略，具体体现为企业集成管理流程的模块单元延迟策略的运作。通过不同层次管理模块单元中的管理专用模块单元的延迟策略体现企业集成战略运作。管理模块单元的延迟运作是基于顾客需求的管理方案驱动进行运作的，需要按照管理方案的要求进行运作。管理模块单元的管理方案驱动表现为同一层次的管理模块单元运作顺序为管理专用模块单元、管理通用模块单元，不同层次模块单元的运作顺序为管理联合模块单元、管理具体模块单元。管理方案驱动的作业流程的延迟策略运作先由管理联合模块单元的管理专用模块单元延迟、管理通用模块单元，经过管理具体模块单元的管理专用模块单元延迟，直到管理具体模块单元的管理通用模块单元；管理方案驱动的作业时间的延迟策略运作对管理联合模块单元、管理具体模块单元中的通用模块单元提前运作，体现管理专用模块单元的延迟策略运作。管理方案的管理流程的延迟策略运作是管理流程的运作，通过企业集成管理流程的延迟策略体现；管理方案驱动的管理时间的延迟策略运作是管理时间的运作，通过企业集成管理体现，是强化的延迟策略的运作。通过管理方案驱动的管理流程延迟策略运作和管理方案驱动的管理时间延迟策略运作构成企业集成管理模块单元的延迟运作。企业集成管理延迟策略运作是从企业集成管理延迟策略运作方面进行企业集成战略实施，为企业集成战略实现打下企业集成管理延迟策略运作基础。

　　企业集成管理的精益运作的起点是顾客需求、价值运作，企业集成管理需要以顾客需求、价值运作为起点，进行企业集成管理的精益运作。企业集成管理的精益运作需要从顾客需求的创新进行拉动，经过控制、领导、组织，最后到计划运作，实现对顾客需求的企业集成管理拉动。企业集成管理的精益运作需要从价值的创新进行拉动，经过控制、领导、组织，最后到计划运作，实现对价值运作的企业集成管理拉动。管理价值拉动通过损失来进行，这些损失将不同管理职能联系起来，成为拉动的中介。这些损失包括管理活动损失、损失增值。这些损失与企业集成管理自身的现金流入和现金流出一同构成企业集成管理价值测算的部分，根据这些部分进行企业集成管理价值测算。通过损失建立起企业集成管理的价值后拉动运作，通过损失、现金流入、现金流出测算出企业集成管理的价值，形成管理价值拉动的企业集成管理运作。可以将损失、损失增值、现金流入、现金流出编制成管理价值后拉动现金流量表来进行管理价值拉动和作为企业集成管理价值测算的基本表式，管理价值后拉动现金流量表将企业集成管理的管理价值拉动部分包括其中，将企业集成管理的现金流入和现金流出包括其中，使管理价值后拉动的测算可行。企业集成管理的顾客需求拉动、管理价值后拉动运作通过团队和团队中的员工进行，这种顾客需求拉动、管理价值后拉动需要团队所负责的企业集成管理进行顾客需求拉动、管理价值后拉动运作，需要团队中的员工进行所负责企业集成管理的顾客需求拉动、管理价值后拉动运作，团队和团队中的员工成为企业集成管理顾客需求拉动、管理价值后拉动运作的主体。企业集成管理精益运作从企业集成管理精益运作方面进行企业集成战略实施，为企业集成战略实现打下企业集成管理精益运作基础。

企业集成 CPS 管理流程包括企业集成管理模块单元 CPS 链接管理流程、CPS 分析管理流程、CPS 网络管理流程、CPS 认知管理流程、CPS 配置与执行管理流程。企业集成管理模块单元 CPS 链接管理流程需要确定企业集成管理模块单元数据采集设备、传感器、缓存器，建立企业集成管理模块单元的自感知、应激式自适应数据采集管理与控制的技术，建立管理数据库、管理数据环网、管理自意识传感、管理数据传输、管理信息编码技术；以企业集成管理模块单元任务为导向，针对管理模块单元不同管理任务、管理方式、管理环境进行管理数据采集；以企业集成管理模块单元活动目标为导向，有针对性地进行管理数据采集，使采集管理数据按照管理目标的要求自动实现；以设备运作为导向，针对设备运作的各种情况，进行管理数据采集。企业集成管理模块单元 CPS 分析管理流程需要建立企业集成管理模块单元的自记忆、自适应优先级排序、智能动态链接索引技术，建立专家知识信息处理、聚类分析、关联分析技术，建立管理数据压缩、管理信息编码、管理智能数据重构技术；从企业集成管理模块单元的数据提取特征进行记忆，运用特征算法和规则工具库，进行状态和语义的对应分析；运用导向的存储方式，选择与企业集成管理模块单元活动相关的信息；采用聚类算法，记忆企业集成管理模块单元的聚类过程；采用关联性算法工具，形成企业集成管理模块单元活动映射关系；进行自适应特征提取，使新的记忆更加明确。

企业集成 CPS 链接、分析、网络、认知、配置与执行管理流程具有自省性功能，面对企业集成管理模块单元的不可见的问题，进行管理预测，建立管理分析方法和手段，提前进行管理调整；具有管理设备 EQ 功能，依据不同团队和不同的任务建立管理设备的状态特征模型，通过大规模的竞争环境的学习，使管理设备具有快速的学习知识积累速度，进行管理设备个体的运作，当管理设备出现问题时，其他管理设备能够协同运作；具有管理新知识获取功能，建立管理比较性学习、管理竞争性学习、管理逻辑学习机制，不断更新管理知识；具有可持续性的提高特性，通过管理各种自身能力的提高，不断面对挑战，不断增强管理能力，不断解决管理问题，不断取得管理效益。

企业集成管理流程的运作是管理延迟策略运作、管理后拉动、管理后拉动价值、CPS 智能管理运作的融合。融合运作以管理延迟策略运作、管理方案后拉动、后拉动价值、CPS 智能管理运作为起点进行顾客需求的管理方案驱动。融合有一致的运作顺序，从顾客需求的管理方案创新进行拉动，经过控制、领导、组织，最后到计划运作，按照企业集成管理的顺序进行管理延迟策略运作、顾客需求的管理方案后拉动、后拉动价值、CPS 智能管理运作。进行企业集成管理流程的管理延迟策略运作、管理后拉动、管理后拉动价值、CPS 智能管理运作的融合，明确管理时间，明确管理信息，明确管理价值核算，明确管理设备，明确管理团队和员工的责任，将这些部分融合形成企业集成管理的运作。

企业集成管理流程的运作是将企业集成运营流程的运营延迟策略运作、运营强化延迟策略运作和企业集成管理流程的管理延迟策略运作和管理强化延迟策略运作融合起来，形成企业集成运营管理流程的运营延迟策略运作、运营强化延迟策略运作、管理延迟策略运作和管理强化延迟策略运作融合；将企业集成运营流程的流程后拉动、价值后拉动和企业集成管理流程的管理后拉动、管理价值后拉动融合，形成企业集成运营管理流程的流程后拉动、价值后拉动、管理后拉动、管理价值后拉动融合；将企业集成运营流程的 CPS 链接、分析、网络、认知、配置与执行运营流程和企业集成管理流程的 CPS 链接、分析、网络、认知、配置与执行管理流程融合起来，形成企业集成运营管理流程的 CPS 链接、分析、网络、认知、配置与执行运营管理流程。企业集成管理流程的运作是运营延迟策略运作、运营强化延迟策略运作、管理延迟策略运作和管理强化延迟策略运作，流程后拉动、价值后拉动、管理后拉动、管理价值后拉动，CPS 链接、分析、网络、认知、配置与执行运营管理流程的融合，使企业集成战略具备完整实现的根本性功能基础，全方位实现企业集成战略。

企业集成管理流程的运作是顾客需求后拉动、后拉动价值、CPS 智能管理运作通过企业集成运营管理信息平台、团队、团队成员进行运作。顾客需求后拉动、后拉动价值、CPS 智能管理运作以顾客需求后拉动、后拉动价值、CPS 智能管理运作契约式顾客需求的创造为起点进行，契约式顾客需求需要顾客需求后拉动、后拉动价值、CPS 智能管理运作人员创造。顾客需求后拉动、后拉动价值、CPS 智能管理运作人员是创造顾客需求后拉动、后拉动价值、CPS 智能管理运作的需求主体，顾客需求后拉动、后拉动价值、CPS 智能管理运作团队是进行契约式的需求主体，顾客需求后拉动、后拉动价值、CPS 智能管理运作成员是进行契约式的需求实现的具体承担者。将创造的顾客需求后拉动、后拉动价值、CPS 智能管理运作契约式顾客需求与顾客需求后拉动、后拉动价值、CPS 智能管理运作团队和团队成员合一，实现企业集成运营流程的顾客需求后拉动、后拉动价值、CPS 智能管理运作契约式顾客需求运作。

企业集成运营流程的计划、组织、控制、领导和创新是顾客需求和员工合一的管理职能，这一管理职能由顾客需求驱动，由员工创造、与顾客需求互动和体验管理职能、创造的需求决定企业集成运营流程的计划、组织、控制、领导和创新的开启与运作，针对顾客需求进行调整，真正体现出顾客的需求。计划、组织、控制、领导和创新能够针对顾客需求而进行调整的弹性较大，这一管理职能对顾客需求体现得是否充分直接影响对顾客需求满足的程度，需要动态体现出管理职能。

企业集成运营流程的计划、组织、控制、领导和创新通过企业集成运营管理信息平台、团队、团队成员进行运作。计划、组织、控制、领导和创新展开和运作是以计划、组织、控制领导和创新契约式顾客需求的创造为起点进行的，契约式顾客需求需要计划、组织、控制、领导和创新人员创造。计划、组织、控制、领导和创新人员是创造计划、组织和控制契约式的需求的主体，计划、组织、控制、领导和创新团队是进行契约式的需求主体，计划、组织、控制、领导和创新团队成员是进行契约式的需求实现的具体承担者。将创造的计划、组织、控制、领导和创新契约式顾客需求与计划、组织、控制、领导和创新团队、团队成员合一，进行企业集成运营流程的计划、组织、控制、领导和创新契约式顾客需求实现运作。

制造类企业、服务类企业、纯服务类企业进行企业集成计划、组织、领导、控制和创新，进行企业集成管理运作。

第二节　企业集成运营流程选择

一、企业运营流程选择

企业运营管理中的企业运营流程选择是通过产品—流程矩阵进行。产品—流程矩阵是一种通过流程和产品结构之间的联系，进行流程选择的矩阵。海耶斯和威尔莱特提出的产品—流程矩阵的过程演变通常以流程开始的过程，随着产品标准化增强，效益增加。现行的产品—流程矩阵一般针对有形产品制造企业的制造过程进行选择，反映有形产品和制造企业基本运营流程之间的联系。这种产品—流程矩阵的适用范围只适合制造类企业的制造流程，与包括服务类企业、纯服务类企业的服务流程的运营管理范围不相适应，需要根据服务企业的特性，从企业的基本运营流程出发，建立适合服务企业流程的产品—过程矩阵。通过有形产品结构、有形产品制造流程联系，建立有形产品—制造流程矩阵；通过有形产品结构、有形产品服务转化流程联系，建立有形产品—服务转化流程矩阵；通过有形或者无形产品结构、有形或者无形产品设计性服务转化流程联系，建立有形或者无形产品—设计性服务转化流程矩阵；通过无形产品结构、无形产品服务转化流程联系，建立无形产品—服务转化与销售流程矩阵。有形产品—制造流程矩阵、有形产品—服务转化流程矩阵、有形产品—设计性服务转化流程矩阵、无形产品—服务转化与销售流程矩阵如图 3 - 2 - 1 至图 3 - 2 - 4 所示。

有形产品结构

制造流程		非标准化	部分标准化	标准化
	单件制造	重型机器		
	批量制造		中型机器	
	大量制造			小型机器

图 3 - 2 - 1　有形产品—制造流程矩阵

有形产品结构

服务转化流程		非标准化	部分标准化	标准化
	单个服务	大宗产品		
	批量服务		一般产品	
	大量服务			小宗产品

图 3 - 2 - 2　有形产品—服务转化流程矩阵

有形或者无形产品结构

设计性服务转化流程		非标准化	部分标准化	标准化
	单个服务	个性需求		
	批量服务		综合需求	
	大量服务			一般需求

图 3 - 2 - 3　有形或者无形产品—设计性服务转化流程矩阵

无形产品结构

		非标准化	部分标准化	标准化
服务转化与销售流程	单个服务	个性需求		
	批量服务		综合需求	
	大量服务			一般需求

图 3 - 2 - 4　无形产品—服务转化与销售流程矩阵

1. 产品—流程矩阵结构

产品—流程矩阵的横坐标代表产品结构，包括非标准化、部分标准化、标准化的有形产品和无形产品结构。产品—流程矩阵的纵坐标代表制造流程或者服务转化流程，包括单件制造、成批制造、大量制造或者单个服务、成批服务、大量服务的流程。产品—流程矩阵的横坐标和纵坐标针对有形产品—制造流程矩阵、有形产品—服务转化流程矩阵、有形或者无形产品—设计性服务转化流程矩阵、无形产品—服务转化与销售流程矩阵展开。

产品—流程矩阵横坐标代表的产品结构和纵坐标代表的制造流程或者服务流程之间形成对应联系，同行同列的横坐标代表的产品结构和纵坐标代表的制造流程或者服务流程相交叉，构成由横坐标代表的产品结构、纵坐标代表的制造流程或者服务流程、对应的交叉部分组成的产品—流程矩阵结构。有形产品—制造流程矩阵、有形产品—服务转化流程矩阵、有形或者无形产品—设计性服务转化流程矩阵、无形产品—服务与销售转化流程矩阵具有不同的特性，体现横坐标代表的产品结构、纵坐标代表的制造流程或者服务流程、对应的交叉部分的产品—流程矩阵不同特性的结构。

有形产品—制造流程矩阵结构体现为横坐标代表的有形产品结构，纵坐标代表的制造流程，对应交叉部分的重型机器、中型机器、小型机器的三部分联系。有形产品—服务转化流程矩阵体现为横坐标代表的有形产品结构，纵坐标代表的服务转化流程，对应交叉部分的大宗产品、一般产品、小宗产品的三部分联系。有形或者无形产品—设计性服务转化流程矩阵体现为横坐标代表的有形或者无形产品结构，纵坐标代表的设计性服务转化流程，对应交叉部分的个性需求、综合需求、一般需求的三部分联系。无形产品—服务转化与销售流程矩阵体现为横坐标代表的无形产品结构，纵坐标代表的服务转化与销售流程，对应交叉部分的个性需求、综合需求、一般需求三部分的联系。

2. 产品—流程矩阵的企业运营流程选择

产品—流程矩阵的企业运营流程选择是一种对应选择，每一个横向的产品结构、对应的交叉部分只能对应一个纵向的制造过程、服务转化流程。产品—流程矩阵结构中体现了横坐标代表的产品结构、纵坐标代表的制造流程或者服务流程、对应的交叉部分的三部分内在联系中，需要根据横坐标代表的产品结构、对应的交叉部分来选择纵坐标代表的制造流程或者服务转化流程。

有形产品—制造流程矩阵结构中，根据横坐标代表的有形产品结构和对应交叉部分的重型机器、中型机器、小型机器，可选择纵坐标代表的单件制造流程、成批制造流程、大量制造流程。有形产品—服务转化流程矩阵中，根据横坐标代表的有形产品结构和对应交叉部分的大宗产品、一般产品、小宗产品，选择纵坐标代表的单个服务转化流程、成批服务转化流程、大量服务转化流程。有形或者无形产品—设计性服务转化流程矩阵中，根据横坐标代表的有形或者无形产品结构和对应交叉部分的个性需求、综合需求、一般需求，选择纵坐标代表的设计性单个服务转化流程、设计性成批服务转化流程、设计性大量服务转化流程。无形产品—服务转化与销售流程矩阵中，根据横坐标代表的无形产品结构和对应交叉部分的个性需求、综合需求、一般需求，选择纵坐标代表的单个服务转化流程、成批服务转化流程、大量服务转化流程。

产品—流程矩阵流程选择只明确了过程和结构的对应关系，是一种静态的流程选择。需要将过程和结构动态运作起来，明确过程和结构的本质运作，融入集成运作，形成效率和差异化结合的矩阵。产品—流程矩阵没有体现企业集成战略要求需要根据企业集成战略的要求进行改进。

制造类企业具有有形产品—制造流程矩阵结构，需要根据横坐标代表的有形产品结构和对应交叉部分的重型机器、中型机器、小型机器，可选择纵坐标代表的单件制造流程、成批制造流程、大量制造流程。服务类企业具有有形产品—服务转化流程矩阵结构，需要根据横坐标代表的有形产品结构和对应交叉部分的大宗产品、一般产品、小宗产品，选择纵坐标代表的单个服务转化流程、成批服务转化流程、大量服务转化流程。新兴服务企业具有有形或者无形产品—设计性服务转化流程矩阵结构，需要根据横坐标代表的有形或者无形产品结构和对应交叉部分的个性需求、综合需求、一般需求，选择纵坐标代表的设计性单个服务转化流程、设计性成批服务转化流程、设计性大量服务转化流程。一般纯服务企业具有无形产品—服务转化与销售流程矩阵结构，需要根据横坐标代表的无形产品结构和对应交叉部分的个性需求、综合需求、一般需求，选择纵坐标代表的单个服务转化与销售流程、成批服务转化与销售流程、大量服务转化与销售流程。中间性服务企业具有无形产品—服务转化流程矩阵结构，需要根据横坐标代表的无形产品结构和对应交叉部分的个性需求、综合需求、一般需求，选择纵坐标代表的单个服务转化流程、成批服务转化流程、大量服务转化流程。这些产品—流程矩阵存在不足，需要改进。

二、企业集成运营流程选择

企业集成运营管理中的企业集成运营流程选择是通过产品流程效率—顾客需求差异融合矩阵进行。通过有形产品定制程度、有形产品制造流程效率联系，建立有形产品制造流程效率和需求差异融合矩阵；通过有形产品定制程度、有形产品服务转化流程效率联系，建立有形产品服务转化流程效率和需求差异融合矩阵；通过有形或者无形产品定制程度、有形或者无形产品设计性服务转化流程效率联系，建立有形或者无形产品设计性服务转化流程效率和需求差异融合矩阵；通过无形产品定制程度、无形产品服务转化流程效率联系，建立无形产品服务转化与销售流程效率和需求差异融合矩阵。如图 3-2-5 至图 3-2-8 所示。

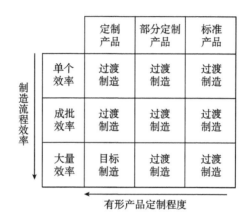

图 3-2-5 有形产品制造流程效率和需求差异融合矩阵

	定制产品	部分定制产品	标准产品
单一效率	过渡服务转化	过渡服务转化	过渡服务转化
批量效率	过渡服务转化	过渡服务转化	过渡服务转化
大量效率	目标服务转化	过渡服务转化	过渡服务转化

服务转化流程效率

← 有形产品定制程度

图 3-2-6 有形产品服务转化流程效率和需求差异融合矩阵

	定制 产品	部分定制 产品	标准 产品
单一 效率	过渡设计性 服务转化	过渡设计性 服务转化	过渡设计性 服务转化
批量 效率	过渡设计性 服务转化	过渡设计性 服务转化	过渡设计性 服务转化
大量 效率	目标设计性 服务转化	过渡设计性 服务转化	过渡设计性 服务转化

设计性服务转化流程效率

有形或者无形产品定制程度

图 3 - 2 - 7　有形或者无形产品设计性服务转化流程效率和需求差异融合矩阵

	定制 产品	部分定制 产品	标准 产品
单一 效率	过渡服务 转化与销售	过渡服务 转化与销售	过渡服务 转化与销售
批量 效率	过渡服务 转化与销售	过渡服务 转化与销售	过渡服务 转化与销售
大量 效率	目标服务 转化与销售	过渡服务 转化与销售	过渡服务 转化与销售

服务转化与销售流程效率

无形产品定制程度

图 3 - 2 - 8　无形产品服务转化与销售流程效率和需求差异融合矩阵

1. 产品流程效率—顾客需求差异融合矩阵结构

产品流程效率—顾客需求差异融合矩阵的横坐标代表产品定制程度，包括标准产品、部分定制产品、定制产品的有形产品和无形产品结构。产品流程效率—顾客需求差异融合矩阵的纵坐标代表制造流程效率或者服务转化流程效率，随着纵坐标由上至下，效率越来越高。产品流程效率—顾客需求差异融合矩阵的横坐标和纵坐标针对有形产品制造流程效率和需求差异融合矩阵、有形产品服务转化流程效率和需求差异融合矩阵、有形或者无形产品设计性服务转化流程效率和需求差异融合矩阵、无形产品服务转化与销售流程效率和需求差异融合矩阵展开。

产品流程效率—顾客需求差异融合矩阵横坐标代表的产品定制程度和纵坐标代表的制造流程效率或者服务转化流程效率之间形成联系，同行同列或者不同行不同列的横坐标代表的产品定制程度和纵坐标代表的制造流程效率或者服务转化流程效率相交叉，由横坐标代表的产品定制程度、纵坐标代表的制造流程效率或者服务转化流程效率、交叉部分构成产品流程效率—顾客需求差异融合矩阵结构。有形产品制造流程效率和需求差异融合矩阵、有形产品服务转化流程效率和需求差异融合矩阵、有形或者无形产品设计性服务转化流程效率和需求差异融合矩阵、无形产品服务转化与销售流程效率和需求差异融合矩阵具有不同的特性，体现由横坐标代表的产品定制程度、纵坐标代表的制造流程效率或者服务转化流程效率、交叉部分构成产品流程效率—顾客需求差异融合矩阵不同特性的结构。

有形产品制造流程效率和需求差异融合矩阵体现为横坐标代表的有形产品定制程度，纵坐标代表的制造流程效率，对应交叉部分的过渡制造的三部分联系。有形产品服务转化流程效率和需求差异融合矩阵体现为横坐标代表的有形产品定制程度，纵坐标代表的服务转化流程效率，对应交叉部分的过渡服务转化的三部分联系。有形或者无形产品设计性服务转化流程效率和需求差异融合矩阵体现为横坐标代表的有形或者无形产品定制程度，纵坐标代表的设计性服务转化流程效率，对应交叉部分的过渡设计性服务转化的三部分联系。无形产品服务转化与销售流程效率和需求差异融合矩阵体现为横坐标代表的无形产品定制程度，纵坐标代表的服务转化与销售流程效率，对应交叉部分的过渡服务转化与销售的三部分联系。

2. 产品流程效率—顾客需求差异融合矩阵的企业集成运营流程选择

产品流程效率—顾客需求差异融合矩阵的企业集成运营流程选择是一种相应选择，每一个横向的产品定制程度、纵向的制造过程效率、服务转化流程效率，就能够选择出过渡制造流程或者过渡服务转化流程、目标制造流程或者目标服务转化流程。产品制造或者服务转化流程效率和需求差异融合矩阵体现为横坐标代表的产品定制程度，纵坐标代表的制造流程效率或者服务转化流程效率，交叉部分的过渡制造或者过渡服务的三部分联系中，需要根据横坐标代表的产品定制程度、纵坐标代表的制造流程效率或者服务转化流程效率，选择相应的作为目标的企业集成运营流程。

有形产品制造流程效率和需求差异融合矩阵中，根据横坐标代表的有形产品定制程度，纵坐标代表的制造流程效率，进行目标制造流程选择。有形产品服务转化流程效率和需求差异融合矩阵中，根据横坐标代表的有形产品定制程度，纵坐标代表的服务转化流程效率，进行目标服务转化流程选择。有形或者无形产品设计性服务转化流程效率和需求差异融合矩阵中，根据横坐标代表的有形或者无形产品定制程度，纵坐标代表的设计性服务转化流程效率，进行目标设计性服务转化流程选择。无形产品服务转化与销售流程效率和需求差异融合矩阵中，根据横坐标代表的无形产品定制程度，纵坐标代表的服务转化与销售流程效率，进行目标服务转化与销售流程选择。

与产品—流程矩阵相比，产品流程效率—顾客需求差异融合矩阵的企业集成运营流程选择不具有纵横匹配关系，是一种非对应选择，纵横结合的范围更宽。产品流程效率—顾客需求差异融合矩阵中的纵横结合的每一部分都属于流程选择范围，是全范围选择。这些结合的部分目标流程和过渡流程两种类型，过渡流程没有达到定制程度和流程效率最佳结合，目标流程是定制程度和流程效率结合的最佳部分，是企业集成战略指导下的企业集成运营流程。

目标流程作为企业集成运营流程，是具体模块单元运营流程、联合模块单元运营流程、模块组模块单元运营流程、总作业模块单元运营流程。有形产品制造流程效率和需求差异融合矩阵的目标流程是有形产品目标制造流程，具体体现为有形产品具体模块单元制造流程、有形产品联合模块单元制造流程、有形产品模块组模块单元制造流程、有形产品总作业模块单元制造流程；有形产品服务转化流程效率和需求差异融合矩阵的目标流程是有形产品目标服务转化流程，具体体现为有形产品具体模块单元运营流程、有形产品联合模块单元运营流程、有形产品模块组模块单元运营流程；有形或者无形产品设计性服务转化流程效率和需求差异融合矩阵的目标流程是有形或者无形产品目标设计性服务转化流程，具体体现为有形或者无形产品具体模块单元设计性服务转化流程、有形或者无形产品联合模块单元设计性服务转化流程；无形产品服务转化与销售流程效率和需求差异融合矩阵的目标流程是无形产品目标服务转化与销售流程，具体体现为无形产品具体模块单元服务转化与销售流程、无形产品联合模块单元服务转化与销售流程。通过产品流程效率—顾客需求差异融合矩阵进行企业集成运营流程选择，将企业集成战略融入企业集成运营流程中，使企业具备了进行企业集成战略运作的企业集成运营流程基础。

制造类企业具有有形产品制造流程效率和需求差异融合矩阵结构，需要根据横坐标代表的有形产品定制程度，纵坐标代表的制造流程效率，选择有形产品具体模块单元制造流程、有形产品联合模块单元制造流程、有形产品模块组模块单元制造流程、有形产品总作业模块单元制造流程。制造性服务企业具有有形产品服务转化流程效率和需求差异融合矩阵结构，需要根据横坐标代表的有形产品定制程度，纵坐标代表的服务转化流程效率，有形产品具体模块单元运营流程、有形产品联合模块单元运营流程、有形产品模块组模块单元运营流程。一般服务企业具有有形产品服务转化流程效率和需求差异融合矩阵结构，需要根据横坐标代表的有形产品定制程度，纵坐标代表的服务转化流程效率，有形产品具体模块单元运营流程、有形产品联合模块单元运营流程。新兴服务企业具有有形或者无形产品设计性服务转化流程效率和需求差异融合矩阵结构，需要根据横坐标代表的有形或者无形产品定制程度，纵坐标代表的设计性服务转化流程效率，有形或者无形产品具体模块单元设计性服务转化流程、有形或者无形产品联合模块单元设计性服务转化流程。一般纯服务企业具有无形产品服务转化与销售流程效率和需求差异融合矩阵结构，需要根据横坐标代表的无形产品定制程度，纵坐标代表的服务转化与销售流程效率，无形产品具体模块单元服务转化与销售流程、无形产品联合模块单元服务转化与销售流程。中间性服务企业具有无形产品服务转化流程效率和需求差异融合矩阵结构，需要根据横坐标代表的无形产品定制程度，纵坐标代表的服务转化流程效率，无形产品具体模块单元服务转化流程、无形产品联合模块单元服务转化流程。

第三节 企业运营管理流程分类

一、企业整体集成运营流程

企业整体集成运营流程由横向主体集成运营流程和纵向辅助集成运营流程组成，横向主体和纵向辅助集成运营流程共同构成企业整体集成运营流程。横向运营流程是企业整体运营流程的主体运作部分，纵向运营流程是企业整体运营流程的辅助部分。企业整体运营流程由横向主体运营流程和纵向辅助运营流程组成，无论与横向主体集成运营流程相比，还是与纵向辅助集成运营流程相比都有根本的不同。企业整体集成运营流程和企业整体运营流程通过不同类型的企业来展示。如图 3-3-1 至图 3-3-6 所示。

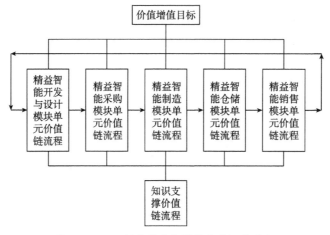

图 3-3-1 制造类企业整体集成运营流程

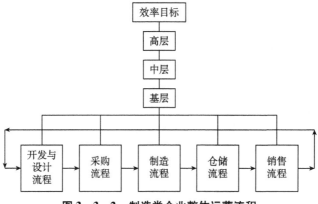

图 3-3-2 制造类企业整体运营流程

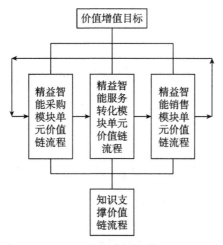

图 3-3-3　一般服务企业整体集成运营流程

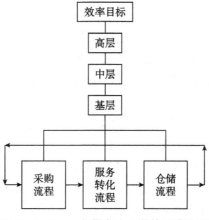

图 3-3-4　一般服务企业整体运营流程

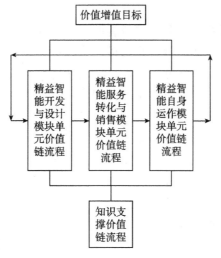

图 3-3-5　一般纯服务企业整体集成运营流程

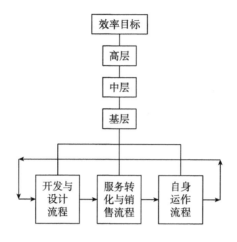

图 3 - 3 - 6　一般纯服务企业整体运营流程

企业整体集成运营流程的目标是增值，企业整体运营流程的目标是效率提高。价值增值作为企业整体集成运营流程目标比效率提高作为企业整体运营流程目标与顾客需求所带来的效益联系更为直接，能够从根本上与企业效益相联系，揭示企业效益增强的源泉，促使企业按照价值增值目标进行运作。因而，企业整体集成运营流程目标与企业整体运营流程的目标有着根本的不同。

企业整体集成运营流程的纵向是知识支撑，企业整体运营流程的纵向是等级链。知识支撑是从企业整体集成运营流程运作需要出发进行运作，是对企业横向集成运营流程运作的概括和补充。等级链显示的级别运作，从本质上来说是一种行政运作的体现。知识支撑的企业整体集成运营流程的纵向运作比等级链的企业整体运营流程纵向运作与横向流程的联系更为直接，对横向流程的补充更为全面和具体，横向流程运作的促进作用更大，对知识支撑的要求更高，知识支撑的企业整体集成运营流程运作需要协调能力更强。

企业整体集成运营流程的横向是精益智能模块单元流程运作，企业整体运营流程的横向是流程运作。企业整体运营流程的横向流程中，精益智能模块单元流程运作通过模块单元的通用部分和专用部分的运作，将企业价值领先战略和企业顾客差异需求战略融合为企业集成战略；将精益运作融合到模块单元的通用部分和专用部分的运作中，更加促进企业集成战略中企业价值领先战略和企业顾客差异需求战略实施；将智能运作融合到模块单元的通用部分和专用部分的运作中，快速促进企业集成战略中企业价值领先战略和企业顾客差异需求战略实现。企业整体运营流程的横向流程具体体现为运营延迟策略运作，流程后拉动、价值后拉动，CPS 链接、分析、网络、认知、配置与执行运营流程的融合。因而，企业整体集成运营流程的横向是精益智能模块单元流程运作对企业集成运营流程运作的特性的体现，是企业集成战略的集中体现。

企业整体集成运营流程确立需要明确企业整体集成运营流程目标，需要确定企业整体集成运营流程中的横向模块单元流程，需要确定企业整体集成运营流程中的纵向知识支撑运作。企业类型不同，企业整体集成运营流程中的横向模块单元流程的特性就不相同，企业整体集成运营流程中的纵向知识支撑的强度要求也不相同，但企业整体集成运营流程目标是一致的，都是价值增值。

企业整体集成运营流程和企业整体运营流程需要有相应的组织结构和团队的支撑。组织结构是企业整体运营流程和企业整体集成运营流程存在的基础，是企业整体架构的体现。企业整体运营流程和企业整体集成运营流程需要在一定的组织结构中进行运作，与组织结构有着内在的联系。企业整体运营流程和企业整体集成运营流程是动态流程运作体现，不能用传统基层组织在流程中进行运作，需要采用流程中最适合的团队组织。组织结构和团队组织之间有着内在联系，团队组织中的临时团队是组织临时组建，是按照企业项目运作的需要进行组建，效率虽高，但稳定性不足，现代组织结构中的矩阵制的特性也是临时组建，临时团队与矩阵制组织结构有着内在联系。过程团队是团队中有着等级链的团队组织，需要按照等级链进行指挥，传统组织结构中的直线制、直线职能制、直线职能参谋制、现代组织结构中的事业部制是按照等级链进行纵向运作，过程团队与传统组织结构中的直线制、直线职能制、直线职能参谋制、现代组织结构中的事业部制有着内在联系。水平团队按照流程运作的要求进行运作，没有等级链指挥和知识的支撑，这种团队组织尽管体现一定的动态特性，但稳定性不足，是一种过渡性的团队组织。知识团队能集中体现流程运作的要求，对流程运作具有知识的支撑，不但体现动态特性，还是一种稳定性的团队。现代组织结构中的内部市场制将企业内部的流程的不同环节，按照市场运作的要求进行运作，是一种与市场直接接轨的开放的组织结构，这种组织结构强化动态运作。现代组织结构中网络制，是一种全覆盖的信息交织组织结构，能够通过信息将知识进行全覆盖的传递，是知识有效发挥作用的组织结构。水平团队与现代组织结构中的内部市场制有内在的联系，内部市场制会强化水平团队动态运作功能，但由于水平团队自身的不稳定性，这种联系具有过渡性质。知识团队与现代组织结构中的内部市场制、网络制有着内在联系，通过内部市场制强化知识团队动态运作功能，通过网络制强化知识团队知识支撑功能，知识团队又是一种稳定的团队，这种联系是一种稳定联系。企业整体运营流程和企业整体集成运营流程只有选择适合的组织结构和适合的团队，才具有运作的组织基础。

企业整体运营流程由于有着纵向的等级链指挥，因而与之相应的组织结构可以是传统组织结构中的直线制、直线职能制、直线职能参谋制，也可以是现代组织结构中事业部制，这些传统和现代的组织结构中都有等级链指挥，可以与企业整体运营流程相适应。企业整体运营流程还需要选择合适的团队，过程团队是团队中有着等级链的团队组织，与传统组织结构中的直线制、直线职能制、直线职能参谋制、现代组织结构的事业部制相适应。因而，企业整体运营流程对应的组织结构是直线制、直线职能制、直线职能参谋制、事业部制，对应的团队是企业整体运营流程过程团队。

与企业整体运营流程相比，企业整体集成运营流程以知识为支撑，与之相应的组织结构可以是内部市场制、网络制。内部市场制可以强化企业整体集成运营流程动态特性，网络制可以强化知识支撑，与企业整体集成运营流程有着内在联系。企业整体集成运营流程还需要选择合适的团队，流程水平团队与内部市场制有着内在的联系，内部市场制会强化流程水平团队动态运作功能，知识团队与现代组织结构中的内部市场制、网络制有着内在联系，内部市场制强化知识团队动态运作功能，网络制强化知识团队知识支撑功能。因而，企业整体集成运营流程对应的组织结构是内部市场制，对应的团队是企业整体集成运营流程水平团队，这种选择是一种过渡性选择。企业整体集成运营流程对应的组织结构是内部市场制、网络制，对应的团队是企业整体集成运营流程知识团队，这是一种稳定的选择。

制造企业以横向的有形产品精益智能的开发与设计、采购、制造、仓储、销售模块单元价值链流程为主体，设计性新兴制造企业以横向的有形产品精益智能的开发与设计、采购、制造、仓储模块单元价值链流程为主体，一般新兴制造企业以横向的有形产品精益智能采购、制造、设计性新兴制造企业、仓储模块单元价值链流程为主体，纵向知识支撑价值链流程为辅助，构建制造企业、一般新兴制造企业整体集成运营流程。一般制造性服务企业和简单加工制造性服务企业以横向的有形产品精益智能的开发与设计、采购、服务转化、仓储、销售模块单元价值链流程的企业集成精益智能服务链模块单元价值链流程为主体，纵向知识支撑价值链流程为辅助，构建一般制造性服务企业和简单加工制造性服务企业整体集成运营流程。一般服务企业以横向有形产品精益智能的采购、服务转化、销售模块单元价值链流程的企业集成精益智能服务链模块单元价值链流程为主体，纵向知识支撑价值链流程为辅助，构建一般服务企业整体集成运营流程。新兴服务企业以横向有形产品精益智能的设计性服务转化、销售模块单元价值链流程为主体，纵向知识支撑价值链流程为辅助，构建新兴服务企业整体集成运营流程。一般纯服务企业以横向的无形产品精益智能开发与设计、服务投入、转化和销售、企业自身运作模块单元价值链流程的企业集成精益智能服务链模块单元价值链流程为主体，纵向知识支撑价值链流程为辅助，构建一般纯服务企业整体集成运营流程。中间性纯服务企业以横向的无形产品精益智能服务投入、服务转化、销售模块单元价值链流程的企业集成精益智能服务链模块单元价值链流程为主体，纵向知识支撑价值链流程为辅助，构建中间性纯服务企业整体集成运营流程。

二、企业集成供应链或者服务链管理流程

（一）企业集成供应链或者服务链流程

1. 企业集成供应链或者服务链流程概念

企业集成供应链或者服务链流程是有明确的运作主体企业，运作的对象是有形产品或者无形产品，主体活动是制造活动或者服务转化活动，按照企业集成战略要求进行运作，目标是价值增值的供应链或者服务链流程。企业集成供应链或者服务链流程是企业整体集成运营流程横向运作的体现，是企业整体集成运营流程的主体流程。企

业集成供应链或者服务链流程运作中都有明确的主体企业和与主体企业对应的主体运营流程，主体运营流程是主体企业集成运营流程。企业集成供应链或者服务链流程运作的目标是价值增值，通过企业集成供应链或者服务链流程运作使主体企业得以增值。一般企业集成供应链流程的主体企业是制造企业，主体流程是集成制造流程；企业集成服务链流程的主体企业是服务企业，主体流程是集成服务转化流程。企业集成供应链或者服务链流程的运作对象是有形产品、无形产品、有形产品和无形产品，企业集成供应链或者服务链流程都围绕有形产品、无形产品、有形产品和无形产品的系统和容差设计的 MBD 进行运作，通过企业集成供应链或者服务链流程各个环节的运作，最终实现顾客所需要的符合系统和容差设计的 MBD 要求的有形产品、无形产品、有形产品和无形产品。企业集成供应链或者服务链流程需要按照企业集成战略的要求进行运作，通过企业集成供应链或者服务链流程运作，实现企业集成战略。

2. 企业集成供应链或者服务链流程内容

（1）企业集成供应链或者服务链流程的模块单元运作。企业集成供应链或者服务链流程围绕企业集成战略具体模块单元、联合模块单元、模块组模块单元、总作业模块单元的通用模块单元、专用模块单元、链接模块单元的基本运营活动，进行供应链或者服务链流程中的各个流程的运作。运作过程中需要具体模块单元、联合模块单元、模块组模块单元、总作业模块单元的专用模块单元运营流程进行延迟策略运作，促进模块单元通用部分的企业价值领先战略和模块单元专用部分的企业顾客需求差异化战略的实现，实现企业集成战略，实现规模效率与顾客差异需求的融合，为企业集成战略实现打下企业集成供应链或者服务链流程的模块单元运作基础。

（2）企业集成供应链或者服务链流程精益运作。企业集成供应链或者服务链流程围绕具体模块单元、联合模块单元、模块组模块单元、总作业模块单元的通用模块单元、专用模块单元、链接模块单元后拉动基本运营活动和单一流的基本运营活动，围绕后拉动价值运作，进行企业集成供应链或者服务链流程中的各个流程运作，按照准时运营流程的要求，开展企业集成供应链或者服务链流程各个流程精益运作，促进企业延迟策略运作，实现企业集成供应链或者服务链流程精益运作，为企业集成战略实现打下企业集成供应链或者服务链流程精益运作基础。

（3）企业集成供应链或者服务链流程智能运作。企业集成供应链或者服务链流程围绕具体模块单元、联合模块单元、模块组模块单元、总作业模块单元的通用模块单元、专用模块单元、链接模块单元后拉动基本运营活动和单一流的基本运营活动，建立 CPS 链接、分析、网络、认知、配置与执行基本运营流程，实现企业集成供应链或者服务链流程智能运作，促进企业延迟策略运作和精益运作，为企业集成战略实现打下企业集成供应链或者服务链流程智能运作基础。

制造企业集成供应链流程包括有形产品精益智能开发与设计、采购、制造、仓储、销售模块单元价值链流程。设计性新兴制造企业集成供应链流程包括设计性新兴制造企业有形产品精益智能开发与设计、采购、制造、仓储模块单元价值链流程。一般新兴制造企业集成供应链流程包括有形产品精益智能采购、制造、仓储模块单元价值链流程。一般制造性服务企业和简单加工制造性服务企业集成服务链流程包括有形产品精益智能开发与设计、采购、服务转化、仓储、销售模块单元价值链流程。一般服务企业集成服务链流程包括有形产品精益智能采购、服务转化、销售模块单元价值链流程。新兴服务企业集成服务链流程包括有形产品精益智能设计性服务转化、销售模块单元价值链流程。一般纯服务企业集成服务链流程包括无形产品精益智能开发与设计、转化和销售、企业自身运作模块单元价值链流程。中间性纯服务企业集成服务链流程包括无形产品精益智能服务转化、销售模块单元价值链流程。

3. 企业集成供应链或者服务链流程拓展

产品的维修和维护不是特殊情况，是企业集成供应链或者服务链流程的延续，是企业集成供应链或者服务链流程的有机组成部分，企业集成供应链或者服务链流程需要完成这部分流程的运作。销售产品的维修和维护活动有其界限，这一界限以产品寿命周期为准。企业在产品寿命周期内进行销售产品的维修和维护运营活动。

再制造和再服务的特有流程是进入企业集成供应链或者服务链流程的前提。这一流程需要对企业再制造的原材料和再服务的条件进行检验。符合检验条件的才能够进入企业集成供应链或者服务链流程。再制造和再服务的特有流程与企业集成供应链或者服务链流程有衔接环节，企业需要做好这一衔接环节。

制造类企业、服务类企业、纯服务类企业都有产品的维修和维护、再制造和再服务拓展，只是企业特性不同，产品的维修和维护、再制造和再服务拓展范围不同，特性不同，运作方式也不同。

(二) 企业集成供应链或者服务链管理流程结构

企业集成供应链或者服务链管理流程由企业集成供应链或者服务链流程和企业集成供应链或者服务链流程节点融合而成。企业集成供应链或者服务链管理流程需要反映企业集成供应链或者服务链流程的运作和管理，企业集成供应链或者服务链流程是企业集成供应链或者服务链管理流程的基础，企业集成供应链或者服务链流程节点是企业集成供应链或者服务链管理流程运作的纽带，将企业集成供应链或者服务链流程和企业集成供应链或者服务链流程节点融合起来，进行企业集成供应链或者服务链管理流程运作。

1. 企业集成供应链或者服务链管理流程节点组成

企业集成供应链或者服务链管理流程节点的确立需要从企业集成供应链或者服务链流程的对象、形成、管理、专门运作、综合运作来展开，促进企业集成供应链或者服务链流程的全方位的运作。企业集成供应链或者服务链流程需要运作对象，由此形成企业集成供应链或者服务链流程对象节点。企业集成供应链或者服务链流程对象节点包括有形产品、无形产品，在企业集成供应链或者服务链流程运作中，有形产品、无形产品通过系统和容差要求将这一对象具体地融入企业集成供应链或者服务链流程中。企业集成供应链或者服务链流程的启动需要要素的投入才能够进行，由此形成企业集成供应链或者服务链流程集成投融入节点。企业集成供应链或者服务链流程集成投融入节点包括人力、物力、设备等资源，这些资源启动了企业集成供应链或者服务链流程，使企业集成供应链或者服务链流程开展运作。企业集成供应链或者服务链流程需要管理，由此形成企业集成供应链或者服务链流程管理节点。企业集成供应链或者服务链流程管理节点包括对企业集成供应链或者服务链流程的计划、组织和控制，促使企业集成供应链或者服务链流程有效进行。企业集成供应链或者服务链流程需要进行专门管理，由此形成企业集成供应链或者服务链流程专门管理节点。企业集成供应链或者服务链流程专门管理节点包括集成标准与质量管理、集成价值管理、集成信息管理，这些专门管理节点将使企业集成供应链或者服务链流程沿着纵深方向进行展开，促使企业集成供应链或者服务链流程深入进行。企业集成供应链或者服务链流程需要一定的综合能力，由此形成企业集成供应链或者服务链流程综合节点。企业集成供应链或者服务链流程综合节点是上述节点融入企业集成供应链或者服务链流程中的综合体现，是企业集成供应链或者服务链流程水平的展示。与上述节点不同的是，企业集成供应链或者服务链流程综合节点虽然是一种隐性节点，但却发挥着综合作用。

2. 企业集成供应链或者服务链管理流程节点与企业集成运营管理结构联系

企业集成供应链或者服务链流程对象节点是企业集成运营管理结构中的对象，企业集成供应链或者服务链流程对象节点中的对象是企业集成供应链或者服务链流程中的对象，企业集成运营管理结构中的对象是企业集成供应链或者服务链流程静态体现的对象，二者都是针对企业集成供应链或者服务链流程对象而言的。

企业集成供应链或者服务链流程集成投融入节点就是企业集成运营管理结构化要素的运营技术要素、运营设施要素、原材料和能源要素、运营信息要素和非结构化要素的运营人员要素，企业集成供应链或者服务链流程集成投融入节点针对企业集成供应链或者服务链流程展开进行确定，企业集成运营管理结构化要素和非结构化要素的运营人员要素是企业集成运营流程静态体现的要素，是针对企业集成供应链或者服务链流程运作所需要要素的角度进行确定。

企业集成供应链或者服务链流程管理节点就是企业集成运营管理非结构化要素运营计划要素、运营组织要素、运营控制要素，企业集成供应链或者服务链流程管理节点是对企业集成供应链或者服务链流程进行管理的直接体现，企业集成运营管理非结构化要素运营计划要素、运营组织要素、运营控制要素是企业集成运营流程管理的静态体现，二者都是针对企业集成供应链或者服务链流程管理而言的。

企业集成供应链或者服务链流程专门管理节点是企业集成运营管理综合要素包括运营质量要素、运营价值管理要素，企业集成运营流程专门管理节点是企业集成供应链或者服务链流程专门管理的体现，企业集成运营管理综合要素包括运营质量要素、运营价值管理要素，是企业集成供应链或者服务链流程专门管理的静态体现，是为企业集成供应链或者服务链流程专门管理而进行的。企业集成供应链或者服务链流程综合节点是综合要素的核心运营管理能力要素，是企业集成供应链或者服务链流程能力的体现，综合要素的核心运营管理能力要素是企业集成供应链或者服务链流程静态能力的体现，二者都是企业集成运营流程能力的综合体现。

无论企业集成供应链或者服务链流程对象节点、企业集成供应链或者服务链流程集成投融入节点、企业集成供应链或者服务链流程管理节点、企业集成供应链或者服务链流程专门管理节点，还是企业集成供应链或者服务链流程综合节点，这些节点都是企业集成运营管理结构静态体现，企业集成供应链或者服务链管理流程节点与企业集成运营管理结构是完全一致的。

3. 企业集成供应链或者服务链管理流程组成

（1）企业集成供应链或者服务链流程组成。以集成制造流程作为企业集成供应链流程基本流程的企业集成供应链流程包括有形产品精益智能开发与设计、采购、制造、仓储、销售模块单元价值链流程；以集成有形产品服务转化流程作为企业集成服务链流程基本流程的企业集成服务链流程包括有形产品精益智能开发与设计、采购、服务转化、仓储、销售模块单元价值链流程；以设计性服务转化作为企业集成服务链流程基本流程的企业集成服务链流程包括有形或者无形产品精益智能服务投入、设计性服务转化、销售模块单元价值链流程；以无形产品服务转化与销售流程作为企业集成服务链流程基本流程的企业集成服务链流程包括无形产品精益智能开发与设计、服务投入、转化和销售、企业自身运作模块单元价值链流程；以无形产品服务转化流程作为企业集成服务链流程基本流程的企业集成服务链流程包括无形产品精益智能服务投入、服务转化、销售模块单元价值链流程。

（2）企业集成供应链或者服务链流程节点组成。企业集成供应链或者服务链流程节点包括企业集成运营流程有形产品、无形产品对象节点，企业集成运营流程的人力、物力、设备等资源集成投融入节点，企业集成运营流程的计划、组织和控制的管理节点，企业集成运营流程的集成标准与质量管理、集成价值管理、集成信息管理专门管理节点，企业集成运营流程核心运营管理能力的综合节点。

企业集成供应链或者服务链流程节点需要结合具体的企业运作来确定。企业集成供应链或者服务链流程具体运作中的节点包括订单处理节点、企业集成运营作业计划节点、企业集成模块品目需求计划节点、运营调度节点、价值管理节点、质量保证节点、顾客节点、供应商节点、信息管理节点、物流节点、控制节点。

订单处理节点、顾客节点、供应商节点是企业外部商流的节点，是为购买所需要的模块品目和销售产品需要的节点，模块品目的订单处理节点、供应商节点属于企业集成运营流程集成投入节点的物力节点，销售产品订单处理节点、顾客节点属于企业集成运营流程有形产品、无形产品对象节点。企业集成运营作业计划节点、企业集成模块品目需求计划节点属于企业集成运营流程计划的管理节点。运营调度节点、控制节点体现为企业集成供应链或者服务链流程的组织和控制要素，属于企业集成运营流程组织和控制的管理节点。质量保证节点、价值管理节点、信息管理节点体现为企业集成供应链或者服务链管理流程质量管理要素、价值管理要素、信息管理要素，属于企业集成运营流程集成标准与质量管理、集成价值管理、集成信息管理的专门管理节点。物流体现为物料要素，属于企业集成运营流程集成投融入节点的动态物力节点。

（3）企业集成供应链或者服务链流程与企业集成供应链或者服务链流程节点融合。企业集成供应链或者服务链流程中的局部流程与企业集成供应链或者服务链流程节点相联系。有形产品精益智能采购模块单元价值链流程与企业集成模块品目需求计划节点、订单处理节点、供应商节点相联系；有形和无形产品精益智能销售模块单元价值链流程、无形产品精益智能转化和销售模块单元价值链流程与订单处理节点、顾客节点相联系；有形产品精益智能制造模块单元价值链流程、有形产品精益智能服务转化模块单元价值链流程、有形或者无形产品精益智能设计性服务转化模块单元价值链流程、无形产品精益智能转化和销售模块单元价值链流程、无形产品精益智能服务转化模块单元价值链流程与企业集成运营作业计划节点、控制节点相联系；有形产品精益智能采购模块单元价值链流程、有形产品精益智能制造模块单元价值链流程、有形产品精益智能仓储模块单元价值链流程、有形产品精益智能销售模块单元价值链流程与物流节点相联系。

企业集成供应链或者服务链流程中节点与节点的联系。企业集成运营作业计划节点与运营调度节点相联系。企业集成供应链或者服务链流程中的整体流程与节点的联系。有形产品或者无形产品精益智能开发与设计模块单元价值链流程、有形产品精益智能采购模块单元价值链流程、有形或者无形产品精益智能服务投入模块单元价值链流程、有形产品精益智能制造模块单元价值链流程、有形产品或者无形产品精益智能服务转化模块单元价值链流程、有形或者无形产品精益智能设计性服务转化模块单元价值链流程、有形产品精益智能仓储模块单元价值链流程、有形产品或者无形产品精益智能销售模块单元价值链流程、无形产品精益智能转化和销售模块单元价值链流程、无形产品精益智能企业自身运作模块单元价值链流程与价值管理节点、质量保证节点、信息管理节点相联系。

制造企业具有企业集成供应链流程和企业集成供应链流程节点，有形产品精益智能采购模块单元价值链流程与企业集成模块品目需求计划节点、订单处理节点、供应商节点的联系；有形产品精益智能销售模块单元价值链流程与订单处理节点、顾客节点的联系；有形产品精益智能制造模块单元价值链流程与企业集成运营作业计划节点、控制节点联系；有形产品精益智能采购模块单元价值链流程、有形产品精益智能制造模块单元价值链流程、有形产品精益智能仓储模块单元价值链流程、有形产品精益智能销售模块单元价值链流程与物流节点联系。制造企业集成供应链流程的企业集成运营作业计划节点与运营调度节点联系。制造企业集成供应链流程的每一个流程与价值管理节点、质量保证节点、信息管理节点联系。设计性新兴制造企业具有企业集成供应链流程和企业集成供应链流程节点，有形产品精益智能采购模块单元价值链流程与企业集成模块品目需求计划节点、订单处理节点、供应商节点的联系；有形产品精益智能制造模块单元价值链流程与企业集成运营作业计划节点、控制节点联系；有形产品精益智能采购模块单元价值链流程、有形产品精益智能制造模块单元价值链流程、有形产品精益智能仓储模块单元价值链流程与物流节点联系。设计性新兴制造企业集成供应链流程的企业集成运营作业计划节点与运营调度节点联系。设计性新兴制造企业集成供应链流程的每一个流程与价值管理节点、质量保证节点、信息管理节点联系。一般新兴制造企业具有企业集成供应链流程和企业集成供应链流程节点，有形产品精益智能采购模块单元价值链流程与企业集成模块品目需求计划节点、订单处理节点、供应商节点的联系；有形产品精益智能制造模块单元价值链流程与企业集成运营作业计划节点、控制节点联系；有形产品精益智能采购模块单元价值链流程、有形产品精益智能制造模块单元价值链流程、有形产品精益智能仓储模块单元价值链流程与物流节点联系。一般新兴企业集成供应链流程的企业集成运营作业计划节点与运营调度节点联系。一般新兴制造企业集成供应链流程的每一个流程与价值管理节点、质量保证节点、信息管理节点联系。

一般制造性服务企业和简单加工制造性服务企业具有企业集成服务链流程和企业集成服务链流程节点，有形产品精益智能采购模块单元价值链流程与企业集成模块品目需求计划节点、订单处理节点、供应商节点的联系；有形产品精益智能销售模块单元价值链流程与订单处理节点、顾客节点的联系；有形产品精益智能服务转化模块单元价值链流程与企业集成运营作业计划节点、控制节点联系；有形产品精益智能采购模块单元价值链流程、有形产品精益智能服务转化模块单元价值链流程、有形产品精益智能仓储模块单元价值链流程、有形产品精益智能销售模块单元价值链流程与物流节点联系。一般制造性服务企业和简单加工制造性服务企业集成服务链流程的企业集成运营作业计划节点与运营调度节点联系。一般制造性服务企业和简单加工制造性服务企业集成服务链流程的每一个流程与价值管理节点、质量保证节点、信息管理节点联系。一般服务企业具有企业集成服务链流程和企业集成服务链流程节点，有形产品精益智能采购模块单元价值链流程与企业集成模块品目需求计划节点、订单处理节点、供应商节点的联系；有形产品精益智能服务转化模块单元价值链流程与企业集成运营作业计划节点、控制节点联系；有形产品精益智能采购模块单元价值链流程、有形产品精益智能服务转化模块单元价值链流程、有形产品精益智能销售模块单元价值链流程与物流节点联系。一般服务企业集成服务链流程的企业集成运营作业计划节点与运营调度节点联系。一般服务企业集成服务链流程的每一个流程与价值管理节点、质量保证节点、信息管理节点联系。

有形产品新兴服务企业、有形产品和无形产品新兴服务企业、无形产品新兴服务企业具有企业集成服务链流程和企业集成服务链流程节点，有形或者无形产品精益智能销售模块单元价值链流程与订单处理节点、顾客节点的联系；有形或者无形产品精益智能设计性服务转化模块单元价值链流程与企业集成运营作业计划节点、控制节点联系。有形产品新兴服务企业、有形产品和无形产品新兴服务企业、无形产品新兴服务企业集成服务链流程的企业集成运营作业计划节点与运营调度节点联系。有形产品新兴服务企业、有形产品和无形产品新兴服务企业、无形产品新兴服务企业集成服务链流程的每一个流程与价值管理节点、质量保证节点、信息管理节点联系。

一般纯服务企业具有企业集成服务链流程和企业集成服务链流程节点，无形产品精益智能服务转化与销售模块单元价值链流程与订单处理节点、顾客节点的联系；无形产品精益智能服务转化与销售模块单元价值链流程与企业集成运营作业计划节点、控制节点联系。一般纯服务企业集成服务链流程的企业集成运营作业计划节点与运营调度节点联系。一般纯服务企业集成服务链流程的每一个流程与价值管理节点、质量保证节点、信息管理节点联系。中间性纯服务企业具有企业集成服务链流程和企业集成服务链流程节点，无形产品精益智能销售模块单元价值链流程与订单处理节点、顾客节点的联系；无形产品精益智能服务转化模块单元价值链流程与企业集成运营作业计划节点、控制节点联系。中间性纯服务企业集成服务链流程的企业集成运营作业计划节点与运营调度节点联系。中间性纯服务企业集成服务链流程的每一个流程与价值管理节点、质量保证节点、信息管理节点联系。

（三）企业集成供应链或者服务链流程和管理流程运作

1. 企业集成供应链或者服务链流程运作

企业集成供应链或者服务链流程运作是企业的有形产品或者无形产品需要企业集成供应链或者服务链的每一个流程进行运作，才能将有形产品或者无形产品由企业运作到顾客，企业才能实现价值增值。因而，企业集成供应链或者服务链流程是企业实现顾客需求的有形产品或者无形产品的实体运作。

企业集成供应链或者服务链流程由一系列相互联系又相互独立的流程组成，流程之间具有内在的紧密联系，由此构成企业集成供应链或者服务链流程。通过企业集成供应链或者服务链每一个流程运作，将实现顾客需求的功能联系起来，最终实现顾客需求。因而，企业集成供应链或者服务链流程运作是企业集成供应链或者服务链中每一个有着先后联系的流程运作。企业集成供应链或者服务链流程运作可以通过有着先后顺序、前后方向的封闭流程体现。企业集成供应链或者服务链流程运作先后顺序，体现企业需要满足顾客有形产品或者无形产品所需要流程功能的先后；企业集成供应链或者服务链流程运作有着前后方向，体现企业需要满足顾客有形产品或者无形产品所需要流程功能运作的方向要求；企业集成供应链或者服务链流程运作封闭体现企业需要满足顾客有形产品或者无形产品所需要流程功能的不断运作。

企业集成供应链或者服务链流程运作的起点是精益智能销售或者转化与销售模块单元价值链流程，由此流程出发，确定顾客所需要的有形产品和无形产品需求；进行精益智能开发与设计模块单元价值链流程，此流程需要确定顾客所需要有形产品和无形产品的具体体现，通过基于 MBD 的模型开发和设计顾客所需要有形产品和无形产品的系统和容差；之后进入精益智能运营投入模块单元价值链流程，使企业具备进行满足顾客需求的条件；再后进入精益智能运营转化模块单元价值链流程，实现符合系统和容差要求的顾客所需要有形产品和无形产品；最后回到精益智能销售模块单元价值链流程，将符合系统和容差要求的顾客所需要有形产品和无形产品销售到顾客手中，从而实现顾客需求。企业集成供应链或者服务链流程运作围绕着基本运营流程进行延迟策略运作，进行后拉动流程、后拉动价值的精益运作，进行 CPS 链接、分析、网络、认知、配置与执行智能运作，使企业集成战略实现具备企业集成供应链或者服务链流程基础。企业集成供应链或者服务链流程运作如图 3 - 3 - 7 所示。

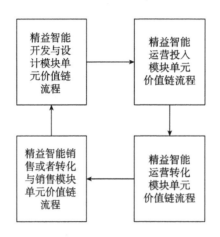

图 3 - 3 - 7　企业集成供应链或者服务链流程运作

　　制造企业集成供应链流程运作是按照从有形产品精益智能开发与设计、采购、制造、仓储模块单元价值链流程到有形产品精益智能销售模块单元价值链流程的先后顺序建立的有着前后方向的封闭流程运作。制造企业集成供应链或者服务链流程运作的起点是有形产品精益智能销售模块单元价值链流程，由此流程出发，确定顾客所需要的有形产品需求；进行有形产品精益智能开发与设计模块单元价值链流程，此流程需要确定顾客所需要有形产品的具体体现，通过基于 MBD 的模型开发和设计顾客所需要有形产品的系统和容差；进入有形产品精益智能采购模块单元价值链流程，使企业具备进行满足顾客需求的条件；进入有形产品精益智能制造模块单元价值链流程，实现符合系统和容差要求的顾客所需要有形产品；进入有形产品精益智能仓储模块单元价值链流程，进行有形产品库存；最后回到有形产品精益智能销售模块单元价值链流程，将符合系统和容差要求的顾客所需要有形产品销售到顾客手中，从而实现顾客需求。

　　设计性新兴制造企业集成供应链流程运作是按照从设计性新兴制造企业有形产品精益智能开发与设计、采购模块单元价值链流程、制造模块单元价值链流程到有形产品精益智能仓储模块单元价值链流程的先后顺序建立的有着前后方向的封闭流程运作。一般新兴制造企业集成供应链流程运作是按照从有形产品精益智能采购模块单元价值链流程、有形产品精益智能制造模块单元价值链流程到有形产品精益智能仓储模块单元价值链流程的先后顺序建立的有着前后方向的封闭流程运作。

一般制造性服务企业和简单加工制造性服务企业集成服务链流程运作是按照从有形产品精益智能开发与设计、采购、服务转化、仓储模块单元价值链流程到有形产品精益智能销售模块单元价值链流程的先后顺序建立的有着前后方向的封闭流程运作。一般服务企业集成服务链流程包括有形产品精益智能采购模块单元价值链流程、有形产品精益智能服务转化模块单元价值链流程到有形产品精益智能销售模块单元价值链流程的先后顺序建立的有着前后方向的封闭流程运作。

有形产品新兴服务企业集成服务链流程运作是按照从有形产品精益智能服务投入、设计性服务转化模块单元价值链流程到有形产品精益智能销售模块单元价值链流程的先后顺序建立的有着前后方向的封闭流程运作。有形产品和无形产品新兴服务企业集成服务链流程运作是按照从有形产品和无形产品精益智能服务投入模块单元价值链流程、设计性服务转化模块单元价值链流程到有形产品和无形产品精益智能销售模块单元价值链流程的先后顺序建立的有着前后方向的封闭流程运作。无形产品新兴服务企业集成服务链流程运作是按照从无形产品精益智能服务投入、设计性服务转化模块单元价值链流程到无形产品精益智能销售模块单元价值链流程的先后顺序建立的有着前后方向的封闭流程运作。

一般纯服务企业集成服务链流程运作是按照从无形产品精益智能开发与设计、服务投入、转化和销售模块单元价值链流程到无形产品精益智能企业自身运作模块单元价值链流程的先后顺序建立的有着前后方向的封闭流程运作。中间性纯服务企业集成服务链流程包括无形产品精益智能服务投入、服务转化模块单元价值链流程到无形产品精益智能销售模块单元价值链流程的先后顺序建立的有着前后方向的封闭流程运作。

2. 企业集成供应链或者服务链管理流程运作

企业集成供应链或者服务链管理流程运作是企业的有形产品或者无形产品需要企业集成供应链或者服务链的每一个流程和节点进行运作，企业集成供应链或者服务链流程只有在其节点辅助下，才能真正将企业集成供应链或者服务链流程落到实处，最终实现有形产品或者无形产品由企业运作到顾客手中，企业真正实现价值增值。因而，企业集成供应链或者服务链管理流程是企业全面实现顾客需求的有形产品或者无形产品的运作。

企业集成供应链或者服务链管理流程是由一系列既相互联系又相互独立的流程和节点组成的，通过节点实现流程的紧密联系，由此构成企业集成供应链或者服务链管理流程。通过节点将企业集成供应链或者服务链每一个实现顾客需求流程的功能发挥出来，最终实现顾客需求。因而，企业集成供应链或者服务链管理流程运作是企业集成供应链或者服务链中每一个有着先后联系的流程和节点的运作。企业集成供应链或者服务链管理流程运作可以通过有着先后顺序、前后方向的封闭和节点的流程体现。企业集成供应链或者服务链管理流程运作先后顺序体现企业需要满足顾客有形产品或者无形产品所需要管理流程功能的先后；企业集成供应链或者服务链管理流程运作前后方向体现企业需要满足顾客有形产品或者无形产品所需要管理流程功能运作的方向要求；企业集成供应链或者服务链流程运作封闭体现企业需要满足顾客有形产品或者无形产品所需要管理流程功能的不断运作。

企业集成供应链或者服务链管理流程进行企业集成计划、组织、领导、控制和创新的延迟策略和强化延迟策略管理运作，进行后拉动流程、后拉动价值的精益管理运作，进行 CPS 链接、分析、网络、认知、配置与执行智能管理运作，将延迟策略和强化延迟策略管理运作、后拉动流程运作、后拉动价值运作、CPS 智能运作融入企业集成计划、组织、领导、控制和创新之中，使企业集成战略实现具备企业集成供应链或者服务链管理基础。

3. 企业集成供应链或者服务链管理流程价值运作

企业集成运营管理流程中的基本运营流程、供应链或者服务链流程、辅助活动流程、支撑活动流程、核心运作流程、管理流程、平台流程运作中，每一类流程的作业之间是彼此咬合过程，这一咬合过程按照经济特性进行咬合，咬合经济特性按照后拉动进行咬合，咬合的源头是顾客差异性需求，按照顾客差异性需求拉动进行供应链或者服务链流程咬合；需要进一步进行顾客需求的细化运作，按照顾客需求拉动这一特性进行基本运营流程、辅助活动流程、支撑活动流程、核心运作流程、管理流程、平台流程咬合。这一咬合过程将价值创造和价值分配体现出来，价值分配到一系列后拉动的作业过程和每一个作业之中，每一个作业体现着作业的流入价值和流出价值，由此确定创造的价值。这些流程可以归结为企业、团队、员工的价值创造，企业、团队、员工按照流程的价值测算公式确定价值。

企业价值增值通过财务寻求顾客需求，驱动业务发展、明确顾客需求，对团队与顾客的契约形成给予支撑，推进顾客需求在团队中得以确认，通过专业财务建立流程，制定标准，驱动团队与顾客的契约，运用税务、预算等专业知识，采用流程的价值测算公式，确认实现的价值。价值确认中，顾客需求成为现金流入部分的主体，根据这一主体的确定，来测算企业价值。企业集成运营管理流程进行后拉动的财务运作通过企业集成运营管理平台的企业集成 ERP 平台实现。通过企业集成 ERP 平台的运作完成顾客需求支撑、团队中价值核算、团队和成员的价值确认、企业价值确定的过程。

根据所确认的顾客需求，从企业集成运营管理流程中的基本运营流程、供应链或者服务链流程、辅助活动流程、支撑活动流程、核心运作流程、管理流程、平台流程中，建立每一个流程的团队和成员的利润表，将财务流程与企业集成运营管理流程紧密结合在一起。企业价值运作团队的成员融入各类流程中，财务人员接受企业集成 ERP 平台的价值运作的引导，财务人员的绩效完全与团队的绩效联系在一起，财务人员不仅进行价值测算的预算，还要确认顾客、团队、员工能够取得正向的价值，通过各种运营数字，促进和帮助团队、员工解决各种问题。对顾客需求的驱动需要财务人员具有战略意识，具有洞察市场机会的能力，使得财务提供的数据具有自己的情况、行业情况、竞争对手情况的对比数据，需要事先进行价值测算。财务人员还需要和企业集成基本运营团队的成员一起制定全面预算方案，并对预算、价值分析、资源配置负责。

　　企业进行价值运作需要通过基于顾客的利润表进行测算，基于顾客的利润表以顾客提供的收入作为收入来源的源头，企业只有为顾客提供价值增值，顾客才能给团队提供收入来源。这里收入是为了顾客创造价值的收入，根据为顾客创造价值的多少确定团队和员工的利润。基于顾客的利润表是团队和成员进行运作的引导方向，为企业集成运营管理流程的运作打下基础。企业集成供应链或者服务链管理流程价值运作使企业集成战略实现具备企业集成运营管理目标价值运作的基础。

　　制造企业集成供应链管理流程运作的起点是精益智能销售模块单元价值链流程，此流程从顾客节点出发，通过订单节点确定顾客有形产品需求，确定精益智能销售模块单元价值链流程的顾客所需要的有形产品需求。之后制造企业根据从精益智能销售模块单元价值链流程确定的有形产品需求，设计性新兴制造企业按照既定的有形产品需求，制造企业、设计性新兴制造企业进行精益智能开发与设计模块单元价值链流程运作；制造企业、设计性新兴制造企业、一般新兴制造企业根据有形产品几何和原理模型的产品、具体模块单元模块品目、联合模块单元模块品目、模块组模块单元模块品目、总作业模块单元模块品目的形状、系统和容差的需求，确定企业集成主制造计划。制造企业、设计性新兴制造企业、一般新兴制造企业根据企业集成主制造计划确定模块品目需求计划，进行精益智能采购模块单元价值链流程；运行精益智能采购模块单元价值链流程中，通过供应商节点，确立所需运送的模块品目，进行精益智能运输模块单元价值链流程运作；通过精益智能运输模块单元价值链流程，将所需模块品目运送至企业，进行企业精益智能仓储模块单元价值链流程运作；精益智能仓储模块单元价值链流程，根据制造需要确定制造所需模块品目，进行精益智能制造模块单元价值链流程运作。制造企业、设计性新兴制造企业、一般新兴制造企业根据集成主制造计划确定企业集成制造作业计划，然后根据集成制造作业计划进行制造的调度，进行精益智能制造模块单元价值链流程运作。制造企业、设计性新兴制造企业精益智能开发与设计模块单元价值链流程中，确定顾客所需要有形产品和模块品目的具体体现，通过基于 MBD 的模型开发和设计顾客所需要有形产品和模块品目的系统和容差，使集成制造有了标准可依，进行精益智能制造模块单元价值链流程运作。精益智能制造模块单元价值链流程中，制造企业、设计性新兴制造企业、一般新兴制造企业通过控制节点，实现符合系统和容差要求的顾客所需要有形产品的制造，将所制造出来的产品储存起来，进行精益智能仓储模块单元价值链流程运作。精益智能仓储模块单元价值链流程中，按照符合系统和容差要求标准进行储存，之后将顾客所需要的产品，通过精益智能运输模块单元中的运输，将顾客所需的符合系统和容差要求产品送到顾客手中，使精益智能销售模块单元价值链流程完成满足顾客需求的任务，实现从满足顾客需求的精益智能销售模块单元价值链流程出发，到完成满足符合系统和容差要求顾客需求的精益智能销售模块单元价值链流程运作。从而实现制造企业、设计性新兴制造企业、一般新兴制造企业集成供应链管理流程运作。制造企业集成供应链管理流程运作如图3-3-8所示。

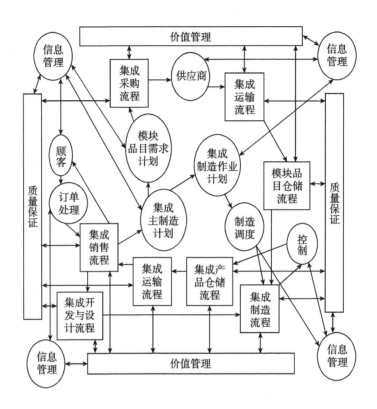

图3-3-8 制造企业集成供应链管理流程运作

一般制造性服务企业、简单加工制造性服务企业、一般服务企业集成服务链管理流程运作的起点是精益智能销售模块单元价值链流程,此流程从顾客节点出发,通过订单节点确定顾客有形产品需求,确定精益智能销售模块单元价值链流程的顾客所需要的有形产品需求。之后一般制造性服务企业、简单加工制造性服务企业根据从精益智能销售模块单元价值链流程确定的有形产品需求,进行精益智能开发与设计模块单元价值链流程运作;一般制造性服务企业、简单加工制造性服务企业根据有形产品几何和原理模型的产品、具体模块单元模块品目、联合模块单元模块品目、模块组模块单元模块品目的形状、系统和容差的需求,一般服务企业根据有形产品几何和原理模型的产品、具体模块单元模块品目、联合模块单元模块品目的形状、系统和容差的需求,确定企业集成主服务计划。一般制造性服务企业、简单加工制造性服务企业、一般服务企业根据企业集成主服务计划确定模块品目需求计划,进行精益智能采购模块单元价值链流程运作;精益智能采购模块单元价值链流程中,通过供应商节点,确立了所需运送的模块品目,进行精益智能运输模块单元价值链流程运作;一般制造性服务企业、简单加工制造性服务企业通过精益智能运输模块单元价值链流程，将所需模块品目运送至企业，进行企业精益智能仓储模块单元价值链流程运作，一般服务企业通过精益智能运输模块单元价值链流程，将所需模块品目运送至企业，进行企业精益智能服务转化模块单元价值链流程运作；一般制造性服务企业、简单加工制造性服务企业精益智能仓储模块单元价值链流程根据制造需要确定制造所需模块品目，进行精益智能服务转化模块单元价值链流程运作。一般制造性服务企业、简单加工制造性服务企业、一般服务企业根据集成主服务计划确定企业集成服务作业计划，然后根据集成服务作业计划进行服务的调度，进行精益智能服务转化模块单元价值链流程运作。一般制造性服务企业、简单加工制造性服务企业精益智能开发与设计模块单元价值链流程中，确定顾客所需要有形产品和模块品目的具体体现，通过基于 MBD 的模型开发和设计顾客所需要有形产品和模块品目的系统和容差，使集成制造有了标准可依，进行精益智能服务转化模块单元价值链流程运作。精益智能服务转化模块单元价值链流程中，一般制造性服务企业、简单加工制造性服务企业通过控制节点，实现符合系统和容差要求的顾客所需要有形产品的服务转化，将有形产品储存起来，进行精益智能仓储模块单元价值链流程运作。一般制造性服务企业、简单加工制造性服务企业精益智能仓储模块单元价值链流程中，按照符合系统和容差要求标准进行储存，之后将顾客所需要的产品，通过精益智能运输模块单元中的运输，将顾客所需的符合系统和容差要求产品送到顾客手中；精益智能服务转化模块单元价值链流程中，一般服务企业通过控制节点，实现符合系统和容差要求的顾客所需要有形产品的服务转化，通过精益智能运输模块单元中的运输，将顾客所需的符合系统和容差要求产品送到顾客手中。这样一般制造性服务企业、简单加工制造性服务企业、一般服务企业使精益智能销售模块单元价值链流程完成满足顾客需求的任务，实现从满足顾客需求的精益智能销售模块单元价值链流程出发，到完成满足符合系统和容差，要求顾客需求的精益智能销售模块单元价值链流程，实现一般制造性服务企业、简单加工制造性服务企业、一般服务企业集成服务链管理流程运作。一般服务企业集成服务链管理流程运作如图 3 - 3 - 9 所示。

有形产品新兴服务企业、有形产品和无形产品新兴服务企业、无形产品新兴服务企业集成服务链管理流程运作的起点是精益智能销售模块单元价值链流程，此流程从顾客节点出发，通过订单节点确定顾客有形或者无形产品的设计需求，确定精益智能销售模块单元价值链流程的顾客所需有形或者无形产品的设计需求。之后有形产品新兴服务企业、有形产品和无形产品新兴服务企业、无形产品新兴服务企业根据有形产品几何和原理模型的产品、具体模块单元模块品目、联合模块单元模块品目、模块组模块单元模块品目的形状、系统和容差的需求，根据无形产品信息原理模型的无形产品、软件模块、软件数据结构、软件接口的系统与容差，无形产品非信息原理模型的无形产品、要素、部分联系功能、整体联系功能的系统与容差需求，确定企业集成主服务计划，根据企业集成主服务计划，确定服务输入要素，进行精益智能服务输入模

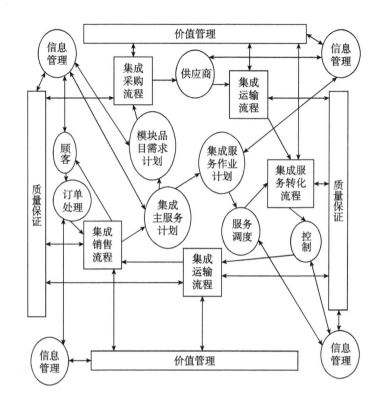

图 3 - 3 - 9　一般服务企业集成服务链管理流程运作

块单元价值链流程运作,确立所需要的服务输入要素,进行精益智能设计性服务转化模块单元价值链流程运作;有形产品新兴服务企业、有形产品和无形产品新兴服务企业、无形产品新兴服务企业根据企业集成主服务计划,确定企业集成服务作业计划,根据企业集成服务作业计划进行服务调度,进行精益智能设计性服务转化模块单元价值链流程运作。精益智能设计性服务转化模块单元价值链流程中,有形产品新兴服务企业、有形产品和无形产品新兴服务企业、无形产品新兴服务企业通过控制节点,实现符合系统和容差要求的顾客所需要有形或者无形产品的设计需求,将顾客所需的符合系统和容差要求有形或者无形产品的设计需求送到顾客手中,使精益智能销售模块单元价值链流程完成满足顾客需求的任务,实现从满足顾客有形或者无形产品设计需求的精益智能销售模块单元价值链流程出发,到完成满足顾客有形或者无形产品设计需求的精益智能销售模块单元价值链流程,从而实现有形产品新兴服务企业、有形产品和无形产品新兴服务企业、无形产品新兴服务企业集成服务链管理流程运作。

　　一般纯服务企业、中间性纯服务企业集成供应链管理流程运作的起点是精益智能服务转化与销售模块单元价值链流程,中间性纯服务企业集成供应链管理流程运作的起点是精益智能销售模块单元价值链流程,一般纯服务企业的精益智能服务转化与销售模块单元价值链流程的顾客节点出发,中间性纯服务企业从精益智能销售模块单元价值链流程的顾客节点出发，通过订单节点确定顾客无形产品需求，从而确定精益智能服务转化与销售模块单元价值链流程或者精益智能销售模块单元价值链流程的顾客所需要的无形产品需求。之后一般纯服务企业、中间性纯服务根据精益智能服务转化与销售模块单元价值链流程或者精益智能销售模块单元价值链流程的无形产品非信息原理模型的无形产品、要素、部分联系功能、整体联系功能的系统与容差需求，确定企业主服务计划。一般纯服务企业、中间性纯服务企业根据企业集成主服务计划，进行精益智能服务输入模块单元价值链流程运作，确定服务输入要素，进入精益智能服务转化与销售模块单元价值链流程或者精益智能服务转化模块单元价值链流程；一般纯服务企业、中间性纯服务企业根据企业集成主服务计划，确定企业集成服务作业计划，根据企业集成服务作业计划进行服务调度，进行精益智能服务转化与销售模块单元价值链流程或者精益智能服务转化模块单元价值链流程运作。一般纯服务企业根据精益智能服务转化与销售模块单元价值链流程的顾客所需要的无形产品需求，进行精益智能开发与设计模块单元价值链流程运作，确定顾客所需要无形产品的具体体现，通过基于 MBD 的模型开发和设计顾客所需要无形产品的系统和容差，使集成制造有了标准可依，进行精益智能服务转化与销售模块单元价值链流程运作。精益智能服务转化模块单元价值链流程中，中间性纯服务企业通过控制节点，实现符合系统和容差要求的顾客所需要无形产品的设计需求，将顾客所需的符合系统和容差要求无形产品的设计需求送到顾客手中；精益智能服务转化与销售模块单元价值链流程中，一般纯服务企业通过控制节点，进行无形产品转化，进入精益智能服务自身运作模块单元价值链流程中，通过企业自身运作，实现符合系统和容差要求的顾客所需要无形产品需求，将顾客所需的符合系统和容差要求有形或者无形产品的设计需求送到顾客手中。一般纯服务企业、中间性纯服务企业使精益智能服务转化与销售模块单元价值链流程或者精益智能销售模块单元价值链流程完成满足顾客需求的任务，实现从满足顾客无形产品的设计需求的精益智能服务转化与销售模块单元价值链流程或者精益智能销售模块单元价值链流程出发，到完成满足顾客无形产品的设计需求的精益智能服务转化与销售模块单元价值链流程或者精益智能销售模块单元价值链流程，从而实现一般纯服务企业、中间性纯服务企业集成服务链管理流程运作。一般纯服务企业集成服务链管理流程运作如图 3-3-10 所示：

三、企业集成基本运营管理流程

（一）企业集成基本运营流程概念与内容

1. 企业集成基本运营流程概念

企业集成基本运营流程是企业最基本的运营转化活动，基本运营流程运作的对象是有形产品或者无形产品，是企业之间相互区分的主体活动，按照企业集成战略要求进行运作，是价值增值的基本运营流程。企业集成基本运营流程是企业整体集成运营

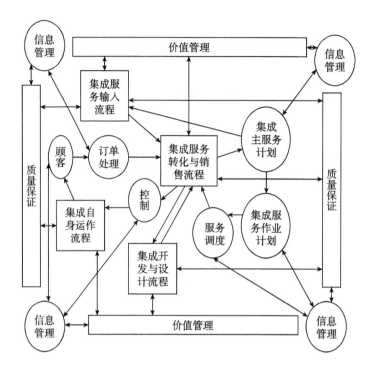

图 3 - 3 - 10   一般纯服务企业集成服务链管理流程运作

流程横向运作的集成供应链或者服务链流程的主体。企业集成运营流程的集成特性主要来源于企业集成基本运营流程，企业集成基本运营流程是企业集成运营流程的最基础和最根本的部分。企业集成基本运营流程运作的目标是价值增值，通过企业集成基本运营流程运作使企业得以增值。企业集成基本运营流程的运作对象是有形产品、无形产品、有形产品和无形产品，企业集成基本运营流程都围绕有形产品、无形产品、有形产品和无形产品的系统和容差设计的 MBD 进行运作，通过企业集成基本运营流程各个环节的运作，最终实现顾客所需要的符合系统和容差设计的 MBD 要求的有形产品、无形产品、有形产品和无形产品。企业集成基本运营流程需要按照企业集成战略的要求进行运作，通过企业集成基本运营流程运作，实现企业集成战略。

2. 企业集成基本运营流程内容

（1）企业集成基本运营流程的模块单元运作。模块单元运作以企业集成基本运营流程为中心进行运作。企业集成基本运营流程进行着体现企业集成战略的通用模块单元、专用模块单元、链接模块单元的基本运营活动，企业具体、联合、模块组、总作业模块单元价值链流程的专业单元价值链流程延迟策略运作，使企业集成基本运营流程的模块单元通用部分体现的企业价值领先战略和模块单元专用部分体现的企业顾客需求产异化战略融合起来，形成企业集成战略，实现规模效率和顾客差异需求的满足。具体体现为模块单元的延迟策略运作，使企业集成战略实现具备根本性功能的企业集成基本运营流程基础。

（2）企业集成基本运营流程精益运作。精益运作是以企业集成基本运营流程为基础进行运作，企业集成基本运营流程将精益运作融入其中，进行后拉动基本运营活动和一个流的基本运营活动，进行后拉动价值运作，企业集成基本运营流程中的各个流程按照准时运营流程的要求，开展企业集成基本运营流程精益运作，实现了企业集成基本运营流程精益运作。

企业集成运营管理流程运作中是采取精益运作的方式进行。企业集成基本运营流程中的具体模块单元、联合模块单元、模块组模块单元、总作业模块单元和通用模块单元、联合模块单元、专用模块单元由不同的运营作业构成，作业由一系列具有先后顺序的作业构成，精益方式的运作将顾客需求从最后一道工序开始拉动，逐渐向前一道作业进行拉动，一道一道作业的拉动，实现按照顾客需求进行企业集成运营过程。这些拉动是在不同层次模块单元的单一流运营流程中进行拉动，实现不同层次和同一层次的作业后拉动。后拉动作业由企业集成基本运营管理团队、员工进行运作，团队中的成员按照后拉动的要求进行运作。后拉动运作通过企业集成 MES 平台的运作，完成顾客需求从最后一道作业到最前一道作业的拉动，经过信息平台运作的拉动信息会迅速地传递到不同的作业，传递时间几乎是一致的。企业集成基本运营流程精益运作将延迟策略运作延续，使企业集成战略实现具备了根本性功能延续的企业集成基本运营流程精益运作。

（3）企业集成基本运营流程智能运作。企业集成基本运营流程中的具体模块单元、联合模块单元、模块组模块单元、总作业模块单元和通用模块单元、专用模块单元、链接模块单元进行 CPS 链接、分析、网络、认知、配置与执行智能运作，促进延迟策略运作、精益运作，使企业集成战略实现具备根本性功能延续的企业集成基本运营流程智能运作。

（4）企业集成基本运营流程价值运作。企业集成运营管理流程中的基本运营流程由不同的运营作业构成，作业是由一系列具有先后顺序的作业构成，这一咬合过程是按照经济特性进行咬合，咬合经济特性是按照从最后一道作业逐渐向前一道作业进行拉动，一道一道作业的拉动，咬合和拉动的源头是顾客差异性需求。由此确定由最后一道作业向前拉动的每一道作业的价值流程作业。这些流程价值由企业集成基本运营管理团队、员工进行价值创造。这一价值创造是团队对顾客需求驱动的结果，通过企业集成 ERP 平台的运作完成顾客需求支撑、团队中价值核算、团队和成员的价值确认、企业价值确定的过程。价值确定的过程通过后拉动进行，经过信息平台运作的拉动信息会迅速地传递到不同的作业，传递时间几乎是一致的。团队和员工通过基于顾客的利润表进行测算，基于顾客的利润表以顾客提供的收入作为收入来源的源头，企业只有为顾客提供价值增值，顾客才能够给团队提供收入来源。企业集成基本运营流程价值运作使企业集成战略实现具备了企业集成基本运营流程价值运作的基础。

制造类企业从体现其主体活动的有形产品制造活动出发，展开模块单元的精益智能运作。制造性服务企业从体现其主体活动的有形产品制造性服务转化活动出发，展开模块单元的精益智能运作。一般服务企业从体现其主体活动的有形产品服务转化活动出发，展开模块单元的精益智能运作。新兴服务企业从体现其主体活动的有形或者无形产品设计性服务转化活动出发，展开模块单元的精益智能运作。一般纯服务企业从体现其主体活动的无形产品服务转化与销售活动出发，展开模块单元的精益智能运作。中间性纯服务企业从体现其主体活动无形产品服务转化活动出发，展开模块单元的精益智能运作。

（二）企业集成基本运营管理流程结构

企业集成基本运营管理流程由企业集成基本运营流程和企业集成基本运营流程节点融合而成。企业集成基本运营管理流程需要反映企业集成基本运营流程的运作和管理，企业集成基本运营流程是企业集成供应链或者服务链管理流程的基础，企业集成基本运营流程节点是企业集成基本运营管理流程运作的纽带，将企业集成基本运营流程和企业集成基本运营流程节点融合起来，进行企业集成基本运营管理流程运作。

1. 企业集成基本运营管理流程节点组成

企业集成基本运营流程需要运作对象，由此形成企业基本集成运营流程对象节点。企业集成基本运营流程对象节点包括有形产品、无形产品，在企业集成基本运营流程运作中，有形产品、无形产品通过系统和容差要求将这一对象具体地融入企业集成基本运营流程中。企业集成基本运营流程的启动需要要素的投入，由此形成企业基本集成运营流程集成投融入节点。企业集成基本运营流程集成投融入节点包括人力、物力、设备等资源，这些资源启动了企业集成基本运营流程，使企业集成基本运营流程开展运作。企业集成基本运营流程需要管理，由此形成企业集成基本运营流程管理节点。企业集成基本运营流程管理节点包括对企业集成运营流程的计划、组织和控制，促使企业集成基本运营流程有效进行。企业集成基本运营流程需要进行专门管理，由此形成企业集成基本运营流程专门管理节点。企业集成基本运营流程专门管理节点包括集成标准与质量管理、集成价值管理、集成信息管理，这些专门管理节点将使企业集成基本运营流程沿着纵深方向进行开展，促使企业集成基本运营流程深入进行。企业集成基本运营流程需要形成一定的综合能力，由此形成企业集成基本运营流程综合节点。企业集成基本运营流程综合节点是上述节点融入企业集成基本运营流程中的综合体现，是企业集成基本运营流程水平的展示。与上述节点不同的是企业集成基本运营流程综合节点是一种隐性节点，发挥着综合作用。

2. 企业集成基本运营管理流程节点与企业集成运营管理结构联系

企业集成基本运营流程对象节点就是企业集成基本运营管理结构中的对象，企业集成基本运营流程对象节点中的对象是企业集成基本运营流程中的对象，企业集成基本运营管理结构中的对象是企业集成基本运营流程静态体现的对象，二者都是针对企业集成基本运营流程对象进行运作。

企业集成基本运营流程集成投融入节点是企业集成基本运营管理结构化要素的运

营技术要素、运营设施要素、原材料和能源要素、运营信息要素和非结构化要素的运营人员要素，企业集成基本运营流程集成投融入节点是从企业集成基本运营流程展开，企业集成运营管理结构化要素和非结构化要素的运营人员要素是企业集成基本运营流程静态体现的要素，都是为企业集成基本运营流程运作提供所需要素的。

企业集成基本运营流程管理节点是企业集成运营管理非结构化要素运营计划要素、运营组织要素、运营控制要素，企业集成基本运营流程管理节点是对企业集成基本运营流程进行管理的直接体现，企业集成运营管理非结构化要素运营计划要素、运营组织要素、运营控制要素是企业集成基本运营流程管理的静态体现，二者都是为了企业集成基本运营流程的管理运作。

企业集成基本运营流程专门管理节点就是企业集成运营管理综合要素包括运营质量要素、运营价值管理要素，企业集成基本运营流程专门管理节点是企业集成基本运营流程专门管理的体现，企业集成运营管理综合要素包括运营质量要素、运营价值管理要素是企业集成基本运营流程专门管理的静态体现，都是为企业集成基本运营流程专门管理运作。企业集成基本运营流程综合节点是综合要素的核心运营管理能力要素，是企业集成基本运营流程能力的体现，综合要素的核心运营管理能力要素是企业集成基本运营流程静态能力的体现，二者都是企业集成基本运营流程能力的综合体现。

无论企业集成基本运营流程对象节点、企业集成基本运营流程集成投入节点、企业集成基本运营流程管理节点、企业集成基本运营流程专门管理节点还是企业集成基本运营流程综合节点，这些节点都是企业集成运营管理结构静态体现，企业集成基本运营管理流程节点与企业集成运营管理结构完全一致。

3. 企业集成基本运营管理流程组成

（1）企业集成基本运营流程组成。企业集成基本运营流程是以模块单元为基础进行的集成运营流程运作。模块单元按照具体模块单元、联合模块单元、模块组模块单元、总作业模块单元的集成运营流程进行运作，每一类模块单元都包括通用部分模块单元运营流程运作和专用部分模块单元集成运营流程，以体现企业集成战略。

制造类企业集成制造流程是按照具体模块单元、联合模块单元、模块组模块单元、总作业模块单元和通用模块单元、链接模块单元、专用模块单元集成制造流程运作。制造性服务企业集成基本服务流程是按照具体模块单元、联合模块单元、模块组模块单元和通用模块单元、链接模块单元、专用模块单元的集成制造性服务转化流程运作进行。一般服务企业集成基本服务流程是按照具体模块单元、联合模块单元和通用模块单元、专用模块单元的集成服务转化流程运作进行。新兴服务企业集成基本服务流程是按照具体模块单元、联合模块单元和通用模块单元、专用模块单元设计性服务转化流程运作进行。一般纯服务企业具有企业集成基本运营流程是按照具体模块单元、联合模块单元和通用模块单元、专用模块单元的集成服务转化流程运作进行。中间性纯服务企业集成基本运营流程是按照具体模块单元、联合模块单元和通用模块单元、专用模块单元的集成服务转化流程运作进行。

（2）企业集成基本运营流程节点组成。企业集成基本运营流程节点包括企业集成运营作业计划、企业集成基本运营流程 MBD 运作、企业集成基本运营流程资源管理、企业集成基本运营流程调度、企业集成基本运营流程执行、企业集成基本运营流程跟踪、企业集成运营流程质量管理、企业集成运营流程价值管理、企业集成运营流程信息管理、企业集成基本运营流程效果评价、企业集成基本运营流程反馈与调整、企业集成基本运营流程维护管理的企业集成运营流程节点。

企业集成基本运营流程 MBD 运作是企业集成运营作业计划的对象，MBD 的模块品目结构，属于企业基本集成运营流程对象节点。企业集成基本运营流程资源管理是企业集成运营作业计划资源保障，主要的资源包括人员、模块品目、设备、工具、能源，属于企业基本集成运营流程集成投融入节点；企业集成基本运营流程维护管理是指对企业集成基本运营流程中的设备和工具进行维护，属于动态企业基本集成运营流程集成投入节点。企业集成运营作业计划使模块品目能按照企业集成运营作业计划要求的时间、作业点、具体作业进行运作，企业集成基本运营流程调度进行企业集成基本运营流程的作业和作业中人员、模块品目、设备、工具、能源调度，企业集成基本运营流程执行是企业集成运营作业计划的执行，企业集成基本运营流程跟踪是对企业集成战略下的精益和智能基本运营流程进行跟踪，企业集成基本运营流程效果评价是对企业集成运营管理系统功能完成的情况进行评价，企业集成基本运营流程反馈与调整是将企业集成基本运营流程效果评价提出的改进方面进行反馈，属于企业集成基本运营流程管理节点。企业集成运营流程价值管理使企业集成基本运营流程运作能够不断增值，企业集成运营流程质量管理是对企业集成基本运营流程中的模块品目、产品、服务的质量管理，企业集成运营流程信息管理是对企业集成基本运营流程的各种信息进行收集、处理、运作，属于企业集成基本运营流程专门管理节点。企业集成基本运营流程综合节点反映了企业核心能力，是隐性节点。

制造类企业、服务类企业、纯服务类企业都具有企业集成运营作业计划、企业集成基本运营流程 MBD 运作、企业集成基本运营流程资源管理、企业集成基本运营流程调度、企业集成基本运营流程执行、企业集成基本运营流程跟踪、企业集成运营流程质量管理、企业集成运营流程价值管理、企业集成运营流程信息管理、企业集成基本运营流程效果评价、企业集成基本运营流程反馈与调整、企业集成基本运营流程维护管理的企业集成运营流程节点。

（三）企业集成基本运营管理流程和精益运作

1. 企业集成基本运营流程管理流程运作

企业集成基本运营管理流程运作从企业集成运营作业计划开始，为进行企业集成运营作业计划运作，需要进行企业集成基本运营流程 MBD 运作，明确企业集成基本运营管理流程有形产品和无形产品运作对象的 MBD，确定企业集成运营计划的运营通用、链接、专用模块单元流程中延迟策略的产品数量、单元的额度和强化延迟策略的产品数量、单元的额度。为进行延迟策略和强化延迟策略的有形产品和无形产品 MBD 基本运营活动，需要进行企业集成基本运营流程资源管理运作，确定企业集成基本运营流程所需要的人力、物力、设备、能源各种资源，使企业集成基本运营流程具备运作资源基础。为发挥这些资源的作用，需要根据资源进行企业集成基本运营流程调度，之后由 MBD 引导和资源保证的企业集成基本运营流程进入执行环节。各类企业进行模块单元运营流程的运作，需要对企业集成基本运营流程进行跟踪，对跟踪的企业集成基本运营流程效果进行评价，根据评价情况，进行企业集成基本运营流程反馈与调整。企业集成基本运营流程管理流程运作过程中，各类企业进行模块单元运营流程运作都需要进行企业集成运营流程质量管理和企业集成运营流程价值管理，各类企业进行模块单元运营流程和节点运作中，都需要进行企业集成运营流程信息管理，需要进行企业集成基本运营流程维护管理，促使企业集成基本运营流程管理顺利运作。企业集成基本运营流程管理流程进行延迟策略和强化延迟策略管理运作，将延迟策略和强化延迟策略管理运作融入企业集成基本运营流程管理流程之中，使企业集成战略实现具备企业集成基本运营流程管理基础。

　　制造类企业、服务类企业、新兴服务企业、纯服务类企业集成制造管理流程、集成服务转化管理流程、设计性服务转化管理流程、集成服务转化与销售或者转化管理流程运作从企业集成制造作业计划、企业集成服务作业计划开始，为企业集成制造作业计划、集成服务作业计划进行运作，需要进行企业集成制造流程、服务转化流程、设计性服务转化流程、服务转化与销售或者转化流程 MBD 运作，明确企业集成制造管理流程、集成服务转化管理流程、设计性服务转化管理流程、集成服务转化与销售或者转化管理流程有形产品和无形产品运作对象的 MBD。为进行延迟策略和强化延迟策略的有形产品和无形产品 MBD 制造活动和基本服务活动，需要进行企业集成制造流程、服务转化流程、设计性服务转化流程、服务转化与销售或者转化流程资源管理运作，确定企业集成制造流程、服务转化流程、设计性服务转化流程、服务转化与销售或者转化流程所需要的人力、物力、设备、能源各种资源，使企业集成制造流程、服务转化流程、设计性服务转化流程、服务转化与销售或者转化流程具备运作资源基础。为发挥这些资源的作用，需要根据资源进行企业集成制造流程、服务转化流程、设计性服务转化流程、服务转化与销售或者转化流程调度，之后将有 MBD 引导和资源保证的企业集成制造流程、服务转化流程、设计性服务转化流程、服务转化与销售或者转化流程进入执行环节。制造流程按照具体模块单元、联合模块单元、模块组模块单元、总作业模块单元由前到后顺序和通用模块单元、链接模块单元、专用模块单元由前到后顺序，制造性服务转化流程按照具体模块单元、联合模块单元、模块组模块单元由前到后顺序和通用模块单元、链接模块单元、专用模块单元由前到后顺序，服务转化流程、设计性服务转化流程、服务转化与销售或者转化流程按照具体模块单元、联合模块单元由前到后顺序和通用模块单元、专用模块单元由前到后顺序，进行企业集成制造流程、服务转化流程、设计性服务转化流程、服务转化与销售或者转化流程运作。

需要对企业集成制造流程、服务转化流程、设计性服务转化流程、服务转化与销售或者转化流程进行跟踪，对跟踪的企业集成制造流程、服务转化流程、设计性服务转化流程、服务转化与销售或者转化流程效果进行评价，然后根据评价情况，进行企业集成制造流程、服务转化流程、设计性服务转化流程、服务转化与销售或者转化流程反馈与调整。企业集成制造流程、服务转化流程、设计性服务转化流程、服务转化与销售或者转化流程管理流程运作过程中，各类制造企业进行模块单元集成制造流程、服务转化流程、设计性服务转化流程、服务转化与销售或者转化流程运作中，都需要进行企业集成制造流程、服务转化流程、设计性服务转化流程、服务转化与销售或者转化流程质量管理和价值管理，各类企业进行模块单元集成制造流程、服务转化流程、设计性服务转化流程、服务转化与销售或者转化流程和节点运作中，都需要进行企业集成制造流程、服务转化流程、设计性服务转化流程、服务转化与销售或者转化流程信息管理，运作中需要进行企业集成制造流程、服务转化流程、设计性服务转化流程、服务转化与销售或者转化流程维护管理，促使企业集成制造管理流程、服务转化流程、设计性服务转化流程、服务转化与销售或者转化流程顺利运作。制造企业集成制造管理流程如图 3 - 3 - 11 所示，一般服务企业集成服务转化流程如图 3 - 3 - 12 所示，一般纯服务企业集成服务转化与销售管理流程如图 3 - 3 - 13 所示。

2. 企业集成精益基本运营流程运作

企业集成精益基本运营流程运作从企业集成适时运营作业计划开始，为体现后拉动工序的企业集成适时运营作业计划运作，需要进行企业集成适时基本运营流程 MBD 运作，明确企业集成适时基本运营管理流程有形产品和无形产品运作对象的 MBD。为进行有形产品和无形产品 MBD 适时基本运营活动，需要进行企业集成适时基本运营流程资源管理运作，确定企业集成适时基本运营流程所需要的人力、物力、设备、能源各种资源，使企业集成适时基本运营流程具备运作资源基础。为企业集成适时基本运营流程运作顺利、发挥这些资源的作用，需要根据资源进行企业集成适时基本运营流程调度，将有 MBD 引导和资源保证的企业集成适时基本运营流程进入执行环节。各类企业进行模块单元适时运营流程运作，企业进行模块单元适时运营流程的单一流运作，使企业信息运作完全从最后一道工序开始，逐步将后道工序拉动前道工序，反映顾客需求拉动。按照后拉的作业顺序，进行团队和团队成员的价值流运作，实现价值流后拉动精益运作。同样进行后拉动价值运作。需要对企业集成适时基本运营流程进行跟踪，对跟踪的企业集成适时基本运营流程效果进行评价，根据评价情况，进行企业集成适时基本运营流程反馈与调整。企业集成适时基本运营流程管理流程运作过程中，各类企业进行模块单元集成适时运营流程都需要进行企业集成适时运营流程质量管理和企业集成适时运营流程价值管理运作，各类企业进行模块单元集成适时运营流程和节点运作中，都需要进行企业集成适时运营流程的信息管理运作，需要进行企业集成适时基本运营流程维护管理，促使企业集成适时基本运营流程管理顺利运作。企业集成精益基本运营流程运作进行后拉动流程、后拉动价值的精益管理运作，将后拉动流

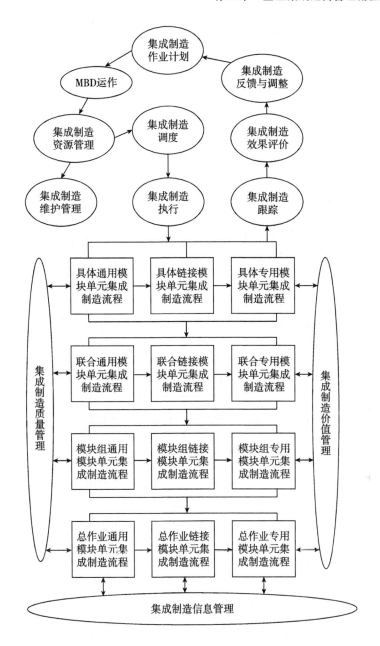

图3-3-11 制造企业集成制造管理流程

程运作、后拉动价值运作融入企业集成精益基本运营流程运作中，使企业集成战略实现具备了企业集成精益基本运营流程运作基础。

制造类企业、服务类企业、新兴服务企业、纯服务类企业集成精益制造流程、集成精益服务转化流程、集成精益设计性服务转化流程、集成精益服务转化与销售或者转化流程运作从企业集成适时制造作业计划、集成适时服务作业计划开始，为体现后

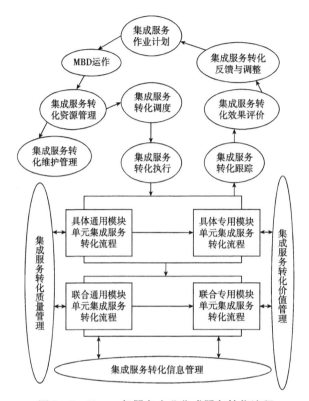

图3-3-12 一般服务企业集成服务转化流程

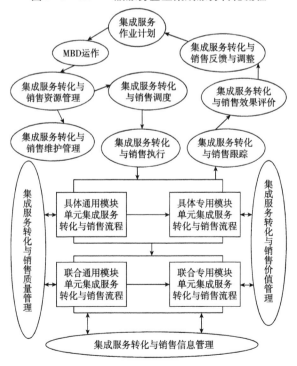

图3-3-13 一般纯服务企业集成服务转化与销售管理流程

拉动制造作业、服务转化作业、设计性服务转化作业、服务转化与销售或者转化作业的企业集成适时制造作业计划、集成适时服务作业计划运作，需要进行企业集成适时制造流程、适时服务转化流程、适时设计性服务转化流程、适时服务转化与销售或者转化流程 MBD 运作，明确企业集成适时制造管理流程、适时服务转化管理流程、适时设计性服务转化管理流程、适时服务转化与销售或者转化管理流程有形产品运作对象的 MBD。为进行有形产品 MBD 适时制造活动、适时服务转化活动、适时设计性服务转化活动、适时服务转化与销售或者转化活动，需要进行企业集成适时制造流程、适时服务转化流程、适时设计性服务转化流程、适时服务转化与销售或者转化流程资源管理运作，确定企业集成适时制造流程、适时服务转化流程、适时设计性服务转化流程、适时服务转化与销售或者转化流程所需要的人力、物力、设备、能源各种资源，使企业集成适时制造流程、适时服务转化流程、适时设计性服务转化流程、适时服务转化与销售或者转化流程具备运作资源基础。为企业集成适时制造流程、适时服务转化流程、适时设计性服务转化流程、适时服务转化与销售或者转化流程运作顺利发挥资源的作用，需要根据资源进行企业集成适时制造流程、适时服务转化流程、适时设计性服务转化流程、适时服务转化与销售或者转化流程调度，之后将有 MBD 引导和资源保证的企业集成适时制造流程、适时服务转化流程、适时设计性服务转化流程、适时服务转化与销售或者转化流程进入执行环节。

制造类企业、服务类企业、新兴服务企业、纯服务类企业制造流程按照具体模块单元、联合模块单元、模块组模块单元、总作业模块单元由前到后制造作业顺序和与之相反的适时制造作业信息顺序，制造流程按照通用模块单元、链接模块单元、专用模块单元由前到后制造作业顺序和与之相反的适时制造作业信息顺序，制造性服务转化流程按照具体模块单元、联合模块单元、模块组模块单元由前到后制造性服务转化作业顺序和与之相反的适时制造性服务转化作业信息顺序，制造性服务转化流程按照通用模块单元、链接模块单元、专用模块单元由前到后制造性服务转化作业顺序和与之相反的适时制造性服务转化作业信息顺序，服务转化流程按照具体模块单元、联合模块单元由前到后服务转化作业顺序和与之相反的适时服务转化作业信息顺序，服务转化流程按照通用模块单元、专用模块单元由前到后服务转化作业顺序和与之相反的适时服务转化作业信息顺序，设计性服务转化流程按照具体模块单元、联合模块单元由前到后设计性服务转化作业顺序和与之相反的适时设计性服务转化作业信息顺序，设计性服务转化流程按照通用模块单元、专用模块单元由前到后设计性服务转化作业顺序和与之相反的适时设计性服务转化作业信息顺序，服务转化与销售或者转化流程按照具体模块单元、联合模块单元由前到后服务转化与销售或者转化作业顺序和与之相反的适时服务转化与销售或者转化作业信息顺序，服务转化与销售或者转化流程按照通用模块单元、专用模块单元由前到后服务转化与销售或者转化作业顺序和与之相反的适时服务转化与销售或者转化作业信息顺序，进行企业集成制造流程、服务转化流程、设计性服务转化流程、服务转化与销售或者转化流程运作，使企业信息运作完全从最后一道作业开始，逐步进行后道作业拉动前道作业，反映顾客需求拉动，进行适时制造流程、服务转化流程、设计性服务转化流程、服务转化与销售或者转化流程的单一流运作，完成企业集成制造流程、服务转化流程、设计性服务转化流程、服务转化与销售或者转化流程精益运作。按照后拉的作业顺序，进行团队和团队成员的价值流运作，实现价值流后拉动精益运作。需要对企业集成适时制造流程、适时服务转化流程、适时设计性服务转化流程、适时服务转化与销售或者转化流程进行跟踪，对跟踪的企业集成适时制造流程、适时服务转化流程、适时设计性服务转化流程、适时服务转化与销售或者转化流程效果进行评价，根据评价情况，进行企业集成适时制造流程、适时服务转化流程、适时设计性服务转化流程、适时服务转化与销售或者转化流程反馈与调整。企业集成适时制造管理流程、适时服务转化管理流程、适时设计性服务转化管理流程、适时服务转化与销售或者转化管理流程运作过程中，都需要进行企业集成适时制造流程、适时服务转化流程、适时设计性服务转化流程、适时服务转化与销售或者转化流程的质量管理和价值管理运作，模块单元集成适时制造流程、适时服务转化流程、适时设计性服务转化流程、适时服务转化与销售或者转化流程和节点运作中，都需要进行企业集成适时制造流程、适时服务转化流程、适时设计性服务转化流程、适时服务转化与销售或者转化流程的信息管理运作，需要进行企业集成适时制造流程、适时服务转化流程、适时设计性服务转化流程、适时服务转化与销售或者转化流程维护管理，促使企业集成适时制造管理流程、适时服务转化流程、适时设计性服务转化流程、适时服务转化与销售或者转化流程顺利运作。制造企业集成精益制造管理流程如图 3 - 3 - 14 所示，一般服务企业集成精益服务转化管理流程如图 3 - 3 - 15 所示，一般纯服务企业集成精益服务转化与销售管理流程如图 3 - 3 - 16 所示。

（四）企业集成顾客服务转化与销售管理流程

企业集成顾客服务转化与销售管理流程是顾客接触场内员工服务流程、场内设备服务流程、场外设备服务流程、场外电子服务流程的员工、设备、电子设备与顾客直接接触的集成顾客服务转化与销售管理流程。与企业集成基本运营管理流程相比，企业集成顾客服务转化与销售管理流程需要体现内容如下：

1. 企业集成顾客服务转化与销售管理流程有其独特的内容

从人的行为角度出发，企业集成顾客服务转化与销售管理流程内容包括顾客行为、前台员工行为、前台设备行为、前台电子设备行为、后台员工行为、后台设备行为、后台电子设备行为和支持行为。顾客行为是顾客从进入到离开企业集成顾客服务转化与销售管理流程的整个行为过程，是企业集成顾客服务转化与销售管理流程的对象，是企业集成顾客服务转化与销售管理流程中的核心。前台员工、设备、电子设备行为是企业集成顾客服务转化与销售管理流程中直接接触顾客的员工、设备、电子设备服务的行为，前台员工、设备、电子设备的行为代表着企业形象，是顾客对企业印象的直接来源，是企业集成顾客服务转化与销售管理流程的企业中心行为。后台员工、设

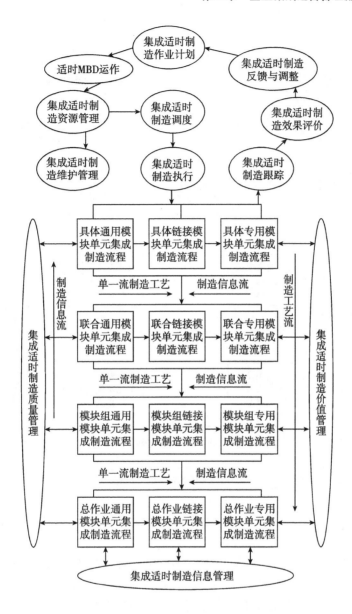

图3-3-14 制造企业集成精益制造管理流程

备、电子设备行为是指企业集成顾客服务转化与销售管理流程中没有直接接触顾客却与前台员工、设备、电子设备共同完成具体服务的员工、设备、电子设备服务的行为，是与前台员工、设备、电子设备行为直接联系的服务行为，是个性服务、设备、电子设备的行为。支持行为是指企业集成顾客服务转化与销售管理流程中没有直接接触顾客却与前台员工、后台员工共同完成服务的员工、设备、电子设备服务的行为，是与前台员工、设备、电子设备行为间接联系的服务行为，是共性服务行为。顾客行为、前台员工行为、设备行为、电子设备的行为是互动的行为，企业集成顾客服务转化与

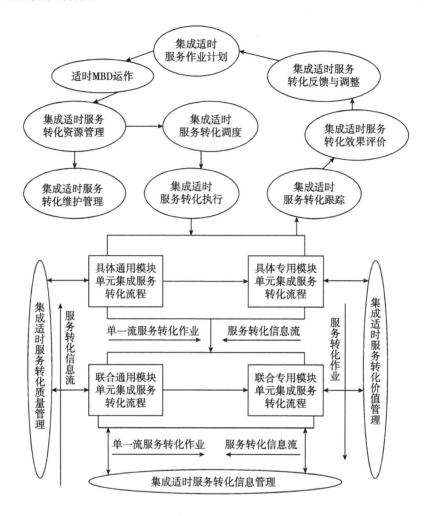

图 3 – 3 – 15　一般服务企业集成精益服务转化管理流程

销售管理流程通过前台具体通用模块单元集成服务转化与销售流程、前台具体专用模块单元集成服务转化与销售流程、前台联合通用模块单元集成服务转化与销售流程、前台联合专用模块单元集成服务转化与销售流程与顾客接触、前台员工、设备、电子设备行为的互动。后台员工、设备、电子设备行为通过后台具体通用模块单元集成服务转化与销售流程、后台具体专用模块单元集成服务转化与销售流程完成对顾客的服务。支持行为通过 MES 集成适时服务作业计划、MES 适时 MBD 运作、MES 集成适时服务转化与销售资源管理、MES 集成适时服务转化与销售调度、MES 集成适时服务转化与销售执行、MES 集成适时服务转化与销售跟踪、MES 集成适时服务转化与销售效果评价、MES 集成适时服务转化与销售反馈与调整、MES 集成适时服务转化与销售质量管理、MES 集成适时服务转化与销售价值管理、MES 集成适时服务转化与销售信息管理来完成前台员工行为、前台设备行为、前台电子设备行为、后台员工行为、后台设备行为、后台电子设备行为的支撑。企业集成顾客服务转化与销售管理流程通过顾

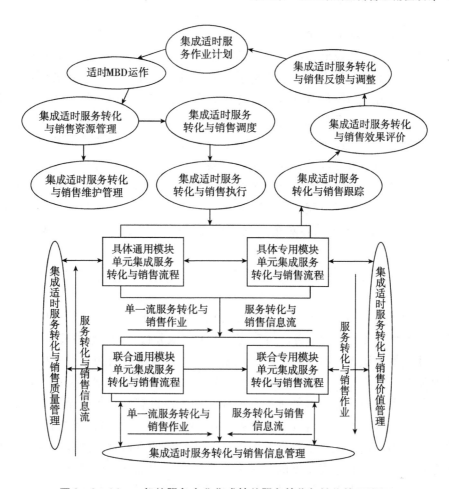

图 3 - 3 - 16　一般纯服务企业集成精益服务转化与销售管理流程

客行为、前台员工行为、前台设备行为、前台电子设备行为、后台员工行为、后台设备行为、后台电子设备行为和支持行为来完成企业集成顾客服务转化与销售管理流程运作。

2. 企业员工、设备、电子设备与顾客接触是企业集成顾客服务转化与销售管理流程直接体现

通过具体通用模块单元集成服务转化与销售流程、前台具体专用模块单元集成服务转化与销售流程、前台联合通用模块单元集成服务转化与销售流程、前台联合专用模块单元集成服务转化与销售流程进行运作，是企业集成顾客服务转化与销售管理流程的最重要特性。由于企业员工、设备、电子设备与顾客直接接触，顾客对企业有直接的感受，对企业的影响更为直接，影响更大。企业集成顾客服务转化与销售管理流程需要明确与顾客接触的多少，与顾客接触频率。针对与顾客接触多的、与顾客接触频率强的接触点，要求企业员工、设备、电子设备能真正瞬间理解顾客的购买行为、消费行为、对企业的感知行为，真正形成与顾客互动，在企业集成顾客服务转化与销

售管理流程与顾客接触的整个过程中，企业员工、设备、电子设备能根据顾客的感知行为，按照企业的服务规范和自身对顾客行为感知，进行能体现企业服务规范和员工、设备、电子设备个性的服务，让顾客体验企业员工、设备、电子设备的优质服务。企业集成顾客服务转化与销售管理流程运作中，需要根据员工服务能力的大小，确定每一个员工、设备、电子设备与顾客接触的强度，每一个员工、设备、电子设备需要向顾客提供的服务内容，促进企业集成顾客服务转化与销售管理流程顺利进行。企业集成顾客服务转化与销售管理流程运作中，需要注重顾客的参与行为，使顾客对每一个企业员工、设备、电子设备的规范和个性的优质服务有切身的感受，顾客从企业集成顾客服务转化与销售管理流程运作开始到结束都能够留下对企业员工、设备、电子设备的优质服务印象，强化顾客对企业优质服务的感知和评估，促使顾客购买行为的实现。

3. 企业集成顾客服务转化与销售管理流程运作中需要前台和后台共同进行顾客的服务

通过后台具体通用模块单元集成服务转化与销售流程、后台具体专用模块单元集成服务转化与销售流程实现服务。虽然前台员工的服务行为是与顾客直接接触的行为，对企业产生的影响很大，但后台员工、设备、电子设备服务行为也是一项具体服务的有机组成部分，只不过这一部分的完成是在顾客不能够看见的地方完成，是一项具体服务不能缺少的服务，是顾客能感受和需要的服务，没有这一部分服务，企业对顾客的服务就无法完成，因而后台员工、设备、电子设备服务是顾客服务的直接组成部分。后台员工、设备、电子设备服务直接关系到企业服务的真诚度，这种顾客看不见又必须进行的服务对企业服务真诚度的衡量更为直接。正因如此，企业集成顾客服务转化与销售管理流程运作中需要根据员工对后台服务认知的深度和员工、设备、电子设备后台服务的能力，确定每一个员工、设备、电子设备后台服务强度，确保员工、设备、电子设备后台服务的质量，从而加深顾客对企业优质服务的感知和评估。

4. 企业集成顾客服务转化与销售管理流程运作中有形展示对顾客行为产生直接影响

有形展示是企业借助实物、数字、文字、音像、实景的可视化形式，通过环境、设施、等级、品牌、标志、广告、承诺、人员等向顾客展现的方式。企业集成顾客服务转化与销售管理流程运作中有形展示分为边缘展示和核心展示，边缘展示是顾客具体实施行为时能够实际拥有的展示，核心展示是顾客具体实施行为时不能够实际拥有的展示。核心展示关系到顾客行为实施的重要展示，因而对顾客行为实施的影响更大。边缘展示和核心展示成为企业集成顾客服务转化与销售管理流程中的顾客行为、前台员工行为、前台设备行为、前台电子设备行为、后台员工行为、后台设备行为、后台电子设备行为和支持行为的重要补充。通过有效的有形展示可以加深顾客对企业初步美好印象，促使顾客对企业产生信任，引导顾客对企业服务质量合理评估，提醒企业前台员工行为、前台设备行为、前台电子设备行为、后台员工行为、后台设备行为、后台电子设备行为和支持员工向顾客提供优质服务，针对不同顾客的特性与顾客互动，使顾客对企业留下美好的服务体验。

企业集成顾客服务转化与销售管理流程是顾客接触的服务流程，需要体现服务蓝图的特性，服务蓝图可用于服务流程，也可应用于独立服务环节的阐释（王立芳和王妍，2019）。服务流程设计中引入服务蓝图的概念，有助于直观地展现服务流程设计的过程，明确使用的工具与方法以及体现顾客和服务者在服务中所扮演的角色（王展，2015）。服务流程包括实体触点、顾客活动、前台、后台、支持系统。实体触点是服务触点的实体表征；顾客活动是顾客在购买、消费和评价服务过程中采取的一系列活动步骤；前台是与顾客能够直接接触的服务互动界面；后台是顾客看不到的支持前台与顾客活动互动的后台行为活动界面；支持系统涵盖服务过程中支持员工、设备、电子设备各种内外部服务的步骤。与流程图一样，服务蓝图记录所需的服务流程所有处理步骤（Berkley，1996）。顾客的每一阶段的活动对应实体触点、顾客活动、前台、后台、支持系统，企业根据自身特性和实际建立不同风格的企业集成顾客服务转化与销售管理流程图，分析现有的服务，检验各个触点的服务现状，提升服务水平；体现未来服务整体和局部运作。

企业集成顾客服务转化与销售管理流程的服务蓝图绘制时，需要画好互动线、可视线、内部互动线，以虚线划分界限。互动线用来表现顾客与前台服务提供者的互动；可视线用来表现顾客可以直接接触的部分，可视线以下是顾客看不到的，无法直接接触的部分；内部互动线代表服务前台和后台的协作配合关系。互动线之上用来描述一系列的顾客活动；互动线和可视线之间表现前台不同顾客和服务提供方的各阶段的员工与顾客互动，表现互动行为和互动关系；可视线下，表现后台各阶段服务提供方与后台不同方面配合的互动；标注服务接触点；形成企业集成顾客服务转化与销售管理流程的服务蓝图。

企业集成顾客服务转化与销售管理流程运作从 MES 企业集成服务作业计划开始，为企业员工与顾客直接接触的顾客服务转化与销售进行详细的作业计划，分析 MES 企业集成适时顾客服务转化与销售流程中顾客所需要无形产品 MBD，明确顾客在企业集成适时顾客服务转化与销售管理流程真正所需要的无形产品 MBD，真正具备进行 MES 企业集成适时顾客服务转化与销售管理流程运作基础。为了进行无形产品 MBD 适时顾客服务转化与销售活动，需要进行 MES 企业集成适时顾客服务转化与销售流程资源管理运作，确定企业集成适时顾客服务转化与销售流程所需要的人力、物力、设备、能源各种资源，使企业集成适时顾客服务转化与销售流程具备运作资源基础。企业的这些运作过程是企业集成顾客服务转化与销售管理流程中顾客可见分界线以上的内容，是与顾客不能够看见的部分。

为了企业集成适时顾客服务转化与销售流程运作顺利，发挥这些资源的作用，需要根据资源进行企业集成适时顾客服务转化与销售流程调度，之后将有 MBD 引导和资源保证的企业集成适时顾客服务转化与销售流程进入执行环节。按照前台具体模块单元、前台联合模块单元、后台具体模块单元的集成顾客服务转化与销售流程由前到后顺序和与之相反的适时顾客服务转化与销售信息顺序，前台具体模块单元按照具体通用模块单元集成顾客服务转化与销售流程、前台具体专用模块单元集成顾客服务转化与销售流程由前到后顺序和与之相反的适时顾客服务转化与销售信息顺序，前台联合模块单元按照联合通用模块单元集成顾客服务转化与销售流程、前台联合专用模块单元集成顾客服务转化与销售流程由前到后的顺序和与之相反的适时顾客服务转化与销售或者转化信息顺序，进行企业集成适时顾客服务转化与销售流程运作，使企业员工、设备、电子设备与顾客接触的过程中，能够真正体会顾客行为，与顾客形成真正互动，按照企业的服务规范和自身对顾客行为感知，进行能体现企业服务规范和员工、设备、电子设备个性的服务，强化顾客对企业优质服务的感知和评估。后台具体模块单元按照具体通用模块单元集成顾客服务转化与销售流程、后台具体专用模块单元集成顾客服务转化与销售流程由前到后顺序和与之相反的适时服务转化与销售信息顺序，进行企业集成适时顾客服务转化与销售流程运作，后台员工需要加深对后台服务认知的深度，提升员工、设备、电子设备后台服务的能力，确保员工、设备、电子设备后台服务的质量。

需要对企业集成适时顾客服务转化与销售流程进行跟踪，对跟踪的企业集成适时顾客服务转化与销售流程效果进行评价，根据评价情况，进行企业集成适时顾客服务转化与销售流程反馈与调整。企业集成适时顾客服务转化与销售流程管理运作过程中，各类企业进行模块单元集成适时顾客服务转化与销售流程运作中，需要进行企业集成适时顾客服务转化与销售流程质量管理和企业集成适时顾客服务转化与销售流程价值管理，各类企业进行模块单元集成适时顾客服务转化与销售流程和节点运作中，需要进行企业集成适时顾客服务转化与销售流程信息管理，运作中需要进行企业集成适时顾客服务转化与销售运营流程维护管理，促使企业集成适时顾客服务转化与销售管理流程顺利运作。企业集成顾客服务转化与销售管理流程进行延迟策略运作和强化延迟策略运作，进行后拉动流程、后拉动价值运作，将延迟策略和强化延迟策略运作、精益运作融入企业集成顾客服务转化与销售管理流程中，为企业集成战略实现打下企业集成顾客服务转化与销售管理流程基础。企业集成顾客服务转化与销售管理流程如图3－3－17所示。

一般纯服务企业具有集成顾客服务转化与销售管理流程，需要按照企业集成顾客服务转化与销售管理流程特性，建立企业集成顾客服务转化与销售管理流程。

（五）企业集成基本运营流程确定方法

1. 模块单元层次和不同性质模块单元运作

企业集成基本运营流程按照模块单元和模块单元中不同性质的模块单元组建。企业集成基本运营流程中的模块单元按照具体模块单元、联合模块单元、模块组模块单元、总作业模块单元先后顺序进行运作，模块单元是有层次划分的，模块单元分为具

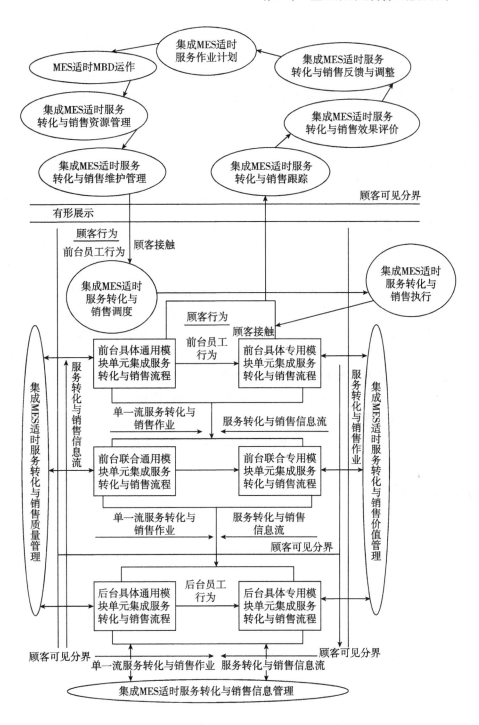

图 3 - 3 - 17　企业集成顾客服务转化与销售管理流程

体模块单元层次、联合模块单元层次、模块组模块单元层次、总作业模块单元层次。
企业集成基本运营流程需要先确定模块单元层次。不同层次的模块单元由不同性质的模块单元组成，依据企业集成基本运营流程集成战略的运作要求，按照通用模块单元、专用模块单元、链接模块单元进行运作，通用模块单元、专用模块单元、链接模块单元内进行单一流模块单元运作，确立模块单元层次之后，按照通用模块单元、专用模块单元、链接模块单元运作的要求，确定这些不同性质的模块单元内的单一流模块单元运作。

模块单元层次的确定需要结合企业集成基本运营流程分析进行，可以采用欧几里得距离或者关联度进行确定，欧几里得距离通过横向和纵向距离单元来确定，关联度通过模块单元间的联系确定。由于距离或者关联度确定需要符合具体模块单元、联合模块单元、模块组模块单元、总作业模块单元先后顺序，可以将纵向的距离确定下来，通过横向的距离确定模块单元距离，通过关联度先后联系程度确定模块单元间的联系。模块单元距离能够表达模块单元运作的先后，但这一距离无法体现模块单元在距离上的容纳程度，需要通过模块单元密度来完善。可以根据模块单元距离或者关联度确定模块单元的密度，模块单元的密度表明不同距离或者关联度下的模块单元分布的多少。进一步结合企业集成基本运营流程分析，确定每一层模块单元对具体模块单元容纳程度，这一容纳程度取决于模块单元的密度本身和每一层次企业集成基本运营流程对模块单元容纳程度，取决于每一层模块单元所需要容纳密度的大小。通过距离的限定和企业集成基本运营流程容纳模块单元程度的限定或者企业集成基本运营流程容纳模块单元程度的限定，确定每一层次的模块单元数量。通过阈值能够确定每一层模块单元的密度限定值和企业集成基本运营流程容纳模块单元程度限定值，由此决定每一层次的模块单元数量。模块单元欧几里得距离模型、模块单元密度模型如下所示：

$$d_{U_i} = \sqrt{(x_{U_i} - x_{U_0})^2} \tag{3-3-1}$$

式中，d_{U_i} 表示第 i 模块单元距离，x_{U_i} 表示第 i 模块单元测算距离，x_{U_0} 表示模块单元既定距离。

$$r_{U_i} = \sum_{i=1}^{m} \frac{d_{U_i}}{d_U} \tag{3-3-2}$$

$$r_{U_i} = \sum_{i=1}^{m} \frac{L_{U_i}}{L_U} \tag{3-3-3}$$

式中，r_{U_i} 表示第 i 模块单元密度，d_U 表示模块单元度量距离，L_{U_i} 表示第 i 模块单元关联度。

制造类企业、服务类企业可以运用以距离为基础确定模块单元密度，根据距离的限定和企业集成基本运营流程容纳模块单元程度的限定确定模块单元层次。纯服务类企业可以运用以关联度为基础确定模块单元密度，根据企业集成基本运营流程容纳模块单元程度的限定确定模块单元层次。

F 公司按照具体模块单元、联合模块单元、模块组模块单元、总作业模块单元进行 F 公司的企业集成制造流程的运作。F 公司现有模块单元包括 U_1、U_2、U_3、U_4、U_5、U_6、U_7、U_8、U_9、U_{10}、U_{11}。F 公司模块单元阈值如表 3-3-1 所示。

表 3 – 3 – 1　模块单元阈值

不同层次模块单元	不同层次模块单元阈值	模块单元密度阈值
具体模块单元	6	1.00
联合模块单元	4	2.50
模块组模块单元	3	4.00
总作业模块单元	2	5.80

F 公司模块单元层次确定如下：

运用公式计算 F 公司模块单元距离：

$$d_{U_1} = \sqrt{(x_{U_1} - x_{U_0})^2} = 1.35$$

同理，可以计算出 d_{U_2}、d_{U_3}、d_{U_4}、d_{U_5}、d_{U_6}、d_{U_7}、d_{U_8}、d_{U_9}、$d_{U_{10}}$，$d_{U_{11}}$，如表 3 – 3 – 2 所示。

表 3 – 3 – 2　模块单元距离

模块单元 U_i	模块单元距离 d_{U_i}	模块单元 U_i	模块单元距离 d_{U_i}
U_1	1.35	U_7	2.98
U_2	8.79	U_8	4.35
U_3	6.32	U_9	7.98
U_4	3.17	U_{10}	9.19
U_5	5.16	U_{11}	4.93
U_6	1.87		

运用公式计算模块单元密度：

$$r_{U_1} = \sum_{i=1}^{1} \frac{d_{U_1}}{d_U} = 0.14$$

同理，可以计算出 r_{U_2}、r_{U_3}、r_{U_4}、r_{U_5}、r_{U_6}、r_{U_7}、r_{U_8}、r_{U_9}、$r_{U_{10}}$、$r_{U_{11}}$，如表 3 – 3 – 3 所示。

表 3 – 3 – 3　模块单元密度

模块单元 U_i	模块单元密度 r_{U_i}	模块单元 U_i	模块单元密度 r_{U_i}
U_1	0.14	U_5	2.40
U_6	0.33	U_3	3.03
U_7	0.63	U_9	3.83
U_4	0.95	U_2	4.71
U_8	1.39	U_{10}	5.63
U_{11}	1.88		

不同层次模块单元确定如表 3 - 3 - 4 所示。

表 3 - 3 - 4　不同层次模块单元

不同层次模块单元	不同层次模块单元阈值	模块单元密度阈值	模块单元密度限定值	确定模块单元
具体模块单元	6	1.00	0.95	U_1、U_6、U_7、U_4
联合模块单元	4	2.50	2.40	U_8、U_{11}、U_5
模块组模块单元	3	4.00	3.83	U_3、U_9
总作业模块单元	2	5.80	5.63	U_2、U_{10}

企业集成基本运营流程中不同层次的模块单元计算完成就需要进一步确定通用模块单元、链接模块单元、专用模块单元中的单一流运作,由此确定不同性质的模块单元和模块单元内的运作。模块单元性质能够直接从企业集成基本运营流程中运作来确定。模块单元内的运作构建模型如下所示:

$$r_{U_{i-j}} = 1 + \frac{\sum_{l=1}^{m} \sigma_l}{n} \qquad (3-3-4)$$

$$r_{U_{i-j}} = \frac{\sum_{l=1}^{m} \sigma_l}{n} \qquad (3-3-5)$$

式中,$r_{U_{i-j}}$ 表示 i 模块单元与 j 模块单元相似系数、σ_l 表示第 l 道作业相似系数。

制造类企业、服务类企业、纯服务类企业都可以根据模块单元相似系数进行模块单元运作安排。

F 公司模块单元的作业如表 3 - 3 - 5 所示。

表 3 - 3 - 5　不同性质模块单元作业

	模块单元1	模块单元2	模块单元3	模块单元4	模块单元5	模块单元6	模块单元7	模块单元8	模块单元9	模块单元10
作业1	1		1			1				1
作业2	1		1			1				1
作业3	1		1			1				1
作业4	1									1
作业5		1			1		1	1		
作业6		1			1		1	1		
作业7		1					1			
作业8				1					1	
作业9				1					1	
作业10										
作业11				1					1	

运用公式计算 1 道作业与 10 道作业的相似系数：

$$r_{U_{1-10}} = 1 + \frac{\sum\limits_{l=1}^{4} \sigma_l}{n} = 1.36$$

同理，计算其他模块单元的相似系数。

根据相似系数进行模块单元的安排如表 3 - 3 - 6 所示。

表 3 - 3 - 6　模块单元的安排

	模块单元 1	模块单元 10	模块单元 3	模块单元 6	模块单元 2	模块单元 7	模块单元 5	模块单元 8	模块单元 4	模块单元 9
作业 1	1	1	1	1						
作业 2	1	1	1	1						
作业 3	1	1	1	1						
作业 4	1	1								
作业 5					1	1	1	1		
作业 6					1	1	1	1		
作业 7					1	1				
作业 8									1	1
作业 9									1	1
作业 10										
作业 11									1	1

2. 模块单元和模块品目运作

企业集成基本运营流程中的模块单元层次、不同性质模块单元运作确定后，确定模块单元中模块品目的具体运作。模块单元模块品目运作可以采用编码进行，这一编码是与企业集成基本运营流程直接联系，是企业集成基本运营流程运作中具体模块品目运作的直接体现，是企业集成基本运营流程基础。

模块品目编码采用 8 位编码或者 7 位编码。第一位编码代表模块单元，需要明确模块单元的层次，分别用 1、2、3、4 编码代表具体模块单元、联合模块单元、模块组模块单元、总作业模块单元。第二位编码代表不同性质模块单元，分别用 1、2、3 编码代表通用模块单元、专用模块单元、链接模块单元。第三位编码代表作业地，分别用 1，2，…，n 编码代表作业地。第四位编码代表模块品目，分别用 1，2，…，n 编码代表具体类型的模块品目。第五位编码代表设备，分别用 1，2，…，n 编码代表设备。第六位编码代表尺寸，分别用 1、2、3 编码代表所采用的设计尺寸。第七位编码代表材料，分别用 1，2，…，n 编码代表不同材料。第八位编码代表精度，分别用 1、2、3 编码代表精度。通过模块单元层次、不同性质模块单元、作业地、模块品目、设备、尺寸、材料、精度8位编码就将模块单元和模块品目的具体运营过程完全描述出来，或者通过模块单元层次、不同性质模块单元、作业地、设备、尺寸、材料、精度7位编码将模块单元的具体运营过程完全描述出来。

制造类企业、服务类企业可采用8位编码确定模块单元和模块品目运作。纯服务类企业可采用7位编码确定模块单元运作。

F公司的模块品目编码如表3-3-7所示。

表3-3-7　F公司模块单元和模块品目编码

不同层次模块单元	不同性质模块单元	作业地	模块品目	设备	尺寸	材料	精度
具体模块单元1	通用模块单元1	通用模块单元作业地1	通用模块单元模块品目1	通用模块单元设备1	设计尺寸3	通用模块单元材料1	设计精度3
	链接模块单元2	通用模块单元作业地2	链接模块单元模块品目1	通用模块单元设备2		通用模块单元材料2	
	专用模块单元3	链接模块单元作业地1	专用模块单元模块品目1	通用模块单元设备3		链接模块单元材料1	
		链接模块单元作业地2		链接模块单元设备1		链接模块单元材料2	
		专用模块单元作业地1		链接模块单元设备2		专用模块单元材料1	
		专用模块单元作业地2		专用模块单元设备1		专用模块单元材料2	
				专用模块单元设备2			

由此编码确定的F公司模块单元和模块品目作业如表3-3-8所示。

表3-3-8　F公司模块单元和模块品目作业

不同层次模块单元	不同性质模块单元	作业地	模块品目	设备	尺寸	材料	精度
1	1	1	1	1	3	1	3
1	1	1	1	1	3	2	3
1	1	1	1	2	3	1	3
1	1	1	1	2	3	2	3
1	1	1	1	3	3	1	3
1	1	1	1	3	3	2	3
1	1	2	1	1	3	1	3
1	1	2	1	1	3	2	3

不同层次 模块单元	不同性质 模块单元	作业地	模块品目	设备	尺寸	材料	精度
1	1	2	1	2	3	1	3
1	1	2	1	2	3	2	3
1	1	2	1	3	3	1	3
1	1	2	1	3	3	2	3
1	2	1	1	1	3	1	3
1	2	1	1	1	3	2	3
1	2	1	1	2	3	1	3
1	2	1	1	2	3	2	3
1	2	2	1	1	3	1	3
1	2	2	1	1	3	2	3
1	2	2	1	2	3	1	3
1	2	2	1	2	3	2	3
1	3	1	1	1	3	1	3
1	3	1	1	1	3	2	3
1	3	1	1	2	3	1	3
1	3	1	1	2	3	2	3
1	3	2	1	1	3	1	3
1	3	2	1	1	3	2	3
1	3	2	1	2	3	1	3
1	3	2	1	2	3	2	3

四、企业集成开发与设计、采购管理流程

(一) 企业集成 MBE 适时开发与设计管理流程

企业集成 MBE 适时开发与设计管理流程运作从企业集成 MBE 适时开发与设计作业计划开始, 为体现后拉动开发与设计作业的企业集成 MBE 适时开发与设计作业计划运作, 需要进行企业集成 MBE 适时开发与设计流程 MBD 运作, 明确企业集成 MBE 适时开发与设计管理流程有形或者无形产品运作对象的 MBD。为进行有形或者无形产品MBD 适时开发与设计活动, 需要进行企业集成 MBE 适时开发与设计流程资源管理运作, 确定企业集成适时开发与设计流程所需要的人力、物力、设备、能源各种资源, 使企业集成适时开发与设计流程具备运作资源基础。为企业集成适时开发与设计流程运作顺利, 发挥这些资源的作用, 需要根据资源进行企业集成 MBE 适时开发与设计流程调度, 之后将有 MBD 引导和资源保证的企业集成适时开发与设计流程进入执行环节。企业按照具体模块单元、联合模块单元的集成开发与设计流程由前到后顺序和与

之相反的适时开发与设计信息顺序，具体模块单元按照具体通用模块单元集成开发与设计流程、具体专用模块单元集成开发与设计流程由前到后顺序和与之相反的适时开发与设计信息顺序，联合模块单元按照联合通用模块单元集成开发与设计流程、联合专用模块单元集成开发与设计流程由前到后的顺序和与之相反的开发与设计信息顺序，进行企业集成开发与设计适时流程运作。企业需要对集成 MBE 适时开发与设计流程进行跟踪，对跟踪的企业集成 MBE 适时开发与设计流程效果进行评价，根据评价情况，进行企业集成 MBE 适时开发与设计运营流程反馈与调整。企业集成适时开发与设计流程管理运作过程中，企业进行模块单元集成适时开发与设计流程运作中，进行企业集成 MBE 适时开发与设计流程质量管理和企业集成 MBE 适时开发与设计流程价值管理，企业进行模块单元集成适时开发与设计流程和节点运作中，都需要进行企业集成 MBE 适时开发与设计流程信息管理，运作中需要进行企业集成 MBE 适时开发与设计流程维护管理，促使企业集成 MBE 适时开发与设计管理流程顺利运作。企业集成 MBE 适时开发与设计管理流程如图 3 - 3 - 18 所示。

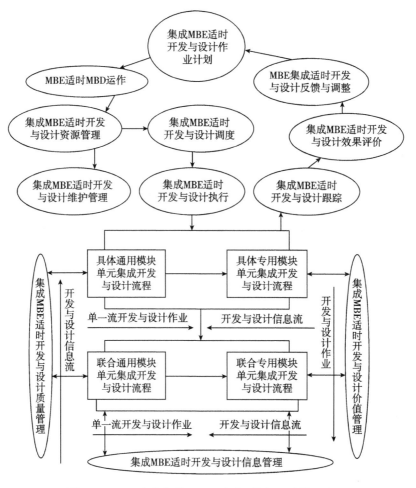

图 3 - 3 - 18　企业集成 MBE 适时开发与设计管理流程

制造企业、设计性新兴制造企业、一般制造性服务企业、简单加工制造性服务企业、一般纯服务企业都具有企业集成 MBE 适时开发与设计管理流程。

（二）企业集成 MES 适时采购管理流程

企业集成 MES 适时采购管理流程运作从企业集成 MES 适时采购作业计划开始，为将体现后拉动采购作业的企业集成 MES 适时采购作业计划运作，需要进行企业集成 MES 适时采购流程 MBD 运作，明确企业集成 MES 适时采购管理流程有形产品运作对象的 MBD。为进行有形产品 MBD 适时采购活动，需要进行企业集成 MES 适时采购流程资源管理运作，确定企业集成适时采购流程所需要的人力、物力、设备、能源各种资源，使企业集成适时采购流程具备运作资源基础。为企业集成适时采购流程运作顺利，发挥这些资源的作用，需要根据资源进行企业集成 MES 适时采购流程调度，之后将有 MBD 引导和资源保证的企业集成适时采购流程进入执行环节。企业按照具体模块单元、联合模块单元的集成采购流程由前到后顺序和与之相反的适时采购信息顺序，具体模块单元按照具体通用模块单元集成采购流程、具体专用模块单元集成采购流程由前到后顺序和与之相反的适时采购信息顺序，联合模块单元按照联合通用模块单元集成采购流程、联合专用模块单元集成采购流程由前到后的顺序和与之相反的适时采购信息顺序进行企业集成采购适时流程运作。企业信息运作完全从最后一道采购作业开始，逐步进行后道采购作业拉动前道采购作业，反映顾客需求拉动，具体模块单元、联合模块单元内进行适时采购流程的单一流运作，完成企业集成采购流程精益运作。企业需要对集成 MES 适时采购流程进行跟踪，对跟踪的企业集成 MES 适时采购流程效果进行评价，根据评价情况，进行企业集成 MES 适时采购运营流程反馈与调整。企业集成适时采购流程管理流程运作过程中，企业进行模块单元集成适时采购流程运作中，需要进行企业集成 MES 适时采购流程质量管理和企业集成 MES 适时采购流程价值管理，企业进行模块单元集成适时采购流程和节点运作中，需要进行企业集成 MES 适时采购流程信息管理，运作中需要进行企业集成 MES 适时采购流程维护管理，促使企业集成 MES 适时采购流程管理流程顺利运作。企业集成 MES 适时采购管理流程进行延迟策略和强化延迟策略管理运作，将延迟策略和强化延迟策略管理运作融入企业集成 MES 适时采购管理流程之中，使企业集成战略实现具备了企业集成 MES 适时采购管理流程基础。企业集成 MES 适时采购管理流程如图 3-3-19 所示。

制造类企业、服务类企业都具有企业集成 MES 适时采购管理流程。

五、企业集成运营管理信息流程

（一）企业集成供应链或者服务链管理信息流程

1. 企业集成供应链或者服务链管理信息流程运作

制造企业集成供应链信息流程运作起点是企业集成销售模块单元价值链流程 ERP

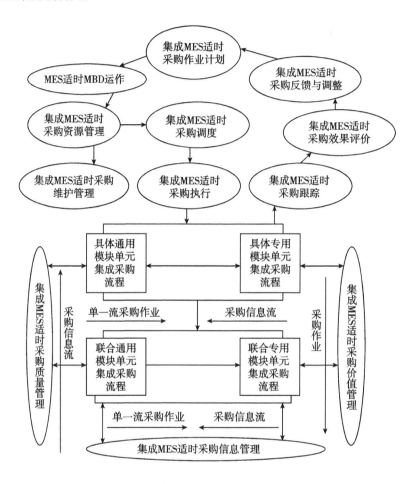

图 3 – 3 – 19 企业集成 MES 适时采购管理流程

计划信息，信息流程从 ERP 中顾客节点出发，通过 ERP 订单节点确定顾客有形产品计划需求信息，确定企业集成销售模块单元价值链流程 ERP 计划信息。制造企业、设计性新兴制造企业根据 ERP 计划信息，明确企业集成开发与设计模块单元价值链流程中 MBE 需要开发与设计产品 MBD 信息；制造类企业根据 ERP 计划信息，确定 ERP 的企业集成主制造计划信息。制造类企业根据 ERP 的企业集成主制造计划确定 ERP 模块品目需求计划信息，通过 ERP 供应商节点，确立企业集成运输模块单元价值链流程的 ERP 中所需运送的模块品目信息，将所需模块品目运送至企业，确定企业集成仓储模块单元价值链流程 ERP 中所需储存的模块品目信息。制造类企业根据 ERP 中集成主制造计划信息确定 ERP 中企业集成制造作业计划信息，根据 ERP 集成制造作业计划信息进行 MES 制造的调度，取得企业集成制造模块单元价值链流程制造信息。制造企业、设计性新兴制造企业确定基于 MBD 的模型开发和设计顾客所需要有形产品和模块品目的系统和容差，使集成制造有了标准信息。制造类企业通过企业集成制造中 MBE 的 CPS 建立信息运作，运用 MES 控制节点，实现符合系统和容差要求的顾客所需要有形产品的 MES 制造信息，将所制造出来的产品储存起来，确定企业集成仓储模块单元价值链流程 ERP 信息。通过企业集成运输模块单元 ERP 信息，将顾客所需的符合系统和容差要求产品送到顾客手中，将完成的 ERP 信息送回到企业集成销售模块单元价值链流程 ERP 中，完成企业集成供应链管理信息流程运作。制造企业集成供应链管理信息流程如图 3 - 3 - 20 所示。

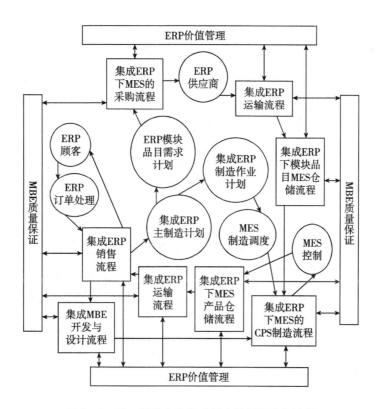

图 3 - 3 - 20　制造企业集成供应链管理信息流程

服务类企业集成服务链信息流程运作起点是企业集成销售模块单元价值链流程 ERP 计划信息，信息流程从 ERP 中顾客节点出发，通过 ERP 订单节点确定顾客有形产品计划需求信息，确定企业集成销售模块单元价值链流程 ERP 计划信息。一般制造性服务企业、简单加工制造性服务企业根据 ERP 计划信息，明确企业集成开发与设计模块单元价值链流程中 MBE 需要开发与设计产品 MBD 信息；服务类企业根据 ERP 计划信息，确定 ERP 的企业集成主服务计划信息。服务类企业根据 ERP 的企业集成主服务计划确定 ERP 模块品目需求计划信息，通过 ERP 供应商节点，确立企业集成运输模块单元价值链流程的 ERP 中所需运送的模块品目信息，将所需模块品目运送至企业，确定企业集成仓储模块单元价值链流程 ERP 中所需储存的模块品目信息。服务类企业根据 ERP 中集成主服务计划信息确定 ERP 中企业集成服务作业计划信息，根据 ERP 集成服务作业计划信息进行 MES 服务的调度，取得企业集成服务转化模块单元价值链流程服务转化信息。一般制造性服务企业、简单加工制造性服务企业确定基于 MBD 的模型开发和设计顾客所需要有形产品和模块品目的系统和容差，使集成服务转化有了标准信息。服务类企业通过企业集成制造中 MBE 的 CPS 建立信息运作，运用 MES 控制节点，实现符合系统和容差要求的顾客所需要有形产品的 MES 服务信息，将所服务转化出来的产品储存起来，确定企业集成仓储模块单元价值链流程 ERP 信息。通过企业集成运输模块单元 ERP 信息，将顾客所需的符合系统和容差要求产品送到顾客手中，将完成的 ERP 信息送回到企业集成销售模块单元价值链流程 ERP 中，完成集成服务链管理信息流程运作。一般服务企业集成服务链管理信息流程如图 3 - 3 - 21 所示。

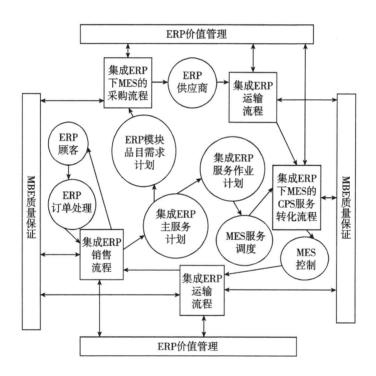

图 3 - 3 - 21　一般服务企业集成服务链管理信息流程

新兴服务企业集成服务链管理信息流程运作的起点是企业集成销售模块单元价值链流程 ERP 计划信息，信息流程从 ERP 中顾客节点出发，通过 ERP 订单节点确定顾客有形或者无形产品计划需求信息，确定企业集成销售模块单元价值链流程 ERP 计划信息。新兴服务企业根据 ERP 计划信息，确定 ERP 的企业集成主服务计划信息，根据 ERP 中集成主服务计划信息确定 ERP 中企业集成服务作业计划信息。之后根据 ERP 集成服务作业计划信息进行 MES 服务的调度，取得企业集成服务转化模块单元价值链流程设计性服务转化信息。新兴服务企业通过企业集成设计性服务转化中 MBE 的 CPS 建立信息运作，运用 MES 控制节点，实现符合系统和容差要求的顾客所需要有形或者无形产品，将顾客所需的符合系统和容差要求产品送到顾客手中，将完成的 ERP 信息送回到企业集成销售模块单元价值链流程 ERP 中，完成集成供应链或者服务链管理信息流程运作。

一般纯服务企业、中间性纯服务企业集成服务链信息流程运作起点是企业集成服务转化与销售或者销售模块单元价值链流程 ERP 计划信息，信息流程从 ERP 中顾客节点出发，通过 ERP 订单节点确定顾客无形产品计划需求信息，确定企业集成服务转化与销售或者销售模块单元价值链流程 ERP 计划信息。一般纯服务企业根据 ERP 计划信息，明确企业集成开发与设计模块单元价值链流程中 MBE 需要开发与设计产品 MBD 信息；一般纯服务企业、中间性纯服务企业根据 ERP 计划信息，确定 ERP 的企业集成主服务计划信息。一般纯服务企业、中间性纯服务企业根据 ERP 中集成主服务计划信息确定 ERP 中企业集成服务作业计划信息，根据 ERP 集成服务作业计划信息进行 MES 服务的调度，取得企业集成服务转化与销售或者服务转化模块单元价值链流程服务转化与销售或者服务转化信息。一般纯服务企业、中间性纯服务企业通过企业集成服务转化与销售或者服务转化中 MBE 的 CPS 建立信息运作，运用 MES 控制节点，实现符合系统和容差要求的顾客所需要无形产品，将顾客所需的符合系统和容差要求产品送到顾客手中，将完成的 ERP 信息送回到企业集成服务转化与销售或者销售模块单元价值链流程 ERP 中，完成集成服务链管理信息流程运作。一般纯服务企业集成服务链管理信息流程如图 3 - 3 - 22 所示。

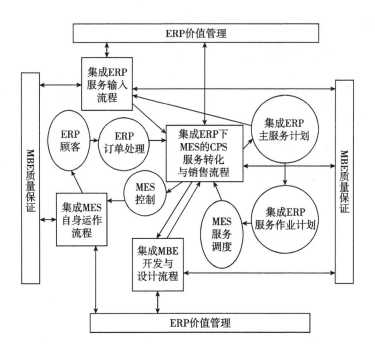

图 3 - 3 - 22　一般纯服务企业集成服务链管理信息流程

2. 企业集成供应链或者服务链价值信息流程

ERP 的系统内容涵盖企业集成供应链或者服务链流程，企业集成供应链或者服务链流程围绕 ERP 计划信息进行运作。从企业集成供应链或者服务链流程 ERP 出发点发出计划信息，经过每一个企业集成供应链或者服务链流程的 ERP 计划信息的运作，又将执行的计划情况信息送回到 ERP 出发点，完成企业集成供应链或者服务链 ERP 计划信息流程运作。每一个 ERP 和 MBE 的企业集成供应链或者服务链流程都是价值增值的信息流程，都需要明确价值增值信息。

企业集成 ERP 内容包括集成财务管理系统、集成人力资源管理系统、集成采购管理系统、集成制造或者服务转化管理系统、集成仓储管理系统、集成销售管理系统、集成后勤管理系统。

3. 供应链或者服务链质量信息流程

几何和原理模型的产品、具体模块单元模块品目、联合模块单元模块品目、模块组模块单元模块品目、总作业模块单元模块品目的形状、系统和容差。无形产品信息原理模型的无形产品、软件模块、软件数据结构、软件接口的系统与容差，无形产品非信息原理模型的无形产品、要素、部分联系功能、整体联系功能的系统与容差。

企业集成 MBE 内容包括基于模型定义设计 MBD、基于模型的系统工程 MBSE、基于模型的信息物理系统 MBM、基于模型的维护 MBS、基于模型的供应链或者服务链运作。

（二）企业集成基本运营流程信息流程运作

制造类企业、服务类企业、新兴服务企业、一般纯服务企业、中间性纯服务企业集成制造流程、有形产品服务转化流程、设计性服务转化流程、服务转化与销售流程、无形产品服务转化流程信息流程运作从企业集成 MES 适时制造作业计划、适时服务作业计划中确定计划信息，以这一计划信息为依据，确定企业集成 MES 适时制造流程、有形产品服务转化流程、设计性服务转化流程、服务转化与销售流程、无形产品服务转化流程 MBD 运作信息，明确企业集成 MES 适时制造管理流程、有形产品服务转化流程、设计性服务转化流程、服务转化与销售流程、无形产品服务转化流程运作对象的 MBD 信息。由此进行企业集成 MES 适时制造流程、有形产品服务转化流程、设计性服务转化流程、服务转化与销售流程、无形产品服务转化流程资源管理运作，确定企业集成 MES 适时制造流程、有形产品服务转化流程、设计性服务转化流程、服务转化与销售流程、无形产品服务转化流程所需要的人力、物力、设备、能源各种资源信息，使企业集成 MES 适时制造流程、有形产品服务转化流程、设计性服务转化流程、服务转化与销售流程、无形产品服务转化流程具备运作资源基础。需要根据资源信息进行企业 MES 集成适时制造流程、有形产品服务转化流程、设计性服务转化流程、服务转化与销售流程、无形产品服务转化流程调度，之后将有 MBD 引导和资源保证的企业集成适时制造流程、有形产品服务转化流程、设计性服务转化流程、服务转化与销售流程、无形产品服务转化流程进入执行环节。

制造类企业按照具体、联合、模块组、总作业模块单元由前到后制造工艺顺序和具体模块单元 CPS、联合模块单元 CPS、模块组模块单元 CPS、总作业模块单元 CPS 建立的与制造工艺顺序相反的智能适时制造信息顺序，具体模块单元按照通用模块单元集成制造流程、链接模块单元集成制造流程、专用模块单元集成制造流程由前到后制造工艺顺序和具体通用模块单元 CPS、具体链接模块单元 CPS、具体专用模块单元 CPS 建立的与制造工艺顺序相反的智能适时制造信息顺序，联合模块单元按照联合通用模块单元集成制造流程、联合链接模块单元集成制造流程、联合专用模块单元集成制造流程由前到后制造工艺顺序和联合通用模块单元 CPS、联合链接模块单元 CPS、联合专用模块单元 CPS 建立的与制造工艺顺序相反的智能适时制造信息顺序，模块组模块单元按照模块组通用模块单元集成制造流程、模块组链接模块单元集成制造流程、模块组专用模块单元集成制造流程由前到后制造工艺顺序和模块组通用模块单元 CPS、模块组链接模块单元 CPS、模块组专用模块单元 CPS 建立的与制造工艺顺序相反的智能适时制造信息顺序，总作业模块单元按照总作业通用模块单元集成制造流程、总作业链接模块单元集成制造流程、总作业专用模块单元集成制造流程由前到后制造工艺顺序和总作业通用模块单元 CPS、总作业链接模块单元 CPS、总作业专用模块单元 CPS 建立的与制造工艺顺序相反的智能适时制造信息顺序，进行企业集成智能适时制造流程运作，使企业信息运作完全从最后一道工序开始，逐步进行后道工序拉动前道工序，从而反映顾客需求拉动，具体模块单元、联合模块单元、模块组模块单元、总作业模块单元内进行 CPS 智能适时制造流程的单一流运作，完成企业集成制造流程 CPS 智能适时运作。需要对企业集成 CPS 智能适时制造流程进行跟踪，依据跟踪信息，对企业集成 CPS 智能适时制造流程效果进行评价，根据评价信息，进行企业集成 CPS 智能适时制造流程反馈与调整，回到企业集成 MES 适时制造作业计划中，完成企业集成 CPS 智能适时制造流程信息流程运作。制造企业集成 CPS 智能适时制造信息流程如图 3 - 3 - 23 所示。

制造性服务企业按照具体模块单元、联合模块单元、模块组模块单元由前到后制造性服务转化作业顺序和具体模块单元 CPS、联合模块单元 CPS、模块组模块单元 CPS 建立的与制造性服务转化作业顺序相反的智能适时制造性服务转化信息顺序，具体模块单元按照具体通用模块单元集成制造性服务转化流程、具体链接模块单元集成制造性服务转化流程、具体专用模块单元集成制造性服务转化流程由前到后制造性服务转化作业顺序和具体通用模块单元 CPS、具体链接模块单元 CPS、具体专用模块单元 CPS 建立的与制造性服务转化作业顺序相反的智能适时制造性服务转化信息顺序，联合模块单元按照联合通用模块单元集成制造性服务转化流程、联合链接模块单元集成制造性服务转化流程、联合专用模块单元集成制造性服务转化流程由前到后制造性服务转化作业顺序和联合通用模块单元 CPS、联合链接模块单元 CPS、联合专用模块单元 CPS 建立的与制造性服务转化作业顺序相反的智能适时制造性服务转化信息顺序，模块组模块单元按照模块组通用模块单元集成制造性服务转化流程、模块组链接模块单元集

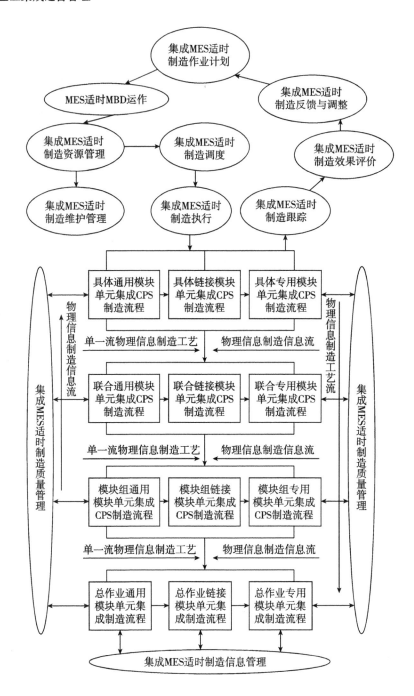

图 3 – 3 – 23　制造企业集成 CPS 智能适时制造信息流程

成制造性服务转化流程、模块组专用模块单元集成制造性服务转化流程由前到后制造性服务转化作业顺序和模块组通用模块单元 CPS、模块组链接模块单元 CPS、模块组专用模块单元 CPS 建立的与制造性服务转化作业顺序相反的智能适时制造性服务转化信息顺序，进行一般制造性服务企业、简单加工制造性服务企业集成智能适时制造性服务转化流程运作。一般服务企业按照具体模块单元、联合模块单元由前到后服务转化顺序和具体模块单元 CPS、联合模块单元 CPS 建立的与服务转化作业顺序相反的智能适时服务转化作业信息顺序，具体模块单元按照具体通用模块单元集成服务转化流程、具体链接模块单元集成服务转化作业流程、具体专用模块单元集成服务转化流程由前到后服务转化作业顺序和具体通用模块单元 CPS、具体链接模块单元 CPS、具体专用模块单元 CPS 建立的与服务转化作业顺序相反的智能适时服务转化信息顺序，联合模块单元按照联合通用模块单元集成服务转化流程、联合链接模块单元集成服务转化流程、联合专用模块单元集成服务转化流程由前到后服务转化作业顺序和联合通用模块单元 CPS、联合链接模块单元 CPS、联合专用模块单元 CPS 建立的与服务转化作业顺序相反的智能适时服务转化信息顺序，进行一般服务企业集成智能适时服务转化流程运作。由此，企业信息运作完全从最后一道服务转化作业开始，逐步进行后道服务转化作业拉动前道服务转化作业，反映顾客需求拉动，具体模块单元、联合模块单元、模块组模块单元、总作业模块单元内进行 CPS 智能适时服务转化流程的单一流运作，完成企业集成服务转化流程 CPS 智能适时运作。需要对企业集成 CPS 智能适时服务转化流程进行跟踪，依据跟踪信息，对企业集成 CPS 智能适时服务转化流程效果进行评价，根据评价信息，进行企业集成 CPS 智能适时服务转化流程反馈与调整，回到企业集成 MES 适时服务作业计划中，完成企业集成 CPS 智能适时服务转化流程信息流程运作。一般服务企业集成 CPS 智能适时服务转化信息流程如图 3-3-24 所示。

新兴服务企业按照具体模块单元、联合模块单元由前到后设计性服务转化作业顺序和具体模块单元 CPS、联合模块单元 CPS 建立的与设计性服务转化作业顺序相反的智能适时设计性服务转化信息顺序，具体模块单元按照具体通用模块单元集成设计性服务转化流程、具体链接模块单元集成设计性服务转化流程、具体专用模块单元集成设计性服务转化流程由前到后设计性服务转化作业顺序和具体通用模块单元 CPS、具体链接模块单元 CPS、具体专用模块单元 CPS 建立的与设计性服务转化作业顺序相反的智能适时设计性服务转化信息顺序，联合模块单元按照联合通用模块单元集成设计性服务转化流程、联合链接模块单元集成设计性服务转化流程、联合专用模块单元集成设计性服务转化流程由前到后设计性服务转化作业顺序和联合通用模块单元 CPS、联合链接模块单元 CPS、联合专用模块单元 CPS 建立的与设计性服务转化作业顺序相反的智能适时设计性服务转化信息顺序，进行新兴服务企业集成智能适时设计性服务转化流程运作。由此，企业信息运作完全从最后一道设计性服务转化作业开始，逐步进行后道设计性服务转化作业拉动前道设计性服务转化作业，从而反映顾客需求拉动，具体模块单元、联合模块单元、模块组模块单元、总作业模块单元内进行 CPS 智能适时设计性服务转化流程的单一流运作，完成企业集成设计性服务转化流程 CPS 智能适时运作。需要对企业集成 CPS 智能适时设计性服务转化流程进行跟踪，依据跟踪信息，对企业集成 CPS 智能适时设计性服务转化流程效果进行评价，根据评价信息，进行企

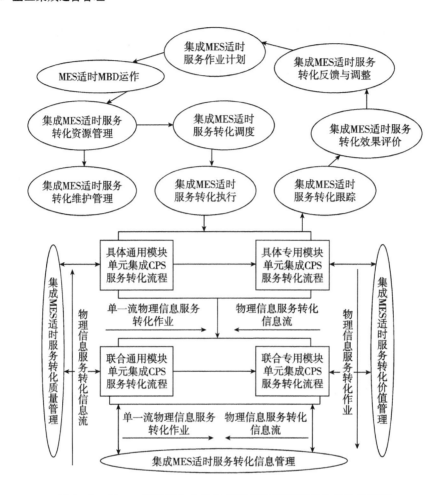

图 3 - 3 - 24   一般服务企业集成 CPS 智能适时服务转化信息流程

业集成 CPS 智能适时设计性服务转化流程反馈与调整，回到企业集成 MES 适时服务作业计划中，完成企业集成 CPS 智能适时设计性服务转化流程信息流程运作。

一般纯服务企业、中间性纯服务企业按照具体模块单元、联合模块单元由前到后服务转化与销售或者服务转化作业顺序和具体模块单元 CPS、联合模块单元 CPS 建立的与服务转化与销售或者服务转化作业顺序相反的智能适时服务转化与销售或者服务转化信息顺序，具体模块单元按照具体通用模块单元集成服务转化与销售或者服务转化流程、具体链接模块单元集成服务转化与销售或者服务转化流程、具体专用模块单元集成服务转化与销售或者服务转化流程由前到后服务转化与销售或者服务转化作业顺序和具体通用模块单元 CPS、具体链接模块单元 CPS、具体专用模块单元 CPS 建立的与服务转化与销售或者服务转化作业顺序相反的智能适时服务转化与销售或者服务转化信息顺序，联合模块单元按照联合通用模块单元集成服务转化与销售或者服务转化流程、联合链接模块单元集成服务转化与销售或者服务转化流程、联合专用模块单元集成服务转化与销售或者服务转化流程由前到后服务转化与销售或者服务转化作业顺序和联合通用模块单元 CPS、联合链接模块单元 CPS、联合专用模块单元 CPS 建立的与服务转化与销售或者服务转化作业顺序相反的智能适时服务转化与销售或者服务转化信息顺序，进行一般纯服务企业、中间性纯服务企业集成服务转化与销售或者转化智能适时流程运作。一般纯服务企业、中间性纯服务企业使企业信息运作完全从最后一道服务转化与销售或者服务转化作业开始，逐步进行后道服务转化与销售或者服务转化作业拉动前道工序，反映顾客需求拉动，具体模块单元、联合模块单元、模块组模块单元、总作业模块单元内进行 CPS 智能适时服务转化与销售或者服务转化流程的单一流运作，从而完成企业集成服务转化与销售或者服务转化流程 CPS 智能适时运作。需要对企业集成 CPS 智能适时服务转化与销售或者服务转化流程进行跟踪，依据跟踪信息，对企业集成 CPS 智能适时服务转化与销售或者服务转化流程效果进行评价，根据评价信息，进行企业集成 CPS 智能适时服务转化与销售或者服务转化流程反馈与调整，回到企业集成 MES 适时服务作业计划中，完成企业集成 CPS 智能适时服务转化与销售或者服务转化流程信息流程运作。一般纯服务企业集成 CPS 智能适时服务转化与销售信息流程如图 3 - 3 - 25 所示。

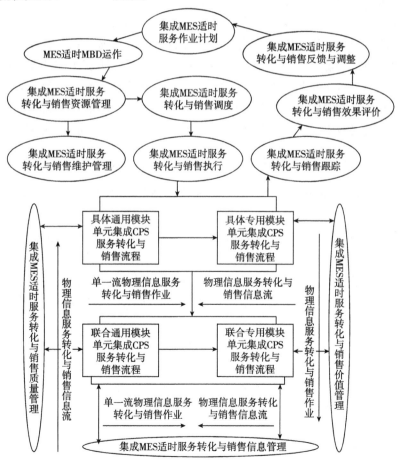

图 3 - 3 - 25　一般纯服务企业集成 CPS 智能适时服务转化与销售信息流程

第四节 企业集成运营流程改进

一、企业集成运营流程价值分析

(一) 企业集成运营流程价值确定

为创造用户需要的价值必须按照顾客的需求定义价值，避免出现浪费。对价值的认识是精益思想的出发点，价值只能由最终顾客来确定，只有由顾客愿意支付的特定价格、能在特定时间内满足顾客需求的运营流程表现才是有意义的。顾客愿意为某种产品付费，价值链管理流程才有价值，否则就是浪费。

企业集成运营流程必须满足顾客产品需求的创新功能、弹性功能、继承性功能、质量交货功能、按期交货功能、价值链流程功能的需求，满足顾客服务需求的服务样式功能、服务质量功能、服务数量功能、服务瞬时功能、顾客感知功能、服务价格功能，必须辨识与分析所要求功能价值和获取功能的最低总成本，避免一切没有价值的浪费。企业集成具体模块单元、联合模块单元、模块组模块单元、总作业模块单元和企业集成供应链或者服务链运作需要明确企业功能价值和获取功能的最低总成本。

(二) 企业集成运营流程需要识别价值流

企业集成具体、联合、模块组、总作业模块单元和通用、链接、专用模块单元、企业集成供应链或者服务链运作中哪些是增值活动，哪些是可以去掉的不增值活动，需要进行识别。企业集成运营流程将所有业务过程中消耗资源而不增值的活动称为浪费，识别价值流就是发现浪费和剔除浪费。

企业集成运营流程中存在三种活动方式，包括能够创造价值的活动；虽然不创造价值，但是在现有技术和生产条件下不可避免的活动；不创造价值且可以立即去除的活动。

从顾客价值出发，全面理解企业集成运营流程，识别出哪些必要但无增值、无增值活动，消除浪费，不断改善运营流程。精益思想的核心是企业集成运营流程增值。通过价值增值，选择亟须改进的价值流动流程，实施流程管理，重组和优化业务与管理流程，达到不断剔除浪费的目的。

(三) 企业集成运营流程的价值流运作

企业集成具体模块单元、联合模块单元、模块组模块单元、总作业模块单元和通用、链接、专用模块单元、企业集成供应链或者服务链运作要求创造价值的各个企业集成运营流程进行持续运作。价值流运作是动态的，但是由于企业惯性运作，阻碍本应运作起来的价值流。企业集成运营流程将所有的停滞作为企业的浪费，用持续改进方式，进行企业运营集成流程的价值流运作。企业集成运营流程定义了价值并识别了价值流，完整制定价值流运作思路，消除明显的浪费环节，使企业运营流程进行价值流运作。

（四）企业集成运营流程需要与其相关的价值核算模式相对应

企业集成具体模块单元、联合模块单元、模块组模块单元、总作业模块单元和企业集成供应链或者服务链运作应针对企业实际选择相应的价值核算模式，先进的价值核算模式不一定就适合企业，如果企业的实际情况需要较为先进模式与其相对应，就需要选择适合的核算模式。

制造类企业、服务类企业、纯服务类企业都需要进行企业集成运营流程价值确定，进行企业集成运营流程价值流识别，进行企业集成运营流程的价值流运作，确定与企业集成运营流程相关的价值核算模式。

二、企业集成运营流程价值活动实现

（一）正向的企业集成运营流程价值创造活动实现

企业集成具体、联合、模块组、总作业模块单元和通用、链接、专用模块单元、企业集成供应链或者服务链运作中正向的企业价值创造活动是满足顾客一般需求和个性需求，提高正向的企业价值创造活动。企业通过满足顾客的一般需求，实现满足顾客的一般需求的正向企业价值。

企业集成战略运用高效实现满足顾客个性需求的正向企业价值。企业集成战略的运用使高效满足顾客个性需求成为可能，通过集成战略的运用满足顾客个性需求，取得高效满足顾客个性需求的附加价值精益运作，实现满足精准顾客需求的正向企业价值。精益运作从顾客需求出发进行需求满足，将顾客的需求落到实处，使企业真实取得满足顾客需求的企业价值。智能运作加快实现满足顾客一般需求、精准顾客需求和顾客个性需求的正向企业价值。智能运作从时间的角度能够使企业在更短的时间得到价值，加快实现满足顾客一般需求、精准顾客需求和顾客个性需求的正向企业价值。

（二）负向减少的企业价值创造活动实现

1. 减少过度运营量

企业集成具体、联合、模块组、总作业模块单元和通用、链接、专用模块单元、企业集成供应链或者服务链运作中过度运营量是指由于过度运营造成模块品目、产品、服务的量超过顾客需求的量。过度运营量是运营活动中最根本性的浪费，过度运营量是顾客不需要的量。企业运营活动就是为满足顾客的需要，而过度运营量顾客不需要。过度运营量会直接带来其他浪费，过度运营量会出现库存，搬运这些库存是直接浪费的活动。过度运营量容易掩盖其他形式的浪费，过度运营量使运营活动一直进行，容易掩盖怠工的现象。企业减少过度运营量的最根本的措施是适量满足顾客需要。

2. 减少等待的浪费

企业集成具体、联合、模块组、总作业模块单元和通用、链接、专用模块单元、企业集成供应链或者服务链运作中减少等待的浪费指由于模块品目等待加工、机器等待任务、顾客等待服务、服务台的等待顾客造成的时间上的浪费。等待从外部来看，给顾客造成企业效率不高的影响；从内部来看，直接影响作业运作的效率。因而，无论从内部，还是从外部，都需要减少等待。

3. 减少搬运的浪费

企业集成具体、联合、模块组、总作业模块单元和通用、链接、专用模块单元、企业集成供应链或者服务链运作中搬运浪费是指由于设施布置不当、过程缺乏协调、定置管理不到位、作业组织差而造成不必要的搬运。可以通过合理布置和合理组织减少这种浪费。

4. 减少运营本身的浪费

企业集成具体、联合、模块组、总作业模块单元和通用、链接、专用模块单元、企业集成供应链或者服务链运作中运营本身的浪费是指由于不必要或者无效的运营造成的浪费。这种浪费进行了运营活动，并没有增加顾客所需功能，或者进行了运营活动，超过顾客所需功能，这些活动都没有增加价值。

5. 减少库存的浪费

企业集成具体、联合、模块组、总作业模块单元和通用、链接、专用模块单元、企业集成供应链或者服务链运作中由于模块品目和产品造成的库存而产生的浪费。一个企业的运营流程的运作效率是否高，库存的多少是重要的标志。一般情况下，库存多，企业运营流程的效率低；库存少，企业运营的效率高。因而，减少库存是企业运营流程所追求的。

6. 减少动作的浪费

企业集成具体、联合、模块组、总作业模块单元和通用、链接、专用模块单元、企业集成供应链或者服务链运作中动作的浪费指不合理的动作产生的浪费。动作是每一个运营流程运作过程中作业人员需要进行操作的动作。作业的性质不同，所需要的操作的动作也不相同。动作运作不当，就会出现动作多余的浪费性质的动作。需要进行动作分析，减少不必要的动作。

7. 减少不良品和不良服务的浪费

企业集成具体、联合、模块组、总作业模块单元和通用、链接、专用模块单元、企业集成供应链或者服务链运作中不良品和不良服务的浪费指运营不合格产品。原来不良品主要指有形产品，随着当今服务业的兴起，不良品也开始朝着无形产品的领域展开。当今精益方式与 6σ 结合起来，提高产品的质量，使产品质量得到保证，从而减少不良品的浪费。

8. 减少人力资源使用不当的浪费

企业集成具体、联合、模块组、总作业模块单元和通用、链接、专用模块单元、企业集成供应链或者服务链中运作设备自动化运作时，人只能站在机器旁边，无实际作用。人员没有按照所具有的才能运用到需要的岗位上的浪费。

制造类企业、服务类企业、纯服务类企业都需要正向的企业集成运营流程价值创造活动实现和负向减少的企业价值创造活动实现。

三、企业集成运营流程改进

（一）5W1H 企业集成运营流程改进方法

5W1H 企业集成运营流程改进方法是企业集成运营流程改进中企业集成具体、联合、模块组、总作业模块单元和通用、链接、专用模块单元、企业集成供应链或者服务链运作的人员运作进行作业方法。这一方法将主体确定为人员，使人员能够明确其运作的内容。

需要明确企业集成模块单元和企业集成供应链或者服务链运作中每一个作业运作的主体人员。将企业集成具体模块单元、联合模块单元、模块组模块单元、总作业模块单元和企业集成供应链或者服务链运作中的人员具体化，由此具有模块单元和企业集成供应链或者服务链流程改进的人员主体。

需要确定企业集成模块单元和企业集成供应链或者服务链运作中的每一人员作业的具体内容。这里的具体内容依据企业集成具体模块单元、联合模块单元、模块组模块单元、总作业模块单元的不同作业和企业集成供应链或者服务链的不同作业有所不同。这些不同的作业完成了模块单元和企业集成供应链或者服务链流程的改进。

需要明确企业集成模块单元和企业集成供应链或者服务链运作中每一个作业人员所做业务的程度。通过一定的标准明确企业集成具体模块单元、联合模块单元、模块组模块单元、总作业模块单元和企业集成供应链或者服务链每一个作业的每一个员工需要完成作业程度，通过这些标准衡量员工作业完成的程度，使这些能够完成标准的作业联系起来，共同完成模块单元和企业集成供应链或者服务链流程改进。

企业集成模块单元和企业集成供应链或者服务链运作中的每一个作业都有着严格的时间要求，需要明确每一个员工作业的时间要求，使员工能够按照企业集成具体模块单元、联合模块单元、模块组模块单元、总作业模块单元和企业集成供应链或者服务链运作节奏的要求进行作业，促进模块单元和企业集成供应链或者服务链运作时间效率更高。

需要明确企业集成模块单元和企业集成供应链或者服务链运作中每一个人员的作业地，企业集成具体模块单元、联合模块单元、模块组模块单元、总作业模块单元和企业集成供应链或者服务链流程中的每一个作业都有明确的作业地点，都有空间运作与作业对应，将具体作业落到实处。模块单元和企业集成供应链或者服务链运作中每一个人员都有明确的作业地，都能够顺利进行运作。

企业集成模块单元和企业集成供应链或者服务链运作中每一个作业都有其属性，因而需要员工按照每一个作业的属性进行作业。这就需要对企业集成具体模块单元、联合模块单元、模块组模块单元、总作业模块单元和企业集成供应链或者服务链流程中的每一个作业制定操作规程，员工按照操作规程进行作业操作，确保作业完成的水平。

制造类企业、服务类企业、纯服务类企业都可以采用5W1H企业集成运营流程改进方法进行企业集成运营流程改进。

（二）ECRS企业集成运营流程改进方法

ECRS企业集成运营流程改进方法是针对模块单元和企业集成供应链或者服务链流程本身进行分析与改进方法。

1. 现有流程中的各个作业是否必需，有没有取消的可能

这一部分在价值链流程的分析中已经明确，对于企业集成具体模块单元、联合模块单元、模块组模块单元、总作业模块单元和企业集成供应链或者服务链中不必需的流程肯定需要剔除，必要的流程部分能否去除。取消不必要的运营流程节点和操作是运营流程改进的重要原则。取消的目的是看取消是否有价值，有价值的取消才需要进行运营流程改进。进行运营流程改进时还需要看取消对运营流程造成的影响，一般取消对运营流程不会造成影响的作业节点和操作。

2. 不能取消的作业中，有没有合并的可能

企业集成具体模块单元、联合模块单元、模块组模块单元、总作业模块单元和企业集成供应链或者服务链流程改进中，合并需要整理过程，作业合并后能够节省资源，这样才有合并的必要。合并可以将多个方向的动作改变为一个方向的连续动作；固定设备的运作周期，使作业能够在一个周期内完成；实现工具的合并。

3. 剩下的作业是否需要重排

企业集成具体模块单元、联合模块单元、模块组模块单元、总作业模块单元和企业集成供应链或者服务链将作业按照合理的逻辑进行重排，或者改变其他要素后重排，这样可以进一步发现需要取消和合并的作业。作业的重新排序会使作业运作的效率更高，作业方法更加简单，作业更加流畅。

4. 有没有可能采用新技术、新方法使流程简化

企业集成具体模块单元、联合模块单元、模块组模块单元、总作业模块单元和企业集成供应链或者服务链流程各个环节的作业内容和作业本身都可以进行必要的简化。化繁复为简单，采用最简单的路径到达目的地。简化包括动作简化和能量简化。

制造类企业、服务类企业、纯服务类企业都可以采用ECRS企业集成运营流程改进

方法进行企业集成运营流程改进。

（三）作业分析企业集成运营流程改进方法

作业分析企业集成运营流程改进方法需要通过价值流图进行分析。价值流图是指有形产品和无形产品经过的所有过程。价值流图包括每一流程时间、每一流程的内容。价值流图还包括根据改进的主流的内容部分。价值流图通过减少非增值作业分析，可以改善流程（Antonelli，1996）。

增值活动实质是给顾客和企业直接带来价值的活动，它不仅指制造活动，现今的服务活动也创造价值。非增值活动指不直接带来价值的活动。例如，工序间的零件移动是必需的，但不直接创造价值。浪费活动的浪费是生产过多过早的过度生产浪费，进入下一个工序时还由缺陷引致的浪费，不必要的调拨与配送的不必要运输引致的浪费，低效流程和流程上端出现问题的不适合流程浪费，过多的原材料、半成品、产成品的过多库存浪费，不必要的走动、延伸、弯曲的不必要移动的浪费，等待的浪费。近年来又发明了第八种浪费，没有充分运用员工的技能和知识。需要进行改进的有生产周期分析、非增值时间改进、增值时间改进、库存的改进。

制造类企业、服务类企业、纯服务类企业都可以采用作业分析企业集成运营流程改进方法进行企业集成运营流程改进。

F公司冲压件制造流程包括库存、冲压、点焊、装配、发运，每一流程都有运作时间，制造流程通过库存、冲压、点焊、装配、发运间的箭头体现流程中的物流流向。F公司冲压件制造流程如图3-4-1所示。

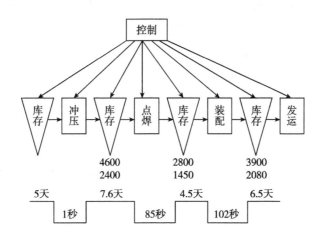

图3-4-1　F公司冲压件制造流程

运用精益理论对制造流程进行改进。改进如图3-4-2所示。图中包括两个部分：一是按照精益制造部分进行改进，信息流的流向由控制到库存、冲压、点焊、装配、发运部分的单向箭头体现信息部分流向发运、点焊装配、冲压、卷材后拉动工序流向进行，由此产生精益生产中的后拉动工序，通过顾客需求拉动生产。二是将点焊、装配合并使运作效率更高。改进图依然保留了时间、流程内容基本的部分。

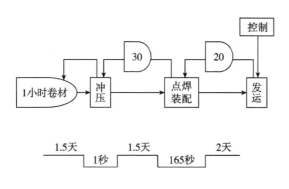

图 3 - 4 - 2 F 公司制造流程改进

F 制造流程改进前生产周期为 23.6 天 188 秒，改进后生产周期为 5 天 166 秒，这样就使顾客取得产品的时间缩短了 18.6 天 22 秒，顾客能够更快地拿到产品。非增值时间改进 23.6 天改为 5 天。增值时间改进 188 秒改为 166 秒。库存的改进卷材部分由 5 天的卷材改为 1 小时的卷材；在产品库存由 7400、3850 左右的库存改为 30 看板备货；产成品由 3900、2080 左右的库存改为 20 看板备货。

（四）价值分析企业集成运营流程改进方法

价值分析企业集成运营流程改进方法是通过企业价值的现金流入与现金流出形成净现金流量的投入与产出之比得出企业价值。投入与产出之比形成通过转化过程完成，转化完成企业由投入到产出的转化，通过投入、转化、产出形成企业价值的投入、企业价值的转化、企业价值的产出。企业价值分析是企业集成运营流程的价值分析。企业集成运营流程体现为有形产品的集成采购流程、集成开发与设计流程、集成制造流程、集成服务转化流程、集成仓储流程、集成销售流程，无形产品的集成服务输入流程、集成开发与设计流程、集成服务转化与销售制造流程、集成自身服务运作流程。企业集成运营流程的每一部分流程通过投入、转化、产出价值运作形成每一部分流程的价值和总流程价值。

价值分析企业集成运营流程改进方法投入部分可以通过企业集成运营流程的每一部分流程价值投入来体现，转化部分可以通过企业集成运营流程的每一部分流程之间价值转化间的联系来体现，产出部分可以通过企业集成运营流程的每一部分流程价值投入、转化的综合来体现，从而具备分析企业集成运营流程的每一部分流程和总流程的价值的基础。根据每一部分流程和总流程投入、转化、产出价值运作，分析每一部分流程和总流程价值。

价值分析企业集成运营流程改进方法投入部分可以通过 $X = (x_1, x_2, \cdots, x_n)^T$ 体现；转化部分可以通过构建转化系数 A 来体现；产出部分可以通过 $Y = (y_1, y_2, \cdots, y_n)^T$ 体现。由此建立投入、转化、产出价值运作模型如下所示：

$$Y = (E - A)^{-1}X \tag{3-4-1}$$

式中，$E - A$ 为列昂惕夫矩阵，A 为转化系数，B 为转化值。

$$A = \begin{bmatrix} a_{11} & a_{12} & \cdots & a_{1n} \\ a_{21} & a_{22} & \cdots & a_{2n} \\ \vdots & \vdots & \ddots & \vdots \\ a_{n1} & a_{n2} & \cdots & a_{nn} \end{bmatrix}$$

$$B = \begin{bmatrix} b_{11} & b_{12} & \cdots & b_{1n} \\ b_{21} & b_{22} & \cdots & b_{2n} \\ \vdots & \vdots & \ddots & \vdots \\ b_{n1} & b_{n2} & \cdots & b_{nn} \end{bmatrix}$$

转化系数计算公式如下：

$$a_{ij} = \frac{b_{ij}}{x_j} \tag{3-4-2}$$

建立企业集成运营流程的每一部分流程和总流程价值分析模型如下所示：

$$Z_{FL} = y_{jL} - x_{jL} \tag{3-4-3}$$

$$Z_{ZL} = \sum_{j=1}^{n} y_{jL} - \sum_{j=1}^{n} x_{jL} \tag{3-4-4}$$

式中，Z_{FL} 代表每一部分流程价值，Z_{ZL} 代表总流程价值，y_{jL} 代表每一部分流程流入价值，x_{jL} 代表每一部分流程流出价值。

制造类企业、服务类企业、纯服务类企业都可以采用价值分析企业集成运营流程改进方法进行企业集成运营流程改进。

F 公司投入和转化值如表 3-4-1 所示。

表 3-4-1 F 公司投入和转化值

	设计流程	采购流程	制造流程	销售流程	投入
设计流程	0	0	26	16	86
采购流程	0	0	18	0	73
制造流程	0	0	0	28	89
销售流程	18	8	26	0	98

运用公式 $a_{ij} = \dfrac{b_{ij}}{x_j}$ 计算 F 公司企业集成运营流程价值分析的转化系数如下：

$$A = \begin{bmatrix} 0 & 0 & 0.2921 & 0.1633 \\ 0 & 0 & 0.2022 & 0 \\ 0 & 0 & 0 & 0.2857 \\ 0.2093 & 0.1096 & 0.2921 & 0 \end{bmatrix}$$

运用公式 $Y = (E - A)^{-1} X$ 计算 F 公司每一部分流程流入价值如下：

$$Y = \begin{bmatrix} 0.9931 & -0.0490 & 0.3747 & 0.2693 \\ 0.0132 & 0.9437 & 0.2131 & 0.0631 \\ 0.0653 & 0.0342 & 1.0538 & 0.3117 \\ 0.2284 & 0.1196 & 0.4096 & 1.0911 \end{bmatrix} \times \begin{bmatrix} 86 \\ 73 \\ 89 \\ 98 \end{bmatrix} = \begin{bmatrix} 141.57 \\ 95.17 \\ 132.44 \\ 171.76 \end{bmatrix}$$

运用公式 $Z_{FL} = y_{jL} - x_{jL}$ 计算 F 公司每一部分流程的价值，设计流程价值为 55.57、采购流程价值为 22.17、制造流程为 43.44、销售流程为 73.76。

运用公式 $Z_{ZL} = \sum_{j=1}^{n} y_{jL} - \sum_{j=1}^{n} x_{jL}$ 计算 F 公司总价值为 194.94。

第五节 企业集成运营流程再造

一、企业集成运营流程再造特性

企业运营流程再造由美国管理学家迈克·哈默和詹姆士·钱皮于 1990 年出版的《再造企业》一书中系统提出。哈默和钱皮认为，在当今竞争国际化、消费者需求多样化与成熟化的经营环境中，传统的以专业分工、规模及连续生产为前提的管理组织原则与管理手段已不适用，必须彻底摒弃原有的作业流程，针对顾客需要做根本性的重新思考，再造新的作业流程。该理论一经推出，便在全球范围内引起强烈反响，迅速成为全球企业界和管理学界热点。

企业运营流程再造是美国企业在全面学习日本企业全面质量管理、准时化生产、无缺陷管理等优秀管理经验基础上，创新出来的一种旨在全面变革企业，提升企业整体竞争力的变革模式。其根本思想在于彻底摒弃大工业时代的企业模式，重新塑造与当今信息化、全球化相适应的企业模式。

企业集成运营流程再造就是对企业原有的作业流程进行根本性的重新思考和彻底性的翻新，形成以企业集成战略为指导，模块单元价值链流程为运作框架的流程运作，使运营流程有着根本性的改进，充分体现出价值创造。企业集成价值链管理流程再造具有如下特性：

（一）根本性

企业进行流程再造时应进行根本性的思考，如企业为什么要做现在的事？为什么要这样做，提出这些根本性的问题可以迫使企业经营管理者深入思考隐藏在现象后面的实质，发现过去不曾引起关注或不愿意关注的一些重要问题。只有这样，企业经营管理者才能跳出传统的框框，针对切实的需要展开流程再造。企业流程再造的第一步所提出的问题不是如何把现在正在做的事情做得更好、更快、更省，再造所关注的不是事情现在的状态，而是事物的本来面目，这就是从根本上进行思考。

早期日本企业进行改革时完全按照美国的方式进行，结果发现出很大问题。最后就以日本的明治维新的武士道精神为基础，将这样的精神融入流程中，形成特有的团队运作的方式，具有团队精神的团队运作方式就是一种根本性的改变。

企业集成模块单元和企业集成供应链或者服务链的企业集成运营流程再造就是需要从原来的企业运营流程运作成为以企业集成战略为指导的模块单元运作为基础的集成运营流程运作，实现企业运营流程的根本性改变。

（二）彻底性

企业流程再造是对原有流程的彻底翻新，是对事物本来面貌追根溯源的重新构造，而不是在原有流程基础上的改善、提高或调整。早期的福特公司没有流水线，后来受到启发，发明了汽车制造的流水线，对当时缓慢的生产组织而言，是一种彻底的改变。

企业集成模块单元和企业集成供应链或者服务链的企业集成运营流程再造是以企业集成具体模块单元流程、联合模块单元流程、模块组模块单元流程、总作业模块单元流程为主体流程的运作，为实现企业集成战略，对原有的一般工艺性运作的企业竞争战略引导下的企业运营流程进行彻底的改变。

（三）显著性

显著性意味着流程再造不是取得渐进的改善，而是要取得绩效上质的飞跃，如大幅度提高质量、降低成本等。哈默和钱皮认为，有3类企业特别需要进行流程再造：一是除改造外别无选择的企业，这些企业通常表现为成本过高，竞争能力低下，持续亏损等；二是目前财务状况良好但市场竞争异常激烈的企业，这些企业如果缺乏远见不思变革，将会很快陷入困境；三是处于成长高峰时期的企业，这些企业进行流程再造主要受高层管理者追求创新、追求卓越的驱动。

哈默进行流程再造时非常关注美国的杜克电力公司。这家公司服务质量高和能源消耗低，在美国同行业中处于前列水平。由于当时美国的能源管制，认为这家企业运作没有需要改进的必要。但公司的副总裁希克斯注意到即将消除能源管制，将是企业面对一个完全面对顾客的局面。将等级链以业务流程为中心进行替代，这一改变是对长期以来一直以等级链运作为中心的改变，带来的效益是显著的。

企业集成模块单元和企业集成供应链或者服务链的企业集成运营流程再造将顾客差异需求和企业规模运作融为一体，比只注重企业效益运作或者只注重顾客差异运作的无法将效益运作与差异运作融为一体的企业运营流程有着显著的效果。业务流程再造被认为是所有绩效中组织改进的最重要解决方案之一（AbdEllatif et al.，2018）。

制造类企业、服务类企业、纯服务类企业集成运营流程再造根本性、彻底性、显著性特性。

二、企业集成运营流程再造与职能管理的区别

企业集成运营流程再造具有如下特点：

（一）与职能管理不同

企业集成运营流程再造以市场目标为导向。职能管理注重管理职能作用的发挥，将企业运营流程视为横向流程，通过纵向的职能作用发挥，进行管理，管理理论发展过程中由只承认横向流程到默认纵向流程，将横向与纵向流程均作为企业流程对待，但将横向和纵向流程区别对待，认为纵向虽为流程，其功能仍然停留在从上至下的等级作用，实质上还是将横向作为流程，纵向作为等级而非流程。职能管理将等级管理融入流程的方方面面，成为市场和纵向流程连接的阻隔，使职能管理无法直接以市场为目标。企业集成运营流程再造将纵向流程功能调整为辅助横向流程，成为横向流程完成任务的有效组成部分，使横向和纵向流程联系在一起，排除市场和纵向流程的阻隔，使市场和纵向流程能够直接联系在一起，将企业集成运营流程再造直接面对市场，将横向流程和纵向流程有机集成起来。

（二）企业集成运营流程再造集中体现企业集成管理要求

企业集成运营流程再造在企业集成战略引导下进行模块单元企业集成运营流程运作，将精益与智能融合起来，将信息作为框架融入企业集成运营流程之中，以价值链流程成为企业集成运营流程主体框架，形成企业集成运营流程。

（三）企业集成运营流程再造充分发挥时间作用

职能管理注重层级领导，对时间没有关注。企业集成运营流程注重时间的作用，一方面采用与市场紧密联系的流程组织，将市场的需要及时传递到流程组织运作之中；另一方面通过采用集成管理，运用整体信息手段和先进的管理方法，将需要和供应之间衔接的时间缩短。通过这样的方式，既能够具有从根本上与市场直接联系的运作体系，又能够从具体运作中及时与市场联系在一起，使运作时间缩短。

（四）企业集成运营流程再造注重再造业务

职能管理视企业流程为横向流程，不论通过什么方式，都是运用从上至下的等级

作用进行领导，形式上注重业务，实际上注重等级作用。企业集成运营流程再造将横向流程认定为主体流程，注重再造业务，使企业集成运营流程再造能够紧紧围绕业务进行运作。

（五）企业集成运营流程再造进行部门改进，使团队和小组成为流程的组成部分

职能管理是以部门为主进行管理，部门间相对独立，每个部门都按照部门的要求完成任务。职能管理中的部门只是进行流程管理的部门，不是流程的直接组成部分。企业运营流程再造对部门进行改进，将团队和小组融入流程之中，成为流程的组成部分。

（六）企业集成运营流程再造是目标间的自然合一

职能管理虽然以顾客需求为中心进行运作，但顾客需求需要通过等级运作才能够与市场运作结合，主要进行等级管理，使得企业员工自然进行等级运作而非市场运作，不论从顾客需求还是员工运作都与市场运作有一定距离。由此，这种运作不可能设计出市场直接需要的流程，顾客和员工的目标无法与市场有机融合起来。企业集成运营流程再造明确企业流程直接与市场联系，与之联系的还有员工和流程的市场化运作，这样就使顾客、员工、市场目标自然融合起来。

制造类企业、服务类企业、纯服务类企业集成运营流程再造与职能管理有明显区别。

三、企业集成运营流程再造方式

企业运营流程再造方式实际上是为重新设计流程再造寻找的突破口。重新设计是整个流程再造中最富有创造性的一部分工作了。这部分工作最需要想象力、归纳的思维方法和狂热的执着（哈默和钱皮，1998）。

（一）集成模块单元运作企业集成运营流程再造方式

集成模块单元运作企业集成运营流程再造方式是企业集成基本运营流程和以企业集成基本运营流程为中心的企业集成供应链或者服务链流程再造方式。这种再造方式运用相异融合原理，解决企业运营管理系统功能相悖这一根本性冲突的内在矛盾，将不同层次功能内部和不同层次功能间原本矛盾的功能融合起来，形成一致性的运作；运用重用原理使企业集成运营流程运作的灵活性更强。将企业集成战略中的价值领先战略和顾客差异化需求战略融合起来，从企业集成运营流程本身的运作方式进行了改变，是一种从企业集成运营流程最基本作业运作单元出发的企业集成运营流程再造方式。这种再造方式通过集成模块单元运作具体通用模块单元流程、具体专用模块单元流程、具体链接模块单元流程、联合模块单元流程的运作，实现企业集成运营流程最基本作业运作单元流程运作方式的改变。

（二）组织纵向知识支撑企业集成运营流程再造方式

组织纵向知识支撑企业集成运营流程再造方式是企业集成运营流程整体组织支撑框架再造方式。企业集成运营流程是整体组织支撑框架进行运作的，整体组织支撑框架的改变直接改变企业集成运营流程再造整体运作方式。组织纵向知识支撑企业集成运营流程再造方式与组织纵向等级链的企业集成运营流程运作方式有着根本的不同。知识支撑企业集成运营流程再造与等级链的企业整体运营流程纵向运作相比，与横向流程的联系更为直接，对横向流程的补充更为全面和具体，横向流程运作的促进作用更大。要进行组织纵向知识支撑企业集成运营流程再造方式需要企业构建与之相应的组织结构可以是内部市场制、网络制，通过内部市场制强化企业整体集成运营流程动态特性，通过网络制可以强化知识支撑，使企业具备组织纵向知识支撑企业集成运营流程再造基础。

组织纵向知识支撑企业集成运营流程再造可以通过信息平台来实现。企业通过构建企业 MES 信息平台、企业 ERP 信息平台、企业集成 MBE 信息平台的企业智能集成运营流程 MBE 信息平台，实现纵向知识支撑，形成以信息平台为主的组织纵向知识支撑企业集成运营流程再造方式。

（三）团队企业集成运营流程再造方式

团队企业集成运营流程再造方式是企业集成基本运营流程组织运作的再造方式。企业集成运营流程是动态的流程运作体现，团队企业集成运营流程再造方式改变传统基层组织静态运作方式。团队企业集成运营流程再造方式可以根据企业的不同实际选择过程团队、水平团队、知识团队。其中过程团队、水平团队是一种团队企业集成运营流程再造方式的过渡性选择，知识团队是一种团队企业集成运营流程再造方式目标选择。

过程团队企业集成运营流程再造方式需要传统组织结构中的直线制、直线职能制、直线职能参谋制、现代组织结构中的事业部制进行支撑。水平团队企业集成运营流程再造方式只按照流程运作的要求进行运作，没有等级链指挥和知识的支撑。知识团队企业集成运营流程再造方式能集中体现流程运作的要求，对流程运作具有知识的支撑，不但体现动态特性，还是一种稳定性的团队。知识团队企业集成运营流程再造方式需要知识团队内部市场制、网络制支撑，通过内部市场制强化知识团队动态运作功能，通过网络制强化知识团队知识支撑功能。

（四）信息框架企业集成运营流程再造方式

信息框架企业集成运营流程再造方式是企业集成运营流程整体组成部分运作再造方式。当今的信息运作已不是简单的媒介，而是与组织并列的、能从整体上影响企业集成运营流程再造运作，构成企业集成运营流程再造整体组成框架。以信息框架为突破口的企业集成运营流程再造中的信息就是指构成企业运作整体框架的信息部分，这部分体现为 ERP、MBE、MES。ERP、MBE、MES 是从信息顶层运作出发的组成部分，三者都有独立运作功能，三者完成不同的信息任务，通过一定的方式联系起来，构成企业运作框架。ERP、MBE、MES 直接联系部分就是企业集成运营流程，对企业集成运营流程再造有着整体和局部的影响，是企业进行集成运营流程再造的有效选择途径。

（五）精益与智能融合企业集成运营流程再造方式

精益与智能融合企业集成运营流程再造方式是以企业集成基本运营流程和以企业集成基本运营流程为中心的企业集成供应链或者服务链流程自身运作再造方式。这种再造方式运用精益原理，形成企业集成适时基本运营流程和以企业集成适时基本运营流程为中心的企业集成适时供应链和服务链流程，进行企业集成适时基本运营流程的单一流运作，实现企业集成运营流程精益再造。这种再造方式运用 CPS，形成将 MBD、云计算、大数据融入流程的企业集成智能运营流程，实现企业集成运营流程再造。运用协同原理，将企业集成适时基本运营流程和企业集成智能运营流程融合起来，实现精益与智能融合企业集成运营流程再造方式。

（六）价值链流程企业集成运营流程再造方式

价值链流程企业集成运营流程再造方式是企业集成基本运营流程和以企业集成基本运营流程为中心的企业集成供应链或者服务链流程轴心运作的再造方式。这种方式将企业运营流程以效率为中心改变为以价值为中心，将企业运营流程以企业基本运营流程和供应链或者服务链流程为体现改变为以企业集成基本运营价值链流程和集成供应链或者服务链价值链流程为体现的企业集成运营流程再造方式。价值链流程企业集成运营流程再造方式以价值运作为中心，价值增值为目标，将质量和价值融合，实现价值链流程企业集成运营流程再造方式。

（七）企业集成运营流程文化再造方式

企业集成运营流程文化再造方式是企业集成基本运营流程和以企业集成基本运营流程为中心的企业集成供应链或者服务链流程运作中文化凝结的再造方式。企业运营流程文化再造方式中的文化不是企业一般意义上的文化，而是企业集成运营流程运作的企业核心文化。这种核心文化是企业经过长期运作积淀下来的能够反映企业特有运作的文化。从这种核心文化出发进行企业运营流程再造，将对企业运营流程产生整体和根本性的影响。企业如何寻找这样的核心文化，如何通过长期积淀形成这样的核心文化，是企业集成运营流程通过文化再造的前提，没有这样的核心文化，就无法形成通过文化进行的企业集成运营流程。企业只有结合自身运作的特性，经过长期文化积累，形成企业核心文化，实现企业集成运营流程文化再造方式。

第六节　企业集成运营管理核心能力

一、企业集成运营管理核心能力概念和特征

企业集成运营管理核心能力是企业运营管理能力按照企业集成战略指引，进行企业集成运营管理运作和融合能力，是企业核心能力的组成部分。与企业战略分为总体战略、竞争战略、职能战略一样，企业核心能力分为企业总体核心能力、企业竞争核心能力、企业职能核心能力，企业集成运营管理核心能力属于企业职能核心能力。企业集成运营管理核心能力以企业集成战略指引，是从企业竞争核心能力出发进行运作的，是对企业竞争核心能力的融合而形成的，对企业总体核心能力有着直接影响，成为企业集成运营管理核心能力构建的源头。企业集成运营管理核心能力需要在企业集成运营管理的空间进行运作和融合，形成企业集成运营管理职能核心能力。这一核心能力具有如下特性：

（一）提供顾客特殊的价值

企业集成运营管理核心能力按照企业集成战略的指引，面对顾客差异化需求，运用价值领先战略，提供给顾客收益方面的价值和成本降低方面的价值，使顾客能够从具体的产品种类、产品品种下的一定产品型号和产品规格中取得更多的价值。这一价值不同于一般顾客需求的价值，是反映顾客差异性深度需求和差异性广度需求中，附加给顾客额外的价值，使顾客得到满足。

（二）融合特性

企业集成运营管理核心能力运作需要在企业集成战略引导下进行运作，企业集成战略是顾客差异化战略与价值领先战略的融合；需要以设备运作为基础，设备通过学习和智能运作，进行设备与设备、设备与员工融合；需要按照价值链流程进行运作，价值链流程以价值增值为目标，进行价值链和运营流程的融合；需要按照信息系统框架进行运作，信息系统框架需要 ERP、MBE、MES 信息系统融合；需要企业集成运作，集成运作是企业具体模块单元、联合模块单元、模块组模块单元、总作业模块单元和通用模块单元、链接模块单元、专用模块单元的延迟策略运作、精益运作、智能运作融合；需要不同侧面的企业集成运营管理核心能力运作，企业集成运营管理核心能力是企业集成开发与设计核心能力、企业集成基本运营核心能力、企业集成供应量或者服务链核心能力、企业集成维护和维修核心能力、企业集成运营管理核心能力的融合；

需要企业集成运营管理核心能力长久运作，进行企业集成运营管理核心能力、理念、文化融合。

（三）系统耦合性

企业集成运营管理核心能力从具有特性的企业对象出发，企业运营管理流程的设备、人员、物料核心要素，企业价值链流程、整体信息系统，企业集成运营流程核心运营能力、企业集成运营管理流程的核心管理能力、企业集成运营管理流程的核心运营管理能力的这些不同层面、不同方面的企业集成运营管理核心能力的各个部分，需要按照整体系统、局部系统和系统中各部分的耦合进行全面完整的企业集成运营管理核心能力构建，使系统和组成部分有机联系起来，进行系统性的紧致运作，显示企业集成运营管理核心能力的系统耦合性。

（四）拓展性

企业集成运营管理核心能力是从核心要素、核心要素流、集成运营管理流程到核心能力完整的链条进行运作的，这一运作构建的核心能力对核心产品有着明显的溢出效应，这一效应对随着企业核心产品的改变，迅速形成完成核心产品的企业集成运营管理核心能力，实现核心产品。

（五）独特性

企业集成运营管理核心能力是基于企业特性和企业实际形成的。每一类企业所对应的企业特性不同，同一类企业面对的企业实际又不同，对具体的企业，构建企业集成运营管理核心能力具有独特性运作特性。这一特性对具体的企业而言非常适合，但对于别的企业不一定适合，这种独立特性使得企业集成运营管理核心能力运作中能够按照自身的特性和实际进行独特运作。

（六）适应性

企业集成运营管理核心能力是针对顾客差异化需求来进行运作的，顾客差异化需求的深度和广度是不断改变的，趋势性的智能运作成为顾客需求的组成部分，企业集成运营管理核心能力是针对改变的具体产品种类、产品品种下的一定产品型号和产品规格的顾客需求进行运作。

（七）持久性

企业集成运营管理核心能力是企业面对顾客差异化需求，进行从核心要素、核心要素流、集成运营管理流程到核心能力的完整积累和培育逐渐形成，这一过程需要经过核心要素到核心流程、核心流程到核心产品、核心产品到核心能力的一步一步构建形成，每一步的构建都需要各种支持、各种投入，需要企业运营管理实践中的不断积累，才能逐渐取得企业集成运营管理核心能力，也才能进行核心能力的运作。

（八）难以模仿性

企业集成运营管理核心能力长期形成过程中，将企业的特性、企业实际、积累的知识、独立运作特性、各部分的系统耦合融入其中，这些融入使企业集成运营管理核心能力具有个性，这种个性也成为企业的秘密，通常不会在公开场合进行这种秘密的传播，这种个性和秘密使别的企业很难模仿。

（九）难以替代性

企业集成运营管理核心能力按照企业集成战略的指引，面对顾客差异化需求进行运作的。与一般的能力相比，核心能力已超越了职能能力的范畴，上升到企业竞争核心能力的范畴。这就使得企业集成运营管理核心能力战略价值高，不可见程度高，难以找到可以替代的对象，是一种难以替代的核心能力。

制造类企业、服务类企业、纯服务类企业都需要明确企业集成运营管理核心能力概念和特征。

二、企业集成运营管理核心能力内容

对象的顾客差异性深度需求和智能运作需求中的差异性深度越深，需求的体现越来越细致，体现具体的产品种类、产品品种下的一定产品型号和产品规格个性就越强；需求智能运作要求就越广泛，产品系列划分都需要体现智能运作要求。这种体现顾客个性需求和趋势性的需求产品，是企业集成运营管理核心能力进行运作需要满足的对象，需要按照顾客差异性深度需求和智能运作需求，使企业集成运营管理核心能力运作具有核心对象。

设备是企业集成运营管理流程运作的技术性基础，技术和工艺技术都会在设备中有所体现。设备趋势性的运作是机器学习和机器的智能运作，机器学习过程中与人工神经网络相结合，运用各种学习方法和智能运作的融合，是机器具有自我决策、自我适应、自我运作的智能运作特性，能动地进行具体的产品种类、产品品种下的一定产品型号和产品规格运营活动，具有企业集成运营管理核心能力运作中的核心要素特性。人员需要在企业集成运营管理运作中完成集成流程、集成管理流程各种作业的运作，需要承担核心能力的整体系统、布局系统和各组成部分的融合责任，需要进行团队的构建、进行协作运作，完成具体的产品种类、产品品种下的一定产品型号和产品规格运营活动所要求的人工方面的各项任务，具有企业集成运营管理核心能力要素特性。

价值链流程是企业集成运营管理流程运作的框架，使集成运营管理流程核心能力按照价值增值的目标进行运作，对具体的产品种类、产品品种下的一定产品型号和产品规格运营管理活动的效果直接进行核算和评价，具有企业集成运营管理核心能力共同流程特性。整体信息系统通过 ERP、MBE、MES 将核心要素、核心要素流、集成运营管理流程到核心能力的整个链条连接起来，将具体的产品种类、产品品种下的一定产品型号和产品规格运营管理活动通畅起来，成为企业集成运营管理核心能力运作的通道，具有企业集成运营管理核心能力共同流程特性。

企业集成开发与设计流程核心能力是准确快速高效益开发和设计能够反映顾客差异性深度需求、广度需求和趋势性智能需求的产品类别、产品族、产品种类、产品品种、产品型号、产品规格的产品的能力。MBD 的实现大数据信息平台通过大数据和智能运作，采用企业集成模块单元运作和始终以顾客需求为拉动，从产品族出发，自动地搜寻、显示和系统运用系统设计的尺寸是需要体现不同级别的标准，自动地搜寻、显示和系统运用设计的层级，自动地搜寻、借鉴和系统运用设计模型，自动地搜寻、显示和系统进行三维设计，自如地运用和创造设计模型，设计模型顾客理解的简化，设计模型的顾客定制，构建集成产品设计创意，进行集成有形产品几何模型、原理模型、几何模型和原理模型构建，进行集成无形产品信息原理模型和集成无形产品非信息原理模型构建。MBD 的实现大数据信息平台进行零件几何形状、功能系统和容差设计，部件几何形状、功能系统和容差设计，集成产品几何形状、功能系统和容差设计；进行软件模块功能系统和容差设计，进行软件数据结构功能系统和容差设计，进行软件接口功能系统和容差设计，进行模块系统、软件数据结构系统、软件接口综合功能系统和容差设计；进行集成无形产品要素系统和要素功能容差设计，进行集成无形产品部分联系功能系统和容差设计，进行集成无形产品整体联系功能系统和容差设计。MBD 的实现大数据信息平台进行需求驱动的产品定义，将需求表现为模型 MBD，进行仿真和分析、进行试验，设计的产品完全符合质量要求，达成设计环节的价值增值目标，具备完成反映顾客差异性深度需求、广度需求和趋势性智能需求的产品类别、产品族、产品种类、产品品种、产品型号、产品规格的产品快速高效益开发与设计的企业集成开发与设计流程核心能力，从而快速高效益实现企业集成开发与设计流程的创新、弹性、质量、按期交货、价值增值的运营管理系统功能。

MBD 的实现大数据信息平台按照企业集成基本运营流程运作的要求，构建模块品目结构，建立企业集成基本运营流程运作对象，对这一对象与产品进行衔接，建立企业集成基本运营流程运作模块品目与产品内在联系，使企业集成开发与设计具有对象与产品内在联系的核心能力。MBD 的实现大数据信息平台需要以产品族为出发点，建立反映顾客差异需求的模块品目的模型和系统设计与企业集成基本运营流程内在联系，使企业集成开发与设计具有模块品目与企业集成基本运营流程内在联系的核心能力。MBD 的实现大数据信息平台需要围绕着模块品目和产品运作，建立反映模块品目、产品与企业集成供应链或者服务链流程内在联系，使企业集成开发与设计具有模块品目、产品与企业集成供应链或者服务链流程内在联系的核心能力。MBD 实现大数据信息平台需要围绕着设备的运作，建立反映企业集成设备运作、设备维护、设备维修流程，使企业集成开发与设计具有集成设备运作、设备维护、设备维修流程的核心能力。

企业集成开发与设计核心能力需要体现在团队的成员上，按照成员的专业初做者、有经验者、骨干、专家、资深专家进行核心能力确认。专业初做者学习本岗位工作所需要的对顾客需求进行基本辨识和与顾客进行基本互动的能力，具有与顾客一同体验顾客需求产品的基本能力；具备运用 MBE 的 MBD 信息平台，能够以顾客需求为引导的 MBD 开发与设计知识技能；具有基本的顾客需求引导的 MBD 模型、系统开发与设计技术和胜任力，在他人指导下进行简单顾客需求产品原理模型、系统开发与设计工作；具有创造和完成契约式顾客需求基本开发与设计的能力。有经验者具有对顾客需求进行辨识和与顾客进行互动的能力，具有与顾客一同体验顾客需求的能力；具备熟练运用 MBE 的 MBD 信息平台，能够以顾客需求为引导的 MBD 模型、系统开发与设计知识技能，独立完成顾客需求产品 MBD 原理模型、系统开发与设计常规、例行化的工作；能够独立解答 MBD 模型、系统开发与设计的相关原则、制度等一般专业问题；参与和执行公司开发与设计标准、开发与设计流程和设计制度规范；具有 MBD 模块品目模型、系统开发与设计能力；具有创造和完成契约式顾客需求开发与设计的能力。骨干具有创造性辨识、与顾客互动、体验顾客需求的能力；具有熟练运用 MBE 的 MBD 信息平台，将创造性顾客需求进行 MBD 产品模型、系统开发与设计能力；参与技术创新；具有熟练运用 MBE 的 CPS 信息平台进行模块单元流程、精益流程、智能流程和融合流程开发与设计能力；指导员工开发与设计过程中选择标准化技术方案；具有进行企业集成供应链或者服务链流程开发与设计能力；具有进行企业集成设备维护与维修流程开发与设计能力；能够主导完成常规化产品和流程开发与设计的工作；能够设计、优化产品和流程开发与设计的规则、制度，并推动实施；为他人提供一些专业支持；具有创造和完成契约式顾客需求产品熟练开发与设计的能力。专家具有单一产品系列的特性分析、可行性分析、开发与设计的能力；进行单一产品系列开发与设计；具有技术创新、创新思想和方法，将技术创新融入单一产品系列开发与设计；对 MBE 的 MBD 信息平台顾客需求的产品开发与设计、MBE 的 CPS 信息平台企业集成各类流程开发与设计有深刻而广泛的理解；参与 MBE 信息平台开发与设计；能够解决顾客需求的产品和企业集成各类流程开发与设计的疑难问题；能够对核心业务领域经营运作提供专业化的支持；提供开发与设计规划信息，提出开发与设计规划；作为资源对他人提供有效指导；具有创造和完成契约式顾客需求产品、企业集成各类流程开发与设计的能力。资深专家具有产品族的特性分析、可行性分析、开发与设计的能力；进行产品族开发与设计；具有深入技术创新、创新思想和方法，将技术创新融入产品族系列开发与设计；具有对 MBE 的 MBD 信息平台顾客需求的产品开发与设计、MBE 的 CPS 信息平台企业集成各类流程开发与设计系统全面和精深的知识和技能；主持 MBE 信息平台开发与设计；能够洞悉和准确把握顾客需求的产品和企业集成各类流程开发与设计的发展趋势；根据企业集成战略发展规划，制定企业集成开发与设计专业发展规划；能够对企业核心业务的战略制定或者重大经营活动提供顾客需求的产品和企业集成各类流程开发与设计决策支持；推动顾客需求的产品和企业集成各类流程开发与设计专业水平的发展，专业水准的同行认可；作为资源对他人提供有效指导；具有创造和完成契约式顾客需求产品、企业集成各类流程开发与设计的融合、拓展能力。

企业集成基本运营流程核心能力是准确快速高效益实现顾客差异性深度需求、广度需求和趋势性智能需求的模块品目和产品的能力。企业具体模块单元、联合模块单元、模块组模块单元、总作业模块单元和通用模块单元、链接模块单元、专用模块单元的各类流水线围绕模块品目、产品 MBD，进行将顾客差异性深度需求、广度需求和趋势性智能需求与价值领先融合起来的延迟策略的运作，实现顾客差异需求满足和企业快速价值增值，使企业集成基本运营流程具有延迟策略运作的核心能力。企业模块单元的各类流水线围绕具体模块品目、产品 MBD，进行着以顾客需求的模块品目为拉动的源点，进行模块品目后拉动作业的单一流流程的运作，进行精益质量运作，进行精确满足顾客需求时间运作，将顾客需求作为内在的拉动力量，使企业集成基本运营流程具有精益运作的核心能力。企业模块单元的各类流水线运作中，围绕模块品目、产品 MBD，将 CPS 融入其中，通过 CPS 将设备联系起来，建立设备与设备、设备与员工的内在联系，形成企业运营流程的智能运作，加速顾客差异需求的实现和运营流程效益的提高，使企业集成基本运营流程具有智能运作的核心能力。企业模块单元的各类流水线统一进行着延迟策略运作、精益运作、智能运作，将三者融合起来，使企业集成基本运营流程具有延迟策略运作、精益运作、智能运作融合的核心能力。企业集成基本运营流程的延迟策略运作、精益运作、智能运作的融合运作，使企业集成战略得以实现，高效实现反映顾客差异性深度需求、广度需求和趋势性智能需求和企业效益化价值运作，具备了快速高效益实现反映顾客差异性深度需求、广度需求和趋势性智能需求的产品类别、产品族、产品种类、产品品种、产品型号、产品规格的产品的企业集成基本运营流程核心能力，从而实现企业集成基本运营流程的创新、弹性、质量、按期交货、价值增值的运营管理系统功能。

企业集成基本运营流程核心能力需要体现在团队的成员方面，按照成员的专业初做者、有经验者、骨干、专家、资深专家进行核心能力确认。专业初做者学习本岗位工作所需要模块单元基本操作规程辨识的能力，能对模块单元基本操作进行辨识；能根据模块单元的基本操作规程，进行模块单元的基本操作；具有创造和完成契约式顾客需求模块单元基本操作能力。有经验者具有本岗位工作所需要模块单元操作规程辨识的能力，能对模块单元操作进行辨识；能根据模块单元的操作规程，独立完成模块单元的延迟、精益、智能和融合操作常规、例行化的工作；能独立解答延迟、精益、智能和融合操作的相关原则、制度等一般专业问题；执行企业集成基本运营流程标准、基本运营流程和基本运营流程制度规范；具有创造和完成契约式顾客需求模块单元集成操作能力。骨干具有本岗位工作所需要模块单元操作规程熟练辨识的能力，能够主导完成对模块单元操作进行熟练辨识；能根据模块单元的操作规程，主导完成模块单元的延迟、精益、职能和融合操作常规、例行化的工作；能设计和优化延迟、精益、职能和融合操作规程、相关原则、制度推动实施；为他人提供一些专业支持；具有创造和完成契约式顾客需求模块单元集成熟练操作能力。专家对模块单元的延迟、精益、职能和融合操作有深刻而广泛的理解；具有创新思想和方法，能解决模块单元的延迟、精益、职能和融合操作的疑难问题；能对核心业务领域经营运作提供专业化的支持；作为资源对他人提供有效指导；具有创造和完成契约式顾客需求的模块单元复杂操作的能力。资深专家具有对模块单元的延迟、精益、职能和融合操作系统全面和精深的知识和技能；能洞悉和准确把握模块单元的延迟、精益、职能和融合操作的发展趋势，根据企业集成战略发展规划，制定企业集成运营专业发展规划；能对企业核心业务的战略制定或者重大经营活动提供模块单元的延迟、精益、职能和融合操作决策支持；推动模块单元的延迟、精益、职能和融合操作专业水平的发展，专业水准的同行认可；具有创造和完成契约式融合、拓展操作能力。

企业集成顾客服务流程核心能力需要体现在团队的成员上，按照成员的专业初做者、有经验者、骨干、专家、资深专家进行核心能力确认。专业初做者能够针对顾客进行真诚服务、交流互动，对模块单元专业顾客服务操作规程具有基本辨识的能力，能按照专业顾客服务操作规程进行基本的专业服务；具有创造和完成契约式顾客需求模块单元基本服务操作能力。有经验者对模块单元专业顾客服务操作规程具有熟练辨识的能力，能按照专业顾客服务操作规程进行细致、熟练的专业顾客服务；执行企业集成顾客服务流程标准、顾客服务流程和顾客服务流程制度规范；能根据模块单元顾客服务的爽点，独立完成模块单元的顾客服务延迟、精益、智能和融合顾客服务操作常规、例行化的服务，独立解答顾客服务延迟、精益、智能和融合操作的相关原则、制度等一般专业问题；具有创造和完成契约式顾客需求模块单元集成顾客服务操作能力。骨干能根据模块单元顾客服务的爽点和痒点，主导完成模块单元的顾客服务延迟、精益、智能和融合顾客专门服务和特色服务；能针对顾客的心理进行针对性的服务，采用顾客画像、同理心地图进行用户需求分析；注重顾客体验，采用顾客旅程图进行顾客服务体验分析；能设计和优化顾客服务延迟、精益、职能和融合顾客服务操作规程、相关原则、制度，推动实施；为他人提供一些专业支持；具有创造和完成契约式顾客需求模块单元集成熟练顾客服务操作能力。专家对模块单元的延迟、精益、职能和融合操作有深刻而广泛的理解；具有创新思想和方法，能针对顾客服务的痛点、痒点、爽点，解决模块单元的顾客服务延迟、精益、职能和融合顾客服务操作的疑难问题；能针对不同群体的顾客进行行为分析，主导不同群体顾客服务的方式与方法；能对核心业务领域经营运作提供顾客服务专业化的支持；作为资源对他人提供有效指导；具有创造和完成契约式顾客需求的模块单元复杂顾客服务的能力。资深专家针对顾客服务的痛点、痒点、爽点和行业服务实际，对模块单元的顾客服务延迟、精益、职能和融合顾客服务进行系统全面和精深指导；能洞悉和准确把握模块单元顾客服务的延迟、精益、职能和融合顾客服务操作的发展趋势，根据企业集成战略发展规划，制定企业集成顾客服务发展规划；能对企业核心业务的战略制定或者重大经营活动提供模块单元顾客服务的延迟、精益、职能和融合顾客服务操作决策支持；推动模块单元顾客服务的延迟、精益、职能和融合顾客服务操作专业水平的发展，专业水准的同行认可；具有创造和完成契约式融合、拓展顾客服务能力。

企业集成供应链或者服务链核心能力需要针对产品 MBD 的产品种类、产品品种、产品型号、产品规格的产品，围绕企业集成基本运营流程的延迟策略运作、精益运作、智能运作融合，进行供应链或者服务链自身的集成运作，将满足顾客差异性深度需求、广度需求和趋势性智能需求的产品落实到顾客，快速高效益保证企业集成基本运营流程核心能力实现，实现企业集成供应量或者服务链核心能力。企业集成维护和维修核心能力需要围绕着企业集成基本运营流程的延迟策略运作、精益运作、智能运作融合，进行维护和维修自身的集成运作，保证满足顾客差异性深度需求、广度需求和趋势性智能需求的产品的企业集成基本运营流程设备的正常运作，快速高效地保证企业集成基本运营流程核心能力的实现，实现企业集成维护和维修核心能力。

企业集成顾客服务流程核心能力可以通过改变设施布置、延长服务时间、优化日程管理、培训多面手员工、增加顾客参与增强弹性。改变设施布置使设施按照符合顾客快捷的运作方式进行布置，能更快地进行顾客服务；延长服务时间能够保证更多的顾客得到服务；优化日程管理使顾客多时具更强的服务能力，顾客少时更多地进行基础服务作业；培训多面手员工能够在服务出现瓶颈时迅速地做出调整，使服务高峰的能力更强；增加顾客参与能够减少服务投入，还能够提高服务速度，增强服务能力。企业集成顾客服务流程核心能力可以通过改变人员数量、购买和租用设备、提高智能水平扩大服务能力（刘丽文，2016）。改变人员数量可以增加员工数量，扩大服务能力；购买和租用设备可以扩大服务规模，更多的顾客受到服务；提高智能水平能够提高服务速度、扩大服务能力。

企业集成运营流程计划核心管理能力围绕反映顾客差异性深度需求、广度需求和趋势性智能需求的模块品目、产品 MBD，进行企业具体模块单元、联合模块单元、模块组模块单元、总作业模块单元和通用模块单元、链接模块单元、专用模块单元的各类流水线的延迟策略和强化延迟策略运作、后拉动作业的单一流流程的运作、智能运作的模块单元模块品目安排，通过企业集成综合运营计划、企业集成主运营计划、企业集成模块品目需求计划、企业集成运营作业计划的制定和实施，快速高效益完成企业集成运营流程，实现模块单元模块品目运营，实现企业集成运营流程计划核心管理能力。企业集成运营流程组织核心管理能力围绕反映顾客差异性深度需求、广度需求和趋势性智能需求的模块品目、产品 MBD，进行企业集成模块单元流水线的延迟策略和强化延迟策略运作、后拉动作业的单一流流程的运作、智能运作的 MES 集成适时运营作业计划与集成模块单元流水线形成、MES 集成适时运营调度、MES 集成适时运营执行、MES 集成适时运营跟踪、MES 集成适时运营流程效果评价、MES 集成适时运营反馈与调整，构建各类流水线，构建团队组织，进行团队协作，快速高效益完成企业集成运营流程，实现模块单元模块品目运营，实现企业集成运营流程组织核心管理能力。企业集成运营流程控制核心管理能力围绕反映顾客差异性深度需求、广度需求和趋势性智能需求的模块品目、产品 MBD，根据企业延迟策略和强化延迟策略运作、后拉动作业的单一流流程的运作、智能运作的集成运营流程运作，确定企业集成模块单元流水线运营标准，进行预先控制、跟踪控制、运营评价，进行运营成果控制，快速高效益促进模块单元模块品目运营流程完成，从而实现企业集成运营流程控制核心管理能力。企业集成运营流程创新核心管理能力根据企业延迟策略和强化延迟策略运作、后拉动作业的单一流流程的运作、智能运作的集成运营流程运作，进行企业集成模块单元流水线运营目标创新、运营组织创新、信息系统沟通创新、运营流程创新、运营要素和标准体系创新，实现企业集成模块单元流水线运营流程和管理流程融合创新，实现企业集成运营流程创新核心管理能力。

企业集成运营管理核心能力是围绕反映顾客差异性深度需求、广度需求和趋势性智能需求的模块品目、产品 MBD，进行企业集成开发与设计流程核心能力、基本运营流程核心能力、供应链或者服务链核心能力、运营流程计划核心管理能力、运营流程组织核心管理能力、运营流程控制核心管理能力、运营流程创新核心管理能力的融合，实现企业集成运营管理核心能力。企业集成运营管理核心能力是对企业集成运营管理流程运作能力的体现，能力的大小和能力的运作效果决定着反映顾客差异性深度需求、广度需求和趋势性智能需求的产品开发与设计、运营流程的实现程度，对企业集成运营管理流程运作非常重要。需要将企业集成运营管理核心能力作为企业集成运营管理的理念，融入企业集成运营管理中，成为企业需要建设的核心能力。企业集成运营管理核心能力需要成为企业文化，使企业具备不断努力工作的作风，具备不懈地朝着核心能力运作的文化。

企业集成运营管理信息平台核心能力需要体现在团队的成员上，按照成员的专业初做者、有经验者、骨干、专家、资深专家进行核心能力确认。专业初做者学习本岗位工作所需要的企业集成 MES 信息平台、企业集成 MBE 信息平台、企业集成 ERP 信息平台的基本知识，具备能够进行某一信息平台基本操作能力；能与企业集成基本运营流程相联系，进行模块单元延迟、精益、智能信息运作和企业集成 MES 信息平台计划衔接、调度、执行、跟踪、评价、调整信息操作；能与企业集成基本运营流程和供应链或者服务链流程相联系，进行企业集成 MBE 信息平台产品 MBD 模型设计、系统设计和 CPS 各种流程设计信息操作；能与企业集成基本运营流程相联系，进行企业各种集成计划信息操作；具有创造和完成契约式顾客需求某一信息平台基本操作的能力。有经验者具有工作所需要的企业集成 MES 信息平台、企业集成 MBE 信息平台、企业集成 ERP 信息平台的知识，具备熟练进行某一信息平台基本操作能力；能与企业集成基本运营流程相联系，熟练进行模块单元延迟、精益、智能信息运作和企业集成 MES 信息平台计划衔接、调度、执行、跟踪、评价、调整信息操作；能与企业集成基本运营流程和供应链或者服务链流程相联系，熟练进行企业集成 MBE 信息平台产品 MBD 模型设计、系统设计和 CPS 各种流程设计信息操作；能与企业集成基本运营流程相联系，熟练进行企业各种集成计划信息操作；能进行企业集成 MES 与 MBE 信息平台的质量管理信息操作、设备维护与维修流程的信息操作、供应链或者服务链流程信息操作；能进行企业集成 MES 和 ERP 信息平台的商流信息操作、人力资源信息操作、价值流信息操作；能独立解答企业集成运营管理信息平台相关原则、制度等一般专业问题；执行企业集成运营管理信息平台标准、流程和制度规范；创造和完成契约式顾客需求某一信息平台熟练信息操作的能力。骨干具有主导模块单元延迟、精益、智能信息运作和企业集成 MES 信息平台计划衔接、调度、执行、跟踪、评价、调整信息操作；主导企业集成 MBE 信息平台产品 MBD 模型设计、系统设计和 CPS 各种流程设计信息操作；主导企业各种集成计划信息操作；主导企业集成 MES 与 MBE 信息平台的质量管理信息操作、设备维护与维修流程的信息操作、供应链或者服务链流程信息操作；主导企业集成 MES 和 ERP 信息平台的商流信息操作、人力资源信息操作、价值流信息操作；具备各类信息平台的信息运作融合能力；能够设计、优化企业集成运营管理信息平台的规则、制度，并推动实施；为他人提供一些专业支持；具有创造和完成契约式顾客需求企业集成运营管理信息平台主导的能力。专家对企业集成运营管理信息平台有深刻而广泛的理解；具有创新思想和方法，能够解决企业集成运营管理信息平台的疑难问题；能够对核心业务领域经营运作提供专业化的支持；作为资源对他人提供有效指导；具有创造和完成契约式的企业集成运营管理信息平台纵深运作能力。资深专家具有对企业集成运营管理信息平台系统全面和精深的知识和技能；能洞悉和准确把握企业集成运营管理信息平台的发展趋势，根据企业集成战略发展规划，制定企业集成运营管理信息平台专业发展规划；能够对企业核心业务的战略制定或者重大经营活动提供企业集成运营管理信息平台决策支持；推动企业集成运营管理信息平台专业水平的发展，专业水准得到同行认可；具有创造和完成契约式顾客需求企业集成运营管理信息平台的融合、拓展能力。

制造类企业、服务类企业、纯服务类企业都需要确定企业集成运营管理核心能力内容。

三、企业集成运营管理核心能力识别

企业集成运营管理核心能力识别需要确定能够进行企业集成模块单元运作识别的指标，这些指标可以通过向量 $(X_1, X_2, \cdots, X_n)$ 来表现。识别指标的选择需要从企业集成运营管理核心能力运作的表现出发进行选择，使这些指标能够体现企业集成运营管理核心能力运用。选择指标后，需要确定企业集成模块单元运作这些指标的相关系数矩阵，矩阵形式如下所示：

$$R = \begin{bmatrix} \rho_{11} & \rho_{12} & \cdots & \rho_{1n} \\ \rho_{21} & \rho_{22} & \cdots & \rho_{2n} \\ \vdots & \vdots & \vdots & \vdots \\ \rho_{n1} & \rho_{n2} & \cdots & \rho_{nn} \end{bmatrix}$$

企业集成模块单元运作指标相关系数的公式如下：

$$\rho_{ij} = \frac{\mathrm{cov}(X_i,\ X_j)}{\sqrt{DX_i}\sqrt{DX_j}} \tag{3-6-1}$$

确定企业集成模块单元运作主成分方差贡献率和累计方差贡献率，主成分方差贡献率公式、累计方差贡献率公式如下：

$$\alpha_k = \frac{\lambda_k}{\sum\limits_{i=1}^{m} \lambda_k} \tag{3-6-2}$$

$$\alpha_q = \sum\limits_{i=1}^{q} \alpha_k \tag{3-6-3}$$

根据企业集成模块单元运作主成分系数的绝对值确定企业集成模块单元运作表现权重，根据权重确定模块单元运作综合得分。企业集成模块单元运作表现权重公式、得分公式如下：

$$w_i = \frac{\lambda_i}{\sum\limits_{i=1}^{p} \lambda_i} \tag{3-6-4}$$

$$E = w_1 F_1 + w_2 F_2 + \cdots + w_L F_L \tag{3-6-5}$$

进行企业集成运营管理核心能力识别需要从反映顾客差异性深度需求、广度需求和趋势性智能需求的产品、技术出发，从企业集成开发与设计流程核心能力、基本运营流程核心能力、供应链或者服务链核心能力、运营流程计划核心管理能力、运营流程组织核心管理能力、运营流程控制核心管理能力、运营流程创新核心管理能力出发进行识别。需要确定企业集成模块单元运作属性值和理想属性值的距离，进行距离规范化。属性值和理想属性值的距离公式、规范化公式如下：

$$r_{ij} = \sqrt{\frac{1}{3}\left[(\underline{a}-\underline{b})^2 + (a-b)^2 + (\overline{a}+\overline{b})^2\right]} \tag{3-6-6}$$

$$r'_{ij} = \frac{r_{ij}}{\sum\limits_{i=1}^{m} r_{ij}} \tag{3-6-7}$$

确定企业集成模块单元运作熵值，确定企业集成模块单元运作权重，根据运作权重进行识别。企业集成模块单元运作熵值公式、运作权重公式、识别公式如下：

$$e_j = -\frac{\sum\limits_{i=1}^{n}(r'_{ij} \times \ln r'_{ij})}{\ln n} \tag{3-6-8}$$

$$\omega_j = \frac{1-e_j}{\sum\limits_{j=1}^{m}(1-e_j)} \tag{3-6-9}$$

$$R'_j = \sum\limits_{i=1}^{m} \omega_j q_{ji} \tag{3-6-10}$$

制造类企业、服务类企业、纯服务类企业都能够进行企业集成运营管理核心能力识别。

F公司2017年、2018年、2019年发展情况通过报表体现，2017年公司发展情况如表3-6-1所示。

表3-6-1　2017年公司发展情况

公司名称	2017年公司发展情况												
	偿债能力				营运能力				获利能力			成长能力	
	流动比率	现金比率	权益乘数	利息倍数	存货周转率	应收账款周转率	固定资产周转率	总资产周转率	销售毛利率	销售净利率	成本费用净利率	资产增长率	利润增长率
公司A	1.26	0.51	1.99	8.01	7.88	16.15	5.66	3.23	0.85	0.32	0.35	0.36	0.45
公司B1	1.29	0.49	2.33	9.98	9.99	17.89	7.88	6.65	0.89	0.78	0.54	0.38	0.56
公司B2	1.28	0.35	2.11	10.2	10.23	15.36	7.99	6.44	0.78	0.65	0.56	0.43	0.45
公司B3	1.38	0.78	1.98	7.99	5.66	17.12	5.66	6.33	0.89	0.78	0.23	0.35	0.32
公司B4	1.41	0.46	1.71	8.97	7.88	13.21	4.56	3.54	0.68	0.56	0.45	0.31	0.45
公司B5	1.45	0.16	1.34	5.64	6.57	14.51	7.89	3.23	0.56	0.41	0.23	0.23	0.25
公司B6	1.89	0.46	1.78	4.35	7.13	16.32	8.99	3.34	0.75	0.56	0.13	0.41	0.37
公司B7	1.98	0.56	1.22	4.46	7.16	12.32	3.23	4.55	0.65	0.34	0.45	0.42	0.39
公司B8	1.71	0.63	1.98	6.18	8.99	17.81	2.33	5.66	0.34	0.16	0.27	0.32	0.43
公司B9	1.11	0.45	1.87	2.37	5.66	18.21	2.24	4.78	0.12	0.08	0.34	0.31	0.46
公司B10	1.10	0.37	2.01	8.78	9.99	17.12	1.57	3.23	0.56	0.45	0.34	0.16	0.49

根据2017年资料计算F公司模块单元运作相关系数矩阵如表3-6-2所示。

表3-6-2　F公司模块单元运作相关系数矩阵

	X1	X2	X3	X4	X5	X6	X7	X8	X9	X10	X11	X12	X13
X1	1.00	0.25	-0.57	-0.41	-0.20	-0.46	0.15	-0.08	0.08	-0.07	-0.30	0.47	-0.40
X2	0.25	1.00	0.26	0.00	-0.21	0.24	-0.28	0.47	0.18	0.11	-0.11	0.39	0.10
X3	-0.57	0.26	1.00	0.58	0.54	0.76	0.09	0.52	0.23	0.34	0.27	0.07	0.67
X4	-0.41	0.00	0.58	1.00	0.71	0.00	0.26	0.32	0.66	0.68	0.55	-0.01	0.41
X5	-0.20	-0.21	0.54	0.71	1.00	0.12	0.04	0.23	0.24	0.25	0.58	-0.02	0.66
X6	-0.46	0.24	0.76	0.00	0.12	1.00	-0.11	0.36	-0.23	-0.07	-0.24	-0.18	0.36
X7	0.15	-0.28	0.09	0.26	0.04	-0.11	1.00	0.12	0.64	0.63	-0.02	0.46	-0.26
X8	-0.08	0.47	0.52	0.32	0.23	0.36	0.12	1.00	0.16	0.37	0.43	0.47	0.26
X9	0.08	0.18	0.23	0.66	0.24	-0.23	0.64	0.16	1.00	0.84	0.21	0.41	0.00
X10	-0.07	0.11	0.34	0.68	0.25	-0.07	0.63	0.37	0.84	1.00	0.23	0.26	0.03

	X1	X2	X3	X4	X5	X6	X7	X8	X9	X10	X11	X12	X13
X11	-0.30	-0.11	0.27	0.55	0.58	-0.24	-0.02	0.43	0.21	0.23	1.00	0.29	0.65
X12	0.47	0.39	0.07	-0.01	-0.02	-0.18	0.46	0.47	0.41	0.26	0.29	1.00	0.08
X13	-0.40	0.10	0.67	0.41	0.66	0.36	-0.26	0.26	0.00	0.03	0.65	0.08	1.00

根据 2017 年资料计算 F 公司模块单元运作初始特征值如表 3 - 6 - 3 所示。

表 3 - 6 - 3 初始特征值

成分	初始特征值		
	总计	方差百分比	累计占比
1	4.339	33.379	33.379
2	2.868	22.059	55.439
3	1.969	15.147	70.586
4	1.525	11.735	82.321
5	0.859	6.611	88.931
6	0.682	5.248	94.179
7	0.473	3.639	97.818
8	0.185	1.423	99.24
9	0.064	0.489	99.729
10	0.035	0.271	100
11	0.000	0.000	100
12	0.000	0.000	100
13	0.000	0.000	100

根据 2017 年资料计算 F 公司模块单元运作表现权重如表 3 - 6 - 4 所示。

表 3 - 6 - 4 模块单元运作表现权重

F1			
w_1	w_2	w_3	w_4
0.2902	0.2555	0.252	0.202

F2		
w_1	w_2	w_3
0.2585	0.3814	0.36

F3		
w_1	w_2	w_3
0.3786	0.3333	0.288

$F4$		
w_1	w_2	w_3
0.3609	0.3304	0.309

根据 2017 年资料、2018 年资料、2019 年资料计算 F 公司排序如表 3 - 6 - 5 所示。

表 3 - 6 - 5 2017 年、2018 年、2019 年 F 公司排序

公司名称	2017 年分数	2017 年排序	2018 年分数	2018 年排序	2019 年分数	2019 年排序
公司 A	3.7078	3	2.6995	8	2.7951	7
公司 B1	4.6672	1	3.3840	2	3.5228	1
公司 B2	4.4938	2	3.5438	1	3.3800	2
公司 B3	3.7019	4	2.7084	7	2.9143	4
公司 B4	3.4903	8	2.9746	5	2.4607	10
公司 B5	3.3682	9	2.9615	6	2.2400	11
公司 B6	3.6586	5	2.5239	10	2.6706	9
公司 B7	2.8813	10	3.0852	3	2.9204	3
公司 B8	3.5198	7	3.0029	4	2.7845	8
公司 B9	2.7719	11	2.6544	9	2.8244	6
公司 B10	3.6202	6	2.4229	11	2.8277	5

F 公司集成运营管理核心能力运作打分如表 3 - 6 - 6 所示。

表 3 - 6 - 6 F 公司集成运营管理核心能力运作打分

要素	产品	(5.6, 6.8, 9.1)	(4.2, 7.8, 8.7)	(3.9, 5.8, 7.6)
	技术	(4.4, 6.8, 8.9)	(5.6, 6.8, 8.8)	(4.6, 6.9, 8.7)
	员工	(6.6, 8.8, 9.6)	(5.6, 7.9, 9.4)	(6.7, 7.6, 9.4)
	价值流程	(3.6, 5.4, 7.1)	(4.6, 5.8, 7.3)	(3.9, 5.1, 7.8)
	信息系统	(4.6, 6.8, 8.1)	(4.9, 7.4, 8.5)	(4.4, 6.9, 8.8)
能力	开发设计能力	(6.6, 7.8, 8.1)	(6.2, 7.6, 9.3)	(5.6, 7.9, 9.2
	基本流程能力	(2.6, 4.8, 6.1)	(2.8, 4.9, 6.9)	(2.9, 4.7, 8.7)
	供应链能力	(3.6, 5.8, 7.1)	(3.8, 6.6, 7.9)	(3.4, 6.8, 7.1)
	计划能力	(6.6, 7.8, 9.1)	(6.1, 7.9, 9.4)	(6.8, 7.4, 8.9)
	组织能力	(5.6, 7.8, 9.1)	(5.7, 7.9, 9.2)	(5.1, 7.4, 9.6)
	控制能力	(4.4, 6.8, 8.1)	(4.4, 6.6, 9.2)	(4.6, 7.1, 8.1)

F公司集成运营管理核心能力要素运作状况分数、能力运作状况分数如表3-6-7和表3-6-8所示。

表3-6-7 F公司集成运营管理核心能力要素运作状况分数

	差	中	良	优
产品	0.22	0.44	0.67	0.00
技术	0.00	0.00	0.89	0.00
员工	0.33	0.56	0.00	0.22
价值流程	0.00	0.33	0.00	0.78
信息系统	0.00	0.00	0.44	0.00

表3-6-8 F公司集成运营管理核心能力运作状况分数

	差	中	良	优
开发设计能力	0.00	0.78	0.78	0.33
基本流程能力	0.22	0.00	0.56	0.67
供应链能力	0.00	0.00	0.00	0.00
计划能力	0.67	0.22	0.00	0.00
组织能力	0.44	0.00	0.44	0.22
控制能力	0.00	0.22	0.67	0.00

计算F公司属性值和理想属性值的距离规范化如表3-6-9所示。

表3-6-9 F公司属性值和理想属性值的距离规范化

要素	产品	0.1817	0.2660	0.5523
	技术	0.5091	0.0598	0.4312
	员工	0.0363	0.5216	0.4421
	价值流程	0.4630	0.1802	0.3568
	信息系统	0.4905	0.1518	0.3577
能力	开发设计能力	0.4445	0.1846	0.3709
	基本流程能力	0.5667	0.3900	0.0433
	供应链能力	0.4299	0.2735	0.2966
	计划能力	0.2101	0.3930	0.3970
	组织能力	0.3056	0.2352	0.4593
	控制能力	0.4421	0.1377	0.4202

计算F公司集成运营管理运作权重如表3-6-10所示。

表 3 - 6 - 10　F 公司集成运营管理运作权重

要素	产品	0.20447
	技术	0.19319
	员工	0.1879
	价值流程	0.20868
	信息系统	0.20576
能力	开发设计能力	0.16843
	基本流程能力	0.15563
	供应链能力	0.17068
	计划能力	0.1697
	组织能力	0.16961
	控制能力	0.16594

　　计算 F 公司集成运营管理核心能力运作的要素优良综合值为 0.6035，F 公司集成运营管理核心能力运作优良值为 0.6011，说明公司核心竞争力的要素和能力都起着重要作用。

第四章

企业集成选址与布置

第一节　企业集成选址

一、企业集成选址与布置的特点

企业模块单元流水线运作是模块单元流水线的空间运作，通过企业集成选址与布置进行，企业集成选址与布置是模块单元流水线延迟策略和强化延迟策略、后拉动流程、后拉动价值、智能运作的整体和局部空间基础。与一般的企业选址与布置相比，企业集成选址与布置具有以下特点：

（一）企业集成选址与布置体现企业模块单元流水线延迟策略和强化延迟策略运作

企业集成选址给予具体模块单元、联合模块单元、模块组模块单元、总作业模块单元和通用模块单元、链接模块单元、专用模块单元各类流水线的延迟策略和强化延迟策略运作的空间作业起始运作基础；企业集成布置给予模块单元流水线的作业顺序、作业联系、作业完成的延迟策略和强化延迟策略运作的空间作业具体安排。企业集成选址的空间作业起始运作和企业集成布置的空间作业具体安排使企业模块单元流水线延迟策略和强化延迟策略运作在空间上得以落实。

（二）企业集成选址与布置按照企业集成基本运营价值链流程要求进行

与传统的选址与布置不同，企业集成基本运营价值链流程是模块单元流水线延迟策略和强化延迟策略运作、后拉动流程、后拉动价值运作的基础，企业集成选址与布置需要按照企业集成基本运营价值链流程要求进行，需要根据经过价值增值分析和选择后的企业集成基本运营价值链流程进行企业集成选址与布置。企业集成选址需要对企业集成基本运营价值链流程的增值空间进行选址，使企业集成选址成为企业集成基本运营价值链流程增值的重要空间支撑。企业集成布置需要按照具体模块单元、联合模块单元、模块组模块单元、总作业模块单元和通用模块单元、链接模块单元、专用模块单元的价值链流程特性与实际顺序进行。由此，从空间上实现企业集成基本运营价值链流程的集成选址与布置。

（三）企业集成选址与布置体现后拉动流程、后拉动价值运作要求

企业集成选址给予具体模块单元、联合模块单元、模块组模块单元、总作业模块单元和通用模块单元、链接模块单元、专用模块单元各类流水线的后拉动流程、后拉动价值空间作业、信息、价值起始运作基础；企业集成布置给予模块单元流水线的后拉动作业与信息、价值运作顺序空间作业、信息、价值运作具体安排。企业集成选址的空间作业、信息、价值起始运作和企业集成布置的空间作业、信息、价值运作具体安排，使企业模块单元流水线后拉动流程、后拉动价值运作在空间上得以落实，从空间上对模块单元流水线延迟策略和强化延迟策略运作进行延伸。

（四）企业集成选址与布置需符合智能运作要求

企业集成选址与布置需要进行数据采集设备、传感器、控制器、中央服务器、缓存器、设备网络、人机平台的空间安排；需要融入集成管理的数据库、数据环网、自意识传感、数据传输、信息编码技术、自记忆与自适应优先级排序、智能动态链接索引技术、管理专家知识信息处理、聚类分析、关联分析技术、数据压缩、智能数据重构技术、关联性算法工具、信息融合、机器学习技术、模式识别、状态评估技术、空间建模、模型分析、数据挖掘、决策关联分析技术、信息可视化技术、多元化数据动态关联、评估和预测、自免疫与自重构的信息平台技术、自配置和自执行技术、集成时间维度比较技术、状态维度比较技术、集群维度多个维度比较技术；需要构建感知机算法、k 近邻算法、朴素贝叶斯算法、决策树算法、Logistic 回归与最大熵模型算法、支持向量机算法等设备监督学习算法，构建层次聚类算法、k 均值聚类算法、高斯混合模型算法、主成分分析算法、潜在语义分析算法等设备无监督学习算法，构建生成式算法、半监督支持向量机算法、半监督算法、分枝算法的设备半监督学习算法，构建马尔可夫决策算法、动态规划算法、蒙特卡洛算法、时序差分算法设备强化学习算法。从而使企业集成选址与布置从空间上体现企业集成运营管理模块单元 CPS 链接管理流程、CPS 分析管理流程、CPS 网络管理流程、CPS 认知管理流程、CPS 配置与执行管理流程的设备智能视觉运作、智能听觉运作、智能嗅觉运作、智能语言运作、智能动作运作，促进模块单元延迟策略和强化延迟策略运作、后拉动流程、后拉动价值空间运作实现。

（五）企业集成选址与布置需要融入企业集成 MBE、MES、ERP 信息系统

企业集成选址与布置需要与具体模块单元、联合模块单元、模块组模块单元、总作业模块单元和通用模块单元、链接模块单元、专用模块单元各类流水线的延迟策略

和强化延迟策略运作、后拉动流程、后拉动价值、智能运作的信息运作相联系，需要体现企业集成 MBE、MES、ERP 信息系统要求，促进模块单元延迟策略和强化延迟策略运作、后拉动流程、后拉动价值、智能空间运作实现。

（六）企业集成选址与布置需要考虑绿色运作的影响

企业集成选址与布置过程中需要按照具体模块单元、联合模块单元、模块组模块单元、总作业模块单元和通用模块单元、链接模块单元、专用模块单元各类流水线的延迟策略和强化延迟策略、后拉动流程、后拉动价值、智能运作的绿色运作要求进行，使模块单元延迟策略和强化延迟策略运作、后拉动流程、后拉动价值、智能空间运作具有良好的环境。

二、企业集成选址影响因素

企业集成选址影响因素是从企业模块单元流水线延迟策略和强化延迟策略运作、后拉动流程、后拉动价值、智能运作出发进行选址的影响因素。这些因素包括：

（一）市场因素

企业集成选址的市场因素是企业集成选址过程中的市场状况对选址的影响因素，具体体现为供应市场、销售市场与所选厂址的距离远近，供应市场上品种的齐全性、质量特性对所选厂址的影响，供应市场、销售市场的设施配置对所选厂址的影响。考虑市场因素的选址对模块单元流水线模块品目和额度延迟策略、强化延迟策略、后拉动流程、后拉动价值、智能的整体和局部作业起始运作产生影响。

（二）运输

运输因素包括运输距离和运输方式，直接影响采购模块价值链流程、销售模块价值链流程的运作。无论有形产品运作还是无形产品运作的选址，都需要选择距离近、便捷和成本低的运输方式，这直接影响采购模块价值链流程、销售模块价值链流程的效率。考虑运输因素进行选址时，需要从运输距离、运输方式、配送方式因素中所包含的时间、成本、产品和服务质量方面出发，不同的运输距离、运输方式、配送方式反映不同的时间、成本、产品和服务质量水平，选址需要综合考虑。考虑运输的选址对模块单元流水线模块品目和额度延迟策略和强化延迟策略、后拉动流程、后拉动价值、智能的整体和局部作业起始运作产生影响。

（三）外协

进行外协运作对当今的企业是一种趋势性的运作。外协因素对开发与设计模块单元价值链流程、采购模块单元价值链流程、销售模块单元价值链流程带来直接影响，对制造和仓储模块单元价值链流程运作产生间接影响。有形产品运作和无形产品运作的选址需要考虑外协件质量、外协时间、外协成本，需要考虑这些外协运作对模块单元价值链流程运作的影响。将这些方面综合起来，考虑这些外协方面对选址的影响。考虑外协的选址对模块单元流水线模块品目和额度延迟策略和强化延迟策略、后拉动流程、后拉动价值、智能的整体和局部作业协同运作产生影响。

（四）竞争对手

企业集成选址的竞争对手是相同选址中的同行业企业存在的数量和情况。竞争对手对企业集成基本运营流程运作有着直接影响，竞争对手越多，竞争越激烈，顾客对企业的要求越高，企业需要满足顾客的程度就越高，企业集成运营流程运作的难度就越大，这些都会对价值创造带来影响。考虑竞争对手的选址对模块单元流水线模块品目和额度延迟策略和强化延迟策略、后拉动流程、后拉动价值、智能的作业运作格局产生影响。

（五）劳动力资源

劳动力是具体模块单元价值链流程、联合模块单元价值链流程、模块组模块单元价值链流程、总作业模块单元价值链流程、通用模块单元流程、专用模块单元流程、链接模块单元流程运作的最重要因素，是模块单元价值链流程运作的主体，对模块单元价值链流程运作产生直接影响。选址考虑每类模块单元价值链流程中人力资源因素的个人能力、做事风格、工作态度和价值观所带来的影响，结合模块单元价值链流程特性，明确不同模块单元价值链流程的技术方面能力、交际方面能力和设计方面能力，综合做事风格、工作态度和价值观对选址带来的影响，进行企业集成选址。考虑劳动力资源的选址对模块单元流水线模块品目和额度延迟策略和强化延迟策略、后拉动流程、后拉动价值、智能的整体和局部作业运作基础产生影响。

（六）政策

政策已成为企业集成选址中不能忽略的重要因素。政策是模块单元价值链流程运作的重要因素，对选址产生直接作用。政策影响着企业各种模块单元价值链流程运作中的价值创造、顺利运作，在一定程度上决定选址中的各种运作条件。选址中需要考虑政策对模块单元价值链流程运作作用和对选址的直接影响。模块单元价值链流程对政策的体现不同，具体模块单元价值链流程政策作用的侧重点不同。选址时，根据模块价值链流程政策不同的作用，进行企业集成选址。考虑政策的选址对模块单元流水线模块品目和额度延迟策略和强化延迟策略、后拉动流程、后拉动价值、智能运作的作业综合运作产生影响。

（七）环保和安全

环保和安全是企业集成选址中都应考虑的因素。企业集成选址中不但需要考虑具体模块单元价值链流程、联合模块单元价值链流程、模块组模块单元价值链流程、总作业模块单元价值链流程、通用模块单元流程、专用模块单元流程、链接模块单元流程自身运作的环保和安全，还需要考虑这些模块单元运作对社会的环保和安全方面的影响。企业集成选址是在模块单元自身运作和社会双向运作的环保和安全约束下所进行的。考虑环保和安全的选址对模块单元流水线模块品目和额度延迟策略和强化延迟策略、后拉动流程、后拉动价值、智能的整体和局部作业运作保障产生影响。

制造类企业、服务类企业、纯服务类企业集成选址都需要考虑这些因素。

三、企业集成选址特性影响因素

企业集成选址特性影响因素是从顾客接触企业集成服务价值链流程出发进行选址的影响因素。这些因素包括：

（一）注重交通便利性

顾客接触企业集成场内员工服务流程、场内设备服务流程、场外设备服务流程的服务对象是顾客，服务场所的交通是否便利直接影响顾客对是否在这一场所进行服务的决定。只有具备交通便利性，才具备企业集成基本顾客服务价值链流程的基础条件，才能进行企业集成基本顾客服务价值链流程运作。顾客接触企业集成服务价值链流程，不仅要求企业集成选址的交通便利，还需要将这种便利细化到每一个顾客。只有落实到每一个顾客，企业集成选址才具备交通便利性。考虑交通便利性的有顾客接触选址对模块单元流水线额度延迟策略和强化延迟策略、后拉动流程、后拉动价值、智能的顾客驱动作业运作产生影响。

（二）注重顾客群聚

作为顾客接触企业集成场内员工服务流程、场内设备服务流程、场外设备服务流程服务对象的顾客，顾客群聚是顾客接受服务的一种喜好，顾客接触企业集成服务价值链流程运作需要满足这一喜好。企业集成选址需要选择顾客群聚的场所，这样才能符合顾客接触企业集成服务价值链流程运作基本要求。顾客接触企业集成服务价值链流程的企业集成选址需要选择顾客群聚度高的场所。考虑顾客群聚的有顾客接触选址对模块单元流水线额度延迟策略和强化延迟策略、后拉动流程、后拉动价值、智能的顾客聚集作业运作产生影响。

（三）注重氛围

顾客接触企业集成场内员工服务流程、场内设备服务流程、场外设备服务流程，顾客对氛围有着直接的心理感受，良好的氛围对顾客心理产生积极的影响，使顾客愿意接受企业服务；不好的氛围对顾客心理产生消极的影响，使顾客不愿意接受企业服务。企业集成选址需要选择顾客接触企业集成服务价值链流程运作具有良好氛围的场所，顾客接触企业集成服务价值链流程运作氛围对企业集成选址产生直接影响。考虑氛围的有顾客接触选址对模块单元流水线额度延迟策略和强化延迟策略、后拉动流程、后拉动价值、智能的顾客感受氛围作业运作产生影响。

（四）注重现场生意兴旺成熟度

顾客接触企业集成场内员工服务流程、场内设备服务流程、场外设备服务流程运作中，现场生意兴旺成熟度高的对顾客的服务细致而周到，更能够规范地进行顾客服务，避免服务中出现混乱的局面。企业集成选址需要注重顾客接触企业集成服务价值链流程运作中的现场生意兴旺成熟度，针对现场生意兴旺成熟度高和顾客接触企业集成服务价值链流程进行企业集成选址。考虑现场生意兴旺成熟度的顾客接触选址对模块单元流水线额度延迟策略和强化延迟策略、后拉动流程、后拉动价值、智能的顾客感受兴旺作业运作产生影响。

一般纯服务企业集成选址时，需要注重服务转化与销售流程的交通便利性、顾客群聚、氛围、现场生意兴旺成熟度，按照现场生意兴旺成熟度要求进行选址。

四、企业集成设施选址方法

企业集成设施选址方法需要考虑影响选址的各种因素，进行方法的设计，根据不同方法的特点进行选址，包括负荷距离法、选址度量法、层次分析法、灰色关联度法、企业集成免疫算法。负荷距离法属于仅考虑企业集成选址的负荷距离的方法，企业集成免疫算法考虑企业集成选址的综合距离，选址度量法、层次分析法、灰色关联度法三种方法都可以针对企业集成选址的影响因素进行选址。与负荷距离法、企业集成免疫算法相比，其他方法运作的范围更宽，对企业集成设施选址体现更综合，对企业集成设施选址的贡献更大。负荷距离法根据备选地址的负荷距离的大小进行选址。企业集成免疫算法根据综合距离进行选址。原有的选址度量法以成本为依据，进行主观和客观因素划分，将两种因素分别进行评价，结合在一起得出总的度量值方法；拓展的选址度量法以成本为依据，进行主观、客观、特色因素划分，将三种因素分别进行评价，结合在一起得出总的度量值方法。拓展的层次分析法是按照经济因素和非经济因素的划分，将选址中的各个因素逐一进行对比，得出经济因素和非经济因素度量值，将两种度量值结合得出方案总的重要程度，再进行选择的方法。灰色关联度法是将因素统一度量，得出方案整体关联度值的方法。

运用负荷距离法、选址度量法、层次分析法、灰色关联度法、企业集成免疫算法进行选址，将选址对具体模块单元、联合模块单元、模块组模块单元、总作业模块单元和通用模块单元、链接模块单元、专用模块单元各类流水线的延迟策略和强化延迟策略运作、后拉动流程、后拉动价值、智能运作的影响凝结到符合距离、选址度量值、关联度值、重要程度、综合距离进行选址，使企业集成选址为模块单元流水线延迟策略和强化延迟策略运作、后拉动流程、后拉动价值、智能运作打下空间基础。

企业集成设施选址方法的步骤如下：

（一）明确影响企业集成选址的因素

每一种方法进行选址的角度不同，归结影响因素的方式不同。

1. 负荷距离法

负荷距离法将影响企业集成选址的因素归结为负荷距离，根据负荷距离进行选址。负荷距离法是仅从企业集成选址负荷距离考虑的方法，方法考虑因素的范围有限，方法有一定的局限性。负荷距离法分为直接负荷距离法、穷举法、重心法。直接负荷距离法需要列出方案的布局，这一布局要明确表示布局组成部分之间的负荷和距离；穷举法需要通过坐标图，列示出各种方案的布局，明确每种方案的负荷和距离；重心法需要通过坐标图，列出围绕重心的方案的布局，明确每种方案的负荷和距离（史蒂文森，2019）。负荷距离法将选址对具体模块单元、联合模块单元、模块组模块单元、总作业模块单元和通用模块单元、链接模块单元、专用模块单元各类流水线的延迟策略和强化延迟策略运作、后拉动流程、后拉动价值、智能运作的影响通过负荷距离体现，负荷距离越小，企业集成选址对模块单元流水线的延迟策略和强化延迟策略运作、后拉动流程、后拉动价值、智能运作正向影响就越大，使企业集成选址为模块单元流水线延迟策略和强化延迟策略运作、后拉动流程、后拉动价值、智能运作打下的空间基础就越好。制造类企业、服务类企业、纯服务类企业、一般纯服务企业可以采用直接负荷距离法进行选址。

直接负荷距离法需要列出来具体的平面方案。穷举法和重心法需要通过坐标图列出方案。

F公司的选址方案按照图示列出。方案由布局A和布局B构成。下列两个布局都是由四个正方形和一个长方形组成，正方形的边长是50。F公司的直接负荷距离法选址方案如图4-1-1和图4-1-2所示，F公司的穷举法和重心法选址方案如图4-1-3所示。

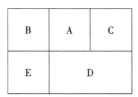

图 4-1-1　布局 A

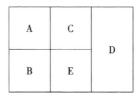

图 4-1-2　布局 B

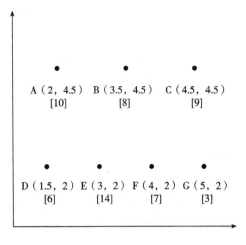

图 4 -1 -3　选址方案

2. 选址度量法

选址度量法将影响企业集成选址的因素，按照是否能够归结为成本要求确定为两类。与成本有直接关系、可以用货币表示的因素归为客观因素，其他归为主观因素。选址度量法是以成本为界限进行因素考虑，是将企业集成选址通用模块运作、专用模块运作、链接模块运作影响因素综合起来，对客观因素和主观因素进行划分的方法。选址度量法是针对选址设计的方法，能将企业集成选址各种因素涵盖其中，按照客观因素和主观因素进行统一运作。Z 表示主观因素所占比重，$1-Z$ 表示客观因素所占比重。

拓展的选址度量法将选址因素分为主观因素、客观因素、特色因素，需要将交通便利性、顾客群聚、氛围、现场生意兴旺成熟度这些特色因素考虑在内。特色因素与客观因素和主观因素不同。特色因素没有客观因素的成本表现，不能划归为客观因素。特色因素和主观因素虽然都是影响选址的因素，但是特色因素是在对顾客服务流程中强调对顾客产生影响的因素，因而无法将特色因素划归为主观因素。Z_1 表示主观因素所占比重，Z_2 表示客观因素所占比重，Z_3 表示特色因素所占比重。选址度量法将选址对具体模块单元、联合模块单元、模块组模块单元、总作业模块单元和通用模块单元、链接模块单元、专用模块单元各类流水线的延迟策略和强化延迟策略运作、后拉动流程、后拉动价值、智能运作的影响通过选址度量值来体现，选址度量值越大，企业集成选址对模块单元流水线的延迟策略和强化延迟策略运作、后拉动流程、后拉动价值、智能运作正向影响就越大，使企业集成选址为模块单元流水线延迟策略和强化延迟策略运作、后拉动流程、后拉动价值、智能运作打下的空间基础就越好。

制造类企业、服务类企业、纯服务类企业采用主观因素和客观因素的选址度量法，一般纯服务企业可以采用主观因素、客观因素、特色因素的拓展选址度量法。

F 公司进行选址形成了三种方案需要选择，方案选址因素如表 4 -1 -1 所示，方案选址特色因素如表4-1-2所示。

表4-1-1 F公司方案选址因素

方案	工资（万元）	运输费用（万元）	租金（万元）	自然环境	竞争能力	气候条件
1	250	180	75	1	1	3
2	230	203	83	5	1	1
3	248	190	91	3	3	5

表4-1-2 F公司方案选址特色因素

方案	交通便利性	顾客群聚	氛围	现场生意兴旺成熟度
1	5	3	3	3
2	1	5	3	1
3	3	3	1	5

F公司进行选址运用选址度量法需要进行客观因素、主观因素、特色因素的划分。从表中能够看出：工资、运输费用、租金属于成本，定义为客观因素；自然环境、竞争能力、气候条件定义为主观因素；交通便利性、顾客群聚、氛围、现场生意兴旺成熟度定义为特色因素。

3. 层次分析法

层次分析法用于选址时，是一种可以独立运作的方法。独立运作时不需要进行因素的划分，将这些因素视为能够统一运作的因素，按照层次分析法比较判断矩阵要求，进行比较。非经济因素主观性强，因素中经济运作的因素能够借鉴选址其他方法进行定量计算，这一计算能摆脱主观色彩，揭示经济运作的特性，因此层次分析法用于选址时，一般选择将因素进行划分。层次分析法将影响企业集成选址的因素按照能否进行经济运作确定为两类。进行经济运作的因素称为经济因素，其他归为非经济因素。层次分析法是以经济为界限进行因素划分，是将企业集成选址通用模块运作、专用模块运作、链接模块运作影响因素综合起来，进行经济因素和非经济因素划分的方法。层次分析法不是仅针对选址设计的方法，它能将企业集成选址各种因素涵盖其中，按照经济因素和非经济因素进行统一运作。层次分析法将选址对具体模块单元、联合模块单元、模块组模块单元、总作业模块单元和通用模块单元、链接模块单元、专用模块单元各类流水线的延迟策略和强化延迟策略运作、后拉动流程、后拉动价值、智能运作的影响通过重要程度体现，重要程度越大，企业集成选址对模块单元流水线的延迟策略和强化延迟策略运作、后拉动流程、后拉动价值、智能运作正向影响就越大，使企业集成选址为模块单元流水线延迟策略和强化延迟策略运作、后拉动流程、后拉动价值、智能运作打下的空间基础就越好。

层次分析法可以运用于企业集成模块单元流程、供应链或者服务链流程、延迟运作、精益运作、智能运作、流程空间、辅助要素、支撑要素、核心要素、信息要素、管理、体系、模式、策略、方案各方面的主体、特性、因素、指标的层次结构评价。顾客接触模块单元流水线需要在此基础上考虑顾客接触、员工与顾客服务互动、员工与顾客价值共创、顾客服务体验、顾客满意、服务补救的服务特性，进行层次结构评价。层次分析法首先需要确定各个比较主体的层次因素结构，这一结构需要确定比较层次，首先确定最高层的各个比较主体的因素，其次依次确定低层各个主体的因素，最后确定比较的各个主体，由此确定由最高层的各个比较主体的因素到低层的各个比较主体的因素，最后到各个比较主体；这一结构需要确定不同层次各个因素的内在联系，比较主体的不同层次的各个因素之间具有内在联系，需要确定不同层次各个因素间的联系，低层的各个因素与上层各个因素之间可以具有全因素联系和部分因素的联系，同一层次各个因素之间相互独立；各个比较主体与最底层的各个因素之间具有内在联系，确定各个比较主体与最低层各个因素之间的联系。由此确定由不同层次因素、比较主体、各层次因素之间的内在联系、各个比较主体和最低层各个因素之间的内在联系构成的层次分析法层次结构。

层次分析法可以采用全结构层次分析法和部分结构层次分析法。全结构层次分析法是完全按照层次分析法层次结构进行运作的方法。部分结构层次分析法是将中层不同因素进行分类，不同类别的因素可以采用不同的方法进行运用，其中一部分因素可以采用层次分析法，另一部分因素可以采用其他方法，高层因素和各个比较主体和最低层各个因素之间采用层次分析法。

运用层次分析法进行选址时，首先需要确定从最高层到中层的各层次不同因素之间的重要程度，每一个层次确定因素的重要程度时，都是通过横向的各个因素和纵向的各个因素组成的比较矩阵进行重要程度的确定。其次进行各个比较主体的最底层各个因素中重要程度的确定，逐一进行各个比较主体的每一因素中的重要程度确定。最后将从最高层到中层的各层次不同因素之间的重要程度和各个比较主体的最底层各个因素中重要程度联系起来，确定各个比较主体的重要程度。

层次分析法是一种可以运用于宏观、中观和微观的方法，将这种方法结合选址进行运用，是一种微观层次方法的运用。选址度量法从成本的角度进行因素的划分，是一种从微观进行因素划分的方法，但不是唯一的经济因素的划分方法。层次分析法需要借鉴其他方法对经济因素进行定量，这样层次分析法的经济因素确立完全可以按照选址度量法的角度进行，将层次分析法的经济因素视为选址度量法的客观因素，按照选址度量法对客观因素进行度量。对非经济因素采用层次分析法自身的运作进行定量。这样既能够发挥层次分析法的优势，又能够将层次分析法中的经济因素进行合理的定量，按照经济因素和非经济因素进行统一运作。G 表示非经济因素的比重，经济因素比重为 $1-G$。

拓展层次分析法将选址因素分为非经济因素、经济因素、特色因素，需要将交通便利性、顾客群聚、氛围、现场生意兴旺成熟度这些特色因素考虑在内。特色因素与非经济因素、经济因素不同，特色因素没有经济因素的成本表现，不能划归为经济因素。特色因素和非经济因素虽然都是影响选址的因素，但是特色因素是在对顾客服务流程中强调对顾客产生影响的因素，因而无法将特色因素划归为非经济因素。G_1 表示非经济因素所占比重、G_2 表示经济因素所占比重、G_3 表示特色因素所占比重。

制造类企业、服务类企业、纯服务类企业采用非经济因素和经济因素的层次分析法，一般纯服务企业可以采用非经济因素、经济因素、特色因素的拓展层次分析法。

F 公司运用层次分析法进行选址需要进行经济因素和非经济因素的划分，能够看出工资、运输费用、租金属于成本定义为经济因素，自然环境、竞争能力、气候条件定义为非经济因素。

4. 灰色关联度法

灰色关联度法是一种可以运用于宏观、中观和微观的方法，将这种方法结合选址进行运用，是一种微观层次方法的运用，是一种独立运作的方法。虽然和层次分析法一样，都能够从所有的因素考虑，进行方法的运作，但与层次分析法不同，灰色关联度法对所有的因素，根据因素的不同特性，进行统一的归一定量运作。这种定量分析既考虑到不同因素的特性，又能将这些特性综合起来进行统一运作，不需要将其中的经济因素单独列出来进行运作。灰色关联度法只需要进行选址因素的确定，将这些因素，按照归一定量运作进行分类，明确选址的各种因素。灰色关联度法将不同的因素按照不同的处理方法分为正向因素和负向因素，正向因素是因素越大选址越好的因素，负向因素是因素越小选址越好的因素。通过这两类因素的处理，将所有的因素进行统一运作。

灰色关联度法将选址对具体模块单元、联合模块单元、模块组模块单元、总作业模块单元和通用模块单元、链接模块单元、专用模块单元各类流水线的延迟策略和强化延迟策略运作、后拉动流程、后拉动价值、智能运作的影响通过关联度值体现，关联度值越大，企业集成选址对模块单元流水线的延迟策略和强化延迟策略运作、后拉动流程、后拉动价值、智能运作正向影响就越大，使企业集成选址为模块单元流水线延迟策略和强化延迟策略运作、后拉动流程、后拉动价值、智能运作打下的空间基础就越好。

5. 企业集成免疫算法

免疫算法源于生物免疫系统，是一种能够自动识别、自我组织的人工免疫系统方法，可以实现组合优化、函数优化、神经网络优化。生物免疫系统由各个功能体现的部分组成，每一部分都需要体现系统的各个部分的运作，实现免疫系统运作。免疫系统用于识别系统的细胞，将这些细胞分为自体细胞、非自体细胞。自体细胞为抗体，非自体细胞为抗原，免疫系统的启动是识别和分类对自身有益的抗原，以适当的方式刺激身体的防御机制，抵抗外部抗原的干扰，得到最好的抗体。免疫系统就是通过抗原的这样不断地识别和抵抗，得到优化的抗体，保证自身正常的循环，形成自身特有的免疫功能和免疫过程（高彬彬和杨孔雨，2009）。企业集成模块单元的运作也是这样，模块单元按照企业集成战略下的目标模式，不断经过各种各样的运作，最后得到所需要的最优运作，这一运作就是免疫系统的运作过程。企业集成免疫算法可以拓展到企业集成模块单元流程、供应链或者服务链流程、延迟运作、精益运作、智能运作、流程空间、辅助要素、支撑要素、核心要素、信息要素、管理、体系、模式、策略、方案各方面的主体、特性、因素、指标的免疫优化和评价。顾客接触模块单元流水线需要在此基础上考虑顾客接触、员工与顾客服务互动、员工与顾客价值共创、顾客服务体验、顾客满意、服务补救的服务特性，进行免疫优化和评价。

免疫系统循环过程是识别和抵抗过程的学习过程，学习中免疫系统遇到抗原时，需要经过一定时间的调整，识别抗原，才能得到对该抗原的记忆信息的最优抗体。当免疫系统再次遇到相同或者相似的抗原时，通过联想记忆，加速识别抗原，形成最优个体，这些免疫细胞个体之间相互联系，形成群体规模，能抵抗各种抗原干扰。企业集成模块单元也是不断适应环境改变的过程，根据不同的环境，产生不同的优化模块单元运作。

企业集成免疫算法是企业集成模块单元运作模仿生物免疫系统进化机理，通过人工方式构造的优化搜索算法，是对生物免疫过程的数学仿真，可通过免疫算法进行企业集成模块单元运作免疫系统计算和控制。企业集成免疫算法以搜索模块单元运作的多峰值函数的多个极值为目标，搜索模块单元运作全局最优解的同时，能够搜索多峰值函数的多个极值；为保持模块单元运作群体的多样性，只选择浓度较低的适应值高个体为最好个体，需要运用适应值和浓度进行评价；模块单元交叉与变异运作，为维持群体的多样性的多峰值收敛，主要进行克隆变异，很少使用交叉运作；模块单元记忆运作中，将模块单元运作的解和特征参数存入记忆库中，运用这些记忆库资源，进行同类或者相似运作的判断，加速求解速度。

企业集成免疫算法首先需要进行抗原的识别，将模块单元运作与抗原的识别联系起来，对企业集成模块单元运作进行分析，明确模块单元运作的目标函数和各种约束条件。抗原表达采用二进制位串的形式，需要将模块单元运作与抗原表达相联系。

企业集成免疫算法需要产生初始种群。初始种群可以从记忆库中生成，也可以在可行解空间随机产生，可以形成用简单编码方式表现的具有一定长度的抗体，每个抗体代表所需要的序列点。企业集成模块单元运作需要与产生初始种群联系起来，产生所需要的编码表现形式。初始种群中，需要确定种群规模、记忆库容量、迭代次数、交叉概率、变异概率、多样性评价参数。

企业集成免疫算法进行选址时，需要将进行选址的方案进行一定的改变，形成坐标中的各种选址点的位置的方案，根据这样的方案，进行选址。免疫算法进行选址将选址对具体模块单元、联合模块单元、模块组模块单元、总作业模块单元和通用模块单元、链接模块单元、专用模块单元各类流水线的延迟策略和强化延迟策略运作、后拉动流程、后拉动价值、智能运作的影响通过综合距离体现，综合距离越小，企业集成选址对模块单元流水线的延迟策略和强化延迟策略运作、后拉动流程、后拉动价值、智能运作正向影响就越大，使企业集成选址为模块单元流水线延迟策略和强化延迟策略运作、后拉动流程、后拉动价值、智能运作打下的空间基础就越好。

制造类企业、服务类企业、纯服务类企业、一般纯服务企业可以采用企业集成免疫算法进行选址。

F公司进行中心选址，需要选址的各个地点的坐标如［2478，1456；3457，2312；3456，2133；3456，2345；2468，1536；2347，1345；3219，1370；4790，1088；5690，800；5412，560；2980，1980；2879，1653；2880，1693；2460，1745；1383，708；3634，1690；4021，2210；4080，2390；3580，2112；3686，2478；4159，2838；4243，2231；3429，1908；3207，2776；3694，2843；3349，3801；2915，3670；3560，3690；2495，2407；2678，2986；2450，2955］。与各个地点的坐标对应的输送的货物量如［20，90，90，60，70，70，40，90，90，70，60，40，40，40，20，80，90，70，100，50，50，50，80，70，80，40，40，60，70，50，30］。

F公司选择采用企业集成免疫算法，确定初始参数种群规模30、记忆库容量10、迭代次数20、交叉概率0.5、变异概率0.4、多样性评价参数0.95。

（二）建立度量模型

每一种方法都需要根据方法本身的需要，建立选址的各种模型，进行选址。

1. 直接负荷距离法、穷举法、重心法

直接负荷距离法、穷举法、重心法都是以负荷距离为判断中心构建模型。负荷是指承载的重量，距离这里运用直线距离。直接负荷距离法通过各种实际的布局来体现每个备选的方案，计算每个方案的负荷距离。直线距离通过给出的方案，根据布局中心之间的直线距离进行计算。穷举法计算每个方案的负荷距离。与直接负荷距离法不同，穷举法将实际的布局体现于坐标上，通过坐标来展示各种备选方案。直线距离通过坐标给出的方案，根据布局x与y两个部分的直线距离进行计算。直接负荷距离法和穷举法都可以运用下述公式确定负荷距离。

$$l_d = \sum_{i=1}^{n} l_{di} \tag{4-1-1}$$

$$L_d = \sum_{i=1}^{n} l_{di}D_{di} \tag{4-1-2}$$

式中，L_d表示直接负荷距离法的第d个方案的负荷距离，$d=1$，…，m；穷举法坐标上的第d个方案的负荷距离。l_d表示直接负荷距离法的第d个方案的距离，$d=1$，…，m。l_{di}表示直接负荷距离法第d个方案的第i个位置的距离，穷举法坐标上第d个方案的第i个位置的距离。D_{di}表示直接负荷距离法第d个方案的第i个位置的负荷，穷举法坐标上第d个方案的第i个位置的负荷。

重心法与穷举法一样，需要计算每个方案的负荷距离，将实际的布局体现于坐标上，通过坐标来展示各种备选方案。与穷举法不同，重心法需要先确定重心，再计算负荷距离。其重心的位置坐标为(X, Y)。重心确立的公式如下：

$$X = \frac{\sum\limits_{i=1}^{n} D_i X_i}{\sum\limits_{i=1}^{n} D_i} \qquad (4-1-3)$$

式中，X 表示重心法坐标上第 i 个位置 x 的坐标。

$$Y = \frac{\sum\limits_{i=1}^{n} D_i Y_i}{\sum\limits_{i=1}^{n} D_i} \qquad (4-1-4)$$

式中，Y_i 表示重心法坐标上第 i 个位置 y 的坐标。

重心法计算负荷距离公式如下：

$$L_j = \sum\limits_{i=1}^{k} L_{ji} D_{ji} \qquad (4-1-5)$$

式中，L_j 表示重心法坐标上的第 j 个方案的负荷距离，L_{ji} 表示重心法坐标上第 j 个方案的第 i 个位置的距离，D_{ji} 表示重心法坐标上第 j 个方案的第 i 个位置的负荷。

重心法选择重心，在重心的基础上计算负荷距离。所以，重心法方案的个数小于 m，重心法的位置数小于 n。

2. 选址度量法

选址度量法通过确定度量值进行选址。原选址度量法划分为主观因素和客观因素，根据这两类因素进行度量，将这两类因素的度量结合起来，构成选址度量法模型。拓展选址度量法划分为主观因素、客观因素、特色因素，根据这三类因素进行度量，将这三类因素的度量结合起来，构成选址度量法模型。选址度量法、拓展选址度量法公式如下：

$$M_L = Z M_{L,F} + (1-Z) M_{L,J} \qquad (4-1-6)$$

式中，M_L 表示选址度量法第 L 方案的度量值，$M_{L,F}$ 表示选址度量法第 L 方案第 F 主观因素的度量值，$M_{L,J}$ 表示选址度量法第 L 方案第 J 客观因素的度量值。

$$M_L = Z_1 M_{L,F} + Z_2 M_{L,J} + Z_3 M_{L,T} \qquad (4-1-7)$$

式中，$M_{L,T}$ 表示选址度量法第 L 方案第 T 特色因素的度量值。

3. 层次分析法

层次分析法通过确定重要程度值进行选址。层次分析法将因素划分为非经济因素和经济因素，根据这两类因素进行定量分析，确定重要程度值，将这两类因素的重要程度值结合起来，构成选址层次分析模型。层次分析法、拓展层次分析法的公式如下：

$$W_L = G W_{L,F} + (1-G) W_{L,J} \qquad (4-1-8)$$

式中，W_L 表示层次分析法第 L 方案的重要程度值，$W_{L,F}$ 表示层次分析法第 L 方案第 F 非经济因素的重要程度值。$W_{L,J}$ 表示层次分析法第 L 方案第 J 经济因素度量值。

$$W_L = G_1 W_{L,F} + G_2 W_{L,J} + G_3 W_{L,T} \qquad (4-1-9)$$

式中，$W_{L,T}$ 表示层次分析法第 L 方案第 T 特色因素的重要程度值。

4. 灰色关联度法

灰色关联度法通过关联度值进行选址。由于灰色关联度法对所有的因素根据因素的不同特性，进行统一的归一定量运作。所以，按照灰色系统方法的因素之间相关程度，进行选址。可采用公式如下：

$$r_L = \sum_{i=1}^{n} \frac{\xi_{Li}}{n} \qquad\qquad (4-1-10)$$

式中，r_L 表示第 L 方案的关联度量值。ξ_{Li} 表示灰色系统方法第 L 方案第 i 因素关联系数。

5. 企业集成免疫算法

企业集成免疫算法需要确定抗体与抗原间亲和力、抗体与抗体间亲和力，企业集成模块单元运作与亲和力相联系。亲和力的计算需要引入信息熵，企业集成模块单元信息熵公式如下：

$$H(N) = \frac{1}{M} \sum_{j=1}^{M} H_j(N) \qquad\qquad (4-1-11)$$

式中，N 个抗体中长度 M 位串中可供选择字母 S 个的 k_1，k_2，$\cdots$，k_s，N 个抗体信息熵是 $H(N)$，$H_j(N) = \sum_{j=1}^{S} -p_{ij}\log p_{ij}$ $H_j(N)$ 是 N 个抗体第 j 位的信息熵，p_{ij} 为 N 个抗体第 j 位字母 k_i 的概率。

企业集成模块单元运作抗原和抗体之间的亲和性用于表明抗体对抗原的识别程度；抗体之间的亲和性用于表明两抗体之间的相似度。模块单元运作抗原和抗体亲和力公式、抗体与抗体之间亲和力公式如下：

$$ay_{V,W} = 1/[1+H(2)] \qquad\qquad (4-1-12)$$
$$ax_V = 1/[1+opt_v] \qquad\qquad (4-1-13)$$

式中，$H(2)$ 是抗体 V 和抗体 W 的信息熵，$H(2)=0$ 时说明抗体 V 和抗体 W 的所有基因都是相同的，$ay_{V,W}$ 的值介于 0 和 1 之间。opt_v 表明抗体与抗体的匹配程度，ax_V 的值介于 0 和 1 之间。

企业集成免疫算法需要确定抗体浓度和期望繁殖概率。抗体浓度和期望繁殖概率公式如下：

$$C_V = \frac{1}{N} \sum_{j \in N} ax_V \qquad\qquad (4-1-14)$$

$$P = \alpha \frac{ay_{V,W}}{\sum ay_{V,W}} + (1-\alpha) \frac{C_V}{\sum C_V} C_V \qquad\qquad (4-1-15)$$

其中，个体适应度越高，期望繁殖概率越大；个体浓度越大，期望繁殖概率越小。这样鼓励适应度高的个体，抑制浓度高的个体，确保个体多样性。

（三）计算与经济有直接关系因素的度量值

选址度量法和层次分析法都需要对与经济有关的因素进行度量。

1. 选址度量法计算客观度量值

客观度量值是表示成本因素的度量值，模型设计将成本的倒数作为评价的客观度量值，与主观度量值一致，用来统一进行度量取向，按照越大越好进行选址。选址度量法运用体现模块单元各类流水线的延迟策略和强化延迟策略运作、后拉动流程、后拉动价值、智能运作的客观度量值进行选址，客观度量值越大，选址的效果就越好，更能够从空间上促进模块单元流水线延迟策略和强化延迟策略运作、后拉动流程、后拉动价值、智能运作。

选址度量法的每个方案的总成本公式如下：

$$C_{DL} = \sum_{J=1}^{n} C_{LJ} \qquad\qquad (4-1-16)$$

式中，C_{DL} 表示选址度量法的第 L 方案总成本。C_{LJ} 表示选址度量法第 L 方案的第 J 项成本。$J=1$，2，$\cdots$，n。

选址度量法的客观度量值计算公式如下：

$$M_{L,J} = \left[C_{DL} \sum_{L=1}^{m} (1/C_{DL}) \right]^{-1} \qquad\qquad (4-1-17)$$

式中，$M_{L,J}$ 表示选址度量法第 L 方案的客观度量值。方案数 $L=1$，2，$\cdots$，m。

客观度量值公式形式上是成本，将其公式设计为成本的倒数，由此改变了成本的取向，将成本原有的越小越好的取向，改成越大越有利于选址的取向。这一改变与价值创造的取向一致。当其他因素不变，只是从成本角度进行价值考虑时，这一公式就是价值取向。因而，公式从一定程度上反映价值创造。

运用公式计算时，需要按照每个方案的各项成本，分别计算每个方案的总成本。运用客观度量值公式计算每个方案的客观度量值。

计算 F 公司每一个方案客观因素的总成本：

方案 1 的总成本 $C_{D1} = \sum_{J=1}^{3} C_{1J} = 505$

同理计算方案 2、方案 3 的总成本。

方案 2 的总成本 $C_{D2} = 516$

方案 3 的总成本 $C_{D3} = 529$

计算 F 公司每一个方案客观度量值：

方案 1 的客观度量值 $M_{1,J} = \left[C_{DL} \sum_{L=1}^{3} (1/C_{D1}) \right]^{-1} = 0.341$

同理，计算方案 2、方案 3 的客观度量值。

方案 2 的客观度量值 $M_{2,J} = 0.334$

方案 3 的客观度量值 $M_{3,J} = 0.326$

2. 层次分析法确定经济因素重要程度度量值

与选址度量法一样，经济因素重要程度度量值表示成本因素的度量值，模型设计将成本的倒数作为评价的经济因素重要程度度量值，与非经济因素度量值一致，用来统一进行度量取向，按照越大越好进行选址。层次分析法运用体现模块单元各类流水线的延迟策略和强化延迟策略运作、后拉动流程、后拉动价值、智能运作的经济因素重要程度度量值进行选址，经济因素重要程度度量值越大，选址的效果就越好，更能够从空间上促进模块单元流水线延迟策略和强化延迟策略运作、后拉动流程、后拉动价值、智能运作。

层次分析法的每个方案的总成本公式如下：

$$C_L = \sum_{J=1}^{n} C_{LJ} \tag{4-1-18}$$

式中，C_L 表示层次分析法的第 L 方案总成本。C_{LJ} 表示层次分析法第 L 方案的第 J 项成本。$J = 1, 2, \cdots, n$。

层次分析法经济因素中，重要程度度量值计算公式如下：

$$W_{L,J} = \left[C_L \sum_{L=1}^{m} (1/C_L) \right]^{-1} \tag{4-1-19}$$

式中，$W_{L,J}$ 表示层次分析法第 L 方案的经济因素重要程度度量值。方案数 $L = 1, 2, \cdots, m$。

与选址度量法一致，层次分析法公式形式上是成本，但其设计与价值创造的取向一致。当其他因素不变，只是从成本角度进行价值考虑时，这一公式就是价值取向。因而，公式从一定程度上反映价值创造。运用公式计算时，按照每个方案的各项成本，分别计算每个方案的总成本。运用经济因素重要程度度量值公式，计算每个方案的经济因素重要程度度量值。

计算 F 公司经济因素度量值。这一度量值可以运用选址度量法的客观度量值计算。

方案 1 的经济因素度量值为 $W_{1,J} = 0.341$。

方案 2 的经济因素度量值为 $W_{2,J} = 0.334$。

方案 3 的经济因素度量值为 $W_{3,J} = 0.326$。

（四）根据方法特性进行定量分析

每一种方法都需要根据方法的模型，采集数据，进行定量分析。

1. 直接负荷距离法、穷举法、重心法

直接负荷距离法计算不同方案的距离，通过直线距离进行计算。每一个方案中不同位置之间的距离按照中心之间的距离进行计算，计算每一方案所有位置之间的距离。确定每一方案所有位置之间的负荷。与穷举法和重心法不同，直线负荷距离法可以列示出每一方案所有位置之间的排列负荷，可以列示组合负荷，一般按照组合负荷进行计算，得出每一方案所有位置之间的负荷。

穷举法根据坐标列示的方案，对每一个地址作为备选地址方案进行计算。对每一备选地址方案计算距离，通过坐标列示的每一个方案的中心之间的距离进行计算。将备选地址方案到其他各地址的 x 与 y 两个部分的直线距离进行计算，得出备选地址方案到其他各地址的距离。与直线负荷距离法不同，由于穷举法已选择备选地址方案，所以穷举法需要列示出组合负荷，这一负荷指其他地址到备选地址方案的负荷，即列出其他地址到备选地址方案的负荷。将所有的地址作为备选地址，进行距离和负荷的计算，得出所有备选地址的距离和负荷。

重心法需要进行重心计算。按照 x 与 y 两个部分进行重心坐标 x 与 y 计算，得出重心的坐标。根据重心的坐标，明确选址的范围。确定运用坐标列示的地址，需要对范围的每一个地址作为备选地址方案，进行计算。对范围的每一备选地址方案到其他各地址的 x 与 y 两个部分的直线距离进行计算，得出范围的备选地址方案到其他各地址的距离。将所有范围的地址作为备选地址进行距离和负荷的计算，得出所有范围的备选地址的距离和负荷。

（1）直接负荷距离法确定距离与负荷。每一个方案中不同位置之间的距离，按照中心之间的距离进行计算，计算出每一方案所有位置之间的距离。确定每一方案所有位置之间的负荷。

计算 F 公司布局 A 和布局 B 的距离如表 4-1-3 和表 4-1-4 所示：

表 4-1-3　布局 A 距离

布局	距离	布局	距离
A—C	50	B—C	100
A—B	50	B—D	125
D—E	75	A—E	100
C—D	75	C—E	150
A—D	75	B—E	50

表 4-1-4　布局 B 距离

布局	距离	布局	距离
A—C	50	B—C	100
A—B	50	B—D	125
D—E	75	A—E	100
C—D	75	C—E	50
A—D	125	B—E	50

与穷举法和重心法不同，直线负荷距离法可以列示出每一方案所有位置之间的排列负荷，也可以列示组合负荷，一般按照组合负荷进行计算，得出每一方案所有位置之间负荷。

确定 F 公司布局 A 和布局 B 的负荷，如表 4-1-5 所示。

表 4 - 1 - 5   F 公司负荷

交换部门	每年负荷	交换部门	每年负荷
A—C	1100	B—C	3200
A—B	1300	B—D	3800
D—E	1600	A—E	4200
C—D	2100	C—E	4300
A—D	2500	B—E	4600

（2）穷举法计算距离和负荷距离。穷举法根据坐标列示的方案，对每一个地址作为备选地址方案进行计算。对每一备选地址方案计算距离，通过坐标列示的每一个方案的中心之间的距离进行计算。将备选地址方案到其他各地址的 x 与 y 两个部分的直线距离进行计算，得出备选地址方案到其他各地址的距离。与直线负荷距离法不同，由于穷举法已选择备选地址方案，所以以穷举法需要列示出组合负荷，这一负荷指其他地址到备选地址方案的负荷，即列出其他地址到备选地址方案的负荷。将所有的地址作为备选地址，进行距离和负荷的计算，得出所有备选地址的距离和负荷。

穷举法计算 F 公司一点的距离，其中，A 为中心，F 的坐标为（2，4.5），如下：

$$l_A = \sum_{i=1}^{6} l_{Ai} = |2-3.5| + |4.5-4.5| + |2-4.5| + |4.5-4.5| + |2-1.5| + |4.5-2| + |2-3| + |4.5-2| + |2-4| + |4.5-2| = 20.5$$

穷举法计算一个方案的负荷距离如下：

$$L_A = \sum_{i=1}^{6} L_{Ai}D_{Ai} = (|2-3.5| + |4.5-4.5|) \times 8 + (|2-4.5| + |4.5-4.5|) \times 9 + (|2-1.5| + |4.5-2|) \times 6 + (|2-3| + |4.5-2|) \times 14 + (|2-4| + |4.5-2|) \times 7 + (|2-5| + |4.5-2|) \times 3 = 149.5$$

（3）重心法进行重心计算和确定邻近位置。

重心法需要进行重心计算。按照 x 与 y 两个部分进行重心坐标 x 与 y 计算，得出重心的坐标。根据重心的坐标，明确选址的范围。确定运用坐标列示的地址，需要对范围的每一个地址作为备选地址方案，进行计算。对范围的每一备选地址方案到其他各地址的 x 与 y 两个部分的直线距离进行计算，得出范围的备选地址方案到其他各地址的距离。将所有范围的地址作为备选地址进行距离和负荷的计算，得出所有范围的备选地址的距离和负荷。

重心法计算 F 公司的重心位置，如下：

$$X = \frac{\sum_{i=1}^{7} D_i X_i}{\sum_{i=1}^{7} D_i} = \frac{10 \times 2 + 8 \times 3.5 + 9 \times 4.5 + 6 \times 1.5 + 14 \times 3 + 7 \times 4 + 3 \times 5}{10 + 8 + 9 + 6 + 14 + 7 + 3} = 3.20$$

$$Y = \frac{\sum_{i=1}^{7} D_i Y_i}{\sum_{i=1}^{7} D_i} = \frac{10 \times 4.5 + 8 \times 4.5 + 9 \times 4.5 + 6 \times 2 + 14 \times 2 + 7 \times 2 + 3 \times 2}{10 + 8 + 9 + 6 + 14 + 7 + 3} = 3.18$$

重心法找出与 F 公司重心（3.20，3.18）邻近的位置，这一邻近的点为 B、E、F，B（3.5，4.5），E（3，2），F（4，2）。

2. 选址度量法确定主观度量值、特色度量值

选址度量法运用体现模块单元各类流水线的延迟策略和强化延迟策略运作、后拉动流程、后拉动价值、智能运作的主观度量值、特色度量值进行选址，主观度量值、特色度量值越大，选址的效果就越好，更能够从空间上促进模块单元流水线延迟策略和强化延迟策略运作、后拉动流程、后拉动价值、智能运作。企业集成运营管理流程、流程空间、体系、模式各方面常常进行主体之间、因素之间比较。比较的程度通过一定的刻度表现，用以表明比较的等级，刻度越大，表明比较等级越高，比较的差距就越大。进行比较时需要确定刻度，刻度是进行比较的基础。刻度一般采用 1~9 的数据，用以标明比较的不同程度等级。比较需要根据企业集成运营管理价值链流程运作过程中主体、因素的特性进行，主体、因素的特性不同，比较的基础就不相同，需要确定不同的刻度来体现。每一类比较特性不同，比较的刻度就不同。根据企业集成运营管理价值链流程运作过程中主体、因素比较特性，可以将比较刻度划分为采用等距离刻度、密度刻度、非均匀刻度、延伸刻度进行确定。

等距离刻度是指刻度之间具有相同等级之差的刻度，一般采用 1、3、5、7、9；密度刻度是指刻度之间具有相同等级之差的刻度，一般采用 1、2、3、4、5、6、7、8、9；非均匀刻度是指刻度之间具有不相同等级之差的刻度，可以采用 1、2、3、5、7、9，也可采用 1、3、5、7、8、9 各种非均匀刻度；延伸刻度是指刻度的最高等级从 0 开始，或者超过 9 的刻度。等距离刻度、密度刻度、非均匀刻度、延伸刻度的基础是 1，可以表明比较主体自身相比的刻度，也可以表明不同主体比较等级相同的刻度。

企业集成运营管理价值链流程运作过程中主体、因素具有比较刻度就能进行主体间、因素间的比较。主体间、因素间进行比较时根据主体比较数据的不同特性，需要采用不同的比较方式。根据主体、因素数据特性，采取均匀比较方式、固定比较方式、非均匀比较方式、加速比较方式。均匀比较方式是根据主体、因素比较数据的比例大小确定靠近比较刻度的方式；固定比较方式是根据主体、因素比较数据的大小确定邻近比较刻度的方式；非均匀比较方式是根据主体比较数据非均匀特性确定比较刻度的方式；加速比较方式是根据主体、因素比较数据加速特性确定比较刻度的方式。

主体、因素比较常常采用比较矩阵进行，运用比较矩阵进行主体、因素比较时采用横向与纵向比较的方式，主体、因素比较的双方采用对称比较，主体、因素比较小的一方是比较大一方刻度的倒数，由此构成对称比较矩阵，如下：

$$
\begin{array}{ccccccc}
U_i & 1 & 2 & 3 & \cdots & L \\
1 & 0 & \mu_{12} & \mu_{13} & \cdots & \mu_{1L} \\
2 & \mu_{21} & 0 & \mu_{23} & \cdots & \mu_{2L} \\
3 & \mu_{31} & \mu_{32} & 0 & \cdots & \mu_{3L} \\
\vdots & \vdots & \vdots & \vdots & 0 & \vdots \\
L & \mu_{L1} & \mu_{L2} & \mu_{L3} & \cdots & 0
\end{array}
$$

其中，U_i 表示第 i 项因素的对称矩阵，$i = 1$，2，3，$\cdots$，n。L 表示方案数，$L = 1$，2，3，$\cdots$，m。μ 表示不同方案 U_i 因素两两比较结果。$\mu_{LL} = 0$。

根据对称矩阵，将 U_i 矩阵中每一行的比较结果进行合计，得到 i 因素比重值。公式如下：

$$
V_{Li} = \sum_{i=1}^{n} \mu_{Li} \tag{4-1-20}
$$

式中，V_{Li} 表示第 L 方案第 i 因素比重值。

根据第 L 方案第 i 因素比重值，计算第 L 方案第 i 因素主观评比值。公式如下：

$$
S_{Li} = \frac{V_{Li}}{\sum\limits_{i=1}^{n} V_{Li}} \tag{4-1-21}
$$

式中，S_{Li} 表示第 L 方案第 i 因素主观评比值。

通过上述计算就可以得出每一个 i 因素的所有方案的主观评比值。对这些因素采用专家评价法确立各因素的权重，计算方案的主观度量值。公式如下：

$$
M_{LF} = \sum_{i=1}^{n} l_{Li} S_{Li} \tag{4-1-22}
$$

式中，l_{Li} 表示第 L 方案第 i 因素权重。

特色度量值需要通过建立因素比重值、特色度量值模型来确定，公式如下：

$$
V_{Lj} = \frac{D_{Lj}}{\sum\limits_{j=1}^{n} D_{Lj}} \tag{4-1-23}
$$

式中，V_{Lj} 表示第 L 方案第 j 特色因素比重值。

$$
M_{LT} = \sum_{j=1}^{n} l_{Lj} V_{Lj} \tag{4-1-24}
$$

式中，M_{LT} 表示第 L 方案特色度量值。

进行 F 公司自然环境因素比较，得出自然环境因素对比表，如表 4-1-6 所示。

表 4-1-6　F 公司自然环境因素比较

自然环境	1（1）	2（5）	3（3）
1（1）	0	0	0

自然环境	1 (1)	2 (5)	3 (3)
2 (5)	1	0	1
3 (3)	1	0	0

计算 F 公司每一个方案自然环境因素比重，得出自然环境因素比重表，如表 4 - 1 - 7 所示。

表 4 - 1 - 7　F 公司自然环境因素比重

自然环境	1 (1)	2 (5)	3 (3)	比重
1 (1)	0	0	0	0
2 (5)	1	0	1	2
3 (3)	1	0	0	1

计算 F 公司每一个方案自然环境因素主观评比值，得出自然环境因素主观评比值表，如表 4 - 1 - 8 所示。

表 4 - 1 - 8　F 公司自然环境因素主观评比值

自然环境	1 (1)	2 (5)	3 (3)	比重	主观评比值
1 (1)	0	0	0	0	0
2 (5)	1	0	1	2	0.667
3 (3)	1	0	0	1	0.333

同理，进行不同方案竞争能力、气候条件因素的比较，计算不同方案竞争能力、气候条件因素比重、主观评比值。

计算 F 公司每一个方案主观度量值，如表 4 - 1 - 9 所示。

表 4 - 1 - 9　F 公司每一个方案主观度量值

方案	竞争能力	自然环境	气候条件	主观度量值
	0.600	0.300	0.100	
1	0	0	0.333	0.033
2	0	0.667	0	0.200
3	1.000	0.333	0.667	0.767

计算 F 公司每一个方案特色因素值，如表 4 - 1 - 10 所示。

表4 - 1 - 10　F公司每一个方案特色因素值

方案	交通便利性	顾客群聚	氛围	现场生意 兴旺成熟度
1	0.556	0.273	0.429	0.333
2	0.111	0.455	0.428	0.111
3	0.333	0.272	0.143	0.556

计算F公司每一个方案特色度量值，如表4 - 1 - 11所示。

表4 - 1 - 11　F公司每一个方案特色度量值

方案	交通便利性	顾客群聚	氛围	现场生意 兴旺成熟度	特色度量值
	0.200	0.300	0.200	0.300	
1	0.556	0.273	0.429	0.333	0.3788
2	0.111	0.455	0.428	0.111	0.2776
3	0.333	0.272	0.143	0.556	0.3436

3. 层次分析法确定非经济因素、特色因素重要程度度量值

层次分析法运用体现模块单元各类流水线的延迟策略和强化延迟策略运作、后拉动流程、后拉动价值、智能运作的非经济因素、特色因素重要程度度量值进行选址，非经济因素、特色因素重要程度度量值越大，选址的效果就越好，更能够从空间上促进模块单元流水线延迟策略和强化延迟策略运作、后拉动流程、后拉动价值、智能运作。需要建立三层次的递阶层次结构。最高层由选址的非经济因素、特色因素重要程度度量目标构成，这一目标就是建立与经济因素一致的能有效进行选址的非经济因素、特色因素的度量。中间层由选址的各非经济因素、特色因素构成。最底层需要明确每一个选址的非经济因素、特色因素需要采取的措施，使每一个选址的非经济因素、特色因素得以改进。按照递阶层次结构要求，构建高层判断矩阵。判断矩阵如下：

$$
\begin{array}{ccccccc}
A_L & B_1 & B_2 & B_3 & \cdots & B_n \\
B_1 & u_{11} & u_{12} & u_{13} & \cdots & u_{1n} \\
B_2 & u_{21} & u_{22} & u_{23} & \cdots & u_{2n} \\
B_3 & u_{31} & u_{32} & u_{33} & \cdots & u_{3n} \\
\vdots & \vdots & \vdots & \vdots & \ddots & \vdots \\
B_n & u_{n1} & u_{n2} & u_{n3} & \cdots & u_{nn}
\end{array}
$$

其中，A_L表示第L方案的高层判断矩阵。B_n表示第L方案的第n项影响因素。u表示两两因素比较值。

运用高层判断矩阵需要先进行矩阵因素比较的标度建立，标度可以根据因素比较的程度明确。根据高层比较标度，通过选址各非经济因素、特色因素两两比较，建立高层选址因素的判断矩阵。根据高层判断矩阵确定分向量。公式如下：

$$W_{Li} = \left(\prod_{j=1}^{n} a_{ij} \right)^{\frac{1}{n}} \tag{4-1-25}$$

式中，W_{Li}表示第L方案第i因素向量。$L = 1，2，3，\cdots，m$，a_{ij}表示第i因素与第j因素比较值。

根据分向量，确定高层判断矩阵选址非经济因素重要程度。公式如下：

$$W_{Li}^0 = \frac{W_{Li}}{\sum\limits_{i=1}^{n} W_{Li}} \tag{4-1-26}$$

式中，W_{Li}^0表示第L方案第i因素选址非经济因素重要程度。

进行一致性检验。确立特征向量矩阵和特征值，进行一致性检验。特征向量矩阵如下：

$$AW_L = \begin{vmatrix} u_{11} & u_{12} & u_{13} & \cdots & u_{1n} \\ u_{21} & u_{22} & u_{23} & \cdots & u_{2n} \\ u_{31} & u_{32} & u_{33} & \cdots & u_{3n} \\ \vdots & \vdots & \vdots & \ddots & \vdots \\ u_{n1} & u_{n2} & u_{n3} & \cdots & u_{nn} \end{vmatrix} \begin{vmatrix} W_{L1}^0 \\ W_{L2}^0 \\ W_{L3}^0 \\ \vdots \\ W_{Ln}^0 \end{vmatrix} = \begin{vmatrix} Z_{L1} \\ Z_{L2} \\ Z_{L3} \\ \vdots \\ Z_{Ln} \end{vmatrix} \tag{4-1-27}$$

式中，Z_{Ln}表示特征向量矩阵值。

运用特征向量矩阵值计算特征值。公式如下：

$$\lambda_{\max} = \frac{1}{n} \left[\frac{Z_{L1}}{W_{L1}^0} + \frac{Z_{L2}}{W_{L2}^0} + \frac{Z_{L3}}{W_{L3}^0} + \cdots + \frac{Z_{Ln}}{W_{Ln}^0} \right] \tag{4-1-28}$$

$$C.I = \frac{\lambda_{\max} - n}{n - 1} \tag{4-1-29}$$

$$C.R = \frac{C.I}{S} \tag{4-1-30}$$

式中，$C.R$小于对应的比值，符合检验要求。

按照递阶层次结构要求，构建中层判断矩阵。中层判断矩阵的构建将每一个非经济因素单独列示，所有方案体现单独的非经济因素，方案之间两两对这一因素进行比较，得出方案的判断矩阵如下：

B_i	C_1	C_2	C_3	$\cdots$	C_L
C_1	u_{11}	u_{12}	u_{13}	$\cdots$	u_{1L}
C_2	u_{21}	u_{22}	u_{23}	$\cdots$	u_{2L}
C_3	u_{31}	u_{32}	u_{33}	$\cdots$	u_{3L}
$\vdots$	$\vdots$	$\vdots$	$\vdots$	$\ddots$	$\vdots$
C_L	u_{L1}	u_{L2}	u_{L3}	$\cdots$	u_{LL}

其中，B_i 表示第 i 项因素判断矩阵。C_L 表示第 L 项方案。u 表示两两方案关于 B_i 比较值。

中层判断矩阵的运用和高层一样，需要确定分向量和确定中层判断矩阵措施的重要程度，进行一致性检验。向量公式如下：

$$w_L = \left(\prod_{j=1}^{m} a_{ij} \right)^{\frac{1}{m}} \tag{4-1-31}$$

式中，w_L 表示第 L 项方案向量。$L = 1, 2, 3, \cdots, m$。a_{ij} 表示第 i 方案与第 j 方案比较值。

重要程度公式如下：

$$w_L^0 = \frac{w_L}{\sum_{L=1}^{m} w_L} \tag{4-1-32}$$

式中，w_L^0 表示第 L 项方案重要程度。

进行方案非经济因素度量值计算。以高层和中层得出的非经济因素和方案因素重要程度为依据，建立方案判断矩阵。判断矩阵如下：

Z_L	B_1	B_2	B_3	$\cdots$	B_n
C_1	u_{11}	u_{12}	u_{13}	$\cdots$	u_{1n}
C_2	u_{21}	u_{22}	u_{23}	$\cdots$	u_{2n}
C_3	u_{31}	u_{32}	u_{33}	$\cdots$	u_{3n}
$\vdots$	$\vdots$	$\vdots$	$\vdots$	$\ddots$	$\vdots$
C_q	u_{q1}	u_{q2}	u_{q3}	$\cdots$	u_{qn}

根据方案判断矩阵，计算每一个方案的非经济因素度量值，公式如下：

$$W_{LF} = \sum_{j=1}^{n} W_{Lj}^0 w_{Lj}^0 \tag{4-1-33}$$

式中，W_{Lj}^0 表示第 L 项方案第 j 项非经济因素重要程度。w_{Lj}^0 表示第 L 项方案第 j 项因素重要程度。

F 公司通过比较建立中层判断矩阵。建立各候选场址对单一非经济因素的判断矩阵，求各备选场址相对于其单一要素的归一化相对重要度，计算各方案非经济因素的重要程度。建立自然环境因素矩阵如下：

自然环境	1	2	3
1	1	1/5	1/3
2	5	1	3
3	3	1/3	1

同理，建立竞争因素、气候因素矩阵。

根据自然环境矩阵计算 F 公司的自然环境因素的向量如表 4-1-12 所示：

表 4 – 1 – 12　F 公司的自然环境因素的向量

自然环境	1	2	3	向量
1	1	1/5	1/3	0.407
2	5	1	3	2.469
3	3	1/3	1	1.000

同理，计算 F 公司的竞争因素、气候因素的向量。

根据 F 公司的自然环境因素的向量，计算 F 公司的自然环境因素重要程度如表 4 – 1 – 13 所示。

表 4 – 1 – 13　F 公司的自然环境因素重要程度

自然环境	1	2	3	向量	重要程度
1	1	1/5	1/3	0.407	0.105
2	5	1	3	2.469	0.637
3	3	1/3	1	1.000	0.258

同理，计算 F 公司的竞争因素、气候因素重要程度。

F 公司确立自然环境因素特征向量矩阵如下：

$$特征向量矩阵\ AW = \begin{bmatrix} 1 & 1/5 & 1/3 \\ 5 & 1 & 3 \\ 3 & 1/3 & 1 \end{bmatrix} \begin{bmatrix} 0.105 \\ 0.637 \\ 0.258 \end{bmatrix} = \begin{bmatrix} 0.318 \\ 1.936 \\ 0.785 \end{bmatrix}$$

同理，确定 F 公司竞争因素、气候因素特征向量矩阵。

F 公司自然环境因素特征值检验如下：

$$\lambda_{\max} = \frac{1}{3} \left[\frac{0.318}{0.105} + \frac{1.936}{0.637} + \frac{0.785}{0.258} \right] = 3.037$$

$$C.I = \frac{3.037 - 3}{3 - 1} = 0.0185$$

$$C.R = \frac{0.0185}{0.52} = 0.036 < 0.1$$

F 公司自然环境因素通过检验。

同理，进行 F 公司竞争因素、气候因素特征值检验，均通过检验。

计算 F 公司每一个方案的非经济因素度量值如表 4 – 1 – 14 所示。

表 4 – 1 – 14　F 公司每一个方案的非经济因素度量值

方案	竞争能力	自然环境	气候条件	非经济因素度量值
	0.600	0.300	0.100	
1	0.200	0.105	0.258	0.177

续表

方案	竞争能力	自然环境	气候条件	非经济因素
	0.600	0.300	0.100	度量值
2	0.200	0.637	0.105	0.322
3	0.600	0.258	0.637	0.501

4. 灰色关联度法

灰色关联度法由于设施选址的评价指标存在量纲上差异，数据之间不存在运算关系，所以对这些原始数据进行生成处理，将其化为 [0,1] 区间内的数，将数值同一化。灰色关联度法的数据同一化包括收益指标和成本指标两个部分，体现出指标的取向。选址因素可以根据指标的取向，选择使用不同的公式。运用收益指标的公式如下：

$$x_i(k) = [x_i(k) - \min x_i(k)] / [\max x_i(k) - \min x_i(k)] \qquad (4-1-34)$$

运用成本指标的公式如下：

$$x_i(k) = [\max x_i(k) - x_i(k)] / [\max x_i(k) - \min x_i(k)] \qquad (4-1-35)$$

原始数据经过区间化的生成处理后，数据具有统一性质。需要计算数据的绝对差。绝对差是进行数据关联的基础。公式如下：

$$\Delta_i = |x_0(k) - x_i(k)| = |1 - x_i(k)| \qquad (4-1-36)$$

计算关联系数值 ξ_i，该指标反映了数据之间的关联程度，关联程度越大，表明选址的因素的结合程度越深，联系越紧密。灰色关联度法运用体现模块单元各类流水线的延迟策略和强化延迟策略运作、后拉动流程、后拉动价值、智能运作的关联系数值进行选址，关联系数值越大，选址的效果就越好，更能从空间上促进模块单元流水线延迟策略和强化延迟策略运作、后拉动流程、后拉动价值、智能运作。公式如下：

$$\xi_i = [\min_i \min_k \Delta_i(k) + \rho \max_i \max_k \Delta_i(k)] / [\Delta_i(k) + \rho \max_i \max_k \Delta_i(k)] \qquad (4-1-37)$$

式中，ρ 表示分辨系数。$\min_i \min_k \Delta_i(k)$ 表示两级最小差。$\max_i \max_k \Delta_i(k)$ 表示两级最大差。

将 F 公司数据进行同一化计算，如表 4-1-15 所示。

表 4-1-15　F 公司同一化数据

方案	工资（万元）	运输费用（万元）	租金（万元）	自然环境	竞争能力	气候条件
1	0	1.00	1.00	0		0.50
2	1.00	0	0.50	1.00	0	0
3	0.10	0.59	0	0.50	1.00	1.00

计算 F 公司绝对差，如表 4-1-16 所示。

表 4 - 1 - 16　F 公司绝对差

方案	工资（万元）	运输费用（万元）	租金（万元）	自然环境	竞争能力	气候条件
1	1.00	0	0	1.00	1.00	0.50
2	0	1.00	0.50	0	1.00	1.00
3	0.90	0.41	1.00	0.50	0	0

计算 F 公司关联系数值 ξ_i，如表 4 - 1 - 17 所示。

表 4 - 1 - 17　F 公司关联系数值

方案	工资（万元）	运输费用（万元）	租金（万元）	自然环境	竞争能力	气候条件
1	0.33	1.00	1.00	0.33	0.33	0.50
2	1.00	0.33	0.50	1.00	0.33	0.33
3	0.35	0.55	0.33	0.50	1.00	1.00

5. 企业集成免疫算法

运用企业集成免疫算法进行选址时需要确定免疫运作机制，之后按照免疫运作机制的要求确定个体被选概率，由此确定免疫算法的运作方式，为企业集成免疫算法运作打下基础。F 公司需要根据 31 个被选点的横纵数据资料将 31 个点在坐标中标示，同时确定 31 个被选点的负荷。之后运用企业集成免疫算法，确定 31 个被选点的免疫运作机制为轮盘赌选择机制、确定免疫算法的运作方式为单点交叉运作方式，由此确立了 31 个被选点选址的企业集成免疫算法的运算基础。

（五）进行选址

每一种方法通过模型的数据计算得出进行选址的指标的具体量度。根据这些具体的量度进行选址。

1. 直接负荷距离法、穷举法、重心法

直接负荷距离法根据计算的所有方案中的位置之间的负荷和距离，算出每一个方案总的负荷距离，进行总负荷距离大小的比较，选择总负荷距离小的为最佳选址。

穷举法和重心法根据计算的所有方案中的与备选地址之间的负荷和距离，算出每一个备选地址方案的总负荷距离，进行总负荷距离大小的比较，选择总负荷距离小的备选地址为最佳选址。

运用直接负荷距离法计算 F 公司布局 A、布局 B 负荷距离如表 4 - 1 - 18 和表 4 - 1 - 19 所示：

表 4 – 1 – 18 F 公司布局 A 负荷距离

交换部门	年负荷	路程	总路程
A—C	1100	50	55000
A—B	1300	50	65000
D—E	1600	75	120000
C—D	2100	75	157500
A—D	2500	75	187500
B—C	3200	100	320000
B—D	3800	125	475000
A—E	4200	100	420000
C—E	4300	150	645000
B—E	4600	50	230000
			2675000

表 4 – 1 – 19 F 公司布局 B 负荷距离

交换部门	年负荷	路程	总路程
A—C	1100	50	55000
A—B	1300	50	65000
D—E	1600	75	120000
C—D	2100	75	157500
A—D	2500	125	312500
B—C	3200	100	320000
B—D	3800	125	475000
A—E	4200	100	420000
C—E	4300	150	645000
B—E	4600	50	230000
			280000

因此选择 A 方案。

运用穷举法确定出所有方案的负荷距离 A 为 149.5、B 为 126、C 为 152、D 为 164、E 为 117、F 为 128、G 为 170，选择 E。

运用重心法确定出所有方案的负荷距离 B 为 126、E 为 117、F 为 128，选择 E。

2. 选址度量法

选址度量法需要采用专家评价法确定主观因素的比重为 Z 和客观因素比重为 $1 - Z$，根据上述计算的主观度量值和客观度量值，按照度量值公式要求，计算度量值。选度量值最高的为最佳方案。拓展选址度量法需要采用专家评价法确定主观因素的比重

为 Z_1、客观因素的比重为 Z_2、特色因素的比重为 Z_3，根据上述计算的主观度量值、客观度量值、特色度量值，按照度量值公式要求，计算度量值。

运用原选址度量法计算 F 公司三个方案度量值如表 4 - 1 - 20 所示。

表 4 - 1 - 20　F 公司原选址度量法方案度量值

方案	客观度量值	主观度量值	度量值
	0.500	0.500	
1	0.341	0.033	0.187
2	0.334	0.200	0.267
3	0.326	0.767	0.546

因此选择方案 3。

运用拓展选址度量法计算 F 公司三个方案度量值如表 4 - 1 - 21 所示。

表 4 - 1 - 21　F 公司拓展选址度量法方案度量值

方案	客观度量值	主观度量值	特色度量值	度量值
	0.300	0.300	0.400	
1	0.341	0.033	0.379	0.264
2	0.334	0.200	0.278	0.271
3	0.326	0.767	0.344	0.465

因此选择方案 3。

3. 层次分析法

层次分析法计算需要采用专家评价法确定经济因素重要程度，非经济因素的比重为 G 和经济因素的比重为 $1 - G$，根据上述计算的非经济因素重要程度和经济因素重要程度，选重要程度最高的为最佳方案。

运用层次分析法计算 F 公司方案重要程度如表 4 - 1 - 22 所示。

表 4 - 1 - 22　F 公司方案重要程度

方案	经济因素重要因子权重	非经济因素重要因子权重	方案重要程度
	0.500	0.500	
1	0.341	0.177	0.259
2	0.334	0.322	0.328
3	0.326	0.501	0.413

因此选择方案3。

4. 灰色关联度法

灰色关联度法确定每个方案的关联度值，进行方案选择。

运用关联度值公式计算 F 公司方案关联度值如表 4 - 1 - 23 所示。

表 4 - 1 - 23　F 公司方案关联度值

方案	工资（万元）	运输费用（万元）	租金（万元）	自然环境	竞争能力	气候条件	r
1	0.33	1.00	1.00	0.33	0.33	0.50	0.583
2	1.00	0.33	0.50	1.00	0.33	0.33	0.583
3	0.35	0.55	0.33	0.50	1.00	1.00	0.622

因此选择方案3。

5. 企业集成免疫算法

企业集成免疫算法需要进行免疫运作，按照轮盘赌选择机制进行运作，个体被选的概率为期望繁殖概率确定；可以采用单点交叉法进行交叉运作；随机选择变异位进行运作。

F 公司集成免疫算法按照轮盘赌选择机制进行个体选择，进行交叉运作，找出交叉个体，选择交叉位置，将满足条件的个体赋予新种群，经过变异得到新的抗体群，从而得到 F 公司集成选址优化结果。F 公司集成免疫算法收敛曲线和选址最优结果如图 4 - 1 - 4 和图 4 - 1 - 5 所示。

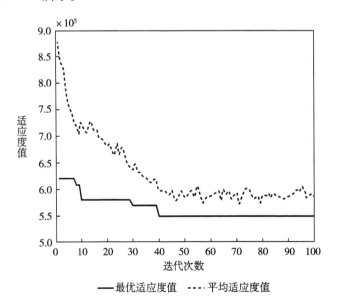

图 4 - 1 - 4　F 公司集成免疫算法收敛曲线

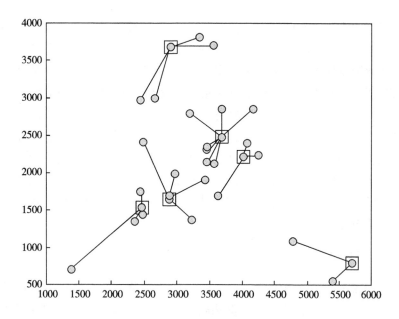

图 4 - 1 - 5 F 公司集成免疫算法选址最优结果

第二节 企业集成设施布置

一、企业集成布置原则

企业集成布置是企业集成运营管理流程空间布置，使企业集成战略实现具备了空间布置基础。

（一）企业集成布置需要按照模块单元延迟策略和强化延迟策略运作要求进行布置

模块单元延迟策略和强化延迟策略运作体现模块单元的层次和模块单元的性质，通过不同层次模块单元和同一层次的不同性质模块单元相互联系的运作将企业模块单元延迟策略和强化延迟策略运作具体落实，是企业集成运营流程的基础。进行模块单元运作布置需要反映不同层次模块单元和同一层次的不同性质模块单元这一企业集成运营流程的实体，需要反映不同层次模块单元的相互联系和同一层次的不同性质模块单元的相互联系，完成模块单元布置。

不同层次模块单元体现为具体模块单元、联合模块单元、模块组模块单元、总作业模块；同一层次的不同性质模块单元体现为通用模块单元、链接模块单元、专用模块单元；不同层次模块单元的相互联系体现为从具体模块单元、联合模块单元、模块组模块单元到总作业模块的作业运作顺序联系；同一层次的不同性质模块单元的相互联系体现为从通用模块单元、链接模块单元到专用模块单元作业顺序的联系。由此构成整体和局部模块单元布置，进行模块单元延迟策略和强化延迟策略运作。

制造类企业按照从具体、联合、模块组到总作业模块单元作业顺序和通用、链接、专用模块单元作业顺序，进行模块单元实体和模块单元联系布置。制造性服务企业按照从具体、联合到模块组模块单元作业顺序和通用、链接、专用模块单元作业顺序，进行模块单元实体和模块单元联系布置。一般服务企业、纯服务类企业按照从具体模块单元到联合模块单元作业顺序和通用模块单元、专用模块单元作业顺序，进行模块单元实体和模块单元联系布置。

（二）进行模块单元价值链流程运作布置

价值链流程需要通过价值增值优化的流程和模块单元的具体作业流程按照价值增值目标进行运作，是企业集成运营流程基础。进行价值链流程运作布置需要以价值增值为目标进行价值增值优化的企业集成运营流程布置，使每一个价值链流程作业都能按照价值增值目标进行运作。进行价值链流程运作布置需要具体模块单元、联合模块单元、模块组模块单元、总作业模块单元、通用模块单元、链接模块单元、专用模块单元中作业价值优化后的每一个作业按先后顺序进行布置。通过价值增值优化的企业集成运营流程和模块单元的具体作业流程布置，将价值链和不同层次和同一层次企业集成模块单元运作联系起来，使价值链与模块单元的每一个作业按照作业顺序相结合，进行模块单元运作的同时进行价值链运作，实现模块单元价值链流程运作布置，从空间上形成模块单元延迟策略运作和强化延迟策略运作、后拉动流程、后拉动价值、智能运作的基础。

制造类企业、服务类企业、纯服务类企业需要以价值增值为目标进行价值增值优化的企业集成运营流程的布置。

（三）进行模块单元精益运作布置

企业集成流程精益运作既是适时流程运作，也是单一流的流程运作。企业集成适时流程需要通过作业流与信息流的相反流动实现；企业集成单一流流程需要通过具体模块单元、联合模块单元、模块组模块单元、总作业模块单元、通用模块单元、链接模块单元、专用模块单元中单一流实现。进行企业集成适时流程运作布置需要围绕企业集成运营流程进行看板布置，需要进行作业流与信息流相应的信息系统和作业流运作系统的布置。进行企业集成单一流流程运作布置需要进行具体模块单元、联合模块单元、模块组模块单元、总作业模块单元、通用模块单元、链接模块单元、专用模块单元的单一流布置。通过企业集成适时流程和企业集成单一流流程运作布置，实现精益运作布置，从空间上对模块单元流水线延迟策略和强化延迟策略运作进行延伸。

制造类企业、服务类企业、纯服务类企业通过企业集成适时流程，实现精益运作布置。

（四）进行模块单元智能运作布置

将具体模块单元、联合模块单元、模块组模块单元、总作业模块单元、通用模块单元、链接模块单元、专用模块单元中每一个运营设备中融入数据采集设备、传感器、控制器、中央服务器、缓存器、设备网络、人机平台，进行每一个运营设备智能运作的硬件布置。将集成管理的数据库等技术融入各类设备运作中，进行设备智能运作的软件布置，构成企业集成运营管理模块单元 CPS 链接管理流程、CPS 分析管理流程、CPS 网络管理流程、CPS 认知管理流程、CPS 配置与执行管理流程，进行模块单元的智能运作。对各类设备构建设备监督学习算法、设备无监督学习算法、设备半监督学习算法、设备强化学习算法，进行设备智能运作的学习软件布置，构成企业集成运营管理模块单元 CPS 链接管理流程、CPS 分析管理流程、CPS 网络管理流程、CPS 认知管理流程、CPS 配置与执行管理流程的设备智能视觉运作、智能听觉运作、智能嗅觉运作、智能语言运作、智能动作运作，进行模块单元设备智能运作的学习软件布置，促进模块单元延迟策略和强化延迟策略运作、后拉动流程、后拉动价值运作。

制造类企业、服务类企业、纯服务类企业进行智能运作布置需要模块单元进行传感器、控制器、计算部件、通信网络布置，实现智能运作布置。

（五）进行模块单元集成 MBE、MES、ERP 信息系统布置

将具体模块单元、联合模块单元、模块组模块单元、总作业模块单元、通用模块单元、链接模块单元、专用模块单元的延迟策略和强化延迟策略运作、后拉动流程、后拉动价值、智能运作融入企业集成 MBE、MES、ERP 信息系统，进行模块单元的集成信息系统布置，促进模块单元延迟策略和强化延迟策略、后拉动流程、后拉动价值、智能的信息运作。

制造类企业、服务类企业、纯服务类企业进行模块单元集成 MBE、MES、ERP 信息系统布置。

（六）合理利用空间和面积

企业集成运营流程的运作是在企业具体的空间中进行，每一企业的实际空间不同，进行布置的空间形状和面积也不相同。需要企业进行布置时，根据具体企业的实际空间和面积进行合理的布置，使模块单元延迟策略和强化延迟策略运作、后拉动流程运作、后拉动价值运作、智能运作实现合理空间布置。

制造类企业、服务类企业、纯服务类企业都需要合理利用空间和面积进行空间布置。

（七）进行绿色运作布置

企业集成运营流程的运作会给企业自身和企业外部带来影响。给企业自身带来的影响会反过来给企业员工、内部环境、资源合理利用、员工身心健康带来干扰，企业外部影响会给企业环境、资源合理利用带来干扰。因而，企业进行布置时需要考虑企业内外环境，需要考虑员工健康，需要考虑资源合理利用，实现绿色运作布置，使模块单元延迟策略和强化延迟策略运作、后拉动流程运作、后拉动价值运作、智能运作具有良好的空间。

制造类企业、服务类企业、纯服务类企业进行布置时需要考虑企业内外环境，需要考虑员工健康，需要考虑资源合理利用，实现绿色运作布置。

（八）进行安全布置

企业集成运营流程的运作是在安全中进行的。企业进行安全布置需要进行一般安全布置和特殊安全布置。一般安全布置包括企业集成运营流程运作中的安全布置、消防安全布置；特殊安全布置是对有毒、有害物质的安全布置。企业需要通过一般安全布置和特殊安全布置实现安全布置，使模块单元延迟策略和强化延迟策略运作、后拉动流程运作、后拉动价值运作、智能运作具有安全的空间。

制造类企业、服务类企业需要进行一般安全布置和特殊安全布置。纯服务类企业需要进行一般安全布置。

（九）进行顾客接触的特色布置

企业集成基本顾客服务运作中顾客接触是其最重要的特性，顾客接触的特色布置需要考虑顾客接触。企业需要进行顾客直接接触部分、顾客可见部分、顾客不可见部分三个方面的布置，每一类布置根据与顾客接触的程度，进行针对性的布置，实现顾客接触的特色布置，使模块单元延迟策略和强化延迟策略运作、后拉动流程运作、后拉动价值运作、智能运作的空间布置充分注重顾客接触的特色。

一般纯服务企业的集成转化与销售流程需要根据与顾客接触的程度，进行针对性的布置，实现顾客接触的特色布置。

二、企业布置方式

（一）对象专业化布置

对象专业化布置是指针对加工对象进行的运营作业布置。对象专业化布置完成对象的所有作业，实现对象完整作业。

1. 对象专业化布置特点

（1）企业运营流程内集成了完成同一模块的不同设备和不同种类工人。对象专业化布置下每一个作业之间是相互紧密联系的整体，这一整体的每一个作业都需要不同的设备来体现不同的作业，需要不同作业的不同种类员工完成。

（2）运营流程内集成不同运营作业。对象专业化布置下，围绕运营对象，进行不同运营作业运作。这些不同的运营作业完成对象所需运营活动的不同部分，联系起来成为完成对象运作的整体，通过不同的运营作业，使对象运作得以完成。

（3）对象专业化布置在一定的空间形成不同运营作业、不同设备和不同种类工人的集合。对象专业化布置将紧密联系的一系列作业在一个空间内存在，这一空间完成相同的加工对象的加工。这一加工对象需要完成一系列所需的运营作业，通过不同的员工完成。

（4）连续的线性布置形式。对象专业化布置下，运营作业之间存在着紧密的联系，都在一个空间内存在，围绕相同的对象进行运作。因而，采取连续的线性布置。这一布置下，运营作业之间紧密联系，按照线性的要求进行布置。

2. 对象专业化布置优点

（1）产量高。早期的福特汽车制造厂就是以典型的对象专业化原则进行制造厂布置，这一布置的最大特点是产量大，当时没有哪个汽车制造企业在产量上可以和福特相比。通用模块的布置汲取了这一优势。

（2）单位成本低。通用模块对象专业化布置根据模块进行标准运作，衔接的部分少，所用时间少，单位成本少。

（3）设备利用率高。通用模块对象专业化原则是完全按照模块单元制造步骤进行设计，每一制造过程都是由不同的制造设备紧密连接而成，设备的利用率高。例如，发动机安装，将车输送到固定的位置上，设备从下方上来，与车下位置对应后，自动安装，设备利用率高，制造线的秩序性强。

（4）模块品目运输快、效率高。由于这种布置本身衔接紧密，模块品目加工中的流动自然、顺畅。现代化的对象专业化布置线都采用能够将物体进行移动和吊动的设备，模块品目运输更快，效率更高。

（5）运营作业和进度安排相对固定。通用模块对象专业化布置运营作业稳定性强，运营作业是按照固定的顺序进行的，如克莱斯勒轿车后工艺一般通过焊接、车下部分安装、车上部分安装来完成车体装配，每部分工艺的时间相对固定，使进度相对固定。

（6）模块品目控制和采购简单。由于运营作业和进度固定，能够根据运营作业的进度对模块品目运营进行控制，按照模块品目要求进行采购。

3. 对象专业化布置缺点

（1）工作单调。对象专业化布置的每一个作业环节的分工更为细致，每一个作业朝着更为简单的方向进行运作，使每一个作业形成单纯的重复，容易造成工作的单一，使作业的员工产生单调的感受。

（2）适应性差。对象专业化布置是按照一个一个相互联系的作业形成的一个闭环系统进行运作，是按照对象的生产进行运作。由于对象相对固定，使生产线的改变有一定的困难。当市场需要与生产线不一样的产品时，造成生产线改变的困难，适应性不足。

（3）个别设备出故障的影响大。对象专业化布置是一个作业之间彼此相互联系的作业线，作业线上的任何一个设备出现故障都会对生产线的运作造成影响。一旦一个设备出现问题，整个生产线就会停工。

（4）激励计划不畅。对象专业化布置使不同的作业之间联系起来，由于每一个作业的工作性质各不相同，这样进行比较作业成绩的统一基础就不具备，给进行比较带来一定的困难，对激励的基础量产生影响，不利于激励计划的实施。

对象专业化布置如图4-2-1所示。

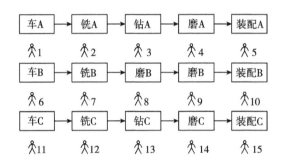

图4-2-1 对象专业化布置

制造类企业、服务类企业、纯服务类企业进行对象专业化布置。

（二）运营作业专门化布置

运营作业专门化布置是仅从运营作业出发进行的布置。

1. 运营作业专门化布置特点

（1）运营作业专门化布置下的生产单位内集中了完成同一对象的相同或者相似运营作业设备和同种类员工。每一个运营作业都单独存在，相同的运营作业设备聚集在一起，由不同的员工完成同一运营作业的运作。

（2）运营作业专门化布置下完成同一产品相同或者相似运营作业。每一个独立存在的运营作业或者相同或者相似，相同的运营作业员工的操作按照标准化的操作规程进行，相似的运营作业的员工需要按照标准化的与相同的运营作业一致的操作规程进行，以保持运营作业的一致性。

（3）不同部门的相同运营作业与独立部门并存。从空间布置来看，运营作业专门化布置下的不同的运营作业是在不同的空间存在的，每一个运营作业都有每一个运营作业的独立空间，进入这一空间就需要进行这一运营作业的运作。

（4）非连续线布置形式。运营作业专门化布置下的运营作业之间没有紧密的联系，每一个运营作业又占据着不同的空间。因而，运营作业专门化布置采用的是非连续布置形式，这一布置使运营作业之间按照非连续的方式运作。

2. 运营作业专门化布置优点

（1）满足多样化运营作业要求。运营作业专门化布置的运营作业范围要比对象专业化布置的范围宽泛得多，对于同一产品和不同产品的不同运营作业的要求，可以在不同的空间寻找所需要的运营作业，满足同一产品和不同产品的多样化运营作业要求。

（2）个别设备出故障的影响不大。运营作业专门化布置下的运营作业相互独立，每一个独立的运营作业中又由一些相同的运营作业设备组成，若个别设备出故障，可以由相同运营作业的其他设备来完成运营作业，不影响运营作业的运作。

（3）通用设备费用低。运营作业专门化布置由于不是针对某一产品的对象进行设计的运营作业，因而一般采用通用设备就能够完成不同运营作业的运作。通用设备与专用设备相比，费用要低得多。

（4）可采用个人激励制。运营作业专门化布置下的不同员工，可以在同一运营作业下进行运作，而同一运营作业下有着相同的操作规范，有着完成运营作业的相同的评价标准，因而不同员工就能够进行绩效的比较，评判不同员工的贡献。

3. 运营作业专门化布置缺点

（1）库存量大。运营作业专门化布置由于每一个运营作业都独立存在，不同空间的对象运营需要具备一定的库存才能够满足不同运营作业下的时间要求，这样就需要备有一定的库存，才能按时进行不同运营作业的运作。

（2）经常进行运营作业和进度安排。由于不同的运营对象对运营作业的要求不同，需要不同的运营作业完成这些不同对象的运营。为了能够顺利地进行运营对象不同运营作业运营的要求，需要对运营作业和进度经常进行调整，增加了运营作业计划的强度。

（3）设备利用率低。运营作业专门化布置由于同一种运营作业设备在一个空间内存在，而运营对象只有在需要那种运营作业时才会在所需要的运营作业空间存在，这样没有进行运营的设备就会处于闲置状态，降低设备利用率。

（4）物料运输慢、效率低。由于运营作业专门化布置下的运营作业都是在不同空间里存在，对象需要运营时就需要在不同的空间里来回进行物料运输，不同运营对象有着不同的物料运输途径，造成物料运输往返、交叉，物料运输慢、效率低。

（5）单位运输费用、监督费用、单位成本高。运营作业专门化布置下由于物料运输慢、效率低，经常进行工艺和进度安排，要保证运营对象的顺利运作，需要更高的单位运输费用、监督费用、单位成本。

（6）会计、库存控制和采购复杂。由于运营作业专门化布置下的运营作业变化多，需要不同作业环节的库存控制，使会计功能的发挥和库存的控制难度增大；同时，由于作业的变化大，对采购也造成影响，采购难度增强。

运营作业专门化布置如图 4 - 2 - 2 所示。

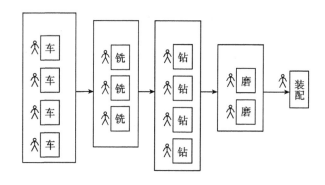

图4-2-2 运营作业专门化布置

制造类企业、服务类企业、纯服务类企业进行运营作业专门化布置。

（三）混合布置

混合布置的特点如下：

1. 对象专业化布置与运营作业专门化布置混合

部分采用对象专业化布置的加工线具有不同设备和不同种类工人；部分采用运营作业专门化布置的加工线集中了完成同一产品的相同或者相似运营作业设备和同种类工人。

2. 连接紧密的连续运营作业与完成同一产品相同或者相似运营作业混合

部分采用对象专门化布置的加工线是连接紧密的连续运营作业；部分采用运营作业专门化布置的加工线完成同一产品相同或者相似运营作业。

3. 同一部门的加工线并存与不同部门的相同运营作业独立部门并存

部分采用对象专业化布置的同一部门的加工线并存；部分采用运营作业专门化布置的不同部门的相同运营作业独立部门并存。

4. 连续线布置形式与非连续线布置形式混合

部分采用对象专业化布置的连续线布置形式；部分采用运营作业专门化布置的非连续线布置形式。

对象专业化布置属于内封闭的布置，这种布置没有与顾客需求直接联系起来。

混合布置如图4-2-3所示。

制造类企业、服务类企业、纯服务类企业进行混合布置。

（四）固定布置

固定布置分对象固定布置和人员固定布置。对象固定布置是运营对象固定而运营员工围绕运营对象进行运营活动的布置。这种布置方式原因是固定布置的运营对象不宜移动。对象固定布置与对象专业化布置、运营作业专门化布置、混合布置不同，对象专业化布置、运营作业专门化布置、混合布置是从运营流程整体出发进行的布置，而对象固定布置则是从运营对象和运营人员的关系出发进行的一种布置，是一种结构性布置。

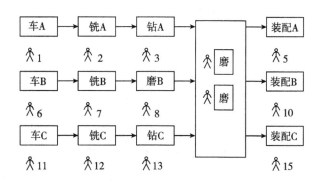

图 4 - 2 - 3　混合布置

对象固定布置的运营对象在其运营流程作业整个运营过程中，始终没有移动，固定在一定的位置；对象固定布置的运营员工在其运营流程作业整个运营过程中，始终移动，进行移动作业。对象固定布置对需要固定的运营对象，能有效地进行运营活动。这种布置对对象专业化布置、运营作业专门化布置、混合布置这些整体布置方式都能进行运用，但只适合于运营对象需要固定特性。对象固定布置如图 4 - 2 - 4 所示。

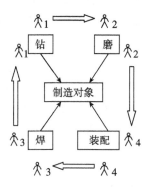

图 4 - 2 - 4　对象固定布置

人员固定布置是运营人员固定而作业围绕着人员进行运营活动的布置。这种布置方式原因是人员固定在一定位置进行作业。人员固定布置与对象专业化布置、运营作业专门化布置、混合布置不同，对象专业化布置、运营作业专门化布置、混合布置是从运营流程整体出发进行的布置，而人员固定布置则是从运营对象和运营人员的关系出发进行的一种布置，是一种结构性布置。

人员固定布置的人员在其运营流程作业整个运营过程中，始终没有移动，固定在一定的位置。人员固定布置对需要固定人员，能有效地进行运营活动。人员固定布置如图4-2-5所示。

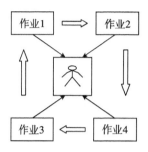

图4-2-5 人员固定布置

制造类企业、服务类企业进行对象固定布置。纯服务类企业进行人员固定布置。

（五）成组布置

成组布置是指运用成组原理针对运营对象进行的运营作业布置。成组布置完成一些对象的所有的作业，实现一些对象完整作业。

成组布置特点如下：

成组布置采用成组原理使对象由一个扩大到几个，运营作业由围绕一个对象扩大到围绕几个对象进行运营作业。成组布置中，对象是一个运营作业和对象是几个相同或者相似的运营作业。成组布置下的几个运营对象完成不同设备和不同种类工人的相互紧密联系的整体作业；围绕几个运营对象，进行着不同工艺运作；采用连续的线性布置形式。

成组布置运营对象扩展为几个，适应性比对象专业化布置强；围绕这几个对象进行运作，运营效率较高；不用迂回地进行作业，单位成本低；几个运营对象顺序地进行运营作业，设备利用率高；比专业布置的运营作业要稳定。成组布置如图4-2-6所示。

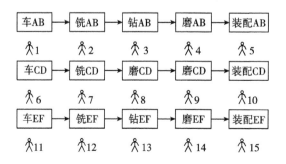

图4-2-6 成组布置

制造类企业、服务类企业、纯服务类企业进行成组布置。

（六）精益单元布置

1. 单一流内集成了完成同一产品的不同设备和不同种类工人

与对象专业化布置不同，精益单元布置下单一流内集成了完成同一产品的不同设备和不同种类工人。单一流内的每一个作业之间是相互紧密联系的单一流整体，单一流整体的每一个作业都需要不同的设备体现不同的作业，需要不同的作业由不同种类的工人完成。

2. 单一流内完成同一产品不同运营作业

与对象专业化布置不同，精益单元布置下围绕运营对象，进行不同运营作业运作。单一流的运营作业完成对象所需运营活动的不同部分，联系起来成为完成对象运作的整体，通过单一流不同的运营作业，使对象运作得以完成。

3. 采用 U 形布置

与对象专业化布置不同的是，精益单元布置下 U 形空间形成不同运营作业、不同设备和不同种类工人的集合。U 形空间由紧密联系的一系列作业在一个空间内存在，这一空间完成相同的加工对象的运营作业。这一加工对象需要完成一系列所需的运营作业，通过不同的员工来完成。

4. 单一流连续的线性布置形式

与对象专业化布置不同的是，精益单元布置下运营作业之间存在着紧密的联系单一流，都在一个 U 形空间内存在，围绕相同的对象进行运作。因而，采取单一流连续的线性布置。运营作业之间紧密联系，按照线性的要求进行布置。

与对象专业化布置不同的是，精益单元布置属于开放布置，与顾客需求联系起来，但没有从效率考虑。精益单元布置如图 4 - 2 - 7 所示。

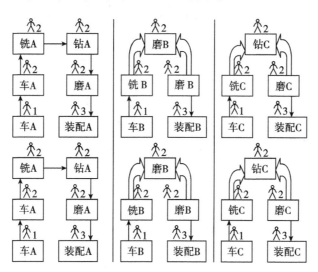

图 4 - 2 - 7　精益单元布置

制造类企业、服务类企业、纯服务类企业进行精益单元布置。

三、企业集成运营流程布置

(一) 企业集成运营流程模块单元布置

1. 企业集成运营流程模块单元区域布置

企业集成运营流程模块单元区域布置是从企业集成运营流程模块单元的区域进行布置，是从企业集成运营流程整体上进行的布置。以企业集成战略为指导，进行具体模块单元区域、联合模块单元区域、模块组模块单元区域、总作业模块单元区域的不同层次模块单元区域和通用模块单元区域、链接模块单元区域、专用模块单元区域的不同类型模块单元区域进行布置。企业集成运营流程模块单元区域布置按照具体模块单元区域、联合模块单元区域、模块组模块单元区域、总作业模块单元区域和通用模块单元区域、链接模块单元区域、专用模块单元区域进行运作，专用模块单元区域位于通用模块单元区域、链接模块单元区域之后，体现企业集成战略的运用，将延迟策略和强化延迟策略融入企业集成运营流程区域布置之中。企业集成运营流程模块单元区域布置如图4-2-8所示。

图4-2-8 企业集成运营流程模块单元区域布置

制造类企业按照从具体、联合、模块组到总作业模块单元区域和通用、链接、专用模块单元区域，进行模块单元实体和模块单元区域布置。制造性服务企业按照从具体、联合到模块组模块单元区域和通用、链接、专用模块单元区域，进行模块单元实体和模块单元区域布置。纯服务企业按照从具体模块单元到联合模块单元区域和通用模块单元、专用模块单元区域，进行模块单元实体和模块单元区域布置。

2. 企业集成运营流程模块单元层次布置

企业集成运营流程模块单元层次布置是从其层次进行布置。这一布置性质需要反映从具体模块单元、联合模块单元、模块组模块单元到总作业模块单元运营作业运作的顺序，按照具体模块单元、联合模块单元、模块组模块单元、总作业模块单元由前到后的顺序进行布置。企业集成运营流程模块单元层次布置体现企业集成运营流程整体运作顺序。企业集成运营流程模块单元层次布置遵循企业集成运营流程区域布置要求，每一个层次模块单元都按照通用模块单元、链接模块单元、专用模块单元由前到后的顺序进行运作，体现企业集成战略的运用，将延迟策略和强化延迟策略融入企业集成运营流程区域布置之中。企业集成运营流程模块单元层次布置如图4-2-9所示。

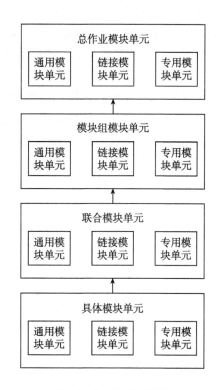

图4-2-9 企业集成运营流程模块单元层次布置

制造类企业按照具体、联合、模块组、总作业模块单元由前到后的顺序进行布置，每一个层次模块单元都按照通用、链接、专用模块单元由前到后的顺序进行运作。制造性服务企业按照具体、联合、模块组模块单元由前到后的顺序进行布置，每一个层次模块单元都按照通用、链接、专用模块单元由前到后的顺序进行运作。一般服务企业、纯服务类企业按照具体、联合模块单元由前到后的顺序进行布置，每一个层次模块单元都按照通用、专用模块单元由前到后的顺序进行运作。

3. 企业集成运营流程模块单元相似布置

企业集成运营流程模块单元相似布置是同一层次模块单元的相似布置。针对企业集成运营流程中的具体模块单元、联合模块单元、模块组模块单元、总作业模块单元不同层次的模块单元，每一层次模块单元先按照通用模块单元特性，进行相似性的顺序安排，使每一层次模块单元形成通用模块单元特性相似的顺序排列；在每一层次模块单元的通用模块单元特性相似的顺序排列基础上，按照专用模块单元特性，进行相似性的顺序安排，使每一层次模块单元形成专用模块单元特性相似的顺序排列；在每一层次模块单元的通用模块单元和专用模块单元特性的相似性顺序排列基础上，每一层次模块单元先按照链接模块单元特性，进行相似性的顺序安排，使每一层次模块单元形成链接模块单元特性相似的顺序排列。通过不同层次模块单元的通用模块单元、链接模块单元、专用模块单元相似性排列，形成不同层次模块单元相似性排列。企业集成运营流程模块单元相似布置的趋向与企业集成运营流程模块单元区域布置、企业集成运营流程模块单元层次布置一致，促进模块单元延迟策略和强化延迟策略实现。

制造类企业具体、联合、模块组、总作业模块单元按照通用模块单元相似性、专用模块单元相似性、链接模块单元相似性排列，形成模块单元相似性排列。模块单元相似性排列趋向与企业集成运营流程模块单元区域布置、企业集成运营流程模块单元层次布置一致。制造性服务企业具体、联合、模块组模块单元按照通用模块单元相似性、专用模块单元相似性、链接模块单元相似性排列，形成模块单元相似性排列。模块单元相似性排列趋向与企业集成运营流程模块单元区域布置、企业集成运营流程模块单元层次布置一致。一般服务企业、纯服务类企业具体模块单元、联合模块单元按照通用模块单元相似性、专用模块单元相似性排列，形成模块单元相似性排列。模块单元相似性排列趋向与企业集成运营流程模块单元区域布置、企业集成运营流程模块单元层次布置一致。

(二) 企业集成运营流程适时模块单元布置

1. 企业集成运营流程适时不同层次模块单元单一流布置

企业集成运营流程适时不同层次模块单元单一流布置是不同层次模块单元根据企业集成基本运营流程运作实际，通过建立单一流完成企业集成基本运营流程的布置。企业集成运营流程适时不同层次模块单元单一流布置包括整体不同层次模块单元单一流布置和局部不同层次模块单元单一流布置。企业集成运营流程适时不同层次模块单元单一流布置如图 4-2-10 所示。

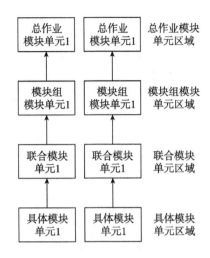

图 4 - 2 - 10　适时不同层次模块单元单一流布置

企业集成运营流程适时整体不同层次模块单元单一流布置是具体模块单元、联合模块单元、模块组模块单元、总作业模块单元从整体上构成的不同层次模块单元单一流布置。企业集成运营流程适时整体不同层次模块单元单一流布置包括独立适时整体不同层次模块单元单一流布置和联系的适时整体不同层次模块单元单一流布置。独立适时整体不同层次模块单元单一流布置是相对独立的适时整体不同层次模块单元单一流布置，能进行独立运作；联系的适时整体不同层次模块单元单一流布置是相互联系的适时整体不同层次模块单元单一流布置，能进行相互联系运作。由此确立了适时不同层次模块单元单一流布置，延伸模块单元延迟策略和强化延迟策略运作。

制造类企业进行具体、联合、模块组、总作业模块单元整体不同层次模块单元单一流布置和部分不同层次模块单元单一流布置。制造性服务企业进行具体、联合、模块组模块单元整体不同层次模块单元单一流布置和部分不同层次模块单元单一流布置。一般服务企业、纯服务类企业进行具体模块单元、联合模块单元整体不同层次模块单元单一流布置和部分不同层次模块单元单一流布置。

2. 企业集成运营流程适时同层次内模块单元单一流布置

企业集成运营流程适时同层次内模块单元单一流布置是同层次内模块单元根据企业集成基本运营流程运作实际，通过建立单一流完成企业集成基本运营流程的布置。企业集成运营流程适时同层次内模块单元单一流布置包括适时同层次内独立模块单元单一流布置和适时同层次内联系模块单元单一流布置。企业集成运营流程适时同层次内模块单元单一流布置如图 4 - 2 - 11 所示。

企业集成运营流程适时同层次内独立模块单元单一流布置是适时具体模块单元、联合模块单元、模块组模块单元、总作业模块单元内独立模块单元单一流布置，这种布置模块单元相对独立，能进行独立运作。企业集成运营流程适时同层次内联系模块单元单一流布置是适时具体模块单元、联合模块单元、模块组模块单元、总作业模块

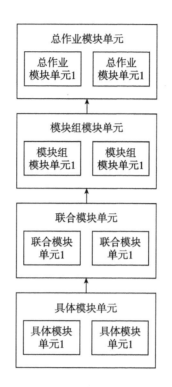

图 4 – 2 – 11　企业集成运营流程适时同层次内模块单元单一流布置

单元内联系模块单元单一流布置，这种布置模块单元之间的联系，能进行联系运作。由此确立适时同层次模块单元单一流布置，延伸模块单元延迟策略和强化延迟策略运作。

制造类企业进行适时具体模块单元、联合模块单元、模块组模块单元、总作业模块单元内独立或者联系模块单元单一流布置。制造性服务企业进行适时具体模块单元、联合模块单元、模块组模块单元内独立或者联系模块单元单一流布置。一般服务企业、纯服务类企业进行适时具体模块单元、联合模块单元独立或者联系模块单元单一流布置。

3. 企业集成运营流程适时不同类型模块单元单一流布置

企业集成运营流程适时不同类型模块单元单一流布置是同层次内不同类型模块单元根据企业集成基本运营流程运作实际，通过建立单一流来完成企业集成基本运营流程的布置。企业集成运营流程适时同层次内不同类型模块单元单一流布置包括企业集成运营流程适时同层次内不同类型模块单元整体作业单一流布置和企业集成运营流程适时同层次内不同类型模块单元部分作业单一流布置。企业集成运营流程适时不同类型模块单元单一流布置如图 4 – 2 – 12 所示。

企业集成运营流程适时同层次内不同类型模块单元整体作业单一流布置是具体模块单元、联合模块单元、模块组模块单元、总作业模块单元内通用模块单元、链接模

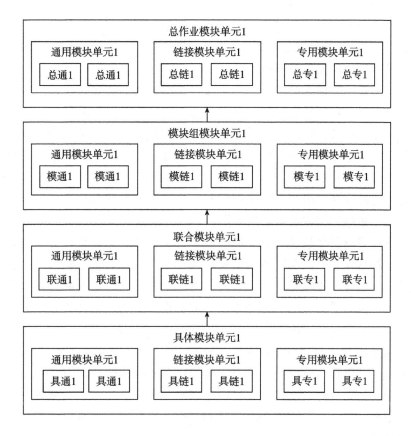

图 4 - 2 - 12 企业集成运营流程适时不同类型模块单元单一流布置

块单元、专用模块单元整体作业单一流布置。企业集成运营流程适时同层次内不同类型模块单元部分作业单一流布置是具体模块单元、联合模块单元、模块组模块单元、总作业模块单元内通用模块单元、链接模块单元、专用模块单元部分作业单一流布置。由此确立适时不同类型模块单元单一流布置,延伸模块单元延迟策略和强化延迟策略运作。

　　制造类企业进行具体模块单元、联合模块单元、模块组模块单元、总作业模块单元内通用模块单元、链接模块单元、专用模块单元整体或者部分作业单一流布置。制造性服务企业进行具体模块单元、联合模块单元、模块组模块单元内通用模块单元、链接模块单元、专用模块单元整体或者部分作业单一流布置。一般服务企业、纯服务类企业进行具体模块单元、联合模块单元内通用模块单元、专用模块单元整体或者部分作业单一流布置。

　　4. 企业集成运营流程适时模块单元联系链接模块单元单一流布置

　　企业集成运营流程适时模块单元联系链接模块单元单一流布置是不同层次、同层次内起着联系作用的链接模块单元布置,根据企业集成基本运营流程运作实际,通过建立单一流完成企业集成基本运营流程的布置。企业集成运营流程适时模块单元联系链接模块单元单一流布置包括联系适时整体不同层次模块单元的链接模块单元单一流布置、联系适时局部不同层次模块单元的链接模块单元单一流布置、模块单元内联系模块单元的链接模块单元单一流布置。

联系适时整体不同层次模块单元的链接模块单元单一流布置完成适时整体具体模块单元、联合模块单元、模块组模块单元、总作业模块单元空间联系；联系适时局部不同层次模块单元的链接模块单元单一流布置完成适时局部具体模块单元、联合模块单元、模块组模块单元、总作业模块单元空间联系；模块单元内联系模块单元的链接模块单元单一流布置完成适时具体模块单元、联合模块单元、模块组模块单元、总作业模块单元内空间联系。由此确立了适时模块单元联系链接模块单元单一流布置，延伸模块单元延迟策略和强化延迟策略运作。

制造类企业进行具体模块单元、联合模块单元、模块组模块单元、总作业模块单元整体联系、局部联系、内部联系的链接模块单元单一流布置。制造性服务企业进行具体模块单元、联合模块单元、模块组模块单元整体联系、局部联系、内部联系的链接模块单元单一流布置。一般服务企业、纯服务类企业进行具体模块单元、联合模块单元整体联系、局部联系、内部联系的链接模块单元单一流布置。

5. 企业集成运营流程适时模块单元作业流、信息流、价值流布置

企业集成运营流程适时模块单元布置是模块单元根据企业集成基本运营流程适时运作要求，通过建立适时拉动流程，将顾客需求拉入企业集成运营流程之中，形成与作业顺序和信息顺序、价值顺序相反的适时运作，适时实现顾客需求的信息流、价值流和作业流布置。

企业集成运营流程适时模块单元布置需要建立从企业集成运营流程适时不同层次模块单元单一流布置到企业集成运营流程适时同层次内不同类型模块单元单一流布置的信息流顺序、价值流顺序和与之相反的作业流顺序的信息流、价值流和作业流布置。这一布置从具体模块单元、联合模块单元、模块组模块单元、总作业模块单元单一流布置的总作业模块单元的最后一道作业顺序向前拉动到模块组模块单元、联合模块单元，直到拉动到具体模块单元的最前的作业，再从专用模块单元的最后一道作业顺序向前拉动到链接模块单元，直到拉动到通用模块单元的最前的作业，构建企业集成运营流程适时模块单元信息流、价值流和作业流布置。

企业集成运营流程适时模块单元布置需要注重联系适时整体不同层次模块单元的链接模块单元单一流布置、联系适时局部不同层次模块单元的链接模块单元单一流布置、模块单元内联系模块单元的链接模块单元单一流布置中的链接模块单元的信息流、价值流和作业流的联系，形成企业集成运营流程适时链接模块单元信息流、价值流和作业流布置。由此确立适时模块单元作业流、信息流、价值流布置，延伸模块单元延迟策略和强化延迟策略运作。

制造类企业建立从企业集成运营流程适时不同层次模块单元的总作业模块单元、模块组模块单元、联合模块单元、具体模块单元的信息流拉动单一流布置到企业集成

运营流程适时同层次内的专用模块单元、链接模块单元、通用模块单元的信息流拉动单一流布置的信息流和作业流顺序相反的信息流和作业流布置。制造性服务企业从企业集成运营流程适时不同层次模块单元的模块组模块单元、联合模块单元、具体模块单元的信息流拉动单一流布置到企业集成运营流程适时同层次内的专用模块单元、链接模块单元、通用模块单元的信息流拉动单一流布置的信息流和作业流顺序相反的信息流和作业流布置。一般服务企业、纯服务类企业从企业集成运营流程适时不同层次模块单元的联合模块单元、具体模块单元的信息流拉动单一流布置到企业集成运营流程适时同层次内的专用模块单元、通用模块单元的信息流拉动单一流布置的信息流和作业流顺序相反的信息流和作业流布置。

6. 企业集成运营流程适时模块单元布置形式

企业集成运营流程适时模块单元布置形式是具体模块单元、联合模块单元、模块组模块单元、总作业模块单元中通用模块单元、链接模块单元、专用模块单元所采取的布置形式。通用模块单元一般采用 U 形线布置形式，链接模块单元一般采用直线布置形式，专用模块单元采用 U 形线布置形式。采用 U 形布置体现了精益布置和协同原理。由此确立适时模块单元 U 形布置形式，延伸模块单元延迟策略和强化延迟策略运作。随着市场的不断发展，生产范式已从大众生产范式到大规模定制范式，制造商越来越多专注于 U 形装配线（Vilda，2018）。U 形装配布局具有多种优势，实施精益制造和即时技术（Avikal，2013）。企业集成运营流程适时模块单元布置形式如图 4 – 2 – 13 所示。

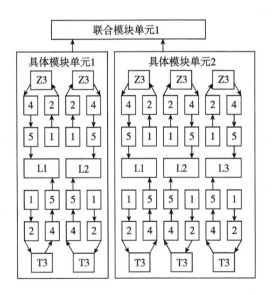

图 4 – 2 – 13　企业集成运营流程适时模块单元布置形式

制造类企业具体模块单元、联合模块单元、模块组模块单元、总作业模块单元中通用模块单元一般采用 U 形线布置形式，链接模块单元一般采用直线布置形式，专用模块单元采用 U 形线布置形式。制造性服务企业具体模块单元、联合模块单元、模块组模块单元中通用模块单元一般采用 U 形线布置形式，链接模块单元一般采用直线布置形式，专用模块单元采用 U 形线布置形式。一般服务企业、纯服务类企业具体模块单元、联合模块单元中通用模块单元一般采用 U 形线布置形式，专用模块单元采用 U 形线布置形式。

7. 企业集成运营流程适时模块单元看板布置

企业集成运营流程适时模块单元看板布置是不同层次、同一层次模块单元根据企业集成基本运营流程运作实际，通过建立单一流看板来完成企业集成基本运营流程的布置。企业集成运营流程适时模块单元看板布置包括企业集成运营流程适时不同层次模块单元单一流看板布置、企业集成运营流程适时同层次内模块单元单一流看板布置、企业集成运营流程适时不同类型模块单元单一流看板布置。

企业集成运营流程适时不同层次模块单元单一流看板布置完成具体模块单元、联合模块单元、模块组模块单元、总作业模块单元之间的信息流运作；企业集成运营流程适时同层次内模块单元单一流看板布置完成具体模块单元、联合模块单元、模块组模块单元、总作业模块单元中通用模块单元、链接模块单元、专用模块单元之间信息流运作；企业集成运营流程适时不同类型模块单元单一流看板布置完成具体模块单元、联合模块单元、模块组模块单元、总作业模块单元中通用模块单元、链接模块单元、专用模块单元内信息流运作。由此确立适时模块单元看板布置，延伸模块单元延迟策略和强化延迟策略运作。

制造类企业建立具体模块单元、联合模块单元、模块组模块单元、总作业模块单元之间适时模块单元看板布置，建立通用模块单元、链接模块单元、专用模块单元之间适时模块单元看板布置，建立通用模块单元、链接模块单元、专用模块单元内适时模块单元看板布置。制造性服务企业建立具体模块单元、联合模块单元、模块组模块单元之间适时模块单元看板布置，建立通用模块单元、链接模块单元、专用模块单元之间适时模块单元看板布置，建立通用模块单元、链接模块单元、专用模块单元内适时模块单元看板布置。一般服务企业、纯服务类企业建立具体模块单元、联合模块单元之间适时模块单元看板布置，建立通用模块单元、专用模块单元之间适时模块单元看板布置，建立通用模块单元、专用模块单元内适时模块单元看板布置。

8. 企业集成运营流程适时模块单元人员多能空间布置

企业集成运营流程适时模块单元人员多能空间布置是具体模块单元、联合模块单元、模块组模块单元、总作业模块单元中通用模块单元、链接模块单元、专用模块单元的人员采取不同作业或者相邻作业的人员多能空间布置。通用模块单元和专用模块单元采用 U 形线布置形式，可以进行不同作业人员多能空间布置。链接模块单元一般采用直线布置形式，可以采取相邻作业的人员多能空间布置。由此确立适时不同层次模块单元人员多能空间布置，延伸模块单元延迟策略和强化延迟策略运作。

　　制造类企业具体模块单元、联合模块单元、模块组模块单元、总作业模块单元中通用模块单元、专用模块单元可以进行不同作业人员多能空间布置，链接模块单元可以采取相邻作业的人员多能空间布置。制造性服务企业具体模块单元、联合模块单元、模块组模块单元中通用模块单元、专用模块单元可以进行不同作业人员多能空间布置，链接模块单元可以采取相邻作业的人员多能空间布置。一般服务企业、纯服务类企业具体模块单元、联合模块单元中通用模块单元、专用模块单元可以进行不同作业人员多能空间布置。

（三）企业集成基本运营流程模块单元 CPS 智能布置

　　企业集成基本运营流程模块单元 CPS 智能布置是企业进行智能运作的基础，需要通过 CPS 实现模块单元设备与设备、设备与人之间的智能联系，建立企业集成基本运营流程模块单元 CPS 智能运作基础。

　　将具体模块单元、联合模块单元、模块组模块单元、总作业模块单元、通用模块单元、链接模块单元、专用模块单元中的每一个运营设备融入数据采集设备、传感器、控制器、中央服务器、缓存器、设备网络、人机平台，进行每一个运营设备智能运作的硬件布置。将集成管理的数据库、数据环网、自意识传感、数据传输、信息编码技术、自记忆与自适应优先级排序、智能动态链接索引技术、管理专家知识信息处理、聚类分析、关联分析技术、数据压缩、智能数据重构技术、关联性算法工具、信息融合、机器学习技术、模式识别、状态评估技术、空间建模、模型分析、数据挖掘、决策关联分析技术、信息可视化技术、多元化数据动态关联、评估和预测、自免疫与自重构的信息平台技术、自配置和自执行技术、集成时间维度比较技术、状态维度比较技术、集群维度多个维度比较技术融入各类设备运作中，进行设备智能运作的软件布置，构成企业集成运营管理模块单元 CPS 链接管理流程、CPS 分析管理流程、CPS 网络管理流程、CPS 认知管理流程、CPS 配置与执行管理流程，进行模块单元的智能运作。对各类设备构建感知计算法、k 近邻算法、朴素贝叶斯算法、决策树算法、Logistic 回归与最大熵模型算法、支持向量机算法等设备监督学习算法，构建层次聚类算法、k 均值聚类算法、高斯混合模型算法、主成分分析算法、潜在语义分析算法等设备无监督学习算法，构建生成式算法、半监督支持向量机算法、半监督算法、分析算法的设备半监督学习算法，构建马尔可夫决策算法、动态规划算法、蒙特卡洛算法、时序差分算法设备强化学习算法，进行设备智能运作的学习软件布置，构成企业集成运营管理模块单元 CPS 链接管理流程、CPS 分析管理流程、CPS 网络管理流程、CPS 认知管理流程、CPS 配置与执行管理流程的设备智能视觉运作、智能听觉运作、智能嗅觉运作、智能语言运作、智能动作运作，进行模块单元设备智能运作的学习软件布置，促进模块单元延迟策略和强化延迟策略运作、后拉动流程、后拉动价值运作。

　　制造类企业通过对不同层次和同一层次具体模块单元、联合模块单元、模块组模块单元、总作业模块单元的传感器、控制器、计算部件、通信网络设置，建立不同层次和同一层次模块单元单一流 CPS 智能布置；通过对通用模块单元、链接模块单元、专用模块单元内和之间的传感器、控制器、计算部件、通信网络设置，建立通用模块单元、链接模块单元、专用模块单元内和之间单一流 CPS 智能布置。制造性服务企业通过对不同层次和同一层次具体模块单元、联合模块单元、模块组模块单元的传感器、控制器、计算部件、通信网络设置，建立不同层次和同一层次模块单元单一流 CPS 智能布置；通过对通用模块单元、链接模块单元、专用模块单元内和之间的传感器、控制器、计算部件、通信网络设置，建立通用模块单元、链接模块单元、专用模块单元内和之间单一流 CPS 智能布置。一般服务企业、纯服务类企业通过对不同层次和同一层次具体模块单元、联合模块单元的传感器、控制器、计算部件、通信网络设置，建立不同层次和同一层次模块单元单一流 CPS 智能布置；通过对通用模块单元、专用模块单元内和之间的传感器、控制器、计算部件、通信网络设置，建立通用模块单元、专用模块单元内和之间单一流 CPS 智能布置。

（四）企业集成基本运营流程模块单元智能精益信息系统布置

1. 企业集成基本运营流程模块单元 MES 信息系统布置

企业集成基本运营流程模块单元运作信息系统通过 MES 实现，MES 是与企业集成基本运营流程模块单元运作直接融合的信息系统。MES 通过企业集成运营作业计划、企业集成基本运营流程 MBD 运作、企业集成基本运营流程资源管理、企业集成基本运营流程调度、企业集成基本运营流程执行、企业集成基本运营流程跟踪、企业集成运营流程质量管理、企业集成运营流程价值管理、企业集成运营流程信息管理、企业集成基本运营流程效果评价、企业集成基本运营流程反馈与调整、企业集成基本运营流程维护管理这些部分的信息运作与不同层次和同一层次具体模块单元、联合模块单元、模块组模块单元、总作业模块单元和通用模块单元、链接模块单元、专用模块单元内和之间的信息运作融合起来，实现企业集成基本运营流程模块单元 MES 自身信息系统布置。

MES 自身信息系统以 MBE 中的基于模型定义设计 MBD 为引导，按照模块品目几何形状和功能系统和模块品目外在、性能系统要求，按照软件模块功能系统容差设计、软件数据结构功能系统容差设计、软件接口功能系统容差设计和模块系统、软件数据结构系统、软件接口综合功能系统容差设计要求，按照集成无形产品要素系统容差设计和集成无形产品部分联系功能系统容差设计、集成无形产品整体联系功能系统容差设计要求，将这些部分的信息运作与不同层次和同一层次具体模块单元、联合模块单元、模块组模块单元、总作业模块单元和通用模块单元、链接模块单元、专用模块单元内和之间的信息运作融合起来，实现企业集成基本运营流程模块单元 MES 与 MBE 关联的信息系统布置。MES 自身信息系统以 ERP 中的企业集成运营作业计划引导，形成将 ERP 的企业集成综合运营计划、企业集成主运营计划、企业集成模块品目需求计划最终落实到企业集成运营作业的这些信息，这些信息与不同层次和同一层次具体模块单元、联合模块单元、模块组模块单元、总作业模块单元和通用模块单元、链接模块单元、专用模块单元内和之间的信息运作融合起来，实现企业集成基本运营流程模块单元 MES 与 ERP 关联的信息系统布置。通过 MES 自身信息系统布置、MES 与 MBE 关联的信息系统布置、MES 与 ERP 关联的信息系统布置实现企业集成基本运营流程模块单元 MES 信息系统布置。由此确立模块单元 MES 信息系统布置，促进模块单元延迟策略和强化延迟策略运作。

2. 企业集成基本运营流程模块单元 CPS 信息系统布置

企业集成基本运营流程模块单元运作中的 MES 自身信息系统、MES 与 MBE 关联的信息系统、MES 与 ERP 关联的信息系统与不同层次和同一层次具体模块单元、联合模块单元、模块组模块单元、总作业模块单元和通用模块单元、链接模块单元、专用模块单元内和之间的 CPS 通信网络设置信息运作融合起来，形成企业集成基本运营流程模块单元 CPS 自身信息系统布置。

CPS 自身信息系统将云计算、大数据融合起来，与不同层次和同一层次具体模块单元、联合模块单元、模块组模块单元、总作业模块单元和通用模块单元、链接模块单元、专用模块单元内和之间的 CPS 通信网络设置信息运作融合起来，形成企业集成基本运营流程模块单元 CPS 云计算与大数据信息系统布置。通过 CPS 自身信息系统布置、CPS 云计算与大数据信息系统布置实现企业集成基本运营流程模块单元 CPS 信息系统布置。由此确立模块单元 CPS 信息系统布置，促进模块单元延迟策略和强化延迟策略运作。

3. 企业集成运营流程模块单元精益 CPS 信息系统布置

企业集成基本运营流程模块单元 CPS 信息系统运作与从企业集成运营流程适时不同层次模块单元单一流布置到企业集成运营流程适时同层次内不同类型模块单元单一流布置的信息运作相融合，使企业集成基本运营流程模块单元 CPS 信息系统运作反映从具体模块单元、联合模块单元、模块组模块单元、总作业模块单元单一流布置的总作业模块单元的最后一道作业顺序向前拉动到模块组模块单元、联合模块单元的信息运作，直到拉动到具体模块单元的最前的作业，再从专用模块单元的最后一道作业顺序向前拉动到链接模块单元，直到拉动到通用模块单元的最前的作业信息运作，形成企业集成运营流程模块单元精益 CPS 信息系统布置。由此确立模块单元精益 CPS 信息系统布置，促进模块单元延迟策略和强化延迟策略运作。

制造类企业通过 MES 内在部分，以 MBE 中的基于模型定义设计 MBD 为引导，以 ERP 中的企业集成运营作业计划为引导，将这些部分的信息运作与不同层次和同一层次具体模块单元、联合模块单元、模块组模块单元、总作业模块单元和通用模块单元、链接模块单元、专用模块单元内和之间的信息运作融合起来，实现企业集成基本运营流程模块单元 MES 信息系统布置；将这些信息与 CPS 通信网络设置信息运作融合，与云计算、大数据融合，形成企业集成基本运营流程模块单元 CPS 信息系统布置；将这些信息与从企业集成运营流程适时不同层次模块单元单一流布置到企业集成运营流程适时同层次内不同类型模块单元单一流布置的信息运作相融合，形成企业集成运营流程模块单元精益 CPS 信息系统布置。

制造性服务企业通过 MES 内在部分，以 MBE 中的基于模型定义设计 MBD 为引导，以 ERP 中的企业集成运营作业计划为引导，将这些部分的信息运作与不同层次和同一层次具体模块单元、联合模块单元、模块组模块单元和通用模块单元、链接模块单元、专用模块单元内和之间的信息运作融合起来，实现企业集成基本运营流程模块单元 MES 信息系统布置；将这些信息与 CPS 通信网络设置信息运作融合，与云计算、大数据融合，形成企业集成基本运营流程模块单元 CPS 信息系统布置；将这些信息与从企业集成运营流程适时不同层次模块单元单一流布置到企业集成运营流程适时同层次内不同类型模块单元单一流布置的信息运作相融合，形成企业集成运营流程模块单元精益 CPS 信息系统布置。

一般服务企业、纯服务类企业通过 MES 内在部分，以 MBE 中的基于模型定义设计 MBD 为引导，以 ERP 中的企业集成运营作业计划为引导，将这些部分的信息运作与不同层次和同一层次具体模块单元、联合模块单元和通用模块单元、专用模块单元内和之间的信息运作融合起来，实现企业集成基本运营流程模块单元 MES 信息系统布置；将这些信息与 CPS 通信网络设置信息运作融合，与云计算、大数据融合，形成企业集成基本运营流程模块单元 CPS 信息系统布置；将这些信息与从企业集成运营流程适时不同层次模块单元单一流布置到企业集成运营流程适时同层次内不同类型模块单元单一流布置的信息运作相融合，形成企业集成运营流程模块单元精益 CPS 信息系统布置。

（五）企业集成运营流程模块单元线体布置

企业集成运营流程模块单元线体布置是企业结合自身特性，根据模块单元运作情况，对企业集成运营流程模块单元线体进行布置。企业集成运营流程模块单元线体布置包括隐形流水线、可变流水线、混合流水线、相似流水线、单一流水线布置。

隐形流水线可以选择智能数控设备和智能柔性运营单元进行类似流水线效率的运作。数控设备具有重复定位精度高，可靠性高，能够进行柔性运营，是自动化程度高的设备。数控设备可以与 CPS 直接联系，成为智能数控设备。数控设备广泛用于运营流程。智能数控设备能够融入 MES 之中，根据 MES 的作用，进行运营活动。柔性运营单元是由运营中心、运营机器人、数控设备构成，具有灵活性运营活动功能。柔性运营单元可视为一个规模最小的柔性运营系统，是柔性运营系统廉价化和小型化的产物，能够广泛用于运营活动。柔性运营单元能自动进行工装更换和交换，能对专用的运营活动实现连续自动化运营。隐形流水线运作效率高于运营作业专门化布置的作业运作效率。可变流水线是进行轮番紧致运营作业而形成的流水线。可变流水线进行轮番紧致运营作业时需要进行工装的更换，流水线需要进行一定的调整运作，可变流水线运作效率高于隐形流水线。混合流水线是进行混合紧致运营作业而形成的流水线。与可变流水线不同，混合流水线进行紧致运营作业时不需要进行工装的更换，其紧致运营作业的范围大于可变流水线，混合流水线运作效率高于可变流水线。相似流水线是进行相似紧致运营作业而形成的流水线。与可变流水线、混合流水线不同，相似流水线进行相似紧致运营作业时不需要进行工装的更换，其运营作业的范围比混合流水线小，相似流水线运作效率高于混合流水线。单一流水线是进行单一紧致运营作业而形成的流水线。与可变流水线、混合流水线、相似流水线不同，单一流水线进行单一紧致运营作业时不需要进行工装的更换，其运营作业的范围比相似流水线小，单一流水线运作效率高于相似流水线。

　　企业集成运营流程模块单元线体布置需要进行不同层次的具体模块单元、联合模块单元、模块组模块单元、总作业模块单元线体布置和同一层次的通用模块单元、链接模块单元、专用模块单元线体布置。不同层次模块单元从具体模块单元、联合模块单元、模块组模块单元到总作业模块单元，与不同层次的通用模块单元、链接模块单元、专用模块单元对应，模块单元作业运作的复杂程度越来越低，作业之间链接的紧致程度越来越强，需要线体运作效率越来越强的企业集成运营流程模块单元线体布置。

　　相同层次模块单元从通用模块单元、链接模块单元、专用模块单元，模块单元作业运作的复杂程度越来越强，作业之间链接的紧致程度越来越弱，需要线体运作效率越来越弱的企业集成运营流程模块单元线体布置。具体模块单元、联合模块单元、模块组模块单元、总作业模块单元与其中的通用模块单元、链接模块单元、专用模块单元作业运作相比，具体模块单元、联合模块单元、模块组模块单元、总作业模块单元作业运作的复杂程度高于通用模块单元、链接模块单元而低于专用模块单元，而作业之间链接的紧致程度低于通用模块单元、链接模块单元而高于专用模块单元，具体模块单元、联合模块单元、模块组模块单元、总作业模块单元需要线体运作效率低于通用模块单元、链接模块单元而高于专用模块单元的企业集成运营流程模块单元线体布置。

　　相同层次模块单元从通用模块单元、链接模块单元中，链接模块单元作业运作的复杂程度略低于通用模块单元，模块单元作业运作的复杂程度虽然有差异，但一般在一个水平级内，因而具有相似的作业运作的复杂程度，具有相似的作业之间链接的紧致程度，需要线体运作效率相同的企业集成运营流程模块单元线体布置。具体模块单元、联合模块单元、模块组模块单元、总作业模块单元通过通用模块单元、链接模块单元、专用模块单元形成新的企业集成运营流程模块单元线体布置，可以形成紧致性更好的一个U形的线体布置，也可以形成紧致性略弱的联合U形的线体布置。一个U形的线体布置与联合U形的线体布置属于同水平的紧致性线体布置，需要采用线体运作效率相同的企业集成运营流程模块单元线体布置。

　　不同作业类型整体从具体模块单元、联合模块单元、模块组模块单元、总作业模块单元的作业运作的复杂程度高于联合模块单元、模块组模块单元、总作业模块单元而低于具体模块单元，而作业之间链接的紧致程度低于联合模块单元、模块组模块单元、总作业模块单元而高于具体模块单元，不同作业类型整体具体模块单元、联合模块单元、模块组模块单元、总作业模块单元需要线体运作效率低于联合模块单元、模块组模块单元、总作业模块单元而高于具体模块单元的企业集成运营流程模块单元线体布置。由此确立模块单元线体布置，促进模块单元延迟策略和强化延迟策略运作。

进行独立模块单元各种流水线的延迟策略和强化延迟策略、后拉动流程、后拉动价值、智能运作的运营活动空间布置。采用重用原理确定具体模块单元的通用模块单元相似流水线、具体模块单元链接模块单元相似流水线、联合模块单元的通用模块单元单一流水线、联合模块单元的通用模块单元相似流水线、联合模块单元链接模块单元相似流水线、模块组模块单元的通用模块单元单一流水线、模块组模块单元链接模块单元单一流水线、总作业模块单元的通用模块单元单一流水线、总作业链接模块单元单一流水线的作业和作业顺序，按照重用的通用和链接模块单元作业顺序进行延迟策略和强化延迟策略运营活动空间布置。确定通用和链接模块单元流水线单一流，按照单一流作业延迟策略和强化延迟策略运营活动进行 U 形空间布置。确定通用和链接模块单元流水线后拉动流程、后拉动价值，按照单一流延迟策略和强化延迟策略作业进行后拉动流程、后拉动价值空间布置；确定通用和链接模块单元流水线智能运作，按照单一流延迟策略和强化延迟策略、后拉动流程、后拉动价值作业进行智能运作，进行通用和链接模块单元单一流延迟策略和强化延迟策略、后拉动流程、后拉动价值智能空间布置。采用相似原理确定具体模块单元专用模块单元隐形流水线、具体模块单元专用模块单元可变流水线、联合模块单元专用模块单元可变流水线、联合模块单元专用模块单元混合流水线、模块组模块单元专用模块单元混合流水线、总作业专用模块单元相似流水线的作业和作业顺序，按照相似的专用模块单元作业顺序进行延迟策略和强化延迟策略运营活动空间布置。确定专用模块单元流水线单一流，按照单一流作业的延迟策略和强化延迟策略运营活动进行 U 形空间布置。确定专用模块单元流水线后拉动流程、后拉动价值，按照单一流延迟策略和强化延迟策略作业进行后拉动流程、后拉动价值空间布置。确定专用模块单元流水线智能运作，按照单一流延迟策略和强化延迟策略、后拉动流程、后拉动价值作业进行智能运作，进行专用模块单元单一流延迟策略和强化延迟策略、后拉动流程、后拉动价值智能空间布置。

进行联系模块单元各种流水线的延迟策略和强化延迟策略、后拉动流程、后拉动价值、智能的运营活动空间布置。确定具体模块单元混合流水线通用、链接、专用部分和之间衔接；确定具体模块单元可变流水线通用、链接、专用部分和之间衔接；确定联合模块单元混合流水线通用、链接、专用部分和之间衔接；确定模块组模块单元混合流水线通用、链接、专用部分和之间衔接；确定总作业模块单元相似流水线通用、链接、专用部分和之间衔接。确定模块单元流水线通用、链接、专用部分的作业，明确模块单元流水线通用、链接、专用部分之间的衔接作业，确定模块单元流水线作业顺序和衔接作业环节，进行模块单元流水线作业顺序和衔接作业环节的延迟策略和强化延迟策略运营活动空间布置。确定模块单元流水线作业顺序和衔接作业环节单一流，按照单一流作业进行延迟策略和强化延迟策略运营活动 U 形空间布置。确定模块单元流水线作业顺序和衔接作业环节后拉动流程、后拉动价值，按照单一流延迟策略和强化延迟策略作业进行后拉动流程、后拉动价值空间布置。确定模块单元流水线作业顺序和衔接作业环节智能运作，按照单一流延迟策略和强化延迟策略、后拉动流程、后拉动价值作业组织智能运作，进行模块单元流水线作业顺序和衔接作业环节单一流延迟策略和强化延迟策略、后拉动流程、后拉动价值智能空间布置。确定整体和局部模块单元混合流水线通用、链接、专用部分和之间衔接，确定整体和局部模块单元混合流水线通用、链接、专用部分的作业，明确整体和局部模块单元混合流水线通用、链接、专用部分之间的衔接作业，确定整体和局部模块单元混合流水线作业顺序和衔接作业环节，进行整体和局部模块单元混合流水线作业顺序和衔接作业环节的延迟策略和强化延迟策略运营活动空间布置。确定整体和局部模块单元混合流水线作业顺序和衔接作业环节单一流，按照单一流作业进行延迟策略和强化延迟策略运营活动 U 形空间布置。确定整体和局部模块单元混合流水线作业顺序和衔接作业环节后拉动流程、后拉动价值，按照单一流延迟策略和强化延迟策略作业进行后拉动流程、后拉动价值空间布置。确定整体和局部模块单元混合流水线作业顺序和衔接作业环节智能运作，按照单一流延迟策略和强化延迟策略、后拉动流程、后拉动价值作业组织智能运作，进行整体和局部模块单元混合流水线作业顺序和衔接作业环节单一流延迟策略和强化延迟策略、后拉动流程、后拉动价值智能空间布置。

制造类企业具体模块单元的通用模块单元、链接模块单元采用模块品目相似流水线企业集成运营流程模块单元线体布置，专用模块单元采用模块品目隐形流水线企业集成运营流程模块单元线体布置，具体模块单元一个 U 形和联合 U 形采用的是模块品目可变流水线企业集成运营流程模块单元线体布置。联合模块单元的通用模块单元、链接模块单元采用模块品目相似流水线企业集成运营流程模块单元线体布置，专用模块单元采用模块品目可变流水线企业集成运营流程模块单元线体布置，联合模块单元一个 U 形和联合 U 形采用的是模块品目混合流水线企业集成运营流程模块单元线体布置。模块组模块单元的通用模块单元、链接模块单元采用模块品目单一流水线企业集成运营流程模块单元线体布置，专用模块单元采用模块品目混合流水线企业集成运营流程模块单元线体布置，模块组模块单元一个 U 形和联合 U 形采用的是模块品目混合流水线企业集成运营流程模块单元线体布置。总作业模块单元的通用模块单元、链接模块单元采用模块品目单一流水线企业集成运营流程模块单元线体布置，专用模块单元采用模块品目相似流水线企业集成运营流程模块单元线体布置，总作业模块单元一个 U 形和联合 U 形采用的是模块品目相似流水线企业集成运营流程模块单元线体布置。不同作业类型整体具体模块单元、联合模块单元、模块组模块单元、总作业模块单元采用模块品目混合流水线企业集成运营流程模块单元线体布置。

制造性服务企业具体模块单元的通用模块单元、链接模块单元采用模块品目相似流水线企业集成运营流程模块单元线体布置，专用模块单元采用模块品目隐形流水线企业集成运营流程模块单元线体布置，具体模块单元一个 U 形采用的是模块品目可变流水线企业集成运营流程模块单元线体布置。联合模块单元的通用模块单元、链接模块单元采用模块品目相似流水线企业集成运营流程模块单元线体布置，专用模块单元采用模块品目可变流水线企业集成运营流程模块单元线体布置，联合模块单元一个U形采用的是模块品目混合流水线企业集成运营流程模块单元线体布置。模块组模块单元的通用模块单元、链接模块单元采用模块品目单一流水线企业集成运营流程模块单元线体布置，专用模块单元采用模块品目混合流水线企业集成运营流程模块单元线体布置，模块组模块单元一个U形采用的是模块品目混合流水线企业集成运营流程模块单元线体布置。不同作业类型整体具体模块单元、联合模块单元、模块组模块单元采用模块品目混合流水线企业集成运营流程模块单元线体布置。

一般服务企业具体模块单元的通用模块单元采用模块品目相似流水线企业集成运营流程模块单元线体布置，专用模块单元采用模块品目可变流水线企业集成运营流程模块单元线体布置，具体模块单元采用的是一个U形模块品目混合流水线企业集成运营流程模块单元线体布置。联合模块单元的通用模块单元采用模块品目单一流水线企业集成运营流程模块单元线体布置，专用模块单元采用模块品目混合流水线企业集成运营流程模块单元线体布置，联合模块单元采用的是一个U形模块品目混合流水线企业集成运营流程模块单元线体布置。不同作业类型整体具体模块单元、联合模块单元采用模块品目混合流水线企业集成运营流程模块单元线体布置。

纯服务类企业具体模块单元通用模块单元采用相似流水线企业集成运营流程模块单元线体布置，专用模块单元采用可变流水线企业集成运营流程模块单元线体布置，具体模块单元采用的是一个U形混合流水线企业集成运营流程模块单元线体布置。联合模块单元的通用模块单元采用单一流水线企业集成运营流程模块单元线体布置，专用模块单元采用混合流水线企业集成运营流程模块单元线体布置，联合模块单元一个U形采用的是混合流水线企业集成运营流程模块单元线体布置。不同作业类型整体具体模块单元、联合模块单元采用混合流水线企业集成运营流程模块单元线体布置。

（六）企业集成顾客服务流程模块单元布置

1. 企业集成顾客接触服务流程模块单元布置

企业集成顾客接触场内员工服务流程、场内设备服务流程、场外设备服务流程模块单元布置需要体现员工与顾客直接接触的特性和顾客等待特性。企业集成顾客接触服务流程模块单元布置特点如下：

（1）员工、设备运作实用性布置。企业集成顾客接触服务流程模块单元布置需要考虑到员工进行作业的实际情况，需要按照实用性进行布置，这样员工能够更顺利地进行作业，为顾客服务打下基础。

（2）员工、设备与顾客直接接触便捷性布置。企业集成顾客接触服务流程模块单元布置需要考虑员工对顾客进行业务的便捷性，使员工能够很快地接受顾客所需要的业务，进行顾客服务。顾客也能够很快地将自身需求传递给员工，使员工能很快为顾客服务。

（3）员工、设备运作独立性布置。企业集成顾客接触服务流程模块单元布置需要考虑到员工进行作业的独立性，使员工接受顾客需求后，能够独立地进行业务，这样能够使员工的业务独立进行，**能够更快地服务于顾客**。

（4）与员工、设备直接接触的顾客和等待顾客的舒适性布置。企业集成顾客接触服务流程模块单元布置需要考虑等待顾客，需要从舒适的角度进行等待顾客的安排，这样才能够持续进行顾客服务。

由此确立顾客接触服务流程模块单元布置，促进顾客接触模块单元延迟策略和强化延迟策略运作。

2. 企业集成顾客可见服务流程模块单元布置

企业集成顾客接触服务流程模块单元布置特色主要体现在企业形象上，从美学特色出发，使企业集成顾客接触服务流程模块单元布置中的气氛、空间布局、标识及制品体现美学特色。这种布置对顾客体验有着重要的作用，顾客会在这样的布置中获得美好的体验。

（1）气氛中的照明、音乐和气味需要体现美学特色。气氛包括温度、空气质量、照明、噪声、音乐和气味因素。这些因素不仅影响服务员工的士气和表现，也影响消费者对服务的满意程度、逗留时间和消费。这些因素相当于双因素理论中的保健因素，如果环境条件不能满足顾客的要求，就会使顾客产生不满意。这些因素中照明、音乐和气味都需要体现美学特色，使顾客拥有美的享受。

（2）空间布局需要体现美学特色。空间布局是指装修、设施的布局及其相互关系，使服务传递可视化和功能化场所场景。空间布局不仅影响人们的整体视觉感受，也会影响服务中的便利与效率。空间布局需要体现美学特色，使顾客留恋这样的美的布局。

（3）标识及制品需要体现美的特色。标识及制品是指标志、象征和相关制品，他们以直接和间接的方式向消费者传递相关信息。标识及制品需要体现美的特色，使顾客留下记忆。标识对企业形象的展示有着重要的作用，记忆深刻的良好的标识会加深顾客对企业形象的认识，加深顾客对企业使命、愿景、价值观的认识，加深其对企业品牌的认识，对顾客驱动的员工与顾客的互动和顾客体验有着推动作用。

（4）吸引顾客。企业集成顾客可见服务流程模块单元布置需要从顾客心理和视觉好奇以及喜欢的角度出发进行布置，能使顾客对这样的布置产生兴趣，激发顾客的好奇心，引起顾客的喜欢，达到吸引顾客的目的。

由此确立顾客可见服务流程模块单元布置，促进顾客可见服务流程模块单元延迟策略和强化延迟策略运作。

一般纯服务企业集成顾客接触服务流程模块单元布置能够体现布置中的美学特色。

四、企业集成基本运营流程布置方法

企业集成基本运营流程布置方法需要考虑影响布置的各种因素，进行企业集成基本运营流程布置。企业集成基本运营流程布置方法包括运营活动流向法、运营活动相关法、运营活动螺旋法、运营活动规划法、运营活动从至法。这些方法将影响企业集成基本运营流程布置的各种因素归结为作业间联系、作业间流量、成本，通过作业间联系、作业间流量、成本的效率运作来体现企业集成基本运营流程布置。企业集成基本运营流程布置方法需要体现模块单元流水线布置，根据模块单元流水线特性和实际进行布置。

运用运营活动流向法、运营活动相关法、运营活动螺旋法、运营活动规划法、运营活动从至法对具体模块单元、联合模块单元、模块组模块单元、总作业模块单元和通用模块单元、链接模块单元、专用模块单元各类流水线的延迟策略和强化延迟策略、后拉动流程、后拉动价值、智能运作的影响凝结到作业间联系、作业间流量、成本，通过作业间联系、作业间流量、成本的效率运作进行布置，使企业集成布置为模块单元流水线延迟策略和强化延迟策略运作、后拉动流程、后拉动价值、智能运作打下空间布置基础。

运营活动流向法、运营活动相关法、运营活动螺旋法、运营活动规划法、运营活动从至法适合制造类企业、服务类企业、纯服务类企业。

制造类企业结合不同作业类型整体具体模块单元、联合模块单元、模块组模块单元、总作业模块单元运作特性，结合具体模块单元、联合模块单元、模块组模块单元、总作业模块单元运作特性，结合通用模块单元、链接模块单元、专用模块单元运作特性，针对所需要采用模块品目隐形流水线、模块品目可变流水线、模块品目混合流水线、模块品目相似流水线、模块品目单一流水线，进行企业集成运营流程布置。制造性服务企业结合不同作业类型整体具体模块单元、联合模块单元、模块组模块单元运作特性，结合具体模块单元、联合模块单元、模块组模块单元运作特性，结合通用模块单元、链接模块单元、专用模块单元运作特性，针对所需要采用模块品目隐形流水线、模块品目可变流水线、模块品目混合流水线、模块品目相似流水线、模块品目单一流水线，进行企业集成运营流程布置。一般服务企业结合不同作业类型整体具体模块单元、联合模块单元运作特性，结合具体模块单元、联合模块单元运作特性，结合通用模块单元、专用模块单元运作特性，针对所需要采用模块品目可变流水线、模块品目混合流水线、模块品目相似流水线、模块品目单一流水线，进行企业集成运营流程布置。纯服务类企业结合不同作业类型整体具体模块单元、联合模块单元运作特性，结合具体模块单元、联合模块单元运作特性，结合通用模块单元、专用模块单元运作特性，针对所需要采用模块可变流水线、混合流水线、相似流水线、单一流水线，进行企业集成运营流程布置。一般纯服务企业的顾客接触场内员工服务流程、顾客接触场内设备服务流程、顾客接触场外设备服务流程针对所需要采用模块可变流水线、混合流水线、相似流水线、单一流水线，进行企业集成运营流程布置。企业集成基本运营流程布置方法、布置步骤如下：

1. 确定企业集成基本运营流程

企业集成基本运营流程图是企业集成基本运营流程的反映，具体体现为模块单元的隐形流水线、可变流水线、混合流水线、相似流水线、单一流水线的运作是运营活动流向法、运营活动相关法、运营活动螺旋法、运营活动规划法、运营活动从至法进行布置的基础，这些方法的布置都需要首先明确企业集成基本运营流程图。运营活动流向法、运营活动相关法、运营活动规划法通过运营活动流向图、运营活动相关图、运营活动规划图体现企业集成基本运营流程；运营活动螺旋法、运营活动从至法通过运营活动从至图体现企业集成基本运营流程。

运营活动流向法根据实际，将布置通过运营活动流向图展示图中模块单元流水线作业非直接联系模块品目流量减少或者模块单元流水线作业非直接联系减少，达到模块单元流水线作业模块品目间接流量最少或者模块单元流水线作业间接联系最少的方法。运营活动流向法需要绘制出模块单元流水线作业模块品目直接流量或者直接联系、模块品目间接流量或者间接联系。运营活动流向法中的运营活动流向图由模块单元模块品目流水线作业或者流水线作业、模块单元模块品目流水线作业间联系或者流水线作业间联系、模块单元模块品目流水线作业间联系的模块品目流量或者流水线作业间联系的强度三部分组成。模块单元模块品目流水线作业或者流水线作业表明模块单元流水线的作业环节，是企业集成基本运营流程的源泉，一般用○表示。模块单元模块品目流水线作业间联系或者流水线作业间联系表明模块单元流水线作业间的联系，可以用横线表示。模块单元模块品目流水线作业间联系的模块品目流量或者流水线作业间联系的强度表明模块单元流水线作业间的联系程度，可以用数字表示强度，数字越大，联系强度越大。F公司运营活动流向如图4-2-14所示。

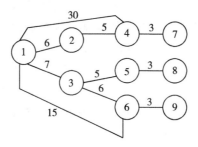

图4-2-14　F公司运营活动流向

运营活动相关法根据实际将布置通过运营活动相关图来展示图中模块单元流水线作业间联系，为进一步分析打下基础。运营活动相关法需要绘制出模块单元流水线作业之间具有单方向性的联系。运营活动相关法中的运营活动相关图由模块单元流水线作业、模块单元流水线作业间单方向联系两部分组成。模块单元流水线作业一般用○表示。模块单元流水线作业间单方向联系表明模块单元流水线作业间的单向联系，可以用箭头表示联系。G公司运营活动相关如图4-2-15所示。

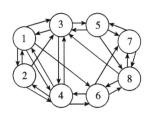

图4-2-15　G公司运营活动相关

运营活动螺旋法和运营活动从至法根据实际将布置通过运营活动从至图来展示图中模块品目对象或者流水线作业对象每一个具体作业运作的方法。运营活动螺旋法和运营活动从至法需要绘制出模块单元流水线模块品目对象或者流水线作业对象具体作业走向。运营活动从至法中的运营活动从至图由模块单元模块品目流水线作业或者流水线作业、具体作业对象、作业对象所经具体作业、作业对象所经具体作业的单向联系四部分组成。模块单元模块品目流水线作业或者流水线作业可以用数字表示作业类型；具体作业对象可以用数字来表示；作业对象所经具体作业一般用○表示；作业对象所经具体作业的单向联系可以用单向箭头表示。H公司运营活动从至如图4-2-16所示。

运营活动规划法是根据实际将布置通过运营活动规划图来展示图中模块单元流水线作业间成本特性的方法。运营活动规划法需要绘制出模块单元流水线作业间与成本联系。运营活动规划法中的运营活动规划图由模块单元的等距离模块品目流水线作业或者流水线作业、模块单元模块品目流水线作业间联系或者流水线作业间联系、模块单元模块品目流水线作业间联系的模块品目流量或者流水线作业间联系的强度三部分组成。模块单元等距离的模块品目流水线作业或者流水线作业一般用○表示。模块单元模块品目流水线作业间联系或者流水线作业间联系表明模块单元流水线作业间的联系，可以用横线表示。模块单元模块品目流水线作业间联系的模块品目流量或者流水线作业间联系的强度表明模块单元流水线作业间的联系程度，可以用数字表示强度，数字越大，联系强度越大。L公司运营活动流向如图4-2-17所示。

制造类企业、服务类企业、纯服务类企业确定企业集成基本运营流程图，一般纯服务企业确定企业集成顾客接触场内员工服务流程图、顾客接触场内设备服务流程图、顾客接触场外设备服务流程图。

2. 结合每种方法特性进行分析

（1）运营活动流向法根据运营活动流向图进行模块单元流水线作业模块品目间接流量或者间接联系分析。对运营活动流向图分析时，需要对模块单元流水线作业模块品目间接流量或者间接联系作业进行间接流量或者间接联系强度分析，得出模块单元流水线作业模块品目间接流量或者间接联系作业环节和具体间接流量或者间接联系强度。F公司作业1和作业4的间接流量是30，作业1和作业6的间接流量是15。

（2）运营活动相关法需要明确模块单元流水线作业模块品目流量或者作业联系的

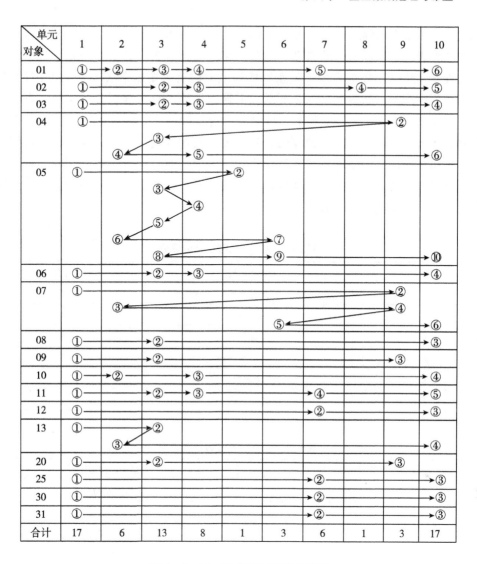

图 4-2-16　H 公司运营活动从至

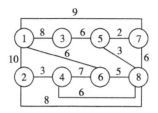

图 4-2-17　L 公司运营活动流向

程度，由此分析得出密切程度评分表和关系密切程度原因表。根据实际运营活动相关图得出模块单元流水线作业的积分统计表。关系密切程度评分表需要编制关系密切程度的代号，关系密切程度描述和关系密切程度评分，如表4-2-1所示。根据运营活动相关图中表述的作业之间的联系，结合密切程度评分表，分析这些联系属于哪种关系密切程度，所得分数是多少。关系密切程度原因表需要编制关系密切原因的代号，关系密切程度原因，如表4-2-2所示。根据密切程度评分表，分析这些关系密切程度联系作业联系原因。在此基础上，得出积分统计表。积分统计表需要编制作业、密切程度和积分。根据关系密切程度的代号、关系密切程度，描述和进行关系密切程度评分。根据密切程度评分表和关系密切程度原因表，对每一个作业密切联系程度、原因和积分进行统计，得出每个作业的总联系程度积分，根据积分进行作业排序。G公司积分统计如表4-2-3所示。

表4-2-1　关系密切程度评分

代号	关系密切程度	评分
A	绝对必要	6
B	特别重要	5
C	重要	4
D	一般	3
E	不重要	2
F	不予考虑	1

表4-2-2　关系密切程度原因

代号	关系密切程度原因
1	使用共同的记录
2	人员兼职
3	使用共同的场所
4	人员联系密切
5	文件联系密切
6	工作流程的连续性
7	做类似的工作
8	使用共同的设备
9	可能的不良秩序

表4-2-3　G公司积分统计

1		2		3		4	
密切程度	积分	密切程度	积分	密切程度	积分	密切程度	积分
A—4	6	A—3	6	A—5	6	A—3	6
C—2	4	C—1	4	B—4	5	B—1	5

1		2		3		4	
密切程度	积分	密切程度	积分	密切程度	积分	密切程度	积分
D—3，6	6	D—4	3	C—1	4	C—6，2	8
	16		13		15		19
5		6		7		8	
密切程度	积分	密切程度	积分	密切程度	积分	密切程度	积分
A—3	6	B—7	5	D—5	3	C—7，6	8
B—7	5	C—4	4	E—8	2	D—3	3
C—8	4	D—8	3				
	15		12		5		11

G 公司的作业积分为 16、13、15、19、15、12、5、11，作业排序为 4、1、3、5、2、6、8、7。

（3）运营活动螺旋法根据运营活动从至图，确定运营活动往来表。运营活动往来表是模块单元流水线作业间模块品目流量或者作业强度的全面反映。运营活动往来表的纵横栏表示作业，空格部分用来填写模块单元流水线作业间模块品目的数量或者作业强度，斜线上方部分空格表示模块单元流水线作业间模块品目的正向流量或者作业正向强度，斜线下方部分空格表示模块单元流水线作业间模块品目的逆向流量或者作业逆向强度。H 公司运营活动往来如表 4 - 2 - 4 所示。

表 4 - 2 - 4　H 公司运营活动往来

	1	2	3	4	5	6	7	8	9	10	合计
1		2	8		1		4		2		17
2			1	2		1			1	1	6
3		3		6		1				3	13
4			1				2	1		4	8
5			1								1
6			1							2	3
7										6	6
8										1	1
9		1	1			1					3
10											
合计	6	13	8	1	3	6	1	3	17		58

运营活动螺旋法需要根据运营活动往来表排出模块单元流水线作业间模块品目流量或者作业强度大小。实际上模块单元流水线作业间模块品目流量或者作业强度有正

向和负向模块单元流水线作业间模块品目流量或者作业强度，但这些模块单元流水线作业间模块品目流量或者作业强度均属于没有进行调整前的模块单元流水线作业间模块品目流量或者作业强度，运营活动螺旋法注重将模块单元流水线作业间模块品目流量大或者作业强度大的部分联系起来，而不是过于关注模块单元流水线作业间模块品目流量或者作业强度的正向与负向。根据运营活动往来表，按照模块单元流水线作业间模块品目流量或者作业强度的大小进行排列。这一排列中不需要排出模块单元流水线作业间模块品目流量或者作业强度的具体数字，只需要按照模块单元流水线作业间模块品目流量或者作业强度的大小排出关联的作业。H 公司模块单元流水线作业间模块品目从大到小的排列为 1—2、2—3、5—6、2—4、1—7、1—8、3—9、4—10。

（4）运营活动规划法根据运营活动规划图确定运营活动成本表。运营活动成本的确立是按照模块单元流水线作业间距离与模块品目流量或者作业强度的乘积来算，距离为多少，模块单元流水线作业间单位成本就为多少。由于运营活动规划法按照等距离进行作业排列，成本的计算按照作业与作业直接联系为 1 个成本单位，这 1 个单位里不论是直线还是斜线联系均为 1 个成本单位。隔一个作业的作业之间的成本为 2 个成本单位，这 1 个单位里不论是直线还是斜线联系均为 2 个成本单位。以此类推，得出需要计算的成本单位。将运营活动规划图中的每一个作业之间的模块品目流量或者作业强度与单位成本相乘得出作业之间的成本，由此计算出所有作业间成本，用布置总成本表示。L 公司布置总成本如表 4 - 2 - 5 所示，得出布置总成本为 122。

表 4 - 2 - 5　L 公司布置总成本

	1	2	3	4	5	6	7	8
1		10	8	0	0	12	27	0
2			0	3	0	0	0	24
3				0	6	0	0	0
4					0	4	0	12
5						0	2	3
6							0	5
7								6
8								

（5）运营活动从至法根据运营活动从至图，确定运营活动往来表。与运营活动螺旋法一样，运营活动往来表是模块单元流水线作业间模块品目流量或者作业强度的全面反映。H 公司运营活动往来表如表 4 - 2 - 4 所示。运营活动从至法需要对运营活动往来表进行调整。运营活动往来表中从至线是表明不同模块单元流水线作业间联系的体现，从至线可以体现模块单元流水线作业间联系和程度，用模块单元流水线作业间模块品目流量或者作业强度联系来体现。运营活动从至法越靠近从至线就越需要将模块单元流水线作业间模块品目流量大的或者作业强度大的安排于此，表明模块单元流水

线作业间联系越强。H公司运营活动调整往来如表4-2-6所示。

表4-2-6　H公司运营活动调整往来

	1	3	4	2	7	10	9	5	8	6	合计
1		8		2	4		2	1			17
3			6	3		3				1	13
4		1			2	4		1			8
2		1	2			1	1			1	6
7						6					6
10											
9		1							1		3
5		1									1
8						1					1
6		1				2					3
合计	13	8	6	6	17	3	1	1	3		58

制造类企业、服务类企业、纯服务类企业结合企业集成基本运营流程，进行每种方法特性分析，一般纯服务企业结合企业集成顾客接触场内员工服务流程、顾客接触场内设备服务流程、顾客接触场外设备服务流程，进行每种方法特性分析。

3. 进行布置和评价

（1）运营活动流向法对模块单元流水线作业模块品目间接流量或者间接联系强度进行调整，将其调整为直接流量或者直接联系强度，从而得出最优的直接流量和直接联系强度的布置。运营活动流向法可以用于具体模块单元、联合模块单元、模块组模块单元、总作业模块单元流水线作业和通用模块单元、链接模块单元、专用模块单元流水线作业的模块品目间接流量或者间接联系强度的调整布置。运营活动流向法运用体现模块单元各类流水线的延迟策略和强化延迟策略运作、后拉动流程、后拉动价值、智能运作的作业间流量进行布置，作业间的直接流量越大，布置的效果就越好，能从空间上促进模块单元流水线延迟策略和强化延迟策略运作、后拉动流程、后拉动价值、智能运作。

制造类企业进行具体模块单元、联合模块单元、模块组模块单元、总作业模块单元流水线作业和通用模块单元、链接模块单元、专用模块单元流水线作业的模块品目间接流量或者间接联系强度的调整布置。制造性服务企业进行具体模块单元、联合模块单元、模块组模块单元流水线作业和通用模块单元、链接模块单元、专用模块单元流水线作业的模块品目间接流量或者间接联系强度的调整布置。一般服务企业、纯服务类企业进行具体模块单元、联合模块单元流水线作业和通用模块单元、专用模块单元流水线作业的模块品目间接流量或者间接联系强度的调整布置。一般纯服务企业结合企业集成顾客接触场内员工服务流程、顾客接触场内设备服务流程、顾客接触场外设备服务流程进行具体模块单元、联合模块单元流水线作业和通用模块单元、专用模块单元流水线作业的模块品目间接流量或者间接联系强度的调整布置。F公司运营活动流向调整布置如图4-2-18所示。

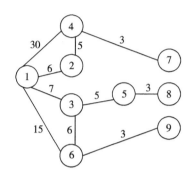

图4-2-18 F公司运营活动流向调整布置

（2）运营活动相关法根据模块单元流水线作业的积分进行布置。按照积分从大到小排序，从具体模块单元、联合模块单元、模块组模块单元到总作业模块单元的流水线作业，从通用模块单元、链接模块单元到专用模块单元流水线作业进行布置。运营活动相关图运用体现模块单元各类流水线的延迟策略和强化延迟策略运作、后拉动流程、后拉动价值、智能运作的作业间联系进行布置，作业间联系越紧密，布置的效果就越好，越能从空间上促进模块单元流水线延迟策略和强化延迟策略运作、后拉动流程、后拉动价值、智能运作。

制造类企业按照积分从大到小排序，从具体模块单元、联合模块单元、模块组模块单元到总作业模块单元的流水线作业，从通用模块单元、链接模块单元到专用模块单元流水线作业进行布置。制造性服务企业按照积分从大到小排序，从具体模块单元、联合模块单元到模块组模块单元的流水线作业，从通用模块单元、链接模块单元到专用模块单元流水线作业进行布置。一般服务企业、纯服务类企业按照积分从大到小排序，从具体模块单元到联合模块单元的流水线作业，从通用模块单元到专用模块单元流水线作业进行布置。这一排序就是按照作业地进行布置的重要程度排序，可以按照谁的作业地积分大就先排谁的顺序进行，也可以按照既定的布置，将积分大的排至重要位置。一般纯服务企业顾客接触场内员工服务流程、顾客接触场内设备服务流程、顾客接触场外设备服务流程按照积分从大到小排序，从具体模块单元到联合模块单元的流水线作业，从通用模块单元到专用模块单元流水线作业进行布置。

G公司按照积分4、1、3、5、2、6、8、7从大到小排序，从具体模块单元、联合模块单元、模块组模块单元到总作业模块单元的流水线作业，从通用模块单元、链接模块单元到专用模块单元流水线作业进行布置。

（3）运营活动螺旋法根据模块单元流水线作业间模块品目的数量或者作业强度的

大小进行平面布置。按照模块单元流水线作业间模块品目的数量或者作业强度的大小进行不同作业类型整体具体模块单元、联合模块单元、模块组模块单元、总作业模块单元流水线作业平面布置，进行具体模块单元、联合模块单元、模块组模块单元、总作业模块单元流水线作业和通用模块单元、链接模块单元、专用模块单元流水线作业平面布置。平面布置中，模块单元流水线作业间联系按照线相关、点相关和不相关进行确定，先布置的流量大，表示模块单元流水线作业间的联系更为紧密，平面布置的联系程度就大，由此建立平面布置作业先后与紧密程度的联系。经过这样布置建立了平面布置的理论图。根据往来表计算总模块单元流水线作业间模块品目流量或者作业强度和不相邻模块单元流水线作业间模块品目流量或者作业强度，计算布置失效率得出最优布置。运营活动螺旋法运用体现模块单元各类流水线的延迟策略和强化延迟策略运作、后拉动流程、后拉动价值、智能运作作业间流量进行布置，作业间直接流量越大，布置的效果就越好，越能从空间上促进模块单元流水线延迟策略和强化延迟策略运作、后拉动流程、后拉动价值、智能运作。

制造类企业运用运营活动螺旋法进行不同作业类型整体具体模块单元、联合模块单元、模块组模块单元、总作业模块单元流水线作业平面布置，进行具体模块单元、联合模块单元、模块组模块单元、总作业模块单元流水线作业和通用模块单元、链接模块单元、专用模块单元流水线作业平面布置。制造性服务企业运用运营活动螺旋法进行不同作业类型整体具体模块单元、联合模块单元、模块组模块单元流水线作业平面布置，进行具体模块单元、联合模块单元、模块组模块单元流水线作业和通用模块单元、链接模块单元、专用模块单元流水线作业平面布置。一般服务企业、纯服务类企业运用运营活动螺旋法进行不同作业类型整体具体模块单元、联合模块单元流水线作业平面布置，进行具体模块单元、联合模块单元流水线作业和通用模块单元、专用模块单元流水线作业平面布置。一般纯服务企业顾客接触场内员工服务流程、顾客接触场内设备服务流程、顾客接触场外设备服务流程运用运营活动螺旋法进行不同作业类型整体具体模块单元、联合模块单元流水线作业平面布置，进行具体模块单元、联合模块单元流水线作业和通用模块单元、专用模块单元流水线作业平面布置。平面布置失效率计算公式如下：

$$S = \frac{N}{G} \tag{4-2-1}$$

式中，S 表示失效率，N 表示不相关流量，G 表示总流量。

H 公司根据流水线作业间流量 1—2、2—3、5—6、2—4、1—7、1—8、3—9、4—10 由大到小的顺序进行平面布置，得到平面布置如图 4-2-19 所示。

计算布置失效率为 24.13%，根据失效率最低平面布置进行实际布置。

（4）运营活动规划法按照总成本最小的思路进行布置。由于成本是按照距离和联系进行计算的，所以，运营活动规划法可以采取将模块单元流水线作业模块品目间接流量或者间接联系强度减少的布置进行。运营活动规划法可以用于具体模块单元、联

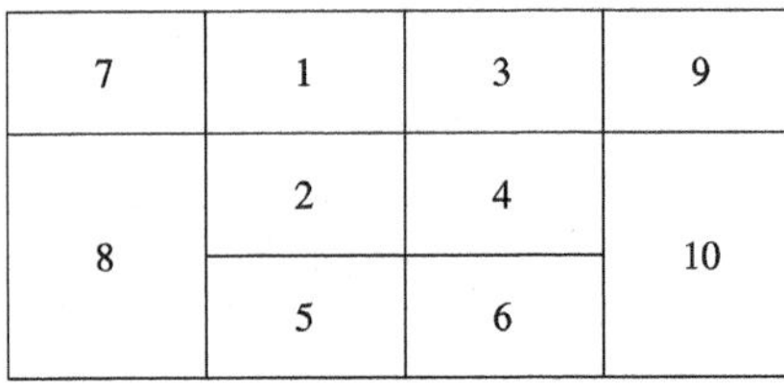

7	1	3	9
8	2	4	10
	5	6	

图 4 - 2 - 19　H 公司平面布置

合模块单元、模块组模块单元、总作业模块单元流水线作业和通用模块单元、链接模块单元、专用模块单元流水线作业的模块品目间接流量或者间接联系强度的减少布置。运营活动规划法运用体现模块单元各类流水线的延迟策略和强化延迟策略运作、后拉动流程、后拉动价值、智能运作的成本进行布置，运作的成本越小，选址的效果就越好，越能从空间上促进模块单元流水线延迟策略和强化延迟策略运作、后拉动流程、后拉动价值、智能运作。

制造类企业进行具体模块单元、联合模块单元、模块组模块单元、总作业模块单元流水线作业和通用模块单元、链接模块单元、专用模块单元流水线作业的模块品目间接流量或者间接联系强度的减少布置。制造性服务企业进行具体模块单元、联合模块单元、模块组模块单元流水线作业和通用模块单元、链接模块单元、专用模块单元流水线作业的模块品目间接流量或者间接联系强度的减少布置。一般服务企业、纯服务类企业进行具体模块单元、联合模块单元流水线作业和通用模块单元、专用模块单元流水线作业的模块品目间接流量或者间接联系强度的减少布置。一般纯服务企业顾客接触场内员工服务流程、顾客接触场内设备服务流程、顾客接触场外设备服务流程进行具体模块单元、联合模块单元流水线作业和通用模块单元、专用模块单元流水线作业的模块品目间接流量或者间接联系强度的减少布置。

L 公司运营活动规划调整总成本如表 4 - 2 - 7 所示，调整后的总成本为 119。

表 4 - 2 - 7　L 公司运营活动规划调整总成本

	1	2	3	4	5	6	7	8
1		10	8	0	0	12	18	0
2			0	3	0	0	0	24
3				0	12	0	0	0
4					0	4	0	12
5						0	2	3
6							0	5
7								6
8								

（5）运营活动从至法按照模块单元流水线作业模块品目间接流量或者间接联系强度的大小顺序，按从至线排的布置方式进行。这样通过对布置的移动距离与模块单元流水线作业模块品目间接流量或者间接联系强度乘积计算，选择总移动流量或者强度距离最小的为最佳布置。运营活动从至法可以用于具体模块单元、联合模块单元、模块组模块单元、总作业模块单元流水线作业和通用模块单元、链接模块单元、专用模块单元流水线作业的模块品目间接流量或者间接联系强度的从至布置。运营活动从至法运用体现模块单元各类流水线的延迟策略和强化延迟策略运作、后拉动流程、后拉动价值、智能运作的作业间流量进行布置，作业间直接流量越大，布置的效果就越好，更能够从空间上促进模块单元流水线延迟策略和强化延迟策略运作、后拉动流程、后拉动价值、智能运作。

制造类企业进行具体模块单元、联合模块单元、模块组模块单元、总作业模块单元流水线作业和通用模块单元、链接模块单元、专用模块单元流水线作业的模块品目间接流量或者间接联系强度的从至布置。制造性服务企业进行具体模块单元、联合模块单元、模块组模块单元流水线作业和通用模块单元、链接模块单元、专用模块单元流水线作业的模块品目间接流量或者间接联系强度的从至布置。一般服务企业、纯服务类企业进行具体模块单元、联合模块单元流水线作业和通用模块单元、专用模块单元流水线作业的模块品目间接流量或者间接联系强度的从至布置。一般纯服务企业顾客接触场内员工服务流程、顾客接触场内设备服务流程、顾客接触场外设备服务流程进行具体模块单元、联合模块单元流水线作业和通用模块单元、专用模块单元流水线作业的模块品目间接流量或者间接联系强度的从至布置。总移动流量或者强度距离计算公式如下：

$$L_i = Z_{ij}^s \sum_{j=1}^m h_{ij}^s + Z_{ij}^x \sum_{j=1}^m h_{ij}^x \tag{4-2-2}$$

式中，L_i 表示总移动流量或者强度距离，i 表示布置方案，$i = 1, 2, 3, \cdots, n$，$Z_{ij}^s \sum_{j=1}^m h_{ij}^s$ 表示从至线上方移动距离，$Z_{ij}^x \sum_{j=1}^m h_{ij}^x$ 表示从至线下方移动距离，Z_{ij}^s 表示第 j 个从至线上方单位距离，Z_{ij}^x 表示第 j 个从至线下方单位距离，h_{ij}^s 表示第 j 个从至线上方流量，$j = 1, 2, 3, \cdots, m$，h_{ij}^x 表示第 j 个从至线下方流量。

H公司从至调整前的总移动流量距离为203，调整后的为161。

第五章

企业集成运营计划

第一节　企业合作计划与需求预测

一、企业集成运营计划的特点与组成

（一）企业集成运营计划的特点

与一般的企业运营计划相比，企业集成运营计划有如下特点：

1. 企业集成运营计划是企业集成战略的直接体现

企业集成运营计划是针对具体模块单元、联合模块单元、模块组模块单元、总作业模块单元进行的计划，具体体现为进行具体模块单元的具体通用模块单元、具体专用模块单元、具体链接模块单元计划；进行联合模块单元的联合通用模块单元、联合专用模块单元、联合链接模块单元计划；进行模块组模块单元的模块组通用模块单元、模块组专用模块单元、模块组链接模块单元计划；进行总作业模块单元的总作业通用模块单元、总作业专用模块单元、总作业链接模块单元计划。这些模块单元的计划按照通用模块单元、链接模块单元、专用模块单元的先后顺序进行计划，将专用模块单元运作延迟；通过计划本身对专用模块单元强化延迟。由此实现企业集成运营计划的延迟策略运作，实现企业集成战略。

2. 企业集成运营计划是价值链流程运作的体现

一般企业运营计划主要针对运营流程中的运营单元进行，而企业集成运营计划是企业集成价值链流程的模块单元的计划。因而，企业集成运营计划不仅需要对模块单元运营进行计划，还需要体现模块单元价值链流程运作，需要通过具体的企业基本运营流程的各环节的价值链流程运作计划体现，实现价值链流程运作。

3. 企业集成运营计划是精益运作的直接体现

企业精益运作是企业集成运营活动的体现，企业通过精益运作建立适时运营流程，使模块单元进行适时运营流程运作。企业集成运营计划需要体现模块单元的适时运营流程运作，需要针对模块单元的适时运营流程运作特性进行企业集成运营计划。企业集成运营计划是企业集成运营管理流程的后拉动流程、后拉动价值的综合体现。

4. 企业集成运营计划是智能运作的直接体现

企业智能运作是企业集成运营活动的体现，企业通过智能运作建立智能运营流程，使模块单元进行智能运营流程运作。企业集成运营计划需要体现模块单元的智能运营流程运作，需要针对模块单元的智能运营流程运作特性进行企业集成运营计划。

5. 企业集成运营计划通过 ERP 信息系统实现

ERP 信息系统是企业集成运营活动计划的实现方式，企业通过 ERP 信息系统充分和及时进行企业集成运营计划。ERP 信息系统将企业各类集成运营计划集中起来，更便捷地加强企业各类集成运营计划之间的联系，有利于进行企业集成运营计划。

制造类企业、服务类企业、纯服务类企业都具有企业集成运营计划特点。

（二）企业集成运营计划组成

企业集成运营计划包括企业集成综合运营计划、企业集成主运营计划、企业集成模块品目运营需求计划、企业集成运营作业计划和企业集成运营增值计划。企业集成运营计划从企业集成综合运营计划开始制定，以企业集成综合运营计划为起点，进行企业集成主运营计划、企业集成模块品目运营需求计划、企业集成运营作业计划和企业集成运营增值计划运作。企业集成运营增值计划与企业集成运营作业计划相联系，反映企业集成基本运营流程的增值计划。企业的特性不同，计划的内容不同。

制造类企业集成综合制造计划、企业集成主制造计划、企业集成模块品目制造需求计划、企业集成制造作业计划和企业集成制造增值计划。一般制造性服务企业运营计划包括企业集成综合服务计划、企业集成主服务计划、企业集成模块品目服务需求计划、企业集成服务作业计划和企业集成服务增值计划。服务类企业运营计划包括企业集成综合服务计划、企业集成主服务计划、企业集成模块品目服务需求计划、企业集成服务作业计划和企业集成服务增值计划。纯服务类企业运营计划包括企业集成综合服务计划、企业集成主服务计划、企业集成服务作业计划和企业集成服务增值计划。一般纯服务企业包括企业集成顾客接触服务作业服务特性计划。

二、企业合作计划

企业合作计划是促进企业集成运营计划运作的重要计划，是从供应链视角出发进行企业集成综合运营计划运作。

（一）企业合作计划内容

1995 年沃尔玛与其供应商 Warner Lambert、世界上最大的企业管理软件商 SAP 等五家企业进行合作计划的研究，目的是实现零售企业和制造企业的合作，合理预测顾客需求。计划实施效果良好，于是当今国内外一些企业开始运用。合作计划是指零售企业与供应链运作的主体制造企业之间，围绕顾客需求，共同预计顾客需求量的计划。之所以和零售企业合作，是因为零售企业最能了解顾客的需求，能真实地确立顾客需求。合作计划内容包括：

1. 企业合作计划交换顾客需求信息

企业合作计划建立运营计划的顾客需求信息系统，与主体企业进行顾客需求信息交换，交换的顾客需求信息包括顾客需求的产品品种、数量、交货期、需求间隔期。企业合作计划的信息来源是合作计划成功的源泉。这些信息来自原始的销售信息，这些销售信息明确销售数量的地点分布、销售数量时间分布，尤其是销售地点众多时，给出最真实的即时销售信息。这一信息系统需要在 ERP 系统下的销售子系统进行运作，单独建立合作计划信息系统。

2. 企业合作计划进行销售预测

企业合作计划根据销售数据、因果关系信息、已计划的顾客需求信息，进行销售预测。企业合作计划的成功之处是能进行例外预测情况的处理和调整，使预测接近于实际。

3. 企业合作计划订单产生

企业合作计划提出分时间段的实际需求，将顾客需求转换为已承诺的订单。企业合作计划的成功之处是能进行例外订单情况的处理和调整，使订单接近于实际。

（二）企业合作计划特点

1. 协同

供应链或者服务链上下游企业是各个子系统，协同效应可以使整个供应链或者服务链系统发挥的功效大于各个子系统功效简单相加。供应链或者服务链上下游企业只有确立共同的目标，才能使双方的绩效都得到提升，取得综合性的效益（田立平和孙群，2013）。企业合作计划这种新型的合作关系要求双方长期承诺公开沟通、信息分享，确立其协同性的经营战略，这种战略的实施必须建立在信任和承诺的基础上，是买卖双方取得长远发展和良好绩效的有效途径。

2. 计划

企业合作计划对企业集成运营计划的促进作用是通过计划实现。从供应链或者服务链视角出发，确定符合顾客需求的合作计划，通过合作计划确定的顾客需求，直接体现在企业集成运营计划之中，使企业集成运营计划具备运作的良好的基础。

3. 预测

企业合作计划中的预测强调买卖双方必须做出最终的协同预测，协同预测可以大大提升整个供应链系统的效率，提高产品销量、节约供应链的资源。与此同时，最终实现协同促销计划是实现预测精度提高的关键。企业合作计划的协同预测不仅关注供应链双方共同做出最终预测，同时也强调双方都应参与预测反馈信息的处理和预测模型的制定和修正，特别是如何处理预测数据的波动等问题。只有把数据集成、预测和处理的所有方面都考虑清楚，才有可能真正实现共同的目标，使协同预测落在实处。通过企业合作计划合作伙伴关系，公司能够与他们的供应商和客户广泛分享信息，共同开发、更新和正确的预测，使用共享信息来推动运营规划（Hill & Peter，2018）。

4. 补货

企业合作计划被认为是补货的主要因素，对例外状况的出现需要转化为存货的百分比、预测精度、安全库存水准、订单实现的比例、前置时间以及订单批准的比例，所有这些都需要在双方公认的计分卡基础上定期协同审核。潜在的分歧，比如基本供应量、过度承诺等双方事先应及时加以解决。

（三）企业合作计划与 VMI 的比较

1. 企业合作计划与 VMI 原始的合作关系范围不同，企业合作计划进行了拓展

企业合作计划原始的经济关系是主体企业与零售商，而 VMI 原始的经济关系是主体企业和供应商。企业合作计划与 VMI 原始的合作关系范围拓展，合作计划由主体企业与零售商拓展到主体企业与供应商。供应商对下游企业的库存进行管理，能够降低信息的扭曲放大程度，对减轻牛鞭效应有重要的作用（段丽梅，2018）。

2. 企业合作计划与 VMI 主导企业强势要求不同

企业合作计划没有主导企业强势要求，注重于合作，而 VMI 有主导企业强势要求。VMI 的本质是必须有一个强势的企业来进行库存控制，使各方缺乏足够的协商，未能实现真正的系统集成；在信息系统的建设方面可能会占用大量的资金。

3. 企业合作计划与 VMI 适用条件不同

企业合作计划需要供应链或者服务链合作企业都有良好的 IT 基础，以保证整个系统能够快速响应客户与预测客户的需求；合作企业彼此间的合作关系最好长期稳固；各企业需满足并维护企业合作计划的各种标准。VMI 对上游供应商的要求较高，比如实力雄厚、市场信息量大、有较高的直接存储交货能力、信息管理水平较高等；对下游零售商的 IT 基础要求则不高。

4. 企业合作计划与 VMI 集成效果不同

企业合作计划更注重集成效果，具备更高的运作水平，而 VMI 的应用对强势企业的依存度较高，要求一种高度的信任感，如果缺乏足够的协同，则很难做到促销和库存补给的良好协调，单向过程加大强势企业的风险，不能注重集成效果的体现。

5. 企业合作计划与 VMI 集成成本不同

企业合作计划更注重集成成本，而 VMI 的应用需要具备的条件高，由此带来的成本就高，所需要的花费就多，实行的难度就大。与 VMI 相比，CPFR 产生的总量更低于供应链成本（Sari，2008）。

（四）企业合作计划在企业集成综合运营计划体现

企业合作计划体现了企业集成综合运营计划的顾客需求量，通过合作计划，能预测顾客需求量。

制造企业、新兴制造企业通过零售商与制造企业的合作计划，确定顾客需求量；一般制造性服务企业通过自身与零售端的联系，确定顾客需求量；简单加工制造性服务企业、一般服务企业通过零售商与制造企业的合作计划确定顾客需求量，确定模块品目需求量；新兴服务企业、纯服务企业通过自身与零售端的联系，确定顾客需求量。

三、企业集成运营计划需求定性预测

企业集成运营管理流程运作过程中，需要采用各种方法进行分析。这些分析源自于企业集成运营管理流程运作过程中出现问题，通过这些问题的分析，建立解决问题的目标，采用定性和定量方法，解决出现的问题（利迪和奥姆罗德，2015）。企业集成运营计划需求的定性预测和定量预测是为了解决问题进行预测。企业集成运营计划需求定性预测和定量预测针对运营具体、联合、模块组、总作业和通用、专用、链接模块单元流程的运作进行，这种预测的本身是按照企业集成运营模块单元流程运作要求进行；可以针对运营通用模块单元流程运作进行预测，由此反映出延迟策略的运作。企业集成运营计划需求定性预测和定量预测针对运营具体、联合、模块组、总作业和通用、专用、链接模块单元流程的计划延迟策略运作进行，这种预测是按照企业集成运营模块单元流程管理运作进行；可以针对运营通用模块单元流程运作进行计划延迟策略预测，由此反映延迟策略的计划延迟策略强化运作。具体运作时通过运营具体、联合、模块组、总作业模块单元按照运营通用、链接、专用模块单元流程的模块品目数量和模块单元额度先后运作顺序体现定性预测和定量预测。

（一）企业集成运营计划需求集合意见预测法

企业集成运营计划需求集合意见预测法针对市场的销量多少进行专家、管理人员、销售人员、顾客意见的收集，提出不同的关于销量预测的看法，将这些不同的意见进行综合，形成期望预测销售量。企业集成运营计划需求集合意见预测法运算时，需要先得出每一类人员预测销量，然后针对每一类人员站在不同角度进行预测，需要进行调整，最终得出销量预测。每一类人员预测销量公式如式（5-1-1）所示，综合预测销量公式如式（5-1-2）所示：

$$Q_i = Q_d w_d + Q_k w_k + Q_g w_g \qquad (5-1-1)$$

$$Q = 0.3 \times Q_1 + 0.2 \times Q_2 + 0.2 \times Q_3 + 0.2 \times Q_4 \qquad (5-1-2)$$

式中，Q_i、Q_d、Q_k、Q_g 分别代表集合意见预测法每一类人员预测销量、最低销量、最可能销量、最高销量，w_d、w_k、w_g 分别代表集合意见预测法最低销量、最可能销量、最高销量的所占比率，Q、Q_1、Q_2、Q_3、Q_4 分别代表集合意见预测法预测销量、专家预测销量、管理人员预测销量、销售人员预测销量、顾客预测销量，w_1、w_2、w_3、w_4 分别代表集合意见预测法专家预测销量、管理人员预测销量、销售人员预测销量、顾客预测销量的所占比率。

F 公司各类人员预测销量资料如表 5-1-1 所示。

表 5-1-1　F 公司各类人员预测销量资料　　单位：万元

预测人员	最低销量	最可能销量	最高销量
专家	28	35	60
	30	37	62
	26	32	59
管理人员	40	50	70
	43	53	68
	45	51	66
销售人员	20	30	50
	22	35	51
	24	36	53
顾客	30	40	63
	32	45	58
	35	46	60

w_d、w_k、w_g 为 0.3、0.5、0.2，w_1、w_2、w_3、w_4 为 0.3、0.2、0.2、0.2。

运用 $Q_i = 0.3 \times Q_d + 0.5 \times Q_k + 0.2 \times Q_g$ 公式计算专家预测销量、管理人员预测销量、销售人员预测销量、顾客预测销量分别为 113.4、156.2、101.1、130.8。

运用 $Q = 0.3 \times Q_1 + 0.2 \times Q_2 + 0.2 \times Q_3 + 0.2 \times Q_4$ 公式计算预测销量为 111.64。

（二）企业集成运营计划需求德尔菲预测法

企业集成运营计划需求德尔菲预测法是通过对销售这一预测主题的确立，选取专家，经过几轮的征询，进行销售预测的方法（梁樑等，2017）。德尔菲预测法每一轮的预测都需要找出专家预测差异的原因，将上一轮的统计结果和修订的调查表发给专家，进行进一步预测，使预测差逐渐缩小。企业集成运营计划需求德尔菲预测法一般采用中位数进行预测。需要对最低销量、最可能销量、最高销量按照从小到大的顺序进行排列，根据排列选择中位数对应的销售量进行预测。专家预测销量公式如下：

$$Q_R = Q_{z1} w_{z1} + Q_{z2} w_{z2} + Q_{z3} w_{z3} \tag{5-1-3}$$

式中，Q_R、Q_{z1}、Q_{z2}、Q_{z3} 分别代表德尔菲预测法预测销量、最低销量、最可能销量、最高销量，w_{z1}、w_{z2}、w_{z3} 分别代表德尔菲预测法最低销量、最可能销量、最高销量的所占比率。

H 公司专家预测销量资料如表 5 - 1 - 2 所示。

表 5 - 1 - 2　H 公司专家预测销量资料　　　　　　　　　单位：万元

专家编号	第一轮预测			第二轮预测			第三轮预测		
	最低销量	最可能销量	最高销量	最低销量	最可能销量	最高销量	最低销量	最可能销量	最高销量
1	380	610	780	480	630	890	430	610	800
2	110	350	490	200	400	550	300	410	510
3	300	450	700	400	600	700	400	600	700
4	650	780	900	500	650	800	380	580	710
5	60	100	250	140	300	400	200	390	500
6	200	400	650	200	400	610	280	500	650
7	150	200	300	150	280	400	310	400	530

从预测资料中能够看出第一轮预测最低销量、最可能销量、最高销量最大值和最小值级差为 590、680、650，第二轮预测最低销量、最可能销量、最高销量最大值和最小值级差为 360、370、490，第三轮预测最低销量、最可能销量、最高销量最大值和最小值级差为 230、220、300，专家的预测经过 3 轮逐渐缩小了级差，可以采用第三轮预测数据进行预测。

第三轮预测最低销量排序为 200、280、300、310、380、400、430。

第三轮预测最可能销量排序为 390、400、410、500、580、600、610。

第三轮预测最高销量排序为 500、510、530、650、700、710、800。

取中位数最低销量 310、最可能销量 500、最高销量 650，假设最低销量、最可能销量、最高销量所占比率为 0.2、0.5、0.3。

运用 $Q_R = 0.2 \times Q_{z1} + 0.5 \times Q_{z2} + 0.3 \times Q_{z3}$ 公式计算预测销量为 507。

（三）企业集成运营计划需求主观概率预测法

企业集成运营计划需求主观概率预测法是通过确定不同概率下销量的不同估计值来进行预测的方法。主观概率预测法需要判断预测销量的最小值和最大值，需要按照正态分布的要求，确定 0.01、0.125、0.25、0.375、0.5、0.625、0.75、0.875、0.99 共 9 个累积概率的分位点，确定这些分位点下的由小到大的销量，按照正态分布的最小和最大销量的中间值作为期望预测销量。预测销量公式如下：

$$Q_Z = Q_Y + Q_Y \times V_T \qquad (5 - 1 - 4)$$

$$V_T = V_P - 1 \qquad (5 - 1 - 5)$$

式中，Q_Z、Q_Y、V_T、V_P 分别代表预测销量、估计销量、平均偏差度、实际与预测平均比率。

H 公司专家预测销量资料如表 5 - 1 - 3 所示。

表 5 - 1 - 3　H 公司专家预测销量资料　　　　　　　单位：万元

专家编号	主观概率								
	0.01	0.125	0.25	0.375	0.5	0.625	0.75	0.875	0.99
	销量								
1	430	450	500	550	610	670	700	750	800
2	300	320	350	380	410	430	460	480	510
3	400	410	480	530	600	620	640	680	700
4	380	400	510	540	580	610	650	690	710
5	200	230	300	370	390	410	430	480	500
6	280	300	400	450	500	530	580	600	650
7	310	330	360	380	400	430	470	480	530

根据 H 公司专家预测销量资料得出销量平均值如表 5 - 1 - 4 所示。

表 5 - 1 - 4　H 公司专家预测销量平均值　　　　　　　单位：万元

专家编号	主观概率								
	0.01	0.125	0.25	0.375	0.5	0.625	0.75	0.875	0.99
	销量								
平均值	329	349	414	457	499	529	561	594	629

最低销量为 329 万元，小于最低销量概率为 1%，最高销量为 629 万元，大于最低销量概率为 1%，期望预测值为 499 万元。

取预测误差为 50 万元，则预测区间为 [499 - 50、499 + 50]，销量预测值在 449 万~549 万元，在第 3 层和第 7 层之间，概率为 0.75 - 0.25 = 0.5；若取预测误差为 100 万元，则预测区间为 [499 - 100、499 + 100]，销量预测值在 399 万~599 万元，在第 2 层和第 8 层之间，概率为 0.875 - 0.125 = 0.75。

如果实际与预测平均比率为 0.9，按照 $V_T = V_P - 1$ 计算平均偏差度 = 0.9 - 1 = -0.1，运用 $Q_Z = Q_Y + Q_Y \times V_T$，则预测值 = 499 - 499 × 0.1 = 449 万元。

四、回归预测方法

单一的预测方法不能消除对有效性的威胁，需要采用一系列的预测方法，一系列预测方法中的每一个方法都有其自身的缺陷，但这些方法结合起来，可能比任何单独的预测方法都能提供更强的推论和更具概括性的结果。多个预测方法和多个预测样本能够改进预测方法威胁。

（一）一元线性回归预测方法

1. 一元线性回归模型回归系数估计

一元线性回归预测方法是建立自变量 x 和因变量 y 之间一元线性关系进行预测的方法。预测实践中，需要根据统计数据进行预测，由此建立的自变量 x 和因变量 y 之间线性关系模型就是一元回归预测模型，一元回归预测模型如下：

$$\hat{y} = \hat{\beta}_0 + \hat{\beta}_1 x \tag{5-1-6}$$

式中，$\hat{\beta}_0$、$\hat{\beta}_1$ 是回归系数，$\hat{y}$ 是预测值。通过 x 数据进行变量 y 的预测，得出 y 的预测值。进行 y 的预测需要建立一元回归预测模型，需要进行 $\hat{\beta}_0$、$\hat{\beta}_1$ 回归系数估计。

采用最小二乘法对 β_0、β_1 进行估计，使误差最小，采用式（5-1-7）进行 β_0、β_1 估计。

$$Q = \sum_{i=1}^{n} (y_i - \hat{y}_i)^2 = \sum_{i=1}^{n} (y_i - \hat{\beta}_0 - \hat{\beta}_1 x_i)^2 \tag{5-1-7}$$

令 $\dfrac{\partial Q}{\partial \beta_0} = 0$，$\dfrac{\partial Q}{\partial \beta_1} = 0$

得到：

$$\begin{cases} -2\sum_{i=1}^{n} (y_i - \hat{\beta}_0 - \hat{\beta}_1 x_i) = 0 \\ -2\sum_{i=1}^{n} (y_i - \hat{\beta}_0 - \hat{\beta}_1 x_i) x_i = 0 \end{cases} \tag{5-1-8}$$

$$\begin{cases} n\hat{\beta}_0 + \hat{\beta}_1 \sum_{i=1}^{n} x_i = \sum_{i=1}^{n} y_i \\ \hat{\beta}_0 (\sum_{i=1}^{n} x_i) - \hat{\beta}_1 \sum_{i=1}^{n} x_i^2 = \sum_{i=1}^{n} x_i y_i \end{cases}$$

由此确定 β_0、β_1：

$$\hat{\beta}_1 = \frac{n\sum_{i=1}^{n} x_i y_i - \sum_{i=1}^{n} x_i \sum_{i=1}^{n} y_i}{n\sum_{i=1}^{n} x_i^2 - (\sum_{i=1}^{n} x_i)^2} = \frac{\sum_{i=1}^{n} (x_i - \bar{x})(y_i - \bar{y})}{\sum_{i=1}^{n} (x_i - \bar{x})^2} \tag{5-1-9}$$

$$\hat{\beta}_0 = \frac{1}{n}(\sum_{i=1}^{n} y_i - \hat{\beta}_1 \sum_{i=1}^{n} x_i) \tag{5-1-10}$$

2. 一元线性回归预测模型检验

（1）一元线性回归预测模型拟合优度。这是进行样本回归直线与样本观测值之间的拟合程度，通过可决系数 R^2 体现。可决系数 R^2 越接近于 1，一元回归预测模型样本回归直线与样本观测值之间拟合程度就越好。可决系数 R^2 公式如下：

$$\sum_{i=1}^{n} (y_i - \bar{y})^2 = \sum_{i=1}^{n} (y_i - \hat{y}_i)^2 + \sum_{i=1}^{n} (\hat{y}_i - \bar{y})^2$$

$$SST = SSE + SSR$$

$$R^2 = \beta_1^2 \frac{n \sum_{i=1}^{n} x_i^2 - \left(\sum_{i=1}^{n} x_i \right)^2}{n \sum_{i=1}^{n} y_i^2 - \left(\sum_{i=1}^{n} y_i \right)^2} \tag{5-1-11}$$

（2）相关系数。这是描述一元回归预测模型变量 x 与 y 之间的线性关系密切程度的数量指标。r 越接近于 1，一元回归预测模型变量 x 与 y 之间的线性关系密切程度就越高。r 检验与样本统计量的自由度和显著水平 a 有直接联系，由此决定的临界相关系数就是验证的标准。r 只有符合这一检验才能够表明 x 与 y 之间的线性关系密切。相关系数公式如下：

$$r = \frac{\sum_{i=1}^{n} (x_i - \overline{x})(y_i - \overline{y})}{\sqrt{\sum_{i=1}^{n} (x_i - \overline{x})^2 \times \sum_{i=1}^{n} (y_i - \overline{y})^2}} \tag{5-1-12}$$

（3）一元回归预测模型显著性检验。这是检验一元回归预测模型变量 x 与 y 之间的线性关系是否显著，或者说 x 与 y 之间能否用一元回归预测模型 $\hat{y} = \hat{\beta}_0 + \hat{\beta}_1 x$ 来表示。构造 F 统计量，提出假设，假设 $\hat{y} = \hat{\beta}_0 + \hat{\beta}_1 x$ 线性关系不显著，则原假设为 $H_0: \beta_1 = 0$。如果原假设成立，则 $F \sim F(1, n-2)$。根据观测值计算 F 统计量，对于给定的显著水平 a，当 $F > F_{1-\alpha}(1, n-2)$ 时，拒绝原假设，$\hat{\beta}_1$ 不等于零，认为一元回归预测模型 $\hat{y} = \hat{\beta}_0 + \hat{\beta}_1 x$ 自变量与因变量线性回归关系显著。当 $F < F_{1-\alpha}(1, n-2)$ 时，接受原假设，$\hat{\beta}_1$ 等于零，认为一元回归预测模型 $\hat{y} = \hat{\beta}_0 + \hat{\beta}_1 x$ 自变量与因变量线性回归关系不显著。F 统计量公式如下：

$$F = \frac{\sum_{i=1}^{n} (\hat{y}_i - \overline{y})^2}{\sum_{i=1}^{n} (y_i - \hat{y}_i)^2 / (n-2)} \tag{5-1-13}$$

（4）一元回归预测模型回归系数显著性检验。这是检验回归系数是否显著。构造 T 统计量，提出假设，假设一元回归预测模型回归系数不显著，则原假设为 $H_0: \beta_1 = 0$。根据观测值计算 T 统计量，对于给定的显著水平 a，当 $|T| > t_{1-\alpha}(n-2)$ 时，拒绝原假设 $H_0: \beta_1 = 0$，接受备选假设 $H_1: \beta_1 \neq 0$，即 $\hat{\beta}_1$ 与 0 有显著区别，$\hat{\beta}_1$ 所对应的一元回归预测模型 $\hat{y} = \hat{\beta}_0 + \hat{\beta}_1 x$ 自变量与因变量线性回归关系显著。当 $|T| < t_{1-\alpha}(n-2)$ 时，接受原假设 $H_0: \beta_1 = 0$，即 $\hat{\beta}_1$ 与 0 没有显著区别，$\hat{\beta}_1$ 所对应的一元回归预测模型 $\hat{y} = \hat{\beta}_0 + \hat{\beta}_1 x$ 自变量与因变量线性回归关系不显著。T 统计量公式如下：

$$T = \frac{\hat{\beta}_1 \times \sqrt{\sum_{i=1}^{n} (x_i - \overline{x})^2}}{\sqrt{\sum_{i=1}^{n} (y_i - \hat{y}_i)^2 / (n-2)}} \tag{5-1-14}$$

3. 一元线性回归模型的预测

根据给定的 x_0 得出因变量的点预测值如下：

$$\hat{y}_0 = \hat{\beta}_0 + \hat{\beta}_1 x_0 \qquad (5-1-15)$$

根据给定的 x_0，以 $1-a$ 的概率求出 y 的一个预测区间，区间预测值如下：

$$\hat{y}_0 \pm t_{\alpha/2}(n-2) \times S_e \times \sqrt{1 + \frac{1}{n} + \frac{(x_0 - \bar{x})^2}{\sum\limits_{i=1}^{n}(x_i - \bar{x})^2}} \qquad (5-1-16)$$

$$S_e = \sqrt{\frac{\sum\limits_{i=1}^{n}(y_i - \hat{y})^2}{n-2}} \qquad (5-1-17)$$

一元回归预测资料如表 5-1-5 所示。

表 5-1-5 一元回归预测资料

序号	1	2	3	4	5	6	7	8
可支配收入（万元）	160.83	191.03	223.15	248.45	286.31	343.15	408.18	503.16
销量（件）	335.17	378.08	435.18	561.17	710.18	896.18	1128.17	1381.69
序号	9	10	11	12	13	14	15	16
可支配收入（万元）	626.17	763.71	899.18	1113.57	1310.19	1410.11	1585.19	1801.19
销量（件）	1749.34	2253.17	2538.16	3218.16	3813.16	4578.16	5320.18	5710.18

$$\hat{\beta}_1 = \frac{\sum\limits_{i=1}^{16}(x_i - \bar{x})(y_i - \bar{y})}{\sum\limits_{i=1}^{16}(x_i - \bar{x})^2} = \frac{14903445.01}{4468059.73} = 3.3356$$

$$\hat{\beta}_0 = \frac{1}{16}\left(\sum\limits_{i=1}^{16} y_i - \hat{\beta}_1 \sum\limits_{i=1}^{16} x_i\right) = 2187.89 - 3.3356 \times 742.09 = -287.3897$$

$$R^2 = \beta_1^2 \frac{16 \times \sum\limits_{i=1}^{16} x_i^2 - \left(\sum\limits_{i=1}^{16} x_i\right)^2}{16 \times \sum\limits_{i=1}^{16} y_i^2 - \left(\sum\limits_{i=1}^{16} y_i\right)^2} = 3.3356^2 \times \frac{71488955.65}{800075105.34} = 0.9941$$

$$r = \frac{\sum\limits_{i=1}^{16}(x_i - \bar{x})(y_i - \bar{y})}{\sqrt{\sum\limits_{i=1}^{16}(x_i - \bar{x})^2 \times \sum\limits_{i=1}^{n}(y_i - \bar{y})^2}} = \frac{14903445.01}{14947373} = 0.9971$$

$$F = \frac{\sum\limits_{i=1}^{16}(\hat{y}_i - \bar{y})^2}{\sum\limits_{i=1}^{16}(y_i - \hat{y}_i)^2/(n-2)} = \frac{49844064.28}{293745.10/14} = 12.1203$$

其中，$F_{1-\alpha}(1, 14) = 4.6$，$F > F_{1-\alpha}(1, 14)$。

$$T = \frac{\hat{\beta}_1 \times \sqrt{\sum_{i=1}^{n}(x_i - \overline{x})^2}}{\sqrt{\sum_{i=1}^{n}(y_i - \hat{y}_i)^2/(n-2)}} = \frac{3.3356 \times 2114}{144.85} = 48.7453$$

其中，$t_{1-\alpha}(14) = 2.15$，$T > t_{1-\alpha}(14)$。

$$\hat{y}_0 = \hat{\beta}_0 + \hat{\beta}_1 x_0 = -287.3897 + 3.3356 \times 1900.7500 = 6061.1150$$

$$\hat{y}_0 + t_{\alpha/2}(16-2) \times S_e \times \sqrt{1 + \frac{1}{16} + \frac{(x_0 - \overline{x})^2}{\sum_{i=1}^{16}(x_i - \overline{x})^2}} = 6424.6967$$

$$\hat{y}_0 - t_{\alpha/2}(16-2) \times S_e \times \sqrt{1 + \frac{1}{16} + \frac{(x_0 - \overline{x})^2}{\sum_{i=1}^{16}(x_i - \overline{x})^2}} = 5697.5333$$

（二）多元线性回归预测方法

1. 多元线性回归预测模型回归系数估计

多元线性回归预测模型根据因变量与多个自变量的实际观测值建立因变量对多个自变量的多元线性回归方程（冷建飞等，2016）。多元线性回归预测模型如下：

$$\hat{y} = \hat{\beta}_0 + \hat{\beta}_1 x_1 + \cdots + \hat{\beta}_p x_p \tag{5-1-18}$$

运用最小二乘法进行多元回归预测模型回归系数估计。令 $\frac{\partial Q}{\partial \hat{\beta}_0} = 0$，$\frac{\partial Q}{\partial \hat{\beta}_1} = 0$，$\frac{\partial Q}{\partial \hat{\beta}_p} = 0$，得到 $\hat{\beta}_0$，$\hat{\beta}_1$，$\cdots$，$\hat{\beta}_p$ 的估计方程组如下：

$$\begin{cases} n\hat{\beta}_0 + \sum_{i=1}^{n}x_{1i}\hat{\beta}_1 + \sum_{i=1}^{n}x_{2i}\hat{\beta}_2 + \cdots + \sum_{i=1}^{n}x_{pi}\hat{\beta}_p = \sum_{i=1}^{n}y_i \\ \sum_{i=1}^{n}x_{1i}\hat{\beta}_0 + \sum_{i=1}^{n}x_{1i}^2\hat{\beta}_1 + \sum_{i=1}^{n}x_{1i}x_{2i}\hat{\beta}_2 + \cdots + \sum_{i=1}^{n}x_{1i}x_{pi}\hat{\beta}_p = \sum_{i=1}^{n}x_{1i}y_i \\ \sum_{i=1}^{n}x_{2i}\hat{\beta}_0 + \sum_{i=1}^{n}x_{1i}x_{2i}\hat{\beta}_1 + \sum_{i=1}^{n}x_{1i}x_{2i}^2\hat{\beta}_2 + \cdots + \sum_{i=1}^{n}x_{2i}x_{pi}\hat{\beta}_p = \sum_{i=1}^{n}x_{2i}y_i \\ \vdots \\ \sum_{i=1}^{n}x_{pi}\hat{\beta}_0 + \sum_{i=1}^{n}x_{1i}x_{pi} + \sum_{i=1}^{n}x_{2i}x_{pi}\hat{\beta}_2 + \cdots + \sum_{i=1}^{n}x_{pi}^2\hat{\beta}_p = \sum_{i=1}^{n}x_{pi}y_i \end{cases} \tag{5-1-19}$$

2. 多元线性回归预测模型检验

（1）多元线性回归预测模型拟合优度。这是进行样本回归与样本观测值之间的拟合程度，通过复可决系数 R^2 体现。复可决系数 R^2 越接近于1，多元回归预测模型样本与样本观测值之间拟合程度就越好。复可决系数 R^2 公式如下：

$$R^2 = \frac{\sum\limits_{i=1}^{n} (\hat{y}_i - \overline{y})^2}{\sum\limits_{i=1}^{n} (y_i - \overline{y})^2} \tag{5-1-20}$$

$$Q = \sum\limits_{i=1}^{n} (y_i - \hat{y}_i)^2 = \sum\limits_{i=1}^{n} (y_i - \hat{\beta}_0 + \hat{\beta}_1 x_{1i} - \cdots - \hat{\beta}_p x_{pi})^2$$

（2）复相关系数。这是描述多元回归预测模型自变量与因变量之间的线性关系密切程度的数量指标。R 越接近于 1，多元回归预测模型自变量与因变量之间的线性关系密切程度就越高。R 只有符合临界相关系数这一检验才能够表明自变量与因变量之间线性关系密切。复相关系数公式如下：

$$R = \sqrt{\frac{\sum\limits_{i=1}^{n} (\hat{y}_i - \overline{y})^2}{\sum\limits_{i=1}^{n} (y_i - \overline{y})^2}} \tag{5-1-21}$$

（3）多元线性回归预测模型显著性检验。这是检验多元线性回归预测模型自变量与因变量之间的线性关系是否显著。构造 F 统计量，根据观测值计算 F 统计量，对于给定的显著水平 a，当 $F > F_\alpha (p, n-p-1)$ 时，认为多元回归预测模型自变量与因变量线性回归关系显著。反之亦然。F 统计量公式如下：

$$F = \frac{\sum\limits_{i=1}^{n} (\hat{y}_i - \overline{y})^2 / p}{\sum\limits_{i=1}^{n} (y_i - \hat{y}_i)^2 / (n-p-1)} \tag{5-1-22}$$

（4）多元线性回归预测模型回归系数显著性检验。这是检验回归系数是否显著。构造 T 统计量，对于给定的显著水平 a，当 $|T| > t_{\frac{a}{2}} (n-p-1)$ 时，$\hat{\beta}_i$ 与 0 有显著区别，$\hat{\beta}_i$ 所对应的多元回归预测模型自变量与因变量线性回归关系显著。反之亦然。T 统计量公式如下：

$$T = \frac{\hat{\beta}_i}{\sqrt{\sum\limits_{i=1}^{n} (y_i - \hat{y}_i)^2 / (n-p-1)} \times \sqrt{C_{ii}}} \tag{5-1-23}$$

式中，$L = \begin{bmatrix} l_{11} & l_{12} & \cdots & l_{1p} \\ l_{21} & l_{22} & \cdots & l_{2p} \\ \vdots & \vdots & \ddots & \vdots \\ l_{p1} & l_{p2} & \cdots & l_{pp} \end{bmatrix}$，$C_{ii}$ 是 L 矩阵的逆矩阵 L^{-1} 的 i 行 i 列元素。

3. 多元线性回归预测模型预测

给出一组自变量 $[x_{01}, \cdots, x_{0p}]$ 得出因变量点的预测值如下：

$$\hat{y}_0 = \hat{\beta}_0 + \hat{\beta}_1 x_{01} + \cdots + \hat{\beta}_p x_{0p} \tag{5-1-24}$$

给出一组自变量 $x_0 = [1, x_{01}, \cdots, x_{0p}]^T$，以 $1-a$ 的概率求出 y 的预测区间，预

测公式如下：

$$\hat{y}_0 \pm t_{\frac{\alpha}{2}}(n-p-1) \times S_e \times \sqrt{1 + x_0^T(x^Tx)^{-1}x_0} \qquad (5-1-25)$$

$$式中, x = \begin{bmatrix} 1 & x_{11} & \cdots & x_{1p} \\ 1 & x_{21} & \cdots & x_{2p} \\ \vdots & \vdots & \ddots & \vdots \\ 1 & x_{n1} & \cdots & x_{np} \end{bmatrix}, S_e = \sqrt{\dfrac{\sum\limits_{i=1}^{n}(y_i - \hat{y})^2}{n-p-1}}。$$

多元回归预测资料如表 5 - 1 - 6 所示。

表 5 - 1 - 6　多元回归预测资料

序号	1	2	3	4	5	6	7
销售收入（万元）	46875	41309	39015	35660	28573	29658	29681
支配收入（万元）	226.47	268.04	284.99	339.17	396.71	432.91	481.19
销量（件）	397.4	422.80	462.50	544.76	600.89	686.09	707.18
序号	8	9	10	11	12	13	14
销售收入（万元）	33436	42135	50857	51060	59388	63780	72620
支配收入（万元）	563.85	644.10	883.78	1027.16	1220.98	1356.57	1564.69
销量（件）	783.91	920.18	1220.18	1556.88	1925.18	2089.86	2161.87
序号	15	16	17	18	19		
销售收入（万元）	92300	128600	165400	202710	268915		
支配收入（万元）	1814.47	2084.58	2581.17	3113.18	3452.16		
销量（件）	2209.88	2252.13	2365.18	2474.18	2661.78		

运用最小二乘法得到：

$$\begin{cases} n\hat{\beta}_0 + \sum\limits_{i=1}^{n} x_{1i}\hat{\beta}_1 + \sum\limits_{i=1}^{n} x_{2i}\hat{\beta}_2 = \sum\limits_{i=1}^{n} y_i \\ \sum\limits_{i=1}^{n} x_{1i}\hat{\beta}_0 + \sum\limits_{i=1}^{n} x_{1i}^2\hat{\beta}_1 + \sum\limits_{i=1}^{n} x_{1i}x_{2i}\hat{\beta}_2 = \sum\limits_{i=1}^{n} x_{1i}y_i \\ \sum\limits_{i=1}^{n} x_{2i}\hat{\beta}_0 + \sum\limits_{i=1}^{n} x_{1i}x_{2i}\hat{\beta}_1 + \sum\limits_{i=1}^{n} x_{2i}^2\hat{\beta}_2 = \sum\limits_{i=1}^{n} x_{2i}y_i \end{cases}$$

建立方程组得到：

$$\begin{cases} 19\hat{\beta}_0 + 22736.17\hat{\beta}_1 + 26442.83\hat{\beta}_2 = 1481972 \\ 22736.17\hat{\beta}_0 + 45153481.01\hat{\beta}_1 + 45377013.93\hat{\beta}_2 = 2921293598 \\ 26442.83\hat{\beta}_0 + 45377013.93\hat{\beta}_1 + 49057098.60\hat{\beta}_2 = 2843771289.74 \end{cases}$$

$$\hat{\beta}_0 = 27977.2502, \quad \hat{\beta}_1 = 106.6054, \quad \hat{\beta}_2 = -55.7200$$

$$\hat{y}_0 = 27977.2502 + 106.6054x_1 - 55.7200x_2$$

$$R^2 = \frac{\sum_{i=1}^{19} (\hat{y}_i - \bar{y})^2}{\sum_{i=1}^{19} (y_i - \bar{y})^2} = \frac{78516841791.56}{80459248982.74} = 0.9759$$

$$R = \sqrt{\frac{\sum_{i=1}^{19} (\hat{y}_i - \bar{y})^2}{\sum_{i=1}^{19} (y_i - \bar{y})^2}}$$

$$= \sqrt{\frac{78516841791.56}{80459248982.74}} = 0.9879$$

说明模型具有良好的拟合优度。

$$F = \frac{\sum_{i=1}^{19} (\hat{y}_i - \bar{y})^2 / p}{\sum_{i=1}^{19} (y_i - \hat{y}_i)^2 / (n-p-1)} = \frac{78516841791.56/2}{80459248982.74/16} = 7.8069$$

F 大于 3.63，说明多元回归模型通过了显著性检验。

$$L = \begin{vmatrix} 17961225 & 13728501 \\ 13728501 & 12249834 \end{vmatrix}$$

$$L^{-1} = \frac{1}{3.155 \times 10^{13}} \begin{vmatrix} 12255877.47 & -13734451.92 \\ -13734451.92 & 17946458.57 \end{vmatrix}$$

$$T = \frac{\hat{\beta}_1}{\sqrt{\sum_{i=1}^{19} (y_i - \hat{y}_i)^2 / (n-p-1)} \times \sqrt{C_{ii}}} = \frac{106.6054}{10587.6069 \times 0.00623} = 16.1619$$

$$T = \frac{\hat{\beta}_2}{\sqrt{\sum_{i=1}^{19} (y_i - \hat{y}_i)^2 / (n-p-1)} \times \sqrt{C_{ii}}} = \frac{55.7199}{10587.6069 \times 0.000755} = 6.9705$$

$\hat{\beta}_1$、$\hat{\beta}_2$ 的 T 值检验都大于 2.12，通过回归系数检验。

$x_1 = 1000$，$x_2 = 1400$

$\hat{y}_0 = 27977.2502 + 106.6054 x_1 - 55.7200 x_2$

$\hat{y}_0 = 27977.2502 + 106.6054 \times 100 - 55.7200 \times 1400 = 56574.6502$

$\hat{y}_0 + t_{\frac{\alpha}{2}} (n-p-1) \times S_e \times \sqrt{1 + x_0^T (x^T x)^{-1} x_0} = 56574.6502 + 2.12 \times 10587.6069 \times 1 = 79020.3768$

$\hat{y}_0 - t_{\frac{\alpha}{2}} (n-p-1) \times S_e \times \sqrt{1 + x_0^T (x^T x)^{-1} x_0} = 56574.6502 + 2.12 \times 10587.6069 \times 1 = 34128.9236$

(三) 非线性回归预测模型

对幂函数 $y = ax^b$ 模型，可以将模型改进为 $\lg y = \lg a + b \lg x$，将幂函数 $y = ax^b$ 模型转

化为一元线性回归模型如下：

$$\hat{y}' = \hat{\beta}_0 + \hat{\beta}_1 x' \tag{5-1-26}$$

其中，$\hat{\beta}_0 = \lg a$，$\hat{\beta}_1 = b$。

对指数函数 $y = ae^{bx}$ 模型，可以对模型改进为 $\lg y = \lg a + (\lg e) bx$，将指数函数 $y = ae^{bx}$ 模型转化为一元线性回归模型如式（5-1-31）所示。其中 $\hat{y}' = \lg y$，$\hat{\beta}_0 = \lg a$，$\hat{\beta}_1 = (\lg e) b$。

对双曲线函数 $\frac{1}{y} = \beta_0 + \frac{\beta_1}{x}$ 模型，可以进行变量设定，$y' = \frac{1}{y}$、$x' = \frac{1}{x}$，将双曲线函数 $\frac{1}{y} = \beta_0 + \frac{\beta_1}{x}$ 模型转化为一元线性回归模型如式（5-1-31）所示。

对对数函数 $y = \beta_0 + \beta_1 \lg x$ 模型，可以将 $x' = \lg x$，将对数函数 $y = \beta_0 + \beta_1 \lg x$ 模型转化为一元线性回归模型如下：

$$\hat{y} = \hat{\beta}_0 + \hat{\beta}_1 x' \tag{5-1-27}$$

对多项式函数 $y = \beta_0 + \beta_1 x + \beta_2 x^2 + \cdots + \beta_p x^p y = \beta_0 + \beta_1 \lg x$ 模型，可以进行变量设定，$x_1 = x$，$x_2 = x^2$，$\cdots$，$x_p = x^p$，将多项式函数模型转化为多元线性回归模型如下：

$$\hat{y} = \hat{\beta}_0 + \hat{\beta}_1 x_1 + \cdots + \hat{\beta}_p x_p \tag{5-1-28}$$

（四）主成分回归预测模型

主成分回归就是建立在主成分分析的基础之上，利用原自变量的主成分代替原自变量与标准化的因变量做回归分析（王丽和李阳，2018）。对原始数据需要进行标准化处理，以消除指标量纲的影响。标准化处理公式如下：

$$x'_{ij} = \frac{x_{ij} - \overline{x}}{\sigma_j} \tag{5-1-29}$$

其中，$\overline{x} = \dfrac{\sum\limits_{i=1}^{n} x_{ij}}{n}$，$\sigma_j = \sqrt{\sum\limits_{i=1}^{n} (x_{ij} - \overline{x})^2}$。

计算已经标准化处理的数据变量之间的相关系数，得到相关系数矩阵，相关系数如下：

$$r = \frac{\sum\limits_{k=1}^{n} (x'_{ki} - \overline{x}'_i)(x'_{kj} - \overline{x}'_j)}{\sqrt{\sum\limits_{k=1}^{n} (x'_{ki} - \overline{x}'_i)^2}\sqrt{\sum\limits_{k=1}^{n} (x'_{kj} - \overline{x}'_j)^2}} \tag{5-1-30}$$

计算矩阵的特征根和特征向量，由此确定主成分线性模型，如下：

$$\begin{cases} c1 = \varphi_{11}\ x'_1 + \cdots + \varphi_{1p}\ x'_p \\ c2 = \varphi_{21}\ x'_1 + \cdots + \varphi_{2p}\ x'_p \\ \vdots \\ cm = \varphi_{m1}\ x'_1 + \cdots + \varphi_{mp}\ x'_p \end{cases} \tag{5-1-31}$$

需要通过标准化处理 $\varphi'_i = \dfrac{\varphi_i}{\sqrt{\sum\limits_{i=1}^{n}\varphi_i^2}}$，确定标准变量多元回归模型，如下：

$$\hat{y} = \hat{\beta}'_0 + \hat{\beta}'_1 x'_1 + \cdots + \hat{\beta}'_p x'_p \qquad (5-1-32)$$

确定原变量多元回归模型，如下：

$$\hat{y} = \hat{\beta}_0 + \hat{\beta}_1 x_1 + \cdots + \hat{\beta}_p x_p \qquad (5-1-33)$$

G 公司数据如表 5 - 1 - 7 所示。

表 5 - 1 - 7　G 公司数据

销量	购买能力	市场占有率	生产能力
16.00	150.10	4.21	109.10
16.50	161.60	4.11	115.10
19.10	171.70	3.11	123.80
19.30	175.80	3.12	127.10
18.90	181.10	1.11	132.60
20.60	191.00	2.22	138.10
22.90	202.30	2.11	146.08
26.80	212.70	5.65	154.80
28.70	226.80	5.01	162.60
27.80	232.50	5.11	164.30
26.60	240.00	0.73	168.50

需要将 G 公司数据标准化如表 5 - 1 - 8 所示。

表 5 - 1 - 8　G 公司标准化数据

销量	购买能力	市场占有率	生产能力
-0.4148	-0.4722	0.1705	-0.478
-0.3809	-0.3514	0.1513	-0.3857
-0.2044	-0.2453	-0.0402	-0.252
-0.1908	-0.2022	-0.0383	-0.2012
-0.2179	-0.1465	-0.4233	-0.1167
-0.1025	-0.0425	-0.2107	-0.0321
0.0536	0.0762	-0.2318	0.0905
0.3184	0.1854	0.4463	0.2246
0.4474	0.3335	0.3237	0.3445
0.3863	0.3934	0.3429	0.3707
0.3049	0.4722	-0.4961	0.4352

得到相关系数矩阵，如下：

相关系数矩阵

1.0000	0.0286	0.9970
0.0286	1.0000	0.0361
0.9970	0.0361	1.0000

$$\begin{cases} 11\,\hat{\beta}_0 + 0.0001\,\hat{\beta}_1 - 0.0057\,\hat{\beta}_2 = -0.0007 \\ 0.0001\,\hat{\beta}_0 + 1.9989\,\hat{\beta}_1 + 0.0129\,\hat{\beta}_2 = 1.3755 \\ -0.0057\,\hat{\beta}_0 + 0.0129\,\hat{\beta}_1 + 0.9979\,\hat{\beta}_2 = 0.1914 \end{cases}$$

确立主因素回归模型：

$$c1 = 0.7043x'_1 + 0.0366x'_2 + 0.7089x'_3$$
$$c2 = -0.0389x'_1 + 0.9988x'_2 - 0.0285x'_3$$

确立因变量对主因素回归模型：

$$y' = 0.6893c1 + 0.1349c2$$

确立标准化自变量和因变量回归模型：

$$y' = 0.4802x'_1 + 0.1600x'_2 + 0.4848x'_3$$

确立原自变量和因变量回归模型：

$$x'_1 = \frac{x_1 - 195.05}{95.1911}, \quad x'_2 = \frac{x_2 - 3.32}{5.2207}, \quad x'_3 = \frac{x_3 - 140.19}{65.0473}$$

$$y' = 0.4802 \times \frac{x_1 - 195.05}{95.1911} + 0.1600 \times \frac{x_2 - 3.32}{5.2207} + 0.4848 \times \frac{x_3 - 140.19}{65.0473}$$

$$\frac{y - 20.11}{16.15} = 0.0050 \times (x_1 - 195.05) + 0.0306 \times (x_2 - 3.32) + 0.0075 \times (x_3 - 140.19)$$

$$y = -0.8855 + 0.0808x_1 + 0.4943x_2 + 0.1212x_3$$

五、时间序列趋势外推预测方法

时间序列趋势外推预测方法是针对时间序列数据进行预测，这种数据的特点是当前时刻的数据值与之前时刻的数据值有着联系，体现出趋势性、周期性和不规则性的规律。趋势性呈现出时间序列数据较长时间内近似直线的持续向上或持续向下或平稳的趋势；周期性呈现出时间序列数据受各种周期因素影响所形成长度和幅度固定的周期波动；不规则性呈现出时间序列数据受各种突发事件、偶然因素的影响所形成的非趋势性和非周期性的不规则变动（杨海民和潘志松，2019）。

（一）时间序列趋势外推预测

预测值会随着时间的推移而变化，通过移动计算消除随机干扰，趋势变化显示出来，由此可以采用趋势外推预测。

1. 移动平均预测法

移动平均预测法是根据企业集成运营管理流程运作的近期数据值通过推移平均计算来预测未来一段时间数据的预测方法，反映未来一定时期数据变化趋势。考虑到历史各期数据信息对预测未来期内的作用不一样，可以通过加权平均来实现。

（1）一次移动平均预测法。公式如下：

$$\hat{y}_{t+1} = \frac{y_t + y_{t-1} + \cdots + y_{n-N+1}}{N} \qquad (5-1-34)$$

式中，$\hat{y}_{t+1}$是$t+1$期预测值，N是平移期数，y_t是t期实际值。

（2）二次移动平均预测法。公式如下：

$$\hat{y}_{t+T} = a_t + b_t T \qquad (5-1-35)$$

$$a_t = 2y'_t - y''_t \qquad (5-1-36)$$

$$b_t = \frac{2}{N-1} (y'_t - y''_t) \qquad (5-1-37)$$

式中，$\hat{y}_{t+T}$是$t+T$期预测值，a_t和b_t是$\hat{y}_{t+T}$的决定参数，y'_t是第一次移动平均值，y''_t是第二次移动平均值。H公司采用移动平均预测法进行预测结果如表5-1-9所示。

表5-1-9 H公司移动平均预测数据

时间	销量	一次移动	二次移动	a	b	预测值
1	215					
2	211					
3	231					
4	240	219.00				
5	248	227.33				
6	256	239.67				
7	264	248.00	228.67	267.33	19.33	286.67
8	279	256.00	238.33	273.67	17.67	291.33
9	284	266.33	247.89	284.78	18.44	303.22
10						321.67

2. 指数平滑预测方法

（1）一次指数平滑预测方法。在时间序列为随机波动的情况下，可以采用一次指数平滑法进行短期预测。一次指数平滑预测方法公式如下：

$$\hat{y}_{t+1} = \alpha y_t + (1-\alpha) y_{t-1} \qquad (5-1-38)$$

式中，α 是平滑系数，y_t 是 t 期实际值。

（2）二次指数平滑预测方法。在时间序列为线性变化趋势时，需要采用二次指数平滑法进行预测（陈武等，2016）。二次指数平滑预测方法公式如下：

$$\hat{y}_{t+T} = a_t + b_t T \tag{5-1-39}$$

$$a_t = 2y'_t - y''_t \tag{5-1-40}$$

$$b_t = \frac{\alpha}{1-\alpha}\ (y'_t - y''_t) \tag{5-1-41}$$

（3）三次指数平滑预测方法。公式如下：

$$\hat{y}_{t+T} = a_t + b_t T + \frac{1}{2}c_t T^2 \tag{5-1-42}$$

$$a_t = 3y'_t - 3y''_t + y'''_t \tag{5-1-43}$$

$$b_t = \frac{\alpha^2}{2(1-\alpha)^2}\left[(6-5\alpha)y'_t - (10-8\alpha)y''_t + (4-3\alpha)y'''_t\right] \tag{5-1-44}$$

$$c_t = \frac{\alpha^2}{(1-\alpha)^2}\left[y'_t - 2y''_t + y'''_t\right] \tag{5-1-45}$$

式中，a_t、b_t、c_t 分别是三次指数平滑预测模型参数，y'_t、y''_t、y'''_t 分别是一次平滑值、二次平滑值、三次平滑值。

H 公司采用指数平滑预测法进行预测结果如表 5-1-10 所示。

表 5-1-10　H 公司指数平滑预测数据

时间	销量	一次平滑	二次平滑	三次平滑	a	b	c	预测值
1	215							
2	211	213.40						
3	231	219.00	215.64					
4	240	234.60	225.24	219.48	247.56	7.32	15.04	
5	248	243.20	238.04	230.36	245.84	5.33	10.29	
6	256	251.20	246.40	241.38	255.78	4.35	8.63	
7								264.45

（二）增长型曲线外推预测

1. 多项式曲线趋势外推预测

（1）二次多项式曲线趋势外推预测。公式如下：

$$\hat{y}_t = \hat{\beta}_0 + \hat{\beta}_1 t + \hat{\beta}_2 t^2 \tag{5-1-46}$$

参数的估计采用远、中、近三点的原理进行推导，得出 $k=5$，$n \geq 15$ 时参数的估计式如式（5－1－47）所示，得出 $k = 3$，$n < 15$ 时参数的估计式如式（5－1－48）所示。

$$\begin{cases} \hat{\beta}_0 = \overline{y}_1 - \dfrac{11}{3}\hat{\beta}_1 - \dfrac{121}{9}\hat{\beta}_2 \\[2mm] \hat{\beta}_1 = \dfrac{\overline{y}_3 - \overline{y}_1}{n-5} - \dfrac{3n+7}{3}\hat{\beta}_2 \\[2mm] \hat{\beta}_2 = \dfrac{2\ (\overline{y}_1 + \overline{y}_3 - 2\ \overline{y}_2)}{(n-5)^2} \end{cases} \tag{5－1－47}$$

$$\begin{cases} \hat{\beta}_0 = \overline{y}_1 - \dfrac{7}{3}\hat{\beta}_1 - \dfrac{49}{9}\hat{\beta}_2 \\[2mm] \hat{\beta}_1 = \dfrac{\overline{y}_3 - \overline{y}_1}{n-3} - \dfrac{3n+5}{3}\hat{\beta}_2 \\[2mm] \hat{\beta}_2 = \dfrac{2\ (\overline{y}_1 + \overline{y}_3 - 2\ \overline{y}_2)}{(n-3)^2} \end{cases} \tag{5－1－48}$$

式中，$\overline{Y}_1 = \dfrac{1}{m}\sum\limits_{t=1}^{m}\dfrac{1}{y_t}$，$\overline{Y}_2 = \dfrac{1}{m}\sum\limits_{t=m+1}^{2m}\dfrac{1}{y_t}$，$\overline{Y}_3 = \dfrac{1}{m}\sum\limits_{t=2m+1}^{n}\dfrac{1}{y_t}$。

（2）三次多项式曲线趋势外推预测。公式如下：

$$\hat{y}_t = \hat{\beta}_0 + \hat{\beta}_1 t + \hat{\beta}_2 t^2 + \hat{\beta}_3 t^3 \tag{5－1－49}$$

参数的估计采用四点的原理进行推导，得出参数的估计式如下：

$$\begin{cases} \hat{\beta}_0 = \overline{Y}_1 - \dfrac{11}{3}\hat{\beta}_1 - \dfrac{121}{9}\hat{\beta}_2 - \dfrac{1331}{27}\hat{\beta}_3 \\[2mm] \hat{\beta}_1 = \dfrac{3\ (\overline{Y}_2 - \overline{Y}_1)}{n-5} - \dfrac{n+7}{3}\hat{\beta}_2 - \dfrac{n^2+23n+223}{9}\hat{\beta}_3 \\[2mm] \hat{\beta}_2 = \dfrac{9\ (\overline{Y}_1 + \overline{Y}_3 - 2\ \overline{Y}_2)}{2\ (n-5)^2} - (n+6)\ \hat{\beta}_3 \\[2mm] \hat{\beta}_3 = \dfrac{9\ (-\overline{Y}_1 + 3\ \overline{Y}_2 - 3\ \overline{Y}_3 + \overline{Y}_4)}{2\ (n-5)^2} \end{cases} \tag{5－1－50}$$

式中，$\overline{Y}_1 = \dfrac{1}{m}\sum\limits_{t=1}^{m}\dfrac{1}{y_t}$，$\overline{Y}_2 = \dfrac{1}{m}\sum\limits_{t=m+1}^{2m}\dfrac{1}{y_t}$，$\overline{Y}_3 = \dfrac{1}{m}\sum\limits_{t=2m+1}^{3m}\dfrac{1}{y_t}$，$\overline{Y}_4 = \dfrac{1}{m}\sum\limits_{t=3m+1}^{n}\dfrac{1}{y_t}$。

2. 修正指数曲线外推预测

修正指数曲线开始增长速度较快，随着时间的推移，增长逐渐放缓，最终趋于近似平稳的状态。修正指数曲线外推预测模型如下：

$$\hat{y}_t = \hat{\beta}_0 + \hat{\beta}_1 \hat{\beta}_2^t \tag{5－1－51}$$

参数的估计采用三段进行推导，得出参数的估计式如下：

$$
\begin{cases}
\hat{\beta}_0 = \dfrac{\overline{Y}_1 \hat{\beta}_2^m - \overline{Y}_2}{\hat{\beta}_2^m - 1} \\[3mm]
\hat{\beta}_1 = \dfrac{\overline{Y}_2 - \overline{Y}_1}{\hat{\beta}_2^{\frac{m+1}{2}}(\hat{\beta}_2^m - 1)} \\[3mm]
\hat{\beta}_2 = \sqrt[m]{\dfrac{\overline{Y}_3 - \overline{Y}_2}{\overline{Y}_2 - \overline{Y}_1}}
\end{cases}
\tag{5-1-52}
$$

式中，$\overline{Y}_1 = \dfrac{1}{m}\displaystyle\sum_{t=1}^{m}\dfrac{1}{y_t}$，$\overline{Y}_2 = \dfrac{1}{m}\displaystyle\sum_{t=m+1}^{2m}\dfrac{1}{y_t}$，$\overline{Y}_3 = \dfrac{1}{m}\displaystyle\sum_{t=2m+1}^{3m}\dfrac{1}{y_t}$。

3. 生长曲线趋势外推预测

（1）Compertz 曲线趋势外推预测。Compertz 曲线初期增长速度缓慢，随后加快并在达到一定程度后逐渐减至趋于一条饱和直线。Compertz 曲线外推预测模型如下：

$$
\hat{y}_t = ka^{b^t} \tag{5-1-53}
$$

参数估计式如下：

$$
\begin{cases}
\hat{b} = \sqrt[m]{\dfrac{\overline{\ln Y}_3 - \overline{\ln Y}_2}{\overline{\ln Y}_2 - \overline{\ln Y}_1}} \\[3mm]
\hat{k}' = \dfrac{\overline{\ln Y}_1 \hat{b}^m - \overline{\ln Y}_2}{\hat{b}^m - 1} \\[3mm]
\hat{a}' = \dfrac{\overline{\ln Y}_2 - \overline{\ln Y}_1}{\hat{b}^{\frac{m+1}{2}}(\hat{b}^m - 1)}
\end{cases}
\tag{5-1-54}
$$

式中，$\overline{Y}_1 = \dfrac{1}{m}\displaystyle\sum_{t=1}^{m}\dfrac{1}{y_t}$，$\overline{Y}_2 = \dfrac{1}{m}\displaystyle\sum_{t=m+1}^{2m}\dfrac{1}{y_t}$，$\overline{Y}_3 = \dfrac{1}{m}\displaystyle\sum_{t=2m+1}^{3m}\dfrac{1}{y_t}$，$\hat{k}' = \ln k$，$\hat{a}' = \ln a$。

（2）Logistic 曲线趋势外推预测。Logistic 曲线起初大致呈指数增长，随后增加速度变慢，趋于饱和，最后达到成熟时增加停止（许丹和陆宝宏，2013）。Logistic 曲线趋势外推预测模型如下：

$$
\hat{y}_t = \dfrac{k}{1 + ae^{-bt}} \tag{5-1-55}
$$

参数估计式如下：

$$
\begin{cases}
\hat{b}' = \sqrt[m]{\dfrac{\overline{Y}_3 - \overline{Y}_2}{\overline{Y}_2 - \overline{Y}_1}} \\[3mm]
\hat{k}' = \dfrac{\overline{Y}_2 - \overline{Y}_1}{\hat{b}'^{\frac{m+1}{2}}(\hat{b}'^m - 1)} \\[3mm]
\hat{a}' = \dfrac{\overline{Y}_1 \hat{b}'^m - \overline{Y}_2}{\hat{b}'^m - 1}
\end{cases}
\tag{5-1-56}
$$

式中，$\overline{Y}_1 = \frac{1}{m}\sum_{t=1}^{m}\frac{1}{y_t}$，$\overline{Y}_2 = \frac{1}{m}\sum_{t=m+1}^{2m}\frac{1}{y_t}$，$\overline{Y}_3 = \frac{1}{m}\sum_{t=2m+1}^{3m}\frac{1}{y_t}$，$\hat{b}' = e^{-b}$，$\hat{k}' = \frac{1}{k}$。

外推预测资料如表 5 - 1 - 11 所示。

表 5 - 1 - 11　外推预测资料　　　　单位：万元

时间	1	2	3	4	5	6	7	8
收入	0.71	0.89	1.32	1.83	2.35	2.86	3.78	4.92
时间	9	10	11	12	13	14	15	16
收入	6.45	7.96	10.01	13.12	17.15	21.11	28.65	34.45
时间	17	18	19	20	21	22	23	24
收入	39.56	47.75	56.38	74.38	86.79	103.15	116.79	139.16
时间	25	26	27	28	29	30		
收入	157.10	163.45	168.17	176.18	181.19	186.39		

$$\hat{b}' = \sqrt[m]{\frac{\overline{Y}_3 - \overline{Y}_2}{\overline{Y}_2 - \overline{Y}_1}} = \sqrt[10]{\frac{0.0007196 - 0.0042313}{0.0042313 - 0.0535972}} = 0.0711$$

$$\hat{k}' = \frac{\overline{Y}_2 - \overline{Y}_1}{\hat{b}'^{\frac{m+1}{2}}(\hat{b}'^m - 1)} = \frac{0.004231 - 0.053597}{0.233695 \times -0.928864} = 0.2274$$

$$\hat{a}' = \frac{\overline{Y}_1 \hat{b}'^m - \overline{Y}_2}{\hat{b}'^m - 1} = \frac{0.0535972 \times 0.071136 - 0.004231}{-0.928864} = 0.000451$$

$$y_t = \frac{4.3972}{1 + 0.001982e^{-0.2643t}}$$

（三）曲线拟合优度

运用标准差判断，标准差越小，曲线拟合优度越高。标准差公式如下：

$$STE = \sqrt{\frac{\sum_{t=1}^{T}(y_t - \hat{y}_t)^2}{T}} \tag{5-1-57}$$

运用 R_{NL} 公式判断，R_{NL} 越接近 0，曲线拟合优度越高。如下：

$$R_{NL} = \sqrt{\frac{\sum_{t=1}^{T}(y_t - \hat{y}_t)^2}{\sum_{t=1}^{T}y_t^2}} \tag{5-1-58}$$

六、马尔可夫与平稳时间序列预测方法

(一) 马尔可夫预测方法

1. 经营状态马尔可夫预测

马尔可夫预测方法对经营状态的判断是通过以现在值为依据进行，这些状态运用转移矩阵体现。转移矩阵通过概率体现经营状态，可以运用频数来确定。频数可以通过频数矩阵体现，表示每一经营状态的频数。

$$\begin{bmatrix} a_{11} & a_{12} & \cdots & a_{1n} \\ a_{21} & a_{22} & \cdots & a_{2n} \\ \vdots & \vdots & \ddots & \vdots \\ a_{m1} & a_{m2} & \cdots & a_{mn} \end{bmatrix}$$

根据频数可以确定现时经营状态概率，明确转移矩阵，确定现时经营状态。马尔可夫预测方法中经营状态预测通过转移矩阵的转移实现，由此确定预测期的经营状态。转移矩阵、n 步转移矩阵如下：

$$P = \begin{bmatrix} p_{11} & p_{12} & \cdots & p_{1q} \\ p_{21} & p_{22} & \cdots & p_{2q} \\ \vdots & \vdots & \ddots & \vdots \\ p_{m1} & p_{m2} & \cdots & p_{mq} \end{bmatrix} \tag{5-1-59}$$

$$\begin{bmatrix} p_{11} & p_{12} & \cdots & p_{1q} \\ p_{21} & p_{22} & \cdots & p_{2q} \\ \vdots & \vdots & \ddots & \vdots \\ p_{m1} & p_{m2} & \cdots & p_{mq} \end{bmatrix}^n \tag{5-1-60}$$

F 公司的畅销、中等、滞销的市场占有率转移概率矩阵和经过三步转移矩阵如下：

$$P = \begin{bmatrix} 0.6 & 0.3 & 0.1 \\ 0.4 & 0.4 & 0.2 \\ 0.4 & 0.3 & 0.3 \end{bmatrix} \begin{bmatrix} 0.6 & 0.3 & 0.1 \\ 0.4 & 0.4 & 0.2 \\ 0.4 & 0.3 & 0.3 \end{bmatrix}^3 = \begin{bmatrix} 0.504 & 0.333 & 0.166 \\ 0.496 & 0.334 & 0.174 \\ 0.496 & 0.333 & 0.174 \end{bmatrix}$$

畅销、中等、滞销的市场占有率经过测算，预测结果为 0.5、0.33、0.17。

2. 平衡经营状态概率确定

顾客的流动趋于长期稳定，这时的市场占有率趋于稳定。平衡经营状态的上一期市场占有率与下一期市场占有率相等，经推导可以得出市场占有率公式。平衡状态概率矩阵和市场占有率公式如下：

$$P = \begin{bmatrix} p_{11} & p_{12} & \cdots & p_{1q} \\ p_{21} & p_{22} & \cdots & p_{2q} \\ \vdots & \vdots & \ddots & \vdots \\ p_{m1} & p_{m2} & \cdots & p_{mq} \end{bmatrix} \qquad (5-1-61)$$

$$\begin{cases} p'_1 = p_{11}p'_1 + \cdots + p_{1q}p'_m \\ p'_2 = p_{21}p'_1 + \cdots + p_{2q}p'_m \\ \vdots \\ p'_q = p_{q1}p'_1 + \cdots + p_{qq}p'_m \\ p'_1 + \cdots + p'_q = 1 \end{cases} \qquad (5-1-62)$$

F 公司的畅销、中等、滞销的市场占有率转移概率矩阵如下：

$$P = \begin{bmatrix} 0.6 & 0.2 & 0.2 \\ 0.4 & 0.4 & 0.2 \\ 0.4 & 0.3 & 0.3 \end{bmatrix}$$

可以得出市场占有率的公式如下：

$$\begin{cases} p'_1 = 0.6p'_1 + 0.4p'_2 + 0.4p'_3 \\ p'_2 = 0.2p'_1 + 0.4p'_2 + 0.3p'_3 \\ p'_3 = 0.2p'_1 + 0.2p'_2 + 0.3p'_3 \\ p'_1 + p'_2 + p'_3 = 1 \end{cases}$$

得出 $p'_1 = 0.5$，$p'_2 = 0.28$，$p'_3 = 0.22$。

3. 期望值计算

经营状态转移矩阵和期望矩阵如下：

$$P = \begin{bmatrix} p_{11} & p_{12} & \cdots & p_{1q} \\ p_{21} & p_{22} & \cdots & p_{2q} \\ \vdots & \vdots & \ddots & \vdots \\ p_{m1} & p_{m2} & \cdots & p_{mq} \end{bmatrix}, \quad R = \begin{bmatrix} r_{11} & r_{12} & \cdots & r_{1q} \\ r_{21} & r_{22} & \cdots & r_{2q} \\ \vdots & \vdots & \ddots & \vdots \\ r_{m1} & r_{m2} & \cdots & r_{mq} \end{bmatrix}$$

可以得出 1 期、n 期的期望值公式如下：

$$v_i(1) = \sum_{j=1}^{q} p_{ij} r_{ij} \qquad (5-1-63)$$

$$v_i(n) = v_i(1) + \sum_{j=1}^{q} p_{nj} r'_{i1} \qquad (5-1-64)$$

F 公司转移矩阵和利润矩阵如下：

$$P = \begin{bmatrix} 0.2 & 0.3 & 0.5 \\ 0.3 & 0.4 & 0.3 \\ 0.3 & 0.3 & 0.4 \end{bmatrix}, \quad R = \begin{bmatrix} 300 & 200 & 100 \\ 200 & 110 & 50 \\ 100 & 50 & 10 \end{bmatrix}$$

运用公式可以计算 1 期畅销的利润为 170，一般的利润为 119，滞销的利润为 49；

第 3 期畅销的利润为 370.18，一般的利润为 337.77，滞销的利润为 261.60。

（二）平稳时间序列预测方法

平稳时间序列预测方法要求随着时间的推移而期望不变，自相关函数只与时间间隔有关，与起点无关（杨德平，2015）。对每一个固定的时间 t，y_t 是随机变量。如果 y_t 满足 $Ey_t = m$，对每一个固定的时间 t，y_t 是随机变量。如果 y_t 满足 $Ey_t = m$，$E(y_{t+k} - m)(y_t - m) = r_k$，$\rho_k = \dfrac{r_k}{r_0}$，则称 y_t 为宽平稳随机序列，r_k 为自协方差函数，ρ_k 为自相关函数。r_k 的估计公式如下：

$$\hat{r}_k = \frac{1}{n} \sum_{t=1}^{n-k} (y_{t+k} - \bar{y})(y_t - \bar{y}) \tag{5-1-65}$$

式中，y_t 可体现为 y_{t-1} 的模型为自回归序列模型。自回归序列模型公式、一阶自回归序列模型公式、二阶自回归序列模型公式如下：

$$\hat{y}_t = \hat{\varphi}_1 y_{t-1} + \cdots + \hat{\varphi}_p y_{t-p} \tag{5-1-66}$$

$$\hat{y}_t = \hat{\varphi}_1 y_{t-1} \tag{5-1-67}$$

$$\hat{y}_t = \hat{\varphi}_1 y_{t-1} + \hat{\varphi}_2 y_{t-2} \tag{5-1-68}$$

自回归序列模型参数和方差的估计式如式（5-1-69）、式（5-1-70）所示，一阶自回归序列模型参数和方差的估计式如式（5-1-71）、式（5-1-72）所示，二阶自回归序列模型参数和方差的估计式如式（5-1-73）、式（5-1-74）、式（5-1-75）所示。

$$\begin{pmatrix} \hat{\varphi}_1 \\ \hat{\varphi}_2 \\ \vdots \\ \hat{\varphi}_p \end{pmatrix} = \begin{pmatrix} \hat{\rho}_0 & \hat{\rho}_1 & \cdots & \hat{\rho}_{p-1} \\ \hat{\rho}_1 & \hat{\rho}_0 & \cdots & \hat{\rho}_{p-2} \\ \vdots & \vdots & \ddots & \vdots \\ \hat{\rho}_{p-1} & \hat{\rho}_{p-2} & \cdots & \hat{\rho}_0 \end{pmatrix}^{-1} \begin{pmatrix} \hat{\rho}_1 \\ \hat{\rho}_2 \\ \vdots \\ \hat{\rho}_p \end{pmatrix} \tag{5-1-69}$$

$$\hat{\sigma}_a^2 = \hat{r}_0 - \sum_{j=1}^{p} \hat{\varphi}_j \hat{r}_j = \hat{r}_0 - \sum_{i,j=1}^{p} \hat{\varphi}_j \hat{\varphi}_i \hat{r}_{j-i} \tag{5-1-70}$$

$$\hat{\varphi}_1 = \hat{\rho}_1 = \frac{r_k}{r_0} \tag{5-1-71}$$

$$\hat{\sigma}_a^2 = \hat{r}_0 - \hat{\varphi}_1 \hat{r}_1 = \hat{r}_0(1 - \hat{\rho}_1^2) \tag{5-1-72}$$

$$\hat{\varphi}_1 = \frac{\hat{\rho}_1(1 - \hat{\rho}_2)}{1 - \hat{\rho}_1^2} \tag{5-1-73}$$

$$\hat{\varphi}_2 = \frac{\hat{\rho}_2 - \hat{\rho}_1^2}{1 - \hat{\rho}_1^2} \tag{5-1-74}$$

$$\hat{\sigma}_a^2 = \hat{r}_0 - \sum_{j=1}^{2} \hat{\varphi}_j \hat{r}_j = \hat{r}_0(1 - \hat{\varphi}_1 \hat{\rho}_1 - \hat{\varphi}_2 \hat{\rho}_2) \tag{5-1-75}$$

滑动平均模型公式、一阶滑动平均模型公式、二阶滑动平均模型公式如下：

$$\hat{y}_t = a_t - \hat{\theta}_1 a_{t-1} + \cdots + \hat{\theta}_q a_{t-q} \qquad (5-1-76)$$

$$\hat{y}_t = a_t - \hat{\theta}_1 a_{t-1} \qquad (5-1-77)$$

$$\hat{y}_t = a_t - \hat{\theta}_1 a_{t-1} + \hat{\theta}_2 a_{t-2} \qquad (5-1-78)$$

滑动平均模型参数和方差的估计式如式（5-1-79）、式（5-1-80）所示，一阶滑动平均模型参数和方差的估计式如式（5-1-81）、式（5-1-82）所示，二阶滑动平均模型参数和方差的估计式如式（5-1-83）、式（5-1-84）、式（5-1-85）所示。

$$r_k = \begin{cases} \sigma_a^2 \ (1 + \hat{\theta}_1^2 + \cdots + \hat{\theta}_q^2) & k=0 \\ \sigma_a^2 \ (-\hat{\theta}_k + \hat{\theta}_1 \ \hat{\theta}_{k+1} + \cdots + \hat{\theta}_{q-k} \hat{\theta}_q) & 1 \leqslant k \leqslant q \\ 0 & k>q \end{cases} \qquad (5-1-79)$$

$$\rho_k = \frac{r_k}{r_0} \begin{cases} 1 & k=0 \\ \dfrac{-\hat{\theta}_k + \hat{\theta}_1 \ \hat{\theta}_{k+1} + \cdots + \hat{\theta}_{q-k}\hat{\theta}_q}{1 + \hat{\theta}_1^2 + \cdots + \hat{\theta}_q^2} & 1 \leqslant k \leqslant q \\ 0 & k>q \end{cases} \qquad (5-1-80)$$

$$\hat{\sigma}_a^2 = \hat{r}_0 \times \frac{1 + \sqrt{1 - 4\hat{\rho}_1^2}}{2} \qquad (5-1-81)$$

$$\hat{\theta}_1 = \frac{-2\hat{\rho}_1}{1 + \sqrt{1 - 4\hat{\rho}_1^2}} \qquad (5-1-82)$$

$$\hat{r}_0 = \hat{\sigma}_a^2 \ (1 + \frac{\hat{r}_1^2}{\hat{\sigma}_a^4} + \frac{\hat{r}_1^2}{\hat{\sigma}_a^2 + \hat{r}_2^2}) \qquad (5-1-83)$$

$$\hat{\theta}_1 = \frac{-\hat{r}_1^2}{\hat{\sigma}_a^2} \qquad (5-1-84)$$

$$\hat{\theta}_2 = \frac{\hat{r}_1}{\hat{\sigma}_a^2 + \hat{r}_2} \qquad (5-1-85)$$

自回归滑动平均模型公式如下：

$$\hat{y}_t = \hat{\varphi}_1 y_{t-1} + \cdots + \hat{\varphi}_p y_{t-p} + a_t - \hat{\theta}_1 a_{t-1} + \cdots + \hat{\theta}_q a_{t-q} \qquad (5-1-86)$$

自回归滑动平均模型预测模型公式如下：

$$\hat{y}_t \ (1) \ = \hat{\varphi}_1 y_t + \hat{\varphi}_2 y_{t-1} + \cdots + \hat{\varphi}_p y_{t-p+1} - \hat{\theta}_1 a_t - \hat{\theta}_2 a_{t-1} - \cdots - \hat{\theta}_q a_{t-q+1} \qquad (5-1-87)$$

$$\hat{y}_t \ (2) \ = \hat{\varphi}_1 \hat{y}_t \ (1) \ + \hat{\varphi}_2 y_t \cdots + \hat{\varphi}_p y_{t-p+2} - \hat{\theta}_2 a_t - \hat{\theta}_3 a_{t-1} - \cdots - \hat{\theta}_q a_{t-q+2} \qquad (5-1-88)$$

$$\hat{y}_t \ (l) \ = \hat{\varphi}_1 \hat{y}_t \ (l-1) \ + \cdots + \hat{\varphi}_p y_{t-p+l} - \hat{\theta}_1 a_t - \cdots - \hat{\theta}_q a_{t-q+l} \qquad (5-1-89)$$

自回归滑动平均模型确定的68.3%、95%、99.9%的置信区间公式如下：

$$C_n = \hat{y}_t(l) \pm (1 + \sum_{j=1}^{l-1} \hat{\psi}_j^2)^{\frac{1}{2}\hat{\sigma}_a} \qquad (5-1-90)$$

$$C_n = \hat{y}_t(l) \pm 1.96(1 + \sum_{j=1}^{l-1} \hat{\psi}_j^2)^{\frac{1}{2}\hat{\sigma}_a} \qquad (5-1-91)$$

$$C_n = \hat{y}_t(l) \pm 3 (1 + \sum_{j=1}^{l-1} \hat{\psi}_j^2)^{\frac{1}{2}} \hat{\sigma}_a \qquad (5-1-92)$$

F 公司资料如表 5 - 1 - 12 所示。

表 5 - 1 - 12　F 公司资料

样本序号	样本值与趋势值之差	样本序号	样本值与趋势值之差	样本序号	样本值与趋势值之差
1	- 0. 15	18	- 2. 98	35	0. 07
2	1. 22	19	- 2. 43	36	- 1. 34
3	1. 34	20	- 1. 53	37	- 1. 22
4	0. 82	21	1. 11	38	1. 24
5	- 0. 08	22	0. 68	39	0. 68
6	0. 69	23	0. 09	40	- 0. 23
7	0. 18	24	1. 98	41	0. 98
8	0. 34	25	- 0. 1	42	- 1. 11
9	0. 62	26	- 2. 23	43	- 0. 38
10	0. 58	27	- 1. 01	44	- 0. 31
11	1. 11	28	- 1. 98	45	0. 45
12	- 0. 45	29	- 1. 53	46	1. 08
13	- 0. 11	30	0. 63	47	- 0. 13
14	1. 48	31	0. 04	48	0. 32
15	1. 12	32	0. 73	49	- 0. 15
16	- 1. 89	33	0. 18	50	0. 21
17	- 0. 46	34	0		

$$\theta_1 = \frac{-0.3226}{2 \times 0.3678} = -0.4386$$

$$\hat{y}_t = 0.4386 a_t$$

51 期预测值为 0. 0921。

七、灰色系统预测方法

灰色系统预测方法是对企业集成运营管理流程中既含有已知数据又含有未知数据进行预测（蔡素丽，2013）。

1. GM（1，1）预测模型

灰色系统预测方法需要进行新生成列累加生成运算，公式如下：

$$x^1(k) = \sum_{i=1}^k x^0(i) \qquad (5-1-93)$$

运用最小二乘法进行参数估计，得到公式如下：

$$\hat{\beta} = (\beta^T \beta)^{-1} \beta^T Y \qquad (5-1-94)$$

$$B = \begin{bmatrix} -\dfrac{1}{2}(x^1(1) + x^1(2)) & -\dfrac{1}{2}(x^1(2) + x^1(3)) & -\dfrac{1}{2}(x^1(n-1) + x^1(n)) \\ 1 & 1 & 1 \end{bmatrix} \qquad (5-1-95)$$

推导微分方程、时间相应序列和预测方程如下：

$$\frac{\mathrm{d}_x^1}{\mathrm{d}_t} + a x^1 = b \qquad (5-1-96)$$

$$\hat{x}^1(k+1) = \left[x^0(1) - \frac{b}{a} \right] e^{-ak} + \frac{b}{a} \qquad (5-1-97)$$

$$\hat{x}^0(k+1) = \hat{x}^1(k+1) - \hat{x}^1(k) \qquad (5-1-98)$$

2. G（1，n）预测模型

G（1，n）预测模型推导矩阵和时间相应序列如下：

$$B = \begin{bmatrix} -\dfrac{1}{2}(x_1^1(1) + x_1^1(2)) & x_2^1(2) & \cdots & x_n^1(2) \\ -\dfrac{1}{2}(x_1^1(2) + x_1^1(3)) & x_2^1(3) & \cdots & x_n^1(3) \\ \vdots & \vdots & & \vdots \\ -\dfrac{1}{2}(x_1^1(m-1) + x_1^1(m)) & x_2^1(m) & \cdots & x_n^1(m) \end{bmatrix} \qquad (5-1-99)$$

$$Y = \begin{bmatrix} x_1^0(2) \\ x_1^0(3) \\ \vdots \\ x_1^0(m) \end{bmatrix} \qquad (5-1-100)$$

$$\hat{x}_1^1(k+1) = \left[x_1^0(1) - \frac{1}{a} \sum_{i=2}^n b_i x_i^1(k+1) \right] e^{-ak} + \frac{1}{a} \sum_{i=2}^n b_i x_i^1(k+1) \qquad (5-1-101)$$

G 公司销量的数据为 7598.7、6799.6、7966.8、9131.5 和 11726.6。

根据上述资料计算累加生成序列 $x^1 = [7598.7, 14398.3, 22365.1, 31496.6, 43223.2]$。计算得出：

$$B = \begin{bmatrix} -10998.50 & 1 \\ -18381.70 & 1 \\ -26930.85 & 1 \\ -37359.90 & 1 \end{bmatrix}$$

$$\hat{x}^1(k+1) = 32636.0304 e^{-0.1838k} - 25037.3304$$

八、企业集成广义回归神经网络预测方法

企业集成运营管理流程运作中，模块单元运作的多个方面需要进行预测。广义回

归神经网络预测方法是由 Specht（1991）提出的，是一种基于非线性回归理论的前馈式神经网络预测方法。这一方法源于人工神经网络，人工神经网络是借鉴大脑神经突触连接结构进行信息处理的网络结构，这一结构是在对人类自身大脑组织思维机制的认识理解基础上模拟出来的，是融神经科学、统计学、物理学、数学、计算机科学、智能科学、工程科学于一体的网络结构。企业集成运营管理流程运作中，模块单元非线性回归是经常出现的运作情况，针对这一情况，采用非线性回归理论的前馈式神经网络进行预测，能够借助人工神经网络的优势，对模块单元运作预测发挥重要作用。

企业集成模块单元运作能通过人工神经网络进行描述和分析。人工神经网络的发起者和基本元素是神经元，是神经网络中大量存在的能量输入者。模块单元运作的每个神经元的基本结构相同，都由细胞体、树突、轴突组成。细胞体对树突产生作用，树突用于接收传入的神经冲动，是神经元的所需能量的输入装置，轴突用于将神经冲动传出细胞体，轴突能使神经元的神经冲动传给多个其他神经元。模块单元运作的人工神经网络的神经元包括输入神经元、中间神经元、输出神经元。输入神经元进行神经网络的信息输入，是整个神经网络运作的起始者，通过输入神经元将整个神经网络运作起来。输入神经元包括单输入神经元和多输入神经元，单输入神经元只对单个神经元发动信息，与单个神经元相联系；多输入神经元只对多个神经元发动信息，与多个神经元相联系。中间神经元与输入神经元、输出神经元相联系，接受输入神经元发动信息，经过中间神经元自身信息运作，又将信息发动给输出神经元，将输入神经元、输出神经元联系起来。模块单元运作的输出神经元接受中间神经元发动信息，经过输出神经元自身信息运作，把从中间神经元发动信息进行信息输入，完成神经网络运作。

企业集成模块单元的人工神经网络日常运作中，从输入神经元出发，进行中间神经元运作，输出神经元不断地循环运作过程中，这一循环的运作不是停留在原水平上的运作，而是不断寻找更好方式的运作过程。模块单元运作的神经元日常运作中处于平衡状态，当外界刺激的作用产生，这一作用超过阈值时，神经元处于非平衡的运作刺激状态，通过由非平衡到平衡的循环运作，又回到平衡状态。神经元之间，一个传出神经冲动，一个传入神经冲动，都通过突触方式进行连接。神经网络中的所有神经元都是以突触方式相连接，进行运作。

企业集成模块单元运作的人工神经网络输入神经元、中间神经元、输出神经元运作构成计算模型，模型可以将循环的运作具体化，模型输入神经元、中间神经元、输出神经元表现为节点，彼此之间相互联系。模块单元运作的每个节点都代表一种运算，称为传递函数，神经元之间的联系是一种信息的强化，称为权重，这样由无数的输入神经元、中间神经元、输出神经元传递函数和权重构成人工神经网络模型。这一模型与不同的计算技术相联系，成为构建不同人工神经网络计算方法的基础。

企业集成模块单元运作人工神经网络按照不同层次的信息运作方式分为单层、多层神经网络；按照信息不同运作方式分为前向、反馈神经网络。单层、多层神经网络根据中间神经元进行划分，单层神经网络具有一个中间神经元，输入神经元与输出神经元经元之间通过一个中间神经元联系起来，构成单层神经网络；多层神经网络具有多个中间神经元，输入神经元与输出神经元之间通过中间神经元联系起来，构成多层神经网络。前向神经网络是按照输入神经元、中间神经元到输出神经元的顺序，进行信息运作，输出神经元完成整个神经网络的运作；反馈神经网络是在前向神经网络的输入神经元、中间神经元到输出神经元的顺序信息运作的基础上，输出神经元将自身运作的信息反馈给输入神经元，由此形成信息顺序运作、反馈运作的闭环运作。前向神经网络和反馈神经网络与单层、多层神经网络相联系，无论前向神经网络，还是反馈神经网络都可以具有单层、多层神经网络。前向神经网络和反馈神经网络需要反映出传递函数和权重，由此确立神经网络的计算模型。前向多层神经网络、反馈多层神经网络如图 5 - 1 - 1 和图 5 - 1 - 2 所示。

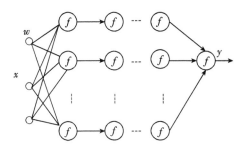

图 5 - 1 - 1　前向多层神经网络

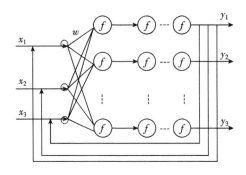

图 5 - 1 - 2　反馈多层神经网络

　　企业集成模块单元运作中的广义回归神经网络预测方法与其他神经网络方法相比，这一方法通过数理统计方法的采用，能根据样本数据逼近隐含的映射关系，在模块单元运作的样本数据稀疏的情况下，神经网络也能收敛。这一方法用概率密度函数替代固有的方程，从观测样本寻找自变量和因变量之间的联合概率密度函数，由此确定因变量对自变量的回归值。这一方法注重人工调节光滑因子参数，因而神经网络计算模型结构简单，收敛能力强，学习速度快、全局最优（杨祺煊和王敏，2015）。广义回归神经网络结构如图 5 - 1 - 3 所示。

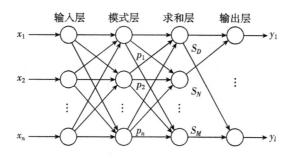

图 5 - 1 - 3 广义回归神经网络结构

模块单元运作的广义回归神经网络结构包括输入层、模式层、求和层与输出层四层，输入层对应输入神经元，模式层、求和层对应中间神经元，输出层对应输出神经元。输入层中的输入神经元数目等于学习样本中输入向量的维数，各输入神经元简单分布，神经网络运作时，可直接将输入变量传递给模式层中间神经元。

模块单元运作的模式层的中间神经元数目等于学习样本的数目，每一个中间神经元各自对应不同的样本，中间神经元的传递函数设计思路以中间神经元的输入变量和学习样本的距离公式为基础进行设计，传递函数公式如下：

$$p_i = \exp\left[-\frac{(X-X_i)^T(X-X_i)}{2\sigma^2}\right] \tag{5-1-102}$$

式中，X 表示中间神经元输入变量，X_i 表示学习样本。

模块单元运作的求和层包括两种类型的中间神经元，每种类型的中间神经元的传递函数不同。第一类中间神经元 $\sum_{i=1}^{n}\exp\left[-\frac{(X-X_i)^T(X-X_i)}{2\sigma^2}\right]$ 需要对所有模式层的中间神经元的输出进行算术求和，模式层各中间神经元与第一类神经元的权重为1。第二类中间神经元 $\sum_{i=1}^{n}Y_i\exp\left[-\frac{(X-X_i)^T(X-X_i)}{2\sigma^2}\right]$ 需要对所有模式层的中间神经元的输出进行加权求和，模式层各中间神经元与第二类神经元的权重为输出样本的值。第一类中间神经元传递函数、第二类中间神经元传递函数公式如下：

$$L_D = \sum_{i=1}^{n}P_i \tag{5-1-103}$$

$$L_N = \sum_{i=1}^{n}y_{ij}P_i \tag{5-1-104}$$

模块单元运作的输出层的输出神经元数目等于学习样本中输出变量的维数，输出层的输出神经元的测算公式如下：

$$y_j = \frac{L_N}{L_D} \tag{5-1-105}$$

广义回归神经网络预测方法需要人工神经网络与非线性回归相联系，成为模块单元运作的广义回归神经网络。广义回归神经网络学习样本确定，人工神经网络结构和各神经元之间的权重随之确定，网络的训练是确定平滑参数的过程，网络学习算法的训练过程中不调整神经元之间的权重，而是改变平滑参数，进行神经元传递函数调整，以获得最佳的回归估计结果，这与传统的误差反向传统算法有着根本不同。

根据非线性回归原理，可以得出非独立变量 Y 相对于独立变量 X 回归的最大概率值。运用 Parzen 非参数估计，可以估计出密度函数。Y 预测值和密度函数公式如下：

$$\hat{Y} = E(y/X) = \frac{\int_{-\infty}^{\infty} y f(X,y)\,\mathrm{d}_y}{\int_{-\infty}^{\infty} f(X,y)\,\mathrm{d}_y} \tag{5-1-106}$$

$$\hat{f}(X,y) = \frac{1}{n(2\pi)^{\frac{p+1}{2}}\sigma^{p+1}}\sum_{i=1}^{n}\exp\left[-\frac{(X-X_i)^T(X-X_i)}{2\sigma^2}\right]\exp\left[-\frac{(X-Y_i)^2}{2\sigma^2}\right] \tag{5-1-107}$$

进行公式中变量的替代，根据积分的趋势，得出 $\hat{Y}(X)$ 和简化的公式。$\hat{Y}(X)$ 公式、简化公式如下：

$$\hat{Y}(X) = \frac{\sum_{i=1}^{n}\exp\left[-\frac{(X-X_i)^T(X-X_i)}{2\sigma^2}\right]\int_{-\infty}^{\infty} y f(X,y)\,\mathrm{d}_y}{\sum_{i=1}^{n}\exp\left[-\frac{(X-X_i)^T(X-X_i)}{2\sigma^2}\right]\int_{-\infty}^{\infty} f(X,y)\,\mathrm{d}_y} \tag{5-1-108}$$

$$\hat{Y}(X) = \frac{\sum_{i=1}^{n}Y_i\exp\left[-\frac{(X-X_i)^T(X-X_i)}{2\sigma^2}\right]}{\sum_{i=1}^{n}\exp\left[-\frac{(X-X_i)^T(X-X_i)}{2\sigma^2}\right]} \tag{5-1-109}$$

能够得出当光滑因子 σ 非常大时，$\hat{Y}(X)$ 近似于所有变量的均值；当 σ 趋于 0 时，$\hat{Y}(X)$ 和训练样本非常接近。当需预测的点包含在训练样本中时，预测值与样本对应的因变量非常接近；当需预测的点不包含在训练样本中时，预测值与样本对应的因变量相差大，预测效果差，说明网络的泛化能力差。因此，需要选择合适的光滑因子 σ，将需预测的点包含在训练样本中。

F 公司集成制造模块单元运作中，模块单元外部物流量、模块单元内部线上物流量、模块单元内部线下物流量是 F 公司中的物流量，对这些物流量今后的运作情况需要进行预估。F 公司根据与之相关的模块单元生产量、模块单元销售量、同层次模块单元作业量、模块单元作业工时标准、不同层次模块单元作业量、模块单元作业材料标准、同层次模块单元联系量、不同层次模块单元联系量进行预测。F 公司集成制造模块单元物流资料、F 公司集成制造模块单元物流有关资料如表 5-1-13 和表 5-1-14 所示：

表 5-1-13　F 公司集成制造模块单元物流资料

模块单元外部物流量	模块单元内部线上物流量	模块单元内部线下物流量
145697	59571	57132

续表

模块单元外部物流量	模块单元内部线上物流量	模块单元内部线下物流量
146256	62545	59212
147563	67165	67454
147569	69263	67362
169587	79856	78165
190895	91658	90548
207458	99635	98752
228479	106970	102564
250697	120889	111257
271254	130475	120365
290684	145454	135410
308654	158792	142452
318454	160446	156854

表 5 - 1 - 14　F公司集成制造模块单元物流有关资料

模块单元生产量	模块单元销售量	同层次模块单元作业量	模块单元作业工时标准	不同层次模块单元作业量	模块单元作业材料标准	同层次模块单元联系量	不同层次模块单元联系量
49845	18789	5.06	0.17	14.8	0.18	998.1	526.82
51252	12477	5.06	0.17	15.2	0.21	1000.5	567.33
54541	12448	5.17	0.2	16.1	0.21	100.5	579.49
57954	135185	5.46	0.23	16.5	0.21	1004.6	585.42
67512	152367	5.46	0.27	18.7	0.26	1004.6	574.06
74265	182564	6.01	0.25	21.6	0.28	1207.8	601.45
82045	201547	6.12	0.26	25.8	0.29	1314.8	627.45
89152	225790	6.21	0.26	30.5	0.31	1426.8	674.56
96457	240579	6.37	0.28	34.9	0.33	1537.8	716.54
105651	263854	6.38	0.28	39.8	0.36	1674.8	765.24
112560	285469	6.65	0.30	42.5	0.39	1754.4	812.22
116587	294324	6.65	0.30	46.7	0.41	1875.5	875.54
119580	280754	6.80	0.31	48.9	0.45	1956.41	856.44

采用企业集成广义回归神经网络预测方法进行预测。进行广义回归神经网络的学习与训练，用光滑因子进行调整，以0.1为开始，每次增加0.1，一直增加到2.0，这样进行4轮训练，得到最佳预测值的光滑因子为0.5。得到的最佳输入值、最佳输出值如表5-1-15和表5-1-16所示：

表 5 - 1 - 15 　最佳输入值

-1.00	-0.90	-0.79	-0.50	-0.30	-0.06	0.16	0.67	1.00
-1.00	-1.00	-0.13	-0.01	0.21	0.34	0.51	0.78	1.00
-1.00	-0.86	-0.50	-0.50	0.20	0.33	0.45	0.66	1.00
-1.00	-0.54	-0.08	0.54	0.23	0.38	0.38	0.69	1.00
-1.00	-0.94	-0.92	-0.78	-0.59	-0.33	-0.03	0.56	1.00
-1.00	-1.00	-1.00	-0.50	-0.30	-0.20	0.00	0.50	1.00
0.01	-1.00	0.02	0.02	0.25	0.37	0.49	0.77	1.00
-1.00	-0.92	-0.88	-0.96	-0.78	-0.61	-0.30	0.28	1.00

表 5 - 1 - 16 　最佳输出值

-1.00	-0.98	-0.98	-0.71	-0.45	-0.25	0.01	0.54	1.00
-1.00	-0.90	-0.86	-0.64	-0.40	-0.23	-0.08	0.41	1.00
-1.00	-0.80	-0.80	-0.54	-0.25	-0.05	0.04	0.47	1.00

　　模块单元外部物流量、模块单元内部线上物流量、模块单元内部线下物流量预测值为 308495、158669、14498。

　　通过运用各种预测方法能够对销售量进行预测。这一预测过程中只是从数量的角度反映顾客需求量，预测中可以将顾客需求量以一定的品种款式为基础进行预测，也可以进行总的数量的预测。无论哪一种情况下的预测，数量都是预测的中心量。需要这些预测量在预测的过程中，与顾客需求的产品的品种深度结合起来，从产品族出发进行预测，根据顾客需求进行预测顾客需求的互动、体验，真正确定的产品族下的体现具体款式的一定规格的产品。企业集成运营计划的运作需要与企业集成开发与设计流程紧密联系，通过数量和款式的结合完成对顾客需求的预测和落实。

　　制造类企业、服务类企业、纯服务类企业采用广义回归神经网络预测方法进行预测。

第二节　企业集成综合运营计划

一、企业集成综合运营计划制定

　　企业集成综合运营计划的起点是顾客需求量，顾客需求量是由企业与顾客进行互动、顾客体验得出，顾客需求量驱动综合计划。开发与设计流程对顾客的创新、弹性、继承性需求进一步明确，不断地与顾客互动，真正了解顾客的需求，不会夸大也不会缩小顾客的需求，创造性地满足顾客需求。这种创造性满足顾客的需求才是进行延迟策略、后拉动运作、智能运作的前提。企业集成综合运营计划是企业集成管理的第一道环节，这一环节是延迟策略、后拉动流程、后拉动价值、CPS 智能运作的融合的综合体现。企业集成综合运营计划针对模块品目或者模块单元的运作展开，按照企业集成运营流程运作要求，先由总作业模块单元专用模块单元、链接模块单元、通用模块单元、模块组模块单元，经过模块组模块单元专用模块单元、链接模块单元、通用模块单元，接着经过联合模块单元的专用模块单元、链接模块单元、通用模块单元，再经过具体模块单元专用模块单元、链接模块单元，直到具体模块单元的通用模块单元的运营流程顺序进行延迟策略、后拉动流程、后拉动价值、CPS 智能运作。企业集成综合运营计划需要以顾客需求为拉动的起点，进行顾客需求的运营创新拉动，按照运营控制、运营领导、运营组织的顺序，拉动到企业集成综合运营计划。企业集成综合运营计划经过延迟策略、后拉动流程、后拉动价值、CPS 智能运作的融合和管理拉动，对运营具体、联合、模块组、总作业和通用、专用、链接模块单元流程的延迟策略计划进行运作，这种计划是按照企业集成运营模块单元流程管理进行运作；还可以针对运营通用模块单元流程运作进行延迟策略计划运作，由此反映延迟策略的计划延迟策略强化运作。企业运营具体、联合、模块组、总作业模块单元的通用、链接、专用模块单元流程中的企业集成综合运营计划的产品数量和单元的额度体现后拉动的单一流程运作，体现 CPS 智能运作，体现管理拉动。企业集成综合运营计划的承担主体是企业集成基本运营流程团队和团队中的员工，由企业集成管理团队制定完成，由企业集成 ERP 信息平台进行衔接和完成。

企业集成综合运营计划是反映企业季度以产品为对象集成运营计划。这一计划需要以合作计划为基础，进行企业集成综合运营计划制定。

（一）根据合作计划，明确企业集成综合运营计划的顾客需求量

企业集成综合运营计划顾客需要量根据企业营销计划确定，企业营销计划根据合作计划确定顾客需求量，因此企业集成综合运营计划顾客需要量确立的基础是合作计划。

企业需要将顾客需要量确定为企业集成综合运营计划的顾客需要量。企业集成综合运营计划中的顾客需要量指能够代表企业产品种类的产品数量或者服务作业量的计划，通过这一顾客需要量开展企业集成综合运营计划。

制造类企业、服务类企业可以通过有形产品的销售量来体现顾客需求量，纯服务类企业的对象是无形产品，可以通过销售额度体现。

F 制造类公司第一季度制造产品 30000 件，每个月的产品制造量如表 5-2-1 所示。

表5-2-1　F制造类公司制造量　　　　　　　　单位：件

制造量		
1 月	2 月	3 月
11000	9000	10000

H 服务类公司销售 10000 件，每个月的产品销量如表 5-2-2 所示。

表5-2-2　H 服务类公司销量　　　　　　　　单位：件

销量		
1 月	2 月	3 月
4000	2800	3200

J 纯服务类公司销售额为 3000 万元，每个月的销售额如表 5-2-3 所示。

表5-2-3　J 纯服务类公司销售额　　　　　　　　单位：万元

销售额		
1 月	2 月	3 月
1100	900	1000

J 纯服务类公司每个月顾客数如表 5-2-4 所示。

表5-2-4　J 纯服务类公司顾客数　　　　　　　　单位：个

顾客数		
1 月	2 月	3 月
7800	6100	8900

（二）进行企业综合运营计划价值测算

企业集成综合运营计划需要全预算进行测算后执行。全预算需要对企业集成综合运营计划的价值进行测算，这是基于顾客端的价值测算，是与顾客互动、顾客体验、顾客需求驱动形成的顾客需求。这一顾客需要是否给企业带来价值需要进行全预算的超前测算，需要体现每一个团队都取得价值。企业集成综合运营计划价值测算先由总作业模块单元专用模块单元进行价值拉动，经过链接模块单元、通用模块单元、模块组模块单元，经过模块组模块单元、专用模块单元、链接模块单元、通用模块单元，接着经过联合模块单元的专用模块单元、链接模块单元、通用模块单元，再经过具体模块单元、专用模块单元、链接模块单元,直到具体模块单元的通用模块单元进行后拉动价值运作。企业集成综合运营计划价值测算需要以顾客需求为拉动的起点,进行顾客需求的运营创新价值拉动,经过运营控制、运营领导、运营组织,最后拉动到企业集成综合运营计划,进行价值测算。价值拉动通过损失来进行,这些损失将不同层次和同一层次的企业集成综合运营计划价值测算联系起来,成为拉动的中介。这些损失包括业务损失、存货损失、质量损失、交货损失、损失增值。这些损失与企业集成模块单元自身的现金流入和现金流出一同构成企业集成综合运营计划价值测算的部分,根据这些部分进行企业集成综合运营计划价值测算。企业集成综合运营计划价值测算由企业集成价值团队进行,在企业集成 ERP 信息平台的价值测算部分进行。企业集成基本运用团队进行企业集成综合运营计划价值增值测算时,需要进行企业集成基本运营团队、供应链或者服务链团队、辅助团队、支撑团队、核心团队、管理团队、平台团队的价值增值测算,这些团队的价值增值需要具有价值才能够进行企业集成综合运营计划运作。

F 制造类公司第一季度的综合制造计划价值增值如表 5 – 2 – 5 所示。

表 5 – 2 – 5　F 制造类公司综合制造计划价值增值　　　　单位:万元

制造量		
1 月	2 月	3 月
1650	1350	1300

H 服务类公司第一季度的综合服务计划价值增值如表 5 – 2 – 6 所示。

表 5 – 2 – 6　H 服务类公司综合服务计划价值增值　　　　单位:万元

销量		
1 月	2 月	3 月
440	280	352

J 纯服务类公司第一季度的综合服务计划价值增值如表 5 – 2 – 7 所示。

表 5 – 2 – 7　J 纯服务类公司综合服务计划价值增值　　　　单位:万元

销售额		
1 月	2 月	3 月
600	450	640

（三）明确满足顾客需求的途径

满足顾客需求的途径是企业通过自身运营活动实现顾客需求。满足顾客需求的途径包括正常运营活动、加班运营活动、外协运营活动。

制造类企业满足顾客需求的途径包括正常制造、加班制造、外协制造，服务类企业满足顾客需求的途径包括正常转化、加班转化、外协转化，纯服务类企业满足顾客需求的途径包括正常转化、加班转化、外协转化。

（四）明确满足顾客需求途径与成本关系

企业集成综合运营计划最基本的运作是建立满足顾客需求途径与成本的关系，使计划有了根据成本大小进行运营计划选择的基础。现实的选择中除上述规则外，还需要按照顾客的需求进行满足，尤其对于纯服务企业不论需求途径还是规模途径的选择都需要遵循顾客需求的原则进行。企业满足顾客需要途径与成本的关系模型如下：

$$y = a + bx_n \tag{5-2-1}$$

式中，y 代表满足顾客需求途径的总成本，b 代表随时期数变动的变动成本系数，a 代表满足需要途径的固定成本，x_n 代表满足需要途径的不同期数。

F 制造类公司、H 服务类公司、J 纯服务类公司成本资料如表 5-2-8 所示。

表 5-2-8　F 制造类公司、H 服务类公司、J 纯服务类公司成本资料　单位：元

成本	单位库存成本	0.3
	单位正常制造或者转化成本	1.0
	单位加班制造或者加班转化或者扩大转化成本	1.5
	单位制造或者转化外协成本	1.9

计算 F 制造类公司、H 服务类公司、J 纯服务类公司满足顾客需求途径的成本由小到大的排序为本期正常运营成本 1 元、上期正常运营成本 1.3 元、本期加班运营成本 1.5 元、上上期正常运营成本 1.6 元、上期加班运营成本 1.8 元、本期外协运营成本 1.9 元。

（五）按照成本最小原则，确定满足顾客需求不同途径

根据满足顾客需求途径成本的大小，按照成本越小就先进行满足顾客需求途径安排的方式进行顾客需求满足，由此确定满足顾客需求不同途径。

根据计算 F 制造类公司、H 服务类公司、J 纯服务类公司满足顾客需求途径成本的大小按照本期正常运营、上期正常运营、本期加班运营、上上期正常运营、上期加班运营、本期外协运营途径进行顾客需求满足。满足途径选择过程如表 5-2-9～表 5-2-12 所示。

表5-2-9 F制造类公司满足顾客需求途径选择　　　单位：件

满足顾客需求途径	时期		
	1月	2月	3月
制造量	11000	9000	10000
正常集成制造	(2) 10000	(4) 8600	(6) 9000
加班集成制造	(3) 600	(5) 400	(7) 800 (8) 200
外协集成制造			
期初库存	(1) 400		

表5-2-10 H服务类公司满足顾客需求途径选择　　　单位：件

满足顾客需求途径	时期		
	1月	2月	3月
销量	4000	2800	3200
正常集成转化	(1) 3000	(4) 2600	(6) 2800
加班集成转化	(2) 800	(5) 200	(7) 400
外协集成转化	(3) 200		

表5-2-11 J纯服务类公司满足顾客需求途径选择　　　单位：元

满足顾客需求途径	时期		
	1月	2月	3月
销售额	1100	900	1000
正常集成转化	(1) 1000	(4) 800	(7) 900
加班集成转化	(2) 80	(5) 70	(8) 60
外协集成转化	(3) 20	(6) 30	(9) 40

表5-2-12 J纯服务类公司满足顾客需求规模途径选择　　　单位：个

满足顾客需求途径	时期		
	1月	2月	3月
规模	7800	6100	8900
正常集成转化	(1) 7000	(3) 6100	(4) 7000
加班集成转化	(2) 800		(5) 1000
外协集成转化			(6) 900

（六）得出企业集成综合运营计划

企业集成综合运营计划通过如下公式来体现。

$$Q_t = Q_q + Q_{jz} + Q_{jj} + Q_{jw} - Q_x \tag{5-2-2}$$
$$S_x = S_{jz} + S_{jj} + S_{jw} \tag{5-2-3}$$

式中，Q_t 表示调节库存，Q_q 表示期初库存，Q_{jz} 表示本期有形产品正常集成制造或者转化量，Q_{jj} 表示本期有形产品加班集成制造或者转化量，Q_{jw} 表示本期有形产品外协集成制造或者转化量，Q_x 表示本期有形产品需要量。S_x 表示本期无形产品需要量，S_{jz} 表示本期无形产品正常集成转化量，S_{jj} 表示本期无形产品加班集成转化量，S_{jw} 表示本期无形产品外协集成转化量。

式（5-2-2）适合制造类企业、服务类企业；式（5-2-3）适合纯服务类企业。

公式中有形产品或者无形产品的正常集成制造或者转化量、加班集成制造或者转化量、外协集成制造或者转化量是以产品为对象进行，产品对象从企业集成主运营计划开始，进行企业具体模块单元、联合模块单元、模块组模块单元、总作业模块单元中通用模块单元、专用模块单元、链接模块单元运作，体现企业集成战略；是模块单元进行适时流程和智能流程运作的反映，体现企业精益和智能运作。这些直接体现为减少库存量或者迅速满足顾客需求。

F制造类公司、H服务类公司、J纯服务类公司集成综合运营计划、J纯服务类公司集成综合服务规模计划如表5-2-13至表5-2-16所示。

表5-2-13　F制造类公司集成综合制造计划　　　　　单位：件

制造量	时期		
	1月	2月	3月
正常集成制造	10000	8600	9000
加班集成制造	600	400	1000
期初库存	400		
调节库存	0	0	0

表5-2-14　H服务类公司集成综合服务计划　　　　　单位：件

销量	时期		
	1月	2月	3月
正常集成转化	3000	2600	2800
加班集成转化	800	200	400
外协集成转化	200		
调节库存	0	0	0

表 5 - 2 - 15　J 纯服务类公司集成综合服务计划　　　　单位：元

销售额	时期		
	1 月	2 月	3 月
正常集成转化	1000	800	900
加班集成转化	80	70	60
外协集成转化	20	30	40

表 5 - 2 - 16　J 纯服务类公司集成综合服务规模计划　　　　单位：个

满足顾客需求途径	时期		
	1 月	2 月	3 月
规模	7800	6100	8900
正常集成转化	7000	6100	7000
加班集成转化	800		1000
外协集成转化			900

（七）企业集成综合计划对企业集成战略的体现

企业集成综合计划需要通过模型体现企业集成战略，模型将企业集成战略和集成协同融入其中，使企业运营管理整体运作模型具备根本性的基础，将模型的组成部分融合起来。这一模型如下：

$$Q_t = Q_q + Q_{jz} + Q_{jj} + Q_{jw} + Q_{jc} - Q_x \qquad (5-2-4)$$
$$S_x = S'_{jz} + S'_{jj} + S'_{jw} + S_{jc} \qquad (5-2-5)$$
$$L_Q = \frac{Q_{jc}}{Q_t} \qquad (5-2-6)$$
$$L_S = \frac{S_{jc}}{S_x} \qquad (5-2-7)$$

式中，Q_{jc} 为本期企业集成调节量，S_{jc} 为本期企业集成调节量，S'_{jz} 为本期无形产品正常集成转化量中的不能达到满意要求的量，S'_{jj} 为本期无形产品加班集成转化量中的不能达到满意要求的量，S'_{jw} 为本期无形产品外协集成转化量中的不能达到满意要求的量，L_Q 为本期企业集成调节率，L_S 为本期企业集成调节率。

Q_{jc} 为本期企业集成调节量，是企业集成战略、精益运作、智能运作的直接体现，反映企业集成运作的效率，直接减少库存量。Q_{jc} 为本期企业集成调节量占用库存的一部分，反映库存的减少，调节量的最大作用是将调节库存调整为零，通过本期企业集成调节率来反映。S_{jc} 为本期企业集成调节量一是企业集成战略、精益运作、智能运作的直接体现，反映企业集成运作的效率，直接减少不能满足顾客需求的数量。S_{jc} 为本期企业集成调节量占用了供给给顾客需求的一部分，反映不能满足顾客需求的数量的减少，调节量的最大作用是将不能满足顾客需求的数量调整为零。可以通过本期企业集成调节率来反映。由此反映企业的效率化运作。二是当库存减少为零时，当不能满足顾客需求的数量调整为零时，本期企业集成调节量表明企业集成战略的延迟策略、精益运作的顾客差异需求满足，表明本期企业集成调节量顾客差异化需求满足的作用。通过以上两个方面的作用，本期企业集成调节量综合体现为企业的效率化运作和顾客差异需求满足融合，从而综合体现了企业集成战略。公式如下：

$$M = w_1 T_1 + w_2 T_2 \qquad (5-2-8)$$

式中，M、w_1、w_2、T_1、T_2 分别代表企业运营管理整体度量值、顾客满意系数、顾客满意度量值、企业运营效率与价值系数、企业运营效率与价值度量值。公式中的 M 体现出企业运营管理的整体计量，将代表差异需求的 $w_1 T_1$ 和代表大规模运营效益的 $w_2 T_2$ 融合起来，将企业集成战略和集成协同计量具体化。

T_2 为满足顾客差异需求企业进行大规模运作，体现为使用价值和价值运作，由此给企业带来效率和效益。T_2 通过模型来体现，模型具有企业集成协同的基础，将使用价值和价值这一企业运营管理演进至今没有进行融合的两端融合起来，将企业协同运作计量具体化。模型计量公式如下：

$$T_2 = w_{21} T_{21} + w_{22} T_{22} \qquad (5-2-9)$$

式中，w_{21}、T_{21}、w_{22}、T_{22} 分别代表企业运营效率系数、企业运营效率度量值、企业价值系数、企业价值度量值。公式中的 T_2 通过反映使用价值运作的 $w_{21} T_{21}$ 和反映价值运作的 $w_{22} T_{22}$，将企业协同计量具体体现出来。

T_{21} 反映了大规模运作中使用价值运作带来的效率。T_{21} 通过模型来体现，模型将企业集成协同具体化，使时间、存货、绿色运营这一企业运营管理演进至今没有进行融合的部分融合起来，模型将信息、模块、价值链流程、先进运营方式、绿色运营集成协同起来，产生超越各协同部分自身作用的集成作用。模型计量公式如下：

$$T_{21} = \beta_1 R_1 + \beta_2 R_2 + \beta_3 R_3 \qquad (5-2-10)$$

式中，β_1、R_1、β_2、R_2、β_3、R_3 分别代表时间效率系数、时间效率度量值、库存效率系数、库存效率度量值、绿色运营系数、绿色运营度量值。

T_{22} 反映了大规模运作中价值运作带来的效益。T_{22} 通过模型来体现，模型通过正向直接增加价值和反向减少增加价值的两个部分体现满足顾客差异需求下的大规模运作所带来的效益。正向直接增加价值反映企业直接创造价值的部分，反向减少增加价值反映企业减少浪费所增加的价值。模型计量公式如下：

$$T_{22} = \xi_1 U_1 + \xi_2 U_2 \qquad (5-2-11)$$

式中，ξ_1、U_1、ξ_2、U_2 分别代表正向直接增加价值系数、正向直接增加价值度量值、反向减少增加价值系数、反向减少增加价值度量值。

二、纯服务类企业集成综合服务计划的特点

与制造企业集成综合制造计划相比，纯服务类企业集成综合服务计划的特点如下：

（一）对象不同

制造类企业集成综合制造计划的对象是有形产品，是以销量为单位进行企业集成综合制造计划运作，以有形产品为起点，通过企业集成主运营计划展开模块单元的模块品目运作。纯服务类企业集成综合服务计划的对象是无形产品，是以销售额为单位进行企业集成综合服务计划运作，以无形产品为起点，通过企业集成主运营计划展开模块单元的运作。

（二）策略不同

追逐策略是纯服务类企业集成综合服务计划的首选策略。由于无形产品一般是不用库存的方式储存起来满足需求，所以服务一般采用追逐策略。当需求增加的时候则扩大服务能力，需求减少的时候则减少服务。

（三）手段不同

纯服务类企业集成综合服务计划中调节服务能力的主要手段是改变人力和场地。大多数服务企业是靠人力资源与场地的改变来满足需求的变化，因此调节服务能力的主要手段是改变人力资源和场地的规模。

（四）功能不同

纯服务类企业集成综合服务计划中的服务企业使用短期调节较之长期调节更有效。服务需求的变化使服务企业管理者更喜欢使用短期能力调节策略，如加班加点这种短期的调节比长期调节更有效。服务计划比制造计划更难确定，但不能为此放弃服务。对服务计划而言，选择能够相对确定的因素进行调整尤为重要。

（五）能力不同

纯服务类企业集成综合服务计划中的服务企业能力更有弹性和模糊性。服务企业的服务能力和服务对象、服务者与服务对象的接触程度等有关，因此同样的服务机构与服务人员，在不同条件下的服务能力差别比较大，导致服务企业能力弹性大，具有更大模糊性。

（六）理念不同

纯服务类企业集成综合服务计划中的服务能力与服务企业的经营理念与管理模式之间关系甚密。决定服务企业服务能力的因素除了人力资源与场地规模外，服务企业的经营理念与服务管理模式很大程度上影响服务能力。因此企业在扩大服务能力时，应注意更新服务模式与经营理念。

第三节 企业集成主运营计划

一、企业集成主运营计划制定

企业集成主运营计划是企业集成综合运营计划的具体体现，是延迟策略、后拉动流程、后拉动价值、CPS智能运作融合的综合体现。企业集成主运营计划针对模块品目或者模块单元的运作展开，融合有着一致的运作运营流程顺序，先由总作业模块单元、专用模块单元、链接模块单元、通用模块单元、模块组模块单元，经过模块组模块单元、专用模块单元、链接模块单元、通用模块单元，经过联合模块单元的专用模块单元、链接模块单元、通用模块单元，经过具体模块单元专用模块单元、链接模块单元，直到具体模块单元的通用模块单元的运营流程顺序进行延迟策略、后拉动流程、后拉动价值、CPS智能运作的企业集成主运营计划。企业集成主运营计划需要以顾客需求为拉动的起点，进行顾客需求的运营创新拉动，经过运营控制、运营领导、运营组织，最后到拉动到企业集成主运营计划。企业集成主运营计划经过延迟策略、后拉动流程、后拉动价值、CPS智能运作的融合和管理拉动，对运营具体、联合、模块组、总作业和通用、专用、链接模块单元流程的延迟策略计划进行运作，这种计划是按照企业集成运营模块单元管理流程运作进行；针对运营通用模块单元流程运作进行延迟策略计划动作，由此反映延迟策略的计划延迟策略强化运作。企业运营具体、联合、模块组、总作业模块单元的通用、链接、专用模块单元流程中的企业集成主运营计划的产品数量和单元的额度体现后拉动的单一流流程运作，体现CPS智能运作，体现了管理拉动。企业集成主运营计划的承担主体是企业集成基本运营流程团队和团队中的员工，由企业集成管理团队制定完成，由企业集成ERP信息平台进行衔接和完成。

企业集成主运营计划需要全预算进行测算后执行。全预算需要对企业集成主运营计划的价值进行测算，这是基于顾客端的价值测算，是与顾客互动、顾客体验、顾客需求驱动形成的顾客需求。这一顾客需求是否给企业带来价值需要进行全预算的超前测算，需要体现每一个团队都取得价值。企业集成主运营计划价值测算先由总作业模块单元专用模块单元进行价值拉动，经过链接模块单元、通用模块单元、模块组模块单元，经过模块组模块单元专用模块单元、链接模块单元、通用模块单元，经过联合模块单元的专用模块单元、链接模块单元、通用模块单元，经过具体模块单元专用模块单元、链接模块单元，直到具体模块单元的通用模块单元进行后拉动价值运作。企业集成主运营计划价值测算需要以顾客需求为拉动的起点，进行顾客需求的运营创新价值拉动，经过运营控制、运营领导、运营组织，最后拉动到企业集成主运营计划进行价值测算。价值拉动通过损失来进行，这些损失将不同层次和同一层次的企业集成主运营计划价值测算联系起来，成为拉动的中介。这些损失包括业务损失、存货损失、质量损失、交货损失、损失增值。这些损失与企业集成模块单元自身的现金流入和现金流出一同构成企业集成主运营计划价值测算的部分，根据这些部分进行企业集成主运营计划价值测算。企业集成主运营计划价值测算由企业集成价值团队进行，在企业集成 ERP 信息平台的价值测算部分进行。企业集成基本运营团队进行企业集成主运营计划价值增值测算时，需要进行企业集成基本运营团队、供应链或者服务链团队、辅助团队、支撑团队、核心团队、管理团队、平台团队的价值增值测算，这些团队的价值增值需要具有价值才能够进行企业集成主运营计划运作。

制造类企业、服务类企业的模块单元模块品目延迟策略运作从企业集成主运营计划开始，进行着企业集成模块品目运营需求计划、企业集成运营作业计划的延迟策略运作；纯服务类企业模块单元延迟策略运作从企业集成主运营计划开始，进行着企业集成运营作业计划的延迟策略运作。企业集成主运营计划也是具体模块单元、联合模块单元、模块组模块单元、总作业模块单元和其中通用模块单元、专用模块单元、链接模块单元的模块品目和额度进行着精益和智能运作的直接体现。

（一）根据企业集成综合运营计划确定企业集成主运营计划产品数量或者额度、运营时间

1. 确定企业集成主运营计划产品数量或产品额度

企业集成主运营计划需要以具体模块单元、联合模块单元、模块组模块单元、总作业模块单元和其中通用模块单元、专用模块单元、链接模块单元的企业集成综合运营计划为投入，确定企业集成主运营计划产品数量或者产品额度。企业集成主运营计划产品数量或者产品额度确定模型如下：

$$Q_{zx} = Q_{zq} + Q_{zz} - \max\left(Q_{yd}, Q_{gd}\right) \qquad (5-3-1)$$

$$S_{zF} = \max\left(S_{yF}, S_{gF}\right) \qquad (5-3-2)$$

式中，Q_{zx} 代表主运营计划现有库存量，Q_{zq} 代表主运营计划期初库存量，Q_{zz} 代表主运营计划制造或者转化量，Q_{yd} 代表主运营计划预计需求量，Q_{gd} 代表主运营计划订货数量，S_{zF} 代表主运营计划转化额度，S_{yF} 代表主运营计划预计额度，S_{gF} 代表主运营计划订单额度。

式（5-3-1）适合制造类企业、服务类企业；式（5-3-2）适合纯服务类企业。

F 制造类公司根据具体模块单元、联合模块单元、模块组模块单元、总作业模块单元中通用模块单元、专用模块单元、链接模块单元的企业集成综合制造计划确定企业集成主制造计划产品数量、运营时间，H 服务类公司根据具体模块单元、联合模块单元和其中通用模块单元、专用模块单元的企业集成综合服务计划确定企业集成主服务计划产品数量、运营时间，J 纯服务类公司根据具体模块单元、联合模块单元和其中通用模块单元、专用模块单元的企业集成综合服务计划确定企业集成主服务计划产品额

度、运营时间。F 制造类公司集成主制造计划、H 服务类公司集成主服务计划、J 纯服务类公司集成主服务计划如表 5 - 3 - 1 至表 5 - 3 - 4 所示。

表 5 - 3 - 1　F 制造类公司集成制造产品数量和时间　　　　单位：件

正常集成制造	10000			
加班集成制造	600			
时期	1 周	2 周	3 周	4 周
预计制造量	3000	2400	2600	2800
订单制造量	3100	2500	2600	2800
期初存货	400	0	0	0
正常集成制造和加班集成制造	2700	2500	2600	2800

表 5 - 3 - 2　H 服务类公司集成转化产品数量和时间　　　　单位：件

正常集成转化	3000			
加班集成转化	800			
外协集成转化	200			
时期	1 周	2 周	3 周	4 周
预计销售量	800	900	900	1000
订单销售量	1000	1100	900	1000
正常、加班、外协集成转化	1000	1100	900	1000

表 5 - 3 - 3　J 纯服务类公司集成转化产品额度和时间　　　　单位：万元

正常集成转化	1000			
加班集成转化	80			
外协集成转化	20			
时期	1 周	2 周	3 周	4 周
预计销售额	300	150	300	200
订单销售额	400	200	300	200
正常、加班、外协集成转化	400	200	300	200

表 5 - 3 - 4　J 纯服务类公司集成转化规模和时间　　　　单位：个

正常集成转化	7000			
加班集成转化	800			
时期	1 周	2 周	3 周	4 周
预计销售额	1900	1800	2100	1800
订单销售额	2000	1900	2100	1800
正常、加班集成转化	2000	1900	2100	1800

2. 确定企业集成主运营计划

企业集成主运营计划需要确定具体模块单元、联合模块单元、模块组模块单元、总作业模块单元中通用模块单元、专用模块单元、链接模块单元的模块品目或者额度。企业模块单元运作与企业特性有着直接的联系，特性不同所体现的模块单元的运作也有所不同，但最终都会体现为模块单元的模块品目或者额度。企业集成主运营计划确定具体模块单元、联合模块单元、模块组模块单元、总作业模块单元中所有通用模块单元、链接模块单元的模块品目和通用模块单元、链接模块单元额度的运作先于专用模块单元的模块品目和额度的确定。企业集成主运营计划的模块单元所有模块品目和额度都是企业集成基本运营流程精益和智能运作的直接体现。

企业集成主运营计划体现在具体模块单元、联合模块单元、模块组模块单元、总作业模块单元的模块品目或者额度，公式如下：

$$\begin{cases} Q_{MZ}(1) = d_1 Q \\ Q_{MZ}(2) = d_2 Q \\ \vdots \\ Q_{MZ}(m) = d_m Q \end{cases} \tag{5-3-3}$$

$$\begin{cases} Q_{MM}(1) = c_1 Q_{MZ} \\ Q_{MM}(2) = c_2 Q_{MZ} \\ \vdots \\ Q_{MM}(q) = c_q Q_{MZ} \end{cases} \tag{5-3-4}$$

$$\begin{cases} Q_{ML}(1) = b_1 Q_{MM} \\ Q_{ML}(2) = b_2 Q_{MM} \\ \vdots \\ Q_{ML}(n) = b_n Q_{MM} \end{cases} \tag{5-3-5}$$

$$\begin{cases} Q_{MJ}(1) = a_1 Q_{ML} \\ Q_{MJ}(2) = a_2 Q_{ML} \\ \vdots \\ Q_{MJ}(g) = a_g Q_{ML} \end{cases} \tag{5-3-6}$$

$$\begin{cases} S_{ML}(1) = b_1 S \\ S_{ML}(2) = b_2 S \\ \vdots \\ S_{ML}(n) = b_n S \end{cases} \tag{5-3-7}$$

$$\begin{cases} S_{MJ}(1) = b_1 S_{ML} \\ S_{MJ}(2) = b_2 S_{ML} \\ \vdots \\ S_{MJ}(n) = b_n S_{ML} \end{cases} \tag{5-3-8}$$

式中，$Q_{MZ}(m)$ 代表总作业模块单元模块品目、d_m 代表总作业模块单元模块品目系数、Q 代表制造量或者销量；$Q_{MM}(q)$ 代表模块组模块单元模块品目、c_q 代表模块组模块单元模块品目系数；$Q_{ML}(n)$ 代表联合模块单元模块品目、b_n 代表联合模块单元模块品目系数；$Q_{MJ}(g)$ 代表具体模块单元模块品目、a_g 代表具体模块单元模块品目；$S_{ML}(n)$ 代表联合模块单元销售额、b_n 代表联合模块单元销售额系数、S 代表销售额；$S_{MJ}(n)$ 代表具体模块单元销售额、b_n 代表具体模块单元销售额系数。

企业集成主运营计划体现为具体模块单元、联合模块单元、模块组模块单元、总作业模块单元中的通用模块单元、专用模块单元、链接模块单元的模块品目或者额度，公式如下所示：

$$\begin{cases} Q_{ZT}（m）= d'_1 Q_{MZ} \\ Q_{ZY}（m）= d'_2 Q_{MZ} \\ Q_{ZI}（m）= d'_3 Q_{MZ} \end{cases} \tag{5-3-9}$$

$$\begin{cases} Q_{MT}（q）= c'_1 Q_{MM} \\ Q_{MY}（q）= c'_2 Q_{MM} \\ Q_{MI}（q）= c'_3 Q_{MM} \end{cases} \tag{5-3-10}$$

$$\begin{cases} Q_{LT}（n）= b'_1 Q_{ML} \\ Q_{LY}（n）= b'_2 Q_{ML} \\ Q_{LI}（n）= b'_3 Q_{ML} \end{cases} \tag{5-3-11}$$

$$\begin{cases} Q_{JT}（g）= a'_1 Q_{MJ} \\ Q_{JY}（g）= a'_2 Q_{MJ} \\ Q_{JI}（g）= a'_3 Q_{MJ} \end{cases} \tag{5-3-12}$$

$$\begin{cases} S_{LT}（n）= b'_1 S_{ML} \\ S_{LY}（n）= b'_2 S_{ML} \end{cases} \tag{5-3-13}$$

$$\begin{cases} S_{JT}（g）= a'_1 S_{MJ} \\ S_{JY}（g）= a'_2 S_{MJ} \end{cases} \tag{5-3-14}$$

式中，$Q_{ZT}（m）$ 代表总作业通用模块单元模块品目、d'_1 代表总作业通用模块单元模块品目系数，$Q_{ZY}（m）$ 代表总作业专用模块单元模块品目、d'_2 代表总作业专用模块单元模块品目系数，$Q_{ZI}（m）$ 代表总作业链接模块单元模块品目、d'_3 代表总作业链接模块单元模块品目系数；$Q_{MT}（q）$ 代表模块组通用模块单元模块品目、c'_1 代表模块组通用模块单元模块品目系数，$Q_{MY}（q）$ 代表模块组专用模块单元模块品目、c'_2 代表模块组专用模块单元模块品目系数，$Q_{MI}（q）$ 代表模块组链接模块单元模块品目、c'_3 代表模块组链接模块单元模块品目系数；$Q_{LT}（n）$ 代表联合通用模块单元模块品目、b'_1 代表联合通用模块单元模块品目系数，$Q_{LY}（n）$ 代表联合专用模块单元模块品目、b'_2 代表联合专用模块单元模块品目系数，$Q_{LI}（n）$ 代表联合链接模块单元模块品目、b'_3 代表联合链接模块单元模块品目系数；$Q_{JT}（g）$ 代表具体通用模块单元模块品目、a'_1

代表具体通用模块单元模块品目系数，Q_{MJ} 代表具体专用模块单元模块品目，$Q_{JY}(g)$ 代表具体专用模块单元模块品目、a'_2 代表具体专用模块单元模块品目系数，$Q_{JI}(g)$ 代表具体链接模块单元模块品目、a'_3 代表具体链接模块单元模块品目系数；$S_{LT}(n)$ 代表联合通用模块单元销售额、b'_1 代表联合通用模块单元销售额系数，$S_{LY}(n)$ 代表联合专用模块单元销售额、b'_2 代表联合专用模块单元销售额系数；$S_{JT}(g)$ 代表具体通用模块单元销售额、a'_1 代表具体通用模块单元销售额系数，$S_{JY}(g)$ 代表具体专用模块单元销售额、a'_2 代表具体专用模块单元销售额系数。

式（5-3-3）、式（5-3-4）、式（5-3-5）、式（5-3-6）、式（5-3-9）、式（5-3-10）、式（5-3-11）、式（5-3-12）适合制造类企业、服务类企业；式（5-3-7）、式（5-3-8）、式（5-3-13）、式（5-3-14）适合纯服务类企业。

F 制造类公司通过 $Q_{MZ}(1)=Q$、$Q_{MZ}(2)=2Q$、$Q_{MZ}(3)=3Q$ 建立总作业模块单元 1、总作业模块单元 2、总作业模块单元 3 的模块品目模型，通过 $Q_{MM}(1)=2Q_{MZ}$、$Q_{MM}(2)=3Q_{MZ}$、$Q_{MM}(3)=5Q_{MZ}$、$Q_{MZ}(3)=3Q$ 建立模块组模块单元 1、模块组模块单元 2、模块组模块单元 3 的模块品目模型，通过 $Q_{ML}(1)=7Q_{MM}$、$Q_{ML}(2)=3Q_{MM}$ 建立联合模块单元 1、联合模块单元 2 的模块品目模型，通过 $Q_{MJ}(1)=7Q_{ML}$、$Q_{MJ}(2)=3Q_{ML}$ 建立联合模块单元 1 的具体模块单元 1、具体模块单元 2 的模块品目模型和通过 $Q_{MJ}(1)=2Q_{ML}$、$Q_{MJ}(2)=3Q_{ML}$、$Q_{MJ}(3)=5Q_{ML}$ 建立联合模块单元 2 的具体模块单元 1、具体模块单元 2、具体模块单元 3 的模块品目模型。

F 制造类公司通过 $Q_{JT}(g)=3Q_{MJ}$、$Q_{JY}(g)=3Q_{MJ}$、$Q_{JI}(g)=4Q_{MJ}$ 建立联合模块单元 1 的具体模块单元 1 的通用模块单元、专用模块单元、链接模块单元的模块品目模型，通过 $Q_{JT}(g)=4Q_{MJ}$、$Q_{JY}(g)=3Q_{MJ}$、$Q_{JI}(g)=3Q_{MJ}$ 建立联合模块单元 1 的具体模块单元 2 的通用模块单元、专用模块单元、链接模块单元的模块品目模型；通过 $Q_{JT}(g)=2Q_{MJ}$、$Q_{JY}(g)=2Q_{MJ}$、$Q_{JI}(g)=6Q_{MJ}$ 建立联合模块单元 2 的具体模块单元 1 的通用模块单元、专用模块单元、链接模块单元的模块品目模型，通过 $Q_{JT}(g)=3Q_{MJ}$、$Q_{JY}(g)=3Q_{MJ}$、$Q_{JI}(g)=4Q_{MJ}$ 建立联合模块单元 2 的具体模块单元 2 的通用模块单元、专用模块单元、链接模块单元的模块品目模型，通过 $Q_{JT}(g)=5Q_{MJ}$、$Q_{JY}(g)=3Q_{MJ}$、$Q_{JI}(g)=2Q_{MJ}$ 建立联合模块单元 2 的具体模块单元 3 的通用模块单元、专用模块单元、链接模块单元的模块品目模型。F 制造类公司集成主制造计划如表 5-3-5 所示。

表5-3-5　F 制造类公司集成主制造计划　　　　单位：件

模块单元	时期			
	1 周	2 周	3 周	4 周
总作业模块单元 1	2700	2500	2600	2800
模块组模块单元 1	5400	5000	5200	5600
联合模块单元 1	37800	35000	36400	39200
具体模块单元 1	264600	245000	254800	274400

续表

模块单元	时期			
	1 周	2 周	3 周	4 周
通用模块单元	793800	735000	764400	823200
专用模块单元	793800	735000	764400	823200
链接模块单元	1058400	980000	1019200	1097600
具体模块单元2	113400	105000	109200	117600
通用模块单元	453600	420000	436800	470400
专用模块单元	340200	315000	327600	352800
链接模块单元	340200	315000	327600	352800
联合模块单元2	16200	15000	15600	16800
具体模块单元1	32400	30000	31200	33600
通用模块单元	64800	60000	62400	67200
专用模块单元	64800	60000	62400	67200
链接模块单元	194400	180000	187200	201600
具体模块单元2	48600	45000	46800	50400
通用模块单元	145800	135000	140400	151200
专用模块单元	145800	135000	140400	151200
链接模块单元	194400	180000	187200	201600
具体模块单元3	81000	75000	78000	84000
通用模块单元	405000	375000	390000	420000
专用模块单元	243000	225000	234000	252000
链接模块单元	162000	150000	156000	168000
模块组模块单元2	8100	7500	7800	8400
模块组模块单元3	13500	12500	13000	14000
总作业模块单元2	5400	5000	5200	5600
总作业模块单元3	16200	15000	15600	16800

F 制造类公司集成主制造计划模块组模块单元 1 的联合模块单元 1 具体模块单元 1 中通用模块单元、链接模块单元所有模块品目先于专用模块单元运作，具体模块单元 2 中通用模块单元、链接模块单元所有模块品目先于专用模块单元运作；联合模块单元 2 具体模块单元 1 中通用模块单元、链接模块单元所有模块品目先于专用模块单元运作，具体模块单元 2 中通用模块单元、链接模块单元所有模块品目先于专用模块单元运作，具体模块单元 3 中通用模块单元、链接模块单元所有模块品目先于专用模块单元运作，直接体现延迟策略。F 制造类公司集成主制造计划中所有模块单元模块品目都是 F 制造类公司集成基本制造流程精益和智能运作的直接体现。另外，F 公司模块组模块单元 1

的联合模块单元1具体模块单元1中通用模块单元、链接模块单元模块品目需要通过时间提前安排采用延迟策略。1周、2周、3周、4周具体模块单元1的提前安排模块品目分别为1000、900、800、950，其中通用模块单元提前安排模块品目为3000、2700、2400、2850，链接模块单元提前安排模块品目为4000、3600、3200、3800。

　　H服务类公司通过 $Q_{ML}(1)=1.4Q_{MM}$、$Q_{ML}(2)=0.6Q_{MM}$ 建立联合模块单元1、联合模块单元2的模块品目模型，通过 $Q_{MJ}(1)=7Q_{ML}$、$Q_{MJ}(2)=3Q_{ML}$ 建立联合模块单元1的具体模块单元1、具体模块单元2的模块品目模型和通过 $Q_{MJ}(1)=2Q_{ML}$、$Q_{MJ}(2)=3Q_{ML}$、$Q_{MJ}(3)=5Q_{ML}$ 建立联合模块单元2的具体模块单元1、具体模块单元2、具体模块单元3的模块品目模型。

　　H服务类公司通过 $Q_{JT}(g)=3Q_{MJ}$、$Q_{JY}(g)=7Q_{MJ}$ 建立联合模块单元1的具体模块单元1的通用模块单元、专用模块单元的模块品目模型，通过 $Q_{JT}(g)=4Q_{MJ}$、$Q_{JY}(g)=6Q_{MJ}$ 建立联合模块单元1的具体模块单元2的通用模块单元、专用模块单元的模块品目模型；通过 $Q_{JT}(g)=7Q_{MJ}$、$Q_{JY}(g)=3Q_{MJ}$ 建立联合模块单元2的具体模块单元1的通用模块单元、专用模块单元的模块品目模型，通过 $Q_{JT}(g)=4Q_{MJ}$、$Q_{JY}(g)=6Q_{MJ}$ 建立联合模块单元2的具体模块单元2的通用模块单元、专用模块单元的模块品目模型，通过 $Q_{JT}(g)=5Q_{MJ}$、$Q_{JY}(g)=5Q_{MJ}$ 建立联合模块单元2的具体模块单元3的通用模块单元、专用模块单元的模块品目模型。H服务类公司集成主服务计划如表5-3-6所示：

表5-3-6　H服务类公司集成主服务计划　　　　　单位：件

模块单元	时期			
	1周	2周	3周	4周
联合模块单元1	1400	1540	1260	1400
具体模块单元1	9800	10780	8820	9800
通用模块单元	29400	32340	26460	29400
专用模块单元	68600	75460	61740	68600
具体模块单元2	4200	4620	3780	4200
通用模块单元	16800	18480	15120	16800
专用模块单元	25200	27720	22680	25200
联合模块单元2	600	660	540	600
具体模块单元1	1200	1320	1080	1200
通用模块单元	8400	9240	7560	8400
专用模块单元	3600	3960	3240	3600
具体模块单元2	1800	1980	1620	1800
通用模块单元	7200	7920	6480	7200
专用模块单元	10800	11880	9720	10800

续表

模块单元	时期			
	1 周	2 周	3 周	4 周
具体模块单元3	3000	3300	2700	3000
通用模块单元	15000	16500	13500	15000
专用模块单元	15000	16500	13500	15000

H 服务类公司集成主服务计划联合模块单元1具体模块单元1中通用模块单元所有模块品目先于专用模块单元运作，具体模块单元2中通用模块单元所有模块品目先于专用模块单元运作；联合模块单元2具体模块单元1中通用模块单元所有模块品目先于专用模块单元运作，具体模块单元2中通用模块单元所有模块品目先于专用模块单元运作，具体模块单元3中通用模块单元所有模块品目先于专用模块单元运作，直接体现延迟策略。H 服务类公司集成主服务计划中所有模块单元模块品目都是 H 服务类公司集成基本服务流程精益和智能运作的直接体现。另外，H 服务类公司联合模块单元1具体模块单元1中通用模块单元模块品目需要通过时间提前安排采用延迟策略。1周、2周、3周、4周具体模块单元1的提前安排模块品目分别为100、90、80、70，其中通用模块单元提前安排模块品目为300、270、240、210。

J 纯服务类公司通过 $S_{ML}(1) = 1.4S_{MM}$、$S_{ML}(2) = 0.6S_{MM}$ 建立联合模块单元1、联合模块单元2的销售额模型，通过 $S_{MJ}(1) = 7S_{ML}$、$S_{MJ}(2) = 3S_{ML}$ 建立联合模块单元1的具体模块单元1、具体模块单元2的销售额模型和通过 $S_{MJ}(1) = 2S_{ML}$、$S_{MJ}(2) = 3S_{ML}$、$S_{MJ}(3) = 5S_{ML}$ 建立联合模块单元2的具体模块单元1、具体模块单元2、具体模块单元3的销售额模型。

通过 $S_{JT}(g) = 3S_{MJ}$、$S_{JY}(g) = 7S_{MJ}$ 建立联合模块单元1的具体模块单元1的通用模块单元、专用模块单元的销售额模型，通过 $S_{JT}(g) = 4S_{MJ}$、$S_{JY}(g) = 6S_{MJ}$ 建立联合模块单元1的具体模块单元2的通用模块单元、专用模块单元的销售额模型；通过 $S_{JT}(g) = 7S_{MJ}$、$S_{JY}(g) = 3S_{MJ}$ 建立联合模块单元2的具体模块单元1的通用模块单元、专用模块单元的销售额模型，通过 $S_{JT}(g) = 4S_{MJ}$、$S_{JY}(g) = 6S_{MJ}$ 建立联合模块单元2的具体模块单元2的通用模块单元、专用模块单元的销售额模型，通过 $S_{JT}(g) = 5S_{MJ}$、$S_{JY}(g) = 5S_{MJ}$ 建立联合模块单元2的具体模块单元3的通用模块单元、专用模块单元的销售额模型。J 纯服务类公司集成主服务计划如表5-3-7所示。

表5-3-7　J 纯服务类公司集成主服务计划　　　　单位：万元

模块单元	时期			
	1 周	2 周	3 周	4 周
联合模块单元1	560	280	420	280
具体模块单元1	3920	1960	2940	1960

续表

模块单元	时期			
	1周	2周	3周	4周
通用模块单元	11760	5880	8820	5880
专用模块单元	27440	13720	20580	13720
具体模块单元2	1680	840	1260	840
通用模块单元	6720	3360	5040	3360
专用模块单元	10080	5040	7560	5040
联合模块单元2	240	120	180	120
具体模块单元1	480	240	360	240
通用模块单元	3360	1680	2520	1680
专用模块单元	1440	720	1080	720
具体模块单元2	720	360	540	360
通用模块单元	2880	1440	2160	1440
专用模块单元	4320	2160	3240	2160
具体模块单元3	1200	600	900	600
通用模块单元	6000	3000	4500	3000
专用模块单元	6000	3000	4500	3000

J 纯服务类公司集成主服务计划联合模块单元 1 具体模块单元 1 中通用模块单元所有规模先于专用模块单元运作，具体模块单元 2 中通用模块单元所有规模先于专用模块单元运作；联合模块单元 2 具体模块单元 1 中通用模块单元所有规模先于专用模块单元运作，具体模块单元 2 中通用模块单元所有规模先于专用模块单元运作，具体模块单元 3 中通用模块单元所有规模先于专用模块单元运作，直接体现延迟策略。J 纯服务类公司集成主服务计划中所有模块单元规模都是 J 纯服务类公司集成基本服务流程精益和智能运作的直接体现。另外，J 纯服务类公司联合模块单元 1 具体模块单元 1 中通用模块单元规模需要通过时间提前安排采用延迟策略。1 周、2 周、3 周、4 周具体模块单元 1 的提前安排规模分别为 90、80、70、60，其中通用模块单元提前安排额度为 270、240、210、180。

J 纯服务类公司通过 S_{ML}（1）$=1.4S_{MM}$、S_{ML}（2）$=0.6S_{MM}$ 建立联合模块单元 1、联合模块单元 2 的规模模型，通过 S_{MJ}（1）$=7S_{ML}$、S_{MJ}（2）$=3S_{ML}$ 建立联合模块单元 1 的具体模块单元 1、具体模块单元 2 的规模模型和通过 S_{MJ}（1）$=2S_{ML}$、S_{MJ}（2）$=3S_{ML}$、S_{MJ}（3）$=5S_{ML}$ 建立联合模块单元 2 的具体模块单元 1、具体模块单元 2、具体模块单元 3 的规模模型。

通过 $S_{JT}(g)=3S_{MJ}$、$S_{JY}(g)=7S_{MJ}$ 建立联合模块单元 1 的具体模块单元 1 的通用模块单元、专用模块单元的规模模型，通过 $S_{JT}(g)=4S_{MJ}$、$S_{JY}(g)=6S_{MJ}$ 建立联合模块单

元 1 的具体模块单元 2 的通用模块单元、专用模块单元的规模模型；通过 $S_{JT}(g) = 7S_{MJ}$、$S_{JY}(g) = 3S_{MJ}$ 建立联合模块单元 2 的具体模块单元 1 的通用模块单元、专用模块单元的销售额模型，通过 $S_{JT}(g) = 4S_{MJ}$、$S_{JY}(g) = 6S_{MJ}$ 建立联合模块单元 2 的具体模块单元 2 的通用模块单元、专用模块单元的销售额模型，通过 $S_{JT}(g) = 5S_{MJ}$、$S_{JY}(g) = 5S_{MJ}$ 建立联合模块单元 2 的具体模块单元 3 的通用模块单元、专用模块单元的销售额模型。J 纯股务类公司集成主服务规模计划如表 5 - 3 - 8 所示。

表 5 - 3 - 8　J 纯服务类公司集成主服务规模计划　　　　单位：个

模块单元	时期			
	1 周	2 周	3 周	4 周
联合模块单元 1	5600	5320	5880	5040
具体模块单元 1	39200	37240	41160	35280
通用模块单元	117600	111720	123480	105840
专用模块单元	274400	260680	288120	246960
具体模块单元 2	16800	15960	17640	15120
通用模块单元	67200	63840	70560	60480
专用模块单元	100800	95760	105840	90720
联合模块单元 2	2400	2280	2520	2160
具体模块单元 1	4800	4560	5040	4320
通用模块单元	33600	31920	35280	30240
专用模块单元	14400	13680	15120	12960
具体模块单元 2	7200	6840	7560	6480
通用模块单元	28800	27360	30240	25920
专用模块单元	43200	41040	45360	38880
具体模块单元 3	12000	11400	12600	10800
通用模块单元	60000	57000	63000	54000
专用模块单元	60000	57000	63000	54000

3. 企业集成主运营计划对企业集成战略的体现

企业集成主运营计划是企业集成综合运营计划的具体体现，将本期企业集成调节量具体落实。一是对企业集成主运营计划的企业集成战略、精益运作、智能运作的直接体现，反映企业集成运作的效率，直接减少库存量。这反映企业集成运作的效率，直接减少不能满足顾客需求的数量，由此反映企业的效率化运作。二是本期企业集成调节量表明企业集成主运营计划的企业集成战略的延迟策略、精益运作的顾客差异需求满足，表明本期企业集成调节量顾客差异化需求满足的作用。通过以上两个方面的作用，本期企业集成调节量综合体现为企业的效率化运作和顾客差异需求满足融合，从而综合体现了企业集成战略。

企业集成主运营计划中的企业运营管理整体度量值将代表差异需求的 w_1T_1 和代表大规模运营效益的 w_2T_2 融合起来，将企业集成战略和集成协同计量具体化，将大规模运作具体化，将价值运作具体化，反映出不同的价值取向。

二、能力计划

企业集成主运营计划确定中，需要进行能力计划检验，将具体模块单元、联合模块单元、模块组模块单元、总作业模块单元和其中通用模块单元、专用模块单元、链接模块单元的关键作业落实。企业集成主运营计划一般按照符合均衡的原则进行运营安排，但由于需求改变，对计划需要一定的调整，需要进行能力的检验。运用能力计划检验企业集成主运营计划步骤包括：

（一）进行检验的准备

运用代表模块品目法和假定模块品目法计算具体模块单元、联合模块单元、模块组模块单元、总作业模块单元和其中通用模块单元、专用模块单元、链接模块单元模块品目作业的能力。需要准备企业具体模块单元作业的模块品目种类、计划产量、计划定额、模块品目作业设备数、作业时间、模块品目作业设备停修率的资料。

运用综合因子法和能力清单法需要确定具体模块单元、联合模块单元、模块组模块单元、总作业模块单元和其中通用模块单元、专用模块单元、链接模块单元所需要运营的模块品目的数量和运营时间，将确定的模块品目的数量和运营时间进行检验。

F 制造类公司集成主制造计划、F 制造类公司模块单元工时如表 5 - 3 - 9 和表 5 - 3 - 10 所示：

表 5 - 3 - 9　F 制造类公司集成主制造计划　　　　　　　　单位：件

模块单元模块品目	1 周
模块组模块单元 1	5400
联合模块单元 1	37800
具体模块单元 1	264600
通用模块单元	793800
专用模块单元	793800
链接模块单元	1058400
具体模块单元 2	113400
通用模块单元	453600
专用模块单元	340200
链接模块单元	340200
联合模块单元 2	16200

续表

模块单元模块品目	1 周
具体模块单元 1	32400
通用模块单元	64800
专用模块单元	64800
链接模块单元	194400
具体模块单元 2	48600
通用模块单元	145800
专用模块单元	145800
链接模块单元	194400
具体模块单元 3	81000
通用模块单元	405000
专用模块单元	243000
链接模块单元	162000
模块组模块单元 2	8100
模块组模块单元 3	13500

表 5 - 3 - 10   F 制造类公司模块单元工时   单位：分钟

模块单元	作业	单位准备时间	单位作业时间	单位总时间
模块组模块单元 1	1	0.340	1.525	1.865
联合模块单元 1	2	0.320	0.831	1.151
具体模块单元 1				
通用模块单元	3	0.014	0.375	0.389
专用模块单元	4	0.015	0.486	0.501
链接模块单元	5	0.017	0.434	0.451
具体模块单元 2				
通用模块单元	3	0.018	0.531	0.549
专用模块单元	4	0.015	0.514	0.529
链接模块单元	5	0.016	0.613	0.629
联合模块单元 2	2	0.320	0.525	0.845
具体模块单元 1				
通用模块单元	3	0.016	0.735	0.751
专用模块单元	4	0.013	0.575	0.588
链接模块单元	5	0.015	0.588	0.603
具体模块单元 2				
通用模块单元	3	0.013	0.515	0.528

续表

模块单元	作业	单位准备时间	单位作业时间	单位总时间
专用模块单元	4	0.011	0.631	0.642
链接模块单元	5	0.014	0.714	0.728
具体模块单元3				
通用模块单元	3	0.015	0.631	0.646
专用模块单元	4	0.017	0.814	0.831
链接模块单元	5	0.013	0.613	0.626
模块组模块单元2	1	0.310	1.523	1.833
模块组模块单元3	1	0.320	1.511	1.831

（二）计算模块单元作业的能力

1. 代表模块品目法和假定模块品目法

模块单元作业能力的计算可以采用代表模块品目法和假定模块品目法。代表模块品目法在单一模块品目生产作业条件下计算具体模块单元、联合模块单元、模块组模块单元、总作业模块单元和其中通用模块单元、专用模块单元、链接模块单元作业生产模块品目能力，先计算代表模块品目生产作业能力，然后通过换算系数计算各具体模块品目生产作业能力。假定模块品目法是具体模块单元、联合模块单元、模块组模块单元、总作业模块单元和其中通用模块单元、专用模块单元、链接模块单元不易确定代表模块品目生产作业能力时采用的方法。代表模块品目法和假定模块品目法可以用于具体模块单元、联合模块单元、模块组模块单元、总作业模块单元和其中通用模块单元、专用模块单元、链接模块单元作业生产模块品目的能力计算。

代表模块品目法的代表模块品目生产作业能力、模块品目作业换算系数、代表模块品目作业产量、各模块品目占全部模块品目产量的比重、各具体模块品目的生产作业能力的模型如下：

$$M_0 = \frac{FS}{t_0} \tag{5-3-15}$$

$$k_i = \frac{t_i}{t_0} \tag{5-3-16}$$

$$Q_0 = k_i Q_i \tag{5-3-17}$$

$$d_i = \frac{k_i Q_i}{\sum_{i=1}^{n} k_i Q_i} \tag{5-3-18}$$

$$M_i = \frac{d_i M_0}{k_i} \tag{5-3-19}$$

式中，M_0 代表模块品目的生产作业能力、F 代表模块品目作业单位设备有效工作时间、S 代表模块品目作业设备数量、t_0 代表模块品目作业单位模块品目台时定额、k_i 代表模块品目作业第 i 种模块品目的换算系数、t_i 代表模块品目作业第 i 种单位模块品目台时定额、Q_0 代表模块品目作业模块品目数量、Q_i 代表模块品目作业第 i 种模块品目计划产量、d_i 代表模块品目作业各模块品目占全部模块品目产量的比重、M_i 代表各具体模块品目作业的生产能力。

假定模块品目法的模块品目作业假定模块品目比重、模块品目作业假定模块品目台时定额、模块品目作业设备组假定模块品目的生产作业能力、模块品目作业设备组各具体模块品目生产作业能力模型如下：

$$d_i = \frac{Q_i}{\sum_{i=1}^{n} Q_i} \tag{5-3-20}$$

$$t_m = \sum_{i=1}^{n} t_i d_i \tag{5-3-21}$$

$$M_m = \frac{FS}{t_m} \tag{5-3-22}$$

$$M_i = M_m d_i \tag{5-3-23}$$

式中，d_i 代表模块品目作业假定产品比重、Q_i 代表模块品目作业假定产品产量、t_m 代表模块品目作业假定产品台时定额、t_i 代表模块品目作业第 i 种产品的单位台时定额、M_m 代表以假定模块品目为计量单位的生产作业能力、M_i 代表模块品目作业设备组各具体模块品目生产作业能力。

F 公司具体模块单元作业生产 A、B、C、D 四种模块品目，具体模块单元作业天计划产量分别为 150 件、100 件、200 件、50 件；具体模块单元作业各种模块品目在具体模块单元的计划台时定额分别为 50 件、70 件、100 件和 150 件时，具体模块单元作业设备组共有车床 12 台，两班制，每班工作 8 小时，设备停修率 10%。

选定 C 代表模块品目，计算以 C 代表模块品目的生产作业能力：

$$M_0 = \frac{FS}{t_0} = 413$$

具体模块单元作业模块品目换算系数为 $k_A = 0.5$、$k_B = 0.7$、$k_C = 1.0$、$k_D = 1.5$。

具体模块单元作业各模块品目代表生产作业能力为 $Q_{0A} = 75$、$Q_{0B} = 70$、$Q_{0C} = 200$、$Q_{0D} = 75$。

具体模块单元作业各模块品目占全部产品产量的比重为 $d_A = = 18\%$、$d_B = 17\%$、$d_C = 47\%$、$d_D = 18\%$。

具体模块单元作业各具体模块品目的具体生产作业能力 $M_A = 149$、$M_B = 100$、$M_C = 194$、$M_D = 50$。

2. 综合因子法和能力清单法

综合因子法先计算出具体模块单元、联合模块单元、模块组模块单元、总作业模块单元和其中通用模块单元、专用模块单元、链接模块单元模块品目所需要的总作业时间，再进行作业时间分配。模块单元能力法是按照具体模块单元、联合模块单元、模块组模块单元、总作业模块单元和其中通用模块单元、专用模块单元、链接模块单元模块品目作业进行时间计算的方法。

F公司综合因子法模块单元作业能力过程计算如表5-3-11所示。

表5-3-11　F公司综合因子法模块单元作业能力　　　　　单位：分钟

模块单元	作业	单位总时间	1周	工时
模块组模块单元1	1	1.865	5400	10071
联合模块单元1	2	1.151	37800	43508
具体模块单元1				
通用模块单元	3	0.389	793800	308788
专用模块单元	4	0.501	793800	397694
链接模块单元	5	0.451	1058400	477338
具体模块单元2			113400	
通用模块单元	3	0.549	453600	249026
专用模块单元	4	0.529	340200	179966
链接模块单元	5	0.629	340200	213986
联合模块单元2	2	0.845	16200	13689
具体模块单元1				
通用模块单元	3	0.751	64800	48665
专用模块单元	4	0.588	64800	38102
链接模块单元	5	0.603	194400	117223
具体模块单元2				
通用模块单元	3	0.528	145800	76982
专用模块单元	4	0.642	145800	93604
链接模块单元	5	0.728	194400	141523
具体模块单元3				
通用模块单元	3	0.646	405000	261630
专用模块单元	4	0.831	243000	201933
链接模块单元	5	0.626	162000	101412
模块组模块单元2	1	1.833	8100	14847
模块组模块单元3	1	1.831	13500	24719

得到总的工时为3014706，按照1、2、3、4、5作业的10%、15%、20%、25%、30%分配得到301470.6、452205.9、602941.2、753676.5、904411.8。如表5-3-12所示。

表5-3-12　模块单元情况　　　　　　　　　　单位：分钟

模块单元	作业	工时	工时合计
模块组模块单元1	1	10071	
模块组模块单元2	1	14847	49637
模块组模块单元3	1	24719	
联合模块单元1	2	43508	57197
联合模块单元2	2	13689	
通用模块单元	3	308788	
通用模块单元	3	249026	
通用模块单元	3	48665	945091
通用模块单元	3	76982	
通用模块单元	3	261630	
专用模块单元	4	397694	
专用模块单元	4	179966	
专用模块单元	4	38102	911299
专用模块单元	4	93604	
专用模块单元	4	201933	
链接模块单元	5	477338	
链接模块单元	5	213986	
链接模块单元	5	117223	1051482
链接模块单元	5	141523	
链接模块单元	5	101412	

（三）检测企业集成主运营计划

企业集成主运营计划的运作具有负荷估计量的范围，一般不应超过这一界限。在范围内，具体模块单元、联合模块单元、模块组模块单元、总作业模块单元和其中通用模块单元、专用模块单元、链接模块单元执行企业集成主运营计划。

第四节　企业集成模块品目需求计划

一、企业集成模块品目需求计划主要假设和前提

企业集成模块品目需求计划具体运作时按照运营具体、联合、模块组、总作业模

块单元的通用、链接、专用模块单元流程中的先后运作顺序体现企业集成模块品目运营需求计划的模块品目数量。这些数量包括企业集成模块品目运营需求计划的运营通用、链接、专用模块单元流程中延迟策略的模块品目数量和强化延迟策略的模块品目数量。

企业集成模块品目需求计划运作有一定前提和假设，根据这些前提和假设进行运作。

经过确认和负荷平衡的企业集成主运营计划是确定企业集成模块品目需求计划的前提。企业集成模块品目需求计划一般不适用于处理独立需求下的库存控制和作业计划问题，只适用于处理从属需求下的库存控制和企业集成运营作业计划运作。企业集成模块品目需求计划是在模块品目清单前提下运作的，而模块品目清单只针对从属需求进行。对于独立需求部分，则在企业集成运营作业计划中考虑。企业集成模块品目需求计划不考虑模块品目清单最终模块品目，模块品目清单的最终模块品目是由企业集成主运营计划确定。企业集成主运营计划经过粗能力计划的评价，更符合企业实际，更有利于企业集成模块品目需求计划运作。企业集成模块品目需求计划与企业集成主运营计划直接联系，企业集成主运营计划是企业集成模块品目需求计划编制和运作的基础，企业集成模块品目需求计划根据企业集成主运营计划进行运作。

模块品目清单不是仅列出具体模块单元、联合模块单元、模块组模块单元、总作业模块单元和其中通用模块单元、专用模块单元、链接模块单元所需要的模块品目品种和数量，还需给出模块品目之间严格的结构关系，这种结构关系反映模块单元是以什么方式和经过哪些步骤的运营过程。企业集成模块品目运营需求计划不仅是一种模块品目需要多少的计划，也是模块品目进行运营活动的结构表示，还是模块品目进行预测等的重要帮助，模块品目清单根据不同的需要进行展示，可从不同侧面进行运作。

统一模块品目编码，确保模块品目标识的唯一性和一致性。由于采用具体模块单元、联合模块单元、模块组模块单元、总作业模块单元和其中通用模块单元、专用模块单元、链接模块单元运作，需要针对模块单元进行模块品目统一编码，明确企业集成模块品目运营需求计划与模块品目联系的唯一性和对称性，只有这样才能够有规律地进行企业集成模块品目需求计划的运作。

确保调节库存和库存记录的有效性，确保信息实时和准确。企业物料需求计划一般只进行库存的记录，与企业物料需求计划不同，企业集成模块品目需求计划还需要具体模块单元、联合模块单元、模块组模块单元、总作业模块单元和其中通用模块单元、专用模块单元、链接模块单元记录调节库存，集成运营量是进行企业集成运营计划运作的内在变量，也是衡量企业集成运营管理效果的指标之一。

假设所有模块单元的运营提前期已知。企业物料需求计划一般要求生产或订货提前期已知，但其内在运作不支持这样的计划，所以常常出现矛盾之处。企业集成模块品目需求计划由于有具体模块单元、联合模块单元、模块组模块单元、总作业模块单元的通用模块单元的运作，能对需求提前预知，时间安排上符合企业集成模块品目运营需求计划运作要求。

假设模块品目通过中央控制的模块系统存取，模块品目清单通过模块单元这种形态的转化。企业物料需求计划是以产品为中心运作，企业集成模块品目需求计划以模块单元为基础运作，要求企业集成模块品目需求计划运作中以模块单元的状态存在。

时间上离散地分派和使用模块品目。企业集成模块品目需求计划要求每种从属需求有时间上的独立性，以便其运作。具体模块单元、联合模块单元、模块组模块单元、总作业模块单元和其中通用模块单元、专用模块单元、链接模块单元都可以分散独立进行模块品目运作。

二、企业集成模块品目运营需求计划相关的概念

制定企业集成模块品目运营需求计划中，涉及一些概念，如独立需求与相关需求、时间分段与提前期等。

（一）独立需求

企业外部需求决定模块品目的称为独立需求，具体模块单元、联合模块单元、模块组模块单元、总作业模块单元和其中通用模块单元、专用模块单元、链接模块单元都有独立需求。

（二）相关需求

由企业内部运营活动模块品目转化各环节之间所发生的需求称为相关需求，具体模块单元、联合模块单元、模块组模块单元、总作业模块单元和其中通用模块单元、专用模块单元、链接模块单元都有相关需求。

（三）模块品目清单

企业集成模块品目运营需求计划不是针对产品而是针对具体模块单元、联合模块单元、模块组模块单元、总作业模块单元和其中通用模块单元、专用模块单元、链接模块单元的模块品目进行运作。因此，需要确定模块单元中的模块品目清单。提供模块单元全部构成模块品目以及这些模块品目的相互依赖的隶属关系。

（四）时间分段

将连续的时间流划分成一些适当的时间单元，通常以企业工作时间为依据。采用时间分段记录具体模块单元、联合模块单元、模块组模块单元、总作业模块单元和其中通用模块单元、专用模块单元、链接模块单元的模块品目状态，不但清楚需求时间，也可提高企业集成运营管理效率。

（五）提前期

不同类型和类别的模块品目，其提前期的含义不同。需要确定具体模块单元、联

合模块单元、模块组模块单元、总作业模块单元和其中通用模块单元、专用模块单元、链接模块单元的模块品目的提前期。

三、企业集成模块品目需求计划制定

企业集成模块品目需求计划是企业集成战略的直接体现，具体通过延迟策略来体现，具体进行模块单元模块品目企业集成模块品目需求计划运作时，具体模块单元、联合模块单元、模块组模块单元、总作业模块单元中的通用模块单元、链接模块单元模块品目可以按照企业集成运营流程运作的先后体现先于专用模块单元模块品目运作的延迟策略，通过先于专用模块单元模块品目提前的安排进行运作，充分体现出延迟性。企业集成模块品目运营需求计划的模块单元模块品目需要按照企业集成基本运营流程的精益和智能运作的要求，进行企业集成模块品目运营需求计划运作。因而，企业集成模块品目运营需求计划中具体模块单元、联合模块单元、模块组模块单元、总作业模块单元中的通用模块单元、链接模块单元所有模块品目是企业集成基本运营流程的精益和智能运作体现。

（一）确定模块品目清单

模块品目清单的基础是具体模块单元、联合模块单元、模块组模块单元、总作业模块单元和其中通用模块单元、专用模块单元、链接模块单元的流水线。模块品目清单是按照具体模块单元、联合模块单元、模块组模块单元、总作业模块单元和其中通用模块单元、专用模块单元、链接模块单元流水线的要求进行划分和运作。模块品目清单包括具体模块单元模块品目清单、联合模块单元模块品目清单、模块组模块单元模块品目清单、总作业模块单元模块品目清单和其中通用模块单元模块品目清单、专用模块单元模块品目清单、链接模块单元模块品目清单。

模块品目间的关系主要体现在模块品目之间是隶属关系还是独立运作的关系。模块品目清单按照具体模块单元、联合模块单元、模块组模块单元、总作业模块单元层次体现隶属关系。模块单元模块品目隶属关系是企业集成模块品目需求计划制定的基础，制定企业集成模块品目需求计划需要明确模块单元模块品目隶属关系。

F制造类公司模块品目清单隶属关系如图5-4-1至图5-4-6所示。

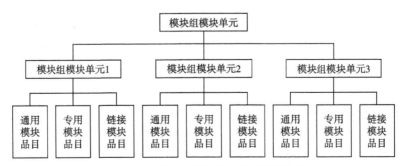

图5-4-1　模块组模块单元内所属模块品目

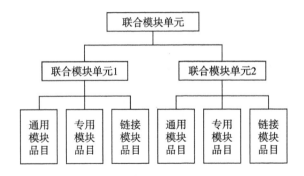

图 5 - 4 - 2 联合模块单元内所属模块品目

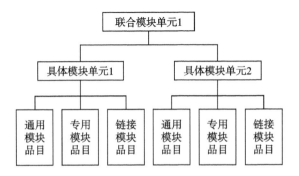

图 5 - 4 - 3 联合模块单元 1 与具体模块单元 1、2 所属模块品目

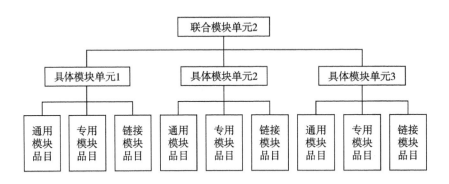

图 5 - 4 - 4 联合模块单元 2 和具体模块单元 1、2、3 所属模块品目

(二) 企业集成模块品目需求计划

企业集成模块品目需求计划是以企业集成主运营计划为依据, 根据具体模块单元、联合模块单元、模块组模块单元、总作业模块单元和其中通用模块单元、专用模块单元、链接模块单元的企业集成主运营计划, 确定企业集成模块品目运营需求计划。

F 制造类公司集成主制造计划如表 5 - 4 - 1 所示。

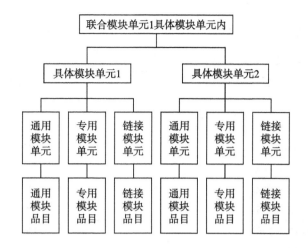

图 5 - 4 - 5 联合模块单元 1 具体模块单元内所属模块品目

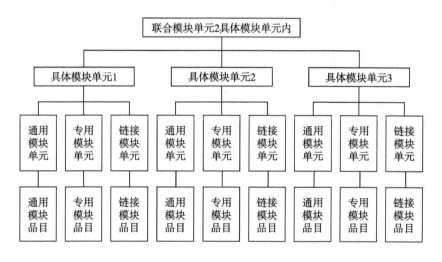

图 5 - 4 - 6 联合模块单元 2 具体模块单元内所属模块品目

表 5 - 4 - 1 F 制造类公司集成主制造计划 单位：件

模块单元	1 周
模块组模块单元 1	5400
联合模块单元 1	37800
具体模块单元 1	264600
通用模块单元	793800
专用模块单元	793800
链接模块单元	1058400
具体模块单元 2	113400

模块单元	1 周
通用模块单元	453600
专用模块单元	340200
链接模块单元	340200
联合模块单元 2	16200
具体模块单元 1	32400
通用模块单元	64800
专用模块单元	64800
链接模块单元	194400
具体模块单元 2	48600
通用模块单元	145800
专用模块单元	145800
链接模块单元	194400
具体模块单元 3	81000
通用模块单元	405000
专用模块单元	243000
链接模块单元	162000
模块组模块单元 2	8100
模块组模块单元 3	13500

(三) 计算所需模块品目

模块品目包括企业集成主运营计划的模块品目和企业集成模块品目需求计划的模块品目，企业集成主运营计划的模块品目包含企业集成模块品目需求计划的模块品目，企业集成模块品目需求计划的模块品目是基本的模块品目。企业集成主运营计划的模块品目和企业集成模块品目需求计划的模块品目的关系如下：

$$\begin{cases} Q_{VT}(m) = d'_{p1}Q_{ZT}(m) \\ Q_{VY}(m) = d'_{p2}Q_{ZY}(m) \\ Q_{VI}(m) = d'_{p3}Q_{ZI}(m) \end{cases} \tag{5-4-1}$$

$$\begin{cases} Q_{UT}(q) = c'_{p1}Q_{MT}(q) \\ Q_{UY}(q) = c'_{p2}Q_{MY}(q) \\ Q_{UI}(q) = c'_{p3}Q_{MI}(q) \end{cases} \tag{5-4-2}$$

$$\begin{cases} Q_{DT}(n) = b'_{p1}Q_{LT}(n) \\ Q_{DY}(n) = b'_{p2}Q_{LY}(n) \\ Q_{DI}(n) = b'_{p3}Q_{LI}(n) \end{cases} \tag{5-4-3}$$

$$\begin{cases} Q_{HT}\ (g)\ = a'_{p1}Q_{JT}\ (g) \\ Q_{HY}\ (g)\ = a'_{p2}Q_{JY}\ (g) \\ Q_{HI}\ (g)\ = a'_{p3}Q_{JI}\ (g) \end{cases} \tag{5-4-4}$$

式中，$Q_{VT}(m)$ 代表总作业通用模块单元基本模块品目，d'_{p1} 代表总作业通用模块单元基本模块品目系数，$Q_{VY}(m)$ 代表总作业专用模块单元基本模块品目，d'_{p2} 代表总作业专用模块单元基本模块品目系数，$Q_{VI}(m)$ 代表总作业链接模块单元基本模块品目，d'_{p3} 代表总作业链接模块单元基本模块品目系数；$Q_{UT}(q)$ 代表模块组通用模块单元基本模块品目，c'_{p1} 代表模块组通用模块单元基本模块品目系数，$Q_{UY}(q)$ 代表模块组专用模块单元基本模块品目，c'_{p2} 代表模块组专用模块单元基本模块品目系数，$Q_{UI}(q)$ 代表模块组链接模块单元基本模块品目，c'_{p3} 代表模块组链接模块单元基本模块品目系数；$Q_{DT}(n)$ 代表联合通用模块单元基本模块品目，b'_{p1} 代表联合通用模块单元基本模块品目系数，$Q_{DY}(n)$ 代表联合专用模块单元基本模块品目，b'_{p2} 代表联合专用模块单元基本模块品目系数，$Q_{DI}(n)$ 代表联合链接模块单元基本模块品目，b'_{p3} 代表联合链接模块单元基本模块品目系数，$Q_{HT}(g)$ 代表具体通用模块单元基本模块品目，a'_{p1} 代表具体通用模块单元基本模块品目系数，$Q_{HY}(g)$ 代表具体专用模块单元基本模块品目，a'_{p2} 代表具体专用模块单元基本模块品目系数，$Q_{HI}(g)$ 代表具体链接模块单元基本模块品目，a'_{p3} 代表具体链接模块单元基本模块品目系数。

F 制造类公司计算基本模块品目如表 5-4-2 和表 5-4-3 所示。

表 5-4-2　F 制造类公司计算通用模块单元基本模块品目　　　单位：件

模块单元	1 周			
	模块品目	通用模块单元基本模块品目		
模块组模块单元 1	5400	10800A	5400B	
联合模块单元 1	37800	113400F	37800G	
具体模块单元 1	264600	1058400G	264600J	
通用模块单元	793800	1587600a	2381400b	793800c
专用模块单元	793800			
链接模块单元	1058400			
具体模块单元 2	113400	340200L	113400N	
通用模块单元	453600	453600d	453600e	
专用模块单元	340200			
链接模块单元	340200			
联合模块单元 2	16200	32400H	16200D	
具体模块单元 1	32400	97200I	32400J	
通用模块单元	64800	194400a	324000f	
专用模块单元	64800			

续表

模块单元	1周			
	模块品目	通用模块单元基本模块品目		
链接模块单元	194400			
具体模块单元2	48600	194400A	48600G	
通用模块单元	145800	874800g	145800c	
专用模块单元	145800			
链接模块单元	194440			
具体模块单元3	81000	162000A	243000B	
通用模块单元	405000	810000c	405000h	
专用模块单元	243000			
链接模块单元	162000			
模块组模块单元2	8100	32400C		
模块组模块单元3	13500	27000C	13500D	

表5-4-3　F制造类公司计算专用、链接模块单元基本模块品目　　单位：件

模块单元	1周		
	模块品目	专用模块单元基本模块品目	链接模块单元基本模块品目
模块组模块单元1	5400	16200Q	5400W
联合模块单元1	37800	75600R　　37800S	226800Z
具体模块单元1	264600	264600S	1323000U
通用模块单元	793800		
专用模块单元	793800	4782800j　　793800m	
链接模块单元	1058400	2116800u	105800v
具体模块单元2	113400	113400T	340200Z
通用模块单元	453600		
专用模块单元	340200	680400n　　340200q	
链接模块单元	340200	680400w	340200x
联合模块单元2	16200	16200T	64800X
具体模块单元1	32400	64800P　　32400Q	64800V
通用模块单元	64800		
专用模块单元	64800	259200p　　64800q	
链接模块单元	194400	194400x	194400z
具体模块单元2	48600	97200R　　48600S	48600X
通用模块单元	145800		
专用模块单元	145800	291600r　　145800s	
链接模块单元	194400	583200v	194400w

续表

模块单元	1 周			
	模块品目	专用模块单元基本模块品目		链接模块单元基本模块品目
具体模块单元 3	81000	405000T		81000V
通用模块单元	405000			
专用模块单元	243000	243000p	24300s	
链接模块单元	162000			16200z
模块组模块单元 2	8100	8100P		40500X
模块组模块单元 3	13500	27000Q		13500Z

4. 确定企业集成模块品目运营需求计划

根据计算通用、专用、链接模块单元的基本模块品目确定企业集成模块品目需求计划。

F 制造类公司集成模块品目需求计划如表 5-4-4 所示。

表 5-4-4　F 制造类公司集成模块品目需求计划　　　　　单位：件

通用模块单元模块品目	专用模块单元模块品目	链接模块单元模块品目
367200A	72900P	1323000U
248400B	75600Q	729000V
59400C	172800R	5400W
29700D	351000S	153900X
113400F	534600T	580500Z
1220400G	4782800j	2116800u
32400H	793800m	689000v
97200I	680400n	874800w
297000J	502200p	534600x
340200L	405000q	210600z
113400N	291600r	
1782000a	170100s	
2381400b		
1749600c		
453600d		
453600e		
324000f		
874800g		
405000h		

F制造类公司集成模块品目需求计划模块组模块单元1的联合模块单元1具体模块单元1中通用模块单元、链接模块单元所有模块品目，具体模块单元2中通用模块单元、链接模块单元所有模块品目，联合模块单元2具体模块单元1中通用模块单元、链接模块单元所有模块品目，具体模块单元2中通用模块单元、链接模块单元所有模块品目，具体模块单元3中通用模块单元、链接模块单元所有模块品目，都是按照企业集成基本制造流程的延迟策略运作的要求、精益和智能进行F制造类公司集成模块品目需求计划运作，是延迟策略、精益和智能运作的体现。另外，F公司模块组模块单元1的联合模块单元1具体模块单元1中通用模块单元、链接模块单元模块品目需要通过时间提前安排采用延迟策略。1周通用模块单元提前安排模块品目为6000a、9000b、1000c，链接模块单元提前安排模块品目为8000u、4000v。

第五节　企业集成运营作业计划与运营增值计划

一、企业集成运营作业计划

企业集成运营作业计划是企业集成主运营计划的具体体现，是延迟策略、后拉动流程、后拉动价值、CPS智能运作的融合的综合体现。企业集成运营作业计划针对模块品目或者模块单元的运作展开，融合有着一致的运作运营流程顺序，先由总作业模块单元专用模块单元、链接模块单元、通用模块单元、模块组模块单元，经过模块组模块单元专用模块单元、链接模块单元、通用模块单元，经过联合模块单元的专用模块单元、链接模块单元、通用模块单元，经过具体模块单元专用模块单元、链接模块单元，直到具体模块单元的通用模块单元的运营流程顺序，进行融入延迟策略、后拉动流程、后拉动价值、CPS智能的企业集成运营作业计划运作。企业集成运营作业计划需要以顾客需求为拉动的起点，进行顾客需求的运营创新拉动，经过运营控制、运营领导、运营组织，最后拉动到企业集成运营作业计划。企业集成运营作业计划经过延迟策略、后拉动流程、后拉动价值、CPS智能运作的融合和管理拉动，进行具体、联合、模块组、总作业和通用、专用、链接模块单元流程的计划延迟策略运作，按照企业集成运营模块单元流程管理运作进行运作；针对运营通用模块单元流程进行延迟策略计划运作，由此反映延迟策略的计划延迟策略强化运作。企业运营具体、联合、模块组、总作业模块单元的通用、链接、专用模块单元流程中的企业集成运营作业计划的产品数量和单元的额度体现后拉动的单一流流程运作，体现CPS智能运作，体现管理拉动。企业集成运营作业计划的承担主体是企业集成基本运营流程团队和团队中的员工，由企业集成管理团队完成制定，由企业集成ERP信息平台进行衔接和完成。

F 制造类公司集成制造作业计划如表 5 - 5 - 1 所示。

表 5 - 5 - 1　F 制造类公司集成制造作业计划　　　　单位：件

模块单元	时期				
	1 周	2 周	3 周	4 周	5 周
联合模块单元 1	7560	7560	7560	7560	7560
具体模块单元 1	52920	52920	52920	52920	52920
通用模块单元	158760	158760	158760	158760	158760
专用模块单元	158760	158760	158760	158760	158760
链接模块单元	211680	211680	211680	211680	211680
具体模块单元 2	22680	22680	22680	22680	22680
通用模块单元	90720	90720	90720	90720	90720
专用模块单元	68040	68040	68040	68040	68040
链接模块单元	68040	68040	68040	68040	68040
联合模块单元 2	3240	3240	3240	3240	3240
具体模块单元 1	6480	6480	6480	6480	6480
通用模块单元	12960	12960	12960	12960	12960
专用模块单元	12960	12960	12960	12960	12960
链接模块单元	38880	38880	38880	38880	38880
具体模块单元 2	9720	9720	9720	9720	9720
通用模块单元	29160	29160	29160	29160	29160
专用模块单元	29160	29160	29160	29160	29160
链接模块单元	38880	38880	38880	38880	38880
具体模块单元 3	16200	16200	16200	16200	16200
通用模块单元	81000	81000	81000	81000	81000
专用模块单元	48600	48600	48600	48600	48600
链接模块单元	32400	32400	32400	32400	32400

F 制造类公司集成制造作业计划联合模块单元 1 具体模块单元 1 中通用模块单元、链接模块单元所有模块品目先于专用模块单元运作，具体模块单元 2 中通用模块单元、链接模块单元所有模块品目先于专用模块单元运作；联合模块单元 2 具体模块单元 1 中通用模块单元、链接模块单元所有模块品目先于专用模块单元运作，具体模块单元 2 中通用模块单元、链接模块单元所有模块品目先于专用模块单元运作，具体模块单元 3 中通用模块单元、链接模块单元所有模块品目先于专用模块单元运作，直接体现了延迟策略。F 制造类公司集成制造作业计划中所有模块单元模块品目都是 F 制造类公司集成基本制造流程精益和智能运作的直接体现。另外，F 公司模块组模块单元 1 的联合模

块单元 1 具体模块单元 1 中通用模块单元、链接模块单元模块品目需要通过时间提前安排采用延迟策略。1 周、2 周、3 周、4 周、5 周具体模块单元 1 的提前安排模块品目都为 1400，其中通用模块单元提前安排模块品目都为 4200，链接模块单元提前安排模块品目都为 5600。

H 服务类公司集成服务作业计划如表 5 - 5 - 2 所示。

表 5 - 5 - 2　H 服务类公司集成服务作业计划　　　　　单位：件

模块单元	时期				
	1 周	2 周	3 周	4 周	5 周
联合模块单元 1	280	280	280	280	280
具体模块单元 1	1960	1960	1960	1960	1960
通用模块单元	5880	5880	5880	5880	5880
专用模块单元	13720	13720	13720	13720	13720
具体模块单元 2	840	840	840	840	840
通用模块单元	3360	3360	3360	3360	3360
专用模块单元	5040	5040	5040	5040	5040
联合模块单元 2	120	120	120	120	120
具体模块单元 1	240	240	240	240	240
通用模块单元	1680	1680	1680	1680	1680
专用模块单元	720	720	720	720	720
具体模块单元 2	360	360	360	360	360
通用模块单元	1440	1440	1440	1440	1440
专用模块单元	2160	2160	2160	2160	2160
具体模块单元 3	600	600	600	600	600
通用模块单元	3000	3000	3000	3000	3000
专用模块单元	3000	3000	3000	3000	3000

H 服务类公司集成服务作业计划联合模块单元 1 具体模块单元 1 中通用模块单元所有模块品目先于专用模块单元运作，具体模块单元 2 中通用模块单元所有模块品目先于专用模块单元运作；联合模块单元 2 具体模块单元 1 中通用模块单元所有模块品目先于专用模块单元运作，具体模块单元 2 中通用模块单元所有模块品目先于专用模块单元运作，具体模块单元 3 中通用模块单元所有模块品目先于专用模块单元运作，直接体现了延迟策略。H 服务类公司集成服务作业计划中所有模块单元模块品目都是 H 服务类公司集成基本服务流程精益和智能运作的直接体现。另外，H 服务类公司联合模块单元 1 具体模块单元 1 中通用模块单元模块品目需要通过时间提前安排采用延迟策略。1 周、2 周、3 周、4 周、5 周具体模块单元 1 的提前安排模块品目都为 140，其

中通用模块单元提前安排模块品目都为 420。

J 纯服务类公司集成服务作业计划如表 5-5-3 所示。

表 5-5-3 J 纯服务类公司集成服务作业计划　　　　　　单位：万元

模块单元	时期				
	1 周	2 周	3 周	4 周	5 周
联合模块单元 1	112	112	112	112	112
具体模块单元 1	784	784	784	784	784
通用模块单元	2352	2352	2352	2352	2352
专用模块单元	5488	5488	5488	5488	5488
具体模块单元 2	336	336	336	336	336
通用模块单元	1344	1344	1344	1344	1344
专用模块单元	2016	2016	2016	2016	2016
联合模块单元 2	48	48	48	48	48
具体模块单元 1	96	96	96	96	96
通用模块单元	672	672	672	672	672
专用模块单元	288	288	288	288	288
具体模块单元 2	144	144	144	144	144
通用模块单元	576	576	576	576	576
专用模块单元	864	864	864	864	864
具体模块单元 3	240	240	240	240	240
通用模块单元	1200	1200	1200	1200	1200
专用模块单元	1200	1200	1200	1200	1200

J 纯服务类公司集成服务作业计划联合模块单元 1 具体模块单元 1 中通用模块单元所有额度先于专用模块单元运作，具体模块单元 2 中通用模块单元所有额度先于专用模块单元运作；联合模块单元 2 具体模块单元 1 中通用模块单元所有额度先于专用模块单元运作，具体模块单元 2 中通用模块单元所有额度先于专用模块单元运作，具体模块单元 3 中通用模块单元所有额度先于专用模块单元运作，直接体现了延迟策略。J 纯服务类公司集成服务作业计划中所有模块单元额度都是 J 纯服务类公司集成基本服务流程精益和智能运作的直接体现。另外，J 纯服务类公司联合模块单元 1 具体模块单元 1 中通用模块单元额度需要通过时间提前安排采用延迟策略。1 周、2 周、3 周、4 周、5 周具体模块单元 1 的提前安排额度都为 126，其中通用模块单元提前安排额度都为 378。

J 纯服务类公司集成服务规模作业计划如表 5-5-4 所示。

表 5-5-4 J 纯服务类公司集成服务规模作业计划 单位：个

模块单元	时期				
	1 周	2 周	3 周	4 周	5 周
联合模块单元 1	1120	1120	1120	1120	1120
具体模块单元 1	7840	7840	7840	7840	7840
通用模块单元	23520	23520	23520	23520	23520
专用模块单元	54880	54880	54880	54880	54880
具体模块单元 2	3360	3360	3360	3360	3360
通用模块单元	13440	13440	13440	13440	13440
专用模块单元	20160	20160	20160	20160	20160
联合模块单元 2	480	480	480	480	480
具体模块单元 1	960	960	960	960	960
通用模块单元	6720	6720	6720	6720	6720
专用模块单元	2880	2880	2880	2880	2880
具体模块单元 2	1440	1440	1440	1440	1440
通用模块单元	5760	5760	5760	5760	5760
专用模块单元	8640	8640	8640	8640	8640
具体模块单元 3	2400	2400	2400	2400	2400
通用模块单元	12000	12000	12000	12000	12000
专用模块单元	12000	12000	12000	12000	12000

针对顾客服务需求的计划是顾客接触企业集成服务作业服务计划，这一计划反映顾客对服务的需求，这种体现是个性化运作的体现，是顾客接触企业集成服务流程延迟策略和强化延迟策略、后拉动流程、后拉动价值运作的延伸和强化运作的体现，使企业集成运营计划由有形产品、无形产品拓展到服务，是服务场景理论、服务知识图谱理论、服务知识超网络理论运用到计划中的集中反映，使企业集成运营计划的根基更加牢靠。

顾客接触企业集成服务作业服务计划包括场内员工服务的员工服务样式、员工服务质量、员工服务数量、员工服务瞬时时间、员工服务顾客感知满足度、员工服务价值和场内员工服务环境、服务氛围顾客感知满足度。确定场内设备服务的设备服务样式、设备服务质量、设备服务数量、设备服务瞬时时间、设备服务顾客感知满足度、设备服务价值和场内设备服务环境、服务氛围顾客感知满足度。确定场外设备服务的设备服务样式、设备服务质量、设备服务数量、设备服务瞬时时间、设备服务顾客感知满足度、设备服务价值和场外服务环境顾客感知满足度。确定场外电子服务的电子服务样式、电子服务质量、电子服务数量、电子服务瞬时时间、电子服务顾客感知满足度、电子服务价值和场外服务环境的顾客感知满足度。顾客接触企业集成服务作业服务计划如表 5 – 5 – 5 所示。

表 5 – 5 – 5　顾客接触企业集成服务作业服务计划

	服务样式	服务质量	服务数量	服务瞬时时间	顾客感知满足度	服务价值	服务环境	服务氛围
场内员工服务	√	√	√	√	√	√	√	√
场内设备服务	√	√	√	√	√	√	√	√
场外设备服务	√	√	√	√	√	√	√	
场外电子服务	√	√	√	√	√	√	√	

顾客接触企业集成场内员工服务流程、顾客接触场内设备服务流程、顾客接触场外设备服务流程、顾客接触电子服务流程运作中，出现不同的关键时刻，包括服务起始关键时刻、服务运作关键时刻。服务起始关键时刻是顾客与企业初次接触时刻，包括顾客与服务环境初始接触关键时刻、顾客与服务氛围初始接触关键时刻、员工与顾客初始接触关键时刻、设备与顾客初始接触关键时刻、电子设备与顾客初始接触关键时刻；服务运作关键时刻包括是否接受服务关键时刻、服务价值判断关键时刻、服务反馈关键时刻、是否再次接受服务关键时刻、服务问题关键时刻。顾客接触企业集成服务作业服务关键时刻计划如表 5 – 5 – 6 所示。

表 5 – 5 – 6　顾客接触企业集成服务作业服务关键时刻计划

	服务起始关键时刻					服务运作关键时刻				
	顾客与服务环境初始接触关键时刻	顾客与服务氛围初始接触关键时刻	员工与顾客初始接触关键时刻	设备与顾客初始接触关键时刻	电子设备与顾客初始接触关键时刻	是否接受服务关键时刻	服务价值判断关键时刻	服务反馈关键时刻	是否再次接受服务关键时刻	服务问题关键时刻
场内员工服务	√	√	√			√	√	√	√	√
场内设备服务	√	√		√		√	√	√	√	√
场外设备服务	√			√		√	√	√	√	√
场外电子服务	√				√	√	√	√	√	√

二、企业集成运营增值计划

企业集成运营作业计划的确定需要全预算进行测算后执行。全预算需要对企业集成运营作业计划的价值进行测算，这是基于顾客端的价值测算，是与顾客互动、顾客体验、顾客需求驱动形成的顾客需要。这一顾客需要是否给企业带来价值需要进行全预算的超前测算，需要体现每一个团队都取得价值。企业集成运营作业计划价值测算先由总作业模块单元专用模块单元进行价值拉动，经过链接模块单元、通用模块单元、模块组模块单元，经过模块组模块单元专用模块单元、链接模块单元、通用模块单元，经过联合模块单元的专用模块单元、链接模块单元、通用模块单元，经过具体模块单元专用模块单元、链接模块单元，直到具体模块单元的通用模块单元进行后拉动价值运作。企业集成运营作业计划价值测算需要以顾客需求为拉动的起点，进行顾客需求的运营创新价值拉动，经过运营控制、运营领导、运营组织，最后拉动到企业集成运营作业计划进行价值测算。价值拉动通过损失来进行，这些损失将不同层次和同一层次的企业集成运营作业计划价值测算联系起来，成为拉动的中介。这些损失包括业务损失、存货损失、质量损失、交货损失、损失增值。这些损失与企业集成模块单元自身的现金流入和现金流出一同构成企业集成运营作业计划价值测算的部分，根据这些部分进行企业集成运营作业计划价值测算。企业集成运营作业计划价值测算由企业集成价值团队进行，是在企业集成 ERP 信息平台的价值测算部分进行。企业集成基本运营团队进行企业集成运营作业计划价值增值测算时，需要进行企业集成基本运营团队、供应链或者服务链团队、辅助团队、支撑团队、核心团队、管理团队、平台团队的价值增值测算，这些团队的价值增值需要具有价值才能够进行企业集成运营作业计划运作。企业集成运营增值计划的主体是流水线作业，增值源于流水线基本作业，这些基本作业构成流水线作业，从而形成价值增值。流水线作业增值归结于模块单元，因而企业集成运营增值计划按照模块单元来进行。流水线作业增值是企业集成运营流程增值的源头和基础，其价值测算模式是一致的。其增值核算可以采用总值增值核算，也可以采用单位增值核算。流水线基本作业、流水线作业、模块单元增值模型如下：

$$Z_{Lj} = S_{Lj} - C_{Lj} \tag{5-5-1}$$
$$Z_{LZ} = S_{LZ} - C_{LZ} \tag{5-5-2}$$
$$Z_{LM} = S_{LM} - C_{LM} \tag{5-5-3}$$

式中，Z_{Lj}表示流水线基本作业增值，S_{Lj}表示流水线基本作业现金流入，C_{Lj}表示流水线基本作业现金流出。Z_{LZ}表示流水线作业增值，S_{LZ}表示流水线作业现金流入，C_{LZ}表示流水线作业现金流出。Z_{LM}表示模块单元增值，S_{LM}表示模块单元现金流入，C_{LM}表示模块单元现金流出。

F 制造类公司、H 服务类公司、H 服务类公司模块单元的单位现金流入 0.167，单位现金流出 0.143。F 制造类公司制造增值计划、H 服务类公司服务增值计划、G 纯服务类公司服务增值计划如表 5-5-7 至表 5-5-9 所示。

表 5-5-7　F 制造类公司制造增值计划　　　　　　　　单位：元

模块单元	时期 1 周		
	现金流入	现金流出	增值
联合模块单元 1	631260.00	540540.00	90720.00
具体模块单元 1	441882.00	378378.00	63504.00
通用模块单元	132564.60	113513.40	19051.20

模块单元	时期1周		
	现金流入	现金流出	增值
专用模块单元	132564.60	113513.40	19051.20
链接模块单元	176752.80	151351.20	25401.60
具体模块单元2	189378.00	162162.00	27216.00
通用模块单元	75751.20	64864.80	10886.40
专用模块单元	56813.40	48648.60	8164.80
链接模块单元	56813.40	48648.60	8164.80
联合模块单元2	270540.00	231660.00	38880.00
具体模块单元1	54108.00	46332.00	7776.00
通用模块单元	10821.60	9266.40	1555.20
专用模块单元	10821.60	9266.40	1555.20
链接模块单元	32464.80	27799.20	4665.60
具体模块单元2	81162.00	69498.00	11664.00
通用模块单元	24348.60	20849.40	3499.20
专用模块单元	24348.60	20849.40	3499.20
链接模块单元	32464.80	27799.20	4665.60
具体模块单元3	135270.00	115830.00	19440.00
通用模块单元	67635.00	57915.00	9720.00
专用模块单元	40581.00	34749.00	5832.00
链接模块单元	27054.00	23166.00	3888.00

表 5 - 5 - 8　H 服务类公司服务增值计划　　　　　单位：元

模块单元	时期1周		
	现金流入	现金流出	增值
联合模块单元1	23380.00	20020.00	3360.00
具体模块单元1	16366.00	14014.00	2352.00
通用模块单元	4909.80	4204.20	705.60
专用模块单元	11456.20	9809.80	1646.40
具体模块单元2	7014.00	6006.00	1008.00
通用模块单元	2805.60	2402.40	403.20
专用模块单元	4208.40	3603.60	604.80
联合模块单元2	10020.00	8580.00	1440.00
具体模块单元1	2004.00	1716.00	288.00
通用模块单元	1402.80	1201.20	201.60

模块单元	时期1周		
	现金流入	现金流出	增值
专用模块单元	601.20	514.80	86.40
具体模块单元2	3006.00	2574.00	432.00
通用模块单元	1202.40	1029.60	172.80
专用模块单元	1803.60	1544.40	259.20
具体模块单元3	5010.00	4290.00	720.00
通用模块单元	2505.00	2145.00	360.00
专用模块单元	2505.00	2145.00	360.00

表5－5－9　G纯服务类公司服务增值计划　　　　单位：元

模块单元	时期1周		
	现金流入	现金流出	增值
联合模块单元1	9352.00	8008.00	1344.00
具体模块单元1	6546.40	5605.60	940.80
通用模块单元	1963.92	1681.68	282.24
专用模块单元	4582.48	3923.92	658.56
具体模块单元2	2805.60	2402.40	403.20
通用模块单元	1122.24	960.96	161.28
专用模块单元	1683.36	1441.44	241.92
联合模块单元2	4008.00	3432.00	576.00
具体模块单元1	801.60	686.40	115.20
通用模块单元	561.12	480.48	80.64
专用模块单元	240.48	205.92	34.56
具体模块单元2	1202.40	1029.60	172.80
通用模块单元	480.96	411.84	69.12
专用模块单元	721.44	617.76	103.68
具体模块单元3	2004.00	1716.00	288.00
通用模块单元	1002.00	858.00	144.00
专用模块单元	1002.00	858.00	144.00

三、企业集成运营作业计划安排

企业集成运营作业计划安排需要按照管理后拉动运作进行。管理后拉动运作需要从顾客需求的管理方案创新进行拉动，经过控制、领导、组织，最后到计划运作，实现对顾客需求的企业集成管理拉动；管理方案从价值的创新进行拉动，经过控制、领导、组织，到计划运作，实现对价值运作的企业集成管理拉动。由此从管理创新功能出发进行企业集成运营作业计划安排。

围绕企业集成运营作业计划从管理创新功能出发的管理方案运作中，需要明确管理模块单元层次和模块单元类型，需要确定企业集成运营作业的延迟策略运作和强化延迟策略运作的内容，确定企业集成运营作业执行中的重点和关键环节。按照从创新进行拉动，经过控制、领导、组织，最后到企业集成运营作业运作，进行管理后拉动和管理价值后拉动。在进行企业集成运营作业的延迟策略运作和强化延迟策略运作、管理后拉动和管理价值后拉动的基础上，进行企业集成管理模块单元 CPS 链接管理流程、CPS 分析管理流程、CPS 网络管理流程、CPS 认知管理流程、CPS 配置与执行管理流程运作。

第六节　企业集成计划分析与资源计划

一、企业集成计划分析

企业集成计划分析采用企业集成系统动力方法。企业集成系统动力方法源于系统动力学，系统动力学由美国麻省理工学院福雷斯特教授首创，将系统思维融入计算机建模，针对实际进行仿真模拟过程，得出仿真模拟的结果。系统动力学是一种利用计算机仿真动态研究企业集成计划的方法（陈鹰，2015）。系统动力学主要是系统的内部结构运作，依据反馈结构建立系统动力学模型，形成模型闭合系统。系统动力学只需要精度要求不高的初始数据，就能进行运作；注重动态趋势，考虑非线性、人的作用。与系统黑箱型方法参数模型的外推预测不同，系统动力学注重强调系统结构、行为和因果关系，根据初始条件、结构参数，建立结构型模型，进行仿真，预测系统运作动态。系统结构模型预测的期限较长，以系统动力学模型为代表。与外显型的规划模型、最优控制模型不同，系统动力学是内隐型模型，模型本身不包含目标函数，针对系统运作，主要通过系统结构与参数的设计，形成各种方案，对方案进行仿真，比较各方案的模拟结果，选出合适的方案。企业集成模块单元的运作可以采用企业集成系统动力方法，通过系统结构和参数的建立，进行模块单元系统动力学运作。企业集成系统动力方法用于企业集成计划分析，使企业集成战略实现具备企业集成计划的系统动力方法分析基础。企业集成系统动力方法可以拓展到企业集成模块单元流程、供应链或者服务链流程、延迟运作、精益运作、智能运作、流程空间、辅助要素、支持要素、核心要素、信息要素、管理、体系、模式、策略、方案各方面的主体、特性、因素、指标的系统动力分析、优化和评价。顾客接触模块单元流水线需要在此基础上考虑顾客接触、员工与顾客服务互动、员工与顾客价值共创、顾客服务体验、顾客满意度、服务补救的服务特性的系统动力分析、优化和评价。

企业集成系统动力方法的系统思维注重系统中组成部分的相互联系，以面对联系越来越多的组成部分运作，面对系统的动态复杂性，使系统能够进行内部和外部有许多联系的运作。企业集成动力系统由模块单元、模块单元运作和信息组成，模块单元是系统运作的现实基础，通过信息在模块单元间的联系，形成企业集成动力系统。企业集成动力系统是与开环系统不同的反馈系统，开环系统的模块单元输出对模块单元输入具有反映但没有影响，反馈系统的模块单元输出对模块单元输入有影响。开环系统中，模块单元过去运作不会影响模块单元未来运作，但反馈系统模块单元过去运作会影响模块单元未来运作。企业集成系统动力方法中的模块单元的任何系统都是在更大的系统包围中，需要在这种联系中，明确模块单元各个系统的边界。模块单元动力系统的反馈系统包括负反馈系统和正反馈系统。模块单元负反馈系统会自动寻找目标，在模块单元运作达不到目标时会产生偏差响应；模块单元正反馈系统会产生增长的过程，根据模块单元运作所产生的结果会促进更大运作。

系统结构可以通过因果关系图来描述（李旭，2015）。因果关系图能清晰地描述系统内各部分的相互联系的因果关系，通过反馈回路反映系统组成部分，各部分相互联系和相互作用，构成反馈回路。系统复杂程度通过反馈回路的多少体现，系统中的各部分因果关系可以是正关系，也可以是负关系、无关系。系统正因果关系是指系统一个量的增加会引起相关联的另一个量增加；系统负因果关系是指一个量的增加会引起相关联的另一个量减少。通过这样描述表达因果关系。

企业集成系统动力结构的因果链是将变量之间的关系具体到两两变量之间的关系，是最简单的因果关系，将这种原因到结果关系通过箭头的图示表现出来就是因果链。模块单元运作具有因果链，需要对模块单元因果链进行描述。因果链如图 5 - 6 - 1 所示。

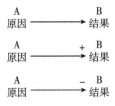

图 5 - 6 - 1　因果链

模块单元运作因果链中的箭头的起始端 A 是原因变量，箭头的末端 B 是结果变量。A 与 B 之间，A 会影响变量到 B 的运作，当 A 发生变化时，B 也会发生变化，这是因为 A 与 B 之间存在简单的因果关系。在这一因果关系中，如果 A 的增加会引起 B 的增加，或者 A 的减少会引起 B 的减少，则 A 与 B 之间的关系是正因果关系，构成正因果链。如果 A 的增加会引起 B 的减少，或者 A 的减少会引起 B 的增加，则 A 与 B 之间的关系是负因果关系，构成负因果链。

企业集成系统动力结构的因果链能用简洁的方式描述模块单元运作中变量之间的因果关系。整个模块单元的运作的因果关系都可以通过因果链意义描述出来，构成整个模块单元运作的因果关系。但因果链定性只能说明两个变量之简单变化方向，不能反映两个变量变化量的大小和两个变量之间变化的时间延迟。

企业集成系统动力结构因果关系图通过因果关系回路实现，因果关系回路实现整个模块单元的运作的因果关系。因果关系回路是由两个或者两个以上的因果链组成的闭合回路。因果链中的原因变量发生变化时会影响到结果变量的变化，这一变化由原因变量到结果变量的因果链描述；反过来，因果链中的结果变量发生变化时，也会影响到原因变量的变化，这一变化由结果变量到原因变量的因果链描述。原因变量到结果变量的因果链和结果变量到原因变量的因果链构成闭合的模块单元运作回路，反映因果关系中的原因变量和结果变量之间的变化关系。由此模块单元运作原因变量到结果变量的因果链反映起因为原因变量，结果为结果变量；由结果变量到原因变量的因果链因果关系回路反映结果变量为原因变量，原因变量为结果变量，结果变量成为引起变化的原因，原因变量成为变化的结果。因果关系回路中，原因变量和结果变量互相转化，互为因果。两个变量、三个变量的因果回路如图 5 - 6 - 2 所示。

图 5 - 6 - 2　两个变量、三个变量的因果回路

企业集成系统动力结构因果关系回路由于原因变量和结果变量的变化方向存在一致和不一致的情况，这种因果链正反馈和负反馈，会引起因果关系回路正反馈和负反馈，形成正因果关系回路和负因果关系回路。模块单元运作正因果关系回路是指自身具有加强其变化能力的回路。正因果关系回路中，当某一变量发生变化时，经过回路的作用会使这种变化进一步加强，使这个变量的变化幅度不断加大。正因果关系回路有不同变量，这些变量都存在相同或者不同的变化方向关系，相同的方向变化，会使这种变量增强的方向相同，呈现出同一增强的变化，体现正因果关系的增强变化；不同的方向变化，会使这种不同方向的变化又进行变化，呈现同一的增强变化，体现正因果关系的增强变化。正因果关系回路如图 5 - 6 - 3 所示。

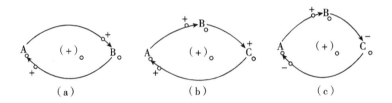

图 5 - 6 - 3　正因果关系回路

模块单元运作负因果关系回路是指自身具有减弱其变化能力的回路。负因果关系回路中，当某一变量发生变化时，经过回路的作用会使这种变化进一步减弱，使这个变量的变化幅度不断减弱。负因果关系回路有不同变量，这些变量都存在相同或者不同的变化方向关系，相同的方向变化，会使这种变量减弱的方向相同，呈现出同一的减弱变化，体现负因果关系的减弱变化；不同的方向变化，呈现出减弱变化，体现负因果关系的减弱变化。负因果关系回路如图 5 - 6 - 4 所示。

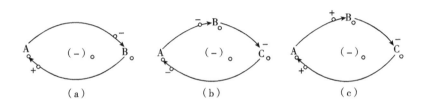

图 5 - 6 - 4　负因果关系回路

进行因果关系回路正负判断时，假定回路外的影响因素不变，负因果链的总数为偶数时，因果关系回路是正因果关系回路；负因果链的总数为奇数时，因果关系回路是负因果关系回路。企业集成模块单元的运作会出现正因果关系回路和负因果关系回路，具体进行判断时，需要按照判定的规则进行。

因果关系图能反映模块单元运作反馈结构的基本方面，企业集成系统动力流图则在此基础上表示不同性质的变量区别。模块单元运作流图包括存量、流量、辅助变量和常量。存量是描述模块单元运作累积效应的变量，反映物质、能量、信息对模块单元运作时间的积累，取值是模块单元运作从初始时刻到特定时刻物质、能量、信息累积的结果。模块单元运作存在各种积累，在某一时间间隔内积累的变动量等于这段时间内输入和输出速度之差与这个时间间隔的乘积。存量用矩形符号表示，矩形内填写变量名称，指向存量的箭头表示存量的输入流；从存量流出向外的箭头表示存量的输出流。流量是描述模块单元运作中累积效应变化快慢的变量，是描述存量的时间变化，反映模块单元运作变化速度，观测这一变量需要在一段时间内取值。辅助变量是存量和流量之间信息传递和转换过程的中间变量，体现如何根据存量计算流量的决策过程。常量是模块单元运作中不变的量。存量增量公式、存量公式、水平方程如下：

$$\Delta L = \left[R_1 \ (t) \ - R_2 \ (t)\right] \ \times DT \tag{5-6-1}$$

$$L \ (t) \ = L \ (t-1) \ +\Delta L = L \ (t-1) \ + \ \left[R_1 \ (t) \ - R_2 \ (t)\right] \ \times DT \tag{5-6-2}$$

$$L(t) \ = L_0 + \int_0^t \left(\ \sum R_{in}(t) - R_{out}(t)\right)d_t \tag{5-6-3}$$

式中，ΔL 为存量增量，$L \ (t)$ 为存量，DT 为时间间隔，$R \ (t)$ 为流量。

流图中包括守恒流和非守恒流。守恒流表示模块单元运作中的物质，通常体现为人力、物力、财力。守恒流运作过程中需要时间，因此有延迟现象。非守恒流是连接存量和流量之间信息通道的流线。守恒流表明模块单元运作的实体流，是构成模块单元运作基本流，属于被控对象；非守恒流是模块单元运作相关流，为决策服务。非守恒流与守恒流一样，也有延迟现象。

企业集成系统动力流图需要描述出存量、流量、辅助变量和常量，明确这些变量之间的关系。流图的关系通过数学公式表达，这些数学公式与流图等价。流图需要在因果关系图的基础上进行绘制，通过因果关系描述的变量之间的逻辑联系，进行流图的绘制。绘制流图需要明确模块单元运作的边界，确定模块单元运作的内生变量和外生变量。确定反馈环，明确变量之间的内果关系，确定属于正反馈回路还是负反馈回路。确定回路中的存量、流量、辅助变量和常量，运用符号描述出流图。绘制流图时需要明确，回路中需要具有存量，统一回路中，存量和流量相间存在。因果关系图、流图如图5-6-5和图5-6-6所示。

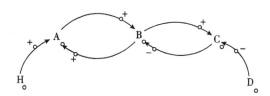

图5-6-5　因果关系图

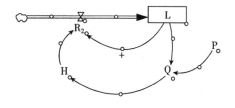

图5-6-6　流图

企业集成系统动力流图运作通过模块单元动力学的方程进行，模块单元动力学的方程主要包括水平方程、速率方程和辅助方程。水平方程是基本方程，是描述模块单元运作存量变化的方程。根据存量和流量的关系，存量是流量变化对时间的积累，水平方程的形式是固定的。水平方程是一阶差分方程；是一个有记忆的量，方程中一定有前一时刻的存量。水平方程是将速率流量转化为存量的方程，方程中一定有流量；水平方程是流量的变化对时间的积累，方程中一定含有差分步长 DT。水平方程如下：

$$L. K = L. J + (\sum R. JK_{in}(t) - \sum R. JK_{out}) \times DT \qquad (5-6-4)$$

式中，$L. K$ 表示 K 时刻的存量，$L. J$ 表示 J 时刻的存量，$R. JK_{in}(t)$ 表示 JK 区间的流入速率流量 R_{in}，$R. JK_{out}$ 表示 JK 区间的流出速率流量 R_{out}，DT 表示时间间隔差分步长。

速率方程是单位间隔时间内流量形成的方程，是调节存量的决策规则。速率方程描述调节存量规则时，可以根据当前模块单元运作状态和未来运作的状态进行比较，形成状态偏差，构成速率方程构建的依据。速率方程如下：

$$OR. RL = \frac{DIL - IL. K}{AT} \qquad (5-6-5)$$

式中，OR 是决策，DIL 是期望存量，$IL. K$ 是当前存量，AT 是存量调节时间。

为了更清楚描述模块单元决策过程，速率方程中常常含有辅助变量，这些辅助变量是为了描述决策过程引入的变量。从模块单元运作给定的目标、标准出发进行决策，这些辅助变量可以帮助理解这些规则。辅助变量可以将速率方程转化为几个简单的辅助方程表示。辅助方程如下：

$$Error. K = DIL - IL. K \qquad (5-6-6)$$

模块单元动力学的方程运作时需要确定时间步长，时间步长的选择一般不大于系统变化周期的 1/4，否则会使测算失真。模块单元运作的快慢由各个时间常数的组合决定。时间步长越长，计算速度越快，计算精度越低；时间步长越短，计算速度越慢，计算精度越高。方程运作的过程需要兼顾精度和速度，一般在保证计算不失真的情况下，尽可能选择长的时间步长。

模块单元动力学模型的运用是对模块单元现实运作的模拟，需要对模型进行测试，以此判断模型的可信程度。需要进行模型边界测试，通过因果关系图和流图的确认，明确描述模型的重要概念是否作为内生变量，确定这些内生变量边界的扩展，有关的措施是否会产生改变；需要进行结构评价测试，对决策准则的预期原理进行局部测试，判断决策准则是否概括模块单元运作特性；需要进行量纲一致性测试，进行量纲分析，检查每一个方程的量纲是否前后一致；进行参数估计测试，运用统计方法进行参数估计，检验参数值与模块单元运作的是否一致；进行极端条件测试，检查每一个方程是否稳健，方程接受极端值时是否有意义；需要进行误差测试，测算运算间隔减少时结果改变，判断差分步长选择的敏感性；进行行为重视测试，计算模型和数据之间的统计相关度，判断模型是否重现感兴趣的行为；进行行为异常测试，屏蔽主要回路影响，判断模型条件改变时，模型是否出现异常；进行灵敏度测试，进行单变量和多变量灵敏度测试，查看数值、行为、政策方面的灵敏度。

F 公司采用两种计划方式进行计划安排，需要进行两种方式下的计划运作情况的比较。第一种方式是一般的计划方式进行计划运作，主要通过企业综合计划、企业能力计划量、企业主生产计划的计划运作。第二种方式是合作集成计划方式，这种方式下，计划的运作将供应链的采购、销售合作和企业集成运作相结合，需要计划按照以合作集成为视角的企业合作集成综合计划、企业合作集成能力计划量、企业合作集成主生产计划的计划运作。

F 公司采用企业集成系统动力方法进行两种计划方式的运作，运作过程中的基本的公式为企业接受量 = INTEG（企业发货量 – 企业主生产计划量）、企业发货量 = 企业销量 +（产品期望库存 – 企业库存量）/调整时间、企业综合计划量 = 企业接受量/完成期望接受量所需时间、企业主生产计划量 = MIN（企业综合计划量，企业能力计划量）、企业库存量 = INTEG（企业主生产计划量 – 企业销量）、产品期望库存 = 存货常数×企业销量。

根据一般计划方式、合作集成计划方式的变量之间的联系绘制的一般计划方式因果关系图、合作集成计划方式因果关系图如图 5 – 6 – 7 和图 5 – 6 – 8 所示。

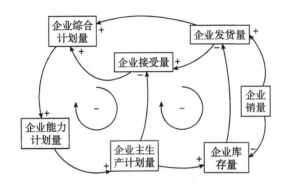

图 5 – 6 – 7　一般计划方式因果关系图

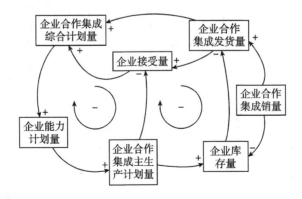

图 5 – 6 – 8　合作集成计划方式因果关系图

根据一般计划方式因果关系图、合作集成计划因果关系图绘制一般计划方式流图、合作集成计划方式流图如图 5 – 6 – 9 和图 5 – 6 – 10 所示。

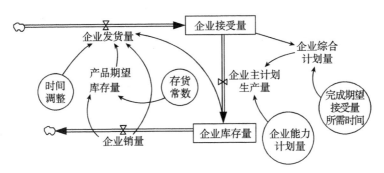

图 5 - 6 - 9　一般计划方式流图

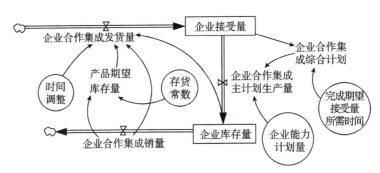

图 5 - 6 - 10　合作集成计划方式流图

按照计划的基本公式进行一般计划方式的运作，针对合作集成计划方式进行调整，得到两种计划方式测算的总的变化曲线、两种计划方式企业库存变化曲线、两种计划方式库存量，如图 5 - 6 - 11 至图 5 - 6 - 13 所示。

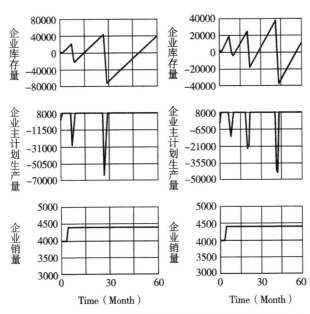

图 5 - 6 - 11　两种计划方式测算的总的变化曲线

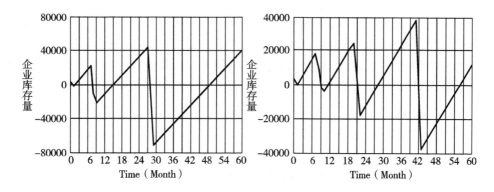

图5-6-12　两种计划方式企业库存变化曲线

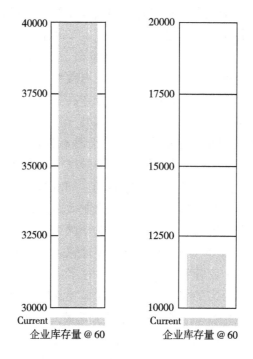

图5-6-13　两种计划方式库存量

二、企业集成资源计划

企业集成资源计划源于ERP。我国制造企业无论是离散制造企业还是流程制造企业都进行ERP建设。一般服务企业也进行ERP构建。纯服务企业中的金融企业，电子信息运作开展较早，近些年由于ERP近乎成为管理软件的代名词，所以在这些企业中的管理信息系统中，其功能主要是提供快速存储、处理、分析与客户有关的数据，典型的应用系统有客户关系管理系统等，这类企业的ERP系统的需求主要是对前台的信息处理需求，直接面向客户，使传统的ERP系统中与客户信息处理相关部分显得更加重要。ERP 的实施需要根据具体企业特性和实际进行（Jacobs，2013）。将企业集成资源计划通过信息系统 ERP 实现，使企业集成战略实现具备信息系统计划的基础。

功能强劲的德国的 SAP 公司是 ERP 思想的倡导者，其主打产品 R/3 是用于分布式客户机/服务器环境的标准 ERP 软件，主要功能模块包括销售和分销、物料管理、生产计划、质量管理、工厂维修、人力资源、工业方案、办公室和通信、项目系统、资产管理、控制、财务会计。支持的生产经营类型是按订单生产、批量生产、合同生产、离散型、复杂设计生产、按库存生产、流程型；其用户主要分布在航空航天、汽车、化工、消费品、电气设备、电子、食品饮料等行业。

高度集成的 Oracle 作为全球最大的应用软件供应商，Oracle 公司的管理软件产品是目前全面集成的电子商务套件之一，能使企业经营的各个方面全面自动化。Oracle 公司的 ERP 管理软件的主要功能模块包括销售订单管理系统、工程数据管理、物料清单管理、主生产计划、物料需求计划、能力需求管理、车间生产管理、库存管理、采购管理、成本管理、财务管理、人力资源管理、预警系统。Oracle 支持的生产经营类型是按订单生产、批量生产、流程式生产、合同生产、离散型制造、复杂设计生产、混合型生产、按订单设计、按库存生产；其用户主要分布在航空航天、汽车、能源化工、消费品、电气设备及电子等行业。

用友 ERP 软件用友公司是中国最大的 ERP 管理软件供应商，成立于 1988 年。用友的 ERP 产品有 NC 系列和 U8 系列，内容包括财务会计、管理会计、供应链、生产制造、人力资源管理、客户关系管理、企业绩效管理、知识管理等。

金蝶 K/3 软件金蝶国际软件集团有限公司是亚太地区领先的企业管理软件及电子商务应用解决方案供应商，始创于 1993 年。作为中国第一套可快速配置的 ERP 管理软件，金蝶 K/3 以企业绩效管理（BPM）为核心设计思想，侧重于针对战略企业管理的特点，构建多层次的战略企业管理应用框架，通过丰富的工具与方法有机整合并提供贯穿战略企业管理全过程所需的决策信息，实时监控战略执行过程中的问题，帮助企业快速反应，保障企业战略实现。金蝶软件最大的特点是业务处理灵活，集成度高，可以快速定制单据，快速定制流程，快速定制报表，快速升级。金蝶 K/3 既实现了制造、财务、物流、人力资源等业务的一体化管理、紧密集成客户关系管理，又突出战略企业管理与管理控制、业务运营等应用层次的相互关联，是新一代的战略 ERP 系统。

企业集成资源计划需要 ERP 拓展，企业集成资源计划是指集成 ERP，是为完成企业集成战略运作进行的集成 ERP 信息运作。企业集成资源计划的主体是企业集成运营计划，其他管理系统围绕企业集成运营计划进行运作。

企业集成 ERP 内容包括集成财务管理系统、集成人力资源管理系统、集成采购管理系统、集成制造或者服务转化管理系统、集成仓储管理系统、集成销售管理系统、集成后勤管理系统。企业集成资源计划主体是企业集成运营计划，辅助企业集成运营计划运作的部分包括辅助的管理系统和辅助管理部分。企业集成资源计划的主体内容是企业集成运营计划包括企业集成综合运营计划、企业集成主运营计划、企业集成模块品目需求计划、企业集成运营作业计划和企业集成运营增值计划。辅助的管理系统包括集成财务管理系统、集成人力资源管理系统、集成后勤管理系统，这些管理系统需要辅助企业集成运营计划的进行。辅助管理部分包括集成采购管理系统、集成制造或者服务转化管理系统、集成仓储管理系统、集成销售管理系统中的辅助企业集成运营计划运作的部分。

集成财务管理系统需要围绕企业集成运营计划，明确进行企业集成运营增值计划核算体系，确定进行增值核算的模型和方式，制定企业集成运营增值计划。集成人力资源管理系统需要确定企业集成运营计划确定和执行中的人员，从人力资源方面保障企业集成运营计划制定和实施。集成后勤管理系统需要促进企业集成运营计划实施，做好有关的后勤服务。集成采购管理系统需要按照企业集成模块品目运营需求计划要求，及时进行采购，促进企业集成模块品目运营需求计划运作。集成制造或者服务转化管理系统需要按照企业集成综合运营计划、企业集成主运营计划、企业集成运营作业计划进行集成制造或者服务转化管理流程的运作，促进企业集成综合运营计划、企业集成主运营计划、企业集成运营作业计划顺利实施。集成仓储管理系统需要做好仓储管理，促进企业集成主运营计划、企业集成运营作业计划运作。集成销售管理系统做好销售预测，促进企业集成综合运营计划制定和实施。

三、大数据与企业集成资源计划流程

大数据与企业集成资源计划流程是企业集成综合运营计划、企业集成主运营计划、企业集成模块品目运营需求计划、企业集成运营作业计划和企业集成运营增值计划的运作融入大数据运算的流程，流程如图 5-6-14 所示。

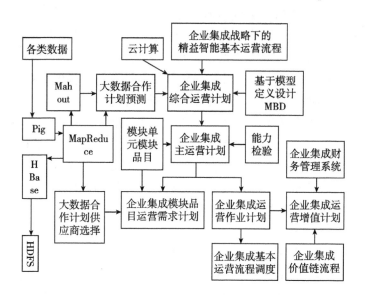

图 5-6-14 大数据与企业集成资源计划流程

企业集成综合运营计划是企业集成运营计划运作的起点，是企业集成 ERP 中企业集成制造或者服务转化管理系统的主体内容。企业集成 ERP 需要与云计算相结合，使企业集成 ERP 进行企业集成基础设施云计算，通过网络传输的计算资源、存储和网络结构的集成环境进行企业集成 ERP 信息系统云计算。企业集成 ERP 进行企业集成平台云计算，使云服务提供商将软件开发环境部署在网络上，提供按需付费模式，企业集成 ERP 信息系统利用云服务提供商提供的开发平台和开发环境，控制自己部署的应用程序，并托管环境配置。企业集成 ERP 可以进行企业集成软件云计算，通过网络交付的应用程序服务，云服务提供商托管并管理软件应用程序和基础结构，并负责软件升级和安全修补等维护工作，企业可以通过任何设备借助互联网直接连接到应用程序，进行企业集成 ERP 信息系统云计算。ERP 中企业集成制造或者服务转化管理系统的企业集成综合运营计划与企业集成基础设施云计算、企业集成平台云计算、企业集成软件云计算相互联系，使企业集成综合运营计划具有牢固的运作基础。

大数据合作计划预测和大数据合作计划供应商选择需要 ERP 中企业集成制造或者服务转化管理系统和集成采购管理系统完成，企业集成制造或者服务转化管理系统明确合作计划的运作机制，进行数据量大的大数据预测和大数据供应商选择。各类数据通过 Pig 数据流处理进入到 Hadoop 的重要组成部分 MapReduce 进行数据处理。MapReduce 分布式数据仓库 Hive 和分布式数据库 HBase 负责对企业集成计划有关的大数据存储，进行对计划预测和合作计划供应商选择数据文件分割，将数据片段分配到集群中的各个节点上，Master 将计划预测和合作计划供应商选择数据分解为各个 Map 和 Reduce 任务，Map 读取计划预测和合作计划供应商选择对应的数据片段，将获取的中间结果进行缓存并写入存储器，将存储数据的位置发回主控程序，将位置信息转发给 Reduce 工作机，Reduce 工作机将生成的 Key 与 Value 列表值发送给用户的 Reduce 函数，将结果输出并存储。大数据预测从面向已经发生的过去数据转向即将发生的未来数据，通过 Mahout 机器学习，建立预测模型；大数据供应商选择将遵从众多的供应商中的大数据分析，建立选择的基础。大数据预测和大数据供应商选择的分析数据将企业集成 ERP 信息系统中分布的、异构数据源中的数据抽取到临时中间层后进行清洗、转换、集成，最后加载在数据仓库或者数据集市中，利用企业集成运营流程中 ERP 信息系统中分布式文件系统、数据仓库、关系数据库、云数据库，实现对结构化、半结构化、非结构化大量数据的存储和管理，结合机器学习和数据挖掘算法，实现对大量数据的处理和分析，实现大数据合作计划预测和大数据合作计划供应商选择，建立企业集成综合运营计划顾客需求确定基础和企业集成模块品目运营需求计划的供应商选择基础。

企业集成 ERP 需要拓宽 ERP 中企业集成制造或者服务转化管理系统和集成采购管理系统范围，建立与供应商、销售商信息共享的合作计划的企业集成 ERP 系统，与供应商、销售商进行协同运作。合作计划的基础是 ERP 中企业集成制造或者服务转化管理系统和集成采购管理系统，通过这样的信息系统运作，将建立起来的合作计划机制迅速进行实施，实现合作计划。智能运作的信息系统能更好地促进供应商、销售商信息共享（李常亮和李晓津，2018）。

　　企业集成综合运营计划以企业集成战略下的精益智能基本运营流程的基于模型定义设计 MBD 为基础进行制定和实施。企业集成综合运营计划需要在具体模块单元、联合模块单元、模块组模块单元、总作业模块单元和通用模块单元、专用模块单元、链接模块单元的精益智能基本运营流程中进行计划确定，针对 MBE 中的基于模型定义设计 MBD 进行计划运作，模型定义设计 MBD 是企业集成综合运营计划对象。ERP 中企业集成制造或者服务转化管理系统需要与 MBE 中的基于模型定义设计 MBD 信息系统相联系，从模型定义设计 MBD 信息系统中确定企业集成综合运营计划对象，以此为基础制定企业集成综合运营计划。

　　企业集成综合运营计划制定和实施后作为企业集成主运营计划的输入进行企业集成主运营计划运作。企业集成主运营计划是 ERP 中企业集成制造或者服务转化管理系统主体内容。企业集成主运营计划针对具体模块单元、联合模块单元、模块组模块单元、总作业模块单元和通用模块单元、专用模块单元、链接模块单元的运作对象进行。模块单元具有有形对象和无形对象，模块品目是模块单元有形对象。模块单元和模块品目是企业集成 ERP 内容，是企业集成 ERP 中企业集成基本运营流程动态运作基础。企业集成 ERP 需要建立完备的模块单元和模块品目内容。企业集成综合运营计划最终体现为模块单元有形运作的模块品目和模块单元无形运作。企业集成综合运营计划需要接受能力计划的检验，只有通过检验的企业集成综合运营计划才具有可行性。

　　企业集成主运营计划制定和实施后作为企业集成模块品目需求计划的输入进行企业集成模块品目需求计划运作。企业集成主运营计划是 ERP 中企业集成采购管理系统主体内容。企业集成模块品目需求计划是企业集成 ERP 中需要按照模块品目清单隶属关系确定企业集成基本运营流程所需要的模块品目，制定和实施以模块品目为对象的企业集成模块品目运营需求计划。企业集成模块品目需求计划需要企业集成 ERP 的合作计划运作，建立与供应商的有机联系，快速实现所需要的模块品目的采购。

　　企业集成主运营计划制定和实施后作为企业集成运营作业计划的输入进行企业集成运营作业计划运作。根据企业集成运营作业计划，企业可以进行企业集成运营增值计划的编制和实施，编制和实施的基础是企业集成价值链流程。由于企业集成运营增值计划是基于企业集成基本运营流程的作业进行编制和执行，只有企业集成运营作业计划与企业集成运营增值计划契合，企业集成运营增值计划才具有编制和实施的基础。企业集成运营增值计划是 ERP 中企业集成财务管理系统的主体内容，原有的 ERP 中企业集成财务管理系统主要进行财务运作，企业集成 ERP 的企业集成财务管理系统则有了中心的目标和围绕中心进行的价值运作。随着企业集成运营管理的目标成为价值增值，企业集成 ERP 的企业集成财务管理系统辅助企业集成 ERP 运作成为企业集成 ERP 主体的运作，这对企业集成 ERP 的企业集成财务管理系统改变是全方位的。

　　企业集成运营作业计划是 ERP 中企业集成制造或者服务转化管理系统主体内容。企业集成主运营计划需要编制每一天计划，将每一天实现的业务量明确。企业集成主运营计划开启计划基层运作，这一运作与 MES 直接联系，通过 MES 的企业集成基本运营流程调度，将企业集成主运营计划资源配置完成，进行企业集成基本运营流程的运作。

企业集成 ERP 由企业集成表示层、企业集成业务层、企业集成数据层构成。企业集成表示层通过企业集成基础设施云计算、企业集成平台云计算、企业集成软件云计算，完成企业集成 ERP 应用系统与企业的交互，开启企业集成 ERP 中企业集成制造或者服务转化管理系统中企业集成综合运营计划。企业集成业务层通过与企业集成战略下的精益智能基本运营流程的基于模型定义设计 MBD，使企业集成运营计划有了运营基础和对象；通过与大数据合作计划预测和大数据合作计划供应商选择合作计划融合，使 ERP 中企业集成制造或者服务转化管理系统和集成采购管理系统的企业集成综合运营计划、企业集成模块品目运营需求计划得以实现；通过与能力计划、模块品目的融合，使 ERP 中集成制造或者服务转化管理系统中的企业集成主运营计划、企业集成运营作业计划得以实现；通过与企业集成价值链流程融合，实现企业集成 ERP 的企业集成财务管理系统的企业集成运营增值计划。通过与 MES 的企业集成基本运营流程调度融合，将 ERP 中企业集成制造或者服务转化管理系统企业集成运营作业计划落到实处。企业集成数据层完成企业集成综合运营计划、企业集成主运营计划、企业集成模块品目运营需求计划、企业集成运营作业计划、企业集成运营增值计划数据的存储和管理。

企业集成运营管理

ENTERPRISE
INTEGRATED
OPERATION
MANAGEMENT

冷绍升 ◎ 著 [下册]

经济管理出版社
ECONOMY & MANAGEMENT PUBLISHING HOUSE

图书在版编目（CIP）数据

企业集成运营管理/冷绍升著.—北京：经济管理出版社，2021.3（2025.9重印）
ISBN 978 - 7 - 5096 - 7837 - 4

Ⅰ.①企…　Ⅱ.①冷…　Ⅲ.①企业经营管理—研究　Ⅳ.①F272.3

中国版本图书馆 CIP 数据核字（2021）第 046914 号

组稿编辑：杜　菲
责任编辑：杜　菲
责任印制：黄章平
责任校对：董杉珊　陈　颖

出版发行：经济管理出版社
　　　　　（北京市海淀区北蜂窝 8 号中雅大厦 A 座 11 层　100038）
网　　　址：www. E - mp. com. cn
电　　　话：(010) 51915602
印　　　刷：北京虎彩文化传播有限公司
经　　　销：新华书店
开　　　本：787mm×1092mm/16
印　　　张：75
字　　　数：1828 千字
版　　　次：2021 年 3 月第 1 版　　2025 年 9 月第 5 次印刷
书　　　号：ISBN 978 - 7 - 5096 - 7837 - 4
定　　　价：298.00 元（上、下册）

目　录

上　册

下 册

第六章

企业集成运营组织与控制

一、企业集成运营组织与控制原则

模块单元线体是企业集成基本运营流程的最基本内涵和体现形式，企业集成运营组织与控制需要针对具体的模块单元线体进行运作。企业集成运营组织与控制原则如下：

（一）延迟性企业集成运营组织与控制

企业集成运营流程具体运作是通过具体、联合、模块组、总作业模块单元和通用、链接、专用模块单元线体进行运作，企业集成运营组织与控制这些隐形流水线、可变流水线、混合流水线、相似流水线、单一流水线，使流水线按延迟策略和强化延迟策略要求进行运作，将不同层次模块单元和同一层次模块单元的通用、链接模块单元线体进行提前组织与控制，专用模块单元线体进行延迟组织与控制，实现对企业集成运营流程线体延迟性的企业集成运营组织与控制。实现具体、联合、模块组、总作业模块单元的不同层次模块单元线体延迟性的企业集成运营组织与控制。从具体、联合、模块组模块单元到总作业模块单元的不同层次的专用、通用、链接模块单元，从同一层次的专用、通用、链接模块单元，所采用的隐形流水线、可变流水线、混合流水线、相似流水线、单一流水线的延迟性企业集成运营组织与控制难度越来越低。

（二）以价值链流程为框架的企业集成运营组织与控制

具体、联合、模块组、总作业模块单元和通用、链接、专用模块单元线体不仅需要进行业务流程的运作，还需要按照以价值链流程为框架的要求进行价值链流程运作。

需要企业集成运营组织与控制模块单元线体时，按照以价值链流程为框架的要求确定模块单元线体框架和运作基准，运作中需要将价值增值和质量保证相融合，实现以价值链流程为框架的企业集成运营组织与控制。从具体模块单元、联合模块单元、模块组模块单元到总作业模块单元的不同层次的专用、通用、链接模块单元，从同一层次的专用、通用、链接模块单元，所采用的以隐形流水线、可变流水线、混合流水线、相似流水线、单一流水线的价值链流程为框架的企业集成运营组织与控制强度越来越低。

（三）以精益为中心的精益、智能与信息系统融合的企业集成运营组织与控制

精益、智能与信息系统运作是企业集成基本运营流程模块单元线体的基本运作方式，这些运作的融合是企业集成基本运营流程模块单元线体运作的基本要求，融合中需要明确精益、智能与信息系统运作中心。精益运作是从企业集成基本运营流程模块单元线体本身出发进行运作，是对企业集成基本运营流程模块单元线体内在运作进行更改的运作，而智能与信息系统更多的是基于企业集成基本运营流程模块单元线体本身进行的运作，需要以精益为中心进行企业集成基本运营流程模块单元线体的精益、智能与信息系统融合运作。企业集成运营组织与控制需要按照精益运作的要求，进行具体、联合、模块组、总作业模块单元和通用、链接、专用模块单元线体集成运营组织与控制，建立企业集成基本运营流程模块单元精益运作线体，通过精益、智能与信息系统融合的企业集成运营组织与控制，实现以精益为中心的精益、智能与信息系统融合的企业集成运营组织与控制。从具体、联合、模块组模块单元到总作业模块单元的不同层次模块单元，从而实现对企业集成运营流程线体延迟性的企业集成运营组织与控制。从具体、联合、模块组模块单元到总作业模块单元的不同层次的专用、通用、链接模块单元，从同一层次的专用、通用、链接模块单元，所采用的以隐形流水线、可变流水线、混合流水线、相似流水线、单一流水线的精益为中心的精益、智能与信息系统融合的企业集成运营组织与控制实现力度越来越低。企业可以从精益运作中受益，进行运营流程改变，降低浪费，提高竞争力和客户满意度（Lopez，2015），使延迟策略和强化延迟策略运作能够进行精益延伸。

（四）连续性企业集成运营组织与控制

企业集成运营组织与控制需要进行具体、联合、模块组、总作业模块单元和通用模块单元、链接、专用模块单元线体整体连续性组织与控制，实现模块单元线体整体连续运作。模块单元线体连续性与企业集成运营流程模块单元线体类型有关，企业集成运营流程模块单元线体类型不同，对模块单元线体整体连续体现也不相同。企业集成运营组织与控制需要进行具体、联合、模块组、总作业模块单元和通用、链接、专用模块单元线体局部连续性组织与控制，实现模块单元线体局部连续运作。企业集成运营组织与控制需要进行具体、联合、模块组、总作业模块单元和通用、链接、专用模块单元线体的运营者、运营设备、运营工具、运营对象连续，实现模块单元线体运

营者、运营设备、运营工具、运营对象连续运作。

进行具体、联合、模块组、总作业模块单元和通用、链接、专用模块单元线体连续性企业集成运营组织与控制需要建立连续性企业集成运营流程作业，需要合理企业布置，需要先进的连续运作设备，实现整体、局部和要素的连续性的企业集成运营组织与控制。从具体、联合、模块组模块单元到总作业模块单元的不同层次模块单元，从而实现对企业集成运营流程线体延迟性的企业集成运营组织与控制。从具体、联合、模块组模块单元到总作业模块单元的不同层次的专用、通用、链接模块单元，从同一层次的专用、通用、链接模块单元，所采用的隐形流水线、可变流水线、混合流水线、相似流水线、单一流水线的连续性的企业集成运营组织与控制实现度越来越大，使延迟策略和强化延迟策略运作具有连续性流程基础。

（五）平行性企业集成运营组织与控制

企业集成运营组织与控制需要进行具体、联合、模块组、总作业模块单元和通用、链接、专用模块单元线体内的平行性组织与控制，实现模块单元线体内平行运作。企业集成运营组织与控制需要进行具体、联合、模块组、总作业模块单元和通用、链接、专用模块单元线体之间的平行性组织与控制，实现模块单元线体之间平行运作。企业集成运营组织与控制需要进行具体、联合、模块组、总作业模块单元和通用、链接、专用模块单元线体具体部分内的平行性组织与控制，实现模块单元线体具体部分内平行运作。平行性企业集成运营组织与控制需要联合、模块组、总作业模块单元和通用、链接、专用模块单元线体进行平行性的空间布置。从具体模块单元、联合模块单元、模块组模块单元到总作业模块单元的不同层次模块单元，实现对企业集成运营流程线体延迟性的企业集成运营组织与控制。从具体、联合、模块组模块单元到总作业模块单元的不同层次的专用、通用、链接模块单元，从同一层次的专用、通用、链接模块单元，所采用的隐形流水线、可变流水线、混合流水线、相似流水线、单一流水线的平行性企业集成运营组织与控制实现度越来越大，使延迟策略和强化延迟策略运作具有平行性流程基础。

（六）比例性企业集成运营组织与控制

企业集成运营组织与控制需要进行具体、联合、模块组、总作业模块单元和通用、链接、专用模块单元线体内比例性组织与控制，实现模块单元线体内比例性运作。企业集成运营组织与控制需要进行具体、联合、模块组、总作业模块单元和通用、链接、专用模块单元线体之间比例性组织与控制，实现模块单元线体之间比例性运作。比例性企业集成运营组织与控制的实现需要进行流程作业、机器设备、各工种工人在数量和能力的比例关系上的基础性建设。从具体、联合、模块组模块单元到总作业模块单元的不同层次模块单元，从而实现对企业集成运营流程线体延迟性的企业集成运营组织与控制。从具体、联合、模块组模块单元到总作业模块单元的不同层次的专用、通用、链接模块单元，从同一层次的专用、通用、链接模块单元，所采用的隐形流水线、可变流水线、混合流水线、相似流水线、单一流水线的比例性企业集成运营组织与控制实现度越来越大，使延迟策略和强化延迟策略运作具有比例性流程基础。

（七）节奏性企业集成运营组织与控制

企业集成运营组织与控制需要进行具体、联合、模块组、总作业模块单元和通用、链接、专用模块单元线体内节奏性组织与控制，实现模块单元线体内节奏性运作。企业集成运营组织与控制需要进行具体、联合、模块组、总作业模块单元和通用、链接、专用模块单元线体间节奏性组织与控制，实现模块单元线体间节奏性运作。从具体、联合、模块组模块单元到总作业模块单元的不同层次模块单元，实现对企业集成运营流程线体延迟性的企业集成运营组织与控制。从具体、联合、模块组模块单元到总作业模块单元的不同层次的专用、通用、链接模块单元，从同一层次的专用、通用、链接模块单元，所采用的隐形流水线、可变流水线、混合流水线、相似流水线、单一流水线的节奏性企业集成运营组织与控制实现度越来越大，使延迟策略和强化延迟策略运作具有节奏性流程基础。

制造类企业从具体、联合、模块组模块单元到总作业模块单元的不同层次模块单元，从具体、联合、模块组模块单元到总作业模块单元的不同层次的专用、通用、链接模块单元，服务类企业从具体、联合模块单元到模块组模块单元的不同层次模块单元，从具体、联合模块单元到模块组模块单元的不同层次的专用模块单元、通用、链接模块单元，制造类企业和服务类企业从同一层次的专用、通用、链接模块单元，所采用的隐形流水线、可变流水线、混合流水线、相似流水线、单一流水线进行的延迟性、价值链流程为框架、精益智能与信息系统融合、连续性、平行性、比例性、节奏性的企业集成运营组织与控制的难度越来越低、强度越来越低、实现力度越来越低、实现度越来越大。

纯服务类企业从具体模块单元到联合模块单元的不同层次模块单元，从具体模块单元到联合模块单元的不同层次的专用、通用模块单元，从同一层次的专用、通用模块单元，所采用的可变流水线、混合流水线、相似流水线、单一流水线进行的延迟性、价值链流程为框架、精益智能与信息系统融合、连续性、平行性、比例性、节奏性的企业集成运营组织与控制的难度越来越低、强度越来越低、实现力度越来越低、实现度越来越大。

（八）顾客接触服务流程互动和体验组织与控制

顾客接触场内员工服务流程、场内设备服务流程、场外设备服务流程、场外电子设备服务流程需要企业员工、设备、电子设备与顾客直接接触，接触中需要员工、设备、电子设备与顾客进行互动，听取顾客的需求，按照顾客的需求进行服务，取得顾客的信任，使员工、设备、电子设备与顾客进行互动，使顾客有着很好的服务体验。

需要对顾客接触的服务活动进行很好的组织与控制，很好地进行员工、设备、电子设备与顾客互动、顾客体验的组织，使顾客按照一定的节奏进行服务体验，使延迟策略和强化延迟策略运作能够针对顾客接触的服务活动进行。

一般纯服务企业顾客接触服务流程需要进行顾客接触服务流程互动和体验组织与控制。

二、企业集成运营联盟和流程性组织

（一）企业集成供应链或者服务链联盟

企业集成供应链或者服务链联盟是企业集成供应链或者服务链运作的基础，具体、联合、模块组、总作业模块单元和通用、链接、专用模块单元线体需要企业集成供应链或者服务链联盟的组织基础。企业集成战略和延迟策略的运用不是仅仅通过企业自身就可以完成的，需要供应链中的供应商、销售商的配合。销售商作为了解顾客需求窗口直接将顾客的差异化需求反映出来，企业则按照差异需求确定制造延迟运作方式，在满足差异需求的同时提高自身运作的效益，供应商按照企业延迟运作要求进行模块品目的供应。供应商和销售商一个是企业的上游，一个是企业的下游，两者与企业一起，需要及时了解企业通用模块、专用模块和链接模块的延迟运作方式，供应商需要掌控模块延迟运作的初始端，销售商需要掌控模块延迟运作的完成端，企业则需要掌控模块延迟运作过程，模块延迟运作需要这三个不同的端口和运作完成，每一部分都有各自的任务，需要共同完成。企业集成供应链或者服务链联盟由供应商、企业、销售商三方人员组成，企业作为主体单位为领导者。供应商作为企业模块单元运作的直接联系单位，需要按照模块单元的要求，进行相异融合和延迟运作，销售商作为模块单元运作的归集单位，进行企业集成供应链或者服务链运作。

企业集成供应链或者服务链联盟需要围绕具体、联合、模块组、总作业模块单元和通用、链接、专用模块单元线体基本运营活动进行构建，进行日常供应链或者服务链联盟协作活动。企业集成供应链或者服务链联盟日常协作活动的中心通过零售商确定顾客需求量，通过供应商确定所需供应的模块品目。企业集成供应链或者服务链联盟需要通过 ERP 具体体现，将这种联系进一步体现到 MES 中，通过 MBE 促进企业集成供应链或者服务链联盟顺利运作。

制造类企业、服务类企业、纯服务类企业可以通过企业集成供应链或者服务链联盟进行协作运作，促进企业集成供应链或者服务链顺利运作。

（二）企业集成运营流程性组织

企业集成运营管理流程延迟策略和强化延迟策略运作通过企业集成运营流程性组织进行。企业集成运营流程性组织是通过团队组织实现。团队组织是企业组织结构下的企业集成基本运营流程运作的直接组织。企业集成基本运营流程团队组织分为企业集成基本运营流程过程性团队、企业集成基本运营流程水平团队、企业集成基本运营流程知识团队。企业集成基本运营流程过程性团队由横向流程组织和纵向的领导组织综合构成。横向流程组织完成流程一线运作，纵向对流程进行一线运作领导。这类流程组织由于是对流程运作的领导，纵向发挥等级链的作用。这类流程的团队组织类似于传统和现代的具有等级链的直线智能制、事业部制的组织结构。过程团队适合于具有等级链的直线智能制、事业部制的组织结构运作的情况。企业集成基本运营流程水平团队这类团队组织由横向流程组织构成。横向流程组织完成流程一线运作。水平团队适合于具有扁平结构的直线智能制、事业部制的组织结构运作的情况。这时的横向流程组织的指导作用，由扁平结构的直线职能制、事业部制的组织结构来完成。企业集成基本运营流程知识团队这类团队组织由横向流程组织和倒纵向的知识支撑构成。横向流程组织完成流程一线运作，纵向对流程一线运作进行知识支撑。这类流程组织由于是对流程运作的支撑，属于倒金字塔结构。知识团队适合于具有网络制和内部市场制的组织结构运作的情况。

企业集成运营流程团队组织存在于具体、联合、模块组、总作业模块单元和通用、链接、专用模块单元线体之中，是模块单元隐形流水线、可变流水线、混合流水线、相似流水线、单一流水线运作的组织，承担着企业集成运营流程模块单元流水线运作的任务。因而，企业集成基本运营流程过程性团队、企业集成基本运营流程水平团队、企业集成基本运营流程知识团队进行具体划分时是根据企业集成运营流程模块单元流水线进行划分，按照企业集成运营流程模块单元流水线要求进行团队构建。团队组织记忆生成通过知识生产操作和分类获得新知识，进一步流入组织活动为业务流程问题提供解决方案。

企业集成运营流程性组织的建立与运作需要考虑企业组织结构。由于企业集成基本运营流程过程性团队自身的纵向等级链与直线职能制、事业部制、超事业部制自身的纵向等级链有着很好的契合关系，所以这样的结合更能发挥企业集成基本运营流程过程性团队的作用。企业集成基本运营流程过程性团队适合于企业集成运营流程性组织的建立与运作的初期，团队运作的各种基础还不具备，运用过程性团队能起到一定的作用，随着团队运作的各种基础具备，这种团队对企业集成运营流程模块单元流水线的运作作用的局限性显现出来，呈现内在不足。企业集成基本运营流程水平团队的流程运作特性与矩阵制组织结构临时性的流程运作特性相契合，在矩阵制组织结构环境下，企业集成基本运营流程水平团队作用得以发挥，但无论是企业集成基本运营流程水平团队还是矩阵制组织结构都没有进行企业集成运营流程模块单元流水线持续运作的基础，不能对企业集成运营流程模块单元流水线进行持续的支撑，显现出内在不足。

企业集成基本运营流程知识团队不仅有流程运作主体，还有支撑主体运作的知识体系，内部市场制组织结构具有持续性的进行企业集成运营流程模块单元流水线运作的经济基础，二者有着内在的契合，能够充分发挥企业集成基本运营流程知识团队的作用。企业集成基本运营流程知识团队与内部市场制组织结构融合，需要企业集成基本运营流程知识团队按照企业集成运营流程模块单元流水线独立微小经济组织运作的要求，建立最基本的企业集成运营流程模块单元流水线运作的经济单元，形成企业集成运营流程模块单元流水线独立微小经济组织内在的经济联系和独立经济运作，在发挥企业集成基本运营流程知识团队的流水线作用的同时，发挥企业集成基本运营流程知识团队的经济作用。

网络制现代组织结构具有持续性的进行企业集成运营流程模块单元流水线运作的网络基础，因而企业集成基本运营流程知识团队与网络制现代组织结构有很好的契合联系，能够充分发挥企业集成基本运营流程知识团队的作用。企业集成基本运营流程知识团队与内部市场制组织结构融合，需要企业集成基本运营流程知识团队按照企业集成运营流程模块单元流水线特性，建立网络知识联系，将企业集成运营流程模块单元流水线形成更为广阔的内外网络联系，充分发挥企业集成基本运营流程知识团队网络知识作用。可以通过智能信息平台，实现企业集成基本运营流程知识团队网络知识的运作。

企业集成运营管理流程团队是为将企业运营管理集成战略落实到实处进行运作的团队。企业集成运营管理流程是直接面对顾客进行顾客需求满足的通道和途径，直接将顾客需求作为内生变量进行交互的内在实现顾客需求的方式，这一方式可以将顾客需求作为引导的具体方向，引领企业集成管理流程的运作，将顾客差异需求与企业集成运营管理的有效运作融合起来，通过团队形式进行融合运作，团队成为融合运作的组织，承担完成企业集成战略目标和任务。为迅速和直接迎接顾客差异需求，企业组织需要由金字塔结构向倒金字塔结构转变，需要进行知识支撑组织，完善组织的运作，节点性的相互独立运作的团队成为连接和融合知识支撑的直接有效方式，通过团队将知识与组织整合，将团队直接面对外部顾客差异需求，构成以知识为主线的团队运作方式。面对不断变化的外部环境，持续性的运作是组织运作的前提，持续性的运作会给组织引入持续运作的内在要素，组织具有内在的稳定运作力量，团队作为企业集成运营管理运作的基本单元，持续性的运作是团队的内在需要。

企业集成运营管理流程团队是按照企业集成战略运作的需要考虑持续相互协作的员工组成的正式群体，而群体是由目标导向的相互联系、相互作用、相互依赖的员工组成的人群集合体的非正式群体。流程团队的作用更多的是进行协作而产生的积极作用，群体作用有积极、消极两个方面；流程团队的责任是个体和团队的，群体的责任是个体的；流程团队的技能相互补充，群体的技能是随机或者不同；流程团队规范是员工按照模块单元运作任务进行运作，群体规范与员工从事的模块单元运作任务没有关系；流程团队的绩效通过团队员工努力，团队的绩效大于团队员工绩效之和，群体的绩效仅仅是每个群体成员个人贡献的总和，不存在群体总绩效大于员工个体绩效之和的状况。

企业集成运营管理流程团队包括企业集成基本运营价值链流程团队类、企业集成供应链或者服务链价值链流程团队类、辅助价值链流程团队类、支撑价值链流程团队类、核心运作价值链流程团队类、企业集成信息平台团队类、企业集成管理团队类。

企业集成基本运营价值链流程团队类由具体模块单元团队群、联合模块单元团队群、模块组模块单元团队群、总作业模块单元团队群构成，每一类模块单元团队群由模块单元团队构成，每一类模块单元团队由每一类模块单元微团队构成。企业集成供应链或者服务链价值链流程团队类由开发与设计价值链流程团队群、采购价值链流程团队群、仓储价值链流程团队群、销售价值链流程团队群构成，每一类价值链流程团队群由价值链流程团队构成，每一类价值链流程团队由每一类价值链流程微团队构成。

企业辅助价值链流程团队类由物流价值链流程团队群、商流价值链流程团队群、服务价值链流程团队群构成，每一类辅助价值链流程团队群由辅助价值链流程团队构成，每一类辅助价值链流程团队由每一类辅助价值链流程微团队构成。企业支撑价值链流程团队类由企业集成人力资源运作价值链流程团队群、设备维护与维修价值链流程团队群构成，每一类支撑价值链管理流程团队群由支撑价值链流程团队构成，每一类支撑价值链流程团队由每一类支撑价值链流程微团队构成。核心运作价值链流程团队类由价值运作价值链流程团队群、质量运作价值链流程团队群构成，每一类核心运作价值链流程团队群由核心运作价值链流程团队构成，每一类核心运作价值链流程团队由每一类核心运作价值链流程微团队构成。企业集成信息平台团队类由企业集成MES信息平台团队群、企业集成MBE信息平台团队群、企业集成ERP信息平台团队群构成，每一类集成信息平台团队群由集成信息平台团队构成，每一类集成信息平台团队由每一类集成信息平台微团队构成。企业集成管理团队类由企业计划团队群、企业集成组织团队群、企业集成领导团队群、企业集成控制团队群、企业集成创新团队群构成，每一类企业集成管理团队群由辅助集成管理团队构成，每一类集成管理团队由集成管理微团队构成。

企业集成运营管理流程团队具有如下特征：

1. 创业价值观

企业集成运营管理流程团队的运作需要在面对顾客需求的不断改变、面对环境的不断改变中进行运作，团队和团队中的成员都需要面对这样严酷的环境，能够始终按照企业集成战略的理念进行引导，具有奋斗和无畏艰险的价值观进行企业集成管理流程运作的创业，而不是一味没有任何进取地进行活动。企业集成运营管理过程的运作需要团队和团队中的成员的不懈努力来换取模块单元、精益、智能的差异化战略与价值领先战略的融合，这一融合的直接和能动单元就是团队和团队中的成员，一切努力的基础是具有创业价值观。创业价值观是团队和员工进行企业集成运营管理流程延迟化策略和强化延迟策略运作的根本性的思想基础。

2. 经济咬合性

企业集成运营管理流程团队运作是按照组织的经济性运作进行，流程团队运作通过企业集成运营流程进行，流程运作具有顺序性，这种顺序的运作需要连接，连接通过企业集成运营流程团队进行，企业集成供应链或者服务链价值链管理流程团队类、辅助价值链管理流程团队类、支撑价值链管理流程团队类、核心运作价值链管理流程团队类、企业集成信息平台团队类在这一基础上进行运作。需要企业集成运营管理流程团队内在运作以企业集成运营流程咬合为基础展开，形成价值流的咬合运作，从整体和局部实现价值流运作，同时作为进行价值流运作的企业集成运营管理流程团队也能按照这一咬合机制进行咬合运作。经济咬合性是团队和员工进行企业集成运营管理流程延迟化策略和强化延迟策略运作的重要特性。

3. 独立性

每一个企业集成运营管理流程团队都是独立的主体，都有基本运营管理价值链流程、辅助价值链管理流程、支撑价值链管理流程、核心运作价值链管理流程、信息平台价值链流程的运作特有目标和任务，这些目标和任务体现不同团队在企业集成运营管理流程运作中承担的不同作业，需要按照团队自身的运作特性，独立进行运作和完成目标。独立性是团队和员工进行企业集成运营管理流程延迟化策略和强化延迟策略运作的基本特性。

4. 网络互联性

企业集成运营管理流程是在内外各种因素作用下进行运作，内部因素和外部因素形成互联，内部因素之间形成互联，这些互联不是并行运作而是交叉运作，使承担这种运作的团队成为互联的节点，每一个节点都有各种互联作业的运作，充分体现知识这一互联的联系纽带，将这些互联节点的作业综合起来，运用知识的互联作用，进行各种互联运作。网络互联性是团队和员工进行企业集成运营管理流程延迟化策略和强化延迟策略运作的前沿特性。

5. 合一性

企业集成运营管理流程运作是开放的运作，将顾客需求直接融入流程之中，使团队直接与顾客需求相联系，成员直接与顾客需求相联系，按照顾客需求进行运作，成员反映和创造顾客需求，又按照顾客的需求进行运作，使顾客需求与员工运作直接融合起来，具有合一性。合一性是团队和员工进行企业集成运营管理流程延迟化策略和强化延迟策略运作与顾客需求融合的特性。通过创造顾客价值，员工进而可以实现自身价值（张令隆，2018）。

6. 逆向单一性

企业集成运营管理流程运作中，模块单元运作按照后拉动的单一流进行，直接将顾客的需求体现在模块单元运作中，通过顾客的需求拉动模块单元运作，通过模块单元的单一流运作满足各种需求在流程中的具体运作，使承担这一运作的团队和成员能够始终按照逆向单一流运作特性将顾客需求融入团队和成员的运作中。逆向单一性是团队和员工进行企业集成运营管理流程延迟化策略和强化延迟策略运作的精益特性。

7. 创客性

企业集成运营管理流程具有与顾客需求交互的开放性，使承接开放性运作的团队和成员能跨越一般团队运作的界限，直接反映和创造出顾客需求，将顾客需求按照跨界的团队和成员运作满足，使团队和成员直接反映和创造顾客需求的本能，这种本能形成内在创造顾客需求的动力，使顾客需求的创造在跨越团队界限的更为广阔的范围内进行运作，成为创造顾客需求的源泉，使团队和员工最大限度地发挥能动作用，成为企业集成运营管理流程价值创造的能动力量。创客性是团队和员工进行企业集成运营管理流程延迟化策略和强化延迟策略运作的顾客需求创造特性。如果是出产品的，就会被自己束缚，但如果是出创客的，就会有很多新的产品、新的创意（张瑞敏，2017）。

8. 多能协作性

企业集成运营管理流程运作中，每一类团队的运作都存在大量的跨界运作作业，这些作业需要很重要的连接性运作作业来完成，团队中的成员的多能运作成为连接运作的主体，需要团队成员能具有多种技能，打下连接作业的基础。连接性的作业体现协作特性，需要具有多项技能的员工按照协作的要求来完成企业集成运营管理流程的运作。多能协作性是团队和员工进行企业集成运营管理流程延迟化策略和强化延迟策略运作的能力特性。员工能进行各种作业轮换，每一种作业操作自如（门田安弘，2012）。

制造类企业、服务类企业、纯服务企业可以根据需要进行企业集成基本运营流程过程性团队、企业集成基本运营流程水平团队、企业集成基本运营流程知识团队基础建设，逐步由企业集成基本运营流程过程性团队、企业集成基本运营流程水平团队的运用创造条件，进行企业集成基本运营流程知识团队构建，进行企业集成运营流程运作。

三、MES 企业集成基本运营流程组织与控制流程

（一）MES 集成模块单元运营作业计划的集成运营管理

企业集成 MES 从集成运营作业计划运作开始，企业集成运营作业计划通过 MES 模块单元集成运营管理进行运作。MES 模块单元的集成运营管理包括运营管理的集成创新、集成领导、集成反馈与调整、集成效果评价、集成跟踪、集成执行、集成调度这些集成运营管理作业环节。MES 模块单元集成运营管理的集成创新功能需要针对有形产品、无形产品的创新、弹性、继承性、质量、按期交货、价值体现的顾客需求，进行集成运营管理的集成创新体现，使集成运营管理能够创新性地体现顾客需求。模块单元的集成领导需要从企业运作宗旨、愿景、价值观出发，进行集成运营管理运作，使集成运营管理体现企业运作宗旨、愿景、价值观。模块单元的集成反馈与调整需要从集成运营管理的集成反馈与调整，进行集成反馈与调整的分析，明确集成反馈与调整的关键环节，使集成运营管理体现集成反馈与调整。模块单元的集成效果评价需要从集成效果评价的结果和过程出发，明确达成企业集成战略的结果和过程路径，使集成运营管理体现集成效果评价。模块单元的集成跟踪需要从企业集成运营管理流程的集成跟踪出发，进行企业集成运营管理流程的跟踪，使集成运营管理体现集成跟踪。模块单元的集成执行需要从企业集成运营管理流程的企业集成运营作业计划执行出发，明确企业集成作业计划执行框架，使集成运营管理体现集成执行。模块单元的集成调度需要从企业集成运营管理流程的各个方面进行集成调度出发，保证企业集成运营作

业计划执行，使集成运营管理体现集成调度。

　　MES企业集成模块单元集成运营管理包括众多的集成运营管理作业环节，每一个环节有不同的内容和重点，随着不同的企业集成运营作业计划的内容和重点的调整，需要按照企业集成战略的延迟策略的要求，明确 MES 模块单元集成运营管理整体和集成创新、集成领导、集成反馈与调整、集成效果评价、集成跟踪、集成执行、集成调度、集成运营作业计划的每一个环节的运营管理模块单元层次和模块单元类型，确定模块单元的层次为具体模块单元、联合模块单元，确定同层次的模块单元为通用模块单元、专用模块单元，具体模块单元、联合模块单元反映集成运营管理整体、局部环节，通用模块单元、专用模块单元反映集成运营管理整体、局部环节运作内容。需要确定集成运营管理整体、局部环节的延迟策略运作和强化延迟策略内容，明确运营管理整体、局部环节具体模块单元、联合模块单元和通用模块单元、专用模块单元延迟策略运作。

　　MES模块单元集成运营管理的企业集成运营作业计划运作从集成创新进行拉动，将体现集成创新的企业集成运营管理拉动集成领导，形成集成创新拉动集成领导的企业集成运营管理。从模块单元的集成领导进行拉动，将体现集成领导的企业集成运营管理拉动集成反馈与调整，形成集成领导拉动集成反馈与调整的企业集成运营管理。从模块单元的集成反馈与调整进行拉动，将体现集成反馈与调整的企业集成运营管理拉动集成效果评价，形成集成反馈与调整拉动集成效果评价的企业集成运营管理。从模块单元的集成效果评价进行拉动，将体现集成效果评价的企业集成运营管理拉动集成跟踪，形成集成效果评价拉动集成跟踪的企业集成运营管理。从模块单元的集成跟踪进行拉动，将体现集成跟踪的企业集成运营管理拉动集成执行，形成集成跟踪拉动集成执行的企业集成运营管理。从模块单元的集成执行进行拉动，将体现集成执行的企业集成运营管理拉动集成调度，形成集成执行拉动集成调度的企业集成运营管理。从模块单元的集成调度进行拉动，将体现集成调度的企业集成运营管理拉动集成运营作业计划，形成集成调度拉动集成运营作业计划的企业集成运营管理。MES 模块单元集成运营管理拉动包括企业集成运营管理流程后拉动、企业集成运营管理价值后拉动，按照模块单元的企业集成运营管理单一流程进行运作，形成模块单元的集成运营管理流程后拉动、集成运营管理价值后拉动的企业集成运营管理，使精益成为企业集成运营管理模块单元延迟策略运作的延伸。

　　在进行企业集成运营作业的延迟策略和强化延迟策略运作、管理后拉动和管理价值后拉动的基础上，进行企业集成管理模块单元 CPS 链接管理流程、CPS 分析管理流程、CPS 网络管理流程、CPS 认知管理流程、CPS 配置与执行管理流程的运作，建立集成管理的数据库、数据环网、自意识传感、数据传输、信息编码技术、自记忆与自适应优先级排序、智能动态链接索引技术、管理专家知识信息处理、聚类分析、关联分析技术、数据压缩、智能数据重构技术、关联性算法工具、信息融合、机器学习技术、模式识别、状态评估技术、空间建模、模型分析、数据挖掘、决策关联分析技术、信息可视化技术、多元化数据动态关联、评估和预测、自免疫与自重构的信息平台技术、自配置和自执行技术，进行集成管理时间维度、状态维度、集群维度多个维度的比较，对管理信息进行管理和启发式联想，得出集成管理规律，提高集成管理和调用信息效率，有效进行集成管理运作，形成智能企业集成运营管理运作。企业集成管理模块单元 CPS 管理流程运作能够更有效促进延迟策略运作和强化延迟策略运作、管理后拉动和管理价值后拉动运作，使智能成为企业集成运营管理模块单元延迟策略运作的延伸。

MES 企业集成模块单元集成运营管理运作对企业集成运营作业计划进行集成创新、集成领导、集成反馈与调整、集成效果评价、集成跟踪、集成执行、集成调度的企业集成运营管理流程后拉动、企业集成运营管理价值后拉动调整，进行企业集成运营作业计划环节的集成运营管理整体、局部环节的延迟策略运作和强化延迟策略运作。对集成调度进行集成创新、集成领导、集成反馈与调整、集成效果评价、集成跟踪、集成执行的企业集成运营管理流程后拉动、企业集成运营管理价值后拉动调整，进行企业集成调度环节的集成运营管理局部环节的延迟策略运作和强化延迟策略运作；对企业集成执行进行集成创新、集成领导、集成反馈与调整、集成效果评价、集成跟踪的企业集成运营管理流程后拉动、企业集成运营管理价值后拉动调整，进行企业集成执行环节的集成运营管理局部环节的延迟策略运作和强化延迟策略运作。对企业集成跟踪进行集成创新、集成领导、集成反馈与调整、集成效果评价的企业集成运营管理流程后拉动、企业集成运营管理价值后拉动调整，进行企业集成跟踪环节的集成运营管理局部环节的延迟策略运作和强化延迟策略运作。对企业集成效果评价进行集成创新、集成领导、集成反馈与调整的企业集成运营管理流程后拉动、企业集成运营管理价值后拉动调整，进行企业集成效果评价环节的集成运营管理局部环节的延迟策略运作和强化延迟策略运作。对企业集成反馈与调整进行集成创新、集成领导的企业集成运营管理流程后拉动、企业集成运营管理价值后拉动调整，进行企业集成反馈与调整环节的集成运营管理局部环节的延迟策略运作和强化延迟策略运作。对企业集成领导进行运营管理的集成创新的企业集成运营管理流程后拉动、企业集成运营管理价值后拉动调整，进行企业集成领导环节的集成运营管理局部环节的延迟策略运作和强化延迟策略运作。在企业集成运营管理整体、局部环节的延迟策略运作和强化延迟策略运作中，企业集成管理模块单元 CPS 链接管理流程促进延迟策略运作和强化延迟策略运作。

企业集成运营作业计划环节需要明确模块单元流水线的运营目标、价值目标、质量目标，围绕这些目标进行企业集成运营管理延迟策略运作。企业集成运营作业计划环节模块单元流水线的运营目标、价值目标、质量目标体现为整体模块单元混合流水线的模块品目或者模块单元额度运营目标和延伸附加运营目标、延伸潜在运营目标、价值目标、质量目标；体现为具体模块单元的通用模块单元相似流水线、具体模块单元链接模块单元相似流水线、具体模块单元专用模块单元隐形流水线、具体模块单元专用模块单元可变流水线、具体模块单元可变流水线、具体模块单元混合流水线的模块品目或者模块单元额度运营目标和延伸附加运营目标、延伸潜在运营目标、价值目标、质量目标；体现为联合模块单元的通用模块单元相似流水线、联合模块单元的通用模块单元单一流水线、联合模块单元链接模块单元相似流水线、联合模块单元专用模块单元可变流水线、联合模块单元专用模块单元混合流水线、联合模块单元混合流水线的模块品目或者模块单元额度运营目标和延伸附加运营目标、延伸潜在运营目标、价值目标、质量目标；体现为模块组模块单元的通用模块单元单一流水线、模块组模块单元链接模块单元单一流水线、模块组模块单元专用模块单元混合流水线、模块组模块单元混合流水线的模块品目或者模块单元额度运营目标和延伸附加运营目标、延伸潜在运营目标、价值目标、质量目标；体现为总作业模块单元的通用模块单元单一流水线、总作业链接模块单元单一流水线、总作业专用模块单元相似流水线、总作业模块单元相似流水线的模块品目或者模块单元额度运营目标和延伸附加运营目标、延伸潜在运营目标、价值目标、质量目标。

　　企业模块单元流水线的运营目标、价值目标、质量目标通过各类模块单元流水线来实现，从而体现企业集成战略。采用集成模块单元运作、组织纵向知识支撑、团队、信息框架、精益与智能融合、集成运营流程文化、价值链流程的企业集成运营流程再造方式进行企业运营流程再造，采用5W1H、ECRS、作业分析、价值分析的企业集成运营流程改进方法进行企业运营流程改进，将那些不创造价值又不是必需的流水线进行剔除，将能够创造价值的流水线按照紧致联系要求，建立连续的流水线，使企业具备模块单元流水线构建的条件。需要通过模块单元构建的工程技术、模块单元中的通用模块单元重用工程技术、模块单元中的专用模块单元工程技术建立模块单元和通用、专用模块单元；运用模块单元不同层次和同层次类型的分析方法、模块单元中的通用模块单元重用分析方法、模块单元相似分析方法、不同层次和同一层次模块单元融合分析方法，建立不同层次的具体模块单元、联合模块单元、模块组模块单元、总作业模块单元和通用模块单元、链接模块单元、专用模块单元相互融合的模块单元。根据不同模块单元的运作特性，采用隐形流水线、可变流水线、混合流水线、相似流水线、单一流水线，构建不同模块单元的流水线。单一流水线是在一个计划期只进行单一模块品目或者单一模块单元作业的流水线。相似流水线是在一个计划期进行相似模块品目或者模块单元作业的流水线。混合流水线是在一个计划期混合进行不同模块品目或者模块单元作业的流水线。可变流水线是在一个计划期内按一定的重复期成批轮番运营，但在计划期任一时间上流水线只运营单一模块品目或者单一模块单元作业的流水线。模块单元流水线专业程度高，采用专用设备，每个工作地完成一道或特定的几道工序；工序过程具有封闭性；工作地呈链式排列——按先后次序只作单向运动；具有明显的节奏性。单一流水线完全具有流水线特点，相似流水线具有类似的流水线特点，混合流水线具有弱于相似流水线特点，可变流水线具有弱于混合流水线的特点。采用模块单元运营作业技术，使模块单元流水线运营作业具有新的适合的作业技术；采用模块单元流水线运营要素新技术，使模块单元流水线运营对象具有新的技术融入；采用适合的模块单元流水线的操作方式，使模块单元流水线运作顺畅；采用模块单元流水线的商流、物流运作方式，使商流、物流促进模块单元流水线的运作；采用价值链流程，使模块单元流水线运作满足模块单元运作的要求。通过模块单元流水线各方面运作的构建，真正将企业延迟策略落到实处，取得符合集成创新、集成领导、集成反馈与调整、集成效果评价、集成跟踪、集成执行、集成调度对企业集成运营作业计划环节的集成运营管理整体、局部环节的延迟策略运作和强化延迟策略运作调整的模块单元流水线。由此构建的模块单元流水线包括具体模块单元的通用模块单元相似流水线、具体模块单元链接模块单元相似流水线、具体模块单元专用模块单元隐形流水线、具体模块单元专用模块单元可变流水线、具体模块单元可变流水线、具体模块单元混合流水线、联合模块单元的通用模块单元相似流水线、联合模块单元的通用模块单元单一流水线、联合模块单元链接模块单元相似流水线、联合模块单元专用模块单元可变流水线、联合模块单元专用模块单元混合流水线、联合模块单元混合流水线、模块组模块单元的通用模块单元单一流水线、模块组模块单元链接模块单元单一流水线、模块组模块单元专用模块单元混合流水线、模块组模块单元混合流水线、总作业模块单元的通用模块单元单一流水线、总作业链接模块单元单一流水线、总作业专用模块单元相似流水线、总作业模块单元相似流水线。

　　企业集成运营流程进行延迟策略运作，先由总作业模块单元的专用模块单元流水线进行延迟驱动，经过总作业模块单元的链接模块单元、通用模块单元、模块组模块单元流水线的流程，经过模块组模块单元的专用模块单元流水线延迟流程和链接模块单元、通用模块单元的流水线流程，经过联合模块单元的专用模块单元流水线延迟流程和链接模块单元、通用模块单元流水线流程，经过具体模块单元的专用模块单元流水线延迟流程和链接模块单元流水线流程，直到具体模块单元的通用模块单元流水线流程。顾客驱动的作业时间的延迟策略运作对总作业模块单元、模块组模块单元、联合模块单元、具体模块单元中的通用模块单元流水线流程提前运作，体现专用模块单元的流水线流程延迟策略运作。

　　将精益融入模块单元流水线，成为后作业拉动的适时模块单元流水线。精益运作融入模块单元流水线需要将顾客需求信息从不同层次模块单元的总作业模块单元流水线的最后作业向前模块组模块单元流水线、联合模块单元流水线逐一拉动，最后拉动到具体模块单元流水线，从同一层次模块单元的专用模块单元流水线的最后作业向前链接模块单元流水线逐一拉动，最后拉动到通用模块单元流水线。适时模块单元流水线将顾客需求信息及时反映到模块单元流水线之中，形成具体模块单元流水线、联合模块单元流水线、模块组模块单元流水线、总作业模块单元流水线作业顺序运作和信息反向拉动流水线，形成通用、链接、专用模块单元流水线作业顺序运作和信息反向拉动流水线。由此产生 MES 的具体、联合、模块组、总作业模块单元和通用、链接、专用模块单元的适时隐形流水线、适时可变流水线、适时混合流水线、适时相似流水线、适时单一流水线。将精益融入模块单元流水线，成为单一流模块单元流水线。精益运作融入模块单元流水线需要从模块单元流水线整体来布局，进行流水线的单一流构建，需要建立具体、联合、模块组、总作业模块单元流水线整体的不同模块单元层次单一流流水线，需要建立通用、链接、专用模块单元流水线的同一模块单元层次单一流流水线，需要建立通用、链接、专用模块单元流水线各部分的单一流流水线。由此确立 MES 的具体、联合、模块组、总作业模块单元和通用、链接、专用模块单元的单一流隐形流水线、单一流可变流水线、单一流混合流水线、单一流相似流水线、单一流单一流水线。将精益融入模块单元流水线，成为均衡模块单元流水线。精益运作融入模块单元流水线需要将具体、联合、模块组、总作业模块单元流水线和通用、链接、专用模块单元流水线进行均衡运作，使模块单元流水线能够稳定地进行运作。精益运营系统不可能复制，可以提供帮助减少返工和成本，从而增加客户满意度（Dombrowski，2018）。由此确定 MES 的具体、联合、模块组、总作业模块单元和通用、链接、专用模块单元的均衡隐形流水线、均衡可变流水线、均衡混合流水线、均衡相似流水线、均衡单一流水线。通过后拉动流程的各种流水线，实现延迟策略和强化延迟策略的后拉动流程延伸。

企业集成运营流程进行后拉动流程运作，先由顾客需求的模块品目和模块单元额度拉动总作业模块单元的专用模块单元、链接模块单元、通用模块单元流水线模块品目和模块单元额度，由总作业模块单元流水线的模块品目和模块单元额度拉动模块组模块单元的专用模块单元、链接模块单元、通用模块单元模块品目和模块单元额度，由模块组模块单元流水线的模块品目和模块单元额度拉动联合模块单元的专用模块单元、链接模块单元、通用模块单元模块品目和模块单元额度，由联合模块单元流水线的模块品目和模块单元额度拉动具体模块单元的专用模块单元、链接模块单元，直到通用模块单元的模块品目和模块单元额度。企业集成运营流程进行后拉动价值运作，先由顾客需求的现金流入与现金流出确定价值中的损失拉动总作业模块单元的专用模块单元、链接模块单元、通用模块单元流水线流程的现金流入与现金流出的价值，由总作业模块单元流水线流程的现金流入与现金流出价值中的损失拉动模块组模块单元的专用模块单元、链接模块单元、通用模块单元价值流水线流程现金流入与现金流出的价值，由模块组模块单元流水线流程的现金流入与现金流出价值中的损失拉动联合模块单元的专用模块单元延迟、链接模块单元、通用模块单元流水线流程的现金流入与现金流出的价值，由联合模块单元流水线流程的现金流入与现金流出价值中的损失拉动具体模块单元的专用模块单元延迟、链接模块单元、通用模块单元流水线流程的现金流入与现金流出的价值，构成企业集成运营流程进行后拉动价值运作。通过后作业拉动的各种流水线，实现延迟策略和强化延迟策略的后价值拉动延伸。通过企业集成运营管理流程后拉动、企业集成运营管理价值后拉动调整，使企业集成运营作业计划环节的集成运营管理整体、局部环节的精益运作能够有效延伸延迟策略运作和强化延迟策略运作。

经过延迟策略运作和强化延迟策略、后拉动流程和后拉动价值的企业具体模块单元、联合模块单元、模块组模块单元、总作业模块单元和通用模块单元、链接模块单元、专用模块单元的各类流水线融入 CPS 链接运营流程、CPS 分析运营流程、CPS 网络运营流程、CPS 认知运营流程、CPS 配置与执行运营流程，构建模块单元流水线的智能运作。模块单元流水线通过传感器、控制器将设备联系起来，进行设备与设备的智能运作，将设备的运作与信息系统连接起来，进行设备的模块单元的各类流水线的智能运作。智能运作的模块单元的各类流水线具有自省性功能、设备 EQ 功能、新知识获取功能、可持续性的提高特性，面对企业集成模块单元的不可见的问题，提前进行调整，通过大规模的竞争环境的学习，使模块单元的各类流水线协同运作，建立比较性学习、竞争性学习、逻辑学习机制，不断更新知识，通过各种自身能力的提高，不断面对挑战，不断增强能力，不断解决问题，不断取得效益。智能运作的模块单元的各类流水线促进延迟策略和强化延迟策略运作。通过企业集成运营管理流程后拉动、企业集成运营管理价值后拉动调整，使企业集成运营作业计划环节的集成运营管理整体、局部环节的智能运作能够有效延伸延迟策略运作和强化延迟策略运作。

企业模块单元各类流水线的运作是延迟策略和强化延迟策略、后拉动流程、后拉动价值、CPS 智能运作的融合的综合体现，进行着模块单元各类流水线内、后拉动流程和后拉动价值内、CPS 运营流程内的融合。通过企业集成运营管理流程后拉动、企业集成运营管理价值后拉动调整，使企业集成运营作业计划环节的集成运营管理整体、局部环节的延迟策略和强化延迟策略运作、精益运作、智能运作相融合，能有效延伸延迟策略运作和强化延迟策略运作。

企业集成运营作业计划确定通用、链接、专用模块单元流程中延迟策略的模块品目数量、模块单元的额度和强化延迟策略的模块品目数量、作业运营计划模块单元的额度。从 ERP 系统中转出企业集成运营作业计划的延迟策略和强化延迟策略的模块品目数量、模块单元的额度，将这一计划输入 MES 中，与精益智能结合，成为 MES 集成适时运营作业计划。模块单元流水线指劳动对象按一定的作业过程、顺序通过各个作业，并按统一的节拍完成作业的一种生产组织形式。模块单元通过运营操作和分类获得新知识，提供模块单元流水线的操作规程（Oyemomi，2016）。模块单元流水线包括隐形流水线、可变流水线、混合流水线、相似流水线、单一流水线。

企业模块单元各类流水线延迟策略和强化延迟策略运作中通过一定的集成运营管理作业颗粒度实现。集成运营管理作业颗粒度是指集成运营管理作业功能的多少。集成运营管理作业功能越多颗粒度越多，功能多称为集成运营管理作业粗颗粒度；集成运营管理作业功能越少颗粒度越少，功能少称为集成运营管理作业细颗粒度。集成运营管理作业颗粒度影响企业集成模块单元流水线作业的重用性。重用性是企业集成模块单元流水线作业的重要特性，颗粒度越粗，作业的重用性越差；颗粒度越细，作业的重用性越好。但作业颗粒度过细，会影响到集成运营管理作业整体性运作。适合的集成运营管理作业颗粒度既能保证作业的重用性，也能保证集成运营管理作业整体运作。集成运营管理作业颗粒度影响企业集成模块单元流水线作业的灵活性。颗粒度越粗，作业的灵活性越差；颗粒度越细，作业的灵活性越好。但作业颗粒度过细，会带来过大的成本和维护的困难。适合的集成运营管理作业颗粒度既能保证作业的灵活性，也能进行合理的成本开支和正常的维护。集成运营管理作业颗粒度影响企业集成模块单元流水线作业的调用次数。颗粒度越粗，作业的调用次数会越少，响应慢；颗粒度越细，作业的调用次数会越多，响应快。需要具有适当的颗粒度，这样能够保证响应速度，还能够减少调用次数。针对集成运营管理作业颗粒度特性，确定团队和员工的集成运营管理作业的颗粒度时，通过内部的作业单的方式进行团队和员工作业的确定，使作业单具有明晰的前提，改进重用性、灵活性、调用次数不足的同时提高作业的颗粒细度。采用每个人、每一天、每一个作业单的任务安排，就能够将集成运营管理作业颗粒度细致运作，保证团队和员工作业深入程度。

　　为满足顾客服务需求的顾客接触企业集成服务流程有效进行运作，需要能够延伸和强化顾客服务接触服务流程的延迟策略和强化延迟策略、后拉动流程、后拉动价值、智能的特性运作的企业集成顾客接触服务作业服务计划。MES 中按照场内和场外，依据技术接触点、物理实体接触点、人际接触点、隐形接触点的特性和实际得出企业集成顾客接触服务作业服务计划，计划包括场内员工服务的员工服务样式、员工服务质量、员工服务数量、员工服务瞬时时间、员工服务顾客感知满足度、员工服务价值和场内员工服务环境、服务氛围顾客感知满足度。确定场内设备服务的设备服务样式、设备服务质量、设备服务数量、设备服务瞬时时间、设备服务顾客感知满足度、设备服务价值和场内设备服务环境、服务氛围顾客感知满足度。确定场外设备服务的设备服务样式、设备服务质量、设备服务数量、设备服务瞬时时间、设备服务顾客感知满足度、设备服务价值和场外服务环境顾客感知满足度。确定场外电子服务的电子服务样式、电子服务质量、电子服务数量、电子服务瞬时时间、电子服务顾客感知满足度、电子服务价值和场外服务环境的顾客感知满足度。企业集成顾客接触服务作业服务关键时刻计划包括服务起始关键时刻的顾客与服务环境初始接触关键时刻、顾客与服务氛围初始接触关键时刻、员工与顾客初始接触关键时刻、设备与顾客初始接触关键时刻、电子设备与顾客初始接触关键时刻和服务运作关键时刻的是否接受服务关键时刻、服务价值判断关键时刻、服务反馈关键时刻、是否再次接受服务关键时刻、服务问题关键时刻。

　　企业模块单元各类流水线延迟策略和强化延迟策略运作通过团队和员工来进行，团队和员工从顾客需求出发，与顾客需求互动，形成顾客需求与团队和员工企业集成运营管理流程作业的合一。需要确定企业集成基本运营价值链管理流程团队类、供应链或者服务链价值链管理流程团队类、辅助价值链管理流程团队类、支撑价值链管理流程团队类、核心运作价值链管理流程团队类、信息平台团队类中的每一位成员的一天内的每一个作业任务，每一位成员都知道自己的任务究竟是什么，每一个作业都有明确的可以度量的目标，都有衡量的标准，都有完成作业的地点，都有完成作业的责任员工，都有完成作业明确的进度，都有完成作业的方法，都有需要完成任务的数量，都有完成任务的价值，都需要进行安全的作业，持之以恒地进行满足顾客需求的各种艰苦和细致的作业，形成员工的详细的作业计划，使有顾客需求确定的企业集成运营管理流程的所有的作业都有员工干，且这一计划属于受控状态、需要审核，做企业需要的计划。这样的计划能够创造顾客需求，具有挑战性，能充分体现顾客需求，实现不断增长的团队和团队成员的价值。

制造类企业形成确立 MES 的具体、联合、模块组、总作业模块单元和通用、链接、专用模块单元的 CPS 连续、适时、单一流、均衡的隐形流水线、可变流水线、混合流水线、相似流水线、单一流水线，进行延迟策略、后拉动流程、后拉动价值、后拉动管理运作，明确管理颗粒度。制造性服务企业确立 MES 的具体、联合、模块组模块单元和通用、链接、专用模块单元的 CPS 连续、适时、单一流、均衡隐形流水线、可变流水线、混合流水线、相似流水线、单一流水线，进行延迟策略、后拉动流程、后拉动价值、后拉动管理运作，明确管理颗粒度。一般服务企业、纯服务类企业确立 MES 的具体、联合模块单元和通用、专用模块单元的 CPS 连续、适时、单一流、均衡隐形流水线、可变流水线、混合流水线、相似流水线、单一流水线，进行延迟策略、后拉动流程、后拉动价值、后拉动管理运作，明确管理颗粒度。一般纯服务企业还需要确立 MES 中员工、设备、电子设备与顾客互动、细致服务和顾客服务体验。

（二）MES 集成模块单元适时运营调度

MES 集成模块单元适时运营调度需要确定 MBE 中基于 MBD 的运营具体、联合、模块组、总作业模块单元的通用、链接、专用模块单元流程中的延迟策略和强化延迟策略的模块品目数量、作业运营计划模块单元的额度是否适合 MES 的具体模块单元、联合模块单元、模块组模块单元、总作业模块单元和通用模块单元、链接模块单元、专用模块单元的 CPS 连续、适时、单一流、均衡隐形流水线、可变流水线、混合流水线、相似流水线单一流水线的运作，需要展开 MES 集成适时运营调度。MES 集成适时运营调度需要通过集成创新、集成领导、集成反馈与调整、集成效果评价、集成跟踪、集成执行的企业集成运营管理流程后拉动、企业集成运营管理价值后拉动的调整，进行企业集成调度环节的集成运营管理局部环节的延迟策略运作和强化延迟策略运作。

进行独立模块单元各种流水线的延迟策略和强化延迟策略、后拉动流程、后拉动价值、智能的运营活动融合。采用重用原理确定具体模块单元的通用模块单元相似流水线、具体模块单元链接模块单元相似流水线、联合模块单元的通用模块单元单一流水线、联合模块单元的通用模块单元相似流水线、联合模块单元链接模块单元相似流水线、模块组模块单元的通用模块单元单一流水线、模块组模块单元链接模块单元单一流水线、总作业模块单元的通用模块单元单一流水线、总作业链接模块单元单一流水线的作业和作业顺序，进行通用和链接模块单元流水线中作业之间融合，按照重用的通用和链接模块单元作业顺序融合延迟策略和强化延迟策略运营活动；确定通用和链接模块单元流水线单一流，按照单一流作业融合延迟策略和强化延迟策略运营活动；确定通用和链接模块单元流水线后拉动流程、后拉动价值，按照单一流延迟策略和强化延迟策略作业进行后拉动流程、后拉动价值融合。确定通用和链接模块单元流水线智能运作，按照单一流延迟策略和强化延迟策略、后拉动流程、后拉动价值作业融合智能运作，形成通用和链接模块单元单一流延迟策略和强化延迟策略、后拉动流程、后拉动价值、智能作业。采用相似原理确定具体模块单元专用模块单元隐形流水线、具体模块单元专用模块单元可变流水线、联合模块单元专用模块单元可变流水线、联合模块单元专用模块单元混合流水线、模块组模块单元专用模块单元混合流水线、总作业专用模块单元相似流水线的作业和作业顺序，进行专用模块单元流水线中作业之间融合，按照相似的专用模块单元作业顺序融合延迟策略和强化延迟策略运营活动；确定专用模块单元流水线单一流，按照单一流作业融合延迟策略和强化延迟策略运营活动；确定专用模块单元流水线后拉动流程、后拉动价值，按照单一流延迟策略和强化延迟策略作业进行后拉动流程、后拉动价值融合；确定专用模块单元流水线智能运作，按照单一流延迟策略和强化延迟策略、后拉动流程、后拉动价值作业融合智能运作，形成专用模块单元单一流延迟策略和强化延迟策略、后拉动流程、后拉动价值智能作业。

　　进行联系模块单元各种流水线的延迟策略和强化延迟策略、后拉动流程、后拉动价值、智能的运营活动融合。进行具体模块单元混合流水线的通用、链接、专用部分和之间衔接，进行具体模块单元可变流水线通用、链接、专用部分和之间衔接，进行联合模块单元混合流水线通用、链接、专用部分和之间衔接，进行模块组模块单元混合流水线通用、链接、专用部分和之间衔接，进行总作业模块单元相似流水线通用、链接、专用部分和之间衔接，确定模块单元流水线通用、链接、专用部分的作业，明确模块单元流水线通用、链接、专用部分和之间的衔接作业，确定模块单元流水线作业顺序和衔接作业环节，进行模块单元流水线作业顺序和衔接作业环节融合延迟策略与强化延迟策略运营活动；确定模块单元流水线作业顺序和衔接作业环节单一流，按照单一流作业融合延迟策略和强化延迟策略运营活动；确定模块单元流水线作业顺序和衔接作业环节后拉动流程、后拉动价值，按照单一流延迟策略和强化延迟策略作业进行后拉动流程、后拉动价值融合。确定模块单元流水线作业顺序和衔接作业环节智能运作，按照单一流延迟策略和强化延迟策略、后拉动流程、后拉动价值作业融合智能运作，形成模块单元流水线作业顺序和衔接作业环节单一流延迟策略和强化延迟策略、后拉动流程、后拉动价值智能作业。进行整体和局部模块单元混合流水线通用、链接、专用部分和之间衔接，确定整体和局部模块单元混合流水线通用、链接、专用部分的作业，明确整体和局部模块单元混合流水线通用、链接、专用部分之间的衔接作业，确定整体和局部模块单元混合流水线作业顺序和衔接作业环节，进行整体和局部模块单元混合流水线作业顺序和衔接作业环节融合延迟策略与强化延迟策略运营活动。确定整体和局部模块单元混合流水线作业顺序与衔接作业环节单一流，按照单一流作业融合延迟策略和强化延迟策略运营活动。确定整体和局部模块单元混合流水线作业顺序与衔接作业环节后拉动流程、后拉动价值，按照单一流延迟策略和强化延迟策略作业进行后拉动流程、后拉动价值组织。确定整体和局部模块单元混合流水线作业顺序与衔接作业环节智能运作，按照单一流延迟策略和强化延迟策略、后拉动流程、后拉动价值作业融合智能运作，形成整体和局部模块单元混合流水线作业顺序与衔接作业环节单一流延迟策略和强化延迟策略、后拉动流程、后拉动价值智能作业。

MES 集成适时运营调度体现为标准作业，成为模块单元标准作业流水线。标准作业适合操作，能提高企业集成基本运营流程运作效率，模块单元流水线需要采用标准作业。通用、链接模块单元流水线可以完全采用标准作业，专用模块单元流水线可采用类标准作业。将 CPS 和精益融入其中，由此确立 MES 的具体、联合、模块组、总作业模块单元的通用模块单元、链接模块单元的 CPS 连续、适时、单一流、均衡隐形标准作业流水线，CPS 连续、适时、单一流、均衡可变标准作业流水线、混合标准作业流水线、相似标准作业流水线、单一标准作业流水线。确立专用模块单元 MES 的具体、联合、模块组、总作业模块单元的专用模块单元的 CPS 连续、适时、单一流、均衡隐形类标准作业流水线、可变类标准作业流水线、混合类标准作业流水线、相似类标准作业流水线、单一类标准作业流水线。MES 集成适时运营调度体现为标准作业为延迟策略和强化延迟策略的运作提供了基础规范。

模块单元流水线在一定约束情况下进行运作。以色列物理学家高德拉特创建约束理论，就模块单元流水线而言，约束理论认为约束因素存在于模块单元流水线运作中，这些约束因素限制模块单元流水线目标实现。模块单元流水线约束处理需要识别模块单元流水线运作约束，进行约束因素排序；确定如何最大限度地利用约束的方法，挖掘约束未被充分利用的潜能，使模块单元流水线系统尽可能高效运行；调动模块单元流水线每一个部分支持约束处理；如果约束未被处理，打破约束，获得更多的资源能力来解除约束；约束循环，进一步进行约束因素寻找与处理。模块单元流水线面对的约束主要体现在模块单元流水线瓶颈资源的利用率不是由模块单元流水线自身来决定，而是取决于模块单元流水线系统的瓶颈；模块单元流水线资源的满负荷状态并不意味着有效产出最大；模块单元流水线瓶颈损失相当于模块单元流水线整体损失；模块单元流水线非瓶颈资源利用率的提高，可能会造成系统物流的不均衡或库存的增加，不能提高模块单元流水线整体效率；模块单元流水线系统的产出和库存是由瓶颈资源决定的。由此需要模块单元流水线面对约束，针对模块单元的瓶颈环节，运用模块单元流水线延迟策略和强化延迟策略，将顾客差异需求融入效率化运作方式中，具备解决瓶颈环节问题的根本基础；采用后拉动流程、单一流流程明确瓶颈环节问题路径，使延迟策略和强化延迟策略延伸；CPS 智能流程在总技术上促进瓶颈环节问题解决，进一步增强了延迟策略和强化延迟策略运作。

进行模块单元流水线约束问题解决时，从集成创新的源头进行，可采用 TRIZ 的理论进行解决。TRIZ 的理论由模块单元流水线技术之间的矛盾展开，技术之间问题主要通过模块单元流水线矛盾体现，需要将模块单元流水线运用 39 个通用技术参数的矛盾矩阵来体现技术之间的矛盾。阿奇舒勒矛盾矩阵和美国矛盾矩阵中的矛盾通过 40 条发明原理解决。物理矛盾解决的核心是实现矛盾双方的分离，分离通过分离原理体现。分离原理包括空间分离原理、时间分离原理、条件分离原理、整体与部分分离原理。

阿奇舒勒针对物—场存在的矛盾，采用 76 个标准解进行解答。通过五级不同层次的改进进行改变。TRIZ 方法可以拓展为验证纠正永久性行为的新方法。TRIZ 提供非常强大的工具，用于在通用级别上开发流程改进选项而无须具体关于应该改进的过程的技术知识。TRIZ 拓展研究中，尤其是理想最终结果的概念，以及进化规律构成一个概念这个框架可以有效地帮助以系统的方式确定改进方案。通过约束的解决，使模块单元流水线瓶颈运作顺畅，有效促进延迟策略运作和强化延迟策略运作。

　　MES 集成适时运营调度体现为瓶颈运作顺畅作业，成为模块单元瓶颈运作顺畅流水线。企业集成基本运营流程运作一定需要考虑瓶颈作业，根据瓶颈作业确定模块单元流水线运作，使模块单元流水线运作具有可行性。将 CPS 和精益融入其中，由此确立 MES 的具体模块单元、联合模块单元、模块组模块单元、总作业模块单元的通用模块单元、链接模块单元的 CPS 连续、适时、单一流、均衡、瓶颈运作顺畅隐形标准作业流水线、可变标准作业流水线、混合标准作业流水线、相似标准作业流水线、单一标准作业流水线；确立专用模块单元 MES 的具体模块单元、联合模块单元、模块组模块单元、总作业模块单元的专用模块单元的 CPS 连续、适时、单一流、均衡、瓶颈运作隐形类标准作业流水线、可变类标准作业流水线、混合类标准作业流水线、相似类标准作业流水线、单一类标准作业流水线，使延迟策略运作和强化延迟策略运作具有了模块单元流水线运作基础。

　　MES 集成适时运营调度需要明确 MBD 的模块品目结构，使模块单元流水线具有运作对象。模块单元流水线运作对象是有形模块品目和无形额度，有形模块品目是有形产品的体现，无形额度是无形产品的体现。有形模块品目需要确定几何形状的集成模块品目表现模型和化学转化成为集成模块品目表现模型。需要对具体模块单元流水线、联合模块单元流水线、模块组模块单元流水线、总作业模块单元流水线的不同层次模块单元流水线的有形模块品目的几何形状、功能系统、外在、性能系统和容差进行界定，对通用模块单元流水线、链接模块单元流水线、专用模块单元流水线同一层次模块单元流水线的有形模块品目的几何形状、功能系统、外在、性能系统和容差进行界定，确定模块单元流水线有形模块品目 MBD 结构。无形额度需要确定集成无形产品信息原理模型和集成无形产品非信息原理模型。需要对具体模块单元流水线、联合模块单元流水线的不同层次模块单元流水线的信息无形产品功能系统、信息软件模块功能系统、信息软件数据结构功能系统、信息软件接口功能系统、非信息要素功能系统、非信息部分联系功能系统、非信息整体联系功能系统、信息软件功能系统容差、非信息功能系统容差进行界定，对通用模块单元流水线、专用模块单元流水线同一层次模块单元流水线的信息无形产品功能系统、信息软件模块功能系统、信息软件数据结构功能系统、信息软件接口功能系统、非信息要素功能系统、非信息部分联系功能系统、非信息整体联系功能系统、信息软件功能系统容差、非信息功能系统容差进行界定，确定模块单元流水线无形额度 MBD 结构。将 MBD 融于精益与智能模块单元流水线中，使 MES 的具体模块单元、联合模块单元、模块组模块单元、总作业模块单元的通用模块单元、链接模块单元、专用模块单元的 CPS 连续、适时、单一流、均衡、瓶颈运作顺畅的隐形、可变、混合、相似、单一标准作业或者类标准作业流水线具有有形模块品目 MBD 结构和无形额度 MBD 结构，使模块单元流水线延迟策略运作和强化延迟策略运作按照 MBD 要求进行。

　　MES 中企业集成运营流程进行延迟策略和强化延迟策略运作，需要根据企业特性和顾客需求实际进行模块单元的调整。进行模块单元层次的调整，确定顾客需求的总作业模块单元、模块组模块单元、联合模块单元、具体模块单元的层次，使模块单元层次符合顾客需求。进行模块单元类型的调整，确定通用模块单元、链接模块单元、专用模块单元类型，使模块单元类型符合顾客需求。进行模块单元单一流流水线数量调整，使模块单元单一流的数量具有稳定的弹性运作空间，能随时按照顾客需求实现的要求进行一定数量模块单元单一流流水线运作。进行模块单元单一流流水线类型调整，使模块单元单一流的类型符合模块单元流水线特性要求，能随时按照顾客需求实现的要求进行一定类型的模块单元单一流流水线运作。进行不同层次模块单元流水线和同一层次模块单元流水线接口的衔接，使模块单元流水线能够顺利运作。MES 中企业集成运营流程进行了延迟策略运作，需要进行模块单元流水线作业顺序排程，根据订单的时间要求和模块品目 MBD 特性，进行具体模块单元、联合模块单元、模块组模块单元、总作业模块单元和通用模块单元、链接模块单元、专用模块单元的隐形流水线、可变流水线、混合流水线、相似流水线、单一流水线的排程，以此明确实现顾客需求的交货期。由此确立 MES 的具体模块单元、联合模块单元、模块组模块单元、总作业模块单元和通用模块单元、链接模块单元、专用模块单元的 CPS 连续、适时、单一流、均衡、瓶颈运作顺畅的隐形、可变、混合、相似、单一标准作业或者类标准作业流水线的模块单元流水线作业顺序。

　　MES 中企业集成运营流程进行后拉动运作，后拉动流程需要确定拉动的运营流程顺序，从顾客需求拉动总作业模块单元的专用模块单元、链接模块单元、通用模块单元的流水线流程，从总作业模块单元流水线拉动模块组模块单元的专用模块单元、链接模块单元、通用模块单元的流水线流程，从模块组模块单元流水线拉动联合模块单元的专用模块单元、链接模块单元、通用模块单元的流水线流程，从联合模块单元流水线拉动具体模块单元的专用模块单元、链接模块单元、通用模块单元的流水线流程。后拉动流程需要确定后拉动流程与模块单元流水线的融合方式，确定模块品目和模块单元拉动的信息渠道，进行信息发出和接收，进行看板类型的设定和信息的传输，明确完备的 MES 后拉动流程信息系统。价值后拉动需确定价值后拉动的财务运行方式，确定价值后拉动的价值运作模式，确定进行后拉动价值运作的团队和人员运作方式，确定后拉动价值的测算步骤，能够随时进行企业集成运营流程的后拉动价值确定。MES 中企业集成运营流程进行智能运作，需要确定进行 CPS 智能运作所需要的传感器、控制器设备、网络设备，将这些设备安装到后拉动流程与模块单元流水线的融合流水线作业中，使模块单元流水线延迟策略和强化延迟策略运作具有精益和智能作业保障。

MES 中企业集成供应链或者服务链流程需要支撑企业集成基本运营流程的延迟策略和强化延迟策略运作，开发与设计模块价值链流程需要给予企业集成基本运营流程的模块品目和无形产品的 MBD 模型、系统设计和容差设计，需要随时与顾客进行互动，进行模块品目和无形产品的 MBD 模型、系统设计和容差设计的调整，确定真正符合顾客需求的有形产品和无形产品，确定企业集成基本运营流程中所需要的模块品目和模块单元额度，使延迟策略和强化延迟策略运作具有对象基础。采购模块单元价值链流程、仓储模块单元价值链流程需要围绕企业集成基本运营流程的延迟策略、后拉动流程、价值后拉动、管理后拉动、CPS 智能运作进行运作，保证企业集成基本运营流程的延迟策略、后拉动流程、价值后拉动、管理后拉动、CPS 智能运作效果。销售模块单元价值链流程需要采取有效的营销策略，促进销售，实现顾客所需要的产品，实现延迟策略和强化延迟策略运作。通过企业集成供应链或者服务链流程的运作，有效地支撑企业集成基本运营流程的延迟策略和强化延迟策略运作。

MES 企业集成运营管理流程延迟策略和强化延迟策略运作通过团队和员工完成，需要确定企业集成基本运营价值链管理流程团队类、企业集成供应链或者服务链价值链管理流程团队类、辅助价值链管理流程团队类、支持价值链管理流程团队类、核心运作价值链管理流程团队类、企业集成信息平台团队类的各种团队和各种具体团队，进行团队的员工配置，使模块单元流水线延迟策略和强化延迟策略运作具有员工基础。MES 集成适时运营调度需要进行人员的配置，使模块单元流水线具有人力资源基础。企业集成运营管理流程团队的员工按照操作规程完成运作，进行相互协作，进行自组织、自驱动、自进化、自增值。将精益运作融入模块单元流水线之中，构建单一流的精益运营团队，使精益团队中每一个员工多能化。根据模块单元流水线作业需要培养员工多方面的技能，使员工能够从事不同的模块单元流水线的作业。通过岗位轮换，将员工培养的多元技能真正发挥出来，能真正对模块单元流水线的运作起到作用。员工的多能会促进单一流的协调运作，提高单一流运作的效率。精益团队需要协调员工的作业，激励员工，促进员工之间的彼此学习，进行模块单元流水线精益团队之间的协作，使模块单元流水线能够有效运作。精益团队组织和多能员工按照精益目标的要求进行运作，实现精益目标。由此确立 MES 的具体模块单元、联合模块单元、模块组模块单元、总作业模块单元和通用模块单元、链接模块单元、专用模块单元的 CPS 连续、适时、单一流、均衡、瓶颈运作顺畅的隐形、可变、混合、相似、单一标准作业或者类标准作业流水线的精益团队组织和多能员工，进行模块单元流水线延迟策略和强化延迟策略运作。

企业集成基本运营流程目标、质量目标、价值目标运作和完成需要通过以企业集成基本运营价值链管理流程团队为主的企业集成供应链或者服务链价值链管理流程团队、辅助价值链管理流程团队、支持价值链管理流程团队、核心运作价值链管理流程团队、企业集成信息平台团队的协助完成。这些团队需要确立企业集成战略引导下的团队的宗旨、愿景、价值观，使这些宗旨能够完全体现出企业的战略和长远的运作。

由此确立团队效能，使团队具有生存、发展、适应和维持的能力，使团队中的每一个员工运作中，充分体现团队效能的运作（黄佳丽等，2016）；确立团队情绪智力，使团队中的每一位员工具有团队情绪意识、团队人际理解意识、团队情绪调节意识、团队情绪使用意识（刘得格和李焕荣，2013）；确立团队承诺，使团队中的每一位员工能够相互学习，取长补短，能够在工作中敏锐地识别和运用团队的宗旨、愿景、价值观（陈戈，2019）。

团队需要以企业集成基本运营流程目标、质量目标、价值目标为导向，以对企业的贡献为准则，确定每一位员工模块单元流水线作业的具体任务，确定完成任务的方式，确定与目标和贡献对应的资源、责任，进行具体的作业；需要领导和专家能够从工作出发，营造出和谐的氛围，领导、专家、员工能够以工作和任务为中心开展工作；需要员工注重跨作业任务的协作和完成，使团队的每一个员工都能够将跨作业的任务当成自身的业务；团队之间和团队内部能够不断地进行沟通，彼此建立工作中的新人联系，密切进行作业的协作。

MES 集成适时运营调度需要进行模块品目、设备、工具、能源的配置。模块单元流水线运作都有着初期运作的模块品目，需要明确模块品目的种类、质量等级、数量，确定模块单元流水线运作所需要的模块品目。模块单元流水线运作由设备、工具完成，需要明确一定数量和质量的模块品目、设备与工具进行模块单元流水线运作所需要的能源，本着绿色运作的要求，进行能源配置，达到模块单元流水线绿色运作的能源配置要求。由此确立 MES 的具体模块单元、联合模块单元、模块组模块单元、总作业模块单元和通用模块单元、链接模块单元、专用模块单元的 CPS 连续、适时、单一流、均衡、瓶颈运作顺畅的隐形、可变、混合、相似、单一标准作业或者类标准作业流水线的模块品目、设备、工具、能源配置，使模块单元流水线延迟策略和强化延迟策略运作具有资源基础。

有顾客接触的 MES 集成适时运营调度标准作业和 MES 集成适时运营调度体现为瓶颈运作，注重标准作业往往能够提高效率，但无法实现个性化服务；瓶颈运作不仅源自于非行为的运作，也往往产生于行为运作。有顾客接触模块单元流水线需要融入精益服务，明确标注顾客的接触部分，按照顾客有接触的部分，顾客接触服务环境，建立良好的服务氛围，员工、设备、电子设备与顾客进行互动，细致观察顾客，主动关怀顾客，把握服务细节，注意顾客的情感，给顾客更多的选择空间，给予顾客定制性服务。以顾客舒适的方式进行沟通，关注顾客自我实现的消费意识，对顾客信息进行保密，不透露和滥用顾客信息，建立与顾客良好的关系，确立与顾客的信赖联系，员工、设备、电子设备进行细致的服务，使顾客有良好的服务体验，使有顾客接触模块单元流水线的精益运作促进顾客满足。有顾客接触模块单元流水线需要针对与顾客直接接触的员工进行关怀和激励，使员工带着饱满的热情服务顾客，将企业满足顾客的愿望通过员工表达给顾客，同时关注员工反馈，确定员工反馈的路径和渠道，与员工共同承担对顾客进行服务的作业，确立有顾客接触模块单元流水线的员工精益服务行为。有顾客接触模块单元流水线需要围绕顾客进行精益界面运作，从模块单元流水线运作中顾客的可见部分，进行企业形象、美学方面的界面设计，使模块单元流水吸纳具有精益界面的运作。

有顾客接触的 MES 的具体模块单元、联合模块单元和通用模块单元、专用模块单元的 CPS 连续、适时、单一流、均衡、瓶颈运作顺畅的隐形、可变、混合、相似、单一标准作业或者类标准作业流水线场内员工服务的员工需要针对顾客进行心理与行为分析，与顾客进行有效互动，进行细致的员工服务，使顾客具有优质的服务体验，达到满意服务。需要场内服务的设备能够按照顾客对服务需求进行运作，员工进行顾客使用设备的有效衔接，使顾客能够顺利运用设备，服务设备能够在员工辅助下进行一定交流，使设备能够明确顾客对服务需求，进行设备的细致性服务，使顾客具有良好的服务体验，达到满意服务。需要场外设备服务能够在服务业务范围内，与顾客进行有效互动，明确顾客服务需求，按照顾客服务需求进行运作，使顾客具有良好的服务体验，达到满意服务。需要场外电子服务能够扩大服务业务范围，保证顾客服务业务的安全，与顾客进行有效互动，明确顾客服务需求，按照顾客服务需求进行运作，使顾客具有良好的服务体验，达到满意服务。确定服务起始关键时刻的顾客与服务环境初始接触关键时刻、顾客与服务氛围初始接触关键时刻、员工与顾客初始接触关键时刻、设备与顾客初始接触关键时刻、电子设备与顾客初始接触关键时刻和服务运作关键时刻，进行服务关键时刻、服务价值判断关键时刻、服务反馈关键时刻、是否再次接受服务关键时刻、服务问题关键时刻的重点细致服务的资源调度。这样场内员工服务、场内设备服务、场外设备服务、场外电子服务在进行顾客接触模块单元服务流程调度的同时，进行服务特性调度和服务关键时刻调度，延伸和强化顾客服务接触服务流程的延迟策略和强化延迟策略、后拉动流程、后拉动价值、智能运作。

制造类企业 MES 集成适时运营调度进行 MES 的具体、联合、模块组、总作业模块单元和通用、链接、专用模块单元的 CPS 连续、适时、单一流、均衡隐形流水线、可变流水线、混合流水线、相似流水线、单一流水线的瓶颈顺畅运作，进行有形模块品目 MBD 结构、精益团队组织和多能员工、模块品目、设备、工具、能源的有效配置，进行以价值链流程为基础的集成适时运营调度。MES 集成适时运营调度确立具体、联合、模块组、总作业模块单元和通用模块单元、链接模块单元的 CPS 连续、适时、单一流、均衡隐形流水线、可变流水线、混合流水线、相似流水线、单一流水线的标准作业，进行专用模块单元的类标准作业集成适时运营调度，具备企业集成制造计划运作的团队和员工进行企业集成制造计划延迟策略、后拉动流程、价值后拉动、管理后拉动、CPS 智能运作。

服务类企业 MES 集成适时运营调度进行 MES 的具体、联合、模块组模块单元和通用、链接、专用模块单元的 CPS 连续、适时、单一流、均衡隐形流水线、可变流水线、混合流水线、相似流水线、单一流水线的瓶颈顺畅运作，进行有形模块品目 MBD 结构、精益团队组织和多能员工、模块品目、设备、工具、能源有效配置，进行以价值链流程为基础的集成适时运营调度。MES 集成适时运营调度确立具体、联合、模块组、总作业模块单元和通用、链接的 CPS 连续、适时、单一流、均衡隐形流水线、可变流水线、混合流水线、相似流水线、单一流水线的标准作业，进行专用模块单元的类标准作业集成适时运营调度，具备企业集成制造计划运作的团队和员工进行企业集成制造计划延迟策略、后拉动流程、价值后拉动、管理后拉动、CPS 智能运作。

纯服务类企业 MES 集成适时运营调度进行 MES 的具体、联合模块单元和通用、专用模块单元的 CPS 连续、适时、单一流、均衡隐形流水线、可变流水线、混合流水线、相似流水线、单一流水线的瓶颈顺畅运作，进行无形额度 MBD 结构，精益团队组织和多能员工，设备、工具、能源有效配置，进行以价值链流程为基础的集成适时运营调度。MES 集成适时运营调度确立具体、联合模块单元和通用模块单元的 CPS 连续、适时、单一流、均衡隐形流水线、可变流水线、混合流水线、相似流水线、单一流水线的标准作业，进行专用模块单元的类标准作业集成适时运营调度，具备企业集成制造计划运作的团队和员工进行企业集成制造计划延迟策略、后拉动流程、价值后拉动、管理后拉动、CPS 智能运作。

一般服务企业 MES 集成适时运营调度中，需要确立流水线的员工、设备、电子设备与顾客进行接触、互动、细致服务和顾客服务体验。

（三）MES 集成模块单元适时运营执行

MES 中企业集成运营作业计划的执行需要确定执行的运营目标、质量目标、价值目标。这些目标体现延迟策略、后拉动流程、价值后拉动、管理后拉动和 CPS 智能运作。这些目标需要体现在总作业模块单元专用模块单元、链接模块单元、通用模块单元模块组模块单元，经过模块组模块单元专用模块单元、链接模块单元、通用模块单元的各种流水线作业中，通过单一流流水线实现这些目标。将这些目标具体体现在具体模块单元团队群、联合模块单元团队群、模块组模块单元团队群、总作业模块单元团队群的模块单元团队的模块单元微团队中，这些微团队成为目标完成的主体。企业集成运营作业计划的这些目标还需要企业集成供应链或者服务链价值链管理流程开发与设计价值链管理流程团队群、采购价值链管理流程团队群、仓储价值链管理流程团队群、销售价值链管理流程团队群的模块单元团队的模块单元微团队，需要企业辅助价值链管理流程团队类由物流价值链流程团队群、商流价值链流程团队群、服务价值链流程团队群的模块单元团队的模块单元微团队，需要企业支撑价值链管理流程企业集成人力资源运作价值链流程团队群、设备维护与维修价值链流程团队群的模块单元团队的模块单元微团队，需要核心运作价值链管理流程团队类价值运作价值链流程团队群、质量运作价值链流程团队群的模块单元团队的模块单元微团队，需要企业集成信息平台团队类企业集成 MES 信息平台团队群、企业集成 MBE 信息平台团队群、企业集成 ERP 信息平台团队群这些模块单元团队的模块单元微团队共同执行计划。这些微团队目标需要体现在团队中的员工身上，由员工完成这些目标。对企业集成执行进行集成创新、集成领导、集成反馈与调整、集成效果评价、集成跟踪的企业集成运营管理流程后拉动、企业集成运营管理价值后拉动调整，进行企业集成执行环节的集成运营管理局部环节的延迟策略运作和强化延迟策略运作。

具体模块单元、联合模块单元、模块组模块单元、总作业模块单元的通用模块单元、链接模块单元、专用模块单元各类流水线，具体模块单元、联合模块单元、模块组模块单元、总作业模块单元的流水线的通用、链接、专用部分和之间衔接部分，整体和局部模块单元混合流水线通用、链接、专用部分和之间衔接部分需要作业间融合、作业中融合延迟策略与强化延迟策略运营活动的执行，进行单一流作业中融合延迟策略和强化延迟策略运营活动的执行，进行单一流延迟策略和强化延迟策略作业与后拉动流程、后拉动价值融合的执行，进行单一流延迟策略和强化延迟策略、后拉动流程、后拉动价值作业与智能运作融合的执行，进行单一流延迟策略和强化延迟策略、后拉动流程、后拉动价值、智能融合作业的执行。

MES中企业集成运营计划的执行需要具体模块单元的通用模块单元、链接模块单元进行相似流水线运作，专用模块单元进行隐形流水线运作，具体模块单元进行可变流水线运作。联合模块单元的通用模块单元、链接模块单元进行相似流水线运作，专用模块单元进行可变流水线运作，联合模块单元进行混合流水线运作。模块组模块单元的通用模块单元、链接模块单元进行单一流水线运作，专用模块单元进行混合流水线运作，模块组模块单元进行混合流水线运作。总作业模块单元的通用模块单元、链接模块单元进行单一流水线运作，专用模块单元进行相似流水线运作，总作业模块单元进行相似流水线运作。整体具体模块单元、联合模块单元、模块组模块单元、总作业模块单元进行混合流水线运作。这些不同类型的流水线按照顾客需求，确定不同数量的单一流流水线，执行企业集成运营计划。企业集成运营计划的执行还需要开发与设计、采购、仓储、销售模块价值链流程运作的支撑，与企业基本运营流程一起，进行企业集成运营作业计划的执行，使企业模块单元流水线延迟策略运作和强化延迟策略运作能够实施。

MES中企业集成运营计划的执行需要每一位员工的操作，这些操作方式包括员工运作、员工与设备运作、设备运作，每一种操作方式具有不同特性，需要按照不同的特性进行操作。每一种操作方式有不同的操作规程和规范，需要确定这些目标下的具体的操作规程和规范，进行员工的落实。对设备操作的方式需要注重设备操作的范围和员工需要衔接的范围，有效地进行设备运作与员工的衔接，避免出现顾客需求无法满足的操作缺口。企业模块单元流水线作业的每一个环节，都需要明确哪些员工来做，具体做的什么作业，这些作业的标准是什么，结果是什么，取得的价值是多少。落实中将重点放在跨岗位的工作，需要明确跨岗位的环节，哪些员工进行着这些跨岗位的工作，需要依据流程，不同的员工进行着不同的跨岗位的作业，这些作业有明确的先后次序，使企业模块单元流水线延迟策略运作和强化延迟策略运作具有员工操作基础。

每一位员工操作中需要岗位职责落实，将职责与具体的任务结合起来，将具体的任务与具体的动作和具体的服务方式结合起来,将这些工作和具体的服务方式与标准结合起来,将这些动作和服务方式与标准时间结合起来,使这些标准在具体的模块单元流水线的运作具体的流程中体现出来。员工对每一天计划的落实可以按照一周来进行安排,每一天计划的落实主要针对调整的部分来进行,计划中的具有个性的部分需要着重落实,使挑战性计划的惯性部分的运作落实和调整部分的运作落实。计划的审核也需要采取惯性运作和调整运作审核方式,这种针对个性的部分和调整的部分进行审核调整。

企业集成模块单元微团队的员工进行具体模块单元、联合模块单元、模块组模块单元、总作业模块单元的通用模块单元、链接模块单元、专用模块单元延迟策略运作执行,将体现延迟策略的流程延迟和时间延迟进行实施。企业集成模块单元微团队的员工进行后拉动流程的单一流流程的信息运作的实施,将模块单元流程流水线的运作与后拉动的信息运作融合执行下去。企业集成模块单元微团队和价值链流程微团队的员工将价值后拉动的价值增值流程进行下去,将每一个模块单元的现金流入、现金流出、损失、损失增值进行下去,实现价值的核算。企业集成模块单元微团队进行 CPS 智能实施。由此将企业模块单元流水线延迟策略运作和强化延迟策略运作落实到团队和员工。

企业模块单元流水线运作需要基础的模块单元流水线 6S 运作,模块单元流水线 6S 运作是指对模块单元流水线模块品目、工具、作业单据进行整理、整顿、清扫、安全、清洁和提升人的素养的活动,将 6S 活动和模块单元流水线运作融合,以期实现模块单元流水线管理效果。整理需要针对模块单元流水线明确哪些模块品目、工具、作业单据需要,哪些模块品目、工具、作业单据不需要,将有用的模块品目、工具、作业单据保持下来,没用的模块品目、工具、作业单据清理。整顿是通过整理后,将所需的模块品目、工具、作业单据根据模块单元流水线运作要求,进行科学合理的规划和放置,采用合理的拿放动作,使员工能够便捷、安全拿取和放置模块品目、工具、作业单据。清扫需要将模块品目、工具、作业单据存在的模块单元流水线设备和空间清扫干净,保持模块单元流水线干净,使模块单元流水线具有良好的环境。安全是模块单元流水线通过安全制度和具体安全措施进行,保障员工的人身安全和单元流水线运作正常进行。清洁是模块单元流水线模块品目、工具、作业单据经过整理、整顿、清扫、安全,需要将这些成果进行维护,使其保持已有的良好状态,将这些成果通过制度和标准进行运作,使其能在日常运作中加以运用。提升人的素养是指通过培训和日常运作的各种手段,养成员工严格遵守规章制度的习惯和作风,具备积极向上的工作态度和意识。整理、整顿、清扫、安全、清洁和提升人的素养的活动有先后区分,按照顺序逐一进行运作。运作排序为整理、整顿、清扫、安全、清洁和提升人的素养,每一种活动都需要将上一种活动完成,才能进行下面的活动,最后是提升人的素养。提升人的素养是 6S 活动的最后环节,需要通过企业制度和标准各方面活动来实现。

整理的具体活动需要对具体、联合、模块组、总作业模块单元流水线和通用、链接、专用模块单元流水线运作进行全面细致的检验，明确模块品目、工具、作业单据的运作现状。进行模块单元流水线的模块品目、工具、作业单据分类，将分好类的模块品目、工具、作业单据进行归类，同类模块品目、工具、作业单据放置同一现场位置区域，不同模块品目、工具和不同时期的模块品目、工具、作业单据分开放置。根据模块单元流水线的关系和企业实际，确立模块品目、工具、作业单据整理标准，明确区分模块单元流水线运作需要的模块品目、工具、作业单据和不需要的模块品目、工具、作业单据。根据模块品目、工具、作业单据整理标准，判断模块品目、工具、作业单据是否需要。将需要的模块品目、工具、作业单据保留于流程模块和模块之中，将不需要的模块品目、工具、作业单据清除。

整顿的具体活动需要对具体、联合、模块组、总作业模块单元流水线和通用、链接、专用模块单元流水线运作的模块单元流水线与模块品目、工具、作业单据的关系进行定位，分析模块单元流水线运作情况。明确模块单元流水线中模块品目、工具、作业单据的场所，确立模块品目、工具、作业单据的具体放置区域，能使运用者十分清晰地看见。明确模块品目、工具、作业单据需要采用竖放、横放、斜放、吊放、钩放方法，使每一个模块品目、工具、作业单据都有其对应的方法。明确名称、规格、质量标识，使每一个模块品目、工具、作业单据都有明确的标识，便于使用者使用。

清扫的具体活动需要对具体、联合、模块组、总作业模块单元流水线和通用、链接、专用模块单元流水线的空间清扫进行员工教育，培养员工进行模块单元流水线运作的安全意识，及时进行设备保养和技术准备，使员工能按时清扫，自觉清扫。按照模块单元流水线区域进行划分，实行清扫区域责任制，责任到人，使模块单元流水线运作的每一个环节都能进行清扫；进行彻底的清扫，使模块单元流水线运作的每个空间都能整洁，这需要清扫人员和员工共同进行。对设备和辅助设备进行清扫，时刻保持设备的最佳工作状态，使质量有所保证。对清扫中发现模块品目、工具、作业单据的问题，及时进行处理。制定相关的清扫标准，明确清扫的对象，确立合理的方法，提出清扫重点，制定清扫周期、使用的工具和责任人，将清扫按照标准进行运作。

安全的具体活动需要对具体模块、联合、模块组、总作业模块单元流水线和通用、链接、专用模块单元流水线建立安全管理体制，明确安全管理与其他管理的关系，明确每一个管理者在安全管理中应负的责任。注重员工的安全教育培训，强调安全的重要性，建立员工安全标准操作体系。对现场作为加工手段的设备装置和模块品目进行检验，使这些模块品目、工具、作业单据正常运转。创建安心和有序的作业环境。

清洁的具体活动需要对具体、联合模块单元流水线、模块组、总作业模块单元流水线和通用、链接、专用模块单元流水线已取得的模块品目、工具、作业单据的整理、整顿、清扫、安全成果进行维护，使其保持良好的状态，将这些活动制度化和标准化，能够在企业日常运作中持续进行。明确模块单元流水线模块品目、工具、作业单据的整理、整顿、清扫、安全的责任者，将责任落实到每一个人。重视标准化工作，以维持整理、整顿、清扫、安全工作必要的实施水准，避免由于作业方法不正确导致实施水准不高、工作效率过低和可能引起的对设备和人身造成的安全事故。进行多样的检验，及时发现问题，及时处理问题。对新员工进行6S观念的培训，使员工从开始就重视这种管理方式。

素养的具体活动需要对具体、联合模块单元流水线、模块组、总作业模块单元流水线和通用、链接、专用模块单元流水线的员工建立工作的各种行为规则，使员工的工作能充分体现企业的荣誉和自身的工作特点。对员工进行培训，使员工能够在工作时身体力行。通过考核和评价，鼓励员工进行素养的提高，持续进行高素养的运作。通过推行员工素养提高活动和宣传，促进员工积极工作。进行员工的知识积累，使员工通过各种学习，为素养提高打下基础。对于顾客接触的模块单元流水线员工素养的要求除一般要求外，还需要具备能够观察顾客行为的能力，具备关怀顾客的能力，具备能动服务顾客的能力，具备与顾客建立信任关系的能力。

MES集成适时运营执行需要进行具体模块单元流水线、联合模块单元流水线、模块组模块单元流水线、总作业模块单元流水线和通用、链接、专用模块单元流水线的6S管理，将精益6S融入其中，对模块单元流水线模块品目、工具、作业单据进行整理、整顿、清扫、安全、清洁和提升员工的素养，使模块单元流水线运作简洁、便利。由此建立MES的具体模块单元、联合模块单元、模块组模块单元、总作业模块单元和通用模块单元、链接模块单元、专用模块单元的CPS连续、适时、单一流、均衡、瓶颈运作顺畅的隐形、可变、混合、相似、单一标准作业或者类标准作业流水线的6S运作。模块单元流水线6S运作为企业模块单元流水线延迟策略运作和强化延迟策略运作打下基础。

模块单元流水线看板是模块单元流水线延迟策略和强化延迟策略运作的重要环节，模块单元流水线看板进行企业集成基本运营流程运作的指示，模块单元流水线按照看板指示进行运作，模块单元流水线看板的功能如下：①模块单元流水线看板是具体、联合、模块组、总作业模块单元流水线和通用、链接、专用模块单元流水线运作的指令。模块品目取货看板中包含着模块品目号、容器量、看板号、供方工作地号、供方工作地出口存放处号、需方工作地号、需方工作地出口存放处号这些信息。模块品目作业看板包括要运作模块品目号、容器量号、供方工作地号、供方工作地出口存放处号、看板号、所需的具体模块品目、所需具体模块品目的简明材料清单、供给模块品目的出口存放处位置、所需工具信息。模块单元流水线运作时从最后作业地逐次向前作业追溯，在最后作业地将所使用的模块品目上所带的看板取下，以此再去前作业领取，实现后作业领取。作业单据按照模块单元流水线指令进行运作。因此，看板是模块单元流水线各作业之间传送的作业卡片，是作为作业指令，指示员工开展各种模块单元流水线活动。看板系统的元素已经在其他动荡的非制造环境中证明了它们的价值（Powell，2018）。②看板控制具体、联合、模块组、总作业模块单元流水线和通用、链接、专用模块单元流水线活动。看板展示模块品目数量和品种、作业单据种类、作业创造的价值、运输方式和时间，运营作业只根据看板进行准时运营，不准提前或延迟进行运营，能够有效控制模块单元流水线活动，实现模块单元流水线作业的自我运作和调整，使模块单元流水线活动顺利运作。看板系统是精益制造系统中可以实现最低库存量的工具之一（Rahman，2013）。③看板能够防止具体、联合、模块组、总作业模块单元流水线和通用、链接、专用模块单元流水线活动过量运作和运送。现场任何模块品目的每一个价值链流程活动都是按照看板要求进行运作和运送，没有看板不能进行运作和运送。看板数量的多少与模块品目运作和运送有直接的关系：看板数量减少，模块品目运作和运送就少；看板数量增多，模块品目运作和运送就多。看板中的模块品目数量是适时适量运作的量，通过看板的运用能做到自动防止模块品目过量运作和运送。模块单元流水线活动中，出现模块品目运作过量和少量时，说明活动失控和停滞，需要进行作业的检查，查明原因，改进作业运作。④目视管理通过具体、联合、模块组、总作业模块单元流水线和通用、链接、专用模块单元流水线的看板进行。看板运作时与模块品目、作业单据联系在一起，随着模块品目、作业单据的运作而运作。看板中模块单元流水线活动的各种信息，不但包括模块品目、作业单据的运作数量，还包括运作方式。模块单元根据看板提供的各种信息，经过目视就能够明确每一个员工的作业，按照基本的要求进行运作。看板可以形象地指导员工，进行模块品目不同的作业的运作。可以通过看板的信息，及时掌控模块单元流水线活动运作状况，将复杂的作业简单化。

模块单元流水线看板的种类如下：①模块单元流水线作业内看板。模块单元流水线作业内看板是指具体、联合、模块组、总作业模块单元流水线和通用、链接、专用模块单元流水线活动进行运作的看板。作业内看板要求作业链接紧致，没有作业更换时间，作业之间的运作按照作业顺序，紧密进行运作。②模块单元流水线作业间看板。作业间看板是具体、联合、模块组、总作业模块单元流水线和通用、链接、专用模块单元流水线活动后作业到前作业领取所需的模块品目运作时所使用的看板。作业间看板是除作业内看板和信号看板外的企业作业看板。③模块单元流水线外协看板。外协看板是指具体、联合、模块组、总作业模块单元流水线和通用、链接、专用模块单元流水线活动的看板。外协看板包括模块品目进货单位的名称、进货时间、每次进货的数量信息。外协看板与作业间看板类似，前作业是供应商，通过供应商进行作业看板。外协看板与作业内看板、信号看板、作业间看板直接联系，这些看板都有与外协看板联系的接口，通过接口进行外协看板和这些看板的衔接，进入作业看板的运作。④模块单元流水线链接看板。链接看板是具体、联合、模块组、总作业模块单元流水线和通用、链接、专用模块单元流水线活动的链接看板。链接看板需要将通用模块、专用模块和产品族有机连接起来。链接看板包括链接模块的类型、链接规则、具体运作，通过链接看板将模块单元流水线的各种模块，通过价值链流程链接在一起。⑤模块单元流水线临时看板。临时看板是具体、联合、模块组、总作业模块单元流水线和通用、链接、专用模块单元流水线临时运作的看板。作业运作中，进行设备维修和临时作业时需要使用临时看板。与其他种类的看板不同，临时看板主要是为完成模块品目非计划内的作业任务，模块有临时运作作业，需要临时看板。

企业集成现场看板的使用规则如下：①进行具体、联合、模块组、总作业模块单元流水线和通用、链接、专用模块单元流水线看板管理的模块品目和作业必须是合格的。不合格的模块品目和作业不能进入看板运作，不能流向下一作业，没有插入看板的模块品目不准搬运。②模块单元流水线后作业向前作业取货。具体、联合、模块组、总作业模块单元流水线和通用、链接、专用模块单元流水线的前作业被后作业取走的模块品目，作业后的合格模块品目插入看板，按照目视的看板要求进行适量运作，不提前和不超量运作。③模块单元流水线看板是完成运作的标识。具体、联合、模块组、总作业模块单元流水线和通用、链接、专用模块单元流水线只有在取完容器中最后一个模块品目时，才能把看板从该容器上取下，放入到指定的看板搜集盒中。④模块单元流水线看板和容器有严格的对应关系。具体、联合、模块组、总作业模块单元流水线和通用、链接、专用模块单元流水线在回收空容器的时候，要同时将看板送到指定的位置。⑤具体、联合、模块组、总作业模块单元流水线和通用、链接、专用模块单元流水线看板间的链接。不同模块的看板和流程看板，可以运用不同的规则进行链接，这些链接需要有序通过信息手段进行。

模块单元流水线电子看板是利用电子信息手段在作业之间和模块之间进行信号传递和活动控制，使这种信息能够通过计算机监控的视频直接反映出来，员工与信息能够进行沟通，动态进行信息运作，完成模块单元流水线看板管理任务。具有实际发展的看板和MKS在新的替代原始看板系统的优势竞争环境具有鲜明的特色（Junior，2010）。模块单元流水线电子看板结构与一般的看板不同主要体现在：①看板参数维护。需要进行具体、联合、模块组、总作业模块单元流水线和通用、链接、专用模块单元流水线在制模块品目看板参数维护。大量的静态数据参数直接从模块单元流水线运作的信息系统中获取，使看板运作高效，没有冗余操作。当模块品目的数量和看板数量需要增减时，系统参数的维护能保证看板和模块品目增减。②模块品目工作单生成。主要是具体、联合、模块组、总作业模块单元流水线和通用、链接、专用模块单元流水线在制模块品目工作单的实时生成。根据适时运作，电子看板能够结合在制模块品目状态和需求，在适当的时刻，实时生成在制模块品目工作单。③投入看板生成。进行具体、联合、模块组、总作业模块单元流水线和通用、链接、专用模块单元流水线的运营模块品目投入电子看板运作。根据模块单元流水线投入要求，形成投入看板生成。④模块品目发出卡打印。主要是具体、联合、模块组、总作业模块单元流水线和通用、链接、专用模块单元流水线模块品目发出卡打印。作为模块单元流水线运作凭据，其条形码打印形式用于信息系统出库数据快速采集。⑤下达运作指令由系统完成。进行具体、联合、模块组、总作业模块单元流水线和通用、链接、专用模块单元流水线条形码的应用，进行模块品目的明确标识，使操作简单。

MES集成适时运营执行需要进行具体、联合、模块组、总作业模块单元流水线和通用、链接、专用模块单元流水线的看板运作，将精益看板融入其中，对模块单元流水线运作起着引领作用，使模块单元流水线运作更加有序。由此进行 MES 的具体模块单元、联合模块单元、模块组模块单元、总作业模块单元和通用模块单元、链接模块单元、专用模块单元的 CPS 连续、适时、单一流、均衡、瓶颈运作顺畅的隐形、可变、混合、相似、单一标准作业或者类标准作业流水线的看板运作。模块单元流水线看板为企业模块单元流水线延迟策略运作和强化延迟策略运作提供指示。

MES 的具体模块单元、联合模块单元、模块组模块单元、总作业模块单元和通用模块单元、链接模块单元、专用模块单元的隐形、可变、混合、相似、单一流水线融入 CPS，进行模块单元流水线 CPS 运作，使模块单元流水线通过智能彼此联系起来。融入连续流程，进行模块单元流水线连续运作，使模块单元流水线各作业紧致联系起来。融入适时流程，进行模块单元流水线适时运作，模块单元流水线的作业运作顺序与信息运作顺序相反，模块单元流水线有顾客需求拉动，使模块单元流水线直接反映顾客需求。融入单一流，进行模块单元流水线单一流运作，使模块单元流水线能够根据顾客需求灵活运作。融入均衡流程，进行模块单元流水线均衡运作，使模块单元流水线具有稳定的作业能力。融入瓶颈释放流程，进行模块单元流水线瓶颈顺畅运作，使模块单元流水线具有更强的可行性。融入标准作业，进行模块单元流水线标准作业运作，通用和链接模块单元流水线实现标准节拍时间、标准作业顺序、标准运营量，专用模块单元流水线实现类标准节拍时间、类标准作业顺序、类标准运营量，使模块单元流水线效率更高。

MES 的具体模块单元、联合模块单元、模块组模块单元、总作业模块单元和通用模块单元、链接模块单元、专用模块单元的 CPS 连续、适时、单一流、均衡、瓶颈运作顺畅的隐形、可变、混合、相似、单一标准作业或者类标准作业流水线运用 6S，使模块单元流水线运作更为有序。运用看板，将看板运作到模块单元流水线的每一个环节，使模块单元流水线每一个作业的运作都有明确的引导。CPS 适时模块单元流水线运营模块单元运作，CPS 适时模块单元流水线运营精益运作，CPS 适时模块单元流水线运营智能运作，CPS 适时模块单元流水线运营模块单元、精益、智能融合运作。CPS 适时模块单元流水线围绕着有形模块品目和无形产品的功能、容差的质量管理进行运作，确保实现质量要求。CPS 适时模块单元流水线按照价值链流程的要求进行运作，确保模块单元流水线每一个作业都能够创造价值，使企业模块单元流水线延迟策略运作和强化延迟策略运作有了具体的作业。

顾客接触服务流程以顾客优质服务和满足顾客服务需求及企业价值增值为目标，进行顾客接触场内员工服务流程的员工服务样式、员工服务质量、员工服务数量、员工服务瞬时时间、员工服务顾客感知满足度、员工服务价值和场内员工服务环境、服务氛围顾客感知满足度的计划执行。进行顾客接触场内设备服务流程的设备服务样式、设备服务质量、设备服务数量、设备服务瞬时时间、设备服务顾客感知满足度、设备服务价值和场内设备服务环境、服务氛围顾客感知满足度的计划执行。进行顾客接触场外设备服务的设备服务样式、设备服务质量、设备服务数量、设备服务瞬时时间、设备服务顾客感知满足度、设备服务价值和场外服务环境顾客感知满足度的计划执行。进行顾客接触场外电子服务的电子服务样式、电子服务质量、电子服务数量、电子服务瞬时时间、电子服务顾客感知满足度、电子服务价值和场外服务环境的顾客感知满足度的计划执行。企业集成顾客接触服务作业服务计划执行延伸和强化顾客服务接触服务流程的延迟策略和强化延迟策略、后拉动流程、后拉动价值、智能运作。

企业集成顾客接触服务作业服务计划执行中，顾客接触场内员工服务流程、场内设备服务流程、场外设备服务流程、场外电子服务流程的服务样式、服务质量、服务数量、服务瞬时时间、服务价值和服务环境、服务氛围的运作需要从顾客心理和行为出发，根据顾客的态度，确定显性的服务样式、服务质量、服务数量、服务瞬时时间、服务价值和服务环境，根据这些显性的方面，确定一定程度的顾客接触服务流程执行情况，更深层次的顾客接触服务流程执行情况判断则需要结合现场运作的情况，通过心理和行为分析，判断执行情况。顾客感知满足度、服务氛围顾客感知满足度没有直接的显性形式，顾客感知满足度可以通过服务样式、服务质量、服务数量、服务瞬时时间、服务价值和服务环境运作显性表现进行一定程度的顾客感知满足度判断，更深层次则需要进行感知本身的心理和行为分析得出。服务氛围顾客感知满足度可以通过员工的表现判断，更深层次则需要进行服务氛围本身的心理和行为分析得出。进行服务起始关键时刻的顾客与服务环境初始接触关键时刻、顾客与服务氛围初始接触关键时刻、员工与顾客初始接触关键时刻、设备与顾客初始接触关键时刻、电子设备与顾客初始接触关键时刻和服务运作关键时刻的是否接受服务关键时刻、服务价值判断关键时刻、服务反馈关键时刻、是否再次接受服务关键时刻、服务问题关键时刻的有重点的细致服务。

以企业集成基本运营价值链管理流程团队为主的企业集成供应链或者服务链价值链管理流程团队、辅助价值链管理流程团队、支撑价值链管理流程团队、核心运作价值链管理流程团队、企业集成信息平台团队需要围绕每一个团队、每一个员工作业任务、员工运作方式、员工资源分配、员工责任、员工的人际关系、领导和员工的地位，进行团队宗旨、愿景、价值观、团队效能、团队情绪智力、团队承诺的执行，进行员工作业目标、价值目标、质量目标的执行，使企业模块单元流水线延迟策略运作和强化延迟策略运作能够针对不同的团队和员工进行运作。

制造类企业 MES 的具体模块单元、联合模块单元、模块组模块单元、总作业模块单元和通用模块单元、链接模块单元、专用模块单元的 CPS 连续、适时、单一流、均衡、瓶颈运作顺畅的隐形、可变、混合、相似、单一标准作业或者类标准作业流水线运用 6S，使模块单元流水线运作更为有序。运用看板，将看板运作到模块单元流水线的每一个环节，使模块单元流水线每一个作业的运作都有明确的引导。CPS 适时模块单元流水线制造模块单元运作，CPS 适时模块单元流水线制造精益运作，CPS 适时模块单元流水线制造智能运作，CPS 适时模块单元流水线制造模块单元、精益、智能融合运作，展开团队运作。CPS 适时模块单元流水线围绕着有形模块品目功能、容差的质量管理进行运作，确保实现质量要求。CPS 适时模块单元流水线按照价值链流程的要求进行运作，确保模块单元流水线每一个作业都能够创造价值。

服务类企业 MES 的具体模块单元、联合模块单元、模块组模块单元和通用模块单元、链接模块单元、专用模块单元的 CPS 连续、适时、单一流、均衡、瓶颈运作顺畅的隐形、可变、混合、相似、单一标准作业或者类标准作业流水线运用 6S，使模块单元流水线运作更为有序。运用看板，将看板运作到模块单元流水线的每一个环节，使模块单元流水线每一个作业的运作都有明确的引导。CPS 适时模块单元流水线服务模块单元运作，CPS 适时模块单元流水线服务精益运作，CPS 适时模块单元流水线服务智能运作，CPS 适时模块单元流水线服务模块单元、精益、智能融合运作，展开团队运作。CPS 适时模块单元流水线围绕着有形模块品目功能、容差的质量管理进行运作，确保实现质量要求；CPS 适时模块单元流水线按照价值链流程的要求进行运作，确保模块单元流水线每一个作业都能够创造价值。

纯服务类企业 MES 的具体模块单元、联合模块单元和通用模块单元、专用模块单元的 CPS 连续、适时、单一流、均衡、瓶颈运作顺畅的隐形、可变、混合、相似、单一标准作业或者类标准作业流水线运用 6S，使模块单元流水线运作更为有序。运用看板，将看板运作到模块单元流水线的每一个环节，使模块单元流水线每一个作业的运作都有明确的引导。CPS 适时模块单元流水线运营模块单元运作，CPS 适时模块单元流水线运营精益运作，CPS 适时模块单元流水线运营智能运作，CPS 适时模块单元流水线运营模块单元、精益、智能融合运作，展开团队运作。CPS 适时模块单元流水线围绕着无形产品的功能、容差的质量管理进行运作，确保实现质量要求；CPS 适时模块单元流水线按照价值链流程的要求进行运作，确保模块单元流水线每一个作业都能够创造价值。

一般纯服务企业 MES 模块单元流水线运作时，需要员工服务、设备服务、电子服务从服务样式、服务质量、服务数量、服务瞬时时间、服务价值和服务环境、服务氛围方面进行。

（四）MES 集成模块单元适时运营跟踪

MES 集成模块单元适时运营跟踪包括 CPS 适时模块单元流水线团队和员工运营目标跟踪、CPS 适时模块单元流水线运营价值跟踪、CPS 适时模块单元流水线运营质量跟踪、CPS 适时模块单元流水线跟踪、CPS 适时模块单元流水线集成运营管理运作跟踪、CPS 企业集成供应链或者服务链管理流程跟踪、CPS 适时模块单元流水线团队和员工状态跟踪、企业集成信息平台运作跟踪，体现了对企业集成模块单元流水线延迟策略和强化延迟策略运作的跟踪。对 MES 集成模块单元适时运营跟踪进行集成创新、集成领导、集成反馈与调整、集成效果评价的企业集成运营管理流程后拉动、企业集成运营管理价值后拉动调整，进行企业集成跟踪环节的集成运营管理局部环节的延迟策略运作和强化延迟策略运作。

进行具体模块单元、联合模块单元、模块组模块单元、总作业模块单元的通用模块单元、链接模块单元、专用模块单元各类流水线，具体模块单元、联合模块单元、模块组模块单元、总作业模块单元的流水线的通用、链接、专用部分和之间衔接部分跟踪，进行整体和局部模块单元混合流水线通用、链接、专用部分和之间衔接部分需要作业间融合与作业中融合延迟策略和强化延迟策略运营活动跟踪，进行单一流作业中融合延迟策略和强化延迟策略运营活动跟踪，进行单一流延迟策略和强化延迟策略作业与后拉动流程、后拉动价值融合跟踪，进行单一流延迟策略和强化延迟策略、后拉动流程、后拉动价值作业与智能运作融合跟踪，进行单一流延迟策略和强化延迟策略、后拉动流程、后拉动价值、智能融合作业跟踪。

CPS 适时模块单元流水线团队和员工运营目标跟踪需要对具体模块单元团队群、联合模块单元团队群、模块组模块单元团队群、总作业模块单元团队群的模块单元团队的模块单元微团队的运营目标进行跟踪；需要对围绕运营目标而展开的开发与设计价值链管理流程团队群、采购价值链管理流程团队群、仓储价值链管理流程团队群、销售价值链管理流程团队群的模块单元团队的模块单元微团队目标进行跟踪；需要对围绕运营目标的物流价值链流程团队群、商流价值链流程团队群、服务价值链流程团队群的模块单元团队的模块单元微团队进行跟踪；需要对人力资源运作价值链流程团队群、设备维护与维修价值链流程团队群的模块单元团队的模块单元微团队进行跟踪；需要对企业集成 MES 信息平台团队群、企业集成 MBE 信息平台团队群、企业集成 ERP 信息平台团队群的模块单元团队的模块单元微团队的这些微团队的目标进行跟踪。确定目标执行的情况，体现出企业集成模块单元流水线延迟策略和强化延迟策略运作中的团队群运作目标跟踪。

CPS 适时模块单元流水线运营价值跟踪需要确定企业集成模块单元流水线的每一个团队和员工、其他团队和员工的正向满足顾客需求价值增值、负向减少过度运营量价值增值、负向减少等待的浪费价值增值、负向减少搬运的浪费价值增值、负向减少运营本身的浪费价值增值、负向减少库存的浪费价值增值、负向减少动作的浪费价值增值、负向减少不良品的浪费价值增值、负向减少人力资源使用不当的浪费价值增值，体现企业集成模块单元流水线延迟策略和强化延迟策略运作的团队和员工价值运作目标跟踪。

CPS 适时模块单元流水线运营质量跟踪需要确定 CPS 适时具体模块单元流水线、CPS 适时联合模块单元流水线、CPS 适时模块组模块单元流水线、CPS 适时总作业模块单元流水线有形模块品目的几何形状、功能系统、外在、性能系统和容差；需要确定 CPS 适时通用模块单元流水线、CPS 适时链接模块单元流水线、CPS 适时专用模块单元流水线有形模块品目的几何形状、功能系统、外在、性能系统和容差。需要确定 CPS 适时具体模块单元流水线、CPS 适时联合模块单元流水线的信息无形产品功能系统、信息软件模块功能系统、信息软件数据结构功能系统、信息软件接口功能系统、非信息要素功能系统、非信息部分联系功能系统、非信息整体联系功能系统、信息软件功能系统容差、非信息功能系统容差；需要确定 CPS 适时通用模块单元流水线、CPS 适时专用模块单元流水线的信息无形产品功能系统、信息软件模块功能系统、信息软件数据结构功能系统、信息软件接口功能系统、非信息要素功能系统、非信息部分联系功能系统、非信息整体联系功能系统、信息软件功能系统容差、非信息功能系统容差；需要确定 CPS 适时模块单元流水线模块品目、有形和无形产品质量和服务质量审核结果；需要确定 CPS 适时模块单元流水线模块品目、有形和无形产品质量、服务质量问题；需要进行 CPS 适时模块单元流水线模块品目和有形和无形产品质量问题处理，体现企业集成模块单元流水线延迟策略和强化延迟策略运作的系统和容差跟踪。

CPS 适时模块单元流水线运营状态跟踪是对 CPS 适时模块单元流水线、CPS 适时模块单元流水线的延迟策略和强化延迟策略的模块品目、运营人员、运营设备、运营检验设备、运营工具、运营能源、运营环境、看板、智能传感器、智能控制器、计算机网络、可视化显示装置的状态跟踪。CPS 适时模块单元流水线运营状态跟踪需要确定具体模块单元、联合模块单元、模块组模块单元、总作业模块单元和通用模块单元、链接模块单元、专用模块单元的 CPS 连续、适时、单一流、均衡、瓶颈运作顺畅的隐形、可变、混合、相似、单一标准作业或者类标准作业流水线即时运营状态和 CPS 适时模块单元流水线模块品目、运营人员、运营设备、运营检验设备、运营工具、运营能源、运营环境、看板、智能传感器、智能控制器、计算机网络、可视化显示装置的即时运营状态。需要确定具体模块单元、联合模块单元、模块组模块单元、总作业模块单元和通用模块单元、链接模块单元、专用模块单元的 CPS 连续、适时、单一流、均衡、瓶颈运作顺畅的隐形、可变、混合、相似、单一标准作业或者类标准作业流水线等待状态和 CPS 适时模块单元流水线模块品目、运营人员、运营设备、运营检验设备、运营工具、运营能源、运营环境、看板、智能传感器、智能控制器、计算机网络、可视化显示装置的等待状态。需要确定 CPS 适时模块单元流水线模块品目输送状态。需要确定模块单元流水线模块品目储存状态。需要确定具体模块单元、联合模块单元、模块组模块单元、总作业模块单元和通用模块单元、链接模块单元、专用模块单元的 CPS 连续、适时、单一流、均衡、瓶颈运作顺畅的隐形、可变、混合、相似、单一标准作业或者类标准作业流水线返工状态和 CPS 适时模块单元流水线模块品目返工状态。需要确定具体模块单元、联合模块单元、模块组模块单元、总作业模块单元和通用模块单元、链接模块单元、专用模块单元的 CPS 连续、适时、单一流、均衡、瓶颈运作顺畅的隐形、可变、混合、相似、单一标准作业或者类标准作业流水线维修状态和 CPS 适时模块单元流水线运营设备、运营检验设备、运营工具、看板、智能传感器、智能控制器、计算机网络、可视化显示装置维修状态。需要确定具体模块单元、联合模块单元、模块组模块单元、总作业模块单元和通用模块单元、链接模块单元、专用模块单元的 CPS 连续、适时、单一流、均衡、瓶颈运作顺畅的隐形、可变、混合、相似、单一标准作业或者类标准作业流水线报废状态和 CPS 适时模块单元流水线模块品目、运营设备、运营检验设备、运营工具、看板、智能传感器、智能控制器、计算机网络、可视化显示装置报废状态，体现出企业集成模块单元流水线延迟策略和强化延迟策略运作的各种状态跟踪。

CPS 适时模块单元流水线集成运作跟踪需要确定 CPS 适时模块单元流水线运营模块单元延迟策略运作、CPS 适时模块单元流水线运营精益运作、CPS 适时模块单元流水线运营智能运作的效率，确定 CPS 适时模块单元流水线运营模块单元、精益、智能融合运作效率，确定 CPS 适时模块单元流水线运营效率，确定 CPS 适时模块单元流水线的企业集成运营作业计划进度，确定 CPS 适时模块单元流水线模块品目、有形和无形产品合格率，确定 CPS 适时模块单元流水线模块品目、资源消耗率，体现企业集成模块单元流水线延迟策略和强化延迟策略的各种运作情况跟踪。

CPS 企业集成供应链或者服务链管理流程跟踪开发与设计模块单元价值链流程对企业集成运营流程模块品目和模块单元额度互动情况，跟踪采购模块单元价值链流程对企业集成基本运营流程模块品目作用情况，跟踪仓储模块单元价值链流程对企业集成基本运营流程作用情况，跟踪销售模块单元价值链流程对企业集成基本运营流程引导情况。跟踪运营计划、运营组织、运营领导、运营控制和运营创新对企业集成运营流程作用的情况，体现企业集成模块单元流水线延迟策略和强化延迟策略运作的集成供应链或者服务链管理流程跟踪。

CPS 适时模块单元流水线团队和员工状态跟踪可以针对团队和员工状态建立预警机制，需要对状态不好的团队和员工进行预警。可以建立员工自身预警、管理者预警、团队预警，员工自身预警通过员工自身进行，进行预警的员工给予一定的扣分，扣分是三种预警中最低的；管理者预警是通过员工的管理者进行纠偏，进行预警的员工和管理者给予一定的扣分，扣分是三种预警中次低的；团队预警是对员工、管理者预警，进行预警的员工、管理者、团队给予一定的扣分，扣分是三种预警中最高的。对于员工个人一般性的计划没有按时提交和没有按时审核的，可以反馈给员工自身进行纠偏，同时根据员工自身预警级别进行扣分。对于形成惯性的一般性的计划没有按时提交和没有按时审核的、个性部分计划没有按时提交和审核的按照管理者预警进行扣分；对跨岗位、重要的、调整部分的计划没有按时提交和审核的，按照团队预警扣分，体现企业集成模块单元流水线延迟策略和强化延迟策略运作的团队和员工状态跟踪。

企业集成信息平台运作跟踪需要对企业集成 MBE、企业集成 ERP、企业集成 MES 信息平台进行跟踪。需要对 MBE 的基于模型定义设计 MBD、基于模型的系统工程 MB-SE、基于模型的信息物理系统 CPS、基于模型的维护与维修 MBS、基于模型的供应链或者服务链运作进行跟踪。需要对企业集成 ERP 的集成财务管理系统、集成人力资源管理系统、集成采购管理系统、集成制造或者服务转化管理系统、集成仓储管理系统、集成销售管理系统、集成后勤管理系统企业集成运营作业计划进行跟踪。需要对企业集成 MES 的企业集成基本运营流程 MBD 运作、企业集成基本运营流程资源管理、企业集成基本运营流程调度、企业集成基本运营流程执行、企业集成基本运营流程跟踪、企业集成运营流程质量管理、企业集成运营流程价值管理、企业集成运营流程信息管理、企业集成基本运营流程效果评价、企业集成基本运营流程、企业集成基本运营流程维护管理进行跟踪，体现企业集成模块单元流水线延迟策略和强化延迟策略运作的集成信息平台跟踪。

MES 集成适时运营跟踪需要进行具体、联合、模块组、总作业模块单元流水线和通用、链接、专用模块单元流水线 CPS 适时模块单元流水线团队和员工运营目标跟踪、运营价值跟踪、运营质量跟踪、流水线跟踪、集成运营管理运作跟踪、企业集成供应链或者服务链管理流程跟踪、团队和员工状态跟踪、企业集成信息平台运作跟踪。由此建立 MES 的具体模块单元、联合模块单元、模块组模块单元、总作业模块单元和通用模块单元、链接模块单元、专用模块单元的 CPS 连续、适时、单一流、均衡、瓶颈运作顺畅的隐形、可变、混合、相似、单一标准作业或者类标准作业流水线的 CPS 适时模块单元流水线团队和员工运营目标跟踪、运营价值跟踪、运营质量跟踪、流水线跟踪、集成运营管理运作跟踪、企业集成供应链或者服务链管理流程跟踪、团队和员工状态跟踪、企业集成信息平台运作跟踪，体现企业集成模块单元流水线延迟策略和强化延迟策略运作的适时运营跟踪。

CPS 适时模块单元流水线可视化就是通过各种形式将 CPS 适时模块单元流水线运作显示出来以便管理的一种管理手段。CPS 适时模块单元流水线可视化不仅能提高 CPS 适时模块单元流水线问题解决能力，而且可以缩短问题解决的过程。CPS 适时模块单元流水线可视化包括 CPS 适时模块单元流水线运营现场可视化、运营作业间传递信息可视化、运营数据可视化、运营信息可视化。CPS 适时模块单元流水线运营现场可视化可以真实地再现 CPS 适时模块单元流水线运作情况，观察 CPS 适时模块单元流水线运作的全貌和细节。CPS 适时模块单元流水线可视化可以将 MES 集成适时运营跟踪可视化的方式体现出来，体现企业集成模块单元流水线延迟策略和强化延迟策略运作可视化。

CPS 适时模块单元流水线运营现场可视化可以将 CPS 适时模块单元流水线运营状态跟踪可视化。具体体现为具体、联合、模块组、总作业模块单元和通用、链接、专用模块单元的 CPS 连续、适时、单一流、均衡、瓶颈运作顺畅的隐形、可变、混合、相似、单一标准作业或者类标准作业流水线的即时运营状态、等待状态和 CPS 适时模块单元流水线模块品目、运营人员、运营设备、运营检验设备、运营工具、运营能源、运营环境、看板、智能传感器、智能控制器、计算机网络、可视化显示装置的即时运营状态、等待状态的运营现场可视化。体现为 CPS 适时模块单元流水线模块品目输送状态运营现场可视化。体现为 CPS 适时模块单元流水线模块品目储存状态运营现场可视化。体现为具体、联合、模块组、总作业模块单元和通用、链接、专用模块单元的 CPS 连续、适时、单一流、均衡、瓶颈运作顺畅的隐形、可变、混合、相似、单一标准作业或者类标准作业流水线返工状态和 CPS 适时模块单元流水线模块品目返工状态运营现场可视化。体现为具体、联合、模块组、总作业模块单元和通用、链接、专用模块单元的 CPS 连续、适时、单一流、均衡、瓶颈运作顺畅的隐形、可变、混合、相似、单一标准作业或者类标准作业流水线维修状态和 CPS 适时模块单元流水线运营设备、运营检验设备、运营工具、看板、智能传感器、智能控制器、计算机网络、可视化显示装置维修状态运营现场可视化。体现为具体模块单元、联合模块单元、模块组模块单元、总作业模块单元和通用模块单元、链接模块单元、专用模块单元的 CPS 连续、适时、单一流、均衡、瓶颈运作顺畅的隐形、可变、混合、相似、单一标准作业或者类标准作业流水线报废状态和 CPS 适时模块单元流水线模块品目、运营设备、运营检验设备、运营工具、看板、智能传感器、智能控制器、计算机网络、可视化显示装置报废状态运营现场可视化。团队和员工工作状态的可视化，体现企业集成模块单元流水线延迟策略和强化延迟策略运作的运营现场可视化。

CPS 适时模块单元流水线运营作业间传递信息可视化体现为 CPS 适时模块单元流水线作业内看板可视化、作业间看板可视化、外协看板可视化、链接看板可视化、临时看板可视化、企业集成信息平台可视化、企业集成 MBE 信息平台可视化、企业集成 MES 信息平台可视化、企业集成 ERP 信息平台可视化，体现企业集成模块单元流水线延迟策略和强化延迟策略运作的运营作业间传递信息可视化。

CPS 适时模块单元流水线运营数据可视化可以对 CPS 适时模块单元流水线和供应链或者服务链流程运营运作跟踪运营数据可视化。具体体现团队和员工有形产品运营目标数据可视化、CPS 适时模块单元流水线运营模块单元运作数据可视化、运营精益运作数据可视化、运营智能运作数据可视化、运营模块单元的延迟与精益智能融合运作数据可视化、运营效率数据可视化、企业集成运营作业计划进度数据可视化、模块品目和有形产品合格率数据可视化、模块品目和资源消耗率数据可视化、企业集成供应链运作数据可视化，体现出企业集成模块单元流水线延迟策略和强化延迟策略运作的运营数据可视化。

CPS 适时模块单元流水线运营信息可视化可以对 CPS 适时模块单元流水线运营运作跟踪信息可视化。具体体现团队和员工无形产品运营目标数据可视化、CPS 适时模块单元流水线运营模块单元运作信息可视化、延迟运作信息可视化、运营精益运作信息可视化、运营智能运作信息可视化、运营模块单元的延迟与精益智能融合运作信息可视化、运营管理运作信息可视化、运营效率信息可视化、企业集成运营作业计划进度信息可视化、无形产品合格率和服务满意度信息可视化、资源消耗率信息可视化、企业集成服务链运作信息可视化，体现出企业集成模块单元流水线延迟策略和强化延迟策略运作的运营信息可视化。

CPS 适时模块单元流水线质量与价值运营数据可视化可以对 CPS 适时模块单元流水线运营质量跟踪数据可视化、CPS 适时模块单元流水线运营价值跟踪数据可视化。体现为 CPS 适时具体、联合、模块组、总作业模块单元流水线有形模块品目的几何形状、功能系统、外在、性能系统和容差运营数据可视化。体现为 CPS 适时通用、链接、专用模块单元流水线有形模块品目的几何形状、功能系统、外在、性能系统和容差运营数据可视化。体现为 CPS 适时模块单元流水线模块品目、有形产品质量审核结果运营数据可视化。体现为 CPS 适时模块单元流水线模块品目、有形产品质量问题运营数据可视化。体现为 CPS 适时模块单元流水线模块品目和有形产品质量问题处理运营数据可视化。体现为 CPS 适时模块品目模块单元流水线正向满足顾客需求价值增值运营数据可视化、负向减少过度运营量价值增值运营数据可视化、负向减少等待的浪费价值增值运营数据可视化、负向减少搬运的浪费价值增值运营数据可视化、负向减少运营本身的浪费价值增值运营数据可视化、负向减少库存的浪费价值增值运营数据可视化、负向减少动作的浪费价值增值运营数据可视化、负向减少不良品的浪费价值增值运营数据可视化、负向减少人力资源使用不当的浪费价值增值运营数据可视化。由此体现企业集成模块单元流水线延迟策略和强化延迟策略运作的质量与价值运营数据可视化。

CPS 适时模块单元流水线质量与价值运营信息可视化可以对 CPS 适时模块单元流水线运营质量跟踪信息可视化、CPS 适时模块单元流水线运营价值跟踪信息可视化。体现为 CPS 适时具体模块单元流水线、CPS 适时联合模块单元流水线的信息无形产品功能系统、信息软件模块功能系统、信息软件数据结构功能系统、信息软件接口功能系统、非信息要素功能系统、非信息部分联系功能系统、非信息整体联系功能系统、信息软件功能系统容差、非信息功能系统容差运营信息可视化。体现为 CPS 适时通用模块单元流水线、CPS 适时专用模块单元流水线的信息无形产品功能系统、信息软件模块功能系统、信息软件数据结构功能系统、信息软件接口功能系统、非信息要素功能系统、非信息部分联系功能系统、非信息整体联系功能系统、信息软件功能系统容差、非信息功能系统容差运营信息可视化。体现为 CPS 适时模块单元流水线无形产品质量和服务质量审核结果运营信息可视化。体现为 CPS 适时模块单元流水线无形产品质量、服务质量问题运营信息可视化。体现为 CPS 适时模块单元流水线无形产品质量问题处理运营信息可视化。体现为 CPS 适时额度模块单元流水线正向满足顾客需求价值增值运营信息可视化、CPS 适时额度体现为模块单元流水线负向减少过度运营量价值增值运营信息可视化、CPS 适时额度体现为模块单元流水线负向减少等待的浪费价值增值运营信息可视化、CPS 适时额度模块单元流水线负向减少搬运的浪费价值增值运营信息可视化、CPS 适时额度模块单元流水线负向减少运营本身的浪费价值增值运营信息可视化、CPS 适时额度模块单元流水线负向减少库存的浪费价值增值运营信息可视化、CPS 适时额度模块单元流水线负向减少动作的浪费价值增值运营信息可视化；CPS 适时额度模块单元流水线负向减少不良品的浪费价值增值运营信息可视化、CPS 适时额度模块单元流水线负向减少人力资源使用不当的浪费价值增值运营信息可视化。由此体现企业集成模块单元流水线延迟策略和强化延迟策略运作的质量与价值运营信息可视化。

MES 的 CPS 适时模块单元流水线可视化需要进行 CPS 适时具体、联合、模块组、总作业模块单元流水线和 CPS 适时通用、链接、专用模块单元流水线的 CPS 适时模块单元流水线团队和员工运营目标跟踪、运营价值跟踪、运营质量跟踪、流水线跟踪、集成运营管理运作跟踪、企业集成供应链或者服务链管理流程跟踪、团队和员工状态跟踪、企业集成信息平台运作跟踪的可视化。由此确定 MES 的 CPS 适时模块单元流水线运营现场可视化、运营作业间传递信息可视化、运营运作跟踪运营数据可视化、运营运作跟踪信息可视化、运营质量跟踪数据可视化、运营价值跟踪数据可视化、运营质量跟踪信息可视化、运营价值跟踪信息可视化，体现出企业集成模块单元流水线延迟策略和强化延迟策略运作的模块单元流水线可视化。

顾客接触场内员工服务流程，从员工服务样式、员工服务质量、员工服务数量、员工服务瞬时时间、员工服务顾客感知满足度、员工服务价值和场内员工服务环境、服务氛围顾客感知满足度方面进行顾客接触场内员工服务流程执行的跟踪。顾客接触场内设备服务流程，从设备服务样式、设备服务质量、设备服务数量、设备服务瞬时时间、设备服务顾客感知满足度、设备服务价值和场内设备服务环境、服务氛围顾客感知满足度方面进行顾客接触场内设备服务流程执行的跟踪。顾客接触场外设备服务流程，从设备服务样式、设备服务质量、设备服务数量、设备服务瞬时时间、设备服务顾客感知满足度、设备服务价值和场外服务环境顾客感知满足度方面进行顾客接触场外设备服务流程执行的跟踪。顾客接触场外电子服务流程，从电子服务样式、电子服务质量、电子服务数量、电子服务瞬时时间、电子服务顾客感知满足度、电子服务价值和场外服务的顾客感知满足度方面进行顾客接触场外电子服务流程执行的跟踪。

进行以企业集成基本运营价值链管理流程团队为主的企业集成供应链或者服务链价值链管理流程团队、辅助价值链管理流程团队、支撑价值链管理流程团队、核心运作价值链管理流程团队、企业集成信息平台团队需要围绕每一个团队、每一个员工作业任务、员工运作方式、员工资源分配、员工责任、员工的人际关系、领导和员工的地位的团队宗旨、愿景、价值观、团队效能、团队情绪智力、团队承诺的执行情况跟踪，进行员工作业目标、价值目标、质量目标的执行情况跟踪，体现企业集成模块单元流水线延迟策略和强化延迟策略运作的运营价值链管理流程团队跟踪。进行服务起始关键时刻的顾客与服务环境初始接触关键时刻、顾客与服务氛围初始接触关键时刻、员工与顾客初始接触关键时刻、设备与顾客初始接触关键时刻、电子设备与顾客初始接触关键时刻和服务运作关键时刻的是否接受服务关键时刻、服务价值判断关键时刻、服务反馈关键时刻、是否再次接受服务关键时刻、服务问题关键时刻的有重点的细致的服务跟踪。

制造类企业进行 MES 的 CPS 适时具体、联合、模块组模块单元流水线、总作业模块单元流水线和 CPS 适时通用、链接、专用模块单元的 CPS 适时模块单元流水线团队和员工运营目标跟踪、运营价值跟踪、运营质量跟踪、流水线跟踪、集成运营管理运作跟踪、企业集成供应链管理流程跟踪、团队和员工状态跟踪、企业集成信息平台运作跟踪；进行 CPS 适时模块单元流水线运营现场可视化、运营作业间传递信息可视化、运营运作跟踪运营数据可视化、运营质量跟踪数据可视化、运营价值跟踪数据可视化；进行团队运作跟踪。

服务类企业进行 MES 的 CPS 适时具体、联合、模块组模块单元流水线和 CPS 适时通用、链接、专用模块单元的 CPS 适时模块单元流水线团队和员工运营目标跟踪、运营价值跟踪、运营质量跟踪、流水线跟踪、集成运营管理运作跟踪、企业集成服务链管理流程跟踪、团队和员工状态跟踪、企业集成信息平台运作跟踪；进行 CPS 适时模块单元流水线运营现场可视化、运营作业间传递信息可视化、运营运作跟踪运营数据可视化、运营质量跟踪数据可视化、运营价值跟踪数据可视化；进行团队运作跟踪。

纯服务类企业进行 MES 的 CPS 适时具体、联合模块单元流水线和 CPS 适时通用、专用模块单元的 CPS 适时模块单元流水线团队和员工运营目标跟踪、运营价值跟踪、运营质量跟踪、流水线跟踪、集成运营管理运作跟踪、企业集成服务链管理流程跟踪、团队和员工状态跟踪、企业集成信息平台运作跟踪；进行 CPS 适时模块单元流水线运营现场可视化、运营作业间传递信息可视化、运营运作跟踪信息可视化、运营质量跟踪信息可视化、运营价值跟踪信息可视化；进行团队运作跟踪。

一般纯服务企业员工服务、设备服务、电子服务从员工服务样式、员工服务质量、员工服务数量、员工服务瞬时时间、员工服务顾客感知满足度、员工服务价值和场内员工服务环境、服务氛围顾客感知满足度方面进行跟踪。

（五）MES 集成模块单元适时运营流程效果评价

企业集成适时运营流程效果评价包括企业集成运营目标评价、CPS 适时模块单元流水线运营状态评价、运营作业间传递信息评价、运营运作评价、运营质量评价、运营价值评价。进行集成创新、集成领导、企业集成运营管理流程后拉动、企业集成运营管理价值后拉动评价，进行企业集成效果评价环节的集成运营管理局部环节的延迟策略运作和强化延迟策略运作。

进行以企业集成基本运营价值链管理流程团队为主的企业集成供应链或者服务链价值链管理流程团队、辅助价值链管理流程团队、支撑价值链管理流程团队、核心运作价值链管理流程团队、企业集成信息平台团队需要围绕每一个团队、每一个员工作业任务、员工运作方式、员工资源分配、员工责任、员工的人际关系、领导和员工的地位的团队宗旨、愿景、价值观、团队效能、团队情绪智力、团队承诺的执行情况评价，进行员工作业目标、价值目标、质量目标的执行情况评价，将企业集成运营目标评价环节的集成运营管理局部环节的延迟策略运作和强化延迟策略运作落实到团队和员工。

CPS 适时模块单元流水线运营状态评价包括进行具体、联合、模块组、总作业模块单元和通用、链接、专用模块单元的 CPS 连续、适时、单一流、均衡、瓶颈运作顺畅的隐形、可变、混合、相似、单一标准作业或者类标准作业流水线即时运营状态、等待状态和 CPS 适时模块单元流水线模块品目、运营人员、运营设备、运营检验设备、运营工具、运营能源、运营环境、看板、智能传感器、智能控制器、计算机网络、可视化显示装置即时运营状态、等待状态评价。进行 CPS 适时模块单元流水线模块品目输送状态评价。进行 CPS 适时模块单元流水线模块品目储存状态运营评价。进行具体、联合、模块组、总作业模块单元和通用、链接、专用模块单元的 CPS 连续、适时、单一流、均衡、瓶颈运作顺畅的隐形、可变、混合、相似、单一标准作业或者类标准作业流水线返工状态和 CPS 适时模块单元流水线模块品目返工状态评价。进行具体、联合、模块组、总作业模块单元和通用、链接、专用模块单元的 CPS 连续、适时、单一流、均衡、瓶颈运作顺畅的隐形、可变、混合、相似、单一标准作业或者类标准作业流水线维修状态和 CPS 适时模块单元流水线运营设备、运营检验设备、运营工具、看板、智能传感器、智能控制器、计算机网络、可视化显示装置维修状态评价。进行具体、联合、模块组、总作业模块单元和通用、链接、专用模块单元的 CPS 连续、适时、单一流、均衡、瓶颈运作顺畅的隐形、可变、混合、相似、单一标准作业或者类标准作业流水线报废状态和 CPS 适时模块单元流水线模块品目、运营设备、运营检验设备、运营工具、看板、智能传感器、智能控制器、计算机网络、可视化显示装置报废状态评价。进行团队和员工工作状态的评价。由此,进行 CPS 适时模块单元流水线运营状态评价环节的集成运营管理局部环节的延迟策略运作和强化延迟策略运作。

进行具体模块单元、联合模块单元、模块组模块单元、总作业模块单元的通用模块单元、链接模块单元、专用模块单元各类流水线,具体模块单元、联合模块单元、模块组模块单元、总作业模块单元的流水线的通用、链接、专用部分和之间衔接部分,整体和局部模块单元混合流水线通用、链接、专用部分和之间衔接部分需要作业间融合与作业中融合延迟策略和强化延迟策略运营活动评价,进行单一流作业中融合延迟策略和强化延迟策略运营活动评价,进行单一流延迟策略和强化延迟策略作业与后拉动流程、后拉动价值融合评价,进行单一流延迟策略和强化延迟策略、后拉动流程、后拉动价值作业与智能运作融合评价,进行单一流延迟策略和强化延迟策略、后拉动流程、后拉动价值、智能融合作业评价。

CPS 适时模块单元流水线运营作业间传递信息评价包括进行 CPS 适时模块单元流水线作业内看板评价、作业间看板可视化外协看板评价、链接看板可视化临时看板评价、企业集成信息平台评价、企业集成 MBE 信息平台评价、企业集成 MES 信息平台评价、企业集成 ERP 信息平台评价,进行 CPS 适时模块单元流水线运营作业间传递信息评价环节的集成运营管理局部环节的延迟策略运作和强化延迟策略运作。

CPS 适时模块单元流水线运营运作数据评价包括进行 CPS 适时模块单元流水线运营模块单元运作数据评价、运营延迟策略运作数据评价、运营精益运作数据评价、运营智能运作数据评价、运营模块单元的延迟和精益智能融合运作数据评价、运营效率数据评价、企业集成运营作业计划进度数据评价、模块品目和有形产品合格率数据评价、模块品目和资源消耗率数据评价、企业集成供应链运作数据评价,进行 CPS 适时模块单元流水线运营运作数据评价环节的集成运营管理局部环节的延迟策略运作和强化延迟策略运作。

CPS 适时模块单元流水线运营信息评价包括进行 CPS 适时模块单元流水线运营模块单元运作信息评价、运营延迟策略运作信息评价、运营精益运作信息评价、运营智能运作信息评价、运营模块单元延迟与精益智能融合运作信息评价、运营效率信息评价、企业集成运营作业计划进度信息评价、无形产品合格率和服务满意度信息评价、资源消耗率信息评价、企业集成服务链运作信息评价,进行 CPS 适时模块单元流水线运营信息评价环节的集成运营管理局部环节的延迟策略运作和强化延迟策略运作。

CPS 适时模块单元流水线运营质量数据评价包括进行 CPS 适时具体、联合、模块组、总作业模块单元流水线有形模块品目的几何形状、功能系统、外在、性能系统和容差运营数据评价。进行 CPS 适时通用、链接、专用模块单元流水线有形模块品目的几何形状、功能系统、外在、性能系统和容差运营数据评价。进行 CPS 适时模块单元流水线模块品目、有形产品质量运营数据评价。进行 CPS 适时模块单元流水线运营质量数据评价环节的集成运营管理局部环节的延迟策略运作和强化延迟策略运作。

CPS 适时模块单元流水线运营价值数据评价包括进行 CPS 适时模块品目模块单元流水线正向满足顾客需求价值增值运营数据评价、负向减少过度运营量价值增值运营数据评价、负向减少等待的浪费价值增值运营数据评价、负向减少搬运的浪费价值增值运营数据评价、负向减少运营本身的浪费价值增值运营数据评价、负向减少库存的浪费价值增值运营数据评价、负向减少动作的浪费价值增值运营数据评价、负向减少不良品的浪费价值增值运营数据评价、负向减少人力资源使用不当的浪费价值增值运营数据评价，进行 CPS 适时模块单元流水线运营价值数据评价环节的集成运营管理局部环节的延迟策略运作和强化延迟策略运作。

CPS 适时模块单元流水线运营质量信息评价包括进行 CPS 适时具体模块单元流水线、CPS 适时联合模块单元流水线的信息无形产品功能系统、信息软件模块功能系统、信息软件数据结构功能系统、信息软件接口功能系统、非信息要素功能系统、非信息部分联系功能系统、非信息整体联系功能系统、信息软件功能系统容差、非信息功能系统容差运营信息评价。进行 CPS 适时通用模块单元流水线、CPS 适时专用模块单元流水线的信息无形产品功能系统、信息软件模块功能系统、信息软件数据结构功能系统、信息软件接口功能系统、非信息要素功能系统、非信息部分联系功能系统、非信息整体联系功能系统、信息软件功能系统容差、非信息功能系统容差运营信息评价。进行 CPS 适时模块单元流水线无形产品质量和服务质量运营信息评价，进行 CPS 适时模块单元流水线运营质量信息评价环节的集成运营管理局部环节的延迟策略运作和强化延迟策略运作。

CPS 适时模块单元流水线运营价值信息评价包括进行 CPS 适时额度模块单元流水线正向满足顾客需求价值增值运营信息评价、负向减少过度运营量价值增值运营信息可视化评价、负向减少等待的浪费价值增值运营信息评价、负向减少搬运的浪费价值增值运营信息评价、负向减少运营本身的浪费价值增值运营信息评价、负向减少库存的浪费价值增值运营信息评价、负向减少动作的浪费价值增值运营信息评价、负向减少不良品的浪费价值增值运营信息评价、负向减少人力资源使用不当的浪费价值增值运营信息评价，进行 CPS 适时模块单元流水线运营价值信息评价环节的集成运营管理局部环节的延迟策略运作和强化延迟策略运作。

企业集成适时运营流程效果评价从需要采取措施的时间可分为即刻调整评价和时期调整评价。即刻调整评价是经过对评价对象评价后需要立刻进行调整的评价。时期调整评价是对评价对象评价后需要一段时期调整的评价。即刻调整评价和时期调整评价可以采用网络层次评价法、模糊综合评价法、数据包络评价法、灰色综合评价法进行评价。CPS 适时模块单元流水线运营状态评价一般采用即刻调整评价方法，需要评价后，即刻进行 CPS 适时模块单元流水线运营状态调整；CPS 适时模块单元流水线运营运作评价、运营质量评价、CPS 运营价值评价一般采用时期调整评价法，评价后需要对 CPS 适时模块单元流水线运营运作、运营质量、运营价值进行系统的一段时期的调整，进行即刻调整评价和时期调整评价环节的集成运营管理局部环节的延迟策略运作和强化延迟策略运作。

顾客接触场内员工服务流程，从员工服务样式、员工服务质量、员工服务数量、员工服务瞬时时间、员工服务顾客感知满足度、员工服务价值和场内员工服务环境、服务氛围顾客感知满足度方面进行顾客接触场内员工服务流程执行的评价。顾客接触场内设备服务流程，从设备服务样式、设备服务质量、设备服务数量、设备服务瞬时时间、设备服务顾客感知满足度、设备服务价值和场内设备服务环境、服务氛围顾客感知满足度方面进行顾客接触场内设备服务流程执行的评价。顾客接触场外设备服务流程，从设备服务样式、设备服务质量、设备服务数量、设备服务瞬时时间、设备服务顾客感知满足度、设备服务价值和场外服务环境顾客感知满足度方面进行顾客接触场外设备服务流程执行的评价。顾客接触场外电子服务流程，从电子服务样式、电子服务质量、电子服务数量、电子服务瞬时时间、电子服务顾客感知满足度、电子服务价值和场外服务的顾客感知满足度方面进行顾客接触场外电子服务流程执行的评价。

进行评价时，顾客接触场内员工服务流程、场内设备服务流程、场外设备服务流程、场外电子服务流程的服务样式、服务质量、服务数量、服务瞬时时间、顾客感知满足度、服务价值和服务环境、服务氛围顾客感知满足度不但需要从显性的表现进行评价，还需要从顾客心理和行为出发，根据顾客的态度，进行评价。进行服务起始关键时刻的顾客与服务环境初始接触关键时刻、顾客与服务氛围初始接触关键时刻、员工与顾客初始接触关键时刻、设备与顾客初始接触关键时刻、电子设备与顾客初始接触关键时刻和服务运作关键时刻的是否接受服务关键时刻、服务价值判断关键时刻、服务反馈关键时刻、是否再次接受服务关键时刻、服务问题关键时刻的有重点的细致服务评价。

MES 集成适时运营流程效果评价需要进行 CPS 适时具体、联合、模块组、总作业模块单元流水线和 CPS 适时通用、链接、专用模块单元流水线的 CPS 适时模块单元流水线运营状态评价、运营运作评价、运营质量评价、运营价值评价。由此确定 MES 的 CPS 适时模块单元流水线运营状态评价、运营运作数据评价、运营信息评价、运营质量数据评价、运营价值数据评价、运营质量信息评价、运营价值信息评价、即刻调整评价和时期调整评价；进行顾客接触服务流程服务评价。

制造类企业 MES 集成适时制造流程效果评价需要进行 CPS 适时具体、联合、模块组、总作业模块单元流水线和 CPS 适时通用、链接、专用模块单元流水线的 CPS 适时模块单元流水线制造状态评价、制造运作评价、制造质量评价、制造价值评价。由此确定 MES 的 CPS 适时模块单元流水线制造状态评价、制造运作数据评价、制造质量数据评价、制造价值数据评价、即刻调整评价和时期调整评价；进行团队运作评价。

服务类企业 MES 集成适时服务流程效果评价需要进行 CPS 适时具体、联合、模块组模块单元流水线和 CPS 适时通用、链接、专用模块单元流水线的 CPS 适时模块单元流水线服务状态评价、服务运作评价、服务质量评价、服务价值评价。由此确定 MES 的 CPS 适时模块单元流水线服务状态评价、服务运作数据评价、服务质量数据评价、服务价值数据评价、即刻调整评价和时期调整评价；进行团队运作评价。

纯服务类企业 MES 集成适时服务流程效果评价需要进行 CPS 适时具体、联合模块单元流水线和 CPS 适时通用模块单元流水线、专用模块单元流水线的 CPS 适时模块单元流水线服务状态评价、服务运作评价、服务质量评价、服务价值评价。由此确定 MES 的 CPS 适时模块单元流水线服务状态评价、服务信息评价、服务质量信息评价、服务价值信息评价、即刻调整评价和时期调整评价；进行团队运作评价。

一般纯服务企业员工服务、设备服务、电子服务从员工服务样式、员工服务质量、员工服务数量、员工服务瞬时时间、员工服务顾客感知满足度、员工服务价值和场内员工服务环境、服务氛围顾客感知满足度方面进行评价。

（六）MES 集成模块单元适时运营反馈与调整

企业集成适时运营流程反馈与调整包括企业集成运营目标评价即刻反馈与调整、CPS 适时模块单元流水线运营状态评价即刻反馈与调整、CPS 适时模块单元流水线运营运作评价时期反馈与调整、CPS 适时模块单元流水线运营质量评价时期反馈与调整、CPS 适时模块单元流水线运营价值评价反馈与调整，对企业集成反馈与调整进行集成创新、集成领导的企业集成运营管理流程后拉动、企业集成运营管理价值后拉动调整，进行企业集成反馈与调整环节的集成运营管理局部环节的延迟策略运作和强化延迟策略运作。

根据员工作业目标、价值目标、质量目标完成情况，以企业集成基本运营价值链管理流程团队为主的企业集成供应链或者服务链价值链管理流程团队、辅助价值链管理流程团队、支撑价值链管理流程团队、核心运作价值链管理流程团队、企业集成信息平台团队需要围绕每一个团队、每一个员工作业任务、员工运作方式、员工资源分配、员工责任、员工的人际关系、领导和员工的地位运作的团队宗旨、愿景、价值观、团队效能、团队情绪智力、团队承诺方面进行调整，促进员工作业目标、价值目标、质量目标实现，将企业集成运营目标评价即刻反馈与调整环节的集成运营管理延迟策略运作和强化延迟策略运作落实到团队和员工。

CPS 适时模块单元流水线运营状态评价即刻反馈与调整包括进行具体模块单元、联合模块单元、模块组模块单元、总作业模块单元和通用模块单元、链接模块单元、专用模块单元的 CPS 连续、适时、单一流、均衡、瓶颈运作顺畅的隐形、可变、混合、相似、单一标准作业或者类标准作业流水线即时运营状态、等待状态和 CPS 适时模块单元流水线模块品目、运营人员、运营设备、运营检验设备、运营工具、运营能源、运营环境、看板、智能传感器、智能控制器、计算机网络、可视化显示装置即时运营状态、等待状态评价即刻反馈与调整。进行 CPS 适时模块单元流水线模块品目输送状态评价即刻反馈与调整。进行 CPS 适时模块单元流水线模块品目储存状态运营评价即刻反馈与调整。进行具体模块单元、联合模块单元、模块组模块单元、总作业模块单元和通用模块单元、链接模块单元、专用模块单元的 CPS 连续、适时、单一流、均衡、瓶颈运作顺畅的隐形、可变、混合、相似、单一标准作业或者类标准作业流水线返工状态和 CPS 适时模块单元流水线模块品目返工状态评价即刻反馈与调整。进行具体模块单元、联合模块单元、模块组模块单元、总作业模块单元和通用模块单元、链接模块单元、专用模块单元的 CPS 连续、适时、单一流、均衡、瓶颈运作顺畅的隐形、可变、混合、相似、单一标准作业或者类标准作业流水线维修状态和 CPS 适时模块单元流水线运营设备、运营检验设备、运营工具、看板、智能传感器、智能控制器、计算机网络、可视化显示装置维修状态评价即刻反馈与调整。进行具体模块单元、联合模块单元、模块组模块单元、总作业模块单元和通用模块单元、链接模块单元、专用模块单元的 CPS 连续、适时、单一流、均衡、瓶颈运作顺畅的隐形、可变、混合、相似、单一标准作业或者类标准作业流水线报废状态和 CPS 适时模块单元流水线模块品目、运营设备、运营检验设备、运营工具、看板、智能传感器、智能控制器、计算机网络、可视化显示装置报废状态评价即刻反馈与调整。对团队和员工工作状态的评价即刻反馈与调整，进行 CPS 适时模块单元流水线运营状态评价即刻反馈与调整环节的集成运营管理局部环节的延迟策略运作和强化延迟策略运作。

进行具体模块单元、联合模块单元、模块组模块单元、总作业模块单元的通用模块单元、链接模块单元、专用模块单元各类流水线，具体模块单元、联合模块单元、模块组模块单元、总作业模块单元的流水线的通用、链接、专用部分和之间衔接部分反馈与调整，进行整体和局部模块单元混合流水线通用、链接、专用部分和之间衔接部分需要作业间融合、作业中融合延迟策略和强化延迟策略运营活动反馈与调整，进行单一流作业中融合延迟策略和强化延迟策略运营活动反馈与调整，进行单一流延迟策略和强化延迟策略作业与后拉动流程、后拉动价值融合反馈与调整，进行单一流延迟策略和强化延迟策略、后拉动流程、后拉动价值作业和智能运作融合反馈与调整，进行单一流延迟策略和强化延迟策略、后拉动流程、后拉动价值、智能融合作业反馈与调整。

CPS 适时模块单元流水线运营作业间传递信息评价即刻反馈与调整包括 CPS 适时模块单元流水线作业内看板评价即刻反馈与调整、作业间看板可视化外协看板评价即刻反馈与调整、链接看板可视化临时看板评价即刻反馈与调整、企业集成信息平台评价即刻反馈与调整、企业集成 MBE 信息平台评价即刻反馈与调整、企业集成 MES 信息平台评价即刻反馈与调整、企业集成 ERP 信息平台评价即刻反馈与调整，进行 CPS 适时模块单元流水线运营作业间传递信息评价即刻反馈与调整环节的集成运营管理局部环节的延迟策略运作和强化延迟策略运作。

CPS 适时模块单元流水线运营运作数据评价时期反馈与调整包括 CPS 适时模块单元流水线运营模块单元运作数据评价时期反馈与调整、运营延迟策略运作数据评价时期反馈与调整、运营精益运作数据评价时期反馈与调整、运营智能运作数据评价时期反馈与调整、运营模块单元延迟和精益智能融合运作数据评价时期反馈与调整、运营效率数据评价时期反馈与调整、企业集成运营作业计划进度数据评价时期反馈与调整、模块品目和有形产品合格率数据评价时期反馈与调整、模块品目和资源消耗率数据评价时期反馈与调整、企业集成供应链运作数据评价时期反馈与调整，进行 CPS 适时模块单元流水线运营运作数据评价时期反馈与调整环节的集成运营管理局部环节的延迟策略运作和强化延迟策略运作。

CPS 适时模块单元流水线运营信息评价时期反馈与调整包括 CPS 适时模块单元流水线运营模块单元运作信息评价时期反馈与调整、运营延迟策略运作信息评价时期反馈与调整、运营精益运作信息评价时期反馈与调整、运营智能运作信息评价时期反馈与调整、运营模块单元延迟和精益智能融合运作信息评价时期反馈与调整、运营效率信息评价时期反馈与调整、企业集成运营作业计划进度信息评价时期反馈与调整、无形产品合格率和服务满意度信息评价时期反馈与调整、资源消耗率信息评价时期反馈与调整、企业集成服务链运作信息评价时期反馈与调整，进行 CPS 适时模块单元流水线运营信息评价时期反馈与调整环节的集成运营管理局部环节的延迟策略运作和强化延迟策略运作。

CPS 适时模块单元流水线运营质量数据评价时期反馈与调整包括体现为 CPS 适时具体、联合、模块组、总作业模块单元流水线有形模块品目的几何形状、功能系统、外在、性能系统和容差运营数据评价时期反馈与调整；CPS 适时通用、链接、专用模块单元流水线有形模块品目的几何形状、功能系统、外在、性能系统和容差运营数据评价时期反馈与调整。CPS 适时模块单元流水线模块品目、有形产品质量运营数据评价时期反馈与调整，进行 CPS 适时模块单元流水线运营质量数据评价时期反馈与调整环节的集成运营管理局部环节的延迟策略运作和强化延迟策略运作。

CPS 适时模块单元流水线运营价值数据评价时期反馈与调整包括 CPS 适时模块品目模块单元流水线正向满足顾客需求价值增值运营数据评价时期反馈与调整、负向减少过度运营量价值增值运营数据评价时期反馈与调整、负向减少等待的浪费价值增值运营数据评价时期反馈与调整、负向减少搬运的浪费价值增值运营数据评价时期反馈与调整、负向减少运营本身的浪费价值增值运营数据评价时期反馈与调整、负向减少库存的浪费价值增值运营数据评价时期反馈与调整、负向减少动作的浪费价值增值运营数据评价负向减少不良品的浪费价值增值运营数据评价时期反馈与调整、负向减少人力资源使用不当的浪费价值增值运营数据评价时期反馈与调整，进行 CPS 适时模块单元流水线运营价值数据评价时期反馈与调整环节的集成运营管理局部环节的延迟策略运作和强化延迟策略运作。

CPS 适时模块单元流水线运营质量信息评价时期反馈与调整包括进行 CPS 适时具

体模块单元流水线、CPS 适时联合模块单元流水线的信息无形产品功能系统、信息软件模块功能系统、信息软件数据结构功能系统、信息软件接口功能系统、非信息要素功能系统、非信息部分联系功能系统、非信息整体联系功能系统、信息软件功能系统容差、非信息功能系统容差运营信息评价时期反馈与调整。进行 CPS 适时通用模块单元流水线、CPS 适时专用模块单元流水线的信息无形产品功能系统、信息软件模块功能系统、信息软件数据结构功能系统、信息软件接口功能系统、非信息要素功能系统、非信息部分联系功能系统、非信息整体联系功能系统、信息软件功能系统容差、非信息功能系统容差运营信息评价时期反馈与调整。进行 CPS 适时模块单元流水线无形产品质量和服务质量运营信息评价时期反馈与调整，进行 CPS 适时模块单元流水线运营质量信息评价时期反馈与调整环节的集成运营管理局部环节的延迟策略运作和强化延迟策略运作。

CPS 适时模块单元流水线运营价值信息评价时期反馈与调整包括 CPS 适时额度模块单元流水线正向满足顾客需求价值增值运营信息评价时期反馈与调整、负向减少过度运营量价值增值运营信息可视化评价时期反馈与调整、负向减少等待的浪费价值增值运营信息评价时期反馈与调整、负向减少搬运的浪费价值增值运营信息评价时期反馈与调整、负向减少运营本身的浪费价值增值运营信息评价时期反馈与调整、负向减少库存的浪费价值增值运营信息评价时期反馈与调整、负向减少动作的浪费价值增值运营信息评价时期反馈与调整、负向减少不良品的浪费价值增值运营信息评价时期反馈与调整、负向减少人力资源使用不当的浪费价值增值运营信息评价时期反馈与调整，进行 CPS 适时模块单元流水线运营价值信息评价时期反馈与调整环节的集成运营管理局部环节的延迟策略运作和强化延迟策略运作。

MES 集成适时运营流程效果评价反馈与调整需要进行 CPS 适时具体、联合、模块组、CPS 适时总作业模块单元流水线和 CPS 适时通用、链接、专用模块单元流水线的 CPS 适时模块单元流水线运营状态评价即刻反馈与调整、运营运作评价时期反馈与调整、运营质量评价时期反馈与调整、运营价值评价时期反馈与调整。由此确定 MES 的 CPS 适时模块单元流水线运营状态评价即刻反馈与调整运营运作数据评价时期反馈与调整、运营信息评价时期反馈与调整、运营质量数据评价时期反馈与调整、运营价值数据评价时期反馈与调整、运营质量信息评价时期反馈与调整、运营价值信息评价时期反馈与调整、即刻调整评价和时期调整评价时期反馈与调整。

有顾客接触的 MES 集成适时服务流程效果评价不论是即刻反馈与调整还是时期反馈与调整，都需要更为及时的服务补救。服务补救需要便于顾客意见反馈，增加特定的免费电话、网站链接，分支机构显眼的地方设置顾客评论簿。企业对顾客进行服务补救应当是积极主动的，能充分认识自身服务的不足，积极地采取各种措施进行服务补救；服务补救需要进行预先规划，进行服务时需要具备服务失败的补救预案，遇到服务失败后能够迅速地采取有效措施，进行服务补救；服务补救必须教授服务补救的技巧，服务人员需要深刻体谅服务失败后顾客的心理，按照顾客愿意接受的方式进行服务补救；服务补救需要给予员工授权，因为一线的员工能够明确所需要的服务补救方式和所需要采用的方法。服务失败后的有效补救不仅能够维持顾客满意，甚至还能将满意提升到更高的水平（曹忠鹏，2012）。服务补救措施不仅存在当期影响，还存在长期影响（杨洋和方正，2013），进行有顾客接触的 MES 集成适时服务流程效果评价不论是即刻反馈与调整的整体环节，还是局部环节，都需进行延迟策略运作和强化延迟策略运作。

服务补救方法的逐件处理法强调顾客的投诉各不相同。这种方法容易执行且成本较低，但有一定随意性，随意性会产生不公平。系统响应法使用规定来处理顾客投诉。由于采用了识别关键失败点和优先选择适当补偿标准这一计划性方法，比逐件处理法更可靠。只要响应规定不断更新，这种方法就非常有益，因为它提供了一致和及时的响应。早期干预法是系统响应法的另一项内容，它试图在影响顾客以前干预和解决服务流程问题。替代品服务补救法通过提供替代品服务补救，从而利用竞争者的错误去赢得其顾客。有时，处于竞争中的企业支持这种做法。

服务补救需要针对场内员工服务流程、场内设备服务流程、场外设备服务流程、场外电子服务流程不同特性和实际进行服务补救。场内员工服务流程需要注重员工本身服务，注重员工对顾客心理和行为分析缺失的补救，注重员工与顾客互动缺失的补救，注重员工细致服务缺失补救。场内设备服务流程注重设备的先进性缺失的补救，注重设备对顾客需求反应缺失的补救，注重员工衔接缺失的补救。场外设备服务流程注重设备的先进性缺失的补救，注重设备对顾客需求反应缺失的补救，注重设备安全性缺失补救。场外电子服务流程注重网络的先进性缺失的补救，注重网络对顾客需求反应缺失的补救，注重网络反应速度缺失补救，注重网络安全性缺失补救。

企业集成运营流程组织需要针对企业集成模块单元流水线的衔接环节重点进行组织，根据企业模块单元流水线之间的衔接环节，进行 MES 集成适时运营调度。注重衔接环节 CPS 和精益融入，注重模块单元流水线衔接环节的模块品目、工具、作业单据的整理、整顿、清扫、安全、清洁和提升人的素养。注重衔接环节适时 CPS 适时运营状态跟踪、CPS 适时运营运作跟踪、CPS 适时运营质量跟踪、CPS 适时运营价值跟踪。注重衔接环节 CPS 适时运营状态评价、CPS 适时运营运作评价、CPS 适时运营质量评价、CPS 适时运营价值评价。注重衔接环节 CPS 适时运营状态评价即刻反馈与调整、CPS 适时运营运作评价时期反馈与调整、CPS 适时运营质量评价时期反馈与调整、CPS 适时运营价值评价反馈与调整。企业集成模块单元流水线衔接环节如表6-1-1所示。

表6-1-1　企业集成模块单元流水线衔接环节

具体模块单元	可变流水线	通用模块单元	链接模块单元	链接模块单元	专用模块单元
		相似流水线	相似流水线	相似流水线	相似流水线
	衔接	衔接		衔接	
联合模块单元	混合流水线	通用模块单元	链接模块单元	链接模块单元	专用模块单元
		相似流水线	相似流水线	相似流水线	可变流水线
	衔接	衔接		衔接	

模块组 模块单元	混合流水线	通用模块单元	链接模块单元	链接模块单元	专用模块单元
		单一流水线	单一流水线	单一流水线	混合流水线
	衔接	衔接		衔接	
总作业 模块单元	相似流水线	通用模块单元	链接模块单元	链接模块单元	专用模块单元
		单一流水线	单一流水线	单一流水线	相似流水线
	衔接	衔接		衔接	
整体模块单元	混合流水线	具体模块单元	联合模块单元	联合模块单元	模块组模块单元
		可变	混合流水线	混合流水线	混合流水线
		衔接		衔接	
		模块组模块单元	总作业模块单元		
		混合流水线	相似流水线		
		衔接			

　　按照精致的运作方式圆满完成具有竞争力的计划运作，将完美的做事风格渐渐当成自身所需要的做事风格，形成良好的行为习惯。团队中的员工每天的作业每天完成，运用信息化手段，根据每一个作业目标，运用衡量的标准，衡量完成作业明确的进度、完成任务的数量、完成任务的价值，衡量出每一员工作业的薄弱环节，针对所出现的问题，找出解决问题的各种方法，不断解决问题，不断提升员工价值创造的能力。

　　制造类企业 MES 集成适时制造流程效果评价反馈与调整需要进行 CPS 适时具体、联合、模块组、总作业模块单元流水线和 CPS 适时通用、链接、专用模块单元流水线的 CPS 适时模块单元流水线制造状态评价时期反馈与调整、制造运作评价时期反馈与调整、制造质量评价时期反馈与调整、制造价值评价时期反馈与调整。由此确定 MES 的 CPS 适时模块单元流水线制造状态评价时期反馈与调整、制造运作数据评价时期反馈与调整、制造质量数据评价时期反馈与调整；进行团队运作调整。

　　服务类企业 MES 集成适时服务流程效果评价反馈与调整需要进行 CPS 适时具体、联合、模块组模块单元流水线和 CPS 适时通用、链接、专用模块单元流水线的 CPS 适时模块单元流水线服务状态评价即刻反馈与调整、服务运作评价时期反馈与调整、服务质量评价时期反馈与调整、服务价值评价时期反馈与调整。由此确定 MES 的 CPS 适时模块单元流水线服务状态评价即刻反馈与调整、服务运作数据评价时期反馈与调整、服务质量数据评价时期反馈与调整、服务价值数据评价时期反馈与调整；进行团队运作调整。

　　纯服务类企业 MES 集成适时服务流程效果评价反馈与调整需要进行 CPS 适时具体、联合模块单元流水线和 CPS 适时通用、专用模块单元流水线的 CPS 适时模块单元流水线服务状态评价即刻反馈与调整、服务运作评价时期反馈与调整、服务质量评价时期反馈与调整、服务价值评价时期反馈与调整。由此确定 MES 的 CPS 适时模块单元流水线服务状态评价即刻反馈与调整、服务信息评价时期反馈与调整、服务质量信息评价时期反馈与调整、服务价值信息评价时期反馈与调整；进行团队运作调整。

一般纯服务类企业 MES 集成适时服务流程效果评价反馈与调整中需要注重服务失败后的补救，采取各种措施进行服务补救。

制造类企业、服务类企业、纯服务类企业 MES 企业集成基本运营流程组织与控制流程如图 6 - 1 - 1 至图 6 - 1 - 3 所示。

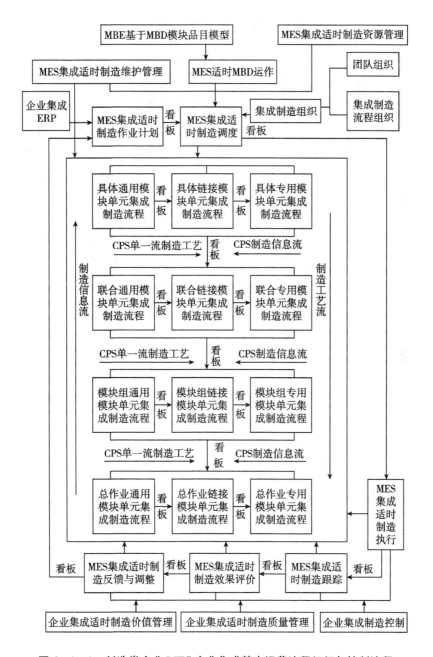

图 6 - 1 - 1 制造类企业 MES 企业集成基本运营流程组织与控制流程

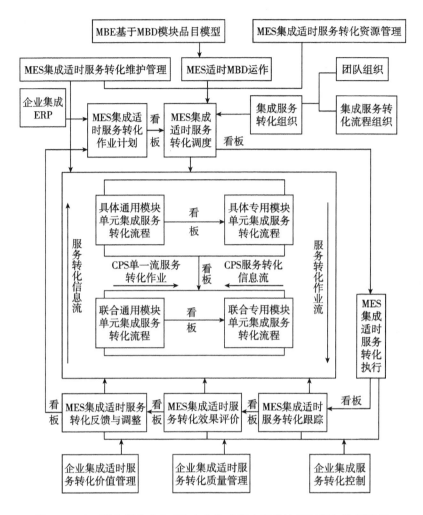

图 6 - 1 - 2 服务类企业 MES 企业集成基本运营流程组织与控制流程

第二节 企业集成模块单元流水线组织与调度

一、企业集成模块单元流水线组织

（一）确定 CPS 适时运营单一流模块单元流水线精益与智能运作

进行模块单元流水线的价值流分析，确定模块单元流水线的价值流，使模块单元

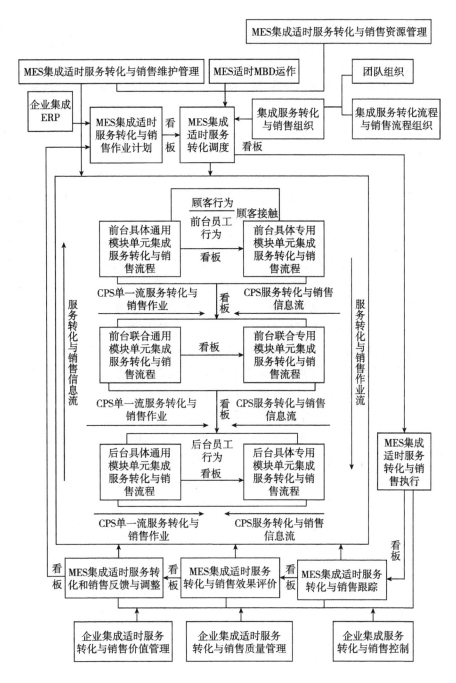

图6-1-3　纯服务类企业MES企业集成基本运营流程组织与控制流程

流流水线按照价值流要求进行运作。确定具体模块单元、联合模块单元、模块组模块单元、总作业模块单元不同层次流水线组成的各类整体的流水线，确定每一个流水线的作业，每一个作业都是模块单元流水线运作的基础（精益界，2015）；确定这些不同层次流水线的作业顺序，由此形成不同层次整体的单一流流水线作业顺序。确定具体模块单元、联合模块单元、模块组模块单元、总作业模块单元内的流水线，确定这些模块单元流水线的作业顺序，由此形成了不同层次模块单元的单一流流水线作业顺序。将这些模块单元流水线与通用模块单元、链接模块单元、专用模块单元流水线整合起来，形成企业集成运营模块单元流水线作业顺序。普通的消费者可以用一种新的方式与提供商合作，把很多服务组合成几个模块，使各方都能够减少麻烦和成本（沃迈克和琼斯，2014）。

确定整体模块单元流水线、不同层次模块单元流水线和通用模块单元、链接模块单元、专用模块单元流水线的后拉动作业，形成后拉动作业的信息与作业顺序相反的精益运作的单一流流水线运作。需要对整体模块单元流水线、不同层次模块单元流水线和通用模块单元、链接模块单元、专用模块单元流水线的每一个作业进行价值后拉动，确定每一个作业和作业的团队、员工的价值增值。确定模块单元整体流水线单一流、具体模块单元流水线单一流、联合模块单元流水线单一流、模块组模块单元流水线单一流、总作业模块单元流水线单一流和通用模块单元流水线单一流、链接模块单元流水线单一流、专用模块单元流水线单一流。确定模块单元流水线设备和工装快速切换方式；确定模块单元流水线内和之间的员工协作方式；确定流水线防错技术；确定模块单元流水线看板运作方式，使看板清楚地传递各种信息；确定模块单元流水线可视化运作。通过整条供应链的可见性、协作性和连通性、仓库自动化、电子数据捕捉和货物的全球跟踪，供应链中的浪费将减少（麦耶森，2014）。

将企业集成运营管理模块单元 CPS 链接管理流程、CPS 分析管理流程、CPS 网络管理流程、CPS 认知管理流程、CPS 配置与执行管理流程的设备智能视觉运作、智能听觉运作、智能嗅觉运作、智能语言运作、智能动作运作融入整体模块单元流水线、不同层次模块单元流水线和通用模块单元、链接模块单元、专用模块单元流水线的后拉动作业之中，确定模块单元流水线的精益、智能运作的作业，进行模块单元流水线延迟策略和强化延迟策略运作的延伸。

进行独立模块单元各种流水线的延迟策略和强化延迟策略、后拉动流程、后拉动价值、智能的运营活动融合。进行具体模块单元的通用模块单元相似流水线、具体模块单元链接模块单元相似流水线、具体模块单元专用模块单元隐形流水线、具体模块单元专用模块单元可变流水线、联合模块单元的通用模块单元单一流水线、联合模块单元的通用模块单元相似流水线、联合模块单元链接模块单元相似流水线、联合模块单元专用模块单元可变流水线、联合模块单元专用模块单元混合流水线、模块组模块单元的通用模块单元单一流水线、模块组模块单元链接模块单元单一流水线、模块组模块单元专用模块单元混合流水线、总作业模块单元的通用模块单元单一流水线、总作业链接模块单元单一流水线、总作业专用模块单元相似流水线的通用、链接、专用模块单元流水线中作业之间融合。进行通用、链接、专用模块单元作业与延迟策略和强化延迟策略运营活动融合。进行通用、链接、专用模块单元流水线单一流作业与延迟策略和强化延迟策略运营活动融合。进行通用、链接、专用模块单元流水线单一流延迟策略和强化延迟策略作业与后拉动流程、后拉动价值融合；进行通用、链接、专用模块单元流水线单一流延迟策略和强化延迟策略、后拉动流程、后拉动价值作业与智能运作融合，形成通用、链接、专用模块单元单一流延迟策略和强化延迟策略、后拉动流程、后拉动价值、智能运作融合作业。

进行联系模块单元各种流水线的延迟策略和强化延迟策略、后拉动流程、后拉动价值、智能的运营活动融合。进行具体模块单元混合流水线的通用、链接、专用部分和之间衔接部分融合，进行具体模块单元可变流水线通用、链接、专用部分和之间衔接部分融合，进行联合模块单元混合流水线通用、链接、专用部分和之间衔接部分融合，进行模块组模块单元混合流水线通用、链接、专用部分和之间衔接部分融合，进行总作业模块单元相似流水线通用、链接、专用部分和之间衔接部分，整体和局部模块单元混合流水线通用、链接、专用部分和之间衔接部分的模块单元流水线通用、链接、专用部分的作业之间的融合。进行具体、联合、模块组、总作业、整体与局部模块单元流水线通用、链接、专用部分与衔接部分之间融合。进行具体、联合、模块组、总作业、整体与局部模块单元流水线通用、链接、专用部分、衔接部分和单一流作业融合。进行具体、联合、模块组、总作业、整体与局部模块单元流水线通用、链接、专用部分的衔接部分的单一流作业与延迟策略和强化延迟策略运营活动融合。进行具体、联合、模块组、总作业、整体与局部模块单元流水线通用、链接、专用部分与衔接部分单一流作业的延迟策略和强化延迟策略运营活动与后拉动流程、后拉动价值融合。进行具体、联合、模块组、总作业、整体与局部模块单元流水线通用、链接、专用部分与衔接部分单一流作业的延迟策略和强化延迟策略运营活动的后拉动流程、后拉动价值与智能运作融合。形成具体、联合、模块组、总作业、整体与局部模块单元流水线通用、链接、专用部分与衔接部分单一流作业的延迟策略和强化延迟策略运营活动的后拉动流程、后拉动价值、智能运作融合作业。

需要确立企业集成模块单元流水线运作的团队。企业集成运营管理流程团队包括企业集成基本运营价值链管理流程团队类、企业集成供应链或者服务链价值链管理流程团队类、辅助价值链管理流程团队类、支撑价值链管理流程团队类、核心运作价值链管理流程团队类、企业集成信息平台团队类。企业集成基本运营价值链管理流程团队类由具体模块单元团队群、联合模块单元团队群、模块组模块单元团队群、总作业模块单元团队群构成，这些团队需要构建持续改进的文化。许多公司误把工具当成深层的集成思维，尤其是集成思维设计更深入的文化转型更易误用工具（比切诺和霍尔韦格，2016）。

（二）CPS 适时运营单一流模块单元流水线节拍

企业集成模块单元流水线组织是模块单元、精益与智能融合的流水线体现为模块单元单一流的流水线，形成融合的 CPS 适时运营单一流模块单元流水线。节拍的计算是模块单元流水线延迟策略和强化延迟策略运作、精益运作、智能运作融合的体现。

1. CPS 适时运营、顾客接触服务单一流模块单元单一流水线节拍

CPS 适时运营、顾客接触服务单一流模块单元单一流水线节拍计算可以用于单一或者相似流水线节拍计算，是节拍计算的最基本的延迟策略和强化延迟策略运作、精益运作、智能运作融合的模块单元流水线节拍。

（1）CPS 适时运营、顾客接触服务单一流模块单元单一或者相似流水线节拍计算。CPS 适时运营、顾客接触服务单一流模块单元单一或者相似流水线节拍、CPS 适时顾客接触服务单一流模块单元单一或者相似流水线节拍、运营量或者运营额度计算公式如下：

$$r_d = F/N \qquad\qquad (6-2-1)$$
$$N = N_0 / (1-\alpha) \qquad\qquad (6-2-2)$$

式中，F 表示一天计划内的 CPS 适时运营单一流模块单元单一或者相似流水线的每个单一或者相似流水线有效工作时间班次×班次时间×60 分。N 表示 CPS 适时运营单一流模块单元单一或者相似流水线的每个单一或者相似流水线运营量或者运营额度。N_0 表示 CPS 适时运营单一流模块单元单一或者相似流水线的每个单一或者相似流水线合格模块品目产出量或者合格的运营额度。α 为 CPS 适时运营单一流模块单元单一或者相似流水线的每个单一或者相似流水线废品修正率或者废品运营额度修正率。

$$r_j = f/q \qquad\qquad (6-2-3)$$

式中，f 表示一天计划内的 CPS 适时顾客接触服务单一流模块单元单一或者相似流水线的每个单一或者相似流水线有效工作时间班次×班次时间×60 分。q 表示 CPS 适时顾客接触服务单一流模块单元单一或者相似流水线的每个单一或者相似流水线作业环节。CPS 适时顾客接触服务单一流模块单元单一或者相似流水线节拍是顾客接触场内员工服务流程、顾客接触场内设备服务流程、顾客接触场外设备服务流程、顾客接触电子服务流程的 CPS 适时服务单一流模块单元单一或者相似流水线节拍。

制造类企业、服务类企业、纯服务类企业适合 CPS 适时运营单一流模块单元单一或者相似流水线节拍，一般纯服务企业适合顾客接触场内员工服务流程、顾客接触场内设备服务流程、顾客接触场外设备服务流程、顾客接触电子服务流程的 CPS 适时服务单一流模块单元单一或者相似流水线节拍。

（2）绘制 CPS 适时运营、顾客接触服务单一流模块单元单一或者相似流水线作业图。需要绘制 CPS 适时运营、顾客接触服务单一流模块单元单一或者相似流水线作业图和 CPS 适时顾客接触服务单一流模块单元单一或者相似流水线作业图。

制造类企业、服务类企业、纯服务类企业适合绘制 CPS 适时运营单一流模块单元单一或者相似流水线作业图，一般纯服务企业适合绘制顾客接触场内员工服务流程、顾客接触场内设备服务流程、顾客接触场外设备服务流程、顾客接触电子服务流程的 CPS 适时服务单一流模块单元单一或者相似流水线作业图。

F 公司 CPS 适时运营单一流模块单元单一或者相似流水线作业如图 6-2-1 所示。

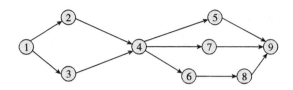

图 6 - 2 - 1　F 公司 CPS 适时运营单一流模块单元单一或者相似流水线作业

（3）CPS 适时运营、顾客接触服务单一流模块单元单一或者相似流水线延伸节拍。CPS 适时运营、顾客接触服务单一流模块单元单一或者相似流水线延伸是指模块单元单一流水线、模块单元相似流水线形成延伸 CPS 适时运营单一流模块单元相似流水线。延伸 CPS 运营单一流模块单元相似流水线的计算与 CPS 适时运营单一流模块单元单一或者相似流水线计算类似，只是延伸 CPS 适时运营单一流模块单元相似流水线需要从模块单元单一流水线、模块单元相似流水线两部分的组合考虑流水线节拍。

CPS 适时运营单一流模块单元单一或者相似流水线节拍、CPS 适时顾客接触服务单一流模块单元单一或者相似流水线节拍计算公式如下：

$$r_{td} = F_t / N_t \qquad (6-2-4)$$

式中，F_t 表示一天计划内的延伸 CPS 适时运营单一流模块单元相似流水线的每个相似流水线有效工作时间班次 × 班次时间 × 60 分。N_t 表示延伸 CPS 适时运营单一流模块单元相似流水线的每个相似流水线运营量或者运营额度。

$$r_{tj} = f_t / q_t \qquad (6-2-5)$$

式中，f_t 表示一天计划内的延伸 CPS 适时顾客接触服务单一流模块单元单一或者相似流水线的每个单一或者相似流水线有效工作时间班次 × 班次时间 × 60 分。q_t 表示延伸 CPS 适时顾客接触服务单一流模块单元单一或者相似流水线的每个单一或者相似流水线作业环节。

制造类企业、服务类企业、纯服务类企业适合延伸 CPS 适时运营单一流模块单元单一或者相似流水线节拍，一般纯服务企业适合顾客接触场内员工服务流程、顾客接触场内设备服务流程、顾客接触场外设备服务流程、顾客接触电子服务流程的延伸 CPS 适时服务单一流模块单元单一或者相似流水线节拍。

2. CPS 适时运营、顾客接触服务单一流模块单元可变流水线节拍的确定

CPS 适时运营、顾客接触服务单一流模块单元可变流水线节拍计算可以用于模块单元可变流水线节拍计算，是节拍计算的延迟策略和强化延迟策略运作、精益运作、智能运作融合的模块单元可变流水线节拍。

（1）CPS 适时运营、顾客接触服务单一流模块单元可变流水线节拍计算。CPS 适时运营、顾客接触服务单一流模块单元可变流水线节拍的确定用代表有形模块品目和无形额度法确定节拍。CPS 适时运营单一流模块单元可变流水线节拍有 n 类模块品目或者额度进行运营，代表产品是 1，则 N 是 CPS 适时运营单一流模块单元可变流水线的总运营量或者额度、ε_2 为 2 类模块品目产量折算成 1 类模块品目产量或者额度的折

算系数、ε_n 为 n 类模块品目产量折算成 1 类模块品目产量或者额度的折算系数。

n 类模块品目或者额度、折算系数 ε_2、折算系数 ε_n、节拍 r_{k1}、节拍 r_{k2}、节拍 r_{kn} 公式如下：

$$N = N_1 + \varepsilon_2 N_2 + \cdots + \varepsilon_n N_n \tag{6-2-6}$$

$$\varepsilon_2 = \frac{T_2}{T_1} \tag{6-2-7}$$

$$\varepsilon_n = \frac{T_n}{T_1} \tag{6-2-8}$$

$$r_{k1} = \frac{F}{N} \tag{6-2-9}$$

$$r_{k2} = \varepsilon_2 r_{k1} \tag{6-2-10}$$

$$r_{kn} = \varepsilon_n r_{k1} \tag{6-2-11}$$

CPS 适时顾客接触服务单一流模块单元可变流水线节拍的确定用代表作业环节法确定节拍。CPS 适时顾客接触服务单一流模块单元可变流水线节拍有 n 类作业环节进行顾客接触服务，代表作业环节是 1，则 f 是 CPS 适时顾客接触服务单一流模块单元可变流水线的总作业环节、ε_{j2} 为 2 类作业环节折算成 1 类作业环节的折算系数、ε_{jn} 为 n 类模块品目产量折算成 1 类模块品目产量或者额度的折算系数。

n 类作业环节、折算系数 ε_{j2}、折算系数 ε_{jn}、节拍 r_{j1}、节拍 r_{j2}、节拍 r_{jn} 公式如下：

$$q = q_1 + \varepsilon_{j2} q_2 + \cdots + \varepsilon_{jn} q_n \tag{6-2-12}$$

$$\varepsilon_{j2} = \frac{T_{j2}}{T_{j1}} \tag{6-2-13}$$

$$\varepsilon_{jn} = \frac{T_{jn}}{T_{j1}} \tag{6-2-14}$$

$$r_{j1} = \frac{f}{q} \tag{6-2-15}$$

$$r_{j2} = \varepsilon_{j2} r_{j1} \tag{6-2-16}$$

$$r_{jn} = \varepsilon_{jn} r_{j1} \tag{6-2-17}$$

（2）CPS 适时运营、顾客接触服务单一流模块单元可变流水线延伸节拍。CPS 适时运营、顾客接触服务单一流模块单元可变流水线延伸是指模块单元相似流水线、模块单元隐形流水线形成延伸 CPS 适时运营、顾客接触服务单一流模块单元可变流水线。CPS 适时运营、顾客接触服务单一流模块单元隐形流水线的节拍确定与 CPS 适时运营、顾客接触服务单一流模块单元可变流水线节拍确定类似，可以采用代表模块品目或者额度、代表作业环节进行确定，按类似的模块单元可变流水线节拍确定。延伸 CPS 适时运营、顾客接触服务单一流模块单元可变流水线是模块单元相似流水线、模块单元可变流水线二者的融合，这一相对稳定的融合基础是模块单元相似流水线，改变的是模块单元可变流水线，是不同体现的模块单元可变流水线与模块单元相似流水线组合，延伸 CPS 适时运营、顾客接触服务单一流模块单元可变流水线，计算公式可以以模块单元可变流水线为基础形成。

延伸 CPS 适时运营单一流模块单元可变流水线节拍、延伸 CPS 适时顾客接触服务单一流模块单元可变流水线节拍计算公式如下：

$$r'_{kn} = \varepsilon_{nd} r_{kd} \tag{6-2-18}$$

$$r'_{jn} = \varepsilon'_{jn} r_{js} \tag{6-2-19}$$

式中，ε_{nd} 表示延伸 CPS 适时运营单一流模块单元可变流水线的 n 类模块品目产量或者额度折算系数。r_{kd} 表示延伸 CPS 适时运营单一流模块单元可变流水线的代表节拍。ε'_{jn} 表示延伸 CPS 适时顾客接触服务单一流模块单元可变流水线的 n 类作业环节折算系数。r_{js} 表示延伸 CPS 适时顾客接触服务单一流模块单元可变流水线的代表节拍。

制造类企业、服务类企业、纯服务类企业运用代表有形模块品目和无形额度法确定 CPS 和延伸 CPS 适时运营单一流模块单元可变流水线节拍，一般纯服务企业运用代表作业环节法确定顾客接触场内员工服务流程、顾客接触场内设备服务流程、顾客接触场外设备服务流程、顾客接触电子服务流程 CPS 和延伸 CPS 适时顾客接触服务单一流模块单元可变流水线节拍。

3. CPS 适时运营、顾客接触服务单一流模块单元混合流水线节拍的确定

CPS 适时运营、顾客接触服务单一流模块单元混合流水线节拍计算可以用于模块单元混合流水线节拍计算，是延迟策略和强化延迟策略运作、精益运作、智能运作融合的模块单元混合流水线节拍。

（1）CPS 适时运营、顾客接触服务单一流模块单元混合流水线节拍计算。CPS 适时运营单一流模块单元混合流水线确定有形模块品目和无形额度节拍。CPS 适时运营单一流模块单元混合流水线节拍有 n 类模块品目或者额度进行运营。

n 类模块品目节拍和总运营时间公式如下：

$$r_h = \frac{F}{\sum\limits_{j=1}^{n} N_j} \tag{6-2-20}$$

$$L = \sum\limits_{j=1}^{n} N_j T_j \tag{6-2-21}$$

CPS 适时顾客接触服务单一流模块单元混合流水线确定作业环节节拍。CPS 适时顾客接触服务单一流模块单元混合流水线节拍有 n 类作业环节进行运营。

n 类作业环节节拍和总运营时间公式如下：

$$r_{jh} = \frac{f}{\sum\limits_{j=1}^{n} q_j} \tag{6-2-22}$$

$$L_j = \sum\limits_{j=1}^{n} q_j T_j \tag{6-2-23}$$

G 公司 A、B、C 三种模块品目进行混合生产，其产量为 $N_A = 40$、$N_B = 10$、$N_C = 30$，一个工作日一班，不考虑停工时间。混合流水线节拍由于模块品目混合在一起，

可以通过模块品目产出量的总和来计算整体节拍：

$$r_h = \frac{F}{\sum\limits_{j=1}^{n} N_j} = \frac{8 \times 60}{40 + 10 + 30} = 6$$

G 公司 CPS 适时运营单一流模块单元混合流水线作业如图 6 - 2 - 2 所示。

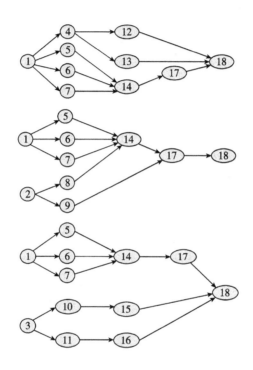

图 6 - 2 - 2　G 公司 CPS 适时运营单一流模块单元混合流水线作业

总工步时间计算如下：

$T_A = 37$

$T_B = 35$

$T_C = 40$

总生产时间计算如下：

$$L = \sum_{j=1}^{n} N_j T_j = 3030$$

（2）CPS 适时运营、顾客接触服务单一流模块单元混合流水线延伸节拍。CPS 适时运营、顾客接触服务单一流模块单元混合流水线延伸指模块单元单一流水线模块单元混合流水线和模块单元混合流水线形成的新的混合流水线，指模块单元相似流水线、模块单元可变流水线、模块单元混合流水线形成的新的混合流水线，由此形成延伸 CPS 适时运营、顾客接触服务单一流模块单元混合流水线。模块单元单一流水线模块单元混合流水线、模块单元混合流水线形成的新的混合流水线只是范围扩大，可以直接运用类似 CPS 适时运营、顾客接触服务单一流模块单元混合流水线节拍计算公式。模块单元相似流水线、模块单元可变流水线、模块单元混合流水线形成的新的混合流水线变化主要来自于模块单元可变流水线，与延伸模块单元可变流水线不同，延伸 CPS 适时运营、顾客接触服务单一流模块单元混合流水线通过对模块单元可变流水线同期运作和聚类组合，使模块单元可变流水线按照模块单元混合流水线的方式进行运作。模块单元单一流水线、模块单元混合流水线融合的延伸 CPS 适时运营、顾客接触服务单一流模块单元混合流水线，模块单元相似流水线、模块单元可变流水线、模块单元混合流水线进行融合，形成具有延伸节拍的 CPS 适时运营、顾客接触服务单一流模块单元混合流水线。

　　这些延伸 CPS 适时运营单一流模块单元混合流水线节拍和延伸 CPS 适时顾客接触服务单一流模块单元混合流水线节拍计算公式如下：

$$r_{hd} = \frac{F_d}{\sum_{j=1}^{n} N_{jd}} \qquad (6-2-24)$$

$$r_{hk} = \frac{F_k}{\sum_{j=1}^{n} N_{jk}} \qquad (6-2-25)$$

　　式中，F_d 表示模块单元单一流水线或者模块单元混合流水线、模块单元混合流水线融合的延伸 CPS 适时运营单一流模块单元混合流水线有效时间，F_k 表示模块单元相似流水线、模块单元可变流水线、模块单元混合流水线融合形成的延伸 CPS 适时运营单一流模块单元混合流水线有效时间，N_{jd} 表示模块单元单一流水线模块单元混合流水线、模块单元混合流水线融合的延伸 CPS 适时运营单一流模块单元混合流水线运营总量或者额度，N_{jk} 表示模块单元相似流水线、模块单元可变流水线、模块单元混合流水线融合形成的延伸 CPS 适时运营单一流模块单元混合流水线运营总量或者额度。

$$r'_{jh} = \frac{f_{jh}}{\sum_{j=1}^{n} q_{jh}} \qquad (6-2-26)$$

$$r'_{jk} = \frac{f_{jk}}{\sum_{j=1}^{n} q_{jk}} \qquad (6-2-27)$$

　　式中，f_{jh} 表示模块单元单一流水线、模块单元混合流水线融合的延伸 CPS 适时顾客接触服务单一流模块单元混合流水线有效时间，f_{jk} 表示模块单元相似流水线、模块单元可变流水线、模块单元混合流水线融合形成的延伸 CPS 适时顾客接触服务单一流模块单元混合流水线有效时间。q_{jh} 表示模块单元单一流水线、模块单元混合流水线融合形成的延伸 CPS 适时顾客接触服务单一流模块单元混合流水线作业环节，q_{jk} 表示模块单元相似流水线、模块单元可变流水线、模块单元混合流水线融合形成的延伸 CPS 适时顾客接触服务单一流模块单元混合流水线作业环节。

制造类企业、服务类企业、纯服务类企业计算延伸 CPS 和 CPS 适时运营单一流模块单元混合流水线节拍，一般服务企业计算顾客接触场内员工服务流程、顾客接触场内设备服务流程、顾客接触场外设备服务流程、顾客接触电子服务流程延伸 CPS 和 CPS 适时顾客接触服务单一流模块单元混合流水线节拍。

（三）CPS 适时运营、顾客接触服务单一流模块单元流水线设备数量计算、工装、看板、CPS 设备

CPS 适时运营、顾客接触服务单一流模块单元流水线设备数量计算、工装、看板、CPS 设备是模块单元流水线延迟策略和强化延迟策略运作、后拉动流程、智能运作的综合体现。

1. CPS 适时运营、顾客接触服务单一流模块单元流水线设备数量计算

模块单元流水线延迟策略和强化延迟策略运作、后拉动流程、智能运作通过设备进行运作，设备数量计算是进行模块单元流水线延迟策略和强化延迟策略运作、后拉动流程、智能运作的设备基础。

（1）CPS 适时运营、顾客接触服务单一流模块单元单一流水线设备数量计算。CPS 适时运营单一流模块单元单一流水线运作需要明确设备的类型，在此基础上确定设备数量。

CPS 适时运营单一流模块单元单一流水线设备数量计算公式、设备选择的效率计算公式如下：

$$S_{di} = \frac{t_{di}}{r_d} \qquad (6-2-28)$$

式中，S_{di} 表示 CPS 适时运营单一流模块单元单一流水线的每个单一流水线第 i 道工序所需要的设备数量。t_{di} 表示 CPS 适时运营单一流模块单元单一流水线的每个单一流水线第 i 道工序单件时间定额。

$$y = \frac{\sum\limits_{i=1}^{m} S_{di}}{\sum\limits_{m=1}^{m} S_{dm}} \qquad (6-2-29)$$

CPS 适时顾客接触服务单一流模块单元单一流水线运作需要明确设备的类型，在此基础上确定设备数量。

CPS 适时顾客接触服务单一流模块单元单一流水线设备数量计算公式、设备选择的效率计算公式如下：

$$S_{ji} = \frac{t_{ji}}{r_j} \qquad (6-2-30)$$

式中，S_{ji} 表示 CPS 适时运营单一流模块单元单一流水线的每个单一流水线第 i 道工序所需要的设备数量。t_{ji} 表示 CPS 适时运营单一流模块单元单一流水线的每个单一流水线第 i 道工序作业单件时间定额。

$$y = \frac{\sum\limits_{i=1}^{m} S_{ji}}{\sum\limits_{m=1}^{m} S_{jm}} \qquad\qquad (6-2-31)$$

延伸 CPS 适时运营、顾客接触服务单一流模块单元相似流水线的计算设备数量、设备选择的效率计算可以参照 CPS 适时运营、顾客接触服务单一流模块单元单一流水线设备数量计算公式、设备选择的效率计算公式进行。需要延伸 CPS 运营、顾客接触服务单一流模块单元相似流水线设备运作范围更宽。

（2）CPS 适时运营、顾客接触服务单一流模块单元可变流水线设备数量计算。CPS 适时运营单一流模块单元可变流水线运作需要明确设备的类型，在此基础上确定设备数量。

CPS 适时运营单一流模块单元可变流水线作业的设备数量计算公式、作业负荷系数、流水线作业总负荷系数计算公式如下：

$$S_{ki} = \frac{t_{ki}}{r_k} \qquad\qquad (6-2-32)$$

$$y_{ki} = \frac{\sum\limits_{j=1}^{n} N_j t_{ji}}{S_{ki} k F_0} \qquad\qquad (6-2-33)$$

式中，N_j 为 CPS 运营单一流模块单元可变流水线第 j 模块品目计划产量；t_{ji} 为 CPS 运营单一流模块单元可变流水线第 j 模块品目的第 i 工序单件时间定额；S_{ki} 为 CPS 运营单一流模块单元可变流水线第 j 模块品目的第 i 工序的设备数量。

$$y_k = \frac{\sum\limits_{j=1}^{n} N_j T_{ki}}{S_k k F_0} \qquad\qquad (6-2-34)$$

式中，S_k 为 CPS 运营单一流模块单元可变流水线第 j 模块品目作业的设备总数量；T_{ki} 为 CPS 运营单一流模块单元可变流水线第 j 模块品目作业的劳动总时间。

CPS 适时顾客接触服务单一流模块单元可变流水线运作需要明确设备的类型，在此基础上确定设备数量。CPS 适时顾客接触服务单一流模块单元可变流水线作业设备数量计算公式、作业负荷系数、流水线作业总负荷系数计算公式如下：

$$S_{hi} = \frac{t_{hi}}{r_n} \qquad\qquad (6-2-35)$$

$$y_{hi} = \frac{\sum\limits_{j=1}^{n} Q_j t_{ji}}{S_{hi} h F_0} \qquad\qquad (6-2-36)$$

式中，Q_j 为 CPS 顾客接触服务单一流模块单元可变流水线第 j 无形产品的计划额度；t_{ji} 为 CPS 顾客接触服务单一流模块单元可变流水线第 j 无形产品的第 i 作业时间定额；S_{hi} 为 CPS 顾客接触服务单一流模块单元可变流水线第 j 无形产品的第 i 作业设备数量。

$$y_h = \frac{\sum_{j=1}^{n} Q_j T_{hi}}{S_h h F_0} \qquad (6-2-37)$$

式中，S_h 为 CPS 顾客接触服务单一流模块单元可变流水线第 j 无形产品作业的设备总数量。T_{hi} 为 CPS 顾客接触服务单一流模块单元可变流水线第 j 无形产品作业的总时间。

延伸 CPS 适时运营、顾客接触服务单一流模块单元可变流水线的设备数量计算公式、作业负荷系数、流水线总负荷计算可以参照 CPS 适时运营、顾客接触服务单一流模块单元可变流水线设备数量计算公式、作业负荷系数、流水线总负荷计算公式进行。需要延伸 CPS 适时运营、顾客接触服务单一流模块单元可变流水线设备运作范围更宽。

（3）CPS 适时运营、顾客接触服务单一流模块单元混合流水线设备数量计算。CPS 适时运营、顾客接触服务单一流模块单元混合流水线运作需要明确设备的类型，在此基础上确定设备数量。

CPS 适时运营单一流模块单元混合流水线最小设备数、CPS 适时顾客接触服务单一流模块单元混合流水线最小设备数计算公式如下：

$$S = \frac{L}{F} \qquad (6-2-38)$$

$$S_j = \frac{L_j}{f_j} \qquad (6-2-39)$$

延伸 CPS 运营、顾客接触服务单一流模块单元混合流水线最小设备数计算可以参照 CPS 适时运营、顾客接触服务单一流模块单元混合流水线最小设备数计算公式进行。需要延伸 CPS 适时运营、顾客接触服务单一流模块单元混合流水线设备运作范围更宽：

$$S = \frac{3030}{60 \times 8} = 7$$

制造类企业、服务类企业、纯服务类企业计算 CPS 适时运营单一流模块单元单一流水线、可变流水线、混合流水线设备，一般服务企业计算顾客接触场内员工服务流程、顾客接触场内设备服务流程、顾客接触场外设备服务流程、顾客接触电子服务流程延伸 CPS 和 CPS 适时顾客接触服务单一流模块单元单一流水线、可变流水线、混合流水线设备。

2. CPS 适时运营单一流模块单元流水线工装和检测设备

模块单元流水线延迟策略和强化延迟策略运作、后拉动流程、智能运作通过工装和检测设备进行运作，工装和检测设备配置是进行模块单元流水线延迟策略和强化延迟策略运作、后拉动流程、智能运作的工装和检测设备基础。CPS 适时运营单一流模块单元流水线工装类型和数量的确定是根据 CPS 适时运营单一流模块单元流水线设备配套进行计算的。需要根据运营单一流模块单元单一流水线设备类型和数量，模块单元单一流水线、模块单元相似流水线形成延伸运营单一流模块单元相似流水线设备类型和数量，确定运营单一流模块单元单一流水线和延伸运营单一流模块单元相似流水线工装类型和数量。需要根据运营单一流模块单元可变流水线设备类型和数量，模块单元相似流水线、模块单元隐形流水线形成延伸运营单一流模块单元可变流水线设备类型和数量，确定运营单一流模块单元可变流水线和延伸运营单一流模块单元可变流水线工装类型和数量。需要根据运营单一流模块单元混合流水线设备类型和数量，根据模块单元单一流水线模块单元混合流水线、模块单元混合流水线形成的延伸运营单一流模块单元混合流水线设备类型和数量，根据模块单元相似流水线、模块单元可变流水线、模块单元混合流水线形成的延伸运营单一流模块单元混合流水线设备类型和数量，确定单一流模块单元混合流水线和延伸运营单一流模块单元混合流水线工装类型和数量。

CPS 适时运营单一流模块单元流水线检测设备类型和数量的确定根据 CPS 适时运营单一流模块单元流水线设备特性和数量进行计算。需要根据运营单一流模块单元单一流水线设备特性和数量，根据模块单元单一流水线、模块单元相似流水线形成延伸运营单一流模块单元相似流水线设备特性和数量，根据确定运营单一流模块单元单一流水线和延伸运营单一流模块单元相似流水线检测设备类型和数量。需要根据 CPS 适时运营单一流模块单元可变流水线设备特性和数量，模块单元相似流水线、模块单元隐形流水线形成延伸运营单一流模块单元可变流水线设备特性和数量，确定运营单一流模块单元可变流水线和延伸运营单一流模块单元可变流水线检测设备类型和数量。需要根据运营单一流模块单元混合流水线设备特性和数量，根据模块单元单一流水线模块单元混合流水线、模块单元混合流水线形成的新的混合流水线设备特性和数量，根据模块单元相似流水线、模块单元可变流水线、模块单元混合流水线形成的新的混合流水线设备特性和数量，确定运营单一流模块单元混合流水线和延伸运营单一流模块单元混合流水线检测设备类型和数量。

CPS 适时运营单一流模块单元流水线运作需要体现出精益运作的暂停流程解决质量问题的机制。精益运作中对于出现问题时，需要立即停止流程运作，解决出现的质量问题，需要检测设备能够按照解决质量问题机制的要求进行运作。精益运作的这种暂停设备运作的机制是将问题及早解决，而不是留到后面解决，造成更多的付出和浪费。精益运作采用的是单一流运作方式，检测设备优势自动化的运作，对出现的问题如何应对精益运作都有事先预案，由此解决质量问题。精益运作质量问题的解决不仅是技术问题，更注重强调精益运作质量运作流程和人员在流程运作中的能动作用，注重质量问题第一时间解决的重要观念，由此通过流程有效解决质量问题。CPS 适时运营单一流模块单元单一流水线，模块单元单一流水线、模块单元相似流水线形成延伸 CPS 适时运营单一流模块单元相似流水线，CPS 适时运营单一流模块单元可变流水线，模块单元相似流水线、模块单元隐形流水线形成延伸 CPS 适时运营单一流模块单元可变流水线，CPS 适时运营单一流模块单元混合流水线，模块单元单一流水线、模块单元混合流水线形成的延伸 CPS 适时运营单一流模块单元混合流水线，模块单元相似流水线、模块单元可变流水线、模块单元混合流水线形成的延伸 CPS 适时运营单一流模块单元混合流水线需要建立质量问题暂停机制，及时解决质量问题。

制造类企业、服务类企业、纯服务类企业需要 CPS 适时运营单一流模块单元流水线工装和检测设备，一般纯服务企业顾客接触场内员工服务流程、顾客接触场内设备服务流程、顾客接触场外设备服务流程、顾客接触电子服务流程需要 CPS 适时服务单一流模块单元流水线工装和检测设备。

3. 看板运作与计算

模块单元流水线延迟策略和强化延迟策略运作、后拉动流程、智能运作通过看板进行运作，看板配置是进行模块单元流水线延迟策略和强化延迟策略运作、后拉动流程、智能运作的看板基础。

CPS 适时具体模块单元、联合模块单元、模块组模块单元、总作业模块单元和通用模块单元、链接模块单元、专用模块单元的隐形流水线、可变流水线、混合流水线、相似流水线、单一流水线的看板数量的计算公式如下：

$$G_{km} = \frac{P_{zm}}{L_{km}} \qquad\qquad (6-2-40)$$

$$G_{kd} = P_{zd} \qquad\qquad (6-2-41)$$

式中，G_{km} 表示每一有形作业看板数，P_{zm} 表示每一有形作业运营数量，L_{km} 表示每一有形作业容量；G_{kd} 表示每一无形作业看板数，P_{zd} 表示每一无形作业运营数量。

CPS 适时具体模块单元、联合模块单元、模块组模块单元、总作业模块单元和通用模块单元、链接模块单元、专用模块单元的隐形流水线、可变流水线、混合流水线、相似流水线、单一流水线进行运营看板、外协看板、库存警示看板运作。最后一道作业接受顾客需求的所需模块品目数量或者额度，最后一道作业需要将所需模块品目数量或者额度的运营看板传递给前道作业，从后至前逐一通过运营看板传递，直至传递给最前一道作业。最前一道作业通过运营看板的指导领取作业看板，按照看板指示进行运营活动。外协看板通过与模块单元流水线的外部联系来满足顾客需求的所需模块品目数量或者额度的作业运作，遵从着从后到前的作业拉动。库存警示看板运作是即时实现顾客需求的库存多余的警示看板，需要模块单元流水线精益运作进行多余库存的排除。CPS 适时模块单元流水线的看板运作不是简单的看板运作的技术运作，是通过看板确立满足顾客需求的模块单元流水线的运作，实现精益运作目标的运作。

制造类企业、服务类企业、纯服务类企业 CPS 适时运营单一流模块单元流水线进行看板运作与计算，一般纯服务企业顾客接触场内员工服务流程、顾客接触场内设备服务流程、顾客接触场外设备服务流程、顾客接触电子服务流程 CPS 适时服务单一流模块单元流水线进行看板运作与计算。

4. CPS 适时运营、顾客接触服务单一流模块单元流水线 CPS 设备

模块单元流水线延迟策略和强化延迟策略运作、后拉动流程、智能运作通过 CPS 设备进行运作，CPS 设备配置是进行模块单元流水线延迟策略和强化延迟策略运作、后拉动流程、智能运作的 CPS 设备基础。CPS 适时运营单一流模块单元流水线通过

RFID 射频识别器、传感器、控制器、计算机进行运营单一流模块单元流水线 CPS 运作。RFID 射频识别器、传感器、控制器、计算机数量的确定根据 CPS 开放式嵌入系统、网络系统、控制系统的数量，确定适时具体模块单元、联合模块单元、模块组模块单元、总作业模块单元和通用模块单元、链接模块单元、专用模块单元隐形流水线、可变流水线、混合流水线、相似流水线、单一流水线的设备特性、数量、运作方式，将模块单元流水线所需要的 RFID 射频识别器、传感器、控制器、计算机及时安装到模块单元流水线上，由此具备模块单元流水线 CPS 运作的基础。

进行集成管理的数据库、数据环网、自意识传感、数据传输、信息编码技术、自记忆与自适应优先级排序、智能动态链接索引技术、管理专家知识信息处理、聚类分析、关联分析技术、数据压缩、智能数据重构技术、关联性算法工具、信息融合、机器学习技术、模式识别、状态评估技术、空间建模、模型分析、数据挖掘、决策关联分析技术、信息可视化技术、多元化数据动态关联、评估和预测、自免疫与自重构的信息平台技术、自配置和自执行技术、集成时间维度比较技术、状态维度比较技术、集群维度多个维度比较技术的构建，建立企业集成运营管理模块单元 CPS 链接管理流程、CPS 分析管理流程、CPS 网络管理流程、CPS 认知管理流程、CPS 配置与执行的管理流程运作。在此基础上，进行设备监督学习、设备无监督学习、设备半监督学习、设备深度学习、设备集成学习到设备强化学习。构建感知机算法、k 近邻算法、朴素贝叶斯算法、决策树算法、Logistic 回归与最大熵模型算法、支持向量机算法等设备监督学习算法；构建层次聚类算法、k 均值聚类算法、高斯混合模型算法、主成分分析算法、潜在语义分析算法等设备无监督学习算法；构建生成式算法、半监督支持向量机算法、基于图的半监督算法、分枝算法的设备半监督学习算法；构建马尔可夫决策算法、动态规划算法、蒙特卡洛算法、时序差分算法设备强化学习算法。进行企业集成运营管理模块单元 CPS 链接管理流程、CPS 分析管理流程、CPS 网络管理流程、CPS 认知管理流程、CPS 配置与执行管理流程的设备智能视觉运作、智能听觉运作、智能嗅觉运作、智能语言运作、智能动作运作。

CPS 通过运营单一流模块单元流水线设备运作、设备运作与人员运作的作业运作通过传感器将所搜集到的数据和通过 ERP、MBE 搜集的数据、其他数据发送到云端，与大数据和云计算联系起来进行数据—信息转换。数据—信息转换有可供使用的工具和方法，对设备运作、设备运作与人员运作的作业运作进行模拟、预测，得出有用的信息赋予设备，通过计算给设备带来自感知的能力。从运营单一流模块单元流水线每一台设备发出的信息向网络层输送，构成设备网络，进行分析，能更好地观察设备的状态，这些分析技术让设备具备自比较能力，使设备之间能进行性能的比较，预测设备未来的行为。通过完整的运营单一流模块单元流水线设备运作、设备运作与人员运作，根据顾客需求进行正确的决策的信息完整传递给顾客。之后进行 CPS 配置层运作，使设备能自配置、自适应，执行正确的和具有预防性的决策。运营单一流模块单元流水线 CPS 是开放式嵌入系统、网络系统、控制系统，能进行适时具体模块单元、联合模块单元、模块组模块单元、总作业模块单元和通用模块单元、链接模块单元、专用模块单元隐形流水线、可变流水线、混合流水线、相似流水线、单一流水线设备之间、设备与人之间的无线联系的自感知、自比较、自认知、自配置、自适应、自控制，形成运营单一流模块单元流水线 CPS 运作。

CPS 从 MBE 中的 MBD 开始，与运营单一流模块单元流水线设备和人员运作时间、设备和人员运作作业、设备和人员运作作业地相互联系，形成 MBE 中的 MBD 和 MBE 中的 CPS 自配置内在联系。CPS 订单的运营单一流模块单元流水线顺序由模块品目或者额度和设备自行决定，每一个订单的运营单一流模块单元流水线作业可以灵活、智能地进行调整，形成 MBE 中运营单一流模块单元流水线作业排程自配置。CPS 适时运营单一流模块单元流水线运作可以根据顾客所需要的 MBD，进行智能的运营单一流模块单元流水线设备和人员运作时间安排、设备和人员运作作业安排、设备和人员运作作业地安排，进行智能运营单一流模块单元流水线设备和人员作业排程，由此确立具体模块单元、联合模块单元、模块组模块单元、总作业模块单元和通用模块单元、链接模块单元、专用模块单元的隐形流水线、可变流水线、混合流水线、相似流水线、单一流水线 CPS 自配置的设备和人员运作时间安排、设备和人员运作作业安排、设备和人员运作作业地安排、设备和人员作业排程。

CPS 适时运营单一流模块单元流水线运作通过信息进行，效率高，将这种效率运作与顾客需求产生的模块单元集成延迟策略运作之间形成自比较、自认知的内在联系，能迅速促进企业集成战略的实现。CPS 通过设备—设备的通信，实现企业设备智能和自动化运作。CPS 物流不再遵循固定的路线，可以进行灵活的调整，进行自适应智能物流运作。CPS 适时运营单一流模块单元流水线通过产品—设备、设备—设备、人—设备可以进行自适应的运营单一流模块单元流水线智能运作。由此确立具体模块单元、联合模块单元、模块组模块单元、总作业模块单元和通用模块单元、链接模块单元、专用模块单元的隐形流水线、可变流水线、混合流水线、相似流水线、单一流水线的 CPS 自比较、自认知集成延迟策略运作，CPS 企业设备智能和自动化运作，CPS 自适应智能物流运作和自适应产品—设备、设备—设备、人—设备智能运作。

CPS 可以通过大数据分析和各种数据分析方法，建立自感知、自比较、自认知的可视化分析手段，进行模块单元流水线运营状态跟踪、运营运作跟踪、运营质量跟踪、运营价值跟踪的可视化，由此进行具体模块单元、联合模块单元、模块组模块单元、总作业模块单元和通用模块单元、链接模块单元的连续、适时、单一流、均衡的隐形流水线、可变流水线、混合流水线、相似流水线、单一流水线的自感知、自比较、自认知适时模块单元流水线运营现场可视化运作，进行自感知、自比较、自认知适时模块单元流水线运营作业间传递信息可视化运作，进行自感知、自比较、自认知适时模块单元流水线运营运作跟踪运营数据可视化运作，进行自感知、自比较、自认知适时模块单元流水线运营运作跟踪信息可视化运作，进行自感知、自比较、自认知适时模块单元流水线运营质量跟踪数据可视化运作，进行自感知、自比较、自认知适时模块单元流水线运营价值跟踪数据可视化运作，进行自感知、自比较、自认知适时模块单元流水线运营质量跟踪信息可视化运作，进行自感知、自比较、自认知适时模块单元流水线运营价值跟踪信息可视化运作。

CPS 可以通过大数据分析和各种即刻调整评价方法、时期调整评价方法，建立自比较、自认知、自适应的效果评价工具，由此进行具体模块单元、联合模块单元、模块组模块单元、总作业模块单元和通用模块单元、链接模块单元的连续、适时、单一流、均衡的隐形流水线、可变流水线、混合流水线、相似流水线、单一流水线的自比较、自认知、自适应的运营状态评价、运营运作数据评价、运营信息评价、运营质量数据评价、运营价值数据评价、运营质量信息评价、运营价值信息评价。

CPS 将集成适时运营流程评价效果进行反馈，进行模块单元流水线调整，由此进行具体模块单元、联合模块单元、模块组模块单元、总作业模块单元和通用模块单元、链接模块单元的连续、适时、单一流、均衡的隐形流水线、可变流水线、混合流水线、相似流水线、单一流水线的自配置、自适应、自控制运营状态评价即刻反馈与调整，进行运营运作数据评价时期反馈与调整，进行运营信息评价时期反馈与调整，进行运营质量数据评价时期反馈与调整，进行运营价值数据评价时期反馈与调整，进行运营质量信息评价时期反馈与调整，进行运营价值信息评价时期反馈与调整。

CPS 从 MBE 中的 MBD 自感知、自比较、自认知模块品目结构，形成融入 MBE 的自感知、自比较、自认知有形模块品目 MBD 结构和无形额度 MBD 结构。CPS 模块品目供应能够更快地适时适应运营单一流模块单元流水线运作的需要，从更广阔的范围进行供应链或者服务链的联系，集成 ERP 和 MES 之间实现无缝链接。

制造类企业、服务类企业、纯服务类企业需要 CPS 适时运营单一流模块单元流水线 CPS 设备，一般纯服务企业顾客接触场内员工服务流程、顾客接触场内设备服务流程、顾客接触场外设备服务流程、顾客接触电子服务流程需要 CPS 适时顾客接触服务单一流模块单元流水线 CPS 设备。

（四）CPS 适时运营单一流模块单元流水线同期化

CPS 适时运营单一流模块单元流水线同期化是具体模块单元、联合模块单元、模块组模块单元、总作业模块单元和通用模块单元、链接模块单元、专用模块单元的隐形流水线、可变流水线、混合流水线、相似流水线、单一流水线内部和之间在时间运作上保持一致，使节拍和节奏一致运作。模块单元流水线延迟策略和强化延迟策略运作、后拉动流程、智能运作中需要进行模块单元流水线同期化，使运作更为通畅。

1. CPS 适时运营单一流模块单元流水线排序

CPS 适时运营单一流模块单元流水线同期化是对 CPS 适时运营单一流具体模块单元、联合模块单元、模块组模块单元、总作业模块单元和通用模块单元、链接模块单元、专用模块单元的隐形流水线、可变流水线、混合流水线、相似流水线、单一流水线的作业进行排序。排序采用位置加权矩阵进行。CPS 适时运营单一流模块单元可变流水线、相似流水线、单一流水线都可以直接进行排序。CPS 适时运营单一流模块单元混合流水线需要画出合并工序图，计算定额、排序。

F 公司 CPS 适时运营单一流模块单元单一流水线作业排序位置加权矩阵如表 6 - 2 - 1 所示。

表 6 - 2 - 1 F 公司 CPS 适时运营单一流模块单元单一流水线作业排序位置加权矩阵

作业元素	工时	作业元素									位置加权数 p
		1	2	3	4	5	6	7	8	9	
1	3.0		1	1	1	1	1	1	1	1	22.2
2	1.8			1	1	1	1	1	1	1	16.8
3	2.4				1	1	1	1	1	1	17.4
4	3.0					1	1	1	1	1	15.0
5	0.6									1	4.2
6	2.4								1	1	8.4
7	3.0									1	6.6
8	2.4									1	6.0
9	3.6										3.6

绘制 G 公司 CPS 适时运营单一流模块单元混合流水线合并工序如图 6 - 2 - 3 所示。

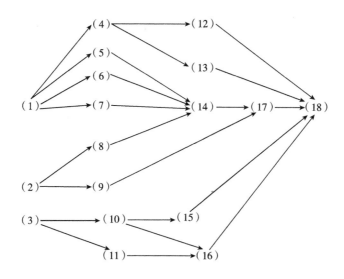

图 6 - 2 - 3 G 公司 CPS 适时运营单一流模块单元混合流水线合并工序

计算 G 公司 CPS 适时运营单一流模块单元混合流水线定额如表 6 - 2 - 2 所示。

表6-2-2　G公司 CPS 适时运营单一流模块单元混合流水线定额

作业元素	定额	A作业	B作业	C作业	A作业时间	B作业时间	C作业时间	总时间
1	4	1	1	1	160	40	120	320
2	4	0	1	0	0	40	0	40
3	5	0	0	1	0	0	150	150
4	3	1	0	0	120	0	0	120
5	3	1	1	1	120	30	90	240
6	4	1	1	1	160	40	120	320
7	1	1	1	1	40	10	30	80
8	4	0	1	0	0	40	0	40
9	3	0	1	0	0	30	0	30
10	2	0	0	1	0	0	60	60
11	2	0	0	1	0	0	60	60
12	5	1	0	0	200	0	0	200
13	5	1	0	0	200	0	0	200
14	3	1	1	1	120	30	90	240
15	4	0	0	1	0	0	120	120
16	3	0	0	1	0	0	90	90
17	4	1	1	1	160	40	120	320
18	5	1	1	1	200	50	150	400
Σ					1480	350	1200	3030

　　G公司 CPS 适时运营单一流模块单元混合流水线作业排序位置加权矩阵如表6-2-3所示。

表6-2-3　G公司 CPS 适时运营单一流模块单元混合流水线作业排序位置加权矩阵

元素	时间	1	2	3	4	5	6	7	8	9	10	11	12	13	14	15	16	17	18	位置加权数 P	排位
1	320				1	1	1	1					1	1	1			1	1	2440	1
2	40							1	1				1			1		1	1	1070	4
3	150									1	1				1	1			1	880	9
4	120												1	1					1	920	8
5	240														1			1	1	1200	3
6	320														1			1	1	1280	2
7	80														1			1	1	1040	5
8	40														1			1	1	1000	6

续表

元素	时间	作业元素 1	2	3	4	5	6	7	8	9	10	11	12	13	14	15	16	17	18	位置加权数P	排位
9	30																	1	1	750	10
10	60															1	1		1	670	12
11	60																1		1	550	15
12	200																		1	600	13
13	200																		1	600	14
14	240																	1	1	960	7
15	120																		1	520	16
16	90																		1	490	17
17	320																		1	720	11
18	400																		1	400	18

2. CPS 适时运营单一流模块单元流水线同期化

CPS 适时运营单一流模块单元流水线同期化是根据 CPS 适时运营单一流具体模块单元、联合模块单元、模块组模块单元、总作业模块单元和通用模块单元、链接模块单元、专用模块单元的隐形流水线、可变流水线、混合流水线、相似流水线、单一流水线的位置加权矩阵进行同期化。按照位置加权矩阵的单一作业进行排序，按照作业的前后进行作业组合，形成时间一致的综合作业。

G 公司 CPS 适时运营单一流模块单元混合流水线综合作业如表 6-2-4 所示。

表 6-2-4　G 公司 CPS 适时运营单一流模块单元混合流水线综合作业

单一作业	单一作业时间	排位	综合作业时间	综合作业号
1	320	1	440	1
2	40	4		
7	80	5		
6	320	2	480	2
8	40	6		
4	120	8		
5	240	3	480	3
14	240	7		
3	150	9	440	4
9	30	10		
10	60	12		
12	200	13		

单一作业	单一作业时间	排位	综合作业时间	综合作业号
17	320	11	440	5
15	120	16		
13	260	14	350	6
11	60	15		
16	90	17		
18	400	18	400	7

制造类企业、服务类企业、纯服务类企业进行 CPS 适时运营单一流模块单元流水线同期化，一般纯服务企业顾客接触场内员工服务流程、顾客接触场内设备服务流程、顾客接触场外设备服务流程、顾客接触电子服务流程进行 CPS 适时顾客接触服务单一流模块单元流水线同期化。

（五）CPS 适时运营单一流模块单元流水线员工运作

CPS 适时运营单一流模块单元流水线员工运作是模块单元流水线延迟策略和强化延迟策略运作、后拉动流程、智能运作的员工的基础。

1. CPS 运营单一流模块单元流水线员工数量计算

CPS 适时具体模块单元、联合模块单元、模块组模块单元、总作业模块单元和通用模块单元、链接模块单元、专用模块单元的隐形流水线、可变流水线、混合流水线、相似流水线、单一流水线的看板数量的计算公式如下：

$$R_z = \frac{S_z}{L_d} \tag{6-2-42}$$

式中，S_z 表示设备数量，L_d 表示单位设备人员数量。

2. CPS 适时运营单一流模块单元流水线员工多能与团队协作

CPS 适时运营单一流模块单元流水线员工多能与团队协作是 CPS 适时运营单一流具体模块单元、联合模块单元、模块组模块单元、总作业模块单元和通用模块单元、链接模块单元、专用模块单元的隐形流水线、可变流水线、混合流水线、相似流水线、单一流水线进行精益运作的基本要求。CPS 适时运营单一流模块单元流水线运作需要员工多能运作。由于 CPS 适时运营单一流模块单元流水线采用 U 形布置，具备员工多能的基础，单一流流水线的灵活性，需要员工多个岗位进行运作，需要员工具有多能，以适应不同岗位的运作要求。CPS 运营单一流模块单元流水线运作是团队共同运作的体现，由于 CPS 适时运营单一流模块单元流水线采用 U 形布置，具备员工协作的基础，不论是网络制组织结构下的知识团队，还是内部市场制组织结构下的知识团队，都需要团队运作的多方协作，需要团队中的成员能够围绕团队的目标进行协作，只有这样才能够实现团队运作目标。

3. CPS 适时运营单一流模块单元流水线员工操作规范

CPS 适时运营单一流具体模块单元、联合模块单元、模块组模块单元、总作业模块单元和通用模块单元、链接模块单元、专用模块单元的隐形流水线、可变流水线、混合流水线、相似流水线、单一流水线具有不同的员工操作规范，员工必须深入理解这些操作规范，完全具备操作规范的技能要求，进行精确的操作。

4. 与顾客接触 CPS 适时运营单一流模块单元流水线员工行为和设备、电子设备操作规范、关键时刻服务

与顾客接触 CPS 适时运营单一流模块单元流水线员工需要在与顾客接触的过程中，注重行为、态度、穿着、仪表等给顾客带来的利益和享受。注重与顾客接触过程中的真实瞬间的表现，这个过程是企业在特定时间和地点向顾客展示自己服务质量的时机。真实瞬间是服务质量展示的有限时机，一旦时机过去，服务交易结束，企业也就无法改变顾客对服务质量的感知；如果在这一瞬间服务质量出了问题也无法补救。真实瞬间是服务质量构成的特殊因素，是有形产品质量所不包含的因素。

明确服务起始关键时刻的顾客与服务环境初始接触关键时刻、顾客与服务氛围初始接触关键时刻、员工与顾客初始接触关键时刻、设备与顾客初始接触关键时刻、电子设备与顾客初始接触关键时刻和服务运作关键时刻的是否接受服务关键时刻、服务价值判断关键时刻、服务反馈关键时刻、是否再次接受服务关键时刻、服务问题关键时刻，有重点地细致服务。

制造类企业需要确定 CPS 适时制造单一流流水线和制造类企业不同作业类型延伸整体具体模块单元、联合模块单元、模块组模块单元、总作业模块单元混合流水线，需要根据不同流水线特性确定员工数量，进行员工多能运作与团队协作，员工需要掌握所在流水线的操作规范，按照规范要求进行操作，完成流水线作业。制造性服务企业需要确定 CPS 适时服务单一流流水线和制造性服务企业不同作业类型延伸整体具体模块单元、联合模块单元、模块组模块单元混合流水线，需要根据不同流水线特性确定员工数量，进行员工多能运作与团队协作，员工需要掌握所在流水线的操作规范，按照规范要求进行操作，完成流水线作业。一般服务企业、纯服务类企业需要确定 CPS 适时服务单一流和一般服务企业不同作业类型延伸 CPS 适时服务单一流整体具体模块单元、联合模块单元采用模块品目混合流水线需要根据不同流水线特性确定员工数量，进行员工多能运作与团队协作，员工需要掌握所在流水线的操作规范，按照规范要求进行操作，完成流水线作业。一般纯服务企业 CPS 适时运营单一流模块单元流水线员工需要在与顾客接触的过程中，注重行为、态度、穿着、仪表和真实瞬间的表现，设备、电子设备需要按照操作规范进行运作。

（六）顾客使用 CPS 智能设备和运输装置运作

顾客使用模块单元流水线延迟策略和强化延迟策略运作、后拉动流程、智能运作是通过 CPS 智能设备和运输装置运作进行，CPS 智能设备和运输装置配置是进行顾客

使用模块单元流水线延迟策略和强化延迟策略运作、后拉动流程、智能运作的 CPS 智能设备和运输装置基础。CPS 适时运营单一流模块单元流水线进行运作时，出现顾客使用 CPS 智能设备情况，需要企业能够引导顾客熟悉 CPS 智能设备的操作，协助顾客进行 CPS 智能设备操作。为了使顾客顺利进行 CPS 智能设备操作，需要 CPS 智能设备使用界面的操作能够充分考虑到顾客使用的便捷性，需要企业能够进行明确的作业划分，使顾客明确哪些作业顾客可以进行自身操作，哪些需要企业进行操作。需要企业注重顾客作业和企业作业相互联系的部分，对联系的部分能够进行明确界定，避免出现企业作业和顾客操作两部分重叠而又没有明确界定的部分，需要企业员工对顾客的操作进行有效的引导，使顾客能够真正实现自身对 CPS 智能设备的使用。企业需要专门配置员工对顾客使用 CPS 智能设备进行引导，专门进行顾客使用 CPS 智能设备所涉及业务的界定、责任的确定、任务的实现的诸多方面研究，确保顾客使用 CPS 智能设备运作的顺利进行。

CPS 适时运营单一流模块单元流水线进行运作时，常常需要 CPS 智能设备操作。企业需要对此进行深入研讨，能够让 CPS 智能设备准确进行企业作业的操作，便于企业 CPS 适时运营单一流模块单元流水线顺利进行。

CPS 适时运营单一流模块单元流水线进行运作时，需要进行运输装置运作。企业需要采用机械手、码垛机、传送带、人、自动车、轨道车进行模块单元流水线模块品目的移动和运送，企业需要进行运输装置选择，使这些运输装置适合模块单元流水线运作。

制造类企业、服务类企业、纯服务类企业 CPS 适时运营单一流模块单元流水线进行顾客使用 CPS 智能设备和运输装置运作，一般纯服务企业顾客接触场内员工服务流程、顾客接触场内设备服务流程、顾客接触场外设备服务流程、顾客接触电子服务流程 CPS 适时服务单一流模块单元流水线进行顾客使用 CPS 智能设备和运输装置运作。

（七）CPS 适时运营单一流模块单元流水线运作顺序和确定作业指示表

模块单元流水线延迟策略和强化延迟策略运作、后拉动流程、智能运作是通过确定流水线运作顺序和作业指示表进行。CPS 适时运营单一流模块单元流水线运作中，需要根据不同模块单元流水线的不同特性，确定模块品目和额度的运作顺序，进行模块单元流水线运作。只有进行模块单元流水线的模块品目和额度的运作顺序安排，才能为完成模块品目和额度打下基础。模块单元流水线精益和智能运作能充分和快速满足顾客需求，但需要进行模块单元流水线的模块品目和额度的运作顺序的确定。

CPS 适时运营单一流模块单元流水线运作中，需要明确模块品目或者额度的种类和名称，需要确定所在运作的模块单元流水线，需要确定员工的工作班次，日产量或者日销售额，需要明确模块单元流水线的平均节拍，运输量和设备的看管周期，由此确定作业指示表。

制造类企业 CPS 适时制造单一流流水线和制造类企业不同作业类型 CPS 适时制造

单一流整体具体模块单元、联合模块单元、模块组模块单元、总作业模块单元混合流水线需要员工结合不同流水线特性进行 CPS 智能设备操作和运输装置运作，确定运作顺序和作业指示表。制造性服务企业 CPS 适时服务单一流流水线和制造性服务企业不同作业类型 CPS 适时服务单一流整体具体模块单元、联合模块单元、模块组模块单元混合流水线需要员工结合不同流水线特性进行 CPS 智能设备操作和运输装置运作，确定运作顺序和作业指示表。一般服务企业、纯服务类企业 CPS 适时服务单一流流水线和一般服务企业、纯服务类企业不同作业类型 CPS 适时服务单一流整体具体模块单元、联合模块单元采用模块品目混合流水线需要员工结合不同流水线特性进行 CPS 智能设备操作和运输装置运作，确定运作顺序和作业指示表。一般纯服务企业需要配备专门人员进行 CPS 智能设备使用的引导，使顾客能够顺利进行 CPS 智能设备运用。

制造类企业、服务类企业、纯服务类企业确定 CPS 适时运营单一流模块单元流水线运作顺序和确定作业指示表，一般纯服务企业顾客接触场内员工服务流程、顾客接触场内设备服务流程、顾客接触场外设备服务流程、顾客接触电子服务流程确定 CPS 适时服务单一流模块单元流水线运作顺序和确定作业指示表。

（八）模块单元流水线大数据 CPS 与 MES 流程

以企业集成基本运营价值链管理流程团队为主的各类团队为完成企业集成基本运营流程目标、质量目标、价值目标，进行具体、联合、模块组、总作业模块单元流水线和通用、链接、专用模块单元流水线延迟策略和强化延迟策略、后拉动流程、后拉动价值、智能运作，通过大数据、CPS 与 MES 流程相互联系进行运作。MES 集成作业计划信息是 MES 运作的起点（柯裕根，2016）。企业集成模块单元流水线延迟策略和强化延迟策略、后拉动流程、后拉动价值运作的数据经 CPS 智能链接层、CPS 数据分析层，由 CPS 网络层将数据输入批数据处理系统的原数据流组件 Sport 和实时数据处理系统 Storm 的 Pig，MES 流程的数据经企业集成 ERP、MES 集成适时运营作业计划、MES 适时 MBD 运作、MBE 基于 MBD 模块品目模型，由 MES 集成适时运营调度将数据输入批数据处理系统的原数据流组件 Sport 和实时数据处理系统 Storm 的 Pig，完成原数据流组件 Sport 和 Pig 数据收集。模块单元流水线大数据、CPS 与 MES 流程大数据运作以实时数据处理系统 Storm 为主，以批数据处理系统 Hadoop 为辅。

将原数据流组件 Sport 收集到的来自 MES 集成适时运营调度数据和来自 CPS 网络层数据通过实时数据处理组件 Bolt，进行企业集成运营作业计划的数据、模块品目模型和系统设计的数据和具体、联合、模块组、总作业模块单元流水线和通用、链接、专用模块单元流水线延迟策略和强化延迟策略运作、后拉动流程、后拉动价值运作的实时数据过滤、函数操作、合并、写数据，将各种分析方法融入 Bolt 之中，确定 Nimbus 的计划目标、模块单元流水线运作的任务，通过 Supervisor 启动，进行实时具体处理组件 Worker 的具体运作，融入 CPS 认知层，将 MES 运作和模块单元流水线运作相融合，确定 MES 集成适时运营调度，明确 MBD 的模块品目结构，使模块单元流水线具有运作对象，对实时模块单元流水线作业顺序进行排程，进行实时人员的配置，进行实时价值链流程配置，进行实时模块品目、设备、工具、能源配置。通过 CPS 认知层，确定 MES 集成适时运营执行需要模块单元流水线进行连续、适时、单一流、均衡、瓶颈运作顺畅的隐形、可变、混合、相似、单一标准作业或者类标准作业运作，需要实时融入 6S 和看板进行模块单元流水线执行运作，使模块单元流水线每一个作业都能够实时创造价值。通过 CPS 认知层确定 MES 集成适时运营跟踪模块单元流水线运营状态跟踪、运营运作跟踪、运营质量跟踪、运营价值跟踪，通过模块单元流水线运营现场可视化、运营作业间传递信息可视化、运营运作跟踪运营数据可视化、运营运作跟踪信息可视化、运营质量跟踪数据可视化、运营价值跟踪数据可视化、运营质量跟踪信息可视化、运营价值跟踪信息可视化，实现 MES 集成适时运营跟踪。通过 CPS 认知层，进行 MES 集成适时运营效果的模块单元流水线运营状态评价、运营运作数据评价、运营信息评价、运营质量数据评价、运营价值数据评价、运营质量信息评价、运营价值信息评价、即刻调整评价和时期调整评价。通过 CPS 认知层，进行 MES 集成适时运营流程效果的模块单元流水线运营状态评价即刻反馈与调整、运营运作数据评价时期反馈与调整、运营信息评价时期反馈与调整、运营质量数据评价时期反馈与调整、运营价值数据评价时期反馈与调整、运营质量信息评价时期反馈与调整、运营价值信息评价时期反馈与调整、即刻调整评价和时期调整评价时期反馈与调整。将所需要调整部分反馈到 MES 集成适时运营作业计划，进行实时 MES 的循环，完成实时模块单元流水线的延迟策略和强化延迟策略、后拉动流程、后拉动价值智能管理运作。通过 CPS 认知层，经 CPS 配置与执行层，完成实时具体、联合、模块组、总作业模块单元流水线和通用、链接、专用模块单元流水线延迟策略和强化延迟策略运作、后拉动流程、后拉动价值的自感知、自比较、自认知、自配置、自适应、自控制智能运作（李杰等，2017）。

将 Pig 收集到的来自 MES 集成适时运营调度的数据和来自 CPS 网络层的数据通过批数据处理系统 Hadoop 的重要组成部分 MapReduce 进行数据处理，MapReduce 分布式数据仓库 Hive 和分布式数据库 HBase 负责对流水线、模块品目模型、集成适时制造作业计划的大数据存储，对有关数据文件进行分割，划分为多个流水线、模块品目模型、集成适时制造作业计划数据片段，分配到集群中的各个节点上，Master 将流水线、模块品目模型、集成适时制造作业计划数据分解为各个 Map 和 Reduce 任务，Map 读取流水线、模块品目模型、集成适时制造作业计划对应的数据片段，Reduce 工作机将生成的 Key 与 Value 列表值发送给用户的 Reduce 函数，将结果输出并存储。将 MapReduce 进行数据处理融入 CPS 认知层，将 MES 运作和模块单元流水线运作相融合，确定 MES 运作和模块单元流水线运作，进行企业集成基本运营流程目标、质量目标、价值目标、模块单元流水线、团队和员工的 MES 集成适时运营执行、MES 集成适时运营跟踪、MES 集成适时运营效果评价、MES 集成适时运营反馈与调整，将所需要调整部分反馈到 MES 集成适时运营作业计划，进行 MES 的循环，完成模块单元流水线的延迟策略和强化延迟策略、后拉动流程、后拉动价值、智能管理运作。通过 CPS 认知层，经 CPS 配置与执行层，完成具体、联合、模块组、总作业模块单元流水线和通用、链接、专用模块单元流水线延迟策略和强化延迟策略运作、后拉动流程、后拉动价值、智能运作。模块单元流水线大数据、CPS 与 MES 流程如图 6 - 2 - 4 所示。

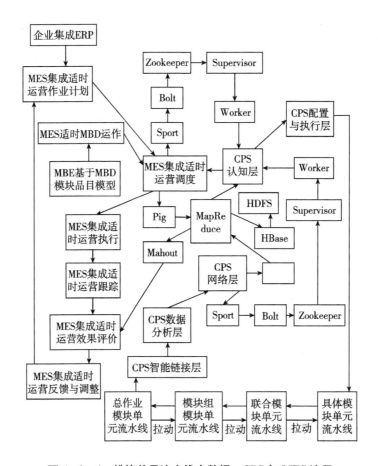

图 6 - 2 - 4　模块单元流水线大数据、CPS 与 MES 流程

制造类企业、服务类企业、纯服务类企业进行模块单元流水线大数据、CPS 与 MES 流程运作，一般纯服务企业顾客接触场内员工服务流程、顾客接触场内设备服务流程、顾客接触场外设备服务流程、顾客接触电子服务流程进行模块单元流水线大数据、CPS 与 MES 流程运作。

二、企业集成模块单元流水线调度

(一) CPS 适时运营单一流模块单元流水线模块品目或者额度作业排序

具体模块单元、联合模块单元、模块组模块单元、总作业模块单元和通用模块单元、链接模块单元、专用模块单元各类流水线的延迟策略和强化延迟策略、后拉动流程、后拉动价值、智能整体和局部运作中，模块品目或者额度作业排序是模块单元流水线运作的基本要求。

1. CPS 适时运营单一流模块单元单一或者相似流水线模块品目或者额度作业排序

CPS 适时运营单一流模块单元单一或者相似流水线模块品目或者额度需要一样的作业，这些作业顺序都是专用设备进行运作的作业顺序，是比较固定的作业，因此不需要重新进行模块品目或者额度的作业排序，更多的是时间安排，这种时间安排可以在参照作业计划的基础上，通过 CPS 适时运营单一流模块单元单一或者相似流水线具体调度来安排作业的起始时间。

制造类企业、服务类企业、纯服务类企业需要确定 CPS 适时制造单一流单一或者相似流水线稳定的作业排序，一般纯服务企业顾客接触场内员工服务流程、顾客接触场内设备服务流程、顾客接触场外设备服务流程、顾客接触电子服务流程需要确定 CPS 适时服务单一流单一或者相似流水线稳定的作业排序。

2. CPS 适时运营单一流模块单元局部可变和混合流水线模块品目或者额度作业排序

CPS 适时运营单一流模块单元局部可变和混合流水线进行局部作业的流水线的排序可以采用局部优先规则进行。CPS 适时运营单一流模块单元局部可变和混合流水线模块品目或者额度作业顺序局部优先规则包括 FCFS 规则、EDD 规则、SPT 规则。

FCFS 规则是指优先选择最早进入可排序集合的模块品目，这一规则主要针对模块品目时间的先后进行安排，对顾客的需求安排相对公平。EDD 规则是指优先选择完工期最近的模块品目，这一规则可使模块品目延误时间最小。SPT 规则是指优先选择加工时间最短的模块品目，这一规则可使模块品目流程时间最短，减少在制模块品目库存数量。

运用局部可变和混合流水线模块品目或者额度作业排序规则时，需要明确所采用的 FCFS 规则、EDD 规则、SPT 规则，按照规则的要求找出模块品目的排序，得出开始作业时间、加工时间、结束作业时间、流程时间、预计顾客取货时间、顾客实际取货时间、提前时间、拖延时间、计算平均流程时间、平均提前时间、平均拖延时间。通过这些时间的分析，确定所需要的作业排序。

制造类企业、服务类企业、纯服务类企业需要确定 CPS 适时制造单一流可变和混合流水线稳定的作业排序，一般纯服务企业顾客接触场内员工服务流程、顾客接触场内设备服务流程、顾客接触场外设备服务流程、顾客接触电子服务流程需要确定 CPS 适时服务单一流可变和混合流水线稳定的作业排序。

F 公司模块品目加工和取货信息如表 6 - 2 - 5 所示。

表 6 - 2 - 5　F 公司模块品目加工和取货信息

模块品目	所需标准加工时间	顾客预计取货时间
模块品目 1	7	10

模块品目	所需标准加工时间	顾客预计取货时间
模块品目 2	9	12
模块品目 3	6	20
模块品目 4	11	18
模块品目 5	15	22
模块品目 6	10	11

F 公司采用 SPT 规则排序，按照优先选择加工时间最短的模块品目，模块品目 1 加工时间 7、模块品目 2 加工时间 9、模块品目 3 加工时间 6、模块品目 4 加工时间 11、模块品目 5 加工时间 15、模块品目 6 加工时间 10，这样排序为模块品目 3、模块品目 1、模块品目 2、模块品目 4、模块品目 5。

S 公司采用 EDD 规则排序，按照优先选择完工期最紧的模块品目，模块品目 1 取货时间 10、模块品目 2 取货时间 12、模块品目 3 取货时间 20、模块品目 4 取货时间 18、模块品目 5 取货时间 22、模块品目 6 取货时间 11，这样排序为模块品目 1、模块品目 6、模块品目 2、模块品目 4、模块品目 3、模块品目 5。

F 公司采用 SPT 规则排序的平均流程时间 $=102/5=20.4$，平均提前时间 $=18/5=3.6$，平均拖延时间 $=38/5=7.6$。

F 公司采用 SPT 规则排序结果如表 6 - 2 - 6 所示。

表 6 - 2 - 6　F 公司采用 SPT 规则排序结果

加工顺序	开始作业时间	加工时间	结束作业时间	流程时间	预计顾客取货时间	顾客实际取货时间	提前时间	拖延时间
模块品目 3	0	6	6	6	20	20	14	
模块品目 1	6	7	13	13	10	13		3
模块品目 2	13	9	22	22	12	22		10
模块品目 6	22	10	32	32	11	32		21
模块品目 4	32	11	43	43	18	43		25
模块品目 5	43	15	58	58	22	58		36
总数				174		188	14	95
平均数				29		31.33	2.33	15.83

F 公司采用 EDD 规则排序结果如表 6 - 2 - 7 所示。

表6-2-7 F公司采用EDD规则排序结果

加工顺序	开始作业时间	加工时间	结束作业时间	流程时间	预计顾客取货时间	顾客实际取货时间	提前时间	拖延时间
模块品目1	0	7	7	7	10	10	3	
模块品目6	7	10	17	17	11	17		6
模块品目2	17	9	26	26	12	26		14
模块品目4	26	11	37	37	18	37		19
模块品目3	37	6	43	43	20	43		23
模块品目5	43	15	58	58	22	58		36
总数				188		191	3	98
平均数				31.33		31.83	0.5	16.33

3. CPS适时运营单一流模块单元整体可变和混合流水线模块品目或者额度作业排序

CPS适时运营单一流模块单元整体可变和混合流水线模块品目或者额度作业排序规则包括MWKR规则、LWKR规则、MOPNR规则。MWKR规则是指优先选择余下加工时间最长的作业，使不同作业量的模块品目或者额度完工时间尽量接近。LWKR规则是指优先选择余下加工时间最短的作业，使作业量小作业尽快完工。MOPNR规则是指优先选择余下工序数量最多的模块品目或者额度。

CPS适时运营单一流模块单元整体可变和混合流水线模块品目或者额度作业排序方法包括Johnson方法、循环排序法、Palmer法、匈牙利算法、作业计划算法。

（1）Johnson方法。适用于两类模块品目或者额度在设备上的运营作业，需要选择运营时间最短的值。如果运营时间最短值出现在设备1上，则对应的通用模块单元或者额度尽量往前排，若运营最短时间出现在其他机器上，则对应的专用模块单元或者额度尽量往后排。如果先排的是前头，下一个出现最短值作业就排在后头。如果先排的是后头，下一个出现最短值作业就排在前头。循环排序，直至完成排序。

F公司的两类模块品目加工信息如表6-2-8所示。

表6-2-8 F公司的两类模块品目加工信息

	Y1	Y2	Y3	Y4	Y5
作业1	27	41	48	23	19
作业2	32	53	46	36	28

F公司采用Johnson方法作业排序过程如表6-2-9所示。

表 6 - 2 - 9　F 公司采用 Johnson 方法作业排序过程

步骤	作业次序					作业排位
1					Y5	将 Y3 排第 5 位
2	Y4				Y5	将 Y2 排第 1 位
3	Y4			Y1	Y5	将 Y5 排第 4 位
4	Y4	Y2	Y3	Y1	Y5	将 Y1 排第 2 位
5	Y4	Y2	Y3	Y1	Y5	将 Y4 排第 3 位

F 公司 Johnson 方法作业排序为 Y4、Y2、Y3、Y1、Y5。

（2）循环排序法。根据模块品目或者额度运营比，计算出运营比倒数，然后确定按倒数最小的品种先投，相同时选择最晚出现的与前次不同的模块品目或者额度，不断循环由此确定选定后续模块品目或者额度，依次确定运营作业顺序。

F 公司 A、B、C 三种模块品目进行混合生产，其产量为 $N_A = 40$，$N_B = 10$，$N_C = 30$，一个工作日一班，不考虑停工时间。

F 公司采用循环排序法作业排序如表 6 - 2 - 10 所示。

表 6 - 2 - 10　F 公司采用循环排序法作业排序

A	B	C	排序
1/4	1	1/3	A
1/2	1	1/3	C
1/2	1	2/3	A
3/4	1	2/3	C
3/4	1	2/3	A
1	1	1	C
1	1	4/3	A
5/4	1	4/3	B

（3）Palmer 法。运用 $\lambda_i = \sum_{k=1}^{n} [k - (3+1)/2] p_{ik}$ 公式进行排序。式中 i 表示模块品目数，k 表示设备数。

按照 λ_i 不增规则排序，得出满意的排序。

F 公司 4 类模块品目在三台设备进行作业。

i　1　2　3　4

p_{i1}　2　3　4　6

p_{i2}　6　5　3　7

p_{i3}　4　6　9　3

$$\lambda_i = \sum_{k=1}^{3} [k - (3+1)/2] p_{ik} = -p_{i1} + p_{i3}$$

$$\lambda_1 = -p_{11} + p_{13} = 2$$

$$\lambda_2 = -p_{21} + p_{23} = 3$$

$$\lambda_3 = -p_{31} + p_{33} = 5$$

$$\lambda_4 = -p_{41} + p_{43} = -1$$

F 公司 4 类模块品目加工排序为 3、2、1、4。

（4）匈牙利算法。需要得出目标函数和约束方程如下：

$$\min\ (\max)\ Z = \sum_{i=1}^{m} \sum_{j=1}^{m} c_{ij} x_{ij}$$

$$\begin{cases} \sum_{j=1}^{m} x_{ij} = 1 \\ \sum_{i=1}^{m} x_{ij} = 1 \\ x_{ij} = 0, x_{ij} = 1 \end{cases} \qquad (6-2-43)$$

如果从提出问题效率矩阵 $[c_{ij}]$ 的每一行元素中分别减去一个常数 u_i，从每一列中减去一个常数 v_j，得到一个新的效率矩阵 $[b_{ij}]$，其中 $b_{ij} = c_{ij} - u_i - v_j$，则矩阵 $[b_{ij}]$ 的最优解等价于矩阵 $[c_{ij}]$ 的最优解。这里矩阵 $[c_{ij}]$、矩阵 $[b_{ij}]$ 非负。若矩阵 A 的元素可分为 0 与非 0 两部分，则覆盖 0 元素的最少直线数等于位于不同行不同列的 0 元素的最大个数。

匈牙利算法找出效率矩阵每行的最小元素，从每行中减去最小元素；找出效率矩阵每列的最小元素，从每列中减去最小元素；用最少的直线覆盖所有 0，直到等于 0 行列 0 元素的最大个数；确定不同行不同列的 0 元素。令对应的变量等于 1，其余为 0。得出 1 对应的解。

F 公司 4 类模块品目在 4 台设备加工，所需加工时间如下：

	M_1	M_2	M_3	M_4
J_1	10	8	4	6
J_2	8	9	13	12
J_3	5	7	9	8
J_4	7	12	14	11

从加工时间矩阵中每一行所有元素减去该行最小元素，使每行至少出现一个 0 元素。

	M_1	M_2	M_3	M_4
J_1	10	8	4	6
J_2	8	9	13	12
J_3	5	7	9	8
J_4	7	12	14	11

每一行所有元素减去该行最小元素得到如下矩阵。矩阵中每一行所有元素减去该

列最小元素，使每列至少出现一个0元素。

	M_1	M_2	M_3	M_4	
J_1	6	4	0	2	0
J_2	0	1	5	4	1
J_3	0	2	4	3	0
J_4	0	5	7	4	2

每列所有元素减去该行最小元素得到如下矩阵。

	M_1	M_2	M_3	M_4			M_1	M_2	M_3	M_4
J_1	~~6~~	~~3~~	~~0~~	~~0~~		J_1	6	3	0	0
J_2	~~0~~	~~0~~	~~5~~	~~2~~		J_2	0	0	5	2
J_3	~~0~~	~~0~~	4	1		J_3	0	0	4	1
J_4	~~0~~	4	7	2		J_4	0	4	7	2

从实施得到的矩阵中，划出能覆盖尽可能多的0元素的直线，如果线条数等于矩阵的行数，找出最优矩阵。如果划出三条直线不等于矩阵行数，没有找出最佳矩阵。

	M_1	M_2	M_3	M_4
J_1	~~6~~	~~3~~	~~0~~	~~0~~
J_2	~~0~~	~~0~~	~~5~~	~~2~~
J_3	~~0~~	~~0~~	4	1
J_4	~~0~~	4	7	2

从矩阵中未被线条穿过的元素中减去这些元素的最小数，将这个最小数加到直线交叉的元素上，其余元素不变。没画线的最小元素为1，用1减去4、7、2位置的数，得出3、6、1，然后用1加到M_1与J_1、J_2交叉的6、0位置，得出7、1。

	M_1	M_2	M_3	M_4
J_1	7	3	0	0
J_2	1	0	5	2
J_3	0	0	3	0
J_4	0	3	6	1

从实施得到的矩阵中，划出能覆盖尽可能多的0元素的直线，如果线条数等于矩阵的行数，找出最优矩阵。

	M_1	M_2	M_3	M_4
J_1	~~7~~	~~3~~	~~0~~	~~0~~
J_2	~~1~~	~~0~~	~~5~~	~~2~~
J_3	~~0~~	~~0~~	3	0
J_4	~~0~~	3	6	1

从仅有一个 0 的行或者列开始，找出 0 元素对应的分配方案，最后使每行和每列都有一个 0 元素。0 元素对应的就是最优分配方案。最好从仅有一个 0 的 J_4 行、J_2 行开始进行选择。由于要保证每行每列都有一个 0 元素，余下的元素 M_3 列、M_4 列和 J_1 行、J_3 行，只能选择 M_3 列和 M_4 列、J_3 行。

$$
\begin{array}{ccccc}
 & M_1 & M_2 & M_3 & M_4 \\
J_1 & 7 & 3 & \underline{0} & 0 \\
J_2 & 1 & \underline{0} & 5 & 2 \\
J_3 & 0 & 0 & 3 & \underline{0} \\
J_4 & \underline{0} & 3 & 6 & 1 \\
\end{array}
$$

由此，得出最优解零件 1 由 M_3 加工，零件 2 由 M_2 加工，零件 3 由 M_4 加工，零件 4 由 M_1 加工。

（5）作业计划算法。按照最早可能开工时间进行安排的计划，规则选择最小的最早可能完工时间，选择对应的作业。计划中 (i, j, k) 表示模块品目或者额度 i 的第 j 道作业在机器 k 上完成，可以采用运营描述矩阵来描述所有模块品目或者额度的运营。运营描述矩阵每一行描述一个模块品目或者一类额度运营，每一列运营作业相同。运营时间也可以与运营描述矩阵一样采用矩阵来体现。O_t 表示工序、T_k 表示最早可能开工时间、T'_k 表示最早可能完工时间、T_z 表示最小的最早可能完工时间、M_z 表示最小的最早可能完工时间机器、O_j 表示需要 M_z 加工且最早可能完工时间小于 T_z 的工序。

F 公司运营描述矩阵 G 和运营时间矩阵 T 为：$G = \begin{pmatrix} 1, & 1, & 1 & 1, & 2, & 3 & 1, & 3, & 2 \\ 2, & 1, & 3 & 2, & 2, & 1 & 2, & 3, & 2 \end{pmatrix}$，$T = \begin{pmatrix} 3 & 5 & 2 \\ 4 & 5 & 6 \end{pmatrix}$，所需选择工序为 1，1，1、2，1，3、1，1，1、2，1，3 最早可能开工时间 T_k 都为 0。

$t = 1$ 时，得到 T'_k 为 3、4，选择最优完工时间 M_z 为 3，对应工序为 1，1，1，表明模块品目 1 的第 1 道工序在机器 M_1 上完成。$t = 2$，由 1，2，3 代替 1，1，1。1，2，3 最早可能开工时间由于 1，2，3 代替 1，1，1，T_k 为 3，最早可能完工时间 T'_k 为 8，最早可能完工时间还是上面的 T'_k 为 4，选择最优完工时间 M_z 为 4，对应工序为 2，1，3，表明模块品目 2 的第 1 道工序在机器 M_3 上完成。$t = 3$，由 2，2，1 代替 2，1，3，最早可能完工时间 T'_k 为 9，选择最优完工时间 M_z 为 9，对应工序为 1，2，3，表明模块品目 1 的第 2 道工序在机器 M_3 上完成。$t = 4$，由 1，3，2 代替 1，2，3。选择最优完工时间 M_z 为 9，对应工序为 2，2，1，表明模块品目 2 的第 2 道工序在机器 M_1 上完成。$t = 5$，由 2，3，2 代替 2，2，1，选择最优完工时间 M_z 为 11，对应工序为 1，3，2，表明模块品目 1 的第 3 道工序在机器 M_2 上完成。$t = 6$，最早可能完工时间 T'_k 为 17，对应工序为 2，3，2，表明模块品目 2 的第 3 道工序在机器 M_2 上完成。

F 公司作业计划法过程如图 6 - 2 - 5 所示。

t	$\{O_t\}$	T_k	T'_k	T_z	M_z	O_j
1	1, 1, 1	0	3	3	M_1	1, 1, 1
	2, 1, 3	0	4			
2	1, 2, 3	3	8	4	M_3	2, 1, 3
	2, 1, 3	0	4			
3	1, 2, 3	4	9	9	M_3	1, 2, 3
	2, 2, 1	4	9			
4	1, 3, 2	9	11	9	M_1	2, 2, 1
	2, 2, 1	4	9			
5	1, 3, 2	9	11	11	M_2	1, 3, 2
	2, 3, 2	9	15			
6	2, 3, 2	11	17	17	M_2	2, 3, 2

图 6 - 2 - 5 F 公司作业计划法过程

制造类企业、服务类企业、纯服务类企业需要确定 CPS 适时制造单一流整体可变和混合流水线稳定的作业排序，一般纯服务企业顾客接触场内员工服务流程、顾客接触场内设备服务流程、顾客接触场外设备服务流程、顾客接触电子服务流程需要确定 CPS 适时服务单一流整体可变和混合流水线稳定的作业排序。

（二）CPS 适时顾客接触服务单一流模块单元流水线排队

有顾客接触的具体模块单元、联合模块单元、模块组模块单元、总作业模块单元和通用模块单元、链接模块单元、专用模块单元各类流水线的延迟策略和强化延迟策略、后拉动流程、后拉动价值、智能整体和局部运作排队是有顾客接触的模块单元流水线延迟策略和强化延迟策略运作、后拉动流程运作、智能运作的基本要求。有顾客接触的 CPS 适时运营单一流模块单元流水线排队通过排队系统进行。排队系统由输入过程、排队规则、服务台三部分构成。输入过程是指要求服务的顾客按照一定的规律到达排队系统的过程。输入过程由顾客总体数、顾客到达的形式、输入过程的概率分布组成。顾客总体数需要明确顾客人数是否有限；顾客到达的形式需要明确顾客是单个到达还是成批到达；输入过程的概率分布需要明确顾客相继到达的时间间隔分布。

排队规则包括等待制、损失制、混合制。等待制中规则包括先到先服务、后到先服务、随机服务、有优先权服务。损失制是顾客到达后所有服务台都已占用，顾客不愿意等待，离开服务系统。混合制队长优先、等待时间有限、逗留时间有限。服务台包括服务机构的数量和形式、服务方式、服务时间分布。服务机构的数量和形式需要明确服务台是单台还是多台，服务形式是单对单服务形式、单对多服务形式，还是多对多服务形式。服务方式是某一时刻接受服务的顾客数，有单个服务和成批服务。服务时间是随机变量，与顾客到达的时间间隔分布一样。

1. 有顾客接触的 CPS 适时运营单一流模块单元流水线排队系统分布

排队系统分布是进行有顾客接触的 CPS 适时运营单一流模块单元流水线排队的基础，只有确定这一基础，才能进行有顾客接触的 CPS 适时运营单一流模块单元流水线排队。排队系统分布基础是负指数分布，这一分布无记忆性（唐加山，2017）。负指数分布是指分布函数为 $F_T(t) = 1 - e^{-\lambda t}$，密度函数为 $f_T(t) = \lambda e^{-\lambda t}$，随机变量 T 的期望值为 $E(T) = \int_0^\infty t f_T(t) d_t = \int_0^\infty t \lambda e^{-\lambda t} d_t = \dfrac{1}{\lambda}$，$T$ 的方差为 $D(T) = \dfrac{1}{\lambda^2}$。负指数分布密度函数对时间 t 严格递减，具有 $P\{T > t + s | T > \sigma\} = P\{T > t\}$ 的马尔可夫性，当顾客到达过程是泊松流时，顾客相继到达的间隔时间 T 必须服从负指数分布。

泊松分布是指随机变量 X 的密度函数为 $P[X = n] = \dfrac{\lambda^n e^{-\lambda}}{n!}$，均值和方差为 $E(X) = \lambda$，$D(X) = \lambda$。泊松过程具有独立增量性，具有 $P\{N(a + t) - N(a) = k\} = P\{N(t) - N(0) = k\} = P_k(t)$ 的增量平稳性，具有 $P\{N(t) = 1\} = \lambda t + o(t)$ 的普遍性（孙荣恒和李建平，2015）。

若 $N(t)$ 为时间区间内到达系统的顾客数，则 $N(t)$ 是一个急速变量，且 $\{N(t) | t \in (0, T)\}$ 为一个随机过程。若该随机过程满足不相重叠的区间内顾客到达数是相互独立的；时间区间 $[t, t + \Delta t]$ 内有顾客的到达数只与区间长度 Δt 有关，而与区间起始点 t 无关；对于充分小的 Δt，在时间区间 $[t, t + \Delta t]$ 内有 2 个或 2 个以上顾客到达的概率极小，以至于可以忽略，则认为顾客到达系统的过程是泊松过程，且 $P\{N(t) = k\} = \dfrac{(\lambda t)^k}{k!} e^{-\lambda t}$，$E(N(t)) = \lambda t$，$D(N(t)) = \lambda t$。

2. 单服务台模型

单服务台模型是有顾客接触的模块单元流水线延迟策略和强化延迟策略运作、后拉动流程运作、智能运作的单台服务情形的服务排队模型。

（1）基本模型。输入过程顾客是无限的，顾客到达的过程是泊松过程；单队，对队长无限制；单台服务，服务时间服从负指数分布。

系统状态概率 P_n 需建立方程如下：

$$\begin{cases} uP_1 - \lambda P_0 = 0 \\ \lambda P_0 + uP_2 - (\lambda + u)P_1 = 0 \\ \vdots \\ \lambda P_{n-1} + uP_{n+1} - (\lambda + u)P_n = 0 \end{cases} \qquad (6-2-44)$$

解答公式如下：

$$
\begin{cases}
P_1 = \dfrac{\lambda}{u} P_0 \\[2mm]
P_2 = -\dfrac{\lambda}{u} P_0 + \left(1 + \dfrac{\lambda}{u}\right) P_1 = \left(\dfrac{\lambda}{u}\right)^2 P_0 \\[2mm]
\vdots \\[2mm]
P_n = \left(\dfrac{\lambda}{u}\right)^n P_0
\end{cases}
\tag{6-2-45}
$$

若 $\rho = \dfrac{\lambda}{u}$，解答公式如下：

$$
\begin{cases}
P_1 = \rho P_0 \\[2mm]
P_2 = (\rho)^2 P_0 \\[2mm]
\vdots \\[2mm]
P_n = (\rho)^n P_0
\end{cases}
\tag{6-2-46}
$$

$$
\sum_{n=0}^{\infty} P_n = 1 \tag{6-2-47}
$$

$$
P_0 = 1 - \rho \tag{6-2-48}
$$

$$
P_n = (1 - \rho)\rho^n \tag{6-2-49}
$$

系统中的平均顾客、队列中的平均顾客数、顾客在系统中的平均逗留时间、顾客在队列中的平均逗留时间公式如下：

$$
L = \frac{\rho}{1 - \rho} \tag{6-2-50}
$$

$$
L_q = \frac{\rho^2}{1 - \rho} = \rho L \tag{6-2-51}
$$

$$
W = E(X) = \frac{1}{u - \lambda} \tag{6-2-52}
$$

$$
W_q = \frac{\rho}{u - \lambda} = \rho W \tag{6-2-53}
$$

G 公司模块单元流水线的某一作业有一个服务台，顾客到达服从泊松分布，平均到达数速率为 60 人／小时，服务时间服从负指数分布，平均服务时间为 30 秒／人。

$$
L = \frac{\rho}{1 - \rho} = 1
$$

$$
L_q = \frac{\rho^2}{1 - \rho} = \rho L = 0.5
$$

$$
W = \frac{1}{u - \lambda} = 0.017 \text{（小时）}
$$

$$
W_q = \rho W = 0.009 \text{（小时）}
$$

（2）有限队列模型。系统最大容量为 N，对于单服务台的情形，排队等待的顾客最多为 $N-1$，某一时刻一顾客到达时，如果系统已有 N 个顾客，那么这个顾客就拒绝进行这个系统。

系统状态概率 P_N 需建立方程如下：

$$\begin{cases} uP_1 = \lambda P_0 \\ uP_{k+1} + \lambda P_{k-1} = (\lambda + u)P_k \\ uP_N = \lambda P_{N-1} \end{cases} \qquad (6-2-54)$$

解答公式如下：

$$P_0 = \frac{1-\rho}{1-\rho^{N+1}} \qquad (6-2-55)$$

$$P_k = \rho^k \frac{1-\rho}{1-\rho^{N+1}} \qquad (6-2-56)$$

系统中的平均顾客、队列中的平均顾客数、顾客在系统中的平均逗留时间、顾客在队列中的平均逗留时间公式如下：

$$L = \frac{\rho}{1-\rho} - \frac{(N+1)\rho^{N+1}}{1-\rho^{N+1}} \qquad (6-2-57)$$

$$L_q = L - \frac{\lambda_e}{u} \qquad (6-2-58)$$

$$W = \frac{L}{\lambda_e} \qquad (6-2-59)$$

$$W_q = \frac{L_q}{\lambda_e} \qquad (6-2-60)$$

G 公司模块单元流水线的某一作业有一位工作人员，每次只能服务 1 人，有 4 个座位供前来服务的人员等候。某位顾客到来发现没有座位，就会离去。顾客到达服从泊松分布，平均到达数速率为 6 人/小时，服务时间服从负指数分布，平均服务时间为 4 分钟/人。

顾客到达不用等待就可服务的概率为：

$$P_0 = \frac{1-\rho}{1-\rho^{N+1}} = 0.602$$

$$\lambda_e = \lambda(1 - \rho^N P_0) = 5.963$$

G 公司模块单元流水线的某一作业顾客平均人数为：

$$L = \frac{\rho}{1-\rho} - \frac{(N+1)\rho^{N+1}}{1-\rho^{N+1}} = 0.642$$

等待服务的顾客平均人数为：

$$L_q = L - \frac{\lambda_e}{u} = 0.244$$

G 公司模块单元流水线的某一作业顾客平均花费时间为：

$$W = \frac{L}{\lambda_e} = 0.108$$

顾客平均等待时间为：

$$W_q = \frac{L_q}{\lambda_e} = 0.041$$

顾客到达后因客满离去的概率为：

$$P_5 = \rho^5 P_0 = 0.006$$

当 $N = 6$ 时，

$$P_0 = \frac{1 - \rho}{1 - \rho^{N+1}} = 0.601$$

$$P_6 = \rho^6 P_0 = 0.002$$

$$P_5 - P_6 = 0.004$$

增加一个座位减少顾客损失率为 0.4%。

（3）有限顾客源模型。顾客总数为 m，当顾客需要服务时，就进入队列等待；服务完毕后，重新回到顾客源中。

系统状态概率 P_n 需建立方程如下：

$$\begin{cases} uP_1 = m\lambda P_0 \\ uP_{n+1} + (m - n + 1)\lambda P_{n-1} = \left[(m - n)\lambda + u \right] P_n \\ uP_m = \lambda P_{m-1} \end{cases} \qquad (6-2-61)$$

解答公式如下：

$$P_0 = \frac{1}{\sum\limits_{i=0}^{m} \frac{m!}{(m-i)!}\rho^i} \qquad (6-2-62)$$

$$P_n = \frac{m!}{(m-n)!}\rho^n P_0 \qquad (6-2-63)$$

系统中的平均顾客、队列中的平均顾客数、顾客在系统中的平均逗留时间、顾客在队列中的平均逗留时间公式如下：

$$L = m - \frac{u}{\lambda}(1 - P_0) \qquad (6-2-64)$$

$$L_q = m - \left(1 + \frac{1}{\rho} \right)(1 - P_0) = L - (1 - P_0) \qquad (6-2-65)$$

$$W = \frac{m}{u(1 - P_0)} - \frac{1}{\lambda} \qquad (6-2-66)$$

$$W_q = W - \frac{1}{u} \qquad (6-2-67)$$

G 公司模块单元流水线共有顾客 5 位。顾客到达服从泊松分布，平均到达数速率为 6 人/小时，服务时间服从负指数分布，平均服务时间为 6 分钟/人。

$\lambda = 6$ 人/小时，6，$u = 10$ 人/小时，$\rho = 6/10 = 0.6$，$m = 5$

$$P_0 = \frac{1}{\sum\limits_{i=0}^{m} \frac{m!}{(m-i)!}\rho^i} = 0.02$$

$$P_n = \frac{m!}{(m-n)!}\rho^n P_0 = 0.187$$

$$L = m - \frac{u}{\lambda}(1 - P_0) = 3.367$$

$$L_q = L - (1 - P_0) = 2.387$$

$$W = \frac{m}{u(1 - P_0)} - \frac{1}{\lambda} = 0.334$$

$$W_q = W - \frac{1}{u} = 0.234$$

3. 多服务台模型

多服务台模型是有顾客接触的模块单元流水线延迟策略和强化延迟策略运作、后拉动流程运作、智能运作的多服务台服务情形的服务排队模型。输入过程顾客是无限的，顾客到达的过程是泊松过程；单队，先到先服务；多服务台，各服务台工作相对独立，服务时间服从于负指数分布。

（1）基本模型。服务台工作相互独立，服务速率相同，整个系统的平均速率为 su，当 $\rho < 1$ 时系统不会排成无限的队列，称 ρ 为系统的服务强度或服务机构的平均利用率。系统的服务速率与系统中的顾客数有关，当系统中的顾客数 k 不大于服务台个数，即 $1 \leqslant k \leqslant s$ 时，系统中的顾客全部在服务台中，这时系统的服务速率为 ku。当系统中的顾客数 $k > s$ 时，服务台中正在接受服务的顾客数为 s 个，其余顾客在队列中等待服务，这时系统的服务速率为 su。

系统状态概率 P_N 需建立方程如下：

$$\begin{cases} \lambda P_0 = u P_1 \\ \lambda P_0 + 2u P_2 = (\lambda + u) P_1 \\ \vdots \\ \lambda P_{s-1} + su P_{s+1} = (\lambda + su) P_s \\ \vdots \\ \lambda P_{n-1} + su P_{n+1} = (\lambda + su) P_n \end{cases} \qquad (6-2-68)$$

解答公式如下：

$$P_0 = \left[\left(\sum_{n=0}^{s-1} \frac{\lambda^n}{u^n n!} \right) + \frac{1}{s!} \left(\frac{\lambda}{u} \right)^s \left(\frac{1}{1-\rho} \right) \right]^{-1} \qquad (6-2-69)$$

$$P_n = \begin{cases} \dfrac{\lambda^n}{u^n n!} P_0 \\[3mm] \dfrac{\lambda^n}{u^n s! \ s^{n-s}} P_0 \end{cases} \qquad (6-2-70)$$

系统中的平均顾客、队列中的平均顾客数、顾客在系统中的平均逗留时间、顾客在队列中的平均逗留时间公式如下：

$$L = L_q + \frac{\lambda}{u} \tag{6-2-71}$$

$$L_q = \frac{\lambda^s \rho P_0}{u^s s! \ (1-\rho)^2} \tag{6-2-72}$$

$$W = \frac{L}{\lambda} \tag{6-2-73}$$

$$W_q = \frac{L_q}{\lambda} \tag{6-2-74}$$

G 公司模块单元流水线有 3 个窗口对顾客进行服务，顾客到达速率为 0.8 人/分钟，员工给顾客办理业务时间服从负指数分布，每个窗口的平均服务速率为 0.3 人/分钟，顾客到达后取号排队，依次由空闲窗口按照顺序办理业务。

所有窗口都空闲的概率为：

$$P_0 = \left[\left(\sum_{n=0}^{2} \frac{\lambda^n}{u^n n!} \right) + \frac{1}{s!} \left(\frac{\lambda}{u} \right)^s \left(\frac{1}{1-\rho} \right) \right]^{-1} = 0.028$$

队列中的平均顾客数为：

$$L_q = \frac{\lambda^s \rho P_0}{u^s s! \ (1-\rho)^2} = 0.709$$

系统中的平均顾客为：

$$L = L_q + \frac{\lambda}{u} = 3.376$$

顾客在队列中的平均逗留时间为：

$$W_q = \frac{L_q}{\lambda} = 0.886$$

顾客在系统中的平均逗留时间为：

$$W = W_q + \frac{1}{u} = 4.220$$

（2）有限队列模型。系统的容量为 N，当系统中的顾客数 $n \leq N$ 时，到达顾客进入系统；当 $n > N$ 时，到达的顾客就被拒绝。设顾客到达数率为 λ，每一个服务台服务的速率为 u，$\rho = \lambda/su$。

系统状态概率 P_N 需建立方程如下：

$$
\begin{cases}
\lambda P_0 = u P_1 \\
\lambda P_0 + 2u P_2 = (\lambda + u) P_1 \\
\vdots \\
\lambda P_{s-2} + su P_s = [\lambda + (s-1)u] P_{s-1} \\
\lambda P_{s-1} + su P_{s+1} = (\lambda + su) P_s \\
\lambda P_s + su P_{s+2} = (\lambda + su) P_{s+1} \\
\vdots \\
\lambda P_{N-1} = su P_N
\end{cases}
\tag{6-2-75}
$$

解答公式如下：

$$P_0 = \left[\sum_{k=0}^{s} \frac{(s\rho)^k}{k!} + \frac{s^s}{s!} \frac{\rho(\rho^s - \rho^N)}{1 - \rho} \right]^{-1} \tag{6-2-76}$$

$$P_n = \begin{cases} \dfrac{(s\rho)^n}{n!} P_0 \\[3mm] \dfrac{s^n \rho^n}{s!} P_0 \end{cases} \tag{6-2-77}$$

系统中的平均顾客数、队列中的平均顾客数、顾客在系统中的平均逗留时间、顾客在队列中的平均逗留时间公式如下：

$$L = L_q + s\rho(1 - P_N) \tag{6-2-78}$$

$$L_q = \frac{\rho(s\rho)^s}{s!\ (1-\rho)^2} \left[1 - \rho^{N-s} - (N-s)\rho^N - s(1-\rho) \right] P_0 \tag{6-2-79}$$

$$W = W_q + \frac{1}{u} \tag{6-2-80}$$

$$W_q = \frac{L_q}{\lambda(1 - P_N)} \tag{6-2-81}$$

（3）有限顾客源模型。顾客源为有限数 m，服务台个数为 s，$m > s$。

系统状态概率 P_0、P_N 的公式如下：

$$P_0 = \frac{1}{m!} \frac{1}{\displaystyle\sum_{k=0}^{s} \frac{m!}{k!(m-k)!} \left(\frac{s\rho}{m} \right)^k + \frac{s^s}{s!} \sum_{k=s+1}^{m} \frac{1}{(m-k)!} \left(\frac{\rho}{m} \right)^k} \tag{6-2-82}$$

$$P_n = \begin{cases} \dfrac{m!}{(m-n)!\ n!} \left(\dfrac{\lambda}{u} \right)^n P_0 & 0 \leqslant n \leqslant s \\[4mm] \dfrac{m!}{(m-n)!\ s!\ s^{n-s}} \left(\dfrac{\lambda}{u} \right)^n P_0 & s+1 \leqslant n \leqslant m \end{cases} \tag{6-2-83}$$

系统中的平均顾客数、队列中的平均顾客数、顾客在系统中的平均逗留时间、顾客在队列中的平均逗留时间公式如下：

$$L = \sum_{n=1}^{m} n P_n \tag{6-2-84}$$

$$L_q = \sum_{n=s+1}^{m} (n-s) P_n \tag{6-2-85}$$

$$W = \frac{L}{\lambda(m-L)} \tag{6-2-86}$$

$$W_q = \frac{L_q}{\lambda(m-L)} \tag{6-2-87}$$

CPS 适时运营单一流模块单元流水线排队方法适合于一般纯服务企业顾客接触场内员工服务流程、顾客接触场内设备服务流程、顾客接触场外设备服务流程、顾客接触电子服务流程。

（三）CPS 适时运营单一流模块单元流水线人员班次安排

具体模块单元、联合模块单元、模块组模块单元、总作业模块单元和通用模块单元、链接模块单元、专用模块单元各类流水线的延迟策略和强化延迟策略、后拉动流程、后拉动价值、智能整体和局部运作人员班次安排是模块单元流水线延迟策略和强化延迟策略运作、后拉动流程运作、智能运作的基本要求。模块单元流水线延迟策略和强化延迟策略运作、后拉动流程运作、智能运作需要进行人员班次安排。CPS 适时运营单一流模块单元流水线运作中需要进行人员的作业安排。假设单位每周工作 7 天，每天 1 班，平常日需要 N 人，周末需要 n 人。

1. 员工每周有 2 个休息日

CPS 适时运营单一流模块单元流水线运作中保证员工每周有 2 个休息日最少需要员工的模型如下：

$$W_1 = \max\{n, N + [2n/5]\} \tag{6-2-88}$$

CPS 适时运营单一流模块单元流水线安排 $[W_1 - n]$ 名员工在周末休息；对余下的 n 名员工从 $1 \sim n$ 编号，$1 \sim [W_1 - N]$ 号员工周一休息；$[W_1 - N]$ 名员工紧接着第二天休息；如果 $5W_1 > 5N + 2n$，则有多余的休息日供分配，此时可以按照需要进行班次计划，只要保证每一名员工一周休息两天，平日有 N 个员工当班即可。

F 公司模块单元流水线 $N=6$，$n=9$，$[W_1-n]$ 为 1，安排 1 名员工周末休息；余下 9 名员工从 $1 \sim 9$ 编号，$1 \sim 4$ 号员工周一休息，余下的 5 名员工周二休息；$5W_1 > 5N + 2n$，则有多余的休息日供分配。CPS 适时运营单一流模块单元流水线安排 1 如表 6-2-11 所示。

表 6-2-11　CPS 适时运营单一流模块单元流水线安排 1

员工号	周一	周二	周三	周四	周五	周六	周日
1	休息				休息		
2	休息				休息		
3	休息				休息		
4	休息				休息		
5		休息		休息			
6		休息		休息			
7		休息		休息			
8		休息		休息			
9						休息	休息

2. 员工每周连休 2 个休息日

CPS 适时运营单一流模块单元流水线运作中保证员工每周连休 2 个休息日最少需要

员工的模型如下：

$$W_2 = \max\{n, \ N + [2n/5], \ [(2N+2n)/3]\} \tag{6-2-89}$$

给 W_2 名员工编号；取 $k = \max\{0, \ 2N+n-2W_2\}$，$1 \sim k$ 号员工周五、周六休息，$(k+1) \sim 2k$ 号员工周日、周一休息，$[W_2-n-k]$ 号员工周六、周日休息；余下的员工，按照周一周二、周二周三、周三周四、周四周五的顺序休息，保证 N 个员工平日上班。

F 公司模块单元流水线 $N=8$，$n=7$，给 11 名员工编号，1 号员工周五、周六休息，2 号员工周日、周一休息，$3 \sim 5$ 号员工周六、周日休息；$6 \sim 7$ 号员工周一、周二休息，8 号员工周二、周三休息，$9 \sim 10$ 号员工周三、周四休息，11 号员工周四、周五休息。CPS 适时运营单一流模块单元流水线安排 2 如表 $6-2-12$ 所示。

表 6 - 2 - 12 CPS 适时运营单一流模块单元流水线安排 2

员工号	周一	周二	周三	周四	周五	周六	周日
1					休息	休息	
2	休息						休息
3						休息	休息
4						休息	休息
5						休息	休息
6	休息	休息					
7	休息	休息					
8		休息	休息				
9			休息	休息			
10			休息	休息			
11				休息	休息		

3. 员工隔一周在周末休息

CPS 适时运营单一流模块单元流水线运作中员工隔一周在周末休息最少需要员工的模型如下：

$$W_3 = \max\{2n, \ N + [2n/5]\} \tag{6-2-90}$$

CPS 适时运营单一流模块单元流水线安排 $[W_3-2n]$ 名员工 2 个周末休息；余下 $2n$ 名员工分成 A、B 两组，每组 n 名员工，A 组员工第一周周末休息，B 组员工第二周周末休息；按照每次休息两天的步骤，给 A 安排每次休息两天。B 组员工第一周的计划与 A 组员工的第二周计划相同。

F 公司模块单元流水线 $N=8$，$n=5$，A 组 5 位员工，B 组 5 位员工，A 组 5 位员工第一周周末休息，B 组 5 位员工第二周周末休息。A 组第二周与 B 组第一周计划相同。CPS 适时运营单一流模块单元流水线安排 3 如表 $6-2-13$ 所示。

表 6 – 2 – 13　CPS 适时运营单一流模块单元流水线安排 3

员工号	周一	周二	周三	周四	周五	周六	周日	周一	周二	周三	周四	周五	周六	周日
1						休息	休息		休息		休息			
2						休息	休息		休息		休息			
3						休息	休息		休息		休息			
4						休息	休息			休息		休息		
5						休息	休息			休息		休息		
6		休息		休息									休息	休息
7		休息		休息									休息	休息
8		休息		休息									休息	休息
9			休息		休息								休息	休息
10			休息		休息								休息	休息

4. 员工每周连休两天，隔一周周末休息

CPS 适时运营单一流模块单元流水线运作中员工每周连休两天，隔一周周末休息最少需要员工的模型如下：

$$W_4 = \max\{2n,\ N+[2n/5],\ [(4N+4n)/5]\} \tag{6-2-91}$$

将 W_4 名员工分成 A、B 两组，A 组第一周周末休息，B 组第二周周末休息；$k = \max\{0,\ 4N+2n-4W_4\}$，A 组 $k/2$ 员工周五、周六休息，$k/2$ 员工周日、周一休息；B 组同样进行；在保证周日、平常日需要 $N=11$ 人，周末需要 n 人的前提下，进行联系安排。

F 公司模块单元流水线 $N=9$，$n=4$，A 组 6 名员工第一周周末休息，B 组 5 名员工第二周周末休息；$N=9$，$n=4$，A 组员工、B 组员工进行连休安排。CPS 适时运营单一流模块单元流水线安排 4 如表 6 – 2 – 14 所示。

表 6 – 2 – 14　CPS 适时运营单一流模块单元流水线安排 4

员工号	周一	周二	周三	周四	周五	周六	周日	周一	周二	周三	周四	周五	周六	周日
1						休息	休息					休息	休息	
2						休息	休息					休息	休息	
3						休息	休息			休息	休息			
4						休息	休息			休息	休息			
5	休息					休息	休息							休息
6	休息					休息	休息							休息
7						休息	休息						休息	休息
8				休息	休息								休息	休息
9				休息	休息								休息	休息
10		休息	休息										休息	休息
11		休息	休息										休息	休息

CPS 适时运营单一流模块单元流水线人员班次安排方法适合于制造类企业、服务类企业、纯服务类企业，适合于一般纯服务企业顾客接触场内员工服务流程、顾客接触场内设备服务流程、顾客接触场外设备服务流程、顾客接触电子服务流程。

（四）CPS 适时运营单一流模块单元流水线物流路径安排

具体模块单元、联合模块单元、模块组模块单元、总作业模块单元和通用模块单元、链接模块单元、专用模块单元各类流水线的延迟策略和强化延迟策略、后拉动流程、后拉动价值、智能整体和局部运作物流路径安排是模块单元流水线延迟策略和强化延迟策略运作、后拉动流程运作、智能运作的基本要求。模块单元流水线物流路径安排采用企业集成蚁群算法进行。这一方法源自于蚂蚁觅食的原理设计出的一种群集智能算法，是一种随机搜索方法，主要用在大量的可能解中寻求最优解（许明乐等，2017）。真实的蚂蚁个体是一类具有随机行为的简单个体，但其组成的群体具有较强的自组织性和智能性（肖艳秋等，2018）。蚂蚁觅食利用信息素进行相互沟通，蚂蚁进行路径选择时，会释放一种信息素，蚂蚁会根据这种信息素的浓度进行选择（宋伟，2009）；蚂蚁觅食回流有记忆，蚂蚁对所经过觅食的场所就不会再进行觅食；蚂蚁采用群体觅食，这样就会在觅食的路径上留下越来越多的信息素，信息素的浓度越高，越有利于觅食，而通过少的路径上的信息素会随着时间的推移越来越少。

根据蚂蚁觅食的这些做法，建立蚁群系统，强化蚁群算法的改进。与自然的蚂蚁觅食相比，蚁群系统采用全部和局部信息素更新规则；信息素的释放和发挥限于每次迭代后的最优蚂蚁进行；采用不同的路径选择规则，更好地发挥蚂蚁所积累的搜索经验。企业集成模块单元采用蚁群系统进行运作，采用类似的信息素运作的方式，进行企业集成蚁群算法运用。企业集成蚁群算法可以拓展到企业集成模块单元流程、供应链或者服务链流程、延迟运作、精益运作、智能运作、流程空间、辅助要素、支撑要素、核心要素、信息要素、管理、体系、模式、策略、方案各方面的主体、特性、因素、指标的蚁群优化和评价。顾客接触模块单元流水线需要在此基础上考虑顾客接触、员工与顾客服务互动、员工与顾客价值共创、顾客服务体验、顾客满意、服务补救的服务特性，进行蚁群优化和评价。

企业集成蚁群算法规则包括避障规则、播撒信息规则、范围规则、移动规则、觅食规则、环境规则。避障规则的每只蚂蚁遇到阻挡时，会避开阻挡，按照信息素的指引进行觅食运作。播撒信息规则的每只蚂蚁刚刚进行觅食时留下的信息素最多，随着时间的推移，信息素越来越少。范围规则的蚂蚁能够观察到的范围是方格，方格的参数速度，能够观察到速度平方的方格。移动规则的蚂蚁会按照信息素最多的指引进行运作，没有信息素指引时，会按照惯性进行运作，运作中会出现扰动；为防止蚂蚁原地打圈，蚂蚁会避开原来的路径。觅食规则的蚂蚁会在感知的范围内寻找食物，如果有食物就会直接过去，如果没有就会朝着感知范围内的信息素最多的路径去寻找，寻找中会犯小的错误，但最终会朝着信息素最多的路径运作；蚂蚁觅食对窝信息素有反应，对食物信息素没有反应。环境规则与蚂蚁之间没有直接联系，每只蚂蚁都和环境发生联系，通过信息素将蚂蚁联系起来。企业集成模块单元运作会如蚁群一样进行运作，运作中通过信息素将不同的运作联系起来。

企业集成蚁群算法可以如蚁群通过信息素联系起来一样，是分布式的多智能系统，多点进行解的搜索，不仅增强算法可靠性，还使算法具有全局搜索能力；搜索过程都是通过系统自身进行运作的，没有外界特定的干预，系统从无序到有序进行运作；算法对初始路径要求不高，求解的过程不依赖于初始路径的选择，不需要进行人工调整，参数数目少，设置简单，易于运作；搜索过程依赖于信息素的堆积，信息素的堆积是一个正反馈的过程，按照正反馈的过程进行运作。

企业集成蚁群算法进行运作时采用的是伪随机规则，这一规则要求蚂蚁运作选择信息素大的、路径短的进行运作。参数 q_0 的大小决定路径的选择。当 $q \leqslant q_0$ 时，可以按照先验方式 $\arg\max\limits_{u \in allowed_k}\{[\tau(r, u)]^{\alpha}[\eta(r, u)]^{\beta}\}$ 进行路径选择，否则选择 S。蚁群系统中，只有全局最优的蚂蚁才被允许释放信息素，蚂蚁需要按照这样的规则和伪随机规则进行全局搜索，所有的蚂蚁完成运作后进行更新。蚂蚁也可以采用局部更新规则，局部更新规则的采用，使路径中信息素的数量逐渐减少。

蚁群系统的选择规则、随机概率、全局更新路径、全局更新差路径、局部更新路径公式如下：

$$s = \begin{cases} \underset{u \in allowed_k}{\arg\max}\{[\tau(r, u)]^{\alpha}[\eta(r, u)]^{\beta}\} & q \leqslant q_0 \\ S \end{cases} \tag{6-2-92}$$

$$p_{ij}^k(t) = \begin{cases} \dfrac{\tau_{is}^{\alpha}(t)\eta_{is}^{\beta}(t)}{\sum\limits_{s \in allowed_k} \tau_{is}^{\alpha}(t)\eta_{is}^{\beta}(t)} & j \in allowed_k \\ 0 & otherwise \end{cases} \tag{6-2-93}$$

$$\tau'(r, s) = (1-\alpha)\tau(r, s) + \alpha\Delta\tau(r, s) \tag{6-2-94}$$

$$\Delta\tau(r, s) = \begin{cases} (L_{gb})^{-1} \\ 0 \end{cases} \tag{6-2-95}$$

$$\tau'(r, s) = (1-\rho)\tau(r, s) + \rho\Delta\tau(r, s) \tag{6-2-96}$$

蚁群系统的最优解附近的搜索会使搜索速度加快，但同时也会出现早熟收敛的行为。为此需要有效地避免早熟收敛行为，可以设计最大轨迹和最小轨迹的路径进行搜索。这样最优解可以在搜索停止运作前找到，进行搜索的过程中，构造全局最优的概率远大于零，更好的解可能在最优解的附近。搜索的轨迹由最大轨迹和最小轨迹的路径差决定，可以在最大搜索路径和最小搜索路径中进行搜索。为了使这种搜索平滑，可以采用信息素平滑轨迹，这种机制可以增强信息素轨迹量，对信息搜索下限的敏感度更小，能够有效地进行最大轨迹和最小轨迹间的搜索。

最大轨迹路径、决策概率、最小轨迹路径、平滑轨迹路径公式如下：

$$\tau_{\max_{ij}}(t) = \sum_{i=1}^{t} \rho^{t-i} \frac{1}{f(s^{opt})} + \rho^t \tau_{ij}(0) \tag{6-2-97}$$

$$P_{dec} = \frac{\tau_{\max}}{\tau_{\max} + (avg-1)\tau_{\min}} \tag{6-2-98}$$

$$\tau'_{ij}(t) = \tau_{ij}(t) + \delta(\tau_{\max}(t) - \tau_{ij}(t)) \tag{6-2-99}$$

$$\tau'(r, s) = (1-\rho)\tau(r, s) - \varepsilon \frac{L_{worst}}{L_{best}} \tag{6-2-100}$$

蚁群系统搜索过程中，信息最强路径不一定是最优路径，需对最优解进行更大程度的强化，对最差解进行弱化。进行这样的更新路径公式如下：

$$\begin{cases} \tau_{ij}(t+1) = (1-\rho)^{1+\varphi(m)}\tau_{ij} + \Delta\tau_{ij} & \tau \geqslant \tau_{\max} \\ \tau_{ij}(t+1) = (1-\rho)^{1-\varphi(m)}\tau_{ij} + \Delta\tau_{ij} & \tau < \tau_{\max} \end{cases} \tag{6-2-101}$$

F 公司物流平面图如图 6-2-6 所示。

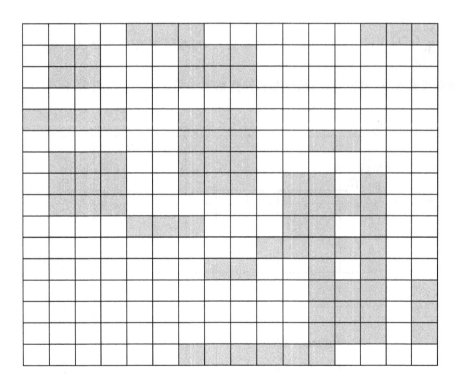

图 6-2-6 F 公司物流平面图

采用企业集成蚁群算法进行最优物流路径选择。

输入由 0 和 1 组成的矩阵，表现出机器人需要寻找最优路径的图示。

G = [0 0 0 0 1 1 1 0 0 0 0 0 0 1 1 1；0 1 1 0 0 0 1 1 1 0 0 0 0 0 0 0；

　　0 1 1 0 0 0 1 1 1 0 0 0 0 0 0 0；0 0 0 0 0 0 0 0 0 0 0 0 0 0 0 0；

1 1 1 1 0 0 1 1 1 0 0 0 0 0 0 0；0 0 0 0 0 0 1 1 1 0 0 1 1 0 0 0；

0 1 1 1 0 0 1 1 1 0 0 0 0 0 0 0；0 1 1 1 0 0 1 1 1 0 1 1 0 1 0 0；

0 1 1 1 0 0 0 0 0 1 1 1 1 0 0；0 0 0 0 1 1 1 0 0 0 1 1 0 1 0 0；

0 0 0 0 0 0 0 0 1 1 1 1 0 0；0 0 0 0 0 0 0 1 1 0 0 1 0 1 0 0；

0 0 0 0 0 0 0 0 0 0 0 1 1 1 0 1；0 0 0 0 0 0 0 0 0 0 0 1 1 1 0 1；

0 0 0 0 0 0 0 0 0 0 0 1 1 1 0 1；0 0 0 0 0 0 1 1 1 1 1 1 0 0 0 0]

输入初始信息素矩阵，指定初始信息素相等。迭代次数200，蚂蚁个数80，α 为1，β 为0.4，ρ 为0.4，Q 为1。

选择从初始点下一步可以到达的节点，根据每个节点的信息素求出前往每个节点的概率 $p_{ij}^{k}(t) = \begin{cases} \dfrac{\tau_{is}^{\alpha}(t)\eta_{is}^{\beta}(t)}{\sum\limits_{s \in allowed_k} \tau_{is}^{\alpha}(t)\eta_{is}^{\beta}(t)} & j \in allowed_k \\ 0 & otherwise \end{cases}$。按照 $\tau_{ij}(t+1) = (1-\rho)\tau_{ij} + \Delta\tau_{ij}$ 更新路径，

$\Delta\tau_{ij}(t) = \begin{cases} \dfrac{Q}{L_k(t)} \\ 0 \end{cases}$ 中没有到达的蚂蚁不计算在其中，直到蚂蚁到达终点，完成迭代次数。

收敛曲线变化趋势和物流最佳路径选择结果如图6-2-7和图6-2-8所示。

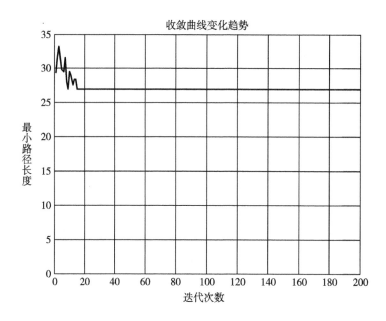

图6-2-7 收敛曲线变化趋势

CPS适时运营单一流模块单元流水线物流路径安排适合于制造类企业、服务类企业、纯服务类企业。

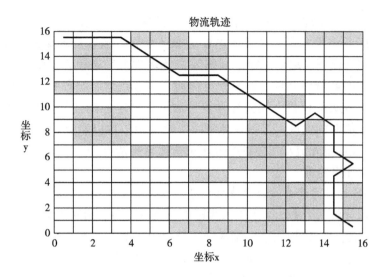

图 6 – 2 – 8　物流最佳路径选择结果

第三节　企业集成模块单元流水线控制

一、企业集成模块单元流水线评价

CPS 适时运营单一流模块单元流水线延迟策略和强化延迟策略运作、后拉动流程、后拉动价值、智能运作中需要对运作效果进行评价，可以采用多种评价方法进行评价。

（一）模块单元流水线模糊综合评价法

CPS 适时运营单一流模块单元流水线模糊综合评价法是一种基于模糊数学的综合评价方法（冯彦辉等，2020）。这种方法以模糊数学为基础，应用模糊关系合成原理，将一些边界不清、不易定量的因素量化，从多个因素对 CPS 适时运营单一流模块单元流水线运作进行综合评价。可以针对具体模块单元、联合模块单元、模块组模块单元、总作业模块单元和通用模块单元、链接模块单元、专用模块单元各类流水线的延迟策略和强化延迟策略、后拉动流程、后拉动价值、智能整体和局部运作，采用模块单元流水线模糊综合评价法，根据模块单元流水线整体和局部运作因素和等级体现，进行模块单元流水线运作整体和局部效果评价。模块单元流水线模糊综合评价法可以运用于企业集成模块单元流程、供应链或者服务链流程、延迟运作、精益运作、智能运作、流程空间、辅助要素、支撑要素、核心要素、信息要素、管理、体系、模式、策略、方案各方面的主体、特性、因素、指标的层次结构和深层区分评价等级的评价。顾客接触场内员工服务流程、顾客接触场内设备服务流程、顾客接触场外设备服务流程、顾客接触电子服务流程模块单元流水线需要在此基础上考虑顾客接触、员工与顾客服务互动、员工与顾客价值共创、顾客服务体验、顾客满意、服务补救的服务特性，进行深层区分评价等级的评价。模糊综合评价法可以将定性描述和定量分析结合起来，既有层次分析法简明的优点，又很好地解决了定性指标难以量化的困境（余敢华和李菡婷，2019）。模块单元流水线模糊综合评价法适合制造类企业、服务类企业、纯服务类企业、一般纯服务企业。

1. 确定 CPS 适时运营单一流模块单元流水线评价因素和评价等级

CPS 适时运营单一流模块单元流水线评价对象有多种，每种对象都有不同的目标。围绕 CPS 适时运营单一流模块单元流水线评价对象，确定 CPS 适时运营单一流模块单元流水线评价因素为 $U_d = \{u_{d1}, u_{d2}, \cdots, u_{dm}\}$，这些因素是直接影响 CPS 适时运营单一流模块单元流水线评价对象运作的因素，从这些因素出发进行评价就是对 CPS 适时运营单一流模块单元流水线评价对象的评价。选定因素后需要确定 CPS 适时运营单一流模块单元流水线评价等级为 $V_d = \{v_{d1}, v_{d2}, \cdots, v_{dn}\}$，这些评价等级是将 CPS 适时运营单一流模块单元流水线评价对象具体运作量化的基础，根据这些评价等级进行定量。

CPS 适时运营单一流模块单元流水线评价因素 U_d 和评价等级 V_d 是分层次的。评价因素层次和评价等级层次相对应。模糊综合评价法评定的顺序是由基层的评价因素、评价等级进行评价，然后由中层的评价因素、评价等级进行评价。

F 公司进行 CPS 适时运营单一流流水线状态的评价。CPS 适时运营单一流流水线包括可变流水线、混合流水线、单一流水线，每一种流水线的状态体现为运营状态、等待状态。确定 CPS 适时运营单一流模块单元流水线评价等级为很好、好、一般、合格、不好。

由此确定 F 公司 $U_1 = \{u_{11}, u_{12}, u_{13}\}$ 评价因素分别为可变流水线、混合流水线、单一流水线，$U_2 = \{u_{21}, u_{22}\}$ 评价因素分别为运营状态、等待状态。评价等级 $V_1 = \{v_{11}, v_{12}, v_{13}, v_{14}, v_{15}\}$ 和 $V_2 = \{v_{21}, v_{22}, v_{23}, v_{24}, v_{25}\}$ 为很好、好、一般、合格、不好。

2. 进行单因素的模糊评判，确定单因素评价集和评价矩阵

对 CPS 适时运营单一流模块单元流水线单因素 u_{di} 进行评判，得出 u_{di} 对应 v_{di} 的隶属度 r_{ij}。由此得出单因素 u_{di} 的评价集：$R_{di} = (r_{i1}, r_{i2}, \cdots, r_{in})$。这样 m 个因素就可以得出评价矩阵 R_d 为：

$$R_d = (r_{ij})_{m \times n} = \begin{bmatrix} r_{11} & r_{12} & \cdots & r_{1n} \\ r_{21} & r_{22} & \cdots & r_{2n} \\ \vdots & \vdots & \ddots & \vdots \\ r_{m1} & r_{m2} & \cdots & r_{mn} \end{bmatrix}$$

其中，r_{ij} 是 u_i 对应 v_{di} 的隶属度，要求 $\sum r_{ij} = 1$。r_{ij} 指标具有一定的主观性，因此对其评判者需要达到一定数量要求，这样进行的评判才能够趋于隶属度；评判者需要熟悉评判的对象，对评判具有专业水准；评判等级的划分要求能够反映出评判对象的特性和运作情况。

F 公司对 CPS 适时运营单一流模块单元可变流水线、混合流水线、单一流水线的运营状态、等待状态 u 进行评判，得出评价集 R。可变流水线的运营状态、等待状态的评价集 $R_{11} = (180，280，170，90，2)$、$R_{12} = (260，230，190，39，3)$，混合流水线的运营状态、等待状态的评价集 $R_{21} = (190，200，270，60，2)$、$R_{22} = (210，230，130，150，2)$，单一流水线的运营状态、等待状态的评价集 $R_{31} = (200，260，190，70，2)$、$R_{32} = (220，240，120，140，2)$。

可变流水线的运营状态、等待状态的评价矩阵为：

$$R_1 = \begin{bmatrix} 180 & 280 & 170 & 90 & 2 \\ 260 & 230 & 190 & 39 & 3 \end{bmatrix}$$

混合流水线的运营状态、等待状态的评价矩阵为：

$$R_2 = \begin{bmatrix} 190 & 200 & 270 & 60 & 2 \\ 210 & 230 & 130 & 150 & 2 \end{bmatrix}$$

单一流水线的运营状态、等待状态的评价矩阵为：

$$R_3 = \begin{bmatrix} 200 & 260 & 190 & 70 & 2 \\ 220 & 240 & 120 & 140 & 2 \end{bmatrix}$$

将评价矩阵归一化得到可变流水线的运营状态、等待状态的评价矩阵为：

$$R_1 = \begin{bmatrix} 0.2493 & 0.3878 & 0.2355 & 0.1246 & 0.0028 \\ 0.3601 & 0.3186 & 0.2632 & 0.0540 & 0.0041 \end{bmatrix}$$

混合流水线的运营状态、等待状态的评价矩阵为：

$$R_2 = \begin{bmatrix} 0.2631 & 0.2770 & 0.3740 & 0.0831 & 0.0028 \\ 0.2908 & 0.3186 & 0.1801 & 0.2077 & 0.0028 \end{bmatrix}$$

单一流水线的运营状态、等待状态的评价矩阵为：

$$R_3 = \begin{bmatrix} 0.2770 & 0.3601 & 0.2631 & 0.0970 & 0.0028 \\ 0.3047 & 0.3324 & 0.1662 & 0.1939 & 0.0028 \end{bmatrix}$$

3. 确定各因素权重

CPS 适时运营单一流模块单元流水线模糊综合评价法需要确定具体模块单元、联合模块单元、模块组模块单元、总作业模块单元和通用模块单元、链接模块单元、专用模块单元各类流水线的延迟策略和强化延迟策略、后拉动流程、后拉动价值、智能整体和局部运作具有不同层次的因素权重，权重确定通过一定方法实现。权重确定的各种方法可以拓展到企业集成模块单元流程、供应链或者服务链流程、延迟运作、精益运作、智能运作、流程空间、辅助要素、支撑要素、核心要素、信息要素、管理、体系、模式、策略、方案各方面的主体、特性、因素、指标的权重确定。顾客接触模块单元流水线需要在此基础上考虑顾客接触、员工与顾客服务互动、员工与顾客价值共创、顾客服务体验、顾客满意、服务补救的服务特性的权重确定。

（1）逐一比较权重确定。逐一比较权重确定通过对 CPS 适时运营单一流模块单元流水线不同层次因素的逐一对比，进行权重确定的方法。逐一比较法一般将比较的刻度划分为 1、3、5、7、9 进行比较，刻度越大表明差异越大。比较过程中，比大的刻度采用刻度本身，比小的刻度采用比大刻度的倒数进行相应比较。一个因素和几个因素相比，若出现不同刻度的比较结果，比大刻度相应的因素要小于比小刻度相应的因素。自身相比刻度为 0。运用逐一比较法确定 CPS 适时运营单一流模块单元流水线因素权重过程如表 6 - 3 - 1 所示。

（2）熵值权重确定。根据信息熵原理，运用已知的有效信息确定 CPS 适时运营单一流模块单元流水线因素权重的一种方法。熵值法在一定程度上能减小调研中不同状态对评估结果的影响（祝莹和刘骥，2019）。运用熵值法确定权重，需要对原有的数据进行因素

表 6 - 3 - 1 逐一比较法确定因素权重

因素	1	2	3	4	合计	权重
1	0	9	5	3	17	0.5763
2	1/9	0	1/3	1/5	0.64	0.0217
3	1/5	3	0	1/3	3.53	0.1196
4	1/3	5	3	0	8.33	0.2824

的同度量化处理，消除量纲和量纲单位的不同而带来的不可公度性，使信息成为运用熵值法的可用信息。当评价对象指标值相差较大时，熵值较小，说明该指标提供的有效信息量较大，其权重也应较大（陆添超和康凯，2009）。CPS 适时运营单一流模块单元流水线因素的原始数据和归一化数据如表 6 - 3 - 2 和表 6 - 3 - 3 所示。

表 6 - 3 - 2 CPS 适时运营单一流模块单元流水线因素的原始数据

	因素 1	因素 2	因素 3	因素 4	因素 5
方案 1	250	150	9	3	5
方案 2	310	110	7	7	3
方案 3	280	120	3	5	9
方案 4	320	170	5	9	9

表6-3-3 CPS适时运营单一流模块单元流水线因素的归一化数据

	因素1	因素2	因素3	因素4	因素5
方案1	0.2155	0.2727	0.3750	0.1250	0.1923
方案2	0.2672	0.2000	0.2917	0.2917	0.1154
方案3	0.2414	0.2182	0.1250	0.2083	0.3462
方案4	0.2759	0.3091	0.2083	0.3750	0.3462

计算熵值的公式如下：

$$e_j = -k \sum_{i=1}^{n} p_{ij} \ln p_{ij} \qquad (6-3-1)$$

式中，$k = \dfrac{1}{\ln n}$，p_{ij}表示第i方案第j个因素值。

计算熵值：

$e_1 = 0.9967$、$e_2 = 0.9892$、$e_3 = 0.9478$、$e_4 = 0.9478$、$e_5 = 0.9382$

计算差异性系数公式如下：

$$g_j = 1 - e_j \qquad (6-3-2)$$

计算差异性系数：

$g_1 = 0.0033$、$g_2 = 0.0108$、$g_3 = 0.0522$、$g_4 = 0.0522$、$g_5 = 0.0618$

计算权重公式如下：

$$w_j = \frac{g_j}{\sum_{j=1}^{m} g_j} \qquad (6-3-3)$$

计算权重：

$w_1 = 0.0181$、$w_2 = 0.0599$、$w_3 = 0.2896$、$w_4 = 0.2895$、$w_5 = 0.2895$

（3）标准离差权重确定。CPS适时运营单一流模块单元流水线因素的标准差越大，表明因素值的变异程度、提供的信息量、在评价中所起的作用越大，CPS适时运营单一流模块单元流水线因素权重也应越大；CPS适时运营单一流模块单元流水线因素的标准差越小，表明因素值的变异程度、提供的信息量、在评价中所起的作用越小，CPS适时运营单一流模块单元流水线因素权重也应越小（武春友等，2014）。

CPS适时运营单一流模块单元流水线因素评价权重公式如下：

$$w_j = \frac{\sigma_j}{\sum_{i=1}^{n} \sigma_j} \qquad (6-3-4)$$

运用表6-3-3中的数据计算得出标准差$\sigma_1 = 0.0236$、$\sigma_2 = 0.0434$、$\sigma_3 = 0.0932$、$\sigma_4 = 0.0932$、$\sigma_5 = 0.0999$。

计算得出权重$w_1 = 0.0668$、$w_2 = 0.1228$、$w_3 = 0.2638$、$w_4 = 0.2638$、$w_5 = 0.2828$。

（4）灰色关联度权重确定。运用灰色系统的数据运用的原理对CPS适时运营单一流流模块单元流水线因素权重确定的方法，这一方法可以将不同趋向的数据进行统一运作，实现数据有效运用。

收益、成本不同趋向的数据运用公式如下：

$$x_i(k) = [x_i(k) - \min x_i(k)] / [\max x_i(k) - \min x_i(k)] \qquad (6-3-5)$$

$$x_i(k) = [\max x_i(k) - x_i(k)] / [\max x_i(k) - \min x_i(k)] \qquad (6-3-6)$$

绝对差和关联系数值 ξ_i 公式如下：

$$\Delta_I = |x_0(k) - x_i(k)| = |1 - x_i(k)| \qquad (6-3-7)$$

$$\xi_i = [\min_i \min_k \Delta_i(k) + \rho \max_i \max_k \Delta_i(k)] / [\Delta_i(k) + \rho \max_i \max_k \Delta_i(k)] \qquad (6-3-8)$$

平均关联系数值 ξ_i 和权重公式如下：

$$\overline{\xi_j} = \frac{1}{m} \sum_{i=1}^{m} \xi_{ji} \qquad (6-3-9)$$

$$w_j = \frac{\overline{\xi_j}}{\sum_{j=1}^{n} \overline{\xi_j}} \qquad (6-3-10)$$

原始数据中因素1、因素2、因素3属于成本类数据，因素4、因素5、因素6属于收益类数据。原始数据如表6-3-4所示。

表6-3-4　原始数据

方案	因素1	因素2	因素3	因素4	因素5	因素6
1	830	386	185	1	1	3
2	763	310	130	5	1	1
3	685	430	170	3	3	5

同一数据、绝对差数据、关联系数值 ξ_i 计算如表6-3-5至表6-3-7所示。

表6-3-5　同一数据

方案	因素1	因素2	因素3	因素4	因素5	因素6
1	1.00	0.63	1.00	0.00	0.00	0.50
2	0.54	0.00	0.00	1.00	0.00	0.00
3	0.00	1.00	0.73	0.50	1.00	1.00

表6-3-6　绝对差数据

方案	因素1	因素2	因素3	因素4	因素5	因素6
1	0.00	0.37	0.00	1.00	1.00	0.50
2	0.46	1.00	1.00	0.00	1.00	1.00
3	1.00	0.00	0.27	0.50	0.00	0.00

表6-3-7 关联系数值

方案	因素1	因素2	因素3	因素4	因素5	因素6
1	1.00	0.57	1.00	0.33	0.33	0.50
2	0.52	0.33	0.33	1.00	0.33	0.33
3	0.33	1.00	0.66	0.50	1.00	1.00

$\overline{\xi_1}$、$\overline{\xi_2}$、$\overline{\xi_3}$、$\overline{\xi_4}$、$\overline{\xi_5}$、$\overline{\xi_6}$ 为 0.6167、0.6333、0.6633、0.6100、0.5533、0.6100；w_1、w_2、w_3、w_4、w_5、w_6 为 0.1672、0.1718、0.1799、0.1655、0.1501、0.1655。

（5）层次分析权重确定。需要根据 CPS 适时运营单一流模块单元流水线因素的不同层次运作计算权重。通过层次分析法可以计算 CPS 适时运营单一流模块单元流水线因素的中层和基层的权重。采用层次分析法确定权重，需要对同一层各准则进行两两比较判断，通过比较矩阵进行计算（陆敏敏，2019）。层次分析法通过判断矩阵得出权重（汪应洛，2018）。

计算中层和基层的权重公式如下：

$$w_{zi} = \frac{w'_{zi}}{\sum\limits_{i=1}^{m} w'_{zi}} \tag{6-3-11}$$

式中，$w'_{zi} = \left(\prod\limits_{j=1}^{n} a_{ij} \right)^{\frac{1}{n}}$。

$$w_{ci} = \frac{w''_{ci}}{\sum\limits_{i=1}^{m} w''_{ci}} \tag{6-3-12}$$

式中，$w_{ci}^{c} = \left(\prod\limits_{j=1}^{n} b_{ij} \right)^{\frac{1}{n}}$、$w'_{ci} = \frac{w_{ci}^{c}}{\sum\limits_{i=1}^{m} w_{ci}^{c}}$、$w''_{ci} = \sum\limits_{j=1}^{n} w'_{cj}$。

中层权重计算、基层比重计算1、基层比重计算2、基层比重计算3、基层权重计算如表6-3-8至表6-3-12所示。

表6-3-8 中层权重计算

A	B_1	B_2	B_3	w'_{zi}	w_{zi}
B_1	1	3	1/5	0.8434	0.2743
B_2	1/3	1	2	0.8736	0.2842
B_3	5	1/2	1	1.3572	0.4415

表 6-3-9 基层比重计算 1

B_1	C_1	C_2	C_3	w_{ci}^c	w_{ci}'
C_1	1	2	1/5	0.7368	0.2402
C_2	1/2	1	3	1.1447	0.3732
C_3	5	1/3	1	1.1856	0.3866

表 6-3-10 基层比重计算 2

B_2	C_1	C_2	C_3	w_{ci}^c	w_{ci}'
C_1	1	1/5	1/7	0.3057	0.0769
C_2	5	1	2	2.1544	0.5415
C_3	7	1/2	1	1.5183	0.3816

表 6-3-11 基层比重计算 3

B_3	C_1	C_2	C_3	w_{ci}^c	w_{ci}'
C_1	1	7	1/5	1.1187	0.3569
C_2	1/7	1	2	0.6586	0.2101
C_3	5	1/2	1	1.3572	0.4330

表 6-3-12 基层权重计算

C_1	0.2402	0.0769	0.3569
C_2	0.3732	0.5415	0.2101
C_3	0.3866	0.3816	0.4330

w_{c1}''、w_{c2}''、w_{c3}'' 分别为 0.6740、1.1248、1.2012，w_{c1}、w_{c2}、w_{c3} 分别为 0.2247、0.3749、0.4004。

（6）三角模糊数群体集结权重确定。

1）取大取小集结权重确定。运用取大取小集结进行 CPS 适时运营单一流模块单元流水线不同层次因素权重确定，专家群体的打分是 n 个三角模糊数，表示为 $a_k = (a_k^h, a_k^z, a_k^u)$，集结后的三角模糊数为 $a = (a^h, a^z, a^u)$，需要对 n 个三角模糊数的左端点取最小值，右端点取最大值，中点取均值。

权重确定公式如下：

$$a = \left(\min_k\{a_k^h\}, \frac{1}{n}\sum_{k=1}^n a_k^z, \min_k\{a_k^u\} \right) \tag{6-3-13}$$

2）均值集结权重确定。运用均值集结取大取小集结进行 CPS 适时运营单一流模块单元流水线不同层次因素权重确定，需要对 n 个三角模糊数的左端点、右端点、中点分别取均值。

权重确定公式如下：

$$a = \left(\frac{1}{n}\sum_{k=1}^{n} a_k^h, \frac{1}{n}\sum_{k=1}^{n} a_k^z, \frac{1}{n}\sum_{k=1}^{n} a_k^u \right) \qquad (6-3-14)$$

3）加权平均集结权重确定。运用加权平均集结进行 CPS 适时运营单一流模块单元流水线不同层次因素权重确定，需要对 n 个三角模糊数的左端点、右端点、中点分别取均值。

权重确定公式如下：

$$a = \left(\frac{1}{n}\sum_{k=1}^{n} v_k a_k^h, \frac{1}{n}\sum_{k=1}^{n} v_k a_k^z, \frac{1}{n}\sum_{k=1}^{n} v_k a_k^u \right) \qquad (6-3-15)$$

4）最优集结权重确定。运用最优集结进行 CPS 适时运营单一流模块单元流水线不同层次因素权重确定，需要明确 n 个三角模糊数 $a = (a^h, a^z, a^u)$ 和 $b = (b^h, b^z, b^u)$ 的差异度和相似度。

差异度和相似度公式如下：

$$D(a, b) = \sqrt{\frac{1}{3}\left[(a^h - b^h)^2 + (a^z - b^z)^2 + (a^u - b^u)^2 \right]} \qquad (6-3-16)$$

$$S(a, b) = \frac{a^h b^h + a^z b^z + a^u b^u}{\sqrt{(a^h)^2 + (a^z)^2 + (a^u)^2\,]} + \sqrt{(b^h)^2 + (b^z)^2 + (b^u)^2\,]}} \qquad (6-3-17)$$

最优集结需要集结后的群体打分值与原始数据的差异越小越好，相似度越大越好。可以预先给定阈值，将最优针对 $v = (v_1, v_2, \cdots, v_n)$ 不同专家的相对重要程度的差异度和相似度进行，建立规划模型，确定权重。

模型公式如下：

$$\begin{cases} \min z = \sum_{k=1}^{n} v_k D(a_k, b) \\ S(a_k, b) \geqslant \theta \end{cases} \qquad (6-3-18)$$

模型具体体现公式如下：

$$\begin{cases} \min z = v_1 D((a_{11}, a_{12}, a_{13}), (b^h, b^z, b^u)) + v_2 D((a_{21}, a_{22}, a_{23}), \\ \qquad (b^h, b^z, b^u)) + v_3 D((a_{31}, a_{32}, a_{33}), (b^h, b^z, b^u)) \\ S((a_{11}, a_{12}, a_{13}), (b^h, b^z, b^u)) \geqslant \theta \\ S((a_{21}, a_{22}, a_{23}), (b^h, b^z, b^u)) \geqslant \theta \\ S((a_{31}, a_{32}, a_{33}), (b^h, b^z, b^u)) \geqslant \theta \end{cases} \qquad (6-3-19)$$

F 公司进行模块单元运作的权重确定，给出的三角模糊评价数为（3，6，9）、（7，4，5）、（1，8，7）。运用取大取小集结确定权重为（1，6，5）。

（7）粗糙数权重确定。运用粗糙数进行 CPS 适时运营单一流模块单元流水线不同层次因素权重确定，需要体现不同专家评价结果的可靠性。U 包含所有对象的论域，论域中 n 类体现为 $R = \{ C_1, C_2, \cdots, C_n \}$。根据粗糙集中上近似和下近似，确定因素影响程度，然后根据因素的重要度，计算得到因素权重大小（朱海燕，2018）。U 中每

一个对象的权重为 w_Y。

C_i 下近似公式、上近似公式、加权粗糙数下限公式、加权粗糙数上限公式、粗糙数权重公式如下：

$$\underline{AP}(C_i) = \cup \{ B \in U/R(B) \leqslant C_i \} \tag{6-3-20}$$

$$\overline{AP}(C_i) = \cup \{ B \in U/R(B) \geqslant C_i \} \tag{6-3-21}$$

$$\underline{RN_w}(C_i) = \frac{\sum w_B R(B)}{\sum w_B} \mid B \in \underline{AP}(C_i) \tag{6-3-22}$$

$$\overline{RN_w}(C_i) = \frac{\sum w_B R(B)}{\sum w_B} \mid B \in \overline{AP}(C_i) \tag{6-3-23}$$

$$RN_w(C_i) = [C_i]_w = [\underline{RN_w}(C_i), \overline{RN_w}(C_i)] \tag{6-3-24}$$

专家会针对每一个属性的相对重要程度进行打分，如表 6 – 3 – 13 所示。

表 6 – 3 – 13 专家群体打分

属性	群体打分
C_1	$(a_{11}, a_{12}, \cdots, a_{1s})$
C_2	$(a_{21}, a_{22}, \cdots, a_{2s})$
$\vdots$	$\vdots$
C_n	$(a_{n1}, a_{n2}, \cdots, a_{ns})$

按照加权粗糙数构造方法，对每一个属性的粗糙数进行打分，如表 6 – 3 – 14 所示：

表 6 – 3 – 14 粗糙数打分

属性	粗糙数得分
C_1	$[\underline{RN_v}(c_1), \overline{RN_v}(c_1)]$
C_2	$[\underline{RN_v}(c_2), \overline{RN_v}(c_2)]$
$\vdots$	$\vdots$
C_n	$[\underline{RN_v}(c_n), \overline{RN_v}(c_n)]$

运用标准化公式可以得到标准化属性粗糙数权重 $w = ([w_1], [w_2], \cdots, [w_n])$，公式如下：

$$[w_i] = [\underline{w_i}, \overline{w_i}] = \frac{[\overline{RN_v}(c_i), \overline{RN_v}(c_i)]}{\max_i \overline{RN_v}(c_i)} \tag{6-3-25}$$

引入风险偏好系数 α，可以得到精确数权重向量，公式如下：

$$\omega_i = (1-\alpha)\,\overline{w_i} + \alpha\,\overline{\overline{w_i}} \qquad (6-3-26)$$

由此得到权重公式如下：

$$w_i = \frac{\omega_i}{\sum_k \omega_k} \qquad (6-3-27)$$

F 公司对模块单元运作进行权重确定。5 位专家分别为 $(d_1,\ d_2,\ d_3,\ d_4,\ d_5)$，根据 5 位专家的不同特性和实际，赋予 5 位专家的打分权重为 0.2、0.3、0.1、0.2、0.2。专家打分如表 6-3-15 所示。

表 6-3-15　专家群体打分

属性	专家				
	d_1	d_2	d_3	d_4	d_5
模块单元 1	3	5	7	9	9
模块单元 2	5	5	7	7	9
模块单元 3	3	7	5	5	7

打分权重为 0.2、0.3、0.1、0.2、0.2，$\underline{AP}(3) = \{d_1\}$ 原始权重为 0.2，由于具有一项，需要权重为 1；$\overline{AP}(3) = \{d_1,\ d_2,\ d_3,\ d_4,\ d_5\}$，原始权重与需要权重一样，权重为 0.2、0.3、0.1、0.2、0.2；$\underline{AP}(5) = \{d_1,\ d_2\}$ 原始权重为 0.2、0.3，需要权重需要重新加权，为 $0.2/0.5 = 0.4$、$0.3/0.5 = 0.6$；以下依次类推。

表 6-3-16　粗糙数打分

属性	粗糙数得分
模块单元 1	[3, 6.4]、[4.2, 7.25]、[4.67, 8.60]、[6.4, 9]、[6.4, 9]
模块单元 2	[5, 6.4]、[5, 6.4]、[5.75, 7.80]、[5.75, 7.80]、[6.4, 9]
模块单元 3	[3, 5.6]、[5.6, 7]、[4.2, 6.25]、[4.2, 6.25]、[5.6, 7]

得出粗糙值得分，模块单元 1 为 [4.887, 7.915]，模块单元 2 为 [5.505, 7.340]，模块单元 3 为 [4.660, 6.495]。

风险偏好系数 α 为 0.5，得出模块单元权重向量为 0.8087、0.8114、0.7047，由此确定模块单元 1、模块单元 2、模块单元 3 权重为 0.3479、0.3490、0.3031。

（8）粗糙数判断矩阵权重确定。运用粗糙数判断矩阵进行 CPS 适时运营单一流模块单元流水线不同层次因素权重确定，需要运用两两比较的方法，专家对属性的相对重要性进行打分。第 k 专家的打分和将 s 个专家比较矩阵进行整合的矩阵如下：

$$A_k = \begin{vmatrix} 1 & a_{12}^l & \cdots & a_{1n}^l \\ a_{21}^l & 1 & \cdots & a_{2n}^l \\ \vdots & \vdots & \ddots & \vdots \\ a_{n1}^l & a_{n2}^l & \cdots & 1 \end{vmatrix} \qquad (6-3-28)$$

$$A = \begin{vmatrix} 1 & a_{12}^l & \cdots & a_{1n}^l \\ a_{21}^l & 1 & \cdots & a_{2n}^l \\ \vdots & \vdots & \ddots & \vdots \\ a_{n1}^l & a_{n2}^l & \cdots & 1 \end{vmatrix} \qquad (6-3-29)$$

其中，$a_{pg} = (a_{pg}^1, a_{pg}^2, \cdots, a_{pg}^s)$ 是企业集成模块单元运作指标 p 和 g 的 s 个相对重要性的集合。将整个判断矩阵A的所有元素转换成粗糙数，获得判断矩阵。

粗糙数转化公式、粗糙序列、所得的粗糙数、粗糙数下限、粗糙数上限公式、粗糙判断矩阵公式如下：

$$RN(a_{pg}^k) = [\underline{a_{pg}^k}, \overline{a_{pg}^k}] \qquad (6-3-30)$$

$$RN(a_{pg}) = \{[\underline{a_{pg}^1}, \overline{a_{pg}^1}], [\underline{a_{pg}^2}, \overline{a_{pg}^2}], \cdots, [\underline{a_{pg}^s}, \overline{a_{pg}^s}]\} \qquad (6-3-31)$$

$$RN(a_{pg}) = [\underline{a_{pg}}, \overline{a_{pg}}] \qquad (6-3-32)$$

$$\underline{a_{pg}} = \frac{\underline{a_{pg}^1} + \underline{a_{pg}^2} + \cdots + \underline{a_{pg}^s}}{s} \qquad (6-3-33)$$

$$\overline{a_{pg}} = \frac{\overline{a_{pg}^1} + \overline{a_{pg}^2} + \cdots + \overline{a_{pg}^s}}{s} \qquad (6-3-34)$$

$$A = \begin{vmatrix} [1, 1] & [\underline{a_{12}}, \overline{a_{12}}] & \cdots & [\underline{a_{1n}}, \overline{a_{1n}}] \\ [\underline{a_{21}}, \overline{a_{21}}] & [1, 1] & \cdots & [\underline{a_{2n}}, \overline{a_{2n}}] \\ \vdots & \vdots & \ddots & \vdots \\ [\underline{a_{n1}}, \overline{a_{n1}}] & [\underline{a_{n2}}, \overline{a_{n2}}] & \cdots & [1, 1] \end{vmatrix} \qquad (6-3-35)$$

需要确定企业集成模块单元运作权重的上下限，进行权重标准化运作，得到标准化粗糙权重。权重的上下限、权重标准化、标准化粗糙权重公式如下：

$$w_p = [\underline{w_p}, \overline{w_p}] = \left[\sqrt[n]{\prod_{g=1}^{n} \underline{a_{pg}}}, \sqrt[n]{\prod_{g=1}^{n} \overline{a_{pg}}}\right] \qquad (6-3-36)$$

$$w'_p = w_p / \max_i(\overline{w_i}) \qquad (6-3-37)$$

$$W = (w'_1, w'_2, \cdots, w'_n) \qquad (6-3-38)$$

为计算企业集成模块单元运作精确权重，需要引入风险偏好系数，进行权重的重新计算，从而得到精确权重。权重上下限整合公式如下：

$$\omega_i = (1-\alpha)\underline{w_i} + \alpha\overline{w_i} \qquad (6-3-39)$$

F 公司集成模块单元运作的整合判断矩阵如下：

$$A = \begin{Vmatrix} 1,\ 1,\ 1,\ 1,\ 1, & 3,\ 5,\ 3,\ 7,\ 5 & 1,\ \dfrac{1}{3},\ 1,\ \dfrac{1}{3},\ \dfrac{1}{5} \\[4mm] \dfrac{1}{3},\ \dfrac{1}{5},\ \dfrac{1}{3},\ \dfrac{1}{7},\ \dfrac{1}{5} & 1,\ 1,\ 1,\ 1,\ 1 & \dfrac{1}{3},\ \dfrac{1}{3},\ \dfrac{1}{5},\ \dfrac{1}{5},\ \dfrac{1}{7} \\[4mm] 1,\ 3,\ 1,\ 3,\ 5 & 3,\ 3,\ 5,\ 5,\ 7 & 1,\ 1,\ 1,\ 1,\ 1 \end{Vmatrix}$$

根据判断矩阵得到粗糙判断矩阵如下：

$$A = \begin{Vmatrix} [1,\ 1] & [3.72,\ 5.51] & [0.38,\ 0.78] \\ [0.20,\ 0.29] & [1,\ 1] & [0.20,\ 0.29] \\ [1.72,\ 3.51] & [3.72,\ 5.51] & [1,\ 1] \end{Vmatrix}$$

经过测算得到粗糙权重上下限 $w = ([0.4201,\ 0.6062],\ [0.1265,\ 0.1627],$ $[0.6920,\ 1])$，引入风险偏好系数，得到原始精确权重 $\omega = (0.5318,\ 0.1482,$ $0.8768)$，重新计算得到精确权重为 $\omega' = (0.3416,\ 0.0952,\ 0.5632)$。

（9）模糊最优最劣权重确定。运用模糊最优最劣进行 CPS 适时运营单一流模块单元流水线不同层次因素权重确定，需要明确属性集合 $\{c_1,\ c_2,\ \cdots,\ c_n\}$、最优属性 C_B 和最劣属性 C_W。采用模糊标度法，采用 0.1~0.9 的标度，确定反映最优属性的模糊比较向量 $Q_B^k = (q_{B1}^k,\ q_{B2}^k,\ \cdots,\ q_{Bn}^k)$ 和反映最劣属性的模糊比较向量 $Q_W^k = (q_{1W}^k,\ q_{2W}^k,\ \cdots,$ $q_{nW}^k)$。构造集结最优比较向量 $Q_B = (q_{B1},\ q_{B2},\ \cdots,\ q_{Bn})$ 和集结最劣比较向量 $Q_W = (q_{1W},$ $q_{2W},\ \cdots,\ q_{nW})$。

集结最优比较向量组成确定公式、集结最劣比较向量组成确定公式如下：

$$q_{Bi} = \sum_{k=1}^{s} v_k q_{Bi}^k \tag{6-3-40}$$

$$q_{Wi} = \sum_{k=1}^{s} v_k q_{iW}^k \tag{6-3-41}$$

运用规划方法确定权重公式如下：

$$\begin{cases} \min \max_{j} \left\{ \left| q_{Bj} - \dfrac{1 + w_B - w_j}{2} \right|,\ \left| q_{jW} - \dfrac{1 + w_j - w_B}{2} \right| \right\} \\ \sum_{j} w_j = 1 \end{cases} \tag{6-3-42}$$

$$\begin{cases} \min \xi \\ \left| q_{Bj} - \dfrac{1 + w_B - w_j}{2} \right| \leqslant \xi \\ \left| q_{jW} - \dfrac{1 + w_j - w_B}{2} \right| \leqslant \xi \\ \sum_{j} w_j = 1 \end{cases} \tag{6-3-43}$$

（10）粗糙最优最劣权重确定。运用粗糙最优最劣进行 CPS 适时运营单一流模块单元流水线不同层次因素权重确定，需要明确最优属性 C_B 和最劣属性 C_W。确定整合比较向量 $Q_B = (q_{B1},\ q_{B2},\ \cdots,\ q_{Bn})$ 和 $Q_W = (q_{1W},\ q_{2W},\ \cdots,\ q_{nW})$。可以将整合向量中的元素转换为粗糙数，应用粗糙数计算法则求出粗糙序列的平均粗糙数。由此得到粗糙比较向量。

粗糙数、粗糙数序列表示、平均粗糙数表示、比较向量公式如下：

$$RN(q_{Bj}^k) = [\underline{q_{Bj}^k}, \overline{q_{Bj}^k}] \tag{6-3-44}$$

$$RN(q_{jW}^k) = [\underline{q_{jW}^k}, \overline{q_{jW}^k}] \tag{6-3-45}$$

$$RN(q_{BJ}) = \{[\underline{q_{Bj}^1}, \overline{q_{Bj}^1}], [\underline{q_{Bj}^2}, \overline{q_{Bj}^2}], \cdots, [\underline{q_{Bj}^s}, \overline{q_{Bj}^s}]\} \tag{6-3-46}$$

$$RN(q_{JW}) = \{[\underline{q_{jW}^1}, \overline{q_{jW}^1}], [\underline{q_{jW}^2}, \overline{q_{jW}^2}], \cdots, [\underline{q_{jW}^s}, \overline{q_{jW}^s}]\} \tag{6-3-47}$$

$$RN(q_{BJ}) = [\underline{q_{BJ}}, \overline{q_{BJ}}] = \frac{1}{s}\sum_{k=1}^s [\underline{q_{Bj}^k}, \overline{q_{Bj}^k}] \tag{6-3-48}$$

$$RN(q_{JW}) = [\underline{q_{JW}}, \overline{q_{JW}}] = \frac{1}{s}\sum_{k=1}^s [\underline{q_{jW}^k}, \overline{q_{jW}^k}] \tag{6-3-49}$$

$$RQ_B = ([\underline{q_{B1}}, \overline{q_{B1}}], [\underline{q_{B2}}, \overline{q_{B2}}], \cdots, [\underline{q_{Bn}}, \overline{q_{Bn}}]) \tag{6-3-50}$$

$$RQ_W = ([\underline{q_{1W}}, \overline{q_{1W}}], [\underline{q_{2W}}, \overline{q_{2W}}], \cdots, [\underline{q_{nW}}, \overline{q_{nW}}]) \tag{6-3-51}$$

运用数学规划计算权重，公式如下：

$$\begin{cases} \min \max_j \left\{ d\left(\dfrac{[w_B]}{[w_j]}, [q_{Bj}]\right), d\left(\dfrac{[w_J]}{[w_W]}, [q_{jW}]\right) \right. \\ \overline{w_{BW}} = 1 \end{cases} \tag{6-3-52}$$

4. 建立评价模型，进行基层评价

CPS 适时运营单一流模块单元流水线运作采用模糊综合评价法进行评价时，R_d 中不同的行反映 CPS 适时运营单一流模块单元流水线不同因素对各等级模糊子集的隶属程度，用模糊权重向量 A_d 将不同的行进行综合，可以得到总的评价。

由此建立综合评价模型、不同层次评价模型、中层评价模型、基层评价模型公式如下：

$$Z = Z_d \times B_1 \tag{6-3-53}$$

$$B_d = A_d \circ R_d \tag{6-3-54}$$

$$B_1 = A_1 \circ R_1 \tag{6-3-55}$$

$$B_2 = A_2 \circ R_2 \tag{6-3-56}$$

式中，$B_2 = R_1$、Z 表示综合评价结果、Z_d 表示综合评价权重。

这里的 A_d 和 R_d 计算属于模糊算子的计算。B_d 模糊算子的计算公式如下：

$$B_d = (w_{d1}\nabla r_{1j})\Delta(w_{d2}\nabla r_{2j})\Delta\cdots\Delta(w_{dm}\nabla r_{mj}) \tag{6-3-57}$$

式中，算子包括 $a \wedge b = \min(a, b)$、$a \cdot b = ab$、$a \dot{\varepsilon} b = \dfrac{ab}{1+(1-a)(1-b)}$、$a + b =$

$a + b$、$a \odot b = \max(0, a+b-1)$、$a \vee b = \max(a, b)$、$a \hat{+} b = a+b-ab$、$a \overset{+}{\varepsilon} b = \dfrac{a+b}{1+ab}$、

$a \oplus b = 1 \wedge (a+b)$。

通过不同算子计算得出不同的 B_d，需要通过验证确定最优的 B_d。验证公式如下：

$$D_d = \sum_j^n (\bar{b}_d - b_{dj})^2 \tag{6-3-58}$$

式中，D_d 表示离差，$\bar{b}_d$ 表示评价向量平均值，b_{dj} 表示评价向量的第 j 项值。

F 公司 $A_2 = (0.6498, 0.3502)$，进行可变流水线、混合流水线、单一流水线的 $(\lor, \land)$、$(+, \land)$、$(\lor, \cdot)$、$(+, \cdot)$ 计算 B_2 矩阵的验证如表 6-3-17 至表 6-3-20 所示。

表 6-3-17 $(\lor, \land)$ 运算 B_2 矩阵离差平方和验证

0.0012	0.0010	0.0014	0.0026	0.0000
0.0006	0.0014	0.0055	0.0010	0.0000
0.0001	0.0000	0.0014	0.0003	0.0000

表 6-3-18 $(+, \land)$ 运算 B_2 矩阵离差平方和验证

0.0004	0.0017	0.0000	0.0056	0.0000
0.0006	0.0048	0.0036	0.0014	0.0000
0.0000	0.0008	0.0042	0.0014	0.0000

表 6-3-19 $(\lor, \cdot)$ 运算 B_2 矩阵离差平方和验证

0.0001	0.0009	0.0013	0.0001	0.0000
0.0000	0.0018	0.0029	0.0000	0.0000
0.0001	0.0001	0.0003	0.0000	0.0000

表 6-3-20 $(+, \cdot)$ 运算 B_2 矩阵离差平方和验证

0.0000	0.0008	0.0002	0.0004	0.0000
0.0001	0.0019	0.0021	0.0001	0.0000
0.0000	0.0002	0.0010	0.0001	0.0000

得出 $(+, \cdot)$ 运算 B_2 矩阵离差平方和最小为 0.0069。

5. 进行中层评价

CPS 适时运营单一流模块单元流水线运作进行中层评价时，$B_2 = R_1$，就是可以将基层评价的 B_2 运用到中层评价中，完成 CPS 适时运营单一流模块单元流水线 B_1 评价。

F 公司 $A_1 = (0.4351, 0.3001, 0.2648)$，中层评价矩阵 R_1 如表 6-3-21 所示。

表 6 - 3 - 21 中层评价矩阵

0.2881	0.3636	0.2452	0.0999	0.0033
0.2728	0.2916	0.3061	0.1267	0.0028
0.2867	0.3504	0.2292	0.1309	0.0028

进行中层评价的（∨，∧）、（+，∧）、（∨，·）、（+，·）计算 B_1 矩阵的验证如表 6 - 3 - 22 所示。

表 6 - 3 - 22 （∨，∧）、（+，∧）、（∨，·）、（+，·）中层评价矩阵离差平方和验证

（∨，∧）	0.0050	0.0214	0.0069	0.0074	0.0458
（+，∧）	0.0617	0.1174	0.0389	0.0483	0.3231
（∨，·）	0.0015	0.0051	0.0004	0.0019	0.0073
（+，·）	0.0069	0.0192	0.0035	0.0070	0.0388

得出（∨，·）运算中层评价矩阵离差平方和最小为 0.0161。

6. 进行综合评价

综合评价需要对 CPS 适时运营单一流模块单元流水线 B_1 赋予权重，得出最后的评价结果。一般评价等级按照越来越弱的级别进行设计，综合评价时评价的权重也与此相配合，呈越来越弱的体现。

F 公司综合评价权重为 0.3450、0.2870、0.1986、0.1131、0.0563，得出综合评价重要程度为 0.1148。

（二）模块单元流水线数据包络分析法

CPS 适时运营单一流模块单元流水线数据包络分析法是通过对具体模块单元、联合模块单元、模块组模块单元、总作业模块单元和通用模块单元、链接模块单元、专用模块单元各类流水线的延迟策略和强化延迟策略、后拉动流程、后拉动价值、智能整体和局部运作，采用模块单元流水线投入和产出效率运作分析，进行模块单元流水线运作整体和局部效率评价（魏可可，2020）。模块单元流水线数据包络分析法可以运用于企业集成模块单元流程、供应链或者服务链流程、延迟运作、精益运作、智能运作、流程空间、辅助要素、支撑要素、核心要素、信息要素、管理、体系、模式、策略、方案各方面的主体、特性、因素、指标的效率评价。顾客接触场内员工服务流程、顾客接触场内设备服务流程、顾客接触场外设备服务流程、顾客接触电子服务流程模块单元流水线需要在此基础上考虑顾客接触、员工与顾客服务互动、员工与顾客价值共创、顾客服务体验、顾客满意、服务补救的服务特性，进行效率评价。将单一流模块单元流水线的具体独立的作业单元称为决策单元 DMU。

每一个决策单元 DMU 相应的效率评价指数如下：

$$h_j = \frac{u^T y_j}{v^T x_j} = \frac{\sum_{r=1}^{s} u_r y_{rj}}{\sum_{i=1}^{m} v_i x_{ij}} \qquad (6-3-59)$$

式中，u^T 是产出 y_j 的权重向量，v^T 是投入 x_j 的权重向量。通过产出权重向量 u^T 的产出向量 y_j 与投入权重向量的投入向量 x_j 之间之比，反映出 CPS 适时运营单一流模块单元流水线 DMU 的运作效率。以 h_j 效率为目标可以构建数据包络分析模型公式如下：

$$\begin{cases} \max h_0 = \dfrac{u^T y_0}{v^T x_0} \\[3mm] \text{s. t. } \dfrac{\sum_{r=1}^{s} u_r y_{rj}}{\sum_{i=1}^{m} v_i x_{ij}} \leqslant 1 \end{cases} \qquad (6-3-60)$$

将分式规划模型变成线形规划模型：

$$\begin{cases} \max h_0 = u^T y_0 \\ \text{s. t. } \varphi^T x_j - u^T y_j \geqslant 0 \\ \varphi^T x_0 = 1 \\ \varphi \geqslant 0, \ u \geqslant 0 \end{cases} \qquad (6-3-61)$$

引入对偶模型公式如下：

$$\begin{cases} \min = \theta \\ \text{s. t. } \sum_{j=1}^{n} \lambda_j x_j \leqslant \theta x_0 \\ \sum_{j=1}^{n} \lambda_j y_j \leqslant y_0 \\ \lambda_j \geqslant 0 \end{cases} \qquad (6-3-62)$$

为了运用方便，引入松弛变量 S^+ 和剩余变量 S^-，为了解决技术上的运用困难，引入非阿基米德无穷小变量 ε，将对偶模型进行改变，公式如下：

$$\begin{cases} \min = \theta - \varepsilon \left(\sum_{j=1}^{m} S^- + \sum_{j=1}^{r} S^+ \right) \\ \text{s. t. } \sum_{j=1}^{n} \lambda_j x_j + S^- = \theta x_0 \\ \sum_{j=1}^{n} \lambda_j y_j - S^+ = y_0 \\ \lambda_j \geqslant 0, S^- \geqslant 0, S^+ \geqslant 0 \end{cases} \qquad (6-3-63)$$

线性规划和对偶规划均存在可行解，所以存在最优值，这时线性规划和对偶规划的最优值相等。对偶规划的 θ 等于1，决策单元为有效决策单元，决策单元的经济活动同时为技术有效和规模有效。对偶规划的 θ 小于1，决策单元为无效决策单元，决策单元的经济活动同时为技术无效和规模无效。

对偶规划决策单元的权重之和等于1，决策单元为规模收益不变；对偶规划决策单元的权重之和小于1，决策单元为规模收益递增；对偶规划决策单元的权重之和大于1，决策单元为规模收益递减。

对偶规划决策单元的 θ 小于1，可以采用与 θ 直接联系的输入有效部分，将输入无效的部分进行剔除，从而保证无效决策单元成为有效决策单元。

数据包络分析法适合制造类企业、服务类企业、纯服务类企业。

F 公司决策单元资料如表6-3-23所示。

表6-3-23　F公司决策单元资料

	因素	决策单元1	决策单元2	决策单元3	决策单元4
输入	原材料	890	793	686	763
	设备能力	1	0.985	0.963	0.932
	人员能力	1	0.997	0.965	0.928
输出	销量	39	32	28	30
	人均产出	15	11	9	10
	人均利润	3.27	2.89	2.62	2.76

根据 F 公司决策单元资料建立决策单元1、决策单元2、决策单元3、决策单元4对偶规划模型如下：

$$
\begin{cases}
\min = \theta - \varepsilon(S_1^- + S_2^- + S_3^- + S_1^+ + S_2^+ + S_3^+) \\
890\lambda_1 + 793\lambda_2 + 686\lambda_3 + 763\lambda_4 + S_1^- = 890\theta \\
\lambda_1 + 0.985\lambda_2 + 0.963\lambda_3 + 0.932\lambda_4 + S_2^- = \theta \\
\lambda_1 + 0.997\lambda_2 + 0.965\lambda_3 + 0.928\lambda_4 + S_3^- = \theta \\
39\lambda_1 + 32\lambda_2 + 28\lambda_3 + 30\lambda_4 - S_1^+ = 39 \\
15\lambda_1 + 11\lambda_2 + 9\lambda_3 + 10\lambda_4 - S_2^+ = 15 \\
3.27\lambda_1 + 2.89\lambda_2 + 2.62\lambda_3 + 2.76\lambda_4 - S_3^+ = 3.27 \\
\lambda_j \geq 0, \quad S^- \geq 0, \quad S^+ \geq 0
\end{cases}
\qquad (6-3-64)
$$

$$
\begin{cases}
\min = \theta - \varepsilon(S_1^- + S_2^- + S_3^- + S_1^+ + S_2^+ + S_3^+) \\
890\lambda_1 + 793\lambda_2 + 686\lambda_3 + 763\lambda_4 + S_1^- = 793\theta \\
\lambda_1 + 0.985\lambda_2 + 0.963\lambda_3 + 0.932\lambda_4 + S_2^- = 0.985\theta \\
\lambda_1 + 0.997\lambda_2 + 0.965\lambda_3 + 0.928\lambda_4 + S_3^- = 0.99\theta \\
39\lambda_1 + 32\lambda_2 + 28\lambda_3 + 30\lambda_4 - S_1^+ = 32 \\
15\lambda_1 + 11\lambda_2 + 9\lambda_3 + 10\lambda_4 - S_2^+ = 11 \\
3.27\lambda_1 + 2.89\lambda_2 + 2.62\lambda_3 + 2.76\lambda_4 - S_3^+ = 2.89 \\
\lambda_j \geqslant 0,\ S^- \geqslant 0,\ S^+ \geqslant 0
\end{cases}
\tag{6-3-65}
$$

$$
\begin{cases}
\min = \theta - \varepsilon(S_1^- + S_2^- + S_3^- + S_1^+ + S_2^+ + S_3^+) \\
890\lambda_1 + 793\lambda_2 + 686\lambda_3 + 763\lambda_4 + S_1^- = 686\theta \\
\lambda_1 + 0.985\lambda_2 + 0.963\lambda_3 + 0.932\lambda_4 + S_2^- = 0.963\theta \\
\lambda_1 + 0.997\lambda_2 + 0.965\lambda_3 + 0.928\lambda_4 + S_3^- = 0.965\theta \\
39\lambda_1 + 32\lambda_2 + 28\lambda_3 + 30\lambda_4 - S_1^+ = 28 \\
15\lambda_1 + 11\lambda_2 + 9\lambda_3 + 10\lambda_4 - S_2^+ = 9 \\
3.27\lambda_1 + 2.89\lambda_2 + 2.62\lambda_3 + 2.76\lambda_4 - S_3^+ = 2.62 \\
\lambda_j \geqslant 0,\ S^- \geqslant 0,\ S^+ \geqslant 0
\end{cases}
\tag{6-3-66}
$$

$$
\begin{cases}
\min = \theta - \varepsilon(S_1^- + S_2^- + S_3^- + S_1^+ + S_2^+ + S_3^+) \\
890\lambda_1 + 793\lambda_2 + 686\lambda_3 + 763\lambda_4 + S_1^- = 763\theta \\
\lambda_1 + 0.985\lambda_2 + 0.963\lambda_3 + 0.932\lambda_4 + S_2^- = 0.932\theta \\
\lambda_1 + 0.997\lambda_2 + 0.965\lambda_3 + 0.928\lambda_4 + S_3^- = 0.928\theta \\
39\lambda_1 + 32\lambda_2 + 28\lambda_3 + 30\lambda_4 - S_1^+ = 30 \\
15\lambda_1 + 11\lambda_2 + 9\lambda_3 + 10\lambda_4 - S_2^+ = 10 \\
3.27\lambda_1 + 2.89\lambda_2 + 2.62\lambda_3 + 2.76\lambda_4 - S_3^+ = 2.76 \\
\lambda_j \geqslant 0,\ S^- \geqslant 0,\ S^+ \geqslant 0
\end{cases}
\tag{6-3-67}
$$

决策单元 1 的 θ 等于 1，决策单元 1 为有效决策单元，决策单元的经济活动同时为技术有效和规模有效。决策单元 2 的 θ 等于 0.9756，决策单元 2 为无效决策单元，决策单元的经济活动同时为技术无效和规模无效。决策单元 3 的 θ 等于 1，决策单元 3 为有效决策单元，决策单元的经济活动同时为技术有效和规模有效。决策单元 4 的 θ 等于 0.9720，决策单元 4 为无效决策单元，决策单元的经济活动同时为技术无效和规模无效。

决策单元 1 的权重之和等于 1.1871，决策单元 1 规模收益递减。决策单元 2、决策单元3、决策单元4权重之和等于0.5124、0.3958、0.5338，决策单元2、决策单元3、决策单元4的权重之和小于1，决策单元2、决策单元3、决策单元4规模收益递增。

决策单元2输入原材料、设备能力、人员能力调整为773.65、0.9610、0.8727，决策单元4输入原材料、设备能力、人员能力调整为741.64、0.9059、0.9020。

模块单元流水线数据包络分析法适合制造类企业、服务类企业、纯服务类企业、一般纯服务企业。

（三）模块单元流水线网络层次法

CPS适时运营单一流模块单元流水线网络层次法是一种系统进行CPS适时运营单一流模块单元流水线运作评价的方法。网络层次法是在层次分析法的基础上形成的，层次分析法的层次结构的内部元素是独立的，同一层次间的任意两个元素之间不存在支配和从属关系，与层次分析法相比，网络层次法层次结构之间存在循环和反馈，每一层次结构内部存在依存关系（李岱远等，2017）。层次分析法进行因素的比较主要体现在独立影响的比较，而网络层次法则需要考虑因素相互影响的比较，将这些影响通过极限超矩阵实现目标。网络层次法可以针对具体模块单元、联合模块单元、模块组模块单元、总作业模块单元和通用模块单元、链接模块单元、专用模块单元各类流水线的延迟策略和强化延迟策略、后拉动流程、后拉动价值、智能整体和局部运作，通过控制层内因素、网络层内因素、控制层与网络层之间因素的相互循环和反馈影响，进行模块单元流水线运作整体和局部效果评价。模块单元流水线网络层次法可以运用于企业集成模块单元流程、供应链或者服务链流程、延迟运作、精益运作、智能运作、流程空间、辅助要素、支撑要素、核心要素、信息要素、管理、体系、模式、策略、方案各方面的主体、特性、因素、指标的网络层次结构评价。顾客接触场内员工服务流程、顾客接触场内设备服务流程、顾客接触场外设备服务流程、顾客接触电子服务流程模块单元流水线需要在此基础上考虑顾客接触、员工与顾客服务互动、员工与顾客价值共创、顾客服务体验、顾客满意、服务补救的服务特性，进行网络层次结构评价。模块单元流水线网络层次法适合制造类企业、服务类企业、纯服务类企业、一般纯服务企业。

CPS适时运营单一流模块单元流水线网络层次法由控制层和网络层组成。控制层包括目标和决策准则，它控制着网络层因素相互影响的传递。网络层由受控制层支配的因素组成，因素之间相互依存、相互支配。网络层次分析法通过超矩阵实现（孙宏才等，2011）。超矩阵由网络层因素矩阵构成，网络层因素形成无权重的超矩阵，经过加权形成有权重的超矩阵。超矩阵是网络控制层、网络层因素运作的综合体现。超矩阵要实现目标，需要超矩阵的最大特征根1是单根，其他特征值的模均小于1，则超矩阵成为极限超矩阵。超矩阵形式如下：

$$\begin{array}{c} \begin{array}{ccccccc} C_{11} & \cdots & C_{1m_1} & \cdots & C_{n1} & \cdots & C_{nm_n} \end{array} \\ \begin{array}{c} C_{11} \\ \\ C_{1m_1} \\ \\ C_{n1} \\ \\ C_{nm_n} \end{array} \begin{bmatrix} a_{11} & \cdots & a_{1m_1} & \cdots & a_{n1} & \cdots & a_{nm_n} \\ \vdots & \ddots & \vdots & \vdots & \vdots & \ddots & \vdots \\ a_{m_11} & \cdots & a_{m_1m_1} & \cdots & a_{m_n1} & \cdots & a_{m_nm_n} \\ \vdots & \ddots & \vdots & \vdots & \vdots & \ddots & \vdots \\ a^n_{11} & \cdots & a^n_{1m_1} & \cdots & a^n_{n1} & \cdots & a^n_{nm_n} \\ \vdots & \ddots & \vdots & \vdots & \vdots & \ddots & \vdots \\ a^n_{m_11} & \cdots & a^n_{m_1m_1} & \cdots & a^n_{m_n1} & \cdots & a^n_{m_nm_n} \end{bmatrix} \end{array}$$

$$W = \begin{bmatrix} W_{11} & W_{12} & \cdots & W_{1n} \\ W_{21} & W_{22} & \cdots & W_{2n} \\ \vdots & \vdots & \ddots & \vdots \\ W_{q1} & W_{m2} & \cdots & W_{qn} \end{bmatrix} =$$

极限超矩阵的确定为 CPS 适时运营单一流模块单元流水线运作的评价奠定了基础，由此可以确定运作影响因素的大小和综合影响。

CPS 适时运营单一流模块单元流水线网络层次法运用时需要确定目标和准则，明确控制层和网络层，需要确定控制层和网络层的因素，进行控制层因素比较得出控制层因素比较矩阵，进行网络层因素比较得出网络层因素矩阵。需要得出控制层因素比较矩阵、网络层因素比较矩阵如下：

$$A = \begin{bmatrix} a'_{11} & \cdots & a'_{1n} \\ \vdots & \ddots & \vdots \\ a'_{q1} & \cdots & a'_{q1} \end{bmatrix}, \quad W_{nm_n} = \begin{bmatrix} a^n_{n1} & \cdots & a^n_{nm_n} \\ \vdots & \ddots & \vdots \\ a^n_{m_n1} & \cdots & a^n_{m_nm_n} \end{bmatrix}$$

F 公司确定 CPS 适时运营单一流模块单元流水线运作因素的重要程度，以便为今后的决策打下基础。CPS 适时运营单一流模块单元流水线控制层运作由模块单元、智能、精益的运作决定，因而控制层因素包括模块单元、智能、精益三种因素，将这三种因素确定为控制层因素 1、控制层因素 2、控制层因素 3。模块单元运作由模块单元通用体现、模块单元效率、满足顾客程度、模块单元与运营活动耦合体现，因而模块单元因素包括模块单元通用体现、模块单元效率、满足顾客程度、模块单元与运营活动耦合四种因素，将这四种因素确定为网络层模块单元的模块单元通用体现因素 1、网络层模块单元的模块单元效率因素 2、网络层模块单元的满足顾客程度因素 3、网络层模块单元的模块单元与运营活动耦合因素 4。同样能够确定网络层智能的 CPS 因素 1、网络层智能的 MBD 因素 2、网络层智能的智能工具因素 3、网络层智能的与 MES 融合因素 4。同样能够确定网络层精益的后拉动流程因素 1、网络层精益的单一流因素 2、网络层精益的看板因素 3、网络层精益的人员多能因素 4。

控制层因素 1 下控制层因素比较矩阵，控制层因素 2 下控制层因素比较矩阵，控制层因素 3 下控制层因素比较矩阵如表 6-3-24 至表 6-3-26 所示。

表 6 - 3 - 24　控制层因素 1 下的控制层因素比较矩阵

控制层因素 1	控制层因素 1	控制层因素 2	控制层因素 3	权重
控制层因素 1	1	5	8	0.7107
控制层因素 2	1/5	1	3	0.2132
控制层因素 3	1/8	1/3	1	0.0761

表 6 - 3 - 25　控制层因素 2 下的控制层因素比较矩阵

控制层因素 2	控制层因素 1	控制层因素 2	控制层因素 3	权重
控制层因素 1	1	1/3	1/5	0.1093
控制层因素 2	3	1	1/2	0.3206
控制层因素 3	5	2	1	0.5701

表 6 - 3 - 26　控制层因素 3 下的控制层因素比较矩阵

控制层因素 3	控制层因素 1	控制层因素 2	控制层因素 3	权重
控制层因素 1	1	1/4	3	0.2398
控制层因素 2	4	1	7	0.6770
控制层因素 3	1/3	1/7	1	0.0832

确定控制层因素比较矩阵如下：

$$A = \begin{bmatrix} 0.7107 & 0.1093 & 0.2398 \\ 0.2132 & 0.3206 & 0.6770 \\ 0.0761 & 0.5701 & 0.0832 \end{bmatrix}$$

确定控制层模块单元因素 1 的模块单元网络层模块单元通用体现、模块单元效率、满足顾客程度、模块单元与运营活动耦合因素的比较矩阵 W_{11}，控制层模块单元因素 1 的智能网络层 CPS、MBD、智能工具、与 MES 融合因素的比较矩阵 W_{21}，控制层模块单元因素 1 的精益网络层后拉动流程、单一流、看板、人员多能因素的比较矩阵 W_{31}，如下所示：

$$W_{11} = \begin{bmatrix} 0.5863 & 0.5205 & 0.2500 & 0.4870 \\ 0.0485 & 0.0498 & 0.2500 & 0.0580 \\ 0.2160 & 0.2858 & 0.2500 & 0.2899 \\ 0.1492 & 0.1439 & 0.2500 & 0.1652 \end{bmatrix}$$

$$W_{21} = \begin{bmatrix} 0.4629 & 0.0661 & 0.0683 & 0.0723 \\ 0.1662 & 0.1125 & 0.1168 & 0.1207 \\ 0.1207 & 0.2358 & 0.2436 & 0.2517 \\ 0.3027 & 0.5855 & 0.5712 & 0.5554 \end{bmatrix}$$

$$W_{31} = \begin{bmatrix} 0.4431 & 0.4651 & 0.4786 & 0.2500 \\ 0.1723 & 0.1584 & 0.1630 & 0.2500 \\ 0.0708 & 0.0470 & 0.0494 & 0.2500 \\ 0.3138 & 0.3295 & 0.3091 & 0.2500 \end{bmatrix}$$

确定控制层智能因素 2 的模块单元网络层模块单元通用体现、模块单元效率、满足顾客程度、模块单元与运营活动耦合因素的比较矩阵 W_{12}，控制层智能因素 2 的智能网络层 CPS、MBD、智能工具、与 MES 融合因素的比较矩阵 W_{22}，控制层智能因素 2 的精益网络层后拉动流程、单一流、看板、人员多能因素的比较矩阵 W_{32}，如下所示：

$$W_{12} = \begin{bmatrix} 0.4152 & 0.4332 & 0.4599 & 0.3985 \\ 0.0727 & 0.0758 & 0.0732 & 0.0775 \\ 0.3045 & 0.2744 & 0.2648 & 0.3100 \\ 0.2076 & 0.2166 & 0.2021 & 0.2140 \end{bmatrix}$$

$$W_{22} = \begin{bmatrix} 0.4909 & 0.4070 & 0.4719 & 0.2500 \\ 0.0909 & 0.0704 & 0.0618 & 0.2500 \\ 0.0909 & 0.0704 & 0.0618 & 0.2500 \\ 0.3273 & 0.4523 & 0.4045 & 0.2500 \end{bmatrix}$$

$$W_{32} = \begin{bmatrix} 0.3811 & 0.3936 & 0.3841 & 0.3987 \\ 0.1934 & 0.1640 & 0.1793 & 0.1860 \\ 0.0618 & 0.0668 & 0.0717 & 0.0764 \\ 0.3637 & 0.3757 & 0.3649 & 0.3389 \end{bmatrix}$$

确定控制层精益因素 3 的模块单元网络层模块单元通用体现、模块单元效率、满足顾客程度、模块单元与运营活动耦合因素的比较矩阵 W_{13}，控制层精益因素 3 的智能网络层 CPS、MBD、智能工具、与 MES 融合因素的比较矩阵 W_{23}，控制层精益因素 3 的精益网络层后拉动流程、单一流、看板、人员多能因素的比较矩阵 W_{33}，如下所示：

$$W_{13} = \begin{bmatrix} 0.4710 & 0.7236 & 0.4639 & 0.4394 \\ 0.0645 & 0.0317 & 0.0657 & 0.0679 \\ 0.2748 & 0.1447 & 0.2835 & 0.2929 \\ 0.1897 & 0.0999 & 0.1869 & 0.1997 \end{bmatrix}$$

$$W_{23} = \begin{bmatrix} 0.5051 & 0.4625 & 0.1435 & 0.1909 \\ 0.0519 & 0.1680 & 0.1083 & 0.1909 \\ 0.2946 & 0.0509 & 0.1742 & 0.1818 \\ 0.1484 & 0.3186 & 0.5739 & 0.4364 \end{bmatrix}$$

$$W_{33} = \begin{bmatrix} 0.4814 & 0.5299 & 0.4258 & 0.4040 \\ 0.1605 & 0.1455 & 0.1801 & 0.1880 \\ 0.0659 & 0.0597 & 0.0557 & 0.0600 \\ 0.2923 & 0.2649 & 0.3384 & 0.3479 \end{bmatrix}$$

构建无权重的超矩阵，将这一矩阵根据控制层权重进行加权，得到具有权重的超矩阵。

F公司构建的具有权重的超矩阵如表6-3-27所示。

表6-3-27　F公司构建的具有权重的超矩阵

	C_{11}	C_{12}	C_{13}	C_{14}	C_{21}	C_{22}
C_{11}	0.4167	0.3699	0.1777	0.3461	0.0454	0.0474
C_{12}	0.0345	0.0354	0.1777	0.0412	0.0079	0.0083
C_{13}	0.1535	0.2031	0.1777	0.2060	0.0333	0.0300
C_{14}	0.1060	0.1023	0.1777	0.1174	0.0227	0.0237
C_{21}	0.0987	0.0141	0.0146	0.0154	0.1574	0.1305
C_{22}	0.0354	0.0240	0.0249	0.0257	0.0291	0.0226
C_{23}	0.0146	0.0503	0.0519	0.0537	0.0291	0.0226
C_{24}	0.0645	0.1248	0.1218	0.1184	0.1049	0.1450
C_{31}	0.0337	0.0354	0.0364	0.0190	0.2172	0.2244
C_{32}	0.0131	0.0121	0.0124	0.0190	0.1103	0.0935
C_{33}	0.0054	0.0036	0.0038	0.0190	0.0352	0.0381
C_{34}	0.0239	0.0251	0.0235	0.0190	0.2074	0.2142
	C_{23}	C_{24}	C_{31}	C_{32}	C_{33}	C_{34}
C_{11}	0.0503	0.0436	0.1130	0.1735	0.1112	0.1054
C_{12}	0.0080	0.0085	0.0155	0.0076	0.0158	0.0163
C_{13}	0.0289	0.0339	0.0659	0.0347	0.0680	0.0702
C_{14}	0.0221	0.0234	0.0455	0.0240	0.0448	0.0479
C_{21}	0.1513	0.0802	0.3420	0.3131	0.0971	0.1292
C_{22}	0.0198	0.0802	0.0351	0.1138	0.0733	0.1292
C_{23}	0.0198	0.0802	0.1995	0.0344	0.1180	0.1231
C_{24}	0.1297	0.0802	0.1005	0.2157	0.3886	0.2954
C_{31}	0.2190	0.2273	0.0401	0.0441	0.0354	0.0336
C_{32}	0.1022	0.1061	0.0134	0.0121	0.0150	0.0156
C_{33}	0.0409	0.0436	0.0055	0.0050	0.0046	0.0050
C_{34}	0.2080	0.1932	0.0243	0.0220	0.0282	0.0289

建立极限超矩阵，根据极限超矩阵和确定的权重进行评价。

F公司进行超矩阵的分析，特征根最大的是1，其余特征根的模都小于1，特征向量为（0.5272，0.1007，0.2797，0.2002，0.4051，0.1530，0.2000，0.3968，0.3226，0.1483，0.0578，0.2814）^{T}，构建的极限超矩阵如表6-3-28所示。

表 6 - 3 - 28　F 公司极限超矩阵

	C_{11}	C_{12}	C_{13}	C_{14}	C_{21}	C_{22}
C_{11}	0.1716	0.1716	0.1716	0.1716	0.1716	0.1716
C_{12}	0.0328	0.0328	0.0328	0.0328	0.0328	0.0328
C_{13}	0.0910	0.0910	0.0910	0.0910	0.0910	0.0910
C_{14}	0.0652	0.0652	0.0652	0.0652	0.0652	0.0652
C_{21}	0.1318	0.1318	0.1318	0.1318	0.1318	0.1318
C_{22}	0.0498	0.0498	0.0498	0.0498	0.0498	0.0498
C_{23}	0.0651	0.0651	0.0651	0.0651	0.0651	0.0651
C_{24}	0.1291	0.1291	0.1291	0.1291	0.1291	0.1291
C_{31}	0.1050	0.1050	0.1050	0.1050	0.1050	0.1050
C_{32}	0.0483	0.0483	0.0483	0.0483	0.0483	0.0483
C_{33}	0.0188	0.0188	0.0188	0.0188	0.0188	0.0188
C_{34}	0.0916	0.0916	0.0916	0.0916	0.0916	0.0916
	C_{23}	C_{24}	C_{31}	C_{32}	C_{33}	C_{34}
C_{11}	0.1716	0.1716	0.1716	0.1716	0.1716	0.1716
C_{12}	0.0328	0.0328	0.0328	0.0328	0.0328	0.0328
C_{13}	0.0910	0.0910	0.0910	0.0910	0.0910	0.0910
C_{14}	0.0652	0.0652	0.0652	0.0652	0.0652	0.0652
C_{21}	0.1318	0.1318	0.1318	0.1318	0.1318	0.1318
C_{22}	0.0498	0.0498	0.0498	0.0498	0.0498	0.0498
C_{23}	0.0651	0.0651	0.0651	0.0651	0.0651	0.0651
C_{24}	0.1291	0.1291	0.1291	0.1291	0.1291	0.1291
C_{31}	0.1050	0.1050	0.1050	0.1050	0.1050	0.1050
C_{32}	0.0483	0.0483	0.0483	0.0483	0.0483	0.0483
C_{33}	0.0188	0.0188	0.0188	0.0188	0.0188	0.0188
C_{34}	0.0916	0.0916	0.0916	0.0916	0.0916	0.0916

根据极限超矩阵进行排序为 C_{11}、C_{21}、C_{24}、C_{31}、C_{13}、C_{34}、C_{14}、C_{23}、C_{22}、C_{32}、C_{12}、C_{33}，由此可以进行决策。

模块单元流水线数据包络分析法适合制造类企业、服务类企业、纯服务类企业。

（四）模块单元流水线基于粗糙集综合评价方法

模块单元流水线基于粗糙集综合评价方法可以运用于企业集成模块单元流程、供应链或者服务链流程、延迟运作、精益运作、智能运作、流程空间、辅助要素、支撑要素、核心要素、信息要素、管理、体系、模式、策略、方案各方面的主体、特性、因素、指标的粗糙依赖度评价。顾客接触场内员工服务流程、顾客接触场内设备服务流程、顾客接触场外设备服务流程、顾客接触电子服务流程模块单元流水线需要在此基础上考虑顾客接触、员工与顾客服务互动、员工与顾客价值共创、顾客服务体验、顾客满意、服务补救的服务特性，进行粗糙依赖度评价。粗糙集理论是一种处理不精确、不相容和不完全数据的理论。粗糙集数据分析方法是 1982 年由波兰 Z. Pawlak 教授提出的。U 是对象组成的有限集合，称为论域，任何子集 $X \subseteq U$ 称为 U 中的一个概念或者范畴，U 中任何概念族称为关于 U 的抽象知识，U 上的一族划分称为关于 U 的一个知识库，$U \times U$ 的每一个子集 R 称为 U 上的一个二元关系，如果 R 同时是自反的、对称的和传递的，则称 R 为相似二元关系，或者称 R 是 U 上的一个等价关系（李丽红等，2015）。U/R 表示 R 上的所有等价关系。$S = \{U, R, V, f\}$ 是信息系统，R 是属性的集合，$R = C \cup D$。其中 C 是条件属性，D 是决策属性，V 是属性值的范围，f 是一个信息函数，是 U 中每一对象的各种属性值。具有条件属性和决策属性的知识表达系统称为决策表（周炜等，2015）。

当 X 能表达为属性子集所确定的 U 上的基本集的并集时，称 X 属性子集可定义，否则称 X 不可定义。可定义集是精确集，不可定义集是粗糙集。包含于 X 的最大可定义集和最小可定义集根据属性子集确定，前者称为 X 的下近似集，后者称为 X 的上近似集。决策表中的所有条件属性不都是必要的，有些是多余的，去除这些多余的属性不会影响决策。对可约减的属性称为可约减的，对不可约减的属性称为绝对必要的。

运用粗糙集理论进行 CPS 适时运营单一流模块单元流水线对象评价时，要求决策表中的数据用离散数据进行表示。CPS 适时运营单一流模块单元流水线属性分为定性属性和定量属性，粗糙集理论可以进行定性属性的离散化运作。对于定量属性需要采用一定的方法进行离散化处理。分级聚类方法可以将定量属性通过分级聚类逐步扩大聚类的范围，最后达到聚类类别分析的效果，最终形成定性属性离散化分类。

可以针对具体模块单元、联合模块单元、模块组模块单元、总作业模块单元和通用模块单元、链接模块单元、专用模块单元各类流水线的延迟策略和强化延迟策略、后拉动流程、后拉动价值、智能整体和局部运作，评价时需要建立条件属性和决策属性信息系统，将条件属性和决策属性通过具体的定性属性和定量属性表现出来，得到由论域、条件属性、决策属性构成的决策信息表，进行模块单元流水线运作整体和局部效果评价。CPS 适时运营单一流模块单元流水线决策信息表 $S = \{U, R, V, f\}$ 由 $S_C = \{U, D, V, f\}$ 条件属性信息表和 $S_D = \{U, D, V, f\}$ 决策信息表构成。

F 公司 CPS 适时运营单一流模块单元流水线的信息如表 6 - 3 - 29 所示。

表 6 - 3 - 29 F 公司 CPS 适时运营单一流模块单元流水线的信息

	销量	服务人数	价值	评价
1	80	9	70	良好
2	130	15	120	优秀

	销量	服务人数	价值	评价
3	110	13	90	良好
4	40	8	48	良好
5	30	6	22	合格
6	100	10	80	良好

根据信息表建立决策信息表。需要运用分级聚类分析，将属性值进行离散化处理，形成决策信息表。将决策信息表中的信息确定为等价关系。

F 公司将上述信息表的信息运用分级聚类法进行界点的确定，将属性值进行离散化处理，形成决策信息如表 6-3-30 所示。

表 6-3-30　F 公司单一流模块单元流水线决策信息

U	c_1	c_2	c_3	d
1	2	2	2	2
2	3	3	3	3
3	3	3	3	2
4	2	1	2	2
5	1	1	1	1
6	2	2	2	2

根据决策信息表信息确定的等价关系为：

$U/(c_1) = \{(5), (1, 4, 6), (2, 3)\}$、$U/(c_2) = \{(4, 5), (1, 6), (2, 3)\}$、$U/(c_3) = \{(5), (1, 4, 6), (2, 3)\}$、$U/(d) = \{(5), (1, 3, 4, 6), (2)\}$。

需要计算 $pos(c_1, c_2)(d)$ 的 R 正域，正域是根据知识 R 和 U 中能够完全确定归入集合 X 元素的集合。计算知识 R_D 对知识 R_C 的依赖度 $\gamma_{RC}(R)$、知识 R_D 对知识 $R_{C-\{c_j\}}$ 的依赖度 $\gamma_{R_{C-\{c_j\}}}(R_D)$，公式如下：

$$\gamma_{RC}(R) = \frac{\sum\limits_{[d]R_D \in \{U/R_D\}} card(R_C[d]R_D)}{card(U)} \qquad (6-3-68)$$

$$\gamma_{R_{C-\{c_j\}}}(R_D) = \frac{\sum\limits_{[d]R_D \in \{U/R_D\}} card(R_{C-\{c_j\}}[d]R_D)}{card(U)} \qquad (6-3-69)$$

式中，$card(U)$ 表示集合 U 中元素数量。

根据计算的 R_D 对知识 R_C 的依赖度 $\gamma_{RC}(R)$、知识 R_D 对知识 $R_{C-\{c_j\}}$ 的依赖度计算对象评价的重要程度，公式如下：

$$\sigma_D(c_j) = \gamma_{RC}(R) - \gamma_{R_{C-\{c_j\}}}(R_D) \tag{6-3-70}$$

根据对象评价的重要程度确定评价对象的权重。

F 公司计算 $pos(c_1, c_2)(d)$ 如下：

$pos(c_1, c_2)(d) = 3$、$pos(c_2, c_3)(d) = 3$、$pos(c_2, c_3)(d) = 2$。

F 公司计算知识 R_D 对知识 $R_{C-\{c_j\}}$ 的依赖度、对象重要程度如下：

$\gamma(c_1, c_2)(d) = 0.5$、$\gamma(c_2, c_3)(d) = 0.5$、$\gamma(c_2, c_3)(d) = 0.3333$。

$\gamma C(D) - \gamma(c_1, c_2)(d) = 0.5$、$\gamma C(D) - \gamma(c_2, c_3)(d) = 0.5$、$\gamma C(D) - \gamma(c_2, c_3)$

$(d) = 0.6667$。

由此确定评价对象的权重为 0.2999、0.2999、0.4002，为决策提供依据。

模块单元流水线基于粗糙集综合评价方法适合制造类企业、服务类企业、纯服务类企业、一般纯服务企业。

（五）模块单元流水线基于结构方程评价方法

模块单元流水线基于结构方程评价方法可以运用于企业集成模块单元流程、供应链或者服务链流程、延迟运作、精益运作、智能运作、流程空间、辅助要素、支撑要素、核心要素、信息要素、管理、体系、模式、策略、方案各方面的主体、特性、因素、指标的结构方程评价。顾客接触场内员工服务流程、顾客接触场内设备服务流程、顾客接触场外设备服务流程、顾客接触电子服务流程模块单元流水线需要在此基础上考虑顾客接触、员工与顾客服务互动、员工与顾客价值共创、顾客服务体验、顾客满意、服务补救的服务特性，进行结构方程评价。结构方程是由具体模块单元、联合模块单元、模块组模块单元、总作业模块单元和通用模块单元、链接模块单元、专用模块单元各类流水线的延迟策略和强化延迟策略、后拉动流程、后拉动价值、智能整体和局部运作的测量模型与结构模型组成的模型。模型估计之前，需要根据已有的理论知识、经验和研究主体，确定结构方程模型（孙福权和程勋，2011）。测量模型由潜变量和观察变量组成，通过观察变量体现潜变量，潜变量是不能直接测量的变量，观察变量是可以直接测量变量。结构模型构建外因潜变量与内因潜变量之间关系模型（吴明隆，2009）。

测量模型如式（6-3-71）和式（6-3-72）所示，结构模型如式（6-3-73）所示：

$$X = \lambda\xi + \delta \tag{6-3-71}$$

$$Y = \varphi\eta + \varepsilon \tag{6-3-72}$$

$$\eta = \gamma\xi + \zeta \tag{6-3-73}$$

式中，X、Y 表示观察变量，η 表示内因潜变量、ξ 表示外因潜变量，λ、φ、γ 是系数，δ、ε、ζ 是干扰因素。

结构方程需要通过图形体现。图形中需要标出 X 观察变量与外因潜变量 ξ、Y 观察变量与内因潜变量 η 之间的关系，这种关系中需要将干扰因素 δ、ζ 体现出来。需要标

出外因潜变量 ξ 和内因潜变量 η 之间的关系。

结构方程需要进行识别。待估计参数包括协方差、方差、回归系数，需要与正好识别模型中的自由参数数值相等，每个潜在变量至少有三个观察变量，每个观察变量只测量一个潜在变量，误差之间不相关。

结构方程进行评价时可以包括可能的控制变量，适当的控制措施可以得出更明确的结论。控制变量需要根据明确的理论联系或先前的实证研究，与因变量相关；需要控制变量与假设的自变量相关；需要控制变量在研究中不是一个中心的变量。控制变量会减少变量偏差。结构方程进行评价时可以包括中介过程，中介过程不仅需要理论，还必须对中介过程进行经验检验。需要建立中介过程两个变量之间的因果关系，随着研究领域的成熟，可能需要包括多个中介，需要评估已知的和概念上相关的中介，完成中介过程。结构方程不但能够运用到无顾客接触的模块单元流水线运作效果评价，更能够运用到有顾客接触的模块单元流水线运作效果评价。

结构方程需要进行信度分析，信度是观察变量测量数据的一致性反映，信度越高，测量数据一致性就越好。信度验证从 Cronbach's Alpha 系数出发进行验证。信度验证分为整体信度检验和每一个观测变量的信度检验。采用 SPSS 中 Analyze 菜单中选择 Scale 下的 Reliability Analysis 就可以进行信度检验。Cronbach's Alpha 系数不能低于 0.5，信度系数达到 0.9 以上，该数据量表的信度较好；信度系数在 0.8 以上，是可以接受的。

结构方程需要进行效度分析，效度指测量工具能够正确测量出所要测量的特质的程度，分为内容效度、收敛效度和结构效度。效度分析需要进行观察变量效度分析和潜变量效度分析。内容效度是指测量目标与测量内容之间的适合性与相符性。对内容效度常采用逻辑分析与统计分析相结合的方法进行评价。收敛效度是用两种不同的方法去测量同一个变量，以检验其准确性。标准化系数值一般要大于 0.7。区别效度是指模型中两个不同的测量结构及其相应的潜变量是否确实存在差异。其中一种验证方法是如果两个因子间相关系数加减其两个标准误差所形成的区间不包含 1，说明两个因子是不同的。

结构方程需要进行拟合程度分析，拟合程度分析可以进行观察变量与潜变量拟合程度分析。卡方值 χ^2 越小，表示整体模型的因果路径图与实际资料越配合，一般要求 $\chi^2 < 0.05$。卡方自由度比 χ^2/df 越小，表示假设模型的协方差矩阵与观测数据越配合，一般要求小于 2。残差均方和平方根 RMR 是指数据样本所得的方差协方差矩阵与理论模型方差协方差的差异值，要求 RMR < 0.05。渐进残差均方和平方根 RMSE 是每个自由度平均矩阵与 θ 矩阵的差异值，要求 RMSE < 0.05。适配度指数 CFI 用来显示观察矩阵中的方差与协方差可被复制矩阵与观测得到的量，要求 CFI > 0.90。归准适配指数 NFI 用来表示假设模型和虚无模型的卡方值之差与虚无模型卡方值的比值，要求 NFI > 0.90。相对适配指数 RFI 要求 RFI > 0.90。增值适配指数 IFI 用来表示假设模型和虚无模型的卡方值之差与虚无模型卡方值和虚无模型自由度之差的比值，要求 IFI > 0.90。非归准适配指数 TLI 用来比较两个对立模型的适配程度，要求 TLI > 0.90。

根据结构方程的模拟结果，得出评价指标之间的相关系数，由此确定外因潜变量 ξ 的权重，进而确立内因潜变量 η 的权重，由此进行评价。

F 公司建立 CPS 适时运营单一流模块单元流水线运作评价量，如表 6 - 3 - 31 所示。

表 6 - 3 - 31　F 公司结构方程量表

潜变量		观测变量
内因潜变量		运作权重
外因潜变量	模块单元	通用体现
		模块单元效率
		满足顾客程度
	精益	适时流程
		看板
		人员多能
		单一流
	智能	CPS
		MBD
		智能工具

绘制的 F 公司 CPS 适时运营单一流模块单元流水线运作评价结构方程模型，如图 6 - 3 - 1 所示。

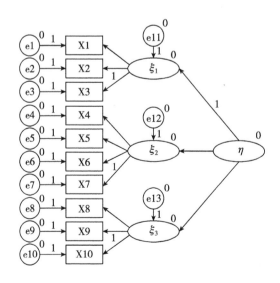

图 6 - 3 - 1　F 公司模块单元流水线运作评价结构方程模型

进行信度分析。模型整体 Cronbach's Alpha 为 0.991，模块单元 Cronbach's Alpha

为 0.991，精益 Cronbach's Alpha 为 0.996，智能 Cronbach's Alpha 为 0.941，符合信度要求。

进行效度分析。模型的因子载荷为 0.97、0.99、1.00、0.99、1.00、0.98、0.98、0.92、0.78，相关系数为 0.996、0.996、0.996，符合效度要求。

一阶因子的 CMIN/DF 为 2.71，NFI 为 0.90、RFI 为 0.90、IFI 为 0.92、TLI 为 0.90、CFI 为 0.93，二阶因子的 CMIN/DF 为 2.71，NFI 为 0.90、RFI 为 0.85、IFI 为 0.93、TLI 为 0.90、CFI 为 0.93，符合拟合要求。

CPS 适时运营单一流模块单元流水线运作评价结构方程模型测算，如图 6-3-2 所示。

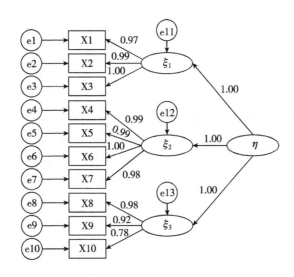

图 6-3-2　F 公司模块单元流水线运作评价结构方程模型测算

由此 F 公司确立外因潜变量评价模型和内因潜变量评价模型如下：

$$\xi_1 = 0.33X_1 + 0.33X_2 + 0.34X_3 \tag{6-3-74}$$

$$\xi_2 = 0.25X_4 + 0.25X_5 + 0.26X_6 + 0.24X_7 \tag{6-3-75}$$

$$\xi_3 = 0.37X_8 + 0.34X_9 + 0.30X_{10} \tag{6-3-76}$$

$$\eta = 0.33\xi_1 + 0.33\xi_2 + 0.34\xi_3 \tag{6-3-77}$$

基于结构方程评价方法适合制造类企业、服务类企业、纯服务类企业、一般纯服务企业。

（六）模块单元流水线物元可拓评价法

模块单元流水线物元可拓评价法可以运用于企业集成模块单元流程、供应链或者服务链流程、延迟运作、精益运作、智能运作、流程空间、辅助要素、支撑要素、核心要素、信息要素、管理、体系、模式、策略、方案各方面的主体、特性、因素、指标的物元关联评价。顾客接触场内员工服务流程、顾客接触场内设备服务流程、顾客接触场外设备服务流程、顾客接触电子服务流程模块单元流水线需要在此基础上考虑顾客接触、员工与顾客服务互动、员工与顾客价值共创、顾客服务体验、顾客满意、服务补救的服务特性，进行物元关联评价。CPS 适时运营单一流模块单元流水线物元可拓评价法是根据具体模块单元、联合模块单元、模块组模块单元、总作业模块单元和通用模块单元、链接模块单元、专用模块单元各类流水线的延迟策略和强化延迟策略、后拉动流程、后拉动价值、智能整体和局部运作的物元进行评价的方法。物元是模块单元流水线评价对象特性的体现，模块单元流水线中将需要评价的对象通过特征和特征值进行描述形成物元（陈沅江等，2010）。模块单元流水线物元由 n 个特征值 c_n 和 n 个特征值 v_n 组成，物元形式如下所示：

$$R = \begin{bmatrix} N & c_1 & v_1 \\ & c_2 & v_2 \\ & \vdots & \vdots \\ & c_n & v_n \end{bmatrix}$$

CPS 适时运营单一流模块单元流水线物元进行评价时，是将物元按照不同的层次进行评价的，不同层次反映物元的不同级别，称为经典域。经典域规定不同层次的特征值区间。每一个层次的物元都有不同层次的特征值与之对应，同一层次的物元都有不同的特征值与之对应。模块单元流水线物元形式如下所示：

$$R_j = (N_j, \ c_i, \ x_{ji}) = \begin{bmatrix} N_j & c_1 & x_{j1} \\ & c_2 & x_{j2} \\ & \vdots & \vdots \\ & c_n & x_{jn} \end{bmatrix} = \begin{bmatrix} N_j & c_1 & <a_{j1}, \ b_{j1}> \\ & c_2 & <a_{j2}, \ b_{j2}> \\ & \vdots & \vdots \\ & c_n & <a_{jn}, \ b_{jn}> \end{bmatrix}$$

CPS 适时运营单一流模块单元流水线不同层次的物元构成整体的物元，称为节域。节域中的每一个特征对应不同的特征值。节域规定整个物元的每一个特征对应不同的整体特征值区间。模块单元流水线物元节域如下所示：

$$R_p = (P, \ c_i, \ x_{pi}) = \begin{bmatrix} P & c_1 & x_{p1} \\ & c_2 & x_{p2} \\ & \vdots & \vdots \\ & c_n & x_{pn} \end{bmatrix} = \begin{bmatrix} P & c_1 & <a_{p1}, \ b_{p1}> \\ & c_2 & <a_{p2}, \ b_{p2}> \\ & \vdots & \vdots \\ & c_n & <a_{pn}, \ b_{pn}> \end{bmatrix}$$

具体进行 CPS 适时运营单一流模块单元流水线评价时，需要结合具体的物元进行评价。具体的物元由具体的特征和特征值组成，形式如下：

$$R_0 = (P_0, \ c_i, \ x_{pi}) = \begin{bmatrix} P_0 & c_1 & x_1 \\ & c_2 & x_2 \\ & \vdots & \vdots \\ & c_n & x_n \end{bmatrix}$$

进行模块单元流水线物元关联度函数和评价等级的确定，关联度函数和评价等级公式如下：

$$K_j(x_i) = \begin{cases} -\rho(x_i,\ x_{ji})/|x_{ji}| & x_i \in x_{ji} \\ \rho(x_i,\ x_{ji})/[-\rho(x_i,\ x_{pi})-\rho(x_i,\ x_{ji})] & x_i \notin x_{ji} \end{cases} \quad (6-3-78)$$

$$K_j(P_0) = \sum_{i=1}^{n} \varphi_{ij} K_j(x_i) \quad (6-3-79)$$

距离公式如下：

$$\rho(x_i,\ x_{pi}) = \left| x_i - \frac{a_{ji}+b_{ji}}{2} \right| - \frac{b_{ji}-a_{ji}}{2} \quad (6-3-80)$$

$$\rho(x_i,\ x_{pi}) = \left| x_i - \frac{a_{pi}+b_{pi}}{2} \right| - \frac{b_{pi}-a_{pi}}{2} \quad (6-3-81)$$

需要对 K_j 进行等级确定，根据 CPS 适时运营单一流模块单元流水线物元等级 $K_j(P_0)$ 确定具体等级。公式如下：

$$K_j = \max K_j(P_0) \quad (6-3-82)$$

F 公司 CPS 适时运营单一流模块单元流水线安全控制具体指标包括设备安全控制、工具安全控制、环境安全控制、操作安全控制，四类指标的权重为 0.45、0.20、0.0.25、0.10。具体物元如下所示：

$$R_0 = (P_0,\ c_i,\ x_{pi}) = \begin{bmatrix} P_0 & c_1 & 0.15 \\ & c_2 & 0.89 \\ & c_3 & 0.75 \\ & c_4 & 0.64 \end{bmatrix}$$

F 公司建立 CPS 适时运营单一流模块单元流水线节域和经典域如下：

$$R_p = (P,\ c_i,\ x_{pi}) = \begin{bmatrix} P & c_1 & <0,\ 1> \\ & c_2 & <0,\ 1> \\ & c_3 & <0,\ 1> \\ & c_4 & <0,\ 1> \end{bmatrix}$$

$$R_1 = (N_1,\ c_i,\ x_{1i}) = \begin{bmatrix} N_1 & c_1 & <0.70,\ 1> \\ & c_2 & <0.70,\ 1> \\ & c_3 & <0.70,\ 1> \\ & c_4 & <0.70,\ 1> \end{bmatrix}$$

$$R_2 = (N_2,\ c_i,\ x_{2i}) = \begin{bmatrix} N_2 & c_1 & <0.35,\ 0.70> \\ & c_2 & <0.35,\ 0.70> \\ & c_3 & <0.35,\ 0.70> \\ & c_4 & <0.35,\ 0.70> \end{bmatrix}$$

$$R_3 = (N_3,\ c_i,\ x_{3i}) = \begin{bmatrix} N_3 & c_1 & <0,\ 0.35> \\ & c_2 & <0,\ 0.35> \\ & c_3 & <0,\ 0.35> \\ & c_4 & <0,\ 0.35> \end{bmatrix}$$

F 公司关联度值如表 6 - 3 - 32 所示。

表 6 - 3 - 32　F 公司关联度值

设备安全控制	- 0.7857	- 0.7	1	0.15
工具安全控制	0.1236	- 0.6333	- 0.8303	0.89
环境安全控制	0.0667	- 0.1667	- 0.6154	0.75
操作安全控制	- 0.1429	0.0938	- 0.4462	0.64

得出最大关联度值 0.0855，是 3 级。

模块单元流水线物元可拓评价法适合制造类企业、服务类企业、纯服务类企业、一般纯服务企业。

（七）模块单元流水线动态激励评价方法

模块单元流水线动态激励评价方法可以运用于企业集成模块单元流程、供应链或者服务链流程、延迟运作、精益运作、智能运作、流程空间、辅助要素、支撑要素、核心要素、信息要素、管理、体系、模式、策略、方案各方面的主体、特性、因素、指标的动态激励评价。顾客接触场内员工服务流程、顾客接触场内设备服务流程、顾客接触场外设备服务流程、顾客接触电子服务流程模块单元流水线需要在此基础上考虑顾客接触、员工与顾客服务互动、员工与顾客价值共创、顾客服务体验、顾客满意、服务补救的服务特性，进行动态激励评价。CPS 适时运营单一流模块单元流水线动态激励评价方法采用具体模块单元、联合模块单元、模块组模块单元、总作业模块单元和通用模块单元、链接模块单元、专用模块单元各类流水线的延迟策略和强化延迟策略、后拉动流程、后拉动价值、智能整体和局部运作的上限和下限的方式进行评价，从而从上限和下限两个方面决定评价效果的方法。模块单元流水线动态激励评价方法通过增益幅度进行评价（张发明，2015）。评价时需要列出时间序列的评价信息，对 t_k 时刻的评价信息进行规范处理，得出 t_k 评价对象的权重信息。需要根据权重信息确定评价对象最大波动、最小波动和平均波动的公式如下：

$$\begin{cases} \eta_j^{max} = \max\left\{ \dfrac{1}{T-1} \sum_{k=1}^{T-1} [w_j(t_{k+1}) - w_j(t_k)] \right\} \\ \eta_j^{min} = \min\left\{ \dfrac{1}{T-1} \sum_{k=1}^{T-1} [w_j(t_{k+1}) - w_j(t_k)] \right\} \\ \overline{\eta_j} = \dfrac{1}{n(T-1)} \left\{ \sum_{i=1}^{n} \sum_{k=1}^{T-1} [w_j(t_{k+1}) - w_j(t_k)] \right\} \end{cases} \quad (6-3-83)$$

式中，$\eta_j^{\max}$、$\eta_j^{\min}$、$\overline{\eta}_j$、$w_j(t_k)$ 分别为评价对象最大波动、最小波动和平均波动、t 时期的权重。

CPS 适时运营单一流模块单元流水线评价中，根据评价对象最大波动、最小波动和平均波动数据确定评价对象区间权重 $w'_j(t_k) = [w_j^L(t_k), w_j^U(t_k)]$ 的计算公式如下：

$$w_j^L(t_k) = w_j(t_k) + \eta^- \tag{6-3-84}$$

$$w_j^U(t_k) = w_j(t_k) + \eta^+ \tag{6-3-85}$$

$$\begin{cases} \eta^+ = \overline{\eta}_j + \beta^+(\eta_j^{\max} - \overline{\eta}_j) \\ \eta^- = \overline{\eta}_j - \beta^-(\overline{\eta}_j - \eta_j^{\min}) \end{cases} \tag{6-3-86}$$

式中，β^+ 和 β^- 表示浮游系数。

F 公司计算评价对象最大波动、最小波动、平均波动和区间权重如表 6-3-33 和表 6-3-34 所示。

表 6-3-33　F 公司评价对象最大波动、最小波动、平均波动

	设备运作	人员运作	流程运作	对象运作
最大波动	0.0733	0.0384	0.1250	0.1518
最小波动	-0.0737	-0.0432	-0.1528	-0.1030
平均波动	0.0000	0.0000	0.0000	0.0000

表 6-3-34　F 公司评价对象区间权重

	设备运作上限	设备运作下限	人员运作上限	人员运作下限	流程运作上限	流程运作下限	对象运作上限	对象运作下限
模块单元1	0.3823	0.3088	0.2678	0.2270	0.2394	0.1005	0.7548	0.6274
模块单元2	0.1645	0.0910	0.2990	0.2582	0.5611	0.4222	0.2105	0.0831
模块单元3	0.1742	0.1007	0.3551	0.3143	0.2993	0.1604	0.0993	-0.0281
模块单元4	0.4258	0.3523	0.1549	0.1141	0.1502	0.0113	0.2390	0.1116

CPS 适时运营单一流模块单元流水线评价中由于评价对象评价指标值并非完全离散，仅利用固定时点的指标值并不能完全反映真实情况，需要引入时间序列比较速度概念，反映评价对象的变化趋势和幅度。计算评价对象加速度、加速度指数、部分平均、全部平均、优增益幅度和劣增益幅度公式如下：

$$a_{ij}(t_{k-1}) = \frac{x_{ij}(t_k) - x_{ij}(t_{k-1})}{x_{ij}(t_{k-1})(t_k - t_{k-1})} \tag{6-3-87}$$

$$a'_{ij} = \frac{\overline{a}_{ij} - \overline{a}_j}{\sigma_{ij}} \tag{6-3-88}$$

$$\overline{a}_{ij} = \sum_{k=1}^{t-1} a_{ij}(t_k)/(t-1) \tag{6-3-89}$$

$$\bar{a}_j = \sum_{i=1}^{n} \sum_{k=1}^{t-1} a_{ij}(t_k)/n(t-1) \tag{6-3-90}$$

$$\begin{cases} k_j^+ = \bar{a}_j + |\max(a'_{ij})| h^+ \\ k_j^- = \bar{a}_j - |\min(a'_{ij})| h^- \end{cases} \tag{6-3-91}$$

F 公司计算评价对象优增益幅度、劣增益幅度如表 6-3-35 所示。

表 6-3-35　F 公司评价对象优增益幅度、劣增益幅度

	设备运作	人员运作	流程运作	对象运作
优增益幅度	0.4512	1.5679	6.3083	10.5898
劣增益幅度	-0.2141	-0.0827	0.8226	3.3817

根据 CPS 适时运营单一流模块单元流水线评价中的评价对象优增益幅度、劣增益幅度，计算优激励点、劣激励点、优激励量、劣激励量、优激励因子和劣激励因子的公式如下：

$$x_{ij}^+(t_k) = (1 + k_j^+) \times x_{ij}(t_{k-1}) \tag{6-3-92}$$

$$x_{ij}^-(t_k) = (1 + k_j^-) \times x_{ij}(t_{k-1}) \tag{6-3-93}$$

$$e_{ij}^+(t_k) = \begin{cases} x_{ij}(t_k) - x_{ij}^+(t_k) & (x_{ij}(t_k) > x_{ij}^+(t_k)) \\ 0 & (x_{ij}(t_k) \leqslant x_{ij}^+(t_k)) \end{cases} \tag{6-3-94}$$

$$e_{ij}^-(t_k) = \begin{cases} x_{ij}^-(t_k) - x_{ij}(t_k) & (x_{ij}^-(t_k) > x_{ij}(t_k)) \\ 0 & (x_{ij}^-(t_k) \leqslant x_{ij}(t_k)) \end{cases} \tag{6-3-95}$$

$$\delta^+ \sum_{i=1}^{n} e_{ij}^+(t_k) = \delta^- \sum_{i=1}^{n} e_{ij}^-(t_k) \tag{6-3-96}$$

F 公司计算评价对象优激励因子、劣激励因子如表 6-3-36 所示。

表 6-3-36　F 公司评价对象优激励因子、劣激励因子

	设备运作	人员运作	流程运作	对象运作
优激励因子	0.5513	0.2721	0	0.0301
劣激励因子	0.4487	0.7279	1	0.9699

需要根据 CPS 适时运营单一流模块单元流水线评价中优激励点、劣激励点、优激励量、劣激励量、优激励因子和劣激励因子，计算动态激励评价指标值。进行区间型加权矩阵 $C(t_k) = [c_{ij}(t_k)]_{m \times n}$ 的计算，确定出正理想点 $a^+ = (a_1^+, a_2^+, \cdots, a_n^+)^T$ 和负理想点 $a^- = (a_1^-, a_2^-, \cdots, a_n^-)^T$，其中，$a_j^+ = [a_j^U, a_j^U]$、$a_j^- = [a_j^L, a_j^L]$、$a_j^L = \min c_{ij}^L(t_k)$、$a_j^U = \max c_{ij}^U(t_k)$。

动态激励评价指标值和 $C(t_k)$ 计算公式如下：

$$x'_{ij}(t_k) = \delta^+ e^+_{ij}(t_k) + x_{ij}(t_k) - \delta^- e^-_{ij}(t_k) \qquad (6-3-97)$$

$$c_{ij}(t_k) = w'_j(t_k) \times x'_{ij}(t_k) \qquad (6-3-98)$$

F 公司确定 $c^L_{ij}(t_k)$ 矩阵、$c^U_{ij}(t_k)$ 矩阵、理想点如表 6-3-37 所示。

表6-3-37　F公司理想点

	设备运作	人员运作	流程运作	对象运作
正理想点	0.0143	0.0057	0.0312	0.0515
负理想点	-0.0144	-0.0064	-0.0381	-0.0350

根据 CPS 适时运营单一流模块单元流水线评价中的理想点,确定正、负理想点距离和与理想点的贴近度,贴近度越大越符合择优标准。

正理想点距离、负理想点距离、贴近度计算公式如下:

$$d^+_i = \sum_{j=1}^{m} \| c_{ij}(t_k) - a^+_j \| = \sum_{j=1}^{m} |c^L_{ij}(t_k) - a^U_j| + \sum_{j=1}^{m} |c^U_{ij}(t_k) - a^U_j| \qquad (6-3-99)$$

$$d^-_i = \sum_{j=1}^{m} \| c_{ij}(t_k) - a^-_j \| = \sum_{j=1}^{m} |c^L_{ij}(t_k) - a^L_j| + \sum_{j=1}^{m} |c^U_{ij}(t_k) - a^L_j| \qquad (6-3-100)$$

$$c_i = \frac{d^-_i}{d^-_i + d^+_i} \qquad (6-3-101)$$

F 公司计算的贴近度如表 6-3-38 所示。

表6-3-38　F公司贴近度

	设备运作	人员运作	流程运作	对象运作
模块单元1	0.5004	0.4994	0.5808	0.5004
模块单元2	0.5014	0.5223	0.4998	0.5000
模块单元3	0.5010	0.5004	0.5331	0.4084
模块单元4	0.5006	0.5247	0.5578	0.4193

模块单元流水线动态激励评价方法适合制造类企业、服务类企业、纯服务类企业、一般纯服务企业。

（八）模块单元流水线组合评价方法

模块单元流水线组合评价方法可以运用于企业集成模块单元流程、供应链或者服务链流程、延迟运作、精益运作、智能运作、流程空间、辅助要素、支持要素、核心要素、信息要素、管理、体系、模式、策略、方案各方面的主体、特性、因素、指标的组合评价。顾客接触场内员工服务流程、顾客接触场内设备服务流程、顾客接触场外设备服务流程、顾客接触电子服务流程模块单元流水线需要在此基础上考虑顾客接触、员工与顾客服务互动、员工与顾客价值共创、顾客服务体验、顾客满意、服务补救的服务特性，进行组合评价。模块单元流水线组合评价方法是对具体模块单元、联合模块单元、模块组模块单元、总作业模块单元和通用模块单元、链接模块单元、专用模块单元各类流水线的延迟策略和强化延迟策略、后拉动流程、后拉动价值、智能整体和局部运作进行综合评价的方法（张发明和刘志平，2017）。这一方法需要对各种模块单元流水线评价结果进行标准化的处理，得出各种方法的标准值和根据这些标准值确定的各种模块单元流水线评价的排序。然后需要将由评分标准值和排序组成的评价结果按照斯皮尔曼等级相关系数计算要求，得出每一种方法之间的相关系数，由此确定各种方法之间的相关系数。斯皮尔曼等级相关系数公式如下：

$$\eta_{j_1 j_2} = 1 - \frac{6 \times \sum_{i=1}^{n} \rho_i^2}{n \times (n^2 - 1)} \qquad (6-3-102)$$

式中，ρ 为模块单元流水线评价的排序之差。

将等级相关系数的每一行进行平均相关系数的计算，得出每一种方法的平均等级相关系数，将等级相关系数按照降序进行排列，得出有一定排列顺序的平均等级相关系数向量。根据平均等级相关系数向量计算两两向量的差额 $\Delta \eta = \max \{\Delta \eta_j\}$，根据计算出的平均等级相关系数向量间差额，依照公式 $(\Delta \eta - \Delta \eta_j) / \Delta \eta$ 计算差额率，将所计算的差额率根据范围界定依据 $0 \leqslant \Delta \eta - \Delta \eta_j \leqslant 1/2$ 确定需要进一步计算差额和差额率平均等级相关系数向量，直至计算完成，所计算差额和差额率平均等级相关系数向量轮数就成为平均等级相关系数向量所需要划分的组数。根据所计算的平均等级相关系数向量间差额由大到小的顺序，按照分组的需要选择平均等级相关系数向量间差额的数量，据此进行平均等级相关系数向量分割，得出平均等级相关系数向量分组。

需要根据模块单元各类评价方法的评价结果确定各类方法的重要性权重向量，确定同质性和异质性的比例系数。同质性和异质性是模块单元流水线组合评价方法的重要组成部分，同质性反映模块单元流水线组合评价方法与评价结果之间的相似程度，可以用最终的组合评价结果向量与所有单一评价结果向量之间的总偏差平方和来衡量；异质性反映模块单元流水线组合评价方法与评价结果之间的差异程度，可以用最终的组合评价结果方差平方和来衡量。同质性影响系数是一种衡量模块单元流水线组合评价方法组的同质性特征对确定组合权重产生影响的系数；异质性影响系数是一种衡量模块单元流水线组合评价方法组的异质性特征对确定组合权重产生影响的系数。模块单元流水线组合评价方法组加权向量不仅反映评价数据本身的规模特征，还考虑了同质性和异质性特征。最后可以根据模块单元流水线组合评价方法组加权向量得出模块单元流水线组合评价方法评价权重。

模块单元流水线组合评价方法重要性权重、同质性总偏差平方、同质性向量、异质性方差、同质性影响系数、异质性影响系数、组合评价方法组加权向量、模块单元流水线组合评价方法评价权重公式如下：

$$w_j = \frac{\sum\limits_{i=1}^{n} y_{ij}}{\sum\limits_{i=1}^{n} \sum\limits_{j=1}^{m} y_{ij}} \qquad (6-3-103)$$

$$\rho'_r = \sum_{i=1}^{n} \sum_{j=1}^{r} (y_{ij} - y'_i)^2 \qquad (6-3-104)$$

$$y'_i = \sum_{j=1}^{m} w_j y_{ij} \qquad (6-3-105)$$

$$\rho_r^{\#} = \frac{1}{n-1} \sum_{i=1}^{n} (y'_i - \overline{y'})^2 \qquad (6-3-106)$$

$$\pi'_r = \frac{\left(\dfrac{1}{\rho'_r + \varphi_r} \Big/ \sum\limits_{r=1}^{q} \dfrac{1}{\rho'_r + \varphi_r} \right)^{\alpha}}{\sum\limits_{r=1}^{q} \left(\dfrac{1}{\rho'_r + \varphi_r} \Big/ \sum\limits_{r=1}^{q} \dfrac{1}{\rho'_r + \varphi_r} \right)^{\alpha}} \qquad (6-3-107)$$

$$\pi_r^{\#} = \frac{\left(\rho_r^{\#} \Big/ \sum\limits_{r=1}^{q} \rho_r^{\#} \right)^{\beta}}{\sum\limits_{r=1}^{q} \left(\rho_r^{\#} \Big/ \sum\limits_{r=1}^{q} \rho_r^{\#} \right)^{\beta}} \qquad (6-3-108)$$

$$\xi_r = \pi'_r \pi_r^{\#} \frac{n_r}{m} \qquad (6-3-109)$$

$$SZ_j = \sum_{r=1}^{q} \xi_r \sum_{j=1}^{m} w_j y_{ij} \qquad (6-3-110)$$

F 公司模块单元各类评价方法评价结果采用模块单元各类评价方法 1、方法 2、方法 3、方法 4、方法 5、方法 6 进行模块单元评价，评价结果如表 6-3-39 所示。

表 6-3-39　F 公司模块单元各类评价方法评价结果

模块单元	方法 1		方法 2		方法 3		方法 4		方法 5		方法 6	
	值	序	值	序	值	序	值	序	值	序	值	序
单元 1	0.9105	2	0.9014	2	1.000	1	1.000	1	0.8345	3	0.9318	2
单元 2	0.3017	4	0.3157	3	0.2375	6	0.5788	4	0.6899	6	0.8719	3
单元 3	1.000	1	1.000	1	0.7325	2	0.9878	2	0.9243	2	1.000	1
单元 4	0.2633	6	0.1678	6	0.2876	5	0.3655	6	0.8012	4	0.6678	5
单元 5	0.3411	3	0.2134	5	0.3678	4	0.4311	5	1.000	1	0.7343	4
单元 6	0.0557	7	0.0085	7	0.0789	7	0.0768	7	0.7568	5	0.3517	7
单元 7	0.2896	5	0.2349	4	0.6278	3	0.7156	3	0.1963	7	0.4725	6

F 公司根据斯皮尔曼等级相关系数公式计算要求，得出每一种方法之间的相关系数，如表 6-3-40 所示。

表6-3-40　F公司各种评价方法斯皮尔曼等级相关系数

	方法1	方法2	方法3	方法4	方法5	方法6
方法1	1.0000	0.8929	0.7857	0.8214	0.6071	0.9286
方法2	0.8929	1.0000	0.7500	0.9286	0.2143	0.8929
方法3	0.7857	0.7500	1.0000	0.8929	0.3929	0.6250
方法4	0.8214	0.9286	0.8929	1.0000	0.1429	0.5714
方法5	0.6071	0.2143	0.3929	0.1429	1.0000	0.6905
方法6	0.9286	0.8929	0.6250	0.5714	0.6905	1.0000

　　F公司进行平均相关系数的计算，得出方法1、方法2、方法3、方法4、方法5、方法6的平均等级相关系数分别为0.8393、0.7798、0.7411、0.7262、0.5079、7847，将等级相关系数按照降序进行排列为方法1、方法6、方法2、方法3、方法4、方法5的系数排列。根据平均等级相关系数向量计算两两向量的差额 $\Delta\eta = \max\{\Delta\eta_j\}$，分别为0.0546、0.0049、0.0387、0.0149、0.2183，依照公式 $(\Delta\eta - \Delta\eta_j)/\Delta\eta$ 计算差额率，根据计算的差额率根据范围界定依据 $0 \leqslant \Delta\eta - \Delta\eta_j \leqslant 1/2$ 和确定差额确定分组为方法1的1组、方法2和方法6的2组、方法3和方法4的3组、方法5的4组，一共4个组。

　　由此确定计算的模块单元流水线组合评价方法重要性权重为0.1333、0.1198、0.1405、0.1752、0.2193、0.2120。2组内的权重为0.3610、0.6390，3组内的权重为0.4450、0.5550。1组、2组、3组、4组同质性总偏差平方为0、1.3496、1.3045、0；异质性方差为0.1274、0.0998、0.0637、0.0688。1组、2组、3组、4组同质性影响系数为0.2797、0.2194、0.2212、0.2797；异质性影响系数为0.2902、0.2632、0.2199、0.2267。由此确定1组、2组、3组、4组组合评价方法组加权向量为0.0135、0.0193、0.0162、0.0106。由此确定模块单元流水线组合评价方法评价权重，得出评价值由大到小的顺序为方法6、方法5、方法4、方法3、方法2、方法1。

　　模块单元流水线组合评价方法适合制造类企业、服务类企业、纯服务类企业、一般纯服务企业。

（九）模块单元流水线BP神经网络方法

　　模块单元流水线BP神经网络方法可以运用于企业集成模块单元流程、供应链或者服务链流程、延迟运作、精益运作、智能运作、流程空间、辅助要素、支撑要素、核心要素、信息要素、管理、体系、模式、策略、方案各方面的主体、特性、因素、指标的BP神经网络评价。顾客接触场内员工服务流程、顾客接触场内设备服务流程、顾客接触场外设备服务流程、顾客接触电子服务流程模块单元流水线需要在此基础上考虑顾客接触、员工与顾客服务互动、员工与顾客价值共创、顾客服务体验、顾客满意、服务补救的服务特性，进行BP神经网络评价。模块单元流水线BP神经网络方法是根据 BP 神经网络进行具体模块单元、联合模块单元、模块组模块单元、总作业模块单元和通用模块单元、链接模块单元、专用模块单元各类流水线的延迟策略和强化延迟策略、后拉动流程、后拉动价值、智能整体和局部运作的评价的方法。BP 神经网络是由输入层、隐含层、输出层组成的前向网络（王小川等，2013）。BP 神经网络的每一层都含有若干神经元，同层之间的神经元没有联系。BP 神经网络进行信息传递时，输入层的神经元的输入信息就是要输出的信息，中间各层的每一个神经元接受上一层神经元的输出信息作为这一层的输入信息，通过激活函数运算得出的输出信息作为下一层神经元的输入信息。BP 神经网络输入和输出层与实际问题相联系，使 BP 神经网络分析具有实际意义（朱庆锋等，2018）。BP 神经网络属于有导师辅导的神经网络，体现为误差进行反向传播。模块单元流水线 BP 神经网络方法信息从输入层进入到输出层输出结果，形成信息正向传播；根据输出信息与期望输出信息得出误差值，利用误差值从输出层向输入层逐层修正连接权值和阈值，形成信息误差反向传播。BP 神经网络不断进行信息正向传播和信息反向传播的交替，当误差符合要求时，传播停止。

模块单元流水线 BP 神经网络方法需要确定网络层数、各层节点数。一般将模块单元流水线运作的影响因素作为输入层节点数；将模块单元流水线输出的等级作为输出层节点数。模块单元流水线 BP 神经网络方法可以采用不同的模块单元流水线评价等级，这些评价等级可以根据评价等级的数量，确定由 1、0 组成的评价等级；可以采用由 1、−1 组成的评价等级。将这些评价等级与模块单元流水线运作的影响因素结合起来，模块单元流水线运作的影响因素与模块单元流水线评价等级交叉，进行模块单元流水线评价。

模块单元流水线 BP 神经网络方法需要明确叠代次数和误差，确定各层传递函数。传递函数包括阈值函数、线性函数，对数 Sigmoid 函数、正切 Sigmoid 函数，公式如下：

$$f(x) = \begin{cases} 1(x \geqslant 0) \\ 0(x \leqslant 0) \end{cases} \tag{6-3-111}$$

$$f(x) = x \tag{6-3-112}$$

$$f(x) = \frac{1}{1 + e^{-x}} \tag{6-3-113}$$

$$f(x) = \frac{e^x - e^{-x}}{e^x + e^{-x}} \tag{6-3-114}$$

模块单元流水线 BP 神经网络方法需要确定学习样本，训练样本的数量对于神经网络模型的训练效果影响很大。对学习样本需要进行归一化处理。模块单元流水线学习样本体现模块单元流水线运作中的不同特征，这些特征的信息相差很大，需要进行归一化，使模块单元流水线特征信息变成相同数量级，以防有些数值低的特征被淹没，提高网络泛化能力，同时可以加快网络学习速度。

模块单元流水线 BP 神经网络方法需要创建 BP 网络，确定学习样本和期望输出，建立输入层神经元和输出层神经元，选择训练函数、学习函数、梯度下降权值阈值学习函数、性能函数、隐层数量、输出层传递函数，进行网络参数确定及网络训练，由此确定评价值。

F公司采用模块单元流水线BP神经网络方法进行模块单元的评价。模块单元原始数据和学习样本如表6-3-41和表6-3-42所示。

表6-3-41　F公司模块单元原始数据

模块单元	模块单元1	模块单元2	模块单元3	模块单元4	模块单元5	模块单元6
制造能力	0.82	0.53	0.74	0.51	0.61	0.68
采购能力	0.45	0.16	0.36	0.26	0.23	0.26
仓储能力	0.29	0.11	0.23	0.14	0.14	0.18

表6-3-42　F公司模块单元学习样本

样本	1	2	3	4	5	6	7	8	9	10
制造能力	0.9	0.76	0.71	0.53	0.34	0.88	0.83	0.69	0.53	0.38
采购能力	0.46	0.36	0.26	0.22	0.11	0.54	0.36	0.26	0.24	0.12
仓储能力	0.29	0.24	0.14	0.11	0.06	0.34	0.24	0.16	0.11	0.06
样本	11	12	13	14	15	16	17	18	19	20
制造能力	0.98	0.77	0.69	0.53	0.39	0.97	0.79	0.73	0.53	0.38
采购能力	0.47	0.37	0.27	0.22	0.12	0.48	0.38	0.31	0.22	0.13
仓储能力	0.3	0.21	0.15	0.11	0.07	0.31	0.22	0.16	0.11	0.01
样本	21	22	23	24	25	26	27	28	29	30
制造能力	0.96	0.82	0.7	0.53	0.39	0.92	0.83	0.69	0.53	0.37
采购能力	0.45	0.4	0.28	0.22	0.14	0.49	0.41	0.31	0.22	0.11
仓储能力	0.32	0.26	0.17	0.11	0.06	0.34	0.26	0.17	0.11	0.02
样本	31	32	33	34	35	36	37	38	39	40
制造能力	0.91	0.75	0.73	0.53	0.4	0.96	0.76	0.66	0.53	0.39
采购能力	0.54	0.44	0.29	0.22	0.15	0.55	0.35	0.28	0.22	0.14
仓储能力	0.32	0.27	0.18	0.11	0.06	0.33	0.28	0.16	0.11	0.06
样本	41	42	43	44	45	46	47	48	49	50
制造能力	0.92	0.77	0.73	0.53	0.4	0.94	0.78	0.73	0.53	0.39
采购能力	0.49	0.37	0.28	0.22	0.15	0.51	0.38	0.3	0.22	0.1
仓储能力	0.31	0.27	0.18	0.11	0.01	0.34	0.29	0.18	0.11	0.01

F公司运用模块单元流水线BP神经网络方法确定网络层数为3、各层节点数5。确定由1、0组成的评价等级，将这些评价等级与模块单元流水线运作的影响因素结合起来，模块单元流水线运作的影响因素与模块单元流水线评价等级交叉，进行模块单元流水线评价。

模块单元流水线 BP 神经网络方法的叠代次数 1000 和误差为 0.001，确定训练函数选 L－M 算法，学习函数选择梯度下降权值阈值学习函数 LEARNGDM，性能函数为 MSE、传递函数为正切 S 函数、输出层传递函数定为 PURELIN 线性函数。由此确定模块单元等级评价如表 6－3－43 所示。

表 6－3－43　F 公司模块单元等级评价

等级	等级 1	等级 2	等级 3	等级 4	等级 5
模块单元 1	0.0193	0.8647	0.0880	0.7275	0.7289
模块单元 2	0.0393	0.7421	0.9763	0.0085	0.7718
模块单元 3	0.0348	0.9082	0.4657	0.3380	0.4738
模块单元 4	0.0782	0.9012	0.9747	0.0191	0.7224
模块单元 5	0.0867	0.9073	0.9642	0.0497	0.4782
模块单元 6	0.0727	0.8800	0.8912	0.1667	0.3639

由此确定模块单元 1 等级为 2，模块单元 2 等级为 3，模块单元 3 等级为 2，模块单元 4 等级为 3，模块单元 5 等级为 3，模块单元 6 等级为 3。

模块单元流水线 BP 神经网络方法适合制造类企业、服务类企业、纯服务类企业、一般纯服务企业。

（十）模块单元流水线三角模糊数评价方法

1. 模块单元流水线三角模糊数 TOPSIS 评价方法

模块单元流水线三角模糊数 TOPSIS 评价方法可以运用于企业集成模块单元流程、供应链或者服务链流程、延迟运作、精益运作、智能运作、流程空间、辅助要素、支撑要素、核心要素、信息要素、管理、体系、模式、策略、方案各方面的主体、特性、因素、指标，进行三角模糊数 TOPSIS 评价。顾客接触场内员工服务流程、顾客接触场内设备服务流程、顾客接触场外设备服务流程、顾客接触电子服务流程模块单元流水线需要在此基础上考虑顾客接触、员工与顾客服务互动、员工与顾客价值共创、顾客服务体验、顾客满意、服务补救的服务特性，进行三角模糊数 TOPSIS 评价。三角模糊数在表达某个数左右时具有独特优势（甘庭聪等，2020）。选择加权平均方法对矩阵进行具体模块单元、联合模块单元、模块组模块单元、总作业模块单元和通用模块单元、链接模块单元、专用模块单元各类流水线的延迟策略和强化延迟策略、后拉动流程、后拉动价值、智能整体和局部运作的集结，可以得到三角模糊数矩阵 $D = (a_{ij})_{m \times n}$，矩阵的组成部分的测算公式如下：

$$a_{ij} = \left(\sum_{k=1}^{s} v_k a_{ij}^{(k)h}, \sum_{k=1}^{s} v_k a_{ij}^{(k)z}, \sum_{k=1}^{s} v_k a_{ij}^{(k)u} \right) \qquad (6-3-115)$$

运用属性权重向量，乘以集结矩阵中的每一个组成部分，得到加权集结三角模糊

数矩阵 $D' = (b_{ij})_{m \times n}$，矩阵的组成部分的测算公式如下：

$$b_{ij} = (w_j a_{ij}^h, w_j a_{ij}^z, w_j a_{ij}^u) \qquad (6-3-116)$$

确定三角模糊数正理想解 $B^+ = (b_1^+, b_2^+, \cdots, b_n^+)$ 和负理想解 $B^- = (b_1^-, b_2^-, \cdots, b_n^-)$，正理想解和负理想解组成部分的测算公式如下：

$$b_j^+ = \{\max_i \overline{b_{ij}}; \ \min_i \overline{b_{ij}}\} \qquad (6-3-117)$$

$$b_j^- = \{\min_i \overline{b_{ij}}; \ \max_i \overline{b_{ij}}\} \qquad (6-3-118)$$

计算每个企业集成模块单元运作方案到三角模糊数正理想解和负理想解的距离，公式如下：

$$D_i^+ = \sum_{j=1}^n d(b_{ij}, b_j^+) \qquad (6-3-119)$$

$$D_i^- = \sum_{j=1}^n d(b_{ij}, b_j^-) \qquad (6-3-120)$$

计算每个企业集成模块单元运作被选方案的相对贴近度，公式如下（孙振球和王乐三，2014）：

$$TC_i = \frac{D_i^-}{D_i^- + D_i^+} \qquad (6-3-121)$$

根据每个企业集成模块单元运作被选方案的相对贴近度进行评价。

2. 模块单元流水线三角模糊数 VIKOR 评价方法

模块单元流水线三角模糊数 VIKOR 评价方法可以运用于企业集成模块单元流程、供应链或者服务链流程、延迟运作、精益运作、智能运作、流程空间、辅助要素、支撑要素、核心要素、信息要素、管理、体系、模式、策略、方案各方面的主体、特性、因素、指标的三角模糊数 VIKOR 评价。顾客接触模块单元流水线需要在此基础上考虑顾客接触、员工与顾客服务互动、员工与顾客价值共创、顾客服务体验、顾客满意、服务补救的服务特性，进行三角模糊数 VIKOR 评价。运用三角模糊数 VIKOR 评价方法进行具体模块单元、联合模块单元、模块组模块单元、总作业模块单元和通用模块单元、链接模块单元、专用模块单元各类流水线的延迟策略和强化延迟策略、后拉动流程、后拉动价值、智能整体和局部运作的评价，主要用于要素之间有冲突时的评价（李晴和陈鹏宇，2020）。可以进行三角模糊数的三个端点的均值大小比较，对集结后的三角模糊数矩阵寻找三角模糊数正理想解 $A^+ = (a_1^+, a_2^+, \cdots, a_n^+)$ 和负理想解 $A^- = (a_1^-, a_2^-, \cdots, a_n^-)$，计算每个企业集成模块单元运作方案的群体效应值，群体效应值测算公式如下：

$$QT_i = \sum_{i=1}^n w_j \times \frac{a_j^+ - a_{ij}}{a_j^+ - a_j^-} \qquad (6-3-122)$$

需要进行每个企业集成模块单元运作方案个体遗憾值测算，公式如下：

$$GT_i = \max\left(w_j \times \frac{a_j^+ - a_{ij}}{a_j^+ - a_j^-}\right) \qquad (6-3-123)$$

需要进行每个企业集成模块单元运作方案折中评价值测算，公式如下：

$$ZT_i = \varepsilon \times \frac{QT_i - \min\limits_i QT_i}{\max\limits_i QT_i - \min\limits_i QT_i} + (1-\varepsilon) \times \frac{GT_i - \min\limits_i GT_i}{\max\limits_i GT_i - \min\limits_i GT_i} \qquad (6-3-124)$$

根据每个企业集成模块单元运作方案折中评价值进行评价。

F 公司对公司集成模块单元运作 4 类方案采用三角模糊数评价方法进行评价。根据公司实际，聘用 4 类专家进行评价，经过评价，根据专家的不同特性对评价值进行加权，集结 4 类专家的评价。根据属性权重向量对 4 类专家评价值进行加权，形成加权集结三角模糊数矩阵。评价中 4 类专家的评价值 $T_1 = \{c_2, c_3\}$，$T_2 = \{c_1, c_4\}$。加权集结三角模糊数矩阵如下：

$$D' = \begin{vmatrix} (26.17,\ 28.15,\ 31.45) & (38.41,\ 40.15,\ 41.25) & (4.12,\ 5.17,\ 5.23) & (11.89,\ 12.16,\ 13.12) \\ (21.35,\ 22.13,\ 24.58) & (26.46,\ 29.87,\ 32.36) & (6.38,\ 6.89,\ 7.17) & (13.19,\ 15.19,\ 16.78) \\ (18.19,\ 19.24,\ 22.56) & (29.56,\ 32.17,\ 37.17) & (3.26,\ 4.26,\ 6.78) & (15.14,\ 16.18,\ 17.15) \\ (19.98,\ 22.35,\ 22.65) & (36.15,\ 37.16,\ 39.69) & (4.66,\ 5.89,\ 6.10) & (16.12,\ 17.15,\ 18.16) \end{vmatrix}$$

经确定公司集成模块单元运作三角模糊数正理想解为 $B^+ = (18.19,\ 41.25,\ 7.17,\ 11.89)$，负理想解为 $B^- = (31.45,\ 26.46,\ 3.26,\ 18.16)$。

经测算每个企业集成模块单元运作方案到三角模糊数正理想解和负理想解的距离如表 6-3-44 和表 6-3-45 所示。

表 6-3-44　每个方案到三角模糊数正理想解距离

10.6256	1.7584	2.3851	0.7270
4.7025	11.9343	0.4839	3.4877
2.5948	8.8647	2.8230	4.3449
3.6698	3.8804	1.7401	5.3189

表 6-3-45　每个方案到三角模糊数负理想解距离

3.5948	13.5273	1.6602	5.7941
8.8707	3.9344	3.5684	3.4364
11.6038	7.2323	2.1127	2.1649
9.8626	11.3051	2.3764	1.3142

计算每个企业集成模块单元运作被选方案的相对贴近度得到 1 方案 0.6133、2 方案 0.4901、3 方案 0.5537、4 方案 0.6298，最优是 4 方案。

三角模糊数评价方法适合制造类企业、服务类企业、纯服务类企业、一般纯服务企业。

（十一）模块单元流水线粗糙数评价方法

1. 模块单元流水线粗糙数 TOPSIS 评价方法

模块单元流水线粗糙数 TOPSIS 评价方法可以运用于企业集成模块单元流程、供应链或者服务链流程、延迟运作、精益运作、智能运作、流程空间、辅助要素、支撑要素、核心要素、信息要素、管理、体系、模式、策略、方案各方面的主体、特性、因素、指标的粗糙数 TOPSIS 评价。顾客接触场内员工服务流程、顾客接触场内设备服务流程、顾客接触场外设备服务流程、顾客接触电子服务流程模块单元流水线需要在此基础上考虑顾客接触、员工与顾客服务互动、员工与顾客价值共创、顾客服务体验、顾客满意、服务补救的服务特性，进行粗糙数 TOPSIS 评价。采用粗糙数 TOPSIS 评价方法进行具体模块单元、联合模块单元、模块组模块单元、总作业模块单元和通用模块单元、链接模块单元、专用模块单元各类流水线的延迟策略和强化延迟策略、后拉动流程、后拉动价值、智能整体和局部运作的评价，需要进行专家群打分，得到集结专家打分的粗糙数决策矩阵 $D = (a_{ij})_{m \times n}$。

确定粗糙数决策矩阵正理想解 $B^+ = (b_1^+, b_2^+, \cdots, b_n^+)$ 和负理想解 $B^- = (b_1^-, b_2^-, \cdots, b_n^-)$，正理想解和负理想解组成部分的测算公式如下：

$$b_j^+ = \{\max_i \overline{b_{ij}}; \ \min_i \underline{b_{ij}}\} \tag{6-3-125}$$

$$b_j^- = \{\min_i \underline{b_{ij}}; \ \max_i \overline{b_{ij}}\} \tag{6-3-126}$$

计算每个企业集成模块单元运作方案到正理想解和负理想解的粗糙距离向量，公式如下：

$$d_i^+ = ([d_{i1}^+], [d_{i2}^+], \cdots, [d_{in}^+]) \tag{6-3-127}$$

$$d_i^- = ([d_{i1}^-], [d_{i2}^-], \cdots, [d_{in}^-]) \tag{6-3-128}$$

粗糙距离向量组成部分的测算公式如下：

$$d_{ij}^+ = [\underline{d_{ij}^+}, \ \overline{d_{ij}^+}] = \begin{cases} [x_j^+ - \overline{x_{ij}}, \ x_j^+ - \underline{x_{ij}}] \\ [\overline{x_{ij}} - x_j^+, \ \overline{x_{ij}} - x_j^+] \end{cases} \tag{6-3-129}$$

$$d_{ij}^- = [\underline{d_{ij}^-}, \ \overline{d_{ij}^-}] = \begin{cases} [x_{ij} - x_j^-, \ \overline{x_{ij}} - x_j^-] \\ [x_j^- - \overline{x_{ij}}, \ x_j^- - \underline{x_{ij}}] \end{cases} \tag{6-3-130}$$

对粗糙距离向量进行标准化，得到标准化粗糙距离向量，公式如下：

$$d_i^{+'} = ([d_{i1}^{+'}], [d_{i2}^{+'}], \cdots, [d_{in}^{+'}]) \tag{6-3-131}$$

$$d_i^{-'} = ([d_{i1}^{-'}], [d_{i2}^{-'}], \cdots, [d_{in}^{-'}]) \tag{6-3-132}$$

标准化粗糙距离向量组成部分的测算公式如下：

$$[d_{ij}^{+'}] = \frac{[d_{ij}^+]}{\max_i \{\overline{d_{ij}^+}\}} \tag{6-3-133}$$

$$[d_{ij}^{-'}] = \frac{[d_{ij}^{-}]}{\max_{i}\{\overline{d_{ij}^{-}}\}} \tag{6-3-134}$$

运用权重属性权重计算企业集成模块单元运作方案的正理想解和负理想解的加权粗糙距离，测算公式如下：

$$D_i^+ = [\underline{D_i^+}, \overline{D_i^+}] = \sum_{j=1}^{n}(w_j \times [d_{ij}^{+'}]) \tag{6-3-135}$$

$$D_i^- = [\underline{D_i^-}, \overline{D_i^-}] = \sum_{j=1}^{n}(w_j \times [d_{ij}^{-'}]) \tag{6-3-136}$$

引入乐观系数，将加权粗糙距离转化为精确距离，测算公式如下：

$$D_i^{+'} = (1-\alpha)\underline{D_i^+} + \alpha\overline{D_i^+} \tag{6-3-137}$$

$$D_i^{-'} = (1-\alpha)\underline{D_i^-} + \alpha\overline{D_i^-} \tag{6-3-138}$$

计算每个企业集成模块单元运作被选方案的相对贴近度，测算公式如下：

$$QC_i = \frac{D_i^-}{D_i^- + D_i^+} \tag{6-3-139}$$

根据每个企业集成模块单元运作被选方案的相对贴近度进行评价。

模块单元流水线粗糙数 TOPSIS 评价方法适合制造类企业、服务类企业、纯服务类企业、一般纯服务企业。

2. 模块单元流水线粗糙数 VIKOR 评价方法

模块单元流水线粗糙数 VIKOR 评价方法可以运用于企业集成模块单元流程、供应链或者服务链流程、延迟运作、精益运作、智能运作、流程空间、辅助要素、支持要素、核心要素、信息要素、管理、体系、模式、策略、方案各方面的主体、特性、因素、指标的粗糙数 VIKOR 评价。顾客接触场内员工服务流程、顾客接触场内设备服务流程、顾客接触场外设备服务流程、顾客接触电子服务流程模块单元流水线需要在此基础上考虑顾客接触、员工与顾客服务互动、员工与顾客价值共创、顾客服务体验、顾客满意、服务补救的服务特性，进行粗糙数 VIKOR 评价。运用粗糙数 VIKOR 评价方法进行企业集成模块单元运作评价，运用粗糙数转换方法建立粗糙决策矩阵 $D = [(\underline{a_{ij}}, \overline{a_{ij}})]_{m \times n}$。确定粗糙数决策矩阵正理想解 $A^+ = (a_1^+, a_2^+, \cdots, a_n^+)$ 和负理想解 $A^- = (a_1^-, a_2^-, \cdots, a_n^-)$，正理想解和负理想解组成部分的测算公式如下：

$$a_j^+ = \{\max_i \overline{a_{ij}};\ \min_i \underline{a_{ij}}\} \tag{6-3-140}$$

$$a_j^- = \{\min_i \underline{a_{ij}};\ \max_i \overline{a_{ij}};\} \tag{6-3-141}$$

确定企业集成模块单元运作粗糙最优解和粗糙最劣解，粗糙最优解下限、粗糙最优解上限、粗糙最劣解下限、粗糙最劣解上限的测算公式如下：

$$\underline{SZ_i} = \sum_{j \in T_1} \underline{w_j}(a_j^+ - \overline{a_{ij}})/(a_j^+ - a_j^-) + \sum_{j \in T_2} \underline{w_j}(\underline{a_{ij}} - a_j^+)/(a_j^+ - a_j^-) \tag{6-3-142}$$

$$\overline{SZ_i} = \sum_{j \in T_1} \overline{w_j}(a_j^+ - \underline{a_{ij}})/(a_j^+ - a_j^-) + \sum_{j \in T_2} \overline{w_j}(\overline{a_{ij}} - a_j^+)/(a_j^+ - a_j^-) \tag{6-3-143}$$

$$\underline{RZ_i} = \max_j = \begin{cases} \underline{w_j}(a_j^+ - \overline{a_{ij}})/(a_j^+ - a_j^-) \\ \underline{w_j}(\underline{a_{ij}} - a_j^+)/(a_j^+ - a_j^-) \end{cases} \tag{6-3-144}$$

$$\overline{RZ_i} = \max_j = \begin{cases} \overline{w_j}(a_j^+ - \underline{a_{ij}})/(a_j^+ - a_j^-) \\ \overline{w_j}(\overline{a_{ij}} - a_j^+)/(a_j^+ - a_j^-) \end{cases} \tag{6-3-145}$$

计算每个企业集成模块单元运作方案粗糙利益比率 $Q_i = [\underline{Q_i}, \overline{Q_i}]$，粗糙利益比率下限、粗糙利益比率上限的测算公式如下：

$$\underline{Q_i} = \varepsilon(\underline{SZ_i} + SZ')/(SZ^- - SZ') + (1-\varepsilon)(\underline{RZ_i} + RZ')/(RZ^- - RZ') \tag{6-3-146}$$

$$\overline{Q_i} = \varepsilon(\overline{SZ_i} + SZ')/(SZ^- - SZ') + (1-\varepsilon)(\overline{RZ_i} + RZ')/(RZ^- - RZ') \tag{6-3-147}$$

其中，组成部分的计算公式如下：

$$SZ' = \min_i \underline{SZ_i} \tag{6-3-148}$$

$$SZ^- = \max_i \overline{SZ_i} \tag{6-3-149}$$

$$RZ' = \min_i \underline{RZ_i} \tag{6-3-150}$$

$$RZ^- = \max_i \overline{RZ_i} \tag{6-3-151}$$

按照可接受决策可靠度进行企业集成模块单元运作方案评价，可接受决策可靠度公式如下：

$$\sqrt{\frac{1}{2}[(\overline{Q_b} - \overline{Q_a})^2 + (\underline{Q_b} - \underline{Q_a})^2]} \tag{6-3-152}$$

F 公司对公司集成模块单元运作 4 类方案采用粗糙数评价方法进行评价。根据公司实际，聘用 4 类专家进行评价。评价中 4 类专家的评价值 $T_1 = \{c_2, c_3\}$，$T_2 = \{c_1, c_4\}$。粗糙数决策矩阵如下：

$$D = \begin{vmatrix} [26.17, 31.45] & [38.41, 41.25] & [4.12, 5.23] & [11.89, 13.12] \\ [21.35, 24.58] & [26.46, 32.36] & [6.38, 7.17] & [13.19, 16.78] \\ [18.19, 22.56] & [29.56, 37.17] & [3.26, 6.78] & [15.14, 17.15] \\ [19.98, 22.65] & [36.15, 39.69] & [4.66, 6.10] & [16.12, 18.16] \end{vmatrix}$$

确定 F 公司集成模块单元运作属性理想解如表 6 - 3 - 46 所示。

表 6 - 3 - 46　F 公司集成模块单元运作属性理想解

	c_1	c_2	c_3	c_4
a_j^+	18.19	41.25	7.17	11.89
a_j^-	31.45	26.46	3.26	18.16

计算得到正理想解标准化粗糙距离向量和负理想解标准化粗糙距离向量如表 6 - 3 - 47 和表 6 - 3 - 48 所示。

表6-3-47　正理想解标准化粗糙距离向量

	c_1	c_2	c_3	c_4
A_1	[7.98, 13.26]	[0, 2.84]	[1.94, 3.05]	[0. 1.23]
A_2	[3.16, 6.39]	[8.89, 14.79]	[0, 0.79]	[1.3, 4.89]
A_3	[0, 4.37]	[4.08, 11.69]	[0.39, 3.91]	[3.25, 5.26]
A_4	[1.79, 4.46]	[1.56, 5.1]	[1.07, 2.51]	[4.23, 6.27]

表6-3-48　负理想解标准化粗糙距离向量

	c_1	c_2	c_3	c_4
A_1	[0, 5.28]	[11.95, 14.79]	[0.86, 1.97]	[5.04, 6.27]
A_2	[6.87, 10.1]	[0, 5.9]	[3.12, 3.91]	[1.38, 4.97]
A_3	[8.89, 13.26]	[3.1, 10.71]	[0, 3.52]	[1.01, 3.02]
A_4	[8.8, 11.47]	[9.69, 13.23]	[1.4, 2.84]	[0. 2.04]

计算得到加权粗糙距离如表6-3-49所示。

表6-3-49　加权粗糙距离

3.5070	6.8660
6.1190	4.2490
4.6615	5.7065
3.0190	7.3490

计算每个企业集成模块单元运作备选方案的相对贴近度得到1方案0.6619、2方案0.4098、3方案0.5504、4方案0.7088，最优是4方案。

粗糙数评价方法适合制造类企业、服务类企业、纯服务类企业、一般纯服务企业。

（十二）模块单元流水线模糊优选评价方法

模块单元流水线模糊优选评价方法可以运用于企业集成模块单元流程、供应链或者服务链流程、延迟运作、精益运作、智能运作、流程空间、辅助要素、支撑要素、核心要素、信息要素、管理、体系、模式、策略、方案各方面的主体、特性、因素、指标的模糊优选评价。顾客接触场内员工服务流程、顾客接触场内设备服务流程、顾客接触场外设备服务流程、顾客接触电子服务流程模块单元流水线需要在此基础上考虑顾客接触、员工与顾客服务互动、员工与顾客价值共创、顾客服务体验、顾客满意、服务补救的服务特性，进行模糊优选评价。采用模糊优选评价方法进行具体模块单元、联合模块单元、模块组模块单元、总作业模块单元和通用模块单元、链接模块单元、专用模块单元各类流水线的延迟策略和强化延迟策略、后拉动流程、后拉动价值、智能整体和局部运作的评价，需要确定越大越优目标的相对优属度和越小越优目标的相对优属度（李希灿，2016）。模块单元流水线模糊优选评价方法以模糊集合运算为基础（陆成刚，2017）。越大越优目标的相对优属度公式、越小越优目标的相对优属度公式如下：

$$r_{ij} = \frac{a_{ij} - \bigwedge_j a_{ij}}{\bigvee_j a_{ij} - \bigwedge_j a_{ij}} \qquad (6-3-153)$$

$$r_{ij} = \frac{\bigvee_j a_{ij} - a_{ij}}{\bigvee_j a_{ij} - \bigwedge_j a_{ij}} \qquad (6-3-154)$$

需要进行优等决策和劣等决策，优等决策测算公式、劣等决策测算公式如下：

$$G = (g_1, g_2, \cdots, g_m)^T$$
$$= (r_{11} \vee r_{12} \vee \cdots \vee r_{1n}, \cdots, r_{m1} \vee r_{m2} \vee \cdots \vee r_{mn})^T \qquad (6-3-155)$$

$$B = (b_1, b_2, \cdots, b_m)^T$$
$$= (r_{11} \vee r_{12} \vee \cdots \vee r_{1n}, \cdots, r_{m1} \vee r_{m2} \vee \cdots \vee r_{mn})^T \qquad (6-3-156)$$

需要确定加权距优距离和加权距劣距离，加权距优距离测算公式、加权距劣距离测算公式如下：

$$D_{ja} = u_j p \sqrt{\sum_{i=1}^m \left[w_i (a_i - r_{ij}) \right]^p} \qquad (6-3-157)$$

$$D_{jb} = (1 - u_j) p \sqrt{\sum_{i=1}^m \left[w_i (r_{ij} - b_i) \right]^p} \qquad (6-3-158)$$

确定目标函数，公式如下：

$$\min\{F(u_j)\} = D_{ja}^2 + D_{jb}^2$$
$$= u_j^2 \left[\sum_{i=1}^m (w_i(a_i - r_{ij}))^p \right]^{\frac{2}{p}} + (1 - u_j)_j^2 \left[\sum_{i=1}^m (w_i(r_{ij} - b_i))^p \right]^{\frac{2}{p}} \qquad (6-3-159)$$

求相对隶属度最优解得到公式如下：

$$u_j = \frac{1}{1 + \left\{ \dfrac{\sum\limits_{i=1}^m \left[w_i(g_i - r_{ij}) \right]^p}{\sum\limits_{i=1}^m \left[w_i(r_{ij} - b_i) \right]^p} \right\}^{2/p}} \qquad (6-3-160)$$

相对隶属度简化公式如下：

$$u_j = \frac{1}{1 + \left\{ \dfrac{\sum\limits_{i=1}^m \left[w_i(1 - r_{ij}) \right]^p}{\sum\limits_{i=1}^m (w_i r_{ij})^p} \right\}^{2/p}} \qquad (6-3-161)$$

运用相对隶属度进行企业集成模块单元运作评价。

F 公司对公司集成模块单元运作 4 类方案采用模糊优选评价方法进行评价。公司 4 类方案指标 $T_1 = \{c_2, c_3\}$，$T_2 = \{c_1, c_4\}$，指标特征值矩阵如下：

$$A = \begin{vmatrix} 28.15 & 40.15 & 5.17 & 12.16 \\ 22.13 & 29.87 & 6.89 & 15.19 \\ 19.24 & 32.17 & 4.26 & 16.18 \\ 22.35 & 37.16 & 5.89 & 17.15 \end{vmatrix}$$

经测算得到相对优属度矩阵如下：

1.0000	0.3244	0.0000	0.3490
0.0000	1.0000	0.7763	0.2909
0.6540	0.0000	1.0000	0.3802
0.0000	0.6072	0.8056	1.0000

得到 $G = (1, 1, 1, 1)$，$B = (0, 0, 0, 0)$。

计算每个企业集成模块单元运作备选方案的相对优属度得到 1 方案 0.4025、2 方案 0.4778、3 方案 0.6742、4 方案 0.5076，最优是 3 方案。

模糊优选评价方法适合制造类企业、服务类企业、纯服务类企业、一般纯服务企业。

二、企业集成模块单元流水线运营控制

（一）企业集成模块单元流水线运营标准

企业集成模块单元流水线运营控制是指具体模块单元、联合模块单元、模块组模块单元、总作业模块单元和通用模块单元、链接模块单元、专用模块单元各类流水线的延迟策略和强化延迟策略、后拉动流程、后拉动价值、智能整体和局部运作中，按模块运作既定的目标，通过监控企业集成模块单元流水线运营活动的状况，发现偏差，找出原因，采取措施，以保证目标的实现。企业集成模块单元流水线运营控制的受控客体是企业集成模块单元流水线，预定目标是企业集成运营计划目标。

1. 企业集成模块单元流水线运营控制对象

企业集成模块单元流水线运营控制对象是具体模块单元、联合模块单元、模块组模块单元、总作业模块单元和通用模块单元、链接模块单元、专用模块单元的 CPS 连续、适时、单一流、均衡的隐形流水线、可变流水线、混合流水线、相似流水线、单一流水线，这些对象进行延迟策略和强化延迟策略、后拉动流程、后拉动价值、智能整体和局部运作。与简单的控制对象不同，企业集成运营流程中运作的对象需要体现企业集成运作的特性，企业集成模块单元流水线运营控制对象依据需要加入对象运作的属性，确立具有完备属性的企业集成模块单元流水线为运营控制对象。

企业集成模块单元流水线的运营控制对象在企业集成运营流程运作中存在，是对对象进行控制的直接体现部分，需要明确控制对象的集成基本运营活动和集成整体运营活动，形成动态企业集成模块单元流水线的运营控制对象。动态的运营控制对象体现为具体模块单元、联合模块单元、模块组模块单元、总作业模块单元和通用模块单元、链接模块单元、专用模块单元的集成基本运营流程、集成供应链或者服务链流程。需要以企业集成基本运营流程控制为主，围绕企业集成基本运营流程进行企业集成供应链或者服务链流程控制。

2. 企业集成模块单元流水线运营控制标准体系

企业集成模块单元流水线的运营控制通过企业集成运营标准体系进行，企业集成运营标准体系是衡量具体模块单元、联合模块单元、模块组模块单元、总作业模块单元和通用模块单元、链接模块单元、专用模块单元各类流水线的延迟策略和强化延迟策略、后拉动流程、后拉动价值、智能整体和局部运作情况的前提条件，没有企业集成运营标准体系就无法衡量企业集成模块单元流水线的运作，也就无法进行企业集成模块单元流水线运营控制。

企业集成运营标准体系运作需以价值链流程为中心。价值链流程是当今制造企业的前沿运作方式，企业集成运营标准体系需将企业运营标准体系与企业内外价值活动、作业相关联的流程有机结合在一起。企业集成运营标准体系包括企业集成运营模块单元流水线流程标准体系和企业集成运营模块单元流水线结构标准体系。企业集成运营标准体系通过程序性的标准体系体现企业集成运营模块单元流水线的动态运作，与企业集成运营模块单元流水线形成动态契合联系，为监控企业集成运营模块单元流水线运作打下基础。

企业集成运营标准体系通过操作规范体现企业集成运营模块单元流水线运作。具体模块单元、联合模块单元、模块组模块单元、总作业模块单元和通用模块单元、链接模块单元、专用模块单元的CPS连续、适时、单一流、均衡的隐形流水线、可变流水线、混合流水线、相似流水线、单一流水线作业需要按照操作规范的要求进行运作。服务规范包括友善热忱的服务态度、规范的专业仪表、专业的规范行为举止、专业的规范服务用语。服务态度表现为对顾客的尊敬、自律表现、宽容表现、真诚表现。服务态度决定服务的表现，只有对顾客表现尊敬，才能够获得顾客尊敬。在与顾客接触中，自律表现为能做什么，不能做什么，养成习惯，对顾客应对自如。宽容表现为对顾客大度，有气量，对顾客的不当之处能大气地对待。真诚表现为对待顾客言行一致，表里如一。适度表现为对待顾客按照程序进行服务，把握说话办事的分寸。规范的专业仪表是每一个行业都有的专业仪表要求，尤其顾客服务员工对面部修饰、发部修饰、肢体修饰都有规范。各行各业都有专业的规范行为举止要求，尤其顾客服务员工需要对站姿、坐姿、走姿、手势、表情都有要求。各行各业都有专业的规范服务用语。这些操作规范和服务规范就为企业集成模块单元流水线操作运作监控打下基础。

企业集成运营标准体系通过价值和质量标准体系体现企业集成运营模块单元流水

线价值和质量的运作。具体模块单元、联合模块单元、模块组模块单元、总作业模块单元和通用模块单元、链接模块单元、专用模块单元的 CPS 连续、适时、单一流、均衡的隐形流水线、可变流水线、混合流水线、相似流水线、单一流水线作业都有价值和质量标准体系。这一标准体系反映企业集成运营模块单元流水线价值和质量方面的运作状况，为企业集成运营模块单元流水线价值和质量运作监控打下基础。

企业集成运营标准体系通过评价标准体系体现企业集成模块单元流水线运作。具体模块单元、联合模块单元、模块组模块单元、总作业模块单元和通用模块单元、链接模块单元、专用模块单元的 CPS 连续、适时、单一流、均衡的隐形流水线、可变流水线、混合流水线、相似流水线、单一流水线或者供应链与服务链流程运作都具有评价标准，通过这些评价标准确定企业集成模块单元流水线运作的完成情况。

制造类企业需要确定具体模块单元、联合模块单元、模块组模块单元、总作业模块单元和通用模块单元、链接模块单元、专用模块单元的 CPS 连续、适时、单一流、均衡的隐形流水线、可变流水线、混合流水线、相似流水线、单一流水线的企业集成模块单元流水线运营控制对象，确定企业集成制造标准体系、操作规范、价值和质量标准体系、评价标准体系。

制造性服务企业需要确定具体模块单元、联合模块单元、模块组模块单元和通用模块单元、链接模块单元、专用模块单元的 CPS 连续、适时、单一流、均衡的隐形流水线、可变流水线、混合流水线、相似流水线、单一流水线的企业集成模块单元流水线服务控制对象，确定企业集成服务标准体系、服务规范、价值和质量标准体系、评价标准体系。

一般服务企业、纯服务类企业需要确定具体模块单元、联合模块单元和通用模块单元、专用模块单元的 CPS 连续、适时、单一流、均衡的隐形流水线、可变流水线、混合流水线、相似流水线、单一流水线的企业集成模块单元流水线服务控制对象，确定企业集成服务标准体系、服务规范、价值和质量标准体系、评价标准体系。

（二）企业集成模块单元流水线运营预先控制

1. 将企业预测目标与企业实际相结合，进行企业集成模块单元流水线运营目标可行性分析

企业需要对目标进行科学的预测，将所预测的目标针对具体模块单元、联合模块单元、模块组模块单元、总作业模块单元和通用模块单元、链接模块单元、专用模块单元各类流水线的延迟策略和强化延迟策略、后拉动流程、后拉动价值、智能整体和局部运作运营实现的预期价值、完成顾客所需要的产品数量、产品质量、产品交货期、服务水平进行目标可行性分析。预期价值体现企业集成模块单元流水线运营所达到的运营价值目标，产品数量、产品质量、产品交货期、服务水平反映满足顾客需求的程度，确定是否能够满足顾客目标。只有实现企业预期价值和满足顾客需求的目标才具有可行性。

2. 分析目标实现的资源保障

分析具体模块单元、联合模块单元、模块组模块单元、总作业模块单元和通用模块单元、链接模块单元、专用模块单元各类流水线的延迟策略和强化延迟策略、后拉动流程、后拉动价值、智能整体和局部运作的模块品目、运营人员、运营设备、运营检验设备、运营工具、运营能源、运营环境、看板、智能传感器、智能控制器、计算机网络、可视化显示装置是否完整和具备，有效保障企业集成模块单元流水线运营目标实现。对有顾客接触的模块单元流水线，除了上述的保障之外，需要有友善热忱的服务态度、规范的专业仪表、专业的规范行为举止、专业的规范服务用语方面的保障。

3. 瓶颈环节的支撑力度分析

需要具体模块单元、联合模块单元、模块组模块单元、总作业模块单元和通用模块单元、链接模块单元、专用模块单元各类流水线的延迟策略和强化延迟策略、后拉动流程、后拉动价值、智能整体和局部的模块单元内与之间运作、精益运作、CPS运作、MES运作、价值链流程运作、大数据运作中，明确企业集成模块单元流水线运营的瓶颈环节，确认这些瓶颈环节对目标实现的支撑力度，保证瓶颈环节运作的顺畅。

制造类企业、服务类企业、纯服务类企业需要进行企业集成模块单元流水线运营目标可行性分析，分析目标实现的资源保障，进行瓶颈环节的支撑力度分析。顾客接触的纯服务类企业需要进行服务规范保障分析。

（三）企业集成模块单元流水线运营跟踪控制

企业集成模块单元流水线整体运作跟踪是进行具体模块单元、联合模块单元、模块组模块单元、总作业模块单元和通用模块单元、链接模块单元、专用模块单元各类流水线的延迟策略和强化延迟策略、后拉动流程、后拉动价值、智能整体和局部运作状态的跟踪。需要确定模块单元整体流水线运作的数量，明确哪些流水线进行运作。需要明确模块单元整体流水线等待运作的数量，明确哪些流水线进行等待。需要确定模块单元整体流水线运营能力，明确满足顾客需求的能力。需要确定模块单元整体流水线等待运营能力，明确满足顾客需求的潜力。可以通过CPS适时模块单元流水线运营现场可视化进行企业集成模块单元流水线整体运作跟踪。

企业集成模块单元流水线内部和之间运作跟踪是进行具体模块单元、联合模块单元、模块组模块单元、总作业模块单元整体流水线之间和其内的通用模块单元、链接模块单元、专用模块单元流水线联系紧致状态的跟踪。具体模块单元、联合模块单元、模块组模块单元、总作业模块单元流水线之间有着层次之分，需要不同层次的模块单元之间有着紧密的联系。具体模块单元、联合模块单元、模块组模块单元、总作业模块单元中的通用模块单元、链接模块单元、专用模块单元的隐形流水线、可变流水线、混合流水线、相似流水线、单一流水线之间有着内在紧密联系。不同层次模块单元流水线之间和同一层次模块单元内的联系可以通过CPS适时模块单元流水线运营现场可视化进行。通过不同层次模块单元流水线之间和同一层次模块单元内流水线紧致状况可视化进行跟踪。

　　企业集成模块单元流水线精益运作、CPS 运作、信息系统运作、大数据运作跟踪是进行具体模块单元、联合模块单元、模块组模块单元、总作业模块单元和通用模块单元、链接模块单元、专用模块单元流水线精益运作、CPS 运作、信息系统运作和精益运作、CPS 运作、信息系统运作和之间内在联系紧致状态的跟踪。需要对具体模块单元、联合模块单元、模块组模块单元、总作业模块单元和通用模块单元、链接模块单元、专用模块单元的隐形流水线、可变流水线、混合流水线、相似流水线、单一流水线的适时流程与单一流流程、数据转化与认知的 CPS、MapReduce 和 HBase 的大数据运作、MES 与 ERP 信息系统运作和之间内在联系紧致状态进行跟踪，可以通过 CPS 适时模块单元流水线运营现场可视化和 CPS 适时模块单元流水线运营信息可视化进行跟踪。

　　以企业集成基本运营流程为主的企业集成供应链或者服务链流程运作跟踪是具体模块单元、联合模块单元、模块组模块单元、总作业模块单元和通用模块单元、链接模块单元、专用模块单元的隐形流水线、可变流水线、混合流水线、相似流水线、单一流水线与企业集成供应链或者服务链流程内在联系紧致状态的跟踪，可以通过 CPS 适时模块单元流水线运营现场可视化进行跟踪。

　　企业集成模块单元流水线要素运作跟踪是对 CPS 适时模块单元流水线的模块品目、运营人员、运营设备、运营检验设备、运营工具、运营能源、运营环境、看板、智能传感器、智能控制器、计算机网络、可视化显示装置的状态跟踪。需要进行具体模块单元、联合模块单元、模块组模块单元、总作业模块单元和通用模块单元、链接模块单元、专用模块单元的隐形流水线、可变流水线、混合流水线、相似流水线、单一流水线的模块品目、运营人员、运营设备、运营检验设备、运营工具、运营能源、运营环境、看板、智能传感器、智能控制器、计算机网络、可视化显示装置即时运营状态、等待状态、返工状态、维修状态、报废状态的跟踪，可以通过 CPS 适时模块单元流水线运营现场可视化进行跟踪。

　　企业集成模块单元流水线运营质量和运营价值运作跟踪是对具体模块单元、联合模块单元、模块组模块单元、总作业模块单元和通用模块单元、链接模块单元、专用模块单元的隐形流水线、可变流水线、混合流水线、相似流水线、单一流水线的有形模块品目的几何形状、功能系统、外在、性能系统、容差和信息无形产品功能系统、信息软件模块功能系统、信息软件数据结构功能系统、信息软件接口功能系统、非信息要素功能系统、非信息部分联系功能系统、非信息整体联系功能系统、信息软件功能系统容差、非信息功能系统容差、服务质量的质量跟踪，是对正向满足顾客需求价值增值、负向减少过度运营量价值增值、负向减少等待的浪费价值增值、负向减少搬运的浪费价值增值、负向减少运营本身的浪费价值增值、负向减少库存的浪费价值增值、负向减少动作的浪费价值增值、负向减少不良品的浪费价值增值、负向减少人力资源使用不当的浪费价值增值的价值跟踪，可以通过 CPS 适时模块单元流水线运营质量数据可视化、CPS 适时模块单元流水线运营价值数据可视化进行跟踪。

企业集成模块单元流水线运作瓶颈环节运作跟踪是具体模块单元、联合模块单元、模块组模块单元、总作业模块单元和通用模块单元、链接模块单元、专用模块单元流水线、企业集成供应链或者服务链流程运作的瓶颈环节和其中的企业集成模块单元流水线内部和之间运作、精益、CPS、信息系统运作、大数据运作、要素运作、运营质量和运营价值瓶颈环节的跟踪，可以通过 CPS 适时模块单元流水线运营现场可视化、运营作业间传递信息可视化、运营数据可视化、运营信息可视化进行跟踪。

制造类企业具体模块单元、联合模块单元、模块组模块单元、总作业模块单元和通用模块单元、专用模块单元、链接模块单元流水线进行整体运作、内部和之间运作、精益运作、CPS 运作、信息系统运作、大数据运作、要素运作、供应链或者服务链流程运作、运营质量和运营价值运作、瓶颈环节运作跟踪。

制造性服务企业具体模块单元、联合模块单元、模块组模块单元和通用模块单元、专用模块单元、链接模块单元流水线，一般服务企业具体模块单元、联合模块单元和通用模块单元、专用模块单元流水线进行整体运作、内部和之间运作、精益运作、CPS 运作、信息系统运作、大数据运作、要素运作、供应链或者服务链流程运作、运营质量和运营价值运作、瓶颈环节运作跟踪。

纯服务企业具体模块单元、联合模块单元和通用模块单元、专用模块单元流水线进行整体运作、内部和之间运作、精益运作、CPS 运作、信息系统运作、大数据运作、要素运作、供应链或者服务链流程运作、运营质量和运营价值运作、瓶颈环节运作跟踪。

（四）企业集成模块单元流水线运营评价

1. 企业集成模块单元流水线运营评价结果呈现

运用模块单元流水线模糊综合评价法、模块单元流水线数据包络分析法、模块单元流水线网络层次法、模块单元流水线基于粗糙集综合评价方法、基于结构方程评价方法、模块单元流水线物元可拓评价法、模块单元流水线动态激励评价方法等方法对具体模块单元、联合模块单元、模块组模块单元、总作业模块单元和通用模块单元、链接模块单元、专用模块单元各类流水线的延迟策略和强化延迟策略、后拉动流程、后拉动价值、智能整体和局部运作情况进行评价，展示出评价的结果。明确评价结果与企业集成模块单元流水线运营目标是否一致，会出现与目标没有偏差、运营过剩目标、少于目标三种情况。

2. 标准客观性和有效性检验

企业集成模块单元流水线运营评价中标准的确立需要标准符合控制需要，有时标准确立时可能只考虑了一些次要的因素和表面的因素，无法揭示标准的本质。企业集成模块单元流水线运作中还有一些标准确立时，一些活动难以用精确的手段和方法衡量，使确定标准相对困难，使得标准的确立难以反映企业集成模块单元流水线运作。

需要通过衡量检验标准的客观性和有效性，对于客观性和有效性不足的标准，通过衡量不断加以改进。

3. 确定适宜的衡量频度

衡量有度的要求，过多的衡量和过少的衡量都会影响控制的有效性。要保证标准衡量的有效性，需要对控制对象、控制标准、衡量的次数进行有量度的选择。企业集成模块单元流水线精益运作拓展了控制对象、控制标准、衡量的次数范围，企业集成模块单元流水线智能运作加速了标准衡量的速度，衡量效率更高，由此极大改观了标准衡量的频度的约束。

4. 建立信息反馈系统

要取得企业集成模块单元流水线实际运营进度与计划偏离的信息，企业集成模块单元流水线运营控制离不开信息，只有取得企业集成模块单元流水线实际运营进度偏离计划的信息，才知道两者发生了不一致。企业集成标准体系运作是以企业集成模块单元流水线运作的目标进行运作，按照这一目标要求，将运作与企业集成标准体系进行比较，得出偏离信息。计算机辅助运营管理信息系统能有效地提供企业集成模块单元流水线实际运营与计划偏离的信息，通过运营作业统计，每天都可以取得企业集成模块单元流水线实际运营信息，便于进行比较。

制造类企业、服务类企业、纯服务类企业需要进行企业集成模块单元流水线运营评价结果呈现，进行标准客观性和有效性检验，确定适宜的衡量频度，建立信息反馈系统。

（五）企业集成模块单元流水线运营成果控制

1. 企业集成模块单元流水线运营成果偏离目标的形式

企业集成模块单元流水线运营成果偏离目标的形式表现为具体模块单元、联合模块单元、模块组模块单元、总作业模块单元和通用模块单元、链接模块单元、专用模块单元各类流水线的延迟策略和强化延迟策略、后拉动流程、后拉动价值、智能整体和局部运作实现价值、实现顾客所需要的产品数量、实现产品质量、实现产品交货期、实现服务水平与预期运营价值、预期顾客所需要的产品数量、预期产品质量、预期产品交货期、预期服务水平有差距，需要进行调整。

有顾客接触的模块单元流水线有服务失败的情形。服务失败分为服务结果失败和服务过程失败。服务结果失败是指服务接触过程中，顾客没有得到应有的服务或者对实际获得的服务不能容忍。服务过程失败是指顾客对整个服务传递的过程、服务方式、服务人员的态度、服务提供的环境感到不满意。服务失败分为接触服务失败和核心服务失败。接触服务失败是指顾客与服务人员接触的过程中产生的服务失败。核心服务失败是指接触失败以外的所有与服务本身有关的服务失败。

服务失败后顾客可能产生各种反应。顾客可能选择沉默，也可以采取行动。采取行动包括直接向企业投诉、向亲戚和朋友诉说、向第三方抱怨。直接向企业投诉对企业而言是最好的选择，这样企业还可以获取改进的机会，避免顾客对企业的口头的负面宣传所带来的影响。向亲戚和朋友诉说和向第三方抱怨企业则会因为无法及时了解顾客不满的原因而失去服务补救的机会。顾客对企业服务失败的反应类型如表6－3－50所示。

表6－3－50　顾客对企业服务失败的反应类型

	直接向企业投诉	向亲戚和朋友诉说	向第三方抱怨	保持沉默	更换企业
消极者				√	
发言者	√				
发怒者	√	√			√
积极分子	√	√	√		√

消极者这类顾客极少采取行动。与进行负面宣传的人相比，他们不大可能对服务人员说任何事，也不大可能向第三方进行抱怨。他们怀疑投诉的有效性，认为投诉的结果与所花费的时间和精力相比不值得。发言者这类顾客乐于向企业抱怨，但他们不大可能传递负面信息。这类顾客可以看成是企业朋友，由于他们主动投诉，给了企业进行服务失败补救的机会。发怒者这类顾客传递企业的负面消息，会极力向朋友诉说，直接向企业进行投诉，不大可能向第三方进行抱怨，改变服务企业，不会给企业第二次机会。积极分子各个方面都具有投诉和抱怨的习惯，向企业投诉、向朋友抱怨、向第三方抱怨。

2. 企业集成模块单元流水线运营成果偏离目标原因分析

企业集成模块单元流水线通过实现价值、实现顾客所需要的产品数量、实现产品质量、实现产品交货期、实现服务水平与预期差距，进行原因分析，找出问题的根源。

顾客接触的企业集成模块单元流水线服务失败通过归因模式进行分析。这些归因模式如下：

（1）企业集成模块单元流水线服务失败两因归因模式。美国社会心理学家海德于1958年提出两因归因模型。企业集成模块单元流水线两因归因模式认为服务失败有内因也有外因，内因和外因的共同作用引致企业集成模块单元流水线服务失败。不同时期的不同模块单元流水线服务失败内因和外因的作用不同，但总有主要的原因。需要通过具体时期具体模块单元流水线服务失败的分析，得出主因。模块单元流水线服务失败两因归因模式如图6－3－3所示。

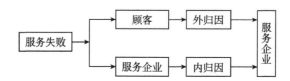

图6－3－3　模块单元流水线服务失败两因归因模式

（2）企业集成模块单元流水线服务失败三因归因模式。美国社会心理学家凯利提出三因归因模式。模式需要明确顾客知觉，顾客知觉是当前的客观事物直接作用于顾客感觉器官，在顾客大脑中产生的对这个事物各个部分和属性的整体反映。企业集成模块单元流水线服务失败三因归因模式认为知觉过程中，可以把行为归结为知觉者本人的特点、知觉对象的特点、知觉者与知觉对象进行交往时所处的情景这三个独立的方面。企业集成模块单元流水线服务失败三因归因模式核心是根据行为的前后一贯性、普遍性及差异性归结行为原因。企业集成模块单元流水线服务失败归因时，服务前后一贯性是指企业集成模块单元流水线提供的服务在不同的时间给顾客的感觉是否一致；服务普遍性是指企业集成模块单元流水线提供服务时，观察某位顾客接受的服务是否与周围其他顾客相一致；服务差异性是指不同顾客需要接受企业集成模块单元流水线不同服务。企业集成模块单元流水线服务失败是从顾客知觉开始的，经过观察、选择、组织、解释、反应五个阶段，每一个阶段都可能产生服务失败。简单的分析可以将企业集成模块单元流水线服务失败归因于前后一贯性、普遍性及差异性，但理性的分析还需要将这些归因细分为可控的和不可控的。企业集成模块单元流水线服务失败三因归因模式如图6－3－4所示。

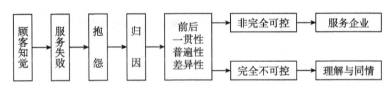

图6－3－4　企业集成模块单元流水线服务失败三因归因模式

（3）企业集成模块单元流水线服务失败归因模式。美国心理学家韦纳提出了归因模式。企业集成模块单元流水线服务失败归因模式认为人们的行为获得成功或遭到失败主要归因于努力、能力、任务难度和机遇四个方面的因素。努力因素是指企业集成模块单元流水线为顾客提供满意服务的主观态度；能力因素是指企业集成模块单元流水线为顾客提供满意服务的保证程度；任务难度因素是指企业集成模块单元流水线为顾客提供满意服务实现的可能性；机遇因素是指外部环境对企业集成模块单元流水线为顾客提供服务时所造成的影响。企业集成模块单元流水线服务成败的努力、能力、任务难度和机遇四种因素与内外因、稳定性和可控性三维度具有内在联系，这种联系如表6－3－51所示。

表6－3－51　服务成败因素与维度联系

	内外因	稳定性	可控性
努力	内因	不稳定	可控性
能力	内因	稳定	不可控
任务难度	外因	稳定	不可控
机遇	外因	不稳定	不可控

企业集成模块单元流水线服务失败归因需要根据努力、能力、任务难度和机遇四种因素与内外因、稳定性和可控性三维度进行归因。企业集成模块单元流水线服务失败归因模式如图6-3-5所示。

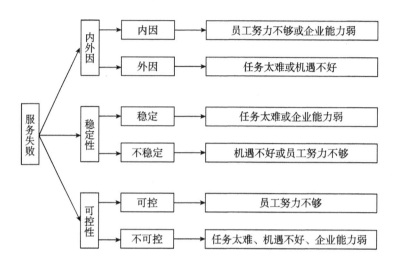

图6-3-5　企业集成模块单元流水线服务失败归因模式

3. 确立纠偏的对象

根据企业集成模块单元流水线运营价值、顾客所需要的产品数量、产品质量、产品交货期、服务水平方面出现的差距情况，需要确立纠偏的对象是计划本身还是计划实施的对象。计划本身有可能出现偏差是计划定得过高，无法完成；也可能是原来正确的计划由于客观环境的变化已无法反映新的环境，这些情况都需要进行计划本身的调整。计划实施对象出现问题导致计划没有实现，这一纠偏就需要从计划实施的对象出发进行纠偏。

4. 系统的确立纠偏环节

根据计划本身还是计划实施的对象出现偏差的情况，需要系统的确立纠偏环节。这些纠偏环节可以从瓶颈环节和其他环节出发，进行系统的纠偏。瓶颈环节的纠偏在系统纠偏中占有重要的地位，瓶颈环节纠偏决定着系统纠偏的关键，只有从瓶颈环节出发，围绕瓶颈环节纠偏进行完整纠偏才能够完成纠偏。

企业集成模块单元流水线服务失败的补救从整体上来看是从服务补救模型出发进行的。企业集成模块单元流水线服务补救模型如图6-3-6所示。

企业集成模块单元流水线服务补救模型源于服务概念，而服务概念需要明确顾客的需求是通过企业集成模块单元流水线的服务传递系统进行服务传递，使顾客得到满足的服务过程。需要将这一服务概念融入企业集成模块单元流水线服务补救模型，作为源头进行模型的运作。根据操作性进行以服务概念为视角的服务补救模型的运作。

企业集成模块单元流水线服务补救模型首先需要确定顾客期望的服务补救，通过

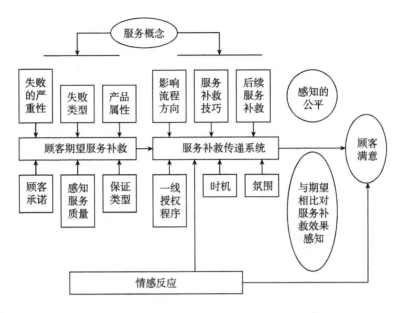

图 6 - 3 - 6　企业集成模块单元流水线服务补救模型

服务补救传递系统对补救服务的传递，使顾客满足服务补救。顾客的满意度取决于与顾客的接触，取决于顾客对服务补救的期望和实际感知的服务补救的差距。

顾客期望的服务补救受到感知服务质量、产品属性、服务失败的严重性、服务失败的类型、服务产品属性、顾客承诺、服务保证类型多种因素的影响，服务补救传递系统受到服务接触影响流程运作方向、服务补救技巧、后续服务补救、一线授权程序、时机、氛围多种因素的影响，这些因素影响顾客期望的服务补救和服务补救传递系统，从而影响到顾客满意程度。

企业进行企业集成模块单元流水线运营成果偏离目标的形式确定，进行企业集成模块单元流水线运营成果偏离目标原因分析，确立纠偏的对象，明确系统的确立纠偏环节。在进行企业集成模块单元流水线服务失败的补救时，需要针对企业集成模块单元流水线控制难度和衔接环节进行控制。为此，需要对企业集成模块单元流水线控制进行排序，排序可以采取控制难度打分的方式进行，控制难度越大，分值越高。通过打分得出控制衔接环节总的难度值，一般总的分值越高，衔接环节控制难度就越大。企业集成模块单元流水线和流水线衔接控制难度如表 6 - 3 - 52 所示。

表 6 - 3 - 52　企业集成模块单元流水线和流水线衔接控制难度

具体模块单元	可变流水线	通用模块单元	链接模块单元	链接模块单元	专用模块单元
		相似流水线	相似流水线	相似流水线	隐形流水线
	13	6	5	5	15
	控制衔接	控制衔接		控制衔接	

续表

联合模块单元	混合流水线	通用模块单元	链接模块单元	链接模块单元	专用模块单元
		相似流水线	相似流水线	相似流水线	可变流水线
	10	5	4	4	14
	控制衔接	控制衔接		控制衔接	
模块组模块单元	混合流水线	通用模块单元	链接模块单元	链接模块单元	专用模块单元
		单一流水线	单一流水线	单一流水线	混合流水线
	9	3	2	2	12
	控制衔接	控制衔接		控制衔接	
总作业模块单元	相似流水线	通用模块单元	链接模块单元	链接模块单元	专用模块单元
		单一流水线	单一流水线	单一流水线	相似流水线
	8	2	1	1	7
	控制衔接	控制衔接		控制衔接	
整体模块单元	混合流水线	具体模块单元	联合模块单元	联合模块单元	模块组模块单元
		可变流水线	混合流水线	混合流水线	混合流水线
		13	10	10	9
		控制衔接		控制衔接	
		模块组模块单元	总作业模块单元		
		混合流水线	相似流水线		
		11	9	8	
		控制衔接	控制衔接		

制造类企业、服务类企业、纯服务类企业需要确定企业集成模块单元流水线运营成果偏离目标的形式，确立纠偏的对象，系统地确立纠偏环节。顾客基础的服务类企业、纯服务类企业需要通过服务补救模式进行服务补救。

三、企业集成模块单元流水线运营流程与管理创新

（一）企业集成模块单元流水线运营管理创新

1. 企业集成模块单元流水线运营目标创新

企业集成模块单元流水线运营目标从整体上体现出企业集成战略，这一战略将价值领先和顾客差异化战略融为一体，从企业集成运营管理系统根本上解决功能相悖的问题，这一战略还需要将智能与精益融为一体，使企业集成模块单元流水线运营目标体现出与以往企业运营管理效率为主的目标有本质区别。这一目标将体现企业集成战略的模块单元延迟运作作为基本的运作，从而将企业集成战略落到实处，同时具有精益运作这一中心运作，智能运作与精益运作紧密相联，使企业集成模块单元流水线运

营目标实现整体创新。

企业也可以形成局部目标的创新，企业可以通过精益智能或者模块单元运作实现企业集成运营流程的创新，由此形成局部创新。

企业集成模块单元流水线运营价值、顾客所需要的产品、顾客所需要的产品数量、产品质量、产品交货期、服务水平这些具体的目标需要根据企业特性，结合企业实际和企业所面临的环境，企业根据消费者消费特点和趋势进行调整，每一次的调整都是一次创新。

制造类企业、服务类企业、纯服务类企业都可以进行企业集成模块单元制造流水线制造目标、服务流水线服务目标整体和局部创新，通过企业集成模块单元流水线运营价值、顾客所需要的产品数量、产品质量、产品交货期、服务水平这些具体的目标体现，制造企业、设计性新兴制造企业、制造性服务企业、新兴服务企业、一般纯服务企业直接进行有形产品或者无形产品的创新。

2. 企业集成模块单元流水线运营组织创新

与企业集成模块单元流水线运营目标创新相一致，企业集成模块单元流水线运营组织需要进行创新。企业集成模块单元流水线运营需要真正符合其运作的组织，确定流水线运作组织是团队组织。团队组织需要在一定的组织结构下进行运作，需要进行企业集成模块单元流水线运营组织整体和局部创新。

组织结构和团队组织之间有着内在联系，临时团队与现代组织结构中的矩阵制特性一致，都是临时组建，临时团队与矩阵制契合度高，但这一联系不稳定，不能成为企业长期运作的组织形式。过程团队按照等级链进行指挥，传统组织结构中的直线制、直线职能制、直线职能参谋制、现代组织结构中的事业部制按照等级链进行纵向运作，过程团队与传统组织结构中的直线制、直线职能制、直线职能参谋制、现代组织结构中的事业部制有着内在联系。现代组织结构中的内部市场制按照市场运作的要求进行运作，现代组织结构中网络制是一种全覆盖的信息交织组织结构，与知识团队有稳定联系。

企业集成模块单元流水线运营组织整体创新需要根据企业的实际情况，选择契合度高的企业组织结构和团队形式进行企业组织的整体创新，这种整体创新是一种平衡和稳定的组织创新。也可以根据企业的特殊情况，选择契合度低的企业组织结构和团队形式进行企业组织的整体创新，这种整体创新是一种不平衡和非稳定的组织创新，这种创新加大企业集成模块单元流水线运营的不稳定性。现代组织结构中的内部市场制、网络制与知识团队融合是企业组织创新中的趋势性创新。

企业集成模块单元流水线运营组织局部创新是从企业集成模块单元流水线运营本身出发进行流水线组织创新，这一创新包括从非团队组织到团队组织的创新，从临时团队组织到稳定团队的创新。知识团队是企业集成模块单元流水线运营趋势性创新组织。

企业无论是选择平衡性、稳定性强的组织结构与团队组织的组织整体创新，还是选择平衡性、稳定性弱的组织结构与团队组织的组织整体创新，抑或是选择团队组织的局部组织创新，选择之后，可以结合企业的特性、企业实际和企业所面临的环境进行更为具体的运作，这一运作以企业集成模块单元流水线运营目标创新为依据进行，形成组织整体和局部创新。

企业模块单元流水线需要进行协调创新，进行模块单元流水线节拍、设备、人员，模块单元、精益运作、智能运作、排序、工作量表整体组织协调创新，进行模块单元、精益运作、智能运作内部和之间局部组织协调创新。企业模块单元流水线进行调度创新，根据企业资源进行各类资源的调度创新。

3. 信息系统沟通创新

企业需要强化信息系统的沟通创新。通过建立企业集成 MES、企业集成 MBE、企业集成 ERP 进行信息系统的沟通，进行模块单元流水线的企业集成 MES、CPS 和与之直接联系的企业集成 MBD、企业集成 ERP 的信息之间的有效沟通创新。

4. 整体管理创新

创新职能是对企业计划、组织、领导、控制的重新融合，这一融合是对计划、组织、领导、控制的全新体现，这种融合对企业集成运用活动有着重要的推动作用，使顾客需求的满足更加可行。

制造类企业、服务类企业、纯服务类企业都需要进行组织结构与团队组织的创新、协调创新、调度创新、信息系统沟通创新。

（二）企业集成模块单元流水线运营流程创新

1. 企业集成模块单元流水线基本运营流程创新

企业进行具体模块单元、联合模块单元、模块组模块单元、总作业模块单元和通用模块单元、链接模块单元、专用模块单元的隐形流水线、可变流水线、混合流水线、相似流水线、单一流水线运作，运作中融入精益和智能运作，形成模块单元流水线的 CPS 适时运营流程、CPS 单一流运营流程，形成企业集成模块单元流水线基本运营流程创新。企业可以结合自身特性、企业实际，进行企业基本运营流程的运作方式、运作的秩序、运作作业组合重新更改，形成企业基本运营流程创新。模块单元流水线的 CPS 适时运营流程、CPS 单一流运营流程是趋势性的企业集成模块单元流水线基本运营流程创新。

顾客接触的企业集成模块单元流水线基本运营流程创新既包括企业集成模块单元流水线基本运营流程本身的创新，还包括企业集成模块单元流水线服务补救流程的创新。企业集成模块单元流水线基本运营流程本身的创新需要注重互动，服务价值产生于服务人员与顾客的互动过程之中。企业集成模块单元流水线服务活动性质不同，互动的要求和强度也不相同，需要根据不同性质的服务活动，确定互动的要求和强度。企业集成模块单元流水线基本运营流程本身的创新需要注重顾客体验，让服务围绕顾客体验来展开，给顾客难忘的服务体验，唤起顾客的情感共鸣，提高顾客投入的程度，建立与顾客的紧密关系。企业集成模块单元流水线基本运营流程本身的创新需要注重顾客参与，使顾客体会自身服务的乐趣，实现满足顾客服务需求的目标。

2. 企业集成供应链或者服务链流程创新

围绕具体模块单元、联合模块单元、模块组模块单元、总作业模块单元和通用模块单元、链接模块单元、专用模块单元的隐形流水线、可变流水线、混合流水线、相似流水线、单一流水线进行集成供应链或者服务链流程运作，以企业集成模块单元流水线基本精益运营为中心进行集成供应链或者服务链流程运作，将智能融入集成供应链或者服务链流程运作中，形成围绕模块单元流水线的企业 CPS 精益供应链或者服务链流程，形成企业集成供应链或者服务链流程创新。企业可以结合自身特性、企业实际，进行企业集成供应链或者服务链流程运作方式、运作的秩序、协同运作更改，形成企业供应链或者服务链流程创新。围绕模块单元流水线的企业 CPS 精益供应链或者服务链流程是趋势性的企业集成供应链或者服务链流程创新。

3. 企业集成模块单元流水线运营要素和标准体系创新

企业集成模块单元流水线基本运营流程创新。企业进行具体模块单元、联合模块单元、模块组模块单元、总作业模块单元和通用模块单元、链接模块单元、专用模块单元的隐形流水线、可变流水线、混合流水线、相似流水线、单一流水线运作中，运营人员、运营设备、运营检验设备、运营工具、运营能源、看板、智能传感器、智能控制器、计算机网络、可视化显示装置这些要素都可以进行创新，加上企业标准体系需要围绕企业集成运营流程进行创新，这些创新促进企业集成模块单元流水线基本运营流程创新和企业集成供应链或者服务链流程创新的实现。

制造类企业、服务类企业、纯服务类企业都需要进行企业集成模块单元流水线基本运营流程创新，进行企业集成供应链或者服务链流程创新，进行企业集成模块单元流水线运营要素和标准体系创新。有顾客接触的纯服务类企业进行企业集成模块单元流水线基本运营流程创新时，需要注重与顾客的互动，注重顾客的体验，注重顾客参与。

(三) 企业集成模块单元流水线运营流程和管理流程融合创新

1. 企业集成模块单元流水线运营管理创新融入企业集成运营流程中

从整体上体现企业集成战略、智能运作、精益运作融为一体的企业集成模块单元流水线运营目标创新，从局部上进行模块单元运作、精益运作或者智能运作的企业集成流水线运营目标创新，从企业流水线运作目标调整创新，这些创新与组织结构和团队组织融合整体创新、团队组织的局部创新一起融入企业运营流程之中，形成企业运营管理流程的创新。趋势性的融入体现为从整体上企业集成战略、智能运作、精益运作融为一体的企业集成模块单元流水线运营目标创新，整体创新和内部市场制、网络制与知识团队融合组织创新一起融入企业运营流程中，形成趋势性的企业运营管理流程的创新。

2. 企业集成模块单元流水线运营流程创新融入企业集成管理流程中

企业集成模块单元流水线基本运营流程创新、企业集成供应链或者服务链流程创新、企业集成模块单元流水线运营要素和标准体系创新融入计划、组织、领导、控制职能中，形成以运营流程创新为源的企业运营管理流程的创新。趋势性的融入体现为CPS 适时运营流程、CPS 单一流运营流程、CPS 精益供应链或者服务链流程与计划、组织、领导、控制职能融入。

3. 企业集成模块单元流水线运营流程创新融入运营管理创新

从整体上体现企业集成战略、智能运作、精益运作融为一体的企业集成模块单元流水线运营目标创新，从局部上进行模块单元运作、精益运作或者智能运作的企业集成流水线运营目标创新，从企业流水线运作目标调整创新，这些创新与组织结构和团队组织融合的整体创新、团队组织的局部创新一起融入 CPS 适时运营流程、CPS 单一流运营流程、CPS 精益供应链或者服务链流程中，形成企业运营流程和管理流程都进行创新企业集成模块单元流水线运营流程创新。

制造类企业、服务类企业、纯服务类企业都需要将企业集成模块单元流水线运营管理创新融入企业集成运营流程，将企业集成模块单元流水线运营流程创新融入企业集成管理流程，将企业集成模块单元流水线运营流程创新融入运营管理创新，实现企业企业集成模块单元流水线运营流程和管理流程融合创新。

第七章

企业集成运营管理标准体系与质量管理

第一节 企业集成运营管理标准体系

一、企业集成运营管理标准体系范式比较

企业集成运营管理标准体系在标准体系基础上形成。标准体系在明确标准概念的基础上确定，要界定标准体系首先需要界定标准的概念。标准目前在国际上有两种具有代表性的定义，即国际标准化组织的定义和世界贸易组织的定义。国际标准化组织（ISO）于 1996 年颁布的 GB/T3935.1—1996《标准化和有关领域的通用术语第一部分：基本术语》中将标准定义为"为在一定范围内获得最佳秩序，为活动或其结果规定共同的和重复使用的规则、导则或特性的文件。该文件经协商一致制定并经一个公认机构批准"。世界贸易组织在《贸易技术壁垒协定》中将标准定义为"经公认机构批准的、规定非强制执行的、供共同使用或重复使用的产品或相关工艺和生产方法的规则、指南或特性文件。该文件还可包括关于适用产品、工艺或生产方法的专门术语、符号、包装、标志或标签要求"。

两个概念在反映标准的重复性、共同性、协调一致性的基本特征方面一致，且都需要经公认机构批准。两个概念的不同之处在于国际标准化组织的定义强调最佳秩序，为活动或其结果；世界贸易组织的定义则强调产品、工艺或生产方法，且允许重复性和共同性可不同时具有。显然，国际标准化组织的定义更多的是基于科学性和标准对象的灵活性确定，这对组织的活动而言标准的形式更多，范围更宽，灵活性更强，更能有效地促进组织活动；世界贸易组织的定义更多的是基于世贸组织活动的特点和世界贸易活动的现实性来确定的，更适合国际贸易活动本身。因而，需要以国际标准化组织定义的标准为准，进行标准体系确定，需要对国际贸易组织的定义认真理解，以推动企业的顺利运作。

我国目前的标准包括国家标准、行业标准、地方标准和企业标准。四部分标准划分的主要依据是标准的适用范围和认可程度，未将其按体系化的运作方式形成一体。这四类标准由标准和体系式的标准构成，标准表现为单一标准，体系式的标准表现为标准体系。与单一标准相比，体系式的标准不仅是作为一种比较、衡量的依据，更重要的是进行运作，根据体系作用范围可形成内部运作体系、外部运作体系、内外结合运作体系，其作用更大、范围更宽，发挥的功效更强，对事物的影响也更大。从企业视角来看，标准分为企业的国家标准、企业的行业标准、企业的地方标准、企业的企业标准。企业集成运营管理标准体系就是从企业运营管理的视角确定的标准体系。

现存企业运营管理标准体系的定义一般只停留在结构方面，这里所定义的企业运营管理标准体系不仅有结构方面的要求，更有运行方面的要求。定义的企业运营管理标准体系既要有反映其组成的部分，同时又需要反映组成部分间、组成部分与企业运营管理活动间、组成部分与企业有直接联系的外部活动间的联系，将这种联系通过一定的运营管理流程体现，使运营管理标准体系的运作更加顺畅。企业运营管理标准体系是按一定运营管理运作方式形成的有机联系，是企业运营管理活动的真实体现。企业集成运营管理标准体系是能反映具体模块单元、联合模块单元、模块组模块单元、总作业模块单元和通用模块单元、链接模块单元、专用模块单元的CPS适时隐形流水线、可变流水线、混合流水线、相似流水线、单一流水线动态运作的运营管理标准体系。

企业运营管理标准体系范式指企业运营管理标准体系运作中被公认的范例，由运营管理标准体系运作价值观、运营管理标准体系运作基本原理、运营管理标准体系运作方法三个层面构成（冷绍升，2016）。综合当今国内外企业运营管理标准体系的运用实际，其范式有企业质量管理体系范式、企业结构运营管理标准体系范式、QHSE管理体系范式、卓越绩效评价准则标准体系范式，这四种范式对国内外企业管理水平和效益的提高起到了重要作用。

企业质量管理体系范式围绕企业产品质量管理进行运作，体系范式由 GB/T19000 - 2000——质量管理体系基础和术语、GB/T19001 - 2000——质量管理体系要求、GB/T19004 - 2000——质量管理体系——业绩改进指南组成。企业结构标准体系范式围绕标准体系结构化活动进行运作，体系范式由 GB/T15497 - 2003——企业标准体系—技术标准体系、GB/T15498 - 2003——企业标准体系—管理标准和工作标准体系、GB/T19273 - 2003——企业标准体系—评价与改进组成。QHSE管理体系范式围绕产品质量、环境、安全、健康进行运作，体系范式由 GB/T19001 - 2000——质量管理体系—要求、GB/T24001 - 2004——环境管理体系—要求及使用指南、GB/T28001 - 2001——职业健康安全管理体系规范组成。卓越绩效评价准则标准体系范式为组织追求卓越绩效提供了自我评价准则，体系范式由 GB/T19580 - 2004——卓越绩效评价准则标准体系组成。

（一）范式比较

1. 范式价值观比较

企业质量管理体系范式价值观围绕企业质量管理进行综合运作。其综合运作主要体现在企业应以顾客为关注焦点，形成以顾客为本和顾客导向的战略；充分发挥领导作用，强调领导在质量管理中的作用，注重领导的战略决策和领导对质量管理活动的引领，培养领导者的内在能力，加强企业文化的建设，尤其是自发的质量管理活动建设；全员参与质量管理活动鼓励员工献计献策，大力推行 QC 小组活动，对员工实行自我管理；用过程方法进行质量管理，要求企业识别许多和管理相互关联和相互作用的过程，有效地运用这一过程；将质量管理中的相关部分结合起来，进行系统管理；对企业质量管理的过程进行持续改进，不断取得更优产品；根据质量的可信度要求、完整度要求、精确度要求进行决策；与供方互利，形成利益共享关系。通过标准体系的综合运作，实现产品质量管理，满足顾客产品使用功能需求。企业结构运营管理标准体系范式价值观由企业各种不同类别的活动组成，运营管理标准体系应围绕不同的类别活动进行运作和评价。要求将企业运营管理标准体系活动划分为管理标准体系活动、技术标准体系活动、人力资源标准体系活动，充分进行运营管理标准体系的这三种活动，对这三种运营管理标准体系活动运作的状况进行评价，得出对企业运营管理活动的评价，反馈到企业中进一步促进企业活动的顺利进行。QHSE 管理体系范式价值观是企业应以质量、环境、安全、健康为中心，企业标准体系需围绕这些中心进行活动。企业运营管理标准体系不但要进行企业质量管理体系范式的各项综合活动，还需同时进行环境、安全、健康活动。通过全面的运营管理标准体系运作，实现企业质量、环境、安全、健康的综合成果。卓越绩效评价准则标准体系范式价值观是围绕企业整体绩效进行的以顾客需求和价值增值活动为中心的评价活动，体系的侧重点在评价方面。这一运营管理标准体系提供了整体绩效评价标准，企业可以采用这一标准进行企业绩效评价，使企业能够不断地总结不足，促进企业的竞争力增强和管理水平提高。

2. 范式运作原理比较

企业质量管理体系范式运作原理通过两个基本循环过程完成质量管理。第一个基本循环过程为顾客需求输入→产品转化过程→产品输出。第二个基本循环过程为管理职责确立、资源管理→产品实现→测量、分析→改进。第一个基本循环过程进行的同时第二个基本循环过程也在进行，两个循环过程的一致运作构成质量管理过程的运作。企业结构标准体系范式运作原理是将运营管理标准体系分为管理标准体系、技术标准体系、工作标准体系，运营管理标准体系分别按这些标准体系独立进行运作。QHSE 管理体系范式运作原理是运用企业质量管理体系范式的两个基本循环过程，实现体系的质量、环境、安全、健康运作。在这两个相互联系的循环过程中，QHSE 管理体系范式运作围绕质量、环境、安全、健康进行，具体运作中按质量、环境、安全、健康要求进行，保证 QHSE 整体运作的顺利实施。卓越绩效评价准则标准体系范式运作原理是制定出各方面标准，运用这些标准进行评价，以此确立企业需要改进的方面。范式从领导、战略、顾客与市场、资源、过程管理、测量分析与改进、经营结果七个方面的标准出发，进行企业绩效评价。这些标准独立地对企业运营管理各方面进行评价，将评价结果反馈给企业，促进企业提高效益。

3. 范式运作方法比较

企业质量管理体系范式采取的总方法为 PDCA 循环方法，将这一方法运用到管理职责、产品实现、测量与分析、改进的循环之中，且以这一总的方法为基础，质量管理过程的每一阶段都采取程序方法，实现质量管理程序化运作。在 PDCA 循环方法和程序方法的引领下，采取的具体方法有标杆法，将过程、产品、服务质量与公认的先进水平进行比较，找出差距和原因，策划超越现行水平目标的措施；比例趋势法、全员劳动生产率估算法、区域比较法，对劳动力数量进行预测；过程重组方法，对经营过程重组；故障模式分析法，消除故障起因，预先检测故障，减少故障的影响后果；田口法设计，使质量问题降至最低；过程能力分析法，分析生产过程的能力；直方图和控制图等老七种工具、网络图和系统图等新七种工具、传统统计分析方法、神经网络分析法进行质量管理过程的问题分析，改进流程，实现产品有效质量管理。企业结构运营管理标准体系范式所采用的方法以总结构方法为中心，在运营管理标准体系活动中采用总结构方法，总结构方法中包括类别方法，在运营管理标准体系类别活动中采用类别方法。以总结构方法和类别方法为引导，采取图解法、拟合法、经验法、机理法、优化法、统计方法进行数据分析；采取模糊评价法、层次分析法、关联矩阵法进行评价。QHSE 管理体系范式所采用的方法在与企业质量管理体系范式采取的总 PDCA 循环方法和程序方法一致的基础上，在总 PDCA 方法和程序方法引导下，除了采取企业质量管理体系范式中的各种具体方法之外，还需要采用一些整合方法，尽量将质量、环境、安全、健康这些中心融合在一起。卓越绩效评价准则标准体系范式方法以评价方法为中心，围绕评价方法，对领导、战略、顾客与市场、资源、过程管理、测量分析与改进，采用具体的模糊评价法、层次分析法、回归预测法、时间序列预测法、灰色预测法、SWOT 法、过程评价法、统计分析法进行评价，以取得准确的评价结果。

（二）范式的发展

可见，四种现行企业运营管理标准体系范式从价值观、运作原理到方法，各有其特点，对企业运营管理运作起到重要的作用，但随着企业内外因素的变化，需要以新的视角重新审视这些范式。当今国内外市场一体化和其变化的速度越来越快，影响因素的增强和增多，对现行企业运营管理标准体系范式提出了新的挑战。

国内国际市场竞争程度加强，已显现出无序化、偶然变化情况，要求企业运营管理标准体系直接融入市场活动中，与市场活动互动，直接反映市场需求和变化。企业质量管理体系范式和 QHSE 管理体系范式运作的中心分别为质量和质量、环境、安全、健康，两范式价值观不一样，但范式运作原理一致，都是采取与外界相连的顾客需求输入→产品转化过程→产品输出过程与标准体系自身运作的管理职责确立、资源管理→产品实现→测量、分析→改进过程的两个基本循环过程，可见两范式都是基于产品自身性能来完成价值观和原理的运作。两范式成为生产产品使用功能的机器，已脱离市场作为经济活动的本性，使两范式陷入产品使用功能运行之中，不仅将产品使用功能作为满足顾客的基本要求，而且将其作为最高要求，这必然与市场运作相脱节。企业结构运营管理标准体系范式是一种将活动类别化的结构运作价值观，其运作原理和方法都围绕这一价值观进行，而这种结构式的价值观更多的是基于企业运营管理标准体系范式的结构探讨，是一种探究事物本质的静态研究方式，其重点是结构要素的组成及组成方式，而国内国际市场变化要求范式具有动态运作特征，这一范式显然无法适应这一要求。卓越绩效评价准则标准体系范式只是在评价环节运用的范式，无法深入企业运营管理标准体系运作全过程，在包含与市场联系等过程的全面性运作方面具有很大局限性。

国内国际市场已是开放性市场，市场竞争的全球化特征已非常明显，要在这种激烈竞争中争得一席之地，要求企业将运营管理标准体系直接融入效益之中，哪个企业先将运营管理标准体系直接融入效益，就会在市场中占得先机，哪个企业就有取得市场竞争优势的可能。企业质量管理体系范式和 QHSE 管理体系范式的两个基本循环过程都是以产品使用功能为主进行运作，无法直接反映效益创造，使企业滞后于市场反映企业效益，使范式与市场无法直接挂钩。企业结构运营管理标准体系范式从价值观到具体运作没有统一的媒介，独立按各自类别进行运营管理标准体系运作，无法进行效益的一致集合，以致无法与效益直接联系。卓越绩效评价准则标准体系范式价值观是对企业整体绩效的各种活动进行评价，是四种范式中与效益直接挂钩的范式，但这一范式只强调评价，没有将效益深入企业运营管理标准体系的整体运作过程。

企业只是单纯地按照单一运营流程、批量运营流程、大量运营流程运作进行顾客需求的满足已无法适应这一变化，需要将顾客差异需求与企业价值领先战略融合起来，形成企业集成战略运作，以适应市场的变化，由此形成具体模块单元、联合模块单元、模块组模块单元、总作业模块单元和通用模块单元、链接模块单元、专用模块单元的隐形流水线、可变流水线、混合流水线、相似流水线、单一流水线的运作，使企业具备企业集成战略思路，形成与外部顾客需求根本性联系的运作，企业运营管理标准体系需要体现这一运作。

精益运营已成为当今企业运作的追求，企业需要根据自身的特性进行精益运营的设计和运作，按照精益运营的要求进行运作，使企业集成模块单元流水线的运作能更加注重顾客需求，将顾客需求直接进行模块单元流水线的引导，进行模块单元流水线的精益运营，企业运营管理标准体系需要体现这一运作。

当今智能运作对企业带来的影响是巨大的，企业需要将智能运作中的 MBD、CPS 的运作融入企业之中，形成从产品开发与设计的 MBD 到模块单元流水线运作中 CPS 运用，真正形成模块单元流水线的智能运作，企业运营管理标准体系需要反映这一运作。

企业运作有其核心框架，过去的企业运作以基本流程本身为框架，这样的运作会使活动停留在本身运作之中。与当今企业目标价值最大化相适应，企业模块单元流水线运作需要以价值链流程为框架进行运作，企业运营管理标准体系需要反映这一运作。

制造类企业、服务类企业、纯服务类企业都可以进行企业集成运营管理标准体系范式的比较。

二、企业运营管理标准体系与企业集成运营模块单元流水线管理运作耦合

（一）企业运营管理标准体系与企业集成运营模块单元流水线管理运作耦合特性

企业运营管理标准体系与企业集成运营模块单元流水线管理涉及众多领域，由此引申出的研究视角也有多个，学科视角是众多视角中最佳选择视角。从学科视角出发，能够摆脱其他视角所涉及的没有关系和间接关系与直接关系交叉的混乱状态，明确边界，揭示其本质，明确边界下企业运营管理标准体系与企业集成运营模块单元流水线管理的体系、特性、内容、理论、方法、运作（冷绍升，2016）。由此就可以明确企业运营管理标准体系与企业集成运营模块单元流水线管理运作联系和独立的边界和内容，为企业运营管理标准体系与企业集成运营模块单元流水线管理运作耦合研究打下基础。

企业运营管理标准体系与企业集成运营模块单元流水线管理运作所涉及的标准化管理和企业运营管理是两门独立学科。企业运营管理是企业的一个职能领域，有其明确的管理职责（克拉耶夫斯基和里茨曼，2007）。企业运营管理已经由过去的生产管理中以制造活动为中心转变为制造和服务活动并存，两类活动都需要实现运营管理目标。服务不是可有可无，而是运营管理的重要组成部分（张淑君，2016）。企业运营管理已成为包含制造与服务活动的学科。标准化管理学科范围有宏观、中观和微观领域，标准化管理主体包括营利组织和非营利组织，是一门范围广阔和主体众多的学科。企业标准体系是标准化管理的组成部分，属于标准化管理学科，在企业运营管理学科运作中，不论企业运营管理标准体系以何种方式和内容出现，其都随时作为企业运营管理学科的有机组成部分来支撑运作，因而企业标准体系又是企业运营管理学科的组成部分。由此可见，企业运营管理标准体系的本体属于标准化管理学科，需要首先按照标准化管理学科的要求进行运作，而其又属于企业运营管理学科的内容，需要符合企业运营管理的要求进行运作，企业标准体系是标准化管理学科和企业运营管理学科联系的纽带。

标准化管理作为独立的学科进行运作，其内容包括标准体系的提出、确立、表现形式、运作过程、运作原理、运作方法、组成、评定、运用领域等，有着与其他学科不同的内容和运作方式。同样，企业运营管理也是作为独立的学科进行运作。两门学科都有着与其他学科一样的独立运作的特性。

从标准化管理学科出发，能够明确企业运营管理标准体系是为实现某一特定标准

化目的有关的标准，按其内在联系形成一个科学的有机整体（舒辉，2016）。从企业运营管理学科出发，能够得出企业集成模块单元流水线活动是每一个企业的基本活动，包括制造活动和服务活动，通过其活动可以形成有形产品和无形产品，以满足顾客需求。通过企业运营管理标准体系来反映企业集成模块单元流水线活动，是企业标准体系运作的基本活动。耦合是指两个和两个以上的系统之间相互作用，从而形成相互依赖、相互协调、相互促进、相互渗透、相互制约的动态有机整体（李雪平和邹容，2009）。企业运营管理标准体系与企业集成运营模块单元流水线管理活动相互联系，形成内在的耦合关系。学科视角下企业运营管理标准体系与企业集成运营模块单元流水线管理运作耦合特性如下：

1. 核心性

与分散耦合不同，企业运营管理标准体系与企业集成运营模块单元流水线管理运作耦合具有核心性。其耦合核心性体现在二者的耦合具有核心运作的轴心，不论从二者耦合的整体还是从二者自身的耦合来看，二者都具有一致的轴心。这一轴心是耦合的基础和基本要求，没有轴心就不能称其为耦合，只有按照轴心的要求进行运作才能形成耦合。

2. 主体性

与非主体耦合不同，企业运营管理标准体系与企业集成运营模块单元流水线管理运作的耦合主体是企业集成模块单元流水线运作，企业运营管理标准体系需要围绕企业集成运营模块单元流水线管理运作进行耦合运作。二者的耦合联系中，企业集成运营模块单元流水线管理处于主体地位，企业运营管理标准体系处于客体地位，客体需要体现主体运作，从而形成主客体的耦合运作。

3. 系统性

与局部耦合不同，企业运营管理标准体系与企业集成运营模块单元流水线管理运作的耦合具有系统特性。其耦合的系统特性反映在：一是二者通过相互联系成为系统整体耦合，而二者又分别作为子系统进行运作，具有子系统耦合，这种系统和子系统的耦合方式具有系统的整体和结构耦合特性。二是系统整体耦合和子系统耦合按照系统的活动方式，通过系统的输入、转化和输出这一系统运作过程进行系统整体耦合和子系统耦合的运作（冷绍升，2017）。

4. 联动性

与内部耦合不同，企业运营管理标准体系与企业集成运营模块单元流水线管理运作的耦合具有联动性。其耦合的联动性反映在：一是企业运营管理标准体系与企业集成运营模块单元流水线管理运作作为耦合整体需要以顾客需求为导向进行耦合，当顾客需求出现变化时，整体耦合需要反映顾客需求改变所带来的变化，根据顾客需求的改变进行耦合。二是企业运营管理标准体系与企业集成运营模块单元流水线管理运作自身耦合需要根据顾客需求的改变而改变，需要根据这一改变进行自身耦合。

5. 互射性

与单一映射耦合不同，企业运营管理标准体系与企业集成运营模块单元流水线管理运作耦合具有互射性。企业集成运营模块单元流水线管理运作运用自身的反射要素将需要反射到企业运营管理标准体系中，以实现企业运营管理标准体系对企业集成运营模块单元流水线管理运作的反映；企业运营管理标准体系又运用自身的反射要素将对企业集成运营模块单元流水线管理运作需要的反映成果反射到企业集成运营模块单元流水线管理运作中，以验证对企业集成运营模块单元流水线管理反映的效果。二者通过互射耦合，实现相互作用与联系。

6. 自体性

与单纯相互耦合不同，企业运营管理标准体系与企业集成运营模块单元流水线管理运作具有自体性耦合特性。二者不仅相互联系，而且各自作为相对独立的系统，具有各自不同的内容和运作方式，各自按照独立的运作规律进行运作，形成各自特有的耦合。

7. 融合性

与结合式的耦合不同，企业运营管理标准体系与企业集成运营模块单元流水线管理运作耦合具有融合性特性。二者不仅具有形式上的结合关系，而且是一种相互渗透的融合性耦合，这种耦合特性使二者具有内在的耦合联系，并按照这种联系进行运作。

8. 关联性

与单一的整体耦合不同，企业运营管理标准体系与企业集成运营模块单元流水线管理运作耦合具有关联特性。这种关联耦合特性，使企业运营管理标准体系组成部分与企业集成运营模块单元流水线管理运作组成部分耦合，形成企业运营管理标准体系的各部分与企业集成运营模块单元流水线管理运作各部分耦合联系。

制造类企业、服务类企业、纯服务类企业都具有运营管理标准体系与企业集成运营模块单元流水线管理运作耦合特性。

（二）企业运营管理标准体系与企业集成运营模块单元流水线管理运作耦合进程

企业运营管理标准体系源自于标准化管理的国际标准化运作，而国际标准化运作有其自身特有的发展轨迹。标准化管理通过国际标准化组织进行，中国作为国际标准化组织的成员进行标准化管理运作。国际标准化组织成立于1947年，是非政府组织，从成立之初至今一直推动国际范围内的标准化管理活动。其主要通过标准化管理的技术委员会和其他国际标准化组织完成运作。这些国际标准化组织按照不同的领域和不同组织进行标准化管理运作，这些领域有宏观、中观和微观领域，这些组织有企业组织和非营利组织，涉及的领域和范围众多。国际标准化运作至今也没有将企业独立划分出来，完全按照企业运作的规律进行企业标准运作。但不能否认的是国际标准化运作中，企业标准是其主要的内容。因此，需要将国际标准化运作界定到企业标准化运作范围内，进行企业运营管理标准体系与企业集成运营模块单元流水线管理运作耦合探讨。

从国际标准化运作中的企业运营管理标准化运作发展历程来看，企业运营管理标准体系与企业集成运营模块单元流水线管理运作的耦合进程可以分为三个阶段。

第一阶段企业运营技术标准体系与企业运营技术管理耦合。国际标准化运作至今，运营技术标准都是标准中数量最多的部分，占标准体系的95%以上。这一阶段从国际标准化实际运作来看，以纯运营技术标准为主，以各类制造企业的有形产品为中心进行运营技术标准运作。这一阶段的企业运营管理中，技术管理活动是企业运营管理活动中的主要部分，企业技术标准体系又是企业技术管理活动中不可缺少的部分，因而自然形成企业技术标准体系与企业技术管理耦合。

这一阶段的耦合活动，从企业运营技术标准体系来看，国际标准化运作并没有明确在制造企业和有形产品范围内进行技术标准的研究；从企业运营管理自身来看，其活动只是企业管理活动的一部分，并没有以独立学科的方式存在，而学科视角下企业运营管理能够明确企业运营管理边界，揭示其本质，明确边界下企业运营管理的体系、特性、内容、理论、方法、运作。这一阶段由于没有独立的企业运营管理学科，其边界无法界定，而国际标准化中的技术运作又没有直接针对企业来进行，造成企业运营技术标准体系与企业技术运营管理整体耦合活动目标无法明确，企业运营技术标准体系与企业技术运营管理自身的结构耦合也无从谈起。运营技术标准和运营技术管理只是企业运营管理标准体系与企业运营管理的一部分要素，虽然二者围绕运营技术活动建立直接联系，但没有与企业运营管理和企业运营管理标准体系建立联系，没有明确耦合核心，是局部的外在的耦合，只是一种形式上的耦合，因而这一阶段的耦合具有初期萌芽的特征。

第二阶段企业质量体系与企业生产管理耦合。这一阶段国际标准化运作开始针对有形产品的质量管理进行标准化运作，形成企业质量体系。企业质量体系是20世纪80年代开始国内外企业运用的ISO/GB9000系列质量管理体系，属于企业管理标准体系。由此，国际标准化运作由纯运营技术标准体系运作开始向管理标准体系运作扩展。这一阶段国际范围内企业运营管理的前身——企业生产管理已经作为独立的学科存在，明确了这一学科的边界，这与国际标准化的企业范围边界一致。这一阶段的企业生产管理中，质量管理活动备受重视，成为企业生产管理活动中的重要活动。以产品质量为中心，围绕企业质量体系进行企业生产管理活动运作，满足顾客对产品质量的要求，由此形成了企业质量体系与企业生产管理耦合。

这一阶段的耦合活动，从国际标准化运作来看，已开始企业范围的标准体系运作，形成企业运营管理标准体系中的重要组成部分——企业质量体系。这一体系将质量管理体系化、过程化，视顾客需求为产品功能需求，从产品功能展开质量管理，将企业内部质量管理的各要素、各部分、各环节之间紧密联系起来，形成内部封闭的质量体系。企业生产管理以独立学科的方式进行运作，属于内部运作，这与企业质量体系内部运作的边界一致，具有企业质量体系与企业生产管理耦合的边界基础。

企业质量体系按企业不同的过程分为三类，即设计、开发、生产、安装和服务质量体系，生产、安装和服务质量体系，最终检验和试验质量体系。能明显看出，这一体系以有形产品为对象，不仅涉及生产管理活动的质量体系，还涉及服务管理活动的质量体系。但企业生产管理学科从活动本身来看，仅以制造活动为主，很少考虑服务活动，局限性明显。虽然企业质量体系与企业生产管理的耦合边界一致，是制造活动范围内的耦合，但企业质量体系所涉及的活动比企业生产管理所涉及的活动范围要广，形成不对称耦合。从活动角度来看，这一阶段企业质量体系运作超前于企业生产管理的运作。

这一阶段的企业生产管理由于有了学科边界，由此就有相对稳定的企业有形产品开发与设计、生产流程、选址与生产布置、企业生产计划与控制、生产工作设计、生产质量管理这些具体内容，但这些内容的形成是随着企业生产管理学科的形成而自然形成，没有从耦合的角度考虑这些内容的联系，而这些内容之间客观存在内在的联系，需要企业生产管理从自身耦合出发进行研究。

这一阶段虽然有了企业质量体系这一管理标准体系运作的开端，但并没有考虑企业运营管理标准体系结构，使运营管理标准体系自身的运作还处于局部独立运作阶段，没有形成自身耦合，无法形成整体的企业标准体系内容。企业标准体系的局部独立运作、企业生产管理自身内容耦合的缺失，且企业质量体系也只是企业标准体系的一部分，虽然与企业一线生产活动建立直接联系，但不论从核心活动的范围还是联系的范围来看，都只是局部联系，企业质量体系与企业生产管理只是局部耦合。这种耦合是一种实际操作层面的耦合，由于没有与市场需求建立直接联系，过于拘泥于内部的重复活动，耦合的视角狭窄，属于内部封闭的耦合，无法反映市场活动。

第三阶段企业结构与整合质量标准体系与企业运营管理活动耦合。这一阶段国际标准化运作延续了以有形产品为主的企业范围的运作，将标准体系扩展为企业运营技术标准体系、运营管理标准体系、运营工作标准体系的企业结构运营管理标准体系和质量体系、环境体系、职业健康安全体系整合形成的整合质量标准体系。这些体系是20世纪90年代中期国内外企业运用的企业运营管理标准体系，是将企业标准体系按照标准本身和企业活动运作要求全面展开的企业标准体系。这一阶段的企业运营管理中，服务活动已逐渐成为与制造活动并存的企业运营管理活动的主体，使企业运营管理活动成为包括制造和服务活动完整的企业运营管理活动，形成企业运营管理学科。企业仍以产品质量为中心，进行标准体系和运营管理活动运作。

这一阶段企业整合质量标准体系由将顾客需求视为产品功能改为以顾客为关注焦点，以顾客为本和顾客导向作为质量管理观念，围绕质量、环境、安全、健康，采用以有形产品为对象的形成过程和运营管理标准体系自身运作的两个基本循环过程运作，以质量、环境、安全、健康并列构成运营管理标准体系运作中心，不断循环，不断改进，实现企业质量、环境、安全、健康的综合运作。企业整合质量标准体系中的质量体系改变原来只注重质量观念，明确质量体系的最初目标是确保生产好的产品和服务，以实现客户满意，但长远目的是为了确保组织在良好经济效益的情况下生存（李在卿和吴君，2011）。这一标准体系仍然是以有形产品为对象的制造与服务管理活动范围的运作，而学科视角下的企业运营管理不仅仅涵盖上述范围，还包括以无形产品为对象的服务管理活动，使企业运营管理活动涉及的对象范围比企业整合质量标准体系范围要广，形成不对称耦合，只是在有形产品范围内的耦合。这一阶段从企业运作对象的实体来看，企业整合质量标准体系仅仅考虑了有形产品而没有考虑无形产品，企业运营管理运作超前于企业标准体系的运作。

企业结构运营管理标准体系首次将企业运营技术标准体系、运营管理标准体系、运营工作标准体系作为其同一层面的组成部分来对待，揭示企业运营管理标准体系的结构，明确其组成部分。而企业运营技术标准体系、运营管理标准体系、运营工作标准体系是三种不同的标准体系，有不同的内容和方法，进行不同方式的运作，具有一定的独立运作特性。这三种具有一定独立性的运营管理标准体系共同构成企业运营管理标准体系，而企业整合质量标准体系属于管理标准体系，是动态运营管理标准体系，由此这一阶段只是企业结构运营管理标准体系中的三种体系之间自然形成的耦合联系，而企业整合质量标准体系与管理标准体系之间、企业整合质量标准体系与企业结构运营管理标准体系之间都还没有形成耦合联系。

企业运营管理活动由于有服务活动的加入使原有以生产管理为中心的学科体系具体内容改变。这一改变却没有形成服务和企业运营管理整体之间、服务和企业运营管理具体内容之间的耦合，没有将服务活动和制造活动融入企业运营管理学科中，使企业运营管理学科没有形成自身耦合。

这一阶段企业整合质量标准体系保持了与企业运营活动的直接联系，但企业没有改变以部门为框架的运作体系，企业结构运营管理标准体系的介入，使企业运营管理标准体系与企业运营管理活动耦合缺乏核心，仍然没有改变内部封闭特性，不能形成整体耦合，处于整体无耦合状况。而局部耦合虽处于不断完善中，但依然无法反映市场活动，存在着结构无耦合状况。

随着企业内外活动的改变，企业运营管理标准体系与企业运营管理耦合面临着如下挑战：

（1）当今顾客差异化需求越来越多，企业为适应这一需求状况，需要更加注重效率化运作，而三阶段的企业运营管理标准体系和企业运营管理都无法适应这一改变，使耦合处于被动的尴尬境地。从耦合的进程来看，企业运营管理标准体系不论是与企业运营技术管理还是与企业质量管理、企业运营管理活动的耦合，都没有反映出顾客差异化需求的趋势性改变，使耦合与顾客需求的变化状况相脱离。

（2）以价值增值为目标进行运作已成为未来企业运作的目标，而三阶段的企业与运营管理标准体系和企业运营管理都以使用价值效率为目标进行运作，使耦合无法体现价值增值目标。耦合的三个阶段的进程中，从企业运营技术标准体系、企业质量体系到企业结构运营管理标准体系，从企业运营技术管理、企业生产管理到企业运营管理，企业运营管理标准体系和企业运营管理自身都是以使用价值的效率为目标进行运作，没有体现企业价值增值目标，无法协调相关者利益，无法实现价值运作（冷绍升和吴颖利，2009）。

（3）企业运营管理以服务与制造活动并存为基础展开，而三阶段的企业运营管理标准体系和企业运营管理都主要以制造活动为基础，使耦合无法体现服务与制造管理活动并存的基础。三个阶段的耦合进程中，不论企业运营管理标准体系还是企业运营管理都是以制造管理活动为基础进行运作的，而制造与服务管理活动有着诸多的区别，如果服务活动融入企业运营管理活动中时，依然没有改变沿用以制造管理活动为基础的企业运营管理标准体系和企业运营管理学科体例就会忽视服务管理活动，耦合就无法体现服务与制造管理活动并存的基础，使耦合活动缺失。

（4）企业先进运营方式与绿色运作对企业有重要和直接影响，而三阶段的企业运营管理标准体系和企业运营管理都没有将这一影响融入其中，使耦合无法体现这一影响。三个阶段的耦合进程中，不论企业运营管理标准体系还是企业运营管理都只是将企业先进运营方式与绿色运作作为参考，将 ERP、MES、CIME 信息运作的精益运营、敏捷运营、约束运营等先进运营方式，及防止污染与资源节约绿色运营方式，作为独立的部分存在，而没有融入其中，使耦合中缺少先进的运作方式和方法支撑。

（5）从三阶段的耦合进程来看，企业运营管理标准体系与企业运营管理耦合只是一种自然耦合，没有进行系统化运作，使耦合缺乏规律的引导，无法系统发挥耦合效果。三个阶段耦合系统性运作的缺失，造成企业运营管理标准体系更多只是从形式上反映企业运营管理运作，企业运营管理标准体系整体上只是静态地反映企业运营管理活动，动态的反映只能通过局部的质量体系进行，使企业运营管理标准体系的动态和静态反映之间没有建立有机联系，无法从整体和结构上系统反映企业运营管理活动。

（6）从耦合三阶段的进程能够看出，企业运营管理标准体系自身耦合还处于矛盾阶段，对企业运营管理标准体系建设带来不利影响。三阶段的企业整体运营管理标准体系与结构标准体系之间脱离，整体运营管理标准体系属于静态，结构运营管理标准体系有静态也有动态，使企业运营管理标准体系自身处于整体缺乏动态运营管理标准体系，整体和结构上没有将动态和静态标准体系联系起来，企业运营管理标准体系自身耦合处于形式耦合状态。

（7）当今企业运营管理自身耦合存在根本性不足，无法支撑企业运营管理标准体系与企业运营管理耦合。企业运营管理活动自身无法体现顾客需求差异化的改变，无法将先进生产方式、绿色运作、信息运作融入其中，没有明确自身各部分的耦合联系，造成企业运营管理耦合，无论是与外界、先进运营方式的耦合联系还是自身各部分的耦合联系缺失，使企业运营管理自身呈现全方位的耦合不足。

（8）由于企业运营管理自身的发展还有局限，企业运营管理标准体系耦合的对象无法确定，需要从战略高度进行企业运营管理的研究。将企业集成战略融入企业运营管理之中，从企业集成运营流程出发，由此形成企业集成模块单元流水线，确立了耦合的主体为企业集成模块单元流水线。

制造类企业、服务类企业、纯服务类企业都具有运营管理标准体系与企业集成运营模块单元流水线管理运作耦合特征。

（三）企业运营管理标准体系与企业集成运营模块单元流水线管理运作耦合度量

1. 线性无量纲数据处理方法

线性无量纲数据处理方法是企业集成运营管理数据的标准化、规范化，通过数学变换来消除原始指标量纲影响的方法（郭亚军和易平涛，2008）。企业集成运营管理数据无量纲化方法需要保持原始数据整体的一致性和关联系数一致性线性（詹敏等，2016）；企业集成运营管理原始数据进行"缩小"或"放大"变换不会影响无量纲化后的结果（高晓红和李兴奇，2020）。无量纲数据处理方法，可以运用到企业集成模块单元流程、供应链或者服务链流程、延迟运作、精益运营、智能运作、流程空间、辅助要素、支撑要素、核心要素、信息要素、管理、体系、模式、策略、方案各方面的主体、特性、因素、指标的无量纲数据处理。顾客接触模块单元流水线需要在此基础上考虑顾客接触场内员工服务流程、顾客接触场内设备服务流程，考虑顾客接触场外设备服务流程、顾客接触电子服务流程的员工、设备、电子设备与顾客服务互动、员工与顾客价值共创、顾客服务体验、顾客满意、服务补救的服务特性，进行无量纲数据处理。

（1）标准化处理法。运用企业集成运营管理所有的数据信息，进行企业集成运营管理指标的平均值和标准差处理的方法，使转换后企业集成运营管理指标均值相同，标准差相同。运用标准化处理法消除各企业集成运营管理指标变异程度上的差异，各指标重要性程度能同等看待（韩胜娟，2008）。进行指标数据处理的公式如下：

$$x'_{ij} = \frac{x_{ij} - \bar{x}_j}{s_j} \qquad (7-1-1)$$

式中，$\bar{x}_j$ 为指标平均值，s_j 为指标标准差。

（2）极值处理法。运用企业集成运营管理指标的最大值和最小值进行企业集成运营管理原始数据转换为特定范围数据处理的方法，以消除量纲和数量级影响，使企业集成运营管理数据具有相同度量。极值处理法最大值为1，最小值为0。进行指标数据处理的公式如下：

$$x'_{ij} = \frac{x_{ij} - m_j}{M_j - m_j} \qquad (7-1-2)$$

式中，M_j 为指标最大值，m_j 为指标最小值。

（3）线性比例法。运用特殊点指标值进行处理的方法，消除企业集成运营管理指标量纲和数量级影响的同时，保留指标取值差异程度上的信息。线性比例法公式如下：

$$x'_{ij} = \frac{x_{ij}}{x'_j} \qquad (7-1-3)$$

式中，x'_j 是特殊点指标值。

（4）归一化处理法。运用企业集成运营管理指标平均值进行处理的方法，当 $x_{ij} \geq 0$ 时，$x'_{ij} \in [0, 1]$，进行数据测算，从而具有可比性。进行指标数据处理的公式如下：

$$x'_{ij} = \frac{x_{ij}}{\sum\limits_{i=1}^{n} x_{ij}} \qquad (7-1-4)$$

（5）向量规范法。运用指标平方和进行处理的方法，当 $x_{ij} \geq 0$ 时，$x'_{ij} \in [0, 1]$，进行数据测算，从而具有可比性。进行指标数据处理的公式如下：

$$x'_{ij} = \frac{x_{ij}}{\sqrt{\sum\limits_{i=1}^{n} x_{ij}^2}} \qquad (7-1-5)$$

（6）功效系数法。运用指标最大值和最小值的平移原理进行处理的方法，取值范围确定，最大为 $c+d$，最小为 c。进行指标数据处理的公式如下：

$$x'_{ij} = c + \frac{x_{ij} - m'_j}{M'_j - m'_j} \times d \qquad (7-1-6)$$

（7）正负向同一处理法。运用指标的正负向值进行处理的方法，将不同属性的数据归为相同的计量数据，当 $x_{ij} \geq 0$ 时，$x'_{ij} \in [0, 1]$，进行数据测算，从而具有可比性。进行指标数据处理的公式如下：

$$x'_{ij} = [x_{ij} - \min x_{ij}] / [\max x_{ij} - \min x_{ij}] \qquad (7-1-7)$$

$$x'_{ij} = [\max x_{ij} - x_{ij}] / [\max x_{ij} - \min x_{ij}] \qquad (7-1-8)$$

F 公司对模块单元指标采用线性比例法和向量规范法进行指标数据处理如表 7 – 1 – 1 和表 7 – 1 – 2 所示。

表 7 – 1 – 1　线性比例法模块单元指标数据处理

	指标 1	指标 2	指标 3	指标 4
模块单元 1	0.9630	0.6000	1.0097	0.8041
模块单元 2	1.0988	1.8000	1.0874	0.9606
模块单元 3	1.1728	1.4000	1.0485	1.0797
模块单元 4	0.7654	0.2000	0.8544	1.1556

表 7 – 1 – 2　向量规范法模块单元指标数据处理

	指标 1	指标 2	指标 3	指标 4
模块单元 1	0.4758	0.2535	0.5029	0.3985
模块单元 2	0.5429	0.7606	0.5416	0.4761
模块单元 3	0.5795	0.5916	0.5222	0.5352
模块单元 4	0.3782	0.0845	0.4255	0.5728

2. 企业运营管理标准体系与企业集成运营模块单元流水线管理运作耦合模型

（1）企业运营管理标准体系与企业集成运营模块单元流水线管理运作容量耦合度

模型。耦合度本为物理学概念，是描述两个或多个系统之间关联程度的指标。根据物理学中的容量耦合模型，推出企业运营管理标准体系与企业集成运营模块单元流水线管理运作耦合度模型（赵剑等，2015）。公式如下：

$$C = 2\sqrt{\frac{U_1 \times U_2}{(U_1 + U_2) \times (U_1 + U_2)}} \tag{7-1-9}$$

式中，U_1 和 U_2 代表企业运营管理标准体系与企业集成运营模块单元流水线管理运作，企业标准体系由多种因素决定其运作，企业集成模块单元流水线运作也由模块单元流水线延迟策略和强化延迟策略运作、后拉动流程、后拉动价值、智能运作的多种因素决定，需要明确由多种因素决定的企业运营管理标准体系与企业集成运营模块单元流水线管理运作综合运作，使企业运营管理标准体系与企业集成运营模块单元流水线管理运作耦合度计算具备计算基础。耦合度的值域为 0 到 1 之间，越靠近 1 说明耦合度越大，所测算的企业运营管理标准体系与企业集成运营模块单元流水线管理运作的耦合程度就越好，企业运营管理标准体系与企业集成运营模块单元流水线管理运作之间的联系有序而协调，当耦合度等于 1 时说明企业运营管理标准体系与企业集成运营模块单元流水线管理运作都达到 100% 的贡献度，企业集成标准体系体现的模块单元流水线延迟策略和强化延迟策略运作、后拉动流程、后拉动价值、智能运作效果就越好。相反，越靠近 0 说明耦合度越小，所测算的企业运营管理标准体系与企业集成运营模块单元流水线管理运作的耦合程度就越低，企业运营管理标准体系与企业集成运营模块单元流水线管理运作不协调，当耦合度等于 0 时说明企业运营管理标准体系与企业集成运营模块单元流水线管理运作没有贡献，企业集成标准体系体现的模块单元流水线延迟策略和强化延迟策略运作、后拉动流程、后拉动价值、智能运作效果就越差。

F 公司运营管理标准体系与集成模块单元流水线管理运作资料如表 7-1-3 和表 7-1-4 所示。

表 7-1-3　F 公司运营管理标准体系资料

	1 期	2 期	3 期	4 期	5 期	6 期
结构完备	0.3456	0.3879	0.3178	0.4135	0.4378	0.4112
核心运作	0.5789	0.5763	0.5239	0.6104	0.6448	0.6332
动态运作	0.7986	0.8456	0.8000	0.7536	0.8634	0.8321

表 7-1-4　F 公司集成模块单元流水线管理运作资料

	1 期	2 期	3 期	4 期	5 期	6 期
战略运作	0.7898	0.8976	0.8897	0.8521	0.8321	0.7864
核心运作	0.6513	0.6987	0.7456	0.6421	0.7631	0.6877
效率运作	0.3241	0.3156	0.3198	0.4512	0.3877	0.3654
融合运作	0.4123	0.4561	0.5432	0.4359	0.4789	0.4631

其中 F 公司运营管理标准体系中的结构完备、核心运作、动态运作之间的权重为 0.2、0.3、0.5，F 公司集成模块单元流水线运作中的战略运作、核心运作、效率运作、融合运作之间的权重为 0.4、0.3、0.2、0.1。

运用耦合度计算公式计算得出 1 期、2 期、3 期、4 期、5 期、6 期的耦合度为 0.9998、0.9999、0.9982、0.9998、0.9998、0.9993。

（2）企业运营管理标准体系与企业集成运营模块单元流水线管理运作灰色耦合度模型。企业运营管理标准体系与企业集成运营模块单元流水线管理运作灰色耦合度模型根据灰色系统度原理进行测算。企业运营管理标准体系与企业集成运营模块单元流水线管理运作灰色结构耦合度模型、企业运营管理标准体系与企业集成运营模块单元流水线管理运作灰色整体耦合度模型如下：

$$\xi_i = \left[\min_i\min_k\Delta_i(k) + \rho\max_i\max_k\Delta_i(k)\right]/\left[\Delta_i(k) + \rho\max_i\max_k\Delta_i(k)\right] \quad (7-1-10)$$

$$r_H = \frac{\sum_{i=1}^{n}\xi_{Hi}}{n} \quad (7-1-11)$$

式中，ξ_i 为企业运营管理标准体系与企业集成运营模块单元流水线管理运作灰色结构耦合度模型，r_H 为企业运营管理标准体系与企业集成运营模块单元流水线管理运作灰色整体耦合度模型，ρ 为分辨系数，$\min_i\min_k\Delta_i(k)$ 为两级最小差，$\max_i\max_k\Delta_i(k)$ 为两级最大差。

（3）企业运营管理标准体系与企业集成运营模块单元流水线管理运作耦合协调度模型。耦合协调度模型能够直观地反映企业集成运营模块单元流水线管理运作各子系统间协调状况的变化（王文和等，2015）。耦合度主要用来判别企业运营管理标准体系与企业集成运营模块单元流水线管理运作耦合作用的强度，但是这种强度却不能反映系统耦合作用的协调性质。为克服耦合度的局限性，需要构建耦合协调度模型进行反映。耦合协调度越大，说明企业集成标准体系与模块单元流水线延迟策略和强化延迟策略运作、后拉动流程、后拉动价值、智能运作之间的协调就越好。企业运营管理标准体系与企业集成运营模块单元流水线管理运作耦合协调度模型如下：

$$D = \sqrt{C \times T} \quad (7-1-12)$$

式中，$T = \alpha_1 U_1 + \alpha_2 U_2$。耦合协调等级如表 7-1-5 所示。

表 7-1-5 耦合协调等级

耦合协调度	耦合协调等级	耦合协调度	耦合协调等级	耦合协调度	耦合协调等级
$0.9 \leq D \leq 1$	优质耦合协调	$0.6 \leq D < 0.7$	低级耦合协调	$0.3 \leq D < 0.4$	轻度失调
$0.8 \leq D < 0.9$	良好耦合协调	$0.5 \leq D < 0.6$	勉强耦合协调	$0.2 \leq D < 0.3$	中度失调
$0.7 \leq D < 0.8$	中级耦合协调	$0.4 \leq D < 0.5$	濒临失调	$0 \leq D < 0.2$	严重失调

F 公司企业运营管理标准体系与企业集成运营模块单元流水线管理运作权重为

0.6、0.4，测算出企业标准体系与企业集成模块单元流水线运作 1 期、2 期、3 期、4 期、5 期、6 期的耦合协调度为 0.7950、0.8215、0.8065、0.8077、0.8381、0.8177。

制造类企业、服务类企业、纯服务类企业能够进行运营管理标准体系与企业集成运营模块单元流水线管理运作耦合度量。

三、企业集成运营管理标准体系构建

从三个阶段的耦合来看，企业集成运营管理标准体系需要体现模块单元流水线顾客差异化和自身运作的效率融合，从根本上解决企业运营管理系统功能相悖的问题。要实现这种改变，需要通过企业集成运营管理运作实现。企业集成运营管理运作通过模块单元流水线延迟策略和强化延迟策略运作、后拉动流程、后拉动价值、智能运作实现，企业集成标准体系需要体现具体模块单元、联合模块单元、模块组模块单元、总作业模块单元和通用模块单元、链接模块单元、专用模块单元的隐形流水线、可变流水线、混合流水线、相似流水线、单一流水线的延迟策略和强化延迟策略运作、后拉动流程、后拉动价值、智能运作。

（一）企业集成运营模块单元价值链管理流程过程式标准体系

耦合需要有反映企业集成运营管理动态的企业运营管理标准体系，这是企业运营管理对企业运营标准体系的中心需要。企业集成过程式运营管理标准体系通过企业集成运营管理流程反映企业运营管理动态，体现企业集成运营管理流程运作（冷绍升等，2009）；围绕着产品实现过程进行构建（梁艳华和张宝武，2018）。以模块单元运作为根基，集成过程式运营管理标准体系由具体、联合、模块组、总作业模块单元和通用、链接、专用模块单元的隐形流水线、可变流水线、混合流水线、相似流水线、单一流水线的主体运营价值链管理流程标准体系和共同运营价值链管理流程标准体系构成（梁艳华和于明，2018）。企业模块单元流水线主体运营价值链管理流程标准体系反映企业模块单元流水线特有的运营价值链管理流程活动，模块单元流水线共同运营价值链管理流程标准体系反映企业模块单元流水线共同的运营价值链管理流程活动。企业集成运营模块单元流水线主体运营价值链管理流程过程式标准体系包括企业集成运营模块单元流水线价值链管理流程过程式标准体系和企业集成供应链或者服务链模块单元价值链管理流程过程式标准体系。

企业集成运营模块单元流水线价值链管理流程过程式标准体系需要反映企业集成战略，体现模块单元各种流水线的延迟策略和强化延迟策略、后拉动流程、后拉动价值、智能的运营活动融合（梁艳华和冯曹冲，2018）。需要反映具体模块单元的通用模块单元相似流水线、具体模块单元链接模块单元相似流水线、联合模块单元的通用模块单元单一流水线、联合模块单元的通用模块单元相似流水线、联合模块单元链接模块单元相似流水线、模块组模块单元的通用模块单元单一流水线、模块组模块单元链接模块单元单一流水线、总作业模块单元的通用模块单元单一流水线、总作业链接模

块单元单一流水线的作业间融合和作业中融合延迟策略和强化延迟策略运营活动，反映通用和链接模块单元流水线单一流作业中融合延迟策略和强化延迟策略运营活动，反映通用和链接模块单元流水线单一流延迟策略和强化延迟策略作业与后拉动流程、后拉动价值融合，反映通用和链接模块单元流水线单一流延迟策略和强化延迟策略、后拉动流程、后拉动价值作业与智能运作融合，反映通用和链接模块单元流水线单一流延迟策略和强化延迟策略、后拉动流程、后拉动价值、智能融合作业。反映具体模块单元专用模块单元隐形流水线、具体模块单元专用模块单元可变流水线、联合模块单元专用模块单元可变流水线、联合模块单元专用模块单元混合流水线、模块组模块单元专用模块单元混合流水线、总作业专用模块单元相似流水线的作业间融合和作业中融合延迟策略和强化延迟策略运营活动，反映专用模块单元流水线单一流作业中融合延迟策略和强化延迟策略运营活动，反映专用模块单元流水线单一流延迟策略和强化延迟策略作业与后拉动流程、后拉动价值融合，反映专用模块单元流水线单一流延迟策略和强化延迟策略、后拉动流程、后拉动价值作业与智能运作融合，反映专用模块单元流水线单一流延迟策略和强化延迟策略、后拉动流程、后拉动价值、智能融合作业。

企业集成运营模块单元流水线价值链管理流程过程式标准体系需要反映联系模块单元各种流水线的延迟策略和强化延迟策略、后拉动流程、后拉动价值、智能的运营活动融合。反映具体模块单元混合流水线的通用、链接、专用部分和之间衔接部分，具体模块单元可变流水线通用、链接、专用部分和之间衔接部分，联合模块单元混合流水线通用、链接、专用部分和之间衔接部分，模块组模块单元混合流水线通用、链接、专用部分和之间衔接部分，总作业模块单元相似流水线通用、链接、专用部分和之间衔接部分，这些模块单元流水线通用、链接、专用部分作业和之间的融合反映，反映模块单元流水线通用、链接、专用部分与衔接部分之间融合，反映模块单元流水线通用、链接、专用部分、衔接部分和单一流作业融合，反映模块单元流水线通用、链接、专用部分的衔接部分的单一流作业与延迟策略和强化延迟策略运营活动融合，反映模块单元流水线通用、链接、专用部分与衔接部分单一流作业的延迟策略和强化延迟策略运营活动与后拉动流程、后拉动价值融合，反映模块单元流水线通用、链接、专用部分与衔接部分单一流作业的延迟策略和强化延迟策略运营活动的后拉动流程、后拉动价值与智能运作融合，从而反映模块单元流水线通用、链接、专用部分与衔接部分单一流作业的延迟策略和强化延迟策略运营活动的后拉动流程、后拉动价值、智能运作融合。反映整体和局部模块单元混合流水线通用、链接、专用部分和之间衔接部分作业之间的融合，反映整体和局部模块单元流水线通用、链接、专用部分与衔接部分之间融合，反映整体和局部模块单元流水线通用、链接、专用部分、衔接部分和单一流作业融合，反映整体和局部模块单元流水线通用、链接、专用部分的衔接部分单一流作业与延迟策略和强化延迟策略运营活动融合，反映整体和局部模块单元流水线通用、链接、专用部分与衔接部分单一流作业的延迟策略和强化延迟策略运营活动与后拉动流程、后拉动价值融合，反映整体和局部模块单元流水线通用、链接、专用部分与衔接部分单一流作业的延迟策略和强化延迟策略运营活动的后拉动流程、后拉动价值与智能运作融合，从而反映整体和局部模块单元流水线通用、链接、专用部分与衔接部分单一流作业的延迟策略和强化延迟策略运营活动的后拉动流程、后拉动价值、智能运作融合。

企业集成运营模块单元流水线价值链管理流程过程式标准体系包括企业集成运营具体模块单元的通用模块单元相似流水线价值链管理流程过程式标准体系、链接模块单元相似流水线价值链管理流程过程式标准体系、专用模块单元隐形流水线价值链管理流程过程式标准体系、专用模块单元可变流水线价值链管理流程过程式标准体系，包括联合模块单元的通用模块单元相似流水线价值链管理流程过程式标准体系、通用模块单元单一流水线价值链管理流程过程式标准体系、链接模块单元相似流水线价值链管理流程过程式标准体系、专用模块单元可变流水线价值链管理流程过程式标准体系专用模块单元混合流水线价值链管理流程过程式标准体系，包括模块组模块单元的通用模块单元单一流水线价值链管理流程过程式标准体系、链接模块单元单一流水线价值链管理流程过程式标准体系、专用模块单元混合流水线价值链管理流程过程式标准体系，包括总作业模块单元的通用模块单元单一流水线价值链管理流程过程式标准体系、链接模块单元单一流水线价值链管理流程过程式标准体系、专用模块单元相似流水线价值链管理流程过程式标准体系。这些标准体系按照企业集成运营模块单元价值链管理流程进行构建，伴随着企业集成运营模块单元价值链管理流程的运作而运作，是企业集成运营模块单元价值链管理流程延迟策略和强化延迟策略运作、后拉动流程、后拉动价值、智能运作的直接反映。

企业集成供应链或者服务链模块单元价值链管理流程过程式标准体系包括企业集成有形产品开发与设计模块单元价值链管理流程过程式标准体系、有形产品采购模块单元价值链管理流程过程式标准体系、有形产品服务投入模块单元价值链管理流程过程式标准体系、无形产品开发与设计模块单元价值链管理流程过程式标准体系、无形产品服务投入模块单元价值链管理流程过程式标准体系，包括企业集成有形产品仓储模块单元价值链管理流程过程式标准体系、有形产品销售模块单元价值链管理流程过程式标准体系、无形产品销售模块单元价值链管理流程过程式标准体系、无形产品企业自身运作模块单元价值链管理流程过程式标准体系，包括企业集成有形产品制造流程模块单元价值链管理流程过程式标准体系、有形产品服务转化流程模块单元价值链管理流程过程式标准体系、有形和无形产品设计性服务转化模块单元价值链管理流程过程式标准体系、无形产品服务转化模块单元价值链管理流程过程式标准体系、无形产品服务转化和销售模块单元价值链管理流程过程式标准体系。这些标准体系是围绕着企业集成基本运营模块单元价值链管理流程标准体系运作而形成的标准体系，是保障企业集成基本运营模块单元价值链管理流程得以实现和延伸的供应链或者服务链模块单元价值链管理流程过程式标准体系，是保障企业集成基本运营模块单元价值链管理流程延迟策略和强化延迟策略运作、后拉动流程、后拉动价值、智能运作实现的直接反映。

企业集成运营模块单元流水线和供应链或者服务链共同价值链管理流程过程式标准体系包括企业集成运营价值链管理流程管理运作过程式标准体系、价值运作过程式标准体系、质量运作过程式标准体系、人力资源运作过程式标准体系、智能设备运作过程式标准体系、智能设备维护和维修运作过程式标准体系、物流运作过程式标准体系、信息系统和平台运作过程式标准体系、能源运作过程式标准体系。这些标准体系是围绕着企业集成基本运营模块单元价值链管理流程标准体系运作而形成的标准体系，是保障企业集成基本运营模块单元价值链管理流程运作得以实现和延伸的供应链或者服务链共同模块单元价值链管理流程过程式标准体系，是共同保障企业集成运营模块单元价值链管理流程延迟策略和强化延迟策略运作、后拉动流程、后拉动价值、智能运作实现的直接反映。

（二）企业集成运营模块单元价值链管理流程过程式标准体系具体体现

1. 企业集成运营模块单元流水线价值链管理流程价值运作过程式标准体系

企业集成运营模块单元流水线价值链管理流程价值运作过程式标准体系体现为企业连续运营价值链、企业连续运营价值链与企业集成运营管理流程融合、企业集成运营模块单元价值链管理流程价值共创、企业集成运营模块单元价值链管理流程价值分析、企业集成运营模块单元价值链管理流程价值测算、企业集成运营模块单元价值链管理流程价值评价、企业集成运营模块单元价值链管理流程价值反馈。企业连续运营价值链是建立运营价值运作过程式管理标准体系的基础，只有具备连续的运营价值链，才能使运营管理流程的连续价值分析成为可能。企业连续运营价值链与企业集成运营管理流程融合形成企业集成运营模块单元价值链管理流程，这一集成运营模块单元价值链管理流程才能使产品具备了运行的通道，才能够将价值与质量通过集成运营模块单元价值链管理流程融合起来进行运作，才使价值链具备现实运作的基础。企业集成运营模块单元价值链管理流程价值共创反映员工与顾客进行价值共创，进行共创价值运作。企业集成运营模块单元价值链管理流程价值分析是对企业集成运营模块单元价值链管理流程进行价值分析，得出能促进企业集成运营模块单元价值链管理流程进行价值增值运作的企业集成运营模块单元价值链流程和企业集成运营模块单元价值链管理流程，去除不必要的企业运营模块单元流程和企业集成运营模块单元管理流程，使企业集成运营模块单元流水线管理流程具备价值运作基础。企业集成运营模块单元价值链管理流程价值测算，需要通过一定的模式对企业集成运营模块单元价值链管理流程的价值进行测算得出增值部分。企业集成运营模块单元价值链管理流程价值评价对企业集成运营模块单元价值链管理流程价值运作情况进行评价，得出评价结果。企业集成运营模块单元价值链管理流程价值反馈对企业集成运营模块单元价值链管理流程价值评价结果进行反馈，促进企业集成运营模块单元价值链管理流程价值增值。

企业集成运营模块单元流水线价值链管理流程价值运作过程式标准体系，包括企业集成运营具体模块单元的通用模块单元相似流水线价值链管理流程价值运作过程式标准体系、链接模块单元相似流水线价值链管理流程价值运作过程式标准体系、专用模块单元隐形流水线价值链管理流程价值运作过程式标准体系、专用模块单元可变流水线价值链管理流程价值运作过程式标准体系，包括企业集成运营联合模块单元的通用模块单元相似流水线价值链管理流程价值运作过程式标准体系、通用模块单元单一流水线价值链管理流程价值运作过程式标准体系、链接模块单元相似流水线价值链管理流程价值运作过程式标准体系、专用模块单元可变流水线价值链管理流程价值运作过程式标准体系、专用模块单元混合流水线价值链管理流程价值运作过程式标准体系，包括企业集成运营模块组模块单元的通用模块单元单一流水线价值链管理流程价值运作过程式标准体系、链接模块单元单一流水线价值链管理流程价值运作过程式标准体系、专用模块单元混合流水线价值链管理流程价值运作过程式标准体系，包括企业集成运营总作业模块单元的通用模块单元单一流水线价值链管理流程价值运作过程式标准体系、链接模块单元单一流水线价值链管理流程价值运作过程式标准体系、专用模块单元相似流水线价值链管理流程价值运作过程式标准体系。企业集成运营模块单元流水线价值链管理流程价值运作过程式标准体系，从价值运作的视角反映企业集成运营模块单元价值链管理流程延迟策略和强化延迟策略运作、后拉动流程、后拉动价值、智能运作要求。

企业集成供应链或者服务链模块单元价值链管理流程价值运作过程式标准体系，包括企业集成有形产品开发与设计模块单元价值链管理流程价值运作过程式标准体系、有形产品采购模块单元价值链管理流程价值运作过程式标准体系、有形产品服务投入模块单元价值链管理流程价值运作过程式标准体系、无形产品开发与设计模块单元价值链管理流程价值运作过程式标准体系、无形产品服务投入模块单元价值链管理流程价值运作过程式标准体系，包括企业集成有形产品仓储模块单元价值链管理流程价值运作过程式标准体系、有形产品销售模块单元价值链管理流程价值运作过程式标准体系、无形产品销售模块单元价值链管理流程价值运作过程式标准体系、无形产品企业自身运作模块单元价值链管理流程价值运作过程式标准体系，包括有形产品制造流程模块单元价值链管理流程价值运作过程式标准体系、有形产品服务转化流程模块单元价值链管理流程价值运作过程式标准体系、有形和无形产品设计性服务转化模块单元价值链管理流程价值运作过程式标准体系、无形产品服务转化模块单元价值链管理流程价值运作过程式标准体系、无形产品服务转化和销售模块单元价值链管理流程价值运作过程式标准体系。企业集成供应链或者服务链模块单元价值链管理流程价值运作过程式标准体系，从价值运作的视角反映企业集成供应链或者服务链模块单元价值链管理流程延迟策略和强化延迟策略运作、后拉动流程、后拉动价值、智能运作要求。

企业集成运营模块单元流水线共同价值链管理流程价值运作过程式标准体系，包括企业集成运营价值链管理流程管理价值运作过程式标准体系、人力资源价值运作过程式标准体系、智能设备价值运作过程式标准体系、智能设备维护和维修价值运作过程式标准体系、物流价值运作过程式标准体系、信息系统和平台价值运作过程式标准体系、能源价值运作过程式标准体系。这些标准体系需要反映模块单元流水线延迟策略和强化延迟策略运作、后拉动流程、后拉动价值、智能运作要求。企业集成运营模块单元流水线共同价值链管理流程价值运作过程式标准体系，从价值运作的视角反映企业集成运营模块单元流水线共同价值链管理流程延迟策略和强化延迟策略运作、后拉动流程、后拉动价值、智能运作要求。

2. 企业集成运营产品族标准体系

参数是进行产品分类的核心要素，参数分级又是运用参数进行分类的重要基础。参数数值分级系列包括一般数值分级、优先数和优先数系分级（李春田，2016）。

一般数值分级包括等差数列分级、分段等差数列分级、等比数列分级。等差数列分级是算术级数分级，特点是数列中任意两项之差是常数，是常用的最简单的数值分级方法。等差数列数值分级构成简单，数值变化呈等差阶梯状态，各项数值比较整齐，便于分级，但相邻两项相对差不均匀，容易造成数值小的参数间相对差反而大，数值大的参数间相对差反而小，不符合实际，因而需要场合不能运用等差数列分级。分段等差数列分级克服了相邻两项相对差不均匀的缺点，将等差数列分段化，各段公差不同，可以使数值大的参数之间差值增大。分段等差数列分级虽然克服了等差数列分级的缺点，但是不连续的，出现跳跃式的增减，不宜把整个数列控制在最佳状态。等比数列分级中，相邻两项之比为一定值，因而数值越大间隔越大，且其中的任何一项都等于它的前项和后项的几何平均数；与该数列两端等远的任意两项之积为常数，该常数等于首末两项之积；等比数列各项都乘以（或者除以）一个相同的数，所得积（或者商）的数列仍为等比数列；等比数列各项分别乘以（或者除以）另一等比数列各项，所得数列仍为等比数列；等比数列各项的同次根仍构成等比数列。等比数列在技术上更加接近实际需要，但各种产品的特点不同不可能按照公比形成数值分级。

优先数和优先数系是一种科学的数值制度，是一种无量纲的数值系统，适用于各种参数值的分级。优先数系是指 R5、R10、R20、R40、R80 系列，系列中的任一项值称为优先数。序号 N 表示优先数在 R40 中排列的次序，从优先数 1 序号 N = 0 开始计数，形成一个等差数列。优先数有理论值、计算值、常用值、化整值。理论值一般是无理数，不便于使用。计算值对理论值取 5 位有效数字的近似值，进行参数精确计算式用来代替理论值。常用值就是所说的优先数，是对计算值按照实际运用要求统一调整的值。化整值是对 R5、R10、R20、R40 进一步调整的值，是在特殊情况下运用的值。R5、R10、R20、R40、R80 系列中的项值可以按照十进法向两端无限延伸，所有大于 10 和小于 1 的优先数均可以用 1 的整数幂乘以优先数取得。确定产品参数时，如果没有特殊原因必须选择其他数系时，力求选择优先数。

企业集成运营产品族标准体系包括产品基本参数系列标准、有形产品系列型谱、无形产品系列型谱、模块品目模块单元流水线型谱、无形产品模块单元流水线型谱。

有形产品基本参数包括有形产品性能参数和有形产品尺寸参数。有形产品性能参数是表征产品的基本技术特性参数，有形产品尺寸参数是表征产品规格的参数。有形产品性能参数和产品尺寸参数之间，主参数和其他参数之间存在内在联系，通过理论推算和试验，可以发现这种联系的规律性，是参数的确定基础。有形产品基本参数系列标准需要确定主参数，主参数反映有形产品的最主要特性，是有形产品中最稳定的参数，主参数的确定需要优先选择有形产品性能参数，然后进行有形产品尺寸参数选择。确定主参数和其他参数的上下限，通过国内外用户的需求情况和国内外有形产品的生产情况进行确定。确定上下限之间的参数的分布，整个系列按照多少个档，确定档与档之间公比，确定参数系列。企业集成运营产品族标准体系反映企业集成运营模块单元价值链管理流程延迟策略和强化延迟策略运作、后拉动流程、后拉动价值、智能运作对产品族的要求。

　　企业集成模块单元流水线的运作是以产品族为基础进行运作，产品系列型谱就是产品族的表现形式。有形产品系列型谱根据市场和用户需求，依据国内外同类有形产品生产状况的分析，创造性地扩大产品需求范围，对基本参数系列所规定的有形产品进行型谱规划，确定基本有形产品与变形有形产品的关系以反映当前和未来产品的趋势，用图形表现出来，形成型谱。有形产品系列型谱由横向的参数系列和纵向的产品结构形式组成。横向主要通过有形产品主参数反映相同行代表结构相同、参数大小不同的有形产品系列。纵向有形产品结构形式主要通过有形产品基型和变形之间的关系反映纵向相同列代表结构相似主要参数相同的基型和变形的有形产品。型谱中通过横向和纵向构成有形产品系列网络，形成有形产品系列型谱。无形产品系列型谱与有形产品系列型谱建立的原理一样，但表现有所不同。无形产品系列型谱由横向的参数系列和纵向的无形产品结构形式组成。横向主要通过无形产品主参数反映相同行代表结构相同、参数大小不同的无形产品系列。纵向无形产品结构形式主要通过无形产品基型和变形之间的关系反映纵向相同列代表结构相似主要参数相同的基型和变形的无形产品。无形产品基本参数包括无形产品性能参数和无形产品特性参数，通过无形产品性能参数和无形产品特性参数确定无形产品主参数。无形产品结构形式主要通过无形产品基型和变形体现，无形产品基型和变形之间有着内在联系。通过横向和纵向构成无形产品系列网络，形成无形产品系列型谱。

　　模块品目模块单元流水线型谱、无形产品模块单元流水线型谱是在产品系列型谱的基础上，根据企业集成运营具体模块单元的通用模块单元相似流水线、企业集成运营具体模块单元的链接模块单元相似流水线、企业集成运营具体模块单元的专用模块单元隐形流水线、企业集成运营具体模块单元的专用模块单元可变流水线的运作要求，根据企业集成运营联合模块单元的通用模块单元相似流水线、企业集成运营联合模块单元的通用模块单元单一流水线、企业集成运营联合模块单元的链接模块单元相似流水线、企业集成运营联合模块单元的专用模块单元可变流水线、企业集成运营联合模块单元的专用模块单元混合流水线的运作要求，根据企业集成运营模块组模块单元的通用模块单元单一流水线、企业集成运营模块组模块单元的链接模块单元单一流水线、企业集成运营模块组模块单元的专用模块单元混合流水线的运作要求，根据企业集成运营总作业模块单元的通用模块单元单一流水线、企业集成运营总作业模块单元的链接模块单元单一流水线、企业集成运营总作业模块单元的专用模块单元相似流水线运作的要求，建立的模块品目模块单元流水线型谱、无形产品模块单元流水线型谱模。模块品目模块单元流水线型谱、无形产品模块单元流水线型谱是产品系列型谱，主参数是模块品目模块单元流水线型谱、无形产品模块单元流水线型谱通过作业建立联系的基础，由此确立模块品目模块单元流水线型谱、无形产品模块单元流水线型谱，形成企业集成战略运作的模块单元基础。

3. 企业集成运营有形和无形产品、模块品目标准体系

企业集成运营产品和模块品目标准体系主要在企业集成供应链或者服务链模块单元价值链流程中体现。企业集成产品标准体系包括企业集成有形产品开发与设计模块单元价值链流程基于模型 MBD 的有形产品和模块品目的几何模型、原理模型、几何模型和原理模型与有形产品和模块品目的形状、系统和容差的产品和模块品目标准体系，包括企业集成有形产品采购模块单元价值链流程基于模型 MBD 的模块品目的几何模型、原理模型、几何模型和原理模型与模块品目的形状、系统和容差的模块品目标准体系，包括企业集成有形产品服务投入模块单元价值链流程基于模型 MBD 的模块品目的几何模型、原理模型、几何模型和原理模型与模块品目的形状、系统和容差的模块品目和资源标准体系，包括企业集成无形产品开发与设计模块单元价值链流程基于模型 MBD 的信息原理模型的软件模块、软件数据结构、软件接口的系统与容差和基于非信息原理模型的要素、部分联系功能、整体联系功能的系统与容差产品标准体系，包括企业集成无形产品服务投入模块单元价值链流程基于模型 MBD 信息原理模型的软件模块、软件数据结构、软件接口的系统与容差和基于非信息原理模型的要素、部分联系功能、整体联系功能的系统与容差产品和资源标准体系，包括企业集成有形产品仓储模块单元价值链流程基于模型 MBD 有形产品和模块品目的几何模型、原理模型、几何模型和原理模型与有形产品和模块品目的形状、系统和容差的产品和模块品目标准体系，包括企业集成有形产品销售模块单元价值链流程基于模型 MBD 的几何模型、原理模型、几何模型和原理模型与模块品目的形状、系统和容差的产品标准体系，包括企业集成无形产品销售模块单元价值链流程基于模型 MBD 的信息原理模型系统与容差和基于非信息原理模型整体联系功能系统与容差产品标准体系，包括企业集成无形产品企业自身运作模块单元价值链流程基于非信息原理模型整体联系功能的系统与容差产品标准体系，包括企业集成有形产品制造流程模块单元价值链流程基于模型 MBD 模块品目的几何模型、原理模型、几何模型和原理模型与模块品目的形状、系统和容差的模块品目标准体系，包括企业集成有形产品服务转化流程模块单元价值链流程基于模型 MBD 有形产品和模块品目的几何模型、原理模型、几何模型和原理模型与有形产品和模块品目的形状、系统和容差的产品和模块品目标准体系，包括企业有形和无形

产品设计性服务转化模块单元价值链流程基于模型 MBD 的信息原理模型的软件模块、软件数据结构、软件接口的系统与容差的产品标准体系，包括企业集成无形产品服务转化模块单元价值链流程基于模型 MBD 的几何模型、原理模型、几何模型和原理模型与模块品目的形状、系统和容差产品标准体系，企业集成无形产品服务转化和销售模块单元价值链流程基于模型 MBD 的几何模型、原理模型、几何模型和原理模型与模块品目的形状、系统和容差产品标准体系。这些标准体系需要反映模块单元流水线延迟策略和强化延迟策略运作、后拉动流程、后拉动价值、智能运作要求。

企业集成运营模块单元流水线标准体系包括企业集成运营具体模块单元的通用模块单元相似流水线、企业集成运营具体模块单元的链接模块单元相似流水线、企业集成运营具体模块单元的专用模块单元隐形流水线、企业集成运营具体模块单元的专用模块单元可变流水线的基于模型 MBD 模块品目的几何模型、原理模型、几何模型和原理模型与模块品目的形状、系统和容差的模块品目标准体系，包括基于模型 MBD 的信息原理模型的软件模块、软件数据结构、软件接口的系统与容差和基于非信息原理模型的要素、部分联系功能、整体联系功能的系统与容差产品和资源标准体系，包括企业集成运营联合模块单元的通用模块单元相似流水线、企业集成运营联合模块单元的通用模块单元单一流水线、企业集成运营联合模块单元的链接模块单元相似流水线、企业集成运营联合模块单元的专用模块单元可变流水线、企业集成运营联合模块单元的专用模块单元混合流水线的基于模型 MBD 模块品目的几何模型、原理模型、几何模型和原理模型与模块品目的形状、系统和容差的模块品目标准体系，包括基于模型 MBD 的信息原理模型的软件模块、软件数据结构、软件接口的系统与容差和基于非信息原理模型的要素、部分联系功能、整体联系功能的系统与容差产品和资源标准体系，包括企业集成运营模块组模块单元的通用模块单元单一流水线、企业集成运营模块组模块单元的链接模块单元单一流水线、企业集成运营模块组模块单元的专用模块单元混合流水线基于模型 MBD 模块品目的几何模型、原理模型、几何模型和原理模型与模块品目的形状、系统和容差的模块品目标准体系，包括企业集成运营总作业模块单元的通用模块单元单一流水线、企业集成运营总作业模块单元的链接模块单元单一流水线、企业集成运营总作业模块单元的专用模块单元相似流水线基于模型 MBD 模块品目的几何模型、原理模型、几何模型和原理模型与模块品目的形状、系统和容差的模块品目标准体系。企业集成运营有形和无形产品、模块品目标准体系反映企业集成运营模块单元价值链管理流程延迟策略和强化延迟策略运作、后拉动流程、后拉动价值、智能运作对有形和无形产品、模块品目要求。

4. 企业集成运营模块单元价值链管理流程程序

企业集成运营管理标准体系需要反映企业集成运营价值链管理流程运作，需要通过一定的方式体现出来，价值链管理流程程序是体现企业集成运营价值链管理流程运作的有效方式。企业集成运营模块单元价值链管理流程程序包括企业集成运营具体模块单元的通用模块单元相似流水线价值链管理流程程序、链接模块单元相似流水线价值链管理流程程序、专用模块单元隐形流水线价值链管理流程程序、可变流水线价值链管理流程程序，包括企业集成运营联合模块单元的通用模块单元相似流水线价值链管理流程程序、通用模块单元单一流水线价值链管理流程程序、链接模块单元相似流水线价值链管理流程程序、专用模块单元可变流水线价值链管理流程程序、专用模块单元混合流水线价值链管理流程程序，包括企业集成运营模块组模块单元的通用模块单元单一流水线价值链管理流程程序、链接模块单元单一流水线价值链管理流程程序、专用模块单元混合流水线价值链管理流程程序，包括企业集成运营总作业模块单元的通用模块单元单一流水线价值链管理流程程序、链接模块单元单一流水线价值链管理流程程序、专用模块单元相似流水线价值链管理流程程序。企业集成运营模块单元相似流水线价值链管理流程程序反映企业集成运营模块单元价值链管理流程延迟策略和强化延迟策略运作、后拉动流程、后拉动价值、智能运作的程序要求。

企业集成供应链或者服务链价值链管理流程程序包括企业集成有形产品开发与设计模块单元价值链管理流程程序、有形产品采购模块单元价值链管理流程程序、有形产品服务投入模块单元价值链管理流程程序、无形产品开发与设计模块单元价值链管理流程程序、无形产品服务投入模块单元价值链管理流程程序，包括企业集成有形产品仓储模块单元价值链管理流程程序、有形产品销售模块单元价值链管理流程程序、无形产品销售模块单元价值链管理流程程序、无形产品企业自身运作模块单元价值链管理流程程序，包括企业集成有形产品制造流程模块单元价值链管理流程程序、有形产品服务转化流程模块单元价值链管理流程程序、有形和无形产品设计性服务转化模块单元价值链管理流程程序、无形产品服务转化模块单元价值链管理流程程序、无形产品服务转化和销售模块单元价值链管理流程程序。企业集成供应链或者服务链价值链管理流程程序反映企业集成供应链或者服务链价值链管理流程延迟策略和强化延迟策略运作、后拉动流程、后拉动价值、智能运作的程序要求。

企业集成运营价值链管理流程运作程序包括：管理运作程序、价值运作程序、质量运作程序、人力资源运作程序、智能设备运作程序、智能设备维护和维修运作程序、物流运作程序、信息系统和平台运作程序、能源运作程序。这些程序需要反映模块单元流水线延迟策略和强化延迟策略运作、后拉动流程、后拉动价值、智能运作要求。企业集成运营模块单元流水线和供应链或者服务链价值链管理流程程序，反映企业集成运营模块单元流水线和供应链或者服务链价值链管理流程延迟策略和强化延迟策略运作、后拉动流程、后拉动价值、智能运作的程序要求。

5. 企业集成运营模块单元价值链管理流程操作规程和服务规范

企业集成运营模块单元流水线价值链管理流程操作规程和服务规范，包括企业集成运营具体模块单元的通用模块单元相似流水线价值链管理流程操作规程和服务规范、链接模块单元相似流水线价值链管理流程操作规程和服务规范、专用模块单元隐形流水线价值链管理流程操作规程和服务规范、专用模块单元可变流水线价值链管理流程操作规程和服务规范，包括企业集成运营联合模块单元的通用模块单元相似流水线价值链管理流程操作规程和服务规范、通用模块单元单一流水线价值链管理流程操作规程和服务规范、链接模块单元相似流水线价值链管理流程操作规程和服务规范、专用模块单元可变流水线价值链管理流程价值链管理流程操作规程和服务规范、专用模块单元混合流水线价值链管理流程操作规程和服务规范，包括企业集成运营模块组模块单元的通用模块单元单一流水线价值链管理流程操作规程和服务规范、链接模块单元单一流水线价值链管理流程操作规程和服务规范、专用模块单元混合流水线价值链管理流程操作规程和服务规范，包括企业集成运营总作业模块单元的通用模块单元单一流水线价值链管理流程操作规程、链接模块单元单一流水线价值链管理流程操作规程、专用模块单元相似流水线价值链管理流程操作规程。企业集成运营模块单元流水线价值链管理流程操作规程和服务规范反映企业集成运营模块单元流水线价值链管理流程延迟策略和强化延迟策略运作、后拉动流程、后拉动价值、智能运作的操作规程和服务规范要求。

企业集成供应链或者服务链模块单元价值链管理流程操作规程和服务规范，包括企业集成有形产品开发与设计模块单元价值链管理流程操作规程和服务规范、有形产品采购模块单元价值链管理流程操作规程和服务规范、有形产品服务投入模块单元价值链管理流程操作规程和服务规范、无形产品开发与设计模块单元价值链管理流程操作规程和服务规范、无形产品服务投入模块单元价值链管理流程操作规程和服务规范，包括企业集成有形产品仓储模块单元价值链管理流程操作规程和服务规范、有形产品销售模块单元价值链管理流程操作规程和服务规范、无形产品销售模块单元价值链管理流程操作规程和服务规范、无形产品企业自身运作模块单元价值链管理流程操作规程和服务规范，包括企业集成有形产品制造流程模块单元价值链管理流程操作规程和服务规范、有形产品服务转化流程模块单元价值链管理流程操作规程和服务规范、有形和无形产品设计性服务转化模块单元价值链管理流程操作规程和服务规范、无形产品服务转化模块单元价值链管理流程操作规程和服务规范、无形产品服务转化和销售模块单元价值链管理流程操作规程和服务规范。企业集成供应链或者服务链模块单元价值链管理流程操作规程和服务规范反映企业集成供应链或者服务链模块单元价值链管理流程延迟策略和强化延迟策略运作、后拉动流程、后拉动价值、智能运作的操作规程和服务规范要求。

企业集成运营价值链管理流程操作规程和服务规范，包括管理运作操作规程和服务规范、价值运作操作规程和服务规范、质量运作操作规程和服务规范、人力资源运作操作规程和服务规范、智能设备运作操作规程和服务规范、智能设备维护和维修运作操作规程和服务规范、物流运作操作规程和服务规范、信息系统和平台运作操作规程和服务规范、能源运作操作规程和服务规范。企业集成运营模块单元流水线和供应链或者服务链共同价值链管理流程操作规程和服务规范反映企业集成运营模块单元流水线和供应链或者服务链共同价值链管理流程延迟策略和强化延迟策略运作、后拉动流程、后拉动价值、智能运作的操作规程和服务规范要求。

6. 企业集成运营模块单元价值链管理流程要素状态标准体系

企业集成运营具体模块单元流水线价值链管理流程要素状态标准体系包括企业集成运营具体模块单元的通用模块单元相似流水线价值链管理流程、链接模块单元相似流水线价值链管理流程、专用模块单元隐形流水线价值链管理流程、专用模块单元可变流水线价值链管理流程的模块品目、运营人员、运营设备、运营检验设备、运营工具、运营能源、运营环境、看板、智能传感器、智能控制器、计算机网络、可视化显示装置状态标准体系，包括企业集成运营联合模块单元的通用模块单元相似流水线价值链管理流程、通用模块单元单一流水线价值链管理流程、链接模块单元相似流水线价值链管理流程、专用模块单元可变流水线价值链管理流程、专用模块单元混合流水线价值链管理流程的模块品目、运营人员、运营设备、运营检验设备、运营工具、运营能源、运营环境、看板、智能传感器、智能控制器、计算机网络、可视化显示装置状态标准体系，包括企业集成运营模块组模块单元的通用模块单元单一流水线价值链管理流程、链接模块单元单一流水线价值链管理流程、专用模块单元混合流水线价值链管理流程模块品目、运营人员、运营设备、运营检验设备、运营工具、运营能源、运营环境、看板、智能传感器、智能控制器、计算机网络、可视化显示装置状态标准体系，包括企业集成运营总作业模块单元的通用模块单元单一流水线价值链管理流程、链接模块单元单一流水线价值链管理流程、专用模块单元相似流水线价值链管理流程模块品目、运营人员、运营设备、运营检验设备、运营工具、运营能源、运营环境、看板、智能传感器、智能控制器、计算机网络、可视化显示装置状态标准体系。企业集成运营模块单元价值链管理流程要素状态标准体系，反映企业集成运营模块单元价值链管理流程延迟策略和强化延迟策略运作、后拉动流程、后拉动价值、智能运作的要素状态要求。

7. 企业集成运营模块单元价值链管理流程评价标准体系

企业集成运营流程评价标准体系包括企业集成运营具体模块单元的通用模块单元相似流水线价值链管理流程、链接模块单元相似流水线价值链管理流程、专用模块单元隐形流水线价值链管理流程、专用模块单元可变流水线价值链管理流程评价标准体系，包括企业集成运营联合模块单元的通用模块单元相似流水线价值链管理流程、通用模块单元单一流水线价值链管理流程、链接模块单元相似流水线价值链管理流程、专用模块单元可变流水线价值链管理流程、专用模块单元混合流水线价值链管理流程评价标准体系，包括企业集成运营模块组模块单元的通用模块单元单一流水线价值链管理流程、链接模块单元单一流水线价值链管理流程、专用模块单元混合流水线价值链管理流程评价标准体系，包括企业集成运营总作业模块单元的通用模块单元单一流水线价值链管理流程、链接模块单元单一流水线价值链管理流程、专用模块单元相似流水线价值链管理流程评价标准体系。企业集成运营模块单元价值链管理流程评价标准体系，反映企业集成运营模块单元价值链管理流程延迟策略和强化延迟策略运作、后拉动流程、后拉动价值、智能运作的评价要求。

　　企业集成供应链或者服务链模块单元价值链管理流程评价标准体系，包括企业集成有形产品开发与设计模块单元价值链管理流程、有形产品采购模块单元价值链管理流程、有形产品服务投入模块单元价值链管理流程、无形产品开发与设计模块单元价值链管理流程、无形产品服务投入模块单元价值链管理流程评价标准体系，包括企业集成有形产品仓储模块单元价值链管理流程、有形产品销售模块单元价值链管理流程、无形产品销售模块单元价值链管理流程、无形产品企业自身运作模块单元价值链管理流程评价标准体系，包括企业集成有形产品制造流程模块单元价值链管理流程、有形产品服务转化流程模块单元价值链管理流程、有形和无形产品设计性服务转化模块单元价值链管理流程、无形产品服务转化模块单元价值链管理流程、无形产品服务转化和销售模块单元价值链管理流程评价标准体系。企业集成供应链或者服务链模块单元价值链管理流程评价标准体系反映企业集成供应链或者服务链模块单元价值链管理流程延迟策略和强化延迟策略运作、后拉动流程、后拉动价值、智能运作的评价要求。

　　企业集成运营价值链管理流程评价标准体系，包括管理运作评价标准体系、价值运作评价标准体系、质量运作评价标准体系、人力资源运作评价标准体系、智能设备运作评价标准体系、智能设备维护和维修运作评价标准体系、物流运作评价标准体系、信息系统和平台运作评价标准体系、能源运作评价标准体系。企业集成运营模块单元流水线和供应链或者服务链共同价值链管理流程评价标准体系反映企业集成运营模块单元流水线和供应链或者服务链共同价值链管理流程延迟策略和强化延迟策略运作、后拉动流程、后拉动价值、智能运作的评价要求。

　　8. 企业集成运营模块单元价值链流程整合标准体系

　　企业集成运营模块单元流水线价值链管理流程、供应链或者服务链价值链管理流程、共同价值链管理流程的过程式和结构式标准体系都是以企业集成战略为引导的模块单元流水线价值链管理流程运作、精益价值链管理流程运作、智能价值链管理流程融合起来为基础，使企业集成运营模块单元价值链流程过程式和结构式标准体系具备集成基础。在企业集成运营模块单元价值链流程过程式和结构式标准体系进行集成运作的基础上，以价值增值为目标，围绕质量进行企业集成运营模块单元价值链流程标准体系运作。企业集成运营模块单元价值链流程标准体系运作中，价值增值是以价值运作标准体系为基础进行运作，质量运作是以质量管理体系的标准体系为基础进行运作，需要进行环境管理体系的标准体系、职业健康与安全管理体系的标准体系运作，质量管理体系、环境管理体系、职业健康与安全管理体系是整合的标准体系。企业集成运营模块单元价值链流程标准体系运作是以价值增值为目标的质量管理体系、环境管理体系、职业健康与安全管理体系的整合标准体系运作。

　　企业集成运营具体模块单元的通用模块单元相似流水线价值链管理流程、链接模块单元相似流水线价值链管理流程、专用模块单元隐形流水线价值链管理流程、专用模块单元可变流水线价值链管理流程，企业集成运营联合模块单元的通用模块单元相似流水线价值链管理流程、通用模块单元单一流水线价值链管理流程、链接模块单元相似流水线价值链管理流程、专用模块单元可变流水线价值链管理流程、专用模块单元混合流水线价值链管理流程，企业集成运营模块组模块单元的通用模块单元单一流水线价值链管理流程、链接模块单元单一流水线价值链管理流程、专用模块单元混合流水线价值链管理流程，企业集成运营总作业模块单元的通用模块单元单一流水线价值链管理流程、链接模块单元单一流水线价值链管理流程、专用模块单元相似流水线价值链管理流程，这些价值链管理流程以价值增值为目标，进行质量管理体系、环境管理体系、职业健康与安全管理体系的整合标准体系运作。

企业集成有形产品开发与设计模块单元价值链管理流程、有形产品采购模块单元价值链管理流程、有形产品服务投入模块单元价值链管理流程、无形产品开发与设计模块单元价值链管理流程、无形产品服务投入模块单元价值链管理流程、有形产品仓储模块单元价值链管理流程、有形产品销售模块单元价值链管理流程、无形产品销售模块单元价值链管理流程、无形产品企业自身运作模块单元价值链管理流程、有形产品制造流程模块单元价值链管理流程、有形产品服务转化流程模块单元价值链管理流程、有形和无形产品设计性服务转化模块单元价值链管理流程、无形产品服务转化模块单元价值链管理流程、无形产品服务转化和销售模块单元价值链管理流程以价值增值为目标，进行质量管理体系、环境管理体系、职业健康与安全管理体系的整合标准体系运作。企业集成运营模块单元价值链流程整合标准体系反映企业集成运营模块单元价值链流程延迟策略和强化延迟策略运作、后拉动流程、后拉动价值、智能运作的整合要求。

9. 顾客接触企业集成服务价值链管理流程标准体系

顾客接触企业集成服务价值链管理流程标准体系，除企业集成服务模块单元价值链管理流程过程式标准体系、集成服务模块单元流水线价值链管理流程价值运作过程式标准体系、集成运营产品族标准体系、集成无形产品标准体系、集成服务模块单元价值链管理流程程序、集成服务模块单元价值链管理流程服务规范、集成服务模块单元价值链管理流程要素状态标准体系、集成服务模块单元价值链管理流程评价标准体系、集成运营模块单元价值链流程整合标准体系外，还需要包括顾客接触场内员工服务流程、顾客接触场内设备服务流程、顾客接触场外设备服务流程、顾客接触电子服务流程的顾客服务环境接触过程式标准体系，服务氛围过程式标准体系，员工、设备、电子设备与顾客互动过程式标准体系，员工、设备、电子设备细致服务过程式标准体系，顾客体验员工、设备、电子设备服务过程式标准体系，顾客接触服务流程环境过程式标准体系。这些标准体系体现了顾客接触企业集成服务价值链管理流程标准体系特性。

制造类企业具有集成制造具体、联合、模块组、总作业模块单元和通用、链接、专用模块单元价值链管理流程过程式标准体系。制造性服务企业具有集成服务具体、联合、模块组模块单元和通用、链接、专用模块单元价值链管理流程过程式标准体系。一般服务企业、纯服务类企业、一般纯服务企业具有集成服务具体、联合模块单元和通用、专用模块单元价值链管理流程过程式标准体系。

制造类企业具有集成制造模块单元价值链管理流程过程式标准体系、集成制造模块单元流水线价值链管理流程价值运作过程式标准体系、集成制造产品族标准体系、集成制造有形和模块品目标准体系、集成制造模块单元价值链管理流程程序、集成制造模块单元价值链管理流程操作规程和服务规范、集成制造模块单元价值链管理流程要素状态标准体系、集成制造模块单元价值链管理流程评价标准体系、集成制造模块单元价值链流程整合标准体系。

服务类企业、纯服务类企业、一般纯服务企业具有集成服务模块单元价值链管理流程过程式标准体系、集成服务模块单元流水线价值链管理流程价值运作过程式标准体系、集成服务产品族标准体系、集成服务有形和无形产品与模块品目标准体系、集成服务模块单元价值链管理流程程序、集成服务模块单元价值链管理流程操作规程和服务规范、集成服务模块单元价值链管理流程要素状态标准体系、集成服务模块单元价值链管理流程评价标准体系、集成服务模块单元价值链流程整合标准体系。

一般纯服务企业具有顾客接触场内员工服务流程、顾客接触场内设备服务流程、顾客接触场外设备服务流程、顾客接触电子服务流程的顾客服务环境接触过程式标准体系，服务氛围过程式标准体系，员工、设备、电子设备与顾客互动过程式标准体系，员工、设备、电子设备细致服务过程式标准体系，顾客体验员工、设备、电子设备服务过程式标准体系，顾客接触服务流程环境过程式标准体系。

第二节 企业集成模块单元作业能力与质量可靠性

一、全面质量管理和集成质量管理

(一) 全面质量管理特点

1. 全过程的质量管理

任何产品的质量都有产生、形成和实现的过程。从全过程的角度来看，质量产生、形成和实现的整个过程是由企业集成模块单元流水线和企业集成供应链或者服务链中的每一个环节相互联系、相互影响所产生，每一个环节都或轻或重地影响着最终的产品质量状况。为了保证和提高质量，必须把企业集成模块单元流水线和企业集成供应链或者服务链的各个环节或有关因素控制起来，进行综合质量管理，形成全过程质量管理（龚益明，2012）。

企业集成运营管理流程中有形产品和无形产品全过程的质量管理，是企业集成基本运营管理流程和集成供应链或者服务链管理流程的全过程的质量管理。顾客接触的企业集成服务管理流程中的无形产品全过程的质量管理是在顾客接触场内员工服务流程、顾客接触场内设备服务流程、顾客接触场外设备服务流程、顾客接触电子服务流程的集成服务转化与销售管理流程和集成服务链管理流程全过程的质量管理。顾客接触企业集成服务管理流程中，服务全过程的质量管理是顾客接触场内员工服务流程、顾客接触场内设备服务流程、顾客接触场外设备服务流程、顾客接触电子服务流程的集成服务转化与销售管理流程的顾客接触服务环境中，建立良好服务氛围，员工、设备、电子设备与顾客价值共创，员工、设备、电子设备与顾客互动，员工、设备、电子设备细致服务，顾客具有优质服务体验，出现不合格服务时进行服务补救，由此形成全过程的服务质量管理。

2. 全员、全设备的质量管理

产品质量与企业集成模块单元流水线和企业集成供应链或者服务链中的每一作业人员直接相关，是这些环节人员共同运作的综合反映。企业集成模块单元流水线和企业集成供应链或者服务链中的每一作业人员和相关人员需要将质量作为企业的重要任务进行运作，每一位员工都能够认识到质量的重要性，能在工作中将质量放在重要的位置，人人关心产品质量，人人做好本职工作，全体参加质量管理，才能生产出让顾客满意的产品。

企业集成运营管理流程中的有形产品和无形产品全员、全设备质量管理是企业集成基本运营管理流程和集成供应链或者服务链管理流程的全员、全设备有形产品和无形产品质量管理。顾客接触的企业集成服务管理流程中的无形产品全员、全设备的质量管理是在顾客接触场内员工服务流程、顾客接触场内设备服务流程、顾客接触场外设备服务流程、顾客接触电子服务流程的集成服务转化与销售管理流程和集成服务链管理流程的全员、全设备的无形产品质量管理。顾客接触的企业集成服务管理流程中的服务全员、全设备质量管理是顾客接触场内员工服务流程、顾客接触场内设备服务流程、顾客接触场外设备服务流程、顾客接触电子服务流程的集成服务转化与销售管理流程的顾客接触服务环境中，建立良好服务氛围，员工、设备、电子设备与顾客价值共创，员工、设备、电子设备与顾客互动，员工、设备、电子设备细致服务，顾客具有优质服务体验，出现不合格服务时进行服务补救，由此形成全员、全设备的服务质量管理。

3. 全企业质量管理

质量目标的实现有赖于企业纵向的高层、中层、基层管理者和横向的一线员工的通力协作，其中高层管理者是否能竭尽全力起着决定性的作用。同时，质量目标的实现有赖于企业纵向的职能部门与横向企业集成模块单元流水线和企业集成供应链或者服务链协调与配合，要保证和提高产品质量必须使纵向的职能部门与横向企业集成模块单元流水线和企业集成供应链或者服务链成为一体。金字塔下的企业组织结构中，需要纵向的指挥与横向的企业集成流程、流程组织运作的协调，倒金字塔下的企业组织结构中，需要纵向的知识运作与横向的企业集成流程、团队运作的协调，只有这样才能够实现全企业质量管理。

4. 全社会推动的质量管理

企业运营产品的质量是满足顾客的，顾客又是全社会中的一员，对产品质量有着重要的监督作用。企业所出产的产品质量有任何问题都会在顾客中有所反映，运用全社会力量进行质量监督，使产品的质量能够随时处于监控中，这对于企业监控质量成本的降低有着重要的作用，对产品质量的促进有着重要的作用。通过全社会质量管理，将产品质量的不足及时反馈给企业，促使企业不断提高产品质量。

（二）企业集成运营质量管理

企业集成运营质量管理需要进行运营具体、联合、模块组、总作业和通用、专用、链接模块单元流程的延迟策略运作和强化延迟策略运作、后拉动流程、后拉动价值、智能运作的产品、模块品目、服务的质量管理。需要精益运作、智能运作围绕延迟策略运作和强化延迟策略运作、后拉动流程、后拉动价值、智能运作的产品、模块品目、服务进行质量管理。企业集成质量管理需要围绕延迟策略运作和强化延迟策略运作、后拉动流程、后拉动价值、智能运作的产品、模块品目、服务确定企业集成模块单元价值链管理流程价值与质量方针与目标、成员岗位和职责、价值与质量目标实现策划，需要体现企业集成模块单元价值链管理流程价值与质量运作支持、价值与质量运作，确定企业集成产品开发与设计、基本运营、采购模块单元价值链管理流程价值与质量运作，进行企业集成模块单元价值链管理流程价值与质量测量、质量分析、价值与质量改进、价值与质量控制方法运用，从而实现全过程、全员性、全企业、全社会集成质量管理。

制造类企业、服务类企业、纯服务类企业、一般纯服务企业进行全面质量管理和集成质量管理。

二、企业集成运营模块单元流水线运营作业质量和能力

（一）企业集成运营模块单元流水线作业质量

企业集成运营模块单元流水线作业质量体现为模块单元流水线融合质量。企业独立模块单元各种流水线的延迟策略和强化延迟策略、后拉动流程、后拉动价值、智能的运营活动融合质量。具体体现为具体模块单元的通用模块单元相似流水线、具体模块单元链接模块单元相似流水线、联合模块单元的通用模块单元单一流水线、联合模块单元的通用模块单元相似流水线、联合模块单元链接模块单元相似流水线、模块组模块单元的通用模块单元单一流水线、模块组模块单元链接模块单元单一流水线、总作业模块单元的通用模块单元单一流水线、总作业链接模块单元单一流水线的作业间融合质量和作业中融合延迟策略和强化延迟策略运营活动质量，体现为通用和链接模

块单元流水线单一流作业中融合延迟策略和强化延迟策略运营活动质量，体现为通用和链接模块单元流水线单一流延迟策略和强化延迟策略作业与后拉动流程、后拉动价值融合质量，体现为通用和链接模块单元流水线单一流延迟策略和强化延迟策略、后拉动流程、后拉动价值作业与智能运作融合质量，体现为通用和链接模块单元流水线单一流延迟策略和强化延迟策略、后拉动流程、后拉动价值、智能融合质量。需要进行具体模块单元专用模块单元隐形流水线、具体模块单元专用模块单元可变流水线、联合模块单元专用模块单元可变流水线、联合模块单元专用模块单元混合流水线、模块组模块单元专用模块单元混合流水线、总作业专用模块单元相似流水线的作业间融合质量和作业中融合延迟策略和强化延迟策略运营活动质量运作，进行专用模块单元流水线单一流作业中融合延迟策略和强化延迟策略运营活动质量，专用模块单元流水线单一流延迟策略和强化延迟策略作业与后拉动流程、后拉动价值融合质量运作，进行专用模块单元流水线单一流延迟策略和强化延迟策略、后拉动流程、后拉动价值作业与智能运作融合质量运作，进行专用模块单元流水线单一流延迟策略和强化延迟策略、后拉动流程、后拉动价值、智能融合质量运作。

企业联系模块单元各种流水线的延迟策略和强化延迟策略、后拉动流程、后拉动价值、智能进行运营活动融合质量运作。具体体现为具体模块单元混合流水线的通用、链接、专用部分和之间衔接，具体模块单元可变流水线通用、链接、专用部分和之间衔接部分，联合模块单元混合流水线通用、链接、专用部分和之间衔接部分，模块组模块单元混合流水线通用、链接、专用部分和之间衔接部分，总作业模块单元相似流水线通用、链接、专用部分和之间衔接部分，反映模块单元流水线通用、链接、专用部分的作业之间的融合质量运作，反映模块单元流水线通用、链接、专用部分与衔接部分之间融合质量运作，反映模块单元流水线通用、链接、专用部分、衔接部分和单一流作业融合质量运作，反映模块单元流水线通用、链接、专用部分的衔接部分的单一流作业与延迟策略和强化延迟策略运营活动融合质量运作，反映模块单元流水线通用、链接、专用部分与衔接部分单一流作业的延迟策略和强化延迟策略运营活动与后拉动流程、后拉动价值融合质量，模块单元流水线通用、链接、专用部分与衔接部分单一流作业的延迟策略和强化延迟策略运营活动的后拉动流程、后拉动价值与智能运作融合质量运作，反映模块单元流水线通用、链接、专用部分与衔接部分单一流作业的延迟策略和强化延迟策略运营活动的后拉动流程、后拉动价值、智能运作融合质量。运作整体和局部模块单元混合流水线通用、链接、专用部分和之间衔接部分的作业之间进行融合质量运作，整体和局部模块单元流水线通用、链接、专用部分与衔接部分之间进行融合质量运作，整体和局部模块单元流水线通用、链接、专用部分、衔接部分和单一流作业进行融合质量运作，整体和局部模块单元流水线通用、链接、专用部分的衔接部分的单一流作业与延迟策略和强化延迟策略运营活动进行融合质量运作，整体和局部模块单元流水线通用、链接、专用部分与衔接部分单一流作业的延迟策略和强化延迟策略与后拉动流程、后拉动价值运营活动进行融合质量运作，整体和局部模块单元流水线通用、链接、专用部分与衔接部分单一流作业的延迟策略和强化延迟策略运营活动的后拉动流程、后拉动价值与智能运作进行融合质量运作，整体和局部模块单元流水线通用、链接、专用部分与衔接部分单一流作业的延迟策略和强化延迟策略运营活动后拉动流程、后拉动价值、智能运作融合进行质量运作。

企业集成模块单元流水线运营作业延迟策略运作和强化延迟策略、后拉动流程、后拉动价值、智能运作的产品、模块品目、服务质量处于受控状态，质量特性值的分布特性不随时间而变化，企业集成模块单元流水线运营作业质量保持稳定，符合质量规格的要求。具体体现在排除影响企业集成模块单元流水线运营作业质量的系统因素后，质量特性值、质量数学期望均值、质量标准差是企业集成模块单元流水线运营作业质量目标，观测值分布在中心线的两侧，不应有任何系统性规律，都在质量上下限之间。

企业集成模块单元流水线运营作业延迟策略运作和强化延迟策略运作、后拉动流程、后拉动价值、智能运作的产品、模块品目、服务质量处于失控状态，质量特性值的分布特性发生改变，不符合质量规格的要求。具体体现在质量数学期望均值保持稳定，企业集成模块单元流水线运营作业质量过程状态稳定，但由于质量特性值、质量数学期望均值已偏离控制中心，观测值越出控制界限的可能性增大；质量标准差保持稳定，但由于质量标准差已偏离原有的标准差，观测值越出控制界限的可能性增大；质量数学期望均值、质量标准差保持稳定，但都已偏离原有的均值、标准差，观测值越出控制界限的可能性增大；质量数学期望均值、质量标准差至少有一个是不稳定的，观测值越出控制界限的可能性增大。

企业集成模块单元流水线运作中，由于员工操作、机器设备运作、模块品目、流程、测试手段、环境条件对企业集成模块单元流水线作业质量都有着影响，一定条件下，企业集成模块单元流水线作业质量受控状态和失控状态可以转化，需要不断发现问题、分析问题、反馈问题和解决问题。

企业集成顾客接触场内员工服务流程、顾客接触场内设备服务流程、顾客接触场外设备服务流程、顾客接触电子服务流程，还需要具备面对顾客接触服务环境和顾客接触服务氛围，进行服务的员工、设备、电子设备与顾客价值共创、互动流程运作，进行员工、设备、电子设备细致服务流程运作，进行顾客服务体验和服务补救服务流程运作，这些服务流程构成完备服务流程，需要具备集成服务模块单元流水线作业服务质量。进行服务质量运作时，需要重点关注服务关键时刻服务质量，关键质量是服务的关键性质量（雷鸣，2011）。企业集成顾客接触服务流程服务起始关键时刻，顾客与服务环境初始接触关键时刻、顾客与服务氛围初始接触关键时刻、员工与顾客初始接触关键时刻、设备与顾客初始接触关键时刻、电子设备与顾客初始接触关键时刻和服务运作关键时刻的是否接受服务关键时刻、服务价值判断关键时刻、服务反馈关键时刻、是否再次接受服务关键时刻、服务问题关键时刻的服务质量，是重点进行服务运作的质量（孙丽辉，1997）。

制造类企业需要具备企业集成制造模块单元流水线制造作业质量，服务类企业、纯服务类企业、一般纯服务企业需要具有企业集成服务模块单元流水线服务作业质量，一般纯服务企业需要具有集成服务模块单元流水线作业服务质量。

（二）企业集成模块单元流水线运营作业能力指数

企业集成模块单元流水线运营作业运作过程中，延迟策略运作和强化延迟策略运作、后拉动流程、后拉动价值、智能运作的产品、模块品目、顾客接触服务感知质量特性值的概率分布反映模块单元流水线运营作业实际运营能力。企业集成模块单元流水线运营作业能力是受控状态下运营作业对产品、模块品目、顾客接触服务感知质量的保证能力，具有一致性的特性。企业集成模块单元流水线运营作业能力是指企业集成具体、联合、模块组、总作业模块单元和通用、链接、专用模块单元流水线有形产品、无形产品、模块品目运营作业能力。企业集成顾客接触场内员工服务流程、顾客接触场内设备服务流程、顾客接触场外设备服务流程、顾客接触电子服务流程的模块单元流水线无形产品服务能力是企业集成具体、联合模块单元和通用、专用模块单元流水线无形产品服务作业能力。企业集成顾客接触场内员工服务流程、顾客接触场内设备服务流程、顾客接触场外设备服务流程、顾客接触电子服务流程的模块单元流水线针对服务的服务能力是企业集成具体、联合模块单元和通用、专用模块单元流水线的顾客接触服务环境、顾客接触服务氛围、员工和设备与电子设备与顾客价值共创、员工和设备与电子设备与顾客互动、员工和设备与电子设备与顾客细致服务、顾客对员工和设备与电子设备服务体验、员工和设备与电子设备服务补救的服务作业能力。企业集成模块单元流水线运营作业能力，企业集成顾客接触场内员工服务流程、顾客接触场内设备服务流程、顾客接触场外设备服务流程、顾客接触电子服务流程无形产品服务作业能力和针对服务的服务作业能力可用公式如下：

$$B = 6\sigma \tag{7-2-1}$$

$$B_c = 6\sigma_c \tag{7-2-2}$$

$$B_g = 6\sigma_g \tag{7-2-3}$$

企业集成模块单元流水线运营作业能力指数是运营作业质量标准的范围和运营作业能力的比值。企业集成模块单元流水线运营作业能力是指企业集成具体、联合、模块组、总作业模块单元和通用、链接、专用模块单元流水线有形产品、无形产品、模块品目的运营作业质量标准范围内的运营作业能力。企业集成顾客接触场内员工服务流程、顾客接触场内设备服务流程、顾客接触场外设备服务流程、顾客接触电子服务流程的模块单元流水线无形产品服务能力是企业集成具体、联合模块单元和通用、专用模块单元流水线无形产品服务作业质量标准范围内的无形产品服务作业能力。C_p 是使用最简单最广泛的过程能力指数（生志荣，2013）。企业集成顾客接触场内员工服务流程、顾客接触场内设备服务流程、顾客接触场外设备服务流程、顾客接触电子服务流程的模块单元流水线服务的服务能力是企业集成具体、联合模块单元和通用、专用模块单元流水线的顾客接触服务环境、顾客接触服务氛围、员工和设备与电子设备与顾客价值共创、员工和设备与电子设备与顾客互动、员工和设备与电子设备与顾客细致服务、顾客对员工和设备与电子设备服务体验、员工和设备与电子设备服务补救，针对服务作业质量标准范围内的服务作业能力。过程能力指数应用在服务企业，也是一种很好的控制方法（吴嘉华和侯先荣，2006）。企业集成模块单元流水线运营作业能力指数、企业集成顾客接触场内员工服务流程、顾客接触场内设备服务流程、顾客接触场外设备服务流程、顾客接触电子服务流程无形产品服务作业能力指数和针对服务的服务作业能力指数公式如下：

$$C_p = \frac{T}{6\sigma} \tag{7-2-4}$$

$$C_{pc} = \frac{T_c}{6\sigma_c} \tag{7-2-5}$$

$$C_{pg} = \frac{T_g}{6\sigma_g} \tag{7-2-6}$$

企业集成模块单元流水线运营作业能力指数、顾客接触服务流程无形产品服务作业能力指数和服务的服务作业能力指数将运营作业能力和实际质量控制要求联系起来，通过企业集成模块单元流水线运营作业能力指数、顾客接触服务流程无形产品服务作业能力指数和服务的服务作业能力指数考察运营作业能力是否符合质量控制要求。企业集成模块单元流水线运营作业能力指数、顾客接触服务流程无形产品服务作业能力指数和服务的服务作业能力指数具体计算时需要结合具体的情况进行计算。企业集成模块单元流水线运营作业无偏、双向公差情形的企业集成模块单元流水线运营作业能力指数、顾客接触服务流程无形产品服务作业能力指数和服务的服务作业能力指数，运营作业有偏、双向公差情形的企业集成模块单元流水线运营作业能力指数、顾客接触服务流程无形产品服务作业能力指数和服务的服务作业能力指数，单向公差的公差上限企业集成模块单元流水线运营作业能力指数、顾客接触服务流程无形产品服务作业能力指数和服务的服务作业能力指数，公差下限的企业集成模块单元流水线运营作业能力指数、顾客接触服务流程无形产品服务作业能力指数和服务的服务作业能力指数在质量控制中发挥重要作用。

企业集成模块单元流水线运营作业无偏、双向公差情形、单向公差的公差上限、公差下限的企业集成模块单元流水线运营作业能力指数公式如下：

$$C_p = \frac{T}{6\sigma} = \frac{T_U - T_L}{6s} \tag{7-2-7}$$

$$C_{pk} = (1-k)C_p = \frac{T-2\varepsilon}{6s} \tag{7-2-8}$$

$$C_{PU} = \frac{T_U - \bar{x}}{3s} \tag{7-2-9}$$

$$C_{PL} = \frac{\bar{x} - T_L}{3s} \tag{7-2-10}$$

企业集成模块单元流水线运营作业无偏、双向公差情形、单向公差的公差上限、公差下限的企业集成模块单元流水线顾客接触服务流程无形产品服务作业能力指数公式如下：

$$C_{pc} = \frac{T_c}{6\sigma_c} = \frac{T_{Uc} - T_{Lc}}{6s_c} \qquad (7-2-11)$$

$$C_{pkc} = (1 - k_c) C_{pc} = \frac{T_{Xc} - 2\varepsilon_c}{6s_c} \qquad (7-2-12)$$

$$C_{PUc} = \frac{T_{Uc} - \bar{x}_c}{3s_c} \qquad (7-2-13)$$

$$C_{PLc} = \frac{\bar{x}_c - T_{Lc}}{3s_c} \qquad (7-2-14)$$

企业集成模块单元流水线运营作业无偏、双向公差情形、单向公差的公差上限、公差下限的企业集成模块单元流水线顾客接触服务流程服务的服务作业能力指数公式如下：

$$C_{pg} = \frac{T_g}{6\sigma_g} = \frac{T_{Ug} - T_{Lg}}{6s_g} \qquad (7-2-15)$$

$$C_{pkg} = (1 - k_g) C_{pg} = \frac{T_g - 2\varepsilon_g}{6s_g} \qquad (7-2-16)$$

$$C_{PUg} = \frac{T_{Ug} - \bar{x}_g}{3s_g} \qquad (7-2-17)$$

$$C_{PLg} = \frac{\bar{x}_g - T_{Lg}}{3s_g} \qquad (7-2-18)$$

运营作业无偏、双向公差情形，公差的上下限分别为 T_U、T_L 由此确定企业集成模块单元流水线运营作业能力指数。运营作业有偏、双向公差情形，引入偏移量 ε 和偏移系数 k，其中 $\varepsilon = |T_M - \bar{x}|$、$k = \dfrac{\varepsilon}{\frac{T}{2}} = \dfrac{2|T_M - \bar{x}|}{T}$，由此确定企业集成模块单元流水线运营作业能力指数。单向公差的情形，只要求控制公差上限或者控制公差下限，由此确定企业集成模块单元流水线运营作业能力指数。

制造类企业需要具备企业集成模块单元流水线制造作业能力、集成模块单元流水线制造作业能力指数，具有无偏、双向公差情形、单向公差的公差上限、公差下限企业集成模块单元流水线运营作业能力指数。服务类企业、纯服务类企业具有企业集成模块单元流水线服务作业能力、集成模块单元流水线服务作业能力指数，具有无偏、双向公差情形、单向公差的公差上限、公差下限企业集成模块单元流水线服务作业能力指数。一般纯服务企业具有顾客接触场内员工服务流程、顾客接触场内设备服务流程、顾客接触场外设备服务流程、顾客接触电子服务流程无形产品服务作业能力和服务的服务作业能力，具有无形产品服务作业能力指数和针对服务的服务作业能力指数，具有无偏、双向公差情形、单向公差的公差上限、公差下限顾客接触服务流程无形产品服务作业能力指数和针对服务的服务作业能力指数。

三、企业集成模块单元流水线质量可靠性

企业集成模块单元流水线延迟策略运作和强化延迟策略运作、后拉动流程、后拉动价值、智能运作的产品、模块品目、服务质量可靠性表示企业集成模块单元流水线在规定的条件下和规定的时间内完成规定功能的能力（王海燕和唐润，2014）。企业集成模块单元流水线在规定的条件下和规定的时间内完成规定功能概率体现为企业集成模块单元流水线可靠性。企业集成模块单元流水线可以根据设备、人员要素、流水线组成部分进行可靠性的企业集成模块单元流水线划分，由此确定出不同流水线系统。

企业集成模块单元串联流水线由 n 个子系统构成，仅当 n 个子系统全部正常工作时，系统才能够正常工作，只要有一个子系统出现故障，则企业集成模块单元串联流水线出现故障，这样的系统称企业集成模块单元串联流水线。企业集成模块单元串联流水线可靠度一般模型、所有子系统寿命分布服从指数分布的可靠度模型、作业时间相同的可靠度模型、故障率相同可靠度模型、故障率为常数的平均寿命模型、故障率不等近似可靠度模型、平均寿命联系可靠度模型如下：

$$R_{S1}(t) = \prod_{i=1}^{n} R_i(t_i) \tag{7-2-19}$$

$$R_{S2}(t) = \prod_{i=1}^{n} e^{-\lambda_i t_i} \tag{7-2-20}$$

$$R_{S3}(t) = e^{-\sum_{i=1}^{n} \lambda_i t} \tag{7-2-21}$$

$$R_{S4}(t) = e^{-n\lambda t} \tag{7-2-22}$$

$$MTTF_{S1} = \frac{1}{\lambda} \tag{7-2-23}$$

$$R_{S5}(t) = 1 - \left(\sum_{i=1}^{n} \lambda_i\right) t \tag{7-2-24}$$

$$R_{S6}(t) = 1 - \frac{nt}{MTTF_{S1}} \tag{7-2-25}$$

企业集成模块单元并联流水线由 n 个子系统构成，如果只有一个子系统作业，系统就能作业，或者只有所有的子系统都不能作业，企业集成模块单元并联流水线不能作业。企业集成模块单元并联流水线可靠度一般模型、所有子系统寿命分布服从指数分布的可靠度模型、$n=2$ 可靠度模型、$n=2$ 平均寿命模型、$n=2$ 失效率模型、失效率相同可靠度模型、失效率相同失效率模型、失效率相同平均寿命近似模型、失效率相同 $n=2$ 可靠度模型、失效率相同 $n=2$ 失效率模型、失效率相同 $n=2$ 平均寿命模型如下：

$$R_{B1}(t) = 1 - \prod_{i=1}^{n} [1 - R_i(t)] \tag{7-2-26}$$

$$R_{B2}(t) = 1 - \prod_{i=1}^{n}(1 - e^{-\lambda_i t}) \tag{7-2-27}$$

$$R_{B3}(t) = e^{-\lambda_1 t} + e^{-\lambda_2 t} - e^{-(\lambda_1 + \lambda_2)t} \tag{7-2-28}$$

$$MTBF_{B1} = \frac{1}{\lambda_1} + \frac{1}{\lambda_2} - \frac{1}{\lambda_1 + \lambda_2} \tag{7-2-29}$$

$$\lambda_{B1}(t) = \frac{\lambda_1 e^{-\lambda_1 t} + \lambda_2 e^{-\lambda_2 t} - (\lambda_1 + \lambda_2)e^{-(\lambda_1 + \lambda_2)t}}{e^{-\lambda_1 t} + e^{-\lambda_2 t} - e^{-(\lambda_1 + \lambda_2)t}} \tag{7-2-30}$$

$$R_{B4}(t) = 1 - (e^{-\lambda t})^n \tag{7-2-31}$$

$$\lambda_{B2}(t) = \frac{n\lambda e^{-\lambda t}(1 - e^{-\lambda t})^{n-1}}{1 - (1 - e^{-\lambda t})} \tag{7-2-32}$$

$$MTBF_{B2} = \frac{1}{\lambda}\ln n \tag{7-2-33}$$

$$R_{B5}(t) = 2e^{-\lambda t} - e^{-2\lambda t} \tag{7-2-34}$$

$$\lambda_{B3}(t) = \frac{2\lambda(1 - e^{-\lambda t})}{2 - e^{-\lambda t}} \tag{7-2-35}$$

$$MTBF_{B3} = \frac{3}{2}\theta \tag{7-2-36}$$

F 公司企业集成模块单元流水线由两个子系统构成，$\lambda_1 = 6 \times 10^{-4} h^{-1}$，$\lambda_2 = 2 \times 10^{-4} h^{-1}$ $t = 100h$。

F 公司企业集成模块单元串联流水线则有：

$$\lambda_s = \sum_{i=1}^{2}\lambda_i = 8 \times 10^{-4} h^{-1}$$

$$R_s(100) = 0.9231$$

$$MTBF_S = \frac{1}{\lambda_s} = 1250h$$

F 公司企业集成模块单元并联流水线则有：

$$R_B(100) = e^{-\lambda_1 t} + e^{-\lambda_2 t} - e^{-(\lambda_1 + \lambda_2)t}$$
$$= 0.9989$$

$$\lambda_B(t) = \frac{\lambda_1 e^{-\lambda_1 t} + \lambda_2 e^{-\lambda_2 t} - (\lambda_1 + \lambda_2)e^{-(\lambda_1 + \lambda_2)t}}{e^{-\lambda_1 t} + e^{-\lambda_2 t} - e^{-(\lambda_1 + \lambda_2)t}}$$
$$= 0.2266 \times 10^{-4}$$

$$MTBF_B = \frac{1}{\lambda_1} + \frac{1}{\lambda_2} - \frac{1}{\lambda_1 + \lambda_2}$$
$$= 5416.67h$$

企业集成模块单元串并联流水线由 n 个子系统串联构成，每个子系统由 m 个子系统并联而成。企业集成模块单元并串联流水线由 m 个子系统并联构成，每个子系统由 n 个子系统串联而成。企业集成模块单元 2/3［G］流水线由三个子系统构成，任意两个子系统正常运作，模块单元流水线正常运作。企业集成模块单元 $(n-1)/n$［G］流

水线由 n 个子系统构成，任意 $n-1$ 个子系统正常运作，模块单元流水线正常运作。企业集成模块单元 k/n［G］流水线由 n 个子系统构成，任意 k 个子系统正常运作，模块单元流水线正常运作。企业集成模块单元串并联流水线可靠度模型、企业集成模块单元并串联流水线可靠度模型、企业集成模块单元 2/3［G］流水线寿命分布服从指数分布的可靠度模型、企业集成模块单元 2/3［G］流水线寿命分布服从指数分布的平均寿命模型、企业集成模块单元 2/3［G］流水线寿命分布服从指数分布失效率为 λ 的可靠度模型、企业集成模块单元 2/3［G］流水线寿命分布服从指数分布失效率为 λ 的平均寿命模型、企业集成模块单元 $(n-1)/n$［G］流水线寿命分布服从指数分布的可靠度模型、企业集成模块单元 $(n-1)/n$［G］流水线寿命分布服从指数分布的平均寿命模型、企业集成模块单元 k/n［G］流水线寿命分布服从指数分布的可靠度模型、企业集成模块单元 k/n［G］流水线寿命分布服从指数分布的平均寿命模型如下：

$$R_C(t) = \prod_{i=1}^{n} \left[1 - (1 - R_i(t))^m \right] \tag{7-2-37}$$

$$R_D(t) = 1 - \left[1 - \prod_{i=1}^{n} R_i(t) \right]^m \tag{7-2-38}$$

$$R_{E1}(t) = e^{-(\lambda_1 + \lambda_2)t} + e^{-(\lambda_1 + \lambda_3)t} + e^{-(\lambda_2 + \lambda_3)t} - 2e^{-(\lambda_1 + \lambda_2 + \lambda_3)t} \tag{7-2-39}$$

$$MTBF_{E1} = \frac{1}{\lambda_1 + \lambda_2} + \frac{1}{\lambda_1 + \lambda_3} + \frac{1}{\lambda_2 + \lambda_3} - \frac{1}{\lambda_1 + \lambda_2 + \lambda_3} \tag{7-2-40}$$

$$R_{E2}(t) = 3e^{-2\lambda t} - 2e^{-3\lambda t} \tag{7-2-41}$$

$$MTBF_{E1} = \frac{5}{6\lambda} \tag{7-2-42}$$

$$R_H(t) = ne^{-(n-1)\lambda t} - (n-1)e^{-n\lambda t} \tag{7-2-43}$$

$$MTBF_H = \frac{1}{n\lambda} - \frac{1}{(n-1)\lambda} \tag{7-2-44}$$

$$R_G(t) = \sum_{i=1}^{n} C_n^k e^{-i\lambda t} (1 - e^{-\lambda t})^{n-k} \tag{7-2-45}$$

$$MTBF_G = \sum_{i=k}^{n} \frac{1}{i\lambda} \tag{7-2-46}$$

F 公司集成模块单元流水线子系统可靠度 $R(t) = e^{-\lambda t}$，$\lambda = 0.02h^{-1}$，$t = 10h$。

F 公司集成模块单元流水线子系统由一个子系统组成的可靠度为：

$$R_{S21}(10) = e^{-0.02t} = 0.8187$$

F 公司集成模块单元流水线子系统由两个子系统组成的串联可靠度为：

$$R_{S22}(10) = (e^{-0.02t})^2 = 0.6703$$

F 公司集成模块单元流水线子系统由两个子系统组成的并联可靠度为：

$$R_{B21}(10) = 1 - (1 - e^{-0.02t})^2 = 0.9671$$

F 公司集成模块单元流水线子 2/3［G］系统的可靠度为：

$$R_{E21}(10) = 3e^{-2\lambda t} - 2e^{-3\lambda t} = 0.9133$$

制造类企业、服务类企业、纯服务类企业、一般纯服务企业都可以根据自身运作特性建立企业集成模块单元流水线可靠性的系统，确定集成模块单元串联流水线、集成模块单元并联流水线、集成模块单元串并联流水线、集成模块单元并串联流水线、集成模块单元 2/3 [G] 流水线、集成模块单元 $(n-1)/n$ [G] 流水线、集成模块单元 k/n [G] 流水线的可靠度模型、失效率模型、平均寿命模型，测算可靠度、失效率、平均寿命。

四、顾客接触企业集成模块单元服务流水线服务质量特性与模型

（一）顾客接触企业集成模块单元服务流水线服务质量特性

顾客接触企业集成模块单元服务流水线服务质量由集成模块单元服务流程质量、技术质量、职能质量、形象质量、真实瞬间质量构成。集成模块单元服务流程质量融技术质量、职能质量、形象质量、真实瞬间质量于一体的延迟策略和强化延迟策略运作、后拉动流程、后拉动价值、智能运作的集成模块单元服务流程质量是顾客接触企业集成模块单元服务流水线服务质量的整体反映。技术质量是服务产出质量，是服务成果的体现。职能质量是服务过程质量的体现，由显性职能质量和隐性职能质量构成。显性职能质量反映了员工、设备、电子设备呈现给顾客的穿着、姿态、语言、手势、设备外观、界面各种显性的质量；隐性职能质量体现了员工对顾客行为的认知、员工行为、员工态度、服务氛围这些隐性的职能质量。显性职能质量和隐性职能质量从与顾客接触、与顾客互动、细致服务整个过程中体现出来。形象质量是企业在社会公众中的形象，对服务质量有重要的推动作用。真实瞬间质量体现为服务起始关键时刻的顾客与服务环境初始接触关键时刻、顾客与服务氛围初始接触关键时刻、员工与顾客初始接触关键时刻、设备与顾客初始接触关键时刻、电子设备与顾客初始接触关键时刻和服务运作关键时刻的是否接受服务关键时刻、服务价值判断关键时刻、服务反馈关键时刻、是否再次接受服务关键时刻、服务问题关键时刻的服务质量。

服务质量主要由集成模块单元服务流程质量、技术质量、职能质量、形象质量、真实瞬间质量决定，主要反映顾客服务需求功能的服务质量功能。服务满意是服务样式功能、服务质量功能、服务数量功能、服务瞬时功能、顾客感知功能、服务价格功能，比服务质量方面的满意。

1. 服务质量是主观质量

企业集成顾客接触场内员工服务流程、顾客接触场内设备服务流程、顾客接触场外设备服务流程、顾客接触电子服务流程模块单元流水线与针对顾客接触的企业集成模块单元服务流水线和无顾客接触的企业集成模块单元制造流水线有着重大区别。企业集成模块单元制造流水线运作有着客观的标准，这些客观的标准能够真实反映企业集成模块单元制造流水线运作的情况。顾客接触的企业集成模块单元服务流水线延迟策略运作和强化延迟策略运作、后拉动流程、后拉动价值、智能运作中面对的是顾客，

顾客对运作的反映有着主观的认识，因而顾客接触的企业集成模块单元服务流水线需要考虑这些主观认识，顾客接触的企业集成模块单元服务流水线运作的主观性很强。

2. 服务质量是互动质量

企业集成顾客接触场内员工服务流程、顾客接触场内设备服务流程、顾客接触场外设备服务流程、顾客接触电子服务流程模块单元流水线运作是在与顾客没有直接接触的环境下进行运作的，金额已按照既定的服务过程运作的方式和顺序进行作业运作。但顾客接触的企业集成模块单元服务流水线是在与顾客直接接触的环境下进行运作，需要随时关注顾客的感受，与顾客进行互动，提升顾客参与企业运作的兴趣，使顾客满意企业集成模块单元服务流水线运作。与企业集成模块单元制造流水线运作不同，顾客接触的企业集成模块单元服务流水线延迟策略运作和强化延迟策略运作、后拉动流程、后拉动价值、智能运作中服务产生的同时就在进行顾客的消费，因而这种服务对顾客来说就是瞬间进行的运作，这种运作需要企业集成模块单元服务流水线具有高效的互动作为保证，只有高效的互动，才能够保证顾客接触的企业集成模块单元服务流水线运作效率。

3. 服务质量注重过程质量

企业集成顾客接触场内员工服务流程、顾客接触场内设备服务流程、顾客接触场外设备服务流程、顾客接触电子服务流程模块单元流水线运作与顾客分离，这种过程运作更多注重的是结果，注重有形产品是否符合顾客的需要。顾客接触的企业集成模块单元服务流水线是从服务过程直到服务结果都是顾客能够感受到的过程，这一过程不仅需要的是结果，更重要的是服务过程，代表结果的产品和服务过程是交织在一起的。更重要的是顾客接触的企业集成模块单元服务流水线延迟策略运作和强化延迟策略运作、后拉动流程、后拉动价值、智能运作过程本身顾客能直接感受和需要感受，是和产品一样重要的对顾客有着直接影响的部分。需要顾客接触的企业集成模块单元服务流水线注重服务过程。

4. 服务质量评价方法注重外部效率

企业集成模块单元服务流水线运作评价更多的是注重服务流水线运作内部，而服务流水线运作相对客观，因而其灵活性、变动性要小。企业集成顾客接触场内员工服务流程、顾客接触场内设备服务流程、顾客接触场外设备服务流程、顾客接触电子服务流程模块单元流水线延迟策略运作和强化延迟策略运作、后拉动流程、后拉动价值、智能运作更多的是关注有顾客所产生的外部的运作，这些运作来源于顾客的感知，而顾客的感知更多的是顾客内心活动的行为所致，与服务流水线运作内部稳定的运作有着根本的不同，因而顾客接触的企业集成模块单元服务流水线运作评价灵活性、变动性更大，更不容易掌控。

(二) 顾客接触企业集成模块单元服务流水线顾客感知服务质量模型

1. 顾客接触企业集成模块单元服务流水线顾客感知服务质量模型

从芬兰汉肯经济学院 Gronroos 教授 1984 年提出顾客感知服务质量概念，至今已经

30多年，顾客感知服务质量已有了长足发展（石丽，2015）。格罗斯顾客感知服务质量模型中，服务质量完全取决于顾客的感知，企业集成顾客接触场内员工服务流程、顾客接触场内设备服务流程、顾客接触场外设备服务流程、顾客接触电子服务流程模块单元流水线延迟策略运作和强化延迟策略运作、后拉动流程、后拉动价值、智能运作服务质量需要按照顾客感知的服务质量进行运作。顾客接触的企业集成模块单元服务流水线延迟策略运作和强化延迟策略运作、后拉动流程、后拉动价值、智能运作总感知的服务质量由期望服务质量和顾客感知服务质量共同决定。期望服务质量和顾客感知服务质量越高，企业集成模块单元服务流水线运作总感知的服务质量越高，反之亦然。期望服务质量和顾客感知服务质量越高对企业集成模块单元服务流水线运作总感知的服务质量的影响体现为一致性的影响和不一致性的影响（王海燕和张斯棋，2014）。一致性的影响体现为期望服务质量和顾客感知服务质量影响的方向一致，二者或者同时影响增强或者同时影响降低，同时影响增强会使企业集成模块单元服务流水线运作总感知的服务质量增强，同时影响降低会使企业集成模块单元服务流水线运作总感知的服务质量降低，期望服务质量、顾客感知服务质量、企业集成模块单元服务流水线运作总感知的服务质量三者的变化方向一致。不一致性的影响体现为期望服务质量和顾客感知服务质量影响的方向不一致，二者影响增强和降低或者影响降低和增强同时进行，对企业集成模块单元服务流水线运作总感知的服务质量影响，关键是看期望服务质量和顾客感知服务质量二者谁的影响强度大，对企业集成模块单元服务流水线运作总感知的服务质量就按照强度大的方向运作，强度大的是增强，企业集成模块单元服务流水线运作总感知的服务质量增强，强度大的是降低，企业集成模块单元服务流水线运作总感知的服务质量降低。格罗斯顾客感知服务质量模型如图7-2-1所示。

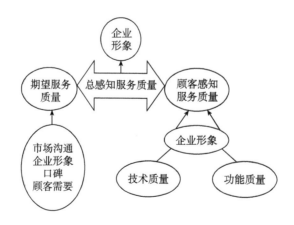

图7-2-1　格罗斯顾客感知服务质量模型

顾客接触的企业集成模块单元服务流水线延迟策略运作和强化延迟策略运作、后拉动流程、后拉动价值、智能运作顾客感知服务质量包括技术质量和功能质量两个部分。技术质量是企业集成模块单元服务流水线运作结果，顾客容易感知，便于评价。功能质量指企业集成模块单元服务流水线运作如何提供服务以及顾客是如何得到服务，设计服务人员的仪表仪态、服务态度、服务方法、服务程序、服务行为方式，更具有无形性特点。顾客感知服务质量是技术质量和功能质量的统一，但二者的作用并不相同。技术质量是顾客接触的企业集成模块单元服务流水线运作所必备的，是流水线进行良好服务的入门基础，对服务的促进作用更多体现在维持方面，有时技术质量改进并无助于顾客感知质量的提高。功能质量与顾客感知质量是正相关的关系，进行功能质量的改进才能够真正促进企业集成模块单元服务流水线运作水平的提高，尤其对于服务企业技术质量相对平均，彼此之间无法取得重大的实质性改进，且即便有实质性的进展，也需要将这种改进与顾客感知质量取得正相关，功能质量仍然十分重要，若都在顾客能够接受的水平范围内，进行功能质量依然成为企业集成模块单元服务流水线运作关键所在。

企业形象对企业集成模块单元服务流水线延迟策略运作和强化延迟策略运作、后拉动流程、后拉动价值、智能运作顾客感知服务质量有直接的影响。企业形象越好对顾客感知服务质量促进作用就越大。企业形象与技术质量和功能质量相互联系，相互作用。技术质量和功能质量越高，企业形象就越好，相反技术质量和功能质量越低，企业形象就越差。但企业形象对顾客感知服务质量影响与技术质量和功能质量对顾客感知服务质量影响不完全同步，企业形象对顾客感知服务质量有直接的影响，即使技术质量和功能质量出现问题都有可能被人们忽略。企业形象与总的顾客感知服务质量有着联系，总的顾客感知服务质量提升直接促进企业形象提升。因而，良好的企业形象对顾客感知服务质量有着重要的作用，企业需要注重形象管理。

顾客接触的企业集成模块单元服务流水线延迟策略运作和强化延迟策略运作、后拉动流程、后拉动价值、智能运作期望服务质量直接影响着总的顾客感知服务质量。期望服务质量对总的顾客感知服务质量是双向影响，过高的期望服务质量，会造成与现实不符合时对总的顾客感知服务质量的消极影响，过低的期望服务质量，会造成与现实不符合时对总的顾客感知服务质量的消极影响，只有合适的期望服务质量，会对总的顾客感知服务质量产生积极影响。期望服务质量影响因素包括市场沟通中的经验，顾客过去的经验以及现在提供服务的经历，由于顾客特定的身体、心理、社会特征所产生的个人需要，由其他群体而不是公司所做的关于服务的陈述，企业在公众中的形象，这些因素对期望服务质量产生影响。期望服务质量影响因素会对总的顾客感知服务质量形成积极影响，也会形成消极影响。需要注重这些因素的分析，使这些因素对期望服务质量产生积极影响，从而对总的顾客感知服务质量产生积极影响。

2. 顾客接触企业集成模块单元服务流水线 PZB 顾客感知服务质量模型

顾客接触企业集成模块单元服务流水线 PZB 顾客感知服务质量模型由 Parasuraman、Zeithml、Berry 建立。PZB（PZB）顾客感知服务质量模型将顾客感知服务质量直接影响因素确定为期望服务，期望服务决定顾客感知服务质量水平。企业集成顾客接触场内员工服务流程、顾客接触场内设备服务流程、顾客接触场外设备服务流程、顾客接触电子服务流程模块单元流水线延迟策略运作和强化延迟策略运作、后拉动流程、后拉动价值、智能运作期望服务包括理想服务和适当服务，理想服务和适当服务之间的差异就是顾客容忍区域。理想服务是企业集成模块单元服务流水线延迟策略运作和强化延迟策略运作、后拉动流程、后拉动价值、智能运作设想能够完全满足顾客需求甚至给顾客带来惊喜的服务，这一服务是企业和顾客都愿意达成的，但却是理想状态的服务。适当服务是企业集成模块单元流水线受到各种因素的影响，无法达成理想服务所进行的与理想服务有一定差异的服务。理想服务更多的是只考虑顾客需求而没有考虑企业集成模块单元流水线实际，适当服务是充分考虑企业集成模块单元服务流水线延迟策略运作和强化延迟策略运作、后拉动流程、后拉动价值、智能运作实际所进行的服务。理想服务和适当服务形成差异，这对顾客而言是服务水平降低的表现，需要企业集成模块单元流水线针对顾客了解这种差异是否在顾客容忍的范围，顾客容忍的程度有多大，确立给予顾客的适当服务水平，明确期望服务的服务水平，由此确定顾客感知服务质量水平。PZB 顾客感知服务质量模型如图 7 – 2 – 2 所示。

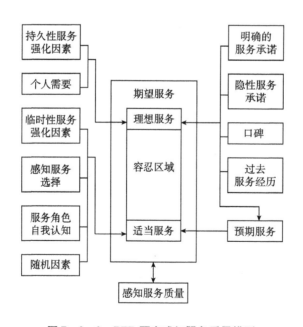

图 7 – 2 – 2　PZB 顾客感知服务质量模型

顾客接触企业集成模块单元服务流水线延迟策略运作和强化延迟策略运作、后拉动流程、后拉动价值、智能运作理想服务和适当服务有不同因素的影响。企业集成模块单元服务流水线理想服务受明确服务承诺、隐性服务承诺、口碑、过去服务经历、持久性服务强化因素、个人需要因素影响。企业集成模块单元服务流水线适当服务受明确服务承诺、隐性服务承诺、口碑、过去服务经历所形成的预期服务影响，受临时性服务强化因素、感知服务选择、服务角色自我认知、随机因素影响。这些因素从正向和负向两个方面影响着企业集成模块单元服务流水线理想服务和适当服务水平，当正向影响强度大于负向影响强度时，企业集成模块单元服务流水线理想服务和适当服务水平提高；当正向影响强度小于负向影响强度时，企业集成模块单元服务流水线理想服务和适当服务水平降低。

顾客接触企业集成模块单元服务流水线延迟策略运作和强化延迟策略运作、后拉动流程、后拉动价值、智能运作理想服务和适当服务影响因素中，持久性服务强化因素属于与顾客个人相关的长期因素，包括引致期望、个人服务理念；临时性服务强化因素、感知服务选择、服务角色自我认知、随机因素属于与顾客个人相关的短期因素。服务承诺、隐性服务承诺、口碑、过去服务经历属于市场要素。这些要素中有企业集成模块单元服务流水线能够控制的因素，也有不可控制的因素。与顾客个人相关的长期因素、与顾客个人相关的短期因素属于不可控因素，市场要素中口碑、过去服务经历属于不可控因素，服务承诺、隐性服务承诺属于可控因素。

顾客接触企业集成模块单元服务流水线延迟策略运作和强化延迟策略运作、后拉动流程、后拉动价值、智能运作理想服务和适当服务可控因素需要明确准确的服务水平和服务方式，使顾客能够准确地感受到服务水平。企业集成模块单元服务流水线理想服务和适当服务不可控因素需要做出调整，适应对顾客感知服务不确定性，从而提高顾客感知服务水平。与顾客个人相关的长期因素中需要充分进行市场调研，明确引致顾客期望和需求的来源，集中运用营销策略，宣传企业集成模块单元服务流水线服务能满足顾客需求的方法，描述顾客个人服务理念，运用信息系统设计和服务传递实现顾客个人服务理念；培训顾客有关满足个人需求的知识。与顾客个人相关的短期因素中在竞争环境中提供给顾客一定的感知服务方式；培训顾客对自我角色的认知，从而更好地为顾客服务。市场要素中确定企业集成模块单元服务流水线引领者，通过引领者建议的广告形式来模仿口碑，对现有顾客采取激励手段，使其表达对企业集成模块单元服务流水线积极的言论；通过市场调研描述顾客以前类似服务体验，为今后企业集成模块单元服务流水线服务提供借鉴；需要明确不论环境如何改变，对顾客都能够进行一定的补偿；明确告知顾客高于期望服务水平的条件，使顾客对服务不会有过高的期望。

3. 顾客接触企业集成模块单元服务流水线服务感知质量关系模型

企业集成顾客接触场内员工服务流程、顾客接触场内设备服务流程、顾客接触场外设备服务流程、顾客接触电子服务流程模块单元流水线服务感知质量关系模型由李亚德尔、斯特拉迪维克构建。企业集成模块单元服务流水线延迟策略运作和强化延迟策略运作、后拉动流程、后拉动价值、智能运作服务感知质量关系模型由情节感知和关系感知构成，具体体现为情感满意和关系满意。情节是由企业集成模块单元服务流水线顾客接触的一系列活动组成。片断是企业集成模块单元服务流水线一个时间段、一个产品组合、一个项目或者这些要素的组合。关系是由若干企业集成模块单元服务流水线片断构成。服务感知质量由情节感知质量和关系感知质量构成，情感满意度越高，情节感知质量水平就高；关系满意度越高，关系感知质量水平就高；情节感知质量水平高，关系感知质量水平高，服务感知质量水平就高。服务感知质量关系模型如图7-2-3所示。

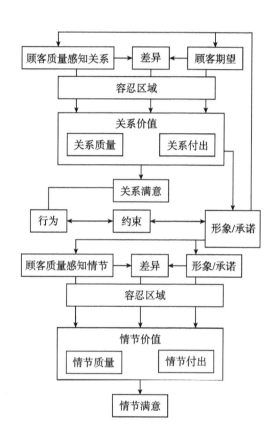

图7-2-3 服务感知质量关系模型

顾客接触企业集成模块单元服务流水线延迟策略运作和强化延迟策略运作、后拉动流程、后拉动价值、智能运作关系满意由关系质量和关系付出决定。关系质量高于关系付出，关系价值就越大，关系满意度就越高，关系感知质量水平就越高；关系质量低于关系付出，关系价值就越小，关系满意度就越低，关系感知质量水平就越低。关系价值则由顾客质量感知关系和顾客期望决定，顾客质量感知关系和顾客期望不同就形成差异，这一差异需要界定是否属于顾客容忍的差异范围。在顾客容忍的差异范围内，根据顾客质量感知关系和顾客期望就能够确定关系质量和关系付出，决定企业集成模块单元服务流水线关系价值和关系满意度，由此决定顾客关系感知质量水平。

顾客接触企业集成模块单元服务流水线延迟策略运作和强化延迟策略运作、后拉动流程、后拉动价值、智能运作情节满意由情节质量和情节付出决定。情节质量高于情节付出，情节价值就越大，情节满意度就越高，情节感知质量水平就越高；情节质量低于情节付出，情节价值就越小，情节满意度就越低，情节感知质量水平就越低。情节价值则由顾客质量感知情感和形象与承诺决定，顾客质量感知情节和形象与承诺不同就形成差异，这一差异需要界定是否属于顾客容忍的差异范围。在顾客容忍的差异范围内，根据顾客质量感知情节和形象与承诺能确定情节质量和情节付出，决定企业集成模块单元服务流水线情节价值和情节满意度，由此决定顾客情节感知质量水平。

（三）顾客接触企业集成模块单元服务流水线服务质量差距模型

1. 顾客接触企业集成模块单元服务流水线 PZB 服务质量差距分析模型

企业集成顾客接触场内员工服务流程、顾客接触场内设备服务流程、顾客接触场外设备服务流程、顾客接触电子服务流程模块单元流水线 PZB 服务质量差距分析模型由 Parasuraman、Zeithml、Berry（PZB）建立。PZB 服务质量差距分析模型从差距的角度来理解企业集成模块单元服务流水线服务质量。企业集成模块单元服务流水线延迟策略运作和强化延迟策略运作、后拉动流程、后拉动价值、智能运作服务质量存在期望服务和感知服务差距，这个差距由服务期望与管理者对顾客期望的认知之间的差距1、服务质量规范差距2、服务传递差距3、市场信息传播差距4累积而成，它取决这4类差距的大小和方向，企业应致力于消除这4类差距，从而降低企业集成模块单元服务流水线服务质量存在期望服务和感知服务差距（王玉翠等，2020）。PZB 服务质量差距分析模型如图7-2-4所示。

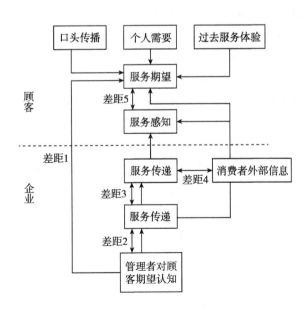

图7-2-4　PZB 服务质量差距分析模型

顾客接触企业集成模块单元服务流水线延迟策略运作和强化延迟策略运作、后拉动流程、后拉动价值、智能运作的服务期望与管理者对顾客期望的认知之间存有差距。导致这种差距主要是由于管理层从市场调研和需求分析中得到的信息不准确；从市场调研和需求分析中得到的信息准确，理解不准确；企业集成模块单元服务流水线对顾客需求缺乏正确的分析；企业集成模块单元服务流水线的一线员工传递给管理层的信息不准确或者没有传递信息；企业机构过多，对企业集成模块单元服务流水线一线信息有误传。需要改进市场调研和需求分析方法，增强市场调研和需求分析准确性；强化管理者的知识，提高管理者的分析能力；强化企业集成模块单元服务流水线分析能力；明确一线员工信息传递路径和方式，增强一线员工信息传递准确性；采用企业集成模块单元服务流水线团队组织，减少信息传递环节，增强信息传递准确性。

顾客接触企业集成模块单元服务流水线延迟策略运作和强化延迟策略运作、后拉动流程、后拉动价值、智能运作服务质量规范差距是企业集成模块单元服务流水线服务质量规范与管理层对顾客服务质量预期认识不一致造成的差距。引起这一差距的原因是企业集成模块单元服务流水线服务规划过程不完善，规划管理不完备，缺乏清晰目标，缺乏对规划支撑，员工承担任务不明确，对顾客期望服务的可行性认识不足。需要完善企业集成模块单元服务流水线服务质量规划过程，强化规划的管理，确定清晰目标，强化企业对集成模块单元服务流水线服务质量运作支撑，明确员工责任，强化管理层对顾客期望服务可行性认识。

顾客接触企业集成模块单元服务流水线延迟策略运作和强化延迟策略运作、后拉动流程、后拉动价值、智能运作服务传递差距表现为企业集成模块单元服务流水线进行服务过程中，没有达到服务规范。其原因包括服务规范不具体，一线员工不认同这一规范，新的服务规范与企业价值观、制度不一致，提供服务过程不完备，员工能力欠缺，无法完成服务规范要求的服务，缺乏有效的监控。需要强化服务过程的完备性，将服务规范具体化，将服务规范与企业价值观、制度统一起来，努力进行员工培训，使员工具备执行新服务规范的能力，强化有效的监控和激励手段。

顾客接触企业集成模块单元服务流水线延迟策略运作和强化延迟策略运作、后拉动流程、后拉动价值、智能运作市场信息传播差距是企业集成模块单元服务流水线在市场传播的服务质量信息，其与企业集成模块单元服务流水线提供的服务质量不一致。造成原因包括服务营销和服务运营没有协调好，信息传播途径和服务运作途径不一致，企业集成模块单元服务流水线没有按照传播的服务标准进行运作，企业传播服务质量时夸大了。需要协调服务营销和服务运营，使信息传播途径和服务运作途径一致，企业集成模块单元服务流水线按照传播的服务标准进行运作，企业传播服务质量时实事求是地传播。

顾客接触企业集成模块单元服务流水线延迟策略运作和强化延迟策略运作、后拉动流程、后拉动价值、智能运作服务质量存在期望服务和感知服务差距由上述4类差距积累而成，如果没有解决差距问题，顾客就会出现服务水平的降低，对企业产生不利影响，需要企业集成模块单元服务流水线能够减少差距，提升企业集成模块单元服务流水线服务水平。

2. 顾客接触企业集成模块单元服务流水线顾客感知服务质量与顾客满意关系模型

企业集成顾客接触场内员工服务流程、顾客接触场内设备服务流程、顾客接触场外设备服务流程、顾客接触电子服务流程模块单元流水线顾客感知服务质量与顾客满意关系模型由 Parasuraman、Zeithml、Berry（PZB）建立。模型将企业集成模块单元服务流水线延迟策略运作和强化延迟策略运作、后拉动流程、后拉动价值、智能运作服务质量存在期望服务和感知服务差距分解为理想服务与感知服务，二者相比，形成感知服务质量优异差距；适当服务与感知服务相比，形成感知服务质量适当差距。感知服务质量优异差距越小，表明服务质量优异程度越高；感知服务质量适当差距越小，表明服务质量适当程度就越高。服务质量优异程度越高，服务质量适当程度就越高，企业集成模块单元服务流水线服务质量存在期望服务和感知服务差距就越小，企业集成模块单元服务流水线服务质量就越高。

顾客接触企业集成模块单元服务流水线延迟策略运作和强化延迟策略运作、后拉动流程、后拉动价值、智能运作顾客感知服务质量与顾客满意关系模型将不同的部分融合和比较形成不同的结果。感知服务质量与理想的服务和适当的服务融合，形成企业集成模块单元服务流水线理想的感知服务质量和适当的感知服务质量。顾客满意是感知服务质量和预期服务质量比较的结果，顾客满意通过对预期服务的影响，进而间接影响适当服务，从而对感知服务质量适当差距产生影响。感知服务质量适当差距越小，服务质量适当程度就越高，企业集成模块单元服务流水线服务质量存在期望服务和感知服务差距就越小，企业集成模块单元服务流水线满意度就越高。顾客感知服务质量与顾客满意关系模型如图 7-2-5 所示。

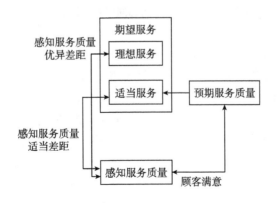

图 7-2-5　顾客感知服务质量与顾客满意关系模型

3. 顾客接触企业集成模块单元服务流水线顾客服务感知服务质量差距模型

企业集成顾客接触场内员工服务流程、顾客接触场内设备服务流程、顾客接触场外设备服务流程、顾客接触电子服务流程模块单元流水线延迟策略运作和强化延迟策略运作、后拉动流程、后拉动价值、智能运作顾客服务感知服务质量差距模型由洛夫洛克建立。洛夫洛克对 PZB 服务质量差距分析模型进行了重新梳理，关于差距1、差距2、差距3，洛夫洛克与 PZB 服务质量差距分析模型类似，将差距4分为两个部分，从而形成新的顾客服务感知服务质量差距模型。顾客服务感知服务质量模型如图 7 - 2 - 6 所示。

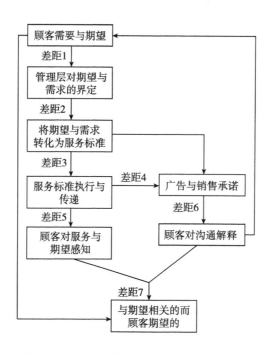

图 7 - 2 - 6　顾客服务感知服务质量差距模型

差距1 企业集成模块单元服务流水线延迟策略运作和强化延迟策略运作、后拉动流程、后拉动价值、智能运作顾客需求与期望和管理者对顾客需求与期望的界定之间的差距，与 PZB 服务质量差距分析模型差距1 相类似。这种差距主要由市场调研不完善造成，需要进一步完善市场调研工作，以获取准确的顾客需求与期望资料。

差距2 企业集成模块单元服务流水线延迟策略运作和强化延迟策略运作、后拉动流程、后拉动价值、智能运作所制定的服务标准与顾客需求及期望差距，与 PZB 服务质量差距分析模型差距2 类似。造成原因是企业片面地从企业集成模块单元服务流水线现有的资源入手，没有考虑顾客需求与期望。解决的办法就是真正地以顾客为导向建立服务标准，而不是以内部效率为导向。

差距3 企业集成模块单元服务流水线延迟策略运作和强化延迟策略运作、后拉动流程、后拉动价值、智能运作服务传递差过程与服务质量标准之间的偏差，与 PZB 服务质量差距分析模型差距3 相类似。产生偏差的原因是一线员工技能和态度需要强化培训。

差距 4 企业集成模块单元服务流水线延迟策略运作和强化延迟策略运作、后拉动流程、后拉动价值、智能运作顾客需求与期望和市场中向顾客传递的信息和承诺偏差。解决的办法是正确地理解顾客需求与期望，避免为讨好顾客而做出不符合实际的承诺。

差距 5 顾客对服务传递感知与企业集成模块单元服务流水线延迟策略运作和强化延迟策略运作、后拉动流程、后拉动价值、智能运作提供服务质量差距。产生偏差的原因是顾客没有真正地理解企业集成模块单元服务流水线提供服务质量，没有办法感知服务质量，解决的办法是强化顾客对企业集成模块单元服务流水线提供服务质量知识培训。

差距 6 顾客对企业集成模块单元服务流水线延迟策略运作和强化延迟策略运作、后拉动流程、后拉动价值、智能运作认识和企业集成模块单元服务流水线市场宣传和推广偏差。企业进行宣传和推广时必须明确，避免向顾客发出误导信息。

差距 7 企业集成模块单元服务流水线延迟策略运作和强化延迟策略运作、后拉动流程、后拉动价值、智能运作顾客感知与期望偏差。无论顾客感知还是期望，都经过调整，感知调整的要素是顾客实际服务经历，而期望调整的要素是市场信息。

（四）顾客接触企业集成模块单元服务流水线卡诺服务质量模型

卡诺服务质量模型是企业集成顾客接触场内员工服务流程、顾客接触场内设备服务流程、顾客接触场外设备服务流程、顾客接触电子服务流程模块单元流水线运作中的服务质量模型，是在顾客接触模块单元延迟策略和强化延迟策略、后拉动流程、后拉动价值、智能运作中体现出来的服务质量模型。卡诺服务质量模型由东京理工大学教授狩野纪昭于 1979 年 10 月发表的《质量的保健因素和激励因素》一文提出，将服务满意与不满意标准引入服务质量领域，将魅力服务质量引入服务质量中，此后逐步扩大理论的运用领域，确立了魅力服务质量理论的成熟（唐娜，2018）。

卡诺服务质量模型根据不同类型的服务质量特性与顾客满意度之间的关系，狩野纪昭教授将服务质量特性分为无差异质量、逆向质量、一维质量、必备质量、魅力质量。无差异质量是服务质量中的不会导致顾客满意与不满意的服务质量特性，顾客不关注这类服务质量特性，不论如何提供此类服务，都不会引起顾客对服务质量满意的影响。逆向质量是引起顾客强烈不满的服务质量特性，顾客不期望提供此类服务。一维质量是顾客服务需求的满足程度与顾客满意度之间呈线性关系的服务质量特性，没有满足顾客服务质量需求，顾客就会不满意，而满足顾客服务质量需求越高，顾客就越满意。必备质量是顾客认为理所当然的服务质量特性，如果没有满足此类服务质量需求，顾客将会极度不满，如果满足此类服务质量需求，顾客也不会表现出特别满意。魅力质量是能够引起顾客惊喜的服务质量特性，此类服务质量需求在顾客的期望服务质量范围之外，满足或提供此类服务质量需求可以极大程度地提高顾客满意度，如果没有满足此类服务质量需求，顾客不会不满意。

卡诺服务质量模型的服务质量特性是动态的，随着时间推移，质量特性会随之改变，由一种服务质量特性变为另一种服务质量特性。狩野纪昭教授将服务质量管理分为服务质量控制、服务质量管理、魅力质量的创造三个阶段。服务质量控制注重服务符合服务规范；服务质量管理注重顾客满意；魅力质量注重创造顾客意想不到的服务质量。卡诺服务质量模型为企业集成服务模块单元流程的延迟策略和强化延迟策略、后拉动流程、后拉动价值、智能运作的服务质量运作提供了服务质量特性，为服务质量评价打下了基础。

一般纯服务企业具有企业集成模块单元服务流水线服务质量特性，需要进行顾客感知服务质量模型和顾客感知服务质量差距模型构建。

第三节　企业集成模块单元价值与质量运作策划及支持

一、企业集成模块单元价值与质量策划标准体系运作

（一）企业集成模块单元价值链管理流程价值与质量方针与目标的确立

1. 企业集成模块单元价值链管理流程价值与质量方针

企业集成运营具体模块单元的通用模块单元相似流水线、企业集成运营具体模块单元的链接模块单元相似流水线、企业集成运营具体模块单元的专用模块单元隐形流水线、企业集成运营具体模块单元的专用模块单元可变流水线、企业集成运营联合模块单元的通用模块单元相似流水线、企业集成运营联合模块单元的通用模块单元单一流水线、企业集成运营联合模块单元的链接模块单元相似流水线、企业集成运营联合模块单元的专用模块单元可变流水线、企业集成运营联合模块单元的专用模块单元混合流水线、企业集成运营模块组模块单元的通用模块单元单一流水线、企业集成运营模块组模块单元的链接模块单元单一流水线、企业集成运营模块组模块单元的专用模块单元混合流水线、企业集成运营总作业模块单元的通用模块单元单一流水线、企业集成运营总作业模块单元的链接模块单元单一流水线、企业集成运营总作业模块单元的专用模块单元相似流水线延迟策略运作和强化延迟策略运作、后拉动流程、后拉动价值、智能运作的作业价值和产品、模块品目、服务的质量方针是以企业集成战略为指导方针，按照企业集成战略的要求进行企业集成模块单元团队的运作。企业集成模块单元流水线不断地将企业价值领先战略与企业差异化战略融合起来，企业集成模块单元团队按照这种融合的要求进行运作。

企业集成模块单元流水线延迟策略运作和强化延迟策略运作、后拉动流程、后拉

动价值、智能运作的作业价值和产品、模块品目、服务的价值方针具体体现在价值方面，企业集成模块单元团队需要时时以价值增值为目标，按照这一目标的要求进行增值运作，使企业集成模块单元团队不断地创造价值。在质量方面，企业将质量作为企业集成模块单元团队满足顾客需求的基础进行运作，使企业集成模块单元团队运营的产品能够符合顾客需求。在服务方面，需要建立顾客接触服务环境，建立良好服务氛围，进行员工、设备、电子设备与顾客价值共创，进行员工、设备、电子设备与顾客互动，进行员工、设备、电子设备细致服务，使顾客具有优质服务体验，出现不合格服务时进行服务补救，使顾客得以服务满足。

2. 企业集成模块单元流水线价值与质量目标

企业集成具体模块单元、联合模块单元、模块组模块单元、总作业模块单元和通用模块单元、链接模块单元、专用模块单元的各类流水线在延迟策略运作和强化延迟策略运作、后拉动流程、后拉动价值、智能运作的作业价值方面的目标主要体现在正向价值创造目标和负向减少价值目标。正向价值创造目标按照顾客的需求要求，满足顾客一般需求和个性需求，从而提高正向的企业价值创造活动，企业集成战略运用高效实现了满足顾客个性需求的正向企业价值，使高效满足顾客个性需求成为可能，因而通过集成战略的运用满足顾客个性需求，取得高效满足顾客个性需求的附加价值。

企业集成具体模块单元、联合模块单元、模块组模块单元、总作业模块单元和通用模块单元、链接模块单元、专用模块单元的各类流水线负向减少价值目标主要体现在模块单元流水线通过减少过度运营量，以减少模块单元流水线运作中最根本性的浪费，实现负向减少价值目标的根本性基础；体现在减少等待的浪费，减少给顾客造成企业效率不高的印象的可能性，内外部高效满足顾客；体现在减少搬运的浪费，使模块单元流水线设施布置更加合理，过程更加协调，定置管理更加到位；体现在减少运营本身的浪费，使产品更加切中顾客实际需求，更能满足顾客需求，减少过多资源运用的浪费；体现在减少库存的浪费，使企业模块单元流水线联系更加紧密，运作效率更高；体现在减少动作的浪费，使模块单元流水线上的员工作业更加省力，更加合理，能高效完成作业；体现在减少不良品的浪费，使模块单元流水线具有更高的产品运营合格率；体现在减少人力资源使用不当的浪费，能够更加有效运用企业人员，能够让员工在更适合自己特长的岗位上进行作业，促进效率提高。

企业集成模块单元流水线价值目标是采用后拉动价值进行运作的，后拉动价值需要进行团队和员工的预先测算形成，需要按照上述正向和负向的价值测算形成。具体模块单元团队群、联合模块单元团队群、模块组模块单元团队群、总作业模块单元团队群的模块单元团队的微团队和员工，开发与设计价值链流程团队群、采购价值链流程团队群、仓储价值链流程团队群、销售价值链流程团队群的模块单元团队的微团队和员工，物流价值链流程团队群、商流价值链流程团队群、人力资源运作价值链流程团队群、设备维护与维修价值链流程团队群、价值运作价值链流程团队群、质量运作价值链流程团队群、企业集成 MES 信息平台团队群、企业集成 MBE 信息平台团队群、企业集成 ERP 信息平台团队群的模块单元团队的微团队和员工，企业运营计划团队群、运营组织团队群、运营领导团队群、运营控制团队群、运营创新团队群的模块单元团队的微团队和员工，这些团队和员工需要具有价值目标，价值目标引导团队和员工进行价值运作。团队和员工价值可以通过将损失、损失增值、现金流入、现金流出编制成价值后拉动现金流量表来进行模块单元流水线作业的团队和员工的价值测算。

企业集成具体模块单元、联合模块单元、模块组模块单元、总作业模块单元和通用模块单元、链接模块单元、专用模块单元的各类流水线延迟策略运作和强化延迟策略运作、后拉动流程、后拉动价值、智能运作的产品、模块品目、服务质量方面的目标体现为实现 6σ 质量水平值。基于模型 MBD 的有形产品和模块品目的几何模型、原理模型、几何模型和原理模型与有形产品和模块品目的形状、系统和容差的产品和模块品目，基于模型 MBD 的信息原理模型的软件模块、软件数据结构、软件接口的系统与容差和基于非信息原理模型的要素、部分联系功能、整体联系功能的系统与容差的产品，基于模型 MBD 的信息原理模型的软件模块、软件数据结构、软件接口的系统与容差和基于非信息原理模型的要素、部分联系功能、整体联系功能的系统与容差的产品，这些产品和模块品目实现 6σ 质量水平值。西格玛水平与缺陷率的对应关系如表 7 - 3 - 1 所示。

表 7 - 3 - 1　西格玛水平与缺陷率的对应关系

西格玛水平值	缺陷率（x10^{-6}）
1σ	690000
2σ	308000
3σ	66800
4σ	6210
5σ	230
6σ	3.4

企业集成具体模块单元、联合模块单元、模块组模块单元、总作业模块单元和通用模块单元、链接模块单元、专用模块单元的各类流水线服务方面的目标是实现顾客服务满意度目标。

制造类企业、服务类企业、纯服务类企业、一般纯服务企业需要确定企业集成模块单元价值链管理流程价值与质量方针、目标，一般纯服务企业需要确定服务满意目标。

（二）企业集成运营价值链流程与成员岗位、职责与权限

企业集成运营管理标准体系是围绕着延迟策略运作和强化延迟策略运作、后拉动流程、后拉动价值、智能运作的作业价值和产品、模块品目、服务的质量进行运作，

是企业集成运营模块单元流水线价值链管理流程标准体系和供应链或者服务链价值链管理流程标准体系的运作。每一类标准体系都需要围绕价值和质量进行运作，企业集成运营模块单元流水线价值链管理流程标准体系反映企业基本运营管理活动，企业供应链或者服务链价值链管理流程标准体系是反映围绕企业基本运营管理活动的相关活动的运作，因而企业集成模块单元团队需要以企业集成运营模块单元流水线价值链管理流程标准体系为基础进行构建，与企业集成运营模块单元流水线价值链管理流程标准体系一致，企业供应链或者服务链价值链管理流程标准体系运作需要相应团队进行运作。企业集成运营模块单元流水线价值链管理流程标准体系和供应链或者服务链价值链管理流程标准体系团队需要围绕延迟策略运作和强化延迟策略运作的作业价值和产品、模块品目、服务的质量进行构建和运作。企业集成运营模块单元流水线价值链管理流程标准体系和供应链或者服务链价值链管理流程标准体系的运作是在企业各种运营职能运作中进行运作的。由此确立企业集成基本运营团队和员工、企业集成供应链或者服务链团队和员工、企业集成运营要素团队和员工、企业集成管理团队和员工的岗位、职责与权限。

1. 企业集成运营要素团队成员岗位、职责与权限

企业高层团队负责企业集成模块单元价值链管理流程延迟策略运作和强化延迟策略运作、后拉动流程、后拉动价值、智能运作的作业价值和产品、模块品目、服务的质量策划，明确企业集成模块单元价值链管理流程价值与质量方针和目标，具体价值与质量目标的分解。负责企业集成运营模块单元价值链管理流程标准体系运作，确定有关岗位职责与权限，明确企业集成运营模块单元价值链管理流程标准体系价值与质量运作沟通渠道、方式，对企业集成运营模块单元价值链流程标准体系有效性负责。以企业集成战略为关注点，确保企业集成运营模块单元价值链流程标准体系价值与质量方针、目标与企业集成战略和环境相配，确保企业集成运营模块单元价值链管理流程标准体系价值与质量方针和目标与企业集成基本运营和供应链或者服务链价值链管理流程相符。进行企业集成运营模块单元价值链管理流程标准体系价值与质量方针和目标的重要性进行沟通，确保企业集成运营模块单元价值链管理流程标准体系价值与质量运作所需资源的获得，确保企业集成运营模块单元价值链管理流程标准体系价值与质量运作取得预期的价值和质量效果，促使、指导和支持员工为企业集成运营模块单元价值链管理流程标准体系价值与质量的有效性做出贡献，推动企业集成运营模块单元价值链管理流程标准体系价值与质量运作改进，策划并主持企业集成运营模块单元价值链管理流程标准体系价值与质量运作管理评审。负责企业集成模块单元价值链管理流程运作环境和职业健康安全管理方针和目标制定，确定企业集成模块单元价值链管理流程运作环境和职业健康安全管理方案，明确制定重要企业集成模块单元价值链管理流程运作环境和职业健康安全管理问题的处理程序和解决方法。

企业财务团队负责建立延迟策略运作和强化延迟策略运作、后拉动流程、后拉动价值、智能运作的企业不同层次精益智能具体模块单元、联合模块单元、模块组模块

单元、总作业模块单元流水线价值链管理流程，建立企业同一层次精益智能通用模块单元、链接模块单元、专用模块单元流水线的各类流水线价值链管理流程，建立企业整体精益职能模块单元流水线价值链管理流程，建立企业供应链或者服务链价值链管理流程。确定企业集成模块单元价值链管理流程的延迟策略运作和强化延迟策略运作、后拉动流程、后拉动价值、智能运作的产品、模块品目、服务价值相关概念、价值核算体系、价值核算方法。负责企业集成模块单元价值链管理流程价值策划、企业集成模块单价值链管理流程价值支撑、企业集成模块单元价值链管理流程价值保证、企业集成模块单元价值链管理流程价值测量、企业集成模块单元价值链管理流程价值分析、企业集成模块单元价值链管理流程价值评审、企业集成模块单元价值链管理流程价值改进、企业集成模块单元价值链管理流程价值控制与创新。

企业质检团队负责企业集成模块单元价值链管理流程延迟策略运作和强化延迟策略运作、后拉动流程、后拉动价值、智能运作的产品、模块品目、服务质量策划、企业集成模块单元价值链管理流程质量支撑、企业集成模块单元价值链管理流程质量保证、企业集成模块单元价值链管理流程质量测量、企业集成模块单元价值链管理流程质量分析、企业集成模块单元价值链管理流程质量评审、企业集成模块单元价值链管理流程质量改进、企业集成模块单元价值链管理流程质量控制与创新。负责检验企业集成模块单元价值链管理流程不合格产品与模块品目归口管理，按照标准对产品和模块品目进行质量检验。负责监控企业集成模块单元价值链管理流程设备的维护和保养，按照规定将产品送至有资质的团队进行校验，确保检测设备符合国家标准要求。负责质量标准体系、环境标准体系、职业安全和健康标准体系过程监控和测量，负责内外质量反馈信息的分析、传递和处理。负责实验室作业，参与企业集成模块单元价值链流程供方评价和内部质量审核，负责产品和模块品目可追溯标识的验证和记录，负责召开质量例会，负责质量放行控制。负责安全事故、职业病重要事项处理，负责大气排放、水体排放、废物管理、土地污染、原材料和资源使用中重要事项、社区环境重要事项的处理。

企业信息团队负责企业集成模块单元价值链管理流程中的企业集成 ERP 信息系统平台、企业集成 MES 信息系统平台、企业集成 CPS 的 MBE 信息系统平台、企业集成 MBD 的 MBE 信息系统平台构建，负责大数据、云计算信息运作方式与企业集成 ERP 信息系统平台、企业集成 MES 信息系统平台、企业集成 CPS 的 MBE 信息系统平台、企业集成 MBD 的 MBE 信息系统平台融合。负责企业集成 ERP、企业集成 MES、企业集成 CPS、企业集成 MBD 的运作，负责企业集成 ERP、企业集成 MES、企业集成 CPS、企业集成 MBD 内部及其之间的协调、沟通。负责企业集成 ERP、企业集成 MES、企业集成 CPS、企业集成 MBD 融入企业集成模块单元价值链管理流程延迟策略运作和强化延迟策略运作、后拉动流程、后拉动价值、智能运作的产品、模块品目、服务价值和质量支撑、企业集成模块单元价值链管理流程价值和质量保证、企业集成模块单元价值链管理流程价值和质量测量、企业集成模块单元价值链管理流程价值和质量分析、企业集成模块单元价值链管理流程价值和质量评审、企业集成模块单元价值链管理流程价值和质量改进、企业集成模块单元价值链管理流程价值和质量控制与创新过程运作。

2. 企业集成运营模块单元流水线团队成员岗位、职责与权限

企业模块单元流水线团队贯彻和执行企业集成模块单元流水线延迟策略运作和强化延迟策略运作、后拉动流程、后拉动价值、智能运作的作业价值和产品、模块品目、服务的质量方针和目标，对企业集成运营模块单元流水线价值链管理流程价值与质量分目标实现负责。负责具体体现为具体模块单元的通用模块单元相似流水线、具体模块单元链接模块单元相似流水线、联合模块单元的通用模块单元单一流水线、联合模块单元的通用模块单元相似流水线、联合模块单元链接模块单元相似流水线、模块组模块单元的通用模块单元单一流水线、模块组模块单元链接模块单元单一流水线、总作业模块单元的通用模块单元单一流水线、总作业链接模块单元单一流水线的作业间融合和作业中融合延迟策略和强化延迟策略运营活动价值和质量目标，负责通用和链接模块单元流水线单一流作业中融合延迟策略和强化延迟策略运营活动价值和质量目标，负责通用和链接模块单元流水线单一流延迟策略和强化延迟策略作业与后拉动流程、后拉动价值融合价值和质量目标，负责通用和链接模块单元流水线单一流延迟策略和强化延迟策略、后拉动流程、后拉动价值作业与智能运作融合价值和质量目标，负责通用和链接模块单元流水线单一流延迟策略和强化延迟策略、后拉动流程、后拉动价值、智能融合质量价值和质量目标。负责具体模块单元专用模块单元隐形流水线、具体模块单元专用模块单元可变流水线、联合模块单元专用模块单元可变流水线、联合模块单元专用模块单元混合流水线、模块组模块单元专用模块单元混合流水线、总作业专用模块单元相似流水线的作业间融合和作业中融合延迟策略和强化延迟策略运营活动价值和质量目标，负责专用模块单元流水线单一流作业中融合延迟策略和强化延迟策略运营活动价值和质量目标，负责专用模块单元流水线单一流延迟策略和强化延迟策略作业与后拉动流程、后拉动价值融合价值和质量目标，负责专用模块单元流水线单一流延迟策略和强化延迟策略、后拉动流程、后拉动价值作业与智能运作融合价值和质量目标，负责专用模块单元流水线单一流延迟策略和强化延迟策略、后拉动流程、后拉动价值、智能融合价值和质量目标。

负责企业集成模块单元价值链管理流程延迟策略运作和强化延迟策略运作、后拉动流程、后拉动价值、智能运作的企业集成模块单元流水线价值链管理流程作业计划的安排、调度、执行、控制。负责企业集成具体模块单元、联合模块单元、模块组模块单元、总作业模块单元和通用模块单元、链接模块单元、专用模块单元的各类流水线运作，负责适时模块单元运作，负责 MES 与 ERP 运作，负责模块单元流水线、适时流水线、单一流流水线、均衡流水线、CPS 流水线与 MES 及 ERP 融合运作。具有集成基本运营价值链管理流程运作的全面权限，及时掌握集成基本运营价值链管理流程运作所需资源的供应情况，指导员工按照作业操作规程进行运作，保质保量按时完成作

业任务，负责工艺装备使用和维护维修，按照环境、职业安全与健康管理体系的要求，保证员工的健康，保证安全作业，保证环境清洁。做好产品和模块品目的自检、互检、专检以及质量预防工作，做好产品和模块品目标识，严格区分合格品与不合格品，做好关键运营作业的控制。参与顾客评审，做好模块品目存放和搬运活动，及时处理企业集成模块单元流水线价值链管理流程中的各种问题，做好文明运营。充分调动员工的积极性，充分理解价值分析的目的，能够有效地进行价值测算、评价和反馈，促进团队价值增值。充分按照适时、均衡、单一流运作的要求进行员工运作，注重模块单元流水线、精益运营、智能运营内部及其之间的协调，将这种协调的运作落实到具体员工的岗位职责中来，不断地进行集成运作。企业集成模块单元流水线团队要熟知企业集成模块单元流水线价值与质量方针、企业集成模块单元流水线价值与质量目标，能够根据顾客的需要灵活地进行团队的调整，使团队运作完全符合精益运作的要求。单一流下的企业集成模块单元流水线团队要确立每一位员工的岗位，明确团队和员工的职责与权限，明确团队进行协调运作的方式，明确团队按照顾客需求运作的要求。负责 U 形布置下的单一流运作内部和两端员工协调运作，负责培训员工具备能够应对节拍时间和标准作业组合变化的能力。负责作业地转换的不同作业地运作，每名作业人员在不同的作业之间进行岗位轮换，负责单一流流水线的调整。负责团队中员工随着单一流流水线的改变而改变的变更情况，使团队完全按照企业集成运营模块单元流水线价值链管理流程运作的要求进行运作。与顾客接触的企业集成运营模块单元流水线团队需要从与顾客接触的特性出发，制定符合接触实际的员工岗位、职责与权限。

企业集成顾客接触场内员工服务流程、顾客接触场内设备服务流程、顾客接触场外设备服务流程、顾客接触电子服务流程模块单元流水线团队成员不仅需要岗位、职责与权限，更需要针对顾客实际，能动地进行服务。尤其需要注重服务起始关键时刻的顾客与服务环境初始接触关键时刻、顾客与服务氛围初始接触关键时刻、员工与顾客初始接触关键时刻、设备与顾客初始接触关键时刻、电子设备与顾客初始接触关键时刻和服务运作关键时刻的是否接受服务关键时刻、服务价值判断关键时刻、服务反馈关键时刻、是否再次接受服务关键时刻、服务问题关键时刻的服务岗位、职责和权限。

3. 企业集成供应链或者服务链团队负责成员岗位、职责与权限

企业开发与设计团队负责基于模型 MBD 有形产品和模块品目的几何模型、原理模型、几何模型和原理模型与有形产品和模块品目的形状、系统和容差的产品和模块品目设计，负责基于模型 MBD 的信息原理模型的软件模块、软件数据结构、软件接口的系统与容差和基于非信息原理模型的要素、部分联系功能、整体联系功能系统与容差的产品设计，负责基于模型 MBD 的信息原理模型的软件模块、软件数据结构、软件接口的系统与容差和基于非信息原理模型的要素、部分联系功能、整体联系功能系统与容差的产品设计。负责企业集成具体模块单元、联合模块单元、模块组模块单元、总作业模块单元和通用模块单元、链接模块单元、专用模块单元的各类流水线设计，负

责适时模块单元流水线、单一流模块单元流水线、均衡模块单元流水线设计，负责 CPS 模块单元流水线设计，负责模块单元流水线、适时流水线、单一流流水线、均衡流水线、CPS 流水线融合设计。负责企业集成开发与设计模块单元价值链管理流程价值与质量策划，负责企业集成模块单元流水线价值链管理流程运作技术指导，对企业集成模块单元流水线价值链管理流程可行性进行分析和检查，负责企业集成模块单元流水线价值链管理流程、产品和模块品目、服务运行策划和更改，负责新产品研发，负责设计图纸、企业集成模块单元流水线价值链管理流程工艺技术文件，指导企业模块单元流水线团队实施，负责企业集成开发与设计模块单元价值链管理流程与顾客间的沟通和联系。

　　企业采购和仓储团队需要根据延迟策略运作和强化延迟策略运作、后拉动流程、后拉动价值、智能运作的企业集成模块品目需求计划进行模块品目的采购，保证模块品目供应的及时性，对采购模块品目的价格、质量、数量负责，负责对供应方进行质量、价格、服务方面的评价，建立合格的供方档案，组织对供方评审，在合格供方范围内进行模块品目采购，负责办理采购模块品目报验和紧急放行手续，负责对采购模块品目不合格的部分进行处置和纠正预防措施的实施，负责在线物资和库房管理，做好模块品目入库检验、整理、保管、维护、发放和清仓，保证账、卡、物一致，对模块品目标识清楚、摆放整齐，做好必要的保护，防止模块品目损坏、变质。

　　企业销售团队负责销售有关的产品评审、销售合同的签订，接待顾客、来函、来电，建立顾客档案，进行顾客服务，组织顾客满意度调查，特别是对顾客的抱怨进行处理，组织市场调研，收集市场的顾客信息，研究营销策略，不断提高市场占有率，负责产品的交付和运输，负责顾客要求和顾客要求更改，与顾客保持联系，确保顾客要求得到满足，负责产品的推广活动。

　　制造类企业、服务类企业需要构建企业高层团队、企业财务团队、企业质检团队、企业信息团队、企业模块单元流水线团队、企业开发与设计团队、企业采购和仓储团队、企业销售团队，有形产品新兴服务企业、无形产品新兴服务企业、有形产品和无形产品新兴服务企业、一般纯服务企业、中间性服务企业需要构建企业高层团队、企业财务团队、企业质检团队、企业信息团队、企业模块单元流水线团队、企业开发与设计团队、企业销售团队，确定团队成员岗位、职责与权限。有顾客接触的一般纯服务企业需要从与顾客接触的特性出发，制定符合接触实际的员工岗位、职责与权限。

（三）企业集成模块单元价值链管理流程价值与质量目标及实现策划

1. 企业集成模块单元价值链管理流程价值与质量方针确定

　　企业高层团队根据企业销售团队提供的顾客需求预测情况、企业采购和仓储团队提供的供方供应趋势、企业销售团队和企业采购和仓储团队提供竞争对手的情况，根据企业模块单元流水线团队提供的企业模块单元流水线运作情况，根据以往提供的顾客满意情况，将所确定的企业集成战略方针具体化，明确企业一段时期内的企业集成模块单元价值链管理流程延迟策略运作和强化延迟策略运作、后拉动流程、后拉动价值、智能运作的作业价值和产品、模块品目、服务的质量方针。

2. 企业集成模块单元价值链管理流程价值与质量目标确定

以企业一段时期内的企业集成模块单元价值链管理流程延迟策略运作和强化延迟策略运作、后拉动流程、后拉动价值、智能运作的作业价值和产品、模块品目、服务的质量方针为指导，由企业高层团队负责，企业模块单元流水线团队、财务团队、质检团队、信息团队、开发与设计团队、采购和仓储团队负责人参与其中，根据企业集成模块单元价值链管理流程价值与质量目标的可测性、对企业模块单元流水线可适用性、与产品及模块品目合格相关、与顾客满意相关，对企业集成模块单元价值链管理流程价值与质量目标随时进行监控、沟通和更新，确定企业集成模块单元价值链管理流程价值与质量目标。

3. 企业集成模块单元价值链管理流程价值与质量分目标确定

以企业集成模块单元价值链管理流程延迟策略运作和强化延迟策略运作、后拉动流程、后拉动价值、智能运作的作业价值和产品、模块品目、服务的质量目标为依据，由企业高层团队负责，企业模块单元流水线团队为主体，财务团队、质检团队、信息团队、开发与设计团队、采购和仓储团队参与其中，将企业集成模块单元价值链管理流程价值与质量目标分解到企业模块单元流水线团队之中，同时确立财务团队、质检团队、信息团队、开发与设计团队、采购和仓储团队需要提供的资源，明确企业模块单元流水线团队进行企业集成模块单元价值链管理流程价值与质量分目标运作的负责人，和提供资源的相关团队的负责人，确定企业集成模块单元价值链管理流程价值与质量目标完成的时间。

4. 企业集成模块单元价值链管理流程价值与质量目标审核

将所确定的企业模块单元流水线团队进行企业集成模块单元价值链管理流程延迟策略运作和强化延迟策略运作、后拉动流程、后拉动价值、智能运作的作业价值和产品、模块品目、服务的质量分目标报送企业高层团队，企业高层团队进一步确认企业集成模块单元价值链管理流程价值与质量分目标的适宜性、有效性，确认企业集成模块单元价值链管理流程价值与质量方针、目标、环境与职业健康安全重要事项相关性，进行审核，批准执行。

5. 企业集成模块单元价值链管理流程价值与质量目标保证

企业开发与设计团队需要根据顾客需求，设计理想的基于模型 MBD 的有形产品和模块品目的几何模型、原理模型、几何模型和原理模型与基于模型 MBD 的信息原理模型、基于非信息原理模型。设计理想的有形产品和模块品目的形状、系统和容差；设计理想的无形产品软件模块、软件数据结构、软件接口的系统与容差和要素、部分联系功能、整体联系功能的系统与容差。设计理想的企业集成具体模块单元、联合模块单元、模块组模块单元、总作业模块单元和通用模块单元、链接模块单元、专用模块单元的各类流水线，设计出理想的负责适时模块单元流水线、单一流模块单元流水线、均衡模块单元流水线、CPS 模块单元流水线。设计理想模块单元流水线、适时流水线、单一流流水线、均衡流水线、CPS 流水线融合流水线。

为保证价值与质量目标实现，需要企业集成基本运营流程融合运作，具体体现为具体模块单元的通用模块单元相似流水线、具体模块单元链接模块单元相似流水线、联合模块单元的通用模块单元单一流水线、联合模块单元的通用模块单元相似流水线、联合模块单元链接模块单元相似流水线、模块组模块单元的通用模块单元单一流水线、模块组模块单元链接模块单元单一流水线、总作业模块单元的通用模块单元单一流水线、总作业链接模块单元单一流水线的作业间融合和作业中融合延迟策略和强化延迟策略运作，通用和链接模块单元流水线单一流作业中融合延迟策略和强化延迟策略运作，通用和链接模块单元流水线单一流延迟策略和强化延迟策略作业与后拉动流程、后拉动价值融合运作，通用和链接模块单元流水线单一流延迟策略和强化延迟策略、后拉动流程、后拉动价值作业与智能运作融合运作，通用和链接模块单元流水线单一流延迟策略和强化延迟策略、后拉动流程、后拉动价值、智能融合运作。具体模块单元专用模块单元隐形流水线、具体模块单元专用模块单元可变流水线、联合模块单元专用模块单元可变流水线、联合模块单元专用模块单元混合流水线、模块组模块单元专用模块单元混合流水线、总作业专用模块单元相似流水线的作业间融合和作业中融合延迟策略和强化延迟策略运作，专用模块单元流水线单一流作业中融合延迟策略和强化延迟策略运作，专用模块单元流水线单一流延迟策略和强化延迟策略作业与后拉动流程、后拉动价值融合运作，专用模块单元流水线单一流延迟策略和强化延迟策略、后拉动流程、后拉动价值作业与智能运作融合运作，专用模块单元流水线单一流延迟策略和强化延迟策略、后拉动流程、后拉动价值、智能融合运作。

企业采购和仓储团队按照企业集成模块单元价值链管理流程延迟策略运作和强化延迟策略运作、后拉动流程、后拉动价值、智能运作要求，高效地进行模块品目的采购，保证模块品目供应的及时性；做好模块品目入库检验、整理、保管、维护、发放和清仓，保证账、卡、物一致。企业信息团队有效地进行大数据、云计算下的 ERP、MES、MBE 运作。企业销售团队完成销售合同的签订，进行顾客服务，完成销售任务。企业财务团队有效地进行模块单元价值链流程价值分析、评审。企业质检团队有效地进行质量的检验。通过这些举措，保证采购和仓储团队、企业销售团队、信息团队、财务团队、质检团队的运作，促进延迟策略运作和强化延迟策略运作、后拉动流程、后拉动价值、智能运作的作业价值和产品、模块品目、服务的质量目标的实现。

6. 企业集成模块单元价值链管理流程价值与质量目标考核

每月底企业销售团队、企业模块单元流水线团队、企业采购和仓储团队、企业开发与设计对每一天的所完成的企业集成模块单元价值链管理流程延迟策略运作和强化延迟策略运作、后拉动流程、后拉动价值、智能运作的价值与质量运作情况交财务团队、质检团队进行考核，财务团队、质检团队进行检查，按照考核办法进行考核，对目标未达到或者验证无效的目标应重新确立方案，按照目标未达标的程序执行，由未达目标的企业销售团队、企业模块单元流水线团队、企业采购和仓储团队、企业开发与设计团队提出纠正措施，企业高层团队、财务团队、质检团队验证纠正措施的有效性。对环境与职业健康安全重要事项相关性进行审核，确保环境与职业健康安全有效性。

7. 企业集成模块单元价值链管理流程价值与质量目标评审

每年由企业高层团队负责人召开管理评审会议，企业销售团队、企业模块单元流水线团队、企业采购和仓储团队、企业开发与设计团队负责人需要对企业集成模块单元价值链管理流程延迟策略运作和强化延迟策略运作、后拉动流程、后拉动价值、智能运作的作业价值和产品、模块品目、服务的质量分目标的完成情况进行说明，如出现主观原因造成的企业集成模块单元价值链管理流程价值与质量目标未完成的情况，企业销售团队、企业模块单元流水线团队、企业采购和仓储团队、企业开发与设计团队负责人需要对造成的原因进行说明，制定相应的改进措施，并在改进措施规定的期限内验证其完成情况及完成效果。企业高层团队、信息团队、财务团队、质检团队对企业集成模块单元价值链管理流程价值与质量方针、目标执行情况进行说明，如出现主观原因造成对企业集成模块单元价值链管理流程价值与质量目标有影响的情况，企业高层团队、信息团队、财务团队、质检团队负责人需要对造成的原因进行说明，制定相应的改进措施，并在改进措施规定的期限内验证其完成情况及完成效果。对环境与职业健康安全重大事项相关性进行审核，确保环境与职业健康安全有效性。

8. 企业集成模块单元价值链管理流程价值与质量运作提升

根据顾客需求预测情况、供方供应趋势、竞争对手的情况和企业销售团队、企业模块单元流水线团队、企业采购和仓储团队、企业开发与设计团队和企业高层团队、信息团队、财务团队、质检团队完成目标和保证目标实现的情况，确定企业集成模块单元价值链管理流程价值与质量运作需要提升的内容，进一步进行企业集成模块单元价值链管理流程延迟策略运作和强化延迟策略运作、后拉动流程、后拉动价值、智能运作的作业价值和产品、模块品目、服务的质量运作提升。

制造类企业、服务类企业、纯服务类企业、一般纯服务企业需要进行企业集成模块单元价值链管理流程价值与质量目标与实现策划。

二、企业集成模块单元价值链管理流程价值与质量运作支持

（一）企业集成模块单元价值链管理流程运作资源

企业集成模块单元价值链管理流程和企业集成顾客接触场内员工服务流程、顾客接触场内设备服务流程、顾客接触场外设备服务流程、顾客接触电子服务流程模块单元价值链管理流程延迟策略运作和强化延迟策略运作、后拉动流程、后拉动价值、智能运作的作业价值和产品、模块品目、服务质量运作需要各类基础资源的支持。这些基础资源包括企业集成模块单元价值链管理流程和企业集成顾客接触场内员工服务流

程、顾客接触场内设备服务流程、顾客接触场外设备服务流程、顾客接触电子服务流程模块单元价值链管理流程人员、基础设施、设备和电子设备、运行环境和服务运行环境、监控和测量资源、模块单元流水线知识。

　　企业集成模块单元和顾客接触模块单元价值链管理流程人员企业需要通过招聘，运用面试、技能测试、资料查验，录用适合企业集成模块单元价值链管理流程运作的人员。这些人员能够从事企业模块单元流水线团队和企业开发与设计团队、企业采购和仓储团队、企业销售团队、企业财务团队、企业质检团队、企业信息团队中的工作。尤其作为企业集成模块单元价值链管理流程价值与质量运作支持最根本和最基础部分的企业精益智能具体模块单元、联合模块单元、模块组模块单元、总作业模块单元和精益职能通用模块单元、链接模块单元、专用模块单元的各类流水线价值链管理流程，与企业集成精益智能模块单元流水线相关的企业集成供应链或者服务链价值链管理流程，其团队中有各种各样的岗位，需要配备合适的人员进行企业集成模块单元价值链管理流程运作。需要按照企业集成模块单元价值链管理流程运作的岗位要求配备各类人员。

　　企业集成模块单元和顾客接触模块单元价值链管理流程强化延迟策略运作、后拉动流程、后拉动价值、智能运作基础设施最基本的是企业精益智能具体模块单元、联合模块单元、模块组模块单元、总作业模块单元和通用模块单元、链接模块单元、专用模块单元的各类流水线价值链管理流程运作所需要的设施、设备、电子设备、工装、信息器具。设施是企业集成模块单元价值链管理流程运作空间基础，企业需要通过优选确定企业集成模块单元价值链管理流程运作空间设施，从而确定企业集成模块单元价值链管理流程场所。设备、电子设备、工装、信息器具是企业集成模块单元价值链流程日常运作的基础，设备、电子设备、工装、信息器具需要严格按照企业模块单元流水线价值管理链流程、企业模块单元供应链或者服务链价值链管理流程、精益运营、智能运作的要求进行选择，使这些设备、电子设备、工装、信息器具符合企业集成模块单元流水线价值链管理流程、企业集成模块单元供应链或者服务链价值链管理流程运作的要求。企业集成模块单元价值链管理流程设备、电子设备、工装、信息器具需要正确安装，使企业集成模块单元流水线价值链管理流程、企业集成模块单元供应链或者服务链价值链管理流程具备启动的基础。企业集成模块单元价值链管理流程设备、电子设备、工装、信息器具需要正确使用，使企业集成模块单元流水线价值链管理流程、企业集成模块单元供应链或者服务链价值链管理流程顺利进行日常运作。企业集成模块单元价值链管理流程设备、电子设备、工装、信息器具需要员工根据设备、电子设备、工装、信息器具技术资料和参数要求，对其进行一系列的维护工作，使企业集成模块单元流水线价值链管理流程、企业集成模块单元供应链或者服务链价值链管理流程正常运作。企业集成模块单元价值链管理流程设备、电子设备、工装、信息器具需要维修，对不能正常运作的设备、电子设备、工装、信息器具维修，保证设备、电子设备、工装、信息器具具备正常运作的参数水平，使企业集成模块单元流水线价值链管理流程、企业集成模块单元供应链或者服务链价值链管理流程能够始终正常运作。企业集成顾客接触场内员工服务流程、顾客接触场内设备服务流程、顾客接触场外设备服务流程、顾客接触电子服务流程模块单元价值链管理流程中的设备和电子设备有着特性的要求，这些设备直接为顾客服务，需要按照满足顾客随时要求服务的标准进行设备、电子设备的运作。

企业集成模块单元和顾客接触模块单元价值链管理流程强化延迟策略运作、后拉动流程、后拉动价值、智能运作运行环境是企业集成模块单元流水线价值链管理流程、企业集成模块单元供应链或者服务链价值链管理流程运作中的社会环境因素、心理因素、物理基本环境因素、物理安全环境因素、物理外部环境因素。其以上因素是企业集成模块单元供应链或者服务链价值链管理流程内的影响因素，影响着员工康健、流水线安全运作。物理外部环境因素是对企业集成模块单元供应链或者服务链价值链管理流程外部的影响因素，对企业外部的环境有着直接影响。社会环境因素是指非歧视、安定、非对抗因素；心理因素是指减压、预防过度疲劳、稳定情绪因素；物理基本环境因素是指辐射、温度、热量、湿度、照明、空气流通、噪声、静电、电磁辐射、振动；物理安全环境因素是指容易引起火灾、爆炸的因素；物理外部环境因素是指企业外部引起污染的因素。企业集成模块单元流水线价值链管理流程、企业集成模块单元供应链或者服务链价值链管理流程运作需要适应社会环境因素；需要从心理因素出发，建立一定的心理疏导机制，对出现心理问题的员工进行疏导；需要物理基本环境因素、物理安全环境因素、物理外部环境因素在标准限定的范围内。这样企业集成模块单元流水线价值链管理流程、企业集成模块单元供应链或者服务链价值链管理流程运作才具备了运行环境基础。

企业集成模块单元和顾客接触模块单元价值链流程强化延迟策略运作、后拉动流程、后拉动价值、智能运作监控和测量资源是企业集成模块单元流水线价值链管理流程、企业集成模块单元供应链或者服务链价值链管理流程运作中价值测算设备、产品或者模块品目质量检测设备、设备运作监控设备、测量设备、CPS 智能可视化和测量设备、CPS 智能信息运作系统。企业集成模块单元价值链流程监控和测量资源需要按照 MSA 要求，确定合格的质量检测设备、设备运作监控设备、测量设备、CPS 智能可视化和测量设备、CPS 智能信息运作系统，明确合格的标识，记录校准记录，进行校偏，对不符合企业集成模块单元价值链流程监控和测量要求的资源进行更新。

企业集成模块单元知识是指企业集成模块单元流水线价值链管理流程、企业集成模块单元供应链或者服务链价值链管理流程运作需要充足的知识加以支撑。这些知识包括需要结合企业特性，创造性地创新出企业具体模块单元、联合模块单元、模块组模块单元、总作业模块单元和通用模块单元、链接模块单元、专用模块单元的各类流水线价值链管理流程知识，以促进企业集成战略的实施。需要创造性地学习企业精益运营、智能运营的知识，使这些知识与企业集成模块单元流水线价值链管理流程、企业集成模块单元供应链或者服务链价值链管理流程相融合。需要从企业集成模块单元价值链管理流程运作中汲取经验,吸取成功和失败教训;需要从外部的标准、学术交流、专业会议、供应链或者服务链各方提供知识中进行知识的学习。企业集成模块单元价值链管理流程知识是指企业集成模块单元流水线价值链管理流程、企业集成模块单元供应链或者服务链价值链管理流程运作体系框架、管理方法、工作方法、监控方法,形成各种运作程序、操作规程,形成各类标准体系,确立企业集成模块单元价值链管理流程知识体系。

企业集成顾客接触模块单元价值链管理流程需要关注服务起始关键时刻的顾客与服务环境初始接触关键时刻、顾客与服务氛围初始接触关键时刻、员工与顾客初始接触关键时刻、设备与顾客初始接触关键时刻、电子设备与顾客初始接触关键时刻和服务运作关键时刻的是否接受服务关键时刻、服务价值判断关键时刻、服务反馈关键时刻、是否再次接受服务关键时刻、服务问题关键时刻的服务资源。

制造类企业、服务类企业、纯服务类企业、一般纯服务企业需要企业集成模块单元价值链管理流程人员、企业集成模块单元价值链管理流程基础设施、设备和电子设备、企业集成模块单元价值链管理流程运行环境、企业集成模块单元价值链管理流程监控和测量资源、企业集成模块单元知识。

(二) 企业集成模块单元价值链流程员工能力

企业集成模块单元价值链管理流程和企业集成顾客接触场内员工服务流程、顾客接触场内设备服务流程、顾客接触场外设备服务流程、顾客接触电子服务流程模块单元价值链管理流程、企业集成模块单元供应链或者服务链价值链管理流程延迟策略运作和强化延迟策略运作、后拉动流程、后拉动价值、智能运作中需要员工具有特有的能力,这些能力以企业集成模块单元和顾客接触模块单元价值链管理流程员工能力为主。企业集成模块单元和顾客接触模块单元价值链管理流程员工能力包括企业具体模块单元、联合模块单元、模块组模块单元、总作业模块单元和通用模块单元、链接模块单元、专用模块单元的专门单一流技术能力、专门多种作业能力、团队合作能力,包括企业精益运营专门技术能力、协调能力,包括企业智能运营专门技术能力,包括企业具体模块单元、联合模块单元、模块组模块单元、总作业模块单元和通用模块单元、链接模块单元、专用模块单元与企业精益运营、企业智能运营融合的专门技术能力、专门多种作业能力、团队合作能力、协调能力,包括 MBE、MES、ERP 专门信息技术能力。企业模块单元流水线团队、财务团队、质检团队、信息团队、开发与设计团队、采购和仓储团队包括专门的技术能力、专门多种作业能力、团队合作能力。这些能力是对企业集成模块单元价值链管理流程延迟策略运作和强化延迟策略运作的产品、模块品目、服务价值与质量目标具有稳定贡献的能力,不是停留在招聘阶段的能力,是企业集成模块单元和顾客接触模块单元价值链管理流程、企业集成模块单元供应链或者服务链价值链管理流程实际运作的能力。这些能力需要经过探索、培训逐渐形成每一个企业特有企业集成模块单元和顾客接触模块单元价值链管理流程、企业集成模块单元供应链或者服务链价值链管理流程运作能力。企业集成顾客接触模块单元价值链管理流程需要员工具备与顾客互动能力、瞬间服务能力。

企业集成顾客接触模块单元价值链管理流程需要关注服务起始关键时刻的顾客与服务环境初始接触关键时刻、顾客与服务氛围初始接触关键时刻、员工与顾客初始接触关键时刻、设备与顾客初始接触关键时刻、电子设备与顾客初始接触关键时刻和服务运作关键时刻的是否接受服务关键时刻、服务价值判断关键时刻、服务反馈关键时刻、是否再次接受服务关键时刻、服务问题关键时刻的员工能力。

制造类企业、服务类企业、纯服务类企业、一般纯服务企业集成模块单元流水线价值链管理流程、企业集成模块单元供应链或者服务链价值链管理流程需要员工具备专门技术能力、专门多种作业能力、团队合作能力、协调能力、专门信息技术能力。一般纯服务企业需要员工具备与顾客互动能力、瞬间服务能力、细致服务能力。

（三）企业集成模块单元价值链流程团队和员工意识

企业集成模块单元和顾客接触模块单元价值链管理流程延迟策略运作和强化延迟策略运作、后拉流程、后拉动价值、智能运作团队和员工意识包括企业具体模块单元、联合模块单元、模块组模块单元、总作业模块单元和通用模块单元、链接模块单元、专用模块单元流水线团队和员工具备企业集成模块单元和顾客接触模块单元价值链管理流程标准体系价值和质量意识，使企业集成模块单元和顾客接触模块单元价值链管理流程运作始终以价值增值为目标，围绕价值和质量进行运作。需要企业连续运营价值链与企业集成运营管理流程融合、企业集成运营模块单元价值链管理流程价值分析、企业集成运营模块单元价值链管理流程价值测算、企业集成运营模块单元价值链管理流程价值评价、企业集成运营模块单元价值链管理流程价值反馈的企业集成模块单元和顾客接触模块单元价值链管理流程标准体系价值意识，使企业集成模块单元和顾客接触模块单元价值链管理流程按照价值增值进行运作。需要具备自检、互检、监督抽检、首验的质量意识，企业集成模块单元和顾客接触模块单元价值链管理流程的产品和模块品目运作符合质量要求。需要具备企业集成战略意识，时刻考虑到企业价值领先与企业效率融合。具备模块单元和顾客接触模块单元随时转化的意识，按照满足顾客差异化需求的模块单元和顾客接触模块单元的转化，进行模块单元和顾客接触模块单元运作。具备适时运营、单一流运营、协作运营意识，使企业集成模块单元流水线价值链管理流程能够根据顾客需求进行模块单元流水线价值链管理流程适时运作，能够按照需求的多少进行模块单元和顾客接触模块单元价值链管理流程单一流运作，员工能够相互协作地进行企业集成模块单元和顾客接触模块单元价值链管理流程运作。具备智能运作意识，将智能运作融入企业集成模块单元和顾客接触模块单元价值链管理流程之中。具备模块单元和顾客接触模块单元、精益、智能、信息系统的协同运作意识，使企业集成模块单元和顾客接触模块单元价值链管理流程按照企业集成运营模块单元和顾客接触模块单元价值链管理流程价值运作过程式标准体系、企业集成运营产品族标准体系、企业集成运营有形和无形产品和模块品目标准体系、企业集成运营模块单元价值链管理流程程序、企业集成运营模块单元价值链管理流程操作规程和服务规范、企业集成运营模块单元价值链管理流程要素状态标准体系、企业集成运营模块单元价值链管理流程评价标准体系、企业集成运营模块单元价值链流程整合标准体系的要求进行运作，与顾客接触企业集成模块单元流水线价值链管理流程团队和员工需要具备与顾客互动意识、真诚服务意识。

　　企业集成顾客接触模块单元价值链管理流程需要关注服务起始关键时刻的顾客与服务环境初始接触关键时刻、顾客与服务氛围初始接触关键时刻、员工与顾客初始接触关键时刻、设备与顾客初始接触关键时刻、电子设备与顾客初始接触关键时刻和服务运作关键时刻的是否接受服务关键时刻、服务价值判断关键时刻、服务反馈关键时刻、是否再次接受服务关键时刻、服务问题关键时刻的服务团队和成员的能动服务意识和协作意识。

　　制造类企业、服务类企业、纯服务类企业、一般纯服务企业集成模块单元流水线价值链管理流程团队和员工需要具备企业集成模块单元价值链流程标准体系运作的价值和质量意识，一般纯服务企业集成模块单元流水线价值链管理流程团队和员工需要具备与顾客互动意识、真诚服务意识。

（四）企业集成模块单元价值链流程沟通

　　企业集成模块单元和顾客接触模块单元价值链流程沟通需要确定沟通的主体，企业集成模块单元和顾客接触模块单元延迟策略运作和强化延迟策略运作、后拉动流程、后拉动价值、智能运作的团队和员工是沟通的主体。企业集成模块单元和顾客接触模块单元价值链流程沟通包括企业集成模块单元和顾客接触模块单元价值链流程内团队和员工沟通、企业集成模块单元和顾客接触模块单元价值链流程团队与员工和企业集成模块单元供应链或者服务链价值链管理流程团队与员工沟通。企业集成模块单元和顾客接触模块单元流程沟通围绕企业集成模块单元价值链流程标准体系价值与质量进行。

　　企业集成模块单元和顾客接触模块单元价值链流程内团队和员工沟通包括企业集成模块单元和顾客接触模块单元单一流价值链流程内员工之间、企业集成模块单元和顾客接触模块单元单一流价值链流程之间团队和员工的价值和质量有关运营作业沟通和价值运作、质量运作的沟通。包括相同层次通用模块单元、链接模块单元、专用模块单元内和之间团队和员工价值和质量有关运营作业沟通和价值运作、质量运作的沟通。包括具体模块单元、联合模块单元、模块组模块单元、总作业模块单元流水线价值链流程之间团队和员工的价值和质量有关运营作业沟通和价值运作、质量运作的沟通。与顾客接触企业集成模块单元价值链管理流程团队和员工需要具备与顾客良好沟通的意识。

　　企业集成模块单元流水线价值链流程团队与员工和企业集成模块单元供应链或者

服务链价值链管理流程团队与员工进行企业模块单元和顾客接触模块单元团队与员工、企业高层团队与员工沟通，贯彻企业集成模块单元价值链流程延迟策略运作和强化延迟策略运作、后拉动流程、后拉动价值、智能运作的产品、模块品目、服务价值和质量方针与目标。进行企业模块单元团队与员工和开发与设计团队与员工沟通，确定实现企业集成模块单元价值链流程价值和质量目标的产品和模块品目功能、企业集成模块单元价值链流程，围绕价值与质量进行企业集成开发与设计模块单元价值链流程运作；企业模块单元团队与员工和采购、仓储团队员工沟通，确定需要采购的模块品目、仓储的产品和模块品目，围绕价值与质量进行企业集成采购、仓储模块单元价值链流程运作。进行企业模块单元团队和销售团队与员工沟通，确定需要进行企业集成模块单元价值链流程中运营模块品目，围绕价值与质量进行企业集成销售模块单元价值链流程运作。进行企业模块单元团队和财务团队与员工沟通，确定价值增值的大小，进行企业集成运营模块单元价值链流程价值运作。进行企业模块单元团队和质检团队与员工沟通，确定质量达到的水平，进行企业集成运营模块单元价值链流程质量运作。进行企业模块单元团队和信息团队与员工沟通，确定信息系统，围绕着价值与质量进行企业集成运营模块单元价值链流程信息运作。

（五）企业集成模块单元价值链流程信息系统价值和质量运作

企业集成模块单元价值链流程价值和质量的信息运作，如图 7 - 3 - 1 至图 7 - 3 - 3 所示。

企业高层团队负责确定模块单元价值链流程延迟策略运作和强化延迟策略运作、后拉动流程、后拉动价值、智能运作延迟策略运作和强化延迟策略运作的作业价值和产品、模块品目、服务的质量方针，这一方针需要通过企业集成 ERP 信息系统和企业集成 MBE 信息系统，通过两个系统分别体现模块单元价值链流程价值方针和模块单元价值链流程质量方针，将方针具体化为目标。方针具体体现为企业集成 ERP 系统中的 ERP 模块单元价值链管理流程价值目标和企业集成 MBE 模块单元价值链管理流程质量目标，其中企业集成 MBE 模块单元价值链管理流程质量目标确定需要以基于 MBD 产品和模块品目模型和系统确定为前提。将这一部分信息作为 Pig 输入部分的信息。

ERP 模块单元价值链管理流程延迟策略运作和强化延迟策略运作、后拉动流程、后拉动价值、智能运作价值目标和企业集成 MBE 模块单元价值链管理流程质量目标的实现需要实际支持，这些支持部分反映模块单元价值链管理流程实际运作，通过模块单元价值链管理流程实际运作的 MES 信息系统反映。这些支持部分包括 MES 模块单元价值链管理流程人员、MES 模块单元价值链管理流程设施、MES 模块单元价值链管理流程运行环境、MES 模块单元价值链管理流程监控和测量资源、MES 模块单元价值链管理流程知识、MES 模块单元价值链管理流程运行能力。将这一部分信息作为 Pig 输入部分的信息。

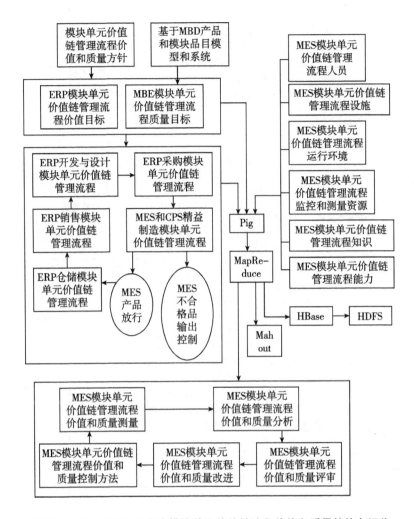

图 7 – 3 – 1　制造企业集成模块单元价值链流程价值和质量的信息运作

　　ERP 模块单元价值链管理流程延迟策略运作和强化延迟策略运作、后拉动流程、后拉动价值、智能运作的价值目标和企业集成 MBE 模块单元价值链管理流程质量目标的实现需要通过企业集成模块单元价值链流程实现，通过 ERP 中的运营模块单元价值链管理流程和 MES 基本运营模块单元价值链流程实现。ERP 运营模块单元价值链管理流程包括 ERP 开发与设计模块单元价值链管理流程、ERP 采购模块单元价值链管理流程、ERP 基本运营模块单元价值链管理流程、ERP 仓储模块单元价值链管理流程、ERP 销售模块单元价值链管理流程和 MES 的 CPS 精益基本运营模块单元价值链管理流程、MES 与 CPS 精益基本运营模块单元运作相关联的运营模块单元价值链管理流程。将这一部分信息作为 Pig 输入部分的信息。

　　ERP 模块单元价值链管理流程延迟策略运作和强化延迟策略运作、后拉动流程、后拉动价值、智能运作的价值目标和企业集成 MBE 模块单元价值链管理流程质量目标

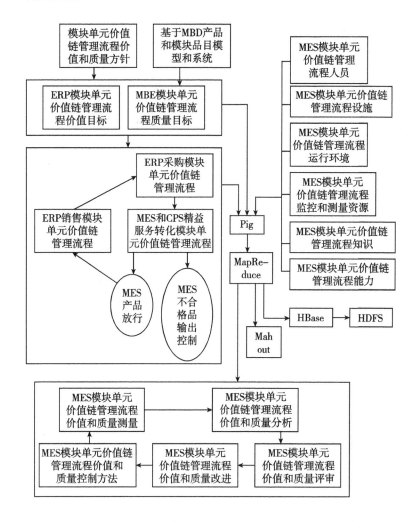

图7-3-2 一般服务企业集成模块单元价值链流程价值和质量的信息运作

数据、MES 模块单元价值链管理流程支持数据、ERP 中运营模块单元价值链管理流程和 MES 基本运营模块单元价值链流程数据通过 Pig 数据流处理进入 Hadoop 的重要组成部分 MapReduce 进行数据处理。MapReduce 分布式数据仓库 Hive 和分布式数据库 HBase 负责对模块单元价值链流程价值和质量有关的大数据存储，进行 MES 模块单元价值链管理流程价值和质量测量、MES 模块单元价值链管理流程价值和质量分析、MES 模块单元价值链管理流程价值和质量评审、MES 模块单元价值链管理流程价值和质量改进、MES 模块单元价值链管理流程价值和质量控制方法，对这些数据数据文件分割，将数据片段分配到集群中的各个节点上，Master 将数据分解为各个 Map 和 Reduce 任务，Map 读取数据片段，将获取到的中间结果进行缓存并写入存储器，将存储数据的位置发回主控程序，将位置信息转发给 Reduce 工作机，Reduce 工作机将生成的 Key 与 Value 列表值发送给用户的 Reduce 函数，将结果输出并存储。数据通过 Mahout

机器学习，建立测算数据程序，进行准确测算。

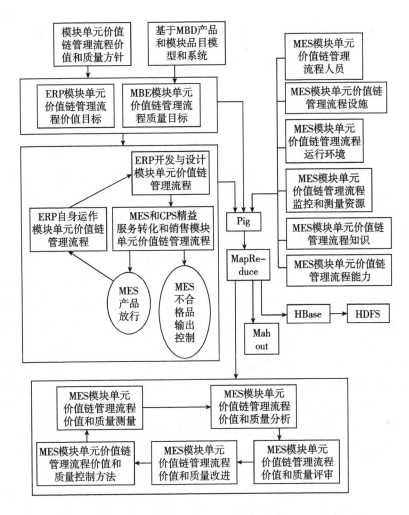

图 7-3-3　纯服务企业集成模块单元价值链流程价值和质量的信息运作

　　制造类企业通过 MES 集成基本制造模块单元价值链管理流程和与集成基本制造模块单元运作相关的 ERP、MES 模块单元价值链管理流程，进行信息系统价值和质量运作。服务类企业、纯服务类企业、一般纯服务企业通过 MES 集成服务转化模块单元价值链管理流程和与集成服务转化模块单元运作相关的 ERP、MES 模块单元价值链管理流程，进行信息系统价值和质量运作。

第四节　企业集成模块单元价值链管理流程价值与质量运作

一、企业集成产品开发与设计模块单元价值链管理流程价值与质量运作

企业集成产品开发与设计模块单元价值链管理流程价值与质量运作需要通过企业集成 MBE，根据顾客适时需求，确定适时开发与设计延迟策略运作和强化延迟策略运作、后拉动流程、后拉动价值、智能运作的作业价值和产品、模块品目、服务的质量目标。根据企业集成 MBE 适时开发与设计价值与质量目标，确定企业 MBE 中的有形产品、无形产品、模块品目 MBD 的质量标准和价值额度，明确企业集成产品开发与设计模块单元价值链管理流程运作的价值和质量基础。围绕价值和质量，明确企业集成产品开发与设计模块单元价值链管理流程运作所需要的各类资源，进行企业集成 MBE 适时开发与设计资源管理，进行企业集成 MBE 适时开发与设计维护管理，具备企业集成产品开发与设计模块单元价值链管理流程价值与质量运作调度基础，进行企业集成 MBE 适时开发与设计调度，进行企业集成 MBE 适时开发与设计价值及质量运作。企业集成产品开发与设计模块单元价值链管理流程价值及质量运作如图 7 - 4 - 1 所示。

企业集成产品开发与设计模块单元价值链流程价值运作按照延迟策略运作和强化延迟策略运作、后拉动流程、后拉动价值、智能运作的要求，进行具体通用模块单元开发与设计流程、具体专用模块单元开发与设计流程、联合通用模块单元开发与设计流程、联合专用模块单元开发与设计流程运作，从根本上融合差异功能，实现模块单元价值增值运作。这一运作进行具体与联合模块单元开发与设计流程后作业拉动单一流运作，进行通用模块单元、专用模块单元内和之间的后作业拉动单一流运作，实现企业产品开发与设计模块单元精益运营，由此确立价值增值源泉运作。进行具体与联合模块单元内和之间智能运作，进行通用模块单元、专用模块单元内和之间智能运作，实现企业产品开发与设计模块单元智能运作，由此确立价值增值高效率运作方式。通过延迟策略运作和强化延迟策略运作、后拉动流程、后拉动价值、智能运作，真正实现企业集成产品开发与设计模块单元价值链流程价值。

企业集成产品开发与设计模块单元价值链管理流程质量运作建立企业集成产品开发与设计模块单元运作质量问题暂停机制。质量问题暂停机制注重企业集成产品开发与设计模块单元中每一位员工具有暂停意识，培训员工问题出现以便快速解决问题。质量问题暂停机制是企业集成产品开发与设计模块单元的每一位员工的责任，使每一位员工为质量运作相互协作，进行企业集成产品开发与设计模块单元价值链管理流程运作。

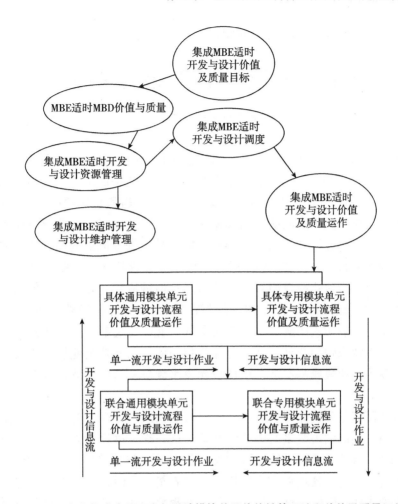

图7-4-1　企业集成产品开发与设计模块单元价值链管理流程价值及质量运作

企业集成产品开发与设计模块单元价值链管理流程质量问题暂停机制运用时需要各种协作，以促进在出现质量问题时能使企业集成产品开发与设计模块单元价值链管理流程顺利运作，为此需要建立质量问题协作机制。价值和质量问题协作机制需要协作信息发布系统，可以通过企业集成产品开发与设计模块单元价值链管理流程各个作业的相互支持来解决。

企业集成产品开发与设计模块单元价值链管理流程质量问题暂停机制运用时需要确立质量问题立即解决的程序和预警机制。质量问题立即解决的程序是根据企业集成产品开发与设计模块单元价值链管理流程特性和运作实际确立的能够立即解决问题的程序。质量问题预警机制需要企业集成产品开发与设计模块单元价值链管理流程运作进行预判断，当企业集成产品开发与设计模块单元价值链管理流程不符合作业的内在质量逻辑时，都会在第一时间进行预警，从而避免质量问题的产生。

企业集成产品开发与设计模块单元价值链管理流程价值与质量运作需要通过高端

程序图明确界定顾客需求。高端程序如图7-4-2所示。

图7-4-2 高端程序

高端程序图依次通过供方、输入、过程、输出、顾客体现。供方是提供输入的组织和个人。组织是指高层团队、企业财务团队、企业质检团队、企业信息团队、企业模块单元流水线团队、企业开发与设计团队、企业采购和仓储团队、企业销售团队，尤其是企业模块单元流水线团队和其具体体现为企业集成基本运营模块单元流水线单一流的团队，这是供方最基本的组成团队。输入是指供方提供的信息和资源，包括人员、机器、模块品目、方法和环境。过程是指企业集成基本运营模块单元流水线价值链流程和企业集成供应链或者服务链模块单元价值链流程，尤以企业集成基本运营模块单元流水线价值链流程为主。输出是过程的结果。顾客是指外部顾客、高层团队、企业财务团队、企业质检团队、企业信息团队、企业模块单元流水线团队、企业开发与设计团队、企业采购和仓储团队、企业销售团队，尤其是企业模块单元流水线团队和其具体体现为企业集成基本运营模块单元流水线单一流的团队，这是顾客最基本的组成团队。

高端程序图就是要确定供方、输入、过程、输出、顾客，确定过程中需要根据顾客需求的分析，明确输出变量对顾客的影响，这一确定过程建立在帕累托原则基础之上，即80%的结果源于20%的原因，比较不同的缺陷类型结果对顾客的影响，以便找出最需要关注的问题。高端程序图运用中需要收集一段时期的数据，确定输出中哪些不符合顾客要求的缺陷项，将各项缺陷发生的频数按从大到小的顺序进行排列，计算各自缺陷占总缺陷的比例和累计比例，按照由大到小的顺序进行缺陷类型的排列，最后根据所排序的缺陷类型确定主要问题。

H公司的高端程序图如图7-4-3所示，H公司模块单元流水线团队顾客服务输出缺陷计算如表7-4-1所示。

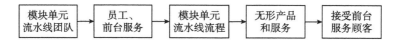

图7-4-3 H公司的高端程序

表7-4-1 H公司模块单元流水线团队顾客服务输出缺陷计算

缺陷类型	发生频数（1~6月）	累计缺陷	占比（%）	累计占比（%）
服务态度不好	73	73	58	58
等待时间长	26	99	21	79

缺陷类型	发生频数（1~6月）	累计缺陷	占比（%）	累计占比（%）
服务不专业	17	116	14	93
衔接不好	8	124	6	99
出错	1	125	1	1

从中得出 H 公司模块单元流水线团队顾客服务主要问题是服务态度不好。

二、企业集成基本运营模块单元流水线价值链管理流程价值与质量运作

企业集成基本运营模块单元流水线价值链管理流程价值与质量运作需要通过企业集成 MBE，根据顾客适时需求，确定适时基本运营模块单元价值链流程延迟策略运作和强化延迟策略运作、后拉动流程、后拉动价值、智能运作的作业价值和产品、模块品目、服务的质量目标。根据企业集成 MBE 适时基本运营模块单元流水线价值链流程价值与质量目标，确定企业 MBE 中的有形产品、无形产品、模块品目 MBD 的质量标准和价值额度，明确企业集成基本运营模块单元价值链流程价值与质量运作的基础。围绕价值和质量，明确企业集成基本运营模块单元价值链流程运作所需要的各类资源，进行企业集成 MBE 适时基本运营模块单元价值链流程资源管理，进行企业集成 MBE 适时基本运营模块单元价值链流程维护管理，从而具备企业集成基本运营模块单元价值链流程价值与质量运作调度基础，进行企业集成 MBE 适时基本运营模块单元价值链流程调度，进行企业集成 MBE 适时基本运营模块单元价值链流程价值与质量运作。制造企业集成基本运营模块单元流水线价值链管理流程价值与质量运作、一般服务企业集成基本运营模块单元流水线价值链管理流程价值与质量运作、纯服务企业集成基本运营模块单元流水线价值链管理流程价值与质量运作如图 7 - 4 - 4 至图 7 - 4 - 6 所示。

企业集成基本运营模块单元价值链流程延迟策略运作和强化延迟策略运作、后拉动流程、后拉动价值、智能运作的作业价值运作按照企业集成战略的要求，进行具体通用模块单元制造流程、具体链接模块单元制造流程、具体专用模块单元制造流程、联合通用模块单元制造流程、联合链接模块单元制造流程、联合专用模块单元制造流程、模块组通用模块单元制造流程、模块组链接模块单元制造流程、模块组专用模块单元制造流程、总作业通用模块单元制造流程、总作业链接模块单元制造流程、总作业专用模块单元制造流程运作，从根本上融合差异功能，实现模块单元价值增值运作。这一运作进行具体模块单元制造流程、联合模块单元制造流程、模块组模块单元制造流程、总作业模块单元制造流程后作业拉动单一流运作，进行通用模块单元流水线、链接模块单元、专用模块单元流水线内和之间的后作业拉动单一流运作，实现企业集成基本运营模块单元价值链流程精益运营，由此确立价值增值源泉运作。进行具体模块单元制造流程、联合模块单元制造流程、模块组模块单元制造流程、总作业模块单元流水线制造流程内和之间智能运作，进行通用模块单元、链接模块单元、专用模块

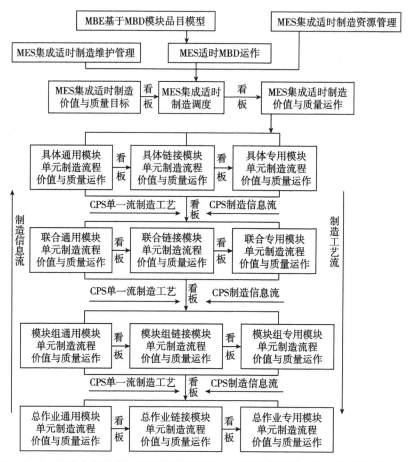

图7-4-4 制造企业集成基本运营模块单元流水线价值链管理流程价值与质量运作

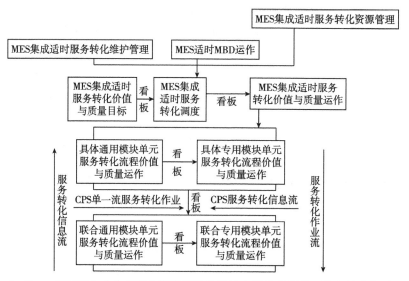

图7-4-5 一般服务企业集成基本运营模块单元流水线价值链管理流程价值与质量运作

单元智能运作，实现企业集成基本运营模块单元价值链流程智能运作，由此确立价值增值高效率运作方式。通过企业集成战略下的精益、智能运营，真正实现企业集成基本运营模块单元价值链流程价值。

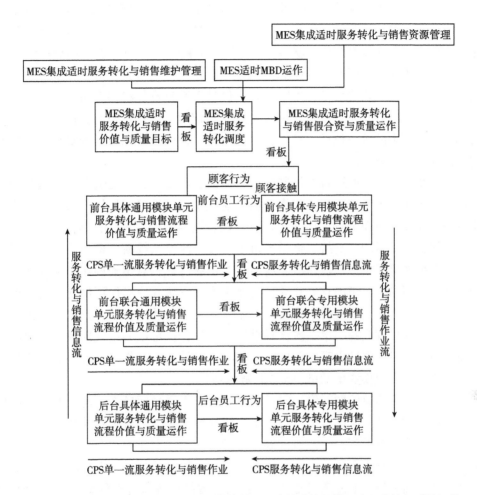

图7-4-6 纯服务企业集成基本运营模块单元流水线价值链管理流程价值与质量运作

企业集成基本运营模块单元流水线价值链管理流程延迟策略运作和强化延迟策略运作、后拉动流程、后拉动价值、智能运作的产品、模块品目、服务质量运作需要建立企业模块单元流水线停下的机制。若出现问题需要确立能让单一流流程停下来的机制。若要企业模块单元持续改进，必须要确立企业模块单元质量问题暂停机制。企业模块单元质量问题暂停机制运作是将所出现的问题立即解决，避免问题进入一个流程，这种检测比事后检测问题和设法修正问题更有效率，成本更低。质量问题暂停机制重要的是机制中人员运作的部分，需要每一位员工都具有暂停意识，而不是简简单单的运用一项技术，唯有培训员工问题出现后快速解决问题的意识，暂停机制才具有运作的基础。而且暂停机制不是某一位员工的事情，而是企业模块单元单一流水线的每一位员工的责任，使每一位员工为质量相互协作进行模块单元单一流流水线运作。

企业模块单元质量问题暂停机制需要 CPS 智能检测和监控设备与其相适应。CPS 智能检测设备能够迅速检测产品所出现的问题或者是不符合规范的操作，CPS 智能监测设备能够迅速监测企业模块单元问题，如果产品或者企业模块单元流水线运作出现问题，企业模块单元流水线作业就会停止运作，避免重复出现问题，造成浪费。

企业模块单元质量问题暂停机制需要授权给员工，进行暂停问题作业操作，以暂停问题作业。企业模块单元单一流中的每一位员工都有责任看到产品或者企业模块单元运作出现问题时，立即暂停企业模块单元问题作业，这样自检的责任就落实到企业模块单元单一流中的每一位员工身上，每一位员工都能感受到自身的责任，及应有的权力和自身作为的影响。

企业模块单元质量问题暂停机制运用时需要各种协作，以促进在出现质量问题时能够使模块单元流水线顺利运作，为此需要建立价值和质量问题协作机制。质量问题协作机制需要建立协作信息发布系统，可以通过适当的价值运作、模块品目缓存、单一流流水线模块品目相互支持、重新开启新的单一流流水线新生模块品目这些部分来解决。企业模块单元单一流流水线自身有适当的缓存，一旦出现问题，出现问题的作业可以通过适当的缓存跨越这一作业，直接进入下一个作业，保证出现问题的单一流流水线继续进行运作。企业模块单元单一流流水线可以通过相同类型单一流流程模块品目的支持促使出现问题的单一流流程继续进行运作。可以采用重新开启新的单一流流程新生模块品目，保证出现问题的单一流流程继续进行运作。通过建立这样的质量问题协作机制，促使模块单元单一流流程顺利运作。

企业模块单元质量问题暂停机制运用时需要确立质量问题立即解决的程序和预警机制。质量问题立即解决的程序是根据企业模块单元单一流流程特性和运作实际确立的能够立即解决问题的程序。质量问题立即解决的程序要求简单化、可操作性强，这些解决程序都是设计者深入一线和一线员工长期共同分析情况，得到的简单的解决程序。如若遇到需要解决的复杂问题时，需要通过智能设备和信息系统的运用立即解决，力求解决方式简单化。企业模块单元单一流流水线的每一位员工熟知这样的解决程序，能十分熟练地运用这些解决程序。质量问题预警机制需要企业模块单元单一流流程建立作业之间相互内在联系的质量标准作业和企业模块单元单一流流程设备运作状态智能判断，当企业模块单元单一流流程不符合作业的内在质量逻辑时，当企业模块单元单一流流程设备运作状态有可能出现问题时，都会在第一时间进行预警，避免质量问题的产生。

有顾客接触的企业集成基本运营模块单元单一流流程价值链管理流程价值与质量运作需要注重与顾客的互动，从顾客出发，进行规范和生动的服务，使顾客能够从瞬间感受到企业服务质量的优良，有效促进企业集成基本运营模块单元流水线价值链管理流程云中服务质量的提高，促进企业集成基本运营模块单元价值链管理流程价值增值。企业集成顾客接触模块单元价值链管理流程需要关注服务起始关键时刻的顾客与服务环境初始接触关键时刻、顾客与服务氛围初始接触关键时刻、员工与顾客初始接触关键时刻、设备与顾客初始接触关键时刻、电子设备与顾客初始接触关键时刻和服务运作关键时刻、是否接受服务关键时刻、服务价值判断关键时刻、服务反馈关键时刻、是否再次接受服务关键时刻、服务问题关键时刻的重点服务。

三、企业集成采购模块单元价值链管理流程价值与质量运作

企业集成采购模块单元价值链管理流程延迟策略运作和强化延迟策略运作、后拉动流程、后拉动价值、智能运作的作业价值和产品、模块品目、服务的质量运作需要通过企业集成 MBE，根据顾客适时需求，确定适时采购价值与质量目标。根据企业集成 MBE 适时采购价值与质量目标，确定企业 MBE 中的有形成产品、无形产品、模块品目 MBD 的质量标准和价值额度，明确企业集成采购模块单元价值链管理流程运作的价值和质量的基础。围绕价值和质量，明确企业集成采购模块单元价值链管理流程运作所需要的各类资源，进行企业集成 MBE 适时采购资源管理，进行企业集成 MBE 适时采购维护管理，从而具备企业集成采购模块单元价值链管理流程价值与质量运作调度基础，进行企业集成 MBE 适时采购调度，进行企业集成 MBE 适时采购价值与质量运作。企业集成采购模块单元价值链管理流程价值与质量运作如图 7-4-7 所示。

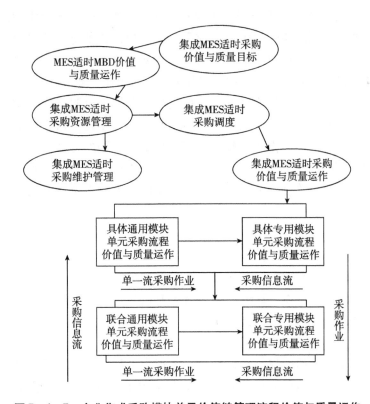

图 7-4-7　企业集成采购模块单元价值链管理流程价值与质量运作

企业集成采购模块单元价值链流程延迟策略运作和强化延迟策略运作、后拉动流程、后拉动价值、智能运作的作业价值运作按照企业集成战略的要求，进行具体通用模块单元采购流程、具体专用模块单元采购流程、联合通用模块单元采购开流程、联合专用模块单元采购流程运作，从根本上融合差异功能，实现模块单元价值增值运作。这一运作进行具体模块单元采购流程后作业拉动单一流运作，进行通用模块单元、专用模块单元内和之间的后作业拉动单一流运作，实现企业采购模块单元精益运营，由此确立价值增值源泉运作。进行具体模块单元内和之间智能运作，进行通用模块单元、专用模块单元内和之间智能运作，实现企业采购模块单元智能运作，由此确立价值增值高效率运作方式。通过企业集成战略下的精益、智能运营，真正实现企业集成采购模块单元价值链流程价值。

企业集成采购模块单元价值链管理流程延迟策略运作和强化延迟策略运作、后拉动流程、后拉动价值、智能运作的产品、模块品目、服务质量运作建立企业集成采购模块单元运作质量问题暂停机制。价值和质量问题暂停机制注重企业集成采购模块单元中每一位员工都具有暂停意识，唯有培训员工问题出现后快速解决问题的意识，质量问题暂停机制才具有运作的基础。质量问题暂停机制是企业集成采购模块单元的每一位员工的责任，使每一位员工为质量相互协作进行企业集成采购模块单元价值链管理流程运作。

企业集成采购模块单元价值链管理流程质量问题暂停机制运用时需要各种协作，以促进在出现质量问题时能够使企业集成采购模块单元价值链管理流程顺利运作，为此需要建立质量问题协作机制。价值和质量问题协作机制需要协作信息发布系统，可以企业集成采购模块单元价值链管理流程各个作业的相互支持来解决。

企业集成采购模块单元价值链管理流程质量问题暂停机制运用时需要确立质量问题立即解决的程序和预警机制。质量问题立即解决的程序是根据企业集成采购模块单元价值链管理流程特性和运作实际确立的能立即解决问题的程序。质量问题预警机制需要对企业集成采购模块单元价值链管理流程运作进行预判断，当企业集成采购模块单元价值链管理流程不符合作业的内在质量逻辑时，就会在第一时间进行预警，避免质量问题的产生。

四、企业集成模块品目、产品与服务放行

企业具体、联合、模块组、总作业模块单元和通用、链接、专用模块单元运作过程中随时进行模块品目运作，这些模块品目需要按照企业集成模块单元价值链管理流程价值目标与 MBD 质量目标的要求进行运作，只有符合要求的模块品目才具有放行的资格，才能够在模块单元中进行运作。

企业集成模块单元的模块品目运作最终体现为产品，不但需要按照企业集成模块单元价值链管理流程价值目标与 MBD 质量目标的要求进行运作，更需要体现顾名的需要，只有符合目标和顾客需要的产品才具有放行的资格，才能够真正满足顾客的产品

需求。

顾客接触服务企业模块单元运作中随时进行着服务的运作，不但需要按照企业集成模块单元价值链管理流程价值目标与 MBD 质量目标的要求进行运作，更需要体现顾客的需要，只有符合目标和顾客需要的服务才具有放行的资格，才能够真正满足顾客的服务需求。

第五节 企业集成模块单元价值链管理流程价值与质量运作控制

一、企业集成模块单元价值链管理流程价值与质量测量

(一) 企业集成模块单元价值链管理流程价值测量系统

企业集成模块单元价值链管理流程延迟策略运作和强化延迟策略运作、后拉动流程、后拉动价值、智能运作的作业价值测量系统需要具备进行价值测算的对象，其对象就是企业集成运营模块单元流水线价值链管理流程和企业集成供应链或者服务链价值链管理流程。企业集成模块单元价值链管理流程价值测量系统需要对具体通用模块单元流水线、具体链接模块单元流水线、具体专用模块单元流水线、联合通用模块单元流水线、联合链接模块单元流水线、联合专用模块单元流水线、模块组通用模块单元流水线、模块组链接模块单元流水线、模块组专用模块单元流水线、总作业通用模块单元流水线、总作业链接模块单元流水线、总作业专用模块单元流水线的运营价值链管理流程进行价值测算。对有形产品和无形产品集成开发与设计模块单元价值链管理流程、有形产品集成采购模块单元价值链管理流程、有形产品集成制造模块单元价值链管理流程、有形产品集成服务转化模块单元价值链管理流程、有形产品和无形产品集成设计性服务转化模块单元价值链管理流程、无形产品集成转化和销售模块单元价值链管理流程、有形产品集成仓储模块单元价值链管理流程、有形产品集成销售模块单元价值链管理流程、无形产品集成企业自身运作模块单元价值链管理流程进行价值测算。企业集成模块单元价值链管理流程价值测量系统需要具备价值测算对象承担主体的团队和员工。这些团队和个人主要体现在企业集成运营模块单元流水线价值链管理流程和企业集成供应链或者服务链价值链管理流程的团队和员工，具体体现在企业销售团队和员工、企业模块单元流水线团队和员工、企业采购和仓储团队和员工、企业开发与设计团队和企业高层团队和员工、信息团队和员工、财务团队和员工、质检团队和员工，这些团队和员工中以企业模块单元流水线团队和员工为中心。这些团

队和个人是企业集成运营模块单元流水线价值链管理流程和企业集成供应链或者服务链价值链管理流程价值测算的承载主体，通过这些承载主体完成对企业集成运营模块单元流水线价值链管理流程和企业集成供应链或者服务链价值链管理流程价值测算。

企业集成模块单元价值链管理流程延迟策略运作和强化延迟策略运作、后拉动流程、后拉动价值、智能运作的作业价值测量系统需要具备价值测算模式。价值测算模式包括权责发生制下的收入与成本配比价值测算模式和收付实现制下的现金流入与流出配比价值测算模式。权责发生制下的收入与成本配比价值测算模式需要考虑内外往来业务有价值约定但并未实现价值的部分，收付实现制下的现金流入与流出配比价值测算模式则是真实体现价值实现的大小。企业集成模块单元价值链管理流程价值测算重点是进行价值测算，尤其是企业集成运营模块单元流水线价值链管理流程需要确定真实的价值大小，企业集成供应链或者服务链价值链管理流程注重确定真实的价值大小。因而，收付实现制下的现金流入与流出配比价值测算模式更适合确定价值大小。由此企业集成模块单元价值链管理流程价值测量系统以收付实现制下的现金流入与流出配比为价值测算模式，进行企业集成模块单元价值链管理流程价值测量。

企业集成模块单元价值链管理流程延迟策略运作和强化延迟策略运作、后拉动流程、后拉动价值、智能运作的作业价值测量系统需要具备价值测算的方法。按照企业集成运营管理目标的价值确定模型和方法，进行企业集成运营模块单元流水线价值链管理流程和企业集成供应链或者服务链价值链管理流程价值测算，既可以测算出企业模块单元价值链管理流程整体的价值，也可以测算出企业集成运营模块单元流水线价值链管理流程和企业集成供应链或者服务链价值链管理流程的价值测算，还可以测算出企业集成运营模块单元流水线单一流价值链管理流程，更为具体的价值链管理流程的价值。

企业集成模块单元价值链管理流程延迟策略运作和强化延迟策略运作、后拉动流程、后拉动价值、智能运作的作业价值测量系统是在集成运作下进行的价值测算。测算需要在体现企业集成战略的模块单元流水线运作的情况下进行测算，需要在适时运营和单一流的价值链管流程下进行测算，需要在智能模块单元价值链管理流程运作下进行测算，需要在价值链管理流程下进行测算。只有这样，价值测算才能够真正反映企业集成运营管理的要求。

企业集成模块单元价值链管理流程延迟策略运作和强化延迟策略运作、后拉动流程、后拉动价值、智能运作的作业价值测量系统需要通过财务通则和准则确定企业集成模块单元价值链管理流程价值运作标准体系，使企业集成模块单元价值链管理流程价值测量能够按照标准体系运作的要求进行，从而确定企业集成模块单元价值链管理流程价值测量系统运作的基本财务环境。

（二）企业集成模块单元价值链管理流程质量测量系统

企业集成模块单元价值链管理流程延迟策略运作和强化延迟策略运作、后拉动流程、后拉动价值、智能运作的产品、模块品目、服务质量测量系统需要具备分辨力。测量系统的分辨力是衡量测量系统能力的一个重要手段。测量系统的分辨力是指测量系统识别并反映被测量的最微小变化的能力。测量系统的分辨力不高，就无法正确识别过程的波动，进而影响测量结果。测量系统的分辨力数据数组测算公式如下：

$$L_Z = \frac{\sigma_p}{\sigma_{ms}} \times 1.41 \tag{7-5-1}$$

式中，σ_p 是测量对象波动的标准差，σ_{ms} 是测量系统波动的标准差。

数据数组不能小于2，如果小于2，测量系统的控制或者是测量是无价值的。数据数组应当大于5，这样测量系统才具有足够的分辨力，使测量的数据能较好地用于分析和控制过程。当测量系统的分辨力不足时，控制图上的表现为只有几个不同的级差值，图形较粗糙，无法获得更多的过程波动信息。

企业集成模块单元价值链管理流程延迟策略运作和强化延迟策略运作、后拉动流程、后拉动价值、智能运作的产品、模块品目、服务质量测量系统需要明确偏倚、线性和稳定性。企业集成模块单元价值链管理流程质量测量系统偏倚是指同一测量对象进行多次测量的平均值与测量对象的基准值或者标准值之差。偏倚是否存在，需要通过 t 检验得出。

F 公司企业集成模块单元价值链管理流程质量测量系统检测数据如表 7-5-1 所示。

表 7-5-1　F 公司企业集成模块单元价值链管理流程质量测量系统检测数据

序号	1	2	3	4	5	6
测量值	10.01	10.00	9.97	9.99	10.03	9.98
序号	7	8	9	10	11	12
测量值	9.97	10.00	10.00	10.00	9.99	10.00

经测算偏差为0.1，t = 7.38 大于 1.796，偏差存在。需要进行 F 公司企业集成模块单元价值链管理流程质量测量系统调偏处理。

企业集成模块单元价值链管理流程延迟策略运作和强化延迟策略运作、后拉动流程、后拉动价值、智能运作的产品、模块品目、服务质量测量系统的线性是衡量测量系统准确性的重要衡量手段。每个测量系统都有自身的量程，测量系统为了能够对任何一处的测量值加以修正，必须要求测量系统的偏倚具有线性。测量系统的线性是指偏倚是基准值的线性函数。对于通常的测量方法，当偏倚基准值较小时，测量偏倚较小；当偏倚基准值较大时，测量偏倚较大。需要建立测量系统基准与偏倚的线性关系式，如式（7-5-2）至式（7-5-5）所示。需要进行过程总波动范围的确定，然后确定波动的范围是否在柜内。过程总波动范围确定公式如（7-5-6）所示：

$$y = a + bx \tag{7-5-2}$$

$$b = \frac{L_{xy}}{L_{xx}} \tag{7-5-3}$$

$$a = \overline{Y} - b\,\overline{X} \tag{7-5-4}$$

$$r = \frac{L_{xy}}{\sqrt{L_{xx} \times L_{yy}}} \tag{7-5-5}$$

$$\text{Linearity} = |b| \times \text{过程总波动} \tag{7-5-6}$$

F公司操作人员用千分尺对测量对象进行长度10毫米、30毫米、50毫米、100毫米基准值的6次测量。测量范围不能超过0.08毫米，判断测量是否在测量范围内。测量数据如表7-5-2所示。

表7-5-2 F公司测量的基准值与偏倚 单位：毫米

	10	30	50	100
1	2	3	5	8
2	1	2	4	6
3	2	1	2	7
4	1	3	3	4
5	−1	1	3	5
6	−2	−1	5	7

$$b = \frac{L_{xy}}{L_{xx}} = 0.06434$$

$$a = \overline{Y} - b\,\overline{X} = -0.0978$$

$$r = \frac{L_{xy}}{\sqrt{L_{xx} \times L_{yy}}} = 0.6956$$

$$\text{Linearity} = |b| \times \text{过程总波动} = 0.7065$$

F公司拟合线如图7-5-1所示。

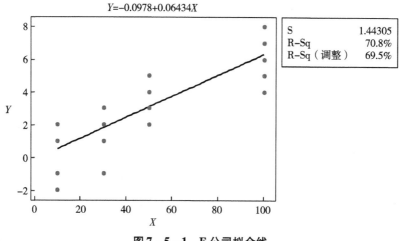

图7-5-1 F公司拟合线

回归方程为：

$Y = -0.0978 + 0.06434X$

企业集成模块单元价值链管理流程延迟策略运作和强化延迟策略运作、后拉动流程、后拉动价值、智能运作的产品、模块品目、服务质量测量系统稳定性是指系统的计量特性随时间保持恒定的能力。系统的稳定性要求系统的偏倚、总波动、测量误差保持恒定。这样就能通过企业集成模块单元价值链管理流程质量测量系统得出具有一定基准的测算数据，稳定确定企业集成模块单元价值链管理流程质量测量系统，提供稳定的企业集成模块单元价值链管理流程质量测量数据。

企业集成模块单元价值链管理流程延迟策略运作和强化延迟策略运作、后拉动流程、后拉动价值、智能运作的产品、模块品目、服务质量测量系统需要考虑重复性和再现性。测量系统重复性是指在尽可能相同的测量条件下，对同一测量对象进行多次重复测量所产生的波动。重复性主要反映测量系统本身的波动性。重复性误差由测量系统本身引起，重复性是考察测量系统固有波动大小的重要手段。测算重复性的公式和有关标准差的公式如下：

$$EV = 6\sigma_e \tag{7-5-7}$$

$$\hat{\sigma}_e = \frac{\overline{R}}{d_2^*} \tag{7-5-8}$$

式中，σ_e 是测量过程中重复测量而引起的标准差，需要同一位操作员对用同一个标准的测量对象，采用完全相同的操作规程，在较短的时间内进行多次测量，用这些测量结果直接估计 σ_e。多个操作人员进行操作时，同一个操作人员对同一个标准测量对象至少重复两次以上。可以采用 $\hat{\sigma}_e$ 用来计算。$d_2^* = d_2^*(m, g)$，依赖于两个量 m 和 g，m 是重复测量次数，g 是操作人员 k 与测量对象个数 n 的乘积。$\overline{R}$ 是级差的平均值。

F 公司有 3 名操作者，对 20 个模块品目各测量 2 次，$\overline{R}_1 = 1.18$，$\overline{R}_2 = 1.01$，$\overline{R}_3 = 1.11$。$m = 2$、$g = 3 \times 20 = 60$，查 $d_2^* = 1.128$

$$\overline{R} = \frac{\overline{R}_1 + \overline{R}_2 + \overline{R}_3}{3} = \frac{1.18 + 1.01 + 1.11}{3} = 1.10$$

$$\hat{\sigma}_e = \frac{\overline{R}}{d_2^*} = \frac{1.10}{1.128} = 0.9752$$

$$EV = 6\sigma_e = 5.8511$$

企业集成模块单元价值链管理流程质量测量系统再现性是指不同操作者使用相同的测量系统对相同测量对象产生的波动。再现性是考察测量系统在不同的操作者、不同操作方法、不同的操作地点、不同操作条件下的波动的重要手段。测算再现性的公式和有关标准差的公式如下：

$$AV = 6\hat{\sigma}'_o \tag{7-5-9}$$

$$\hat{\sigma}'_o = (\hat{\sigma}_o^2 - \hat{\sigma}_e^2/nm)^{1/2} \tag{7-5-10}$$

$$\hat{\sigma}_o = \frac{\overline{R}_o}{d_2^*} \tag{7-5-11}$$

式中，$d_2^* = d_2^* (m, g)$，因为只有一个级差 $\overline{R}_o$ 参与计算，故 $g = 1$，$m = k$。

F 公司有 3 名操作者，对 20 个模块品目各测量 2 次，$\overline{X}_1 = 30.49$，$\overline{X}_2 = 30.30$，$\overline{X}_3 = 30.11$。

$$\hat{\sigma}_o = \frac{\overline{R}_o}{d_2^*} = \frac{0.38}{1.128} = 0.3369$$

$$\hat{\sigma}'_o = (\hat{\sigma}_o^2 - \hat{\sigma}_e^2/nm)^{1/2} = (0.3369^2 - 0.9752^2/2 \times 20) = 0.2995$$

$$AV = 6\hat{\sigma}'_o = 1.7971$$

企业集成模块单元价值链管理流程延迟策略运作和强化延迟策略运作、后拉动流程、后拉动价值、智能运作的产品、模块品目、服务质量测量系统能力评价是通过总波动 TV、测量对象间的波动 PV、量具重复性和再现性波动 R&R 之间的关系进行评价。总波动 TV、测量对象间的波动 PV、量具重复性和再现性波动 R&R、量具重复性和再现性波动 R&R 与总波动 TV 之比、量具重复性和再现性波动 R&R 与被测对象质量特性容差之比的公式如下：

$$(TV)^2 = (PV)^2 + (AV)^2 + (EV)^2 \tag{7-5-12}$$

$$R\&R = \sqrt{(AV)^2 + (EV)^2} \tag{7-5-13}$$

$$PV = \sqrt{(TV)^2 - (R\&R)^2} \tag{7-5-14}$$

$$P/TV = \frac{R\&R}{TV} \times 100\% \tag{7-5-15}$$

$$P/T = \frac{R\&R}{USL - LSL} \times 100\% \tag{7-5-16}$$

企业集成模块单元价值链管理流程延迟策略运作和强化延迟策略运作、后拉动流程、后拉动价值、智能运作的产品、模块品目、服务质量测量系统能力评价准则如表 7-5-3 所示。

表 7-5-3　模块单元价值链管理流程质量测量系统能力评价准则

P/TV 或者 P/T 数值	评估结论
P/TV 或者 P/T ≤ 10%	理想的测量系统
10% < P/TV 或者 P/T ≤ 20%	可接受的测量系统
20 < P/TV 或者 P/T ≤ 30%	考虑成本再做决定

F 公司进行模块品目测量的资料如表 7-5-4 所示。

表 7-5-4　F 公司进行模块品目测量的资料

模块品目	第一次测量结果	第二次测量结果	均值	级差
1	2.00	2.05	2.025	0.05
2	1.95	1.90	1.925	0.05

续表

模块品目	第一次测量结果	第二次测量结果	均值	级差
3	1.75	1.70	1.725	0.05
4	2.00	1.95	1.975	0.05
5	1.55	1.50	1.525	0.05
6	1.65	1.60	1.625	0.05
检验员1				
1	2.00	2.05	2.025	0.05
2	1.95	1.95	1.950	0
3	1.80	1.80	1.800	0
4	2.05	2.05	2.050	0
5	1.85	1.80	1.825	0.05
6	1.60	1.60	1.600	0

采用均值级差法进行 F 公司企业集成模块单元价值链管理流程质量测量系统能力评价测算如表 7－5－5 所示。

表 7－5－5　模块单元价值链管理流程质量测量系统能力评价均值级差法测算

来源	方差分量	贡献率	标准差（SD）	研究变异（6×SD）	研究变异（%SV）
合计量具 R&R	0.0034752	12.73	0.05895	0.353703	35.68
重复性	0.0010543	3.86	0.03247	0.194822	19.65
再现性	0.0024208	8.87	0.049202	0.295212	29.78
部件间	0.0238233	87.27	0.154348	0.926089	93.42
合计变异	0.0272985	100	0.165223	0.991335	100

$P/TV = 35.68\%$，$P/T = 35.37\%$，均大于 30%，根据测量系统能力判断准则，该测量系统的波动是不可接受的，需要对测量系统进行改进。

采用方差分析法进行 F 公司企业集成模块单元价值链管理流程质量测量系统能力评价测算如表 7－5－6 所示。

表 7－5－6　模块单元价值链管理流程质量测量系统能力评价方差分析法测算

来源	方差分量	贡献率	标准差（SD）	研究变异（6×SD）	研究变异（%SV）
合计量具 R&R	0.00875	24.22	0.093541	0.56125	49.22
重复性	0.0009375	2.60	0.030619	0.18371	16.11
再现性	0.0078125	21.63	0.088388	0.53033	46.5
C2	0.0013542	3.75	0.036799	0.22079	19.36

来源	方差分量	贡献率	标准差（SD）	研究变异（6×SD）	研究变异（%SV）
C2×C1	0.0064583	17.88	0.080364	0.48218	42.28
部件间	0.027375	75.78	0.165454	0.99272	87.05
合计变异	0.036125	100	0.190066	1.14039	100

P/TV=49.22%，P/T=56.13%，均大于30%，根据测量系统能力判断准则，该测量系统的波动是不可接受的，需要对测量系统进行改进。

（三）企业集成模块单元流水线质量可靠性评价测算

1. 企业集成模块单元不同流水线质量可靠性评价测算

企业集成模块单元由不同流水线组成，各单元试验了 N_i 次，成功 S_i 次，失败 F_i 次。可以采用不同的方法进行测算。运用方法1、方法2、方法3、方法4进行企业集成模块单元不同流水线延迟策略运作和强化延迟策略运作的产品、模块品目、服务质量可靠性评价测算公式如下：

$$\begin{cases} N = \dfrac{\prod\limits_{i=1}^{l} \dfrac{N_i}{S_i} - 1}{\sum\limits_{i=1}^{l} \dfrac{F_i}{S_i \cdot N_i}} \\ F = N\left(1 - \prod\limits_{i=1}^{l} \dfrac{S_i}{N_i}\right) \\ F = N - S \end{cases} \qquad (7-5-17)$$

$$\begin{cases} \eta = \dfrac{\ln \prod\limits_{i=1}^{l} \dfrac{N_i}{S_i}}{\sum\limits_{i=1}^{l} \dfrac{F_i}{S_i \cdot N_i}} \\ r = \eta \ln \prod\limits_{i=1}^{l} \dfrac{N_i}{S_i} \\ R_2 = \exp \dfrac{-x_\gamma^2(2r+2)}{2\eta} \end{cases} \qquad (7-5-18)$$

$$\begin{cases} N = \min\{N_1, \cdots, N_l\} \\ S = N \prod\limits_{i=1}^{l} \dfrac{S_i}{N_i} \end{cases} \qquad (7-5-19)$$

$$\begin{cases} \hat{R}_i = \dfrac{S_i}{N_i} \\[2mm] \hat{R}_0 = \displaystyle\prod_{i=1}^{l} \hat{R}_i \\[2mm] \dfrac{1}{m_0} \cdot \dfrac{1 - \hat{R}_0}{\hat{R}_0} = \displaystyle\sum_{i=1}^{l} \dfrac{1}{N_i} \cdot \dfrac{1 - \hat{R}_i}{\hat{R}_i} \\[2mm] S = m_0 \hat{R}_0 \end{cases} \qquad (7-5-20)$$

企业集成模块单元由 3 个不同流水线串联组成，各单元的试验数和成功数分别为 $N_1 = 100$、$S_1 = 100$、$N_2 = 101$、$S_2 = 99$、$N_3 = 106$、$S_3 = 103$。置信度为 0.90。

方法 1 企业集成模块单元不同流水线质量可靠性评价测算如下：

$$N = \frac{\displaystyle\prod_{i=1}^{3} \frac{N_i}{S_i} - 1}{\displaystyle\sum_{i=1}^{3} \frac{F_i}{S_i \cdot N_i}} = 105.13$$

$$S = \prod_{i=1}^{3} \frac{S_i}{N_i} = 100.13$$

$$F = N - S = 5$$

$$R_1 = 0.9136$$

方法 2 企业集成模块单元不同流水线质量可靠性评价测算如下：

$$\eta = \frac{\ln \displaystyle\prod_{i=1}^{3} \frac{N_i}{S_i}}{\displaystyle\sum_{i=1}^{3} \frac{F_i}{S_i \cdot N_i}} = 102.59$$

$$r = \eta \ln \prod_{i=1}^{l} \frac{N_i}{S_i} = 5$$

$$R_2 = \exp \frac{-x_\gamma^2 (2r + 2)}{2\eta} = 0.9697$$

方法 3 企业集成模块单元不同流水线质量可靠性评价测算如下：

$$N = \min\{N_1, N_2, N_3\} = 100$$

$$S = N \prod_{i=1}^{3} \frac{S_i}{N_i} = 95.25$$

$$F = N - S = 4.75$$

$$R_3 = 0.9123$$

方法 4 企业集成模块单元不同流水线质量可靠性评价测算如下：

$$\hat{R}_1 = \frac{S_1}{N_1} = 1$$

$$\hat{R}_2 = \frac{S_2}{N_2} = 0.9802$$

$$\hat{R}_3 = \frac{S_3}{N_3} = 0.9717$$

$$\hat{R}_0 = \prod_{i=1}^{3} \hat{R}_i = 0.9525$$

$$\frac{1}{m_0} \cdot \frac{1 - \hat{R}_0}{\hat{R}_0} = \sum_{i=1}^{3} \frac{1}{N_i} \cdot \frac{1 - \hat{R}_i}{\hat{R}_i}$$

$$m_0 = 105.13$$

$$S = m_0 \hat{R}_0 = 100.13$$

$$F = m_0 - S = 5$$

$$R_4 = 0.9136$$

2. 企业集成模块单元相同流水线质量可靠性评价测算

企业集成模块单元由相同流水线组成，各单元试验了 N_i 次，成功 S_i 次，失败 F_i 次。可以采用不同的方法进行测算。运用方法 1、方法 2 进行企业集成模块单元相同流水线延迟策略运作和强化延迟策略运作的产品、模块品目、服务质量可靠性评价测算公式如下：

$$\begin{cases} N = \frac{N_1 \cdot S_1}{l^2 \cdot F_1} \Big[\Big(\frac{N_1}{S_1} \Big)^l - 1 \Big] \\ S = N \Big(\frac{N_1}{S_1} \Big)^l \\ F = N - S \end{cases} \quad (7-5-21)$$

$$\begin{cases} \eta = \frac{N_1 \cdot S_1 \ln \frac{N_1}{S_1}}{\sum\limits_{i=1}^{l} \frac{F_i}{S_i \cdot N_i}} \\ r = l \cdot \eta \ln \frac{N_1}{S_1} \\ R_{l2} = \exp \frac{-x_\gamma^2 (2r+2)}{2\eta} \end{cases} \quad (7-5-22)$$

方法 1 企业集成模块单元相同流水线质量可靠性评价测算如下：

$$N = \frac{N_1 \cdot S_1}{4^2 \times F_1} \Big[\Big(\frac{N_1}{S_1} \Big)^4 - 1 \Big] = 81.53$$

$$S = N \Big(\frac{N_1}{S_1} \Big)^4 = 77.53$$

$$F = N - S = 4$$

$$R_{l1} = 0.9043$$

方法 2 企业集成模块单元相同流水线质量可靠性评价测算如下：

$$\eta = \frac{N_1 \cdot S_1 \ln \dfrac{N_1}{S_1}}{4 \times F} = 79.50$$

$$r = l \cdot \eta \ln \frac{N_1}{S_1} = 4$$

$$R_{t2} = \exp \frac{-x_\gamma^2(2r+2)}{2\eta} = 0.9699$$

（四）企业集成模块单元流水线评价测算

企业集成模块单元流水线运营作业能力指数与企业集成模块单元流水线运营作业延迟策略运作和强化延迟策略运作、后拉动流程、后拉动价值、智能运作的产品、模块品目、服务质量合格率有着内在联系，运营作业无偏的不合格率、运营作业无偏的合格率、运营作业有偏的不合格率、运营作业有偏的合格率的公式如下：

$$p = 2\Phi(-3C_p) \tag{7-5-23}$$

$$q = 1 - p = 1 - 2\Phi(-3C_p) \tag{7-5-24}$$

$$P = \Phi[-3C_p(1+k)] + \Phi[-3C_p(1-k)] \tag{7-5-25}$$

$$q = 1 - P = 1 - \{\Phi[-3C_p(1+k)] + \Phi[-3C_p(1-k)]\} \tag{7-5-26}$$

对企业集成模块单元流水线运营作业能力判断的目的是为了对企业集成模块单元流水线运营作业进行预防性运作，以确保企业集成模块单元流水线运营作业质量水平。理想的企业集成模块单元流水线运营作业能力既能保证运营作业能力的要求，又能够保证经济运作的要求。企业集成模块单元流水线运营作业能力指数判断标准、存在偏移的企业集成模块单元流水线运营作业能力指数判断标准如表7-5-7和表7-5-8所示。

表7-5-7　模块单元流水线运营作业能力指数判断标准

作业能力等级	作业能力指数	作业能力判断
特级	$C_p > 1.67$	过剩
一级	$1.67 \geqslant C_p > 1.33$	充足
二级	$1.33 \geqslant C_p > 1.00$	正常
三级	$1.00 \geqslant C_p > 0.67$	不足
四级	$C_p \leqslant 0.67$	严重不足

表7-5-8　偏移模块单元流水线运营作业能力指数判断标准

偏移系数	作业能力指数	采取措施
$0.25 > k > 0$	$C_p > 1.33$	不必调整均值
$0.50 > k > 0.25$	$C_p > 1.33$	要注意均值变化

续表

偏移系数	作业能力指数	采取措施
$0.25 > k > 0$	$1.33 > C_p > 1$	密切观察均值
$0.50 > k > 0.25$	$1.33 > C_p > 1$	采取必要调整措施

F 公司制造的模块品目尺寸公差为 $\varphi 30^{+0.0151}_{-0.0113}$，从一足够大随机样本得 $\bar{x} = 30.0053$，$s = 0.0046$。

公差中心 $T_M = \dfrac{T_U + T_L}{2} = 30.0005$

由于 $\bar{x} = 30.0053$ 大于 $T_M = 30.0005$，分布中心向右偏移，偏移量 $\varepsilon = |T_M - \bar{x}| = 0.0003$，$T = T_L - T_U = 30.0113 - 29.9897 = 0.0216$。

偏移系数 $k = \dfrac{\varepsilon}{\dfrac{T}{2}} = 0.0278$

$$C_{pk} = \frac{T - 2\varepsilon}{6s} = 0.7609$$

$$C_p = \frac{T}{6\sigma} = 0.7826$$

$$P = \Phi\left[-3C_p(1 + k) \right] + \Phi\left[-3C_p(1 - k) \right]$$
$$= 0.0193$$

合格率为 0.9807。

（五）企业集成顾客接触服务模块单元服务流程服务质量标准

企业集成顾客接触场内员工服务流程、顾客接触场内设备服务流程、顾客接触场外设备服务流程、顾客接触电子服务流程服务质量标准的建立是在服务质量特性中建立，服务特性需要与服务质量模型结合。服务特性的服务质量模型包括企业集成顾客接触服务模块单元服务流程顾客感知服务质量模型、PZB 顾客感知服务质量模型、服务感知质量关系模型、PZB 服务质量差距分析模型、顾客感知服务质量与顾客满意关系模型、顾客服务感知服务质量差距模型、卡诺服务质量模型。

企业集成顾客接触服务模块单元服务流程顾客感知服务质量模型体现总感知服务质量与期望服务质量、顾客感知服务质量、企业形象相联系。期望服务质量与市场沟通、口碑、顾客需要、企业形象相联系。顾客感知服务质量与企业形象相联系，企业形象与功能质量、技术质量相联系。企业集成顾客接触服务模块单元服务流程 PZB 顾客感知服务质量模型体现服务分为理想服务区域、容忍区域、适当服务区域，期望服务和感知服务质量围绕着理想服务区域、容忍区域、适当服务区域进行。理想服务受到持久性服务强化因素、个人需要、口碑、隐性服务承诺、显性服务承诺、过去服务经历服务质量特性影响。适当服务受到临时性服务强化因素、感知服务选择、服务角色自我认知、随机因素、预期服务服务质量特性影响。企业集成模块单元服务流水线服务感知质量关系模型体现由形象和承诺作用的顾客质量感知关系与顾客期望确定差异进入容忍区域。容忍区域中确定由关系质量、关系付出确定关系价值，关系价值作用于关系满意、形象、承诺，关系满意构成行为，行为、约束、形象、承诺相互作用，形象、承诺作用于顾客质量感知情节、形象、承诺，顾客质量感知情节、形象、承诺产生差异进入容忍区域，容忍区域中确定由情节质量、情节付出确定情节价值，情节价值作用于顾客满意。

企业集成顾客接触服务模块单元服务流程 PZB 服务质量差距分析模型体现口头传播、个人需要、过去服务经历作用于服务期望，服务期望与管理者对顾客期望认知形成差距 1，服务传递与管理者对顾客期望认知形成差距 2，服务传递之间形成差距 3，服务传递与消费者外部信息形成差距 4，服务期望与服务感知形成差距 5。企业集成模块单元服务流水线顾客感知服务质量与顾客满意关系模型体现理想服务与感知服务质量形成感知服务质量优异差距（桑秀丽等，2016），适当服务与感知服务质量形成感知服务质量适当差距，顾客满意作用于感知服务质量、预期服务质量，预期服务质量作用于适当服务。企业集成模块单元服务流水线顾客服务感知服务质量差距模型体现顾客需要与期望和管理层对期望与需求界定形成差距 1，管理层对期望与需求界定和将期望与需求转化为服务标准形成差距 2，将期望与需求转化为服务标准和服务标准执行与传递形成差距 3，服务标准执行与传递和广告与销售承诺形成差距 4，服务标准执行与传递和顾客对服务期望感知形成差距 5，广告与销售承诺和顾客对沟通的解释形成差距 6，顾客对服务期望感知和顾客对沟通的解释形成差距 7。企业集成模块单元服务流水线卡诺服务质量模型体现无差异质量、逆向质量、一维质量、必备质量、魅力质量。

企业集成顾客接触服务模块单元服务流程服务质量标准中有顾客服务感知、顾客感知服务质量、顾客服务质量感知关系、顾客感知服务情节、总感知服务质量这些服务质量感知特性，还有期望服务质量、期望服务、预期服务质量、预期服务、顾客服务期望、模糊服务期望、显性服务期望、现实服务期望、不现实服务期望、隐性服务期望这些期望服务质量特性，顾客满意是服务质量感知特性和期望服务质量特性比较的结果，如果服务质量感知特性超过期望服务质量特性顾客满意。这里的期望服务质量特性是服务前所具有的观念，作为一种标准或者参照系，与服务质量感知特性比较。

顾客服务期望是一个区域，分为理想服务和适当服务。理想服务是顾客期望服务的上限，使顾客期望得到的服务水平。理想服务受到持久性服务强化因素、个人需要、口碑、隐性服务承诺、显性服务承诺、过去服务经历这些服务质量特性的影响。适当服务是最低容忍服务。适当服务受到临时性服务强化因素、感知服务选择、服务角色自我认知、随机因素、预期服务服务质量特性的影响。

顾客服务期望分为模糊服务期望、显性服务期望、隐性服务期望。显性服务期望包括现实服务期望、不现实服务期望。模糊服务期望是顾客期望提供的服务但自身对服务运作不清楚的服务期望，显性服务期望是清晰存在于顾客的服务期望，隐性服务期望是顾客认为理所当然的服务。顾客接触企业集成服务模块单元流水线的模块单元运作中，员工需要致力于了解顾客模糊期望，因为这种服务期望顾客虽然无法表达，但却是真实的服务期望，对顾客服务质量感知和满意产生影响。员工需要将顾客的不现实服务期望转化为现实服务期望，如果能够做到这一点，顾客所接受的服务远远超出服务期望。为此，员工需要谨慎对待服务承诺，不运用模糊含混的服务信息，造成顾客误会。隐性服务满足与否顾客不会刻意关注，但隐性服务没有满足，对顾客服务感知和满意影响重大。员工要善于发现模糊服务期望和隐性服务期望，将这些期望显性化，致力于模糊服务期望和隐性服务期望服务。

顾客接触的服务标准分为最好服务标准、类别服务标准、服务标准。最好服务标准是顾客认定的最高服务水平的服务标准，类别服务标准是某一类服务中的最好服务标准，服务标准是顾客接受的服务标准。这些标准与服务体验有着直接联系，顾客服务体验的深度越深，越是倾向于类别服务标准；顾客服务体验的广度越广，越是倾向于最好服务标准。

适当服务是能够用来度量顾客满意和服务质量的服务质量特性，适当服务是服务容忍区的下限，员工需要达到或超过这一服务水平。顾客应得到的服务是顾客满意领域的概念，而不是感知服务质量的范畴。

顾客接触服务特性分为向量服务特性和典型理想服务特性，向量服务特性会不断提高是无限的，而当服务水平达到一定水平后，服务水平提高很快，但顾客感知服务质量水平提高缓慢，给顾客造成不好印象的服务比服务质量提高容易得多，而低于这一服务水平，顾客感知服务质量下降很快，需要员工保持服务水平的稳定性。顾客接触服务特性分为满意服务特性和不满意服务特性，满意服务特性对顾客满意非常重要，不满意服务特性对顾客满意没有重要的意义，但却很容易导致顾客不满意。顾客接触服务特性分为保健特性和强化特性。最好服务标准需要具有强化特性，类别服务标准、服务标准基本上是保健特性，适当服务具有满意或者不满意特性。

企业集成顾客接触服务模块单元服务流程运作中，实际服务水平高于顾客理想服务水平，高于顾客认为应当得到的服务水平和预期服务水平，此时顾客会满意；实际服务水平低于顾客理想服务水平，但高于顾客认为应当得到的服务水平和预期服务水平，此时顾客也会满意；实际服务水平、顾客认为应当得到的服务水平和预期服务水平重叠，顾客可能满意，也可能没有什么感觉；实际服务水平低于预期服务水平，但高于顾客认为应当得到的服务水平，此时顾客会失望，或者没有满意但不是不满意；实际服务水平低于顾客认为应当得到的服务水平，但高于预期服务水平，此时顾客会不满意；实际服务水平低于顾客认为应当得到的服务水平、预期服务水平，此时顾客会不满意；实际服务水平低于顾客认为应当得到的服务水平、预期服务水平，还低于适当服务水平，此时顾客极度不满意。

企业集成顾客接触服务模块单元服务流程服务质量标准的建立是以模块单元延迟和强化延迟策略运作为基础，需要以模块单元额度经营目标、模块单元规模经营目标为导向进行服务模块单元流水线服务质量标准运作，这充分体现顾客接触模块单元的延迟和强化延迟策略运作特性。顾客接触服务模块单元流水线服务质量标准需要围绕后拉动流程、后拉动价值进行，按照正向满足顾客产品需求和服务价值目标和减少负向的过度服务量、顾客等待、不必要的服务、不良无形产品、人力损失价值目标进行精益服务运作，只有这样才能够满足顾客差异产品和服务需求，保证优质服务，使顾客满意。

顾客接触企业集成服务模块单元流水线服务质量标准会随着服务产业特性的不同、企业特性的不同、企业实际的不同反映不同的服务质量特性和标准，需要针对服务产业特性、企业特性、企业实际进行顾客接触企业集成服务模块单元流水线服务质量标准运作。

企业集成顾客接触模块单元价值链管理流程需要关注服务起始关键时刻的顾客与服务环境初始接触关键时刻、顾客与服务氛围初始接触关键时刻、员工与顾客初始接触关键时刻、设备与顾客初始接触关键时刻、电子设备与顾客初始接触关键时刻和服务运作关键时刻的是否接受服务关键时刻、服务价值判断关键时刻、服务反馈关键时刻、是否再次接受服务关键时刻、服务问题关键时刻的服务质量标准运作。

（六）企业集成顾客接触服务模块单元服务流程服务质量特性资料收集

1. 结构型顾客问卷法

结构型顾客问卷法源自于东京理工大学教授狩野纪昭的卡诺服务质量模型的服务质量特性判别的资料收集方法（雷晓庆等，2018）。结构型顾客问卷法用来收集企业集成顾客接触服务模块单元服务流程服务质量特性资料，消除顾客服务需求调查中的模糊性。结构型顾客问卷法步骤如下：

（1）从顾客角度确认顾客服务特性需求。根据企业集成顾客接触服务模块单元服务流程服务质量运作，从企业集成顾客接触服务模块单元服务流程顾客感知服务质量模型、PZB 顾客感知服务质量模型、服务感知质量关系模型、PZB 服务质量差距分析模型、顾客感知服务质量与顾客满意关系模型、顾客服务感知服务质量差距模型、卡诺服务质量模型中，确定顾客所需的顾客服务质量特性；以服务质量模型中的服务质量特性为依据，确定顾客所需的具体顾客服务质量特性；按照顾客接触企业集成服务模块单元流水线服务质量运作要求，进行具体顾客服务特性确认。

（2）设计问卷调查表。对企业集成顾客接触服务模块单元服务流程顾客服务质量特性，从顾客服务质量特性满足与否的两个角度，分别设置正向与反向问题，设计问卷。问卷只需要打钩就能完成问卷，简单、可行。针对顾客发放问卷，采取一定的方式促进顾客填写问卷。顾客服务质量特性属性设计问卷的问题如表 7-5-9 所示。

（3）进行顾客服务质量特性属性确认。顾客服务质量特性属性确认需要根据顾客服务质量特性属性类别进行，卡诺服务质量模型给出顾客服务质量特性属性类别如表 7-5-10 所示。

表7－5－9　顾客服务质量特性属性设计问卷的问题

正向问题	1. 喜欢
如果服务质量特性能够满足，你会觉得怎样？	2. 可以接受
	3. 没什么感觉
	4. 应该
	5. 不喜欢
负向问题	1. 喜欢
如果服务质量特性不能够满足，你会觉得怎样？	2. 可以接受
	3. 没什么感觉
	4. 应该
	5. 不喜欢

表7－5－10　顾客服务质量特性属性类别

	喜欢	可以接受	没什么感觉	应该	不喜欢
喜欢	Q	A	A	A	O
可以接受	R	I	I	I	M
没什么感觉	R	I	I	I	M
应该	R	I	I	I	M
不喜欢	R	R	R	R	Q

其中的顾客服务质量特性属性表示为无差异质量（I）、逆向质量（R）、一维质量（O）、必备质量（M）、魅力质量（A）。

根据顾客填写的服务质量特性属性设计问卷调查表和卡诺服务质量模型给出顾客服务质量特性属性类别进行服务质量特性的属性类型的确认。采取最大值原则进行顾客服务质量特性属性确定。顾客服务质量特性属性如表7－5－11所示。

表7－5－11　顾客服务质量特性属性

	魅力质量（A）	必备质量（M）	无差异质量（I）	逆向质量（R）	一维质量（O）	服务质量属性
服务质量特性1	135	22	37	45	86	A
服务质量特性2	18	192	15	76	24	M
服务质量特性3	121	43	96	37	28	A
服务质量特性4	19	87	79	132	8	R
服务质量特性5	86	45	43	34	117	O
服务质量特性6	45	54	132	46	48	T
服务质量特性7	121	54	56	45	49	A

2. 顾客接触服务质量特性问卷调查法

顾客接触服务质量特性问卷调查法是一种广泛运用于顾客接触服务质量特性的问卷调查法。顾客接触服务质量问卷调查法步骤如下：

（1）从顾客角度确认顾客服务质量特性需求。根据企业集成顾客接触服务模块单元服务流程顾客服务质量运作，从企业集成顾客接触服务模块单元服务流程顾客感知服务质量模型、PZB 顾客感知服务质量模型、服务感知质量关系模型、PZB 服务质量差距分析模型、顾客感知服务质量与顾客满意关系模型、顾客服务感知服务质量差距模型、卡诺服务质量模型中确定顾客所需要的顾客服务质量特性；从 SERVQUAL 模型中确定顾客所需要的顾客服务质量特性；从企业集成顾客接触服务模块单元服务流程服务质量模型中确定顾客所需要的具体顾客服务质量特性；按照各种服务质量评价方法要求，确定顾客所需要的具体顾客服务质量特性。

（2）顾客接触服务质量特性问卷设计。由于问卷是与顾客接触的问卷，面对顾客问卷设计应具有吸引力，需要关注顾客是否接受，问卷不能产生歧义，问卷需容易完成，问卷选择项可垂直排列，相互间清晰，格式统一。问卷需要始终围绕顾客服务质量特性展开。

顾客接触服务质量特性问卷由卷首语、正文、结束语三部分构成。卷首语标题需要对顾客接触服务质量特性的内容进行高度概括，与研究内容保持一致。卷首语前言需要对顾客接触服务质量特性的调研目的、意义和内容作简要的说明，以期引起顾客的重视和兴趣，从而得到顾客的合作和支持。前言文字要简洁、明确、通俗、可读性高，具有吸引力，语气上做到谦虚、诚恳、如实。卷首语中的指导语是用来指导顾客应答问卷的说明性文字，需要对填写问卷的方法、要求、时间、注意事项等进行说明。

正文问题需要符合企业集成顾客接触服务模块单元服务流程运作实际，来体现顾客接触服务质量特性问卷设计内容。这些问题需要具体，避免抽象笼统，问题的结构单一，避免倾向性和诱导性问题。这些问卷的问题遵从由浅入深、由易而难、先事实后态度的顺序进行问题设计，提高顾客对调研内容的接受程度。问卷题项应层次分明，按照逻辑顺序进行排列，将相同内容的题目放在一起，给顾客一致的回到问题的环境。答案的设计要具有穷尽性和互斥性。

正文问题的背景性问题需要了解顾客个人基本情况。客观性问题注重调研顾客对此类问题的客观存在和顾客发生的行为。主观性问题对顾客接触服务中的有关顾客的心理、情感、态度、愿望的主观状况方面的问题，以判断顾客服务质量特性的深层次的心理和行为。过滤性问题用于判断顾客是否有可能回答实质性问题，根据顾客的回答，顾客会自动分流，引导顾客回答实质性问题。补充性问题为防止顾客可能出现的因记忆困难或失误所带来的结果失真，帮助他们回忆所设置的问题。通常问卷的最后一部分是结束语，需要表达对顾客的感谢。

（3）问卷发放、回收。不要有针对性地进行引导，应尽可能地对与调研有关的顾客广泛发放，不要设限，发放过程要真实自然，以起到问卷真实的调研作用。问卷的发放可以针对发放中出现的问题进行批次发放，但批次不宜过多。然后根据顾客回答的情况回收问卷，真实记录问卷回收的分数和回收的情况。

3. 顾客接触服务质量特性关键事件技术调研法

顾客接触服务质量特性关键事件技术调研法是运用关键事件技术进行顾客接触服务质量特性的调研的方法。关键事件技术由 Flanagan 提出，要求顾客讲述一些印象深刻的事件，然后对这些关键事件进行内容分析，以寻求导致关键事件发生的深层次的原因（王萍等，2012）。顾客接触服务质量特性关键事件技术调研法步骤如下：

（1）从顾客角度确认顾客服务质量特性需求。根据企业集成顾客接触服务模块单元服务流程服务质量运作，从企业集成顾客接触服务模块单元服务流程顾客感知服务质量模型、PZB 顾客感知服务质量模型、服务感知质量关系模型、PZB 服务质量差距分析模型、顾客感知服务质量与顾客满意关系模型、顾客服务感知服务质量差距模型、卡诺服务质量模型中确定顾客所需要的顾客服务质量特性；从 SERVQUAL（Service Quality）模型中确定顾客所需要的顾客服务质量特性；从企业集成顾客接触服务模块单元服务流程服务质量模型中确定顾客所需要的具体顾客服务质量特性；按照各种服务质量评价方法要求，确定顾客所需要的具体顾客服务质量特性。

（2）寻找顾客服务质量特性关键事件。顾客服务质量特性关键事件为顾客体验满意或不满意的服务经历，需要引导顾客自然说出对顾客服务的真实体验。为确定顾客服务质量特性运作情况，需要针对顾客进行访谈。访谈中，无须预先设定任何框架，只是要求顾客根据自身的近期顾客体验满意或不满意的服务经历，如实地描述一件顾客认为满意的服务经历和认为不满意的服务经历。回答这些事件是什么时候发生的？回答导致这种体验的特定环境是什么？回答体验中的员工说了什么，做了什么？回答让顾客满意或者不满意的原因是什么？

（3）了解员工的观点。由于顾客服务质量特性关键事件中会出现事件原因归属过程中存在的一些偏见，出现顾客往往更多地会将不满意的原因归咎于员工，却很少在自己身上寻找原因。为客观起见，还需要听取员工的观点。可以让员工自由地提出近期内员工认为的顾客满意或不满意的关键事件，然后询问这事件所发生的时间、环境、过程和原因。对于顾客提出但员工没有提及的关键事件，需要对参与事件的多名员工进行核对，以了解诱发事件的真实原因和场景。需要特别指出的是顾客服务质量特性关键事件调研不是为了惩罚员工，而是为了提高服务质量，这样可以获得更真实的信息。

（4）进行顾客服务质量特性关键事件资料整理。从顾客角度确认顾客服务质量特性需求出发，根据顾客对服务质量特性关键事件的看法和员工对事件的看法，综合起来进行顾客接触服务质量特性运作情况的整理，得到顾客接触的服务质量特性运作情况资料。

（七）顾客接触企业集成服务模块单元流水线服务质量测算方法

1. 企业集成顾客接触服务模块单元服务流程 SERVQUAL 服务质量测算方法

SERVQUAL 服务质量测算方法是由服务质量管理专家普拉苏拉曼、约瑟曼、白瑞创立，是一种建立在顾客期望服务质量和顾客接受服务之后对服务质量感知的基础上，依据全面质量管理提出的服务质量管理方法，核心内容是服务质量取决于顾客感知的服务水平与顾客期望的服务水平之间的差距程度。这种差距程度由可靠性、响应性、保证性、移情性、有形性决定。SERVQUAL 服务质量测算方法结构如图 7 - 5 - 2 所示。

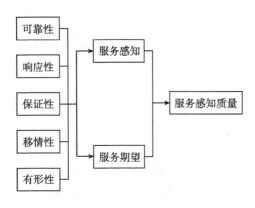

图 7 - 5 - 2　SERVQUAL 服务质量测算方法结构

SERVQUAL 服务质量测算方法需要建立由这些特性决定的 SERVQUAL 量表。如表 7 - 5 - 12 所示。

表 7 - 5 - 12　SERVQUAL 量表

	公司承诺了在某时做某事时，就会做到
	当顾客遇到困难时，公司会表现出同情心
可靠性	公司是可靠的
	公司在承诺的时间提供服务
	公司记录准确
	公司不能告诉顾客提供服务的确切时间
响应性	公司能提供及时的服务
	公司的员工总是愿意帮助顾客
	公司员工不论工作多忙都能立即回答顾客请求
	公司员工是值得信赖的
保证性	顾客在与公司交往中放心
	公司员工有礼貌
	为使工作做得更好，公司员工得到公司的充分支持

移情性	公司给顾客个别的关心
	公司给顾客个性化的关注
	公司员工了解顾客需求
	公司把顾客最关心的事放在心上
	公司营业时间便利所有顾客
有形性	公司有先进设备
	公司设备明显有吸引力
	公司雇员穿着得体、整洁
	公司设备的外表与提供的服务相匹配

SERVQUAL 量表考虑服务质量需要明确的因素，为企业集成顾客接触服务模块单元服务流程延迟策略运作和强化延迟策略、后拉动流程、后拉动价值、智能运作服务质量量化打下了基础。进行服务质量模型的确立时，需要考虑顾客感知和顾客期望两个部分。顾客感知代表顾客感受，是顾客对服务的感受，是服务质量的基础，只有明确顾客感知才能具有服务质量测算前提。顾客期望有高的期望理想服务，有一般的期望适当服务，明确顾客的期望才能使服务质量确定具有衡量的标准。服务质量通过顾客感知和顾客期望比较就能够得出服务质量的程度，从而确定顾客感知的服务质量水平。服务质量模型如下：

$$SQ = \sum_{j=1}^{5} W_j \sum_{i=1}^{R} (P_i - E_i) \qquad (7-5-27)$$

式中，SQ 为 SERVQUAL 评价方法中感知服务质量，W_j 为每个属性的权重，R 为每个属性问题数目，P_i 为第 i 个问题在顾客感受方面的分数，E_i 为第 i 个问题在顾客期望方面的分数。

服务质量模型进行测算时可以通过三种形式来展示，一是通过顾客感知与适当服务的差距来展示，体现服务质量是否达到了基本的服务水平。二是通过顾客感知与适当服务的差距、顾客感知与理想服务差距来展示，体现服务质量是否达到了基本的服务水平、理想的服务水平。三是通过顾客感知分数、顾客感知与适当服务的差距、顾客感知与理想服务差距来展示，体现顾客感知基础和服务质量是否达到了基本的服务水平、理想的服务水平。

F 公司测算的服务质量数据如表 7-5-13 所示。

表 7-5-13　F 公司测算的服务质量数据

	顾客感知分值	顾客感知与适当服务差距	顾客感知与理想服务差距
可靠性	8.09	0.55	-0.96
响应性	7.76	0.28	-1.96

续表

	顾客感知分值	顾客感知与适当服务差距	顾客感知与理想服务差距
保证性	8.10	0.65	-1.40
移情性	7.97	0.32	-1.53
有形性	7.93	0.61	-1.46

可靠性、响应性、保证性、移情性、有形性的权重分别为 0.35、0.17、0.28、0.15、0.05，由此得到顾客感知与适当服务差距为 0.50，顾客感知与理想服务差距为 -1.36。

2. 企业集成顾客接触服务模块单元服务流程顾客满意测算方法

顾客满意是服务质量的中心，顾客接触模块单元流水线延迟策略运作和强化延迟策略、后拉动流程、后拉动价值、智能运作服务质量运作的目标是顾客满意，顾客满意是服务质量的集中体现。顾客满意通常通过顾客满意度体现，顾客满意度是顾客满意的量化指标。顾客满意模型由美国密歇根大学商学院、美国质量协会的国家质量研究中心、CFI 国际咨询公司确立，已得到广泛运用。顾客满意模型包含感知质量、顾客期望、感知价值、顾客满意度、顾客抱怨、顾客忠诚组成，模型的组成部分之间的联系如图 7-5-3 所示。

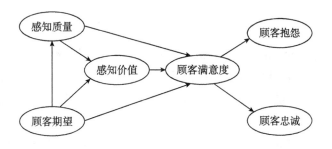

图 7-5-3 顾客满意度模型的组成部分之间的联系

顾客满意度模型中顾客满意度由感知质量、顾客期望、感知价值共同决定，如果顾客对服务质量不满意，就会产生抱怨，顾客忠诚取决于顾客的满意程度和对事后抱怨的处理。顾客期望对顾客满意度有着重要影响，顾客期望是顾客在整个自我评价过程中的依据，对顾客满意度有着直接的影响。顾客期望来自于顾客的需求、顾客自己在过去服务中的经历、他人的经历、当前服务质量、价格水平、顾客收入水平、价值观、对事物的判断能力多方面的信息。顾客的期望不断变化和更新，顾客感知对满意度带来直接影响，顾客满意程度有顾客对企业服务感知的质量决定，这种感知的服务质量取决于企业服务满足顾客要求的程度以及满足这些要求的可靠性。顾客感知价值对顾客满意度带来直接影响，在顾客对价值的感知中，服务的一定的价格水平对应于一定的质量水平。顾客满意度的结构模型和测量模型如下：

$$
\begin{pmatrix} \eta_1 \\ \eta_2 \\ \eta_3 \\ \eta_4 \\ \eta_5 \end{pmatrix} = \begin{pmatrix} 0 & 0 & 0 & 0 & 0 \\ \beta_{21} & 0 & 0 & 0 & 0 \\ \beta_{31} & \beta_{32} & 0 & 0 & 0 \\ 0 & 0 & \beta_{43} & 0 & 0 \\ 0 & 0 & \beta_{53} & \beta_{54} & 0 \end{pmatrix} \begin{pmatrix} \eta_1 \\ \eta_2 \\ \eta_3 \\ \eta_4 \\ \eta_5 \end{pmatrix} + \begin{pmatrix} \gamma_1 \\ \gamma_2 \\ \gamma_3 \\ \gamma_4 \\ \gamma_5 \end{pmatrix} \xi + \begin{pmatrix} \zeta_1 \\ \zeta_2 \\ \zeta_3 \\ \zeta_4 \\ \zeta_5 \end{pmatrix} \qquad (7-5-28)
$$

$$
\begin{pmatrix} x_1 \\ x_2 \\ x_3 \end{pmatrix} = \begin{pmatrix} \lambda_1 \\ \lambda_2 \\ \lambda_3 \end{pmatrix} \xi + \begin{pmatrix} \delta_1 \\ \delta_2 \\ \delta_3 \end{pmatrix} \qquad (7-5-29)
$$

式中，ξ 为顾客期望，η_1 为感知质量，η_2 为感知价值，η_3 为顾客满意度，η_4 为顾客抱怨，η_5 为顾客忠诚。x_1、x_2、x_3 为顾客期望 ξ 显变量。

顾客满意度进行评价时可以包括可能的控制变量，适当的控制措施可以得出更明确的结论。控制变量需要根据明确的理论联系或先前的实证研究，确定与因变量相关程度。需要控制变量与假设的自变量相关，需要控制变量在研究中不是一个更为中心的变量。控制变量会减少变量偏差。顾客满意度进行评价时可以包括中介过程，中介过程不仅需要理论，还必须进行经验检验。需要建立中介过程两个变量之间的因果关系，随着研究领域的成熟，可能需要包括多个中介，需要评估已知的和概念上相关的中介，完成中介过程。

3. Kano 的 IPA 顾客服务质量评价方法

Kano 的 IPA（Importance - Performance Analysis）服务质量评价方法是运用狩野纪昭的卡诺服务质量模型的服务质量特性判别的资料收集方法所收集到的数据，进行 IPA 坐标区域分析的服务质量评价方法。Kano 的 IPA 顾客服务质量评价方法是顾客接触模块单元流水线延迟和强化延迟策略、后拉动流程、后拉动价值、智能运作的顾客服务质量评价。这一方法通过顾客服务满意度影响力和顾客服务不满意度影响力进行分析，顾客服务满意度影响力和顾客服务不满意度影响力计算公式如下：

$$ SI = (A+O)/(A+O+M+I) \qquad (7-5-30) $$
$$ DSI = (M+O)/(A+O+M+I) \qquad (7-5-31) $$

式中，A 表示魅力要素，O 表示一维要素，M 表示必要要素，I 表示无关要素。

计算的顾客服务满意度影响力和顾客服务不满意度影响力如表 7-5-14 所示。

表 7-5-14　顾客服务满意度影响力和顾客服务不满意度影响力

	SI	DSI	魅力质量（A）	必备质量（M）	无差异质量（T）	逆向质量（R）	一维质量（O）	服务质量属性
服务质量特性 1	0.7893	-0.3857	135	22	37	45	86	A
服务质量特性 2	0.1687	-0.8675	18	192	15	76	24	M

续表

	SI	DSI	魅力质量（A）	必备质量（M）	无差异质量（T）	逆向质量（R）	一维质量（O）	服务质量属性
服务质量特性 3	0.5174	- 0.2465	121	43	96	37	28	A
服务质量特性 4	0.1399	- 0.4922	19	87	79	132	8	R
服务质量特性 5	0.6976	- 0.5567	86	45	43	34	117	O
服务质量特性 6	0.3333	- 0.3656	45	54	132	46	48	T
服务质量特性 7	0.6071	- 0.3679	121	54	56	45	49	A

IPA 顾客服务质量评价方法根据顾客服务满意度影响力和顾客服务不满意度影响力构建顾客服务质量分布区域。分布区域由第一区域、第二区域、第三区域、第四区域构成。第一区域属于 SI 和 DSI 绝对值最高的区域，第一区域的顾客服务质量特性得到满足时，顾客满意度会提升，得不到满足时，群众的满意度就会降低。第二区域属于 SI 绝对值高和 DSI 绝对值低的区域，当顾客服务质量特性得不到满足时，顾客满意度不会降低，但顾客服务质量特性得到满足时，顾客的满意度会有很大提升。第三区域属于 SI 和 DSI 绝对值最低的区域，无论顾客服务质量特性是否满足，顾客满意度都不会有所改变，这些是顾客不在意的顾客服务质量特性。第四区域属于 SI 绝对值低和 DSI 绝对值高的区域，当顾客服务质量特性满足时，顾客满意度不会提升，当顾客服务质量特性不能满足时，顾客满意度会大幅降低。

IPA 顾客服务质量评价方法进行顾客服务质量特性分析时，需要确定区域的中心点，区域的中心点是根据企业间的平均数值取得中心点，由中心点确定各个区域，进行各个区域的顾客服务质量特性的改进。IPA 顾客服务质量评价方法区域如图 7 - 5 - 4 所示。

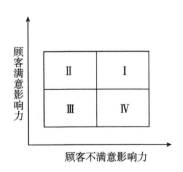

图 7 - 5 - 4　IPA 顾客服务质量评价方法区域

给出中心点的坐标是（0.4648，- 0.4689），第一区域顾客服务质量特性为服务质量特性 5，这一区域顾客服务质量特性得到满足时，顾客满意度会提升，得不到满足时，群众的满意度就会降低。第二区域顾客服务质量特性为服务质量特性1、服务质量特性7，这一区域当顾客服务质量特性得不到满足时，顾客满意度不会降低，但顾客服务质量特性得到满足时，顾客的满意度会有很大提升。第三区域顾客服务质量特性为服务质量特性3、服务质量特性6，这一区域无论顾客服务质量特性是否满足，顾客满意度都不会有所改变，这些是顾客不在意的顾客服务质量特性。第四区域顾客服务质量特性为服务质量特性2、服务质量特性4，这一区域当顾客服务质量特性满足时，顾客满意度不会提升，当顾客服务质量特性不能满足时，顾客满意度会大幅降低。

4. 各类顾客服务质量评价方法

各类顾客服务质量评价方法需要从企业集成顾客接触服务模块单元服务流程延迟和强化延迟策略、后拉动流程、后拉动价值、智能运作的顾客服务质量评价。这些顾客服务质量评价方法根据顾客接触企业集成服务模块单元流水线服务质量运作，从企业集成模块单元服务流水线顾客感知服务质量模型、PZB顾客感知服务质量模型、服务感知质量关系模型、PZB服务质量差距分析模型、顾客感知服务质量与顾客满意关系模型、顾客服务感知服务质量差距模型、卡诺服务质量模型中确定顾客所需要的顾客服务质量特性，从SERVQUAL模型中确定顾客所需要的顾客服务质量特性，从企业集成顾客接触服务模块单元服务流程服务质量模型中确定顾客所需要的具体顾客服务质量特性，按照各种服务质量评价方法要求，确定顾客所需要的具体顾客服务质量特性。针对这些顾客服务质量特性，采用企业集成顾客接触服务模块单元服务流程层次分析法、模糊综合评价法、数据包络分析法、网络层次法、基于粗糙集综合评价方法、基于结构方程评价方法、物元可拓评价方法、动态激励评价方法、组合评价方法、BP神经网络方法、三角模糊群评价方法、粗糙数群评价方法、模糊优选评价方法进行顾客服务质量评价。

（八）企业集成模块单元价值链管理流程价值测量系统

企业集成运营价值链管理流程价值测量需要财务运作支撑，进行价值测算，将价值运作落到实处。需要如下的财务基础运作：

1. 企业集成运营价值链管理流程进行统一价值运作

价值运作包括权责发生制的收入与成本配比体系和收付实现制的现金流入与流出配比体系运作。收入与成本配比体系的收入与成本配比成利润，收入可以与完全成本法的成本、变动成本法的成本、付现的成本法中的成本进行配比，不同的配比效果不同。需要进行权责发生制的收入与成本配比体系和收付实现制的现金流入与流出配比体系的融合。收入与成本配比成利润与现金流入与流出配比成净现金流量具有一定的转化关系，由此可以通过现金流入与流出配比体系进行企业效益的评价，为二者的融合打下基础。现行的反映企业效益评价方法是收入与成本配比利润的权责发生制方法，而现金流入与流出配比净现金流量的收付实现制方法。收入与成本配比体系不是从现金流量的角度进行设计，这一体系相对于现金流量体系而言既包括有现金流量的活动，也包括没有现金流量的活动。收入与成本配比体系的具体运作按照权责发生制进行。按照这一原则进行运作时就会出现企业现金活动和企业非现金活动交叉的现象，即本来属于企业现金活动的却属于企业非现金活动，本来属于企业非现金活动的却属于企业现金活动。收入与成本配比体系与现金流入与流出配比体系的转化需选择对应关系，利润对应净现金流量，收入对应现金流入，成本对应现金流出的关系。计入收入但实际没有发生现金流流入，调出现金流入；未计入收入但实际发生现金流流入，调进现金流入；计入费用但实际没有发生现金流流出，调出现金流出；未计入费用但实际发生现金流流出，调进现金流出。通过这样的转化形成企业集成运营价值链管理流程进行统一价值运作基础。

2. 企业集成运营价值链管理流程进行统一价值运作表式

需要将财务用的财务活动表式转化为管理用企业模块单元运营活动表式。现有表式是财务用的财务活动表式，财务活动表式没有明确对企业模块单元运营活动和财务活动进行定义和区分，给管理用企业模块单元运营活动表式运用带来一定的困难，也给企业模块单元运营活动和财务活动区分带来困难。管理用企业模块单元运营活动表式以企业模块单元运营活动为基础进行分析，将企业模块单元运营活动与筹资活动区分开，进行企业的运营资产和金融资产、运营损益和金融损益的区分，使管理用企业模块单元运营活动表式以经营流动资产、经营长期资产、经营流动负债、经营长期负债、经营损益展开运作。由此，企业集成运营价值链管理流程进行统一价值运作可以围绕企业模块单元运营活动进行价值运作。

3. 企业集成运营价值链管理流程的统一价值运作以现金流量为中心

现金的短期循环表现为以现金为中心支出、收回循环，从现金的短期、长期循环图中能够看出不论从股东、银行的外部运作，应收账款、商业信用的外部运作，还是企业原材料、在产品、产成品的内部运作都围绕现金进行。企业通过外部筹资活动和自身生产经营活动取得现金，企业通过外部筹资活动的发行股票、银行借款取得现金；生产经营活动通过销售取得现金。通过原材料、在产品、产成品、销售一系列过程将现金投入，通过购买得到原材料，需要投入现金，这里的原材料就是现金的货币价值体现；通过在产品、产成品的过程将制造费用、人工成本进行投入，这里的在产品、产成品就是现金的货币价值体现；通过产成品的销售，将管理费用和销售费用投入，这里的产成品就是现金的货币价值体现。现金的短期循环是流动资产的循环，主要是原材料、在产品、产成品的循环。通过现金流入与流出数量上和时间上的差别分析企业资金运作水平，现金流入与流出时间上的差别是指现金投入后经过一定时间回收，现金流入与流出时间上的差别可以通过一定的方法体现回收快与慢。现金流量是管理财务分析的要素中最基本的要素，现金流量是分析的目的所在，现金流量是定量分析中的最基本要素。从资产的计量单位来看现金流量是恰当的计量属性，现金流量更能体现资产的本质特征，现金流量为未来趋势性计量属性。现金流量是敏感的分析要素，现金是资产中流动性最强、最敏感的资产。由此确定企业集成运营价值链管理流程以现金流量为中心进行统一价值运作。

进行企业集成运营价值链管理流程价值测量需要通过企业集成 ERP 平台和企业集成 MES 平台进行价值运作。企业集成 ERP 平台将进行具体模块单元、联合模块单元、模块组模块单元、总作业模块和通用模块单元、链接模块单元、专用模块单元流水线中作业的价值预算，进行后拉动价值运作，使价值运作融入企业集成运营价值链管理流程中。企业集成 MES 平台进行模块单元流水线作业即时价值测算，实现企业集成运营价值链管理流程价值测量。企业集成 ERP 平台和企业集成 MES 平台相结合进行后拉动价值运作和价值测算。

企业集成运营价值链管理流程价值运作将每一个运营设备中融入数据采集设备、传感器、控制器、中央服务器、缓存器、设备网络、人机平台，进行每一个运营设备智能运作的硬件运作，这些硬件为企业集成运营价值链管理流程智能价值运作打下基础。将各种设备价值运作软件融入企业集成运营价值链管理流程中，构成企业集成运营管理模块单元 CPS 链接价值流程、CPS 分析价值流程、CPS 网络价值流程、CPS 认知价值流程、CPS 配置与执行价值流程，进行模块单元的智能价值运作。实现企业集成运营价值链管理流程智能价值预算、智能价值后拉动、智能价值测量。

二、企业集成模块单元价值链管理流程质量分析

（一）企业集成模块单元价值链管理流程质量测算检验

1. 企业集成模块单元价值链管理流程质量测算 Z 检验

企业集成模块单元价值链管理流程延迟策略运作和强化延迟策略、后拉动流程、后拉动价值、智能运作质量测算值服从正态分布，可以通过检验统计量 Z 进行检验。当样本值代入后计算出的 Z 值太大时应该拒绝原假设。用 Z 检验的条件是 σ 已知；也可以是 σ 未知，大样本，$n \geq 30$。计算检验统计量公式如下：

$$Z = \frac{\bar{x} - u_0}{\sigma / \sqrt{n}} \tag{7-5-32}$$

F 公司进行企业集成模块单元价值链管理流程质量测算，观测值 0.141、0.123、0.136、0.113、0.128、0.129、0.131、0.136、0.128、0.141、0.115、0.117、0.119、0.143、0.17。

原假设 H_0：$u = 0.1290$，备择假设 H_1：$u \neq 0.1290$

$$Z_{1-\alpha} = Z_{0.95} = 1.641, \quad Z = \frac{\bar{x} - u_0}{\sigma / \sqrt{n}} = 0.6169$$

$Z = 0.6169 < 1.641$，接受 H_0：$u = 0.1290$ 假设。H_0：$u = 0.1290$。

2. 企业集成模块单元价值链管理流程质量测算 x^2 检验

企业集成模块单元价值链管理流程延迟策略运作和强化延迟策略、后拉动流程、后拉动价值、智能运作质量测算值服从正态分布，但 μ 未知，可以通过检验统计量 x^2

进行检验。计算检验统计量公式如下：

$$x^2 = \frac{(n-1)s^2}{\sigma_0^2} \qquad (7-5-33)$$

观测数值 6.003、6.001、6.009、6.013、5.998、6.016、5.994、6.007、6.009、5.991。

原假设 H_0：$\sigma = 0.0078$，备择假设 H_1：$\sigma \neq 0.0078$

$x^2 \leqslant x_{\frac{\alpha}{2}}^2(n-1) = 2.70$、$x^2 \geqslant x_{1-\frac{\alpha}{2}}^2(n-1) = 19.02$

$$x^2 = \frac{(n-1)s^2}{\sigma_0^2} = 9.8436$$

由于样本未落到拒绝域内，因此不能拒绝原假设，$\sigma = 0.0078$。

3. 企业集成模块单元价值链管理流程质量测算 F 检验

企业集成模块单元价值链管理流程延迟策略运作和强化延迟策略、后拉动流程、后拉动价值、智能运作质量运作前后测算的值服从正态分布，可以通过检验统计量 F 进行检验。计算检验统计量公式如下：

$$F = \frac{s_x^2}{s_y^2} \qquad (7-5-34)$$

F 公司集成模块单元价值链管理流程质量运作前后测算的值分别为 208、209、216、237、224、215、231、208、234、215；210、212、211、231、228、214、229、215、233。

原假设 H_0：$\sigma_1^2 = \sigma_2^2$，备择假设 H_1：$\sigma_1^2 \neq \sigma_2^2$

$F \leqslant F_{\frac{\alpha}{2}}(n-1, m-1) = 0.2436$

$F \geqslant F_{1-\frac{\alpha}{2}}(n-1, m-1) = 4.36$

$$F = \frac{s_x^2}{s_y^2} = 1.4582$$

由于样本未落到拒绝域中，因此不能拒绝原假设，可以认为 F 公司集成模块单元价值链管理流程质量运作前后方差相等。

原假设 H_0：$u_1 = u_2$，备择假设 H_1：$u_1 \neq u_2$

$t \geqslant t_{1-\alpha}(n+m-2) = 1.740$

$\bar{x} - \bar{y} = 2.8$

$$s_w = \sqrt{\frac{(n-1)s_x^2 + (m-1)s_y^2}{n+m-2}} = 10.7210$$

$$t = \frac{\bar{x} - \bar{y}}{s_w\sqrt{\frac{1}{n} + \frac{1}{m}}} = 0.5684$$

由于统计量的值未落到拒绝域中，不能拒绝原假设，可以认为 F 公司集成模块单元价值链管理流程质量运作前后均值相等。

4. 企业集成模块单元价值链管理流程质量测算卡方检验

企业集成模块单元价值链管理流程延迟策略运作和强化延迟策略、后拉动流程、后拉动价值、智能运作质量测算时不同单元有同一要求运作时，对这些运作是否一致可以通过卡方检验来进行。计算检验统计量公式如下：

$$x^2 = \sum_{i=1}^{r} \sum_{j=1}^{c} \frac{(o_i - l_i)^2}{l_i} \tag{7-5-35}$$

F 公司的 A、B、C 模块单元的及时性运作情况如表 7-5-15 和表 7-5-16 所示：

表 7-5-15　A、B、C 模块单元及时性运作

模块单元	及时模块单元	不及时模块单元
A	103	15
B	119	17
C	130	11

表 7-5-16　A、B、C 模块单元及时性运作期望频数

模块单元	及时模块单元	不及时模块单元	总计
A	107.25	10.75	118
B	117.43	18.57	136
C	127.32	13.68	141
合计	352	43	395

$$x^2 = \sum_{i=1}^{r} \sum_{j=1}^{c} \frac{(o_i - l_i)^2}{l_i} = 2.5838$$

$r = 3$、$c = 2$，$(r-1)(c-1) = 2$，$x^2 \geq x_{0.95}^2(2) = 5.991$

由于样本统计量值没有落到拒绝域中，所以认为 A、B、C 模块单元及时性没有显著差异。

5. 企业集成模块单元价值链管理流程质量测算曼—惠特尼—威尔科克森检验

企业集成模块单元价值链管理流程延迟策略运作和强化延迟策略、后拉动流程、后拉动价值、智能运作质量测算时，两个样本不满足正态分布，其中每个样本可以来自于任何类型的分布，但需要两个独立随机样本中产生的数据的测量尺度至少是有顺序的，当均值不知时，两个样本的总量或者等于 10，就可采用一般的曼—惠特尼—威尔科克森检验。通过威尔科克森秩和统计量下界和上界值来进行检验。

F 公司集成模块单元价值链管理流程的工序质量测算数据如表 7-5-17 所示。

原假设 H_0：两总体相同，备择假设 H_1：两总体不相同。

进行工序排秩如表 7-5-18 所示。

表 7 - 5 - 17　F 公司工序质量测算数据

A 工序		B 工序	
作业	排序	作业	排序
1	8	7	45
2	9	8	79
3	18	9	86
4	6	10	88
5	19	11	23

表 7 - 5 - 18　工序排秩

作业	工序	排序	混合样本秩
4	A 工序	6	1
1	A 工序	8	2
2	A 工序	9	3
3	A 工序	18	4
5	A 工序	19	5
11	B 工序	23	6
7	B 工序	45	7
8	B 工序	79	8
9	B 工序	86	9
10	B 工序	88	10

显著水平为 0.05 时的 $n_1 = 5$、$n_2 = 5$ 威尔科克森秩和统计量下界值 18 和上界值 37，而工序 A 混合秩和为 15，小于 18，拒绝原假设，两总体不相同。

6. 企业集成模块单元价值链管理流程质量测算曼—惠特尼—威尔科克森符号秩检验

企业集成模块单元价值链管理流程延迟策略运作和强化延迟策略、后拉动流程、后拉动价值、智能运作质量测算时，两个样本不满足正态分布，其中每个样本可以来自于任何类型的分布，但需要两个独立随机样本中产生的数据测量尺度至少是有顺序的，当均值已知时，就可采用一般的曼—惠特尼—威尔科克森符号秩检验。通过威尔科克森秩和统计量下界和上界值来进行检验。

F 公司原假设 H_0：中位数 ≤ 46，备择假设 H_1 中位数 > 46。

F 公司符号秩检验如表 7 - 5 - 19 所示。

显著水平为 0.05 时的 $n_1 = 4$、$n_2 = 8$ 威尔科克森秩和统计量下界值 16 和上界值 36，观测值秩和为 24，大于 16，小于 36，不能拒绝原假设，中位数 ≤ 46。

表 7 – 5 – 19　F 公司符号秩检验

日期	1	2	3	4	5	6	7	8	9	10	11	12
产量	42	48	49	43	50	42	51	44	48	50	49	52
比较	−	+	+	−	+	−	+	−	+	+	+	+
差值	−4	2	3	−3	4	−4	5	−2	2	4	3	6
值序	8.5	2	5	5	8.5	8.5	11	2	2	8.5	5	12

7. 克鲁斯卡尔—沃利斯检验

企业集成模块单元价值链管理流程延迟策略运作和强化延迟策略、后拉动流程、后拉动价值、智能运作质量测算时，多个样本不满足正态分布，其中每个样本可以来自于任何类型的分布，但需要多个独立随机样本中产生的数据测量尺度至少是有顺序的，就可采用克鲁斯卡尔—沃利斯检验，其检验统计量公式如下：

$$W = \frac{12}{n_T(n_T + 1)} \sum_{i=1}^{k} \frac{R_i^2}{n_i} - 3(n_T + 1) \qquad (7 - 5 - 36)$$

F 公司工序如表 7 – 5 – 20 所示。

表 7 – 5 – 20　F 公司工序

A 工序	B 工序	C 工序
20	40	70
80	30	15
60	50	90
85	35	50
40	80	20
50	60	30

原假设 H_0：三个总体均相同，备择假设 H_1：并非三个总体都相同。

F 公司混合秩如表 7 – 5 – 21 所示。

表 7 – 5 – 21　F 公司混合秩

A 工序	秩	B 工序	秩	C 工序	秩
20	2.5	40	7.5	70	14
80	15.5	30	4.5	15	1
60	12.5	50	10	90	18
85	17	35	6	50	10
40	7.5	80	15.5	20	2.5
50	10	60	12.5	30	4.5
秩和	65		56		50

$n_1 = 7$，$n_2 = 7$，$n_3 = 7$

$n_T = \sum n_i = 21$

$$W = \frac{12}{n_T(n_T+1)} \sum_{i=1}^{k} \frac{R_i^2}{n_i} - 3(n_T+1) = -29.41$$

由于 0.05 的卡方临界值为 5.991，$W = -29.41$ 小于不能拒绝三个总体相同的假设。

（二）企业集成模块单元价值链管理流程潜在失效模式和后果分析

企业集成模块单元价值链管理流程延迟策略运作和强化延迟策略、后拉动流程、后拉动价值、智能运作潜在失效模式和后果分析是对企业集成模块单元价值链管理流程运作中的潜在失效带来的后果进行分析，为企业集成模块单元价值链管理流程改进打下基础（张智勇，2019）。企业集成模块单元价值链管理流程潜在失效模式和后果分析分为企业集成开发与设计模块单元价值链管理流程潜在失效模式和后果分析与企业集成基本运营模块单元价值链管理流程潜在失效模式和后果分析。

1. 企业集成开发与设计模块单元价值链管理流程潜在失效模式和后果分析

企业集成开发与设计模块单元价值链管理流程潜在失效模式和后果分析是以产品、模块品目和企业集成开发与设计模块单元价值链管理流程为分析对象，以延迟策略运作和强化延迟策略、后拉动流程、后拉动价值、智能运作的作业价值和产品、模块品目、服务的质量为目标，从低层次逐步向高层次进行分析。分析中需要有重点地进行，对新开发与设计中容易出现问题的产品、模块品目和企业集成开发与设计模块单元价值链管理流程、价值运作进行重点分析。这一分析由开发与设计团队和人员主持，围绕价值和质量目标，根据开发与设计的变化和新信息及时进行潜在失效模式和后果分析改进，重点放在发生频度和探测度的排序上，产品、模块品目和企业集成开发与设计模块单元价值链管理流程、价值运作改变时，排序可能改变。应将分析到的特殊特性和规律体现在后续的产品和模块品目、价值运作开发与设计的作业文件中。

企业集成开发与设计模块单元价值链管理流程潜在失效模式和后果分析围绕延迟策略运作和强化延迟策略、后拉动流程、后拉动价值、智能运作的作业价值和产品、模块品目、服务的质量目标，可以识别需要采取预防措施的开发与设计缺陷，为制定模块品目清单提供支持，为优化产品、模块品目和企业集成开发与设计模块单元价值链管理流程、价值运作提供依据，为企业集成开发与设计模块单元价值链管理流程故障分析和维修打下基础。

企业集成开发与设计模块单元价值链管理流程潜在失效模式和后果分析围绕着延迟策略运作和强化延迟策略、后拉动流程、后拉动价值、智能运作的作业价值和产品、模块品目、服务的质量目标，需要对基于模型 MBD 有形产品和模块品目的几何模型、原理模型、几何模型和原理模型与有形产品和模块品目的形状、系统和容差，对基于模型 MBD 信息原理模型的软件模块、软件数据结构、软件接口的系统与容差和基于非信息原理模型的要素、部分联系功能、整体联系功能的系统与容差进行层次分析，进行价值运作的模式、价值拉动、价值测算、价值资源层次分析。按照层次的要求进行分析是潜在失效模式和后果分析的基础。层次分为基层模块品目层、中层模块品目层、产品层，价值运作的模式层、价值拉动层次到价值测算层次、价值资源层，每一层都能够进行潜在失效模式和后果分析。潜在失效模式和后果分析分为整体层次分析和结构层次分析。整体层次分析是对基层模块品目层、中层模块品目层、产品层和价值运作的模式层、价值拉动层次、价值测算层次、价值资源层全部层次的分析，这一分析需要按照由基层模块品目层、中层模块品目层到产品层，由价值资源层、价值测算层次、价值拉动层次、价值运作模式层的顺序进行分析。结构层次分析就需要根据潜在失效模式和后果分析的需要针对某一层进行分析。价值运作潜在失效模式和后果分析层次和产品和模块品目潜在失效模式和后果分析层次如图7-5-5和图7-5-6所示。

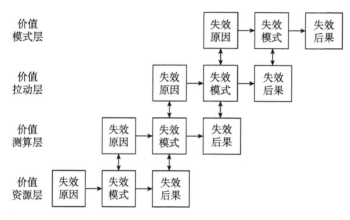

图7-5-5 价值运作潜在失效模式和后果分析层次

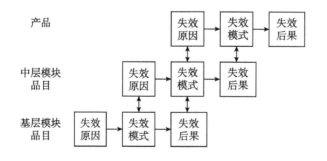

图7-5-6 产品和模块品目潜在失效模式和后果分析层次

企业集成开发与设计模块单元价值链管理流程潜在失效模式和后果分析围绕延迟策略运作和强化延迟策略、后拉动流程、后拉动价值、智能运作的作业价值和产品、模块品目、服务的质量目标，针对企业集成战略下的具体通用模块单元开发与设计流程、具体专用模块单元开发与设计流程、联合通用模块单元开发与设计流程、联合专用模块单元开发与设计流程运作，针对具体与联合模块单元开发与设计流程后作业拉动单一流和通用模块单元、专用模块单元内和之间的后作业拉动单一流运作，针对具体与联合模块单元内和之间智能运作，针对通用模块单元、专用模块单元内和之间智能运作，进行潜在失效模式和后果分析。

进行产品和模块品目潜在失效模式和后果分析时，围绕延迟策略运作和强化延迟策略运作、后拉动流程、后拉动价值、智能运作的作业价值和产品、模块品目、服务的质量目标，需要确定产品和模块品目功能，确定企业集成开发与设计模块单元价值链管理流程功能，每一项功能都对应一种或者一种以上失效模式，尽可能地列出所有的失效模式。失效模式对基于模型 MBD 有形产品和模块品目的几何模型、原理模型、几何模型和原理模型与有形产品和模块品目的形状、系统和容差的产品和模块品目，对基于模型 MBD 信息原理模型的软件模块、软件数据结构、软件接口的系统与容差和基于非信息原理模型的要素、部分联系功能、整体联系功能的系统与容差的产品，确定失效的表现形式。这种表现形式是企业集成开发与设计模块单元价值链管理流程功能失效的表现，是企业集成运营流程的价值运作的模式、价值拉动、价值测算、价值资源内已达到价值运作的表现，是没有达到开发与设计要求的功能所表现出来的现象。潜在失效模式通过围绕价值和质量目标分析，预测有可能发生的但并非必然发生的失效模式。一般可以通过同类产品和模块品目的比较，通过企业集成运营流程的价值运作的模式、价值拉动、价值测算、价值资源比较，通过新信息引入，确定可能的失效模式。失效模式需要有一定的判定依据，这些依据包括产品和模块品目规定条件下，不能完成规定功能；包括产品和模块品目参数不能在规定的范围内；包括产品和模块品目不符合运作状态的要求；包括产品和模块品目不符合趋势性的要求；包括企业集成开发与设计模块单元价值链管理流程功能未达到要求；包括企业集成运营流程的价值运作的模式、价值拉动、价值测算、价值资源未达到企业价值增值要求目标。这些标准中最难以掌控的就是趋势性的要求。进行产品模块品目、价值运作潜在失效模式和后果分析时，应注意区分显性故障和隐性故障。显性故障是产品、模块品目、价值运作不能完成规定功能的事件和状态。隐性故障是产品、模块品目、价值运作将不能完成规定功能的可鉴别状态，是指示显性故障将要发生的一种可鉴别的状态。

进行产品和模块品目、企业集成开发与设计模块单元价值链管理流程、价值运作潜在失效模式和后果分析时，围绕延迟策略运作和强化延迟策略、后拉动流程、后拉动价值、智能运作的作业价值和产品、模块品目、服务的质量目标，分析潜在的后果。失效后果是故障影响，是指失效模式对产品和模块品目、企业集成开发与设计模块单元价值链管理流程、价值运作的运用、功能和状态所导致的结果，这些结果对企业集成模块单元价值链管理流程内外都产生影响，最终直接影响价值和质量目标的实现。每种故障都有相应故障的价值和质量目标损失后果，应尽可能分析故障的最终影响，根据最终影响的严重程度确定严重度。故障涉及顾客申诉、索赔等，需要明确指出。

需要从外部顾客和内部顾客的角度描述失效后果。失效后果分为整体价值和质量目标失效和结构价值和质量目标失效后果。整体价值和质量目标失效后果对基层模块品目层、中层模块品目层、产品层全部层次的产品和模块品目、企业集成开发与设计模块单元价值链管理流程、价值运作的模式层、价值拉动层次、价值测算层次、价值资源层均产生影响，结构价值和质量目标失效后果对基层模块品目层、中层模块品目层、产品层全部层次的产品和模块品目、企业集成开发与设计模块单元价值链管理流程和价值运作的模式层、价值拉动层次、价值测算层次、价值资源层的某一层产生影响。

明确产品和模块品目潜在失效模式和后果就需要确定引致失效的产品、模块品目和企业集成开发与设计模块单元价值链管理流程和价值运作的模式层、价值拉动层次、价值测算层次、价值资源层的主要原因，从而确定需要改进的部分。产品和模块品目方面，需要从基于模型 MBD 的有形产品和模块品目的几何模型、原理模型、几何模型和原理模型和基于模型 MBD 的信息原理模型、基于非信息原理模型出发，明确模型的选择是否科学合理。需要确定有形产品和模块品目的形状、系统和容差，需要确定模块、软件数据结构、软件接口的系统与容差和要素、部分联系功能、整体联系功能的系统与容差设计是否准确。由此明确产品和模块品目开发与设计是否符合顾客的需求，是否达到价值和质量目标，确定产品和模块品目方面引起潜在失效后果的主要原因，确立需要改进的部分。企业集成开发与设计模块单元价值链管理流程方面，需要确定流程是否具有效率，是否对产品和模块品目形成有效的支持，是否按照价值和质量目标要求进行企业集成开发与设计模块单元价值链管理流程运作，由此确定企业集成开发与设计模块单元价值链管理流程方面引起潜在失效的主要原因，确定需要改进的部分。企业集成运营管理流程的价值运作的模式、价值拉动、价值测算、价值资源失效的主要原因，确定改进的部分。通过对产品、模块品目和企业集成开发与设计模块单元价值链管理流程的主要原因分析，确定严重度（S）、失效频度（O）和探测度（D），从而确定风险顺序数（RPN），为采取预防失效对策打下基础。失效频度和探测度一般采用级别进行定量，级别越高，失效可能性越高，探测难度越高。风险顺序数计量公式如下：

$$RPN = S \times O \times D \tag{7-5-37}$$

式中，F 公司用级别确定严重度、失效频度和探测度，用 1~10 级来确定，基层模块品目严重度为 10、失效频度为 9，探测度为 10，由此确定 RPN 为 900。

2. 企业集成基本运营和供应链或者服务链模块单元价值链管理流程潜在失效模式和后果分析

与产品、价值有关的过程是企业集成基本运营和供应链或者服务链模块单元价值链管理流程。围绕着延迟策略运作和强化延迟策略、后拉动流程、后拉动价值、智能运作的作业价值和产品、模块品目、服务的质量目标，这一过程应当在其运作之前贯穿于企业集成开发与设计模块单元价值链管理流程之中。企业集成基本运营和供应链或者服务链模块单元价值链管理流程潜在失效模式和后果分析是动态的，进行企业集成基本运营和供应链或者服务链模块单元价值链管理流程更改时，应及时改进潜在失效模式和后果分析，定期对潜在失效模式和后果分析进行评审，重点放在频度和探测度的排序上。模块品目和企业集成基本运营和供应链或者服务链模块单元价值链管理流程的改变时，排序都可能改变。应将分析到的特殊特性和规律体现在后续的企业集成基本运营和供应链或者服务链模块单元价值链管理流程的作业文件中。

　　企业集成基本运营和供应链或者服务链模块单元价值链管理流程潜在失效模式和后果分析围绕着延迟策略和强化延迟策略运作、后拉动流程、后拉动价值、智能运作的作业价值和产品、模块品目、服务的质量目标，根据识别需要采取预防措施，识别企业集成基本运营和供应链或者服务链模块单元价值链管理流程缺陷，为模块品目清单运作提供支持；识别价值运作缺陷，为优化企业集成基本运营和供应链或者服务链模块单元价值链管理流程提供依据，为企业集成基本运营和供应链或者服务链模块单元价值链管理流程故障分析和维修打下基础。

　　企业集成基本运营和供应链或者服务链模块单元价值链管理流程潜在失效模式和后果分析是围绕着延迟策略运作和强化延迟策略、后拉动流程、后拉动价值、智能运作的作业价值和产品、模块品目、服务的质量目标，针对企业集成战略下的具体通用模块单元流水线、具体链接模块单元流水线、具体专用模块单元流水线、联合通用模块单元流水线、联合链接模块单元流水线、联合专用模块单元流水线、模块组通用模块单元流水线、模块组链接模块单元流水线、模块组专用模块单元流水线、总作业通用模块单元流水线、总作业链接模块单元流水线、总作业专用模块单元流水线运作，针对企业集成战略下的有形产品集成采购模块单元价值链管理流程、有形产品集成制造模块单元价值链管理流程、有形产品集成服务转化模块单元价值链管理流程、有形产品和无形产品集成设计性服务转化模块单元价值链管理流程、无形产品集成转化和销售模块单元价值链管理流程、有形产品集成仓储模块单元价值链管理流程、有形产品集成销售模块单元价值链管理流程、无形产品集成企业自身运作模块单元价值链管理流程运作，针对具体、联合、模块组、总作业运营模块单元流水线流程后作业拉动单一流和通用模块单元、链接模块单元、专用模块单元内和之间的后作业拉动单一流运作，针对围绕基本运营流程的企业集成供应链或者服务链模块单元价值链管理流程后作业拉动单一流运作，针对具体、联合、模块组、总作业运营模块单元流水线流程内和之间智能运作，针对通用模块单元、链接模块单元、专用模块单元内和之间智能运作，针对围绕着基本运营流程的企业集成供应链或者服务链模块单元价值链管理流程智能运作，进行潜在失效模式和后果分析。

　　进行企业集成基本运营和供应链或者服务链模块单元价值链管理流程潜在失效模式和后果分析时，围绕延迟策略运作和强化延迟策略、后拉动流程、后拉动价值、智能运作的作业价值和产品、模块品目、服务的质量目标，确定企业集成基本运营和供应链或者服务链模块单元价值链管理流程功能，每一项功能都对应一种或者一种以上失效模式，尽可能地列出所有的失效模式。失效模式是企业集成基本运营和供应链或者服务链模块单元价值链管理流程功能失效的表现形式。潜在失效模式是通过围绕着价值和质量目标分析，预测有可能发生但并非必然发生的失效模式。一般可以通过同类企业集成基本运营和供应链或者服务链模块单元价值链管理流程功能的比较，企业集成运营管理流程的价值运作模式、价值拉动、价值测算、价值资源失效比较，通过新信息引入，确定可能的失效模式。失效模式需要有一定的判定依据，这些依据包括产品和模块品目规定条件下，企业集成基本运营和供应链或者服务链模块单元价值链管理流程不能完成规定功能；包括企业集成基本运营和供应链或者服务链模块单元价值链管理流程不能实现产品和模块品目参数；包括企业集成基本运营和供应链或者服务链模块单元价值链管理流程不符合运作状态的要求；包括企业集成基本运营和供应链或者服务链模块单元价值链管理流程不符合趋势性的要求；包括企业集成基本运营和供应链或者服务链模块单元价值链管理流程功能未达到要求；包括企业集成基本运营和供应链或者服务链模块单元价值链管理流程未达到企业价值增值要求目标。这些标准中最难以掌控的就是趋势性的要求。进行企业集成基本运营和供应链或者服务链模块单元价值链管理流程潜在失效模式和后果分析时，需要确定显性故障和隐性故障。

进行企业集成基本运营和供应链或者服务链模块单元价值链管理流程潜在失效模式和后果分析时，围绕延迟策略运作和强化延迟策略、后拉动流程、后拉动价值、智能运作的作业价值和产品、模块品目、服务的质量目标，分析潜在的后果。失效后果就是故障影响，是指失效模式对企业集成基本运营和供应链或者服务链模块单元价值链管理流程的运用、功能和状态所导致的结果，这些结果对企业集成模块单元价值链管理流程内外都产生影响，最终直接影响价值和质量目标的实现。每种故障都有相应故障的价值和质量目标损失后果，应尽可能分析故障的最终影响，根据最终影响的严重程度确定严重度。需要从外部顾客和内部顾客的角度描述企业集成基本运营和供应链或者服务链模块单元价值链管理流程失效后果。失效后果分为整体价值和质量目标失效与结构价值和质量目标失效后果。整体价值和质量目标失效后果对企业集成基本运营和供应链或者服务链模块单元价值链管理流程均产生影响，结构价值和质量目标失效后果对企业集成基本运营和供应链或者服务链模块单元价值链管理流程中的一部分价值链管理流程产生影响。

明确企业集成基本运营和供应链或者服务链模块单元价值链管理流程潜在失效模式和后果需要确定引致失效的企业集成基本运营和供应链或者服务链模块单元价值链管理流程的主要原因，从而明确需要改进的部分。需要从整体和结构明确企业集成基本运营和供应链或者服务链模块单元价值链管理流程是否符合顾客的需求，是否达到价值和质量目标，由此确定企业集成基本运营和供应链或者服务链模块单元价值链管理流程引起潜在失效后果的主要原因，确立需要改进的部分。通过企业集成基本运营和供应链或者服务链模块单元价值链管理流程的主要原因分析，确定企业集成基本运营和供应链或者服务链模块单元价值链管理流程运作严重度（S）、失效频度（O）和探测度（D），由此确定企业集成基本运营和供应链或者服务链模块单元价值链管理流程运作风险顺序数（*RPN*），为采取预防失效对策打下基础。

企业集成顾客接触模块单元价值链管理流程需要关注服务起始关键时刻的顾客与服务环境初始接触关键时刻、顾客与服务氛围初始接触关键时刻、员工与顾客初始接触关键时刻、设备与顾客初始接触关键时刻、电子设备与顾客初始接触关键时刻和服务运作关键时刻的是否接受服务关键时刻、服务价值判断关键时刻、服务反馈关键时刻、是否再次接受服务关键时刻、服务问题关键时刻的服务实效情况。

制造类企业、服务类企业、纯服务类企业进行企业集成模块单元价值链管理流程质量分析。

三、企业集成模块单元价值链管理流程价值与质量评审

（一）企业集成模块单元价值链管理流程价值与质量内部审核

企业需要按照策划时间间隔的要求，进行团队企业集成运营管理标准体系运作内部审核，内部审核是企业集成基本运营和供应链或者服务链模块单元价值链管理流程的企业集成运营管理标准体系运作审核。内部审核由企业集成基本运营和供应链或者服务链模块单元价值链管理流程的企业模块单元流水线团队、企业开发与设计团队、企业采购和仓储团队、企业销售团队进行审核组组建，围绕延迟策略运作和强化延迟策略、后拉动流程、后拉动价值、智能运作的作业价值和产品、模块品目、服务的质量目标，负责企业集成运营管理标准体系运作中审核计划的实施，审核计划的执行及不符合事项跟踪验证。受审核的组织和人员负责配合审核人员进行审核，对不符合事项制定纠正和预防措施并有效实施。

审核组需要审核企业集成基本运营和供应链或者服务链模块单元价值链管理流程是否符合企业集成运营管理标准体系运作价值和质量的要求，是否围绕着价值和质量目标有效地进行企业集成运营管理标准体系实施（赵成杰，2019）。审核组需要依据企业集成基本运营和供应链或者服务链模块单元价值链管理流程有关部分重要性、对企业产生影响的变化和以往的审核结果，策划、制定、实施和保持审核方案，审核方案包括审核的频次、审核方法、审核职责、审核策划要求和报告。审核组需要规定每次审核的准则和范围，选择审核员实施审核，确保审核过程客观公正。确保将审核报告给高层团队、企业财务团队、企业质检团队的管理者，及时采取适当的纠正措施，保留成文信息，作为实施审核方案以及审核结果的证据。

（二）企业集成模块单元价值链管理流程价值与质量管理评审

企业需要按照策划时间间隔的要求，进行团队企业集成运营管理标准体系运作的管理评审，管理评审是企业集成基本运营和供应链或者服务链模块单元价值链管理流程和相关流程的企业集成运营管理标准体系运作管理评审。管理评审由总经理主持评审工作，高层团队负责管理评审计划的编制和发放，收集并提供管理评审所需要的资

料，做好会议记录，整理管理评审报告，发放给企业财务团队、企业质检团队、企业信息团队、企业模块单元流水线团队、企业开发与设计团队、企业采购和仓储团队、企业销售团队，负责对评审后的不合格纠正措施进行跟踪、验证，企业财务团队、企业质检团队、企业信息团队、企业模块单元流水线团队、企业开发与设计团队、企业采购和仓储团队、企业销售团队负责各自团队的管理评审报告。

最高管理者应按照策划时间间隔对企业财务团队、企业质检团队、企业信息团队、企业模块单元流水线团队、企业开发与设计团队、企业采购和仓储团队、企业销售团队的企业集成运营管理标准体系运作进行管理评审，以确保延迟策略运作和强化延迟策略、后拉动流程、后拉动价值、智能运作的作业价值和产品、模块品目、服务质量目标的实现，确保管理评审的适宜性、充分性和有效性，与企业集成战略目标一致。管理评审需要考虑以往管理评审所采取措施的情况、与企业集成运营管理标准体系相关的内外因素变化情况、顾客满意和有关相方的反馈、价值和质量目标的实现程度、产品和服务的合格情况、不合格及纠正措施、监事和测量的结果、审核结果、资源充分性，由此确定团队进行企业集成运营管理标准体系运作改进机会，确定企业集成运营管理标准体系运作所需要的变更情况，从而实现企业集成基本运营和供应链或者服务链模块单元价值链管理流程和相关流程的企业集成运营管理标准体系持续运作。

制造类企业、服务类企业、纯服务类企业进行企业集成模块单元价值链管理流程价值与质量评审。

四、企业集成模块单元价值链管理流程价值与质量改进

（一）企业集成模块单元价值链管理流程价值不达标和质量不合格纠正

企业集成基本运营和供应链或者服务链模块单元价值链管理流程延迟策略运作和强化延迟策略、后拉动流程、后拉动价值、智能运作的企业集成运营管理标准体系中出现价值不达标和质量不合格时，由企业财务团队和企业质检团队负责价值不达标和质量不合格确认、判定、纠正措施的验证。企业模块单元流水线团队、企业开发与设计团队、企业采购和仓储团队、企业销售团队负责价值不达标和质量不合格纠正、防错措施的实施。

当出现价值不达标和质量不合格时，需要采取措施予以控制和纠正价值不达标和质量不合格的产品和流程。需要通过评审和分析确定价值不达标和质量不合格的产品和流程，明确价值不达标和质量不合格原因，确定是否存在或可能发生类似的价值不达标和质量不合格，实施所需要措施，评审所采取措施的有效性，需要时可以进行企业集成运营管理标准体系更改，以防止出现价值不达标和质量不合格的产品和流程。形成报告，明确价值不达标和质量不合格性质，所采取的措施，纠正措施的结果。

（二）企业集成模块单元价值链管理流程价值与质量持续改进

由总经理负责持续改进企业集成运营管理标准体系，负责改进方案资源支持，以

及进行监督执行。企业财务团队和企业质检团队负责数据分析，利用分析结果改进企业集成运营管理标准体系。需要持续进行企业集成运营管理标准体系适宜性、充分性和有效性改进，需要考评评价结果和管理评审结果，确定是否存在机遇，进行改进。

制造类企业、服务类企业、纯服务类企业进行企业集成模块单元价值链管理流程价值与质量改进。

五、企业集成模块单元价值链管理流程价值与质量控制方法

（一）企业集成模块单元价值链管理流程质量常规控制方法

企业集成模块单元价值链管理流程延迟策略运作和强化延迟策略、后拉动流程、后拉动价值、智能运作的产品、模块品目、服务质量控制是通过控制图来实现的。控制图是区分企业集成模块单元价值链管理流程的异常波动和正常波动，判断过程是否处于控制状态的一种方法。

企业集成模块单元价值链管理流程延迟策略运作和强化延迟策略、后拉动流程、后拉动价值、智能运作的产品、模块品目、服务质量控制一般通过控制图来展示，控制图按照横轴的控制界限来展示控制的状态。控制界限内属于能够控制的状态，控制界限外不属于能够控制的状态。具体运用控制图进行是将控制图由横轴转向纵轴，一般以均值为中心，将均值作为中心线 CL，将控制界限分为上控制线 UCL 和下控制线 LCL，上控制线 UCL 和下控制线 LCL 之间属于控制范围。

企业集成模块单元价值链管理流程延迟策略运作和强化延迟策略、后拉动流程、后拉动价值、智能运作的产品、模块品目、服务质量控制有分析用控制图和控制用控制图。刚开始建立控制图时，不会始终处于受控状态，存在企业集成模块单元价值链管理流程质量波动，这种失控状态下建立的参数来确立控制图，控制上限和控制下限一定较宽，这会导致判断失误。需要将失控状态调整为受控状态，使企业集成模块单元价值链管理流程质量受控，使企业集成模块单元价值链管理流程能力满足要求。控制用控制图由有分析用控制图转化而来，是将分析用控制图的控制限延长作为控制用控制图的控制限。由于控制用控制图的控制限来自于分析用控制图，一般不用随时进行计算。当影响企业集成模块单元价值链管理流程质量波动因素有改变，质量水平有明显提高，需要及时使用分析用控制图计算控制限。企业集成模块单元价值链管理流程质量控制图包括 $\bar{x} - R$、$\bar{x} - s$、$\bar{x} - R_s$ 计量控制图和 np、p、c、u 计数控制图。

企业集成模块单元价值链管理流程延迟策略运作和强化延迟策略运作、后拉动流程、后拉动价值、智能运作的产品、模块品目、服务质量控制图 $\bar{x} - R$、$\bar{x} - s$、$\bar{x} - R_s$ 控制图需要符合正态分布。$\bar{x} - R$ 控制图中的 $\bar{x}$ 图用于观测分布均值的变化，R 图用于观测分布的一致性变化，$\bar{x} - R$ 控制图联合运用，用于观测分布的变化。$\bar{x} - R$ 控制图中的均值、极差、$\bar{x}$ 中心线、$\bar{x}$ 上限、$\bar{x}$ 下限、R 中心线、R 上限、R 下限的公式如下：

$$\bar{x}_i = \frac{1}{n} \sum_{j=1}^{n} x_j \qquad\qquad (7-5-38)$$

$$R_i = \max[x_i] - \min[x_i] \qquad\qquad (7-5-39)$$

$$CL = \overline{\overline{x}} = \frac{1}{k}\sum_{i=1}^{k}\overline{x_i} \qquad\qquad (7-5-40)$$

$$UCL = \overline{\overline{x}} + A_2\overline{R} \qquad\qquad (7-5-41)$$

$$LCL = \overline{\overline{x}} - A_2\overline{R} \qquad\qquad (7-5-42)$$

$$CL = \overline{R} = \frac{1}{k}\sum_{i=1}^{k}R_i \qquad\qquad (7-5-43)$$

$$UCL = D_4\overline{R} \qquad\qquad (7-5-44)$$

$$LCL = D_3\overline{R} \qquad\qquad (7-5-45)$$

式中，$\overline{x}-s$ 控制图中的 $\overline{x}$ 图用于观测分布均值的变化，s 图用于观测分布的一致性变化，$\overline{x}-s$ 控制图联合运用，用于观测分布的变化（王兆军等，2013）。$\overline{x}-s$ 控制图的均值、标准差、$\overline{x}$ 中心线、$\overline{x}$ 上限、$\overline{x}$ 下限、R 中心线、R 上限、R 下限的公式如下：

$$\overline{x}_i = \frac{1}{n}\sum_{j=1}^{n}x_j \qquad\qquad (7-5-46)$$

$$s_i = \sqrt{\frac{\sum_{j=1}^{n}(x_j - \overline{x}_i)^2}{n-1}} \qquad\qquad (7-5-47)$$

$$CL = \overline{\overline{x}} = \frac{1}{k}\sum_{i=1}^{k}\overline{x_i} \qquad\qquad (7-5-48)$$

$$UCL = \overline{\overline{x}} + A_3\overline{s} \qquad\qquad (7-5-49)$$

$$LCL = \overline{\overline{x}} - A_3\overline{s} \qquad\qquad (7-5-50)$$

$$CL = \overline{s} = \frac{1}{k}\sum_{i=1}^{k}\overline{s_i} \qquad\qquad (7-5-51)$$

$$UCL = B_4\overline{s} \qquad\qquad (7-5-52)$$

$$LCL = B_3\overline{s} \qquad\qquad (7-5-53)$$

式中，$x-R_s$ 控制图中的 x 图用于观测分布单值的变化，R_s 图用于观测分布的一致性变化，$x-R_s$ 控制图联合运用，用于观测分布的变化。$\overline{x}-R_s$ 控制图的移动极差、$\overline{x}$ 中心线、$\overline{x}$ 上限、$\overline{x}$ 下限、R 中心线、R 上限、R 下限的公式如下：

$$R_{s_i} = |x_i - x_{i-1}| \qquad\qquad (7-5-54)$$

$$CL = \overline{x} = \frac{1}{k}\sum_{i=1}^{k}x_i \qquad\qquad (7-5-55)$$

$$UCL = \overline{x} + 2.660\overline{R}_s \qquad\qquad (7-5-56)$$

$$LCL = \overline{x} - 2.660\overline{R}_s \qquad\qquad (7-5-57)$$

$$CL = \overline{R}_s = \frac{1}{k-1}\sum_{i=2}^{k}R_{si} \qquad\qquad (7-5-58)$$

$$UCL = 3.267\overline{R}_s \qquad\qquad (7-5-59)$$

$$LCL = 0 \qquad\qquad (7-5-60)$$

式中，np、p 控制图需要符合二项分布，np 控制图产品和模块品目不合格率、$\bar{x}$ 中心线、np 上限、np 下限，p 控制图产品和模块品目不合格率、p 中心线、p 上限、p 下限的公式如下：

$$\bar{p} = \frac{1}{nk}\sum_{i=1}^{k}(np)_i \qquad (7-5-61)$$

$$CL = \bar{p} = \frac{1}{\sum_{i=1}^{k}n_i}\sum_{i=1}^{k}(np)_i \qquad (7-5-62)$$

$$UCL = \bar{p} + 3 \times \sqrt{\frac{\bar{p}(1-\bar{p})}{n}} \qquad (7-5-63)$$

$$LCL = \bar{p} - 3 \times \sqrt{\frac{\bar{p}(1-\bar{p})}{n}} \qquad (7-5-64)$$

$$p_i = \frac{(np)_i}{n_i} \qquad (7-5-65)$$

$$CL = n\bar{p} \qquad (7-5-66)$$

$$UCL = n\bar{p} + 3 \times \sqrt{n\bar{p}(1-\bar{p})} \qquad (7-5-67)$$

$$LCL = n\bar{p} - 3 \times \sqrt{n\bar{p}(1-\bar{p})} \qquad (7-5-68)$$

式中，c、u 控制图需要符合泊松分布，np 控制图产品和模块品目不合格率、$\bar{x}$ 中心线、np 上限、np 下限，p 控制图产品和模块品目不合格率、p 中心线、p 上限、p 下限的公式如下：

$$\bar{c} = \frac{1}{k}\sum_{i=1}^{k}c_i \qquad (7-5-69)$$

$$CL = \bar{c} = \frac{1}{k}\sum_{i=1}^{k}c_i \qquad (7-5-70)$$

$$UCL = \bar{c} + 3\sqrt{\bar{c}} \qquad (7-5-71)$$

$$LCL = \bar{c} - 3\sqrt{\bar{c}} \qquad (7-5-72)$$

$$u_i = \frac{c_i}{n_i} \qquad (7-5-73)$$

$$CL = \bar{u} = \frac{1}{\sum_{i=1}^{k}n_i}\sum_{i=1}^{k}c_i \qquad (7-5-74)$$

$$UCL = \bar{u} + 3\sqrt{\frac{\bar{u}}{n}} \qquad (7-5-75)$$

$$LCL = \bar{u} - 3\sqrt{\frac{\bar{u}}{n}} \qquad (7-5-76)$$

企业集成模块单元价值链管理流程延迟策略运作和强化延迟策略运作、后拉动流程、后拉动价值、智能运作的产品、模块品目、服务质量控制通过分区进行。分区由上限 UCL 和中心线之间的上半区和中心线和下限 LCL 之间下半区组成，控制限分别位于中心线的上下 3σ 距离处。控制区分为 6 个区，6 个区的标号为 A、B、C、C、B、A，每个区的宽度为 1σ。沿着中心线分为上区的 A、B、C 和下区的 C、B、A，紧靠中心线两侧的是上区 C 和下区 C，接着紧靠 C 区的是上区 B 和下区 B，接着紧靠 B 区的是上区 A 和下区 A，这样就形成了上限 UCL 和中心线之间的 A、B、C 区和中心线和下限 LCL 之间的 C、B、A 区。

企业集成模块单元价值链管理流程质量控制依据过程异常状态进行。状态 1 是质量控制的 1 个点落在 A 区之外。这时这一控制点不在上限 UCL 和中心线之间的上半区和中心线和下限 LCL 之间下半区，不符合质量运作过程的点都要求需要在控制限内，判定为企业集成模块单元价值链管理流程质量运作过程异常。状态 2 是连续 9 个点落在中心线的同一侧。企业集成模块单元价值链管理流程质量控制需要在上和下两部分的控制区域，这是质量控制的宽度要求，连续 9 个点落在中心线的同一侧只考虑了下半区，不符合控制点需要在上限 UCL 和中心线之间的上半区和中心线和下限 LCL 之间下半区的两个区域的要求，判定为企业集成模块单元价值链管理流程质量运作过程异常。状态 3 是质量控制的连续 6 个点是递增或者递减。连续 6 个点是递增或者递减没有考虑中心线，企业集成模块单元价值链管理流程质量控制需要考虑中心线，质量控制点需要围绕中心线进行运作，连续 6 个点是递增或者递减没有围绕中心线进行运作，判定为企业集成模块单元价值链管理流程质量运作过程异常。状态 4 是质量控制点围绕相邻点进行运作。这时这一控制点只在 A、B、C、C、B、A 6 个区中的某个区，不符合质量运作点需要考虑 A、B、C、C、B、A 6 个区层次要求，判定为企业集成模块单元价值链管理流程质量运作过程异常。状态 5 是质量控制连续 3 点中的 2 个点落在 A 区。这时这 2 个控制点在 A、B、C、C、B、A 6 个区中变化幅度最大的 A 区，表明一定区间点的变化幅度过大，质量控制点需要有变化，但一定区间点不能够变化过大，判定为企业集成模块单元价值链管理流程质量运作过程异常。状态 6 是质量控制连续 5 点中的 4 个点落在中心线同一侧 C 区之外。这时 4 个点 C 区之外的变化幅度较大，为同一侧点，平均值偏移过大，质量控制点可以有同侧平均值偏移，但不能同侧偏移过大，可以有偏移判定为企业集成模块单元价值链管理流程质量运作过程异常。状态 7 是质量控制的连续 15 个点落在 C 区之内，这时连续 15 个点只在 A、B、C、C、B、A 6 个区中的某个区，不符合质量运作点需要考虑 A、B、C、C、B、A 6 个区层次要求，判定为企业集成模块单元价值链管理流程质量运作过程异常。状态 8 是质量控制连续 8 个点落在两侧且无疑点落在 C 区，而没有落到 C 区，符合质量运作点需要考虑 A、B、C、C、B、A 6 个区层次要求，判定为企业集成模块单元价值链管理流程质量运作过程异常。

企业集成模块单元价值链管理流程质量控制图的两类错误。第一类错误是将正常误判视为异常的虚发警报错误。控制界限的幅度影响犯第一类错误的概率，当采用 3σ 原则设计控制图时，犯第一类错误的概率为 $a = 0.27\%$，a 随着控制界限的增大而减小。第二类错误是把异常的漏判视为正常的第二类错误。犯第二类错误的概率 β 受控制界限、均值偏移幅度、标准偏差变动幅度、样本大小的影响。β 随控制界限的增大而增大，随样本的增大而减小。

企业集成模块单元价值链管理流程质量控制检出力是当质量运作过程发生异常时，控制图可以将这种异常检测出来的概率，检出力 $= 1 - \beta$。影响检出力的因素包括控制界限、均值偏移幅度、标准偏差变动幅度、样本大小。样本大小可以由运营者决定。样本大时，检出力大，检出灵敏；样本小时，检出力小，检出迟钝。应用控制图时，需要保证适宜的检出力。检出力过大，检出过于灵敏，容易虚发警报；检出力过小，检出过于迟钝，容易漏发警报。为了保证控制图有适宜的检出力，分析用控制图的抽样组数应大于或等于 20 组，最好 25 组。对于计量控制图而言，$\bar{x}$ 控制图检出力最强，x 控制图检出力最弱；s 控制图检出力最强，R 控制图检出力次之，R_s 图检出力最弱。

运用控制图进行企业集成模块单元价值链管理流程延迟策略运作和强化延迟策略运作的产品、模块品目、服务质量控制时，$\bar{x} - R$ 控制图、$\bar{x} - s$ 控制图、$\bar{x} - R_s$ 控制图、np 控制图、p 控制图、c 控制图、u 控制图都需要进行数据收集。$\bar{x} - R$ 控制图、$\bar{x} - s$ 控制图确定子组容量和子组数量，采集数据，数据的采集需要基本相同的运营条件，使组内仅有普通因素的影响，而特殊因素反映在组间的差异。一般需要采取整组随机抽样，是按照一定的时间间隔，不打乱企业集成模块单元价值链管理流程运作顺序，一次抽取连续的 n 个样本。$\bar{x} - R_s$ 控制图的数据收集中，一次只能得到一个测量值，企业集成模块单元价值链管理流程适量均匀，不需要抽取多个样本，取得测量值费时成本又高，样本使用后不能够再使用，需要尽早发现异常情况，收集数据一般不少于 25 个。np 控制图、p 控制图、c 控制图、u 控制图进行数据收集时，需要子组数量大于 25 个，子组容量一致。

$\bar{x} - R$ 控制图、$\bar{x} - s$ 控制图、$\bar{x} - R_s$ 控制图、np 控制图、p 控制图、c 控制图、u 控制图进行控制图的绘制。$\bar{x} - R$ 控制图、$\bar{x} - s$ 控制图将数据填入表中，计算各子组的平均值 $\bar{x}_i$，计算总平均值 $\bar{\bar{x}}$。$\bar{x} - R$ 控制图计算各样本的极差 R_i，计算各样本极差平均值 $\bar{R}$；$\bar{x} - s$ 计算各子组的标准差 s_i，计算各子组标准差的平均值 $\bar{s}$；$\bar{x} - R_s$ 控制图计算各样本的移动极差及其平均值。np 控制图、p 控制图、c 控制图、u 控制图计算平均不合格率。$\bar{x} - R$ 计算 R 控制图和 $\bar{x}$ 控制图控制界限，绘制 R 控制图、$\bar{x}$ 控制图控制图，绘图时 R 控制图在上方，$\bar{x}$ 控制图在下方；$\bar{x} - s$ 控制图计算 s 控制图和 $\bar{x}$ 控制图控制界限，绘制 s 控制图、$\bar{x}$ 控制图；$\bar{x} - R_s$ 控制图计算 R_s 控制图和 $\bar{x}$ 控制图控制界限，绘制 R_s 控制图、$\bar{x}$ 控制图。np 控制图、p 控制图、c 控制图、u 控制图计算中心线和控制限，绘制 np 控制图、p 控制图、c 控制图、u 控制图。判断企业集成模块单元价值链管理流程质量控制是否处于受控状态，如果出现异常，需要重新计算 R 控制图、$\bar{x}$ 控制图、s 控制图和 R_s 控制图控制界限，重新计算 np 控制图、p 控制图、c 控制图、u 控制图计算中心线和控制限，重新绘制 R 控制图、$\bar{x}$ 控制图、s 控制图、R_s 控制图和 np 控制图、p 控制图、c 控制图、u 控制图。

$\bar{x} - R$ 控制图、$\bar{x} - s$ 控制图、$\bar{x} - R_s$ 控制图、np 控制图、p 控制图、c 控制图、u 控制图需要计算企业集成模块单元价值链管理流程过程能力指数，判断过程能力指数是否满足要求，满足要求后，将分析用控制图转化为控制用控制图，延长分析用控制图控制限，进入控制用控制图阶段，实行对企业集成模块单元价值链管理流程的日常控制。

F 公司的质量运作资料如表 7 – 5 – 22 所示。

表 7 – 5 – 22　F 公司的质量运作资料

子组号	x_{i1}	x_{i2}	x_{i3}	x_{i4}	x_{i5}	平均值	极差
1	58	59	51	62	66	59.20	15.00
2	62	57	62	63	59	60.60	6.00
3	61	51	64	62	60	59.60	13.00
4	53	62	63	56	61	59.00	10.00
5	66	59	62	56	63	61.20	10.00
6	57	54	64	58	68	60.20	14.00
7	51	63	57	66	52	57.80	15.00
8	54	54	56	59	59	56.40	5.00
9	53	54	51	60	53	54.20	9.00
10	63	54	50	61	62	58.00	13.00
11	66	54	58	63	63	60.80	12.00
12	55	54	62	53	62	57.20	9.00
13	54	61	64	63	63	61.00	10.00
14	61	54	62	62	65	60.80	11.00
15	66	60	64	63	60	62.60	6.00
16	68	60	63	61	66	63.60	8.00
17	56	68	61	66	68	63.80	12.00
18	58	62	67	65	52	60.80	15.00
19	50	54	56	60	68	57.60	18.00
20	67	69	59	66	64	65.00	10.00
21	53	54	64	62	63	59.20	11.00
22	54	54	54	61	61	56.80	7.00
23	65	64	51	67	62	61.80	16.00
24	62	66	60	68	58	62.80	10.00
25	64	68	62	69	65	65.60	7.00

F 公司进行了 $\bar{x} - R$ 控制图确定子组容量为 5 和子组数量为 25，在基本相同的运营

条件进行数据采集。

$\overline{x} - R$ 控制图根据公式 $\overline{x}_i = \dfrac{1}{5} \sum\limits_{j=1}^{5} x_j$ 计算各子组的平均值 $\overline{x}_i$，根据公式 $R_i = \max[x_i] - \min[x_i]$ 计算各样本的极差 R_i 如表 7 − 5 − 18 所示。

总平均值 $CL = \overline{\overline{x}} = \dfrac{1}{25} \sum\limits_{i=1}^{25} \overline{x}_i = 60.22$

各样本极差平均值 $CL = \overline{R} = \dfrac{1}{25} \sum\limits_{i=1}^{25} R_i = 10.88$

计算 $\overline{x}$ 控制图 $UCL = \overline{\overline{x}} + A_2 \overline{R} = 66.50$

计算 $\overline{x}$ 控制图 $LCL = \overline{\overline{x}} - A_2 \overline{R} = 53.94$

计算 R 控制图 $UCL = D_4 \overline{R} = 23.33$

计算 R 控制图 $LCL = D_3 \overline{R} = 0$

根据计算出来的 $\overline{x}$ 控制图、R 控制图的控制限，判断出企业集成模块单元价值链管理流程质量控制处于受控状态。

计算企业集成模块单元价值链管理流程过程能力指数，判断过程能力指数是否满足要求，需要计算过程能力指数、偏移系数、修正后过程能力指数。

$\sigma_c = \dfrac{\overline{R}}{d_2} = 4.68$

$C_P = \dfrac{UCL - LSL}{6\sigma_c} = 1.43$

$M = \dfrac{USL + LSL}{2} = 60$

$k = \dfrac{|\overline{\overline{x}} - M|}{T/2} = 0.01$

$C_{Pk} = (1 - k) C_P = 1.41$

修正后的过程能力指数大于 1，满足要求后，将分析用控制图转化为控制用控制图，延长分析用控制图控制限，进入控制用控制图阶段，实行对企业集成模块单元价值链管理流程的日常控制。

制造类企业、服务类企业、纯服务类企业运用企业集成模块单元价值链管理流程质量常规控制方法。

（二）企业集成模块单元价值链管理流程质量拓展控制方法

企业集成模块单元价值链管理流程延迟策略和强化延迟策略、后拉动流程、后拉动价值、智能运作的产品、模块品目、服务质量拓展控制方法可以用于多品种、小批量企业集成模块单元价值链管理流程质量控制。这些方法包括相对公差质量控制法、标准化质量控制法、固定样本容量质量控制法、CUSUM 质量控制改进法、EWMA 质量控制改进法。

1. 相对公差质量控制法、标准化质量控制法、固定样本容量质量控制法

相对公差质量控制法需要对测量值进行变换，对变换后的数据分布进行验证，数据需要服从正态分布，变换后的各种零件的数据均值和标准差数据没有显著变化，需要企业集成模块单元价值链管理流程质量运作具有同一类型的质量指标、相同的模块单元流水线、相同类型的员工、相同类型的操作、相同运营环境，计算各变换后的移动极差，计算变换后的 $\bar{x} - R_s$ 控制图中心线、上下限，判断工序是否处于统计控制状态，实施对企业集成模块单元价值链管理流程质量日常控制。相对公差对测量值的变换公式、移动极差公式如下：

$$y_{ij} = \frac{x_{ij} - T_{Mi}}{T_i} \qquad (7-5-77)$$

$$R_{si} = |x_i - x_{i-1}| \qquad (7-5-78)$$

标准化质量控制法需要对测量值转化为标准化值，计算标准化值的移动极差，计算变换后的控制图中心线、上下限，判断工序是否处于统计控制状态，实施对企业集成模块单元价值链管理流程质量日常控制。标准化质量控制法标准化值公式如下：

$$Z_{ij} = \frac{x_{ij} - \hat{u}_i}{\hat{\sigma}_1} \qquad (7-5-79)$$

固定样本容量质量控制法需要计算各子组的均值和极差，计算模块品目平均均值和平均极差，对子组的均值和极差进行变换。计算变换后的控制图中心线、上下限，判断工序是否处于统计控制状态，实施对企业集成模块单元价值链管理流程质量日常控制。固定样本容量质量控制法子组均值转换公式、子组极差转换公式如下：

$$\bar{x}_{sij} = \frac{\bar{x}_{ij} - \bar{\bar{x}}_i}{\bar{R}_i} \qquad (7-5-80)$$

$$R_{sij} = \frac{R_{ij}}{\bar{R}_i} \qquad (7-5-81)$$

企业集成模块单元价值链管理流程质量运作变异源不是单一的，是来自于不同的变异源，需要建立多变异源控制图用于企业集成模块单元价值链管理流程质量运作多变异源过程控制。对多变异来源的控制主要是对各个变异的标准差质量控制的控制，分析各个变异源的标准差，采用累积和 CUSUM 控制法进行各种变异来源控制（柯桢，2017）。需要确定方差，方差来自于模块品目内变异、模块品目间变异和批次变异。计算累积和 CUSUM 控制图中心线、上下限，判断工序是否处于统计控制状态，实施对企业集成模块单元价值链管理流程质量日常控制。累积和 CUSUM 控制法方差、中心线、上下限公式如下：

$$\sigma_x^2 = \sigma_\alpha^2 + \frac{1}{b}\sigma_\beta^2 + \frac{1}{bn}\sigma_e^2 \qquad (7-5-82)$$

$$CL = \bar{x} = \frac{\sum\limits_{i=1}^{a}\sum\limits_{j=1}^{b}\sum\limits_{k=1}^{n} x_{ijk}}{abn} \qquad (7-5-83)$$

$$UCL = \bar{x} + 3\sqrt{\sigma_\alpha^2 + \frac{1}{b}\sigma_\beta^2 + \frac{1}{bn}\sigma_e^2} \qquad (7-5-84)$$

$$LCL = \bar{x} - 3\sqrt{\sigma_\alpha^2 + \frac{1}{b}\sigma_\beta^2 + \frac{1}{bn}\sigma_e^2} \qquad (7-5-85)$$

2. CUSUM 改进质量控制法

企业集成模块单元价值链管理 CUSUM 改进质量控制法针对质量控制过程中样本可能存在个别异常值的情形，采用 CUSUM 改进质量控制法进行质量控制。CUSUM 改进质量控制法是采用中位数控制图代替传统的控制图来控制质量过程均值，假设采集相互独立且服从正态分布的样本，考虑均值向上和向下偏移的特性，采用 CUSUM 中位数控制图来监控过程均值的偏移。为了获得 CUSUM 中位数控制图的链长指标，对 CUSUM 控制图进行区间分割，得到转移状态概率。由此确定平均链长公式如下：

$$ARL = P^T(I-R)^{-1}l \qquad (7-5-86)$$

式中，$P = \begin{pmatrix} R & (I-R)l \\ 0^T & 1 \end{pmatrix}$，$R$ 是状态转移概率，I 为单位矩阵，l 和 0 分别为全部为 1 和 0 的列向量。

企业集成模块单元价值链管理 CUSUM 改进质量控制法采用中位数控制图中的平均链长作为控制性判别的指标，表示企业集成模块单元价值链管理质量运作过程状态。质量管理受控状态的平均链长值越大，控制图的虚发警报概率越低；失控状态平均链的值越小，控制图的漏发警报概率越低。根据 6 西格玛的质量管理要求，得出偏移量、间隔划分数、中位系数下的平均链长如表 7-5-23 所示。

表 7-5-23 平均链长

偏移量	间隔划分数	中位系数	平均链长
0.10	0.05	5.91	79.09
0.20	0.10	4.27	35.05
0.30	0.15	3.35	20.20
0.40	0.20	2.75	13.32
0.50	0.25	2.33	9.53
0.60	0.30	2.01	7.21
0.70	0.35	1.77	5.68
0.80	0.40	1.57	4.62
0.90	0.45	1.41	3.84
1.00	0.50	1.27	3.26
1.10	0.55	1.15	2.81
1.20	0.60	1.06	2.46
1.30	0.65	0.96	2.17

偏移量	间隔划分数	中位系数	平均链长
1.40	0.70	0.88	1.94
1.50	0.75	0.81	1.75
1.60	0.80	0.74	1.59
1.70	0.85	0.68	1.46

企业集成模块单元价值链管理 CUSUM 改进质量控制法与传统的质量控制方法相比，更适合于较小和中等的均值偏移式采用。根据平均链长，确定出相应的偏移量、间隔划分数、中位系数，从而有效地进行质量控制。

3. EWMA 质量控制改进法

企业集成模块单元价值链管理流程 EWMA 质量控制改进法将非正态的分布转化成正态分布以构造新的 EWMA 图，用马尔可夫链的方法对非正态总体下 EWMA 图的平均运行长度进行计算，然后对平均运行长度进行分析并以此来进行企业集成模块单元价值链管理流程质量控制。EWMA 质量控制改进法采用赋权方差（WV）的方法，进行两个新的非正态 EWMA 图的构造，当基本分布是非正态时，可以将分布从均值的位置分成两个部分，把每一部分作为不同的正态分布的一半，这样就形成了两个正态分布图。由此确定的 EWMA 质量控制改进图的上下限公式如下：

$$
\begin{cases}
UCL = u + k\sigma\sqrt{\dfrac{2\lambda P_X}{(2-\lambda)n}} \\
CL = u \\
LCL = u - k\sigma\sqrt{\dfrac{2\lambda P_X}{(2-\lambda)n}}
\end{cases}
\qquad (7-5-87)
$$

企业集成模块单元价值链管理流程 EWMA 质量控制改进法对于正态总体下 EWMA 图的平均链长的计算，采用马尔可夫链的方法来研究平均运行长度。进行 EWMA 质量控制改进图的上下控制线之间的区间分成子区间，上控制线到均值之间的区间等份与下控制线到均值之间的区间也等份相等。把连续的 EWMA 打点的过程看成一个离散的马尔可夫链，进行平均链长计算，偏移量、间隔划分数、中位系数下的平均链长如表 7-5-24 所示。

表 7-5-24 平均链长

概率为 0.4				
偏移量	初始链长	间隔划分数	中位系数	平均链长
0.25	100	2.00	0.20	12.69
	300	2.50	0.05	19.87

续表

偏移量	初始链长	间隔划分数	中位系数	平均链长
0.50	100	2.25	0.20	9.84
	300	2.50	0.10	13.66
0.75	100	2.25	0.25	5.32
	300	2.50	0.15	7.97
1.00	100	2.25	0.25	3.35
	300	2.75	0.20	5.07
2.00	100	2.50	0.40	1.35
	300	2.75	0.30	1.76
概率为0.6				
0.25	100	2.00	0.15	17.78
	300	2.50	0.05	31.74
0.50	100	2.25	0.20	11.28
	300	2.50	0.10	18.73
0.75	100	2.25	0.20	6.25
	300	2.50	0.15	7.76
1.00	100	2.25	0.25	4.32
	300	2.50	0.20	5.74
2.00	100	2.25	0.40	1.71
	300	2.50	0.30	2.16

　　企业集成模块单元价值链管理流程 EWMA 质量控制改进法进行质量控制的原则是，当过程处于受控状态时，平均运行长度应该尽可能的大；当过程中发生了不可以接受的偏移时，平均运行长度应该尽可能的小，以尽快地发现出现的偏移，减少其带来的损失。进行可控质量的控制是在可控区域进行控制。A 区选择较大的平滑系数；B 区选择较小的平滑系数；C 区选择任意平滑系数。EWMA 质量控制控制区域如图 7 - 5 - 7 所示。

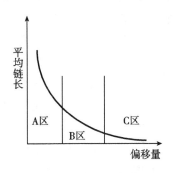

图 7 - 5 - 7　EWMA 质量控制控制区域

制造类企业、服务类企业、纯服务类企业运用企业集成模块单元价值链管理流程质量拓展控制方法。

（三）企业集成智能精益运营模块单元价值链管理流程价值运作控制与创新

1. 企业集成智能精益运营模块单元价值链管理流程整体价值运作控制与创新

企业集成智能精益运营模块单元价值链管理流程整体价值运作控制与创新，是对企业集成智能精益运营基本模块单元与企业集成智能精益供应链服务链或者服务链价值链管理流程整体价值增值的管理流程延迟策略运作和强化延迟策略、后拉动流程、后拉动价值、智能运作的产品、模块品目、服务基础、正向价值增值、负向价值增值、综合价值增值、价值增值效率进行确立和测算基础上，由此明确企业集成智能精益运营模块单元价值链管理流程整体价值运作需要控制的部分，明确企业集成智能精益运营模块单元价值链管理流程整体价值运作需要创新的部分，实现企业集成智能精益运营模块单元价值链管理流程整体价值运作控制与创新。

2. 企业集成智能精益运营模块单元价值链管理流程价值运作流程控制与创新

企业集成智能精益运营模块单元价值链管理流程延迟策略和强化延迟策略、后拉动流程、后拉动价值、智能运作的产品、模块品目、服务价值运作流程控制与创新是对智能精益具体通用模块单元流水线、智能精益具体链接模块单元流水线、智能精益具体专用模块单元流水线、智能精益联合通用模块单元流水线、智能精益联合链接模块单元流水线、智能精益联合专用模块单元流水线、智能精益模块组通用模块单元流水线、智能精益模块组链接模块单元流水线、智能精益模块组专用模块单元流水线、智能精益总作业通用模块单元流水线、智能精益总作业链接模块单元流水线、智能精益总作业专用模块单元流水线的价值增值的管理流程基础、正向价值增值、负向价值增值、综合价值增值、价值增值效率进行确立和测算基础上，由此明确企业集成智能精益运营模块单元价值链管理流程价值运作需要控制的部分，明确企业集成智能精益运营模块单元价值链管理流程价值运作需要创新的部分，从而实现企业集成智能精益运营模块单元价值链管理流程价值运作控制与创新。

企业集成智能精益运营模块单元价值链管理流程延迟策略和强化延迟策略、后拉动流程、后拉动价值、智能运作的产品、模块品目、服务价值运作流程控制与创新是对有形产品集成智能精益采购模块单元价值链管理流程、有形产品集成智能精益制造模块单元价值链管理流程、有形产品集成智能精益服务转化模块单元价值链管理流程、有形产品和无形产品集成智能精益设计性服务转化模块单元价值链管理流程、无形产品集成智能精益转化和销售模块单元价值链管理流程、有形产品集成智能精益仓储模块单元价值链管理流程、有形产品集成智能精益销售模块单元价值链管理流程、无形产品集成智能精益企业自身运作模块单元价值链管理流程的价值增值的管理流程基础、正向价值增值、负向价值增值、综合价值增值、价值增值效率进行确立和测算基础上，由此明确企业集成智能精益运营模块单元价值链管理流程价值运作需要控制的部分，明确企业集成智能精益运营模块单元价值链管理流程价值运作需要创新的部分，实现企业集成智能精益运营模块单元价值链管理流程价值运作控制与创新。

3. 企业集成智能精益运营模块单元价值链管理流程内价值运作控制与创新

企业集成智能精益运营模块单元价值链管理流程内的延迟策略和强化延迟策略、后拉动流程、后拉动价值、智能运作的产品、模块品目、服务价值运作流程状态控制与创新是对企业集成战略下的具体通用模块单元流水线、具体链接模块单元流水线、具体专用模块单元流水线、联合通用模块单元流水线、联合链接模块单元流水线、联合专用模块单元流水线、模块组通用模块单元流水线、模块组链接模块单元流水线、模块组专用模块单元流水线、总作业通用模块单元流水线、总作业链接模块单元流水线、总作业专用模块单元流水线运作，是对具体、联合、模块组、总作业运营模块单元流水线流程后作业拉动单一流和通用模块单元、链接模块单元、专用模块单元内和之间的后作业拉动单一流运作，是对具体、联合、模块组、总作业运营模块单元流水线流程内和之间智能运作，是对具体、联合、模块组、总作业运营模块单元流水线流程内和之间企业集成战略、精益、智能融合运作，是进行价值增值的管理流程基础、正向价值增值、负向价值增值、综合价值增值、价值增值效率的确立和测算基础上，由此明确企业集成智能精益运营模块单元价值链管理流程价值运作内需要控制的部分，明确企业集成智能精益运营模块单元价值链管理流程价值运作内需要创新的部分，从而实现企业集成智能精益运营模块单元价值链管理流程价值运作内控制与创新。

4. 企业集成智能精益运营模块单元价值链管理流程要素价值运作控制与创新

企业集成智能精益运营模块单元价值链管理流程延迟策略和强化延迟策略、后拉动流程、后拉动价值、智能运作的产品、模块品目、服务价值运作流程要素控制与创新是对智能精益具体通用模块单元流水线、智能精益具体链接模块单元流水线、智能精益具体专用模块单元流水线、智能精益联合通用模块单元流水线、智能精益联合链接模块单元流水线、智能精益联合专用模块单元流水线、智能精益模块组通用模块单元流水线、智能精益模块组链接模块单元流水线、智能精益模块组专用模块单元流水线、智能精益总作业通用模块单元流水线、智能精益总作业链接模块单元流水线、智能精益总作业专用模块单元流水线有形产品集成智能精益采购模块单元价值链管理流程、有形产品集成智能精益制造模块单元价值链管理流程、有形产品集成智能精益服务转化模块单元价值链管理流程、有形产品和无形产品集成智能精益设计性服务转化模块单元价值链管理流程、无形产品集成智能精益转化和销售模块单元价值链管理流程、有形产品集成智能精益仓储模块单元价值链管理流程、有形产品集成智能精益销售模块单元价值链管理流程、无形产品集成智能精益企业自身运作模块单元价值链管理流程的要素进行价值增值的管理流程基础、正向价值增值、负向价值增值、综合价值增值、价值增值效率贡献的确立和测算基础上，由此明确企业集成智能精益运营模块单元价值链管理流程要素价值运作需要控制的部分，明确企业集成智能精益运营模块单元价值链管理流程要素价值运作需要创新的部分，从而实现企业集成智能精益运营模块单元价值链管理流程要素价值运作控制与创新。

制造类企业、服务类企业、纯服务类企业都需要进行企业集成智能精益运营模块单元价值链管理流程价值运作控制与创新。

第八章

企业集成运营价值链管理流程工作设计

第一节 企业集成运营价值链管理
流程工作设计特点与内容

一、企业集成运营价值链管理流程工作设计特点

与一般工作设计相比，企业集成运营价值链管理流程工作设计具有以下特点：

1. 企业集成运营管理流程延迟策略和强化延迟策略是企业集成运营价值链管理流程工作设计的指导

延迟策略和强化延迟策略的企业集成运营价值链管理流程运作是以具体通用模块单元流水线、具体链接模块单元流水线、具体专用模块单元流水线、联合通用模块单元流水线、联合链接模块单元流水线、联合专用模块单元流水线、模块组通用模块单元流水线、模块组链接模块单元流水线、模块组专用模块单元流水线、总作业通用模块单元流水线、总作业链接模块单元流水线、总作业专用模块单元流水线为基本单元进行运作的，需要企业以延迟策略和强化延迟策略的模块单元流水线为基础，以模块单元流水线的延迟策略运作和强化延迟策略运作的产品、模块品目、服务运作要求为依据，进行企业集成运营价值链管理流程工作设计。

2. 企业集成运营价值链管理流程工作设计体现精益运作

企业集成运营价值链管理流程的精益运作是按照企业集成运营具体模块单元流水线、企业集成运营联合模块单元流水线、企业集成运营模块组模块单元流水线、企业集成运营总作业模块单元流水线流程后作业拉动单一流水线、后拉动价值和企业集成运营通用模块单元流水线、企业集成运营链接模块单元流水线、企业集成运营专用模块单元流水线内和之间的后作业拉动单一流水线、后拉动价值进行，围绕着基本运营流程的企业集成供应链或者服务链模块单元价值链管理流程后作业拉动单一流水线、

后拉动价值进行运作，需要企业集成运营价值链管理流程工作设计以这些延迟策略运作和强化延迟策略运作的产品、模块品目、服务的精益基本流水线单元为基础，以这些基本单元的精益运作要求为依据，进行企业集成运营价值链管理流程工作设计。

3. 企业集成工作设计体现智能运作

企业集成运营价值链管理流程的智能运作是按照企业集成运营具体模块单元流水线、企业集成运营联合模块单元流水线、企业集成运营模块组模块单元流水线、企业集成运营总作业模块单元流水线流程内和之间智能运作进行；是按照企业集成运营通用模块单元流水线、企业集成运营链接模块单元流水线、企业集成运营专用模块单元流水线内和之间智能运作进行；是按照围绕着基本运营流程的企业集成供应链或者服务链模块单元流水线价值链管理流程智能运作，形成以模块单元流水线的 CPS 链接管理流程、CPS 分析管理流程、CPS 网络管理流程、CPS 认知管理流程、CPS 配置与执行管理流程的设备智能视觉运作、智能听觉运作、智能嗅觉运作、智能语言运作、智能动作运作为基础的智能运作，需要企业集成运营价值链管理流程工作设计以这些延迟策略运作和强化延迟策略运作、后拉动流程、后拉动价值的产品、模块品目、服务的智能基本流水线单元为基础，以这些基本单元的智能运作要求为依据，进行企业集成运营价值链管理流程工作设计。

4. 围绕着价值增值进行企业集成运营价值链管理流程工作设计

企业集成运营价值链管理流程是价值运作的过程，是企业连续运营价值链、企业连续运营价值链与企业集成运营管理流程融合、企业集成运营模块单元价值链管理流程价值分析、企业集成运营模块单元价值链管理流程价值测算、企业集成运营模块单元价值链管理流程价值评价、企业集成运营模块单元价值链管理流程价值反馈运作的体现，需要以延迟策略运作和强化延迟策略运作的产品、模块品目、服务价值增值为中心，进行企业集成运营价值链管理流程工作设计。

5. 企业集成运营价值链管理流程工作设计需要体现企业集成信息系统运作

企业集成战略下的企业集成运营价值链管理流程运作是具体模块单元流水线、联合通用模块单元流水线、模块组模块单元流水线、总作业模块单元流水线和有形产品集成采购模块单元、有形产品集成制造模块单元、有形产品集成服务转化模块单元、有形产品和无形产品集成设计性服务转化模块单元、无形产品集成转化和销售模块单元、有形产品集成仓储模块单元、有形产品集成销售模块单元、无形产品集成企业自身运作模块单元的价值链管理流程进行企业集成 ERP 和企业集成 MES 的运作，是在大数据作用下的信息系统的运作，企业集成运营价值链管理流程工作设计需要体现企业集成 ERP、集成 MES、集成 MBE 信息系统的运作要求。

二、企业集成运营价值链管理流程工作设计内容

企业集成运营价值链管理流程工作设计内容以工作特征模型为基础进行设计，工作特征模型由海克曼和奥尔德曼发明。企业集成运营价值链管理流程工作设计的工作

特征模型是从具体通用模块单元流水线、具体链接模块单元流水线、具体专用模块单元流水线、联合通用模块单元流水线、联合链接模块单元流水线、联合专用模块单元流水线、模块组通用模块单元流水线、模块组链接模块单元流水线、模块组专用模块单元流水线、总作业通用模块单元流水线、总作业链接模块单元流水线、总作业专用模块单元流水线延迟策略运作和强化延迟策略、后拉动流程、后拉动价值、智能运作的工作内容本身出发，展开设计的。

企业集成运营价值链管理流程工作特征模型包括企业集成运营价值链管理流程整体性运作工作、企业集成运营价值链管理流程重要性运作工作、企业集成运营价值链管理流程技能多样性运作工作、企业集成运营价值链管理流程自主性运作工作和企业集成运营价值链管理流程反馈性运作工作（魏秀丽和明鳌，2016）。企业集成运营价值链管理流程整体性运作工作体现在企业集成运营价值链管理流程延迟策略运作和强化延迟策略运作、后拉动流程、后拉动价值、智能运作工作方面，是从企业集成运营价值链管理流程的系统耦合整体性要求出发，将企业集成运营价值链管理流程整体性运作工作分为全部整体运作工作和局部整体运作工作，不论全部整体运作工作和局部整体运作工作，都是系统性的耦合整体工作；是企业集成运营价值链管理流程工作根本性和系统性运作的基础工作，只有注重企业集成运营价值链管理流程整体性运作工作，才能够从根本上展开企业集成运营价值链管理流程工作运作。企业集成运营价值链管理流程重要性运作工作是企业集成运营价值链管理流程延迟策略和强化延迟策略、后拉动流程、后拉动价值、智能运作中的各类运作对企业集成运营价值链管理流程重要性运作工作贡献程度，只有明确重要性运作工作贡献程度，才能使企业集成运营价值链管理流程重要性运作工作具备注重关键运作工作的基础。企业集成运营价值链管理流程技能多样性运作工作是企业集成运营价值链管理流程延迟策略和强化延迟策略、后拉动流程、后拉动价值、智能运作工作的内容，需要明确员工应用多种技能和能力的程度，只有明确企业集成运营价值链管理流程中的各类运作对技能的要求，才能具备企业集成运营价值链管理流程技能多样性运作工作实现的基础。企业集成运营价值链管理流程自主性运作工作是企业集成运营价值链管理流程延迟策略和强化延迟策略、后拉动流程、后拉动价值、智能运作的自主性运作，只有注重企业集成运营价值链管理流程自主性运作，企业集成运营价值链管理流程运作工作才具备多样和协作运作的基础。企业集成运营价值链管理流程反馈性运作工作是企业集成运营价值链管理流程延迟策略和强化延迟策略、后拉动流程、后拉动价值、智能运作工作效果的反馈程度，只有有效进行反馈，才能明确团队和员工创造价值。

企业集成运营价值链管理流程整体性运作工作、重要性运作工作、技能多样性运作工作、自主性运作工作、反馈性运作工作围绕企业集成运营价值链管理流程延迟策略和强化延迟策略、后拉动流程、后拉动价值、智能运作价值增值进行运作，通过这些特性运作工作，实现企业集成运营价值链管理流程工作设计价值增值。企业集成运营价值链管理流程整体性运作工作直接影响到企业价值增值、团队价值增值、员工价值增值。这些特性运作将影响到员工的关键心理状态，使团队和员工感受到其是企业不可缺少的一部分，感受到工作运作的意义和工作的责任，有效激励团队和员工，提高团队和员工积极工作的体验，实现享受工作，激励团队和员工更努力地工作，团队和成员将这样的体验带给顾客，由此提高顾客满意度和团队、员工更高的工作热情。

（一）企业集成运营价值链管理流程整体运作工作设计

企业作业整体包括模块单元流水线的作业和接口作业、作业间接口作业、供应链或者服务链作业和接口作业、要素作业和要素作业接口作业、管理作业和管理接口作业、它们之间接口作业的延迟策略和强化延迟策略作业、后拉动流程作业、后拉动价值作业、智能作业。模块单元流水线作业体现在具体模块单元的通用模块单元相似流水线、具体模块单元链接模块单元相似流水线、具体模块单元专用模块单元隐形流水线、具体模块单元专用模块单元可变流水线、联合模块单元的通用模块单元相似流水线、联合模块单元的通用模块单元单一流水线、联合模块单元链接模块单元相似流水线、联合模块单元专用模块单元可变流水线、联合模块单元专用模块单元混合流水线、模块组模块单元的通用模块单元单一流水线、模块组模块单元链接模块单元单一流水线、模块组模块单元专用模块单元混合流水线、总作业模块单元的通用模块单元单一流水线、总作业链接模块单元单一流水线、总作业专用模块单元相似流水线的延迟策略和强化延迟策略、后拉动流程、后拉动价值、智能运作方面，作业内的部分相互独立又相互联系，形成作业内接口作业。模块单元流水线作业间接口作业体现在具体模块单元可变流水线通用、链接、专用接口；具体模块单元混合流水线通用、链接、专用接口；在联合模块单元混合流水线通用、链接、专用接口；在模块组模块单元混合流水线通用、链接、专用接口；总作业模块单元相似流水线通用、链接、专用接口；整体和局部模块单元混合流水线通用、链接、专用接口的延迟策略和强化延迟策略、后拉动流程、后拉动价值、智能运作方面。

模块单元流水线供应链或者服务链作业和接口作业体现在为模块单元流水线运作所进行的开发与设计价值链流程、采购价值链流程、仓储价值链流程、销售价值链流程作业和接口作业的延迟策略和强化延迟策略作业、后拉动流程作业、后拉动价值作业、智能作业方面。为模块单元流水线延迟策略和强化延迟策略、后拉动流程、后拉动价值、智能的运作，开发与设计了关于价值链流程开发和设计产品、模块品目、延迟策略和强化延迟策略模块单元流水线、后拉动流程模块单元流水线、后拉动价值模块单元流水线、单一流模块单元流水线、智能模块单元流水线，形成开发与设计价值链流程自身接口作业和与模块单元流水线接口作业。采购价值链流程采购模块品目，形成采购价值链流程自身接口作业和与模块单元流水线接口作业；仓储价值链流程仓储模块品目，形成仓储价值链流程自身接口作业和与模块单元流水线接口作业；销售价值链流程销售产品，形成销售价值链流程自身接口作业和与模块单元流水线接口作业。开发与设计价值链流程、采购价值链流程、仓储价值链流程、销售价值链流程作业之间形成接口作业，综合保证模块单元流水线的运作。

　　模块单元流水线要素作业和要素作业接口作业体现在企业模块单元流水线的物流作业、商流作业、人力资源作业、设备维护与维修作业、质量运作作业、价值运作作业、信息平台作业的自身接口作业和作业之间接口作业的延迟策略和强化延迟策略作业、后拉动流程作业、后拉动价值作业、智能作业方面。物流作业和接口作业进行模块单元流水线线上和线下的物流，保证模块单元流水线模块品目需要，形成物流作业自身接口作业和与模块单元流水线接口作业。商流作业和接口作业进行模块单元流水线线上和线下的商流，保证模块单元流水线作业经济运作的需要，形成商流作业自身接口作业和与模块单元流水线接口作业。人力资源作业和接口作业进行模块单元流水线所需要团队和团队成员的规划、团队和团队成员职位分析、团队和团队成员配置、团队成员辅导、团队和团队成员绩效考评，保证模块单元流水线团队和团队成员运作，形成人力资源作业自身接口作业和与模块单元流水线接口作业。设备维护与维修作业和接口作业进行模块单元流水线设备的维护与维修，保证模块单元流水线设备运作需要，形成设备维护与维修接口作业和与模块单元流水线接口作业。质量运作作业和接口作业进行模块单元流水线本身质量、产品质量、模块品目质量、服务质量运作，保证模块单元流水线质量运作需要，形成质量运作自身接口作业和与模块单元流水线接口作业。价值运作作业和接口作业进行模块单元流水线价值增值，保证模块单元流水线的价值运作需要，形成价值运作自身接口作业和与模块单元流水线接口作业。信息平台作业和接口作业进行企业集成 MBE、企业集成 ERP、企业集成 MES 的信息平台运作，保证模块单元流水线信息运作需要，形成信息平台自身接口作业和与模块单元流水线接口作业。物流作业、商流作业、人力资源作业、设备维护与维修作业、质量运作作业、价值运作作业、信息平台作业之间形成接口作业，综合保证模块单元流水线运作。

　　模块单元流水线管理作业和管理接口作业体现在企业模块单元流水线的计划作业和接口作业、组织作业和接口作业、领导作业和接口作业、控制作业和接口作业、创新作业和接口作业、管理之间接口作业的延迟策略和强化延迟策略作业、后拉动流程作业、后拉动价值作业、智能作业方面。计划作业和接口作业按照产品目标、模块品目目标、额度目标、价值目标、质量目标进行模块单元流水线计划，保证模块单元流水线按照运营目标、价值目标、质量目标运作，形成计划自身接口作业和与模块单元流水线接口作业。组织作业和接口作业按照运营目标、价值目标、质量目标进行模块单元流水线组织，保证模块单元流水线组织运作，形成组织自身接口作业和与模块单元流水线接口作业。领导作业和接口作业按照运营目标、价值目标、质量目标进行模块单元流水线领导，保证模块单元流水线领导运作，形成领导自身接口作业和与模块单元流水线接口作业。控制作业和接口作业按照运营目标、价值目标、质量目标进行模块单元流水线控制，保证模块单元流水线控制运作，形成控制自身接口作业和与模块单元流水线接口作业。创新作业和接口作业按照运营目标、价值目标、质量目标进行模块单元流水线创新，保证模块单元流水线创新运作，形成创新自身接口作业和与模块单元流水线接口作业。管理之间接口作业按照运营目标、价值目标、质量目标进行模块单元流水线计划、组织、领导、控制、创新，保证模块单元流水线计划、组织、领导、控制、创新运作，形成计划、组织、领导、控制、创新之间接口作业和与模块单元流水线接口作业。它们之间接口作业是作业和接口作业、作业间接口作业、供应链或者服务链作业和接口作业、要素作业和要素作业接口作业、管理作业和管理接口作业之间形成的接口作业，综合保证模块单元流水线运作的综合需要。

工作设计的整体性是将具体、联合、模块组、总作业模块单元和通用、链接、专用模块单元的单一、相似、混合、可变流水线的作业和接口作业、作业间接口作业、供应链或者服务链作业和接口作业、要素作业和要素作业接口作业、管理作业和管理接口作业、它们之间接口作业以模块单元流水线的产品运营目标、模块品目与额度运营目标、价值目标、质量目标为指引，按照协同理念和延迟策略和强化延迟策略、后拉动流程、后拉动价值、智能运作要求进行工作整体设计；进行开发与设计价值链流程、采购价值链流程、基本运营价值链流程、仓储价值链流程、销售价值链流程作业的工作整体设计；进行企业模块单元流水线物流作业、商流作业、人力资源作业、设备维护与维修作业、质量运作作业、价值运作作业、信息平台作业的工作整体设计；进行企业模块单元流水线计划作业、组织作业、领导作业、控制作业、创新作业和衔接作业的工作整体设计。

以模块单元流水线的产品运营目标、模块品目与额度运营目标、价值目标、质量目标为指引，按照协同理念和延迟策略和强化延迟策略、后拉动流程、后拉动价值、智能运作要求进行具体、联合、模块组、总作业模块单元和通用、链接、专用模块单元的单一、相似、混合、可变流水线的整体和局部自身接口作业和之间的接口作业的工作整体设计；进行开发与设计价值链流程自身接口作业、采购价值链流程自身接口作业、仓储价值链流程自身接口作业、销售价值链流程自身接口作业和作业之间接口作业的工作整体设计；进行企业模块单元流水线物流自身接口作业、商流自身接口作业、人力资源自身接口作业、设备维护与维修自身接口作业、质量运作自身接口作业、价值运作自身接口作业、信息平台自身接口作业和之间的接口作业的工作整体设计；进行企业模块单元流水线计划自身接口作业、组织自身接口作业、领导自身接口作业、控制自身接口作业、创新自身接口作业和之间接口作业的工作整体设计；进行模块单元流水线作业和接口作业、作业间接口作业、供应链或者服务链作业和接口作业、要素作业和要素作业接口作业、管理作业和管理接口作业之间形成的接口作业的工作整体设计。

顾客接触工作设计的整体性是将企业集成顾客接触场内员工服务流程、顾客接触场内设备服务流程、顾客接触场外设备服务流程、顾客接触电子服务流程模块单元流程顾客环境接触服务、顾客服务氛围接触服务和接口服务、员工和设备与电子设备对顾客行为分析与判断服务和接口服务、员工和设备与电子设备与顾客互动服务和接口服务、员工和设备与电子设备对顾客细致服务和接口服务、顾客对员工和设备与电子设备服务体验服务和接口服务、服务补救服务和接口服务以顾客对员工和设备与电子设备的服务满意为目标，进行顾客接触整体工作设计。需要重点进行的企业集成顾客接触服务流程服务起始关键时刻的顾客与服务环境初始接触关键时刻、顾客与服务氛围初始接触关键时刻、员工与顾客初始接触关键时刻、设备与顾客初始接触关键时刻、电子设备与顾客初始接触关键时刻和服务运作关键时刻包括是否接受服务关键时刻、服务价值判断关键时刻、服务反馈关键时刻、是否再次接受服务关键时刻、服务问题关键时刻工作整体性设计。

工作设计的整体性需要通过具体模块单元团队群、联合模块单元团队群、模块组模块单元团队群、总作业模块单元团队群的模块单元团队的微团队和员工实现。通过开发与设计价值链流程团队群、采购价值链流程团队群、仓储价值链流程团队群、销售价值链流程团队群的模块单元团队的微团队和员工实现。通过物流价值链流程团队群、商流价值链流程团队群、人力资源运作价值链流程团队群、设备维护与维修价值链流程团队群、价值运作价值链流程团队群、质量运作价值链流程团队群、企业集成 MES 信息平台团队群、企业集成 MBE 信息平台团队群、企业集成 ERP 信息平台团队群的模块单元团队的微团队和员工实现。通过企业运营计划团队群、运营组织团队群、运营领导团队群、运营控制团队群、运营创新团队群的模块单元团队的微团队和员工实现。

（二）企业集成运营价值链管理流程重要性运作工作设计

工作设计的重要性是根据模块单元流水线的作业和接口作业、作业间接口作业、供应链或者服务链作业和接口作业、要素作业和要素作业接口作业、管理作业和管理接口作业、它们之间接口作业的延迟策略和强化延迟策略、后拉动流程、后拉动价值、智能运作对模块单元流水线的产品运营目标、模块品目与额度运营目标、价值目标、质量目标的贡献程度，重点进行贡献程度大的作业的工作设计。从模块单元流水线的产品运营目标、模块品目与额度运营目标、价值目标、质量目标出发，进行具体模块单元的通用模块单元相似流水线、具体模块单元链接模块单元相似流水线、具体模块单元专用模块单元隐形流水线、具体模块单元专用模块单元可变流水线、联合模块单元的通用模块单元相似流水线、联合模块单元的通用模块单元单一流水线、联合模块单元链接模块单元相似流水线、联合模块单元专用模块单元可变流水线、联合模块单元专用模块单元混合流水线、模块组模块单元的通用模块单元单一流水线、模块组模块单元链接模块单元单一流水线、模块组模块单元专用模块单元混合流水线、总作业模块单元的通用模块单元单一流水线、总作业链接模块单元单一流水线、总作业专用模块单元相似流水线作业的延迟策略和强化延迟策略、后拉动流程、后拉动价值、智能运作的贡献程度分析，确定模块单元流水线重要性作业，针对模块单元流水线重要性作业，重点进行工作设计。从模块单元流水线的产品运营目标、模块品目与额度运营目标、价值目标、质量目标出发，进行开发与设计价值链管理流程、采购价值链管理流程、基本运营价值链管理流程、仓储价值链管理流程、销售价值链管理流程作业的延迟策略和强化延迟策略、后拉动流程、后拉动价值、智能运作的贡献程度分析，确定供应链或者服务链重要性作业，针对供应链或者服务链重要性作业，重点进行工作设计。从模块单元流水线的产品运营目标、模块品目与额度运营目标、价值目标、质量目标出发，进行企业模块单元流水线物流作业、商流作业、人力资源作业、设备维护与维修作业、质量运作作业、价值运作作业、信息平台作业的延迟策略和强化延迟策略、后拉动流程、后拉动价值、智能运作的贡献程度分析，确定要素重要性作业，针对要素重要性作业，重点进行工作设计。从模块单元流水线的产品运营目标、模块品目与额度运营目标、价值目标、质量目标出发，进行企业模块单元流水线计划作业、组织作业、领导作业、控制作业、创新作业和衔接作业的延迟策略和强化延迟策略、后拉动流程、后拉动价值、智能运作的贡献程度分析，确定管理重要性作业，针对管理重要性作业，重点进行工作整体设计。

从模块单元流水线的产品运营目标、模块品目与额度运营目标、价值目标、质量目标出发，进行具体模块单元的通用模块单元相似流水线自身接口作业、具体模块单元链接模块单元相似流水线自身接口作业、具体模块单元专用模块单元隐形流水线自身接口作业、具体模块单元专用模块单元可变流水线自身接口作业、联合模块单元的通用模块单元相似流水线自身接口作业、联合模块单元的通用模块单元单一流水线自身接口作业、联合模块单元链接模块单元相似流水线自身接口作业、联合模块单元专用模块单元可变流水线自身接口作业、联合模块单元专用模块单元混合流水线自身接口作业、模块组模块单元的通用模块单元单一流水线自身接口作业、模块组模块单元链接模块单元单一流水线自身接口作业、模块组模块单元专用模块单元混合流水线自身接口作业、总作业模块单元的通用模块单元单一流水线自身接口作业、总作业链接模块单元单一流水线自身接口作业、总作业专用模块单元相似流水线自身接口作业的延迟策略和强化延迟策略、后拉动流程、后拉动价值、智能运作的贡献程度分析，确定模块单元流水线自身接口作业重要性作业，针对模块单元流水线自身接口作业重要性作业，重点进行工作整体设计。从模块单元流水线的产品运营目标、模块品目与额度运营目标、价值目标、质量目标出发，进行具体模块单元可变流水线通用、链接、专用接口作业，具体模块单元混合流水线通用、链接、专用接口作业，联合模块单元混合流水线通用、链接、专用接口作业，模块组模块单元混合流水线通用、链接、专用接口作业，总作业模块单元相似流水线通用、链接、专用接口作业，整体和局部模块单元混合流水线通用、链接、专用接口作业，进行这些接口作业的延迟策略和强化延迟策略、后拉动流程、后拉动价值、智能运作的贡献程度分析，确定模块单元流水线通用、链接、专用接口作业重要性作业，针对模块单元流水线通用、链接、专用接口作业重要性作业，重点进行工作整体设计。从模块单元流水线的产品运营目标、模块品目与额度运营目标、价值目标、质量目标出发，进行开发与设计价值链流程自身接口作业、采购价值链流程自身接口作业、仓储价值链流程自身接口作业、销售价值链流程自身接口作业和作业之间接口作业的延迟策略和强化延迟策略、后拉动流程、后拉动价值、智能运作的贡献程度分析，确定供应链或者服务链自身接口作业和作业之间接口作业重要性作业，针对自身接口作业和作业之间接口作业重要性作业，重点进行工作设计。从模块单元流水线的产品运营目标、模块品目与额度运营目标、价值目标、质量目标出发，进行企业模块单元流水线物流自身接口作业、商流自身接口作业、人力资源自身接口作业、设备维护与维修自身接口作业、质量运作自身接口作业、价值运作自身接口作业、信息平台自身接口作业和之间的接口作业的延迟策略和强化延迟策略、后拉动流程、后拉动价值、智能运作的贡献程度分析，确定要素自身接口作业和之间的接口作业重要性作业，重点进行工作设计。从模块单元流水线的产品运营目标、模块品目与额度运营目标、价值目标、质量目标出发，进行企业模块单元流水线计划自身接口作业、组织自身接口作业、领导自身接口作业、控制自身接口作业、创新自身接口作业和之间接口作业的延迟策略和强化延迟策略、后拉动流程、后拉动价值、智能运作的贡献程度分析，确定管理自身接口作业和之间接口作业重要性作业，针对管理自身接口作业和之间接口作业重要性作业，重点进行工作设计。从模块单元流水线的产品运营目标、模块品目与额度运营目标、价值目标、质量目标出发，进行模块单元流水线作业和接口作业、作业间接口作业、供应链或者服务链作业和接口作业、要素作业和要素作业接口作业、管理作业和管理接口作业之间形成的接口作业的延迟策略和强化延迟策略、后拉动流程、后拉动价值、智能运作的贡献程度分析，确定整体接口重要性作业，针对整体接口重要性作业，重点进行工作设计。

顾客接触工作设计的重要性是企业集成顾客接触场内员工服务流程、顾客接触场内设备服务流程、顾客接触场外设备服务流程、顾客接触电子服务流程模块单元流程顾客环境接触服务、顾客服务氛围接触服务和接口服务、员工和设备与电子设备对顾客行为分析与判断服务和接口服务、员工和设备与电子设备与顾客互动服务和接口服务、员工和设备与电子设备对顾客细致服务和接口服务、顾客对员工和设备与电子设备服务体验服务和接口服务、服务补救服务和接口服务以顾客对员工和设备与电子设备服务满意贡献度为基础，进行顾客接触服务满意贡献度大的服务工作重点设计。需要重点进行的企业集成顾客接触流程服务起始关键时刻的顾客与服务环境初始接触关键时刻、顾客与服务氛围初始接触关键时刻、员工与顾客初始接触关键时刻、设备与顾客初始接触关键时刻、电子设备与顾客初始接触关键时刻和服务运作关键时刻包括是否接受服务关键时刻、服务价值判断关键时刻、服务反馈关键时刻、是否再次接受服务关键时刻、服务问题关键时刻工作重要性设计（李雯和樊宏霞，2016）。

工作设计的重要性需要通过具体模块单元团队群、联合模块单元团队群、模块组模块单元团队群、总作业模块单元团队群的模块单元团队的微团队和员工实现。通过开发与设计价值链管理流程团队群、采购价值链管理流程团队群、仓储价值链管理流程团队群、销售价值链管理流程团队群的模块单元团队的微团队和员工实现。通过物流价值链流程团队群、商流价值链流程团队群、服务价值链流程团队群、人力资源运作价值链流程团队群、设备维护与维修价值链流程团队群、价值运作价值链流程团队群、质量运作价值链流程团队群、企业集成 MES 信息平台团队群、企业集成 MBE 信息平台团队群、企业集成 ERP 信息平台团队群的模块单元团队的微团队和员工实现。通过企业运营计划团队群、运营组织团队群、运营领导团队群、运营控制团队群、运营创新团队群的模块单元团队的微团队和员工实现。

（三）企业集成运营价值链管理流程技能多样性运作工作设计

企业集成运营价值链管理流程技能多样性运作工作设计是以模块单元流水线的产品运营目标、模块品目与额度运营目标、价值目标、质量目标为指引，进行模块单元流水线延迟策略和强化延迟策略、后拉动流程、后拉动价值、智能运作的技能多样性的协同运作工作设计。模块单元流水线延迟策略和强化延迟策略、后拉动流程、后拉动价值、智能运作中的技能多样性运作是根本性的技能多样性运作。模块单元流水线的精益运作中，后拉动流程需要进行作业顺序与信息顺序相反运作的作业，后拉动价值需要进行作业顺序与价值运作顺序相反运作的作业，看板和可视化运作需要通过看板和可视化方式进行运作的作业，精益质量需要通过自动监测设备和检测设备进行质量运作的作业，这些精益运作需要具有技能多样性运作。模块单元流水线的智能运作中，需要进行数据采集设备、传感器、控制器、中央服务器、缓存器、设备网络、人机平台硬件运作作业，需要进行设备智能运作的软件的 CPS 链接流程、CPS 分析流程、CPS 网络流程、CPS 认知流程、CPS 配置与执行流程的运作作业，需要进行融设备监督学习算法、设备无监督学习算法、设备半监督学习算法、设备强化学习算法的学习软件的设备智能视觉运作、智能听觉运作、智能嗅觉运作、智能语言运作、智能动作运作作业，这些智能运作需要具有技能多样化运作。因而，模块单元流水线延迟策略和强化延迟策略作业与技能多样化的精益运作自身、智能运作相融合，构成模块单元流水线根本性的技能多样性运作。企业集成运营价值链管理流程技能多样性运作工作设计需要团队和员工进行模块单元流水线延迟策略和强化延迟策略、后拉动流程、后拉动价值、智能运作作业技能的学习，掌握这些根本性的多样技能，进行技能多样性协同运作工作设计。

从模块单元流水线的产品运营目标、模块品目与额度运营目标、价值目标、质量目标出发，进行对具体模块单元的通用模块单元相似流水线自身接口作业、具体模块单元链接模块单元相似流水线自身接口作业、具体模块单元专用模块单元隐形流水线自身接口作业、具体模块单元专用模块单元可变流水线自身接口作业、联合模块单元的通用模块单元相似流水线自身接口作业、联合模块单元的通用模块单元单一流水线自身接口作业、联合模块单元链接模块单元相似流水线自身接口作业、联合模块单元专用模块单元可变流水线自身接口作业、联合模块单元专用模块单元混合流水线自身接口作业、模块组模块单元的通用模块单元单一流水线自身接口作业、模块组模块单元链接模块单元单一流水线自身接口作业、模块组模块单元专用模块单元混合流水线自身接口作业、总作业模块单元的通用模块单元单一流水线自身接口作业、总作业链接模块单元单一流水线自身接口作业、总作业专用模块单元相似流水线自身接口作业的延迟策略和强化延迟策略、后拉动流程、后拉动价值、智能运作的员工多样化技能的掌握，使模块单元流水线自身接口作业员工进行技能多样性运作。对具体模块单元可变流水线通用、链接、专用接口作业，具体模块单元混合流水线通用、链接、专用接口作业，联合模块单元混合流水线通用、链接、专用接口作业，模块组模块单元混合流水线通用、链接、专用接口作业，总作业模块单元相似流水线通用、链接、专用接口作业，对整体和局部模块单元混合流水线通用、链接、专用接口作业，进行对这些接口作业的延迟策略和强化延迟策略、后拉动流程、后拉动价值、智能运作的员工多样化技能的掌握，使模块单元流水线通用、链接、专用接口作业员工进行技能多样性运作。

从模块单元流水线的产品运营目标、模块品目与额度运营目标、价值目标、质量目标出发，采用员工协同运作方式，进行对开发与设计价值链流程自身接口作业、采购价值链流程自身接口作业、仓储价值链流程自身接口作业、销售价值链流程自身接口作业和作业之间接口作业的延迟策略和强化延迟策略、后拉动流程、后拉动价值、智能运作的员工多样化技能的掌握，使模块单元流水线的供应链或者服务链接口作业员工进行技能多样性运作。进行对企业模块单元流水线物流自身接口作业、商流自身接口作业、人力资源自身接口作业、设备维护与维修自身接口作业、质量运作自身接口作业、价值运作自身接口作业、信息平台自身接口作业和之间的接口作业的延迟策略和强化延迟策略、后拉动流程、后拉动价值、智能运作的员工多样化技能的掌握，使模块单元流水线的要素自身接口作业和之间的接口作业员工进行技能多样性运作；进行对企业模块单元流水线计划自身接口作业、组织自身接口作业、领导自身接口作业、控制自身接口作业、创新自身接口作业和之间接口作业的延迟策略和强化延迟策略、后拉动流程、后拉动价值、智能运作的员工多样化技能的掌握，使模块单元流水线的管理自身接口作业和之间接口作业员工进行技能多样性运作。进行对模块单元流水线作业和接口作业、作业间接口作业、供应链或者服务链作业和接口作业、要素作业和要素作业接口作业、管理作业和管理接口作业之间形成的接口作业的延迟策略和强化延迟策略、后拉动流程、后拉动价值、智能运作的员工多样化技能的掌握，使模块单元流水线的各种作业之间综合接口作业员工进行技能多样性运作。

顾客接触工作设计的技能多样性是将企业集成顾客接触场内员工服务流程、顾客接触场内设备服务流程、顾客接触场外设备服务流程、顾客接触电子服务流程模块单元流程顾客环境接触服务、顾客服务氛围接触服务和接口服务、员工和设备与电子设备对顾客行为分析与判断服务和接口服务、员工和设备与电子设备与顾客互动服务和接口服务、员工和设备与电子设备对顾客细致服务和接口服务、顾客对员工和设备与电子设备服务体验服务和接口服务、服务补救服务和接口服务以顾客对员工和设备与电子设备服务满意员工、设备、电子设备技能多样为基础，进行员工、设备、电子设备技能多样服务工作设计。需要重点进行的企业集成顾客接触流程服务起始关键时刻的顾客与服务环境初始接触关键时刻、顾客与服务氛围初始接触关键时刻、员工与顾客初始接触关键时刻、设备与顾客初始接触关键时刻、电子设备与顾客初始接触关键时刻和服务运作关键时刻包括是否接受服务关键时刻、服务价值判断关键时刻、服务反馈关键时刻、是否再次接受服务关键时刻、服务问题关键时刻工作技能多样性设计。

工作设计的技能多样性需要通过具体模块单元团队群、联合模块单元团队群、模块组模块单元团队群、总作业模块单元团队群的模块单元团队的微团队和员工实现。通过开发与设计价值链流程团队群、采购价值链流程团队群、仓储价值链流程团队群、销售价值链流程团队群的模块单元团队的微团队和员工实现。通过物流价值链流程团队群、商流价值链流程团队群、人力资源运作价值链流程团队群、设备维护与维修价值链流程团队群、价值运作价值链流程团队群、质量运作价值链流程团队群、企业集成MES信息平台团队群、企业集成MBE信息平台团队群、企业集成ERP信息平台团队群的模块单元团队的微团队和员工实现。通过企业运营计划团队群、运营组织团队群、运营领导团队群、运营控制团队群、运营创新团队群的模块单元团队的微团队和员工实现。

（四）企业集成运营价值链管理流程自主性运作工作设计

企业集成运营价值链管理流程自主性运作工作设计是以模块单元流水线的产品运营目标、模块品目与额度运营目标、价值目标、质量目标为指引，进行模块单元流水线延迟策略和强化延迟策略、后拉动流程、后拉动价值、智能运作的自主性运作工作设计。模块单元流水线延迟策略和强化延迟策略、后拉动流程、后拉动价值、智能运作中的自主性运作是根本性的自主性运作。模块单元流水线延迟策略和强化延迟策略有着模块单元流水线的密度、通用模块单元、模块单元类型、模块单元相似运作、作业先后、作业时间的多种调整，需要进行延迟策略和强化延迟策略自主性运作工作设计。模块单元流水线的精益运作中，有后拉动流程、后拉动价值、看板运作、可视化运作、精益质量运作、员工多能运作的多种调整，需要进行精益自主性运作工作设计。智能运作有硬件、设备运作软件、设备学习运作软件的多种调整，需要进行智能自主性运作工作设计。模块单元流水线延迟策略和强化延迟策略、后拉动流程、后拉动价值、智能运作中，有延迟策略和强化延迟策略自身、后拉动流程自身、后拉动价值自身、智能自身和相互融合的调整，需要进行延迟策略和强化延迟策略、后拉动流程、后拉动价值、智能运作自主性运作工作设计。

以模块单元流水线的产品运营目标、模块品目与额度运营目标、价值目标、质量目标为指引，进行具体模块单元的通用模块单元相似流水线、具体模块单元链接模块单元相似流水线、具体模块单元专用模块单元隐形流水线、具体模块单元专用模块单元可变流水线、具体模块单元可变流水线、具体模块单元混合流水线、联合模块单元的通用模块单元相似流水线、联合模块单元的通用模块单元单一流水线、联合模块单元链接模块单元相似流水线、联合模块单元专用模块单元可变流水线、联合模块单元专用模块单元混合流水线、联合模块单元混合流水线、模块组模块单元的通用模块单元单一流水线、模块组模块单元链接模块单元单一流水线、模块组模块单元专用模块单元混合流水线、模块组模块单元混合流水线、总作业模块单元的通用模块单元单一流水线、总作业链接模块单元单一流水线、总作业专用模块单元相似流水线、总作业模块单元相似流水线、整体和局部模块单元混合流水线的延迟策略和强化延迟策略、后拉动流程、后拉动价值、智能运作中的各种调整，需要进行模块单元流水线自身自主性运作工作设计。进行开发与设计价值链流程、采购价值链流程、基本运营价值链流程、仓储价值链流程、销售价值链流程作业的延迟策略和强化延迟策略作业、后拉动流程作业、后拉动价值作业、智能作业的各种调整，需要进行模块单元流水线的供应链或者服务链自主性运作工作设计。进行企业模块单元流水线物流作业、商流作业、人力资源作业、设备维护与维修作业、质量运作作业、价值运作作业、信息平台作业的延迟策略和强化延迟策略、后拉动流程、后拉动价值、智能运作的各种调整，需要进行模块单元流水线的要素自主性运作工作设计。进行企业模块单元流水线计划作业、组织作业、领导作业、控制作业、创新作业的延迟策略和强化延迟策略、后拉动流程、后拉动价值、智能运作的各种调整，需要进行模块单元流水线的管理自主性运作工作设计。

　　顾客接触工作设计的自主性是将企业集成顾客接触场内员工服务流程、顾客接触场内设备服务流程、顾客接触场外设备服务流程、顾客接触电子服务流程模块单元流程顾客环境接触服务、顾客服务氛围接触服务和接口服务、员工和设备与电子设备对顾客行为分析与判断服务和接口服务、员工和设备与电子设备与顾客互动服务和接口服务、员工和设备与电子设备对顾客细致服务和接口服务、顾客对员工和设备与电子设备服务体验服务和接口服务、服务补救服务和接口服务以顾客对员工和设备与电子设备服务满意员工、设备、电子设备自主性为基础，进行员工、设备、电子设备自主运作服务工作设计。需要重点进行的企业集成顾客接触流程服务起始关键时刻的顾客与服务环境初始接触关键时刻、顾客与服务氛围初始接触关键时刻、员工与顾客初始接触关键时刻、设备与顾客初始接触关键时刻、电子设备与顾客初始接触关键时刻和服务运作关键时刻包括是否接受服务关键时刻、服务价值判断关键时刻、服务反馈关键时刻、是否再次接受服务关键时刻、服务问题关键时刻工作自主性设计。

　　工作设计的自主性需要通过具体模块单元团队群、联合模块单元团队群、模块组模块单元团队群、总作业模块单元团队群的模块单元团队的微团队和员工实现。通过开发与设计价值链流程团队群、采购价值链流程团队群、仓储价值链流程团队群、销售价值链流程团队群的模块单元团队的微团队和员工实现。通过物流价值链流程团队群、商流价值链流程团队群、人力资源运作价值链流程团队群、设备维护与维修价值链流程团队群、价值运作价值链流程团队群、质量运作价值链流程团队群、企业集成

MES 信息平台团队群、企业集成 MBE 信息平台团队群、企业集成 ERP 信息平台团队群的模块单元团队的微团队和员工实现。通过企业运营计划团队群、运营组织团队群、运营领导团队群、运营控制团队群、运营创新团队群的模块单元团队的微团队和员工实现。

（五）企业集成运营价值链管理流程反馈性运作工作设计

企业集成运营价值链管理流程反馈性运作工作设计是以模块单元流水线的产品运营目标、模块品目与额度运营目标、价值目标、质量目标为指引，进行模块单元流水线延迟策略和强化延迟策略、后拉动流程、后拉动价值、智能运作的反馈性运作工作设计。模块单元流水线延迟策略和强化延迟策略、后拉动流程、后拉动价值、智能运作中的自主性运作是根本性的反馈性运作。模块单元流水线延迟策略和强化延迟策略有着模块单元流水线的密度、通用模块单元、模块单元类型、模块单元相似运作、作业先后、作业时间的多种调整，需要明确调整的效果，进行延迟策略和强化延迟策略反馈性运作工作设计。模块单元流水线的精益运作中有后拉动流程、后拉动价值、看板运作、可视化运作、精益质量运作、员工功能运作的多种调整，需要明确调整的效果，进行精益反馈性运作工作设计。智能运作有硬件、设备运作软件、设备学习运作软件的多种调整，需要明确调整的效果，进行智能反馈性运作工作设计。模块单元流水线延迟策略和强化延迟策略、后拉动流程、后拉动价值、智能运作中，有延迟策略和强化延迟策略自身、后拉动流程自身、后拉动价值自身、智能自身和相互融合的调整，需要明确调整的效果，进行延迟策略和强化延迟策略、后拉动流程、后拉动价值、智能运作反馈性运作工作设计。

以模块单元流水线的产品运营目标、模块品目与额度运营目标、价值目标、质量目标为指引，进行具体模块单元的通用模块单元相似流水线、具体模块单元链接模块单元相似流水线、具体模块单元专用模块单元隐形流水线、具体模块单元专用模块单元可变流水线、具体模块单元可变流水线、具体模块单元混合流水线、联合模块单元的通用模块单元相似流水线、联合模块单元的通用模块单元单一流水线、联合模块单元链接模块单元相似流水线、联合模块单元专用模块单元可变流水线、联合模块单元专用模块单元混合流水线、联合模块单元混合流水线、模块组模块单元的通用模块单元单一流水线、模块组模块单元链接模块单元单一流水线、模块组模块单元专用模块单元混合流水线、模块组模块单元混合流水线、总作业模块单元的通用模块单元单一流水线、总作业链接模块单元单一流水线、总作业专用模块单元相似流水线、总作业模块单元相似流水线、整体和局部模块单元混合流水线的延迟策略和强化延迟策略、后拉动流程、后拉动价值、智能运作中的各种调整，明确调整效果，进行模块单元流水线自身反馈性运作工作设计。进行开发与设计价值链流程、采购价值链流程、基本运营价值链流程、仓储价值链流程、销售价值链流程作业的延迟策略和强化延迟策略作业、后拉动流程作业、后拉动价值作业、智能作业的各种调整，明确调整效果，进行模块单元流水线自身反馈性运作工作设计。进行企业模块单元流水线物流作业、商流作业、人力资源作业、设备维护与维修作业、质量运作作业、价值运作作业、信息平台作业的延迟策略和强化延迟策略、后拉动流程、后拉动价值、智能运作的各种调整，明确调整效果，进行模块单元流水线自身反馈性运作工作设计。进行企业模块单元流水线计划作业、组织作业、领导作业、控制作业、创新作业的延迟策略和强化延迟策略、后拉动流程、后拉动价值、智能运作的各种调整，明确调整效果，进行模块单元流水线自身反馈性运作工作设计。

顾客接触工作设计的反馈性是企业集成顾客接触场内员工服务流程、顾客接触场内设备服务流程、顾客接触场外设备服务流程、顾客接触电子服务流程模块单元流程顾客环境接触服务、顾客服务氛围接触服务和接口服务、员工和设备与电子设备对顾客行为分析与判断服务和接口服务、员工和设备与电子设备与顾客互动服务和接口服务、员工和设备与电子设备对顾客细致服务和接口服务、顾客对员工和设备与电子设备服务体验服务和接口服务、服务补救服务和接口服务以顾客对员工和设备与电子设备服务满意员工、设备、电子设备反馈性为基础，进行各种调整，明确调整效果，进行模块单元员工、设备、电子设备反馈性运作工作设计。需要重点进行的企业集成顾客接触流程服务起始关键时刻的顾客与服务环境初始接触关键时刻、顾客与服务氛围初始接触关键时刻、员工与顾客初始接触关键时刻、设备与顾客初始接触关键时刻、电子设备与顾客初始接触关键时刻和服务运作关键时刻包括是否接受服务关键时刻、服务价值判断关键时刻、服务反馈关键时刻、是否再次接受服务关键时刻、服务问题关键时刻工作反馈性设计。

工作设计的反馈性最终需要反馈给具体模块单元团队群、联合模块单元团队群、模块组模块单元团队群、总作业模块单元团队群的模块单元团队的微团队和员工，通过团队和员工按照反馈的要求进行运作。反馈给开发与设计价值链流程团队群、采购价值链流程团队群、仓储价值链流程团队群、销售价值链流程团队群的模块单元团队的微团队和员工，通过团队和员工按照反馈的要求进行运作。反馈给物流价值链流程团队群、商流价值链流程团队群、人力资源运作价值链流程团队群、设备维护与维修价值链流程团队群、价值运作价值链流程团队群、质量运作价值链流程团队群、企业集成 MES 信息平台团队群、企业集成 MBE 信息平台团队群、企业集成 ERP 信息平台团队群的模块单元团队的微团队和员工，通过团队和员工按照反馈的要求进行运作。反馈给企业运营计划团队群、运营组织团队群、运营领导团队群、运营控制团队群、运营创新团队群的模块单元团队的微团队和员工，通过团队和员工按照反馈的要求进行运作。

制造类企业需要注重延迟策略运作和强化延迟策略运作的产品、模块品目、服务的具体通用模块单元流水线、具体链接模块单元流水线、具体专用模块单元流水线、联合通用模块单元流水线、联合链接模块单元流水线、联合专用模块单元流水线、模块组通用模块单元流水线、模块组链接模块单元流水线、模块组专用模块单元流水线、总作业通用模块单元流水线、总作业链接模块单元流水线、总作业专用模块单元流水线的精益运作、智能运作、信息系统整体运作工作设计。制造性服务企业需要注重延迟策略运作和强化延迟策略运作的产品、模块品目、服务的具体通用模块单元流水线、具体链接模块单元流水线、具体专用模块单元流水线、联合通用模块单元流水线、联合链接模块单元流水线、联合专用模块单元流水线、模块组通用模块单元流水线、模块组链接模块单元流水线、模块组专用模块单元流水线的精益运作、智能运作、信息系统整体运作工作设计。一般服务企业、纯服务企业、一般纯服务企业需要注重延迟策略运作和强化延迟策略运作的产品、模块品目、服务的具体通用模块单元流水线、具体链接模块单元流水线、具体专用模块单元流水线、联合通用模块单元流水线、联合链接模块单元流水线、联合专用模块单元流水线的精益运作、智能运作、信息系统整体运作工作设计。

制造类企业、服务类企业、纯服务类企业、一般纯服务企业注重延迟策略运作和强化延迟策略运作的产品、模块品目、服务的模块单元流水线和信息接口、物理接口、人力接口、空间接口、时间接口、财力接口按照贡献程度排序进行重要性运作、技能多样性运作的工作设计；注重自主性、精益运作的自主性、智能运作的自主性、信息系统运作的自主性界定，进行自主性运作工作设计；注重工作绩效反馈、精益运作工作绩效反馈、智能运作工作绩效反馈、信息系统运作工作绩效反馈，进行模块单元流水线团队和员工运作工作绩效反馈，从而确定企业价值增值和团队员工价值增值。

顾客接触一般纯服务企业的工作设计是以企业集成顾客接触场内员工服务流程、场内设备服务流程、场外设备服务流程、电子服务流程的顾客环境接触服务、顾客服务氛围接触中的服务满意为目标，进行顾客接触整体性、重要性、技能多样性、自由性、反馈性工作设计。需要重点进行顾客与服务环境、员工与顾客、设备与顾客、电子设备与顾客的初始接触关键时刻和是否接受服务关键时刻、服务价值判断关键时刻、服务反馈关键时刻、是否再次接受服务关键时刻、服务问题关键时刻的服务运作关键时刻的工作整体性、重要性、技能多样性、自主性、反馈性设计。

第二节 企业集成运营价值链管理流程任务与操作分析

一、企业集成运营价值链管理流程任务分析

由企业运营管理到企业集成运营管理的演进，带来了工作的改变，企业集成运营管理流程工作设计按照企业集成运营价值链管理流程延迟策略和强化延迟策略、后拉动流程、后拉动价值、智能运作要求进行运作。企业集成运营管理流程工作设计以工

作整体性、重要性、技能多样性、自主性、反馈性的工作设计核心为指导进行设计（葛玉辉，2014）。工作与任务之间是有区别的，工作是任务的集合，任务是工作的基本组成单元（萧鸣政，2014）。企业集成运营价值链管理流程运作是从任务开始，需要从任务出发，进行企业集成运营管理流程工作设计。可见企业集成运营管理过程是不断按照顾客需求进行动态改变的过程，需要进行企业集成运营价值链管理流程工作重塑（田启涛和关浩光，2017）。

（一）企业集成运营价值链管理流程不同层面任务

企业集成运营价值链管理流程任务是企业集成运营价值链管理流程中的以延迟策略和强化延迟策略、后拉动流程、后拉动价值、智能运作的作业增值为目标的运营价值链管理流程运作组合，需要按照组合要求进行人物重塑（许文丽，2019）。企业集成运营价值链管理流程任务运作需要围绕价值增值进行运作，需要具有一定资源条件，按照系统的输入、转化与输出运作的方式进行运作，在一定的时间内，团队和一个员工或者多个员工进行的企业集成运营价值链管理流程运作。企业集成运营价值链管理流程任务是企业集成运营价值链管理流程工作设计的基础，企业集成运营价值链管理流程工作由特定的团队和员工、职位承担的所有任务组成，需要先分析任务，根据任务的相似性、执行任务的位置、执行任务的时间、所需要的知识水平、所需要的技术、团队和员工的能力多种因素，将任务归到不同的工作中。企业集成运营价值链管理流程任务分析先于工作，只有这样，工作设计才能从任务分析中得到所需要的有关信息。

企业集成运营价值链管理流程任务包括企业集成运营模块单元流水线整体和局部任务、不同层次模块单元流水线任务、同一层次模块单元流水线任务。企业集成运营模块单元流水线整体和局部任务是企业具体、联合、模块组、总作业模块单元流水线不同层次和通用、链接、专用模块单元流水线的同一层次模块单元流水线整体和局部任务集合。不同层次模块单元流水线任务是具体模块单元流水线、联合模块单元流水线、模块组模块单元流水线、总作业模块单元流水线任务的集合。同一层次模块单元流水线任务是同一层次通用模块单元流水线、链接模块单元流水线、专用模块单元流水线任务集合。

（二）企业集成运营价值链管理流程内在逻辑顺序

1. 企业集成基本运营价值链流程内在逻辑顺序

企业集成运营价值链管理流程分析法进行企业集成运营价值链管理流程任务分析，分析企业集成模块单元流水线价值链管理流程内在逻辑顺序联系，逻辑顺序联系按照企业延迟策略、精益和智能要求进行，这一根本改变，需要流程内在逻辑顺序重塑（郑永武和苏志霞，2017）。运用企业集成运营价值链管理流程分析法得出延迟策略和强化延迟策略的模块单元流水线的内在逻辑顺序。企业集成运营模块单元的流水线作业的顺序是从具体通用模块单元流水线作业、具体链接模块单元流水线作业到具体专用模块单元流水线作业，接着从联合通用模块单元流水线作业、联合链接模块单元流水线作业到联合专用模块单元流水线作业，接着从模块组通用模块单元流水线作业、模块组链接模块单元流水线作业到模块组专用模块单元流水线作业，接着从总作业通用模块单元流水线作业、总作业链接模块单元流水线作业到总作业专用模块单元流水线作业的顺序进行作业流的运作。模块单元流水线运作由通用模块单元流水线、链接模块单元流水线到专用模块单元流水线的延迟运作，这一运作体现了每一层通用模块单元都可以预先提前于专用模块单元进行运作的延迟策略；体现了作业流由具体模块单元流水线、联合模块单元流水线、模块组模块单元流水线、总作业模块单元流水线不同层次之间的由最低层到最高层的模块单元流水线运作的作业和信息运作顺序。

运用企业集成运营价值链管理流程分析法得出模块单元流水线精益运作的内在逻辑顺序。企业集成运营模块单元流水线作业信息的顺序是从总作业专用模块单元流水线作业、总作业链接模块单元流水线作业到总作业通用模块单元流水线作业拉动，从模块组专用模块单元流水线作业、模块组链接模块单元流水线作业到模块组通用模块单元流水线作业拉动，从联合专用模块单元流水线作业、联合链接模块单元流水线作业到联合通用模块单元流水线作业拉动，从具体专用模块单元流水线作业、具体链接模块单元流水线作业到具体通用模块单元流水线作业拉动，作业流按照与信息流相反的顺序进行运作；是具体通用模块单元流水线作业、具体链接模块单元流水线作业、具体专用模块单元流水线作业、联合通用模块单元流水线作业、联合链接模块单元流水线作业、联合专用模块单元流水线作业、模块组通用模块单元流水线作业、模块组链接模块单元流水线作业、模块组专用模块单元流水线作业、总作业通用模块单元流水线作业、总作业链接模块单元流水线作业、总作业专用模块单元流水线作业的每一个流水线作业内由后向前拉动的运作。模块单元流水线精益运作体现作业流由总作业模块单元流水线、模块组模块单元流水线、联合模块单元流水线到具体模块单元流水线不同层次之间的由最高层到最底层的模块单元流水线运作的信息后拉动运作和信息相反运作顺序；体现由专用模块单元流水线、链接模块单元流水线到通用模块单元流水线运作的信息后拉动运作和信息相反运作顺序；体现每一层由专用模块单元流水线、链接模块单元流水线到通用模块单元流水线运作的信息后拉动运作和信息相反运作顺序。

运用企业集成运营价值链管理流程分析法得出具体通用模块单元流水线作业、具体链接模块单元流水线作业、具体专用模块单元流水线作业、联合通用模块单元流水线作业、联合链接模块单元流水线作业、联合专用模块单元流水线作业、模块组通用模块单元流水线作业、模块组链接模块单元流水线作业、模块组专用模块单元流水线作业、总作业通用模块单元流水线作业、总作业链接模块单元流水线作业、总作业专用模块单元流水线作业需要实现信息纵横运作网络式的作业顺序内在逻辑联系。

企业具体模块单元的通用模块单元相似流水线、具体模块单元链接模块单元相似流水线、具体模块单元专用模块单元隐形流水线、具体模块单元专用模块单元可变流水线、具体模块单元可变流水线、具体模块单元混合流水线、联合模块单元的通用模块单元相似流水线、联合模块单元的通用模块单元单一流水线、联合模块单元链接模块单元相似流水线、联合模块单元专用模块单元可变流水线、联合模块单元专用模块单元混合流水线、联合模块单元混合流水线、模块组模块单元的通用模块单元单一流水线、模块组模块单元链接模块单元单一流水线、模块组模块单元专用模块单元混合流水线、模块组模块单元混合流水线、总作业模块单元的通用模块单元单一流水线、总作业链接模块单元单一流水线、总作业专用模块单元相似流水线、总作业模块单元相似流水线、整体和局部模块单元混合流水线作业中的每一个设备都融入操作，形成操作作业信息网络。由此形成模块单元流水线信息流按照精益后拉动进行运作，作业流按照模块单元作业流进行运作，操作信息流纵横融入的内在逻辑联系进行运作。企业集成运营管理模块单元有顾客接触的企业集成运营价值链管理流程分析还需要得出与顾客接触的作业、前后台作业。企业集成模块单元运营流程操作运作内在联系顺序、由顾客接触企业集成模块单元运营流程操作运作内在联系顺序如图 8 - 2 - 1 和图 8 - 2 - 2 所示。

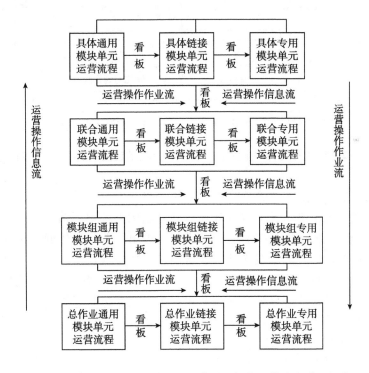

图 8 - 2 - 1　企业集成模块单元运营流程操作运作内在联系顺序

2. 企业集成供应链或者服务链价值链流程内在逻辑顺序

企业集成供应链或者服务链价值链流程包括企业集成产品开发与设计模块单元价值链流程和企业集成采购模块单元价值链流程，这两类企业集成运营价值链流程都是为企业集成基本运营价值链流程进行运作。与企业集成基本运营价值链流程内在逻辑顺序一样，企业集成辅助运营价值链流程需要明确延迟策略和强化延迟策略、后拉动流程、后拉动价值、智能运作的企业集成供应链或者服务链价值链管理流程内在逻辑顺序。

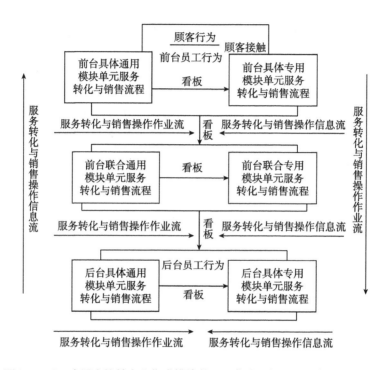

图 8-2-2　由顾客接触企业集成模块单元运营流程操作运作内在联系顺序

　　运用企业集成运营价值链管理流程分析法得出开发与设计的具体通用模块单元流水线作业、具体专用模块单元流水线作业、联合通用模块单元流水线作业、联合专用模块单元流水线作业的信息流按照后拉动进行，得出采购的具体通用模块单元流水线作业、具体专用模块单元流水线作业、联合通用模块单元流水线作业、联合专用模块单元流水线作业的信息流按照后拉动进行，开发与设计或者采购作业流按照模块单元作业流进行运作，操作信息流纵横融入的内在逻辑联系进行运作。企业集成开发与设计价值链流程操作运作内在联系顺序、企业集成采购价值链流程操作运作内在联系顺序如图 8-2-3 和图 8-2-4 所示。

　　3. 企业集成价值链管理流程内在逻辑顺序

　　企业集成价值链管理流程与企业集成基本运营价值链流程一样，具有内在逻辑顺序。企业集成价值链管理流程通过企业集成 MES 来展开，针对企业集成基本运营价值链流程和企业集成供应链或者服务链价值链流程进行运作，使这些流程进行延迟策略和强化延迟策略、后拉动流程、后拉动价值、智能运作。

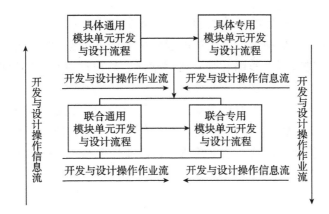

图 8 - 2 - 3　企业集成开发与设计价值链流程操作运作内在联系顺序

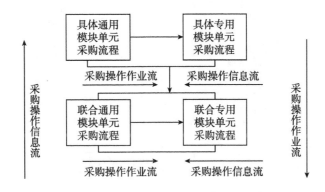

图 8 - 2 - 4　企业集成采购价值链流程操作运作内在联系顺序

　　企业集成价值链管理流程从集成运营作业计划开始，按照 MBD 运作、集成运营资源管理、集成运营维护管理、集成运营调度、集成运营执行、集成运营跟踪、集成运营效果评价到集成运营反馈与调整的顺序进行运作，形成企业集成价值链管理流程内在逻辑顺序。企业集成价值链管理流程运作是企业集成 MES 信息系统的运作，企业集成 MES 的内容和运作顺序也按照上述顺序进行运作，形成企业集成 MES 的信息系统运作顺序。企业集成 MES 运作是开放运作，运作中与企业集成 ERP、企业集成 MBE、大数据、云计算有着内在的联系，形成开放的纵横联系的企业集成 MES 运作内在联系顺序。企业集成 MBD 内在联系顺序与企业集成 MES 内在联系顺序融合起来，形成企业集成价值链管理流程内在逻辑顺序。如图 8 - 2 - 5 所示。

　　（三）企业集成运营价值链管理流程任务清单

　　企业集成运营价值链管理流程任务清单是运用企业集成运营价值链管理流程任务清单法，确定企业集成运营管理进行延迟策略和强化延迟策略、后拉动流程、后拉动价值、智能运作活动任务、任务运作的单元类型、任务所需要的人员类型、任务所需要的设备类型、任务所需要的环境类型。企业集成运营价值链管理流程任务清单是典型的任务倾向性工作分析系统。企业集成运营价值链管理流程任务清单是企业集成运营价值链管理流程进行延迟策略和强化延迟策略、后拉动流程、后拉动价值、智能运作内在逻辑顺序的继续，通过任务清单能够明确一定内在顺序联系、企业集成运营价值链管理流程任务和任务运作的相关要素，为完成企业集成运营价值链管理流程运作打下基础（惠青山，2008）。企业集成运营价值链管理流程任务清单需要反映延迟策略、精益和智能运作要求，这一根本性改变，需要任务清单反映人物重塑要求（李晓燕，2019）。

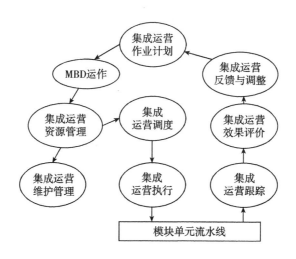

图 8 - 2 - 5 企业集成运营价值链管理流程内在逻辑顺序

企业集成运营价值链管理流程分为企业集成基本运营活动、企业集成供应链或者服务链活动、企业集成管理活动、企业集成信息活动，这些活动进行延迟策略和强化延迟策略、后拉动流程、后拉动价值、智能运作。企业集成运营价值链管理流程任务根据这四种企业集成活动的类型，确定企业集成基本运营活动任务、企业集成供应链或者服务链活动任务、企业集成管理活动任务、企业集成信息活动任务相应的四种类型任务。每一种类型的任务都有进行任务运作的单元，企业集成基本运营活动和企业集成供应链或者服务链活动运作单元是模块单元，企业集成管理活动运作单元是与管理职能活动对应的计划、组织、领导、控制、创新运作单元，企业集成信息活动运作单元是企业集成 MES 信息系统、企业集成 ERP、企业集成 MBE 信息系统单元。任务所需要的人员类型需要明确企业基本制造活动人员类型、企业基本服务活动人员类型、企业供应链活动人员类型、企业服务链活动人员类型、企业制造管理活动人员类型、企业服务管理活动人员类型、企业制造管理信息系统人员类型、企业服务管理信息系统人员类型。这些类型中，对顾客接触场内员工服务流程、顾客接触场内设备服务流程、顾客接触场外设备服务流程需要明确面对面服务接触人员、设备、电子设备类型。

任务所需要的设备类型分为企业集成运营价值链管理流程的运作设备、检验设备、监控设备，还需要进一步划分为一般设备、自动化设备、智能设备，从而完整掌控设备运作。任务所需要的环境类型主要是分为制造环境和服务环境，对有接触的服务企业服务环境还需要明确服务氛围，确定服务氛围对员工服务重视程度的影响和对顾客服务程度的影响。企业集成运营价值链管理流程基本任务清单如表 8 - 2 - 1 所示。

表 8 - 2 - 1　企业集成运营价值链管理流程基本任务清单

任务名称	任务性质	任务运作单元类型	所需人员类型	所需设备类型	所需运营环境类型
JB	基本运营活动	模块单元	JBR	JBS	JBH
FZ	供应链或者服务链活动	模块单元	FZR	FZS	FZH
GL	管理活动	活动单元	GLR	GLS	GLH
XI	信息活动	信息单元	XIR	XIS	XIH

企业集成运营价值链管理流程基本任务清单是企业集成运营价值链管理流程进行延迟策略和强化延迟策略、后拉动流程、后拉动价值、智能运作任务的基本反应，进行任务分析还需要将基本任务清单细化。企业集成基本运营活动和企业集成供应链或者服务链活动中的开发与设计、采购活动任务需要明确这些任务来源模块单元层次、模块单元类型、流水线类型，由此确定企业集成基本运营活动和开发与设计、采购活动的作业任务。

企业集成基本运营活动作业任务包括基本运营的具体模块单元通用模块单元相似流水线作业任务、具体模块单元链接模块单元相似流水线作业任务、具体模块单元专用模块单元隐形流水线作业任务、具体模块单元专用模块单元可变流水线作业任务、具体模块单元可变流水线作业任务、具体模块单元混合流水线作业任务、联合模块单元的通用模块单元相似流水线作业任务、联合模块单元的通用模块单元单一流水线作业任务、联合模块单元链接模块单元相似流水线作业任务、联合模块单元专用模块单元可变流水线作业任务、联合模块单元专用模块单元混合流水线作业任务、联合模块单元混合流水线作业任务、模块组模块单元的通用模块单元单一流水线作业任务、模块组模块单元链接模块单元单一流水线作业任务、模块组模块单元专用模块单元混合流水线作业任务、模块组模块单元混合流水线作业任务、总作业模块单元的通用模块单元单一流水线作业任务、总作业链接模块单元单一流水线作业任务、基本运营总作业专用模块单元相似流水线作业任务、总作业模块单元相似流水线作业任务。企业集成开发与设计、采购活动作业任务包括有形和无形产品的具体模块单元通用模块单元相似流水线作业任务、具体模块单元链接模块单元相似流水线作业任务、具体模块单元专用模块单元隐形流水线作业任务、具体模块单元专用模块单元可变流水线作业任务、具体模块单元可变流水线作业任务、具体模块单元混合流水线作业任务、联合模块单元的通用模块单元相似流水线作业任务、联合模块单元的通用模块单元单一流水线作业任务、联合模块单元链接模块单元相似流水线作业任务联合模块单元专用模块单元可变流水线作业任务、联合模块单元专用模块单元混合流水线作业任务、联合模块单元混合流水线作业任务。

企业集成顾客接触场内员工服务流程、顾客接触场内设备服务流程、顾客接触场外设备服务流程、顾客接触电子服务流程模块单元流程任务包括顾客环境接触服务任务、顾客服务氛围接触服务任务、员工和设备与电子设备对顾客行为分析与判断服务任务、员工和设备与电子设备与顾客互动服务任务、员工和设备与电子设备对顾客细致服务任务、顾客对员工和设备与电子设备服务体验服务任务、服务补救服务任务。

根据企业集成基本运营活动和开发与设计、采购活动的模块单元各类流水线作业任务，确定基本运营活动和开发与设计、采购活动的每一项作业任务所需的员工人数；确定每一项作业任务所需设备的运作设备具体型号，运作设备、检验设备、监控设备的数量，明确智能设备所采用的程度；确定每一项作业任务所需的直接相关的制造环境、服务环境、服务氛围。制造环境需要明确所制造具体类型有形产品的照明、清洁、安全各类环境。服务环境需要明确前台服务和后台服务环境，前台服务环境需要明确服务标识、与顾客接触密度、服务场所美观与洁净、照明；后台服务环境需要明确服务设施洁净程度、卫生、安全、照明。服务氛围需要明确员工进行服务的人气、员工服务顾客的气氛、员工之间的和谐氛围。企业集成基本运营活动作业任务清单，企业集成开发与设计、采购活动作业任务清单如表 8-2-2 和表 8-2-3 所示。

表 8-2-2　企业集成基本运营活动作业任务清单

任务名称	运营模块单元层次类型	同层次运营模块单元类型	流水线类型	所需人员数	所需设备数	所需运营环境
JT	具体模块单元	通用模块单元	相似	JTR	JTS	JTH
JL	具体模块单元	链接模块单元	相似	JLR	JLS	JLH
JZ	具体模块单元	专用模块单元	隐形	JZR	JZS	JZH
JZ	具体模块单元	专用模块单元	可变	JZR	JZS	JZH
J1	具体模块单元		可变	J1R	J1S	J1H
J2	具体模块单元		混合	J2R	J2S	J2H
LT	联合模块单元	通用模块单元	相似	LTR	LTS	LTH
LT	联合模块单元	通用模块单元	单一	LTR	LTS	LTH
LL	联合模块单元	链接模块单元	相似	LLR	LLS	LLH
LZ	联合模块单元	专用模块单元	混合	LZR	LZS	LZH
LZ	联合模块单元	专用模块单元	可变	LZR	LZS	LZH
L1	联合模块单元		混合	L1R	L1S	L1H

任务名称	运营模块单元 层次类型	同层次运营 模块单元类型	流水线类型	所需人员数	所需设备数	所需运 营环境
MT	模块组模块单元	通用模块单元	单一	MTR	MTS	MTH
ML	模块组模块单元	链接模块单元	单一	MLR	MLS	MLH
MZ	模块组模块单元	专用模块单元	混合	MZR	MZS	MZH
M1	模块组模块单元		混合	M1R	M1S	M1H
ZT	总作业模块单元	通用模块单元	单一	ZTR	ZTS	ZTH
ZL	总作业模块单元	链接模块单元	单一	ZLR	ZLS	ZLH
ZZ	总作业模块单元	专用模块单元	相似	ZZR	ZZS	ZZH
Z1	总作业模块单元		相似	Z1R	Z1S	Z1H

表 8 - 2 - 3 企业集成开发与设计、采购活动作业任务清单

任务名称	模块单元 层次类型	同层次模块 单元类型	流水线类型	所需人员数	所需设备	所需运 营环境
FZK	开发与设计具体模块单元	通用模块单元	相似	FZKR	FZKS	FZKH
FZK	开发与设计具体模块单元	专用模块单元	可变	FZKR	FZKS	FZKH
FZK	开发与设计具体模块单元		混合	FZKR	FZKS	FZKH
FZK	开发与设计联合模块单元	通用模块单元	单一	FZKR	FZKS	FZKH
FZK	开发与设计联合模块单元	专用模块单元	混合	FZKR	FZKS	FZKH
FZK	开发与设计联合模块单元		混合	FZKR	FZKS	FZKH
FZC	采购具体模块单元	通用模块单元	相似	FZCR	FZCS	FZCH
FZC	采购具体模块单元	专用模块单元	可变	FZCR	FZCS	FZCH
FZC	采购具体模块单元		混合	FZCR	FZCS	FZCH
FZC	采购联合模块单元	通用模块单元	单一	FZCR	FZCS	FZCH
FZC	采购联合模块单元	专用模块单元	混合	FZCR	FZCS	FZCH
FZC	采购联合模块单元		混合	FZCR	FZCS	FZCH

（四）企业集成运营价值链管理流程关键任务清单

企业集成运营价值链管理流程关键任务需要明确企业集成基本运营活动延迟策略和强化延迟策略、后拉动流程、后拉动价值、智能运作作业任务清单中的关键任务，这些关键任务对企业集成运营价值链管理流程运作影响很大。确定企业集成运营价值链管理流程关键任务清单需要寻找关键任务形成的作业环节，这些环节通常体现在作业接口环节。企业集成具体模块单元流水线自身接口作业、联合模块单元流水线自身接口作业、模块组模块单元流水线自身接口作业、总作业模块单元流水线自身接口作业、整体和局部模块单元流水线接口作业,需要进行模块单元接口作业的各种衔接,给企业集成基本运营活动关键任务带来影响。企业集成开发与设计价值链流程自身接口作业、采购价值链流程自身接口作业,需要进行集成开发与设计、采购接口作业各种衔接,给企业集成开发与设计、采购活动关键任务带来影响。企业集成 ERP 自身接口作业、企业集成 MBE 自身接口作业与企业集成 MBE 自身接口作业之间的接口作业,需要进行企业集成信息运作的各种衔接,对企业集成信息运作活动关键任务带来影响。企业模块单元流水线计划自身接口作业、组织自身接口作业、领导自身接口作业、控制自身接口作业与创新自身接口作业之间的接口作业,需要进行管理的各种衔接,对企业集成管理活动关键任务带来影响。企业模块单元流水线物流自身接口作业、商流自身接口作业、人力资源自身接口作业、设备维护与维修自身接口作业、质量运作自身接口作业与价值运作自身接口作业之间的接口作业,需要进行各种要素接口作业的衔接,对企业集成基本运营活动、开发与设计、采购、信息运作、管理运作的关键任务带来影响。

　　企业集成顾客接触场内员工服务流程、顾客接触场内设备服务流程、顾客接触场外设备服务流程、顾客接触电子服务流程模块单元流程顾客环境接触服务、顾客服务氛围接触服务和接口服务、员工和设备与电子设备对顾客行为分析与判断服务和接口服务、员工和设备与电子设备与顾客互动服务和接口服务、员工和设备与电子设备对顾客细致服务和接口服务、顾客对员工和设备与电子设备服务体验服务和接口服务、服务补救服务和接口服务需要进行各种接口服务衔接,对企业集成顾客接触服务流程的关键任务带来影响。需要重点确定企业集成顾客接触流程服务起始关键时刻的顾客与服务环境初始接触关键时刻、顾客与服务氛围初始接触关键时刻、员工与顾客初始接触关键时刻、设备与顾客初始接触关键时刻、电子设备与顾客初始接触关键时刻和服务运作关键时刻包括是否接受服务关键时刻、服务价值判断关键时刻、服务反馈关键时刻、是否再次接受服务关键时刻、服务问题关键时刻对企业集成顾客接触服务流程的关键任务带来影响。

　　确定企业集成运营价值链管理流程关键任务清单需要寻找关键任务形成的主要因素,这些因素包括技术、资源、规模、人员、信息、活动。技术因素主要体现为作业技术因素。资源因素包括模块品目、设备、工装、能源各类资源,这些因素构成企业集成运营价值链管理流程要素,对企业集成运营价值链管理流程任务运作有直接影响。规模因素是企业集成运营价值链管理流程效率因素,对企业集成运营价值链管理流程关键任务效率产生影响。人员因素是企业集成运营价值链管理流程能动因素,对企业集成运营价值链管理流程任务运作能动地产生影响,尤其对于顾客接触的企业集成运营价值链管理流程任务运作,员工与顾客之间直接产生联系,员工对顾客的服务瞬间产生影响,员工的因素对任务运作有着直接的关键影响。信息因素中 MES、ERP、MBE 信息系统对企业集成运营价值链管理流程关键任务效率产生影响。活动因素中的管理活动、业务活动，企业集成战略下的活动、精益活动、智能活动对企业集成运营价值链管理流程任务运作有着根本的影响。根据这些因素，确定企业集成运营价值链管理流程关键任务。

需要确定基本运营具体模块单元通用模块单元相似流水线作业关键任务、基本运营具体模块单元链接模块单元相似流水线作业关键任务、基本运营具体模块单元专用模块单元隐形流水线作业关键任务、基本运营具体模块单元专用模块单元可变流水线作业关键任务、基本运营具体模块单元可变流水线作业关键任务、基本运营具体模块单元混合流水线作业关键任务、基本运营联合模块单元的通用模块单元相似流水线作业关键任务、基本运营联合模块单元的通用模块单元单一流水线作业关键任务、基本运营联合模块单元链接模块单元相似流水线作业关键任务、基本运营联合模块单元专用模块单元可变流水线作业关键任务、基本运营联合模块单元专用模块单元混合流水线作业关键任务、基本运营联合模块单元混合流水线作业关键任务、基本运营模块组模块单元的通用模块单元单一流水线作业关键任务、基本运营模块组模块单元链接模块单元单一流水线作业关键任务、基本运营模块组模块单元专用模块单元混合流水线作业关键任务、基本运营模块组模块单元混合流水线作业关键任务、基本运营总作业模块单元的通用模块单元单一流水线作业关键任务、基本运营总作业链接模块单元单一流水线作业关键任务、基本运营总作业专用模块单元相似流水线作业关键任务、基本运营总作业模块单元相似流水线作业关键任务。

企业集成运营价值链管理流程关键任务需要确定作业接口作业和技术、资源、规模、人员、信息、活动因素对任务影响的关键环节，确定针对影响所采取的措施。对企业集成运营价值链管理流程关键任务采取不同的等级进行评价，明确对任务影响的程度，形成企业集成运营价值链管理流程关键任务的排序。企业集成运营价值链管理流程关键任务清单如表8-2-4所示。

表8-2-4 企业集成运营价值链管理流程关键任务清单

任务名称	关键任务类型	模块单元层次类型	同层次模块单元类型	流水线类型	关键体现	关键措施	影响程度评价
JTG	技术	具体模块单元	通用模块单元	相似	JTGT	JTGC	JTGD
JLG	资源	具体模块单元	链接模块单元	相似	JLGT	JLGC	JLGD
JZG	规模	具体模块单元	专用模块单元	隐形	JZGT	JZGC	JZGD
JZG	人员	具体模块单元	专用模块单元	可变	JZGT	JZGC	JZGD
J1G	信息	具体模块单元		可变	J1GT	J1GC	J1GD
J2G	活动	具体模块单元		混合	J2GT	J2GC	J2GD
LTG	技术	联合模块单元	通用模块单元	相似	LTGT	LTGC	LTGD
LTG	资源	联合模块单元	通用模块单元	单一	LTGT	LTGC	LTGD

任务名称	关键任务类型	模块单元层次类型	同层次模块单元类型	流水线类型	关键体现	关键措施	影响程度评价
LLG	规模	联合模块单元	链接模块单元	相似	LLGT	LLGC	LLGD
LZG	人员	联合模块单元	专用模块单元	混合	LZGT	LZGC	LZGD
LZG	信息	联合模块单元	专用模块单元	可变	LZGT	LZGC	LZGD
L1G	活动	联合模块单元		混合	L1GT	L1GC	L1GD
MTG	技术	模块组模块单元	通用模块单元	单一	MTGT	MTGC	MTGD
MLG	资源	模块组模块单元	链接模块单元	单一	MLGT	MLGC	MLGD
MZG	规模	模块组模块单元	专用模块单元	混合	MZGT	MZGC	MZGD
M1G	人员	模块组模块单元		混合	M1GT	M1GC	M1GD
ZTG	技术	总作业模块单元	通用模块单元	单一	ZTGT	ZTGC	ZTGD
ZLG	资源	总作业模块单元	链接模块单元	单一	ZLGT	ZLGC	ZLGD
ZZG	规模	总作业模块单元	专用模块单元	相似	ZZGT	ZZGC	ZZGD
Z1G	人员	总作业模块单元		相似	Z1GT	Z1GC	Z1GD

制造类企业需要确定企业集成具体模块单元的通用模块单元相似流水线、具体模块单元链接模块单元相似流水线、具体模块单元专用模块单元隐形流水线、具体模块单元可变流水线、联合模块单元的通用模块单元相似流水线、联合模块单元链接模块单元相似流水线、联合模块单元专用模块单元可变流水线、联合模块单元混合流水线、模块组模块单元的通用模块单元单一流水线、模块组模块单元链接模块单元单一流水线、模块组模块单元专用模块单元混合流水线、模块组模块单元混合流水线、总作业模块单元的通用模块单元单一流水线、总作业链接模块单元单一流水线、总作业专用模块单元相似流水线、总作业模块单元相似流水线的企业集成基本制造价值链流程内在逻辑顺序和企业集成开发与设计、采购价值链流程内在逻辑顺序，从而确定企业集成制造价值链管理流程内在逻辑顺序、企业集成制造价值链管理流程任务清单、企业集成制造价值链管理流程关键任务清单。

制造性服务企业需要确定企业集成具体模块单元的通用模块单元相似流水线、具体模块单元链接模块单元相似流水线、具体模块单元专用模块单元隐形流水线、具体模块单元可变流水线、联合模块单元的通用模块单元相似流水线、联合模块单元链接模块单元相似流水线、联合模块单元专用模块单元可变流水线、联合模块单元混合流水线、模块组模块单元的通用模块单元单一流水线、模块组链接模块单元单一流水线、模块组专用模块单元混合流水线、模块组模块单元相似流水线的企业集成基本服务价值链流程内在逻辑顺序和企业集成开发与设计价值链流程内在逻辑顺序，从而确定企业集成服务价值链管理流程内在逻辑顺序、企业集成服务价值链管理流程任务清单、企业集成服务价值链管理流程关键任务清单。

一般服务企业、新兴服务企业、中间性纯服务企业需要确定企业集成具体模块单元的通用模块单元相似流水线、具体模块单元专用模块单元可变流水线、具体模块单元混合流水线、联合模块单元的通用模块单元单一流水线、联合模块单元专用模块单元混合流水线、联合模块单元混合流水线的企业集成基本服务价值链流程内在逻辑顺序，从而确定企业集成服务价值链管理流程内在逻辑顺序、企业集成服务价值链管理流程任务清单、企业集成服务价值链管理流程关键任务清单。

一般纯服务企业需要确定企业集成具体模块单元的通用模块单元相似流水线、具体模块单元专用模块单元可变流水线、具体模块单元混合流水线、联合模块单元的通用模块单元单一流水线、联合模块单元专用模块单元混合流水线、联合模块单元混合流水线的企业集成基本服务价值链流程内在逻辑顺序和企业集成开发与设计价值链流程内在逻辑顺序，从而确定企业集成服务价值链管理流程内在逻辑顺序、企业集成服务价值链管理流程任务清单、企业集成服务价值链管理流程关键任务清单。一般纯服务企业确定企业集成顾客接触场内员工服务流程、顾客接触场内设备服务流程、顾客接触场外设备服务流程、顾客接触电子服务流程模块单元流程的各种服务和接口服务关键任务，需要进行各种接口服务衔接，对企业集成顾客接触服务流程的关键任务带来影响。

二、企业集成运营价值链管理流程操作分析

（一）企业集成运营价值链管理流程操作类型与评价

企业集成运营价值链管理流程任务运作通过企业集成运营价值链管理流程延迟策略和强化延迟策略、后拉动流程、后拉动价值、智能运作操作进行。企业集成运营价值链管理流程操作类型主要包括设备操作、人员操作、人员与设备操作。设备操作是完全通过设备进行企业集成运营价值链管理流程任务运作，人员只是负责对设备的看管；人员操作完全通过人员进行企业集成运营价值链管理流程任务运作；人员与设备操作是通过设备和人员进行企业集成运营价值链管理流程任务运作。

企业集成运营价值链管理流程操作类型包括基本运营具体模块单元通用模块单元相似流水线、基本运营具体模块单元链接模块单元相似流水线、基本运营具体模块单元专用模块单元隐形流水线、基本运营具体模块单元专用模块单元可变流水线、基本运营具体模块单元可变流水线、基本运营具体模块单元混合流水线、基本运营联合模块单元的通用模块单元相似流水线、基本运营联合模块单元的通用模块单元单一流水线、基本运营联合模块单元链接模块单元相似流水线、基本运营联合模块单元专用模块单元可变流水线、基本运营联合模块单元专用模块单元混合流水线、基本运营联合模块单元混合流水线、基本运营模块组模块单元的通用模块单元单一流水线、基本运营模块组模块单元链接模块单元单一流水线、基本运营模块组模块单元专用模块单元

混合流水线、基本运营模块组模块单元混合流水线、基本运营总作业模块单元的通用模块单元单一流水线、基本运营总作业链接模块单元单一流水线、基本运营总作业专用模块单元相似流水线、基本运营总作业模块单元相似流水线的设备操作、人员操作、人员与设备操作。企业集成具体模块单元和联合模块单元价值链管理流程操作类型、企业集成模块组模块单元和总作业模块单元价值链管理流程操作类型如表 8 - 2 - 5 和表 8 - 2 - 6 所示。

表 8 - 2 - 5 企业集成具体模块单元和联合模块单元价值链管理流程操作类型

操作名称	模块单元层次类型	同层次模块单元类型	流水线类型	操作类型
JTCZ	具体模块单元	通用模块单元	相似	设备
JTCZ	具体模块单元	通用模块单元	相似	人
JTCZ	具体模块单元	通用模块单元	相似	人员与设备
JLCZ	具体模块单元	链接模块单元	相似	设备
JLCZ	具体模块单元	链接模块单元	相似	人
JLCZ	具体模块单元	链接模块单元	相似	人员与设备
JZCZ	具体模块单元	专用模块单元	可变	设备
JZCZ	具体模块单元	专用模块单元	可变	人
JZCZ	具体模块单元	专用模块单元	可变	人员与设备
LTCZ	联合模块单元	通用模块单元	相似	设备
LTCZ	联合模块单元	通用模块单元	相似	人
LTCZ	联合模块单元	通用模块单元	相似	人员与设备
LLCZ	联合模块单元	链接模块单元	相似	设备
LLCZ	联合模块单元	链接模块单元	相似	人
LLCZ	联合模块单元	链接模块单元	相似	人员与设备
LZCZ	联合模块单元	专用模块单元	混合	设备
LZCZ	联合模块单元	专用模块单元	混合	人
LZCZ	联合模块单元	专用模块单元	混合	人员与设备

表 8 - 2 - 6 企业集成模块组模块单元和总作业模块单元价值链管理流程操作类型

操作名称	模块单元层次类型	同层次模块单元类型	流水线类型	操作类型
MTCZ	模块组模块单元	通用模块单元	单一	设备
MTCZ	模块组模块单元	通用模块单元	单一	人
MTCZ	模块组模块单元	通用模块单元	单一	人员与设备

操作名称	模块单元层次类型	同层次模块单元类型	流水线类型	操作类型
MLCZ	模块组模块单元	链接模块单元	单一	设备
MLCZ	模块组模块单元	链接模块单元	单一	人
MLCZ	模块组模块单元	链接模块单元	单一	人员与设备
MZCZ	模块组模块单元	专用模块单元	混合	设备
MZCZ	模块组模块单元	专用模块单元	混合	人
MZCZ	模块组模块单元	专用模块单元	混合	人员与设备
ZTCZ	总作业模块单元	通用模块单元	单一	设备
ZTCZ	总作业模块单元	通用模块单元	单一	人
ZTCZ	总作业模块单元	通用模块单元	单一	人员与设备
ZLCZ	总作业模块单元	链接模块单元	单一	设备
ZLCZ	总作业模块单元	链接模块单元	单一	人
ZLCZ	总作业模块单元	链接模块单元	单一	人员与设备
ZZCZ	总作业模块单元	专用模块单元	相似	设备
ZZCZ	总作业模块单元	专用模块单元	相似	人
ZZCZ	总作业模块单元	专用模块单元	相似	人员与设备

在理解企业集成运营价值链管理流程操作的基础上，需要进一步明确模块单元流水线操作在企业集成战略引导下的运作。企业集成运营价值链管理流程机器操作、人员操作、人员与设备操作围绕延迟策略操作、精益操作、智能操作三者融合操作进行，需要确定延迟策略操作、精益操作、智能操作三者融合操作在设备操作、人员操作、人员与设备操作中的体现，确定与关键任务的关系，确定这些操作的企业集成运营价值链管理流程任务归属。在此基础上，对这些操作重要性进行评价，进一步进行操作难度的评价，为进行操作的重点性研究和难点的解决打下基础。操作重要性评价可以采用评级的方式进行，操作难度的评价需要结合模块单元流水线的特性和具体实际进行评价。有顾客接触的模块单元流水线操作的评价需要结合与顾客接触中与顾客互动、顾客体验的环境下进行评价，评价需要围绕顾客满意度，从对顾客服务的规范、行为、形象方面进行操作重要性的评价。企业集成运营价值链管理流程操作评价如表 8 - 2 - 7 所示。

企业集成运营价值链管理流程操作是一项系统工程，为了顺利进行这项工程，需要能够对操作进行比较，找出相似部分的操作，找出不同部分的操作，这样有利于企业集成运营价值链管理流程操作环节运作，有利于操作环节培养。为此，需要从整体上进行机器操作方式、人员操作方式、人机操作方式的归类，然后进行相同操作方式下的操作环节的比较，得出相似的和不同的操作环节。企业集成运营价值链管理流程操作比较如表 8 - 2 - 8 所示。

表 8 - 2 - 7　企业集成运营价值链管理流程操作评价

操作名称	模块单元层次类型	流水线类型	操作融合类型	与关键任务关系	体现的任务	操作重要性评价	操作难度评价
J1	具体模块单元	可变	延迟策略	J1G	J1R	J1Z	J1N
			精益	J2G	J2R	J2Z	J2N
			智能	J3G	J3R	J3Z	J3N
			融合	J4G	J4R	J4Z	J4N
J2	具体模块单元	混合	延迟策略	J2G	J2R	J2Z	J2N
			精益	J3G	J3R	J3Z	J3N
			智能	J4G	J4R	J4Z	J4N
			融合	J5G	J5R	J5Z	J5N
L1	联合模块单元	混合	延迟策略	L1G	L1R	L1Z	L1N
			精益	L2G	L2R	L2Z	L2N
			智能	L3G	L3R	L3Z	L3N
			融合	L4G	L4R	L4Z	L4N
M1	模块组模块单元	混合	延迟策略	M1G	M1R	M1Z	M1N
			精益	M2G	M2R	M2Z	M2N
			智能	M3G	M3R	M3Z	M3N
			融合	M4G	M4R	M4Z	M4N
Z1	总作业模块单元	相似	延迟策略	Z1G	Z1R	Z1Z	Z1N
			精益	Z2G	Z2R	Z2Z	Z2N
			智能	Z3G	Z3R	Z3Z	Z3N
			融合	Z4G	Z4R	Z4Z	Z4N

表 8 - 2 - 8　企业集成运营价值链管理流程操作比较

操作名称	模块单元层次类型	同层次模块单元类型	流水线类型	操作类型	操作相似	操作不同
JTCZ	具体模块单元	通用模块单元	相似	设备	JTCZS	JTCZB
JLCZ	具体模块单元	链接模块单元	相似	设备	JLCZS	JLCZB
JZCZ	具体模块单元	专用模块单元	可变	设备	JZCZS	JZCZB
LTCZ	联合模块单元	通用模块单元	相似	设备	LTCZS	LTCZB
LLCZ	联合模块单元	链接模块单元	相似	设备	LLCZS	LLCZB
LZCZ	联合模块单元	专用模块单元	混合	设备	LZCZS	LZCZB
MTCZ	模块组模块单元	通用模块单元	单一	设备	MTCZS	MTCZB
MLCZ	模块组模块单元	链接模块单元	单一	设备	MLCZS	MLCZB
MZCZ	模块组模块单元	专用模块单元	混合	设备	MZCZS	MZCZB
ZTCZ	总作业模块单元	通用模块单元	单一	设备	ZTCZS	ZTCZB

操作名称	模块单元层次类型	同层次模块单元类型	流水线类型	操作类型	操作相似	操作不同
ZLCZ	总作业模块单元	链接模块单元	单一	设备	ZLCZS	ZLCZB
ZZCZ	总作业模块单元	专用模块单元	相似	设备	ZZCZS	ZZCZB
JTCZ	具体模块单元	通用模块单元	相似	人	JTCZS	JTCZB
JLCZ	具体模块单元	链接模块单元	相似	人	JLCZS	JLCZB
JZCZ	具体模块单元	专用模块单元	可变	人	JZCZS	JZCZB
LTCZ	联合模块单元	通用模块单元	相似	人	LTCZS	LTCZB
LLCZ	联合模块单元	链接模块单元	相似	人	LLCZS	LLCZB
LZCZ	联合模块单元	专用模块单元	混合	人	LZCZS	LZCZB
MTCZ	模块组模块单元	通用模块单元	单一	人	MTCZS	MTCZB
MLCZ	模块组模块单元	链接模块单元	单一	人	MLCZS	MLCZB
MZCZ	模块组模块单元	专用模块单元	混合	人	MZCZS	MZCZB
ZTCZ	总作业模块单元	通用模块单元	单一	人	ZTCZS	ZTCZB
ZLCZ	总作业模块单元	链接模块单元	单一	人	ZLCZS	ZLCZB
ZZCZ	总作业模块单元	专用模块单元	相似	人	ZZCZS	ZZCZB
JTCZ	具体模块单元	通用模块单元	相似	人员与设备	JTCZS	JTCZB
JLCZ	具体模块单元	链接模块单元	相似	人员与设备	JLCZS	JLCZB
JZCZ	具体模块单元	专用模块单元	可变	人员与设备	JZCZS	JZCZB
LTCZ	联合模块单元	通用模块单元	相似	人员与设备	LTCZS	LTCZB
LLCZ	联合模块单元	链接模块单元	相似	人员与设备	LLCZS	LLCZB
LZCZ	联合模块单元	专用模块单元	混合	人员与设备	LZCZS	LZCZB
MTCZ	模块组模块单元	通用模块单元	单一	人员与设备	MTCZS	MTCZB
MLCZ	模块组模块单元	链接模块单元	单一	人员与设备	MLCZS	MLCZB
MZCZ	模块组模块单元	专用模块单元	混合	人员与设备	MZCZS	MZCZB
ZTCZ	总作业模块单元	通用模块单元	单一	人员与设备	ZTCZS	ZTCZB
ZLCZ	总作业模块单元	链接模块单元	单一	人员与设备	ZLCZS	ZLCZB
ZZCZ	总作业模块单元	专用模块单元	相似	人员与设备	ZZCZS	ZZCZB

操作包括不同层次的具体模块单元可变流水线、具体模块单元混合流水线、联合模块单元混合流水线、模块组模块单元混合流水线、总作业模块单元相似流水线单一流运作的设备、人员、人机、信息融合操作,具体模块单元的通用模块单元相似流水线、具体模块单元链接模块单元相似流水线、具体模块单元专用模块单元隐形流水线、具体模块单元专用模块单元可变流水线单一流运作的设备、人员、人机、信息融合操作,联合模块单元的通用模块单元相似流水线、联合模块单元的通用模块单元单一流水线、联合模块单元链接模块单元相似流水线、联合模块单元专用模块单元可变流水

线、联合模块单元专用模块单元混合流水线单一流运作的设备、人员、人机、信息融合操作，模块组模块单元的通用模块单元单一流水线、模块组模块单元链接模块单元单一流水线、模块组模块单元专用模块单元混合流水线单一流运作的设备、人员、人机、信息融合操作，总作业模块单元的通用模块单元单一流水线、总作业链接模块单元单一流水线、总作业专用模块单元相似流水线单一流运作的设备、人员、人机、信息融合操作。

（二）企业集成运营价值链管理流程操作原则、操作等级和操作类型

企业集成运营价值链管理流程操作的原则如下：

1. 能动性

企业集成基本运营活动、企业集成供应链或者服务链活动、企业集成管理活动、企业集成信息活动的设备操作、人员操作、人员与设备操作方式进行延迟策略和强化延迟策略、后拉动流程、后拉动价值、智能运作，这些运作能从操作人员能动出发进行操作，使这些操作更加符合企业集成运营价值链管理流程的要求。工作重塑理论强调员工为提高工作意义实施的自发行为（刘颖等，2018）。

2. 分层性

企业集成基本运营活动、企业集成供应链或者服务链活动、企业集成管理活动、企业集成信息活动的设备操作、人员操作、人员与设备操作方式进行延迟策略和强化延迟策略、后拉动流程、后拉动价值、智能运作，这些运作相互独立，每一部分都有其独立的内容，需要独立操作要求。由此需要这些操作按照延迟策略和强化延迟策略、后拉动流程、后拉动价值到智能运作的顺序进行分层的操作，完成每一部分的要求。

3. 融合性

企业集成基本运营活动、企业集成供应链或者服务链活动、企业集成管理活动、企业集成信息活动的设备操作、人员操作、人员与设备操作方式进行延迟策略和强化延迟策略、后拉动流程、后拉动价值、智能运作，这些运作相互联系，融合成一体，有着融合性操作要求。由此需要这些操作将延迟策略和强化延迟策略、后拉动流程、后拉动价值、智能运作融合起来进行融合的操作，完成融合性操作要求。

4. 省力性

企业基本运营精益智能的基本运营具体模块单元流水线、联合模块单元流水线、模块组模块单元流水线、总作业模块单元流水线和企业基本运营精益智能的通用模块单元流水线、链接模块单元流水线、专用模块单元流水线任务运作中，有些操作人工运作会很费力，需要尽量采用设备进行操作，用设备替代人力，减少人力运用。

5. 省人工性

企业基本运营精益智能基本运营各类模块单元流水线任务运作中，其任务若完全依赖人工运作，很难进行运作，必须借助于工装、自动化的辅助设备，甚至是智能设备，才能够完整地进行作业任务运作。需要工装、自动化设备、智能设备的辅助，完

整地进行企业集成运营价值链管理流程操作。

6. 省时性

企业基本运营精益智能基本运营各类模块单元流水线任务运作，采用一般的操作方式，虽然能够进行企业基本运营精益智能基本运营各类模块单元流水线任务运作，但时间会很长，会延误顾客需求对时间要求。需要改变企业集成运营价值链管理流程操作方式，提高操作效率，满足顾客对时间的要求。

7. 协作性

企业基本运营精益智能基本运营各类模块单元流水线任务运作采用的是单一流水线的运作方式，这种运作方式需要单一流水线中的作业任务之间具有紧密的协作关系，需要其中的团队和成员进行单一流水线操作时，能够相互之间进行紧密的协作，共同进行企业集成运营价值链管理流程操作，完成企业集成运营价值链管理流程任务。

8. 互动性

有顾客接触的企业基本运营精益智能基本运营各类模块单元流水线任务运作时，需要员工在进行操作时，直接面对顾客，能够与顾客进行互动的操作。只有这样，企业在基本运营精益智能基本运营各类模块单元流水线任务中才能真正地融入顾客，根据顾客的需求进行企业集成运营价值链管理流程操作，完成有顾客接触的企业集成运营价值链管理流程操作任务。

9. 体验性

有顾客接触的企业基本运营精益智能基本运营各类模块单元流水线任务运作时，需要注重顾客的体验特性，让顾客更多地介入流水线运作之中，使顾客对流水线的体验更为深刻，有助于完成有顾客接触的企业集成运营价值链管理流程操作任务。

10. 自判性

企业基本运营精益智能基本运营各类模块单元流水线任务运作中由于采用了智能运作，智能运作与大数据相结合，通过智能的设备学习的方式建立自身运作的体系，由此企业集成运营价值链管理流程运作具备智能自判断功能，使企业集成运营价值链管理流程操作可以进行自判断的操作，进行自完善，能动地完成企业集成运营价值链管理流程任务。

11. 共创性

企业模块单元流水线进行的各种操作都是以顾客为驱动进行的操作，这些操作需要按照顾客的需求进行，需要与顾客共同创造的操作。尤其对于顾客接触的企业模块单元流水线进行的各种操作更需要注重与顾客共同创造的特性，与顾客一起共创，完成模块单元流水线运作。

企业集成基本运营具体模块单元、基本运营联合模块单元、基本运营模块组模块单元、基本运营总作业模块单元和基本运营通用模块单元、基本运营链接模块单元、基本运营专用模块单元的各类流水线价值链管理流程操作方式视角包括动作、融合、行动、工装与设备、基本运营流程、开发与设计流程、模块品目、信息系统。动作是进行企业集成基本运营管理活动所需要采用的动作；融合是企业延迟策略运作、精益运作、智能运作融合；行动是以行为判断为基础的行动；工装与设备是企业集成基本运营管理活动所需要的工装与设备；基本运营流程是企业集成模块单元各类流水线运作；开发与设计流程是对企业基本运营流程进行产品开发与设计的流程；模块品目是企业集成基本运营流程运作对象；信息系统是指 MES、ERP、MBE 信息系统。

企业集成基本运营具体模块单元、基本运营联合模块单元、基本运营模块组模块单元、基本运营总作业模块单元和基本运营通用模块单元、基本运营链接模块单元、基本运营专用模块单元的各类流水线价值链管理流程操作类型分为机器操作、人员操作、人员与机器操作。机器操作分为一般机器操作、人员看管机器操作、顾客参与机器操作；人员操作分为一般人员操作、人员工具操作、顾客接触人员操作、顾客接触人员工具操作、顾客参与操作、顾客参与工具操作；人员与机器操作分为一般人员与机器操作、顾客接触人员与机器操作、顾客参与机器操作、人员界面操作、顾客接触人员界面操作、顾客参与界面操作。

企业集成基本运营模块单元流水线价值链管理流程的一般机器操作是只有机器进行的操作，没有或者很少有专门人员进行机器日常看管，操作的主体是机器，各类机器按照模块单元流水线要求和各自不同的特性，进行日常的机器操作，日常看管由监控系统负责，监控系统具有机器出现问题的监控能力和与之相关的处理能力，一般机器操作按照机器操作规范进行运作。人员看管机器操作是机器进行日常运作时，需要在一定的间隔时间内由专门的人员看管机器运作，操作的主体是机器，各类机器按照模块单元流水线要求和各自不同的特性，进行日常的机器运作，虽然操作的主体是机器，但需要有与之日常运作密切相关的专门人员进行设备的看管，看管人员具备机器出现问题的监控能力和进行问题处理的能力，人员看管机器操作按照人员看管机器规范进行运作。顾客参与机器操作是机器进行日常运作时，顾客进行机器操作，操作的主体是顾客，顾客按照模块单元流水线要求和机器各自不同的特性，进行日常操作，但需要保证机器处于正常的运作状态，对出现问题的机器能及时监管和处理，顾客参与机器操作按照顾客参与机器操作规范进行运作。

一般人员操作是人员进行日常运作时，只需要人员进行纯手工运作的操作，操作的主体是人员，人员按照模块单元流水线要求进行日常运作，人员具备出现问题的监控能力和进行问题处理的能力，一般人员操作按照人员操作动作规范、协作规范进行运作。人员工具操作是人员进行日常运作时，需要人员运用工具进行运作的操作，操作的主体是人员，人员按照模块单元流水线要求进行日常运作，人员具备出现问题的监控能力和进行问题处理的能力，一般人员操作按照人员运用工具操作动作规范、协作规范进行运作。顾客接触人员操作是人员进行日常运作时，需要人员与顾客接触进行人员运作，运作的主体是人员，接触的对象是顾客，需要从顾客角度出发，按照模块单元流水线要求进行人员运作，人员具备与顾客接触过程中对问题预见能力和问题处理的能力，顾客接触人员操作按照人员动作规范、语言规范、穿着规范、氛围规范、协作规范、顾客心理与消费行为分析进行运作。顾客接触人员工具操作是人员进行日常运作时，需要人员与顾客接触进行人员运用工具进行运作，运作的主体是人员，接触的对象是顾客，需要从顾客角度出发，按照模块单元流水线要求进行人员运作，人员具备与顾客接触过程中对问题预见能力和问题处理的能力，顾客接触人员操作按照人员工具运用动作规范、语言规范、穿着规范、氛围规范、协作规范、顾客心理与消费行为分析进行运作。顾客参与操作是顾客进行日常运作操作，操作的主体是顾客，顾客按照模块单元流水线要求进行日常运作，顾客操作按照顾客操作动作规范进行运作。顾客参与工具操作是顾客运用工具进行日常运作操作，操作的主体是顾客，顾客按照模块单元流水线要求进行日常运作，顾客操作按照顾客操作工具动作规范进行运作。

　　一般人员与机器操作是人员进行日常运作时，需要人员进行机器操作，操作的主体是人员，操作对象是机器，人员按照模块单元流水线要求进行日常运作，人员具备出现问题的监控能力和进行问题处理的能力，一般人员与机器操作按照人员机器操作动作规范、协作规范进行运作。顾客接触人员与机器操作是人员进行日常运作时，需要人员操作机器与顾客接触进行运作，运作的主体是人员，接触的对象是顾客，需要从顾客角度出发，按照模块单元流水线要求进行人员操作机器运作，人员具备与顾客接触、机器运用过程中对问题预见能力和问题处理的能力，顾客接触人员与机器操作按照人员机器操作动作规范、语言规范、穿着规范、氛围规范、协作规范、顾客心理与消费行为分析进行运作。顾客参与机器操作是顾客操作机器进行日常运作操作，操作的主体是顾客，顾客按照模块单元流水线要求进行日常运作，顾客参与机器操作按照顾客操作机器动作规范进行运作。人员界面操作是人员进行日常运作时，需要人员进行界面操作，操作的主体是人员，操作对象是界面，人员按照模块单元流水线要求进行日常运作，人员具备运用界面时出现问题的监控能力和进行问题处理的能力，人员界面操作按照人员操作动作规范、协作规范进行运作。顾客接触人员界面操作是人员进行日常运作时，需要人员操作界面与顾客接触进行运作，运作的主体是人员，接触的对象是顾客，需要从顾客角度出发，按照模块单元流水线要求进行人员操作界面运作，人员具备与顾客接触、界面运用过程中对问题预见能力和问题处理的能力，顾客接触人员与机器操作按照人员界面操作动作规范、语言规范、穿着规范、氛围规范、协作规范、顾客心理与消费行为分析进行运作。顾客参与界面操作是顾客操作界面进行日常运作操作，操作的主体是顾客，顾客按照模块单元流水线要求进行日常运作，顾客参与界面操作按照顾客操作界面动作规范进行运作。

　　企业集成运营管理流程需要注重的任务是企业集成具体、联合、模块组、总作业模块单元和通用、链接、专用模块单元流程接口作业操作类型，企业集成供应链或者服务链流程接口作业操作类型，企业模块单元流程要素接口作业操作类型，企业集成模块单元管理流程接口作业操作类型，这样才能有效地促进企业集成运营管理流程运作。

企业集成顾客接触场内员工服务流程、顾客接触场内设备服务流程、顾客接触场外设备服务流程、顾客接触电子服务流程模块单元流程的人员、人员与设备、设备、电子设备的操作是在顾客环境接触服务、顾客服务氛围接触服务、员工和设备与电子设备对顾客行为分析与判断服务、员工和设备与电子设备与顾客互动服务、员工和设备与电子设备对顾客细致服务、顾客对员工和设备与电子设备服务体验服务、服务补救服务与顾客直接接触中进行操作，需要注重行为、态度。需要重点进行企业集成顾客接触流程服务起始关键时刻的顾客与服务环境初始接触关键时刻、顾客与服务氛围初始接触关键时刻、员工与顾客初始接触关键时刻、设备与顾客初始接触关键时刻、电子设备与顾客初始接触关键时刻和服务运作关键时刻包括是否接受服务关键时刻、服务价值判断关键时刻、服务反馈关键时刻、是否再次接受服务关键时刻、服务问题关键时刻的人员、人员与设备、设备、电子设备的操作。

企业集成运营价值链管理流程机器操作的一般机器操作、人员看管机器操作、顾客参与机器操作和自动化机器操作、智能机器操作方式。一般机器操作、人员看管机器操作、顾客参与机器操作、自动化机器操作、智能机器操作与动作关联的程度越来越高。一般机器操作、人员看管机器操作、顾客参与机器操作、自动化机器操作与行动之间关联关系不高，智能机器操作与行动有较高关联关系。一般机器操作、人员看管机器操作、顾客参与机器操作、自动化机器操作与融合关联关系不高，智能机器操作与融合有较高关联关系。一般机器操作、人员看管机器操作、顾客参与机器操作、自动化机器操作、智能机器操作与工装与设备、基本运营流程之间和开发与设计流程之间关联程度越来越高。一般机器操作、人员看管机器操作、顾客参与机器操作、自动化机器操作与模块品目和信息系统之间关联关系不高，智能机器操作与模块品目和信息系统之间关联关系较高。根据这些关联关系由低到高，确定机器操作、人员看管机器操作、顾客参与机器操作级别为1级，自动化机器操作、智能机器操作级别分别为2级、3级。

企业集成运营价值链管理流程人员操作方式分为人员操作的一般人员操作、人员工具操作、顾客接触人员操作、顾客接触人员工具操作、顾客参与操作、顾客参与工具操作和精益人员操作、集成人员操作。一般人员操作，人员工具操作，顾客接触人员操作，顾客接触人员工具操作，顾客参与操作，顾客参与工具操作与动作、融合、行动之间，工装与设备之间，基本运营流程之间和开发与设计流程之间关联关系不高；精益人员操作、集成人员操作与行动之间、工装与设备之间、基本运营流程之间和开发与设计流程之间关联关系较高。一般人员操作、人员工具操作、顾客接触人员操作、顾客接触人员工具操作、顾客参与操作、顾客参与工具操作、精益人员操作与模块品目之间和信息系统之间关联关系不高；集成人员操作与模块品目之间和信息系统之间关联关系高。根据这些关联关系由低到高，确定一般人员操作、人员工具操作、顾客接触人员操作、顾客接触人员工具操作、顾客参与操作、顾客参与工具操作人员操作等级为1，精益人员操作、集成人员操作等级分别为2级、3级。

企业集成运营价值链管理流程人员操作方式分为一般人员与机器操作、顾客接触人员与机器操作、顾客参与机器操作、人员界面操作、顾客接触人员界面操作、顾客参与界面操作和精益人员与机器操作、集成人员与机器操作。一般人员与机器操作，顾客接触人员与机器操作，顾客参与机器操作，人员界面操作，顾客接触人员界面操作，顾客参与界面操作人员与机器操作与动作、融合、行动之间，工装与设备之间，基本运营流程之间和开发与设计流程之间关联关系不高；精益人员与机器操作，集成人员与机器操作与动作、融合、行动、工装与设备之间，基本运营流程之间和开发与设计流程之间关联关系较高。一般人员与机器操作、顾客接触人员与机器操作、顾客参与机器操作、人员界面操作、顾客接触人员界面操作、顾客参与界面操作、精益人员与机器操作与模块品目之间和信息系统之间关联关系不高；集成人员与机器操作与模块品目之间和信息系统之间关联关系高。根据这些关联关系由低到高，确定一般人员与机器操作、顾客接触人员与机器操作、顾客参与机器操作、人员界面操作、顾客接触人员界面操作、顾客参与界面操作等级为1级，精益人员与机器操作、集成人员与机器操作等级分别为2级、3级。企业集成运营价值链管理流程操作等级如表8-2-9所示。

表8-2-9　企业集成运营价值链管理流程操作等级

操作等级	操作类型	动作	融合	行动	工装与设备	基本运营流程	开发与设计流程	模块品目	信息系统
1	机器	不高	不高	不高	不高	不高	不高	不高	不高
2	自动化机器	较高	不高	不高	较高	较高	较高	不高	不高
3	智能机器	高	较高	较高	高	高	高	较高	较高
1	人员	不高	不高	不高	不高	不高	不高	不高	不高
2	精益人员	较高	较高	较高	较高	较高	较高	不高	不高
3	集成人员	高	高	高	高	高	高	高	高
1	人员与机器	不高	不高	不高	不高	不高	不高	不高	不高
2	精益人员与机器	较高	较高	较高	较高	较高	较高	不高	不高
3	集成人员与机器	高	高	高	高	高	高	高	高

企业集成运营价值链管理流程操作运作时，需要针对企业集成模块单元流水线不同的操作难度和衔接环节的操作难度进行针对性的运作。企业集成模块单元流水线操作的难度可以采用难度评分法进行评价，分值越高，企业集成模块单元流水线不同的操作和衔接环节的操作就越难。企业集成同一层次模块单元流水线操作难度、企业集成不同层次模块单元流水线操作难度如表8-2-10、表8-2-11所示。

表 8 - 2 - 10　企业集成同一层次模块单元流水线操作难度

人员操作、人员与机器操作				
具体模块单元	可变流水线操作	通用模块单元	链接模块单元	专用模块单元
		相似流水线操作	相似流水线操作	可变流水线操作
	D20	B11	B10	D22
联合模块单元	混合流水线操作	通用模块单元	链接模块单元	专用模块单元
		相似流水线操作	相似流水线操作	可变流水线操作
	C10	B9	B8	D21
模块组模块单元	混合流水线操作	通用模块单元	链接模块单元	专用模块单元
		单一流水线操作	单一流水线操作	混合流水线操作
	C9	A4	A3	C12
总作业模块单元	相似流水线操作	通用模块单元	链接模块单元	专用模块单元
		单一流水线操作	单一流水线操作	相似流水线操作
	B6	A2	A1	B7

表 8 - 2 - 11　企业集成不同层次模块单元流水线操作难度

人员操作、人员与机器操作						
具体模块单元	联合模块单元	模块组模块单元	总作业模块单元	具体和联合模块单元	具体、联合、模块组模块单元	整体模块单元
可变流水线操作	混合流水线操作	混合流水线操作	相似流水线操作	混合流水线操作	混合流水线操作	混合流水线操作
D14	C10	C9	B8	C17	C16	C15

　　根据不同的流水线复杂特性、不同类型模块单元复杂特性、不同层次模块单元的流水线复杂特性，由此带来的模块单元流水线操作难度的不同，进行不同模块单元流水线操作难度由高到低的排序如下：具体模块单元专用模块单元隐形流水线操作难度最高。可变流水线的具体模块单元专用模块单元可变流水线操作难度为可变流水线中最高，其次为联合模块单元专用模块单元可变流水线操作、具体模块单元可变流水线操作。混合流水线的联合模块单元专用模块单元混合流水线操作难度最高，其次为具体模块单元混合流水线操作，具体、联合局部模块单元混合流水线操作，具体、联合、模块组局部模块单元混合流水线操作，具体、联合、模块组、总作业整体模块单元混合流水线操作，模块组模块单元专用模块单元混合流水线操作，联合模块单元混合流水线操作，模块组模块单元混合流水线操作。相似流水线的具体模块单元的通用模块单元相似流水线操作难度最高，其次为具体模块单元链接模块单元相似流水线操作、联合模块单元的通用模块单元相似流水线操作、联合模块单元链接模块单元相似流水线操作、总作业专用模块单元相似流水线操作、总作业模块单元相似流水线操作。单

一流水线的联合模块单元的通用模块单元单一流水线操作难度最高，其次为模块组模块单元的通用模块单元单一流水线操作、模块组模块单元链接模块单元单一流水线操作、总作业模块单元的通用模块单元单一流水线操作、总作业链接模块单元单一流水线操作。

制造类企业需要确定企业集成具体模块单元的通用模块单元相似流水线、具体模块单元链接模块单元相似流水线、具体模块单元专用模块单元隐形流水线、具体模块单元可变流水线、联合模块单元的通用模块单元相似流水线、联合模块单元链接模块单元相似流水线、联合模块单元专用模块单元可变流水线、联合模块单元混合流水线、模块组模块单元的通用模块单元单一流水线、模块组模块单元链接模块单元单一流水线、模块组模块单元专用模块单元混合流水线、模块组模块单元混合流水线、总作业模块单元的通用模块单元单一流水线、总作业链接模块单元单一流水线、总作业专用模块单元相似流水线、总作业模块单元相似流水线的企业集成运营价值链管理流程机器操作、人员操作、人员与机器操作类型并进行评价，明确企业集成运营价值链管理流程操作原则，对机器操作、自动化机器操作、智能机器操作类型，对人员操作、精益人员操作、集成人员操作类型，对人员与机器操作、精益人员与机器操作、集成人员与机器操作类型确定等级。制造类企业集成基本制造流程、开发与设计流程、采购流程模块单元流水线进行一般机器操作、人员看管机器操作、一般人员操作、人员工具操作、一般人员与机器操作、人员界面操作、顾客参与界面操作。

制造性服务企业需要确定企业集成具体模块单元的通用模块单元相似流水线、具体模块单元链接模块单元相似流水线、具体模块单元专用模块单元隐形流水线、具体模块单元可变流水线、联合模块单元的通用模块单元相似流水线、联合模块单元链接模块单元相似流水线、联合模块单元专用模块单元可变流水线、联合模块单元混合流水线、模块组模块单元的通用模块单元单一流水线、模块组链接模块单元单一流水线、模块组专用模块单元混合流水线、模块组模块单元相似流水线的企业集成运营价值链管理流程机器操作、人员操作、人员与机器操作类型并进行评价，明确企业集成运营价值链管理流程操作原则，对机器操作、自动化机器操作、智能机器操作类型，对人员操作、精益人员操作、集成人员操作类型，对人员与机器操作、精益人员与机器操作、集成人员与机器操作类型确定等级。制造性服务企业进行一般机器操作、人员看管机器操作、顾客参与机器操作、一般人员操作、人员工具操作、顾客接触人员操作、顾客接触人员工具操作、顾客参与操作、顾客参与工具操作、一般人员与机器操作、顾客接触人员与机器操作、顾客参与机器操作、人员界面操作、顾客接触人员界面操作、顾客参与界面操作。

一般服务企业、设计性服务企业、中间性服务企业、一般纯服务企业需要确定企业集成具体模块单元的通用模块单元相似流水线、具体模块单元专用模块单元可变流水线、具体模块单元混合流水线、联合模块单元的通用模块单元单一流水线、联合模块单元专用模块单元混合流水线、联合模块单元混合流水线的企业集成运营价值链管理流程机器操作、人员操作、人员与机器操作类型并进行评价，明确企业集成运营价值链管理流程操作原则，对机器操作、自动化机器操作、智能机器操作类型，对人员操作、精益人员操作、集成人员操作类型，对人员与机器操作、精益人员与机器操作、集成人员与机器操作类型确定等级。一般服务企业进行一般机器操作、人员看管机器操作、一般人员操作、人员工具操作、一般人员与机器操作、人员界面操作、顾客接触人员界面操作、顾客参与界面操作。设计性服务企业、中间性服务企业进行人员界面操作、顾客参与界面操作。一般纯服务企业进行一般人员操作、人员工具操作、顾客接触人员操作、顾客接触人员工具操作、顾客参与操作、顾客参与工具操作、人员界面操作、顾客接触人员界面操作、顾客参与界面操作。一般纯服务企业操作是在企业集成顾客接触场内员工服务流程、顾客接触场内设备服务流程、顾客接触场外设备服务流程、顾客接触电子服务流程模块单元流程的顾客接触中进行运作，需要注重对顾客的行为和态度。

第三节 企业运营价值链管理流程人体测量、工作空间与环境设计

一、企业集成运营价值链管理流程人体测量

企业模块单元延迟策略和强化延迟策略、后拉动流程、后拉动价值、智能运作需要作业更协调运作，通过操作方式、操作作业难度、操作作业之间接口来体现。具体体现在操作方式与动作、行动、融合、工装与设备之间，与基本运营流程之间，与开发与设计流程、模块品目、信息系统之间关联关系越强，人体测量要求越准确，越能够协调运作；作业难度越大，人体测量要求越准确，越能够协调运作；接口融入的操作难度加大，人体测量要求越准确，越能够协调运作。具有顾客的操作，需要考虑顾客的要求，人体测量要求越准确，越能够协调运作。

一般机器操作、人员看管机器操作、一般人员操作、人员工具操作、一般人员与机器操作、人员界面操作对人体正中矢状面、冠状面、水平面、法兰克福平面测量准确度要求不高，对人体坐高、立姿和坐姿眼高以及伸手向上的人体各部位的高度测量准确度要求不高，对人体主要尺寸、人体立姿尺寸、人体坐姿尺寸、人体水平尺寸资料的准确度要求不高，对不同姿态功能修正量、操作功能修正量、穿着功能修正量、心理功能修正量要求准确度不高。顾客参与机器操作、顾客接触人员操作、顾客接触人员工具操作、顾客参与操作、顾客参与工具操作、顾客接触人员与机器操作、顾客接触人员界面操作、顾客参与界面操作对人体正中矢状面、冠状面、水平面、法兰克

福平面测量准确度要求较高，对人体坐高、立姿和坐姿眼高以及伸手向上的人体各部位的高度测量准确度要求较高，对人体主要尺寸、人体立姿尺寸、人体坐姿尺寸、人体水平尺寸资料的准确度要求较高，对不同姿态功能修正量、操作功能修正量、穿着功能修正量、心理功能修正量要求准确度较高。自动化机器操作、精益人员操作、精益人员与机器操作对人体正中矢状面、冠状面、水平面、法兰克福平面测量准确度要求高，对人体坐高、立姿和坐姿眼高以及伸手向上的人体各部位的高度测量准确度要求高，对人体主要尺寸、人体立姿尺寸、人体坐姿尺寸、人体水平尺寸资料的准确度要求高，对不同姿态功能修正量、操作功能修正量、穿着功能修正量、心理功能修正量要求准确度高。智能机器操作、集成人员操作、集成人员与机器操作对人体正中矢状面、冠状面、水平面、法兰克福平面测量准确度要求很高，对人体坐高、立姿和坐姿眼高以及伸手向上的人体各部位的高度测量准确度要求很高，对人体主要尺寸、人体立姿尺寸、人体坐姿尺寸、人体水平尺寸资料的准确度要求很高，对不同姿态功能修正量、操作功能修正量、穿着功能修正量、心理功能修正量要求准确度很高。详细的人体测量数据对于做出明智和负责任的设计决策很有价值（Deneau & Duquette，2018）。

从具体模块单元专用模块单元隐形流水线操作开始，具体模块单元专用模块单元可变流水线操作，联合模块单元专用模块单元可变流水线操作，具体模块单元可变流水线操作，联合模块单元专用模块单元混合流水线操作，具体模块单元混合流水线操作，具体、联合局部模块单元混合流水线操作，具体、联合、模块组局部模块单元混合流水线操作，具体、联合、模块组、总作业整体模块单元混合流水线操作，模块组模块单元专用模块单元混合流水线操作，联合模块单元混合流水线操作，模块组模块单元混合流水线操作，具体模块单元的通用模块单元相似流水线操作，具体模块单元链接模块单元相似流水线操作，联合模块单元的通用模块单元相似流水线操作，联合模块单元链接模块单元相似流水线操作，总作业专用模块单元相似流水线操作，总作业模块单元相似流水线操作，联合模块单元的通用模块单元单一流水线操作，模块组模块单元的通用模块单元单一流水线操作，模块组模块单元链接模块单元单一流水线操作，总作业模块单元的通用模块单元单一流水线操作直到总作业链接模块单元单一流水线操作的难度越来越小，对人体正中矢状面、冠状面、水平面、法兰克福平面测量准确度，人体坐高、立姿和坐姿眼高以及伸手向上的人体各部位的高度，人体主要尺寸、人体立姿尺寸、人体坐姿尺寸、人体水平尺寸资料的准确度不同姿态功能修正量、操作功能修正量、穿着功能修正量、心理功能修正量要求准确度越来越低。

具体模块单元可变流水线自身接口作业和通用、链接、专用接口作业，具体模块单元混合流水线自身接口作业和通用、链接、专用接口作业，联合模块单元混合流水线自身接口作业和通用、链接、专用接口作业，模块组模块单元混合流水线自身接口作业和通用、链接、专用接口作业，总作业模块单元相似流水线内作业接口作业和通用、链接、专用接口作业，整体和局部模块单元混合流水线自身接口作业和通用、链接、专用接口作业对人体正中矢状面、冠状面、水平面、法兰克福平面测量，人体坐高、立姿和坐姿眼高以及伸手向上的人体各部位的高度，人体主要尺寸、人体立姿尺寸、人体坐姿尺寸、人体水平尺寸资料不同姿态功能修正量、操作功能修正量、穿着功能修正量、心理功能修正量有准确要求。

模块单元流水线开发与设计价值链流程自身接口作业、采购价值链流程自身接口作业、仓储价值链流程自身接口作业、销售价值链流程自身接口作业和作业之间接口作业，模块单元流水线作业和接口作业、作业间接口作业、供应链或者服务链作业和接口作业、要素作业和要素作业接口作业、管理作业和管理接口作业之间形成的接口作业，模块单元流水线计划自身接口作业、组织自身接口作业、领导自身接口作业、控制自身接口作业、创新自身接口作业和之间接口作业，模块单元流水线物流自身接口作业、商流自身接口作业、人力资源自身接口作业、设备维护与维修自身接口作业、质量运作自身接口作业、价值运作自身接口作业、信息平台自身接口作业和之间的接口作业对人体正中矢状面、冠状面、水平面、法兰克福平面测量，人体坐高、立姿和坐姿眼高以及伸手向上的人体各部位的高度有准确要求，对人体主要尺寸、人体立姿尺寸、人体坐姿尺寸、人体水平尺寸不同姿态功能修正量、操作功能修正量、穿着功能修正量、心理功能修正量有准确要求。

（一）企业集成运营价值链管理流程人体测量基础

企业集成运营价值链管理流程操作需要在延迟策略和强化延迟策略、后拉动流程、后拉动价值、智能运作中考虑操作的分层性、融合性、省力性、省人工性、省时性、协作性、互动性、体验性、自判性、共创性进行，需要以细致的人体测量为基础，只有进行完备的人体测量，才能更好地进行各类操作。人体测量需要从人体测量基准面开始。人体测量基准面包括矢状面、正中矢状面、冠状面、水平面。矢状面是铅垂轴和纵轴的平面和所有与其平行的平面；正中矢状面是通过人体正中线的矢状面，正中矢状面将人体分为左右对称的部分；冠状面是铅垂轴和横轴的平面和所有与其平行的平面；冠状面将人体分为前后两部分；水平面是与矢状面和冠状面同时垂直的所有平面，水平面将人体分为上下两部分；法兰克福平面是通过左、右耳屏点及右眼眶下点的水平面。

企业集成运营价值链管理流程人体测量姿势有立姿和坐姿。立姿要求被测者挺胸直立，眼睛平视前方，肩部放松，上肢自然下垂，手伸直，手掌朝向体侧，手指轻贴大腿侧面，膝部自然伸直，左右足跟并拢，前端分开，两足成45°角左右，体重均匀分布于两足。坐姿要求被测者头部以法兰克福平面定位，眼睛平视前方，左右大腿大致平行，腿弯曲大致成直角，足平放在地面上，手放在大腿上。进行立姿和坐姿测量时，需要站立平面和坐的椅面水平和稳固，测量时要求裸测或者穿尽量少的衣服进行测量。

企业集成运营价值链管理流程人体测量可以通过人体测高仪测量身高、坐高、立姿和坐姿眼高以及伸手向上的人体各部位的高度。可以通过人体测量用直角规测量直线距离，特别适合测量不规则部分的距离。可以通过人体测量用弯角规测量不能用直尺直接测量的脸点之间的距离。当前人体测量已经发展到新的高度，可以采用非接触式的光学与计算机信息技术进行人体测量，这种测量能够测量人体的细节部分，测量数据更加丰富。测量时不受内衣颜色影响，测量精度更高；测量的数据可根据需要扩大，可以随时调用，方便人体测量分析；测量的时间缩短、测量效率提高。

企业集成基本运营和相关价值链管理流程人体测量反映人体基本的测量量。我国 GB10000-1988《中国成年人人体尺寸》给出人体测量基本尺寸（薛伟和蒋祖华，2017）。企业集成基本运营具体模块单元、基本运营联合模块单元、基本运营模块组模块单元、基本运营总作业模块单元和基本运营通用模块单元、基本运营链接模块单元、基本运营专用模块单元的各类流水线价值链管理流程与企业集成基本运营流程相关价值链管理流程基本尺寸包括人体主要尺寸、立姿人体尺寸、坐姿人体尺寸、人体水平尺寸。人体主要尺寸包括人体的身高、体重、上臂长、前臂长、大腿长、小腿长。以三维人体测量技术为基础，建立能反映不同国家、地域人体尺寸数据库，对于企业集成运营管理流程员工操作有着十分积极的现实意义（李珂悦，2019）。根据这些人体测量尺寸，创建了全面和可比较的数据列表（Nadadur & Raschke，2016）。企业集成基本运营和相关价值链管理流程人体主要尺寸如表8-3-1所示。

表8-3-1　企业集成基本运营和相关价值链管理流程人体主要尺寸

	男（18~60岁）							女（18~55岁）						
	1	5	10	50	90	95	99	1	5	10	50	90	95	99
身高（毫米）	1543	1583	1604	1678	1754	1775	1814	1449	1484	1503	1570	1640	1659	1697
体重（千克）	44	48	50	59	71	75	83	39	42	44	52	63	66	74
上臂长（毫米）	279	289	294	313	333	338	349	252	262	267	284	303	308	319
前臂长（毫米）	206	216	220	237	253	258	268	185	193	198	213	229	234	242
大腿长（毫米）	413	428	436	465	496	505	523	387	402	410	438	467	476	494
小腿长（毫米）	324	338	344	369	396	403	419	300	313	319	344	370	376	390

企业集成运营价值链管理流程人体测量立姿人体尺寸包括人体的眼高、肩高、肘高、手功能高、会阴高、胫骨点高尺寸，企业集成基本运营和相关价值链管理流程人

体立姿尺寸如表 8 - 3 - 2 所示。

表 8 - 3 - 2　企业集成基本运营和相关价值链管理流程人体立姿尺寸　单位：毫米

	男（18~60岁）							女（18~55岁）						
	1	5	10	50	90	95	99	1	5	10	50	90	95	99
眼高	1436	1474	1495	1568	1643	1664	1705	1337	1371	1388	1454	1522	1541	1579
肩高	1244	1281	1299	1367	1435	1455	1494	1166	1195	1211	1271	1333	1350	1385
肘高	925	954	968	1024	1079	1096	1128	873	899	913	960	1009	1023	1050
手功能高	656	680	693	741	787	801	828	630	650	662	704	746	757	778
会阴高	701	728	741	790	840	856	887	648	673	686	732	779	792	819
胫骨点高	394	409	417	444	472	481	498	363	377	384	410	437	444	459

企业集成运营价值链管理流程人体测量坐姿人体尺寸包括人体的坐高、坐姿颈椎点高、坐姿眼高、坐姿肩高、坐姿肘高、坐姿大腿厚、坐姿膝高、小腿加足高、坐深、臀膝距、坐姿下肢长尺寸，企业集成基本运营和相关价值链管理流程人体坐姿尺寸如表 8 - 3 - 3 所示。

表 8 - 3 - 3　企业集成基本运营和相关价值链管理流程人体坐姿尺寸　单位：毫米

	男（18~60岁）							女（18~55岁）						
	1	5	10	50	90	95	99	1	5	10	50	90	95	99
坐高	836	858	870	908	947	958	979	789	809	819	855	891	901	920
坐姿颈椎点高	599	615	624	657	691	701	719	563	579	587	617	648	657	675
坐姿眼高	729	749	761	798	836	847	868	678	695	704	739	773	783	803
坐姿肩高	539	557	566	598	631	641	659	504	518	526	556	585	594	609
坐姿肘高	214	228	235	263	291	298	312	201	215	223	251	277	284	299
坐姿大腿厚	103	112	116	130	146	151	160	107	113	117	130	146	151	160
坐姿膝高	441	456	464	493	523	532	549	410	424	431	458	485	493	507
小腿加足高	372	383	389	413	439	448	463	331	342	350	382	399	405	417
坐深	407	421	429	457	486	494	510	388	401	408	433	461	469	485
臀膝距	499	515	524	554	585	595	613	481	495	502	529	561	570	587
坐姿下肢长	892	921	937	992	1046	1063	1096	826	851	865	912	960	975	1005

企业集成运营价值链管理流程人体测量人体水平尺寸包括人体的胸宽、胸厚、肩宽、最大肩宽、臀宽、坐姿臀宽、坐姿两肘间宽、胸围、腰围、臀围尺寸，企业集成基本运营和相关价值链管理流程人体水平尺寸如表 8 - 3 - 4 所示。

表8-3-4　企业集成基本运营和相关价值链管理流程人体水平尺寸　单位：毫米

	男（18~60岁）							女（18~55岁）						
	1	5	10	50	90	95	99	1	5	10	50	90	95	99
胸宽	242	253	259	280	307	315	331	219	233	239	260	289	299	319
胸厚	176	186	191	212	237	245	261	159	170	176	199	230	239	260
肩宽	330	344	351	375	397	403	415	304	320	328	351	371	377	387
最大肩宽	383	398	405	431	460	469	486	347	363	371	397	428	438	458
臂宽	273	282	288	306	327	334	346	275	290	296	317	340	346	360
坐姿臂宽	284	295	300	321	347	355	369	295	310	318	344	374	382	400
坐姿两肘间宽	353	371	381	422	473	489	518	326	348	360	404	460	478	509
胸围	762	791	806	867	944	970	1018	717	745	760	825	919	949	1005
腰围	620	650	665	735	859	895	960	622	659	680	772	904	950	1025
臂围	780	805	820	875	948	970	1009	795	824	840	900	975	1000	1044

（二）企业集成运营价值链管理流程人体测量方法

企业集成运营价值链管理流程延迟策略和强化延迟策略、后拉动流程、后拉动价值、智能运作中的人体测量都是在一定的工作空间进行，空间是人体测量存在的基础，人体测量本身与企业集成运营价值链管理流程空间设计直接联系的部分包括人体体积和人体表面积，这是进行企业集成运营价值链管理流程空间设计所需要的人体本身测量基础。企业集成运营价值链管理流程人体体积和人体表面积测算公式如下：

$$V = 1.015W - 4.937 \tag{8-3-1}$$
$$B = 0.024H^{0.4225}W^{0.5146} \tag{8-3-2}$$

式中，W为人体体重，H为人体身高。

企业集成运营价值链管理流程人体测量可以运用双限值测量和单限值测量进行。双限值测量需要使用大、小百分位数，得出上、下限值。这种类型的测量，需要两个人的尺寸百分位数作为尺寸上、下限值的依据，尺寸需要进行调节，才能满足不同的人使用。需要一个大百分位数和一个小百分位数。单限值测量分为三种类型：只需要一个人体尺寸百分位数作为尺寸上限值依据；只需要一个人体尺寸百分位数作为尺寸下限值依据；只需要一个人体尺寸第50百分位数作为尺寸依据。

企业集成运营价值链管理流程人体测量百分位数对于一般的人体测量，大、小百分位数分别选P_{95}和P_5；对于涉及健康和安全的设计，大百分位数分别选P_{99}和P_1；对于一般的人体测量，大、小百分位数分别选P_{90}和P_{10}；对于通用人体测量，大百分位数分别选P_{90}、P_{95}、P_{99}，小百分位数分别选P_{10}、P_5、P_1。企业集成运营价值链管理流程人体测量值、测量Z值、测量的百分率测算公式如下：

$$X_\alpha = \overline{X} \pm S_D K_\alpha \qquad\qquad\qquad (8-3-3)$$

$$Z = \frac{X_i - \overline{X}}{S_D} \qquad\qquad\qquad (8-3-4)$$

$$P = 0.5 + s \qquad\qquad\qquad (8-3-5)$$

式中，$\overline{X}$ 为人体测量平均值、S_D 为人体测量标准差、K_α 为人体测量变换系数、s 为人体测量概率数值。

F 公司企业集成运营价值链管理流程人体测量平均值为 1693 毫米，标准差为 53.2 毫米，百分位数为 10%，计算适用尺寸。有员工身高为 1710 毫米，计算百分比。

适用尺寸下限 $X_{10} = \overline{X} - S_D K_{10} = 1624.80$

适用尺寸上限 $X_{90} = \overline{X} + S_D K_{90} = 1761.20$

$$Z = \frac{X_i - \overline{X}}{S_D} = 0.3196$$

百分比 $P = 0.5 + s = 0.5914$

企业集成运营价值链管理流程人体测量可以通过功能量来进行。人体基本功能量因受到种族、地区、性别和年龄等的影响而不同；不同的年代所反映出来的数据也有不同，需要结合不同的实际情况进行人体测量。不同的民族可能在人体测量学上表现出不同的维度。

基本功能量需要经过功能修正量修正。功能修正量包括不同姿态功能修正量、操作功能修正量、穿着功能修正量、心理功能修正量。不同姿态功能修正量进行测量的状态往往与实际的状态有区别，进行实际状态下的人体测量时需要进行修正。如进行人体测量时，一般要求人体为笔直的状态，而实际上人体进行工作时都是一种放松的状态，这时立姿的身高、眼高一般减 10 毫米，坐姿的坐高、眼高减 44 毫米。人行走时，某个时间点脚跟离地，高度存在波动，这时身高增加 90 毫米。操作功能修正量指人体进行操作时，操作的方式、操作的器具不同都有可能带来不同的人体测量状态，进行操作时的人体测量，需要结合操作的方式和操作器具时人体状态的不同，进行人体测量的修正。如考虑操作修正量时，应以上肢前展长为依据，而上肢前展长是后背至中指尖点的距离，因而对操作不同器具要有不同的修正，对按钮开关可减 12 毫米。穿着功能修正量指人体的裸体测量与着装的测量不同，基本功能量是以裸体测量为基础，进行着装测量时，需要进行修正。心理功能修正量指人体进行各种活动时，都有所熟悉的心理状态，这种心理状态直接影响着人体测量。进行人体测量时，需要考虑这种心理状态进行修正。如人们的"空间压抑感"、"高度恐惧感"的这种心理，进行工作设计时，要考虑这种心理状态，进行必要的修正。经过修正的功能量为最佳功能量。最佳功能量测算公式如下：

$$S_Z = S_\alpha + \Delta f + \Delta p \qquad\qquad\qquad (8-3-6)$$

式中，S_Z 为最佳功能量、S_α 为基本功能量、Δf 为功能修正量、Δp 为心理修正量。

制造类企业集成具体模块单元、联合模块单元、模块组模块单元、总作业模块单元和通用模块单元、链接模块单元、专用模块单元的各类流水线和相关流程模块单元流水线价值链管理流程，制造性服务企业集成具体模块单元、联合模块单元、模块组模块单元和通用模块单元、链接模块单元、专用模块单元的各类流水线和相关流程模块单元流水线价值链管理流程，一般服务企业、设计性服务企业、纯服务企业集成具体模块单元、联合模块单元和通用模块单元、专用模块单元的各类流水线和相关流程模块单元流水线价值链管理流程，进行企业集成运营价值链管理流程人体测量基础确立，进行企业集成运营价值链管理流程人体体积、人体表面积、人体测量值、测量 Z 值、测量的百分率测算。

二、企业集成运营价值链管理流程作业空间设计与工具设计

企业集成运营价值链管理流程作业是在一定空间进行的，需要针对空间的主体员工和顾客进行设计（郭复和钱省三，2019）。进行企业集成模块单元流水线价值链管理流程延迟策略和强化延迟策略、后拉动流程、后拉动价值、智能运作操作类型中的人员看管机器操作、顾客参与机器操作、一般人员操作、人员工具操作、顾客接触人员操作、顾客接触人员工具操作、顾客参与操作、顾客参与工具操作、一般人员与机器操作、顾客接触人员与机器操作、人员界面操作、顾客接触人员界面操作、顾客参与界面操作属于员工和顾客参与作业空间和工具设计。模块单元流水线的有关人体测量准确性为企业集成运营价值链管理流程作业空间设计与工具设计打下了基础。

（一）企业集成运营价值链管理流程坐姿操作工作空间设计

企业集成运营价值链管理流程坐姿操作是以企业集成具体模块单元、联合模块单元、模块组模块单元、总作业模块单元和通用模块单元、链接模块单元、专用模块单元的各类流水线和相关流程模块单元流水线价值链管理流程所进行延迟策略和强化延迟策略、后拉动流程、后拉动价值、智能运作的坐姿操作。与站姿操作相比，采用坐姿进行模块单元流水线操作的员工身体放松，呈自然运作状态，员工进行操作时，身体位置平衡，不易产生疲劳，模块单元流水线操作稳定。企业集成运营价值链管理流程坐姿操作能够进行长时间操作，但由于操作空间有限，适合操作范围和操作控制力不大的运作。由于模块单元流水线坐姿操作时间过长，对员工人体腰部产生不利影响。

企业集成运营价值链管理流程坐姿操作工作空间由坐姿水平操作空间和坐姿垂直操作空间构成。坐姿水平操作空间和坐姿垂直操作空间都由最大界限坐姿操作空间和正常坐姿操作空间组成。最大界限坐姿操作空间是员工进行模块单元流水线坐姿操作极限操作构成的空间；正常坐姿操作空间是员工进行模块单元流水线坐姿操作正常操作构成的空间。最大界限坐姿操作空间是员工进行模块单元流水线坐姿操作难受空间，正常坐姿操作空间是员工进行模块单元流水线坐姿操作舒适空间，员工进行模块单元流水线最大界限坐姿操作空间操作的疲劳速度要比员工进行模块单元流水线正常坐姿操作空间操作的疲劳速度快得多。

企业集成运营价值链管理流程最大界限坐姿水平操作空间进行模块单元流水线坐姿操作的员工的上肢完全伸直，以员工左、右肩峰点为圆心，员工上肢为半径，员工左右肢形成的两个圆，将两个圆交叉的部分确定为模块单元流水线最大界限坐姿水平操作空间。企业集成运营价值链管理流程正常坐姿水平操作空间进行模块单元流水线坐姿操作的员工的肘部不是固定在一点，是沿着1/4弧进行模块单元流水线坐姿操作，操作轨迹接近于长幅外摆线，操作范围是最为适宜的操作空间，将这一操作空间确定为模块单元流水线正常坐姿水平操作空间。

企业集成运营价值链管理流程最大界限坐姿垂直操作空间是进行模块单元流水线坐姿操作的员工以员工人体垂直轴为中心所形成的最大界限垂直界面，将这一界面确定为模块单元流水线最大界限坐姿垂直操作空间。企业集成运营价值链管理流程正常坐姿垂直操作空间进行模块单元流水线坐姿操作的员工以员工人体垂直轴为中心所形成的梯形垂直界面，将这一界面确定为模块单元流水线正常坐姿垂直操作空间。员工在模块单元流水线最大界限坐姿水平和垂直操作空间操作时，肩部、上臂、肘关节和前臂均处于紧张状态，操作难度大，很容易产生疲惫感；员工在模块单元流水线正常坐姿水平和垂直操作空间操作时，肩部、上臂、肘关节和前臂均处于放松状态，操作难度小，不容易产生疲惫感。

企业集成运营价值链管理流程坐姿操作工作空间是模块单元流水线不同的坐姿操作工作空间。模块单元流水线坐姿操作类型中，员工灵活操作越强，坐姿操作工作空间就越大；与顾客接触的操作越强，坐姿操作工作空间就越大。模块单元流水线操作类型中，模块单元流水线操作难度越大，坐姿操作工作空间就越大。

企业集成模块单元流水线坐姿操作类型中的人员看管机器操作、一般人员与机器操作、顾客接触人员与机器操作、人员界面操作的总作业模块单元链接模块单元单一流水线操作、总作业模块单元通用模块单元单一流水线操作、模块组模块单元链接模块单元单一流水线操作、模块组模块单元通用模块单元单一流水线操作的坐姿水平和垂直操作工作空间由于操作最稳定，操作难度最小，属于正常坐姿水平和垂直操作工作空间。企业集成模块单元流水线坐姿操作类型中的一般人员操作、人员工具操作、顾客参与机器操作、顾客参与界面操作、顾客接触人员界面操作和企业集成模块单元流水线操作类型中的联合模块单元链接模块单元相似流水线操作、联合模块单元通用模块单元相似流水线操作、具体模块单元链接模块单元相似流水线操作、具体模块单元通用模块单元相似流水线操作、总作业模块单元相似流水线操作、总作业模块单元专用模块单元相似流水线操作由于操作稳定，操作难度较小，属于正常和跨越小部分正常界限的坐姿水平和垂直操作工作空间。企业集成模块单元流水线坐姿操作类型中的顾客接触人员操作、顾客接触人员工具操作和企业集成模块单元流水线操作类型中的模块组模块单元混合流水线操作、联合模块单元混合流水线操作、整体模块单元混合流水线操作、模块组模块单元专用模块单元混合流水线操作由于操作较稳定，操作难度较大，属于正常和跨越大部分正常界限的坐姿水平和垂直操作工作空间。企业集成模块单元流水线坐姿操作类型中的顾客参与操作、顾客参与工具操作和具体模块单元可变流水线操作、联合模块单元专用模块单元可变流水线操作、模块单元专用模块单元隐形流水线操作由于操作灵活，操作难度大，属于最大界限的坐姿水平和垂直操作工作空间。

企业集成模块单元流水线坐姿操作类型中的具体模块单元可变流水线、具体模块单元混合流水线、联合模块单元混合流水线、模块组模块单元混合流水线、总作业模块单元相似流水线、整体和局部模块单元混合流水线自身接口作业和通用、链接、专用接口作业的人员看管机器操作、一般人员与机器操作、顾客接触人员与机器操作、顾客接触人员界面操作由于操作灵活，操作难度大，属于正常和最大界限的坐姿水平和垂直操作工作空间。

人员看管机器、一般人员与机器、顾客接触人员与机器、顾客接触人员界面进行模块单元流水线开发与设计价值链流程、采购价值链流程、仓储价值链流程、销售价值链流程自身接口作业之间的接口作业操作，进行模块单元流水线物流、商流、人力资源、设备维护与维修、质量运作、价值运作、信息平台自身接口作业之间的接口作业操作，进行模块单元流水线计划、组织、领导、控制、创新自身接口作业之间的接口作业操作，进行模块单元流水线作业和接口作业、作业间接口作业、供应链或者服务链作业和接口作业、要素作业和要素作业接口作业、管理作业和管理接口作业之间形成的接口作业操作由于操作灵活，操作难度大，属于最大界限的坐姿水平和垂直操作工作空间。

企业集成运营价值链管理流程坐姿操作工作空间设计中的同层模块单元流水线坐姿操作类型和模块单元流水线操作类型划分是进行坐姿操作工作空间设计基准，需要以这一基准为基础进行坐姿操作工作空间设计调整。模块单元流水线操作类型由难度小到难度大的每一层都有由难度小到难度大的坐姿操作类型不同层次的内容，使企业集成运营价值链管理流程坐姿操作工作空间设计层次更为具体。

若模块单元流水线操作类型层次少于坐姿操作工作空间设计基准的模块单元流水线操作类型层次，需要将坐姿操作类型按照由操作难度小到操作难度大进行排序，将整合后的坐姿操作类型与模块单元流水线操作类型统一起来，确定企业集成运营价值链管理流程坐姿操作工作空间。若模块单元流水线操作类型层次多于坐姿操作工作空间设计基准的模块单元流水线操作类型层次，需要将模块单元流水线操作类型按照由操作难度小到操作难度大进行排序，将整合后的模块单元流水线操作类型与模块单元流水线坐姿操作类型统一起来，确定企业集成运营价值链管理流程坐姿操作工作空间。若模块单元流水线操作类型层次和模块单元流水线坐姿操作类型层次都少于基准层次，则需要按照基准设计的模块单元流水线操作类型层次与坐姿操作类型层次对应，确定企业集成运营价值链管理流程坐姿操作工作空间。这一调整更符合企业特性和实际。

（二）企业集成运营价值链管理流程立姿操作工作空间设计

企业集成运营价值链管理流程立姿操作是以企业集成具体模块单元、联合模块单元、模块组模块单元、总作业模块单元和通用模块单元、链接模块单元、专用模块单元的各类流水线和相关流程模块单元流水线价值链管理流程所进行延迟策略和强化延迟策略、后拉动流程、后拉动价值、智能运作的立姿操作。员工进行模块单元流水线立姿操作如果时间过长，身体大部分的重量分布到腿部、膝关节和足部，血液会集中于腿部，使腿部产生沉重感，员工会感到疲倦，但模块单元流水线立姿操作对腰部和椎间盘影响小于坐姿操作。

企业集成运营价值链管理流程最大界限立姿水平操作空间和正常立姿水平操作空间与坐姿的最大界限坐姿水平操作空间和正常坐姿水平操作空间类似。企业集成运营价值链管理流程最大界限立姿垂直操作空间是进行模块单元流水线立姿操作的员工以肩关节为中心，臂的长度为半径所画出的圆弧所形成的最大界限垂直界面，将这一界面确定为模块单元流水线最大界限立姿垂直操作空间。企业集成运营价值链管理流程正常立姿垂直操作空间是进行模块单元流水线立姿操作的员工以 300 毫米为半径画出的圆弧所形成的垂直界面，将这一界面确定为模块单元流水线正常立姿垂直操作空间。员工进行模块单元流水线最大界限立姿水平和垂直操作空间操作时，腿部、膝关节、足部、肩部、上臂、肘关节和前臂均处于紧张状态，操作难度大，很容易产生疲惫感。员工进行模块单元流水线正常立姿水平和垂直操作空间操作时，腿部、膝关节、足部、肩部、上臂、肘关节和前臂均处于放松状态，操作难度小，不容易产生疲惫感。

企业集成运营价值链管理流程立姿操作工作空间是模块单元流水线不同的立姿操作工作空间。模块单元流水线立姿操作类型中，员工灵活操作越强，立姿操作工作空间就越大；与顾客接触的操作越强，立姿操作工作空间就越大。模块单元流水线操作类型中，模块单元流水线操作难度越大，立姿操作工作空间就越大。

企业集成模块单元流水线立姿操作类型中的一般人员与机器操作、顾客接触人员与机器操作的总作业模块单元链接模块单元单一流水线操作、总作业模块单元通用模块单元单一流水线操作、模块组模块单元链接模块单元单一流水线操作、模块组模块单元通用模块单元单一流水线操作的立姿水平和垂直操作工作空间由于操作最稳定，操作难度最小，属于正常立姿水平和垂直操作工作空间。企业集成模块单元流水线立姿操作类型中的一般人员操作、人员工具操作、顾客参与机器操作和企业集成模块单元流水线操作类型中的联合模块单元链接模块单元相似流水线操作、联合模块单元通用模块单元相似流水线操作、具体模块单元链接模块单元相似流水线操作、具体模块单元通用模块单元相似流水线操作、总作业模块单元相似流水线操作、总作业模块单元专用模块单元相似流水线操作由于操作稳定，操作难度较小，属于正常和跨越小部分正常界限的立姿水平和垂直操作工作空间。企业集成模块单元流水线立姿操作类型中的顾客接触人员操作、顾客接触人员工具操作和企业集成模块单元流水线操作类型中的模块组模块单元混合流水线操作、联合模块单元混合流水线操作、整体模块单元混合流水线操作、模块组模块单元专用模块单元混合流水线操作由于操作较稳定，操作难度较大，属于正常和跨越大部分正常界限的立姿水平和垂直操作工作空间。企业集成模块单元流水线立姿操作类型中的顾客参与操作、顾客参与工具操作和具体模块单元可变流水线操作、联合模块单元专用模块单元可变流水线操作、具体模块单元专用模块单元隐形流水线操作由于操作灵活，操作难度大，属于最大界限的立姿水平和垂直操作工作空间。

企业集成模块单元流水线立姿操作类型中的具体模块单元可变流水线、具体模块单元混合流水线、联合模块单元混合流水线、模块组模块单元混合流水线、总作业模块单元相似流水线、整体和局部模块单元混合流水线自身接口作业和通用、链接、专用接口作业的人员看管机器操作、一般人员与机器操作、顾客接触人员与机器操作、顾客接触人员界面操作由于操作灵活，操作难度大，属于最大界限的立姿水平和垂直操作工作空间。

人员看管机器、一般人员与机器、顾客接触人员与机器、顾客接触人员界面进行模块单元流水线开发与设计价值链流程、采购价值链流程、仓储价值链流程、销售价值链流程自身接口作业和作业之间接口作业操作，进行模块单元流水线物流、商流、人力资源、设备维护与维修、质量运作、价值运作、信息平台自身接口作业之间的接口作业操作，进行模块单元流水线计划、组织、领导、控制、创新自身接口作业之间接口作业操作，进行模块单元流水线作业和接口作业、作业间接口作业、供应链或者服务链作业和接口作业、要素作业和要素作业接口作业、管理作业和管理接口作业之间形成的接口作业操作由于操作灵活，操作难度大，属于最大界限的立姿水平和垂直操作工作空间。

企业集成运营价值链管理流程立姿操作工作空间设计中的同层模块单元流水线立姿操作类型和模块单元流水线操作类型划分是进行立姿操作工作空间设计基准，需要以这一基准为基础进行立姿操作工作空间设计调整。模块单元流水线操作类型由难度小到难度大的每一层都有立姿操作类型不同层次的内容，使企业集成运营价值链管理流程立姿操作工作空间设计层次更为具体。

立姿操作工作空间设计与模块单元流水线操作类型层次直接相关，若操作类型层次少于立姿操作工作空间设计基准的操作类型层次，需要将模块单元流水线立姿操作类型按照由难度小到难度大排序，进行相邻立姿操作类型难度排序的整合，一并将整合后的立姿操作类型与模块单元流水线立姿操作类型统一，确定企业集成运营价值链管理流程立姿操作工作空间。若操作类型层次多于立姿操作工作空间设计基准操作类型层次，需要将操作类型按照由难度小到难度大排序，进行相邻操作类型难度排序的整合，一并将整合后的模块单元流水线操作类型与模块单元流水线立姿操作类型统一，确定企业集成运营价值链管理流程立姿操作工作空间。若操作类型层次和立姿操作类型层次都少于基准层次，则需要按照立姿操作类型层次与操作类型层次对应，确定企业集成运营价值链管理流程立姿操作工作空间。

（三）企业集成运营价值链管理流程坐立姿交替操作工作空间设计

企业集成运营价值链管理流程坐立姿交替操作是以企业集成具体模块单元、联合模块单元、模块组模块单元、总作业模块单元和通用模块单元、链接模块单元、专用模块单元的各类流水线和相关流程模块单元流水线价值链管理流程所进行延迟策略和强化延迟策略、后拉动流程、后拉动价值、智能运作的坐立姿交替操作。与坐姿、立姿操作相比，坐立姿交替操作是进行坐姿、立姿两种操作，具有坐姿、立姿所具有的操作特性。

企业集成运营价值链管理流程坐立姿交替操作工作空间由坐立姿交替水平操作空间和坐立姿交替垂直操作空间构成。坐立姿交替水平操作空间和坐立姿交替垂直操作空间都由最大界限坐立姿交替操作空间和正常坐立姿交替操作空间组成。最大界限坐立姿交替操作空间是员工进行模块单元流水线坐立姿交替操作极限操作构成的空间；正常坐立姿交替操作空间是员工进行模块单元流水线坐立姿交替操作正常操作构成的空间。企业集成运营价值链管理流程最大界限坐立姿交替水平操作空间与最大界限坐姿水平操作空间相类似。企业集成运营价值链管理流程最大界限坐立姿交替垂直操作空间与最大界限立姿垂直操作空间相类似。企业集成运营价值链管理流程正常坐立姿交替水平操作空间与正常坐姿水平操作空间相类似。企业集成运营价值链管理流程正常坐立姿交替垂直操作空间与正常立姿垂直操作空间相类似。员工进行模块单元流水线最大界限坐立姿交替水平和垂直操作空间操作时，操作难度大，很容易产生疲惫感。员工进行模块单元流水线正常坐立姿交替水平和垂直操作空间操作时，操作难度小，不容易产生疲惫感。

企业集成运营价值链管理流程坐立姿交替操作工作空间是模块单元流水线不同的坐立姿交替操作工作空间。模块单元流水线坐立姿交替操作类型中，人员灵活操作越强，坐立姿交替操作工作空间就越大；与顾客接触的操作越强，坐立姿交替操作工作空间就越大。模块单元流水线操作类型中，模块单元流水线操作难度越大，坐立姿交替操作工作空间就越大。

企业集成模块单元流水线坐立姿交替操作类型中的一般人员与机器操作、顾客接触人员与机器操作的总作业模块单元链接模块单元单一流水线操作、总作业模块单元通用模块单元单一流水线操作、模块组模块单元链接模块单元单一流水线操作、模块组模块单元通用模块单元单一流水线操作的坐立姿交替水平和垂直操作工作空间由于操作最稳定，操作难度最小，属于正常坐立姿交替水平和垂直操作工作空间。企业集成模块单元流水线坐立姿交替操作类型中的一般人员操作、人员工具操作和企业集成模块单元流水线操作类型中的联合模块单元链接模块单元相似流水线操作、联合模块单元通用模块单元相似流水线操作、具体模块单元链接模块单元相似流水线操作、具体模块单元通用模块单元相似流水线操作、总作业模块单元相似流水线操作、总作业模块单元专用模块单元相似流水线操作由于操作稳定，操作难度较小，属于正常和跨越小部分正常界限的坐立姿交替水平和垂直操作工作空间。企业集成模块单元流水线坐立姿交替操作类型中的顾客接触人员操作、顾客接触人员工具操作和企业集成模块单元流水线操作类型中的模块组模块单元混合流水线操作、联合模块单元混合流水线操作、整体模块单元混合流水线操作、模块组模块单元专用模块单元混合流水线操作由于操作较稳定，操作难度较大，属于正常和跨越大部分正常界限的坐立姿交替水平和垂直操作工作空间。企业集成模块单元流水线坐立姿交替操作类型中的顾客参与操作、顾客参与工具操作和具体模块单元可变流水线操作、联合模块单元专用模块单元可变流水线操作、具体模块单元专用模块单元隐形流水线操作由于操作灵活较高，操作难度较大，属于最大界限的坐立姿交替和垂直操作工作空间。

　　企业集成模块单元流水线坐姿操作类型中的具体模块单元可变流水线、具体模块单元混合流水线、联合模块单元混合流水线、模块组模块单元混合流水线、总作业模块单元相似流水线、整体和局部模块单元混合流水线自身接口作业和通用、链接、专用接口作业的一般人员与机器操作、顾客接触人员与机器操作由于操作灵活，操作难度大，属于最大界限的坐立姿交替和垂直操作工作空间。

　　一般人员与机器、顾客接触人员与机器进行模块单元流水线开发与设计价值链流程、采购价值链流程、仓储价值链流程、销售价值链流程自身接口作业和作业之间接口作业操作，进行模块单元流水线物流、商流、人力资源、设备维护与维修、质量运作、价值运作、信息平台自身接口作业之间的接口作业操作，进行模块单元流水线计划、组织、领导、控制、创新自身接口作业之间的接口作业操作，进行模块单元流水线作业和接口作业、作业间接口作业、供应链或者服务链作业和接口作业、要素作业和要素作业接口作业、管理作业和管理接口作业之间形成的接口作业操作，由于操作灵活，操作难度大，属于最大界限的坐立姿交替和垂直操作工作空间。

　　企业集成运营价值链管理流程坐立姿交替操作工作空间设计中的同层模块单元流水线坐立姿交替操作类型和模块单元流水线操作类型划分是进行坐立姿交替操作工作空间设计的基准，需要以这一基准为基础进行坐立姿交替操作工作空间设计调整。模块单元流水线操作类型由操作难度小到操作难度大的每一层次有坐立姿交替操作类型不同层次的内容，形成不同层次的坐立姿交替操作类型，使企业集成运营价值链管理流程坐立姿交替操作工作空间设计层次更为具体。

　　若模块单元流水线操作类型层次少于坐立姿交替操作工作空间设计基准的模块单元流水线操作类型层次，需要将坐立姿交替操作类型按照由操作难度小到操作难度大排序，将整合后的坐立姿交替操作类型与模块单元流水线操作类型统一起来，确定企业集成运营价值链管理流程坐立姿交替操作工作空间。若模块单元流水线操作类型层次多于坐立姿交替操作工作空间设计基准的模块单元流水线操作类型层次，需要将模块单元流水线操作类型按照由操作难度小到操作难度大排序，将整合后的模块单元流水线操作类型与模块单元流水线坐立姿交替操作类型统一起来，确定企业集成运营价值链管理流程坐立姿交替操作工作空间。若模块单元流水线操作类型层次和模块单元流水线坐立姿交替操作类型层次都少于基准层次，则需要按照基准设计的模块单元流水线操作类型层次与坐立姿交替操作类型层次对应，确定企业集成运营价值链管理流程坐立姿交替操作工作空间。这一调整更符合企业特性和实际。

（四）企业集成运营价值链管理流程操作工作台面高度设计

企业集成运营价值链管理流程操作工作台面高度是企业集成具体模块单元、联合模块单元、模块组模块单元、总作业模块单元和通用模块单元、链接模块单元、专用模块单元的各类流水线和相关流程模块单元流水线价值链管理流程所进行延迟策略和强化延迟策略、后拉动流程、后拉动价值、智能运作的坐姿、立姿、坐立姿交替操作中所需要的工作台面高度。

企业集成模块单元流水线坐姿操作工作台面高度设计，从操作者舒适的角度来看，员工将小臂下倾放在坐姿操作工作台面上的操作是自然的操作，将企业集成模块单元流水线坐姿操作工作台面高度设计在肘部以下 50～100 毫米。如果模块单元流水线坐姿操作是负荷较重的作业，坐姿操作工作台面高度设计需低于肘部以下 50～100 毫米。如果模块单元流水线坐姿操作是负荷较轻的精致作业，坐姿操作工作台面高度设计需高于肘部以下 50～100 毫米。

企业集成模块单元流水线立姿操作工作台面高度设计，从操作者舒适的角度来看，同样员工将小臂下倾放在立姿操作工作台面上的操作是自然的操作，将企业集成模块单元流水线立姿操作工作台面高度设计在肘部以下 10～50 毫米，由此确定的立姿操作工作台面高度男员工高度为 850～900 毫米、女员工为 800～850 毫米。如果模块单元流水线立姿操作是负荷较重的作业，立姿操作工作台面高度男员工高度为 700～850 毫米、女员工为 650～800 毫米。如果模块单元流水线坐姿操作是负荷较轻的精致作业，立姿操作工作台面高度男员工高度为 950～1050 毫米、女员工为 900～1000 毫米。

企业集成模块单元流水线坐立姿交替操作工作台面高度设计，模块单元流水线坐姿操作时，以企业集成模块单元流水线坐姿操作工作台面高度设计在肘部以下 50～100 毫米为基准进行设计。模块单元流水线立姿操作时，以企业集成模块单元流水线立姿操作工作台面高度设计男员工高度为 850～900 毫米、女员工为 800～850 毫米为基准进行设计。根据模块单元流水线操作作业负荷轻重，与企业集成模块单元流水线坐、立姿操作工作台面高度设计调整类似。

企业集成运营价值链管理流程坐姿、立姿、坐立姿交替操作工作台面高度是模块单元流水线不同的坐姿、立姿、坐立姿交替立姿操作工作台面高度。模块单元流水线坐姿、立姿、坐立姿交替操作类型中，人员灵活操作越强，坐姿、立姿、坐立姿交替操作工作台面高度变化就越大；顾客接触的操作越强，坐姿、立姿、坐立姿交替操作工作台面高度变化就越大。模块单元流水线操作类型中，模块单元流水线操作难度越大，坐姿、立姿、坐立姿交替操作工作台面高度变化就越大。

企业集成模块单元流水线坐姿操作类型中的人员看管机器操作、一般人员与机器操作、顾客接触人员与机器操作、顾客接触人员界面操作的总作业模块单元链接模块单元单一流水线操作、总作业模块单元通用模块单元单一流水线操作、模块组模块单元链接模块单元单一流水线操作、模块组模块单元通用模块单元单一流水线操作的坐姿水平和垂直操作工作空间由于操作最稳定，操作难度最小，以企业集成模块单元流水线坐姿操作工作台面高度设计在肘部以下 50～100 毫米为稳定基准，设计企业集成模块单元流水线坐姿操作工作台面高度。企业集成模块单元流水线立姿操作类型中的一般人员与机器操作、顾客接触人员与机器操作和企业集成模块单元流水线操作类型中的总作业模块单元链接模块单元单一流水线操作、总作业模块单元通用模块单元单一流水线操作、模块组模块单元链接模块单元单一流水线操作、模块组模块单元通用模块单元单一流水线操作的立姿水平和垂直操作工作空间由于操作最稳定，操作难度最小，以企业集成模块单元流水线立姿操作工作台面高度男员工高度为 850～900 毫米、女员工为 800～850 毫米为稳定基准，设计企业集成模块单元流水线立姿操作工作台面高度。企业集成模块单元流水线坐立姿交替操作类型中的一般人员与机器操作、顾客接触人员与机器操作和企业集成模块单元流水线操作类型中的总作业模块单元链接模块单元单一流水线操作、总作业模块单元通用模块单元单一流水线操作、模块组模块单元链接模块单元单一流水线操作、模块组模块单元通用模块单元单一流水线操作的坐立姿交替水平和垂直操作工作空间由于操作最稳定，操作难度最小，以坐姿操作工作台面高度设计在肘部以下 50～100 毫米和立姿操作工作台面高度设计男员工高度为 850～900 毫米、女员工为 800～850 毫米为稳定基准，设计企业集成模块单元流水线坐立姿交替操作工作台面高度。

　　企业集成模块单元流水线坐姿操作类型中的一般人员操作、人员工具操作、顾客参与机器操作、顾客参与界面操作、顾客接触人员界面操作的联合模块单元链接模块单元相似流水线操作、联合模块单元通用模块单元相似流水线操作、具体模块单元链接模块单元相似流水线操作、具体模块单元通用模块单元相似流水线操作、总作业模块单元相似流水线操作、总作业模块单元专用模块单元相似流水线操作稳定，操作难度较小，以企业集成模块单元流水线坐姿操作工作台面高度设计在肘部以下 50～100 毫米为较小幅度改变的基准，设计企业集成模块单元流水线坐姿操作工作台面高度。企业集成模块单元流水线立姿操作类型中的一般人员操作、人员工具操作、顾客参与机器操作的联合模块单元链接模块单元相似流水线操作、联合模块单元通用模块单元相似流水线操作、具体模块单元链接模块单元相似流水线操作、具体模块单元通用模块单元相似流水线操作、总作业模块单元相似流水线操作、总作业模块单元专用模块单元相似流水线操作稳定，操作难度较小，以企业集成模块单元流水线立姿操作工作台面高度男员工高度为 850～900 毫米、女员工为 800～850 毫米为较小幅度改变的基准，设计企业集成模块单元流水线立姿操作工作台面高度。企业集成模块单元流水线坐立姿交替操作类型中的一般人员操作、人员工具操作的联合模块单元链接模块单元相似流水线操作、联合模块单元通用模块单元相似流水线操作、具体模块单元链接模块单元相似流水线操作、具体模块单元通用模块单元相似流水线操作、总作业模块单元相似流水线操作、总作业模块单元专用模块单元相似流水线操作稳定，操作难度较小，以坐姿操作工作台面高度设计在肘部以下 50～100 毫米和立姿操作工作台面高度设计男员工高度为 850 ~ 900 毫米、女员工为 800 ~ 850 毫米为较小幅度改变的基准，设计企业集成模块单元流水线坐立姿交替操作工作台面高度。

企业集成模块单元流水线坐姿操作类型中的顾客接触人员操作、顾客接触人员工具操作的模块组模块单元混合流水线操作、联合模块单元混合流水线操作、整体模块单元混合流水线操作、模块组模块单元专用模块单元混合流水线操作较稳定，操作难度较大，以企业集成模块单元流水线坐姿操作工作台面高度设计在肘部以下 50 ~ 100 毫米为较大幅度改变的基准，设计企业集成模块单元流水线坐姿操作工作台面高度。企业集成模块单元流水线立姿操作类型中的顾客接触人员操作、顾客接触人员工具操作的模块组模块单元混合流水线操作、联合模块单元混合流水线操作、整体模块单元混合流水线操作、模块组模块单元专用模块单元混合流水线操作较稳定，操作难度较大，以企业集成模块单元流水线立姿操作工作台面高度男员工高度为 850 ~ 900 毫米、女员工为 800 ~ 850 毫米为较大幅度改变的基准，设计企业集成模块单元流水线立姿操作工作台面高度。企业集成模块单元流水线坐立姿交替操作类型中的顾客接触人员操作、顾客接触人员工具操作的模块组模块单元混合流水线操作、联合模块单元混合流水线操作、整体模块单元混合流水线操作、模块组模块单元专用模块单元混合流水线操作较稳定，操作难度较大，以坐姿操作工作台面高度设计在肘部以下 50 ~ 100 毫米和立姿操作工作台面高度设计男员工高度为 850 ~ 900 毫米、女员工为 800 ~ 850 毫米为较大幅度改变的基准，设计企业集成模块单元流水线坐立姿交替操作工作台面高度。

企业集成模块单元流水线坐姿操作类型中的顾客参与操作、顾客参与工具操作和具体模块单元可变流水线操作、联合模块单元专用模块单元可变流水线操作、模块单元专用模块单元隐形流水线操作灵活，操作难度大，以企业集成模块单元流水线坐姿操作工作台面高度设计在肘部以下 50 ~ 100 毫米为大幅度改变的基准，设计企业集成模块单元流水线坐姿操作工作台面高度。企业集成模块单元流水线立姿操作类型中的顾客参与操作、顾客参与工具操作和具体模块单元可变流水线操作、联合模块单元专用模块单元可变流水线操作、模块单元专用模块单元隐形流水线操作灵活，操作难度大，以企业集成模块单元流水线立姿操作工作台面高度男员工高度为 850 ~ 900 毫米、女员工为 800 ~ 850 毫米为大幅度改变的基准，设计企业集成模块单元流水线立姿操作工作台面高度。企业集成模块单元流水线坐立姿交替操作类型中的顾客接触人员操作、顾客接触人员工具操作和具体模块单元可变流水线操作、联合模块单元专用模块单元可变流水线操作、模块单元专用模块单元隐形流水线操作灵活较高，操作难度较大，以坐姿操作工作台面高度设计在肘部以下 50 ~ 100 毫米和立姿操作工作台面高度设计男员工高度为 850 ~ 900 毫米、女员工为 800 ~ 850 毫米为大幅度改变的基准，设计企业集成模块单元流水线坐立姿交替操作工作台面高度。

企业集成运营价值链管理流程操作工作台面高度设计中的同层模块单元流水线坐姿、立姿、坐立姿交替操作类型和模块单元流水线操作类型划分是进行坐姿、立姿、坐立姿交替坐姿操作工作台面高度设计基准，需要以这一基准为基础进行坐姿、立姿、坐立姿交替操作工作台面高度设计调整。模块单元流水线操作类型由操作难度小到操作难度大的每一层都有坐姿、立姿、坐立姿交替操作类型不同层次的内容，形成不同层次的类型，使企业集成运营价值链管理流程坐姿、立姿、坐立姿交替操作工作台面高度设计层次更为具体。

若模块单元流水线操作类型层次少于坐姿、立姿、坐立姿交替操作工作台面高度设计基准的模块单元流水线操作类型层次，需要将坐姿、立姿、坐立姿交替操作类型按照由操作难度小到操作难度大排序，将整合后的坐姿、立姿、坐立姿交替操作类型与模块单元流水线操作类型统一起来，确定企业集成运营价值链管理流程坐姿、立姿、坐立姿交替操作工作台面高度。若模块单元流水线操作类型层次多于坐姿、立姿、坐立姿交替操作工作空间设计基准的模块单元流水线操作类型层次，需要将模块单元流水线操作类型按照由操作难度小到操作难度大排序，将整合后的模块单元流水线操作类型与模块单元流水线坐姿、立姿、坐立姿交替操作类型统一起来，确定企业集成运营价值链管理流程坐姿、立姿、坐立姿交替操作工作台面高度。若模块单元流水线操作类型层次和模块单元流水线坐姿、立姿、坐立姿交替操作类型层次都少于基准层次，则需要按照基准设计的模块单元流水线操作类型层次与坐姿、立姿、坐立姿交替操作类型层次对应，确定企业集成运营价值链管理流程坐姿、立姿、坐立姿交替操作工作台面高度。这一调整更符合企业特性和实际。

（五）企业集成运营价值链管理流程操作座椅设计

企业集成运营价值链管理流程操作工作台面高度需要对企业集成具体模块单元、联合模块单元、模块组模块单元、总作业模块单元和通用模块单元、链接模块单元、专用模块单元的各类流水线和相关流程模块单元流水线价值链管理流程所进行延迟策略和强化延迟策略、后拉动流程、后拉动价值、智能运作的坐姿操作中的操作座椅进行设计。企业集成运营价值链管理流程操作座椅设计包括座椅座高设计、座椅座宽设计、座椅座深设计、座椅座面角度、座椅靠背高度与宽度设计、座椅的扶手高度设计、座椅椅垫设计。

企业集成模块单元流水线坐姿操作座椅座高设计时，由于员工大腿靠在座垫上，大腿能够感到座垫前端所带来的压力，而大腿底部肌肉不适合承受过度的压力，就会造成大腿不舒适感，当员工坐在很高的椅面上时，双腿常需悬空，造成双脚无法平贴于地面，使大腿受到压迫，血液循环缓慢，导致腿部麻木，这就需要员工操作时，大腿保持水平，小腿垂直，双脚平放在地面上。为此，需要设计企业集成模块单元流水线坐姿操作座椅座高为 35~50 厘米，座垫前端宜有半径 2.5~5 厘米的弧度，座垫前端应比人体膝窝低约 5 厘米，使膝窝感受不到压迫感。对于不同腿长的员工，可以调整座椅的座垫前端高度，以适合不同腿长的员工运用。

企业集成模块单元流水线坐姿操作座椅座宽设计时，从舒适的角度出发，员工座椅座宽设计需要按照身材高大者进行，设计的依据为员工臀宽人体测量，一般设计值为 38 ~ 48 厘米。企业集成模块单元流水线坐姿操作座椅座宽设计需要以此为设计基准，根据性别进行调整，使座椅座宽适合企业集成模块单元流水线坐姿操作。

企业集成模块单元流水线坐姿操作座椅座深设计时，需要考虑员工操作座椅，若座深尺寸过深，椅面前缘将压迫到膝窝，使员工改变腰部以使躯干达到靠背的支撑面，也可能使员工身体向前滑，使腰椎无靠背支撑，这都会使腿部和腰部不适。为此，需要按照可取身材较矮小者人体测量值作为设计依据，企业集成模块单元流水线坐姿操作座椅座深设计 30 ~ 40 厘米。对于身材高大者，可以调整座高，使双脚能平放在地面上，就会适合这一设计。

企业集成模块单元流水线坐姿操作座椅椅面角度设计时，需要员工操作座椅更接近模块单元流水线前方的工作区域，而员工操作座椅后倾的椅面就会造成员工以躯干向前的姿势进行操作，这样脊柱形成不正常弯曲，造成身体的不适。企业集成模块单元流水线坐姿操作座椅椅面角度设计为前倾 5°的椅面，这样肌肉伸张较少，椅面压力分布更为均匀，员工身体更为舒适。

企业集成模块单元流水线坐姿操作座椅靠背高度与宽度设计时，需要认识到员工操作座椅的靠背尺寸与臀部底面到肩部的高度和肩宽有关，坐姿操作座椅靠背高度与宽度设计，必须取自人体落座受压后的椅面，员工此时是一种松弛式脊柱姿势，还需要考虑员工落座时人体向后突出的骶骨和臀部柔软的需要和腰部能紧实地靠在椅背上。为此，企业集成模块单元流水线坐姿操作座椅靠背高度设计为 46 ~ 61 厘米，靠背宽为 35 ~ 48 厘米。

企业集成模块单元流水线坐姿操作座椅的扶手高度设计时，需要使扶手成为员工操作时手臂的依靠，这样能够使员工人体处于稳定的作业状态，能作为改变坐姿和从座椅上站起等动作的支柱。员工操作座椅的扶手设计高度要适合，设定太高使肩膀高耸成圆状，造成肩部与颈部的肌肉拉伸，造成身体不适，太低的扶手则使手肘支撑不力，造成弯腰或使躯干斜向一侧。为此，企业集成模块单元流水线坐姿操作座椅的扶手高度设计为距离座面上方 21 ~ 22 厘米。

企业集成模块单元流水线坐姿操作座椅椅垫设计时，需要考虑坚实的椅垫会成为员工操作进行身体扭动和维持身体稳定状态的支撑，使臀部的体重所产生的压力予以分解，消除人体的疲劳。为此，企业集成模块单元流水线坐姿操作座椅椅垫设计为有一定舒适度的坚实的椅垫。

企业集成运营价值链管理流程坐姿操作座椅设计是模块单元流水线不同的坐姿操作座椅设计。模块单元流水线坐姿操作类型中，人员灵活操作越强，坐姿操作座椅对基准的调整就越大；顾客接触的操作越强，坐姿操作座椅对基准的调整就越大。模块单元流水线操作类型中，模块单元流水线操作难度越大，坐姿操作座椅对基准的调整就越大。

企业集成模块单元流水线坐姿操作类型中的人员看管机器操作、一般人员与机器操作、顾客接触人员与机器操作、顾客接触人员界面操作的总作业模块单元链接模块单元单一流水线操作、总作业模块单元通用模块单元单一流水线操作、模块组模块单元链接模块单元单一流水线操作、模块组模块单元通用模块单元单一流水线操作最稳定，操作难度最小，坐姿操作座椅以基准为主。企业集成模块单元流水线坐姿操作类型中的一般人员操作、人员工具操作、顾客参与机器操作、顾客参与界面操作、顾客接触人员界面操作的联合模块单元链接模块单元相似流水线操作、联合模块单元通用模块单元相似流水线操作、具体模块单元链接模块单元相似流水线操作、具体模块单元通用模块单元相似流水线操作、总作业模块单元相似流水线操作、总作业模块单元专用模块单元相似流水线操作稳定，操作难度较小，坐姿操作座椅对基准的调整较小。企业集成模块单元流水线坐姿操作类型中的顾客接触人员操作、顾客接触人员工具操作的模块组模块单元混合流水线操作、联合模块单元混合流水线操作、整体模块单元混合流水线操作、模块组模块单元专用模块单元混合流水线操作较稳定，操作难度较大，坐姿操作座椅对基准的调整较大。企业集成模块单元流水线坐姿操作类型中的顾客参与操作、顾客参与工具操作和具体模块单元可变流水线操作、联合模块单元专用模块单元可变流水线操作、模块单元专用模块单元隐形流水线操作由于操作灵活，操作难度大，坐姿操作座椅对基准的调整大。

企业集成运营价值链管理流程操作座椅设计中的同层模块单元流水线坐姿操作类型和模块单元流水线操作类型划分是进行坐姿操作座椅设计基准，需要以这一基准为基础进行坐姿操作座椅设计调整。模块单元流水线操作类型由操作难度小到操作难度大的每一层，都有坐姿操作类型不同层次的内容，这样就可以形成每一层模块单元流水线操作类型又有不同层次的坐姿操作类型，使企业集成运营价值链管理流程坐姿操作座椅设计层次更为具体。

若模块单元流水线操作类型层次少于坐姿操作座椅设计基准的模块单元流水线操作类型层次，需要将坐姿操作类型按照由操作难度小到操作难度大排序，将整合后的坐姿操作类型与模块单元流水线操作类型统一起来，进行企业集成运营价值链管理流程坐姿操作座椅设计。若模块单元流水线操作类型层次多于坐姿操作座椅设计基准的模块单元流水线操作类型层次，需要将模块单元流水线操作类型按照由操作难度小到操作难度大排序，将整合后的模块单元流水线操作类型与模块单元流水线坐姿操作类型统一起来，进行企业集成运营价值链管理流程坐姿操作座椅设计。若模块单元流水线操作类型层次和模块单元流水线坐姿操作类型层次都少于基准层次，则需要按照基准设计的模块单元流水线操作类型层次与坐姿操作类型层次对应，进行企业集成运营价值链管理流程坐姿操作座椅设计。这一调整更符合企业特性和实际，不同造型、不同尺度的新型座椅不仅可以减缓疲劳，甚至还包括对不良坐姿的强制矫正功能（侯建军，2010）。

制造类企业具有总作业模块单元链接模块单元单一流水线操作、总作业模块单元通用模块单元单一流水线操作、模块组模块单元链接模块单元单一流水线操作、模块组模块单元通用模块单元单一流水线操作；联合模块单元链接模块单元相似流水线操作、联合模块单元通用模块单元相似流水线操作、具体模块单元链接模块单元相似流水线操作、具体模块单元通用模块单元相似流水线操作；总作业模块单元相似流水线操作、总作业模块单元专用模块单元相似流水线操作；模块组模块单元混合流水线操作、联合模块单元混合流水线操作、整体模块单元混合流水线操作、模块组模块单元专用模块单元混合流水线操作；具体模块单元可变流水线操作、联合模块单元专用模块单元可变流水线操作、具体模块单元专用模块单元隐形流水线操作这些完备模块单元流水线基准类型。制造类企业具有不完备坐姿、立姿、坐立姿交替操作类型层次，需要进行模块单元流水线类型的调整，与坐姿、立姿、坐立姿交替操作类型层次相适应，进行企业集成运营价值链管理流程坐姿、立姿、坐立姿交替操作工作空间设计，工作台面高度设计和操作座椅设计。

制造性服务企业具有模块组模块单元链接模块单元单一流水线操作、模块组模块单元通用模块单元单一流水线操作；联合模块单元链接模块单元相似流水线操作、联合模块单元通用模块单元相似流水线操作、具体模块单元链接模块单元相似流水线操作、具体模块单元通用模块单元相似流水线操作、模块组模块单元相似流水线操作；联合模块单元混合流水线操作、整体模块单元混合流水线操作、模块组模块单元专用模块单元混合流水线操作；具体模块单元可变流水线操作、联合模块单元专用模块单元可变流水线操作、具体模块单元专用模块单元隐形流水线操作这些完备模块单元流水线基准类型。制造性服务企业具有完备坐姿操作类型层次、完备立姿操作类型层次、完备坐立姿交替操作类型层次，可以按照基准进行企业集成运营价值链管理流程坐姿操作工作空间设计、立姿操作工作空间设计、坐立姿交替操作工作空间设计、工作台面高度设计、操作座椅设计。

一般服务企业、设计性服务企业、一般纯服务企业、中间性服务企业具有联合模块单元的通用模块单元单一流水线；具体模块单元的通用模块单元相似流水线；具体模块单元混合流水线、联合模块单元专用模块单元混合流水线、联合模块单元混合流水线；具体模块单元专用模块单元可变流水线这些完备模块单元流水线基准类型。一般服务企业、设计性服务企业、中间性服务企业具有不完备坐姿操作类型层次、不完备立姿操作类型层次、不完备坐立姿交替操作类型层次，这就需要进行模块单元流水线类型的调整，与坐姿、立姿、坐立姿交替操作类型层次相适应，进行企业集成运营价值链管理流程坐姿操作工作空间设计、立姿操作工作空间设计、坐立姿交替操作工作空间设计、工作台面高度设计、操作座椅设计。一般纯服务企业具有不完备立姿操作类型层次、不完备坐立姿交替操作类型层次，这就需要进行模块单元流水线类型的调整，与坐姿、立姿、坐立姿交替操作类型层次相适应，进行企业集成运营价值链管理流程坐姿操作工作空间设计、立姿操作工作空间设计、坐立姿交替操作工作空间设计、工作台面高度设计、操作座椅设计。一般纯服务企业具有完备坐姿操作类型层次，可以按照基准进行企业集成运营价值链管理流程坐姿操作工作空间设计、工作台面高度设计、操作座椅设计。

三、企业集成运营价值链管理流程操作环境设计

企业集成运营价值链管理流程操作是在一定环境中进行的，企业集成运营价值链管理流程环境对延迟策略和强化延迟策略、后拉动流程、后拉动价值、智能运作的操作有着重要影响，需要企业集成运营价值链管理流程操作在微气候、照明、色彩、噪声环境下进行设计。

（一）企业集成运营价值链管理流程操作微气候环境设计

进行微气候环境设计是因为模块单元流水线操作员工对微气候环境的感受，受到微气候环境影响。员工受到环境设计影响的主体是神经系统，神经系统由脑、脊髓的中枢神经、遍布全身的周围神经组成；是人体的主导系统，通过调节和控制其他系统的功能活动将人体形成统一整体。神经系统由神经元和神经胶质细胞组成。神经元是神经系统的结构、所具备的功能和各种营养保证的基本单位，具有感受体内外刺激、整合信息和传导信息的功能。神经胶质细胞分布在神经元周围，呈网状结构，对神经元起着贯通、绝缘、营养、防御作用。脑部是神经系统最高级部位，大脑皮质含有极大数量的神经元，这些神经元联系广泛，功能复杂，使大脑皮质具有分析、综合信息的能力。脑部的躯体感觉区位于中央后回和中央旁小叶的后部，是皮肤的触、压、冷、温感觉的高级中枢，是人体动觉和平衡觉的中枢。肤觉感受系统受到刺激会引起神经冲动，传到大脑皮层的相应区域，就可以感受到温度觉。温度觉有冷觉、热觉，冷觉使人体感受到冷，热觉使人体感受到热。人体还会对湿度感受的湿度觉、对空气流动感受的空气流动觉、对辐射照射感受的辐射觉。

企业集成运营价值链管理流程微气候环境设计包括空气温度、空气湿度、气流速度、热辐射环境设计，需要考虑温度觉、湿度觉、空气流动觉、辐射觉（赖朝安，2012）。空气温度是员工工作时感受到空气的冷热程度。空气温度除了受大气温度影响之外，还受到企业集成运营价值链管理流程运作中设备、模块品目、人体散热的影响。空气湿度是员工工作时感受到空气的潮湿程度。空气湿度中的相对湿度与空气中水汽的饱和程度直接相关，对工作员工有着直接的影响。气流速度是员工工作时感受到空气的流动速度。气流速度除了受外界风力影响外，还受着冷热空气对流影响。热辐射是员工工作时感受到辐射能量。热辐射是一种红外线，能被周围物体所吸收而转化为热能，从而使物体升温。

企业集成运营价值链管理流程微气候环境之间是相互影响的，影响的主轴线是能量，能量有时通过一定的热量体现，通过员工工作时感受到的冷热程度综合体现。由此，形成了人体的基本热平衡方程式。企业集成运营价值链管理流程人体的基本热平衡方程式如下：

$$Q_s = Q_m - W \pm Q_c \pm Q_r - Q_e \pm Q_k \qquad (8-3-7)$$

式中，企业集成运营价值链管理流程 Q_s 为人体热积蓄变化率，Q_m 为人体新陈代谢

产热率，W 为人体维持生理活动和肌肉活动所做的功，Q_c 为人体外表面与周围环境的对流换热率，Q_r 为人体外表面向周围环境的传导换热率，Q_e 为人体汗液蒸发和呼出水蒸气的蒸发热传递率，Q_k 为人体外表面向周围环境的辐射热传递率。

企业集成运营价值链管理流程人体的基本热平衡方程式 Q_s 等于 0 时，人体皮肤温度为 36.5 度，人感到舒适；$Q_s > 0$，人感到热；$Q_s < 0$ 人感到冷。人的冷热感受受到企业集成运营价值链管理流程微气候环境之间是相互影响。人体对流热交换量受着气流速度、皮肤表面积、对流传热系数、服装热阻值、气温与皮肤温度的影响。人体传导热交换量受皮肤与环境的温差、所接触物体面积大小及导热系数的影响。人体辐射热交换量受着辐射强度、气流速度、面积、服装热阻值、反射率、平均环境温度和皮肤温度的影响。人体蒸发热交换量受皮肤表面积、服装热阻值、蒸发散热系数、相对湿度的影响。企业集成运营价值链管理流程微气候环境之间是相互影响形成人体的舒适、感到热、感到冷的感觉。

需要对企业集成具体模块单元、联合模块单元、模块组模块单元、总作业模块单元和通用模块单元、链接模块单元、专用模块单元的各类流水线一般机器操作、人员看管机器操作、顾客参与机器操作、一般人员操作、人员工具操作、顾客接触人员操作、顾客接触人员工具操作、顾客参与操作、顾客参与工具操作、一般人员与机器操作、顾客接触人员与机器操作、顾客参与机器操作、人员界面操作、顾客接触人员界面操作、顾客参与界面操作进行微气候环境设计。企业集成运营价值链管理流程操作时，坐姿操作的脑力劳动的舒适温度为 18～24 度，坐姿操作的轻体力劳动的舒适温度为 18～23 度，站姿操作的轻体力劳动的舒适温度为 17～22 度，站姿操作的重体力劳动的舒适温度为 15～21 度，站姿操作的很重体力劳动的舒适温度为 14～20 度。舒适的湿度为 40%～60%。工作人员不多的房间里，空气的最佳速度为 0.3 米/秒；拥挤的房间里，空气流速最好为 0.4 米/秒；室内温度和湿度很高时，空气的最好流速为 1～2 米/秒。

企业集成顾客接触场内员工服务流程、顾客接触场内设备服务流程、顾客接触场外设备服务流程中，作为服务对象，顾客对与空气温度、空气湿度、气流速度、热辐射环境接触的敏感性要求更强，微气候环境设计直接关系到顾客对服务的感知程度以及对服务的满意程度，需要更加细致地进行企业集成运营价值链管理流程微气候环境设计。

（二）企业集成运营价值链管理流程操作照明环境设计

企业集成运营价值链管理流程照明环境设计通过感观实现。光源发射出光辐射能量，使人体能够感受到明亮，在感知视觉世界里，照明环境具有先决条件意义（尹恩谨，2013）。光通量是指人眼所能感受的辐射能量。衡量发光的强度通常是用光强进行，光强是单位立体角内的光通量。照射在被照射物体单位表面积的光通量称为照度。照度是评价照明环境的重要特征值。发光面的亮度是表示发光面的明亮程度。

　　企业集成运营价值链管理流程员工的视觉是由眼睛、视神经、视觉中枢组成，眼睛是视觉感受器官，具有折光功能和感光功能，光线进入眼睛，由虹膜控制，使眼睛更大范围内适应光强的变化。眼睛具有明暗视觉，员工从明亮环境进入黑暗时的适应过程称为暗适应；员工从黑暗的环境进入明亮的环境适应过程称为明适应。员工经过一段的适应过程，暗适应和明适应能力就会提高。频繁地进行暗适应和明适应，会造成员工眼睛的疲劳，使视力下降，需要员工作业环境照明均匀而稳定。模块单元流水线作业的员工需要有一定的眼睛调节能力，调节是借助于晶状体曲率的缩小达到。对于需要不同距离的作业，照明能够促进眼睛调节能力的提高，增强员工观察物体的准确性，减少员工眼睛的疲劳。员工进行模块单元流水线的运作需要眼睛有一定的视野。视野是头部和眼球不动时，眼睛看到的正前方的空间范围。静视野是头部和眼球不动时的眼睛自然看到的范围；注视野是头部固定和眼球转动注视中心点的看到的范围；动视野是头部固定和眼球自由转动看到的范围。模块单元流水线的运作需要员工具有一定的视野，视野范围太小会影响运作。注视野范围最小，静视野和动视野范围接近。员工的视觉需要具有一定的亮度基础，只有具有一定的亮度，才能够在眼睛成像，才能够引起视觉感觉。

　　模块单元流水线操作中需要照明，照明好能减少员工眼睛的疲劳感觉，促进员工能够迅速地辨认物体。好的照明能够提高模块单元流水线操作的准确性，增强模块单元流水线效率。好的照明会促使员工感受到工作的舒适感，促进效率提高。

　　需要对企业集成具体模块单元、联合模块单元、模块组模块单元、总作业模块单元和通用模块单元、链接模块单元、专用模块单元的各类流水线一般机器操作、人员看管机器操作、顾客参与机器操作、一般人员操作、人员工具操作、顾客接触人员操作、顾客接触人员工具操作、顾客参与操作、顾客参与工具操作、一般人员与机器操作、顾客接触人员与机器操作、顾客参与机器操作、人员界面操作、顾客接触人员界面操作、顾客参与界面操作进行照明环境设计。对于操作密度较大的模块单元流水线操作，可以采用一般照明，采用光源的功率较大，具有较高的照明效率，各类操作都能够得到较好的亮度分布和照度分布，操作者视野亮度一致，环境明亮，操作者心情舒畅。对于操作照明有特殊要求的模块单元流水线操作，可以采用局部照明，满足局部要求较高的照度，照射由于遮挡而照射不到的模块单元流水线局部。对于既需要一般照明又需要局部照明的模块单元流水线操作，可以采用一般照明和局部照明，满足模块单元流水线操作一般照明和局部照明需要。

　　企业集成顾客接触场内员工服务流程、顾客接触场内设备服务流程、顾客接触场外设备服务流程中，作为服务对象，顾客对与照明环境接触的敏感性要求更强，照明环境设计直接关系到顾客对服务的感知程度、满意程度，需要更加细致地进行企业集成运营价值链管理流程照明环境设计。

　　（三）企业集成运营价值链管理流程色彩环境设计

　　企业集成运营价值链管理流程色彩环境设计是基于眼睛的色觉。人体的色觉是人体视觉的重要组成部分，人眼可以辨别不同波长的光波，可辨别出紫、蓝、青、绿、黄、橙、红各种不同的颜色。辨色主要依靠视锥细胞的功能，视锥细胞分布在视网膜中心部，辨色力最强。色视野是感觉色调的视野范围，不同颜色对人体视神经刺激有所不同，不同颜色视野不同。

企业集成运营价值链管理流程色彩分为彩色系列和无彩色系列。彩色系列包括紫、蓝、青、绿、黄、橙、红色系列，无彩色系列包括黑、白、灰色色彩系列。色彩色调是物体的颜色，每一种颜色有不同的光波，构成不同颜色的色调。色彩明度是色彩的明亮度，白色明度最高、黑色明度最低，彩色系列色彩位于其中。黄色明亮度高，红、蓝色明亮度低。色彩中白色成分越多，明亮度越高；黑色成分越多，明亮度越低。色彩纯度是色彩的纯净度。红色纯度最高，黄、绿色纯度最低，黑、白、灰色纯度最低。色彩的表示方法通过色调、明亮度、纯度组合来表示。人眼对色彩明度和色彩纯度辨别力低，色彩对比一般以色调为主。纯度过高的色彩对人眼有强烈的刺激，一般采用纯度小于 3 的色彩。

企业集成运营价值链管理流程色彩中的不同颜色具有不同的热色、冷色、温色之分，对人体有着不同温度的感受；深浅不同颜色，会使人体产生轻重感觉；不同色彩的明度和纯度，会使人体有软硬感觉；色彩的轮廓会使人体有胀缩感觉；色彩的色调、明亮度、纯度不同会使人体产生远近感觉。色彩通过视觉系统和神经系统调节人体的体液，对神经系统的兴奋度、血液循环系统、消化系统、内分泌系统有不同程度的影响，从而影响人体的情绪和健康。色彩的合理设计，在视觉上满足员工和顾客的心理需求（刘邀洋，2019）。

需要对企业集成具体模块单元、联合模块单元、模块组模块单元、总作业模块单元和通用模块单元、链接模块单元、专用模块单元的各类流水线进行色彩设计。模块单元各类流水线和相关环境采用纯度不太高的颜色，以减少对员工的刺激，减少员工紧张的情绪，减少视觉疲劳；采用明亮度不太高和明亮度相差不太大的色彩，减少视觉不适应造成的视觉疲劳；采用多色的设计，避免颜色单一带来的情绪低落，降低由此带来的视觉疲劳程度。注重模块单元各类流水线机器和工装的色彩设计，可以采用两套色进行设计。注重模块单元各类流水线安全设计，采用红、黄、蓝、绿四种色彩，表示模块单元流水线的禁止运作、运作指令、运作警告、运作提示。需要注重顾客参与的流水线、界面设计，本着友好运作和界面设计原则，进行色彩设计。

企业集成顾客接触场内员工服务流程、顾客接触场内设备服务流程、顾客接触场外设备服务流程中，作为服务对象，顾客对与色彩环境接触的敏感性要求更强，色彩环境设计直接关系到顾客对服务的感知程度和满意程度，需要更加细致地进行企业集成运营价值链管理流程色彩环境设计。

（四）企业集成运营价值链管理流程噪声环境设计

企业集成运营价值链管理流程噪声环境设计源于员工的听觉系统。员工听觉系统包括耳、传导神经、大脑皮层听区。耳是听觉器官，包括外耳、中耳、内耳。外界声波通过外耳传入中耳的鼓膜，引起鼓膜振动，经杠杆系统传递，引起内耳耳蜗中的淋巴液和低膜振动，使毛细胞产生兴奋，到达大脑皮层听区，产生听觉。员工对声音的感觉受到声音响度影响，由此形成人体对声音的响级和响度感受的听域曲线和痛域曲线，听域曲线内的声音员工可以接受，痛域曲线内的声音员工不能接受。员工对声音的感觉受到声音频率的影响，员工对高音频率敏感，对低音频率不敏感，对声音接受的频率有一定的范围，超过这个范围就成为噪声。员工对声音的感觉受到声音方向的影响，人体对来自不同方向的声音感受是不同的，由此确定出员工感受的能够接受的方向和不好接受的方向。员工对声音的感觉受到声音连续性的影响，虽然有些声音响度、频率、方向都在接受的范围内，但由于时间过长，也能形成对听觉产生不适影响。

企业集成运营价值链管理流程噪声对模块单元流水线的员工的听力直接产生影响，使听觉系统的声音敏感度降低，听力受到损害，耳聋发病率高。噪声对模块单元流水线的员工的神经系统、内分泌系统、心血管系统、消化系统造成影响，出现头疼、耳鸣、多梦、呕吐、心律不齐、消化不良等症状。噪声对模块单元流水线的员工情绪产生影响，出现烦恼、焦虑、生气等情绪。

需要对企业集成具体模块单元、联合模块单元、模块组模块单元、总作业模块单元和通用模块单元、链接模块单元、专用模块单元的各类流水线操作进行噪声防止设计。采用发声小的材料，改变设备操作方式，改变设备结构，通过这些措施降低设备的噪声；对模块单元流水线进行合理布置，将噪声大的区域远离操作中心区；对模块单元流水线进行声源出口进行调整，将出口指向转为天空；充分利用模块单元流水线天然地形，建立防声屏障；模块单元流水线天花板和墙壁表面采用吸声材料，建成吸声结构，对声音进行吸收，减弱反射声；操作人员穿着防声用具，减少声音伤害。

企业集成顾客接触场内员工服务流程、顾客接触场内设备服务流程、顾客接触场外设备服务流程中，作为服务对象，顾客对与噪声环境接触的敏感性要求更强，噪声环境设计直接关系到顾客对服务的感知程度和满意程度，需要更加细致地进行企业集成运营价值链管理流程噪声环境设计。

制造类企业集成具体模块单元、联合模块单元、模块组模块单元、总作业模块单元和通用模块单元、链接模块单元、专用模块单元的各类流水线和一般机器操作、人员看管机器操作、一般人员操作、人员工具操作、一般人员与机器操作、人员界面操作、顾客参与界面操作，进行微气候环境设计、照明环境设计、色彩环境设计、噪声环境设计。制造性服务企业集成具体模块单元、联合模块单元、模块组模块单元和通用模块单元、链接模块单元、专用模块单元的各类流水线和一般机器操作、人员看管机器操作、顾客参与机器操作、一般人员操作、人员工具操作、顾客接触人员操作、顾客接触人员工具操作、顾客参与操作、顾客参与工具操作、一般人员与机器操作、顾客接触人员与机器操作、人员界面操作、顾客接触人员界面操作、顾客参与界面操作，进行微气候环境设计、照明环境设计、色彩环境设计、噪声环境设计。一般服务企业集成具体模块单元、联合模块单元和通用模块单元、专用模块单元的各类流水线和一般机器操作、人员看管机器操作、一般人员操作、人员工具操作、一般人员与机器操作、人员界面操作、顾客接触人员界面操作、顾客参与界面操作，进行微气候环境设计、照明环境设计、色彩环境设计、噪声环境设计。设计性服务企业、中间性服务企业集成具体模块单元、联合模块单元和通用模块单元、专用模块单元的各类流水线和人员界面操作、顾客参与界面操作，进行微气候环境设计、照明环境设计、色彩环境设计、噪声环境设计。

　　一般纯服务企业集成具体模块单元、联合模块单元和通用模块单元、专用模块单元的各类流水线和一般人员操作、人员工具操作、顾客接触人员操作、顾客接触人员工具操作、顾客参与操作、顾客参与工具操作、人员界面操作、顾客接触人员界面操作、顾客参与界面操作，进行微气候环境设计、照明环境设计、色彩环境设计、噪声环境设计。尤其对企业集成顾客接触场内员工服务流程、顾客接触场内设备服务流程、顾客接触场外设备服务流程中服务对象顾客，顾客对与微气候环境、照明环境、色彩环境、噪声环境接触的敏感性要求更强，微气候环境设计、照明环境设计、色彩环境设计、噪声环境设计直接关系到顾客对服务的感知程度和满意程度，需要更加细致地进行企业集成运营价值链管理流程微气候环境设计、照明环境设计、色彩环境设计、噪声环境设计。

第四节　企业集成运营价值链管理流程动作分析、脑力负荷分析、员工心理运作分析

一、企业集成运营价值链管理流程动作分析

　　企业集成运营价值链管理流程是通过一定动作来完成的，合理的动作是企业集成运营价值链管理流程延迟策略和强化延迟策略、后拉动流程、后拉动价值、智能运作的各种操作的基础。

（一）企业集成运营价值链管理流程基本动作

　　动作研究的主要发明者是吉尔布雷斯夫妇，通过动作研究需求有效的工作方法（李祚，2011）。企业集成运营价值链管理流程基本动作源于运动觉（孙林岩等，2011）。运动觉是人体各部位运动状态的一种感觉，运动感受器分布在身体的肌肉、肌腱和关节中，当机体运动时，由于肌肉的伸缩、关节角度的变化产生刺激，作用于肌梭、腱梭和关节小体，刺激神经冲动，通过神经沿着脊髓后索、丘脑达到大脑皮层中

央后回产生运动感觉。企业集成运营价值链管理流程运动觉通过各种动作来体现。

　　模特法是当今预定动作研究中最容易掌握的方法之一，通过模特法进行工作设计中的动作研究（庞新福和杜茂华，2007）。根据模特法来确定动作，企业集成具体模块单元、联合模块单元、模块组模块单元、总作业模块单元和通用模块单元、链接模块单元、专用模块单元的各类流水线一般机器操作、人员看管机器操作、顾客参与机器操作、一般人员操作、人员工具操作、顾客接触人员操作、顾客接触人员工具操作、顾客参与操作、顾客参与工具操作、一般人员与机器操作、顾客接触人员与机器操作、人员界面操作、顾客接触人员界面操作、顾客参与界面操作运作过程中都需要通过一定的动作来实现，这些动作都由基本的动作要素构成。这些动作要素分为 M 移动、G 抓取、P 放置、L 重量因素、F 脚动作、W 移步、B 弯腰和起身、S 坐下和站起、R 重抓取、A 加压、C 旋转、E 眼睛动作、D 判断。企业模块单元流水线动作要素如表 8 - 4 - 1 所示。

表 8 - 4 - 1　企业模块单元流水线动作要素

动作	情况	符号
	手指	M1
	手腕	M2
移动	前臂	M3
	上臂	M4
	肩	M5
	接触抓取	G0
抓取	简单抓取	G1
	复杂抓取	G3
	简单放置	P0
	放置	P0. 5
放置	需注意放置	P2
	一般复杂放置	P5
脚		F3
移步		W5
弯腰和起身		B17
坐下和站起		S30
重抓取		R2
加压		A4
旋转		C4

动作	情况	符号
眼睛动作		E2
判断		D3
重量因素		L1

移动动作 M 是指把手指和手移向目的物体或用手指和手把物体运送至某一目的地的动作。前者叫空运，运送手的自身；后者叫搬运。空运常常和终结动作抓取连在一起；搬运常常和放置连在一起。手指动作 M1 指手部的其他部位不动，仅为一个手指或多个手指的移动，此动作最简单，消耗体力最少。手腕动作 M2 指前臂、上臂不动，手腕和手指移动的动作。前臂动作 M3 指上臂不动，前臂、手腕和手指移动的动作。上臂动作 M4 指上体不动，以臂部为移动轴心，上臂、前臂、手腕和手指移动的动作。手部与肩部动作 M5 指上体基本不动，以肩部为移动轴心，手部的上下左右方向移动的动作。反射动作指不需要注意力或保持特别动作意识的反复出现的重复动作。该种动作由于反复操作，其移动速度很快，动作时间较正常移动要少。

抓取动作 G 使用手掌或手指控制住物体，以便完成下一个基本动作，抓取仅限于手掌或手指的动作，用脚、镊子控制住物体都不是抓取。触抓 G0 使用手掌或手指接触物体表面的动作，触抓是一种一瞬间动作，实际上是两种移动空手移动和搬运的分界点。简单抓取 G1 手掌或手指自然闭合，控制住物体动作。复杂抓取 G3 手掌或手指自然闭合，无法控制住物体有重抓动作。

放置 P 是手或手指将物体放下或装配的动作，它发生于移动之后，放置动作的变量有两个，即放置的情况和重量。简单放置 P0 是把拿着的东西在运到目的地后直接放下的动作，放置场所没有特殊要求，放置的物体可以翻滚。这种动作是一种无意识的动作，通常和移动动作重叠。一般注意放置 P2 需要一般的注意力，动作没有明显的或一次校正动作。一般复杂放置 P5 指物体正确地放置在规定的位置或进行配合的动作，需要两次以上的校正动作，自始至终都需要用眼睛观察。

重量因素 L1 是放置动作的一种附加，随所移物体的重量而定，滑动物体和滚动物体，分别按实际重量的 1/3、1/10 计算。脚动作 F3 指不用移动身体时的短暂的脚和腿的动作，动作起于脚和腿的动作，结束于脚和腿的一个新的位置。移步 W5 指为了移动躯体而做的腿的动作，包括向前迈步、横侧移步、部分或全部用足部旋转身体以及用脚支配身体的水平移动，行走时一系列的移步，按脚踏地面的次数计算步数，搬重物时，需要用重量因素加以修正。

弯腰和起身 B17 指以腰部为支点向前弯伏，手的位置在膝下面 45 厘米的动作，起身就是站起来，恢复原来状态。坐下和站起 S30 坐在工作椅上，站起来的动作，包括站起来向后推开椅子，坐下时向前拉椅子的动作。重抓取 R2 指改变以抓取物体的手的动作，这个动作发生于物体拿在手中，最多限于三个手指的动作，以调整物体在手中的位置，如果手把物体放下，然后对物体进行另外一次抓取，不叫重抓，应按抓取 G 分析。加压 A4 是将力施压于物体的一种动作，可以用身体的任何部位完成。加压动作由三部分组成，对受控物体逐渐增加肌肉力量；最短的反作用时间，以便改变物体的力方向；卸去所有的力。动作时间为 4 模组。旋转 C4 指用手或手指使物体作半圆以上的动作，动作的起点是手放在物体上，结束于完成旋转的物体上，旋转的变量是旋转的圈数。

眼睛动作 E2 指眼睛把视线从一个目标物转向另一个目标物的动作，眼睛的动作包括视点的移动和眼睛的聚集，只要进行其中一种，都认为是进行了一次眼睛动作，眼睛动作时间只限于所有其他动作必须停止的情况下完成动作的时间。判断 D3 是指动作与动作之间发生的瞬间判定及反应的动作，判断动作起始于其他动作停止，结束于其他动作恢复正常。同时动作指两个或两个以上的动作，同时在身体不同部位发生的动作，同时动作有以下两种情况：不需要注意力或一只手动作需要注意、另一只手动作不需要注意；需要注意力，两手同时开始移动，移动终止瞬间，某一只手先开始需要注意力的终结动作，另一只手在目的物体附近等待，待第一只手的终结动作完成后，第二只手再稍微移动。

企业模块单元延迟策略和强化延迟策略、后拉动流程、后拉动价值、智能运作需要作业更协调运作，通过操作方式、操作作业难度、操作作业之间接口体现。操作方式的级别越高，操作作业难度越大，操作作业之间接口越需要协调，手和手臂移动动作、抓取动作、放置动作、脚和腿移动动作、弯腰和起身动作、坐下和站起动作、旋转动作、眼睛动作、判断动作的组合就越多；越重视眼睛动作、判断动作，眼睛动作、判断动作级别越高；越重视手移动动作，越能灵活地进行协调运作；越需要脚和腿移动动作、弯腰和起身动作、坐下和站起动作这些过渡动作，越能完成作业间的衔接。

一般机器操作、人员看管机器操作、一般人员操作、人员工具操作、一般人员与机器操作、人员界面操作、顾客参与机器操作、顾客接触人员操作、顾客接触人员工具操作、顾客参与操作、顾客参与工具操作、顾客接触人员与机器操作、顾客参与机器操作、顾客接触人员界面操作、顾客参与界面操作的动作属于相对固定的单一手和手臂移动动作、抓取动作、放置动作、重量因素动作、重抓取、加压、脚和腿移动动作、弯腰和起身动作、坐下和站起动作、旋转动作、眼睛动作、判断动作，不能有效地进行模块单元流水线的灵活运作，对企业模块单元延迟策略和强化延迟策略、后拉动流程、后拉动价值、智能运作需要作业更协调运作作用有限。自动化机器操作、智能机器操作、精益人员操作、精益人员与机器操作从一定程度上，进行手和手臂移动动作、抓取动作、放置动作、脚和腿移动动作、弯腰和起身动作、坐下和站起动作、旋转动作、眼睛动作、判断动作的组合，重视眼睛动作、判断动作，对企业模块单元延迟策略和强化延迟策略、后拉动流程、后拉动价值、智能运作需要作业更协调运作有一定作用。集成人员操作、集成人员与机器操作进行手和手臂移动动作、抓取动作、放置动作、脚和腿移动动作、弯腰和起身动作、坐下和站起动作、旋转动作、眼睛动作、判断动作的组合；眼睛动作、判断动作级别高；重视手移动动作，灵活地进行协调运作；进行脚和腿移动动作、弯腰和起身动作、坐下和站起动作这些过渡动作，完成作业间的衔接，对企业模块单元延迟策略和强化延迟策略、后拉动流程、后拉动价值、智能运作需要作业更协调运作有重要作用。

从人员看管机器操作、一般人员操作、人员工具操作、一般人员与机器操作、人员界面操作、顾客参与机器操作、顾客接触人员操作、顾客接触人员工具操作、顾客参与操作、顾客参与工具操作、顾客接触人员与机器操作、顾客参与机器操作、顾客接触人员界面操作、顾客参与界面操作到精益人员操作、精益人员到集成人员操作、集成人员与机器操作，从总作业、模块组、联合到具体模块单元流水线，从专用、链接到通用模块单元流水线，从隐形、可变、混合、相似到单一流水线，总作业、模块组、联合、具体模块单元流水线自身接口和专用、链接、通用接口，开发与设计价值链流程、采购价值链流程、仓储价值链流程、销售价值链流程自身接口作业和作业之间接口作业操作，物流、商流、人力资源、设备维护与维修、质量运作、价值运作、信息平台自身接口作业和作业之间的接口作业操作，计划、组织、领导、控制、创新自身接口作业和作业之间的接口作业操作，作业和接口作业、作业间接口作业、供应链或者服务链作业和接口作业、要素作业和要素作业接口作业、管理作业和管理接口作业之间形成的接口作业操作，操作难度大，越需要强化协调，进行手和手臂移动动作、抓取动作、放置动作、脚和腿移动动作、弯腰和起身动作、坐下和站起动作、旋转动作、眼睛动作、判断动作的融合；特别重视眼睛动作、判断动作，眼睛动作、判断动作级别高；重视手移动动作，灵活地进行协调运作；需要脚和腿移动动作、弯腰和起身动作、坐下和站起动作这些过渡动作，完成作业间的衔接。

联合模块单元专用模块单元混合流水线操作、具体模块单元混合流水线操作，具体、联合局部模块单元混合流水线操作，具体、联合、模块组局部模块单元混合流水线操作，具体、联合、模块组、总作业整体模块单元混合流水线操作，模块组模块单元专用模块单元混合流水线操作，联合模块单元混合流水线操作，模块组模块单元混合流水线操作，操作难度较大，越需要协调，进行手和手臂移动动作、抓取动作、放置动作、脚和腿移动动作、弯腰和起身动作、坐下和站起动作、旋转动作、眼睛动作、判断动作的组合；重视眼睛动作、判断动作运用。

具体模块单元的通用模块单元相似流水线操作，具体模块单元链接模块单元相似流水线操作，联合模块单元的通用模块单元相似流水线操作，联合模块单元链接模块单元相似流水线操作，总作业专用模块单元相似流水线操作，总作业模块单元相似流水线操作，联合模块单元的通用模块单元单一流水线操作，模块组模块单元的通用模块单元单一流水线操作，模块组模块单元链接模块单元单一流水线操作，总作业模块单元的通用模块单元单一流水线操作、总作业链接模块单元单一流水线操作难度越小，越需要一定协调，进行一定手和手臂移动动作、抓取动作、放置动作、脚和腿移动动作、弯腰和起身动作、坐下和站起动作、旋转动作、眼睛动作、判断动作的组合；进行一定眼睛动作、判断动作运用。

　　顾客接触的模块单元服务流水线需要员工与顾客互动；顾客有良好的服务体验；顾客与员工共创服务；针对顾客接触的模块单元服务流水线运作的顾客接触企业集成运营价值链管理流程顾客接触人员界面操作、顾客接触人员与机器操作、顾客接触人员操作、顾客接触人员工具操作的动作，体现为员工面部表情、眼神、上下肢姿态。面部表情将人们各种心理活动通过面部的肌肉运动呈现出来，能表达苦恼、忧郁、担心、悲伤、绝望、喜悦、反省、怨恨、愤怒多种感受，是人们情感和心理想法的体现。顾客接触的服务中，顾客能通过服务人员的面部表情感受到员工的服务态度。眼神能敏捷和迅速地将人们心中细微的变化情感表达出来，顾客能够通过员工的怒眼、惊眼、笑眼、醉眼、老眼、少眼、泪眼、侧目、远望、近觑各种眼神体会出员工的服务态度，感受到员工的服务。员工服务过程中，顾客能通过员工上下肢的各种体态感受到员工的服务。为此，与顾客接触的员工面部表情基础是眼轮匝肌、额肌、皱眉肌、鼻肌、上唇方肌、颧肌、口轮匝肌、颊肌、下唇方肌、颏肌、口角提肌和口角降肌的表情肌的运作情况和面部的大小、面部各部分的结构、面部灵活性、耳部结构，眼神基础是双眼之间距离、眼部灵活性、眼部聚焦度，肢体姿态基础是手脚协调性，手和脚腿灵活性。

　　员工的表情肌是员工表情的基础，表情肌运作良好，为做出各种顾客能感受到良好服务的表情打下基础。员工面部的大小是员工与顾客接触过程中，顾客能够直接感受到的部分，面部大小需要符合顾客接触的模块单元服务流水线运作的需要。面部各部分的结构表明员工面部位置的合理性，对服务的顾客瞬间接触的第一印象。面部灵活性需要员工面对服务的顾客的不同情境表现出不同的面部表情，这些属于对员工面部的灵活性的要求。耳部结构的大小和位置的合理性，对服务的顾客瞬间接触的印象有着直接影响。双眼之间的距离表明员工双眼之间位置的合理性，对服务的顾客瞬间接触的印象有着直接影响。眼部灵活性需要员工面对进行服务的顾客的不同情境表现出不同的眼神，这些是对员工眼部的灵活性的要求。眼部聚焦度需要员工面对服务的顾客时能聚焦到顾客的眼神程度，这些是对员工眼部的聚焦度的要求。手和脚腿灵活性需要员工面对服务的顾客进行服务时所展示的各种手、脚、腿动作，需要手、脚和腿的灵活性。手脚协调性需要员工面对服务的顾客服务时所展示的协调性，这些是对员工手、脚、腿动作的协调性的要求。

　　顾客接触企业集成运营价值链管理流程员工面部表情、眼神、上下肢体姿态设计需要员工按照企业宗旨、愿景、价值观和怀着对顾客的感恩之心进行顾客接触企业集成运营价值链管理流程的运作，这样员工就具有面部操作姿态的基础。进行眼轮匝肌、额肌、皱眉肌、鼻肌、上唇方肌、颧肌、口轮匝肌、颊肌、下唇方肌、颏肌、口角提肌和口角降肌的表情肌的训练和面部灵活性、眼部灵活性、眼部聚焦度的训练。这样员工进行顾客服务的过程中，就具有发自内心的微笑、感恩、热情、耐心、温和、友好、体谅、包容、理解、深刻体会等各种使顾客感动和有着良好服务体验的面部表情和眼神，这些面部表情对顾客接触企业集成运营价值链管理流程的高效运作有着重要的促进作用。员工的坐姿、站姿、行走姿态、服务姿态都需要按照服务顾客的要求，站姿挺拔，挺胸收腹，立腰收臀，表情自然；坐姿端正，坐在椅子的 $1/3 \sim 2/3$ 处；走姿优雅，抬头挺胸，两眼平视，面带微笑，自然摆臂，行走轻稳，步速平均。需要重点表现企业集成顾客接触流程服务起始关键时刻的顾客与服务环境初始接触关键时刻、顾客与服务氛围初始接触关键时刻、员工与顾客初始接触关键时刻、设备与顾客初始接触关键时刻、电子设备与顾客初始接触关键时刻和服务运作关键时刻包括是否接受服务关键时刻、服务价值判断关键时刻、服务反馈关键时刻、是否再次接受服务关键时刻、服务问题关键时刻的眼神、表情、姿态、进行服务操作的各种动作。

顾客接触人员界面操作、顾客接触人员与机器操作、顾客接触人员操作、顾客接触人员工具操作的动作属于相对固定的员工面部表情、眼神、姿态，不能有效地进行模块单元流水线作业的面部表情转化、眼神转化、姿态转化之间的协调和灵活运作，对顾客接触模块单元延迟策略和强化延迟策略、后拉动流程、后拉动价值、智能运作需要作业更协调运作作用有限。顾客接触精益人员界面操作、顾客接触精益人员与机器操作、顾客接触精益人员操作、顾客接触精益人员工具操作的员工面部表情、眼神、姿态，从一定程度上进行模块单元流水线作业的面部表情转化、眼神转化、姿态转化之间的协调和灵活运作，对顾客接触模块单元延迟策略和强化延迟策略、后拉动流程、后拉动价值、智能运作需要作业更协调运作有一定作用。顾客接触集成人员界面操作、顾客接触集成人员与机器操作、顾客接触集成人员操作、顾客接触集成人员工具操作的员工面部表情、眼神、姿态，进行微笑、感恩、热情、耐心、温和、友好、体谅、包容、理解、深刻体会的面部表情、眼神、上下肢姿态动作的组合；更加重视模块单元流水线作业的面部表情转化、眼神转化、姿态转化之间的协调和灵活运作；更加重视面部表情、眼神的顾客服务的深层次运用，对顾客接触模块单元延迟策略和强化延迟策略的运作、后拉动流程、后拉动价值、智能运作需要作业更协调运作有重要作用。

企业集成模块单元流水线中的不同层次和同一层次的模块单元流水线的自身接口作业和通用、链接、专用接口操作，服务链流程、要素、管理自身接口作业和作业之间接口作业操作的员工面部表情、眼神、姿态，由于作业操作难度大，需要接口作业的面部表情转化、眼神转化、姿态转化之间的协调和灵活运作协调，完成作业间的衔接。

顾客接触的模块单元服务流水线人体测量可以采用基于几何特征的识别方法、基于整体的识别方法、物理模型识别方法、智能识别方法进行测量。基于几何特征的识别方法运用员工进行服务时的眼、口、鼻表情特征等重要特征点的位置提取，眼神等重要器官的几何形状提取，进行员工面部表情的识别。基于整体的识别方法运用主元分析找到员工进行服务时正交的维数空间，最小方差准则进行员工面部表情描述，通过神经网络模型的神经元分析，实现员工面部表情识别。物理模型识别方法根据解剖学知识确定员工进行服务时关键特征表情识别。智能识别方法运用隐马尔可夫模型、支持向量机分析员工进行服务时表情的细微变化，从而进行表情识别。基于 RFID 的人员姿态判定方法利用电磁波信号在传播过程中的变化，结合无线层析图像技术，进行员工服务时图像构建，进行人体姿态识别。

（二）企业集成运营价值链管理流程动作改进

企业集成运营价值链管理流程动作中，每一种动作都需要眼睛运动，由于眼睛沿水平方向运动比沿着垂直方向运动速度快且不易产生疲劳，看物体时往往先看到水平方向的物体再看到垂直方向的物体，需要模块单元流水线重要部分的标识以水平为主。由于视觉的变化习惯于从左到右、从上到下和顺时针方向运动，需要模块单元流水线重要部分的标识以左、上、顺时针旋转为重点。由于人眼对直线轮廓比对曲线轮廓更易于接受，需要模块单元流水线重要部分的标识以直线轮廓为重点。由于两眼运动总是协调的、同步的，正常情况下不会出现左眼看一物，右眼看另一物，需要模块单元流水线重要部分的标识以两个眼睛观看舒适为重点。由于眼睛偏离中心时，人眼对左上限观察最准确，其次为右上限、左下限、右下限，需要模块单元流水线重要部分的标识以左上限、右上限为重点。由于人眼辨认颜色的顺序是红、蓝、黄、白，混合色的辨别是黄底黑字、黑底白字、蓝底白字、白底黑字，需要安全和必需模块单元流水线重要部分的标识以红、蓝、黄、白和黄底黑字、黑底白字、蓝底白字为重点进行运作，更好地和有效地运用眼睛。

模块单元流水线各种操作范围大，要求远视力、周边视力和立体视力；作业范围小，要求近视力和良好的最小分辨力。顾客接触人员操作、顾客接触人员工具操作、顾客接触人员与机器操作、顾客接触人员界面操作不但需要操作作业，还需要观察顾客的表情，作业范围小，要求近视力和良好的最小分辨力。对人员界面操作、顾客参与界面操作和一般人员操作、人员工具操作、人员看管机器操作、一般人员与机器操作中的用眼操作作业范围较小，要求近视力和较强的最小分辨力。对于一般人员操作、人员工具操作、人员看管机器操作、一般人员与机器、一般机器操作中不需要尽力用眼的操作和顾客参与机器操作、顾客参与操作、顾客参与工具操作、顾客参与机器操作的操作范围大，要求远视力。对于一般人员操作、人员工具操作、人员看管机器操作、一般人员与机器、一般机器操作中需要注重周边环境和立体环境的操作，需要周边视力和立体视力。

企业集成运营价值链管理流程身体各部分的动作需肌力制止时，则应将其减至最小限度；身体运动采用连续的曲线运动比直线运动为佳；身体弹道式的运动比受限制的运动要好；动作节奏应尽可能轻松自然。

企业集成运营价值链管理流程手的动作应尽量平衡，双手应同时开始，同时完成动作，不需要只用左手或者只用右手，而让另一只手闲着，平衡左右手的负荷；除规定的休息时间外，模块单元流水线运作时双手不应同时休闲；反向和同时进行双臂对称运动，一只向左，一只向右，这样的双向运动，才能够达到平衡；两只手以相同的速度进行运动,这样符合人脑中央处理器统一运作要求。

企业集成运营价值链管理流程手指动作的动作速度最快,需要模块单元流水线上最快速度的手指操作;注重模块单元流水线的上臂及下臂保持不动的手指及手腕移动动作;广泛进行肘以上不动,肘以下运动的动作安排,这是最有效的不致引起疲劳之动作;由于手指中食指最为灵敏,拇指次之,中指居中,小拇指第四,无名指最笨,模块单元流水线运作需要按照手指灵活程度,进行任务安排;注重前臂不能抬起的手指、手腕、前臂及上臂动作;尽量少用手指、手腕、前臂及躯干之类动作,这一动作最耗体力,也最慢。

企业集成运营价值链管理流程动作中,尽量解除手的动作,以夹具或者足踏工具代替,让最为宝贵资源手进行更重要的操作,不能让手进行持住或者简单的敲击动作。进行人员手工具操作时,尽可能使工具与手指接触面增大。人与机器一起运作时,应能使员工尽量不变动姿势,尽量利用机械设备最大能力。

顾客接触集成人员界面操作、顾客接触集成人员与机器操作、顾客接触集成人员操作、顾客接触集成人员工具操作的员工面部表情、眼神、姿态改进需要从企业宗旨、愿景、价值观融入员工内心深处出发,进行面部表情、眼神、姿态改进;改变员工面部表情、眼神、姿态单一运作的局面,进行模块单元流水线作业的面部表情转化、眼神转化、姿态转化之间的协调和灵活运作,进行微笑、感恩、热情、耐心、温和、友好、体谅、包容、理解、深刻体会的面部表情、眼神、上下肢姿态动作的组合;改变没有温度的员工对顾客的服务,员工从顾客心理和行为出发,注重面部表情、眼神的顾客服务的深层次运用,使员工与顾客有着深层次的服务互动,顾客有良好的服务体验。需要重点进行企业集成顾客接触流程服务起始关键时刻的顾客与服务环境初始接触关键时刻、顾客与服务氛围初始接触关键时刻、员工与顾客初始接触关键时刻、设备与顾客初始接触关键时刻、电子设备与顾客初始接触关键时刻和服务运作关键时刻包括是否接受服务关键时刻、服务价值判断关键时刻、服务反馈关键时刻、是否再次接受服务关键时刻、服务问题关键时刻眼神、表情、姿态、服务各种动作的改进。

制造类企业集成具体、联合、模块组、总作业模块单元和通用、链接、专用模块单元的各类流水线的一般机器操作、人员看管机器操作、一般人员操作、人员工具操作、一般人员与机器操作、人员界面操作、顾客参与界面操作包括各类基本动作要素,需要进行眼睛动作改进;需要根据远视力、周边视力、立体视力、最小分辨力要求进行操作作业选择;需要进行身体动作、手指动作、手臂动作改进;需要进行人员与机器操作时的动作改进;需要进行人员与工具操作时的动作改进。

制造性服务企业集成具体、联合、模块组模块单元和通用、链接、专用模块单元的各类流水线的一般机器操作、人员看管机器操作、顾客参与机器操作、一般人员操作、人员工具操作、顾客接触人员操作、顾客接触人员工具操作、顾客参与操作、顾客参与工具操作、一般人员与机器操作、顾客接触人员与机器操作、顾客参与机器操作、人员界面操作、顾客接触人员界面操作、顾客参与界面操作包括各类基本动作要素，需要进行眼睛动作改进，需要根据远视力、周边视力、立体视力、最小分辨力要求进行操作作业选择，需要进行身体动作、手指动作、手臂动作改进，需要进行人员与机器操作时的动作改进，需要进行人员与工具操作时的动作改进。

一般服务企业集成具体、联合模块单元和通用、专用模块单元的各类流水线的一般机器操作、人员看管机器操作、一般人员操作、人员工具操作、一般人员与机器操作、人员界面操作、顾客接触人员界面操作、顾客参与界面操作包括各类基本动作要素，需要进行眼睛动作改进；需要根据远视力、周边视力、立体视力、最小分辨力要求进行操作作业选择；需要进行身体动作、手指动作、手臂动作改进；需要进行人员与机器操作时的动作改进；需要进行人员与工具操作时的动作改进。

设计性服务企业、中间性服务企业集成具体、联合模块单元和通用、专用模块单元的各类流水线和人员界面操作、顾客参与界面操作包括部分基本动作要素；需要进行眼睛动作改进；需要根据最小分辨力要求进行操作作业选择；需要进行手指动作、手动作改进；需要进行人员与工具操作时的动作改进。

一般纯服务企业集成具体、联合模块单元和通用、专用模块单元的各类流水线和一般人员操作、人员工具操作、顾客接触人员操作、顾客接触人员工具操作、顾客参与操作、顾客参与工具操作、人员界面操作、顾客接触人员界面操作、顾客参与界面操作包括部分基本动作要素，需要进行眼睛动作改进；需要根据周边视力、最小分辨力要求进行操作作业选择；需要与顾客接触的顾客表情观察的眼睛动作要求；需要进行手指动作、手臂动作改进；需要进行人员与工具操作时的动作改进。需要重点进行企业集成顾客接触流程服务起始关键时刻的顾客与服务环境初始接触关键时刻、顾客与服务氛围初始接触关键时刻、员工与顾客初始接触关键时刻、设备与顾客初始接触关键时刻、电子设备与顾客初始接触关键时刻和服务运作关键时刻包括是否接受服务关键时刻、服务价值判断关键时刻、服务反馈关键时刻、是否再次接受服务关键时刻、服务问题关键时刻眼神、表情、姿态、进行服务操作的各种动作。

二、企业集成运营价值链管理流程脑力负荷分析

企业集成运营价值链管理流程是通过一定脑力活动来完成的，与一般的运营活动相比，企业集成运营价值链管理流程延迟策略和强化延迟策略、后拉动流程、后拉动价值、智能运作的各种操作的脑力活动更多、更为复杂，脑力负荷分析是企业集成运营价值链管理流程操作基础。

（一）企业集成运营价值链管理流程操作脑力负荷基础

企业集成运营价值链管理流程操作脑力活动需要从人的心理因素出发进行分析。人的心理因素包括感觉、知觉、情绪（蒋祖华，2011）。感觉是心理因素中最基本的因素，知觉、情绪、动机、意志都在感觉的基础上形成。感觉是需要一定的刺激强度才能够形成，包括感觉阈下限和感觉阈上限。感觉阈下限是能够产生感觉的最小刺激量。

感觉阈上限是能够形成正常感觉的最大刺激量。感觉器官具有适应性，是指经过一段时间的刺激之后，在刺激不变的情况下，感觉会逐渐减少以至消失。感觉器官的感受会受到其他刺激的干扰影响而降低感受。感受具有对比性，是指同一感觉器官接受数种不同的但属于同一类刺激物的作用，使感受产生变化。感受对比性包括几种刺激物同时作用和几种刺激物先后作用都会产生对比感受。知觉是外界刺激感官时人脑对外界整体的看法和理解。知觉是对事物整体的感受；知觉形成后，直觉所产生的印象保持相对不变；知觉会对某些对象，能够从一定的背景下优先区分出来；知觉能够用过去获得的知识和经验，对感知事物进行加工处理，用概念的形式将事物标识出来。情绪是对事物态度体验和行为反应，是以个体愿望和需要为中介的心理活动。心境是一种微弱和持久情绪反应，是由具体的原因产生，造成心情愉快和不愉快，在一个较长的时段内影响人体行为。激情是一种猛烈而短暂的情绪，由具体的原因产生，通过激烈的行动表现出来，对人体行为产生激烈影响。热情是一种强有力、稳定、持久的情绪，饱满的热情对人体行为产生正向影响。

人体的心理现象包括记忆、遗忘、学习、思维、推理与决策、注意、持续警觉。记忆是人体操作过、感受过、思考过、体验过的事物留存在脑里，需要的时候可以重现出来的心理现象。记忆是认识活动的基础，没有记忆人体的心理活动无法有效进行。遗忘是保留在人脑中的信息随着时间的推移，信息数量逐渐减少，信息质量改变，信息消失的一种心理现象。遗忘属于人体正常的生理和心理现象，遗忘与时间有着内在联系，记忆后的短时间内，遗忘速度最快，以后逐渐缓慢，一段时间后，遗忘速度减慢，一直到几乎不忘记。学习是促进心理活动有效进行的基础，通过人脑学习掌握知识和技能，将这些知识和技能形成记忆，就构成心理活动的基础。思维、推理与决策是通过人脑的高级认知过程，通过人脑分析与综合、比较、抽象与概括的思维活动，通过人脑理解事物本质和规律；通过人脑和采用推理方法对已掌握的知识和信息进行推理，得到新的知识和信息；通过各种知识和信息，根据所确定的目标进行决策。注意是人脑的高级认知过程，有选择地强化某些刺激而忽略其他刺激，使人的感觉和知觉同时对一定对象选择指向和集中。注意能够稳定地较长时间地保持在某种特定认识的事物上；注意具有范围，是注意事物的数目；注意也可以是同一时间内注意指向两种或者两种以上的事物；注意也可以根据当前任务的需要，有目的、主动地把注意从一个事物转移到另一个事物上。持续警觉是长时间保持注意的认知过程。

企业集成运营管理流程员工作业心理运作是员工针对作业特性和任务，构建作业中的员工人格、员工价值观、员工态度、员工自我效能、员工组织承诺、员工心理契约来引导感觉、知觉、情绪员工心理因素的运作和记忆、遗忘、学习、思维、推理与决策、注意、持续警觉的心理现象，完成作业运作。

企业模块单元流水线延迟策略和强化延迟策略、后拉动流程、后拉动价值、智能运作需要作业更协调运作，从不同程度上加大企业集成运营管理流程员工作业心理运作的难度。企业模块单元延迟策略和强化延迟策略的运作通过延迟策略和强化延迟策略信息、后拉动流程信息、后拉动价值信息、智能运作信息强化了感觉、知觉、情绪员工心理因素的运作和记忆、遗忘、学习、思维、推理与决策、注意、持续警觉的心理现象，需要员工进行强化的员工人格、员工价值观、员工态度、员工自我效能、员工组织承诺、员工心理契约运作。企业模块单元流水线通过操作方式、操作作业难度、操作作业之间接口体现强化员工作业心理运作。操作方式的级别越高，操作作业难度越大，操作作业之间接口运作和信息强化的范围就越广，信息强化的深度就越深，延迟策略和强化延迟策略信息、后拉动流程信息、后拉动价值信息、智能运作信息、作业信息各自之间的融合强度就越强，员工心理因素、员工心理现象、员工作业心理运作各自之间的融合度就越高，需要更广的员工心理因素、员工心理现象、员工作业心理运作各自之间的组合、协调运作，进行员工感觉、知觉、情绪组合和协调运作；进行员工记忆、遗忘、学习、思维、推理与决策、注意、持续警觉组合和协调运作；进行员工人格、员工价值观、员工态度、员工自我效能、员工组织承诺、员工心理契约组合和协调运作；进行作业、作业动作、员工感觉、知觉、情绪、记忆、遗忘、学习、思维、推理与决策、注意、持续警觉、员工人格、员工价值观、员工态度、员工自我效能、员工组织承诺、员工心理契约之间的组合和协调运作。顾客接触的员工作业心理还需要以顾客心理和行为为驱动，进行顾客接触作业、广泛和深入的员工面部表情和眼神、员工姿态、员工感觉、知觉、情绪、记忆、遗忘、学习、思维、推理与决策、注意、持续警觉、员工人格、员工价值观、员工态度、员工自我效能、员工组织承诺、员工心理契约之间的组合和协调运作。

从人员看管机器操作、一般人员操作、人员工具操作、一般人员与机器操作、人员界面操作、顾客参与机器操作、顾客接触人员操作、顾客接触人员工具操作、顾客参与操作、顾客参与工具操作、顾客接触人员与机器操作、顾客接触人员界面操作、顾客参与界面操作到精益人员操作、精益人员到集成人员操作、集成人员与机器操作，从总作业、模块组、联合到具体模块单元流水线，从专用、链接到通用模块单元流水线，从隐形、可变、混合、相似到单一流水线，具体、联合、模块组到总作业模块单元流水线自身接口作业和专用、链接、通用接口作业，模块单元流水线供应链或者服务链接口作业，模块单元流水线管理自身和之间的接口作业，模块单元流水线要素接口作业，模块单元流水线供应链或者服务链、管理、要素之间接口作业，操作方式的级别越高，操作作业难度越大，需要更广的员工心理因素、员工心理现象、员工作业心理运作各自和之间的组合、协调运作，进行员工感觉、知觉、情绪组合和协调运作；进行员工记忆、遗忘、学习、思维、推理与决策、注意、持续警觉组合和协调运作；进行员工人格、员工价值观、员工态度、员工自我效能、员工组织承诺、员工心理契约组合和协调运作；进行作业、作业动作、员工感觉、知觉、情绪、记忆、遗忘、学习、思维、推理与决策、注意、持续警觉、员工人格、员工价值观、员工态度、员工自我效能、员工组织承诺、员工心理契约之间的组合和协调运作。

顾客接触各种集成员工操作，顾客接触的联合和具体模块单元流水线作业，顾客接触联合、具体模块单元流水线自身接口作业和专用、链接、通用接口作业，顾客接触模块单元流水线服务链接口作业，顾客接触模块单元流水线管理自身和之间的接口作业，顾客接触模块单元流水线要素接口作业，顾客接触模块单元流水线服务链、管理、要素之间接口作业，信息强化的范围越广，信息强化的深度越深，需要以顾客心理和行为为驱动，进行顾客接触作业、广泛和深入的员工面部表情和眼神、员工姿态、员工感觉、知觉、情绪、记忆、遗忘、学习、思维、推理与决策、注意、持续警觉、员工人格、员工价值观、员工态度、员工自我效能、员工组织承诺、员工心理契约之间的组合和协调运作。需要注重企业集成顾客接触流程服务起始关键时刻的顾客与服务环境初始接触关键时刻、顾客与服务氛围初始接触关键时刻、员工与顾客初始接触关键时刻、设备与顾客初始接触关键时刻、电子设备与顾客初始接触关键时刻和服务运作关键时刻包括是否接受服务关键时刻、服务价值判断关键时刻、服务反馈关键时刻、是否再次接受服务关键时刻、服务问题关键时刻对顾客心理、行为分析和快速判断的能力，注重关键时刻态度。

（二）企业集成运营价值链管理流程操作脑力负荷影响因素

企业集成运营价值链管理流程操作脑力负荷是指进行企业集成运营价值链管理流程延迟策略和强化延迟策略、后拉动流程、后拉动价值、智能运作脑力活动的员工单位时间承担脑力活动的工作量。企业集成具体模块单元、联合模块单元、模块组模块单元、总作业模块单元和通用模块单元、链接模块单元、专用模块单元的各类流水线价值链管理流程操作中的脑力活动，企业集成运营开发与设计、采购模块单元流水线价值链管理流程操作中的脑力活动，企业集成运营模块单元流水线价值链管理流程操作中的价值运作脑力活动，企业集成模块单元流水线价值链管理流程信息系统操作的脑力活动都需要进行脑力负荷分析。

进行企业集成运营价值链管理流程操作脑力负荷分析是为了对员工在企业集成模块单元流水线价值链管理流程操作中表现有促进作用，需要明确员工表现与脑力负荷联系。企业集成模块单元流水线价值链管理流程操作中，员工表现与脑力负荷关系表现为当脑力负荷增加时，员工的表现保持不变，将这一内在联系称为数据限制区域；当脑力负荷增加时，员工的表现急剧下降，将这一区域称为资源限制区域；当脑力负荷增加时，员工的表现急剧下降，当下降到一定极限，员工表现出现稳定的很低水平的表现，将这一区域称为极限限制区域。企业集成运营价值链管理流程操作中员工表现与脑力负荷的关系如图 8 - 4 - 1 所示。

企业集成运营价值链管理流程操作脑力负荷影响因素包括：

1. 企业集成运营价值链管理流程操作脑力负荷个人因素

企业集成运营价值链管理流程操作脑力负荷的承载范围受着个人能力大小的影响。员工脑力活动能力强，脑力负荷承载范围和承载强度就大；员工脑力活动能力弱，脑力负荷承载范围和承载强度就小。脑力负荷承载范围不是一成不变的，会随着员工企业集成模块单元价值链管理流程和企业集成价值、质量、信息系统各类操作中脑力活动感觉范围扩大、知觉加深、意志的更加坚定，记忆增多，学习强化，思维、推理与决策能力提高，注意能力增强、持续警觉能力增强，脑力负荷承载范围和承载强度就越大。反之，会随着员工企业集成模块单元各类操作中脑力活动感觉范围缩小、知觉弱化、意志薄弱，遗忘，学习弱化，思维、推理与决策能力弱化，注意能力变弱、持续警觉能力变弱，脑力负荷承载范围和承载强度就越小。企业模块单元流水线延迟策略和强化延迟策略、后拉动流程、后拉动价值、智能运作需要强的员工脑力活动能力。

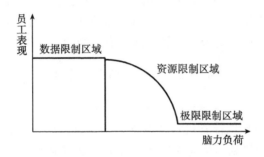

图 8 - 4 - 1　企业集成运营价值链管理流程操作中员工表现与脑力负荷的关系

2. 企业集成运营价值链管理流程操作脑力负荷任务因素

企业集成模块单元流水线操作中的脑力活动、企业集成开发与设计模块单元流水线操作脑力活动、企业集成价值运作脑力活动、企业集成质量运作脑力活动、企业集成信息系统运作的脑力活动运作过程中，都有需要完成的具体任务，每一种任务中的脑力活动特性不同，脑力活动复杂度、强度不相同，需要针对每一种任务中的脑力活动特性，根据脑力活动复杂度、强度，配比一定的企业集成运营价值链管理流程脑力负荷，由此完成企业集成运营价值链管理流程操作脑力负荷任务目标。企业模块单元流水线延迟策略和强化延迟策略、后拉动流程、后拉动价值、智能运作的任务脑力活动强度强。

3. 企业集成运营价值链管理流程操作脑力负荷保健和激励因素

企业集成模块单元价值链管理流程和企业集成价值、质量、信息系统各类操作中脑力活动与激励因素有着直接的联系，企业集成运营价值链管理流程的保健因素、激励因素对企业集成运营价值链管理流程脑力活动的员工的情绪、动机有影响。反向激励因素会导致员工进行脑力活动时一蹶不振，使脑力负荷急剧减少；保健因素会引致员工进行脑力活动时，保持住积极性，脑力负荷持平；正向激励因素会促使员工进行脑力活动时，积极面对工作，使脑力负荷增大。企业模块单元流水线延迟策略和强化延迟策略的运作、后拉动流程、后拉动价值、智能运作有强的脑力负荷激励因素发挥作用。

4. 企业集成运营价值链管理流程操作脑力负荷环境因素

企业集成模块单元价值链管理流程和企业集成价值、质量、信息系统各类操作中脑力活动与企业集成运营价值链管理流程脑力活动环境有着直接联系。企业集成运营价值链管理流程脑力活动环境包括直接环境和间接环境，直接环境包括企业集成运营价值链管理流程脑力活动设备、工具、维护和维修环境，间接环境设计包括微气候环境、照明环境、色彩环境、

噪声环境。企业集成运营价值链管理流程脑力活动直接环境直接影响着脑力活动的效率，由此决定着脑力负荷的强度；企业集成运营价值链管理流程脑力活动间接环境间接影响着脑力活动的效率，由此决定着脑力负荷的强度。企业集成运营价值链管理流程直接环境与间接环境越好，脑力负荷增大；反之，企业集成运营价值链管理流程直接环境与间接环境越差，脑力负荷减小。企业模块单元流水线延迟策略和强化延迟策略、后拉动流程、后拉动价值、智能运作有强的脑力活动环境。

（三）企业集成运营价值链管理流程操作脑力负荷测量方法

1. 企业集成运营价值链管理流程操作脑力负荷主观评价法

（1）企业集成运营价值链管理流程操作脑力负荷库柏·哈柏评价方法。企业集成运营价值链管理流程操作脑力负荷库柏·哈柏评价方法源于库柏·哈柏研发的针对评价飞机驾驶难易程度的一种评价方法。后经过修正，用于评价操作任务中的脑力负荷。运用这一方法进行企业集成运营价值链管理流程操作脑力负荷评价时需要确定脑力负荷评价量表，如表 8 - 4 - 2 所示。

表 8 - 4 - 2　企业集成运营价值链管理流程操作脑力负荷评价量表

操作者运用脑力难度	操作者脑力需求水平	脑力负荷等级
不可能	要求的任务无法可靠完成	10
难度超大	需要付出极高的脑力努力，但存在大量和严重失误	9
难度特大	需要付出很高的脑力努力，以避免大量和严重失误	8
难度很大	需要付出很高的脑力努力，使任务错误维持在中等水平	7
难度很令人厌烦但可接受	为达到系统绩效要求，需要付出最大限度的脑力努力	6
难度中等但令人厌烦	为达到系统绩效要求，需要付出高水平的脑力努力	5
令人不悦的较小难度	为达到系统绩效要求，需要付出较高水平的脑力努力	4
轻微难度	为达到系统绩效要求，需要脑力努力在可接受的水平	3
简单	操作者付出脑力努力较低，任务容易完成	2
很简单	操作者付出脑力努力最小，任务容易完成	1

企业集成运营价值链管理流程操作脑力负荷评价量表将脑力负荷评价确定为十个级别，这十个级别分为四级类。第一级类是操作中容易实现的脑力负荷类型，包括很简单、简单、轻微难度的由脑力负荷付出逐渐增多的三个级别组成；第二级类操作中

是不容易实现的脑力负荷类型，包括令人不悦的较小难度、难度中等但令人厌烦、难度很令人厌烦但可接受的由脑力负荷付出逐渐增多的三个级别组成；第三级类是操作中很不容易实现的脑力负荷类型，包括难度很大、难度特大、难度超大的由脑力负荷付出逐渐增多的三个级别组成；第四级类是操作中无法实现的脑力负荷类型。脑力负荷评价量表的四个级类的划分将企业集成运营价值链管理流程操作中从能够容易实现、不容易到不能实现的脑力负荷进行规定，每一个级别进行量化，既明确操作中脑力负荷能够进行的范围，也明确了每一级别操作中脑力负荷需要付出大小的等级，使企业集成运营价值链管理流程操作脑力负荷评价具有明确的量化等级。

　　企业模块单元流水线延迟策略和强化延迟策略、后拉动流程、后拉动价值、智能运作中的脑力活动运用企业集成运营价值链管理流程脑力负荷库柏·哈柏评价方法进行评价时，需要先确定从人员看管机器操作、一般人员操作、人员工具操作、一般人员与机器操作、人员界面操作、顾客参与机器操作、顾客接触人员操作、顾客接触人员工具操作、顾客参与操作、顾客参与工具操作、顾客接触人员与机器操作、顾客接触人员界面操作、顾客参与界面操作到精益人员操作，到集成人员操作、集成人员与机器操作；从总作业、模块组、联合到具体模块单元流水线；从专用、链接到通用模块单元流水线；从隐形、可变、混合、相似到单一流水线，具体、联合、模块组到总作业模块单元流水线自身接口作业和专用、链接、通用接口作业，模块单元流水线供应链或者服务链接口作业，模块单元流水线管理自身和之间的接口作业，模块单元流水线要素接口作业，模块单元流水线供应链或者服务链、管理、要素之间接口作业，确定脑力活动类型，之后运用企业集成运营价值链管理流程操作脑力负荷评价量表进行十个级别评价，确定每一类脑力活动的级别，为顺利展开企业集成运营模块单元流水线价值链管理流程中的脑力活动打下基础。

　　（2）企业集成运营价值链管理流程操作脑力负荷 SWAT 评价量表法。企业集成运营价值链管理流程操作脑力负荷 SWAT 量表法源自于美国空军基地航空医学研究所开发的多维脑力负荷评价量表。企业集成运营价值链管理流程操作脑力负荷 SWAT 评价量表由时间负荷、努力程度和心理压力负荷三个维度构成，每一个维度都有轻度、中度、重度三个评价等级，确定这三个水平的活动的特性（孙雪松和郭胜忠，2009）。企业集成运营价值链管理流程操作多维脑力负荷活动如表 8-4-3 所示。

　　针对企业集成运营价值链管理流程操作时间负荷、努力程度和心理压力负荷多维脑力负荷活动，进行多维脑力负荷活动的组合，形成六个多维脑力负荷活动组合类型。TES 表示时间负荷最重要、努力程度次之、心理压力负荷重要性最小脑力负荷活动组合；TSE 表示时间负荷最重要、心理压力负荷次之、努力程度重要性最小脑力负荷活动组合；ETS 表示努力程度最重要、时间负荷次之、心理压力负荷重要性最小脑力负荷活动组合；EST 表示努力程度最重要、心理压力负荷次之、时间负荷重要性最小脑力负荷活动组合；STE 表示心理压力负荷最重要、时间负荷次之、努力程度重要性最小脑力负荷活动组合；SET 表示心理压力负荷最重要、努力程度次之、时间负荷重要性最小脑力负荷活动组合。然后对这六个多维脑力负荷活动组合类型按照重要性的1、2、3重要级别进行有可能的各种情况的评定，确定企业集成运营价值链管理流程操作脑力负荷 SWAT 评价量表，如表8-4-4所示。

表8-4-3 企业集成运营价值链管理流程操作多维脑力负荷活动

评价等级	时间负荷	努力程度	心理压力负荷
轻度	经常有空余时间，操作中各项活动之间很少相互干扰	很少意识到心理努力，操作是自动的，很少需要注意力	很少出现慌乱、挫折、焦虑，操作易适应
中度	有时有空余时间，操作中各项活动之间有时相互干扰	有时感到自己在努力，操作需要自己的约束，需要一定的注意力	有时出现慌乱、挫折、焦虑，操作需要时间适应
重度	几乎没有空余时间，操作中各项活动之间经常相互干扰	自己十分努力，操作内容十分复杂，必须自己集中全力	经常出现慌乱、挫折、焦虑，操作需要很长时间适应

表8-4-4 企业集成运营价值链管理流程操作脑力负荷 SWAT 评价量表

评分值	组别					
	TES	TSE	ETS	EST	STE	SET
1	111	111	111	111	111	111
2	112	121	112	211	121	211
3	113	131	113	311	131	311
4	121	112	211	112	211	121
5	122	122	212	212	221	221
6	123	132	213	312	231	321
7	131	113	311	113	311	131
8	132	123	312	213	321	231
9	133	133	313	313	331	331
10	211	211	121	121	112	112
11	212	221	122	221	122	212
12	213	231	123	321	132	312
13	221	212	221	122	213	122
14	222	222	222	222	222	222
15	223	232	223	322	232	322
16	231	213	321	123	312	132
17	232	223	322	223	322	232
18	233	233	323	323	332	332
19	311	311	131	131	113	113

评分值	组别					
	TES	TSE	ETS	EST	STE	SET
20	312	321	132	231	123	213
21	313	331	133	331	133	313
22	321	312	231	132	213	123
23	322	322	232	232	223	223
24	323	332	233	332	233	323
25	331	313	331	133	313	133
26	332	323	332	233	323	233
27	333	333	333	333	333	333

运用企业集成运营价值链管理流程操作脑力负荷 SWAT 评价量表法进行评价时，需要先确定企业模块单元流水线延迟策略和强化延迟策略、后拉动流程、后拉动价值、智能运作中的脑力活动类型，将这些脑力活动按照时间负荷、努力程度和心理压力负荷的脑力负荷的三个维度，根据企业集成运营价值链管理流程操作脑力负荷 SWAT 评价量表，确定六个多维脑力活动组合类型，进行三个级别的评定，确定每一类脑力活动的类型和评价级别，展开企业集成运营模块单元流水线价值链管理流程中的脑力活动运作。

（3）企业集成运营价值链管理流程操作脑力负荷 NASA – TLX 评价量表法。企业集成运营价值链管理流程操作脑力负荷 NASA – TLX 评价量表法源于美国航空航天局脑力负荷评价方法。脑力负荷 NASA – TLX 评价量表法从脑力需求、体力需求、时间压力、努力程度、业绩水平、挫折程度六个操作者运用脑力维度进行脑力负荷活动展开。对这六个操作者运用脑力维度确定低与高、小与大、慢与快、差与好的程度，进一步确定每一种程度脑力负荷活动特性（陆崑等，2016）。企业集成运营价值链管理流程操作脑力负荷 NASA – TLX 评价量表如表 8 – 4 – 5 所示。

表 8 – 4 – 5 企业集成运营价值链管理流程操作脑力负荷 NASA – TLX 评价量表

操作者运用脑力维度	操作者运用脑力程度	详细情况
脑力需求	低/高	需要多少和多深脑力活动
体力需求	低/高	需要多少和多深体力活动
时间压力	慢/快	工作节奏快慢
努力程度	小/大	完成任务需要付出努力程度
业绩水平	好/差	完成任务业绩
挫折程度	小/大	工作中的烦恼程度

企业集成运营价值链管理流程操作脑力负荷 NASA - TLX 评价量表法进行评价时，需要先确定企业模块单元流水线延迟策略和强化延迟策略、后拉动流程、后拉动价值、智能运作中的脑力活动类型，根据企业集成运营价值链管理流程脑力负荷 NASA - TLX 评价量表，确定六个操作者运用脑力维度的每一个维度的评价等级，确定每一类脑力活动六个维度的评价等级，展开企业集成运营模块单元流水线价值链管理流程中的脑力活动运作。

2. 企业集成运营价值链管理流程操作脑力负荷主任务测量法

企业集成运营价值链管理流程操作脑力负荷主任务测量法是企业模块单元流水线延迟策略和强化延迟策略、后拉动流程、后拉动价值、智能运作操作中，根据操作者操作的各种脑力负荷主要表现，推算操作者的脑力负荷。主任务测量法中，当操作者脑力负荷增加时，对操作者能力的要求将改变操作者操作中的活动表现，需要操作者通过各种脑力活动任务来满足操作需求，这些脑力活动中的主要脑力活动任务是完成操作的基础。这些脑力活动主任务可以通过数字计算、短时记忆、视觉搜索、境画任务、模拟操作、逻辑推理、拼图、走迷宫、空间旋转度量指标来衡量，这些度量指标可以用时间、正确率、出错次数、速度来评价（崔凯等，2016）。企业脑力活动主任务度量指标如表 8 - 4 - 6 所示。

表 8 - 4 - 6　企业脑力活动主任务度量指标

主任务	度量指标
数字计算	时间、正确率
短时记忆	时间、正确率
视觉搜索	时间、正确率
境画任务	时间、出错次数
模拟操作	时间、速度、出错次数
逻辑推理	时间、正确率
拼图	时间、出错次数
走迷宫	时间、出错次数
空间旋转	认知时间、正确率

企业集成运营价值链管理流程操作脑力负荷主任务测量法进行评价时，需要先确定企业模块单元流水线延迟策略和强化延迟策略、后拉动流程、后拉动价值、智能运作的脑力活动类型，根据企业脑力活动主任务度量指标，计算每一项脑力活动的时间、正确率、出错次数，确定每一项脑力活动的评价值，根据评价值的大小，展开企业集成运营模块单元流水线价值链管理流程中的脑力活动运作。

3. 企业集成运营价值链管理流程操作脑力负荷辅助任务测量法

企业集成运营价值链管理流程操作脑力负荷辅助任务测量法是企业模块单元流水

线延迟策略和强化延迟策略、后拉动流程、后拉动价值、智能运作操作中，通过操作脑力负荷辅助任务测量间接反映操作脑力负荷主任务测量，通过辅助任务的表现水平反映主任务尚未使用的能力。对这些脑力活动辅助任务可以通过记忆、脑力计算、复述、选择反应、简单反应度量指标来衡量，这些度量指标可以用实现程度来评价。企业脑力活动辅助任务度量指标如表8－4－7所示。

表8－4－7　企业脑力活动辅助任务度量指标

辅助任务	度量指标
记忆	操作对记忆要求程度
脑力计算	操作对脑力计算要求程度
复述	操作对复述要求程度
选择反应	操作对选择反应要求程度
简单反应	操作对简单反应要求程度

企业集成运营价值链管理流程操作脑力负荷辅助任务测量法进行评价时，需要先确定企业模块单元流水线延迟策略和强化延迟策略、后拉动流程、后拉动价值、智能运作的脑力活动类型，根据企业脑力活动辅助任务度量指标，计算每一项脑力活动的实现程度，确定每一项脑力活动的评价值，根据评价值的大小，明确主任务尚未使用脑力活动能力的大小，为展开企业集成运营模块单元流水线价值链管理流程的脑力活动操作的主任务脑力活动打下基础。

4. 企业集成运营价值链管理流程操作脑力负荷生理测量法

企业集成运营价值链管理流程操作脑力负荷生理测量法是企业模块单元流水线延迟策略和强化延迟策略、后拉动流程、后拉动价值、智能运作操作中，根据脑力活动有关的生理改变，通过解释个体的生理反应以及心理效应评价脑力负荷大小的测量方法（卫宗敏，2020）。这一方法体现个体的生理反应以及心理效应的活动包括心电活动、眼电活动、脑电活动。

企业集成运营价值链管理流程操作中的心电活动通过平均心率、心率变异度指标反映。心率变异度是指窦性心率在一定时间内的周期性改变，是操作中的心电活动重要指标。通过心率变异度指标可以反映交感神经活动度，反映副交感神经活动度，反映血管舒缩控制程度。心率变异度指标越低，员工精神紧张程度越高。

企业集成运营价值链管理流程操作中的眼电活动分为由生理记录采集的眼电信号活动和眼动仪采集的眼球信号活动两类，眼电信号活动通过眨眼间隔、眨眼次数、注视点数目、注视时间百分比、瞳孔直径、眼跳幅度、眼跳平均速度来反映。企业集成运营价值链管理流程操作中瞳孔扩张与员工脑力负荷紧密相连，扩张的频率随着脑力负荷难度增加而增加；随着脑力负荷增加，瞳孔尺寸逐渐增加。企业集成运营价值链管理流程操作中语言通信系统中员工眨眼率高于数字通信系统，表明在需要更多视觉加工需求时，眨眼率会呈现降低的趋势。眨眼率由员工总体的视觉需求决定，监测设备规则运作中的眨眼率会下降，在目视规则运作中的员工眨眼率会增加。可以采用头盔式眼动测量系统，进行瞳孔和角膜反射追踪。

企业集成运营价值链管理流程操作中的脑电活动通过脑电图、事件相关电位反映。企业集成运营价值链管理流程操作中采用脑电图的脑电活动是在不存在外部刺激情况下的脑电活动，分为 Alpha、Beta、Theta、Delta 、Gamma 波 5 个频段。企业集成运营价值链管理流程操作员工高脑力负荷状态下，Alpha 波频段的功率谱明显降低，Delta 波频段的功率谱明显增加。企业集成运营价值链管理流程操作中采用事件相关电位是外加特定刺激作用于大脑的某一部位，进行刺激或撤销刺激后，脑区所引起电位变化。事件相关电位主要成分有 N1、P300。N1 是刺激作用后 100 毫秒左右记录的负成分，是注意操作过程的标志。P300 是刺激呈现后大约 300 毫秒出现的脑电图电压的正向偏转，是反映操作中的注意力和记忆过程，随着记忆或者负荷水平的增加而减小。

企业集成运营价值链管理流程操作脑力负荷生理测量法进行评价时，需要先确定企业模块单元流水线延迟策略和强化延迟策略、后拉动流程、后拉动价值、智能运作的脑力活动类型，根据心电活动、眼电活动、脑电活动度量指标，确定每一项脑力活动的评价值，为展开企业集成运营模块单元流水线价值链管理流程操作中的脑力活动打下基础。

5. 企业集成运营价值链管理流程操作脑力负荷综合评价法

企业集成运营价值链管理流程操作脑力负荷综合评价法是将企业模块单元流水线延迟策略和强化延迟策略、后拉动流程、后拉动价值、智能运作操作脑力负荷 SWAT 评价量表法、脑力负荷 NASA – TLX 评价量表法、脑力负荷主任务测量法、脑力负荷辅助任务测量法、脑力负荷生理测量法分别进行量化和综合量化的方法。

（1）企业集成运营价值链管理流程操作脑力负荷具体综合评价法。企业集成运营价值链管理流程操作脑力负荷综合评价法进行量化的方法是将各类企业集成运营价值链管理流程操作脑力负荷评价法进行量化的方法。企业集成运营价值链管理流程操作脑力负荷综合评价法是将企业集成运营价值链管理流程操作脑力负荷 SWAT 评价量表法、脑力负荷 NASA – TLX 评价量表法、脑力负荷主任务测量法、脑力负荷辅助任务测量法、脑力负荷生理测量法中的每一个方法通过具体因素来进行企业集成运营价值链管理流程操作脑力负荷大小的确定，这些具体因素将这些方法联系起来，进行综合的量化评价，确定企业集成运营价值链管理流程操作综合脑力负荷大小，由此确定企业集成运营价值链管理流程操作中总的脑力负荷大小。这些具体因素与总的脑力负荷存在联系，而这些因素之间相互独立，可以通过多元回归模型确定总的脑力负荷的大小。由此形成由企业集成运营价值链管理流程操作脑力负荷 SWAT 综合评价法、企业集成运营价值链管理流程操作脑力负荷 NASA – TLX 综合评价法、企业集成运营价值链管理流程操作脑力负荷主任务综合测量法、企业集成运营价值链管理流程操作脑力负荷辅助任务综合测量法、企业集成运营价值链管理流程操作脑力负荷生理综合测量法构成的企业集成运营价值链管理流程操作脑力负荷具体综合评价法。这些方法的企业集成运营价值链管理流程操作脑力负荷多元线性回归模型、系数求解模型如下：

$$\hat{y}_F = \hat{\beta}_{0F} + \hat{\beta}_{1F}x_{1F} + \cdots + \hat{\beta}_{pF}x_{pF} \tag{8-4-1}$$

$$\begin{cases} n\hat{\beta}_{0F} + \sum_{i=1}^{n} x_{1iF}\hat{\beta}_{1F} + \sum_{i=1}^{n} x_{2iF}\hat{\beta}_{2F} + \cdots + \sum_{i=1}^{n} x_{piF}\hat{\beta}_{pF} = \sum_{i=1}^{n} y_{iF} \\ \sum_{i=1}^{n} x_{1iF}\hat{\beta}_{0F} + \sum_{i=1}^{n} x_{1iF}^2\hat{\beta}_{1F} + \sum_{i=1}^{n} x_{1iF}x_{2iF}\hat{\beta}_{2F} + \cdots + \sum_{i=1}^{n} x_{1iF}x_{piF}\hat{\beta}_{pF} = \sum_{i=1}^{n} x_{1iF}y_{iF} \\ \sum_{i=1}^{n} x_{2iF}\hat{\beta}_{0F} + \sum_{i=1}^{n} x_{1iF}x_{2iF}\hat{\beta}_{1F} + \sum_{i=1}^{n} x_{2iF}^2\hat{\beta}_{2F} + \cdots + \sum_{i=1}^{n} x_{2iF}x_{piF}\hat{\beta}_{pF} = \sum_{i=1}^{n} x_{2iF}y_{iF} \\ \vdots \\ \sum_{i=1}^{n} x_{piF}\hat{\beta}_{0F} + \sum_{i=1}^{n} x_{1iF}x_{piF}\hat{\beta}_{1F} + \sum_{i=1}^{n} x_{2iF}x_{piF}\hat{\beta}_{1F} + \cdots + \sum_{i=1}^{n} x_{piF}^2\hat{\beta}_{pF} = \sum_{i=1}^{n} x_{piF}y_{iF} \end{cases}$$

$$\tag{8-4-2}$$

运用最小二乘法进行多元回归预测模型回归系数估计。令 $\frac{\partial Q}{\partial \hat{\beta}_{0F}} = 0$，$\frac{\partial Q}{\partial \hat{\beta}_{1F}} = 0$，

$\frac{\partial Q}{\partial \hat{\beta}_{pF}} = 0$，得到 $\hat{\beta}_{0F}$、$\hat{\beta}_{1F}$、$\hat{\beta}_{pF}$ 的估计方程组。x_{1F}，$\cdots$，x_{pF} 分别代表企业集成运营价值链管理流程操作脑力负荷 SWAT 综合评价法中的时间负荷、努力程度、心理压力负荷自变量；企业集成运营价值链管理流程操作脑力负荷 NASA – TLX 评价法中的脑力需求、体力需求、时间压力、努力程度、业绩水平、挫折程度自变量；企业集成运营价值链管理流程操作脑力负荷主任务综合测量法中的数字计算、短时记忆、视觉搜索、境画任务、模拟操作、逻辑推理、拼图、走迷宫、空间旋转自变量；企业集成运营价值链管理流程操作脑力负荷辅助任务综合测量法中的记忆、脑力计算、复述、选择反应、简单反应自变量；企业集成运营价值链管理流程操作脑力负荷生理综合测量法中的心电活动、眼电活动、脑电活动自变量。

企业集成运营价值链管理流程操作脑力负荷 SWAT 综合评价法、企业集成运营价值链管理流程操作脑力负荷 NASA – TLX 综合评价法、企业集成运营价值链管理流程操作脑力负荷主任务综合测量法、企业集成运营价值链管理流程操作脑力负荷辅助任务综合测量法、企业集成运营价值链管理流程操作脑力负荷生理综合测量法进行评价时，需要先确定企业集成运营模块单元流水线价值链管理流程一般机器操作、人员看管机器操作、顾客参与机器操作、一般人员操作、人员工具操作、顾客接触人员操作、顾客接触人员工具操作、顾客参与操作、顾客参与工具操作、一般人员与机器操作、顾客接触人员与机器操作、人员界面操作、顾客接触人员界面操作、顾客参与界面操作中的运营模块单元流水线自身脑力活动、开发与设计模块单元流水线脑力活动、价值运作脑力活动、质量运作脑力活动、信息系统运作的脑力活动类型，确定多元回归模型中的自变量，进行回归方程模型的测算，确定脑力活动综合值，展开企业集成运营

模块单元流水线价值链管理流程操作中的运营模块单元流水线自身脑力活动、开发与设计模块单元流水线脑力活动、价值运作脑力活动、质量运作脑力活动、信息系统运作的脑力活动运作。

（2）企业集成运营价值链管理流程操作脑力负荷大类综合评价法。企业集成运营价值链管理流程操作脑力负荷大类综合评价法是将企业集成运营价值链管理流程操作脑力负荷主观评价法、企业集成运营价值链管理流程操作脑力负荷主任务综合测量法、企业集成运营价值链管理流程操作脑力负荷生理综合测量法三类方法通过对企业集成运营价值链管理流程操作总的脑力负荷影响综合起来，形成企业集成运营价值链管理流程操作脑力负荷大类综合评价法。这一方法中企业集成运营价值链管理流程操作脑力负荷主观影响、主任务影响、生理影响三者之间彼此影响。运用结构方程进行企业集成运营价值链管理流程操作脑力负荷大类综合评价法运作。企业集成运营价值链管理流程操作脑力负荷大类综合评价法结构方程如下：

$$
\begin{cases}
\eta = \gamma_1 \xi_1 + \gamma_2 \xi_2 + \gamma_3 \xi_3 + \zeta \\
x_{1i} = \lambda_{1i} \xi_1 \\
x_{2i} = \lambda_{2i} \xi_2 \\
x_{3i} = \lambda_{3i} \xi_3
\end{cases}
\tag{8-4-3}
$$

式中，η 为总脑力负荷变量，ξ_1 为脑力负荷主观影响变量，ξ_2 为脑力负荷主任务影响变量，ξ_3 为脑力负荷生理影响变量。x_{1i} 为 SWAT 时间负荷、努力程度、心理压力负荷测量变量或者 NASA - TLX 脑力需求、体力需求、时间压力、努力程度、业绩水平、挫折程度测量变量，x_{2i} 为数字计算、短时记忆、视觉搜索、境画任务、模拟操作、逻辑推理、拼图、走迷宫、空间旋转测量变量，x_{3i} 为心电活动、眼电活动、脑电活动测量变量。

脑力负荷大类综合评价法进行评价时可以包括可能的控制变量，适当的控制措施可以得出更明确的结论。控制变量需要根据明确的理论联系或先前的实证研究，与因变量相关；需要控制变量与假设的自变量相关；需要控制变量在研究中不是一个更为中心的变量。控制变量会减少变量偏差。脑力负荷大类综合评价法进行评价时可以包括中介过程，中介过程不仅需要理论，还必须对中介过程进行检验。需要建立中介过程两个变量之间的因果关系，随着研究领域的成熟，可能需要包括多个评估已知的和概念上相关的中介，完成中介过程。

企业集成运营价值链管理流程操作脑力负荷大类综合评价法进行评价时，需要先确定企业集成运营模块单元流水线价值链管理流程各类操作中的运营模块单元流水线自身脑力活动、开发与设计模块单元流水线脑力活动、价值运作脑力活动、质量运作脑力活动、信息系统运作的脑力活动类型，确定潜在变量和观察变量，建立结构方程，进行总脑力负荷变量测定，确定总脑力负荷变量值，为展开企业集成运营模块单元流水线价值链管理流程操作中的脑力活动打下基础。

（3）企业集成运营价值链管理流程操作脑力负荷关联影响分析。企业集成运营价值链管理流程操作脑力负荷关联影响分析包括脑力负荷关联影响无交互作用的双因素方差分析和脑力负荷关联影响交互作用的双因素方差分析。

1）脑力负荷关联影响无交互作用的双因素试验的方差分析。进行脑力负荷关联影响无交互作用的双因素试验的方差分析需要保证方差齐性，需要 $X_{ij} \sim N(u_{ij}, \sigma^2)$。建立线性模型，公式如下：

$$X_{ij} = u + \alpha_i + \beta_j + \varepsilon_{ij} \tag{8-4-4}$$

建立假设，通过检验假设是否成立来判断因素 A、B 影响是否显著，A、B 因素假设公式如下：

$$H_1: \alpha_1 = \alpha_2 = \cdots = \alpha_a = 0 \tag{8-4-5}$$

$$H_2: \beta_1 = \beta_2 = \cdots = \beta_b = 0 \tag{8-4-6}$$

进行总离差平方和的分析，总离差平方和公式、A 因素离差平方和公式、B 因素离差平方和公式、误差离差平方和公式如下：

$$SS_T = SS_A + SS_B + SS_E \tag{8-4-7}$$

$$SS_A = b \sum_{i=1}^{a} (x_i - \bar{x})^2 \tag{8-4-8}$$

$$SS_B = a \sum_{i=1}^{b} (x_j - \bar{x})^2 \tag{8-4-9}$$

$$SS_E = \sum_{i=1}^{a} \sum_{j=1}^{b} (x_{ij} - x_i - x_j - \bar{x})^2 \tag{8-4-10}$$

确定 F 值进行检验判断。F_A、F_B 公式如下：

$$F_A = \frac{SS_A/df_A}{SS_E/df_E} = \frac{MS_A}{MS_E} \sim F((a-1), (a-1)(b-1)) \tag{8-4-11}$$

$$F_B = \frac{SS_B/df_B}{SS_E/df_E} = \frac{MS_B}{MS_E} \sim F((b-1), (a-1)(b-1)) \tag{8-4-12}$$

F_A 和 F_B 的判别式如下：

$$F_A > F((a-1), (a-1)(b-1)) \tag{8-4-13}$$

$$F_B > F((b-1), (a-1)(b-1)) \tag{8-4-14}$$

根据判别式确定 A 因素、B 因素对结果的影响程度。

2）脑力负荷关联影响交互作用的双因素试验的方差分析。建立线性模型，公式如下：

$$X_{ijk} = u + \alpha_i + \beta_j + (\alpha\beta)_{ik} + \varepsilon_{ijk} \tag{8-4-15}$$

建立假设，通过检验假设是否成立来判断因素 A、B、AB 交互因素的影响是否显著，A 因素假设公式、B 因素假设公式、AB 交互因素假设公式如下：

$$H_1: \alpha_1 = \alpha_2 = \cdots = \alpha_a = 0 \tag{8-4-16}$$

$$H_2: \beta_1 = \beta_2 = \cdots = \beta_b = 0 \tag{8-4-17}$$

$$H_3: (\alpha\beta)_{ij} = 0 \tag{8-4-18}$$

进行总离差平方和的分析，总离差平方和公式如下：

$$SS_T = SS_A + SS_B + SS_{A \times B} + SS_E \tag{8-4-19}$$

确定 F 值进行检验判断。F_A、F_B、$F_{A \times B}$ 公式如下：

$$F_A = \frac{SS_A / df_A}{SS_E / df_E} = \frac{MS_A}{MS_E} \sim F((a-1), \ ab(n-1)) \tag{8-4-20}$$

$$F_B = \frac{SS_B / df_B}{SS_E / df_E} = \frac{MS_B}{MS_E} \sim F((b-1), \ ab(n-1)) \tag{8-4-21}$$

$$F_{A \times B} = \frac{SS_{A \times B} / df_{A \times B}}{SS_E / df_E} = \frac{MS_{A \times B}}{MS_E} \sim F((a-1)(b-1), \ ab(n-1)) \tag{8-4-22}$$

F_A、F_B、$F_{A \times B}$ 的判别式如下：

$$F_A > F((a-1), \ ab(n-1)) \tag{8-4-23}$$

$$F_B > F((b-1), \ ab(n-1)) \tag{8-4-24}$$

$$F_{A \times B} > F((a-1)(b-1), \ ab(n-1)) \tag{8-4-25}$$

F 公司模块单元进行 N 单任务、双任务、多任务的脑力负荷运作，Y1 代表任务负荷指数、Y2 代表任务反应时间，H 代表 30 分钟时间任务水平为 1，30~60 分钟时间任务水平为 2，60~90 分钟时间任务水平为 3。运作资料如表 8-4-8 所示。

表 8-4-8　F 公司模块单元脑力负荷运作资料

N	Y1	Y2	H
1	0.2145	0.4189	1
1	0.2389	0.4356	1
1	0.2987	0.4557	1
1	0.2435	0.4589	1
1	0.2987	0.4987	1
1	0.3146	0.4879	1
1	0.3897	0.5001	2
1	0.3654	0.5178	2
1	0.3987	0.5434	2
1	0.3546	0.5249	2
1	0.4657	0.5998	2
1	0.4852	0.5674	2
2	0.3145	0.4678	1
2	0.3657	0.4998	1
2	0.3412	0.4778	1
2	0.3001	0.5001	1
2	0.3789	0.5223	1

续表

N	Y1	Y2	H
2	0.3998	0.5445	1
2	0.4001	0.5789	2
2	0.4223	0.5634	2
2	0.4657	0.5968	2
2	0.4978	0.5689	2
2	0.5113	0.6001	2
2	0.4998	0.6123	2
3	0.4231	0.5667	1
3	0.4568	0.5432	1
3	0.4673	0.5789	1
3	0.4598	0.5312	1
3	0.4897	0.5678	1
3	0.4998	0.5641	1
3	0.5126	0.5348	2
3	0.5346	0.5987	2
3	0.5634	0.6123	2
3	0.5543	0.6489	2
3	0.5219	0.6984	2
3	0.5987	0.6714	2

进行主体间效应检验，如表 8 - 4 - 9 所示。

表 8 - 4 - 9　主体间效应检验

源	因变量	Ⅲ类平方和	自由度	均方	F	显著性
N	Y1	0.171	2	0.085	52.054	0
	Y2	0.051	2	0.026	21.496	0
H	Y1	0.115	1	0.115	70.228	0
	Y2	0.056	1	0.056	46.983	0
N × H	Y1	0.005	2	0.003	1.672	0.205
	Y2	0	2	0	0.192	0.826

N 和 H 的单因素，P 值都小于 0.05，对 Y1、Y2 是有效应的，交互都大于 0.05，没有效应的进行多重比较，如表 8 - 4 - 10 所示。

表 8 – 4 – 10   多重比较

因变量	(I) N	(J) N	平均值差值（I-J）	标准误差	显著性
Y1	1	2	−0.0691 *	0.01653	0
		3	−0.1678	0.01653	0
	2	1	0.0691 *	0.01653	0
		3	−0.0987 *	0.01653	0
	3	1	0.1678 *	0.01653	0
		2	0.0987 *	0.01653	0
Y2	1	2	−0.0436 *	0.01408	0.004
		3	−0.0923 *	0.01408	0
	2	1	0.0436 *	0.01408	0.004
		3	−0.0486 *	0.01408	0.002
	3	1	0.0923 *	0.01408	0
		2	0.0486 *	0.01408	0.002

Y1 中(I)N1、(I)N2、(I)N3 中(J)N2、(J)N3，(J)N1、(J)N3，(J)N1、(J)N2 的 P 值都小于 0.05，是有差异的。

Y2 中(I)N1、(I)N2、(I)N3 中(J)N2、(J)N3，(J)N1、(J)N3，(J)N1、(J)N2 的 P 值都小于 0.05，是有差异的。

（四）企业集成运营价值链管理流程操作脑力负荷预测方法

1. 企业集成运营价值链管理流程操作脑力负荷时间压力模型

企业集成运营价值链管理流程操作脑力负荷时间压力模型源于 Siegel 和 Wolf 开发的考察人脑力负荷的人计算机模拟系统。这一系统通过一定时间条件下人的脑力负荷状况判定人机系统效益。

企业集成运营价值链管理流程操作脑力负荷的人计算机模拟系统设计的内容围绕时间展开，主要内容包括正常员工需要在给定的时间内完成企业模块单元流水线延迟策略和强化延迟策略、后拉动流程、后拉动价值、智能运作操作；需要确定给定的时间进行长短改变，企业集成运营价值链管理流程操作会发生多大的改变；需要确定随着时间推移，操作员工感受压力变化情况；需要确定随着时间推移，操作员工感受压力增加的极限。

人计算机模拟系统将企业集成运营价值链管理流程操作进行分解，形成各层次的操作，每一层次的操作都具有任务。确定每一层次的操作任务所需要的时间，完成每项任务成功的概率。将每一层次操作任务、完成任务概率输入人计算机模拟系统，确定员工还剩多少时间可以用来完成任务。由此确定时间压力为完成任务所需要的时间与给定的完成任务之比。显然，时间压力已经成为完成任务的关键因素，时间压力与脑力负荷已经非常接近，因而时间压力与企业集成运营价值链管理流程操作任务的联系，就是脑力负荷与企业集成运营价值链管理流程操作任务的联系。这样，人计算机模拟系统能完成操作任务的时间压力界限值就是人计算机模拟系统能够完成操作任务的脑力负荷界限值。

企业集成运营模块单元流水线价值链管理流程操作中的脑力活动和其他运营模块单元流水线价值链管理流程各类脑力活动运用企业集成运营价值链管理流程操作脑力负荷时间压力模型进行脑力负荷预测时，需要通过人计算机模拟系统，确定员工能完成操作任务的时间压力界限值，根据这一界限值，进行企业集成运营模块单元流水线价值链管理流程操作中的脑力活动和其他运营模块单元流水线价值链管理流程各类脑力活动的脑力负荷配置。

2. 企业集成运营价值链管理流程操作脑力负荷波音公司方法

企业集成运营价值链管理流程操作脑力负荷波音公司方法源自波音公司电子计算机显示和控制系统。这一系统主要采用企业模块单元流水线延迟策略和强化延迟策略、后拉动流程、后拉动价值、智能运作操作任务的时间分析预测脑力负荷。

企业集成运营价值链管理流程操作脑力负荷波音公司方法将时间研究用于员工业绩花费的时间，然后进一步拓展到用操作人员能力和剩余能力估算员工的负荷比例，进行两项以上任务和体力操作员工操作脑力负荷估计，将 80% 作为脑力负荷的上限，使操作人员能有剩余能力，用来检查自己的错误。这种方法提出用时间占有率作为负荷比例。时间占有率是完成操作任务所需要的时间与给出的完成任务时间之比。为避免时间平均效应，将时间分成若干很短的时段，允许操作人员同时工作，确定任务大约需要多长时间，当根据时间计算出的脑力负荷比例达到 80% 以上时，操作开始忽略比较次要的工作。这种通过时间占有率指标进行的脑力负荷研究成为员工判断和解决脑力负荷问题的基础，通过这个指标比较各种不同设计方案的优劣，有效地进行企业集成运营价值链管理流程操作脑力负荷预测。

企业集成运营模块单元流水线价值链管理流程操作中的脑力活动和其他运营模块单元流水线价值链管理流程各类脑力活动运用企业集成运营价值链管理流程操作脑力负荷波音公司方法进行脑力负荷预测时，需要通过时间占有率指标，确定脑力负荷的上限，根据这一界限值，进行企业集成运营模块单元流水线价值链管理流程操作中的脑力活动和其他运营模块单元流水线价值链管理流程各类脑力活动的脑力负荷配置。

3. 企业集成运营价值链管理流程操作 Aldrich 的脑力负荷预测方法

企业集成运营价值链管理流程操作 Aldrich 的脑力负荷预测方法源自于 Ardrich 等为满足美国军方在开发新武器系统中预测人的脑力负荷需要所研究的方法。这种方法用于企业模块单元流水线延迟策略和强化延迟策略、后拉动流程、后拉动价值、智能运作操作 Aldrich 的脑力负荷预测。分为四个阶段：

第一阶段为企业集成运营价值链管理流程操作分析阶段。这一阶段需要将企业集成运营模块单元流水线价值链管理流程和其他运营模块单元流水线价值链管理流程各类操作按照任务的要求逐步进行分解，确定每一位员工的任务和任务所需要的员工身体部位。

第二阶段为企业集成运营价值链管理流程操作时间估计阶段。需要估计企业集成运营模块单元流水线价值链管理流程和其他运营模块单元流水线价值链管理流程各类操作任务所需要的时间，将这些任务分为间断性操作任务和连续性操作任务。间断性操作任务是肉眼能看到有起点和终点的操作任务。连续性操作任务是时间连续的操作任务。间断性操作任务比较容易测量和确定。连续性操作任务确定困难，需要根据专家的意见确定。

第三阶段确定企业集成运营价值链管理流程操作员工身体各部位占用情况。根据企业集成运营价值链管理流程操作员工身体各部位动作，确定完成操作任务需要的时间，由此确定员工操作各个部位被占用的情况。

第四阶段确定企业集成运营价值链管理流程操作脑力负荷。企业集成运营价值链管理流程操作员工身体各部位动作，由于操作内容的不同，占用的脑力负荷是不一样的。可以通过不同视角确定脑力负荷，其中从视觉的角度确定脑力负荷是一种重要的确定脑力负荷的方式，根据操作中视觉视角的脑力负荷，确定企业集成运营价值链管理流程操作脑力负荷。从视觉的角度确定脑力负荷如表 8 - 4 - 11 所示。

表 8 - 4 - 11　操作中视觉视角的脑力负荷

脑力负荷值	操作描述
1	看到物体
3.7	区别看到的物体
4	检查
5	寻找
5.4	追踪视觉目标
5.9	阅读
7	不停地观察

企业集成运营模块单元流水线价值链管理流程操作中的脑力活动和其他运营模块单元流水线价值链管理流程各类脑力活动运用企业集成运营价值链管理流程操作Aldrich 脑力负荷预测方法进行脑力负荷预测时，需要通过操作中视觉视角的脑力负荷基础，进行企业集成运营模块单元流水线价值链管理流程操作中的脑力活动和其他运营模块单元流水线价值链管理流程各类脑力活动的脑力负荷配置。

企业集成运营价值链管理流程操作脑力负荷主观评价法、脑力负荷 SWAT 评价量表法、脑力负荷 NASA - TLX 评价量表法、脑力负荷主任务测量法、脑力负荷辅助任务测量法、脑力负荷生理测量法、脑力负荷综合评价法对制造企业集成运营价值链管理流程操作脑力负荷评价时，需要运用企业集成运营价值链管理流程操作脑力负荷时间压力模型、脑力负荷波音公司方法、Aldrich 脑力负荷预测方法，进行制造企业集成运营价值链管理流程操作脑力负荷预测。

制造类企业集成具体、联合、模块组、总作业模块单元，通用、链接、专用模块单元，制造性服务企业集成具体模块单元、联合模块单元、模块组模块单元和通用模块单元、链接模块单元、专用模块单元的各类流水线价值链管理流程操作中的脑力活动和企业集成运营开发与设计模块单元流水线价值链管理流程操作中的脑力活动，一般服务企业、设计性服务企业、中间性服务企业集成具体、联合模块单元和通用、专用模块单元的各类流水线价值链管理流程操作中的脑力活动，一般纯服务企业集成具体模块单元、联合模块单元和通用模块单元、专用模块单元的各类流水线价值链管理流程操作中的脑力活动和企业集成运营开发与设计模块单元流水线价值链管理流程操作中的脑力活动，制造类企业、服务类企业、纯服务类企业集成运营模块单元流水线价值链管理流程操作中的价值运作脑力活动、企业集成运营模块单元流水线价值链管理流程操作中的质量运作脑力活动、企业集成模块单元流水线价值链管理流程信息系统运作的脑力活动，这些脑力活动需要采用企业集成运营价值链管理流程操作脑力负荷主观评价法、脑力负荷 SWAT 评价量表法、脑力负荷 NASA–TLX 评价量表法、脑力负荷主任务测量法、脑力负荷辅助任务测量法、脑力负荷生理测量法、脑力负荷综合评价法对制造类企业、服务类企业、纯服务类企业集成运营价值链管理流程操作脑力负荷进行评价，运用企业集成运营价值链管理流程操作脑力负荷时间压力模型、脑力负荷波音公司方法、、Aldrich 脑力负荷预测方法对制造类企业、服务类企业、纯服务类企业集成运营价值链管理流程操作脑力负荷进行预测。

三、企业集成顾客接触服务价值链管理流程员工规范

企业集成运营价值链管理流程是通过一定员工规范完成，完备的员工规范是企业集成运营价值链管理流程延迟策略和强化延迟策略、后拉动流程、后拉动价值、智能运作的各种操作的基础。

（一）企业集成顾客接触服务价值链管理流程员工仪容仪表规范

企业集成顾客接触服务价值链管理流程员工需要仪容仪表干净，讲究个人卫生。由于企业集成顾客接触服务价值链管理流程特性，要求员工注重个人卫生，具备向顾客进行服务的基础。要求员工穿着得体，打扮自然，按照服务岗位的要求穿着。

企业集成顾客接触服务价值链管理流程员工需要眼部保持洁净，及时除去眼角出现的分泌物，使眼睛清爽。对眉部要求形态自然优美，对不够美观的眉部，进行适当的修正。注重口腔卫生，采用正确的方式经常刷牙，保持口腔洁净。保持鼻部清洁，有必要除去鼻垢时，可在无人场合用手帕和纸巾辅助隐蔽进行。保持耳部清洁，员工需要每天清除耳孔分泌物。保持颈部清洁，加强颈部运动，使颈部具备基本转动功能

（未来之舟，2011）。

企业集成顾客接触服务价值链管理流程员工需要保证自己的发型美观，对发型经常进行清洗、修剪和梳理。男性服务员工头发不能过长，前发不盖额，侧发不掩双耳，后发不及衣领。女性服务员头发不宜长过肩部，不宜挡住眼睛。注重保持手的清洁，每一位服务员工上岗之前、外出归来、弄脏之后要洗手。保持下肢的清洁，要勤洗脚，去除脚的异味。要对下肢部分进行适当掩饰，服务员工不能光腿、光脚、露脚趾。

企业集成顾客接触服务价值链管理流程员工需要根据自身的条件进行化妆，化妆风格讲究整体性、和谐性和自然性，给人以美的享受。化妆时必须了解各种化妆品的特点，合理选择与使用。男性服务员一般不用化妆，要显得稳重得体，注意外形的修饰，使人感到清洁和庄重。女性服务员一般需要化妆，化妆要适当，以淡雅为主。

（二）企业集成顾客接触服务价值链管理流程员工仪态规范

企业集成顾客接触服务价值链管理流程员工需要有挺拔的站姿、良好的坐姿、稳健的走姿和得体的蹲姿。挺拔的站姿需要员工头正、眼正、肩正、身正、颈直、背直、腰直、肩直、腿直。员工站立时，需要挺胸抬头，双眼平视前方，双肩舒展。良好的坐姿需要员工抬起头，眼睛平视前方，两肩放松，挺胸收腹，腰背挺直，上身不能完全靠在椅子的背上，手臂摆放在两条大腿上。入座时，需要员工轻缓地走到椅子跟前，右脚向后撤半步，慢慢坐下；离座时，需要员工右脚向后迈半步，站起身，向前走一步离开座位。稳健的走姿需要员工步履自然稳健，抬头挺胸，双肩放松，目光平视前方，重心稍微向前倾斜，上臂自然摆动。行走时，步幅适中，膝盖和脚腕富有弹性，步高适合，步速均匀，步声微小，身体协调行走。得体的蹲姿需要员工站在需要所取物体的旁边，轻轻蹲下，抬头挺胸，两脚合力支撑身体，掌握好重心，能够使蹲下得到稳定支撑（金正昆，2009）。

企业集成顾客接触服务价值链管理流程员工表情需要有合适的眼神、温和的微笑和规范的手势。合适的眼神需要员工眼神停留在顾客脸部，以顾客的双眼为底线，上到前额三角部分，正视顾客，听取顾客述说时，全部注视时间的大部分都在注视顾客，这样会显得认真与重视。面对顾客时，员工需要发自内心对顾客真诚的微笑；要对微笑进行适当的约束，对顾客适度的微笑；微笑时需要口和眼相统一，微笑与神情相统一，微笑与语言相统一，微笑与举止相统一。微笑要区分场合，顾客愁容满面时，不宜微笑。员工规范的手势需要手掌伸直，手指并拢，拇指自然分开，掌心斜向上方，腕关节伸直，以肘关节为轴，配合眼神和姿态做手势。

（三）企业集成顾客接触服务价值链管理流程员工语言规范

企业集成顾客接触服务价值链管理流程员工需要适当的称呼，一般采用职业泛尊称，如"先生""女士""夫人"；也可以参照语言习惯和文化层次、地方风俗等进行称呼。员工需要采用普通话，运用普通话时能准确地进行发音，注意声调的区别。员工发音需适中，员工的发音不能过高和过强，不能让顾客感到生硬，发音也不能过低，显得有气无力。员工发音还需要保持适当的语速，不能过快或者过慢。员工语气需要表现出热情、亲切和耐心。员工需要采用文雅的用语，用语要谦恭和脱俗，避免词不达意，显示员工的好的素养。

企业集成顾客接触服务价值链管理流程员工需要采用礼貌用语。需要向顾客进行问候，问候时需要采用简单规范的语言，采用适当的人称代词或者尊称，需要按照时间的要求进行问候。员工需要对顾客采用热情欢迎的语言，对经常来的顾客可以采用再次来到的欢迎语，表明对顾客再次光顾的重视。员工对顾客采用适当的送别语，对没有消费的顾客需要表现出风度。员工对顾客的提问需要采用灵活的方式对答，可以采用肯定式的方式进行应答，也可以采用谦恭的方式进行应答。员工对顾客消费时，需要采用真诚的致谢语，可以采用标准的致谢语进行致谢，采用加强式的致谢语进行致谢，采用具体式的致谢语进行致谢。工作中出现问题，员工采用文明和规范的道歉语进行道歉。对顾客无理要求，可以采用婉言拒绝语进行拒绝。

（四）企业集成顾客接触服务价值链管理流程员工服饰规范

企业集成顾客接触服务价值链管理流程员工需要穿正装，这是服务岗位规定的要求。员工穿着正装需要正式、规范、庄重、大方和符合身份。正装制作需要精良，是服务品牌的象征，是企业的重要标志。正装需要顾客看了赏心悦目，员工自身有了自信。着正装上岗时，需要显示员工的高雅气质，颜色和大小符合工作要求。员工工作场合佩戴首饰时，一定要使之符合身份特征，以佩戴少的首饰为佳，男性服务人员可以不佩戴任何首饰。

四、企业集成价值链管理流程员工心理运作分析

企业集成运营价值链管理流程在员工心理运作中完成，员工心理分析是企业集成运营价值链管理流程延迟策略和强化延迟策略、后拉动流程、后拉动价值、智能运作的各种操作的基础。对顾客接触的员工不但需要考虑自身心理，还需要考虑顾客的心理和行为。尤其需要重点关注企业集成顾客接触服务流程服务起始关键时刻的顾客与服务环境初始接触关键时刻、顾客与服务氛围初始接触关键时刻、员工与顾客初始接触关键时刻、设备与顾客初始接触关键时刻、电子设备与顾客初始接触关键时刻和服务运作关键时刻包括是否接受服务关键时刻、服务价值判断关键时刻、服务反馈关键时刻、是否再次接受服务关键时刻、服务问题关键时刻的员工自身心理，针对顾客的心理和行为观察，员工采取的行为和态度，这些对服务效果产生根本性的影响。

（一）企业集成价值链管理流程员工知觉

企业集成价值链管理流程员工知觉是接收信息而产生认识的过程，这一过程受到来自员工、知觉对象、情境的影响。员工在企业集成价值链管理流程运作任职的过程

中，关注感兴趣的运作，使价值链管理流程认知内容具有全面性；扩大认知的知识和经验，使价值链管理流程认知具有一定基础；拓展认知结构，使认知结构全面和复杂、价值链管理流程认知趋于实际；正确地评价自我，以更好地认知价值链管理流程的其他员工。

企业模块单元流水线延迟策略和强化延迟策略、后拉动流程、后拉动价值、智能运作对员工知觉要求增强，员工需要减少知觉防御，扩大认知范围，保持认知中有价值的企业集成价值链管理流程运作信息。进行企业集成价值链管理流程密切接触，加深认识，减少知觉偏差；首因效应的验证，增强认知的准确定。提升近因效应的同时，扩大相关信息的追溯，使认知价值链管理流程信息形成有用的链条。防止认知中的刻板印象，根据企业集成运营管理流程运作的实际进行认知。需要注重参照框架的一致性，从不同的员工出发，寻求符合价值链管理流程运作规律的参照框架认知。摆脱虚假的同感效应，按照价值链管理流程运作进行认知。摆脱晕轮效应，按照价值链管理流程所展示出来的特性去认知。进行期望效应运作的同时，需要对遗漏的认知进行补充，使期望效应得到有效的发挥。

企业集成顾客接触服务价值链管理流程顾客具有对消费目标的知觉。有目的的消费知觉会让顾客选择不同的产品和服务，这种知觉源于顾客自身、周围朋友、广告宣传对顾客影响而形成知觉。知觉需要真实的员工与顾客服务决定顾客购买行为。需要员工能够及时了解顾客有目标购买有关产品独特性和实用性、服务的诚实与周到这些主要消费目标知觉，针对性地做好有关产品独特性和实用性、服务的诚实与周到方面的服务。

企业集成顾客接触服务价值链管理流程顾客具有服务距离的知觉。顾客选择产品和服务时对空间的距离具有直接服务距离的知觉，这一知觉既可以用空间的距离衡量，也可以用时间的长短来衡量。服务距离的知觉使顾客具有更花费时间、金钱、经历的感觉，对顾客进行产品和服务选择具有干扰作用，具有这一知觉的顾客更多地用来选择近距离的产品和服务。服务距离的知觉有时也能起到吸引作用，由于距离远，顾客就会具有新奇和兴趣的心理，特殊的产品和服务会对具有服务距离的知觉顾客起到吸引作用。需要员工对具有服务距离的知觉顾客挖掘一些独特的产品和服务，吸引顾客进行远距离的产品选择和服务。

企业集成顾客接触服务价值链管理流程顾客具有产品和服务风险知觉；具有产品和服务功能风险知觉，对产品和服务是否具有预想的功能产生风险知觉；具有产品和服务资金风险知觉，对所花费的资金是否能够得到与之相配的产品和服务具有风险知觉；具有产品和服务安全风险知觉，对产品和服务是否能保证自身健康产生风险知觉；具有产品和服务时间风险知觉，对是否能够及时得到产品和按照预定时间完成服务产生风险知觉；具有产品和服务预期满足风险知觉，对产品和服务能够按照预期的幸福感和自尊感产生风险知觉。这些顾客风险知觉的存在需要员工能明确顾客究竟担心的哪些风险，根据这些风险，进行产品和服务功能解释和说明，打消顾客对产品和服务功能顾虑进行产品和服务与资金配比说明，使顾客明确所花费的资金能够得到的产品和服务进行产品和服务安全方面的详细说明，确认顾客所购买的产品和所需要的服务的安全性。进行产品和服务时间说明，确认能够及时满足顾客产品和服务需求进行产品和服务幸福感和自尊感进行阐述以及确认顾客得到产品和服务所获得相应的幸福感和自尊感。

　　企业集成顾客接触服务价值链管理流程顾客具有服务质量知觉。顾客具有服务质量可靠性知觉，能够感受员工是否能够可靠地、准确地进行服务顾客具有服务质量响应性知觉，能够感受员工是否愿意帮助顾客并快速地进行服务顾客具有服务质量有形性知觉，能够感受服务中的设备、人员、各种服务工具的效率和先进性顾客具有服务质量保证性知觉，能够感受员工是否具有充足的知识和良好的素养，是否能够取得顾客信任顾客具有服务质量移情性知觉，能够感受员工是否关心顾客，对顾客能否进行个性化服务。对此，员工除了强化对模块单元流水线延迟策略和强化延迟策略、后拉动流程、后拉动价值、智能运作知觉外，还需要进行可靠性服务，员工能可靠、准确地进行服务；员工需要进行响应性服务，愿意帮助顾客并快速地进行服务；员工需要进行有形性服务，使顾客感受服务中的设备、人员、各种服务工具的效率和先进性；员工需要进行保证性服务，使顾客感受员工具有充足的知识和良好的素养，能够取得顾客信任；员工需要进行情性服务，使顾客能够感受员工关心顾客，对顾客进行个性化服务。

（二）企业集成价值链管理流程员工人格

　　企业集成价值链管理流程员工人格是由先天禀性、后天教养、性情特质、对情境的知觉的交互作用所形成的自我概念。人格受着遗传因素、文化背景、家庭情境、群体特征、生活经历、情境因素的影响。人格的表现为每一个人都具有心理能量，这些能量是行为的支撑（阿吉里斯，2007）。

　　企业集成价值链管理流程员工人格的控制点用来表征个人对企业模块单元流水线延迟策略和强化延迟策略、后拉动流程、后拉动价值、智能运作作业的控制程度行为。内控型员工能明确自身对模块单元作业进行控制，这种特性很大程度上影响着模块单元作业的结果，能对所进行的模块单元作业负责。外控型员工更多地依赖于运气和外部环境的控制。内控型员工比外控型员工对模块单元作业的满意度更高，对外部压力抵抗力更强，更适合于企业集成价值链管理流程参与性的管理岗位；外控型员工对外部压力抵抗力更弱，适合于固定的作业工作。

　　企业集成价值链管理流程员工人格的马基雅维利主义表征为未达到目标能不择手段的机会主义行为。马基雅维利主义行为进行模块单元作业富有逻辑和战略思考，为达到目标可以采取多种手段，愿意运用绩效论证手段的正确性，不易受友情和诚信的影响，可从事销售活动，但从事这类活动需要在必要的约束下进行。非马基雅维利主义的员工更适合于从事固定化、常规化、较少情感的工作。

企业集成价值链管理流程员工人格的自控反映模块单元作业中的调整个人行为的能力。自控能力强的员工能对模块单元作业的特定情境反应敏感，能在不同的情境下调整自己的行为，能够根据不同的情境展示不同的行为方式，行为方式的灵活度高。自控能力强的员工能依据情境的改变而改变，适合于企业集成价值链管理流程中直接面对顾客的工作。自控能力弱的员工更适合于固定和具体的工作。

企业集成价值链管理流程员工人格的自尊是员工对自身价值的认识。自尊心强的员工对自身的认可度高，对自身更为信任，对自身进行模块单元作业的行为高度认可。自尊心强的员工适合于追求企业集成价值链管理流程运作中的目标更高、模块单元作业运作效率更高的工作，但进行这类作业需要避免不切合实际的做法。自尊心弱的员工更适合于模块单元作业运作效率要求一般的工作。

企业集成价值链管理流程员工人格的冒险性是员工趋近冒险的行为。高冒险的员工比低冒险的员工进行模块单元作业决策的速度更快，运用的信息量更少，更适合于企业集成价值链管理流程冒险性强的工作。低冒险的员工更适合于低冒险的工作。

企业集成价值链管理流程运作中，员工的人格确定可以采用五要素模型，这一模型由责任感、随和性、情绪稳定性、开放性、外向性构成。责任感强的员工谨慎、可靠、自律，易于模块单元运作的协作，是企业集成价值链管理流程取得高绩效的人格特性。随和性强的员工礼貌、和蔼、有同情心，易于模块单元运作的协作，是企业集成价值链管理流程高协作的人格特性。情绪稳定性强的员工镇定、无虑、稳定，易于模块单元运作的协作，是企业集成价值链管理流程取得高绩效的人格特性。开放性强的员工拥有想象力和创造力，是企业集成价值链管理流程创造性的人格特性。外向性强的员工外向、健谈、好交往，是企业集成价值链管理流程外向作业的人格特性。

（三）企业集成价值链管理流程员工价值观

企业集成价值链管理流程员工价值观是员工对企业模块单元流水线延迟策略和强化延迟策略、后拉动流程、后拉动价值、智能运作意义与重要性的总体评价和信念。员工的价值观是针对员工个人而言的，形成之后具有稳定性。员工价值观包括对企业运营管理运作变化的开放态度、员工自我提升、员工自我超越、员工保守态度。开放态度包括自我定向、刺激和享乐主义；员工自我提升包括成就和权力；员工自我超越包括普世性和仁者之心；员工保守态度包括一致性、传统和安全。

企业集成价值链管理流程员工开放态度对模块单元运作具有创造性和独立思想；对企业运营管理带来的变化兴奋，愿意接受带来的挑战。员工保守态度维持企业运营管理的运作，服从现有的运营管理运作规则，保持运营管理运作的稳定。

企业集成价值链管理流程员工自我提升追求模块单元运作中的个人成功和对其他员工的掌控；员工自我超越致力于不断的提高模块单元运作中的每一个员工的待遇，提高员工的福利。

企业集成价值链管理流程员工价值观运作需要提醒按照价值观进行模块单元运作

的时候，这时会按照价值观进行运作中的判断和决策。模块单元的运作具有员工进行价值观运作的理由，可以按照价值观进行模块单元运作。模块单元运作中容易执行价值观的时候，按照价值观进行模块单元运作。

企业集成价值链管理流程员工价值观运作中，与团队、团队中的成员的价值观的一致性决定着运作的和谐程度。员工的价值观与团队、团队中的成员的价值观相似就能与团队的愿景和目标相一致，呈现出工作的满意度、忠诚度、组织运作的人性化、低压力和低员工流动。企业集成价值链管理流程中需要一定的员工与团队、团队中的成员的价值观一致性，但不能过于一致，更不能追求形式上的一致，保留适当的不一致对企业集成价值链管理流程运作的创造性是有帮助的。

（四）企业集成价值链管理流程员工情绪

企业集成价值链管理流程员工情绪是指员工强烈的情感，直接由企业模块单元流水线延迟策略和强化延迟策略、后拉动流程、后拉动价值、智能运作中的具体事情产生，是一种短暂的反应，代表着生理状态、心理状态、行为的综合变化。情绪会对模块单元运作产生评价以及时进行模块单元运作良好和运作不好做出评价。所有情绪都会产生一定激化作用，痛苦是一种产生高度激化作用的消极情绪，放松是一种产生低激化作用的愉悦情绪（罗宾斯和贾奇，2016）。

情绪对模块单元运作中员工态度的改变有着重要作用，正面的情绪会使逻辑推理产生正面的情感。当情绪、态度、行为出现不一致时，会出现认知的失调。情绪一定程度上由人格决定，有些员工天生容易产生积极的情绪，有些员工天生容易产生消极的情绪。

情绪智力是情绪的感受和表现，情绪的思考、理解和分析，情绪的调节。情绪智力要求模块单元运作的员工需要进行自我意识，对自身的价值观、情绪、动机和优缺点进行深层次的理解，进而有效理解自己的直觉和本能。员工需要明确在模块单元运作中能够多大程度进行自我状态控制，能控制冲动，表现出诚实和正直，有效抓住模块单元运作的机会，在自身不利时保持乐观。需要认知他人的环境，进行换位思考。保持较好的沟通能力和社交能力，将情绪运作到符合模块单元运作效益上来。

企业集成顾客接触服务价值链管理流程员工服务过程中，顾客和员工都是有情绪的，顾客和员工情绪对顾客消费动机有直接的影响，积极和乐观的情绪对消费有着促进作用；消极的情绪对消费有着阻滞作用。顾客和员工情绪对顾客消费效率有直接的影响，积极和适宜的情绪对消费有着促进作用，过高和过低的情绪对消费有着阻滞作用。为此需要员工有积极、乐观和适宜的情绪，通过这样的情绪调动顾客的积极、乐观和适宜的情绪，促进顾客消费。

（五）企业集成价值链管理流程员工态度

企业集成价值链管理流程员工态度是员工模块单元流水线延迟策略和强化延迟策

略、后拉动流程、后拉动价值、智能运作中的心理倾向，由情感、行为、知觉组成。情感是员工态度中的关键部分，一类是情景性的情绪，是情感中不易测量的部分，具有冲动性，容易变化；另一类是比较稳定的情感，对模块单元运作有着深刻认识，很少有冲动（陈春花等，2019）。态度中的行为是员工对模块单元运作中的行为准备状态和行为反应倾向。态度中的知觉是员工对模块单元运作信息的理解和价值评价。

企业集成价值链管理流程员工态度具有调整功能，能帮助员工逐渐适应模块单元的运作，是行为的基础；具有员工自我保护功能，使员工在模块单元运作中受挫时保护自己；具有价值表现功能，员工可以运用自身的态度表明价值观；具有知识功能，使员工能够进行外部知识的寻求。

企业集成价值链管理流程员工面对态度与行为的认知失调时，需要认识到导致失调因素的重要性；明确这些因素的影响和控制程度；明确后果的严重性。员工面对不平衡的状态导致失衡，产生心理焦虑时，员工需要进行态度的改变，寻找新的平衡。员工面对不一致的运作时，会出现焦躁的情绪，需要改变态度，使需求一致性。员工需要对行为有着深刻的认知，采取合适的态度。

员工态度的改变可以采取权威效应，根据权威所采用的态度改变的方式，进行自身的态度改变。采用名片效应，员工表明自身的观点与其他员工一致，从而具有一致态度的共同点。采用自己人效应，表明自身的观点与其他员工一致，员工与其他员工有很多相似之处，从而具有一致的态度。可以采用培训，运用心理学的方法，以正确的态度为导向，以员工参与为基本手段，逐渐进行改变。采用组织规范运作，将组织的准则、价值、规范运用于员工的作业之中，使员工进行态度的改变。采用参与法进行员工态度的改变，不论是强迫参与还是诱导参与，对员工态度都能进行改变。

企业集成顾客接触服务价值链管理流程员工需要具有对顾客真诚服务的态度。员工对顾客的态度开始需要经历为了物质和精神的奖惩而采取的表面顺从态度，这种态度不是员工发自内心的行为，是为了一时适应环境的不稳定的行为。其目的就是为了获得物质和精神奖励，当这种物质和精神可能消失时，这种表面顺从的态度也会随之消失。

同化阶段是随着企业的发展和员工与顾客接触程度的加深，员工对企业、顾客和自身有了新的认识，对企业战略、价值观有了更深层面的理解。这时员工会自动站在企业的角度而不是仅站在自身的角度去面对顾客，能从一定程度上开始理解顾客，开始对顾客服务态度有了转变。

内化阶段是员工从内心深处真正相信企业，能按照企业的要求真诚对待顾客，接受企业的指导和服务规范的要求，具备进行顾客真诚服务的态度。员工的这一态度使员工服务过程中能够按照企业要求对顾客服务的同时，更能根据服务的实际，灵活地进行顾客服务，从而得到顾客对企业称赞。这一阶段的服务态度具有稳定和积极的特性，能随时感染顾客，是企业集成顾客接触服务价值链管理流程运作需要的员工态度。

企业集成顾客接触服务价值链管理流程顾客态度对消费产生影响。顾客态度是影响消费行为的重要因素，是消费行为的内在准备状态，可以通过顾客态度来预测消费行为。顾客的态度受到顾客需求的影响，需求是顾客进行消费行为的出发点。顾客态度受到顾客兴趣的影响，兴趣总是可以指向产品和服务，对顾客对产品和服务的消费产生影响。顾客态度受到顾客气质影响，气质是顾客心理活动的强度、速度、灵活性和指向性的稳定心理活动体现，不同的气质对产品和服务的消费指向不同。顾客态度受到顾客性格的影响，顾客具有自我性格和非自我性格，不同性格对产品和服务的消费指向不同。员工对顾客服务过程中，需要考虑顾客需求的影响，尽量满足顾客；需要考虑顾客兴趣的影响，按照顾客兴趣来满足顾客；需要考虑顾客气质的影响，按照顾客气质来满足顾客；需要考虑顾客性格的影响，按照顾客性格来满足顾客。

（六）企业集成价值链管理流程员工自我效能与工作幸福感

企业集成价值链管理流程员工自我效能是员工相信自己能完成模块单元流水线延迟策略和强化延迟策略、后拉动流程、后拉动价值、智能运作能力的信心和期望（崔利利，2019）。自我效能来源于过去的经验和曾做出的成绩，是形成自我效能最有力的潜在因素，员工通过自身的不断努力，取得成功，就会获得自我效能，由此形成的自我效能在员工遇到困难时，保持自信。自我效能来源于榜样，员工通过榜样行为的观察，通过榜样所带来成绩的启示，强化自身的运作，榜样的行为与员工的关联度越大，自我效能的作用就越强。自我效能来源于有能力人员的说服，当员工受到有能力人员的说服时，员工对自身的能力得到肯定，增强做事的信心，产生自我效能。自我效能来源于员工生理和心理状态，员工对自身能力的评价常常源于自身的生理和心理状态，员工的情绪评价影响很大，正向的情绪会促进自我效能的产生。自我效能对员工完成模块单元的运作有着重要的影响，自我效能越高对模块单元任务的完成就越有力。员工需要通过模块单元中具有挑战性任务的完成，实现自我效能的确立。

企业集成价值链管理流程员工工作幸福感是对工作的情感和认知的评价，是一种状态和可伸展的积极心理能力。员工工作幸福感不仅对员工的生理和心理产生影响，对员工的沟通有很大的帮助，有利于绩效的提高。员工的幸福感来源于员工的特质因素，员工需要具备豁达、睿智、仁者之心，就容易产生幸福感。员工的幸福感来源于相对收入、人际关系和组织支持，相对收入主要是工作中与其他员工的比较，这种收入不仅是收入的大小比较，而是工作成绩的比较，这种收入影响着员工的幸福感；良好的人际关系也促进员工幸福感的产生；组织的支持为员工提供了多种发展机会，促进员工产生幸福感。员工的幸福感还产生于员工的作业的丰富程度，当员工的工作需要来自各个感官信息的处理时，员工具有高唤醒水平，会产生幸福感。模块单元的运作可以为员工提供能够引发员工共鸣的组织文化氛围，给员工创造更多的机会，促进员工之间的交流，让员工接受更多的具有挑战性的工作，进行情感体验，获得幸福感。

（七）企业集成价值链管理流程组织承诺

企业集成价值链管理流程组织承诺是员工对模块单元流水线延迟策略和强化延迟

策略、后拉动流程、后拉动价值、智能运作和目标认同、员工情绪依赖和参与程度（麦克沙恩和格里诺，2015）。组织承诺包括情感承诺、持续承诺、规范承诺。情感承诺是对模块单元运作目标和价值观的信仰、为模块单元运作付出更多努力的意愿和愿意成为团队意愿的愿望；持续承诺是员工进行模块单元持续运作的愿望；规范承诺是员工按照模块单元运作规则进行运作的愿望。

企业集成价值链管理流程运作中可以通过让员工进行具有挑战性的工作，提高工作安全感和工作内容的趣味，表现组织的可靠性，明确员工的角色来提高情感承诺。通过员工能力的培养和作业的绩效评价的刺激提升持续承诺。通过让员工参与决策、提高员工自主权和责任感、赢得员工信任来提高规范承诺。

（八）企业集成价值链管理流程员工心理契约

企业集成价值链管理流程员工心理契约是员工以自己与企业的关系为前提，以承诺、信任和感知为基础，彼此间形成的责任和义务的各种信念。员工心理契约包括交易型、关系型、团队成员型三种心理契约（胡丽丽和王刚，2020）。交易型契约强调模块单元流水线延迟策略和强化延迟策略、后拉动流程、后拉动价值、智能运作中，能明确体现各种利益的工具性相互交换心理契约；关系型是模块单元运作中，企业雇用双方相互支持和依赖，进行模块单元运作的开放性责任的心理契约；团队成员型是员工进行模块单元运作中与企业彼此承担的责任心理契约。

员工进行模块单元运作的过程中，企业需要构建良好的契约关系，将合适的员工安排在适合的模块单元运作的岗位上；让员工愿意与管理者接触；员工与管理者进行交流和沟通，对模块单元的运作有着清晰的认识；确保员工因做出成绩得到认可。

五、企业集成顾客接触服务价值链管理流程员工压力

（一）企业集成顾客接触服务价值链管理流程员工压力体现

企业集成顾客接触服务价值链管理流程员工压力源自于模块单元流水线延迟策略和强化延迟策略、后拉动流程、后拉动价值、智能运作角色冲突。员工个人与员工在企业集成顾客接触服务价值链管理流程所扮演的角色之间的冲突会使员工觉得对顾客所做的工作和自身的愿望、价值观有大的出入，导致员工从心理上产生对顾客所做的工作的反感，这种心理指导下的工作会产生心理压力。企业对员工要求与顾客的需求之间的冲突会使员工进行作业时无所适从，这种矛盾的心态进行工作会导致员工从心理对组织的要求和顾客需求产生茫然的心理感觉，产生心理压力。顾客与顾客之间由于需求不同会产生冲突，对于这种程度的顾客间的冲突，员工进行工作时会感到力不从心，会导致员工从心理上产生对顾客所做的工作无奈的感觉，这种心理指导下的工作会产生心理压力。

企业集成顾客接触服务价值链管理流程员工压力源自于角色模糊。员工在企业集

成顾客接触服务价值链管理流程运作中没有足够和明确的信息，造成员工不清楚组织对自身工作的要求，无法确定能力发挥的范围。员工不清楚自身需要满足哪些相关的期望才能够满足顾客和组织相关的期望。员工不清楚工作职责范围和采用哪些工作方式。员工不清楚工作中哪些要素是重要的，无法针对性地进行工作。绩效评价的标准不明确，员工无法按照绩效的要求进行有力的工作。这样造成员工在企业集成顾客接触服务价值链管理流程运作中的模糊运作的特性，由此产生员工工作没有明确的目标，无所适从，形成心理压力。

企业集成顾客接触服务价值链管理流程员工压力源自于角色负荷过重。员工在企业集成顾客接触服务价值链管理流程运作过程中，企业对员工的要求远远超过员工的能力和身体体力的要求，造成员工在工作中力不从心，不能有效完成企业的任务，负担过重，形成心理压力。

企业集成顾客接触服务价值链管理流程员工压力源自于角色不当。员工在企业集成顾客接触服务价值链管理流程运作过程中，企业给予员工的工作和员工自身所具备的天赋和能力之间有错位，企业没有将员工安排在适合员工天赋和能力的岗位上，这样员工不能在工作中很好地发挥自身的才能，无法有效地完成任务，长此以往，员工会形成心理压力。

（二）企业集成顾客接触服务价值链管理流程员工压力降低

过多的企业集成顾客接触服务价值链管理流程员工压力会对员工满意度和承诺产生负面影响，会影响到员工工作态度，需要采取措施，降低企业集成顾客接触服务价值链管理流程员工压力。

企业集成顾客接触服务价值链管理流程员工压力降低可以通过领导的人物导向和以人为本的导向进行。企业集成顾客接触服务价值链管理流程运作中的领导需要充分理解工作的任务，明确任务中员工的职责，清楚员工的能力特长和工作范围，给予员工工作明确的指示，这样有利于降低角色冲突。工作中领导需要充分认识到企业集成顾客接触服务价值链管理流程员工对工作会直接带来影响的重要性，既要考虑到服务需求，也要考虑到员工的特长和能力的范围，按照试点运行的负荷进行员工的工作安排，注重关心员工，使员工心理预期与工作的角色距离缩短，帮助员工进行压力的释放。

企业集成顾客接触服务价值链管理流程员工压力降低可以通过对员工的授权进行。员工在企业集成顾客接触服务价值链管理流程运作中，直接与顾客接触，能直接了解顾客需求。充分的授权能使员工根据顾客当时的需求进行灵活的满足，对顾客接触中的模糊运作能够及时处理，对企业集成顾客接触服务价值链管理流程运作效率有直接的影响，对员工心理压力的降低带来有益的帮助。

企业集成顾客接触服务价值链管理流程员工压力降低可以通过规范不同服务特性和运作进行。企业集成顾客接触服务价值链管理流程运作中有不同的特性运作，需要明确不同的服务之间的区别与联系，确定每一类服务的特性和特有操作方式，明确针对顾客不同需要对员工职责要求，减少工作中的模糊性，明确服务所需要的员工角色，确定每一位员工特有的运作要求，这样员工就能根据不同服务的要求进行运作，工作目标更加明确，从而减轻压力。

一般纯服务企业集成模块单元的各类流水线的顾客接触人员操作、顾客接触人员工具操作、顾客接触人员界面操作需要员工按照企业集成顾客接触服务价值链管理流程员工仪容仪表规范、员工仪态规范、员工语言规范、员工服饰规范进行运作，需要员工考虑企业集成顾客接触服务价值链管理流程员工态度、顾客知觉、顾客情绪、顾客态度、顾客消费偏好进行服务，需要根据企业集成顾客接触服务价值链管理流程员工压力体现财务措施降低员工压力，促进企业集成顾客接触服务价值链管理流程高效运作。

第五节　企业集成运营价值链管理流程作业操作标准时间

一、企业集成运营价值链管理流程作业操作标准时间单元与标准时间概念

企业集成运营价值链管理流程作业操作标准时间单元是指拥有平均操作水平的员工，以规定的员工运营操作作业方法，用员工操作正常的速度，保留必要的员工操作宽放时间的前提下，完成企业集成运营模块单元流水线价值链管理流程延迟策略和强化延迟策略、后拉动流程、后拉动价值、智能运作作业操作所需要的时间单元。企业集成运营价值链管理流程作业操作标准时间单元需要在运营模块单元流水线价值链管理流程延迟策略和强化延迟策略、后拉动流程、后拉动价值、智能运作的前提下，具有平均操作水平的员工、员工运营操作作业方法、员工操作正常的速度、员工操作宽放时间、作业操作要求的时间和组织特性的单元，而标准时间只是具有时间特性，企业集成运营价值链管理流程作业操作标准时间单元与之对应的时间就是标准时间。企业集成运营价值链管理流程作业操作标准时间是由企业集成运营价值链管理流程作业操作标准时间单元构成。

企业集成具体模块单元专用模块单元隐形流水线、可变流水线，联合模块单元专用模块单元和具体模块单元可变流水线，联合模块单元专用模块单元和具体模块单元混合流水线，具体、联合和具体、联合、模块组局部模块单元和混合流水线，具体、联合、模块组、总作业整体模块单元混合流水线，模块组模块单元专用模块单元和联

合模块单元混合流水线，模块组模块单元混合流水线，具体模块单元的通用和链接模块单元相似流水线，联合模块单元的通用和链接模块单元相似流水线，总作业专用模块单元和总作业模块单元相似流水线，联合模块单元和模块组模块单元通用模块单元单一流水线，模块组模块单元链接模块单元和总作业模块单元的通用模块单元单一流水线，总作业链接模块单元单一流水线，这些流水线的价值链管理流程作业操作标准时间单元。企业集成运营价值链管理流程作业操作标准时间单元按照一定的时间单元构成，时间单元是反映企业集成运营价值链管理流程作业操作最短的和最基本的标准时间单元。作业操作最短的标准时间单元体现作业操作的最小标准时间，是能进行时间衡量的最小作业操作标准时间单元。最基本的作业操作标准时间单元需要体现最小的基本运营作业操作，是能完成一定作业操作功能的最小标准时间作业操作单元。运营作业操作标准时间单元是将企业集成模块单元流水线价值链管理流程作业操作按照最短作业操作标准时间单元和最基本作业操作标准时间单元的要求进行划分所取得的作业操作标准时间单元。

企业集成运营模块单元流水线价值链管理流程作业的一般机器操作、人员看管机器操作、顾客参与机器操作、一般人员操作、人员工具操作、顾客接触人员操作、顾客接触人员工具操作、顾客参与操作、顾客参与工具操作、一般人员与机器操作、顾客接触人员与机器操作、人员界面操作、顾客接触人员界面操作、顾客参与界面操作中的员工操作在模块单元流水线延迟策略和强化延迟策略、后拉动流程、后拉动价值、智能运作的前提下，体现为企业集成运营模块单元流水线价值链管理流程作业的员工操作水平、员工操作作业方法、员工操作速度。企业集成运营价值链管理流程作业操作标准时间单元需要在模块单元流水线延迟策略和强化延迟策略、后拉动流程、后拉动价值、智能运作的前提下进行作业操作标准时间的确定。

企业集成模块单元流水线延迟策略和强化延迟策略、后拉动流程、后拉动价值、智能运作的企业集成运营模块单元流水线价值链管理流程作业具有不同的员工操作水平、员工操作作业方法、员工操作速度。企业集成运营价值链管理流程作业操作标准时间单元中要求的员工操作水平是平均水平，这一平均操作水平下所进行操作的时间具有操作标准时间特性。企业集成模块单元流水线价值链管理流程作业的各类操作具有不同的操作特性，每一类操作特性下都具有不同的操作方法和操作速度。操作方法和操作速度不同，对企业集成模块单元流水线价值链管理流程作业操作时间单元的影响不同。企业集成运营价值链管理流程作业操作标准时间单元中的员工操作方法是在反映企业集成模块单元流水线延迟策略和强化延迟策略、后拉动流程、后拉动价值、智能运作和行业主体操作的员工操作方法；企业集成运营价值链管理流程作业操作标准时间单元中的员工操作速度是在反映企业集成模块单元流水线延迟策略和强化延迟策略、后拉动流程、后拉动价值、智能运作和行业主体操作速度的员工操作速度。

企业集成模块单元流水线价值链管理流程作业的各类操作过程中，需要考虑员工生理需求、员工疲劳需求和作业操作的管理需求。员工生理需求是员工进行企业集成模块单元流水线价值链管理流程作业操作中自然发生，是基本生理的体现。员工疲劳需求是员工身体经过一定强度的运作后体现的身体特性，属于身体的正常运作现象。作业操作的管理需求是企业集成模块单元流水线价值链管理流程作业中管理需要的体现。员工生理需求、员工疲劳需求和作业操作的管理需求占用一定的时间，这些时间工作中必须考虑。因而，企业集成运营价值链管理流程作业操作标准时间单元确定需要考虑宽放时间需求。

二、企业集成运营价值链管理流程作业操作标准时间确定方法

（一）企业集成运营价值链管理流程作业操作标准时间方法

1. 企业集成运营价值链管理流程作业操作测时法

企业集成运营价值链管理流程作业操作测时法采用秒表进行企业集成运营价值链管理流程作业操作标准时间实测的方法。这一方法源于科学管理之父泰罗 1913 年所创造的测时方法。方法强调到车间现场去，针对操作作业内容，以秒表为工具，深入进行观测与记录。方法需要了解作业操作员工当时的实际操作速度，进行评比和调整，使员工操作在接近标准速度的状态下进行测时。这一方法程序严谨，具有一致的程序与调整基准，是全世界运用普遍的方法，虽然有些古老，但不可能被其他新开发的技巧完全取代。

2. 企业集成运营价值链管理流程作业操作观测法

企业集成运营价值链管理流程作业操作观测法源于美国动作研究专家巴恩斯的工作抽样作业操作观测法。该方法根据概率论与数理统计的方法对企业集成运营价值链管理流程作业进行随机大量的瞬间观察，分析所研究的作业中各类工时所占比率。这一方法不进行连续的观测，只记录观测时所记录的情况。

3. 企业集成运营价值链管理流程作业操作模特法

企业集成运营价值链管理流程作业操作模特法的原理是根据操作时人体动作的部位、动作距离、工作物的重量，通过分析计算，确定标准的操作方法，并预测完成标准动作所需要的时间。模特法分析员工身体不同部分动作时，员工动作所用时间值互成比例。模特法不需要针对员工进行预测时，不用进行评比，只需要对员工动作进行分析就能确定标准时间。由于这一特点，使企业集成运营价值链管理流程作业操作模特法具有广泛的应用价值。

（二）企业集成运营价值链管理流程作业操作标准时间单元

企业集成运营价值链管理流程作业操作标准时间单元是对企业集成模块单元流水线的一般机器操作、人员看管机器操作、顾客参与机器操作、一般人员操作、人员工具操作、顾客接触人员操作、顾客接触人员工具操作、顾客参与操作、顾客参与工具操作、一般人员与机器操作、顾客接触人员与机器操作、人员界面操作、顾客接触人

员界面操作、顾客参与界面操作中的员工操作进行最小作业操作的标准时间单元确定，是具有最小的作业任务要求的操作标准时间单元。企业集成运营价值链管理流程作业操作测时法、企业集成运营价值链管理流程作业操作观测法确定的操作标准时间单元与企业集成运营价值链管理流程作业操作标准时间单元相一致。企业集成运营价值链管理流程作业操作模特法是从动作进行分析的，确定企业集成运营价值链管理流程作业操作标准时间单元。确定作业操作标准时间单元需要根据企业集成模块单元流水线价值链管理流程的各类作业任务进行最小作业单元的划分，使每一个作业单元成为最小的任务作业单元，每一个单元都有明确的价值和质量目标，从而形成最小作业单元，构成企业集成运营价值链管理流程作业操作标准时间单元。根据作业操作标准时间单元按照动作最小时间要求，构建准标准时间单元。

企业集成运营价值链管理流程作业操作标准时间单元是体现企业集成模块单元流水线延迟策略和强化延迟策略、后拉动流程、后拉动价值、智能运作的企业集成运营模块单元流水线价值链管理流程员工操作作业方法的标准时间单元。企业集成运营模块单元流水线价值链管理流程员工操作作业方法要求按照企业集成战略下的运营模块单元流水线延迟策略和强化延迟策略、后拉动流程、后拉动价值、智能运作和行业主体操作的员工操作方法，确定员工操作作业方法。作业操作标准时间单元需要以员工操作作业方法为标准，确定作业操作标准时间单元。企业集成运营价值链管理流程作业操作测时法、企业集成运营价值链管理流程作业操作观测法、企业集成运营价值链管理流程作业操作模特法都需要员工操作作业方法确定企业集成运营价值链管理流程作业操作标准时间单元。

企业集成运营价值链管理流程作业操作标准时间单元需要平均操作水平的员工、员工操作正常的速度，按照员工操作作业方法和行业的平均水平的要求，企业集成运营价值链管理流程作业效率达到稳定水平时，确定员工平均操作水平、员工操作正常的速度。这样才是作业操作标准时间单元运作的前提。企业集成运营价值链管理流程作业操作测时法、企业集成运营价值链管理流程作业操作观测法、企业集成运营价值链管理流程作业操作模特法需要具备这样的前提条件。

企业集成运营价值链管理流程作业操作测时法需要准备测定表格、测时板、秒表和铅笔；确定观测次数；确定连续法、选择测时法、循环法进行测时。连续法是进行连续测时的方法；循环法是选择测时法间断地一个一个进行测时，反复交替的方法；通过合并几个连续操作，交叉记录的测时方法。企业集成运营价值链管理流程作业操作测时法观测次数如表 8 − 5 − 1 所示。

表 8 − 5 − 1　企业集成运营价值链管理流程作业操作测时法观测次数

周期时间	<1	1	2	4 ~ 5	5 ~ 10	10 ~ 20	20 ~ 40	>40
观测次数	40	30	2	15	10	8	5	3

企业集成运营价值链管理流程作业操作观测法需要选择测定员。由于企业集成运营价值链管理流程作业操作观测法的要求比企业集成运营价值链管理流程作业操作测时法观测要求高，抽查只是瞬间抽查，不能详细询问，需要测定员对企业集成运营价值链管理流程作业操作熟悉。作业操作观测法需要设计表格，确定观测次数。企业集成运营价值链管理流程作业操作观测法观测次数确定公式如下：

$$N = \frac{C^2 P(1-P)}{L^2} = \frac{C^2(1-P)}{S^2 P} \qquad (8-5-1)$$

式中，C 为随置信度而变的系数，P 为估计概率，L 为绝对误差，S 为相对精度。

F 公司停工率为 11%，绝对误差为 ±1.5%，置信度 90% 的观测次数为：

$$N = \frac{C^2 P(1-P)}{L^2} = 735$$

企业集成运营价值链管理流程作业操作模特法需要选择水平高的摄影师，进行企业集成运营价值链管理流程作业操作标准时间单元详细的摄影。根据摄影资料，确定 M 移动、G 抓取、P 放置、L 重量因素、F 脚动作、W 移步 、B 弯腰和起身、S 坐下和站起、R 重抓取、A 加压 、C 旋转、E 眼睛动作、D 判断准确定准作业操作标准时间单元。

（三）企业集成运营价值链管理流程作业操作标准时间测时与分析

1. 企业集成运营价值链管理流程作业操作测时法

企业集成运营价值链管理流程作业操作测时法进行观测，将观测的数值记录下来，计算每一个企业集成运营价值链管理流程作业操作标准时间单元的延续时间，延续时间是作业操作终止时间与上一作业操作终止时间之差（王东华，2014）。根据每一个计算出来的延续时间计算平均延续时间，最后通过稳定系数判断平均延续时间是否可行。由此确定企业集成运营价值链管理流程作业操作标准时间单元的标准时间。企业集成运营价值链管理流程作业操作标准时间单元平均延续时间、稳定系数计算公式如下：

$$T_0 = \frac{1}{n}\sum_{i=1}^{n} t_i \qquad (8-5-2)$$

$$\alpha = \frac{t_{max}}{t_{min}} \qquad (8-5-3)$$

2. 企业集成运营价值链管理流程作业操作观测法

企业集成运营价值链管理流程作业操作运用观测法进行测时，将所观测值进行平均，得到企业集成运营价值链管理流程作业操作单元标准时间。

3. 企业集成运营价值链管理流程作业操作模特法

企业集成运营价值链管理流程作业操作单元标准时间确定是根据 M 移动、G 抓取、P 放置、L 重量因素、F 脚动作、W 移步 、B 弯腰和起身、S 坐下和站起、R 重抓取、A 加压 、C 旋转、E 眼睛动作、D 判断这些动素的时间来计算标准时间。企业集成运营价值链管理流程作业操作动素时间如表 8-5-2 所示。

表 8 - 5 - 2　企业集成运营价值链管理流程作业操作动素时间

动作	情况	符号	时间值 MOD
移动	手指	M1	1
	手腕	M2	2
	前臂	M3	3
	上臂	M4	4
	肩	M5	5
抓取	接触抓取	G0	
	简单抓取	G1	1
	复杂抓取	G3	3
放置	简单放置	P0	
	放置	P0.5	0.5
	需注意放置	P2	2
	一般复杂放置	P5	5
脚		F3	3
移步		W5	5
弯腰和起身		B17	17
坐下和站起		S30	30
重抓取		R2	2
加压		A4	4
旋转		C4	4
眼睛动作		E2	2
判断		D3	3
重量因素		L1	1

　　M1 手指动作最简单，消耗体力最少，每移动一次为 1MOD。M2 手腕动作耗时比 M1 手指动作多，时间为 2MOD。M3 前臂动作耗时比 M2 手指动作多，时间为 3MOD。M4 上臂动作比 M3 手指动作多，时间为 4MOD。M5 肩部动作耗时比 M4 手指动作多，时间为 5MOD。不需要注意力或保持特别动作意识的反复出现的重复动作，该种动作由于反复操作其移动速度很快，动作时间较正常移动要少，手指动作 M1 时间为 0.5MOD，手腕动作 M2 为 2MOD，前臂动作 M3 为 2MOD，上臂动作 M4 为 3MOD。

　　G0 触抓是一种一瞬间动作，其时间值为 0。G1 简单抓取时间值为 1MOD。G3 复杂抓取耗时比 G1 多，时间值为 3MOD。P0 简单放置这种动作是一种无意识的动作，通常和移动动作重叠，因而时间值为 0。P0.5 放置是将物体由一只手放置到另一只手，虽然也是无意识的动作，不应计作 P0，而应是 P0.5。P2 一般注意放置耗时比 P0.5 多，时间值为2MOD。P5一般复杂放置耗时比P2多，时间值为5MOD。

L1重量因素是放置动作的一种附加，随所移物体的重量而定，运动中每只手负重超过2千克时，时间值为1MOD，6~10千克增加，时间值为2MOD。F3脚动作的时间值为3MOD。W5移步动作时间为每步5MOD。B17弯腰和起身动作时间值为17MOD。S30坐下和站起动作时间值为30MOD。R2重抓取动作时间值为2MOD。A4加压动作时间值为4MOD。C4旋转动作时间值为4MOD。E2眼睛动作时间值为2MOD。D3判断动作时间值为3MOD。

企业集成运营价值链管理流程作业操作模特法根据企业集成运营价值链管理流程作业操作动素所需要的时间，确定企业集成运营价值链管理流程作业操作单元标准时间。通过企业集成运营价值链管理流程作业操作单元标准时间，计算企业集成运营价值链管理流程作业操作单元标准时间。

F公司在平板上装配直径为0.635厘米的U型螺栓。工作内容为将一个直径为0.635厘米的U型螺栓插入平板两个空中，加垫圈用螺母拧紧（5扣）。F公司平板装配U型螺栓标准时间如表8-5-3所示。

表8-5-3　F公司平板装配U型螺栓标准时间

操作顺序	操作内容	分析式	频数	时间
1	左手抓取U型螺栓，右手抓取平板，将U型螺栓的两头插入平板的两个孔中	M4M3M4P5	1	16
2	右手抓取第一个垫圈，放入左手所握持的U型螺栓的一头中	M4M3M4P2	1	13
3	右手抓取第二个垫圈，放入左手所握持的U型螺栓的一头中	M4M3M4P2	1	13
4	抓取第一个螺母放在螺栓头上	M4M1M4P5	1	14
5	拧紧螺母	M1P0M1P0	5	10
6	抓取第二个螺母放在螺栓头上	M4M1M4P5	1	14
7	拧紧螺母	M1P0M1P0	5	10
8	左手将已装完的平板和U型螺栓组件放在一起	M4P0	1	4

（四）企业集成运营价值链管理流程作业操作标准时间操作调整

企业集成运营价值链管理流程作业操作标准时间操作熟练程度和努力程度运用员工作业操作熟练度和员工作业操作努力度调整系数进行调整。这一调整方式克服了速度评比完全主观性的缺点，已被广泛使用。员工作业操作熟练度调整系数和员工作业操作努力度调整系数如表8-5-4和表8-5-5所示。

表8-5-4　员工作业操作熟练度调整系数

操作水平	等级	调整值
超佳	A1	0.15
	A2	0.13
优	B1	0.11
	B2	0.08
良	C1	0.06
	C2	0.03
平均	D	0
可	E1	-0.05
	E2	-0.10
劣	F1	-0.16
	F2	-0.22

表8-5-5　员工作业操作努力度调整系数

操作水平	等级	调整值
超佳	A1	0.13
	A2	0.12
优	B1	0.10
	B2	0.08
良	C1	0.06
	C2	0.02
平均	D	0
可	E1	-0.04
	E2	-0.80
劣	F1	-0.12
	F2	-0.17

（五）企业集成运营价值链管理流程作业操作标准时间宽放调整

企业集成运营价值链管理流程作业操作标准时间需要通过生理宽放调整。由于员工生理上的需求，常理需要作业中断。根据联合国劳工局分析，适合人体正常温度环境下，男性生理宽放为5%，女性为7%，换言之，每天工作8小时，保留24分钟或者稍多时间最为适宜。企业集成运营价值链管理流程作业操作标准时间需要通过疲劳宽放调整。员工身体经过作业劳动产生疲劳需要时间恢复。由于管理的原因，作业需要中断，企业集成运营价值链管理流程作业操作标准时间需要通过管理宽放调整。管理宽放指定时的会议、作业场所的清扫整顿、抽样稽核占用时间等。工作环境如温度、湿度、通风、光线，都会影响到工作速度，如果影响很大，可以进行调整，如果影响不大，不需要进行调整。员工肉体努力疲劳宽放率和员工精神努力疲劳宽放率如表 8 - 5 - 6 和表 8 - 5 - 7 所示。

表 8 - 5 - 6　员工肉体努力疲劳宽放率　　　　　　　　　　单位:%

程度	宽放率
极轻	1.8
轻	3.6
中	5.4
重	7.2
级重	9.0

表 8 - 5 - 7　员工精神努力疲劳宽放率　　　　　　　　　　单位:%

程度	宽放率
轻	3.6
中	5.4
重	7.2

　　制造类企业集成具体、联合、模块组、总作业模块单元和通用、链接、专用模块单元的各类流水线的价值链管理流程的一般机器操作、人员看管机器操作、一般人员操作、人员工具操作、一般人员与机器操作、人员界面操作、顾客参与界面操作，制造性服务企业集成具体、联合、模块组模块单元和通用、链接、专用模块单元的各类流水线的一般机器操作、人员看管机器操作、顾客参与机器操作、一般人员操作、人员工具操作、顾客接触人员操作、顾客接触人员工具操作、顾客参与操作、顾客参与工具操作、一般人员与机器操作、顾客接触人员与机器操作、人员界面操作、顾客接触人员界面操作、顾客参与界面操作，一般服务企业集成具体、联合模块单元和通用、专用模块单元的各类流水线的一般机器操作、人员看管机器操作、一般人员操作、人员工具操作、一般人员与机器操作、人员界面操作、顾客接触人员界面操作、顾客参与界面操作，设计性服务企业、中间性服务企业集成具体模块单元、联合模块单元和通用模块单元、专用模块单元的各类流水线和人员界面操作、顾客参与界面操作，一般纯服务企业集成具体模块单元、联合模块单元和通用模块单元、专用模块单元的各

类流水线和一般人员操作、人员工具操作、顾客接触人员操作、顾客接触人员工具操作、顾客参与操作、顾客参与工具操作、人员界面操作、顾客接触人员界面操作、顾客参与界面操作，这些操作需要选择企业集成运营价值链管理流程作业操作观测法、企业集成运营价值链管理流程作业操作模特法、企业集成运营价值链管理流程作业操作测时法，确定企业集成运营价值链管理流程作业操作标准时间单元，进行企业集成运营价值链管理流程作业操作标准时间测时与分析，从而进行企业集成运营价值链管理流程作业操作标准时间操作调整和宽放调整，确定企业集成运营价值链管理流程作业操作标准时间单元标准时间和准标准时间。

第六节　企业集成运营价值链管理流程人机操作系统、操作界面

一、企业集成运营价值链管理流程人机操作系统分类

（一）企业集成运营价值链管理流程人机操作系统自动化分类

1. 企业集成运营价值链管理流程人工操作系统

企业集成运营价值链管理流程延迟策略和强化延迟策略、后拉动流程、后拉动价值、智能运作人工操作系统中，员工是操作的主体，操作中涉及的辅助设备和工具也只是起到辅助作用，员工提供系统所需要的动力并控制整个系统的运作。设备和工具只能增强员工的力量和提供外在条件，不能给系统提供动力，也不具备控制力。企业集成具体模块单元专用模块单元隐形流水线、可变流水线，联合模块单元专用模块单元和具体模块单元可变流水线，联合模块单元专用模块单元和具体模块单元混合流水线，具体、联合和具体、联合、模块组局部模块单元和混合流水线操作，具体、联合、模块组、总作业整体模块单元混合流水线，模块组模块单元专用模块单元和联合模块单元混合流水线，模块组模块单元混合流水线，具体模块单元的通用和链接模块单元相似流水线，联合模块单元的通用和链接模块单元相似流水线，总作业专用模块单元和总作业模块单元相似流水线，联合模块单元和模块组模块单元通用模块单元单一流水线，模块组模块单元链接模块单元和总作业模块单元的通用模块单元单一流水线，总作业链接模块单元单一流水线，这些流水线的顾客参与机器操作、一般人员操作、人员工具操作、顾客接触人员操作、顾客接触人员工具操作、顾客参与操作、顾客参与工具操作、一般人员与机器操作、顾客接触人员与机器操作、人员界面操作、顾客接触人员界面操作、顾客参与界面操作是企业集成运营价值链管理流程人工操作系统。

2. 企业集成运营价值链管理流程半自动化操作系统

企业集成运营价值链管理流程延迟策略和强化延迟策略、后拉动流程、后拉动价值、智能运作半自动化操作系统中员工仍然是系统的控制者，与人工系统不同的是，员工只需要提供少量的动力，对系统进行简单的操作，系统就能够进行正常运作。企业集成运营模块单元流水线价值链管理流程中顾客参与机器操作、一般人员与机器操作、顾客接触人员与机器操作、人员界面操作、顾客接触人员界面操作、顾客参与界面操作可以成为企业集成运营价值链管理流程半自动化操作系统。

3. 企业集成运营价值链管理流程自动化操作系统

企业集成运营价值链管理流程延迟策略和强化延迟策略、后拉动流程、后拉动价值、智能运作自动化操作系统中，机器是系统动力的提供者和控制者，机器已经完全取代了人力，机器本身是一个闭环系统，自身能够进行信息的储存、处理和执行，员工只是起到监督和管理作用。企业集成运营模块单元流水线价值链管理流程一般机器操作、人员看管机器操作、顾客参与机器操作、人员界面操作、顾客接触人员界面操作、顾客参与界面操作可以成为企业集成运营价值链管理流程自动化操作系统。

4. 企业集成运营价值链管理流程智能操作系统

企业集成运营价值链管理流程延迟策略和强化延迟策略、后拉动流程、后拉动价值、智能运作的智能操作系统中，机器是系统动力的提供者和控制者，机器已经完全取代了人力，机器本身是一个闭环系统，自身能够进行信息的智能接收、智能储存、智能处理和智能执行，员工只是起到监督和管理作用。与自动化操作系统不同，企业集成运营价值链管理流程智能操作系统能自身进行学习、智能判断、智能运作。企业集成运营模块单元流水线价值链管理流程一般机器操作、人员看管机器操作、顾客参与机器操作、人员界面操作、顾客接触人员界面操作、顾客参与界面操作可以成为企业集成运营价值链管理流程智能操作系统。

（二）企业集成运营价值链管理流程人机操作系统人机结合分类

1. 企业集成运营价值链管理流程人机串联员工顺序操作系统

企业集成运营价值链管理流程人机串联员工顺序操作系统是由模块单元流水线延迟策略和强化延迟策略、后拉动流程、后拉动价值、智能运作的机器设备和员工操作组成的串联顺序操作系统。机器设备是串联的，员工按照作业的要求、顺序进行操作。系统中作业是按照一定的前后顺序进行串联排列，员工按照先后的顺序与作业一致进行排列，每一个员工都有着自身需要操作的作业，员工按照作业串联的先后进行有序的操作。企业集成具体模块单元、联合模块单元流、模块组模块单元、总作业模块单元的通用模块单元流水线、链接模块单元流水线、专用模块单元流水线的机器设备都是按照串联方式顺序排列的，这些流水线的顾客参与机器操作、一般人员操作、人员工具操作、顾客接触人员操作、顾客接触人员工具操作、顾客参与操作、顾客参与工具操作、一般人员与机器操作、顾客接触人员与机器操作、人员界面操作按照与模块单元流水线的机器设备一样的顺序进行排列，进行企业集成运营价值链管理流程人机串联员工顺序操作。由此确定，各层次模块单元的通用模块单元流水线、链接模块单元流水线、专用模块单元流水线和员工操作进行的串联顺序操作系统，属于企业集成运营价值链管理流程人机串联员工顺序操作系统。

2. 企业集成运营价值链管理流程人机串联员工交叉操作系统

企业集成运营价值链管理流程人机串联员工交叉操作系统是由模块单元流水线延迟策略和强化延迟策略、后拉动流程、后拉动价值、智能运作的机器设备和员工操作组成的串联交叉操作系统。机器设备是串联的，员工按照作业的要求，交叉进行操作。系统中作业按照一定的前后顺序进行串联排列，员工则是交叉进行作业操作。企业集成具体模块单元、联合模块单元流、模块组模块单元、总作业模块单元的通用模块单元流水线、链接模块单元流水线、专用模块单元流水线的机器设备按照串联方式顺序排列，这些流水线的顾客参与机器操作、一般人员操作、人员工具操作、顾客接触人员操作、顾客接触人员工具操作、顾客参与操作、顾客参与工具操作、一般人员与机器操作、顾客接触人员与机器操作、人员界面操作进行交叉操作。由此确定，各层次模块单元的通用模块单元流水线、链接模块单元流水线、专用模块单元流水线和员工操作进行的串联交叉运作的系统，属于企业集成运营价值链管理流程人机串联员工交叉操作系统。

3. 企业集成运营价值链管理流程人机并联员工顺序操作系统

企业集成运营价值链管理流程人机并联员工顺序操作系统是由模块单元流水线延迟策略和强化延迟策略、后拉动流程、后拉动价值、智能运作的机器设备和员工操作组成的并联顺序操作系统。机器设备是并联的，每一类并联的机器设备下有着一系列作业的要求，并联的作业彼此是独立的，完成着独立运作的任务，员工在每一类并联的一系列作业中按顺序操作。企业集成具体模块单元单一流水线之间、联合模块单元单一流水线之间、模块组模块单元单一流水线之间、总作业模块单元单一流水线之间、总模块单元单一流水线之间和通用模块单元单一流水线之间、链接模块单元单一流水线之间、专用模块单元单一流水线之间的机器设备按照并联方式排列，这些流水线的顾客参与机器操作、一般人员操作、人员工具操作、顾客接触人员操作、顾客接触人员工具操作、顾客参与操作、顾客参与工具操作、一般人员与机器操作、顾客接触人员与机器操作、人员界面操作在一系列作业中按顺序操作。由此确定，各层次模块单元单一流水线之间和通用模块单元单一流水线之间、链接模块单元单一流水线之间、专用模块单元单一流水线之间和员工操作进行的并联顺序操作系统，属于企业集成运营价值链管理流程人机并联员工顺序操作系统。

4. 企业集成运营价值链管理流程人机并联员工交叉操作系统

企业集成运营价值链管理流程人机并联员工交叉操作系统是由模块单元流水线延迟策略和强化延迟策略、后拉动流程、后拉动价值、智能运作的机器设备和员工操作组成的并联交叉操作系统。机器设备是并联的，每一类并联的机器设备下有着一系列作业的要求，并联的作业彼此是独立的，完成着独立运作的任务，员工在每一类并联的一系列作业中交叉操作。企业集成具体模块单元单一流水线之间、联合模块单元单一流水线之间、模块组模块单元单一流水线之间、总作业模块单元单一流水线之间、总模块单元单一流水线之间和通用模块单元单一流水线之间、链接模块单元单一流水线之间、专用模块单元单一流水线之间的机器设备按照并联方式排列，这些流水线的顾客参与机器操作、一般人员操作、人员工具操作、顾客接触人员操作、顾客接触人员工具操作、顾客参与操作、顾客参与工具操作、一般人员与机器操作、顾客接触人员与机器操作、人员界面操作在一系列作业中交叉操作。由此确定，各层次模块单元单一流水线之间和通用模块单元单一流水线之间、链接模块单元单一流水线之间、专用模块单元单一流水线之间和员工操作进行的并联交叉操作系统，属于企业集成运营价值链管理流程人机并联交叉员工操作系统。

5. 企业集成运营价值链管理流程人机串、并联员工顺序操作系统

企业集成运营价值链管理流程人机串、并联员工顺序操作系统是由模块单元流水线延迟策略和强化延迟策略的运作、后拉动流程、后拉动价值、智能运作的机器设备和员工操作组成的串、并联顺序操作系统。机器设备是并联的，每一类并联的机器设备下有着一系列作业的要求，并联的作业彼此是联系的，形成设备的串联，完成着相互联系运作的任务，员工在一系列作业中顺序操作。企业集成具体模块单元流水线、联合模块单元流水线、模块组模块单元流水线、总作业模块单元流水线、总模块单元流水线的机器设备都是按照串、并联方式排列的，这些流水线的顾客参与机器操作、一般人员操作、人员工具操作、顾客接触人员操作、顾客接触人员工具操作、顾客参与操作、顾客参与工具操作、一般人员与机器操作、顾客接触人员与机器操作、人员界面操作在一系列作业中顺序操作。由此确定，具体模块单元流水线、联合模块单元流水线、模块组模块单元流水线、总作业模块单元流水线、总模块单元流水线和员工操作进行的串、并联顺序操作系统，属于企业集成运营价值链管理流程人机串、并联顺序员工操作系统。

6. 企业集成运营价值链管理流程人机串、并联员工交叉操作系统

企业集成运营价值链管理流程人机串、并联员工交叉操作系统是由模块单元流水线延迟策略和强化延迟策略、后拉动流程、后拉动价值、智能运作的机器设备和员工操作组成的串、并联交叉操作系统。机器设备是并联的，每一类并联的机器设备下有着一系列作业的要求，并联的作业彼此是联系的，形成设备的串联，完成着相互联系运作的任务，员工在一系列作业中交叉操作。企业集成具体模块单元流水线、联合模块单元流水线、模块组模块单元流水线、总作业模块单元流水线、总模块单元流水线的机器设备都是按照串、并联方式排列的，这些流水线的顾客参与机器操作、一般人员操作、人员工具操作、顾客接触人员操作、顾客接触人员工具操作、顾客参与操作、顾客参与工具操作、一般人员与机器操作、顾客接触人员与机器操作、人员界面操作在一系列作业中交叉操作。由此确定，具体模块单元流水线、联合模块单元流水线、

模块组模块单元流水线、总作业模块单元流水线、总模块单元流水线和员工操作进行的串、并联交叉操作系统，属于企业集成运营价值链管理流程人机串、并联交叉员工操作系统。

二、企业集成运营价值链管理流程人机操作系统人机功能比较与分配

（一）企业集成运营价值链管理流程人机操作系统人机功能比较

企业集成运营价值链管理流程延迟策略和强化延迟策略、后拉动流程、后拉动价值、智能运作人机操作系统中，机器对信息检测范围广，检测准确率高；人对信息具有与认知有关的检测能力，凭感官接收信息，容易出现偏差。机器对信息处理需要提前编程，能快速准确地进行信息处理，能长时间地进行信息保存；能快速地调用信息，能进行精密的信息操作可靠性强；计算速度快，但图形识别能力弱。人对信息具有抽象、归纳、识别、联想、创新的信息处理能力，善于积累和运用经验；进行精密的信息操作容易出错；计算速度慢，可靠性弱；图形识别能力强。机器与人之间的信息交流只能通过特定的方式进行；人与人之间很容易进行信息交流。机器学习能力差，灵活性差，只能理解特定的事物；人具有很强的学习能力，能阅读和接收口头信息，灵活性强，能根据信息进行归纳和推理。机器可以进行连续、稳定、长期的企业集成运营价值链管理流程操作；人可以进行非连续、较稳定、短期的企业集成运营价值链管理流程操作。机器可以适应各种不良和危险环境；人只能在良好和没有危险的环境中进行运作。

（二）企业集成运营价值链管理流程人机操作系统人机功能分配

企业集成运营价值链管理流程延迟策略和强化延迟策略、后拉动流程、后拉动价值、智能运作的人机操作系统人机功能分配需要通过人与机器功能的比较进行分配。企业集成运营价值链管理流程人机操作系统要达到最佳的运作效果，需要了解机器个人的特性和局限性，按照系统运作的要求，将适合机器运作的功能分配给机器，将适合人运作的功能分配给人，机器和人之间相互配合，促进系统最佳运作。

企业集成运营价值链管理流程人机操作系统人机功能分配需要通过将更多的功能分配给机器来实现。由于人可以进行非连续、较稳定、短期的企业集成运营价值链管理流程操作，决定人运作中出现疲劳各种状况的可能性比机器多，对系统运作的敏感性降低，需要机器承担更多的运作。

企业集成运营价值链管理流程人机操作系统人机功能分配需要通过经济的原则进行功能分配。系统的运作需要按照经济运作的要求进行，需要对人机运作的成本进行比较，需要采用成本低的运作的人机功能运作方式，使企业集成运营价值链管理流程人机操作系统取得更大价值。

企业集成运营价值链管理流程人机操作系统人机功能分配需要具有一定的灵活性。

系统中人机运作不是一成不变的，会随着环境的变化而改变。需要系统能够根据环境的变化情况，不断地进行系统人机功能分配，使人机能更好地按照系统运作的要求进行运作，不断适应各种环境的变化。

三、企业集成运营价值链管理流程操作交互式人机界面设计

（一）企业集成运营价值链管理流程操作交互式人机界面设计概念

企业集成运营价值链管理流程延迟策略和强化延迟策略、后拉动流程、后拉动价值、智能运作操作交互式人机界面设计是计算机系统的人机交互界面设计。操作交互式人机界面设计包括人机交互界面本身功能交互设计、体验的交互界面设计、个性的交互界面设计、环境交互界面设计、感官交互界面设计、视觉交互界面设计。

企业集成运营价值链管理流程操作人机交互界面本身功能交互设计是基于信息系统本身功能界面设计。信息系统本身功能包括运营模块单元价值链管理流程数据输入与输出、员工和顾客权限设置、员工和顾客访问控制、员工和顾客导航、页面内的各种链接、页面内的各种访问记录、页面更新信息系统本身需要进行人机交互界面设计的基本内容，还包括运营模块单元价值链管理流程内容查找、各种图文显示、打印、标注、模型运作、视频展示信息系统本身需要进行人机交互界面设计的内容，还包括运营模块单元价值链管理流程模拟操作功能、价值和质量故障判断信息系统本身需要进行人机交互界面设计的拓展内容。

企业集成运营价值链管理流程操作体验的交互界面设计需要反映顾客体验的需求。体验的交互界面能充分反映顾客需求，给顾客带来直接体验。体验的交互界面需要给顾客稳定运用的感受，使顾客的体验具有良好的基础。体验的交互界面需要进行每一种运作都能在顾客掌控之中，减少用户的记忆负担，符合用户认知习惯。企业集成运营价值链管理流程操作个性的交互界面设计需要反映顾客个性化需求。每一个顾客的习惯都有所不同，对事物的感知程度和感知习惯有所不同，个性的交互界面设计需要尽量反映顾客个性需求。

企业集成运营价值链管理流程操作外部环境交互界面设计需要反映环境交互界面设计。操作环境包括一般操作环境、特殊操作环境、多人协同操作环境。一般操作环境是通常的常规环境；特殊操作环境是指对交互界面运用有较大影响的环境；多人协同操作环境是多个用户使用不同操作界面的环境。环境交互界面设计需要考虑这些环境，能够与这些环境进行很好的融合。

企业集成运营价值链管理流程操作感官交互界面设计可以采用智能语音交互界面设计，通过对话，形成自然、便捷的交互方式；可以采用触控交互界面设计，通过触屏，形成原始的感官的交流方式；可以采用体感交互界面设计，通过运用手柄、脚带、感应帽，形成对人体完成人体动作、表情掌控；可以采用眼动、头动交互界面设计，使用户用眼睛控制设备，用头部实现头部定位。

企业集成运营价值链管理流程操作视觉交互界面设计可以采用文字交互界面设计，通过字体样式、字体识别性、风格匹配性来实现文字交互界面设计；可以采用图像交互界面设计，运用于文字对应的图像，提供图像的滚动、缩放、位置移动和全屏显示等功能图像，提供可以更改的图像，实现图像交互界面设计；可以采用视频和动画交互界面设计，运用视频和动画这种直接、清晰的信息传递形式，实现视频和动画交互界面设计；可以采用三维模型交互界面设计，通过运用三维模型，呈现构件的立体造型、相对位置、连接方式，实现三维模型交互界面设计。

（二）企业集成运营价值链管理流程操作交互式人机界面设计原则

操作交互式人机界面设计需要一致性。一致性要求操作交互式人机界面具有相似的界面外观、布局和人机交互方式，具有相似的操作交互式人机界面功能；具有相同的术语；具有一致的命令。这样，员工和顾客运用操作交互式人机界面能始终保持一致性的运作。

操作交互式人机界面设计需要经常操作的员工和顾客具有扁平界面和快捷方式可用，人机界面功能可以提供给员工和顾客了解。扁平界面能在短时间内快速地获取有效信息，更加适应员工和顾客快节奏需求（张贝和方卫宁，2013）。对于经常使用的功能，员工和顾客希望减少对话的次数和增加对话的步幅，设置合适的缩减符、特殊键、隐含命令、宏指令，可以提高交互效率。人机界面功能明确指给用户，员工和顾客就会方便运用，轻易实现这些功能。界面的一致性，可以客观地减少用户学习时间，同时减少出错率。

操作交互式人机界面设计需要提供信息反馈。对员工和顾客操作需要能进行反馈，当员工和顾客从人机交互过程中得到反馈后，可以便于进行下一步操作。操作出错后，由于及时反馈，员工和顾客就会根据错误提醒，避免一错再错。

操作交互式人机界面设计能够合理利用空间、颜色、图形。合理利用空间会界面简洁，合理的空白区域会给用户带来良好的阅读体验；合理利用颜色，会使显示效果明显，有利于实现内容与形式的统一，还会影响到交互效果，影响到用户的情感；合理运用图形，形象生动，有利于命令式界面的交互效果。

操作交互式人机界面设计需要闭环设计。操作交互式人机界面需要对操作过程中的开始、进行、完成的过程基于必要的提示。开始时，交互式人机界面可以进行开始的提示；进行时，交互式人机界面可以进行提示；完成时，交互式人机界面可以进行完成提示。这样，员工和顾客就会具有完整的操作提示功能，促进操作有序进行。

操作交互式人机界面设计需要具有复原功能。员工和顾客进行操作时，不能保证员工和顾客任何时候都进行正确的操作，采用操作交互式人机界面复原功能会忽略用户错误的操作，还原到员工和顾客有用的操作，这样就会缓解员工和顾客运用操作交互式人机界面所带来的心理压力，使用户能够更从容地进行操作。

操作交互式人机界面支持员工和顾客主控感受。支持员工和顾客主控感受会使操作交互式人机界面按照员工和顾客的感受进行运作，用户是操作交互式人机界面操作的创造者，而不是被动的适应者。这样员工和顾客就不会为乏味的数据输入却很难得到有效信息而苦恼，通过员工和顾客改变系统的反应，提高员工和顾客人机交互效率，具有成就感。

操作交互式人机界面需要减少员工和顾客记忆。由于短期记忆中人类认识资源的有限性，需要操作交互式人机界面能采用简单的显示，加强多页显示，降低窗口移动频率，对符号具有足够的训练时间，保证用户的记忆，促进界面操作实现。

具体设计中可以加入界面风格、界面布局、界面色调、图标、动画。界面风格可以体现企业文化和企业形象，整个界面按照统一的企业文化和企业形象进行构思（邵艳波和方敏，2009）。界面布局需要满足员工和顾客操作和视觉习惯，按照信息重要程度，界面从上至下、从左至右进行排列。界面色调的选择根据员工和顾客定位以及诉求选择偏理性冷色调或者偏感性暖色调（李智，2019）。图标是界面中的核心内容，注重图标的大小、造型以及氛围。动画可以明确员工和顾客对界面有效操控，可以提示员工和顾客界面正常运转。

制造类企业集成具体模块单元、联合模块单元、模块组模块单元、总作业模块单元和通用模块单元、链接模块单元、专用模块单元的各类流水线的价值链管理流程的一般机器操作、人员看管机器操作、一般人员操作、人员工具操作、一般人员与机器操作、人员界面操作，制造性服务企业集成具体模块单元、联合模块单元、模块组模块单元和通用模块单元、链接模块单元、专用模块单元的各类流水线的一般机器操作、人员看管机器操作、顾客参与机器操作、一般人员操作、人员工具操作、顾客接触人员操作、顾客接触人员工具操作、顾客参与操作、顾客参与工具操作、一般人员与机器操作、顾客接触人员与机器操作、人员界面操作，一般服务企业集成具体、联合模块单元和通用、专用模块单元的各类流水线的一般机器操作、人员看管机器操作、一般人员操作、人员工具操作、一般人员与机器操作、人员界面操作，设计性服务企业、中间性服务企业集成具体模块单元、联合模块单元和通用模块单元、专用模块单元的各类流水线的人员界面操作，一般纯服务企业集成具体模块单元、联合模块单元和通用模块单元、专用模块单元的各类流水线的一般人员操作、人员工具操作、顾客接触人员操作、顾客接触人员工具操作、顾客参与操作、顾客参与工具操作、人员界面操作进行企业集成运营价值链管理流程人机串联员工顺序操作系统、人机串联员工交叉操作系统、人机并联员工顺序操作系统、人机并联员工交叉操作系统、人机串联和并联员工顺序操作系统、人机串联和并联员工交叉操作系统设计，进行企业集成运营价值链管理流程人机操作系统人机功能比较与分配。制造类企业、服务类企业、纯服务类企业集成模块单元各类流水线人员界面操作、顾客参与界面操作需要遵循企业集成运营价值链管理流程操作交互式人机界面设计概念和原则，进行企业集成运营价值链管理流程操作交互式人机界面设计。

第七节　企业集成运营价值链管理流程员工配置与集成人才链

一、企业集成运营价值链管理流程员工岗位

（一）企业集成运营价值链管理流程员工顺序操作岗位

1. 企业集成基本运营价值链管理流程员工顺序操作岗位

企业集成运营价值链管理流程延迟策略和强化延迟策略、后拉动流程、后拉动价值、智能运作人机串联员工顺序操作系统中的机器设备是串联的，员工按照串联的运营作业顺序进行排列，每一个员工都有着自身需要操作的串联运营作业，由此确定员工企业集成运营价值链管理流程人机串联员工顺序操作系统作业岗位。企业集成运营价值链管理流程人机并联员工顺序操作系统的机器设备是并联的，每一类并联的机器设备下有着一系列作业的要求，并联的作业彼此是独立的，完成独立运作的任务，员工在每一类并联的一系列作业中顺序操作，由此确定企业集成运营价值链管理流程人机并联员工顺序操作系统作业岗位。员工企业集成运营价值链管理流程人机串联员工顺序操作系统作业岗位和企业集成运营价值链管理流程人机并联员工顺序操作系统作业岗位是企业集成具体模块单元、联合模块单元、模块组模块单元、总作业模块单元的通用模块单元流水线、链接模块单元流水线、专用模块单元流水线的一般人员操作、人员工具操作、顾客接触人员操作、顾客接触人员工具操作、一般人员与机器操作、顾客接触人员与机器操作、人员界面操作的岗位，属于企业模块单元流水线团队，这些岗位需要按照企业模块单元流水线团队的要求进行运作。

2. 企业集成开发与设计价值链管理流程员工顺序操作岗位

企业集成开发与设计价值链管理流程延迟策略和强化延迟策略、后拉动流程、后拉动价值、智能运作人机串联员工顺序操作系统中的机器设备是串联的，员工按照串联的开发与设计作业顺序进行排列，每一个员工都有着自身需要操作的串联开发与设计作业，由此确定员工企业集成开发与设计价值链管理流程人机串联员工顺序操作系统作业岗位。企业集成开发与设计价值链管理流程人机并联员工顺序操作系统的机器设备是并联的，每一类并联的机器设备下有着一系列作业的要求，并联的作业彼此相互独立，完成着独立运作的任务，员工在每一类并联的一系列作业中顺序操作，由此确定企业集成开发与设计价值链管理流程人机并联员工顺序操作系统作业岗位。员工企业集成开发与设计价值链管理流程人机串联员工顺序操作系统作业岗位和企业集成

开发与设计价值链管理流程人机并联员工顺序操作系统作业岗位是企业集成具体模块单元、联合模块单元的通用模块单元流水线、专用模块单元流水线的人员界面操作、顾客接触人员界面操作的岗位，属于企业开发与设计团队，这些岗位需要按照企业模块单元流水线团队的要求进行运作。

3. 企业集成价值、质量、信息运作价值链管理流程员工顺序操作岗位

企业集成价值、质量、信息运作价值链管理流程延迟策略和强化延迟策略、后拉动流程、后拉动价值、智能运作人机串联员工顺序操作系统中的机器设备是串联的，员工按照串联的价值、质量、信息运作作业顺序进行排列，每一个员工都有着自身需要操作的串联价值、质量、信息运作作业，由此确定员工企业集成价值、质量、信息运作价值链管理流程人机串联员工顺序操作系统作业岗位。企业集成价值、质量、信息运作价值链管理流程人机并联员工顺序操作系统的机器设备是并联的，每一类并联的机器设备下有着一系列作业的要求，并联的作业彼此是独立的，完成着独立运作的任务，员工在每一类并联的一系列作业中顺序操作，由此确定企业集成价值、质量、信息运作价值链管理流程人机并联员工顺序操作系统作业岗位。员工企业集成价值、质量、信息运作价值链管理流程人机串联员工顺序操作系统作业岗位和企业集成价值、质量、信息运作价值链管理流程人机并联员工顺序操作系统作业岗位是企业集成具体模块单元、联合模块单元的通用模块单元流水线、专用模块单元流水线的人员界面操作、顾客接触人员界面操作的岗位，属于企业财务团队、企业质检团队、企业信息团队，这些岗位需要按照企业模块单元流水线团队的要求进行运作。

(二) 企业集成运营价值链管理流程员工交叉操作岗位

1. 企业集成基本运营价值链管理流程员工交叉操作岗位

企业集成运营价值链管理流程延迟策略和强化延迟策略、后拉动流程、后拉动价值、智能运作人机串联员工顺序操作系统中的机器设备是串联的，系统中作业按照一定的前后顺序进行串联排列，员工进行交叉作业，由此确定员工企业集成运营价值链管理流程人机串联员工交叉操作系统作业岗位。企业集成运营价值链管理流程人机并联员工顺序操作系统的机器设备是并联的，每一类并联的机器设备下有着一系列作业的要求，并联的作业彼此是独立的，完成着独立运作的任务，员工在每一类并联的一系列作业中交叉操作，由此确定企业集成运营价值链管理流程人机并联员工交叉操作系统作业岗位。员工企业集成运营价值链管理流程人机串联员工交叉操作系统作业岗位和企业集成运营价值链管理流程人机并联员工交叉操作系统作业岗位是企业集成具体模块单元、联合模块单元、模块组模块单元、总作业模块单元的通用模块单元流水线、链接模块单元流水线、专用模块单元流水线的一般人员操作、人员工具操作、顾客接触人员操作、顾客接触人员工具操作、一般人员与机器操作、顾客接触人员与机器操作、人员界面操作的岗位，属于企业模块单元流水线团队，这些岗位需要按照企业模块单元流水线团队的协同要求进行运作。

2. 企业集成开发与设计价值链管理流程员工交叉顺序操作岗位

企业集成开发与设计价值链管理流程延迟策略和强化延迟策略、后拉动流程、后拉动价值、智能运作人机串联员工交叉操作系统中的机器设备是串联的，系统中作业按照一定的前后顺序进行串联排列，员工进行交叉作业，由此确定员工企业集成开发与设计价值链管理流程人机串联员工交叉操作系统作业岗位。企业集成开发与设计价值链管理流程人机并联员工交叉操作系统的机器设备是并联的，每一类并联的机器设备下有着一系列作业的要求，并联的作业彼此是独立的，完成着独立运作的任务，员工在每一类并联的一系列作业中交叉操作，由此确定企业集成开发与设计价值链管理流程人机并联员工交叉操作系统作业岗位。员工企业集成开发与设计价值链管理流程人机串联员工交叉操作系统作业岗位和企业集成开发与设计价值链管理流程人机并联员工交叉操作系统作业岗位是企业集成具体模块单元、联合模块单元的通用模块单元流水线、专用模块单元流水线的人员界面操作、顾客接触人员界面操作的岗位，属于企业开发与设计团队，这些岗位需要按照企业模块单元流水线团队的协同要求进行运作。

3. 企业集成价值、质量、信息运作价值链管理流程员工交叉操作岗位

企业集成价值、质量、信息运作价值链管理流程延迟策略和强化延迟策略、后拉动流程、后拉动价值、智能运作人机串联员工交叉操作系统中的机器设备是串联的，系统中作业按照一定的前后顺序进行串联排列，员工进行交叉操作的作业，由此确定员工企业集成价值、质量、信息运作价值链管理流程人机串联员工交叉操作系统作业岗位。企业集成价值、质量、信息运作价值链管理流程人机并联员工交叉操作系统的机器设备是并联的，每一类并联的机器设备下有着一系列作业的要求，并联的作业彼此是独立的，完成着独立运作的任务，员工在每一类并联的一系列作业中交叉操作，由此确定企业集成价值、质量、信息运作价值链管理流程人机并联员工交叉操作系统作业岗位。员工企业集成价值、质量、信息运作价值链管理流程人机串联员工交叉操作系统作业岗位和企业集成价值、质量、信息运作价值链管理流程人机并联员工交叉操作系统作业岗位是企业集成具体模块单元、联合模块单元的通用模块单元流水线、专用模块单元流水线的人员界面操作、顾客接触人员界面操作的岗位，属于企业财务团队、企业质检团队、企业信息团队，这些岗位需要按照企业模块单元流水线团队协同要求进行运作。

（三）企业集成运营价值链管理流程员工顺序、交叉操作岗位

1. 企业集成基本运营价值链管理流程员工顺序、交叉操作岗位

企业集成运营价值链管理流程延迟策略和强化延迟策略、后拉动流程、后拉动价值、智能运作人机串并联员工顺序操作系统的机器设备是并联的，每一类并联的机器设备下有着一系列作业的要求，并联的作业彼此联系，形成设备的串联，完成相互联系运作的任务，员工在一系列作业中顺序操作，由此确定企业集成基本运营价值链管

理流程员工顺序、交叉操作岗位。企业集成基本运营价值链管理流程员工顺序、交叉操作岗位是企业集成具体模块单元流水线、联合模块单元流水线、模块组模块单元流水线、总作业模块单元流水线、总模块单元流水线的一般人员操作、人员工具操作、顾客接触人员操作、顾客接触人员工具操作、一般人员与机器操作、顾客接触人员与机器操作、人员界面操作岗位，属于企业模块单元流水线团队，这些岗位需要按照企业模块单元流水线团队协同要求进行运作。

2. 企业集成开发与设计价值链管理流程员工顺序、交叉操作岗位

企业集成开发与设计价值链管理流程延迟策略和强化延迟策略、后拉动流程、后拉动价值、智能运作人机串并联员工顺序操作系统的机器设备是并联的，每一类并联的机器设备下有着一系列作业的要求，并联的作业彼此联系，形成设备的串联，完成着相互联系运作的任务，员工在一系列作业中顺序操作，由此确定企业集成开发与设计价值链管理流程员工顺序、交叉操作的岗位。企业集成开发与设计价值链管理流程员工顺序、交叉操作岗位是企业集成具体模块单元流水线、联合模块单元流水线、总模块单元流水线的人员界面操作、顾客接触人员界面操作归纳岗位，属于企业开发与设计团队，这些岗位需要按照企业模块单元流水线团队协同要求进行运作。

3. 企业集成价值、质量、信息运作价值链管理流程员工顺序、交叉操作岗位

企业集成价值、质量、信息运作价值链管理流程延迟策略和强化延迟策略、后拉动流程、后拉动价值、智能运作人机串并联员工顺序操作系统的机器设备是并联的，每一类并联的机器设备下有着一系列作业的要求，并联的作业彼此联系，形成设备的串联，完成着相互联系运作的任务，员工在一系列作业中顺序操作，由此确定企业集成价值、质量、信息运作价值链管理流程员工顺序、交叉操作岗位。企业集成价值、质量、信息运作价值链管理流程员工顺序、交叉操作岗位是企业集成具体模块单元流水线、联合模块单元流水线、总模块单元流水线的人员界面操作、顾客接触人员界面操作的岗位，属于企业财务团队、企业质检团队、企业信息团队，这些岗位需要按照企业模块单元流水线团队协同要求进行运作。

二、企业集成运营价值链管理流程员工胜任力

(一) 企业集成运营价值链管理流程员工胜任力基础

企业集成运营价值链管理流程员工胜任力是确定企业集成运营价值链管理流程延迟策略和强化延迟策略、后拉动流程、后拉动价值、智能运作作业的员工能够胜任操作的特征。胜任特征理论是以作业的员工操作表现优异为标准，通过这些特征反映出能够胜任企业集成运营价值链管理流程作业操作的特征，是由一系列的特性构成的。

胜任力模型最初是由哈佛大学教授戴维·麦克利兰提出。麦克利兰将胜任特征分为看得见的和看不见的两个部分。看得见的知识和技能方面的特征，属于浅层的特征；看不见的社会角色、自我概念、人格特质、动机、需要方面的特征，属于深层的特征

（胡艳曦和官志华，2008）。麦克利兰胜任力模型中，知识和技能特征可以看出，是容易观察和容易改变的；社会角色、自我概念、人格特质、动机、需要这些特征是不容易观察和不容易改变的，很难对其测量。正因如此，麦克利兰胜任力模型被称为冰山模型。模型的上部是知识和技能，容易从中看出特征，模型的下部是社会角色、自我概念、人格特质、动机、需要，不容易从中看出特征（王辉和杨锐，2017）。

美国学者博亚特兹提出了更容易观察的胜任特征模型，这一模型从观察的视角出发比麦克利兰胜任力模型容易观察，因而也称为洋葱模型。洋葱模型特征包括动机、特性、技能、自我形象、社会角色、知识（张英奎，2013）。洋葱模型中，最核心的是动机，动机是一种内在的驱动力，促使个人为实现目标而采取具体行为。特性是人对外部环境以及外界信息所呈现的。自我形象是指人对自己的评价和看法。社会角色则是对基本行为准则的认知。知识是指人在某一特定领域所具备的信息体系。博亚特兹洋葱模型和麦克利兰胜任力模型实质是一样的，只是洋葱模型表述得更加清晰准确，更易于观察。

此后还有众多的国内外学者进行了关于胜任力模型中的特征的研究，这些研究更加接近所研究主体的实际，更加注重胜任力模型的实际运用。

（二）企业集成运营价值链管理流程员工胜任力

企业集成运营价值链管理流程员工胜任力需要针对具体的运营模块单元流水线的价值链管理流程的操作进行确定，这一特征行业、企业特性、企业作业环节和企业员工操作方式不同都能够带来不同的特征，这些具体的特征需要结合不同的实际进行确定。

1. 企业集成运营价值链管理流程员工胜任力延迟策略和强化延迟策略运作能力

这一能力建立在企业集成战略基础上，通过延迟策略的运作具体体现出来的员工胜任力特征，是企业集成开发与设计流程核心能力、基本运营流程核心能力和企业集成运营流程计划核心管理能力、组织核心管理能力、控制核心管理能力的核心运作部分。由于企业集成具体模块单元、联合模块单元、模块组模块单元、总作业模块单元和通用模块单元、链接模块单元、专用模块单元的运作，不同层次模块单元之间、同一层次模块单元之间、模块单元内部、整体模块单元需要大量的跨作业、跨岗位的运作，有很多需要衔接的工作进行，需要员工能够具有主动承担这些作业、主动挑战的意识，不断对作业中的关键和细节问题提出改进建议，具备有效衔接模块单元延迟运作的进行能力。模块单元计划运作需要延迟和强化延迟，模块单元运作的组织和控制都需要按照延迟和强化延迟进行运作，需要进行模块单元管理延迟运作的员工具有创新意识，敢于进行延迟的管理创新，同时主动进行模块单元延迟运作无序运作情况，不断改进管理，具备模块单元高效益运作的能力。

2. 企业集成运营价值链管理流程员工胜任力精益运营能力

这一能力建立在企业精益运作基础上，通过适时模块单元运作的流程将顾客的需求适时体现在模块单元运作的流程之中，是企业集成开发与设计流程核心能力和基本运营流程的核心能力。精益运作从适时流程、单一流程、均衡流程、看板运作、精益价值、精益质量、U 型布置、员工多能多方面要求的体系运作，这一运作中的重心是员工要勇于进行顾客需求的开发，用于创造顾客差异性深度需求、广度需求和趋势性智能需求，按照顾客需求拉动执行模块单元精益运作，团队中的每一个成员进行彼此间的密切协作，进行有效的沟通，使员工具备创造顾客需求、执行顾客需求拉动的精益运作、团队成员紧密协作和沟通的能力。

3. 企业集成运营价值链管理流程员工胜任力智能运营能力

这一能力建立在智能运作基础上，通过智能运作体现员工的胜任力，是企业集成开发与设计流程核心能力和基本运营流程核心能力需要着重体现的能力。智能运作需要围绕模块品目、产品 MBD 进行 CPS 运作，需要员工更多地挖掘智能运作能力，更快地进行 CPS 运作，由此要求员工具有更为广泛的挖掘能力，能更有效地进行模块单元的设备与设备、设备与人员之间运作的衔接能力。

4. 企业集成运营价值链管理流程员工胜任力运营作业能力

这一能力建立在企业集成员工运营作业基础上，通过不同作业体现员工的胜任力，是企业集成开发与设计流程核心能力、基本运营流程核心能力和企业集成运营流程计划核心管理能力、组织核心管理能力、控制核心管理能力的特性运作能力。企业集成基本运营模块单元流水线流程因企业特性不同而不同，需要体现出模块品目制造、模块品目制造性服务转化、模块品目服务型性转化、设计性服务转化、纯服务转化、顾客接触的纯服务转化这些不同的运营模块单元流水线运营作业；体现供应链或者服务链上的企业集成开发与设计模块单元运营作业；体现企业集成价值、质量、信息运作的专门运营作业。这些运营作业的不同特性，决定了对员工需要具备适合自身企业模块单元运作的能力。

5. 企业集成运营价值链管理流程员工胜任力操作和操作岗位能力

这一能力建立在员工操作和操作岗位基础上，通过员工操作和操作岗位体现出对员工胜任力，是企业集成基本运营流程核心能力的基础能力。员工模块单元流水线的一般机器操作、人员看管机器操作、一般人员操作、人员工具操作、顾客接触人员操作、顾客接触人员工具操作、顾客参与工具操作、一般人员与机器操作、顾客接触人员与机器操作、人员界面操作、顾客接触人员界面操作的每一种操作都具有不同的特性，对员工胜任力要求不同。企业集成运营价值链管理流程员工操作岗位的企业集成运营价值链管理流程员工顺序操作岗位、企业集成运营价值链管理流程员工交叉操作岗位、企业集成运营价值链管理流程员工顺序与交叉操作岗位每一类岗位都具有不同特性，对员工模块单元流水线胜任力要求也不同。因而，需要员工具有针对不同操作和操作岗位运作的基础能力。

（三）企业集成运营价值链管理流程员工胜任力确认方法

企业集成运营价值链管理流程员工胜任力确认方法一般采用行为事件访谈法。行为事件访谈法由美国哈佛大学心理学教授麦克利兰及其研究小组首创，是开放性的行为探索方法。行为事件访谈法通过对优秀员工和一般员工的访谈，获取员工胜任力特征指标信息。行为事件访谈法通过受访者对其职业生涯中的关键事件的描述，与所收集的信息进行对比分析，可以发现员工胜任力特征中不易观察的部分，为企业集成运营价值链管理流程员工胜任力特征指标的确立打下基础。行为事件访谈法需要根据企业集成运营价值链管理流程员工胜任力特征维度，确定反映员工胜任力特征的指标。然后选取样本，确定企业集成运营价值链管理流程优秀者和一般者。

针对优秀者和一般者进行行为事件访谈法。访谈中围绕所确定的反映员工胜任力特征指标，确定优秀者和一般者情境，确定访谈者问题背景和当时所面临的情况。根据优秀者和一般者情况，明确优秀者和一般者胜任力特征指标方面需要完成的任务。确认优秀者和一般者为了实现胜任力特征指标方面任务所采取的行动，如何开展行动，行动中是如何表现，通过怎样的步骤完成任务，如何防范风险，如何处理与人有关的问题。最后得出优秀者和一般者完成胜任力特征指标方面任务的效果。

对所得到的优秀者和一般者胜任力特征指标方面数据进行分析，确定胜任力特征指标等级，对优秀者和一般者每个胜任力特征指标出现的频次分别进行记录，分析记录的结果，找出优秀者和一般者区别的胜任力特征指标。根据分析结果，构建胜任力特征模型。进行模型的效度检验，最后得出企业集成运营价值链管理流程员工胜任力特征指标。

（四）企业集成运营管理价值链流程员工核心能力关键区分点

企业集成开发与设计类岗位包括日常管理、技术规划和组织贡献。日常管理包括概念与需求确认、开发设计、技术创新，组织贡献包括技术平台与标准建设、流程与制度规范建设、企业重大业务支撑、人才培养。概念与需求确认方面，专业初做者具有对顾客需求进行基本辨识和与顾客进行基本互动的能力，有经验者具有对顾客需求进行辨识和与顾客进行互动的能力，骨干具有创造性辨识、与顾客互动、体验顾客需求的能力，专家具有单一产品系列的特性分析、可行性分析、开发与设计的能力，资深专家具有产品族的特性分析、可行性分析、开发与设计的能力。开发设计方面，专业初做者具备运用 MBE 的 MBD 信息平台，能大体以顾客需求为引导的 MBD 开发与设计知识技能，具有基本的顾客需求引导的 MBD 模型、系统开发与设计技术和胜任力，在他人指导下进行简单顾客需求产品原理模型、系统开发与设计工作；有经验者具备熟练运用 MBE 的 MBD 信息平台，通过以顾客需求为引导的 MBD 模型、系统开发与设计知识技能，独立完成顾客需求产品 MBD 原理模型、系统开发与设计常规、例行化的工作；骨干具有将创造性顾客需求进行 MBD 产品模型、系统开发与设计能力；专家进行单一产品系列开发与设计；资深专家进行产品族开发与设计。技术创新方面，骨干参与技术创新，专家具有技术创新、创新思想和方法，将技术创新融入单一产品系列开发与设计，资深专家具有深入技术创新、创新思想和方法，将技术创新融入产品族系列开发与设计。研发技术规划方面，专家提供开发与设计规划信息，提出开发与设计规划；资深专家根据企业集成战略发展规划，制定企业集成开发与设计专业发展规划。技术平台与标准建设专业初做者具备运用 MBE 的 MBD 信息平台，能大体以顾客需求为引导的 MBD 开发与设计知识技能，按照既定的标准开发与设计；有经验者具备熟练运用 MBE 的 MBD 信息平台，能以顾客需求为引导的 MBD 模型、系统开发与设计知识技能，参与和执行公司开发与设计标准；骨干具有熟练运用 MBE 的 MBD 信息平台，将创造性顾客需求进行 MBD 产品模型、系统开发与设计能力，指导员工开发与设计过程中选择标准化技术方案；专家对 MBE 的 MBD 信息平台顾客需求的产品开发与设计、MBE 的 CPS 信息平台企业集成各类流程开发与设计有深刻而广泛的理解，参与 MBE 信息平台开发与设计；资深专家具有对 MBE 的 MBD 信息平台顾客需求的产品开发与设计、MBE 的 CPS 信息平台企业集成各类流程开发与设计系统全面和精深的知识和技能，主持 MBE 信息平台开发与设计。流程与制度规范建设方面，专业初做者按照流程严格执行；有经验者参与和执行开发与设计流程与规范设计；骨干具有熟练运用 MBE 的 CPS 信息平台进行模块单元流程、精益流程、智能流程和融合流程开发与设计能力，具有进行企业集成供应链或者服务链流程开发与设计能力，具有进行企业集成设备维护与维修流程开发与设计能力，能主导完成常规化产品和流程开发与设计的工作，能设计、优化产品和流程开发与设计的规则、制度，并推动实施；专家对 MBE 的 MBD 信息平台顾客需求的产品开发与设计、MBE 的 CPS 信息平台企业集成各类流程开发与设计有着深刻而广泛的理解，能解决顾客需求的产品和企业集成各类流程开发与设计的疑难问题；资深专家能洞悉和准确把握顾客需求的产品和企业集成各类流程开发与设计的发展趋势。企业重大业务支撑方面，专家能够对核心业务领域经营运作提供专业化的支持；资深专家能够对企业核心业务的战略制定或者重大经营活动提供顾客需求的产品和企业集成各类流程开发与设计决策支持，推动顾客需求的产品和企业集成各类流程开发与设计专业水平的发展，专业水准得到同行认可。人才培养方面，骨干、专家、资深专家进行人才培养。

三、企业集成运营价值链管理流程员工选拔

企业集成运营价值链管理流程员工选拔需要根据反映企业集成运营价值链管理流程员工胜任力延迟策略运作维度、员工胜任力精益运营维度、员工胜任力运营作业维度、员工胜任力智能运营维度、员工胜任力操作和操作岗位维度的企业集成运营价值链管理流程员工胜任力特征指标，针对企业集成运营价值链管理流程员工顺序操作岗位、员工交叉操作岗位、员工顺序与交叉操作岗位进行选拔。

（一）企业集成运营价值链管理流程员工选拔笔试

笔试将企业集成运营价值链管理流程员工胜任力特征维度和指标细化，能系统地考察员工胜任力特征方面的情况，能一定程度上排除主观印象，更细致地掌控员工是

否具备胜任力特征。通过企业集成运营价值链管理流程员工选拔笔试能具有较为全面了解员工胜任力特征方面所具备的基础，为实现企业集成运营价值链管理流程员工顺序操作岗位、员工交叉操作岗位、员工顺序与交叉操作岗位员工选拔打下基础。

（二）企业集成运营价值链管理流程员工选拔心理测试

心理测试对于企业集成运营价值链管理流程员工选拔尤其是与顾客接触的企业集成运营价值链管理流程员工选拔非常重要。通过心理测试，能从一定程度上了解员工的职业动机、职业价值观、职业态度、职业情趣，能了解员工的抗压能力。由此掌控企业集成运营价值链管理流程员工胜任力特征方面心理基础情况，为企业集成运营价值链管理流程员工顺序操作岗位、员工交叉操作岗位、员工顺序与交叉操作岗位的员工胜任力特征方面选拔提供依据。

（三）集成运营价值链管理流程员工选拔面试

面试可以直观地考察员工的情况，选拔更为真实。面试需要采用非结构化面试，考察员工面对问题时的灵活处理能力；采用结构化的面试，考察员工胜任力特征方面的情况（德斯勒，2012）。通过面试可以真实地反映员工胜任力特征方面真实情况，为企业集成运营价值链管理流程员工顺序操作岗位、员工交叉操作岗位、员工顺序与交叉操作岗位的员工选拔提供重要依据。

面试是鉴别人才的关键方法。需要采取 STAR 行为面试。采用这种方法之前，需要进行一定的筛选，需要面试的人员之前从事的工作所体现的能力与面试的岗位要求高度一致。进行面试时，需要提出的问题与岗位要求高度匹配，需要问题具有很强的挑战性。

核心价值观以顾客为内生中心变量的企业集成战略运作理念和人员不畏艰险的奋进为本。以顾客为内生引领中心变量需要重点考察能站在对方角度思考问题的思维，判断时都具有以顾客为内生中心变量的价值观基础。企业集成战略运作理念用来考察人员的融合思维。

人员不畏艰险的奋进为本需要了解面试者是否经历过较大的磨难和挫折，面对各种艰难和压力是否挺过来，是如何克服的（冉涛，2019）。第一个问题是为了考察人员是否有了具有勇气的基础，第二个问题是考察人员是否具有在十分不利的环境下的破解之法。

四、企业集成运营价值链管理流程员工绩效辅导

员工需要明确目标，这一目标的确定需要员工确定阶段性的目标，对达成这一目标需要采取的措施，团队需要对这一目标进行分析，以确定员工目标。目标确定后，企业的骨干、专家、资深专家需要通过例会、一一辅导多种方式帮助员工找到问题，进行问题原因分析，提出改进措施，引导员工正确的做事方式，不断改进工作，使个

人目标和组织目标一致。

五、企业集成人才链

企业集成人才链流程包括企业集成运营管理流程动态短期的人才规划流程、灵活标准的人才盘点流程、人才能力培养流程、无时差的人才补给流程。企业集成运营管理流程运作过程中人才是其核心要素，需要确定动态短期人才规划，以能满足企业集成运营管理流程运作中的人才需求为前提和基础。企业集成动态短期人才规划是以企业集成战略为指导，根据企业集成运营管理流程人才需要，以企业价值为中心进行人才培养，这一流程将顾客、财务、流程、学习融为一体（卡普兰和诺顿，2013）。

企业集成运营管理流程运作按照企业集成战略的引导进行运作，企业集成战略使企业集成人才链流程得以展开（Niven，2016）。企业集成人才链运作中人员需要按照集成战略的要求进行运作，人员需要以企业集成运营管理流程运作为本，充分体现企业集成战略对企业集成运营管理流程所需要人才的要求。因而，需要从企业集成运营管理流程运作的作业岗位中寻求所需要的人才，根据目标水平要求人数和实际达到目标人数确定所需要寻求的人才数。企业集成运营管理流程人才计划如表 8 - 7 - 1 所示。

表 8 - 7 - 1 企业集成运营管理流程人才计划

能力项目	岗位需求	能力达标级别	目标能力水平	实际能力水平	达标人数	达标率
模块单元 1						
模块单元 2						
模块单元 3						

企业集成灵活标准的人才盘点流程是从企业实际出发，根据企业自身人才的情况，采用标准化、灵活的程序，确保人才配置管理活动真实和可靠，确定人才培养的途径。这些途径需要进行价值分析，得出人才链运作的价值，这样才具有进行人才拉动的前提。

企业集成人才能力培养流程和无时差的人才补给流程以企业集成战略为指导，进行具体、联合模块单元和通用、专用模块单元的延迟和强化延迟策略、后拉动流程、后拉动价值、智能运作，在满足企业集成运营管理流程人才需要的同时，进行高效的企业集成人才链流程运作。企业集成人才能力培养流程通过人才能力的不断提升带动团队能力和业绩的提升，使企业增值。企业重在规避人才培训风险，重点培养核心岗位的人才，采取不同的方式进行人才培养，提高人才培育转化率。企业集成无时差的人才补给通过内外部结合的方式确保人才的供应，及时确保人才到位，一旦业务产生人才的空缺需求，就能在最短的时间内提供合适数量、合适技能的人才予以补充。

企业集成人才能力培养流程和无时差的人才补给流程是具体通用模块单元、具体专用模块单元、具体模块单元、联合通用模块单元、联合专用模块单元、联合模块单元、整体模块单元运作。通用模块单元运作反映人才能力培养和无时差的人才补给流程的通用性，体现效率性的运作；专用模块单元反映人才能力培养和无时差的人才补给流程的专用性，体现了差异性的运作，两种运作融入模块单元的运作之中，体现企业集成人才链的价值领先战略和企业人才差异需求战略的融合，从而形成企业集成战略。具体运作中模块单元采取延迟策略和强化延迟策略，实现企业集成人才能力培养流程和无时差的人才补给流程企业集成战略。

企业集成人才能力培养流程和无时差的人才补给流程进行模块单元后拉动流程、后拉动价值运作。模块单元后拉动流程以企业集成灵活标准的人才盘点流程所需要不同途径培养人才为拉动点，按照这些人才的需求，从联合专用模块单元到联合通用模块单元，从具体专用模块单元到具体通用模块单元进行不同层次和同层次模块单元后流程拉动，模块单元作业顺序运作和信息反向运作，使模块单元的运作完全按照人才的适时需求进行满足。后拉动价值，以企业集成灵活标准的人才盘点流程所需不同途径培养人才价值为拉动点，与模块单元后拉动流程一样，按照这些人才的价值需求，进行后拉动价值，模块单元作业顺序运作和价值信息反向运作，实现模块单元的运作适时价值需求。企业集成人才能力培养流程和无时差的人才补给流程模块单元后拉动流程、后拉动价值运作，使企业集成人才链流程延迟策略和强化延迟策略得以延伸。

企业集成人才能力培养流程和无时差的人才补给流程智能运作可以通过建立企业集成人才链模块单元的自记忆、自适应优先级排序、智能动态链接索引技术，建立人才链专家知识信息处理、聚类分析、关联分析技术，建立人才链数据压缩、信息编码、智能数据重构技术，进行企业集成人才链流程分析。通过建立企业集成人才链模块单元的智能网络空间知识发现、多空间建模、预测技术，建立信息融合、机器学习技术，建立模式识别、状态评估技术，进行企业集成人才链流程评估。通过建立企业集成人才链模块单元的网络虚拟模型、运算环境和平台、仿真、决策关联分析技术，建立参数优化算法、复杂系统优化算法技术，建立底层编程语言、信息可视化技术，进行企业集成人才链模块单元自决策。通过建立企业集成人才链模块单元自免疫、自重构、信息平台技术，建立自恢复系统、控制优化、状态切换、动态排程技术，实现自配置和自执行。由此进行企业集成人才能力培养流程和无时差的人才补给流程智能运作。企业集成人才能力培养流程和无时差的人才补给流程智能运作促进延迟策略和强化延迟策略、后拉动流程、后拉动价值运作。企业集成人才能力培养流程和无时差的人才补给流程如图8-7-1所示。

制造类企业集成具体模块单元、联合模块单元、模块组模块单元、总作业模块单元和通用模块单元、链接模块单元、专用模块单元的各类流水线的价值链管理流程的一般机器操作、人员看管机器操作、一般人员操作、人员工具操作、一般人员与机器操作、人员界面操作需要确定企业集成运营价值链管理流程员工胜任力特征指标，针对企业集成运营价值链管理流程员工顺序操作岗位、员工交叉操作岗位、员工顺序与交叉操作岗位，采用企业集成运营价值链管理流程员工选拔笔试、员工选拔心理测试、员工选拔面试，进行员工选拔。

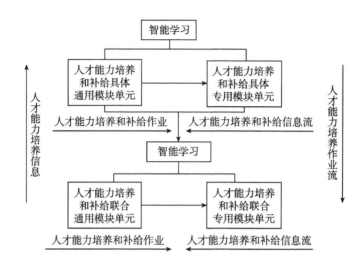

图 8 - 7 - 1　企业集成人才能力培养流程和无时差的人才补给流程

制造性服务企业集成具体模块单元、联合模块单元、模块组模块单元和通用模块单元、链接模块单元、专用模块单元的各类流水线的一般机器操作、人员看管机器操作、一般人员操作、人员工具操作、顾客接触人员操作、顾客接触人员工具操作、顾客参与工具操作、一般人员与机器操作、顾客接触人员与机器操作、人员界面操作需要确定企业集成运营价值链管理流程员工胜任力特征指标，针对企业集成运营价值链管理流程员工顺序操作岗位、员工交叉操作岗位、员工顺序与交叉操作岗位，采用企业集成运营价值链管理流程员工选拔笔试、员工选拔心理测试、员工选拔面试，进行员工选拔，建立企业集成人才链。

一般服务企业集成具体模块单元、联合模块单元和通用模块单元、专用模块单元的各类流水线的一般机器操作、人员看管机器操作、一般人员操作、人员工具操作、一般人员与机器操作、人员界面操作需要确定企业集成运营价值链管理流程员工胜任力特征指标，针对企业集成运营价值链管理流程员工顺序操作岗位、员工交叉操作岗位、员工顺序与交叉操作岗位，采用企业集成运营价值链管理流程员工选拔笔试、员工选拔心理测试、员工选拔面试，进行员工选拔，建立企业集成人才链。

设计性服务企业、中间性服务企业集成具体模块单元、联合模块单元和通用模块单元、专用模块单元的各类流水线的人员界面操作需要确定企业集成运营价值链管理流程员工胜任力特征指标，针对企业集成运营价值链管理流程员工顺序操作岗位、员工交叉操作岗位、员工顺序与交叉操作岗位，采用企业集成运营价值链管理流程员工选拔笔试、员工选拔心理测试、员工选拔面试，进行员工选拔，建立企业集成人才链。

一般纯服务企业集成具体模块单元、联合模块单元和通用模块单元、专用模块单元的各类流水线的一般人员操作、人员工具操作、顾客接触人员操作、顾客接触人员工具操作、人员界面操作需要确定企业集成运营价值链管理流程员工胜任力特征指标，针对企业集成运营价值链管理流程员工顺序操作岗位、员工交叉操作岗位、员工顺序与交叉操作岗位，采用企业集成运营价值链管理流程员工选拔笔试、员工选拔心理测试、员工选拔面试进行员工选拔，建立企业集成人才链。

第八节　企业集成运营价值链管理流程操作员工疲劳管理

一、企业集成运营价值链管理流程操作员工疲劳概念、机理与原因

（一）企业集成运营价值链管理流程操作员工疲劳

企业集成运营价值链管理流程操作员工疲劳是由于员工生理和心理的变化产生的器官或者整个机体自然衰竭的状态。疲劳感是人体的主观感受，既是一种生理现象，也是一种心理现象。员工疲劳是员工进行企业集成运营价值链管理流程作业运作的结果。员工连续进行一段时间作业后，由于脑力和体力的紧张导致身体机能下降，产生疲劳。企业集成具体模块单元、联合模块单元、模块组模块单元、总作业模块单元和通用模块单元、链接模块单元、专用模块单元的各类流水线的一般机器操作、人员看管机器操作、一般人员操作、人员工具操作、顾客接触人员操作、顾客接触人员工具操作、一般人员与机器操作、顾客接触人员与机器操作、人员界面操作、顾客接触人员界面操作都能产生员工疲劳。

企业集成运营价值链管理流程操作员工体力疲劳是员工随着企业集成运营价值链管理流程操作作业负荷的不断积累，使作业机能减退，作业能力下降，出现疲劳。员工体力疲劳从作业中员工脸色、作业姿势、作业中语言这些外在部分能够观察出来，作业中员工感觉机能、运动机能、代谢机能都会产生下降的状态，从而降低企业集成运营价值链管理流程作业的效率。

企业集成运营价值链管理流程操作员工脑力疲劳是员工体力强度不大，但因长时间用脑，神经系统高度紧张而造成的大脑疲劳。员工脑力疲劳会出现作业中头昏眼花，听力下降；作业中出现四肢乏力和嗜睡；作业中注意力不能够集中，记忆力下降；作业中反应迟钝；作业中出现呕吐。员工脑力疲劳对企业集成运营价值链管理流程作业带来直接影响，使企业集成运营价值链管理流程作业运作效率下降。

（二）企业集成运营价值链管理流程操作员工疲劳产生机理

企业集成运营价值链管理流程操作员工进行作业时，长时间的神经紧张会产生一种特殊的保护性抑制机制，会使肌肉不至于过度耗费而受损，保护神经细胞过度疲劳。这种抑制的效果就会引致运动神经出现疲劳，乳酸大量产生，肌肉能量耗竭，体内平衡紊乱，血液循环阻滞。

企业集成运营价值链管理流程操作员工进行作业时，员工的体力和脑力会不断消耗，体内会逐渐积累疲劳乳酸的疲劳物质，这种物质在员工体内大量堆积，会使员工体力衰竭，能够再进行有效的操作。员工进行操作时，不论是脑力劳动还是体力劳动都需要消耗大量的能量，脑力和体力付出越多，消耗就越大。员工能量的供应是有限的，随着企业集成运营价值链管理流程操作进行，员工所需要的物质得不到有效的补充，就会产生疲劳。员工进行操作时，过度操作和环境会让员工体内的平衡被打乱，肌肉收缩与活动时，减少体内淀粉含量，分解为乳酸，产生疲劳。员工进行操作时，肌肉收缩的同时会产生膨胀，且变得十分僵硬，内压很大，会阻滞通过肌肉收缩的血流，形成血液阻断，产生疲劳。

（三）企业集成运营价值链管理流程操作员工疲劳产生原因

企业集成运营价值链管理流程运作制度和操作组织不合理造成员工体力和脑力疲劳。企业集成运营价值链管理流程运作制度和操作组织所规定的员工进行体力和脑力运作时。操作时间过长，操作强度过大，操作速度过快，造成员工的体力和脑力付出过大和过快，体力和脑力透支。

企业集成运营价值链管理流程操作方式单调造成员工体力和脑力疲劳。企业集成运营价值链管理流程操作采用单调的方式，员工进行大量单调的作业方式，这样员工只是身体的一部分进行重复的运作，会造成员工这些局部组织的体力疲劳，产生体力疲劳的同时，这种单调的方式也会造成员工失去作业操作的兴趣，形成心理的反感，使身心都会产生疲劳。

企业集成运营价值链管理流程运作中，员工体力和脑力的熟练运作程度、运作技巧高低、身体体质好坏、营养多少、年龄适合程度、休息方式优良程度、生活条件好坏对员工体力和脑力有着直接影响。员工熟练运作程度越高，运作技巧越高，身体体质越好，营养越多，年龄越适合，休息方式越好，生活条件越好，员工体力和脑力疲劳程度就越小。

企业集成运营价值链管理流程操作作业的空气温度、空气湿度、气流速度、热辐射环中的微气候环境、照明环境、色彩环境、噪声环境对员工体力和脑力有着直接影响。空气温度、空气湿度、气流速度、热辐射环境的微气候环境、照明环境、色彩环境、噪声环境越好，员工体力和脑力疲劳程度就越小。

企业集成运营价值链管理流程员工操作动作、机器设备和工具设计不符合员工动作要求，造成员工体力疲劳。员工进行作业时，由于操作动作、机器设备和工具设计不合理，员工需要做出更多的动作，浪费更多的体力，更容易产生体力疲劳。

企业集成运营价值链管理流程操作员工长期处于紧张状态，工作受挫，产生消极情绪。这种紧张和消极的情绪对员工心理有很大的影响，会使员工无法集中注意力，反应迟钝，心里感到更加疲劳。

制造类企业、服务类企业、纯服务类企业需要明确企业集成运营价值链管理流程操作员工疲劳概念、机理与原因。

二、企业集成运营价值链管理流程操作员工疲劳预测与防治

（一）企业集成运营价值链管理流程操作员工疲劳预测

企业集成运营管理流程的员工进行运作时，需要进行疲劳值的预测。这一预测可以通过极限学习机回归进行预测，极限学习机回归是运用前馈神经网络进行预测。前馈神经网络的结构包括输入层、输出层、隐含层三层，隐含层是一层或多层网络。网络中的每一个神经元只将前一层的输出结果作为输入，网络中没有反馈。极限学习机回归拟合是以单隐含层前馈神经网络为基础，单隐含层前馈神经网络具有强大的逼近能力，缺点是输入权值和隐含层神经元阈值不易设置，且由于采用下降梯度算法，用于非线性数据的处理时，训练速度慢，常常陷入局部最小值求解中。极限学习机回归的隐含层的激活函数是无限可微函数，运用无限可微函数能够随机选择和调整隐含层节点的参数，使单隐含层前馈神经网络从复杂的非线性系统变成简单的线性系统，解决了训练时间长、参数难以设置的问题。这样运用极限学习机回归进行自变量和因变量的拟合就可以寻找一个最优函数使自变量和因变量预测曲线的拟合误差达到最小。

单隐含层前馈神经网络由输入层、隐含层、输出层组成，输入层与隐含层、隐含层与输出层之间通过神经元实现完全连接，输入层用来接收信息，隐含层用来实现计算、识别等，输出层用于输出结果。输入层神经元的个数与输入变量对应；隐含层具有能够计算和识别的神经元；输出层神经元的个数与输出变量的个数对应。

极限学习机回归网络输入层与隐含层的连接权值公式如下：

$$w = \begin{bmatrix} w_{11} & w_{12} & \cdots & w_{1n} \\ w_{21} & w_{22} & \cdots & w_{2n} \\ \vdots & \vdots & \vdots & \vdots \\ w_{p1} & w_{p2} & \cdots & w_{pn} \end{bmatrix} \qquad (8-8-1)$$

极限学习机回归网络隐含层与输出层的连接权值公式如下：

$$\beta = \begin{bmatrix} \beta_{11} & \beta_{12} & \cdots & \beta_{1n} \\ \beta_{21} & \beta_{22} & \cdots & \beta_{2n} \\ \vdots & \vdots & \vdots & \vdots \\ \beta_{p1} & \beta_{p2} & \cdots & \beta_{pn} \end{bmatrix} \qquad (8-8-2)$$

极限学习机回归网络隐含层神经元阈值公式如下：

$$\theta = \begin{bmatrix} \theta_1 \\ \theta_2 \\ \vdots \\ \theta_p \end{bmatrix} \qquad (8-8-3)$$

极限学习机回归网络训练样本输入矩阵公式如下：

$$X = \begin{bmatrix} x_{11} & x_{12} & \cdots & x_{1Z} \\ x_{21} & x_{22} & \cdots & x_{2Z} \\ \vdots & \vdots & \vdots & \vdots \\ x_{n1} & x_{n2} & \cdots & x_{nZ} \end{bmatrix} \qquad (8-8-4)$$

极限学习机回归网络训练样本输出矩阵公式如下：

$$Y = \begin{bmatrix} y_{11} & y_{12} & \cdots & y_{1Z} \\ y_{21} & y_{22} & \cdots & y_{2Z} \\ \vdots & \vdots & \vdots & \vdots \\ y_{m1} & y_{m2} & \cdots & y_{mZ} \end{bmatrix} \qquad (8-8-5)$$

极限学习机回归网络隐含层神经元的激活函数为，网络输出为 $G = [g_1, g_2, \cdots, g_Z]$，输出计算公式如下：

$$g_j = \begin{bmatrix} g_{1j} \\ g_{2j} \\ \vdots \\ g_{mj} \end{bmatrix} = \begin{bmatrix} \sum\limits_{i=1}^{p} \beta_{i1} h(w_i x_j + \theta_i) \\ \sum\limits_{i=1}^{p} \beta_{i2} h(w_i x_j + \theta_i) \\ \vdots \\ \sum\limits_{i=1}^{p} \beta_{im} h(w_i x_j + \theta_i) \end{bmatrix} \qquad (8-8-6)$$

极限学习机回归网络输出计算公式表述式和具体表述式如下：

$$F\beta = G' \qquad (8-8-7)$$

$$F(w_1, w_2, \cdots, w_p, \theta_1, \theta_2, \cdots, \theta_p, x_1, x_2, \cdots, x_Z)$$

$$= \begin{bmatrix} h(w_1 x_1 + \theta_1) & h(w_2 x_1 + \theta_2) & h(w_p x_1 + \theta_p) \\ h(w_1 x_2 + \theta_1) & h(w_2 x_2 + \theta_2) & h(w_p x_2 + \theta_p) \\ \vdots & \vdots & \vdots \\ h(w_1 x_Z + \theta_1) & h(w_2 x_Z + \theta_2) & h(w_p x_Z + \theta_p) \end{bmatrix} \qquad (8-8-8)$$

可以通过最小二乘求出权值解。

极限学习机回归进行预测需要选择训练集，包括样本集合测试集，然后进行数据规一化，创建极限学习机回归和训练，然后进行仿真测试，进行结果对比。

F公司对集成运营管理流程的员工疲劳值进行预测，采用极限学习机回归预测。采用训练集样本 60 个，测试集样本 10 个。为了减少变量差异的影响，进行预测前对数据进行了规一化运作。进行极限学习机回归和训练时，将参数值设为 0，然后进行仿真，通过计算均方差进行性能评价。预测结果如图 8-8-1 所示。

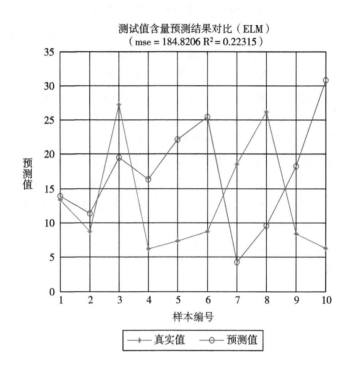

测试值含量预测结果对比（ELM）
（mse = 184.8206 R² = 0.22315）

图 8-8-1 预测结果

（二）企业集成运营价值链管理流程操作员工疲劳防治

企业集成运营价值链管理流程操作员工需要合理用力，防止疲劳。员工自身、设备、工具设计中，员工采用直立姿态操作，将增加肌肉负荷，使肌肉收缩，血液受阻，而采用随意姿态，随意活动肌肉与不活动肌肉交替，会使血流加速，缓解疲劳。员工采用平衡姿态，可以将力投入完成动作的有用功中，缓解疲劳到来。员工采用自然、对称、有节奏的动作，可以身体保持平衡和稳定，减轻体力消耗。员工操作中，采用等级低的工作，会使员工省力，减少疲劳。

企业集成运营价值链管理流程需要具有合理安排的作业休息制度，防止疲劳。不论体力作业还是脑力作业都需要规定的休息时间、休息频度、休息方式作保证，才能够使员工具备体力和脑力进行企业集成运营价值链管理流程作业操作。需要在员工疲劳期到来之前安排休息，这种超前的休息会使员工解除疲劳。需要员工采用积极的休息方式，排除体力和脑力的疲劳；需要特殊的作业采用消极的休息方式解除疲劳。

企业集成运营价值链管理流程需要具备丰富的操作方式，防止疲劳。企业需要不断地丰富操作方式，使每一个员工的操作方式不能只停留在几个动作或者几种言行中，这样就能使员工操作作业丰富，摆脱单调的感受，具有自我实现的感觉。这样不论对于体力还是脑力运作都是能够持久运作的方式。

企业集成运营价值链管理流程需要具备合理的运作制度和操作组织。企业集成运营价值链管理流程操作作业需要具备合理的操作时间、操作强度、操作速度。需要对员工进行培训，使员工具有熟练运作程度和较高的运作技巧。及时进行员工的营养补充。针对年龄，采用不同的操作方式。这样，能够有效控制体力和脑力疲劳的到来。

企业集成运营价值链管理流程操作中，需要企业及时进行员工心理疏导，教导员工正确地认识工作受挫后产生消极情绪，引导员工以积极的心态面对各种操作，使员工从心里得到释放，缓解心理压力，减少脑力疲劳。

企业集成运营价值链管理流程操作作业中需要具备空气温度、空气湿度、气流速度、热辐射环境的微气候环境、照明环境、色彩环境、噪声环境的良好环境，针对性地进行环境的改变，对员工体力和脑力有着直接积极的影响，减少员工体力和脑力疲劳。

制造类企业、服务类企业、纯服务类企业需要进行企业集成运营价值链管理流程操作员工疲劳预测与防治。

第九章

企业集成设备与工装管理

第一节　企业集成运营流程设备学习

一、企业集成运营流程设备学习概念、类型和作用

（一）企业集成运营流程设备学习概念

企业集成运营流程中的设备是企业集成运营流程的重要组成部分，设备自身可以进行学习，设备从大量数据中学习规律、设备具有分析和研究的能力，以提高设备的运作能力（石弘一，2018）。企业集成运营流程设备学习是在模块单元流水线延迟和强化延迟策略、后拉动流程、后拉动价值、智能运作中模拟和实现人类学习行为，获取新知识，将所得到的知识进行重新组织，使企业集成运营流程设备性能不断提高，促进模块单元流水线延迟和强化延迟策略、后拉动流程、后拉动价值运作。企业集成运营流程设备学习是人工智能的核心，是将企业集成运营流程设备进行智能运作的基本方式。企业集成运营流程设备学习是人工智能的子集，经过大量数据的处理，从中进行学习，做出判断，通过学习赋予企业集成运营流程设备一定的独立思考能力。

企业集成运营流程设备学习与一般的设备学习不同，需要按照企业集成基本运营具体模块单元、基本运营联合模块单元、基本运营模块组模块单元、基本运营总作业模块单元和基本运营通用模块单元、基本运营链接模块单元、基本运营专用模块单元的各类流水线设备运作的顾客后拉动和 CPS 运作的要求，进行学习、进行判断，促进企业集成运营流程运作。企业集成运营流程设备学习是企业集成运营流程进行 CPS 运作的重要基础，通过企业集成运营流程设备学习，企业集成运营流程 CPS 运作具有更强的智能运作能力。

企业集成运营流程设备学习需要针对与设备有关的不同的操作方式进行。企业集

成运营流程设备学习包括企业集成运营流程设备操作的设备学习、人员与设备操作的设备学习，其中企业集成运营流程设备操作的设备学习分为一般设备操作的设备学习、人员看管设备操作的设备学习、顾客参与设备操作的设备学习，企业集成运营流程人员与设备操作的设备学习分为一般人员与设备操作的设备学习、顾客接触人员与设备操作的设备学习、顾客参与设备操作的设备学习、人员界面操作的设备学习、顾客接触人员界面操作的设备学习、顾客参与界面操作的设备学习。

（二）企业集成运营流程设备学习类型

1. 企业集成运营流程设备监督学习

企业集成运营流程设备监督学习是企业集成运营流程设备运作中，数据已被标记，运用各种分类器进行参数调整，使企业集成运营流程设备达到所要求性能的过程（孔欣然，2019）。与企业集成运营流程设备无监督学习不同，企业集成运营流程设备在监督学习中，每个实例都有标识值，由一个输入值和标识值组成，各种分类器从训练样本中学习得到模型，需要根据给定的训练样本集，确定输入值与标识值之间的映射函数，确定这一函数的依据就是函数能够很好地解释训练样本。然后运用所得到模型对新的样本进行推断。一般进行模型建立时，样本的特征向量是模型的输入值，模型的输出值是模型的标识值，标签值可以是整数、实数和向量。

企业集成运营流程设备监督学习进行企业集成基本运营具体模块单元、基本运营联合模块单元、基本运营模块组模块单元、基本运营总作业模块单元和基本运营通用模块单元、基本运营链接模块单元、基本运营专用模块单元的各类流水线的企业集成运营流程设备操作的设备学习、人员与设备操作的设备学习中设备运作的分类、标注和回归。分类是从企业集成运营流程设备监督学习中实例的特征向量出发，进行类标识的预测。标注是从观测序列出发，进行标识序列的预测。分类是标注的特殊情况，分类预测结果的几类标注预测结果是所有标识系列，是指数级。

2. 企业集成运营流程设备无监督学习

企业集成运营流程设备无监督学习中，每个实例都没有标识值，需要对没有样本标识值的数据进行分析，发现样本的结构。需要根据没有样本标识值特征向量进行训练，建立条件概率分布模型，由此表现输入与输出的联系，得出分析的结果。企业集成运营流程设备无监督学习是困难的，由于没有标识值，也就没有指导，设备需要自身从数据中找出规律，样本的输入数据可以观测，而输出数据是隐藏的，由此需要从大量的数据中才能够分析得出规律性的输出结果。

企业集成运营流程设备无监督学习主要进行企业集成基本运营模块单元的各类流水线的企业集成运营流程设备操作的设备学习、人员与设备操作的设备学习中设备运作的聚类、降维和概率估计。企业集成运营流程设备无监督学习中的聚类是将企业集成运营流程设备运作的样本中相似的样本分配到相同的类，不相同的样本分配到不同的类（Heller，2019）。降维是将企业集成运营流程设备运作的样本从高维空间转换到低维空间，更好地表示样本数据结构。概率估计是将企业集成运营流程设备运作的样本中的训练数据由概率模型生成，通过训练数据得到学习概率模型的结构和参数。

3. 企业集成运营流程设备半监督学习

企业集成运营流程设备半监督学习中，半监督学习处于监督学习和无监督学习之间，能对企业集成运营流程设备的具有标识的数据进行有效处理，同时对企业集成运营流程设备未标识数据重新进行处理，对未标识数据中有用数据进行科学分类，保证相关数据运用，确保相关数据具有更大的利用率。

企业集成运营流程设备半监督学习主要进行企业集成基本运营模块单元的各类流水线的企业集成运营流程设备操作的设备学习、人员与设备操作的设备学习中设备运作的类别未知的训练样本的模式识别，通过连续性假设、聚类假设、流行假设、低密度分割假设实现。企业集成运营流程设备半监督学习中，假设有标识的样本和无标识的样本有相同的概率分布生成，将无标识的样本加上有标识的样本，进行无标识样本模型的构建，从而得出结果。

4. 企业集成运营流程设备深度学习

企业集成运营流程设备深度学习是与人类大脑神经元联系的设备学习方式，无须使用人工设计特征的设备学习方式，将特征提取和设备学习融合在一起，直接完成端到端的训练，是一种通用性很强的学习方式。这一学习方式通过深层神经网络自动学习复杂的企业集成运营流程设备特征，完成特征抽取与设备学习算法的整合，提升判断精度（雷明，2019）。这一方法具有很大的灵活度，能针对企业集成基本运营模块单元的各类流水线的企业集成运营流程设备操作的设备学习、人员与设备操作的设备学习中设备运作的特性，设计各种不同的神经网络结构，通过激活函数，保证神经网络能够有效训练，达到分析的目的。

5. 企业集成运营流程设备集成学习

企业集成运营流程设备集成学习是将多个学习器进行结合，以获得比单一学习器优越的性能，包括同种学习器的集成学习和不同种学习器的集成学习。集成学习的同种学习器称为基学习器，方法称为基学习算法；集成学习的不同种学习器称为组件学习器，方法称为不同组件学习算法。企业集成运营流程设备集成学习需要根据企业集成基本运营模块单元的各类流水线的企业集成运营流程设备操作的设备学习、人员与设备操作的设备学习中设备运作根据，个体学习期间存在强依赖关系，采用串行生成的序列化方法；个体学习期间不存在强依赖关系，需要采用同时生成的并行化方法。

6. 企业集成运营流程设备强化学习

企业集成运营流程设备强化学习不同于监督学习和无监督学习，是源于行为学的一种特殊的设备学习方法，是针对企业集成基本运营模块单元的各类流水线的企业集成运营流程设备操作的设备学习、人员与设备操作的设备学习中设备运作动作，以获得最大的收益。这一学习方式将企业集成运营流程设备运作各种环境构成各种参数，将得到的收益作为结果，模型中没有标识值作为监督信号，只会给出算法执行的动作的评分反馈，据此构建模型，得出企业集成运营流程设备强化学习的结果。

（三）企业集成运营流程设备学习趋势

1. 提升企业集成运营流程设备学习泛化能力

企业集成基本运营模块单元的各类流水线的企业在集成运营流程设备操作的设备学习、人员与设备操作学习过程中，通过各种类型的学习，得到最优结果，使这一学习过程能够广泛应用。可见，泛化能力是未来企业集成运营流程设备学习的重要发展趋势。不同类型的企业进行企业集成运营流程设备学习时，都需要不断提升泛化能力。

2. 提升企业集成运营流程设备学习速度

企业集成基本运营模块单元各类流水线的企业在集成运营流程设备操作的设备学习、人员与设备操作学习过程中，进行大数据分析是企业集成运营流程设备运作分析的特性，大数据所体现的高速度和海量的数据，需要企业集成运营流程设备学习速度的有效提升是学习的重要部分。企业集成运营流程设备学习包括企业集成运营流程设备运作数据训练和预测两个方面，数据训练和预测之间具有不可分割的重要联系，数据训练体现企业集成运营流程设备学习中的计算结果的分度，数据预测体现了企业集成运营流程设备学习中的计算结果速度，将计算结果的分度与速度结合起来，能科学地衡量企业集成运营流程设备学习速度。有了这一衡量的标准，不同类型的企业进行企业集成运营流程设备学习时，需要通过各种类型的学习得到最优结果，不断提升学习速度。

3. 提升企业集成运营流程设备学习可理解性

企业集成基本运营模块单元各类流水线的企业集成运营流程设备操作的设备学习、人员与设备操作的企业在集成运营流程设备学习过程中，由于企业集成运营流程设备学习通常是在后台进行计算过程，进行学习时，学习者只是输入相关指令，就可以得到所需要的内容。但学习者对企业集成运营流程设备数据内容产生的过程、原因和方式缺乏了解，会出现对数据之间的关系、数据结果深层次的分析缺乏认知，出现无法解决问题的情况。需要不同类型的企业学习者在进行企业集成运营流程设备学习时，对企业集成运营流程设备数据内容产生的过程、原因和方式进行深入理解，从而掌握企业集成运营流程设备学习数据，增强企业集成运营流程设备学习数据的理解。

4. 提升企业集成运营流程设备学习数据分析能力

企业集成基本运营模块单元各类流水线的企业在集成运营流程设备操作的设备学习、人员与设备操作的企业集成运营流程设备学习过程中，一般的设备学习算法中，通常针对已标识的数据进行分析，但高速度和海量数量的大数据的到来，未标记数据大量出现，需要企业集成运营流程设备学习面对。同时，受到噪声数据、属性缺失或不一致等垃圾数据的干扰，对企业集成运营流程设备学习造成不利影响。由此需要提升企业集成运营流程设备学习数据分析能力，科学对未标记数据、噪声数据、属性缺失或不一致等垃圾数据进行有效处理，确保企业集成运营流程设备学习数据运用效率。

5. 提升企业集成运营流程设备学习敏感分析能力

企业集成基本运营模块单元各类流水线的企业在集成运营流程设备操作的设备学习、人员与设备操作的企业集成运营流程设备学习过程中，针对大数据运用，需要面对分析中错误分析问题，需要错误的分析在企业集成运营流程设备学习容忍的范围内，如果不在容忍的范围，就会出现分析的错误结论，对企业集成运营流程设备运作产生重要影响。需要在企业集成运营流程设备学习中，能针对不同类型的企业，准确地确定不同的代价容忍度，进行差异判断，使敏感性代价在容忍范围内，得出正确的企业集成运营流程设备学习结果。

二、企业集成运营流程设备学习算法

（一）企业集成运营流程设备监督学习算法

企业集成运营流程设备监督学习算法包括感知机算法、k 近邻算法、朴素贝叶斯算法、决策树算法、Logistic 回归与最大熵模型算法、支持向量机算法、提升算法、隐马尔可夫模型算法、条件随机场算法。感知机算法、支持向量机算法、提升算法属于二类分类方法，可以拓展为多分类方法。k 近邻算法、朴素贝叶斯算法、决策树算法、Logistic 回归与最大熵模型算法属于多分类方法。隐马尔可夫模型算法、条件随机场算法属于标注方法。感知机算法、k 近邻算法、朴素贝叶斯算法、决策树算法是简单的分类方法，具有模型简单和容易实现的特点。Logistic 回归与最大熵模型算法、支持向量机算法、提升算法是复杂的更有效的方法，准确率更高（李航，2019）。

朴素贝叶斯算法、隐马尔可夫模型算法是概率模型；感知机算法、k 近邻算法、支持向量机算法、提升算法是非概率模型；决策树算法、Logistic 回归与最大熵模型算法、条件随机场算法既可以是概率模型，也可以是非概率模型。感知机算法、k 近邻算法、决策树算法、Logistic 回归与最大熵模型算法、支持向量机算法、提升算法、条件随机场算法是判别方法；朴素贝叶斯算法、隐马尔可夫模型算法是生成方法。决策树算法是在特征空间上；感知机算法、k 近邻算法、支持向量机算法是在欧式空间上；提升算法是在弱分类器特征空间上。感知机算法模型是线性模型；Logistic 回归与最大熵模型算法、条件随机场算法模型是对数线性模型；k 近邻算法、决策树算法、支持向量机算法、提升算法的模型是非线性模型。

各类算法是通过优化结构风险函数进行的，结构风险函数式如下：

$$\min_{f \in H} \frac{1}{N} \sum_{i=1}^{N} L(y_i, f(x_i)) + \lambda J(f) \tag{9-1-1}$$

式中，第一项为经验损失，第二项为正则化项，$L(y_i, f(x_i))$ 为损失函数，$J(f)$ 为模型复杂度。

感知机算法可以运用梯度下降法、拟牛顿法进行无约束最优化问题求解。感知机算法进行企业集成运营流程设备监督学习损失函数极小化函数的求解，损失函数极小化函数式如下：

$$\min_{w,b} L(w,b) = - \sum_{x_i \in M} y_i(w \cdot x_i + b) \tag{9-1-2}$$

式中，L 为损失函数极小化函数，M 为误分类点集合，w 和 b 为参数，$y_i \in \{-1, 1\}$。

k 近邻算法采用多数表决规则进行误分类率的确定，使误分类率最小。k 近邻算法进行企业集成运营流程设备监督学习误分类率函数的求解，误分类率函数式如下：

$$\frac{1}{k} \sum_{x_i \in N_k} I(y_i \neq c_j) = 1 - \frac{1}{k}(y_i = c_j) \tag{9-1-3}$$

式中，k 个训练实例点构成集合 N_k，I 为指标函数，y_i 为实例类别。

朴素贝叶斯算法是极大似然估计，可以由概率公式进行计算。朴素贝叶斯算法进行企业集成运营流程设备监督学习期望风险最小的后验概率最大化函数，后验概率最大化函数式如下：

$$f(x) = \arg\max_{c_k} P(c_k | X = x) \tag{9-1-4}$$

式中，c_k 为标识数据集合。

决策树算法是正则化极大似然估计，损失函数是对数似然损失，正则项是决策树复杂度。决策树算法进行企业集成运营流程设备监督学习基尼指数函数的求解，基尼指数函数式如下：

$$Gini(D) = 1 - \sum_{k=1}^{K} \left(\frac{|C_k|}{|D|} \right)^2 \tag{9-1-5}$$

$$Gini(D, A) = \frac{|D_1|}{|D|} Gini(D_1) + \frac{|D_2|}{|D|} Gini(D_2) \tag{9-1-6}$$

式中，$Gini(D)$ 表示集合 D 的不确定性，C_k 表示 D 中属于第 k 类的样本子集。$Gini(D, A)$ 表示经 A 的分割后 D 的不确定性，D 分割为 D_1 和 D_2。

Logistic 回归与最大熵模型算法是极小化 Logistic 损失，可以运用梯度下降法、拟牛顿法进行无约束最优化计算。Logistic 回归与最大熵模型算法进行最大熵模型的转换，进行企业集成运营流程设备监督学习最小熵函数的求解，最小熵函数式如下：

$$\min_{P \in C} -H(P) \sum_{x,y} \tilde{P}(x) P(y|x) \log P(y|x)$$
$$s.t. E_p(f_i) - E_{\tilde{p}}(f_i) = 0$$
$$\sum_y P(y|x) = 1 \tag{9-1-7}$$

式中，$H(P)$ 为条件熵，$\tilde{P}(x)$ 为经验分布，$P(y|x)$ 为条件分布，$E_{\tilde{p}}(f_i)$ 为经验分布 $\tilde{P}(x)$ 的期望值，$E_p(f_i)$ 为条件分布 $P(y|x)$ 和经验分布 $\tilde{P}(x)$ 期望值。

支持向量机算法用范数表示模型的复杂度，可以进行序列最小的计算（李旭然和丁晓，2019）。支持向量机算法进行企业集成运营流程设备监督学习二次规划函数的求解，二次规划函数式如下：

$$\min_{w,b} \frac{1}{2} \|w\|^2$$

$$\text{s. t. } y_i(w \cdot x_i + b) - 1 \geqslant 0 \qquad\qquad (9-1-8)$$

式中，w 和 b 为超平面参数。

提升算法损失函数是指数损失函数，可以进行逼近优化计算。提升算法进行企业集成运营流程设备监督学习极小化损失函数的求解，得到加法模型，极小化损失函数、加法模型如下：

$$(\beta_m, \gamma_m) = \operatorname*{argmin}_{\beta,\gamma} \sum_{i=1}^{N} L(y_i, f_{m-1}(x_i) + \beta b(x_i; \gamma)) \qquad (9-1-9)$$

$$f(x) = \operatorname*{argmax}_{c_k} P(c_k \mid X = x) \qquad\qquad (9-1-10)$$

隐马尔可夫模型算法是极大似然估计，可以由概率公式进行计算。隐马尔可夫模型算法进行企业集成运营流程设备监督学习状态概率函数的求解，状态概率函数式如下：

$$\xi_t(i,j) = \frac{\alpha_t(i)\alpha_{ij}b_j(o_{t+1})\beta_{t+1}(j)}{\sum_{i=1}^{N}\sum_{j=1}^{N}\alpha_t(i)\alpha_{ij}b_j(o_{t+1})\beta_{t+1}(j)} \qquad (9-1-11)$$

式中，$\alpha_t(i)$ 为前向概率，$\beta_{t+1}(j)$ 为后向概率。

条件随机场算法是极小化 Logistic 损失，可以运用梯度下降法、拟牛顿法进行无约束最优化计算。条件随机场算法进行企业集成运营流程设备监督学习优化目标函数的求解，优化目标函数式如下：

$$\min_{w \in R^n} f(w) = \sum_x \widetilde{P}(x) \log \sum_y \exp\left(\sum_{i=1}^n w_i f_i(x,y)\right) - \sum_{x,y} \widetilde{P}(x,y) \sum_{i=1}^n w_i f_i(x,y)$$

$$(9-1-12)$$

（二）企业集成运营流程设备无监督学习算法

企业集成运营流程设备无监督学习算法包括层次聚类算法、k 均值聚类算法、高斯混合模型算法、主成分分析算法、潜在语义分析算法、非负矩阵分解算法、概率潜在语义分析算法、潜在狄利克雷分配算法、PageRank 算法。层次聚类算法、k 均值聚类算法、高斯混合模型算法用于聚类。主成分分析算法用于降维；潜在语义分析算法、非负矩阵分解算法、概率潜在语义分析算法、潜在狄利克雷分配算法用于话题分析；PageRank 算法用于图分析（周志华，2016）。

层次聚类算法模型为聚类树模型，采用启发式算法，进行类内样本最小距离计算；k 均值聚类算法模型为 k 中心聚类模型，采用迭代算法，进行样本与类中心最小距离计算。k 均值聚类算法进行企业集成运营流程设备监督学习最优划分函数的求解，最优划分函数式如下：

$$C' = \operatorname*{argmin}_C \sum_{l=1}^{k} \sum_{C(i)=l} \| x_i - \overline{x}_l \|^2 \qquad (9-1-13)$$

高斯混合模型算法模型为高斯混合模型，采用 EM 算法，进行最大似然函数计算。高斯混合模型算法进行企业集成运营流程设备监督学习期望函数和参数函数的求解，得到加法模型，期望函数和参数函数式如下：

$$Q(\theta,\theta^{(i)}) = \sum_Z \log P(Y,Z|\theta)P(Z|Y,\theta^{(i)}) \tag{9-1-14}$$

$$\theta^{(i)} = \underset{\theta}{\mathrm{argmax}} Q(\theta,\theta^{(i)}) \tag{9-1-15}$$

式中，$P(Z|Y,\theta^{(i)})$ 为给定观测数据 Y 和当前参数估计 $\theta^{(i)}$ 的隐变量数据 Z 的条件概率分布。

主成分分析算法模型为低维正交空间模型，采用奇异值分解算法，进行最优值计算。主成分分析算法进行企业集成运营流程设备监督学习弗罗贝尼乌斯意义下的最有近似函数的求解，弗罗贝尼乌斯意义下的最有近似函数式如下：

$$\|A-X\|_F = \underset{S\in M}{\mathrm{argmax}} \|A-S\| \tag{9-1-16}$$

式中，矩阵 $A \in R^{m\times n}$，矩阵的秩 $rank(A) = r$，M 为 $R^{m\times n}$ 中所有秩不超过界限的矩阵集合，存在一个秩为界限值的矩阵 $X \in M$。

潜在语义分析算法模型为矩阵分解模型，采用奇异值分解算法，进行潜在语义分析。潜在语义分析算法进行企业集成运营流程设备监督学习潜在语义分析函数的求解，潜在语义分析式如下：

$$X \approx U_k \sum_k V_k^T$$

$$= \begin{bmatrix} u_1 & u_2 & \cdots & u_k \end{bmatrix} \begin{bmatrix} \sigma_1 v_{j1} \\ \sigma_2 v_{j2} \\ \vdots \\ \sigma_k v_{jk} \end{bmatrix}$$

$$= \sum_{l=1}^k \sigma_l v_{jl} u_l \tag{9-1-17}$$

非负矩阵分解算法模型为矩阵分解模型，采用非负矩阵分解算法，进行最小散度损失函数计算。非负矩阵分解算法进行最小散度损失函数的求解，其函数式如下：

$$\underset{W,H}{\min} D(X\|WH) \tag{9-1-18}$$

式中，非负矩阵 X 分解为两个非负矩阵 W 和 H 乘积。

概率潜在语义分析算法模型为概率潜在语义分析模型，采用 EM 算法，进行概率计算。概率潜在语义分析算法进行企业集成运营流程设备监督学习概率函数的求解，概率函数式如下：

$$P(z_k|d_j) = \frac{\sum_{i=1}^M n(w_j,d_j)P(z_k|w_i,d_j)}{n(d_j)} \tag{9-1-19}$$

式中，$P(z_k|w_i,d_j)$ 为条件概率，$n(w_j,d_j)$ 为共现数据。

潜在狄利克雷分配算法模型为潜在狄利克雷分配模型，采用吉布斯抽样，进行后验概率估计。潜在狄利克雷分配算法进行企业集成运营流程设备监督学习后验概率函数的求解，后验概率函数式如下：

$$p(\varphi_k \,|\, w,z,\beta) = \frac{1}{Z_{\varphi_k}}\prod_{i=1}^{I}p(w_i\,|\,\varphi_k)p(\varphi_k\,|\,\beta) \tag{9-1-20}$$

式中，Z_{φ_k} 表示后验概率分布对变量 φ_k 的边缘化因子。

PageRank 算法模型为有向图上的马尔可夫链模型，采用幂算法，进行平稳分布计算。PageRank 算法进行企业集成运营流程设备监督学习 R 函数的求解，R 函数式如下：

$$R = \left(dM + \frac{1-d}{n}E\right)R = AR \tag{9-1-21}$$

式中，d 为阻尼因子，E 为所有元素为 1 的 n 阶方阵，R 是矩阵 A 的主特征向量。

（三）企业集成运营流程设备半监督学习算法

企业集成运营流程设备半监督学习算法包括生成式算法、半监督支持向量机算法、图半监督算法、分枝算法、半监督聚类算法。生成式算法根据概率密度生成函数，计算高斯混合模型根据高斯混合模型确定混合专家模型和朴素贝叶斯模型，进行极大似然估计。生成式算法进行企业集成运营流程设备监督学习参数估计函数的求解，参数估计函数式如下：

$$L(D_l \cup D_u) = \sum_{(x_j,y_j)\in D_l}\ln\left(\sum_{i=1}^{N}\alpha_i p(x_j\,|\,u_i,\textstyle\sum_i)p(y_j\,|\,\theta=i,x_j)\right) +$$
$$\sum_{(x_j)\in D_u}\ln\left(\sum_{i=1}^{N}\alpha_i p(x_j\,|\,u_i,\textstyle\sum_i)\right) \tag{9-1-22}$$

半监督支持向量机算法将每一个未标识的样本分别作为正例或者反例，然后在所有的结果中，寻求所有样本中间隔最大化的划分超平面，未标识的最终指派就是预测结果，采用局部搜索来迭代寻找近似解。半监督支持向量机算法进行企业集成运营流程设备监督学习预测函数的求解，预测函数式如下：

$$\min_{w,b,\hat{y},\xi}\frac{1}{2}\|w\|_2^2 + C_l\sum_{i=1}^{l}\xi_i + C_u\sum_{i=l+1}^{m}\xi_i$$
$$\text{s. t. } y_i(w^T x_i + b)\geqslant 1-\xi_i$$
$$\hat{y}_i(w^T x_i + b)\geqslant 1-\xi_i \tag{9-1-23}$$

图半监督算法给定一个数据集，将图与矩阵对应，根据高斯函数，确定能量函数，根据最小能量函数，对未标识样本进行预测。图半监督算法进行企业集成运营流程设备监督学习最小能量函数的求解，最小能量函数式如下：

$$f_u = (D_{uu} - W_{uu})^{-1}W_u f_l \tag{9-1-24}$$

其中，$W_{ul} = \exp\left(\dfrac{-\|x_u - x_l\|_2^2}{2\sigma^2}\right)$，$D_{uu} = diag(d_1,\ \cdots,\ d_{u+u})$。

与生成式算法、半监督支持向量机算法、图半监督算法的学习器不同，分枝算法采用多学习器进行计算，需要通过协同训练，相互促进，由此得到所需要的结果。半监督聚类算法在采用 k 均值算法进行聚类的过程中，可以得到一些监督信息，从而形成企业集成运营流程设备半监督运算，得出所需要的结果。

（四）企业集成运营流程设备强化学习算法

企业集成运营流程设备强化学习算法包括马尔可夫决策算法、动态规划算法、蒙特卡洛算法、时序差分算法、深度强化学习算法。马尔可夫决策算法将企业集成运营流程设备强化学习中的问题抽象为马尔可夫决策过程，通过寻求最后价值函数，得出最优值。马尔可夫决策算法进行企业集成运营流程设备监督学习最有价值函数的求解，最有价值函数式如下：

$$Q(s, a) = \max_{\pi} Q_{\pi}(s, a) \qquad (9-1-25)$$

动态规划算法通过求解子问题的最优解，得到整个问题的最优解；通过最优价值函数，采用策略迭代算法，通过迭代，更新迭代值，从而得到最优值；采用价值迭代算法，运用贝尔曼最优化原理，每次选择当前回报和未来回报值和最大的动作，得到最优值。动态规划算法进行企业集成运营流程设备监督学习最优策略函数的求解，最优策略式如下：

$$\pi(s) = \operatorname{argmax}_{a} Q_{\pi}(s, a) \qquad (9-1-26)$$

蒙特卡洛算法通过随机样本计算目标函数值，通过状态价值函数估计和动作价值函数估计，确定最优值。蒙特卡洛算法进行企业集成运营流程设备监督学习状态函数的求解，状态函数式如下：

$$\pi(s) = \operatorname{argmax}_{a} Q(s, a) \qquad (9-1-27)$$

时序差分算法通过每次执行动作之后进行函数值更新，寻求最优值；通过迭代直接寻求最优值。高斯混合模型算法进行企业集成运营流程设备监督学习期望最大动作函数的求解，最大动作函数式如下：

$$a = \operatorname{argmax}_{a'} Q(s, a') \qquad (9-1-28)$$

深度强化学习算法通过深度 Q 网络算法，得出输出值就是最优值；通过策略梯度算法的随机输入值，得出输出的最优值。深度强化学习算法进行企业集成运营流程设备监督学习梯度函数的求解，梯度函数式如下：

$$\nabla_{\theta} L(\pi) = \sum_{s} p_{\pi}(s) \sum_{a} Q_{\pi}(s,a) \nabla_{\theta} \pi(a \mid s; \theta) \qquad (9-1-29)$$

三、企业集成运营流程设备学习数据结构

（一）企业集成运营流程设备学习数据库运维

企业集成运营流程设备学习数据库运维是指为保证设备学习数据库稳定运作所进行的设备学习数据库性能监控、配置优化、故障处理。设备学习数据库性能监控需要监控数据库系统的状态，以全面地反映设备学习数据库的基本性能。进行设备学习数

据库监控采用实时监控、定时监控，得出分析报告，根据报告的情况，进一步跟踪和收集数据，使设备学习数据库完整运作。设备学习数据库配置优化是对数据库配置中可调的系统参数，根据设备学习数据库性能监控状态进行调整，由此控制着设备学习数据库组件的多种表现。设备学习数据库配置优化方式是通过选择合适的参数组合，提高数据库对设备学习中的适应性。设备学习数据库故障处理与恢复是对设备学习数据库出现各种故障进行处理，主要包括解决事务、系统和硬件介质的各种处置策略。设备学习数据库故障恢复是设备学习数据库出现各种故障时，将数据恢复到正确的状态。设备学习数据库恢复方式包括日志回滚、容灾备份。日志回滚是预先记录设备学习数据库操作日志，发生故障时根据日志回滚。容灾备份是发生故障时备份。

（二）企业集成运营流程设备学习数据存储

企业集成运营流程设备学习数据存储包括设备学习数据存储模型和数据扩容。设备学习数据存储模型进行设备学习关系型数据的行式存储和列式存储；进行设备学习非关系型数据包括键值对图和时间序列存储模型存储；进行设备学习数据联机事务处理、联机分析处理和混合事务/分析处理。设备学习数据扩容对已有集群进行动态的在线扩容，通过增减节点，进行弹性扩容。

（三）企业集成运营流程设备学习数据优化器与执行器

企业集成运营流程设备学习数据优化器与执行器进行设备学习数据基数估计，运用代价估计技术，采用基数估计器和代价模型，以估计出来的设备学习数据基数作为操作代价最主要的参考依据，科学地进行设备学习数据基数估计。进行设备学习数据计划选择，运用基于强化学习的计划选择方法，通过试错和迭代反馈机制优选查询设备学习数据计划。进行设备学习数据分布式协同机制运作，在分布式集群上，进行智能数据划分和智能任务调度。

（四）企业集成运营流程设备学习数据查询优化

企业集成运营流程设备学习数据查询优化需要进行设备学习数据 SQL 重写，改变 SQL 的设备学习数据书写方式，帮助优化器选择高效的执行计划，进行设备学习数据外部 SQL 重写和内部 SQL 重写，自动对 SQL 设备学习数据结构进行分析和优化。进行设备学习数据索引推荐，运用有效的设备学习数据索引技术支持数据库操作，采用深度学习模型，减少设备学习数据集的增长而带来的空间浪费进行设备学习数据视图推荐，给定设备学习数据查询集合，根据不同类型企业的不同约束条件，构建子查询的选择优化问题，得出高频子查询，设计算法建立物化视图，提高设备学习数据 SQL 查询的效率。

（五）企业集成运营流程设备学习数据库负载管理

企业集成运营流程设备学习数据库负载管理需要进行负载分析，帮助设备学习数据系统尽可能充分利用系统资源，避免出现设备学习数据系统资源不足的情况，通过预估查询代价进行设备学习数据系统资源合理调度，采用设备学习模型，对当前负载情况和未来负载进行分析和评估，动态适应对外界环境改变。进行设备学习数据负载调度，进行设备学习数据租户管理、资源调度、排队控制和类型隔离，利用强化学习等方法建立科学的设备学习数据调度机制，运用混合事务处理和分析的设备学习数据库，统一调度和配置任务。进行设备学习数据负载预测和生成，运用设备学习的方法进行设备学习数据负载预测，保证设备学习数据预测的稳定性。

（六）企业集成运营流程设备学习数据库安全与隐私

企业集成运营流程设备学习数据库安全与隐私需要进行企业集成运营流程设备学习数据智能数据隐藏，根据设备学习数据的特点，智能隐藏隐私数据，通过插入方法和替换方法在要隐藏设备学习数据前加一段冗余数据和设备学习数据字节，替换或改变字节顺序，实现数据隐藏，利用神经网络内部高维的非线性设备学习数据变换机制，提高数据隐藏的效果。进行设备学习数据智能审计，从设备学习数据预处理和动态分析两个方面优化设备学习数据审计工作，采用设备学习模型，进行更好的审计决策，防范用户对设备学习数据的窃取。进行设备学习数据安全漏洞自检测，自动发现设备学习数据系统的漏洞，运用设备学习训练算法，发现设备学习数据安全漏洞，对潜在设备学习数据漏洞进行评价。

（七）企业集成运营流程设备学习数据库自管理

企业集成运营流程设备学习数据库自管理需要进行设备学习数据自诊断，实时监控可能发生的设备学习数据库损坏情况，在对设备学习数据库干扰最小的条件下保证设备学习数据的可用性。进行设备学习数据自恢复，数据库遇到问题时能够自动恢复到良好状态。进行设备学习数据可视化的数据库管理，保持设备学习数据库运行在最佳状态，对设备学习数据突发问题做出迅速准确的反应。

四、企业集成运营流程设备学习大数据 CPS 与 MES 流程

企业集成设备运营流程、设备维护运营流程、设备视情维修运营流程的大数据、CPS 与 MES 流程是以实时数据处理系统 Storm、批数据处理系统 Hadoop 为基础进行。设备具体、联合、模块组、总作业和通用、链接、专用模块单元流水线，设备维护具体、联合和通用、专用模块单元流水线，设备视情维修具体、联合和通用、专用模块单元流水线，这些设备、设备维护、设备视情维修模块单元流水线延迟策略和强化延迟策略、后流程拉动、后价值拉动与大数据、CPS 与 MES 流程相互联系进行运作。设备、设备维护、设备视情维修模块单元流水线延迟策略和强化延迟策略、后拉动流程、后拉动价值运作的数据经 CPS 智能链接层、CPS 数据分析层，由 CPS 网络层将数据输入批数据处理系统的原数据流组件 Sport 和实时数据处理系统 Storm 的 Pig，完成原数据

流组件 Sport 和 Pig 数据收集。

将原数据流组件 Sport 收集到的来自 CPS 网络层将数据通过实时数据处理组件 Bolt，进行设备具体、联合、模块组、总作业和通用、链接、专用模块单元流水线，进行设备维护具体、联合和通用、专用模块单元流水线，进行设备视情维修具体、联合和通用、专用模块单元流水线延迟策略和强化延迟策略、后拉动流程、后拉动价值运作的实时数据过滤、函数操作、合并、写数据，将各种分析方法融入 Bolt 之中，进行 Nimbus 的设备、设备维护、设备视情维修模块单元流水线运作的任务确定，通过 Supervisor 启动，进行实时具体处理组件 Worker 的具体运作，融入 CPS 认知层。将 Pig 收集到的来自 CPS 网络层将数据通过批数据处理系统 Hadoop 的重要组成部分 MapReduce 进行数据处理，MapReduce 分布式数据仓库 Hive 和分布式数据库 HBase 负责对设备维护具体、联合和通用、专用模块单元流水线，进行设备视情维修具体、联合和通用、专用模块单元流水线延迟策略和强化延迟策略、后拉动流程、后拉动价值运作、智能运作大数据的存储，对有关数据文件进行分割，划分为多个数据片段，分配到集群中的各个节点上，Master 将设备、设备维护、设备视情维修模块单元流水线运作数据分解为各个 Map 和 Reduce 任务，Map 读取设备、设备维护、设备视情维修模块单元流水线运作对应的数据片段，Reduce 工作机将生成 的 Key 与 Value 列表值发送给团队的 Reduce 函数，将结果输出并存储。将 MapReduce 进行数据处理融入 CPS 认知层。

通过 CPS 认知层进行设备模块单元流水线延迟策略和强化延迟策略，发挥专用设备的效率运作特性，进行设备模块单元流水线的差异需求和效率运作融合，进行效率性的运作、作业和作业安排，减少设备速度耗损、设备开停耗损和设备闲置损耗、设备切换损耗；按照 U 型布置的方式进行运作，单元内进行相互联系的运作，进行单一流和员工多能运作，避免设备空转。进行精益设备、监控设备、检验设备运作，减少设备速度耗损和设备闲置损耗。减少设备不良产品损耗和设备返工耗损。进行设备模块单元流水线智能视觉运作、智能听觉运作、智能嗅觉运作、智能语言运作、智能动作运作，促进设备停机耗损减少，促进设备准备耗损、设备切换耗损和设备开停耗损减少，促进企业价值创造。

通过 CPS 认知层进行设备维护、设备维修模块单元流水线延迟策略运作和强化延迟策略运作维护活动，最大限度发挥设备维护、设备维修流水线运作效率。根据维护设备特性、设备维护、设备维修模块单元流水线采用 U 型布置，使这些设备维护、设备维修模块单元流水线连成一体，进行设备维护、设备维修模块单元流水线协调运作。进行设备维护、设备维修各类流水线维护作业顺序运作和信息反向运作。将 CPS 中的智能传感器、智能控制器、计算机网络融入各类设备维护、设备维修模块单元流水线之中，进行设备维护、设备维修模块单元流水线的智能运作。企业集成设备运营流程大数据与 CPS、企业集成设备维护运营流程大数据与 CPS、企业集成设备视情维修运营流程大数据与 CPS 如图 9 – 1 – 1 至图 9 – 1 – 3 所示。

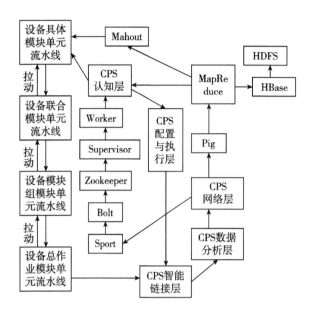

图 9 - 1 - 1　企业集成设备运营流程大数据与 CPS

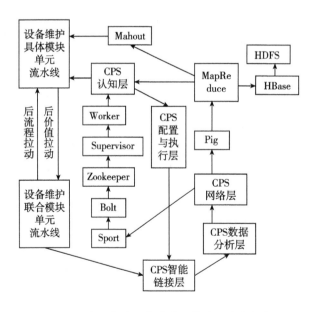

图 9 - 1 - 2　企业集成设备维护运营流程大数据与 CPS

制造类企业需要确定企业集成具体模块单元的通用模块单元 CPS 精益相似流水线、具体模块单元链接模块单元 CPS 精益相似流水线、具体模块单元专用模块单元 CPS 精益隐形流水线、具体模块单元 CPS 精益可变流水线、联合模块单元的通用模块单元 CPS 精益相似流水线、联合模块单元链接模块单元 CPS 精益相似流水线、联合模块单元专用模块单元 CPS 精益可变流水线、联合模块单元 CPS 精益混合流水线、模块组模

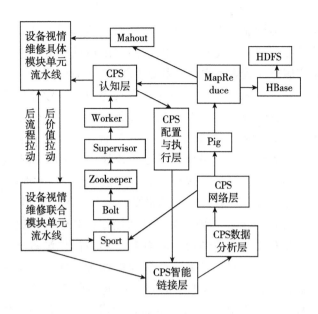

图 9 - 1 - 3　企业集成设备视情维修运营流程大数据与 CPS

块单元的通用模块单元 CPS 精益单一流水线、模块组模块单元链接模块单元 CPS 精益单一流水线、模块组模块单元专用模块单元 CPS 精益混合流水线、模块组模块单元 CPS 精益混合流水线、总作业模块单元的通用模块单元 CPS 精益单一流水线、总作业链接模块单元 CPS 精益单一流水线、总作业专用模块单元 CPS 精益相似流水线、总作业模块单元 CPS 精益相似流水线的一般机器操作设备学习、人员看管机器操作设备学习、一般人员与机器操作设备学习、顾客参与界面操作设备学习，进行制造类企业集成制造流程设备监督学习、无监督学习、半监督学习、深度学习、集成学习、强化学习，运用制造类企业集成制造流程设备监督学习算法、无监督学习算法、半监督学习算法、强化学习算法，构建制造类企业集成制造流程设备学习数据结构和集成制造流程设备学习大数据 CPS 与 MES 流程。

制造性服务企业需要确定企业集成具体模块单元的通用模块单元 CPS 精益相似流水线、具体模块单元链接模块单元 CPS 精益相似流水线、具体模块单元专用模块单元 CPS 精益隐形流水线、具体模块单元 CPS 精益可变流水线、联合模块单元的通用模块单元 CPS 精益相似流水线、联合模块单元链接模块单元 CPS 精益相似流水线、联合模块单元专用模块单元 CPS 精益可变流水线、联合模块单元 CPS 精益混合流水线、模块组模块单元的通用模块单元 CPS 精益单一流水线、模块组链接模块单元 CPS 精益单一流水线、模块组专用模块单元 CPS 精益混合流水线、模块组模块单元 CPS 精益相似流水线的一般机器操作设备学习、人员看管机器操作设备学习、顾客参与机器操作设备学习、一般人员与机器操作设备学习、顾客接触人员与机器操作设备学习、人员界面操作设备学习、顾客接触人员界面操作设备学习、顾客参与界面操作设备学习，进行制造性服务企业集成服务流程设备监督学习、无监督学习、半监督学习、深度学习、集成学习、强化学习，运用制造性服务企业集成服务流程设备监督学习算法、无监督学习算法、半监督学习算法、强化学习算法，构建制造性服务企业集成服务流程设备学习数据结构和集成服务流程设备学习大数据 CPS 和 MES 流程。

一般服务企业、设计性服务企业、中间性服务企业、一般纯服务企业需要确定企业集成具体模块单元的通用模块单元 CPS 精益相似流水线、具体模块单元专用模块单元 CPS 精益可变流水线、具体模块单元 CPS 精益混合流水线、联合模块单元的通用模块单元 CPS 精益单一流水线、联合模块单元专用模块单元 CPS 精益混合流水线、联合模块单元 CPS 精益混合流水线的一般服务企业基本服务流程的一般机器操作设备学习、人员看管机器操作设备学习、一般人员与机器操作设备学习、人员界面操作设备学习、顾客接触人员界面操作设备学习、顾客参与界面操作设备学习，设计性服务企业、中间性服务企业的人员界面操作设备学习、顾客参与界面操作设备学习，一般纯服务企业的人员界面操作设备学习、顾客接触人员界面操作设备学习、顾客参与界面操作设备学习，进行一般服务企业、设计性服务企业、中间性服务企业、一般纯服务企业集成服务流程设备监督学习、无监督学习、半监督学习、深度学习、集成学习、强化学习，运用一般服务企业、设计性服务企业、中间性服务企业、一般纯服务企业集成顾客接触场内员工服务流程、顾客接触场内设备服务流程、顾客接触场外设备服务流程、顾客接触电子服务流程设备监督学习算法、无监督学习算法、半监督学习算法、强化学习算法，构建一般服务企业、设计性服务企业、中间性服务企业、一般纯服务企业集成服务流程设备学习数据结构和集成服务流程设备学习大数据 CPS 和 MES 流程。

第二节　企业集成设备运营流程

一、企业集成设备运营流程概念

企业集成设备运营流程是设备按照企业集成运营流程延迟和强化延迟策略、后拉动流程、后拉动价值、智能运作要求进行运作，从而实现企业集成设备运营流程。企业集成设备运营流程目标是企业集成设备运营流程通过延迟和强化延迟策略、后拉动流程、后拉动价值、智能运作，真正满足顾客差异需求，提高设备综合利用率，减少设备停机耗损、设备准备耗损、设备切换耗损、设备空转耗损、设备速度耗损、设备不良产品损耗、设备返工耗损、设备开停耗损、设备闲置损耗，实现企业集成运营流程价值增值。企业集成设备停机耗损是由于设备故障造成的产品运营时间损耗。设备准备耗损是由于设备准备过度造成的产品运营时间损耗。设备切换耗损是由于产品的作业转换需要进行工装转换造成产品运营时间损耗。设备空转耗损是由于运营线上员工技能不达标造成设备空转的价值损耗。设备速度耗损是由于设备的速度低于预计的速度造成的产品运营时间损耗。设备不良产品损耗是由于设备出现故障造成的不良产品的损耗。设备返工耗损是由于设备返工造车的产品运营时间和价值的损耗。设备开停耗损是由于设备不断地开停造成的产品运营时间、价值、不良产品损耗。设备闲置损耗是由于设备作业、作业安排不当造成的产品运营时间、价值的损耗。

企业集成设备运营流程延迟和强化延迟策略运作通过不同层次的设备模块单元中的设备专用模块单元流水线的延迟和强化延迟策略体现。设备模块单元流水线的延迟运作是基于顾客需求的驱动进行运作，需要按照顾客驱动的要求进行运作。设备模块单元流水线的顾客驱动表现为同一层次的设备模块单元流水线运作顺序为设备专用模块单元、设备链接模块单元、设备通用模块单元流水线，不同层次模块单元流水线的运作顺序为设备总作业、模块组、联合模块单元、设备具体模块单元流水线。顾客驱动的设备运作作业流程的延迟策略运作先由设备总作业模块单元的设备专用模块单元相似流水线进行延迟驱动，经过设备总作业模块单元链接模块单元单一流水线、通用模块单元单一流水线，由设备模块组模块单元的设备专用模块单元混合流水线进行延迟驱动，经过设备模块组模块单元链接模块单元单一流水线、通用模块单元单一流水线，由设备联合模块单元的设备专用模块单元可变流水线进行延迟驱动，经过设备总联合模块单元链接模块单元相似流水线、通用模块单元单一流水线，由设备具体模块单元的设备专用模块单元可变流水线进行延迟驱动，经过设备具体模块单元链接模块单元相似流水线、通用模块单元相似流水线，完成企业集成设备运营流程延迟和强化延迟策略运作。顾客驱动的设备运作作业时间的延迟和强化延迟策略运作需要设备总作业、模块组、联合、具体模块单元流水线中的设备通用模块单元流水线提前运作，体现专用模块单元流水线的延迟和强化延迟策略运作。顾客驱动的设备运作作业流程的延迟和强化延迟策略运作是设备运作作业流程的运作，通过企业集成设备运营流程的延迟和强化延迟策略体现；顾客驱动的设备运作作业时间的延迟和强化延迟策略运作是设备运作作业时间的运作，通过企业集成设备管理来体现延迟策略运作。通过顾客驱动的企业集成设备运营流程的延迟和强化延迟策略运作和顾客驱动的设备运作作业时间的延迟和强化延迟策略运作构成企业集成设备运营流程的延迟和强化延迟策略运作。企业延迟和强化延迟策略可以通过延迟时间来表现，企业集成设备运营流程的延迟和强化延迟策略时间由企业集成设备运营流程延迟和强化延迟策略时间和企业集成设备延迟和强化延迟策略时间构成，通过时间体现企业集成设备运营流程延迟和强化延迟策略运作。不同层次和同一层次设备模块单元流水线延迟和强化延迟策略运作，将顾客差异需求和大规模效率运作融合起来，满足顾客差异需求，从根本上实现顾客差异需求的价值。企业集成设备运营管理流程延迟策略和强化延迟策略的运作通过企业设备维护和维修团队和团队中的员工进行，这种延迟策略和强化延迟策略需要团队所负责的企业集成设备运营流程进行延迟和强化延迟策略运作，体现为团队中的员工所负责企业集成设备运营流程的延迟和强化延迟策略运作，团队和团队中的员工成为企业集成设备运营流程延迟和强化延迟策略运作的主体，企业集成设备运营流程团队和团队中的每一个员工都承接着实现顾客差异需求的价值任务。

企业进行企业集成设备模块单元延迟和强化延迟策略运作流程设计后，需要进行企业集成精益设备运营流程的设计，企业集成精益设备运营流程的设计需要在企业集成设备模块单元流程的基础上进行。企业集成设备运营流程精益运作具体体现为后拉动流程、后拉动价值运作需要按照顾客需求的拉动企业集成设备运营流程运作体现。顾客需求拉动的设备模块单元运作体现为同一层次的设备模块单元后拉动流程、后拉动价值顺序为设备专用模块单元、设备链接模块单元、设备通用模块单元流水线，不同层次设备模块单元的后拉动流程、后拉动价值顺序为设备总作业、模块组、联合、具体模块单元流水线。顾客需求后拉动流程、后拉动价值运作由设备总作业模块单元的设备专用模块单元相似流水线进行后拉动流程、后拉动价值运作，经过设备总作业模块单元链接模块单元单一流水线、通用模块单元单一流水线，由设备模块组模块单元的设备专用模块单元混合流水线进行后拉动流程、后拉动价值运作，经过设备模块组模块单元链接模块单元单一流水线、通用模块单元单一流水线，由设备联合模块单元的设备专用模块单元可变流水线进行后拉动流程、后拉动价值运作，经过设备总联合模块单元链接模块单元相似流水线、通用模块单元单一流水线，由设备具体模块单元的设备专用模块单元可变流水线进行后拉动流程、后拉动价值运作，经过设备具体模块单元链接模块单元相似流水线、通用模块单元相似流水线，完成企业集成设备运营流程后拉动流程、后拉动价值运作。后拉动流程、后拉动价值体现为设备信息运作，企业集成设备运营流程的运作仍然按照流程的设备作业顺序进行运作。后拉动流程、后拉动价值中运作，前道设备作业会对后道设备作业进行后拉动流程、后拉动价值运作，从不同层次和同一层次的设备模块单元流水线进行后拉动流程、后拉动价值，实现顾客需求对企业集成设备运营流程的后拉动流程、后拉动价值运作。企业集成设备模块单元的后拉动流程、后拉动价值后运作是按照不同层次和相同层次模块单元的单一流后拉动进行运作的，形成同层次和相同层次模块单元单一流后拉动运作。通过设备模块单元流水线后拉动流程、后拉动价值运作，将从根本上使设备模块单元流水线延迟和强化延迟策略运作加以延伸，实现顾客差异需求的价值。

企业集成设备运营流程以价值增值为拉动，进行每一个设备作业流程的价值测算，以价值增值为基本要求，进行价值拉动。企业价值拉动需要保证每一个设备模块单元的价值进行预算能够取得价值增值，才能进行价值拉动。企业集成设备运营流程价值拉动通过不同层次的设备模块单元中的设备专用模块单元的价值拉动体现。设备模块单元的价值拉动表现为同一层次的设备模块单元价值拉动运作顺序为设备专用模块单元、通用模块单元，不同层次模块单元的价值拉动运作顺序为设备联合模块单元、设备具体模块单元。价值拉动的运作先由设备联合模块单元的设备专用模块单元进行价值拉动，经过设备联合模块单元的通用模块单元价值拉动，经过设备具体模块组模块单元的设备专用模块单元直到设备具体模块单元的通用模块单元价值拉动。价值拉动通过设备作业损失进行，这些损失将不同层次和同一层次的设备模块单元联系起来，成为拉动的中介。这些损失包括设备业务损失、质量损失、损失增值。设备业务损失是没有达到以企业能够满足运营需求要求为基础的损失。质量损失是设备运作质量没有达到要求的损失。损失增值是这些损失部分的较少带来的增值。这些损失与企业集成设备模块单元自身的现金流入和现金流出一同构成企业集成设备模块单元价值测算的部分，根据这些部分进行设备模块单元价值测算。通过损失建立起设备模块单元的价值后拉动运作，通过损失、现金流入、现金流出测算出设备模块单元的价值，从而形成价值拉动的设备模块单元运作。可以将损失、损失增值、现金流入、现金流出编制成价值后拉动现金流量表来进行价值拉动和设备模块单元价值测算的基本表式，价值后拉动现金流量表将不同层次和同一层次设备模块单元的价值拉动部分包括其中，将设备模块单元的现金流入和现金流出包括其中，使价值后拉动的测算可行。

企业集成设备运营流程进行延迟策略和强化延迟策略、后拉动作业和后拉动价值运作流程设计之后，需要进行企业集成设备 CPS 运营流程设计，企业集成设备 CPS 运营流程设计是企业集成设备模块单元运作、企业设备集成精益运营流程运作为基础，进行设备 CPS 运营流程设计。企业集成设备模块单元 CPS 链接运营流程需要确定企业集成设备模块单元的数据采集设备、传感器、缓存器，建立企业集成设备模块单元的自感知、应激式自适应数据采集管理与控制的技术，建立设备的数据库、数据环网、自意识传感、数据传输、信息编码技术以企业集成设备模块单元任务为导向，针对设备模块单元不同运营任务、设备运营环境进行数据采集以企业集成设备模块单元活动目标为导向，针对性地进行设备数据采集，使设备采集数据按照目标的要求自动实现以设备运作为导向，针对设备运作的各种情况，进行设备数据采集。企业集成设备模块单元需要建立设备空间、状态运作的技术，建立设备模块单元运作的评估、预测、优化、协同技术，建立参数优化算法、复杂系统优化算法技术，建立底层编程语言、信息可视化技术，建立自免疫、自重构、信息平台技术，建立自恢复系统、控制优化、状态切换、动态排程技术，建立比较和相关性分析技术。由此构建，企业集成设备 CPS 运营流程按照设备运作功能需要设计企业集成模块设备单元 CPS 链接运营流程、设备 CPS 分析运营流程、设备 CPS 网络运营流程、设备 CPS 认知运营流程、设备 CPS 配置与执行运营流程。建立设备监督学习算法、设备无监督学习算法、设备半监督学习算法、设备深度学习算法、设备集成学习算法、设备强化学习算法，构建企业集成设备运营模块单元设备单元 CPS 链接运营流程、设备 CPS 分析运营流程、设备 CPS 网络运营流程、设备 CPS 认知运营流程、设备 CPS 配置与执行运营流程的设备智能视觉运作、智能听觉运作、智能嗅觉运作、智能语言运作、智能动作运作。企业集成设备运营流程智能运作促进设备模块单元流水线延迟和强化延迟策略、后拉动流程、后拉动价值运作，实现企业价值。

企业集成设备运营流程是企业设备模块单元运作、精益运作、智能运作的融合。企业集成设备运营流程运作进行企业设备模块单元的延迟策略和强化延迟策略运作，将企业集成战略通过企业设备模块单元的运作具体体现在企业集成设备运营流程之中。企业设备模块单元的延迟策略和强化延迟策略运作需要以顾客需求为界限进行运作，需要将这一界限融入企业集成设备运营流程之中，作为内生变量进行运作。企业集成设备运营流程运作的后拉动流程为企业设备模块单元的延迟策略和强化延迟策略的运营需求内生变量提供通道，将延迟策略和强化延迟策略运作完全按照顾客需求进行拉动企业集成设备运营流程，从而实现顾客需求为拉动的企业设备模块单元的延迟策略和强化延迟策略运作。企业集成设备运营流程的后拉动流程为企业设备模块单元的延迟策略和强化延迟策略运作提供有效的补充。企业集成设备运营后拉动流程与企业设备模块单元运作的不同层次和同一层次设备模块单元协同运作，形成后拉动流程的企业设备模块单元运作。设备单一流运营流程与企业设备模块单元运作协同，形成设备单一流运营流程的企业设备模块单元运作。后拉动流程、单一流设备运营流程与设备通用模块单元的运作协同，形成后拉动流程、单一流设备运营流程的设备通用模块单元的运作。后拉动流程、单一流设备运营流程与设备通用模块单元的相似运作协同，形成后拉动流程、单一流设备运营流程设备通用模块单元的相似运作。将后拉动流程、单一流设备运营流程的企业集成设备模块单元的延迟策略和强化延迟策略、不同层次和同一层次设备模块单元协同运作、设备通用模块单元的重用运作、通用模块单元的相似运作与后拉动价值、看板运作、可视化运作协同起来，形成企业设备模块单元延迟策略和强化延迟策略运作、精益运作融合。

企业集成设备 CPS 链接、分析、网络、认知、配置与执行运营流程进行与企业集成设备模块单元的延迟策略和强化延迟策略、不同层次和同一层次设备模块单元协同运作、设备通用模块单元的重用运作、设备通用模块单元的相似协同运作。企业集成设备 CPS 链接、分析、网络、认知、配置与执行运营流程进行后拉动流程、后拉动价值、单一流运营流程、看板运作、可视化运作。将企业集成设备 CPS 链接、分析、网络、认知、配置与执行运营流程与企业集成设备运营流程模块单元运作、精益运作融合，形成设备被 CPS 链接、分析、网络、认知、配置与执行的后拉动流程、后拉动价值、单一流运营流程、看板运作、可视化运作的企业集成设备模块单元的延迟策略和强化延迟策略、不同层次和同一层次设备模块单元协同运作、设备通用模块单元的重用运作、设备通用模块单元的相似运作。企业集成设备运营流程延迟和强化延迟策略运作、后拉动流程、后拉动价值、智能运作，从整体上实现企业价值。

企业集成设备具体、联合、模块组、总作业模块单元和通用、链接、专用模块单元流水线延迟策略和强化延迟策略运作将通用、链接模块单元流水线和专用模块单元流水线分开，通用、链接模块单元流水线采用效率化运作，专用模块单元流水线将原有的其中的规模因素分离出来，因而作业比原来简单，这样通用、链接模块单元流水线就能够针对性减少设备准备时间和减少工装切换时间，专用模块单元流水线准备时间和切换时间也有所减少，由此减少设备模块单元流水线的设备准备时间损耗和切换损耗。设备模块单元流水线专门针对差异需求进行满足差异需求和效率的融合运作，通用和链接模块单元的规模效率运作减少设备速度耗损。设备模块单元流水线将通用、链接模块单元流水线和专用模块单元流水线分开进行效率运作、作业和作业安排，减少设备开停耗损和设备闲置损耗。

企业集成设备具体、联合、模块组、总作业模块单元和通用、链接、专用模块单元流水线单一流运作，减少由于设备故障而造成的产品运营时间损耗。设备模块单元流水线采用员工多能运作，避免设备空转。设备模块单元流水线进行后拉动流程、后拉动价值运作，按照顾客需求进行，使设备运作按照顾客需求进行，减少设备空转耗损、设备速度耗损和设备闲置损耗。设备模块单元流水线进行精益设备运作、精益监控设备运作、精益检验设备运作，减少了设备不良产品损耗和设备返工耗损。

企业集成设备具体、联合、模块组、总作业模块单元和通用、链接、专用模块单元流水线智能运作，对设备的故障能够及时智能检查和处理，促进设备停机耗损减少。设备模块单元流水线准备、工装切换、设备开停智能运作，促进设备准备耗损、设备切换耗损和设备开停耗损减少。设备模块单元流水线精益设备、精益监控设备、精益检验设备智能运作，促进设备不良产品损耗和设备返工耗损减少。

企业集成设备服务流程运作需要以顾客接触的企业集成服务流程为基础，注重顾客从顾客出发进行设备服务流程运作，注重员工对集成设备服务运作的衔接，使顾客能够良好地运用智能设备，将顾客接触的企业集成设备服务流程和顾客接触的企业集成服务流程完美衔接。顾客接触的企业集成设备服务流程流水线延迟策略和强化延迟策略、后拉动流程、后拉动价值、单一流、智能运作能减少设备停机耗损，减少设备准备耗损和设备切换耗损，避免顾客等待；减少设备开停耗损，避免顾客服务质量下降和等待；减少设备空转耗损，避免顾客服务落空；减少设备不良产品、服务损耗和设备返工耗损，避免顾客不能得到好的产品和良好的服务，避免重新取得产品和服务的不快经历；减少设备闲置损耗，避免设备不能很好地用于顾客服务。

二、企业集成设备运营流程运作过程

（一）企业集成设备运营流程启动

企业集成设备运营流程启动需要具有反映延迟和强化延迟策略的基本设备运营模块单元的流水线具有明确的结构。要求设备的具体模块单元的通用模块单元相似流水线、链接模块单元相似流水线、专用模块单元隐形流水线、专用模块单元可变流水线、设备具体模块单元可变流水线，设备具体模块单元混合流水线，设备联合模块单元的通用模块单元相似流水线、设备链接模块单元相似流水线、设备专用模块单元可变流水线、设备联合模块单元混合流水线，模块组模块单元的通用模块单元单一流水线、设备链接模块单元单一流水线、设备专用模块单元混合流水线，设备模块组模块单元混合流水线，总作业模块单元的通用模块单元单一流水线、设备链接模块单元单一流水线、设备专用模块单元相似流水线、设备总作业模块单元相似流水线，具有明确的有着内在设备运营作业联系的流水线结构，设备整体和局部混合流水线具有连成一体的总流水线的结构。企业集成设备运营流程延迟和强化延迟策略启动需要从顾客差异需求出发，创造企业价值设备通用、链接模块单元流水线进行设备准备的效率运作，针对性减少设备准备时间，降低设备准备损耗。

企业集成设备运营流程启动需要具有反映企业协同运作的精益设备模块单元流水线。将运营需求信息从不同层次设备模块单元的设备联合模块单元流水线的最后作业向前设备具体模块单元流水线逐一后流程拉动、后价值拉动，从同一层次设备模块单元的专用模块单元流水线的最后作业向前设备通用模块单元流水线逐一后流程拉动、后价值拉动。适时设备模块单元流水线将运营需求信息及时反映到设备模块单元流水线之中，具有设备具体、联合、模块组、总作业模块单元和通用、链接、专用模块单元流水线作业顺序运作和信息反向流程拉动、价值拉动流水线。企业集成设备运营流程后拉动流程、后拉动价值启动将设备运营流程延迟和强化延迟策略启动延伸，创造企业价值。

企业集成设备运营流程启动需要具有反映企业协同运作的智能模块单元流水线。通过设备 CPS 中的智能传感器、智能控制器、计算机网络融入企业集成设备运营流程，使企业集成设备运营流程之间能够进行智能运作，具有设备具体、联合、模块组、总作业模块单元和通用、链接、专用模块单元流水线的设备之间智能运作智能流水线。企业集成设备运营流程智能启动促进设备运营流程延迟和强化延迟策略、后拉动流程、后拉动价值启动价值创造进行设备准备的智能运作，减少设备准备时间，降低设备准备损耗。

企业集成设备运营流程启动是在一定的设备运作方式下进行，需要明确设备运作方式下的设备。企业集成设备运营流程设备包括一般设备操作的设备、人员看管设备操作的设备、顾客参与设备操作的设备、一般人员与设备操作的设备、顾客接触人员与设备操作的设备、顾客参与设备操作的设备、人员界面操作的设备、顾客接触人员界面操作的设备、顾客参与界面操作的设备。

企业集成设备运营流程设备启动需要具有反映企业集成设备运营流程运作的信息系统和 CPS 系统。需要企业集成 ERP，这是进行企业集成设备运营流程设备运作的起始作用端。需要具有 MES 集成设备适时运营作业计划、MES 集成设备适时运营调度、MES 集成设备适时运营运作执行、MES 集成设备适时运营跟踪、MES 集成设备适时运营流程效果评价、MES 集成适时设备运营设备流程反馈与调整，这是对企业集成运营设备流程运作进行实时作用的信息系统。需要具有设备 CPS 学习智能连接层、设备 CPS 学习数据信息转换层、设备 CPS 学习网络层、设备学习 Pig、设备学习 MapReduce、设备学习 HBase、设备 CPS 学习认知层、设备学习 HDFS、设备 CPS 学习配置、设备学习 Maho，将信息系统与企业集成设备运营流程学习融入起来。

企业集成设备运营流程启动需要对设备运营单元能源进行开启，检查没有出现问题后，进行设备运营单元设备的运作；设备运营模块单元的流水线启动；需要进行精益设备模块单元流水线启动；需要进行智能设备模块单元流水线启动；需要进行设备的运作方式下的设备启动；需要进行企业集成设备运营流程运作的设备启动；需要进行企业集成设备运营流程运作的设备信息系统和设备 CPS 系统启动；需要进行学习的设备、设备学习类型、设备学习算法启动。

顾客接触企业集成设备服务流程启动需要为顾客能够良好地运用智能设备预留出员工衔接的空间，顾客接触企业集成设备服务流程延迟和强化延迟策略、智能运作提高设备准备效率，降低设备准备时间，较少设备准备损耗，真正从顾客出发，进行价值创造。

（二）企业集成设备运营流程运作

企业集成设备运营流程设备运作如图 9-2-1 至图 9-2-3 所示。

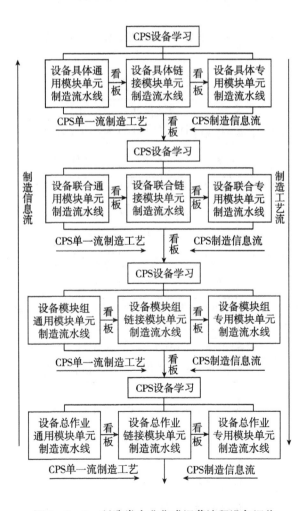

图 9-2-1　制造类企业集成运营流程设备运作

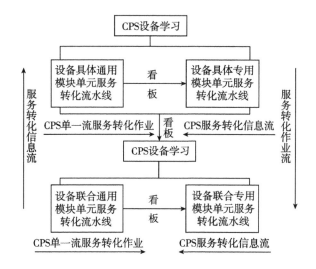

图9-2-2 服务类企业集成运营流程设备运作

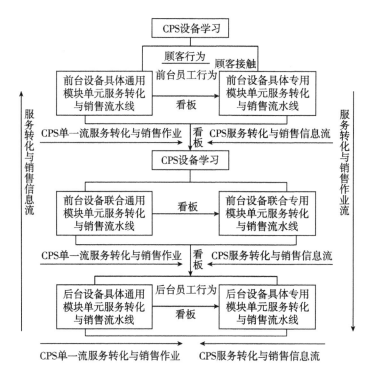

图9-2-3 纯服务类企业集成运营流程设备运作

1. 企业集成设备运营流程通用模块单元、链接模块单元流水线运作

设备通用模块单元、设备链接模块单元进行设备具体模块单元通用模块单元相似流水线、设备链接模块单元相似流水线，设备联合模块单元通用模块单元相似流水线、

设备链接模块单元相似流水线，设备模块组模块单元通用模块单元单一流水线、设备链接模块单元单一流水线，设备总作业模块单元通用模块单元单一流水线、设备链接模块单元单一流水线延迟策略和强化延迟策略运作，是典型的设备流水线运作。典型的设备流水线延迟策略和强化延迟策略运作设备一般采用专用设备，这些专用设备能够最大限度发挥设备流水线的运作效率。设备通用模块单元、设备链接模块单元流水线延迟策略和强化延迟策略运作最大限度发挥专用设备的效率运作特性，将顾客差异需求融入流水线运作中，进行设备模块单元流水线的差异需求和效率运作融合，进行效率性的运作、作业和作业安排，进行工装切换的效率运作，减少工装切换时间，减少设备速度耗损、设备开停耗损和设备闲置损耗、设备切换损耗，创造企业价值。

设备通用模块单元的单一流水线、相似流水线，需要专用设备按照U型布置的方式进行运作，单元内进行相互联系的运作；需要为设备链接模块单元单一流水线、设备相似流水线的运作提供有效衔接的接口，使设备通用模块单元、链接模块单元流水线连成一体。这样才能使设备之间能够协调起来进行运作。设备链接模块单元采用的是设备单一流水线、设备相似流水线，需要专用设备按照直线形布置的方式进行运作，以此扩大与通用模块单元流水线设备链接的范围，使通用模块单元流水线设备与链接模块单元流水线设备链接点可以有一个动态运作的范围，为设备通用模块单元流水线灵活运作打下基础。企业集成设备具体、联合、模块组、总作业模块单元和通用、链接模块单元流水线单一流运作，减少由于设备故障而造成的产品运营时间损耗；设备模块单元流水线采用员工多能运作，避免设备空转。

按照从具体模块单元的通用模块单元相似流水线设备、联合模块单元的通用模块单元相似流水线设备、模块组模块单元的通用模块单元单一流水线设备到总作业模块单元的通用模块单元单一流水线设备层次，进行通用模块单元单一流水线设备、相似流水线设备运作；按照从具体模块单元链接模块单元相似流水线设备、联合模块单元的通用模块单元单一流水线设备、模块组模块单元链接模块单元单一流水线设备到总作业链接模块单元单一流水线设备层次，进行链接模块单元单一流水线设备、相似流水线设备运作。按照各层次通用模块单元单一流水线设备、相似流水线设备和链接模块单元单一流水线设备、相似流水线设备中最后作业进行后流程拉动、后价值拉动，进行各层次通用模块单元单一流水线设备、相似流水线设备和链接模块单元单一流水线设备、相似流水线设备作业顺序运作和信息反向后流程拉动、后价值拉动的通用模块单元和链接模块单元单一流水线设备、相似流水线设备运作；将CPS中的智能传感器、智能控制器、计算机网络融入各层次通用模块单元单一流水线设备、相似流水线设备和链接模块单元单一流水线设备、相似流水线设备之中，进行各层次通用模块单元单一流水线设备、相似流水线设备和链接模块单元单一流水线设备、相似流水线设备的智能运作。设备通用、链接模块单元流水线进行后拉动流程、后拉动价值运作，按照顾客需求进行效率运作，充分发挥设备通用、链接模块单元流水线大规模效率运作满足顾客差异需求的作用，减少设备空转耗损、设备速度耗损和设备闲置损耗；设备通用、链接模块单元流水线更容易进行精益设备运作、精益监控设备运作、精益检验设备运作，减少设备不良产品损耗和设备返工耗损。设备通用、链接模块单元流水线智能运作，更容易对设备的故障能够及时智能检查和处理，促进设备停机耗损减少；设备通用、链接模块单元流水线准备、工装切换、设备开停智能运作，促进设备准备耗损、设备切换耗损和设备开停耗损减少；设备通用、链接模块单元流水线精益设备、精益监控设备、精益检验设备智能运作，促进设备不良产品损耗和设备返工耗损减少。设备通用、链接模块单元流水线后拉动流程、后拉动价值运作、智能运作延伸和促进了延迟策略和强化延迟策略运作，促进企业价值创造。

各层次通用模块单元单一流水线设备、相似流水线设备和链接模块单元单一流水线设备、相似流水线设备的精益和智能运作需要在设备操作方式下的设备进行运作，进行各层次通用模块单元单一流水线设备、相似流水线设备和链接模块单元单一流水线设备、相似流水线设备的一般设备操作的设备、人员看管设备操作的设备、顾客参与设备操作的设备、一般人员与设备操作的设备、顾客接触人员与设备操作的设备、顾客参与设备操作的设备、人员界面操作的设备、顾客接触人员界面操作的设备、顾客参与界面操作的设备精益和智能运作。各层次通用和链接模块单元流水线设备的运作是运营设备、控制设备、信息联络设备、CPS 传感设备运作的集成。运营设备是企业集成运营流程任务的承担者，控制设备通过信息控制协助运营设备运作，信息联络设备实现企业集成运营流程内外信息联系，CPS 传感设备将运营设备之间、运营设备与信息之间联系起来。通过集成将设备与设备、设备与信息联系起来，使体现延迟策略和强化延迟策略的通用和链接模块单元、精益与智能联系起来，作为企业集成运营主体设备的运营设备实现企业集成运营目标。由此将设备通用、链接模块单元流水线后拉动流程、后拉动价值运作、智能运作与操作方式联系起来，使设备通用、链接模块单元流水线具有降低设备损耗、创造价值的操作特性。

从总作业模块单元的通用模块单元单一流水线设备、模块组模块单元的通用模块单元单一流水线设备、联合模块单元的通用模块单元相似流水线设备到具体模块单元的通用模块单元相似流水线设备到联合模块单元的通用模块单元单一流水线设备，从总作业链接模块单元单一流水线设备、模块组模块单元链接模块单元单一流水线设备、联合模块单元的通用模块单元单一流水线设备到具体模块单元链接模块单元相似流水线设备，从一般设备操作的设备、人员看管设备操作的设备、一般人员与设备操作的设备、顾客参与设备操作的设备、顾客接触人员与设备操作的设备、人员界面操作的设备、顾客参与界面操作的设备到顾客接触人员界面操作的设备，从运营设备、控制设备、信息联络设备到 CPS 传感设备，这些模块单元流水线设备的调整越来越多，由此涉及的模块单元流水线设备学习数据由标识设备学习数据、未标识设备学习数据到标识与未标识设备学习数据改变，需要从企业集成运营流程设备监督学习、设备无监督学习、设备半监督学习、设备深度学习、设备集成学习到设备强化学习企业集成运营流程设备学习类型的全面学习，需要从企业集成运营流程设备监督学习算法、设备无监督学习算法、设备半监督学习算法到设备强化学习算法企业集成运营流程设备学习算法的支撑，进行各层次通用模块单元单一流水线设备、相似流水线设备和链接模块单元单一流水线设备、相似流水线设备的一般设备操作的设备精益智能运作，进行各层次模块单元流水线的人员看管设备操作设备、顾客参与设备操作的设备、一般人员与设备操作设备、顾客接触人员与设备操作设备、顾客参与设备操作设备、人员界面操作设备、顾客接触人员界面操作设备、顾客参与界面操作设备的智能视觉运作、智能听觉运作、智能嗅觉运作、智能语言运作、智能动作运作。此将设备通用、链接模块单元流水线后拉动流程、后拉动价值运作、智能运作与机器学习智能运作联系起来，使设备通用、链接模块单元流水线具有自我智能降低设备损耗、创造价值的运作特性。

2. 企业集成设备运营流程专用模块单元流水线运作

设备专用模块单元流水线根据其单元运作的复杂程度和实际特性，可以采用设备具体模块单元专用模块单元隐形流水线、设备联合模块单元专用模块单元可变流水线、设备模块组模块单元专用模块单元混合流水线、设备总作业专用模块单元相似流水线运作。设备专用模块单元相似流水线、混合流水线、可变流水线采用专用设备，专用设备的专用特性比通用模块单元相似流水线、混合流水线、可变流水线的都弱，这些专用设备是为设备专用模块单元相似流水线、混合流水线、可变流水线效率运作配备。设备隐性流水线采用强通用设备，这些设备是为实现隐性流水线配备。设备专用模块单元流水线延迟策略和强化延迟策略运作最大限度发挥专用设备的延迟策略和强化延迟运作特性，将顾客差异需求直接体现出来，虽然专用模块单元流水线运作效率无法与通用、链接模块单元相比，但与原有的作业专门化的作业相比，专用模块单元流水线从作业专门化的作业中分离出来，专用模块单元流水线作业环节更明确，与作业专门化的作业相比，更易进行效率性的运作、作业和作业安排，进行工装切换的效率运作，减少工装切换时间，减少设备速度耗损、设备开停耗损和设备闲置损耗、设备切换损耗，创造企业价值。

设备具体模块单元专用模块单元隐形流水线、设备联合模块单元专用模块单元可变流水线、设备模块组模块单元专用模块单元混合流水线、设备总作业专用模块单元相似流水线都需要考虑到调整。从设备具体模块单元专用模块单元隐形流水线、联合模块单元专用模块单元可变流水线、设备模块组模块单元专用模块单元混合流水线到设备总作业专用模块单元相似流水线调整越来越小，都是按照U型布置的方式单元内进行相互联系的单一流流水线运作。企业集成设备具体、联合、模块组、总作业模块单元的专用模块单元流水线单一流运作，减少由于设备故障而造成的产品运营时间损耗；设备模块单元流水线采用员工多能运作，避免设备空转。

按照从设备具体模块单元专用模块单元隐形流水线、设备联合模块单元专用模块单元可变流水线、设备模块组模块单元专用模块单元混合流水线、设备总作业专用模块单元相似流水线层次，进行设备专用模块单元隐形流水线、可变流水线、混合流水线、相似流水线运作。按照各层次设备专用模块单元隐形流水线、可变流水线、混合流水线、相似流水线中最后作业进行拉动，进行各层次设备专用模块单元隐形流水线、可变流水线、混合流水线、相似流水线作业顺序运作和信息反向拉动的设备专用模块单元隐形流水线、可变流水线、混合流水线、相似流水线运作；将 CPS 中的智能传感器、智能控制器、计算机网络融入各层次设备专用模块单元隐形流水线、可变流水线、混合流水线、相似流水线之中，进行各层次设备专用模块单元隐形流水线、可变流水线、混合流水线、相似流水线的智能运作。设备专用模块单元流水线进行后拉动流程、后拉动价值运作，按照顾客需求进行延迟策略和强化延迟策略运作，充分发挥设备专用模块单元流水线满足顾客差异需求的作用，减少设备空转耗损、设备速度耗损和设备闲置损耗；设备专用模块单元流水线进行精益设备运作、精益监控设备运作、精益检验设备运作，减少了设备不良产品损耗和设备返工耗损。设备专用模块单元流水线智能运作，对设备的故障能够及时智能检查和处理，促进设备停机耗损减少；设备专用模块单元流水线准备、工装切换、设备开停智能运作，促进设备准备耗损、设备切换耗损和设备开停耗损减少；设备专用模块单元流水线精益设备、精益监控设备、精益检验设备智能运作，促进设备不良产品损耗和设备返工耗损减少。设备专用模块单元流水线后拉动流程、后拉动价值运作、智能运作延伸和促进了延迟策略和强化延迟策略运作，促进企业价值创造。

各层次设备专用模块单元隐形流水线、可变流水线、混合流水线、相似流水线的精益和智能运作需要在设备操作方式下的设备进行，进行各层次专用模块单元隐形流水线、可变流水线、混合流水线、相似流水线的一般设备操作的设备、人员看管设备操作的设备、顾客参与设备操作的设备、一般人员与设备操作的设备、顾客接触人员与设备操作的设备、顾客参与设备操作的设备、人员界面操作的设备、顾客接触人员界面操作的设备、顾客参与界面操作的设备精益和智能运作。各层次专用模块单元流水线设备的运作是运营设备、控制设备、信息联络设备、CPS 传感设备运作的集成，通过集成将设备与设备、设备与信息联系起来，使体现延迟策略和强化延迟策略的设备专用模块单元、精益与智能联系起来，作为企业集成运营主体设备的运营设备实现企业集成运营目标。由此将设备专用模块单元流水线后拉动流程、后拉动价值运作、智能运作与操作方式联系起来，使设备专用模块单元流水线具有降低设备损耗、创造价值的操作特性。

从设备总作业专用模块单元相似流水线、模块组模块单元专用模块单元混合流水线、联合模块单元专用模块单元可变流水线到具体模块单元专用模块单元隐形流水线，从一般设备操作的设备、人员看管设备操作的设备、一般人员与设备操作的设备、顾客参与设备操作的设备、顾客接触人员与设备操作的设备、人员界面操作的设备、顾客参与界面操作的设备到顾客接触人员界面操作的设备，从运营设备、控制设备、信息联络设备到 CPS 传感设备，这些模块单元流水线设备的调整越来越多，由此涉及的模块单元流水线设备学习数据由标识设备学习数据、未标识设备学习数据到标识与未标识设备学习数据改变，需要从企业集成运营流程设备监督学习、设备无监督学习、设备半监督学习、设备深度学习、设备集成学习到设备强化学习企业集成运营流程设备学习类型的全面学习，需要从企业集成运营流程设备监督学习算法、设备无监督学习算法、设备半监督学习算法到设备强化学习算法企业集成运营流程设备学习算法的支撑，进行各层次设备专用模块单元隐形流水线、可变流水线、混合流水线、相似流水线精益智能运作，进行各层次设备模块单元流水线的人员看管设备操作设备、顾客参与设备操作设备、一般人员与设备操作设备、顾客接触人员与设备操作设备、顾客参与设备操作设备、人员界面操作设备、顾客接触人员界面操作设备、顾客参与界面操作设备的智能视觉运作、智能听觉运作、智能嗅觉运作、智能语言运作、智能动作运作。此将设备专用模块单元流水线后拉动流程、后拉动价值运作、智能运作与机器学习智能运作联系起来，使设备专用模块单元流水线具有自我智能降低设备损耗、创造价值的运作特性。

3. 企业集成设备运营流程不同层次模块单元流水线运作

设备具体模块单元混合流水线、设备联合模块单元混合流水线、设备模块组模块单元混合流水线、设备总作业模块单元相似流水线，将设备通用、链接、专用模块单元流水线融合起来，进行同一层次设备模块单元流水线延迟策略和强化延迟策略运作。同一层次设备模块单元流水线需要设备按照 U 型布置的方式进行运作，单元内进行相互联系的运作，使通用模块单元流水线设备、专用模块单元流水线设备、链接模块单元流水线设备连成一体。设备通用、链接、专用模块单元延迟策略和强化延迟策略运作将顾客差异需求完整地融入同一层次设备模块单元流水线中，进行设备模块单元流水线的差异需求和效率运作融合，进行效率性的运作、作业和作业安排，进行工装切换的效率运作，减少工装切换时间，减少设备速度耗损、设备开停耗损和设备闲置损耗、设备切换损耗，创造企业价值。企业集成设备具体、联合、模块组、总作业模块单元的通用、链接、专用模块单元流水线单一流运作，减少由于设备故障而造成的产品运营时间损耗；设备模块单元流水线采用员工多能运作，避免设备空转。

按照从设备具体模块单元混合流水线、设备联合模块单元混合流水线、设备模块组模块单元混合流水线、总作业模块单元相似流水线层次，进行设备混合流水线、设备联合模块单元混合流水线设备、模块组模块单元混合流水线设备、总作业模块单元相似流水线设备运作。按照各层次设备具体模块单元、设备联合模块单元、设备模块组模块单元、设备总作业模块单元的混合流水线、相似流水线中最后作业进行后流程拉动、后价值拉动，进行各层次具体模块单元、联合模块单元、模块组模块单元、总作业模块单元的混合流水线、相似流水线设备运作；将 CPS 中的智能传感器、智能控制器、计算机网络融入各层次设备具体模块单元、联合模块单元、模块组模块单元、总作业模块单元的混合流水线设备、相似流水线设备之中，进行各层次设备具体模块单元、联合模块单元、模块组模块单元、总作业模块单元混合流水线、相似流水线设备的智能运作。设备具体模块单元、联合模块单元、模块组模块单元、总作业模块单元混合流水线、相似流水线进行后拉动流程、后拉动价值运作，按照顾客需求进行效率运作，充分发挥设备模块单元混合流水线、相似流水线效率运作满足顾客差异需求的作用，减少设备空转耗损、设备速度耗损和设备闲置损耗；进行精益设备运作、精益监控设备运作、精益检验设备运作，减少设备不良产品损耗和设备返工耗损。进行智能运作，对设备的故障能够及时智能检查和处理，促进设备停机耗损减少；进行效率的设备准备、工装切换、设备开停智能运作，促进设备准备耗损、设备切换耗损和设备开停耗损减少；进行精益设备、精益监控设备、精益检验设备智能运作，促进设备不良产品损耗和设备返工耗损减少。进行后拉动流程、后拉动价值运作、智能运作延伸和促进延迟策略和强化延迟策略运作，促进企业价值创造。

设备具体、联合、模块组、总作业模块单元混合流水线延迟策略和强化延迟策略、后拉动流程、后拉动价值、智能运作中，需要针对设备模块单元流水线自身接口的设备具体模块单元混合流水线通用、链接、专用接口，针对设备联合模块单元混合流水线通用、链接、专用接口，针对设备模块组模块单元混合流水线通用、链接、专用接口，设备总作业模块单元相似流水线通用、链接、专用接口进行设备作业衔接，这些设备接口作业使模块单元混合流水线延迟策略和强化延迟策略、后拉动流程、后拉动价值、智能运作实现设备各种损耗降低、创造企业价值的自身衔接运作重要环节；需要针对设备开发与设计价值链管理流程、设备采购价值链管理流程、设备仓储价值链管理流程、设备销售价值链管理流程的设备作业自身接口和之间作业，针对设备模块单元流水线设备物流作业、设备商流作业、设备人力资源作业、设备维护与维修作业、设备质量运作作业、设备价值运作作业、设备信息平台作业设备作业自身和之间接口作业，针对设备模块单元流水线设备计划作业、设备组织作业、设备领导作业、设备控制作业、设备创新作业设备作业自身和接口作业，进行这些设备作业衔接，针对这些设备接口作业都按照设备模块单元流水线的方式进行延迟策略和强化延迟策略、后拉动流程、后拉动价值、智能运作，进行设备各种损耗降低、创造企业价值的过程，只有与这些符合要求的设备接口作业衔接，设备模块单元混合流水线延迟策略和强化延迟策略、后拉动流程、后拉动价值、智能运作的设备各种损耗降低、创造企业价值目标才能够实现。由此设备具体、联合、模块组、总作业模块单元混合流水线设备各种损耗降低、创造企业价值具备设备接口作业衔接的基础。

各层次设备具体模块单元、联合模块单元、模块组模块单元、总作业模块单元混合流水线设备、相似流水线设备的精益和智能运作需要在设备操作方式下的设备进行运作，进行各层次设备具体模块单元、联合模块单元、模块组模块单元、总作业模块单元混合流水线设备、相似流水线设备的一般设备操作的设备、人员看管设备操作的设备、顾客参与设备操作的设备、一般人员与设备操作的设备、顾客接触人员与设备操作的设备、人员界面操作的设备、顾客接触人员界面操作的设备、顾客参与界面操作的设备精益和智能运作。各层次模块单元流水线设备的运作是运营设备、控制设备、信息联络设备、CPS 传感设备运作的集成，通过集成将设备与设备、设备与信息联系起来，使体现延迟策略和强化延迟策略的设备具体、联合、模块组、总作业模块单元、精益与智能联系起来，作为企业集成运营主体设备的运营设备实现企业集成运营目标。由此将设备具体模块单元、联合模块单元、模块组模块单元、总作业模块单元混合流水线设备、相似流水线后拉动流程、后拉动价值运作、智能运作与操作方式联系起来，使设备具体模块单元、联合模块单元、模块组模块单元、总作业模块单元混合流水线设备、相似流水线具有降低设备损耗、创造价值的操作特性。

从总作业模块单元相似流水线、模块组模块单元混合流水线、联合模块单元混合流水线设备到具体模块单元混合流水线，从一般设备操作的设备、人员看管设备操作的设备、一般人员与设备操作的设备、顾客参与设备操作的设备、顾客接触人员与设备操作的设备、人员界面操作的设备、顾客参与界面操作的设备到顾客接触人员界面操作的设备，从运营设备、控制设备、信息联络设备到 CPS 传感设备，这些模块单元流水线设备的调整越来越多，由此涉及的模块单元流水线设备学习数据由标识设备学习数据、未标识设备学习数据到标识与未标识设备学习数据改变，需要从企业集成运营流程设备监督学习、设备无监督学习、设备半监督学习、设备深度学习、设备集成学习到设备强化学习企业集成运营流程设备学习类型的全面学习，需要从企业集成运营流程设备监督学习算法、设备无监督学习算法、设备半监督学习算法到设备强化学习算法企业集成运营流程设备学习算法的支撑，进行各层次设备具体模块单元、联合模块单元、模块组模块单元、总作业模块单元混合流水线、相似流水线设备精益智能运作，进行各层次设备模块单元流水线的人员看管设备操作设备、顾客参与设备操作设备、一般人员与设备操作设备、顾客接触人员与设备操作设备、人员界面操作设备、顾客接触人员界面操作设备、顾客参与界面操作的设备智能视觉运作、智能听觉运作、智能嗅觉运作、智能语言运作、智能动作运作。此将设备具体模块单元、联合模块单元、模块组模块单元、总作业模块单元混合流水线设备、相似流水线后拉动流程、后拉动价值运作、智能运作与机器学习智能运作联系起来，使设备具体模块单元、联合模块单元、模块组模块单元、总作业模块单元混合流水线设备、相似流水线具有自我智能降低设备损耗、创造价值的运作特性。

4. 企业集成运营流程整体和局部模块单元流水线设备运作

设备具体、联合、模块组、总作业整体模块单元混合流水线，将不同层次设备通用、链接、专用模块单元流水线融合起来，进行不同一层次设备整体和局部模块单元混合流水线延迟策略和强化延迟策略运作。不同层次设备整体和局部模块单元混合流水线进行 U 型布置的流水线的融合，体现不同层次设备整体和局部模块单元混合流水线运作。设备整体和局部模块单元混合流水线需要不同层次设备具体模块单元、设备联合模块单元、设备模块组模块单元、设备总作业模块单元的各类流水线融合在一起，进行相互联系的运作，提高设备整体和局部模块单元混合流水线效率。设备整体和局部模块单元混合流水线延迟策略和强化延迟策略运作将顾客差异需求完整地融入不同一层次设备模块单元流水线中，进行设备模块单元流水线的差异需求和效率运作融合，进行效率性的运作、作业和作业安排，进行工装切换的效率运作，减少工装切换时间，减少设备速度耗损、设备开停耗损和设备闲置损耗、设备切换损耗，创造企业价值。设备整体和局部模块单元混合流水线单一流运作减少由于设备故障而造成的产品运营时间损耗；设备模块单元流水线采用员工多能运作，避免设备空转。

设备整体和局部模块单元混合流水线按照从设备具体模块单元流水线、联合模块单元流水线设备、模块组模块单元流水线到总作业模块单元流水线层次，进行设备整体和局部模块单元混合流水线设备运作。按照从设备总作业模块单元流水线设备、模块组模块单元流水线设备、联合模块单元流水线设备到具体模块单元流水线设备中最后作业进行后流程拉动、后价值拉动，进行整体和局部模块单元混合流水线设备作业顺序运作和信息反向后流程拉动、后价值拉动的整体模块单元混合流水线设备运作；将 CPS 中的智能传感器、智能控制器、计算机网络融入整体模块单元混合流水线设备之中，进行整体模块单元混合流水线设备的智能运作。设备整体和局部模块单元混合流水线进行后拉动流程、后拉动价值运作，按照顾客需求进行效率运作，充分发挥设备通用、链接模块单元流水线大规模效率运作满足顾客差异需求的作用，减少设备空转耗损、设备速度耗损和设备闲置损耗；设备整体和局部模块单元混合流水线设更容易进行精益设备运作、精益监控设备运作、精益检验设备运作，减少设备不良产品损耗和设备返工耗损。设备通用、链接模块单元流水线智能运作，更容易对设备的故障能够及时智能检查和处理，促进设备停机耗损减少；设备整体和局部模块单元混合流水线准备、工装切换、设备开停智能运作，促进设备准备耗损、设备切换耗损和设备开停耗损减少；设备整体和局部模块单元混合流水线精益设备、精益监控设备、精益检验设备智能运作，促进设备不良产品损耗和设备返工耗损减少。设备整体和局部模块单元混合流水线后拉动流程、后拉动价值运作、智能运作延伸和促进了延迟策略和强化延迟策略运作，促进企业价值创造。

设备整体和局部模块单元混合流水线延迟策略和强化延迟策略、后拉动流程、后拉动价值、智能运作中，需要针对设备具体、联合局部模块单元混合流水线自身接口，设备具体、联合、模块组局部模块单元混合流水线自身接口，设备具体、联合、模块组、总作业整体模块单元混合流水线自身接口进行设备作业衔接，这些设备接口作业使模块单元混合流水线延迟策略和强化延迟策略、后拉动流程、后拉动价值、智能运作实现设备各种损耗降低、创造企业价值的自身衔接运作重要环节；需要针对设备开发与设计价值链管理流程、设备采购价值链管理流程、设备仓储价值链管理流程、设备销售价值链管理流程的设备作业自身接口和之间作业，针对设备模块单元流水线设备物流作业、设备商流作业、设备人力资源作业、设备维护与维修作业、设备质量运作作业、设备价值运作作业、设备信息平台作业设备作业自身和之间接口作业，针对设备模块单元流水线设备计划作业、设备组织作业、设备领导作业、设备控制作业、设备创新作业设备作业自身和接口作业进行设备作业衔接，这些设备接口作业都按照设备模块单元流水线的方式进行延迟策略和强化延迟策略、后拉动流程、后拉动价值、智能运作，进行设备各种损耗降低、创造企业价值的过程，只有与这些符合要求的设备接口作业衔接，设备整体和局部延迟策略和强化延迟策略、后拉动流程、后拉动价值、智能运作的设备各种损耗降低、创造企业价值目标才能够实现。由此设备整体和局部模块单元混合流水线设备各种损耗降低、创造企业价值具备了设备接口作业衔接的基础。

设备整体和局部模块单元混合流水线设备的精益和智能运作需要在设备操作方式下的设备进行运作，进行设备整体和局部模块单元混合流水线设备的一般设备操作的设备、人员看管设备操作的设备、顾客参与设备操作的设备、一般人员与设备操作的设备、顾客接触人员与设备操作的设备、顾客参与设备操作的设备、人员界面操作的设备、顾客接触人员界面操作的设备、顾客参与界面操作的设备精益和智能运作。设备整体和局部模块单元混合流水线设备的运作是运营设备、控制设备、信息联络设备、CPS 传感设备运作的集成，通过集成将设备与设备、设备与信息联系起来，使体现延迟策略和强化延迟策略的设备整体和局部整体模块单元、精益与智能联系起来，作为企业集成运营主体设备的运营设备实现企业集成运营目标。由此将设备通用、链接模块单元流水线后拉动流程、后拉动价值运作、智能运作与操作方式联系起来，使设备通用、链接模块单元流水线具有降低设备损耗、创造价值的操作特性。

从设备整体和局部模块单元混合流水线设备，从一般设备操作的设备、人员看管设备操作的设备、一般人员与设备操作的设备、顾客参与设备操作的设备、顾客接触人员与设备操作的设备、人员界面操作的设备、顾客参与界面操作的设备到顾客接触人员界面操作的设备，从运营设备、控制设备、信息联络设备到 CPS 传感设备，这些模块单元流水线设备的调整越来越多，由此涉及的模块单元流水线设备学习数据由标识设备学习数据、未标识设备学习数据到标识与未标识设备学习数据改变，需要从企业集成运营流程设备监督学习、设备无监督学习、设备半监督学习、设备深度学习、设备集成学习到设备强化学习企业集成运营流程设备学习类型的全面学习；需要从企业集成运营流程设备监督学习算法、设备无监督学习算法、设备半监督学习算法到设备强化学习算法企业集成运营流程设备学习算法的支撑，进行设备整体和局部模块单元混合流水线的设备精益智能运作，进行各层次模块单元流水线的人员看管设备操作设备、顾客参与设备操作设备、一般人员与设备操作设备、顾客接触人员与设备操作设备、顾客参与设备操作设备、人员界面操作设备、顾客接触人员界面操作设备、顾客参与界面操作设备智能视觉运作、智能听觉运作、智能嗅觉运作、智能语言运作、智能动作运作。此将设备整体和局部模块单元混合流水线后拉动流程、后拉动价值运作、智能运作与机器学习智能运作联系起来，使设备整体和局部模块单元混合流水线具有自我智能降低设备损耗、创造价值的运作特性。

顾客接触的企业集成设备运营流程通用模块单元、链接模块单元流水线、专用模块单元流水线、不同层次模块单元流水线、整体和局部模块单元流水线延迟策略和强化延迟策略运作、后拉动流程、后拉动价值、单一流、智能运作需要注重从顾客出发进行设备服务流程运作，注重员工对集成设备服务运作的衔接，使顾客能够良好地运用智能设备，将顾客接触的企业集成设备服务流程和顾客接触的企业集成服务流程完美衔接。当服务设备出现问题时，员工能够进行有效衔接服务。设备模块单元流水线的延迟策略和强化延迟策略运作、后拉动流程、后拉动价值、单一流、智能运作和加上员工的设备停机、设备准备过长、设备切换过长及时衔接，能减少设备停机耗损、减少设备准备耗损和设备切换耗损，避免顾客等待；员工的设备开停顺利，减少设备开停耗损，避免顾客服务质量下降和等待；员工多能的高质量服务技能展示，减少设备空转耗损，避免顾客服务落空；加上员工精细的服务，减少设备不良产品、服务损耗和设备返工耗损，避免顾客没有得到好的产品和良好的服务，避免重新取得产品和服务的不快经历；减少设备闲置损耗，避免设备不能很好地用于顾客服务。

（三）企业集成运营流程设备运作结束

企业集成设备运营流程通用模块单元流水线、链接模块单元流水线设备、专用模块单元流水线、不同层次设备模块单元流水线、设备整体和局部模块单元流水线运作结束后，需要按照首先关闭设备运作的要求，对设备进行关闭。然后按照企业集成运营模块单元流水线停止运作的要求，对能源部分进行关闭，停止企业集成设备运营模块单元流水线运作。企业集成设备运营模块单元流水线关闭后，需要按照下一个工作日对设备运作的要求，进行适当的维护，为进一步的设备运作打下基础。

顾客接触企业集成设备运营流程通用模块单元流水线、链接模块单元流水线设备、专用模块单元流水线、不同层次设备模块单元流水线、设备整体和局部模块单元流水线运作中，有些设备需要为顾客一直运作，这类设备没有结束的日期，需要这些设备能够按照顾客的需求进行运作，满足顾客的需求，随时为顾客服务，使顾客有良好的服务体验。

三、企业集成设备运营流程质量运作

企业集成设备运营流程通用模块单元流水线、链接模块单元流水线设备、专用模块单元流水线、不同层次设备模块单元流水线、设备整体和局部模块单元流水线延迟策略和强化延迟策略、后拉动流程、后拉动价值、智能运作需要设备的质量保证，只有设备质量具有保证，才能够减少设备各种损耗，创造价值。设备具体模块单元通用模块单元相似流水线、设备链接模块单元相似流水线、设备专用模块单元隐形流水线的设备，设备联合模块单元通用模块单元相似流水线、设备链接模块单元相似流水线、设备专用模块单元可变流水线的设备，设备模块组模块单元通用模块单元单一流水线、设备链接模块单元单一流水线、设备专用模块单元混合流水线的设备，设备总作业模块单元通用模块单元单一流水线、设备链接模块单元单一流水、设备专用模块单元相似流水线运作的设备，这些运营设备、看板设备、可视化设备的质量是模块单元流水线运作的基础，只有保证运营设备、看板设备、可视化设备的质量，才能减少设备故障造成的产品运营时间损耗，减少由于设备出现故障造成的不良产品的损耗，减少由于设备返工而造成的产品运营时间和价值的损耗，降低设备停机耗损、设备不良产品损耗和设备返工耗损，模块单元流水线设备延迟策略和强化延迟策略、后拉动流程、后拉动价值、智能运作才具有实现运营设备质量的基础。

企业设备开发与设计价值链管理流程、设备采购价值链管理流程、设备仓储价值链管理流程、设备销售价值链管理流程的设备，设备模块单元流水线设备物流作业、设备商流作业、设备人力资源作业、设备维护与维修作业、设备质量运作作业、设备价值运作作业、设备信息平台作业的设备，设备模块单元流水线设备计划作业、设备组织作业、设备领导作业、设备控制作业、设备创新作业的设备这些设备，与企业模块单元流水线直接相连，只有保证这些与模块单元流水线运作相关的设备质量，才能够为降低设备停机耗损、设备不良产品损耗和设备返工耗损打下相关基础，模块单元流水线设备延迟策略和强化延迟策略、后拉动流程、后拉动价值、智能运作才具有实现相关设备质量的基础。

企业集成设备运营流程的模块单元流水线设备和供应链或者服务链、要素、管理的相关设备质量需要运营检测设备的检测，随时观察设备的质量运作状态；需要运营检验设备对产品质量的检验，随时观察产品的质量状态。这些检验和检测的辅助设备的高质量运作，才能保证运营设备、看板设备、可视化设备、供应链或者服务链设备、要素设备、管理设备的延迟策略和强化延迟策略、后拉动流程、后拉动价值、智能运作具有实现辅助设备质量的基础。

企业需要建立设备质量预防和处理机制。对企业集成设备运营流程运营设备、看板设备、可视化设备、供应链或者服务链设备、要素设备、管理设备、检验设备、检测设备，这些设备与企业集成设备维护运营流程相联系，建立设备预防机制；这些设备与企业集成设备维修运营流程相联系，建立设备处理机制。企业设备质量预防和处理机制反映企业集成设备维护、维修运营流程延迟策略和强化延迟策略、后拉动流程、后拉动价值、智能运作，反映这些设备与降低设备停机耗损、设备不良产品损耗和设备返工耗损建立预防和处理联系，才具有实现设备质量预防和处理机制的基础。

企业集成运营流程设备质量运作需要融入 MES 集成适时运营设备跟踪系统和 CPS 设备学习之中，实现企业集成运营流程设备质量信息和智能运作。通过 MES 集成适时运营设备跟踪系统能随时了解到不同操作方式的设备运作各种参数，及时了解设备的运作状态。通过 CPS 设备学习，能智能地对设备运作状态、出现问题和设备状态预测进行分析，使企业集成运营流程设备质量运作能够做到事前预测、事中准确判断进行质量运作。企业集成运营流程设备质量运作、CPS 设备学习与精益运作融合，需要明确企业集成运营流程设备质量运作的企业集成运营流程设备监督学习、设备无监督学习、设备半监督学习、设备深度学习、设备集成学习到设备强化学习企业集成运营流程设备学习类型，通过企业集成运营流程设备监督学习算法、设备无监督学习算法、设备半监督学习算法到设备强化学习算法的企业集成运营流程设备学习算法的全面学习，明确对企业集成运营流程设备质量运作进行事前和事中分析，使企业集成运营流程设备质量运作始终在质量的掌控范围内进行运作。由此，模块单元流水线设备延迟策略和强化延迟策略、后拉动流程、后拉动价值实现的运营设备质量、相关设备质量、辅助设备质量、设备质量预防和处理机制能进行设备自判断、自运作的质量智能运作。

顾客接触的企业集成设备运营流程通用模块单元、链接模块单元流水线、专用模块单元流水线、不同层次模块单元流水线、整体和局部模块单元流水线延迟策略和强化延迟策略、后拉动流程、后拉动价值、智能运作除了具有运营设备质量、相关设备质量、辅助设备质量、设备质量预防和处理机制、智能质量运作之外，需要从顾客需求出发，对运营设备、看板设备、可视化设备、服务链设备、要素设备、管理设备、检验设备、检测设备中进行顾客接触之外的设备质量预防和处理机制的运用，以预防质量对顾客服务产生影响；对与顾客没有直接接触但对顾客服务有着重要影响的设备可采取迅速更换的方式，减少设备质量对顾客服务影响；对顾客接触的设备出现问题又没有办法迅速解决的可以采取员工直接衔接的方式继续服务。只有这样才能在与顾客接触时，降低设备停机耗损、设备不良产品损耗和设备返工耗损，促进模块单元流水线设备延迟策略和强化延迟策略、后拉动流程、后拉动价值、智能运作。

四、企业集成运营流程设备安全运作

企业集成设备运营流程通用模块单元流水线、链接模块单元流水线设备、专用模块单元流水线、不同层次设备模块单元流水线、设备整体和局部模块单元流水线延迟策略和强化延迟策略、后拉动流程、后拉动价值、智能运作需要设备的安全保证，只有设备安全具有保证，才能减少设备各种损耗，创造价值。设备具体模块单元通用模块单元相似流水线、设备链接模块单元相似流水线、设备专用模块单元隐形流水线的设备，设备联合模块单元通用模块单元相似流水线、设备链接模块单元相似流水线、设备专用模块单元可变流水线的设备，设备模块组模块单元通用模块单元单一流水线、设备链接模块单元单一流水线、设备专用模块单元混合流水线的设备，设备总作业模块单元通用模块单元单一流水线、设备链接模块单元单一流水线、设备专用模块单元相似流水线运作的设备，这些运营设备、看板设备、可视化设备的顾客参与设备操作、一般人员与设备操作、顾客接触人员与设备操作、顾客参与设备操作、人员界面操作、顾客接触人员界面操作、顾客参与界面操作的人员、顾客与设备直接关联，设备安全是模块单元流水线运作的基础，只有保证运营设备、看板设备、可视化设备的安全，运营设备、看板设备、可视化设备的人员、顾客的安全才有保证，才能减少设备故障造成的产品运营时间损耗，减少由于设备出现故障造成的不良产品的损耗，减少由于设备返工造成的产品运营时间和价值的损耗，降低设备停机耗损、设备不良产品损耗和设备返工耗损，模块单元流水线设备延迟策略和强化延迟策略、后拉动流程、后拉动价值、智能运作才具有实现运营设备安全的基础。

企业设备开发与设计价值链管理流程、设备采购价值链管理流程、设备仓储价值

链管理流程、设备销售价值链管理流程的设备，设备模块单元流水线设备物流作业、设备商流作业、设备人力资源作业、设备维护与维修作业、设备质量运作作业、设备价值运作作业、设备信息平台作业的设备，设备模块单元流水线设备计划作业、设备组织作业、设备领导作业、设备控制作业、设备创新作业的设备与企业模块单元流水线人员操作直接相连，只有保证这些与模块单元流水线运作相关的设备安全，这些设备相关的人员才能够安全，才能为降低设备停机耗损、设备不良产品损耗和设备返工耗损打下相关基础，模块单元流水线设备延迟策略和强化延迟策略、后拉动流程、后拉动价值、智能运作才具有实现相关设备安全的基础。

企业集成设备运营流程的模块单元流水线设备和供应链或者服务链、要素、管理的相关设备安全需要运营检测设备的安全，检测随时观察检测设备的安全运作状态；需要运营检验设备的安全，观察检验设备安全状态，这些设备相关的人员才能够安全。这些检验和检测的辅助设备的安全运作，才能保证运营设备、看板设备、可视化设备、供应链或者服务链设备、要素设备、管理设备的延迟策略和强化延迟策略、后拉动流程、后拉动价值、智能运作具有实现辅助设备安全的基础。

企业需要建立设备安全预防和处理机制。企业集成设备运营流程运营设备、看板设备、可视化设备、供应链或者服务链设备、要素设备、管理设备、检验设备、检测设备与企业集成设备维护运营流程相联系，建立设备安全预防机制；这些设备与企业集成设备维修运营流程相联系，建立设备安全处理机制。企业设备安全预防和处理机制反映企业集成设备维护、维修运营流程延迟策略和强化延迟策略、后拉动流程、后拉动价值、智能运作安全性和设备相关的人员安全运作，与降低设备停机耗损、设备不良产品损耗和设备返工耗损建立预防和处理联系，模块单元流水线设备延迟策略和强化延迟策略、后拉动流程、后拉动价值、智能运作才具有实现设备安全预防和处理机制的基础。

企业集成运营流程设备安全运作需要融入 MES 集成适时运营设备跟踪系统和 CPS 设备学习之中，实现企业集成运营流程设备安全信息和智能运作。通过 MES 集成适时运营设备跟踪系统能随时了解到不同操作方式的设备运作各种参数，及时了解设备的运作状态。通过 CPS 设备学习，能够智能地对设备运作状态、出现问题和设备状态预测进行分析，使企业集成运营流程设备安全运作能够做到事前预测、事中准确判断进行质量运作。企业集成运营流程设备安全运作、CPS 设备学习与精益运作融合，需要明确企业集成运营流程设备安全运作的企业集成运营流程设备监督学习、设备无监督学习、设备半监督学习、设备深度学习、设备集成学习到设备强化学习企业集成运营流程设备学习类型，通过企业集成运营流程设备监督学习算法、设备无监督学习算法、设备半监督学习算法到设备强化学习算法企业集成运营流程设备学习算法的全面学习，明确对企业集成运营流程设备安全运作进行事前和事中分析，使企业集成运营流程设备始终安全运作在掌控范围内。由此，模块单元流水线设备延迟策略和强化延迟策略、后拉动流程、后拉动价值实现的运营设备安全、相关设备安全、辅助设备安全、设备安全预防和处理机制能够进行设备自判断、自运作的安全智能运作。

顾客接触的企业集成设备运营流程通用模块单元、链接模块单元流水线、专用模块单元流水线、不同层次模块单元流水线、整体和局部模块单元流水线延迟策略和强化延迟策略、后拉动流程、后拉动价值、智能运作除了具有运营设备安全、相关设备安全、辅助设备安全、设备安全预防和处理机制、智能安全运作之外，需要从顾客需求出发，对运营设备、看板设备、可视化设备、服务链设备、要素设备、管理设备、检验设备、检测设备中进行顾客接触之外的设备安全预防和处理机制的运用，以预防安全对顾客服务产生影响；对与顾客没有直接接触但对顾客服务有着重要影响的设备可采取迅速更换的方式，减少设备安全对顾客服务影响；对顾客接触的设备出现问题又没有办法迅速解决的可以采取员工直接衔接的方式继续服务。只有这样才能够与顾客接触时，降低设备停机耗损、设备不良产品损耗和设备返工耗损，促进模块单元流水线设备延迟策略和强化延迟策略、后拉动流程、后拉动价值、智能运作。

五、企业集成设备运营流程运作方法

（一）企业集成设备运营流程运作遗传方法

企业集成设备运营流程运作遗传方法由美国密歇根大学的 Holland 教授于 1975 年最早提出，是建立在遗传学基础上的优化方法，是通过模拟自然进化过程搜索最优解的方法，也是企业集成设备运营流程学习的有效方法。企业集成设备运营流程运作遗传方法可以进行自组织，能够自适应，能够进行智能运作，通过直接进行测算对象参数编码，解决企业集成运营流程设备运作中的复杂问题，不需要事先描述问题，根据问题设计参数。可以针对企业集成运营流程设备运作目标评价信息进行搜索，不受函数连续性和可导的约束。可以进行并行运算，可降低对测算所涉及的设备的过高要求，易于执行。企业集成设备运营流程运作遗传方法可以拓展到企业集成模块单元流程、供应链或者服务链流程、延迟运作、精益运作、智能运作、流程空间、辅助要素、支撑要素、核心要素、信息要素、管理、体系、模式、策略、方案各方面的主体、特性、因素、指标的遗传优化和评价。顾客接触模块单元流水线需要在此基础上考虑顾客接触、员工与顾客服务互动、员工与顾客价值共创、顾客服务体验、顾客满意、服务补救的服务特性，进行遗传优化和评价。

企业集成设备运营流程运作遗传方法是根据企业集成设备运营流程运作问题的参数集进行编码，随机产生一个设备运作种群，计算设备运作适应函数，确定选择率，然后进行选择、交叉、变异的循环往复的测算，最后得到最优结果的过程（周昕和凌兴宏，2010）。

1. 企业集成设备运营流程运作遗传编码

企业集成设备运营流程运作遗传方法起始于编码，编码对企业集成设备运营流程运作问题的解决有着重要影响。企业集成设备运营流程运作遗传编码包括二进制编码、格雷码编码、一般编码、十进制编码、符号编码。二进制编码采用最小字符编码进行编码，编码和解码运作简便，有利于企业集成设备运营流程运作交叉、变异运作的实现。但二进制编码面对企业集成设备运营流程运作多维问题时，误差大、精度低。格雷码编码克服了二进制编码的不足，对二进制编码进行改进，使编码不仅具有二进制编码的优点，且能提高遗传算法的局部搜索能力。一般编码适合于企业集成设备运营流程运作中范围较大的数，便于空间较大的范围的遗传搜索，避免编码和解码的过程，提高方法的精度。十进制编码解决企业集成设备运营流程运作遗传方法过早收敛的问题。符号编码是非数值编码，可以运用企业集成设备运营流程运作的专门知识，是一种特殊知识性的编码。通过企业集成运营流程设备运作遗传编码，形成由编码由段组成的染色体。一般情况下，染色体的段可以由企业集成设备运营流程运作数量构成，对每一段进行编号。

2. 企业集成设备运营流程运作适应度函数

企业集成设备运营流程运作适应度函数是用来区分企业集成设备运营流程运作群体中个体的好坏，根据适应度函数的适应值对个体进行选择，以保证适应值好的个体产生更多的子个体（王志美和陈传仁，2006）。企业集成设备运营流程运作适应度函数值不能为负数，群体优化进化过程中适应度函数变化方向应当与目标函数的变化方向一致。

可以将目标函数经过一定转换得到企业集成设备运营流程运作适应度函数。适应度函数式如下：

$$Fit[f(x)] = \begin{cases} f(x) \\ -f(x) \end{cases} \tag{9-2-1}$$

$$Fit[f(x)] = \begin{cases} C_{max} - f(x) \\ 0 \end{cases} \tag{9-2-2}$$

$$Fit[f(x)] = \begin{cases} f(x) - C_{min} \\ 0 \end{cases} \tag{9-2-3}$$

$$Fit[f(x)] = \frac{1}{1 + c + f(x)} \tag{9-2-4}$$

$$Fit[f(x)] = \frac{1}{1 + c - f(x)} \tag{9-2-5}$$

式中，C_{max} 为 $f(x)$ 的最大值，C_{min} 为 $f(x)$ 的最小值。企业集成运营流程设备运作适应度函数式（9-2-1）具有转换简便的优点，但对于分布较广的适应度函数所得出的平均适应度不能很好地反映这种情况。企业集成设备运营流程运作适应度函数式（9-2-2）和式（9-2-3）是对这种缺点的有效改进，但对界限值的估计困难，不能保证精度。

企业集成设备运营流程运作适应度函数与目标函数需要一定的尺度变换，函数式如下：

$$F = \alpha f + \beta \tag{9-2-6}$$

$$F = f^k \qquad\qquad (9-2-7)$$

$$F = e^{\alpha f} \qquad\qquad (9-2-8)$$

式中，F 是企业集成设备运营流程运作适应度函数，f 是目标函数。尺度变换式 （9-2-6）只能对目标函数进行等比例变换，不能对大小进行变换，函数值相差不大时，这种变换影响选优。尺度变换式（9-2-7）克服了对目标函数进行线性变换的缺点，但可扩展性较差，对幂指数确定困难。尺度变换式（9-2-8）选择的强制性取决于 α，α 越小，代表选择强制性越大。

3. 企业集成设备运营流程运作遗传选择

企业集成设备运营流程运作遗传选择需要从企业集成设备运营流程运作群体中选择优胜的个体，淘汰劣质个体（边霞和米良，2010）。进行企业集成运营流程设备运作遗传选择方法包括轮盘赌选择法、局部选择法、期望值方法、最佳个体保存法、竞争法、排序选择法。

轮盘赌选择法是企业集成设备运营流程运作遗传选择中最常用的方法。这一方法个体的企业集成设备运营流程运作遗传适应度值越大，个体被选中的概率就越大。被选中的个体被放入企业集成设备运营流程运作遗传个体配对库中，随机地进行个体配对。局部选择法的企业集成设备运营流程运作遗传每个个体有一定程度的约束，企业集成设备运营流程运作遗传个体仅与相邻的个体产生交叉，相邻范围由企业集成设备运营流程运作遗传种群的分布给出。期望值方法针对企业集成设备运营流程运作遗传种群的个体，进行期望数的计算，被选中的企业集成设备运营流程运作遗传个体，递减期望数，直至选择完成企业集成设备运营流程运作遗传选择。最佳个体保存法将企业集成设备运营流程运作遗传群体中适应度最高的个体不进行配对交叉而直接复制到下一代，促进进化过程优化。竞争法随机地选取企业集成设备运营流程设备运作遗传两个个体，进行适应值比较，选择适应值大的个体，淘汰小的适应值个体，反复进行，直至遗传选择完成。排序选择法根据各企业集成设备运营流程运作遗传个体的适应度大小进行排序，根据所排的先后顺序进行遗传选择。轮盘赌选择法中被选择个体的概率公式、期望值方法中的被选择个体的期望函数公式如下：

$$P_{si} = \frac{f_i}{\sum\limits_{j=1}^{n} f_j} \qquad\qquad (9-2-9)$$

$$M = \frac{f_i}{\bar{f}} \qquad\qquad (9-2-10)$$

4. 企业集成设备运营流程运作遗传交叉

企业集成设备运营流程运作遗传交叉是将企业集成设备运营流程运作两个父个体的部分基因相互交换产生新个体。企业集成设备运营流程运作遗传交叉包括单点交叉、多点交叉、均匀交叉。

企业集成设备运营流程运作单点交叉是在个体中随机选定交叉点，企业集成设备运营流程运作遗传两个个体的交叉点之间进行互换，产生新的个体。多点交叉是多个个体进行无重复随机选择多个交叉点，企业集成设备运营流程运作遗传多个交叉点之间进行交叉，产生新的后代。均匀交叉将两个父代个体中的基因串的每一位进行交换，产生新的个体。企业集成设备运营流程运作遗传交叉过程中，采取部分映射杂交，确定设备运作遗传交叉运作的父代，将父代样本两两分组选取两个交叉点，进行交叉点之间的交叉重复运作。进行交叉时，不重复的部分保留，有冲突的部分，运用部分映射进行消除。

5. 企业集成设备运营流程运作遗传变异

企业集成设备运营流程运作遗传变异是以很小的变异概率，随机进行企业集成设备运营流程运作遗传群体中个体的一些基因值。这一过程通过设备运作遗传交叉产生后代的个体的每一基因值，在［0，1］之间产生随机数，如果随机数小于变异概率，就进行设备运作遗传变异运作。设备运作遗传变异是局部随机搜索过程，这一过程与设备运作遗传选择、遗传交叉结合起来，以避免设备运作遗传选择和交叉算子而引起的一些信息的永久性丢失，促使遗传算法的有效性，同时也可以保持设备运作遗传群体的多样性，以防过早收敛。

企业集成设备运营流程运作遗传变异包括基本位变异、均匀变异、二元变异、高斯变异。基本位变异是运用变异概率，随机进行设备运作遗传某一位或某几位基因的变异。均匀变异是运用一定范围的均匀分布的随机数替换设备运作遗传个体原有基因值的过程。二元变异是用新生成两个体中的各个基因取代原染色体对应基因值的过程。高斯变异运用正态分布的随机数来替换原有基因值过程。

6. 企业集成设备运营流程运作遗传参数选择

企业集成设备运营流程运作遗传算法运作中，对一些重要的参数进行合理的选择和控制，保证设备运作遗传算法能够搜索出最优解。这些参数包括群体规模、交叉概率、变异概率、终止代数。群体规模表示企业集成运营流程设备运作遗传群体中所含个体的数量，当群体规模取值较小时，可提高遗传算法的运算速度，但降低群体的多样性，会引起遗传算法的过早收敛；当群体规模取值较大时，会降低遗传算法的运行效率。交叉概率一般应取较大值，但不能过大，取值过大会破坏群体有序运作。变异概率取值应适当，取值过大，可能产生出多的新个体，也可能破坏秩序运作；取值过小，产生新个体的能力较差，不能有效地抑制过早收敛。终止代数是表示遗传算法运行结束的参数，这一参数运作就可以求出最优解。

F制造公司运用机器人进行无人设备的运作，无人的机器人运作对F制造公司效率的提高起到了重要作用。随着F制造公司机器人运用的展开，机器人运作中位置先后的选择是机器人需要面对的问题，而位置选择得好就能够增强机器人运作的效率。F制造公司的一作业环节的位置通过坐标展示出来，其位置是［14.59，91.68；15.62，92.77；19.99，91.39；20.45，92.68；24.36，96.82；21.98，95.99；21.17，96.37；17.56，96.63；16.45，97.99；13.86，96.12；15.53，96.59；20.59，94.68］。这是12个位置需要机器人进行有效率的运作轨迹的选择。

运用企业集成运营流程设备运作遗传方法，采用整数排列的编码方法对 F 制造公司机器人运作的 12 个位置进行编码，12 个位置分为 12 个段染色体，每一段对应 F 制造公司机器人运作位置顺序数，这样 |3||8||6||12||11||4||1||7||2||5||9||10| 就构成合规的染色体。完成对 F 制造公司机器人运作编码后，需要确定初始种群，一般初始种群根据 F 制造公司机器人运作规模，运用经验进行确定。F 制造公司机器人运作遗传种群的选择在 60～200，由此确定随机的初始解。这一初始解如图 9-2-4 所示。

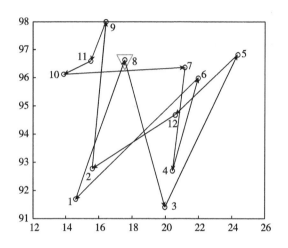

图 9-2-4　F 制造公司机器人运作遗传方法初始解

F 制造公司机器人运作遗传方法初始解的机器人运作轨迹为 8→3→5→12→2→9→11→10→7→4→6→1→8，这一轨迹的总距离为 60.1492。

F 制造公司机器人运作遗传编码采用整数编码的染色体 $|q_1||q_2||\cdots||q_i||\cdots||q_n|$，适应度函数为：

$$Fit\left[f(x)\right] = \frac{1}{\sum_{i=1}^{n-1} D_{q_iq_j} + D_{q_nq_1}}$$

式中，$D_{q_iq_j}$ 表示 F 制造公司机器人运作位置 q_i 到位置 q_j 距离。适应度函数的目标就是选择尽可能大的染色体，适应度值越大，染色体越有值。

确定适应度函数后，进行 F 制造公司机器人运作遗传选择运作，以概率为依据，从旧群体中选择新个体到群中，个体选中的概率与适应度值相关，适应度值越大，选中的概率就越大。之后进行 F 制造公司机器人运作遗传交叉，确定 F 制造公司机器人交叉运作的父代，将 F 制造公司机器人父代样本两两分组选取两个交叉点，进行交叉点之间的交叉重复运作。F 制造公司机器人运作交叉点随机选择为 5 和 8，区间为 [1，12]。进行 F 制造公司机器人交叉运作交叉时，不重复的部分保留，有冲突的部分进行消除。

原个体　8 9 1 6 5 7 12 3 10 11 2 4
　　　　3 4 6 8 7 2 10 9 11 12 1 5

交叉为　8 9 1 6 7 2 10　　11　　4
　　　　3 4 6 8 5 7 12 11　　　1

父代个体　8 9 1 6 7 2 10 3 12 11 5 4
　　　　　3 4 6 8 5 7 12 2 11 10 1 9

随机选取 F 制造公司机器人变异运作的两个点兑换位置，产生 [1，12] 范围内的两个点 6 和 8 进行位置的变换，进行 F 制造公司机器人变异运作。

原个体　8 9 1 6 7 2 10 3 12 11 5 4
变异个体　8 9 1 6 7 3 10 2 12 11 5 4

F 制造公司机器人遗传适应度函数确定，进行遗传选择、遗传交叉、遗传变异，F 制造公司机器人运作遗传方法优化过程如图 9-2-5 所示。

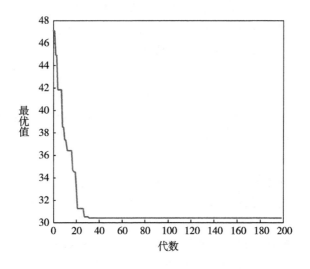

图 9-2-5　F 制造公司机器人运作遗传方法优化过程

对 F 制造公司机器人运作遗传的每一个随机产生的位置轨迹进行评价，得出最优轨迹。F 制造公司机器人运作遗传方法最优轨迹如图 9-2-6 所示。

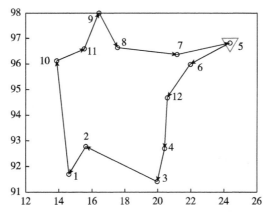

图 9-2-6　F 制造公司机器人运作遗传方法最优轨迹

F 制造公司机器人运作遗传方法最优轨迹为 5→6→12→4→3→2→1→10→11→9→8→7→5，总距离为30.39。

(二) 企业集成设备运营流程运作模拟退火方法

企业集成设备运营流程运作模拟退火方法最早于 1983 年由克柯帕特里克、格拉特和维克奇提出。这一方法来源于固体退火过程，固体通过加温和降温，需要按照特定的降温速度要求，才能够达到固体要求的结构（李香平和张红阳，2008）。由此形成运用广泛的设备运作模拟退火方法。企业集成设备运营流程运作模拟退火方法可以拓展到企业集成模块单元流程、供应链或者服务链流程、延迟运作、精益运作、智能运作、流程空间、辅助要素、支撑要素、核心要素、信息要素、管理、体系、模式、策略、方案各方面的主体、特性、因素、指标的模拟退火优化和评价。顾客接触模块单元流水线需要在此基础上考虑顾客接触、员工与顾客服务互动、员工与顾客价值共创、顾客服务体验、顾客满意、服务补救的服务特性，进行模拟退火优化和评价。

1. 企业集成设备运营流程运作模拟退火参数初始化

企业集成设备运营流程运作模拟退火参数初始化需要将参数进行一定的设定，这种设定需要按照模拟退火适合运作的要求，进行参数设定。需要进行初始等效温度 $T(0)$ 的设定，这一设定关系到企业集成运营流程设备运作模拟退火方法运作的充分性，关系到方法的效率。这一温度的设定需要与模拟退火方法运作标准差的上下限之差在一个级别上，这样才能保证方法运作的充分性，模拟退火方法运作标准差的上下限可以进行估计，因而这种设定具有可行性。初始等效温度 $T(0)$ 设计公式如下：

$$T(0) = \overline{\Box f^+} / \ln x^{-1} \tag{9-2-11}$$

式中，$\overline{\Box f^+}$ 为函数初始增量平均值，x 为初始可接受概率。

模拟退火方法需要进行温度步长的设计，可以采用常数方式、算术方式、几何方式、倒数方式、对数方式进行设计。常数方式、算术方式、几何方式、倒数方式、对数方式温度步长公式如下：

$$T(t) = C \tag{9-2-12}$$

$$T(t) = T(t-1) - C \tag{9-2-13}$$

$$T(t) = a(t) T(t-1) \tag{9-2-14}$$

$$T(t) = C/(1 + \delta t) \tag{9-2-15}$$

$$T(t) = C/\ln(1 + t) \tag{9-2-16}$$

在这些温度步长设计公式中，几何设计方式最为常用。当 $a(t)$ 为常数时，几何设计方式开始降温较快，之后越来越慢，符合自然降温过程。但当等效温度 $T(0)$ 几乎为零时，则几何设计方式降温可能使收敛过慢，需要采用动态系数 $a(t)$。

模拟退火方法需要确定目标函数和系统稳态概率，目标函数和系统稳态概率公式如下：

$$\min_{X \in D} f(x) \tag{9-2-17}$$

$$P(X) = \frac{\exp(-f(x)/T)}{\int_D \exp(-f(x)/T)\,dX} \qquad (9-2-18)$$

2. 企业集成设备运营流程运作模拟退火生成下一相邻状态

企业集成设备运营流程运作模拟退火生成下一相邻状态可以采用交换法，运用滑尺技术，将企业集成运营流程设备运作模拟退火当前状态置于尺子中心，在尺子范围内产生一均匀分布的随机点作为下一状态，若下一状态存在，则将尺子中心移至下一状态，成为相邻状态。可以采取随机产生的数，进行不同顺序数据的转换，成为相邻状态。尺子的大小随模拟温度的下降而自动调整，建立企业集成运营流程设备运作模拟退火生成下一相邻状态。

3. 企业集成设备运营流程运作模拟退火 Metropolis 准则判决

企业集成设备运营流程运作模拟退火 Metropolis 准则判决是在设备运作模拟退火过程需要较长时间的过程中，每一次的模拟退火过程又是企业集成设备运营流程运作状态改变以达到平衡的过程，模拟退火 Metropolis 准则需要测算目标函数的改变量，这一改变量不要在界限范围内，从而具备企业集成设备运营流程运作模拟退火基础。可以通过路径长度函数的选择实现 Metropolis 准则判决。路径长度函数 $f(S)$，当前路径为 $f(S_1)$，相邻状态路径为 $f(S_2)$，路径差为 $df = f(S_2) - f(S_1)$，Metropolis 准则公式如下：

$$P = \begin{cases} 1 & df < 0 \\ \exp(-df/T) & df \geq 0 \end{cases} \qquad (9-2-19)$$

4. 企业集成设备运营流程运作模拟退火是否达到热平衡

企业集成设备运营流程运作模拟退火方法是以每一次的模拟退火过程为迭代，测算企业集成设备运营流程运作模拟退火状态改变的总次数，系统通过多次状态改变，能够释放能量，达到设备运作模拟退火平衡状态。通常可以根据设备运作模拟退火状态能量和概率进行设备运作模拟退火状态平衡的判断，使系统更快地进入平衡状态。

5. 企业集成设备运营流程运作模拟退火选择下一温度的初始状态

企业集成设备运营流程运作模拟退火方法将设备运作模拟退火平衡状态的温度的最后状态作为下一温度的初始状态。这种状态的选择需要明确是具有系统代表性的状态，是系统最可能的状态。

6. 企业集成设备运营流程运作模拟退火判停标准

企业集成设备运营流程运作模拟退火判停标准运用可以完成企业集成设备运营流程运作模拟退火过程。这些标准包括具有固定的企业集成设备运营流程运作模拟退火迭代次数，温度小于给定的最低温度，相继温度下的能量改变很小，相继温度下只有很少的状态改变，相继温度下没有目标函数值的改变。企业集成设备运营流程运作模拟退火过程呈现出这些标准，就能够判定企业集成设备运营流程运作模拟退火完成。

采用上述 F 制造公司运用机器人进行无人的设备的运作事例，运用企业集成运营流程设备运作模拟退火方法进行，确定 F 制造公司运用机器人最佳轨迹。进行 F 制造公司运用机器人模拟退火运作的参数设计，设计降温速度0.9、初始等效温度1000、结束温度1e-3、温度步长200，由此随机产生初始3→5→4→12→8→1→7→6→11→2→9→10→3，总距离：59.54。F制造公司运用机器人模拟退火方法初始解如图9-2-7所示。

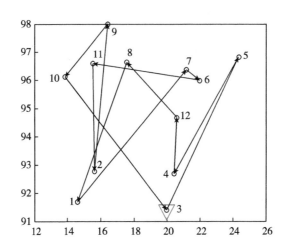

图9-2-7 F制造公司运用机器人模拟退火方法初始解

[1，12] 范围内，随机产生数4和9，进行F制造公司运用机器人模拟退火方法初始解交换，产生邻近状态的解3→5→4→11→8→1→7→6→12→2→9→10→3。按照设计降温速度0.9、结束温度1e-3、温度步长200进行F制造公司运用机器人模拟退火，F制造公司机器人运作模拟退火方法整个优化过程如图9-2-8所示。

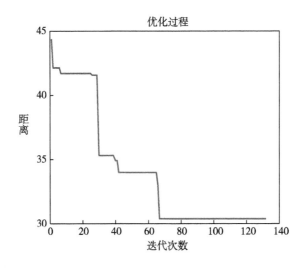

图9-2-8 F制造公司机器人运作模拟退火方法整个优化过程

当温度小于结束温度时，停止 F 制造公司运用机器人模拟退火，得出最优轨迹。F 制造公司机器人运作模拟退火方法最优轨迹如图 9 - 2 - 9 所示。

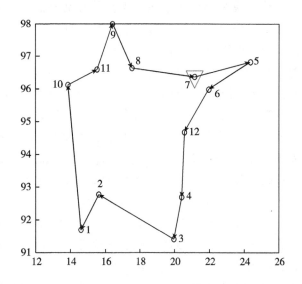

图 9 - 2 - 9　F 制造公司机器人运作模拟退火方法最优轨迹

F 制造公司机器人运作模拟退火方法最优轨迹 7→5→6→12→4→3→2→1→10→11→9→8→7，总距离 30.39。

制造类企业集成运营流程设备目标是价值最大化，企业集成制造流程设备启动需要具有反映企业集成战略的基本制造模块单元的流水线具有明确的结构，需要具有反映企业协同运作的精益模块单元流水线，需要具有反映企业协同运作的智能模块单元流水线，需要具有反映企业集成制造流程运作的具有企业集成基本制造具体模块单元、联合模块单元、模块组模块单元、总作业模块单元和基本制造通用模块单元、链接模块单元、专用模块单元的 CPS 精益模块单元单一流水线设备、CPS 精益模块单元相似流水线设备、CPS 精益模块单元混合流水线设备、CPS 精益模块单元可变流水线设备，需要具有一般机器操作设备、人员看管机器操作设备、一般人员与机器操作设备、顾客参与界面操作设备。制造类企业集成制造流程设备和运营设备、控制设备、信息联络设备、CPS 传感设备启动需要具有反映企业集成制造流程运作的信息系统和 CPS 系统，需要明确进行学习的设备、设备学习类型和设备学习算法，需要明确制造对象，制造对象将对企业集成运营流程设备产生直接的影响，进行通用模块单元、链接模块单元、专用模块单元、整体模块单元流水线设备精益智能运作，进行一般机器操作设备、人员看管机器操作设备、一般人员与机器操作设备、顾客参与界面操作设备和制造设备、控制设备、信息联络设备、CPS 传感设备的智能视觉运作、智能听觉运作、智能嗅觉运作、智能语言运作、智能动作运作，进行设备精益智能质量运作、设备精益智能安全运作，需要运用企业集成制造流程设备运作遗传方法和模拟退火方法。

制造性服务企业集成运营流程设备目标是价值最大化，企业集成服务流程设备启动需要具有反映企业集成战略的基本服务模块单元的流水线具有明确的结构，需要具有反映企业协同运作的精益模块单元流水线，需要具有反映企业协同运作的智能模块单元流水线，需要具有反映企业集成服务流程运作的具有企业集成基本服务具体模块单元、联合模块单元、模块组模块单元和基本服务通用模块单元、链接模块单元、专用模块单元的 CPS 精益模块单元单一流水线设备、CPS 精益模块单元相似流水线设备、CPS 精益模块单元混合流水线设备、CPS 精益模块单元可变流水线设备，需要具有一般机器操作设备、人员看管机器操作设备、顾客参与机器操作设备、一般人员与机器操作设备、顾客接触人员与机器操作设备、人员界面操作设备、顾客接触人员界面操作设备、顾客参与界面操作设备和运营设备、控制设备、信息联络设备、CPS 传感设备。制造性服务企业集成运营流程设备启动需要具有反映企业集成服务流程运作的信息系统和 CPS 系统，需要明确进行学习的设备、设备学习类型和设备学习算法，需要明确服务对象，服务对象将对企业集成运营流程设备产生直接的影响，进行通用模块单元、链接模块单元、专用模块单元、整体模块单元流水线设备精益智能运作，进行一般机器操作设备、人员看管机器操作设备、顾客参与机器操作设备、一般人员与机器操作设备、顾客接触人员与机器操作设备、人员界面操作设备、顾客接触人员界面操作设备、顾客参与界面操作设备和服务设备、控制设备、信息联络设备、CPS 传感设备智能视觉运作、智能听觉运作、智能嗅觉运作、智能语言运作、智能动作运作，进行设备精益智能质量运作、设备精益智能安全运作，需要运用企业集成服务流程设备运作遗传方法和模拟退火方法。

一般服务企业、设计性服务企业、中间性服务企业、一般纯服务企业集成服务流程设备目标是价值最大化，企业集成服务流程设备启动需要具有反映企业集成战略的基本服务模块单元的流水线具有明确的结构，需要具有反映企业协同运作的精益模块单元流水线，需要具有反映企业协同运作的智能模块单元流水线，需要具有反映企业集成服务流程运作的具有企业集成基本服务具体模块单元、联合模块单元和基本服务通用模块单元、专用模块单元的 CPS 精益模块单元单一流水线设备、CPS 精益模块单元相似流水线设备、CPS 精益模块单元混合流水线设备、CPS 精益模块单元可变流水线设备，需要明确企业集成制造流程设备启动具有反映企业集成服务流程运作的信息系统和 CPS 系统，需要明确进行学习的设备、设备学习类型和设备学习算法，需要明确服务对象，服务对象将对企业集成运营流程设备产生直接的影响，进行通用模块单元、专用模块单元、整体模块单元流水线设备精益智能运作。一般服务企业一般机器操作设备、人员看管机器操作设备、一般人员与机器操作设备、人员界面操作设备、顾客接触人员界面操作设备、顾客参与界面操作设备，设计性服务企业、中间性服务企业具备人员界面操作设备、顾客参与界面操作设备，一般纯服务企业顾客接触场内员工服务流程、顾客接触场内设备服务流程、顾客接触场外设备服务流程、顾客接触电子服务流程具备人员界面操作设备、顾客接触人员界面操作设备、顾客参与界面操作设备，服务设备、控制设备、信息联络设备、CPS 传感设备，进行智能视觉运作、智能听觉运作、智能嗅觉运作、智能语言运作、智能动作运作，进行设备精益智能质量运作、设备精益智能安全运作，需要运用企业集成服务流程设备运作遗传方法和模拟退火方法。

第三节　企业集成设备维护与维修运营流程

一、企业集成设备运营流程设备磨损和故障规律

（一）企业集成设备运营流程设备磨损规律

企业设备具体模块单元、设备链接模块单元、设备模块组模块单元、设备总作业模块单元和设备通用模块单元、设备链接模块单元、设备专用模块单元流水线的一般设备操作设备、人员看管设备操作设备、一般人员与设备操作设备、顾客参与设备操作设备、顾客接触人员与设备操作设备、人员界面操作设备、顾客参与界面操作设备到顾客接触人员界面操作设备和从设备功能角度出发的运营设备、控制设备、信息联络设备、CPS 传感设备的运作过程中，会逐渐发生磨损，一般分为有形磨损、无形磨损两种形式。

设备有形磨损指企业集成运营流程各种操作设备和运营设备、控制设备、信息联络设备、CPS 传感设备运作过程中，由于零件受摩擦、振动而磨损或损坏，以致设备的技术状态劣化或设备在闲置中由于自然力的作用，使设备失去精度和运作能力，这两种设备磨损称有形磨损。设备无形磨损设备的技术结构，性能没有变化，但由于劳动生产率的提高，使这种设备的再生产费用下降，而使原有同种设备发生贬值或是由于新的性能更完善的效率更高的设备出现和推广，使原有的设备的经济效能相对降低而形成的消耗。

企业集成设备运营流程各种操作设备和运营设备、控制设备、信息联络设备、CPS 传感设备有形磨损过程，大致分设备初期磨损阶段、设备正常磨损阶段、设备剧烈磨损阶段三个阶段。设备初期磨损阶段，企业集成运营流程各种操作设备和运营设备、控制设备、信息联络设备、CPS 传感设备运作属于初期运作，初期设备运作没有进行规范运作的轨迹，设备很快被磨损，这一磨损速度快，但时间短。设备正常磨损阶段，企业集成运营流程各种操作设备和运营设备、控制设备、信息联络设备运作进行规范运作的轨迹，设备运作趋于正常，设备磨损趋于缓慢，基本上是匀速增加。设备剧烈磨损阶段，企业集成运营流程各种操作设备和运营设备、控制设备、信息联络设备、

CPS 传感设备运作由量变到质变,超过一定限度,正常磨损关系被破坏,磨损加快,设备的工作性能也迅速降低,如不停止使用,进行维修,设备可能被损坏。

(二) 企业集成设备运营流程设备故障规律

企业集成设备运营流程各种操作设备和运营设备、控制设备、信息联络设备、CPS 传感设备运作过程中,会出现设备故障。设备故障一般分为设备突发故障和设备劣化故障。设备突发故障是设备突然发生的故障,其特点是发生时间是随机的;设备劣化故障是由于设备性能逐渐劣化所造成的故障,其特点是发生故障有一定的规律,故障发生速度是缓慢的,程度多是局部功能损坏。企业集成运营流程各种操作设备故障按照发生的时期,分为设备初期故障期、设备偶发故障期、设备磨损故障期。

设备初期故障期,这一阶段的企业集成设备运营流程各种操作设备和运营设备、控制设备、信息联络设备、CPS 传感设备故障主要是由于设备自身运作属于开始期,运作需要适应的过程,加上操作不良习惯引起的,开始故障较高,随后逐渐减少,设备初期故障属于突发故障。设备偶发故障期,在这一阶段,企业集成设备运营流程各种操作设备和运营设备、控制设备、信息联络设备、CPS 传感设备已进入正常运转阶段,故障很少,一般都是由于维护不好和操作失误引起的偶发故障,设备偶发故障属于突发故障。设备磨损故障期,在这阶段,构成设备的零件已磨损、老化,因而故障率急剧上升,设备磨损故障属于劣化故障。

企业集成设备运营流程各种操作设备和运营设备、控制设备、信息联络设备、CPS 传感设备有形磨损规律和设备故障规律有着内在的联系。设备初期磨损阶段、设备剧烈磨损阶段与设备初期故障期、设备偶发故障期有一定的内在联系,设备初期磨损阶段、设备剧烈磨损阶段都容易形成突发故障,只是设备初期磨损阶段形成突发故障的强度比设备剧烈磨损阶段突发故障弱。设备正常磨损阶段与设备磨损故障期有一定的内在联系,正常磨损阶段容易形成劣化故障。

根据企业集成设备运营流程各种操作设备和运营设备、控制设备、信息联络设备、CPS 传感设备的有形磨损规律和设备故障规律的内在联系,将设备有形磨损阶段与设备故障期联系起来,形成具体的设备的有形磨损规律和故障规律内在联系。设备初期磨损阶段、设备剧烈磨损阶段与设备初期故障期、设备偶发故障期相联系,使设备初期磨损阶段、设备剧烈磨损阶段与设备初期故障期、设备偶发故障期的突发故障联系起来。设备正常磨损阶段与设备磨损故障期相联系,将设备正常磨损阶段与设备磨损故障期的劣化故障联系起来。

二、企业集成运营设备维护流程

企业集成运营设备维护流程是企业集成运营设备流程运作的基础,通过企业集成运营设备维护流程可以促进企业集成运营设备流程的延迟和强化延迟策略、后拉动流程、后拉动价值、智能运作,减少设备停机耗损、设备不良产品损耗、设备返工耗损,实现企业集成运营流程价值增值。企业集成运营设备维护流程各种操作设备和运营设备、控制设备、信息联络设备、CPS 传感设备为降低设备初期磨损阶段、设备剧烈磨损阶段与设备初期故障期、设备偶发故障期的突发故障，降低设备正常磨损阶段与设备磨损故障期的劣化故障，需要进行企业集成运营流程各种操作设备和运营设备、控制设备、信息联络设备、CPS 传感设备维护，进行延迟策略运作和强化延迟策略运作维护活动。企业集成运营流程各种操作设备和运营设备、控制设备、信息联络设备、CPS 传感设备维护通过企业集成设备日常维护、企业集成设备一级维护、企业集成设备二级维护进行。企业集成运营设备日常维护和一级维护流程、企业集成运营设备二级维护和三级维护流程如图 9 - 3 - 1 和图 9 - 3 - 2 所示。

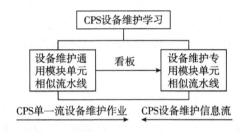

图 9 - 3 - 1　企业集成运营设备日常维护和一级维护流程

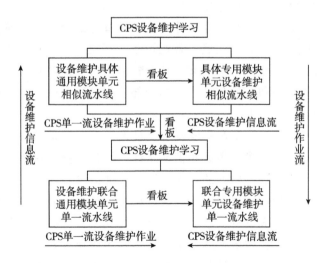

图 9 - 3 - 2　企业集成运营设备二级维护和三级维护流程

企业集成运营设备维护流程是每一天运营设备、控制设备、信息联络设备、CPS 传感设备启动前对设备进行检查，进行必要的润滑，使设备运作处于正常状态中，针对运营设备、控制设备、信息联络设备、CPS 传感设备的不同特性，按照正常的设备运作规范进行设备运作，保持周围环境的清洁。设备运作后，对设备运作的环境进行清扫，擦拭设备表面，保持设备清洁。一周进行运营设备、控制设备、信息联络设备、CPS 传感设备外观和内部进行全面的维护，对运营设备核心部分、非核心部分，对控制设备的中央处理器、内存、主板、硬盘驱动器、光驱驱动器、各种扩展卡、连接线、鼠标、键盘，对信息联络设备的调制调解器、网络适配器、中继器和集成器、网桥和交换机、路由器、网络连接器，CPS 传感设备进行比较彻底的清扫、擦拭、涂油、信息链接测试维护。

企业集成运营设备一级维护流程周期是 1~3 个月，对运营设备、控制设备的指定部分进行拆卸，进行彻底的清洗。对指定部分进行疏通，保证运营设备的核心部分、非核心部分和控制设备的中央处理器、内存、主板畅通，保证信息联络设备的调制调解器、网络适配器、中继器和集成器、网桥和交换机、路由器、网络连接器畅通。紧固各松动部分，调整设备的配合间隙，使设备的安装完整；洗清导轨和各滑动面，清除毛刺和划痕。对信息联络设备和 CPS 传感设备的指定功能进行调试，使这些功能达到顺畅运作要求。

企业集成运营设备二级维护流程以半年为周期，对运营设备的核心部分、非核心部分和控制设备的中央处理器、内存、主板、硬盘驱动器、光驱驱动器、各种扩展卡、连接线、鼠标、键盘的各部分进行拆卸，对信息联络设备的调制调解器、网络适配器、中继器和集成器、网桥和交换机、路由器、网络连接器各部分进行拆卸，彻底的清洗。对运营设备和控制设备各部分不符合功能要求的进行简单修复和更换，保证运营设备、控制设备各部分的功能完善。对运营设备和控制设备各部分进行疏通，保证运营设备和控制设备各部分畅通。对运营设备、控制设备进行检查、调整，使运营设备、控制设备完全达到运营精度、校验水平要求。对不能达到功能要求的信息联络设备进行简单修复，对信息联络设备和 CPS 传感设备的全部功能进行调试，使信息联络设备完全达到运营精度、校验水平要求。

企业集成设备日常维护、企业集成设备一级维护采用的是设备维护通用模块单元相似流水线、设备维护专用模块单元相似流水线、设备维护模块单元混合流水线，这些设备维护模块单元流水线是典型的流水线运作，维护设备与工装一般采用专用设备和工装，进行延迟策略运作和强化延迟策略运作维护活动，最大限度发挥流水线的设备维护运作效率。企业集成设备日常维护、企业集成设备一级维护模块单元流水线包括设备维护通用模块单元相似流水线、设备维护专用模块单元相似流水线、设备维护模块单元混合流水线。企业集成设备维护模块单元流水线需要根据维护设备特性，维护设备部分采用、整体采用 U 型布置，使设备维护通用模块单元相似流水线、设备维护专用模块单元相似流水线连成一体，成为设备维护模块单元混合流水线，使维护设备之间能够协调起来进行运作。从设备维护专用模块单元相似流水线到设备维护通用模块单元相似流水线进行后流程拉动、后价值拉动，进行设备维护通用模块单元相似流水线、设备维护专用模块单元相似流水线作业顺序运作和信息反向运作。将 CPS 中的智能传感器、智能控制器、计算机网络融入设备维护通用模块单元相似流水线、设备维护专用模块单元相似流水线、设备维护模块单元混合流水线之中，进行日常、一级设备维护模块单元流水线的智能运作。这样企业集成设备日常维护、一级维护模块单元流水线通过维护设备、维护控制设备、维护信息联络设备、维护 CPS 传感设备进行企业集成设备日常维护、一级维护模块单元流水线活动的智能运作。

企业集成运营设备二级维护流程采用的是设备维护具体通用模块单元相似流水线、设备维护具体专用模块单元相似流水线、设备维护具体模块单元混合流水线、设备维护联合通用模块单元单一流水线、设备维护联合专用模块单元单一流水线、设备维护联合模块单元相似流水线、设备维护整体模块单元混合流水线，这些设备维护块单元流水线是典型的流水线运作，维护设备与工装一般采用专用设备和工装，进行延迟策略运作和强化延迟策略运作维护活动，最大限度发挥设备维护流水线运作效率。企业集成设备维护模块单元流水线需要根据维护设备特性，维护设备模块单元流水线部分采用、整体采用 U 型布置，使这些设备维护模块单元流水线连成一体，使维护设备模块单元流水线之间能够协调起来进行运作。从设备维护模块单元专用模块单元流水线到设备维护通用模块单元流水线进行后流程拉动、后价值拉动，从设备维护联合模块单元流水线到设备维护具体模块单元流水线进行后流程拉动、后价值拉动，进行设备维护各类流水线维护作业顺序运作和信息反向运作。将 CPS 中的智能传感器、智能控制器、计算机网络融入各类设备维护模块单元流水线之中，进行设备二级维护模块单元相似流水线的智能运作。这样企业集成设备二级维护模块单元流水线通过维护设备、维护控制设备、维护信息联络设备、维护 CPS 传感设备进行企业集成设备日常维护、一级维护模块单元流水线活动的智能运作。

对一般设备操作设备、人员看管设备操作设备、顾客参与设备操作设备、一般人员与设备操作设备、顾客接触人员与设备操作设备、顾客参与设备操作设备、人员界面操作设备、顾客接触人员界面操作设备、顾客参与界面操作设备下的运营设备、控制设备、信息联络设备、CPS 传感设备进行企业集成日常维护、一级维护、二级维护模块单元流水线运作，需要从企业集成设备维护运营流程设备监督学习算法、设备无监督学习算法、设备半监督学习算法到设备强化学习算法的企业集成设备维护运营流程设备学习算法中得到支撑，进行企业集成设备维护运营流程智能视觉维护运作、智能听觉维护运作、智能嗅觉维护运作、智能语言维护运作、智能动作维护运作。

三、企业集成运营设备点检流程

企业集成运营设备点检流程指按照企业集成运营设备点检流程运作的要求，一定的周期内，采用一定方法，对运营设备、控制设备、信息联络设备、CPS 传感设备进行预防性的周密检查，以准确掌握设备的状况，为企业集成运营设备维护流程运作打下基础。企业集成运营设备点检流程如图 9 - 3 - 3 所示。

企业集成运营设备点检流程是设备点检通用模块单元相似流水线、设备点检专用模块单元相似流水线、设备点检模块单元混合流水线，这些设备点检模块单元流水线是

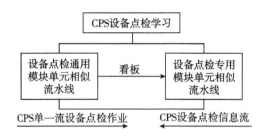

图9-3-3 企业集成运营设备点检流程

典型的流水线运作，点检设备一般采用专用设备，进行着延迟策略运作和强化延迟策略运作维护活动，最大限度发挥流水线的设备点检运作效率。企业集成设备点检模块单元流水线需要根据点检设备特性，点检设备部分采用、整体采用 U 型布置，使设备点检通用模块单元相似流水线、设备点检专用模块单元相似流水线连成一体，成为设备点检模块单元混合流水线，使点检设备之间能够协调起来进行运作。从设备点检专用模块单元相似流水线到设备点检通用模块单元相似流水线进行后流程拉动、后价值拉动，进行设备点检通用模块单元相似流水线、设备点检专用模块单元相似流水线作业顺序运作和信息反向运作。将 CPS 中的智能传感器、智能控制器、计算机网络融入设备点检通用模块单元相似流水线、设备点检专用模块单元相似流水线、设备点检模块单元混合流水线之中，进行设备点检模块单元混合流水线的智能运作。这样企业集成设备点检通过点检设备、点检控制设备、点检信息联络设备、点检 CPS 传感设备进行企业集成运营设备点检流程智能运作。

对一般操作设备、人员看管、顾客参与操作设备、一般人员与操作设备、顾客接触人员与操作设备、人员界面操作设备、顾客接触人员界面操作设备、顾客参与界面操作设备下的运营设备、控制设备、信息联络设备、CPS 传感设备进行企业集成设备点检运营流程运作，需要从企业运营集成设备点检流程设备监督学习算法、设备无监督学习算法、设备半监督学习算法到设备强化学习算法企业在集成设备点检运营流程设备学习算法中得到支撑，进行企业集成设备点检智能视觉点检运作、智能听觉点检运作、智能触觉点检运作、智能嗅觉点检运作、智能语言点检运作、智能动作点检运作，构建各种智能检测技术。

企业集成运营设备点检流程包括企业集成运营设备日常点检、短周期点检、长周期点检。企业集成运营日常设备点检流程对运营设备、控制设备、信息联络设备、CPS 传感设备的日常点检，包括企业集成感官点检、视觉点检、听觉点检、嗅觉点检。企业集成运营设备感官点检流程是运用点检设备智能视觉点检运作、智能听觉点检运作、智能触觉点检运作、智能嗅觉点检运作，对运营设备、控制设备、信息联络设备、CPS 传感设备的外观、位置、颜色、异常现象的点检。企业集成运营设备听觉点检流程是运用点检设备智能听觉点检，对运营设备、控制设备、信息联络设备、CPS 传感设备发出声音进行判断的点检。企业集成运营设备触觉点检流程是通过运用点检设备智能触觉点检运作，对运营设备、控制设备、信息联络设备、CPS 传感设备接触进行判断的点检。企业集成运营设备嗅觉点检流程是通过运用点检设备智能听觉点检运作，对运营设备、控制设备、信息联络设备、CPS 传感设备气味进行判断的点检。

企业集成运营设备短周期点检流程是为了了解运营设备、控制设备、信息联络设备、CPS 传感设备的运作情况，对设备重点部位进行静态和动态的外观检测，点检周期为 1~4 周。企业集成运营设备长周期点检流程是为了了解设备磨损情况和劣化情况，需要对运营机械设备核心部分、非核心部分的压力、温度、流量、泄漏、异音、震动、润滑、磨损、腐蚀、裂纹、折损、变形、松弛和运营电气设备核心部分、非核心部分的温度、湿度、灰尘、绝缘、异音、异味、氧化、连接松动、电流、电压设备进行详细检查，了解运营设备制造和服务速度、容量、兼容、信息连接功能完备程度。对控制设备的中央处理器、内存、主板、硬盘驱动器、光驱驱动器、各种扩展卡、连接线、鼠标、键盘的信息屏显、启动、内存、连接程度、集成程度、温度、电流、电压、灰尘、绝缘进行详细检查，了解控制设备信息处理功能、信息运作速度、信息存储大小、信息兼容、信息运作顺畅度的功能完备程度。对信息联络设备的调制调解器、网络适配器、中继器和集成器、网桥和交换机、路由器、网络连接器的屏显、连接程度、集成程度、温度、电流、电压、灰尘、绝缘进行详细检查，了解信息联络设备信息链接功能、信息联络速度、联络信息兼容、信息运作顺畅。对 CPS 传感设备屏显、设备连接程度、温度、电流、电压、灰尘、绝缘进行详细检查，了解 CPS 传感设备信息与设备链接功能、传感信息联络速度、传感信息运作顺畅度。企业集成运营设备长周期点检流程检查周期一般在一个月以上，可以在线解体检查针对设备的整体或者局部解体，进行详细的测量检查，确定磨损变形程度；可以离线解体检查针对故障损坏时更换的部分设备进行解体检查并修复，以备循环使用。企业集成设备短周期点检运营流程和长周期点检运营流程可以采用智能振动监测诊断技术、智能红外测温诊断技术、智能噪声监测技术、智能润滑油磨粒检测技术、智能超声波诊断技术、智能信息连接诊断技术、智能信息速度诊断技术、智能信息容量诊断技术、智能整体性能诊断技术进行检测。

四、企业集成运营设备维修流程

企业集成运营设备维修流程是企业集成运营设备运营流程运作的基础，通过企业集成运营设备维修流程可以促进企业集成设备运营流程的延迟和强化延迟策略、后拉动流程、后拉动价值、智能运作，减少设备停机耗损、设备不良产品损耗、设备返工耗损，实现企业集成运营流程价值增值。企业集成运营设备维修流程设备维修经历了设备事后维修制阶段、设备预防维修阶段、设备生产维修阶段和设备视情维修阶段。设备事后维修制阶段是设备出现故障之后才进行诊断和维修。这一阶段仅适合造价低、设备停止运作造成的直接损失不大的设备，虽然对发生故障的设备进行了维修，但由于没有预计，对设备的运作造成干扰。设备预防维修阶段是根据经验和统计资料，预设设备维修时间间隔，进行设备维修，从而保证设备的运用率维持在一定水平和设备运用。设备预防维修阶段包括两大体系，苏联设备计划预修和美国设备预防维修。苏联设备计划预修根据设备摩擦学和磨损理论确定维修，可以减少由于故障的停机，使设备潜在故障不能形成干扰，但经济性考虑不够，当计划不够准确时，会出现设备维修过剩，这种计划维修不注意设备的保养。美国设备预防维修以美国为首的预防维修根据摩擦学、周期检查、诊断进行设备维修，可以减少故障停机，经检查后的计划维修可减少部分维修的盲目性，但会受到设备检查方式和经验的制约，造成设备维修计划不准确，使设备维修出现冗余或不足。设备生产维修阶段的生产维修由设备事后维修、设备预防维修、设备改善维修、设备维修预防构成，使设备维修灵活性增强，提高设备可靠性设计水平，建立少维修和无维修思路。设备视情维修阶段的出发点视每台设备的具体技术状况，对设备运作进行追踪，使设备有必要进行维修时才进行维修，且规范测试可以早期判断出设备初期故障和演变情况，从而确定必要的维修时间，使设备维修可以提前进行准备。

　　企业集成运营设备维修流程需要将设备视情维修融入企业集成运营设备维修流程之中，形成企业集成运营设备视情维修流程。企业集成运营设备视情维修流程又分为一级、二级和三级设备视情维修，由此构建企业集成运营设备一级、二级视情维护流程、企业集成运营设备三级视情维护流程如图9-3-4和图9-3-5所示。

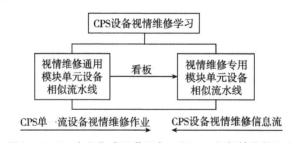

图9-3-4　企业集成运营设备一级、二级视情维护流程

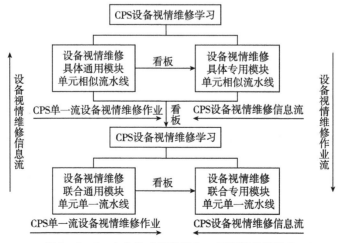

图9-3-5　企业集成运营设备三级视情维护流程

　　企业集成运营设备一级、二级视情维修流程采用的是设备视情维修通用模块单元相似流水线、设备视情维修专用模块单元相似流水线、设备视情维修模块单元混合流水线，这些设备视情维修模块单元流水线是典型的流水线运作，视情维修设备一般采用专用设备，最大限度发挥流水线的设备视情维修运作效率。企业集成运营流程设备一级、二级视情维修模块单元流水线需要根据视情维修设备特性，部分采用、整体采用 U 型布置，使设备视情维修通用模块单元相似流水线、设备视情维修专用模块单元相似流水线连成一体，成为设备视情维修模块单元混合流水线，使视情维修设备之间能够协调起来进行运作。从设备视情维修专用模块单元相似流水线到设备视情维修通用模块单元相似流水线进行后流程拉动、后价值拉动，进行设备视情维修通用模块单元相似流水线、设备视情维修专用模块单元相似流水线作业顺序运作和信息反向运作。将 CPS 中的智能传感器、智能控制器、计算机网络融入设备视情维修通用模块单元相似流水线、设备视情维修专用模块单元相似流水线、设备视情维修模块单元混合流水线之中，进行设备一级、二级视情维修模块单元混合流水线的智能运作。这样企业集成设备视情维修运营流程通过视情维修设备、视情维修控制设备、视情维修信息联络设备、视情维修 CPS 传感设备进行企业集成运营设备一级、二级视情维修流程智能运作。

　　企业集成运营设备三级视情维修流程采用设备视情维修具体通用模块单元相似流水线、设备视情维修具体专用模块单元相似流水线、设备视情维修具体模块单元混合流水线、设备视情维修联合通用模块单元单一流水线、设备视情维修联合专用模块单元单一流水线、设备视情维修联合模块单元相似流水线、视情维修总作业模块单元混合流水线，这些设备视情维修模块单元流水线是典型的流水线运作，视情维修维护设备一般采用专用设备，进行延迟策略运作和强化延迟策略运作视情维护活动，最大限度发挥流水线的设备视情维修运作效率。这些设备视情维修模块单元流水线需要根据视情维修设备特性，部分采用、整体采用 U 型布置，使这些设备视情维修模块单元相似流水线连成一体，这样才能使视情维修设备之间能够协调起来进行运作。从设备视情维修专用模块单元流水线到设备视情维修通用模块单元流水线进行后流程拉动、后价值拉动，从设备视情维修联合模块单元流水线到设备视情维修具体模块单元流水线进行后流程拉动、后价值拉动，进行设备视情维修各类流水线维护作业顺序运作和信息反向运作。将 CPS 中的智能传感器、智能控制器、计算机网络融入各类模块单元流水线设备之中，进行设备三级视情维修模块单元流水线的智能运作。这样企业集成运营设备视情维修流程通过视情维修设备、视情维修控制设备、视情维修信息联络设备、视情维修 CPS 传感设备进行企业集成运营设备三级视情维修流程的智能运作。

　　对一般设备操作设备、人员看管设备操作设备、顾客参与设备操作设备、一般人员与设备操作设备、顾客接触人员与设备操作设备、顾客参与设备操作设备、人员界面操作设备、顾客接触人员界面操作设备、顾客参与界面操作设备下的运营设备、控制设备、信息联络设备、CPS 传感设备进行企业集成设备视情维修运营流程，需要从企业集成设备视情维修运营流程设备监督学习算法、设备无监督学习算法、设备半监督学习算法到设备强化学习算法企业集成运营设备视情维修流程设备学习算法中得到支撑，进行企业集成运营设备视情维修流程设备智能视觉视情维修运作、智能听觉视情维修运作、智能触觉视情维修运作、智能嗅觉视情维修运作、智能语言视情维修运作、智能动作视情维修运作。通过设备学习，构建对运营设备、控制设备、信息联络设备、CPS 传感设备运作分析、诊断、预测的设备状态监测技术、设备故障诊断技术、设备故障预测技术。设备状态监测技术能够针对设备运作状况，进行反映有关信息的收集，进行横向对比，得出设备运作的状况。设备故障诊断技术能够根据反映设备特性的信息，识别设备运作是否正常，确定设备故障。设备故障预测技术是以目前设备实际运作为基础，结合所需预测设备的结构特性、环境状况，对设备未来一段时期所可能会出现的故障进行预测评估，明确设备故障对象、故障性质、故障类型、故障程度，确定产生这些故障的具体原因，从而确定设备故障的变化趋势和结果。

企业集成运营设备视情维修流程包括企业集成设备视情小修、设备视情中修、设备视情大修运营流程。设备视情小修运营流程是针对设备需要进行小修的实际技术情况，通过企业集成设备点检诊断出来的问题，拆卸有关部件，修复和更换失效的零件，以恢复设备的正常功能。设备视情小修运营流程主要对运营机械设备核心部分、非核心部分的零件压力、温度、流量、泄漏、异音、震动、润滑、磨损、腐蚀、裂纹、折损、变形、松弛和运营电气设备核心部分、非核心部分的温度、湿度、灰尘、绝缘、异音、异味、氧化、连接松动、电流、电压方面，对控制设备的中央处理器、内存、主板、硬盘驱动器、光驱驱动器、各种扩展卡、键盘的信息屏显、启动、内存、连接程度、集成程度、温度、电流、电压、灰尘、绝缘方面，对信息联络设备的调制调解器、网络适配器、中继器和集成器、网桥和交换机、路由器、网络连接器的屏显、连接程度、集成程度、温度、电流、电压、灰尘、绝缘方面，进行小修，以保证零件功能达到要求。

企业集成运营设备视情中修流程是针对设备运作的实际情况，对状态劣化的难以达到企业集成设备视情中修运营流程运作要求的设备部件进行针对性维修，需要通过拆卸、修复和更换失效的部件，必要时还需要对基准件进行局部维修和调整精度，从而恢复所修部件的精度和性能。企业集成运营设备视情中修流程可以灵活安排，对于关键部件可以利用流水线生产间隙的时间进行维修，可以使流水线在较短停机时间进行维修，这种维修费用低，能及时配合企业集成运营设备视情中修运营运作的需要，避免过剩维修。运营设备视情中修流程主要对运营机械设备核心部分、非核心部分的部件，对控制设备的中央处理器、内存、主板，对信息联络设备的调制调解器、网络适配器、中继器和集成器、网桥和交换机、路由器部件，对 CPS 传感设备，进行中修，以保证运营设备部件、控制设备部件、信息联络设备部件、CPS 传感设备功能达到要求。

企业集成运营设备视情大修流程是设备视情维修中工作量最大的，针对设备的全部或者大部分部件进行解体，修复基准件，修复和更换全部失效的零件、部件，消除全部的缺陷，使运营设备、控制设备、信息联络设备达到功能要求。设备视情大修运营流程主要对运营机械设备核心部分、非核心部分进行大修，以保证运营设备制造和服务速度、容量、兼容、信息连接功能完备。对控制设备进行大修，以保证控制设备信息处理功能、信息运作速度、信息存储大小、信息兼容、信息运作顺畅度功能的完备。对信息联络设备进行大修，以保证信息联络设备信息链接、信息联络速度、联络信息兼容、信息运作顺畅度功能完备。

企业集成运营设备视情维修流程是根据企业集成运营设备视情维修流程运营设备、控制设备、信息联络设备、CPS 传感设备运作的实际状态、各类设备结构、各类设备功能变化趋势而进行维修的方式。这一方式运用设备故障劣化机理，揭示运营设备、控制设备、信息联络设备、CPS 传感设备故障。设备故障包括潜在故障和功能故障，功能故障是设备实际的故障，潜在故障是功能故障出现前表现出来的故障，功能故障是潜在故障的结果，是设备劣化作用的体现。由此确定维修不能根据设备功能故障，而是根据设备潜在故障，进行维修。运营设备视情维修流程可以通过掌握运营设备、控制设备、信息联络设备、CPS 传感设备的运行状态，使设备故障在发生之前能有效预防，对一些严重的设备故障可以根据设备潜在故障表现得到有效排除，从而避免设备故障的出现。与功能故障维修相比，设备视情维修运营流程由于以潜在故障表现为依据，而潜在故障的维修活动度量低于功能故障维修活动度量，且设备故障事前进行维修，视情设备维修缩小维修范围，极大降低设备故障率，减少维修工作量，节约了维修成本，提高设备的可用率，使维修活动能动进行。

企业集成运营设备视情维修流程可以对运营设备、控制设备、信息联络设备、CPS 传感设备运作信息进行采集，使用设备维修管理信息系统存储这些数据，进行设备潜在故障特征信息的提取与选择，对原始信息进行处理、维数压缩、形式变换，剔除信息噪声和干扰，使所提取的潜在故障特征信息能真正反映设备运作状态。根据这些信息，进行运营设备、控制设备、信息联络设备、CPS 传感设备状态的识别，进行设备潜在故障的判断，得出需要进行维修的设备零件、部件和这些设备零件、部件需要改进的参数，实现设备视情维修。企业集成运营设备视情维修流程能根据企业集成运营流程每台设备的具体运作的状态评估结果来确定是否维修，针对性强。可以通过设备状态监测技术、设备故障诊断技术、设备故障预测技术状态监测的运用，确定需要维修的设备，综合考虑企业集成运营流程各方面的运作，灵活地进行设备维修。运营设备视情维修流程可以进行有效的计划，针对性地进行设备维修。

五、企业集成运营设备全过程流程

企业集成运营设备全过程流程源于全员生产维护与维修，最早起源于美国，20 世纪 50 年代日本企业引入并改进之后，取得了巨大成功，随后全世界的企业开始借鉴和运用。全员生产维护与维修可以进一步扩展到服务领域，成为全员运营维护与维修。

企业集成运营设备全过程流程是集全员运营维护与维修、设备学习、企业集成运营设备、维护、视情维修流程于一体，构建企业集成运营设备全过程流程（文川和王凤兰，2017）。

企业集成运营设备全过程流程包括：

（一）企业集成运营设备全过程流程顾客差异需求损耗管理

企业集成运营设备全过程流程通用模块单元流水线设备、链接模块单元流水线设备、专用模块单元流水线设备、不同层次模块单元流水线设备、整体模块单元流水线设备按照企业集成战略下的模块单元流水线进行运作，需要首先按照顾客差异需求进行运作，没有满足顾客差异需求的企业集成运营流程设备运作将形成根本性的损耗，需要企业模块单元各类流水线设备以顾客差异需求为拉动源泉，进行企业集成运营设备全过程流程运作。

（二）企业集成运营设备全过程流程设备停机时间耗损管理

由于加工条件、设备性能的不稳定、工装不足，有可能造成企业模块单元流水线的不同设备操作类型的运营设备、控制设备、信息联络设备、CPS 传感设备的停运。为了解决这一不足，需要改善加工条件，提高设备的性能，采取备件管理。备件是各类流水线运作的基础，合理的备件管理不仅能极大缩短设备停修的时间，还可以提高设备运行的安全性、稳定性和可靠性。需要准备必要的工装备件，准备影响设备运作瓶颈环节的备件，这样一旦出现设备与工装停运情况，就可以通过备件有效地解决。

（三）企业集成运营设备全过程流程设备调整停机损失管理

具体模块单元专用模块单元隐形流水线、具体模块单元专用模块单元可变流水线、具体模块单元可变流水线、具体模块单元混合流水线、联合模块单元专用模块单元可变流水线、联合模块单元混合流水线、联合模块单元专用模块单元混合流水线、模块组模块单元专用模块单元混合流水线、模块组模块单元混合流水线、模块单元混合流水线进行模块品目的更换和混合时，需要进行设备与工装调整和更换。这一调整和更换需要注重专用设备与工装专用性从模块单元混合流水线到模块单元可变流水线越来越弱，注重从具体模块单元、联合模块单元到模块组模块单元越来越弱的这一特性。对设备与工装调整和更换流程进行细致的研究，优化这一作业流程，缩短作业时间。

（四）企业集成运营设备全过程流程设备闲置、空转和停运损失管理

企业模块单元流水线不同设备操作方式的运营设备、控制设备、信息联络设备、CPS 传感设备由于计划安排不周，设备调度不合理，维修设备停运时间过长，会出现设备闲置、空转和间歇停机，需要进一步强化计划周密性，强化设备调度的合理性，减少设备运作中停运设备的时间，降低企业集成运营流程设备闲置、空转和停运损失。

（五）企业集成运营设备全过程流程设备运作模块品目过度损耗管理

企业集成运营流程通用模块单元流水线设备、链接模块单元流水线设备、专用模块单元流水线设备、不同层次模块单元流水线设备、整体模块单元流水线设备中，由于一般设备操作的设备、人员看管设备操作的设备、一般人员与设备操作的设备操作不当，设备运作设计的消耗定额不合理，引致模块品目过度损耗。需要强化模块单元流水线设备的操作管理，减少设备操作的模块品目过度损耗。

（六）企业集成运营设备全过程流程设备安装时间过长的产量损失管理

企业集成运营流程通用模块单元流水线设备、链接模块单元流水线设备、专用模块单元流水线设备、不同层次模块单元流水线设备、整体模块单元流水线设备运作都是从安装开始，由于安装的规程不熟悉，导致安装过程过长，影响模块单元流水线设备的运营。需要充分掌握安装规程，降低企业集成运营流程设备安装时间过长的产量损失。

企业集成运营设备全过程流程是企业模块单元流水线的不同设备操作类型的运营设备、控制设备、信息联络设备、CPS 传感设备是设备安装、设备运作、维护、视情维修全系统的运作过程。不能从设备运作的某一方面出发进行设备的运作，需要将设备安装、设备运作、维护、视情维修构建成完整的系统，进行设备运作。

企业集成运营设备全过程流程设备全员参加。企业集成运营设备全过程流程模块单元流水线的一般设备操作的设备、人员看管设备操作的设备、顾客参与设备操作的设备、一般人员与设备操作的设备、顾客接触人员与设备操作的设备、顾客参与设备操作的设备、人员界面操作的设备、顾客接触人员界面操作的设备、顾客参与界面操作的设备都需要员工参与，需要按照设备运作、维护、视情维修全系统的运作过程进行团队构建，从团队的角度让每一位员工参与企业集成运营流程设备运作，形成相互配合运作。

企业集成运营设备全过程流程具体运作中包括企业集成运营流程设备事前设计、设备自主维护、设备计划维护和维修、设备个别改善、设备质量维护、设备事务改善、设备安全环境。企业集成运营流程设备事前设计需要企业进行新设备运作时，按照免维修和少维修的思想设计企业集成运营设备维修流程，按照运营设备、控制设备、信息联络设备、CPS 传感设备特性，进行最优化的规划和布置，使设备的操作和维修能够处于最佳的状态。

企业集成运营设备全过程流程设备自主维护是以企业集成运营流程团队为主展开，其核心的运作是防止运营设备、控制设备、信息联络设备、CPS 传感设备劣化，以企业集成运营流程团队为主开展防止设备的劣化活动，将这一活动的主体掌握住，保养团队才能专职进行维护，使设备得到有效的维护。

企业集成运营设备全过程流程设备计划维护是企业集成运营流程团队在对设备进

行自主维护的基础上，企业集成设备维护团队和维修团队进行设备维护和维修的计划确定，这些计划需要对设备自主维护活动进行指导和支持，指导企业集成设备维护团队设备维护活动，指导企业集成设备维修团队维修活动，改善设备维护活动，对未来的维护和维修活动进行预测，实现设备维护和维修活动的有效进行。

企业集成运营设备全过程流程设备个别改善是为了追求运营设备、控制设备、信息联络设备、CPS 传感设备效率运作的极限，最大限度地发挥设备的性能，改变设备的灰尘、锈蚀、松动、脱落、脏污、磨损、裂纹、老化、发热、变形、噪声、振动的问题，使设备能够发挥最大的作用。

企业集成运营设备全过程流程设备质量维护是指企业集成运营流程模块单元流水线的一般设备操作的设备、人员看管设备操作的设备、顾客参与设备操作的设备、一般人员与设备操作的设备、顾客接触人员与设备操作的设备、人员界面操作的设备、顾客接触人员界面操作的设备、顾客参与界面操作的设备使产品的质量处于最佳状态，企业需要对产品质量有关的设备操作的各个方面进行综合管理，防止废品出现，使产品始终处于最好的质量状态。

企业集成运营设备全过程流程设备事务改善需要企业集成设备维护团队和维修团队全方位支持企业集成运营流程团队的设备有关的各种活动，需要企业集成设备维护和维修团队能不断地提高自身的工作效率和工作成果。

企业集成运营设备全过程流程设备安全环境需要企业集成运营流程团队的设备运作活动、企业集成设备维护团队的设备维护活动、企业集成设备维修团队的设备维修活动都能在安全的环境中进行运作，按照 ISO14000 环境管理体系的要求，进行设备运作、维护、视情维修全系统的运作过程安全运作，同时还需要保护环境，避免环境产生污染。

制造类企业、服务类企业、纯服务类企业需要确定企业集成运营流程设备磨损和故障规律，进行企业集成运营流程设备维护、企业集成运营流程设备点检、企业集成运营流程设备维修、企业集成运营流程设备全过程运作。

第四节 企业集成设备运营流程聚类与判别分析

一、企业集成设备运营流程聚类分析

企业集成设备运营流程聚类分析是对设备类型和运作状态的聚类分析。通过对设备进行统计分析，将设备分析量化，实现设备类型和运作状态的分类。

（一）企业集成设备运营流程系统聚类法

企业集成设备运营流程系统聚类法可以运用到企业集成模块单元流程、供应链或者服务链流程、延迟运作、精益运作、智能运作、流程空间、辅助要素、支撑要素、核心要素、信息要素、管理、体系、模式、策略、方案各方面的主体、特性、因素、指标的系统聚类分析。顾客接触模块单元流水线需要在此基础上考虑顾客接触、员工与顾客服务互动、员工与顾客价值共创、顾客服务体验、顾客满意、服务补救的服务特性，进行系统聚类分析。系统聚类分析不设定严格的区分阈值，根据空间距离远近或性质相似的程度进行设备类型和运作状态划分，形成层次分明设备类型和运作状态。

1. 企业集成设备运营流程系统聚类分析距离

企业集成设备运营流程系统聚类分析距离始终是方法的中心，方法中的距离有各种不同的表现。进行样品与样品间的距离分析时采用的距离公式为闵可夫斯基距离公式、兰氏距离公式、马哈拉诺比斯距离公式、斜交空间距离公式。进行指标与指标间距离计算时，采用基于夹角余弦、相关系数的公式（秦鸣等，2017）。

（1）闵可夫斯基距离。这是模块单元价值链流程设备聚类分析中距离的基础，由这一基本的距离公式推导一些常用的距离公式。当闵可夫斯基距离参数为 1 时，可以对导出通常采用的绝对值距离公式；当闵可夫斯基距离参数为 2 时，可以对导出通常采用的欧几里得距离公式，欧几里得距离公式是对空间中两点之间真实距离的度量；当闵可夫斯基距离参数为 ∞ 时，可以对导出切比雪夫距离公式是空间中两点之间的坐标数值差绝对值最大的距离。闵可夫斯基距离公式与特征参数量纲有关，具有不同量纲的特征参数的闵可夫斯基距离常常是无意义的。当变量的单位不同或者测量范围相差很大时，不宜直接采用闵可夫斯基距离公式。闵可夫斯基距离公式、绝对值距离公式、欧几里得距离公式、切比雪夫距离公式如下：

$$d_{ij}(q) = \Big[\sum_{k=1}^{p} |x_{ik} - x_{jk}|^q \Big]^{1/q} \qquad (9-4-1)$$

$$d_{ij}(1) = \sum_{k=1}^{p} |x_{ik} - x_{jk}| \qquad (9-4-2)$$

$$d_{ij}(2) = \Big[\sum_{k=1}^{p} |x_{ik} - x_{jk}|^2 \Big]^{1/2} \qquad (9-4-3)$$

$$d_{ij}(\infty) = \max_{1 \leqslant k \leqslant p} |x_{ik} - x_{jk}| \qquad (9-4-4)$$

式中，$d_{ij}(q)$、$d_{ij}(1)$、$d_{ij}(2)$、$d_{ij}(\infty)$ 分别表示第 i 个样品 X_i 和第 j 个样品 X_j 之间的闵可夫斯基距离、绝对值距离、欧几里得距离、切比雪夫距离。

（2）兰氏距离。这是模块单元价值链流程设备聚类分析中变量无量纲距离，对大的奇异值敏不敏感，适合于高度偏斜的数据。兰氏距离公式如下：

$$d_{ij}(L) = \sum_{k=1}^{p} \frac{|x_{ik} - x_{jk}|}{x_{ik} + x_{jk}} \qquad (9-4-5)$$

式中，$d_{ij}(L)$ 表示第 i 个样品 X_i 和第 j 个样品 X_j 之间的兰氏距离。

（3）马哈拉诺比斯距离。这是模块单元价值链流程设备聚类分析中计算基于两个未知样本集的相似度的距离方法。马哈拉诺比斯距离公式如下：

$$d_{ij}(M) = \sqrt{(X_i - X_j)S^{-1}(X_i - X_j)'} \qquad (9-4-6)$$

式中，$d_{ij}(M)$ 表示第 i 个样品 X_i 和第 j 个样品 X_j 之间的马哈拉诺比斯距离。S 为样品的协方差矩阵。若将 S 换为对角矩阵 D，其中 D 的对角线上第 k 个元素为第 k 个变量的方差，则此时的矩阵为标准化欧氏距离。

（4）斜交空间距离。公式如下：

$$d_{ij}^* = \left[\frac{1}{p^2} \sum_{k=1}^{p} \sum_{l=1}^{p} (x_{ik} - x_{jk})(x_{il} - x_{jl}) r_{kl} \right]^{1/2} \qquad (9-4-7)$$

式中，d_{ij}^* 表示第 i 个样品 X_i 和第 j 个样品 X_j 之间的斜交空间距离。r_{kl} 是变量 x_k 和变量 x_l 之间的相关系数。

（5）相似系数距离。夹角余弦、相关系数公式如下：

$$C_{ij}(1) = \frac{\sum_{k=1}^{n} x_{ki} x_{kj}}{\left[\left(\sum_{k=1}^{n} x_{ki}^2 \right) \left(\sum_{k=1}^{n} x_{kj}^2 \right) \right]^{1/2}} \qquad (9-4-8)$$

$$C_{ij}(2) = \frac{\sum_{k=1}^{n} (x_{ki} - \bar{x}_i)(x_{kj} - \bar{x}_j)}{\sqrt{\left[\sum_{k=1}^{n} (x_{ki} - \bar{x}_i)^2 \right] \left[\sum_{k=1}^{n} (x_{kj} - \bar{x}_j)^2 \right]}} \qquad (9-4-9)$$

式中，$C_{ij}(1)$、$C_{ij}(2)$ 是变量 x_i 和 x_j 之间的夹角余弦、相关系数。$\bar{x}_i = \frac{1}{n} \sum_{k=1}^{n} x_{ki}$，$\bar{x}_j = \sum_{k=1}^{n} x_{kj} \bar{x}_j = \frac{1}{n} \sum_{k=1}^{n} x_{kj}$

由相似系数确定的变量间的距离公式如下：

$$d_{ij} = 1 - C_{ij} \qquad (9-4-10)$$

2. 企业集成设备运营流程聚类分析各种方法

企业集成设备运营流程聚类分析各种方法开始将 n 个样本或者变量各自作为一类，并规定样本或者变量之间的距离和类与类之间的距离，然后将距离最近的两类合并成一个新类，计算新类与其他类的距离。重复进行两个最近类的合并，每次减少一类，直至所有的样本或者变量合并为一类。

（1）最短距离法。将最初的每个样品或者变量各自作为一类，规定样品或者变量之间的距离，采用欧氏距离公式，计算 n 个样品或者变量的距离矩阵，形成对称矩阵。寻找矩阵中的最小元素聚集成新类，计算新类与任意类之间的距离，对对称矩阵进行修改，得到新的距离矩阵，直到所有元素合并为一类。两类最近样品间距离公式、新类与任意已有类之间距离公式、新类与任意类之间距离的类推公式如下：

$$D_{KL} = \min\{d_{ij}: x_i \in G_K, x_j \in G_L\} \qquad (9-4-11)$$

$$D_{MJ} = \min\{D_{KJ}, \ D_{LJ}\} \tag{9-4-12}$$

$$D_{MJ} = \min_{x_i \in G_M, x_j \in G_J} d_{ij} = \min\left\{\min_{x_i \in G_K, x_j \in G_J} d_{ij}, \ \min_{x_i \in G_L, x_j \in G_J} d_{ij}\right\} = \min\{D_{KJ}, \ D_{LJ}\} \tag{9-4-13}$$

式中，G_K 与 G_L 聚类成一个新类 D_{MJ}。

（2）最长距离法。类与类之间最远距离公式、类与类之间距离类推公式如下：

$$D_{KL} = \max\{d_{ij}: \ x_i \in G_K, \ x_j \in G_L\} \tag{9-4-14}$$

$$D_{MJ} = \max\{D_{KJ}, \ D_{LJ}\} \tag{9-4-15}$$

（3）中间距离法。类与类之间距离类推公式如下：

$$D_{MJ}^2 = \frac{1}{2}D_{KJ}^2 + \frac{1}{2}D_{LJ}^2 - \frac{1}{4}D_{KL}^2 \tag{9-4-16}$$

$$D_{MJ}^2 = \frac{1-\beta}{2}(D_{KJ}^2 + D_{LJ}^2) + \beta D_{KL}^2 \tag{9-4-17}$$

（4）重心法。类 G_K 与类 G_L 重心公式分别为式（9-4-18）、式（9-4-19），类 G_K 与类 G_L 之间的平方距离公式、类 G_K 与类 G_L 之间的平方距离递推公式如式（9-4-20）、式（9-4-21）所示：

$$\overline{x}_K = \frac{1}{n_K}\sum_{i=1}^{n_K} x_i \tag{9-4-18}$$

$$\overline{x}_L = \frac{1}{n_L}\sum_{i=1}^{n_L} x_i \tag{9-4-19}$$

$$D_{KL}^2 = [d(\overline{x}_K, \ \overline{x}_L)]^2 \tag{9-4-20}$$

$$D_{MJ}^2 = \frac{n_K}{n_M}D_{KJ}^2 + \frac{n_L}{n_M}D_{LJ}^2 - \frac{n_K n_L}{n_M^2}D_{KL}^2 \tag{9-4-21}$$

（5）类平均法。类 G_K 与类 G_L 之间的平方距离公式、类 G_K 与类 G_L 之间的平方距离递推公式如下：

$$D_{KJ}^2 = \frac{1}{n_K n_L}\sum_{x_i \in G_K, x_j \in G_L} d_{ij}^2 \tag{9-4-22}$$

$$D_{LJ}^2 = \frac{n_K}{n_M}D_{KJ}^2 + \frac{n_L}{n_M}D_{LJ}^2 \tag{9-4-23}$$

$$D_{MJ}^2 = (1-\beta)\left[\frac{n_K}{n_M}D_{KJ}^2 + \frac{n_L}{n_M}D_{LJ}^2\right] + \beta D_{KL}^2 \tag{9-4-24}$$

（6）离差平方和法。类 G_K、类 G_L、类 G_M 离差平方和公式、类 G_K 与类 G_L 之间的平方距离公式、类 G_K 与类 G_L 之间的平方距离递推公式如下：

$$W_K = \sum_{x_i \in G_K}(x_i - \overline{x}_K)'(x_i - \overline{x}_K) \tag{9-4-25}$$

$$W_L = \sum_{x_i \in G_L}(x_i - \overline{x}_L)'(x_i - \overline{x}_L) \tag{9-4-26}$$

$$W_M = \sum_{x_i \in G_M}(x_i - \overline{x}_M)'(x_i - \overline{x}_M) \tag{9-4-27}$$

$$D_{KL}^2 = W_M - (W_K + W_L) = \frac{n_K n_L}{n_M}(\overline{x}_K - \overline{x}_L)'(\overline{x}_K - \overline{x}_L) \tag{9-4-28}$$

$$D_{MJ}^2 = \frac{n_J + n_K}{n_J + n_M} D_{KJ}^2 + \frac{n_J + n_L}{n_J + n_M} D_{LJ}^2 - \frac{n_J}{n_J + n_M} D_{KL}^2 \tag{9-4-29}$$

企业集成设备运营流程聚类分析各种方法中的最短距离法、最长距离法、类平均法、离差平方和法具有单调性，中间距离法、重心法不具有单调性。最短距离法和重心法使空间浓缩，不够灵敏；最长距离法和离差平方和法使空间扩张，方法灵敏，但容易失真；类平均法、中间距离法使空间既不浓缩，也不扩张，是比较理想的方法。

(二) 企业集成设备运营流程 k 均值聚类算法

企业集成设备运营流程 k 均值聚类算法是聚类分析中的一种基本聚类方法。由麦克奎因于 1967 年首次提出，是一种自适应搜索算法，通过迭代不断调整聚类中心，最终将数据集中的样品划分为 K 类，使得所有样品到其所属类的类中心的欧氏距离之和最小（逄玉俊等，2009）。企业集成设备运营流程 k 均值聚类算法可以运用到企业集成模块单元流程、供应链或者服务链流程、延迟运作、精益运作、智能运作、流程空间、辅助要素、支撑要素、核心要素、信息要素、管理、体系、模式、策略、方案各方面的主体、特性、因素、指标的 k 均值聚类分析。顾客接触模块单元流水线需要在此基础上考虑顾客接触、员工与顾客服务互动、员工与顾客价值共创、顾客服务体验、顾客满意、服务补救的服务特性，进行 k 均值聚类分析。

c_k 类的样品 x_i 到类中心 u_k 的欧氏距离公式、c_k 类的样品 x_i 到类中心 u_k 的欧氏距离之和公式、数据集中所有点 x_i 到其所属类的类中心的欧氏距离之和公式如下：

$$D(x_i, u_k) = \sqrt{\sum_{j=1}^{d} (x_{ij} - u_{kj})^2} \tag{9-4-30}$$

$$M(c_k) = \sum_{x_i \in c_k} D(x_i, u_k) \tag{9-4-31}$$

$$S(x_i) = \sum_{k=1}^{K} M(c_k) = \sum_{k=1}^{K} \sum_{x_i \in c_k} D(x_i, u_k) \tag{9-4-32}$$

企业集成设备运营流程 k 均值聚类算法需要选定 K 个数据点作为 K 个子类划分的初始类中心。计算各样品到类中心的欧氏距离，按照最近邻原则将其划分到各类中心表示的子类中，得到 K 个子类数据集。计算各个子类数据集中各样品的平均值，把该平均值作为该子类新的类中心。计算所有数据点到其所属类的类中心的欧氏距离之和 $S(x_i)$，判断类中心和 $S(x_i)$ 的值是否发生改变。如果改变重新进行计算，如果没有改变，终止迭代。

k 均值聚类分析方法。由于企业集成设备运营流程 k 均值聚类算法简便易懂，且在计算速度上具有无可比拟的优势，通常被作为大样本聚类分析的常用方法。

(三) 企业集成设备运营流程模糊 C 均值聚类法

企业集成设备运营流程模糊 C 均值聚类法可以运用到企业集成模块单元流程、供应链或者服务链流程、延迟运作、精益运作、智能运作、流程空间、辅助要素、支撑

要素、核心要素、信息要素、管理、体系、模式、策略、方案各方面的主体、特性、因素、指标的模糊 C 均值聚类分析。顾客接触模块单元流水线需要在此基础上考虑顾客接触、员工与顾客服务互动、员工与顾客价值共创、顾客服务体验、顾客满意、服务补救的服务特性，进行模糊 C 均值聚类分析。企业集成设备运营流程模糊 C 均值聚类法需要确定类的个数 C，然后在 [0，1] 上的均匀分布随机数确定初始隶属度矩阵（薛静颖，2015）。计算聚类中心，修正隶属度矩阵，计算目标函数值，对给定的隶属度终止容限 ε_u，当 $\max\{|u_{ik}^{(l)} - u_{ik}^{(l-1)}|\} < \varepsilon_u$ 停止迭代。经过迭代后，可以求得最终的隶属度矩阵和聚类中心，使得目标函数值最小。根据最终的隶属度矩阵中元素的取值可以确定所有样品的归属。计算聚类中心公式、修正隶属度公式、目标函数公式如下：

$$v_i^{(l)} = \frac{\sum_{k=1}^{n}(u_{ik}^{(l-1)})^m x_k}{\sum_{k=1}^{n}(u_{ik}^{(l-1)})^m} \qquad (9-4-33)$$

$$u_{ik}^{(l)} = \frac{1}{\sum_{j=1}^{c}(d_{ik}^{(l)}/d_{jk}^{(l)})^{\frac{2}{m-1}}} \qquad (9-4-34)$$

$$J^{(l)}(U^{(l)}, V^{(l)}) = \sum_{k=1}^{n}\sum_{i=1}^{c}(u_{ik}^{(l)})^m (d_{ik}^{(l)})^2 \qquad (9-4-35)$$

式中，$d_{ik}^{(l)} = \|x_k - v_i^{(l)}\|$。

F 公司模块单元价值链流程设备状态如表 9-4-1 所示。

表 9-4-1　F 公司模块单元价值链流程设备状态

模块单元设备	延迟运作	精益运作	智能运作	融合运作	辅助运作
1	4812.94	1501.36	1241.79	992.16	1299.85
2	4239.15	1015.18	1413.27	759.69	1178.62
3	2756.45	968.77	916.14	542.26	831.13
4	2599.12	1058.17	990.78	479.13	640.99
5	2823.17	1439.65	940.16	567.56	720.13
6	3555.57	1019.19	1056.88	456.13	880.85
7	3920.17	997.56	1019.39	709.76	699.15
8	5066.27	825.16	1450.29	859.96	778.79
9	3546.18	450.26	820.19	532.89	509.16
10	2600.46	1020.19	799.16	369.19	783.36
11	3600.18	1189.86	986.35	707.51	756.36
12	3760.75	1199.16	735.56	801.15	599.99
13	3588.19	958.79	692.19	589.96	516.63

续表

模块单元设备	延迟运作	精益运作	智能运作	融合运作	辅助运作
14	4890.31	1499.13	1170.19	699.19	920.18
15	2746.89	990.31	912.17	438.94	630.45
16	3922.49	999.19	1027.19	780.18	699.15
17	3560.18	857.56	723.29	469.86	369.37

模块单元价值链流程设备系统聚类法分析如图9-4-1所示。

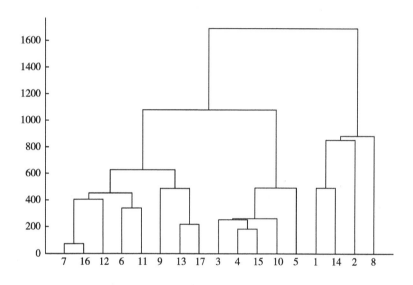

图9-4-1 模块单元价值链流程设备系统聚类法分析

从图中能够得出各种分类。

采用企业集成设备运营流程k均值聚类算法，取k=3，最终聚类中心、每个聚类中心案例数、F公司模块单元价值链流程设备状态聚类结果如表9-4-2至表9-4-4所示。

表9-4-2 最终聚类中心

	聚类		
	1	2	3
延迟运作	4752.17	3681.71	2705.22
精益运作	1210.21	958.95	1095.42
智能运作	1318.89	882.63	911.68
融合运作	827.75	630.93	479.42
辅助运作	1044.36	628.83	721.21

表 9 - 4 - 3　每个聚类中心案例数

聚类	1	4
	2	8
	3	5
有效		17
缺失		0

表 9 - 4 - 4　F 公司模块单元价值链流程设备状态聚类结果

模块单元设备	延迟运作	精益运作	智能运作	融合运作	辅助运作	聚类结果
1	4812.94	1501.36	1241.79	992.16	1299.85	1
2	4239.15	1015.18	1413.27	759.69	1178.62	1
3	2756.45	968.77	916.14	542.26	831.13	3
4	2599.12	1058.17	990.78	479.13	640.99	3
5	2823.17	1439.65	940.16	567.56	720.13	3
6	3555.57	1019.19	1056.88	456.13	880.85	2
7	3920.17	997.56	1019.39	709.76	699.15	2
8	5066.27	825.16	1450.29	859.96	778.79	1
9	3546.18	450.26	820.19	532.89	509.16	2
10	2600.46	1020.19	799.16	369.19	783.36	3
11	3600.18	1189.86	986.35	707.51	756.36	2
12	3760.75	1199.16	735.56	801.15	599.99	2
13	3588.19	958.79	692.19	589.96	516.63	2
14	4890.31	1499.13	1170.19	699.19	920.18	1
15	2746.89	990.31	912.17	438.94	630.45	3
16	3922.49	999.19	1027.19	780.18	699.15	2
17	3560.18	857.56	723.29	469.86	369.37	2

F 公司模块单元价值链流程设备状态目标分类资料如表 9 - 4 - 5 所示。

表 9 - 4 - 5　F 公司模块单元价值链流程设备状态目标分类资料

模块单元设备	延迟运作	精益运作	智能运作	融合运作	辅助运作	目标
1	4812.94	1501.36	1241.79	992.16	1299.85	1
2	4239.15	1015.18	1413.27	759.69	1178.62	1
3	2756.45	968.77	916.14	542.26	831.13	0
4	2599.12	1058.17	990.78	479.13	640.99	0
5	2823.17	1439.65	940.16	567.56	720.13	0

模块单元设备	延迟运作	精益运作	智能运作	融合运作	辅助运作	目标
6	3555.57	1019.19	1056.88	456.13	880.85	1
7	3920.17	997.56	1019.39	709.76	699.15	1
8	5066.27	825.16	1450.29	859.96	778.79	1
9	3546.18	450.26	820.19	532.89	509.16	1
10	2600.46	1020.19	799.16	369.19	783.36	0
11	3600.18	1189.86	986.35	707.51	756.36	1
12	3760.75	1199.16	735.56	801.15	599.99	1
13	3588.19	958.79	692.19	589.96	516.63	1
14	4890.31	1499.13	1170.19	699.19	920.18	1
15	2746.89	990.31	912.17	438.94	630.45	0
16	3922.49	999.19	1027.19	780.18	699.15	1
17	3560.18	857.56	723.29	469.86	369.37	1

采用两阶段聚类分析，自动聚类、聚类分布、质心、聚类分布结果如表9－4－6至表9－4－9所示。

表9－4－6　自动聚类

聚类数量	施瓦茨贝叶斯准则（BIC）	BIC 变化量	BIC 变化比率	距离测量比率
1	108.142			
2	106.278	－1.865	1.000	1.855
3	119.633	13.356	－7.161	2.637
4	144.045	24.411	－13.090	1.527
5	170.787	26.742	－14.339	1.651
6	199.273	28.486	－15.275	1.231
7	228.263	28.99	－15.544	1.007
8	257.268	29.005	－15.553	1.062
9	286.399	29.131	－15.620	1.145
10	315.788	29.389	－15.758	1.183
11	345.451	29.664	－15.906	2.098
12	375.901	30.450	－16.327	1.114
13	406.424	30.523	－16.366	1.184
14	437.046	30.623	－16.420	1.068
15	467.703	30.657	－16.439	3.613

表9-4-7　聚类分布

		聚类数量	合计（%）	总计（%）
聚类	1	12	70.60	70.60
	2	5	29.40	29.40
	合计	17	100.00	100.00
总计		17		100.00

表9-4-8　质心

		延迟运作		精益运作		智能运作	
		平均值	标准差	平均值	标准差	平均值	标准差
聚类	1	4038.53	574.12	1042.70	287.58	1028.05	257.55
	2	2705.22	100.63	1095.42	195.34	911.68	70.27
	混合	3646.38	788.22	1058.21	258.86	993.82	223.21

		融合运作		辅助运作	
		平均值	标准差	平均值	标准差
聚类	1	696.54	160.58	767.34	272.10
	2	479.42	79.85	721.21	87.49
	混合	632.68	172.40	753.77	230.83

表9-4-9　聚类分布结果

模块单元设备	延迟运作	精益运作	智能运作	融合运作	辅助运作	聚类结果
1	4812.94	1501.36	1241.79	992.16	1299.85	1
2	4239.15	1015.18	1413.27	759.69	1178.62	1
3	2756.45	968.77	916.14	542.26	831.13	2
4	2599.12	1058.17	990.78	479.13	640.99	2
5	2823.17	1439.65	940.16	567.56	720.13	2
6	3555.57	1019.19	1056.88	456.13	880.85	1
7	3920.17	997.56	1019.39	709.76	699.15	1
8	5066.27	825.16	1450.29	859.96	778.79	1
9	3546.18	450.26	820.19	532.89	509.16	1
10	2600.46	1020.19	799.16	369.19	783.36	2
11	3600.18	1189.86	986.35	707.51	756.36	1
12	3760.75	1199.16	735.56	801.15	599.99	1
13	3588.19	958.79	692.19	589.96	516.63	1
14	4890.31	1499.13	1170.19	699.19	920.18	1
15	2746.89	990.31	912.17	438.94	630.45	2
16	3922.49	999.19	1027.19	780.18	699.15	1
17	3560.18	857.56	723.29	469.86	369.37	1

表9-4-6自动聚类能够得出需要进行2类聚类；从表9-4-7聚类分布可以看出两类聚类的数量分布1类为12，2类为5；从表9-4-8质心可以看出每一类分布具体内容；从表9-4-9聚类分布结果可以得出具体的分布类型。

二、企业集成设备运营流程判别分析

（一）企业集成设备运营流程距离判别方法

企业集成设备运营流程距离判别方法可以运用到企业集成模块单元流程、供应链或者服务链流程、延迟运作、精益运作、智能运作、流程空间、辅助要素、支撑要素、核心要素、信息要素、管理、体系、模式、策略、方案各方面的主体、特性、因素、指标的运作判断。顾客接触模块单元流水线需要在此基础上考虑顾客接触、员工与顾客服务互动、员工与顾客价值共创、顾客服务体验、顾客满意、服务补救的服务特性，进行运作判断。距离判别分析法根据观测企业集成设备运营数量特征进行归类、识别，判别其所属类型的统计分析方法（黄利文，2011）。

企业集成设备运营流程距离判别方法以距离判别为准进行。设总体分布均值和协方差矩阵分别为：

$$u = \begin{pmatrix} u_1 \\ u_2 \\ \vdots \\ u_p \end{pmatrix}, \ \partial = \begin{pmatrix} \sigma_{11} & \sigma_{12} & \cdots & \sigma_{1p} \\ \sigma_{21} & \sigma_{22} & \cdots & \sigma_{2p} \\ \vdots & \vdots & \ddots & \vdots \\ \sigma_{p1} & \sigma_{p2} & \cdots & \sigma_{pp} \end{pmatrix}$$

从总体 G 中提取两个样品 x 与 y，x 与 y 的马氏距离为 $d^2(x, y) = (x-y)'\partial^{-1}(x-y)$，$x$ 到总体 G 距离为 $d^2(x, G) = (x-u)'\partial^{-1}(x-u)$。

当 $\partial_1 = \partial_2 = \partial$ 已知时，可以根据马氏距离定义选择不同的总体，就可以得出不同总体的马氏距离，经过相减得出判别规则。不同总体马氏距离之差公式、两组距离判别的线性判别函数公式、判别规则公式如下：

$$d^2(x, G_2) - d^2(x, G_1) = 2\left[x - \frac{u_1 + u_2}{2}\right]\partial^{-1}(u_1 - u_2) \tag{9-4-36}$$

$$W(x) = (x - \bar{u})'v = v'(x - \bar{u}) \tag{9-4-37}$$

$$\begin{cases} x \in G_1, \ W(x) > 0 \\ x \in G_2, \ W(x) < 0 \\ W(x) = 0 \end{cases} \tag{9-4-38}$$

式中，$\bar{u} = \dfrac{u_1 + u_2}{2}$，$v = \partial^{-1}(u_1 - u_2)$

当 $\partial_1 = \partial_2 = \partial$ 未知时，需要对 v 和 $W(x)$ 进行估计。v 估计公式、$W(x)$ 估计公式、判别规则公式如下：

$$\hat{v} = S_p^{-1}(\bar{x}_1 - \bar{x}_2) \tag{9-4-39}$$

$$\hat{W}(x) = \hat{v}'\left(x - \frac{\bar{x}_1 + \bar{x}_2}{2}\right) \tag{9-4-40}$$

$$\begin{cases} x \in G_1, \ \hat{W}(x) > 0 \\ x \in G_2, \ \hat{W}(x) < 0 \\ \hat{W}(x) = 0 \end{cases} \tag{9-4-41}$$

式中，$\bar{x}_i = \dfrac{1}{n_i}\sum_{j=1}^{n_i} x_{ij}$，$S_i = \dfrac{1}{n_i - 1}\sum_{j=1}^{n_i}(x_{ij} - \bar{x}_i)(x_{ij} - \bar{x}_i)'$，$\hat{\partial} = S_p$

$= \dfrac{(n_1 - 1)S_1 + (n_2 - 1)}{n_1 + n_2 - 2}$。

当 $\partial_1 \neq \partial_2$ 已知时，二次判别函数为 $J(x) = d^2(x, G_1) - d^2(x, G_2)$，判别规则公式如下：

$$\begin{cases} x \in G_1, \ J(x) < 0 \\ x \in G_2, \ J(x) > 0 \\ J(x) = 0 \end{cases} \tag{9-4-42}$$

当 $\partial_1 \neq \partial_2$ 未知时，需要对 $d^2(x, G_i)$ 和 $J(x)$ 进行估计。$d^2(x, G_i)$ 估计公式、$J(x)$估计公式、判别规则公式如下：

$$\hat{d}^2(x, G) = (x - \bar{x}_i)'\partial_i^{-1}(x - \bar{x}_i) \tag{9-4-43}$$

$$\hat{J}(x) = \hat{d}^2(x, G_1) - \hat{d}^2(x, G_2) \tag{9-4-44}$$

$$\begin{cases} x \in G_1, \ \hat{J}(x) < 0 \\ x \in G_2, \ \hat{J}(x) > 0 \\ \hat{J}(x) = 0 \end{cases} \tag{9-4-45}$$

$\partial_1 = \partial_2 = \cdots = \partial_k = \partial$ 已知时，x 到总体 G_i 距离公式、判别函数公式、判别规则公式如下：

$$d^2(x, G_i) = x'\partial^{-1}x - 2(\omega'_i x + \varphi_i) \tag{9-4-46}$$

$$W_i(x) = \omega'_i x + \varphi_i \tag{9-4-47}$$

$$W_i(x) = \max_{1 \leq j \leq k} W_j(x) \tag{9-4-48}$$

式中，$d^2(x, G_i) = (x - u_i)'\partial^{-1}(x - u) = x'\partial^{-1}x - 2\left[(\partial^{-1}u_i)'x - \dfrac{1}{2}u'_i\partial^{-1}u_i\right]$，$\omega_i = \partial^{-1}u_i$，$\varphi_i = -\dfrac{1}{2}u'_i\partial^{-1}u_i$。

当 $\partial_1 = \partial_2 = \cdots = \partial_k = \partial$ 已知时，判别函数公式、判别规则公式如下：

$$\hat{W}_i(x) = \hat{\omega}'_i x + \hat{\varphi}_i \tag{9-4-49}$$

$$\hat{W}_i(x) = \max_{1 \leq j \leq k} \hat{W}_i(x) \tag{9-4-50}$$

式中，$\bar{x}_i = \dfrac{1}{n_i}\sum_{j=1}^{n_i} x_{ij}$，$S_i = \dfrac{1}{n_i - 1}\sum_{j=1}^{n_i}(x_{ij} - \bar{x}_i)(x_{ij} - \bar{x}_i)'$ $\hat{\partial} = S_p = \dfrac{1}{n - k}\sum_{i=1}^{k}(n_i - 1)S_i$

$\hat{\omega}_i = S_p^{-1} \bar{x}$, $\hat{\varphi}_i = -\frac{1}{2} \bar{x}'_i S_p^{-1} \bar{x}_i$。

∂_1^{-1}、∂_2^{-1} 直到 ∂_k^{-1} 不全相等未知时，判别规则公式如下：

$$\hat{d}^2(x, G_i) = \min_{1 \leqslant j \leqslant k} \hat{d}^2(x, G_j) \tag{9-4-51}$$

式中，$\hat{d}^2(x, G_i) = (x - \bar{x}_i)' S_i^{-1}(x - \bar{x}_i)$。

（二）企业集成设备运营流程贝叶斯判别方法

企业集成设备运营流程贝叶斯判别方法可以运用到企业集成模块单元流程、供应链或者服务链流程、延迟运作、精益运作、智能运作、流程空间、辅助要素、支撑要素、核心要素、信息要素、管理、体系、模式、策略、方案各方面的主体、特性、因素、指标的运作判断。顾客接触模块单元流水线需要在此基础上考虑顾客接触、员工与顾客服务互动、员工与顾客价值共创、顾客服务体验、顾客满意、服务补救的服务特性，进行运作判断。企业集成设备运营流程贝叶斯判别方法假定对所研究的对象已有一定的认识，用先验概率描述这种认知，然后基于抽取的样品对先验认识做修正，得到后验概率，最后基于后验概率进行判断（黄振等，2012）。贝叶斯判别方法可以在不考虑误判代价情况下，产生判别准则；可以在考虑误判代价情况下，产生判别准则。样品 x 来自总体 G_i 的后验概率公式、不考虑误判代价判别规则公式、考虑误判代价判别规则公式如下：

$$P(G_i \mid x) = \frac{p_i f_i(x)}{\sum_{j=1}^{k} p_j f_i(x)} \tag{9-4-52}$$

$$P(G_i \mid x) = \max_{1 \leqslant j \leqslant k} P(G_j \mid x) \tag{9-4-53}$$

$$\sum_{j=1}^{k} p_j f_j(x) c(h \mid j) = \min_{1 \leqslant h \leqslant k} \sum_{j=1}^{k} p_j f_j(x) c(h \mid j) \tag{9-4-54}$$

式中，p_i 为先验概率，$f_i(x)$ 为概率密度函数，来自总体 G_i 的样品 x 的误判为 G_j 的条件概率为 $P(j \mid i) = P(x \in R_j \mid x \in G_i) = \int_{R_j} f_i(x) d_x$，任意评判规则的平均误判代价为 ECM，$ECM(R_1, R_2, \cdots, R_k) = E(c(j \mid i)) = \sum_{i=1}^{k} p_i \sum_{j=1}^{k} p_j f_j(x) c(h \mid j)$。

先验概率可以采取 $p_1 = p_2 = \cdots = p_k = \frac{1}{k}$ 方式进行测算，也可以采用 $p_q = \frac{n_q}{n_1 + \cdots + n_k}$ 方式进行测算。

（三）企业集成设备运营流程 Fisher 判别方法

企业集成设备运营流程 Fisher 判别方法可以运用到企业集成模块单元流程、供应链或者服务链流程、延迟运作、精益运作、智能运作、流程空间、辅助要素、支撑要素、核心要素、信息要素、管理、体系、模式、策略、方案各方面的主体、特性、因素、指标的运作判断。顾客接触模块单元流水线需要在此基础上考虑顾客接触、员工与顾客服务互动、员工与顾客价值共创、顾客服务体验、顾客满意、服务补救的服务特性，进行运作判断。企业集成设备运营流程 Fisher 判别方法是英国统计学家费希尔于 1936 年提出来的，方法的基本思想是根据所研究个体的观测值来构建综合标准用来推断个体属于已知种类中的哪类的方法（田兵，2014）。总体 G_i 投影到 a，得到 $y_{ij} = a'x_{ij}$，使得总体 G_i 和总体投影 G'_i 联系起来。G_i 样本观测数据样本均值为：

$$
\begin{cases}
G_1 : x_{11}, x_{12}, \cdots, x_{1n_1}, \bar{x}_1 = \dfrac{1}{n_1} \sum_{j=1}^{n_1} x_{1j} \\[2mm]
G_2 : x_{21}, x_{22}, \cdots, x_{2n_1}, \bar{x}_2 = \dfrac{1}{n_2} \sum_{j=1}^{n_2} x_{2j} \\[2mm]
\vdots \\[2mm]
G_k : x_{k1}, x_{k2}, \cdots, x_{kn_1}, \bar{x}_k = \dfrac{1}{n_k} \sum_{j=1}^{n_k} x_{kj}
\end{cases}
, \quad n = \sum_{i=1}^{k} n_i, \quad \bar{x} = \frac{1}{n} \sum_{i=1}^{k} \sum_{j=1}^{k} x_{ij}
$$

G'_i 投影数据矩阵和均值为：

$$
\begin{cases}
G'_1 : y_{11}, y_{12}, \cdots, y_{1n_1}, \bar{y}_1 = \dfrac{1}{n_1} \sum_{j=1}^{n_1} y_{1j} \\[2mm]
G'_2 : y_{21}, y_{22}, \cdots, y_{2n_1}, \bar{y}_2 = \dfrac{1}{n_2} \sum_{j=1}^{n_2} y_{2j} \\[2mm]
\vdots \\[2mm]
G'_k : y_{k1}, y_{k2}, \cdots, y_{kn_1}, \bar{y}_k = \dfrac{1}{n_k} \sum_{j=1}^{n_k} y_{kj}
\end{cases}
, \quad \bar{y}_i = a'\bar{x}_i, \quad \bar{y} = \frac{1}{n} \sum_{i=1}^{k} \sum_{j=1}^{n_i} y_{ij} = a'\bar{x}
$$

组间的离差平方和公式为 $SS_G = \sum_{i=1}^{k} n_i (\bar{y}_i - \bar{y})^2 = \sum_{i=1}^{k} n_i (a'\bar{x}_i - a'\bar{x})^2 = a'Ba$，组内离差平方和公式为 $SS_E = \sum_{i=1}^{k} \sum_{j=1}^{n_i} (y_{ij} - \bar{y}_i)^2 = \sum_{i=1}^{k} \sum_{j=1}^{n_i} (a'x_{ij} - a'\bar{x}_i)^2 = a'Ea$。对组间的离差平方和公式、组内离差平方和公式中的部分进行设定，设定 $B = \sum_{i=1}^{k} n_i (\bar{x}_i - \bar{x})(\bar{x}_i - \bar{x})'$，然后设定 $E = \sum_{i=1}^{k} \sum_{j=1}^{n_i} (x_{ij} - \bar{x}_i)(x_{ij} - \bar{x}_i)'$，得出 $F = \dfrac{SS_G/(k-1)}{SS_E/(n-k)} = \dfrac{a'Ba/(k-1)}{a'Ea/(n-k)}$，$\Delta(a) = \dfrac{a'Ba}{a'Ea}$。

特征值从大到小的排列为 $\lambda_1 \geqslant \lambda_2 \geqslant \cdots \geqslant \lambda_s$，$s \leqslant \min(k-1, p)$，特征向量为 t_1、t_2、t_s，由此得到 $\Delta(t_i) = \dfrac{t'_i B t_i}{t'_i E t_i} = \dfrac{t'_i (\lambda_i E t_i)}{t'_i E t_i} = \lambda_i$。

确定第一判别式是 $y_1 = t'_1 x$，第一判别式的判别效率为 $\lambda_1 / \sum_{j=1}^{s} \lambda_j$；第二判别式是 y_2

$=t'_2 x$，第二判别式的判别效率为 $\lambda_2 / \sum\limits_{j=1}^{s} \lambda_j$；第 i 判别式是 $y_i = t'_i x$，第 i 判别式的判别

效率为 $\lambda_i / \sum\limits_{j=1}^{s} \lambda_j$。

建立投影关系为：

$$\forall x = \begin{pmatrix} x_1 \\ x_2 \\ \vdots \\ x_p \end{pmatrix} \rightarrow \left. \begin{cases} y_1 = t'_1 x & \vdots & y_1 = t'_1 x \\ y_2 = t'_2 x & \vdots & y_2 = t'_2 x \\ \vdots & \ddots & \\ y_i = t'_i x & \vdots & y_i = t'_i x \end{cases} \right\} \leftarrow \overline{x}_i = \frac{1}{n_i} \sum\limits_{j=1}^{n_i} x_{ij} : G_i$$

判别公式如下：

$$\sum\limits_{j=1}^{r} (y_j - \overline{y}_{ij})^2 = \min\limits_{1 \leqslant h \leqslant k} \sum\limits_{j=1}^{r} (y_j - \overline{y}_{ij})^2 \qquad (9-4-55)$$

$$\sum\limits_{j=1}^{r} t'_j (x - \overline{x}_i)^2 = \min\limits_{1 \leqslant h \leqslant k} \sum\limits_{j=1}^{r} t'_j (x - \overline{x}_i)^2 \qquad (9-4-56)$$

F 公司模块单元价值链流程设备状态如表 9 - 4 - 10 所示。

表 9 - 4 - 10 F 公司模块单元价值链流程设备状态

模块单元设备	延迟运作	精益运作	智能运作	融合运作	辅助运作	状态
1	5119.89	1600.78	1300.14	100.18	1378.15	1
2	2431.16	663.17	662.15	412.19	689.19	3
3	4812.94	1501.36	1241.79	992.16	1299.85	1
4	4239.15	1015.18	1413.27	759.69	1178.62	1
5	2756.45	968.77	916.14	542.26	831.13	3
6	2599.12	1058.17	990.78	479.13	640.99	3
7	2823.17	923.78	940.16	567.56	720.13	3
8	3555.57	1019.19	1056.88	456.13	880.85	2
9	3920.17	997.56	1019.39	709.76	699.15	2
10	5066.27	1365.17	1450.29	859.96	778.79	1
11	3546.18	450.26	820.19	532.89	509.16	2
12	2600.46	1020.19	799.16	369.19	783.36	3
13	3600.18	1189.86	986.35	707.51	756.36	2
14	3760.75	1199.16	735.56	801.15	599.99	2
15	3588.19	958.79	692.19	589.96	516.63	2
16	4890.31	1499.13	1170.19	699.19	920.18	1
17	2746.89	990.31	912.17	438.94	630.45	3
18	3922.49	999.19	1027.19	780.18	699.15	2

续表

模块单元设备	延迟运作	精益运作	智能运作	融合运作	辅助运作	状态
19	3560.18	857.56	723.29	469.86	369.37	2
20	3741.78	994.19	1003.16	898.19	623.18	2
21	3341.17	890.16	998.17	721.78	599.89	2
22	3541.68	921.75	754.16	554.13	400.132	
23	4997.15	1601.13	1300.19	1000.12	1300.75	

采用企业集成设备运营流程 Fisher 判别方法进行判别分析，得到如表 9-4-11 特征值、表 9-4-12 威尔克 Lambda、表 9-4-13 结构矩阵、表 9-4-14 典则判别函数系数、表 9-4-15 组质心处函数、表 9-4-16 判别分析结果、图 9-4-2 判别分析结果所示。

表 9-4-11 特征值

函数	特征值	方差百分比	累计百分比	典型相关性
1	20.080[a]	94.2	94.2	0.976
2	1.240[a]	5.8	100	0.744

注：a 表示分析中使用前 2 个典型判别式函数。

表 9-4-12 威尔克 Lambda

函数检验	威尔克 Lambda	卡方	自由度	显著性
1 through 2	0.021	61.678	10	0
2	0.446	12.905	4	0.012

表 9-4-13 结构矩阵

	函数	
	1	2
延迟运作	0.845 *	-0.009
辅助运作	0.211	0.808 *
智能运作	0.291	0.611 *
精益运作	0.201	0.470 *
融合运作	0.094	-0.247 *

注：* 表示每个变量与任何判别函数之间最大绝对相关性。

表 9 – 4 – 14　典则判别函数系数

	函数	
	1	2
延迟运作	0.005	– 0.002
精益运作	– 0.003	0.003
智能运作	0	0.004
融合运作	0.001	– 0.002
辅助运作	0.003	0.003
常量	– 19.112	– 1.611

表 9 – 4 – 15　组质心处函数

	函数	
	1	2
1	6.266	0.988
2	0.015	– 1.081
3	– 5.246	0.979

表 9 – 4 – 16　判别分析结果

			预测组成员信息			总计
			1	2	3	
原始	计数	1	5	0	0	5
		2	0	10	0	10
		3	0	0	6	6
	%	1	100	0	0	100
		2	0	100	0	100
		3	0	0	100	100
交叉验证	计数	1	4	1	0	5
		2	0	10	0	10
		3	0	0	6	6
	%	1	80	20	0	100
		2	0	100	0	100
		3	0	0	100	100

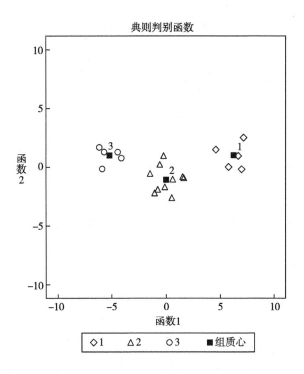

图 9 - 4 - 2　判别分析结果

　　从表 9 - 4 - 11 特征值、表 9 - 4 - 12 威尔克 Lambda、表 9 - 4 - 13 结构矩阵可以得出第一个函数是 0.845，第一个变量解释信息为 94.2%，效果显著。从表 9 - 4 - 16 判别分析结果、图 9 - 4 - 2 判别分析结果分析可以得出判别分析结果没有交叉验证的判别准确率为 100%，有交叉验证的判别准确率为 100%。

　　采用企业集成设备运营流程贝叶斯判别方法进行判别分析，得出如表 9 - 4 - 17 组的先验概率、表 9 - 2 - 18 分类函数系数所示。

表 9 - 4 - 17　组的先验概率

	先验概率	分析个案	
		无权重	权重
1	0.333	5	5
2	0.333	10	10
3	0.333	6	6
总计	1.000	21	21

表 9 - 4 - 18   分类函数系数

	1	2	3
延迟运作	0.129	0.099	0.068
精益运作	- 0.067	- 0.052	- 0.031
智能运作	0.024	0.014	0.021
融合运作	0.030	0.027	0.018
辅助运作	0.065	0.044	0.036
常量	- 328.652	- 186.325	- 102.741

采用企业集成设备运营流程距离判别方法得到如图 9 - 4 - 3 判别分析图和表 9 - 4 - 19 邻近点所示。

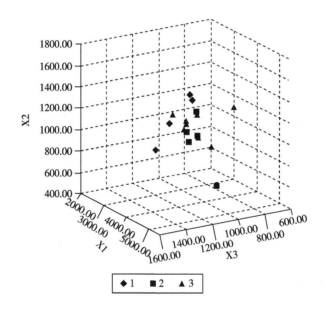

图 9 - 4 - 3   判别分析图

注：选择重要点作为记录点；

此图是降维因子空间图，包括 5 个因子。

表 9 - 4 - 19   邻近点

8	1	2	3	1	2	3
	13	5	9	0.722	0.734	0.763

得出 F 公司模块单元价值链流程设备状态判断结果如表 9 - 4 - 20 所示。

表 9-4-20　F公司模块单元价值链流程设备状态判断结果

模块单元设备	延迟运作	精益运作	智能运作	融合运作	辅助运作	状态
1	5119.89	1600.78	1300.14	100.18	1378.15	1
2	2431.16	663.17	662.15	412.19	689.19	3
3	4812.94	1501.36	1241.79	992.16	1299.85	1
4	4239.15	1015.18	1413.27	759.69	1178.62	1
5	2756.45	968.77	916.14	542.26	831.13	3
6	2599.12	1058.17	990.78	479.13	640.99	3
7	2823.17	923.78	940.16	567.56	720.13	3
8	3555.57	1019.19	1056.88	456.13	880.85	2
9	3920.17	997.56	1019.39	709.76	699.15	2
10	5066.27	1365.17	1450.29	859.96	778.79	1
11	3546.18	450.26	820.19	532.89	509.16	2
12	2600.46	1020.19	799.16	369.19	783.36	3
13	3600.18	1189.86	986.35	707.51	756.36	2
14	3760.75	1199.16	735.56	801.15	599.99	2
15	3588.19	958.79	692.19	589.96	516.63	2
16	4890.31	1499.13	1170.19	699.19	920.18	1
17	2746.89	990.31	912.17	438.94	630.45	3
18	3922.49	999.19	1027.19	780.18	699.15	2
19	3560.18	857.56	723.29	469.86	369.37	2
20	3741.78	994.19	1003.16	898.19	623.18	2
21	3341.17	890.16	998.17	721.78	599.89	2
22	3541.68	921.75	754.16	554.13	400.132	2
23	4997.15	1601.13	1300.19	1000.12	1300.75	1

得出模块单元价值链流程设备 22、23 的状态为 2、1。

制造类企业、服务类企业、纯服务类企业运用模块单元价值链流程设备聚类分析和判别分析。

第五节　企业集成流程定置管理

一、企业集成流程定置管理的含义

企业集成流程定置管理根据企业集成延迟策略和强化延迟策略的运营、维护、点检、维修模块单元流水线内外场所和企业集成运营、维护、点检、维修模块单元流水线设备要求，设备进行延迟策略运作和强化延迟策略运作运营、维护、点检、维修活动，在不同操作方式下、不同类型设备运作下，从员工、设备、模块品目、工装、物料、器具、作业场所、环境的相互关系出发，通过调整模块品目、工装、物料、器具放置位置，处理好员工、设备、模块品目、工装、物料、器具、作业场所的关系，建造所需要的环境，实现企业集成运营、维护、点检、维修模块单元流水线系统的有序运作。

作业场所是以企业集成延迟策略和强化延迟策略的运营、维护、点检、维修为基础进行界定，由此将作业场所划分为企业集成运营、维护、点检、维修模块单元流水线内作业场所和流水线外作业场所。流水线内作业场所直接进行企业集成运营、维护、点检、维修模块单元流水线运作，流水线外作业场所辅助企业集成模块单元流水线运作，流水线内作业场所和流水线外作业场所共同构成作业场所。作业场所是以企业集成维护活动、点检活动、维修活动为辅助进行，作业场所分为运营活动主体场所、维护活动辅助场所、点检活动辅助场所、维修活动辅助场所。企业集成模块单元流水线员工和设备包括具体模块单元内、联合模块单元、模块组模块单元和总作业模块单元和通用模块单元、链接模块单元、专用模块单元流水线的运营、维护、点检、维修的员工和设备。运营活动操作方式分为运营机器操作、员工运营操作、一般员工与运营机器操作；维护活动操作方式分为员工维护操作、一般员工维护与维护机器操作；点检操作方式分为点检机器操作、员工点检操作、一般员工点检与点检机器操作；维修操作方式分为维修机器操作、员工维修操作、一般员工维修与维修机器操作。设备包括运营、维护、点检、维修设备，运营、维护、点检、维修控制设备，运营、维护、点检、维修信息联络设备，运营、维护、点检、维修 CPS 传感设备，定置管理主要针对运营活动和运营设备。物料包括运营物料，维修物料，点检物料，维护清洁物料，维护润滑物料，运营、维护、点检、维修的安全物料，运营材料是企业集成运营活动直接运用的物料；维修物料是企业集成维修活动直接运用的物料；点检物料是企业集成点检活动直接运用的物料；维护清洁物料、维护润滑物料是企业集成维护活动直接采用物料；安全物料是企业集成运营、维护、点检、维修活动直接采用物料，清洁物料、安全物料中的间接物料是企业集成运营活动辅助物料。工装包括运营、维护、点检、维修工装和运营辅助活动工装。器具包括模块品目器具、工装器具、安全物料器具、运营物料器具、维修物料器具、点检物料器具、维护清洁物料器具、维护润滑物料器具。模块品目器具包括运营线内模块品目器具和运营线外模块品目器具。工装器具、安全物料器具包括运营、维护、点检、维修工装器具，安全物料器具和运营辅助活动工装器具，安全物料器具。环境是微气候环境、照明环境、色彩环境、噪声环境、除污环境、健康环境，气候环境包括空气温度、空气湿度、气流速度、热辐射环境、空气气味环境。环境分为企业集成模块单元流水线内部环境和外部环境，内部环境直接支持企业集成运营活动、维护活动、点检活动、维修活动，外部环境间接支持企业集成运营活动。

（一）企业集成模块单元流水线内作业场所的员工、设备与模块品目、工装、直接物料、直接器具、环境结合

这一结合是针对企业模块单元流水线运作进行，从具体模块单元到联合模块单元的通用模块单元、链接模块单元、专用模块单元的相似流水线、可变流水线作业之间紧致性越来越强。从专用模块单元到通用模块单元、链接模块单元的相似流水线，与可变流水线相比，作业之间紧致性越来越强。从联合模块单元、模块组模块单元到总作业模块单元的通用模块单元单一流水线作业之间紧致性越来越强。从联合模块单元到模块组模块单元的专用模块单元、从联合模块单元到模块组模块单元的混合流水线之间紧致性越来越强。从联合模块单元到模块组模块单元的单一流水线，与混合流水线相比，作业之间紧致性越来越强。这就要求员工、设备与模块品目、工装、直接物料、直接器具紧密结合以配合这种紧致性联系。紧致性越强，出现问题的连锁关系越强，调整余地就越小，需要员工、设备与模块品目、工装、直接物料、直接器具结合强度就越强。

企业集成模块单元流水线紧致性运作需要结合不同操作方式进行。企业集成模块单元流水线操作方式分为设备操作、员工操作、员工与设备操作三种操作方式。设备操作分为一般设备操作、员工看管设备操作、顾客参与设备操作。员工操作分为一般员工操作、员工工具操作、顾客接触员工操作、顾客接触员工工具操作、顾客参与操作、顾客参与工具操作。员工与设备操作分为一般员工与设备操作、顾客接触员工与设备操作、顾客参与设备操作、员工界面操作、顾客接触员工界面操作、顾客参与界面操作。设备操作、员工操作、一般员工与设备操作具有不同的特性，设备操作主要依靠设备进行操作，设备在操作中起主导作用。员工操作主要依靠员工，员工在操作中起主导作用。一般员工与设备操作依靠员工和设备进行操作，员工和设备在操作中共同作用。企业集成模块单元流水线紧致性运作需要按照操作中起着主导作用的员工、设备、员工与设备来确定紧致性结合方式。

企业集成模块单元流水线设备操作、一般人员与设备操作的设备可以从企业集成运营流程设备监督学习算法、设备无监督学习算法、设备半监督学习算法到设备强化学习算法企业集成运营流程设备学习算法中得到支撑，进行整体模块单元混合流水线的设备精益智能运作，进行设备智能视觉运作、智能听觉运作、智能嗅觉运作、智能语言运作、智能动作运作，对企业集成模块单元流水线紧致性运作有着直接重要作用。人员操作可以进行精益运作，对企业集成模块单元流水线紧致性运作有着直接作用。

企业集成模块单元流水线紧致性运作需要结合状态的作用。员工、设备与模块品目、工装、直接物料、直接器具、环境结合状态包括能够发挥效能状态、有效能但不能发挥效能状态和失去联系状态。能够发挥效能状态是指员工、设备与模块品目、工装、直接物料、直接器具、环境相结合发挥效能的状态，这种状态对企业集成模块单

元流水线紧致性运作有着能动推动作用。有效能但不能发挥效能状态的员工、设备与模块品目、工装、直接物料、直接器具、环境处于寻找状态和尚不能很好发挥效能的状态，这种状态对企业集成模块单元流水线紧致性运作有着局限性的作用。失去联系状态是员工、设备与模块品目、工装、直接物料、直接器具、环境失去联系的状态，这种状态对企业集成模块单元流水线紧致性运作没有推动作用。企业集成模块单元流水线紧致性运作需要一定的内部环境的支持，企业集成模块单元流水线紧致性运作强度越强，需要环境要求就越高。环境的建立还需要针对不同的操作类型进行，需要建立良好的舒适的内部运作环境，区分设备操作、人员操作、一般人员与设备操作对环境的不同要求。设备操作需要适合设备运作的环境；人员操作需要适合于员工操作的环境；一般人员与设备操作适合员工和设备要求的环境。

企业集成模块单元流水线紧致性运作的员工、设备与模块品目、工装、直接物料、直接器具、环境结合需要消耗劳动时间，支付劳动工时费用，这种工时费用称为员工、设备与模块品目、工装、直接物料、直接器具、环境结合成本，与结合状态有直接关系。当员工、设备与模块品目、工装、直接物料、直接器具、环境结合处于能够发挥效能状态时，结合成本可以忽略不计。当员工、设备与模块品目、工装、直接物料、直接器具、环境的结合处于有效能但不能发挥效能状态时，花费很多时间去寻找需要模块品目、工装、直接物料、直接器具，去适应环境，工时费用越多，结合成本就越高。如果员工、设备与模块品目、工装、直接物料、直接器具、环境处于失去联系状态时，已与运营活动无关，需要剔除成本。因此，企业集成模块单元流水线紧致性运作，力求使员工、设备与模块品目、工装、直接物料、直接器具、环境结合保持能够发挥效能状态，这是降低结合成本的最佳途径；处理失去联系状态，对有效能但不能发挥效能状态进行分析和改进，使之都成为能够发挥效能状态。

企业集成模块单元流水线运作的员工、设备与模块品目、工装、直接物料、直接器具、环境结合强度越强，结合难度就越大，与之对应强度的企业集成模块单元流水线进行定置的难度就越大，需要关注的定置细节层次就越深。从具体模块单元内、联合模块单元、模块组模块单元到总作业模块单元；从专用模块单元到通用模块单元、链接模块单元；从单一流水线、相似流水线、混合流水线到可变流水线的企业集成模块单元流水线进行定置的难度越来越大，需要关注的定置细节层次就越深；从可变流水线、混合流水线、相似流水线到单一流水线，企业集成模块单元流水线进行定置的难度就越大，需要关注的定置细节层次就越深。

（二）企业集成模块单元流水线外作业场所的员工与模块品目、工装、间接物料、间接器具、环境结合

这一结合针对流水线内、外作业场所联系展开。企业集成模块单元流水线外作业场所的员工与模块品目、工装、间接物料、间接器具结合要有助于企业模块单元流水线运作，企业集成模块单元流水线紧致性运作强度越强，员工与模块品目、工装、间

接物料、间接器具、环境结合支持度就越强。在此基础上，进行流水线外作业场所的员工与模块品目、工装、间接物料、间接器具、环境结合独立运作，结合顺畅度越强，需要员工与模块品目、工装、间接物料、间接器具、环境结合程度就越深。

企业集成模块单元流水线外员工与模块品目、工装、间接物料、间接器具、环境结合体现出不同的状态，包括良好状态、改善的状态和彻底改造的状态三种状态。良好状态是员工与模块品目、工装、间接物料、间接器具、环境良好结合，有力支撑企业模块单元流水线运作和流水线外作业场所结合自身顺畅运作。改善的状态是员工与模块品目、工装、间接物料、间接器具、环境局限的结合，有限支撑企业模块单元流水线运作和流水线外作业场所结合自身顺畅运作。彻底改造的状态是员工与模块品目、工装、间接物料、间接器具、环境无效结合，不能支撑企业模块单元流水线运作和流水线外作业场所自身结合顺畅运作。

企业集成模块单元流水线外作业场所的员工与模块品目、工装、间接物料、间接器具、环境结合中的操作采用员工操作、员工工具操作，两种操作具有不同的特性，员工与模块品目、工装、间接物料、间接器具、环境结合支持度越强，需要操作支撑强度就越强，就越能够支撑企业集成模块单元流水线运作；员工与模块品目、工装、间接物料、间接器具、环境结合越紧密，需要员工操作支撑强度就越强，结合顺畅度就越高。

企业集成模块单元流水线外运作需要一定的外部环境的支持，企业集成模块单元流水线紧致性运作强度越强，需要外部环境要求就越高，需要员工与模块品目、工装、间接物料、间接器具、环境结合强度就越高。企业集成模块单元流水线外部环境要求越好，员工与模块品目、工装、间接物料、间接器具、环境结合顺畅度就越强。企业集成模块单元流水线外运作可以进行精益运作方式，精益运作程度越深，企业集成模块单元流水线紧致性运作强度越强，员工与模块品目、工装、间接物料、间接器具、环境结合顺畅度就越强。

企业集成模块单元流水线内外运作直接引致员工、设备与模块品目、工装、直接物料、直接器具、环境结合细致程度。同一层次模块单元和不同层次模块单元单一流水线、相似流水线、混合流水线、可变流水线反映企业集成模块单元流水线紧致性运作的不同强度，需要不同强度的员工与模块品目、工装、间接物料、间接器具、环境结合来支撑，由此带来不同细致程度的结合。员工与模块品目、工装、间接物料、间接器具、环境结合顺畅度不同，会带来不同细致程度的结合。

（三）企业集成模块单元流水线内维护、点检、维修作业场所和流水线外维护、点检、维修作业场所维护、点检、维修的员工、设备与工装、物料、器具、环境结合

企业集成模块单元流水线内维护、点检、维修作业场所与企业集成运营模块单元流水线相统一，维护、点检、维修活动自身有着独立的运作。企业集成运营活动的具体模块单元、联合模块单元、模块组模块单元、总作业模块单元和通用模块单元、链

接模块单元、专用模块单元的单一流水线、相似流水线、混合流水线、可变流水线作业的紧致性越来越强，流水线内维护、点检、维修的员工、设备与工装、物料、器具、环境结合强度就越强。企业集成维护、点检、维修活动的具体模块单元、联合模块单元和通用模块单元、专用模块单元的单一流水线、相似流水线、混合流水线作业的紧致性越来越强，流水线内维护、点检、维修的员工、设备与工装、物料、器具、环境结合强度就越强。由企业集成运营活动和企业集成维护、点检、维修活动确定的流水线内员工、设备与工装、物料、器具、环境结合强度是流水线内维护、点检、维修的员工、设备与工装、物料、器具、环境结合强度。企业集成维护、点检、维修活动的各类模块单元流水线作业的紧致性越来越强，流水线外员工、设备与工装、物料、器具、环境结合强度就越大。企业集成维护、点检、维修活动级别越大，流水线外员工、设备与工装、物料、器具、环境结合强度就越大。

流水线内外维护、点检、维修的员工、设备与工装、物料、器具、环境结合强度需要结合不同操作方式进行。企业集成模块单元流水线维护、点检、维修操作方式分为员工维护操作、一般员工维护与维护机器操作，一部分为点检机器操作、员工点检操作、一般员工点检与点检机器操作，一部分为维修机器操作、员工维修操作、一般员工维修与维修机器操作。设备操作、员工操作、一般员工与设备操作具有不同的特性，点检、维修设备操作主要依靠点检、维修设备进行操作，点检、维修设备在操作中起主导作用。维护、点检、维修员工操作主要依靠员工，维护、点检、维修员工在操作中起主导作用。维护、点检、维修一般员工与设备操作依靠员工和设备进行操作，维护、点检、维修员工和设备在操作中共同作用。企业集成模块单元流水线维护、点检、维修操作不同方式，对流水线内外维护、点检、维修的员工、设备与工装、物料、器具、环境结合强度不同。

企业集成模块单元流水线延迟策略和强化延迟策略的维护、点检、维修的设备操作、一般员工与设备操作的设备可以从企业集成运营流程设备监督学习算法、设备无监督学习算法、设备半监督学习算法到设备强化学习算法企业集成运营流程设备学习算法中得到支撑，进行整体模块单元混合流水线的设备精益智能运作，进行设备智能视觉运作、智能听觉运作、智能嗅觉运作、智能语言运作、智能动作运作，对流水线内外维护、点检、维修的员工、设备与工装、物料、器具、环境结合强度有着直接重要作用。维护人员操作可以进行精益运作，对流水线内外维护的员工、设备与工装、物料、器具、环境结合强度有着直接重要作用。

流水线内外维护、点检、维修的员工、设备与工装、物料、器具、环境结合需要结合状态的作用。维护、点检、维修的员工、设备与工装、物料、器具、环境结合状态包括能发挥效能状态、有效能但不能完全发挥效能状态和失去效能状态。能发挥效能状态是维护、点检、维修的员工、设备与工装、物料、器具、环境结合就发挥效能的状态，这种状态对结合强度有着能动推动作用。有效能但不能完全发挥效能状态是维护、点检、维修的员工、设备与工装、物料、器具、环境处于寻找状态和尚不能很好发挥效能的状态，这种状态对结合强度有着局限性的作用。失去联系状态是维护、点检、维修的员工、设备与工装、物料、器具、环境失去联系的状态，这种状态对结合没有推动作用。流水线内外维护、点检、维修的员工、设备与工装、物料、器具、环境结合需要一定的内外部环境的支持，结合强度越大，需要环境要求就越高。

（四）企业集成模块单元流水线的信息定置的关系

这一信息定置关系需要确定以企业集成 MES、企业集成 ERP、企业集成 MBE 规范关系为中心的信息运作对企业集成模块单元流水线运作结合的支撑规范关系，确定信息运作对运营活动的员工、设备与模块品目、工装、直接物料、直接器具、环境结合支撑规范关系，确定信息运作对运营辅助活动的员工与模块品目、工装、间接物料、间接器具、环境结合支撑规范关系，确定信息运作对维护、点检、维修活动的员工与模块品目、工装、间接物料、间接器具、环境结合支撑规范关系。

企业集成 MES、企业集成 ERP、企业集成 MBE 规范关系将信息表现通过企业集成 MES、企业集成 ERP、企业集成 MBE 信息系统规范要求，分别归集、整理到各自的信息系统，达到规范运作的要求。信息运作对企业集成模块单元流水线运作结合的支撑规范关系是将企业集成模块单元流水线运作中的信息表现，根据企业集成 MES、ERP、MBE 信息系统规范要求，分别归集企业集成 MES、ERP、MBE 信息系统。信息运作对员工、设备与模块品目、工装、直接物料、直接器具、环境结合支撑规范关系是将员工、设备与模块品目、工装、直接物料、直接器具、环境结合的信息表现，根据企业集成 MES、ERP、MBE 信息系统规范要求，分别归集企业集成 MES、ERP、MBE 信息系统。信息运作对员工与模块品目、工装、间接物料、间接器具、环境结合支撑规范关系是将员工与模块品目、工装、间接物料、间接器具、环境结合的信息表现，根据企业集成 MES、ERP、MBE 信息系统规范要求，分别归集企业集成 MES、ERP、MBE 信息系统。信息运作对维护、点检、维修活动的员工与模块品目、工装、间接物料、间接器具、环境结合支撑规范关系是将维护、点检、维修活动的员工与模块品目、工装、间接物料、间接器具、环境结合信息表现，根据企业集成 MES、ERP、MBE 信息系统规范要求，分别归集企业集成 MES、ERP、MBE 信息系统。

企业集成模块单元流水线的信息定置的支撑关系的强度各不相同，企业集成 MES、企业集成 ERP、企业集成 MBE 规范关系是规范关系的中心，是信息定置关系强度最强的。信息运作对企业集成模块单元流水线运作结合的支撑规范关系，反映企业集成模块单元流水线主体运作，是最基本的运作，是信息定置关系强度次强的信息运作对员工、设备与模块品目、工装、直接物料、直接器具、环境结合支撑规范关系，反映与企业集成模块单元流水线主体运作直接联系，是与最基本的运作之间形成的直接联系，信息定置关系强度再次强的；信息运作对员工与模块品目、工装、间接物料、间接器具、环境结合支撑规范关系，反映与企业集成模块单元流水线主体运作间接联系，是与最基本的运作之间形成的间接联系，信息定置关系强度最弱的。信息运作对维护、点检、维修活动的员工与模块品目、工装、物料、器具、环境结合支撑规范关系需要根据维护、维修活动的级别和点检活动的难易程度，确定信息定置关系强度，一般级别越高，难度越大，信息定置关系强度就越大。

企业集成模块单元流水线的信息定置关系可以从企业集成运营流程设备监督学习算法、设备无监督学习算法、设备半监督学习算法到设备强化学习算法得到支撑，进行企业集成 MES、ERP、MBE 信息系统各种信息归集、整理中的智能信息运作，对企业集成模块单元流水线的信息定置的关系落实起到重要作用。

二、企业集成流程定置管理运作程序

进行企业集成流程定置管理程序如下：

（一）确定企业模块单元流水线各类定置结合强度

企业集成模块单元流水线内作业场所的员工、设备与模块品目、工装、直接物料、直接器具、环境结合强度的确定，需要根据企业集成模块单元流水线运作紧致性强度确定，紧致性强度大的，场内结合强度就大。企业集成模块单元流水线外作业场所的员工与模块品目、工装、间接物料、间接器具、环境结合强度的确定，需要根据企业集成模块单元流水线运作紧致性强度和场外结合顺畅素来确定，紧致性强度大的，顺畅度大的，场外结合强度就大。企业集成模块单元流水线延迟策略和强化延迟策略的维护、点检、维修作业场所内员工、设备与工装、物料、器具、环境结合强度，需要根据企业集成模块单元流水线紧致性强度和企业集成维护、点检、维修模块单元流水线紧致性强度进行确定，流水线紧致性强度越大，场内结合强度就越大。企业集成模块单元流水线维护、点检、维修作业场所外员工、设备与工装、物料、器具、环境结合强度，需要根据企业集成维护、点检、维修模块单元流水线紧致性强度和维护、点检、维修级别进行确定，紧致性强度越强，级别越高，场外结合强度就越大。企业集成模块单元流水线的信息定置的关系强度与信息运作中心、与企业集成模块单元流水线主体运作联系、与维护、点检、维修活动支撑有关，确定企业集成 MES、企业集成 ERP、企业集成 MBE 规范关系强度最强，信息运作对企业集成模块单元流水线运作结合的支撑规范关系强度次强，信息运作对员工、设备与模块品目、工装、直接物料、直接器具、环境结合支撑规范关系强度再次强的，信息运作对员工与模块品目、工装、间接物料、间接器具、环境结合支撑规范关系强度最弱，信息运作对维护、点检、维修活动的员工与模块品目、工装、间接物料、间接器具、环境结合支撑规范关系强度随着维护、维修活动的级别增大和点检活动难度加大，信息定置关系强度就越大。企业集成模块单元流水线内外作业场所的员工、设备与模块品目、工装、直接物料、直接器具、环境结合强度，企业集成模块单元流水线维护、点检、维修作业场所内外员工、设备与工装、物料、器具、环境结合强度如表 9-5-1 和表 9-5-2 所示。

表 9 − 5 − 1　企业集成模块单元流水线内外结合强度

运营模块单元流水线	紧致强度	场内结合	场内结合强度	场外结合	场外结合强度
总作业模块单元链接模块单元单一流水线 1	1	场内单一流水线 1 结合	类似 1	场外单一流水线 1 结合	部分类似 1
总作业模块单元通用模块单元单一流水线 2	2	场内单一流水线 2 结合	类似 2	场外单一流水线 2 结合	部分类似 2
模块组模块单元链接模块单元单一流水线 3	2	场内单一流水线 3 结合	类似 3	场外单一流水线 3 结合	部分类似 3
模块组模块单元通用模块单元单一流水线 4	3	场内单一流水线 4 结合	类似 4	场外单一流水线 4 结合	部分类似 4
联合模块单元链接模块单元相似流水线 5	4	场内相似流水线 5 结合	类似 5	场外相似流水线 5 结合	部分类似 5
联合模块单元通用模块单元相似流水线 6	5	场内相似流水线 6 结合	类似 6	场外相似流水线 6 结合	部分类似 6
具体模块单元链接模块单元相似流水线 7	5	场内相似流水线 7 结合	类似 7	场外相似流水线 7 结合	部分类似 7
具体模块单元通用模块单元相似流水线 8	6	场内相似流水线 8 结合	类似 8	场外相似流水线 8 结合	部分类似 8
总作业模块单元相似流水线 9	7	场内相似流水线 9 结合	类似 9	场外相似流水线 9 结合	部分类似 9
总作业模块单元专用模块单元相似流水线 10	8	场内相似流水线 10 结合	类似 10	场外相似流水线 10 结合	部分类似 10
模块组模块单元混合流水线 11	9	场内混合流水线 11 结合	类似 11	场外混合流水线 11 结合	部分类似 11
联合模块单元混合流水线 12	10	场内混合流水线 12 结合	类似 12	场外混合流水线 12 结合	部分类似 12
整体模块单元混合流水线 13	11	场内混合流水线 13 结合	类似 13	场外混合流水线 13 结合	部分类似 13
模块组模块单元专用模块单元混合流水线	12	场内混合流水线 14 结合	类似 14	场外混合流水线 14 结合	部分类似 14
具体模块单元可变流水线 14	13	场内可变流水线 15 结合	类似 15	场外可变流水线 15 结合	部分类似 15
联合模块单元专用模块单元可变流水线 15	14	场内可变流水线 16 结合	类似 16	场外可变流水线 16 结合	部分类似 16
具体模块单元专用模块单元隐形流水线 16	15	场内隐形流水线 17 结合	类似 17	场外隐形流水线 17 结合	部分类似 17

表9-5-2　企业集成模块单元流水线维护、点检、维修作业场所内外结合强度

维护、点检、维修流水线	紧致强度	场内结合	场内结合强度	维护、点检、维修级别	层次强度	场外结合	场外结合强度
联合通用模块单元单一流水线1	1	场内1结合	部分类似1	维护、点检、维修1级	1	场外1结合	2
				维护、点检、维修2级	2		3
联合模块单元相似流水线2	2	场内2结合	部分类似2	维护、点检、维修1级	1	场外2结合	3
				维护、点检、维修2级	2		4
联合专用模块单元单一流水线3	2	场内3结合	部分类似2	维护、点检、维修1级	1	场外3结合	3
				维护、点检、维修2级	2		4
具体通用模块单元相似流水线4	3	场内4结合	部分类似3	维护、点检、维修1级	1	场外4结合	4
				维护、点检、维修2级	2		5
整体模块单元混合流水线5	3	场内5结合	部分类似3	维护、点检、维修1级	1	场外5结合	4
				维护、点检、维修2级	2		5
具体专用模块单元相似流水线6	4	场内6结合	部分类似4	维护、点检、维修1级	1	场外6结合	5
				维护、点检、维修2级	2		6
具体模块单元混合流水线7	4	场内7结合	部分类似4	维护、点检、维修1级	1	场外7结合	5
				维护、点检、维修2级	2		6
具体模块单元混合流水线7	4	场内7结合	部分类似4	维护、点检、维修1级	1	场外7结合	5
				维护、点检、维修2级	2		6

（二）确定企业模块单元流水线运作的面积、布局

确定企业模块单元流水线运作的场所内、场所外和企业集成延迟策略和强化延迟策略的维护、点检、维修作业场所内外的面积、布局；确定企业模块单元流水线面积和布局；确定企业集成维护、点检、维修外的面积、布局，明确企业模块单元流水线场所内外大小、结构和空间利用情况，明确场所外模块品目、物料、器具、工装运作路径和方位。确定运营、维护、点检、维修具体模块单元、联合模块单元、模块组与总作业和通用模块单元、链接模块单元、专用模块单元单一流水线、相似流水线、混合流水线、可变流水线布局，明确模块单元流水线的结构、流水线各部分的联系、流水线的作业线路，明确模块品目、物料运作的具体路线和方位。确定企业模块单元运营流水线和维护、点检、维修模块单元流水线运营、维护、点检、维修设备，运营、维护、点检、维修控制设备，确定运营、维护、点检、维修信息联络设备，运营、维护、点检、维修CPS传感设备，确定这些设备的布置、每一设备方位。确定企业模块单元运营流水线和维护、点检、维修模块单元流水线的一般设备操作、员工看管设备操作、顾客参与设备操作、一般员工操作、员工工具操作、顾客接触员工操作、顾客接触员工工具操作、顾客参与操作、顾客参与工具操作、一般员工与设备操作、顾客

接触员工与设备操作、员工界面操作、顾客接触员工界面操作、顾客参与界面操作方式，确定这些操作方式所需要的工装运作路径和方位。确定企业集成模块单元流水线运营、维护、点检、维修的每一个作业的每一台设备的每一种操作方式下的模块品目数量、运营物料数量、维修物料数量、点检物料数量、维护清洁物料数量、维护润滑物料数量、安全物料数量和模块品目器具数量、工装器具数量、安全物料器具数量、运营物料器具数量、维修物料器具数量、点检物料器具数量、维护清洁物料器具数量、维护润滑物料器具数量。确定企业模块单元流水线运作的场所内、场所外和企业集成维护、点检、维修作业场所内外所需要的微气候环境、照明环境、色彩环境、噪声环境、除污环境、健康环境。确定企业集成 MES、企业集成 ERP、企业集成 MBE 规范关系表现；确定信息运作对企业集成模块单元流水线运作结合的支撑规范关系表现；确定信息运作对运营活动的员工、设备与模块品目、工装、直接物料、直接器具、环境结合支撑规范关系表现；确定信息运作对运营辅助活动的员工与模块品目、工装、间接物料、间接器具、环境结合支撑规范关系表现；确定信息运作对维护、点检、维修活动的员工与模块品目、工装、物料、器具、环境结合支撑规范关系表现。

（三）确定企业模块单元流水线运作的内容

确定企业模块单元流水线运作的场所内、场所外和企业集成延迟策略和强化延迟策略的维护、点检、维修作业场所内外模块品目、物料、器具、工装定置方法。根据模块单元运营、维护、点检、维修流水线运作的场所内、场所外的模块品目、物料、器具、工装运动的规律性，科学地确定模块品目、物料、器具、工装在场所内外的位置。定置方法有固定位置和自由位置两种基本形式。

模块单元运营、维护、点检、维修流水线运作的场所内、场所外固定位置是场所固定，模块品目、物料、工装存放位置固定，物品的信息媒介物器具固定。这种固定的方法，适用于企业集成模块单元运营、维护、点检、维修流水线运作的场所内周期性的模块品目、物料、工装回归原地运作，适用于场所外的模块品目、物料、工装固定器具位置运作。这些模块品目、物料、工装可以多次参加场所内模块单元流水线活动的周期性地往返运动，进行场所外模块品目、物料、工装固定性运作。对这类模块品目、物料、工装适用固定的方法，场所内固定存放位置，使用后要恢复到原来的固定地点，需用时再取来运用，使用完毕后，经过检测、验收后，仍搬回到原处存贮，以备下次再使用；场所外模块品目、物料、工装存放固定位置，不轻易进行位置调整。

模块单元运营、维护、点检、维修流水线运作的场所内、场所外自由位置是确定模块品目、物料、工装、器具存放的区域，按照一定规则，根据当时的模块单元流水线运作情况，决定此区域内模块品目、物料、工装、器具的具体放置位置。与固定位置方法相比，这种方法在规定区域内有一定的自由。这种方法适用流水线运作的场所内外那些不回归、不重复使用的模块品目、物料、工装、器具。这些模块品目、物料、工装、器具是按照流水线从开始到最后流水线运作环节，对每一个模块品目、物料、工装、器具来说，在某一价值链流程活动环节后，除非回原地返修，一般就不再回归到原来的作业场所，因而需要对这类模块品目、物料、工装、器具应采用规定一个较大范围区域的办法来定置。由于这类模块品目、物料、工装、器具的种类、规格很多，每种数量有时多，有时少，很难就每种模块品目、物料、工装、器具规定具体位置，需要根据充分利用空间、便于收发、便于点数等规则，确定具体的存放地点。

进行企业集成延迟策略和强化延迟策略的运营、维护、点检、维修模块单元流水线运作场所内外定置设计。针对企业运营、维护、点检、维修模块单元流水线运作场所外模块品目、物料、器具、工装、环境进行定置设计，明确模块品目、物料、器具、工装定置位置，确定具体的模块品目、物料、器具、工装定置图，进行场所外环境定置设计。针对企业运营、维护、点检、维修具体模块单元、联合模块单元、模块组和总作业和通用模块单元、链接模块单元、专用模块单元单一流水线、相似流水线、混合流水线、可变流水线模块单元流水线的企业模块单元流水线按照通用模块单元、链接模块单元、专用模块单元、具体模块单元内、具体模块单元间、模块组间和总作业流水线运作场所内的每一个作业环节的模块品目、工装、物料、器具、环境进行定置设计，确定模块品目、工装、物料、器具、环境的定置图，细化模块品目、工装、物料、器具、环境，进行具体定置，确定详细的定置图。模块单元流水线运作场所内外定置设计需要遵循模块品目、物料按照模块单元流水线单一的流向进行运作，具备清晰的搬运路线；模块品目、物料、器具、工装的定置能够最大程度地利用模块单元流水线运作场所内外空间；模块品目、物料、器具、工装、环境的定置便于操作，愉快地进行工作；采用模块品目、物料最短的运输距离和最少的装卸次数的定置设计；采用操作安全、环境安全的定置设计；实现最少的改进费用和统一标准；实现操作和模块品目、物料、器具、工装定置的最大灵活性及协调性。按照运营、维护、点检、维修具体模块单元、联合模块单元、模块组和总作业和通用模块单元、链接模块单元、专用模块单元各类流水线单一流的 U 型布置要求，进行模块品目、物料、器具、工装定置设计。

进行企业集成 MES、企业集成 ERP、企业集成 MBE 规范运作表现定置设计，确定企业集成 MES、企业集成 ERP、企业集成 MBE 各自数据库内容、界面展示表现。确定企业集成 MBE 所需要的企业集成模块单元流水线运作数据库内容、界面展示；确定企业集成 MES 所需要的运营模块单元流水线的模块品目、工装、直接物料、直接器具、环境定置的数据库内容、界面展示；确定企业集成 MES 所需要的运营辅助活动的模块品目、工装、间接物料、间接器具、环境定置的数据库内容、界面展示；确定企业集成 MES 所需要的维护、点检、维修模块单元流水线的模块品目、工装、物料、器具、环境定置的数据库内容、界面展示。

进行企业延迟策略和强化延迟策略的运营、维护、点检、维修模块单元流水线运作场所内外定置设计运作和评价。进行企业运营、维护、点检、维修具体模块单元、联合模块单元、模块组与总作业和通用模块单元、链接模块单元、专用模块单元单一流水线、相似流水线、混合流水线、可变流水线运作场所内外模块品目、物料、器具、工装、环境设计定置和企业集成 MES、企业集成 ERP、企业集成 MBE 规范运作表现定置设计的实施，按照设计定置的要求实施，做到有模块品目、物料、器具、工装、环境必有区域，有信息数据必有企业集成 MES、企业集成 ERP、企业集成 MBE 各自数据库内容、界面展示表现，有区域必有标识，按区域、图示和信息展示表现进行企业集成运营、维护、点检、维修模块单元流水线运作场所内外定置和企业集成 MES、企业集成 ERP、企业集成 MBE 规范运作表现定置。为此，企业集成运营流程定置管理从设计到运作，必须将这项工作给予团队进行运作，团队中吸收员工参与，对员工进行培训，使员工能够按照定置要求进行操作。对模块品目、物料、器具、工装、环境定置运作及时评价，将评价结果及时反馈，不断进行定置设计和运作的完善，以取得更好的定置效果。考核的基本指标就是定置率，其计算公式如下：

$$D = \frac{M_J}{M_S} \tag{9-5-1}$$

式中，D 表示模块品目、物料、器具、工装、环境定置率，M_J 表示实际定置的模块品目、物料、器具、工装、环境数量，M_S 表示定置设计模块品目、物料、器具、工装、环境数量。

三、企业集成流程定置具体运作

企业集成流程定置具体运作针对企业集成延迟策略和强化延迟策略的运营、维护、点检、维修模块单元流水线运作场所内外模块品目、物料、器具、工装、环境进行，需要按照定置设计要求进行具体运作。

企业延迟策略和强化延迟策略的运营、维护、点检、维修具体模块单元、联合模块单元、模块组与总作业和通用模块单元、链接模块单元、专用模块单元单一流水线、相似流水线、混合流水线、可变流水线需要按定置图中流水线场地、通道、工装箱、交检区、存放区标准的标识信息显示，通过标牌和不同色彩的标志线体现。对易燃、易爆模块品目和物料，有污染的模块品目、物料、器具、工装，对安全性能的物料、器具，要符合企业集成运营、维护、点检、维修流程特别定置的规定。要按企业集成运营、维护、点检、维修定置团队的责任区进行定置，设置责任区信息牌。建立企业集成运营、维护、点检、维修流程临时停滞模块品目、物料、工装、器具的区域，使临时定置符合定置要求。进行作为垃圾、废品的模块品目、物料、工装、器具回收点的定置，明确回收箱的分类标志，通过各种不同颜色的回收箱和明显的相应标牌信息显示按定置图的要求，清除与区域无关的模块品目、物料、工装、器具。

企业延迟策略和强化延迟策略的运营、维护、点检、维修具体模块单元、联合模块单元、模块组和总作业和通用模块单元、链接模块单元、专用模块单元单一流水线、相似流水线、混合流水线、可变流水线模块单元流水线各作业、工位、机台的定置需要按照流水线 U 型运作的要求，进行具体定置布置，需要通过图纸、工艺文件等资料中的定置规定体现。需要具备工具、卡具、量具、仪表、小型工具、工作器具和模块品目、物料在工序、工位、机台放置的定置要求。具备模块品目、物料、器具、工装的工位放置数量和放置方式的定置要求;具备模块品目、物料、器具、工装的编号,编号必须同模块品目、物料、器具、工装的账、卡、目录相一致。

企业模块单元运营流水线和延迟策略和强化延迟策略的维护、点检、维修模块单元流水线的一般设备操作、员工看管设备操作、顾客参与设备操作、一般员工操作、员工工具操作、顾客接触员工操作、顾客接触员工工具操作、顾客参与操作、顾客参与工具操作、一般员工与设备操作、顾客接触员工与设备操作、员工界面操作、顾客接触员工界面操作、顾客参与界面操作方式的工具箱需要符合定置要求。这些要求包括必须按企业集成流水线不同操作标准设计工具箱定置图,进行工具箱的定置。工具放置严格按照定置图要求进行。定置图和运用的工具卡片,附在工具箱内门壁上。将工具箱放置地点标准化;同类流水线的工具放置标准化。

企业延迟策略和强化延迟策略的运营、维护、点检、维修模块单元流水线运作场所外的模块品目、物料、器具、工装、环境定置运作需要按照设计要求进行。需要进行场外布置,这些布置既需要体现对企业运营、维护、点检、维修模块单元流水线运作的支撑,需要体现场外定置自身运作的要求,又需要模块品目、物料、器具、工装定置要方便企业运营、维护、点检、维修模块单元流水线运作,需要保持员工、模块品目、物料、工装运作的方便。要求具有模块单元流水线运作场所外定置总图;易燃、易爆、易污染的模块品目、物料,要按安全性定置要求,进行定置;有储存期模块品目、物料的定置,要求区分时期和区域,进行定置;场外定置需要通过账本进行,账本要有序号和目录,模块品目、物料、器具、工装的区域、架号、库号必须同账本的模块品目目录相一致;特别定置区域需要特定的符号标示。环境的布置需要符合实用和美观的要求,需要对场内外的空气温度、空气湿度、气流速度、热辐射环境、空气气味环境、照明环境、色彩环境、噪声环境、除污环境、健康环境进行细致的设计,保证环境定置与企业运营、维护、点检、维修模块单元流水线运作场所内、场所外的模块品目、物料、器具、工装定置相匹配。

企业集成 MES、企业集成 ERP、企业集成 MBE 规范定置运作需要按照企业集成 MES、ERP、MBE 数据库内容、界面展示表现来进行信息数据的归集。企业集成 MES 按照企业集成运营作业计划、基本运营流程 MBD 运作、基本运营流程资源管理、基本运营流程调度、基本运营流程执行、基本运营流程跟踪、运营流程质量管理、运营流程价值管理、运营流程信息管理、基本运营流程效果评价、基本运营流程反馈与调整、基本运营流程维护管理数据库内容、界面展示表现进行归集。企业集成 ERP 按照企业集成财务管理系统、人力资源管理系统、采购管理系统、制造或者服务转化管理系统、仓储管理系统、销售管理系统、后勤管理系统数据库内容、界面展示表现进行归集。企业集成 MBE 按照基于模型定义设计 MBD、基于模型的系统工程 MBSE、基于模型的信息物理系统 MBM、基于模型的维护 MBS、基于模型的供应链或者服务链运作数据库内容、界面展示表现进行归集。

企业集成 MBE 按照基于模型的供应链或者服务链运作，进行企业集成模块单元流水线运作数据库内容、界面展示信息数据归集。企业集成信息系统是模块品目、工装、物料、器具定置的载体，通过这一载体，进行企业集成流程定置运作。企业集成 MES 按照基本运营流程资源管理，进行运营模块单元流水线的模块品目、工装、直接物料、直接器具、环境定置的数据库内容、界面展示信息数据归集。企业集成 MES 按照基本运营流程资源管理，进行运营辅助活动的模块品目、工装、间接物料、间接器具、环境定置的数据库内容、界面展示信息数据归集。企业集成 MES 按照基本运营流程资源管理，进行企业集成 MES 所需要的维护、点检、维修模块单元流水线的模块品目、工装、物料、器具、环境定置的数据库内容、界面展示数据库内容、界面展示信息数据归集。企业集成运营、维护、点检、维修流程定置中，所需要的模块品目、工装、物料、器具品种众多，通过信息的引导，找到所需要的模块品目、工装、物料、器具定置信息；通过信息确认和控制，明确许多不回归的模块品目、物料的流向和数量；通过信息确认，避免模块品目、工装、物料、器具混放。因此，企业集成运营流程定置管理中，需要准确信息运作，这一运作直接影响模块品目、工装、物料、器具定置程度。

根据企业集成信息系统在企业集成流程定置中所起的作用，信息引导可分为引导信息和确认信息两类。引导信息是为了明确模块品目、工装、物料、器具所处位置所需的信息，便于模块品目、工装、物料、器具查找。引导信息一般可以通过编码和图示进行信息引导。编码可以通过台账和定位原理进行信息引导，根据台账明确每个模块品目、工装、物料、器具的编号，根据编号明确模块品目、工装、物料、器具的具体位置。图示可以通过图形标进行信息引导，形象地指示模块品目、工装、物料、器具所处区域和位置，根据平面图中标记的信息，明确模块品目、工装、物料、器具具体位置。确认信息是为了避免模块品目、工装、物料、器具混放和场所误置所需的信息。确认信息也可以通过图示进行信息确认。与引导信息不同，确认信息中的图示主要是为了防止模块品目、工装、物料、器具混放和避免误置的信息，需要通过特别的标明来明确信息。可以通过各种区域的标志线、标志牌和彩色标志，通过卡牌，将模块品目、工装、物料、器具进行分类标识，有利于模块品目、工装、物料、器具的确认。

可见，企业集成信息系统在企业集成流程定置中是非常重要的。进行企业集成流程定置运作，必须有效地运用企业集成 MES、企业集成 ERP、企业集成 MBE 信息系统。需要运用信息进行清晰的场所标志；运用图示信息，进行场所定置图设计；运用台账，进行信息记录；进行模块品目、工装、物料、器具的序号、编号排序，使每一个模块品目、工装、物料、器具有完整的序号和编号；进行信息标准化工作，使引导信息和确认信息从一开始进行运作就能够按照标准化的要求进行，有利于企业集成流程定置运作。

制造类企业、服务类企业、纯服务类企业进行定置管理。

第六节　企业集成流程6S

一、企业集成流程 6S 含义

企业集成流程 6S 是指对企业延迟策略和强化延迟策略的运营、维护、点检、维修的具体模块单元、联合模块单元、模块组和总作业和通用模块单元、链接模块单元、专用模块单元单一流水线、相似流水线、混合流水线、可变流水线场内外的模块品目、工装、物料、器具、电子文件、环境的整理、整顿、清扫、安全、清洁和提升人素养的活动，将 6S 活动和流水线场内外运作融合，以期实现企业运营、维护、点检、维修模块单元流水线运作场所外系统性运作秩序效果的全面提升。

整理针对企业集成流程 6S 对企业延迟策略和强化延迟策略的运营、维护、点检、维修模块单元流水线场内外运作，明确哪些模块品目、工装、物料、器具、电子文件、环境是需要的，哪些是不需要的，将有用的模块品目、工装、物料、器具、电子文件、环境保持下来，没用的清理。整顿是通过整理后，将所需的模块品目、工装、物料、器具、电子文件、环境根据企业集成流程 6S 对企业运营、维护、点检、维修模块单元流水线场内外运作要求，进行科学合理的规划和放置，采用合理的拿放动作，能够便捷、安全拿取和放置模块品目、工装、物料，快捷地运用电子文件，具有适合模块单元流水线运作的环境。清扫需要运用企业集成流程 6S 将企业运营、维护、点检、维修模块单元流水线场内外空间、设备、器具、工装清扫干净，保持企业运营、维护、点检、维修模块单元流水线干净，使流水线有良好的环境。通过安全制度和具体安全措施，保障员工的人身安全和企业运营、维护、点检、维修模块单元流水线正常运作。清洁是企业运营、维护、点检、维修模块单元流水线场内外经过整理、整顿、清扫、安全，将这些成果进行维护，使其保持已有的良好状态，将这些成果通过制度和标准进行运作，使其能够在日常运作中加以运用。提升人的素养是指通过培训和日常运作的各种手段，养成员工严格遵守规章制度的习惯和作风，具备积极向上的工作态度和意识。

整理、整顿、清扫、安全、清洁和提升人素养的活动有先后区分，按照顺序逐一进行运作。进行排序为整理、整顿、清扫、安全、清洁和提升人的素养，每一种活动都需要将上一活动完成，才能够进行下面的活动，最后是提升人的素养。提升人的素养是 6S 活动的最后环节，通过企业制度和标准各方面活动实现。

企业集成运营流程 6S 活动主要针对企业延迟策略和强化延迟策略的运营、维护、点检、维修模块单元流水线进行运作，可以扩展到企业集成销售流程、企业集成仓储模块流程、企业集成开发与设计流程、企业集成采购流程进行运作。这样，企业运营流程集成 6S 活动能根据流水线和扩展流程的要求进行其活动，能将企业运营流程集成 6S 活动与流水线和扩展流程活动融合起来。

二、企业集成流程 6S 具体运作

整理的具体活动包括对企业延迟策略和强化延迟策略的运营、维护、点检、维修的具体模块单元、联合模块单元、模块组和总作业和通用模块单元、链接模块单元、专用模块单元单一流水线、相似流水线、混合流水线、可变流水线内外运作进行全面细致的检验，明确流水线内外的运作现状；进行模块品目、工装、物料、器具、电子文件分类，将分好类的模块品目、工装、物料、器具、电子文件进行归类，同类模块品目、工装、物料、器具、电子文件放置同一位置区域，不同模块品目、工装、物料、器具、电子文件分开放置；根据与流水线内外的关系和企业实际，确立模块品目、工装、物料、器具、电子文件整理标准，明确区分流水线运作需要的模块品目、工装、物料、器具、电子文件和不需要的模块品目、工装、物料、器具、电子文件；根据模块品目、工装、物料、器具、电子文件整理标准，判断模块品目、工装、物料、器具、电子文件是否需要；将需要的模块品目、工装、物料、器具、电子文件进行保留，将不需要的模块品目、工装、电子文件进行清除。

整顿的具体活动包括对企业延迟策略和强化延迟策略的运营、维护、点检、维修具体模块单元、联合模块单元、模块组和总作业和通用模块单元、链接模块单元、专用模块单元单一流水线、相似流水线、混合流水线、可变流水线内外与模块品目、工装、物料、器具、电子文件的关系进行定位，分析模块品目、工装、物料、器具、电子文件运作情况；确立模块品目、工装、物料、器具、电子文件具体放置区域，能够使运用者十分清晰；明确模块品目、工装、物料、器具、电子文件需要采用竖放、横放、斜放方法，使每一个模块品目、工装、物料、器具、电子文件能够都有其对应的方法；明确名称、规格、质量标识，使每一个模块品目、工装、物料、器具、电子文件都有明确标识，便于使用者方便使用。

清扫的具体活动需要对企业延迟策略和强化延迟策略的运营、维护、点检、维修模块单元流水线内外运作的员工进行教育，培养员工自觉地进行清扫；按照流水线内外区域进行划分，实行清扫区域责任制，责任到人，使流水线内外运作的每一个环节都能够进行清扫；进行彻底的清扫，使流水线内外运作的每个空间都能够整洁，这需要员工共同进行；对设备和辅助设备进行清扫，时刻保持设备的最佳工作状态，只有这样才能使质量有所保证；对清扫中发现模块品目、工装、物料、器具、电子文件的问题，及时进行修护；制定相关的清扫标准、明确清扫的对象、确立合理的方法、提出清扫重点，制定清扫周期，使用的工具和责任人，将清扫按照标准进行运作。

对企业延迟策略和强化延迟策略的运营、维护、点检、维修具体模块单元、联合模块单元、模块组和总作业和通用模块单元、链接模块单元、专用模块单元单一流水线、相似流水线、混合流水线、可变流水线内外运作建立安全管理体制，明确安全管理与其他管理的关系，明确每一个管理者在安全管理中应负的责任；注重员工的安全教育培训，强调安全的重要性，建立员工安全标准操作体系；对流水线内外的模块品目、工装、物料、器具、电子文件进行检验，使这些模块品目、工装、物料、器具、电子文件正常运转；创建安全和有序的作业环境。

清洁的具体活动需要对企业延迟策略和强化延迟策略的运营、维护、点检、维修具体模块单元、联合模块单元、模块组和总作业和通用模块单元、链接模块单元、专用模块单元单一流水线、相似流水线、混合流水线、可变流水线内外运作已取得的整理、整顿、清扫、安全成果进行维护，保持良好的状态，将这些活动制度化和标准化，能在企业日常运作中持续进行；明确流水线内外运作的整理、整顿、清扫、安全的责任者，将责任落实到每一个人；重视标准化工作，以维持整理、整顿、清扫、安全工作必要的实施水准，避免由于作业方法不正确导致实施水准不高、工作效率过低和可能引起的对设备和人身造成的安全事故；进行多样的检验，及时发现问题，及时处理问题；对新员工进行 6S 观念的培训，使员工从开始就重视这种管理方式。

企业集成运营管理流程团队员工需要具备企业集成战略理念；具备与创造顾客需求合一的理念，使员工不断地创造价值，每一个团队的员工都有创造的顾客需求，具备与顾客需求交互、与顾客需求合一、准时满足需求、与流程的责任合一的素养；需要具有艰苦奋斗、无惧危难、细节做事的持之以恒做事风格。对企业延迟策略和强化延迟策略的运营、维护、点检、维修模块单元流水线内外运作的员工建立工作的各种行为规则，使员工的工作能够充分体现企业的荣誉和自身的工作特点；对员工进行培训，使员工能够在工作时身体力行；通过考核和评价，鼓励员工进行素养的提高，持续进行高素养的运作；通过推行员工素养提高活动和宣传，促进员工积极工作；进行员工的知识积累，使员工通过各种学习，为素养提高打下基础。

三、企业集成流程 6S 协同运作

企业集成流程 6S 运作不是孤立进行的，与其他管理有着内在的联系，需要与其他管理联系起来进行运作。

(一) 企业集成流程 6S 与 ISO9000

企业集成 6S 管理比 ISO9000 范围要宽，与 ISO9000 的交叉部分主要体现在整理和整顿方面。企业集成流程 6S 管理与 ISO9000 的关系都是从过程出发进行运作，不论对于哪个流程环节，都需要明确管理责任，将管理责任落实到人，从而提高管理水平。企业集成 6S 管理注重减少库存，增加资金周转率；采用先进先出，减少废料、减少浪费，节省空间。ISO9000 注重控制不合格材料，使材料易于追踪；维持过程品质的稳定性；是标准化的控制。企业集成流程 6S 与 ISO9000 相互联系，又相互独立，可见企业集成流程 6S 中成为 ISO9000 的基础，将企业集成流程 6S 管理中作为实施 ISO9000 的辅助方法，导入实施ISO9000的企业中。这样可以对ISO9000的实施起到较好的促进作用。具体运作如下：

1. 带动企业整体氛围

ISO9000实施需要营造人人积极参与、按照质量管理规则运行的良好氛围，ISO9000实施需要单独进行此方面的推广，需要企业付出一定的资源。企业集成流程6S管理需要员工日常运作能体现员工的工作特性，积极进行运作。6S与ISO9000实施相一致，且由于企业集成流程6S不但需要员工按照规则进行，需要员工不断提高素养，从形式上和根本上激发员工的热情，且执行起来难度也不大，有利于调动员工的参与感和成就感，更容易带动企业的整体氛围。

2. 体现效果、增强信心

实施ISO9000的效果是长期性的，通过一定时期的努力才能够实现。而企业集成流程6S中的整理和整顿的效果是直接的。推行ISO9000的过程中进行企业集成运营流程6S，可以通过在短期内获得良好的现场管理效果，增强企业的信心。

3. 企业集成流程6S精神是提升品质的必要途径

企业集成流程6S提倡员工从小事做起，做每件事情都注重品质，产品质量正是与产品相关各项工作质量的总和，每位员工都能养成做事讲究品质的习惯，对产品质量的提高起着重要作用。

4. 增强适应性

企业集成流程6S是企业集成运营管理模式现场的运用，不论范围和内涵都远ISO9000宽和深，ISO9000运作需要符合企业集成运营管理模式要求。进行ISO9000和企业集成运营流程6S的实施，实际上是将ISO9000与企业集成运营管理模式相联系，使ISO9000运作有了进一步调整空间。

（二）企业集成流程6S与目视管理和看板管理

目视管理通过对路标、通道线、模块品目状态的标识和颜色的使用，对企业提高和维持现场运作水平起着重要的作用。看板管理通过各类看板的使用，使企业员工能够进行运用，为提高企业员工的运作水平起着重要作用。

企业集成流程6S与目视管理和看板管理之间相互联系。企业集成运营流程6S进行秩序运作，提供秩序运作的空间，是进行目视管理和看板管理的基础。目视管理和看板管理是企业集成运营流程6S实施的重要组成部分，通过目视管理和看板管理，可以提高企业集成运营流程6S运作水平，能在促进企业集成运营流程6S运作中，及时发现问题，进行改进，推动企业集成运营流程6S运作。

四、企业集成流程6S推进

（一）建立组织机构，进行企业集成流程6S运作

进行企业集成流程6S，需要投入一定的人力、物力和财力，需要按照一定的程序

进行运作。需要建立以企业高层领导为首的企业集成流程 6S 运作领导的组织，组织中需要对企业集成流程 6S 运作进行合理的分工，明确组织中人员的职责，使企业集成 6S 管理按照组织的要求进行运作。企业集成流程 6S 运作的整个过程中，需要企业领导的高度重视，无论是否为企业集成流程 6S 管理组织的领导，都需要积极配合，对企业集成运营流程 6S 管理进行各方面的支持。只有企业的领导层高度重视，企业集成流程 6S 管理组织中的领导和员工密切配合，积极开展工作，企业才能够顺利进行工作。

企业集成流程 6S 组织由于是企业的长期性的日常工作，组织的建设适合于采用稳健的组织结构，且需要将模块价值链流程运作的各部分融入其中，形成以稳健为基础的流程式组织。能长期运作，充分体现企业集成流程 6S 管理中的模块价值链流程要求，促进企业集成流程 6S 平稳和灵活地展开。

（二）制订推进计划和要领

企业集成运营流程 6S 运作是一项涉及方方面面的系统工作，不能临时进行运作，需要做好推进计划。这一计划需要明确时间，规定一定时间内需要完成的具体任务和达到的要求，使企业按照计划实施的时间表实施。企业确定实施的每一部分的要领，这样能够使计划更具有可行性。这些要领确定的思路使整理部分分清现场必需品、非必需品，清理非必需品；整顿部分将模块品目、物料、工装、电子文件放置指定的位置，不能出现随意乱放的情况；清扫部分合理划分责任区，制定相关清扫基准和工作制度；安全部分按照安全的标准进行运作，使模块价值链流程运作的每个环节都能够安全运作；清洁部分将整理、整顿、清扫、安全进一步落实，出现问题及时整改；素养部分通过内在和外在方面的方式进行提高，促进员工积极性的发挥，为企业集成流程 6S 管理运作打下基础。

（三）开展企业集成流程 6S 宣传工作

企业集成运营流程 6S 运作需要进行运作的部分和已进行运作的部分能够统一思路，围绕企业集成流程 6S 进行企业全员思想工作。通过一定形式的宣传活动，使企业员工充分认识企业集成流程 6S 对实现企业价值增值目标的作用，牢固树立将企业集成流程 6S 搞好的决心。消除员工意识障碍，改变一部分员工认为企业集成流程 6S 太简单，没什么意义的思想，让员工明确认识企业集成流程 6S 管理容易做却不容易，树立员工持续改进的观念。

（四）运用小组和竞赛方式进行企业集成流程 6S 运作

企业集成流程 6S 运作需要企业运营、维护、点检、维修具体模块单元、联合模块单元、模块组和总作业和通用模块单元、链接模块单元、专用模块单元单一流水线、相似流水线、混合流水线、可变流水线的各个环节进行运作，每个环节都具有不同的特点。运用小组的方式进行运作，能充分考虑每个环节的实际情况，灵活地进行运作。

运作中进行竞赛，对运作效率提高起着重要的作用。

（五）加强监控

加强企业运营、维护、点检、维修具体模块单元、联合模块单元、模块组和总作业和通用模块单元、链接模块单元、专用模块单元单一流水线、相似流水线、混合流水线、可变流水线监控。企业集成流程 6S 针对流水线进行，需要对流水线运作的情况能够及时掌控，通过视频和巡查方式，随时对流水线进行检查，及时掌控流水线的运作情况，及时进行整改，推进企业集成流程 6S 运作。

（六）建立企业集成 MES、企业集成 ERP、企业集成 MBE 的信息数据基础，使电子文件有了可以归集的源泉

电子文件需要按照企业集成 MES 的企业集成运营作业计划、基本运营流程 MBD 运作、基本运营流程资源管理、基本运营流程调度、基本运营流程执行、基本运营流程跟踪、运营流程质量管理、运营流程价值管理、运营流程信息管理、基本运营流程效果评价、基本运营流程反馈与调整、基本运营流程维护管理进行电子文件信息数据构建；按照企业集成 ERP 的企业集成财务管理系统、人力资源管理系统、采购管理系统、制造或者服务转化管理系统、仓储管理系统、销售管理系统、后勤管理系统进行电子文件信息数据构建；按照企业集成 MBE 的基于模型定义设计 MBD、基于模型的系统工程 MBSE、基于模型的信息物理系统 MBM、基于模型的维护 MBS、基于模型的供应链或者服务链运作进行电子文件信息数据构建。

制造类企业、服务类企业、纯服务类企业进行企业集成 6S 运作。

第十章

企业集成采购与库存管理

第一节　企业集成采购与库存精益、智能运作

一、模块品目分类

企业集成采购与库存流程运作与模块品目分类有着直接的关系，模块品目分类主要包括模块品目 ABC 分类法和模块品目卡拉杰克分类法。

（一）模块品目 ABC 分类法

模块品目 ABC 分类法源自于帕累托对米兰社会财富分配进行研究得出的帕累托法则，管理学家戴克以此为基础，针对仓储管理提出 ABC 分类法。模块品目 ABC 分类法企业库存分为三类：A 类模块品目数量占库存总量的 5%～15%，资金占 60%～80%；C 类模块品目与 A 类模块品目数量和资金的占比刚好相反；剩余的数量和资金占比都居 B 类模块品目。A 类模块品目数量少，但是占用资金最多，通常是关键模块品目，易得性差，是影响企业仓储成本和订单交付的重要因素，值得重点关注；B 类模块品目也比较重要，通常采用常规方式进行仓储管理即可；C 类模块品目虽然数量较多，但是资金价值不高，较易得，通常是非关键模块品目，可采用较低的盘点频率、较少的周期性关注。ABC 分类在企业集成仓储管理中起着重要的作用。ABC 分类法可以结合聚类分析法拓展运用（江玮璠，2009）。

（二）模块品目卡拉杰克分类法

模块品目卡拉杰克分类法源自于 1983 年由 Kraljic 提出的二维采购模块品目分类模型，是针对 ABC 分类法的不足形成更优的模块品目分类方式。模块品目卡拉杰克分类法从两个维度进行分类，一类是模块品目价值，价值属性影响企业价值；另一类是模

块品目供应风险，模块品目供应风险指企业的采购模块品目能否保障供应的难易程度，包括同种模块品目的供应商数量、供应商规模、供应商资质、模块品目的易得性、能否自制、是否有替代方案等。企业特性和采购实际环境不同，模块品目价值和模块品目供应风险也不相同。按照卡拉杰克分类方法，企业所使用的各种采购模块品目可以划分为四类：关键模块品目、杠杆模块品目、瓶颈模块品目和常规模块品目。

关键模块品目需求量较大，但可选择的供应商较少，或者因为行业限制只能从指定供应商处采购，并且无法寻求替代模块品目。如果供应商出现问题无法按期供货，极易造成企业集成模块单元流水线停产。杠杆模块品目需求量也很大，供应商比较成熟，可由多家供货，已经形成规模，供货稳定。因为需求量大、采购订单金额高，是供应商期望供应的顾客，供应商的配合度较高，易于采购，风险低，但采购成本极易受到市场环境影响。瓶颈模块品目需求量虽然低，却又不可或缺，采购风险较高。这类模块品目价值不高，在财务成本中占比较低，对运营进度的顺利进行影响却很大。常规模块品目需求量较小，采购风险低，一般指辅助运营的耗材等。这类模块品目品种多，可替代性强，供应商可选择范围大，在财务成本核算中的占比极低，市场价格稳定，基本不会对运营成本产生影响。

从上述分类能够得出，模块品目卡拉杰克分类法要重点关注关键模块品目和瓶颈模块品目的采购风险，同时关注成本核算中占比较高的关键模块品目成本。从成本的角度来讲，关键模块品目和杠杆模块品目的成本都要关注，特别是杠杆模块品目的成本要重点关注。对于成本较低的常规模块品目，对人员效率的管理要高于成本控制。关键模块品目和杠杆模块品目一般占总需求量的 20%，但在成本核算中几乎要达到 80%，应当重点管控模块品目成本；对于瓶颈模块品目要以确保及时供应为目标；常规模块品目尽量简化仓储管理流程。此种方式能够降低供应风险，最大限度地优化企业仓储的资源配置，提升企业仓储运作水平。

（三）模块品目分类具体运作

模块品目分类可以采用模糊聚类分析方法进行，模块品目样本相似程度采用的公式如下：

$$r_{ij} = \frac{\sum\limits_{k=1}^{m} (x_{ik} \cdot x_{jk})}{\sqrt{\sum\limits_{i=1}^{m} x_{ik}^2} \sqrt{\sum\limits_{i=1}^{m} x_{jk}^2}} \tag{10-1-1}$$

矩阵的乘法运算规则的公式如下：

$$r'_{ij} = \bigvee\limits_{k=1}^{n} (r_{ik} \cdot r_{kj}) \tag{10-1-2}$$

聚类水平公式如下：

$$r_{ij} = \begin{cases} 0, & r_{ij} < \lambda \\ 1, & r_{ij} > \lambda \end{cases} \tag{10-1-3}$$

根据不同的聚类水平进行分类，得到模块品目分类。

二、大数据企业集成精益智能 MES 适时采购管理流程

（一）企业集成精益智能 MES 适时采购管理流程

企业集成精益智能 MES 适时采购管理流程是针对企业集成基本运营流程具体、联合、模块组、总作业模块单元和通用、链接、专用模块单元流水线的企业集成战略主体供应商供应 A 类、B 类、关键、杠杆、瓶颈模块品目和企业集成战略辅助供应商供应 C 类和常规模块品目需要进行企业集成采购管理流程运作，企业采购管理流程是企业集成战略主体和辅助供应商选择、采购询价与比价和议价、采购合同签订、采购进货、采购配送、采购交货验收、采购质量检验、采购结算流程按照企业集成战略要求凝结为采购具体模块单元、采购联合模块单元和采购通用模块单元、采购专用模块单元运作。企业集成 MES 适时采购管理流程运作从企业集成 MES 适时采购作业计划开始，为体现后拉动采购作业的企业集成 MES 适时采购作业计划运作，进行企业集成 MES 适时采购流程 MBD 运作，明确企业集成 MES 适时采购管理流程有形产品运作对象的 MBD。为进行有形产品 MBD 适时采购活动，需要进行企业集成 MES 适时采购流程资源管理运作，确定企业集成适时采购流程所需要的人力、物力、设备、能源各种资源，使企业集成适时采购流程具备运作资源基础。为企业集成适时采购流程运作顺利，发挥这些资源的作用，需要根据资源，进行企业集成 MES 适时采购流程调度，之后将由 MBD 引导和资源保证的企业集成适时采购流程进入执行环节。

企业集成采购具体模块单元、采购联合模块单元和采购通用模块单元、采购专用模块单元通过满足企业集成基本运营流程具体、联合、模块组、总作业模块单元和通用、专用模块单元流水线的模块品目需要，实现企业集成运营流程延迟和强化延迟策略运作、精益运作、智能运作；同时进行企业集成采购具体模块单元、采购联合模块单元和采购通用模块单元、采购专用模块单元运作，实现企业集成采购流程延迟和强化延迟策略运作。企业集成采购流程模块单元的延迟策略和强化延迟策略运作以延迟策略和强化延迟策略的模块品目经营目标为导向，进行采购模块单元运作。通过不同层次的采购模块单元中的专用模块单元的延迟策略和强化延迟策略体现企业集成基本运营流程和企业集成采购流程的企业集成战略运作。采购模块单元的延迟策略和强化延迟策略运作是基于基本运营流程模块品目需求的驱动进行运作，需要按照基本运营流程模块品目驱动的要求进行运作。采购模块单元的基本运营流程模块品目驱动表现为同一层次的模块单元运作顺序为专用模块单元、通用模块单元，不同层次采购模块单元的运作顺序为联合模块单元、具体模块单元。基本运营流程模块品目驱动采购作业流程的延迟策略和强化延迟策略运作先由采购联合模块单元的专用模块单元进行延迟策略和强化延迟策略驱动，经过采购联合模块单元通用模块单元，经过采购具体模块单元的专用模块单元延迟，直到采购具体模块单元的通用模块单元；基本运营流程

模块品目驱动采购作业时间延迟策略运作的采购联合模块单元、采购具体模块单元中的通用模块单元提前运作，体现采购专用模块单元的延迟策略运作。基本运营流程模块品目驱动采购作业流程的延迟策略运作是采购作业流程的运作，通过企业集成采购流程的延迟策略和强化延迟策略体现；基本运营流程模块品目驱动采购作业时间延迟策略和强化延迟策略运作是采购作业时间的运作，通过企业集成采购管理延迟策略和强化延迟策略的运作。通过基本运营流程模块品目驱动采购作业流程延迟策略和强化延迟策略运作和基本运营流程模块品目驱动采购作业时间延迟策略和强化延迟策略运作构成企业集成模块单元的延迟策略和强化延迟策略运作。企业延迟策略和强化延迟策略可以通过延迟时间表现，企业集成采购管理流程的延迟策略和强化延迟策略时间是由企业集成采购流程延迟策略和强化延迟策略时间和企业集成采购管理延迟策略和强化延迟策略时间构成，通过时间体现企业集成延迟策略和强化延迟策略运作。企业集成采购模块单元延迟和强化延迟策略运作将满足企业集成基本运营流程模块品目差异化需求战略和价值领先战略融合起来，将满足企业集成采购流程模块品目差异化需求战略和价值领先战略融合起来，使企业集成采购流程的模块品目差异化需求战略和价值领先战略融合起来，从根本上实现企业集成基本运营流程和企业集成采购流程的模块品目差异化需求战略和价值领先战略融合，从根本上实现企业集成战略，满足企业集成基本运营流程和企业集成采购流程对模块品目的差异需求。

　　企业按照采购具体模块单元、联合模块单元的集成采购流程由前到后顺序和与之相反的适时采购信息顺序，按照采购具体模块单元具体通用模块单元集成采购流程、具体专用模块单元集成采购流程由前到后顺序和与之相反的适时采购信息顺序，按照采购联合模块单元联合通用模块单元集成采购流程、联合专用模块单元集成采购流程由前到后的顺序和与之相反的适时采购信息顺序进行企业集成采购适时流程运作。企业信息运作完全从最后一道采购作业开始，逐步进行后道采购作业拉动前道采购作业，反映基本运营流程模块品目需求拉动，反映具体模块单元、联合模块单元内进行适时采购流程的单一流运作，完成企业集成采购流程精益运作。企业集成采购模块单元后拉动流程运作将适时满足企业集成基本运营流程模块品目差异化需求，将适时满足企业集成采购流程模块品目差异化需求，实现企业集成基本运营流程和企业集成采购流程的模块品目差异化需求适时满足。

　　企业集成采购流程的运作始终围绕价值增值进行运作，需要体现供应商选择流程、采购询价与比价和议价流程、采购合同签订流程、采购进货流程、采购配送流程、采购交货验收流程、采购质量检验流程、采购结算流程价值运作过程。采购模块单元围绕精益运作中的正向满足基本运营流程模块品目需求价值目标和减少负向的过度采购量、采购价格、运营流程等待、不必要的采购、不良模块品目、采购引致库存、采购引致动作浪费、采购引致搬运、采购引致人力损失价值目标进行精益运作。企业集成采购流程以价值增值为拉动，进行每一个采购作业流程的价值测算，以价值增值为基本要求，进行价值拉动。企业价值拉动需要保证每一个采购模块单元的价值进行预算能取得价值增值，才能进行价值拉动。企业集成采购流程价值拉动通过不同层次的采购模块单元中的专用模块单元的价值拉动体现。采购模块单元的价值拉动表现为同一层次的模块单元价值拉动运作顺序为专用模块单元、通用模块单元，不同层次模块单元的价值拉动运作顺序为联合模块单元、具体模块单元。基本运营流程模块品目价值拉动的运作先由采购联合模块单元的专用模块单元进行价值拉动，经过联合模块单元的通用模块单元模块组模块单元价值拉动，直到采购具体模块单元的通用模块单元价值拉动。价值拉动通过采购损失来进行，这些采购损失将不同层次和同一层次的采购模块单元联系起来，成为拉动的中介。这些损失包括采购业务损失、采购引致存货损失、模块品目质量损失、采购交货损失、采购损失增值。采购业务损失是没有达到以企业能满足基本运营流程模块品目需求的创新、弹性、继承性要求为基础的损失；采购引致存货损失是以过多存货形成损失为基础；模块品目质量损失是模块品目的质量没有达到要求的损失；采购交货损失是没有按期交货的损失；损失增值是这些损失部分的减少带来的增值。这些采购损失与企业集成采购模块单元自身的现金流入和现金流出一同构成企业集成采购模块单元价值测算的部分，根据这些部分进行模块单元采购价值测算。通过损失建立起模块单元的价值后拉动运作，通过损失、现金流入、现金流出测算采购模块单元的价值，形成价值拉动的采购模块单元运作。可以将采购损失、采购损失增值、现金流入、现金流出编制成采购价值后拉动现金流量表，进行采购价值拉动和模块单元价值测算的基本表式运作，价值后拉动现金流量表将不同层次和同一层次模块单元的价值拉动部分包括其中，将采购模块单元的现金流入和现金流出包括其中，使价值后拉动的测算可行。企业集成采购模块单元后拉动价值运作将适时满足企业集成基本运营流程模块品目差异化价值需求，将适时满足企业集成采购流程模块品目差异化价值需求，实现企业集成基本运营流程和企业集成采购流程的模块品目差异化需求适时价值运作。

企业需要对集成 MES 适时采购流程进行跟踪，对跟踪的企业集成 MES 适时采购流程效果进行评价，然后根据评价情况，进行企业集成 MES 适时采购运营流程反馈与调整。企业集成适时采购管理流程运作过程中，企业进行模块单元集成适时采购流程运作中，需要进行企业集成 MES 适时采购流程质量管理和企业集成 MES 适时采购流程价值管理，企业进行模块单元集成适时采购流程和节点运作中，需要进行企业集成 MES 适时采购流程信息管理，运作中需要进行企业集成 MES 适时采购流程维护管理，促使企业集成 MES 适时采购管理流程顺利运作。企业集成 MES 适时采购管理流程进行延迟策略和强化延迟策略管理运作，将延迟策略和强化延迟策略管理运作融入企业集成 MES 适时采购管理流程之中，使企业集成战略实现具备企业集成 MES 适时采购管理流程基础。

围绕企业集成采购具体模块单元、采购联合模块单元和采购通用模块单元、采购专用模块单元的供应商选择、采购询价与比价和议价、采购合同签订、采购进货、采购配送、采购交货验收、采购质量检验、采购结算、采购计划、采购组织、采购领导、采购控制、采购创新的延迟策略和强化延迟策略、后拉动流程、后拉动价值运作，进行企业集成采购模块单元智能链接流程、采购模块单元智能分析流程、采购模块单元智能网络流程、采购模块单元智能认知流程、采购模块单元智能配置与执行流程运作。企业集成采购模块单元智能链接流程需要建立企业集成采购模块单元的自感知、自适应的采购数据采集管理与控制的技术，建立采购数据库、采购数据环网、采购数据传输、采购信息编码技术；以企业集成采购模块单元任务为导向，针对采购模块单元不同采购任务、采购环境进行数据采集；以企业集成采购模块单元活动目标为导向，针对性地进行采购数据采集，使采购采集数据按照目标的要求自动实现。企业集成采购模块单元智能分析流程需要建立企业集成采购模块单元的采购自记忆、自适应优先级排序、智能动态链接索引技术，建立采购专家知识信息处理、采购聚类分析、采购关联分析技术，建立采购数据压缩、采购信息编码、采购智能数据重构技术；从企业集成采购模块单元的数据提取采购特征进行记忆，运用采购特征算法和规则工具库，进行状态和语义的对应分析；运用导向的采购存储方式，选择与企业集成采购模块单元活动相关的信息；采用采购聚类算法，记忆企业集成采购模块单元的采购聚类过程；采用关联性算法工具，形成企业集成采购模块单元活动映射关系；进行自适应特征提取，使新的采购记忆更加明确。企业集成采购模块单元智能网络流程需要建立企业集成采购模块单元的采购智能网络空间知识发现、多空间建模、预测技术，建立采购信息融合技术，建立模式识别、状态评估技术；针对企业集成采购模块单元的采购环境、团队和员工采购活动的大数据进行数据存储、空间建模、模型分析、数据挖掘，进行采购模块单元运作的评估、预测、优化、协同，获得采购模块单元运作信息和知识，实现与采购模块单元运作融合和交互的空间。企业集成采购模块单元智能认知流程需要建立企业采购模块单元的网络虚拟模型、运算环境和平台、仿真、决策关联分析技术，建立采购参数优化算法、复杂系统优化算法技术，建立采购底层编程语言、信息可视化技术；将信号转化的信息面向企业采购模块单元的不同需求，进行采购多元化数据动态关联、评估和预测，形成对企业采购模块单元采购环境、团队和人员活动的趋势的认知；对采购数字信息和多维信息的多活动的综合分析，多维度和多尺度的动态优化，团队和员工活动目标的优化，进行采购自决策。企业集成采购模块单元智能配置与执行流程需要建立采购自免疫、自重构、信息平台技术，建立采购自恢复系统、控制优化、状态切换、动态排程技术；将采购决策信息转化为企业集成采购模块单元的控制逻辑，实现决策到控制的直接链接，形成自配置和自执行。企业集成采购模块单元智能运作促进企业集成基本运营流程和企业集成采购流程满足模块品目的企业集成战略实现，促进企业集成基本运营流程和企业集成采购流程的模块品目差异化需求适时满足和价值运作。

企业集成采购管理流程延迟策略和强化延迟策略、后拉动流程、后拉动价值、智能运作通过团队和团队中的员工进行，团队和团队中的员工需要承担体现延迟策略和强化延迟策略、后拉动流程、后拉动价值、智能的模块品目采购经营目标。这种延迟策略和强化延迟策略、后拉动流程、后拉动价值、智能体现需要团队所负责的企业集成运营管理流程进行延迟策略和强化延迟策略、后拉动流程、后拉动价值、智能运作，体现团队中的员工所负责企业集成运营管理流程的延迟策略和强化延迟策略、后拉动流程、后拉动价值、智能运作，团队和团队中的员工成为企业集成采购管理流程延迟策略和强化延迟策略、后拉动流程、后拉动价值、智能运作的主体。

企业集成精益智能 MES 适时采购管理流程如图 10 - 1 - 1 所示。

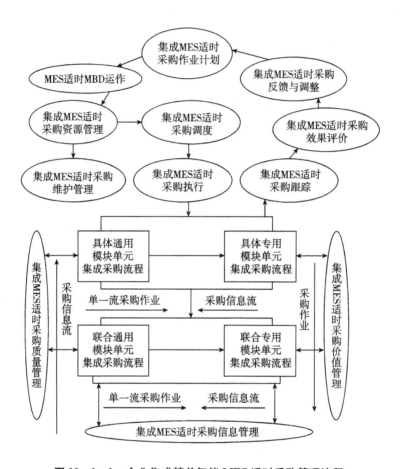

图 10 - 1 - 1　企业集成精益智能 MES 适时采购管理流程

制造类企业、服务类企业都具有企业集成 MES 适时采购管理流程。

（二）大数据企业集成精益智能 MES 适时采购管理流程

具有海量的外部采购信息的 ERP 和 MES 集成采购作业计划信息是 ERP 和 MES 采购运作的起点。企业集成采购模块单元流水线延迟策略和强化延迟策略运作、后拉动流程、后拉动价值运作的数据经采购智能链接层、采购数据分析层，由采购网络层将数据输入批数据处理系统的原数据流组件 Sport 和实时数据处理系统 Storm 的 Pig，MES 采购流程的数据经具有海量的外部采购信息企业集成 ERP、MES 集成适时采购作业计划、

MES 适时 MBD 运作、MBE 基于 MBD 模块品目模型，由 MES 集成适时采购调度将数据输入批数据处理系统的原数据流组件 Sport 和实时数据处理系统 Storm 的 Pig，完成了采购原数据流组件 Sport 和 Pig 数据收集。采购模块单元流水线大数据、智能与 MES 采购流程大数据运作以实时数据处理系统 Storm 为主，以采购批数据处理系统 Hadoop 为辅。

将采购原数据流组件 Sport 收集到的来自 MES 集成适时采购调度将数据和来自采购智能网络层将数据通过实时数据处理组件 Bolt，进行企业集成采购作业计划的数据、采购模块品目模型和采购系统设计的数据，进行采购具体、联合模块单元流水线和采购通用、专用模块单元流水线延迟策略和强化延迟策略、后拉动流程、后拉动价值运作的采购实时数据过滤、函数操作、合并、写数据，将各种采购分析方法融入 Bolt 中，进行 Nimbus 的采购计划目标、采购模块单元流水线运作的任务确定，通过采购 Supervisor 启动，进行实时采购具体处理组件采购 Worker 的具体运作，融入采购智能认知层，将 ERP 和 MES 采购运作和采购模块单元流水线运作融合起来，确定 MES 集成适时采购调度，明确 MBD 的采购模块品目结构，使采购模块单元流水线具有运作对象，进行实时采购模块单元流水线作业顺序进行排程、进行实时采购人员的配置、进行实时采购价值链流程配置、进行实时采购模块品目、设备、工具、能源配置。通过采购智能认知层，确定 MES 集成适时采购执行需要采购模块单元流水先进行连续、适时、单一流、均衡、瓶颈运作顺畅隐形、可变、混合、相似、单一标准作业或者类标准作业运作，使采购模块单元流水线每一个作业都能够实时创造价值。通过采购智能认知层确定 MES 集成适时采购跟踪模块单元流水线采购状态跟踪、采购运作跟踪、采购质量跟踪、采购价值跟踪，通过采购模块单元流水线采购可视化、采购作业间传递信息可视化、采购运作跟踪运营数据可视化、采购运作跟踪信息可视化、采购质量跟踪数据可视化、采购价值跟踪数据可视化、采购质量跟踪信息可视化、采购价值跟踪信息可视化，实现 MES 集成适时采购跟踪。通过采购智能认知层确定 MES 集成适时采购效果评价进行模块单元流水线采购状态评价、采购运作数据评价、采购信息评价、采购质量数据评价、采购价值数据评价、采购质量信息评价、采购价值信息评价、即刻调整评价和时期调整评价。通过采购智能认知层 MES 集成适时采购流程效果评价反馈与调整需要进行采购模块单元流水线采购状态评价即刻反馈与调整、采购运作数据评价时期反馈与调整、采购信息评价时期反馈与调整、采购质量数据评价时期反馈与调整、采购价值数据评价时期反馈与调整、采购质量信息评价时期反馈与调整、采购价值信息评价时期反馈与调整、即刻调整评价和时期调整评价时期反馈与调整。将所需要调整部分反馈到 MES 集成适时采购作业计划，进行实时 MES 采购的循环，完成实时采购模块单元流水线的延迟策略和强化延迟策略、后拉动流程、后拉动价值智能管理运作。通过采购智能认知层，经采购智能配置与执行层，完成实时采购具体、联合模块单元流水线和采购通用、专用模块单元流水线延迟策略和强化延迟策略、后拉动流程、后拉动价值的自感知、自比较、自认知、自配置、自适应、自控制智能运作。

将 Pig 收集到的来自 MES 集成适时采购调度、将数据和来自采购智能网络层、将数据通过采购批数据处理系统 Hadoop 的重要组成部分 MapReduce 进行数据处理，采购 MapReduce 分布式数据仓库 Hive 和分布式数据库 HBase 负责对流水线、模块品目模型、集成适时采购作业计划大数据的存储，对有关数据文件进行分割，划分为多个流水线、模块品目模型、集成适时采购作业计划数据片段，分配到集群中的各个节点上，Master 将流水线、模块品目模型、集成适时采购作业计划数据分解为各个 Map 和 Reduce 任务，Map 读取流水线、模块品目模型、集成适时采购作业计划对应的数据片段，Reduce 工作机将生成 的 Key 与 Value 列表值发送给用户的 Reduce 函数，将结果输出并存储。将 MapReduce 进行数据处理融入采购智能认知层，将 MES 运作和采购模块单元流水线运作融合起来，确定 MES 运作和采购模块单元流水线运作，进行企业集成采购流程目标、采购质量目标、采购价值目标、采购模块单元流水线、团队和员工的 MES 集成适时采购执行、MES 集成适时采购跟踪、MES 集成适时采购效果评价、MES 集成适时采购反馈与调整，将所需要调整部分反馈到 MES 集成适时采购作业计划，进行 MES 的循环，完成模块单元流水线的延迟策略和强化延迟策略、后拉动流程、后拉动价值、智能管理运作。通过采购智能认知层，经采购智能配置与执行层，完成具体、联合模块单元流水线和通用、专用模块单元流水线延迟策略和强化延迟策略运作、后拉动流程、后拉动价值、智能运作。采购模块单元流水线大数据、智能与 MES 流程如图 10 - 1 - 2 所示。

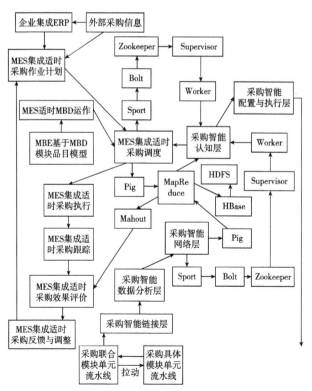

图 10 - 1 - 2 采购模块单元流水线大数据、智能与 MES 流程

三、企业集成精益智能 MES 适时库存管理流程

企业集成精益智能 MES 适时库存管理流程是针对企业集成基本运营流程具体、联合、模块组、总作业模块单元和通用、专用模块单元流水线的模块品目需要进行企业集成库存管理流程运作，企业库存管理流程是模块品目验收入库、仓储保管、出库、盘点按照企业集成战略要求凝结为库存具体模块单元、库存联合模块单元和库存通用模块单元、库存专用模块单元运作。企业集成 MES 适时库存管理流程运作从企业集成 MES 适时库存作业计划开始，为体现后拉动库存作业的企业集成 MES 适时库存作业计划进行运作，需要进行企业集成 MES 适时库存流程 MBD 运作，明确企业集成 MES 适时库存管理流程有形产品运作对象的 MBD。为进行有形产品 MBD 适时库存活动，需要进行企业集成 MES 适时库存流程资源管理运作，确定企业集成适时库存流程所需要的人力、物力、设备、能源各种资源，使企业集成适时库存流程具备运作资源基础。为企业集成适时库存流程运作顺利，发挥这些资源的作用，需要根据资源进行企业集成 MES 适时库存流程调度，之后将由 MBD 引导和资源保证的企业集成适时库存流程进入执行环节。

企业集成库存具体模块单元、库存联合模块单元和库存通用模块单元、库存专用模块单元通过满足企业集成基本运营流程具体、联合、模块组、总作业模块单元和通用、链接、专用模块单元流水线的模块品目需要运用模块品目 ABC 分类法、模块品目卡拉杰克分类法得出 A 类、B 类、C 类、关键、杠杆、瓶颈、常规模块品目，实现企业集成运营流程延迟和强化延迟策略、精益运作、智能运作；同时进行企业集成库存具体模块单元、库存联合模块单元和库存通用模块单元、库存专用模块单元运作，实现企业集成库存流程延迟和强化延迟策略运作。企业集成库存流程模块单元的延迟策略和强化延迟策略的运作以延迟策略和强化延迟策略的模块品目经营目标为导向，进行库存模块单元运作。通过不同层次的库存模块单元中的专用模块单元的延迟策略和强化延迟策略体现企业集成基本运营流程和企业集成库存流程的企业集成战略运作。库存模块单元的延迟策略和强化延迟策略运作是基于基本运营流程模块品目需求驱动进行运作，按照基本运营流程模块品目驱动的要求进行运作。库存模块单元的基本运营流程模块品目驱动表现为同一层次的模块单元运作顺序为专用模块单元、通用模块单元，不同层次库存模块单元的运作顺序为库存联合模块单元、具体模块单元。基本运营流程模块品目驱动库存作业流程的延迟策略和强化延迟策略运作先由库存联合模块单元的专用模块单元进行延迟策略和强化延迟策略驱动，经过库存联合模块单元通用模块单元，经过库存具体模块单元的专用模块单元延迟、直到库存具体模块单元的通用模块单元；基本运营流程模块品目驱动库存作业时间的延迟策略运作对库存联合模块单元、库存具体模块单元中的通用模块单元提前运作，体现库存专用模块单元的延迟策略运作。基本运营流程模块品目驱动库存作业流程的延迟策略运作是库存作业流程的运作，通过企业集成库存流程的延迟策略和强化延迟策略来体现；基本运营流程模块品目驱动库存作业时间的延迟策略和强化延迟策略运作是库存作业时间的运作，

通过企业集成库存管理延迟策略和强化延迟策略的运作。通过基本运营流程模块品目驱动库存作业流程的延迟策略和强化延迟策略运作与基本运营流程模块品目驱动的库存作业时间的延迟策略和强化延迟策略运作构成企业集成模块单元的延迟策略和强化延迟策略运作。企业延迟策略和强化延迟策略可以通过延迟时间表现，企业集成库存管理流程的延迟策略和强化延迟策略时间是由企业集成库存流程延迟策略和强化延迟策略时间与企业集成库存管理延迟策略和强化延迟策略时间构成，通过时间来体现企业集成延迟策略和强化延迟策略运作。企业集成库存模块单元延迟和强化延迟策略运作将满足企业集成基本运营流程模块品目差异化平衡需求战略和价值领先战略融合起来，通过库存进行企业集成基本运营流程平衡运作，将满足企业集成库存流程模块品目差异化需求战略和价值领先战略融合起来，使企业集成库存流程的模块品目差异化需求战略和价值领先战略融合起来，从根本上实现企业集成基本运营流程和企业集成库存流程的模块品目差异化需求战略和价值领先战略融合，从根本上实现了企业集成战略，满足企业集成基本运营流程和企业集成库存流程对模块品目的差异平衡需求。

企业库存后拉动流程运作需要结合模块品目 ABC 分类法、模块品目卡拉杰克分类法得出的 A 类、B 类、C 类、关键、杠杆、瓶颈、常规模块品目进行。企业按照库存具体模块单元、联合模块单元的集成库存流程由前到后顺序和与之相反的适时库存信息顺序，库存具体模块单元按照具体通用模块单元集成库存流程、具体专用模块单元集成库存流程由前到后顺序和与之相反的适时库存信息顺序，库存联合模块单元按照联合通用模块单元集成库存流程、联合专用模块单元集成库存流程由前到后的顺序和与之相反的适时库存信息顺序进行企业集成库存适时流程运作。企业信息运作完全从最后一道库存作业开始，逐步进行后道库存作业拉动前道库存作业，反映基本运营流程模块品目需求拉动，具体模块单元、联合模块单元内进行适时库存流程的单一流运作，完成企业集成库存流程精益运作。企业集成库存模块单元后拉动流程运作将适时满足企业集成基本运营流程模块品目差异化平衡需求，将适时满足企业集成库存流程模块品目差异化需求，实现企业集成基本运营流程和企业集成库存流程的模块品目差异化需求适时满足。

企业库存后拉动价值运作需要结合模块品目 ABC 分类法、模块品目卡拉杰克分类法得出的 A 类、B 类、C 类、关键、杠杆、瓶颈、常规模块品目进行。企业集成库存流程的运作始终围绕价值增值进行，需要体现模块品目验收入库流程、仓储保管流程、出库流程、盘点流程的价值运作过程。库存模块单元围绕精益运作中的正向满足基本运营流程模块品目需求价值目标和减少负向的过度仓储量、运营流程等待、不必要的库存、不良模块品目、库存、库存引致动作浪费、库存引致搬运、库存引致人力损失价值目标进行精益运作。企业集成库存流程以价值增值为拉动，进行每一个库存作业流程的价值测算，以价值增值为基本要求，进行价值拉动。企业价值拉动需要保证每一个库存模块单元的价值进行预算能取得价值增值，才能进行价值拉动。企业集成库存流程价值拉动通过不同层次的库存模块单元中的专用模块单元的价值拉动体现。库存模块单元的价值拉动表现为同一层次的模块单元价值拉动运作顺序为专用模块单元、通用模块单元，不同层次模块单元的价值拉动运作顺序为联合模块单元、具体模块单元。基本运营流程模块品目价值拉动的运作先由库存联合模块单元的专用模块单元进行价值拉动，经过联合模块单元的通用模块单元模块组模块单元价值拉动，直到库存具体模块单元的通用模块单元价值拉动。价值拉动通过库存损失进行，这些库存损失将不同层次和同一层次的库存模块单元联系起来，成为拉动的中介。这些损失包括库存业务损失、库存引致存货损失、模块品目质量损失、库存交货损失、库存损失增值。库存业务损失是没有达到以企业能够满足基本运营流程模块品目需求的创新、弹性、继承性要求为基础的损失；库存引致存货损失是以过多存货形成损失为基础；模块品目质量损失是模块品目的质量没有达到要求的损失；库存交货损失是没有按期交货的损失；损失增值是这些损失部分的减少带来的增值。这些库存损失与企业集成仓储模块单元自身的现金流入和现金流出一同构成企业集成库存模块单元价值测算的部分，根据这些部分进行模块单元仓储价值测算。通过损失建立起模块单元的价值后拉动运作，通过损失、现金流入、现金流出测算出库存模块单元的价值，形成价值拉动的库存模块单元运作。可以将库存损失、库存损失增值、现金流入、现金流出编制成库存价值后拉动现金流量表进行库存价值拉动和模块单元价值测算的基本表式运作，价值后拉动现金流量表将不同层次和同一层次模块单元的价值拉动部分包括其中，将库存模块单元的现金流入和现金流出包括其中，使价值后拉动的测算可行。企业集成库存模块单元后拉动价值运作将适时满足企业集成基本运营流程模块品目差异化价值需求，将适时满足企业集成库存流程模块品目差异化价值需求，实现企业集成基本运营流程和企业集成库存流程的模块品目差异化需求适时价值运作。

企业需要对集成 MES 适时库存流程进行跟踪，对跟踪的企业集成 MES 适时库存流程效果进行评价，然后根据评价情况，进行企业集成 MES 适时库存运营流程反馈与调整。企业集成适时库存流程管理流程运作过程中，企业进行模块单元集成适时库存流程运作中，需要进行企业集成 MES 适时库存流程质量管理和企业集成 MES 适时库存流程价值管理，企业进行模块单元集成适时库存流程和节点运作中，需要进行企业集成 MES 适时库存流程信息管理，运作中需要进行企业集成 MES 适时库存流程维护管理，促使企业集成 MES 适时库存流程管理流程顺利运作。企业集成 MES 适时库存管理流程进行延迟策略和强化延迟策略管理运作，将延迟策略和强化延迟策略管理运作融入企业集成 MES 适时库存管理流程之中，使企业集成战略实现具备企业集成 MES 适时库存管理流程基础。

围绕企业集成库存具体模块单元、库存联合模块单元和库存通用模块单元、库存专用模块单元的验收入库、仓储保管、出库、盘点、库存计划、库存组织、库存领导、库存控制、库存创新的延迟策略和强化延迟策略、后拉动流程、后拉动价值运作，结合模块品目 ABC 分类法、模块品目卡拉杰克分类法，进行企业集成库存模块单元智能链接流程、库存模块单元智能分析流程、库存模块单元智能网络流程、库存模块单元智能认知流程、库存模块单元智能配置与执行流程运作。企业集成库存模块单元智能链接流程需要确定企业集成库存模块单元的库存数据采集设备、传感器、缓存器，建立企业集成库存模块单元的自感知、应激式自适应数据采集管理与控制的技术；建立库存数据库、库存数据环网、库存数据传输、库存信息编码技术；以企业集成库存模块单元任务为导向，针对库存模块单元不同库存任务、库存设备、库存环境进行数据采集；以企业集成库存模块单元活动目标为导向，针对性地进行库存数据采集，使库存采集数据按照目标的要求自动实现以设备运作为导向，针对设备运作的各种情况，进行数据采集。企业集成库存模块单元智能分析流程需要建立企业集成库存模块单元的库存自记忆、自适应优先级排序、智能动态链接索引技术，建立库存专家知识信息处理、库存聚类分析、库存关联分析技术，建立库存数据压缩、库存信息编码、库存智能数据重构技术；从企业集成库存模块单元的数据提取库存特征进行记忆，运用库存特征算法和规则工具库，进行状态和语义的对应分析；运用导向的库存存储方式，选择与企业集成库存模块单元活动相关的信息；采用库存聚类算法，记忆企业集成库存模块单元的库存聚类过程；采用关联性算法工具，形成企业集成库存模块单元活动映射关系；进行自适应特征提取，使新的库存记忆更加明确。企业集成库存模块单元智能网络流程需要建立企业集成库存模块单元的库存智能网络空间知识发现、多空间建模、预测技术，建立库存信息融合、库存机器学习技术，建立模式识别、状态评估技术；针对企业集成库存模块单元的采购环境、团队和员工采购活动的大数据进行数据存储、空间建模、模型分析、数据挖掘，进行库存模块单元运作的评估、预测、优化、协同，获得库存模块单元运作信息和知识，实现与库存模块单元运作融合和交互的空间。企业集成库存模块单元智能认知流程需要建立企业库存模块单元的网络虚拟模型、运算环境和平台、仿真、决策关联分析技术，建立库存参数优化算法、复杂系统优化算法技术，建立仓储底层编程语言、信息可视化技术；将机器信号转化的信息面向企业模块单元的不同需求，进行仓储多元化数据动态关联、评估和预测，形成对企业库存模块单元库存设备、环境、团队和人员活动的趋势的认知；对库存数字信息和多维信息的多活动的综合分析，多维度和多尺度的动态优化，团队和员工活动目标的优化，进行库存自决策。企业集成库存模块单元智能配置与执行流程需要建立仓储自免疫、自重构、信息平台技术，建立库存自恢复系统、控制优化、状态切换、动态排程技术；将库存决策信息转化为企业集成库存模块单元的控制逻辑，实现决策到控制的直接链接，形成自配置和自执行。

进行库存设备监督学习、库存设备无监督学习、库存设备半监督学习、库存设备深度学习、库存设备集成学习到设备强化学习。构建感知机算法、k 近邻算法、朴素贝叶斯算法、决策树算法、Logistic 回归与最大熵模型算法、支持向量机算法等设备监督学习算法；构建层次聚类算法、k 均值聚类算法、高斯混合模型算法、主成分分析算法、潜在语义分析算法等设备无监督学习算法；构建生成式算法、半监督支持向量机算法、图半监督算法、分枝算法的设备半监督学习算法；构建马尔可夫决策算法、动态规划算法、蒙特卡洛算法、时序差分设备强化学习算法。建立企业集成库存模块单元智能链接流程、库存模块单元智能分析流程、库存模块单元智能网络流程、库存模块单元智能认知流程、库存模块单元智能配置与执行流程的库存设备智能视觉运作、智能听觉运作、智能嗅觉运作、智能语言运作、智能动作运作。企业集成库存模块单元智能运作促进企业集成基本运营流程和企业集成库存流程的模块品目满足的企业集成战略实现，促进企业集成基本运营流程和企业集成库存流程的模块品目差异化需求适时满足和价值运作。

企业集成库存管理流程延迟策略和强化延迟策略、后拉动流程、后拉动价值、智能运作通过团队和团队中的员工进行，团队和团队中的员工需要承担体现延迟策略和强化延迟策略、后拉动流程、后拉动价值、智能的模块品目库存经营目标。这种延迟策略和强化延迟策略、后拉动流程、后拉动价值、智能体现需要团队所负责的企业集成库存管理流程进行延迟策略和强化延迟策略、后拉动流程、后拉动价值、智能运作，体现为团队中的员工所负责企业集成库存管理流程的延迟策略和强化延迟策略、后拉动流程、后拉动价值、智能运作，团队和团队中的员工成为企业集成库存管理流程延迟策略和强化延迟策略、后拉动流程、后拉动价值、智能运作的主体。

企业集成 MES 适时库存管理流程如图 10－1－3 所示。

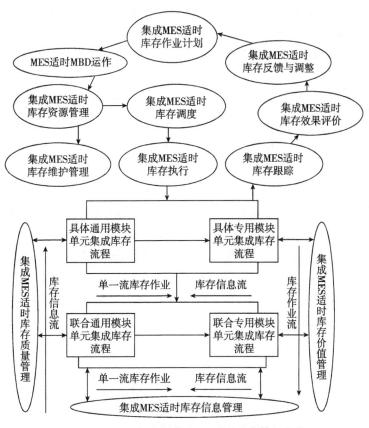

图 10－1－3　企业集成 MES 适时库存管理流程

制造类企业、服务类企业都具有企业集成 MES 适时库存管理流程。

第二节　企业集成战略供应商

企业集成战略供应商的形成需要经过企业集成战略供应商调查、供应商选择和评价、制造商与供应商合作关系和联盟完成。企业集成战略供应商对企业集成采购与库存精益智能运作有着重要的支撑。

一、企业集成战略供应商调查

企业集成战略供应商调查围绕向供应商逐步渗透企业集成基本运营流程延迟策略和强化延迟策略、后拉动流程、后拉动价值、智能运作和企业集成采购流程延迟策略和强化延迟策略、后拉动流程、后拉动价值、智能运作来展开。可以进行第一手资料和第二手资料的调查。进行调查前需要确定的调查范围是全球相关供应商的调查范围，全球范围采购已经成为当今企业集成采购流程运作的重要特色（赵艳丰，2014）。企业集成战略供应商调查包括初步模块品目供应商调查、模块品目市场调查、模块品目供应商调查、深入模块品目供应商调查。

（一）初步模块品目供应商调查

初步模块品目供应商调查主要调查供应商有哪些，全球范围内的哪些国家的企业具体企业的地址，提供哪些模块品目域类、类别、种类、品种、规格和型号，提供模块品目数量有多少，所提供模块品目质量水平，市场份额有多少，运输条件如何，配送条件如何（王槐林和刘昌华，2013）。

进行初步模块品目供应商的调查是为了了解模块品目市场和企业集成战略供应商做准备。与模块品目市场调查、模块品目供应商调查、深入模块品目供应商调查相比，初步模块品目供应商调查是简单和粗浅的调查，通过这种调查能够了解供应商的基本情况，掌握全球供应商的范围，后面的调查都将在这种情况和供应商范围的基础上进行。初步模块品目供应商调查成为模块品目市场调查、模块品目供应商调查、深入模块品目供应商调查的基础。

初步模块品目供应商调查可以采用直接调查法和间接调查法两种形式。直接调查法是直接面对供应商进行调查的方法，能够直接获得供应商真实、及时、最新的信息，但花费的时间、精力、资金要比间接调查法多。与直接调查法相比，间接调查法可以通过第三者、媒体、文献资料、网络资源进行，能够间接得到供应商基本信息，花费的时间、精力、资金要比直接调查法少，调查的速度快，但取得供应商的基本情况的真实和及时性无法与直接调查法相比。初步模块品目供应商可以将直接调查法和间接调查法混合运用，以间接调查法为主体、以直接调查法为辅助进行供应商的调查。属于扩大模块品目市场和供应商范围的多用间接调查法，这种调查为模块品目市场调查、模块品目供应商调查、深入模块品目供应商调查提供可以采用的范围，这种方法运用的重点是真实寻找属于模块品目域类、类别、种类、品种、规格和型号范围供应商，确定模块品目域类、类别、种类、品种、规格和型号市场范围和模块品目域类、类别、种类、品种、规格和型号提供的供应商范围。直接调查法则是对间接调查法中出现模糊无法确定的和能花费的时间、精力、资金有限的，进行补充的模块品目域类、类别、种类、品种、规格和型号市场和供应商调查，从而进一步明确模块品目域类、类别、种类、品种、规格和型号市场和供应商范围。初步模块品目供应商调查可以用主体企业的员工进行调查，也可以委托给第三方专业调查公司进行调查。由于初步供应商调查特性，一般委托给第三方专业调查公司进行调查，当出现模糊的情况或者需要重点调查时，可以采用主体企业的员工进行调查。与主体企业的员工进行调查相比，第三方专业调查公司调查的效率更高。

初步模块品目供应商调查可以采用模块品目供应商卡片进行调查，主要采用间接调查法，由委托给第三方专业调查公司的员工进行调查，也可以采用直接调查法，以主体企业员工辅助调查。模块品目供应商卡片包括模块品目供应商基本情况、模块品目情况、模块品目配送情况三类内容，模块品目供应商基本情况包括供应商名称、供应商类型、供应商地址、法定代表人、统一社会信用代码、供应商注册资本、供应商成立日期、供应商营业期限、供应商资信度、联系人、职务、电话、传真、E - mail，模块品目情况包括模块品目域类、类别、种类、品种、规格、价格、质量、供应数量、市场份额，模块品目配送情况包括模块品目配送方式、配送费用、仓储条件、仓储数量、运输方式、运输时间。模块品目供应商卡片如表 10 - 2 - 1 所示。

表 10 - 2 - 1　模块品目供应商卡片

供应商 基本情况	名称		类型			地址	
	法定代表人		统一社会信用代码			注册资本	
	成立日期		营业期限			资信度	
	联系人		职务			电话	
	传真		E - mail				
模块品目 情况	域类	类别	种类		品种	规格	
	价格	质量	供应数量			市场份额	
配送情况	配送方式		配送费用			仓储条件	
	仓储数量		运输方式			运输时间	

（二）模块品目市场调查

模块品目市场调查进行模块品目市场的规模、容量和性质的调查，针对不同的模块品目市场，需要调查模块品目域类、类别、种类、品种市场范围，能够供应的模块品目域类、类别、种类、品种数量，确定这些市场是买方市场还是卖方市场，是完全竞争市场、垄断竞争市场还是垄断市场，是新兴市场，还是原有的市场。进行模块品目市场环境调查，调查模块品目市场运行机制，调查模块品目域类、类别、种类、品种市场制度和法规运作情况、规范化运作程度、经济环境，调查顾客对模块品目域类、类别、种类、品种市场感受，调查模块品目域类、类别、种类、品种市场发展前景。调查模块品目域类、类别、种类、品种市场中的模块品目供应商情况。对经过初步模块品目供应商调查的初步的模块品目供应商进行综合调查，得出模块品目域类、类别、种类、品种市场的生产能力、技术水平、管理水平、可供应模块品目数量、质量水平、价格水平、需求状况和竞争性质。

（三）模块品目供应商调查

模块品目供应商调查是经过模块品目供应商调查、模块品目市场调查后的调查，是对准备发展为模块品目供应商和关键域类、类别、种类、品种的模块品目调查。这种调查需要深入到模块品目供应商的生产一线进行调查，调查模块品目供应商生产运作情况、生产工艺运作情况、质量检验的各个环节、生产管理的情况，调查模块品目供应商能否满足主体企业采购模块品目域类、类别、种类、品种应具备的供应商生产运作水平、生产工艺运作水平、质量保证体系、生产管理规范的要求，调查样品试制情况。需要针对关键域类、类别、种类、品种的模块品目供应商进行针对性调查，对关键域类、类别、种类、品种的模块品目精度、加工难度、质量水平进行调查。

（四）深入模块品目供应商调查

深入模块品目供应商调查是在模块品目供应商调查基础上进行。深入模块品目供应商调查需要经过与模块品目供应商的多轮交流，调查供应商对主体企业集成模块单元运营流程和采购流程延迟策略和强化延迟策略运作理念的理解情况，调查供应商对主体企业集成模块单元运营流程和采购流程延迟策略和强化延迟策略具体运作的理解情况。调查供应商对主体企业集成模块单元运营流程和采购流程后拉动流程、后拉动价值运作理念的理解情况，调查供应商对主体企业集成模块单元运营流程和采购流程后拉动流程、后拉动价值具体运作的理解情况。调查供应商对主体企业集成模块单元运营流程和采购流程的智能链接流程、智能分析流程、智能网络流程、智能认知流程、智能配置与执行流程运作的理解情况。调查模块品目供应商对主体企业集成模块单元运营流程的集成计划、集成组织、集成领导、集成控制和集成创新的理解情况。

二、企业集成战略供应商选择

（一）进行模块品目供应商初选

在进行初步模块品目供应商调查基础上，需要通过运用初步模块品目供应商调查资料进行模块品目供应商分析，进行众多模块品目供应商优势和劣势的比较。对初步模块品目供应商可以进行模块品目域类、类别、种类、品种、规格、价格、质量方面分析，分析模块品目域类、类别、种类、品种、规格是否是主体企业所需，分析模块品目价格水平，分析模块品目质量是否达到主体企业要求，只有模块品目域类、类别、种类、品种、规格、价格、质量适合主体企业，才有可能成为初步的模块品目供应商。需要针对模块品目供应商实力、规模、生产能力、技术水平、管理水平、资信度进行分析，分析模块品目供应商实力、规模、生产能力是否达到主体企业要求，模块品目供应商是否具有先进的技术水平、管理水平，对模块品目供应商与顾客、银行往来的资信进行分析，分析模块品目供应商对自身承诺和义务履行的程度，从而得出是否具有优良的资信度，只有符合这些要求才有可能成为初步的模块品目供应商。进行模块品目供应商供应模块品目的竞争性和垄断性分析，如果是竞争性模块品目，分析模块品目供应商竞争态势、分析模块品目销售情况、分析模块品目市场份额，只有符合模块品目供应商竞争态势、模块品目销售良好、模块品目市场份额大的模块品目供应商，才有可能成为初步的模块品目供应商。进行模块品目供应商配送情况分析，分析模块品目供应商地理位置，分析配送方式、配送费用，分析仓储条件、仓储数量，分析运输方式、运输时间，只有模块品目配送方式、配送费用、仓储条件、仓储数量、运输方式、运输时间符合要求的供应商，才有可能成为初步的模块品目供应商。针对上述各个部分的分析，进行综合分析，得出初步的模块品目供应商。

（二）进行模块品目市场供应商选择

进行模块品目市场分析。分析模块品目市场是竞争性市场还是垄断性市场，域类、类别、种类、品种的模块品目垄断性市场是进行企业集成战略供应商构建的主体市场；域类、类别、种类、品种的模块品目竞争性市场是进行企业集成战略供应商招标制构建的辅助市场。分析模块品目是成长型市场还是没落型市场，对模块品目没落型市场，需要进行域类、类别、种类、品种的模块品目替换。确定域类、类别、种类、品种的模块品目市场的总体水平，确定市场的总体水平，选择在域类、类别、种类、品种的模块品目市场中处于先进水平的供应商，确定域类、类别、种类、品种的模块品目质量优而价格低的模块品目供应商。

（三）进行模块品目供应商选择

进行模块品目供应商选择是在模块品目供应商调查基础上进行的。进行模块品目供应商选择需要模块品目供应商生产样品，这些样品包括一般域类、类别、种类、品种的模块品目和关键域类、类别、种类、品种的模块品目，只有合格的供应商才能够进入下一阶段的选择。对于样品试制成功的供应商，进入生产全过程和管理全过程考察，考察供应商生产运作水平、生产工艺运作水平、质量保证体系、生产管理规范、物流运作、设备运作是否达到应有的水平，如果达到成为模块品目供应商选择阶段供应商。

（四）进行深入模块品目供应商选择

深入模块品目供应商需要对主体企业集成模块单元运营流程和采购流程延迟策略和强化延迟策略运作理念的理解，需要模块品目供应商对主体企业集成模块单元运营流程和采购流程延迟策略和强化延迟策略具体运作的理解。需要模块品目供应商对主体企业集成模块单元运营流程和采购流程后拉动流程、后拉动价值运作理念的理解，需要模块品目供应商对主体企业集成模块单元运营流程和采购流程后拉动流程、后拉动价值具体运作的理解。需要模块品目供应商对主体企业集成模块单元运营流程和采购流程的智能链接流程、智能分析流程、智能网络流程、智能认知流程、智能配置与执行流程运作的理解。需要模块品目供应商对主体企业集成模块单元运营流程的集成计划、集成组织、集成领导、集成控制和集成创新的理解。能理解企业集成模块单元运营流程和采购流程延迟策略和强化延迟策略运作、后拉动流程、后拉动价值运作、智能链接流程、智能分析流程、智能网络流程、智能认知流程、智能配置与执行流程运作、集成计划、集成组织、集成领导、集成控制和集成创新，深入模块品目供应商选择阶段。

三、模块品目供应商评价

进行模块品目供应商评价需要建立模块品目供应商评价标准，通过模块品目供应商综合评价指标体系来实现。模块品目供应商综合评价指标体系由模块单元延迟策略贡献大类指标、模块单元精益贡献大类指标、模块单元智能贡献大类指标、供应商运作大类指标、价值大类指标。

模块单元延迟策略贡献大类指标由模块单元完成率指标、模块单元时间完成指标、模块单元完成效率指标组成。模块单元完成率指标包括通用模块单元完成率指标、链接模块单元完成率指标、专用模块单元完成率指标，表明主体企业集成具体、联合、模块组、总作业模块单元中的通用模块单元流水线的各个作业、链接模块单元流水线的各个作业、专用模块单元流水线的各个作业的域类、类别、种类、品种的模块品目完成情况，以反映模块单元延迟策略中提前运作的通用模块单元流水线的延迟策略运作、提前运作的链接模块单元流水线延迟策略运作、延迟运作的专用模块单元流水线的延迟策略运作。通用模块单元完成率、链接模块单元完成率、专用模块单元完成率计算公式如下：

$$通用模块单元完成率 = \frac{通用模块单元模块品目供应数量}{通用模块单元模块品目所需数量} \times 100\% \qquad (10-2-1)$$

$$链接模块单元完成率 = \frac{链接模块单元模块品目供应数量}{链接模块单元模块品目所需数量} \times 100\% \qquad (10-2-2)$$

$$专用模块单元完成率 = \frac{专用模块单元模块品目供应数量}{专用模块单元模块品目所需数量} \times 100\% \qquad (10-2-3)$$

模块单元时间完成指标包括通用模块单元时间完成率指标、链接模块单元时间完成率指标、专用模块单元时间完成率指标，表明主体企业集成具体、联合、模块组、总作业模块单元中的通用模块单元流水线的各个作业、链接模块单元流水线的各个作业、专用模块单元流水线的各个作业的域类、类别、种类、品种的模块品目时间完成情况，以反映模块单元延迟策略中提前运作的通用模块单元流水线的时间延迟策略运作、提前运作的链接模块单元流水线时间延迟策略运作、延迟运作的专用模块单元流水线的时间延迟策略运作。通用模块单元时间完成率、链接模块单元时间完成率、专用模块单元时间完成率计算公式如下：

$$通用模块单元时间完成率 = \frac{通用模块单元模块品目时间度量值}{通用模块单元模块品目所需时间} \times 100\% \quad (10-2-4)$$

$$链接模块单元时间完成率 = \frac{链接模块单元模块品目时间度量值}{链接模块单元模块品目所需时间} \times 100\% \quad (10-2-5)$$

$$专用模块单元时间完成率 = \frac{专用模块单元模块品目时间度量值}{专用模块单元模块品目所需时间} \times 100\% \quad (10-2-6)$$

模块单元完成效率指标包括通用模块单元完成率指标、链接模块单元完成率指标、专用模块单元完成率指标，表明主体企业集成具体、联合、模块组、总作业模块单元中的通用模块单元流水线的各个作业、链接模块单元流水线的各个作业、专用模块单元流水线的各个作业的域类、类别、种类、品种的模块品目完成率情况，以反映模块单元延迟策略中提前运作的通用模块单元流水线的延迟策略运作率、提前运作的链接模块单元流水线延迟策略运作率、延迟运作的专用模块单元流水线的延迟策略运作率。通用模块单元完成率、链接模块单元完成率、专用模块单元完成率计算公式如下：

$$通用模块单元完成率 = \frac{通用模块单元模块品目数量度量值}{通用模块单元模块品目时间度量值} \times 100\% \qquad (10-2-7)$$

$$链接模块单元完成率 = \frac{链接模块单元模块品目数量度量值}{链接模块单元模块品目时间度量值} \times 100\% \qquad (10-2-8)$$

$$专用模块单元完成率 = \frac{专用模块单元模块品目数量度量值}{专用模块单元模块品目时间度量值} \times 100\% \qquad (10-2-9)$$

模块单元精益贡献大类指标又由模块单元拉动率指标、模块单元时间拉动指标、模块单元拉动效率指标组成，表明主体企业集成具体、联合、模块组、总作业模块单元中的通用、链接、专用模块单元流水线的各个作业域类、类别、种类、品种的模块品目拉动情况，以反映模块单元流水线的数量拉动、时间拉动、效率拉动。模块单元拉动率、模块单元时间拉动、模块单元拉动效率计算公式如下：

$$模块单元拉动率 = \frac{专用模块单元模块品目完成拉动数量}{专用模块单元模块品目所需拉动数量} \times 100\% \quad (10-2-10)$$

$$模块单元时间拉动 = \frac{专用模块单元模块品目拉动时间度量值}{专用模块单元模块品目所需拉动时间} \times 100\% \quad (10-2-11)$$

$$模块单元拉动效率 = \frac{专用模块单元模块品目拉动数量度量值}{专用模块单元模块品目拉动时间度量值} \times 100\% \quad (10-2-12)$$

模块单元智能贡献大类指标又由模块单元智能链接与分析贡献率指标、模块单元智能网络与认知贡献率指标、模块单元智能配置与执行贡献率指标组成，表明主体企业集成具体、联合、模块组、总作业模块单元和通用、链接、专用模块单元流水线的各个作业进行域类、类别、种类、品种的模块品目智能运作贡献情况。模块单元智能链接与分析贡献率、模块单元智能网络与认知贡献率、模块单元智能配置与执行贡献率计算公式如下：

$$模块单元智能链接与分析贡献率 = \frac{模块单元链接与分析贡献值}{模块单元链接与分析度量值} \times 100\%$$
$$(10-2-13)$$

$$模块单元智能网络与认知贡献率 = \frac{模块单元网络与认知贡献值}{模块单元网络与认知度量值} \times 100\%$$
$$(10-2-14)$$

$$模块单元智能配置与执行贡献率 = \frac{模块单元配置与执行贡献值}{模块单元配置与执行度量值} \times 100\%$$
$$(10-2-15)$$

供应商运作大类指标包括模块品目质量指标、供应商工作质量指标、供应商信用度指标、供应商配合度指标，表明供应商给主体企业提供模块品目的质量状况，表明供应商进行工作的质量，表明供应商履行自己的承诺、以诚对待主体企业、不故意拖账和欠账的程度，表明供应商与主体企业的协作程度（张的和吴涵，2018）。模块品目质量、供应商工作质量、供应商信用度、供应商配合度计算公式如下：

$$模块品目质量 = \frac{模块品目达到符合质量数量}{模块品目所需符合质量数量} \times 100\% \quad (10-2-16)$$

$$供应商工作质量 = \frac{期内模块品目差错数量}{期内模块品目所需数量} \times 100\% \quad (10-2-17)$$

$$供应商信用度 = \frac{期内失信次数}{期内交往次数} \times 100\% \quad (10-2-18)$$

$$供应商配合度 = \frac{期内配合次数}{期内变更次数} \times 100\% \quad (10-2-19)$$

价值大类指标包括供应商正向价值贡献指标、供应商负向价格价值贡献指标、供应商负向费用价值贡献指标，表明供应商为主体企业贡献的正向价值、负向价格价值、负向费用价值。供应商正向价值贡献、供应商负向价格价值贡献、供应商负向费用价值贡献计算公式如下：

$$供应商正向价值贡献 = \frac{正向贡献现金流入}{正向所需现金流入} \times 100\% \qquad (10-2-20)$$

$$供应商负向价格价值贡献 = \frac{负向价格贡献现金流入}{负向价格所需现金流入} \times 100\% \qquad (10-2-21)$$

$$供应商负向费用价值贡献 = \frac{负向费用贡献现金流入}{负向费用所需现金流入} \times 100\% \qquad (10-2-22)$$

建立模块品目供应商综合评价指标体系后，需要成立模块品目供应商综合评价小组，成员主要来自采购、质量、生产、技术中心等与供应商密切合作的部门，每位成员必须具有一定的专业技能，熟悉模块品目供应商综合评价指标，能充分运用模块品目供应商综合评价指标，针对模块品目供应商进行评价。

进行模块品目供应商综合评价时，评价小组必须与选定的供应商取得联系，以确认他们是否愿意与主体企业建立战略合作关系，是否具有取得更高供应商供应业绩水平的愿望，引领供应商参与到评价过程中来。由于主体企业资源有限，进行供应商评价时，可以聘请具有专业技能的外部专家联合企业的专家进行供应商的评定，也可以采取由主体企业外部专家先进行供应商的评定，然后主体企业针对评价中的问题，进行更为深入的评价，这样既能够节省主体企业资源，还能够提高对供应商的评价效率。

进行供应商评价时，需要结合初步模块品目供应商调查、模块品目市场调查、模块品目供应商调查、深入模块品目供应商调查的实际，全方位了解模块品目供应商和模块品目市场的各种情况，结合模块品目供应商综合评价指标体系，针对每一个指标深入地进行模块品目供应商摸底，了解供应商在每一个指标的真实情况，全面地进行评价，选择主体企业所需要的供应商。

模糊综合评价法进行供应商评价中，要确定评价指标和评价等级，进行指标的模糊评判，确定指标评价集和评价矩阵，确定各指标权重，建立评价模型，进行基层、中层和综合评价，由此得出对供应商的评价。数据包络分析法进行供应商评价中，需要建立供应商评价的决策单元，得出决策单元运作效率，以决策单元运作效率为目标构建数据包络分析模型，得出最优解以进行供应商评价。网络层次法可以针对供应商评价，建立控制层内指标、网络层内指标、控制层与网络层之间指标的相互循环和反馈影响，进行供应商整体和局部评价。

粗糙集综合评价方法进行供应商评价时，根据信息表建立决策信息表，进行分级聚类分析，确定具有条件属性和决策属性的知识表达系统的决策信息表，根据决策信息表信息确定的等价关系，计算依赖度，由此计算重要程度，进行供应商评价。物元可拓评价法进行供应商评价时，需要确定物元和物元节域，结合具体的物元进行评价。动态激励评价方法进行供应商评价时，需要根据权重信息确定评价对象最大波动、最小波动和平均波动，测算评价对象加速度、加速度指数、部分平均、全部平均、优和劣增益幅度，计算优激励点、劣激励点、优激励量、劣激励量、优激励因子和劣激励因子，确定正理想点和负理想点的评价方法。组合评价方法，计算每一种方法之间的相关系数，计算重要性权重，得出评价值由大到小的顺序的评价方法。BP 神经网络方法确定由 1、0 组成的评价等级，将这些评价等级与供应商指标结合起来，供应商评价指标与评价等级交叉，确定训练函数，确定传递函数，进行供应商评价。三角模糊群评价方法进行供应商评价时，确定三角模糊数矩阵，确定三角模糊数正理想解和负理想解，确定相对贴近度进行评价方法。三角模糊数 VIKOR 评价方法进行供应商评价时，确定三角模糊数正理想解和负理想解，计算群体效应值，计算折中评价值进行评价的方法。模糊优选评价方法进行供应商评价时，确定相对优属度，需要确定加权距优距离和加权距劣距离，确定目标函数，进行评价方法。

进行供应商评价时，采用逐一比较方法确定权重，经过逐一比较确定权重。采用熵值法确定权重，进行数据归一化处理，计算熵值，计算差异性系数，计算权重。运用标准离差法确定权重，根据标准差计算权重。灰色关联度方法确定权重，需要对收益、成本不同趋向的数据进行处理，计算绝对差和关联系数值，计算权重。运用层次分析法确定权重。

计算中层和基层的权重。运用粗糙数法确定权重，计算加权粗糙数下限公式、加权粗糙数上限公式、粗糙数权重。运用粗糙数判断矩阵法确定权重，确定专家打分矩阵，计算粗糙数、粗糙数下限、粗糙数上限，进行权重标准化运作，得到标准化粗糙权重。

根据模块品目 ABC 分类法和模块品目卡拉杰克分类法，主体企业所需要的企业集成战略供应商由两部分构成，一部分是需要通过企业集成战略的合作关系和战略联盟来建立企业集成战略主体供应商，这部分的供应商数量很少，是企业采购任务完成的主体供应商，主体供应商供应 A 类、B 类域类、类别、种类、品种的模块品目和关键、杠杆、瓶颈域类、类别、种类、品种的模块品目，这些模块品能够稳定地从企业集成战略供应商中取得。另一部分是需要通过招标采购进行的企业集成战略辅助供应商，这部分 C 类和常规域类、类别、种类、品种的模块品目通过招标采购来实现供应商对主体企业全部模块品目供应。招标供应商是企业集成战略供应商有机组成部分，企业集成战略主体供应商和企业集成战略辅助供应商一起完成全部域类、类别、种类、品种的模块品目的供应。

四、企业集成战略主体供应商

(一) 主体企业与企业集成战略主体供应商合作关系建立

由于传统的竞争关系以单边受益为主，已不能适应市场需要，供应商正在从单纯的产品和服务的提供者转变为与主体企业建立新的联系。主体企业也由过多强调自身的盈利转变为强调主体企业与供应商双赢的目的，改善主体企业与供应商之间的关系。主体企业与供应商已经由强调单边利益关系到强调双边利益关系或者多边利益关系改变。

企业集成战略主体供应商进行主体企业的 A 类、B 类域类、类别、种类、品种的模块品目和关键、杠杆、瓶颈域类、类别、种类、品种的模块品目的供应，对主体企业的采购起着十分重要的作用。根据传统的单边竞争关系向双边利益和多边利益关系的转变，需要建立新型的利益关系，需要建立主体企业与供应商合作关系，以保持双边利益和多边利益。主体企业与供应商合作关系与传统的竞争关系相比，有着不同的特点：

（1）主体企业与企业集成战略主体供应商合作关系能促进主体企业集成运营和采购管理流程延迟策略和强化延迟策略运作。根据合作关系，企业集成战略主体供应商针对主体企业集成运营和采购管理流程进行 A 类、B 类、关键、杠杆、瓶颈模块品目运作，A 类、B 类、关键、杠杆、瓶颈模块品目是企业集成运营和采购管理流程关键运作的体现，合作关系注重主体企业集成运营和采购管理流程通用、链接模块单元流水线作业 A 类、B 类、关键、杠杆、瓶颈模块品目提前运作，合作关系注重主体企业集成运营和采购管理流程专用模块单元流水线作业 A 类、B 类、关键、杠杆、瓶颈模块品目延迟运作，发挥企业集成战略主体供应商对主体企业集成运营和采购管理流程延迟策略和强化延迟策略运作促进作用。

（2）主体企业与企业集成战略主体供应商合作关系能促进主体企业与企业集成战略主体供应商合作关系，能促进主体企业集成运营和采购管理流程后拉动流程、后拉动价值运作。合作关系注重主体企业集成运营和采购管理流程具体、联合、模块组、总作业模块单元和通用、链接、专用模块单元的不同层次和同一层次流水线作业 A 类、B 类、关键、杠杆、瓶颈模块品目后拉动流程、后拉动价值运作，发挥企业集成战略主体供应商对主体企业集成运营和采购管理流程后拉动流程、后拉动价值运作促进作用。

（3）主体企业与企业集成战略主体供应商合作关系能促进主体企业与企业集成战略主体供应商合作关系，能促进主体企业集成运营和采购管理流程智能运作。合作关系注重主体企业集成运营和采购管理流程具体、联合、模块组、总作业模块单元和通用、链接、专用模块单元流水线作业 A 类、B 类、关键、杠杆、瓶颈模块品目智能运作，发挥企业集成战略主体供应商对主体企业集成运营和采购管理流程智能运作促进作用。

（4）主体企业与企业集成战略主体供应商合作关系以企业协作为基础，共同制定模块品目采购供应的长期的发展规划，主体企业与供应商供需双方共同的发展，相互依赖，互相信任，建立高度的可靠与忠诚合作关系（李随成等，2016）。

（5）企业集成战略主体供应商总数更精简（马燕华，2013）。在传统采购竞争关系中，主体企业通常通过大量供应商比价来降低成本。但在主体企业与供应商合作关系中，将传统的对抗性买卖双方关系改为数量有限的具有高资质的供应商，集中精力发展少数高水平供应商，形成长期合作关系。

（6）主体企业与企业集成战略主体供应商的信息沟通和共享更加深入。主体企业与企业集成战略主体供应商之间实现信息共享，这种信息共享不仅局限于诸如订单、存货量等简单的数据，更重要的是主动去分享企业集成战略方面的信息，以便共同制定最佳的计划及采取最有效的手段来满足需求。

（7）主体企业与企业集成战略主体供应商的合作优先级更高。主体企业与供应商之间包括企业集成战略主体供应商和企业集成战略辅助供应商企业，企业集成战略辅助供应商有多个，主体企业一般针对不同的模块品目和规模，对供应商分类进行管理。针对不同的供应商的资质、技术水平、供货能力等，划分不同的优先级进行合作，主体企业与企业集成战略主体供应商的合作优先级更高于企业集成战略辅助供应商。

（8）主体企业与企业集成战略主体供应商不再只是以价格为标准，而是进行从价值增值的角度出发，进行正向的价值增值，也可以从负向出发，进行负向减少的价值增值，从而实现主体企业集成采购管理流程的价值增值。

（9）主体企业与企业集成战略主体供应商实时互动，共同捕捉市场需求，企业集成战略主体供应商敏捷地促进主体企业从产品研发到产品实现的模块品目运作的创新，从而获得扩大市场的机会，促进价值增值。

（二）企业集成战略联盟

企业集成战略联盟是指主体企业与企业集成战略主体供应商之间以企业集成战略为引导，通过各种协议、契约而结成的优势互补、风险共担、各尽所能、各取所需的松散型网络组织，是一种全新的联合企业组织模式。企业集成战略联盟是对主体企业与企业集成战略主体供应商合作关系从组织方面的巩固，是主体企业实现集成运营管理流程的延迟策略和强化延迟策略、后拉动流程、后拉动价值、智能运作的企业集成采购管理流程保障。企业集成战略联盟特点如下：

（1）企业集成战略联盟能促进主体企业集成运营和采购管理流程延迟策略和强化延迟策略运作。企业集成战略主体供应商从企业集成战略联盟组织视角，稳固推进主体企业集成运营和采购管理流程通用、链接模块单元流水线作业 A 类、B 类、关键、杠杆、瓶颈模块品目提前运作，稳固推进主体企业集成运营和采购管理流程专用模块单元流水线作业 A 类、B 类、关键、杠杆、瓶颈模块品目延迟运作，发挥企业集成战略联盟对主体企业集成运营和采购管理流程延迟策略和强化延迟策略运作促进作用。

（2）企业集成战略联盟能够促进主体企业集成运营和采购管理流程后拉动流程、后拉动价值运作。企业集成战略主体供应商从企业集成战略联盟组织视角，稳固推进主体企业集成运营和采购管理流程具体、联合、模块组、总作业模块单元和通用、链接、专用模块单元的不同层次和同一层次流水线作业 A 类、B 类、关键、杠杆、瓶颈模块品目后拉动流程、后拉动价值运作，发挥企业集成战略联盟对主体企业集成运营和采购管理流程后拉动流程、后拉动价值运作促进作用。

（3）企业集成战略联盟能够促进主体企业集成运营和采购管理流程智能运作。企业集成战略主体供应商从企业集成战略联盟组织视角，稳固推进主体企业集成运营和采购管理流程具体、联合、模块组、总作业模块单元和通用、链接、专用模块单元流水线作业 A 类、B 类、关键、杠杆、瓶颈模块品目智能运作，发挥企业集成战略联盟对主体企业集成运营和采购管理流程智能运作促进作用。

（4）企业集成战略联盟是主体企业与企业集成战略主体供应商之间的联盟，主体企业与企业集成战略主体供应商双方都是有实力的，企业集成战略主体供应商通过供应 A 类、B 类、关键、杠杆、瓶颈模块品目促进主体企业集成战略的实现，主体企业给予企业集成战略主体供应商获取价值和扩大业务的机会，双方都是为共赢目标进行运作，都是积极企业集成战略联盟的运作，都通过这样的联盟促进各自的运作，企业集成战略主体供应商与企业集成战略辅助供应商相比，发挥着更大的促进双方运作的作用，使主体企业和企业集成战略供应商共同发展。

（5）企业集成战略联盟的主体企业与企业集成战略主体供应商之间相互依赖，彼此按照各自的需求进行运作，联盟的双方彼此需要，企业集成战略主体供应商为主体企业供应 A 类、B 类、关键、杠杆、瓶颈模块品目，主体企业给企业集成战略主体供应商提供业务，双方都无法独立完成任务，只有双方一起才能完成任务，由此双方建立起高度的信任机制。这种信任机制的建立促进双方不论何时都能够顺利运作。

（6）主体企业与企业集成战略主体供应商之间通过企业集成战略联盟建立长期承诺，这种承诺对于主体企业与企业集成战略主体供应商双方都是一种约定，主体企业按照约定给予企业集成战略主体供应商应有的业务和利益，企业集成战略主体供应商按照约定提供 A 类、B 类、关键、杠杆、瓶颈模块品目，双方完全按照长期承诺进行运作。

（7）主体企业与企业集成战略主体供应商之间通过企业集成战略联盟建立互通的信息系统，信息交流是合理公开的，主体企业与企业集成战略主体供应商双方有效地共享信息、交换信息，促进主体企业集成采购流程和供应商供应流程的顺利进行，保证主体企业集成运营管理流程的 A 类、B 类、关键、杠杆、瓶颈模块品目需要。

（8）企业集成战略联盟的主体企业与企业集成战略主体供应商一体化。主体企业与企业集成战略主体供应商开发企业集成采购流程和供应商供应流程的连接和分享利益的方法，以便主体企业与企业集成战略主体供应商能顺利地一起运作，共同面对主体企业与企业集成战略主体供应商问题，及时解决问题，促进主体企业与企业集成战略主体供应商运作。

（9）主体企业与企业集成战略主体供应商的企业集成战略联盟是制度化体现。企业集成战略联盟中的主体企业与企业集成战略主体供应商关系是一种正常状况，具有明确的责任和精确的过程，是不能轻易破坏的制度性联盟。

（10）主体企业与企业集成战略主体供应商的企业集成战略联盟具有完整性。主体企业与企业集成战略主体供应商彼此之间进行相互促进，采用友好的协作方式进行运作，以证明和强化相互之间的信任，不滥用得到的信息，彼此之间相互促进。

（三）企业集成战略主体供应商对主体企业集成基本运营和采购管理流程支撑

企业集成战略主体供应商需要深入主体企业，熟悉企业集成基本运营和采购管理流程具体模块单元的通用模块单元相似流水线、具体模块单元链接模块单元相似流水线、具体模块单元专用模块单元隐形流水线、具体模块单元专用模块单元可变流水线、联合模块单元的通用模块单元相似流水线、联合模块单元的通用模块单元单一流水线、联合模块单元链接模块单元相似流水线、联合模块单元专用模块单元可变流水线、联合模块单元专用模块单元混合流水线、模块组模块单元的通用模块单元单一流水线、模块组模块单元链接模块单元单一流水线、模块组模块单元专用模块单元混合流水线、总作业模块单元的通用模块单元单一流水线、总作业链接模块单元单一流水线、总作业专用模块单元相似流水线延迟策略和强化延迟策略的 A 类、B 类、关键、杠杆、瓶颈的域类、类别、种类、品种模块品目运作，能熟悉和理解模块单元流水线延迟策略和强化延迟策略运作的具体作业细节的 A 类、B 类、关键、杠杆、瓶颈的域类、类别、种类、品种模块品目运作，这样企业集成战略主体供应商针对主体企业集成基本运营和采购管理流程的 A 类、B 类、关键、杠杆、瓶颈的域类、类别、种类、品种模块品目延迟策略和强化延迟策略运作，开展业务活动，有效促进主体企业集成基本运营和采购管理流程延迟策略和强化延迟策略运作。

企业集成战略主体供应商需要熟悉和理解企业集成基本运营和采购管理流程由总作业模块单元的专用模块单元进行 A 类、B 类、关键、杠杆、瓶颈的域类、类别、种类、品种模块品目后拉动流程、后拉动价值，经过总作业模块单元的链接模块单元、通用模块单元模块组模块单元；经过模块组模块单元的专用模块单元、链接模块单元、通用模块单元；经过联合模块单元的专用模块单元、链接模块单元、通用模块单元；经过具体模块单元的专用模块单元、链接模块单元，直到具体模块单元的通用模块单元的 A 类、B 类、关键、杠杆、瓶颈的域类、类别、种类、品种模块品目后拉动流程、后拉动价值的运作，能熟悉和理解模块单元流水线延迟策略运作的具体作业细节的 A 类、B 类、关键、杠杆、瓶颈的域类、类别、种类、品种模块品目后拉动流程、后拉动价值运作，这样企业集成战略主体供应商针对主体企业集成基本运营和采购管理流程的 A 类、B 类、关键、杠杆、瓶颈的域类、类别、种类、品种模块品目后拉动流程、后拉动价值运作，开展业务活动，有效促进主体企业集成基本运营和采购管理流程后拉动流程、后拉动价值运作。

企业集成战略主体供应商需要熟悉和理解主体企业集成基本运营和采购管理流程不同层次具体、联合、模块组合总作业模块单元流水线和同一层次通用、链接、专用模块单元流水线的智能链接流程、智能分析流程、智能网络流程、智能认知流程、智能配置与执行流程的 A 类、B 类、关键、杠杆、瓶颈的域类、类别、种类、品种模块品目智能运作，能熟悉和理解模块单元流水线智能运作的具体作业细节的 A 类、B 类、关键、杠杆、瓶颈的域类、类别、种类、品种模块品目智能运作，这样企业集成战略主体供应商针对主体企业集成基本运营和采购管理流程的 A 类、B 类、关键、杠杆、瓶颈的域类、类别、种类、品种模块品目智能运作，开展业务活动，有效促进主体企业集成基本运营和采购管理流程智能运作。

企业集成战略主体供应商需要建立 ERP 供应计划信息系统和 MES 电子供应信息系

统，与主体企业集成 ERP 采购计划信息系统和 MES 采购、模块品目需求和电子商务信息系统相联系，完成主体企业集成基本运营和采购管理流程延迟策略和强化延迟策略、后拉动流程、后拉动价值、智能运作。从长远来看，企业集成战略主体供应商需要采用企业集成供应模块单元延迟策略和强化延迟策略、后拉动流程、后拉动价值、智能运作，实现主体企业集成基本运营和采购管理流程和企业集成战略主体供应商集成供应管理流程的合一。

五、企业集成战略辅助供应商

企业集成战略辅助供应商主要进行 C 类和常规模块品目的供应，这些模块品目的供应采用招标方式进行。通过策划、招标、投标、评标、定标和签订合同实现对 C 类和常规模块品目的供应。招标过程属于企业集成采购具体模块单元、采购联合模块单元和采购通用模块单元、采购专用模块单元的有机组成部分，通过招标方式，促进企业集成采购具体模块单元、采购联合模块单元和采购通用模块单元、采购专用模块单元的延迟策略和强化延迟策略后拉动流程、后拉动价值、智能运作的实现。

第三节　企业集成采购作业计划与库存组织和控制

一、企业集成采购主计划和作业计划

企业集成采购主计划来自于企业集成主运营计划，企业集成采购作业计划源于企业集成模块品目需求计划。企业集成采购主计划、企业集成模块品目需求计划源于企业集成综合运营计划的顾客需求量，顾客需求量是最原始的企业集成模块品目需求，而企业集成采购作业计划是在企业集成模块品目需求计划基础上建立的，因而企业集成采购作业计划最终起点是顾客需求量。企业集成综合运营计划中的顾客需求量是由企业与顾客进行互动、顾客体验得出的由顾客需求量进行驱动的综合计划，由此确定的企业集成采购作业计划反映顾客需求。企业集成采购主计划与企业集成主运营计划一样，企业集成采购作业计划与企业集成模块品目运营需求计划一样，针对模块品目运作展开一致的运作运营流程顺序，先由总作业模块单元专用模块单元、链接模块单元、通用模块单元模块组模块单元，经过模块组模块单元专用模块单元、链接模块单元、通用模块单元，经过联合模块单元的专用模块单元、链接模块单元、通用模块单元，经过具体模块单元专用模块单元、链接模块单元，直到具体模块单元的通用模块单元的运营流程顺序进行延迟策略、后拉动流程、后拉动价值、智能运作的企业集成战略主体供应商 A 类、B 类、关键、杠杆、瓶颈的域类、类别、种类、品种模块品目和企业集成战略辅助供应商 C 类和常规模块品目运作。企业集成采购作业计划与企业集成模块品目需求计划一样，需要以顾客需求为拉动的起点，进行顾客需求的运营创新拉动，经过运营控制、运营领导、运营组织，最后到运营计划，拉动到企业集成采购作业计划。企业集成采购计划本身针对模块品目运作展开，体现供应商选择、采购询价与比价和议价、采购合同签订、采购交货验收、采购质量检验、采购结算流程，融合有着一致的运作采购流程顺序，先由采购联合模块单元专用模块单元、通用模块单元模块组模块单元，经过采购具体模块单元专用模块单元，直到采购具体模块单元的通用模块单元的采购流程顺序进行延迟策略、后拉动流程、后拉动价值、智能运作的企业集成战略主体供应商 A 类、B 类、关键、杠杆、瓶颈的域类、类别、种类、品种模块品目和企业集成战略辅助供应商 C 类和常规模块品目运作。

企业集成采购主计划根据企业集成主运营计划进行编制，企业集成采购主计划与企业集成采购作业计划的区别在于，企业集成采购主计划源自于企业集成主运营计划，企业集成采购作业计划源于企业集成模块品目需求计划；企业集成采购主计划针对大类模块品目进行计划，企业集成采购作业计划针对具体模块品目进行计划，企业集成采购作业计划的对象要比企业集成采购主计划细致；企业集成采购主计划的时间要比企业集成采购作业计划长，企业集成采购主计划从相对长的时间进行模块品目计划；企业集成采购主计划主要针对企业集成战略主体供应商进行计划，而企业集成采购作业计划不但针对企业集成战略主体供应商，还针对企业集成战略辅助供应商；企业集成采购主计划方向性更强，企业集成采购作业计划的操作性更强；企业集成采购主计划主要针对 A 类、B 类、关键、杠杆、瓶颈模块品目，企业集成采购作业计划针对 C 类和常规模块品目。企业集成采购主计划为企业集成战略主体供应商提供了供应模块品目的方向。企业集成采购主计划与企业集成战略主体供应商相联系，使企业集成战略主体供应商有了进行 A 类、B 类、关键、杠杆、瓶颈模块品目供应的方向；企业集成采购作业计划与企业集成战略主体供应商和企业集成战略辅助供应商相联系，将企业集成采购主计划中的 A 类、B 类、关键、杠杆、瓶颈模块品目供应具体化，还需要进行企业集成战略辅助供应商 C 类和常规模块品目招标供应。企业集成采购主计划如表 10 – 3 – 1 所示。

表 10 – 3 – 1　企业集成采购主计划

模块单元		名称	品种	价格	ABC 分类	卡拉杰克分类	提前期	主体供应商	供应渠道
具体模块单元	通用模块单元								
	链接模块单元								
	专用模块单元								
联合模块单元	通用模块单元								
	链接模块单元								
	专用模块单元								

模块单元		名称	品种	价格	ABC 分类	卡拉杰克分类	提前期	主体供应商	供应渠道
模块组模块单元	通用模块单元								
	链接模块单元								
	专用模块单元								
总作业模块单元	通用模块单元								
	链接模块单元								
	专用模块单元								

企业集成采购作业计划需要根据企业集成模块品目制造需求计划中的模块品目确定模块单元。这些模块单元包括具体、联合、模块组、总作业模块单元和通用、链接、专用模块单元。确定所需要进行采购模块品目名称、品种、价格、模块品目 ABC 分类、模块品目卡拉杰克分类、提前期、企业集成战略主体供应商、供应方式、企业集成战略辅助供应商、招标，企业集成采购作业计划如表 10－3－2 所示。

表 10－3－2 企业集成采购作业计划

模块单元		名称	品种	价格	ABC 分类	卡拉杰克分类	提前期	主体供应商	供应方式	辅助供应商	招标
具体模块单元	通用模块单元										
	链接模块单元										
	专用模块单元										
联合模块单元	通用模块单元										
	链接模块单元										
	专用模块单元										
模块组模块单元	通用模块单元										
	链接模块单元										
	专用模块单元										
总作业模块单元	通用模块单元										
	链接模块单元										
	专用模块单元										

H 公司企业集成主运营计划如表 10－3－3 所示，根据这一资料编制 H 公司企业集成主采购计划。

表 10 - 3 - 3　H 公司企业集成主运营计划

模块单元	时期
	1 周
联合模块单元 1	37800
具体模块单元 1	264600
通用模块单元	793800
专用模块单元	793800
链接模块单元	1058400
具体模块单元 2	113400
通用模块单元	453600
专用模块单元	340200
链接模块单元	340200
联合模块单元 2	16200
具体模块单元 1	32400
通用模块单元	64800
专用模块单元	64800
链接模块单元	194400
具体模块单元 2	48600
通用模块单元	145800
专用模块单元	145800
链接模块单元	194400

H 公司企业集成主采购计划如表 10 - 3 - 4 所示。

表 10 - 3 - 4　H 公司企业集成主采购计划

模块单元	大类	价格	ABC 分类	卡拉杰克分类	提前期	主体供应商	供应渠道
联合模块单元 1	37800	L	A	关键	Q	Z	直供
具体模块单元 1	264600	L	B	关键	Q	Z	直供
通用模块单元	793800	L	B	关键	Q	Z	直供
专用模块单元	793800	L	A	杠杆	Q	Z	直供
链接模块单元	1058400	L	B	杠杆	Q	Z	直供
具体模块单元 2	113400	L	B	关键	Q	Z	直供
通用模块单元	453600	L	B	关键	Q	Z	直供
专用模块单元	340200	L	A	关键	Q	Z	直供
链接模块单元	340200	L	B	瓶颈	Q	Z	直供

续表

模块单元	大类	价格	ABC 分类	卡拉杰克分类	提前期	主体供应商	供应渠道
联合模块单元2	16200	L	B	瓶颈	Q	Z	直供
具体模块单元1	32400	L	A	瓶颈	Q	Z	直供
通用模块单元	64800	L	B	杠杆	Q	Z	直供
专用模块单元	64800	L	B	杠杆	Q	Z	直供
链接模块单元	194400	L	B	杠杆	Q	Z	直供
具体模块单元2	48600	L	B	杠杆	Q	Z	直供
通用模块单元	145800	L	A	关键	Q	Z	直供
专用模块单元	145800	L	B	关键	Q	Z	直供
链接模块单元	194400	L	B	关键	Q	Z	直供

H 制造类公司企业集成模块品目制造需求计划如表 10 - 3 - 5 所示，根据这一资料编制 H 公司企业集成采购作业计划。

表 10 - 3 - 5　H 制造类公司企业集成模块品目制造需求计划　　单位：件

通用模块单元模块品目		专用模块单元模块品目		链接模块单元模块品目	
	367200A		72900P		1323000U
	248400B		75600Q		729000V
	59400C		172800R		5400W
	29700D		351000S		153900X
	113400F		534600T		580500Z
	1220400G		4782800j		2116800U
	32400H		793800m		689000V
	97200I		680400n		874800W
	297000J		502200p		534600X
	340200L		405000q		210600Z

根据 H 制造类公司企业集成模块品目制造需求计划编制 H 公司企业集成主体供应商采购作业计划、H 公司企业集成辅助供应商采购作业计划如表 10 - 3 - 6 和表 10 - 3 - 7 所示。

表 10 - 3 - 6　H 公司企业集成主体供应商采购作业计划

模块单元	名称	价格	ABC 分类	卡拉杰克分类	提前期	主体供应商	供应渠道
通用模块单元模块品目	367200A	L	A	关键	Q	Z	直供
	248400B	L	B	关键	Q	Z	直供
	59400C	L	B	关键	Q	Z	直供
	29700D	L	A	杠杆	Q	Z	直供
	113400F	L	B	杠杆	Q	Z	直供

续表

模块单元	名称	价格	ABC 分类	卡拉杰克分类	提前期	主体供应商	供应渠道
链接模块 单元模块 品目	2116800u	L	B	关键	Q	Z	直供
	689000v	L	B	关键	Q	Z	直供
	874800w	L	A	关键	Q	Z	直供
	534600x	L	B	瓶颈	Q	Z	直供
	210600z	L	B	瓶颈	Q	Z	直供
专用模块 单元模块 品目	72900P	L	A	瓶颈	Q	Z	直供
	75600Q	L	B	杠杆	Q	Z	直供
	172800R	L	B	杠杆	Q	Z	直供
	351000S	L	B	杠杆	Q	Z	直供
	534600T	L	B	杠杆	Q	Z	直供

表 10 – 3 – 7　H 公司企业集成辅助供应商采购作业计划

模块单元	名称	价格	ABC 分类	卡拉杰克分类	提前期	辅助供应商	招标
通用模块 单元模块 品目	1220400G	P	C	通常	G	R	J
	32400H	P	C	通常	G	R	J
	97200I	P	C	通常	G	R	J
	297000J	P	C	通常	G	R	J
	340200L	P	C	通常	G	R	J
链接模块 单元模块 品目	1323000U	P	C	通常	G	R	J
	729000V	P	C	通常	G	R	J
	5400W	P	C	通常	G	R	J
	153900X	P	C	通常	G	R	J
	580500Z	P	C	通常	G	R	J
专用模块 单元模块 品目	4782800j	P	C	通常	G	R	J
	793800m	P	C	通常	G	R	J
	680400n	P	C	通常	G	R	J
	502200p	P	C	通常	G	R	J
	405000q	P	C	通常	G	R	J

二、企业集成采购组织确立

企业集成采购延迟策略和强化延迟策略、后拉动流程、后拉动价值、智能运作是全方位从内在模块单元流水线纵横联系的网络式运作到后拉动流程、后拉动价值的开放式运作，需要企业集成采购组织具有多联系和开放性的运作特性。

从企业集成采购组织结构看，多联系和开放性需要内部市场制，内部市场制的每一个组成部分都与市场相联系，是完全开放的组织结构。这种组织结构的内部组成部分按照经济性的原则进行运作，为多联系和开放性运作进行经济性的互相独立的组织划分，这与多联系和开放性有着内在的统一性，内部市场制为企业集成采购组织多联系和开放性打下独立经济组织划分的基础。除独立经济组织划分的基础，还需要与多联系性和开放性有操作层面的内在联系，网络制现代组织结构具有持续性企业集成运营流程模块单元流水线运作的网络基础，能充分体现多联系和开放性操作层面的内在联系，因而在内部市场制基础上，与网络制相融合就成为必然的选择，成为内部市场网络制。组织结构不是单单从某一部分运作进行，是一种整体运作的组织结构，需要纵向部分给予支撑，知识支撑是从企业整体集成采购流程运作需要出发进行，是对企业横向集成采购流程运作的概括和补充。知识支撑的企业整体集成运营流程纵向运作与等级链的企业整体运营流程纵向运作相比，知识支撑与横向流程的联系更为直接，对横向流程的补充更为全面和具体，因而对横向流程运作的促进作用也更大。由此确立的企业集成采购组织的组织结构为纵向知识支撑的内部市场网络制，这一组织结构进行企业集成采购组织。

企业集成采购的组织结构确定后需要选择企业集成采购流程具体运作的组织。企业集成采购流程知识团队不仅有流程运作主体，还有支撑主体运作的知识体系，内部市场网络制组织结构具有持续性地进行企业集成运营流程模块单元流水线运作的经济基础，能自然产生多种联系，具有开放运作的特点；企业集成采购流程知识团队与纵向知识支撑的内部市场网络制具有内在的一致性，企业集成采购流程知识团队与内部市场网络制现代组织结构有很好的契合联系，能充分发挥企业集成采购流程知识团队的作用，需要选择企业集成采购流程知识团队。

企业集成采购流程知识团队与内部市场网络制组织结构融合，需要企业集成采购流程知识团队按照企业集成采购模块单元流水线特性，建立网络知识联系，将企业集成采购流程模块单元流水线形成更为广阔的内外网络联系，充分发挥企业集成采购流程知识团队网络知识作用。可以通过智能信息平台，实现企业集成基本运营流程知识团队网络知识的运作。

企业集成采购流程知识团队与内部市场网络制组织结构融合，需要企业集成采购流程知识团队按照企业采购流程模块单元流水线独立微小经济组织运作的要求，建立最基本的企业集成采购流程模块单元流水线运作的经济单元，形成企业集成采购流程模块单元流水线独立微小经济组织内在的经济联系和独立经济运作，在发挥企业集成采购流程知识团队的流水线作用的同时，也发挥企业集成采购流程知识团队的经济作用。

三、MES企业集成采购与库存流程组织与控制流程

（一）MES集成模块单元采购作业计划的集成采购与库存管理

企业集成MES采购与库存是从集成采购作业计划运作开始的，企业集成采购作业

计划通过 MES 模块单元集成采购管理进行运作。MES 模块单元的集成采购与库存管理包括采购与库存管理的集成创新、集成领导、集成反馈与调整、集成效果评价、集成跟踪、集成执行、集成调度这些集成采购与库存管理作业环节。MES 模块单元集成采购与库存管理的集成创新功能需要针对企业集成战略主体供应商供应 A 类、B 类、关键、杠杆、瓶颈模块品目和企业集成战略辅助供应商供应 C 类和常规模块品目，进行集成采购与库存管理的集成创新的体现，使集成采购与库存管理能创新性地体现模块品目。模块单元的集成领导需要从企业运作宗旨、愿景、价值观出发，进行集成采购与库存管理运作，使集成采购与库存管理体现企业运作宗旨、愿景、价值观。模块单元的集成反馈与调整需要从集成运营管理的集成反馈与调整，进行集成反馈与调整的分析，明确集成反馈与调整的关键环节，使集成采购与库存管理体现集成反馈与调整。模块单元的集成效果评价需要从集成效果评价的结果和过程出发，明确达成企业集成战略的结果和过程路径，使集成采购与库存管理体现集成效果评价。模块单元的集成跟踪需要从企业集成采购与库存管理流程的集成跟踪出发，进行企业集成采购与库存管理流程的跟踪，使集成采购与库存管理体现集成跟踪。模块单元的集成执行需要从企业集成采购与库存管理流程的企业集成采购作业计划执行出发，明确企业集成采购作业计划执行框架，使集成采购与库存管理体现集成执行。模块单元的集成调度需要从企业集成采购管理流程的各个方面进行集成调度出发，保证企业集成采购作业计划执行，使集成采购与库存管理体现集成调度。

MES 企业集成模块单元集成运营管理包括众多的供应商选择、采购询价与比价和议价、采购合同签订、采购进货、采购配送、采购交货验收、采购质量检验、采购结算和模块品目验收入库、仓储保管、出库、盘点集成采购与库存管理作业环节，每一个环节有着不同的内容和重点，随着不同的企业集成采购作业计划的内容和重点的不同调整，需要按照企业集成战略的延迟策略的要求，明确 MES 模块单元集成采购与库存管理整体和集成创新、集成领导、集成反馈与调整、集成效果评价、集成跟踪、集成执行、集成调度、集成运营作业计划的每一个环节的采购与库存管理模块单元层次和模块单元类型，确定模块单元的层次为具体模块单元、联合模块单元，确定同层次的模块单元为通用模块单元、专用模块单元，具体模块单元、联合模块单元反映集成采购与库存管理整体、局部环节，通用模块单元、专用模块单元反映集成采购与库存管理整体、局部环节运作内容。需要确定集成采购与库存管理整体、局部环节的延迟策略运作和强化延迟策略内容，明确采购与库存管理整体、局部环节具体模块单元、联合模块单元和通用模块单元、专用模块单元延迟策略运作。

MES 模块单元集成采购与库存管理的企业集成采购作业计划运作从集成创新进行拉动，将体现集成创新的企业集成战略主体供应商围绕 A 类、B 类、关键、杠杆、瓶颈模块品目和企业集成战略辅助供应商围绕 C 类和常规模块品目的延迟策略、适时、智能供应成果将主体企业延迟策略、适时、智能库存成果，进行企业集成采购与库存管理拉动集成领导运作，形成集成创新拉动集成领导的企业集成采购与库存管理；从模块单元的集成领导进行拉动，将体现集成领导的企业集成采购与库存管理拉动集成反馈与调整，形成集成领导拉动集成反馈与调整的企业集成采购与库存管理；从模块单元的集成反馈与调整进行拉动，将体现集成反馈与调整的企业集成采购与库存管理拉动集成效果评价，形成集成反馈与调整拉动集成效果评价的企业集成采购与库存管理；从模块单元的集成效果评价进行拉动，将体现集成效果评价的企业集成采购与库存管理拉动集成跟踪，形成集成效果评价拉动集成跟踪的企业集成采购与库存管理；从模块单元的集成跟踪进行拉动，将体现集成跟踪的企业集成采购与库存管理拉动集成执行，形成集成跟踪拉动集成执行的企业集成采购与库存管理；从模块单元的集成执行进行拉动，将体现集成执行的企业集成采购与库存管理拉动集成调度，形成集成执行拉动集成调度的企业集成采购与库存管理；从模块单元的集成调度进行拉动，将体现集成调度的企业集成采购与库存管理拉动集成采购作业计划，形成集成调度拉动集成采购作业计划的企业集成采购与库存管理。MES 模块单元集成采购与库存管理拉动包括企业集成采购与库存管理流程后拉动、企业集成采购与库存管理价值后拉动，按照模块单元的企业集成采购与库存管理单一流进行运作，形成模块单元的采购与库存管理流程后拉动、集成采购与库存管理价值后拉动的企业集成采购与库存管理，使精益企业集成采购与库存管理成为模块单元延迟策略运作的延伸。

进行企业集成采购与库存作业的延迟策略运作和强化延迟策略、管理后拉动和管理价值后拉动的基础上，进行企业集成管理模块单元的采购与库存模块单元智能链接流程、采购与库存模块单元智能分析流程、采购与库存模块单元智能网络流程、采购与库存模块单元智能认知流程、采购与库存模块单元智能配置与执行流程运作，建立集成管理的数据库、数据环网、自意识传感、数据传输、信息编码技术、自记忆与自适应优先级排序、智能动态链接索引技术、管理专家知识信息处理、聚类分析、关联分析技术、数据压缩、智能数据重构技术、关联性算法工具、信息融合、机器学习技术、模式识别、状态评估技术、空间建模、模型分析、数据挖掘、决策关联分析技术、信息可视化技术、多元化数据动态关联、评估和预测、自免疫与自重构的信息平台技术、自配置和自执行技术，进行集成管理时间维度、状态维度、集群维度多个维度的比较，对管理信息进行管理和启发式联想，得出集成管理规律，提高集成管理和调用信息效率，有效地进行集成管理运作，形成智能企业集成与库存管理运作。企业集成管理模块单元智能采购与库存管理流程运作能够更有效地促进延迟策略运作和强化延迟策略运作、管理后拉动和管理价值后拉动运作，使智能企业集成采购与库存管理成为模块单元延迟策略运作的延伸。企业集成采购与库存智能运作促进企业集成采购与库存延迟策略和强化延迟策略、后拉动流程、后拉动价值的运作。

企业集成采购作业计划环节需要明确采购与库存模块单元流水线的模块品目采购与库存目标、模块品目采购与库存价值目标、模块品目采购与库存质量目标，围绕这些目标进行企业集成采购与库存管理延迟策略运作。企业集成采购与库存作业模块单元流水线的模块品目采购与库存目标、模块品目采购与库存价值目标、模块品目采购与库存质量目标体现为供应商选择、采购询价与比价和议价、采购合同签订、采购进货、采购配送、采购交货验收、采购质量检验、采购结算和模块品目验收入库、仓储保管、出库、盘点具体模块单元的通用模块单元相似流水线、具体模块单元专用模块单元隐形流水线、具体模块单元专用模块单元可变流水线、具体模块单元可变流水线的模块品目采购与库存目标、价值目标、质量目标；体现为联合模块单元的通用模块单元相似流水线、联合模块单元的通用模块单元单一流水线、联合模块单元专用模块单元可变流水线、联合模块单元专用模块单元混合流水线、联合模块单元混合流水线的模块品目采购与库存目标、价值目标、质量目标。

体现供应商选择、采购询价与比价和议价、采购合同签订、采购进货、采购配送、采购交货验收、采购质量检验、采购结算和模块品目验收入库、仓储保管、出库、盘点的企业集成采购与库存流程进行延迟策略运作，先由采购与库存联合模块单元的专用模块单元流水线进行延迟驱动，经过采购与库存联合模块单元的通用模块单元模块组模块单元流水线的流程，经过采购与库存具体模块单元的专用模块单元流水线延迟流程，直到采购与库存具体模块单元的通用模块单元流水线流程体现专用模块单元的流水线流程延迟策略运作，企业集成采购与库存延迟策略和强化延迟策略运作，实现满足企业基本运营流程的差异模块品目需求战略和价值领先战略的有机融合。

将精益运作融入采购与库存模块单元流水线，成为后作业拉动、后价值拉动的适时模块单元流水线。精益运作融入采购与库存模块单元流水线需要将模块品目信息从不同层次模块单元的采购与库存联合模块单元流水线的最后作业向前拉动流程、价值到采购与库存具体模块单元流水线，从同一层次模块单元的采购与库存专用模块单元流水线的最后作业向前拉动流程、价值到采购与库存通用模块单元流水线。适时模块单元流水线将模块品目信息及时反映到模块单元流水线之中，形成具体模块单元流水线、联合模块单元流水线作业顺序运作和信息反向拉动流水线，形成通用、专用模块单元流水线作业顺序运作和信息反向拉动流水线。采购模块单元流水线拉动流程能适时进行企业集成战略主体供应商供应 A 类、B 类、关键、杠杆、瓶颈模块品目和企业集成战略辅助供应商供应 C 类和常规模块品目，库存模块单元流水线能适时满足企业集成基本运营流程模块品目需要，达到企业集成基本运营流程节奏的平衡。企业集成采购与库存流程后拉动价值运作，由现金流入与现金流出确定价值中的损失拉动企业集成采购与库存流程价值，通过后作业拉动的各种流水线，实现延迟策略和强化延迟策略的后价值拉动延伸，实现企业集成采购与库存价值创造。

企业模块单元各类流水线延迟策略和强化延迟策略运作通过采购和库存团队和员工来进行，采购和库存团队和员工从模块品目需求出发，与模块品目需求互动，形成模块品目需求与采购和库存团队和员工企业集成运营管理流程作业的合一。需要以模块品目采购与库存目标、模块品目采购与库存价值目标、模块品目采购与库存质量目标为中心，确定企业集成采购和库存价值链管理流程团队类、辅助采购和库存价值链管理流程团队类、支撑采购和库存价值链管理流程团队类、采购和库存核心运作价值链管理流程团队类、采购和库存信息平台团队类中的每一位成员一天内的每一个任务，每一位成员都知道自己的任务究竟是干什么，每一个作业都有明确的可以度量的目标；都有衡量的标准；都有完成作业的地点；都有完成任务的责任员工；都有完成作业明确的进度；都有完成作业的方法；都有需要完成任务的数量；都有完成任务的价值，都需要进行安全作业，持之以恒地进行满足模块品目需求的各种艰苦和细致的作业，形成员工详细的作业计划，由模块品目需求确定的企业集成采购与库存管理流程的所有作业都有员工干，且这一计划属于受控状态，需要审核，做企业需要的采购作业计划。这样的采购作业计划能创造模块品目需求，具有挑战性，能够充分体现模块品目需求，实现不断增长的团队和团队成员的价值。

（二）MES集成模块单元适时采购与库存调度

MES集成适时采购与库存调度以MBE中基于模块品目MBD的采购与库存具体、联合模块单元的通用、专用模块单元流程中的延迟策略和强化延迟策略的模块品目数量为基础，进行MES的具体模块单元、联合模块单元和通用模块单元、专用模块单元的智能连续、适时、单一流、均衡隐形流水线、可变流水线、混合流水线、相似流水线单一流水线模块品目的运作，展开MES集成适时采购与库存调度。MES集成适时采购与库存调度需要通过集成创新、集成领导、集成反馈与调整、集成效果评价、集成跟踪、集成执行的企业集成采购与库存管理流程后拉动、企业集成采购与库存管理价值后拉动调整，进行企业集成调度环节的集成采购与库存管理局部环节的延迟策略运作和强化延迟策略运作。

进行独立模块单元各种流水线的延迟策略和强化延迟策略、后拉动流程、后拉动价值、智能的采购与库存活动融合。采用重用原理确定体现企业集成战略主体和辅助供应商的采购与库存具体模块单元的通用模块单元相似流水线、采购与库存联合模块单元的通用模块单元单一流水线、采购与库存联合模块单元的通用模块单元相似流水线、采购与库存联合模块单元链接模块单元相似流水线的作业和作业顺序，进行通用模块单元流水线中作业之间融合，按照重用的通用模块单元作业顺序融合延迟策略和强化延迟策略运营活动。确定采购与库存活动通用模块单元流水线单一流，按照单一流作业融合延迟策略和强化延迟策略运营活动；确定通用模块单元流水线后拉动流程、后拉动价值，针对单一流延迟策略和强化延迟策略作业，进行后拉动流程、后拉动价值融合。确定采购与库存活动通用模块单元流水线智能运作，按照单一流延迟策略和强化延迟策略、后拉动流程、后拉动价值作业融合智能运作，形成采购与库存活动通用模块单元单一流延迟策略和强化延迟策略、后拉动流程、后拉动价值、智能作业。采用相似原理确定具体模块单元专用模块单元可变流水线、联合模块单元专用模块单元可变流水线、联合模块单元专用模块单元混合流水线的作业和作业顺序，进行采购与库存活动专用模块单元流水线中作业之间融合，按照相似的专用模块单元作业顺序，融合延迟策略和强化延迟策略运营活动。确定采购与库存活动专用模块单元流水线单一流，按照单一流作业顺序，融合延迟策略和强化延迟策略运营活动。确定采购与库存活动专用模块单元流水线后拉动流程、后拉动价值，按照单一流延迟策略和强化延迟策略作业顺序，进行后拉动流程、后拉动价值融合。确定专用模块单元流水线智能运作，针对单一流延迟策略和强化延迟策略、后拉动流程、后拉动价值作业融合智能运作，形成采购与库存活动专用模块单元单一流延迟策略和强化延迟策略、后拉动流程、后拉动价值智能作业。由此实现主体企业与企业集成战略主体供应商集成战略联盟、主体企业与企业集成战略辅助供应商招标、主体企业与企业集成战略主体和辅助供应商采购谈判和采购合同签订、主体企业库存布置与放置、主体企业库存存储、主体企业库存出库运作、VMI 库存、联合库存、合作库存的模块单元流水线的延迟策略和强化延迟策略运作、后拉动流程、后拉动价值、智能运作，将满足模块品目差异需求与效率运作融合起来，实现模块品目差异化战略和价值领先战略的融合。进行模块品目的适时满足，实现适时价值创造。进行模块单元流水线智能运作，促进模块品目差异化战略和价值领先战略的融合、模块品目的适时满足、适时价值创造的实现。

MES 集成适时采购与库存调度体现为瓶颈运作顺畅作业，成为采购与库存模块单元瓶颈运作顺畅流水线。企业集成采购与库存流程运作需要考虑瓶颈作业，根据瓶颈作业确定采购与库存模块单元流水线运作，使模块单元流水线运作具有可行性。将智能和精益融入其中，由此确立 MES 的采购与库存具体模块单元、联合模块单元的通用模块单元的智能连续、适时、单一流、均衡、瓶颈运作顺畅隐形标准作业流水线、可变标准作业流水线、混合标准作业流水线、相似标准作业流水线、单一标准作业流水线。确立采购与库存专用模块单元 MES 的具体模块单元、联合模块单元的专用模块单元的 CPS 连续、适时、单一流、均衡、瓶颈运作隐形类标准作业流水线、可变类标准作业流水线、混合类标准作业流水线、相似类标准作业流水线、单一类标准作业流水线，使延迟策略运作和强化延迟策略运作具有采购与库存模块单元流水线运作基础。MES 集成适时采购与库存调度的瓶颈运作顺畅作业使供应商选择、采购询价与比价和议价、采购合同签订、采购进货、采购配送、采购交货验收、采购质量检验、采购结算和模块品目验收入库、仓储保管、出库、盘点中的瓶颈运作得以顺畅进行。

MES 中企业集成采购与库存流程进行了延迟策略和强化延迟策略运作，需要根据企业特性和模块品目实际，进行模块单元的调整。进行模块单元层次的调整，确定模块品目需求的采购与库存联合模块单元、具体模块单元的层次，使采购与库存模块单元层次符合模块品目需求的实现。进行采购与库存模块单元类型的调整，确定通用模块单元、专用模块单元类型，使模块单元类型符合模块品目需求实现。进行采购与库存模块单元单一流流水线数量调整，使模块单元单一流的数量具有稳定的弹性运作空间，能随时按照模块品目需求实现的要求进行一定数量模块单元单一流流水线运作。进行采购与库存模块单元单一流流水线类型调整，使模块单元单一流的类型符合模块单元流水线特性要求，能够随时按照模块品目需求实现的要求进行一定类型的模块单元单一流流水线运作。进行不同层次模块单元流水线和同一层次模块单元流水线接口的衔接，使模块单元流水线能够顺利运作。MES 中企业集成采购与库存流程进行了延迟策略运作，需要进行模块单元流水线作业顺序进行排程，需要根据订单的时间要求和模块品目 MBD 特性，进行具体模块单元、联合模块单元和通用模块单元、专用模块单元的隐形流水线、可变流水线、混合流水线、相似流水线、单一流水线的排程，以此明确实现模块品目需求的交货期。由此确立 MES 的采购与库存具体模块单元、联合模块单元和通用模块单元、专用模块单元的 CPS 连续、适时、单一流、均衡、瓶颈运作顺畅隐形、可变、混合、相似、单一标准作业或者类标准作业流水线的模块单元流水线作业顺序。MES 根据企业集成采购与库存流程的企业特性和模块品目实际，进行模块单元的调整，使采购与库存模块单元延迟策略运作更加符合供应商选择、采购询价与比价和议价、采购合同签订、采购交货验收、采购质量检验、采购结算和模块品目验收入库、仓储保管、出库、盘点的采购与库存特性和实际。

　　MES 企业集成采购与库存管理流程延迟策略和强化延迟策略运作通过采购与库存团队和员工完成，MES 集成适时采购与库存调度需要进行人员的配置，使采购与库存模块单元流水线具有人力资源基础。需要进行企业集成采购与库存模块单元的供应商选择、采购询价与比价和议价、采购合同签订、采购进货、采购配送、采购交货验收、采购质量检验、采购结算和模块品目验收入库、仓储保管、出库、盘点环节的人员的配置，使企业集成采购与库存管理流程团队的员工按照操作规程完成运作，进行相互协作，进行自组织、自驱动、自进化、自增值。将精益运作融入采购与库存模块单元流水线之中，需要构建单一流的精益采购与库存团队，需要采购与库存精益团队中每一个员工多能化。根据采购与库存模块单元流水线作业需要培养员工多方面的技能，使员工能够从事供应商选择、采购询价与比价和议价、采购合同签订、采购进货、采购配送、采购交货验收、采购质量检验、采购结算和模块品目验收入库、仓储保管、出库、盘点不同的采购与库存模块单元流水线的作业。通过采购与库存岗位轮换，将采购与库存员工培养的多元技能能够真正发挥出来，能真正对采购与库存模块单元流水线的运作起到作用。员工的多能会促进单一流的协调运作，提高采购与库存单一流运作的效率。采购与库存精益团队需要协调员工的作业，激励采购与库存员工，促进员工之间的彼此学习，进行采购与库存模块单元流水线精益团队之间的协作，使采购与库存模块单元流水线能够有效运作。精益团队组织和多能员工按照模块品目采购与库存精益目标、模块品目采购与库存价值精益目标、模块品目采购与库存精益质量目标的要求进行运作，从而实现精益目标。由此确立 MES 的采购与库存具体模块单元、联合模块单元和通用模块单元、专用模块单元的智能连续、适时、单一流、均衡、瓶颈运作顺畅隐形、可变、混合、相似、单一标准作业或者类标准作业流水线的精益团队组织和多能员工，进行模块单元流水线延迟策略和强化延迟策略运作。

　　企业集成采购与库存模块品目采购与库存目标、模块品目采购与库存价值目标、模块品目采购与库存质量目标运作和完成通过企业集成采购与库存价值链管理流程团队为主的采购与库存辅助价值链管理流程团队、采购与库存支撑价值链管理流程团队、采购与库存核心运作价值链管理流程团队、企业集成采购与库存信息平台团队的协助完成。这些团队需要确立企业集成战略引导下的团队的宗旨、愿景、价值观，使这些宗旨能够完全体现在企业的战略和长远的运作中。由此确立团队效能，使团队具有生存、发展、适应和维持的能力，使团队中的每一个员工在运作中，充分体现团队效能的运作；确立团队情绪智力，使团队中的每一位员工具有团队情绪意识、团队人际理解、团队情绪调节、团队情绪使用的能力；确立团队承诺，使团队中的每一位员工能够相互学习，取长补短，能在工作中敏锐地识别和运用团队的宗旨、愿景、价值观。

采购与库存团队需要以企业集成采购与库存模块品目采购与库存目标、模块品目采购与库存价值目标、模块品目采购与库存质量目标为导向，以对企业的贡献为准则，确定每一位采购与库存员工模块单元流水线作业的具体任务，确定完成采购与库存任务的方式，确定与目标和贡献对应的资源、责任，进行具体的作业。需要领导和专家能够从工作出发，营造出和谐的氛围，领导、专家、员工能够以工作和任务为中心开展工作。需要员工注重跨作业任务的协作和完成，使团队的每一个员工都能够将跨作业的任务当成自身的业务。团队之间和团队内部能够不断地进行沟通，彼此建立工作中的新人联系，密切进行作业的协作。

MES集成适时采购与库存调度需要进行供应商选择、采购询价与比价和议价、采购合同签订、采购进货、采购配送、采购交货验收、采购质量检验、采购结算和模块品目验收入库、仓储保管、出库、盘点环节人员、设备、工具、能源配置。采购与库存模块单元流水线运作都有初期运作的模块品目，需要明确模块品目的种类、质量等级、数量，确定出采购与库存模块单元流水线运作所需要的模块品目。采购与库存模块单元流水线运作由人员、设备、工具来完成，需要明确一定数量和质量的模块品目、设备与工具进行模块单元流水线运作所需要的能源，按照绿色运作的要求，进行能源配置，达到模块单元流水线绿色运作的能源配置要求。由此确立MES的采购与库存具体模块单元、联合模块单元和通用模块单元、专用模块单元的CPS连续、适时、单一流、均衡、瓶颈运作顺畅隐形、可变、混合、相似、单一标准作业或者类标准作业流水线的模块品目、设备、工具、能源配置，使采购与库存模块单元流水线延迟策略和强化延迟策略运作具有资源基础。

（三）MES集成模块单元适时采购与库存执行

MES中企业集成采购作业计划的执行需要确定执行的采购与库存模块品目采购与库存目标、模块品目采购与库存价值目标、模块品目采购与库存质量目标。这些目标体现延迟策略、后拉动流程、价值后拉动、管理后拉动和智能运作。这些目标需要体现在采购与库存模块单元的各种流水线作业中，通过单一流流水线体现这些目标。将这些目标具体体现在采购与库存具体模块单元团队群、联合模块单元团队群的模块单元团队的模块单元微团队中，这些微团队成为目标完成的主体。企业集成采购与库存作业计划的这些目标还需要企业采购与库存辅助价值链管理流程团队类由物流价值链流程团队群、商流价值链流程团队群、服务价值链流程团队群的模块单元团队的模块单元微团队，需要企业采购与库存支撑价值链管理流程企业集成人力资源运作价值链流程团队群、设备维护与维修价值链流程团队群的模块单元团队的模块单元微团队，采购与库存核心运作价值链管理流程团队类价值运作价值链流程团队群、质量运作价值链流程团队群的模块单元团队的模块单元微团队，需要企业集成采购与库存信息平台团队类企业集成 MES 采购与库存信息平台团队群、企业集成 MBE 采购与库存信息平台团队群、企业集成 ERP 采购与库存信息平台团队群的模块单元团队的模块单元微团队共同完成。这些微团队目标需要体现在团队中的员工身上，由员工完成这些目标。对企业集成执行进行集成创新、集成领导、集成反馈与调整、集成效果评价、集成跟踪的企业集成采购与库存管理流程后拉动、企业集成采购与库存管理价值后拉动调整，进行企业集成执行环节的集成采购与库存管理局部环节的延迟策略运作和强化延迟策略运作。

进行采购与库存具体模块单元、联合模块单元的通用模块单元、专用模块单元各类流水线，具体模块单元、联合模块单元的流水线的通用、专用部分和之间衔接部分，进行整体和局部模块单元混合流水线通用、专用部分和之间衔接部分作业间融合和作业中融合延迟策略和强化延迟策略采购与库存活动执行运作。进行单一流作业中融合延迟策略和强化延迟策略采购与库存活动执行运作，进行单一流延迟策略和强化延迟策略作业与后拉动流程、后拉动价值融合执行运作，进行单一流延迟策略和强化延迟策略、后拉动流程、后拉动价值作业与智能运作融合执行，进行单一流延迟策略和强化延迟策略、后拉动流程、后拉动价值、智能融合作业执行运作。进行供应商选择、采购询价与比价和议价、采购合同签订、采购进货、采购配送、采购交货验收、采购质量检验、采购结算和模块品目验收入库、仓储保管、出库、盘点模块单元单一流延迟策略和强化延迟策略、后拉动流程、后拉动价值、智能融合作业运作。

MES 中企业集成采购计划的执行需要采购与库存具体模块单元的通用模块单元进行相似流水线、专用模块单元进行隐形流水线、具体模块单元进行可变流水线运作。进行联合模块单元的通用模块单元进行相似流水线、专用模块单元进行可变流水线、联合模块单元进行混合流水线运作。采购与库存整体具体模块单元、联合模块单元进行混合流水线运作。根据这些不同类型的流水线按照模块品目需求确定不同数量的单一流流水线的企业集成采购作业计划。

MES 中企业集成采购与库存流程运作需要每一位员工的操作，采购与库存操作方式包括员工运作、员工与设备运作、设备运作，每一种操作方式都有其特性，需要按照不同的特性进行操作。每一种操作方式有不同的采购与库存操作规程和规范，需要确定这些目标下的具体的采购与库存操作规程和规范，进行员工的落实。对设备操作的方式需要注重设备操作的范围和员工需要衔接的范围，有效地进行设备运作与员工的衔接。企业采购与库存模块单元流水线作业的每一个环节，需要明确哪些员工来做，具体做的什么作业，这些作业的标准是什么，结果是什么，取得的价值是多少。落实中将重点放在跨岗位的工作，需要明确采购与库存跨岗位的环节，哪些员工进行这些跨岗位的工作，根据流程，不同的员工进行不同的跨岗位的作业，这些作业有明确的先后次序，使企业采购与库存模块单元流水线延迟策略运作和强化延迟策略运作具有员工操作基础。

每一位员工采购与库存操作中需要岗位职责落实，将职责与具体的任务结合起来，将具体的任务与具体的作业结合起来，将这些工作和具体的运作方式与标准结合起来，将这些动作和运作方式与标准时间结合起来，将这些标准在采购与库存具体的模块单元流水线的运作具体的流程中体现出来。员工对每一天计划的落实可以按照一周来进行安排，每一天计划的落实主要针对调整的部分进行，计划中的具有个性的部分需要着重落实，将具有挑战性计划惯性部分的运作落实和调整部分落实。采购与库存计划的审核也需要采取惯性运作和调整运作审核方式，这种针对个性的部分和调整的部分进行审核调整。

企业集成采购与库存模块单元微团队的员工进行具体模块单元、联合模块单元的通用模块单元、专用模块单元延迟策略运作执行，按延迟策略的流程延迟和时间延迟实施。企业集成采购与库存模块单元微团队的员工进行后拉动流程单一流流程信息运作实施，将采购与库存模块单元流程流水线运作与后拉动的信息运作融合执行下去。企业集成采购与库存模块单元微团队和价值链流程微团队的员工将价值后拉动的价值增值流程进行下去，每一个模块单元的现金流入、现金流出、损失、损失增值进行测算，实现价值的核算。企业集成采购与库存模块单元微团队进行智能实施。由此将企业采购与库存模块单元流水线延迟策略运作和强化延迟策略运作落实到团队和员工。

企业采购与库存模块单元流水线运作需要基础的库存模块单元流水线6S运作，采购与库存模块单元流水线6S运作是指对采购与库存模块单元流水线模块品目、工具、作业单据进行采购与库存整理、采购与库存整顿、采购与库存清扫、采购与库存安全、采购与库存清洁和提升员工的素养的活动，将6S活动和库存模块单元流水线运作融合，以期实现库存模块单元流水线管理效果。采购与库存整理需要针对库存模块单元流水线明确哪些模块品目、工具、作业单据是需要的，哪些模块品目、工具、作业单据是不需要的，将有用的模块品目、工具、作业单据保持下来，没用的模块品目、工具、作业单据清理。采购与库存整顿是通过整理后，将所需的模块品目、工具、作业单据根据模块单元流水线运作要求，进行科学合理的规划和放置，采用合理的拿放动作，使员工能够便捷、安全拿取和放置模块品目、工具、作业单据。采购与库存清扫需要将模块品目、工具、作业单据存在的模块单元流水线设备和空间清扫干净，保持模块单元流水线干净，使模块单元流水线有良好的环境。采购与库存安全是模块单元流水线通过安全制度和具体安全措施进行，保障员工的人身安全和单元流水线运作正常进行。采购与库存清洁是模块单元流水线模块品目、工具、作业单据经过整理、整顿、清扫、安全，需要将这些成果进行维护，使其保持已有的良好状态，将这些成果通过制度和标准进行运作，使其能够日常运作中加以运用。提升员工的素养是指通过培训和日常运作的各种手段，养成员工严格遵守规章制度的习惯和作风，具备积极向上的工作态度和意识。采购与库存整理、采购与库存整顿、采购与库存清扫、采购与库存安全、采购与库存清洁和提升员工的素养的活动是有先后区分的，按照顺序逐一进行运作。进行的排序为采购与库存整理、采购与库存整顿、采购与库存清扫、采购与库存安全、采购与库存清洁和提升员工的素养，每一种活动都需要将上一活动完成，才能进行下面的活动，最后是提升员工的素养。提升员工的素养 6S 活动的最后的环节，需要通过企业制度和标准各方面活动来实现。

采购与库存模块单元流水线看板的种类如下：①采购与库存模块单元流水线作业内看板。采购与库存模块单元流水线作业内看板是指具体、联合流水线和通用、专用模块单元流水线活动进行运作的看板。采购与库存作业内看板要求作业链接紧致，没有作业更换时间，作业之间的运作按照作业顺序，紧密进行运作。②采购与库存模块单元流水线作业间看板。采购与库存作业间看板是具体模块单元流水线、联合模块单元流水线和通用、专用模块单元流水线活动后作业到前作业领取所需的模块品目运作时所使用的看板。作业间看板是除作业内看板和信号看板的企业作业看板。③采购与库存模块单元流水线外协看板。采购与库存外协看板是指具体、联合流水线和通用模块单元流水线、专用模块单元流水线活动的看板。采购与库存外协看板包括模块品目进货单位的名称、进货时间、每次进货的数量信息。采购与库存外协看板与作业间类似，前作业是供应商，通过供应商进行作业看板。采购与库存外协看板与作业内看板、信号看板、作业间看板直接联系，这些看板都有与外协看板联系的接口，通过接口进行外协看板和这些看板的衔接，进入作业看板的运作。④采购与库存模块单元流水线临时看板。采购与库存临时看板是具体、联合模块单元流水线和通用、专用模块单元流水线临时运作的看板。作业运作中，进行设备维修和临时作业时需要使用临时看板。与其他种类的看板不同，临时看板主要是为了完成模块品目非计划内的作业任务，模块有临时运作作业，需要临时看板。

企业集成采购与库存现场看板的使用规则。企业集成采购与库存现场看板的使用规则如下：①进行采购与库存具体、联合模块单元流水线和通用、专用模块单元流水线看板管理的模块品目和作业必须是合格的。不合格的模块品目和作业不能进入看板运作，不能流向下一作业，没有插入看板的模块品目不准搬运。②采购与库存模块单元流水线后作业向前作业取货。具体、联合模块单元流水线和通用模块、专用模块单元流水线前作业被后作业取走的模块品目，作业后的合格模块品目插入看板，按照目视的看板要求进行适量运作，不提前和不超量运作。③采购与库存模块单元流水线看板是对完成运作的标识。具体、联合模块单元流水线和通用、专用模块单元流水线只有在取完容器中最后一个模块品目时，才能把看板从该容器上取下，放入指定的看板搜集盒中。④采购与库存模块单元流水线看板和容器有严格的对应关系。具体模块单元流水线、联合模块单元流水线和通用模块单元流水线、专用模块单元流水线在回收空容器的时候，要同时将看板送到指定的位置。⑤采购与库存具体、联合模块单元流水线和通用、专用模块单元流水线看板间的链接。不同模块的看板和流程看板，可以运用不同的规则进行链接，这些链接需要有序，通过信息手段进行链接。

采购与库存模块单元流水线电子看板是利用电子信息手段在作业之间和模块之间进行信号传递和活动控制，将这种信息通过计算机监控的视频上直接反映出来，员工与信息能够进行沟通，动态进行信息运作，完成采购与库存模块单元流水线看板管理任务。

MES 集成适时采购与库存执行需要进行具体、联模块单元流水线和通用、专用模块单元流水线看板运作，将精益看板融入其中，对采购与库存模块单元流水线运作起着引领作用，使采购与库存模块单元流水线运作更加有序。由此建立 MES 的具体模块单元、联合模块单元和通用模块单元、专用模块单元的 CPS 连续、适时、单一流、均衡、瓶颈运作顺畅隐形、可变、混合、相似、单一标准作业或者类标准作业流水线的看板运作。模块单元流水线看板为企业模块单元流水线延迟策略运作和强化延迟策略运作提供指示。

（四）MES 集成模块单元适时采购与库存跟踪

MES 集成适时采购与库存跟踪包括企业集成采购与库存智能适时模块单元流水线融合跟踪、采购与库存智能适时模块单元流水线团队和员工目标跟踪、采购与库存智能适时模块单元流水线价值跟踪、采购与库存智能适时模块单元流水线质量跟踪、采购与库存智能适时模块单元流水线运作状态跟踪、采购与库存智能适时模块单元流水线集成管理运作跟踪、采购与库存智能适时模块单元流水线团队和员工状态跟踪、采购与库存智能适时模块单元流水线信息跟踪、企业集成采购与库存信息平台运作跟踪，体现对企业集成采购与库存模块单元流水线延迟策略和强化延迟策略运作的跟踪。对 MES 集成模块单元适时采购与库存跟踪进行集成创新、集成领导、集成反馈与调整、集成效果评价的企业集成采购与库存管理流程后拉动、企业集成采购与库存管理价值后拉动调整，进行企业集成跟踪环节的集成采购与库存管理局部环节的延迟策略运作和强化延迟策略运作。

进行企业集成战略主体和辅助供应商对主体企业延迟策略和强化延迟策略促进跟踪，进行企业集成战略主体和辅助供应商对主体企业后拉动流程、后拉动价值促进跟踪，进行企业集成战略主体和辅助供应商对主体企业智能促进跟踪。进行采购与库存具体模块单元、联合模块单元的通用模块单元、专用模块单元各类流水线，具体模块单元、联合模块单元的流水线的通用、专用部分和之间衔接部分，进行整体和局部模块单元混合流水线通用、专用部分和之间衔接部分需要作业间融合和作业中融合延迟策略和强化延迟策略运营活动跟踪，进行单一流作业中融合延迟策略和强化延迟策略采购与库存活动跟踪，进行单一流延迟策略和强化延迟策略作业与后拉动流程、后拉动价值融合跟踪，进行单一流延迟策略和强化延迟策略、后拉动流程、后拉动价值作业与智能运作融合跟踪，进行单一流延迟策略和强化延迟策略、后拉动流程、后拉动价值、智能融合作业跟踪。

采购与库存智能适时模块单元流水线团队和员工目标跟踪需要对采购与库存具体模块单元团队群、联合模块单元团队群的模块单元团队的模块单元微团队的采购与库存目标进行跟踪，需要对围绕采购与库存目标的物流价值链流程团队群、商流价值链流程团队群、服务价值链流程团队群的模块单元团队的模块单元微团队，围绕人力资源运作价值链流程团队群、设备维护与维修价值链流程团队群的模块单元团队的模块单元微团队，围绕企业集成 MES 采购与库存信息平台团队群、企业集成 MBE 采购与库存信息平台团队群、企业集成 ERP 采购与库存信息平台团队群的模块单元团队的模块单元微团队的这些微团队的目标进行跟踪，确定目标执行的情况，体现出企业集成采购与库存模块单元流水线延迟策略和强化延迟策略运作中的团队群运作目标跟踪。

采购与库存智能适时模块单元流水线价值跟踪需要确定企业集成采购与库存智能模块单元流水线的每一个团队和员工、其他团队和员工的正向满足模块品目需求价值增值、负向减少过度采购与库存量价值增值、负向降低采购价格价值增值、负向减少等待的浪费价值增值、负向减少搬运的浪费价值增值、负向减少采购与库存智能本身的浪费价值增值、负向减少库存的浪费价值增值、负向减少动作的浪费价值增值、负向减少不良模块品目的浪费价值增值、负向减少人力资源使用不当的浪费价值增值，体现企业集成采购与库存智能模块单元流水线延迟策略和强化延迟策略运作的团队和员工价值运作目标跟踪。

采购与库存智能适时模块单元流水线运营质量跟踪需要确定采购与库存智能适时具体模块单元流水线、联合模块单元流水线的企业集成战略主体供应商围绕 A 类、B 类、关键、杠杆、瓶颈模块品目和企业集成战略辅助供应商围绕 C 类和常规模块品目的几何形状、功能系统、外在、性能系统和容差；需要确定采购与库存智能适时通用模块单元流水线、采购与库存智能适时专用模块单元流水线有形模块品目的几何形状、功能系统、外在、性能系统和容差。需要确定采购与库存智能适时模块单元流水线模块品目质量审核结果。需要确定采购与库存智能适时模块单元流水线模块品目质量问题。需要确定采购与库存智能适时模块单元流水线模块品目质量问题处理，体现企业集成采购与库存模块单元流水线延迟策略和强化延迟策略运作的系统和容差标跟踪。

采购与库存智能适时模块单元流水线运作状态跟踪是对采购与库存智能适时模块单元流水线的延迟策略和强化延迟策略的模块品目、采购与库存人员、采购与库存设备、采购与库存检验设备、采购与库存工具、采购与库存能源、采购与库存环境、采购与库存看板、智能传感器、智能控制器、计算机网络、可视化显示装置的状态、即时状态、等待状态、维修状态、报废状态跟踪。采购与库存智能适时模块单元流水线运营状态跟踪需要确定采购与库存具体模块单元、联合模块单元和通用模块单元、专用模块单元的 CPS 连续、适时、单一流、均衡、瓶颈运作顺畅可变、混合、相似、单一标准作业或者类标准作业流水线即时采购与库存状态、即时状态、等待跟踪、返工状态、报废状态。需要确定采购与库存智能适时模块单元流水线模块品目、储存状态、输送状态、返工状态、报废状态，对企业集成模块单元流水线延迟策略和强化延迟策略运作展示出各种状态跟踪。

对企业集成战略供应商合作状态、即时状态、等待状态跟踪，对主体企业、对企业集成辅助供应商 C 类和常规模块品目招标、投标、评标、定标状态、即时状态、等待状态跟踪，对企业集成模块品目采购询价、比价、议价的采购谈判状态、即时状态、等待状态跟踪，对企业集成模块品目采购价格状态、即时状态、等待状态跟踪，对企业集成模块品目采购合同签订状态、即时状态、等待状态跟踪。对企业集成库存模块品目放置状态、即时状态、等待状态跟踪，对企业集成联合库存状态、即时状态、等待状态跟踪，对企业集成合作库存状态、即时状态、等待状态跟踪。

采购与库存智能适时模块单元流水线集成管理运作跟踪需要确定采购与库存智能适时模块单元流水线延迟策略运作；确定采购与库存智能适时模块单元流水线精益运作；确定采购与库存智能适时模块单元流水线运营智能运作；确定采购与库存智能适时模块单元流水线延迟策略和强化延迟策略、精益、智能融合运作；确定采购与库存智能适时模块单元流水线效率；确定采购与库存智能适时模块单元流水线的企业集成采购作业计划进度；确定采购与库存智能适时模块单元流水线模块品目合格率；确定采购与库存智能适时模块单元流水线模块品目和资源消耗率，体现出企业集成模块单元流水线延迟策略和强化延迟策略的各种运作情况跟踪。

采购与库存智能适时模块单元流水线团队和员工状态跟踪可以针对采购与库存团队和员工状态建立预警机制，需要对状态不好的团队和员工进行预警。可以建立员工自身预警、管理者预警、团队预警机制，员工自身预警通过员工自身进行，进行预警的员工给予一定的扣分，扣分是三种预警中最低的；采购与库存管理者预警是通过员工的管理者进行纠偏，进行预警的员工和管理者给予一定的扣分，扣分是三种预警中次低的；团队预警是对员工、管理者预警，进行预警的员工、管理者、团队给予一定的扣分，扣分是三种预警中最高的。对于员工个人一般性的计划没有按时提交和没有按时审核的，可以反馈给员工自身进行纠偏，同时对员工自身预警级别进行扣分。对于形成惯性的一般性的计划没有按时提交和没有按时审核的、个性部分计划没有按时提交和审核的按照管理者预警进行扣分；对跨岗位、重要的、调整部分的计划没有按时提交和审核的，按照团队预警扣分，体现企业集成采购与库存模块单元流水线延迟策略和强化延迟策略运作的团队和员工状态跟踪。

采购与库存智能适时模块单元流水线运营信息跟踪包括采购与库存智能适时模块单元流水线模块单元运作信息跟踪、采购与库存延迟策略运作信息跟踪、采购与库存精益运作信息跟踪、采购与库存智能运作信息跟踪、采购与库存模块单元延迟与精益智能融合运作信息跟踪、采购与库存效率信息跟踪、企业集成采购作业计划进度信息跟踪，进行采购与库存智能适时模块单元流水线信息跟踪环节的集成采购与库存管理局部环节的延迟策略运作和强化延迟策略运作。

企业集成信息平台运作跟踪需要对企业集成 MBE、企业集成采购 ERP、企业集成采购与库存 MES 信息平台进行跟踪。需要对 MBE 的基于模型定义设计模块品目 MBD、基于模块品目模型的系统工程 MBSE、库存信息物理系统 CPS、模块品目维护与维修 MBS 运作进行跟踪。需要对企业集成 MES 的企业集成采购与库存流程模块品目 MBD 运作、企业集成采购与库存流程资源管理、企业集成采购与库存流程调度、企业集成采购与库存流程执行、企业集成采购与库存流程跟踪。需要对企业集成采购与库存流程质量管理、企业集成采购与库存流程价值管理、企业集成采购与库存流程信息管理、企业集成采购与库存流程维护管理进行跟踪，体现出企业集成模块单元流水线延迟策略和强化延迟策略运作的集成信息平台跟踪。

采购与库存智能适时模块单元流水线可视化是通过各种形式将采购与库存智能适时模块单元流水线运作显示出来以便管理的一种管理手段。采购与库存智能适时模块单元流水线可视化不仅能提高采购与库存智能适时模块单元流水线问题解决能力，且可以缩短问题解决的过程。采购与库存智能适时模块单元流水线可视化包括采购与库存智能适时模块单元流水线现场可视化、采购与库存作业间传递信息可视化、采购与库存数据可视化、采购与库存信息可视化。采购与库存智能适时模块单元流水线现场可视化可以真实地再现采购与库存智能适时模块单元流水线运作情况，观察到采购与库存智能适时模块单元流水线运作的全貌和细节。采购与库存智能适时模块单元流水线可视化可以将 MES 集成适时采购与库存智能跟踪可视化的方式体现出来，体现出企业集成模块单元流水线延迟策略和强化延迟策略运作可视化。

采购与库存智能适时模块单元流水线运营现场可视化可以将采购与库存智能适时模块单元流水线的延迟策略和强化延迟策略的模块品目、采购与库存人员、采购与库存设备、采购与库存检验设备、采购与库存工具、采购与库存能源、采购与库存环境、采购与库存看板、智能传感器、智能控制器、计算机网络、可视化显示装置的状态、即时状态、等待状态、维修状态、报废状态可视化。将采购与库存具体模块单元、联合模块单元和通用模块单元、专用模块单元的 CPS 连续、适时、单一流、均衡、瓶颈运作顺畅可变、混合、相似、单一标准作业或者类标准作业流水线即时采购与库存状态、即时状态、等待跟踪、返工状态、报废状态可视化。将采购与库存智能适时模块单元流水线模块品目、储存状态、输送状态、返工状态、报废状态可视化。

采购与库存智能适时模块单元流水线作业间传递信息可视化体现为采购与库存智能适时模块单元流水线作业内看板可视化、作业间看板可视化外协看板可视化、链接看板可视化临时看板可视化、企业集成采购与库存信息平台可视化、企业集成 MBE 采购与库存信息平台可视化、企业集成 MES 采购与库存信息平台可视化、企业集成 ERP 采购与库存信息平台可视化，体现出企业集成模块单元流水线延迟策略和强化延迟策略运作的运营作业间传递信息可视化。

采购与库存智能适时模块单元流水线运营数据可视化具体体现团队和员工采购与库存目标信息可视化、采购与库存智能适时模块单元流水线延迟策略和强化延迟策略运作信息可视化、采购与库存精益运作信息可视化、采购与库存智能运作信息可视化、采购与库存模块单元的延迟与精益智能融合运作信息可视化、采购与库存效率信息可视化、企业集成采购作业计划进度信息可视化、模块品目合格率信息可视化、模块品目消耗率信息可视化，体现出企业集成模块单元流水线延迟策略和强化延迟策略运作的采购与库存数据可视化。

采购与库存智能适时模块单元流水线质量与价值数据可视化体现为采购与库存智能适时具体、联合模块单元流水线的企业集成战略主体供应商围绕 A 类、B 类、关键、杠杆、瓶颈模块品目和企业集成战略辅助供应商围绕 C 类和常规模块品目的几何形状、功能系统、外在、性能系统和容差运营数据可视化。采购与库存智能适时模块单元流水线模块品目质量审核结果数据可视化。采购与库存智能适时模块单元流水线模块品目质量问题数据可视化；采购与库存智能适时模块单元流水线模块品目质量问题处理数据可视化；采购与库存智能适时模块单元流水线价值可视化体现企业集成采购与库存智能模块单元流水线的每一个团队和员工、其他团队和员工的正向满足模块品目需求价值增值可视化、负向减少过度采购与库存量价值增值可视化、负向降低采购价格价值增值可视化、负向减少等待的浪费价值增值可视化、负向减少搬运的浪费价值增值可视化、负向减少采购与库存智能本身的浪费价值增值可视化、负向减少库存的浪费价值增值可视化、负向减少动作的浪费价值增值可视化、负向减少不良模块品目的浪费价值增值可视化、负向减少人力资源使用不当的浪费价值增值可视化，体现出企业集成采购与库存智能模块单元流水线延迟策略和强化延迟策略运作的团队和员工价值运作目标可视化。

（五）MES 集成模块单元适时采购与库存流程效果评价

企业集成适时采购与库存流程效果评价包括企业集成采购与库存智能适时模块单元流水线融合评价、采购与库存智能适时模块单元流水线团队和员工目标评价、采购与库存智能适时模块单元流水线价值评价、采购与库存智能适时模块单元流水线质量评价、采购与库存智能适时模块单元流水线运作状态评价、采购与库存智能适时模块单元流水线集成管理运作评价、采购与库存智能适时模块单元流水线团队和员工状态评价、采购与库存智能适时模块单元流水线信息评价、企业集成采购与库存信息平台运作评价。对企业集成采购与库存管理流程后拉动、企业集成采购与库存管理价值后拉动调整，进行企业集成效果评价环节的集成采购与库存管理局部环节的延迟策略运作和强化延迟策略运作。

进行企业集成战略主体和辅助供应商对主体企业延迟策略和强化延迟策略促进评价，进行企业集成战略主体和辅助供应商对主体企业后拉动流程、后拉动价值促进评价，进行企业集成战略主体和辅助供应商对主体企业智能促进评价。进行采购与库存具体模块单元、联合模块单元的通用模块单元、专用模块单元各类流水线；进行具体模块单元、联合模块单元的流水线的通用、专用部分和之间衔接部分；进行整体和局部模块单元混合流水线通用、专用部分和之间衔接部分评价；进行单一流作业中融合延迟策略和强化延迟策略采购与库存活动评价;进行单一流延迟策略和强化延迟策略作业与后拉动流程、后拉动价值融合评价;进行单一流延迟策略和强化延迟策略、后拉动流程、后拉动价值作业与智能运作融合评价;进行单一流延迟策略和强化延迟策略、后拉动流程、后拉动价值、智能融合作业评价。

进行企业集成采购与库存价值链管理流程团队辅助价值链管理流程团队、支撑价值链管理流程团队、核心运作价值链管理流程团队、企业集成采购与库存信息平台团队需要围绕每一个团队、每一个员工作业任务、员工运作方式、员工资源分配、员工责任、员工间的人际关系、领导和员工的地位的团队宗旨、愿景、价值观、团队效能、团队情绪智力、团队承诺的执行情况评价,进行员工作业目标、价值目标、质量目标的执行情况评价,将企业集成采购与库存目标评价环节的集成运营管理局部环节的延迟策略运作和强化延迟策略运作落实到团队和员工。

采购与库存智能适时模块单元流水线运营价值数据评价包括采购与库存智能适时模块品目模块单元流水线正向满足模块品目需求价值增值数据评价、负向减少过度采购与库存量价值增值运营数据评价、负向降低采购价格价值增值评价、负向减少等待的浪费价值增值数据评价、负向减少搬运的浪费价值增值数据评价、负向减少运营本身的浪费价值增值数据评价、负向减少库存的浪费价值增值运营评价、负向减少动作的浪费价值增值数据评价、负向减少不良品的浪费价值增值数据评价、负向减少人力资源使用不当的浪费价值增值数据评价,进行 CPS 适时模块单元流水线运营价值评价环节的集成运营管理局部环节的延迟策略运作和强化延迟策略运作。

采购与库存智能适时模块单元流水线运营质量评价需要评价采购与库存智能适时具体模块单元流水线、联合模块单元流水线的企业集成战略主体供应商围绕 A 类、B 类、关键、杠杆、瓶颈模块品目和企业集成战略辅助供应商围绕 C 类和常规模块品目的几何形状、功能系统、外在、性能系统和容差;需要评价采购与库存智能适时通用模块单元流水线、采购与库存智能适时专用模块单元流水线有形模块品目的几何形状、功能系统、外在、性能系统和容差。需要确定采购与库存智能适时模块单元流水线模块品目质量审核结果。需要确定采购与库存智能适时模块单元流水线模块品目质量问题。需要确定采购与库存智能适时模块单元流水线模块品目质量问题处理,体现出企业集成采购与库存模块单元流水线延迟策略和强化延迟策略运作的系统和容差标跟踪。

采购与库存智能适时模块单元流水线运作状态评价是对采购与库存智能适时模块单元流水线的延迟策略和强化延迟策略的模块品目、采购与库存人员、采购与库存设备、采购与库存检验设备、采购与库存工具、采购与库存能源、采购与库存环境、采购与库存看板、智能传感器、智能控制器、计算机网络、可视化显示装置的状态、即时状态、等待状态、维修状态、报废状态评价。采购与库存智能适时模块单元流水线运营状态评价是对采购与库存具体模块单元、联合模块单元和通用模块单元、专用模块单元的 CPS 连续、适时、单一流、均衡、瓶颈运作顺畅可变、混合、相似、单一标准作业或者类标准作业流水线即时采购与库存状态、即时状态、等待、返工状态、报废状态评价。确定采购与库存智能适时模块单元流水线模块品目、储存状态、输送状态、返工状态、报废状态，体现企业集成模块单元流水线延迟策略和强化延迟策略运作展示出各种状态评价。对企业集成战略供应商合作状态、即时状态、等待状态评价，对主体企业对企业集成辅助供应商C类和常规模块品目招标、投标、评标、定标状态、即时状态、等待状态评价，对企业集成模块品目采购询价、比价、议价的采购谈判状态、即时状态、等待状态评价，对企业集成模块品目采购价格状态、即时状态、等待状态评价，对企业集成模块品目采购合同签订状态、即时状态、等待状态评价。对企业集成库存模块品目放置状态、即时状态、等待状态评价，对企业集成联合库存状态、即时状态、等待状态评价，对企业集成合作库存状态、即时状态、等待状态评价。

采购与库存智能适时模块单元流水线集成管理运作评价需要评价采购与库存智能适时模块单元流水线延迟策略运作，评价采购与库存智能适时模块单元流水线精益运作，评价采购与库存智能适时模块单元流水线运营智能运作，评价采购与库存智能适时模块单元流水线延迟策略和强化延迟策略、精益、智能融合运作，评价采购与库存智能适时模块单元流水线效率，评价采购与库存智能时模块单元流水线的企业集成采购作业计划进度，评价采购与库存智能适时模块单元流水线模块品目合格率，评价采购与库存智能适时模块单元流水线模块品目和资源消耗率，体现出企业集成模块单元流水线延迟策略和强化延迟策略的各种运作情况评价。

采购与库存智能适时模块单元流水线团队和员工状态评价可以针对采购与库存团队和员工状态建立预警机制评价，需要对状态不好的团队和员工进行预警评价。可以进行员工自身预警评价、管理者预警评价、团队预警评价，员工自身预警评价通过员工自身进行评价；采购与库存管理者预警评价是通过员工的管理者进行纠偏评价；团队预警评价是对员工、管理者预警评价。

采购与库存智能适时模块单元流水线运营信息评价包括采购与库存智能适时模块单元流水线模块单元运作信息评价、采购与库存延迟策略运作信息评价、采购与库存精益运作信息评价、采购与库存智能运作信息评价、采购与库存模块单元延迟与精益智能融合运作信息评价、采购与库存效率信息评价、企业集成采购作业计划进度信息评价，进行采购与库存智能适时模块单元流水线信息评价环节的集成采购与库存管理局部环节的延迟策略运作和强化延迟策略运作。

企业集成适时采购与库存流程效果评价从需要采取措施的时间可分为采购与库存即刻调整评价和时期调整评价。采购与库存即刻调整评价是经过对评价对象评价后需要立刻进行调整的评价；采购与库存时期调整评价是对评价对象评价后需要一段时期调整的评价。采购与库存即刻调整评价和时期调整评价可以采用网络层次评价法、模糊综合评价法、数据包络评价法、灰色综合评价法进行评价。采购与库存智能适时模块单元流水线运营状态评价一般采用评价方法，需要评价后，即刻进行采购与库存智能适时模块单元流水线运营状态调整；采购与库存智能适时模块单元流水线运作评价、采购与库存质量评价、采购与库存智能价值评价一般采用调整评价法，评价后需要对采购与库存智能适时模块单元流水线运作、采购与库存质量、采购与库存价值需要进行系统的一段时期的调整，进行即刻调整评价和时期调整评价环节的集成采购与库存管理局部环节的延迟策略运作和强化延迟策略运作。

企业集成信息平台运作评价需要对企业集成 MBE、企业集成采购 ERP、企业集成采购与库存 MES 信息平台进行评价。需要对 MBE 的基于模型定义设计模块品目 MBD、基于模块品目模型的系统工程 MBSE、库存信息物理系统 CPS、模块品目维护与维修 MBS 运作进行评价。需要对企业集成 MES 的企业集成采购与库存流程模块品目 MBD 运作、企业集成采购与库存流程资源管理、企业集成采购与库存流程跟踪、企业集成采购与库存流程质量管理、企业集成采购与库存流程价值管理、企业集成采购与库存流程信息管理、企业集成采购与库存流程效果评价、企业集成采购与库存流程反馈与调整、企业集成采购与库存流程维护管理进行评价，体现出企业集成模块单元流水线延迟策略和强化延迟策略运作的集成信息平台评价。

（六）MES 集成模块单元适时采购与库存反馈与调整

企业集成适时采购与库存流程效果反馈与调整包括企业集成采购与库存智能适时模块单元流水线融合反馈与调整、采购与库存智能适时模块单元流水线团队和员工目标反馈与调整、采购与库存智能适时模块单元流水线价值反馈与调整、采购与库存智能适时模块单元流水线质量反馈与调整、采购与库存智能适时模块单元流水线运作状态反馈与调整、采购与库存智能适时模块单元流水线集成管理运作反馈与调整、采购与库存智能适时模块单元流水线团队和员工状态反馈与调整、采购与库存智能适时模块单元流水线运营信息时期反馈与调整、企业集成采购与库存信息平台运作反馈与调整，对企业集成反馈与调整进行集成创新、集成领导的企业集成采购与库存管理流程后拉动、企业集成采购与库存管理价值后拉动调整，进行企业集成反馈与调整环节的集成采购与库存管理局部环节的延迟策略运作和强化延迟策略运作。

进行企业集成战略主体和辅助供应商对主体企业延迟策略和强化延迟策略促进反馈与调整，进行企业集成战略主体和辅助供应商对主体企业后拉动流程、后拉动价值促进反馈与调整，进行企业集成战略主体和辅助供应商对主体企业智能促进反馈与调整。进行采购与库存具体模块单元、联合模块单元的通用模块单元、专用模块单元各类流水线，具体模块单元、联合模块单元的流水线的通用、专用部分和之间衔接部分，整体和局部模块单元混合流水线通用、专用部分和之间衔接部分需要作业间融合和作业中融合延迟策略和强化延迟策略运营活动反馈与调整，进行单一流作业中融合延迟策略和强化延迟策略采购与库存活动反馈与调整，进行单一流延迟策略和强化延迟策略作业与后拉动流程、后拉动价值融合反馈与调整，进行单一流延迟策略和强化延迟策略、后拉动流程、后拉动价值作业与智能运作融合反馈与调整，进行单一流延迟策略和强化延迟策略、后拉动流程、后拉动价值、智能融合作业反馈与调整。

根据员工采购与库存作业目标、采购与库存价值目标、采购与库存质量目标完成情况，进行企业集成采购与库存价值链管理流程团队、辅助价值链管理流程团队、支撑价值链管理流程团队、核心运作价值链管理流程团队、企业集成采购与库存信息平台团队的每一个团队、每一个员工作业任务、员工运作方式、员工资源分配、员工责任、员工间的人际关系、领导和员工的地位运作的团队宗旨、愿景、价值观、团队效能、团队情绪智力、团队承诺方面的调整，促进员工采购与库存作业目标、采购与库存价值目标、采购与库存质量目标实现，将企业集成采购与库存目标评价即刻反馈与调整环节的集成采购与库存管理局部环节的延迟策略运作和强化延迟策略运作落实到团队和员工。

采购与库存智能适时模块单元流水线价值数据时期反馈与调整包括采购与库存智能适时模块品目模块单元流水线正向满足模块品目需求价值增值数据时期反馈与调整、负向减少过度采购与库存量价值增值数据时期反馈与调整、负向降低采购价格价值增值数据时期反馈与调整、负向减少等待的浪费价值增值数据时期反馈与调整、负向减少搬运的浪费价值增值数据时期反馈与调整、负向减少采购与库存本身的浪费价值增值运营数据时期反馈与调整、负向减少库存的浪费价值增值数据时期反馈与调整、负向减少动作的浪费价值增值数据不良模块品目的浪费价值增值数据时期反馈与调整、负向减少人力资源使用不当的浪费价值增值数据时期反馈与调整，进行采购与库存智能适时模块单元流水线运营价值数据时期反馈与调整环节的集成采购与库存管理局部环节的延迟策略运作和强化延迟策略运作。

采购与库存智能适时模块单元流水线运营质量数据时期反馈与调整包括体现为采购与库存智能适时具体、联合模块单元流水线企业集成战略主体供应商围绕 A 类、B 类、关键、杠杆、瓶颈模块品目和企业集成战略辅助供应商围绕 C 类和常规模块品目的几何形状、功能系统、外在、性能系统和容差数据时期反馈与调整。采购与库存智能适时通用模块、专用模块单元流水线有形模块品目的几何形状、功能系统、外在、性能系统和容差数据时期反馈与调整。采购与库存智能适时模块单元流水线模块品目质量数据时期反馈与调整，进行采购与库存智能适时模块单元流水线质量数据时期反馈与调整环节的集成采购与库存管理局部环节的延迟策略运作和强化延迟策略运作。

采购与库存智能适时模块单元流水线运作状态反馈与调整是对采购与库存智能适时模块单元流水线的延迟策略和强化延迟策略的模块品目、采购与库存人员、采购与库存设备、采购与库存检验设备、采购与库存工具、采购与库存能源、采购与库存环境、采购与库存看板、智能传感器、智能控制器、计算机网络、可视化显示装置的状态、即时状态、等待状态、维修状态、报废状态反馈与调整。采购与库存智能适时模块单元流水线运营状态反馈与调整需要进行采购与库存具体模块单元、联合模块单元和通用模块单元、专用模块单元的 CPS 连续、适时、单一流、均衡、瓶颈运作顺畅可变、混合、相似、单一标准作业或者类标准作业流水线即时采购与库存状态、即时状态、等待、返工状态、报废状态反馈与调整。采购与库存智能适时模块单元流水线模块品目、储存状态、输送状态、返工状态、报废状态反馈与调整，体现出企业集成模块单元流水线延迟策略和强化延迟策略运作展示出各种状态反馈与调整。对企业集成战略供应商合作状态、即时状态、等待状态反馈与调整；对主体企业、对企业集成辅助供应商 C 类和常规模块品目招标、投标、评标、定标状态、即时状态、等待状态反馈与调整；对企业集成模块品目采购询价、比价、议价的采购谈判状态、即时状态、等待状态反馈与调整；对企业集成模块品目采购价格状态、即时状态、等待状态反馈与调整；对企业集成模块品目采购合同签订状态、即时状态、等待状态反馈与调整；对企业集成库存模块品目放置状态、即时状态、等待状态反馈与调整；对企业集成联合库存状态、即时状态、等待状态反馈与调整；对企业集成合作库存状态、即时状态、等待状态反馈与调整。

采购与库存智能适时模块单元流水线集成管理运作反馈与调整需要进行采购与库存智能适时模块单元流水线延迟策略运作反馈与调整；进行采购与库存智能适时模块单元流水线精益运作反馈与调整；进行采购与库存智能适时模块单元流水线运营智能运作反馈与调整；进行采购与库存智能适时模块单元流水线延迟策略和强化延迟策略、精益、智能融合运作反馈与调整；进行采购与库存智能适时模块单元流水线效率反馈与调整；进行采购与库存智能适时模块单元流水线的企业集成采购作业计划进度反馈与调整；进行采购与库存智能适时模块单元流水线模块品目合格率反馈与调整；进行采购与库存智能适时模块单元流水线模块品目和资源消耗率反馈与调整；体现出企业集成模块单元流水线延迟策略和强化延迟策略的各种运作情况反馈与调整。

采购与库存智能适时模块单元流水线团队和员工状态反馈与调整可以针对采购与库存团队和员工状态建立预警机制反馈与调整，需要对状态不好的团队和员工进行预警反馈与调整。进行员工自身预警、管理者预警、团队预警反馈与调整，员工自身预警反馈与调整通过员工自身进行反馈与调整；采购与库存管理者预警反馈与调整是通过员工的管理者进行纠偏反馈与调整；团队预警反馈与调整是对员工、管理者预警反馈与调整。

采购与库存智能适时模块单元流水线运营信息时期反馈与调整包括采购与库存智能适时模块单元流水线模块单元运作信息时期反馈与调整、采购与库存延迟策略运作信息时期反馈与调整、采购与库存精益运作信息时期反馈与调整、采购与库存智能运作信息时期反馈与调整、采购与库存模块单元延迟与精益智能融合运作信息时期反馈与调整、采购与库存效率信息时期反馈与调整、企业集成采购作业计划进度信息时期反馈与调整，进行采购与库存智能适时模块单元流水线信息时期反馈与调整环节的集成采购与库存管理局部环节的延迟策略运作和强化延迟策略运作。

企业集成信息平台运作反馈与调整需要对企业集成 MBE、企业集成采购 ERP、企业集成采购与库存 MES 信息平台进行反馈与调整。需要对 MBE 的基于模型定义设计模块品目 MBD、基于模块品目模型的系统工程 MBSE、库存信息物理系统 CPS、模块品目维护与维修 MBS 运作进行反馈与调整。需要对企业集成 MES 的企业集成采购与库存流程模块品目 MBD 运作、企业集成采购与库存流程资源管理、企业集成采购与库存流程调度、企业集成采购与库存流程执行、企业集成采购与库存流程跟踪、企业集成采购与库存流程质量管理、企业集成采购与库存流程价值管理、企业集成采购与库存流程信息管理、企业集成采购与库存流程效果评价、企业集成采购与库存流程维护管理进行反馈与调整，体现出企业集成模块单元流水线延迟策略和强化延迟策略运作的集成信息平台反馈与调整。

四、企业集成库存控制

（一）企业集成库存控制模型

企业集成采购流程延迟策略和强化延迟策略、后拉动流程、后拉动价值、智能运作的过程中，不同特性和不同实际企业表现不同，有时需要一定的库存作为调整，以使企业集成采购流程能够顺利运作。企业集成库存控制模型分为经济订货批量模型和定期订货模型，经济订货批量模型是指当库存量下降到订货点时，按照规定数量进行订货补充的一种库存控制模型。定期订货模型是按预先确定的订货时间间隔进行订货补充的一种库存控制模型。

1. 经济订货批量模型

经济订货批量模型是确定最佳订货量模型。模型假设每次订货数量相同，订货提前期固定、需求率固定不变，不允许有缺货，在订货点上再进货使库存恢复到最优水平（蹇令香和李东兵，2016）。订货成本公式如下：

$$T_C = C_P + C_R + C_H = DP + S(D/Q) + H(Q/2) \tag{10-3-1}$$

式中，T_C 为库存总成本，C_P 为采购成本，C_R 为订货成本，C_H 为库存维持成本，D 为年需求量，P 为单位产品价格，S 为每次订货成本，Q 为订货量，H 为每年每单位库存保管成本。

将总成本对订货量进行求导，得出最佳订货量公式如下：

$$O_z = \sqrt{\frac{2DS}{H}} \tag{10-3-2}$$

由最佳订货量得出年订货次数，公式如下：

$$n = D/O_z \tag{10-3-3}$$

最佳订货量实际运用时其中的变量有变化，包括考虑数量折扣的最佳订货量，考虑运输数量折扣的最佳订货量。考虑数量折扣的最佳订货量时价格会出现改变，价格改变公式如下：

$$P(Q) = \begin{cases} P_1, & 0 \leqslant Q < Q_1 \\ P_2, & Q_1 \leqslant Q < Q_2 \\ P_3, & Q \geqslant Q_2 \end{cases} \tag{10-3-4}$$

随着价格的改变最佳订货量也会改变；考虑运输数量折扣的最佳订货量，运输费率会有所改变，随着运输费率改变，最佳订货量也会改变。

经济订货批量模型运用中无安全库存订货点，此时订货提前期固定、需求速率保持不变的情况下，系统最大库存量为 Q，最小库存量为 0，不存在缺货。订货点公式如下：

$$ROP = \bar{d}(L) = \frac{D}{365} \cdot L$$

式中，$\bar{d}$ 为日平均需求量，L 为用天表示的提前期。

安全库存订货点考虑了需求不确定因素，安全库存订货点公式如下：

$$ROP = \bar{d}(L) + ss = \bar{d}(L) + z\sigma_L$$

式中，ss 为安全库存，z 为安全系数，σ_L 为提前期中使用的标准差，$z\sigma_L$ 为安全库存量。

H 公司以单价 15 元每年购入模块品目 9000 件。每次订货费用为 40 元，资金年利率为 10%，单位维持库存费用为 13%，订货提前期为 1 周。计算经济订购批量、年库存成本、年订货次数和订货点。若价格改变为 14 元，计算经济订购批量。若不出现缺货的期望概率为 95%，标准差为 28，计算订货点。

经济订购批量、年库存成本、年订货次数和订货点计算如下：

$$O_z = \sqrt{\frac{2DS}{H}} = 456.83$$

$$T_C = C_P + C_R + C_H = DP + S\ (D/Q)\ + H\ (Q/2)\ = 136576.07$$

$$n = D/O_z = 19.70$$

$$ROP = \bar{d} \cdot L = 172.60$$

若价格改变为 14 元，计算经济订购批量如下：

$$O_z = \sqrt{\frac{2DS}{H}} = 472.87$$

若不出现缺货的期望概率为 95%，标准差为 28，计算订货点如下：

$$ROP = \bar{d}(L) + ss = \bar{d}(L) + z\sigma_L = 218.80$$

2. 定期订货模型

定期订货模型订货量公式如下：

$$Q = \bar{d}(T+L) + z\sigma_{T+L} - I \tag{10-3-5}$$

式中，T 为盘点周期，σ_{T+L} 为盘点期与提前期期间需求的总标准差，I 为现有库存水平。

H 公司模块品目的日需求量为 14，标准化差为 4。盘点周期为 30 天，提前期为 7 天。盘点周期开始时，库存量为 140 单位。需求满足率为 95%。计算订购量。

$$Q = \bar{d}(T+L) + z\sigma_{T+L} - I = 418.15$$

3. 安全库存

提前期内需求状况的均值和标准差确定，安全库存计算公式如下：

$$s = z\sigma_d \sqrt{L} \tag{10-3-6}$$

提前期内需求状况是确定的常数，订货提前期的长短随机变化，安全库存计算公式如下：

$$s = zd\sigma_L \qquad (10-3-7)$$

订货提前期的长短和需求状况是随机变化，订货提前期和需求相互独立，安全库存计算公式如下：

$$s = z\sqrt{\sigma_d^2\overline{L} + \sigma_L^2\overline{d^2}} \qquad (10-3-8)$$

式中，σ_d 为需求量的标准差，σ_L 为订货提前期的标准差。

H 公司模块品目平均日需求量为 80，故可满足率为 98%。第一种情形是模块品目需求量变化，服从标准差为 8 的正态分布，订货提前为 9 天；第二种情形是订货提前期变化，服从均值为 5 天标准差为 1 的正态分布；第三种情形是模块品目需求量和订货提前期变化，模块品目需求量变化服从标准差为 8 的正态分布，订货提前期变化服从均值为 5 天标准差为 1 的正态分布。计算安全库存。

$$s = z\sigma_d\sqrt{L} = 49.2$$
$$s = zd\sigma_L = 164$$
$$s = z\sqrt{\sigma_d^2\overline{L} + \sigma_L^2\overline{d^2}} = 168.05$$

（二）企业内部库存控制

1. 企业集成入库作业库存控制

企业集成入库作业库存控制需要进行模块品目数量和模块品目时间控制。企业集成入库作业中会出现入库模块品目数量与计划数量不符的情况，造成这种情况的主要原因是临时增加或者更改入库模块品目数量、采购执行过程中模块品目数量的改变、物流运输中出现的模块品目数量的改变。还会出现供应商或者提前或者拖后模块品目数量入库。不论是哪一种情况，都不符合企业集成入库作业库存准量、准时控制要求，需要按照企业集成入库作业库存控制准量、准时要求，按照所需要的时间和模块品目数量，准时进行符合模块品目数量要求的模块品目入库。

企业集成入库作业库存控制需要进行模块品目质量控制。进行模块品目入库时，模块品目质量是模块品目运作的中心，一般入库时进行抽检，如果抽检中发现有不合格的模块品目，需要扩大抽检数量，进一步确定不合格的模块品目数量。对抽检中容易遗漏的部分，需要对供应商的质量体系进行全方位的检查，使供应商供应的模块品目都在合规的流程中进行运作，这样既可以减少检测的工作量，还可以提高模块品目质量。

企业集成入库作业库存控制需要进行模块品目存放位置控制。企业集成战略主体供应商供应 A 类、B 类、关键、杠杆、瓶颈模块品目和企业集成战略辅助供应商供应 C 类和常规模块品目，这些模块品目的特性不同，入库的摆放位置也不相同，需要针对模块品目的特性和其集成基本运营流程和企业库存流程运作的需要进行模块品目存放位置控制。模块品目存放位置不合理不但会影响企业集成基本运营流程和企业集成采购流程运作，还会造成发错货，对企业运作产生影响，需要科学地进行模块品目存放位置的确定。

2. 企业集成保管作业库存控制

企业集成保管作业库存控制需要进行模块品目盘点控制。企业集成保管作业运作中会出现模块品目数量和价值与账目不符的情况，需要及时地进行库存清点、过秤和对账盘点，明确企业库存的模块品目的数量和价值（张浩，2018）。

企业集成保管作业库存控制需要进行储位控制。需要根据 A 类、B 类、C 类、关键、杠杆、瓶颈模块品目和常规模块品目特性和企业集成基本运营管理流程的需求，进行模块品目的分类分区、货位选择和编号、商品堆码、货位动态调整。按照企业集成库存延迟策略和强化延迟策略、后拉动流程、智能运作的要求，进行模块品目分类分区，将模块品目分类分区编制成目录，进行平面划分，绘出平面图；确定适宜的标志，进行模块品目一致编号，进行合理的段位间隔选择；采用科学合理的堆码技术，进行模块品目堆码；根据企业集成库存延迟策略和强化延迟策略、后拉动流程、智能运作要求，进行模块品目货位的动态调整。

3. 企业集成出库作业库存控制

企业集成出库作业需要进行模块品目单据与计划运作控制。企业集成出库作业中会出现模块品目单据与计划不符的情况，这将对模块品目库存的准确性造成影响，直接关系到企业集成延迟策略和强化延迟策略、后拉动流程、后拉动价值、智能运作，需要从领料单基础控制工作做起，起到企业集成出库作业模块品目单据与计划运作有效控制。

企业集成出库作业需要进行模块品目实物与账目运作控制。企业集成出库作业中会出现模块品目实物与账目不符的情况，这将影响企业集成库存控制的准确性。造成这种情况的主要原因是保管员的业务水平和计算机操作水平有待提高，需要保管员不断提高业务水平和计算机操作水平，避免此类错误发生。

企业集成出库作业需要进行模块品目发货控制。企业集成出库作业中会出现模块品目串发货或者错发货的情况，直接影响企业集成延迟策略和强化延迟策略、后拉动流程、后拉动价值、智能运作，需要企业认真对这种情况出现的原因进行分析，从重点原因出发，进行纠正，避免这种情况的出现。

企业集成出库作业需要进行模块品目信息沟通控制。企业集成出库作业中会出现模块品目信息失真的情况，影响企业集成库存准确性，需要企业集成库存团队和员工与有关的辅助价值链管理流程团队、支撑价值链管理流程团队、核心运作价值链管理流程团队、企业集成采购与库存信息平台团队进行及时的沟通，避免出现信息失真的情况。

（三）联合模块品目库存控制

联合模块品目库存控制是一种主体企业与企业集成战略主体和辅助供应商共同承

担风险的库存控制模式。对企业集成库存延迟策略和强化延迟策略、后拉动流程、后拉动价值、智能运作起着重要作用。

1. 联合库存控制需要建立主体企业与企业集成战略主体和辅助供应商协调库存控制机制

对于主体企业与企业集成战略主体供应需要建立良好的合作关系，建立企业集成战略联盟，企业集成战略联盟是进行联合库存控制的稳定性组织基础。主体企业与企业集成战略主体和辅助供应商之间需要确定共同进行模块品目库存控制的目标，本着双方互惠互利的原则进行模块品目库存控制；确定联合库存协调控制方法，联合库存控制中心起着协调作用，确定主体企业与企业集成战略主体和辅助供应商之间需要确定模块品目需要在多少个主体企业间进行调解和分配，针对库存的最大量和最低库存水平、安全库存进行确定；形成利益分配和激励机制，联合库存控制中心建立一种公平的利益分配制度，对参与联合库存控制中心各个企业进行有效激励，增强协作性和协调性。

2. 充分利用信息系统

建立信息沟通渠道，主体企业与企业集成战略主体和辅助供应商之间进行信息共享，有效地提高供应链需求信息的一致性和稳定性，减少多重信息预测造成的信息扭曲，保证需求信息在供应链中的畅通和准确。

3. 建立快速反应系统

快速反应系统对联合库存控制起着重要的作用，可以帮助企业集成 ERP、集成 MES 和电子商务信息系统建立快速反应的信息系统，对模块品目的各种状态有着快速反应，有效促进企业集成库存延迟策略和强化延迟策略、后拉动流程、后拉动价值、智能运作，促进联合库存控制效率提高。

（四）合作模块品目库存控制

合作模块品目库存控制是通过合作计划建立的库存控制方式。对企业集成库存的延迟策略和强化延迟策略、后拉动流程、后拉动价值、智能运作起着重要作用。

1. 进行协同模块品目库存控制

合作模块品目库存控制要求主体企业与企业集成战略主体供应商之间建立长期稳定的合作管理关系，这种合作管理关系要求双方承诺公开沟通、信息分享，从而确立具有协同性的合作模块品目库存控制机制。为使合作模块品目库存控制有效运行，需要主体企业与企业集成战略主体供应商之间签订保密协议，确定纠纷处理机制和利益分配方式。

2. 进行合作模块品目控制

合作模块品目库存控制由合作计划为源头产生，而计划与控制有着内在的密切联系，合作计划为进行合作模块品目控制良好的基础。可以以合作计划为基础，进行合作模块品目库存控制，会有效促进模块品目库存控制。

3. 协同补货

合作模块品目库存控制过程中对出现的库存问题会协商解决，对存货百分比、安全库存水准、订单实现比例、前置时间、订单批准比例都会协商处理，考虑双方的共同利益，共同进行补货。

第四节　企业集成模块品目采购信息平台

一、企业集成模块品目采购信息平台结构

企业集成模块品目采购管理在企业集成模块品目采购信息平台中运作，企业集成模块品目采购管理通过构建信息平台，实现全方位的企业集成模块品目采购管理信息运作。企业集成模块品目采购信息平台是企业集成运营管理信息平台的有机组成部分，企业集成运营管理信息平台中建立企业集成模块品目采购信息平台，以实现企业集成模块品目采购信息运作。将采购引入信息平台，促进采购管理发展（洪慧君和谢荣伟，2019）。

企业集成模块品目采购信息平台由企业集成模块品目采购 ERP 信息平台、企业集成模块品目采购 MES 信息平台、企业集成模块品目采购 MBE 构成。企业集成模块品目采购 ERP 信息平台是企业集成 ERP 信息平台的组成部分，企业集成模块品目采购 MES 信息平台是企业集成 MES 信息平台的组成部分，企业集成模块品目采购 MBE 是企业集成 MBE 信息平台的组成部分。

企业集成模块品目采购信息平台由企业集成模块品目采购与合作计划、企业集成模块品目采购业务管理、企业集成模块品目供应商关系管理、企业集成模块品目采购价值管理、企业集成模块品目采购质量管理、企业集成模块品目采购物流管理、企业集成模块品目采购团队和员工管理、企业集成模块品目采购信息链接和沟通构成。企业集成模块品目采购与合作计划由模块品目供应市场分析、企业集成模块品目采购主计划、企业集成模块品目采购作业计划、企业集成模块品目采购合作计划构成。企业集成模块品目供应商关系管理由企业集成战略主体供应商关系管理、企业集成战略辅助供应商关系管理、备选企业集成战略主体和辅助供应商关系管理、一般供应商关系管理构成。

企业集成模块品目采购信息平台信息技术基础通过企业集成模块品目采购管理信息虚拟机、集群、网络、容器、异地容灾构建进行信息平台安全运作，采用企业集成采购管理大数据、小数据、区块链、人工智能数据进行企业集成模块品目采购管理流程分析，进行采购数据存储，使采购信息平台具备技术基础。企业集成模块品目采购

平台云信息技术基础通过企业集成模块品目采购管理信息 Open API 网关、云资源构建，进行平台采购信息安全运作，建立采购智能模型，进行企业集成模块品目采购管理数据分析，以实现模块品目采购信息平台运维监控。

二、企业集成模块品目采购 ERP 信息平台

（一）企业集成模块品目采购 ERP 和 MBE 信息平台基础

企业集成模块品目采购 ERP 供应商关系管理作为企业集成模块品目采购 ERP 信息平台基础运作组成部分，在企业集成模块品目采购 ERP 信息平台中进行供应商调查，进行供应商选择与评价，与供应商合作，与供应商建立联盟，开发和维护供应关系。采购 ERP 信息平台供应商调查需经过初步模块品目供应商调查、模块品目供应商调查、深入模块品目供应商调查三个阶段，明确模块品目市场的特性和实际，掌握供应商供应模块品目生产运作水平、生产工艺运作水平、质量保证体系、生产管理规范、样品试制情况、众多模块品目供应商优势和劣势，为供应商选择与评价打下基础。采购 ERP 信息平台的供应商选择与评价通过模块单元延迟策略贡献大类指标、模块单元精益贡献大类指标、模块单元智能贡献大类指标、供应商运作大类指标、价值大类指标，对供应商进行选择和评价，得出企业集成战略主体供应商和辅助供应商。采购 ERP 信息平台与供应商合作、与供应商联盟针对企业集成战略主体供应商建立新型的利益关系，建立主体企业与企业集成战略主体供应商合作关系，以保持双边利益和多边利益；与供应商建立战略联盟，使主体企业与企业集成战略主体供应商合作关系从组织方面加以巩固，实现主体企业集成运营管理流程延迟策略和强化延迟策略、后拉动流程、后拉动价值、智能运作的企业集成采购管理流程保障。开发和维护供应关系围绕企业集成战略主体供应商关系管理、企业集成战略辅助供应商关系管理、备选主体和辅助供应商关系管理、一般供应商关系管理进行。通过企业集成战略主体供应商关系开发和维护，保障主体企业 A 类、B 类、关键、杠杆、瓶颈模块品目供应；通过企业集成战略辅助供应商开发和维护，保障主体企业 C 类和常规模块品目供应；通过备选企业集成战略主体和辅助供应商关系开发和维护，为企业集成战略主体供应商和企业集成战略辅助供应商的选择打下基础；通过一般供应商关系开发和维护，为供应商选择留下更大的空间。

企业集成模块品目采购 ERP 价值管理需要在企业集成模块品目采购 ERP 信息平台中建立企业模块品目采购价值链，将企业模块品目采购价值链与企业集成模块品目采购管理流程融合，以模块品目采购价格为主，进行企业集成模块品目采购模块单元价值链管理流程的价值分析，进行企业集成模块品目采购模块单元价值链管理流程的价值测算，进行企业集成模块品目采购模块单元价值链管理流程的价值评价，进行企业集成模块品目采购模块单元价值链管理流程的价值反馈，有效进行企业集成模块品目采购 ERP 价值管理。

企业集成模块品目采购 MBE 质量管理需要在企业集成模块品目采购 MBE 信息平台中明确模块品目几何和原理模型，明确模块品目几何形状、外在表现，明确模块品目功能，确定模块品目系统和容差，确定影响模块品目质量的重要参数。由此确定模块品目质量性能，进行企业集成模块品目采购 MBE 质量管理。

企业集成模块品目采购 ERP 物流管理需要在企业集成模块品目采购 ERP 信息平台中明确采购模块品目运输方式、配送方式，确定模块品目运输企业和配送企业，运输企业和配送企业按照模块品目价值和质量运作要求，开展模块品目运输和配送，完成企业集成模块品目采购 ERP 物流管理。

企业集成模块品目采购 ERP 团队和员工管理需要建立企业集成模块品目采购 ERP、MBE、MES 团队，建立企业集成模块品目采购与合作计划团队、企业集成模块品目采购业务管理运作团队、企业集成模块品目供应商关系管理团队、企业集成模块品目采购价值管理团队、企业集成模块品目采购质量管理团队、企业集成模块品目采购物流管理团队、企业集成模块品目采购信息链接和沟通团队。这团队需要根据企业集成模块品目采购信息平台运作要求，进行团队运作，进行团队员工的配置运作。

（二）企业集成模块品目采购 ERP 信息平台计划运作

企业集成模块品目采购 ERP 供应市场分析作为企业集成模块品目采购 ERP 信息平台组成部分，需要在企业集成模块品目采购 ERP 信息平台中针对模块品目供应市场进行分析，确定模块品供应市场的特性和实际，掌握企业集成战略主体供应商 A 类、B 类、关键、杠杆、瓶颈模块品目和企业集成战略辅助供应商 C 类和常规模块品目的市场情况，为制定企业集成模块品目采购主计划、企业集成模块品目采购作业计划打下基础。

企业集成模块品目采购 ERP 合作计划在企业集成模块品目采购 ERP 信息平台中，通过主体企业与合作主体建立的合作关系上，明确企业集成战略主体供应商提供 A 类、B 类、关键、杠杆、瓶颈模块品目和企业集成战略辅助供应商提供 C 类和常规模块品目的具体数量和质量，与主体企业所需要的模块品目需求对比，得出企业集成战略主体供应商和企业集成战略辅助供应商对模块品目满足程度。同时通过企业集成模块品目采购 ERP 合作计划，对备选企业集成战略主体和辅助供应商、一般供应商进行 A 类、B 类、关键、杠杆、瓶颈模块品目和 C 类、常规模块品目供应分析，进行备选企业集成战略主体供应商和企业集成战略辅助供应商比较，拓展模块品目供应范围，最终确定企业集成战略主体供应商和企业集成战略辅助供应商和主体企业需要的 A 类、B 类、关键、杠杆、瓶颈、C 类、常规模块品目。

企业集成模块品目采购主计划需要在企业集成模块品目采购 ERP 信息平台中根据企业集成模块品目采购 ERP 合作计划和企业集成主运营计划进行编制，得出以 A 类、B 类、关键、杠杆、瓶颈模块品目为主的企业集成模块品目采购主计划。企业集成模块品目采购作业计划需要在企业集成模块品目采购 ERP 信息平台中，根据企业集成模块品目采购 ERP 合作计划和企业集成模块品目需求计划进行编制，得出以 C 类和常规模块品目为主的企业集成模块品目采购作业计划。企业集成模块品目采购主计划和企业集成模块品目采购作业计划需要确定具体、联合、模块组、总作业模块单元和通用、链接、专用模块单元所需要的模块品目；确定模块品目名称、品种、价格、模块品目 ABC 分类法种类、模块品目卡拉杰克分类法种类、提前期、企业集成战略主体供应商、供应方式、企业集成战略辅助供应商。

（三）企业集成模块品目采购 ERP、MBE、合作计划信息平台链接和沟通

企业集成模块品目采购 ERP 信息平台和企业集成模块品目采购 MBE 信息平台的链接和沟通通过企业集成 ERP 信息平台和企业集成 MBE 信息平台进行。企业集成模块品目采购 MBE 信息平台需要与企业集成模块品目采购 ERP 信息平台进行链接和沟通，提供企业集成模块品目采购 ERP 信息平台所需要的模块品目质量信息，完成企业集成模块品目采购 ERP 信息平台质量运作。

企业集成模块品目采购 ERP 信息平台和企业集成模块品目采购合作计划信息平台都通过企业集成 ERP 信息平台和企业集成合作计划信息平台进行。企业集成模块品目采购合作计划信息平台按照企业集成合作计划信息平台要求进行运作，需要与企业集成模块品目采购 ERP 信息平台进行链接和沟通，提供企业集成模块品目采购 ERP 信息平台所需要的模块品目供应商、供应渠道、供应价格多方面信息，完成企业集成模块品目采购 ERP 信息平台运作。

三、电子商务模块品目采购与 MES 信息平台采购业务管理

（一）电子商务模块品目采购的优势

1. 降低模块品目采购成本

进行传统方式原料采购时，经常会出现主体企业和供应商双方的时间、地点不易协调造成对模块品目采购的影响，而进行电子商务模块品目采购时，主体企业和供应商双方的时间、地点对模块品目采购的影响小，主体企业直接面对企业集成战略主体供应商和大量的企业集成战略辅助供应商，主体企业可以通过各种形式与方法进行供应商对比，进行时间、质量、价格各种指标对比后，从众多的一般供应商、备选供应商中选择企业集成战略主体供应商和企业集成战略辅助供应商，明确企业集成战略主体供应商提供 A 类、B 类、关键、杠杆、瓶颈模块品目和企业集成战略辅助供应商提供 C 类和常规模块品目，进行协商采购，为企业节约采购资金。电子商务模块品目采购的运用，体现模块品目采购电子化发展趋势，进入无纸化模块品目采购时代，主体企业和供应商双方进行的模块品目采购通过互联网实现，员工不需要出差，减少人力支出费用，降低成本，使企业获得更大的价值。

2. 模块品目采购流程透明化

进行电子商务模块品目采购时，整个采购询价与比价和议价、采购合同签订、模

块品目采购进货、模块品目采购配送、采购交货验收、采购质量检验、采购结算流程通过互联网实现，主体企业和供应商在企业集成模块品目采购 MES 信息平台上进行交流，所有模块品目采购作业都有书面文字，由此减少采购人员与供应商私下往来，使模块品目采购信息公开透明。企业集成模块品目采购 MES 信息平台中进行电子商务模块品目采购，模块品目采购 MES 信息平台会对所有模块品目采购信息监督记录和管控，对采购人员进行约束，减少随意交流，使整个模块品目采购作业更加规范，员工工作效率得到提升。采购信息流程的公开透明，使企业采购运作更加规范，采购人员的各种行为也更符合职业操作规范。企业集成模块品目采购 MES 信息平台中公开透明的模块品目采购流程会减少模块品目采购风险，避免出现越轨交易现象。

3. 实现企业集成供应链获利

企业集成模块品目采购 MES 信息平台中进行电子商务模块品目采购，主体企业和供应商之间从制造能力的竞争转变为供应链方面的竞争，这种竞争要想赢得收益，需要建立双向共赢模式，主体企业和供应商双方相互合作。企业集成模块品目采购 MES 信息平台为企业提供这样的机会，企业在平台上进行模块品目采购，保障主体企业与企业集成战略主体供应商长期合作关系。主体企业进行电子商务模块品目采购时，主体企业和供应商信息与资源共享，使双方的利益得到满足，实现共赢。在企业集成模块品目采购 MES 信息平台上主体企业将具体的模块品目需求告知企业集成战略主体供应商和大量的企业集成战略辅助供应商，供应商根据主体企业需求实现 A 类、B 类、关键、杠杆、瓶颈模块品目 C 类和常规模块品目供给，出现问题时，供应商根据实际调整方案，为主体企业模块品目采购提供相关的服务，信息的快速更新可以有效地保障主体企业的采购与制造的时效，有效保证主体企业采购模块品目来源的稳定性，使供应商通过 MES 信息平台及时调整供应方案，稳定供给。由此减少整个供应链中额外的供应量，降低成本。主体企业和供应商合作中，主体企业和供应商都能实现经济效益，最终实现双赢，促使双方的关系从利益争取转变为互利双赢。

4. 实现模块品目采购流程的标准化和时效性

传统采购管理方式由于制约较小导致主体企业和供应商随意性较大，而企业集成模块品目采购 MES 信息平台中进行电子商务模块品目采购有各种制约与监控，可以进行传统采购流程优化的同时对主体企业采购人员进行有效管理，保障企业集成模块品目采购 MES 信息平台在模块品目采购中充分发挥作用。企业集成模块品目采购 MES 信息平台中的整个采购流程有严格的规范和标准，主体企业采购人员会减少随意操作，严格按照标准执行，使整个模块品目采购流程更加统一和规范。进行电子商务模块品目采购时，各种数据会被有效记录，形成海量的数据库。企业管理者可以从这一数据库中随时查阅采购记录，进行模块品目采购流程复盘，及时发现问题，针对问题采取有效措施，保障电子商务模块品目采购流程顺利进行。

（二）电子商务模块品目采购模式

电子商务模块品目采购模式主要包括买方一对多模式、第三方系统门户模式、企业私用交易平台模式。买方一对多模式是采购方在互联网上发布所需要的模块品目信息，供应商在采购方的网站上登录模块品目信息，供应商与采购方进行沟通，促进采购方评估和选择模块品目，完成采购交易。买方一对多模式采购方需要承担建立、维护和更新模块品目的工作，虽然有花费，但采购方能控制整个采购流程。第三方系统门户模式中多个买方和卖方通过第三方系统门户进行采购交易，完成采购交易。第三方系统门户模式可以进行专门模块品目的交易，也可以进行更多种类的模块品目交易。企业私用交易平台模式使用主机式应用程序，以电子方式交换订单、库存报表和其他资料，可以减少沟通时间和成本，企业间以标准格式，实时分享文件、图表、电子表格和模块品目设计。企业私用交易平台模式能让参与者掌控实权，买方可以选择交易对象，甚至在网络外完成采购交易。

电子商务模块品目采购方式包括网上查询采购方式和网上招标采购方式。网上查询采购方式通过确定模块品目需求、上网、查询供应商、查询模块品目和调查供应商、与选定供应商进行接洽和谈判、签订合同、采购实施的这些过程完成采购交易。网上招标采购方式通过建立电子商务网站、确定模块品目招标采购任务、对网上招标采购任务进行策划、选定评标小组、进行评价、实施采购计划的这些过程完成采购交易。

（三）企业集成模块品目采购 MES 信息平台电子商务采购

电子商务和企业集成模块品目采购 MBE 信息平台具有内在联系，电子商务依托企业集成模块品目采购 MES 信息平台展开模块品目采购交易，通过采购 MES 信息平台进行电子商务模块品目采购，完成采购询价与比价和议价、采购合同签订、模块品目采购进货、模块品目采购配送、采购交货验收、采购质量检验、采购结算流程。企业集成模块品目采购 MES 信息平台的采购业务管理运作是在明确企业集成战略主体供应商、企业集成战略辅助供应商、备选主体和辅助供应商、一般供应商的基础上进行，需要选择和确定企业集成战略主体供应商、企业集成战略辅助供应商后，在企业集成模块品目采购 MES 信息平台上进行电子商务模块品目采购。企业集成模块品目采购 MES 信息平台上的模块品目采购是实时采购，平台可以捕捉到采购的实时信息，可以采用买方一对多模式、第三方系统门户模式、企业私用交易平台模式和网上查询采购方式和网上招标采购方式，进行企业集成战略主体供应商 A 类、B 类、关键、杠杆、瓶颈模块品目和企业集成战略辅助供应商 C 类和常规模块品目采购交易。

（四）企业集成模块品目采购 MES 信息平台电子商务采购链接和沟通

企业集成模块品目采购 MES 信息平台与电子商务模块品目采购链接和沟通包括企业集成模块品目采购 MES 信息平台与电子商务采购链接、电子商务采购沟通。企业集成模块品目采购 MES 信息平台与电子商务模块品目采购链接需要采购 MES 信息平台融入电子商务模块品目采购，二者需要按照信息技术的要求，进行链接，实现企业集成模块品目采购 MES 信息平台电子商务采购实时运作。电子商务模块品目采购中需要主体企业与企业集成战略主体供应商、企业集成战略辅助供应商通过电子商务方式进行沟通，完成电子商务模块品目采购。

四、企业集成模块品目采购 MES 信息平台模块品目招标采购

企业集成模块品目采购 MES 信息平台中进行电子商务模块品目招标采购可以按照如下流程进行：

（一）充分了解

主体企业在企业集成模块品目采购 MES 信息平台进行电子商务模块品目招标采购中确定招标程序时，需要充分了解招标的主体企业主要标的物采购的特点、企业集成战略辅助供应商特点、企业集成模块品目采购 MES 信息平台特点、电子商务模块品目招标采购的特点、采购控制要求、采购网络信息的安全性。根据这些特性和要求，确定电子商务模块品目招标采购程序。

（二）建立标准

主体企业在企业集成模块品目采购 MES 信息平台中进行电子商务模块品目招标采购时，需要按照 MES 信息平台电子商务模块品目招标采购管理标准进行招标运作，这些标准需要符合国家关于网上交易所规定的相关标准之外，需要制定符合主体企业和企业集成战略辅助供应商之间电子商务模块品目采购交易特性的招标采购管理标准，这些标准的制定除了能有效进行监管之外，更重要的是促进电子商务模块品目招标采购流程的快速进行，提高 MES 信息平台进行电子商务模块品目招标采购效率。

（三）编制目录

企业集成模块品目采购 MES 信息平台在进行电子商务模块品目招标采购中，需要主体企业进行标的物招标采购目录编制，标的物的目录包括模块品目名称、品种、价格、模块品目 ABC 分类法种类、模块品目卡拉杰克分类法种类、提前期、供应方式、企业集成战略辅助供应商、技术参数，使模块品目招标采购标的物目录具有从属性，避免出现中标的标的物被其他模块品目取代的现象，提供公平竞争的招标环境。电子商务模块品目招标采购标的物目录确定后，主体企业需要确定企业集成采购作业计划，确定模块品目采购方案，将采购信息通过企业集成模块品目采购 MES 信息平台反馈给企业集成战略辅助供应商，实现电子商务模块品目招标采购相关数据的电子化、数据化。

（四）制定招标文件

企业集成模块品目采购 MES 信息平台进行电子商务模块品目招标采购中，需要主体企业制定模块品目采购招标文件。模块品目采购招标文件的制定需要按照示范性招

标文件标准为依据，综合考虑标的物的特点进行制定。模块品目采购文件制定完成后，将模块品目采购招标文件在企业集成模块品目采购 MES 信息平台公之于众。模块品目采购文件需要明确其制定的意义，使招标人、投标人均能够明确确定自己的权利范围以及相关法律的责任，制定的模块品目采购文件必须能保证投标人可以在企业集成模块品目采购 MES 信息平台下载或者查阅，使电子商务模块品目招标采购顺利进行。

（五）进行资格审核

主体企业在企业集成模块品目采购 MES 信息平台发布招标采购的相关信息后，企业集成战略辅助供应商具有注册权利，注册过程中填写的各项材料、信息必须保证真实、有效。企业集成模块品目采购 MES 信息平台对企业集成战略辅助供应商的相关证照进行严格的审核。审查通过之后，企业集成战略辅助供应商通过企业集成模块品目采购 MES 信息平台让投标人进行正式投标。正式投标前，企业集成战略辅助供应商在企业集成模块品目采购 MES 信息平台即可完成模块品目采购招标文件的资格审查，完成招标文件的购买。递交最终的模块品目采购投标文件前，需要输入密码加密，再将投标文件发送给主体企业，此密码只允许企业集成战略辅助供应商知晓。在模块品目采购投标截止时间前，企业集成模块品目采购 MES 信息平台必须允许企业集成战略辅助供应商对模块品目采购投标文件做出补充或者更正。

（六）由主体企业负责组建模块品目采购评标委员会

评标委员会由主体企业熟悉模块品目采购业务的代表、有关技术、经济等方面的专家组成。主体企业确定评标委员会成员人数和技术、经济等方面专家类型。评标委员会成员需要回避的情形包括主体企业的主要负责人的近亲属；主体企业模块品目采购中工作人员；与企业集成战略辅助供应商有经济利益关系，可能影响模块品目采购投标公正评审人员；在模块品目采购招标、评标以及其他与招标投标有关活动中从事违法行为而受过行政处罚或刑事处罚的人员。

（七）进行模块品目采购开标与评标

在模块品目采购投标截止时间之日，由主体企业主持，根据模块品目采购招标文件规定的要求，邀请企业集成战略辅助供应商在企业集成模块品目采购 MES 信息平台参加全电子线上开标仪式。模块品目采购开标与评标过程中，企业集成战略辅助供应商通过企业集成模块品目采购 MES 信息平台输入设定的密码和模块品目采购投标文件，运用计算机技术对模块品目采购数据进行整理、汇总和展示。评标委员会根据汇总的数据结合模块品目采购投标文件，运用评标办法进行评审。评审因素中，主观分值由评委会填写在电子评标系统中，客观分值应充分运用计算机进行评审，按照主体企业编写的相关程序，对评分进行汇总，对所有企业集成战略辅助供应商标的物的技术、参数、报价进行对比，确定中标候选人。如果对企业集成战略辅助供应商存在一定争议，可由评标委员会再进行投票确定最终企业集成战略辅助供应商。评标报告由企业集成模块品目采购 MES 信息平台自动产生，评标委员会全体成员签字后提交给相关部门。在没有对中标候选企业集成战略辅助供应商公示之前，企业集成模块品目采购 MES 信息平台必须充分保障评标结果和过程的保密性，参与评审的任何企业集成战略辅助供应商都不能泄露。

（八）确认模块品目采购中标人

主体企业确定最终中标结果以后，企业集成模块品目采购 MES 信息平台上必须发布中标结果公示。所有企业集成战略辅助供应商均可以登录企业集成模块品目采购 MES 信息平台进行查阅。企业集成战略辅助供应商如有异议，可以通过企业集成模块品目采购 MES 信息平台提出质疑。

（九）签订模块品目采购合同

以模块品目采购招标文件、中标人的模块品目采购投标文件为依据，运用主体企业编写的程序实现招标标的物与投标模块品目的匹配和校验，根据标准化程序，自动生成模块品目采购合同范本，为最终的签订合同提供必要的技术支持。

（十）模块品目采购标的物平台采购

主体企业相关负责人登录企业集成模块品目采购 MES 信息平台，选择相应的模块品目招标采购项目，可以对采购整体流程进行浏览。在模块品目招标采购阶段，可以对标的物的信息进行审查以及更正，确保无误。在模块品目采购合同执行阶段，可以对企业集成战略辅助供应商提供模块品目的数量进行调整。在采购的模块品目验收、入库阶段，企业集成战略辅助供应商可以借助企业集成模块品目采购 MES 信息平台将模块品目招标企业集成采购作业计划传递给企业集成战略辅助供应商，在接收到企业集成采购作业计划之后，企业集成战略辅助供应商对模块品目进行生产，第三方物流企业、第四方物流企业进行配送，主体企业在模块品目到货后，组织管理人员确定质量是否合格以及数量一致后，完成模块品目验收和入库，最终通过企业集成模块品目采购 MES 信息平台进行确认并支付相应的交易金额。

五、MES 信息平台模块品目配送

（一）模块品目配送模式

1. 第三方物流模块品目配送模式

第三方物流模块品目配送由第三方物流企业承担，主体企业与这些专业的物流企业建立合作关系，在规定的时间内，按照既定的价格为主体企业提供配送服务。第三方物流模块品目配送模式在国外十分盛行，我国也开展了第三方物流配送模式。第三方物流模块品目配送模式需要结合企业集成模块品目采购 MES 信息平台和电子商务，进行第三方电子商务物流模块品目配送。进行第三方物流模块品目配送运作时，需要将主体企业、企业集成战略主体供应商、企业集成战略辅助供应商、第三方物流企业融合起来，每类企业作为采购询价与比价和议价、采购合同签订、模块品目采购进货、模块品目采购配送、采购交货验收、采购质量检验、采购结算的整体模块品目采购流程的一部分，以企业集成模块品目采购 MES 信息平台为共同的信息运作平台，相互联系在一起，共同完成企业集成电子商务模块品目采购流程。

2. 第四方物流模块品目配送联盟模式

第四方物流模块品目配送联盟模式是供应链的集成，这种模式包括第三方物流配送和更多的优势力量，运用这些不同资源，进一步优化模块品目配送的效率。这种模式是资源整合的模块品目配送模式，所有的工作环节都是为了提升最终的模块品目配送成效。这种模式实际运用过程中，以第三方物流配送为基础，为了进一步增强模块品目配送竞争实力，需要将主体企业、企业集成战略主体供应商、企业集成战略辅助供应商、第三方物流企业、更多的优势力量融合起来，每一类企业作为采购询价与比价和议价、采购合同签订、模块品目采购进货、模块品目采购配送、采购交货验收、采购质量检验、采购结算的整体模块品目采购流程的一部分，以企业集成模块品目采购 MES 信息平台为共同的信息运作平台，相互联系在一起，共同完成企业集成电子商务模块品目采购流程。

3. 电子商务企业自建物流模块品目配送模式

这种模式更适合部分发展规模较大的集团企业，立足于原本的物流模块品目配送团队力量，建立自己的物流模块品目配送体系，独立完成物流模块品目配送的工作。进行电子商务企业自建物流模块品目配送模式运作时，需要以企业集成模块品目采购 MES 信息平台为基本信息运作平台，自建物流模块品目配送体系，完成采购询价与比价和议价、采购合同签订、模块品目采购进货、模块品目采购配送、采购交货验收、采购质量检验、采购结算的企业集成电子商务模块品目采购流程。

（二）企业集成模块品目采购 MES 信息平台模块品目配送流程

1. 备货

备货是模块品目配送的准备工作，是第三方物流企业、第四方物流企业根据主体企业的模块品目要求从企业集成战略主体供应商、企业集成战略辅助供应商处集中模块品目的过程。这一过程包括筹集模块品目货源、模块品目订货、模块品目进货及有关的质量检查、结算和交接等，这些过程需要在企业集成模块品目采购 MES 信息平台中运作。配送的优势是可以集中主体企业的模块品目需求，进行一定规模的备货。

2. 储存

储存是模块品目配送的一项重要内容，也是配送区别于一般送货的重要标志。模块品目配送中的储存有储备和暂存两种形态。储备是按一定时期模块品目配送规模要求的合理储存数量，形成配送的资源保证；暂存是在进行模块品目配送过程中，为方便作业所进行的货物储存。储备的结构相对稳定，暂存的结构易于变化；储备的时间相对较长，暂存的时间较短。储存过程需要在企业集成模块品目采购 MES 信息平台中运作。

3. 分拣及配货

分拣及配货是为了满足主体企业对模块品目不同种类、不同规格、不同数量的要求，第三方物流企业、第四方物流企业按照配装要求进行分拣模块品目，按企业集成采购作业计划配货。分拣是对模块品目按照进货和配送的先后次序、品种规格和数量大小等所进行的整理工作，是保证配送质量的一项基础作业，是完善送货和支持送货的准备性工作。配货是依据主体企业模块品目的不同要求，从仓库中提取模块品目而形成的不同模块品目的组合。主体企业对模块品目需求的多元化，第三方物流企业、第四方物流企业必须对模块品目进行组合、优化，合理选用运输工具，方便配送工作，满足用户需求。分拣及配货过程需要在企业集成模块品目采购 MES 信息平台中运作。

4. 配装

配装是指根据运能及线路，充分利用运输工具的载重量和运输容积，采用先进的装载方法，合理安排模块品目的装载，进行模块品目装配组合。第三方物流企业、第四方物流企业安排配装，把多个主体企业的货物或同一主体企业的多种货物合理地装载于同一辆车上，能降低送货成本，提高企业的经济效益，减少交通流量。配装过程需要在企业集成模块品目采购 MES 信息平台中运作。

5. 配送运输

配送运输是借助运输工具等将装配好的模块品目送达目的地的一种运输活动，属于末端运输。要提高送货的效率，需要科学合理地规划和确立配送地的地理位置。不仅要考虑主体企业的要求，还要考虑送达的目的地、运输线路、运输时间以及运输工具等。配送运输过程需要在企业集成模块品目采购 MES 信息平台中运作。

6. 送达服务

送达服务是将模块品目送达目的地后，将模块品目交付给主体企业的一种活动，是配送活动的结束性工作。配送人员应向主体企业办理有关的交接手续，有效、便捷地处理相关手续并完成结算。送达服务过程需要在企业集成模块品目采购 MES 信息平台中运作。

六、企业集成模块品目采购 ERP 和 MES 信息平台运作

（一）企业集成模块品目采购 MES 信息平台采购流程运作

企业集成模块品目采购 MES 信息平台进行企业集成战略主体和辅助供应商选择、采购询价与比价和议价、采购合同签订、模块品目采购进货、模块品目采购配送、采购交货验收、采购质量检验、采购结算的具体、联合模块单元和通用、专用模块单元

流程运作。企业集成战略主体和辅助供应商选择流程主要在企业集成模块品目采购 ERP 信息平台运作,将选择和评价的企业集成战略主体供应商、企业集成战略辅助供应商融入企业集成模块品目采购 MES 信息平台。

企业集成模块品目采购 MES 采购询价与比价和议价需要在企业集成模块品目采购 MES 信息平台中,主体企业针对企业集成战略主体供应商 A 类、B 类、关键、杠杆、瓶颈模块品目和企业集成战略辅助供应商 C 类和常规模块品目采购业务进行询价,了解模块品目价格;进行比价,得出不同供应商有关模块品目的价格;进行议价,主体企业和供应商之间来回沟通价格,主体企业得到满意的价格。

企业集成模块品目采购 MES 采购合同签订需要在企业集成模块品目采购 MES 信息平台中,主体企业和供应商完成模块品目采购询价与比价和议价,需要根据购买的模块品目数量、质量、时间的要求,签订企业集成战略主体供应商 A 类、B 类、关键、杠杆、瓶颈模块品目和企业集成战略辅助供应商 C 类和常规模块品目的采购合同,实现模块品目采购契约。

企业集成模块品目采购 MES 模块品目采购进货需要在企业集成模块品目采购 MES 信息平台中,主体企业和供应商采购合同签订后,需要根据模块品目供应商所在地、采购环境、采购条件,与供应商共同确定企业集成战略主体供应商 A 类、B 类、关键、杠杆、瓶颈模块品目和企业集成战略辅助供应商 C 类和常规模块品目的配送商。

企业集成模块品目采购 MES 模块品目采购配送需要在企业集成模块品目采购 MES 信息平台中,主体企业和供应商确定模块品目配送商后,配送商需要按照主体企业具体、联合、模块组、总作业模块单元和通用、链接、专用模块的模块品目要求选择适合的配送路线、选择适合的配送工具、选择适合的配送方式,进行企业集成战略主体供应商 A 类、B 类、关键、杠杆、瓶颈模块品目和企业集成战略辅助供应商 C 类和常规模块品目的配送,保证按时、按质、按量进行主体企业模块品目的供应。

企业集成模块品目采购 MES 采购交货验收需要在企业集成模块品目采购 MES 信息平台中,配送商将主体企业所需要的企业集成战略主体供应商 A 类、B 类、关键、杠杆模块品目和企业集成战略辅助供应商 C 类和常规模块品目送至主体企业的地址,主体企业需要确定模块品目交接的地点,进行模块品目验收,做到模块品目的品种和数量与主体企业相符,然后搬运到企业。

企业集成模块品目采购 MES 采购质量检验需要在企业集成模块品目采购 MES 信息平台中,主体企业对搬运到企业的企业集成战略主体供应商 A 类、B 类、关键、杠杆、瓶颈模块品目和企业集成战略辅助供应商 C 类和常规模块品目按照模块品目的质量验证资料进行查验,需要进行现场抽检,保证模块品目符合质量要求。

企业集成模块品目采购 MES 采购结算需要在企业集成模块品目采购 MES 信息平台中,主体企业根据企业所采购的符合品种、质量、数量要求的企业集成战略主体供应商 A 类、B 类、关键、杠杆、瓶颈模块品目和企业集成战略辅助供应商 C 类和常规模块品目,与供应商进行结算,完成模块品目供应。

（二）大数据企业集成模块品目采购 ERP 和 MES 信息平台组织运作

大数据在企业集成模块品目采购 ERP 信息平台中，与企业集成模块品目采购 ERP 供应商关系管理相联系，对促进企业集成战略主体供应商关系管理、企业集成战略辅助供应商关系管理、备选主体和辅助供应商关系管理、一般供应商关系管理起着重要作用。大数据在企业集成模块品目采购 MES 信息平台中，与企业集成采购询价与比价和议价、采购合同签订、模块品目采购进货、模块品目采购配送、采购交货验收、采购质量检验、采购结算的具体、联合模块单元和通用、专用模块单元流程运作相联系，实时发挥企业集成采购模块单元运作作用。大数据在企业集成模块品目采购 MES 信息平台中，与 MES 集成模块单元适时采购与库存调度、MES 集成模块单元采购作业计划的集成采购管理、MES 集成模块单元适时采购执行、MES 集成模块单元适时采购跟踪、MES 集成模块单元适时采购流程效果评价、MES 集成模块单元适时采购反馈与调整相联系，实时发挥 MES 信息平台组织作用。

企业集成模块品目采购 MBE 信息平台中的企业集成战略主体供应商 A 类、B 类、关键、杠杆、瓶颈模块品目和企业集成战略辅助供应商 C 类和常规模块品目的质量管理是企业集成模块品目采购 MES 信息平台质量运作基础。企业集成模块品目采购 MES 信息平台中的企业集成采购询价与比价和议价、采购合同签订、模块品目采购进货、模块品目采购配送、采购交货验收、采购质量检验、采购结算的具体、联合模块单元和通用、专用模块单元流程运作是企业集成模块品目采购 ERP 信息平台和 MES 信息平台组织运作基础。

企业集成模块品目采购 ERP 信息平台和 MES 信息平台组织运作相联系。MES 集成模块单元适时采购与库存调度与企业集成模块品目采购 ERP 模块品目作业计划相联系，MES 集成模块单元适时采购与库存调度是企业集成模块品目采购 ERP 模块品目作业计划具体实施体现。MES 集成模块单元适时采购执行、MES 集成模块单元适时采购跟踪、MES 集成模块单元适时采购流程效果评价、MES 集成模块单元适时采购反馈和调整与企业集成模块品目采购 ERP 采购业务管理运作、供应商关系管理、采购价值管理、采购物流管理、采购团队和员工管理、采购信息链接和沟通相联系，企业集成模块品目采购 MES 信息平台组织运作是企业集成模块品目采购 ERP 信息平台运作的基础。

（三）企业集成模块品目采购 ERP 和 MES 信息平台链接与沟通

企业集成模块品目采购 ERP 和 MES 信息平台链接与沟通包括企业集成模块品目采购 ERP 信息平台和企业集成模块品目采购 MES 信息平台链接与沟通、企业集成模块品目采购 MES 信息平台与电子商务整体模块品目采购链接与沟通。企业集成模块品目采购 ERP 信息平台需要将企业集成模块品目采购 MES 信息平台模块品目采购的各种信息融入企业集成模块品目采购 ERP 信息平台；企业集成模块品目采购 ERP 信息平台需要为企业集成模块品目采购 MES 信息平台准备运作的基础，进行团队和员工沟通，完成企业集成模块品目采购 ERP 信息平台和企业集成模块品目采购 MES 信息平台链接与沟通。企业集成模块品目采购 MES 信息平台与电子商务整体模块品目采购链接与沟通，通过采购询价与比价和议价、采购合同签订、模块品目采购进货、模块品目采购配送、采购交货验收、采购质量检验、采购结算整体模块品目采购流程在企业集成模块品目采购 MES 信息平台中进行运作，进行企业集成模块品目采购 MES 信息平台与电子商务整体模块品目采购流程的链接和沟通，进行整体模块品目采购流程中的主体企业与企业集成战略主体供应商、企业集成战略辅助供应商、第三方物流企业、第四方物流企业沟通，完成企业集成模块品目采购 MES 信息平台与电子商务整体模块品目采购链接与沟通。

参考文献

［1］AbdEllatif M，Farhan M S，Shehata N S. Overcoming Business Process Reengineering Obstacles Using Ontology – based Knowledge Map Methodology ［J］. Future Computing and Informatics Journal，2018，3（1）：7 – 28.

［2］Antonelli D，Stadnicka D. Combining Factory Simulation with Value Stream Mapping：A Critical Discussion ［J］. Procedia CIRP，2018（67）：30 – 35.

［3］Antonio G D，Chiabert P，Bedolla J S. A Novel Methodology to Integrate Manufacturing to Execution Systems with the Lean Manufacturing Approach ［J］. Procedia Manufacturing，2017（11）：2243 – 2251.

［4］Avikal S，Jain R，Mishra P K.，Yadav H. C. A Heuristic Approach for U – shaped Assembly Line Balancing to Improve Labor Productivity ［J］. Computers & Industrial Engineering，2013，64（4）：895 – 901.

［5］Badurdeen F，Aydin R，Brown A. A multiple Lifecycle – based Approach to Sustainable Product Configuration Design ［J］. Journal of Cleaner Production，2018，200（1）：756 – 769.

［6］Benmoussa R，Rasovska I，Dubois S，Guio R De，Moussa F Z Ben. Reviewing the Use of the Theory of Inventive Problem Solving（TRIZ）in Green Supply Chain Problems ［J］. Journal of Cleaner Production，2017，142（20）：2677 – 2692.

［7］Berkley B J. Analyzing Service Blueprints using Phase Distributions ［J］. European Journal of Operational Research，1996，88（1）：152 – 164.

［8］Boone C A，Skipper J B.，Hazen B T. A Framework for Investigating the Role of Big Data in Service Parts Management ［J］. Journal of Cleaner Production，2017，153（1）：687 – 691.

［9］Chase R B，Apte U M. A History of Research in Service Operations：What's the Big Idea? ［J］. Journal of Operations Management，2007，25（2）：375 – 386.

［10］Chen C S，Liang W Y，Hsu H Y. A Cloud Computing Platform for ERP Applications ［J］. Applied Soft Computing，2015（27）：127 – 136.

［11］Cook L S，Bowen D E，Chase R B，Dasu S，Tansik D A. Human Issues in Service Design ［J］. Journal of Operations Management，2002，20（2）：159 – 174.

［12］De Aguiar J，De Oliveira L，Da Silva J O，Bond D，Becker D. A Design Tool to Diagnose Product Recyclability During Product Design Phase［J］. Journal of Cleaner Production，2017，141（10）：219 – 229.

［13］De Souza J P E，Dekkers R. Adding Sustainability to Lean Product Development［J］. Procedia Manufacturing，2020（1）：1327 – 1336.

［14］Dehmer J，Niemann J. Value Chain Management Through Cloud – based Platforms［J］. Procedia – Social and Behavioral Sciences，2018（238）：177 – 181.

［15］Deneau J，Duquette A，Mallender M，Wyk P M. Anthropometry of the Canadian Adult Population：Developing Comprehensive，Updated Normative – Reference Standards［J］. International Journal of Industrial Ergonomics，2018（68）：199 – 204.

［16］Dixon M J，Thompson G M. The Impact of Timing and Bundling Flexibili – ty on Affect – Based Service Package Design［J］. Decision Sciences，2019（10）：948 – 984.

［17］Dombrowski U，Malorny C. Methodological Approach for a Process – Orientated Lean Service Implementation［J］. Procedia CIRP，2018（73）：235 – 240.

［18］Dorian U，Gaspar M. Quality Management in Cloud Services using Remote Assistance – A Literature Review［J］. Procedia – Social and Behavioral Sciences，2018（238）：607 – 614.

［19］Ekmekci I，Koksal M. Triz Methodology and an Application Example for Product Development［J］. Procedia – Social and Behavioral Sciences，2015，195（3）：2689 – 2698.

［20］Elragal A. ERP and Big Data：The Inept Couple［J］. Procedia Technology，2014（16）：242 – 249.

［21］Fogliatto F S，Borenstein D，da Silveira G J C. The Masscustomi Zation Decade：An Updated Review of the Literature［J］. International Journal of Production Economics，2012，138（1）：14 – 25.

［22］Fresner J，Jantschgi J，Birkel S，Bärnthaler J，Krenn C. The Theory of Inventive Problem Solving（TRIZ）as Option Generation Tool within Cleaner Production Projects. Journal of Cleaner Production，2010，18（2）：128 – 136.

［23］F. 罗伯特·雅各布斯，理查德·B. 蔡斯. 运营管理［M］. 任建标译. 北京：机械工业出版社，2016.

［24］Ge M，Bangui H，Buhnova B. Big Data for Internet of Things：A Survey［J］. Future Generation Computer Systems，2018（87）：601 – 614.

［25］Hansson M，Wigblad R. Recontextualizing the Hawthorne Effect［J］. Scandinav – vian Journal of Management，2006，22（2）：120 – 137.

［26］Helo P，Suorsa M，Hao Y，Anussornnitisarn P. Toward a Cloud – based Manufacturing Execution System for Distributed Manufacturing［J］. Computers in InduStry，2014，65（4）：646 – 656.

［27］ Henneberg S C. , Gruber T, Naudé. Services networks: Concept and Research Agenda. Industrial Marketing Management, 2013, (42 (1): 3 – 8.

［28］ Hill C A. , Zhang G P, Miller K E. . Collaborative Planning, Forecasting, and Replenishment & firm Performance: An Empirical Evaluation ［J］. International Journal of Production Economics, 2018 (196): 12 – 23.

［29］ H. 法约尔. 工业管理与一般管理［M］. 周安华, 林宗锦, 展学仲, 张玉琪译. 北京: 中国社会科学出版社, 1998.

［30］ Iqbal A, Asrarul – Haq M . Establishing Relationship between TQM Practices and Employee Performance: The Mediating Role of Change Readiness ［J］. International Journal of Production Economics, 2018 (203): 62 – 68.

［31］ Jacobs F R , Bendoly E. Enterprise Resource Planning: Developments and Directions for Operations Management Research ［J］. European Journal of Operational Research, 2003, 146 (2): 233 – 240.

［32］ Junior M L, Filho M G. Variations of the Kanban System: Literature Review and Classification ［J］. International Journal of Production Economics, 2010, 125 (1): 13 – 21.

［33］ Kazim S. On the Benefits of CPFR and VMI: A Comparative Simulation Study ［J］. International Journal of Production Economics, 2008, 113 (2): 575 – 586.

［34］ Kobusińska A, Leung C, Hsu C H, Raghavendra S, Chang V. Emerging Trends, Issues and Challenges in Internet of Things, Big Data and Cloud Computing ［J］. Future Generation Computer Systems, 2018 (87): 416 – 419.

［35］ Kraslawski A, Yang S, Qian Y, Yang Q. Application of House of Quality in Evaluation of low Rank Coal Pyrolysis Polygeneration Technologies ［J］. Energy Conversion and Management, 2015, 99 (15): 231 – 241.

［36］ López E A, Lober A S, Requena I G. Lean Service: Reassessment of Lean Manufacturingfor Service Activities ［J］. Procedia Engineering, 2015 (132): 23 – 30.

［37］ L. 迪·芬克. 创造有意义的学习经历——综合性大学课程设计原则［M］. 胡美馨, 刘颖译. 杭州: 浙江大学出版社, 2006.

［38］ Martin Heller. 机器学习之无监督学习［J］. Charles 编译. 计算机世界, 2019 (11): 1 – 3.

［39］ Mikhaylov F, Juli K, Eldar S. Current Tendencies of the Development of Service of Human Resources Management ［J］. Procedia – Social and Behavioral Sciences, 2014, 150 (15): 330 – 335.

［40］ Modrak V, Soltysova Z. Process Modularity of Mass Customized Manufacturing Systems: Principles ［J］. Measures and Assessment. Procedia CIRP, 2018 (67): 36 – 40.

［41］ Myers B A, Santos A L. Design Annotations to Improve API Discoverability ［J］. Journal of Systems and Software, 2017 (126): 17 – 33.

［42］Nadadur G，Raschke U，Parkinson M B. A Quantile – Based Anthropometry Synthesis Technique for Global User Populations［J］. International Journal of Industrial Ergonomics，2016（53）：167 – 178.

［43］Oussous A，Benjelloun F Z，Lahcen A A，Belfkih S. Big Data Technologies：A Survey［J］. Journal of King Saud University – Computer and Information Sciences，2018，30（4）：431 – 448.

［44］Oyemomi O，Liu S，Neaga I，Alkhuraiji A. How Knowledge Sharing and Business Process Contribute to Organizational Performance：Using the fsQCA Approach［J］. Journal of Business Research，2016，69（11）：5222 – 5227.

［45］Paul Myerson. 精益供应链与物流管理［M］. 梁峥，郑诚俭译. 北京：人民邮电出版社，2014.

［46］Paul R. Niven. 平衡计分卡演进———一种动态的战略执行方法［M］. 林清怡译. 北京：人民出版社，2016.

［47］Paula de Camargo Fiorini，Bruno Michel Roman Pais Seles，Charbel Jose Chiappetta Jabbour，Enzo Barberio Mariano，Ana Beatriz Lopes de Sousa Jabbour. Management Theory and Big Data Literature：From a Review to a Research Agenda［J］. International Journal of Information Management，2018（43）：112 – 129.

［48］Pavan Kumar Potdar，Srikanta Routroy，Astajyoti Behera. Addressing the Agile Manufacturing Impediments using Interpretive Structural Modeling［J］. Materials Today：Proceedings，2017，4（2）：1744 – 1751.

［49］Potdar P K，Routroy S. Analysis of Agile Manufacturing Enablers：A Case Study［J］. Materials Today：Proceedings，2018，5（1）：4008 – 4015.

［50］Powell D J. Kanban for Lean Production in High Mix，Low Volume Environments［J］. IFAC – Papers OnLine，2018，51（11）：140 – 143.

［51］Quix C，Jarke M. Information Integration in Research Information Systems［J］. Procedia Computer Science，2014（33）：18 – 24.

［52］Rahman N A A，Esa M M，Sharif S M. Lean Manufacturing Case Study with Kanban System Implementation［J］. Procedia Economics and Finance，2013（7）：174 – 180.

［53］Rajab A，Shaari R，Panatik S A. Quality Management：From Effective Service to Innovative［J］. Facility Procedia – Social and Behavioral Sciences，2012（40）：509 – 513.

［54］Rennung F，Luminosu A D. Service Provision in the Framework of Industry 4. 0［J］. Procedia – Social and Behavioral Sciences，2016，221（7）：372 – 377.

［55］Resta B，Dotti S，Gaiardelli P，Powell D. Towards a Framework for Operati – ons in Product – Oriented Product Service Systems［J］. CIRP Journal of Manufacturing Science and Technology，2015（9）：12 – 22.

［56］Shao C，Zhang Z，Ye X，Zhao Y J，Sun H. Modular Design and Optimization for

Intelligent Assembly System [J]. Procedia CIRP, 2018 (76): 67 – 72.

[57] Singh V, Kumar A, Singh T. Impact of TQM on Organisational Performance: The case of Indian Manufacturing and Service Industry [J]. Operations Research Perspectives, 2018 (5): 199 – 217.

[58] Song W, Wu Z, Li X. Modularizing Product Extension Services: An Approach Based on Modified Service Blueprint and Fuzzy Graph [J]. Computers & Industrial Engineering, 2015 (3): 186 – 195.

[59] Srihadi T F, Setiawan D. The Influence of Different Level of Service Characteristics and Personal Involvement towards Consumer Relational Response Behaviors [J]. Procedia – Social and Behavioral Sciences, 2015, 210 (2): 378 – 387.

[60] Subramanian N, Jeyaraj A. Recent Security Challenges in Cloud Computing [J]. Computers & Electrical Engineering, 2018 (71): 28 – 42.

[61] Tiuc D, Draghici G. TRIZ Model Used for Complaint Management in the Automotive Product Development Process. Procedia – Social and Behavioral Sciences, 2016, 221 (7): 414 – 422.

[62] Uddin N, Hossain F. Evolution of Modern Management through Taylorism: An Adjustment of Scientific Management Comprising Behavioral Science [J]. Procedia Computer Science, 2015 (62): 578 – 584.

[63] Valckenaers P, Brussel H V. Holonic Manufacturing Execution Systems [J]. CIRP Annals, 2005, 54 (1): 427 – 432.

[64] Vilda F G, Fabra J A Y, Torrents A S, Becker J M. J, WitsW W. A Geometrical Model for Managing Surface Productivity of U – shaped Assembly Lines [J]. CIRP Annals, 2018, 67 (1): 479 – 482.

[65] Wang Y, Mo D Y., Tseng M M. Mapping Customer Needs to Design Parameters in the front end of Product Design by Applying Deep Learning [J]. CIRP Annals, 2018, 67 (1): 145 – 148.

[66] Wei S, Ang T, Jancenelle V E. Willingness to Pay More for Green Products: The Interplay of Consumer Characteristics and Customer Participation [J]. Journal of Retailing and Consumer Services, 2018 (45): 230 – 238.

[67] Wilson J M. Gantt Charts: A Centenary Appreciation [J]. European Journal of Operational Research, 2003, 149 (2): 430 – 437.

[68] Yao Y, Xu Y. Dynamic Decision Making in Mass Customization [J]. Computers & Industrial Engineering, 2018 (120): 129 – 136.

[69] Zaid A A, Jaaron A A M., Bon A T. The Impact of Green Human Resource Management and green Supply Chain Management Practices on Sustainable Performance: An Empirical Study [J]. Journal of Cleaner Production, 2018, 204 (10): 965 – 979.

［70］Zhang S, Xu J, Gou H, Tan J. A Research Review on the Key Technologies of Intelligent Design for Customized Products ［J］. Engineering, 2017, 3 (5): 631 –640.

［71］Zheng P, Lin T J, Chen C H, Xu X. A Systematic Design Approach for Service Innovation of Smart Product – Service Systems ［J］. Journal of Cleaner Production, 2018, 201 (10): 657 –667.

［72］Zhu W, He Y. Green Product Design in Supply Chains under Competition ［J］. European Journal of Operational Research, 2017, 258 (1): 165 –180.

［73］Şimş it Z T, Günay N S, Vayvay O. Theory of Constraints: A Literature Review ［J］. Procedia – Social and Behavioral Sciences, 2014, 150 (15): 930 –936.

［74］艾丽森·A. 卡尔·切尔曼. 教师教学设计——改进课堂教学实践 ［M］. 方向, 李忆凡译. 福州：福建教育出版社, 2018.

［75］保罗·D. 利迪, 珍妮·埃利斯·奥姆罗德. 实证研究计划与设计 ［M］. 吴瑞林, 史晓晨译. 北京：机械工业出版社, 2015.

［76］保罗·格默尔, 巴特·范·路易, 罗兰·范·迪耶多克. 服务管理——整合的视角 ［M］. 陈福军, 曹婷译. 北京：清华大学出版社, 2017.

［77］彼得·德鲁克. 管理的新范式 ［J］. 顾信文译. 现代外国哲学社会科学文摘, 1999 (3): 18 –24.

［78］彼得·德鲁克. 管理的实践 ［M］. 齐若兰译. 北京：机械工业出版社, 2007.

［79］边霞, 米良. 遗传算法理论及其应用研究进展 ［J］. 计算机应用研究, 2010 (7): 2425 –2429.

［80］蔡素丽. 灰色系统理论 GM (1, 1) 预测模型应用实证分析 ［J］. 廊坊师范学院学报（自然科学版）, 2013 (5): 5 –8.

［81］曹红波. 电子商务平台物资采购的管控优势和改进策略 ［J］. 商讯, 2020 (27): 131 –132.

［82］曹忠鹏, 马钦海, 赵晓煜. 服务补救悖论的研究综述及管理启示 ［J］. 预测, 2012 (5): 74 –80.

［83］陈春花, 杨忠, 曹州涛. 组织行为学 ［M］. 北京：机械工业出版社, 2019.

［84］陈戈. 电商创业共享愿景对团队承诺的作用机制 ［J］. 公共管理与公共政策研究, 2019 (8): 83 –93.

［85］陈荣秋, 马士华. 生产运作管理 ［M］. 北京：机械工业出版社, 2016.

［86］陈武, 张山江, 侯春华. 二次指数平滑预测模型回归系数计算方法探讨 ［J］. 理论新探, 2016 (19): 11 –12.

［87］陈鹰. 基于系统动力学的供应链绩效动态评价模型研究 ［M］. 大连：东北财经大学出版社, 2015.

［88］陈沅江, 邓奇春, 刘征. 改进物元可拓评价法在公路景观评价的应用 ［J］.

科技导报，2010（23）：91-94.

[89] 崔凯，孙林岩，冯泰文，邢星．脑力负荷度量方法的新进展述评 [J]．工业工程，2008（5）：1-5.

[90] 崔利利．自我效能感在企业人力资源管理中的应用探讨 [J]．商场现代化，2019（16）：84-85.

[91] 大野耐一．丰田生产方式 [M]．谢克俭，李颖秋译．北京：中国铁道出版社，2014.

[92] 戴夫·帕特奈克．创新始于同理心：为什么与顾客建立深度关系是重要的 [J]．薛费玲译．IT 经理世界，2010（7）：81-83.

[93] 党宏社．系统仿真与应用 [M]．北京：电子工业出版社，2018.

[94] 邓建新，单路宝，贺德强，唐锐．缺失数据的处理方法及其发展趋势 [J]．统计与决策，2019（23）：28-34.

[95] 丁宁．服务管理 [M]．北京：清华大学出版社，2018.

[96] 丁熊．服务共创：服务中的共创及其机制 [J]．装饰，2019（10）：116-119.

[97] 段丽梅．供应链牛鞭效应的成因分析与弱化 [J]．经济观察，2018（9）：16-17.

[98] 范正勇．对人类学研究方法——田野调查的几点思考 [J]．青海民族研究，2007（7）：16-18.

[99] 冯彦辉，任宝秦，崔鹤．对润滑油客户价值的模糊综合评价 [J]．润滑油，2020（4）：1-8.

[100] 甘绮翠．提供标准化的个性服务 [J]．销售于市场，2011（9）：17-18.

[101] 甘庭聪，徐义红，张雨涵．三角模糊数的一种排序方法 [J]．数学的实践与认识，2020（13）：116-121.

[102] 高彬彬，杨孔雨．免疫算法研究 [J]．计算机技术与发展，2009（7）：249-254.

[103] 高广尚．用户画像构建方法研究综述 [J]．数据分析与知识发现，2019（3）：25-35.

[104] 高霞，李瑞俊．缺失数据处理方法的研究及其在软测量技术中的应用 [J]．江西电力职业技术学院学报，2019（1）：4-5.

[105] 高晓红，李兴奇．主成分分析中线性无量纲化方法的比较研究 [J]．统计与决策，2020（3）：33-36.

[106] 格兰特·威金斯，杰伊·麦克泰．我们如何正确思维——芝加哥大学精品思维课 [M]．盛群力，沈祖芸，柳丰，吴新静，郑丹丹译．福州：福建教育出版社，2018.

[107] 葛玉辉．工作分析与设计 [M]．北京：清华大学出版社，2014.

[108] 龚益鸣．现代质量管理学 [M]．北京：清华大学出版社，2012.

［109］顾炯炯．云计算架构技术与实践［M］．北京：清华大学出版社，2016.

［110］郭伏，钱省三．人因工程学［M］．北京：机械工业出版社，2019.

［111］郭亚军，易平涛．线性无量纲化方法的性质分析［J］．统计研究，2008（2）：93－100.

［112］韩胜娟．SPSS 聚类分析中数据无量纲化方法比较［J］．科技广场，2008（5）：229－231.

［113］郝向华，张理．顾客价值理论研究综述［J］．经济研究导刊，2010（6）：157－15.

［114］何桢．六西格玛管理［M］．北京：中国人民大学出版社，2017.

［115］洪慧君，谢荣伟．互联网＋背景下采购平台特征及构建分析［J］．电子世界，2019（3）：85－86.

［116］侯建军．基于健康坐姿的新型座椅设计研究［J］．科技信息，2010（2）：137－138.

［117］胡丽丽，王刚．心理契约视角下新生代员工激励策略研究［J］．经营与管理，2020（9）：90－95.

［118］胡艳曦，官志华．国内外关于胜任力模型研究综述［J］．商场现代化，2008（31）：248－250.

［119］黄佳丽，张佳琳，张紫．团队效能及其影响因素研究［J］．现代商贸工业，2016（26）：75－77.

［120］黄力远．基于迪·芬克教学理论的课程设计研究［J］．吉林省教育学院学报，2011（10）：34－36.

［121］黄利文．改进的距离判别分析法［J］．江南大学学报（自然科学版），2011（6）：745－748.

［122］黄振，朱珺，张为．基于 Bayes 判别分析法的上市公司财务风险研究［J］．洛阳理工学院学报（社会科学版），2012（3）：26－28.

［123］惠青山，凌文辁，何花．任务清单分析法的变通之道［J］．中国人力资源开发，2008（2）：46－48.

［124］加里·德斯勒．人力资源管理［M］．刘昕译．北京：中国人民大学出版社，2012.

［125］蹇令香，李东兵．采购与库存管理［M］．大连：东北财经大学出版社，2016.

［126］江玮璠．基于模糊聚类分析的多准则 ABC 库存管理［J］．物流技术，2009（1）：97－98.

［127］姜鹏飞．服务营销［M］．北京：中国市场出版社，2014.

［128］蒋祖华．人因工程［M］．北京：科学出版社，2011.

［129］蒋尊国．论大学生理论表述能力的培养［J］．佛山科技技术学院学报（社

会科学版），2014（1）：94 – 96.

［130］杰弗瑞·莱克. 丰田模式精益制造的14项管理原则［M］. 李芳龄译. 北京：机械工业出版社，2013.

［131］金正昆. 行业服务礼仪［M］. 北京：北京大学出版社，2009.

［132］精益界. 精益7S现场管理实战课［M］. 北京：中国电力出版社，2015.

［133］柯裕根，雷纳尔·戴森罗特. HYDRA制造执行系统指南［M］. 沈斌，王家海译. 北京：电子工业出版社，2016.

［134］克里斯·阿吉里斯. 个性与组织［M］. 郭旭力，鲜红霞译. 北京：中国人民大学出版社，2007.

［135］克里斯托弗·洛夫洛克，约亨·沃茨. 服务营销［M］. 韦福祥译. 北京：机械工业出版社，2016.

［136］孔欣然. 机器学习综述［J］. 电子制作，2019（24）：82 – 85.

［137］赖朝安. 工作研究与人因工程［M］. 北京：清华大学出版社，2012.

［138］雷明. 机器学习原理、算法与应用［M］. 北京：清华大学出版社，2019.

［139］雷鸣. 基于"关键时刻"理论的图书馆读者体验服务实例分析［J］. 科技情报开发与经济，2011（34）：4 – 7.

［140］雷晓庆，刘荣芳，景娴. 基于Kano模型的公共档案馆网络信息服务要素分类研究［J］. 档案学研究，2018（5）：112 – 118.

［141］冷建飞，高旭，朱嘉平. 多元线性回归统计模型的应用［J］. 统计与决策，2016（7）：82 – 85.

［142］冷绍升，傅艳，吴颖利. 我国机械制造企业标准体系的创新［J］. 机械工业标准化与质量，2009（8）：36 – 38.

［143］冷绍升，吴颖利. 企业标准体系范式的比较与创新［J］. 企业经济，2009（9）：16 – 19.

［144］冷绍升，吴颖利. 企业质量管理体系的演进与创新［J］. 企业活力，2009（9）：81 – 83.

［145］冷绍升. 学科视角下企业标准体系与企业运营管理耦合［J］. 中国海洋大学学报（社会科学版），2017（3）：31 – 39.

［146］冷绍升. 学科视角下企业运营管理演进与创新［J］. 中国海洋大学学报（社会科学版），2016（5）：59 – 66.

［147］冷绍升. 企业集成运营管理模式［M］. 北京：经济管理出版社，2014.

［148］李·克拉耶夫斯基，拉里·里茨曼. 运营管理：流程与价值链（第7版）［M］. 刘晋，向佐春译. 北京：人民邮电出版社，2007.

［149］李常亮，李晓津. 互联网模式下的供应链管理——以牛鞭效应为例［J］. 商业经济研究，2018（6）：79 – 81.

［150］李春田. 标准化概论［M］. 北京：中国人民大学出版社，2016.

［151］李岱远，高而坤，吴永祥，王高旭，万永静．基于网络层次分析法的节水型社会综合评价［J］．水利水运工程学报，2017（2）：29－37．

［152］李飞．全渠道客户旅程体验图——基于用户画像客户体验图和客户旅程图的整合研究［J］．技术经济，2019（5）：46－56．

［153］李海龙．重新定义学科［J］．江苏高教，2018（8）：9－15．

［154］李航．统计学习方法［M］．北京：清华大学出版社，2019．

［155］李虹，杨柳．饭店标准服务下个性服务的实施［J］．饭店现代化，2014（6）：42－46．

［156］李杰，邱伯华，刘宗长，魏慕恒．CPS 新一代工业智能［M］．上海：上海交通大学出版社，2017．

［157］李珂悦．三维人体测量技术的发展与应用［J］．科学技术与创新，2019（29）：84－86．

［158］李丽红，李爽，李言，杨亚峰．模糊集和粗糙集［M］．北京：清华大学出版社，2015．

［159］李晴，陈鹏宇．改进的 VIKOR 评价方法及其在学术期刊评价中的应用［J］．科技资讯，2020（12）：189－191．

［160］李随成，武梦超，李娜，王玮．战略供应商管理对供应商网络整合的机理研究［J］．南开管理评论，2016（6）：58－69．

［161］李雯，樊宏霞．服务企业运营管理［M］．重庆：重庆大学出版社，2016．

［162］李希灿．模糊数学方法及其应用［M］．北京：化学化工出版社，2016．

［163］李献，骆志伟，于晋臣．MATLAB/Simulink 系统仿真［M］．北京：清华大学出版社，2017．

［164］李香平，张红阳．模拟退火算法原理及改进［J］．软件导刊，2008（4）：47－48．

［165］李晓燕．工作重塑：非传统方式的工作设计［J］．现代企业，2019（1）：46－47．

［166］李旭．社会系统动力学——政策研究的原理、方法和应用［M］．上海：复旦大学出版社，2009．

［167］李旭然，丁晓．机器学习的五大类别及其主要算法综述［J］．软件导刊，2019（7）：4－9．

［168］李雪平，邹容．产业集群与城镇化耦合互动关系研究［J］．中国商界，2009（5）：188－189．

［169］李月英．田野调查：文化人类学的主要研究方法［J］．今日民族，2007（9）：45－49．

［170］李在卿，吴君．持续成功的管理——ISO9004：2009 标准解读及相关的现代企业管理理念与方法［M］．北京：中国质检出版社，中国标准出版社，2011．

［171］李震，李锋．顾客体验理论及企业实践现状研究述评与展望［J］．莆田学院学报，2020（1）：41－49.

［172］李智．APP界面设计视觉思维研究［J］．新闻传播，2019（8）：39－40.

［173］李祚．始于吉尔布雷斯的动作分析研究［J］．人力资源，2011（1）：44－45.

［174］梁樑，杨锋，苟清龙．数据、模型与决策——管理科学的数学基础［M］．北京：机械工业出版社，2017.

［175］梁艳华，冯曹冲，周力军，易平涛．中华人民共和国国家标准　企业标准体系要求［S］．中华人民共和国国家质量监督检验检疫总局，中国国家标准化管理委员会发布，2018.

［176］梁艳华，于明，许松林，蒋顺祥．中华人民共和国国家标准　企业标准体系　基础保障［S］．中华人民共和国国家质量监督检验检疫总局，中国国家标准化管理委员会发布，2018.

［177］梁艳华，张宝武，安华娟，许松林．中华人民共和国国家标准　企业标准体系　产品实现［S］．中华人民共和国国家质量监督检验检疫总局，中国国家标准化管理委员会发布，2018.

［178］林曦，蔡璐虹，陈星海．基于客户旅程图的地铁导视系统服务设计研究［J］．建筑与文化，2020（2）：44－46.

［179］林志贤．新海尔模式——海尔制造业互联网再革命［M］．北京：企业管理出版社，2017.

［180］林子雨．大数据技术原理与应用［M］．北京：中国邮电出版社，2017.

［181］刘邀洋．建筑室内环境设计中色彩的应用［J］．江西建材，2019（9）：55－57.

［182］刘得格，李焕荣．团队情绪智力、作用及其提升策略研究［J］．科技管理研究，2013（12）：135－138.

［183］刘丽文．生产运作与管理［M］．北京：清华大学出版社，2016.

［184］刘旭．粒子群算法及其应用发展［J］．科技经济导刊，2018（24）：138－139.

［185］刘毅．用户体验设计中的痛点策略［J］．设计，2015（9）：37－39.

［186］刘颖，徐森，杨忠．工作重塑：理论脉络、研究进展与本土化展望［J］．江海学刊，2018（6）：88－95.

［187］楼芸，丁剑潮．价值共创的理论演进和领域：文献综述与展望［J］．商业经济研究，2020（8）：147－150.

［188］陆成刚．模糊数学与数据实验［M］．杭州：浙江大学出版社，2017.

［189］陆红．大数据分析方法［M］．北京：中国财富出版社，2017.

［190］陆崟，卫宗敏，庄达民，完颜笑如．飞机驾驶舱显示界面脑力负荷判别预

测生理模型 ［J］. 北京航空航天大学学报，2016（4）：685－693.

［191］陆敏敏. 基于层次分析法的自主邀标评标表权重确定 ［J］. 科学技术创新，2019（19）：27－29.

［192］陆添超，康凯. 熵值法和层次分析法在权重确定中的应用 ［J］. 电脑编程技巧与维护，2009（22）：19－20.

［193］路易斯·斯托尔，迪安·芬克. 未来的学校——变革的目标与路径 ［M］. 柳国辉译. 北京：北京大学出版社，2010.

［194］吕文晶，陈劲，刘进. 工业互联网的制造模式与企业平台建设——基于海尔集团的案例研究 ［J］. 中国软科学，2019（7）：1－13.

［195］罗伯特·J. 马扎诺. 新教学艺术与科学 ［M］. 盛群力，蒋慧，陆琦，金琦钦译. 福州：福建教育出版社，2018.

［196］罗伯特·卡普兰，大卫·诺顿. 平衡记分卡——化战略为行动 ［M］. 刘俊勇，孙薇译. 广州：广东经济出版社，2013.

［197］洛林·W. 安德森. 布卢姆教育目标分类学 ［M］. 蒋小平，张琴美，罗晶晶译. 北京：外语教学与研究出版社，2009.

［198］洛林·W. 安德森. 提高教师教学效能 ［M］. 杜丹丹译. 福州：福建教育出版社，2018.

［199］马风才. 运营管理 ［M］. 北京：机械工业出版社，2019.

［200］马宏斌. 联想和想象能力的培养 ［J］. 教育与管理，2004（24）：54－55.

［201］马燕华. 战略供应商管理问题浅析 ［J］. 石油石化物资采购，2013（11）：85－88.

［202］迈克尔·哈默，詹姆斯·钱皮. 企业再造 ［M］. 王珊珊，胡毓源，徐荻州译. 上海：上海译文出版社，1998.

［203］门田安弘. 新丰田生产方式 ［M］. 王瑞珠译. 保定：河北大学出版社，2012.

［204］庞新福，杜茂华. 基于工业工程中模特法的动作研究 ［J］. 机电产品开发与创新，2007（3）：28－30.

［205］逢玉俊，柳明，李元. k 均值聚类分析在过程改进中的应用 ［J］. 华中科技大学学报（自然科学版），2009（1）：245－247.

［206］彭玲. 故事板在交互设计中的应用与研究 ［J］. 南方农机，2017（23）：118－122.

［207］秦鸣，宁建标，邓明君. 系统聚类法在机动车司机违法驾驶行为中的应用 ［J］. 公路与汽运，2017（7）：45－51.

［208］冉涛. 华为灰度管理法 ［M］. 北京：中信出版集团股份有限公司，2019.

［209］桑秀丽，马中东，付晶. 服务质量与管理 ［M］. 昆明：云南人民出版社，2016.

[210] 邵艳波，方敏．图形用户界面的文化传播影响 ［J］．苏州大学学报（工科版），2009（5）：96－97.

[211] 生志荣．过程能力指数评价过程能力可靠性影响因素分析 ［J］．数理统计与管理，2013（5）：839－846.

[212] 石弘一．机器学习综述 ［J］．通讯世界，2018（10）：253－254.

[213] 石丽．快递企业顾客感知服务质量评价 ［J］．物流技术，2015（5）：200－204.

[214] 石良臣．MATLAB/Simulink 系统仿真超级学习手册 ［M］．北京：人民邮电出版社，2014.

[215] 史蒂文·L. 麦克沙恩，玛丽·安·冯·格里诺．组织行为学 ［M］．张培冠，张璐斐译．北京：机械工业出版社，2015.

[216] 史戈．服务概念的演化及对服务运营管理的几点启示 ［J］．现代工业经济和信息化，2015（5）：28－30.

[217] 舒辉编．标准化管理 ［M］．北京：北京大学出版社，2016.

[218] 斯蒂芬·罗宾斯，蒂莫西·贾奇．组织行为学 ［M］．孙健敏，王震，李原译．北京：中国人民大学出版社，2016.

[219] 宋伟．蚁群算法发展评述 ［J］．软件导刊，2009（11）：84－86.

[220] 孙福权，程勖．基于结构方程的动态模型分析与设计（会议论文集）［M］．北京：科学出版社，2011.

[221] 孙宏才，田平，王莲芬．网络层次分析法与决策科学 ［M］．北京：国防工业出版社，2011.

[222] 孙奎贞．理论与方法的区别与联系 ［J］．贵州社会科学，1988（8）：11－14.

[223] 孙丽辉．"关键时刻"的服务管理 ［J］．中外管理，1997（4）：50－51.

[224] 孙林岩，崔凯，孙林辉．人因工程 ［M］．北京：科学出版社，2011.

[225] 孙荣恒，李建平．排队论基础 ［M］．北京：科学出版社，2015.

[226] 孙雪松，郭胜忠．脑力负荷及其评定 ［J］．社会心理科学，2009（3）：36－40.

[227] 孙振球，王乐三．综合评价方法及其医学应用 ［M］．北京：人民卫生出版社，2014.

[228] 汤丹丹，温中麟．共同方法偏差检验：问题与建议 ［J］．心理科学，2020（1）：215－223.

[229] 唐加山．排队论及其应用 ［M］．北京：科学出版社，2017.

[230] 唐蕾．管理理论未来跨学科融合发展趋势探析——基于对管理丛林现象的再思考 ［J］．企业管理，2011（1）：65－67.

[231] 唐娜．基于 KANO 模型的个性化服务功能分析 ［J］．内蒙古科技与经济，2018（9）：133－135.

［232］田兵．Fisher 判别分析及其应用［J］．渭南师范学院学报，2014（23）：8－11.

［233］田立平，孙群．供应链中的"牛鞭效应"研究综述［J］．安徽农业科技，2013（31）：12504－12506.

［234］田启涛，关浩光．工作设计革命：工作重塑的研究进展及展望［J］．中国人力资源开发，2017（3）：6－17.

［235］汪应洛．系统工程［M］．北京：清华大学出版社，2018.

［236］王东华．工业工程［M］．北京：清华大学出版社，2014.

［237］王公为．迭代式创新、价值创新与企业绩效——基于西贝筱面案例研究［J］．科技促进发展，2019（1）：96－102.

［238］王海燕，唐润．质量可靠性理论与技术［M］．北京：电子工业出版社，2014.

［239］王海燕，张斯棋，钟琴．服务质量管理［M］．北京：电子工业出版社，2014.

［240］王槐林，刘昌华．采购管理与库存控制［M］．北京：中国财富出版社，2013.

［241］王辉，杨锐．基于冰山模型的企业 HRBP 胜任力研究［J］．湖南工程学院学报，2017（3）：11－15.

［242］王鉴忠，盖玉妍．顾客体验理论逻辑演进与未来展望［J］．辽宁大学学报（哲学社会科学版），2012（1）：93－98.

［243］王卷卷，郭思智．顾客价值典型理论评析［J］．企业研究，2010（12）：88－89.

［244］王立芳，王妍．基于服务蓝图的用户体验提升［J］．研究，2019（2）：56－59.

［245］王丽，李阳，篮尉．基于主成分分析和统计建模数据预测［J］．工业控制计算机，2018（7）：123－124.

［246］王鹏，李俊杰，谢志明，石慧，黄焱．大数据架构详解——从数据获取到深度学习［M］．北京：人民邮电出版社，2018.

［247］王萍，王毅，沈涛．关键事件技术理论及在图书馆服务质量评价中的应用［J］．情报理论与实践，2012（11）：80－84.

［248］王茜．创新服务沦为"过度"服务？［J］．中国民用航空，2013（4）：71－72.

［249］王钦．人单合一管理学——新工业革命背景下的海尔转型［M］．北京：经济管理出版社，2016.

［250］王淑君，张胜，于富生．价值链会计理论框架研究［J］．管理世界，2008（3）：179－180.

［251］王文和，刘林精，张爽，李凤．城市综合应灾能力的耦合协调度评估［J］．安全与环境工程，2019（6）：79－85.

［252］王喜斌．学科"大概念"的内涵、意义及获取途径［J］．教学与管理，2018（24）：86 - 89．

［253］王潇，王迎军．从体验范式看精益服务模型构建——一项基于纵向案例的研究［J］．企业管理，2014（8）：77 - 85．

［254］王小川，史峰，郁磊，李洋．MATLAB 神经网络 43 个案例分析［M］．北京：北京航空航天大学出版社，2013．

［255］王玉翠，王玉华，姜晓飞．基于服务质量差距模型的旅行社服务质量提升对策研究［J］．经济研究导刊，2020（11）：113 - 114．

［256］王展．基于服务蓝图与设计体验的服务设计研究与实践［J］．包装工程，2015（6）：41 - 44．

［257］王兆军，邹长亮，李忠华．统计质量控制图理论与方法［M］．北京：科学出版社，2013．

［258］王志美，陈传仁．遗传算法理论及其应用发展［J］．内蒙古石油化工，2006（9）：44 - 45．

［259］王志兴，李铁治．顾客满意理论综述［J］．商场现代化，2009（8）：37 - 39．

［260］威廉·J. 史蒂文森．运营管理［M］．张群，张杰，马风才译．北京：经济管理出版社，2019．

［261］卫宗敏．面向复杂飞行任务的脑力负荷多维综合评估模型［J］．北京航空航天大学学报，2020（7）：1287 - 1295．

［262］未来之舟．服务礼仪［M］．北京：中国经济出版社，2011．

［263］魏可可．数据包络分析方法的发展现状和局限性分析［J］．数字经济，2020（5）：191 - 192．

［264］魏秀丽，明鋆．生产运作与管理［M］．上海：上海财经大学出版社，2016．

［265］文川，王凤兰．精益企业 TPM 管理实践［M］．北京：人民邮电出版社，2017．

［266］吴画斌，陈正融，魏珂．工业互联网创新引领制造产业转型升级——基于海尔集团 COSMOPlat 的探索性案例研究［J］．现代管理科学，2019（10）：21 - 24．

［267］吴嘉华，侯先荣．改进服务质量的一个有效途径：过程能力指数法［J］．科技管理研究，2006（6）：207 - 208．

［268］吴建国．华为团队工作法［M］．北京：中信出版集团股份有限公司，2019．

［269］吴明隆．结构方程模型——AMOS 的操作与应用［M］．重庆：重庆大学出版社，2009．

［270］吴树芳，朱杰，李子星．修订版布鲁姆教育目标分类对网页设计与制作教

学设计的启示［J］．教育现代化，2018（53）：239－241．

［271］武春友，陈兴红，匡海波．基于 AHP－标准离差的企业绿色度可拓学评价模型及实证研究［J］．科研管理，2014（11）：109－117．

［272］武松，潘发明．SPSS 统计分析大全［M］．北京：清华大学出版社，2014．

［273］西门子工业软件公司．装备制造业数字化之道［M］．北京：机械工业出版社，2016．

［274］萧鸣政．工作分析的方法与技术［M］．北京：中国人民大学出版社，2014．

［275］肖飚．粒子群算法及其在线缆行业中的应用［J］．电线电缆，2019（6）：1－6．

［276］肖艳秋，焦建强，乔东平，杜江恒，周坤．蚁群算法的基本原理及应用综述［J］．轻工科技，2018（3）：69－72．

［277］谢礼珊，彭家敏，关新华．服务管理［M］．北京：清华大学出版社，2016．

［278］徐芳，应洁茹．国内外用户画像研究综述［J］．图书馆学研究，2020（12）：7－16．

［279］许丹，陆宝宏，程昕野．应用 Logistic 曲线预测水库垂向水温时间［J］．河海大学学报（自然科学版），2013（3）：235－240．

［280］许明乐，游晓明，刘升．基于统计分析的自适应蚁群算法及应用［J］．计算机应用与软件，2017（7）：201－211．

［281］许文丽．工作设计理论新进展研究综述［J］．全国流通经济，2019（21）：90－92．

［282］许增辉，寇洁，杨巍．基于 MBD 的智能化工艺设计技术研究［J］．科技创新导报，2020（2）：2－3．

［283］薛静颖．模糊聚类算法与应用［M］．北京：冶金工业出版社，2015．

［284］薛伟，蒋祖华．工业工程概论［M］．北京：机械工业出版社，2017．

［285］亚瑟·L.科斯塔，贝纳·卡利克．聚焦素养：重构学习与教学［M］．藤梅芳，陆琦，沈宁译．福州：福建教育出版社，2018．

［286］阎福安，王蔚菁，王悦，袁放．网络教育学习支持服务研究初探——构建非学科性学习支持服务系统［J］．华东理工大学学报（社会科学版），2008（2）：107－111．

［287］颜帅，刘子旗，刘昊城，崔翰林，管浩添．粒子群算法研究与进展［J］．先导工业经济和信息化，2019（3）：19－20．

［288］杨德平．经济预测模型的 MATLAB GUI 开发及应用［M］．北京：机械工业出版社，2015．

［289］杨海龙，左颖萍．基于 MBD 技术的三维工艺研究［J］．航空精密制造技

术，2019（6）：34 – 36.

［290］杨海民，潘志松，白玮．时间序列预测方法综述［J］．计算机科学，2019（1）：21 – 28.

［291］杨祺煊，王敏．基于广义回归神经网络的区域物流需求预测研究［J］．物流技术，2015（12）：130 – 141.

［292］杨洋，方正．服务补救措施的长期效果研究［J］．北京理工大学学报（社会科学版）2013（2）：53 – 61.

［293］尹思谨．空间与照明亮度图示和室内光环境设计［J］．室内设计装修，2013（1）：124 – 125.

［294］于明含，丁国栋，高广磊，赵媛媛，冯薇．布鲁姆教育目标分类理论对林业专业硕士培养的启示［J］．中国林业教育，2019（1）：42 – 46.

［295］余敢华，李菡婷．基于模糊综合评判法的超市生鲜食品供应商绩效评价［J］．萍乡学院学报，2019（3）：8 – 12.

［296］袁安府．管理学理论范式探讨——基于现代管理学派与法约尔管理理论的比较［J］．郑州航空工业管理学院学报，2008（12）：1 – 7.

［297］约翰·比切诺，马蒂亚斯·霍尔韦格．精益工具箱［M］．王其荣译．北京：机械工业出版社，2016.

［298］詹敏，廖志高，徐玖平．线性无量纲化方法比较研究［J］．统计与信息论坛，2016（12）：17 – 22.

［299］詹姆斯·A. 菲茨西斯蒙，莫娜·J. 菲茨西斯蒙．服务管理——运作、战略与信息技术［M］．张金成，范秀成，杨坤译．北京：机械工业出版社，1998.

［300］詹姆斯·P. 沃迈克，丹尼尔·T. 琼斯．精益服务解决方案——公司与顾客共创价值与财富［M］．陶建刚，罗伟，路明明译．北京：机械工业出版社，2014.

［301］詹姆斯·柯维，伯恩·查克劳．学习成果的分层和认定［M］．孙爱萍，韦欢欢，刘作芬译．福州：福建教育出版社，2019.

［302］张贝，方卫宁．扁平化风格界面设计的探讨［C］．中国机械工程学会工业设计分会，第十八届国际工业设计年会论文集，2013.

［303］张的，吴涵．采购管理与库存控制［M］．北京：中国铁道出版社，2018.

［304］张发明，刘志平．组合评价方法研究综述［J］．系统工程学报，2017（4）：557 – 569.

［305］张发明，孙文龙．改进的动态激励综合评价方法及应用［J］．系统工程学报，2015（5）：711 – 718.

［306］张浩．采购管理与库存控制［M］．北京：北京大学出版社，2018.

［307］张金隆．从"人单合一"模式到"海尔制"——访谈海尔集团张瑞敏先生内容观点摘编［J］．管理学报，2018（10）：949 – 952.

［308］张瑞敏．海尔不再是出产品的，而是出创客的［J］．中国中小企业，2017

（11）：48-51.

[309] 张淑君. 服务管理［M］. 北京：中国市场出版社，2016.

[310] 张英奎，蔡中华. 人力资源管理［M］. 北京：机械工业出版社，2013.

[311] 张智勇. 质量管理体系五大工具［M］. 北京：机械工业出版社，2019.

[312] 赵成杰. ISO9001：2015 新思维+新模式　新版质量管理体系应用指南［M］. 北京：企业管理出版社，2017.

[313] 赵钢，徐本晔，袁宜友，徐美应. MBD 关键技术研究与应用［J］. 时代汽车，2019（20）：27-28.

[314] 赵剑，陈章，蔡臣. 基于容量耦合理论的四川省经济发展与农村生态环境耦合度评价［J］. 农业论坛，2015（8）：5-8.

[315] 赵美丽. 企业价值链会计与财务会计、管理会计相结合的途径研究［J］. 财会学习，2017（4）：91-92.

[316] 赵艳丰. 重整全球采购［J］. 中国外汇，2014（18）：20-21.

[317] 郑杰. 服务接触管理：理论与实践的互动［J］. 上海质量，2008（9）：31-35.

[318] 郑永武，苏志霞. 工作分析［M］. 杭州：浙江大学出版社，2017.

[319] 周洪波. OBE 理论视角下高校课程学习评价问题探析［J］. 高校论坛，2017（32）：7-8.

[320] 周炜，周创明，史朝辉，何广平. 粗糙集理论及应用［M］. 北京：清华大学出版社，2015.

[321] 周昕，凌兴宏. 遗传算法理论及技术研究综述［J］. 计算机与信息技术，2010（4）：37-39.

[322] 周志华. 机器学习［M］. 北京：清华大学出版社，2016.

[323] 朱海燕. 基于粗糙集理论的指标权重确定算法设计［J］. 淮海工学院学报（自然科学版），2018（4）：7-9.

[324] 朱洁，罗华霖. 大数据架构详解——从数据获取到深度学习［M］. 北京：电子工业出版社，2018.

[325] 朱静，周恩德. OBE 教育理念下教师课程意识及实践研究［J］. 现代商贸工业，2020（2）：181-182.

[326] 朱庆锋，徐中平，王力. 基于模糊综合评价法和 BP 神经网络法的企业控制活动评价及比较分析［J］. 管理评论，2018（8）：113-123.

[327] 祝莹，刘骥. 熵值法在适老性评估因子权重分析法中的应用研究［J］. 建筑技艺，2019（12）：84-87.

[328] 邹韬. 同理心在设计中的重要性［J］. 智能制造，2015（7）：30-31.

[329] 邹游. 从服务设计透视设计的立场［J］. 装饰，2010（6）：33-35.

后　记

当这部书稿即将付诸出版之际，内心经历了纠结、释然和感恩。

在近年给各层次的学生进行企业运营管理授课的过程中，我能明显地感受到，企业运营管理学科实践发展之快是理论发展所不能满足的，而我国高校对本科生、研究生教学又有着质的提高，在这样的背景下，一本具有研究性、系统性的企业运营管理著作对本科生、研究生企业运营管理的教学尤为重要，它能够对本科生、研究生企业运营管理教学中开拓的思辨性学习和研究起到全面引领作用，以避免本科生、研究生在企业运营管理课程思辨性学习和研究中的迷茫和混乱。但受到企业运营管理本科生、研究生教学自身框架严格的局限，针对本科生、研究生的企业运营管理研究成为一片"红海"，需要研究者在这样的"红海"中将自身长年累月地置于安静的研究空间，不断地进行研究。自身已竭尽全力，但更大的挑战源于企业运营管理学科本身的浩大与深远，这种巨大的挑战在我研究的进程中始终存在，使我的研究步入艰难，但本科生、研究生对于此课程亟须系统引导的愿望一直在我眼前闪动，职业素养的使然，实在无法拒绝这样的渴望。我第一次在这 30 年高校教学与科研活动中做出了一次大胆的决定，那就是为了本科生、研究生的学习，对自己而言在本书还没有达到自身感受到的严谨之前就出版了，多年养成的严谨习惯使我的内心无法避免地陷入纠结。

好在这些年从给本科生、研究生所讲授的各门课中、从大量国内外文献的研读中、从不同领域文献品位中、从 30 多年不断对企业的调研中、从 20 多年的研究生辅导中、从与企业运营管理的项目研究中，汲取到了丰富的养分，这些养分虽然在浩大的企业运营管理学科面前不值一提，但打下了不错的基础，使自身具备了能够尽力进行企业运营管理研究的资本，独自一步一步地前行，没有半点捷径。书稿即将完成，仍感受到书中的不足，众多调研企业失败成长的经历也启示我放下了纠结，让自己不再过于强求，释然了。

需要特别说明的是，感谢中国海洋大学 MBA 教育中心领导和工作人员给予本书资料收集、调研、课堂授课、出版中各环节的大力支持，他们用心的付出使 MBA 研究生和工商管理本科生获得了思辨性学习企业运营管理的机会，也感谢来自不同类型企业 MBA 的同学们，他们的个性需求激发了我拓宽研究领域的创作激情。